3ª Edição

COMO PASSAR EM CONCURSOS DE MAGISTRATURA DO TRABALHO E MPT

EDITORA FOCO

ALEXANDRE GIALLUCA
LUIZ FABRE
WANDER GARCIA
Coordenadores

3ª Edição

COMO PASSAR EM CONCURSOS DE MAGISTRATURA DO TRABALHO E MPT

2014

3.750 QUESTÕES COMENTADAS

EDITORA FOCO

2014 © Wander Garcia

Coordenadores: Alexandre Gialluca, Luiz Fabre e Wander Garcia
Autores: Wander Garcia, Alexandre Gialluca, Ana Paula Garcia, Bruna Vieira, Eduardo Dompieri, Hermes Arrais Alencar, Luiz Fabre, Murilo Sechieri, Renan Flumian, Robinson Sakiyama Barreirinhas, Teresa Melo e Tiago Queiroz
Editor: Márcio Dompieri
Gerente Editorial: Paula Tseng
Equipe Editora Foco: Érica Coutinho, Georgia Dias e Ivo Shigueru Tomita
Capa: Wilton Carvalho Garcia (WCG Propaganda & Design) e R2 Editorial
Projeto Gráfico e diagramação: R2 Editorial

Dados Internacionais de Catalogação na Publicação (CIP)
(Câmara Brasileira do Livro, SP, Brasil)

Como passar em concursos da Magistratura do Trabalho e MPT / Wander Garcia, coordenador. -- 3. ed. -- Indaiatuba, SP : Editora Foco Jurídico, 2014. -- (Coleção como passar)

Bibliografia.

ISBN: 978-85-8242-054-6

1. Juízes trabalhistas - Concursos - Exames, questões etc. - Comentários 2. Justiça do trabalho - Brasil 3. Magistratura - Concursos - Exames, questões etc. - Comentários 4. Ministério Público - Concursos - Exames, questões etc. - Comentários I. Garcia, Wander. II. Série.

13-10645 CDU-347.962:347.963:331(81)(079)

Índices para Catálogo Sistemático:
1. Concursos : Questões comentadas : Magistratura trabalhista : Direito : Brasil 347.962:347.963:331(81)(079)
2. Concursos : Questões comentadas : Ministério Público do Trabalho : Direito : Brasil 347.962:347.963:331(81)(079)

Atualizações e erratas: a presente obra é vendida como está, sem garantia de atualização futura. Porém, atualizações voluntárias e erratas são disponibilizadas no site www.editorafoco.com.br, na seção *Atualizações*. Esforçamo-nos ao máximo para entregar ao leitor uma obra com a melhor qualidade possível e sem erros técnicos ou de conteúdo. No entanto, nem sempre isso ocorre, seja por motivo de alteração de software, interpretação ou falhas de diagramação e revisão. Sendo assim, disponibilizamos em nosso site a seção mencionada (*Atualizações*), na qual relataremos, com a devida correção, os erros encontrados na obra. Solicitamos, outrossim, que o leitor faça a gentiliza de colaborar com a perfeição da obra, comunicando eventual erro encontrado por meio de mensagem para contato@editorafoco.com.br.

Impresso no Brasil (03.2014)
Data de Fechamento (03.2014)

2014

Editora Foco Jurídico Ltda
Al. Júpiter 578 - Galpão 01 – American Park Distrito Industrial
CEP 13347-653 – Indaiatuba – SP
E-mail: contato@editorafoco.com.br

www.editorafoco.com.br

APRESENTAÇÃO

A experiência diz que aquele que quer ser aprovado deve fazer três coisas: a) entender a teoria; b) ler a letra da lei, e c) treinar. A teoria é vista em cursos e livros à disposição no mercado. O problema é que ela, sozinha, não é suficiente. É fundamental "ler a letra da lei" e "treinar". A presente obra possibilita que você faça esses dois tipos de estudo. Aliás, você sabia que mais de 90% das questões de Concursos Trabalhistas são resolvidas apenas com o conhecimento da lei, e que as questões das provas se repetem muito?

Cada questão deste livro vem comentada com o dispositivo legal em que você encontrará a resposta. E isso é feito não só em relação à alternativa correta. Todas as alternativas são comentadas.[1] Com isso você terá acesso aos principais dispositivos legais que aparecem nas provas e também às orientações doutrinárias e jurisprudenciais.

Estudando pelo livro você começará a perceber as técnicas dos examinadores e as "pegadinhas" típicas de prova, e ganhará bastante segurança para o momento decisivo, que é o dia do seu exame.

É por isso que podemos afirmar, com uma exclamação, que esta obra vai lhe demonstrar **COMO PASSAR EM CONCURSOS DA MAGISTRATURA DO TRABALHO E MPT**!

1 Eventualmente, algumas questões respondem "de per si" a pergunta, não ensejando comentários adicionais.

SUMÁRIO

1. DIREITO INDIVIDUAL DO TRABALHO 21

COMO USAR O LIVRO

Para que você consiga um ótimo aproveitamento deste livro, atente para as seguintes orientações:

1º Tenha em mãos um ***vademecum*** ou **um computador** no qual você possa acessar os textos de lei citados.

2º Se você estiver estudando a teoria (fazendo um curso preparatório ou lendo resumos, livros ou apostilas), faça as questões correspondentes deste livro na medida em que for avançando no estudo da parte teórica.

3º Se você já avançou bem no estudo da teoria, leia cada capítulo deste livro até o final, e só passe para o novo capítulo quando acabar o anterior; vai mais uma dica: alterne capítulos de acordo com suas preferências; leia um capítulo de uma disciplina que você gosta e, depois, de uma que você não gosta ou não sabe muito, e assim sucessivamente.

4º Iniciada a resolução das questões, tome o cuidado de ler cada uma delas **sem olhar para o gabarito e para os comentários**; se a curiosidade for muito grande e você não conseguir controlar os olhos, tampe os comentários e os gabaritos com uma régua ou um papel; na primeira tentativa, é fundamental que resolva a questão sozinho; só assim você vai identificar suas deficiências e "pegar o jeito" de resolver as questões; marque com um lápis a resposta que entender correta, e só depois olhe o gabarito e os comentários.

5º **Leia com muita atenção o enunciado das questões**. Ele deve ser lido, no mínimo, duas vezes. Da segunda leitura em diante, começam a aparecer os detalhes, os pontos que não percebemos na primeira leitura.

6º **<u>Grife</u> as palavras-chave, as afirmações e a pergunta formulada.** Ao grifar as palavras importantes e as afirmações você fixará mais os pontos-chave e não se perderá no enunciado como um todo. Tenha atenção especial com as palavras "correto", "incorreto", "certo", "errado", "prescindível" e "imprescindível".

7º Leia os comentários e também **leia também cada dispositivo legal** neles mencionados; não tenha preguiça; abra o *vademecum* e leia os textos de leis citados, tanto os que explicam as alternativas corretas, como os que explicam o porquê de ser incorreta dada alternativa; você tem que conhecer bem a letra da lei, já que mais de 90% das respostas estão nela; mesmo que você já tenha entendido determinada questão, reforce sua memória e leia o texto legal indicado nos comentários.

8º Leia também os **textos legais que estão em volta** do dispositivo; por exemplo, se aparecer, em Direito Penal, uma questão cujo comentário remete ao dispositivo que trata da falsidade ideológica, aproveite para ler também os dispositivos que tratam dos outros crimes de falsidade; outro exemplo: se aparecer uma questão, em Direito Constitucional, que trate da composição do Conselho Nacional de Justiça, leia também as outras regras que regulamentam esse conselho.

9º Depois de resolver sozinho a questão e de ler cada comentário, você deve fazer uma **anotação ao lado da questão**, deixando claro o motivo de eventual erro que você tenha cometido; conheça os motivos mais comuns de erros na resolução das questões:

DL – "desconhecimento da lei"; quando a questão puder ser resolvida apenas com o conhecimento do texto de lei;

DD – "desconhecimento da doutrina"; quando a questão só puder ser resolvida com o conhecimento da doutrina;

DJ – "desconhecimento da jurisprudência"; quando a questão só puder ser resolvida com o conhecimento da jurisprudência;

FA – "falta de atenção"; quando você tiver errado a questão por não ter lido com cuidado o enunciado e as alternativas;

NUT - "não uso das técnicas"; quando você tiver se esquecido de usar as técnicas de resolução de questões objetivas, tais como as da **repetição de**

elementos ("quanto mais elementos repetidos existirem, maior a chance de a alternativa ser correta"), das **afirmações generalizantes** ("afirmações generalizantes tendem a ser incorretas" - reconhece-se afirmações generalizantes pelas palavras *sempre, nunca, qualquer, absolutamente, apenas, só, somente exclusivamente* etc.), dos **conceitos compridos** ("os conceitos de maior extensão tendem a ser corretos"), entre outras.

obs: se você tiver interesse em fazer um Curso de "Técnicas de Resolução de Questões Objetivas", entre em contato comigo pelo endereço eletrônico wander.garcia@uol.com.br. Tenho uma excelente recomendação para fazer.

10ª Confie no **bom-senso**. Normalmente, a resposta correta é a que tem mais a ver com o bom-senso e com a ética. Não ache que todas as perguntas contêm uma pegadinha. Se aparecer um instituto que você não conhece, repare bem no seu nome e tente imaginar o seu significado.

11ª Faça um levantamento do **percentual de acertos de cada disciplina** e dos **principais motivos que levaram aos erros cometidos**; de posse da primeira informação, verifique quais disciplinas merecem um reforço no estudo; e de posse da segunda informação, fique atento aos erros que você mais comete, para que eles não se repitam.

12ª Uma semana antes da prova, faça uma **leitura dinâmica** de todas as anotações que você fez e leia de novo os dispositivos legais (e seu entorno) das questões em que você marcar "DL", ou seja, desconhecimento da lei.

13ª Para que você consiga ler o livro inteiro, faça um bom **planejamento**. Por exemplo, se você tiver 30 dias para ler a obra, divida o número de páginas do livro pelo número de dias que você tem, e cumpra, diariamente, o número de páginas necessárias para chegar até o fim. Se tiver sono ou preguiça, levante um pouco, beba água, masque chiclete ou leia em voz alta por algum tempo.

14ª Desejo a você, também, muita **energia**, **disposição**, **foco**, **organização**, **disciplina**, **perseverança**, **amor** e **ética**!

Wander Garcia

Coordenador

1. DIREITO INDIVIDUAL DO TRABALHO

Luiz Fabre

1. TEORIA GERAL DO DIREITO DO TRABALHO

1.1. FORMAÇÃO HISTÓRICA E TEORIA DO DIREITO DO TRABALHO

(Magistratura do Trabalho – 2ª Região – 2011) Sobre a evolução histórica do Direito do Trabalho, de 1500 até a Constituição da República de 1988, considere as seguintes proposições:

I. Até a Proclamação da República não houve qualquer norma no quadro legislativo referente ao trabalho, o que é compatível com o panorama social escravocrata, só abolido no ano anterior.

II. No período que vai da Proclamação da República até a data imediatamente anterior à Revolução de 1930, o Brasil não contou com qualquer norma que remetesse ao Direito do Trabalho, posto que a época era de turbulenta transição político--social do país e, por todo o mundo, surgiam os mais variados processos ditatoriais.

III. Em 1930, cria-se o Ministério do Trabalho, apresentado pela doutrina como marco do aparecimento do Direito do Trabalho no Brasil.

IV. Em 1943, surge o diploma mais importante para a disciplina, que é a Consolidação das Leis do Trabalho.

V. A Constituição do Império, de 1824, limita-se a assegurar a liberdade de trabalho, ao passo que a Constituição de 1891 assegura a liberdade de associação.

Responda:

(A) Apenas as assertivas I, II e III são corretas.
(B) Apenas as assertivas I, II e IV são corretas.
(C) Apenas as assertivas I, III e IV são corretas.
(D) Apenas as assertivas III, IV e V são corretas.
(E) Todas as assertivas são erradas.

I: incorreta, pois já vemos, em 1824, a Constituição Imperial abolindo as Corporações de Ofício (art, 179, XXV) e idealizando uma liberdade de exercício de profissões e ofícios (art. 179, XXIV). Alice Monteiro de Barros cita, ademais, que, em 1830, uma lei regulou o contrato sobre prestação de serviços dirigida a brasileiros e estrangeiros; em 1837, há normativas sobre prestação de serviços entre colonos, dispondo sobre justa causa de ambas as partes; em 1850, o Código Comercial enuncia preceitos alusivos ao aviso-prévio. Sobre a escravidão, na tentativa de se acomodar a pressão inglesa pela erradicação do trabalho escravo surgem leis proibitivas do tráfico negreiro a partir da terceira década do século XIX. Tais leis eram inefetivas, donde a expressão "para inglês ver", situação que só será alterada após o Bill Aberdeen (1845), lei que autorizava a marinha inglesa a abordar e afundar navios que levassem escravos, com base no que, em 1850, o primeiro-ministro inglês Gladstone ameaçara fazer cumprir os tratados à "ponta da espada, pela guerra até o extermínio". Não obstante, D. Pedro II, com problemas no Rio da Prata, necessitava da Inglaterra. Assim, em março de 1850, é editada a Lei n. 581 (Lei Eusébio de Queirós), tipificando penalmente o tráfico internacional de escravos. Progressivamente, os imigrantes europeus assalariados substituíram os escravos no mercado de trabalho. Mas foi só a partir da Guerra do Paraguai que o movimento abolicionista ganhou impulso. Milhares de ex-escravos que retornaram da guerra vitoriosos, muitos até condecorados, correram o risco de voltar à condição anterior por pressão dos seus antigos donos, de modo que o país foi tomado pela causa abolicionista, e, em 1871 foi promulgada a Lei do Ventre Livre (Lei 2.040). Em 1885, foi promulgada a Lei Saraiva-Cotegipe, conhecida como a Lei dos Sexagenários. Nascida de um projeto do deputado baiano Rui Barbosa, esta lei libertou todos os escravos com mais de 60 anos, mediante compensações financeiras aos seus proprietários mais pobres para que ajudassem esses ex-escravos. Finalmente, em 13 de maio de 1888, o governo imperial rendeu-se às pressões e a princesa Isabel de Bragança assinou a lei Áurea, que extinguiu a escravidão no Brasil. A decisão desagradou aos fazendeiros, que exigiam indenizações pela perda de "seus bens". Como não as conseguiram, aderiram ao movimento republicano. Ao abandonar o regime escravista, o Império perdeu uma de suas colunas de sustentação política. **II:** incorreta. Anteriormente aos anos 30 já havia normatização incipiente, limitando o trabalho de menores (Decreto n. 1.313/1891) e regulando sindicatos rurais (Decreto n. 979/1903) e urbanos (Decreto n. 1.637/1907). Também merece registro o Decreto n. 1.510/1904, que concebeu privilégios ao crédito salarial de trabalhadores rurais. Em 1916 é editado o Código Civil, tratando da locação de serviços. Em 1923, surgem dois importantes diplomas: a Lei n. 4.682 (Lei Elói Chaves), que cria a caixa de aposentadoria e pensões para ferroviários e a estabilidade destes no emprego após dez anos de serviços, e o Decreto n. 16.027, que cria o Conselho Nacional do Trabalho. Em 1925 é editada a Lei n. 4.982, prevendo férias anuais de quinze dias aos empregados de estabelecimentos comerciais, industriais e bancários. Em 1297 é editado o Decreto n. 17.934-A, que institui o Código de Menores, disciplinando, no capítulo XI, algumas normas respeitantes ao trabalho de menores, vedando-o aos menores de doze anos e limitando-o a determinadas atividades para os menores de catorze anos; **III:** correta, o Ministério do Trabalho, Indústria e Comércio, criado em 1930 pelo Decreto n. 19.433, foi importante órgão propulsor do Direito do Trabalho no

País; **IV:** correta. A CLT compilou diversos diplomas, principalmente dos anos 30, e deu corpo ao Direito do Trabalho no Brasil. Os mais ferozes críticos do direito laboral repetem o argumento de que nossa legislação é ultrapassada, antiga, datada dos anos 40. A crítica não procede: a Constituição Federal de 1988 reafirma os comandos mais importantes da CLT, ao mesmo tempo em que o ordenamento conta com uma vasta gama de legislação esparsa ulterior e bastante inspirada por diretrizes traçadas em Genebra, na Organização Internacional do Trabalho; **V:** correta. A Carta de 1824, como vimos, em seu art. 179 assegurou a liberdade de trabalho (contanto que este não se oponha aos costumes públicos, à segurança e saúde dos cidadãos), ao passo que a Carta de 1891, de viés explicitamente liberal, previu a liberdade de associação no art. 72, § 8º.

Gabarito "D"

(Magistratura do Trabalho – 2ª Região – 2010) Considere as seguintes proposições.

I. O Direito do Trabalho destaca-se por seu caráter teleológico, incorporando em seu conjunto de princípios, regras e institutos um valor finalístico essencial, objetivando a melhoria das condições de pactuação da força de trabalho na ordem socioeconômica.

II. A CLT não pode ser considerada um Código, vez que sua principal função foi reunir leis existentes. Quanto a sua gênese, não é correto afirmar que a Comissão encarregada da elaboração do texto consolidado inspirou-se na "Carta Del Lavoro", visto que dos onze títulos que compõe a CLT apenas o V, relativo à organização sindical, correspondeu ao sistema então vigente na Itália e, ainda assim, a Comissão apenas transplantou para o projeto os decretos-leis de 1939 e 1942, que objetivaram a reorganização do sistema sindical à luz da Constituição de 1937.

III. A doutrina de Amauri Mascaro Nascimento informa que o surgimento do Direito do Trabalho no Brasil se deu por duas influências exógenas: A) as transformações que ocorreram na Europa, ocasionando a crescente elaboração legislativa de proteção ao trabalhador; B) o compromisso assumido pelo Brasil em ingressar na Organização Internacional do Trabalho, criada em 1919. Neste contexto, o Código Civil de 1916 não trazia nenhum instituto que serviu de supedâneo para elaboração do Direito do Trabalho pátrio.

IV. Os juristas Mozart Victor Russomano e Mario de La Cueva possuem visões distintas quanto à formação histórica e ao enquadramento do Direito do Trabalho; o primeiro entende que o Direito do Trabalho nasceu de uma série sucessiva e crescente de concessões da ordem burguesa e, neste sentido, é conservador, enquanto que o segundo via no Direito do Trabalho apenas uma vitória do movimento sindical.

Responda:

(A) Todas as assertivas são incorretas.
(B) Apenas as assertivas I e III são corretas.
(C) Apenas a assertiva III não é correta.
(D) Apenas as assertivas II e IV são corretas.
(E) Todas as assertivas são corretas.

I: correta, por definição. A assertiva aborda a pujança teleológica do Direito do Trabalho, sempre voltado ao justo equilíbrio na relação entre capital e trabalho. **II:** correta. Como ensina Amauri Mascaro Nascimento, em linha de princípio, a CLT é uma compilação e organização de uma série de diplomas sobre direito individual do trabalho, direito coletivo do trabalho e direito processual do trabalho, como a Lei n. 62/1935 ou a Lei n. 185/1936 (a matéria de previdência social e de acidentes de trabalho permaneceu separada em outras leis); contudo, vai um pouco mais além, acrescentando inovações não previstas em leis anteriores. Quanto à segunda parte do enunciado, os críticos do Direito do Trabalho comumente se referem a esta suposta inspiração fascista. Não só a ideia é apressada, como bem esclarece o enunciado, como é bastante exagerada, eis que a "Carta Del Lavoro", promulgada por Mussolini em 1927, foi um diploma enxuto, com apenas 20 artigos, ao passo que a CLT conta com quase 1000 dispositivos. Mas ainda que a inspiração estivesse presente na origem, não se deve confundir a vontade da lei (mens legis) com a vontade do legislador (mens legislatoris); aquela se despreende de seu autor, evolui e adapta-se aos novos sentidos, como os preconizados pela ordem jurídica pós-1988, o que inviabiliza a crítica feita ao Direito do Trabalho a partir do simples argumento "ad hominem"; **III:** incorreta, Amauri Mascaro Nascimento anota, ao contrário, que embora o Código Civil de 1916 não atendesse às exigências principais da evolução social de então, "alguns institutos dentre os contidos nas normas sobre locação de serviços serviram de base para a ulterior elaboração do direito do trabalho", como a fixação de prazos máximos para os contratos de duração determinada, o aviso-prévio, a enumeração de algumas justas causas para a rescisão contratual etc.; **IV:** correta, a função conservadora do Direito do Trabalho é respaldada pela sucessão de acontecimentos do século XVIII, pelo que restou evidenciado que o sindicalismo e o próprio Direito Laboral surgiram como ferramentas de legitimação e racionalização do conflito, inibindo a violência dos movimentos reivindicatórios populares de então, da mesma forma que a doutrina eclesiástica da questão social surge em meio à preocupação decorrente da proliferação de partidos socialistas e do comunismo na Europa (que, impulsionados pela publicação do Manifesto Comunista em 1848, se tornaram uma real ameaça ao status quo). Sob tal ótica, o Direito do Trabalho seria uma expressão da vontade opressora do Estado, de maneira que as leis trabalhistas, por trás da aparência disciplinadora das liberdades e normatizadora de conquistas sociais, têm o real efeito de restringir a autonomia privada coletiva e impedir iniciativas que possam significar a manifestação de um poder de organização e de reivindicação dos trabalhadores. Não obstante, o sentido de Direito do Trabalho como conquista social de trabalhadores é bastante fortalecido pela Carta do México de 1917, produto da intensa luta popular vertida na Revolução Mexicana de 1910. Para o jurista Mario de La Cueva (1901-1981), os propósitos do direito do trabalho traduzem um ideal de justiça e de moral, consistente em dar satisfação às necessidades vitais de uma classe social.

Gabarito "C"

(Magistratura do Trabalho – 3ª Região – 2008) Assinale a alternativa correta:

(A) Em se tratando de eficácia da lei trabalhista no tempo, vigoram os princípios da irretroatividade e da aplicação imediata da lei nova, respeitados o ato jurídico perfeito, o direito adquirido e a coisa julgada. Os fatos pretéritos e os pendentes se regem pela lei antiga, enquanto que os futuros pela lei nova.
(B) O Direito do Trabalho surgiu da contestação do liberalismo e da necessidade de organização de um corpo de normas sociais que assegurassem mínimos contratuais decorrentes da transformação da sociedade no final do século XIX e início do século XX.

(C) Na formação histórica do Direito do Trabalho, a fase do intervencionismo, surgida próxima ao fim da Segunda Guerra Mundial, teve alguns fatos marcantes, dentre eles a criação da Organização Internacional do Trabalho, o Constitucionalismo Social, a Declaração Universal dos Direitos do Homem.

(D) No Direito do Trabalho, o sindicato interfere no contrato de trabalho somente com a vontade do empregado ou do empregador, como ocorre quando da assinatura de um acordo ou convenção coletiva.

(E) A Consolidação das Leis do Trabalho foi promulgada em 1º de maio de 1953, através de Decreto-Lei, durante o governo do Estado Novo de Getúlio Vargas, sendo então Ministro do Trabalho Alexandre Marcondes Filho.

A: incorreta, decorrência da aplicação imediata da lei nova é a sua incidência sobre fatos pendentes, eis que o ordenamento, ao conceber os direitos adquiridos, funda-se na clássica doutrina de Gabba, de sorte que só não se aplicará a lei nova a fatos pretéritos ou em relação a fatos constitutivos de direitos aperfeiçoados; **B:** correta, a questão é controvertida, pois em 1776 Turgot já decretava o fim das Corporações de Ofício; já no início do século XIX diversas alterações sociais se principiam (primeira etapa da Revolução Industrial), inaugurando o período de manifestações esparsas do direito do trabalho (Peel´s Act, de 1802). Em 1812 precipita-se o movimento ludista, em 1830 é deflagrado o movimento cartista; em 1848 a Europa atravessa a Primavera dos Povos e conhece o Manifesto Comunista, de Marx e Engels. É certo, contudo, que o início do século XX coincide com o início da fase de consolidação do direito do trabalho, que tem, como marcos, a Revolução Russa e a Constituição Mexicana, em 1917, e a Constituição de Weimar e o surgimento da OIT pelo Tratado de Versailles, em 1919; **C:** incorreta, a OIT surge em 1919, ao passo que o Constitucionalismo Social principia-se em 1917, com a Constituição Mexicana; **D:** incorreta, o sindicato atua normativamente em consonância com a vontade da categoria, independendo da vontade do empregado ou empregador isoladamente considerados; **E:** incorreta, a CLT foi promulgada em 01.05.1943.

Gabarito "B".

(Magistratura do Trabalho – 3ª Região – 2008) Leia as afirmações abaixo e, em seguida, assinale a alternativa correta:

I. A flexibilização do Direito do Trabalho aumenta o risco de desregulamentação e de precarização das relações de trabalho.

II. No Brasil, a fase de participação, na evolução do Direito do Trabalho, ainda é nascente, entre outros motivos, porque o índice de sindicalização não é alto, a taxa de cobertura convencional é baixa e a cogestão é excepcionalmente praticada, apesar de a Constituição Federal de 1988 ter aumentado o campo de atuação dos sindicatos.

III. Em se tratando de conceito de Direito do Trabalho, a posição objetivista defende o campo de aplicação da disciplina como sendo o das normas do trabalho; já a posição subjetivista, com caráter finalista, preocupa-se com a melhoria da condição social do trabalhador.

IV. Uma das características do Direito do Trabalho é a restrição da liberdade contratual, que impõe limites à autonomia da vontade, através de normas cogentes e de garantias sociais.

V. Para os defensores da posição privatista da natureza jurídica das normas do Direito do Trabalho, o núcleo é o contrato, porque as relações jurídicas ocorrem entre pessoas singulares, nas quais predomina o interesse particular; já para os defensores da posição publicista, o Direito do Trabalho é produto do intervencionismo, no qual a autonomia da vontade é exceção.

(A) As afirmativas I e II estão corretas.
(B) As afirmativas I, II e IV estão corretas.
(C) As afirmativas I, III e V estão corretas.
(D) As afirmativas I, III e IV estão corretas.
(E) Todas as afirmativas estão corretas.

I: correta, trata-se de efeito inerente à flexibilização; **II:** correta, o Brasil adota, substancialmente, o modelo intervencionista de regulação laboral; **III:** correta, entendemos que, sob o aspecto subjetivista, a definição mais correta de direito do trabalho seria o conjunto de princ*í*pios e regras aplic*á*veis *à*s rela*çõ*es interpessoais por ocasi*ão* do trabalho, ao passo que o conceito elaborado se dá sob o enfoque finalista ou funcional; **IV:** correta, trata-se do princípio da imperatividade, do qual decorre o princípio da indisponibilidade; **V:** correta a assertiva, que coteja as correntes que procuram definir a natureza jurídica do Direito do Trabalho.

Gabarito "E".

(Magistratura do Trabalho – 9ª Região – 2009) Assinale a opção incorreta:

(A) Para que uma disciplina jurídica adquira efetiva autonomia são necessárias três condições: domínio suficientemente vasto (ou campo temático vasto e específico), doutrinas homogêneas (ou teorias próprias ao mesmo ramo jurídico investigado) e método próprio (metodologia própria de construção e reprodução da estrutura e dinâmica do ramo jurídico enfocado). O Direito do Trabalho possui autonomia doutrinária, legislativa, didática e jurisdicional.

(B) Acerca da natureza jurídica do Direito do Trabalho, prepondera atualmente a sua classificação no segmento do Direito Privado.

(C) Segundo a doutrina, em sentido amplo, a área jurídica trabalhista pode ser dividida em: direito material do trabalho e direito público do trabalho. O direito material do trabalho compreende dois segmentos: o direito individual do trabalho e o direito coletivo do trabalho, enquanto o direito público do trabalho abrange: direito processual do trabalho; direito administrativo do trabalho e direito previdenciário e acidentário do trabalho. É controvertida a inclusão do direito penal do trabalho como segmento do direito público do trabalho.

(D) Destacam-se três tipologias de interpretação do Direito: segundo o critério da origem da interpretação efetuada; segundo o critério dos resultados do processo interpretativo e segundo o critério dos meios ou métodos utilizados no processo de interpretação jurídica. A tipologia segundo o critério da origem da interpretação aponta três tipos de interpretação: autêntica, jurisprudencial e doutrinária. Exemplo de interpretação autêntica é o decreto regulamentador de lei, com aptidão, inclusive, para suprimir direito adquirido.

(E) Nos sistemas jurídicos romano-germânicos, principalmente nas vertentes de tradição latina, como é o caso brasileiro, há resistência teórica a se conferir teor jurígeno (criador de Direito) ao papel interpretativo desempenhado pelos Tribunais. Entretanto, a despeito disso é insustentável negar-se a dimensão criadora do direito inserida em inúmeras súmulas de jurisprudência dos tribunais superiores brasileiros, como, por exemplo, a Súmula 268 do TST, que trata da interrupção da prescrição da ação trabalhista arquivada ("A ação trabalhista, ainda que arquivada, interrompe a prescrição somente em relação aos pedidos idênticos").

A: assertiva correta, conforme doutrina de Alfredo Rocco; **B:** assertiva correta, conforme salienta Godinho, após amplo exame das teorias que cercam a matéria, enfocada a substância nuclear do direito do trabalho (relação de emprego) e seu cotejo comparativo com a substância dos demais ramos jurídicos existentes, não há como escapar-se da conclusão de que o ramo justrabalhista situa-se no quadro componente do Direito Privado; **C:** assertiva correta, conforme definição; **D:** assertiva incorreta, devendo ser assinalada, além da impossibilidade tout court de supressão de direito adquirido por lei em sentido amplo (CF, art. 5º, XXXVI), não é objeto da interpretação a supressão ou criação de direitos; **E:** assertiva correta; ademais, a evolução do direito sumular brasileiro caminha para o reconhecimento da jurisprudência como fundamento de validade do processo decisório (por exemplo, o advento das súmulas impeditivas de recursos ou o aumento de competências dos juízes relatores, nos tribunais, para decidirem monocraticamente com base em jurisprudência).

Gabarito "D".

(Magistratura do Trabalho – 16ª Região – 2008) Analise:

I. Pode-se afirmar que a Revolução Francesa influiu, decisiva e diretamente, na formação e no conteúdo do Direito do Trabalho, especialmente após a Lei Chapelier, com os valores da liberdade e igualdade reverenciados pela Filosofia Revolucionária.

II. O Direito do Trabalho está assentado preponderantemente na Justiça Comutativa, de matriz aristotélica, preservando a ideia de equidade.

III. A Flexibilização se identifica com a desregulamentação, correspondendo a uma sinonímia, sendo ambas expressões de um momento histórico das relações laborais, no qual prepondera a ideia de valorização da autonomia privada coletiva.

IV. A desregulamentação tem previsão constitucional expressa, embora reduzida a algumas escassas hipóteses.

Responda:

(A) Apenas as afirmativas I e II estão incorretas.
(B) Apenas as afirmativas I e III estão corretas.
(C) Somente as afirmativas III e IV estão erradas.
(D) Somente as afirmações I e IV estão incorretas.
(E) Todas estão erradas.

I: incorreta, a Lei Le Chapelier, causadora de uma onda de distúrbios e massacres, foi escrita e defendida por Issac René Guy le Chapelier, proibindo os **sindicatos**, as **greves** e as manifestações dos trabalhadores. Alegando a defesa da "livre empresa" e da iniciativa privada, as penas a aplicar aos sindicalistas podiam ir desde avultadas quantias em dinheiro e privação de direitos de **cidadania** até à **pena de morte** (Arts. 7 e 8, ao passo que o valor igualdade passou a ser considerado a partir, principalmente, de 1848 (ano da Primavera dos Povos e da publicação do Manifesto Comunista); **II:** incorreta, o Direito do Trabalho assenta-se na Justiça Distributiva; **III:** incorreta, a valorização da autonomia privada coletiva (autodeterminação sindical) é decorrência do pacto fordista, e não da flexibilização; **IV:** incorreta, o que tem guarida constitucional é a liberdade sindical, que não se confunde com a desregulação.

Gabarito "E".

(Magistratura do Trabalho – 16ª Região – 2006) Assinale a alternativa CORRETA:

(A) Outras controvérsias decorrentes de relações de trabalho, de caráter autônomo, não podem ser dirimidas na Justiça do Trabalho, ainda que haja lei ordinária nesse sentido, porque, à luz do texto constitucional, compete àquela Justiça Especializada julgar apenas as causas resultantes de relação de emprego subordinado.
(B) O trabalho comporta um conceito econômico e um conceito social, mas não um conceito jurídico.
(C) O direito do trabalho não é um ramo autônomo da ciência jurídica.
(D) O principal fundamento do direito do trabalho é o reconhecimento da dignidade do trabalhador.
(E) Ao longo da história o homem trabalhador sempre foi sujeito de direito, diverso das mercadorias.

A: incorreta, o art. 114, I, da CF afirma que podem ser dirimidas na Justiça do Trabalho as ações oriundas da realação de trabalho; **B:** incorreta, pois tudo que é juridicamente relevante comporta um conceito jurídico; **C:** incorreta, pois o Direito do Trabalho possui autonomia científica, doutrinária, legislativa e didática; **D:** correta, conforme definição; **E:** incorreta, tal não se dá com o trabalho escravo (obs: v. art. 1º do Anexo I da Declaração de 1944 da OIT).

Gabarito "D".

(Procurador do Trabalho – MPT – 14º Concurso – 2007) A Encíclica *Divini redemptoris*, que trouxe orientações sobre trabalho, foi escrita pelo papa:

(A) Paulo VI;
(B) João XXIII;
(C) Leão XIII;
(D) Pio XI;
(E) não respondida.

A: incorreta, escreveu a Populorum Progressio; **B:** incorreta, escreveu a Mater et Magistra; **C:** incorreta, escreveu a Rerum Novarum; **D:** incorreta, escreveu a Divini Redemptoris.

Gabarito "D".

(Procurador do Trabalho – MPT – 14º Concurso – 2007) Complete com a opção CORRETA.

A Constituição do México, de ________, tratou de regras de Direito do Trabalho no seu artigo 123.

(A) 1915;
(B) 1917;
(C) 1919;
(D) 1921;
(E) não respondida.

A resposta correta é1917.

Gabarito "B".

1.2. PRINCÍPIOS

(Magistratura do Trabalho – 1ª Região – 2004) Assinale a alternativa INCORRETA:

(A) podem coexistir, entre as mesmas partes, um contrato de mandato e um contrato de trabalho;

(B) a extinção do ambiente nocivo à saúde do empregado enseja a supressão do adicional de insalubridade que esteja recebendo, mesmo que tal recebimento seja decorrente de sentença condenatória transitada em julgado;

(C) a relação trabalhista é regida pelas leis vigentes no país da prestação do serviço e não por aquelas do local da contratação;

(D) por força do princípio da intangibilidade contratual objetiva, a sucessão de empregadores não autoriza que sejam alteradas as condições nucleares do contrato de emprego originariamente firmado com o trabalhador;

(E) o critério de hierarquia normativa que vigora no Direito do Trabalho é maleável, prevalecendo sempre no vértice da pirâmide normativa aquela norma que se mostrar mais favorável aos interesses do trabalhador, independentemente do conteúdo das demais normas heterônomas objeto de disciplina concorrente.

A: assertiva correta, a teoria do mandato era uma das teorias contratualistas que buscava explicar a natureza jurídica do contrato de trabalho. Entretanto, o caráter fiduciário que pode existir entre empregado e empregador, mais pujante em cargos de confiança, não transfere, necessariamente, poderes do empregador ao empregado; ademais, o mandato é, segundo presunção legal, gratuito, o que não ocorre com a relação de trabalho, ressalvado o trabalho voluntário. A par disso, uma vez que ao particular é dado fazer tudo o quanto a lei não proscreva (CF, art. 5º, II), e inexistindo vedação legal nesse sentido, é possível a coexistência de um contrato de mandato, com transferência de poderes em geral ou especificados, com o contrato de trabalho; **B:** assertiva correta, a sentença, no caso, está adstrita à cláusula rebus sic stantibus, haja vista a natureza continuativa da relação subjacente, de sorte que, suprimida a insalubridade, será lícita a supressão do adicional correspondente, por se tratar de salário-condição (v. art. 194 da CLT e Súmulas 80, 248, 289 do TST); **C:** assertiva correta, Súmula 207 do TST (cancelada em 2012); **D:** assertiva correta, tal princípio vem materializado nos arts. 10 e 448 da CLT, distinguindo-se do princípio da inalterabilidade contratual lesiva, que tange às alterações objetivas no contrato e que estão submetidas aos limites que se impõem ao jus variandi do empregador; **E:** assertiva incorreta, devendo ser assinalada. É correto afirmar-se que a hierarquia normativa justrabalhista é maleável, porquanto é focada na qualidade da norma, e não na natureza do diploma que a veicula (como se dá na hierarquia comum), sendo ditada segundo o princípio da norma mais favorável. Porém, tal princípio não é absoluto, havendo limitações nas normas proibitivas heterônomas estatais (porquanto revestidas de um imperium específico) e na teoria do conglobamento.

Gabarito "E"

(Magistratura do Trabalho – 2ª Região – 2012) Em relação aos institutos da renúncia e transação no Direito Individual do Trabalho, conforme jurisprudência sumulada do TST, é **INCORRETO** afirmar que:

(A) o Direito Individual do Trabalho tem na indisponibilidade de direitos trabalhistas por parte do empregado um de seus princípios mais destacados;

(B) em face do exercício de prerrogativa legal pelo devedor trabalhista, a prescrição e a decadência geram a supressão dos direitos laborais, sem afronta ao princípio básico da indisponibilidade;

(C) a renúncia caracteriza-se por ato unilateral da parte, por meio do qual ela se despoja de um direito de que é titular, sem correspondente concessão pela parte beneficiada pela renúncia;

(D) a transação constitui-se em ato bilateral ou plurilateral, pelo qual se acertam direitos e obrigações entre as partes acordantes, mediante concessões recíprocas, envolvendo questões fáticas ou jurídicas duvidosas;

(E) em razão da possibilidade da realização de atos contratuais trabalhistas de forma tácita, nos moldes do artigo 442 da CLT, a transação sobre a modalidade de cumprimento de jornada em regime de compensação pode ser pactuado tacitamente, não se exigindo a forma escrita.

A: assertiva correta. Isso leva muitos doutrinadores a refutarem a natureza de ramo do Direito Privado ao Direito do Trabalho, eis que o espaço para pactuação contratual deve se ater quase sempre à criação de normas individuais mais favoráveis que as normas legais, que tendem à inderrogabilidade pela vontade das partes. De fato, uma pactuação pressupõe autonomia de vontades, e a vontade do empregado muitas vezes está fortemente vinculada a um estado de necessidade, que é a conservação do emprego. A jurisprudência reconhece tal princípio, conforme Súmula 276 do TST e OJ 30 da SDC do TST, por exemplo. No entanto, há exceções à regra: admite-se a renúncia à garantia no emprego do dirigente sindical que solicita ou voluntariamente aquiesce a uma transferência para localidade distinta de sua base territorial (CLT, art. 543, § 1º). Também se admite a renúncia da antiga estabilidade decenária (CLT, art. 492) pelo empregado optante pelo FGTS, na época de sua adesão facultativa (Súmula 98, II, do TST). Acrescente-se que a vinculação celetista do funcionário público outrora estatutário também importa em renúncia às garantias do regime anterior (Súmula 243 do TST), e que a adesão pelo novo empregado ao novo regulamento de empresa importa em renúncia às regras veiculadas pelo regulamento anterior (Súmula 51 do TST); **B:** assertiva correta, na célebre lição de Agnelo Amorim Filho (*Critério Científico para distinguir a prescrição da decadência*), a prescrição fulmina a pretensão de um determinado titular em razão de sua inércia aliada ao decurso de prazo, ao passo que a decadência envolve a perda de um direito também pelo fator temporal. Tais institutos, que subelevam o princípio da segurança jurídica em detrimento do princípio da justiça, não são considerados afrontadores do princípio da indisponibilidade, ainda que possam ser compreendidos como formas de renúncia; **C:** assertiva correta, por definição; **D:** assertiva correta, por definição; **E:** assertiva incorreta, devendo ser assinalada, "a compensação de jornada de trabalho deve ser ajustada por acordo individual escrito, acordo coletivo ou convenção coletiva" (Súmula 85, I, do TST).

Gabarito "E"

(Magistratura do Trabalho – 2ª Região – 2011) Considere as seguintes proposições referentes à renúncia no Direito do Trabalho:

I. O artigo 12 da Convenção n. 132, da Organização Internacional do Trabalho, adotada pelo Brasil por meio do Decreto 3.197, de 1999, proíbe a renúncia ao gozo das férias mediante indenização.

II. Em nenhuma hipótese será válido o pedido de demissão do empregado estável, conforme prevê o art. 500 da CLT.

III. Conforme entendimento sumulado pelo TST, havendo a coexistência de dois regulamentos da empresa, a opção do empregado por um deles tem efeito jurídico de renúncia às regras do sistema do outro.

IV. Também conforme entendimento sumulado pelo TST, o direito ao aviso-prévio é irrenunciável pelo empregado. O pedido de dispensa de cumprimento não exime o empregador de pagar o respectivo valor, salvo comprovação de haver o prestador dos serviços obtido novo emprego.

V. A Constituição da República de 1988 flexibilizou o princípio da irrenunciabilidade do sistema trabalhista, conforme se extrai de seu art. 7º, incisos VI, XIII e XIV, que tratam, respectivamente, da irredutibilidade salarial, da duração do trabalho normal e da jornada em turnos ininterruptos de revezamento.

Responda:

(A) Apenas as assertivas I, III, IV e V são corretas.
(B) Apenas as assertivas II, IV e V são corretas.
(C) Apenas as assertivas II, III, IV e V são corretas.
(D) Apenas as assertivas I, II, e IV são corretas.
(E) Todas as assertivas são corretas.

I: correta, art. 12 da Convenção 132 da OIT; **II:** incorreta, "o pedido de demissão do empregado estável só será válido quando feito com a assistência do respectivo Sindicato e, se não o houver, perante autoridade local competente do Ministério do Trabalho e Previdência Social ou da Justiça do Trabalho" (art. 500 da CLT); **III:** correta, Súmula 51, II, do TST; **IV:** correta, Súmula 276 do TST; **V:** correta, no entanto, o constituinte adotou a cautela de condicionar tais flexibilizações à negociação coletiva.

Gabarito "A"

(Magistratura do Trabalho – 2ª Região – 2010) Analise as seguintes assertivas relativas aos princípios norteadores do Direito do Trabalho.

I. O Juiz do Trabalho pode privilegiar a situação de fato, devidamente comprovada, em detrimento dos documentos ou do rótulo conferido à relação de direito material, em razão do princípio da primazia da realidade sobre a forma.

II. Desde que não exista proibição legal ou vício de consentimento, bem como não importe prejuízo ao empregado, são transacionáveis os direitos livremente estabelecidos pelas partes contratantes, resultantes de ajuste expresso ou tácito do empregado e empregador.

III. O princípio da intangibilidade salarial admite exceções somente quando houver autorização expressa do trabalhador.

IV. Em consonância com o princípio da intangibilidade contratual objetiva, o conteúdo do contrato de emprego não poderia ser modificado, ainda que ocorresse efetiva mudança no plano do sujeito empresarial.

V. O princípio da continuidade do contrato de trabalho constitui presunção favorável ao empregado, razão pela qual, o ônus da prova quanto ao término do contrato de trabalho é do trabalhador, nas hipóteses em que são negadas a prestação dos serviços e o despedimento. Está correto afirmar que:

(A) Apenas as proposições I e IV estão corretas.
(B) Apenas as proposições II e III estão corretas.
(C) Apenas as proposições III, IV e V estão corretas.
(D) Apenas as proposições I, II e IV estão corretas.
(E) Todas estão corretas.

I: correta, por definição; **II:** correta, trata-se, aqui, do princípio da inalterabilidade contratual lesiva (v. art. 468 da CLT); **III:** incorreta, há certos descontos salariais que independem da autorização expressa do trabalhador, como na hipótese de dano causado por ato doloso do empregado (v. art. 462 da CLT); **IV:** correta, por definição (v. arts. 10 e 444 da CLT); **V:** incorreta, o ônus é do empregador (Súmula 212 do TST).

Gabarito "D"

(Magistratura do Trabalho – 3ª Região – 2013) Sobre a ótica do direito individual do trabalho, leia as afirmações abaixo e, em seguida, assinale a alternativa correta:

I. Todos os direitos assegurados aos trabalhadores são de indisponibilidade absoluta.

II. O dirigente sindical acusado de falta grave poderá ser suspenso de suas funções, mas a sua despedida só se tornará efetiva após o inquérito em que se verifique a procedência da acusação.

III. O trabalhador pode renunciar à estabilidade no emprego, por meio da apresentação de pedido de demissão, que, no entanto, só será válido quando feito com a assistência do respectivo sindicato e, se não o houver, perante autoridade local competente do Ministério do Trabalho e Emprego ou da Justiça do Trabalho.

IV. Havendo coexistência de dois regulamentos da empresa, a opção por um deles tem efeito jurídico de renúncia às regras do sistema do outro.

(A) Somente a afirmativa I esta correta.
(B) Somente as afirmativas I e II estão corretas.
(C) Somente a afirmativa III esta correta.
(D) Somente as afirmativas III e IV estão corretas.
(E) Somente as afirmativas II, III e IV estão corretas.

I: incorreta, conforme Godinho, "a indisponibilidade inerente aos direitos oriundos da ordem justrabalhista não tem, contudo, a mesma exata rigidez e extensão. Pode-se, tecnicamente, distinguir entre direitos imantados por indisponibilidade absoluta ao lado de direitos imantados por uma indisponibilidade relativa" (DELGADO, Mauricio Godinho. Curso de Direito do Trabalho. São Paulo: Ltr, 2011, p. 210); **II:** correta, art. 494 da CLT c/c § 3º do art. 543. Ver Súmula 379 do TST. **III:** correta, art. 500 da CLT; **IV:** correta, Súmula 51, II, do TST.

Gabarito "E"

(Magistratura do Trabalho – 3ª Região – 2009) José ajuizou reclamação trabalhista em face de Manoel, dizendo-se empregado dele e postulando o reconhecimento de relação de emprego. Manoel contestou, argumentando que José nunca foi seu empregado. José, em seguida, com a anuência de Manoel, desistiu da ação, mas se arrependeu, procurou Manoel e eles celebraram acordo. Manoel, então, pagou a José certa quantia, inferior à postulada, mas não assinou sua Carteira de Trabalho. Um ano mais tarde, José ajuizou nova ação, nos mesmos termos e Manoel a contestou, dizendo que havia celebrado transação em seguida à desistência anterior. Assinale a alternativa correta:

(A) A transação extingue a pretensão de José.

(B) A transação extingue parcialmente o direito postulado.

(C) O objeto discutido não era passível de transação extrajudicial.

(D) Não houve transação, porque José renunciou ao seu direito de receber tudo o que lhe era devido.

(E) Houve, na realidade, conciliação judicial.

Inexiste norma ou súmula do TST delimitando, com segurança, o objeto da transação ou, menos ainda, da transação extrajudicial, de sorte que a vertente questão está sujeita a controvérsias que a doutrina busca responder. Entende-se que vigora, no étimo do direito do trabalho, o princípio da indisponibilidade, um tanto mais vigoroso que a mera irrenunciabilidade; isto é, o direito do trabalho não só não admite o despojamento unilateral de direitos pelo empregado (irrenunciabilidade), como, em regra, não admite o depojamento bilateral (transação) quando prejudicial ao trabalhador, conforme arts. 9º, 444 e 468 da CLT, postura esta que realiza, outrossim, o princípio da imperatividade das normas trabalhistas. A indisponibilidade dos direitos trabalhistas, contudo, cinge-se em indisponibilidade absoluta e indisponibilidade relativa. Segundo Godinho, absoluta será a indisponibilidade quando o direito em apreço merecer tutela em nível de interesse público, por traduzir um patamar civilizatório mínimo firmado pelo ordenamento, citando-se, como exemplo, o direito à assinatura da Carteira de Trabalho, ao salário mínimo, à incidência das normas de proteção à saúde e segurança do trabalhador etc. Por outro lado, será relativa a indisponibilidade (e, portanto, suscetível de transação, em se tratando de questão fática ou jurídica duvidosa) quando o direito enfocado traduzir interesse individual ou bilateral simples, que não traduza padrão civilizatório mínimo, como a modalidade de salário, os aspectos eminentemente patrimoniais relacionados à prestação de horas extras etc.

Gabarito "C"

(Magistratura do Trabalho – 3ª Região – 2009) São princípios constitucionais do Direito do Trabalho inseridos, ainda que implicitamente, no art. 7º da Constituição da República, exceto:

(A) intangibilidade salarial;

(B) irredutibilidade salarial;

(C) igualdade salarial;

(D) continuidade da relação de emprego;

(E) primazia da realidade.

A: assertiva correta, art. 7º, X, da CF; **B:** assertiva correta, art. 7º, VI; **C:** assertiva correta, art. 7º, XXX e XXXI; **D:** assertiva correta, art. 7º, I, da CF; **E:** . assertiva incorreta, devendo ser assinalada. É o único, dentre as alternativas, que não é princípio constitucional.

Gabarito "E"

(Magistratura do Trabalho – 7ª Região – 2005) Examine as proposições abaixo e assinale a opção correta.

I. Havendo duas ou mais normas passíveis de aplicação, informa o princípio da norma mais favorável que poderá ser aplicada aquela que for mais benéfica ao trabalhador, independentemente da sua posição na escala hierárquica. A teoria do conglobamento orgânico ou por instituto constitui um dos critérios para identificação da norma mais favorável, caracterizando-se pela seleção, em cada uma das normas objeto de comparação, do preceito que mais favoreça o trabalhador.

II. O fenômeno da flexibilização na aplicação das normas legais trabalhistas mitiga o princípio da irrenunciabilidade e permite que, por convenção coletiva de trabalho, alguns preceitos contidos na Consolidação das Leis do Trabalho não sejam aplicados. Dentro dessa perspectiva, é possível afirmar que, de acordo com entendimento prevalente no âmbito do Tribunal Superior do Trabalho, tem validade convenção coletiva que preveja a supressão do intervalo intrajornada para os trabalhadores, uma vez respeitadas as jornadas diária e semanal, respectivamente de oito e quarenta e quatro horas.

III. Do princípio protetor emana o princípio da condição mais benéfica, que determina a prevalência das condições mais vantajosas ao trabalhador, ajustadas em contrato ou em regulamento da empresa, salvo quando sobrevier norma jurídica imperativa prescrevendo menor nível de proteção e que com esta não sejam elas incompatíveis.

IV. O princípio da não discriminação, consagrado na Constituição Federal, proíbe diferença de critérios de admissão, de exercício de funções e de salário, por motivo de sexo, idade, cor ou estado civil. É também vedada a discriminação no tocante ao salário e critérios de admissão do portador de deficiência física, à luz do dispositivo constitucional.

V. O princípio da continuidade da relação de emprego objetiva a proteção do empregado, pautado na concepção de que a permanência do vínculo constitui fator de segurança econômica do trabalhador, propiciando a sua incorporação ao organismo empresarial. Deflui, do citado princípio, à luz da jurisprudência uniforme do Tribunal Superior do Trabalho, presunção favorável ao empregador, quando, em juízo, há que se provar o término do contrato de trabalho e são negados a prestação de serviços e o despedimento.

(A) Todas as proposições são verdadeiras.

(B) Todas as proposições são falsas.

(C) Somente a proposição IV é verdadeira.

(D) Somente as proposições I e II são verdadeiras.

(E) Somente as proposições I, III e IV são verdadeiras.

I: incorreta, o enunciado descreve incorretamente a teoria do conglobamento orgânico, pois esta, ao contrário da teoria da acumulação, não busca selecionar cada norma isoladamente considerada de diversos diplomas, mas o conjunto temático mais favorável como um todo, a ser aplicado em bloco (diferindo da teoria do conglobamento comum, que, sem se limitar ao conjunto temático mais favorável, vai além, pugnando pela aplicação do diploma inteiro, sem segmentação por temas). Trata-se, pois, de um critério sistemático, em que se respeita a unidade temática de cada regime normativo; **II:** incorreta, "é inválida cláusula de acordo ou convenção coletiva de trabalho contemplando a supressão ou redução do intervalo intrajornada porque este constitui medida de higiene, saúde e segurança do trabalho, garantido por norma de ordem pública" (Súmula 437 do TST); **III:** incorreta, o enunciado está correto até a sua parte final, que faz um complexo jogo de palavras: assim, prevalecerá a norma imperativa, ressalvados os direitos adquiridos, desde que os direitos veiculados por normas mais benéficas sejam com ela incompatíveis; **IV:** correta, art. 7º, XXX e XXXI, da CF; **V:** incorreta, a presunção é favorável ao empregado (Súmula 212 do TST).

Gabarito "C"

(Magistratura do Trabalho – 8ª Região – 2008) Marque a alternativa CORRETA:

(A) Com relação à aplicação de penalidades, vigora no direito trabalhista, dentre outros, o princípio do *non bis in idem*. Por conta deste, na ocorrência de falta igual, não poderá o empregador aplicar, ao mesmo empregado, igual punição.

(B) Invocando os princípios da razoabilidade e proporcionalidade, pode o juiz do trabalho cancelar uma suspensão disciplinar ou, ainda, fixar punição em limites mais justos alterando o número de dias de uma suspensão considerada branda ou exorbitante.

(C) O princípio que rege a igualdade de tratamento no Direito Individual do Trabalho advém do princípio geral da igualdade entre os cidadãos de um Estado, refletido no direito privado. Ao expandir-se para a integralidade da relação empregatícia, este princípio beneficia tanto o empregado como o empregador. Neste sentido, desde que autorizado previamente pelo empregado, o empregador poderá descontar de seu salário parcelas decorrentes de liberalidade que os demais empregados exercentes da mesma função não receberem.

(D) Por força do princípio da continuidade da relação de emprego, o contrato de emprego se realiza, de regra, como um contrato de vigência prolongada e indefinida, salvo quando determinadas circunstâncias o façam cessar por decisão do empregado, do empregador ou, ainda, por morte do empregado ou extinção da empresa. O termo, no contrato de emprego, tal como ocorre no direito comum, é considerado como um elemento acidental do negócio jurídico.

(E) É vedado ao empregador estipular pagamento de salário por período superior a um mês, salvo no que concerne a comissões, percentagens, gratificações e utilidades consideradas como parcelas remuneratórias.

A: incorreta, por conta do non bis in idem não é dado ao empregador aplicar dupla punição por um mesmo fato; **B:** incorreta, a questão da possibilidade de dosagem judicial da pena aplicada pelo empregador encerra grande polêmica, apta a nulificar a questão. Uma corrente sustenta que o Judiciário pode anular a pena, mas não dosá-la, argumentando-se que a gradação judicial da pena transferiria o poder diretivo ao Estado, em ofensa à livre-iniciativa (CF, art. 1º, IV); outra corrente sustenta a viabilidade da dosimetria judicial, ao argumento a fortiori, isto é, quem pode o mais (anular) pode o menos (dosar). Tal doutrina se calca, por exemplo, no art. 413 do Código Civil; **C:** incorreta, a intangibilidade salarial goza de proteção constitucional (art. 7º, X, da CF) e as hipóteses em que sua mitigação é admitida devem vir contempladas por lei; **D:** correta; **E:** incorreta, as utilidades consideradas como parcelas remuneratórias não estão previstas na exceção (art. 459, caput, da CLT).

Gabarito "D"

(Magistratura do Trabalho – 9ª Região – 2009) Analise as seguintes proposições:

I. De forma geral, são considerados princípios gerais do Direito do Trabalho: da proteção ou tutelar, ou tuitivo; da irrenunciabilidade de direitos; da continuidade da relação de emprego; da primazia da realidade; da razoabilidade; da boa-fé.

II. O princípio da proteção ou tutelar é dividido nas seguintes regras: *in dubio pro operario*; da aplicação da norma mais favorável; da irrenunciabilidade de direitos.

III. A maioria dos doutrinadores e a jurisprudência predominante concordam que a regra da aplicação da norma mais favorável deve observar a teoria do conglobamento.

IV. Segundo a regra da condição mais benéfica, se o empregador contratar pessoa formada em engenharia, mesmo que para função não relacionada à profissão, como, por exemplo, assistente de produção, estará obrigado a pagar o salário-base mínimo, equivalente a seis vezes o maior salário mínimo comum vigente no País, previsto para os diplomados, pela Lei 4.950-A, de 22.04.1966.

V. Decidindo uma ação em que se postule reconhecimento de vínculo empregatício, de um trabalhador que tenha exercido a função de vendedor externo, pelo princípio da primazia da realidade, mesmo que as provas apontem para a existência de subordinação, pessoalidade e dependência econômica, se o empregador comprovar a existência de um contrato de representação comercial autônoma, a pretensão deverá ser rejeitada.

(A) Todas as proposições estão incorretas.

(B) Apenas quatro proposições estão incorretas.

(C) Apenas três proposições estão incorretas.

(D) Apenas duas proposições estão incorretas.

(E) Apenas uma proposição está incorreta.

I: correta, segundo a lição de Plá Rodriguez (embora entendamos questionável reputar princípio específico do direito do trabalho o princípio da razoabilidade – decorrência do rule of reasonableness - e o princípio da boa-fé – honeste vivere...); **II:** incorreta, pois a questão parece assentada na obra "Princípios de Direito do Trabalho", de Plá Rodriguez, de sorte que as três decorrências do princípio protetivo seriam, segundo o autor, o princípio do in dubio pro operario, o princípio da norma mais favorável e o princípio da condição mais benéfica, ao passo que o princípio da irrenunciabilidade está associado ao princípio da imperatividade; **III:** correta, conforme Súmula 51, II, do TST, e art. 3º, II, da Lei 7.064/1982; **IV:** incorreta, pois o princípio da melhor condição garante a preservação, ao longo do contrato, da cláusula contratual mais favorável ao trabalhador, tratando-se de um contraponto entre cláusulas contratuais, e não entre normas legais; **V:** incorreta, eis que pelo princípio da primazia da realidade deveria ocorrer o contrário, ou seja, a sobreposição da substância à forma do ato.

Gabarito "C"

(Magistratura do Trabalho – 9ª Região – 2006) Sobre os princípios do Direito do Trabalho, é correto afirmar:

I. O Direito Individual do Trabalho é centralizado no princípio tutelar, que lhe dá a essência, informando todo o sistema.

II. O princípio de proteção desdobra-se nos princípios "in dubio pro operário", da norma mais favorável e da condição mais benéfica.

III. No princípio da norma mais favorável, utiliza-se da teoria do conglobamento ou da acumulação, para encontro da regra mais favorável.

IV. O princípio da irrenunciabilidade também alcança ato bilateral de vontade.

(A) Todas as proposições são verdadeiras.
(B) Somente as proposições I, II, III são verdadeiras.
(C) Somente as proposições I e III são verdadeiras.
(D) Somente a proposição I é verdadeira.
(E) Somente a proposição II é verdadeira.

I: correta, O princípio protetivo, ou tutelar é uma construção doutrinária e jurisprudencial que parte do pressuposto lógico de que se existe um direito comum para regular as relações intersubjetiva em geral, e se existe um direito do trabalho, então a ratio essendi deste só pode repousar na tutela diferenciada a um bem jurídico merecedor de especial proteção jurídica, o que, no âmbito da relação trabalhista, concerne à figura do empregado, seu polo hipossuficiente. Se não fosse tal princípio protetor, a tutela jurídica da relação de trabalho se satisfaria com o direito dito comum; **II:** correta, segundo a lição de Plá Rodriguez; **III:** correta, havendo ramificações da teoria do conglobamento em teoria do conglobamento propriamente dito e teoria do conglobamento orgânico (ou mitigado, ou por instituto); **IV:** correta (arts. 9º, 444 e 468 da CLT), embora seja mais adequado falar-se, sob tal enfoque, em princípio da indisponibilidade (ou seja, não só os direitos trabalhistas são irrenunciáveis como, em linha de princípio, insuscetíveis de transação).

Gabarito "A"

(Magistratura do Trabalho – 12ª Região – 2006) Sobre os princípios do Direito do Trabalho é incorreto afirmar:

(A) o princípio da continuidade da relação de emprego propõe como regra geral o contrato de trabalho por tempo indeterminado e, caso evidenciado o rompimento do vínculo, faz presumida a ruptura contratual mais onerosa ao empregador (dispensa injusta);

(B) a partir da percepção do valor igualdade, o Direito do Trabalho adota um princípio compensador de desigualdade (de proteção), consagrando um favorecimento do trabalhador, sujeito mais fraco na relação com o capital. Assim, com esse princípio, protege uma das partes na busca de uma igualdade substancial;

(C) para o jurista uruguaio Américo Plá Rodriguez, o princípio protetivo manifesta-se em várias dimensões, sendo numa delas, no princípio da norma mais favorável, que informa o direito adquirido;

(D) a irrenunciabilidade dos direitos trabalhistas traduz a indisponibilidade dos bens por ele tutelados, ou seja, que os direitos trabalhistas são irrenunciáveis porque o trabalhador deles não dispõe;

(E) o princípio da intangibilidade salarial projeta-se em garantias contra as mudanças contratuais e normativas que provoquem a redução do salário.

O que informa o direito adquirido é o princípio da condição mais benéfica.

Gabarito "C"

(Magistratura do Trabalho – 12ª Região – 2006) Dentre os critérios abaixo assinale aquele que não serve para diferenciar os princípios das demais normas jurídicas:

(A) os princípios têm grau de abstração mais elevado do que as normas;

(B) os princípios são mais duradouros do que as normas e transcendem o direito positivado;

(C) os princípios são ordenações que se irradiam e imantam os sistemas de normas, enquanto estas são preceitos que tutelam situações subjetivas de vantagem ou de vínculo;

(D) a aplicabilidade dos princípios ocorre diretamente, ao contrário das normas, que carecem de mediações concretizadoras;

(E) os princípios não se excluem do ordenamento jurídico na hipótese de conflito entre eles, pois permitem ao intérprete a adoção do critério de ponderação de valores, ao contrário das demais normas (regras), que são operadas de modo disjuntivo, isto é, o conflito entre elas é dirimido no plano de validade: aplicáveis duas normas a uma mesma situação, uma delas apenas a regulará, atribuindo-se à outra o caráter de nulidade.

Diversamente do enunciado, ensina Humberto Ávila, princípios são imediatamente descritivos e só mediatamente prescritivos, ao passo que com as "normas" ocorre o inverso. As demais proposições, autoexplicativas, estão corretas.

Gabarito "D"

(Magistratura do Trabalho – 16ª Região – 2011) Analise as afirmativas e assinale a alternativa CORRETA:

I. Segundo uma parte da doutrina, o princípio da proteção ou tutelar possui três dimensões distintas: o *in dubio pro operado*, o princípio da norma mais favorável e o princípio da condição mais benéfica. Outra corrente doutrinária elege tal princípio como o princípio mor da tutela juslaboral, do qual derivam todos os demais princípios trabalhistas e não apenas os subprincípios citados.

II. O princípio da norma mais favorável possui dois contrapontos hermenêuticos derivados de teorias homônimas: acumulação e conglobamento. Enquanto na teoria da acumulação, enseja-se o secionamento dos conteúdos normativos, extraindo-se os preceitos e institutos que se destaquem por serem mais favoráveis unitariamente, na teoria do conglobamento as normas jurídicas são analisadas considerando o mesmo universo temático, encaminhando-se à determinação do conjunto normativo mais favorável.

III. O princípio da imperatividade das normas trabalhistas não se objeta ao princípio da autonomia da vontade, vigente em sua plenitude no direito civil comum, porque a ordem constitucional se fundamenta igualmente nos valores sociais 'do trabalho e da livre-iniciativa. Por este mesmo fundamento, o princípio da inalterabilidade contratual lesiva agrega conteúdo trabalhista ao princípio jurídico geral do *pacta sunt servanda*.

IV. O princípio da intangibilidade salarial enquanto proteção ao valor nominal da remuneração é absoluto, sendo nulas quaisquer cláusulas que reduzam o valor da remuneração do trabalhador.

(A) Estão corretas apenas as afirmativas I, II e III.
(B) Estão corretas apenas as afirmativas I e II.
(C) Estão corretas apenas as afirmativas I, II e IV.
(D) Estão corretas apenas as afirmativas II e III.
(E) Todas as afirmativas estão corretas.

I: correta, por definição. A subdivisão do princípio nos três subprincípios citados consta da obra do jurista uruguaio *Américo Plá Rodriguez*. Para Godinho, entretanto, o princípio em questão "não se desdobra apenas nas três citadas dimensões. Ele abrange, essencialmente, quase todos (senão todos) os princípios especiais do Direito do Trabalho. De fato, como vimos comentando, no princípio da proteção reside a razão do Direito do Trabalho existir: se existe um direito comum para regular as relações intersubjetiva em geral, e se existe um direito do trabalho, então a *ratio essendi* deste só pode repousar na tutela diferenciada a um bem jurídico merecedor de especial proteção jurídica, o que, no âmbito da relação trabalhista, concerne à figura do empregado, seu polo hipossuficiente. Se não fosse tal princípio protetor, a tutela jurídica da relação de trabalho se satisfaria com o direito dito comum; **II:** correta, segundo a **teoria da acumulação (ou atomização)**, coexistindo diversos diplomas cujas normas não infrinjam norma proibitiva de hierarquia formalmente superior, o aplicador do Direito do Trabalho deve extrair, de cada diploma confrontado, as disposições mais favoráveis ao empregado e aplica-las ao caso concreto (exemplo: uma convenção coletiva prevê adicional de horas extras de 150% sobre o valor da hora normal a partir da décima hora extra de jornada, enquanto que um acordo coletivo prevê adicional de horas extras de 75% a partir da nona hora extra. Pela teoria da acumulação, aplicar-se-ia o que de melhor houvesse em cada diploma, ou seja, adicional de 150% a partir da nona hora extra. Esta teoria sofre diversas críticas, pois não é função do aplicador criar normas que não existem). Já a **teoria do conglobamento** se funda na ideia de que, no corpo de um diploma normativo, certos dispositivos são concebidos em razão de uma unidade lógica, não devendo, assim, seus dispositivos serem aplicados de forma desmembrada (no exemplo acima, cumpriria ao aplicador do Direito aplicar ou a convenção ou o acordo coletivo de trabalho, segundo o que se mostrasse, no todo, mais favorável ao empregado no caso concreto). A teoria do conglobamento, por sua vez, divide-se em teoria do conglobamento **puro** e em teoria do conglobamento **orgânico**, mitigado, parcial ou por instituto. Pela teoria do conglobamento puro, deve-se comparar as fontes e se aplicar a que, no seu conjunto, for mais favorável ao empregado, excluindo-se as demais (assim, por exemplo, havendo um regulamento de empresas prevendo determinados direitos e sucedendo-o outro regulamento estabelecendo-se novos direitos, a aferição da norma mais favorável é feita de forma global, aplicando-se apenas um ou outro regulamento, segundo a diretriz da Súmula 51 do TST). Já para a teoria do **conglobamento orgânico**, que foi adotada pelo art. 3º, II, da Lei n. 7.064/1982, o aplicador deve extrair, dos diplomas em comparação, o conjunto de normas mais favoráveis relativamente a um mesmo instituto (assim, por exemplo, cotejando-se uma convenção coletiva coexistente com um acordo coletivo de trabalho, caso o primeiro seja mais favorável ao trabalhador na estipulação de garantias de emprego e o segundo seja mais favorável quanto às condições de jornada extraordinária, aplicar-se-ia a convenção coletiva no tocante às garantias de emprego e o acordo coletivo no tocante à jornada); **III:** incorreta, pois tal princípio importa em efetiva restrição à autonomia da vontade no contrato trabalhista, "em contrtaponto à diretriz civil de soberania das partes no ajuste das condições contratuais" (DELGADO); **IV:** incorreta, conforme art. 7º, VI, da CF, e art. 462 da CLT, por exemplo, embora seja correta, segundo a atual jurisprudência do STF, a afirmação de que a intangibilidade salarial é meramente nominal, e não real (isto é, não há garantia de manutenção do valor aquisitivo real dos salários contra os efeitos corrosivos da inflação).

Gabarito "B".

(Magistratura do Trabalho – 16ª Região – 2006) Assinale a alternativa CORRETA:

(A) A Constituição consagra, dentre outros, os princípios da valorização social do trabalho, da irredutibilidade relativa dos salários e da não discriminação entre trabalhadores de igual nível manual, técnico ou intelectual.
(B) O princípio da aplicação da norma mais favorável equivale, de certo modo, ao conceito do direito adquirido, enquanto que o princípio da condição mais benéfica autoriza o juiz a decidir sempre em benefício do trabalhador, em matéria de fato ou de direito.
(C) Não se admite a inversão do ônus da prova no direito trabalhista, à falta de lei sobre a matéria.
(D) Para maior segurança dos atos jurídicos, no direito do trabalho a formalidade deve prevalecer, como regra geral, sobre a realidade dos fatos.
(E) Pelo princípio do *in dubio pro operario*, em havendo dúvida no exame probatório do processo, deve ser aceita aquela prova que for favorável ao trabalhador.

A: correta, arts. 1º, IV, 7º, VI e XXXII, e 170 da CF; **B:** incorreta, o princípio da condição mais benéfica é que se destina a proteger situações pessoais mais vantajosas que se incorporam ao patrimônio do empregado; **C:** incorreta, admite-se, com base no CDC, nas presunções que favorecem, geralmente, o empregado, e em hipóteses de aplicação da teoria da carga dinâmica da prova; **D:** incorreta, a realidade prevalece sobre a forma, sendo "nulos de pleno direito os atos praticados com o objetivo de desvirtuar, impedir ou fraudar a aplicação dos preceitos contidos na" CLT (art. 9º da CLT); **E:** incorreta, prevalece a teoria clássica do ônus da prova (CLT, art. 818).

Gabarito "A".

(Magistratura do Trabalho – 22ª Região – 2006) Consideradas as afirmações abaixo, marque a letra que contém a resposta correta:

I. Entre os princípios de Direito Individual do Trabalho, usualmente proclamados pela doutrina, constam o princípio tutelar ou protetivo, o princípio da norma mais favorável e o princípio da inalterabilidade contratual lesiva. Este último fundamenta a indisponibilidade dos direitos trabalhistas e assegura a liberdade efetiva do trabalhador no curso da relação empregatícia.

II. O ônus de provar o término do contrato de trabalho é do empregador, quando negados a prestação de serviço e o despedimento. Tal entendimento sumulado do Tribunal Superior do Trabalho encontra suporte teórico no princípio da continuidade da relação de emprego, o qual constitui presunção favorável ao empregado.

III. A renúncia e a transação, bem como a decadência, a prescrição, a composição, a confissão, a revelia, a conciliação, as convenções e os acordos coletivos de trabalho derrogam o princípio da indisponibilidade dos direitos trabalhistas.

IV. As Comissões de Conciliação Prévia, criadas para desafogar a Justiça do Trabalho, destinam-se a tentar conciliar os conflitos individuais do trabalho. A conciliação firmada perante tais Comissões constará de termo dotado de natureza de título executivo judicial e terá eficácia liberatória geral, exceto quanto às parcelas expressamente ressalvadas.

V. Não podem ser objeto de transação e renúncia lícitas os direitos tutelados em nível de interesse público, a exemplo da incidência das normas de saúde e segurança no trabalho.

(A) Todas estão erradas.
(B) Somente II está correta.
(C) I, III e V estão erradas.
(D) I, III e IV estão erradas.
(E) Somente IV está errada.

I: incorreta, a rigor, a indisponibilidade é um princípio decorrente do princípio da imperatividade, não guardando relação com a liberdade do trabalhador; **II:** correta, Súmula 212 do TST; **III:** incorreta, não derrogam, mas o mitigam; **IV:** incorreta, a natureza é extrajudicial (art. 625-E, parágrafo único, da CLT); **V:** correta, arts. 9º, 444 e 468 da CLT.

Gabarito "D"

(Magistratura do Trabalho – 23ª Região – 2012) Analise as proposições abaixo e assinale a alternativa correta:

I. são princípios peculiares do Direito do Trabalho os de proteção, primazia da realidade, irrenunciabilidade e continuidade.

II. segundo posição doutrinária majoritária, são pontos de divergência entre princípios e regras a amplitude da enunciação (que no caso dos princípios é ampla enquanto as regras são concisas) e a impossibilidade de gerar direito subjetivo, para o caso dos princípios; enquanto que o ponto de convergência entre princípios e regras reside na inespecificidade dos atos que ambos prescrevem.

III. A CLT não tem regra própria para a integração de normas jurídicas, valendo-se do que dispõe a Lei de Introdução ao Código Civil.

IV. A CLT, quando trata das Normas Especiais de Tutela do Trabalho, em seu Título III, traz o Capítulo III inteiramente dedicado à proteção do trabalho da mulher onde a Lei n. 9.799/1999 fez inserir o art. 373-A, para proibir o empregador ou seus prepostos de procederem a revistas íntimas nas empregadas. A extensão desta proibição de revista aos empregados do sexo masculino decorre da aplicação do método exegético.

V. Não sendo objeto de norma coletiva, para os que admitem que o trabalho na terça-feira de carnaval dê direito à remuneração especial do labor em feriado, quando não compensado, a fonte formal desse direito é o costume, visto que não consta do rol de feriados legais.

(A) Apenas as proposições I e V estão corretas e as demais estão incorretas.
(B) Apenas a proposição V está correta e as demais estão incorretas.
(C) As proposições II, III, IV e V estão corretas e a proposição I está incorreta.
(D) Apenas as proposições I, III e V estão corretas e as demais estão incorretas.
(E) Todas as proposições estão corretas.

I: correta, por definição; **II:** incorreta. Quando afirma que os princípios possuem caráter mais amplo do que as regras, a assertiva está correta, conforme Alexy e Dworkin. Contudo, é incorreto afirmar que os princípios não geram direitos subjetivos, bem como quando afirma a inespecificidade das regras. As regras são específicas e os princípios são abstratos, segundo a noção mais comum sobre normogênese; **III:** incorreta, "as autoridades administrativas e a Justiça do Trabalho, na falta de disposições legais ou contratuais, decidirão, conforme o caso, pela jurisprudência, por analogia, por equidade e outros princípios e normas gerais de direito" (art. 8º da CLT); **IV:** incorreta. Trata-se de uma interpretação extensiva e lógica (e não exegética, literal, gramatical ou judaica) da norma aos empregados do sexo masculino; **V:** correta. A terça-feira de carnaval não é considerada feriado legal (somente a quarta-feira de cinzas). Desta forma, a remuneração especial efetuada pelo trabalho exercido na terça-feira de carnaval é oriunda de costume *praeter legem*.

Gabarito "A"

(Magistratura do Trabalho – 23ª Região – 2006) O *caput* do art. 7º da Lei Maior estatui: "São direitos dos trabalhadores urbanos e rurais, além de outros que visem à melhoria de sua condição social..." Este dispositivo consagra um princípio cardeal no Direito do Trabalho, assegurando um mínimo de garantias sociais para o empregado, passível de tratamento mais benéfico pela vontade das partes ou outra fonte do Direito. Trata-se de qual princípio?

(A) Princípio da proteção;
(B) Princípio do in *dubio pro operario*;
(C) Princípio da indisponibilidade dos direitos trabalhistas;
(D) Princípio da isonomia;
(E) Princípio da irredutibilidade salarial.

O princípio da proteção parte do pressuposto lógico de que se existe um direito comum para regular as relações intersubjetiva em geral, e se existe um direito do trabalho, então a ratio essendi deste só pode repousar na tutela diferenciada a um bem jurídico merecedor de especial proteção jurídica, o que, no âmbito da relação trabalhista concerne à figura do empregado, seu polo hipossuficiente. Se não fosse tal princípio protetor, a tutela jurídica da relação de trabalho se satisfaria com o direito dito comum.

Gabarito "A"

(Procurador do Trabalho – MPT – 15º Concurso – 2008) Assinale a alternativa INCORRETA:

(A) o Direito do Trabalho não admite a renúncia, pelo trabalhador, antes, durante e após o rompimento do contrato de trabalho;
(B) somente será passível de transação lícita parcela juridicamente não acobertada por indisponibilidade absoluta, independentemente do respeito aos demais requisitos jurídico-formais do ato;
(C) de acordo com o entendimento uniforme do Tribunal Superior do Trabalho, o direito ao aviso-prévio

é irrenunciável pelo empregado. O pedido de dispensa de cumprimento não exime o empregador de pagar o respectivo valor, salvo comprovação de haver o prestador dos serviços obtido novo emprego;

(D) de acordo com orientação jurisprudencial do Tribunal Superior do Trabalho, a transação extrajudicial que importa rescisão do contrato de trabalho ante a adesão do empregado a plano de demissão voluntária implica quitação exclusivamente das parcelas e valores constantes do recibo;

(E) não respondida.

A: assertiva incorreta, devendo ser assinalada, após o contrato, com riscos não tão pujantes, é admitida a renúncia (por exemplo, na prescrição); **B:** assertiva correta, conforme doutrina predominante; **C:** assertiva correta, Súmula 276 do TST; **D:** assertiva correta, OJ 270 da SDI-I do TST.

Gabarito "A"

(Procurador do Trabalho – MPT – 15º Concurso – 2008) Assinale a alternativa INCORRETA:

(A) dentre os mais importantes princípios especiais do Direito Individual do Trabalho indicados pela doutrina, incluem-se o princípio da proteção, o princípio da irrenunciabilidade dos direitos trabalhistas e o princípio da norma mais favorável;

(B) o princípio da primazia da realidade sobre a forma autoriza a descaracterização de um contrato de prestação civil de serviços, desde que despontem, ao longo de sua execução, todos os elementos fático-jurídicos da relação de emprego;

(C) de acordo com a jurisprudência consolidada do Tribunal Superior do Trabalho, o ônus de provar o término do contrato de trabalho, quando negados a prestação de serviço e o despedimento, é do empregador, pois o princípio da continuidade da relação de emprego constitui presunção favorável ao empregado;

(D) o princípio da razoabilidade segundo o qual as condutas humanas devem ser avaliadas de acordo com um critério associativo de verossimilhança, sensatez e ponderação, não tem aplicação no Direito Coletivo do Trabalho;

(E) não respondida.

O princípio da razoabilidade está sempre presente, eis que decorrente do rule of reasonableness, pressuposto teórico do Estado de Direito.

Gabarito "D"

(Procurador do Trabalho – MPT – 13º Concurso – 2006) Em relação aos princípios do Direito do Trabalho, é INCORRETO afirmar que:

(A) o princípio da irrenunciabilidade vem sendo afetado pela tese da flexibilização;

(B) o princípio da norma mais favorável significa aplicar, em cada caso, a norma jurídica mais favorável ao trabalhador, independentemente de sua colocação na escala hierárquica das fontes do direito;

(C) o princípio da continuidade da relação de emprego confere suporte teórico ao instituto da sucessão de empregadores;

(D) a adoção de medidas tendentes a facilitar o acesso ao mercado de trabalho dos negros constitui violação ao princípio da não discriminação, que proíbe diferença de critério de admissão por motivo de raça;

(E) não respondida.

Trata-se de discriminação positiva ou de ação afirmativa, hipótese em que a relativização do princípio da igualdade formal em nome da igualdade material constitui discriminação lícita, se observados parâmetros de razoabilidade e proporcionalidade.

Gabarito "D"

(Procurador do Trabalho – MPT – 13º Concurso – 2006) Em relação à indisponibilidade e flexibilização das normas trabalhistas:

I. a anotação do contrato de trabalho na Carteira de Trabalho e Previdência Social é exemplo de norma de natureza dispositiva;

II. a primazia dos preceitos de ordem pública na formação do conteúdo do contrato de trabalho está expressamente enunciada na lei;

III. a flexibilização é uma fenda no princípio da inderrogabilidade das normas de proteção ao trabalho, admitida nos limites do sistema jurídico nacional traçado na Constituição Federal;

IV. a transação e a renúncia são institutos incompatíveis com o Direito do Trabalho, sendo vedadas pelo sistema juslaboral.

Analisando-se as asserções acima, pode-se afirmar que:

(A) todas as afirmativas estão corretas;

(B) apenas as afirmativas I, II e III estão corretas;

(C) apenas as afirmativas II e III estão corretas;

(D) apenas a afirmativa I está incorreta;

(E) não respondida.

I: incorreta, segundo doutrina predominante (v. Súmula 64 do TST, cancelada); **II:** considerada correta pela banca, mas controversa, pois o art. 444 da CLT não trata literalmente do preceito; **III:** correta, por definição; **IV:** incorreta, havendo a possibilidade de transação acerca de direitos de indisponibilidade relativa e, excepcionalmente, de renúncia (como ocorre na prescrição).

Gabarito "C"

1.3. FONTES DO DIREITO DO TRABALHO

ATENÇÃO: Muitas das questões abaixo se embasam em definições não científicas de fontes do direito. Seguimos à escola kelseniana, para a qual "fontes do direito" são os meios (atividade enunciativa de sujeitos competentes + procedimento válido) de introdução de normas jurídicas. Assim, "fonte do direito" é a atividade de legislar, de contratar, de sentenciar, de autuar. O que o censo comum chama de "fontes formais do direito" corresponde ao que Kelsen identifica como "fundamentos de validade" da norma, ou seja, são o mero veículo introdutor de normas. Este é o primeiro detalhe. O segundo detalhe é que aquilo comumente identificado como fonte formal do direito (leis, decretos, portarias, sentenças normativas, convenções e acordos coletivos de trabalho etc.) é apenas uma parcela entre os diversos veículos introdutores de norma. Também contratos individuais de trabalho, sentenças em reclamações individuais, autos de infração, regulamentos de empresa são "fontes formais", nesta tipologia corrente, pois também são veículos introdutores de normas, ou seja, de juízos prescritivos, ainda que eventualmente possuam característica de comandos concretos (isto é, voltados para fatos já ocorridos) e individuais (isto é, normas prescritoras de relações jurídicas entre sujeitos determinados). As normas jurídicas, diga-se, não se confundem com o texto de lei, mas concerne ao juízo intelectual que é construído a partir da leitura dos enunciados constantes de um texto positivado, sendo definidas, em linguagem técnica, como as manifestações irredutíveis do deôntico (Paulo de Barros Carvalho) e representadas, analiticamente, pela oração Se F, então deve ser R (ou, logicamente, pela equação F à R). Assim, por exemplo, Se Tício trabalhar sem faltas durante a semana, Então deve-ser que Caio conceda a Tício um repouso semanal remunerado. Enfim, esta é a estrutura da norma: se isto, então aquilo, quando então teremos uma oração completamente provida de sentido deôntico. Nesta oração, o Se se refere ao fato, e é chamado de antecedente normativo, descritor ou hipótese; o Então se refere à relação jurídica desencadeada pela subsunção do fato à hipótese, sendo chamada de consequente normativo, prescritor ou tese. Se o antecedente se referir a um fato já ocorrido, estamos diante de uma norma concreta; acaso refira-se a um fato hipotético, estamos diante de uma norma abstrata. Por outro lado, se o consequente se referir a uma relação jurídica com sujeitos determinados, estaremos diante de uma norma individual; mas se referindo a sujeitos indeterminados, estaremos diante de uma norma geral.

(Magistratura do Trabalho – 2ª Região – 2012) O artigo 8º da CLT dispõe que: *"As autoridades administrativas e a Justiça do Trabalho, na falta de disposições legais ou contratuais, decidirão, conforme o caso, pela jurisprudência, por analogia, por equidade e outros princípios e normas gerais de direito, principalmente do direito do trabalho, e, ainda, de acordo com os usos e costumes, o direito comparado, mas sempre de maneira que nenhum interesse de classe ou particular prevaleça sobre o interesse público"*. A análise literal da previsão legal contida no dispositivo implica em:

(A) utilização dos princípios do direito do trabalho como modo de evitar e retificar os efeitos não desejáveis da legislação trabalhista;
(B) enumeração taxativa das fontes formais do direito do trabalho;
(C) atribuição de função integrativa do direito positivo para os princípios gerais do direito do trabalho, que serão aplicáveis pelo julgador diante das lacunas da lei;
(D) utilização da jurisprudência como fonte formal prevalente sobre as demais enumeradas no artigo;
(E) prevalência da analogia e da equidade sobre as demais fontes formais previstas no diploma legal.

A: incorreta, pois embora a hipótese até seja cogitável pela teoria dworkiniana dos princípios, não é disso que cuida o art. 8º; **B:** incorreta, pois tal enumeração seria demasiadamente ampla, a abranger a Constituição, leis complementares, leis ordinárias, medidas provisórias, decretos, portarias etc., sem mencionar inúmeros outros instrumentos veiculadores de normas jurídicas; **C:** correta, por definição, sem prejuízo de outras fontes supletivas; **D:** incorreta, a jurisprudência não é fonte formal; **E:** incorreta, inexiste tal hierarquia no texto do art. 8º, embora usualmente se confira proeminência à analogia, em razão do princípio da legalidade.

Gabarito "C"

(Magistratura do Trabalho – 3ª Região – 2013) O direito do trabalho procura compensar a debilidade contratual originária do trabalhador, operando a transferência do momento contratual fundamental do plano individual para o coletivo. Considerando essas premissas, assinale a alternativa correta:

I. A transferência do momento contratual fundamental do plano individual para o coletivo reduz o papel do contrato individual de trabalho, no que concerne à fixação das condições de trabalho.
II. A transferência do momento contratual fundamental do plano individual para o coletivo implica predominância das convenções e acordos coletivos de trabalho sobre o contrato individual do trabalho, salvo em relação às condições mais benéficas para o trabalhador estabelecidas neste contrato.
III. A transferência do momento contratual fundamental do plano individual para o coletivo permite a participação dos trabalhadores, por meio dos seus sindicatos, na conformação da ordem jurídica.
IV. A transferência do momento contratual fundamental do plano individual para o coletivo implica predominância das convenções e acordos coletivos de trabalho sobre o contrato individual do trabalho, inclusive em relação às condições mais benéficas estabelecidas para o trabalhador neste contrato.

(A) Todas as afirmativas estão corretas.
(B) Somente as afirmativas II e III estão corretas.
(C) Somente as afirmativas III e IV estão corretas.
(D) Somente as afirmativas I, II e III estão corretas.
(E) Somente as afirmativas I, II e IV estão corretas.

Ao que nos parece, as colocações acima foram extraídas da obra Direito do Trabalho, do jurista português António Monteiro Fernandes (Editora Almedina). I, II e **III:** corretas, tratando-se, na concepção do autor citado, de expressão da função protetiva do Direito do Trabalho; **IV:** a assertiva choca-se com a assertiva II, atentando contra o princípio da norma mais favorável.

Gabarito "D"

(Magistratura do Trabalho – 3ª Região – 2009) São fontes formais do Direito do Trabalho, exceto:

(A) a Sentença que decide o dissídio coletivo;
(B) a Sentença que decide a ação civil pública;
(C) a Constituição da República;
(D) a Convenção Coletiva;
(E) a Lei.

A vertente questão baseia-se em conceito não científico de fontes do direito e de normas jurídicas. Segundo a jusfilosofia analítica, fontes de direito é conceito que reside na somatória das noções de sujeito competente e atividade enunciativa, de sorte que fontes do direito são os fatos praticados por sujeitos credenciados pelo sistema jurídico (sujeitos competentes), segundo o processo preestabelecido por este mesmo sistema (enunciação), idôneos a introduzirem normas jurídicas. As normas jurídicas, a seu turno, não se confundem com o texto de lei, mas concerne ao juízo intelectual que é construído a partir da leitura dos enunciados constantes de um texto, sendo definidas, em linguagem técnica, como as manifesta*ções* irredut*í*veis do de*ô*ntico (Paulo de Barros Carvalho), sendo representadas, analiticamente, pela oração Se F, então deve ser R (ou, logicamente, pela equação F à R). Assim, por exemplo, Se Tício trabalhar sem faltas durante a semana, Ent*ão* deve-ser que Caio conceda a Tício um repouso semanal remunerado. Enfim, esta é a estrutura da norma: se isto, ent*ão* aquilo, quando então teremos uma oração completamente provida de sentido deôntico. Nesta oração, o Se se refere ao fato, e é chamado de antecedente normativo, descritor ou hipótese; o Ent*ão* se refere à relação jurídica desencadeada pela subsunção do fato à hipótese, sendo chamada de consequente normativo, prescritor ou tese. Se o antecedente se referir a um fato já ocorrido, estamos diante de uma norma concreta; acaso refira-se a um fato hipotético, estamos diante de uma norma abstrata. Por outro lado, se o consequente se referir a uma relação jurídica com sujeitos determinados, estaremos diante de uma norma individual; mas se referindo a sujeitos indeterminados, estaremos diante de uma norma geral. Assim, a lei é "fonte" do direito (veículo introdutor de normas abstratas e gerais) quando elaborada pelo sujeito competente (legislador) e segundo o procedimento válido (processo legislativo), assim como o acordo coletivo de trabalho (veículo introdutor de normas abstratas, como regra, e individuais), a sentença judicial em processos individuais (veículo introdutor de normas concretas e individuais), o contrato individual (veículo introdutor de normas abstratas e individuais) etc. Assim, a rigor, a sentença proferida em sede de ação civil pública também é fonte do direito, pois introduz normas no ordenamento, eis que emanadas de sujeito credenciado (juiz) e mediante processo válido. Todavia, em uma linguagem menos científica, alguns doutrinadores farão a distinção entre "normas" e "cláusulas", pretendendo distinguir a norma abstrata e geral da norma concreta e individual e considerando como fonte do direito apenas os veículos introdutores das primeiras. É nesse sentido que a questão vem respondida.

Gabarito "B"

(Magistratura do Trabalho – 4ª Região – 2012) Analise as afirmações abaixo.

I. A Justiça do Trabalho, na ausência de disposições legais ou contratuais, decidirá, conforme o caso, pela jurisprudência, por analogia, por equidade e outros princípios e normas gerais de direito, principalmente do direito do trabalho, e, ainda, de acordo com os usos e costumes, o direito comparado, mas sempre de maneira que os interesses de classe ou particulares não prevaleçam sobre o interesse público.

II. O direito comum será fonte subsidiária do direito do trabalho, naquilo em que for compatível com os princípios fundamentais deste.

III. O direito do trabalho, com suporte na clássica teorização de *Hans Kelsen*, sobre a estrutura dinâmica das normas, sujeita-se à pirâmide hierárquica de verticalidade fundamentadora entre diplomas normativos, mediante a qual um diploma encontra respaldo e fundamento naquele que lhe é superior.

IV. Segundo a jurisprudência trabalhista dominante, o regulamento de empresa não tem caráter de fonte normativa autônoma, ingressando nos contratos individuais como se fossem cláusulas contratuais.

Estão corretas as afirmações:

(A) I, II e IV, apenas.
(B) I e II, apenas.
(C) II, III e IV, apenas.
(D) I e IV, apenas.
(E) I, II, III e IV.

I: correta, art. 8º, da CLT; **II:** correta, art. 8º, parágrafo único, da CLT; **III:** incorreta. O Direito do Trabalho possui o princípio da proteção como vetorial. Desta forma, a tendência é a aplicação d a norma mais favorável ao trabalhador, independentemente de sua posição hierárquica na pirâmide kelseniana. Assim, diz-se haver flexibilização da hierarquia das fontes normais no âmbito juslaboral, a fim de se cumprir com seus objetivos protetivos ao trabalhador; **IV:** correta, pois esta é a concepção da jurisprudência. À luz da teoria científica das fontes do direito, conforme já explicamos, rejeitamos tal concepção, considerando fonte do direito toda a atividade enunciativa que, mediante procedimento válido, introduza normas jurídicas (ainda que individuais, como nos contratos, regulamentos de empresa e sentenças) ao ordenamento jurídico.

Gabarito "A"

(Magistratura do Trabalho – 5ª Região – 2006 – CESPE) Considerando as fontes formais do direito do trabalho, seu conceito, classificação e hierarquia, conflitos de normas e suas soluções; interpretação e aplicação do direito do trabalho, o papel da equidade e a eficácia das normas trabalhistas no tempo e no espaço; revogação, irretroatividade e direito adquirido no direito do trabalho, assinale a opção incorreta.

(A) O regulamento interno da empregadora não é considerado fonte formal do direito do trabalho.
(B) A teoria do conglobamento é utilizada como método para se aferir a norma mais benéfica ao empregado.
(C) De acordo com a legislação trabalhista vigente, a jurisprudência é uma fonte de integração da lei.
(D) Se determinada pessoa física for contratada no Paraguai, por pessoa jurídica de nacionalidade paraguaia, para prestar serviços no Brasil, inexistindo qualquer dispositivo no contrato individual do trabalho regulando de maneira contrária, a norma trabalhista aplicável será a vigente no Brasil à época da prestação.
(E) Havendo dois regulamentos estabelecidos pela empregadora, disciplinando as mesmas matérias, a opção do empregado por um deles importará a renúncia às regras previstas no outro.

A: assertiva incorreta, devendo ser assinalada, eis que o regulamento de empresa é fonte autônoma do direito, pois veicula normas classificadas, quanto ao antecedente normativo, em abstratas, e, quanto ao consequente normativo, individuais quanto a um dos polos da relação jurídica (no caso, o empregador), sendo fundamento de validade de direitos e obrigações; **B:** assertiva correta, trata-se do método mais científico de aplicação do princípio da norma mais benéfica, fundando-se na doutrina da indivisibilidade das leis (quando certos dispositivos são concebidos em razão de uma unidade lógica, não devem ser aplicados de forma desmembrada); **C:** assertiva correta, art. 8º da CLT; **D:** assertiva correta, Súmula 207 do TST (cancelada em 2012); **E:** assertiva correta, Súmula 51, II, do TST.

Gabarito "A"

(Magistratura do Trabalho – 9ª Região – 2009) Analise as proposições a seguir:

I. No plano jurídico, fontes do Direito expressam a origem das normas jurídicas, podendo-se classificar as fontes em dois grandes blocos, designados de fontes materiais, enfocando o momento pré-jurídico, constituindo-se nos fatores que conduzem à emergência e construção da regra de Direito e fontes formais, enfocando o momento tipicamente jurídico, considerando a regra já plenamente construída, os mecanismos exteriores e estilizados pelos quais essas regras se revelam para o mundo exterior, ou seja, os meios pelos quais se estabelece a norma jurídica.

II. As fontes formais justrabalhistas classificam-se em heterônomas e autônomas. São consideradas fontes autônomas do Direito do Trabalho: costumes, acordos coletivos de trabalho e convenções coletivas de trabalho.

III. No Direito do Trabalho, em que um dos princípios é o "da norma mais favorável", o critério orientador da hierarquia das normas jurídicas é distinto do rígido e inflexível operante no Direito Comum, implicando que no Direito do Trabalho a pirâmide normativa se constrói de modo plástico e variável, elegendo-se para o seu vértice dominante a norma que mais se aproxime do caráter teleológico do ramo trabalhista.

IV. Pela hierarquia das fontes normativas, um decreto regulamentador não poderia ampliar direitos, falecendo ao Chefe do Poder Executivo poderes para alargar o comando legal regulamentado. Todavia, considerando a especificidade do Direito do Trabalho, no caso de conflito de regras jurídicas, a solução jurisprudencial tem aplicado a regra da norma mais favorável, mesmo nos casos em que o decreto regulamentador amplia direito assegurado em lei.

V. Acerca da aderência contratual dos direitos decorrentes de convenções ou acordos coletivos de trabalho se apresentam três posições interpretativas: a primeira, da aderência irrestrita, sustenta que as cláusulas convencionais ingressam para sempre nos contratos individuais, não mais podendo ser suprimidas; a segunda, da aderência limitada pelo prazo, considera que os dispositivos negociados mediante ACT ou CCT vigoram no prazo de tais diplomas, não aderindo indefinidamente ao contrato de trabalho e a terceira defende a aderência limitada por revogação, ou seja, os dispositivos negociados vigorariam até que novo instrumento negocial os revogasse. A teoria que prevalece na jurisprudência é a da aderência limitada pelo prazo.

(A) todas as proposições estão corretas.
(B) apenas quatro proposições estão corretas.
(C) apenas três proposições estão corretas.
(D) apenas duas proposições estão corretas.
(E) apenas uma proposição está correta.

I: correta, segundo a doutrina tradicional das fontes do direito; **II:** correta, por definição; **III:** correta (extraído, literalmente, do Curso de Direito do Trabalho, de Maurício Godinho Delgado); **IV:** correta, segundo Godinho, a jurisprudência trabalhista tem entendido o texto ampliativo de direitos trazidos por decreto como proposta interpretativa mais favorável da regra legal. É o que ocorreu, por exemplo, com o Decreto 57.155/1965, regulamentador da Lei 4.090/1962: o art. 7º do decreto estende o 13º salário proporcional a qualquer hipótese de extinção contratual, salvo na justa causa, ao passo que o art. 3º da lei contemplava o direito apenas em situações de resilição unilateral por ato do empregador (dispensa injusta), com a Súmula 157 do TST acatando a proposição veiculada pelo decreto. Na mesma linha, o Decreto 71.885/1973, regulamentador da Lei 5.859/1972, ampliou o instituto das férias anuais remuneradas de vinte dias úteis do empregado doméstico (pelo decreto, que manda aplicar o capítulo celetista concernente a férias à categoria doméstica, cabe ao doméstico a parcela de férias proporcionais, não obstante o silêncio da lei). Sem dúvida, no entanto, o enunciado é polêmico, eis que fala sobre aplicabilidade do decreto, e não sobre sua concepção como proposta interpretativa; **V:** correta, sendo que a Súmula 277 do TST, que à época do concurso prestigiava a teoria da aderência limitada pelo prazo, a partir de setembro de 2012 passou a reconhecer a teoria da vigência limitada por revogação.

Gabarito "A"

(Magistratura do Trabalho – 12ª Região – 2006) Sobre as fontes do Direito do Trabalho é incorreto afirmar:

(A) as fontes materiais justrabalhistas, sob a perspectiva sociológica, dizem respeito aos distintos processos de agregação dos trabalhadores assalariados, em função do sistema econômico, nas empresas e regiões do mundo ocidental contemporâneo;
(B) as fontes materiais justrabalhistas, sob o ponto de vista filosófico, correspondem às ideias e correntes de pensamento que influíram na construção e mudança do Direito do Trabalho;
(C) as fontes materiais justrabalhistas, sob o ponto de vista político, dizem respeito aos movimentos sociais organizados pelos trabalhadores, de nítido caráter reivindicatório, como os movimentos sindicais e políticos operários;
(D) a regra geral segundo a qual, em situação de conflito, a hierarquia das fontes formais é obedecida, ou seja, que a ordem jurídica de âmbito maior afasta a de âmbito menor, é absoluta no Direito do Trabalho;
(E) a par das fontes principais, existem outras fontes subsidiárias ou integradores, das quais pode se socorrer o intérprete diante das lacunas do direito positivo, como o direito comum, naquilo em que não for incompatível com os princípios fundamentais deste.

A alternativa D está incorreta, haja vista a intensa atuação do princípio da norma mais favorável no escalonamento hierárquico das normas trabalhistas.

Gabarito "D"

(Magistratura do Trabalho – 13ª Região – 2006) Assinale a alternativa adequada:

(A) entre as fontes formais do direito do trabalho, não se incluem a jurisprudência e os princípios gerais do direito;

(B) a fonte formal por excelência do direito do trabalho é a equidade, conforme previsto na Constituição Federal;

(C) o direito civil é a fonte formal principal do direito do trabalho, uma vez que o segundo originou-se do primeiro;

(D) no Brasil, dada a liberdade contratual e a autonomia dos sindicatos, a principal fonte formal do direito do trabalho é a negociação coletiva entre entidades representativas de empregados e de empregadores, dando origem a convenções e acordos coletivos;

(E) todas as proposições acima estão erradas.

A: incorreta, a jurisprudência vem sendo usada como fundamento de validade na tomada de decisões, como no caso da súmula impeditiva de recursos ou da sumula vinculante. Não obstante, assim como os princípios gerais do direito, consubstancia-se em fonte supletiva (CLT, art. 8º); **B:** incorreta, em nenhum momento a Constituição o faz; **C:** incorreta, o direito civil é fonte supletiva (art. 8º da CLT); **D:** incorreta, o Brasil é um Estado intervencionista, sob o ângulo de seu Direito do Trabalho.

Gabarito "E"

(Magistratura do Trabalho – 16ª Região – 2011) Analise as afirmativas abaixo e assinale a alternativa CORRETA:

I. O modelo justrabalhista brasileiro é o estatal-subordinado de gestão trabalhista que reproduziu as experiências democráticas europeias do pós-guerra, especialmente o modelo italiano. Sua base principiológica se apoia no tripé da organização sindical unitária, a absorção de grandes e pequenos conflitos pelo Estado e as distintas e combinadas formas de controle das organizações e lideranças coletivas obreiras pelo Estado.

II. As fontes jurídicas trabalhistas materiais de inspiração econômica da dinâmica do sistema capitalista, especialmente a concentração e centralização dos empreendimentos capitalistas, provocando maciça utilização de força de trabalho nos moldes empregatícios. Já as fontes jurídicas materiais de cunho político-sociológico advém de conquistas dos movimentos sociais organizados por trabalhadores, tanto no plano das empresas e no mercado econômico, quanto nos partidos e movimentos políticos.

III. As fontes jurídicas trabalhistas formais são os mecanismos pelos quais as normas ingressam na ordem jurídica e a rigor todas derivam de um único centro de positivação, o Estado, segundo a teoria monista. Ainda segundo esta teoria as normas coletivas oriundas de negociação coletiva entre Sindicatos e as condições previstas nos contratos de trabalho firmados entre as partes somente seriam aplicáveis quando derivadas de regras estatais positivadas e preexistentes, que fixem requisitos para sua validade, vigência e eficácia.

IV. São fontes formais autônomas do direito do trabalho as convenções coletivas de trabalho, os acordos coletivos de trabalho, o contrato coletivo de trabalho, o acordo homologado por sentença normativa em dissídio coletivo, usos e costumes, o laudo arbitral, o regulamento empresarial e as cláusulas contratuais.

(A) Apenas estão corretas as afirmativas I, II e IV.
(B) Apenas estão corretas as afirmativas I, II e III
(C) Apenas estão corretas as afirmativas II e IV.
(D) Apenas estão corretas as afirmativas II e III.
(E) Todas estão incorretas.

I: incorreta, segundo Maurício Godinho Delgado, o modelo estatal-subordinado de gestão trabalhista foi insculpido pelas experiências fascistas europeias da primeira metade do século XX (especialmente, na Alemanha e Itália), e não pelas experiências democráticas do pós-guerra, que expurgou tal modelo. No restante, o enunciado está correto, em que pese tratar-se de uma premissa válida para as origens do Direito do Trabalho no Brasil, eis que a Carta de 1988 trouxe relevante impulso à transição democrática justrabalhista; **II** e **III:** corretas, segundo a doutrina de Maurício Godinho Delgado, aqui reproduzida; **IV:** incorreta, segundo a maior parte da doutrina, o laudo arbitral seria uma fonte heterônoma, eis que a norma daí decorrente é editada por um terceiro (árbitro) alheio à relação jurídica subjacente (relação de trabalho). Entendemos que o laudo arbitral é um veículo introdutor de normas, autônomo na origem (pois pressupõe a pactuação da arbitragem) e heterônomo na decisão.

Gabarito "D"

(Magistratura do Trabalho – 16ª Região – 2006) Assinale a alternativa a INCORRETA:

(A) Constituem fontes típicas do direito do trabalho a convenção coletiva, o acordo coletivo, a sentença normativa, o regulamento de empresa e o estatuto sindical.

(B) Frustrada a negociação coletiva, as partes poderão eleger árbitros. Recusando-se qualquer das partes à negociação coletiva ou à arbitragem, é facultado a elas, de comum acordo, ajuizar dissídio coletivo de natureza econômica, podendo a Justiça do Trabalho decidir o conflito, respeitadas as disposições mínimas legais de proteção ao trabalho, bem como as convencionadas anteriormente.

(C) A convenção coletiva tem aplicação sobre toda a categoria econômica e profissional interessada, enquanto que a abrangência do acordo coletivo restringe-se a uma ou determinadas empresas.

(D) As fontes materiais de direito equivalem aos fenômenos sociais, econômicos e políticos.

(E) São fontes típicas do direito do trabalho a equidade, a analogia, o contrato, a Constituição e a lei.

Equidade e analogia são recursos técnicos de aplicação do direito nas hipóteses de lacuna (embora seja possível falar na jurisprudência como fonte de validade de decisões, como no caso da súmula impeditiva de recursos ou da súmula vinculante); em uma linguagem científica, entendemos o contrato uma fonte do direito, eis que veicula normas abstratas (no sentido do antecedente normativo referir-se a fato futuro) e individuais (com o consequente referindo-se a uma relação entre sujeitos identificados).

Gabarito "E"

(Magistratura do Trabalho – 18ª Região – 2006) A MP 2.164-41, publicada no *DOU* de 24.08.2001, criou a figura do trabalho em regime de tempo parcial (art. 58-A e seguintes da CLT) e a possibilidade de suspensão do contrato de trabalho para participação do empregado em curso ou programa de qualificação profissional oferecido pelo empregador (art. 476-A e seguintes da CLT). A propósito, assinale a alternativa correta:

(A) os dispositivos mencionados foram definitivamente incorporados à CLT.
(B) a vigência dos dispositivos mencionados depende da reedição da MP 2.164-41.
(C) os dispositivos mencionados continuam em vigor até que expire o prazo de vigência da MP 2.164-41.
(D) os dispositivos mencionados foram revogados expressamente.
(E) a MP 2.164-41 continua em trâmite até a presente data.

Citada MP permanece em trâmite, conforme EC 32/2001.

Gabarito "E".

(Magistratura do Trabalho – 23ª Região – 2012) Analise as proposições abaixo e assinale a alternativa correta:

I. Pela teoria monista, as fontes jurídicas formais do Direito derivam de um único centro de positivação, enquanto que a teoria plurista sustenta a existência de distintos centros de positivação jurídica ao longo da sociedade civil.
II. As regras negociadas e construídas coletivamente são regras heterônomas onde as partes interessadas autodisciplinam as condições de vida e trabalho.
III. Constituíram típicas fontes materiais, sob o prisma filosófico, o socialismo, nos séculos XIX e XX, e correntes político-filosóficas afins, como o trabalhismo, o socialismo-cristão.
IV. Equidade corresponde ao processo de adequação e atenuação da norma, que é ampla e abstrata, em face das particularidades inerentes ao caso concreto, de forma que, como mecanismo adequador da generalidade, abstração e impessoalidade da norma ao caso concreto, a equidade auxiliará o julgador a atuar com sensatez e equilíbrio.
V. O contrato individual de trabalho é fonte formal do Direito porque se constitui de cláusulas concretas, específicas e pessoais envolvendo os contratantes.

(A) Apenas as proposições I e V estão corretas e as demais estão incorretas.
(B) Apenas a proposição V está correta e as demais estão incorretas
(C) As proposições II, III, IV e V estão corretas e as demais estão incorretas.
(D) Apenas as proposições I, III e V estão corretas e as demais estão incorretas.
(E) Todas as proposições estão corretas.

I: correta, por definição; **II:** incorreta, tratando-se de enunciação autônoma. **III:** correta, por definição; **IV:** incorreta. A nosso ver, o equívoco do enunciado é de mui difícil apreensão. É que o dispositivo parece abordar a equidade como uma ferramenta de aplicação do direito, ao passo que a equidade se consubstancia em ferramenta de colmatação de lacunas (CLT, art. 8º). Na forma como consta do enunciado, estar-se-ia a confundir equidade (recurso supletivo do direito) por razoabilidade/proporcionalidade (critérios de aplicação do direito). Não fosse tal detalhe, a equidade estaria bem descrita no enunciado, à luz de seu sentido aristotélico ("epiqueia"), ou seja, adequação da norma ao caso concreto, distinto do sentido romano ("aequitas"), a enfatizar a criação pretoriana do direito. De acordo com Maurício Godinho Delgado, "a equidade (epiqueia) traduz a retificação das distorções da lei, corrigindo as injustiças do comando abstrato perante a situação fática concreta. Corresponde ao processo de adequação e atenuação do preceito normativo – sempre naturalmente amplo e abstrato – em face das particularidades inerentes ao caso concreto ventilado apenas genericamente pela norma. A equidade (epiqueia) emerge, pois, como critério adequador a ser observado no momento da aplicação final da norma: em síntese, um "critério de aplicação das leis, o qual permite adaptá-las a cada caso particular e temperar-lhes o rigor com a adequação. De acordo com a segunda das concepções (de matriz romana), a equidade (aequitas) aproxima-se de um processo de criação de regras jurídicas, assumindo, portanto, caráter de fonte normativa. (...)." "O art. 127 do Código de Processo Civil estabelece que o recurso à equidade somente deve produzir quando a lei expressamente o autorizar. A CLT, contudo, faz remissão mais aberta à equidade, arrolando-a como fonte normativa subsidiária, a ser invocada em situações de lacuna normativa no conjunto das fontes principais do Direito do Trabalho (art. 8º, CLT). Não há, na verdade, tão largo distanciamento entre os dois preceitos legais. É que a jurisprudência, hoje, tem compreendido que, diante de texto expresso e inequívoco da norma jurídica, descaberia recurso à equidade para se suprimir ou tangenciar o efeito legal pretendido pela ordem jurídica. Como fonte normativa subsidiária (no sentido romano, portanto), a equidade deve, efetivamente, ser contingenciada ao máximo, inclusive por não ser esse instituto hábil a produzir fórmula jurídica geral e universal – e, portanto, democrática**. Entretanto, como mecanismo adequador da generalidade, abstração e impessoalidade do preceito normativo às particularidades do caso concreto, a equidade (no sentido grego, pois) sempre tenderá a auxiliar o operador jurídico a concluir com sensatez e equilíbrio sua atuação específica**."; **V:** correta, por definição. Vê-se, pois, uma assertiva à luz da teoria das fontes que defendemos ao início do capítulo.

Gabarito "D".

(Magistratura do Trabalho – 24ª Região – 2007) Assinale a alternativa INCORRETA:

(A) O laudo arbitral é considerado fonte do Direito do Trabalho.
(B) As teorias da Acumulação e do Conglobamento buscam informar critérios de determinação da norma mais favorável.
(C) O critério normativo hierárquico justrabalhista não prevalecerá ante normas heterônomas estatais proibitivas.
(D) A autointegração é o preenchimento de lacunas da lei, utilizando-se da analogia.
(E) No Direito do Trabalho moderno, o intérprete deverá valer-se dos métodos, técnicas e elementos de interpretação propostos pela Escola Exegética.

Ao contrário; a escola exegética francesa, inspirada no código napoleônico, pugnava pela onisciência do legislador, sem espaço para a valoração judicial da norma, o que não é admitido, conforme art. 5º da Lei de Introdução às Normas do Direito Brasileiro (antiga Lei de Introdução ao Código Civil).

Gabarito "E".

(Ministério Público do Trabalho – 8º) As fontes do direito do trabalho obedecem à seguinte hierarquia:

(A) a Constituição, a convenção coletiva de trabalho, as leis, a sentença normativa e os usos e costumes;
(B) a Constituição, a sentença normativa, as leis, a convenção coletiva de trabalho e os usos e costumes;

(C) a Constituição, os usos e costumes, a convenção coletiva de trabalho, as leis e a sentença normativa;
(D) os usos e costumes, a Constituição, as leis, a sentença normativa e a convenção coletiva de trabalho;
(E) a Constituição, as leis, a sentença normativa, a convenção coletiva de trabalho e usos e costumes;
(F) não sei.

Tal hierarquia decorre dos princípios da supremacia da Constituição e da legalidade, inerente ao Estado de Direito moderno.

Gabarito "E"

1.4. APLICAÇÃO DO DIREITO DO TRABALHO

(Magistratura do Trabalho – 2ª Região – 2012) Analise as proposições sobre a Interpretação e a eficácia das normas trabalhistas no tempo e no espaço e ao final responda.

I. Segundo o princípio da irretroatividade, a lei nova não se aplica aos contratos de trabalho já terminados, nem mesmo aos atos jurídicos já praticados nos contratos de trabalho em curso no dia do início da sua vigência.
II. De acordo com o princípio do efeito imediato, quando um ato jurídico, num contrato em curso, não tiver sido praticado, o será segundo as regras da lei nova.
III. Em razão do princípio da territorialidade ao estrangeiro contratado por empresa multinacional em seu país e que preste serviços no Brasil, será aplicável a legislação do seu país de origem ou a legislação do Brasil, cabendo a escolha ao empregador.
IV. No ramo justrabalhista prevalece à técnica de interpretação teleológica que estabelece uma conexão entre os diferentes textos legais, onde o intérprete busca o significado, a coerência e harmonia do texto legal, socorrendo-se de técnicas da lógica formal.
V. O direito do trabalho tem marcada função social, o que influi na interpretação, bem como na aplicação das normas, de modo que a utilização do princípio da norma mais favorável ao trabalhador prevalece sobre a teoria de Kelsen sobre a hierarquia das normas.

Estão **corretas apenas** as proposituras:

(A) I, II e V.
(B) II e IV.
(C) III e V.
(D) I, II e III.
(E) IV e V.

I e II: corretas. No que se refere à eficácia da lei trabalhista no tempo, com fundamento nos **princípios da irretroatividade da lei e da eficácia ou aplicação imediata**, a lei nova, ao entrar em vigor, não será aplicada aos contratos de trabalho já findos ou a atos anteriormente praticados a contratos em curso. Com referência a estes últimos, eventuais atos que venham a ser praticados após a vigência da nova lei, por ela serão regidos. **III:** incorreta, aos contratos internacionais de trabalho, são aplicáveis a lei do local da execução e a lei nacional mais benéfica ao trabalhador, mediante a utilização da Teoria do Conglobamento (segundo os ensinamentos de Maurício Godinho Delgado, por esta teoria, "cada conjunto normativo é apreendido globalmente, considerado o mesmo universo temático; respeitada esta seleção, é o referido conjunto comparado aos demais, também globalmente apreendidos, encaminhando-se, então pelo cotejo analítico, à determinação do conjunto normativo mais favorável". (Curso de Direito do Trabalho, 10ª edição – 2011, pág. 178); **IV:** incorreta, o sentido da interpretação normativa é obter o alcance e o sentido das normas. No Direito do Trabalho, segue-se os mesmos métodos de interpretação do Direito Comum (Gramatical, Lógico, Teleológico, Histórico e Sistemático). A interpretação teleológica ou finalística tem como modo interpretativo a busca do **fim almejado pelo legislador** quando da criação da norma; **V:** correta, no ramo trabalhista, não se aplica a pirâmide normativa criada por Hans Kelsen, a qual caracteriza uma hierarquia normativa inflexível. No Direito do Trabalho, o critério normativo é utilizado de modo a aplicar a norma mais favorável ao trabalhador, independentemente de sua posição hierárquica no ordenamento, tendo-se em vista o caráter teleológico deste ramo. Ressalta-se, contudo, que este hierarquia deve ser observada como critério de aferição de normas, ou seja, a norma somente será válida se em conformidade com as normas de escalão superior.

Gabarito "A"

(Magistratura do Trabalho – 2ª Região – 2010) Em relação o à Teoria Geral do Direito do Trabalho, com base na lei, doutrina e Jurisprudência sumulada pelo TST, analise as proposições abaixo e assinale a alternativa correta:

I. As cláusulas do regulamento interno da empresa, que alterem ou revoguem as vantagens praticadas anteriormente, somente atingirão os trabalhadores admitidos após alteração ou revogação do regulamento, salvo se mais benéficas aos empregados.
II. A utilização do direito comparado e da jurisprudência está expressamente autorizada no texto consolidado, sendo consideradas como fonte de integração da lei.
III. Havendo a coexistência de dois regulamentos estabelecidos pela empregadora, disciplinando as mesmas matérias, a opção do empregado por um deles importará a renúncia às regras previstas no outro.
IV. Se determinado trabalhador for contratado na Argentina, por empresa de nacionalidade Francesa, para prestar serviços no Brasil, não existindo qualquer dispositivo no contrato individual do trabalho regulando de maneira contrária, a norma trabalhista aplicável será a vigente no Brasil à época da prestação.
V. A substituição do período de redução da jornada, durante o cumprimento do aviso-prévio trabalhado, pelo pagamento de horas correspondentes é considerada ato nulo de pleno direito, vez que praticado com o objetivo de desvirtuar, impedir ou fraudar dispositivo contido na Consolidação das Leis do Trabalho.

(A) Apenas a assertiva I é correta.
(B) Apenas as assertivas I e V são corretas.
(C) Apenas as assertivas II e IV são corretas.
(D) Todas as assertivas são corretas.
(E) Apenas a assertiva IV está incorreta.

I: correta, Súmula 51, I, do TST; **II:** correta, art. 8º da CLT; **III:** correta, Súmula 51, II, do TST; **IV:** correta, Súmula 207 do TST (cancelada em 2012); **V:** correta, Súmula 230 do TST.

Gabarito "D"

(Magistratura do Trabalho – 3ª Região – 2008) Leia as afirmações abaixo e, em seguida, assinale a alternativa correta:

I. A fraude difere da violação no Direito do Trabalho, porque a primeira se traduz pelo cumprimento objetivo do ordenamento jurídico, enquanto que a segunda revela descumprimento objetivo dele; por outro lado, a fraude implica descumprimento subjetivo, enquanto que a violação ocorre independentemente da intenção do sujeito.

II. No Direito do Trabalho, vigora a hierarquia dinâmica das normas, segundo o princípio da norma mais favorável, salvo normas estatais proibitivas.

III. Para a identificação da norma mais favorável, a avaliação é feita "ratione materiae", independentemente da fonte de que promana.

IV. O empregado não pode se fazer substituir na prestação de serviços, em virtude do caráter "intuitu personae" do contrato de trabalho; isso revela a fungibilidade da obrigação.

V. O empregador pode ser ente despersonificado, mas o empregado sempre é pessoa física.

(A) As afirmativas I e II estão corretas.
(B) As afirmativas I, II e IV estão corretas.
(C) As afirmativas I, II, III e V estão corretas.
(D) As afirmativas I, II e III estão corretas.
(E) Todas as afirmativas estão corretas.

I: correta, a fraude é modalidade do ilícito (violação ao direito), traduzindo-se no ardil, engodo ou artifício que leva o enganado à aparência falsa da realidade (Delmanto), ou seja, é uma ilicitude em que o aspecto subjetivo avulta sobre o objetivo; **II:** é correto afirmar-se que a hierarquia normativa justrabalhista é maleável, porquanto é focada na qualidade da norma, e não na natureza do diploma que a veicula (como se dá na hierarquia comum), sendo ditada segundo o princípio da norma mais favorável. Porém, tal princípio não é absoluto, havendo limitações nas normas proibitivas heterônomas estatais (porquanto são revestidas de um imperium específico) e na teoria do conglobamento; **III:** correta, de fato, o juízo em questão considera o objeto de análise, sendo indiferente a circunstância da enunciação ser autônoma ou heterônoma, conquanto tal fato seja ulteriormente levado em consideração na análise de validade da aplicação do princípio da norma mais favorável ao caso concreto; **IV:** incorreta,ao contrário, o caráter intuitu personae, refratário do requisito da pessoalidade (art. 2º e 3º da CLT) evidencia que a prestação é infungível sob o ponto de vista da relação de trabalho; **V:** correta, arts. 2º e 3º da CLT.

Gabarito "C"

(Magistratura do Trabalho – 3ª Região – 2008) Após ler as afirmações abaixo, assinale a alternativa correta:

I. Para a Escola Tradicional ou Exegética de interpretação do Direito do Trabalho, a "mens legis" impera, porque se considera que todo o direito está na lei, ocorrendo plenitude da ordem jurídica.

II. Um dos riscos da adoção da Escola do Direito Livre de interpretação é o julgamento segundo convicções religiosas, filosóficas e políticas.

III. A equidade é uma forma de autointegração das lacunas da lei, enquanto que a analogia é uma forma de heterointegração, segundo a máxima "onde existe a mesma razão deve prevalecer a mesma norma de Direito".

IV. É atualmente pacífica a jurisprudência segundo a qual a imunidade de jurisdição do Estado estrangeiro, quando se tratar de litígios trabalhistas, reveste-se de caráter meramente relativo e, em consequência, não impede que os juízes e Tribunais brasileiros conheçam de tais controvérsias e sobre elas exerçam o poder jurisdicional que lhes é inerente, sempre que o Estado estrangeiro, atuando em matéria de ordem estritamente privada, intervier em domínio estranho àquele em que se praticam os atos "jure imperii".

V. A Constituição da República de 1988 determina que os serviços notariais e de registro sejam exercidos em caráter privado. Assim, a relação laboral dos trabalhadores contratados pelos cartórios de notas e de registro está submetida às normas da Consolidação das Leis do Trabalho.

(A) As afirmativas I e II estão falsas.
(B) As afirmativas I e III estão falsas.
(C) As afirmativas III e V estão falsas.
(D) As afirmativas I e IV estão falsas.
(E) As afirmativas II e V estão falsas.

I: incorreta, para a escola exegética, inaugurada com o Código Napoleônico e com a crença da onipresença do legislador ("fetichismo jurídico"), o que impera é a literalidade da lei (ênfase na interpretação gramatical), e não a mens legis (objeto da interpretação teleológica); **II:** correta, a escola do livre direito, cuja inauguração é atribuída a Hermann Kantorowicz (sob o pseudônimo de Gnaeus Flavius) em virtude da sua obra A Luta pela Ciência do Direito (1906), pugna pela plena liberdade do juiz na aplicação do direito, podendo, inclusive, confrontar a lei e gerando os riscos mencionados no enunciado; **III:** incorreta, a equidade é forma de heterointegração, eis que calcada em elemento alheio ao sistema normativo (valores como justiça, no sentido aristotélico, e criação pretoriana do direito, no sentido romano), ao passo que a analogia é forma de autointegração, eis que colherá no próprio sistema normativo a regra a ser aplicada; **IV:** correta, observe-se, no entanto, que a SDI-I do TST reconheceu a imunidade em relação a organismo internacional em decisão noticiada no site do TST em 18.11.2009; **V:** correta, arts. 236 da CF e 32 do ADCT.

Gabarito "B"

(Magistratura do Trabalho – 7ª Região – 2005) Analise as proposições abaixo, conforme sejam verdadeiras (V) ou falsas (F) e assinale a opção correta.

( ) O processo de integração do Direito atende ao princípio da plenitude da ordem jurídica, segundo o qual a ordem jurídica sempre terá, necessariamente, uma resposta normativa para qualquer caso concreto. É possível afirmar que a Consolidação das Leis do Trabalho, ao versar sobre esse tema, elegeu a jurisprudência como uma das fontes integrativas.

( ) Em harmonia com o princípio da aderência contratual, as cláusulas contratuais constituem hipótese de aderência plena, enquanto que as normas jurídicas representam hipótese de aderência relativa. Os dispositivos constantes dos regulamentos de empresa também constituem hipótese de aderência plena, na medida em que passam a integrar o contrato de trabalho e a sua alteração só poderá ocorrer quando não importar em prejuízo ao empregado.

( ) As convenções e acordos coletivos de trabalho constituem, à luz da jurisprudência do Tribunal Superior do Trabalho, modalidade de aderência limitada por revogação, isto é, os dispositivos constantes das convenções e acordos coletivos integram o contrato individual do trabalho e só poderão ser reduzidos ou suprimidos por posterior acordo, convenção ou contrato coletivo de trabalho.

( ) Na aplicação do Direito do Trabalho no espaço, pode-se afirmar que o princípio da territorialidade não é absoluto. Exemplo típico de exceção a esse princípio é a possibilidade de aplicação das normas brasileiras de proteção ao trabalho aos empregados contratados por empresa prestadora de serviços de engenharia, sediada no Brasil, para trabalharem no exterior.

( ) São exemplos da modalidade de heterointegração da lei o recurso à equidade, aos costumes, aos princípios gerais do direito, à analogia e à jurisprudência.

(A) V – F – F – V – V
(B) F – F – F – V – F
(C) V – V – V – V – F
(D) V – V – F – V – F
(E) F – F – V – V – V

I: verdadeira, art. 8º da CLT; **II:** verdadeira, art. 468 da CLT, art. 5º, XXXV, da CF, e Súmula 51 do TST; **III:** falsa, há três posições acerca da aderência contratual das normas veiculadas por instrumentos coletivos: a teoria da aderência irrestrita, sustentando que os dispositivos de tais diplomas ingressam para sempre nos contratos individuais, o que já foi prestigiado quando não se reconhecia à negociação coletiva o poder de criar normas jurídicas (mas simples "cláusulas"); a teoria da aderência limitada pelo prazo, embasada no art. 614, § 3º, da CLT, predominante na doutrina e na jurisprudência e que encontrava amparo na redação da Súmula 277 do TST anteriormente a setembro de 2012; e a teoria da aderência limitada pela revogação, que é mencionada no enunciado e chegou a ser incorporada ao ordenamento pelo art. 1º, § 1º, da Lei 8.542/1992. Todavia, este dispositivo deixou de vigorar, eis que revogado por sucessivas medidas provisórias (a contar da MP 1.053/1995 até o advento da Lei 10.192/2001). Não obstante, é dado argumentar que tal dispositivo teria revogado, tacitamente, o art. 614, § 3º, da CLT, e que, salvo disposição expressa, a revogação da norma revogadora não possui efeito repristinatório. Ao que parece, tal tese prevaleceu, pois a atual redação da Súmula 277 contempla a ultratividade da norma coletiva; **IV:** verdadeira, art. 3º, II, da Lei 7.064/1982; **V:** falsa, a analogia, na terminologia utilizada por Carnelutti, é forma de autointegração do direito.

Gabarito "D"

(Magistratura do Trabalho – 9ª Região – 2006) No Direito de Trabalho, em processo de aplicação e interpretação, é correto afirmar:

I. No processo de autointegração o preenchimento das lacunas legais se dá pela analogia e equidade.

II. A legislação trabalhista arrola a jurisprudência como forma de integração do sistema jurídico.

III. O processo de analogia "iuris" é mais amplo que o de analogia "legis", abarcando aquele recurso aos princípios gerais do direito.

IV. A analogia e a interpretação extensiva são métodos de integração do sistema jurídico, tendo por escopo cobrir lacunas da lei.

V. As convenções coletivas de trabalho são fontes formais do Direito do Trabalho.

(A) Todas as proposições são verdadeiras
(B) Somente as proposições I e V são verdadeiras.
(C) Somente as proposições II, III e V são verdadeiras.
(D) Somente as proposições I, IV e V são verdadeiras.
(E) Somente as proposições I, II e III são verdadeiras.

I: incorreta, eis que a equidade é forma de heterointegração (a integração não é provida a partir de elementos estritamente colhidos do próprio ordenamento); **II:** correta, art. 8º da CLT; **III:** correta, de fato, a analogia legis se consubstancia na aplicação de uma norma prescrita para hipótese semelhante em relação à qual o ordenamento é omisso, ao passo que a analogia legis se caracteriza pela aplicação não só de uma norma, mas de um universo axiológico à matéria omissa; **IV:** incorreta, a interpretação extensiva é método de interpretação, e não de integração; **V:** correta, deveras, trata-se de fontes autônomas.

Gabarito "C"

(Magistratura do Trabalho – 13ª Região – 2006) Existindo lacunas normativas, o aplicador do direito do trabalho poderá recorrer à autointegração ou buscar auxílio em outros ramos do direito. Tal tarefa deverá ser efetuada com observância de alguns critérios, que no direito brasileiro são:

I. proibição de se recorrer aos costumes, em face do caráter legislado do nosso direito;

II. prevalência do interesse do trabalhador, sobrepondo-se a qualquer outro interesse, segundo o princípio do *in dubio pro operario*;

III. a jurisprudência e a analogia são fontes a que deve recorrer o aplicador do direito do trabalho na sua tarefa de preencher as lacunas normativas;

IV. a incompatibilidade entre as normas de direito comum e os princípios do direito do trabalho não é impedimento para a aplicação subsidiária daquele na solução dos conflitos decorrentes da relação de trabalho, desde que não haja norma trabalhista para o caso;

V. na falta de norma, o aplicador do direito do trabalho poderá deixar de decidir o conflito, com base no princípio da legalidade, que estabelece: "ninguém é obrigado a fazer ou deixar de fazer alguma coisa senão em virtude da lei".

(A) todas as proposições estão erradas;
(B) só a I e a II estão certas;
(C) só a III e a V estão certas;
(D) só a V está correta;
(E) só a III está correta.

I: incorreta, pode-se recorrer aos costumes (art. 8º da CLT); **II:** incorreta, os princípios gerais da razoabilidade, da conformidade funcional e da convivência harmônica obstam tal absolutismo; **III:** correta, art.

8º da CLT; **IV:** incorreta, art. 8º da CLT; **V:** incorreta, tal enunciado fere o princípio da inafastabilidade da prestação jurisdicional.

Gabarito "E".

(Magistratura do Trabalho – 16ª Região – 2006) Assinale a alternativa CORRETA:

(A) Empresa integrante do mesmo grupo econômico somente é responsável pelos encargos trabalhistas de seus próprios empregados, não podendo, de modo algum, assumir, em caráter solidário, os ônus sociais relativos a empregados de outra empresa consorciada ao grupo.
(B) O direito comum não pode ser invocado como fonte subsidiária do direito do trabalho.
(C) Na aplicação do direito do trabalho, será levado em conta que nenhum interesse particular ou de classe deve prevalecer sobre o interesse público.
(D) As transformações socioeconômicas são irrelevantes ao intérprete do direito do trabalho.
(E) A interpretação gramatical é sempre a mais adequada nas questões trabalhistas, considerando a hipossuficiência do trabalhador.

A: incorreta, a responsabilidade é solidária (art. 2º, § 2º, da CLT); **B:** incorreta, pode ser invocado (srt. 8º da CLT); **C:** correta, art. 8º da CLT; **D:** incorreta, inexiste direito dissociado das coordenadas de valor, fato e norma (Reale); **E:** incorreta, "na aplicação da lei, o juiz atenderá aos fins sociais a que ela se dirige e às exigências do bem comum" (arts. 5º da LINDB e 8º e 9º da CLT).

Gabarito "C".

(Magistratura do Trabalho – 18ª Região – 2006) O artigo 3º da Lei n. 7.064, de 6 de dezembro de 1982, que dispõe sobre a situação de trabalhadores contratados ou transferidos para prestar serviços no exterior, preceitua o seguinte: "A empresa responsável pelo contrato de trabalho do empregado transferido assegurar-lhe-á, independentemente da observância da legislação do local da execução dos serviços:

I. os direitos previstos nesta Lei;
II. a aplicação da legislação brasileira de proteção ao trabalho, naquilo que não for incompatível com o disposto nesta Lei, quando mais favorável do que a legislação territorial, no conjunto de normas em relação a cada matéria." Qual a teoria a respeito do princípio da norma mais favorável foi adotada pelo legislador na redação do inciso II do transcrito dispositivo legal?

(A) Teoria da acumulação.
(B) Teoria da atomização.
(C) Teoria da absorção da estrutura normativa.
(D) Teoria do conglobamento mitigado ou orgânico.
(E) Teoria da alteridade.

A teoria do conglobamento por instituto, orgânico ou mitigado, é uma decorrência da teoria do conglobamento em sentido amplo. Segundo a teoria do conglobamento, deve-se comparar as fontes e aplicar a que, no seu conjunto, for mais favorável, sem a desvantagem de fragmentar textos jurídicos para se criar uma terceira lei (como na teoria da acumulação ou atomização). Já pelo conglobamento orgânico, o objeto da comparação extrai-se do conjunto de normas que se referem a um mesmo instituto e tal teoria foi adotada pelo art. 9º da Lei do Contrato de Trabalho da Argentina.

Gabarito "D".

(Magistratura do Trabalho – 23ª Região – 2009) Analise os itens abaixo e marque a alternativa CORRETA:

I. O preenchimento de lacunas por meio da analogia é permitido no Direito do Trabalho.
II. A analogia jurídica é o instrumento de autointegração do Direito do Trabalho.
III. A doutrina divide a analogia em legal e jurídica e as subdivide em interna e externa.

(A) Apenas os itens II e III são verdadeiros.
(B) Apenas os itens I e II são verdadeiros.
(C) Apenas os itens I e III são verdadeiros.
(D) Todos os itens são falsos.
(E) Todos os itens são verdadeiros.

I: correta, art. 8º da CLT; **II:** correta, por definição; **III:** correta (analogia legis ou juris, conforme concirna ao recurso a um dispositivo ou a um subsistema, e interna ou externa, conforme o ramo jurídico em que se buscará a norma integrativa).

Gabarito "E".

(Magistratura do Trabalho – 23ª Região – 2006) Existindo lacunas normativas, o aplicador do direito do trabalho poderá recorrer à autointegração ou buscar auxílio em outros ramos do direito. Tal tarefa deverá ser efetuada com observância de alguns critérios que no direito brasileiro são: I. na falta de norma, o aplicador do direito do trabalho poderá deixar de decidir o conflito, com base no princípio da legalidade, que estabelece: "ninguém é obrigado a fazer ou deixar de fazer alguma coisa senão em virtude da lei"; II. prevalência do interesse do trabalhador, sobrepondo-se a qualquer outro interesse, segundo o princípio do *in dubio pro operario*; III. a jurisprudência e a analogia são fontes a que deve recorrer o aplicador do direito do trabalho na sua tarefa de preencher as lacunas normativas; IV. a incompatibilidade entre as normas de direito comum e os princípios do direito do trabalho não é impedimento para a aplicação subsidiária daquele na solução dos conflitos decorrentes da relação de trabalho, desde que não haja norma trabalhista para o caso; V. proibição de se recorrer aos costumes, em face do caráter legislado do nosso direito.

(A) Somente a afirmativa III está correta.
(B) Todas as afirmativas estão incorretas.
(C) Somente as afirmativas II, III e V estão corretas.
(D) Somente as afirmativas III e V estão corretas.
(E) Somente a afirmativa V está correta.

I: incorreta, fere o princípio constitucional da indeclinabilidade jurisdicional; **II:** incorreta, tal princípio é de controvertida existência, prevalecendo a tese da sua não positivação. Não obstante, ainda que existente, estaria adstrito ao sobreprincípio da razoabilidade; **III**, correta, art. 8º da CLT; **IV:** incorreta, "decidirão, conforme o caso, pela jurisprudência, por analogia, por equidade e outros princípios e normas gerais de direito, principalmente do direito do trabalho, e, ainda, de acordo com os usos e costumes, o direito comparado" (art. 8º da CLT); **V:** incorreta, não existe tal proibição (art. 8º da CLT).

Gabarito "A".

(Procurador do Trabalho – MPT – 15º Concurso – 2008) Analise as assertivas abaixo:

I. Entre as várias formas de interpretação da norma de Direito do Trabalho, incluem-se a teleológica ou finalística segundo a qual a interpretação será dada ao dispositivo legal de acordo com o fim visado pelo legislador.

II. A Consolidação das Leis do Trabalho trata da integração jurídica da norma, pois autoriza o juiz, na falta de expressa disposição legal ou convencional, a utilizar a analogia ou a equidade.

III. De acordo com a Constituição Federal, as normas definidoras dos direitos e garantias fundamentais de expressão não têm aplicação imediata.

IV. Em relação à eficácia no espaço da norma trabalhista, a jurisprudência consolidada do Tribunal Superior do Trabalho adota o critério da territorialidade (ou da *Lex loci executionis*), segundo o qual a relação jurídica trabalhista é regida pelas leis vigentes no país da prestação do serviço e não por aquelas do local da contratação.

De acordo com as assertivas acima, é CORRETO afirmar que:

(A) todas as assertivas estão corretas;
(B) todas as assertivas estão incorretas;
(C) apenas as assertivas II e IV estão corretas;
(D) apenas a assertiva III está incorreta;
(E) não respondida.

I: correta, art. 5º da LINDB; **II:** correta, art. 8º da CLT; **III:** incorreta, têm aplicação imediata (art. 5º, § 1º, da CF); **IV:** correta, Súmula 207 do TST (cancelada em 2012).

Gabarito "D"

(Procurador do Trabalho – MPT – 12º Concurso – 2005) Sobre o dano moral no Direito do Trabalho, é CORRETO afirmar:

(A) o juízo trabalhista somente pode condenar em indenização por dano moral se houver também a condenação na esfera criminal, em face do elemento subjetivo (culpa), pois é imprescindível o cometimento de ato ilícito, especialmente em casos de acidente de trabalho (direito do empregado ao meio ambiente de trabalho saudável e seguro);
(B) o empregador responde diretamente pelo dano moral, ainda que não haja culpa de sua parte, pelos atos praticados, de forma culposa, por seus prepostos ou empregados;
(C) quanto aos chamados danos justos, dos quais nunca resultará o direito à reparação, pois não existe relação de causalidade entre a ação ou omissão e o dano causado (culpa exclusiva da vítima), temos como exemplo a hipótese em que o empregado, não habilitado para usar determinado equipamento, sob ordem patronal, causa o próprio acidente, por imperícia;
(D) um mesmo fato, na forma da jurisprudência sumulada do Superior Tribunal de Justiça, não pode originar, cumulativamente, indenizações por dano moral e patrimonial.
(E) não respondida.

A: incorreta, ante a independência de instâncias; **B:** correta, art. 932, III, do CC; **C:** incorreta, art. 927 do CC; **D:** incorreta, são cumuláveis (Súmula 37 do STJ).

Gabarito "B"

(Procurador do Trabalho – MPT – 11º Concurso – 2004) Sob o prisma da Teoria Geral do Direito do Trabalho é CORRETO afirmar:

(A) em função do princípio da norma mais favorável, a lei ordinária trabalhista, mesmo em questões de ordem pública, não está hierarquicamente submetida à Constituição;
(B) na interpretação e aplicação das regras da CLT, apenas excepcionalmente algum interesse de classe ou particular poderá prevalecer sobre o interesse público;
(C) no conflito entre normas de convenção coletiva e normas de acordo coletivo, segundo estabelece, expressamente, a CLT, prevalecem as normas do acordo coletivo em detrimento das normas da convenção coletiva, eis que o acordo coletivo traz normas específicas enquanto as da convenção são gerais;
(D) do princípio protetor, que é fundamento da autonomia científica do Direito do Trabalho, extrai-se, dentre outras proposições, a de que às normas jurídicas, quando dúbias, deve-se atribuir o sentido que for mais benéfico ao trabalhador;
(E) não respondida.

A: incorreta, a submissão se dá, sobretudo, quanto às normas constitucionais proibitivas, bem como quanto às normas de competência; **B:** incorreta, decidirão "sempre de maneira que nenhum interesse de classe ou particular prevaleça sobre o interesse público" (arts. 5º da LINDB e 8º da CLT); **C:** incorreta, se mais favoráveis, prevalecerão as normas da convenção (art. 620 da CLT); **D:** correta, por definição.

Gabarito "D"

1.5. QUESTÕES COMBINADAS SOBRE TEORIA GERAL DO DIREITO DO TRABALHO

(Magistratura do Trabalho – 3ª Região – 2008) Leia as afirmações abaixo e, em seguida, assinale a alternativa correta:

I. Apesar da regra "lex loci executionis", o Direito do Trabalho admite exceções para a eficácia da lei no espaço, como é o caso da aplicabilidade da lei brasileira quando mais favorável ao empregado que trabalha no estrangeiro para empresa sediada no Brasil.

II. Alguns dos critérios para a caracterização da eventualidade, na conceituação de empregado, são o tempo de curta duração, a fixação jurídica na empresa como única ou principal fonte de trabalho e os fins normais do empreendimento.

III. O empregado vendedor viajante, com roteiro a ser seguido, clientes a serem visitados e quantidade certa de mercadorias a serem entregues está sujeito ao regime de duração da jornada de trabalho.

IV. O princípio da condição mais benéfica ao trabalhador consiste na observância do direito adquirido e na prevalência das cláusulas contratuais mais favoráveis previamente ajustadas.

V. As Convenções Internacionais do Trabalho ratificadas são consideradas fontes formais do Direito do Trabalho.

(A) As afirmativas III e V estão corretas.

(B) As afirmativas I, II e IV estão corretas.

(C) As afirmativas I, III e IV estão corretas.

(D) As afirmativas I, II, III e IV estão corretas.

(E) Todas as afirmativas estão corretas.

I: correta, art. 3º, II, da Lei 7.064/1982 (v. Súmula 207 do TST, cancelada em 2012); **II:** correta, a CLT opera com a ideia de não eventualidade, que não se confunde com a teoria da continuidade (utilizada pelo art. 1º da Lei do Empregado Doméstico), de sorte que a aplicação do conceito de não eventualidade não se compraz com a não só análise da continuidade do serviço, sendo invocada, conjugadamente, a teoria do evento (eventual seria o trabalhador admitido em virtude de um evento específico e determinado), a teoria dos fins do empreendimento (eventual será o trabalhador chamado a prestar serviços desatrelados dos fins da empresa) e com a teoria da fixação jurídica ao tomador dos serviços (sendo eventual aquele que não se fixa numa fonte determinada de trabalho); **III:** correta, as características descritas fazem com que a atividade desborde dos limites excepcionais do art. 62, I, da CLT; **IV:** correta, tratando-se de uma decorrência do princípio protetivo; **V:** correta, sendo certo que as convenções não ratificadas podem servir à colmatação de lacunas, nos termos do art. 8º da CLT.

Gabarito "E".

(Magistratura do Trabalho – 8ª Região – 2008) Assinale a alternativa INCORRETA:

(A) O contrato de emprego decorre de uma relação jurídica *intuitu personae*, no qual o empregado, sempre pessoa física, obriga-se, mediante o pagamento de uma contraprestação – que pode ser parte em dinheiro e parte *in natura*, a prestar trabalho não eventual em proveito de outra pessoa física ou jurídica, denominada empregador. Para o empregado, em regra, o requisito da pessoalidade torna o contrato infungível e autoriza a declaração de seu encerramento caso este se faça substituir por outra pessoa na prestação do serviço. A subordinação, por sua vez, é enfocada pela ordem jurídica sob um prisma estritamente objetivo de forma a não gerar estado de sujeição pessoal e determina ao empregado a obrigação de acolher a direção do empregador sobre o modo de realização da prestação do serviço pactuado, por ser inteiramente deste o risco do empreendimento.

(B) No Brasil, o direito, de origem romanística, tem a legislação como fonte formal por excelência. Tal como ocorre no direito comum, ocupa a posição de primazia como fonte do direito do trabalho a Lei no sentido amplo que reúne a Constituição Federal e a legislação a ela subordinada.

(C) A proteção dos direitos decorrentes da relação empregatícia é de interesse público e social, visto que é condição para se estabelecer o respeito à dignidade da pessoa humana, a garantia do valor social do trabalho e o desenvolvimento nacional. Portanto, de regra, são irrenunciáveis os direitos trabalhistas. Por preceito de ordem constitucional, é possível a renúncia e transação coletiva dos direitos trabalhistas pelo sindicato a quem compete a defesa dos interesses coletivos ou individuais da categoria. Tal poder consagrado como exceção ao princípio da irrenunciabilidade deve ter sua interpretação de forma restrita. Assim, se de um lado é inadmissível ao sindicato transacionar e renunciar a direitos não patrimoniais e não privados do trabalhador, como no caso de renúncia ao descanso intrajornada; de outra banda, é admissível a renúncia à continuidade de normas temporárias ou sua aplicação aos novos contratos de trabalho, ainda que mais benéficas, fixadas em convenção ou acordo coletivo anterior.

(D) A hierarquia entre as normas pressupõe, fundamentalmente, um conjunto de regras de relacionamento, coordenação e subordinação entre elas, de forma a que se possa dizer seguramente qual o direito válido no caso concreto. Na seara do Direito do Trabalho aplica-se, primacialmente, a norma individualmente mais favorável ao trabalhador, tornando-se irrelevante sua posição na estrutura escalonada piramidal tradicionalmente conhecida a partir de Hans Kelsen, em que a Constituição ocupa o posto mais alto.

(E) A formação de uma relação empregatícia decorre, sem exceção, de uma realidade fática pela qual se desenvolve a atividade contratada. É a prevalência do que se denomina contrato-realidade.

Quanto às normas heterônomas proibitivas, a estrutura escalonada é relevante para se definir a validade das normas de escalonamento inferior.

Gabarito "D".

(Magistratura do Trabalho – 14ª Região – 2008) Princípios e fontes do Direito do Trabalho.

I. Enquanto as fontes heterônomas caracterizam-se pela participação dos destinatários principais em sua produção (por exemplo, os costumes), as fontes autônomas, caracterizam-se pela ausência dessa participação (por exemplo, a lei).

II. No Direito do Trabalho há uma rígida hierarquia de suas fontes, estando no ápice a Constituição da República, seguida das leis, decretos, regulamento de empresa e normas contratuais.

III. O princípio da norma mais favorável disciplina que, havendo razoável interpretação de duas normas, deve-se optar por aquela mais vantajosa ao trabalhador. Referido princípio não é aplicado no plano processual, nesse aplica-se o princípio *in dubio pro misero* significando que, havendo dúvida na interpretação das provas produzidas, deve-se decidir a demanda favoravelmente ao trabalhador.

IV. O princípio da primazia da realidade disciplina que os fatos definem a verdadeira relação jurídica havida entre as partes, contudo, referido princípio não permite a prevalência da prova testemunhal sobre a documental.

Responda:

(A) todas as opções estão corretas;
(B) apenas três opções estão corretas;
(C) apenas duas opções estão corretas;
(D) apenas uma opção está correta;
(E) todas as opções estão incorretas.

I: incorreta, a descrição está invertida; **II:** incorreta, ante a plasticidade característica da hierarquia de normas trabalhistas, com atuação do princípio da norma mais favorável; **III:** Incorreta, inexiste tal princípio no instituto da prova processual trabalhista; **IV:** incorreta, permitindo-se a prevalência da prova que melhor demonstrar a real natureza dos fatos.

Gabarito "E".

(Magistratura do Trabalho – 14ª Região – 2011) Conforme previsão legal e doutrinária, em relação à Teoria Geral do Direito do Trabalho, analise as afirmações abaixo e, ao final, responda.

I. Além do princípio "protetor" no qual se inserem as regras do "in dubio pro operario", da "norma mais favorável" e da "condição mais benéfica", o Direito do Trabalho consagra os princípios da "irrenunciabilidade", da "continuidade da relação de emprego", da "primazia da realidade", da "razoabilidade" e da "boa-fé".

II. Os regulamentos empresariais não podem ser considerados como fontes formais do Direito do trabalho uma vez que não conferem à regra jurídica o caráter de direito positivo.

III. Não há previsão expressa no texto consolidado no sentido de a Justiça do Trabalho decidirá sempre de maneira que nenhum interesse de classe ou particular prevaleça sobre o interesse público, até mesmo em razão do "princípio tutelar" que norteia o Direito do Trabalho.

IV. A primazia dos preceitos de ordem pública na formação do conteúdo do contrato de trabalho está expressamente enunciada pela legislação brasileira, ao dispor a CLT que as relações contratuais de trabalho podem ser objeto de livre estipulação das partes interessadas em tudo quanto não contravenha às disposições de proteção ao trabalho, aos contratos coletivos que lhes sejam aplicáveis e às decisões das autoridades competentes.

V. A renúncia difere da transação em razão de que a primeira é ato unilateral e pressupõe a certeza, ao menos de caráter subjetivo, do direito de que é objeto, enquanto a segunda é bilateral e pressupõe uma incerteza, de natureza subjetiva, sobre o direito ou a situação jurídica. Entretanto, a validade da renúncia e da transação, nas relações individuais de trabalho, depende da configuração dos elementos: a) natureza do direito sobre o qual versam; b) capacidade; c) livre manifestação do agente; d) observância da forma ou solenidade, quando prescritas em lei; e) ato explícito, não podendo ser presumido e com interpretação restritiva.

(A) Apenas as assertivas I e II são corretas.
(B) Apenas as assertivas II, III e V são corretas.
(C) Apenas as assertivas I, III e IV são corretas.
(D) Apenas as assertivas I, IV e V são corretas.
(E) Todas as assertivas são corretas.

I: correta, segundo a taxonomia dos princípios específicos do Direito do Trabalho concebida pelo jurista uruguaio Americo Plá Rodriguez; **II:** incorreta. Há, em boa parte da doutrina, uma confusa visão das fontes do direito, que é revelada na tendência de estabelecer diferenças entre normas e cláusulas para então concluir que veículos que introduzem "normas" ao ordenamento jurídico são fontes do direito, ao passo que veículos introdutores de "cláusulas" teriam natureza "contratual" e não seriam fontes do direito. Na realidade, "cláusula" é um veículo introdutor de normas, tal como os artigos de uma lei. Assim, o antagonismo entre "norma" e "cláusula" é ilógico; são grandezas e conceitos diferentes, da mesma forma que se pretender comparar a cor vermelha com uma alface para se tentar descobrir qual destes elementos é o mais rápido. Segundo a percepção jusfilosófica que entendemos mais correta, fontes de direito é conceito que reside na somatória das noções de sujeito competente e atividade enunciativa, de sorte que fontes do direito são os fatos praticados por sujeitos credenciados pelo sistema jurídico (sujeitos competentes), segundo o processo preestabelecido por este mesmo sistema (enunciação), idôneos a introduzirem normas jurídicas. As normas jurídicas, a seu turno, não se confundem com o texto de lei, mas concerne ao juízo intelectual que é construído a partir da leitura dos enunciados constantes de um texto. Assim, por exemplo, Se Tício trabalhar sem faltas durante a semana, *Então* deve-ser que Caio conceda a Tício um repouso semanal remunerado. Enfim, esta é a estrutura da norma: se isto, *então* aquilo (uma oração completamente provida de sentido deôntico). Nesta oração, o Se se refere ao fato, e é chamado de antecedente normativo, descritor ou hipótese; o *Então* se refere à relação jurídica desencadeada pela subsunção do fato à hipótese, sendo chamada de consequente normativo, prescritor ou tese. Se o antecedente se referir a um fato já ocorrido, estamos diante de uma norma concreta; acaso refira-se a um fato hipotético, estamos diante de uma norma abstrata. Por outro lado, se o consequente se referir a uma relação jurídica com sujeitos determinados, estaremos diante de uma norma individual; mas se referindo a sujeitos indeterminados, estaremos diante de uma norma geral. Assim, a lei é "fonte" do direito (veículo introdutor de normas abstratas e gerais) quando elaborada pelo sujeito competente (legislador) e segundo o procedimento válido (processo legislativo), assim como o acordo coletivo de trabalho (veículo introdutor de normas abstratas, como regra, e individuais), o contrato individual (veículo introdutor de normas abstratas e individuais) etc. Assim, indubitavelmente o regulamento de empresas é veículo introdutor de normas (fonte formal) abstratas (regulam situações futura), gerais quanto a um dos polos da relação jurídica subjacente (pois o empregado não é um sujeito identificado, mas meramente identificável) e individuais quanto ao outro polo da relação (pois a empresa é, aqui, um sujeito determinado), no que diferem das leis, embora se trate de uma fonte formal distinta das leis, que, além de serem enunciadas por parlamentares (e, não, por empresas), são veículos introdutores de normas abstratas e, quanto a ambos os polos da relação jurídica subjacente, gerais. **III:** incorreta, tal previsão está expressa no art. 8º da CLT; **IV:** correta, art. 444 da CLT; **V:** correta, por definição.

Gabarito "D".

(Magistratura do Trabalho – 14ª Região – 2011) Considere as seguintes proposições e responda.

I. O princípio da razoabilidade permite ao Juiz do Trabalho privilegiar a situação de fato, devidamente comprovada, em detrimento dos documentos ou do rótulo conferido à relação de direito material.

II. A regra da CLT que prevê que nos contratos por prazo determinado, o tempo de afastamento, se assim acordarem as partes interessadas, não será computado na contagem do prazo para a respectiva terminação é considerado exemplo raro de regra dispositiva do Direito do Trabalho, uma vez que as regras justrabalhistas são essencialmente imperativas.

III. A indisponibilidade relativa de direitos trabalhistas justifica a situação em que pode ocorrer alteração lícita da modalidade salarial (salário fixo *versus* salário variável) desde que não produza prejuízo efetivo ao trabalhador.

IV. A Consolidação das Leis do Trabalho não trata especificamente da integração jurídica, cabendo apenas à doutrina a análise do instituto.

V. No Direito do Trabalho são exemplos de fontes heterônomas: Constituição Federal, Leis Federais e Sentença Normativa e são exemplos de fontes autônomas: Convenção Coletiva de Trabalho e Acordo Coletivo de Trabalho.

(A) Apenas as proposições I, II e V são corretas.
(B) Apenas as proposições II e III são corretas.
(C) Apenas as proposições I e IV não são corretas.
(D) Apenas as preposições IV e V são corretas.
(E) Nenhuma proposição está correta.

I: incorreta, trata-se do princípio da primazia da realidade ou do contrato-realidade. O princípio da razoabilidade, referido por Americo Plá Rodriguez, explica que o homem deve agir racionalmente e com bom senso, e não arbitrariamente, devendo assim se conduzir empregado e empregador em situações nas quais a lei não consegue regular de forma precisa; **II:** correta, por definição; **III:** correta, desde que do exercício deste jus variandi não decorra redução salarial indireta; **IV:** incorreta, pois trata, especificamente, no art. 8º da CLT; **V:** correta, considerando-se por heterônomos os veículos introdutores de normas em que a norma é editada por terceiros alheio à relação jurídica subjacente, ao contrário dos veículos autônomos.

Gabarito "C"

2. VÍNCULO EMPREGATÍCIO

2.1. RELAÇÃO DE EMPREGO

(Magistratura do Trabalho – 2ª Região – 2012) Sobre a relação de emprego e as relações de trabalho "lato sensu", é **INCORRETO** afirmar que:

(A) o trabalho temporário é aquele prestado por pessoa física a uma empresa, por prazo curto, para atender à necessidade transitória de substituição de seu pessoal regular e permanente ou o acréscimo extraordinário de serviços, com intermediação de empresa de trabalho.

(B) o trabalho autônomo é aquele em que o trabalhador exerce as suas atividades por conta e risco próprios, sem subordinação com o seu contratante;

(C) o trabalho eventual é aquele prestado ocasionalmente, para realização de determinado evento, em que o trabalhador, em regra, desenvolve atividades não coincidentes com os fins normais da empresa contratante, não se fixando a uma fonte de trabalho;

(D) a relação de emprego é aquela em que pessoa física presta serviços de natureza não eventual e de forma pessoal a empregador, sob a dependência e subordinação deste, mediante salário;

(E) o trabalho avulso é aquele em que o trabalhador presta serviços de curta duração para distintos beneficiários, com intermediação de terceira entidade com quem mantém vínculo de emprego nos termos da CLT, mas não se igualando em direitos com os trabalhadores com vínculo empregatício permanente.

A: assertiva correta, art. 2º da Lei 6.019/1974; **B:** assertiva correta, por definição; **C:** assertiva correta, por definição. Vemos, aqui, uma noção de não habitualidade que considera as teorias do evento, dos fins da empresa, e da fixação jurídica; **D:** assertiva correta, artigo 3º da CLT; **E:** assertiva incorreta, devendo ser assinalada, conforme o art. 7º, XXXIV, da CF, há "igualdade de direitos entre o trabalhador com vínculo empregatício permanente e o trabalhador avulso".

Gabarito "E"

(Magistratura do Trabalho – 2ª Região – 2010) André ajustou pacto verbal com a empresa Gama Informática Ltda., pelo prazo determinado de três meses, para a prestação dos serviços de criação e desenvolvimento, com exclusividade, de programas e aplicativos para utilização em máquinas de operação de cartões de crédito e débito. A empresa contratante Gama atua no ramo de consultoria na área de informática para operadoras de cartões de crédito. Ficou acordado entre as partes que as atividades de André poderiam ser realizadas na sua própria residência, desde que houvesse contato diário com os supervisores da Gama, por intermédio de teleconferência e correspondência eletrônica via e-mail. André definia os seus horários de trabalho devendo, entretanto, cumprir os prazos estipulados para cada tarefa. Quando o software passava a ser utilizado pelos clientes de Gama, André permanecia conectado à Internet e com uma linha telefônica exclusiva em sua residência para contatos, a qualquer momento, a fim de resolver problemas que surgissem na execução do programa. Caso precisasse sair de sua residência, André deveria portar telefone celular exclusivo e laptop, conectado à Internet. Ficou ajustada uma remuneração por programa desenvolvido, além de um pagamento extra para as horas em que André fosse contatado para solucionar os eventuais problemas na execução dos programas.

Quanto aos elementos formadores da relação de emprego, analisando a hipótese apresentada, marque a alternativa incorreta.

(A) Para a caracterização da subordinação jurídica, elemento essencial para a configuração do contrato de trabalho, não é obrigatório o estabelecimento de horários predeterminados e a sua fiscalização, importando apenas a possibilidade do empregador intervir nas atividades do empregado.

(B) A Consolidação das Leis do Trabalho não distingue o trabalho realizado no estabelecimento empresarial daquele desempenhado no domicílio do empregado, desde que presentes os pressupostos da relação de emprego.

(C) Os requisitos da pessoalidade e da não eventualidade estão presentes no caso, em razão da obrigatoriedade das teleconferências e face à prestação de serviços ligados à atividade fim da empresa contratante.

(D) Caso determinada operadora de cartões possuísse o controle acionário da empresa Gama, dirigindo e administrando os bens desta para a consecução de seus objetivos empresariais, ambas seriam consideradas empregadoras de André, em razão da teoria do "empregador único".

(E) André não poderia ser considerado empregado da empresa Gama em razão dos seguintes elementos fáticos: o contrato foi ajustado de forma verbal e pelo prazo determinado de apenas três meses; não havia controle e fiscalização de horários; não eram utilizados, pelo prestador dos serviços, os equipamentos e instalações da empresa contratante; bem como a remuneração era variável, não possuindo natureza salarial.

A: asertiva correta, subordinação deriva, do latim, de *sub* (baixo) e *ordinare* (ordenar), traduzindo um estado de sujeição de algo a alguém provido de poder diretivo. No contexto justrabalhista, consiste na situação pela qual o empregado compromete-se a acolher o poder de direção empresarial no modo como realizará o serviço, o que não é sinônimo de predeterminação de jornada, embora esta seja, comumente, um indício daquela. A subordinação jurídica, em seu **sentido clássico**, é evidenciada pela intensidade de ordens e comandos do tomador de serviços sobre o respectivo trabalhador, o que é revelada na hipótese analisada pela determinação de contato diário do trabalhador com o tomador, entre outros fatores (sobre subordinação objetiva, subordinação estrutural e parrassubordinação, remetemos à obra de *Mauricio Godinho Delgado*, *Otávio Pinto e Silva*, *Lorena Vasconcelos Porto* e *Alice Monteiro de Barros*). Observe-se, ainda, que "os meios telemáticos e informatizados de comando, controle e supervisão se equiparam, para fins de subordinação jurídica, aos meios pessoais e diretos de comando, controle e supervisão do trabalho alheio (CLT, art. 6º, parágrafo único); **B:** asertiva correta, art. 6º, *caput*, da CLT; **C:** asertiva correta, **pessoalidade** significa que a prestação do serviço é infungível (*intuitu personae*) quanto à figura do empregado, ou seja, compete-lhe prestar o trabalho para o qual foi contratado, sem a possibilidade de delegá-lo a outrem sem autorização do empregador, e o enunciado da questão leva à conclusão de que tal elemento caracterizador do vínculo de emprego está presente na hipótese. Atente-se que a pessoalidade sofre algumas mitigações juridicamente admitidas sem que se desnature, com isso, o vínculo empregatício: em primeiro lugar, no trabalho a domicílio, nos moldes do art. 6º da CLT, como ocorre no labor de costureiros, a pessoalidade não é aferida com muito rigor, considerando-se que o empregado trabalha em seu próprio domicílio, onde o auxílio de familiares é tolerado pelos usos e costumes, sem descaracterizar a relação empregatícia. Em segundo lugar, cita-se as substituições eventuais consentidas pelo empregador por curtos períodos, desde que não se revelem relevantes, frequentes e contínuas, bem como as substituições normativamente autorizadas (exemplificativamente, no caso de férias, licença-gestante, afastamentos para cumprimento de mandato sindical, auxílio-doença etc.). Quanto à **não eventualidade**, o examinador se apegou à **teoria dos fins da empresa**. A delimitação do conceito de não eventualidade é um dos grandes desafios do Direito do Trabalho, e quatro teorias, conjugadamente, costumam explicá-la: a **teoria da descontinuidade** explica que eventual seria o trabalho descontínuo e interrupto, com rupturas e espaçamentos temporais significativos em relação ao tomador do serviço examinado (todavia, a CLT parece rejeitar a aplicação pura da teoria ao se valer da expressão "serviços de natureza não eventual" ao invés da expressão "serviços de natureza contínua" em seu art. 3º, ao contrário do que ocorre na Lei 5.859/1972, que rege o trabalho doméstico); a **teoria do evento** considera como eventual o obreiro admitido para um fato específico e determinado, esporádico e ensejador de certo serviço (como seria o caso de um garçom contratado para uma determinada confraternização de uma empresa); a **teoria dos fins da empresa** enfatiza que eventual será o trabalhador chamado a prestar serviços alheios aos fins normais da empresa e que, por tal razão, seriam esporádicos e de curta duração (seria o caso do técnico de informática contratado para instalar determinado *software* nos computadores de um escritório de advocacia); finalmente, a **teoria da fixação jurídica ao tomador dos serviços** sublinha a circunstância do trabalhador eventual se fixar a uma gama de fontes de trabalho, e não a uma única; **D:** assertiva correta, o **grupo econômico trabalhista** (CLT, art. 2º, § 2º) é definido por *Amauri Mascaro Nascimento* como uma forma de concentração econômica entre empresas que mantêm a personalidade jurídica, mas, não obstante, se unem *mediante direção econômica unitária* para cooperação empresarial numa estratégia de expansão. Predomina na doutrina e na jurisprudência (Súmula 129 do TST), a **teoria da responsabilidade dual** em relação ao grupo econômico trabalhista, ou seja, as empresas integrantes do grupo econômico são solidárias entre si passiva (todas respondendo por débitos trabalhistas) e ativamente (todas podendo tomar os serviços do empregado contratado por uma das empresas, tratando-se de um empregador único). Trata-se, segundo Maurício Godinho Delgado de reflexo do princípio da despersonalização do empregador na relação de trabalho. Porém, há divergências doutrinárias quanto à necessidade de que a tal empresa operadora de cartões de crédito detivesse o controle acionário da Gama para a configuração do grupo econômico trabalhista. Como o art. 2º, § 2º, da CLT traz as expressões: "sempre que uma ou mais empresas (...) estiverem sob a direção, controle ou administração de outra", há doutrinadores que só admitem a figura do **grupo econômico vertical, ou por subordinação** de empresas a uma unidade de comando. Porém, *Octavio Bueno Magano* e *Alice Monteiro de Barros* entendem que o sentido da norma não é pela limitação da responsabilidade trabalhista solidária ao grupo por subordinação, atingindo também **grupo econômico horizontal, ou por coordenação**, sem a necessidade de uma empresa líder, havendo posicionamento jurisprudencial neste sentido (saliente-se que a Lei 5.889/1973, sobre o Trabalho Rural, alude ao grupo econômico por coordenação em seu art. 3º, § 2º); **E:** asertiva incorreta, devendo ser assinalada, por tudo o que expusemos, tal alternativa está incorreta, salientando-se que, como regra, o contrato de trabalho pode ser um acordo expresso (escrito ou verbal) ou tácito (CLT, art. 442), e apenas excepcionalmente é exigida a forma escrita (por exemplo, nos contratos de aprendizagem, trabalho temporário, atleta profissional e artista).

(Magistratura do Trabalho – 3ª Região – 2008) Com respeito ao Direito do Trabalho, é falso afirmar:

(A) A verticalidade do grupo econômico é caracterizada pelo controle da empresa principal ou mãe em relação às subordinadas, enquanto que a horizontalidade é configurada quando existe relação de coordenação entre as empresas, que são controladas pelos mesmos sócios.

(B) Para a caracterização da figura do empregador, não é necessário que ele exerça atividade lucrativa, mas não somente econômica.

(C) O sócio de uma sociedade em comum não personificada não pode ser empregado dela, enquanto que o acionista de uma S/A pode sê-lo.

(D) As anotações lançadas na CTPS do empregado não podem ser elididas, já que a CTPS também é um documento de identidade.

(E) Para fins de contratação, o empregador não exigirá do candidato a emprego comprovação de experiência prévia por tempo superior a 6 (seis) meses no mesmo tipo de atividade.

A: assertiva correta, por definição; **B:** assertiva correta, art. 2º da CLT; **C:** assertiva correta. É, em linha de princípio, incompatível a coexistência da situação de sócio de sociedade em comum, em que a responsabilidade dos sócios é pessoal e ilimitada, e, portanto, assumem o risco do empreendimento (configurando a figura do empregador, conforme art. 2º da CLT), ao passo que poderá o acionista de S/A ser empregado, desde que presentes os requisitos do art. 3º da CLT; **D:** assertiva incorreta, devendo ser assinalada, "as anotações apostas pelo empregador na carteira profissional do empregado não geram presunção "juris et de jure", mas apenas "juris tantum". (Súmula 12 do TST); **E:** assertiva correta, art. 442-A da CLT.

Gabarito "D"

(Magistratura do Trabalho – 3ª Região – 2008) Assinale a alternativa correta, após leitura das afirmações abaixo:

I. Empresa é a atividade, o empreendimento ou a unidade econômica de produção, enquanto que estabelecimento é a unidade técnica de produção, o conjunto de bens através dos quais se desenvolve a atividade.

II. No Direito do Trabalho, existem normas dirigidas à empresa, tal qual é a hipótese da obrigatoriedade do registro do ponto onde houver mais de dez empregados; e outras dirigidas ao estabelecimento, como é o caso dos dispositivos legais que tratam da sucessão.

III. A onerosidade na relação de emprego significa que o empregador paga, promete pagar ou tem a obrigação de pagar salários.

IV. A subordinação se distingue da sujeição pessoal do empregado, porque a primeira visa não o trabalhador, mas a atividade por ele desempenhada.

V. O poder de direção do empregador implica faculdade de ditar normas para a organização do trabalho e para a realização das finalidades da empresa, podendo o empregador, no exercício desse poder, vigiar, controlar e fiscalizar a prestação de serviços, com consequente exercício do poder disciplinar, em caso de descumprimento de obrigação assumida pelo empregado.

(A) Uma afirmativa é falsa.

(B) Duas afirmativas são falsas.

(C) Três afirmativas são falsas.

(D) Quatro afirmativas são falsas.

(E) Cinco afirmativas são falsas.

I: correta, considerando-se o sentido estrito de "empresa", que não se confunde com a sociedade empresária (perfil subjetivo da empresa); **II:** incorreta, pois a figura da sucessão se dirige à empresa (CLT, arts. 10 e 448), ao passo que a obrigatoriedade de registro de pontos conforme o número de empregados concerne ao estabelecimento (art. 74, § 2º, da CLT); **III:** correta, por definição; **IV:** correta, por definição; **V:** correta, por definição.

Gabarito "A"

(Magistratura do Trabalho – 5ª Região – 2006 – CESPE) A subordinação jurídica apresenta-se, na classificação de Von Tuhr, como uma obrigação patrimonial de prestação pessoal. Um dos elementos caracterizadores da relação de emprego, a subordinação é considerada pela doutrina prevalecente como uma situação jurídica. Algumas vezes evidente e em outras apresentando-se como leve traço, a doutrina italiana chegou a considerar a existência de um terceiro gênero, um modelo situado entre o trabalho subordinado e o autônomo: o **trabalho parassubordinado**. Afora o debate meramente didático, na prática judicial, muitas vezes, o magistrado depara-se com situações incomuns, que dificultam a constatação da relação empregatícia. Como exemplo, considere a seguinte situação hipotética. José foi contratado pela pessoa jurídica Aga, que atua na área de desenvolvimento de software para instituições financeiras, para prestação de serviços de programador. No desempenho de suas funções, José tem a incumbência de desenvolver programa que será parte integrante de um software criado para sistema maior, normalmente um *home banking* ou para centrais de autoatendimento bancário. **O trabalho de José pode ser desempenhado em sua própria residência, desde que mantenha contato direto com os supervisores, por intermédio de um programa de transferência eletrônica de mensagens. A jornada de trabalho também pode ser definida por José, que deve apenas cumprir o prazo definido.** José participa de todas as fases do processo de criação do software e, quando este passa a ser utilizado no mercado, permanece conectado à Internet e com uma linha telefônica exclusiva em sua residência para contatos a qualquer momento para resolver problemas que surgirem na execução do software, e que forem relativos à sua parte da programação. Se precisar sair de sua residência, José tem de portar, durante este período, telefone celular exclusivo, bip e laptop, conectado à Internet.

Com base nessas informações e acerca dessa situação hipotética, assinale a opção incorreta.

(A) A CLT não estabelece, expressamente, diferenças entre o trabalho realizado no estabelecimento empresarial e o desempenhado no domicílio do empregado, desde que presentes os pressupostos da relação de emprego.

(B) A subordinação jurídica é fonte de direitos e deveres para as partes da relação de emprego, atribuindo ao empregador os poderes de direção, controle e disciplina e ao empregado os deveres de obediência, diligência e fidelidade.

(C) Para a caracterização da subordinação jurídica não é necessária supervisão técnica contínua, mas o que interessa é a possibilidade de o empregador intervir nas atividades do empregado.

(D) Se determinada instituição financeira possuísse o controle acionário de Aga, dirigindo e administrando os bens de Aga para a consecução de seus objetivos empresariais, ambos, para os fins da legislação trabalhista, seriam considerados empregadores de José.

(E) Pelo critério objetivista, são elementos caracterizadores da subordinação jurídica, no caso acima apresentado, a direção e a fiscalização exercidas por Aga sobre as atividades de José.

A: assertiva correta, art. 6º da CLT; **B:** assertiva correta, o poder diretivo é o polo antitético da subordinação jurídica; **C:** assertiva correta, a subordinação incide sobre a atividade, e não sobre a pessoa do empregado; **D:** assertiva correta, art. 3º, § 2º, da CLT; **E:** assertiva incorreta, devendo ser assinalada, pelo critério objetivista, a subordinação é dita objetiva e se revela não pela intensidade de comandos do empregador recebidos pelo empregado, mas pela inserção deste na organização empresarial.

Gabarito "E"

(Magistratura do Trabalho – 7ª Região – 2005) Analise as proposições a seguir e assinale a opção correta.

I. Sabe-se que um dos elementos caracterizadores da relação de emprego responde pela não eventualidade na prestação dos serviços. Havendo prestação laboral intermitente, mas permanente, estará reconhecida a existência de eventualidade, obstando a formação do vínculo de emprego.

II. A onerosidade, enquanto requisito imprescindível à configuração da relação de emprego, há que ser avaliada sob a óptica do prestador dos serviços. Em tal circunstância, afigura-se relevante investigar a real intenção das partes, especialmente do trabalhador, para verificar se a onerosidade que permeou o vínculo objetivou a percepção de contraprestação.

III. O vínculo subordinante que se estabelece entre o prestador de serviços e seu tomador, na relação de emprego, é qualificado como sendo uma subordinação jurídica. Pela doutrina atual, essa subordinação é avaliada sob uma perspectiva objetiva, atuando sobre o modo da realização da prestação e não sobre a pessoa do prestador de serviços.

IV. Somente a pessoa natural pode ocupar o espaço reservado ao prestador do serviço na relação de emprego, sendo essencial à configuração dessa relação jurídica que a prestação de serviços tenha um caráter de infungibilidade em relação à aludida pessoa.

V. Presentes a pessoalidade, a não eventualidade, a onerosidade e a subordinação jurídica, possui relevância, para caracterização da relação de emprego, a finalidade atribuída à realização de determinado serviço.

(A) Todas são verdadeiras, exceto a primeira.

(B) Todas são verdadeiras, exceto a segunda.

(C) Todas são verdadeiras, exceto a terceira.

(D) Todas são verdadeiras, exceto a primeira e a segunda.

(E) Todas são verdadeiras, exceto a quarta e a quinta.

I: incorreta, pois a CLT não adotou a teoria da continuidade, ao contrário da Lei do Trabalho Doméstico; **II:** correta, com efeito, pois do contrário, por exemplo, a onerosidade poderá corresponder não a uma expectativa de ganho, mas ao reembolso de serviço com ânimo benevolente; **III:** correta, identificando-se a integração do empregado na organização empresarial; **IV:** correta, art. 3º da CLT; **V:** correta, a finalidade ilícita atrairá a aplicação da teoria trabalhista das nulidades.

Gabarito "A"

(Magistratura do Trabalho – 7ª Região – 2005) Analise as proposições abaixo e assinale a opção correta.

I. Em contraposição ao que estabelece a lei ao conceituar o empregador doméstico, a Consolidação das Leis do Trabalho consagra a finalidade lucrativa como elemento indissociável da noção de empregador comum.

II. Ao empregador são atribuídos, com exclusividade, os riscos do empreendimento ou trabalho, compreensão que enaltece a proteção conferida ao empregado na relação jurídica estabelecida. Ocorrendo, porém, força maior ou prejuízos devidamente comprovados, o empregador poderá reduzir os salários dos seus empregados, desde que referida redução não seja superior a 25% do salário nominal do trabalhador e seja observado o salário mínimo.

III. A despersonalização do empregador, ao tempo em que permite o prosseguimento da relação de emprego, empresta segurança ao trabalhador, preservando-o de alterações contratuais danosas. Cessando, porém, as atividades da empresa por morte do empregador, aos empregados será assegurada a percepção das indenizações cabíveis, inclusive a do aviso-prévio.

(A) Apenas a primeira proposição é falsa.

(B) Todas as proposições são falsas.

(C) Todas as proposições são verdadeiras.

(D) São falsas as duas primeiras e verdadeira a última.

(E) São falsas a primeira e a última, sendo verdadeira a segunda.

I: incorreta, "Equiparam-se ao empregador, para os efeitos exclusivos da relação de emprego, os profissionais liberais, as instituições de beneficência, as associações recreativas ou outras instituições sem fins lucrativos, que admitirem trabalhadores como empregados" (art. 2º, § 1º, da CLT); **II:** incorreta, aos trabalhadores é garantido a irredutibilidade de salário, salvo o disposto em convenção ou acordo coletivo (art. 7º, VI, da CF): **III:** correta, trata-se de decorrência do princípio da alteridade (art. 2º da CLT).

Gabarito "D"

(Magistratura do Trabalho – 8ª Região – 2011) Quanto ao empregado como um dos sujeitos da relação empregatícia, assinale a opção CORRETA:

(A) De conformidade com o art. 3º da CLT, os pressupostos que definem o conceito da empregado, de modo concorrente, são: a pessoalidade, não eventualidade e subordinação jurídica.

(B) O pressuposto da não eventualidade revela-se na exigência de que os serviços a serem prestados sejam de caráter não eventual, isto é, que correspondam a necessidades normais na vida da empresa, o que não significa devam estes serviços terem um cunho de continuidade, tanto que, bem pode o trabalhador desempenhar sua atribuições apenas em determinados dias da semana.

(C) Os direitos do empregado doméstico vêm evoluindo positivamente ao longo dos tempos, desde primitiva exclusão desta categoria das normas protetivas do texto consolidado (art. 7º, "a"), passando pela Lei 5.859, de 11.12.1972, que contemplou o direito a férias anuais remuneradas de apenas 20 dias úteis, anotação de carteira profissional e inscrição na Previdência Social, chegando-se à Constituição de 1988, que garantiu ao doméstico um leque de direitos bem mais extenso, passando a compreender o direito ao salário mínimo, irredutibilidade do salário, 13º salário, FGTS, repouso semanal remunerado preferencialmente aos domingos, gozo de férias anuais, com pelo menos 1/3 a mais do que o salário normal, licença à gestante, com duração de cento e vinte dias, licença-paternidade nos termos fixados em lei, aviso-prévio de, no mínimo, trinta dias, aposentadoria e integração à Previdência Social.

(D) A figura da mãe social é prevista em lei especial, a Lei n. 7.644, de 1987 e ali se vê tratar-se de prestação de serviços de atendimento às crianças da comunidade, de caráter voluntário, sem implicar em vínculo empregatício com a instituição assistencial que administra tais serviços.

(E) À luz da legislação especial, consubstanciada na Lei 6.001, de 19 de dezembro de 1973, que regula a situação jurídica dos índios ou silvícolas e das comunidades indígenas, e lhes impõe regime assistencial ou tutelar, somente mediante a assistência do Ministério Público do Trabalho o índio pode ser parte em uma relação de emprego.

A: incorreta, o art. 3º da CLT também aborda o elemento da onerosidade; **B:** correta, conforme já tratamos, a delimitação dos conceitos de não eventualidade e eventualidade é embasada na conjugação de quatro teorias: a **teoria da descontinuidade** explica que eventual seria o trabalho descontínuo e interrupto, com rupturas e espaçamentos temporais significativos em relação ao tomador do serviço examinado (todavia, a CLT parece rejeitar a aplicação pura da teoria ao se valer da expressão "serviços de natureza não eventual" ao invés da expressão "serviços de natureza contínua" em seu art. 3º, ao contrário do que ocorre na Lei 5.859/1972, que rege o trabalho doméstico); a **teoria do evento** considera como eventual o obreiro admitido para um fato específico e determinado, esporádico e ensejador de certo serviço (como seria o caso de um garçom contratado para uma determinada confraternização de uma empresa); a **teoria dos fins da empresa** enfatiza que eventual será o trabalhador chamado a prestar serviços alheios aos fins normais da empresa e que, por tal razão, seriam esporádicos e de curta duração (seria o caso do técnico de informática contratado para instalar determinado *software* nos computadores de um escritório de advocacia); finalmente, a **teoria da fixação jurídica ao tomador dos serviços** sublinha a circunstância de o trabalhador eventual se fixar a uma gama de fontes de trabalho, e não a uma única; **C:** incorreta, antes da EC 72/2013, o parágrafo único do art. 7º da CF assegurava 10 direitos trabalhistas constitucionais ao empregado doméstico, mais integração à previdência social. O direito ao FGTS não lhe era assegurado, sendo facultativo seu recolhimento pelo empregador (art. 3º-A da Lei 5.859/1972). Ressalte-se que, atualmente, com a citada EC 72/2013, o parágrafo único do art. 7º dispõe: "São assegurados à categoria dos trabalhadores domésticos os direitos previstos nos incisos IV, VI, VII, VIII, X, XIII, XV, XVI, XVII, XVIII, XIX, XXI, XXII, XXIV, XXVI, XXX, XXXI e XXXIII e, atendidas as condições estabelecidas em lei e observada a simplificação do cumprimento das obrigações tributárias, principais e acessórias, decorrentes da relação de trabalho e suas peculiaridades, os previstos nos incisos I, II, III, IX, XII, XXV e XXVIII, bem como a sua integração à previdência social"; **D:** incorreta, há vínculo empregatício (art. 5º da Lei 7.644/1987); **E:** incorreta, "os contratos de trabalho ou de locação de serviços realizados com indígenas em processo de integração ou habitantes de parques ou colônias agrícolas dependerão de prévia aprovação do órgão de proteção ao índio, obedecendo, quando necessário, a normas próprias" (art. 16 da Lei 6.001/1973).

Gabarito "B"

(Magistratura do Trabalho – 8ª Região – 2006) O art. 3º da CLT estabelece os pressupostos do conceito de empregado ou elementos caracterizadores da relação empregatícia, sendo correto afirmar que:

(A) O pressuposto da pessoalidade exige que o empregado execute suas atividades pessoalmente, sem fazer-se substituir por terceiro, a não ser em caráter esporádico, com a aquiescência do empregador ou na hipótese de substituição normativamente autorizada (por lei ou norma autônoma).

(B) O pressuposto da não eventualidade exige que os serviços sejam de natureza contínua, isto é, não intermitente, embora não seja necessária ao Direito do Trabalho a exclusividade da prestação de serviços.

(C) O pressuposto do salário consiste em dizer que o contrato de trabalho é oneroso e que, ante a falta de estipulação do *quantum* do salário ou de seu pagamento de forma indireta, desfigura-se a condição de empregado, para se ter a intenção de prestar serviço desinteressadamente por mera benevolência.

(D) O pressuposto da subordinação determina que o trabalhador-empregado se limite a permitir que sua força de trabalho seja utilizada por outrem, a quem fica, por isso, juridicamente subordinado, exceto no caso de empregado-sócio, em que se diz que este é empregado de si mesmo e em que a condição de empregado é sempre absorvida pela participação na sociedade.

(E) O pressuposto da pessoalidade vincula-se ao trabalho por pessoa física e deste não se distingue, significando dizer que a prestação de serviços por pessoa jurídica, sem fixação específica de uma pessoa física realizadora de tais serviços, afasta de imediato a possibilidade de relação de emprego.

A: correta, por definição; **B:** incorreta, a CLT não adotou a teoria da continuidade, ao contrário da Lei do Trabalho Doméstico; **C:** incorreta, art. 9º e 460 da CLT (o nome da matéria é equivalência salarial, que não se confunde com a equiparação salarial, de que trata o art. 461 da CLT); **D:** incorreta, o conceito está incorreto, pois a subordinação incide sobra a atividade, e não sobre a pessoa do empregado; **E:** incorreta, o pressuposto vincula-se ao trabalho prestado por pessoa física determinada.

Gabarito "A"

(Magistratura do Trabalho – 8ª Região – 2006) Considerando-se que o Código Civil de 2002, aplicável subsidiariamente ao Direito do Trabalho, é omisso quanto à capacidade do índio para os atos da vida civil, e deixa para a lei especial a disciplina sobre a matéria, pode-se afirmar que:

(A) Não mais há diferença entre índios que vivem isolados e índios integrados à comunidade ou em vias de integração, podendo estes serem empregados ou empregadores, e considerando-se válidos todos os atos por eles praticados.

(B) O índio não mais pode ser considerado relativamente incapaz, como o classificava o Código Civil de 1916, podendo este, agora, ajuizar reclamações trabalhistas, em defesa de seus direitos, independente de intervenção do Ministério Público, pois agora possui *legitimatio ad causam*.

(C) Mesmo diante da omissão do Novo Código Civil, o índio só pode ser empregado ou empregador e ter o contrato de trabalho considerado válido se integrado à comunidade ou se estiver em vias de integração, dependendo, neste último caso, de assistência do órgão tutelar competente.

(D) Os índios passaram a ter *legitimatio ad causam*, porém ainda é necessária a intervenção do Ministério Público em todos os atos que praticarem, especialmente daqueles que vivem isolados, denunciando-se os abusos e providenciando-se a aplicação das sanções cabíveis.

(E) Nada mudou quanto à capacidade do índio para firmar contrato de trabalho, seja como empregado seja como empregador, pois, até que sobrevenha lei especial para reger a matéria, ele, independente de sua condição civilizatória, continua sendo relativamente incapaz e necessitando da assistência de órgão tutelar competente para firmar contratos válidos.

A alternativa correta, conforme os arts. 8º e 15 da Lei 6.001/1973, é a "C".

Gabarito "C".

(Magistratura do Trabalho – 8ª Região – 2006) Quanto ao contrato de emprego e os contratos afins, é correto afirmar que:

(A) Se uma pessoa física recebe de outrem (pessoa física ou jurídica) poderes para, em seu nome, praticar atos, ou administrar interesses, afastada fica da relação jurídica mantida entre os mesmos a natureza do contrato empregatício, pois não se admite a coexistência de contrato de emprego e mandato.

(B) Não se pode classificar como contrato de empreitada qualquer ajuste pelo qual uma das partes se obriga a realizar certo trabalho a outrem, com material próprio ou por estes fornecido, mediante remuneração global ou proporcional ao trabalho executado, pois o que definirá se a hipótese é de empreitada e não de relação de emprego é a inexistência de subordinação jurídica do empreiteiro em relação ao seu contratante.

(C) Se o trabalhador recebe do tomador rural dos serviços um ou mais animais para, pessoalmente e sob as ordens do tomador, pastoreá-los, tratá-los e criá-los, dividindo-se os resultados do criatório entre as partes, na proporção por elas fixada, estamos diante da hipótese clara de parceria rural e da inexistência do contrato de emprego.

(D) A lei que disciplina o trabalho do representante comercial afasta qualquer possibilidade de subordinação jurídica, quando estabelece para esse profissional, além dos serviços de natureza não eventual, a fixação e restrição de zonas de trabalho, proibição de autorizar descontos, obrigação de fornecer informações detalhadas sobre o andamento do negócio e a observância às instruções do representado.

(E) A locação de serviços é modalidade de contratação, atualmente prevista no Código Civil Brasileiro como prestação de serviços, distinguindo-se do contrato de emprego, em razão de, neste, ser necessária a execução do trabalho apenas por pessoa física e, naquela, poder contratar-se tanto pessoa física como pessoa jurídica, apenas observando-se a pessoalidade em sendo contratada a primeira.

A: incorreta, uma vez que ao particular é dado fazer tudo o quanto a lei não proscreva (CF, art. 5º, II), e inexistindo vedação legal nesse sentido, é possível a coexistência de um contrato de mandato, com transferência de poderes em geral ou especificados, com o contrato de trabalho; **B:** correta, arts. 2º, 3º e 9º da CLT; **C:** incorreta, presentes os requisitos dos arts. 2º e 3º da CLT, a hipótese é de relação de emprego; **D:** incorreta, a lei não afasta qualquer possibilidade de subordinação jurídica, que poderá estar presente na prática; **E:** incorreta, a locação de serviços não demanda a pessoalidade.

Gabarito "B".

(Magistratura do Trabalho – 9ª Região – 2009) Os elementos fático-jurídicos componentes da relação de emprego são cinco, apontados em dois preceitos combinados na CLT. Acerca desse assunto, aponte a proposição correta:

(A) Apenas o empregador é que, indistintamente, pode ser pessoa física ou jurídica, jamais o empregado.

(B) Tornando-se inviável a prestação pessoal do trabalho, no curso do contrato, por certo período, o empregado poderá se fazer substituir por outro trabalhador.

(C) À luz da Consolidação, um trabalhador que preste serviço ao tomador, mesmo que por diversos meses seguidos, mas apenas em domingos ou fins de semana, configura-se como trabalhador eventual.

(D) No caso do trabalhador intelectual a subordinação está relacionada ao poder de direção do empregador, mantendo o empregado a autonomia de sua vontade sobre a atividade desempenhada.

(E) Considerando que nem todo trabalho é passível de mensuração econômica, não se pode estabelecer que a onerosidade constitua elemento fático-jurídico da relação de emprego.

A: correta, arts. 2º e 3º da CLT; **B** e **E:** incorretas, arts. 2º e 3º da CLT; **C:** incorreta, pois a CLT, ao contrário da lei dos trabalhadores domésticos, não adotou a teoria da continuidade para definir a relação de emprego; **D:** incorreta, a subordinação incide sobre a própria atividade, por definição.

Gabarito "A"

(Magistratura do Trabalho – 9ª Região – 2007) Considere as proposições abaixo:

I. Não configura vínculo de emprego a prestação, a serviço da administração do edifício, de atividades de limpeza em um condomínio residencial, em um dia por semana, pelo período de cinco meses, percebendo a trabalhadora remuneração por dia trabalhado e laborando nos demais dias da semana em outros locais.

II. Configurada a subordinação direta ao tomador de serviços de trabalhador temporário, contratado em razão de acréscimo extraordinário de serviços decorrentes das festas natalinas, desnaturado está o trabalho temporário, configurando-se a *merchandage* repelida pelo direito do trabalho.

III. Empregado que, contemplado com viagem para o exterior em concurso cultural realizado por grande rede de magazines, com duração de uma semana, faz-se substituir, sem conhecimento de seu empregador, por colega de profissão, com a mesma experiência e qualificação profissional, tem direito a receber os salários do período da viagem porque não interrompida a produção em sua ausência.

IV. É empregada trabalhadora que costura peças previamente cortadas, em sua residência, percebendo remuneração por peça costurada, com quantidades, prazos e modelos estabelecidos pelos fornecedores das peças, utilizando-se de máquinas de costura próprias e desenvolvendo a mesma atividade para duas confecções diferentes.

V. É nulo o contrato de trabalho celebrado por menor de dezesseis anos, configurando-se o chamado trabalho ilícito e não gerando quaisquer efeitos.

Assinale a alternativa correta:

(A) Todas as proposições estão corretas;
(B) Apenas quatro proposições estão corretas;
(C) Apenas três proposições estão corretas;
(D) Apenas duas proposições estão corretas;
(E) Apenas uma proposição está correta.

I: incorreta, pois o vínculo poderá se configurar, haja vista que a CLT não adota o critério da continuidade para definir a não eventualidade; **II:** incorreta, pois se trata de hipótese contemplada pela Lei 6.019/1974; **III:** incorreta, pois o curso em apreço pode ser considerado tempo à disposição do empregador e é admitido o desconto salarial das faltas do trabalhador, por interpretação a contrario sensu do art. 473 da CLT; **IV:** correta, CLT, art. 6º (v. TRT2 02920071917, TRT2 02930307450, TRT3 RO 9857/91); **V:** incorreta, pois aplica-se a teoria trabalhista das nulidades.

Gabarito "E"

(Magistratura do Trabalho – 9ª Região – 2007) No que tange à responsabilidade pelas obrigações trabalhistas, considerando a legislação trabalhista e o entendimento dominante no Tribunal Superior do Trabalho, analise as seguintes proposições:

I. O tomador dos serviços responde, de forma subsidiária, quando a terceirização é lícita.

II. A empresa integrante de grupo econômico é subsidiariamente responsável, ainda que os serviços hajam sido diretamente prestados a outra empresa do grupo.

III. O dono da obra responde, de forma subsidiária, pelas obrigações não satisfeitas pelo empreiteiro que contratar.

IV. Nos casos de subempreitada, a responsabilidade pelos débitos trabalhistas tanto pode recair sobre o empreiteiro principal como sobre o subempreiteiro.

V. O inadimplemento das obrigações trabalhistas, por parte do empregador, implica responsabilidade subsidiária do tomador dos serviços, quanto àquelas obrigações, exceto quanto aos órgãos da administração pública.

Assinale a alternativa correta:

(A) Apenas uma proposição está correta;
(B) Apenas duas proposições estão corretas;
(C) Apenas três proposições estão corretas;
(D) Apenas quatro proposições estão corretas;
(E) Todas as proposições estão corretas.

I: correta, Súmula 331, IV, do TST, alterada pelo TST em 24.05.2011; **II:** incorreta, art. 2º, § 2º, da CLT (solidariedade); **III:** incorreta, não há responsabilidade solidária ou subsidiária, exceto se o dono da obra for uma empresa construtora ou incorporadora (OJ 191 da SDI-I do TST); **IV:** correta, art. 455 da CLT; **V:** incorreta, os órgão da administração pública também são responsáveis, "caso evidenciada a sua conduta culposa no cumprimento das obrigações da Lei n. 8.666, de 21.06.1993" (Súmula 331, IV, do TST).

Gabarito "B"

(Magistratura do Trabalho – 9ª Região – 2007) Considere as seguintes proposições:

I. A exclusividade e o "animus contrahendi", este correspondente à intenção do trabalhador de ser contratado como empregado, estão inseridos dentre os elementos essenciais caracterizadores da relação de emprego.

II. Para a teoria contratualista moderna, a relação de emprego tem natureza jurídica contratual. Entretanto, o contrato, nesse caso, não é figura assimilável a qualquer das figuras contratuais clássicas do direito civil. A diferença específica se revela não em razão do objeto do contrato, que é a prestação dos serviços, mas sim no modo subordinado de tal prestação.

III. A não eventualidade, segundo a teoria dos fins do empreendimento, revela-se na hipótese de o trabalho prestado estar inserido nos fins normais da empresa. Em decorrência, é considerado empregado um marceneiro que presta pessoalmente serviços, em três dias por semana, em indústria de móveis sob medida, mediante remuneração e subordinação.

Assinale a alternativa correta:

(A) Todas as proposições estão corretas;

(B) Somente as proposições I e III estão corretas;

(C) Somente as proposições I e II estão corretas;

(D) Somente a proposição III está correta;

(E) Somente as proposições II e III estão corretas.

I: incorreta, a exclusividade não é elemento do contrato de trabalho; **II:** correta, por definição; **III:** correta, por definição, sendo certo, não obstante, que outras teorias vêm concomitantemente a lume na questão da não eventualidade, como a teoria do evento, a teoria da fixação à fonte de trabalho ou a teoria da descontinuidade (prestigiada pela Lei do Trabalho Doméstico).

Gabarito "E"

(Magistratura do Trabalho – 9ª Região – 2006) É correto afirmar:

I. O estágio pode assumir a forma de ação comunitária, hipótese em que não exige celebração do termo de compromisso com interveniência da instituição de ensino.

II. A CLT, ao dispor, no art. 442: "Contrato individual de trabalho é o acordo tácito ou expresso, correspondente à relação de emprego". "Parágrafo único. Qualquer que seja o ramo de atividade da sociedade cooperativa, não existe vínculo empregatício entre ela e seus associados, nem entre estes e os tomadores de serviços daquela", encerra mera presunção relativa, e não excludente legal do vínculo empregatício.

III. A CLT, art. 3º, ao dispor que: "considera-se empregado toda pessoa física que prestar serviços de natureza não eventual a empregador, sob a dependência deste e mediante salário", adotou teoria da descontinuidade.

IV. Na lição doutrinária segundo a qual "Eventual é o trabalho que, embora exercitado continuamente e em caráter profissional, o é para destinatários que variam no tempo, de tal modo que se torna impossível a fixação jurídica do trabalhador em relação a qualquer um deles" (Amauri Mascaro Nascimento) se encontra estampada a denominada teoria do evento.

V. A caracterização do trabalho avulso se encontra necessariamente vinculada a trabalho executado por intermédio da respectiva entidade sindical profissional da categoria do prestador de serviço.

(A) somente as proposições I e II são verdadeiras;

(B) somente as proposições I, IV e V são verdadeiras;

(C) somente as proposições I, III e V são verdadeiras;

(D) somente as proposições II, III e IV são verdadeiras;

(E) somente as proposições II, III e V são verdadeiras;

I: correta, art. 3º, § 2º da então vigente Lei 6.494/1977 (o dispositivo não foi reproduzido pela atual Lei de Estágio); **II:** correta, CLT, art. 9º e princípio do contrato-realidade; **III:** incorreta,a teoria da descontinuidade foi adotada pela Lei dos Empregados Domésticos, ao passo que a exegese do art. 3º da CLT exige uma análise mista de várias teorias (teoria da descontinuidade, teoria dos fins do empreendimento, teoria do evento, teoria da fixação jurídica à fonte tomadora etc.); **IV:** incorreta, trata-se da teoria da fixação jurídica à fonte tomadora; **V:** incorreta,no caso dos trabalhadores portuários avulsos, a intermediação é feita pelo órgão gestor de mão de obra.

Gabarito "A"

(Magistratura do Trabalho – 13ª Região – 2006) Um motorista de determinada empresa assinou contrato de prestação de serviços para trabalhar pessoalmente, como autônomo, dirigindo um caminhão da contratante, de segunda-feira a sábado, em jornadas de 8 (oito) horas diárias, mediante remuneração mensal, pelo prazo de 1 (um) ano. Tal motorista recebia ordens do encarregado do setor de transportes.

Considerando-se os princípios do Direito do Trabalho, pode-se afirmar:

(A) as partes firmaram um contrato de natureza civil, porquanto foi preservado o princípio da autonomia da vontade;

(B) o princípio da irrenunciabilidade de direitos não admite que um simples trabalhador, sem outro recurso para viver que não a sua força de trabalho, ajuste um contrato de prestação de serviços autônomos;

(C) o contrato de prestação de serviços autônomos é válido, desde que tenha forma escrita e o trabalhador haja obtido a assistência do seu sindicato, com o que se configura a aplicação do princípio protetor;

(D) de acordo com o princípio da primazia da realidade, a relação existente entre a empresa e o motorista é de emprego;

(E) nenhuma das proposições acima está correta.

O enunciado descreve os dêiticos da relação de emprego, conforme arts. 2º e 3º da CLT, a atrair a aplicação do princípio do contrato-realidade (art. 9º da CLT).

Gabarito "D"

(Magistratura do Trabalho – 13ª Região – 2006) Assinale a alternativa correta.

(A) o trabalhador não sujeito a controle de jornada é autônomo;

(B) é eventual o trabalhador que presta serviço pessoal a uma empresa, duas vezes por semana, durante 5 (cinco) anos, recebendo remuneração mensal;

(C) numa cooperativa de trabalho, o associado que presta serviço de natureza permanente, em atividade-fim de determinada empresa, contratante da cooperativa, dada a sua condição de cooperado, não poderá, em qualquer hipótese, ser considerado empregado da mencionada empresa;

(D) o contrato de estágio é aquele celebrado entre uma empresa e um estudante, para que este trabalhe em regime de tempo parcial e receba remuneração compatível com o tempo reduzido;

(E) uma empresa que necessita substituir, transitoriamente, parte do seu pessoal permanente poderá celebrar contratos de trabalho temporário.

A: incorreta, tal não é suficiente para caracterizar a autonomia, que requesta, adicionalmente, a ausência de qualquer submissão a um poder diretivo (ausência de subordinação na forma de prestação dos serviços); **B:** incorreta, o vínculo empregatício poderá se configurar, haja vista que a CLT não adota apenas o critério da decontinuidade para definir a não eventualidade; **C:** incorreta, art. 9º da CLT e princípio do contrato-realidade; **D:** incorreta, tais características inexistem, segundo a atual Lei do Estágio ou de acordo com a revogada Lei 6.494/1977; **E:** correta, art. 2º da Lei 6.019/1974.

Gabarito "E"

(Magistratura do Trabalho – 14ª Região – 2011) Conforme prevê a CLT, em se tratando da figura dos sujeitos do contrato de trabalho, assinale a alternativa incorreta.

(A) As instituições sem finalidade lucrativa e os profissionais liberais que admitirem trabalhadores como empregados equiparam-se ao empregador.
(B) Será considerado empregado aquele que presta serviços de forma pessoal e natureza não eventual, mediante retribuição pecuniária e sob a dependência do empregador.
(C) O trabalho realizado no estabelecimento do empregador e aquele executado no domicílio do empregado não se distingue, desde que esteja caracterizada a relação de emprego.
(D) Não haverá distinções relativas à espécie de emprego e a condição de trabalhador, exceto quanto ao trabalho intelectual, técnico e manual, em razão das suas peculiaridades.
(E) O tempo em que o empregado esteja à disposição do empregador, ainda que apenas aguardando ordens de serviço, considera-se como de serviço efetivo, salvo disposição especial expressamente consignada.

A: assertiva correta, art. 2º, § 1º, da CLT; **B:** assertiva correta, art. 3º, caput, da CLT (dependência, aqui, no sentido de subordinação, segundo pacificado na doutrina e jurisprudência); **C:** assertiva correta, art. 6º, caput, da CLT; **D:** assertiva incorreta, devendo ser assinalada, é proibida a distinção entre trabalho intelectual, técnico e manual (arts. 7º, XXXII, da CF, e 3º, parágrafo único, da CLT); **E:** assertiva correta, art. 4º da CLT.

Gabarito "D"

(Magistratura do Trabalho – 14ª Região – 2007) Considere as proposições abaixo:

I. Não configura vínculo de emprego a prestação, a serviço da administração do edifício, de atividades de limpeza em um condomínio residencial, em um dia por semana, pelo período de cinco meses, percebendo a trabalhadora remuneração por dia trabalhado e laborando nos demais dias da semana em outros locais.
II. Configurada a subordinação direta ao tomador de serviços de trabalhador temporário, contratado em razão de acréscimo extraordinário de serviços decorrente das festas natalinas, desnaturado está o trabalho temporário, configurando-se a *merchandage* repelida pelo direito do trabalho.
III. Empregado que, contemplado com viagem para o exterior em concurso cultural realizado por grande rede de magazines, com duração de uma semana, faz-se substituir, sem conhecimento de seu empregador, por colega de profissão, com a mesma experiência e qualificação profissional, tem direito a receber os salários do período da viagem porque não interrompida a produção em sua ausência.
IV. É empregada trabalhadora que costura peças previamente cortadas, em sua residência, percebendo remuneração por peça costurada, com quantidades, prazos e modelos estabelecidos pelos fornecedores das peças, utilizando-se de máquinas de costura próprias e desenvolvendo a mesma atividade para duas confecções diferentes.
V. É nulo o contrato de trabalho celebrado por menor de dezesseis anos, configurando-se o chamado trabalho ilícito e não gerando quaisquer efeitos.

Assinale a alternativa correta:

(A) Todas as proposições estão corretas;
(B) Apenas quatro proposições estão corretas;
(C) Apenas três proposições estão corretas;
(D) Apenas duas proposições estão corretas;
(E) Apenas uma proposição está correta.

I: incorreta, pois o vínculo poderá se configurar, haja vista que a CLT não adota apenas o critério da decontinuidade para definir a não eventualidade; **II:** incorreta, pois se trata de hipótese contemplada pela Lei 6.019/1974; **III:** incorreta, pois o curso em apreço pode ser considerado tempo à disposição do empregador e é admitido o desconto salarial das faltas do trabalhador, por interpretação a contrario sensu do art. 473 da CLT; **IV:** correta, CLT, art. 6º (v. TRT2 02920071917, TRT2 02930307450, TRT3 RO 9857/91); **V:** incorreta, pois aplica-se a teoria trabalhista das nulidades.

Gabarito "E"

(Magistratura do Trabalho – 14ª Região – 2007) Considere as seguintes proposições:

I. A exclusividade e o "animus contrahendi", este correspondente à intenção do trabalhador de ser contratado como empregado, estão inseridos dentre os elementos essenciais caracterizadores da relação de emprego.
II. Para a teoria contratualista moderna, a relação de emprego tem natureza jurídica contratual. Entretanto, o contrato, nesse caso, não é figura assimilável a qualquer das figuras contratuais clássicas do direito civil. A diferença específica se revela não em razão do objeto do contrato, que é a prestação dos serviços, mas sim no modo subordinado de tal prestação.
III. A não eventualidade, segundo a teoria dos fins do empreendimento, revela-se na hipótese de o trabalho prestado estar inserido nos fins normais da empresa. Em decorrência, é considerado empregado um marceneiro que presta pessoalmente serviços, em três dias por semana, em indústria de móveis sob medida, mediante remuneração e subordinação.

Assinale a alternativa correta:

(A) Todas as proposições estão corretas;
(B) Somente as proposições I e III estão corretas;
(C) Somente as proposições I e II estão corretas;
(D) Somente a proposição III está correta;
(E) Somente as proposições II e III estão corretas.

I: incorreta, a exclusividade não é elemento essencial do contrato de trabalho; **II:** correta, por definição; **III:** correta, por definição.

Gabarito "E"

(Magistratura do Trabalho – 15ª Região – 2010) É correto afirmar que:

(A) o trabalho eventual pode ser prestado, na prática, com subordinação ou com autonomia;

(B) trabalho eventual é o mesmo que trabalho avulso;

(C) o trabalho voluntário não está excluído da proteção do Direito do Trabalho;

(D) os artistas sempre são considerados trabalhadores autônomos;

(E) o representante comercial típico jamais está obrigado a fornecer, à empresa representada, informações sobre o, andamento dos negócios a seu cargo.

A: correta, pois o elemento presente no vínculo de emprego e ausente no trabalho eventual é a não eventualidade, sendo indiferente a presença ou não da subordinação; **B:** incorreta, enquanto eventual possui um sentido genérico para designar o trabalhador que se ativa perante um tomador de modo eventual, avulso possui um sentido específico: é o trabalhador que, sem se fixar definitivamente a uma única fonte tomadora de seus serviços, coloca sua força em mercado específico de trabalho (portos, armazéns, locais de movimentação de carga) à disposição de variados tomadores, por breves períodos, e por intermédio de uma entidade gestora dessa oferta de mão de obra (o Órgão Gestor de Mão de Obra, no caso do trabalhador portuário avulso, ou uma entidade sindical, no caso do trabalho avulso fora do porto); **C:** incorreta, "O serviço voluntário não gera vínculo empregatício, nem obrigação de natureza trabalhista previdenciária ou afim" (art. 1º, parágrafo único, da Lei 9.608/1998); **D:** incorreta, como explica Alice Monteiro de Barros, no Brasil, o artista pode desempenhar suas atividades em caráter autônomo ou de forma subordinada, esta se verificando quando ele está sujeito ao poder diretivo do empregador; **E:** incorreta, está obrigado a fornecer tais informações (arts. 19, d, e 28 da Lei 4.886/1965).

Gabarito "A"

(Magistratura do Trabalho – 21ª Região – 2012) O contrato individual de trabalho tem suas condições submetidas à livre estipulação das partes interessadas em tudo quanto não contravenha às disposições de proteção ao trabalho, o que não afasta a chamada autonomia privada. Assim, é correto afirmar, quanto ao salário:

(A) admite-se a estipulação do salário apenas por comissão, porém com garantia de que, nos meses em que o valor das comissões não alcançar a remuneração mínima da categoria, o empregador estará obrigado a complementá-la, sendo possível estornar o valor da complementação nos meses subsequentes;

(B) o vale-refeição contratado junto à empresa especializada, cuja obrigação de fornecimento restou verbalmente pactuada entre as partes, com observância das regras do programa de alimentação do trabalhador, em face de sua habitualidade, tem natureza salarial, refletindo no cálculo das férias, 13º salário e FGTS;

(C) a parcela remuneratória fixada no contrato de trabalho, mensalmente apurada e paga, a título de participação nos lucros e resultados, não possui natureza salarial, não refletindo no cálculo das férias, 13º salário e FGTS;

(D) o salário não pode ser estipulado por período de tempo superior a 01(um) mês, contudo tal restrição não se aplica às comissões e gratificações, cuja estipulação é livre entre as partes;

(E) o seguro-saúde fornecido ao empregado pelo empregador não constitui parcela salarial, podendo ser suprimido a qualquer tempo pelo empregador.

A: incorreta, é "vedado qualquer desconto em mês subsequente a título de compensação" (art. 78, parágrafo único, da CLT); **B:** incorreta, o vale-refeição não tem natureza salarial, não integrando o salário para nenhum efeito legal, OJ 133 da SDI-I do TST (v. OJ 413); **C:** incorreta. a nosso ver, o pagamento mensal da PLR distorce sua natureza não salarial definida pela Lei 10.101/2000, conforme art. 9º da CLT. **D:** correta, art. 459, § 1º, da CLT; **E:** incorreta. Nos termos do art. 458, § 2º, da CLT, o seguro saúde fornecido pelo empregador não constitui parcela salarial. Contudo, sua supressão pelo empregador desrespeita o princípio da condição mais benéfica ao empregado, radicado no art. 5º, XXXVI, da CF, e na ideia de tendencial expansão dos direitos trabalhistas.

Gabarito "D"

(Magistratura do Trabalho – 21ª Região – 2012) A respeito da duração do contrato de trabalho é correto afirmar:

(A) os contratos por prazo determinado devem obrigatoriamente ser celebrados por escrito, e do seu registro deverá obrigatoriamente constar as datas do seu início e do seu final;

(B) o rompimento unilateral e sem justo motivo do contrato por prazo determinado, antes do seu termo final, ensejará obrigatoriamente, além do pagamento das verbas rescisórias inerentes à rescisão imotivada, o pagamento de uma multa de 50%(cinquenta por cento) do que seria devido ao empregado até o término do contrato;

(C) os contratos de trabalho por experiência deverão conter expressamente essa referência, não se admitindo a recontratação do mesmo empregado, nessa condição, ainda que respeitado o prazo semestral previsto no art. 452 da CLT;

(D) sempre que um contrato por prazo determinado for sucedido por outro, antes de transcorrido o prazo semestral previsto no art. 452 da CLT, sofrerá modificação objetiva, tornando-se um pacto indeterminado;

(E) os contratos por prazo determinado têm sua duração máxima limitada a 02 anos, permitida uma única prorrogação por igual período.

A: incorreta. Não há qualquer previsão na lei exigindo a forma escrita para os contratos por prazo determinado; **B:** incorreta. art. 479 da CLT; **C:** correta. Os contratos de prova surgem com a estabilidade decenária: tratava-se da conveniência de um prazo de um ano antes que as regras da estabilidade decenária passassem a incidir. Surge, assim, o germe do contrato de experiência, possibilitando às partes (na quase totalidade dos casos, o empregador) experimentarem o trabalho e os serviços prestados, a fim de decidirem se o contrato continuará por um período indeterminado. Uma vez passada esta fase, as experimentações e provas já foram feitas, dando às partes condição de decisão quanto a continuidade ou descontinuidade do contrato de trabalho. Seu período máximo é de 90 (noventa) dias (art. 445, parágrafo único, da CLT); **D:** incorreta. Trata-se, na verdade de uma alteração subjetiva, e não objetiva (art. 452 da CLT);

E: incorreta. "O contrato de trabalho por prazo determinado que, tácita ou expressamente, for prorrogado mais de uma vez passará a vigorar sem determinação de prazo." (Artigos 445 e 451 da CLT).

Gabarito "C".

(Magistratura do Trabalho – 22ª Região – 2006) Consideradas as afirmações abaixo, marque a letra que contém a resposta correta:

I. Sobre a natureza jurídica da relação empregatícia, para as teorias acontratualistas basta a vontade de empregado e empregador para constituição do vínculo.

II. O trabalho autônomo tem como traço distintivo essencial, relativamente à relação de emprego, a ausência fático-jurídica de subordinação, podendo ser pactuada, porém, validamente, a pessoalidade do prestador de serviços.

III. A relação de trabalho eventual, diferentemente da relação de emprego, não conta com o elemento permanência, embora presentes a subordinação, a onerosidade e a pessoalidade. O conceito de eventualidade, porém, é controvertido, carecendo de apoio teórico que procura fixar seus critérios objetivos, em que se destacam quatro correntes: a teoria do evento, a teoria da descontinuidade, a teoria dos fins da empresa e a teoria da fixação jurídica ao tomador dos serviços. A Consolidação das Leis do Trabalho agasalhou a teoria da descontinuidade.

IV. Considera-se trabalho temporário aquele prestado por pessoa física a uma empresa (tomadora de serviço ou cliente), para atender à necessidade transitória de substituição de seu pessoal regular e permanente ou a acréscimo extraordinário de serviços. O vínculo de emprego formado entre o trabalhador e a empresa de trabalho temporário não poderá exceder de três meses. Para a jurisprudência sumulada do Tribunal Superior do Trabalho, a contratação de trabalhadores por empresa interposta é ilegal, salvo no caso de trabalho temporário, formando-se o vínculo de emprego diretamente com o tomador dos serviços.

V. Considera-se trabalho avulso aquele em que o trabalhador eventual oferece sua força de trabalho por curtos períodos de tempo, a distintos tomadores, sem se fixar especificamente em nenhum deles, não formando vínculo empregatício com esses tomadores. No entanto, conforme mandamento constitucional, os trabalhadores avulsos têm os mesmos direitos dos trabalhadores com vínculo empregatício permanente. Distingue-se o trabalho avulso do trabalho eventual porque, no primeiro caso, a mão de obra é disponibilizada através de uma entidade intermediária, no mercado específico de atuação.

(A) Somente II e V estão corretas.
(B) I e V estão erradas.
(C) II, III e IV estão corretas.
(D) Todas estão corretas.
(E) Todas estão erradas.

I: incorreta para as teorias acontratualistas, a vontade é irrelevante; **II:** correta o elemento pessoalidade não descaracteriza a autonomia, cuja face mais visível é a inexistência de submissão ao poder diretivo do tomador de serviços (ausência de subordinação na forma como o serviço é prestado); **III:** incorreta, a CLT não agasalhou uma única teoria, ao contrário da Lei do Trabalho Doméstico, que alude expressamente à descontinuidade; **IV:** incorreta, o que não pode exceder a três meses é o "contrato entre a empresa de trabalho temporário e a empresa tomadora ou cliente, com relação a um mesmo empregado" (art. 10 da Lei 6.019/1974); **V:** correta CF, art. 7º, XXXIV.

Gabarito "A".

(Magistratura do Trabalho – 23ª Região – 2012) Assinale a alternativa que contém proposição **incorreta:**

(A) São características da figura do empregador à luz da ordem jurídica juslaborista, a despersonalização e a alteridade.

(B) Dentre outras possibilidades, de acordo com o texto da CLT, verifica-se o grupo econômico quando uma empresa, com personalidade jurídica própria, estiver sob o controle de outra, constituindo com ela um grupo industrial.

(C) O TST, com a edição da Súmula 129, reconhecendo que "a prestação de serviços a mais de uma empresa do mesmo grupo econômico, durante a mesma jornada de trabalho, não caracteriza a coexistência de mais de um contrato de trabalho, salvo ajuste em contrário", filiou-se à tese da responsabilidade dual do grupo econômico.

(D) O instituto da sucessão trabalhista não se aplica ao contrato do empregado doméstico nem nas falências processadas a partir da vigência da Lei 11.101/2005, no caso de alienação da empresa falida, e serão tidos como novos os contratos de trabalho iniciados com o empregador adquirente, ainda que se tratem de antigos empregados da empresa.

(E) no contrato de venda de parte de uma empresa, a cláusula de não responsabilização da adquirente pelas obrigações trabalhistas existentes até a data do negócio, deve ser respeitada pelo julgador quando demonstrado que o sucedido tem patrimônio suficiente para suportar as obrigações trabalhistas inadimplidas na época da sua gestão.

A: assertiva correta, por definição (artigos 2º, 10, e 448, da CLT). O princípio da ajenidad (alteridade, alheação, alheamento) muito interessa às modernas teorias sobre subordinação estrutural, reticular, integrativa e objetiva; **B:** assertiva correta, art. 2º, § 2º, da CLT; **C:** assertiva correta, por definição. Súmula 129 do TST. A responsabilidade dual é caracterizada pela tese do empregador único, segundo a qual todos os integrantes de um grupo econômico são responsáveis passiva (pelas obrigações decorrentes dos contratos de emprego) e ativamente (pelas prerrogativas e pelos direitos trabalhistas oriundos dos contratos de emprego). Para o Ministério Público do Trabalho, inclusive, a cota do art. 93 da Lei 8.213/1991 pode ter seu cumprimento aferido em nível de grupo econômico. Vide DELGADO, Maurício Godinho. Curso de Direito do Trabalho. São Paulo, LTr, 2011. 10ª edição. p. 403-04; **D:** assertiva correta, art. 7º, "a", da CLT e 141, II, da Lei 11.101/2005; **E:** assertiva incorreta, devendo ser assinalada, tal cláusula é nula (art. 9º da CLT).

Gabarito "E".

(Magistratura do Trabalho – 23ª Região – 2009) Assinale a alternativa CORRETA:

A respeito do trabalho eventual podemos afirmar que:

I. As teorias da descontinuidade, dos fins do empreendimento e da profissionalidade do empregador apontam critérios objetivos de identificação do elemento eventualidade.

II. O conceito de eventualidade não resulta de um único ponto constitutivo, por isso a doutrina majoritária aponta várias propostas para sua explicação.

III. A subordinação e o poder de direção podem estar presentes na relação de trabalho eventual.

(A) Apenas os itens II e III são verdadeiros.
(B) Apenas os itens I e II são verdadeiros.
(C) Todos os itens são verdadeiros.
(D) Apenas os itens I e III são verdadeiros.
(E) Todos os itens são falsos.

I: incorreta, o critério da profissionalidade do empregador é subjetivo; **II:** correta, dentre as teorias mais utilizadas, destacam-se a teoria da descontinuidade, a teoria do evento, a teoria da fixação jurídica à fonte tomadora e a teoria dos fins do empreendimento; **III:** correta, pois a eventualidade não é decorrência ou causa da subordinação, polo antitético do poder diretivo.

(Magistratura do Trabalho – 22ª Região – 2006) Consideradas as afirmações abaixo, marque a letra que contém a resposta correta:

I. No contrato de empreitada o empreiteiro, pessoa física ou jurídica, pode fornecer apenas o trabalho ou o trabalho e os materiais necessários à conclusão da obra. A empreitada meramente de trabalho, quando prestado por pessoa física, configura contrato de emprego, independente de outros requisitos, por presunção legal do elemento subordinação.

II. Aplica-se ao empregado vendedor externo, sem controle de horário de trabalho, as mesmas regras relativas à remuneração por comissões previstas para os vendedores representantes comerciais ou agentes distribuidores.

III. O contrato de emprego e o contrato de mandato são contratos de atividade. Como o mandatário não pode ultrapassar os poderes recebidos do mandante, identifica-se, no contrato de mandato, o elemento subordinação, o qual, se também presente o elemento onerosidade, transforma o contrato de mandato, inexoravelmente, em contrato de emprego.

IV. O contrato de parceria rural é modalidade de contrato societário, cujo traço marcante diferenciador do contrato de emprego reside na ausência de pessoalidade, de subordinação e de onerosidade. Pode-se dizer que não existe onerosidade, no caso, porque o trabalhador recebe um imóvel rural ou prédio rústico do tomador rural, para cultivá-lo pessoalmente ou por outrem (parceria agrícola), ou recebe do tomador um ou mais animais, para criá-los, tratá-los e pastoreá-los (parceria pecuária), dividindo-se o resultado entre as partes contratantes, conforme combinado.

V. A simples não concretização das expectativas decorrentes do pré-contrato possibilitam a indenização, desde que a proposta tenha sido feita e aceita.

(A) Somente II está correta.
(B) Somente IV está correta.
(C) Somente I e III estão erradas.
(D) IV e V estão corretas.
(E) Todas estão erradas.

I: incorreta o contrato de empreitada (CC, art. 610 e ss.) pode abranger o fornecimento, pelo empreiteiro (pessoa física ou jurídica), do trabalho e do respectivo material necessário à obra, assim como apenas o fornecimento de trabalho, sem que assim se configure automaticamente a relação de emprego, para a qual será necessária a presença dos demais requisitos configuradores do vínculo empregatício; **II:** incorreta, as regras são diferentes (arts. 2º a 5º da Lei 3.207/1957 e 27, f, e 33 da Lei 4.886/1965); **III:** incorreta Como ensina Godinho, não há que se falar em subordinação no contrato de mandato, mas de uma especificação prévia dos poderes do mandatário; **IV:** incorreta o contrato de parceria poderá veicular a pessoalidade, embora não seja incomum o contrato em que a pessoa do obreiro seja infungível; já a onerosidade, esta existe no contrato de parceria, que não se revela um contrato gratuito, conquanto por se tratar de modalidade de contrato societário a parceria possa não prever a remuneração periódica para o parceiro trabalhador, que receberá sua retribuição calculada sobre o resultado final do trabalho (observação: além da parceria rural e agrícola, a Lei 4.504/1964 também trata das parcerias agroindustrial e extrativa, admitindo-se o pacto misto); **V:** incorreta o consentimento manifestado por ocasião das ofertas pode ser expresso ou tácito e será imprescindível à responsabilização pré-contratual, assim como a existência de dano. A simples não concretização de expectativas, no entanto, não justifica a responsabilização, quando dissociada dos demais elementos que presidem a responsabilidade pré-contratual, notadamente a ausência de boa-fé objetiva, a seriedade das tratativas e a enganosidade.

(Magistratura do Trabalho – 23ª Região – 2012) Analise as proposições abaixo e indique a alternativa correta:

I. O caráter sinalagmático do contrato de emprego formado entre empregado e empregador significa dizer que, através desse vínculo, surgem obrigações contrapostas ou contrárias entre os contratantes, de modo que, sob aspecto formal, há equilíbrio entre as prestações onerosas de cada parte, não obstante seja a subordinação um dos elementos fático-jurídicos componentes da relação empregatícia.

II. O chamado contrato de estágio ocupa situação peculiar dentro do ordenamento jurídico pátrio já que, não obstante possa reunir os pressupostos de existência da relação empregatícia, se for oneroso, contudo, não é considerado legalmente enquanto modalidade de contrato de emprego em virtude dos objetivos educacionais do pacto.

III. O trabalho eventual é compreendido no cenário jurídico pátrio através de quatro teorias principais, a saber, a teoria do evento, da descontinuidade, dos fins do empreendimento (ou fins da empresa) e da fixação jurídica ao tomador de serviços. Longe de se excluírem, na verdade, preconiza-se em doutrina e jurisprudência a necessidade de utilização, concomitante, de várias, ou mesmo, de todas essas teorias para a caracterização do trabalho eventual.

IV. O trabalho voluntário é aquele prestado para causas benevolentes cuja caracterização se dá, de plano, pela prestação de serviços, a título oneroso ou gratuito, a um tomador de serviços que exerça sua atividade com objetivos cívicos, culturais, educacionais, científicos, recreativos ou de assistência social.

V. Segundo a doutrina trabalhista pátria, a chamada "teoria trabalhista de nulidades" enseja o reconhecimento da produção de efeitos jurídicos válidos em contratos de emprego que contenham nulidade em seu bojo, isso, em benefício do trabalhador, cuja força de trabalho já empreendida é irrecuperável. Fato é que, contudo, na, hipótese do chamado "contrato de trabalho proibido" ou "contrato de emprego proibido", não se aplica essa teoria, visto que se trata de hipótese de nulidade contratual absoluta pelo vício do objeto, que é, no caso, proibido por Lei, com o que não se produzirá desse contrato qualquer efeito jurídico válido.

(A) Apenas as proposições I, II, III e IV estão corretas e as demais estão incorretas.
(B) Apenas as proposições I e II estão corretas e as demais estão incorretas.
(C) Apenas as proposições II, III e IV estão corretas e as demais estão incorretas.
(D) Apenas as proposições I, II e III estão corretas e as demais estão incorretas.
(E) Apenas as proposições II e III estão corretas e as demais estão incorretas.

I, II e III: corretas, por definição; **IV:** incorreta, "Considera-se serviço voluntário, para fins desta Lei, a atividade não remunerada, prestada por pessoa física a entidade pública de qualquer natureza, ou a instituição privada de fins não lucrativos, que tenha objetivos cívicos, culturais, educacionais, científicos, recreativos ou de assistência social, inclusive mutualidade" (art. 1º da Lei 9.608/1998); **V:** incorreta. É o inverso: a nulidade leva a não produção de efeitos, à declaração de invalidade da norma contratual; a proibição é uma mitigação da teoria clássica das nulidades, bem apreendida precocemente pela doutrina justrabalhista para situações de alguma impossibilidade injusta de restituição das partes ao status quo, como nos casos de trabalho infantil. Atualmente, até mesmo em relação à nulidade de que cuida o art. 359 da CLT, defende-se que a hipótese é de simples trabalho proibido quando envolver estrangeiro em situação migratória e trabalhista irregular afetado a trabalho escravo.

Gabarito "D"

(Procurador do Trabalho – MPT – 11º Concurso – 2004) A relação de emprego é o vínculo jurídico sobre o qual incide o Direito Individual do Trabalho. A respeito desta relação jurídica, pode-se dizer:

I. a exploração econômica do serviço prestado pelo trabalhador é essencial para a configuração da relação de emprego;

II. não há subordinação quando o trabalhador possui conhecimento técnico ou científico, quanto ao serviço realizado, superior ao daquele que lhe contrata;

III. não se forma vínculo de emprego, por ausência de subordinação, quando o trabalhador presta serviço em sua própria residência, e para a execução das tarefas é auxiliado por membros de sua família.

A partir das afirmações supra, responda:

(A) apenas a afirmação I está correta;
(B) estão corretas as afirmações II e III;
(C) todas estão erradas;
(D) apenas a afirmação II está correta;
(E) não respondida.

I: incorreta, pode-se configurar relação de emprego com entidade sem fins lucrativos (art. 2º, § 1º, da CLT); **II:** incorreta, como ensina Alice Monteiro de Barros, o empregador nem sempre possui superioridade ou igualdade de conhecimentos profissionais em relação ao empregado, mesmo porque, cada vez mais, as contratações recaem sobre pessoas que possuem um grau de conhecimento de determinada profissão (know-how) do qual o empregador não é detentor. Nasce daí o que se chama de subordinação técnica invertida, frequentemente presente nas relações de trabalho intelectual. **III:** incorreta, "trabalho no domicílio do contratado. Pessoalidade. O auxílio por parte de pessoa da família do empregado que labora em sua própria residência, nos moldes do art. 6º da CLT, desde que seus dependentes, não afasta a pessoalidade exigida para o reconhecimento do vínculo empregatício" (TRT – SP 02920071917).

Gabarito "C"

2.2 GRUPO ECONÔMICO

(Magistratura do Trabalho – 2ª Região – 2011) Em relação ao grupo econômico, analise as seguintes proposições:

I. O grupo econômico no âmbito do Direito do Trabalho configura-se na hipótese descrita pelo artigo 2º, § 2º, da CLT, que dispõe que serão solidariamente responsáveis as empresas que estejam ligadas pela direção, controle e administração entre si, cumulativamente.

II. A doutrina consagrada descreve o conceito de controle, que pode ser definido como a possibilidade do exercício de uma influência dominante de uma empresa sobre outra, podendo-se dizer que controlar uma empresa é subordinar os bens a ela atribuídos à consecução de suas finalidades.

III. De Igual modo a doutrina exemplifica situações de controle, tais como na hipótese de empresas sob o domínio de um mesmo grupo familiar, instaladas no mesmo local e se utilizando dos mesmos empregados, bem como na hipótese de duas empresas terem os mesmos administradores e a administração de uma e outra convergirem para a exploração do mesmo negócio.

IV. Segundo jurisprudência sumulada pelo TST, que impõe a responsabilidade solidária entre empresas do mesmo grupo econômico, se o empregado presta serviços em mais de uma delas, caracteriza-se sempre a coexistência de mais de um contrato de trabalho.

Responda:

(A) Somente estão corretas as assertivas I e II.
(B) Somente estão corretas as assertivas I e III.
(C) Somente estão corretas as assertivas II e III.
(D) Somente estão corretas as assertivas II e IV.
(E) Todas as assertivas estão erradas.

I: incorreta, o § 2º do art. 2º da CLT menciona *direção*, controle ou *administração*, alternativamente; **II** e **III:** corretas, segundo a doutrina de Octavio Bueno Magano; **IV:** incorreta, "não caracteriza a coexistência de mais de um contrato de trabalho, salvo ajuste em contrário." (Súmula 129 do TST).

Gabarito "C".

(Magistratura do Trabalho – 3ª Região – 2009) A respeito do grupo econômico, leia as afirmações abaixo e, em seguida, assinale a alternativa correta:

I. A hipótese legal da Consolidação das Leis do Trabalho contempla apenas o grupo econômico com nexo relacional de direção hierárquica entre as empresas componentes.

II. Para a caracterização do grupo econômico trabalhista, há necessidade de prova de sua formal institucionalização cartorial.

III. A Lei do Trabalho Rural também regula a matéria e estabelece responsabilidade subsidiária da empresa tomadora de serviços.

IV. Nos termos da jurisprudência sumulada do Tribunal Superior do Trabalho, a prestação de serviços a mais de uma empresa do mesmo grupo econômico, durante a mesma jornada de trabalho, não caracteriza, em qualquer hipótese, a coexistência de mais de um contrato de trabalho.

V. Nos termos da jurisprudência sumulada do Tribunal Superior do Trabalho, integra a remuneração do bancário a vantagem pecuniária por ele auferida na colocação ou na venda de papéis ou valores mobiliários de empresas pertencentes ao mesmo grupo econômico, se exercida essa atividade no horário e no local de trabalho e com o consentimento, tácito ou expresso, do banco empregador.

(A) Somente uma afirmativa está correta.
(B) Somente duas afirmativas estão corretas.
(C) Somente três afirmativas estão corretas.
(D) Somente quatro afirmativas estão corretas.
(E) Todas as afirmativas estão corretas.

I: correta, segundo posição doutrinária de Octavio Bueno Magano, para o qual controle e *administração*, de que trata o art. 2º, § 2º, da CLT, são manifestações de direção hierárquica (contra, admitindo o grupo horizontal de empresas, isto é, sem que haja uma empresa líder e empresas lideradas, Mozart Victor Russomano, havendo pronunciamento jurisprudencial nesse sentido); **II:** incorreta, pois não se trata de pessoa formal; **III:** incorreta, a responsabilidade é solidária (art. 3º, § 2º, da Lei 5.889/1973); **IV:** incorreta, se houver ajuste em contrário, pode caracterizar a coexistência de mais de um contrato de trabalho (Súmula 129 do TST); **V:** correta, Súmula 93 do TST.

Gabarito "B".

(Magistratura do Trabalho – 3ª Região – 2008) Assinale a alternativa incorreta:

(A) De acordo com a legislação específica, são nulos os atos praticados entre o índio isolado ou em vias de integração e qualquer pessoa estranha à comunidade indígena, quando não tenha havido assistência do órgão tutelar competente, salvo se o índio revelar consciência e conhecimento do ato praticado e da extensão dos seus efeitos, desde que não lhe sejam prejudiciais.

(B) O contrato de trabalho por equipe, apesar de não regulado por lei, é considerado pela doutrina e jurisprudência como sendo aquele em que os trabalhadores são representados por um ente sindical no polo ativo da relação empregatícia pactuada.

(C) É lícita a instituição, por convenções e acordos coletivos de trabalho, de contrato de trabalho por prazo determinado, em qualquer atividade desenvolvida pela empresa ou estabelecimento, para admissões que representem acréscimo no número de empregados, observadas as condições legais, salvo se essa contratação ocorrer para substituir pessoal regular e permanente contratado por prazo indeterminado.

(D) Para a caracterização do grupo econômico trabalhista, não se exige prova de sua constituição formal, bastando estar presente a integração empresarial.

(E) O principal efeito da identificação do grupo econômico, para fins trabalhistas, é o reconhecimento da solidariedade passiva entre as entidades componentes do grupo pelas obrigações trabalhistas derivadas do contrato de trabalho firmado por qualquer uma delas, mas outra corrente sustenta também a existência de uma solidariedade ativa dos entes do grupo, que poderiam se valer das prerrogativas que lhes favorecem decorrentes desse mesmo contrato.

A: assertiva correta (arts. 8º e 15 da Lei 6.001/1973); **B:** assertiva incorreta, devendo ser assinalada, contrato de equipe é o contrato de trabalho formado com um grupo específico de trabalhadores considerados como uma unidade, como pode ocorrer na contratação de orquestras; **C:** assertiva correta, art. 1º da Lei 9.601/1998; **D:** assertiva correta, de fato, trata-se de figura informal, sendo suficiente os requisitos do art. 2º, § 2º, da CLT; **E:** assertiva correta, a primeira assertiva encontra respaldo no art. 2º, § 2º, da CLT, enquanto que a segunda assertiva é pugnada pela doutrina do empregador único (ou da solidariedade dual), respaldada pela Súmula 129 do TST.

Gabarito "B".

(Magistratura do Trabalho – 7ª Região – 2005) Analise as proposições abaixo, conforme sejam verdadeiras (V) ou falsas (F), e assinale a opção correta.

( ) Por força de regra estabelecida na lei que disciplina o vínculo de emprego rural, sempre que uma ou mais empresas, embora tendo cada uma delas personalidade jurídica própria, estiverem sob a direção, controle ou administração de outra, ou ainda quando, mesmo guardando cada uma sua autonomia, integrem grupo econômico ou financeiro rural, serão responsáveis solidariamente nas obrigações decorrentes da relação de emprego.

( ) A ampliação das possibilidades de garantia do crédito trabalhista norteou a edificação da figura do grupo econômico trabalhista, cujo reconhecimento não demanda necessariamente a presença das modalidades jurídicas típicas do Direito Econômico ou Comercial, bastando a comprovação de elementos que revelem integração interempresarial.

( ) A solidariedade proporcionada pela existência do grupo econômico pode ser conceituada como dual, ou seja, ao tempo em que consagra a solidariedade passiva das empresas, permite o reconhecimento da existência de empregador único. Assim, consoante jurisprudência prevalente no Tribunal Superior do Trabalho, a prestação de serviços a mais de uma empresa do mesmo grupo, durante a mesma jornada de trabalho, não caracteriza a coexistência de mais de um contrato de trabalho, salvo ajuste em contrário.

( ) A tipificação do grupo econômico para os fins estabelecidos na Consolidação das Leis do Trabalho não se prende ao aspecto exclusivamente econômico, sendo viável o seu reconhecimento entre entidades autárquicas ou empregadores domésticos.

( ) A transferência de titularidade na propriedade da empresa não afeta os contratos de trabalho já existentes. A responsabilidade quanto aos débitos trabalhistas constituídos em momento anterior a essa alteração poderá, por convenção entre o antigo e novo proprietário, ser atribuída ao primeiro, cláusula que, todavia, não possui valor para o Direito do Trabalho.

(A) V – V – V – V – F
(B) V – F – V – F – V
(C) F – V – V – V – V
(D) F – V – F – F – V
(E) V – V – V – F – V

I: verdadeira, art. 3º, § 2º, da Lei 5.889/1973; **II:** verdadeira, art. 2º, § 2º, da CLT; **III:** verdadeira, Súmula 129 do TST; **IV:** falsa, art. 2º, § 2º, da CLT; **V:** verdadeira, art. 9º, 10 e 448 da CLT.

Gabarito "E".

(Magistratura do Trabalho – 11ª Região – 2007 – FCC) A empresa Alfa é controladora das empresas Beta e Gama, embora cada uma delas tenha sua própria personalidade jurídica, distinta das demais. João foi contratado pela empresa Gama, mas habitualmente presta seus serviços também para as outras duas empresas do grupo, dentro de sua jornada normal de trabalho. Considerando tal hipótese,

I. caracteriza-se a existência de diversos contratos de trabalho simultâneos, com as três empresas do grupo.

II. as três empresas constituem um grupo econômico, desde que todas atuem na mesma área de atividade.

III. todas as três empresas que integram o grupo econômico responderão solidariamente pelas obrigações trabalhistas em relação ao João, mas seus bens só poderão ser penhorados, segundo a jurisprudência do Tribunal Superior do Trabalho, se tiverem participado da relação processual na fase e conhecimento.

IV. é ilegal a prestação dos serviços, pelo empregado, a mais de uma das empresas que integram o grupo econômico, salvo na hipótese de ter sido pactuada a existência de contrato de trabalho com cada uma das empresas desse grupo.

Está INCORRETO o que se afirma em

(A) I, apenas.
(B) II, apenas.
(C) III, apenas
(D) II e III, apenas.
(E) I, II, III e IV.

I e **IV:** incorretas, "a prestação de serviços a mais de uma empresa do mesmo grupo econômico, durante a mesma jornada de trabalho, não caracteriza a coexistência de mais de um contrato de trabalho, salvo ajuste em contrário" (Súmula 129 do TST); **II:** incorreta, pois não precisam atuar na mesma área de atividade (art. 2º, § 2º, da CLT); **III:** incorreta, a Súmula 205 do TST foi cancelada em 2003.

Gabarito "E".

2.3. SUCESSÃO TRABALHISTA

(Magistratura do Trabalho – 2ª Região – 2012) Por circunstâncias de mercado e interesses de ordem econômica os sócios proprietários da empresa Engenharia Sólida Ltda. transferiram o empreendimento para terceiros. Houve alteração da razão social, mas não ocorreu alteração de endereço, do ramo de atividades, nem de equipamentos, mantendo-se o mesmo quadro de empregados. Tal situação caracterizou a sucessão de empregadores para fins trabalhistas. Neste caso, quanto aos contratos de trabalho dos empregados da empresa sucedida, é **correto** afirmar que:

(A) a transferência de obrigações contratuais dependerá dos termos e condições em que a sucessão foi pactuada entre os empresários;
(B) as obrigações contratuais assumidas anteriormente a mudança recairão sobre a empresa sucedida, e as posteriores sobre a sucessora;
(C) os empregados e o novo empregador deverão renegociar todas as cláusulas e condições estabelecidas no contrato de trabalho;
(D) estarão rescindidos automaticamente, fazendo surgir novas relações contratuais;
(E) os contratos de trabalho seguem seu curso normal, mantendo-se inalterados.

A sucessão trabalhista, prevista nos artigos 10 e 448 da CLT, tem como fundamento o Princípio da Continuidade da relação de emprego. Desta forma, em caso de substituição do empregador, pessoa jurídica, não há qualquer alteração nos contratos de trabalho dos empregados.

Gabarito "E".

(Magistratura do Trabalho – 3ª Região – 2009) A respeito da sucessão de empregadores, leia as afirmações abaixo e, em seguida, assinale a alternativa correta:

I. Apesar de não ter havido tratamento legislativo específico sobre o tema, a doutrina e a jurisprudência construíram ampla orientação, que incorpora o princípio protetor do empregado na relação de emprego.

II. É clássica ou tradicional a sucessão decorrente de modificações na modalidade societária ou de alterações em virtude de processos de fusão, incorporação e cisão.

III. Existe nova corrente doutrinária, segundo a qual, para a configuração da sucessão, nem sempre é necessária a continuidade na prestação laborativa, desde que haja transferência da unidade econômico-jurídica e que a mudança afete significativamente os contratos de trabalho em curso.

IV. O instituto da sucessão trabalhista não se aplica, em regra, ao empregado rural.

V. O instituto da sucessão trabalhista não se aplica, em regra, ao empregado doméstico.

(A) Somente uma afirmativa está correta.
(B) Somente duas afirmativas estão corretas.
(C) Somente três afirmativas estão corretas.
(D) Somente quatro afirmativas estão corretas.
(E) Todas as afirmativas estão corretas.

I: correta. O princípio protetivo é uma construção doutrinária e jurisprudencial que parte do pressuposto lógico de que se existe um direito comum para regular as relações intersubjetivas em geral, e se existe um direito do trabalho, então a ratio essendi deste só pode repousar na tutela diferenciada a um bem jurídico merecedor de especial proteção jurídica, o que, no âmbito da relação trabalhista, concerne à figura do empregado, seu polo hipossuficiente. Se não fosse tal princípio protetor, a tutela jurídica da relação de trabalho se satisfaria com o direito dito comum; **II:** incorreta, pois não se fala em sucessão em caso de modificação da modalidade societária (transformação), mas apenas quando as modificações se operam na estrutura jurídica do titular da empresa, de modo que ocorrendo a mera transformação (de uma sociedade limitada em sociedade anônima, por exemplo) os contratos de trabalho não serão afetados; **III:** correta. Para tal corrente, diferindo da corrente clássica capitaneada por Délio Maranhão, a continuidade do contrato de trabalho com a unidade econômica de produção não é imprescindível, pois poderá ocorrer que o empregador dispense seus empregados antes da mudança na estrutura jurídica ou propriedade da empresa e, não obstante, segundo jurisprudência predominante, repercutirá no sucessor a responsabilidade do sucedido perante tal empregado (cf. OJ 261 da SDI-I do TST); **IV:** incorreta, pois a jurisprudência admite a sucessão, por exemplo, na hipótese de arrendamento (TST RR 441.216/1998-7 e 486.767/1998; TRT2 Proc 0291019549); **V:** correta. Segundo Alice Monteiro de Barros, dadas as peculiaridades existentes no âmbito familiar, e considerando-se ainda o fato de ser o doméstico trabalhador de alta confiança, em que se sobressai as características intuitu personae do ajuste, a jurisprudência não tem admitido a sucessão trabalhista na hipótese de morte do empregador, embora reconheça que os herdeiros devam responder pelos direitos porventura não atendidos por aquele.

Gabarito "C".

(Magistratura do Trabalho – 9ª Região – 2006) É correto afirmar:

I. A lei cria óbices à alteração contratual trabalhista subjetiva, em especial na figura do empregador, a fim de preservar o princípio da continuidade da relação de emprego.

II. Na lei falimentar e de recuperação empresarial (Lei 11.101/2005) não ocorre sucessão de empregadores no caso de alienação do estabelecimento, ainda que se verifique a continuidade de trabalho de antigos empregados da empresa extinta.

III. Como regra geral, o sucedido também responde pelos créditos trabalhistas, inclusive pelos contraídos depois da sucessão, juntamente com o sucessor, visto que a CLT está informada pelo princípio protetivo do hipossuficiente.

IV. O trabalho temporário, no meio rural, pode ser viabilizado através de consórcio de empregadores rurais, mediante formação de grupo de empresas.

(A) Somente as alternativas I, III e IV são verdadeiras.
(B) Somente a alternativa II é verdadeira.
(C) Somente as alternativas I, II e III são verdadeiras.
(D) Somente a alternativa I é verdadeira.
(E) Todas as alternativas são falsas.

I: incorreta, o princípio da inalterabilidade contratual é objetivo, referindo-se ao objeto do contrato, com a CLT concebendo a alteração do empregador (arts. 10 e 448); **II:** correta, arts. 60 e 141, II, da Lei 11.101/2005; **III:** incorreta, inexiste previsão legal de responsabilidade prospectiva; **IV:** incorreta, pois se trata de hipótese distinta e sem que se forme grupo de empresas, eis que a união dos empregadores não visa ao desenvolvimento de uma atividade, mas exclusivamente à contratação de mão de obra.

Gabarito "B".

(Magistratura do Trabalho – 13ª Região – 2006) Uma empresa financeira foi adquirida por um banco. No contrato de aquisição, ficou acordado que a responsabilidade pelas obrigações trabalhistas da financeira, até a data da transferência do controle, seria do grupo vendedor. Nessas circunstâncias, seria certo dizer:

(A) o acordo nesse sentido é perfeitamente válido, uma vez que o direito do trabalho preserva o princípio da autonomia da vontade;
(B) essa pactuação não tem qualquer valor, do ponto de vista do direito do trabalho, por contrariar princípio legal cogente contido na CLT;
(C) tal cláusula é valida se o sindicato dos empregados da financeira vendida concordar com ela;
(D) a cláusula em questão só não é válida se o contrato deixar de ser registrado no registro público competente;
(E) nenhuma das proposições acima está correta.

Trata-se de res inter alios acta, insuscetível de prejudicar terceiros, notadamente no caso da relação de emprego, em que preponderam normas imperativas, como a dos arts. 10 e 448 da CLT.

Gabarito "B".

(Magistratura do Trabalho – 14ª Região – 2011) A empresa Alfa foi sucedida pela empresa Beta, ocupando o mesmo local, as mesmas instalações e fundo de comércio, bem como mantendo as mesmas atividades e empregados. Em relação aos contratos de trabalho dos empregados da empresa sucedida, assinale a alternativa correta.

(A) As obrigações anteriores recairão sobre a empresa sucedida, e as posteriores sobre a sucessora.
(B) Serão automaticamente extintos, fazendo surgir novas relações contratuais.

(C) As cláusulas e condições estabelecidas no contrato de trabalho serão obrigatoriamente repactuadas entre os empregados e o novo empregador individual.

(D) Os contratos se manterão inalterados e seguirão seu curso normal.

(E) A transferência de obrigações depende das condições em que a sucessão foi pactuada.

A alternativa correta, conforme arts. 10 e 448 da CLT, é a "D".

Gabarito "D".

(Magistratura do Trabalho – 15ª Região – 2011) A respeito da responsabilidade solidária e subsidiária e considerando as orientações jurisprudenciais do TST, assinale a alternativa incorreta:

(A) diante da inexistência de previsão legal, o contrato de empreitada entre o dono da obra e o empreiteiro não enseja responsabilidade solidária ou subsidiária nas obrigações trabalhistas contraídas pelo empreiteiro, salvo sendo o dono da obra uma empresa construtora ou incorporadora;

(B) o Estado-membro é sempre responsável subsidiário pelos encargos trabalhistas dos empregados contratados pela Associação de Pais e Mestres;

(C) celebrado contrato de concessão de serviço público em que uma empresa (primeira concessionária) outorga a outra (segunda concessionária), no todo ou em parte, mediante arrendamento ou qualquer outra forma contratual, a título transitório, bens de sua propriedade, a responsabilidade pelos direitos dos trabalhadores será exclusivamente da antecessora, no tocante aos contratos de trabalho extintos antes da vigência da concessão;

(D) o sucessor não responde solidariamente por débitos trabalhistas de empresa não adquirida, integrante do mesmo grupo econômico da empresa sucedida, quando, à época, a empresa devedora direta era solvente ou idônea economicamente, ressalvada a hipótese de má-fé ou fraude na sucessão;

(E) em caso de criação de novo município por desmembramento, cada uma das novas entidades responsabiliza-se pelos direitos trabalhistas do empregado no período em que 'figurarem como real, empregador.

A: assertiva correta, OJ 191 da SDI-I do TST; **B:** assertiva incorreta, devendo ser assinalada, "o Estado-Membro não é responsável subsidiária ou solidariamente com a Associação de Pais e Mestres pelos encargos trabalhistas dos empregados contratados por esta última" (OJ 185 da SDI-I do TST); **C:** assertiva correta, OJ 225 da SDI-I do TST; **D:** assertiva correta, OJ 411 da SDI-I do TST; **E:** assertiva correta, OJ 92 da SDI-I do TST.

Gabarito "B".

(Magistratura do Trabalho – 21ª Região – 2005) Ocorrendo sucessão de empresas, é correto afirmar quanto aos contratos de trabalho dos empregados da empresa sucedida:

(A) serão automaticamente extintos, fazendo surgir novas relações contratuais;

(B) os contratos se manterão inalterados e seguirão seu curso normal;

(C) as obrigações anteriores recairão sobre a empresa sucedida, e as posteriores sobre a sucessora;

(D) a transferência de obrigações depende das condições em que a sucessão foi pactuada;

(E) todas as cláusulas e condições estabelecidas no contrato de trabalho serão obrigatoriamente repactuadas entre os empregados e o novo empregador;

A alternativa "B" está em consonância com o disposto nos arts. 10 e 448 da CLT.

Gabarito "B".

(Magistratura do Trabalho – 23ª Região – 2006) No que diz respeito à sucessão trabalhista (artigos 10 e 448 da CLT), quais os princípios aplicáveis:

(A) Princípio da intangibilidade dos contratos; princípio da despersonalização do empregador e princípio da continuidade do contrato de trabalho;

(B) Princípio da proporcionalidade; princípio da despersonalização do empregador e princípio da exaustão;

(C) Princípio da proporcionalidade; princípio da relatividade e princípio da atualidade;

(D) Princípio da proporcionalidade, princípio da razoabilidade e princípio da alteridade;

(E) Princípio da continuidade do contrato de trabalho; princípio da despersonalização do empregador e princípio da exaustão.

A correta é a alternativa A, por definição.

Gabarito "A".

(Ministério Público do Trabalho – 8º) Caracteriza-se a sucessão trabalhista:

(A) pela alienação de máquinas e coisas singulares;

(B) pela transferência do controle acionário da sociedade anônima;

(C) mediante notificação do empregado àquele que adquirir o controle da sociedade;

(D) pela passagem de uma unidade econômico-jurídica de um para outro titular somada à ausência de interrupção na prestação dos serviços;

(E) pela alteração, legalmente formalizada, dos proprietários da empresa;

(F) não sei.

Questão suscetível de anulação, eis que a doutrina e a jurisprudência vêm desprestigiando o suposto requisito da ausência de interrupção na prestação dos serviços.

Gabarito "D".

2.4. QUESTÕES COMBINADAS SOBRE VÍNCULO EMPREGATÍCIO

(Magistratura do Trabalho – 3ª Região – 2008) Analise as afirmativas abaixo e assinale a alternativa correta:

I. A jurisprudência do Tribunal Superior do Trabalho exige, para a responsabilização solidária do integrante do grupo econômico na execução, que ele tenha participado da relação processual como reclamado e conste do título executivo judicial como devedor.

II. O instituto da sucessão trabalhista aplica-se às hipóteses de modificação da estrutura formal da empresa ou de alteração de um dos polos da relação de emprego, no contexto de transferência de titularidade de empresa ou estabelecimento.

III. De acordo com a corrente majoritária, para que haja sucessão, é necessário o preenchimento alternativo de dois requisitos: transferência de unidade econômico-jurídica e continuidade da prestação laborativa.

IV. O consórcio de empregadores é figura relativamente recente no Direito brasileiro e encontra regulamentação na lei previdenciária como sendo formado pela união de produtores rurais pessoas físicas, que outorgam a um deles poderes para contratar, gerir e demitir trabalhadores para prestação de serviços, exclusivamente, aos seus integrantes, mediante documento registrado em cartório de títulos e documentos.

V. O trabalho rural está quase plenamente equiparado ao urbano para fins de regulamentação jurídica, inclusive quanto aos prazos prescricionais, atualmente unificados, mas subsistem certas diferenciações tópicas quanto ao tratamento legislativo, por exemplo, quanto aos parâmetros para o trabalho noturno e à duração do intervalo intrajornada.

(A) Apenas uma afirmativa é verdadeira.
(B) Apenas duas afirmativas são verdadeiras.
(C) Apenas três afirmativas são verdadeiras.
(D) Apenas quatro afirmativas são verdadeiras.
(E) Todas as afirmativas são verdadeiras.

I: incorreta, haja vista o cancelamento da Súmula 205 do TST; **II:** incorreta, não havendo que se falar em sucessão na mudança meramente formal da estrutura da empresa (transformação), hipótese em que os contratos de trabalho se mantêm inalterados; **III:** correta, conforme doutrina clássica capitaneada por Délio Maranhão e repetida por tantos outros (ao passo que novos doutrinadores desprestigiam o requisito da continuidade da prestação laborativa); **IV:** correta, conforme art. 25-A da Lei 8.212/1991e Portaria 1.964/1999 do MTE; **V:** correta, v. arts. 71, 72, § 2º, da CLT e arts. 5º e 7º da Lei 5.889/1973.

Gabarito "C"

(Magistratura do Trabalho – 8ª Região – 2006) Acerca da figura do empregador, sucessão trabalhista e responsabilidade pelos créditos dos empregados, é correto afirmar que:

(A) A responsabilidade que deriva para os entes que compõem um grupo econômico é solidária, o que confere ao credor-empregado o poder de exigir de todos os componentes do grupo ou de qualquer deles o pagamento por inteiro da dívida, desde que tenha prestado serviços em benefício de todos e que eles constem no título executivo judicial como devedores.

(B) Não existem elementos fático-jurídicos específicos à figura do empregador, dependendo sua caracterização da simples apreensão e identificação dos elementos fático-jurídicos da relação de emprego. O que ocorre, em relação ao empregador, são apenas alguns efeitos jurídicos que decorrem de sua própria existência, tais como a despersonalização da figura do empregador e a alteridade.

(C) Em face da globalização e da necessidade de adequar-se os setores econômicos às novas tendências da política governamental, a intervenção do Banco Central do Brasil nas instituições financeiras tornou-se mais frequente, havendo a separação do ativo e do passivo, com alienação do primeiro à outra instituição financeira e permanecendo o banco que sofreu a intervenção sem ativo principal. Trata-se de uma das hipóteses em que não se aplicam as regras de sucessão de empregador prevista na CLT, permanecendo com o sucedido a responsabilidade pelos encargos trabalhistas.

(D) Na hipótese de arrendamento de empresa ou estabelecimento, não se aplicam as regras cogentes de alteração subjetiva do contrato de emprego, pois trata-se de sucessão trabalhista precária, com alteração apenas provisória na estrutura jurídica da empresa, sem afetar os direitos adquiridos e os contratos de trabalho dos empregados.

(E) Visando atender à diversidade de interesses empresariais no setor agropecuário, combater a assustadora proliferação de cooperativas de trabalho fraudulentas e estimular o trabalho formal com garantia de acesso aos direitos trabalhistas básicos, surgiu a figura jurídica do consórcio de empregadores. Desse novo instituto deriva a responsabilidade solidária de cada integrante, porém limitada, conforme se valham da força de trabalho, e respeitados os parâmetros justrabalhistas.

A: incorreta, haja vista o cancelamento da Súmula 205 do TST; v. art. 2º, § 3º, da CLT; **B:** correta, art. 2º da CLT; **C** e **D:** incorretas, aplicam-se as regras de sucessão previstas nos art. 10 e 448 da CLT; **E:** incorreta, art. 25-A da Lei 8.212/1991, art. 200-B do Decreto 3.049/1999 e art. 3º, § 2º, da Portaria 1.964/1999 do MTE.

Gabarito "B"

(Magistratura do Trabalho – 9ª Região – 2007) Considere as seguintes assertivas:

I. A sucessão de empregadores pode se configurar mesmo que não haja continuidade na prestação de serviços pelo empregado que persegue seus créditos.

II. Segundo o entendimento dominante no Tribunal Superior do Trabalho, a prestação de serviços pelo empregado, a mais de uma empresa do mesmo grupo econômico, durante a mesma jornada de trabalho, caracteriza, em qualquer hipótese, a coexistência de mais de um contrato de trabalho.

III. Consoante o entendimento dominante no Tribunal Superior do Trabalho, a empresa integrante do mesmo grupo econômico, que não participou da relação processual como reclamada, e que, portanto, não consta no título executivo como devedora, não pode ser sujeito passivo da execução.

IV. Para que se configure a sucessão de empregadores é imprescindível que haja a transferência da propriedade da unidade econômico-jurídica.

V. Para que se configure a sucessão de empregadores é suficiente a transferência de parte significativa do complexo empresarial, ainda que não haja transferência da totalidade dos bens materiais e imateriais.

Assinale a alternativa correta:

(A) Todas as assertivas são verdadeiras;
(B) Somente as assertivas I e II são falsas;
(C) Somente as assertivas I e V são verdadeiras;
(D) As assertivas I, II, III e IV são verdadeiras;
(E) As assertivas IV e V são falsas.

I: correta, havendo forte corrente doutrinária atual para a qual a continuidade do contrato de trabalho com a sucessora não é requisito imprescindível para a sucessão, pois poderá ocorrer que o empregador dispense seus empregados antes da mudança na estrutura jurídica ou propriedade da empresa e, não obstante, segundo jurisprudência predominante, repercutirá no sucessor a responsabilidade do sucedido perante tal empregado (cf. OJ 261 da SDI-I do TST); **II:** incorreta, só caracterizará a coexistência de mais de um contrto de trabalho se houver ajuste em contrário (Súmula 129 do TST); **III:** incorreta, cancelamento da Súmula 205 do TST em 2003; **IV:** incorreta, poderá haver mera mudança na estrutura jurídica da empresa; **V:** correta, como se dá na cisão parcial.

Gabarito "C".

(Magistratura do Trabalho – 8ª Região – 2011) Quanto à figura do empregador, analise as proposições abaixo e assinale a alternativa CORRETA:

I. A prestação de serviços a duas empresas integrantes do mesmo grupo econômico, durante a mesma jornada de trabalho, salvo ajuste em contrário, não configura a existência de dois contratos de trabalho.

II. A empresa sucessora assume as obrigações trabalhistas da empresa sucedida e a sua posição em eventual processo judicial que estiver em curso, salvo disposição contratual em que seja atribuída ao sucedido a responsabilidade exclusiva pelo débito cobrado.

III. Do contexto da legislação trabalhista, pode-se inferir que não há uma qualidade especial exigida para que a pessoa física ou jurídica seja considerada empregadora. Basta que, de fato, utilize-se de força de trabalho contratada como empregada.

IV. Considerando-se que a sucessão trabalhista se configura como alteração contratual de origem unilateral (promovida pelo empregador), é pacificamente admissível a recusa do empregado que, por conseguinte, pode pleitear a rescisão indireta do contrato.

(A) As alternativas I e IV estão corretas.
(B) As alternativas II e IV estão corretas.
(C) As alternativas I e III estão corretas
(D) As alternativas III e IV estão corretas
(E) As alternativas I e II estão corretas.

I: correta, Súmula 129 do TST; **II:** incorreta, para os fins dos arts. 10 e 448 da CLT, qualquer cláusula contratual isentando o sucessor de tal responsabilidade é inoponível ao empregado, consubstanciando-se em disposição destinada a simplesmente reger a relação entre a empresa sucedida e a sucessora (autorizando, por exemplo, a ação regressiva desta contra aquela); **III:** correta, por definição. Inclusive, consideramos infeliz a expressão empregador "por equiparação", que decorre do art. 2º, § 1º, da CLT, uma vez que as pessoas ali referidas são empregadores no sentido próprio da expressão; **IV:** incorreta, diante da noção de despersonificação do empregador, tal não é possível, salvo em situações muito excepcionalmente admitidas (por exemplo, morte do empregador constituído em firma individual).

Gabarito "C".

(Magistratura do Trabalho – 12ª Região – 2006) Sobre o empregador é incorreto afirmar:

(A) quando se altera a titularidade ou a estrutura jurídica da empresa, a relação de emprego não sofre qualquer solução de continuidade, embora se altere a pessoa do empregador;
(B) o art. 2º, § 2º, da CLT consagra a solidariedade para efeitos da relação de emprego sempre que uma ou mais empresas, tendo, embora, cada uma delas personalidade jurídica própria, estiverem sob direção, controle ou administração de outra, constituindo grupo econômico;
(C) o poder diretivo do empregador expressa-se sob múltiplas formas, tais como nos atos de regulamentar a relação de emprego, distribuir, dirigir, orientar e fiscalizar a prestação de serviços, adequar a prestação de trabalho às necessidades da empresa e impor sanções disciplinares ao empregado faltoso;
(D) ao contrário do que ocorre em relação ao empregado, a pessoalidade tende a ser irrelevante na tipificação da figura do empregador, pois neste polo predomina a impessoalidade, acentuando a lei a despersonalização como marca distintiva do sujeito passivo da relação de emprego;
(E) a despersonalização do empregador tem despontado como importante fundamento para a desconsideração do manto da pessoa jurídica, em busca da responsabilização solidária dos sócios integrantes da entidade societária em caso de frustração da execução trabalhista contra o patrimônio da empresa.

Em regra, a hipótese é de responsabilização subsidiária.

Gabarito "E".

(Magistratura do Trabalho – 14ª Região – 2007) Considere as seguintes assertivas:

I. A sucessão de empregadores pode se configurar mesmo que não haja continuidade na prestação de serviços pelo empregado que persegue seus créditos.

II. Segundo o entendimento dominante no Tribunal Superior do Trabalho, a prestação de serviços pelo empregado, a mais de uma empresa do mesmo grupo econômico, durante a mesma jornada de trabalho, caracteriza, em qualquer hipótese, a coexistência de mais de um contrato de trabalho.

III. Consoante o entendimento dominante no Tribunal Superior do Trabalho, a empresa integrante do mesmo grupo econômico que não participou da relação processual como reclamada, e que, portanto, não consta no título executivo como devedora, não pode ser sujeito passivo da execução.

IV. Para que se configure a sucessão de empregadores é imprescindível que haja a transferência da propriedade da unidade econômico-jurídica.

V. Para que se configure a sucessão de empregadores é suficiente a transferência de parte significativa do complexo empresarial, ainda que não haja transferência da totalidade dos bens materiais e imateriais.

Assinale a alternativa correta:

(A) Todas as assertivas são verdadeiras;
(B) Somente as assertivas I e II são falsas;
(C) Somente as assertivas I e V são verdadeiras;
(D) As assertivas I, II, III e IV são verdadeiras;

I: correta, a assertiva é polêmica, mas há ponderosa corrente doutrinária (diferindo da corrente clássica capitaneada por Délio Maranhão) para a qual a continuidade do contrato de trabalho com a unidade econômica de produção não é imprescindível para a sucessão trabalhista, podendo ocorrer que o empregador dispense seus empregados antes da mudança na estrutura jurídica ou propriedade da empresa e, não obstante, segundo jurisprudência relevante, repercutirá no sucessor a responsabilidade do sucedido perante tal empregado (v. Ojs 225 e 261 da SDI-I do TST); **II**: incorreta, só caracterizará a coexistência de mais de um contrto de trabalho se houver ajuste em contrário (Súmula 129 do TST); **III**: incorreta, Súmula 205 do TST cancelada em 2003; **IV**: incorreta, a sucessão pode decorrer da não só modificação da estrutura societária; **V**: correta, como ocorre, por exemplo, na cisão parcial.

Gabarito "C"

(Magistratura do Trabalho – 22ª Região – 2006) Consideradas as afirmações abaixo, marque a letra que contém a resposta correta:

I. A despersonalização do empregador, possível diante da inexistência do elemento pessoalidade dentro da relação de emprego quanto ao sujeito empresarial, viabiliza a concretização do princípio da continuidade da relação de emprego. A despersonalização, juntamente com a assunção dos riscos do empreendimento ou alteridade, caracterizam a figura do empregador.

II. Para caracterização do grupo econômico para fins trabalhistas é indispensável o nexo relacional entre as empresas que o integram. Nada obstante a personalidade jurídica própria de cada empresa, precisam estar sob a direção, controle ou administração de outra, constituindo um grupo de atividade econômica. A empresa principal e respectivas subordinadas são solidariamente responsáveis quanto às obrigações trabalhistas. Segundo a jurisprudência sumulada do Tribunal Superior do Trabalho, a prestação de serviços a mais de uma empresa do mesmo grupo econômico, durante a mesma jornada de trabalho, não caracteriza a coexistência de mais de um contrato de trabalho, salvo ajuste em contrário, e o responsável solidário, integrante do grupo econômico, que não participou da relação processual como reclamado e que, portanto, não consta do título executivo judicial como devedor, não pode ser sujeito passivo da execução.

III. De acordo com a jurisprudência majoritária do Tribunal Superior do Trabalho, as obrigações trabalhistas, inclusive as contraídas à época em que os empregados trabalhavam para o banco sucedido, são de responsabilidade do sucessor, uma vez que a este foram transferidos os ativos, as agências, os direitos e deveres contratuais, caracterizando típica sucessão trabalhista.

IV. O condomínio ou consórcio de empregadores reúne vários produtores rurais, pessoas físicas ou jurídicas, que instituem uma pessoa jurídica para contratar, coletivamente, trabalhadores rurais, geralmente "boias-frias", para prestarem serviços de curta duração a cada um desses produtores, os quais respondem solidariamente pelas obrigações trabalhistas e previdenciárias.

V. O que identifica o trabalhador rural é o local da prestação de serviços (imóvel rural ou prédio rústico) e o segmento de atividade do empregador (rural), inclusive os que trabalham para empresa de florestamento e reflorestamento, que são empresas enquadradas como rurais.

(A) Somente I está correta.
(B) II e III estão erradas.
(C) II e V estão erradas.
(D) IV está correta.
(E) Todas estão corretas.

I: correta, arts. 2º, 10 e 448 da CLT; **II**: incorreta, art. 2º, § 2º da CLT, Súmula 129 do TST e cancelamento da Súmula 205 do TST; **III**: correta, OJ 261 da SDI-I do TST; **IV**: correta, art. 25-A da Lei 8.212/1991 e art. 3º, § 2º, da Portaria 1.964/99 do MTE; **V**: correta, arts. 2º e 3º da Lei 5.889/1973 e OJ 38 da SDI-I.

Gabarito "C"

3. FLEXIBILIZAÇÃO DO VÍNCULO TRABALHISTA, FRAUDES

3.1. TRABALHO TEMPORÁRIO

(Magistratura do Trabalho – 2ª Região – 2011) No que diz respeito ao trabalho temporário regulado pela Lei n. 6.019, de 1974, aponte a única das assertivas abaixo que está correta:

(A) O contrato entre a empresa de trabalho temporário e a tomadora de serviço deve ser obrigatoriamente escrito, ainda que seja dispensável a menção expressa do motivo justificador da demanda de trabalho temporário.

(B) No caso de falência da empresa de trabalho temporário, a empresa tomadora ou cliente é solidariamente responsável, no que toca ao período em que o trabalhador esteve sob suas ordens, pelas contribuições previdenciárias, remuneração e indenização prevista na lei 6.019/1974.

(C) Tendo em vista a possibilidade de fraude aos direitos trabalhistas, proíbe-se a contratação do trabalhador pela tomadora de serviços ao fim do prazo do trabalho temporário.

(D) Para que a marca do trabalho precário e provisório dos temporários não os prejudique em suas novas contratações profissionais, a lei mencionada não autoriza o registro da condição de temporário na CTPS do empregado.

(E) Constituem justa causa para rescisão do contrato do trabalhador temporário as hipóteses descritas nos artigos 482 e 483 da CLT, se ocorrentes entre o trabalhador e a empresa de trabalho temporário, mas não se entre o trabalhador e a empresa tomadora ou cliente.

A: incorreta, não é dispensável a menção expressa do motivo justificador da demanda de trabalho temporário (art. 9º da Lei 6.019/1974); **B:** correta, art. 16 da Lei 6.019/1974; **C:** incorreta, "será nula de pleno direito qualquer cláusula de reserva, proibindo a contratação do trabalhador pela empresa tomadora ou cliente ao fim do prazo em que tenha sido colocado à sua disposição pela empresa de trabalho temporário" (art. 11, parágrafo único, da Lei 6.019/1974); **D:** incorreta, o trabalho temporário será registrado, conforme previsão expressa contida no § 1º do art. 12 da Lei 6.019/1974; **E:** incorreta, também constitui justa causa entre trabalhador e a empresa tomadora ou cliente (art. 13 da Lei 6.019/1974).

Gabarito "B"

(Magistratura do Trabalho – 3ª Região – 2009) Sobre o Trabalho Temporário, leia as afirmações abaixo e, em seguida, assinale a alternativa correta:

I. O contrato de trabalho temporário é preponderantemente considerado um contrato a termo.

II. Embora o trabalhador preste serviços efetivos à empresa cliente, o vínculo de emprego estabelece-se com a empresa tomadora, o que rompe com a dualidade clássica celetista.

III. As hipóteses legais de pactuação do trabalho temporário são acréscimo extraordinário de serviços ou necessidade permanente de substituição de seu pessoal regular.

IV. O contrato de trabalho temporário obedece a regra geral de inexigibilidade de observância de formalidade na sua pactuação.

V. O prazo máximo é de três meses para a utilização pela empresa tomadora dos serviços de um mesmo trabalhador temporário, salvo autorização conferida pelo órgão local do Ministério do Trabalho e Emprego.

(A) Somente uma afirmativa está correta.

(B) Somente duas afirmativas estão corretas.

(C) Somente três afirmativas estão corretas.

(D) Somente quatro afirmativas estão corretas.

(E) Todas as afirmativas estão corretas.

I: correta, prepondera o entendimento de que o contrato temporário é um contrato de emprego, do tipo pacto a termo, apenas submetido às regras especiais da Lei 6.019/1974; **II:** incorreta, pois o vínculo empregatício se forma com a empresa de trabalho temporário (art. 11 da Lei 6.019/1974); **III:** incorreta, as hipóteses legais são "para atender à necessidade transitória de substituição de seu pessoal regular e permanente ou à acréscimo extraordinário de serviços" (art. 2º da Lei 6.019/1974); **IV:** incorreta, o contrato de trabalho temporário é formal (arts. 9º e 11 da Lei 6.019/1974); **V:** correta, art. 10 da Lei 6.019/1974.

Gabarito "B"

(Magistratura do Trabalho – 7ª Região – 2005) Analise as proposições abaixo e assinale a opção correta.

I. O contrato estabelecido entre as empresas de serviços temporários e a tomadora ou cliente deverá ser obrigatoriamente escrito, exigência que também se aplica ao contrato celebrado entre a empresa de serviços temporários e cada um dos assalariados postos à disposição da empresa tomadora dos serviços.

II. Justifica-se a celebração de contrato de trabalho temporário para atender à necessidade transitória de substituição de seu pessoal regular e permanente ou a acréscimo extraordinário de serviços, devendo a duração desse contrato não exceder três meses, facultada uma prorrogação, por idêntico prazo, por convenção das partes.

III. Entre os direitos conferidos aos trabalhadores temporários destaca-se a remuneração equivalente à percebida pelos empregados de mesma categoria da empresa tomadora ou cliente.

IV. Compreendem-se como empresas de trabalho temporário a pessoa física ou jurídica urbana, cuja atividade consiste em colocar à disposição de outras empresas, temporariamente, trabalhadores, devidamente qualificados, por elas remunerados e assistidos.

V. Há previsão legal de responsabilidade solidária da empresa tomadora ou cliente por indenizações e remuneração do período em que o trabalhador esteve sob suas ordens, quando ocorrer a falência da empresa de trabalho temporário.

(A) As proposições I e II são falsas, sendo verdadeiras as demais.

(B) As proposições I, III e IV são falsas, sendo verdadeiras as demais.

(C) Todas as proposições são falsas.

(D) Todas as proposições são verdadeiras.

(E) Somente a proposição II é falsa.

I: correta, arts. 9º e 11 da Lei 6.019/1974; **II:** incorreta, a duração "não poderá exceder de três meses, salvo autorização conferida pelo órgão local do Ministério do Trabalho e Previdência Social, segundo instruções a serem baixadas pelo Departamento Nacional de Mão de Obra" (art. 10 da Lei 6.019/1974; **III:** correta, art. 12, a, da Lei 6.019/1974; **IV:** correta, art. 4º da Lei 6.019/1974; **V:** correta, art. 16 da Lei 6.019/1974.

Gabarito "E"

(Magistratura do Trabalho – 9ª Região – 2009) O prazo máximo fixado para o trabalho temporário (Lei 6.019/1974) para a utilização pela empresa tomadora dos serviços, salvo no caso de autorização de prorrogação conferida pelo órgão local do Ministério do Trabalho e Emprego, é de:

(A) um mês
(B) dois meses
(C) três meses
(D) seis meses
(E) um ano

A alternativa correta é a "C", de acordo com o disposto no art. 10 da Lei 6.019/1974.

Gabarito "C"

(Magistratura do Trabalho – 15ª Região – 2010) Em relação ao trabalho temporário disciplinado na Lei 6.019/1974, assinale a alternativa incorreta:

(A) a empresa de trabalho temporário, pessoa física ou jurídica, será necessariamente urbana;
(B) no caso de falência da empresa de trabalho temporário, a tomadora dos serviços será subsidiariamente responsável pela remuneração e pela indenização prevista em lei, relativamente ao tempo emque o trabalhador temporário lhe prestou serviços;
(C) está assegurado ao trabalhador temporário o direito a uma indenização por dispensa sem justa causa ou término normal do contrato correspondente a 1/12 (um doze avos) do pagamento recebido;
(D) o trabalhador temporário terá direito ao recebimento, de remuneração equivalente à percebida pelos empregados da mesma categoria da empresa tomadora, calculada à base horária;
(E) é defeso às empresas de trabalho temporário a contratação de estrangeiros com visto provisório de permanência no país.

A: assertiva correta, art. 4º da Lei 6.019/1974; **B:** assertiva incorreta, devendo ser assinalada, a tomadora será solidariamente responsável (art. 16 da Lei 6.019/1974); **C:** assertiva correta, art. 12, f, da Lei 6.019/1974; **D:** assertiva correta, art. 12, a, da Lei 6.019/1974; **E:** assertiva correta, art. 17 da Lei 6.019/1974.

Gabarito "B"

(Magistratura do Trabalho – 20ª Região – 2003) "*Sobrevindo a falência de empresa de trabalho temporário, a empresa dita tomadora ou cliente é solidariamente responsável pelo recolhimento das contribuições previdenciárias, relativamente ao tempo em que o trabalhador esteve sob suas ordens, assim como o é, em relação ao mesmo período, pela remuneração e indenização prevista na Lei 6.019/1974 (Lei do Trabalho Temporário)*". Marque:

(A) a proposição é correta;
(B) a proposição é incorreta, uma vez que a empresa tomadora ou cliente é apenas subsidiariamente responsável pelos ditos pagamentos;
(C) a proposição é incorreta, porque, embora seja solidariamente responsável pelas contribuições previdenciárias, a empresa tomadora ou cliente é responsável subsidiariamente pelo pagamento da remuneração e indenização devidas ao trabalhador da fornecedora, nos termos da Lei n. 6.019/1974;
(D) a proposição é incorreta, porque a responsabilidade da tomadora ou cliente existe apenas no tocante às contribuições previdenciárias e é meramente subsidiária;
(E) a proposição é incorreta, porque não existe responsabilidade alguma da empresa tomadora ou cliente pelos débitos referidos, devendo os credores (Instituto Nacional de Seguridade Social e trabalhadores envolvidos) habilitarem os seus eventuais créditos no processo falimentar, a teor de remansosa jurisprudência a respeito.

A proposição corresponde ao previsto no art. 16 da Lei 6.019/1974.

Gabarito "A"

(Magistratura do Trabalho – 23ª Região – 2009) Analise os itens abaixo e marque a alternativa CORRETA:

I. Compreende-se como empresa de trabalho temporário a pessoa física ou jurídica urbana, cuja atividade consiste em colocar à disposição de outras empresas, temporariamente, trabalhadores, devidamente qualificados, por elas remunerados e assistidos.
II. É defeso às empresas de prestação de serviço temporário a contratação de estrangeiros.
III. O funcionamento da empresa de trabalho temporário dependerá de registro no Departamento Nacional de Mão de Obra do Ministério do Trabalho e Previdência Social.

(A) Apenas os itens II e III são verdadeiros.
(B) Apenas os itens I e II são verdadeiros.
(C) Apenas os itens I e III são verdadeiros.
(D) Todos os itens são falsos.
(E) Todos os itens são verdadeiros.

I: correta, art. 4º da Lei 6.019/1974; **II:** incorreta, tal contratação é proibida se o estrangeiro estiver com visto provisório de permanência (art. 17 da Lei 6.019/1974); **III:** correta, art. 5º da Lei 6.019/1974.

Gabarito "C"

(Magistratura do Trabalho – 23ª Região – 2008) Trabalho temporário.

I. o contrato entre a empresa de trabalho temporário e a tomadora de serviço ou cliente deverá ser obrigatoriamente escrito e nele deverá constar o motivo justificador da demanda de trabalho temporário;
II. o contrato de trabalho celebrado entre a empresa de trabalho temporário e cada um dos assalariados poderá ser escrito ou verbal;
III. o contrato entre a empresa de trabalho temporário e a empresa tomadora ou cliente, em relação a um mesmo empregado, não poderá exceder de seis meses, salvo autorização conferida pelo órgão local do Ministério do Trabalho e Previdência Social;

IV. é nula de pleno direito qualquer cláusula proibitiva da contratação do trabalhador temporário pela empresa tomadora de serviço ou cliente.

(A) todas as opções estão corretas;
(B) apenas três opções estão corretas;
(C) apenas duas opções estão corretas;
(D) apenas uma opção está correta;
(E) todas as opções estão incorretas.

I: correta, art. 9º da Lei 6.019/1974; **II:** incorreta, será obrigatoriamente escrito (art. 11 da Lei 6.019/1974); **III:** incorreta, o prazo não pode exceder três meses (art. 10 da Lei 6.019/1974); **IV:** correta, art. 11, parágrafo único, da Lei 6.019/1974.

Gabarito "C"

(Magistratura do Trabalho – 23ª Região – 2006) Excepcionando a aplicação do princípio da continuidade da relação de emprego que orienta o Direito do Trabalho, a Lei 6.019 de 03.01.1974 instituiu o regime de trabalho temporário, com a finalidade de suprir necessidade transitória de substituição de pessoal regular e permanente do tomador ou para atender necessidade decorrente de acréscimo extraordinário de seus serviços. O diploma legal que regulamenta esta modalidade contratual prevê requisitos para sua validade, dentre os quais podem ser apontados: I – celebração de contrato escrito entre a empresa tomadora e a empresa fornecedora de trabalho temporário, esta devidamente registrada no Ministério do Trabalho, consignando expressamente o motivo justificador da demanda de trabalho temporário; II – celebração de contrato escrito entre a empresa de trabalho temporário e o trabalhador assalariado, no qual conste os direitos assegurados ao mesmo, e com a possibilidade de estipulação de cláusula de reserva, proibindo a contratação do trabalhador pela tomadora ou cliente ao fim do prazo em que se encontrava à sua disposição; III – período de vigência que, em qualquer hipótese, não poderá ultrapassar de 3 meses, sob pena de transmudar-se em contrato por prazo indeterminado; IV – comprovação de pagamento pelo trabalhador temporário de valor a título de mediação da contratação, em favor da empresa de trabalho temporário. De conformidade com a pertinência das afirmativas acima, assinale a alternativa correta:

(A) todas as alternativas estão corretas;
(B) as alternativas I, II e III estão corretas;
(C) as alternativas I e III estão corretas;
(D) apenas a alternativa I está correta;
(E) todas as alternativas estão incorretas;

I: correta, arts. 5º e 9º da Lei 6.019/1974; **II:** incorreta, é nula cláusula de reserva que proiba a contratação do trabalhador pela tomadora ou cliente ao fim do prazo em que se encontrava à sua disposição (art. 11, parágrafo único, da Lei 6.019/1974); **III:** incorreta, "não poderá exceder de três meses salvo autorização conferida pelo órgão local do Ministério do Trabalho e Previdência Social, segundo instruções a serem baixadas pelo Departamento Nacional de Mão de Obra" (art. 10 da Lei 6.019/1974); **IV:** incorreta, "É vedado à empresa do trabalho temporário cobrar do trabalhador qualquer importância, mesmo a título de mediação, podendo apenas efetuar os descontos previstos em Lei" (art. 18 da Lei 6.019/1974).

Gabarito "D"

(Procurador do Trabalho – 2013 – MPT) Em relação ao trabalho temporário (Lei n. 6.019/1974), assinale a alternativa CORRETA:

(A) Em conformidade com a Súmula 331 do TST, o trabalho temporário constitui hipótese de terceirização de serviços, não podendo ocorrer nas atividades-fim da empresa tomadora, ou em atividades-meio desta, se presentes a pessoalidade e a subordinação.
(B) Para a validade da prestação de serviço temporário, é obrigatória a celebração de dois contratos necessariamente escritos: a) entre a empresa de trabalho temporário e a empresa tomadora; b) entre o trabalhador e a empresa de trabalho temporário.
(C) Pode o empregador, em relação ao período de experiência, optar pela contratação direta, por meio de contrato de experiência, ou por empresa de trabalho temporário, desde que, observado o período máximo de 90 (noventa) dias em ambos os casos.
(D) É vedada às empresas de trabalho temporário a contratação de estrangeiros.
(E) não respondida.

A: incorreta, Súmula 331 do TST; **B:** correta, arts. 9º e 11 da Lei 6.019/1974; **C:** incorreta, a utilização indistinta do contrato de trabalho e de experiência pode caracterizar fraude, pois cada qual possui fundamentos jurídicos distintos. Seja como for, o prazo do contrato de trabalho temporário é definido em meses, e não em dias (art. 10 da Lei 6.019/1974); **D:** incorreta, art. 17 da Lei 6.019/1974.

Gabarito "B"

3.2. TERCEIRIZAÇÃO E COOPERATIVAS

ATENÇÃO: LEI DAS COOPERATIVAS DE SERVIÇO. Em 2012 foi editada a Lei n. 12.690, que tipifica as Cooperativas de Trabalho, assim *a sociedade constituída por trabalhadores para o exercício de suas atividades laborativas ou profissionais com proveito comum, autonomia e autogestão para obterem melhor qualificação, renda, situação socioeconômica e condições gerais de trabalho* (art. 2º). O art. 4º classificou as Cooperativas de Trabalho em: a) **de produção**, quando constituída por sócios que contribuem com trabalho para a produção em comum de bens e a cooperativa detém, a qualquer título, os meios de produção (exemplo, uma cooperativa de costureiras que produz peças próprias); b) **de serviço**, quando constituída para a prestação de serviços especializados a terceiros, sem a presença dos pressupostos da relação de emprego (exemplo: uma cooperativa de motoristas). Esta última modalidade tende a mascarar fraudes e ensejam grande atenção. Para a aferição de fraudes, alguns princípios devem ser analisados: **Princípio da independência** (a cooperativa não deve guardar dependência a um tomador), **princípio da *res publica*** (a cooperativa não pode ser gerida como uma *res privada*, coisa que possui um dono); princípios da democracia e da participação assemblear, princípio da real distribuição dos ganhos, princípio da autonomia (os sócios são autônomos, e não empregados da cooperativa, embora o art. 2º,

§ 1º, da Lei 12.690/2012 disponha que o exercício da autonomia dos cooperados se dará de forma coletiva e coordenada), princípio da dupla qualidade (conforme *Walmor Franke* e Godinho, o cooperado deve ser, ao mesmo tempo, cooperado e cliente de sua cooperativa), **princípio da maior vantajosidade** (o Cooperativismo é uma forma de ascensão social, e não de descenso). O que leva um indivíduo a autonomamente buscar o cooperativismo é a possibilidade de usufruir um padrão mais elevado de direitos em relação ao trabalhista comum, e não se despir das garantias trabalhistas simplesmente em troca da assunção dos riscos da atividade econômica. A Lei 12.690/2012 prevê expressamente tal princípio no *caput* do art. 2º. Paradoxalmente, no entanto, previu um conteúdo raso quanto aos direitos do cooperado no art. 7º. Para uma aula a respeito, recomendamos o acesso a www.fabrecursosjuridicos.com.br.

(Magistratura do Trabalho – 2ª Região – 2012) Sobre o instituto da terceirização no Direito do Trabalho, conforme entendimento sumulado pelo TST assinale a alternativa **correta.**

(A) A contratação irregular de trabalhador, mediante empresa interposta, gera vínculo de emprego com o tomador dos serviços, seja empresa privada ou órgão da administração pública direta, indireta ou fundacional.

(B) O inadimplemento das obrigações trabalhistas, por parte do empregador, implica a responsabilidade subsidiária do tomador dos serviços quanto àquelas obrigações, desde que haja participado da relação processual e conste também do título executivo judicial.

(C) A contratação de trabalhadores por empresa interposta em caso de trabalho temporário é ilegal.

(D) A contratação de trabalhadores por empresa interposta nos serviços de vigilância e nos serviços especializados ligados à atividade-fim do tomador, não forma vínculo de emprego com o tomador de serviços.

(E) A responsabilidade subsidiária do tomador de serviços não abrange todas as verbas decorrentes da condenação referentes ao período da prestação laboral, visto que se excetuam dessa responsabilidade as multas e penalidades aplicadas ao empregador do trabalhador.

A: incorreta. O vínculo de emprego com a Administração Pública deve obedecer ao art. 37, II, da CF (obrigatoriedade de concurso público). Além disso, e caso de trabalhador temporário, não há que se falar em formação de vínculo de emprego nem mesmo com empresas privadas. Súmula 331, I e II, do TST; **B:** correta. Súmula 331, IV, do TST; **C:** incorreta, em qualquer caso é ilegal (Súmula 331, I, do TST); **D:** incorreta. Não será formado o vínculo com o tomador, desde que se trate de serviços de vigilância e limpeza, e de serviços **não relacionados à atividade fim** do tomador, e desde que inexistentes a pessoalidade e a subordinação direta (requisitos essenciais da relação de emprego). Súmula 331, III do TST; **E:** incorreta. A responsabilidade subsidiária do tomador de serviços abrangerá **todas as verbas** da condenação referentes ao período da prestação laboral.

Gabarito "B"

(Magistratura do Trabalho – 3ª Região – 2009) A respeito da terceirização, leia as afirmações abaixo e, em seguida, assinale a alternativa correta:

I. A CLT fez menção apenas às figuras de empreitada e subempreitada, como forma de subcontratação de mão de obra.

II. Na década de 70, surgiu a Lei do Trabalho Temporário, que se integrou ao corpo da CLT, aumentando os casos celetistas de terceirização.

III. Nos termos da jurisprudência sumulada do Tribunal Superior do Trabalho, a contratação de trabalhadores por empresa interposta é ilegal, formando-se o vínculo diretamente com a empresa prestadora de serviços.

IV. Nos termos da jurisprudência sumulada do Tribunal Superior do Trabalho, a contratação irregular de trabalhador, através de empresa interposta, não gera vínculo de emprego com os órgãos da Administração Pública Direta, Indireta ou Fundacional".

V. Nos termos da jurisprudência sumulada do Tribunal Superior do Trabalho, forma vínculo de emprego com o tomador a contratação de serviços de vigilância e de conservação e limpeza, bem como a de serviços especializados ligados à atividade-meio do tomador, desde que existente a pessoalidade e a subordinação direta.

(A) Somente uma afirmativa está correta.

(B) Somente duas afirmativas estão corretas.

(C) Somente três afirmativas estão corretas.

(D) Somente quatro afirmativas estão corretas.

(E) Todas as afirmativas estão corretas.

I: a afirmativa é polêmica, pois embora Godinho assim discorra em seu Curso de Direito do Trabalho, é certo que a CLT também menciona, atualmente, o trabalho por intermédio de cooperativas (art. 442, parágrafo único); **II:** incorreta, pois a Lei 6.019/1974 não se incorporou à CLT; **III:** a afirmativa é polêmica, pois está correta, em linha de princípio, mas não é absoluta (S-úmula 331, I, do TST); **IV:** correta, Súmula 331, II, do TST; **V:** correta, Súmula 331, III, do TST.

Gabarito "C"

(Magistratura do Trabalho – 8ª Região – 2011) Ante o fenômeno da terceirização nas relações econômico-produtivas, é CORRETO afirmar que:

(A) A ordem jurídico-trabalhista, no acompanhamento de tal fenômeno, pacificamente admite que a empresa celebre contrato de prestação de serviços com uma terceira empresa, tendo por objeto qualquer atividade lícita, contanto que a contratada tenha idoneidade econômico-financeira, de modo a garantir o cumprimento de suas obrigações perante seus empregados.

(B) Torna-se plenamente admissível, por conseguinte, revestida de licitude, a terceirização da atividade laboral, desde que, restrita à hipótese do trabalho temporário (Lei n. 6.019, de 1974) e ao trabalho de vigilância bancária (Lei n. 7.102, de 1983).

(C) A empresa prestadora de serviços especializados, na condição de terceirizada, haverá de disponibilizar seus empregados que, na vigência do contrato celebrado com a tomadora, subordinados estarão a esta última sem cuja autorização não poderão ser substituídos, sob pena de infração contratual.

(D) A jurisprudência pacificada do TST, direcionada a garantir a realização do crédito do trabalhador, via de regra, de natureza alimentar, atribui responsabilidade subsidiária à empresa beneficiária do labor despendido através da intermediação ilícita e fraudulenta.

(E) Consoante a jurisprudência pacificada do TST, embora a contratação irregular de trabalhador, através de empresa interposta, não gere vínculo empregatício com ente da administração pública, pelo princípio da isonomia, impõe-se o direito dos empregados terceirizados às mesmas verbas trabalhistas, legais e normativas, asseguradas aos empregados do tomador dos serviços, desde que haja igualdade de funções.

A: incorreta, só pode contratar serviços de vigilância, conservação e limpeza, e serviços especializados ligados à atividade-meio do tomador, (Súmula 331, III, do TST); **B:** incorreta, vide comentários à alternativa "A" (Súmula 331, III, do TST); **C:** incorreta, não há subordinação direta do tomador (Súmula 331, III, do TST); **D:** incorreta, na terceirização ilícita ou fraudulenta, a responsabilidade do tomador é direta (Súmula 331, I, do TST); **E:** correta, OJ 383 da SDI-I do TST.

Gabarito "E"

(Magistratura do Trabalho – 8ª Região – 2006) À luz da jurisprudência consolidada do Tribunal Superior do Trabalho, é correto afirmar sobre a terceirização no Direito do Trabalho:

(A) Representam terceirização lícita todas as atividades que se definam como atividades-fim do tomador de serviços, assim como aquelas que se constituam em atividades-meio conforme discriminadas na Súmula 331.

(B) Existindo pessoalidade e subordinação direta do empregado terceirizado ao tomador de serviços, mesmo em se tratando de órgãos da administração pública quando terceiriza trabalho temporário, legalmente autorizado, não se fala em responsabilidade subsidiária do tomador, mas sim em vínculo empregatício com este.

(C) A responsabilidade do tomador de serviços, em caso de inadimplemento da obrigação trabalhista por parte do empregador ou fornecedor de mão de obra, inclusive em se tratando de órgão da administração direta, funda-se na ideia de responsabilidade objetiva daquele que se aproveitou dos riscos decorrentes do exercício da atividade econômica, prescindido da prova de culpa pela lesão aos direitos do trabalhador.

(D) Consoante entendimento sumulado do Tribunal Superior do Trabalho, inexiste possibilidade de relação de emprego entre trabalhador e órgãos da administração direta ou indireta. Assim sendo, na hipótese de terceirização fraudulenta, com existência de pessoalidade e subordinação direta ao tomador, em hipótese alguma pode-se declarar o vínculo empregatício com o órgão da administração pública, mesmo que seja para aplicarem-se os efeitos decorrentes da nulidade de contratação.

(E) A responsabilidade subsidiária do tomador de serviços pelas obrigações trabalhistas inadimplidas por parte do empregador é cabível em qualquer situação, salvo quando o tomador for órgão da administração pública direta, das autarquias, das fundações públicas, das empresas públicas e das sociedades de economia mista, quando a responsabilização só é possível desde que este tenha participado da relação processual e conste do título executivo judicial.

A: incorreta, não representam terceirização lícita todas as atividades que se definam como atividades-fim do tomador de serviços (Súmula 331, I e III, do TST); **B:** incorreta, implica reponsabilidade subsidiária do tomador de serviços "desde que haja participado da relação processual e conste também do título executivo judicial" (Súmula 331, II e IV, do TST, alterada pelo TST em 24.05.2011); **C:** correta, conforme Súmula 331, IV, e o redimensionamento que vem atravessando a expressão assumindo os riscos contida no art. 2º da CLT por força do princípio da proteção e da constatação evolutiva da sistemática da responsabilidade civil no Código de Defesa do Consumidor ou no Código Civil, não havendo mais que se cogitar da culpa in vigilando ou in contrahendo; **D:** incorreta, há corrente doutrinária e jurisprudencial entendendo aplicável, na hipótese, a Súmula 331 do TST conjugada com a 363; **E:** incorreta, os entes da administração pública também respondem subsidiarimente (Súmula 331, IV e V, do TST, alterada pelo TST em 24.05.2011).

Gabarito "C"

(Magistratura do Trabalho – 9ª Região – 2007) Analise as seguintes proposições:

I. De acordo com a jurisprudência dominante, somente no caso de falência da empresa de trabalho temporário, a empresa tomadora ou cliente é subsidiariamente responsável pelas verbas trabalhistas inadimplidas, no tocante ao tempo em que o trabalhador esteve sob suas ordens.

II. Ainda que presentes a pessoalidade e a subordinação direta em relação à empresa tomadora dos serviços, lícito será o contrato de terceirização que corresponde a serviços especializados ligados à sua atividade-meio.

III. Segundo o entendimento dominante no Tribunal Superior do Trabalho, ainda que ilícita a terceirização com ente da administração pública direta, indireta ou fundacional, não será possível o reconhecimento da relação de emprego com este, diante da ausência do requisito formal da prévia aprovação em concurso público de provas ou de provas e títulos para investidura em cargo ou emprego público.

Assinale a alternativa correta:

(A) Todas as proposições estão corretas;

(B) Somente a proposição III está correta;

(C) Somente as proposições I e II estão corretas;

(D) Somente as proposições I e III estão corretas;

(E) Somente a proposição II está correta.

I: incorreta, é solidariamente responsável (art. 16 da Lei 6.019/1974); **II:** incorreta, não será lícito o contrato de terceirização (Súmula 331, III, do TST); **III:** correta, Súmula 331, II, do TST.

Gabarito "B"

(Magistratura do Trabalho – 9ª Região – 2006) Numa relação de subcontratação, em que a empresa locadora de mão de obra oferece trabalhadores para desenvolverem atividade-fim da empresa tomadora da mão de obra, em caráter permanente, a relação de emprego do trabalhador, segundo a jurisprudência predominante do TST, estabelece-se:

(A) Com a locadora da mão de obra, que só oferece à tomadora os serviços dos trabalhadores contratados.

(B) Com a tomadora dos serviços, pois há fraude na locação permanente de mão de obra para atividade-fim da tomadora.

(C) Com a locadora da mão de obra, desde que previsto no contrato de subcontratação a responsabilidade desta pelos créditos trabalhistas.

(D) Não há relação de emprego, uma vez que o empregado é contratado por uma empresa, mas presta serviços em outra.

(E) Com ambas as empresas, na medida em que ambas respondem solidariamente pelos créditos trabalhistas.

A alternativa "B" está de acordo com o disposto na Súmula 331, I, do TST.

Gabarito "B"

(Magistratura do Trabalho – 14ª Região – 2011) Em relação ao fenômeno da "terceirização" no Direito do Trabalho, conforme entendimento sumulado do TST assinale a alternativa correta.

(A) A contratação indireta de mão de obra por empresa interposta é considerada irregular, formando-se o vínculo de emprego diretamente com o tomador dos serviços, ainda que este seja um órgão da administração pública direta, indireta ou fundacional.

(B) Não forma vínculo de emprego com o tomador a contratação de serviços especializados ligados a atividade-meio do tomador, independente da existência da pessoalidade e a subordinação direta.

(C) No caso de trabalho temporário (Lei n. 6.019, de 03.01.1974) a contratação de trabalhadores por empresa interposta é regular, não se formando o vínculo com o tomador dos serviços.

(D) O inadimplemento das obrigações trabalhistas, por parte do empregador, implica a responsabilidade solidária do tomador dos serviços, quanto àquelas obrigações, inclusive quanto aos Órgãos da administração direta, das autarquias, das fundações públicas, das empresas públicas e das sociedades de economia mista, desde que hajam participado da relação processual e constem também do título executivo judicial.

(E) O inadimplemento das obrigações trabalhistas, por parte do empregador, implica a responsabilidade subsidiária do tomador dos serviços, quanto àquelas obrigações, exceto quanto aos órgãos da administração direta, das autarquias, das fundações públicas, das empresas públicas e das sociedades de economia mista.

A: incorreta, "não gera vínculo de emprego com os órgãos da Administração Pública direta, indireta ou fundacional" (Súmula 331, II, do TST); **B:** incorreta, não forma vínculo de emprego desde que não tenha pessoalidade e subordinação direta (Súmula 331, III, do TST); **C:** correta, Súmula 331, I, do TST; **D:** incorreta, a responsabilidade é subsidiária (Súmula 331, IV e V, do TST); **E:** incorreta, os entes da administração pública também respondem subsidiarimente (Súmula 331, V, do TST).

Gabarito "C"

(Magistratura do Trabalho – 14ª Região – 2007) No que tange à responsabilidade pelas obrigações trabalhistas, considerando a legislação trabalhista e o entendimento dominante no Tribunal Superior do Trabalho, analise as seguintes proposições:

I. O tomador dos serviços responde, de forma subsidiária, quando a terceirização é lícita.

II. A empresa integrante de grupo econômico é subsidiariamente responsável, ainda que os serviços hajam sido diretamente prestados a outra empresa do grupo.

III. O dono da obra responde, de forma subsidiária, pelas obrigações não satisfeitas pelo empreiteiro que contratar.

IV. Nos casos de subempreitada, a responsabilidade pelos débitos trabalhistas tanto pode recair sobre o empreiteiro principal como sobre o subempreiteiro.

V. O inadimplemento das obrigações trabalhistas, por parte do empregador, implica responsabilidade subsidiária do tomador dos serviços, quanto àquelas obrigações, exceto quanto aos órgãos da administração pública.

Assinale a alternativa correta:

(A) Apenas uma proposição está correta;

(B) Apenas duas proposições estão corretas;

(C) Apenas três proposições está corretas;

(D) Apenas quatro proposições estão corretas;

(E) Todas as proposições estão corretas.

I: correta, Súmula 331, IV, do TST, alterada pelo TST em 24.05.2011; **II:** incorreta, o enunciado é impreciso, havendo que se perquerir se a subsidiariedade concerne à responsabilidade da outra empresa do grupo ou à empresa prestadora de serviços a esta. No primeiro caso, cujo sentido é o mais aparente na questão, está incorreto, conforme art. 2º, § 2º, da CLT; **III:** incorreta, em linha de princípio (OJ 191 da SDI-I do TST); **IV:** correta, art. 455 da CLT; **V:** incorreta, não há exceção quanto aos órgãos da administração pública (Súmula 331, IV, do TST, alterada pelo TST em 24.05.2011).

Gabarito "B"

(Magistratura do Trabalho – 16ª Região – 2011) Analise as alternativas e assinale a resposta CORRETA:

I. A contratação de trabalhadores por empresa interposta é ilegal, formando-se o vínculo diretamente com o tomador dos serviços, exceto se este for órgão da Administração Pública direta, indireta ou fundacional.

II. O inadimplemento das obrigações trabalhistas, por parte do empregador, implica a responsabilidade subsidiária do tomador dos serviços quanto àquelas obrigações, desde que haja participado da relação processual e conste também do título executivo judicial, exceto quanto às obrigações de fazer ou indenizações substitutivas a estas.

III. Os entes integrantes da Administração Pública direta e indireta respondem subsidiariamente, caso evidenciada a sua conduta culposa no cumprimento das obrigações da Lei n. 8.666, de 21.06.1993, especialmente na fiscalização do cumprimento das obrigações contratuais e legais da prestadora de serviço como empregadora.

IV. Não forma vínculo de emprego com o tomador a contratação de serviços de vigilância e de conservação e limpeza, bem como a de serviços especializados ligados à atividade-meio do tomador, desde que inexistente a pessoalidade e a subordinação direta, bem como no caso de trabalho temporário previsto na Lei n. 6.019, de 03.01.1974.

(A) Estão corretas apenas as alternativas I, III e IV.
(B) Estão corretas apenas as alternativas I, II e III.
(C) Estão corretas apenas as alternativas III e IV.
(D) Está correta apenas a alternativa IV.
(E) Todas estão corretas.

I: correta, Súmula 331, I e II, do TST; **II:** incorreta, Súmula 331, IV e VI, do TST (não há tal ressalva quanto às obrigações de fazer, ainda que convoladas em indenização); **III:** correta, Súmula 331, V, do TST; **IV:** correta, Súmula 331, I e III, do TST.

Gabarito "A".

(Magistratura do Trabalho – 16ª Região – 2008) Analise:

"Você deve lembrar que o Bug do ano 2000 foi consequência do fato de que, quando os computadores são construídos, são munidos de relógios internos; a fim de poupar espaço na memória, usavam apenas seis dígitos para registro da data: dois para o dia, dois para o mês e – sim, isto mesmo – dois para o ano. Isto é, só chegariam ao dia 31.12.99; quando entrássemos em 1º de janeiro de 2000, muitos dos computadores mais antigos marcariam não 01.01.2000, mas 01.01.00, o que os levaria a achar que havíamos voltado aos idos de 1900. Assim sendo, um vasto número de computadores (os mais novos vinham com relógios melhores) precisaria passar por um reajuste dos seus relógios internos e sistemas relacionados; do contrário, temia-se que se desligariam e provocariam uma crise global, já que ampla gama de sistemas de controle – do fornecimento de água ao tráfego aéreo – era computadorizada. (...)

Assim, com o ano 2000 pendendo sobre as suas cabeças, os Estados Unidos e a Índia começaram a namorar – e sua relação teve um imenso efeito nivelador, por demonstrar, para tantas empresas diferentes, que a combinação PC-Internet-fibra óptica havia criado a possibilidade de uma modalidade inteiramente nova de colaboração e criação horizontal de valor: a terceirização. Qualquer serviço, Call Center, operação de apoio administrativo ou trabalho intelectual que pudesse ser digitalizado poderia ser delegado para o fornecedor mais barato, mais preparado ou mais eficiente do planeta. Com estações de trabalho interligadas por cabos de fibra óptica, os tecnólogos indianos podiam penetrar no sistema da empresa e efetuar todos os ajustes, mesmo estando a meio mundo de distância". (FRIEDMAN, Thomas. **O Mundo é plano:** Uma breve história do Século XXI, tradução de Cristiana Serra e S. Duarte. Rio de Janeiro: Objetiva, 2005, p. 128-129).

"Nessa esteira de acontecimentos conjugados, a mão de obra também se tornou globalizada. Hoje já não há qualquer restrição em se utilizar o trabalho além-fronteira. A prioridade é a diminuição de custos sociais. Logo, quanto mais barata a mão de obra, melhor. Líderes de mercado como a Nike (indústria de artigos esportivos) ou a Mattel (indústria de brinquedos) já nem produzem por sua conta. Terceirizam a produção, habilitando fornecedores da Indonésia à Polônia, dependendo de onde encontremos os menores custos. Logo atrás da fronteira do México, empresas americanas empregam quase 1 milhão de criaturas por salários de fome, em torno de 5 dólares por dia ou 50 centavos a hora do trabalho, sem qualquer encargo social. Eis a terceirização globalizada que nivela por baixo o valor da mão de obra!".

(DALLAGRAVE NETO, José Affonso. **Direito do Trabalho Contemporâneo:** Flexibilização e Efetividade. São Paulo: LTr, 2003, p.15)

Diante da perspectiva da TERCEIRIZAÇÃO, julgue as assertivas abaixo:

I. *Outsourcing* (terceirização) e *Offshoring* (relocação) são fenômenos distintos, conquanto o primeiro está ligado à utilização de recursos externos para realizar partes das atividades internas, enquanto o segundo implica transferência de toda a estrutura da empresa para o exterior, onde produzirá exatamente da mesma maneira, só que com mão de obra mais barata, uma carga tributária menor, energia subsidiada e menos gastos com encargos sociais.

II. No sistema jurídico brasileiro, a contratação de trabalhadores por empresa interposta é ilegal, formando-se vínculo diretamente com o tomador dos serviços, salvo o caso de trabalho temporário ou de serviços de conservação e limpeza. Segundo a Jurisprudência consolidada, a responsabilidade do tomador de serviços é objetiva e solidária com o empregador, na hipótese de acidente de trabalho ocorrido com o empregado terceirizado.

III. No Brasil, a regulamentação da terceirização ocorreu inicialmente através da Lei do Contrato Temporário (Lei n. 6.019/1974) e da Lei do Trabalho de Vigilância Bancária (Lei n. 7.102 de 1983) no âmbito privado e com a Lei 5.645/1970, no âmbito da Administração Pública.

IV. Decorre de comando legal a obrigatoriedade de comunicação remuneratória entre a paga recebida pelo empregado terceirizado e o empregado da empresa tomadora, desde que sejam da mesma categoria e tenham o mesmo tempo de exercício na função.

AGORA RESPONDA:

(A) Apenas I, III e IV estão corretas;
(B) Apenas II e III estão corretas;
(C) Apenas I e III estão corretas;
(D) Todas estão corretas;
(E) Apenas II e IV estão corretas.

I: correta, por definição; **II:** incorreta, a responsabilidade é subsidiária (Súmula 331 do TST); **III:** considerada correta, mas a questão é suscetível de anulação, eis que extremamente subjetiva a análise, uma vez que a CLT já contemplava a figura da subempreitada (art. 455), ao passo que foi o Dec.-lei 200/1967 que, no âmbito público, deflagrou a regulação da terceirização; **IV:** incorreta, inexiste tal prescrição legal.

Gabarito "C"

(Magistratura do Trabalho – 21ª Região – 2012) A modernização do sistema bancário tem provocado significativas alterações nas relações de trabalho, em especial face ao surgimento de novos tipos de atividades empresariais, tais como agentes bancários, correspondentes bancários e cooperativas de créditos. Assim sendo, em face da crescente ampliação das atividades e serviços ofertados pelas cooperativas de créditos, a jurisprudência pacificada do Tribunal Superior do Trabalho definiu que:

(A) apenas os empregados das cooperativas de crédito que operam os caixas são equiparados aos bancários, porém não têm direito à jornada de trabalho prevista no art. 224 da CLT;
(B) Apenas os empregados das cooperativas, que exercem, exclusivamente, atividades típicas de bancário, têm direito à jornada diária de 06 horas, nos termos do art. 224 da CLT;
(C) os empregados das cooperativas de crédito, independentemente da atividade que exerçam, são equiparados a bancários e têm direito à jornada de trabalho prevista no art. 224 da CLT;
(D) para os empregados das cooperativas de crédito, o sábado é considerado como dia útil não trabalhado;
(E) os empregados das cooperativas de crédito, independentemente da atividade que exerçam, não são equiparados a bancários e não têm a jornada de trabalho prevista no art. 224 da CLT.

Assim dispõe a OJ 379 da SDI-I do TST: "Os empregados de cooperativas de crédito não se equiparam a bancário, para efeito de aplicação do art. 224 da CLT, em razão da inexistência de expressa previsão legal, considerando, ainda, as diferenças estruturais e operacionais entre as instituições financeiras e as cooperativas de crédito (...)".

Gabarito "E"

(Magistratura do Trabalho – 21ª Região – 2005) Examine as afirmações abaixo e marque a alternativa correta, de acordo com a Jurisprudência Sumulada do Tribunal Superior do Trabalho:

I. A contratação de trabalhadores por empresa interposta é ilegal, formando-se o vínculo diretamente com o tomador de serviços, excetuando-se, apenas, os casos de serviços de vigilância e limpeza;
II. Havendo inadimplemento das obrigações trabalhistas por parte do empregador, o tomador de serviços responderá, quanto a essas obrigações, de forma subsidiária, exceto quanto aos órgãos da Administração Pública direta, autarquias e fundações públicas;
III. Para que os órgãos da Administração Pública indireta respondam subsidiariamente pelos débitos relativos às obrigações trabalhistas dos empregados terceirizados que lhes prestaram serviços, é necessário que participem da relação processual e constem do título executivo judicial;
IV. Em caso de terceirização ilegal no âmbito de sociedade de economia mista submetida ao regime geral das empresas privadas, o vínculo de emprego poderá ser reconhecido diretamente com a tomadora dos serviços.

(A) as afirmações I, II e IV estão corretas;
(B) as afirmações I e III estão corretas;
(C) apenas a afirmação II está correta;
(D) apenas a afirmação III está correta;
(E) todas as afirmações estão incorretas.

I: incorreta, a exceção é o trabalhado temporário (Súmula 331, I e III, do TST); **II:** incorreta, a administração pública, direta e indireta, também responde subsidiariamente (Súmula 331, IV, do TST, alterada pelo TST em 24.05.2011); **III:** correta, Súmula 331, V, do TST; **IV:** incorreta, Súmula 331, II, do TST (as sociedades de economia mista também devem observar o princípio do concurso público, nos termos do art. 37, II, da CF).

Gabarito "D"

(Magistratura do Trabalho – 23ª Região – 2012) Analise as proposições abaixo acerca do instituto jurídico da terceirização de serviços e indique a alternativa correta.

I. A terceirização de serviços pode ser entendida como a transferência de certas atividades periféricas do tomador de serviços a empresas distintas dele e especializadas na execução de tais atividades.
II. A terceirização revela um panorama jurídico diferenciado, pois, tradicionalmente, a relação jurídica de emprego é bilateral, ou seja, tem como sujeitos apenas o empregado e o empregador, que também é o tomador do serviço prestado. Contudo, na terceirização de serviços, ainda que lícita, o vínculo empregatício se desdobra, no polo patronal, dentre prestador e tomador de serviços terceirizados, criando direitos e obrigações trabalhistas, igualmente, para ambos.
III. De acordo com o entendimento da jurisprudência do Tribunal Superior do Trabalho (TST) acerca da matéria, não forma vínculo de emprego com o tomador a contratação de serviços de vigilância (Lei n. 7.102, de 20.06.1983) e de conservação e limpeza, bem como a de serviços especializados ligados à atividade-meio do tomador, ainda que haja pessoalidade e subordinação direta com o tomador.
IV. De acordo com o entendimento da jurisprudência do Tribunal Superior do Trabalho (TST) acerca da

matéria, os entes integrantes da Administração Pública direta e indireta também respondem subsidiariamente pelos créditos trabalhistas dos empregados de suas empresas prestadoras de serviço o que decorre de mero inadimplemento das obrigações trabalhistas assumidas pela empresa regularmente contratada ou, ainda, caso evidenciada a sua conduta culposa no cumprimento das obrigações da Lei n. 8.666, de 21.06.1993, especialmente na fiscalização do cumprimento das obrigações contratuais e legais da prestadora de serviço como empregadora.

V. A responsabilidade subsidiária do tomador de serviços abrange todas as verbas decorrentes da condenação referentes ao período da prestação laboral, salvo quanto aos entes integrantes da Administração Pública direta e indireta.

(A) Apenas as alternativas I e V estão corretas e as demais estão incorretas.
(B) Apenas a alternativa I está correta e as demais estão incorretas.
(C) Apenas as alternativas I e II estão corretas e as demais estão incorretas.
(D) As alternativas I, II, III e IV estão corretas e a alternativa V está incorreta.
(E) As alternativas II, III e V estão corretas e as demais estão incorretas.

I: correta, por definição. A terceirização é fenômeno que comporta a identificação de duas espécies: a terceirização pessoal, de serviços, clássica ou interna, como descreve o enunciado, e a terceirização material, em rede, da cadeia produtiva, externa ou superterceirização, em que é um tanto complexa a divisa entre atividade-meio e atividade-fim. Havendo interesse em aula completa a respeito, convidamos-vos a conhecer www.fabrecursosjuridicos.com.br; **II:** incorreta, Súmula 331, II, do TST; **III:** incorreta, (Súmula 331, III, do TST); **IV:** incorreta, (Súmula 331, V, do TST); **V:** incorreta (Súmula 331, VI, do TST).

Gabarito "B"

(Procurador do Trabalho – MPT – 14º Concurso – 2007) Segundo a jurisprudência do Tribunal Superior do Trabalho, são fatores que indicam a existência de fraude trabalhista, ou seja, de mera intermediação de mão de obra:

I. determinação pela tomadora do modo, tempo e forma que o trabalho deve ser realizado;
II. indicação pela tomadora da quantidade de trabalhadores e quais funções deverão ser preenchidas pela empresa prestadora;
III. saber-fazer específico ("Know-how") da empresa prestadora de serviços, com utilização de meios materiais próprios para a execução do contrato;
IV. repasse da atividade central da empresa tomadora à prestadora de serviços.

Assinale a alternativa CORRETA:

(A) somente as assertivas I, II e III estão corretas;
(B) somente as assertivas I, III e IV estão corretas;
(C) somente as assertivas I, II, e IV estão corretas;
(D) somente as assertivas II, III e IV estão corretas;
(E) não respondida.

Conferir a Súmula 331 do TST. Rodrigo Carelli (Cooperativas de Mão de Obra – Manual de Combate às fraudes) apresenta os seguintes traços indiciários de ilicitude da terceirização no caso concreto: 1) Organização do trabalho pela contratante (gestão do trabalho); 2) Falta de especialidade da empresa contratada (know-how ou técnica específica); 3) Detenção (pelo tomador) de meios materiais para a realização dos serviços; 4) Realização de atividade permanente do tomador, dentro de estabelecimento próprio do contratante; 5) Fiscalização da execução do contrato pela contratante; 6) Ordens e orientações procedimentais por parte da contratante; 7) Prevalência do elemento "trabalho humano" no contrato; 8) Remuneração do contrato baseada em número de trabalhadores; 9) Prestações de serviços a uma única tomadora; 10) Realização subsequente de um mesmo serviço por empresas distintas, permanecendo os mesmos trabalhadores.

Gabarito "C"

(Procurador do Trabalho – MPT – 13º Concurso – 2006) Em relação ao fenômeno da terceirização no Direito do Trabalho, é INCORRETO afirmar que:

(A) o segmento privado da economia, ao longo dos últimos trinta anos, passou a incorporar, de maneira crescente, práticas de terceirização da força de trabalho, independentemente da existência de lei que autorize tal contratação, que constitui exceção ao modelo empregatício clássico;
(B) segundo a jurisprudência sumulada do Tribunal Superior do Trabalho, não constitui vínculo de emprego com o tomador a contratação de serviços de vigilância, conservação e limpeza, bem como a de serviços especializados ligados à atividade-meio do tomador, mesmo que existente a pessoalidade e a subordinação direta;
(C) configurada a terceirização ilícita (*marchandage*), o vínculo de emprego se forma diretamente com o tomador de serviços;
(D) a cooperativa de mão de obra é a pessoa jurídica cuja função é colocar a força de trabalho subordinado de seus cooperados, especializada ou não, a serviço de outras empresas;
(E) não respondida.

A alternativa incorreta, que deve ser assinalada, é a "B", pois não gera vínculo desde que inexista pessoalidade e subordinação direta do tomador Súmula 331 do TST.

Gabarito "B"

3.3. QUESTÕES COMBINADAS SOBRE FLEXIBILIZAÇÃO DO VÍNCULO DE EMPREGO

(Magistratura do Trabalho – 9ª Região – 2006) Assinale a alternativa correta:

(A) Em razão de um contrato de prestação de serviços, o tomador responderá subsidiariamente pelos débitos trabalhistas da empresa prestadora, desde que os empregados desta estejam diretamente subordinados àquele tomador.
(B) É lícita a diferença na remuneração percebida pelo trabalhador temporário em relação à remuneração percebida pelos empregados da mesma categoria da empresa tomadora ou cliente.

(C) Em razão da falência da empresa de trabalho temporário, a empresa tomadora ou cliente será subsidiariamente responsável em relação à falida pelos créditos reconhecidos pela lei do trabalho prestado por empresa de trabalho temporário.

(D) É sempre possível o reconhecimento judicial da relação jurídica de emprego entre o trabalhador e um Município, quando aquele presta serviços de natureza não eventual, mediante salário e subordinação jurídica direta a este, apesar de formalmente contratado por empresa interposta, pela simples aplicação do princípio da primazia da realidade sobre a forma.

(E) A contratação de trabalhadores por empresa interposta é, em princípio, ilegal, constituindo exceção a esta regra o trabalho prestado por intermédio de empresa de trabalho temporário.

A: incorreta, é desnecessária tal subordinação, conforme Súmula 331, IV, do TST, alterada pelo TST em 24.05.2011; **B:** incorreta, essa diferenciação salarial não é lícita (art. 12, a, da Lei 6.019/1974); **C:** incorreta, a responsabilidade é solidária (art. 16 da Lei 6.019/1974); **D:** incorreta, "a contratação irregular de trabalhador, mediante empresa interposta, não gera vínculo de emprego com os órgãos da Administração Pública direta, indireta ou fundacional (art. 37, II, da CF/1988)." (Súmula 331, II, do TST); **E:** correta, Súmula 331, I, do TST.

Gabarito "E"

(Procurador do Trabalho – MPT – 14º Concurso – 2007) Assinale a alternativa CORRETA:

I. As cooperativas não se igualam às demais empresas em relação aos seus empregados para fins de legislação trabalhista e previdenciária.

II. O contrato de prestação de serviços firmado entre a empresa constituída pelo ex-empregado da tomadora como condição para permanecer laborando e a sua "ex-empregadora" para o Direito do Trabalho é anulável, mesmo que presentes os requisitos caracterizadores da relação de emprego.

III. A empresa de trabalho temporário é necessariamente urbana, consequentemente, é vedada a contratação de rurícola nessas condições.

IV. O contrato entre a empresa de trabalho temporário e a empresa tomadora de serviço ou cliente deverá ser obrigatoriamente escrito e dele deverá constar expressamente o motivo justificador da demanda de trabalho temporário, assim como a modalidade de remuneração da prestação de serviço.

(A) somente as assertivas I, II e III estão corretas;
(B) somente as assertivas I, III e IV estão corretas;
(C) somente as assertivas I, II, e IV estão corretas;
(D) somente as assertivas III e IV estão corretas;
(E) não respondida.

I: incorreta, art. 2º, § 1º da CLT (evidentemente, trata-se de hipótese diversa da aludida pelo art. 442, parágrafo único, da CLT); **II:** incorreta, trata-se de contrato nulo (art. 9º da CLT), concernente ao fenômeno da "pejutização"; **III:** correta, art. 4º da Lei 6.019/1974; **IV:** correta, art. 9º da Lei 6.019/1974.

Gabarito "D"

4. MEIO AMBIENTE DO TRABALHO

Observação: Tem sido expressivo o crescimento da temática, já habitual em concursos para procurador do trabalho, nos concursos da magistratura trabalhista, tratando-se de vastíssima área jurídica com diversas abordagens.

4.1. SST: SAÚDE E SEGURANÇA NO TRABALHO

(Magistratura do Trabalho – 2ª Região – 2012) Quanto às normas consolidadas e entendimento sumulado do TST sobre segurança, medicina e higiene do trabalho, é **INCORRETO** afirmar que:

(A) cabe aos empregados observar as normas de segurança e medicina do trabalho, sendo que constitui ato faltoso do empregado a recusa injustificada ao uso dos equipamentos de proteção individual fornecidos pela empresa.

(B) o simples fornecimento do aparelho de proteção pelo empregador não o exime do pagamento do adicional de insalubridade. Cabe-lhe tomar as medidas que conduzam à diminuição ou eliminação da nocividade, entre as quais as relativas ao uso efetivo do equipamento pelo empregado.

(C) o trabalho executado em condições insalubres, em caráter intermitente, não afasta, só por essa circunstância, o direito à percepção do respectivo adicional.

(D) a verificação mediante perícia de prestação de serviços em condições nocivas, considerado agente insalubre diverso do apontado na inicial, prejudicará o pedido de adicional de insalubridade.

(E) tem direito ao adicional de periculosidade o empregado exposto permanentemente ou que, de forma intermitente, se sujeita as condições de risco. Indevido, apenas, quando o contato dá-se de forma eventual, assim considerado o fortuito, ou o que, sendo habitual, dá-se por tempo extremamente reduzido.

A: assertiva correta, artigo 158, II, e parágrafo único, "b", da CLT; **B:** assertiva correta, Súmula 289 do TST; **C:** assertiva correta, Súmula 47 do TST; **D:** assertiva incorreta, devendo ser assinalada, não prejudicará o pedido de adicional de insalubridade (Súmula 293 do TST); **E:** assertiva correta, Súmula 364 do TST.

Gabarito "D"

(Magistratura do Trabalho – 15ª Região – 2012) Sobre Segurança e Higiene do trabalho, **não é correto** afirmar:

(A) Em se tratando de empresa que promova atividades em mais de um Estado do país, incumbe exclusivamente ao órgão de âmbito nacional competente em matéria de segurança e medicina do trabalho, coordenar, orientar, controlar, supervisionar e promover a fiscalização do cumprimento das normas de segurança e medicina do trabalho.

(B) Compete especialmente às DRT, nos limites de sua jurisdição, adotar as medidas que se tornem exigíveis, determinando as obras e reparos que, em qualquer local de trabalho, se façam necessárias.

(C) A proibição de reeleger por mais de uma vez o representante dos empregados na CIPA não se estende aos suplentes que não tenham participado de pelo menos metade das reuniões.

(D) Nos termos da lei, é de 60 kg o peso máximo que um empregado pode remover individualmente, ressalvadas as disposições especiais relativas ao trabalho do menor e da mulher.

(E) A jornada diária do cabineiro de elevador é de 6 horas, vedada a sua prorrogação.

A: assertiva incorreta, devendo ser assinala (art. 155 da CLT); **B:** assertiva correta, art. 156, II, da CLT; **C:** assertiva correta, art. 164, §§ 3º e 4º, da CLT; **D:** assertiva correta, art. 198 da CLT; **E:** assertiva correta, art. 1º, parágrafo único, da Lei 3.270/1957.

Gabarito "A"

(Magistratura do Trabalho – 15ª Região – 2011) A respeito das normas que tratam de segurança e medicina do trabalho, assinale a alternativa incorreta:

(A) compete às empresas instruir os empregados, por meio de ordens de serviço, quanto às precauções a tomar no sentido de evitar acidentes ou doenças ocupacionais;

(B) compete aos empregados colaborar com a empresa na aplicação de ordens de serviço que tratem de segurança e medicina do trabalho;

(C) constitui ato faltoso do empregado a recusa injustificada à observância das ordens de serviço expedidas pelo empregador destinadas à prevenção de acidentes e doenças;

(D) nenhum estabelecimento poderá iniciar suas atividades sem prévia inspeção e aprovação das respectivas instalação pela autoridade regional competente em matéria de segurança e medicina do trabalho;

(E) é prescindível o registro, pelo empregador, do fornecimento de equipamentos de proteção individual ao trabalhador.

A: assertiva correta, art. 157, II, da CLT; **B:** assertiva correta, art. 158, I e II, da CLT; **C:** assertiva correta, art. 158, parágrafo único, a, da CLT; **D:** assertiva correta, art. 160 da CLT; **E:** assertiva incorreta, devendo ser assinalada, o registro é imprescindível (item 6.6.1.h da NR 6 do Ministério do Trabalho e Emprego).

Gabarito "E"

(Magistratura do Trabalho – 16ª Região – 2008) Analise e depois responda:

I. O empregador manterá no estabelecimento o material necessário à prestação de primeiros socorros, desde que o número de empregados que prestarem serviços no local assim o exija.

II. Constitui falta grave a recusa injustificada do empregado em usar equipamentos de proteção individual fornecidos pela empresa.

III. O conforto térmico dos empregados no ambiente laboral deve ser garantido com a instalação de ventilação artificial obrigatória ou pelo fornecimento de vestimenta adequada, quando houver geração de frio ou calor no ambiente laboral.

IV. Extinto o estabelecimento, configura-se como arbitrária a despedida de membro da CIPA, sendo devida sua reintegração e a indenização do período estabilitário.

(A) Todas estão erradas;

(B) Apenas II está correta;

(C) Apenas II e IV estão corretas;

(D) Apenas IV está correta;

(E) Apenas II e III estão corretas.

I: incorreta, "O empregador manterá, no estabelecimento, o material necessário à prestação de primeiros socorros médicos, de acordo com o risco da atividade" (art. 168, § 4º, da CLT); **II:** correta, art. 158, parágrafo único, b, da CLT; **III:** incorreta, a instalação de ventilação artificial só será obrigatória se a natural não preencher as condições de conforto térmico (arts. 176 e 177 da CLT); **IV:** incorreta, "não se verifica a despedida arbitrária, sendo impossível a reintegração e indevida a indenização do período estabilitário" (Súmula 339, II, do TST).

Gabarito "B"

(Magistratura do Trabalho – 18ª Região – 2006) Considere as assertivas abaixo e assinale a alternativa correta.

I. Um estabelecimento poderá iniciar suas atividades sem prévia inspeção e aprovação das respectivas instalações pela autoridade regional competente em matéria de segurança e medicina do trabalho, mas nova inspeção deverá ser feita quando ocorrer modificação substancial nas instalações, inclusive equipamentos, que a empresa fica obrigada a comunicar, prontamente, à Delegacia Regional do Trabalho.

II. A interdição ou embargo de estabelecimento poderão ser requeridos pelo serviço competente da Delegacia Regional do Trabalho e, ainda, por agente da inspeção do trabalho ou por entidade sindical.

III. O Delegado Regional do Trabalho, à vista do laudo técnico do serviço competente que demonstre grave e iminente risco para o trabalhador, poderá interditar estabelecimento, setor de serviço, máquina ou equipamento, ou embargar obra, indicando na decisão, tomada com a brevidade que a ocorrência exigir, as providências que deverão ser adotadas para prevenção de infortúnios de trabalho.

IV. O Delegado Regional do Trabalho, independente de recurso e de laudo técnico do serviço competente, poderá levantar a interdição.

V. Da decisão do Delegado Regional do Trabalho sobre o pedido de interdição cabe recurso sempre com efeito suspensivo.

(A) Todas são corretas.

(B) As afirmações I, IV e V são incorretas.

(C) As afirmações I e II são corretas.

(D) As afirmações III, IV e V são incorretas.

(E) As afirmações I, II e III são incorretas.

I: incorreta, "nenhum estabelecimento poderá iniciar suas atividades sem prévia inspeção e aprovação das respectivas instalações pela autoridade regional competente em matéria de segurança e medicina do trabalho" (art. 160 da CLT; **II:** correta, art. 161, § 2º, da CLT; **III:** correta, art. 161, caput, da CLT; **IV:** incorreta, independente de recurso e após o laudo técnico (art. 161, § 5º, da CLT); **V:** incorreta, é facultado ao delegado regional do trabalho dar efeito suspensivo ao recurso (o art. 161, § 3º, da CLT).

Gabarito "B".

(Ministério Público do Trabalho – 8º) Assinale a resposta incorreta:

(A) os locais de trabalho deverão ter, no mínimo, três metros de pé-direito – altura livre do piso ao teto;
(B) o exame médico, por conta do empregador, é obrigatório na admissão, na demissão e periodicamente;
(C) é de cinquenta quilogramas o peso máximo que um empregado pode remover individualmente;
(D) os representantes dos empregados na CIPA detém estabilidade provisória até um ano após o término do mandato;
(E) a empregada gestante tem direito ao emprego até cinco meses após o parto;
(F) não sei.

A alternativa incorreta é a "C", pois o peso máximo é de 60 quilos (art. 198 da CLT).

Gabarito "C".

(Magistratura do Trabalho – 21ª Região – 2012) No cumprimento das normas de segurança e saúde no trabalho, a ordem jurídica prevê diversos procedimentos atinentes à fiscalização do trabalho. Um desses procedimentos corresponde à paralisação, total ou parcial, de serviços ou atividades executadas em canteiro de obras, quando os Auditores Fiscais do Trabalho constatam uma situação de risco grave e iminente no ambiente de trabalho. Assim, estamos falando do procedimento de:

(A) embargo;
(B) interdição;
(C) suspensão provisória das atividades do estabelecimento;
(D) cassação temporária de alvará de funcionamento;
(E) suspensão temporária por risco ambiental do trabalho.

Esta questão foi objeto de recurso e, após o julgamento, o gabarito foi alterado de "b" para "a". Com efeito, trata-se de hipótese de embargo de obra, e não de interdição de máquina ou setor da empresa.

Gabarito "A".

(Magistratura do Trabalho – 21ª Região – 2012) A Segurança do Trabalho envolve uma série de saberes e metodologias voltadas ao estudo das possíveis causas e consequências dos acidentes de trabalho, com destaque para as ações prevencionistas. Nesse contexto, como se denomina a "*verificação física realizada em um estabelecimento novo, para comprovar se este oferece as condições mínimas de segurança e medicina no trabalho para o seu pleno funcionamento; ou em estabelecimento já em funcionamento, que tenha sofrido modificações substanciais em suas instalações ou equipamentos*" (GONÇALVES, Edwar A. *Manual de segurança e saúde no trabalho*. São Paulo: LTr, 2011, p. 53)?

(A) análise ambiental obrigatória;
(B) exame de segurança ocupacional;
(C) programa de prevenção de riscos ambientais;
(D) serviço de segurança e prevenção de acidentes;
(E) inspeção prévia.

Assim dispõe o art. 160 da CLT: "Nenhum estabelecimento poderá iniciar suas atividades sem prévia inspeção e aprovação das respectivas instalações pela autoridade regional competente em matéria de segurança e medicina do trabalho"

Gabarito "E".

(Procurador do Trabalho – MPT – 17º Concurso – 2012) Em matéria de meio ambiente do trabalho, segurança e saúde no trabalho, examine as assertivas abaixo:

I. Segundo o entendimento do Supremo Tribunal Federal, os materiais e substâncias empregados, manipulados ou transportados nos locais de trabalho, quando perigosos ou nocivos à saúde, devem conter, no rótulo, sua composição, recomendações de socorro imediato e o símbolo de perigo correspondente, segundo a padronização internacional. Os estabelecimentos que mantenham atividades com os mencionados materiais afixarão, nos setores de trabalho atingidos, avisos ou cartazes, com advertência quanto aos materiais e substâncias perigosos ou nocivos à saúde.
II. Segundo a jurisprudência uniformizada do Tribunal Superior do Trabalho, é devido o pagamento do adicional de periculosidade ao empregado que desenvolve suas atividades em edifício (construção vertical), desde que em pavimento igual àquele onde estão instalados tanques para armazenamento de líquido inflamável, em quantidade acima do limite legal.
III. Segundo a jurisprudência uniformizada do Tribunal Superior do Trabalho, o pagamento de adicional de periculosidade efetuado por mera liberalidade da empresa, ainda que de forma proporcional ao tempo de exposição ao risco ou em percentual inferior ao máximo legalmente previsto, dispensa a realização da prova técnica exigida pelo art. 195 da CLT, pois torna incontroversa a existência do trabalho em condições perigosas.

Com base na leitura das proposições acima, marque a resposta CORRETA:

(A) apenas as assertivas I e II estão corretas;
(B) apenas as assertivas II e III estão corretas;
(C) todas as assertivas estão corretas;
(D) apenas as assertivas I e III estão corretas;
(E) não respondida.

I: correta, art. 197 da CLT; **II:** incorreta, é devido o pagamento do adicional seja em pavimento igual ou distinto daquele onde estão instalados tanques para armazenamento de líquido inflamável, em quantidade acima do limite legal (OJ 385 da SDI-I do TST); **III:** correta, OJ 406 da SDI-I do TST.

Gabarito "D".

(Procurador do Trabalho – MPT – 17º Concurso – 2012) Leia e analise as assertivas a seguir:

I. A exposição de empregado à radiação ionizante ou à substância radioativa enseja a percepção de adicional de periculosidade, nos termos da jurisprudência uniformizada do Tribunal Superior do Trabalho, a partir da interpretação da Norma Regulamentadora relativa ao trabalho em operações perigosas.

II. A exemplo da norma contida na Convenção 155 da Organização Internacional do Trabalho, há Normas Regulamentadoras prevendo, expressamente, o direito de recusa do empregado em prestar serviços, quando as condições de trabalho forem inseguras.

III. Na construção civil, com vistas a evitar acidentes de trabalho, a Norma Regulamentadora n. 18 estabelece um conjunto detalhado de ações que devem ser implementadas pelas empresas para proporcionar condições seguras de trabalho aos empregados, sem prejuízo da adoção das medidas relativas às condições e meio ambiente do trabalho determinadas pela legislação federal, estadual, municipal e negociações coletivas de trabalho.

IV. A jurisprudência uniformizada do Tribunal Superior do Trabalho reconhece o direito dos empregados que operam bomba de abastecimento de gasolina ao adicional de insalubridade, devido à exposição ao benzeno.

Marque a alternativa CORRETA:

(A) apenas as assertivas I, II e III são corretas;
(B) apenas as assertivas I e IV são corretas;
(C) apenas as assertivas II e IV são corretas;
(D) apenas as assertivas II e III estão corretas;
(E) não respondida.

I: correta, OJ 345 da SDI-I do TST; **II:** correta, Subitem 9.6.3 da Norma Regulamentadora 9 do MTE; **III:** correta, NR 18.1.1 (NR 18 do MTE) da Norma Regulamentadora 18, do MTE; **IV:** incorreta, Súmula 212 do STF c/c Súmula 39 do TST. É reconhecido o direito ao adicional de periculosidade, e não de insalubridade, embora talvez devesse fazê-lo adicionalmente, pois o benzeno é um perigoso agente etiológico químico.

Gabarito "A"

(Procurador do Trabalho – MPT – 17º Concurso – 2012) Assinale a alternativa CORRETA:

(A) Os dados obtidos nos exames médicos dos empregados, incluindo avaliação clínica e exames complementares, deverão ser registrados em prontuário clínico individual, que ficará sob a responsabilidade do médico do trabalho da empresa, e entregue ao empregado por ocasião da rescisão do contrato de trabalho.

(B) A elaboração do Programa de Prevenção de Riscos Ambientais – PPRA é atribuição exclusiva dos profissionais do Serviço Especializado em Engenharia de Segurança e Medicina do Trabalho – SESMT das empresas.

(C) O dimensionamento do Serviço Especializado em Engenharia de Segurança e Medicina do Trabalho – SESMT depende da gradação dos riscos da atividade econômica da empresa e do número de empregados próprios da empresa, já que a assistência do SESMT não se estende aos empregados das empresas contratadas, que são obrigadas a manter SESMT próprio.

(D) O exame médico demissional será obrigatoriamente realizado até a data da homologação da rescisão contratual, exceto se o último exame médico ocupacional houver sido realizado em período de tempo próximo à data da despedida, definido de acordo com o grau de risco da atividade empresarial.

(E) Não respondida.

A: incorreta, ficará sob a responsabilidade do médico-coordenador do PCMSO e não será entregue ao empregado por ocasião da rescisão (Subitem 7.4.5 da Norma Regulamentadora 7 do MTE); **B:** incorreta, a elaboração do PPRA pode ser feita pelo SESMT "ou por pessoa ou equipe de pessoas" (subitem 9.3.1.1 da Norma Regulamentadora 9 do MTE); **C:** incorreta, o dimensionamento vincula-se a "gradação do risco da atividade principal e ao número total de empregados do estabelecimento" (subitem 4.2 da Norma Regulamentadora 4 do MTE); **D:** correta, Subitem 7.3.4.5 da Norma Regulamentadora 7, do MTE.

Gabarito "D"

(Procurador do Trabalho – MPT – 13º Concurso – 2006) Quanto à Comissão Interna de Prevenção de Acidentes – CIPA:

I. devem constituir CIPA e mantê-la em funcionamento os órgãos da administração direta que sejam empregadores;

II. o membro da CIPA exercente de cargo de confiança poderá ser transferido para outro estabelecimento, em caso de real necessidade de serviço, mesmo sem a sua anuência;

III. a CIPA poderá ser desativada ou ter seu número de representantes reduzido pelo empregador, antes do término do mandato de seus membros, em caso de redução do número de empregados da empresa;

IV. entre as atribuições da CIPA está a de participar, anualmente, em conjunto com a empresa, de campanhas de prevenção da AIDS.

De acordo com as asserções acima, pode-se afirmar que:

(A) apenas a de número I está incorreta;
(B) apenas a de número II está incorreta;
(C) apenas a de número III está incorreta;
(D) nenhuma está correta;
(E) não respondida.

I: correta, Item 5.2 da Norma Regulamentadora 5 (NR 5) do MTE (Portaria 3.214/1978); **II:** correta, Item 5.9 da NR 5 do MTE (Portaria 3.214/1978); **III:** incorreta, inexiste tal ressalva à duração do mandato dos cipeiros; **IV:** correta, Item 5.16, p, da NR 5 do MTE.

Gabarito "C"

(Procurador do Trabalho – MPT – 13º Concurso – 2006) Quanto aos equipamentos de proteção individual – EPIs:

I. Equipamento Conjugado de Proteção Individual é aquele composto por vários dispositivos, que o fabricante tenha associado contra um ou mais riscos que possam ocorrer simultaneamente e que sejam suscetíveis de ameaçar a segurança e a saúde no trabalho;

II. compete ao Serviço Especializado em Engenharia de Segurança e em Medicina do Trabalho – SESMT, nas empresas obrigadas a manter tal órgão, recomendar ao empregador o EPI adequado ao risco existente em determinada atividade;

III. o EPI, nacional ou importado, só poderá ser posto à venda ou utilizado com a indicação do Certificado de Aprovação – CA, expedido pelo órgão nacional competente em matéria de segurança e saúde no trabalho do Ministério do Trabalho e Emprego;

IV. o empregador, enquanto as medidas de proteção coletiva estiverem sendo implantadas, é obrigado a fornecer aos empregados, gratuitamente, EPI adequado ao risco, em perfeito estado de conservação e funcionamento.

Analisando as asserções acima, pode-se afirmar que:

(A) apenas as de número I e III estão corretas;
(B) apenas as de número I e IV estão corretas;
(C) apenas as de número II e IV estão corretas;
(D) todas estão corretas;
(E) não respondida.

I: correta, Item 6.1.1 da NR 6 do MTE; **II**: correta, Item 6.5 da NR 6 do MTE; **III**: correta, Item 6.2 da NR 6 do MTE; **IV**: correta, Item 6.3, b, da NR 6 do MTE.

Gabarito "D"

(Procurador do Trabalho – MPT – 12º Concurso – 2005) Sobre saúde e segurança no trabalho, observe as assertivas seguintes e assinale a alternativa CORRETA:

I. é de responsabilidade das empresas a instrução dos empregados quanto às normas de saúde e segurança no trabalho, inclusive quanto à utilização dos EPIs, sendo certo que é considerado ato faltoso do empregado a recusa, qualquer que seja o caso, em utilizar tais equipamentos;

II. ocorrendo a interdição de estabelecimento ou setor de serviço, e até mesmo de máquina, ou ainda, restando embargada a obra, tudo isso na forma da lei, por decisão da autoridade competente, qualquer que seja a hipótese, permanece a responsabilidade do empregador com seus empregados, sendo devido o pagamento dos salários enquanto durar a paralisação;

III. na forma da lei e da regulamentação específica do Ministério do Trabalho e Emprego, é obrigatória a constituição de CIPAs em todas as empresas privadas, públicas, sociedades de economia mista e órgãos da administração direta e indireta. Porém, em todas as empresas e instituições com menos de 50 empregados, a Comissão Interna de Prevenção de Acidentes terá apenas dois "cipeiros", representando, respectivamente, empregados e empregadores;

IV. é obrigatória a instituição do PCMSO em todas as empresas e instituições que admitam trabalhadores como empregados. Havendo terceirização, deve a tomadora informar os riscos existentes, assim como auxiliar a empresa fornecedora de mão de obra na elaboração e implementação do plano.

(A) todas as assertivas estão corretas;
(B) somente as assertivas I, II e III estão corretas;
(C) somente as assertivas III e IV estão corretas;
(D) somente as assertivas II e IV estão corretas.
(E) não respondida.

I: incorreta, só a recusa injustificada é ato faltoso (CLT, art. 158, parágrafo único, b, da CLT); **II**: correta, art. 161, § 6º, da CLT; **III**: incorreta, contraria o previsto no Quadro I da NR 5 do MTE; **IV**: correta, Itens 7.1.1 e 7.1.3 da NR 7 do MTE.

Gabarito "D"

4.2. ADICIONAIS DE INSALUBRIDADE E PERICULOSIDADE

ESCLARECIMENTO PRELIMINAR IMPORTANTE: Até o fechamento desta edição, encontrava-se controvertida a questão da base cálculo do adicional de insalubridade.

Por força do art. 192 da CLT, o exercício do trabalho em condições insalubres assegura a percepção, pelo trabalhador, de adicional de insalubridade de 40, 20 ou 10% sobre o **salário mínimo**, conforme o grau da insalubridade seja máximo, médio ou mínimo. Entretanto, no RE 565.714/SP, o Supremo Tribunal Federal decidiu incidentalmente pela inconstitucionalidade do salário mínimo como base de cálculo do adicional de insalubridade, pois o art. 7º, IV, da CF veda a vinculação do salário mínimo para qualquer fim. Por outro lado, não poderia o Judiciário atuar como legislador positivo e estipular alguma base de cálculo para o adicional, cumprindo ao Legislativo editar lei a respeito. Na ocasião, uma vez que se tratava de recurso interposto por servidores que pleiteavam a aplicação de norma estadual mais favorável que o salário mínimo para a definição da base de cálculo em questão, para não se incorrer em *reformatio in pejus,* forçoso foi a manutenção do salário mínimo como base de cálculo do adicional de insalubridade, mas com uma ressalva da relatora: a base de cálculo do valor do adicional de insalubridade deveria ser, naquele caso em concreto, o valor congelado do salário mínimo então vigente, seguindo-se atualizações em consonância com os índices oficiais de inflação, e não em conformidade com os reajustes do valor do salário mínimo.

As ponderações e conclusões lançadas no RE 565.714 culminaram na edição da Súmula Vinculante n. 4, em maio de 2008, pelo STF, prevendo que *SALVO NOS CASOS PREVISTOS NA CONSTITUIÇÃO, O SALÁRIO MÍNIMO NÃO PODE SER USADO COMO INDEXADOR DE BASE DE CÁLCULO DE VANTAGEM DE SERVIDOR PÚBLICO OU DE EMPREGADO, NEM SER SUBSTITUÍDO POR DECISÃO JUDICIAL.*

A SV 4 determinava, basicamente, que cumpriria ao legislador ou às categorias econômicas e profissionais em negociação coletiva definirem a base de cálculo do adicional em questão (podendo eleger o salário contratual, por exemplo), mas não ao Judiciário.

A decisão causou enorme repercussão entre os aplicadores do Direito do Trabalho: em primeiro lugar, porque o adicional de insalubridade é um direito trabalhista fundamental, previsto na Constituição (art. 7º, XXIII) e, já não bastasse a omissão do legislador infraconstitucional em regular a proteção da relação de trabalho contra a despedida sem justa causa (art. 7º, I), a licença-paternidade (que possui a duração ínfima determinada pelo art. 10, *b,* § 1º, do ADCT até que seja editada a lei a que se refere o art. 7º, XIX, da CF), e o adicional de penosidade (também previsto no art. 7º, XXIII), outro direito trabalhista fundamental tornar-se-ia ineficaz; em segundo lugar, porque o adicional de insalubridade é aplicado em larga escala, principalmente na indústria de transformação, o que importaria em verdadeiro caos fático e jurídico a sua supressão repentina (ou seu deferimento apenas para as categorias porventura negociantes a respeito) ou a aplicação da solução cogitada no RE 565.714, que envolveria permanente atualização de cálculos inflacionários e originaria inúmeras discussões a respeito do índice a ser aplicado ou da periodicidade do reajuste; finalmente, o adicional em questão é importante estímulo para que empresas neutralizem os perigosos riscos decorrentes das atividades insalubres. Assim, para não relegar o trabalhador a uma situação de desamparo, o TST, em julho de 2008, alterou a sua Súmula 228 para concluir que *a partir de 9 de maio de 2008, data da publicação da Súmula Vinculante n. 4 do Supremo Tribunal Federal, o adicional de insalubridade será calculado sobre o salário básico, salvo critério mais vantajoso fixado em instrumento coletivo.*

Como se percebe, a nova redação da Súmula 228 do TST, ao concluir pela utilização do salário contratual básico como base de cálculo para o adicional de insalubridade, choca-se diretamente com a parte final da Súmula Vinculante 4, que proscreve a definição judiciária da base de cálculo. Assim, sucessivas Reclamações foram manejadas no STF (ex.: Recl. 6.266, Recl. 6.873), com a suprema corte deferindo os pedidos de não aplicação da Súmula 228.

Ante a situação caótica que se avizinhava pela supressão repentina de um direito trabalhista fundamental que há anos já vinha sendo usufruído por trabalhadores, a 7ª Turma do TST lançou uma tábua de salvação para a questão no curso do julgamento dos Recursos de Revista 1118/2004-005-17-00.6 e 1814/2004-010-15-00.9: entendeu que a hipótese em questão empolgaria a aplicação da teoria da declaração de inconstitucionalidade sem a pronúncia dos efeitos da nulidade, isto é, reconheceu-se a inconstitucionalidade da utilização do salário mínimo como base de cálculo do adicional de periculosidade, mas até que a omissão do Legislativo em regular a respeito seja sanada, continuar-se-ia aplicando o salário mínimo como base de cálculo. Ensina Canotilho que a teoria em questão é aplicável em hipóteses em que a aplicação da teoria pura das nulidades implica caos institucional, tornando necessária a modulação dos efeitos da nulidade para que o remédio não se torne mais prejudicial que a doença. Instado o STF a se manifestar no curso da Reclamação 6.830, em outubro de 2008, este sinalizou a possibilidade de utilização do salário mínimo como base de cálculo do adicional de insalubridade até que lei ou norma coletiva regulasse a matéria.

Deste modo, continua-se aplicando o salário mínimo como base de cálculo para o adicional de periculosidade nas hipóteses de ausência de norma coletiva regulando a questão, mas o tema ainda é polêmico. E será à luz destas referências que as questões abaixo que versarem sobre base de cálculo do adicional de periculosidade deverão ser compreendidas, devendo o leitor atentar para a data do exame, cotejando-a com a data da entrada em vigor da SV 4 do STF, com a data da alteração da Súmula 228 do TST e com a consolidação da jurisprudência do STF quanto à inaplicabilidade de tal súmula e a solução apresentada pela 7ª Turma do TST.

(Magistratura do Trabalho – 2ª Região – 2010) Sobre insalubridade e periculosidade, é correto afirmar que:

(A) A periculosidade, para o eletricista, se configura nas empresas de geração e distribuição de energia elétrica, sendo incabível sua caracterização no âmbito de estabelecimentos apenas consumidores dessa energia, mesmo que caracterizado sistema elétrico de potência.

(B) O direito do trabalhador ao adicional de insalubridade ou de periculosidade cessará com a eliminação do risco à sua saúde ou integridade física. Os adicionais em foco possuem caráter retributivo e são computáveis para os efeitos de décimo terceiro salário, férias com 1/3, dos depósitos de FGTS e das contribuições previdenciárias.

(C) A perícia judicial para apuração da insalubridade dispensa o enquadramento da atividade entre as situações previstas pelas Normas Regulamentadoras 15 e 16 da Portaria 3.214 do Ministério do Trabalho.

(D) De acordo com a jurisprudência sumulada do TST, o empregado que é eletricista e trabalha sem contato com equipamentos elétricos, sujeitos ao risco de corrente elétrica acidental, faz jus ao adicional de periculosidade, sempre na proporção de 30%. Na hipótese, o tempo de exposição ao risco é irrelevante e a perícia desnecessária, pois sendo a atividade desenvolvida com frequência, e o perigo invisível e afeto a situações imprevisíveis, o acréscimo remuneratório é sempre devido na íntegra.

(E) O direito ao adicional de insalubridade é devido quando não é possível eliminar a fonte geradora do agente nocivo, independentemente dos efeitos aos níveis de tolerância ou de concentração prefixados.

A causa da insalubridade é a ação nociva do agente físico, químico ou biológico no trabalhador, o que ocorre quando os meios coletivos ou individuais de proteção não puderem prevenir ou reduzir a nocividade aos limites compatíveis com a capacidade biológica do trabalhador.

A: incorreta, e cabível sua caracterização no âmbito de estabelecimentos apenas consumidores dessa energia (OJ 324 da SDI-I do TST); **B:** correta, art. 194 da CLT. Tais adicionais são considerados "salário-condição" e, enquanto percebidos, incorporam-se naturalmente ao salário para todos os fins (v. Súmulas 132 e 139 do TST); **C:** incorreta, "não basta a constatação da insalubridade por meio de laudo pericial para que o empregado tenha direito ao respectivo adicional, sendo necessária a classificação da atividade insalubre na relação oficial elaborada pelo Ministério do Trabalho" (OJ 4 da SDI-I do TST); **D:** incorreta, "tem direito ao adicional de periculosidade o empregado exposto permanentemente ou que, de forma intermitente, sujeita-se a condições de risco. Indevido, apenas, quando o contato dá-se de forma eventual, assim considerado o fortuito, ou o que, sendo habitual, dá-se por tempo extremamente reduzido" (Súmula 364 do TST); **E:** incorreta, art. 192 da CLT. O adicional de insalubridade demanda, em regra, a consatatação qualitativa (presença do agente etiológico no ambiente de trabalho) e quantitativa (presença do agente etiológico acima dos limites de tolerância) da insalubridade, embora haja alguns agentes etiológicos por si tão insalubres que a análise quantitativa é desnecessária para que o empregado faça jus ao adicional.

Gabarito "B"

(Magistratura do Trabalho – 3ª Região – 2013) Relativamente à insalubridade e à periculosidade, considerando o direito legislado e a jurisprudência dominante, é incorreto afirmar:

(A) A limpeza em residências e escritórios e a respectiva coleta de lixo não podem ser consideradas atividades insalubres, ainda que constatadas por laudo pericial, porque não se encontram dentre as classificadas como lixo urbano na Portaria do Ministério do Trabalho.
(B) Os empregados que operam em bomba de gasolina têm direito ao adicional de periculosidade.
(C) Também são atividades periculosas, nos termos da lei, aquelas que, por sua natureza ou métodos de trabalho, impliquem risco acentuado em virtude de exposição permanente do trabalhador a roubos ou outras espécies de violência física nas atividades profissionais de segurança pessoal ou patrimonial.
(D) Durante as horas de sobreaviso, o empregado não se encontra em condições de risco, razão pela qual é incabível a integração do adicional de periculosidade sobre as mencionadas horas.
(E) A reclassificação ou a descaracterização da insalubridade, por ato da autoridade competente, não repercute na satisfação do respectivo adicional, sob pena de ofensa a direito adquirido ou violação ao princípio da irredutibilidade salarial.

A: assertiva correta, OJ 4, II, da SDI-I do TST; **B:** assertiva correta, Súmula 39 do TST; **C:** assertiva correta, art. 193, II, da CLT; **D:** assertiva correta, Súmula 132, II, da CLT; **E:** assertiva incorreta, devendo ser assinalada, Súmula 248 do TST.

Gabarito "E"

(Magistratura do Trabalho – 4ª Região – 2012) O entendimento pacificado pelo Tribunal Superior do Trabalho quanto ao Adicional de Periculosidade é de que

(A) o adicional de periculosidade, pago em caráter permanente, integra o cálculo de indenização e de horas extras.
(B) é devida a integração do adicional de periculosidade sobre as horas de sobreaviso do empregado.
(C) o empregado exposto de forma eventual a condições de risco tem o direito à percepção do adicional de periculosidade de forma proporcional ao tempo despendido nesta situação.
(D) o empregado exposto de forma intermitente a condições de risco não tem direito à percepção do adicional de periculosidade.
(E) os empregados que operam em bomba de gasolina terão direito ao pagamento do adicional somente quando constatada a periculosidade em laudo pericial.

A: correta, Súmula 132, I, do TST; **B:** incorreta, "Durante as horas de sobreaviso, o empregado não se encontra em condições de risco, razão pela qual é incabível a integração do adicional de periculosidade sobre as mencionadas horas" (Súmula 132, II, do TST); **C** e **D:** incorretas, "tem direito ao adicional de periculosidade o empregado exposto permanentemente ou que, de forma intermitente, se sujeita a condições de risco. Indevido, apenas, quando o contato dá-se de forma eventual, assim considerado o fortuito, ou o que, sendo habitual, dá-se por tempo extremamente reduzido" (Súmula 364 do TST); **E:** incorreta, não é necessário constatar a periculosidade em laudo pericial para o recebimento do adicional (Súmula 39 do TST).

Gabarito "A"

(Magistratura do Trabalho – 7ª Região – 2005) De acordo com a jurisprudência pacificada no âmbito do Tribunal Superior do Trabalho é possível afirmar:

I. Tem validade a fixação de adicional de periculosidade em percentual inferior ao previsto em lei e proporcional ao tempo de exposição ao risco, quando levada a efeito em convenção ou acordo coletivo de trabalho.
II. Faz jus ao adicional de periculosidade o empregado que, de forma habitual, expõe-se a risco, ainda que por tempo extremamente reduzido.
III. O empregador tem o dever de exigir a efetiva utilização dos equipamentos de proteção individual, não se eximindo do pagamento do adicional de insalubridade com o simples fornecimento desses equipamentos.
IV. O adicional de insalubridade devido ao empregado será calculado sobre o salário mínimo vigente ao tempo do contrato de trabalho, mesmo quando, por força de lei, convenção coletiva ou sentença normativa, perceber o trabalhador salário profissional.

(A) Todas as proposições estão corretas.
(B) Apenas a primeira e terceira estão corretas.
(C) Apenas a primeira e a segunda estão corretas.
(D) Apenas a segunda e quarta estão corretas.
(E) Apenas a terceira e a quarta estão corretas.

I: à época do exame, anteriormente à sua revisão em maio de 2011, a Súmula 364, II, do TST estabelecia: "A fixação do adicional de periculosidade, em percentual inferior ao legal e proporcional ao tempo de exposição ao risco, deve ser respeitada, desde que pactuada em acordos ou convenções coletivos"; **II:** incorreta, no caso versado, não fará jus ao adicional (Súmula 364 do TST); **III:** correta, Súmula 289 do TST; **IV:** incorreta, Súmula 17 do TST (cancelada; v. Súmula 228, considerada ofensiva à Súmula Vinculante 4 em sucessivas reclamações julgadas pelo STF).

Gabarito "B"

(Magistratura do Trabalho – 8ª Região – 2009) Com base na legislação trabalhista e na jurisprudência uniforme do TST, acerca do adicional de insalubridade, é incorreto afirmar:

(A) As atividades ou operações executadas no interior de câmaras frigoríficas, ou em locais que apresentem condições similares, que exponham os trabalhadores ao frio, sem a proteção adequada, serão considerados insalubres em decorrência de laudo de inspeção realizada no local de trabalho.

(B) O Juízo pode julgar procedente o pedido de adicional de insalubridade quando a perícia demonstrar que o ambiente de trabalho é insalubre em decorrência da existência de fatores diferentes dos alegados na petição inicial.

(C) A eliminação ou neutralização da insalubridade determinará a cessação da necessidade do pagamento do adicional respectivo, independentemente de decisão judicial transitada em julgado que houver deferido o seu pagamento.

(D) Nas situações em que o empregado trabalhar exposto a agentes insalubres e a agentes perigosos, caberá a ele optar pela percepção de um dos adicionais. No caso de incidência de mais de um fator de insalubridade, serão considerados, cumulativamente, os percentuais, para efeito de acréscimo salarial.

(E) Fazem jus ao adicional de insalubridade de grau máximo os trabalhadores que laborem em contato permanente com: a) pacientes em isolamento por doenças infectocontagiosas, bem como objetos de seu uso, não previamente esterilizados; b) carnes, glândulas, vísceras, sangue, ossos, couros, pelos e dejeções de animais portadores de doenças infectocontagiosas (carbunculose, brucelose, tuberculose); c) esgotos (galerias e tanques); d) lixo urbano (coleta e industrialização).

Preceitua o item 15.3 da NR 15 do MTE: "No caso de incidência de mais de um fator de insalubridade, será apenas considerado o de grau mais elevado, para efeito de acréscimo salarial, sendo vedada a percepção cumulativa". V. tb., art. 193, § 2º, da CLT.

Gabarito "D"

(Magistratura do Trabalho – 9ª Região – 2006) Assinale a alternativa correta, considerando o entendimento sumulado pelo Tribunal Superior do Trabalho:

(A) Não é devido o pagamento do adicional de periculosidade durante as horas de sobreaviso.

(B) O adicional de periculosidade, como regra, incide sobre o salário básico acrescido de outros adicionais.

(C) O adicional de periculosidade devido ao eletricitário incide apenas sobre o salário básico.

(D) O empregado sujeito, de forma intermitente, a condições de risco não tem direito ao adicional de periculosidade.

(E) Não é válida a cláusula, pactuada em acordo ou convenção coletiva de trabalho, que preveja adicional de periculosidade em percentual inferior ao legal e proporcional ao tempo de exposição ao risco.

Assim dispõe o item II da Súmula 132 do TST: "Durante as horas de sobreaviso, o empregado não se encontra em condições de risco, razão pela qual é incabível a integração do adicional de periculosidade sobre as mencionadas horas".

Gabarito "A"

(Magistratura do Trabalho – 14ª Região – 2008) Insalubridade e periculosidade.

I. O adicional de insalubridade devido a empregado que, por força de lei, convenção coletiva ou sentença normativa, percebe salário profissional será sobre este calculado.

II. A verificação mediante perícia de prestação de serviços em condições nocivas, considerado agente insalubre diverso do apontado na inicial, não prejudica o pedido de adicional de insalubridade.

III. A fixação do adicional de periculosidade, em percentual inferior ao legal e proporcional ao tempo de exposição ao risco, é nula, ainda que pactuada em acordos ou convenções coletivos.

IV. O adicional de periculosidade incide apenas sobre o salário básico e não sobre este acrescido de outros adicionais. Em relação aos eletricitários, o cálculo do adicional de periculosidade deverá ser efetuado sobre a totalidade das parcelas de natureza salarial. Responda:

(A) todas as opções estão corretas;

(B) apenas três opções estão corretas;

(C) apenas duas opções estão corretas;

(D) apenas uma opção está correta;

(E) todas as opções estão incorretas.

I: correta segundo o entendimento cristalizado na então vigente Súmula 17 do TST, hoje cancelada; **II:** correta, Súmula 293 do TST; **III:** à época do exame, anteriormente à sua revisão em maio de 2011, a Súmula 364, II, do TST estabelecia: "A fixação do adicional de periculosidade, em percentual inferior ao legal e proporcional ao tempo de exposição ao risco, deve ser respeitada, desde que pactuada em acordos ou convenções coletivos", estando incorreta a assertiva na ocasião; **IV:** correta, Súmula 191 do TST.

Gabarito "B"

(Magistratura do Trabalho – 15ª Região – 2012) Relativamente à insalubridade, é **incorreto** afirmar:

(A) Sua eliminação ou neutralização ocorrerá com a adoção de medidas que conservem o ambiente de trabalho dentro dos limites de tolerância ou com a utilização de equipamentos de proteção individual ao trabalhador, que diminuam a intensidade do agente agressivo a limites de tolerância.

(B) O quadro de atividades e operações insalubres será aprovado pelo Ministério do Trabalho.

(C) O Ministério da Saúde adotará normas sobre os critérios de tolerância aos agentes agressivos e tempo máximo de exposição do empregado a tais agentes.

(D) São consideradas operações insalubres, entre outras, aquelas que, pelas condições ou métodos de trabalho, exponham os empregados a agentes nocivos à saúde, acima dos limites de tolerância fixados considerada a natureza e intensidade do agente, além do tempo de exposição a seus efeitos.

(E) A caracterização e a classificação da insalubridade se dará através de perícia a cargo de Médico do Trabalho ou Engenheiro do Trabalho.

A: assertiva correta, art. 191 da CLT; **B:** assertiva correta, art. 190 da CLT; **C:** assertiva incorreta, devendo ser assinalada, é o Ministério do Trabalho (art. 190 da CLT); **D:** assertiva correta, art. 189 da CLT; **E:** correta, art. 195 da CLT.

Gabarito "C"

(Magistratura do Trabalho – 15ª Região – 2012) O art. 189 da CLT dispõe que serão consideradas atividades ou operações insalubres aquelas que, por sua natureza, condições ou métodos de trabalho, exponham os empregados a agentes nocivos à saúde, acima dos limites de tolerância fixados em razão da natureza e da intensidade do agente e do tempo de exposição aos seus efeitos. A respeito da insalubridade, e levando em conta os entendimentos jurisprudenciais pacificados do C. TST, assinale a alternativa **incorreta:**

(A) O trabalho executado em condições insalubres, em caráter intermitente, não afasta, só por essa circunstância, o direito à percepção do respectivo adicional.

(B) A eliminação da insalubridade mediante fornecimento de aparelhos protetores aprovados pelo órgão competente do Poder Executivo exclui a percepção do respectivo adicional.

(C) Não basta a constatação da insalubridade por meio de laudo pericial para que o empregado tenha direito ao respectivo adicional, sendo necessária a classificação da atividade insalubre na relação oficial elaborada pelo Ministério do Trabalho. A limpeza em residências e escritórios e a respectiva coleta de lixo não podem ser consideradas atividades insalubres, ainda que constatadas por laudo pericial, porque não se encontram dentre as classificadas como lixo urbano na Portaria do Ministério do Trabalho.

(D) O simples fornecimento do aparelho de proteção pelo empregador não o exime do pagamento do adicional de insalubridade. Cabe-lhe, tomar as medidas que conduzam à diminuição ou eliminação da nocividade, entre ai quais as relativas ao uso efetivo do equipamento pelo empregado.

(E) Enquanto percebido, o adicional de insalubridade integra a remuneração para todos os efeitos legais. Se recebida por mais de dez anos, a parcela incorpora-se à remuneração do empregado. Neste caso, eventual reclassificação ou a descaracterização da insalubridade, por ato da autoridade competente, não repercute na satisfação do respectivo adicional, em decorrência do direito adquirido e do princípio da irredutibilidade salarial.

A: assertiva correta, Súmula 47 do TST; **B:** assertiva correta, Súmula 80 do TST; **C:** assertiva correta, OJ 4 da SDI-I do TST; **D:** assertiva correta, Súmula 289 do TST; **E:** assertiva incorreta, devendo ser assinalada, "repercute na satisfação do respectivo adicional, sem ofensa a direito adquirido ou ao princípio da irredutibilidade salarial" (Súmula 248 do TST).

Gabarito "E"

(Magistratura do Trabalho – 15ª Região – 2011) A respeito do adicional de periculosidade, analise as assertivas sob a ótica da jurisprudência predominante do TST.

I. O empregado exposto apenas de forma intermitente a condições de risco não faz jus ao recebimento de adicional de periculosidade.

II. A exposição do empregado à radiação ionizante ou à substância radioativa não enseja a percepção de adicional de periculosidade.

III. É assegurado aos empregados que trabalhem em sistema elétrico de potência em condições de risco, ou que o façam com equipamentos e instalações elétricas similares, que ofereçam risco equivalente, desde que tal não ocorra em unidade consumidora de energia elétrica.

IV. É sempre devido aos empregados cabistas, instaladores e reparadores de linha de telefonia, porque submetidos a condições de risco.

V. É devido quando o contato com o perigo ocorre de forma habitual, ainda que por tempo extremamente reduzido, porque o infortuno não tem hora para acontecer.

Agora responda:

(A) as assertivas I e V estão corretas;

(B) as assertivas I, III e V estão corretas;

(C) as assertivas I, III e IV estão corretas;

(D) as assertivas I, II, III, IV e V estão corretas;

(E) as assertivas I, II, III, IV e V estão incorretas.

I: incorreta, fará jus ao adicional (Súmula 364 do TST); **II:** incorreta, enseja a percepção de adicional de periculosidade (OJ 345 da SDI-I do TST); **III:** incorreta, ainda que ocorra em unidade consumidora de energia elétrica, será assegurado o adicional de periculosidade (OJ 324 da SDI-I do TST); **IV:** incorreta, será cabível "desde que, no exercício de suas funções, fiquem expostos a condições de risco equivalente ao do trabalho exercido em contato com sistema elétrico de potência" (OJ 347 da SDI-I do TST); **V:** incorreta, nesse caso, não fará jus ao adicional Súmula 364 do TST.

Gabarito "E"

(Magistratura do Trabalho – 16ª Região – 2011) Assinale a resposta INCORRETA:

(A) Durante as horas de sobreaviso, o empregado não se encontra em condições de risco, razão pela qual e incabível a integração do adiciona! de periculosidade sobre as mencionadas horas.

(B) A fixação do adicional de periculosidade, em percentual inferior ao legal e proporcional ao tempo de exposição ao risco, deve ser respeitada, desde que pactuada em acordos ou convenções coletivos.

(C) Tem direito ao adicional de periculosidade o empregado exposto permanentemente ou que, de forma intermitente, sujeita-se a condições de risco. Indevido, apenas, quando o contato dá-se de forma eventual, assim considerado o fortuito, ou o que, sendo habitual, dá-se por tempo extremamente reduzido.

(D) A reclassificação ou a descaracterização da insalubridade, por ato da autoridade competente, repercute na satisfação do respectivo adicional, sem ofensa a direito adquirido ou ao princípio da irredutibilidade salarial.

(E) O simples fornecimento do aparelho de proteção pelo empregador não o exime do pagamento do adicional de insalubridade. Cabe-lhe tomar as medidas que conduzam à diminuição ou eliminação da nocividade, entre as quais as relativas ao uso efetivo do equipamento pelo empregado.

A: assertiva correta, Súmula 132, II, do TST; **B:** assertiva incorreta, devendo ser assinalada, à época do exame, tal assertiva já estava em desacordo com a redação da Súmula 364 do TST determinada em maio de 2011; **C:** assertiva correta, Súmula 364 do TST; **D:** assertiva correta, Súmula 248 do TST; **E:** assertiva correta, Súmulas 80 e 289 do TST.

Gabarito "B"

(Magistratura do Trabalho – 18ª Região – 2006) João, contador da Companhia Energética de Goiás (CELG), ouviu dizer que todos os empregados no setor de energia elétrica fazem jus ao recebimento do adicional de periculosidade. Estudando o assunto por conta própria, João descobriu que o artigo 193 da CLT dispõe que "São consideradas atividades ou operações perigosas, na forma da regulamentação aprovada pelo Ministério do Trabalho, aquelas que, por sua natureza ou métodos de trabalho, impliquem o contato permanente com inflamáveis ou explosivos em condições de risco acentuado". Analisando o disposto no referido artigo 193 da CLT, João alcançou duas conclusões: primeira, o adicional de periculosidade somente é devido no caso de contato permanente com inflamáveis ou explosivos; segunda, corolário da primeira, que não faz jus ao referido adicional. A respeito das conclusões de João, assinale a alternativa correta:

(A) as conclusões de João estão corretas.

(B) as duas conclusões estão erradas, porque todos os empregados no setor de energia elétrica fazem jus ao recebimento do adicional de periculosidade, de acordo com a lei – inclusive João.

(C) João errou na primeira, porque o adicional de periculosidade é devido ao empregado que exerce atividade no setor de energia elétrica em condições de periculosidade, de acordo com a lei, mas acertou acidentalmente na segunda, porque não trabalha em condições de periculosidade.

(D) João errou na primeira, porque o adicional de periculosidade é devido ao empregado que exerce atividade no setor de energia elétrica em condições de periculosidade, de acordo com Norma Regulamentar aprovada pelo Ministério do Trabalho, mas acertou na segunda, porque não trabalha em condições de periculosidade.

(E) João errou na primeira, porque apenas os empregados de empresas geradoras e transmissoras de eletricidade fazem jus ao recebimento do adicional de periculosidade, de acordo com a lei, mas acertou na segunda, porque não trabalha em condições de periculosidade.

A Lei 7.369/1985, vigente à época do concurso (revogada pela Lei 12.740/2012) previa o adicional de insalubridade em favor dos empregados que exercem atividade no setor de energia elétrica; Súmula 364 do TST quanto à segunda conclusão.

Gabarito "C"

(Magistratura do Trabalho – 23ª Região – 2008) No tocante à insalubridade analise as proposições e assinale a alternativa CORRETA.

I. o adicional de insalubridade será sempre calculado tendo como base o salário mínimo;

II. a verificação mediante perícia de prestação de serviços em condições nocivas, considerado agente insalubre diverso do apontado na inicial, não prejudica o pedido de adicional de insalubridade;

III. a limpeza em residências e escritórios e a respectiva coleta de lixo não podem ser consideradas atividades insalubres, ainda que constatadas por laudo pericial, porque não se encontram dentre as classificadas como lixo urbano na Portaria do Ministério do Trabalho;

IV. a descaracterização da insalubridade, por ato da autoridade administrativa competente, repercute na satisfação do respectivo adicional, sem ofensa a direito adquirido ou ao princípio da irredutibilidade salarial.

(A) todas as opções estão corretas;

(B) apenas três opções estão corretas;

(C) apenas duas opções estão corretas;

(D) apenas uma opção está correta;

(E) todas as opções estão incorretas.

I: incorreta, Súmula 17 do TST (atualmente, cancelada; v. Súmula Vinculante 4 do STF e Súmula 228 do TST); **II:** correta, Súmula 293 do TST; **III:** correta, OJ 4 da SDI-I do TST; **IV:** correta, Súmula 248 do TST.

Gabarito "B"

(Procurador do Trabalho – 2013 – MPT) Considerando-se a jurisprudência do TST em relação à saúde e segurança dos trabalhadores, assinale a alternativa CORRETA:

(A) Não tem direito ao adicional de insalubridade o trabalhador que exerce atividade exposto ao calor acima dos limites de tolerância em ambiente externo com carga solar.

(B) O art. 195 da CLT exige que o adicional de periculosidade seja apurado por laudo pericial elaborado por engenheiro do trabalho.

(C) A inobservância da obrigação de instruir os empregados e expedir ordens de serviço quanto às precauções a tomar em relação aos riscos ergonômicos, pode caracterizar a culpa do empregador e sua responsabilidade subjetiva pela doença ocupacional dela advinda.

(D) A constatação de insalubridade na atividade de limpeza de residências e escritórios, com a respectiva coleta de lixo, apurada por laudo pericial, demanda o pagamento do respectivo adicional, a despeito de não se encontrar dentre aquelas classificadas como lixo urbano pela Portaria do Ministério do Trabalho.

(E) Não respondida.

A: incorreta, OJ 173, II, da SDI-I do TST; **B:** incorreta, OJ 165 da SDI-I do TST; **C:** não identificamos verbete de jurisprudência cristalizada neste sentido, não obstante nos pareça acertada a assertiva (v. CLT, art. 157, II; item 17.2.3 da NR 17); **D:** incorreta, OJ 4, II, da SDI-I do TST.

Gabarito "C"

(Procurador do Trabalho – MPT – 9º Concurso – 2000) Quanto aos efeitos pecuniários decorrentes do trabalho em condições perigosas ou insalubres é correto afirmar:

(A) serão devidos a partir da admissão do empregado, independentemente de outra formalidade ou condicionante;

(B) serão devidos após a visita do Auditor Fiscal do Trabalho à empresa:

(C) serão devidos apenas após a realização de perícia no local de trabalho, com efeito *ex nunc;*

(D) serão devidos a contar da data da inclusão da respectiva atividade nos quadros aprovados pelo Ministério do Trabalho e Emprego;

(E) nenhuma das alternativas anteriores está correta:

(F) não sei.

A letra "D" corresponde ao disposto no art. 196 da CLT.

Gabarito "D"

(Procurador do Trabalho – MPT – 14º Concurso – 2007) Assinale a alternativa CORRETA:

I. Conforme entendimento uniforme do Tribunal Superior do Trabalho, o fornecimento do aparelho de proteção pelo empregador o exime do pagamento do adicional de insalubridade.

II. Ao empregador é vedado exigir a remoção individual pelo empregado de peso superior a cinquenta quilos, como também a empregar mulher em serviço que demande emprego de força muscular superior a vinte quilos para o trabalho contínuo, ou vinte e cinco, para o trabalho ocasional.

III. Segundo entendimento uniforme do Tribunal Superior do Trabalho, o trabalho executado, em condições insalubres, em caráter intermitente, não afasta, só por essa circunstância, o direito à percepção do respectivo adicional.

IV. Constitui ato faltoso do empregado a recusa injustificada à observância das instruções recebidas nos treinamentos oferecidos pelo Programa de Prevenção de Riscos Ambientais.

(A) somente as assertivas I e II estão corretas;

(B) somente as assertivas I, III e IV estão corretas;

(C) somente as assertivas II, III e IV estão corretas;

(D) somente as assertivas III e IV estão corretas;

(E) não respondida.

I: incorreta, "o simples fornecimento do aparelho de proteção pelo empregador não o exime do pagamento do adicional de insalubridade". (Súmula 289 do TST); **II:** incorreta, é de 60 quilos o peso máximo para remoção pelo empregado – art. 198 da CLT (a segunda parte do enunciado está correta, conforme art. 390 da CLT); **III:** correta, Súmula 364 do TST; **IV:** correta, art. 158, parágrafo único, b, da CLT.

Gabarito "D"

4.3. ACIDENTE DO TRABALHO

(Magistratura do Trabalho – 3ª Região – 2008) Assinale a alternativa incorreta:

(A) nas ações de indenização por danos morais ao trabalhador, o termo inicial de incidência da atualização monetária é a data em que quantificada a indenização pelo julgador, salvo disposição em contrário prevista na decisão.

(B) no caso de morte do empregado em decorrência de acidente do trabalho ocasionado por culpa do empregador, a indenização consiste, sem excluir outras reparações, na prestação de alimentos às pessoas a quem o morto os devia, levando-se em conta a duração provável da vida da vítima.

(C) em aplicação analógica da regra disposta na Súmula n. 278 do STJ (art. 8º da CLT), pode-se fixar que o termo inicial do prazo prescricional, na ação de indenização do trabalhador que sofre de doença profissional, é a data em que ele teve ciência inequívoca da incapacidade laboral.

(D) o empregador responde pela indenização por danos decorrentes de acidente do trabalho ocasionado por culpa de seu empregado, no exercício do trabalho que lhe competir, que lesionou outro empregado.

(E) no caso de lesão corporal do empregado em decorrência de acidente do trabalho ocasionado por culpa do empregador, havendo dano estético, este não poderá ser ressarcido por falta de amparo legal para a indenização.

Para fins previdenciários, o dano estético é irrelevante, eis que os benefícios previdenciários são devidos em consonância com a redução da capacidade laboral do acidentado; contudo, para fins de responsabilidade comum, o dano estético é suscetível de indenização.

Gabarito "E"

(Procurador do Trabalho – MPT – 17º Concurso – 2012) Leia e analise as assertivas abaixo à luz da jurisprudência uniformizada do Tribunal Superior do Trabalho e legislação do trabalho:

I. As faltas ou ausências decorrentes de acidente do trabalho não são consideradas para efeito de duração das férias e cálculo da gratificação natalina.

II. O empregado que, após o término de auxílio-doença não acidentário, retornou ao trabalho na empresa e foi despedido, pode, provando que é portador de doença profissional que guarda relação de causalidade com a execução do contrato de emprego, reclamar o seu direito à estabilidade.

III. O empregado afastado do emprego, por motivo de recebimento de auxílio-doença acidentário, tem direito, por ocasião de sua volta, a todas as vantagens que em sua ausência tenham sido atribuídas à categoria a que pertencia na empresa, mas não tem direito ao recolhimento do FGTS do período do afastamento, pois os benefícios previdenciários não estão incluídos na base de cálculo do FGTS.

IV. O empregado tem direito à estabilidade provisória no emprego, prevista em instrumento normativo, decorrente de acidente do trabalho ou doença profissional, ainda que expirado o prazo de vigência do instrumento, desde que preenchidos todos os pressupostos para aquisição desta especial estabilidade durante a sua vigência.

Marque a alternativa CORRETA:

(A) apenas as assertivas I e II estão corretas;
(B) apenas as assertivas II, III e IV estão corretas;
(C) apenas as assertivas I, II, IV estão corretas;
(D) apenas a assertiva III está correta;
(E) não respondida.

I: correta, Súmula 46 do TST; **II:** correta. Súmula 378, II, do TST; **III:** incorreta. Assim dispõe o art. 28, III, do Decreto 99.684/1990: "O depósito na conta vinculada do FGTS é obrigatório também nos casos de interrupção do contrato de trabalho prevista em lei, tais como: (...) licença por acidente de trabalho"; **IV:** correta. OJ 41 da SDI-I do TST.

Gabarito "C"

5. RELAÇÕES ESPECIAIS DE TRABALHO

5.1. REPRESENTANTE COMERCIAL AUTÔNOMO

(Magistratura do Trabalho – 1ª Região – 2004) A empresa TICIANO CEREAIS LTDA., sediada no Rio de Janeiro, cuja atividade fim é a revenda de cereais, no atacado, aos varejistas localizados na cidade do Rio de Janeiro, assina com TERTÚLIO NEVES contrato de representação comercial, a fim de que este senhor cuide da venda dos cereais aos clientes da empresa, cumprindo roteiros predeterminados, nos horários programados, apresentando relatórios diários. Os vencimentos de TERTÚLIO serão estabelecidos pela empresa. Além disso, neste mesmo contrato, ficou ajustado que TERTÚLIO admitiria todo o pessoal que se fizesse necessário à sua assessoria, ficando determinado que a empresa TICIANO fixaria o número de funcionários necessários e respectivos salários – pagando-os através de TERTÚLIO – e que fiscalizaria o desempenho de suas tarefas e o cumprimento dos respectivos horários.

Examinando este contrato, podemos dizer que (assinale a alternativa correta):

(A) é válido, porque é lícita a contratação de representantes comerciais e somente TERTÚLIO NEVES pode ser considerado empregador, não tendo a empresa TICIANO CEREAIS LTDA. qualquer responsabilidade para com os empregados por aquele admitidos, em cumprimento ao avençado;
(B) é válido, porque é lícita a contratação de representantes comerciais e somente TERTÚLIO NEVES pode ser considerado empregador, respondendo a empresa TICIANO CEREAIS LTDA. por eventuais direitos dos empregados, por aquele admitidos, em razão deste contrato, como devedora subsidiária, eis que tomadora dos serviços;
(C) é válido, porque é lícita a contratação de representantes comerciais e somente TERTÚLIO NEVES pode ser considerado empregador, respondendo a empresa TICIANO CEREAIS LTDA. por eventuais direitos dos empregados por aquele admitidos, em razão deste contrato, como devedora solidária, porque participava da fiscalização dos serviços;
(D) é válido, somente na parte atinente à contratação de TERTÚLIO NEVES, porque lícita a contratação de representante comercial, todavia as pessoas contratadas por ele, em razão deste ajuste, porque diretamente subordinadas à TICIANO CEREAIS LTDA. são dela empregadas, respondendo tal empresa isoladamente por eventuais direitos;
(E) não é válido, o contrato com TERTÚLIO NEVES é, em realidade, de emprego e todas as pessoas por ele admitidas, em razão desta relação, são também empregadas de TICIANO CEREAIS LTDA.

A alternativa correta, conforme os arts. 2º e 3º da CLT e Súmula 331 do TST, é a "E".

Gabarito "E"

5.2. VOLUNTÁRIO E MÃE SOCIAL

(Magistratura do Trabalho – 2ª Região – 2011) A mãe social tem direito a:

(A) Anotação em CTPS, remuneração em valor não inferior a metade do salário mínimo, DSR de vinte e quatro horas consecutivas, férias de trinta dias, natalinas e FGTS.
(B) Anotação em CTPS, remuneração em valor não inferior a metade do salário mínimo, férias de trinta dias, natalinas e FGTS, mas não tem direito a DSR.
(C) Anotação em CTPS, remuneração em valor não inferior ao salário mínimo, DSR de vinte e quatro horas consecutivas, férias de trinta dias e natalinas, mas não tem direito ao FGTS.
(D) Anotação em CTPS, remuneração em valor não inferior ao salário mínimo, DSR de vinte e quatro horas consecutivas, férias de trinta dias, natalinas e FGTS.
(E) Anotação em CTPS, remuneração em valor não inferior ao salário mínimo, DSR de vinte e quatro horas consecutivas e FGTS, mas não tem direito nem às férias, nem tampouco às natalinas.

A alternativa "D" está em conformidade com o art. 5º da Lei 7.644/1987.

Gabarito "D"

(Magistratura do Trabalho – 4ª Região – 2012) É INCORRETO afirmar que o serviço voluntário

(A) é a atividade não remunerada, prestada por pessoa física à entidade pública de qualquer natureza, ou à instituição privada de fins não lucrativos, que tenha objetivos cívicos, culturais, educacionais, científicos, recreativos ou de assistência social, inclusive mutualidade.

(B) não gera vínculo empregatício, nem obrigação de natureza trabalhista previdenciária ou afim.

(C) deve ser exercido mediante a celebração de termo de adesão entre a entidade, pública ou privada, e o prestador do serviço voluntário, com a previsão expressa de objeto e condições de seu exercício.

(D) pode ser prestado por menor de 16 a 24 anos, integrante de família com renda mensal per capita de até meio salário mínimo, que receba auxílio financeiro da União, por um período máximo de seis meses e que será pago pelo órgão ou entidade pública ou instituição privada sem fins lucrativos, previamente cadastrados no Ministério do Trabalho e Emprego.

(E) poderá ter seu prestador ressarcido pelas despesas que comprovadamente realizar no desempenho das atividades voluntárias, desde que expressamente autorizadas pela entidade a que for prestado o serviço voluntário.

A: assertiva correta, art. 1º da Lei 9.608/1998; **B:** assertiva correta, art. 1º, parágrafo único, da Lei 9.608/1998; **C:** assertiva correta, art. 2º da Lei 9.608/1998; **D:** assertiva incorreta, devendo ser assinalada, o artigo 3º-A da Lei 9.608/1998, foi inserido pela Lei 10.748/2003, que criou o Programa de Estímulo ao Primeiro Emprego para os Jovens. Contudo, foi posteriormente revogado pela Lei 11.692/2008, que dispõe sobre o Programa Nacional de Inclusão dos Jovens – PROJOVEM; **E:** assertiva correta, art. 3º da Lei 9.608/1998.

Gabarito "D"

(Magistratura do Trabalho – 7ª Região – 2005) Analise as proposições abaixo, conforme sejam verdadeiras (V) ou falsas (F) e assinale a opção correta.

( ) O serviço voluntário, tal como especificado em legislação própria, não gera vínculo empregatício, nem obrigação de natureza trabalhista, previdenciária ou afim. O pagamento de despesas realizadas pelo prestador de serviços no desempenho de suas atividades, por si só, não altera a natureza de serviço voluntário.

( ) Para a finalidade legal, considera-se serviço voluntário aquele prestado sem remuneração, por pessoa física a entidade pública de qualquer natureza, ou a instituição privada, com ou sem fins lucrativos, que tenha objetivos cívicos, culturais, educacionais, científicos, recreativos ou de assistência social, inclusive mutualidade.

( ) A prestação voluntária de serviços administrativos e de serviços auxiliares de saúde e de defesa civil nas Polícias Militares e nos Corpos de Bombeiros Militares dos Estados e do Distrito Federal não poderá ser inferior a um ano, sendo admitida uma única prorrogação.

( ) Para fins de caracterização da prestação de serviços voluntários não possui relevância a qualificação do trabalhador e a existência, ou não, de fiscalização das atividades exercidas.

(A) V – V – V – V

(B) F – V – V – F

(C) V – F – F – F

(D) V – F – V – F

(E) V – F – F – V

I: verdadeira, arts. 1º e 3º da Lei 9.608/1998; **II:** falsa, a instituição privada não pode ter fins lucrativos (art. 1º da Lei 9.608/1998); **III:** falsa, poderá ser inferior a um ano (art. 2º, parágrafo único, da Lei 10.029/2000); **IV:** verdadeira, de fato, não constam requisitos legais neste sentido. Alice Monteiro de Barros, ipsis literis, escreve que "a qualificação do trabalhador e o fato de ser ou não fiscalizada a sua atividade são irrelevantes à configuração do trabalho disciplinado pela Lei 9.608, de 1998.

Gabarito "E"

(Magistratura do Trabalho – 8ª Região – 2006) A partir de um cotejo entre as regras aplicáveis à trabalhadora MÃE SOCIAL e ao trabalhador VOLUNTÁRIO, é correto afirmar que:

(A) Enquanto o trabalho voluntário é a atividade não remunerada prestada por pessoa física à entidade pública ou privada de qualquer natureza, que tenha objetivos cívicos, culturais, educacionais, científicos, recreativos ou de assistência social, inclusive mutualidade; o trabalho da mãe social é remunerado e consiste apenas no atendimento de crianças da comunidade.

(B) Caso exista fiscalização na atividade do trabalhador voluntário, com a elaboração de escalas de comparecimento, e pagamento de qualquer vantagem, mesmo a título de auxílio-financeiro, estaremos diante de fraude à legislação trabalhista, pois trata-se, na realidade, de contrato de trabalho especial, assim como ocorre com o da mãe social, assegurados todos os direitos trabalhistas devidos aos empregados em geral.

(C) Tanto a mãe social como o trabalhador voluntário só são considerados como tais se prestarem serviços a instituições sem finalidade lucrativa, ou de utilidade pública de assistência social, e diferenciam-se pelo fato da primeira ser contratada mediante salário e com vínculo empregatício, enquanto o segundo exerce atividade não remunerada e sem vínculo empregatício.

(D) A mãe social, para ser contratada, precisa ter a idade mínima de vinte e cinco anos e ser aprovada em treinamento e estágio, dentre outros requisitos; enquanto o trabalhador voluntário deve observar apenas sua capacidade de trabalho, a partir dos dezesseis anos, e ser contratado mediante a assinatura de simples termo de adesão, onde deve constar o objeto e as condições de seu exercício.

(E) Enquanto o trabalho voluntário não se encontra sob o domínio do Direito do Trabalho, por ter caráter de benevolência e constituir-se em contrato de serviços gratuitos; a mãe social, cuja prestação de serviços gera vínculo empregatício com a instituição assistencial para a qual trabalha, tem assegurados todos os direitos previstos na CLT.

A: incorreta, a entidade privada não pode ter fins lucrativos (art. 1º da Lei 9.608/1998) e são atribuições da mãe social "I – propiciar o surgimento de condições próprias de uma família, orientando e assistindo os menores colocados sob seus cuidados; II – administrar o lar, realizando e organizando as tarefas a ele pertinentes; III – dedicar-se, com exclusividade, aos menores e à casa-lar que lhes forem confiados" (4º da Lei 7.644/1987); **B:** incorreta, a Lei 9.608/1998 não estabelece qualquer ressalva quanto à subordinação do trabalho voluntário a um poder de fiscalização, sendo certo que na organização do trabalho voluntário um mínimo de ordenação é necessária, sendo de relevante, basicamente, aferir o ânimo benemerente com que o mister é desempenhado e a qualificação do tomador (art. 1º da Lei 9.608/1998). Quanto à mãe social, de fato seu contrato é qualificado como contrato de trabalho especial, sendo-lhe deferidos os principais direitos trabalhistas, mas não todos (como limitação de jornada de trabalho); **C:** incorreta, art. 1º da Lei 9.608/1998 ("instituições públicas de qualquer natureza"). Quanto ao vínculo e ao salário, de fato a mãe social possui vínculo empregatício com a instituição assistencial para a qual trabalha e faz jus a salário não inferior ao mínimo (art. 5º, II, da Lei 7.644/1987), situação que não ocorre no trabalho voluntário (art. 1º da Lei 9.608/1998). Observação: Com a Lei 10.748/2003, que acresceu o art. 3º-A à Lei 9.608/1998, foi positivado o trabalho voluntário remunerado (seguindo política governamental de convolar a meta de pleno emprego da ordem econômica em plena ocupação); todavia, o dispositivo foi revogado pela Lei 11.692/2008 (a mesma que instituiu o PROJOVEM – Programa Nacional de Inclusão de Jovens); **D:** correta, arts. 8º e 9º da Lei 7.644/1987 e 2º da Lei 9.608/1998 c/c 7º, XXXIII, da CF; **E:** incorreta, conquanto a maioria dos direitos seja assegurado à mãe social, nem todos o são, como os concernentes à limitação de jornada de trabalho, adicional de trabalho noturno etc. (art. 5º da Lei 7.644/1987).

Gabarito "D"

(Magistratura do Trabalho – 15ª Região – 2012) Assinale a alternativa **incorreta**.

(A) A duração normal do trabalho dos operadores cinematográficos não excederá de 5h00 diárias.

(B) Os empregados que trabalham no interior de câmaras frigoríficas, assim como aqueles que movimentam mercadorias do ambiente quente para o frio, e vice-versa, terão direito ao intervalo de 20 minutos de descanso após 1h40min de trabalho contínuo, computado esse intervalo como de efetivo descanso.

(C) O tempo despendido pelo empregado em minas do subsolo, da boca da mina ao local do trabalho e vice-versa, será computado para o efeito de pagamento do salário

(D) A lei n. 3.999/1961 não estipula jornada reduzida, mas apenas estabelece o salário mínimo da categoria para uma jornada de 4h00 para os médicos. Assim não há que se falar em horas extras, salvo as excedentes a 8ª, desde que seja respeitado o salário mínimo/horário da categoria. O acordo individual para compensação de horas é válido, salvo se houver norma coletiva em sentido contrário.

(E) A Lei n. 4.950-a/1966 não estipula jornada reduzida, mas apenas estabelece o salário mínimo da categoria, para uma jornada de 6h00 para os engenheiros. Assim não há que se falar em horas extras, salvo as excedentes a 8ª, desde que seja respeitado o salário mínimo/horário da categoria.

A: assertiva incorreta, devendo ser assinalada, não excederá 6 horas (art. 234 da CLT); **B:** assertiva correta, art. 253 da CLT; **C:** assertiva correta, art. 294 da CLT; **D** e **E:** assertivas corretas, Súmula 370 do TST.

Gabarito "A"

(Magistratura do Trabalho – 18ª Região – 2006) Considere as assertivas abaixo e assinale a alternativa correta.

I. O serviço voluntário não gera vínculo empregatício, nem obrigação de natureza trabalhista, previdenciária ou afim, mas o prestador do serviço voluntário poderá ser ressarcido pelas despesas que comprovadamente realizar no desempenho das atividades voluntárias.

II. Mãe social é aquela que, dedicando-se voluntariamente à assistência ao menor abandonado, exerce o encargo em nível social, em sua residência, sem vínculo empregatício.

III. A prestação voluntária de serviços administrativos e de serviços auxiliares de saúde e de defesa civil nas Polícias Militares e nos Corpos de Bombeiros Militares não gera vínculo empregatício, nem obrigação de natureza trabalhista, previdenciária ou afim, exceto quando presente a subordinação jurídica.

IV. A profissão de Agente Comunitário de Saúde caracteriza-se pelo exercício de atividade de prevenção de doenças e promoção da saúde, mediante ações domiciliares ou comunitárias, individuais ou coletivas, desenvolvidas em conformidade com as diretrizes do SUS e sob supervisão do gestor local deste, e não gera vínculo empregatício nem obrigação de natureza trabalhista, previdenciária ou afim.

V. Os gestores locais do sistema único de saúde poderão admitir agentes comunitários de saúde e agentes de combate às endemias por meio de processo seletivo público, de acordo com a natureza e complexidade de suas atribuições e requisitos específicos para sua atuação.

(A) Apenas a primeira e a última são verdadeiras.

(B) Todas são verdadeiras.

(C) Apenas as assertivas II, III e IV são verdadeiras.

(D) Apenas as duas primeiras são verdadeiras.

(E) Apenas as três últimas são verdadeiras.

I: correta, arts. 1º, parágrafo único, e 3º da Lei 9.608/1998; **II:** incorreta, "considera-se mãe social, para efeito desta Lei, aquela que, dedicando-se à assistência ao menor abandonado, exerça o encargo em nível social, dentro do sistema de casas-lares" (art. 2º da Lei 7.644/1987); **III:** incorreta, o art. 6º, § 2º, da Lei 10.029/2000 não exclui a subordinação, sendo certo que na organização do trabalho voluntário um mínimo de ordenação é necessária, sendo de relevante, basicamente, aferir o ânimo benemerente com que o mister é desempenhado e a qualificação do empregador; **IV:** incorreta, não se cogitando ânimo benemerente, o vínculo existe e se forma nos termos do art. 2º da Lei 11.350/2006; **V:** correta, arts. 198, § 4º, da CF, e 9º da Lei 11.350/2006.

Gabarito "A"

(Magistratura do Trabalho – 23ª Região – 2012) Considerando os termos da lei que disciplina o trabalho voluntário, analise as afirmações abaixo e assinale a alternativa correta:

I. Este é entendido como a atividade não remunerada, prestada por pessoa física a entidade pública de qualquer natureza, ou a instituição privada de fins não lucrativos, que tenha objetivos cívicos, culturais, educacionais, científicos, recreativos ou de assistência social, inclusive mutualidade.

II. O serviço voluntário será exercido mediante a celebração de termo de adesão entre a entidade pública ou privada e o prestador do serviço voluntário, dele devendo constar o objeto e as condições de seu exercício.

III. O prestador do serviço voluntário poderá ser ressarcido pelas despesas que comprovadamente realizar no desempenho das atividades voluntárias, desde que expressamente autorizadas pela entidade a que for prestado o serviço voluntário.

IV. A União pode conceder auxílio-financeiro ao prestador de serviço voluntário com idade entre 16 e 24 anos integrante de família de baixa renda.

V. Embora não gere vínculo empregatício, o serviço voluntário gera obrigação previdenciária.

(A) Apenas as proposições II e III estão corretas e as demais estão incorretas.

(B) Apenas a proposição I está correta e as demais estão incorretas.

(C) As proposições I, II, III e IV estão corretas e a proposição V está incorreta.

(D) Apenas as proposições I, II e III estão corretas e as demais estão incorretas.

(E) Todas as proposições estão corretas.

I: correta, art. 1º da Lei 9.608/1998; **II:** correta, art. 2º da Lei 9.608/1998; **III:** correta, art. 3º e parágrafo único, da Lei 9.608/1998; **IV:** incorreta, o artigo 3º-A da Lei 9.608/1998, foi inserido pela Lei 10.748/2003, que criou o Programa de Estímulo ao Primeiro Emprego para os Jovens. Contudo, foi posteriormente revogado pela Lei 11.692/1998, que dispõe sobre o Programa Nacional de Inclusão dos Jovens – PROJOVEM; **V:** incorreta, "o serviço voluntário não gera vínculo empregatício, nem obrigação de natureza trabalhista previdenciária ou afim" (art. 1º, parágrafo único, da Lei 9.608/1998).

Gabarito "D"

(Magistratura do Trabalho – 23ª Região – 2008) Para fins legais, considera-se serviço voluntário:

(A) a atividade não remunerada, prestada por pessoa física ou jurídica, a entidade pública de qualquer natureza, que tenha objetivos cívicos, culturais, educacionais, científicos, recreativos ou de assistência social;

(B) a atividade, remunerada ou não, prestada por pessoa física a entidade pública de qualquer natureza, que tenha objetivos cívicos, culturais, educacionais, científicos, recreativos ou de assistência social;

(C) a atividade não remunerada, prestada por pessoa física, a instituição privada de fins não lucrativos, que tenha objetivos cívicos, culturais, educacionais, científicos, recreativos ou de assistência social;

(D) o serviço voluntário não está legalmente definido, seus contornos são definidos apenas pela doutrina e jurisprudência;

(E) todas as alternativas anteriores estão incorretas.

A alternativa "C" está de acordo com o previsto no art. 1º da Lei 9.608/1998.

Gabarito "C"

(Magistratura do Trabalho – 24ª Região – 2006) De acordo com a Lei 7.644/1987, à mãe social são assegurados os seguintes direitos, EXCETO:

(A) Anotação da Carteira de Trabalho e Previdência Social.

(B) Repouso semanal remunerado de 24 (vinte quatro) horas consecutivas.

(C) Benefícios e serviços previdenciários, inclusive, em caso de acidente de trabalho, na qualidade de segurada obrigatória.

(D) Fundo de Garantia por Tempo de Serviço ou indenização, nos termos da legislação pertinente.

(E) Remuneração do serviço extraordinário superior, no mínimo, em 50% (cinquenta por cento) a da hora normal.

Alternativa "E" incorreta, devendo ser assinalada, pois não há previsão para recebimento de horas extras (art. 5º da Lei 7.644/1987).

Gabarito "E"

5.3. TRABALHADOR AVULSO (PORTUÁRIO E NÃO PORTUÁRIO) E AQUAVIÁRIO

Nota 1: Diversas questões deste capítulo foram elaboradas à luz da Lei 8.630/1993, mas desde dezembro ela deixou de vigorar, primeiro por força da Medida Provisória 595/2012 e, depois, da Lei 12.815/2013. Este aspecto deve ser considerado nos exercícios abaixo.

Nota 2: No intuito de facilitar a compreensão do impacto da revogação da Lei 8.630/1993 (a chamada Lei de Modernização dos Portos) pela MP 595/2012, que, com algumas modificações (importantes para efeito de concurso) resultou na Lei 12.815/2013, iniciaremos aqui uma longa explanação, pois não há como prevermos os efeitos da nova legislação nos concursos futuros, considerando-se que a atividade portuária talvez seja a mais vital à macroeconomia (é pelo porto que exportamos e importamos).

Antes, vamos ao jargão portuário mínimo:

1) Faina: significa trabalho, serviço, função. Por exemplo: fulano e ciclano foram escalados para a "faina" do navio *Blue Star*. Ou então: Fulano fará a faina de estiva, enquanto que ciclano se ocupará na faina de capatazia.

2) Terno: significa equipe de trabalho. Exemplo: fulano, ciclano e beltrano comporão o "terno" do navio *MSC*. Ou então: para a "faina" do navio *Polar* será

necessário um "terno" composto de 10 estivadores, 15 arrumadores (apelido, na linguagem popular, para a função de capatazia), 3 consertadores de carga e 3 conferentes de carga.

Profundos impactos na demanda pela mão de obra portuária. A nova lei pouco altera os direitos trabalhistas do trabalhador portuário. Por outro lado, impacta na demanda pela mão de obra do trabalhador portuário típico. A compreensão deste impacto exige uma incursão mais densa na história dos portos no País, desde o surgimento dos primeiros pontos de atracação, passando pelo chamado sistema de parede (quando os sindicatos detinham o poder de escalação da força de trabalho avulsa), passando, outrossim, pelo chamado modelo de dualismo de responsabilidades (marca característica do sistema portuário durante o período militar e que intensificará o fracionamento das funções de estiva e capatazia em trabalhos ontologicamente similares), até se chegar à Lei 8.630/1993 e, finalmente, à nova lei. O ponto é que esta evolução culminou no encarecimento da mão de obra nos portos organizados.

Permita-nos abrir parêntese.

Modalidades de portos. Há, no plano fático, três modalidades básicas de portos: porto organizado, portos privativos e portos clandestinos.

a) Os **portos clandestinos**, evidentemente, operam ilicitamente e em pequena escala. São pontos de atracação constituídos por populações ribeirinhas. O que caracteriza a ilicitude é o fato de não possuírem autorização da ANTAQ para operar, lembrando que a Constituição concebe o serviço portuário como um serviço público de titularidade da União, que poderá-deverá explorá-lo direta ou indiretamente.

b) Os **portos organizados** são os principais portos do país. Porto organizado é aquele que se encontra sob a "jurisdição" de uma autoridade portuária (também chamada de "administração do porto") e sua área é definida por um ato do presidente da república. Esta autoridade portuária geralmente é uma empresa (pessoa jurídica que vence uma licitação e firma um contrato de concessão com a União para administrar e explorar um porto, podendo se tratar de uma sociedade de economia mista), mas também pode ser um Município, um Estado ou um consórcio público (neste caso, firma-se convênio). São apelidados, na linguagem popular, de porto público: isso não significa que sejam administrados pelo poder público, mas que ali ocorre movimentação de cargas de terceiros (importadores e exportadores diversos, cujas operações são intermediadas por um operador portuário).

c) Já **"portos privados"** é uma expressão popular para designar o que a nova lei chama de terminais de uso privado ("instalação portuária explorada mediante autorização e localizada fora da área do porto organizado"), enquanto que a antiga lei chamava de terminal de uso privativo. Aqui, o interessado recebe uma autorização da ANTAQ para exploração da atividade e firma um contrato de adesão com o poder público.

Fechamos parêntese.

Gestão da mão de obra. Junto ao porto organizado há um **<u>SISTEMA</u>** de força de trabalho. A palavra sistema é bem adequada: não é qualquer um que, por simples desejo, pode realizar os seis serviços portuários tipificados em lei (estiva, capatazia, conferência de carga, conserto de carga, vigilância de embarcações e bloco). Apenas pessoas dentro do sistema de fornecimento de mão de obra (os trabalhadores registrados no OGMO) é que podem prestar tais serviços em um porto organizado (seja de forma avulsa, seja com vínculo empregatício permanente a um operador portuário). Supletivamente, o trabalho avulso pode ser prestado por um tipo de trabalhador que se encontra mais ou menos dentro do sistema (no caso, o trabalhador meramente cadastrado no OGMO, tratando-se o cadastro de uma etapa preliminar ao registro). Observe-se que o § 2º do art. 40 da nova lei exclui a possibilidade do trabalhador meramente cadastrado no OGMO ser contratado com vínculo empregatício, tratando-se de uma forma de trabalho exclusiva de trabalhadores registrados. Se nem o trabalhador meramente cadastrado pode ser contratado, que dirá aquele que não é registrado nem cadastrado no OGMO. Este não deve nem passar perto daqueles seis trabalhos portuários típicos, seja como avulso, seja como empregado de um operador portuário.

Em suma: no porto organizado, se o operador portuário quer mão de obra avulsa, requisitará ao OGMO. Se quer empregados para as seis funções típicas (estiva, capatazia...), ofertará o emprego a trabalhadores registrados no OGMO (na prática, afixa-se o anúncio da vaga no prédio do OGMO). E se não aparecer interessados, poderá contratar livremente? Não; deverá melhorar as condições de trabalho ofertadas para tornar o emprego mais atrativo. E se nem assim houver interessados? Paciência, deverá se valer apenas de trabalhadores avulsos. Essa é a exegese do MPT e é a exegese correta segundo o § 2º do art. 40 da Lei 12.815/2013.

Observe-se que as seis fainas típicas só poderão ser prestadas de duas formas, no porto organizado: por trabalhadores avulsos ou por trabalhadores com vínculo empregatício permanente. Não poderá haver contrato a prazo determinado, contrato de trabalho temporário ou prestação de serviços por empresa de terceirizada.

Em tese, nenhuma dessas restrições ocorrem no terminal de uso privado fora do porto organizado (doravante, "portos privados"). Aqui, estamos fora do "sistema" e, salvo alguma eventual norma coletiva que excepcione a regra, há liberdade na contratação de trabalhadores.

O Sistema. Este sistema de fornecimento de mão de obra no porto organizado é uma construção histórica. Começa como um fato (como ocorre, por exemplo, com guardadores de carros, também chamados de *flanelinhas*, que à força formam uma "panelinha" para a prestação deste serviço, expulsando um intruso até mesmo por meios violentos) e evolui para um direito (como ocorreu, por exemplo, com pontos de táxi: não é qualquer motorista que poderá livremente estacionar e pegar clientes em um determinado ponto, sendo necessária a obtenção de uma licença).

Este sistema, que gera um monopólio na prestação de serviços, não apenas é reconhecido pela lei, como é incentivado. Inclusive, a Convenção 137 da OIT estabelece a proteção deste sistema como o principal norteador hermenêutico para as inúmeras situações polêmicas que a interpretação das leis portuárias encerram. Basicamente, em uma situação conflitiva, deve-se privilegiar a solução que fortaleça o sistema. Essa é a indicação da Convenção 137 da OIT, que conclama os Estados-Membros a desenvolverem políticas que assegurem um adequado equilíbrio entre a oferta e a demanda pelo trabalho portuário, de forma a se assegurar períodos mínimos de trabalho e quantidades mínimas de renda ao trabalhador "matriculado" (expressão que a OIT emprega com certa equivalência à expressão doméstica "trabalhador registrado no OGMO").

Ressalte-se que economias de diversas cidades litorâneas se estruturam em tal monopólio.

O custo deste sistema. Este sistema, entretanto, gera um custo de mão de obra ao porto organizado maior do que o custo dos portos privados. Isso decorre tanto de motivos virtuosos como de motivos viciosos.

Motivos virtuosos. A capacidade de organização da categoria, adquirida ao longo da história, fez com que o trabalhador registrado no OGMO alcançasse uma remuneração e condições de trabalho bastante dignas na maioria dos casos, a ponto de em muitos casos preferir manter-se como avulso que se ativar com a maior estabilidade do vínculo empregatício. Essas vitórias são conquistadas em negociações coletivas.

Motivos viciosos. Boicote à multifuncionalidade e inchaço de ternos. Por outro lado, no afã de manter nacos de poder, os sindicatos boicotam a multifuncionalidade. Ao invés de haver trabalhadores da estiva, da capatazia, da conferência etc., o ideal é que cada trabalhador fosse treinado e habilitado para as diversas fainas e o trabalhador passaria a ser identificado não como um estivador, um arrumador, um conferente, mas simplesmente como um trabalhador portuário (isso é a multifuncionalidade).

O problema, para os sindicatos, é que estes se dividem em sindicato dos estivadores, sindicato dos arrumadores, sindicato dos vigilantes de embarcação, sindicato dos conferentes etc. Com a homogeneização da categoria por meio da multifuncionalidade, esta fragmentação da categoria perderia sentido, passando-se a um grande sindicato de estivadores.

Percebe-se claramente a miopia deste tipo de pensamento: mantém-se um nicho de poder que atende a um interesse de alguns dirigentes, mas prejudica-se a categoria, já que multifuncionalidade significa: 1) flexibilidade do trabalhador para variadas fainas (algo essencial atualmente) e 2) a substituição de sindicatos fragmentados por ofícios por uma entidade sindical mais forte e ampla de trabalhadores portuários.

Uma coisa leva à outra, e na medida em que há diversidade rígida de funções, um trabalhador da conferência, por exemplo, acaba impossibilitado de realizar uma faina da capatazia.

Conforme o tipo de operação portuária, uma modalidade de faina é mais ou menos necessária que a outra. Mas para atender aos anseios de seus filiados, os sindicatos fragmentados induzem, pela negociação coletiva, em inúmeros casos, a um inchaço de ternos. Por exemplo, se para a faina do navio *Titanic* bastaria escalar cinco estivadores, dois conferentes e dez arrumadores (capatazia), a norma coletiva exige um terno com dez estivadores, cinco conferentes, vinte arrumadores, dois vigilantes de embarcações, três consertadores, três trabalhadores de bloco. Assim, atende-se a um interesse imediato dos filiados, mas encarece-se a operação portuária.

E o que muda, afinal? Anteriormente, a Lei 8.630/1993 trazia dois tipos de terminais privativos fora do porto organizado: os terminais de uso privativo exclusivo e os terminais de uso privativo misto.

O terminal de uso privativo **exclusivo** é aquele que movimenta apenas carga própria. Atende a uma necessidade inerente ao negócio de uma grande empresa, que precisa de um porto para si para movimentar o grande volume de exportações ou importações de seus produtos (por exemplo, uma Petrobrás).

Já o terminal de uso privativo **misto** é o **centro do problema**. A lei anterior o concebia como um terminal destinado a movimentar carga própria e de terceiro. Mas o que é carga própria? Se eu compro e revendo mercadorias posso falar em carga própria? E há um volume mínimo de carga própria? Essas indagações eram feitas pelo seguinte motivo: se, de fato, há um grande volume de carga própria, como no caso de um grande frigorífico exportador, a empresa possuirá um interesse razoável em constituir um porto privado. E não há problema se eventualmente operar alguma carga de terceiros de forma suplementar, para aproveitar alguma capacidade ociosa.

Porém, se este terminal operar com 1% de carga própria e 99% de carga de terceiros, na realidade teremos um verdadeiro porto privado em aberta concorrência com um porto organizado. E, sem dúvida, levará vantagem, pois estará alheio a todo o custo de mão de obra que, pelas razões já analisadas, é superior no porto organizado. E logística é uma atividade ágil: em pouco tempo, todos os navios que aportam naquela localidade darão preferência ao terminal privativo, impactando na demanda pela força de trabalho no porto organizado; impactando na própria economia da cidade que abriga o porto organizado.

Pela forma como a Lei 8.630/1993 vinha redigida, ficava manifesto que a intenção da lei não era abrir uma concorrência entre porto organizado e terminal de uso privativo. Do contrário, a lei não mencionaria a indispensabilidade de alguma carga própria e, nesse sentido, normas infralegais mencionavam que para fins de caracterização de terminais de uso privativo misto, "carga própria é aquela que, pelo seu volume, justifica a existência do terminal privativo".

A Lei 12.815/2013 suprime a dicotomia. Mas a Lei 12.815/2013 não mais faz referência a terminal de uso privativo exclusivo e terminal de uso privativo misto. Apenas menciona **"terminal de uso privado"**, sem nenhuma referência a carga própria ou carga de terceiro. É dizer: inverteu-se a intenção da lei e, doravante, a ideia é justamente colocar terminais de uso privado para concorrerem abertamente com portos organizados. Só com muito jogo de cintura e total reestruturação, inclusive da gestão da mão de obra, estes serão páreos àqueles.

E o interesse público primário nisso? A impressão que externaremos aqui não é institucional, oficial de algum órgão como o Ministério Público do Trabalho, o Judiciário ou o Ministério do Trabalho e Emprego. São impressões de humildes estudiosos do direito.

Há tempos vimos, no Ministério Público do Trabalho, alertando a categoria profissional dos portuários e adotando medidas para a implementação da multifuncionalidade, escala rodiziária eletrônica de trabalhadores e outros meios de democratização e maior efetividade nas relações de trabalho portuário. Em muitos casos, sua atuação é hostilizada pelos próprios sindicatos. Acreditamos que o MPT, como guardião da ordem jurídica, possui o desígnio de defender o sistema de trabalho portuário, como forma de dar consecução aos comandos da Convenção 137 da OIT: buscar medidas que garantam renda mínima e períodos mínimos de trabalho aos avulsos registrados no sistema, o que foi encampado, aliás, pelo art. 43, parágrafo único, da Lei 12.815/2013.

Porém, os sindicatos deverão compreender sua carga de responsabilidade e buscar, no âmbito de sua autonomia coletiva, meios de enfrentar o desafio de tornar o modelo de porto organizado mais competitivo. Vemos o MPT, aqui, como fiel da balança, devendo identificar o interesse público primário e separar do que caracteriza simples interesse corporativo.

Tal mister não é fácil.

A Coordenadoria Nacional do Trabalho Portuário e Aquaviário (CONATPA), do Ministério Público do Trabalho, capitaneada pelo procurador Maurício Coentro Pais de Melo, acompanhou todos os trâmites da nova lei, desde a edição da MP 595/2012 até a publicação do texto final, indicando as inconsistências da Medida Provisória e conscientizando parlamentares, tendo obtido resultados expressivos, a bem do interesse público primário, que não constavam da Medida Provisória.

Avanços. Com efeito, vemos alguns avanços trabalhistas na Lei 12.815/2013 em relação ao texto originário da Medida Provisória 595/2012 e, até mesmo, ao texto da Lei 8.630/1993:

1) Previsão de renda mínima ao trabalhador portuário avulso (art. 43, parágrafo único) – não constava da Lei 8.630/1993;

2) Previsão do instituto da multifuncionalidade (arts. 33, II, *a*, e 43, *caput*) – constava da Lei 8.630;

3) Subsistência da guarda portuária, como atividade-fim da autoridade portuária e instituto diverso da simples vigilância portuária (art. 17, XV), medida esta determinada por normas de direito internacional marítimo (principalmente, pelo chamado *ISPS Code*) – ficou mais expressa que na Lei 8.630.

4) **Inserção das atividades de capatazia e bloco no rol das funções que requestam, para contratação com vínculo empregatício permanente, exclusividade entre trabalhadores registrados no OGMO** (art. 40, § 2º), o que elimina antiga polêmica em torno do parágrafo único do art. 26 da revogada Lei 8.630/1993.

Lei 9.719/1998. Por fim, saliente-se que a Lei 12.815/2013 introduziu o art. 10-A à Lei 9.719/1998, lei esta que cuida dos direitos trabalhistas, propriamente ditos, dos trabalhadores portuários avulsos.

(Magistratura do Trabalho – 2ª Região – 2011) Aponte a alternativa correta sobre o trabalho portuário de capatazia, estiva, conferência de carga, bloco e vigilância de embarcações, nos portos organizados, de acordo com o que prevê a Lei n. 8.630, de 1993:

(A) É realizado por trabalhadores portuários com vínculo empregatício a prazo determinado, contratados dentre os trabalhadores portuários avulsos registrados, e por trabalhadores portuários avulsos.

(B) É realizado por trabalhadores portuários com vínculo empregatício a prazo indeterminado, contratados dentre os trabalhadores portuários avulsos registrados, e por trabalhadores portuários avulsos.

(C) É realizado apenas por trabalhadores portuários com vínculo empregatício a prazo determinado, contratados dentre os trabalhadores portuários avulsos registrados.

(D) É realizado apenas por trabalhadores portuários com vínculo empregatício a prazo indeterminado, contratados dentre os trabalhadores portuários avulsos registrados.

(E) É realizado apenas por trabalhadores avulsos.

O art. 26 da revogada Lei 8.630/1993 assim dispunha: "O trabalho portuário de capatazia, estiva, conferência de carga, conserto de carga, bloco e vigilância de embarcações, nos portos organizados, será realizado por trabalhadores portuários com vínculo empregatício a prazo indeterminado e por trabalhadores portuários avulsos".

Gabarito "B"

(Magistratura do Trabalho – 2ª Região – 2011) Em relação ao trabalho realizado nas equipagens das embarcações da Marinha Mercante Nacional, de navegação fluvial e lacustre, do tráfego nos portos e da pesca, é incorreto afirmar:

(A) Entre as horas 0 e 24 de cada dia civil, o tripulante poderá ser conservado em seu posto durante 8 horas, quer de modo contínuo, quer intermitente, a critério do comandante, sendo que no caso de modo intermitente, nunca por período inferior a uma hora.

(B) O serviço de vigilância, movimentação das máquinas e aparelhos de bordo, limpeza e higiene da embarcação, quando realizados aos domingos e feriados, não será considerado extraordinário.

(C) As horas de trabalho extraordinário poderão ser compensadas no fim da viagem e são consideradas indivisíveis, computando-se a fração de hora como hora inteira.

(D) Mesmo ocupando função de direção, o tripulante tem direito ao pagamento de horas extras.

(E) Os serviços realizados aos domingos e feriados ao fim da navegação ou das manobras para a entrada ou saída de portos, atracação, desatracação, embarque ou desembarque de carga e passageiros não será considerado extraordinário.

A: assertiva correta (arts. 248, caput e § 1º, da CLT); **B:** assertiva correta (art. 249, § 1º, a;, da CLT) **C:** assertiva correta (art. 250 da CLT); **D:** assertiva incorreta, devendo ser assinalada, nessa hipótese, não terá direito ao recebimento de horas extras (art. 249, a, da CLT); **E:** assertiva correta (art. 249, § 1º, b, da CLT).

Gabarito "D"

(Magistratura do Trabalho – 3ª Região – 2009) A respeito do trabalho avulso, leia as afirmações abaixo e, em seguida, assinale a alternativa correta:

I. Entre as finalidades do órgão gestor de mão de obra está a de selecionar e registrar o trabalhador portuário avulso e estabelecer o número de vagas, a forma e a periodicidade para acesso ao registro do trabalhador portuário avulso.

II. O órgão de gestão de mão de obra pode ceder trabalhador portuário avulso, em caráter permanente, ao operador portuário.

III. O órgão de gestão de mão de obra não responde pelos prejuízos causados pelos trabalhadores portuários avulsos aos tomadores dos seus serviços ou a terceiros.

IV. O órgão de gestão de mão de obra responde, solidariamente com os operadores portuários, pela remuneração devida ao trabalhador portuário avulso.

V. A remuneração, a definição das funções, a composição dos termos e as demais condições do trabalho portuário avulso serão objeto de negociação entre as entidades representativas dos trabalhadores portuários avulsos e dos operadores portuários.

(A) Somente uma afirmativa está correta.

(B) Somente duas afirmativas estão corretas.

(C) Somente três afirmativas estão corretas.

(D) Somente quatro afirmativas estão corretas.

(E) Todas as afirmativas estão corretas.

I: correta, art. 18, IV e V, da revogada Lei 8.630/1993; **II:** correta, art. 21 da revogada Lei 8.630/1993; **III:** correta, art. 19, § 1º, da revogada Lei 8.630/1993; **IV:** correta, art. 19, § 2º, da revogada Lei 8.630/1993; **V:** correta, art. 29 da revogada Lei 8.630/1993.

Gabarito "E"

(Magistratura do Trabalho – 5ª Região – 2006 – CESPE) Paulo é trabalhador portuário avulso, na função de estivador, registrado no órgão gestor de mão de obra portuária (OGMP), do porto organizado de Alfa. O operador portuário Beta contratou o OGMP de Alfa para fornecimento de quinze trabalhadores avulsos para desembarcarem mercadorias de uma embarcação, tendo sido Paulo um dos designados para prestar esse serviço. Paulo, durante a prestação desse serviço, foi encontrado duas vezes sem estar utilizando os equipamentos de proteção individual, transgredindo norma prevista em convenção coletiva de trabalho de sua categoria e, por isso, recebeu repreensão verbal disciplinar do OGMP. Alguns meses após esse fato, Paulo e outros vinte trabalhadores avulsos constituíram sociedade cooperativa de mão de obra. A aludida sociedade cooperativa requereu sua pré-qualificação como operadora portuária, perante a administração portuária, que deferiu o pedido.

Com base nessa situação hipotética e na legislação trabalhista vigente, assinale a opção correta.

(A) A prestação de serviços de Paulo para a operadora portuária Beta fundamenta-se em uma relação jurídica angularizada, na qual são partes Paulo, Beta e o OGMP de Alfa, que se consubstancia, na parte que vincula Paulo a Beta, em relação de emprego.

(B) A aplicação da penalidade de repreensão verbal pelo OGMP contra Paulo revela a existência do poder disciplinar, um dos elementos que evidencia e caracteriza a subordinação jurídica, implicando a configuração de vínculo empregatício entre Paulo e o OGMP.

(C) Constitui contrato de equipe a avença celebrada entre o operador portuário Beta e o OGMP de Alfa.

(D) Tanto no trabalho avulso como no trabalho temporário inexiste subordinação jurídica.

(E) Inexistindo qualquer irregularidade na aludida sociedade cooperativa de que Paulo participa ou na forma em que se dá a prestação de serviço, é correto concluir que não haverá vínculo empregatício entre ela e seus associados e, igualmente, entre estes e os tomadores de serviços da cooperativa.

A: incorreta, Paulo é trabalhador avulso escalado pelo OGMP para prestar o serviço solicitado pela Beta; **B:** incorreta, a possibilidade do OGMP aplicar penalidades vem prevista pelo art. 19, I, da revogada Lei 8.630/1993, não descaracterizando a relação de trabalho avulso, da qual o OGMP é mera figura intermediária (art. 20 da revogada Lei 8.630/1993); **C:** incorreta, não há que se falar em contrato de equipe, mas em típica hipótese de contratação de avulsos para a composição de um terno (equipe, no jargão portuário); **D:** incorreta, em ambos há subordinação jurídica; **E:** correta, art. 442, parágrafo único, da CLT.

Gabarito "E"

(Magistratura do Trabalho – 15ª Região – 2012) As normas reguladoras nacionais tratam das diversas modalidades de trasportes e, especialmente em relação aos portos a Lei n. 8.630/1993 regula a matéria. Em relação a esta lei, analise as assertivas abaixo e, após, responda.

I. Operação Portuária envolve exclusivamente a movimentação ou armazenagem de mercadorias, destinados ou provenientes de transporte aquaviário, realizada no porto organizado por operadores portuários.
II. Operador portuário: a pessoa física pré-qualificada para a execução de operação portuária na área do porto organizado.
III. A contratação de trabalhadores portuários de estiva, conferência de carga, conserto de carga e vigilância de embarcações com vínculo empregatício a prazo indeterminado será feita, exclusivamente, dentre os trabalhadores portuários avulsos registrados.
IV. O trabalho portuário de capatazia, estiva, conferência de carga, conserto de carga, bloco e vigilância de embarcações, nos portos organizados, será realizado por trabalhadores portuários com vínculo empregatício a prazo indeterminado e por trabalhadores portuário avulsos.
V. A contratação de trabalhadores portuários de estiva, conferência de carga, conserto de carga e vigilância de embarcações com vínculo empregatício a prazo indeterminado será efetuada segundo livre escolha dos operadores portuários.

(A) Todas as assertivas estão corretas.
(B) Todas as assertivas estão erradas,
(C) Estão corretas apenas as assertivas II, III e V.
(D) Estão corretas apenas as assertivas III e IV.
(E) Estão incorretas as assertivas I, III e IV.

I: incorreta, "Operação Portuária: a de movimentação de passageiros ou a de movimentação ou armazenagem de mercadorias, destinados ou provenientes de transporte aquaviário, realizada no porto organizado por operadores portuários" (art. 1º, § 1º, II, da revogada Lei 8.630/1993); **II:** incorreta, art. 1º, § 1º, III, da revogada Lei 8.630/1993 (atualmente, art. 2º, XIII, da Lei 12.815/2013: "operador portuário: pessoa jurídica pré-qualificada para exercer as atividades de movimentação de passageiros ou movimentação e armazenagem de mercadorias, destinadas ou provenientes de transporte aquaviário, dentro da área do porto organizado"); **III:** correta, art. 26, parágrafo único, da revogada Lei 8.630/1993 (art. 40, § 2º, da Lei 12.815/2013); **IV:** correta, art. 26, caput, da revogada Lei 8.630/1993 (art. 40, caput, da Lei 12.815/2013); **V:** incorreta, art. 26, caput, da revogada Lei 8630/1993 (art. 40, caput, da Lei 12.815/2013: "trabalho portuário de capatazia, estiva, conferência de carga, conserto de carga, bloco e vigilância de embarcações, nos portos organizados, será realizado por trabalhadores portuários com vínculo empregatício por prazo indeterminado e por trabalhadores portuários avulsos").

Gabarito "D"

(Magistratura do Trabalho – 15ª Região – 2011) A respeito do trabalho avulso, é incorreto afirmar que:

(A) pode ser contratado por intermédio de órgão gestor de mão de obra;
(B) pode ser contratado por intermédio de entidade sindical;
(C) há previsão expressa em lei quanto à responsabilização subsidiária das empresas tomadoras do serviço em relação à remuneração do trabalhador e aos recolhimentos fiscais e sociais;
(D) há previsão expressa em lei quanto à responsabilização solidária do operador portuário e o intermediador pelo pagamento dos encargos trabalhistas, das contribuições previdenciárias e demais obrigações;
(E) pode ser caracterizado tanto em áreas urbanas quanto em áreas rurais.

_**A:** assertiva correta, trata-se do trabalhador portuário avulso, regido pelas Leis n. 8.630/1993 (revogada pela Lei 12.815/2013) e 9.719/1998; **B:** assertiva correta, trata-se do trabalhador avulso fora do porto, regido pela Lei 12.023/2009; **C:** assertiva incorreta, devendo ser assinalada, a responsabildiade é solidária (art. 8º da Lei 12.023/2009); **D:** assertiva correta, art. 2º, § 4º, da Lei 9.719/1998; **E:** assertiva correta, conforme Leis 8.630/1993 (revogada pela Lei 12.815/2013) e 12.023/2009.

Gabarito "C"

(Magistratura do Trabalho – 23ª Região – 2012) Quanto ao trabalhador avulso, considerando as disposições legais e também a jurisprudência predominante do TST:

I. São características do trabalho avulso: intermediação do sindicato ou de órgão específico na colocação de mão de obra; curta duração dos serviços; predomínio da remuneração em forma de rateio; autonomia na execução dos serviços.
II. É aplicável a prescrição bienal prevista no art. 7º, inciso XXIX, da CF, tendo como marco inicial a cessação do trabalho ultimado para cada tomador de serviço.
III. As empresas tomadoras do trabalho avulso respondem solidariamente pela efetiva remuneração do trabalho contratado e são responsáveis pelo recolhimento dos encargos fiscais e sociais, bem como das contribuições ou de outras importâncias devidas à Seguridade Social, no limite do uso que fizerem do trabalho avulso intermediado pelo sindicato.
IV. Somente a partir da Constituição de 1988, que garantiu a igualdade de direitos entre o trabalhador com vínculo empregatício permanente, os trabalhadores avulsos passaram a ter reconhecido o direito a férias, salário-família, gratificação natalina e FGTS.
V. Como consequência do mandamento constitucional de isonomia entre o trabalhador com vínculo permanente e o trabalhador avulso, o salário-família do

trabalhador avulso independe do número de dias trabalhados no mês, devendo o seu pagamento corresponder ao valor integral da cota.

(A) Apenas as proposições III e V estão corretas e as demais estão incorretas.
(B) Apenas as proposições II, III, IV e V estão corretas e a proposição I está incorreta.
(C) Apenas as proposições II, III e V estão corretas e as demais estão incorretas.
(D) Todas as proposições estão corretas.
(E) Apenas as proposições I e IV estão corretas e as demais estão incorretas.

I: incorreta. Não há autonomia. O trabalho avulso é modalidade de simples intermediação de mão de obra aceita pela lei e que não gera vínculo do trabalhador com o tomador (operador portuário). **II:** correta, à época da realização da prova, estava em vigor a OJ 384 da SDI-I, do TST, que foi cancelada em setembro de 2012; **III:** correta. Vide art. 8º da Lei 12.023/2009; **IV:** incorreta. A CF apenas ratificou situação jurídica existente, no tocante à igualdade de direitos entre o trabalhador com vínculo empregatício e o trabalhador avulso. Em geral, o patamar de direitos destes trabalhadores é bem superior ao padrão médio das categorias profissionais; **V:** correta, art. 82, § 2º, do Dec. 3.048/1999.

Gabarito "C"

(Procurador do Trabalho – 2013 – MPT) Considere as assertivas abaixo.

I. É facultado aos trabalhadores portuários avulsos formarem cooperativas, as quais poderão estabelecer-se como operadores portuários.
II. O Órgão Gestor de Mão de obra é corresponsável por prejuízos causados pelos trabalhadores portuários avulsos aos tomadores dos seus serviços.
III. O trabalho de capatazia, estiva ou conferência de carga de embarcações, nos portos organizados, será realizado somente por trabalhadores portuários com vínculo empregatício por prazo indeterminado.
IV. É dispensável a intervenção de operadores portuários em operações que, por seus métodos de manipulação, suas características de automação ou mecanização, não requeiram a utilização de mão de obra, ou possam ser executadas exclusivamente pela tripulação das embarcações.

Marque a alternativa CORRETA:

(A) apenas as assertivas I e IV estão corretas;
(B) apenas as assertivas II e III estão corretas;
(C) apenas as assertivas II e IV estão corretas;
(D) apenas as assertivas I e III estão corretas;
(E) não respondida.

I: correta, art. 29 da Lei 12.815/2013; **II:** incorreta, art. 33, § 1º, da Lei 12.815/2013; **III:** incorreta, art. 40 da Lei 12.815/2013; **IV:** correta, art. 28, I, da Lei 12.815/2013 (no jargão portuário, trata-se das chamadas operação de rancho).

Gabarito "A"

(Procurador do Trabalho – MPT – 15º Concurso – 2008) Analise as assertivas a seguir:

I. na hipótese de o trabalhador portuário avulso ser contratado por prazo indeterminado, por operador portuário, seu registro junto ao Órgão Gestor de Mão de Obra será cancelado;
II. os trabalhadores avulsos poderão se reunir em cooperativa, para atuar como operador portuário, hipótese em que serão excluídos da escala rodiziária dos avulsos e terão cancelados os seus registros;
III. compete tanto ao operador portuário quanto ao Órgão Gestor de Mão de Obra a fiscalização da presença dos trabalhadores portuários avulsos efetivamente escalados, nos locais de trabalho.

Assinale a alternativa CORRETA:

(A) apenas uma assertiva está correta.
(B) apenas duas assertivas estão corretas.
(C) todas as assertivas estão corretas.
(D) nenhuma assertiva está correta.
(E) não respondida.

I: incorreta, seu registro será mantido (art. 3º, I, da Lei 9.719/1998); **II:** incorreta, contraria o disposto no art. 3º, II, da Lei 9.719/1998; **III:** correta, art. 6º da Lei 9.719/1998.

Gabarito "A"

(Procurador do Trabalho – MPT – 15º Concurso – 2008) Assinale a alternativa INCORRETA:

(A) operação portuária é a movimentação de passageiros, a movimentação ou armazenagem de mercadorias, destinadas ou provenientes de transporte aquaviário, realizada no porto organizado por operador portuário;
(B) na hipótese de um trabalhador portuário avulso transgredir alguma norma disciplinar, compete ao órgão gestor de mão de obra, após ouvida a comissão paritária, aplicar, quando cabíveis, as penalidades previstas em lei, contrato, convenção ou acordo coletivo;
(C) a remuneração, a definição das funções, a composição das equipes e as demais condições de trabalho avulso serão objeto de negociação coletiva entre os sindicatos dos trabalhadores avulsos e dos operadores portuários;
(D) é dispensável a intervenção do operador portuário na movimentação de mercadorias líquidas a granel, ainda que ocorra em área do porto organizado;
(E) não respondida.

A: assertiva correta (art. 1º, § 1º, II, da revogada Lei 8.630/1993); **B:** assertiva incorreta, devendo ser asasinalada, a lei não diz que a comissão paritária deverá ser previamente ouvida; **C:** assertiva correta (art. 29 da revogada Lei 8.630/1993); **D:** assertiva correta (art. 8º, § 1º, II, e, da revogada Lei 8.630/1993).

Gabarito "B"

(Procurador do Trabalho – MPT – 15º Concurso – 2008) Acerca do trabalho portuário, é CORRETO afirmar:

(A) a atividade de amarração dos navios, nos portos organizados, deve ser feita por trabalhadores portuários avulsos de capatazia;
(B) a guarda portuária, que deve ser constituída e regulamentada pela autoridade portuária respectiva, tem por finalidade prover a vigilância e a segurança dos portos e não se confunde com o trabalho do vigia portuário;

(C) de acordo com o disposto na Convenção n. 137, da OIT, o operador portuário poderá contratar trabalhador portuário, por prazo indeterminado, que deverá ocorrer exclusivamente entre os obreiros já inscritos no órgão gestor de mão de obra;

(D) é vedada aos operadores portuários a utilização exclusiva de mão de obra contratada com vínculo empregatício, devendo requisitar percentual mínimo de trabalhadores avulsos. A proporção entre trabalhadores vinculados e avulsos será estabelecida de acordo com a quantidade da carga movimentada pelo respectivo operador portuário;

(E) não respondida.

A: incorreta, a lei não disciplina a atividade de amarração de navios, entendendo-se aberta a possibilidade de seu desempenho por trabalhador vinculado ao armador ou ao prático; **B:** correta, a guarda portuária é detentora do poder de polícia na área do porto organizado, estando vinculada à administração portuária (com a necessidade de concurso público para o provimento do cargo, quando a autoridade portuária for ente estatal) e sendo insuscetível de terceirização (por se consubstanciar em uma das atividades-fins do porto organizado), diferindo da figura do mero vigia de embarcações, cujo feixe de afazeres vem descrito no art. 57, § 3º, V, da revogada Lei 8.630/1993; **C:** incorreta, a Convenção 137 fala em preferência aos trabalhadores matriculados, e não em exclusividade, a qual é abordada pelo art. 26 da revogada Lei 8.630/1993; **D:** incorreta, art. 26 da revogada Lei 8.630/1993, que não estabelece nenhuma proporcionalidade.

Gabarito "B"

(Procurador do Trabalho – MPT – 14º Concurso – 2007) Analise as assertivas seguintes sobre o trabalho portuário avulso:

I. em havendo vagas disponíveis, a passagem do trabalhador portuário avulso cadastrado para o registro no órgão gestor de mão de obra deve ser regulamentada por contrato, acordo ou convenção coletiva, que estipulará a forma de seleção, sendo requisito obrigatório a antiguidade no cadastro, por força de lei;

II. o pagamento dos salários deve ser feito pelo órgão gestor de mão de obra diretamente aos trabalhadores, salvo os valores relativos a férias e 13º salário, cujos valores percentuais devem ser repassados aos respectivos sindicatos, a quem compete o gerenciamento do respectivo fundo e o pagamento aos trabalhadores portuários avulsos quando do gozo de férias (remuneração das férias) e até o vigésimo dia do mês de novembro (13º salário);

III. É assegurado ao trabalhador portuário avulso registrado no órgão gestor de mão de obra o direito de concorrer à escala diária complementando a equipe de trabalho do quadro de cadastrados;

IV. o intervalo interjornadas mínimo de 11 horas é aplicável aos trabalhadores portuários avulsos, ainda que a jornada de trabalho seja de seis horas, salvo situações excepcionais.

Assinale a alternativa CORRETA:

(A) apenas uma alternativa está correta;

(B) duas alternativas estão corretas;

(C) três alternativas estão corretas;

(D) todas as alternativas estão corretas;

(E) não respondida.

I: correta, arts. 27, § 2º, e 28 da revogada Lei 8.630/1993; **II:** incorreta, "cabe ao operador portuário recolher ao órgão gestor de mão de obra os valores devidos pelos serviços executados, referentes à remuneração por navio, acrescidos dos percentuais relativos a décimo terceiro salário, férias, Fundo de Garantia do Tempo de Serviço – FGTS, encargos fiscais e previdenciários, no prazo de vinte e quatro horas da realização do serviço, para viabilizar o pagamento ao trabalhador portuário avulso" (art. 2º da Lei 9.719/1998); **III:** incorreta, pois é o inverso (art. 4º da Lei 9.719/1998); **IV:** correta, art. 8º da Lei 9.719/1998.

Gabarito "B"

(Procurador do Trabalho – MPT – 13º Concurso – 2006) A respeito da atividade portuária, assinale a alternativa INCORRETA:

(A) conserto de carga consiste no reparo e restauração das embalagens de mercadorias, nas operações de carregamento e descarga de embarcações, reembalagem, marcação, remarcação, carimbagem, etiquetagem, abertura de volumes para vistoria e posterior recomposição;

(B) estiva consiste na atividade de movimentação de mercadorias nas instalações de uso público, compreendendo o recebimento, conferência, transporte interno, abertura de volumes para a conferência aduaneira, manipulação, arrumação e entrega, bem como o carregamento e descarga de embarcações, quando efetuados por aparelhamento portuário;

(C) bloco consiste na atividade de limpeza e conservação de embarcações mercantes e de seus tanques, incluindo batimento de ferrugem, pintura, reparos de pequena monta e serviços correlatos;

(D) vigilância de embarcações consiste na atividade de fiscalização da entrada e saída de pessoas a bordo das embarcações atracadas ou fundeadas ao largo, bem como da movimentação de mercadorias nos portalós, rampas, porões, conveses, plataformas e em outros locais da embarcação;

(E) não respondida.

A: assertiva correta, art. 57, § 3º, IV, da revogada Lei 8.630/1993; **B:** assertiva incorreta, devendo ser assinalada, descreveu a capatazia (art. 57, § 3º, II, da revogada Lei 8.630/1993); **C:** assertiva correta, art. 57, § 3º, VI, da revogada Lei 8.630/1993; **D:** assertiva correta, art. 57, § 3º, V, da revogada Lei 8.630/1993.

Gabarito "B"

(Procurador do Trabalho – MPT – 17º Concurso – 2012) Quanto ao trabalho portuário é CORRETO afirmar que:

(A) a multifuncionalidade é uma característica histórica do trabalho portuário no Brasil;

(B) os trabalhadores registrados e cadastrados no Órgão Gestor de Mão de obra (OGMO) concorrem às oportunidades de trabalho em igualdade de condições;

(C) os trabalhadores portuários, desde que registrados no Órgão Gestor de Mão de obra (OGMO), podem instituir cooperativa que funcionará como operadora portuária;

(D) o operador portuário não pode contratar trabalhador portuário avulso como empregado por prazo indeterminado;

(E) não respondida.

A: incorreta, a presente questão deve ser contextualizada: há dois grandes grupos de trabalhadores nos portos, os da estiva e os da capatazia. Estes fazem o trabalho de movimentação de cargas, manualmente ou por meios mecânicos (empilhadeiras, guindastes etc.), no solo do porto organizado. Os da estiva fazem este mesmo trabalho, manualmente ou por máquinas, a bordo do navio (no convés, no porão etc.). Em meio a estes dois grandes grupos, há outros menores (conferentes de carga, que conferem se as mercadorias correspondem ao manifesto – espécie de fatura descritiva –, seu peso etc.; vigias de embarcações e armazéns, que não se confundem com a guarda portuária; consertadores, que fazem pequenos reparos, embalam mercadorias; bloco, que fazem pequenos reparos nos navios, batem a ferrugem etc.). Ficando no essencial (estiva e capatazia), a razão de existirem duas funções com "semelhantes" trabalhos, mas que diferem apenas pela circunstância de serem prestados no navio ou no solo do porto é histórica: antes da Lei de Modernização dos Portos (Lei 8.630/1993 – revogada pela Lei 12.815/2013), havia um regime de dualidade de responsabilidades: as atividades no solo eram de responsabilidade e administradas pela empresa estatal administradora do porto, valendo-se de pessoal a ela ligado para a movimentação de cargas (os trabalhadores da capatazia, portanto, eram funcionários públicos). A bordo do navio, a Administração Pública já não era mais responsável pelo que ocorria, de sorte que as atividades de estiva eram prestadas por trabalhadores avulsos vinculados ao respectivo sindicato e por estes convocados a trabalhar (isso era apelidado de "sistema de parede", pois o ponto de escalação era na parede dos sindicatos, e os mais apadrinhados eram convocados para as melhores fainas). Era sobretudo por este motivo que havia a função de conferente de carga, inclusive dividida em conferente da estiva e da capatazia (para verificar em que estado a mercadoria era embarcada ou desembarcada, definindo-se os limites de responsabilidade por eventuais danos). Nesse contexto, o sindicalismo portuário desenvolveu-se por "profissão" (sindicato da estiva, dos conferentes, da capatazia etc.). A fim de manter-se no poder, alguns sindicatos recusam-se a se fundir em um único sindicato por categoria e lutam contra a multifuncionalidade. A Lei 8.630/1990 previa a obrigatoriedade de implementação da multifuncionalidade pelo OGMO, ou seja, do treinamento e habilitação de um trabalhador portuário da estiva, por exemplo, para as funções da capatazia, da conferência etc. Trata-se de questão de sobrevivência e de democracia do trabalho portuário: em 1994, havia uns 60.000 trabalhadores portuários no País. Em 2001, eram pouco mais de 30.000, a demandar a multifuncionalidade (flexibilidade do trabalhador portuário para um maior número de trabalhos). Portanto, a multifuncionalidade é uma questão surgida com a Lei de Modernização dos Portos, e não um instituto histórico no trabalho portuário; **B:** incorreta, "É assegurado ao trabalhador portuário avulso cadastrado no órgão gestor de mão de obra o direito de concorrer à escala diária complementando a equipe de trabalho do quadro dos registrados" (art. 4º da Lei 9.719/1998); **C:** correta, art. 17 da revogada Lei 8.630/1993; **D:** incorreta, pode ocorrer tal contratação (art. 26 da revogada Lei 8.630/1993).

Gabarito "C"

5.4. SERVIDORES TITULARES DE CARGOS OU EMPREGOS PÚBLICOS

(Magistratura do Trabalho – 1ª Região – 2004) O Banco B S/A, sociedade de economia mista, realizou concurso público, em 1997, para admissão de novos empregados para sua agência, localizada em Nova Olinda. Lograram aprovação três candidatos, Alberto, Caio e Mário. O primeiro na função de escriturário e os dois outros na de caixa executivo, exatamente aquelas para as quais concorreram. Todavia, o gerente da agência, observando suas necessidades, desde a admissão dos três os colocou para exercer as mesmas funções, as de caixa executivo.

O banco, ao tempo destas admissões, já possuía quadro de carreira organizado, aprovado pelo órgão competente e no qual estão previstas promoções por critérios que se alternam entre antiguidade e merecimento, previstas para ocorrer a cada ano. Não são feitas promoções, por qualquer dos critérios, desde 1992. Alberto trabalhou para o banco por seis anos.

Logo após a sua saída, propôs reclamação trabalhista na qual pede: a equiparação salarial aos dois colegas, com a retificação de sua CTPS, verificando-se que não há validade no quadro de carreira, porque o banco não o respeitava, eis que não promovia seus empregados; sucessivamente, pede o seu reenquadramento, com o pagamento das diferenças de salário, observando as tarefas efetivamente exercidas.

Em defesa, o banco arguiu a preliminar de extinção do feito por carência de ação, pela impossibilidade jurídica dos pedidos, em face da vedação constitucional de provimento de emprego público, sem prévia aprovação em concurso; a prejudicial de prescrição total em relação ao pedido de novo enquadramento, haja vista que a admissão e enquadramento ocorreram havia mais de cinco anos; invocou a prescrição parcial, de eventuais débitos anteriores a cinco anos da propositura da demanda; sustentou a improcedência do pedido de equiparação pela existência do quadro de carreira; e confessou que o reclamante exercera a função de caixa executivo e que não praticava promoções desde 1992, nem por antiguidade, nem por merecimento.

Assinale das alternativas abaixo a que representa a correta decisão deste feito:

(A) extinguir o feito sem julgar o mérito, sem reconhecer qualquer direito ao reclamante;

(B) julgar procedente o pedido de equiparação, determinando a retificação da CTPS e o pagamento das diferenças de salários, observada a prescrição parcial, no entanto;

(C) julgar improcedente o pedido de equiparação salarial e acolher a prescrição total arguida quanto ao pedido sucessivo;

(D) extinguir o feito sem julgar o mérito quanto aos dois pedidos, no entanto, observada a prescrição parcial, deferir o pagamento de diferenças de salário, haja vista que impossível restituir a força de trabalho já despendida pelo reclamante;

(E) julgar improcedente o pedido de equiparação salarial, julgar procedente o pedido de reenquadramento, com o pagamento das diferenças de salário, observada a prescrição parcial, no entanto.

Em primeiro lugar, há que se esclarecer que o tão só fato do empregador incorrer em desvio de função em relação a seu empregado não importa o dever de que este venha a ser promovido para a função que de fato desempenha, segundo o entendimento da OJ 125 da SDI-I do TST: "o simples desvio funcional do empregado não gera direito a novo enquadramento, mas apenas às diferenças salariais respectivas, mesmo que o desvio de função haja iniciado antes da vigência da CF/1988". É que, no pleito de promoção no emprego ou reenquadramento funcional, o reclamante deve comprovar o direito subjetivo que alega (demonstrando a presença das condições de antiguidade ou de merecimento exigidas pelo quadro de carreiras organizado), não bastando o simples desvio de função. Em segundo lugar, há que se analisar a questão das promoções e reenquadramento funcional no bojo de sociedades de economia mista. Entendemos que a promoção vertical é possível e suscetível de deferimento judicial quando presentes as condições de promoção previstas no plano e, ainda assim, desde que se tratem de níveis funcionais mais elevados dentro da própria carreira para o qual o empregado foi admitido mediante concurso público. Do contrário, haverá transposição de carreiras com ofensa ao princípio do concurso público, constante do art. 37, II, da Constituição. Neste sentido, confira-se a jurisprudência do TST, que sintetizamos nos três julgados a seguir: "RECURSO DE EMBARGOS DO RECLAMANTE. RECURSO DE REVISTA DA RECLAMADA CONHECIDO E PARCIALMENTE PROVIDO. DECISÃO DA C. TURMA QUE AFASTOU O REENQUADRAMENTO E LIMITOU A CONDENAÇÃO AO PAGAMENTO DAS DIFERENÇAS SALARIAIS DECORRENTES DO DESVIO DE FUNÇÃO. A decisão da c. Turma Regional está de acordo com a jurisprudência desta C. Corte, no sentido de que os empregados de empresas públicas e de sociedades de economia mista não têm direito a novo reenquadramento oriundo de desvio funcional, mas a eles deve ser assegurado o pagamento das diferenças salariais respectivas enquanto perdurar o desvio (TST – Orientação Jurisprudencial n. 125 da SBDI-I). Embargos não conhecidos" (E-RR-90582/2003-900-04-00.0, Rel. Min. Aloysio Corrêa da Veiga, DJ 21.09.2007); (é) "inviável o reenquadramento funcional, ou seja, a passagem do empregado de uma carreira para outra, sem o concurso de títulos e provas ou de provas, porque assim dispõe a Carta Política – artigo 37, inciso II. Caracterizado o desvio, impõe-se não somente o pagamento das diferenças salariais, por força da comutatividade e para se evitar o enriquecimento sem causa de quem praticou o ilícito trabalhista. Tal pagamento é devido enquanto não corrigido e perdurar o desvio de função. Recurso não provido" (TST-RR-291.030/96, 4ª Turma, Rel. Min. Milton de Moura França, DJU de 27.11.1998, p. 255); "DESVIO DE FUNÇÃO – DIFERENÇAS SALARIAIS – SOCIEDADE DE ECONOMIA MISTA. O desvio de função, mesmo em entidades pertencentes à Administração Indireta e, por isso, sujeitas à exigência do art. 37, II, da Constituição da República, gera direito às diferenças salariais correspondentes. Inteligência da Orientação Jurisprudencial n. 125 da SBDI-I. Embargos não conhecidos" (E-ED-RR-26606/2002-900-04-00.7, Rel. Min. Maria Cristina Irigoyen Peduzzi, DJ 09.11.2007). Ver OJ 297 da SDI-I do TST.

Gabarito "D"

(Magistratura do Trabalho – 11ª Região – 2007 – FCC) Aos servidores públicos das carreiras militares e aos empregados públicos da Administração direta, autárquica e fundacional, a sindicalização e a greve

(A) são limitadas apenas quanto à celebração de acordos e convenções coletivas de trabalho para os primeiros e garantidas irrestritamente para os últimos.

(B) constituem direitos assegurados por disposição constitucional.

(C) são proibidas para os primeiros e limitadas apenas quanto à celebração de acordos e convenções coletivas de trabalho para os últimos.

(D) recebem tratamento idêntico ao conferido às atividades essenciais.

(E) são proibidas para os primeiros e garantidas irrestritamente para os últimos.

Quanto aos servidores militares, v. 142, § 3º, IV, da CF. Quanto aos empregados da Administração indireta, embora não se lhes aplique o art. 39, § 3º (que trata do regime de cargo público), entende-se que o reconhecimento de instrumentos coletivos é obstacularizado pelo princípio da legalidade e da anterioridade orçamentária (arts. 37, X, e art. 169, § 1º, da CF).

Gabarito "C"

(Magistratura do Trabalho – 13ª Região – 2006) Um ente da administração pública, após dezembro de 1988, admitiu trabalhador sem observância do disposto no inciso II do art. 37 da Constituição Federal. Nesta hipótese se pode afirmar, em relação ao contrato de trabalho e suas consequências, que ele é:

(A) válido se o trabalhador é especializado e age de boa-fé;

(B) nulo, devendo ser rescindido e pagas as indenizações decorrentes da despedida sem justa causa;

(C) inteiramente nulo, não tendo o trabalhador direito a qualquer reparação, tendo obrigação de devolver a remuneração recebida;

(D) nulo, mas a remuneração pactuada, respeitado o salário mínimo, é sempre devida, pois as energias despendidas pelo trabalhador não podem ser repostas;

(E) válido, mas o trabalhador só tem direito aos salários do período trabalhado.

A alternativa "D" está de acordo com a Súmula 363 do TST.

Gabarito "D"

(Magistratura do Trabalho – 14ª Região – 2008) Assinale a alternativa INCORRETA:

(A) A contratação de servidor público, após a CF/1988, sem prévia aprovação em concurso público, encontra óbice no respectivo art. 37, II e § 2º, somente lhe conferindo direito ao pagamento da contraprestação pactuada, em relação ao número de horas trabalhadas, respeitado o valor da hora do salário mínimo, e dos valores referentes aos depósitos do FGTS;

(B) O inadimplemento das obrigações trabalhistas, por parte do empregador, implica a responsabilidade subsidiária do tomador dos serviços, quanto àquelas obrigações, inclusive quanto aos órgãos da administração direta, das autarquias, das fundações públicas, das empresas públicas e das sociedades de economia mista, desde que hajam participado da relação processual e constem também do título executivo judicial;

(C) A União, os Estados, o Distrito Federal, os Municípios e respectivas autarquias, fundações públicas, sociedades de economia mista e empresas públicas são isentas do pagamento das custas;

(D) Ao empregado de empresa pública ou de sociedade de economia mista, ainda que admitido mediante aprovação em concurso público, não é garantida a estabilidade prevista no art. 41 da CF/1988;

(E) O servidor público celetista da administração direta, autárquica ou fundacional é beneficiário da estabilidade prevista no art. 41 da CF/1988.

A: assertiva correta, Súmula 363 do TST; **B:** assertiva correta, Súmula 331, IV, do TST, alterada pelo TST em 24.05.2011; **C:** assertiva incorreta, devendo ser assinalada, as sociedades de economia mista e as empresas públicas não estão isentas do pagamento das custas (art. 790-A da CLT); **D:** assertiva correta, Súmula 390, II, do TST; **E:** assertiva correta, Súmula 390, I, do TST.

Gabarito "C"

(Procurador do Trabalho – MPT – 13º Concurso – 2006) Nas relações de trabalho no âmbito da Administração Pública, é INCORRETO afirmar que:

(A) a contratação de trabalhador subordinado, após 05.10.1988, por cooperativa de mão de obra interposta, para realização de funções típicas do ente público, não constitui vínculo de emprego com a administração pública direta, indireta ou fundacional;

(B) segundo entendimento sumulado do Tribunal Superior do Trabalho, é possível o reconhecimento da responsabilidade subsidiária dos entes da administração pública em relação às parcelas trabalhistas inadimplidas pelo empregador, desde que hajam participado da relação processual e constem do título judicial;

(C) todos os conflitos decorrentes da relação mantida entre servidor público e Administração devem ser processados e julgados na Justiça do Trabalho;

(D) a contratação de servidores sem a aprovação em concurso público pode sujeitar o agente público, dentre outras, às sanções de ressarcimento integral do dano, se houver, e perda da função pública;

(E) não respondida.

A: assertiva correta, Súmula 331, II, do TST; **B:** assertiva correta, Súmula 331, IV, do TST, alterada pelo TST em 24.05.2011; **C:** assertiva incorreta, devendo ser assinalada, somente os conflitos decorretnes da relação de trabalho serão julgados na Justiça do Trabalho (art. 114, I, da CF e decisão proferida na ADI 3.395-6 do STF); **D:** assertiva correta, art. 37, § 2º, da CF c/c Lei 8.429/1992.

Gabarito "C"

5.5. EMPREGADO DIRETOR E DIRETOR NÃO EMPREGADO

(Magistratura do Trabalho – 2ª Região – 2011) No que diz respeito ao empregado eleito para o cargo de diretor de sociedade anônima, conforme entendimento sumulado, assinale a alternativa correta:

(A) O empregado eleito para ocupar cargo de diretor de sociedade anônima tem o respectivo contrato de trabalho interrompido, não se computando o tempo de serviço deste período, salvo se permanecer a subordinação jurídica inerente à relação de emprego.

(B) O empregado eleito para ocupar cargo de diretor de sociedade anônima tem o respectivo contrato de trabalho suspenso, não se computando o tempo de serviço deste período, salvo se permanecer a subordinação jurídica inerente à relação de emprego.

(C) A eleição de empregado para ocupar cargo de diretor de sociedade anônima implica a extinção do vínculo de emprego.

(D) O empregado eleito para ocupar cargo de diretor de sociedade anônima tem o respectivo contrato de trabalho suspenso, computando-se todavia como tempo de serviço este período, salvo se permanecer a subordinação jurídica inerente à relação de emprego, caso em que o interstício como diretor não será computado como tempo de efetivo serviço.

(E) Nenhuma das anteriores está correta.

A alternativa "B" corresponde ao disposto na Súmula 269 do TST.

Gabarito "B"

(Magistratura do Trabalho – 3ª Região – 2009) Bruno foi admitido na Companhia Têxtil Bom Tecido S/A como estagiário. Sua dedicação ao trabalho foi tão grande que, em seguida, foi contratado como auxiliar de escritório, depois foi promovido a gerente de recursos humanos e, tempos depois, em assembleia, foi eleito diretor da sociedade, com amplos poderes de mando e representação. Bruno permaneceu diretor pelo período de dois anos. Retornando ao cargo de gerente de recursos humanos, percebeu que a sua conta vinculada de FGTS não recebera depósitos durante o período em que exerceu o cargo de diretor. Após algumas tentativas frustradas de resolver a questão amigavelmente, Bruno resolveu ajuizar reclamação trabalhista. A respeito disso, assinale a alternativa mais adequada, segundo a jurisprudência sumulada do Tribunal Superior do Trabalho:

(A) Bruno tem direito a receber diretamente o valor relativo aos depósitos do FGTS.

(B) Bruno tem direito aos depósitos do FGTS em sua conta vinculada, porque continuou empregado.

(C) Bruno tem direito aos depósitos do FGTS, porque seu contrato foi interrompido.

(D) Bruno não tem direito aos depósitos do FGTS, porque seu contrato foi interrompido.

(E) Bruno não tem direito aos depósitos do FGTS, porque seu contrato foi suspenso.

Conforme Súmula 269 do TST, Bruno teve seu contrato de trabalho suspenso.

Gabarito "E"

(Magistratura do Trabalho – 9ª Região – 2006) Com relação ao Diretor, não empregado, de empresas sujeitas ao regime da legislação trabalhista, marque a alternativa correta:

(A) Será obrigatoriamente vinculado ao regime do FGTS.

(B) Será vinculado ao regime do FGTS se manifestar expressamente sua vontade neste sentido.

(C) Será vinculado ao regime do FGTS, a critério da empresa, que o equiparará para este efeito aos empregados sujeitos a esse regime.

(D) Será submetido ao regime do FGTS somente se renunciar à condição de Diretor, sujeitando-se à condição de empregado.

(E) Não será possível a vinculação ao regime do FGTS, pois trata-se de contribuição devida pela empresa apenas no que tange aos participantes de uma autêntica relação de emprego.

Assim dispõe o art. 16 da Lei 8.036/1990: "Para efeito desta lei, as empresas sujeitas ao regime da legislação trabalhista poderão equiparar seus diretores não empregados aos demais trabalhadores sujeitos ao regime do FGTS. Considera-se diretor aquele que exerça cargo de administração previsto em lei, estatuto ou contrato social, independente da denominação do cargo".

Gabarito "C"

(Magistratura do Trabalho – 13ª Região – 2006) Com base no enunciado abaixo, assinale a alternativa correta. Um alto executivo, com grande independência e possibilidade de impor seus interesses e condições de trabalho a qualquer empresa que venha a contratar os seus serviços:

(A) não pode ser empregado, pois a autonomia e independência desse tipo de trabalhador impedem que haja subordinação à empresa;

(B) pode ser empregado, desde que trabalhe com exclusividade para uma só empresa, mesmo com absoluta liberdade e autonomia;

(C) só pode ser empregado se não ocupar cargo de direção;

(D) desde que trabalhe nos moldes previstos no art. 3º da CLT, para determinada empresa, pode ser empregado ou não, dependendo do que for estabelecido no contrato firmado entre o executivo e a empresa beneficiária da atividade do executivo;

(E) nenhuma das proposições acima está correta.

Se presentes os requisitos do art. 3º da CLT, tratar-se-á de empregado.

Gabarito "E"

(Magistratura do Trabalho – 23ª Região – 2009) Analise os itens abaixo e marque a alternativa CORRETA:

O empregado eleito para exercer o cargo de diretor, conforme o entendimento jurisprudencial sedimentado:

I. Tem o seu contrato de trabalho suspenso.

II. Tem o seu contrato de trabalho interrompido.

III. O tempo de exercício do cargo não é computado no tempo de serviço.

IV. Somente em permanecendo a subordinação, conta-se, para efeito de tempo de serviço, o período em que o exercer.

V. O contrato de trabalho continua em plena execução e produzindo todos os seus efeitos.

(A) V, F, F, V, F.

(B) F, V, V, F, F.

(C) V, F, V, F, F.

(D) F, F, F, F, V.

(E) V, F, V, V, F.

A sequência correta é a representada pela letra "E", conforme Súmula 269 do TST.

Gabarito "E"

5.6. EMPREGADO EM FUNÇÕES DE CONFIANÇA

(Magistratura do Trabalho – 3ª Região – 2009) Leia as afirmações abaixo e, em seguida, assinale a alternativa correta, a respeito do cargo de confiança trabalhista:

I. Para a caracterização do "gerente" excluído do regime da duração do trabalho na dicção legal, é necessário que a diferença salarial em favor do cargo de confiança não seja inferior a 40% do salário cabível ao respectivo cargo efetivo.

II. A última alteração legislativa produzida na conceituação do "gerente" excluído do regime da duração do trabalho suprimiu o requisito anterior da investidura de mandato.

III. Apesar do silêncio legal, a doutrina e a jurisprudência não têm admitido a reversão, ou seja, o rebaixamento ao cargo anteriormente ocupado, em virtude do princípio da irredutibilidade salarial.

IV. Segundo a orientação jurisprudencial do Tribunal Superior do Trabalho, o empregado exercente de cargo de confiança tem direito ao adicional de transferência, desde que ela seja definitiva.

V. Na forma da jurisprudência sumulada do Tribunal Superior do Trabalho, a transferência do empregado exercente de cargo de confiança pode ocorrer independentemente de necessidade do serviço.

(A) Somente uma afirmativa está correta.

(B) Somente duas afirmativas estão corretas.

(C) Somente três afirmativas estão corretas.

(D) Somente quatro afirmativas estão corretas.

(E) Todas as afirmativas estão corretas.

I: correta, art. 62, parágrafo único, da CLT; **II:** correta (redação original do art. 62, I, da CLT, alterada pela Lei 8.966/1994); **III:** incorreta, Súmula 372 do TST a contrario sensu; **IV:** incorreta, tem direito ao adicional de transferência desde que esta seja provisória (OJ 113 da SDI-I do TST); **V:** incorreta, é abusiva a transferência sem comprovação da necessidade do serviço (Súmula 43 do TST).

Gabarito "B"

(Magistratura do Trabalho – 21ª Região – 2012) João Felix exerceu, durante 05 (cinco) anos, uma função comissionada no Banco Brasileiro S/A. Afastou-se do cargo efetivo e da função comissionada para exercer o cargo de presidente do sindicato dos bancários. Durante o período de 08 (oito) anos, em que esteve afastado do emprego, por causa do exercício de dois mandatos sindicais, recebeu remuneração paga pelo Banco, na qual estava incluída a gratificação de função comissionada, por força de previsão em acordo coletivo de trabalho. Ao término do segundo mandato sindical, João Felix retornou ao serviço no Banco, que o reverteu para o cargo de carreira, com perda da função comissionada. João Felix requereu judicialmente a incorporação da gratificação de função comissionada suprimida. De acordo com a jurisprudência pacificada do TST, há fundamento jurídico para a pretensão de João Felix?

(A) não, porque o empregado somente exerceu, efetivamente, a função comissionada por cinco anos;

(B) sim, porque o empregado recebeu o pagamento da função comissionada por 13 (treze) anos, e o período de exercício de mandato sindical é computado como tempo de serviço, podendo o empregador, nesse caso, calcular a média do valor da função comissionada, no período de afastamento, para efeito de incorporação da gratificação de função à remuneração, e não simplesmente suprimi-la;

(C) sim, porque o empregado recebeu a gratificação de função por 13 (anos) anos e há direito à incorporação de gratificação de função percebida por 10 (dez) anos, ou mais, e suprimida sem justo motivo pelo empregador;

(D) não, porque embora tenha havido a percepção da gratificação de função por 13 (treze) anos, não ocorreu incorporação ao patrimônio jurídico do trabalhador, pois parte do período de percepção da gratificação não foi de efetivo exercício da atividade profissional, não sendo lícita a contagem fictícia de tempo de serviço além das hipóteses previstas, taxativamente, no art. 4º e parágrafo único da CLT;

(E) nenhuma das assertivas está correta.

A alternativa "C" está de acordo com a Súmula 372 do TST.

Gabarito "C"

(Magistratura do Trabalho – 23ª Região – 2009) Analise os itens abaixo e marque a alternativa CORRETA:

I. O empregado exercente de cargo de confiança está excluído das regras pertinentes ao cômputo e pagamento de horas extras, mesmo quando submetido a rigoroso controle de horário.

II. O empregado exercente de cargo de confiança, cujo contrato preveja a possibilidade de transferência, não tem direito ao adicional correspondente (de 25%).

III. O gerente-geral de agência bancária tem direito ao pagamento de horas extras, desde que se trate das excedentes da 8ª diária.

(A) Apenas o item I é verdadeiro.
(B) Apenas o item II é verdadeiro.
(C) Apenas o item III é verdadeiro.
(D) Todos os itens são falsos.
(E) Todos os itens são verdadeiros.

I: incorreta, entende-se que os ocupantes de cargo de confiança submetidos à fiscalização da jornada fazem jus às horas extras (cf. TRT7, RO 4759/1995); **II:** incorreta, tem direito ao adicional (OJ 113 da SDI-I do TST); **III:** incorreta, contraria o previsto na Súmula 287 do TST.

Gabarito "D"

5.7. EMPREGADO BANCÁRIO

Atenção: Em setembro de 2012 ocorreu a alteração da Súmula 124 do TST, por força da Resolução 185/2012. Atualmente, eis a redação do citado verbete, que facilitou a compreensão a respeito do *divisor* utilizado para o cálculo do salário-hora do bancário:

SUM-124 BANCÁRIO. SALÁRIO-HORA. DIVISOR (redação alterada na sessão do Tribunal Pleno realizada em 14.09.2012) – Res. 185/2012 – DEJT divulgado em 25, 26 e 27.09.2012

I – O divisor aplicável para o cálculo das horas extras do bancário, se houver ajuste individual expresso ou coletivo no sentido de considerar o sábado como dia de descanso remunerado, será:

a) 150, para os empregados submetidos à jornada de seis horas, prevista no *caput* do art. 224 da CLT;

b) 200, para os empregados submetidos à jornada de oito horas, nos termos do § 2º do art. 224 da CLT.

II – Nas demais hipóteses, aplicar-se-á o divisor:

a)180, para os empregados submetidos à jornada de seis horas prevista no caput do art. 224 da CLT;

b) 220, para os empregados submetidos à jornada de oito horas, nos termos do § 2º do art. 224 da CLT.

(Magistratura do Trabalho – 3ª Região – 2009) Sobre o cargo de confiança especial bancário, leia as afirmações abaixo e, em seguida, assinale a alternativa correta:

I. O cargo de confiança bancária tem tipificação mais acentuada em relação ao cargo de confiança geral e tem, por consequência, poderes de mando marcadamente mais extensos.

II. O cargo de confiança bancária exige, para sua tipificação, o pagamento de gratificação não inferior a um terço da remuneração do cargo efetivo.

III. Segundo a jurisprudência sumulada do Tribunal Superior do Trabalho, o bancário exercente de cargo de confiança bancária não tem, pelo só recebimento da gratificação, remuneradas as duas horas extraordinárias excedentes de seis, porque isso configura salário complessivo.

IV. Segundo a jurisprudência sumulada do Tribunal Superior do Trabalho, o advogado empregado de banco, pelo simples exercício da advocacia, não exerce cargo de confiança bancária.

V. Segundo a jurisprudência sumulada do Tribunal Superior do Trabalho, o caixa executivo bancário que trabalha em jornada de oito horas e recebe gratificação conforme a lei não tem direito a horas extras.

(A) Somente uma afirmativa está correta.
(B) Somente duas afirmativas estão corretas.
(C) Somente três afirmativas estão corretas.
(D) Somente quatro afirmativas estão corretas.
(E) Todas as afirmativas estão corretas.

I: incorreta, pois a configuração é mais atenuada, além da lei não exigir poderes de mando ou de gestão (CLT, art. 224, § 2º e redação originária da Súmula 204 do TST); **II:** incorreta, pois a base de cálculo é o salário, e não a remuneração (CLT, art. 224, § 2º); **III:** incorreta, "já tem remuneradas as duas horas extraordinárias excedentes de seis". (Súmula 102, II, do TST); **IV:** correta, Súmula 102, V, do TST; **V:** incorreta, "se perceber gratificação igual ou superior a um terço do salário do posto efetivo, essa remunera apenas a maior responsabilidade do cargo e não as duas horas extraordinárias além da sexta" (Súmula 102, VI, do TST).

Gabarito "A"

(Magistratura do Trabalho – 3ª Região – 2009) José exerceu, no Banco Democrático, cargo de confiança bancária com efetivos poderes de fiscalização, em jornada de 8 às 12 horas e de 13 às 18 horas, de segunda a sexta-feira. Recebia gratificação legal de 1/3, embora a Convenção Coletiva da categoria previsse seu pagamento como sendo de metade da remuneração. Dispensado sem justa causa, ajuizou reclamação trabalhista para postular o pagamento das diferenças de gratificação e, cumulativamente, da sétima, oitava e nona horas como extras. Assinale a opção que for mais correta, segundo a jurisprudência sumulada do Tribunal Superior do Trabalho, considerando provadas as alegações:

(A) José terá todos os direitos reconhecidos: diferenças de gratificação e horas extras.
(B) José terá parcialmente os direitos reconhecidos: diferenças de gratificação e sétima e oitava horas extras diárias.
(C) José terá parcialmente os direitos reconhecidos: diferenças de gratificação e nona hora extra diária.
(D) José terá parcialmente os direitos reconhecidos: todas as horas extras.
(E) José não terá direito reconhecido, porque exerce cargo de confiança bancária.

CLT, art. 224, § 2º; Súmula 102 IV e VII (observação: a norma do art. 62, II, da CLT, só se aplica ao ocupante de cargo bancário de confiança se, além do padrão salarial mais elevado, tratar-se de cargo com poderes vitais de mando e gestão para a empresa, hipótese que atrai a Súmula 287 do TST).

Gabarito "C"

(Magistratura do Trabalho – 3ª Região – 2008) Sobre o bancário, assinale a alternativa falsa :

(A) o advogado empregado de banco, pelo simples exercício da advocacia, não exerce cargo de confiança, não se enquadrando, portanto, na hipótese do § 2º do art. 224 da CLT.
(B) o regime especial de 6 horas de trabalho também se aplica aos empregados de portaria e de limpeza, tais como porteiros, telefonistas de mesa, contínuos e serventes, empregados em bancos e casas bancárias.
(C) o bancário exercente de função de confiança que percebe a gratificação não inferior ao terço legal, ainda que norma coletiva contemple percentual superior, não tem direito às sétima e oitava horas como extras, mas não somente às diferenças de gratificação de função, se postuladas.
(D) a duração normal de trabalho dos bancários poderá ser excepcionalmente prorrogada até 8 horas diárias, não excedendo de 44 horas semanais, observados os preceitos gerais sobre a duração do trabalho.
(E) não se computa, na jornada do bancário sujeito a seis horas diárias de trabalho, o intervalo de quinze minutos para lanche ou descanso.

A: verdadeira, Súmula 102, V, do TST; **B:** verdadeira, art. 226 da CLT; **C:** verdadeira, Súmula 102, VII, do TST; **D:** falsa, não pode exceder a 40 horas semanais (art. 225 da CLT); **E:** verdadeira, OJ 178 do TST.

Gabarito "D"

(Magistratura do Trabalho – 12ª Região – 2006) Assinale a alternativa que não traduz o entendimento sumulado do TST a respeito dos bancários:

(A) as empresas de crédito, financiamento ou investimento, também denominadas financeiras, equiparam-se aos estabelecimentos bancários para os efeitos do art. 224 da CLT;
(B) para o bancário mensalista sujeito à jornada de 6 (seis) horas o salário-hora é calculado com base no divisor 180 e para o bancário sujeito à jornada de 8 (oito) horas (art. 224, § 2º, da CLT) o divisor é 220;
(C) o advogado empregado de banco, pelo simples exercício da advocacia, não exerce cargo de confiança, não se enquadrando, portanto, na hipótese prevista no § 2º do art. 224 da CLT.
(D) integra a remuneração do bancário a vantagem pecuniária por ele auferida na colocação ou na venda de papéis ou valores mobiliários de empresas pertencentes ao mesmo grupo econômico, desde que seja exercida essa atividade no horário e no local de trabalho e com o consentimento expresso do banco empregador;
(E) o caixa bancário, ainda que caixa executivo, não exerce cargo de confiança. Se perceber gratificação igual ou superior a um terço do salário do posto efetivo, ela remunera apenas a maior responsabilidade do cargo, e não as duas horas extraordinárias além da sexta.

A: assertiva correta, Súmula 55 do TST; **B:** assertiva correta, Súmula 124 do TST; **C:** assertiva correta, Súmula 102, V, do TST; **D:** assertiva incorreta, devendo ser assinalada, o consentimento pode ser tácito (Súmula 93 do TST); **E:** assertiva correta, Súmula 102, VI, do TST.

Gabarito "D"

(Magistratura do Trabalho – 14ª Região – 2008) Assinale a alternativa INCORRETA:

(A) O sábado do bancário é dia útil não trabalhado, não dia de repouso remunerado. Não cabe a repercussão do pagamento de horas extras habituais em sua remuneração;
(B) O caixa bancário, ainda que caixa executivo, não exerce cargo de confiança. Se perceber gratificação igual ou superior a um terço do salário do posto efetivo, essa remunera apenas a maior responsabilidade do cargo e não as duas horas extraordinárias além da sexta;
(C) As empresas de crédito, financiamento ou investimento, também denominadas *financeiras*, equiparam-se aos estabelecimentos bancários para os efeitos do art. 224 da CLT;
(D) Não integra a remuneração do bancário a vantagem pecuniária por ele auferida na colocação ou na venda de papéis ou valores mobiliários de empresas pertencentes ao mesmo grupo econômico, ainda que exercida essa atividade no horário e no local de trabalho e com o consentimento, tácito ou expresso, do banco empregador;
(E) O bancário exercente de função de confiança, que percebe a gratificação não inferior ao terço legal, ainda que norma coletiva contemple percentual

superior, não tem direito às sétima e oitava horas como extras, mas tão somente às diferenças de gratificação de função, se postuladas.

A: assertiva correta, Súmula 113 do TST; **B:** assertiva correta, Súmula 102, VI, do TST; **C:** assertiva correta, Súmula 55 do TST; **D:** assertiva incorreta, devendo ser assinalada, pois integra a remuneração, desde que exercida no horário e no local de trabalho, com o consentimento tácito ou expresso do banco empregador (Súmula 93 do TST); **E:** assertiva correta, Súmula 102, VII, do TST.

Gabarito "D"

(Magistratura do Trabalho – 15ª Região – 2010) Assinale a alternativa em que ambas as assertivas estejam corretas, em relação aos bancários, à luz das súmulas do C. TST:

(A) 1. Ao gerente-geral de agência bancária aplica-se o art. 62, II, da CLT. 2. O empregado sujeito à jornada de oito horas tem salário-hora calculado com base no divisor 240;

(B) 1. É nula a pré-contratação de serviço suplementar quando da admissão do trabalhador. 2. Em se tratando de horas extras pré-contratadas, opera-se a prescrição total se a ação, no curso do contrato, não for ajuizada no prazo de cinco anos, a partir da data em que foram suprimidas;

(C) 1. Ao exercente de cargo de confiança previsto no artigo 224, § 2º, da CLT são devidas as 7ª e 8ª horas, como extras, no período em que se verificar o pagamento a menor da gratificação de 1/3. 2. O caixa executivo exerce cargo de confiança;

(D) 1. O empregado não enquadrado no § 2º do art. 224 da CLT, que receba gratificação de função, não pode ter o salário relativo a horas extraordinárias compensado com o valor daquela vantagem. 2. O sábado é dia de repouso semanal remunerado;

(E) 1. A parcela paga aos bancários sob a denominação "quebra de caixa" possui natureza indenizatória. 2. A gratificação por tempo de serviço integra o cálculo das horas extras.

A: incorreta, a afirmativa 1 está correta (Súmula 287 do TST); a afirmativa 2 está incorreta porque o divisor é de 220 (Súmula 124, II, b, da CLT); **B:** correta, Súmula 199 do TST; **C:** incorreta, a afirmativa 1 está correta (Súmula 102, III, do TST); a afirmativa 2 está incorreta, pois o caixa executivo não exerce cargo de confiança (Súmula 102, VI, do TST); **D:** incorreta, a afirmativa 1 está correta (Súmula 109 do TST); a afirmativa 2 está incorreta, o sábado é dia útil não trabalhado (Súmula 113 do TST); **E:** incorreta, a afirmativa 1 está incorreta, a "quebra de caixa" possui natureza salarial (Súmula 247 do TST); a afirmativa 2 está correta (Súmula 226 do TST).

Gabarito "B"

(Magistratura do Trabalho – 21ª Região – 2012) A modernização do sistema bancário tem provocado significativas alterações nas relações de trabalho, em especial face ao surgimento de novos tipos de atividades empresariais, tais como agentes bancários, correspondentes bancários e cooperativas de créditos. Assim sendo, em face da crescente ampliação das atividades e serviços ofertados pelas cooperativas de créditos, a jurisprudência pacificada do Tribunal Superior do Trabalho definiu que:

(A) apenas os empregados das cooperativas de crédito que operam os caixas são equiparados aos bancários, porém não têm direito à jornada de trabalho prevista no art. 224 da CLT;

(B) Apenas os empregados das cooperativas, que exercem, exclusivamente, atividades típicas de bancário, têm direito à jornada diária de 06 horas, nos termos do art. 224 da CLT;

(C) os empregados das cooperativas de crédito, independentemente da atividade que exerçam, são equiparados a bancários e têm direito à jornada de trabalho prevista no art. 224 da CLT;

(D) para os empregados das cooperativas de crédito, o sábado é considerado como dia útil não trabalhado;

(E) os empregados das cooperativas de crédito, independentemente da atividade que exerçam, não são equiparados a bancários e não têm a jornada de trabalho prevista no art. 224 da CLT.

A letra "E" está em consonância com o disposto na OJ 379 da SDI-I do TST.

Gabarito "E"

(Magistratura do Trabalho – 24ª Região – 2007) De acordo com Súmula da jurisprudência do Colendo Tribunal Superior do Trabalho:

I. É bancário o empregado de empresa de processamento de dados que presta serviço a banco integrante do mesmo grupo econômico, exceto quando a empresa de processamento de dados presta serviços a banco e a empresas não bancárias do mesmo grupo econômico ou a terceiros.

II. O adicional por tempo de serviço integra o cálculo da gratificação prevista no art. 224, § 2º, da CLT.

III. A parcela paga aos bancários sob a denominação "quebra de caixa" possui natureza salarial, integrando o salário do prestador de serviços, para todos os efeitos legais.

IV. O vigilante, contratado diretamente por banco ou por intermédio de empresas especializadas, não é bancário.

V. A jornada de trabalho do empregado de banco gerente de agência é regida pelo art. 224, § 2º, da CLT. Quanto ao gerente-geral de agência bancária, presume-se o exercício de encargo de gestão, aplicando-se-lhe o art. 62 da CLT.

RESPONDA:

(A) Apenas as proposições I, II e V estão corretas.

(B) Apenas as proposições III, IV e V estão corretas.

(C) Apenas as proposições II, IV e V estão corretas.

(D) Apenas as proposições II, III e V estão corretas.

(E) Todas as proposições estão corretas.

I: correta, Súmula 239 do TST; **II:** correta, Súmula 240 do TST; **III:** correta, Súmula 247 do TST; **IV:** correta, Súmula 257 do TST; **V:** correta, Súmula 287 do TST.

Gabarito "E"

(Procurador do Trabalho – MPT – 12º Concurso – 2005) De acordo com a jurisprudência uniforme do Tribunal Superior do Trabalho, assinale a alternativa CORRETA:

I. o advogado empregado de banco, pelo simples exercício da advocacia, não exerce cargo de confiança;

II. beneficiam-se do regime legal relativo aos bancários os empregados de estabelecimento de crédito pertencentes a categorias profissionais diferenciadas;

III. quanto ao gerente-geral de agência bancária, presume-se o exercício de encargo de gestão, não tendo direito ao pagamento de horas extras;

IV. a ajuda alimentação prevista em norma coletiva em decorrência de prestação de horas extras tem natureza indenizatória e, por isso, não integra o salário do empregado bancário.

(A) apenas a assertiva II está incorreta;
(B) apenas as assertivas II e IV estão incorretas;
(C) apenas as assertivas I e III estão corretas;
(D) todas estão corretas;
(E) não respondida.

I: correta, Súmula 102, V, do TST; **II:** incorreta, não se beneficiam do regime legal (Súmula 117 do TST); **III:** correta, Súmula 287 do TST; **IV:** correta, OJ 123 da SDI-I do TST.

Gabarito "A"

5.8. PROFESSORES

(Magistratura do Trabalho – 12ª Região – 2006) Em relação às normas especiais da CLT que regulam o exercício da atividade do professor, é incorreto afirmar:

(A) durante as férias escolares o professor permanece à disposição do empregador, percebendo seus salários normalmente. Porém, nesse período só lhe poderão ser exigidos serviços relacionados com exames;
(B) se o professor for despedido sem justa causa ao término do ano letivo ou no curso das férias escolares, devem ser assegurados a ele os salários correspondentes a esse recesso, por considerar-se a dispensa obstativa da aquisição desse direito;
(C) a prestação dos serviços relacionados a exames durante as férias escolares deverá ser paga como hora extra;
(D) o pagamento do professor far-se-á mensalmente, considerando-se para esse efeito cada mês constituído de quatro semanas e meia;
(E) o professor que recebe salário mensal à base de hora-aula tem direito ao acréscimo de 1/6 a título de repouso semanal remunerado.

A: assertiva correta, art. 322, § 2º, da CLT; **B:** assertiva correta, art. 322, § 3º, da CLT, e Súmula 10 do TST; **C:** assertiva incorreta, devendo ser assinalada, não terá pagamento de horas extras se os serviços são relacionados a exames (art. 322, § 2º, da CLT); **D:** assertiva correta, art. 320, § 1º, da CLT; **E:** assertiva correta, Súmula 351 do TST.

Gabarito "C"

(Magistratura do Trabalho – 15ª Região – 2012) Relativamente ao professor, é **correto** afirmar:

(A) O número máximo diário de aulas a serem ministradas em um mesmo estabelecimento é oito, observado máximo de quatro consecutivas.
(B) Sua remuneração será fixada pelo número de aulas mensais.
(C) Seu pagamento será mensal, apurando-se as aulas semanais multiplicadas por 4,5.
(D) O número máximo de faltas não descontadas, na hipótese de gala, é de três dias.
(E) O desconto decorrente de faltas será efetuado segundo o número de dias de ausência no mês, independente do número de aulas, ainda que distinto em cada dia da semana.

A: incorreta, "num mesmo estabelecimento de ensino não poderá o professor dar, por dia, mais de 4 (quatro) aulas consecutivas, nem mais de 6 (seis), intercaladas" (art. 318 da CLT); **B:** incorreta, será fixada pelo número de horas semanais (art. 320 da CLT); **C:** correta, art. 320 da CLT; **D:** incorreta, esse número é de nove dias (art. 320, § 3º, da CLT); **E:** incorreta, "vencido cada mês, será descontada, na remuneração dos professores, a importância correspondente ao número de aulas a que tiverem faltado" (art. 320, § 2º, da CLT).

Gabarito "C"

5.9. EMPREGADO AEROVIÁRIO E AERONAUTA

(Magistratura do Trabalho – 5ª Região – 2006 – CESPE) Acerca das normas que regem as profissões do aeroviário e do aeronauta, julgue os itens a seguir.

I. O comandante de aeronave é considerado preposto do proprietário ou do explorador desta, durante a viagem.

II. A licença específica para atuar em função remunerada a bordo de aeronaves nacionais, emitida pelo Ministério da Aeronáutica, será reservada a brasileiros natos.

III. Aeroviário é o profissional que exerce função remunerada a bordo de aeronave, como o comissário.

IV. O tripulante, auxiliar do comandante, encarregado da navegação da aeronave é o mecânico de voo.

A quantidade de itens certos é igual a

(A) 0.
(B) 1.
(C) 2.
(D) 3.
(E) 4.

I: correta, art. 165 da Lei 7.565/1986; **II:** incorreta, será reservada aos brasileiros natos ou naturalizados (art. 156, § 1º, da Lei 7.565/1986); **III:** incorreta, "é aeroviário o trabalhador que, não sendo aeronauta, exerce função remunerada nos serviços terrestres de Empresa de Transportes Aéreos" (art. 1º do Decreto 1.232/1962); **IV:** incorreta, na hipótese narrada, é o navegador (art. 6º, c e d, da Lei 7.183/1984).

Gabarito "B"

(Magistratura do Trabalho – 12ª Região – 2006) Em relação ao aeronauta não é possível afirmar:

(A) que a sua carga horária semanal tem uma limitação de 60 horas;
(B) que a duração da jornada pode atingir até 20 horas;
(C) que o voo noturno deve ser considerado entre as 22 e as 5 horas;

(D) que a hora noturna tem a duração de 52'30";

(E) que a sua alimentação, quando em voo, deve ser servida com intervalos máximos de 4 horas.

A: assertiva correta, art. 23 da Lei 7.183/1984; **B:** assertiva correta, art. 21, c, da Lei 7.183/1984; **C:** assertiva incorreta, devendo ser assinalada, "considera-se voo noturno o realizado entre o pôr e o nascer do sol" (art. 41, § 1°, da Lei 7.183/1984); **D:** assertiva correta, art. 22, § 3° da Lei 7.183/1984; **E:** assertiva correta, art. 43, b, da Lei 7.183/1984.

Gabarito "C"

(Magistratura do Trabalho – 18ª Região – 2006) Acerca da composição da tripulação, segundo o Código Brasileiro de Aeronáutica (Lei n. 7.565, de 19 de dezembro de 1986), é incorreto afirmar:

(A) A função remunerada a bordo de aeronaves nacionais é privativa de titulares de licenças específicas, emitidas pelo Ministério da Aeronáutica e reservada a brasileiros natos ou naturalizados.

(B) No serviço aéreo internacional poderão ser empregados comissários estrangeiros, contanto que o número não exceda a 1/3 (um terço).

(C) São tripulantes as pessoas devidamente habilitadas que exercem função a bordo de aeronaves.

(D) Na falta de tripulantes brasileiros, a juízo da autoridade aeronáutica, poderão ser admitidos como tripulantes, em caráter provisório, instrutores estrangeiros.

(E) O prazo do contrato do tripulante estrangeiro, admitido em caráter provisório em razão da falta de tripulantes brasileiros, não poderá exceder de 1 ano.

A: assertiva correta, art. 156, § 1°, da Lei 7.565/1986; **B:** assertiva correta, art. 156, § 3°, da Lei 7.565/1986; **C:** assertiva correta, art. 156, caput, da Lei 7.565/1986; **D:** assertiva correta, art. 158 da Lei 7.565/1986; **E:** assertiva incorreta, devendo ser assinalada, o prazo não poderá exceder a 6 meses (art. 156, parágrafo único, da Lei 7.565/1986).

Gabarito "E"

5.10. ATLETAS E ARTISTAS

(Magistratura do Trabalho – 8ª Região – 2008) À luz da legislação pertinente, assinale a assertiva INCORRETA:

(A) O contrato de trabalho do atleta profissional terá prazo determinado, com vigência nunca inferior a três meses nem superior a cinco anos, podendo ser prorrogado por mais de uma vez, valendo destacar, ainda, que sua renovação não está sujeita a interstício de seis meses entre os dois contratos. Outrossim, a entidade de prática desportiva formadora do atleta terá o direito de assinar com esse, a partir de dezesseis anos de idade, o primeiro contrato de trabalho profissional, cujo prazo não poderá ser superior a cinco anos. Além disso, a entidade de prática desportiva formadora detentora do primeiro contrato de trabalho com o atleta por ela profissionalizado terá o direito de preferência para a primeira renovação deste contrato, cujo prazo não poderá ser superior a dois anos.

(B) A entidade de prática desportiva empregadora que estiver com pagamento de salário de atleta profissional em atraso, no todo ou em parte, por período igual ou superior a três meses, terá o contrato de trabalho daquele atleta rescindido, ficando o atleta livre para se transferir para qualquer outra agremiação de mesma modalidade, nacional ou internacional, e exigir a multa rescisória e os haveres devidos. Considera-se como salário, para tanto, o abono de férias, o décimo terceiro salário, as gratificações, os prêmios e demais verbas inclusas no contrato de trabalho. Ademais, a mora contumaz será considerada também pelo não recolhimento do FGTS e das contribuições previdenciárias.

(C) É lícito ao atleta profissional recusar competir por entidade de prática desportiva quando seus salários, no todo ou em parte, estiverem atrasados em dois ou mais meses. Por outro lado, são deveres do atleta profissional, em especial: i) participar dos jogos, treinos, estágios e outras sessões preparatórias de competições com a aplicação e dedicação correspondentes às suas condições psicofísicas e técnicas; ii) preservar as condições físicas que lhes permitam participar das competições desportivas, submetendo-se aos exames médicos e tratamentos clínicos necessários à prática desportiva; iii) exercitar a atividade desportiva profissional de acordo com as regras da respectiva modalidade desportiva e as normas que regem a disciplina e a ética desportivas.

(D) Qualquer cessão ou transferência de atleta profissional ou não profissional depende de sua formal e expressa anuência. A transferência do atleta profissional de uma entidade de prática desportiva para outra do mesmo gênero poderá ser temporária (contrato de empréstimo) e o novo contrato celebrado deverá ser por período igual ou menor que o anterior, ficando o atleta sujeito à cláusula de retorno à entidade de prática desportiva cedente, vigorando no retorno o antigo contrato, quando for o caso, salvo quanto à cláusula de remuneração, que deverá ser renegociada para evitar redução salarial.

(E) Às entidades de prática desportiva pertence o direito de negociar, autorizar e proibir a fixação, a transmissão ou retransmissão de imagem de espetáculo ou eventos desportivos de que participem. Salvo convenção em contrário, vinte por cento do preço total da autorização, como mínimo, será distribuído, em partes iguais, aos atletas profissionais participantes do espetáculo ou evento. Porém, tal não se aplica a flagrantes de espetáculo ou evento desportivo para fins, exclusivamente, jornalísticos ou educativos, cuja duração, no conjunto, não exceda de três por cento do total do tempo previsto para o espetáculo.

A: assertiva correta, arts. 29 e 30 da Lei 9.615/1998; **B:** assertiva correta, art. 31 da Lei 9.615/1998; **C:** assertiva correta, arts. 32 e 35 da Lei 9.615/1998; **D:** assertiva incorreta, devendo ser assinalada, arts. 38 e 39 da Lei 9.615/1998 (não há menção à cláusula de remuneração); **E:** assertiva correta, art. 42 da Lei 9.615/1998.

Gabarito "D"

(Magistratura do Trabalho – 18ª Região – 2006) Por via de regra, o contrato de trabalho não exige forma especial e é celebrado por prazo indeterminado, de acordo com a CLT. No caso das profissões regulamentadas, entretanto, leis específicas podem impor a forma escrita, ou fixar prazos de duração (mínimo ou máximo), afastar a aplicação de dispositivos da CLT e estabelecer regras específicas. A propósito, considere as assertivas abaixo e assinale a alternativa correta, de acordo com a legislação brasileira.

I. O contrato de trabalho do atleta profissional de futebol será celebrado por escrito e deverá conter o prazo de vigência, que, em nenhuma hipótese, poderá ser inferior a 3 (três) meses ou superior a 2 (dois) anos.
II. O contrato de trabalho do atleta profissional por prazo determinado poderá ser estipulado por mais de 2 (dois) anos e prorrogado mais de uma vez.
III. O contrato de trabalho do radialista será sempre escrito e por prazo determinado, que não será superior a cinco anos.
IV. O contrato de trabalho do radialista será visado pelo sindicato representativo da categoria profissional ou pela federação respectiva, como condição para registro no Ministério do Trabalho, cabendo recurso para o Ministério do Trabalho da decisão da entidade sindical que negar o visto.
V. A cláusula de exclusividade não impedirá o Artista ou Técnico em Espetáculos de Diversões de prestar serviços a outro empregador em atividade diversa da ajustada no contrato de trabalho, desde que em outro meio de comunicação, e sem que se caracterize prejuízo para o contratante com o qual foi assinada a cláusula de exclusividade.

(A) As duas primeiras são incorretas.
(B) Apenas as duas últimas são corretas.
(C) A primeira e a terceira são incorretas.
(D) As três últimas são corretas.
(E) Todas são corretas.

I: incorreta, (art. 30 da Lei 9.615/1998); **II:** correta, art. 30 da Lei 9.615/1998; **III:** incorreta, (art. 8º da Lei 6.615/1978); **IV:** correta, art. 8º da Lei 6.615/1978; **V:** correta, art. 11 da Lei 6.533/1978.

Gabarito "C"

(Procurador do Trabalho – MPT – 14º Concurso – 2007) Complete com a opção CORRETA.

O contrato de trabalho do jogador de futebol é de prazo determinado, com vigência nunca inferior a ______ meses e nem superior a ______ anos.

(A) 3; 2;
(B) 3; 5;
(C) 6; 3;
(D) 12; 5;
(E) não respondida.

Art. 30 da Lei 9.615/1998 (observação: a alternativa A menciona o antigo prazo definido art. 3º, II, da revogada Lei 6.354/1976).

Gabarito "B"

5.11. EMPREGADO DOMÉSTICO

Nota importante: TODAS as questões abaixo foram concebidas antes da EC 72/2013 e muitas perderam o sentido com o advento da Emenda Constitucional 72/2013, sem falar na probabilidade de futura ratificação da Convenção 189 da OIT, sobre trabalho doméstico. Assim, o gabarito será analisado à luz do ordenamento vigente à época do certame.

A doméstica (propositadamente no feminino) sempre foi tratada pelo Constituinte como uma trabalhadora com padrão de direitos trabalhistas fundamentais inferior ao do empregado comum, como que em uma concepção rebaixada de sua dignidade. Entre 1988 e a EC 72/2013, a doméstica possuía dez direitos constitucionais: 1) integração à previdência social, 2) salário mínimo, 3) irredutibilidade salarial, 4) décimo terceiro, 5) repouso semanal remunerado, preferencialmente aos domingos, 6) férias remuneradas com mais 1/3; 7) licença-gestante; 8) licença-paternidade, 9) aviso-prévio proporcional e 10) aposentadoria. A partir da EC 72/2013, a doméstica passa a ter, ainda, os seguintes direitos:

– **Novos direitos de eficácia plena introduzidos pela EC 72/2013:** 11) garantia de salário variável não inferior ao mínimo; 12) caracterização de vítima por crime de redução dolosa de salário; 13) limitação de jornada diária e semanal; 14) adicional de hora extra de ao menos 50%; 15) redução dos riscos laboroambientais; 16) reconhecimento das convenções e acordos coletivos de trabalho; 17) proibição de discriminação salarial; 18) proibição de discriminação pela condição de pessoa com deficiência; 19) proibição de trabalho infantil.

– **Novos direitos de eficácia limitada introduzidos pela EC 72/2013** ("atendidas as condições estabelecidas em lei e observada a simplificação do cumprimento das obrigações tributárias, principais e acessórias): 20) proteção da relação de emprego contra a denúncia vazia (atualmente, por meio de multa sobre o saldo de FGTS); 22) seguro-desemprego; 23) FGTS; 24) adicional noturno; 25) salário-família; 26) assistência a filho e dependentes, do nascimento até os cinco anos de idade, em creches e pré-escolas; 27) seguro contra acidentes de trabalho.

(Magistratura do Trabalho – 2ª Região – 2012) Carlos foi admitido como vigia na residência do empresário Antunes, onde foi instalada uma guarita. A jornada era de 08 horas, com duas folgas semanais. Eram fornecidas refeições e moradia em um cômodo nos fundos da residência, sendo efetuados descontos no salário de Carlos a título de vestuário, alimentação e moradia. Não era recolhido o FGTS mensal sobre o salário de Carlos, uma vez que Antunes não o incluiu no sistema no início do contrato. Carlos ausentou-se do serviço por cinco dias em razão do nascimento do seu filho. À luz da legislação aplicável é **correto** afirmar que:

(A) o empregador Antunes pode descontar valores justos e razoáveis relativos a vestuário e alimentação fornecidos a Carlos;

(B) a ausência de recolhimento do FGTS sobre o salário de Carlos constitui-se em uma infração à legislação trabalhista uma vez que independe de opção do empregador;

(C) a ausência de Carlos pelo nascimento do filho pode ser considerada falta injustificada visto que não faz jus a licença-paternidade;

(D) não é **correto** o desconto com vestuário visto que se equipara a instrumento de trabalho, sendo admissível, neste caso, apenas o desconto com moradia.

(E) somente seria possível o desconto com moradia caso essa se referisse a local diverso da residência em que ocorrer a prestação de serviço, e desde que essa possibilidade tenha sido expressamente acordada entre as partes.

A: incorreta, "é vedado ao empregador doméstico efetuar descontos no salário do empregado por fornecimento de alimentação, vestuário, higiene ou moradia" (art. 2º-A, caput, da Lei 5.859/1972) **B:** incorreta, antiga redação do parágrafo único do art. 7º da CF; **C:** incorreta, faz jus à licença-paternidade (parágrafo único do art. 7º da CF); **D:** incorreta, o desconto com moradia somente é possível "se referir a local diverso da residência em que ocorrer a prestação de serviço, e desde que essa possibilidade tenha sido expressamente acordada entre as partes" (art. 2º-A, § 1º, da Lei 5.859/1972); **E:** correta, vide comentários à alternativa anterior.

Gabarito "E"

(Magistratura do Trabalho – 2ª Região – 2011) No que diz respeito ao empregado doméstico, observe as proposições:

I. Quando o empregador fornecer, *in natura*, uma ou mais das parcelas do salário mínimo, a parte paga em dinheiro não poderá ser inferior a 30% (trinta por cento), salvo em se tratando de empregado doméstico que resida no próprio local da prestação de serviços, quando então a parcela deduzida a título de moradia poderá implicar na redução de tal percentual.

II. A possibilidade de efetuar desconto salarial a título de despesas de moradia do empregado doméstico que residir em local diverso daquele onde presta seus serviços prescinde de acordo entre as partes.

III. A alimentação e o vestuário concedidos ao empregado doméstico têm natureza salarial e se incorporam à remuneração para todos os efeitos.

IV. É empregada doméstica quem presta serviços de natureza não eventual, de forma subordinada, mediante salário e com habitualidade em residência de síndico de condomínio de apartamentos.

V. É empregada doméstica quem presta serviços de natureza não eventual, de forma subordinada, mediante salário, com exclusividade e habitualidade, a condomínio de apartamentos, desde que contratada diretamente pelo síndico e não pela Administradora do condomínio.

Responda:

(A) Todas as assertivas estão erradas.

(B) Estão corretas apenas as assertivas I e II.

(C) Está correta apenas a assertiva III.

(D) Está correta apenas a assertiva IV.

(E) Estão corretas apenas as assertivas II e V.

I: incorreta, "é vedado ao empregador doméstico efetuar descontos no salário do empregado por fornecimento de alimentação, vestuário, higiene ou moradia" (art. 2º-A da Lei 5.859/1972); **II:** incorreta, é imprescindível o acordo entre as partes (art. 2º-A, § 1º, da Lei 5.859/1972); **III:** incorreta, "não têm natureza salarial nem se incorporam à remuneração para quaisquer efeitos" (art. 2º-A, § 2º, da Lei 5.859/1972); **IV:** correta, art. 1º da Lei 5.859/1972 (a circunstância da residência pertencer a síndico não desnatura o vínculo doméstico, desde que o serviço prestado pela empregada não tenha finalidade lucrativa); **V:** incorreta, art. 1º da Lei 2.757/1956 ("são excluídos das disposições da letra "a" do art. 7º do Decreto-lei n. 5.452, de 1º de maio de 1943, e do art. 1º do Decreto-lei n. 3.078, de 27 de fevereiro de 1941, os empregados porteiros, zeladores, faxineiros e serventes de prédios de apartamentos residenciais, desde que a serviço da administração do edifício e não de cada condômino em particular").

Gabarito "D"

(Magistratura do Trabalho – 2ª Região – 2010) A mãe de Ana foi acometida por grave doença que a incapacitou, exigindo cuidados especiais e o acompanhamento diuturno. Ambas residem no mesmo apartamento. Assim, Ana contratou Fernanda, aluna do primeiro ano do curso de enfermagem, por instrumento escrito de contrato de prestação de serviços autônomos. A jornada diária era de seis horas de trabalho, com duas folgas mensais. Fernanda almoçava na casa de Ana, sendo ajustado o desconto do valor de 5% (cinco por cento) sobre a remuneração, que era paga de forma quinzenal. Ana fornecia uniforme branco, substituído mensalmente, bem como material de higiene pessoal para Fernanda. A prestação dos serviços perdurou por 07 (sete) meses. Fernanda foi dispensada em razão da habitual negociação de perfumes de marca famosa com as vizinhas de Ana, em horário de trabalho, sem a prévia autorização.

Considere o caso ora apresentado e assinale a alternativa correta.

(A) Fernanda não pode ser considerada empregada de Ana porque foi firmado contrato escrito de prestação de serviços autônomos, prevalecendo a autonomia da vontade das partes. Além disso, a prestadora das atividades não possuía habilitação necessária para as funções de enfermeira, sendo, portanto, considerado trabalho proibido e invalidando eventual contrato de emprego.

(B) Encontram-se verificados os requisitos legais da relação de emprego, devendo ser efetuado o registro do contrato na CTPS da trabalhadora como empregada urbana, em razão das suas atividades como enfermeira. Devem ser pagos os valores correspondentes à proporcionalidade de férias com 1/3 e 13º salário, descansos semanais não usufruídos, recolhimentos do FGTS, saldo salarial do mês da rescisão, sem a liberação dos depósitos do FGTS, multa rescisória e aviso-prévio em razão da dispensa por justa causa, nos termos do artigo 482, alínea "c" da CLT.

(C) Encontram-se verificados os requisitos legais da relação de emprego, devendo ser efetuado o registro do contrato na CTPS da trabalhadora como empregada doméstica. Devem ser pagos os valores correspondentes à proporcionalidade de férias com 1/3 e 13º salário, descansos semanais não usufruídos, saldo salarial do mês da rescisão e aviso-prévio, vez que a negociação habitual não configura justa causa na relação de emprego doméstico.

(D) Encontram-se verificados os requisitos legais da relação de emprego, devendo ser efetuado o registro do contrato na CTPS da trabalhadora como empregada doméstica. Os descontos efetuados com alimentação são considerados válidos, visto que expressamente permitidos pela legislação aplicável aos empregados domésticos.

(E) Encontram-se verificados os requisitos legais da relação de emprego, devendo ser efetuado o registro do contrato na CTPS da trabalhadora como empregada doméstica. Os descontos efetuados com alimentação não são considerados válidos, visto que vedados expressamente pela legislação aplicável aos empregados domésticos. As despesas com vestuário e higiene possuem natureza salarial e se incorporam à remuneração para quaisquer efeitos por serem realizadas em função dos serviços prestados.

O enunciado descreve uma hipótese de trabalho doméstico, enquadrada nos arts. 1º e 2º da Lei n. 5.859/1973. Forte no princípio da primazia da realidade, é indiferente a circunstância de existir um contrato taxando de "autônomos" os serviços prestados por Fernanda caso estejam presentes os elementos configuradores do vínculo de emprego (CLT, art. 9º). A circunstância de Fernanda haver, eventualmente, atuado como profissional de enfermagem sem a qualificação acadêmica para tanto é questão a ser resolvida na esfera administrativa (no âmbito dos conselhos competentes), não desnaturando o vínculo de emprego (v. Súmula 386 do TST). É vedado ao empregador doméstico efetuar descontos salariais da empregada em razão de alimentação (art. 2º-A da Lei 5.859/1972). A prática de negociação habitual (assim como a violação do segredo de empresa) é hipótese tipificada de justa causa não aplicável à doméstica (art. 6º-A, § 2º, da Lei 5.859/1972).

Gabarito "C"

(Magistratura do Trabalho – 3ª Região – 2009) Sobre o trabalho doméstico, leia as afirmações abaixo e, em seguida, assinale a alternativa correta:

I. Apesar de haver omissão legislativa, a doutrina acolhe a relação de trabalho doméstico com pessoa jurídica, em face do princípio da primazia da realidade.

II. À empregada doméstica ainda não foi estendido o direito à estabilidade provisória ou garantia de emprego decorrente de gestação.

III. A longa controvérsia a respeito do elemento jurídico da não eventualidade ou da continuidade na relação de trabalho doméstico foi sepultada pela recente edição de súmula pelo Tribunal Superior do Trabalho.

IV. O descanso remunerado em feriados está no rol dos direitos reconhecidos para a categoria doméstica.

V. O direito às férias de 30 dias com um terço a mais que o salário normal foi estabelecido com vigência *ex tunc* a partir da publicação da lei.

(A) Somente uma afirmativa está correta.
(B) Somente duas afirmativas estão corretas.
(C) Somente três afirmativas estão corretas.
(D) Somente quatro afirmativas estão corretas.
(E) Todas as afirmativas estão corretas.

I: incorreta, pois se entende que inexistirá trabalho doméstico em se tratando de contratante pessoa jurídica (art. 1º da Lei 5.859/1972); **II:** incorreta, tal direito já foi garantido (art. 4º-A da Lei 5.859/1972); **III:** incorreta, ante a inexistência de tal súmula; **IV:** correta, pois o art. 5º, a, da Lei 605/1949 foi revogado pela Lei 11.324/2006; **V:** incorreta, pois a nova redação do art. 3º da Lei 5.859/1972 aplica-se aos períodos aquisitivos iniciados após a data de publicação da Lei 11.324/2006.

Gabarito "A"

(Magistratura do Trabalho – 8ª Região – 2007) De acordo com a legislação vigente, assinale a alternativa incorreta no que refere aos direitos assegurados aos empregados domésticos:

(A) Vedação a descontos salariais por fornecimento de alimentação, vestuário, higiene ou moradia, salvo, quanto a este último, quando se referir a local diverso da residência em que ocorrer a prestação de serviço e desde que essa possibilidade tenha sido expressamente acordada entre as partes.

(B) Vedação à dispensa arbitrária ou sem justa causa, em caso de empregada gestante, desde a confirmação da gravidez até cinco meses após o parto.

(C) Irredutibilidade salarial, gratificação natalina, salário-família e Fundo de Garantia do Tempo de Serviço, este ainda como uma faculdade, a critério do empregador.

(D) Aposentadoria, licença-maternidade, repouso semanal remunerado e vale-transporte.

(E) Férias anuais remuneradas de trinta dias com, pelo menos, um terço a mais que o salário normal, após cada período de doze meses de trabalho, prestado à mesma pessoa ou família.

A: assertiva correta, art. 2º- A e § 1º da Lei 5.859/1972; **B:** assertiva correta, art. 4º-A da Lei 5.859/1972; **C:** assertiva incorreta, devendo ser assinalada, o parágrafo único do art. 7º da CF não reconhece o direito ao salário-família; **D:** assertiva correta, parágrafo único do art. 7º da CF, art. 1º da Lei 7.418/1985 e art. 1º, II, do Decreto 95.247/1987; **E:** assertiva correta, art. 3º da Lei 5.859/1972.

Gabarito "C"

(Magistratura do Trabalho – 9ª Região – 2006) Quanto aos empregados domésticos, assinale a alternativa correta:

I. O empregador está obrigado ao pagamento do FGTS, correspondente a 8% sobre a remuneração do empregado doméstico.

II. São direitos dos empregados domésticos: décimo terceiro salário, repouso semanal remunerado e licença-paternidade.
III. São direitos dos empregados domésticos: décimo terceiro salário, férias anuais remuneradas e remuneração do serviço extraordinário superior, no mínimo, em cinquenta por cento à do normal.
IV. São direitos dos empregados domésticos: sua integração à previdência social, aposentadoria e licença à gestante, com duração de 120 dias.

(A) Apenas as alternativas I e II estão corretas.
(B) Apenas as alternativas I, II e III estão corretas.
(C) Apenas as alternativas II e IV estão corretas.
(D) Apenas a alternativa II está correta.
(E) Todas estão incorretas.

I: incorreta, é facultado o recolhimento do FGTS (art. 3º-A da Lei 5.859/1972); **II:** correta, art. 7º, parágrafo único, da CF; **III:** incorreta, o parágrafo único do art. 7º da CF, antes da EC 72/2013, não previa o recebimento de horas extras; **IV:** correta, parágrafo único do art. 7º da CF e art. 4º da Lei 5.859/1972 (a Lei 11.324/2006 inseriu o art. 4º-A à Lei 5.859/1972, prorrogando o prazo de estabilidade desde a confirmação da gravidez até 5 meses após o parto).

Gabarito "C"

(Magistratura do Trabalho – 14ª Região – 2011) Quanto ao trabalho doméstico, nos termos da legislação aplicável, responda qual a alternativa que não está correta.

(A) E vedado ao empregador doméstico efetuar descontos no salário do empregado por fornecimento de alimentação, vestuário, higiene.

108

(B) Poderão ser descontadas do empregado doméstico as despesas com moradia desde que esta se referir a local diverso da residência em que ocorrer a prestação dos serviços e que tenha sido acordada expressamente tal possibilidade entre as partes.
(C) É vedada a dispensa arbitrária ou sem justa causa da empregada doméstica gestante desde a confirmação da gravidez até 5 (cinco) meses após o parto.
(D) As despesas que o empregador efetuar com fornecimento de alimentação, vestuário ou higiene não têm natureza salarial nem se incorporam à remuneração para quaisquer efeitos.
(E) Conforme prevê recente alteração legislativa (Lei 10.208/2001) foi incluído o direito à inclusão do doméstico no Fundo de Garantia do Tempo de Serviço – FGTS, de que trata a Lei 8.036/1990, mediante requerimento obrigatório do empregador, na forma do regulamento.

A: assertiva correta, art. 2º-A da Lei 5.859/1972; **B:** assertiva correta, art. 2º-A, § 1º, da Lei 5.859/1972; **C:** assertiva correta, art. 4º-A da Lei 5.859/1972; **D:** assertiva correta, art. 2º-A, § 2º, da Lei 5.859/1972; **E:** assertiva incorreta, devendo ser assinalada, (art. 3º-A da Lei 5.859/1972).

Gabarito "E"

(Magistratura do Trabalho – 15ª Região – 2012) Sobre o empregado doméstico **não é correto** afirmar:

(A) É vedado ao empregador doméstico efetuar descontos no salário do empregado por fornecimento de alimentação, vestuário, higiene e moradia.
(B) O empregado doméstico terá direito a férias anuais remuneradas de 30 dias com, pelo menos, um terço a mais que o salário normal após cada período de doze meses de trabalho, prestado à mesma pessoa ou família;
(C) O depósito do FGTS é facultativo.
(D) É vedada a dispensa sem justa causa da empregada doméstica gestante desde a confirmação da gravidez até cinco meses após o parto.
(E) O trabalhador doméstico tem direito ao seguro-desemprego, quando inscrito no FGTS, se requerido no prazo de até 120 dias contados da data da dispensa.

A: assertiva correta, art. 2º-A da Lei 5.859/1972; **B:** assertiva correta, art. 3º da Lei 5.859/1972; **C:** assertiva correta, art. 3º-A da Lei 5.859/1972; **D:** assertiva correta, art. 4º-A da Lei 5.859/1972; **E:** assertiva incorreta, o prazo é de 7 a 90 dias (art. 6º-C da Lei 5.859/1972).

Gabarito "E"

(Magistratura do Trabalho – 15ª Região – 2011) A respeito dos direitos trabalhistas conferidos ao empregado doméstico, analise as seguintes assertivas.

I. Considera-se empregado doméstico aquele que. presta serviços de natureza contínua e de finalidade não lucrativa à pessoa ou à família no âmbito residencial destas, estando excluídos do conceito os que nas mesmas condições, exercem funções que dependem de qualificação, como por exemplo, o técnico em enfermagem.
II. O empregador doméstico poderá descontar as despesas com moradia quando essa se referir a local diverso da residência em que ocorrer a prestação de serviço, e desde que essa possibilidade tenha sido expressamente acordada entre as partes.
III. O empregado doméstico terá direito a férias anuais remuneradas de 30 (trinta) dias com, pelo menos, 1/3 (um terço) a mais que o salário normal, após cada período de 12 (doze) meses de trabalho, prestado à mesma pessoa ou família.
IV. É vedada a dispensa arbitrária ou sem justa causa da empregada doméstica gestante desde a confirmação da gravidez até 5 (cinco) meses após o parto.
V. Aplicam-se ao trabalho doméstico todas as hipóteses de rescisão por justa causa, cometidas pelo empregado, previstas na Consolidação das Leis do Trabalho.

Agora responda:

(A) a assertiva I está correta;
(B) a assertiva II está incorreta;
(C) apenas as assertivas I e III estão corretas;
(D) apenas a assertiva V está correta;
(E) as assertivas II, III e IV estão corretas.

I: incorreta, art. 1º da Lei 5.859/1972 (inexiste ressalva à circunstância de se exercer funções que demandem alguma habilitação ou qualificação legal); **II:** correta, art. 2º-A, § 1º, da Lei 5.859/1972; **III:** correta, art. 3º da Lei 5.859/1972; **IV:** correta, art. 4º-A da Lei 5.859/1972; **V:** incorreta, excetuam-se: "negociação habitual por conta própria ou alheia sem permissão do empregador, e quando constituir ato de concorrência à empresa para a qual trabalha o empregado, ou for prejudicial ao serviço" e "violação de segredo da empresa" (art. 6º-A, § 2º, da Lei 5.859/1972).

Gabarito "E"

(Magistratura do Trabalho – 21ª Região – 2005) A relação de emprego doméstico no Brasil possui disciplinamento próprio, nos termos da Lei n. 5.589/1972, e teve o seu elenco de direitos ampliado pela Constituição Federal de 1988. Nesse sentido, é incorreto afirmar que o empregado doméstico:

(A) não faz jus à licença-paternidade;
(B) não está coberto pela estabilidade da gestante;
(C) não tem direito ao adicional noturno;
(D) não é beneficiário do salário-família;
(E) não está coberto pelo seguro desemprego, pois depende de outros requisitos complementares;

O empregado doméstico faz jus à licença-paternidade (parágrafo único do art. 7º da CF).

Gabarito "A"

(Magistratura do Trabalho – 23ª Região – 2012) Quanto ao direito dos empregados domésticos ao benefício do seguro-desemprego, analise as proposições abaixo e assinale a alternativa correta:

I. O empregado doméstico, uma vez preenchidos os requisitos necessários à obtenção do seguro-desemprego, tem direito ao benefício pelos mesmos períodos e valores estabelecidos para os empregados em geral, havendo diferença somente no tempo de contribuição para a Previdência e recolhimento para o FGTS.
II. O seguro-desemprego deverá ser requerido até 120 dias contados da data da dispensa imotivada.
III. Tem direito ao benefício o empregado doméstico dispensado sem justa causa, que comprovar ter trabalhado como empregado doméstico pelo menos 15 meses nos últimos 24 meses, estar inscrito como Contribuinte Individual da Previdência Social e possuir, no mínimo, 15 contribuições ao INSS, ter, no mínimo, 15 recolhimentos ao FGTS como empregado doméstico, não estar recebendo nenhum benefício da Previdência Social e não possuir renda própria para seu sustento e de sua família.
IV. São dispensadas a assistência e a homologação à rescisão contratual do empregado(a) doméstico(a), mesmo no caso do optante, para fins de recebimento do FGTS e do seguro-desemprego.
V. o prazo de carência para o recebimento de novo benefício é de 24 meses.

(A) Apenas as proposições III e IV estão corretas e as demais estão incorretas.
(B) Apenas a proposição I está correta e as demais estão incorretas.
(C) Apenas a proposição IV está correta e as demais estão incorretas.
(D) Apenas as proposições IV e V estão corretas e as demais estão incorretas.
(E) Todas as proposições estão incorretas.

I e V: incorretas, incorreta, tem direito ao "valor de um salário mínimo, por um período máximo de três meses, de forma contínua ou alternada" (art. 6º-A da Lei 5.859/1972); **II:** incorreta (art. 6º-C da Lei 5.859/1972). O prazo é de até **90 (noventa)** dias; **III:** incorreta, contraria o art. 6º-B da Lei 5.859/1972; **IV:** correta. http://www3.mte.gov.br/trab_domestico/trab_domestico_direitos.asp.

Gabarito "C"

(Magistratura do Trabalho – 23ª Região – 2006) Segundo o texto atual da Lei 5.859, de 11.12.1972, pode-se dizer que os empregados domésticos ostentam os seguintes direitos: I – férias anuais remuneradas de 20 dias úteis, após cada período de 12 meses prestado à mesma pessoa ou família; II – férias anuais remuneradas de 30 dias, com adicional de 1/3, após cada período de 12 meses prestado à mesma pessoa ou família; III – Inclusão obrigatória no Fundo de Garantia do Tempo de Serviço – FGTS, e acesso ao benefício do seguro-desemprego em caso de dispensa imotivada; IV – estabilidade no emprego à empregada gestante, desde a confirmação da gravidez até 5 meses após o parto; V – impossibilidade de descontos a título de alimentação, vestuário, higiene e moradia, excepcionado o desconto de moradia quando fornecida em local diverso da residência em que ocorrer a prestação de serviços e desde que tal possibilidade tenha sido expressamente acordada entre as partes. Considerando as afirmações acima, assinale a alternativa correta:

(A) Estão corretas as assertivas dos itens I, IV, e V.
(B) Está correta apenas a assertiva do item II.
(C) Está correta apenas a assertiva do item I.
(D) Estão corretas as assertivas dos itens II, IV e V.
(E) Estão corretas as assertivas dos itens II, III, IV e V.

Os itens II, IV e V estão conforme os arts. 2º-A ao 6º- A da Lei 5.859/1972.

Gabarito "D"

(Magistratura do Trabalho – 24ª Região – 2007) Considerando o tratamento legal aplicado ao Empregado Doméstico:

I. É vedado ao empregador doméstico efetuar descontos no salário do empregado por fornecimento de alimentação, vestuário, higiene ou moradia.
II. Poderão ser descontadas as despesas com moradia quando essa se referir a local diverso da residência em que ocorrer a prestação de serviço, e desde que essa possibilidade tenha sido expressamente acordada entre as partes.
III. Terá direito a férias anuais remuneradas de 20 (vinte) dias úteis com, pelo menos, 1/3 (um terço) a mais do que o salário normal, após cada período de 12 (doze) meses de trabalho, prestado à mesma pessoa ou família.
IV. É obrigatória a inclusão do empregado doméstico no Fundo de Garantia do Tempo de Serviço – FGTS, de que trata a Lei n. 8.036, de 11 de maio de 1990, mediante requerimento do empregador, na forma do regulamento.
V. É vedada a dispensa arbitrária ou sem justa causa da empregada doméstica gestante desde a confirmação da gravidez até 5 (cinco) meses após o parto.

RESPONDA:

(A) Todas as proposições estão corretas.
(B) Apenas as proposições II, III e IV estão corretas.
(C) Apenas as proposições III e IV estão incorretas.
(D) Apenas as proposições III, IV e V estão incorretas.
(E) Apenas as proposições I, II, III e V estão corretas.

I e **II:** corretas, art. 2º-A e § 1º da Lei 5.859/1972; **III:** incorreta, tem direito a férias de 30 dias (art. 3º da Lei 5.859/1972); **IV:** incorreta, a inclusão no FGTS é facultada (3º-A da Lei 5.859/1972); **V:** correta, 4º-A da Lei 5.859/1972.

Gabarito "C"

5.12. TRABALHO RURAL

(Magistratura do Trabalho – 2ª Região – 2012) Nos termos da legislação aplicável a matéria sobre o trabalho rural, é **INCORRETO** afirmar que:

(A) Em qualquer trabalho contínuo de duração superior a seis horas, será obrigatória a concessão de um intervalo para repouso ou alimentação observados os usos e costumes da região, não se computando este intervalo na duração do trabalho.
(B) Considera-se trabalho noturno rural o executado entre as vinte e uma horas de um dia e às cinco horas do dia seguinte, na lavoura, e entre as vinte horas de um dia e às quatro horas do dia seguinte, na atividade pecuária.
(C) O produtor rural pessoa física, proprietário ou não, que explore diretamente atividade agroeconômica poderá realizar contratação de trabalhador rural por pequeno prazo para o exercício de atividades de natureza temporária.
(D) Considera-se empregador rural a pessoa física ou jurídica, proprietário de área rural ou prédio rústico, que explore atividade agroeconômica, não se incluindo a exploração industrial em estabelecimento agrário, em caráter permanente ou temporário, diretamente ou através de prepostos e com auxílio de empregados.
(E) A cessão pelo empregador, de moradia e de sua infraestrutura básica, assim, como, bens destinados à produção para sua subsistência e de sua família, não integram o salário do trabalhador rural, desde que caracterizados como tais, em contrato escrito celebrado entre as partes, com testemunhas e notificação obrigatória ao respectivo sindicato de trabalhadores rurais.

A: assertiva correta, artigo 5º da Lei 5.889/1973; **B:** assertiva correta, artigo 7º da Lei 5.889/1973; **C:** assertiva correta, artigo 14-A, § 4º, da Lei 5.889/1993; **D:** assertiva incorreta, devendo ser assinalada (artigo 3º, § 1º, da Lei 5.889/1973. Inclui-se na exploração industrial em estabelecimento agrário, em caráter permanente ou temporário, diretamente ou através de prepostos e com auxílio de empregados; **E:** assertiva correta, artigo 9º, § 5º, da Lei 5.889/1973.

Gabarito "D"

(Magistratura do Trabalho – 2ª Região – 2011) Quanto ao trabalhador rural, é incorreto afirmar:

(A) Sempre que mais de um empregado residir na mesma morada, o desconto de 20% (vinte por cento) do salário mínimo, afeto à ocupação da morada, será dividido proporcionalmente ao número de empregados, ficando vedada, em qualquer hipótese, a moradia coletiva de famílias.
(B) Embora devendo integrar o resultado anual a que tiver direito o empregado rural, a plantação intercalar, mesmo quando autorizada e objeto de contrato em separado, não poderá compor a parte correspondente ao salário mínimo na remuneração geral do empregado, durante o ano agrícola.
(C) Considera-se trabalho noturno o executado entre as 21 horas de um dia e 5 horas do dia seguinte, na lavoura.
(D) A contratação de trabalhador rural por pequeno prazo que, dentro do período de seis meses, superar dois meses fica convertida em contrato de trabalho por prazo indeterminado, observando-se os termos da legislação aplicável.
(E) Considera-se trabalho noturno o executado entre as 20 horas de um dia e as 4 horas do dia seguinte, na pecuária.

A: assertiva correta, art. 9º, § 2º, da Lei 5.889/1973; **B:** assertiva correta, art. 12, parágrafo único, da Lei 5.889/1973; **C:** assertiva correta, art. 7º da Lei 5.889/1973; **D:** assertiva incorreta, devendo ser assinalada, o período é de um ano (art. 14-A, § 1º, da Lei 5.889/1973); **E:** assertiva correta, art. 7º da Lei 5.889/1973.

Gabarito "D"

(Magistratura do Trabalho – 2ª Região – 2010) Considere as seguintes proposições a respeito do trabalhado rural.

I. A cessão pelo empregador de moradia e de sua infraestrutura básica, assim como bens destinados à produção para sua subsistência e de sua família integram o salário do trabalhador rural em todas as situações.
II. É lícito ao empregador rural efetuar descontos no salário do empregado rural até o limite de 20% (vinte por cento) sobre a remuneração deste pela ocupação da morada.
III. Rescindido ou findo o contrato de trabalho, o empregado rural será obrigado legalmente a desocupar a casa onde mora, observados os usos e costumes da região, porquanto a lei não estipula prazo.
IV. Considera-se trabalho noturno o executado entre às 21h de um dia e às 5h do dia seguinte, na lavoura, e entre às 20h de um dia e às 4h do dia seguinte na atividade pecuária; havendo um acréscimo mínimo de 20% sobre a remuneração normal do rurícola, considerada a redução da hora noturna para 52min30seg.
V. O produtor rural pessoa física, proprietário ou não, que explore atividade agroeconômica, poderá realizar a contratação de trabalhador rural por pequeno prazo para o exercício de atividades de natureza temporária. A contratação, nesta situação, que superar 2 (dois) meses, dentro do período de 1 (um) ano, fica convertida em contrato de trabalho por prazo indeterminado, observando-se os termos da legislação aplicável.

Responda:

(A) Todas as alternativas estão incorretas.
(B) Apenas as alternativas II, III e V estão incorretas.

(C) Apenas as alternativas I e III estão corretas.
(D) Apenas as alternativas I e IV estão corretas.
(E) Apenas a alternativa V está correta.

I: incorreta, "não integram o salário do trabalhador rural, desde que caracterizados como tais, em contrato escrito celebrado entre as partes, com testemunhas e notificação obrigatória ao respectivo sindicato de trabalhadores rurais" (art. 9º, § 5º, da Lei 5.889/1973); **II:** incorreta, art. 9º, a, da Lei 5.889/1973 (a base de cálculo é o salário mínimo, e não a remuneração do empregado); **III:** incorreta, o prazo é de 30 dias (art. 9º, § 3º, da Lei 5.889/1973); **IV:** incorreta, ao rurícola não há a previsão da hora noturna reduzida e o adicional é de 25% (art. 7º, parágrafo único, da Lei 5.889/1973; **V:** correta, art. 14-A, § 1º, da Lei 5.889/1973.

Gabarito "E"

(Procurador do Trabalho – 2013 – MPT) Em relação ao trabalho rural, é **CORRETO** afirmar que:

(A) A jurisprudência dominante do TST considera empregador rural aquele que realiza exploração agroindustrial.
(B) Consoante a jurisprudência dominante do TST o enquadramento do trabalhador como rurícola independe da atividade preponderante do empregador, pois decorre da natureza dos serviços prestados pelo empregado, os quais devem estar diretamente ligados à agricultura e à pecuária, afastando-se de atividades de administração ou técnicas que se classifiquem como industriais ou comerciais.
(C) Segundo a jurisprudência dominante no TST, ao trabalhador rural das lavouras de cana de açúcar que receba por produção é devido somente o adicional correspondente às horas extraordinárias.
(D) O contrato de safra é modalidade de trabalho eventual e tem sua duração condicionada pelas variações estacionais da atividade agrária.
(E) Não respondida.

A: correta, conforme OJ 419 da SDI-I do TST; **B:** incorreta, OJ 419 da SDI-I do TST (confira-se: TST -E-ED-RR-63600-16.2002.5.15.0120); **C:** incorreta, OJ 235 da SDI-I do TST; **D:** incorreta, pois o trabalho de safra é contrato de trabalho por prazo determinado, não um contrato de trabalho eventual (v. art. 14, parágrafo único, da Lei 5.889/1973).

Gabarito "A"

(Magistratura do Trabalho – 3ª Região – 2009) Sobre o trabalho rural, leia as afirmações abaixo e, em seguida, assinale a alternativa correta:

I. A definição legal de empregado rural é vinculada à situação geográfica da propriedade, que deve ser em zona rural, ou ao tipo de prédio, que deve ser rústico. Por isso, nos termos da jurisprudência consolidada do Tribunal Superior do Trabalho, o empregado que exerce atividade rural para empresa de reflorestamento será considerado rurícola.
II. Somente pode ser considerado, segundo o critério legal, empregador rural que explore atividade agroeconômica em caráter permanente.
III. O contrato de safra é expressamente mencionado na Lei do Trabalho Rural, que o define como o que tem sua duração dependente de variações estacionais da atividade agrária. É considerado um contrato a termo, em geral, incerto.
IV. A Lei do Trabalho Rural dispõe que o empregado rural tem direito ao intervalo intrajornada, quando essa for superior a seis horas, mas não estabelece duração desse intervalo, dando certa flexibilidade, observados os usos e costumes da região.
V. Nos termos da orientação jurisprudencial do Tribunal Superior do Trabalho, o prazo prescricional da pretensão do rurícola, cujo contrato de emprego já se extinguira ao sobrevir à Emenda Constitucional n. 28, tenha sido ou não ajuizada a ação trabalhista, prossegue regido pela lei vigente ao tempo da extinção do contrato de emprego.

(A) Somente uma afirmativa está correta.
(B) Somente duas afirmativas estão corretas.
(C) Somente três afirmativas estão corretas.
(D) Somente quatro afirmativas estão corretas.
(E) Todas as afirmativas estão corretas.

I: correta, art. 2º da Lei 5.889/1973 e OJ 271 da SDI-I; **II:** incorreta, conforme art. 3º da Lei 5.889/1973, que admite a hipótese de atividade temporária; **III:** correta, art. 14, parágrafo único, da Lei 5.889/1973; **IV:** correta, art. 5º da Lei 5.889/1973; **V:** correta, OJ 271 da SDI-I.

Gabarito "D"

(Magistratura do Trabalho – 3ª Região – 2008) Sobre o trabalho rural, é incorreto dizer:

(A) O enquadramento do empregado rural depende da caracterização do empregador rural.
(B) O empregador rural pode ser uma empresa industrial que explore atividade em estabelecimento agrário.
(C) O trabalho noturno, na atividade pecuária, é o desenvolvido entre as vinte horas de um dia e as quatro horas do dia seguinte, enquanto que, na atividade agrícola, é o realizado entre as vinte e uma horas de um dia e as cinco horas do dia seguinte.
(D) É permitido o desconto pela ocupação de morada, do empregado rural, até o limite de 20% sobre o salário contratualmente ajustado, desde que previamente autorizado.
(E) Durante o período do aviso-prévio, se a ruptura tiver sido de iniciativa do empregador, o empregado rural terá direito a um dia por semana para procurar outro trabalho, sem prejuízo do salário integral.

A: assertiva correta, pois o art. 2º da Lei 5.889/1973 é incompleto ao definir como parâmetro, para a caracterização do empregado rural, apenas o geográfico, que é bastante aberto; **B:** assertiva correta, art. 3º, § 1º, da Lei 5.889/1973; **C:** assertiva correta, art. 7º da Lei 5.889/1973; **D:** assertiva incorreta, devendo ser assinalada, art. 9º, a, da Lei 5.889/1973 (a base de cálculo é o salário mínimo); **E:** assertiva correta, art. 15 da Lei 5.889/1973.

Gabarito "D"

(Magistratura do Trabalho – 4ª Região – 2012) A contratação de trabalhador rural por pequeno prazo

(A) pode ser realizada para o exercício de atividades de natureza temporária por produtor rural pessoa física, proprietário ou não, que explore diretamente atividade agroeconômica, e, se superar dois meses de contratação dentro do período de um ano, será convertida em contrato de trabalho por prazo indeterminado.

(B) pode ser realizada para o exercício de atividades de natureza temporária por produtor rural pessoa física, jurídica e agroindustrial, proprietária ou não, que explore diretamente atividade agroeconômica, e, se superar três meses de contratação dentro do período de um ano, será convertida em contrato de trabalho por prazo indeterminado.

(C) pode ser realizada para o exercício de atividades de natureza temporária ou permanente, apenas por produtor rural pessoa física, proprietária ou não, que explore diretamente atividade agroeconômica ou agroindustrial, e, se superar três meses de contratação dentro do período de um ano, será convertida em contrato de trabalho por prazo indeterminado.

(D) pode ser realizada para o exercício de atividades de natureza temporária ou permanente, por produtor rural pessoa física, jurídica e agroindustrial, proprietária ou não, que explore diretamente atividade agroeconômica, e, se superar dois meses de contratação dentro do período de um ano, será convertida em contrato de trabalho por prazo indeterminado.

(E) não pode ser realizada para o exercício de atividades de natureza temporária por se caracterizar como "*merchandage*".

A alternativa "A" está de acordo com o art. 14-A da Lei 5.889/1973.

Gabarito "A".

(Magistratura do Trabalho – 8ª Região – 2009) Relativamente ao trabalhador rural, e considerando a legislação em vigor, assinale a alternativa correta:

(A) Em qualquer trabalho contínuo de duração superior a seis horas, será obrigatória a concessão de um intervalo para repouso ou alimentação observados os usos e costumes da região, não se computando este intervalo na duração do trabalho. Entre duas jornadas de trabalho haverá um período mínimo de onze horas consecutivas para descanso. Nos serviços, caracteristicamente intermitentes, serão computados, como de efetivo exercício, os intervalos entre uma e outra parte da execução da tarefa diária, desde que tal hipótese seja expressamente ressalvada na Carteira de Trabalho e Previdência Social.

(B) Na regiões em que se adota a plantação subsidiária ou intercalar (cultura secundária), a cargo do empregado rural, quando autorizada ou permitida, estará incluída no objeto do contrato de trabalho. Embora devendo integrar o resultado anual a que tiver direito o empregado rural, a plantação subsidiária ou intercalar não poderá compor a parte correspondente ao salário mínimo na remuneração geral do empregado, durante o ano agrícola. Nos locais de trabalho rural serão observadas as normas de segurança e higiene estabelecidas em portaria do Ministro do Trabalho.

(C) Com relação ao trabalhador rural, considera-se trabalho noturno o executado entre as vinte e uma horas de um dia e as cinco horas do dia seguinte, na lavoura, e entre as vinte horas de um dia e as quatro horas do dia seguinte, na atividade pecuária. O trabalho noturno será acrescido de 25% (vinte e cinco por cento) sobre a remuneração normal, sendo vedado o trabalho noturno ao menor de 18 anos. Salvo hipóteses de autorização legal, só poderão ser descontadas do empregado rural as seguintes parcelas, calculadas sobre o salário mínimo: até o limite de 20% (vinte por cento) pela ocupação da morada; até o limite de 25% (vinte por cento) pelo fornecimento de alimentação sadia e farta, atendidos os preços vigentes na região; adiantamentos em dinheiro. São nulas de pleno direito as deduções acima especificadas quando não autorizadas.

(D) Integram o salário e a remuneração do trabalhador rural a cessão, pelo empregador, de moradia e de sua infraestrutura básica, assim como bens destinados à produção para sua subsistência e de sua família, desde que previstos em contrato escrito celebrado entre as partes. Este contrato, com as suas testemunhas, é de notificação obrigatória ao respectivo sindicato de trabalhadores rurais.

(E) O produtor rural pessoa física poderá realizar contratação de trabalhador rural por pequeno prazo para o exercício de atividades de natureza temporária. A contratação de trabalhador rural por pequeno prazo que, dentro do período de 1 (um) ano, superar 2 (meses) meses fica convertida em contrato de trabalho por prazo indeterminado. O contrato de trabalho por pequeno prazo deverá ser formalizado mediante a inclusão do trabalhador na GFIP, e mediante a anotação na Carteira de Trabalho e Previdência Social e em Livro ou Ficha de Registro de Empregados; ou mediante contrato escrito, em 2 (duas) vias, uma para cada parte, onde conste, no mínimo: expressa autorização em acordo coletivo; identificação do produtor rural e do imóvel rural onde o trabalho será realizado e indicação da respectiva matrícula; identificação do trabalhador, com indicação do respectivo Número de Inscrição do Trabalhador.

A: incorreta, nos serviços, caracteristicamente intermitentes, não serão computados, como de efetivo exercício, os intervalos entre uma e outra parte da execução da tarefa diária (art. 6º da Lei 5.889/1973); **B:** incorreta, será objeto de contrato em separado (art. 12 da Lei 5.889/1973); **C:** incorreta, art. 9º, caput, da Lei 5.889/1973 (autorização legal ou decisão judiciária); **D:** incorreta, não integram o salário do trabalhador (art. 9º, § 5º, da Lei 5.889/1973); **E:** correta, art. 14-A da Lei 5.889/1973.

Gabarito "E".

(Magistratura do Trabalho – 8ª Região – 2008) Quanto ao trabalho rural, assinale a alternativa CORRETA:

(A) Em qualquer trabalho contínuo de duração superior a seis horas, será obrigatória a concessão de um intervalo para repouso ou alimentação observados os usos e costumes da região, não se computando este intervalo na duração do trabalho, sendo que entre duas jornadas de trabalho haverá um período mínimo de onze horas consecutivas para descanso. Outrossim, nos serviços, caracteristicamente intermitentes, serão computados, como de efetivo exercício os intervalos entre uma e outra parte da execução da tarefa diária, desde que tal hipótese seja expressamente ressalvada na Carteira de Trabalho e Previdência Social.

(B) Considera-se trabalho noturno o executado entre as vinte horas de um dia e as cinco horas do dia seguinte, na lavoura, e entre as vinte horas de um dia e as quatro horas do dia seguinte, na atividade pecuária. Todo trabalho noturno será acrescido de vinte e cinco por cento sobre a remuneração normal.

(C) Salvo as hipóteses de autorização legal ou decisão judiciária, só poderão ser descontadas do empregado rural as seguintes parcelas, calculadas sobre o salário mínimo: até o limite de vinte por cento pela ocupação da morada; até o limite de vinte e cinco por cento pelo fornecimento de alimentação sadia e farta, atendidos os preços vigentes na região; adiantamentos em dinheiro. A lei também veda a moradia coletiva de famílias, em qualquer hipótese, estabelecendo ainda que, rescindido ou findo o contrato de trabalho, o empregado poderá permanecer na casa por até sessenta dias.

(D) O produtor rural pessoa física poderá realizar contratação de trabalhador rural por pequeno prazo para o exercício de atividades de natureza temporária, sendo que o contrato de trabalhador rural por pequeno prazo que superar dois meses dentro do período de um ano fica convertido em contrato de trabalho por prazo indeterminado. Esse tipo de contrato não necessita ser anotado na Carteira de Trabalho e Previdência Social, mas, se não houver outro registro documental, é obrigatória a existência de contrato escrito com o fim específico de comprovação para a fiscalização trabalhista da situação do trabalhador.

(E) Durante o prazo do aviso-prévio, se a rescisão tiver sido promovida pelo empregador, o empregado rural terá direito a dois dias por semana, sem prejuízo do salário integral, para procurar outro trabalho.

A: incorreta, nos serviços intermitentes "não serão computados, como de efeito exercício, os intervalos entre uma e outra parte da execução da tarefa diária" (art. 6º da Lei 5.889/1973); **B:** incorreta, na lavoura, considera-se noturno o trabalho executado das 21:00 horas até as 05:00 horas (art. 7º da Lei 5.889/1973); **C:** incorreta, "o empregado será obrigado a desocupar a casa dentro de trinta dias" (art. 9º da Lei 5.889/1973); **D:** incorreta, o contrato por pequeno prazo pode ser formalizado mediante anotação na CTPS e em Livro ou Ficha de Registro de Empregados ou por contrato escrito que contenha os requisitos descritos nas alíneas a, b, e c do inc. II do § 3º do art. 14-A da Lei 5.889/1973; **E:** incorreta, o empregado rural terá direito a um dia por semana (art. 15 da Lei 5.889/1973).

Gabarito "D"

(Magistratura do Trabalho – 9ª Região – 2009) Considere as seguintes proposições:

I. É considerado trabalhador rural o motorista que trabalha no âmbito de empresa cuja atividade é preponderantemente rural, considerando que, de modo geral, não enfrenta o trânsito das estradas e cidades.

II. A pessoa física que presta serviços de natureza não eventual a empregador que explora atividade agroeconômica em prédio rústico é considerada empregado rural.

III. Ainda que exerça atividade rural, o empregado de empresa industrial ou comercial é classificado de acordo com a categoria do empregador.

IV. O elemento preponderante para definir a figura do empregado rural é o local da prestação de serviços.

(A) Somente as proposições I e II estão corretas.
(B) Somente as proposições I, II e III estão corretas.
(C) Somente a proposição IV está correta.
(D) Todas as proposições estão corretas.
(E) Nenhuma proposição está correta.

I: correta, OJ 315 da SDI-I do TST; **II:** correta, arts. 2º e 3º da Lei 5.889/1973; **III:** correta, Súmula 196 do STF; **IV:** incorreta, na medida em que o conceito do empregado rural também está vinculado à noção de empregador rural (art. 2º da Lei 5.889/1973), a atividade desempenhada pelo empregador tem igual ou maior preponderância que o elemento territorial na definição da figura do empregado rural (art. 7º, b, da CLT, art. 3º da Lei 5.889/1973 e Súmula 196 do STF).

Gabarito "B"

(Magistratura do Trabalho – 9ª Região – 2007) Considere as seguintes proposições.

I. Para a caracterização do empregador rural é indispensável que este explore atividade agrícola, pecuária ou agroindustrial, com destinação ao mercado, ainda que o faça em imóvel inserido em área considerada urbana.

II. Os intervalos entre uma e outra parte da execução da tarefa diária não serão computados como de efetivo exercício do trabalhador rural, quando este laborar em serviços caracteristicamente intermitentes, sendo necessário que tal hipótese seja anotada na CTPS.

III. Todo trabalho noturno, em atividade rural, será acrescido de 25% sobre a remuneração normal. Considera-se como sendo trabalho noturno o executado entre as 21h00 de um dia e as 5h00 do dia seguinte, na lavoura, e entre as 20h00 e as 4h00 do dia seguinte, na pecuária.

IV. Somente poderão ser descontados do empregado rural parcelas correspondentes a ocupação de morada, fornecimento de alimentação e adiantamentos em dinheiro. Inexiste, portanto, possibilidade de descontos indenizatórios decorrentes de culpa do trabalhador rural, ainda que pactuados com o empregador.

Assinale a alternativa correta:

(A) Todas as proposições estão corretas.
(B) Apenas três proposições estão corretas.
(C) Apenas duas proposições estão corretas.
(D) Apenas uma proposição está correta.
(E) Todas as proposições estão incorretas.

I: correta, art. 3º da Lei 5.889/1973; **II:** correta, art. 6º da Lei 5.889/1973; **III:** correta, art. 7º da Lei 5.889/1973; **IV:** correta, art. 9º da Lei 5.889/1973.

Gabarito "A"

(Magistratura do Trabalho – 9ª Região – 2006) Sobre o trabalho rural, analisadas as seguintes proposições, assinale a alternativa correta:

I. Empregado rural é toda pessoa física que, em propriedade rural ou prédio rústico, presta serviços de natureza não eventual a empregador rural, sob a dependência deste e mediante salário.

II. O horário noturno do rurícola é, na lavoura, das vinte e uma horas de um dia às cinco horas do dia seguinte e, na pecuária, das vinte horas de um dia às quatro horas do dia seguinte.

III. Os empregadores rurais pessoas físicas poderão contratar empregados através de "Consórcio de Empregadores Rurais", anotando a CTPS dos empregados, respondendo os empregadores solidariamente pelas obrigações trabalhistas e previdenciárias decorrentes desta contratação.

IV. A prescrição dos direitos do trabalhador rural é de dois anos após a extinção do contrato de trabalho, não se lhe aplicando a prescrição quinquenal prevista na Constituição Federal.

(A) Somente a assertiva III está correta.
(B) Somente as assertivas II e IV estão corretas.
(C) Somente as assertivas I e II estão corretas.
(D) Somente as assertivas I, II e III estão corretas.
(E) Todas as assertivas estão corretas.

I: correta, art. 2º da Lei 5.889/1973; **II:** correta, art. 7º da Lei 5.889/1973; **III:** correta, art. 25-A da Lei 8.212/1991, art. 200-B do Decreto 3.048/1999 e art. 3º, § 2º, da Portaria 1.964/1999 do MTE; **IV:** incorreta, pois é aplicável a prescrição quinquenal prevista na CF (art. 7º, XXIX, da CF, redação dada pela EC 28/2000).

Gabarito "D"

(Magistratura do Trabalho – 14ª Região – 2011) Sobre o trabalhador rural, nos termos da legislação aplicável, responda qual a alternativa que não está correta.

(A) Em qualquer trabalho contínuo de duração superior a seis horas, será obrigatória a concessão de um intervalo para repouso ou alimentação observados os usos e costumes da região, não se computando este intervalo na duração do trabalho. Entre duas jornadas de trabalho haverá um período mínimo de onze horas consecutivas para descanso.

(B) Nos serviços, caracteristicamente intermitentes, não serão computados, como de efetivo exercício, os intervalos entre uma e outra parte da execução da tarefa diária, desde que tal hipótese seja expressamente ressalvada na Carteira de Trabalho e Previdência Social.

(C) A cessão pelo empregador, de moradia e de sua infraestrutura básica, assim como bens destinados à produção para sua subsistência e de sua família, não integram o salário do trabalhador rural, desde que caracterizados como tais, em contrato escrito celebrado entre as partes, com testemunhas e notificação obrigatória ao respectivo sindicato de trabalhadores rurais.

(D) O produtor rural pessoa física, poderá realizar contratação de trabalhador rural por pequeno prazo para o exercício de atividades de natureza temporária, desde que o mesmo seja proprietário da terra e que explore diretamente atividade agroeconômica.

(E) Durante o prazo do aviso-prévio, se a rescisão tiver sido promovida pelo empregador, o empregado rural terá direito a um dia por semana, sem prejuízo do salário integral, para procurar outro trabalho.

A: assertiva correta, art. 5º da Lei 5.889/1973; **B:** assertiva correta, art. 6º da Lei 5.889/1973; **C:** assertiva correta, art. 9º, § 5º, da Lei 5.889/1973; **D:** assertiva incorreta, devendo ser assinalada, não existe a exigência contida na parte final: "desde que o mesmo seja proprietário da terra e que explore diretamente atividade agroeconômica" (art. 14-A da Lei 5.889/1973); **E:** assertiva correta, art. 15 da Lei 5.889/1973.

Gabarito "D"

(Magistratura do Trabalho – 14ª Região – 2007) Considere as seguintes proposições.

I. Para a caracterização do empregador rural é indispensável que este explore atividade agrícola, pecuária ou agroindustrial, com destinação ao mercado, ainda que o faça em imóvel inserido em área considerada urbana.

II. Os intervalos entre uma e outra parte da execução da tarefa diária não serão computados como de efetivo exercício do trabalhador rural, quando este laborar em serviços caracteristicamente intermitentes, sendo necessário que tal hipótese seja anotada na CTPS.

III. Todo trabalho noturno, em atividade rural, será acrescido de 25% sobre a remuneração normal. Considera-se com sendo trabalho noturno o executado entre as 21h00 de um dia e as 5h00 do dia seguinte, na lavoura, e entre as 20h00 e as 4h00 do dia seguinte, na pecuária.

IV. Somente poderão ser descontados do empregado rural parcelas correspondentes a ocupação de morada, fornecimento de alimentação e adiantamentos em dinheiro. Inexiste, portanto, possibilidade de descontos indenizatórios decorrentes de culpa do trabalhador rural, ainda que pactuados com o empregador.

Assinale a alternativa correta:

(A) Todas as proposições estão corretas;
(B) Apenas três proposições estão corretas;
(C) Apenas duas proposições estão corretas;
(D) Apenas uma proposição está correta;
(E) Todas as proposições estão incorretas.

I: correta, art. 3º da Lei 5.889/1973; **II:** correta, art. 6º da Lei 5.889/1973; **III:** correta, art. 7º da Lei 5.889/1973; **IV:** correta, art. 9º da Lei 5.889/1973.

Gabarito "A"

(Magistratura do Trabalho – 15ª Região – 2011) A respeito do trabalho rural, assinale a alternativa incorreta:

(A) é considerado trabalhador urbano o motorista que se ativa em empresa preponderantemente rural, porque, embora não enfrente o trânsito das estradas e cidades, certo é que a Constituição Federal equiparou os direitos dos trabalhadores urbanos e rurais;

(B) considera-se contrato de safra o que tenha sua duração dependente de variações estacionais da atividade agrária;

(C) na pecuária, considere-se noturno aquele executado entre as 20 (vinte) horas de um dia e as 4 (quatro) horas do dia subsequente;

(D) na atualidade, o salário-família é devido aos trabalhadores rurais;

(E) a não concessão total ou parcial do intervalo intrajornada ao trabalhador rural acarreta o pagamento do período total, acrescido do respectivo adicional.

A: assertiva incorreta, devendo ser assinalada, pois é considerado trabalhador rural (OJ 315 da SDI-I do TST); **B:** assertiva correta, art. 14, parágrafo único, da Lei 5.889/1973; **C:** assertiva correta, art. 7º da Lei 5.889/1973; **D:** assertiva correta, Súmula 344 do TST; **E:** assertiva correta, OJ 381 da SDI-I do TST, cancelada em 2012 (v. art. 5º, § 1º, do Regulamento das Relações Individuais e Coletivas de Trabalho Rural – Decreto 73.626/1974 e, atualmente, a Súmula 437 do TST).

Gabarito "A"

(Magistratura do Trabalho – 15ª Região – 2010) Em relação à lei do trabalho rural e respectivo regulamento, assinale a alternativa incorreta:

(A) será obrigatória, em qualquer trabalho contínuo superior a seis horas, a concessão de um intervalo intrajornada mínimo de uma hora, observados os usos e costumes da região;

(B) a usina de açúcar, situada na zona rural, não é empregadora rural para os trabalhadores que atuam no seu estabelecimento industrial;

(C) apenas o produtor rural pessoa física poderá realizar a contratação de trabalhador rural por pequeno prazo para o exercício de atividade de natureza temporária;

(D) durante o aviso-prévio, caso a rescisão tenha sido promovida pelo empregador, o empregado rural terá direito a um dia por semana, sem prejuízo do salário integral, para procurar outro trabalho;

(E) as normas referentes à jornada de trabalho, trabalho noturno e trabalho do menor, não são aplicáveis aos avulsos e outros trabalhadores rurais que, sem vínculo de emprego, prestam serviços a empregadores rurais.

A: assertiva correta, art. 5º, § 1º, do Regulamento das Relações Individuais e Coletivas de Trabalho Rural (Decreto 73.626/1974) e OJ 381 da SDI-I, do TST, revogada em 2012 (atualmente Súmula 437 do TST); **B:** assertiva correta, **NOTA IMPORTANTE:** de acordo com o artigo 2º da Lei 5.889/1973, **empregado rural** é toda pessoa física que, em propriedade rural ou prédio rústico, presta serviços de natureza não eventual a empregador rural, sob a dependência deste e mediante salário. Destarte, a identificação do trabalho rural demanda a verificação de um **elemento espacial** (a circunstância do local da prestação de serviços ocorrer em propriedade rural ou prédio rústico) e a verificação da **qualidade do tomador dos serviços** (a circunstância de se tratar de empregador rural). Quanto ao elemento espacial, inexiste parâmetro absoluto de verificação, com o aplicador do Direito socorrendo-se das ideias comuns sobre propriedade rural, com a legislação tributária fornecendo algumas pistas (por exemplo, o art. 32, § 1º, do Código Tributário Nacional informa o que é área urbana, para fins de incidência de IPTU). No que se refere ao segundo elemento, é bastante complexa a identificação da figura do **empregador rural**. De acordo com o art. 3º da Lei n. 5.889/1973, empregador rural é a "pessoa física ou jurídica, proprietário ou não, que explore atividade agroeconômica, em caráter permanente ou temporário, diretamente ou através de prepostos e com auxílio de empregados", incluindo-se na atividade econômica em questão "a exploração industrial em estabelecimento agrário não compreendido na Consolidação das Leis do Trabalho". Portanto, o conceito de empregador rural é determinado com base na natureza da **atividade desenvolvida** e na **natureza do estabelecimento**: atividade agroeconômica, inclusive de cunho industrial, em estabelecimento agrário não compreendido na CLT. Esta remissão à CLT se revela supérflua, pois a CLT também não trata da questão de forma satisfatória, limitando-se a prescrever a sua não aplicabilidade "aos trabalhadores rurais, assim considerados aqueles que, exercendo funções diretamente ligadas à agricultura e à pecuária, não sejam empregados em atividades que, pelos **métodos de execução dos respectivos trabalhos ou pela finalidade de suas operações**, se classifiquem como industriais ou comerciais" (art. 7º, *b*). Verifica-se, pois, que o conceito celetista de trabalho rural é baseado no **método de trabalho**, e não na atividade preponderante da empresa. Na medida em que no início da institucionalização do Direito do Trabalho no País não havia uma legislação protetiva do trabalhador rural de forma ampla como a atualmente vigente, havia uma tendencial expansão do conceito de trabalhador rural pela jurisprudência, de sorte a não deixar um número tão elevado de trabalhadores sem proteção jurídica. É nesse sentido que o STF editou a **Súmula 196** em 1963 (*Súmula 196. Ainda que exerça atividade rural, o empregado de empresa industrial ou comercial é classificado de acordo com a categoria do empregador)*. Tal súmula, pois, destinava-se a ampliar a legislação social, sobretudo a previdenciária, para um número maior de trabalhadores. Tal inanição legislativa, todavia, foi progressivamente deixando de existir, com a jurisprudência ampliando o conceito de trabalhador rural. Retrato desta evolução no tratamento jurídico da questão é o cancelamento da antiga Súmula 57 do TST, que incluía os trabalhadores rurícolas das usinas de cana de açúcar na categoria dos industriários. Também é reflexo desta atual tendencial incrementação da categoria o enquadramento, como rural, do motorista que trabalha em empresa com atividade preponderantemente rural (OJ 315 da SDI-I do TST), embora cediço que motoristas integram categoria diferenciada. O que se extrai dessas idas e vindas na redução e ampliação da incidência do vínculo rural é a **tendência atual de diferenciação no regime jurídico de trabalhadores de empresas onde a atividade rural coexiste com a atividade industrial não rural conforme tais trabalhadores executem atividades rurais ou industriais não rurais** (por exemplo, na usinagem tende-se a considerar rural o trabalhador do plantio e corte de cana e industrial não rural o trabalhador da usina que transforma a matéria-prima em álcool ou açúcar), tendência que é atestada pela **OJ 38 da SDI-I do TST**. Desta forma, na atualidade, a controvérsia na qualificação da relação de trabalho como rural ou não rural reside na **atividade industrial** desenvolvida no campo. A atividade industrial rural vem delimitada pelo art. 2º do Decreto 73.626/1974, cujo § 4º considera como **exploração industrial em estabelecimento agrário**, para fins de caracterização da relação de trabalho rural, "as atividades que compreendem o **primeiro tratamento** dos produtos agrários *in natura* **sem transformá-los em sua natureza**, tais como: I – O beneficiamento, a primeira modificação e o preparo dos produtos agropecuários e hortigranjeiros e das matérias-primas de origem animal ou vegetal para posterior venda ou industrialização; II – O aproveitamento dos subprodutos oriundos das operações de preparo e modificação dos produtos *in natura*, referidas no item anterior". Por outro lado, o § 5º do mesmo artigo considera **não rural** a atividade industrial que "operando a primeira transformação do produto agrário, altere a sua natureza, retirando-lhe a condição de matéria-prima". Deste modo, não é rural a atividade de transformação (como a desenvolvida por forneiros em usinas de cana de açúcar), mas apenas o beneficiamento, o descaroçamento, o preparo, o envasamento etc. Pelo mesmo motivo, é atividade rural a desempenhada nas frentes de corte (plantio, colheita, fiscalização de turmas etc.), bem como as atividades de preparo (encaixotamento de frutas, separação de verduras, secagem de fumo etc.). **C:** assertiva correta, art. 14-A da Lei 5.889/1973; **D:** assertiva correta, art. 15 da Lei 5.889/1973; **E:** assertiva incorreta, devendo ser assinalada, tais regras são aplicáveis aos avulsos e outros trabalhadores rurais – art. 14 do Regulamento das Relações Individuais e Coletivas de Trabalho Rural (Decreto 73.626/1974).

Gabarito "E"

(Magistratura do Trabalho – 20ª Região – 2003) No que diz respeito ao empregado rural, pode-se afirmar que:

I. Se a jornada de trabalho for superior a seis horas, será obrigatória a concessão, pelo empregador, de um intervalo para descanso e alimentação do empregado, observados os usos e costumes da região, o qual não é computado na duração do trabalho, sendo certo que entre duas jornadas de trabalho terá de haver um intervalo de, no mínimo, onze horas consecutivas para descanso.

II. Se os serviços forem caracteristicamente intermitentes, não serão computados, como de efetivo exercício, os intervalos concedidos entre uma e outra parte da execução da tarefa diária, independentemente de tal exclusão constar do contrato escrito eventualmente firmado pelas partes, porque assim decorre por força de lei.

III. Uma vez rescindido ou findo o contrato de empregado rural, tem ele o direito de permanecer no imóvel, cedido pelo empregador por força do contrato que mantiveram, pelo prazo de 60 dias, podendo tal prazo ser prorrogado uma única vez e por igual período.

IV. Nos termos da Lei n. 5.889/1973, ressalvadas as hipóteses de autorização legal ou decisão judicial, apenas podem ser descontadas dos salários de empregado rural as parcelas de até 20% (vinte por cento) do salário contratual pela ocupação de moradia, até 25% (vinte e cinco por cento) do salário contratual pelo fornecimento de alimentação sadia e farta, atendidos os preços vigentes na região, e os adiantamentos em dinheiro.

Marque:

(A) apenas a proposição IV é correta;
(B) apenas as proposições I e IV são corretas;
(C) as proposições I e II são corretas e as proposições III e IV, incorretas;
(D) apenas a proposição I é correta;
(E) todas as proposições são incorretas.

I: correta, art. 5º da Lei 5.889/1973; **II:** incorreta, "nos serviços, caracteristicamente intermitentes, não serão computados, como de efeito exercício, os intervalos entre uma e outra parte da execução da tarefa diária, desde que tal hipótese seja expressamente ressalvada na Carteira de Trabalho e Previdência Social" (art. 6º da Lei 5.889/1973); **III:** incorreta, esse prazo é de 30 dias e não há previsão de prorrogação (art. 9º, § 3º, da Lei 5.889/1973); **IV:** incorreta, os descontos serão calculados sobre o salário mínimo (art. 9º da Lei 5.889/1973).

Gabarito "D"

(Magistratura do Trabalho – 23ª Região – 2012) Considerando o que dispõe a Lei n. 11.718/2008, que acrescentou artigo à Lei 5.889/1973 e dentre outras disposições, criou o contrato de trabalhador rural por pequeno prazo, analise as proposições abaixo e assinale a alternativa correta:

I. O produtor rural pessoa física poderá realizar contratação de trabalhador rural por pequeno prazo para o exercício de atividades de natureza temporária. A contratação de trabalhador rural por pequeno prazo que, dentro do período de 1 (um) ano, superar 2 (dois) meses fica convertida em contrato de trabalho por prazo indeterminado, observando-se os termos da legislação aplicável.

II. Todas as parcelas devidas ao trabalhador por pequeno prazo serão calculadas dia a dia.

III. O contrato por pequeno prazo dispensa a anotação na CTPS quando for formalizado mediante contrato escrito.

IV. A não inclusão do trabalhador na Guia de recolhimento do Fundo de Garantia do Tempo de Serviço e Informações à Previdência Social (GFIP), não descaracteriza a contratação por pequeno prazo.

V. São assegurados ao trabalhador rural contratado por pequeno prazo, além de remuneração equivalente à do trabalhador rural permanente, os demais direitos de natureza trabalhista, inclusive o Fundo de Garantia do Tempo de Serviço.

(A) As proposições I, II, III e V estão corretas e a proposição IV está incorreta.
(B) Todas as proposições estão corretas.
(C) Apenas as proposições I, II e IV estão corretas e as demais estão incorretas.
(D) Apenas a proposição I está correta e as demais estão incorretas.
(E) Apenas as proposições I, II e III estão corretas e as demais estão incorretas.

I: correta, art. 14-A, § 1º, da Lei 5.889/1973; **II:** correta, art. 14-A, § 9º, da Lei 5.889/1973; **III:** correta, art. 14-A, §§ 2º e 3º, da Lei 5.889/1973; **IV:** incorreta, descaracteriza a contratação por pequeno prazo (art. 14-A, § 6º, da Lei 5.889/1973); **V:** correta, art. 14-A, § 8º, da Lei 5.889/1973.

Gabarito "A"

(Magistratura do Trabalho – 23ª Região – 2012) A respeito do Trabalho Rural, analise as proposições abaixo e assinale a alternativa correta:

I. Os chamados "turmeiros" ou "gatos" que agenciam o trabalho do chamado "boia fria", em regra, são tidos como empregadores desse trabalhador, visto que assim equiparado por Lei, ante a previsão do artigo 4º da Lei n. 5.589/1973.

II. O artigo 5º da Lei n. 5.889/1973, que trata do trabalho rural, prevê em seu artigo 6º que em qualquer trabalho contínuo de duração superior a seis horas, será concedido ao trabalhador um intervalo para repouso e alimentação de no mínimo uma hora e no máximo duas horas, observados os usos e costumes da região.

III. É considerado trabalhador urbano o motorista, ainda que trabalhe no âmbito de empresa cuja atividade é preponderantemente rural, considerando que se trata de categoria diferenciada assim prevista em Lei.

IV. A Lei n. 6.019/1974, que trata do chamado trabalho temporário, não contempla a empresa de trabalho temporário no âmbito rural, mas apenas no urbano.

V. A cessão pelo empregador rural, de moradia e de sua infraestrutura básica, assim, como, bens destinados à produção para sua subsistência e de sua família, não integram o salário do trabalhador rural, desde que caracterizados como tais, em contrato escrito celebrado entre as partes, com testemunhas e notificação obrigatória ao respectivo sindicato de trabalhadores rurais.

(A) Apenas as alternativas IV e V estão corretas e as demais estão incorretas.
(B) Apenas as alternativas I e IV estão corretas e as demais estão incorretas.
(C) Apenas as alternativas I, IV e V estão corretas e as demais estão incorretas.
(D) Apenas as alternativas II e V estão corretas e as demais estão incorretas.
(E) Apenas as alternativas III, IV e V estão corretas e as demais estão incorretas.

I: incorreta. Tais figuras são prepostos do empregador. Não são empregadores, mas podem ser autores de delitos como os de redução a condição análoga a de escravos, tráfico internacional de pessoas ou aliciamento de uma localidade a outra do território nacional; **II:** incorreta, não há indicação de tempo mínimo de uma hora e máximo De duas (art. 5º da Lei 5889/1973); **III:** incorreta, é considerado trabalhador rural (OJ 315 da SDI-I), do TST; **IV:** correta, art. 4º da Lei 6.019/1974; **V:** correta, art. 9º, § 5º, da Lei 5.889/1973.

Gabarito "A"

(Magistratura do Trabalho – 23ª Região – 2009) Analise os itens abaixo e marque a alternativa CORRETA:

A contratação de trabalhador rural por pequeno prazo:

I. somente poderá ser realizada por produtor rural pessoa física que explore diretamente atividade agroeconômica.

II. não necessita anotação na CTPS.

III. converte-se em contrato de trabalho por tempo indeterminado na hipótese de superar três meses dentro do período de um ano.

IV. assegura ao trabalhador assim contratado remuneração equivalente à do trabalhador rural permanente.

(A) Apenas os itens I, III e IV são verdadeiros.
(B) Apenas os itens III e IV são verdadeiros.
(C) Apenas os itens II e III são falsos.
(D) Todos os itens são verdadeiros.
(E) Todos os itens são falsos.

I: correta, art. 14-A, § 4º, da Lei 5.889/1973; **II:** incorreta, necessita de anotação na CPTS e em Livro ou Ficha de Registro de Empregados ou por contrato escrito (art. 14-A, § 3º, da Lei 5.889/1973); **III:** incorreta, convedrte-se em contratato de trabalho por prazo indeterminado se superar dois meses (art. 14-A, § 1º, da Lei 5.889/1973); **IV:** correta, art. 14-A, § 8º, da Lei 5.889/1973.

Gabarito "C"

(Magistratura do Trabalho – 24ª Região – 2006) Considerando as disposições da Lei n. 5.889/1973, que trata do trabalhador rural, assinale a INCORRETA:

(A) Em qualquer trabalho contínuo de duração superior a seis horas, será obrigatória a concessão de um intervalo para repouso ou alimentação, observados os usos e costumes da região, não se computando este intervalo na duração do trabalho.
(B) Considera-se trabalho noturno o executado entre as vinte e uma horas de um dia e as cinco horas do dia seguinte, na lavoura, e entre as vinte horas de um dia e as quatro horas do dia seguinte, na atividade pecuária.
(C) Nas regiões em que se adota a plantação subsidiária ou intercalar (cultura secundária), a cargo do empregado rural, quando autorizada ou permitida, será objeto de contrato em separado.
(D) Durante o prazo do aviso-prévio, se a rescisão tiver sido promovida pelo empregador, o empregado rural terá direito a sete dias corridos, sem prejuízo do salário integral, para procurar outro emprego.
(E) Rescindido ou findo o contrato de trabalho, o empregado será obrigado a desocupar a casa que residir dentro de trinta dias.

A: assertiva correta, art. 5º da Lei 5.889/1973; **B:** assertiva correta, art. 7º da Lei 5.889/1973; **C:** assertiva correta, art. 12 da Lei 5.889/1973; **D:** assertiva incorreta, devendo ser assinalada, terá direito a um dia por semana (art. 15 da Lei 5.889/1973); **E:** assertiva correta, art. 9º, § 3º, da Lei 5.889/1973.

Gabarito "D"

(Procurador do Trabalho – MPT – 11º Concurso – 2004) Quanto ao trabalho no meio rural, é CORRETO afirmar:

(A) não pode ser considerado empregador rural a pessoa jurídica que, não sendo proprietária, explora atividade agroeconômica, em caráter temporário, através de prepostos;
(B) considera-se contrato de safra o que tenha sua duração dependente de variações estacionais da atividade agropecuária;
(C) nos serviços caracteristicamente intermitentes, não serão computados na jornada os intervalos entre uma parte e outra da execução da tarefa diária, mesmo que tal situação não seja ressalvada na Carteira de Trabalho e Previdência Social;
(D) ao menor de 18 (dezoito) anos é vedado o trabalho das 21h. às 5h., na lavoura, e das 20 às 4h., na pecuária;
(E) não respondida.

A: incorreta, pode ser considerada empregadora rural (art. 3º da Lei 5.889/1973); **B:** incorreta, as variações estacionais são da atividade agrária (art. 14, parágrafo único, da Lei 5.889/1973); **C:** incorreta, se não for ressalvada na CTPS, será computada na jornada (art. 6º da Lei 5.889/1973); **D:** correta, art. 8º c/c art. 7º da Lei 5.889/1973.

Gabarito "D"

5.13. TRANSPORTADORES E MOTORISTAS

(Magistratura do Trabalho – 3ª Região – 2013) Sobre o direito do trabalho, leia as afirmações abaixo e, em seguida, assinale a alternativa correta:

I. Estão incluídos entre os deveres do motorista profissional zelar pela carga transportada e pelo veículo e submeter-se a teste e a programa de controle de uso de droga e de bebidas alcoólicas, instituído pelo empregador, com ampla ciência do empregado.

II. A jornada diária de trabalho do motorista profissional será a estabelecida na Constituição Federal ou mediante instrumentos de acordos ou convenção coletiva de trabalho.

III. Admite-se a prorrogação da jornada diária de trabalho do motorista profissional por até 2 (duas) horas extraordinárias.

IV. São consideradas tempo de espera as horas que excederem à jornada normal de trabalho do motorista de transporte rodoviário de carga que ficar aguardando para carga ou descarga do veículo no embarcador ou destinatário ou para fiscalização da mercadoria transportada em barreiras fiscais ou alfandegárias, sendo computadas como horas extraordinária.

(A) Somente as afirmativas II, III e IV estão corretas.
(B) Somente as afirmativas I, III e IV estão corretas.
(C) Somente as afirmativas I, II e III estão corretas.
(D) Somente as afirmativas I e III estão correta.
(E) Somente as afirmativas III e IV estão corretas.

I: correta, art. 235-B da CLT; **II:** correta, art. 235-C, "caput", da CLT; **III:** correta, art. 235-C, § 1º, da CLT; **IV:** incorreta, art. 235-C, § 8º, da CLT.

Gabarito "C"

5.14. OUTRAS RELAÇÕES ESPECIAIS DE TRABALHO E QUESTÕES COMBINADAS SOBRE RELAÇÕES ESPECIAIS DE TRABALHO

(Magistratura do Trabalho – 2ª Região – 2012) Ainda sobre as relações de trabalho "lato sensu", com base na legislação que regulamenta o estágio e o portuário, analise as assertivas.

I. A celebração de termo de compromisso entre o educando, a parte concedente do estágio e a instituição de ensino e a compatibilidade entre as atividades desenvolvidas no estágio e aquelas previstas no termo de compromisso são os únicos requisitos legais para que não se configure o vínculo empregatício de qualquer natureza.

II. É assegurado ao estagiário, sempre que o estágio tenha duração igual ou superior a 1 (um) ano, período de recesso de 30 (trinta) dias, a ser gozado preferencialmente durante suas férias escolares.

III. A jornada de atividade em estágio deverá ser compatível com as atividades escolares e não poderá ultrapassar 4 (quatro) horas diárias e 20 (vinte) horas semanais, no caso de estudantes do ensino superior, da educação profissional de nível médio e do ensino médio regular.

IV. O órgão gestor de mão de obra do trabalho portuário responde, de forma subsidiária, com os operadores portuários, pela remuneração devida ao trabalhador portuário avulso.

V. No caso de vir a ser celebrado contrato, acordo, ou convenção coletiva de trabalho entre trabalhadores e tomadores de serviços, este precederá o órgão gestor de mão de obra do trabalho portuário e dispensará a sua intervenção nas relações entre capital e trabalho no porto.

Estão **corretas apenas** as assertivas:

(A) I e III.
(B) II e V.
(C) III e IV.
(D) I e V.
(E) II e IV.

I: incorreta. Além destes dois requisitos, o artigo 3º da Lei 11.788/2008 prevê, ainda, em seu inciso I, matrícula e frequência regular do educando em curso de educação superior, de educação profissional, de ensino médio, da educação especial e nos anos finais do ensino fundamental, na modalidade profissional da educação de jovens e adultos e atestados pela instituição de ensino; **II:** correta, art. 13 da lei 11.788/2008; **III:** incorreta. A jornada de quatro horas diárias e vinte semanais é prevista para **estudantes de educação especial e dos anos finais do ensino fundamental, na modalidade profissional de educação de jovens e adultos**. Para **estudantes do ensino superior, da educação profissional de nível médio e do ensino médio regular**, a jornada é de **6 (seis) horas diárias e 30 (trinta) horas semanais** (art. 10, I e II, da Lei 11.788/2008); **IV:** incorreta. A responsabilidade é SOLIDÁRIA (art. 33, § 2º da Lei 12.815/2013 – antigo art. 19, § 2º, da Lei 8630/1990); **V:** correta, art. 32, parágrafo único, da Lei 12.815/2013 (antigo art. 18, parágrafo único, da Lei 8.630/1990).

Gabarito "B"

(Magistratura do Trabalho – 2ª Região – 2011) Analise as seguintes proposições:

I. Médico-residente, de acordo com a legislação que define a residência-médica, é considerado empregado, nos termos da Consolidação das Leis do Trabalho.

II. Escrevente contratado diretamente pelo titular de cartório não oficializado, às expensas deste, é considerado funcionário público, porque subordinado também à Corregedoria e às normas de Organização Judiciária do Estado.

III. O contrato de trabalho do Artista e de Técnico em Espetáculos de Diversões deverá conter, obrigatoriamente, os locais onde o mesmo atuará, ficando dispensada a anotação dos locais opcionais.

IV. Nenhum membro do Conselho de Administração de sociedade anônima pode ser enquadrado como empregado.

V. Membro eleito do Conselho Fiscal de sociedade anônima pode ser empregado de sociedade do mesmo grupo.

Responda:

(A) Todas as assertivas estão erradas.
(B) Todas as assertivas estão certas.

(C) Somente a assertiva V está correta.
(D) Somente as assertivas I e III estão corretas.
(E) As assertivas I, III e V estão corretas.

I: incorreta, como explica Alice Monteiro de Barros, a residência médica constitui modalidade de ensino de pós-graduação, sob a forma de curso de especialização; caracteriza-se como um treinamento em serviço e funciona sob a responsabilidade de instituição de saúde, universitária ou não, sujeita a orientação de médicos de elevada qualificação ética e profissional (art. 1º da Lei 6.932/1981), de sorte que os serviços são prestados a título de formação profissional e sem vínculo empregatício, sendo o médico residente filiado ao sistema previdenciário na condição de autônomo (evidentemente, presente a fraude visando à dissimulação de verdadeiro vínculo empregatício, este prevalecerá); **II:** incorreta, conforme art. 236 da CF, os serviços notariais e de registro são exercidos em **caráter privado,** por delegação do Poder Público. Destarte, os serviços de cartório (notas ou registros) são delegados pelo Poder Público a particulares concursados para tal, cabendo ao titular de cada cartório contratar e assalariar os auxiliares que entender necessários, tratando-se de um empregador comum. Os escreventes de cartório, portanto, contratados e remunerados pelo tabelião titular e regidos pela CLT, não ocupam cargo público, ainda que o seu contrato de trabalho eventualmente se sujeite à legislação estadual que regula a organização judiciária. Neste sentido: "O Cartório é considerado serviço auxiliar da Justiça, respondendo o seu titular pelo trabalho prestado, e sendo, por igual, responsável pela serventia extrajudicial em todos os sentidos, podendo, inclusive, contratar e demitir funcionários: é, pois, o titular em tudo equiparado ao conceito de empregador (art. 2º da CLT). O escrevente de Cartório não oficializado não pode ser tido como funcionário público, regido pelos estatutos peculiares, principalmente quando o serventuário foi contratado pelo titular do Cartório, por quem sempre foi exclusivamente estipendiado, não arcando o Estado nesse particular com nenhuma obrigação. A circunstância de o contrato de trabalho sujeitar-se a um regulamento próprio (Lei Estadual n. 3.344/1965 – Lei de Organização Judiciária do Estado de Minas Gerais) não altera a sua natureza porque pode a legislação estabelecer alguns requisitos para contratação e exercício da função sem que isso afete a natureza jurídica da relação que continua sendo de emprego" (TSTE-RR-88.673/93.4 – Rel. Ministro Vantuil Abdala – Ac. SDI-1.567/97); **III:** incorreta, não é dispensada a anotação dos locais opcionais (art. 10, V, da Lei 6.533/1978); **IV:** incorreta, a questão é altamente controvertida, mas entendemos, invocando a súmula 269 do TST, ser inviável, tout court, declarar-se a impossibilidade de enquadramento do administrador como empregado (v. art. 140, parágrafo único, da Lei 6.404/1976); **V:** incorreta, não pode ser empregado de sociedade do mesmo grupo (art. 162, § 2º, da Lei 6.404/1976).

Gabarito "A"

(Magistratura do Trabalho – 2ª Região – 2011) Analise as seguintes proposições:

I. A jornada normal de trabalho dos profissionais no setor de radiofusão, fotografia e gravação é de seis horas diárias, com limitação de trinta e seis semanais.
II. Nos espetáculos teatrais e circenses, desde que sua natureza ou tradição o exijam, o interregno intrajornada poderá, em benefício do rendimento artístico, ser superior a 2 (duas) horas.
III. Os contratos de trabalho firmados com índios isolados são nulos, a menos que firmados com prévia autorização do órgão de proteção ao índio.
IV. Os contratos de trabalho firmados com índios em processo de Integração prescinde de prévia aprovação do órgão de proteção ao índio.
V. A mãe social tem direito à anotação desta condição em sua CTPS, desde que, não prestando serviços com exclusividade, trabalhe para terceiro apenas em regime de tempo parcial.

Responda:

(A) Todas as assertivas estão corretas.
(B) Todas as assertivas estão erradas.
(C) Somente as assertivas I e II estão corretas.
(D) Somente as assertivas II e IV estão corretas.
(E) Nenhuma das anteriores.

I: incorreta, (art. 21, I, da Lei 6.533/1978); **II:** incorreta, art. 21, § 3º, da Lei 6.533/1978; **III:** incorreta, inexistindo a previsão de possibilidade de aprovação pelo órgão protetivo (art. 15 da Lei 6.001/1973). Quanto à capacidade para celebrar contrato de trabalho, os índios são assim segmentados: a) isolados – os que vivem em grupos desconhecidos ou de que se tem pouco conhecimento (neste caso, o contrato de trabalho é nulo); b) em processo de integração, ou habitantes de parques ou colônias – necessária prévia aprovação da FUNAI para firmarem contrato de trabalho; c) integrados – livres para firmarem, normalmente, contrato de trabalho; **IV:** incorreta, pois, segundo o art. 16 da Lei 6.001/1973, tais contrato **im**prescindem de prévia aprovação do referido órgão; **V:** incorreta, pois a função de mãe social é de dedicação exclusiva (art. 4º, III, da Lei 7.644/1987).

Gabarito "E"

(Magistratura do Trabalho – 2ª Região – 2011) Analise as seguintes proposições:

I. A jornada diária dos cabineiros de elevadores é de seis horas diárias, podendo ser elastecida a oito, desde que tal condição tenha sido prevista previamente no contrato de trabalho.
II. Porteiro e servente de instituição bancária fazem jus à jornada especial do bancário, tal qual os demais empregados de estabelecimentos de crédito excedentes de profissão enquadrada como sendo de categoria diferenciada.
III. Nas empresas exploradoras do serviço de telegrafia submarina, a jornada máxima dos operadores é de seis horas contínuas de trabalho por dia ou trinta e seis semanais.
IV. A duração máxima da jornada dos operadores de radiotelegrafia embarcados em navios também é de seis horas contínuas de trabalho por dia ou trinta e seis semanais, ficando vedada a fixação do intervalo para almoço antes das 10 e depois das 13 horas.
V. No serviço do pessoal das equipagens de trens em geral não será considerado como de trabalho efetivo o tempo gasto em viagens do local ou para o local de terminação e início dos mesmos serviços.

Responda:

(A) Estão corretas as assertivas I e II.
(B) Estão corretas as assertivas II e III.
(C) Estão corretas as assertivas II e IV.
(D) Estão corretas as assertivas III e IV.
(E) Estão corretas as assertivas III e V.

I: incorreta, é vetado o aumento da jornada de trabalho (art. 1º, parágrafo único, da Lei 3.270/1957); **II:** incorreta, a primeira parte do enunciado está correta (art. 226 da CLT), mas não a segunda (Súmulas 117 e 257 do TST). Observe-se que vigia não se confunde com vigilante, tratando-se, o primeiro, de bancário (o que se depreende do cancelamento da Súmula 59 do TST). Com efeito, o vigia exerce funções mais modestas, ocupando-se de circular pelo local de trabalho, observar fatos e relatar ocorrências, enquanto que o vigilante possui funções e atribuições específicas, nos termos da Lei 7.102/1983, impedindo ações criminosas; **III:** correta, art. 227 da CLT; **IV:** incorreta, art. 231 da CLT (os operadores de radiotelegrafia embarcados em navios sujeitam-se à Convenção Radiotelegráfica Internacional de Washington); **V:** correta, arts. 237, c, e 238, § 1º, da CLT.

Gabarito "E"

(Magistratura do Trabalho – 3ª Região – 2013) Relativamente às relações de trabalho, em sentido amplo, é correto afirmar:

(A) A Lei n. 9.608, de 18 de fevereiro de 1998, que dispõe sobre o serviço voluntário, não condiciona o ressarcimento das despesas feitas pelo prestador de serviços voluntários à autorização expressa dada pela entidade a que for prestado o serviço voluntário.

(B) Nos moldes da Lei n. 12.023, de 27 de agosto de 2009, são deveres do tomador de serviços: pagar ao sindicato os valores devidos pelos serviços prestados ou dias trabalhados, acrescidos dos percentuais relativos a repouso remunerado, 13º salário e férias acrescidas de 1/3 (um terço), para viabilizar o pagamento do trabalhador avulso, bem como os percentuais referentes aos adicionais extraordinários e noturnos, no prazo máximo de 72 (setenta e duas) horas úteis, contadas a partir do encerramento do trabalho requisitado; e recolher os valores devidos ao Fundo de Garantia por Tempo de Serviço, acrescido dos percentuais relativos ao 13º salário, férias, encargos fiscais, sociais e previdenciários, observando o prazo legal.

(C) Nos moldes da Lei n. 12.023, de 27 de agosto de 2009, as empresas tomadoras do trabalho avulso respondem subsidiariamente pela efetiva remuneração do trabalho contratado e são responsáveis pelo recolhimento dos encargos fiscais e sociais, bem como das contribuições ou de outras importâncias devidas à Seguridade Social, no limite do uso que fizerem do trabalho avulso intermediado pelo sindicato.

(D) A realização de estágios, nos termos a Lei n. 11.788, de 25 de setembro de 2008, aplica-se aos estudantes estrangeiros regularmente matriculados em cursos superiores ou de nível médio no País, autorizados ou reconhecidos, observado o prazo do visto temporário de estudante, na forma da legislação aplicável.

(E) Conforme dispõe a Lei n. 11.788, de 25 de setembro de 2008, a jornada de atividade em estágio será definida de comum acordo entre a instituição de ensino, a parte concedente e o aluno estagiário ou seu representante legal, devendo constar do termo de compromisso ser compatível com as atividades escolares e não ultrapassar, em qualquer hipótese, 6 horas diárias e 30 horas semanais.

A: incorreta, art. 3º da Lei 9.608/1998; **B:** correta, art. 6º da Lei 12.023/2009; **C:** incorreta, art. 8º da Lei 12.023/2009; **D:** incorreta, art. 4º da Lei 11.788/2008; **E:** incorreta, art. 10, § 1º, da Lei 11.788/2008.

Gabarito "B"

(Procurador do Trabalho – 2013 – MPT) Leia e analise os itens abaixo:

I. - Consoante jurisprudência uniformizada do TST a jornada de empregado de banco que exerce a função de gerente geral de agência é regida pelo art. 224, § 2º da CLT, tendo direito apenas às horas excedentes da oitava diária.

II. - O atleta profissional do futebol a partir dos 16 anos de idade é considerado empregado da entidade desportiva que se utilizar de seus serviços, podendo firmar contrato de prazo determinado nunca inferior a três meses, nem superior a dois anos.

III. - A jornada do aeronauta, computados os tempos de voo, de serviço em terra durante a viagem, de reserva e de 1/3 (um terço) do sobreaviso, assim como o tempo de deslocamento, como tripulante extra, para assumir voo ou retornar à base após o voo e os tempos de adestramento em simulador, não pode exceder a 60 horas semanais e 176 horas mensais.

IV. - Na jornada de trabalho do marítimo as horas extras são indivisíveis, computando-se a fração de hora como hora inteira.

Marque a alternativa CORRETA:

(A) apenas a assertiva III está correta;

(B) apenas as assertivas II, III e IV estão corretas;

(C) apenas as assertivas III e IV estão corretas;

(D) todas as assertivas estão corretas;

(E) não respondida.

A: incorreta, Súmula 287 do TST; **II:** incorreta, art. 30 da Lei 9.615/1998; **III:** correta, art. 23 da Lei 7.183/1984; **IV:** correta, art. 250, parágrafo único, da CLT.

Gabarito "C"

(Magistratura do Trabalho – 14ª Região – 2011) Assinale a alternativa correta em relação às denominadas "profissões regulamentadas".

(A) O vendedor pracista ou viajante tem direito a acréscimo salarial quando realiza serviços estranhos às vendas, isto é, serviços suplementares à de simples intermediação para mercancia como, por exemplo, serviço de inspeção e fiscalização.

(B) A duração normal do trabalho dos músicos não poderá exceder de 5 (cinco) horas, excetuados os casos previstos nesta lei, sendo que o tempo destinado aos ensaios dos músicos não é computado como de serviço efetivo.

(C) Para os empregados que trabalham no interior das câmaras frigoríficas e para os que movimentam mercadorias do ambiente quente ou normal para o frio e vice-versa, depois de 1 (uma) hora e 40 (quarenta) minutos de trabalho contínuo, será assegurado um período de 20 (vinte) minutos de repouso, não se computado esse intervalo como de trabalho efetivo.

(D) Ao aeronauta é assegurado em lei o direito à conversão de parte de suas férias em abono pecuniário durante a vigência do pacto laboral e não apenas em caso de rescisão do contrato.

(E) O advogado empregado tem sua jornada de trabalho limitada a 4 (quatro) horas contínuas ou 6 (seis) horas alternadas, salvo acordo ou convenção coletiva ou em caso de dedicação exclusiva.

A: correta, art. 8º da Lei 3.207/1957; **B:** incorreta, "o tempo em que o músico estiver à disposição do empregador será computado como de trabalho efetivo" (arts. 41 e 48 da Lei 3.857/1960); **C:** incorreta, o intervalo é computado como trabalho efetivo (art. 253 da CLT); **D:** incorreta, art. 50 da Lei 7.183/1984; **E:** incorreta, a jornada de trabalho do advogado empregado é de 4 horas contínuas ou 20 horas semanais (art. 20 da Lei 8.906/1994).

Gabarito "A"

(Magistratura do Trabalho – 14ª Região – 2011) Ainda sobre profissões regulamentadas, conforme legislação aplicável e o entendimento sumulado do TST, assinale a alternativa correta.

(A) Conforme dispõe a Lei 9.615/1998 (Lei Pelé), em relação ao contrato do atleta profissional a mora contumaz não será considerada pelo não recolhimento do FGTS e das contribuições previdenciárias.

(B) Para o ferroviário, considera-se de "sobreaviso" o trabalhador que ficar nas dependências da estrada de ferro, aguardando ordens na escala máxima de 12 (doze) horas, sendo que tais horas serão contadas à razão de 2/3 (dois terços) do salário-hora normal.

(C) Para os empregados ferroviários de estações do interior, cujo serviço for de natureza intermitente ou de pouca intensidade, não se aplicam os preceitos gerais sobre duração do trabalho, não sendo devidas horas extras.

(D) A permanência do tripulante a bordo do navio, no período de repouso, além da jornada, importa presunção de que esteja à disposição do empregador ou em regime de prorrogação de horário.

(E) O trabalho no subsolo somente será permitido a homens, com idade compreendida entre 18 (dezoito) e 50 (cinquenta) anos, assegurada a transferência para a superfície por nos termos da lei.

A: incorreta, a mora contumaz será considerada pelo não recolhimento do FGTS e contribuições previdenciárias (art. 31, § 2º, da Lei 9.615/1998; **B:** incorreta, "considera-se de "sobreaviso" o empregado efetivo, que permanecer em sua própria casa, aguardando a qualquer momento o chamado para o serviço. Cada escala de "sobreaviso" será, no máximo, de vinte e quatro horas. As horas de "sobreaviso", para todos os efeitos, serão contadas à razão de 1/3 (um terço) do salário normal" (art. 244, § 2º, da CLT); **C:** correta, art. 243 da CLT; **D:** incorreta, não importa presunção de que esteja à disposição do empregador ou em regime de prorrogação de horário (Súmula 96 do TST); **E:** incorreta, art. 301 da CLT (limite etário mínimo de 21 anos) e princípio constitucional da igualdade entre homens e mulheres (art. 5º, caput, e art. 7º, XXX, da CF), sendo que a Lei 7.855/1989 revogou o art. 387 da CLT.

Gabarito "C"

(Magistratura do Trabalho – 14ª Região – 2011) Em relação às normas especiais de tutela do trabalho, conforme previsão da CLT informe a alternativa correta.

(A) A duração normal do trabalho dos empregados em bancos será de 6 (seis) horas contínuas nos dias úteis, com exceção dos sábados, perfazendo 30 (trinta) horas semanais e ficará compreendida entre 7 (sete) e 22 (vinte e duas) horas, assegurando-se ao empregado, no horário diário, um intervalo de 15 (quinze) minutos para alimentação.

(B) O regime especial de 6 (seis) horas de trabalho não se aplica aos empregados de portaria e de limpeza, empregados em bancos por não exercerem funções típicas de bancário.

(C) A duração normal do trabalho dos operadores cinematográficos e seus ajudantes não excederá de 5 (cinco) horas diárias, assim distribuídas: 4 (quatro) horas consecutivas de trabalho em cabina, durante o funcionamento cinematográfico; um período suplementar, até o máximo de 1 (uma) hora para limpeza, lubrificação dos aparelhos de projeção ou revisão de filmes.

(D) A duração normal do trabalho efetivo para os empregados em minas no subsolo não excederá de 6 (seis) horas diárias ou de 36 (trinta e seis) semanais; sendo que o tempo despendido pelo empregado da boca da mina ao local do trabalho e vice-versa não será computado para o efeito de pagamento do salário.

(E) A duração normal do trabalho dos jornalistas profissionais empregados não deverá exceder de 5 (cinco) horas, tanto de dia como à noite, podendo a duração normal do trabalho ser elevada a 7 (sete) horas, mediante acordo escrito. Também se aplicam tais dispositivos àqueles que exercem as funções de redator-chefe, secretário, subsecretário, chefe e subchefe de revisão, chefe de oficina, de ilustração e chefe de portaria.

A: correta, art. 224, caput e § 1º, da CLT; **B:** incorreta, o regime de 6 horas também se aplica aos empregados de portaria e de limpeza (art. 226 da CLT); **C:** incorreta, não excederá 6 horas, 5 para o trabalho na cabina e 1 para limpeza, lubrificação dos aparelhos ou revisão de filmes (art. 234 da CLT); **D:** incorreta, o tempo despendido será computado para o pagamento do salário (arts. 293 e 294 da CLT); **E:** incorreta, não se aplicam tais dispositivos ao redator-chefe, secretário, subsecretário, chefe e subchefe de revisão, chefe de oficina, de ilustração e chefe de portaria (arts. 303, 304 e 306 da CLT).

Gabarito "A"

(Magistratura do Trabalho – 15ª Região – 2012) Assinale a alternativa **incorreta**

(A) são considerados radialistas, para os efeitos da lei, também aqueles que trabalham em serviços de radiodifusão de imagens.

(B) são considerados radialistas inclusive aqueles que trabalham para entidade privada e a fundação mantenedora que executam serviços de radiodifusão, inclusive em circuito fechado de qualquer natureza.

(C) são consideradas funções inerentes ao radialista, entre outras, a autoria, direção, produção, interpretação, dublagem, locução e a caracterização.
(D) não podem ser consideradas atividades de radialista as atividades inerentes ao tratamento e registros sonoros e visuais.
(E) não são considerados radialistas os atores e figurantes que prestam serviços a empresas de radiodifusão.

A: assertiva correta, art. 4º, § 3º, "e", da Lei 6.615/1978; **B:** assertiva correta, art. 3º, parágrafo único, "d" da Lei 6.615/1978; **C:** assertiva correta, são os setores que caracterizam a atividade de produção. Além dos previstos na assertiva, há também a cenografia (art. 4º, § 2º, da Lei 6.615/1978; **D:** assertiva incorreta, devendo ser assinalada, podem ser consideradas atividades de radialista as descritas na alternativa (art. 4º, § 3º, b e c, da Lei 6.615/1978); **E:** assertiva correta, art. 5º da Lei 6.615/1978.

Gabarito "D"

(Magistratura do Trabalho – 15ª Região – 2012) Relativamente à figura da mãe social, figura instituída pela Lei n. 7.644/1987, pode-se **afirmar** que:

I. Ela é empregada, porquanto presentes todos os requisitos exigidos no art. 3º da CLT, para a caracterização do empregado.
II. Serão sempre empregadas públicas, considerando a finalidade das instituições que as podem admitir.
III. Embora não sejam empregadas, têm direito ao recolhimento previdenciário e à contagem de seu tempo de prestação dos serviços para efeito de aposentadoria.
IV. Devem ter idade mínima de 25 anos para administrar uma casa-lar.
V. Entende-se como casa-lar a unidade residencial sob responsabilidade de mãe social, que abrigue até 10 (dez) menores.

(A) Apenas a assertiva III está correta.
(B) Apenas as assertivas I e IV estão corretas.
(C) Apenas as assertivas I, IV e V estão corretas.
(D) Apenas as assertivas II, III e IV estão corretas.
(E) Todas as alternativas estão erradas.

I: correta (art. 3º da CLT, c/c arts. 4º e 5º da Lei 7.644/1987; **II:** incorreta, não são empregadas públicas (art.. 3º da CLT, c/c arts. 4º e 5º da Lei 7.644/1987); **III:** incorreta, (art. 3º da CLT, c/c arts. 4º e 5º da Lei 7.644/1987); **IV:** correta, (art. 9º da Lei 7.644/1987); **V:** correta, (art. 3º da Lei 7.644/1987).

Gabarito "C"

(Magistratura do Trabalho – 15ª Região – 2012) A respeito do trabalho indígena, considerando o disposto na Lei n. 6.001/1973, assinale a alternativa **correta:**

(A) Os índios isolados podem firmar contrato de trabalho, mediante prévia aprovação da FUNAI, requisito essencial à validação do pacto.
(B) Os índios habitantes de parques ou colônias podem firmar contrato do trabalho, mediante prévia aprovação da FUNAI, requisito essencial à validação do pacto.
(C) Os índios integrados podem firmar contrato de trabalho, mediante prévia aprovação da FUNAI, requisito essencial à validação do pacto.
(D) Não será permitida a realização de contratos por equipe ou a domicílio para o trabalho dos indígenas,
(E) Não será permitida a adaptação de condições de trabalho aos usos e costumes da comunidade a que pertencer o índio, obedecendo-se, na contratação, sempre as normas gerais dos demais trabalhadores.

A: incorreta, o contrato será nulo (art. 4º, I, c/c art. 15 da Lei 6.001/1973); **B:** correta, (art. 16 da Lei 6.001/1973); **C:** incorreta, os índios integrados não necessitam da aprovação da FUNAI (arts. 4º, III e 16 da Lei 6.001/1973); **D:** incorreta, a realização de tais contatos será estimulada (art. 16, § 1º, da Lei 6.001/1973); **E:** incorreta, é permitida a adaptação (art. 14, parágrafo único, da Lei 6.001/1973).

Gabarito "B"

(Magistratura do Trabalho – 15ª Região – 2012) Com base em Súmulas de Jurisprudência do TST, **não é correto** afirmar:

(A) O professor que recebe salário mensal a base de hora-aula tem direito ao acréscimo de 1/6 a título de repouso semanal remunerado, considerando-se para esse fim o mês de quatro semanas.
(B) É inválida e concessão do aviso-prévio na fluência da garantia de emprego, ante a incompatibilidade dos dois institutos.
(C) O advogado empregado de banco, pelo simples exercício da advocacia, não exerce cargo de confiança, não se enquadrando, portanto, na hipótese do parágrafo 2º do art. 224 da CLT.
(D) Os empregados de empresas distribuidoras e corretoras de títulos e valores mobiliários não têm direito a jornada especial dos bancários.
(E) O trabalho noturno dos empregados nas atividades de exploração, perfuração, produção e refinação do petróleo, industrialização do xisto, indústria petroquímica e transporte de petróleo e seus derivados, por meio de dutos, é regulado pela Lei n. 5.811, de 11.10.1972, não se lhe aplicando a hora reduzida de 52 minutos e 30 segundos prevista no art. 73, § 1º, da CLT.

A: assertiva incorreta, devendo ser assinalada, considera-se, para esse fim, o mês de quatro semanas e meia (Súmula 351 do TST); **B:** assertiva correta, (Súmula 348 do TST); **C:** assertiva correta (Súmula 102, V, do TST); **D:** assertiva correta (Súmula 119 do TST); **E:** assertiva correta (Súmula 112 do TST).

Gabarito "A"

(Magistratura do Trabalho – 15ª Região – 2012) Aponte a alternativa **incorreta**, tomando-se por base as Orientações Jurisprudenciais do Colendo TST.

(A) O art. 195 da CLT não faz qualquer distinção entre o médico e o engenheiro para efeito de caracterização e classificação da insalubridade e periculosidade, bastando para a elaboração do laudo seja o profissional devidamente qualificado.
(B) A redução da carga horária do professor, em virtude da diminuição do número de alunos, não constitui alteração contratual, uma vez que não implica redução do valor da hora-aula;
(C) O ferroviário submetido a escalas variadas, com alternância de turnos, não faz jus à jornada especial

prevista no art. 7º, XIV, da CF/ 1988 (turnos ininterruptos de revezamento).

(D) A jornada reduzida de que trata o art. 227 da CLT não é aplicável, por analogia, ao operador de televendas, que não exerce suas atividades exclusivamente como telefonista, pois, naquela função, não opera mesa de transmissão, fazendo uso apenas dos telefones comuns para atender e fazer as ligações exigidas no exercício da função.

(E) A partir da vigência da Lei n. 10.243, de 19.06.2001, que acrescentou o § 1º ao art. 58 da CLT, não mais prevalece cláusula prevista em convenção ou acordo coletivo que elastece o limite de 5 minutos que antecedem e sucedem a jornada de trabalho para fins de apuração das horas extras.

A: assertiva correta, OJ 165 da SDI-I do TST; **B:** assertiva correta, OJ 244 da SDI-I do TST; **C:** assertiva incorreta, devendo ser assinalada, faz jus à jornada especial (OJ 274 da SDI-I do TST); **D:** assertiva correta, OJ 273 da SDI-I do TST **(cancelada pela resolução 175/2011)**; **E:** assertiva correta, OJ 372 da SDI-I do TST.

Gabarito "C"

(Magistratura do Trabalho – 15ª Região – 2011) A respeito das jornadas especiais de trabalho previstas na CLT, assinale alternativa correta:

(A) a duração normal do trabalho dos operadores cinematográficos e seus ajudantes não excederá de 4 (quatro) horas diárias;

(B) no serviço ferroviário, será computado como de trabalho efetivo todo o tempo que o empregado de qualquer categoria gastar em viagens do local ou para o local de terminação e início dos mesmos serviços;

(C) a duração normal do trabalho efetivo em minas de subsolo poderá ser elevada em até duas horas diárias, nos casos de força maior devidamente comprovada pelo empregador;

(D) os tripulantes das embarcações da marinha mercante nacional, entre as horas O (zero) e 24 (vinte e quatro) de cada dia civil, poderão ser conservados em seu posto durante 8 (oito) horas apenas de modo contínuo e não intermitente;

(E) no caso dos empregados sujeitos a horários variáveis nos serviços de telefonia, telegrafia submarina e subfluvial, de radiotelegrafia e radiotelefonia, fica estabelecida a duração máxima de 7 (sete) horas diárias de trabalho e 17 (dezessete) horas de folga, deduzindo-se desse tempo 20 (vinte) minutos para descanso de cada um dos empregados, no caso de esforço continuo de mais de 3 (três) horas.

A: incorreta, não excederá 6 horas diárias (art. 234 da CLT); **B:** incorreta, não será computado (art. 238, § 1º, da CLT); **C:** incorreta, "poderá ser elevada até 8 (oito) horas diárias ou 48 (quarenta e oito) semanais, mediante acordo escrito entre empregado e empregador ou contrato coletivo de trabalho, sujeita essa prorrogação à prévia licença da autoridade competente em matéria de higiene do trabalho" (art. 295 da CLT); **D:** incorreta, também pode ser de modo intermitente (art. 248 da CLT); **E:** correta, art. 229 da CLT.

Gabarito "E"

(Magistratura do Trabalho – 16ª Região – 2011) Analise as afirmativas e assinale a alternativa CORRETA:

I. Os empregados em empresas de florestamento e reflorestamento são considerados rurais, embora tais empresas sejam enquadradas como empresas urbanas.

II. Não se configura irregular a reversão do empregado ocupante de cargo de confiança ao antigo posto ocupado, desde que seja preservada a sua estabilidade financeira.

III. Não é lícito ao empregador doméstico efetuar descontos no salário do empregado por fornecimento de alimentação, vestuário, higiene ou moradia, exceto se o local de moradia for diverso da residência onde ocorra a prestação do serviço, desde que expressamente pactuado.

IV. São garantidos à mãe social os seguintes direitos: anotação na Carteira de Trabalho e Previdência Social; remuneração, em valor não inferior ao salário mínimo; repouso semanal remunerado de 24 (vinte e quatro) horas consecutivas; jornada de trabalho de 44 (quarenta e quatro) horas semanais e 08 (oito) horas diárias; apoio técnico, administrativo e financeiro no desempenho de suas funções; 30 (trinta) dias de férias anuais remuneradas; benefícios e serviços previdenciários, inclusive, em caso de acidente do trabalho, na qualidade de segurada obrigatória; 13° salário e depósitos de Fundos de Garantia do Tempo de Serviço.

(A) Estão corretas apenas as afirmativas I e III.

(B) Estão corretas apenas as afirmativas I e II.

(C) Estão corretas apenas as afirmativas II, III e IV.

(D) Estão corretas apenas as afirmativas III e IV.

(E) Todas as afirmativas estão corretas.

I: correta, OJ 38 da SDI-I (desde que, claro, tais empregados exerçam atividades tipicamente rurais); **II:** incorreta, art. 468, parágrafo único, da CLT, sendo que o princípio da estabilidade financeira só socorre o empregado com dez ou mais anos no exercício da função de confiança (Súmula 372, I, do TST); **III:** correta, art. 2º-A da Lei 5.859/1972; **IV:** incorreta, art. 5º da Lei 7.644/1987 (não aborda a jornada de trabalho).

Gabarito "A"

(Magistratura do Trabalho – 16ª Região – 2011) Analise as alternativas e assinale a resposta CORRETA:

I. A jornada reduzida de que trata o art. 227 da CLT não é aplicável, por analogia, ao operador de televendas, que não exerce suas atividades exclusivamente como telefonista, pois, naquela função, não opera mesa de transmissão, fazendo uso apenas dos telefones comuns para atender e fazer as ligações exigidas no exercício da função.

II. Os empregados que trabalham em minas de subsolo têm direito a intervalo intrajornada de quinze minutos a cada período de quatro horas consecutivas trabalhadas.

III. Os empregados de empresas corretoras e distribuidoras de valores mobiliários realizam atividades de mera intermediação, e por este motivo não são equiparados a bancários para de gozo de jornada especial.

IV. Segundo a Jurisprudência consolidada do Tribunal Superior do Trabalho, a redução da carga horária do professor, cujo salário é por número de horas-aulas não implica em alteração contratual ilícita.

(A) Estão corretas apenas as alternativas I, II e III.
(B) Estão corretas apenas as alternativas I e IV.
(C) Estão corretas apenas as alternativas III e IV.
(D) Estão corretas apenas as alternativas II, III e IV.
(E) Todas estão corretas.

I: incorreta, a OJ 273 da SDI-I do TST, que assim dispunha, foi cancelada em maio de 2011, abrindo espaço para uma interpretação mais favorável ao operador de telemarketing; **II:** incorreta, têm direito à quinze minutos a cada três horas consecutivas trabalhadas (art. 298 da CLT); **III:** correta, Súmula 119 do TST; **IV:** correta, OJ 244 da SDI-I do TST.

Gabarito "C"

(Magistratura do Trabalho – 23ª Região – 2006) Assinale a alternativa incorreta:

(A) No caso de atleta profissional do futebol, o contrato deverá conter os nomes das partes contratantes individualizadas e caracterizadas; o modo e a forma de remuneração, especificando o salário, prêmios, gratificações e, quando houver, as bonificações, bem como o valor das luvas, se previamente ajustadas, além do número da carteira de trabalho;
(B) A jornada do jornalista tem a duração de 5 horas, tanto para os que exercem atividades diurnas como noturnas. A jornada poderá ser elevada para 7 horas, mediante acordo escrito, em que se estipule o aumento do salário, para o excesso, e se estabeleça intervalo para repouso ou refeição;
(C) O aeronauta pode ser transferido provisoriamente ou de forma permanente. A transferência será permanente quando o deslocamento do aeronauta de sua base for por período superior a 120 dias, com mudança de domicílio, assim considerado o local onde se estabelece com ânimo definitivo;
(D) O trabalho portuário poderá ser exercido pelo trabalhador avulso ou por trabalhador com vínculo empregatício. É vedado ao operador portuário locar ou tomar mão de obra sob o regime de trabalho temporário;
(E) Ao menor aprendiz será garantido o salário mínimo hora, salvo condição mais favorável. Os empregadores que contratarem aprendizes ficarão obrigados a depositar, até o dia sete de cada mês, em conta bancária vinculada do FGTS, a alíquota de 3% da remuneração paga ou devida no mês anterior a cada menor aprendiz.

A: assertiva correta, à época do exame, a Lei Lei 6.354/1976 (art. 3º) não havia sido revogada (pela Lei 12.395/2011); **B:** assertiva correta, arts. 303 e 304 da CLT; **C:** assertiva correta, art. 51 da Lei 7.183/1984; **D:** assertiva correta, arts. 26 e 45 da Lei 8.630/1993 (revogada pela Lei 12815/2013); **E:** assertiva incorreta, devendo ser assinalada, a alíquota é de 2% (art. 15, § 7º, da Lei 8.036/1990).

Gabarito "E"

(Magistratura do Trabalho – 24ª Região – 2007) Assinale a alternativa INCORRETA:

(A) Contratos de trabalho intrinsecamente especiais são aqueles que, por sua índole e finalidade, têm em vista não só o interesse das partes, mas também o interesse público.
(B) O ponto comum entre o trabalho subordinado a domicílio e o trabalho doméstico é a familiaridade do serviço prestado.
(C) Por se reconhecer que o requisito do consentimento na formação do pacto laboral está vinculado à relatividade da liberdade de contratar é que se exclui a relação de emprego do presidiário que presta serviços à penitenciária a que está recolhido.
(D) O fator "ambiente" em que se desenvolve a atividade, muitas vezes estranho à empresa, é peculiaridade a justificar a classificação de um contrato de trabalho como especial.
(E) A natureza singular da empresa é peculiaridade a justificar a classificação de um contrato de trabalho como especial.

A: assertiva correta, na definição de Octavio Bueno Magano, que inclui dentre os contratos intrinsecamente especiais os concernentes aos marítimos, menores e professores, ao passo que os contratos circunstancialmente especiais contêm peculiaridades que os tornam distintos dos contratos comuns, mas por motivos circunstanciais, como é o caso dos domésticos, técnicos estrangeiros e bancários; **B:** assertiva incorreta, devendo ser assinalada, não há tal coincidência, eis que a característica especial do trabalho a domicílio, situado na zona "grise" entre o contrato de emprego e o contrato autônomo, reside no fato do serviço ser prestado no domicílio do empregado, serviço este que se insere normalmente na estrutura produtiva do tomador, não havendo que se falar em familiaridade do serviço prestado senão na medida em que o auxílio de familiares na prestação do serviço não inibe a configuração do vínculo empregatício, ao passo que a familiaridade inerente ao serviço doméstico diz com a vinculação do empregado às necessidades pessoais ou familiares do empregador na sua habitação; **C:** assertiva correta, por definição, sendo que a Lei de Execução Penal exclui a relação de emprego com o presidiário quando este presta serviços à penitenciária em que está recolhido; **D:** assertiva correta, como ocorre no caso do trabalho a domicílio, do atleta (em que, além do fato ambiente, são relevantes as qualidades dos sujeitos e do objeto para a sua configuração como contrato especial), do artista (em que também são relevantes as características específicas do produto do seu trabalho; uma criação com repercussões raramente observadas em relação a outros tipos de trabalhadores, como os direitos morais, direito de arena etc.) e do doméstico; **E:** assertiva correta, como explica Alice Monteiro de Barros, a natureza singular da empresa em que se insere a relação jurídica também define certos contratos como especiais, como ocorre com os jornalistas e radialistas.

Gabarito "B"

6. TRABALHO INFANTIL E TRABALHO DE JOVENS

6.1. TRABALHO INFANTIL EM GERAL

(Magistratura do Trabalho – 3ª Região – 2013) Sobre o direito do trabalho, leia as afirmações abaixo e, em seguida, assinale a alternativa correta:

I. É vedado prorrogar a duração normal diária do trabalho do menor.

II. Quando o menor de 18 (dezoito) anos for empregado em mais de um estabelecimento, as horas de trabalho em cada um serão totalizadas.
III. A duração do trabalho do aprendiz não excederá, em qualquer hipótese, 6 (seis) horas diárias, sendo vedada a prorrogação e a compensação de jornada.
IV. É lícito ao menor firmar recibo pelo pagamento dos salários. Tratando-se, porém, de rescisão do contrato de trabalho, é vedado ao menor de 18 (dezoito) anos dar, sem assistência dos seus responsáveis legais, quitação ao empregador pelo recebimento da indenização que lhe for devida.

(A) Somente as afirmativas I e III estão corretas.
(B) Somente as afirmativas I, III e IV estão corretas.
(C) Somente as afirmativas II e IV estão corretas.
(D) Todas as afirmativas estão corretas.
(E) Somente a afirmativa II está correta.

I: incorreta, art. 413 da CLT; **II:** correta, art. 414 da CLT; **III:** incorreta, art. 432 da CLT; **IV:** correta, art. 439 da CLT.

Gabarito "C"

(Magistratura do Trabalho – 3ª Região – 2009) Assinale a assertiva ("a" a "e") correta em relação aos enunciados de I a V, observadas a legislação pertinente e a consolidação jurisprudencial do c. TST:

I. Em nenhuma hipótese o menor poderá trabalhar em locais ou serviços perigosos ou insalubres, conforme quadro expedido pelo Ministério do Trabalho e emprego.
II. O Juiz de Menores poderá, desde que se certifique ser a ocupação do menor indispensável à própria subsistência ou à de seus pais, avós ou irmãos, e em local que não prejudique sua formação moral, permitir trabalho consistente na venda de bebidas alcoólicas, a varejo, conforme previsto no *caput* do art. 406 da CLT.
III. Admite-se a prorrogação do trabalho do menor até mais 2 (duas) horas, independentemente de acréscimo salarial, mediante acordo ou convenção coletiva de trabalho, desde que o excesso de horas de um dia seja compensado com a diminuição em outro, respeitado o limite máximo de 44 (quarenta e quatro) semanais.
IV. Trabalhando o menor como empregado em mais de um estabelecimento, as horas de serviços prestadas não se comunicam ou totalizam, aplicando-se as disposições legais relativas à duração do trabalho em geral.
V. Não se admite que, em qualquer situação, o trabalho do menor seja prestado em teatros de revista, cinemas, boates, cabarés, *dancings* e estabelecimentos análogos.

(A) Somente um enunciado é verdadeiro.
(B) Somente dois enunciados são verdadeiros.
(C) Somente três enunciados são verdadeiros.
(D) Somente quatro enunciados são verdadeiros.
(E) Todos os enunciados são verdadeiros.

I: verdadeiro, art. 405, I, da CLT e Portaria MTE/SIT 6/2001; **II:** falso, os trabalhos que o juiz pode permitir que o menor faça são: a) prestado de qualquer modo, em teatros de revista, cinemas, buates, cassinos, cabarés, dancings e estabelecimentos análogos; b) em empresas circenses, em funções de acróbata, saltimbanco, ginasta e outras semelhantes (art. 406 da CLT); **III:** verdadeiro, art. 413, I, da CLT, c/c art. 7º, XIII, da CF; **IV:** falso, as horas serão totalizadas (art. 414 da CLT); **V:** falso, pois é admitido. Vide comentários ao item II (art. 406 da CLT).

Gabarito "B"

(Magistratura do Trabalho – 4ª Região – 2012) O Conselho Tutelar é o órgão encarregado pela sociedade de zelar pelo cumprimento dos direitos da criança e do adolescente, composto por

(A) seis membros, de reconhecida idoneidade moral e idade superior a 45 anos, eleitos pelos cidadãos locais para mandato de três anos, permitida uma reeleição.
(B) seis membros, de reconhecida idoneidade moral e idade superior a 35 anos, eleitos pelos cidadãos locais para mandato de três anos, permitidas duas reeleições.
(C) cinco membros, de reconhecida idoneidade moral, idade superior a 21 anos, eleitos pelos cidadãos locais para mandato de dois anos, permitidas duas reeleições.
(D) cinco membros, escolhidos pela comunidade local para mandato de dois anos, permitida uma recondução, que exercem função de interesse público relevante e sem remuneração.
(E) cinco membros, escolhidos pela comunidade local para mandato de três anos, permitida uma recondução, que exercem função de interesse público relevante, mas que podem ser remunerados.

A prova foi realizada antes da alteração legislativa, ocorrida em 25 de julho de 2012. Assim, a alternativa correta, à época, era a "E". Atualmente, o artigo 132 da Lei 8.069/1990 (Estatuto da Criança e do Adolescente) prevê a seguinte composição do Conselho Tutelar: **5 (cinco) membros**, escolhidos pela população local **para mandato de 4 (quatro) anos**, permitida **1 (uma) recondução**, mediante novo processo de escolha.

Gabarito "E"

(Magistratura do Trabalho – 5ª Região – 2006 – CESPE) Felipe foi contratado pela pessoa jurídica Alfa para exercer a função de auxiliar administrativo, desempenhando suas atividades no departamento de recursos humanos da empresa. Seu regime de trabalho é de oito horas diárias com intervalo para refeição de duas horas, das 12 às 14 horas, de segunda a sexta-feira. Constantemente, Felipe trabalha em jornada extraordinária. Felipe também trabalha de quarta-feira a domingo como caixa de bilheteria de cinema, localizado em um *shopping center*, com jornada de trabalho que se inicia às 20 e termina às 24 horas. Felipe tem 17 anos de idade.

Com base na ordenação normativa vigente e com referência à situação hipotética apresentada, assinale a opção correta.

(A) Felipe não poderia ser contratado para o desempenho de trabalho noturno. A decretação da nulidade do contrato celebrado entre a empresa administradora do cinema e Felipe produz efeitos *ex tunc*.

(B) De acordo com a legislação trabalhista em vigor, não é permitido o trabalho de menor em cinemas, ressalvada a hipótese de expressa autorização pelo Conselho Tutelar de Direitos da Criança e do Adolescente e desde que se certifique que o menor necessita do trabalho para sua subsistência ou a de seus familiares e que não advirá qualquer prejuízo à sua formação moral.

(C) É vedado o trabalho exercido por Felipe em sobrejornada, sendo nula qualquer convenção ou acordo coletivo de trabalho que verse sobre a prorrogação da jornada do trabalho do menor, ou que estabeleça regime de compensação de horas extraordinárias.

(D) O Conselho Tutelar e de Direitos da Criança e do Adolescente poderá adotar medidas de proteção ao menor se verificar que Felipe está sendo prejudicado de qualquer forma em seus direitos fundamentais no exercício de tais atividades profissionais, não sendo sua decisão passível de ser revista judicialmente.

(E) O trabalho desempenhado por Felipe como caixa de bilheteria de cinema às quartas, quintas e sextas-feiras é considerado extraordinário.

A: incorreta, forte na teoria especial das nulidades trabalhistas, a nulidade do contrato em apreço, decorrente de trabalho proibido, não gera efeitos ex tunc, sendo assegurado a Felipe os direitos trabalhistas devidos; **B:** incorreta, o juiz pode permitir o trabalho do menor em cinemas (art. 406 da CLT); **C:** incorreta, não é vedado se houver convenção ou acordo coletivo (art. 413 da CLT); **D:** incorreta, a decisão pode ser revista pelo juiz a pedido de quem tenha legítimo interesse (art. 137 do ECA); **E:** correta, art. 414 da CLT.

Gabarito "E".

(Magistratura do Trabalho – 9ª Região – 2009) Considere as seguintes proposições:

I. O ordenamento jurídico brasileiro proíbe qualquer trabalho ao menor de 16 anos, salvo na condição de aprendiz ou estagiário, a partir de 14 anos, e o trabalho noturno, perigoso ou insalubre ao menor de 18 anos.

II. O responsável legal pelo empregado menor de 18 anos pode pleitear a extinção do contrato de trabalho, desde que o serviço executado possa acarretar prejuízos de ordem física ou moral ao trabalhador, exceto se o empregador fornecer equipamentos de proteção individual.

III. O contrato de trabalho mantido com empregado menor de 16 anos preservará todos os efeitos do contrato de trabalho válido, mesmo quando o objeto for ilícito, já que se trata de "incapacidade de proteção".

IV. Contra os menores de 18 anos não corre nenhum prazo de prescrição em ação trabalhista na condição de empregado.

V. É lícito ao menor de 18 anos firmar recibo pelo pagamento dos salários, mas lhe é vedado dar quitação ao empregador em rescisão do contrato de trabalho sem assistência de seus responsáveis legais, exceto quando o contrato de trabalho tiver duração menor do que um ano.

(A) Todas as proposições são corretas.

(B) Somente quatro proposições são corretas.

(C) Somente três proposições são corretas.

(D) Somente duas proposições são corretas.

(E) Somente uma proposição é correta.

I: incorreta: art. 7º, XXXIII, da CF (não abrange o estágio); **II:** incorreta, não existe a exceção citada no item (art. 408 da CLT); **III:** incorreta, pois a teoria especial das nulidades trabalhistas, conquanto plenamente aplicável ao menor na relação de trabalho proibido, não é extensível à hipótese de trabalho ilícito; **IV:** correta, art. 440 da CLT; **V:** incorreta, não existe a exceção citada no item (art. 439 da CLT).

Gabarito "E".

(Magistratura do Trabalho – 9ª Região – 2006) Em relação ao trabalho do menor e do aprendiz, assinale a alternativa incorreta:

(A) Não é permitido aos menores de 18 anos o trabalho noturno.

(B) Não é permitido aos menores de 18 anos, sem a assistência dos seus responsáveis legais, firmar recibo pelo pagamento dos salários.

(C) O limite máximo de idade para a contratação de aprendiz é 24 anos.

(D) Não é permitido aos menores de 18 anos o trabalho em ambiente insalubre.

(E) Não é permitido aos menores de 18 anos o trabalho consistente na venda a varejo de bebidas alcoólicas.

A: assertiva correta, art. 7º, XXXIII, da CF; **B:** assertiva incorreta, devendo ser assinalada, firmar recibo pelo pagamento de salários é permitido (art. 439 da CLT); **C:** assertiva correta, art. 428 da CLT (obs.: tal limite não se aplica ao aprendiz com deficiência, conforme § 3º do citado artigo); **D:** assertiva correta, arts. 7º, XXXIII, da CF, e 405, I, da CLT; **E:** assertiva correta, art. 405, § 3º, d, da CLT.

Gabarito "B".

(Magistratura do Trabalho – 14ª Região – 2011) Quanto ao trabalho do menor, assinale a alternativa que não está correta.

(A) Quando o menor de 18 (dezoito) anos for empregado em mais de um estabelecimento, as horas de trabalho em cada um serão totalizadas.

(B) Ao menor não será permitido o trabalho nos locais e serviços perigosos ou insalubres, constantes de quadro para esse fim aprovado pela Secretaria de Segurança e Medicina do Trabalho.

(C) Ainda que o trabalho do menor ocorra no serviço em oficinas onde trabalhem exclusivamente pessoas da família do menor e esteja este sob a direção do pai, mãe ou tutor, é vedado o trabalho noturno, considerado este o que for executado no período compreendido entre as 22 (vinte e duas) e as 5 (cinco) horas.

(D) Aplica-se ao menor a vedação do serviço que demande o emprego de força muscular superior a 20 (vinte) quilos para o trabalho contínuo, ou 25 (vinte e cinco) quilos para o trabalho ocasional; não estando compreendida nesta determinação a remoção de material feita por impulsão ou tração de vagonetes sobre trilhos, de carros de mão ou quaisquer aparelhos mecânicos.

(E) É lícito ao menor firmar recibo pelo pagamento dos salários, bem como, tratando-se de rescisão do contrato de trabalho, dar, sem assistência dos seus responsáveis legais, quitação ao empregador pelo recebimento da indenização que lhe for devida.

A: assertiva correta, art. 414 da CLT; **B:** assertiva correta, art. 405, I, da CLT; **C:** assertiva correta, art. 402, parágrafo único, c/c art. 404 da CLT; **D:** assertiva correta, art. 405, § 5º, c/c art. 390 da CLT; **E:** assertiva incorreta, devendo ser assinalada, não pode dar, sem assistência de seus responsáveis legais, quitação pelo recebimento de indenização devida (art. 439 da CLT).

Gabarito "E"

(Magistratura do Trabalho – 21ª Região – 2005) Examine o enunciado abaixo e assinale, a seguir, a resposta correta:

O dono de uma padaria passou a utilizar uma criança de onze anos e seis meses de idade no trabalho de limpeza do estabelecimento e entrega de pães. O serviço era realizado diariamente, durante seis horas, de segunda a sexta-feira, mediante remuneração correspondente a R$ 30,00 por semana. Ocorreu que, um dia, a criança, inadvertidamente, inseriu uma das mãos na máquina de preparo da massa, vindo a perder os dedos, o que resultou em seu afastamento do trabalho.

(A) Não obstante tratar-se de contrato de trabalho proibido pela Constituição Federal, e mesmo diante da incapacidade civil da criança, terá ela direito a uma indenização por danos morais.

(B) Mesmo tratando-se de contrato de trabalho ilícito, por estar em desacordo com o limite de idade constitucional para o trabalho, a criança fará jus a todas as verbas e direitos trabalhistas, excluindo-se a indenização por danos extrapatrimoniais, diante da sua incapacidade civil.

(C) Mesmo tratando-se de contrato de trabalho vedado constitucionalmente, a criança terá direito a todos os direitos trabalhistas, excluindo-se, porém, a assinatura da Carteira de Trabalho e a indenização por danos morais.;

(D) A ilicitude do contrato de trabalho, em face da Constituição Federal, implica a sua nulidade, somente garantindo o direito à diferença de salário em relação ao mínimo legal e aos depósitos do FGTS.

(E) Diante do caráter antijurídico da relação e da incapacidade civil da criança, não há de se falar em contrato de trabalho, assegurando-se à criança, porém, o direito a uma indenização compensatória.

O Direito do Trabalho conta com a sua específica teoria das nulidades em que, diversamente do que ocorre no Direito Civil, nem sempre a nulidade do contrato de trabalho será declarada ex tunc, de sorte a retornar as coisas ao estado anterior e a inibir a produção de quaisquer efeitos. No direito do trabalho, por vezes, vigorará o critério da irretroação da nulidade decretada, a fim de não se prejudicar exclusivamente aquele a quem a norma geradora da nulidade visava a resguardar. Assim, no defeito contratual concernente ao elemento jurídico-formal da capacidade, cabe o reconhecimento de todos os efeitos justrabalhistas ao contrato irregularmente celebrado.

Gabarito "A"

(Magistratura do Trabalho – 23ª Região – 2008) Sobre os Conselhos Tutelares previstos no Estatuto da Criança e do Adolescente pode-se afirmar:

I. em cada município haverá, no mínimo, um Conselho Tutelar composto de cinco membros, escolhidos pela comunidade local para mandato de três anos, permitida uma recondução;

II. reconhecida idoneidade moral, idade superior a vinte e um anos e residir no município são os requisitos exigidos pelo Estatuto da Criança e do Adolescente para a candidatura a membro do Conselho Tutelar;

III. são atribuições do Conselho Tutelar, dentre outras, expedir notificações, requisitar certidões de nascimento e de óbito de criança e adolescente e determinar a perda do pátrio poder, as quais somente poderão ser revistas pela autoridade judiciária a pedido de quem tenha legítimo interesse;

IV. o local, dia e horário de funcionamento do Conselho Tutelar, inclusive a eventual remuneração de seus membros será disposto em Lei Municipal.

(A) todas as opções estão corretas;
(B) apenas três opções estão corretas;
(C) apenas duas opções estão corretas;
(D) apenas uma opção está correta;
(E) todas as opções estão incorretas.

I: correta, à época em que a questão foi elaborada. Atualmente, o art. 132 do ECA prevê mandato de quatro anos; **II:** correta, art. 133 do ECA; **III:** incorreta, compete ao Conselho Tutelar "representar ao Ministério Público para efeito das ações de perda ou suspensão do poder familiar, após esgotadas as possibilidades de manutenção da criança ou do adolescente junto à família natural" (art. 136, XI, do ECA); **IV:** correta, art. 134 do ECA.

Gabarito "B"

(Magistratura do Trabalho – 24ª Região – 2007) Nos termos da CLT, em tema de prorrogação do trabalho do menor com idade entre 16 anos e 18 anos, assinale Verdadeira (V) ou Falsa (F) e, a seguir, a alternativa que exprime a sequência CORRETA:

I. É autorizada a prorrogação do trabalho do menor até duas horas diárias em regime de compensação, mediante acordo individual firmado com o empregador com a assistência dos pais.

II. Na hipótese de força maior e desde que o serviço do menor seja imprescindível ao funcionamento do estabelecimento é autorizada a prorrogação por mais de 12 (doze) horas, devendo o fato ser comunicado à autoridade competente em 48 (quarenta e oito) horas.

III. Em caso de prorrogação do horário normal, será obrigatório um descanso de 15 (quinze) minutos no mínimo, antes do início do período extraordinário do trabalho.

IV. Quando o menor de 18 (dezoito) anos for empregado em mais de um estabelecimento, as horas de trabalho em cada um serão totalizadas.

(A) V, V, F, V.
(B) F, F, V, F.
(C) F, F, V, V.
(D) F, V, F, F.
(E) V, F, V, V.

I: falsa, é autorizada a prorrogação mediante convenção ou acordo coletivo nos termos da CLT (art. 413, I, da CLT); **II:** falsa, o prazo máximo é de 12 horas, e não é necessária a autorização da autoridade competente (art. 413, II, da CLT); **III:** verdadeira, art. 413, parágrafo único, c/c art. 384 da CLT; **IV:** verdadeira, art. 414 da CLT.

Gabarito "C"

(Magistratura do Trabalho – 24ª Região – 2006) De todas as crianças do mundo, uma em cada sete está envolvida de alguma forma no trabalho infantil. Na última década, esse fato levou a comunidade internacional – com a cooperação da OIT – a organizar um dos maiores movimentos de reforma social já visto. Agora, o trabalho de incontáveis indivíduos e organizações está dando resultados. De acordo com o segundo Relatório Global sobre Trabalho Infantil preparado pela OIT, o fim do trabalho infantil agora está ao nosso alcance. [...] o novo relatório, intitulado "O fim do trabalho infantil: um objetivo ao nosso alcance", afirma que nós estamos começando a ver uma encorajadora redução no trabalho infantil – em especial de suas piores formas – em muitas partes do mundo. O que é mais importante é que o relatório também diz que, se as tendências atuais se mantiverem, as piores formas do trabalho infantil podem ser eliminadas na próxima década. (*Fatos sobre Trabalho Infantil*, 2006, OIT, Juan Somavita – Diretor Geral da OIT). O Brasil tem apresentado grandes evoluções na luta contra o trabalho infantil. A legislação brasileira, atenta ao trabalho do menor, apresenta normas de tutela especial, podendo-se destacar as abaixo transcritas. Dentre elas, assinale a alternativa INCORRETA:

(A) É proibido qualquer trabalho a menores de dezesseis anos, salvo na condição de aprendiz, a partir de quatorze anos. No caso de aprendizagem, o contrato não poderá ser estipulado por mais de dois anos e a duração da jornada não excederá de quatro horas diárias, sendo vedadas a prorrogação e a compensação de jornada.

(B) É proibido o trabalho noturno, perigoso ou insalubre a menores de dezoito anos, inclusive quando o menor presta serviços em oficinas de sua família e esteja sob a direção do pai, mãe ou tutor.

(C) É proibido o trabalho do menor de dezoito anos em serviços que demandem o emprego de força muscular superior a 20 quilos, para o trabalho contínuo, ou 25 quilos para o trabalho ocasional, exceto quando a remoção de material for feita por impulsão ou tração de vagonetes sobre trilhos, de carros de mão ou quaisquer aparelhos mecânicos.

(D) Quando o menor de dezoito anos for empregado em mais de um estabelecimento, as horas de trabalho de cada um serão totalizadas.

(E) O empregador, cuja empresa ou estabelecimento ocupar menores, será obrigado a conceder-lhes o tempo que for necessário para a frequência às aulas.

A: assertiva incorreta, devendo ser assinalada, a duração da jornada de trabalho não excederá 6 horas (art. 432 da CLT); **B:** assertiva correta, arts. 7º, XXXIII, da CF, 402, parágrafo único, 404 e 405, I, da CLT; **C:** assertiva correta, art. 405, § 5º, da CLT; **D:** assertiva correta, art. 414 da CLT; **E:** assertiva correta, art. 427 da CLT.

Gabarito "A"

(Procurador do Trabalho – MPT – 9º Concurso – 2000) Tendo em vista as assertivas abaixo, assinale a alternativa correta:

Relativamente ao trabalho proibido aos menores de que trata o artigo 405 da Consolidação das Leis do Trabalho, estão:

I. atividades com exposição a radiações não ionizantes (micro-ondas, ultravioleta e laser);
II. afiação de instrumentos metálicos em rebolo ou esmeril;
III. trabalho na lixa das fábricas de chapéu e feltro;
IV. lavagem e lubrificação de veículos automotores.

(A) somente as assertivas I, III e IV estão corretas;
(B) apenas as assertivas I e III estão corretas:
(C) somente as assertivas II e IV estão corretas;
(D) somente as assertivas I, II e III estão corretas;
(E) todas as assertivas estão corretas;
(F) não sei.

Art. 405, I, da CLT, NR 15 do MTE e **Portaria MTE/SIT/DSST n. 6, de 05.02.2001.**

Gabarito "E"

6.2. ESTÁGIO

(Magistratura do Trabalho – 3ª Região – 2009) A respeito do estágio, leia as afirmações abaixo e, em seguida, assinale a alternativa correta:

I. Segundo a orientação jurisprudencial do Tribunal Superior do Trabalho, é inviável o reconhecimento do vínculo empregatício com ente da Administração Pública direta ou indireta, ainda que desvirtuada a finalidade do estágio celebrado na vigência da Constituição Federal de 1988.
II. A nova lei do estágio não é aplicável ao estudante estrangeiro, em virtude da legislação que lhe é aplicável, inclusive quanto ao prazo de visto.
III. A duração da atividade do estagiário não deve ultrapassar cinco horas diárias e vinte e cinco semanais, em caso de estudante de nível médio.
IV. A desconformidade do estágio com a lei implica vínculo de emprego do estagiário com a instituição de ensino e responsabilidade solidária da parte concedente do estágio, para todos os fins da legislação.
V. Deverá haver proporcionalidade entre o número máximo de estagiários em relação ao número de empregados, sendo de até dois estagiários para cada vinte empregados existentes em cada estabelecimento ou filial.

(A) Somente uma afirmativa está correta.
(B) Somente duas afirmativas estão corretas.
(C) Somente três afirmativas estão corretas.
(D) Somente quatro afirmativas estão corretas.
(E) Todas as afirmativas estão corretas.

I: correta (OJ 366 da SDI-I do TST); **II:** incorreta, é aplicável ao estudante estrangeiro (art. 4º da Lei 11.788/2008); **III:** incorreta, a duração é de 6 horas diárias e 30 semanais (art. 10, II, da Lei 11.788/2008); **IV:** incorreta, art. 15 da Lei 11.788/2008 (não se fala em solidariedade); **V:** incorreta, 2 estagiários se tiver de 6 a 10 empregados (art. 17, II, da Lei 11.788/2008).

Gabarito "A"

(Magistratura do Trabalho – 3ª Região – 2009) Assinale a assertiva ("a" a "e") correta em relação aos enunciados de I a V, observadas a legislação pertinente e a consolidação jurisprudencial do c. TST:

I. Ao estagiário é assegurado, sempre que o estágio tenha duração igual ou superior a 1 (um) ano, o direito a um período de férias de 30 (trinta) dias, a ser gozado preferencialmente durante recesso escolar, cuja remuneração será acrescida do terço constitucional.

II. Deverá o educando inscrever-se e contribuir como segurado obrigatório do Regime Geral de Previdência Social.

III. Fica assegurado às pessoas portadoras de deficiência o percentual de 10% (dez por cento) das vagas oferecidas pela parte concedente do estágio.

IV. A manutenção de estagiários em desconformidade com a legislação pertinente caracteriza vínculo de emprego do educando com a parte concedente do estágio para todos os fins da legislação trabalhista e previdenciária, sendo que a instituição pública ou privada que reincidir na irregularidade da contratação de estagiários ficará impedida de recebê-los por dois anos, contados da data da decisão definitiva do processo administrativo correspondente.

V. Se a instituição de ensino adotar verificações de aprendizagem periódicas ou finais, nos períodos de avaliação, a carga horária do estágio será reduzida pelo menos à metade, segundo estipulado no termo de compromisso, para garantir o bom desempenho do estudante.

(A) Somente um enunciado é verdadeiro.
(B) Somente dois enunciados são verdadeiros.
(C) Somente três enunciados são verdadeiros.
(D) Somente quatro enunciados são verdadeiros.
(E) Todos os enunciados são verdadeiros.

I: incorreta, art. 13 da Lei 11.788/2008 (não há direito ao terço constitucional); **II:** incorreta, é uma faculdade, não um dever (art. 12, § 2º, da Lei 11.788/2008); **III:** correta, art. 17, § 5º, da Lei 11.788/2008; **IV:** correta, art. 15 da Lei 11.788/2008; **V:** correta, art. 10, § 2º, da Lei 11.788/2008.

Gabarito "C"

(Magistratura do Trabalho – 14ª Região – 2011) Assinale a alternativa que não está correta quanto ao contrato de estágio.

(A) Estágio obrigatório é aquele definido como tal no projeto do curso, cuja carga horária é requisito para aprovação e obtenção de diploma; não cria vínculo empregatício de qualquer natureza desde que observados os requisitos legais.

(B) Estágio não obrigatório é aquele desenvolvido como atividade opcional, acrescida à carga horária regular e obrigatória, sendo que neste caso, necessariamente se cria vínculo empregatício.

(C) A jornada de atividade em estágio deverá constar do termo de compromisso, ser compatível com as atividades escolares e não ultrapassar 4 (quatro) horas diárias e 20 (vinte) horas semanais, no caso de estudantes de educação especial e dos anos finais do ensino fundamental, na modalidade profissional de educação de jovens e adultos.

(D) A duração do estágio, na mesma parte concedente, não poderá exceder 2 (dois) anos, exceto quando se tratar de estagiário portador de deficiência.

(E) É assegurado ao estagiário, sempre que o estágio tenha duração igual ou superior a 1 (um) ano, período de recesso de 30 (trinta) dias, a ser gozado preferencialmente durante suas férias escolares.

A: assertiva correta, art. 2º, § 1º, e art. 3º da Lei 11.788/2008; **B:** assertiva incorreta, devendo ser assinalada, o estágio não cria vínculo empregatício, ainda que não obrigatório (art. 3º da Lei 11.788/2008); **C:** assertiva correta, art. 10, I, da Lei 11.788/2008; **D:** assertiva correta, art. 11 da Lei 11.788/2008; **E:** assertiva correta, art. 13 da Lei 11.788/2008.

Gabarito "B"

(Magistratura do Trabalho – 23ª Região – 2012) Considerando os termos da Lei que dispõe sobre o estágio de estudantes, assinalei a alternativa correta:

(A) a responsabilidade pela contratação do seguro contra acidentes pessoais deve ser assumida exclusivamente pela instituição de ensino.

(B) aplica-se ao estagiário a legislação relacionada à saúde e segurança no trabalho, sendo sua implementação de responsabilidade da parte concedente do estágio.

(C) a jornada de atividade em estágio será definida pela parte concedente e deve garantir a frequência do estagiário às aulas.

(D) a lei de estágio aplica-se igualmente aos estudantes nacionais e estrangeiros.

(E) ainda que presentes todos os elementos fático-jurídicos da relação de emprego, por tratar-se de relação jurídica especial, regulada por legislação específica, o descumprimento de requisito formal no contrato de estágio remunerado não autoriza reconhecer o vínculo empregatício.

A: incorreta, "no caso de estágio obrigatório, a responsabilidade pela contratação do seguro de que trata o inciso IV do caput deste artigo poderá, alternativamente, ser assumida pela instituição de ensino" (art. 9º, IV e parágrafo único, da Lei 11.788/2008); **B:** correta, (art. 14 da Lei 11.788/2008); **C:** incorreta, "a jornada de atividade em estágio será definida de comum acordo entre a instituição de ensino, a parte concedente e o aluno estagiário ou seu representante legal" (art. 10, caput, da Lei 11.788/2008); **D:** incorreta (art. 4º da lei 11.788/2008); **E:** incorreta, autoriza o reconhecimento do vínculo empregatício (art. 15 da Lei 11.788/2008).

Gabarito "B"

(Magistratura do Trabalho – 23ª Região – 2009) Assinale a alternativa CORRETA:

I. A celebração de convênio de concessão de estágio entre a instituição de ensino e a parte concedente dispensa a celebração do termo de compromisso com o educando.

II. Os agentes de integração serão responsabilizados civil e criminalmente se indicarem estagiários para a realização de atividades não compatíveis com a programação curricular estabelecida para cada curso, assim como estagiários matriculados em cursos ou instituições para as quais não há previsão de estágio curricular.

III. As instituições de ensino deverão comunicar à parte concedente do estágio, no início do período letivo, as datas de realização de avaliações escolares ou acadêmicas.

IV. A jornada de atividade em estágio pode ser de 6 (seis) horas diárias e 30 (trinta) horas semanais, no caso de estudantes de educação especial e dos anos finais do ensino fundamental, na modalidade profissional de educação de jovens e adultos.

(A) F, F, V, F.
(B) F, V, F, V.
(C) V, F, V, F.
(D) F, F, V, V.
(E) V, V, F, F

I: falsa, não dispensa a celebração de termo de compromisso (art. 8º, parágrafo único, da Lei 11.788/2008); **II:** falsa, não serão responsabilizados criminalmente (art. 5º, § 3º, da Lei 11.788/2008; **III:** verdadeira, art. 7º, VII, da Lei 11.788/2008; **IV:** falsa, a jornada será de 4 horas diárias e 20 semanais (art. 10 da Lei 11.788/2008).

Gabarito "A"

6.3. APRENDIZAGEM

(Magistratura do Trabalho – 3ª Região – 2009) Sobre a aprendizagem, leia as afirmações abaixo e, em seguida, assinale a alternativa correta:

I. O Direito do Trabalho Brasileiro somente admite a aprendizagem, nos termos da lei, a partir dos 14 anos, porque essa é a idade a partir da qual é permitida a formação profissional, e até os 22 anos.

II. São compromissos do aprendiz executar, com zelo e diligência, as tarefas necessárias à sua formação técnico-profissional.

III. A desconformidade da aprendizagem com a lei implica vínculo de emprego do aprendiz com o tomador de serviços.

IV. O aprendiz deverá receber bolsa ou outra forma de contraprestação que venha a ser acordada, sendo compulsória sua concessão, bem como a do auxílio-transporte.

V. Quando o aprendiz é portador de deficiência, a aprendizagem poderá ultrapassar o prazo legal, desde que não supere o período máximo de dois anos.

(A) Somente uma afirmativa está correta.
(B) Somente duas afirmativas estão corretas.
(C) Somente três afirmativas estão corretas.
(D) Somente quatro afirmativas estão corretas.
(E) Todas as afirmativas estão corretas.

I: incorreta, o contrato de aprendizagem compreende a idade entre 14 e 24 anos (art. 428, caput, da CLT); **II:** correta, art. 428, caput, da CLT; **III:** incorreta, não gera vínculo com o tomador de serviços (art. 431 da CLT); **IV:** incorreta, "ao menor aprendiz, salvo condição mais favorável, será garantido o salário mínimo hora" (art. 428, § 2º, da CLT); **V:** incorreta, não há prazo máximo se o aprendiz for portador de deficiência (art. 428, § 3º, da CLT).

Gabarito "A"

(Magistratura do Trabalho – 8ª Região – 2008) Assinale a alternativa CORRETA:

(A) São características do serviço voluntário: a) trabalho não remunerado; b) trabalho prestado por pessoa física à entidade pública de qualquer natureza ou instituição privada sem fins lucrativos; e a existência de termo escrito de adesão, em que conste o objeto e as condições do trabalho a ser realizado. Todavia, o voluntário poderá ser indenizado pelas despesas que comprovadamente realizar em razão de sua atividade, sem que tal desnature o tipo de vínculo.

(B) No que tange ao trabalho na condição de aprendiz, constitui exigência que o prazo de vigência do programa e curso de aprendizagem será de três anos, podendo ser revalidado por igual período, salvo se houver alteração nas diretrizes da aprendizagem profissional, consoante Portaria n. 615/2007 do Ministro do Trabalho e Emprego.

(C) O aprendiz deve ter mais de catorze anos e menos que vinte e um anos, salvo quanto aos aprendizes portadores de deficiência, caso em que não se aplica a data limite máxima.

(D) O estágio se presta a propiciar a complementação do ensino e da aprendizagem e deve ser planejado, executado e acompanhado em conformidade com os currículos, programas e calendários escolares, não podendo realizar atividade diversa do conteúdo profissionalizante direto e específico.

(E) A validade do contrato de aprendiz está ligada à anotação na Carteira de Trabalho e Previdência Social, matrícula e frequência do aprendiz à escola, garantindo-se, em qualquer caso, a percepção do salário mínimo mensal, salvo condição mais favorável.

A: correta, arts. 1º, 2º e 3º da Lei 9.608/1998; **B:** incorreta, o prazo é de dois anos, podendo ser revalidado por igual período (art. 1º, § 6º, da Portaria 615/2007 do MTE); **C:** incorreta, deve ter 24 anos, art. 428 da CLT; **D:** incorreta, o estágio não visa à complementação da aprendizagem; **E:** incorreta, é garantido o salário mínimo hora (art. 428, § 2º, da CLT).

Gabarito "A"

(Magistratura do Trabalho – 9ª Região – 2009) A alíquota do depósito ao Fundo de Garantia por Tempo de Serviço (FGTS) devida ao empregado aprendiz é de:

(A) 8% da remuneração
(B) 6% da remuneração
(C) 4% da remuneração
(D) 3% da remuneração
(E) 2% da remuneração

A alternativa "E" corresponde ao disposto no art. 15, § 7º, da Lei 8.036/1990.

Gabarito "E"

(Magistratura do Trabalho – 18ª Região – 2006) Considere as assertivas abaixo, de acordo com a CLT, e assinale a alternativa correta.

I. Contrato de aprendizagem é o contrato de trabalho especial, ajustado por escrito e por prazo determinado, em que o empregador se compromete a assegurar ao maior de quatorze e menor de dezoito anos, inscrito em programa de aprendizagem, formação técnico-profissional metódica, compatível com o seu desenvolvimento físico, moral e psicológico, e o aprendiz a executar com zelo e diligência, as tarefas necessárias a essa formação.

II. Contrato de aprendizagem é o contrato de trabalho especial, ajustado por escrito e por prazo determinado, em que o empregador se compromete a assegurar ao maior de 14 (quatorze) e menor de 24 (vinte e quatro) anos inscrito em programa de aprendizagem formação técnico-profissional metódica, compatível com o seu desenvolvimento físico, moral e psicológico, e o aprendiz, a executar com zelo e diligência as tarefas necessárias a essa formação.

III. No contrato de aprendizagem a limitação de idade não se aplica a aprendizes portadores de deficiência.

IV. No contrato de aprendizagem, a comprovação da escolaridade de aprendiz portador de deficiência mental deve considerar, sobretudo, as habilidades e competências relacionadas com a profissionalização.

V. O contrato de aprendizagem extinguir-se-á no seu termo ou quando o aprendiz completar 24 (vinte e quatro) anos, exceto quando se tratar de aprendizes portadores de deficiência.

(A) Apenas a primeira é correta.
(B) Apenas a segunda é correta.
(C) Apenas a primeira é incorreta.
(D) Apenas a última é incorreta.
(E) Apenas a terceira é incorreta.

I: incorreta, a idade do contrato de aprendizagem é entre 14 e 24 anos; **II:** correta, art. 428, caput, da CLT; **III:** correta, art. 428, § 5º, da CLT; **IV:** correta, art. 428, § 6º, da CLT; **V:** correta, arts. 428, § 3º, e 433 da CLT.

Gabarito "C"

(Magistratura do Trabalho – 14ª Região – 2011) Em relação à aprendizagem, assinale a alternativa correta.

(A) A validade do contrato de aprendizagem pressupõe anotação na Carteira de Trabalho e Previdência Social, matrícula e frequência do aprendiz maior de 14 (quatorze) e menor de 24 (vinte e quatro) anos na escola, caso não haja concluído o ensino médio, sendo que a idade máxima prevista em lei não se aplica a aprendizes portadores de deficiência.

(B) A duração do trabalho do aprendiz não poderá exceder seis horas, exceto se houver compensação de jornada.

(C) Por ser o contrato de aprendizagem um contrato de trabalho especial, ao menor aprendiz, salvo condição mais favorável, não é assegurado o salário mínimo hora.

(D) Os estabelecimentos obrigados a empregar e matricular aprendizes nos cursos dos Serviços Nacionais de Aprendizagem podem contratar o número de aprendizes que desejarem sem limitação legal.

(E) O contrato de aprendizagem não tem duração determinada em lei, não podendo, porém, ultrapassar os 02 anos quando se tratar de aprendiz portador de deficiência.

A: correta, art. 428, caput, e §§ 1º e 5º, da CLT; **B:** incorreta, é vedada a compensação de jornada (art. 432 da CLT); **C:** incorreta, ao menor aprendiz é assegurado o salário mínimo hora (art. 428, § 2º, da CLT); **D:** incorreta, o número é de 5% no mínimo, e 15% no máximo (art. 429 da CLT); **E:** incorreta, o prazo é de dois anos, exceto quando se tratar de aprendiz portador de deficiência, cujo contrato não tem prazo máximo de duração (art. 428, § 3º, da CLT).

Gabarito "A"

(Magistratura do Trabalho – 21ª Região – 2005) Em relação ao contrato de aprendizagem, aponte a resposta correta:

I. é modalidade de contrato de trabalho especial, somente admitido com determinação de prazo, podendo ser estipulado por no máximo dois anos;

II. a sua validade condiciona-se à existência de termo escrito e inscrição em programa específico de aprendizagem, desenvolvido sob a orientação de entidade qualificada em formação técnico-profissional metódica, não exigindo como requisito a assinatura de Carteira de Trabalho;

III. a remuneração do aprendiz corresponderá à metade do valor do salário mínimo mensal, podendo chegar a no máximo dois terços desse limite, de acordo com a carga horária adotada;

IV. terá duração de no máximo seis horas diárias, vedadas a prorrogação e a compensação de jornada, podendo, excepcionalmente, chegar ao limite das oito horas diárias para os aprendizes que já tiveram completado o ensino fundamental, e desde que se computem as horas destinadas à aprendizagem teórica;

V. os estabelecimentos comerciais são obrigados a empregar e matricular nos cursos dos Serviços Nacionais de Aprendizagem número de aprendizes equivalente a cinco por cento, no mínimo, e quinze por cento, no máximo, dos trabalhadores existentes em cada estabelecimento, independentemente da natureza das funções havidas.

(A) apenas a alternativa V está correta;
(B) apenas a alternativa I está correta:
(C) todas as alternativas estão erradas;
(D) apenas a alternativa IV está correta;
(E) apenas as alternativas I e IV estão corretas.

I: correta, art. 428, § 3º, da CLT (obs.: a Lei 11.788/2008 modificou o dispositivo para excluir de tal limitação o aprendiz com deficiência); **II:** incorreta, a validade do contrato pressupõe a assinatura da carteira de trabalho (art. 428, § 1º, da CLT); **III:** incorreta, é garantido, ao menor aprendiz, o salário mínimo hora (art. 428, § 2º, da CLT); **IV:** correta, art. 432 da CLT; **V:** incorreta, depende da natureza das funções (art. 429 da CLT).

Gabarito "E"

(Magistratura do Trabalho – 23ª Região – 2008) Sobre o contrato de aprendizagem assinale a alternativa INCORRETA.

(A) a duração do trabalho do aprendiz não excederá de seis horas diárias, sendo vedadas a prorrogação e a compensação de jornada. Contudo, referido limite poderá ser de até oito horas diárias se nele forem computadas as horas destinadas à aprendizagem teórica e o aprendiz já tiver completado o ensino fundamental;

(B) poderá celebrar contrato de aprendizagem a pessoa entre quatorze e vinte a quatro anos, salvo os portadores de deficiência, os quais não se sujeitam a essa idade máxima;

(C) o contrato de aprendizagem não poderá ser estipulado por mais de dois anos;

(D) a ausência injustificada à escola que implique perda do ano letivo é causa de extinção antecipada do contrato de aprendizagem;

(E) havendo termo estipulado para o término do contrato de aprendizagem, o empregador que, sem justa causa, despedir o aprendiz, será obrigado a pagar-lhe, a título de indenização, e por metade, a remuneração a que teria direito até o termo do contrato.

A: assertiva correta, art. 432 da CLT; **B:** assertiva correta, art. 428, caput, e § 5º, da CLT; **C:** assertiva correta, art. 428, § 3º, da CLT; **D:** assertiva correta, art. 433, III, da CLT; **E:** assertiva incorreta, devendo ser assinalada, predomina na doutrina, embora controvertido, o entendimento de que a ruptura antecipada do contrato de aprendizagem está restrita às hipóteses típicas de que cuida o art. 433 da CLT.

Gabarito "E"

(Magistratura do Trabalho – 24ª Região – 2006) Considerando as disposições do Decreto no. 5.598/2005, que regulamenta a contratação de aprendizes, considere as proposições abaixo:

I. Aprendiz é o maior de quatorze anos e menor de vinte e quatro anos que celebra contrato de aprendizagem, nos termos do art. 428 da CLT, não se aplicando a idade máxima aqui prevista aos aprendizes portadores de deficiência.

II. A Contribuição ao Fundo de Garantia do Tempo de Serviço corresponderá a 3% (três por cento) da remuneração paga ou devida, no mês anterior, ao aprendiz.

III. As convenções e acordos coletivos apenas estendem suas cláusulas sociais ao aprendiz quando expressamente previsto e desde que não excluam ou reduzam o alcance dos dispositivos tutelares que lhes são aplicáveis.

IV. A jornada semanal do aprendiz, inferior a vinte e cinco horas, caracteriza o trabalho em tempo parcial de que trata o art. 58-A da CLT.

Assinale a alternativa CORRETA:

(A) Apenas as proposições I e III estão corretas.
(B) Apenas as proposições I e IV estão corretas.
(C) Apenas a proposição I está correta.
(D) Apenas as proposições III e IV estão corretas.
(E) Apenas as proposição II e IV estão corretas.

I: correta, art. 428, § 5º, da CLT e art. 2º do Decreto 5.598/2005; **II:** incorreta, a alíquota é de 2% (art. 15, § 7º, da Lei 8.036/1990 e art. 24 do Decreto 5.598/2005); **III:** correta, art. 26 do Decreto 5.598/2005; **IV:** incorreta, não caracteriza o trabalho em tempo parcial (art. 18, § 2º, do Decreto 5.598/2005).

Gabarito "A"

(Procurador do Trabalho – MPT – 14º Concurso – 2007) Assinale a alternativa CORRETA:

I. Será nulo o contrato de trabalho ou de locação de serviços realizados com índios que vivem em grupos desconhecidos.

II. O contrato de aprendizagem é contrato de trabalho especial, por prazo determinado de dois anos, prorrogáveis somente para os aprendizes portadores de deficiência, cuja idade máxima de 24 anos não se aplica.

III. A anotação na Carteira de Trabalho e Previdência constitui o único pressuposto para a validade do contrato de aprendizagem.

IV. O aprendiz terá direito ao depósito do FGTS, com alíquota reduzida de 2% (dois por cento) da sua remuneração paga ou devida.

(A) somente as assertivas I, II e III estão corretas;
(B) somente as assertivas I, III e IV estão corretas;
(C) somente as assertivas I e IV estão corretas;
(D) somente as assertivas II e IV estão corretas;
(E) não respondida.

I: correta, art. 15 da Lei 6.001/1973; **II:** incorreta, dois anos é o prazo máximo (art. 428, § 3º, da CLT); **III:** incorreta, matrícula e frequência do aprendiz na escola, caso não haja concluído o ensino médio, e inscrição em programa de aprendizagem desenvolvido sob orientação de entidade qualificada em formação técnico-profissional metódica também são pressupostos para a validade do contrato de trabalho (art. 428, § 1º, da CLT); **IV:** correta, art. 15, § 7º, da Lei 8.036/1990.

Gabarito "C"

6.4. QUESTÕES COMBINADAS SOBRE TRABALHO INFANTIL

(Magistratura do Trabalho – 3ª Região – 2008) Assinale a alternativa correta, após leitura e análise das afirmativas seguintes:

I. Serviço voluntário é aquele prestado por pessoa física à entidade pública de qualquer natureza ou à instituição privada de fins não lucrativos, que tenha objetivos cívicos, culturais, educacionais, científicos, recreativos ou de assistência social, inclusive mutualidade, mediante celebração de termo de adesão entre as partes, dele devendo constar o objeto e as condições de seu exercício.

II. O serviço voluntário não gera obrigação de natureza trabalhista, mas o prestador de serviço poderá ser ressarcido pelas despesas que comprovadamente realizar no desempenho das atividades voluntárias, desde que expressamente autorizadas pela entidade a que for prestado o serviço.

III. Para ser considerado estagiário, o estudante deve estar regularmente matriculado e com frequência efetiva em cursos de nível superior, médio, de educação profissional de nível médio ou superior ou escolas de educação especial.

IV. Em virtude da vedação ao trabalho infantil, o trabalhador, para ser aprendiz, deve, além de ter idade mínima de dezesseis anos, receber formação técnico-profissional metódica, compatível com o seu desenvolvimento físico, moral e psicológico.

V. A aprendizagem não poderá durar mais de dois anos.

(A) Uma afirmativa é incorreta.
(B) Duas afirmativas são incorretas.
(C) Três afirmativas são incorretas.

(D) Quatro afirmativas são incorretas.
(E) Todas as afirmativas são incorretas.

I: correta, arts. 1º e 2º da Lei 9.608/1998; **II:** correta, arts. 1º, parágrafo único, e 3º da Lei 9.608/1998; **III:** correta, art. 3º, I, da Lei 11.788/2008; **IV:** incorreta, a idade mínima é 14 anos (arts. 7º, XXXIII, da CF, e 428 da CLT); **V:** correta, art. 428, § 3º, da CLT.

Gabarito "A"

(Magistratura do Trabalho – 9ª Região – 2009) Considere as seguintes proposições:

I. O contrato de aprendizagem extinguir-se-á quando: atingido o termo do período contratual estipulado de até dois anos; completados 24 anos de idade pelo aprendiz, exceto quando portador de deficiência, em que não existe idade máxima para aprendizagem; o aprendiz tiver desempenho insuficiente ou não se adaptar; ocorrer falta disciplinar grave; o aprendiz tiver ausência injustificada à escola que implique perda do ano letivo; o aprendiz pedir demissão, ou for dispensado sem justa causa, hipóteses em que serão devidas as indenizações cabíveis para extinção antecipada de contrato com prazo determinado.
II. A contratação do aprendiz poderá ser efetivada pela empresa onde se realizará a aprendizagem ou por Escolas Técnicas de Educação e entidades sem fins lucrativos qualificadas em formação técnico-profissional metódica, mas neste caso não haverá relação de emprego com a empresa tomadora dos serviços, embora seja possível sua responsabilização subsidiária por eventual crédito trabalhista inadimplido.
III. Os agentes de integração serão responsabilizados civilmente se indicarem estagiários para a realização de atividades não compatíveis com a programação curricular estabelecida para cada curso, assim como estagiários matriculados em cursos ou instituições para as quais não há previsão de estágio curricular.
IV. A nova lei do estágio (Lei 11.778/2008) assegura ao estagiário que receba bolsa ou outra forma de contraprestação e um período remunerado de 30 dias de recesso, com acréscimo de um terço, preferencialmente em suas férias escolares, quando o estágio tenha duração igual ou superior a um ano e dias de recesso proporcionais no caso do estágio ter duração inferior a um ano.
V. O serviço voluntário, prestado por pessoa física a entidade pública de qualquer natureza, ou a instituição privada de fins não lucrativos, que tenha objetivos cívicos, culturais, educacionais, científicos, recreativos ou de assistência social, inclusive mutualidade, e que não seja remunerado, não gera vínculo empregatício, nem obrigação de natureza trabalhista, previdenciária ou afim.

(A) Somente as proposições I, II e III estão corretas.
(B) Somente as proposições II, III e V estão corretas.
(C) Somente as proposições I e IV estão corretas.
(D) Somente as proposições II, IV e V estão corretas.
(E) Todas as proposições estão corretas.

I: incorreta, art. 433 da CLT; **II:** correta, art. 431 da CLT; **III:** correta, art. 5º, § 3º, da Lei 11.778/2008; **IV:** incorreta, não há previsão do acréscimo de 1/3 (art. 13 da Lei 11.778/2008); **V:** correta, art. 1º da Lei 9.608/1998.

Gabarito "B"

(Magistratura do Trabalho – 9ª Região – 2006) É correto afirmar:

I. O Trabalho do menor de 14 anos, fora da hipótese de contrato aprendizagem, é proibido, e assim não gera qualquer efeito trabalhista.
II. Ao menor de 18 anos e maior de 16 anos é permitido o trabalho noturno, mediante assistência de seu responsável legal, por ocasião da contratação a esse respeito.
III. Contra os sucessores, ainda que maiores, não corre prescrição em face do falecimento do empregado menor de 18 anos.
IV. No contrato de trabalho do aprendiz é vedada a prorrogação de jornada, sendo permitida, no entanto, a compensação de jornada.
V. O contrato de aprendizagem exige ajuste por escrito e não pode ser estipulado por mais de dois anos.

(A) Somente a proposição V é correta.
(B) Somente as proposições II e IV são corretas.
(C) Somente as proposições I, III e V são corretas.
(D) Somente as proposições II, IV e V são corretas.
(E) Somente as proposições III e IV são corretas.

I: incorreta, Conforme ensina Godinho, o Direito do Trabalho construiu uma teoria específica das nulidades em que, diversamente do que ocorre no Direito Civil, nem sempre a nulidade do contrato de trabalho será declarada ex tunc, de sorte a retornar as coisas ao estado anterior e a inibir a produção de quaisquer efeitos. No direito do trabalho, por vezes, vigorará o critério da irretroação da nulidade decretada, a fim de não se prejudicar exclusivamente aquele a quem a norma geradora da nulidade visava a resguardar. Assim, no defeito contratual concernente ao elemento jurídico-formal da capacidade, cabe o reconhecimento de todos os efeitos justrabalhistas ao contrato irregularmente celebrado; **II:** incorreta, é proibido o trabalho noturno ao menor de 18 e maior de 16 anos (art. 7º, XXXIII, da CF); **III:** incorreta, a prescrição só beneficia, no caso, o incapaz, e não a parte contrária capaz; **IV:** incorreta, a compensação também é vedada (art. 432 da CLT); **V:** correta, art. 428 da CLT.

Gabarito "A"

(Magistratura do Trabalho – 12ª Região – 2006) Assinale a alternativa incorreta:

(A) considera-se menor para os efeitos da CLT o trabalhador de 14 até 18 anos;
(B) o contrato de aprendizagem não poderá ser estipulado por mais de dois anos, conforme a CLT;
(C) contrato de aprendizagem é o contrato de trabalho especial, ajustado por escrito e por prazo determinado, em que o empregador se compromete a assegurar ao maior de 14 (quatorze) e menor de 18 (dezoito) anos, inscrito em programa de aprendizagem, formação técnico-profissional metódica, compatível com o seu desenvolvimento físico, moral e psicológico, e o aprendiz, a executar com zelo e diligência as tarefas necessárias a essa formação;

(D) havendo aborto não criminoso, comprovado por atestado médico, a mulher terá direito a um repouso remunerado de duas semanas;

(E) assim como em relação à mulher, também é vedado empregar o menor em serviço que exija força muscular superior a 20 (vinte) quilos para o trabalho contínuo ou 25 (vinte e cinco) quilos para o trabalho ocasional, não estando, no entanto, compreendida nessa determinação a remoção de material feita por impulsão ou tração de vagonetes sobre trilhos, de carros de mão ou quaisquer aparelhos mecânicos.

A: assertiva correta, art. 403 da CLT; **B:** assertiva correta, art. 428, § 3º, da CLT (ressalvado o aprendiz com deficiência, conforme nova redação do dispositivo conferida pela Lei11.788/2008); **C:** assertiva incorreta, devendo ser assinalada, a idade máxima é 24 anos (art. 428, caput, da CLT); **D:** assertiva correta, art. 395 da CLT; **E:** assertiva correta, art. 405, § 5º, da CLT.

Gabarito "C"

(Magistratura do Trabalho – 20ª Região – 2003) No que diz respeito à proteção legal do trabalho do menor, pode-se afirmar que:

I. Qualquer trabalho é proibido aos menores de dezesseis anos de idade, salvo na condição de aprendiz, a partir dos quatorze anos.

II. É vedado o trabalho de menor em empresas circenses, em funções de acrobata, saltimbanco, ginasta e outras semelhantes, salvo autorização expressa e por escrito da autoridade local do Ministério do Trabalho.

III. Ao menor aprendiz é garantido o salário mínimo hora e a duração de seu trabalho não poderá exceder de seis horas diárias, vedadas, inclusive, a prorrogação e a compensação de jornada, sendo, todavia, de oito horas diárias o limite da jornada nos casos em que o aprendiz já tiver completado o ensino fundamental, desde que nelas estejam computadas as horas destinadas à aprendizagem teórica.

IV. Não é possível a extinção antecipada do contrato de aprendizagem de menor de dezoito anos por falta disciplinar imputada a este, dado o impacto negativo que isso poderia ocasionar à sua formação moral, razão pela qual a lei só admite a extinção antecipada do contrato de aprendizagem no caso de ausência do menor à escola que implique a perda do ano letivo e no caso de pedido do próprio menor aprendiz.

Marque:

(A) as proposições I e IV são corretas e as II e III, incorretas;

(B) as proposições I e III são corretas e as II e IV, incorretas;

(C) todas as proposições são corretas, salvo a IV;

(D) todas as proposições são incorretas, salvo a I;

(E) todas as proposições são corretas.

I: correta, arts. 7º, XXXIII, da CF, e 403 da CLT; **II:** incorreta, a autorização é concedida pelo juiz, não pelo Ministério do Trabalho (art. 406 da CLT); **III:** correta, arts. 428, § 2º, e 432 da CLT; **IV:** incorreta, é possível a extinção antecipada do contrato por falta discilplinar e a lei admite outros motivos ensejadores da extinção antecipada no art. 433 da CLT.

Gabarito "B"

(Procurador do Trabalho – MPT – 17º Concurso – 2012) Leia e analise os itens abaixo:

I. Para efeitos trabalhistas, são relativamente incapazes os adolescentes entre 16 e 18 anos, totalmente incapazes os menores de 16 anos, exceto como aprendiz a partir dos 14 anos, e capazes os maiores de 18 anos. Essa regra tem exceções em diplomas especiais como por exemplo, a idade mínima de 21 anos para a função de vigilante, prevista na Lei 7.102/1983.

II. O empregado com idade entre 16 e 18 anos não precisa de assistência para firmar contrato de trabalho, porque a emissão da CTPS pressupõe a apresentação de declaração expressa dos pais ou responsáveis; também pode assinar recibos sem assistência, inclusive o de quitação final do contrato de trabalho.

III. O limite de 24 anos de idade para a celebração de contrato de aprendizagem não se aplica à pessoa com deficiência.

IV. No contrato de estágio há limitação do número de horas em 6 (seis) diárias e 30 (trinta) semanais para estudantes de educação especial e dos últimos anos de ensino fundamental, na modalidade profissional de educação de jovens e adultos, de ensino superior, educação profissional e ensino médio. Também há previsão de recesso anual remunerado de 30 (trinta) dias, ou proporcional, se o estagiário não tiver trabalhado um ano.

Marque a alternativa CORRETA:

(A) apenas as assertivas I e IV estão corretas;

(B) apenas a assertiva IV está correta;

(C) apenas as assertivas I e III estão corretas;

(D) todas as assertivas estão corretas;

(E) não respondida.

I: correta., artigos 7º, XXXIII, da CF c/c artigo 402 da CLT e artigo 16, II, da Lei 7102/1983; **II:** incorreta, para dar recibo de quitação final de contrato precisa da assistência dos responsáveis legais (artigo 439 da CLT); **III:** correta, artigo 428, § 5º, da CLT; **IV:** incorreta, artigos 10 e 13 da Lei 11.788/2008.

Gabarito "C"

(Procurador do Trabalho – MPT – 15º Concurso – 2008) Assinale a alternativa INCORRETA:

(A) a validade do contrato de aprendizagem pressupõe anotação na Carteira de Trabalho e Previdência Social, matrícula e frequência do aprendiz na escola, caso não haja concluído o ensino médio, e inscrição em programa de aprendizagem desenvolvido sob orientação de entidade qualificada em formação técnico-profissional metódica;

(B) a inobservância dos requisitos legais necessários à configuração do estágio ou de qualquer obrigação contida no termo de compromisso caracteriza vínculo de emprego do educando com a parte concedente do estágio para todos os efeitos da legislação trabalhista e previdenciária;

(C) em nenhuma hipótese, a duração do estágio na mesma parte concedente, e do contrato de aprendizagem, poderá ultrapassar 2 (dois) anos;

(D) é assegurado ao estagiário, sempre que o estágio tenha duração igual ou superior a 1 (um) ano, período de recesso de 30 (trinta) dias, a ser gozado preferencialmente durante suas férias escolares;

(E) não respondida.

A: assertiva correta, art. 428, § 1º, da CLT; **B:** assertiva correta, art. 3º, § 2º, da Lei 11.788/2008; **C:** assertiva incorreta, devendo ser assinalada, poderá ultrapassar dois anos se o estagiário for portador de deficiência (art. 11 da Lei 11.788/2008); **D:** assertiva correta, art. 13 da Lei 11.788/2008.

Gabarito "C"

(Ministério Público do Trabalho – 13º) Assinale a alternativa INCORRETA:

(A) o estágio pode ser considerado uma etapa da aprendizagem escolar que se realiza na empresa;

(B) o estagiário não poderá substituir mão de obra permanente da parte concedente do estágio, já que o seu caráter é didático-pedagógico;

(C) as instituições interessadas poderão se valer de agentes de integração para viabilizar o estágio;

(D) as entidades sem fins lucrativos, que tenham por objetivo a assistência ao adolescente e à educação profissional, podem oferecer cursos de aprendizagem metódica para adolescentes, desde que registradas no Ministério do Trabalho e Emprego;

(E) não respondida.

A: assertiva correta, por definição; **B:** assertiva correta, por definição; **C:** assertiva correta, art. 5º da Lei 11.788/2008; **D:** assertiva incorreta, devendo ser assinalada, devem ser registradas no Conselho Municipal dos Direitos da Criança e do Adolescente (art. 430, II, da CLT).

Gabarito "D"

(Procurador do Trabalho – MPT – 11º Concurso – 2004) No que se refere às normas de tutela do trabalhador adolescente, é CORRETO afirmar:

(A) a duração do trabalho do aprendiz não excederá de seis horas diárias, podendo este limite ser de até oito horas diárias para os aprendizes que já tiveram completado o ensino fundamental, se nelas forem computadas as horas destinadas à aprendizagem teórica;

(B) o trabalho em atividades insalubres ou perigosas é proibido à pessoa com idade inferior a 16 (dezesseis) anos, salvo mediante autorização expressa do Juiz da Infância e da Juventude;

(C) é proibido à pessoa com idade inferior a 18 (dezoito) e maior de 16 (dezesseis) anos o trabalho em logradouros públicos;

(D) não é proibido à pessoa com idade inferior a 18 (dezoito) e maior de 16 (dezesseis) anos o trabalho insalubre, perigoso ou penoso;

(E) não respondida.

A: correta, art. 432 da CLT; **B:** incorreta, não há exceção para a proibição do trabalho do menor em atividades insalubres ou perigosas (art. 406 da CLT); **C:** incorreta, "o trabalho exercido nas ruas, praças e outros logradouros dependerá de prévia autorização do Juiz de Menores" (art. 405, § 2º, da CLT); **D:** incorreta, é proibido (art. 405, I, da CLT, e art. 7º, XXXIII, da CF).

Gabarito "A"

7. TRABALHO DA MULHER

(Magistratura do Trabalho – 2ª Região – 2010) Quanto ao trabalho da mulher, assinale a resposta incorreta.

(A) É vedado exigir atestado ou exame, de qualquer natureza, para comprovação de esterilidade ou gravidez, na admissão ou permanência no emprego.

(B) É vedado publicar ou fazer publicar anúncio de emprego no qual haja referência ao sexo, à idade, à cor ou situação familiar, salvo quando a natureza da atividade, pública e notoriamente, assim o exigir.

(C) É vedado empregar a mulher em serviço que demande o emprego de força muscular superior a 20 (vinte) quilos de trabalho contínuo, ou 25 (vinte e cinco) quilos para o trabalho ocasional, excluída da proibição a remoção de materiais feita por impulsão ou tração de vagonetes sobre trilhos, de carros de mão ou quaisquer aparelhos mecânicos.

(D) Em caso de aborto não criminoso, comprovado por atestado médico oficial, a mulher terá um repouso remunerado de 04 (quatro) semanas, ficando-lhe assegurado o direito de retornar à função que ocupava antes do afastamento.

(E) A empregada que adotar ou obtiver guarda judicial para fins de adoção de criança será concedida licença-maternidade condicionada à apresentação do termo judicial de guarda à adotante ou guardiã.

A: assertiva correta, art. 1º da Lei 9.029/1995 e art. 373-A, IV, da CLT; **B:** assertiva correta, art. 373-A, I, da CLT; **C:** assertiva correta, art. 390 da CLT; **D:** assertiva incorreta, devendo ser assinalada, o reposuso remunerado é de 2 semanas (art. 395 da CLT); **E:** assertiva correta, art. 392-A da CLT.

Gabarito "D"

(Magistratura do Trabalho – 3ª Região – 2013) Relativamente à proteção à maternidade, é incorreto afirmar, com base na CLT, que:

(A) Durante o período de licença maternidade de 120 dias, a mulher terá direito ao salário integral e, quando variável, calculado de acordo com a média dos 12 (doze) últimos meses de trabalho, bem como os direitos e vantagens adquiridos, sendo-lhe ainda facultado reverter à função que anteriormente ocupava.

(B) Em caso de parto antecipado, a mulher terá direito a 120 (cento e vinte) dias de licença maternidade.

(C) É assegurado à empregada, durante a gravidez, sem prejuízo do salário e demais direitos, a transferência de função, quando as condições de saúde o exigirem, assegurada a retomada da função anteriormente exercida, logo após o retorno ao trabalho.

(D) Durante a gravidez, a empregada tem direito à dispensa do horário de trabalho pelo tempo necessário para a realização de, no mínimo, seis consultas médicas e demais exames complementares.

(E) À empregada que adotar ou obtiver guarda judicial para fins de adoção de criança também será concedida a licença-maternidade de 120 dias.

A: assertiva incorreta, devendo ser assinalada, art. 393 da CLT; **B:** assertiva correta, art. 392, § 3º, da CLT; **C:** assertiva correta, art. 392, § 4º, I, da CLT; **D:** assertiva correta, art. 392, § 4º, II, da CLT; **E:** assertiva correta, art. 392-A da CLT.

Gabarito "A"

(Magistratura do Trabalho – 4ª Região – 2012) Em caso de prorrogação do horário normal e trabalho aos domingos exercido por empregada mulher, será obrigatório um descanso de

(A) cinco minutos no mínimo, antes do início do período extraordinário de trabalho e a organização de uma escala de revezamento mensal, que garanta o descanso em pelo menos um domingo por mês.

(B) dez minutos no mínimo, antes do início do período extraordinário de trabalho e a organização de uma escala de revezamento mensal, que garanta o descanso em pelo menos um domingo por mês.

(C) dez minutos no mínimo, durante o período extraordinário de trabalho e a organização de uma escala de revezamento quinzenal, que favoreça o repouso dominical.

(D) quinze minutos no mínimo, antes do início do período extraordinário de trabalho e a organização de uma escala de revezamento quinzenal, que favoreça o repouso dominical.

(E) quinze minutos no mínimo, durante o período extraordinário de trabalho e a organização de uma escala de revezamento mensal, que garanta o descanso em pelo menos um domingo por mês.

A alternativa "D" está de acordo com o disposto nos artigos 384 e 386 da CLT.

Gabarito "D"

(Magistratura do Trabalho – 8ª Região – 2008) À luz da CLT, assinale a alternativa INCORRETA:

(A) É garantido à empregada, durante a gravidez, sem prejuízo do salário e demais direitos, a transferência de função, quando as condições de saúde o exigirem, assegurada a retomada da função anteriormente exercida, logo após o retorno ao trabalho, bem como a dispensa do horário de trabalho pelo tempo necessário para a realização de, no mínimo, três consultas médicas e demais exames complementares.

(B) Mediante atestado médico, à mulher grávida é facultado romper o compromisso resultante de qualquer contrato de trabalho, desde que este seja prejudicial à gestação. Em caso de aborto não criminoso, comprovado por atestado médico oficial, a mulher terá um repouso remunerado de duas semanas, ficando-lhe assegurado o direito de retornar à função que ocupava antes de seu afastamento. Ademais, para amamentar o próprio filho, até que este complete seis meses de idade, a mulher terá direito, durante a jornada de trabalho, a dois descansos especiais, de meia hora cada um.

(C) Ressalvadas as disposições legais destinadas a corrigir as distorções que afetam o acesso da mulher ao mercado de trabalho e certas especificidades estabelecidas nos acordos trabalhistas, é vedado: exigir atestado ou exame, de qualquer natureza, para comprovação de esterilidade ou gravidez, na admissão ou permanência no emprego; impedir o acesso ou adotar critérios subjetivos para deferimento de inscrição ou aprovação em concursos, em empresas privadas, em razão de sexo, idade, cor, situação familiar ou estado de gravidez; proceder o empregador ou preposto a revistas íntimas nas empregadas ou funcionárias.

(D) A empregada gestante tem direito à licença-maternidade de cento e vinte dias, sem prejuízo do emprego e do salário, o mesmo se aplicando à empregada que adotar ou obtiver guarda judicial para fins de adoção de criança. Neste último caso, a licença-maternidade só será concedida mediante apresentação do termo judicial de guarda à adotante ou guardiã. Na hipótese de adoção ou guarda judicial de criança a partir de um ano até quatro anos de idade, a lei fixa que o período de licença será de sessenta dias.

(E) Não constitui justo motivo para a rescisão do contrato de trabalho da mulher o fato de haver contraído matrimônio ou de encontrar-se em estado de gravidez. Também não serão permitidas pactuações que impliquem restrições ao direito da mulher ao seu emprego, por motivo de casamento ou de gravidez. Além disso, o texto celetista, peremptoriamente, firma que a adoção de medidas de proteção ao trabalho das mulheres é considerada como de ordem pública, não justificando, em hipótese alguma, a redução de salário.

A: assertiva incorreta, devendo ser assinalada, no mínimo são seis consultas médicas (art. 392, § 4º, II, da CLT); **B:** assertiva correta, arts. 394, 395 e 396 da CLT; **C:** assertiva correta, arts. 7º, XX, da CF, 373-A, IV e V, da CLT, e 1º da Lei 9.029/1995; **D:** assertiva correta, à época em que a questão foi elaborada. A Lei 12.010/2009 revogou os §§ 1º a 3º do art. 392-A, e agora, independentemente da idade da criança adotada, o prazo da licença será o mesmo (arts. 7º, XVIII, da CF, 392 e 392-A da CLT); **E:** assertiva correta, arts. 373-A e 377 da CLT, e 1º e 2º da Lei 9.029/1995.

Gabarito "A"

(Magistratura do Trabalho – 8ª Região – 2007) Cláudia, empregada de uma grande empresa da área de cosméticos, obteve a guarda judicial de Felipe, uma criança com três anos de idade, para fins de adoção. De acordo com a legislação vigente, marque a alternativa correta:

(A) Cláudia fará jus a trinta dias de licença-maternidade.

(B) Cláudia fará jus a sessenta dias de licença-maternidade.

(C) Cláudia fará jus a cento e vinte dias de licença-maternidade.

(D) Cláudia não fará jus à licença-maternidade, eis que a concessão de tal benefício, no caso de simples obtenção de guarda judicial, ainda que para fins de adoção, não tem amparo na lei brasileira.

(E) Nenhuma das respostas anteriores.

À época em que a questão foi elaborada, Cláudia tinha direito a 60 dias de licença-maternidade. Atualmente, não há mais limite de idade da criança adotada para calcular o prazo da licença: é o mesmo para todas as adoções (arts. 392 e 392-A da CLT).

Gabarito "B"

(Magistratura do Trabalho – 9ª Região – 2006) Ressalvadas as disposições legais destinadas a corrigir as distorções que afetam o acesso da mulher ao mercado de trabalho e certas especificidades estabelecidas nos acordos coletivos trabalhistas, é vedado:

I. Publicar ou fazer publicar anúncio de emprego no qual haja referência ao sexo, à idade, à cor ou situação familiar, salvo quando a natureza da atividade a ser exercida, pública e notoriamente, assim o exigir.

II. Recusar emprego, promoção ou motivar a dispensa do trabalho em razão de sexo, idade, cor, situação familiar ou estado de gravidez, salvo quando a natureza da atividade seja notória e publicamente incompatível.

III. Considerar o sexo, a idade, a cor ou situação familiar como variável determinante para fins de remuneração, formação profissional e oportunidades de ascensão profissional.

IV. Exigir atestado ou exame, de qualquer natureza, para comprovação de esterilidade ou gravidez, na admissão ou permanência no emprego, bem como proceder o empregador ou preposto a revistas íntimas nas empregadas ou funcionárias.

Com base nas proposições acima, indique a alternativa correta:

(A) Somente a assertiva I está correta.
(B) Somente as assertivas II, III e IV estão corretas.
(C) Somente as assertivas I , II e III estão corretas.
(D) Somente as assertivas I, II e IV estão corretas.
(E) Todas as assertivas estão corretas.

Todas as alternativas estão elencadas no art. 373-A da CLT.

Gabarito "E"

(Magistratura do Trabalho – 14ª Região – 2011) Quanto às normas de proteção do trabalho da mulher inseridas na CLT, assinale a alternativa incorreta.

(A) Segundo expressa disposição legal, deverá a mulher gozar de intervalo obrigatório de quinze minutos antes de iniciar a prorrogação do horário de trabalho.

(B) Havendo trabalho aos domingos, será organizada uma escala de revezamento quinzenal, que favoreça o repouso dominical.

(C) São vedadas as seguintes práticas, por atentarem contra o trabalho e a dignidade da mulher trabalhadora: considerar o sexo como variável determinante para fins de fixação de remuneração, formação profissional e ascensão profissional; publicar anúncio de emprego no qual haja referência ao sexo, bem como recusar emprego, promoção ou motivar a dispensa da trabalhadora em razão do sexo, mesmo quando a natureza da atividade exercida, notória ou publicamente, assim o exigir.

(D) Devem ser assegurados dois intervalos de meia hora cada um, durante a jornada de trabalho, à mulher em período de amamentação, até que o seu filho complete seis meses.

(E) A licença-maternidade só será concedida mediante apresentação do termo judicial de guarda a adotante ou guardiã.

A: assertiva correta, art. 384 da CLT; **B:** assertiva correta, art. 386 da CLT; **C:** assertiva incorreta, devendo ser assinalada (art. 373-A, I, da CLT). É admitido o tratamento desigual entre sexos (ou entre outros grupos sociais) quando a atividade exercida, por sua própria natureza, assim exigir: trata-se daquilo que é conhecido no direito comparado como bona fide occupational qualification (qualificações ocupacionais de boa-fé), que são tratamentos discriminatórios lícitos em função da razoabilidade entre o ato discriminatório e uma finalidade lícita que se pretende obter com o ato segregacionista (por exemplo, só contratar guardas do sexo masculino para um presídio de homens; contratar um negro para interpretar o papel de Martin Luther King; contratar um francês para ser chef de um restaurante francês). Observe-se que a própria Convenção 111 da OIT não considera discriminação a distinção fundada em exigências da própria função (art. 1º, 2); **D:** assertiva correta, art. 396 da CLT; **E:** assertiva correta, art. 392-A, § 4º, da CLT.

Gabarito "C"

(Magistratura do Trabalho – 15ª Região – 2011) Indique a alternativa correta:

(A) no trabalho noturno da mulher a hora tem duração de 52 (cinquenta e dois) minutos e 30 (trinta) segundos e será remunerada com adicional de 25%;

(B) para amamentar o próprio filho, até que este complete 01 (um) ano de idade, a mulher terá direito, durante a jornada de trabalho, a dois descansos especiais de 20(vinte) minutos cada um;

(C) em caso de aborto não criminoso, comprovado por atestado médico oficial, haverá repouso remunerado de 4 (quatro) semanas, com direito ao retorno à mesma função antes desempenhada;

(D) as empresas com mais de 100 (cem) empregados de ambos os sexos deverão manter programas especiais de incentivo e aperfeiçoamento profissional da mão de obra;

(E) em nenhuma hipótese será permitido publicar anúncio de emprego no qual haja referência ao sexo.

A: incorreta, o adicional é de 20% (art. 73 da CLT); **B:** incorreta, até que o filho complete 6 meses de idade (art. 396 da CLT); **C:** incorreta, o repouso remunerado será de duas semanas (art. 395 da CLT); **D:** correta, art. 390-C da CLT; **E:** incorreta, será permitido "quando a natureza da atividade a ser exercida, pública e notoriamente, assim o exigir" (art. 373-A, I, da CLT).

Gabarito "D"

(Magistratura do Trabalho – 16ª Região – 2008) Sobre o trabalho da mulher, é correto afirmar:

(A) A empregada que obtiver guarda judicial, para fins de adoção, de criança a partir de quatro anos e até oito anos, tem direito a licença-maternidade pelo período de sessenta dias.

(B) Durante o período da licença-maternidade, a empregada tem direito a receber o salário integral, e, quando variável, deve ser calculado conforme a média dos últimos doze meses de trabalho, acrescidos de vantagens de natureza salarial e indenizatória, sendo-lhe ainda facultado reverter à função que anteriormente ocupava.

(C) É vedado ao empregador contratar a mulher para serviço que demande força física superior a vinte quilos para trabalho contínuo e vinte e cinco quilos para trabalho ocasional, ainda que a remoção seja auxiliada por mecanismos de impulsão ou tração.

(D) O tempo destinado a amamentar o filho é tempo de descanso especial, presumindo-se como de tempo de serviço, e, portanto, remunerado, caso suprimido pelo empregador.

(E) A norma que concede quinze minutos de intervalo para a empregada após a jornada normal e antes do início da prorrogação extraordinária não foi recepcionada pela ordem constitucional vigente porquanto macula o princípio da isonomia.

A: incorreta, à época em que a questão foi elaborada, o § 3º do art. 392-A da CLT determinava um prazo de 30 dias. Atualmente, não há mais limite de idade da criança adotada para calcular o prazo da licença: é o mesmo para todas as adoções (arts. 392 e 392-A da CLT; **B:** incorreta, "quando variável, calculado de acordo com a média dos 6 (seis) últimos meses de trabalho, bem como os direitos e vantagens adquiridos" (art. 393 da CLT); **C:** incorreta, "não está compreendida na determinação deste artigo a remoção de material feita por impulsão ou tração de vagonetes sobre trilhos, de carros de mão ou quaisquer aparelhos mecânicos" (art. 390 da CLT); **D:** correta, art. 396 da CLT (aplicado-se raciocínio análogo ao do art. 71 da CLT e da Súmula 437 do TST); **E:** incorreta, no entanto, a questão é controvertida, entendendo Alice Monteiro de Barros que o art. 384 da CLT foi tacitamente revogado pela Lei 10.244/2001, revogadora do art. 376, ambos colidentes com os arts. 5º, I, e 7º, XXX, da CF. Porém, o Plenário do TST já reconheceu a recepção do art. 384 da CLT pela CF, o que foi reiterado por sua 5ª Turma no RR 3.888/2000-071-09-00.9.

Gabarito "D".

(Procurador do Trabalho – 2013 – MPT) Em relação ao trabalho da mulher, analise os itens abaixo:

I. - A Lei Maria da Penha assegura à mulher vítima de abuso, mediante provimento judicial, a manutenção do vínculo de emprego, quando necessário o afastamento do local de trabalho, por até seis meses.

II. - Consoante jurisprudência sumulada do TST a empregada gestante em contrato de experiência tem direito à estabilidade.

III. - Pelo texto da legislação trabalhista consolidada o aborto, criminoso ou não, dá à empregada direito a duas semanas de repouso remuneradas.

IV. - A empregada que oportunamente requer a licença maternidade de 180 dias, tendo a empresa aderido ao Programa Empresa Cidadã, não pode exercer atividade remunerada no período de prorrogação, a não ser em contrato de trabalho anteriormente firmado, sob pena de perda do direito à prorrogação.

Marque a alternativa CORRETA:

(A) todas as assertivas estão corretas;

(B) apenas as assertivas II, III e IV estão corretas;

(C) apenas as assertivas I, II e III estão corretas;

(D) apenas as assertivas I, II e IV estão corretas;

(E) não respondida.

I: correta, art. 9º, § 2º, II, da Lei 11.340/2006; **II:** correta, Súmula 244, III, do TST; **III:** incorreta, art. 395 da CLT; **IV:** correta, art. 4º da Lei 11.770/2008.

Gabarito "D".

8. CONTRATO INDIVIDUAL DE TRABALHO

8.1. ELEMENTOS JURÍDICO-FORMAIS: VALIDADE, TRABALHO ILÍCITO E TRABALHO PROIBIDO

(Magistratura do Trabalho – 9ª Região – 2009) Assinale a proposição correta:

(A) O trabalho ilícito e o trabalho proibido acarretam as mesmas consequências para a relação de emprego.

(B) Conforme orientação jurisprudencial do TST, a relação de trabalho entre o apontador do jogo do bicho e o dono da banca deve ser preservada para os efeitos trabalhistas.

(C) É exemplo de trabalho proibido por lei aquele prestado por estrangeiro com visto de turista.

(D) É ilícito o trabalho prestado por menor de 18 anos em atividades insalubres.

(E) A relação de emprego entre marido e mulher é proibida.

A: incorreta, pois a teoria específica das nulidades trabalhistas atribui efeitos distintos ao trabalho ilícito em relação ao trabalho proibido; **B:** incorreta, "é nulo o contrato de trabalho celebrado para o desempenho de atividade inerente à prática do jogo do bicho, ante a ilicitude de seu objeto, o que subtrai o requisito de validade para a formação do ato jurídico" (OJ 199 da SDI-I-I do TST); **C:** correta, já que o objeto, em si, não é ilícito; **D:** incorreta, trata-se de trabalho proibido, eis que o objeto, em si, não é ilícito; **E:** incorreta, inexiste tal vedação legal apriorística, conquanto, ensina Alice Monteiro de Barros, esteja ausente a subordinação jurídica quando demonstrada a motivação estritamente afetiva (v. TRT15, ROS-0-25568/99).

Gabarito "C".

(Magistratura do Trabalho – 9ª Região – 2009) Considere as seguintes proposições:

I. Um dos diferenciais entre o contrato de trabalho e o contrato de empreitada está em seu objeto. Enquanto o contrato de trabalho é um contrato-atividade, o contrato de empreitada é um contrato de resultado.

II. O contrato de trabalho por tempo determinado pode ser celebrado verbalmente.

III. No contrato de trabalho existe subordinação, enquanto no contrato de parceria há autonomia na prestação dos serviços.

IV. O contrato de experiência pode ser prorrogado por diversas vezes desde que não ultrapasse o limite de 90 (noventa) dias.

V. No contrato de trabalho por tempo determinado o empregador não terá que observar a garantia de emprego.

(A) As proposições I, III e IV estão corretas.
(B) As proposições I, II, III e V estão corretas.
(C) As proposições II e IV estão corretas.
(D) Todas as proposições estão corretas.
(E) Nenhuma proposição está correta.

I: correta, por definição; **II:** correta, art. 443 da CLT; **III:** correta, por definição; **IV:** incorreta, se for prorrogado mais de uma vez, passará a vigorar por prazo indeterminado (art. 451 da CLT); **V:** correta, questão controvertida, pois com a nova redação da Súmula 244, III, do TST, é possível interpretar que os efeitos da garantia no emprego só cessariam ao final do contrato, havendo a garantia na sua vigência.

Gabarito "B"

(Magistratura do Trabalho – 11ª Região – 2007 – FCC) Considere as seguintes afirmativas:

I. Contrato de trabalho é o negócio jurídico pelo qual uma pessoa física ou jurídica admite e assalaria pessoa física, para a prestação de serviços não eventuais e juridicamente subordinados. No entanto, se os serviços a serem prestados forem altamente especializados, não tendo o empregador o domínio da técnica necessária à execução da atividade, nesse caso não haverá relação de emprego, e sim um contrato civil de prestação de serviço, uma vez que será impossível o exercício do poder diretivo próprio do empregador.

II. O contrato de trabalho pode ser celebrado de forma verbal ou escrita. No entanto, em se tratando de um ato decorrente de uma declaração da vontade, esta sempre terá que ser expressa (ainda que verbal), não se admitindo declaração tácita da vontade.

III. Se o contrato de trabalho for por prazo determinado, a título de experiência e com duração não superior a noventa dias, sua celebração poderá ser de modo tácito, e nesse caso serão dispensáveis as anotações na CTPS.

IV. É nula a cláusula de contrato individual de trabalho que preveja a dispensa de fornecimento de equipamento de proteção individual (EPI) pela empresa, se tal equipamento for necessário à segurança do empregado. A dispensa do fornecimento do EPI só será válida se prevista em norma coletiva, e, mesmo assim, desde que esteja prevista uma compensação financeira para os empregados que deveriam recebê-lo.

Está INCORRETO o que se afirma em

(A) I, apenas.
(B) II, apenas.
(C) III, apenas.
(D) II e III, apenas.
(E) I, II, III e IV.

I: incorreta, como ensina Alice Monteiro de Barros, o empregador nem sempre possui superioridade ou igualdade de conhecimentos profissionais em relação ao empregado, mesmo porque, cada vez mais, as contratações recaem sobre pessoas que possuem um grau de conhecimento de determinada profissão (know-how) do qual o empregador não é detentor. Nasce daí o que se chama de subordinação técnica invertida, frequentemente presente nas relações de trabalho intelectual; **II:** incorreta, admite-se a declaração tácita de vontade (art. 442 da CLT); **III:** incorreta, o empregador tem 48 horas para anotar na CTPS "a data de admissão, a remuneração e as condições especiais, se houver" (art. 29 da CLT); **IV:** incorreta, eis que o direito ao meio ambiente saudável, nele incluído o meio ambiente do trabalho, é indisponível e insuscetível de substituição por pecúnia.

Gabarito "E"

(Procurador do Trabalho – MPT – 13º Concurso – 2006) Em relação ao contrato de trabalho, é CORRETO afirmar que:

(A) a subordinação do empregado, que constituiu a nota característica do contrato laboral, é sempre econômica;
(B) ao direito do empregador de dirigir e comandar a atuação concreta do empregado corresponde o dever de obediência por parte deste, que cessa por completo nos períodos de suspensão ou interrupção do contrato;
(C) da continuidade específica do contrato de trabalho, de trato sucessivo, deriva a consequência de que a indeterminação do prazo se presume, cabendo a quem alega em contrário fazer a prova de que o contrato foi celebrado a termo;
(D) segundo entendimento jurisprudencial dominante, é possível o reconhecimento do vínculo empregatício de "apontador" de jogo do bicho, já que não se trata de objeto ilícito, mas de vício gerador de nulidade relativa;
(E) não respondida.

A: incorreta, a subordinação é jurídica, não se exigindo que o trabalhador seja economicamente dependente do empregador; **B:** incorreta, por força dos efeitos conexos ao contrato de trabalho, a subordinação, embora atenuada, persiste, empolgando a possibilidade de caracterização de justa causa durante tal lapso; **C:** correta, por definição; **D:** incorreta, não é possível o reconhecimento do vínculo empregatício (OJ 199 da SDI-I do TST).

Gabarito "C"

(Procurador do Trabalho – MPT – 11º Concurso – 2004) Em termos de contrato individual do trabalho, pode-se afirmar:

I. não há diferença conceitual entre trabalho ilícito e trabalho proibido, para fins de apreciação da validade do contrato de trabalho;

II. segundo predomina na doutrina, a forma escrita é requisito essencial para validade dos contratos por prazo determinado;

III. o contrato individual do trabalho é nulo de pleno direito, não produzindo qualquer efeito, quando não respeitada a solenidade da forma escrita, quando a lei assim o exigir;

IV. a origem contratual da relação de emprego explica-se pela situação de que a vontade expressa das partes é essencial para a formação desta relação jurídica.

A partir das afirmações supra, responda:

(A) somente as afirmações I e III estão corretas;
(B) somente as afirmações II e IV estão erradas;

(C) todas estão erradas;
(D) somente a afirmação IV está correta;
(E) não respondida.

I: incorreta. Considerando a teoria especial das nulidades trabalhistas, os efeitos da nulidade tendem a ser menores no trabalho proibido em relação ao trabalho ilícito; **II:** incorreta, ressalvadas as hipóteses em que tal forma é imposta por lei (como no contrato de atleta profissional); **III:** incorreta, a plena nulidade tende a ser relativizada com a aplicação da teoria especial das nulidades trabalhistas; **IV:** incorreta, art. 443, caput, da CLT (possibilidade da forma tácita).

Gabarito "C"

(Procurador do Trabalho – MPT – 9º Concurso – 2000) Relativamente à forma do contrato individual de trabalho é incorreto afirmar:

(A) pode ser acordado tácita ou expressamente;
(B) por escrito;
(C) admite-se a forma verbal;
(D) quanto ao prazo, pode ser predeterminado ou não;
(E) todas as alternativas anteriores estão incorretas;
(F) não sei.

Todas as alternativas descreveram as formas do contrato individual do trabalho (arts. 442 e 443 da CLT).

Gabarito "E"

(Ministério Público do Trabalho – 8º) NÃO é característica do contrato de trabalho ser:

(A) consensual;
(B) *intuitu personae;*
(C) sinalagmático;
(D) oneroso;
(E) nenhuma das alternativas anteriores;
(F) não sei.

Todas as alternativas sobreditas são características do contrato de trabalho.

Gabarito "E"

8.2. ELEMENTOS ACIDENTAIS DO CONTRATO: CONTRATOS A TERMO

(Magistratura do Trabalho – 3ª Região – 2009) A respeito dos contratos a termo ou de curto prazo, leia as afirmações abaixo e, em seguida, assinale a alternativa correta:

I. O contrato de curto prazo rural é um contrato a termo que pode ser celebrado por até dois meses, prorrogáveis por mais dois, para o exercício de atividades de natureza temporária por empregador pessoa física.
II. A admissão mediante contrato de experiência não constitui óbice à aquisição da estabilidade provisória da empregada gestante, visto que a proteção da maternidade deve prevalecer em face do término inicialmente previsto para o contrato.
III. O contrato de experiência pode ser prorrogado, respeitado o limite máximo de três meses.
IV. A Lei 9.601 criou um novo tipo de contrato de trabalho por prazo determinado, instituído mediante convenção ou acordo coletivo ou individual, independentemente das condições estabelecidas na CLT, em qualquer atividade desenvolvida pela empresa ou estabelecimento, para admissões que representem acréscimo no número de empregados.
V. Existe permissão legal para predeterminação de prazo, por exemplo, em hipótese de substituição de empregado permanente em gozo de férias ou em licença previdenciária.

(A) Somente uma afirmativa está correta.
(B) Somente duas afirmativas estão corretas.
(C) Somente três afirmativas estão corretas.
(D) Somente quatro afirmativas estão corretas.
(E) Todas as afirmativas estão corretas.

I: incorreta, a contratação que superar, num período de um ano, dois meses, ficará convertida em prazo indeterminado (art. 14-A, § 1º, da Lei 5.889/1973); **II:** incorreta, à época em que a questão foi elaborada. Atualmente, de acordo com a Súmula 144, III, do TST, está correta; **III:** incorreta, o limite é de noventa dias, não três meses (art. 445, parágrafo único, da CLT); **IV:** incorreta, art. 1º da Lei 9.601/1998 (vedada a pactuação por acordo individual); **V:** correta, art. 443, § 2º, a, da CLT.

Gabarito "A"

(Magistratura do Trabalho – 3ª Região – 2009) Ainda a respeito dos contratos a termo, leia as afirmações abaixo e, em seguida, assinale a alternativa correta:

I. O contrato por obra certa é uma modalidade de contrato a termo, em que um empregador pessoa física contrata empregado para realização de obra ou serviço certo.
II. O contrato de experiência não se confunde com o período de experiência, que ocorreria no primeiro ano de contrato empregatício.
III. A regra da *acessio temporis* não incide em casos de ruptura do contrato precedente por cumprimento de seu termo final prefixado.
IV. Regra geral, inexistindo pactuação em contrário efetuada pelas partes, o tempo de afastamento decorrente de suspensão contratual será computado na contagem do prazo para a respectiva terminação.
V. O empregado que, sem justa causa, se desligar do contrato antes do termo será obrigado a indenizar o empregador, pela metade, do valor da remuneração a que teria direito até o termo do contrato.

(A) Somente uma afirmativa está correta.
(B) Somente duas afirmativas estão corretas.
(C) Somente três afirmativas estão corretas.
(D) Somente quatro afirmativas estão corretas.
(E) Todas as afirmativas estão corretas.

I: incorreta, pois a figura do empregador não está limitada à pessoa física (Lei 2.959/1956); **II:** correta, com a doutrina informando que o art. 443, § 2º, c, da CLT versa sobre o contrato de experiência, ao passo que o art. 478, § 1º, da CLT, alude ao período de experiência; **III:** incorreta, art. 452 c/c 453 da CLT; **IV:** correta, art. 472, § 2º, da CLT; **V:** incorreta, será obrigado a indenizar o empregador pelos prejuízos que o desligamento lhe resultar (art. 480 da CLT).

Gabarito "B"

(Magistratura do Trabalho – 3ª Região – 2008) À luz da Lei 9.601/1998, que dispõe sobre um tipo de contrato de trabalho por prazo determinado, assinale a alternativa incorreta:

(A) as convenções e os acordos coletivos de trabalho poderão instituir contrato de trabalho por prazo determinado, de que trata o art. 443 da Consolidação das Leis do Trabalho – CLT, independentemente das condições estabelecidas em seu § 2º, em qualquer atividade desenvolvida pela empresa ou estabelecimento, para admissões que representem acréscimo no número de empregados.

(B) aplica-se ao contrato de trabalho por prazo determinado previsto na Lei 9.601/1998 a regra de indeterminação de prazo, caso o contrato de trabalho por prazo determinado seja, tácita ou expressamente, prorrogado mais de uma vez.

(C) as partes estabelecerão, na convenção ou acordo coletivo referido na Lei 9.601/1998, a indenização para as hipóteses de rescisão antecipada do contrato de que trata esta Lei, por iniciativa do empregador ou do empregado, não se aplicando o disposto nos arts. 479 e 480 da CLT.

(D) para os contratos previstos na Lei 9.601/1998, é reduzida, por sessenta meses, a contar da data de publicação desta Lei, para dois por cento, a alíquota da contribuição para o Fundo de Garantia do Tempo de Serviço – FGTS.

(E) o número de empregados contratados nos termos da Lei 9.601/1998 observará o limite estabelecido no instrumento decorrente da negociação coletiva, não podendo ultrapassar os seguintes percentuais, que serão aplicados cumulativamente: I – cinquenta por cento do número de trabalhadores, para a parcela inferior a cinquenta empregados; II – trinta e cinco por cento do número de trabalhadores, para a parcela entre cinquenta e cento e noventa e nove empregados; e III – vinte por cento do número de trabalhadores, para a parcela acima de duzentos empregados.

A: assertiva correta, art. 1º da Lei 9.601/1998; **B:** assertiva incorreta, devendo ser assinalada, não se aplica a regra do art. 451 da CLT (art. 1º, § 2º, da Lei 9.601/1998; **C:** assertiva correta, art. 1º, § 1º, I, da Lei 9.601/1998; **D:** assertiva correta, art. 2º, II, da Lei 9.601/1998; **E:** assertiva correta, art. 3º da Lei 9.6017/1998.

Gabarito "B"

(Magistratura do Trabalho – 7ª Região – 2005) Em relação ao contrato por prazo determinado, leia as proposições abaixo e assinale a opção correta.

I. A extensão dos efeitos produzidos pela interrupção ou suspensão do contrato de trabalho possui tratamento diverso quando o pacto laboral é estabelecido por prazo determinado. Nessa circunstância, estabelece a CLT que, salvo convenção entre as partes interessadas, o período de afastamento será computado na contagem do prazo para a respectiva terminação.

II. A celebração de um segundo contrato de trabalho a termo, em período inferior a seis meses do término do primeiro, não gera automática alteração objetiva para contrato por prazo indeterminado, quando a extinção desse último contrato se justificar pela execução de serviços especializados.

III. A validade do contrato por prazo determinado está condicionada à ocorrência de serviços cuja natureza ou transitoriedade justifique a fixação de prazos, de atividades empresariais transitórias ou da necessidade de celebração de contrato de experiência. Admite-se, no entanto, a possibilidade de celebração de contratos a termo, sem observância desses requisitos, quando as admissões representarem acréscimo no número de empregados e forem instituídas por convenção ou acordo coletivo de trabalho. O empregado admitido nessas condições, detentor de estabilidade por ter sido eleito suplente da CIPA, tem garantida a estabilidade provisória, não podendo ter o contrato rescindido antes do prazo ajustado.

IV. A rescisão antecipada e imotivada do contrato de trabalho por prazo determinado, de iniciativa do empregador, não gera a esse a obrigação pertinente ao pagamento da indenização de 40% incidente sobre os depósitos do FGTS, ante a natureza do contrato celebrado.

(A) São falsas somente as proposições I e III.
(B) São falsas somente as proposições III e IV.
(C) São falsas somente as proposições II, III e IV.
(D) São verdadeiras somente as proposições III e IV.
(E) São verdadeiras somente as proposições I, II e III.

I: correta, art. 472, § 2º, da CLT; **II:** correta, art. 452 da CLT; **III:** correta, arts. 443, § 2º, da CLT, e 1º, caput e § 4º da Lei 9.601/1998; **IV:** incorreta, "depositará na conta vinculada do trabalhador no FGTS, importância igual a 40% do montante de todos os depósitos realizados na conta vinculada durante a vigência do contrato de trabalho atualizados monetariamente e acrescidos dos respectivos juros, não sendo permitida, para este fim a dedução dos saques ocorridos" (arts. 14 e 9º, §§ 1º e 2º, do Decreto 99.684/1990).

Gabarito "E"

(Magistratura do Trabalho – 8ª Região – 2007) A respeito do contrato de trabalho a termo, é correto afirmar:

(A) O texto consolidado trata da possibilidade de aplicação do instituto do aviso-prévio ao contrato por prazo determinado.

(B) Considera-se por prazo indeterminado todo contrato que suceder, dentro de três meses, a outro contrato por prazo determinado, salvo se a expiração deste dependeu da execução de serviços especializados ou da realização de certos acontecimentos.

(C) O contrato a termo só será válido em se tratando de serviço cuja natureza e transitoriedade indique a determinação do prazo.

(D) O prazo do contrato a termo sempre será superior ao aviso-prévio.

(E) Contrato de experiência é tipo de contrato a termo que tem como característica o prazo máximo de três meses.

A: correta, a assertiva é extremamente capciosa, pois só no art. 481 da CLT encontraremos tal possibilidade (v. Súmula 163 do TST).

Registre-se, no entanto, que o revogado Decreto 16.107/1923, ao dispor sobre a locação de serviços domésticos, admitiu o aviso-prévio nos contratos por prazo determinado, ideia que foi posteriormente abandonada; **B:** incorreta, o prazo é de 6 meses (art. 452 da CLT); **C:** incorreta, também será válido em se tratando de atividades empresariais de caráter transitório e contrato de experiência (art. 443, § 2º, b e c, da CLT); **D:** incorreta, inexiste limitação legal ao prazo mínimo do contrato a termo; **E:** incorreta, o prazo máximo é de 90 dias (art. 445, parágrafo único, da CLT).

Gabarito "A"

(Magistratura do Trabalho – 9ª Região – 2007) Em relação aos contratos por prazo determinado é correto afirmar:

(A) A conversão de um contrato por prazo indeterminado em contrato por prazo determinado é válida desde que o primeiro contrato não exceda de noventa dias.

(B) O contrato por prazo determinado que for prorrogado mais de uma vez, tácita ou expressamente, passará a vigorar por tempo indeterminado.

(C) É válido contrato de experiência que sucede a um contrato de trabalho temporário.

(D) Segundo a jurisprudência dominante no Tribunal Superior do Trabalho, constatando-se a gravidez da empregada durante o curso do contrato de experiência, fica-lhe assegurada garantia de emprego desde a confirmação da gravidez e até cinco meses após o parto.

(E) O contrato de experiência pode ser prorrogado uma única vez e sua duração total não pode exceder de sessenta dias.

A: incorreta, ressalvadas as posições doutrinárias em contrário, entendemos que tal hipótese de conversão colide com o princípio da continuidade do contrato de trabalho, importando em alteração contratual ilícita. Acaso reputássemos lícito, por questão de coerência, o prazo suscetível para a conversão seria de dois anos (CLT, art. 445); **B:** correta, art. 451 da CLT; **C:** incorreta, a aferição da qualificação do empregado, este o desiderato do contrato de experiência (também chamado de contrato de tirocínio ou de prova), já foi oportunizada quando do contrato temporário, de sorte que a prática relatada viola, obliquamente, as normas dos contratos por prazo determinado, que são exceções à regra determinada pelo princípio da continuidade; **D:** incorreta, à época em que a questão foi elaborada. Atualmente, de acordo com a Súmula 144, III, do TST, está correta; **E:** incorreta, não pode exceder a 90 dias (art. 445, parágrafo único, da CLT).

Gabarito "B"

(Magistratura do Trabalho – 14ª Região – 2011) Assinale a alternativa que não está correta em relação à duração do contrato de trabalho.

(A) Em razão do contrato de trabalho ser considerado "contrato sucessivo" a CLT permite o contrato a termo apenas nas hipóteses de serviço cuja natureza ou transitoriedade justifique a predeterminação do prazo; atividades empresariais de caráter transitório e contrato de experiência.

(B) O contrato de trabalho por prazo determinado previsto na CLT poderá ser prorrogado por mais de uma vez, sem perder sua característica de contrato por prazo certo, desde que não ultrapassados os prazos previstos no artigo 445 da CLT: a) 90 (noventa) dias para contrato de experiência; b) 02 (dois) anos para as demais hipóteses.

(C) Considera-se por prazo indeterminado todo contrato que suceder, dentro de 06 (seis) meses, a outro contrato por prazo determinado, salvo se a expiração destes depender da execução de serviços especializados ou da realização de certos acontecimentos.

(D) Se o empregado for despedido por falta grave ou recebido indenização legal, não serão computados no tempo de serviço os períodos, ainda que não contínuos, em que tiver trabalhado anteriormente na empresa, quando readmitido.

(E) A lei do trabalho temporário (Lei 6.019/1974) prevê modalidade de contrato a termo desde que ocorra necessidade episódica resultante da necessidade transitória de substituição de seu pessoal regular e permanente ou do acréscimo extraordinário de serviços da empresa tomadora e, via de regra, o prazo não ultrapasse três meses de trabalho para o mesmo tomador.

A: assertiva correta, art. 443, § 2º, da CLT; **B:** assertiva incorreta, devendo ser assinalada – art. 451 da CLT (só é possível uma única prorrogação); **C:** assertiva correta, art. 452 da CLT; **D:** assertiva correta, art. 453 da CLT; **E:** assertiva correta, arts. 2º e 10 da Lei 6.019/1974.

Gabarito "B"

(Magistratura do Trabalho – 14ª Região – 2008) Contrato de trabalho por prazo determinado.

I. Considera-se como de prazo determinado o contrato de trabalho cuja vigência dependa de termo prefixado ou da execução de serviços especificados ou ainda da realização de certo acontecimento suscetível de previsão aproximada. O contrato de trabalho por prazo determinado, salvo o de experiência, não poderá exceder a dois anos e admite uma única prorrogação.

II. O contrato de experiência poderá ser prorrogado mais de uma vez, desde que o prazo total não exceda a 90 (noventa) dias.

III. Havendo termo estipulado o empregado não se poderá desligar do contrato, sem justa causa, sob pena de ser obrigado a indenizar o empregador dos prejuízos que desse fato lhe resultarem.

IV. Nos contratos que tenham termo estipulado, o empregador que, sem justa causa, despedir o empregado, será obrigado a pagar-lhe, a título de indenização, e por metade, a remuneração a que teria direito até o termo do contrato.

Responda:

(A) todas as opções estão corretas;

(B) apenas três opções estão corretas;

(C) apenas duas opções estão corretas;

(D) apenas uma opção está correta;

(E) todas as opções estão incorretas.

I: correta, arts. 443, 445 e 451 da CLT; **II:** incorreta, pode ser prorrogado uma única vez (art. 451 da CLT); **III:** correta, art. 480 da CLT; **IV:** correta, art. 479 da CLT.

Gabarito "B"

(Magistratura do Trabalho – 15ª Região – 2011) Assinale a alternativa incorreta:

(A) o contrato de experiência é uma espécie de contrato por prazo determinado e pode ser prorrogado, desde que respeitado o tempo máximo de 90 (noventa) dias;

(B) o contrato que suceder, dentro de 6 (seis) meses, a outro contrato por tempo determinado, deve ser considerado como contrato por tempo indeterminado, salvo se a expiração deste dependeu da execução de serviços especializados ou da realização de certos acontecimentos;

(C) os contratos de técnicos estrangeiros, domiciliados no exterior, para a realização de serviços especializados no Brasil, em caráter provisório e com estipulação de salários em moeda estrangeira, podem ser realizados por prazo indeterminado;

(D) as atividades empresariais de caráter transitório justificam a contratação de trabalhadores por prazo determinado;

(E) aplica-se ao trabalhador optante pelo regime jurídico do FGTS admitido mediante contrato por prazo determinado, quando dispensado antes de seu termo, a indenização prevista no art. 479 da CLT, ou seja, a metade da remuneração que seria devida até o final do contrato.

A: assertiva correta, art. 445, parágrafo único, c/c art. 451 da CLT; **B:** assertiva correta, art. 452 da CLT; **C:** assertiva incorreta, devendo ser assinalada, "serão, obrigatoriamente, celebrados por prazo determinado e prorrogáveis sempre a ermo certo" (art. 1º do Decreto-lei 691/1969); **D:** assertiva correta, art. 443, § 2º, *b*, da CLT; **E:** assertiva correta, conforme Súmula 125 do TST e art. 479 da CLT. Mas há controvérsias acerca da cumulação de tal indenização com a multa de 40% sobre o saldo de FGTS, prevista para as hipóteses de despedida sem justa causa, e, aqui, chamamos a atenção para o assunto. No contrato por prazo determinado, extinto este antes de seu prazo final por vontade do empregador, isto é, por despedida sem justa causa, a CLT prevê uma indenização equivalente à metade dos salários que o empregado receberia até o final do contrato (art. 479). Tradicionalmente, sempre se compreendeu que esta era a única indenização devida, por se tratar de norma especial. Não obstante, a Lei do FGTS de 1990 foi lacônica sobre a indenização de 40% sobre o FGTS nesta hipótese de rescisão de contrato a termo, pois seu art. 18, § 1º, diz simplesmente que "na hipótese de despedida pelo empregador sem justa causa, depositará este, na conta vinculada do trabalhador no FGTS, importância igual a quarenta por cento do montante de todos os depósitos realizados na conta vinculada durante a vigência do contrato de trabalho, atualizados monetariamente e acrescidos dos respectivos juros". Ou seja, não há uma alusão expressa à situação de extinção antecipada do contrato por prazo determinado. No entanto, o poder executivo, no art. 14 do Decreto 99.684/1990, regulamentador do FGTS, estabeleceu que, no caso de contrato a termo, a rescisão antecipada, sem justa causa ou com culpa recíproca, ensejam a multa prevista para os casos de rescisão de contrato a prazo indeterminado, **sem prejuízo do disposto no artigo 479 da CLT**. Com isso, muitos doutrinadores vêm entendendo que, na rescisão antecipada do contrato por prazo determinado por denúncia vazia do empregador, o trabalhador faz jus a indenização de metade dos salários devidos, mais a multa de 40% sobre o FGTS. A despeito do possível *bis in idem* entre a indenização do art. 479 e a multa sobre o FGTS, Godinho explica que o contrato a prazo determinado, sendo excepcional por natureza (eis que a regra é a contratação a prazo indeterminado), é suscetível de contemplar indenizações específicas, ainda que cumulativas, para as hipóteses de rescisão antecipada.

Gabarito "C"

(Magistratura do Trabalho – 15ª Região – 2011) Assinale a alternativa incorreta:

(A) admite-se o contrato a termo nas hipóteses de serviço cuja natureza ou transitoriedade justifique a predeterminação do prazo, nas atividades empresariais de caráter transitório e no contrato de experiência;

(B) o contrato de trabalho por prazo determinado previsto na CLT poderá ser prorrogado por mais de uma vez, desde que não ultrapasse os prazos previstos no artigo 445 da CLT, a saber, 90 (noventa) dias para o contrato de experiência e 2 (dois) anos para as demais hipóteses.

(C) o contrato por prazo indeterminado produz efeitos jurídicos distintos em relação aos contratos a termo no que concerne à interrupção e suspensão do contrato de trabalho;

(D) em caso de vacância definitiva do cargo anteriormente ocupado por quem se aposenta, o novo ocupante não terá direito a salário igual ao percebido pelo seu antecessor;

(E) enquanto perdurar a substituição que não tenha caráter meramente eventual, inclusive nas férias, o empregado submetido fará jus ao salário contratual do substituído.

A: assertiva correta, art. 443, § 2º, da CLT; **B:** assertiva incorreta, devendo ser assinalada – art. 451 da CLT (só é possível uma única prorrogação); **C:** assertiva correta, art. 472, § 2º, da CLT; **D:** assertiva correta, Súmula 159, II, do TST; **E:** assertiva correta, Súmula 159, I, do TST.

Gabarito "B"

(Magistratura do Trabalho – 23ª Região – 2012) Analise as proposições abaixo e assinale a alternativa correta:

I. Os contratos de trabalho por prazo determinado não poderão ser estipulados com vigência de mais de 2 (dois) anos, salvo no caso do contrato de experiência onde esse prazo máximo não poderá exceder de 3 (três) meses.

II. Na falta de acordo ou prova sobre condição ou cláusula, ainda que acessória, do contrato de trabalho verbal, esta se presume existente, independentemente de ajuste das partes interessadas, desde que em conformidade aos preceitos jurídicos adequados à sua legitimidade e for mais favorável ao empregado.

III. O contrato de trabalho por prazo determinado que, tácita ou expressamente, for prorrogado mais de uma vez passará a vigorar sem determinação de prazo a partir dessa segunda prorrogação. Isso quer dizer que se considera, então, como sendo período de contrato a prazo determinado o lapso contratual anterior à segunda prorrogação contratual, em respeito ao ato jurídico perfeito, com o que, tal lapso de tempo não será computado para fins de quantificação dos valores devidos ao empregado em caso de eventual rescisão contratual ulterior.

IV. Na vigência do contrato de trabalho, as invenções do empregado, quando decorrentes de sua contribuição pessoal e da instalação ou equipamento fornecidos pelo empregador, serão de propriedade do empregador, independentemente do contrato ter por objeto, implícita ou explicitamente, a pesquisa científica, como consequência da subordinação do trabalhador que, todavia, não corre os riscos do empreendimento econômico em que se insere.

V. Contrato individual de trabalho é o acordo tácito ou expresso, correspondente à relação de emprego. A prova do contrato individual do trabalho será feita pelas anotações constantes da carteira profissional ou por instrumento escrito e suprida por todos os meios permitidos em direito.

(A) Apenas as proposições I e V estão corretas e as demais estão incorretas.
(B) Apenas a proposição V está correta e as demais estão incorretas.
(C) As proposições II, III, IV e V estão corretas e a proposição I está incorreta.
(D) Apenas as proposições IV e V estão corretas e as demais estão incorretas.
(E) Todas as proposições estão incorretas.

I: incorreta, o contrato de experiência não pode exceder 90 dias (art. 445, parágrafo único, da CLT); **II:** incorreta, "na falta de acordo ou prova sobre condição essencial ao contrato verbal, esta se presume existente, como se a tivessem estatuído os interessados na conformidade dos preceitos jurídicos adequados à sua legitimidade" (art. 447 da CLT); **III:** incorreta, art. 451 da CLT; **IV:** incorreta, art. 91 da Lei 9.279/1996; **V:** correta, art. 442 c/c art. 456 da CLT.

Gabarito "B".

(Ministério Público do Trabalho – 8º) O contrato individual de trabalho sob a modalidade experiência:

(A) pode ser prorrogado até duas vezes;
(B) está sujeito ao prazo de 120 dias;
(C) pode ser prorrogado, observado o tempo máximo de 90 dias;
(D) somente é possível se o serviço tiver natureza transitória ou experimental;
(E) pode ser celebrado por ajuste tácito;
(F) não sei.

A alternativa "C" está de acordo com os arts. 445, parágrafo único, e 451 da CLT, e Súmula 188 do TST.

Gabarito "C".

8.3 CARTEIRA DE TRABALHO E PREVIDÊNCIA SOCIAL

(Magistratura do Trabalho – 2ª Região – 2010) Conforme disposições contidas na Consolidação das Leis do Trabalho, com relação à Carteira de Trabalho e Previdência Social, assinale a alternativa correta.

(A) É emitida pelas Delegacias Regionais do Trabalho ou, mediante convênio, pelos órgãos federais, estaduais e municipais da administração direta ou indireta e, na hipótese de inexistir convênio com os órgãos indicados ou na inexistência destes, poderá ser admitido convênio com os sindicatos para o mesmo fim.
(B) As anotações concernentes à remuneração devem especificar o salário, qualquer que seja sua forma e pagamento, salvo as utilidades e a estimativa de gorjetas.
(C) Para obtê-la, o interessado comparecerá pessoalmente ou por procurador, ao órgão emitente, para identificação, ocasião em que serão prestadas as declarações necessárias.
(D) Será obrigatoriamente apresentada contrarrecibo pelo trabalhador ao empregador que o admitir, o qual terá o prazo de setenta e duas horas para nela anotar, especificamente, a data de admissão, a remuneração e as condições especiais, se houver.
(E) Em dissídio individual no qual se postule o reconhecimento da existência de vínculo empregatício, se acolhido o pedido, o juiz deverá determinar, na sentença, que a autoridade administrativa competente proceda às anotações devidas na Carteira de Trabalho e Previdência Social do reclamante, de acordo com o fixado na decisão.

A: correta, art. 14 da CLT; **B:** incorreta, as utilidades e a estimativa de gorjetas também deverão vir especificadas (art. 29, § 1º, da CLT); **C:** incorreta, não poderá ser representado por procurador (art. 15 da CLT); **D:** incorreta, o prazo é de 48 horas (art. 29 da CLT); **E:** incorreta, contraria o disposto no art. 39, § 1º, da CLT.

Gabarito "A".

9. REMUNERAÇÃO, SALÁRIO, BENEFÍCIOS (INCLUI INVENÇÕES E PATENTES; SOBRE ADICIONAL DE INSALUBRIDADE E PERICULOSIDADE, VER CAPÍTULO SOBRE MEIO AMBIENTE DO TRABALHO)

(Magistratura do Trabalho – 1ª Região – 2004) Um restaurante cobrava 10% (dez por cento), nas notas, de seus clientes e distribuía a quantia resultante em favor dos empregados, parte destinada ao pessoal que servia as mesas e parte para o pessoal da cozinha. Dentre as pessoas que participavam do rateio, estava o empregado H. de Quixeramobim. Este senhor, além de participar no atendimento das mesas, era o responsável pelas compras do restaurante e, para este serviço, recebia carro da empresa. Por um período, o carro da empresa esteve em oficina mecânica. O citado empregado teve que usar veículo próprio, recebendo da empresa, após exibir as respectivas notas fiscais, o reembolso das despesas com combustível e manutenção do veículo. Tendo em mente estas informações, analise as assertivas abaixo:

I. a quantia rateada é definida como gorjeta, tendo por isso natureza de salário;
II. incide sobre a quantia, resultante do rateio, o FGTS;
III. como o veículo, cedido pela empresa, era usado para o trabalho, pode-se dizer que se trata em verdade de salário pago em utilidade, por conseguinte devida a incidência de FGTS;

IV. O reembolso das despesas com combustível e manutenção do veículo tem natureza típica de indenização;

V. incide FGTS sobre esta indenização.

E assinale:

(A) se corretas todas as assertivas;
(B) se incorretas somente as assertivas I e II;
(C) se incorreta somente a assertiva V;
(D) se incorreta somente a assertiva I;
(E) se corretas somente as assertivas II e IV.

I: incorreta, as gorjetas integram a remuneração (art. 457, caput e § 3º, da CLT e Súmula 290 do TST); **II:** correta, art. 15 da Lei 8.036/1990; **III:** incorreta, art. 458, § 2º, I, da CLT (o veículo seria salário utilidade caso fosse fornecido pelo trabalho, e não para o trabalho); **IV:** correta, por definição; **V:** incorreta, por não se tratar de remuneração (art. 15 da Lei 8.036/1990).

Gabarito "E"

(Magistratura do Trabalho – 1ª Região – 2004) Analisando as proposições abaixo:

I. o terço constitucional de férias, também conhecido como abono de férias ou abono pecuniário, tecnicamente, não pode ser considerado como tal já que abono é antecipação salarial concedida pelo empregador;

II. o abono constitucional de férias possui, necessariamente, natureza salarial;

III. prevalece, na jurisprudência e na doutrina trabalhistas, o entendimento de que os adicionais, por serem parcelas nitidamente contraprestativas de labor em condições de trabalho diferenciadas, possuem caráter salarial;

IV. o fato ensejador do pagamento de gratificações está diretamente relacionado com as condições mais ou menos gravosas do exercício da função, dependendo, também, da conduta pessoal do trabalhador.

Assinale:

(A) se apenas I e II estão corretas;
(B) se apenas I e III estão corretas;
(C) se todas estão corretas;
(D) se apenas a IV é falsa;
(E) se apenas a II é verdadeira.

I: correta, por definição (v. art. 457, § 1º, da CLT); **II:** incorreta, não tem natureza salarial (art. 144 da CLT); **III:** correta, tratando-se de salário-condição e forte no princípio da natureza expansionista circular dos salários (Godinho); **IV:** incorreta, a rigor, gratificações são valores pagos a título de acontecimentos objetivos e externos à vontade do empregado.

Gabarito "B"

(Magistratura do Trabalho – 1ª Região – 2004) No que diz respeito a vendedores, viajantes ou pracistas, assinale a alternativa INCORRETA:

(A) em princípio, a comissão é devida em função da ultimação do negócio, e não em função do seu efetivo cumprimento;

(B) em regra, a quitação da comissão ao vendedor deve-se efetivar mensalmente, existindo, no entanto, autorização legal para que tal pagamento se concretize em até três meses após a aceitação do negócio;

(C) não existe autorização legal para que o empregador, verificada a insolvência do comprador, possa estornar a comissão que houver pago, já que o empregado não participa dos riscos do negócio;

(D) o ordenamento jurídico vigente autoriza que o empregador amplie ou reduza a zona de trabalho do vendedor, desde que respeitada a irredutibilidade da remuneração do empregado;

(E) autoriza a lei a transferência unilateral de zona de trabalho do vendedor, mesmo com redução de vantagens, desde que garantido, como mínimo de remuneração, um salário correspondente à média dos 12 (doze) últimos meses, anteriores à transferência.

A: assertiva correta, art. 466 da CLT; **B:** assertiva correta, art. 4º da Lei 3.207/1957 e art. 459 da CLT; **C:** assertiva incorreta, devendo ser assinalada tal previsão vem expressa no art. 7º da Lei 3.207/1957; **D:** assertiva correta, art. 2º, § 1º, da Lei 3.207/1957; **E:** assertiva correta, art. 2º, § 2º, da Lei 3.207/1957.

Gabarito "C"

(Magistratura do Trabalho – 2ª Região – 2012) Analise as proposituras abaixo sobre a remuneração e o salário do empregado, e ao final responda.

I. Na falta de estipulação do salário ou não havendo prova sobre a importância ajustada, o empregado fará jus ao salário compatível com o mercado, ou seja, igual ao daquele que fizer serviço equivalente em outra empresa do mesmo ramo de atividade.

II. O pagamento do salário, qualquer que seja a modalidade do trabalho, não deve ser estipulado por período superior a 1 (um) mês, salvo no que concerne a comissões, percentagens e gratificações.

III. Para efeitos de cálculo de remuneração, considera-se gorjeta somente aquela que for cobrada pela empresa ao cliente, como adicional nas contas, a qualquer título, e destinada à distribuição aos empregados, não sendo considerada a importância espontaneamente dada pelo cliente ao empregado.

IV. Os uniformes utilizados pelos vendedores de lojas de departamento para facilitar a sua identificação pelo cliente se constituem em utilidades concedidas pelo empregador sem natureza salarial.

V. O transporte destinado ao deslocamento para o trabalho e retorno, em percurso servido ou não por transporte público é considerada utilidade sem natureza salarial.

Estão **corretas apenas** as proposituras:

(A) I e II.
(B) I, III e IV.
(C) III e V.
(D) II, IV e V.
(E) IV e V.

I: incorreta, "terá direito a perceber salário igual ao daquela que, na mesma empresa, fizer serviço equivalente ou do que for habitualmente pago para serviço semelhante" (art. 460 da CLT); **II:** correta, art. 459 da CLT; **III:** incorreta, considera-se gorjeta, também, aquela dada pelo cliente ao empregado (art. 457, § 3º, da CLT); **IV:** correta, art. 458, § 2º, I, da CLT; **V:** correta, art. 458, § 2º, III, da CLT.

Gabarito "D"

(Magistratura do Trabalho – 2ª Região – 2012) A Constituição Federal e o texto consolidado proíbem a discriminação salarial consagrando o princípio da isonomia salarial. Com base na legislação e entendimento sumulado do TST indique a alternativa **correta** em relação ao instituto da equiparação salarial.

(A) Para efeito de equiparação de salários em caso de trabalho igual, conta-se o tempo de serviço no emprego.

(B) O trabalhador readaptado em nova função por motivo de deficiência física poderá servir de paradigma para fins de equiparação salarial, em face do princípio da isonomia.

(C) A equiparação salarial só é possível se o empregado e o paradigma exercerem a mesma função, desempenhando as mesmas tarefas, não importando se os cargos têm, ou não, a mesma denominação.

(D) Não é possível a equiparação salarial de trabalho intelectual, visto que o mesmo não pode ser avaliado por sua perfeição técnica, diante da impossibilidade desta ser aferida por critérios objetivos.

(E) Presentes os pressupostos do art. 461 da CLT, é irrelevante a circunstância de que o desnível salarial tenha origem em decisão judicial que beneficiou o paradigma, ainda que decorrente de vantagem pessoal.

A: incorreta, "conta-se o tempo de serviço na função e não no emprego" (Súmula 6, II, do TST); **B:** incorreta, não servirá de paradigma (artigo 461, § 4º, da CLT); **C:** correta, Súmula 6, III, do TST; **D:** incorreta, "é possível a equiparação salarial de trabalho intelectual, que pode ser avaliado por sua perfeição técnica, cuja aferição terá critérios objetivos" (Súmula 6, VII, do TST); **E:** incorreta, "exceto se decorrente de vantagem pessoal" Súmula 6, VI, do TST.

Gabarito "C"

(Magistratura do Trabalho – 2ª Região – 2011) A legislação, tanto constitucional como infraconstitucional, adota diversas medidas de proteção ao salário contra abusos do empregador. Abaixo seguem algumas proposições. Aponte a única incorreta dentre elas:

(A) A Lei 3.207, de 1957, que regulamenta as atividades dos empregados vendedores, viajantes ou pracistas, assegura a irredutibilidade da remuneração ainda que a zona de trabalho do empregado vendedor seja ampliada ou restringida de acordo com a necessidade da empresa.

(B) É licita a redução geral dos salários dos empregados da empresa em caso de força maior ou prejuízos devidamente comprovados, conforme art. 503 da CLT, sendo certo que a Constituição da República restringiu essa norma, apenas assegurando a garantia ao salário mínimo legal.

(C) Integra o rol das medidas de proteção ao salário do empregado, previstas na CLT, a proibição do *truck-system*.

(D) Tanto a lei como a jurisprudência sumulada pelo TST consideram lícitos determinados descontos, tais como, respectivamente, os decorrentes de dano causado pelo empregado, desde que este tenha agido com dolo ou esta possibilidade tenha sido acordada, e os referentes aos planos de assistência odontológica, desde que livre e previamente autorizados pelo empregado, por escrito.

(E) Os descontos a título de contribuição sindical não só estão reconhecidos pela CLT, como também pela própria Constituição da República em vigor.

A: assertiva correta, art. 2º, § 1º, da Lei 3.207/1957; **B:** assertiva incorreta, devendo ser assinalada – art. 7º, VI, da CF (só por meio de negociação coletiva é possível a redução do valor nominal dos salários); **C:** assertiva correta, art. 462, § 2º, da CLT; **D:** assertiva correta, art. 462, § 1º, da CLT e Súmula 342 do TST; **E:** assertiva correta, art. 8º, IV, da CF, e art. 579 da CLT.

Gabarito "B"

(Magistratura do Trabalho – 2ª Região – 2010) Considere as proposições seguintes à luz da lei e da jurisprudência sumulada pelo TST.

I. A lei regula a participação dos trabalhadores nos lucros ou resultados da empresa como instrumento de integração entre capital e o trabalho e como incentivo à produtividade, podendo substituir ou complementar a remuneração devida a qualquer empregado, constituindo base de incidência de encargos trabalhistas, se lhe aplicando o princípio da habitualidade.

II. Nos termos do artigo 458 da CLT não terá natureza salarial a utilidade fornecida pelo empregador a título de educação, em estabelecimento de ensino próprio, compreendendo os valores relativos a uniformes escolares, matrícula, mensalidade, material didático e transporte para o local das aulas.

III. A ajuda alimentação fornecida pelo empregador por meio de tíquete terá natureza salarial e comporá a sua remuneração para todos os efeitos legais, ainda que a empresa seja participante do Programa de Alimentação ao Trabalhador – PAT, instituído pela Lei 6.321/1976.

IV. Metade do valor correspondente a gratificação natalina deverá ser pago entre os meses de fevereiro e novembro do ano corrente, sendo que a outra metade deverá ser quitada até o dia 31 de dezembro do ano corrente.

V. Na cessão de empregados para o exercício da função em órgão governamental estranho à cedente, ainda que a mesma fonte responda pelos salários do paradigma e do reclamante, fica excluída a equiparação salarial.

Responda.

(A) Estão corretas todas as assertivas.

(B) Nenhuma assertiva está correta.

(C) Apenas as assertivas I, II e V estão corretas.

(D) Apenas as assertivas III e V estão corretas.

(E) Apenas as assertivas I, II e IV estão incorretas.

I: incorreta, "não substitui ou complementa a remuneração devida a qualquer empregado, nem constitui base de incidência de qualquer encargo trabalhista, não se lhe aplicando o princípio da habitualidade" (art. 3º da Lei 10.101/2000); **II:** incorreta, o transporte para o local das aulas não está entre os valores relativos à educação (art. 458, § 2º, II, da CLT); **III:** incorreta, não tem natureza salarial (art. 3º da Lei 6.321/1976 e OJ 133 da SDI-I do TST); **IV:** incorreta, "no mês de dezembro de cada ano, a todo empregado será paga, pelo empregador, uma gratificação salarial, independentemente da remuneração a que fizer jus" (art. 1º da Lei 4.090/1962); **V:** incorreta, nesse caso, não exclui a equiparação salarial (Súmula 6, V, do TST).

Gabarito "B"

(Magistratura do Trabalho – 3ª Região – 2013) Relativamente à equiparação salarial, com base na jurisprudência dominante, é incorreto afirmar:

(A) Presentes os pressupostos do art. 461 da CLT, é irrelevante a circunstância de que o desnível salarial tenha origem em decisão judicial que beneficiou o paradigma, exceto se decorrente de vantagem pessoal, de tese jurídica superada pela jurisprudência de Corte Superior ou, na hipótese de equiparação salarial em cadeia, suscitada em defesa, se o empregador produzir prova do alegado fato modificativo, impeditivo ou extintivo do direito à equiparação salarial em relação ao paradigma remoto.

(B) Desde que atendidos os requisitos do art. 461 da CLT, é possível a equiparação salarial de trabalho intelectual, que pode ser avaliado por sua perfeição técnica, cuja aferição terá critérios objetivos.

(C) A cessão de empregados não exclui a equiparação salarial, embora exercida a função em órgão governamental estranho à cedente, se esta responde pelos salários do paradigma e do reclamante.

(D) A equiparação salarial só é possível se o empregado e o paradigma exercerem a mesma função, desempenhando as mesmas tarefas, não importando se os cargos têm, ou não, a mesma denominação.

(E) Para os fins previstos no § 2º do art. 461 da CLT, só é válido o quadro de pessoal organizado em carreira quando homologado pelo Ministério do Trabalho, excluindo-se, apenas, dessa exigência o quadro de carreira das entidades de direito público da administração direta, autárquica e fundacional e das empresas públicas e sociedades de economia mista.

A assertiva incorreta, que deve ser assinalada, é a "E", pois não estão excluídas as empresas públicas e as sociedades de economia mista (Súmula 6 do TST).

Gabarito "E"

(Magistratura do Trabalho – 3ª Região – 2013) Considerando a direito sumulado pelo TST sobre o salário utilidade, assinale a alternativa incorreta:

(A) A habitação e a energia elétrica fornecidas pelo empregador ao empregado, quando indispensáveis para a realização do trabalho, não têm natureza salarial.

(B) Os percentuais fixados em lei relativos ao salário *in natura* apenas se referem às hipóteses em que o empregado percebe salário mínimo, apurando-se, nas demais, o real valor da utilidade.

(C) O cigarro não se considera salário utilidade em face de sua nocividade à saúde.

(D) O fornecimento de veículo pelo empregador ao empregado, quando imprescindível à execução dos serviços, não configura salário utilidade, desde que ele não seja utilizado pelo empregado também em atividades particulares.

(E) O vale para refeição, fornecido por força do contrato de trabalho, tem caráter salarial, integrando a remuneração do empregado, para todos os efeitos legais.

A: assertiva correta, Súmula 367, I, do TST; **B:** assertiva correta, Súmula 258 do TST; **C:** assertiva correta, Súmula 367, II, do TST; **D:** assertiva incorreta, devendo ser assinalada (Súmula 367, I, do TST); **E:** assertiva correta, Súmula 241 do TST.

Gabarito "D"

(Magistratura do Trabalho – 3ª Região – 2009) Assinale a assertiva ("a" a "e") correta em relação aos enunciados de I a V, observadas a legislação pertinente e a consolidação jurisprudencial do c. TST:

I. As gorjetas, sejam cobradas pelo empregador na nota fiscal ou oferecidas espontaneamente pelos clientes, integram a remuneração do empregado, como sumulado pelo c. TST, em sintonia com o *caput* do art. 457 da CLT.

II. O adicional por tempo de serviço integra o cálculo da gratificação prevista no art. 224, § 2º da CLT, na forma consolidada em súmula do c. TST.

III. A parcela paga aos bancários sob a denominação "quebra de caixa" possui natureza salarial, integrando o salário do prestador de serviços, para todos os efeitos legais, de acordo com entendimento sumulado do c. TST.

IV. O adicional noturno deve compor a base de cálculo do adicional de periculosidade, já que neste período o trabalhador permanece sob as condições de risco, em respeito à orientação jurisprudencial do c. TST.

V. Ocorrendo a extinção do contrato de trabalho antes de 20 de dezembro, poderá o empregador compensar eventual adiantamento da gratificação natalina realizado no respectivo ano, limitada a compensação ao valor devido ao mesmo título.

(A) Somente um enunciado é verdadeiro.

(B) Somente dois enunciados são verdadeiros.

(C) Somente três enunciados são verdadeiros.

(D) Somente quatro enunciados são verdadeiros.

(E) Todos os enunciados são verdadeiros.

I: incorreta, questão muito sutil, pois a sintonia da Súmula 290 do TST se estabelece com o § 3º do art. 457 da CLT; **II:** correta, Súmula 240 do TST; **III:** correta, Súmula 247 do TST; **IV:** incorreta, OJ 259 da SDI-I do TST (é o adicional de periculosidade que compõe a base de cálculo do adicional noturno); **V:** incorreta, art. 3º da Lei 4.090/1962.

Gabarito "B"

(Magistratura do Trabalho – 3ª Região – 2009) Assinale a assertiva ("a" a "e") correta em relação aos enunciados de I a V, observada consolidação jurisprudencial do c. TST:

I. Em face das peculiaridades do trabalho intelectual, não é possível obter-se equiparação salarial em razão da impossibilidade de se mensurar a produtividade e a perfeição técnica da capacidade intelectual, como sumulado entendimento do E. TST.

II. A cessão de empregado não exclui a equiparação salarial, embora exercida a função em órgão estranho à cedente, se esta responde pelos salários do paradigma e do autor, de acordo com entendimento consolidado do c. TST.

III. O simples desvio funcional do empregado não gera direito a novo enquadramento, mas apenas às diferenças salariais respectivas, independentemente da data de início do desvio de função, sendo este entendimento cristalizado em orientação jurisprudencial do TST.

IV. Presentes os pressupostos do art. 461 da CLT, é irrelevante a circunstância de que o desnível salarial tenha origem em decisão judicial que beneficiou o paradigma, exceto se decorrente de tese jurídica superada pela jurisprudência da Corte Superior ou se oriunda de vantagem pessoal.

V. o conceito de "mesma localidade" de que trata o art. 461 da CLT refere-se ao mesmo município, ou a municípios distintos que, comprovadamente, pertençam à mesma região metropolitana, conforme entendimento consolidado pela Superior Corte Trabalhista.

(A) Somente um enunciado é verdadeiro.
(B) Somente dois enunciados são verdadeiros.
(C) Somente três enunciados são verdadeiros.
(D) Somente quatro enunciados são verdadeiros.
(E) Todos os enunciados são verdadeiros.

I: incorreta, é possível a equiparação salarial (Súmula 6, VII, do TST); **II:** correta, Súmula 6, V, do TST; **III:** correta, OJ 125 da SDI-I do TST; **IV:** correta, Súmula 6, VI, do TST; **V:** correta, Súmula 6, X, do TST.

Gabarito "D"

(Magistratura do Trabalho – 3ª Região – 2009) Assinale a assertiva ("a" a "e") correta em relação aos enunciados de I a V, observadas a legislação pertinente e a consolidação jurisprudencial do c. TST:

I. Salvo prova em contrário, consideram-se desenvolvidos na vigência do contrato de trabalho, pertencendo, portanto, exclusivamente ao empregador, a invenção ou o modelo de utilidade, cuja patente seja requerida pelo empregado até 1 (um) ano após a extinção do vínculo de emprego, se, na vigência do contrato de trabalho, tiver prestado serviços no Brasil, tendo como objeto a pesquisa ou atividade inventiva, ou que esta seja resultado da natureza dos serviços para o qual fora contratado.

II. Constitui faculdade do empregador, quando titular da patente, a concessão ao empregado, autor do invento ou de aperfeiçoamento, de participação nas vantagens econômicas decorrentes da exploração da patente.

III. A propriedade de invenção ou de modelo de utilidade será comum, em partes iguais, quando resultar da contribuição pessoal do empregado e de recursos, dados, meios, materiais, instalações ou equipamentos do empregador, ressalvada expressa disposição contratual em contrário.

IV. Nos casos da propriedade comum de invenção ou modelo de utilidade, a exploração do objeto da patente, na falta de acordo, deverá ser iniciada pelo empregador dentro do prazo de um ano, contado da data de sua concessão, sob pena de passar à exclusiva propriedade do empregado a titularidade da patente, ressalvadas as hipóteses de falta de exploração por razões legítimas.

V. Havendo por parte do empregador a concessão de participação do empregado inventor nos benefícios oriundos da exploração econômica da patente da invenção ou aperfeiçoamento por ele realizados, tal participação não se incorpora, a qualquer título que seja, ao salário do empregado, ainda que habitualmente concedida.

(A) Somente um enunciado é verdadeiro.
(B) Somente dois enunciados são verdadeiros.
(C) Somente três enunciados são verdadeiros.
(D) Somente quatro enunciados são verdadeiros.
(E) Todos os enunciados são verdadeiros.

I: correta, art. 88 da Lei 9.279/1996; **II:** correta, art. 89 da Lei 9.279/1996; **III:** correta, art. 91 da Lei 9.279/1996; **IV:** correta, art. 91, § 3º, da Lei 9.279/1996; **V:** correta, art. 89, parágrafo único, da Lei 9.279/1996.

Gabarito "E"

(Magistratura do Trabalho – 3ª Região – 2008) Analise as proposições abaixo (de I a V) e assinale a alternativa correta, conforme sejam verdadeiras ou falsas:

I. A equiparação salarial só é possível se o empregado e o paradigma exercerem a mesma função, desempenhando as mesmas tarefas, não importando se os cargos têm, ou não, a mesma denominação.

II. Para os fins previstos no § 2º do art. 461 da CLT, só é válido o quadro de pessoal organizado em carreira quando homologado pelo Ministério do Trabalho, incluindo-se nessa exigência o quadro de carreira das entidades de direito público da administração direta, autárquica e fundacional aprovado por ato administrativo da autoridade competente.

III. Na ação de equiparação salarial, a prescrição é parcial e só alcança as diferenças salariais vencidas no período de 2 (dois) anos que precedeu o ajuizamento.

IV. Desde que atendidos os requisitos do art. 461 da CLT, é possível a equiparação salarial de trabalho intelectual, que pode ser avaliado por sua perfeição técnica, cuja aferição terá critérios objetivos.

V. Em caso de cessão de empregados de órgão governamental, não há possibilidade de equiparação salarial.

(A) Apenas as proposições I e II são verdadeiras.
(B) Apenas as proposições I e V são verdadeiras.
(C) Apenas as proposições III e IV são verdadeiras.
(D) Apenas as proposições I e IV são verdadeiras.
(E) Apenas as proposições IV e V são verdadeiras.

I: correta, Súmula 6, III, do TST; **II:** incorreta, exclui-se, não inclui-se na exigência (Súmula 6, I, do TST); **III:** incorreta, o perídodo é de 5 anos (Súmula 6, IX, do TST); **IV:** correta, Súmula 6, VII, do TST; **V:** incorreta, há possibilidade de equiparação salarial (Súmula 6, V, do TST).

Gabarito "D"

(Magistratura do Trabalho – 3ª Região – 2008) São parcelas não salariais, exceto:

(A) salário-família.
(B) abono e rendimentos do PIS/PASEP.
(C) gorjetas.
(D) participação nos lucros ou resultados paga conforme Lei 10.101/2000.
(E) diárias para viagem que excedam de 50% do salário percebido pelo empregado e não se sujeitam à prestação de contas.

A: assertiva correta, a cota do salário-família não é incorporada, para qualquer efeito, ao salário (art. 70 da Lei 8.213/1991), tratando-se de um benefício previdenciário pago ao segurado empregado, exceto o doméstico, e ao segurado trabalhador avulso de baixa renda, em razão dos dependentes (filho menor de 14 anos ou inválidos de qualquer idade, aí inclusos os enteados e curatelados), com a empresa efetuando o pagamento em substituição ao INSS e, posteriormente, compensando-se no recolhimento de contribuições previdenciárias; **B:** assertiva correta, igualmente, trata-se de benefícios concedidos pela seguridade social; **C:** assertiva correta, art. 457, caput, da CLT (a gorjeta não possui natureza salarial, embora componha, juntamente com o salário, o conceito de remuneração); **D:** assertiva correta, art. 3º da Lei 10.101/2000; **E:** assertiva incorreta, art. 457, § 2º, da CLT e Súmula 101 do TST.

Gabarito "E"

(Magistratura do Trabalho – 3ª Região – 2008) À luz dos efeitos conexos do contrato de trabalho, após examinar as assertivas abaixo, escolha a opção correta:

I. a invenção e o modelo de utilidade pertencem exclusivamente ao empregador quando decorrerem de contrato de trabalho cuja execução ocorra no Brasil e que tenha por objeto a pesquisa ou a atividade inventiva, ou resulte esta da natureza dos serviços para os quais foi o empregado contratado.
II. a propriedade de invenção ou de modelo de utilidade será comum, em partes iguais, quando resultar da contribuição pessoal do empregado e de recursos, dados, meios, materiais, instalações ou equipamentos do empregador, ressalvada expressa disposição contratual em contrário.
III. pertencerão, com exclusividade, ao empregado, contratado de serviço ou servidor os direitos concernentes a programa de computador gerado sem relação com o contrato de trabalho, prestação de serviços ou vínculo estatutário, e sem a utilização de recursos, informações tecnológicas, segredos industriais e de negócios, materiais, instalações ou equipamentos do empregador, da empresa ou entidade com a qual o empregador mantenha contrato de prestação de serviços ou assemelhados, do contratante de serviços ou órgão público.
IV. aos autores pertence o direito exclusivo de utilização, publicação ou reprodução de suas obras, não transmissível aos herdeiros.
V. são assegurados, nos termos da lei, a proteção às participações individuais em obras coletivas e à reprodução da imagem e voz humanas, salvo nas atividades desportivas.

(A) se apenas as alternativas I e II são corretas.
(B) se apenas as alternativas I, II e III são corretas.
(C) se apenas as alternativas II, III e V são corretas.
(D) se apenas as alternativas I, III e IV são corretas.
(E) se todas as alternativas são corretas.

I: correta, art. 88, caput, da Lei 9.279/1996; **II:** correta, art. 91, caput, da Lei 9.279/1996; **III:** correta, art. 4º, § 2º, da Lei 9.609/1998; **IV:** incorreta, os direitos autorais patrimoniais, e mesmo alguns morais (art. 24, § 1º, da Lei 9.610/1998), são transmissíveis por herança, perdurando por setenta anos após 1º de janeiro do ano seguinte ao do falecimento do autor, caindo em domínio público após tal prazo (art. 41 da Lei 9.610/1998); **V:** incorreta, a proteção se estende às atividades desportivas (art. 5º, XXVIII, a, da CF).

Gabarito "B"

(Magistratura do Trabalho – 3ª Região – 2008) Analise as proposições abaixo (de I a V) e assinale a alternativa correta, conforme sejam verdadeiras ou falsas :

I. em caso de rescisão de contrato de trabalho, havendo controvérsia sobre o montante das verbas rescisórias, o empregador é obrigado a pagar ao trabalhador, à data do comparecimento à Justiça do Trabalho, a parte incontroversa dessas verbas, sob pena de pagá-las acrescidas de cinquenta por cento. Esta regra não se aplica à União, aos Estados, ao Distrito Federal, aos Municípios e as suas autarquias e fundações públicas.
II. é necessária autorização do empregado para que o empregador efetue descontos na folha de pagamento relativos a contribuições devidas ao Sindicato, salvo quanto à contribuição sindical.
III. constitui crime a retenção dolosa do salário.
IV. em caso de dano causado pelo empregado, o desconto salarial será lícito, desde que esta possibilidade tenha sido acordada ou na ocorrência de dolo do empregado.
V. o salário-base do contrato será obrigatoriamente estipulado em moeda nacional, mas a remuneração devida durante a transferência do empregado contratado por empresas prestadoras de serviços de engenharia, inclusive consultoria, projetos e obras, montagens, gerenciamento e congêneres, para prestar serviços no exterior, computado o adicional de transferência, poderá, no todo ou em parte, ser pago no exterior, em moeda estrangeira.

(A) Apenas as proposições II e III são verdadeiras.
(B) Apenas as proposições III e IV são verdadeiras.
(C) Apenas as proposições I, II e IV são verdadeiras.
(D) Apenas as proposições II, IV e V são verdadeiras.
(E) Todas as proposições são verdadeiras.

I: correta, art. 467 da CLT; **II:** correta, OJ 17 da SDC do TST e Súmula 666 do STF; **III:** correta, art. 7º, X, da CF; **IV:** correta, art. 462, § 1º, da CLT; **V:** correta, art. 5º da Lei 7.064/1982.

Gabarito "E"

(Magistratura do Trabalho – 5ª Região – 2006 – CESPE) Marcelo foi contratado pela pessoa jurídica lota, para exercer a função de vendedor, recebendo salário fixo, acrescido de comissão, vale-transporte e alimentação, e plano de saúde. Em virtude da habilidade de negociação, Marcelo foi designado pelo representante legal da empregadora como encarregado de compras, desempenhando tais atribuições duas vezes ao mês, continuando a exercer, todavia, a função de vendedor, nos demais dias. Marcelo era obrigado a usar terno e gravata no desempenho de suas funções, tendo direito a escolher dois conjuntos bordados com o nome fantasia da empregadora, por semestre, custeados pelo empregador, em uma loja de roupas masculinas, previamente designada. Como encarregado de compras, Marcelo tinha de sair do estabelecimento empresarial, recebendo uma ajuda de custo, em valor equivalente ao total dos gastos semanais despendido com combustível, consignados em notas fiscais emitidas por postos de gasolina credenciados pela empregadora. Em um domingo, após visitar seus familiares, Marcelo sofreu acidente automobilístico, perdendo a mobilidade de suas pernas.

Com referência a essa situação hipotética, assinale a opção correta.

(A) A ajuda de custo que Marcelo recebe para pagamento dos gastos com combustível possui natureza salarial, integrando a remuneração de Marcelo.

(B) Os conjuntos compostos por terno e gravata, pagos pelo empregador para Marcelo, possuem natureza salarial.

(C) O plano de saúde a que Marcelo tem direito em razão de seu contrato de trabalho não possui natureza salarial.

(D) Se Marcelo for readaptado para exercer nova função, em razão da deficiência oriunda do acidente automobilístico sofrido, atestada por junta médica da previdência social, sua remuneração somente poderá servir de paradigma para equiparação salarial se o pleiteante alegar que também foi readaptado à função em razão de acidente automobilístico.

(E) Não caracteriza acúmulo funcional o exercício da função de encarregado de compras, em virtude da eventualidade da prestação de tais serviços.

A: incorreta, art. 457, § 2º, da CLT (sendo certo que, no caso, a natureza jurídica da ajuda de custo não restou desvirtuada, havendo, inclusive, controle dos gastos por meio da verificação das notas fiscais); **B:** incorreta, art. 458, § 2º, I, da CLT (não se tratava de salário in natura, uma vez que as roupas eram fornecidas para o trabalho, e não pelo trabalho, o que é robustecido pela borda do nome da empresa); **C:** correta, art. 458, § 2º, IV, da CLT; **D:** incorreta, o trabalhador readaptado não servirá de paradigma para fins de equiparação salarial (art. 461, § 4º, da CLT); **E:** incorreta, o não só fato da função ser desempenhada duas vezes por mês não é o bastante para descaracterizar o acúmulo funcional, pois a CLT, diversamente do que fez a Lei do Trabalho Doméstico, não se filiou à teoria da continuidade (pela qual "eventual" seria o trabalho com descontinuidade na sucessão dos dias) para a caracterização do elemento "não eventualidade", constitutivo da relação de emprego. Entende-se que se deve aplicar, cumulativamente, as teorias do evento ("eventual" seria o trabalhador contratado para laborar em um evento bem delimitado e de curta duração), dos fins da empresa (o trabalho eventual estaria, sempre, desatrelado dos fins da atividade do tomador), da fixação à fonte tomadora (o trabalhador eventual presta serviços sem se fixar a uma fonte tomadora única) e mesmo a da continuidade para a aferição, no caso concreto, da natureza eventual ou não eventual da prestação dos serviços.

Gabarito "C".

(Magistratura do Trabalho – 4ª Região – 2012) A alimentação fornecida pelo empregador inscrito no Programa de Alimentação ao Trabalhador (PAT)

(A) deve ser concedida a todos os trabalhadores empregados, sem exceção, independentemente da duração da jornada de trabalho ou do valor do salário.

(B) pode ser concedida a determinados trabalhadores empregados em razão da duração da jornada de trabalho.

(C) só pode ser concedida aos trabalhadores empregados que recebem até cinco salários mínimos mensais.

(D) pode ser concedida apenas aos trabalhadores empregados que recebem até dez salários mínimos mensais.

(E) pode ser concedida aos trabalhadores de renda mais elevada, desde que todos os trabalhadores que recebem até cinco salários mínimos mensais também recebam.

A alternativa "E" está em consonância com o disposto no art. 2º da Lei 6.321/1976. Vide, também, a OJ 133 da SDI-I, do TST.

Gabarito "E".

(Magistratura do Trabalho – 4ª Região – 2012) Nenhuma empresa, ainda que não sujeita às regras de proporcionalidade de empregados brasileiros e estrangeiros, poderá pagar a brasileiro salário inferior ao do estrangeiro, a seu serviço,

(A) nos estabelecimentos que não tenham quadros de empregados organizados em carreira e o brasileiro contar menos de 2 (dois) anos de serviço, e o estrangeiro mais de 2 (dois) anos.

(B) quando o brasileiro exercer função análoga à do estrangeiro.

(C) quando o brasileiro for aprendiz, ajudante ou servente, e não o for o estrangeiro.

(D) quando a remuneração resultar de maior produção, para os que trabalham por comissão ou por tarefa.

(E) quando houver quadro organizado em carreira, devidamente aprovado, em que seja garantido o acesso por antiguidade.

A alternativa "B" condiz com o previsto no art. 358 da CLT.

Gabarito "B".

(Magistratura do Trabalho – 7ª Região – 2005) Analise as proposições abaixo e assinale a opção correta.

I. Pertencerá exclusivamente ao empregado a propriedade de invenção ou de modelo de utilidade por ele desenvolvido, decorrente da utilização de equipamentos do empregador, desde que desvinculado do contrato de trabalho.

II. Salvo prova em contrário, consideram-se desenvolvidos na vigência do contrato de trabalho a invenção ou o modelo de utilidade, cuja patente seja requerida pelo empregado até dois anos após a extinção do contrato de trabalho, nas hipóteses em que o aludido vínculo, executado no Brasil, tenha por objeto a pesquisa ou atividade inventiva.

III. O empregador, titular da patente, poderá conceder ao empregado, autor do invento, ganhos econômicos resultantes da exploração da mencionada patente, os quais não se incorporarão, a qualquer título, ao salário do empregado.

(A) Apenas as duas primeiras proposições são falsas.
(B) As três proposições são falsas.
(C) As três proposições são verdadeiras.
(D) Apenas as duas primeiras proposições são verdadeiras.
(E) Somente a última proposição é falsa.

I: incorreta, não pode decorrer da utilização de equipamentos do empregador (art. 90 da Lei 9.279/1996); **II:** incorreta, o prazo é de um ano após a extinção do contrato de trabalho (art. 88, § 2º, da Lei 9.279/1996); **III:** correta, art. 89 da Lei 9.279/1996.

Gabarito "A"

(Magistratura do Trabalho – 8ª Região – 2011) Tendo em vista as regras e a jurisprudência trabalhista pacificada, assinale a alternativa CORRETA:

(A) Para que seja possível a equiparação entre o empregador e o paradigma, não é suficiente que desempenhem a mesma função, mas que, igualmente tenham as mesmas tarefas no exercício de cargo com a mesma denominação.
(B) A equiparação salarial só se torna viável se, ao tempo da propositura da reclamação, empregado e paradigma estejam lotados no mesmo estabelecimento empresarial, não importando situação pretérita.
(C) Enquanto persistir a substituição, ainda que em caráter eventual, o princípio da isonomia impõe que o substituto não receba salário inferior ao substituído.
(D) Ainda que se trate do mesmo trabalho a ser desempenhado, no entanto, executado de modo sucessivo por dois empregados na mesma empresa, não há como se aferir se se trata de trabalho de igual valor. Por conseguinte, vago o cargo em definitivo, o empregado que passa a o exercer não tem direito à isonomia salarial com relação ao empregado sucedido.
(E) A jurisprudência sumulada pelo TST prevê que o conceito da "mesma localidade", como requisito para a equiparação salarial, refere-se, restritamente, a trabalho desenvolvido em área de uma única circunscrição municipal.

A: incorreta, "a equiparação salarial só é possível se o empregado e o paradigma exercerem a mesma função, desempenhando as mesmas tarefas, não importando se os cargos têm, ou não, a mesma denominação" (Súmula 6, III, do TST); **B:** incorreta, "é desnecessário que, ao tempo da reclamação sobre equiparação salarial, reclamante e paradigma estejam a serviço do estabelecimento, desde que o pedido se relacione com situação pretérita" (Súmula 6, IV, do TST); **C:** incorreta, Súmula 159, I, do TST; **D:** correta, Súmula 159, II, do TST; **E:** incorreta, refere-se, também "a municípios distintos que, comprovadamente, pertençam à mesma região metropolitana" (Súmula 6, X, do TST).

Gabarito "D"

(Magistratura do Trabalho – 8ª Região – 2008) Com relação ao salário é CORRETO afirmar que:

(A) Não é considerado salário utilidade o fornecimento pelo empregador de equipamentos e outros acessórios para a prestação do serviço, salvo quando entregues de forma habitual.
(B) Não tem natureza salarial o pagamento de adicionais de forma habitual, como ocorre com o adicional por tempo de serviço fixado por quinquênio.
(C) Ao contrário do que ocorre na rescisão do contrato de trabalho em que o menor de 18 (dezoito) anos não pode dar, sem assistência dos seus responsáveis legais, quitação ao empregador pelo recebimento da indenização que lhe for devida, no caso que envolve salário mensal, deve a ele ser pago diretamente o valor, posto que goza de autonomia para receber e dar quitação.
(D) Sendo idêntica a função, a todo trabalho de igual valor, prestado ao mesmo empregador, corresponderá igual salário, vedada a distinção de sexo, nacionalidade, idade ou tempo de serviço.
(E) Os princípios da irredutibilidade, inalterabilidade, da instrumentalidade das formas ou da finalidade, da integralidade, pontualidade no pagamento e impenhorabilidade, são medidas de proteção ao salário.

A: incorreta, ainda que entregue de forma habitual, não são considerados salário utilidade (art. 458, § 2º, I, da CLT); **B:** incorreta, "a gratificação por tempo de serviço integra o salário para todos os efeitos legais" (art. 457, § 1º, da CLT e Súmula 203 do TST); **C:** correta, art. 439 da CLT; **D:** incorreta, o tempo de serviço, se superior a dois anos, não será considerado de igual valor (art. 461 da CLT); **E:** incorreta, o princípio da instrumentalidade das formas é princípio relativo às nulidades no processo do trabalho. Não obstante, quanto à inalterabilidade, compreende-se presente no jus variandi ordinário do empregador a possibilidade de alterar a forma de pagamento dos salários, convolando, por exemplo, as parcelas do salário in natura em pagamento em dinheiro.

Gabarito "C"

(Magistratura do Trabalho – 8ª Região – 2007) A respeito das contribuições previdenciárias, é incorreto afirmar:

(A) Serão executadas *ex-officio* as contribuições sociais devidas em decorrência de decisão proferida pelos Juízes e Tribunais do Trabalho, resultantes de condenação ou homologação de acordo, inclusive sobre os salários pagos durante o período contratual reconhecido.
(B) É do empregador a responsabilidade pelo recolhimento das contribuições previdenciárias e fiscais, resultante de crédito do empregado oriundo de condenação judicial, devendo incidir, em relação aos descontos fiscais, sobre o valor total da causa, referente às parcelas tributáveis, calculadas ao final.
(C) Em se tratando de descontos previdenciários, o critério de apuração determina que a contribuição

do empregado, no caso de ações trabalhistas, seja calculada mês a mês, aplicando-se as alíquotas previstas na legislação pertinente, observado o limite máximo do salário de contribuição.

(D) Os descontos previdenciários e fiscais devem ser efetuados pelo juízo executório, ainda que a sentença exequenda tenha sido omissa sobre a questão, dado o caráter de ordem pública ostentado pela norma que os disciplina.

(E) Incide a contribuição previdenciária sobre o valor pago ao trabalhador, a título de verbas remuneratórias, em função de acordo em que não há reconhecimento do vínculo de emprego.

A: assertiva correta, art. 114, VIII, da CF, art. 876, parágrafo único, da CLT e Súmula 368 do TST; **B:** assertiva incorreta, devendo ser assinalada – Súmula 368, II, da CLT (a base de cálculo é o valor total da condenação); **C:** assertiva correta, Súmula 368, III, do TST; **D:** assertiva correta, Súmula 401 do TST; **E:** assertiva correta, OJ 368 da SDI-I do TST.

Gabarito "B"

(Magistratura do Trabalho – 8ª Região – 2007) Quanto à equiparação salarial, assinale a alternativa incorreta, à luz da jurisprudência sumulada pelo TST:

(A) A cessão de empregados exclui a equiparação salarial, ainda que a mesma fonte responda pelos salários do paradigma e do reclamante, quando exercida a função em órgão governamental estranho à cedente.

(B) Desde que atendidos os requisitos legais, o instituto da equiparação salarial se revela plenamente aplicável no caso de trabalho intelectual, que pode ser avaliado por sua perfeição técnica, cuja aferição terá critérios objetivos.

(C) Presentes os pressupostos legais da equiparação salarial, é irrelevante a circunstância de que o desnível salarial tenha origem em decisão judicial que beneficiou o paradigma, exceto se decorrente de vantagem pessoal ou de tese jurídica superada pela jurisprudência de Corte Superior.

(D) Para efeito de equiparação de salários em caso de trabalho igual, conta-se o tempo de serviço na função e não no emprego.

(E) O conceito de "mesma localidade", versado no artigo celetista que trata da equiparação salarial, refere-se, em princípio, ao mesmo município, ou a municípios distintos que, comprovadamente, pertençam à mesma região metropolitana.

A alternativa incorreta, que deve ser assinalada, é a "A", pois a cessão de empregados não exclui a equiparação salarial (Súmula 6 do TST).

Gabarito "A"

(Magistratura do Trabalho – 8ª Região – 2007) Assinale a alternativa correta:

(A) A ajuda de custo, paga para indenizar o trabalhador das despesas tidas em razão de viagem a trabalho, devem ser incluídas nos salários.

(B) A ajuda de custo, cujo valor deve ser pago de uma só vez, por viagem, só integrará o salário, para todos os efeitos, se exceder a cinquenta por cento do valor do mesmo.

(C) As diárias pagas de acordo com o número de dias da viagem integram o salário, pela sua média dos últimos doze meses, repercutindo, em todos os casos, nas parcelas pagas nos meses de sua percepção.

(D) As diárias para viagem aderem à remuneração contratual para todos os efeitos, desde que seu valor exceda a cinquenta por cento do valor do salário do empregado.

(E) As ajudas de custo e as diárias para viagem, porque possuem natureza indenizatória, jamais integram o salário, para qualquer efeito.

A: incorreta, não devem ser incluídas no salário (art. 457, § 2º, da CLT); **B:** incorreta, inexiste tal limitação legal, sendo essencial que a ajuda de custo possua o desiderato não desvirtuado de cobrir despesas realizadas em razão do serviço; **C:** incorreta; a ajuda de custo só integrará o salário s exceder 50% do valor do salário do empregado (art 457, § 2º, da CLT e Súmula 101 do TST); **D:** correta, (art 457, § 2º, e Súmula 101 do TST); **E:** incorreta, vide comentários à letra "C" (art 457, § 2º, e Súmula 101 do TST).

Gabarito "D"

(Magistratura do Trabalho – 9ª Região – 2009) Segundo entendimento sumulado do TST, analise as proposições a seguir:

I. As gorjetas recebidas pelo empregado são compreendidas na sua remuneração para todos os efeitos legais, especialmente cálculo do FGTS, do 13º salário, do aviso-prévio, do adicional noturno, das horas extras e do descanso semanal remunerado.

II. O vale para refeição, fornecido por força do contrato de trabalho, tem caráter salarial, integrando a remuneração do empregado, para todos os efeitos legais.

III. O tempo de serviço não superior a dois anos para fins de equiparação salarial é contado no emprego.

IV. As diárias de viagem que excedam a 50% (cinquenta por cento) do salário do empregado integram a sua remuneração, pelo seu valor total e para efeitos indenizatórios, enquanto perdurarem as viagens.

V. A parcela denominada "quebra de caixa", recebida pelos bancários, possui natureza salarial e integra o salário do empregado para todos os efeitos legais.

(A) Todas as proposições são corretas

(B) Somente as proposições I, III e IV são corretas.

(C) Somente as proposições II, IV e V são corretas.

(D) Somente as proposições II, III e IV são corretas.

(E) Todas as proposições são incorretas.

I: incorreta, as gorjetas não servam "de base de cálculo para as parcelas de aviso-prévio, adicional noturno, horas extras e repouso semanal remunerado" (Súmula 354 do TST); **II:** correta, Súmula 241 do TST; **III:** incorreta, "para efeito de equiparação de salários em caso de trabalho igual, conta-se o tempo de serviço na função e não no emprego" (Súmula 6, II, do TST); **IV:** incorreta, integram o salário (Súmula 101 do TST); **V:** correta, Súmula 247 do TST.

Gabarito "C"

(Magistratura do Trabalho – 9ª Região – 2009) Analise as proposições a seguir:

I. O caráter forfetário é derivado do princípio da alteridade previsto no artigo segundo da CLT.
II. A assistência médica prestada direta e habitualmente pelo empregador integra a remuneração do empregado porque, nos termos da lei, constitui salário *in natura*.
III. Nos termos da lei, em caso de dano causado pelo empregado, o desconto salarial será lícito, desde que esta possibilidade tenha sido acordada ou na ocorrência de culpa do empregado.
IV. Uma vez rescindido o contrato de trabalho, a parte incontroversa dos salários deve ser quitada à data do comparecimento do empregador à Justiça do Trabalho, sob pena de pagamento em dobro, nos termos da lei.
V. O empregador rural pode, nos termos da lei, descontar 15% do salário mínimo pela ocupação da morada pelo empregado, se houver prévia autorização deste. Uma vez rescindido ou findo o contrato, o empregado deve desocupar a casa no prazo de 30 dias.

(A) Somente as proposições I e V são corretas.
(B) Somente as proposições I, II e III são corretas.
(C) Somente as proposições II, III, IV são corretas.
(D) Todas as proposições são corretas.
(E) Somente as proposições I, III e V são corretas.

I: correta, o salário possui natureza forfetária (do francês, a forfait), isto é, é devido ao empregado independentemente da sorte da empresa, consubstanciando-se em faceta do princípio da alteridade, pelo qual ao empregador incumbem os riscos da atividade econômica (CLT, art. 2º); **II:** incorreta, não é considerado salário in natura (art. 458, § 2º, IV, da CLT); **III:** incorreta, art. 462, § 1º, da CLT; **IV:** incorreta, ou na ocorrência de dolo do empregado (art. 467 da CLT); **V:** correta, art. 9º, a, da Lei 5.889/1973.

Gabarito "A"

(Magistratura do Trabalho – 9ª Região – 2009) Analise as proposições a seguir:

I. A alimentação habitualmente fornecida pelo empregador por força do contrato ou do costume tem natureza salarial e se incorpora à remuneração do empregado doméstico, nos termos da lei.
II. Nos termos da lei, apenas o recibo assinado pelo empregado comprova o pagamento de salários.
III. Conforme súmula do TST, é incabível a integração do adicional de periculosidade sobre as horas de sobreaviso.
IV. Conforme súmula do TST, em relação aos eletricitários, o cálculo do adicional de periculosidade deverá ser efetuado sobre a totalidade das parcelas de natureza salarial.
V. Ainda conforme súmula do TST, o trabalho exercido em condições perigosas, de forma intermitente, dá direito ao eletricitário a receber o adicional de periculosidade de forma proporcional ao tempo de exposição.

(A) Somente as proposições II, III e IV são corretas.
(B) Somente as proposições I, II e V são corretas.
(C) Somente as proposições III e IV são corretas.
(D) Somente as proposições III, IV e V são corretas.
(E) Todas as proposições são corretas.

I: incorreta, art. 458, caput, da CLT; **II:** incorreta, o comprovante de depósito em conta bancária também comprova (art. 464, parágrafo único, da CLT); **III:** correta, Súmula 132, II, do TST; **IV:** correta, Súmula 191 do TST; **V:** incorreta, dá direito ao recebimento do adicional de forma integral (Súmula 361 do TST).

Gabarito "C"

(Magistratura do Trabalho – 9ª Região – 2009) Analise as proposições a seguir:

I. É lícita a determinação do empregador para que o empregado deixe o exercício de função de confiança e retorne a ocupar o cargo efetivo.
II. O empregado transferido do período noturno para o período diurno perde o direito ao adicional noturno, segundo súmula do TST.
III. É vedado ao empregador transferir o empregado, sem a sua anuência, para localidade diversa da que resultar do contrato, mesmo que de uma filial para outra filial próxima, localizada na mesma cidade.
IV. O exercício de cargo de confiança, ou a existência de previsão de transferência no contrato de trabalho, tornam lícita a transferência definitiva do empregado, sem prejuízo da exigência de adicional nunca inferior a 25% dos salários, conforme orientação do TST.
V. Em que pese a descaracterização da insalubridade no local de trabalho por autoridade competente, a supressão do pagamento do adicional de insalubridade pelo empregador ofende o direito adquirido e o princípio constitucional da irredutibilidade salarial.

(A) Somente as proposições II e III são corretas.
(B) Somente as proposições II, IV e V são corretas.
(C) Somente as proposições I, II e IV são corretas.
(D) Somente as proposições I e II são corretas.
(E) Todas as proposições são corretas.

I: correta, art. 468, parágrafo único, da CLT; **II:** correta, Súmula 265 do TST; **III:** incorreta, é vedada a transferência para localidade diversa da que resultar do contrato (art. 469, caput, da CLT); **IV:** incorreta, tornam lícita a transferência provisória (OJ 113 da SDI-I do TST); **V:** incorreta, tal medida, autorizada pelo art. 194 da CLT, não ofende tal direito nem tal princípio, uma vez que se trata de salário-condição (neste sentido, Súmula 80 do TST).

Gabarito "D"

(Magistratura do Trabalho – 9ª Região – 2007) Admita a seguinte hipótese:

Carlos, que em 1977 obteve judicialmente direito à incorporação ao salário do valor das horas extras habituais que foram suprimidas, exerceu na empresa a função de auxiliar de mecânico desde sua admissão, em 1974. Em 2005, mantendo o mesmo salário mensal de R$ 1.500,00, passou a exercer as funções de mecânico, idênticas às desempenhadas por José, admitido já como mecânico em 2002. Em 2007, José é desligado da empresa e apresenta reclamação trabalhista buscando diferenças salariais decorrentes de equiparação com Carlos, porquanto durante toda a contratualidade recebeu salário mensal de R$ 1.000,00.

Considerando inexistir plano de cargos e salários, e ausente nos autos prova de que a produtividade e a perfeição técnica fossem distintas, assinale a solução adequada ao caso:

(A) O pedido deve ser indeferido porque a diferença de tempo de serviço na empresa é superior a dois anos.
(B) O pedido deve ser indeferido porque a diferença de tempo na função é superior a dois anos.
(C) O pedido deve ser indeferido porque o desnível salarial teve origem em decisão judicial, e não por ato espontâneo do empregador.
(D) O pedido deve ser indeferido porque a diferença decorre de tese jurídica superada pela jurisprudência do Tribunal Superior do Trabalho.
(E) O pedido deve ser deferido.

A alternativa "D" está de acordo com a Súmula 6, VI, do TST c/c cancelamento da Súmula 76 e atual Súmula 291, alterada pelo TST em 24.05.2011.

Gabarito "D"

(Magistratura do Trabalho – 9ª Região – 2006) Sobre equiparação salarial, assinale a alternativa correta, considerando o entendimento sumulado pelo Tribunal Superior do Trabalho:

(A) É possível a equiparação salarial, em se tratando de empregados que trabalhem em municípios distintos, desde que tais municípios pertençam, comprovadamente, à mesma região metropolitana.
(B) Não é possível a equiparação salarial de empregados que exerçam trabalho intelectual, ainda que atendidos os requisitos do art. 461 da CLT, pois inviável a aferição da perfeição técnica por critérios objetivos.
(C) O empregado que ajuíza demanda postulando equiparação salarial tem o ônus de comprovar, além da identidade de funções, a ausência de diferenças de produtividade e perfeição técnica.
(D) A diferença de tempo de serviço não superior a dois anos, a que se refere o art. 461, § 1º, da CLT, diz respeito ao tempo no emprego, e não na função.
(E) Para que se reconheça a identidade de funções, é necessário que o empregado que postula equiparação salarial e o paradigma ocupem cargo com a mesma denominação.

A: correta, Súmula 6, X, do TST; **B:** incorreta, é possível a equiparação salarial, obtida pela aferição da perfeição técnica por critérios objetivos (Súmula 6, VII do TST); **C:** incorreta, Súmula 6, VIII do TST (é do empregador o ônus de comprovar a diferença de produtividade e perfeição técnica); **D:** incorreta, diz respeito ao tempo na função, não no emprego (Súmula 6, II do TST); **E:** incorreta, é desnecessário que os cargos tenham a mesma denomição (Súmula 6, III, do TST).

Gabarito "A"

(Magistratura do Trabalho – 11ª Região – 2007 – FCC) Considere as seguintes afirmativas:

I. Não se admite a equiparação salarial de trabalho intelectual, dada a impossibilidade de avaliação de sua perfeição técnica mediante critérios objetivos.
II. A cessão de empregados não exclui a equiparação salarial, embora exercida a função em órgão governamental estranho à cedente, se esta responde pelos salários do paradigma e do empregado que pretende a equiparação.
III Para efeito de equiparação de salários, em caso de trabalho igual, conta-se o tempo de serviço na função e não no emprego.
IV. O artigo 37, inciso XIII, da CF/1988, admite a equiparação para o efeito de remuneração do pessoal do serviço público, pela aplicação da norma infraconstitucional prevista no art. 461 da CLT, quando se pleiteia equiparação salarial entre servidores públicos contratados pela CLT, exigindo-se, porém, a existência de quadro de carreiras aprovado por ato administrativo da autoridade competente.

(A) Está correta apenas a afirmativa I.
(B) Está correta apenas a afirmativa II.
(C) Está correta apenas as afirmativas I e IV.
(D) Estão corretas apenas as afirmativas II e III.
(E) Estão corretas apenas as afirmativas III e IV.

I: incorreta, é possível a equiparação salarial, obtida pela aferição da perfeição técnica por critérios objetivos Súmula 6, VII, do TST; **II:** correta, Súmula 6, V do TST; **III:** correta, Súmula 6, II do TST; **IV:** incorreta, o art. 37, XIII, da CF veda a equiparação salarial entre servidores públicos, independente de terem sido contratados pela CLT (OJ 297 da SDI-I do TST – v. OJ 353 da SDI-I).

Gabarito "D"

(Magistratura do Trabalho – 11ª Região – 2007 – FCC) Um empregado recebe salário mensal de R$ 1.000,00 (mil reais). Em um determinado mês, esse empregado recebeu, também, R$ 501,00 (quinhentos e um reais) a título de diárias para viagens, R$ 600,00 (seiscentos reais) a título de ajuda de custo, em virtude da morte de um parente (auxílio-funeral), e R$ 200,00 (duzentos reais) a título de horas extras. Nesse mês, portanto, o salário desse empregado foi

(A) R$ 1.200,00
(B) R$ 1.501,00
(C) R$ 1.701,00
(D) R$ 2.301,00
(E) R$ 1.201,00

Diárias excedentes a 50% do valor do salário do empregado assumem natureza salarial (art. 457, § 2º, da CLT e Súmulas 101 e 318 do TST); ajudas de custo não se incluem nos salários (art. 457, § 2º, da CLT); o valor das horas extraordinárias possui natureza salarial, tratando-se, nas palavras de Maurício Godinho Delgado, de salário-condição, isto é, modalidade de salário que deve ser pago enquanto perdurarem as condições que o determinam. No caso das horas extras, a supressão, total ou parcial pelo empregador do serviço suplementar prestado com habitualidade durante pelo menos 1 (um) ano, assegura ao empregado o direito à indenização correspondente ao valor de 1 (um) mês das horas suprimidas para cada ano ou fração igual ou superior a seis meses de prestação de serviço acima da jornada normal. O cálculo observará a média das horas suplementares efetivamente trabalhadas nos últimos 12 (doze) meses, multiplicada pelo valor da hora extra do dia da supressão (Súmula 291 do TST).

Gabarito "C"

(Magistratura do Trabalho – 12ª Região – 2006) Em relação ao salário é incorreto afirmar:

(A) o vocábulo salário deriva do termo latino *salarium*, e este de sal, *salis*, porque era costume entre os romanos pagar os seus serviçais domésticos com quantidades de sal;

(B) salário é a contraprestação do trabalho, devida e paga diretamente pelo empregador, e integram o salário não só a importância fixa estipulada como também as comissões, percentagens, gratificações ajustadas, diárias para viagens e abonos pagos pelo empregador;

(C) a quantidade do salário estipulado por unidade de tempo está diretamente relacionada com a quantidade de trabalho, pois o empregado recebe salário na exata medida do trabalho prestado ao empregador dentro da jornada de trabalho;

(D) o instituto do salário é informado por princípios específicos, tais como da intangibilidade, da isonomia, da irredutibilidade e da inalterabilidade;

(E) salário normativo é uma espécie de salário mínimo específico fixado em norma coletiva para determinada categoria profissional e, uma vez estabelecido, afasta a incidência do salário mínimo legal.

A: assertiva correta, por definição. O sal era utilizado, também, como pagamento aos soldados das legiões romanas, com o objetivo de permitir que comprassem comida. O termo "remuneração" também deriva do latim remuneratio; **B:** assertiva correta,art. 457, § 1º, da CLT; **C:** assertiva incorreta, devendo ser assinalada (o salário por unidade de tempo é fixado em função da duração do trabalho e toma por base o período em que o empregado permanece à disposição do empregador, independentemente da quantidade de serviços executados, diferentemente do que ocorre no salário pago por unidade de obra); **D:** assertiva correta, por definição; **E:** assertiva correta, por definição.

Gabarito "C"

(Magistratura do Trabalho – 12ª Região – 2006) Sobre a equiparação salarial, contraria entendimento de súmula do TST afirmar:

(A) para efeito de equiparação de salários em caso de trabalho igual, conta-se o tempo de serviço na função, e não no emprego;

(B) não é possível a equiparação salarial de trabalho intelectual, ante a dificuldade de ser avaliada a perfeição técnica desse tipo de trabalho por critérios objetivos;

(C) é desnecessário que, ao tempo da reclamação sobre equiparação salarial, reclamante e paradigma estejam a serviço do estabelecimento, desde que o pedido se relacione com situação pretérita;

(D) na ação de equiparação salarial, a prescrição é parcial e só alcança as diferenças salariais vencidas no período de 5 (cinco) anos que precedeu o ajuizamento;

(E) o conceito da "mesma localidade" de que trata o art. 461 da CLT refere-se, em princípio, ao mesmo município ou a municípios distintos que comprovadamente pertençam à mesma região metropolitana.

A alternativa incorreta, que deve ser assinalada, é a "B", pois "Desde que atendidos os requisitos do art. 461 da CLT, é possível a equiparação salarial de trabalho intelectual, que pode ser avaliado por sua perfeição técnica, cuja aferição terá critérios objetivos" (Súmula 6 do TST).

Gabarito "B"

(Magistratura do Trabalho – 12ª Região – 2006) Assinale a alternativa incorreta:

(A) o adicional de insalubridade devido a empregado que, por força de lei, convenção coletiva ou sentença normativa, percebe salário profissional será sobre este calculado;

(B) cumprida integralmente a jornada no período noturno e prorrogada esta, devido é também o adicional quanto às horas prorrogadas;

(C) os intervalos concedidos pelo empregador na jornada de trabalho, não previstos em lei, representam tempo à disposição da empresa, devendo ser remunerado como serviço extraordinário se acrescido ao final da jornada;

(D) o legislador cunhou a expressão "adicional" para identificar a contraprestação específica do trabalho penoso, perigoso ou insalubre, que tem natureza indenizatória;

(E) durante as horas de sobreaviso o empregado não se encontra em condições de risco, razão pela qual é incabível a integração do adicional de periculosidade nas mencionadas horas.

A: assertiva correta, Súmula 17 do TST; **B:** assertiva correta, Súmula 60, II, do TST; **C:** assertiva correta, Súmula 118 do TST; **D:** assertiva incorreta, devendo ser assinalada, a expressão "adicional" possui referibilidade mais ampla, aplicando-se também, por exemplo, aos acréscimos salariais decorrentes de trabalho em sobrejornada, trabalho noturno ou de transferência provisória. A jurisprudência vem atribuindo natureza retributiva aos adicionais de horas extras, noturnos, de insalubridade, de periculosidade e de transferência quando pagos habitualmente, isto é, durante pelo menos um ano (Súmula 291 do TST, alterada pelo TST em 24.05.2011); **E:** assertiva correta, Súmula 132, II, do TST.

Gabarito "D"

(Magistratura do Trabalho – 14ª Região – 2011) Analise as assertivas abaixo sobre remuneração e salário.

I. Se incluem no salário as diárias para viagem que excederem 50% do salário percebido pelo empregado.

II. Não se incluem no salário as ajudas de custo por expressa previsão legal uma vez que traduzem, em sua essência, ressarcimento de despesas.

III. Considera-se gorjeta não só a importância espontaneamente dada pelo cliente ao empregado, como também aquela que for cobrada pela empresa ao cliente, como adicional nas contas, a qualquer título, e destinada à distribuição aos empregados.

IV. O pagamento do salário, qualquer que seja a modalidade do trabalho, não deve ser estipulado por período superior a um mês, mesmo nos casos de comissões, percentagens e gratificações, uma vez que, assim como a importância fixa estipulada, tais verbas integram o salário.

V. Na falta de estipulação do salário ou não havendo prova sobre a importância ajustada, o empregado terá direito a perceber salário igual ao daquela que, na mesma empresa, fizer serviço equivalente ou do que for habitualmente pago para serviço semelhante.

Responda.

(A) Apenas as assertivas I, II e V são corretas.
(B) Apenas as assertivas II e IV são corretas.
(C) Apenas as assertivas III, IV e V são corretas.
(D) Apenas a assertiva III é incorreta.
(E) Apenas a assertiva IV é incorreta.

I: correta, art. 457, § 2º, da CLT; **II:** correta, art. 457, § 2º, da CLT; **III:** correta, art. 457, § 3º, da CLT; **IV:** incorreta, as comissões, percentagens e gratificações podem ser estipuladas por período superior a um mês (art. 459 da CLT); **V:** correta, art. 460 da CLT (a matéria tratada pelo art. 460 da CLT é chamada de equivalência salarial; não confundir com equiparação salarial, tratada pelo art. 461).

Gabarito "E"

(Magistratura do Trabalho – 14ª Região – 2011) Assinale a alternativa que não está correta.

(A) Não serão consideradas como salário as seguintes utilidades concedidas pelo empregador: assistência médica, hospitalar e odontológica, prestada diretamente ou mediante seguro-saúde; seguros de vida e de acidentes pessoais e previdência privada.
(B) Não será considerada como salário a utilidade concedida pelo empregador a título de transporte destinado ao deslocamento para o trabalho e retorno, desde que em percurso servido por transporte público regular.
(C) Sempre que não for possível o acesso dos empregados a armazéns ou serviços não mantidos pela empresa, é lícito à autoridade competente determinar a adoção de medidas adequadas, visando a que as mercadorias sejam vendidas e os serviços prestados a preços razoáveis, sem intuito de lucro e sempre em benefícios dos empregados.
(D) A habitação e a alimentação fornecidas como salário utilidade deverão atender aos fins a que se destinam e não poderão exceder, respectivamente, a 25% (vinte e cinco por cento) e 20% (vinte por cento) do salário-contratual.
(E) Tratando-se de habitação coletiva, o valor do salário utilidade a ela correspondente será obtido mediante a divisão do justo valor da habitação pelo número de coabitantes, vedada, em qualquer hipótese, a utilização da mesma unidade residencial por mais de uma família.

A: assertiva correta, art. 458, § 2º, IV, V e VI, da CLT; **B:** assertiva incorreta, devendo ser assinalada, art. 458, § 2º, III, da CLT (não confundir salário in natura com horas in itinere); **C:** assertiva correta, art. 462, § 3º, da CLT (tal medida, protetiva do salário, visa a evitar a servidão por dívida contraída em armazéns do empregador, prática esta também conhecida como truck system ou regime de barracão); **D:** assertiva correta, art. 458, § 3º, da CLT; **E:** assertiva correta, art. 458, § 4º, da CLT.

Gabarito "B"

(Magistratura do Trabalho – 14ª Região – 2008) Assinale a alternativa CORRETA:

(A) Para efeito de equiparação de salários em caso de trabalho igual, conta-se o tempo de serviço no emprego e não na função;
(B) Para o fim de excluir o direito à equiparação salarial, só é válido o quadro de pessoal organizado em carreira quando homologado pelo Ministério do Trabalho, incluindo-se nessa exigência o quadro de carreira das entidades de direito público da administração direta, autárquica e fundacional, aprovado por ato administrativo da autoridade competente;
(C) Desde que atendidos os requisitos do art. 461 da CLT, é possível a equiparação salarial de trabalho intelectual, que pode ser avaliado por sua perfeição técnica, cuja aferição terá critérios objetivos;
(D) É imprescindível que, ao tempo da propositura da reclamação sobre equiparação salarial, reclamante e paradigma estejam a serviço do estabelecimento, mesmo que o pedido se relacione com situação pretérita;
(E) O conceito de "mesma localidade" de que trata o artigo 461 da CLT refere-se ao mesmo município não podendo ser aplicado a municípios distintos, ainda que pertencentes à mesma região metropolitana.

A alternativa "C" está de acordo com o disposto na Súmula 6 do TST.

Gabarito "C"

(Magistratura do Trabalho – 14ª Região – 2008) Proteção ao salário.

I. É nula a cláusula contratual que fixa determinada importância ou percentagem para atender englobadamente vários direitos legais ou contratuais do trabalhador.
II. O pagamento dos salários até o 5º dia útil do mês subsequente ao vencido não está sujeito à correção monetária. Se essa data limite for ultrapassada, incidirá o índice da correção monetária do mês subsequente ao da prestação dos serviços, a partir do dia 1º.
III. Ao empregador é vedado efetuar qualquer desconto nos salários do empregado, salvo quando este resultar de adiantamentos, de dispositivos de lei ou contrato coletivo. Em caso de dano causado pelo empregado, o desconto será lícito nos casos de conduta dolosa ou culposa, desde que, no último caso, a hipótese tenha sido acordada.
IV. O pagamento de comissões e percentagens só é exigível depois de ultimada a transação a que se referem.

Responda:

(A) todas as opções estão corretas;
(B) apenas três opções estão corretas;
(C) apenas duas opções estão corretas;
(D) apenas uma opção está correta;
(E) todas as opções estão incorretas.

I: correta, Súmula 91 do TST e art. 477, § 2º, da CLT (vedação ao salário complessivo, isto é, aquele que engloba numa única prestação pecuniária o pagamento de diferentes parcelas, haja vista a dificuldade em ser aferida sua exatidão); **II:** correta, Súmula 381 do TST; **III:** correta, art. 462 da CLT; **IV:** correta, art. 466 da CLT.

Gabarito "A"

(Magistratura do Trabalho – 14ª Região – 2007) Admita a seguinte hipótese:

Carlos, que em 1977 obteve judicialmente direito à incorporação ao salário do valor das horas extras habituais que foram suprimidas, exerceu na empresa a função de auxiliar de mecânico desde sua admissão, em 1974. Em 2005, mantendo o mesmo salário mensal de R$ 1.500,00, passou a exercer as funções de mecânico, idênticas às desempenhadas por José, admitido já como mecânico em 2002. Em 2007, José é desligado da empresa e apresenta reclamação trabalhista buscando diferenças salariais decorrentes de equiparação com Carlos, porquanto durante toda a contratualidade recebeu salário mensal de R$ 1.000,00.

Considerando inexistir plano de cargos e salários, e ausente nos autos prova de que a produtividade e a perfeição técnica fossem distintas, assinale a solução adequada ao caso:

(A) O pedido deve ser indeferido porque a diferença de tempo de serviço na empresa é superior a dois anos.

(B) O pedido deve ser indeferido porque a diferença de tempo na função é superior a dois anos.

(C) O pedido deve ser indeferido porque o desnível salarial teve origem em decisão judicial, e não por ato espontâneo do empregador.

(D) O pedido deve ser indeferido porque a diferença decorre de tese jurídica superada pela jurisprudência do Tribunal Superior do Trabalho.

(E) O pedido deve ser deferido.

A alternativa "D" está de acordo com a Súmula 6, VI, c/c Súmula 291 do TST, alterada pelo TST em 24.05.2011.

Gabarito "D"

(Magistratura do Trabalho – 15ª Região – 2012) Assinale a alternativa **incorreta**.

(A) Além do pagamento em dinheiro, compreende-se no salário, para todos os efeitos legais, a alimentação, habitação, vestuário ou outras prestações *"in natura"* que a empresa por força do costume, fornecer habitualmente ao empregado.

(B) Não serão consideradas como salário as seguintes utilidades concedidas pelo empregador: transporte destinado ao deslocamento para o trabalho e retorno em percurso servido ou não por transporte público, além da previdência privada.

(C) Os descontos efetuados com base em cláusula de acordo coletivo não podem ser superiores a 70% do salário base percebido pelo empregado, pois se deve assegurar um mínimo de salário em espécie ao trabalhador.

(D) Descontos salariais efetuados pelo empregador, com a autorização prévia e por escrito do empregado, para ser integrado em plano de previdência privada, afrontam o disposto no art. 462 da CLT, que trata da intangibilidade salarial.

(E) É inválida a presunção de vício de consentimento resultante do fato de ter o empregado anuído expressamente com descontos salariais na oportunidade da admissão. É de se exigir demonstração concreta do vício de vontade.

A: assertiva correta, art. 458, caput, do TST; **B:** assertiva correta, art. 458, § 2º, III e VI da CLT; **C:** assertiva correta, OJ 18 da SDC; **D:** assertiva incorreta, devendo ser assinalada, não afrontam o disposto no art. 462 da CLT (Súmula 342 do TST); **E:** assertiva correta, OJ 160 da SDI-I do TST.

Gabarito "D"

(Magistratura do Trabalho – 15ª Região – 2012) A. respeito da equiparação salarial, levando-se em conta as disposições da CLT, assim como o entendimento jurisprudencial sedimentado do C. TST, é **incorreto** afirmar que:

(A) O art. 37, inciso XIII, da CF/1988, veda a equiparação de qualquer natureza para o efeito de remuneração do pessoal do serviço público, sendo juridicamente impossível a aplicação da norma infraconstitucional prevista no art. 461 da CLT quando se pleiteia equiparação salarial entre servidores públicos, independentemente de terem sido contratados pela CLT.

(B) O conceito de mesma localidade refere-se, em princípio, ao mesmo município, ou a municípios distintos que, comprovadamente, pertençam à mesma região metropolitana.

(C) É possível a equiparação salarial entre auxiliar de enfermagem e atendente de enfermagem, quando preenchidos os requisitos de igual produtividade e mesma perfeição técnica, entre pessoas cuja diferença de tempo de serviço não for superior a 2 (dois) anos, tendo em vista o princípio do contrato realidade.

(D) Presentes os pressupostos do art. 461 da CLT, é irrelevante a circunstância de que o desnível salarial tenha origem em decisão judicial que beneficiou o paradigma, exceto se decorrente de vantagem pessoal, de tese jurídica superada pela jurisprudência de Corte Superior ou, na hipótese de equiparação salarial em cadeia, se não demonstrada a presença dos requisitos da equiparação em relação ao paradigma que deu origem à pretensão, caso arguida a objeção pelo reclamado.

(E) Desde que atendidos os requisitos do art. 461 da CLT, é possível a equiparação salarial de trabalho intelectual, que pode ser avaliado por sua perfeição técnica, cuja aferição terá critérios objetivos.

A: assertiva correta, OJ 297 da SDI-I do TST; **B:** assertiva correta, Súmula 6, X, do TST; **C:** assertiva incorreta, devendo ser assinalada, nesse caso, não é possível a equiparação salarial (OJ 296 da SDI-I do TST); **D:** assertiva correta, Súmula 6, VI, do TST; **E:** assertiva correta, Súmula 6, VII, do TST.

Gabarito "C"

(Magistratura do Trabalho – 15ª Região – 2012) Analise as proposições abaixo. Considere, também, a liberdade das negociações coletivas, a teoria do conglobamento e o, princípio da proteção ao trabalhador. Após, responda:

I. Considere a hipótese de uma empregadora, pessoa jurídica, inscrita no Programa de Alimentação do Trabalhador – PAT, instituído pela Lei n. 6.321, de 14 de abril de 1976 e regulamentado pelo Decreto n. 5, de 14 de janeiro de 1991. Esta empregadora pode, por força de norma coletiva, efetuar o pagamento do benefício em pecúnia juntamente com o salário, ou na forma de adiantamento, de acordo com as normas do PAT.

II. O valor pago em dinheiro ao empregado, a título do benefício decorrente do PAT, tem caráter remuneratório para fins de integração à remuneração para todos os efeitos, inclusive base de cálculo da gratificação natalina e do FGTS.

III. A ajuda-alimentação prevista em norma coletiva em decorrência de prestação de horas extras tem natuteza indenizatória e, por isso, não integra o salário do empregado bancário.

IV. O vale para refeição, fornecido por força do contrato de trabalho, tem caráter salarial, integrando a remuneração do empregado, para todos os efeitos legais.

V. Independente do conteúdo da norma coletiva, o benefício poderá ter caráter meramente indenizatório, ainda que pago em pecúnia, caso a empregadora seja integrante do PAT.

(A) Está correta apenas a proposição I.
(B) Estão corretas apenas as proposições I e IV.
(C) Estão incorretas apenas as proposições II e III.
(D) Estão corretas apenas as proposições II, III e IV.
(E) Estão corretas apenas as proposições III e V.

I: incorreta. O art. 3º da Lei 6.321/1976, que institui as normas do PAT, estabelece que a ajuda alimentação prestada in natura não possui natureza salarial, devendo a empresa respeitar as normas da citada lei, bem como do Decreto 5/1991. Assim, se previsto em norma coletiva, o benefício teria natureza salarial; **II**: correta. O pagamento em dinheiro do benefício do PAT desvirtua sua finalidade, qual seja, a melhoria de condições nutricionais do trabalhador com consequências positivas para sua qualidade de vida. Assim, tanto pagamentos mensais em dinheiro, quanto descontos regulares do trabalhador caracterizam sua natureza salarial. Vide OJ 133 da SDI-I do TST; **III**: correta, OJ 123 da SDI-I, do TST; **IV**: correta, Súmula 241 do TST; **V**: incorreta. Vide explicações dos itens I e II.

Gabarito "D."

(Magistratura do Trabalho – 15ª Região – 2012) Considerando o conceito de remuneração, analise as assertivas abaixo. Após, responda:

I. O entendimento juriaprudencial dominante relativo às gorjetas é de que possuem caráter remuneratório, integrando a remuneração do trabalhador que as receba, integração esta que se dá para todos os efeitos, inclusive repercussão em todas as verbas também de cunho remuneratório devidas no pacto.

II. As *stock options* são consideradas remuneração, tendo em vista que sua concessão representa uma forma de o empregador dividir com o empregado o risco do negócio, estando, assim, contrariado o disposto no art. 2º da CLT.

III. As gueltas não integram a base de cálculo dos repousos semanais remunerados.

IV. A Jurisprudência do E. TST tem atribuído natureza jurídica indenizatória à parcela paga ao atleta decorrente do denominado direito de arena.

(A) Todas as assertivas estão corretas.
(B) Apenas as assertivas I, II e IV estão corretas.
(C) Apenas a assertiva III está correta.
(D) Apenas a assertiva II está correta.
(E) Todas as assertivas estão erradas.

I: incorreta, não servem "de base de cálculo para as parcelas de aviso-prévio, adicional noturno, horas extras e repouso semanal remunerado" (Súmula 354 do TST); **II**: incorreta. As denominadas "stock options" formam um regime de subscrição, pelo empregado, de ações do empregador, por determinado valor ajustado previamente e, geralmente, mais atrativo do que apresentado ao mercado. Quando o valor destas ações sobem, o empregado obtém lucro, podendo optar por vender estes títulos ou tornar-se um empregado acionista. As stock options não possuem natureza salarial; **III**: incorreta. As gueltas são gratificações pagas ao empregado por terceiro em troca da promoção de seu produto ou marca. O TST pacificou o entendimento de aplicar às gueltas as mesmas regras da gorjeta. Assim, seguem o determinado pela Súmula 354 do TST, integrando a remuneração do empregado, porém, não servindo de base de cálculo para as parcelas de aviso-prévio, adicional noturno, horas extras e repouso semanal remunerado; **IV**: incorreta. O artigo 42 da Lei 9.615/1998 regula o direito de arena e imagem do atleta e a jurisprudência tem reconhecido sua natureza remuneratória, ainda que não, necessariamente, salarial. Seu fundamento repousa no art. 5º, XXVIII, a, da CF.

Gabarito "C."

(Magistratura do Trabalho – 15ª Região – 2012) Relativamente à remuneração analise as afirmações e, após, responda:

I. O trabalhador readaptado em nova função, por motivo de deficiência fisica ou mental atestada pelo órgão competente da Previdência Social, poderá servir, de paradigma para fins de equiparação salarial.

II. Na falta de estipulação do salário ou não havendo prova sobre a importância ajustada, o empregado terá direito a perceber salário igual ao daquele que, na mesma empresa, fizer serviço equivalente, ou do que for habitualmente pago para serviço semelhante.

III. Percebida a gratificação de função por dez ou mais anos pelo empregado, se o empregador, sem justo motivo, revertê-lo a seu cargo efetivo, não poderá retirar-lhe a gratificação tendo em vista o princípio da estabilidade financeira.

IV. A atuação do empregado com dolo autoriza o desconto em seu salário do dano causado ao empregador. Idem relativamente à culpa. Imprescindível, em ambos os casos, o ajuste prévio.

V. É ilícito o desconto salarial referente à devolução de cheques sem fundos, quando o frentista não observar as recomendações previstas em instrumento coletivo.

(A) Estão corretas apenas as afirmações I, II e V.
(B) Estão corretas apenas as, afirmações I e II.
(C) Estão corretas apenas as afirmações II e III.
(D) Estão corretas apenas as afirmações III e IV.
(E) Todas as afirmações estão incorretas.

I: incorreta, não poderá servir de paradigma (art. 461, § 4°, da CLT); **II:** correta, art. 460 da CLT; **III:** correta, Súmula 372, I, do TST; **IV:** incorreta, o desconto será lícito ser tal possibilidade tenha sido acordada ou na ocorrência de dolo do empregado (art. 462, § 1°, da CLT; **V:** incorreta, o desconto será lícito (OJ 251 da SDI-I do TST).
Gabarito "C"

(Magistratura do Trabalho – 15ª Região – 2011) A respeito do tema da equiparação salarial assim se posiciona a jurisprudência predominante do TST:

I. Nas hipóteses de equiparação salarial em caso de trabalho igual, conta-se o tempo no serviço e não na função.
II. É admissível a equiparação de trabalho intelectual.
III. O ônus da prova do fato impeditivo, modificativo ou extintivo da equiparação salarial é do empregador.
IV. O conceito de mesma localidade a que se refere o artigo 461 da CLT não abrange municípios distintos que pertençam à mesma região metropolitana.
V. É necessário que, ao tempo da reclamação sobre equiparação salarial, reclamante e paradigma estejam a serviço do estabelecimento, desde que o pedido se relacione com situação pretérita.

Agora responda:

(A) a assertiva I está correta;
(B) a assertiva IV está correta;
(C) as assertivas I, II, IV e V estão incorretas;
(D) as assertivas I, II, III e IV estão corretas;
(E) as assertivas II e III estão corretas.

I: incorreta, conta-se o tempo de serviço na função, não no emprego (Súmula 6, II, do TST); **II:** correta, Súmula 6, VII, do TST; **III:** correta, Súmula 6, VIII, do TST; **IV:** incorreta, abrange municípios distintos que pertençam à mesma região metropolitana (Súmula 6, X, do TST); **V:** incorreta, é desnecessário (Súmula 6, IV, do TST).
Gabarito "E"

(Magistratura do Trabalho – 15ª Região – 2011) A respeito do salário utilidade e considerando a jurisprudência dominante do TST, analise as seguintes assertivas.

I. O veículo fornecido pelo empregador ao empregado, quando indispensável à realização do trabalho, não tem natureza salarial, ainda que seja também utilizado em atividades particulares.
II. O veículo fornecido pelo empregador ao empregado para a realização do trabalho será sempre considerado salário utilidade, desde que seja também utilizado em atividades particulares.
III. A apuração do salário *in natura* á sempre realizada com base no real valor da utilidade.
IV. A ajuda alimentação fornecida por empresa participante do Programa de Alimentação do Trabalhador – PAT – não integra o salário para nenhum efeito legal.
V. O vale para refeição, fornecido pela força do contrato de trabalho, tem caráter salarial, integrando a remuneração do empregado para todos os efeitos legais.

Agora responda:

(A) as assertivas I e III estão corretas;
(B) as assertivas II e IV estão corretas;
(C) as assertivas III e IV estão corretas;
(D) as assertivas I, IV e V estão corretas;
(E) apenas a assertiva I está correta.

I: correta, Súmula 367, I, do TST; **II:** incorreta, o veículo, ainda que utilizado para atividades particulares, não tem natureza salarial (Súmula 367, I, do TST); **III:** incorreta, os valores "deverão ser justos e razoáveis, não podendo exceder, em cada caso, os dos percentuais das parcelas componentes do salário mínimo" – art. 458, §§ 1° e 3°, da CLT (v. Súmula 258 do TST); **IV:** correta, OJ 133 da SDI-I do TST; **V:** correta, Súmula 241 do TST.
Gabarito "D"

(Magistratura do Trabalho – 15ª Região – 2011) Bill Sagaz Jobs, escriturário contratado por instituição bancária para realizar o atendimento ao público, criou programa de computador que produziu avanço inegável para o empregador e foi utilizado em todo o território nacional, com geração de lucros.

Assinale a alternativa correta:

(A) comprovada a autoria a novidade bem como a utilização lucrativa do invento, está assegurada ao empregado justa remuneração;
(B) não há direito a diferenças salariais, porque o programa foi desenvolvido no tempo destinado ao trabalho, já quitado pelo salário contratado;
(C) só haverá direito a diferenças salariais se o empregado provar que atuou nas mesmas condições daqueles alocados na área de tecnologia da informação melhores remunerados;
(D) o empregado, quando dispensado, tem direito a retirar o programa dos computadores e negociá-la com outros possíveis usuários;
(E) é garantido ao empregado o direito exclusivo de licença de exploração no curso do contrato.

Como explica Alice Monteiro de Barros, as invenções de **serviço** são aquelas que consistem no próprio objeto do contrato de trabalho, com o empregado sendo contratado para criar a invenção. Em tais casos, a retribuição do empregado identifica-se com o próprio salário ajustado, salvo disposição em sentido contrário (art. 88, § 1°, da Lei 9.279/1996), ficando o empregador com os frutos do invento. Considera-se desenvolvida na vigência do contrato de emprego a invenção ou modelo de utilidade cuja patente seja requerida pelo prazo de um ano após a extinção da relação de emprego (art. 88, § 2°). O empregador, titular da patente, pode conceder ao empregado, autor do invento ou aperfeiçoamento, participação nos ganhos econômicos resultantes da exploração da patente, mediante negociação com o interessado ou de acordo com o disposto em norma empresarial. Tal participação não é incorporada ao salário do empregado para nenhum efeito (art. 89, parágrafo único, da Lei 9.279/1996). Já no caso da invenção **livre**, esta pode ocorrer durante a relação de emprego, mas completamente desvinculada do contrato de trabalho e não decorrente de recursos, meios materiais, instalações ou equipamentos da empresa. Nessa hipótese, a invenção pertencerá exclusivamente ao empregado, porque proveniente de esforço próprio e de recursos desvinculados do empregador (art. 90 da Lei 9.279/1996). Se a invenção for fruto de contribuição pessoal do empregado (não havendo este sido contratado justamente para desenvolver o invento) e de recursos, dados, meios, materiais, instalações ou equipamentos do empregador, a propriedade será comum, em partes iguais, salvo expressa disposição contratual em contrário. São as chamadas invenções **casuais**, sendo assegurado ao empregador o direito exclusivo de exploração e ao empregado a justa remuneração (art. 91, § 2º, da Lei 9.279/1996), sendo esta a hipótese do enunciado. Aqui, garante-se ao empregador o direito de explorar a invenção dentro de um ano, sob pena de transferência da propriedade do invento, com exclusividade, ao empregado.

Gabarito "A".

(Magistratura do Trabalho – 15ª Região – 2011) O empregado remunerado por salário misto (fixo e comissões), que trabalha em jornada alentada e não usufrui o direito ao intervalo intrajornada, deve receber:

(A) apenas adicional devido para o labor extraordinário, nele inserido o período destinado ao intervalo não usufruído, tudo apurado pelo divisor correspondente ao número de horas efetivamente laboradas;
(B) adicional de horas extras, calculado sobre as comissões pagas; horas extras (hora e adicional), com relação ao salário fixo, para as trabalhadas além da Jornada legal e intervalo para refeição, este último não incluído nos pagamentos ora indicados;
(C) apenas o adicional devido para o labor extraordinário calculado sobre a integralidade da remuneração auferida;
(D) apenas o intervalo não usufruído, calculado sobre o tempo efetivamente laborado;
(E) horas extras, calculadas sobre a integralidade da remuneração, direito que já abrange o intervalo para refeição não usufruído.

A alternativa "B" está em consonância com a OJ 397 da SDI-I do TST (v. Súmula 340 do TST); art. 71, § 4º, da CLT, Súmula 437 do TST.

Gabarito "B".

(Magistratura do Trabalho – 15ª Região – 2010) Marco Antonio, no exercício da função de garçom do restaurante Estrela Dalva, deixou cair a bandeja que equilibrava e dez taças de cristal foram quebradas. À luz da legislação, é correto afirmar que:

(A) o empregador não poderá, em hipótese alguma, descontar do salário o valor das taças quebradas;
(B) o empregador poderá descontar do salário o valor equivalente ao prejuízo desde que observados dois requisitos cumulativos: ocorrência de dolo do empregado e prévio ajuste, entre as partes, da possibilidade de desconto salarial em caso de dano causado pelo trabalhador;
(C) se restar evidenciada a ausência de dolo e se a possibilidade de desconto salarial, em caso de dano causado pelo empregado, não foi previamente acordada, o empregador não poderá descontar do salário o valor equivalente ao prejuízo;
(D) o empregador descontará do salário o valor equivalente ao prejuízo, sem necessidade de averiguar se o trabalhador agiu com culpa ou dolo;
(E) nenhuma das anteriores.

A letra "C" está conforme o disposto no art. 462, § 1º, da CLT (v. PN 118 da SDC do TST).

Gabarito "C".

(Magistratura do Trabalho – 16ª Região – 2006) Assinale a alternativa INCORRETA:

(A) Presentes os pressupostos legais, é irrelevante a circunstância de que o desnível salarial tenha origem em decisão judicial que beneficiou o paradigma, exceto se decorrente de vantagem pessoal ou de tese jurídica superada pela jurisprudência de Corte Superior.
(B) Desde que atendidos os requisitos previstos em lei, é possível a equiparação salarial de trabalho intelectual, que pode ser avaliado por sua perfeição técnica, cuja aferição terá critérios objetivos.
(C) É do empregador o ônus da prova do fato impeditivo, modificativo ou extintivo da equiparação salarial.
(D) Na ação de equiparação salarial, a prescrição é parcial e só alcança as diferenças salariais vencidas no período de 2 (dois) anos que precedeu o ajuizamento.
(E) O conceito de "mesma localidade" de que trata a legislação trabalhista refere-se, em princípio, ao mesmo município, ou a municípios distintos que, comprovadamente, pertençam à mesma região metropolitana.

A alternativa incorreta, que deve ser assinalada, é a "D", pois o inciso IX da Súmula 6 do TST dispõe que o período é de 5 anos.

Gabarito "D".

(Magistratura do Trabalho – 18ª Região – 2006) A respeito dos descontos em folha de pagamento, assinale a alternativa incorreta.

(A) O empregado poderá autorizar, de forma irrevogável e irretratável, o desconto em folha de pagamento dos valores referentes ao pagamento de empréstimos, financiamentos e operações de arrendamento mercantil concedidos por instituições financeiras e sociedades de arrendamento mercantil, quando previsto nos respectivos contratos.
(B) O desconto em folha de pagamento também poderá incidir sobre verbas rescisórias devidas pelo empregador, ilimitadamente.
(C) Os titulares de benefícios de aposentadoria e pensão do Regime Geral de Previdência Social poderão autorizar o Instituto Nacional do Seguro Social – INSS a proceder aos descontos dos valores referentes ao pagamento de empréstimos, financiamentos e operações de arrendamento mercantil concedidos por instituições financeiras e sociedades de arrendamento mercantil, quando previsto nos respectivos contratos, bem como autorizar, de forma irrevogável e irretratável, que a instituição financeira na qual recebam seus benefícios retenha, para fins

de amortização, valores referentes ao pagamento mensal de empréstimos, financiamentos e operações de arrendamento mercantil por ela concedidos, quando previstos em contrato, nas condições estabelecidas em regulamento, observadas as normas editadas pelo INSS.

(D) O empregador pode descontar na folha de pagamento do mutuário os custos operacionais decorrentes da realização do desconto em folha de pagamento dos valores referentes ao pagamento de empréstimos, financiamentos e operações de arrendamento mercantil concedidos por instituições financeiras e sociedades de arrendamento mercantil, observado o disposto em regulamento e nos casos nele admitidos.

(E) É vedado ao empregador impor ao mutuário e à instituição consignatária escolhida pelo empregado qualquer condição que não esteja prevista na lei e no respectivo regulamento para a efetivação do contrato e a implementação dos descontos autorizados.

A: assertiva correta, art. 1º da Lei 10.820/2003; **B:** assertiva incorreta, devendo ser assinalada, há limite de 30% (art. 1º, § 1º, da Lei 10.820/2003); **C:** assertiva correta, art. 6º da Lei 10.820/2003; **D:** assertiva correta, art. 3º, § 2º, da Lei 10.820/2003; **E:** assertiva correta, art. 3º, § 1º, da Lei 10.820/2003.

Gabarito "B".

(Magistratura do Trabalho – 18ª Região – 2006) João ajustou salário fixo de R$ 10.000,00 (dez mil reais), anotado em CTPS, e ainda morava num apartamento cedido pela empresa. O aluguel do apartamento, segundo valores de mercado, é de R$ 3.000,00 (três mil reais), mas nunca foi considerado pelo empregador, para nenhum fim. Estudando o assunto, João concluiu que o valor do aluguel deve ser integralmente considerado como parte de seu salário, de acordo com o direito brasileiro. João está correto?

(A) não, porque o vestuário, a educação, o transporte, a assistência médica, hospitalar e odontológica, os seguros de vida e de acidentes pessoais, as prestações de previdência privada e a habitação não são consideradas salário.

(B) não, porque a habitação fornecida como salário utilidade não poderá exceder a 25% (vinte e cinco por cento) do salário-contratual.

(C) não, porque isso não foi ajustado nem anotado na CPTS.

(D) em parte, porque a habitação fornecida como salário utilidade não poderá exceder a 25% (vinte e cinco por cento) do salário-contratual.

(E) sim.

Art. 458, caput, da CLT. Observação: a limitação estabelecida pelo § 3º do art. 458 da CLT só se aplica na hipótese de o empregado ser remunerado pelo salário mínimo; não sendo o caso, a utilidade é computada pelo seu valor real.

Gabarito "E".

(Magistratura do Trabalho – 20ª Região – 2003) *"O direito de arena tem respaldo constitucional (alínea "a", inciso XXVIII, art. 5º, da CF/1988) e está previsto na Lei n. 9.615/1998, a qual prevê que cabe às entidades de prática desportiva o direito de negociar, autorizar e proibir a fixação, transmissão ou retransmissão de imagem de espetáculos ou eventos desportivos de que participem, estabelecendo, ainda, que, do preço total da autorização, 20% (vinte por cento), como mínimo, deverão ser distribuídos, em partes iguais, aos atletas profissionais participantes do espetáculo ou evento, salvo convenção em contrário."*

Marque a alternativa correta:

(A) a proposição acima é incorreta, haja vista que o produto da arrecadação referente ao direito de arena não é repassado aos atletas profissionais diretamente, mas destinado a um fundo securitário próprio com o objetivo de custear os benefícios previdenciários decorrentes de acidentes que vitimem os aludidos profissionais no exercício da profissão;

(B) a proposição acima é incorreta, uma vez que as entidades de prática desportiva têm o direito de dispor, como lhes convier, do produto da arrecadação dos espetáculos desportivos, inclusive a arrecadação proveniente da transmissão por veículo de comunicação, cabendo ao atleta profissional o salário fixado contratualmente;

(C) a proposição acima é incorreta apenas porque não é dado às partes de um contrato de trabalho convencionarem sobre o direito de arena;

(D) a proposição acima é incorreta, porque, não havendo convenção em contrário das partes, o percentual mínimo a ser distribuído entre os atletas participantes do evento é de 35% (trinta e cinco por cento), observado o rateio de forma proporcional ao tempo em que cada atleta participou do evento ou espetáculo;

(E) a proposição é correta.

Art. 42, § 1º, da Lei 9.615/1998.

Gabarito "E".

(Magistratura do Trabalho – 20ª Região – 2003) Juliano da Silva Costa ajuizou reclamação trabalhista em face de Restaurante Ponto Novo Ltda., argumentando, em síntese, que trabalhou para o reclamado durante quatro anos na função de garçom e que o réu nunca integrou à sua remuneração as gorjetas que lhe eram pagas pelos clientes da casa. Ao cabo de sua narrativa, postulou as diferenças salariais e rescisórias decorrentes da integração à remuneração das ditas gorjetas. O réu, ao se defender, sustentou que as gorjetas não integram a remuneração do empregado quando não cobradas em nota de serviço pelo empregador, salvo se expressamente pactuado pelas partes. Sendo você o juiz da causa – tendo em vista a posição predominante na jurisprudência e tomando como incontroverso o fato de que o empregador não cobrava dos seus clientes gorjeta em nota de serviço – marque:

(A) uma vez que as gorjetas têm natureza jurídica salarial, nos termos do art. 457 da CLT, você deferiria integralmente o pedido, condenando o réu a pagar ao autor as diferenças de todas as parcelas salariais e rescisórias do contrato que mantiveram;

(B) uma vez que apenas as gorjetas cobradas pelo empregador em nota de serviço têm natureza jurídica salarial, você indeferiria o pedido;

(C) você deferiria o pedido em parte, porque as gorjetas não servem de base de cálculo para as parcelas de aviso-prévio, adicional noturno, horas extras e repouso semanal remunerado;

(D) você deferiria o pedido em parte, porque as gorjetas não servem de base de cálculo para as parcelas de aviso-prévio e repouso semanal remunerado;

(E) você deferiria o pedido em parte, porque as gorjetas não servem de base de cálculo para as parcelas de adicional noturno e horas extras.

A alternativa correta é a "C", conforme o disposto na Súmula 354 do TST.

Gabarito "C"

(Magistratura do Trabalho – 21ª Região – 2012) A empresa VIR À LUZ INSTALAÇÕES ELÉTRICAS LTDA. é especializada na realização de serviços de ligação, desligamento e religação de energia elétrica. Para realizar suas atividades, no momento da contratação, a empresa exige que os empregados possuam veículo, indicando-lhes a concessionária de automóveis em que a compra de veículo, no padrão e modelo indicado pela empresa, pode ser efetivada. O contrato de compra e venda do veículo, com alienação fiduciária, não tem a interveniência da empresa VIR À LUZ INSTALAÇÕES ELÉTRICAS LTDA., sendo firmado pelos empregados e a financeira. Os veículos adquiridos pelos empregados passam por adaptações, porquanto devem transportar os equipamentos necessários à realização dos serviços, como também recebem a logomarca e o nome da empregadora, tudo por ela custeado. Os empregados, concomitantemente, com a assinatura do contrato de trabalho, assinam contrato de locação de veículo, em que figuram como locadores e a empresa como locatária. No contrato de locação, há cláusula estabelecendo que o veículo deve ser utilizado exclusivamente em serviço. O valor da locação do veículo é superior ao valor da prestação do financiamento para a aquisição do automóvel, e o contrato de locação vigora por prazo indeterminado, rescindindo-se na hipótese de extinção do contrato de trabalho. A conduta da empresa é:

(A) nula de pleno direito, uma vez que o veículo é adquirido, mediante financiamento, pelos empregados, mas é utilizado exclusivamente a serviço da empresa, o que demonstra que o contrato de locação é simulado e o veículo constitui salário utilidade pago pelo empregador;

(B) é permitida pela lei, pois a empresa pode exigir que o empregado possua veículo próprio para realizar o serviço, remunerando o uso do bem pessoal do empregado mediante a assinatura de contrato de locação;

(C) ilegal, pois constitui infundada restrição à admissão ao emprego, uma vez que a empresa exige um determinado tipo de veículo para o serviço e impõe aos empregados a sua compra;

(D) fraudulenta, pois simula contrato de locação para evitar que o veículo seja considerado salário utilidade;

(E) nenhuma das assertivas está correta.

Súmula 367 do TST. A conduta da empresa visou à burla de sua obrigação legal de fornecer os instrumentos necessários à prestação do serviço, bem como transferiu a assunção de riscos ao empregado.

Gabarito "C"

(Magistratura do Trabalho – 21ª Região – 2012) A empresa LOJAS VESTE BEM comercializa confecções no varejo e criou um cartão de crédito próprio para propiciar aos seus clientes o pagamento parcelado das compras efetuadas exclusivamente nas suas lojas, mediante parcelamento. Aos empregados da empresa é oferecido este cartão de crédito, para pagamento parcelado nas mesmas condições oferecidas aos clientes em geral. No contrato individual de trabalho, consta cláusula específica, autorizando a empresa a descontar o valor das compras efetuadas com o cartão VESTE BEM nos salários dos empregados, sem limite de desconto. A prática adotada pela empresa é:

(A) lícita, pois o Tribunal Superior do Trabalho firmou sua jurisprudência no sentido de que não viola o art. 462 da CLT a realização, pelas empresas, de descontos nos salários dos empregados, para integrá-los em planos de assistência odontológica, médico-hospitalar, de seguro, de previdência privada, ou de entidade cooperativa, cultural ou recreativa associativa, sendo possível, por interpretação analógica, considerar-se lícitas outras espécies de descontos;

(B) ilícita, pois a jurisprudência pacificada do TST, ao considerar lícitos determinados tipos de descontos, refere-se à contratação coletiva, pelas empresas, em favor de seus empregados, de planos de assistência médico-hospitalar, odontológica, seguros e previdência privada, benefícios culturais e recreativos, adquiridos de terceiros e não do próprio empregador;

(C) ilícita, pois a autorização de desconto foi firmada concomitantemente com a assinatura do contrato de trabalho, e deve-se presumir o vício de consentimento, conforme já assentado na jurisprudência pacificada do TST;

(D) lícita, pois a autorização de desconto foi dada pelo empregado, sem vício de consentimento, e não há proibição específica, na CLT, de que o empregador não possa efetuar descontos dessa natureza nos salários, já que o produto foi comprado espontaneamente pelo empregado;

(E) lícita, desde que o valor do desconto não ultrapasse 70% (setenta por cento), do valor da remuneração do trabalhador.

A alternativa "B" está de acordo com o disposto no art. 462 da CLT, c/c Súmula 342 do TST.

Gabarito "B"

(Magistratura do Trabalho – 21ª Região – 2012) João Felix exerceu, durante 05 (cinco) anos, uma função comissionada no Banco Brasileiro S/A. Afastou-se do cargo efetivo e da função comissionada para exercer o cargo de presidente do sindicato dos bancários. Durante o período de 08 (oito) anos, em que esteve afastado do emprego, por causa do exercício de dois mandatos sindicais, recebeu remuneração paga pelo Banco, na qual estava incluída a gratificação de função comissionada, por força de previsão em acordo coletivo de trabalho. Ao término do segundo mandato sindical, João Felix retornou ao serviço no Banco, que o reverteu para o cargo de carreira, com perda da função comissionada. João Felix requereu judicialmente a incorporação da gratificação de função comissionada suprimida. De acordo com a jurisprudência pacificada do TST, há fundamento jurídico para a pretensão de João Felix?

(A) não, porque o empregado somente exerceu, efetivamente, a função comissionada por cinco anos;
(B) sim, porque o empregado recebeu o pagamento da função comissionada por 13 (treze) anos, e o período de exercício de mandato sindical é computado como tempo de serviço, podendo o empregador, nesse caso, calcular a média do valor da função comissionada, no período de afastamento, para efeito de incorporação da gratificação de função à remuneração, e não simplesmente suprimi-la;
(C) sim, porque o empregado recebeu a gratificação de função por 13 (anos) anos e há direito à incorporação de gratificação de função percebida por 10 (dez) anos, ou mais, e suprimida sem justo motivo pelo empregador;
(D) não, porque embora tenha havido a percepção da gratificação de função por 13 (treze) anos, não ocorreu incorporação ao patrimônio jurídico do trabalhador, pois parte do período de percepção da gratificação não foi de efetivo exercício da atividade profissional, não sendo lícita a contagem fictícia de tempo de serviço além das hipóteses previstas, taxativamente, no art. 4º e parágrafo único da CLT;
(E) nenhuma das assertivas está correta.

A alternativa "C" está conforme o disposto na Súmula 372 do TST.

Gabarito "C"

(Magistratura do Trabalho – 21ª Região – 2005) Várias são as formas de retribuição salarial do empregado, e, como tal, é correto afirmar:

(A) o pagamento de comissões não pode ser estipulado por período superior a um mês;
(B) as gratificações só podem ser ajustadas para pagamento mensal;
(C) o pagamento de percentagem não pode ser a única forma de retribuição salarial do empregado;
(D) ao empregado é permitido exigir o pagamento de comissões e percentagens antes mesmo de ultimada a transação que lhe deu origem;
(E) nas transações realizadas que impliquem em prestações sucessivas, torna-se exigível o pagamento das comissões sobre as parcelas não liquidadas, mesmo na hipótese de rescisão do contrato de trabalho por justa causa.

A e **B:** incorretas, "o pagamento do salário, qualquer que seja a modalidade do trabalho, não deve ser estipulado por período superior a 1 (um) mês, salvo no que concerne a comissões, percentagens e gratificações", art. 459 da CLT (v. art. 4º, parágrafo único, da Lei 3.207/1957); **C:** incorreta, as comissões são permitidas como forma exclusiva ou não de retribuição paga; **D:** incorreta, não é permitido a exigência do pagamento antes de ultimada a transação que lhe deu origem (art. 466 da CLT); **E:** correta, art. 466, §§ 1º e 2º, da CLT.

Gabarito "E"

(Magistratura do Trabalho – 21ª Região – 2005) Em vista do princípio tutelar, o sistema jurídico laboral está dotado de vários mecanismos de proteção ao salário. Sendo assim, é incorreto afirmar que:

(A) não se permite o pagamento em utilidades que correspondam a mais de 70% do salário;
(B) o limite de 70% para pagamento de salário em utilidades poderá ser ultrapassado quando a parte excedente corresponder às parcelas de assistência médica, transporte para o trabalho e previdência privada;
(C) o pagamento do salário dar-se-á mediante recibo, do qual constará, obrigatoriamente, e de forma discriminada, todas as parcelas (créditos e descontos);
(D) em caso de dano causado pelo empregado no âmbito da empresa, é lícito o desconto salarial, desde que o empregado tenha agido com dolo, sendo vedado qualquer desconto quando agir com culpa;
(E) a habitação, a energia elétrica e o veículo fornecidos pelo empregador ao empregado, quando indispensáveis para a realização do trabalho, não têm natureza salarial, salvo se, no caso de veículo, seja ele utilizado pelo empregado também em atividades particulares.

A alternativa incorreta é a "E", pois o veículo, ainda que utilizado pelo empregado em atividades particulares, não tem natureza salarial (Súmula 367 do TST).

Gabarito "E"

(Magistratura do Trabalho – 21ª Região – 2005) Consideradas as afirmações abaixo, marque a letra que contém a resposta correta:

I. Tendo em vista que as Leis ns. 3.999/1961 e 4.950-A/1966 não estipulam a jornada reduzida, mas apenas estabelecem o salário mínimo da categoria para uma jornada de quatro horas para os médicos e engenheiros, não há que se falar em horas extras, salvo as excedentes à oitava, desde que seja respeitado o salário mínimo/horário das categorias.

II. O professor que recebe salário mensal à base de hora-aula tem direito ao acréscimo de um sexto a título de repouso semanal remunerado, considerando-se para esse fim o mês de quatro semanas e meia.

III. As gratificações por tempo de serviço e produtividade, pagas mensalmente, não repercutem no cálculo do repouso semanal remunerado.

IV. O pagamento das férias, integrais ou proporcionais, gozadas ou não, na vigência da Constituição da República de 1988, sujeita-se ao acréscimo do terço previsto na mesma Constituição. Os dias de férias gozados após o período legal de concessão deverão ser remunerados em dobro. Na hipótese de dispensa do empregado por justa causa, a extinção do contrato de trabalho sujeita o empregador ao pagamento da remuneração das férias proporcionais, ainda que incompleto o período aquisitivo de doze meses. Reconhecida a culpa recíproca na rescisão do contrato de trabalho, nos termos da Consolidação das Leis do Trabalho, o empregado tem direito a cinquenta por cento do valor das férias proporcionais.

V. As gorjetas, cobradas pelo empregador na nota de serviço ou oferecidas espontaneamente pelos clientes, integram a remuneração do empregado, servindo de base de cálculo para as parcelas de aviso-prévio, adicional noturno, horas extras e repouso semanal remunerado.

(A) Somente II e III estão corretas.
(B) I e IV estão corretas.
(C) Somente V está errada.
(D) Todas estão corretas.
(E) Todas estão erradas.

I: incorreta, os engenheiros têm jornada de 6 horas (Súmula 370 do TST); **II:** correta, Súmula 351 do TST; **III:** correta, Súmula 225 do TST; **IV:** incorreta, "na hipótese de dispensa do empregado por justa causa, a extinção do contrato de trabalho não sujeita o empregador ao pagamento da remuneração das férias proporcionais" (Súmulas 14, 171 e 328 do TST); **V:** incorreta, as gorjetas não servem de base de cálculo para as parcelas de aviso-prévio, adicional noturno, horas extras e repouso semanal remunerado (Súmulas 290 e 354 do TST).

Gabarito "A"

(Magistratura do Trabalho – 23ª Região – 2012) Analise as proposições abaixo e indique a alternativa correta:

I. O caráter "forfetário" do salário traduz-se pelo fato de ser o pagamento do salário uma obrigação inescusável do empregador, independentemente da viabilidade do empreendimento econômico, em si e, ainda, da própria qualidade da prestação de serviços do empregado.

II. Dentre os modos de aferição salarial o chamado salário-tarefa representa modalidade de trabalho por unidade de obra, já que, nele, o empregado perceberá seu pagamento tendo como parâmetro a produção que desenvolverá em determinado período de tempo.

III. Doutrina e jurisprudência trabalhistas reconhecem ao empregador um conjunto de prerrogativas que lhe são asseguradas – os chamados "poderes" diretivo, regulamentar, fiscalizatório e disciplinar – para exercício no âmbito da relação empregatícia e da condução do empreendimento que dirige. A razão de ser, ou fundamento, desse poder patronal é a propriedade privada, visto que sendo o proprietário dos meios de produção o empregador está legitimado a conduzir o empreendimento e, com isso, manter subordinado a si seus empregados.

IV. São reconhecidos como elementos naturais do contrato de emprego aqueles que, embora não sejam imprescindíveis à própria formação do contrato restam corriqueiramente presentes, com se dá, por exemplo, no ajuste da jornada de trabalho a ser cumprida pelo empregado. Elementos acidentais do contrato de emprego são os que apenas excepcionalmente estão presentes no vinculo empregatício, de que são exemplos o ajuste de termo e de condição.

V. O conceito de jornada de trabalho é sinônimo do conceito de horário de trabalho. Ambos representam, assim, o lapso temporal diário em que o empregado se coloca à disposição do empregador em virtude da execução contrato de emprego firmado entre ambos.

(A) Apenas as proposições I, II, III e IV estão corretas e as demais estão incorretas.
(B) Apenas as proposições I e IV estão corretas e as demais estão incorretas.
(C) Apenas as proposições I, III e IV estão corretas e as demais estão incorretas.
(D) Apenas as proposições II e III estão corretas e as demais estão incorretas.
(E) Todas as proposições estão corretas.

I: correta, por definição; **II:** incorreta. O salário tarefa mescla os critérios do salário por unidade de tempo (aquele devido de acordo com o tempo em que o empregado permanece à disposição do empregador) e do salário por unidade de obra (calculado sobre a produção do empregado). O salário tarefa demanda a realização de uma produção durante um período de tempo determinado (metas); **III:** incorreta. De acordo com os ensinamentos de Maurício Godinho Delgado, "a análise acerca do fundamento jurídico do poder empregatício desdobra-se, como mencionado, em uma dimensão doutrinária e uma dimensão legal. Enquanto a primeira dimensão de pesquisa busca a efetiva fundamentação do poder empregatício, isto é, a causa ou fator que confere título e substrato jurídicos à própria existência do fenômeno e que permite sua incorporação pelo universo normativo vigorante, a dimensão legal da pesquisa busca textos normativos vigorantes que conferem suporte à presença do poder empregatício no contexto do Direito. (...) Ressalte-se, contudo, a tendência de o Direito do Trabalho criar mecanismos e processos de bilateralização ou multilateralização da dinâmica do exercício do poder no contexto empregatício. Essa tendência, embora tímida no Brasil, poderia (e deveria) avançar, em vista da democratização da sociedade política e civil no país, em seguida à queda do regime autoritário de 1964. A Carta de 1988, por exemplo, fala em participação dos empregados na gestão da empresa, embora ainda tendo tal participação como excepcional (art. 7º, XI, da CF/1988). (...)"DELGADO, Mauricio Godinho. Curso de Direito do Trabalho. São Paulo, LTr, 2011. 10ª edição. p. 632-633; **IV:** correta, por definição. **V:** incorreta. Não há que se confundir horário de trabalho com jornada de trabalho. A assertiva traz o conceito de jornada de trabalho. Horário de trabalho, por seu turno, "traduz rigorosamente, o lapso temporal entre o início e o fim de certa jornada laborativa. Tem-se utilizado a expressão para abranger também o parâmetro semanal de trabalho (horário semanal). Em tal amplitude, o horário corresponderia à delimitação do início e fim da duração diária de trabalho, com respectivos dias semanais de labor e correspondentes intervalos intrajornadas. ". DELGADO, Mauricio Godinho. Curso de Direito do Trabalho. São Paulo, LTr, 2011. 10ª edição. p. 810.

Gabarito "B".

(Magistratura do Trabalho – 23ª Região – 2012) Com base nas disposições da Consolidação das Leis do Trabalho – "CLT" – analise as proposições abaixo e assinale a alternativa correta:

I. Se o empregador custear a educação do empregado, em estabelecimento de ensino próprio ou de terceiros, o valor dessa utilidade não será considerado como salário, o que não se aplica, contudo, ao custeio ou fornecimento do material didático necessário para acompanhamento das aulas, que se tratará de utilidade a ser integrada ao salário do empregado para os regulares fins de direito.
II. Há expressa vedação legal ao fornecimento de habitação coletiva enquanto salário utilidade.
III. O pagamento do salário, qualquer que seja a modalidade do trabalho, não deve ser estipulado por período superior a 1 (um) mês, inclusive no que concerne a comissões, percentagens e gratificações.
IV. Quando o pagamento do salário houver sido estipulado por mês, deverá ser efetuado, o mais tardar, até o quinto dia do mês subsequente ao vencido.
V. Em caso de dano causado pelo empregado, o desconto do salário pelo empregador será lícito, desde que esta possibilidade tenha sido acordada ou na ocorrência de culpa ou dolo do empregado.

(A) Todas as proposições estão incorretas.
(B) Apenas a proposição I está correta e as demais estão incorretas.
(C) Apenas a proposição II está correta e as demais estão incorretas.
(D) Apenas a proposição III está correta e as demais estão incorretas.
(E) Apenas as proposições II e III estão corretas e as demais estão incorretas.

I: incorreta, o custeio ou fornecimento do material didático necessário para acompanhamento das aulas também não será considerado como salário (art. 458, § 2º, da CLT); **II:** incorreta, a lei prevê fornecimento de habitação coletiva enquanto salário utilidade (art. 458, § 4º, da CLT c/c Súmula 367 do TST); **III:** incorreta, as comissões, percentagens e gratificações podem ser estipuladas por período superior a um mês (art. 459 da CL)T; **IV:** incorreta, até o quinto dia útil (art. 459, § 1º, da CLT); **V:** incorreta, em caso de culpa, o desconto não será lícito (art. 462, § 1º, da CLT).

Gabarito "A".

(Magistratura do Trabalho – 23ª Região – 2012) De acordo com a jurisprudência consolidada no âmbito do Tribunal Superior do Trabalho analise as proposições abaixo e assinale a alternativa correta:

I. Ainda que o empregado perceba salário mínimo legal o valor do salário "in natura" deve ser fixado de acordo com o real valor da utilidade.
II. As gorjetas, cobradas pelo empregador na nota de serviço ou oferecidas espontaneamente pelos clientes, integram o salário do empregado, não servindo de base de cálculo para as parcelas do aviso-prévio, adicional noturno, horas extras, férias e repouso semanal remunerado.
III. A ocorrência de justa causa no decurso do prazo do aviso-prévio dado pelo empregador, por quaisquer das hipóteses legalmente previstas para caracterizá-la, retira do empregado qualquer direito às verbas rescisórias de natureza indenizatória.
IV. O regime de compensação de jornada na modalidade "banco de horas" somente pode ser instituído por negociação coletiva.
V. A gratificação semestral não repercute no cálculo das horas extras, das férias, do aviso-prévio e da gratificação natalina.

(A) Todas as proposições estão incorretas.
(B) Apenas as proposições II e IV estão corretas e as demais estão incorretas.
(C) Apenas as proposições I e IV estão corretas e as demais estão incorretas.
(D) Apenas as proposições I, III e V estão corretas e as demais estão incorretas.
(E) Apenas a proposição IV está correta e as demais estão incorretas.

I: incorreta, se receber salário mínimo mensal, os percentuais do salário in natura serão fixados em lei (Súmula 258 do TST); **II:** incorreta, integram a remuneração do empregado (Súmula 354 do TST); **III:** incorreta, exceto no caso de abandono de emprego (Súmula 73 do TST); **IV:** correta, Súmula 85, V, do TST; **V:** incorreta, repercute, pelo seu duodécimo, na gratificação natalina (Súmula 253 do TST).

Gabarito "E".

(Magistratura do Trabalho – 23ª Região – 2012) Com base no entendimento jurisprudencial firmado perante o Tribunal Superior do Trabalho (TST), analise as alternativas abaixo sobre o instituto da equiparação salarial e assinale a correta:

(A) - Na ação de equiparação salarial, a prescrição é parcial e só alcança as diferenças salariais vencidas no período de 5 (cinco) anos que precedeu a extinção do contrato de trabalho.
(B) - Desde que atendidos os requisitos do art. 461 da CLT, é possível a equiparação salarial de trabalho intelectual, que pode ser avaliado por sua perfeição técnica, cuja aferição terá critérios objetivos e subjetivos.
(C) - Para efeito de equiparação de salários em caso de trabalho igual, conta-se o tempo de serviço no emprego e não na função.

(D) - É necessário que, ao tempo da reclamação sobre equiparação salarial, reclamante e paradigma estejam a serviço do estabelecimento, desde que o pedido se relacione com situação pretérita.

(E) - Presentes os pressupostos do art. 461 da CLT, é irrelevante a circunstância de que o desnível salarial tenha origem em decisão judicial que beneficiou o paradigma, exceto se decorrente de vantagem pessoal, de tese jurídica superada pela jurisprudência de Corte Superior ou, na hipótese de equiparação salarial em cadeia, se não demonstrada a presença dos requisitos da equiparação em relação ao paradigma que deu origem à pretensão, caso arguida a objeção pelo reclamado.

A: incorreta, 5 (cinco) anos que precedeu o ajuizamento (Súmula 6, IX, do TST); **B:** incorreta, os critérios serão objetivos (Súmula 6, VII, do TST); **C:** incorreta, conta-se o tempo na função (Súmula 6, II, do TST); **D:** incorreta, é desnecessário (Súmula 6, IV, do TST); **E:** correta, Súmula 6, VI, do TST.

Gabarito "E"

(Magistratura do Trabalho – 23ª Região – 2008) Analise as proposições abaixo e responda:

I. há o direito a equiparação salarial quando dois empregados possuírem cargos com a mesma denominação, porém com funções distintas;

II. não é possível a utilização como paradigma para fins de equiparação salarial de trabalhador readaptado em nova função, por motivo de deficiência física ou mental atestada pelo órgão competente da Previdência Social;

III. para a procedência do pedido de equiparação salarial é necessário que reclamante e paradigma estejam a serviço do empregador no momento da propositura da ação;

IV. devido as suas peculiaridades, não é possível a equiparação salarial de trabalho intelectual.

(A) todas as opções estão corretas;
(B) apenas três opções estão corretas;
(C) apenas duas opções estão corretas;
(D) apenas uma opção está correta;
(E) todas as opções estão incorretas.

I: incorreta, "A equiparação salarial só é possível se o empregado e o paradigma exercerem a mesma função, desempenhando as mesmas tarefas, não importando se os cargos têm, ou não, a mesma denominação" (Súmula 6, III, do TST); **II:** correta, art. 461, § 4º, da CLT; **III:** incorreta, é desnecessário (Súmula 6, IV, do TST); **IV:** incorreta, é possível a equiparação salarial de trabalho intelectual (Súmula 6, VII, do TST).

Gabarito "D"

(Magistratura do Trabalho – 23ª Região – 2008) Sobre os descontos efetuados pelo empregador no salário dos empregados, assinale a alternativa INCORRETA:

(A) é válido o desconto destinado à reparação dos danos culposamente causados pelo empregado, desde que essa hipótese tenha sido acordada no contrato de trabalho;

(B) é válido o desconto destinado à reparação dos danos dolosamente causados pelo empregado, independentemente dessa hipótese ter sido acordada no contrato de trabalho;

(C) é válido o desconto decorrente de adiantamentos salariais;

(D) é válido o desconto decorrente da inclusão do trabalhador em plano médico-hospitalar, desde que haja autorização prévia e por escrito do empregado;

(E) é presumível o vício de consentimento resultante do fato de ter o empregado anuído expressamente com descontos salariais no ato da admissão.

Assim dispõe a Súmula 342 do TST: "É inválida a presunção de vício de consentimento resultante do fato de ter o empregado anuído expressamente com descontos salariais na oportunidade da admissão. É de se exigir demonstração concreta do vício de vontade". Vide OJ 160 da SDI-I do TST.

Gabarito "E"

(Magistratura do Trabalho – 23ª Região – 2008) Analise as proposições abaixo e responda:

I. a concessão gratuita pelo empregador ao empregado de seguro de vida e acidentes pessoais e a assistência médica, hospitalar e odontológica, não são consideradas salário utilidade;

II. o veículo fornecido pelo empregador ao empregado, quando indispensável a realização do trabalho, não tem natureza salarial, ainda que seja utilizado em atividades particulares;

III. o fornecimento gratuito e periódico de cigarros ao empregado não caracteriza salário utilidade em face de sua nocividade à saúde;

IV. o pagamento da matricula, mensalidade, livros e material didático para que o empregado estude em estabelecimento de ensino não pertencente ao empregador não caracteriza salário utilidade.

(A) todas as opções estão corretas;
(B) apenas três opções estão corretas;
(C) apenas duas opções estão corretas;
(D) apenas uma opção está correta;
(E) todas as opções estão incorretas.

I: correta, art. 458, § 2º, IV e V, da CLT; **II** e **III:** corretas, Súmula 367 do TST; **IV:** correta, art. 458, § 2º, II, da CLT.

Gabarito "A"

(Magistratura do Trabalho – 23ª Região – 2009) Marque a alternativa CORRETA:

(A) A utilidade percebida mensalmente e que adquira natureza salarial, à vista dos critérios da habitualidade e da onerosidade, integra a remuneração do trabalhador e gera direito às diferenças reflexas em parcelas como férias, décimos terceiros salários, FGTS e repouso semanal remunerado.

(B) O pagamento de comissões, em transações realizadas por prestações sucessivas, é exigível proporcionalmente à respectiva liquidação.

(C) Mesmo com o afastamento do exercício de cargo de confiança, com ou sem justo motivo, o empregado tem direito à manutenção do pagamento da gratificação de função se percebida há mais de dez anos, em face do princípio da estabilidade financeira.

(D) O salário-família tem natureza previdenciária e é devido aos trabalhadores rurais desde que haja previsão contratual ou convencional a esse respeito.

(E) A irredutibilidade assegura a percepção pelo empregado do salário real ao longo do contrato, tratando-se, por isso, de garantia da sua substancial suficiência.

A alternativa "B" está de acordo com o art. 466, § 1º, da CLT.

Gabarito "B"

(Magistratura do Trabalho – 23ª Região – 2009) Analise os itens abaixo e marque a alternativa CORRETA:

I. O chamado salário equitativo remonta à equivalência de remuneração entre o trabalhador temporário e os empregados da mesma categoria da empresa tomadora dos serviços temporários, além daquele devido a brasileiro empregado que exerça função análoga à cumprida por empregado estrangeiro em empresa localizada no Brasil.

II. Salário substituição designa o *quantum* devido ao empregado em razão de substituição não eventual.

III. Tratando-se de empregado mensalista, a integração das diárias no salário deve ser feita tomando-se por base o salário mensal por ele percebido e não o valor do dia de salário, somente sendo devida a referida integração quando o valor das diárias, no mês, for superior à metade do salário mensal.

(A) Apenas o item I é falso.

(B) Apenas o item II é falso.

(C) Apenas o item III é falso.

(D) Todos os itens são falsos.

(E) Todos os itens são verdadeiros.

I: correta, por definição; **II:** correta, por definição; **III:** correta, Súmula 318 do TST.

Gabarito "E"

(Magistratura do Trabalho – 24ª Região – 2007) Doutrinariamente, há correntes que defendem que (1) o salário é contraprestação pelo serviço efetivamente prestado ou que (2) é retribuição pelo fato de o trabalhador pôr suas energias à disposição da empresa/empregador.

I. Salário é a remuneração devida pelo empregador à pessoa que a ele está ligada por um contrato de trabalho, em virtude da prestação de serviços oriunda desse contrato.

II. Qualquer remuneração paga ao empregado sem trabalho prestado não é tecnicamente salário.

III. O salário é a retribuição devida ao trabalhador pela sua contribuição em favor da produção.

IV. Salário é a contraprestação devida a quem põe seu esforço pessoal à disposição de outrem em virtude do vínculo jurídico de trabalho contratual ou instituído.

V. Salário é a remuneração dada pelo patrão-empregador ao operário-empregado, em pagamento ao serviço que este lhe presta, diária, semanal ou mensalmente.

Dadas as conceituações acima, identifique, a seguir, aquela(s) que represente(m) entendimento em conformidade com a segunda corrente doutrinária e assinale a alternativa CORRETA:

(A) Apenas as proposições I e III.

(B) Apenas as proposições II e IV.

(C) Apenas as proposições I e V.

(D) Apenas as proposições III e IV.

(E) Apenas as proposições III e V.

I e **V:** incorretas, os conceitos de salário e remuneração são distintos (CLT, art. 457); **II:** incorreta (exemplo: remuneração paga durante as hipóteses de interrupção do contrato de trabalho); **III:** correta, por definição; **IV:** correta, por definição.

Gabarito "D"

(Magistratura do Trabalho – 24ª Região – 2007) Considerando as Súmulas da jurisprudência do Colendo Tribunal Superior do Trabalho, analise as proposições abaixo:

I. Os percentuais fixados em lei relativos ao salário "in natura" apenas se referem às hipóteses em que o empregado percebe salário mínimo, apurando-se, nas demais, o real valor da utilidade.

II. Em se tratando de pedido de reenquadramento, a prescrição é total, contada da data do enquadramento do empregado.

III. O cálculo do valor das horas extras habituais, para efeito de reflexos em verbas trabalhistas, observará o número de horas efetivamente prestadas e a ele aplica-se o valor do salário-hora da época do pagamento daquelas verbas.

IV. O professor que recebe salário mensal à base de hora-aula tem direito ao acréscimo de 1/6 a título de repouso semanal remunerado, considerando-se para esse fim o mês de quatro semanas e meia.

V. A habitação, a energia elétrica e veículo fornecidos pelo empregador ao empregado, quando indispensáveis para a realização do trabalho, não têm natureza salarial, ainda que, no caso de veículo, seja ele utilizado pelo empregado também em atividades particulares.

Considerando as proposições acima, RESPONDA:

(A) Apenas a proposição IV está incorreta.

(B) Apenas a proposição V está incorreta.

(C) Apenas as proposições I e II estão corretas.

(D) Apenas as proposições IV e V estão incorretas.

(E) Todas as proposições estão corretas.

I: correta, Súmula 258 do TST; **II:** correta, Súmula 275, II, do TST; **III:** correta, Súmula 347 do TST; **IV:** correta, Súmula 351 do TST; **V:** correta, Súmula 367 do TST.

Gabarito "E"

(Magistratura do Trabalho – 24ª Região – 2007) O contrato de trabalho é de trato sucessivo no cumprimento das obrigações dos sujeitos que se vinculam. Partindo dessa premissa, assinale a alternativa INCORRETA:

(A) A frustração do atributo da pós-remuneração envolve a exceção do contrato não cumprido e justifica o rompimento do vínculo pelo empregado.

(B) A pós-remuneração atua como garantia para o empregado.

(C) A pós-remuneração perde sua razão de ser em relação ao instituto das férias.

(D) A pós-remuneração perde a sua razão de ser em relação ao instituto do aviso-prévio não concedido a tempo e em tempo.

(E) A impenhorabilidade é, entre outras, uma proteção ao atributo da pós-remuneração.

A alternativa incorreta, que deve ser assinalada é a "B", eis que tal garantia favorece o empregador.

Gabarito "B"

(Magistratura do Trabalho – 24ª Região – 2007) Em tema de inventos do empregado:

I. A invenção e o modelo de utilidade pertencem exclusivamente ao empregador quando decorrerem de contrato de trabalho cuja execução ocorra no Brasil e que tenha por objeto a pesquisa ou a atividade inventiva, ou resulte esta da natureza dos serviços para os quais foi o empregado contratado.

II. O empregador, titular da patente, poderá conceder ao empregado, autor de invento ou aperfeiçoamento, participação nos ganhos econômicos resultantes da exploração da patente, mediante negociação com o interessado ou conforme disposto em norma da empresa. A participação não se incorpora, a qualquer título, ao salário do empregado.

III. Pertencerá exclusivamente ao empregado a invenção ou o modelo de utilidade por ele desenvolvido, desde que desvinculado do contrato de trabalho e não decorrente da utilização de recursos, meios, dados, materiais, instalações ou equipamentos do empregador.

IV. A propriedade de invenção ou de modelo de utilidade será comum, em partes iguais, quando resultar da contribuição pessoal do empregado e de recursos, dados, meios, materiais, instalações ou equipamentos do empregador, ressalvada expressa disposição contratual em contrário. Sendo mais de um empregado, a parte que lhes couber será dividida igualmente entre todos, salvo ajuste em contrário.

V. Nas relações de emprego envolvendo a Administração Pública, direta, indireta e fundacional, federal, estadual ou municipal, não se aplicam as disposições da Lei 9.2791996 ("regula direitos e obrigações relativos à propriedade industrial").

Considerando as proposições acima, RESPONDA:

(A) Todas as proposições estão incorretas.

(B) Todas as proposições estão corretas.

(C) Apenas as proposições I e V estão incorretas.

(D) Apenas a proposição V está incorreta.

(E) Apenas as proposições I e II estão incorretas.

I: correta, art. 88, caput, da Lei 9.279/1996; **II:** correta, art. 89 da Lei 9.279/1996; **III:** correta, art. 90 da Lei 9.279/1996; **IV:** correta, art. 91 da Lei 9.279/1996; **V:** incorreta, aplicam-se as disposições da Lei 9.279/1996 (art. 93 da Lei 9.279/1996).

Gabarito "D"

(Magistratura do Trabalho – 24ª Região – 2006) Assinale a alternativa INCORRETA:

(A) Compreendem-se na remuneração do empregado, para todos os efeitos legais, além do salário devido e pago diretamente pelo empregador, como contraprestação do serviço, as gorjetas que receber.

(B) Salário é a retribuição devida e paga pelo empregador ao empregado não somente em função de serviços efetivamente prestados.

(C) Segundo a jurisprudência sumulada do TST, as gorjetas, cobradas pelo empregador na nota de serviço ou oferecidas espontaneamente pelos clientes, integram a remuneração do empregado, não servindo de base de cálculo para as parcelas de aviso-prévio, adicional noturno, horas extras e repouso semanal remunerado.

(D) De acordo com a CLT, integram o salário, não só a importância fixa estipulada, como também as comissões, percentagens, gratificações ajustadas, diárias para viagens excedentes de 50% do valor do salário percebido pelo empregado e abonos pagos pelo empregador.

(E) O pagamento do salário, qualquer que seja a modalidade do trabalho, não deve ser estipulado por período superior a um mês, salvo o que concerne a comissões, percentagens e gratificações.

A alternativa incorreta, que deve ser assinlaada, é a "B", pois o salário é a retribuição devida em decorrência do tempo que o empregado coloca à disposição do empregador, além de haver hipóteses de pagamento de salário à míngua de prestação de serviços (ex.: interrupção salarial).

Gabarito "B"

(Magistratura do Trabalho – 24ª Região – 2006) Não são consideradas como salário as seguintes utilidades concedidas ao empregado pelo empregador, EXCETO:

(A) Habitação fornecida habitualmente por força do contrato ou do costume.

(B) Educação em estabelecimento de ensino próprio ou de terceiros, compreendendo os valores relativos à matrícula, mensalidade, anuidade, livros e material didático.

(C) Assistência médica, hospitalar ou odontológica, prestada diretamente ou mediante seguro-saúde.

(D) Previdência privada.

(E) Seguros de Vida e Acidentes Pessoais.

A alternativa que contém item que é considerado salário é a "A", conforme art. 458, caput, da CLT.

Gabarito "A"

(Procurador do Trabalho – MPT – 17º Concurso – 2012) Considerando a legislação e a jurisprudência uniformizada do Tribunal Superior do Trabalho em relação à remuneração e salário, assinale a alternativa **IN**CORRETA:

(A) Considera-se gorjeta não só a importância espontaneamente dada pelo cliente ao empregado, como também aquela que for cobrada pela empresa ao cliente, como adicional nas contas, a qualquer título, e destinada à distribuição aos empregados.

(B) O vale para refeição, fornecido por força do contrato de trabalho, tem caráter salarial, integrando a remuneração do empregado, para todos os efeitos legais.

(C) O trabalhador readaptado em nova função por motivo de deficiência física ou mental atestada pelo órgão competente da Previdência Social não servirá de paradigma para fins de equiparação salarial.

(D) Integram o salário, pelo seu valor total e sem efeitos indenizatórios, as diárias de viagem que excedam a 50% (cinquenta por cento) do salário do empregado, enquanto perdurarem as viagens.

(E) Não respondida.

A: assertiva correta, artigo 457, § 3º, da CLT; **B:** assertiva correta, Súmula 241 do TST; **C:** assertiva correta, artigo 461, § 4º, da CLT; **D:** assertiva incorreta, devendo ser assinalada, integram para efeitos indenizatórios (Súmula 101 do TST).

Gabarito "D"

(Procurador do Trabalho – MPT – 17º Concurso) Assinale a alternativa CORRETA:

(A) Conforme entendimento uniformizado do Tribunal Superior do Trabalho, as gorjetas integram a remuneração do trabalhador para todos os efeitos legais, pela sua média anual, servindo de base de cálculo para a remuneração do repouso semanal remunerado, das férias acrescidas do terço, do 13º salário, do aviso-prévio e do FGTS.

(B) Tem caráter retributivo o bem ou serviço fornecido em atendimento de dever legal do empregador, como por exemplo, os equipamentos de proteção e os uniformes de uso obrigatório na empresa, que devem ter o valor estimado considerado na remuneração de férias e décimo terceiro salários.

(C) O salário complessivo é vedado pelo ordenamento laboral pátrio, entre outros motivos, porque ao atender englobadamente vários direitos legais ou contratuais do trabalhador, como salário-base, adicional de insalubridades e horas extras, facilita fraudes, dificultando ao trabalhador a verificação da correção do pagamento das diferentes parcelas.

(D) A participação nos lucros e resultados pode ser paga até quatro vezes no mesmo ano civil e considera para sua fixação os índices de produtividade, qualidade ou lucratividade da empresa, assim como os programas de metas, resultados e prazos, pactuados previamente.

(E) Não respondida.

A: incorreta, as gorjetas integram a remuneração mas não servem "de base de cálculo para as parcelas de aviso-prévio, adicional noturno, horas extras e repouso semanal remunerado" (Súmula 354 do TST); **B:** incorreta, não têm caráter retributivo, portanto, não devem ter o valor estimado considerado na remuneração de férias e décimo terceiro salário (artigo 458, § 2º, da CLT); **C:** correta. Súmula 91 do TST; **D:** incorreta, "é vedado o pagamento de qualquer antecipação ou distribuição de valores a título de participação nos lucros ou resultados da empresa em mais de 2 (duas) vezes no mesmo ano civil e em periodicidade inferior a 1 (um) trimestre civil" (artigo 3º, § 2º, da Lei 10.101/2000).

Gabarito "C"

(Procurador do Trabalho – MPT – 17º Concurso – 2012) Quanto à equiparação salarial entre o empregado e o seu respectivo paradigma, a jurisprudência dominante do Tribunal Superior do Trabalho é no sentido de que:

(A) Para efeito de equiparação de salários em caso de trabalho igual, conta-se o tempo de serviço no respectivo emprego, independentemente da função exercida pelo equiparando.

(B) O conceito de "mesma localidade" de que trata o art. 461 da CLT refere-se sempre ao mesmo município, não sendo possível ao equiparando apontar um paradigma que trabalhe para a mesma empresa em municípios distintos, ainda que pertencentes à mesma região metropolitana.

(C) A cessão de empregados exclui a equiparação salarial, ainda que a empresa cedente responda pelos salários do paradigma e do reclamante.

(D) A equiparação salarial só é possível se o empregado e o paradigma exercerem a mesma função, desempenhando as mesmas tarefas, não importando se os cargos têm, ou não, a mesma denominação.

(E) Não respondida.

A: incorreta, conta-se o tempo de serviço na função (Súmula 6, II, do TST); **B:** incorreta, se pertencentes a mesma região metropolitana, é considerado mesma localidade (Súmula 6, X, do TST); **C:** incorreta, a cessão não exclui a equiparação (Súmula 6, V, do TST); **D:** correta, Súmula 6, III, do TST.

Gabarito "D"

(Procurador do Trabalho – MPT – 11º Concurso – 2004) No que tange à remuneração do empregado, é CORRETO afirmar:

(A) a ajuda de custo, paga de uma vez, para cobrir os gastos pela mudança de residência do empregado transferido, não integra o salário do empregado, desde que não ultrapasse 50% de seu salário;

(B) o fornecimento de transporte pelo empregador ao empregado, que não se caracterize como tempo (*in itinere*) à disposição do empregador, será considerado como salário utilidade;

(C) por falta de estipulação do salário, ou não havendo prova sobre a importância ajustada, o empregado não terá direito a perceber salário igual ao daquele que, na mesma empresa, fizer serviço equivalente ao seu;

(D) o salário mínimo, fixado em lei, nacionalmente unificado, deve ser capaz de atender às necessidades vitais básicas do empregado e às de sua família com moradia, alimentação, educação, saúde, lazer, vestuário, higiene, transporte e previdência social, com reajustes periódicos que lhe preservem o poder aquisitivo;

(E) não respondida.

A: incorreta, a ajuda de custo não possui esta limitação percentual sobre o salário, típica das diárias, sendo necessário, todavia, que de fato se prestem a indenizar o empregado por gastos efetivamente realizados em razão do serviço (art. 457, § 2º, da CLT); **B:** incorreta, art. 458, § 2º, III, da CLT (é indiferente a circunstância do trajeto caracterizar hora in itinere ou não); **C:** incorreta, art. 460 da CLT (trata-se do instituto da "equivalência salarial", que não se confunde com o instituto da "equiparação salarial", previsto pelo art. 461 da CLT); **D:** correta, art. 7º, IV, da CF.

Gabarito "D"

(Procurador do Trabalho – MPT – 12º Concurso – 2005) Assinale a alternativa CORRETA:

I. não será considerada como salário a educação em estabelecimento de ensino próprio ou de terceiros, compreendendo os valores relativos à matrícula, mensalidade, anuidade, livros e material didático;

II. de acordo com o entendimento uniforme do Tribunal Superior do Trabalho, o uso pelo empregado, em atividades particulares, de automóvel que lhe é fornecido para o trabalho da empresa não caracteriza salário utilidade;

III. a cessão, pelo empregador, de moradia e de bens destinados à produção para sua subsistência e de sua família, não integram o salário do trabalhador rural, desde que caracterizados como tais, em contrato escrito com testemunhas e notificação ao respectivo sindicato de trabalhadores rurais;

IV. constituem requisitos para que a utilidade concedida pelo empregador configure salário: a habitualidade, o fundamento contratual, a comutatividade e o atendimento de necessidades vitais do empregado. Contudo, tais requisitos sucumbem em relação às chamadas normas legais proibitivas que obstam a natureza salarial de determinadas parcelas *in natura*.

(A) apenas as assertivas II e III estão corretas;
(B) apenas as assertivas I e II e IV estão corretas;
(C) apenas as assertivas I e IV estão corretas;
(D) todas estão corretas;
(E) não respondida.

I: correta, art. 458, § 2º, II, da CLT; **II:** correta, Súmula 367 do TST; **III:** correta, art. 9º, § 5º, da Lei 5.889/1973; **IV:** correta, por definição.

Gabarito "D"

(Procurador do Trabalho – MPT – 13º Concurso – 2006) Considerando a jurisprudência uniforme do Tribunal Superior do Trabalho, assinale a alternativa INCORRETA:

(A) o adicional de insalubridade será calculado sobre o salário profissional devido ao empregado e previsto em sentença normativa;
(B) a contribuição para o Fundo de Garantia do Tempo de Serviço – FGTS – incide sobre as horas extras eventuais;
(C) cessadas as viagens, as diárias para viagem que excedam a 50% do salário do empregado não integram o seu salário;
(D) o adicional de periculosidade integra o valor das horas de sobreaviso;
(E) não respondida.

Assim dispõe a Súmula 132, II, do TST: "Durante as horas de sobreaviso, o empregado não se encontra em condições de risco, razão pela qual é incabível a integração do adicional de periculosidade sobre as mencionadas horas".

Gabarito "D"

(Procurador do Trabalho – MPT – 13º Concurso – 2006) A propósito da jurisprudência uniforme do Tribunal Superior do Trabalho:

I. o empregado tarefeiro tem suas férias calculadas com base na média da produção do período concessivo, aplicando-se-lhe a tarifa da data da concessão;

II. vago em definitivo o cargo, o empregado que passa a ocupá-lo tem direito a salário igual ao do antecessor;

III. em caso de cessação das atividades da empresa com a extinção dos vínculos empregatícios, os salários são devidos até a data resultante da incorporação do aviso-prévio, que deverá ser indenizado;

IV. o adicional de periculosidade dos eletricitários incide apenas sobre o salário básico.

Analisando as asserções acima, pode-se afirmar que:

(A) apenas as de número II e III estão incorretas;
(B) apenas a de número I está incorreta;
(C) apenas a de número IV está incorreta;
(D) nenhuma está correta;
(E) não respondida.

I: incorreta, as férias são calculadas com base na média da produção do período aquisitivo (Súmula 149 do TST); **II:** incorreta, não tem direito a salário igual ao do antecessor (Súmula 159, II, do TST); **III:** incorreta, "os salários só são devidos até a data da extinção" (Súmula 173 do TST; **IV:** incorreta, "em relação aos eletricitários, o cálculo do adicional de periculosidade deverá ser efetuado sobre a totalidade das parcelas de natureza salarial" (Súmula 191 do TST).

Gabarito "D"

(Procurador do Trabalho – MPT – 15º Concurso – 2008) Analise as proposições abaixo:

I. a remuneração consiste no somatório da contraprestação paga diretamente pelo empregador, seja em pecúnia, seja em utilidades, com a quantia recebida pelo obreiro de terceiros, a título de gorjeta;

II. uma das características do salário é a possibilidade de sua natureza composta, ou seja, a possibilidade de parte da contraprestação ser paga em dinheiro e parte *in natura;*

III. para configuração da equiparação salarial é necessário o preenchimento dos seguintes requisitos: identidade de funções, trabalho de igual valor, mesmo empregador, mesma localidade, simultaneidade na prestação de serviços, desde que existente quadro de carreira organizado;

IV. a jurisprudência consolidada do TST admite o desconto do salário do empregado desde que haja prévia autorização, sem requisito formal, e seja fruto do livre consentimento do obreiro.

Assinale a alternativa CORRETA:

(A) todas as assertivas são incorretas;
(B) apenas as assertivas III e IV são incorretas;
(C) apenas as assertivas II e IV são corretas;
(D) apenas a assertiva I é correta;
(E) não respondida.

I: correta, por definição (CLT, art. 457); **II:** correta, por definição; **III:** incorreta, se o empregador tiver pessoal organizado em quadro de carreira, "as promoções deverão obedecer aos critérios de antiguidade e merecimento" (art. 461, § 2º, da CLT); **IV:** incorreta, requer forma escrita (Súmula 342 do TST).

Gabarito "B"

10. DURAÇÃO DO TRABALHO

10.1. JORNADA DE TRABALHO

(Magistratura do Trabalho – 1ª Região – 2004) Analisando as proposições abaixo:

I. tratando-se de empregado ferroviário, o tempo de prontidão é menos restritivo à disponibilidade pessoal do empregado do que o tempo de sobreaviso;

II. a jornada de trabalho do empregado de banco gerente de agência é regida pelo art. 224, § 2º, da CLT. Quanto ao gerente-geral de agência bancária, presume-se o exercício de encargo de gestão, aplicando-se-lhe o art. 62 da CLT;

III. no tocante ao empregado que exerce atividade externa, incompatível com a fixação de horário de trabalho, é prescindível a anotação de tal condição na CTPS do empregado desde que esta conste, expressamente, do contrato de trabalho e do registro de empregados;

IV. a jornada de trabalho do empregado doméstico não é legalmente tipificada, sendo-lhe indevido o pagamento de horas extraordinárias, esteja ou não submetido a controle de horário;

V. a existência na empresa de paralisação total ou parcial, fixa ou móvel, em um dia de semana, não prejudica a tipificação dos turnos ininterruptos de revezamento.

Assinale:

(A) se apenas I e II estão corretas;
(B) se todas as alternativas estão corretas;
(C) se apenas II, IV e V estão corretas;
(D) se apenas IV e V estão corretas;
(E) se apenas I, III e V estão corretas.

I: incorreta, pois na prontidão a disponibilidade pessoal fica mais restrita que no sobreaviso, daí a contagem de horas da primeira à razão de 2/3 e da segunda à razão de 1/3 (arts. 244, §§ 2º e 3º, da CLT); **II:** correta, Súmula 287 do TST; **III:** incorreta, é necessária a anotação na carteira (art. 62, I, da CLT); **IV:** correta, por definição (v. CF, art. 7º, parágrafo único); **V:** correta, Súmula 360 do TST.

Gabarito "C"

(Magistratura do Trabalho – 2ª Região – 2012) Em relação às jornadas especiais de trabalho previstas na Consolidação das Leis do Trabalho, assinale a alternativa **correta:**

(A) A direção de cada banco organizará a escala de serviço do estabelecimento de maneira a haver empregados do quadro da portaria em função, meia hora antes e até meia hora após o encerramento dos trabalhos, respeitado o limite de 6 (seis) horas diárias.
(B) Em cada período de 3 (três) horas consecutivas de trabalho para os empregados em minas no subsolo, será obrigatória uma pausa de 30 (trinta) minutos para repouso, a qual será computada na duração normal de trabalho efetivo.
(C) Para os empregados que trabalham no interior das câmaras frigoríficas e para os que movimentam mercadorias do ambiente quente ou normal para o frio e vice-versa, depois de 1 (uma) hora e 40 (quarenta) minutos de trabalho contínuo, será assegurado um período de 20 (vinte) minutos de repouso, não se computado esse intervalo como de trabalho efetivo.
(D) Num mesmo estabelecimento de ensino não poderá o professor dar, por dia, mais de 6 (seis) aulas consecutivas ou intercaladas.
(E) A duração normal do trabalho dos empregados jornalistas profissionais não deverá exceder de 7 (sete) horas de dia e 5 (cinco) horas à noite.

A: correta, art. 226, parágrafo único, da CLT; **B:** incorreta, a pausa é de 15 minutos (artigo 298 da CLT); **C:** incorreta, esse intervalo é computado como trabalho efetivo (art. 253 da CLT); **D:** incorreta, não pode dar mais de 4 aulas consecutivas ou 6 aulas intercaladas (art. 318 da CLT); **E:** incorreta, não pode exceder 5 horas, tanto de dia, quanto de noite (artigo 303 da CLT).

Gabarito "A"

(Magistratura do Trabalho – 2ª Região – 2011) A respeito da compensação de jornada, consoante entendimento sumulado, é correto afirmar:

(A) O "banco de horas" pode ser instituído por negociação coletiva ou por acordo individual.
(B) A compensação de jornada de trabalho deve ser ajustada por acordo individual, escrito ou tácito, acordo coletivo ou convenção coletiva.
(C) O mero não atendimento das exigências legais para a compensação de jornada não implica a repetição do pagamento das horas excedentes à jornada normal diária, mesmo que dilatada a jornada máxima semanal, sendo devido apenas o respectivo adicional.
(D) o acordo individual, escrito, para compensação de horas é válido, mesmo se houver norma coletiva em sentido contrário.
(E) Nenhuma das anteriores está correta.

A: incorreta, não pode ser instituído por acordo individual (Súmula 85, V, do TST); **B:** incorreta, a compensação de jornada não pode ser ajustada por acordo tácito (Súmula 85, I, do TST); **C:** incorreta, não implica repetição se não dilatada a jornada máxima semanal (Súmula 85, III, do TST); **D:** incorreta, só será válido se não houver norma coletiva em sentido contrário (Súmula 85, II, do TST).

Gabarito "E"

(Magistratura do Trabalho – 2ª Região – 2011) Analise as seguintes proposições:

I. Considera-se à disposição do empregador, na forma do art. 4º consolidado, o tempo necessário ao deslocamento do trabalhador entre a portaria da empresa e o local de trabalho, desde que gaste para tanto dez minutos ou mais.

II. Ocorrendo necessidade imperiosa, poderá a duração do trabalho exceder do limite legal ou convencionado, seja para fazer face a motivo de força maior, seja para atender à realização ou conclusão de serviços inadiáveis, casos em que a remuneração da hora excedente não será inferior à da hora normal, desde que respeitado o limite máximo de duas horas prorrogadas por dia, por período não superior a 60 (sessenta) dias.

III. O empregado contratado sob o regime de tempo parcial, após cada período de doze meses de vigência do contrato de trabalho, terá direito às férias na mesma proporção dos demais empregados, ainda que com mais de 7 (sete) faltas injustificadas.

IV. Todo o empregado, independentemente de contratado em regime de tempo parcial ou não, pode converter 1/3 (um terço) do período de férias a que tiver direito em abono pecuniário, desde que o requeira até quinze dias antes do término do período aquisitivo.

Responda:

(A) Todas as assertivas estão corretas.
(B) Todas as assertivas estão erradas.
(C) Somente as assertivas I e III estão corretas.
(D) Somente as assertivas III e IV estão corretas.
(E) Somente as assertivas II e IV estão corretas.

I: incorreta, considera-se a disposição do empregador desde que não supere dez minutos (Súmula 429 do TST); **II:** incorreta, o período máximo é de 45 dias (art. 61, § 3º, da CLT); **III:** incorreta, "o empregado contratado sob o regime de tempo parcial que tiver mais de sete faltas injustificadas ao longo do período aquisitivo terá o seu período de férias reduzido à metade" (art. 130-A da CLT); **IV:** incorreta, o contrato empregado em regime de tempo parcial não tem direito à conversão (art. 143, § 3º, da CLT).

Gabarito "B"

(Magistratura do Trabalho – 2ª Região – 2010) De acordo com disposição legal e atual jurisprudência sumulada do Tribunal Superior do Trabalho, em relação às horas em trajeto, também denominadas como horas in itinere, está correto afirmar que:

(A) Elas serão sempre devidas quando o local de trabalho for de difícil acesso.
(B) Elas serão devidas, bastando que o transporte público não seja suficiente.
(C) Se houver transporte público regular em parte do trajeto percorrido em condução da empresa, serão remuneradas apenas as horas despendidas no trecho não servido pelo mencionado transporte.
(D) Não serão devidas quando o transporte, embora fornecido pelo empregador, seja pago, ainda que parcialmente pelo empregado.
(E) A incompatibilidade entre os horários de início e término da jornada do empregado e os do transporte público regular não se constitui em circunstância que gera o direito às horas in itinere.

A alternativa "C" está conforme o que preceitua a Súmula 90 do TST.

Gabarito "C"

(Magistratura do Trabalho – 3ª Região – 2013) Sobre o direito do trabalho, leia as afirmações abaixo e, em seguida, assinale a alternativa correta, segundo a jurisprudência do TST:

I. Para os empregados a que alude o art. 58, *caput*, da CLT, quando sujeitos a 40 (quarenta) horas semanais de trabalho, aplica-se o divisor 200 (duzentos) para o cálculo do valor do salário-hora.

II. É válida, em caráter excepcional, a jornada de 12 (doze) horas de trabalho por 36 (trinta e seis) de descanso, prevista em lei ou ajustada preferencialmente mediante acordo coletivo de trabalho ou convenção coletiva de trabalho, assegurada a remuneração em dobro dos feriados trabalhados. O empregado não tem direito ao pagamento de adicional referente ao labor prestado na décima primeira e décima segunda horas.

III. O empregado submetido a trabalho contínuo em ambiente artificialmente frio, nos termos do parágrafo único do art. 253 da CLT, ainda que não labore em câmara frigorífica, tem direito ao intervalo previsto no *caput* do art. 253 da CLT.

IV. O uso de instrumentos telemáticos ou informatizados fornecidos pela empresa ao empregado, por si só, não caracteriza o regime de sobreaviso.

(A) Todas as afirmações estão corretas.
(B) Somente estão corretas as afirmações I e IV.
(C) Somente estão corretas as afirmações II, III e IV.
(D) Somente estão corretas as afirmações III e IV.
(E) Somente estão corretas as afirmações I, III e IV.

I: correta, Súmula 431 do TST; **II:** incorreta, Súmula 444 do TST; **III:** correta, Súmula 438 do TST; **IV:** correta, Súmula 428, I, do TST.

Gabarito "E"

(Magistratura do Trabalho – 3ª Região – 2013) Sobre o direito do trabalho, leia as afirmações abaixo e, em seguida, assinale a alternativa correta, segundo a jurisprudência do TST:

I. O jornalista que exerce funções típicas de sua profissão, independentemente do ramo de atividade do empregador, tem direito à jornada reduzida prevista no artigo 303 da CLT.

II. O advogado empregado contratado para jornada de 40 (quarenta) horas semanais, antes da edição da Lei 8.906, de 04.07.1994, está sujeito ao regime de dedicação exclusiva disposto no art. 20 da referida lei, pelo que tem direito à jornada de 20 (vinte) horas semanais ou 4 (quatro) diárias.

III. O empregado submetido à jornada de 12 horas de trabalho por 36 de descanso, que compreenda a totalidade do período noturno, não tem direito ao adicional noturno, relativo às horas trabalhadas após as 5 horas da manhã.

IV. O trabalho em regime de turnos ininterruptos de revezamento retira o direito à hora noturna reduzida.

(A) Todas as afirmativas estão corretas.
(B) Todas as afirmativas estão incorretas.
(C) Somente as afirmativas II, III e IV estão corretas.
(D) Somente as afirmativas III e IV estão corretas.
(E) Somente a afirmativa I está correta.

I: correta, OJ 407 da SDI-I do TST; **II:** incorreta, OJ 403 da SDI-I do TST; **III:** incorreta, OJ 388 da SDI-I do TST; **IV:** incorreta, OJ 395 da SDI-I do TST.

Gabarito "E"

(Magistratura do Trabalho – 3ª Região – 2013) Sobre o direito do trabalho, leia as afirmações abaixo e, em seguida, assinale a alternativa correta:

I. Os meios telemáticos e informatizados de comando, controle e supervisão se equiparam, para fins de subordinação jurídica, aos meios pessoais e diretos de comando, controle e supervisão do trabalho alheio.

II. Considera-se trabalho em regime de tempo parcial aquele cuja duração não exceda a 20 (vinte) horas semanais.

III. Os empregados sob regime de tempo parcial poderão prestar até duas horas extras diárias.

IV. A duração normal do trabalho dos operadores cinematográficos e seus ajudantes não excederá de 5 (cinco) horas diárias.

(A) Todas as afirmativas estão incorretas.
(B) Somente as afirmativas I, II e III estão corretas.
(C) Somente as afirmativas II, III e IV estão corretas.
(D) Somente a afirmativa I está correta.
(E) Somente a afirmativa IV está correta.

I: correta, art. 6º, parágrafo único, da CLT; **II:** incorreta, art. 58-A da CLT; **III:** incorreta, art. 59, § 4º, da CLT; **IV:** incorreta, art. 234 da CLT.

Gabarito "D"

(Magistratura do Trabalho – 3ª Região – 2013) Com base na jurisprudência dominante do Tribunal Superior do Trabalho, assinale a alternativa incorreta:

(A) Aos ferroviários que trabalham em estação do interior, assim classificada por autoridade competente, são devidas horas extras.
(B) É valida, em caráter excepcional, a jornada de doze horas de trabalho por trinta e seis de descanso, prevista em lei ou ajustada exclusivamente mediante acordo coletivo de trabalho ou convenção coletiva de trabalho, assegurada a remuneração em dobro dos feriados trabalhados. O empregado não tem direito ao pagamento de adicional referente ao labor prestado na décima primeira e décima segunda horas.
(C) No regime de revezamento, as horas trabalhadas em seguida ao repouso semanal de 24 horas, com prejuízo do intervalo mínimo de 11 horas consecutivas para descanso entre jornadas, devem ser remuneradas como extraordinárias, inclusive com o respectivo adicional.
(D) A supressão total ou parcial, pelo empregador, de serviço suplementar prestado com habitualidade, durante pelo menos 1 (um) ano, assegura ao empregado o direito à indenização correspondente ao valor de 1 (um) mês das horas suprimidas, total ou parcialmente, para cada ano ou fração igual ou superior a seis meses de prestação de serviço acima da jornada normal. O cálculo observará a média das horas suplementares nos últimos 12 (doze) meses anteriores à mudança, multiplicada pelo valor da hora extra do dia da supressão.
(E) Os empregados de empresas distribuidoras e corretoras de títulos e valores mobiliários não têm direito à jornada especial dos bancários.

A: assertiva incorreta, devendo ser assinalada, Súmula 61 do TST; **B:** assertiva correta, Súmula 444 do TST; **C:** assertiva correta, Súmula 110 do TST; **D:** assertiva correta, Súmula 291 do TST; **E:** assertiva correta, Súmula 119 do TST.

Gabarito "A"

(Magistratura do Trabalho – 3ª Região – 2013) Relativamente ao contrato de trabalho em regime de tempo parcial, é incorreto afirmar:

(A) O contrato de trabalho com duração semanal de 30 horas, ainda que abaixo do padrão vigorante no Brasil de 44 horas semanais, não se submete ao regime do contrato de tempo parcial.
(B) O período de férias anuais remuneradas será menor que o padrão estabelecido para os demais trabalhadores.
(C) O salário a ser pago aos empregados sob o regime de tempo parcial será proporcional à sua jornada, em relação aos empregados que cumprem, nas mesmas funções, tempo integral.
(D) Os empregados sob o regime de tempo parcial não poderão prestar serviços no horário noturno.
(E) Os empregados sob o regime de tempo parcial não poderão prestar horas extras.

A: assertiva correta, art. 59 da CLT; **B:** assertiva correta, art. 130-A da CLT; **C:** assertiva correta, art. 58-A, § 1º, da CLT; **D:** assertiva incorreta, devendo ser assinalada, inexiste tal restrição legal; **E:** assertiva correta, art. 59, § 4º, da CLT.

Gabarito "D"

(Magistratura do Trabalho – 3ª Região – 2013) Considerando as jornadas especiais de trabalho, assinale a alternativa incorreta:

(A) A duração normal do trabalho dos músicos não poderá exceder de 5 (cinco) horas.
(B) Nas empresas que explorem o serviço de telefonia, telegrafia submarina ou subfluvial, de radiotelegrafia ou de radiotelefonia, fica estabelecida para os respectivos operadores a duração máxima de seis horas contínuas de trabalho por dia ou 36 (trinta e seis) horas semanais.
(C) Num mesmo estabelecimento de ensino não poderá o professor dar, por dia, mais de 4 (quatro) aulas consecutivas, nem mais de 6 (seis), intercaladas.
(D) A duração normal do trabalho efetivo para os empregados em minas no subsolo não excederá de 6 (seis) horas diárias ou de 36 (trinta e seis) semanais.
(E) A duração normal do trabalho dos jornalistas profissionais não deverá exceder de 5 (cinco) horas, tanto de dia como à noite.

A: assertiva incorreta, devendo ser assinalada, art. 232 da CLT; **B:** assertiva correta, art. 227 da CLT; **C:** assertiva correta, art. 318 da CLT; **D:** assertiva correta, art. 293 da CLT; **E:** assertiva correta, art. 303 da CLT.

Gabarito "A"

(Magistratura do Trabalho – 3ª Região – 2013) Com base no direito legislado e no direito sumulado pelo TST, assinale a alternativa incorreta.

(A) O empregado submetido a trabalho contínuo em ambiente artificialmente frio, nos termos do parágrafo único do art. 253 da CLT, desde que labore em câmara frigorífica, tem direito ao intervalo intrajornada previsto no *caput* do art. 253 da CLT.
(B) Ultrapassada habitualmente a jornada de seis horas de trabalho, é devido o gozo do intervalo

intrajornada mínimo de uma hora, obrigando o empregador a remunerar o período para descanso e alimentação não usufruído como extra, acrescido do respectivo adicional, na forma prevista no art. 71, *caput* e § 4º da CLT.

(C) No regime de revezamento, as horas trabalhadas em seguida ao repouso semanal de 24 horas, com prejuízo do intervalo mínimo de 11 horas consecutivas para descanso entre jornadas, devem ser remuneradas como extraordinárias, inclusive com o respectivo adicional.

(D) Os intervalos concedidos pelo empregador na jornada de trabalho, não previstos em lei, representam tempo à disposição da empresa, remunerados como serviço extraordinário, se acrescidos ao final da jornada.

(E) Os intervalos para repouso e alimentação poderão ser fracionados quando compreendidos entre o término da primeira hora trabalhada e o início da última hora trabalhada, desde que previsto em convenção ou acordo coletivo de trabalho, ante a natureza do serviço e em virtude das condições especiais do trabalho a que são submetidos estritamente os motoristas, cobradores, fiscalização de campo e afins nos serviços de operação de veículos rodoviários, empregados no setor de transporte coletivo de passageiros, mantida a mesma remuneração e concedidos intervalos para descanso menores e fracionados ao final de cada viagem, não descontados da jornada.

A: assertiva incorreta, devendo ser assinalada, Súmula 438 do TST; **B:** assertiva correta, Súmula 437, IV, do TST; **C:** assertiva correta, Súmula 110 do TST; **D:** assertiva correta, Súmula 118 do TST; **E:** assertiva correta, Súmula 437, II, do TST (v. OJ 342, II, da SDI-I do TST, cancelada).

Gabarito "A"

(Magistratura do Trabalho – 3ª Região – 2009) Assinale a assertiva ("a" a "e") correta em relação aos enunciados de I a V, observada a consolidação jurisprudencial do c. TST:

I. Conforme sumulado pelo c. TST, a validade de acordo ou convenção coletiva de trabalho de compensação de jornada de trabalho em atividade insalubre prescinde da prévia autorização da autoridade competente em matéria de higiene do trabalho.

II. A jornada de trabalho do empregado de banco gerente de agência é regida pelo art. 224, § 2º, da CLT. No que diz respeito ao gerente-geral da agência, salvo prova em contrário, pelo exercício de encargo de gestão, aplicar-se-á o art. 62 da CLT, nos termos consolidados em súmula do c. TST.

III. O fato de o empregador não cobrar pelo transporte fornecido para local de difícil acesso ou não servido por transporte regular, afasta o direito à percepção das horas *in itinere,* na esteira de súmula do c. TST.

IV. A prestação de horas extras habituais descaracteriza o acordo de compensação de jornada. Neste caso, as horas que ultrapassarem a duração semanal normal deverão ser pagas como horas extraordinárias, nos termos sumulados pelo c. TST.

V. A insuficiência de transporte público, como assentado pelo c. TST, não enseja o pagamento de horas *in itinere*.

(A) Somente um enunciado é verdadeiro.
(B) Somente dois enunciados são verdadeiros.
(C) Somente três enunciados são verdadeiros.
(D) Somente quatro enunciados são verdadeiros.
(E) Todos os enunciados são verdadeiros.

I: verdadeiro, Súmula 349 do TST, cancelada pelo TST em 24.05.2011; **II:** verdadeiro, Súmula 287 do TST; **III:** falso, não afasta o direito à percepção das horas in itinere (Súmula 320 do TST); **IV:** verdadeiro, Súmula 85, IV, do TST; **V:** verdadeiro, Súmula 90, III, do TST.

Gabarito "D"

(Magistratura do Trabalho – 3ª Região – 2009) Assinale a assertiva ("a" a "e") correta em relação aos enunciados de I a V, observadas a legislação pertinente e a consolidação jurisprudencial do c. TST:

I. O caixa bancário executivo, ao perceber gratificação igual ou superior a um terço, é considerado como exercente de cargo de confiança, não fazendo jus a receber como extraordinárias as horas prestadas após a 6ª diária, até o limite de 8 (oito), conforme sumulado pelo c. TST.

II. Os gerentes, assim considerados os exercentes de cargos de gestão, aos quais se equiparam os diretores e chefes de departamento, não estão sujeitos a limite máximo de jornada de trabalho, desde que percebam, como salário do cargo de confiança, valor não inferior ao salário do cargo efetivo acrescido de, pelo menos, 40% (quarenta por cento).

III. A carga horária semanal do bancário, que não se enquadre na exceção do § 2º do art. 224 da CLT, é de 30 (trinta) horas, sendo o quociente de divisão mensal de 180.

IV. A carga horária semanal do jornalista profissional, por força do art. 303 da CLT, é da ordem de 30 (trinta) horas, sendo o quociente de divisão mensal de 150.

V. Em um mesmo estabelecimento de ensino, o professor não poderá dar, por dia, mais de quatro aulas consecutivas, nem mais de seis intercaladas, sendo-lhe ainda vedado a regência de aulas e trabalho em exames ao domingos.

(A) Somente um enunciado é verdadeiro.
(B) Somente dois enunciados são verdadeiros.
(C) Somente três enunciados são verdadeiros.
(D) Somente quatro enunciados são verdadeiros.
(E) Todos os enunciados são verdadeiros.

I: falso, "não exerce cargo de confiança. Se perceber gratificação igual ou superior a um terço do salário do posto efetivo, essa remunera apenas a maior responsabilidade do cargo e não as duas horas extraordinárias além da sexta" (Súmula 102, VI, do TST); **II:** verdadeiro, art. 62 da CLT; **III:** verdadeiro, Súmula 124 do TST; **IV:** verdadeiro, pois embora a jornada semanal seja de 30 horas (como a dos bancários), a jornada diária é de 5 horas, a implicar no divisor 150; **V:** verdadeiro, art. 318 da CLT.

Gabarito "D"

(Magistratura do Trabalho – 3ª Região – 2008) Um empregado, sujeito à duração do trabalho normal prevista no inciso XIII do art. 7º da Constituição Federal, trabalha para seu empregador 9 horas diurnas por jornada de 2ª feira a sábado por todas as semanas do seu contrato de trabalho. Na admissão, celebrou acordo individual escrito de compensação de jornada de trabalho. Na Convenção Coletiva de Trabalho de sua categoria profissional, não existe previsão de acordo de compensação de jornadas e não existe previsão de banco de horas. Nesta situação, é correto afirmar que este empregado tem direito:

(A) somente a horas extras laboradas além da jornada semanal normal.
(B) a horas extras laboradas além da jornada diária normal e a horas extras laboradas além da jornada semanal normal.
(C) a horas extras laboradas além da jornada semanal normal e ao adicional por trabalho extraordinário quanto às horas destinadas à compensação.
(D) a horas extras laboradas além da jornada diária normal e ao adicional por trabalho extraordinário quanto às horas destinadas à compensação.
(E) a horas extras laboradas além da jornada diária normal, a horas extras laboradas além da jornada semanal normal e ao adicional por trabalho extraordinário quanto às horas destinadas à compensação.

A alternativa "C" está de acordo com a Súmula 85, IV, do TST.
Gabarito "C"

(Magistratura do Trabalho – 4ª Região – 2012) Segundo a lei e a jurisprudência dominante do Tribunal Superior do Trabalho, quanto às horas *in itinere*, é correto afirmar:

(A) O tempo despendido pelo empregado, em condução fornecida pelo empregador, até o local de trabalho de difícil acesso, ou não servido por transporte público regular, e para o seu retorno não é computável na jornada de trabalho.
(B) As microempresas e empresas de pequeno ou médio porte poderão fixar, por meio de acordo ou convenção coletiva, em caso de transporte fornecido pelo empregador, em local de difícil acesso ou não servido por transporte público, o tempo médio despendido pelo empregado, bem como a forma e a natureza da remuneração.
(C) Se as horas *in itinere* extrapolarem a jornada legal, o período gasto será considerado extraordinário e sobre ele deverá incidir o adicional respectivo.
(D) Se o empregador cobrar, na sua totalidade ou não, a importância gasta com o transporte fornecido ao empregado para local de difícil acesso ou não servido por transporte regular, este não terá o direito à percepção das horas *in itinere*.
(E) A insuficiência de transporte público em parte do trajeto percorrido pelo empregado para chegar até a empresa garante o pagamento das horas *in itinere*.

A: incorreta, "tratando-se de local de difícil acesso ou não servido por transporte público, o empregador fornecer a condução, o tempo será computado na jornada de trabalho" (art. 58, § 2º, da CLT e Súmula 90, I, do TST); **B:** incorreta, poderão ser fixados para as microempresas e empresas de pequeno porte (não estão incluídas as de médio porte), art. 58, § 3º, da CLT; **C:** correta. Súmula 90, V, do TST; **D:** incorreta, terá direito à percepção das horas in itinere (Súmula 320 do TST); **E:** incorreta, a mera insuficiência não garante o pagamento de horas in itinere (Súmula 90, III e IV, do TST).
Gabarito "C"

(Magistratura do Trabalho – 7ª Região – 2005) Analise as proposições abaixo e assinale a opção correta.

I. Os trabalhadores no setor ferroviário podem ser submetidos aos regimes de sobreaviso e de prontidão. A especial diferença entre tais regimes situa-se no grau de disponibilidade pessoal conferida ao trabalhador, sendo mais atenuada no regime de sobreaviso, quando o empregado poderá aguardar o chamado da empresa em sua residência. Disso resulta que no regime de prontidão a escala não poderá ser superior a 12 horas e essas serão contadas à razão de 2/3 do salário, ao passo que a escala de sobreaviso não poderá ser superior a 24 horas, que serão contadas à razão de 1/3 do salário.
II. O tempo despendido pelo empregado até o local de trabalho e para o seu retorno, por qualquer meio de transporte, não será computado na jornada de trabalho, salvo quando, tratando-se de local de difícil acesso ou não servido por transporte público, o empregador fornecer a condução. Havendo, porém, transporte público regular em parte do trajeto percorrido em condução da empresa, não serão devidas horas *in itinere* pelo deslocamento da residência ao trabalho e vice-versa, nos termos do entendimento jurisprudencial pacificado no Tribunal Superior do Trabalho.
III. A mera insuficiência de transporte público não enseja o pagamento de horas *in itinere*. Havendo, porém, incompatibilidade entre os horários de início e término da jornada do empregado e os do transporte público regular, serão devidas as horas *in itinere*, conforme entendimento pacificado no âmbito do Tribunal Superior do Trabalho.
IV. A jurisprudência pacificada do Tribunal Superior do Trabalho considera irrelevante, para consagrar o direito à percepção das horas *in itinere*, o fato de o empregador cobrar, parcialmente ou não, importância pelo transporte fornecido para local de difícil acesso ou não servido por transporte regular.

(A) São verdadeiras as duas primeiras proposições e falsas as duas últimas.
(B) São verdadeiras as proposições I, III e IV, sendo falsa a segunda.
(C) São falsas as duas primeiras proposições e verdadeiras as duas últimas.
(D) São falsas as três primeiras proposições e verdadeira a última.
(E) São falsas as proposições I, II e IV e verdadeira a terceira.

I: correta, art. 244, §§ 2º e 3º, da CLT; **II:** incorreta, contraria o disposto na Súmula 90 do TST; **III:** correta, Súmula 90 do TST; **IV:** correta, Súmula 320 do TST.

Gabarito "B"

(Magistratura do Trabalho – 8ª Região – 2011) A propósito das normas trabalhistas que disciplinam a duração do trabalho, é CORRETO afirmar que:

(A) O limite mínimo de uma hora de intervalo intrajornada, destinado para repouso ou refeição, poderá ser reduzido por ato do Ministério do Trabalho, quando, ouvida a Secretaria de Segurança e Medicina do Trabalho – SSMT, se verificar que o estabelecimento atende integralmente às exigências concorrentes à organização dos refeitórios, sendo que, para os empregados sob regime de trabalho em horas suplementares, a autorização haverá de impor a observância do intervalo mínimo de duas horas.

(B) O empregado bancário, exercente de função comissionada, desde que, por tal função, receba gratificação correspondente a dois terços do salário, não se beneficia da jornada especial de sua categoria profissional.

(C) A incompatibilidade do exercício da atividade externa com a fixação de horário de trabalho, reside, eminentemente, em circunstâncias fáticas que efetivamente impedem o empregador de fiscalizar e controlar a jornada desenvolvida pelo empregado, que, assim, fica excluído das regras que limitam a duração do labor.

(D) O empregado com função gerencial, uma vez detentor de cargo de gestão e de poderes de representação, não submetido a registro de ponto, imune ao controle e fiscalização da jornada de trabalho, reúne os pressupostos necessários a isentar o empregador do pagamento de horas extraordinárias.

(E) O gerente de um estabelecimento comercial, com poderes diretivos, em tal condição, detentor de confiança especial do empregador, desobrigado do registro de ponto, independentemente da percepção de salário diferenciado, está excluído das normas que limitam a jornada de trabalho.

A: incorreta, "o limite mínimo de uma hora para repouso ou refeição poderá ser reduzido por ato do Ministro do Trabalho, Indústria e Comércio, quando ouvido o Serviço de Alimentação de Previdência Social, se verificar que o estabelecimento atende integralmente às exigências concernentes à organização dos refeitórios, e quando os respectivos empregados não estiverem sob regime de trabalho prorrogado a horas suplementares (art. 71, § 3º, da CLT); **B:** incorreta, a jornada especial de trabalho do bancário não se aplica "aos que exercem funções de direção, gerência, fiscalização, chefia e equivalentes, ou que desempenhem outros cargos de confiança, desde que o valor da gratificação não seja inferior a 1/3 (um terço) do salário do cargo efetivo" (art. 224, § 3º, da CLT); **C:** correta, art. 62, I, da CLT. Saliente-se, porém, que procuradores do trabalho e auditores-fiscais do trabalho vêm intensificando medidas tendentes à racionalização da jornada de motoristas viajantes, sendo certo que a autorização do art. 62, I, da CLT não é fundamento válido para jornadas desumanas em que motoristas de caminhões dirigem à custa de rebites e estimulantes, potencializando o risco de graves acidentes. Com o desenvolvimento da tecnologia (GPS, tacógrafos mais modernos), é, atualmente, plenamente possível o controle da jornada de motoristas; **D** e **E:** incorretas, as assertivas não mencionam o requisito objetivo consistente no plus salarial de 40% em relação ao salário do cargo efetivo (CLT, art. 62, parágrafo único).

Gabarito "C"

(Magistratura do Trabalho – 8ª Região – 2011) A propósito de regimes de prorrogação e compensação de jornada de trabalho, é CORRETO afirmar que:

(A) O regime de trabalho de 12 por 36 horas, quando amparado em convenção coletiva de trabalho, é amplamente reconhecido em atividades que não exigem esforço constante e intenso, devido às vantagens que proporciona ao trabalhador, a saber, descanso de 36 horas entre as jornadas, menor número de deslocamentos residência-trabalho-residência e duração do trabalho semanal inferior a 44 horas. Em tal hipótese, não há pagamento de horas extraordinárias a partir da oitava diária, observado o limite pactuado.

(B) O acordo individual de prorrogação de jornada, previsto no art. 59 da CLT, de forma tácita ou escrita, contempla a possibilidade de prorrogação de jornada até o limite de doze horas diárias, desde que não ultrapasse 44 horas semanais.

(C) A jornada de seis horas em turnos ininterruptos de revezamento, desde que negociada coletivamente, conforme jurisprudência sumulada do TST, poderá ser elastecida até dez horas, sem qualquer acréscimo salarial a partir da oitava hora trabalhada.

(D) Na hipótese de rescisão contratual, o trabalhador submetido ao regime de compensação anual ou banco de horas, fará jus ao pagamento das horas extraordinárias não compensadas, calculadas sobre o valor da remuneração da época da prestação do trabalho, acrescido de juros e de correção monetária.

(E) Pelo texto consolidado, é permitido prorrogar habitualmente o trabalho do menor, mediante compensação, através de convenção ou acordo coletivo, desde que observado o limite diário de dez horas e o limite semanal de 44 horas.

A: correta, por vezes admitido jurisprudencialmente mesmo mediante simples acordo individual entre empregado e empregador (salvo norma coletiva que assim não autorize, conforme Súmula 85, I e II, do TST), o regime de jornada 12 x 36 consiste no trabalho por doze hora ao longo de um dia, seguindo-se trinta e seis horas de descanso. Desta forma, por exemplo, o trabalhador labora no domingo das 7:00h às 19:00h, descansa as próximas trinta e seis horas, e só retorna na terça, para nova jornada das 7:00 às 19:00h; torna a descansar mais trinta e seis horas, retornando na quinta, às 7:00h e assim por diante. Desse modo, trata-se de um regime de compensação de jornada com um módulo de duas semanas: em uma semana, o trabalhador acaba laborando, no total, 48 horas (ex: 12 horas no domingo, na terça, na quinta e no sábado), enquanto que, na seguinte, laborará trinta e seis horas (12 horas na segunda, na quarta e na sexta). O regime 12x36 tornou-se habitual em serviços contínuos e ininterruptos relativamente estáticos, principalmente serviços de portaria e de segurança patrimonial. Assim, se um condomínio pretende contar com serviços de portaria durante vinte e quatro horas por dias, todos os dias da semana, basta-lhe se valer de quatro trabalhadores em regime 12x36. Para alguns doutrinadores, tratar-se-ia de uma distorção do regime de turnos ininterruptos de revezamento, pois a Constituição haveria tipificado uma jornada de seis horas para atender às demandas por serviços contínuos. Para outros, a fórmula acaba sendo benéfica ao trabalhador, pois resulta em uma jornada semanal média de 42 horas, inferior ao limite semanal de 44 horas. Na prática, tem sido muito comum um vigilante trabalhar doze horas por um dia para determinada empresa e doze horas no dia seguinte para outra, o que sugere cautela na extensão deste sistema: há certas categorias profissionais, como a dos médicos e enfermeiros, em que esta fórmula 12x36, possibilitando o acúmulo de dois vínculos de emprego pelo profissional (um dia, trabalhando para um empregador; no dia seguinte, para outro) é propícia ao esgotamento mental do empregado, potencializando os riscos advindos de sua atividade (como os erros médicos). Perceba-se que a fórmula em questão é de origem puramente consuetudinária (e, ousamos dizer, *contra legem*): a rigor, o art. 59 da CLT concebe um limite de duas horas de sobrejornada para regimes de compensação (o que nos permite encontrar alguns julgados deferindo o pagamento de horas extras a partir da décima hora na jornada 12x36, embora a iterativa e notória jurisprudência do TST seja em sentido contrário), enquanto que o entendimento sumulado do TST refuta, em linha de princípio, o acordo de compensação de jornadas em que a sobrejornada seja habitual (Súmula 85, IV, do TST). Por outro lado, a jurisprudência tende a flexibilizar tal habitualidade em módulos de compensação bissemanais, como nos revela a OJ 323 da SDI-I do TST. Salientamos que a aceitação jurisprudencial da jornada 12x36 em atividades estáticas não significa acatamento de jornadas de 12 horas em regimes 4x3 (quatro dias seguidos trabalhando-se doze horas, seguindo-se três dias seguidos de descanso) ou, mesmo, em regimes 3x4. Finalmente, há certos aspectos da jornada 12x36 que demandam maior aclaramento: recaindo o trabalho em dia de feriado, a jurisprudência iterativa do TST é no sentido de que o repouso já está embutido no sistema 12x36, não sendo devido o pagamento da dobra salarial pelo repouso aos feriados (E-RR-314329/1996, da SDI-I do TST), embora tal entendimento nos pareça ofensivo a disposição legal expressa. A jurisprudência tem deferido o adicional noturno na jornada 12x36. Entendemos que o trabalhador faz jus às horas extras na jornada 12x36 decorrentes da hora noturna reduzida (neste sentido: TST, 6ª Turma, AIRR 5059300762002509, *DJ* 14.08.2009 e TST, 8ª Turma, RR-65300-44.2009.5.18.0008, *DJ* 19.05.2010; em sentido contrário: TRT17, RO 1036, *DOES* 15.01.2001), bem como ao intervalo intrajornada, mesmo em se tratando de serviço ininterrupto (neste sentido: TST, 8ª Turma, RR-65300-44.2009.5.18.0008, *DJ* 19.05.2010; em sentido contrário: TST, 2ª Turma, RR 449.470/98, *DJ* 20.06.2001); **B:** incorreta, "A duração normal do trabalho poderá ser acrescida de horas suplementares, em número não excedente de 2 (duas), mediante acordo escrito entre empregador e empregado, ou mediante contrato coletivo de trabalho" (art. 59 da CLT); **C:** incorreta, Súmula 423 do TST; **D:** incorreta, "estabelecida jornada superior a seis horas e limitada a oito horas por meio de regular negociação coletiva, os empregados submetidos a turnos ininterruptos de revezamento não têm direito ao pagamento da 7ª e 8ª horas como extras" (art. 59, § 3º, da CLT); **E:** incorreta, art. 413 da CLT (observe-se que, à época da CLT, a jornada semanal admitida era de 48 horas, e não de 44 horas, como o art. 7º, XIII, da CF atualmente prescreve).

Gabarito "A"

(Magistratura do Trabalho – 8ª Região – 2011) Com relação às horas "in itinere", é CORRETO dizer que:

(A) A remuneração do tempo dispendido pelo empregado nos deslocamentos para o local de trabalho e retorno à residência vem a ser exemplo marcante da construção jurisprudencial que, sedimentada em súmula do TST, constitui o fundamento único para o deferimento judicial desse direito.

(B) O direito às horas "in itinere" não pode ser suprimido pela circunstância de o empregador, ao fornecer o transporte, cobrar o preço da passagem, consoante jurisprudência pacificada do Tribunal Superior do Trabalho.

(C) Conforme jurisprudência pacificada do Tribunal Superior do Trabalho, a insuficiência do transporte público oferecido para o deslocamento do trabalhador constitui um dos requisitos para a configuração do direito às horas de percurso, pois, em tal hipótese, inevitavelmente, haverá incompatibilidade entre os horários do transporte e aqueles correspondentes à jornada de trabalho.

(D) Ainda que o percurso residência-trabalho-residência seja, em parte, servido por transporte público considerado regular, as horas "in itinere" deverão ser remuneradas como horas extraordinárias correspondentes à integralidade do percurso.

(E) As horas "in itinere", por seu caráter extraordinário, haverão de ser remuneradas na forma prevista no art. 7º, inc. XVI, da Constituição da República, salvo convenção ou acordo coletivo de trabalho que disponham sobre compensação de horário.

A alternativa "B" está de acordo com o disposto na Súmula 90 do TST.

Gabarito "B"

(Magistratura do Trabalho – 9ª Região – 2007) Considerando o entendimento jurisprudencial dominante no Tribunal Superior do Trabalho, analise as seguintes assertivas:

I. Desde que rigorosamente observado pelo empregador, é válido acordo tácito para compensação de jornada de trabalho, salvo se houver norma coletiva em sentido contrário.

II. A existência de horas extras habituais invalida o acordo de compensação, tornando devidas como extras (horas + adicional) todas as horas que ultrapassem a jornada diária normal, exceto se comissionista o empregado.

III. Mediante acordo ou convenção coletiva é possível adotar, validamente, compensação de jornada conhecida como "semana espanhola", que alterna a prestação de 48 horas em uma semana e 40 horas em outra.

Assinale a alternativa correta:

(A) Apenas a assertiva I está correta;

(B) Apenas a assertiva II está correta;

(C) Apenas a assertiva III está correta;

(D) Estão corretas as assertivas I e II;

(E) Estão corretas as assertivas I e III.

I: incorreta, Súmula 85, I, do TST (v. Súmula 85, III); **II:** incorreta, "as horas que ultrapassarem a jornada semanal normal deverão ser pagas como horas extraordinárias e, quanto àquelas destinadas à compensação, deverá ser pago a mais apenas o adicional por trabalho extraordinário" (Súmula 85, IV, do TST); **III:** correta, OJ 323 da SDI-I do TST.

Gabarito "C"

(Magistratura do Trabalho – 11ª Região – 2007 – FCC) Considerando a jurisprudência dominante no Tribunal Superior do Trabalho, considere:

I. O fornecimento de telefone celular ao empregado, por si só, já caracteriza o sobreaviso, em face da possibilidade desse empregado ser chamado para trabalhar a qualquer momento.
II. Nos casos de necessidade imperiosa, o trabalho extraordinário poderá ser unilateralmente imposto pelo empregador, não dependendo de acordo ou Convenção Coletiva.
III. O tempo que o empregado leva para ir ao trabalho e voltar, em seu próprio carro, só será considerado como jornada *in itinere* se for local de difícil acesso ou não servido por transporte público regular.
IV. Se os empregados que trabalham em turno ininterrupto de revezamento tiverem sua jornada aumentada para 8 horas diárias, por norma coletiva, a sétima e a oitava horas deverão ser pagas como extras.

(A) Está correta apenas a afirmativa I.
(B) Está correta apenas a afirmativa II.
(C) Está correta apenas as afirmativas I e IV.
(D) Estão corretas apenas as afirmativas II e III.
(E) Estão corretas apenas as afirmativas III e IV.

I: incorreta, não caracteriza sobreaviso (Súmula 428 do TST); **II:** correta, segundo jurisprudência predominante (v. art. 61 da CLT); **III:** incorreta, "o tempo despendido pelo empregado, em condução fornecida pelo empregador, até o local de trabalho de difícil acesso, ou não servido por transporte público regular, e para o seu retorno é computável na jornada de trabalho." (Súmula 90, I, do TST); **IV:** incorreta, não receberão como extra a 7ª e 8ª hora (Súmula 423 do TST).

Gabarito "B"

(Magistratura do Trabalho – 13ª Região – 2006) Uma empresa rural, distante de qualquer centro urbano, não servida por transporte público e situada em local de acesso difícil, fornece aos seus trabalhadores condução para ida ao trabalho e para o retorno às suas residências. Nestas circunstâncias, seria certo afirmar:

I. a empresa deve descontar do salário dos seus empregados o transporte fornecido;
II. o tempo de percurso na viagem de ida e volta deve ser computado na jornada de trabalho;
III. o transporte oferecido pela empresa é um benefício ao trabalhador e por esta razão não deve ser computado na jornada de trabalho;
IV. o tempo de percurso pode ser computado na jornada, mas isso depende de liberalidade da empresa;
V. o tempo de percurso não será computado na jornada se o trabalhador receber remuneração de acordo com a sua produção;

(A) todas as respostas estão erradas;
(B) só a I e a III estão corretas;
(C) só a IV e a V estão corretas;
(D) só a II está correta;
(E) só a V está correta.

Apenas o item II está correto, conforme Súmula 90, I, do TST.

Gabarito "D"

(Magistratura do Trabalho – 14ª Região – 2011) Sobre duração do trabalho, nos termos da legislação e da jurisprudência sumulada do TST, analise as proposições seguintes e responda.

I. A majoração do valor do repouso semanal remunerado, em razão da integração das horas extras habitualmente prestadas, não repercute no cálculo das férias, da gratificação natalina, do aviso-prévio e do FGTS, sob pena de caracterização de "bis in idem".
II. A incompatibilidade entre os horários de início e término da jornada do empregado e os do transporte público regular é circunstância que não gera o direito às horas "in itinere".
III. Tendo em vista que as Leis n. 3.999/1961 e 4.950/1966 não estipulam a jornada reduzida, mas apenas estabelecem o salário mínimo da categoria para uma jornada de 4 (quatro) horas para os médicos e de 6 (seis) horas para os engenheiros, não há que se falar em horas extras, salvo as excedentes à oitava, desde que seja respeitado o salário mínimo/horário das categorias.
IV. O fato de o empregador cobrar, parcialmente ou não, importância pelo transporte fornecido, para local de difícil acesso ou não servido por transporte regular, afasta o direito à percepção das horas "in itinere".
V. Não serão descontadas nem computadas como jornada extraordinária as variações de horário do registro de ponto não excedentes de cinco minutos, observado o limite máximo de dez minutos diários. Se ultrapassado esse limite, será considerada como extra a totalidade do tempo que exceder a jornada normal.

(A) Apenas as assertivas I, II e III são corretas.
(B) Apenas as assertivas II e IV são corretas.
(C) Apenas as assertivas II e V são incorretas.
(D) Apenas as assertivas IV e V são corretas.
(E) Apenas as assertivas II e IV são incorretas.

I: correta, OJ 394 da SDI-I do TST; **II:** incorreta, também gera direito às horas in itinere (Súmula 90, II, do TST, e art. 58, § 2º, da CLT); **III:** correta, Súmula 370 do TST; **IV:** incorreta, não afasta o direito à percepção das horas "in itinere" (Súmula 320 do TST); **V:** correta, art. 58, § 1º, da CLT.

Gabarito "E"

(Magistratura do Trabalho – 14ª Região – 2008) Jornada de trabalho.

I. A compensação de jornada de trabalho deve ser ajustada por acordo individual escrito, acordo coletivo ou convenção coletiva.
II. O acordo individual para compensação de horas é válido, salvo se houver norma coletiva em sentido contrário.
III. O mero não atendimento das exigências legais para a compensação de jornada, inclusive quando encetada mediante acordo tácito, não implica a repetição do pagamento das horas excedentes à jornada normal diária, se não dilatada a jornada máxima semanal, sendo devido apenas o respectivo adicional.

IV. A prestação de horas extras habituais descaracteriza o acordo de compensação de jornada. Nesta hipótese, as horas que ultrapassarem a jornada semanal normal deverão ser pagas como horas extraordinárias e, quanto àquelas destinadas à compensação, deverá ser pago a mais apenas o adicional por trabalho extraordinário.

Responda:

(A) todas as opções estão corretas;
(B) apenas três opções estão corretas;
(C) apenas duas opções estão corretas;
(D) apenas uma opção está correta;
(E) todas as opções estão incorretas.

Todos os itens estão de acordo com o disposto na Súmula 85 do TST.

Gabarito "A"

(Magistratura do Trabalho – 14ª Região – 2008) Horas "in itinere".

I. O tempo despendido pelo empregado, em condução fornecida pelo empregador, até o local de trabalho de difícil acesso, ou não servido por transporte público regular, e para o seu retorno é computável na jornada de trabalho.
II. A incompatibilidade entre os horários de início e término da jornada do empregado e os do transporte público regular é circunstância que não gera o direito às horas "in itinere".
III. Ainda que haja transporte público regular em parte do trajeto percorrido em condução da empresa, as horas "in itinere" remuneradas serão calculadas sobre todo o tempo gasto no trajeto, não se limitando ao trecho não alcançado pelo transporte público.
IV. Considerando que as horas "in itinere" são computáveis na jornada de trabalho, o tempo que extrapola a jornada legal é considerado como extraordinário e sobre ele deve incidir o adicional respectivo.

Responda:

(A) todas as opções estão corretas;
(B) apenas três opções estão corretas;
(C) apenas duas opções estão corretas;
(D) apenas uma opção está correta;
(E) todas as opções estão incorretas.

I: correta, Súmula 90, I, do TST; **II:** incorreta, é circunstância que também gera o direito às horas "in itinere" (Súmula 90, II, do TST); **III:** incorreta, limita-se ao trecho não alcançado pelo transporte público (Súmula 90, IV do TS)T; **IV:** correta, Súmula 90, V, do TST.

Gabarito "C"

(Magistratura do Trabalho – 14ª Região – 2008) Horas extraordinárias.

I. A supressão, pelo empregador, do serviço suplementar prestado com habitualidade, durante pelo menos 1 (um) ano, assegura ao empregado o direito à indenização correspondente ao valor de 1 (um) mês das horas suprimidas para cada ano ou fração igual ou superior a seis meses de prestação de serviço acima da jornada normal. O cálculo observará a média das horas suplementares efetivamente trabalhadas nos últimos 12 (doze) meses, multiplicada pelo valor da hora extra do dia da supressão.
II. Não serão descontadas nem computadas como jornada extraordinária as variações de horário do registro de ponto não excedentes de cinco minutos, observado o limite máximo de dez minutos diários. Se ultrapassado esse limite, será considerada como extra a totalidade do tempo que exceder a jornada normal.
III. O empregado, sujeito a controle de horário, remunerado à base de comissões, tem direito ao adicional de, no mínimo, 50% (cinquenta por cento) pelo trabalho em horas extras, calculado sobre o valor-hora das comissões recebidas no mês, considerando-se como divisor o número de horas efetivamente trabalhadas.
IV. O cálculo do valor das horas extras habituais, para efeito de reflexos em verbas trabalhistas, observará o número de horas efetivamente prestadas e a ele aplica-se o valor do salário-hora da época da extinção do contrato de trabalho.

Responda:

(A) todas as opções estão corretas;
(B) apenas três opções estão corretas;
(C) apenas duas opções estão corretas;
(D) apenas uma opção está correta;
(E) todas as opções estão incorretas.

I: correta, Súmula 291 do TST, alterada pelo TST em 24.05.2011; **II:** correta, Súmula 366 do TST; **III:** correta, Súmula 340 do TST; **IV:** incorreta, aplica-se o valor do salário-hora da época do pagamento das verbas (Súmula 347 do TST).

Gabarito "B"

(Magistratura do Trabalho – 15ª Região – 2012) Com fundamento na jurisprudência consolidada do C. TST, aponte a alternativa correta a respeito de compensação de jornada:

(A) A compensação de jornada de trabalho só pode ser ajustada por acordo coletivo ou convenção coletiva.
(B) O acordo individual para compensação de horas não é valido, salvo se houver norma coletiva em sentido contrário.
(C) O mero não atendimento das exigências legais para a compensação de jornada, inclusive quando encetada mediante acordo tácito, não implica a repetição do pagamento das horas excedentes à jornada normal diária, se não dilatada a jornada máxima semanal, sendo devido apenas o respectivo adicional.
(D) A prestação de horas extras habituais descaracteriza o acordo de compensação de jornada. Nesta hipótese, as horas que ultrapassarem a jornada semanal normal deverão ser pagas como horas extraordinárias, assim como aquelas destinadas à compensação.
(E) O regime compensatório na modalidade "banco de horas" pode ser instituído por acordo individual escrito, bem como por acordo ou convenção coletiva.

A: incorreta. Também pode ser ajustada por acordo individual escrito (Súmula 85, I, do TST); **B:** incorreta, é válido (Súmula 85, II, do TST); **C:** correta, Súmula 85, III, do TST; **D:** incorreta, as horas destinadas à compensação deverão ser pagas apenas o adicional por trabalho extraordinário (Súmula 85, IV, do TST); **E:** incorreta, banco de horas só pode ser instituído por negociação coletiva (Súmula 85, V, do TST).

Gabarito "C"

(Magistratura do Trabalho – 15ª Região – 2012) O art. 59 da CLT estabelece que a duração normal do trabalho poderá ser acrescida de horas suplementares, em número não excedente de 2 (duas), mediante acordo escrito entre empregador, ou mediante contrato coletivo de trabalho. Sobre as horas extraordinárias é correto afirmar que:

(A) Poderá ser dispensado o acréscimo de salário se, por força de acordo ou convenção coletiva de trabalho, o excesso de hora em um dia for compensado pela correspondente diminuição em outro dia, de maneira que não exceda, no período máximo de um ano, a soma das jornadas semanais de trabalho previstas, nem seja ultrapassado o limite máximo de doze horas diárias.

(B) poderá ser dispensado o acréscimo de salário se, por força de acordo ou convenção coletiva de trabalho, o excesso de horas em um dia for compensado pela correspondente diminuição em outro dia, de maneira que não exceda, no período máximo de um 120 (cento e vinte) dias, à soma das jornadas semanais de trabalho previstas, nem seja ultrapassado o limite máximo de doze horas diárias.

(C) No chamado "banco de horas", em havendo a rescisão do contrato de trabalho sem que tenha havido a compensação integral da jornada extraordinária, fará o trabalhador jus ao pagamento das horas não compensadas, de forma simples, calculadas sobre o valor da remuneração na data da rescisão.

(D) Os empregados sob o regime de tempo parcial poderão prestar horas extras, desde que prevista a forma de compensação em norma coletiva.

(E) Nas atividades insalubres, assim consideradas as constantes dos quadros mencionados no capítulo "Da Segurança e da Medicina do Trabalho", ou que neles venham a ser incluídas por ato Ministro do Trabalho, quaisquer prorrogações só poderão ser acordadas mediante licença prévia das autoridades competentes em matéria de higiene do trabalho.

A e **B:** incorretas. O período máximo é de **01 ano,** e o limite máximo previsto é de **10 (dez)** horas diárias (art. 59, § 2º, da CLT); **C:** incorreta, "fará o trabalhador jus ao pagamento das horas extras não compensadas, calculadas sobre o valor da remuneração na data da rescisão"(art. 59, § 4º, do TST); **D:** incorreta. As horas extras são vedadas aos trabalhadores em regime de tempo parcial, (art. 59, § 4º, da CLT); **E:** correta, art. 60 da CLT.

Gabarito "E"

(Magistratura do Trabalho – 15ª Região – 2012) *Determinado trabalhador foi contratado como atendente em um estabelecimento comercial, em 02.03.2011, com remuneração mensal inicial de R$ 750,00, valor este que, à época, correspondia ao piso salarial da categoria. Após um ano de serviço passou a auferir mensalmente, o valor de R$ 1.060,00. O acréscimo se deu em razão de reajuste negociado coletivamente vigente a partir da data-base, 01.03.2012, no percentual de 8,0%, e o restante a aumento espontâneo concedido pelo empregador em razão do desempenho do trabalhador, promovido à função de gerente, sem controle de sua jornada de trabalho. Da remuneração de R$ 1.060,00, R$ 810,00 corresponde ao salário efetivo e R$ 250,00 à gratificação de função. O valor do salário mínimo nacional vigente na época do reajuste era R$ 622,00 e o piso salarial a partir de 01.03.2012 passou a R$ 810,00.*

Analise as afirmações, considerando o período em que o empregado passou a exercer as funções de gerente. Após, responda:

I. O trabalhador não tem direito ao recebimento de horas extras, independentemente do limite de sua jornada, em razão da função gerencial desempenhada, configurando-se a exceção legal.

II. O trabalhador tem direito à limitação da jornada, segundo o regime previsto no art. 7º da Constituição Federal.

III. O trabalhador não é abrangido pelas disposições do Capítulo II, da CLT (*DA DURAÇÃO DO TRABALHO*), mas tem direito ao repouso semanal remunerado, nos termos do art. 7º, ínciso V, da Constituição Federal.

IV. O trabalhador tem direito ao recebimento de eventuais repousos semanais remunerados, em dobro, na hipótese de não obter folga nos dias correspondentes sem a respectiva compensação.

V. O trabalhador não tem direito ao recebimento do adicional noturno mesmo na prestação de serviços entre 22h00 e 5h00.

(A) Apenas a proposição III está correta.

(B) Estão corretas apenas as proposições III, IV e V

(C) Estão corretas apenas as proposições II e IV.

(D) Estão corretas apenas as proposições I e II.

(E) Apenas a proposição II está errada.

I, III e **V:** incorretas. Na questão em análise, em que pese ter sido promovido, o trabalhador não recebia o percentual previsto em lei para a nova função exercida (40%), o que totalizaria R$ 324,00 (40% de R$ 810,00), e não R$ 250,00. Desta forma, a questão deve ser analisada considerando-se um empregado comum, sem nível gerencial. Assim, terá direito às horas extras, pois é abrangido pelo regime de duração do trabalho previsto na CLT, bem como ao adicional noturno, para o período laborado entre 22 hs de um dia e 05 hs do dia seguinte (art. 62, parágrafo único, da CLT); **II:** correta; **IV:** correta. OJ 410 da SDI-I do TST.

Gabarito "C"

(Magistratura do Trabalho – 15ª Região – 2012) Relativamente à jornada de trabalho, analise as assertivas que seguem e, após, responda:

I. Ao trabalhador rurícola menor, atuando no ramo da pecuária, é vedado o trabalho após as 20h00.

II. É possível e legalmente admissível substituir-se a redução da jornada de trabalho no período do aviso-prévio pelo pagamento, como extras, das horas correspondentes à redução.

III. Segundo entendimento jurisprudencial do E. TST, os casos de labor em turnos ininterruptos de revezamento não dão ensejo à redução da hora noturna prevista no art. 73 da CLT.

IV. Estabelecida jornada superior a seis horas e limitada a oito horas por meio de regular negociação coletiva, os empregados submetidos a turnos ininterruptos de revezamento não têm direito ao pagamento da 7ª e 8ª horas como extras.

V. A contratação do serviço suplementar, quando da admissão do trabalhador bancário, é nula. Os valores assim ajustados apenas remuneram a jornada normal, sendo devidas as horas extras com o adicional de, no minimo, 50% (cinquenta por cento), as quais não configuram pré-contratação, se pactuadas após a admissão do bancário.

(A) Estão corretas apenas as assertivas II, III e V.
(B) Estão erradas apenas as afirmações I, III, e V.
(C) Estão corretas apenas as afirmações I, IV e V.
(D) Esta correta, apenas a afirmação V.
(E) Está correta apenas a afirmação I.

I: correta, art. 7º, XXXIII, da CF c/c arts. 7º e 8º da Lei 5.889/1973; **II:** incorreta, essa substituição é ilegal (Súmula 230 do TST); **III:** incorreta, dão ensejo à redução (OJ 395 da SDI-I do TST); **IV:** correta. Súmula 423 do TST; **V:** correta, Súmula 199, I, do TST.

Gabarito "C"

(Magistratura do Trabalho – 15ª Região – 2011) Considerando os termos da legislação, analise as assertivas abaixo formuladas.

I. O regime previsto no capítulo que trata da duração do trabalho será aplicável aos gerentes, diretores e chefes de departamento, quando o salário do cargo de confiança, compreendendo a gratificação de função, se houver, for igual ou inferior ao valor do respectivo salário efetivo acrescido de 40%.

II. No caso de força maior ou causa acidental, havendo interrupção do trabalho, tomando impossível a realização, sua duração poderá ser prorrogada pelo tempo necessário, até 2 (duas) horas, durante no máximo 30 (trinta) dias por ano, desde que não exceda 10 (dez) horas diárias, sujeita essa recuperação à prévia autorização da autoridade competente.

III. Poderão ser fixados, para as microempresas e empresas de pequeno porte, por meio de acordo ou convenção coletiva, em caso de transporte fornecido pelo empregador, em local de difícil acesso ou não servido por transporte público, o tempo médio despendido pelo empregado, bem como a forma e a natureza da remuneração.

IV. A lei não veda a prestação de horas extras do empregado contratado sob o regime de tempo parcial

V. Considera-se trabalho a tempo parcial aquele cuja duração não exceda a 25 (vinte e cinco) horas semanais, sendo devido salário proporcional à jornada, em relação aos empregados que cumprem nas mesmas funções tempo integral.

Agora responda:

(A) as assertivas I, II, III, IV e V estão erradas;
(B) as assertivas III e V estão corretas;
(C) as assertivas I, II, III e IV estão erradas;
(D) a assertiva II está errada;
(E) apenas a assertiva I está correta.

I: incorreta, será aplicável se for inferior ao valor do respectivo salário efetivo acrescido de 40% (art. 62, parágrafo único, da CLT); **II:** incorreta, data maxima vaenia ao entendimento da Comissão Examinadora do XXV Concurso do TRT da 15ª Região, entendemos que a alternativa encontra-se incorreta, pois o art. 61, § 3º, da CLT concebe o limite de até 45 dias (de modo que a alternativa "D" também estaria correta). Todavia, a Comissão Examinadora, julgando os recursos interpostos à questão, articulou um fundamento que nos parece contrário ao sentido lógico do enunciado para validar a questão: "a assertiva II *não* está incorreta. Segundo a legisla*ção*, poder*á* haver prorroga*ção* da dura*ção* do trabalho, em caso de for*ç*a maior ou causa acidental, por at*é* no m*á*ximo 45 dias por ano. Desta forma, uma prorroga*ção* de at*é* no m*á*ximo 30 dias por ano encontra-se de acordo com o comando legal. Logo, a alternativa a ser assinalada *é* a "b". Al*é*m disso, o candidato que assinalou a alternativa "d" demonstrou desconhecimento acerca das duas assertivas absolutamente corretas, inseridas nos itens III e V, contidos na alternativa "b", *ú*nica, portanto, a ser marcada"; **III:** correta, art. 58, § 3º, da CLT; **IV:** incorreta, há vedação legal (art. 59, § 4º, da CLT); **V:** correta, art. 58-A da CLT.

Gabarito "B"

(Magistratura do Trabalho – 15ª Região – 2011) A respeito da Jornada de trabalho, considerando a lei e a jurisprudência dominante, analise as seguintes assertivas.

I. Não serão descontadas nem computadas como jornada extraordinária as variações de horário no registro de ponto, observado o limite máximo de quinze minutos diários.

II. O tempo despendido pelo empregado até o local de trabalho e para o seu retorno, por qualquer meio de transporte, não será computado na jornada de trabalho, salvo quando, tratando-se de local de difícil acesso ou não servido por transporte público, o empregador fornecer a condução.

III. Poderá ser dispensado o acréscimo de salário se, por força de acordo ou convenção coletiva de trabalho, o excesso de horas em um dia for compensado pela correspondente diminuição em outro dia, de maneira que não exceda, no período máximo de 1 (um) ano, à soma das jornadas semanais de trabalho previstas, nem seja ultrapassado o limite máximo de dez horas diárias.

IV. Na hipótese de rescisão do contrato de trabalho sem que tenha havido a compensação integral da jornada extraordinária, havendo regular adoção de banco de horas, fará o trabalhador jus ao pagamento das horas extras não compensadas, calculadas sobre o valor da remuneração devida à época da prestação das horas extras, devidamente atualizada.

V. Nas atividades insalubres, assim consideradas as constantes dos quadros mencionados no capitulo "Da Segurança e da Medicina do Trabalho", ou que neles venham a ser incluídas por ato do Ministro do Trabalho e Previdência Social, fica vedada a exigência de cumprimento de horas extras, salvo comunicação expressa feita pelo empregador ao sindicato representativo da categoria profissional, com antecedência de quinze dias.

Agora responda:

(A) apenas a assertiva I está incorreta;
(B) as assertivas I, II, III, IV e V estão incorretas;
(C) as assertivas I, II,III, IV e V estão corretas;
(D) as assertivas I, IV e V estão incorretas;
(E) apenas a assertiva IV está correta.

I: incorreta, o limite máximo é de dez minutos (art. 58, § 1º, da CLT); **II:** correta, art. 58, § 2º, da CLT; **III:** correta, art. 59, § 2º, da CLT; **IV:** incorreta, "fará o trabalhador jus ao pagamento das horas extras não compensadas, calculadas sobre o valor da remuneração na data da rescisão" (art. 59, § 3º, da CLT); **V:** incorreta, contraria o disposto no art. 60 da CLT.

Gabarito "D"

(Magistratura do Trabalho – 21ª Região – 2012) A empresa AGRÍCOLA S/A possui diversas fazendas situadas em área de difícil acesso, distantes de 13 a 25 km da Rodovia Estadual 94, e não servidas por transporte público regular. O tempo de percurso é remunerado pela empresa AGRÍCOLA S/A, nos termos do pactuado em Convenção Coletiva de Trabalho, que fixou o tempo médio de percurso em 20 minutos (10 minutos para o percurso de ida ao trabalho; 10 minutos para o percurso de volta para a praça), com previsão de pagamento de horas extras, na hipótese do tempo de percurso, somado ao período trabalhado nas fazendas, exceder oito horas diárias. Sobre a situação descrita, é correto afirmar:

182

I. a empresa não efetua o pagamento de todas as horas correspondentes ao tempo de percurso com respaldo na jurisprudência do TST, que admite a flexibilização do pagamento das horas *in itinere*, mediante acordo ou convenção coletiva de trabalho, mas ressalva a necessidade dos instrumentos coletivos estabelecerem um tempo médio de percurso com base no princípio da razoabilidade;

II. a empresa age com respaldo no § 3º do art. 58 da CLT, que prevê a possibilidade de, por meio de acordo ou convenção coletiva de trabalho, fixar-se um tempo médio de percurso para servir de base de cálculo para o pagamento das horas *in itinere*;

III. a empresa AGRÍCOLA S/A é uma sociedade anônima e não pode se beneficiar de norma convencional que preveja a fixação de um tempo médio de horas de percurso, para fins de pagamento das horas respectivas, devendo registrar o início da jornada de trabalho quando os trabalhadores ingressam no ônibus da empresa e registrar o término da jornada de trabalho quando findar o percurso de volta do trabalho;

IV. a empresa AGRÍCOLA S/A, apesar de ser uma sociedade anônima, beneficia-se da faculdade conferida às empresas e aos sindicatos, de instituir um tempo médio de percurso, por meio de instrumentos de negociação coletiva.

(A) apenas as assertivas I, II e III estão corretas;
(B) apenas a assertiva I está correta;
(C) apenas as assertivas II e IV estão corretas;
(D) apenas as assertivas I e IV estão corretas;
(E) apenas a assertiva III está correta.

I, II e **IV:** incorretas, as S/A não se beneficiam de normas que prevejam o tempo médio despendido pelo empregado, a forma e a natureza da remuneração, **III:** correta, artigos 58, § 3º, da CLT, e 3º, § 4º, X, da LC 123/2006, e Súmula 90 do TST.

Gabarito "E"

(Magistratura do Trabalho – 21ª Região – 2012) Leia as assertivas abaixo e assinale, em seguida, a alternativa correta:

I. É válida a estipulação, em acordo coletivo de trabalho, de banco de horas para compensação, em até cento e vinte dias, das duas horas extras habituais exigidas de todos os empregados da empresa acordante;

II. É válida a estipulação, em convenção coletiva de trabalho, de banco de horas, com previsão de compensação das horas extras laboradas pelos empregados em até seis meses e, a previsão de que, no caso de rescisão do contrato de trabalho antes do período fixado no banco de horas para compensação, será devido o pagamento, como extraordinárias, das horas laboradas além da jornada semanal e não compensadas;

III. É válida a estipulação, por acordo tácito entre empregado e empresa, de compensação de jornada de trabalho, desde que não haja expressa proibição em acordo ou convenção coletiva de trabalho;

IV. É válida a estipulação de banco de horas em atividades insalubres, desde que autorizada pela autoridade competente do Ministério do Trabalho e Emprego, após vistoria no local de trabalho.

(A) apenas as assertivas I e IV estão corretas;
(B) apenas as assertivas I e II estão corretas;
(C) apenas as assertivas III e IV estão corretas;
(D) apenas as assertivas II e III estão corretas;
(E) apenas as assertivas I, II e IV estão corretas.

I e **II:** corretas, art. 59, § 2º, da CLT c/c Súmula 85, V, do TST; **III:** incorreta, é válida desde que "não dilatada a jornada máxima semanal" (art. 59 da CLT c/c Súmula 85, III, do TST); **IV:** incorreta, "quaisquer prorrogações só poderão ser acordadas mediante licença prévia das autoridades competentes em matéria de higiene do trabalho" (art. 60 da CLT c/c Súmula 85, V, do TST. Vide Súmula 349 do TST, cancelada em 2011).

Gabarito "B"

(Magistratura do Trabalho – 21ª Região – 2012) Leia as assertivas abaixo, e assinale a correta:

I. A falta de concessão de parte do intervalo intrajornada mínimo, para repouso e alimentação, implica o pagamento do período total correspondente, com acréscimo, no mínimo, de 50% (cinquenta por cento) sobre o valor da hora normal de trabalho.

II. Por meio de acordo ou convenção coletiva de trabalho, o direito ao intervalo pode ser substituído pelo pagamento do intervalo mínimo como hora extra, com o adicional de, no mínimo, 50% (cinquenta por cento).

III. Os empregados condutores de veículos de transporte rodoviário de passageiros podem ter o intervalo intrajornada suprimido, por intermédio de acordo ou convenção coletiva de trabalho, desde que haja a correspondente redução da jornada de trabalho.

IV. Na jornada contratual de seis horas diárias, havendo prorrogação, ainda que esporádica, o empregado tem direito ao intervalo intrajornada mínimo de uma hora, ou ao pagamento, como hora extra, do período mínimo de uma hora, acrescido do adicional de horas extras, nos dias em que ocorrer a prorrogação da jornada de trabalho.

(A) apenas a assertiva I está correta;
(B) apenas as assertivas II e III estão corretas;
(C) apenas a assertiva IV está correta;
(D) apenas as assertivas II e IV estão corretas;
(E) apenas a assertiva III está correta.

I: correta, art. 71 da CLT c/c Súmula 437 do TST; **II** e **III:** incorretas, é inválido acordo ou convenção nesse sentido (Súmula 437 do TST); **IV:** incorreta, vide texto do item I, art. 71 da CLT c/c OJ 380 da SDI-I do TST (atualmente: Súmula 437 do TST).

Gabarito "A"

(Magistratura do Trabalho – 21ª Região – 2005) Assinale a alternativa correta:

(A) as horas laboradas além da jornada regular serão sempre remuneradas com o adicional de hora extra correspondente a 50%;
(B) ocorrendo labor extraordinário no horário noturno, o consequente pagamento do adicional de hora extra exclui o pagamento do adicional noturno, em face da impossibilidade de cumulação de tais adicionais;
(C) as gorjetas cobradas na nota de serviço, por permitirem o controle do empregador, integram o cálculo das horas extras eventualmente prestadas;
(D) as horas excedentes acumuladas em banco de horas em nenhuma hipótese podem ser pagas como extraordinárias;
(E) os bancários que percebem gratificação pelo exercício de função de confiança, em valor superior a 1/3 do seu salário, só terão computadas como extras as horas que excedam a oitava.

A alternativa "E" está em consonância com o previsto na Súmula 102, II, do TST.

Gabarito "E"

(Magistratura do Trabalho – 21ª Região – 2005) As horas *in itinere*, também chamadas de horas de trajeto, estão previstas no nosso ordenamento jurídico. E, de acordo com a Jurisprudência Sumulada do Tribunal Superior do Trabalho, em relação a tais horas, é correto afirmar:

(A) serão sempre devidas quando o local de trabalho for de difícil acesso;
(B) não serão devidas quando o transporte, embora fornecido pelo empregador, seja pago, ainda que parcialmente pelo empregado;
(C) quando subsistir transporte público em parte do trajeto, serão remuneradas apenas as horas despendidas no trecho não servido pelo mencionado transporte;
(D) serão deferidas, bastando que o transporte público não seja suficiente;
(E) nenhuma das alternativas acima está correta.

A alternativa "C" corresponde ao disposto na Súmula 90, IV, do TST.

Gabarito "C"

(Magistratura do Trabalho – 23ª Região – 2012) Com base nas disposições da Consolidação das Leis do Trabalho – "CLT" – assinale a alternativa que contém proposição **incorreta:**

(A) Considera-se trabalho em regime de tempo parcial aquele cuja duração não exceda a vinte e cinco horas semanais. Para os atuais empregados da empresa, a adoção do regime de tempo parcial será feita mediante opção manifestada na forma prevista em instrumento decorrente de negociação coletiva.
(B) Os empregados enquadrados no chamado regime de tempo parcial não poderão prestar horas extras.
(C) No caso de microempresas e no de empresas de pequeno e de médio portes poderão ser fixados, por meio de acordo ou convenção coletiva, o tempo médio despendido pelo empregado, bem como a forma e a natureza da remuneração, em caso de transporte fornecido pelo empregador em local de difícil acesso ou não servido por transporte público.
(D) Sempre que ocorrer interrupção do trabalho resultante de causas acidentais ou de força maior, que determinem a impossibilidade de sua realização, a duração do trabalho poderá ser prorrogada pelo tempo necessário até o máximo de 2 (duas) horas, durante o número de dias indispensáveis à recuperação do tempo perdido, desde que não exceda de 10 (dez) horas diárias, em período não superior a 45 (quarenta e cinco) dias por ano, sujeita essa recuperação à prévia autorização da autoridade competente.
(E) Em qualquer trabalho contínuo, cuja duração exceda de 6 (seis) horas, é obrigatória a concessão de um intervalo para repouso ou alimentação, o qual será, no mínimo, de 1 (uma) hora e, salvo acordo escrito ou contrato coletivo em contrário, não poderá exceder de 2 (duas) horas. Não excedendo de 6 (seis) horas o trabalho, será,

entretanto, obrigatório um intervalo de 15 (quinze) minutos quando a duração ultrapassar 4 (quatro) horas. Os intervalos de descanso serão excluídos do cômputo da duração do trabalho.

A: assertiva correta, art. 58-A da CLT; **B:** assertiva correta, art. 59, § 4º, da CLT; **C:** assertiva incorreta, devendo ser assinalada, não se incluem as empresas de médio porte (art. 58, § 3º, da CLT); **D:** assertiva correta, art. 61, § 3º, da CLT; **E:** assertiva correta, art. 71 da CLT.

Gabarito "C"

(Magistratura do Trabalho – 23ª Região – 2006) Com relação ao regime de tempo parcial, assinale a alternativa correta:

I. O salário a ser pago aos empregados sob o regime de tempo parcial será proporcional à sua jornada, em relação aos empregados que cumprem, nas mesmas funções, tempo integral;

II. No contrato em regime de tempo parcial, as férias dos empregados que trabalhem mais de 20 horas semanais, até o limite de 22 horas semanais, será de 15 (quinze) dias.

III. A ocorrência de mais de sete faltas injustificadas, no respectivo período aquisitivo, implicará a redução das férias em três dias;

IV. Os empregados sob o regime de tempo parcial não poderão prestar horas extras;

V. Um contrato de tempo parcial à base de 24 horas semanais pode ser cumprido seja através de jornadas de quatro horas ao dia (durante seis dias na semana), como também através de jornadas mais amplas, de oito horas ao dia, por exemplo (laborando-se, em consequência, somente três dias ao longo de toda a semana).

(A) Todas as alternativas são corretas;
(B) Somente uma alternativa é verdadeira;
(C) Somente duas alternativas são verdadeiras;
(D) Somente três alternativas são verdadeiras;
(E) Somente quatro alternativas são verdadeiras.

I: correta, art. 58-A, § 1º, da CLT; **II:** incorreta, será de dezesseis dias (art. 130-A, II, da CLT); **III:** incorreta, implicará na redução das férias pela metade (art. 130-A, parágrafo único, da CLT); **IV:** correta, art. 59, § 4º, da CLT; **V:** correta, arts. 58 e 58-A, caput, da CLT.

Gabarito "D"

(Magistratura do Trabalho – 23ª Região – 2008) O estabelecimento de determinada empresa foi atingido por um raio, o que provocou incêndio. Para salvar parte das mercadorias/produtos, os empregados tiveram que trabalhar além do horário normal. Neste caso pode-se afirmar:

I. a empresa poderá exigir dos empregados o trabalho em horas extraordinárias, independentemente de acordo individual ou coletivo, até o limite de dez horas diárias;

II. a empresa poderá exigir dos empregados a prestação de trabalho extraordinário desde que haja acordo escrito, individual ou coletivo, até o limite de dez horas diárias, remunerando as horas excedentes à oitava com o adicional mínimo de cinquenta por cento;

III. independentemente da existência de qualquer acordo prévio, a empresa poderá exigir dos empregados a prestação de serviços, contudo, deverá efetuar o pagamento das horas extraordinárias com o adicional mínimo de cinquenta por cento;

IV. desde que tenha sido previamente pactuado mediante acordo escrito, a empresa poderá exigir dos empregados a prestação de serviços até o limite de doze horas diárias, contudo, deverá efetuar o pagamento das horas extraordinárias com o adicional mínimo de cinquenta por cento;

(A) somente a opção I está correta;
(B) somente a opção II está correta;
(C) somente a opção III está correta;
(D) somente a opção IV está correta;
(E) todas as opções estão incorretas.

Somente o item III está correto, conforme o disposto no art. 7º, XVI, da CF e art. 61 da CLT.

Gabarito "C"

(Magistratura do Trabalho – 23ª Região – 2008) Sobre o trabalho em regime de tempo parcial é CORRETO afirmar:

(A) os empregados sob o regime de tempo parcial não poderão prestar horas extraordinárias, salvo se autorizados mediante acordo escrito celebrado entre empregador e empregado ou mediante contrato coletivo de trabalho;
(B) aos empregados sob o regime de tempo parcial é facultada a conversão de 1/3 (um terço) do período de férias a que tiver direito em abono pecuniário;
(C) na modalidade do regime de tempo parcial, após cada período de doze meses de vigência do contrato de trabalho, o empregado terá direito a dezoito dias de férias, independentemente da quantidade de horas semanais trabalhadas;
(D) ao empregado sob o regime de tempo parcial não está assegurado o salário-hora equiparado aos demais empregados que cumprem, nas mesmas funções, tempo integral;
(E) o empregado contratado sob o regime de tempo parcial que tiver mais de sete faltas injustificadas ao longo do período aquisitivo terá o seu período de férias reduzido à metade.

A: incorreta, não podem prestar horas extras, sem exceção (art. 59, § 4º, da CLT); **B:** incorreta, a conversão de 1/3 de férias em abono salarial não se estende aos trabalhadores em regime de tempo parcial (art. 143, § 3º, da CLT); **C:** incorreta,art. 130-A da CLT; **D:** incorreta, terá direito a 18 dias de férias se a duração do trabalho semanal superior a vinte e duas horas, até vinte e cinco horas (art. 58-A, § 1º, da CLT); **E:** correta,art. 130-A, parágrafo único, da CLT.

Gabarito "E"

(Magistratura do Trabalho – 24ª Região – 2007) Assinale a alternativa INCORRETA:

(A) Estabelecida jornada superior a seis horas e limitada a oito horas por meio de regular negociação coletiva, os empregados submetidos a turnos ininterruptos de revezamento não têm direito ao pagamento das 7ª e 8ª horas como extras.

(B) Os empregados sob o regime de tempo parcial não poderão prestar horas extras.

(C) Durante o prazo do aviso-prévio, se a rescisão tiver sido promovida pelo empregador, o empregado rural terá direito a um dia por semana, sem prejuízo do salário integral, para procurar outro trabalho.

(D) Como regra, a CLT prevê que a duração normal do trabalho dos empregados em bancos ficará compreendida entre sete e vinte e duas horas.

(E) Na conformidade da jurisprudência sumulada do Colendo Tribunal Superior do Trabalho, a validade do acordo coletivo ou convenção coletiva de compensação de jornada de trabalho em atividade insalubre depende da inspeção da autoridade competente em matéria de higiene do trabalho.

À época em que o concurso foi elaborado, a alternativa "E" estava incorreta, pois a Súmula 349 do TST, cancelada pelo TST em 24.05.2011, determinava que prescindia de inspeção prévia de autoridade competente a validade do caordo ou convenção coletiva de compensação de trabalho em atividade insalubre.

Gabarito "E"

(Magistratura do Trabalho – 24ª Região – 2006) Assinale a alternativa INCORRETA:

(A) Nas empresas que explorem o serviço de telefonia, telegrafia submarina ou subfluvial, de radiotelegrafia ou de radiotelefonia, fica estabelecida para os respectivos operadores a duração máxima de seis horas contínuas de trabalho por dia ou trinta e seis horas semanais.

(B) No caso dos professores, não serão descontadas, no decurso de nove dias, as faltas verificadas por motivo de gala ou de luto em consequência de falecimento do cônjuge, do pai ou mãe, ou de filho.

(C) A duração normal do trabalho dos operadores cinematográficos e seus ajudantes não excederá de seis horas diárias, assim distribuídas: 1) cinco horas consecutivas de trabalho em cabina, durante o funcionamento cinematográfico; 2) um período suplementar, até o máximo de uma hora, para limpeza, lubrificação dos aparelhos de projeção, ou revisão de filmes.

(D) No caso do serviço ferroviário, a escala de prontidão será, no máximo, de 12 (doze) horas. As horas de prontidão serão, para todos os efeitos, contadas à razão de 2/3 (dois terços) do salário-hora normal.

(E) No serviço ferroviário, o horário de trabalho dos operadores telegrafistas nas estações de tráfego intenso não excederá 5 (cinco) horas diárias.

A alternativa incorreta, que deve ser assinalada, é a "E", pois o horário de trabalho não excederá seis horas diárias (art. 246 da CLT).

Gabarito "E"

(Procurador do Trabalho – 2013 – MPT) Considerando-se a jurisprudência uniforme do TST, analise as assertivas seguintes:

I. O intervalo intrajornada especial para os empregados que trabalham no interior de câmaras frigoríficas aplica-se analogicamente ao empregado submetido a ambiente artificialmente frio, mesmo que a atividade deste não se desenvolva em câmara fria, porém, em virtude da ausência de norma expressa, referido intervalo não é computado como tempo de trabalho efetivo.

II. É válida a adoção da jornada de 12 (doze) horas de trabalho por 36 (trinta e seis) horas de descanso, exclusivamente mediante acordo coletivo de trabalho ou convenção coletiva de trabalho, em caráter excepcional e cujo costume já consagrou o labor na escala de 12 x 36.

III. É válido o sistema de compensação de jornada com a adoção da denominada "semana espanhola", pela qual se alterna a prestação de 48 horas em uma semana e 40 horas em outra, mediante acordo ou convenção coletiva de trabalho.

IV. Para a compensação de jornada com vistas a adotar o sábado livre, de forma semelhante à da denominada semana inglesa, é válido acordo individual de compensação de horas, salvo se houver norma coletiva em sentido contrário.

Assinale a alternativa CORRETA:

(A) apenas as assertivas I e II estão incorretas;

(B) apenas as assertivas I e III estão incorretas;

(C) apenas as assertivas II e III estão incorretas;

(D) apenas as assertivas III e IV estão incorretas;

(E) não respondida.

I: incorreta, Súmula 438 do TST (reconhece aplicável integralmente o disposto no art. 253 da CLT); **II:** incorreta, Súmula 444 do TST; **III:** correta, OJ 323 da SDI-I do TST; **IV:** correta, v. Súmula 85 do TST (basicamente, admite-se o acordo individual de compensação de jornada em módulos curtos, de duas semanas, por exemplo).

Gabarito "A"

(Procurador do Trabalho – MPT – 17º Concurso – 2012) Acerca da duração do trabalho, considerando a jurisprudência uniformizada do Tribunal Superior do Trabalho (TST) e a legislação trabalhista, assinale a alternativa CORRETA:

(A) Os meios telemáticos e informatizados de comando, controle e supervisão não se equiparam, para fins de subordinação jurídica, aos meios pessoais e diretos de comando, controle e supervisão do trabalho alheio.

(B) Aplica-se o divisor 220 (duzentos e vinte) para o cálculo do valor do salário-hora do empregado sujeito a 40 (quarenta) horas semanais de trabalho.

(C) O uso de aparelho de intercomunicação, a exemplo de BIP, "pager" ou aparelho celular, pelo empregado, caracteriza o regime de sobreaviso, uma vez que o empregado pode ser, a qualquer momento, convocado para o serviço.

(D) Considera-se à disposição do empregador o tempo necessário ao deslocamento do trabalhador entre a portaria da empresa e o local de trabalho, desde que supere o limite de 10 (dez) minutos diários.

(E) Não respondida.

A: incorreta, desde que estejam caracterizados os pressupostos da relação de emprego, há equiparação (art. 6º da CLT); **B:** incorreta, nesse caso, o divisor é de 200 (Súmula 431 do TST); **C:** incorreta, "o uso de instrumentos telemáticos ou informatizados fornecidos pela empresa ao empregado, por si só, não caracteriza o regime de sobreaviso" (Súmula 428 do TST); **D:** correta. Súmula 429 do TST.

Gabarito "D"

(Procurador do Trabalho – MPT – 17º Concurso – 2012) Assinale a alternativa CORRETA:

(A) O regime de tempo parcial é aquele que não excede 20 horas semanais. A remuneração não pode ser inferior ao mínimo horário e para que seja válido é suficiente que haja convenção coletiva prevendo a possibilidade de sua instituição.

(B) Trabalho em turnos ininterruptos de revezamento é o sistema pelo qual o empregado labora alternadamente em cada semana, quinzena, ou mês, em horários distintos, ora de dia, ora de noite, com jornada de seis horas diárias, salvo negociação coletiva. Se a empresa trabalhar com vários turnos, mas os empregados forem fixos em cada um, não haverá turnos ininterruptos de revezamento.

(C) As horas extras podem ser realizadas mediante prorrogação bilateral, ou unilateral para conclusão de serviços inadiáveis, força maior, ou para recuperação de horas de paralisação. São hipóteses de força maior as medidas econômicas governamentais de caráter geral, a falência e a concordata, as dificuldades financeiras da empresa.

(D) Computam-se no cálculo do repouso remunerado as horas extras prestadas.

(E) Não respondida.

A: incorreta, não excede a 25 horas semanais (artigo 58-A da CLT); **B:** correta, por definição. Vide, também, OJ 360 da SDI-I, do TST; **C:** incorreta: De acordo com o § 1º do artigo 501 da CLT, a imprevidência do empregador exclui a força maior; **D:** incorreta, computam-se as horas extras habitualmente prestadas (Súmula 172 do TST).

Gabarito "B"

(Procurador do Trabalho – MPT – 15º Concurso – 2008) Analise as assertivas abaixo de acordo com a jurisprudência uniforme do Tribunal Superior do Trabalho:

I. a compensação de jornada de trabalho deve ser ajustada por acordo individual escrito, acordo coletivo ou convenção coletiva. O acordo individual para compensação de horas é válido, salvo se houver norma coletiva em sentido contrário;

II. a validade de acordo coletivo ou convenção coletiva de compensação de jornada de trabalho em atividade insalubre não prescinde de inspeção prévia da autoridade competente em matéria de higiene do trabalho;

III. a interrupção do trabalho destinada a repouso e alimentação, dentro de cada turno, ou o intervalo para repouso semanal, não descaracteriza o turno de revezamento com jornada de 6 (seis) horas previsto constitucionalmente.

Assinale a alternativa CORRETA:

(A) todas as assertivas estão corretas;

(B) todas as assertivas estão incorretas;

(C) apenas as assertivas I e III estão corretas;

(D) apenas a assertiva III está incorreta.

(E) não respondida.

I: correta, Súmula 85, I e II, do TST; **II:** incorreta, À época em que o concurso foi elaborado, a alternativa "E" estava incorreta, pois a Súmula 349 do TST, cancelada pelo TST em 24.05.2011, determinava que prescindia de inspeção prévia de autoridade competente a validade do caordo ou convenção coletiva de compensação de trabalho em atividade insalubre; **III:** correta, Súmula 360 do TST.

Gabarito "C"

(Procurador do Trabalho – MPT – 14º Concurso – 2007) Complete com a opção CORRETA.

Os operadores cinematográficos estão sujeitos a ____ horas consecutivas de trabalho em cabina, durante o funcionamento cinematográfico.

(A) 4;

(B) 5;

(C) 6;

(D) 7;

(E) não respondida.

A alternativa correta, conforme o art. 234, a, da CLT é a "B".

Gabarito "B"

(Procurador do Trabalho – MPT – 14º Concurso – 2007) Complete com a opção CORRETA.

Poderá a duração normal do trabalho do jornalista ser elevada a ______ horas, mediante acordo escrito, em que se estipule aumento de ordenado, correspondente ao excesso de tempo de trabalho, em que se fixe um intervalo destinado a repouso ou a refeição.

(A) 7 horas

(B) 8 horas;

(C) 10 horas;

(D) 12 horas;

(E) não respondida.

Conforme o art. 304 da CLT, tal prazo é de 7 horas.

Gabarito "A"

(Procurador do Trabalho – MPT – 9º Concurso – 2000) O trabalho a tempo parcial constitui um regime distinto do trabalho normal regulado pela Consolidação das Leis do Trabalho, tendo por característica:

(A) limite de horário de 25 horas semanais:

(B) limite de horário de 20 horas semanais;

(C) limite de 1 hora extra por dia, respeitado o limite semanal de 25 horas de trabalho;

(D) limite de 1 hora extra por dia, respeitado o limite semanal de 20 horas de trabalho;

(E) férias proporcionais à jornada de trabalho, variando de 20 dias para uma jornada semanal de 20 horas, até 7 dias para jornada semanal de 5 horas;

(F) não sei.

A alternativa "A" está em consonância com o previsto no art. 58-A da CLT.

Gabarito "A"

(Ministério Público do Trabalho – 8º) Qual é o percentual máximo de remuneração para as horas extras?

(A) cinquenta por cento, de acordo com a Constituição Federal vigente;

(B) setenta e cinco por cento;

(C) cem por cento, de acordo com a jurisprudência da SDC/TST;

(D) pode chegar a cento e cinquenta por cento nos domingos e feriados;

(E) é livre a fixação em norma coletiva, respeitado o limite mínimo estipulado na Constituição;

(F) não sei.

A alternativa correta, conforme o art. 7º, XVI, da CF, é a "E".

Gabarito "E"

(Ministério Público do Trabalho – 8º) No regime de turnos ininterruptos de trabalho, conforme consagrado na Carta Magna de 1988:

(A) cumpre observar a jornada de oito horas;

(B) a jornada deve observar o máximo de seis horas, salvo negociação coletiva;

(C) inexiste limite legal quanto à jornada diária;

(D) há expressa previsão da possibilidade de compensação dos excessos havidos na jornada diária;

(E) deve ser respeitada a jornada contratada pelas partes;

(F) não sei.

Conforme preceitua o art. 7º, XIV, da CF, a jornada é de 6 horas.

Gabarito "B"

(Procurador do Trabalho – MPT – 13º Concurso – 2006) Em relação à duração do trabalho:

I. um dos fundamentos para a limitação do tempo de trabalho é de natureza biológica, uma vez que visa a combater os problemas psicofisiológicos oriundos da fadiga;

II. trabalho em regime de tempo parcial é aquele cuja duração não excede a vinte e cinco horas semanais;

III. a compensação de jornadas, antes restrita à semana, atualmente pode verificar-se no prazo máximo de 90 (noventa) dias.

Analisando-se as asserções acima, pode-se afirmar que:

(A) todas as assertivas estão corretas;

(B) apenas as assertivas I e II estão corretas;

(C) todas as assertivas estão incorretas;

(D) apenas as assertivas II e III estão incorretas;

(E) não respondida.

I: correta, por definição; **II:** correta, art. 58-A da CLT; **III:** incorreta, o período máximo é de um ano (art. 59, § 2º, da CLT).

Gabarito "B"

10.2. TRABALHO NOTURNO

(Magistratura do Trabalho – 13ª Região – 2006) A legislação brasileira trata diferentemente o trabalho realizado no horário diurno daquele efetuado no horário noturno. No que diz respeito ao tratamento legal do trabalho noturno, não seria correto afirmar:

(A) o trabalho noturno tem remuneração superior ao trabalho diurno;

(B) o trabalho noturno rural e o trabalho noturno urbano têm o mesmo tratamento legal;

(C) a hora noturna é, legalmente falando, inferior àquela trabalhada no horário diurno;

(D) a garantia de remuneração diferenciada ao trabalho noturno é assegurada na Constituição Federal;

(E) o menor de 18 (dezoito) anos não pode trabalhar no horário noturno.

A alternativa correta é a "B". Vide arts. 73, § 2º, da CLT e 7º da Lei 5.889/1973.

Gabarito "B"

(Magistratura do Trabalho – 14ª Região – 2008) Trabalho noturno.

I. Considera-se noturno para o trabalhador urbano aquele realizado entre as 22 horas de um dia e 05 horas do dia seguinte; para o trabalhador rural, considera-se noturno o trabalho realizado entre as 20 horas de um dia e as 05 horas do dia seguinte, na lavoura, e entre as 20 horas de um dia e as 04 horas do dia seguinte na pecuária.

II. Cumprida integralmente a jornada no período noturno e prorrogada esta, devido é também o adicional quanto às horas prorrogadas.

III. É legal a transferência do trabalhador do período noturno para o período diurno de trabalho, contudo, em face do princípio da irredutibilidade salarial, neste caso, é vedada a supressão do adicional noturno.

IV. Ao menor de 16 anos é proibido o trabalho noturno, considerado este o que for executado no período compreendido entre as 22 e as 05 horas. Ao menor entre 16 e 18 anos é lícito o trabalho noturno desde que em locais ou serviços não prejudiciais à sua moralidade.

Responda:

(A) todas as opções estão corretas;

(B) apenas três opções estão corretas

(C) apenas duas opções estão corretas;

(D) apenas uma opção está correta;

(E) todas as opções estão incorretas.

I: incorreta, o trabalho noturno na lavoura é das 21:00 horas de um dia até as 5:00 horas do dia seguinte (art. 7º da Lei 5.889/1973); **II:** correta, Súmula 60, II, do TST; **III:** incorreta, "a transferência para o período diurno de trabalho implica a perda do direito ao adicional noturno." (Súmula 265 do TST); **IV:** incorreta, pois ao menor de 16 anos é vedado qualquer trabalho, salvo como aprendiz a partir dos 14, sendo vedado o trabalho noturno ao menor em geral (CF, art. 7º, XXXIII).

Gabarito "D"

(Ministério Público do Trabalho – 12º) Assinale a alternativa CORRETA:

(A) a jornada noturna inicia às 22 horas e encerra às 5 horas da manhã seguinte. Essa jornada é remunerada com acréscimo de pelo menos 20% sobre o valor da hora diurna. Se após às 5 horas for exigido que o empregado permaneça no trabalho e continue sua tarefa, segue fazendo jus a receber o mesmo adicional noturno até quando se retire da empresa, independente do horário que for e mesmo que se acumule com o adicional de horas extras;

(B) a CLT exclui da proteção da duração do trabalho os empregados que especifica, entre eles os gerentes, explicitamente equiparados aos diretores, motivo que justifica idêntica remuneração entre eles, sob pena de equiparação salarial;
(C) o empregado doméstico faz jus ao adicional noturno, desde que não pernoite no trabalho todos os dias;
(D) o trabalho noturno do trabalhador rural, também remunerado com adicional de 20%, diferencia quanto ao horário, pois inicia às 20 horas e encerra às 4 horas da manhã quando se tratar de atividade pecuária.
(E) não respondida.

A alternativa "A" está em conformidade com o disposto no art. 73 da CLT e Súmula 60, II, do TST.

Gabarito "A"

10.3. INTERVALOS INTRAJORNADA, INTERJORNADAS, SEMANAL E TRABALHO EM DOMINGOS E FERIADOS

(Magistratura do Trabalho – 3ª Região – 2008) Analise as proposições abaixo (de I a V) e assinale a alternativa correta, conforme sejam verdadeiras ou falsas:

I. quando o intervalo para repouso e alimentação, previsto no artigo 71 da CLT, não for concedido pelo empregador, este ficará obrigado a remunerar o período correspondente com um acréscimo sempre igual a 50% (cinquenta por cento) sobre o valor da remuneração da hora normal de trabalho.
II. os intervalos concedidos pelo empregador na jornada de trabalho, não previstos em lei, representam tempo à disposição da empresa, remunerados como serviço extraordinário, se acrescidos ao final da jornada.
III. para os estabelecimentos de mais de dez trabalhadores será obrigatória a anotação da hora de entrada e de saída, em registro manual, mecânico ou eletrônico, conforme instruções a serem expedidas pelo Ministério do Trabalho, devendo o empregado anotar o tempo efetivamente usufruído de intervalo intrajornada, não sendo permitida apenas a pré-assinalação do período de repouso.
IV. possui natureza salarial a parcela prevista no art. 71, § 4º, da CLT, com redação introduzida pela Lei n. 8.923, de 27 de julho de 1994, quando não concedido ou reduzido pelo empregador o intervalo mínimo intrajornada para repouso e alimentação, repercutindo, assim, no cálculo de outras parcelas salariais.
V. o desrespeito ao intervalo mínimo entre dois turnos de trabalho, sem importar em excesso na jornada efetivamente trabalhada, não dá direito a qualquer ressarcimento ao obreiro, por tratar-se apenas de infração sujeita a penalidade administrativa (art. 71 da CLT).

(A) Apenas as proposições II e III são verdadeiras.
(B) Apenas as proposições III e IV são verdadeiras.
(C) Apenas as proposições II e IV são verdadeiras.
(D) Apenas as proposições II, IV e V são verdadeiras.
(E) Apenas a proposição I é verdadeira.

I: incorreta, o acréscimo é de, no mínimo, 50% (cinquenta por cento) art. 71, § 4º, da CLT; **II:** correta, Súmula 118 do TST; **III:** incorreta, deve haver pré-assinalação do período de repouso (art. 74, § 2º, da CLT); **IV:** correta, OJ 354 da SDI-I do TST (atualmente: Súmula 437 do TST); **V:** incorreta, deve-se "pagar a integralidade das horas que foram subtraídas do intervalo, acrescidas do respectivo adicional" (OJ 355 da SDI-I do TST).

Gabarito "C"

(Magistratura do Trabalho – 4ª Região – 2012) Nos termos da CLT e da jurisprudência sumulada do TST, é obrigatória a concessão de intervalo intrajornada de

(A) 10 minutos a cada 50 minutos de trabalho consecutivo, computados na jornada, aos empregados que atuam nos serviços de digitação.
(B) 10 minutos a cada 90 minutos de trabalho consecutivo, não computados na jornada, aos empregados que atuam nos serviços permanentes de mecanografia (datilografia, escrituração ou cálculo).
(C) 15 minutos a cada 3 horas de trabalho consecutivo, não computados na jornada, aos empregados que trabalham em minas de subsolos.
(D) 20 minutos a cada 3 horas de trabalho contínuo, computados na jornada, aos empregados que executam atividades penosas.
(E) 20 minutos a cada 1 hora e 40 minutos de trabalho contínuo, computados na jornada, aos empregados que trabalham no interior de câmaras frigoríficas.

A e **B:** incorretas, art. 72 da CLT e Súmula 346 do TST. Nos serviços permanentes de mecanografia (datilografia, escrituração ou cálculo), a cada período de **90 (noventa) minutos** de trabalho consecutivo corresponderá um repouso de 10 (dez) minutos **não deduzidos (ou seja, computados)** da duração normal de trabalho; **C:** incorreta. Os intervalos dos trabalhadores em minas de subsolo também são computados na jornada (art. 298 da CLT); **D:** incorreta. Os intervalos em atividades penosas ainda pendem de regulamentação; **E:** correta, art. 253 da CLT.

Gabarito "E"

(Magistratura do Trabalho – 11ª Região – 2007 – FCC) Os intervalos intrajornada e semanal estão previstos em lei. Partindo-se desta premissa, é correto afirmar:

I. Se a jornada diária do empregado for interrompida pela concessão do intervalo de, no mínimo, uma hora de duração, isso não descaracteriza o turno ininterrupto de revezamento, e a jornada continuará a ser de 6 horas diárias.
II. Se a jornada diária do empregado for interrompida pela concessão do intervalo de, no mínimo, uma hora de duração, estará descaracterizado o turno ininterrupto de revezamento, e a jornada passará a ser de 8 horas diárias.
III. Se a jornada diária do empregado for interrompida pela concessão do intervalo de, no mínimo, uma hora de duração, estará descaracterizado o turno ininterrupto de revezamento, e a jornada passará a ser de 7 horas diárias.

IV. A interrupção diária destinada ao repouso e alimentação ou semanal descaracteriza o turno ininterrupto de revezamento, estabelecendo jornada que só pode ser ajustada em negociação coletiva.

(A) Está correta apenas a afirmativa I.
(B) Está correta apenas a afirmativa II.
(C) Está correta apenas as afirmativas I e IV.
(D) Estão corretas apenas as afirmativas II e III.
(E) Estão corretas apenas as afirmativas III e IV.

O único item correto é o I (Súmula 360 do TST).

Gabarito "A"

(Magistratura do Trabalho – 14ª Região – 2008) Assinale a alternativa INCORRETA:

(A) Os digitadores, por aplicação analógica do art. 72 da CLT, equiparam-se aos trabalhadores nos serviços de mecanografia (datilografia, escrituração ou cálculo), razão pela qual têm direito a intervalos de descanso de 10 (dez) minutos a cada 90 (noventa) de trabalho consecutivo;
(B) Para amamentar o próprio filho, até que este complete 06 (seis) meses de idade, a mulher terá direito, durante a jornada de trabalho, a 02 (dois) descansos especiais, de meia hora cada um, podendo o período, se necessário, ser dilatado, a critério da autoridade competente;
(C) No trabalho nas minas de subsolo, em cada período de 03 (três) horas consecutivas de trabalho, será obrigatório um intervalo de 15 (quinze) minutos para repouso, o qual será computado na duração normal do trabalho efetivo;
(D) Para os empregados que trabalham no interior de câmaras frigoríficas e para os que movimentam mercadorias do ambiente quente ou normal para o frio e vice-versa, depois de 01 (uma) hora e 30 (trinta) minutos de trabalho contínuo, será assegurado um intervalo de 30 (trinta) minutos de repouso, computando esse intervalo na jornada de trabalho;
(E) No regime de revezamento, as horas trabalhadas em seguida ao repouso semanal de 24 horas, com prejuízo do intervalo mínimo de 11 horas consecutivas para descanso entre jornadas, devem ser remuneradas como extraordinárias, inclusive com o respectivo adicional.

A alternativa incorreta, que deve ser assinalada, é a "D", pois depois de 1 (uma) hora e 40 (quarenta) minutos de trabalho contínuo, será assegurado um período de 20 (vinte) minutos de repouso (art. 253 da CLT).

Gabarito "D"

(Magistratura do Trabalho – 15ª Região – 2012) Relativamente aos intervalos interjornadas é **correto** afirmar:

(A) Para o trabalhador que atue em turno ininterrupto de revezamento, o intervalo interjornada mínimo legal é de 12h00.
(B) O intervalo interjornadas mínimo legal para o jornalista é de 10h00.
(C) O intervalo interjornadas mínimo legal para o bancário é de 10h00.
(D) O intervalo interjornadas mínimo legal para o professor, em um mesmo estabelecimento, é de 9h00.
(E) O intervalo interjornadas mínimo legal para o motorista rodoviário é de 8h00.

A: incorreta, art. 66 da CLT (**11 horas**); **B:** correta, art. 308 da CLT; **C** e **D:** incorretas, arts. 57 e 66 da CLT (**11 horas**); **E:** incorreta. Esta prova foi realizada antes da entrada em vigor da Lei 12.619/2012, que manteve o intervalo interjornada dos motoristas em 11 (onze) horas (art. 235-C da CLT).

Gabarito "B"

(Magistratura do Trabalho – 15ª Região – 2011) A respeito do intervalo intrajornada, assinale a alternativa incorreta à luz da CLT:

(A) para os empregados que trabalham no interior das câmaras frigoríficas, depois de 1 (uma) hora e 40 (quarenta) minutos de trabalho contínuo será assegurado um período de 20 (vinte) minutos de repouso, não computado esse intervalo como de trabalho efetivo;
(B) no trabalho em minas de subsolo, em cada período de 3 (três) horas consecutivas de trabalho, será obrigatória uma pausa de 15 (quinze) minutos para repouso, que será computada na duração normal de trabalho efetivo;
(C) no caso dos ferroviários, a regra geral é que o tempo concedido para refeição não será computado como de trabalho efetivo;
(D) para os bancários que laboram em jornadas de seis horas, será assegurado um intervalo para refeição de 15 (quinze) minutos, não computado na jornada de trabalho;
(E) nos serviços permanentes de mecanografia, a cada período de 90 (noventa) minutos de trabalho consecutivo corresponderá um repouso de 10 (dez) minutos não deduzidos da duração normal de trabalho.

A: assertiva incorreta, devendo ser assinalada, esse intervalo é computado como de trabalho efetivo (art. 253 da CLT); **B:** assertiva correta, art. 298 da CLT; **C:** assertiva correta, art. 238, § 5º, da CLT; **D:** assertiva correta, arts. 71, § 1º, e 224, § 1º, da CLT; **E:** assertiva correta, art. 72 da CLT.

Gabarito "A"

(Magistratura do Trabalho – 15ª Região – 2011) Considerando a jurisprudência dominante do TST, assinale a alternativa incorreta:

(A) o empregado contratado para cumprir jornada de 6 (seis) horas e que pratica habitualmente hora extra faz jus ao intervalo de uma hora;
(B) o servente contratado para trabalhar 5 (cinco) horas por dia, mas que pratica habitualmente uma hora extra, tem direito a 15 (quinze) minutos de intervalo;
(C) o rurícola tem direito ao intervalo mínimo de uma hora, ainda que peculiar o costume da localidade na qual se ativa, no tocante aos horários de alimentação e descanso;
(D) é válida a norma coletiva que reduz o intervalo para refeição do motorista de ônibus, ainda

quando submetido à prorrogação habitual de sua jornada de trabalho;

(E) não concedido integralmente o intervalo interjornada, são devidas as horas não usufruídas, com adicional de horas extras e reflexos nas demais verbas decorrentes do contrato de trabalho.

A e **B:** assertivas corretas, OJ 380 da SDI-I do TST (atualmente: Súmula 437 do TST); **C:** assertiva correta, segundo a Comissão Examinadora, "a alternativa "c" *não* cont*é*m elementos que limitam a hip*ó*tese do intervalo: sendo a jornada superior a 6 horas, o intervalo m*í*nimo ser*á* de uma hora, o que torna a alternativa correta, nos termos do entendimento adotado pela OJ 381 da SDI-I do C. TST, o que n*ão* exclui, por outro lado, a observ*â*ncia de condi*ção* mais ben*é*fica ou de outros intervalos" (atualmente: Súmula 437 do TST); **D:** assertiva incorreta, devendo ser assinalada, é inválida norma coletiva que preveja tal redução, Súmula 437 do TST (vide antiga OJ 342 da SDI-I); **E:** assertiva correta, Súmula 437 do TST.

Gabarito "D"

(Magistratura do Trabalho – 15ª Região – 2010) No caso de empregados que trabalham com movimentação de mercadorias do ambiente quente ou normal para o frio e vice-versa:

(A) depois de 1 (uma) hora e 30 (trinta) minutos de trabalho contínuo, será assegurado um período de repouso computado na jornada;

(B) depois de 1 (uma) hora e 30 (trinta) minutos de trabalho contínuo, é assegurado repouso de 40 (quarenta) minutos, não computado na jornada;

(C) assim como para os empregados que trabalham no interior de câmaras frigorificas, depois de 01h40 de trabalho contínuo, será assegurado repouso ao trabalhador, mas tal período não será computado como de trabalho efetivo;

(D) para que o ambiente seja considerado como artificialmente frio, a ensejar a proteção prevista no art. 253 da CLT, necessário que se verifique, além de sua temperatura, a zona climática onde é desenvolvido;

(E) nenhuma das anteriores.

A alternativa "D" está em consonância com o disposto no art. 253, parágrafo único, da CLT.

Gabarito "D"

(Magistratura do Trabalho – 15ª Região – 2010) O cálculo da remuneração do repouso semanal para o empregado em domicílio é assim efetuado:

(A) pelo quociente da divisão por seis da totalidade das horas trabalhadas na semana;

(B) pelo equivalente à produção de um dia da semana;

(C) pelo equivalente ao quociente da divisão por seis da importância total da sua produção na semana;

(D) pela importância livremente pactuada pelas partes para tal finalidade;

(E) pelo equivalente ao quociente da divisão por sete da importância total da sua produção na semana.

A alternativa "C" descreve o previsto no art. 7º, d, da Lei 605/1949.

Gabarito "C"

(Magistratura do Trabalho – 15ª Região – 2010) À luz da jurisprudência do C. TST em relação ao intervalo intrajornada, assinale a alternativa incorreta:

(A) a concessão parcial do intervalo intrajornada mínimo implica o pagamento total do período correspondente, com acréscimo de, no mínimo, 50% sobre o valor da hora normal;

(B) o intervalo concedido pelo empregador, na jornada de trabalho, não previsto em lei, representa tempo à disposição da empresa e poderá ensejar pagamento de horas extras, se acrescido ao final da jornada;

(C) os digitadores, por aplicação analógica do art. 72 da CLT, têm direito ao intervalo de 15 (quinze) minutos a cada 90 (noventa) de trabalho consecutivo;

(D) é inválida a cláusula de acordo coletivo contemplando a redução do intervalo intrajornada, exceto em relação aos condutores e cobradores de veículos rodoviários, empregados de empresas de transporte público coletivo urbano, observadas determinadas limitações;

(E) o pagamento do intervalo intrajornada não concedido possui natureza jurídica salarial e repercutirá no cálculo de outras parcelas salariais.

A: assertiva correta, Súmula 437 do TST; **B:** assertiva correta, Súmula 118 do TST; **C:** assertiva incorreta, devendo ser assinalada, têm direito ao intervalo de 10 (dez) minutos (Súmula 346 do TST); **D:** assertiva correta, OJ 342 da SDI-I do TST (atualmente, tal assertiva esbarra na Súmula 437 do TST); **E:** assertiva correta, OJ 354 da SDI-I do TST (atualmente, Súmula 437 do TST).

Gabarito "C"

(Magistratura do Trabalho – 24ª Região – 2006) Determinado empregado mensalista, sujeito ao cumprimento de jornada normal de 08 horas diárias e 44 horas semanais, distribuída de segunda-feira a sábado, faltou, injustificadamente, ao trabalho em uma quarta-feira. À luz da Lei n. 605/1949 e da CLT, assinale a alternativa CORRETA:

(A) Apenas é lícito ao empregador descontar do salário do empregado a remuneração do dia de falta injustificada.

(B) É lícito ao empregador descontar do salário do empregado a remuneração do dia de falta injustificada e a remuneração do dia de descanso semanal.

(C) Não é lícito ao empregador efetuar qualquer desconto no salário do empregado, podendo apenas adverti-lo pela falta de assiduidade no trabalho.

(D) O empregado tem o direito potestativo de repor a falta no domingo ou mediante prorrogação da jornada normal nos demais dias da semana.

(E) O empregador tem o direito potestativo de exigir a reposição da falta no dia destinado ao descanso semanal.

A alternativa correta, segundo o art. 6º da Lei 605/1949, é a "B".

Gabarito "B"

(Procurador do Trabalho – MPT – 17º Concurso – 2012) Sabe-se que há estreita relação entre o estabelecimento da jornada laboral e a segurança e a saúde no trabalho. Assentada essa premissa, assinale a alternativa que contém a afirmação CORRETA:

(A) A duração normal do trabalho efetivo em minas de subsolo não excederá seis horas diárias e trinta e seis horas semanais, e a cada período de três horas consecutivas de trabalho será concedida uma pausa de quinze minutos para repouso, computada na duração da jornada de trabalho.

(B) É obrigatória a concessão de pausas de vinte minutos, não computadas na jornada de trabalho, para os empregados que trabalham no interior de câmaras frigoríficas e para os que movimentam mercadorias do ambiente quente ou normal para o frio e vice-versa, devendo ser concedidas depois de uma hora e quarenta minutos de trabalho contínuo.

(C) O tempo de trabalho em efetiva atividade de teleatendimento/*telemarketing* é de, no máximo, 06 (seis) horas diárias, não incluídas as pausas.

(D) a jornada de trabalho do técnico de radiologia é de vinte e quatro horas semanais, nela computados os intervalos de dez minutos a cada hora de trabalho.

(E) não respondida.

A: correta, artigo 298 da CLT; **B:** incorreta, o intervalo é computado a jornada de trabalho (artigo 253 da CLT); **C:** incorreta, Anexo II, Subitem 5.3, da Norma Regulamentadora 17. As pausas são incluídas na jornada; **D:** incorreta, artigo 14 da Lei 7.394/1985 (regulamentada pelo Decreto 92.790/1986 – vide artigo 30). Em que pese a alternativa conter a correta jornada de trabalho do técnico em radiologia, não consta do texto legal esta previsão de intervalos intrajornada.

Gabarito "A"

(Procurador do Trabalho – MPT – 14º Concurso – 2007) Complete com a opção CORRETA.

Em relação ao trabalho em minas no subsolo, em cada período de ______ consecutivas de trabalho, será obrigatória uma pausa de _____ minutos para repouso, a qual será computada na duração normal de trabalho efetivo.

(A) 1hora e 40minutos; 20;

(B) 2 horas; 20;

(C) 3 horas; 15;

(D) 3 horas; 20;

(E) não respondida.

A alternativa que deve ser assinalada é a "C", pois está de acordo com o art. 298 da CLT.

Gabarito "C"

10.4. FÉRIAS

(Magistratura do Trabalho – 1ª Região – 2004) Não é causa para perda do direito às férias ou redução do número de dias para seu gozo:

(A) afastamento por acidente de trabalho por sete meses;

(B) gozo de licença remunerada por um ano;

(C) afastamento por doença, que não tem origem na profissão, por três meses;

(D) faltas injustificadas por mais de cinco dias dentro do período aquisitivo;

(E) paralisação das atividades da empresa, para o gozo de férias coletivas de vinte dias.

A alternativa correta é a "C". Vide art. 133, IV, da CLT.

Gabarito "C"

(Magistratura do Trabalho – 1ª Região – 2004) Não se computam no cálculo do valor das férias:

(A) as diárias de viagem, em valor inferior a 50% do salário fixo;

(B) a média duodecimal de horas extras, eventualmente trabalhadas no período aquisitivo;

(C) as gorjetas;

(D) as comissões, quando também há o pagamento de salário fixo;

(E) a média duodecimal do adicional de insalubridade, se suspenso o pagamento no curso do período aquisitivo, pela mudança de situação do empregado.

Assim preceitua o § 2º do art. 457 da CLT: "Não se incluem nos salários as ajudas de custo, assim como as diárias para viagem que não excedam de 50% (cinquenta por cento) do salário percebido pelo empregado". Vide, também, Súmula 101 do TST.

Gabarito "A"

(Magistratura do Trabalho – 2ª Região – 2012) O empregado Celso, no período aquisitivo das férias 2010/2011, faltou 04 (quatro) dias úteis seguidos em razão de falecimento da sua genitora, 10 (dez) dias úteis para celebrar seu casamento incluindo a viagem de lua de mel e 02 (dois) dias úteis para doação voluntária de sangue. No período concessivo respectivo das férias 2010/2011, ele poderá usufruir:

(A) 24 dias de férias.

(B) 30 dias de férias.

(C) 18 dias de férias.

(D) 16 dias de férias.

(E) nenhum dia de férias em razão do excesso de faltas.

A alternativa correta é a "A", conforme art. 473 c/c art. 130, II, ambos da CLT.

Gabarito "A"

(Magistratura do Trabalho – 2ª Região – 2011) Sobre as férias anuais, reguladas pelo capítulo IV, do título II, da CLT, considere as seguintes proposições:

I. É vedado descontar, do período de férias, as faltas do empregado ao serviço.

II. A época da concessão das férias será a que melhor interessar ao empregador.

III. Vencido o período concessivo, sem que o empregador tenha concedido as férias, o empregado poderá ajuizar reclamação trabalhista cuja pretensão será a fixação do período de gozo.

IV. A remuneração das férias, mesmo quando devida após a cessação do contrato de trabalho, terá natureza salarial, para os efeitos do art. 449 da CLT.

V. A prescrição do direito de reclamar a concessão das férias ou o pagamento da respectiva remuneração é contada do término do período concessivo ou, se for o caso, da cessação do contrato de trabalho.

Responda:

(A) Apenas as assertivas I, II e III são corretas.
(B) Apenas as assertivas I, III e V são corretas.
(C) Apenas as assertivas II, III e IV são corretas.
(D) Apenas as assertivas II, IV e V são corretas.
(E) Todas as assertivas são corretas.

I: correta, art. 130, § 1º, da CLT; **II:** correta, art. 136, caput, da CLT; **III:** correta, art. 137, § 1º, da CLT; **IV:** correta, art. 148 da CLT; **V:** correta, art. 149 da CLT.

Gabarito "E"

(Magistratura do Trabalho – 3ª Região – 2013) Relativamente às férias, com base na jurisprudência dominante, é incorreto afirmar:

(A) A remuneração das férias do tarefeiro deve ser calculada com base na média da produção do período aquisitivo, aplicando-se-lhe a tarifa da data da concessão.
(B) Salvo na hipótese de dispensa do empregado por justa causa, a extinção do contrato de trabalho sujeita o empregador ao pagamento da remuneração das férias proporcionais, ainda que incompleto o período aquisitivo de 12 (doze) meses.
(C) O empregado que se demite antes de complementar 12 (doze) meses de serviço não tem direito a férias proporcionais.
(D) Os dias de férias gozados após o período legal de concessão deverão ser remunerados em dobro.
(E) Se as faltas já são justificadas pela lei, consideram-se como ausências legais e não serão descontadas para o cálculo do período de férias.

A: assertiva correta, Súmula 149 do TST; **B:** assertiva correta, Súmula 171 do TST; **C:** assertiva incorreta, devendo ser assinalada, Súmula 261 do TST; **D:** assertiva correta, Súmula 81 do TST; **E:** assertiva correta, Súmula 89 do TST.

Gabarito "C"

(Magistratura do Trabalho – 3ª Região – 2008) Quanto às férias, assinale a alternativa correta:

(A) a indenização pelo não deferimento das férias no tempo oportuno será calculada com base na remuneração devida ao empregado à data em que tiver adquirido o direito a férias.
(B) em caso de férias coletivas, os empregados contratados há menos de 12 meses gozarão, na oportunidade, férias integrais, iniciando-se, então, novo período aquisitivo.
(C) o empregado perceberá, durante as férias, a remuneração que lhe for devida na data da sua concessão, sendo que, quando o salário for pago por tarefa tomar-se-á por base a média da produção no período aquisitivo do direito a férias, aplicando-se o valor da remuneração da tarefa na data da concessão das férias.
(D) na mesma época em que for concedido pelo órgão previdenciário ao empregado o benefício da aposentadoria por invalidez, deverá o empregador remunerar-lhe, de forma integral ou proporcional, as férias.
(E) o empregado que, espontaneamente, pede demissão, antes de completar doze meses de serviço, não tem direito a férias proporcionais.

A alternativa "C"está de acordo com o disposto no art. 142 da CLT e Súmula 149 do TST.

Gabarito "C"

(Magistratura do Trabalho – 7ª Região – 2005) Analise as proposições abaixo e assinale a opção correta.

I. Os trabalhadores sujeitos ao regime de tempo parcial têm assegurado o direito a férias após 12 meses de vigência do contrato de trabalho, porém em quantidade inferior a trinta dias. Havendo faltas injustificadas ao trabalho em número superior a sete durante o período aquisitivo, o trabalhador sujeito ao aludido regime de trabalho perderá o direito às férias.
II. O período em que o empregado permanecer preso preventivamente não será considerado falta ao serviço para desconto dos dias de férias, quando for ele absolvido no processo criminal.
III. Não perderá o direito às férias o empregado que, no período aquisitivo, deixar o emprego e for readmitido quarenta e cinco dias após a sua saída.
IV. O tempo de trabalho anterior à apresentação do empregado para o serviço militar obrigatório será computado no período aquisitivo, desde que ele compareça ao estabelecimento dentro de quatro meses da data em que se verificar a respectiva baixa.

(A) Todas as proposições são falsas.
(B) Somente as proposições I, II e III são falsas.
(C) Somente as proposições II e III são falsas.
(D) Somente as proposições I e IV são falsas.
(E) Somente a proposição II é falsa.

I: incorreta, "terá o seu período de férias reduzido à metade" (art. 130-A, parágrafo único, da CLT); **II:** correta, art. 131, V, da CLT; **III:** correta, art. 133, I, da CLT; **IV:** incorreta, desde que ele compareça ao estabelecimento dentro de 90 dias da data em que se verificar a respectiva baixa (art. 132 da CLT).

Gabarito "D"

(Magistratura do Trabalho – 8ª Região – 2011) A respeito das férias, marque a resposta em DESACORDO com a Consolidação das Leis do Trabalho:

(A) As seguintes faltas ao serviço não prejudicarão o direito às férias anuais: dois dias consecutivos pelo falecimento de cônjuge, ascendente, descendente, irmão ou irmã ou pessoa que viva sob a dependência econômica do empregado, desde que declarada em sua Carteira de Trabalho.
(B) O trabalhador de idade inferior a 18 (dezoito) anos ou superior a 50 (cinquenta) anos, terá sempre suas férias concedidas de uma só vez.
(C) A empresa poderá conceder férias coletivas aos seus empregados lotados em um determinado setor, desde que, para tal finalidade, comunique ao órgão local do Ministério do Trabalho, com a antecedência mínima de 15 (quinze) dias, as datas de início e de fim das férias, precisando o setor abrangido, com exceção dos empregados que, contratados há menos de doze meses, ainda não tenham adquirido tal direito.

(D) Na hipótese em que o trabalhador for pago por tarefa, apurar-se-á a média de produção no período aquisitivo do direito a férias, tomando-se por base o valor da remuneração da tarefa na data da concessão das férias.

(E) Perde o direito às férias o empregado que, no curso do período aquisitivo: deixar de trabalhar, com percepção de salário, por mais de 30 (trinta) dias em virtude de paralisação parcial ou total dos serviços da empresa; permanecer em gozo de licença, com percepção de salário, por mais de 30 (trinta) dias; deixar o emprego e não for readmitido dentro dos 60 (sessenta) dias subsequentes à sua saída; tiver percebido prestações previdenciárias de acidente de trabalho ou de auxílio-doença por mais de 6 (seis) meses.

A: assertiva correta, art. 131, I, da CLT c/c art. 473, I; **B:** assertiva correta, art. 134, § 2º, da CLT; **C:** assertiva incorreta, devendo ser assinalada, "os empregados contratados há menos de 12 (doze) meses gozarão, na oportunidade, férias proporcionais, iniciando-se, então, novo período aquisitivo" (art. 140 da CLT); **D:** assertiva correta, art. 142, § 2º, da CLT; **E:** assertiva correta, art. 133 da CLT.

Gabarito "C"

(Magistratura do Trabalho – 8ª Região – 2008) Com relação a férias é INCORRETO afirmar:

(A) Tem os mesmos fundamentos de cunho biológico, social e econômico aplicados ao repouso semanal remunerado.

(B) A ocorrência de sucessão de empregadores, de *per si*, jamais afetará a contagem do tempo do período aquisitivo.

(C) O período de afastamento em suspensão preventiva como resultante de inquérito administrativo é considerado como falta ao serviço para efeito de redução do número de dias de gozo das férias. A mesma consequência jurídica incorre o empregado preso preventivamente, desde que impronunciado.

(D) As ausências que implicam na perda do direito a férias são consideradas ausências derrogatórias. Perde o direito a férias o empregado que, no curso do contrato, permanecer em gozo de licença remunerada, no interesse do empregador, por mais de 30 (trinta) dias.

(E) O empregado que durante o período aquisitivo houver faltado 18 (dezoito) dias fará jus a 18 (dezoito) dias de férias.

A alternativa incorreta, que deve ser assinalada, é a "C", pois não será considerada falta ao serviço (art. 131, V, da CLT).

Gabarito "C"

(Magistratura do Trabalho – 8ª Região – 2007) Marque a resposta que está em desacordo com a Consolidação das Leis do Trabalho, no tocante às férias:

(A) As férias serão concedidas por ato do empregador, em um só período, nos doze meses subsequentes à data em que o empregado tiver adquirido o direito.

(B) Vencido o prazo legal para concessão das férias, deverá o empregado ajuizar reclamação pedindo a fixação, por sentença, da época de gozo das mesmas.

(C) O empregado terá direito a dezoito dias corridos de férias, quando houver tido de quinze a vinte e três faltas.

(D) Se deixar de trabalhar, com percepção do salário, por mais de trinta dias, em virtude de paralisação parcial ou total dos serviços da empresa, o empregado não terá direito às férias.

(E) O empregado contratado sob o regime de tempo parcial que tiver mais de sete faltas injustificadas ao longo do período aquisitivo terá o seu período de férias reduzido à metade.

A alternativa incorreta, que deve ser assinalada, é a "B" ("poderá", e não "deverá") – art. 137, § 1º, da CLT.

Gabarito "B"

(Magistratura do Trabalho – 12ª Região – 2006) Sobre as férias previstas na CLT, é incorreto afirmar:

(A) implicam interrupção do contrato de trabalho;

(B) são de 30 dias, podendo ser reduzido esse número proporcionalmente ao número de faltas injustificadas contadas no período aquisitivo, até o limite de 32, e ultrapassado esse limite perde-se o período aquisitivo e reinicia-se a contagem de novo período;

(C) a prescrição das férias, durante a fluência do contrato de trabalho, conta-se do término do respectivo período aquisitivo, isto é, logo em seguida ao termo final do período de aquisição do direito;

(D) podem ser fracionadas em dois períodos, desde que um deles seja de no mínimo 10 dias, salvo em se tratando de empregado menor de 18 anos ou maior de 50 anos;

(E) devem ser concedidas pelo empregador nos doze meses subsequentes à data da aquisição do direito pelo empregado, sob pena de ser compelido a pagá-las em dobro.

A alternativa incorreta, que deve ser assinalada, é a "C", pois em desacordo com o art. 149 da CLT.

Gabarito "C"

(Magistratura do Trabalho – 14ª Região – 2011) Assinale a alternativa incorreta em relação às férias anuais remuneradas, à luz das normas que regulam o tema e posicionamento jurisprudencial sumulado do TST.

(A) As faltas ou ausências decorrentes de acidente do trabalho não são consideradas para os efeitos de duração de férias e cálculo da gratificação natalina.

(B) Somam-se dois períodos descontínuos de trabalho, desde que o interregno entre eles não seja superior a sessenta dias, para aquisição de direito de férias, ainda que um deles se origine de contrato a prazo.

(C) Salvo nas hipóteses de dispensa do empregado por justa causa ou quando ele se demite, a extinção do contrato de trabalho sujeita o empregador ao pagamento da remuneração das férias proporcionais, ainda que incompleto o período aquisitivo de doze meses.

(D) Não terá direito a férias o empregado que, no curso do período aquisitivo, tiver percebido da Previdência Social prestações de acidente de trabalho ou de auxílio-doença por mais de seis meses, embora descontínuos. Nesta situação, iniciar-se-á o decurso de novo período aquisitivo quando o empregado, retornar ao serviço.

(E) O tempo de trabalho anterior à apresentação do empregado para serviço militar obrigatório será computado no período aquisitivo, desde que ele compareça ao estabelecimento dentro de noventa dias da data em que se verificar a respectiva baixa.

A: assertiva correta, Súmula 46 do TST (v. arts. 131, III, e 133, IV, da CLT); **B:** assertiva correta, art. 133, I, da CLT (v. art. 453 da CLT); **C:** assertiva incorreta, devendo ser assinalada, o empregado que se demite antes de completar o período aquisitivo de doze meses, tem direito ao recebimento de férias proporcionais – Súmula 261 do TST (ver art. 147 da CLT; a atual redação das Súmulas 261 e 171 do TST acabou prevalecendo em virtude da Convenção n. 132 da OIT); **D:** assertiva correta, art. 133, IV, da CLT; **E:** assertiva correta, art. 132 da CLT.

Gabarito "C"

(Magistratura do Trabalho – 14ª Região – 2011) Ainda sobre as férias anuais remuneradas, não é correto afirmar:

(A) A remuneração das férias, ainda quando devida após a cessação do contrato de trabalho, terá natureza salarial, para os efeitos de constituição de créditos privilegiados em caso de falência da empresa (art. 449 da CLT).

(B) O alcance da prescrição referente às férias tem como marco o último dia do prazo para a sua concessão.

(C) Em caso de serem concedidas férias coletivas a todos os empregados da empresa, aqueles contratados há menos de doze meses gozarão, na oportunidade, férias proporcionais, iniciando-se, então, novo período aquisitivo.

(D) O empregado perceberá, durante as férias, a remuneração que lhe for devida na data da sua concessão, sendo que quando o salário for pago por percentagem, comissão ou viagem, apurar-se-á a média percebida pelo empregado nos seis meses que precederem à concessão das férias.

(E) Sempre que as férias forem concedidas após o prazo de doze meses subsequentes à data em que o empregador tiver adquirido o direito, o empregador pagará em dobro a respectiva remuneração.

A: assertiva correta, art. 148 c/c art. 449, § 1º, da CLT; **B:** assertiva correta, art. 149 da CLT (trata-se do princípio da actio nata); **C:** assertiva correta, art. 140 da CLT; **D:** assertiva incorreta, devendo ser assinalada, apurar-se-á a média percebida pelo empregado nos doze meses que precederem à concessão das férias (art. 142, § 3º, da CLT); **E:** assertiva correta, art. 137 da CLT.

Gabarito "D"

(Magistratura do Trabalho – 14ª Região – 2006) Férias.

I. Na modalidade do regime de tempo parcial após cada período de doze meses de vigência do contrato de trabalho, o empregado terá direito a férias de quatorze dias, quando a duração do trabalho semanal for superior a quinze horas, até vinte horas.

II. O empregador poderá deduzir do período de férias as faltas injustificadas do empregado ao serviço.

III. As férias do empregado menor de 18 (dezoito) anos, somente em casos excepcionais, poderão ser concedidas em dois períodos, um dos quais não poderá ser inferior a 10 (dez) dias corridos.

IV. Segundo entendimento consolidado do Tribunal Superior do Trabalho, mesmo na hipótese de dispensa do empregado por justa causa, a extinção do contrato de trabalho sujeita o empregador ao pagamento da remuneração das férias proporcionais, ainda que incompleto o período aquisitivo de 12 (doze) meses.

Responda:

(A) todas as opções estão corretas;

(B) apenas três opções estão corretas;

(C) apenas duas opções estão corretas;

(D) apenas uma opção está correta;

(E) todas as opções estão incorretas.

I: correta, art. 130-A, III da CLT; **II:** incorreta, devendo-se observar os patamares do art. 130 ou 130-A, parágrafo único, da CLT; **III:** incorreta, as férias serão concedidas de uma só vez (art. 134, § 2º, da CLT); **IV:** incorreta, salvo na hipótese de dispensa por justa causa (Súmula 171 do TST).

Gabarito "D"

(Magistratura do Trabalho – 15ª Região – 2012) Assinale a alternativa **correta**

(A) A cisão das férias é exceção à regra geral, dependendo de escolha do trabalhador.

(B) A concessão das férias em mais de um período impõe, como mínimo, um período de pela menos 14 dias.

(C) Os menores de 18 anos poderão cindir suas férias.

(D) As férias devidas aos empregados maiores de 50 anos não poderão ser concedidas de forma fracionada.

(E) A comunicação das férias deverá anteceder, pelo menos, 30 dias de seu início, facultando-se a forma verbal para qualquer empregado

A: incorreta, não depende da escolha do trabalhador (art. 134, § 1º e 136 da CLT); **B:** incorreta (art. 134, § 1º, da CLT). O período mínimo de concessão das férias é de 10 (dez) dias corridos; **C:** incorreta, não poderão cindir (art. 134, § 2º, da CLT); **D:** correta, art. 134, § 2º, da CLT; **E:** incorreta, (art. 135 da CLT). Deverá ser comunicada por escrito e o interessado dará recibo desta comunicação.

Gabarito "D"

(Magistratura do Trabalho – 15ª Região – 2012) Considerando o instituto das férias, analise as assertívas abaixo e, após, assinale a alternativa **correta**.

I. A concessão de férias coletivas não modificará o período aquisitivo, das férias dos trabalhadores que, à época da respectiva concessão, contem com menos de um ano no emprego.

II. Na hipótese de empregado pago por percentagem, comissão ou viagem, será apurada a média percebida pelo mesmo no período aquisitivo respectivo.

III. A parcela "*in natura*" a título de moradia paga mês a mês ao trabalhador mensalista não gera incidências reflexas nos cálculos das férias, ainda que a natureza daquela seja judicialmente fixada.

IV. Quando o salário for pago por tarefa tomar-se-á por base a média da produção no período aquisitivo do direito a férias, aplicando-se o valor da remuneração da tarefa na data da concessão das férias.

V. O valor recebido pelo empregado a título de adicional de insalubridade em parte do período que antecede a concessão das férias gerará incidência nestas segundo a média duodecimal atualizada.

(A) Estão corretas apenas as afirmações IV e V.
(B) Estão corretas as afirmações I e III.
(C) Estão corretas apenas as afirmações II e V.
(D) Está correta apenas a afirmação V.
(E) Estão corretas as afirmações III e V.

I: incorreta, iniciará novo período aquisitivo (art. 140 da CLT); **II:** incorreta, "apurar-se-á a média percebida pelo empregado nos 12 (doze) meses que precederem à concessão das férias" (art. 142, § 3º, da CLT); **III:** incorreta, tem natureza salarial, gerando incidências reflexas no cálculo das férias (arts. 142, § 4º, e 458, caput, da CLT); **IV:** correta, art. 142, § 2º, da CLT; **V:** correta, art. 142, §§ 5º e 6º, da CLT.

Gabarito "A"

(Magistratura do Trabalho – 15ª Região – 2011) A respeito do instituto das férias, analise as assertivas abaixo formuladas.

I. Na modalidade do regime de tempo parcial, após cada período de 12 (doze) meses de vigência do contrato de trabalho, o empregado terá direito a férias de 24 (vinte e quatro) dias, para a duração do trabalho semanal superior a 22 (vinte e duas) horas.

II. O empregado contratado sob o regime de tempo parcial que tiver mais de 10 (dez) faltas injustificadas ao longo do período aquisitivo terá o seu período de férias reduzido à metade.

III. O tempo de trabalho anterior à apresentação do empregado para serviço militar obrigatório será computado no período aquisitivo, desde que ele compareça ao estabelecimento dentro de 90 (noventa) dias da data em que se verificar a respectiva baixa.

IV. Não terá direito a férias o empregado que, no curso do período aquisitivo, deixar o emprego e não for readmitido dentro de 30 (trinta) dias subsequentes à sua saída.

V. Para a conversão de 1/3 do período de férias coletivas em abono pecuniário, deverá haver acordo coletivo entre o empregador e o sindicato da categoria profissional, não dependendo de requerimento individual.

Agora responda:

(A) as assertivas I, II, III, IV, e V estão erradas;
(B) apenas as assertivas III, IV e V estão erradas;
(C) apenas as assertivas III e V estão corretas;
(D) apenas a assertiva m está correta;
(E) as assertivas I, II e IV estão corretas.

I: incorreta, terá direito a 18 dias (art. 130-A, I, da CLT); **II:** incorreta, art. 130-A, parágrafo único, da CLT; **III:** correta, art. 132 da CLT; **IV:** incorreta, e não for readmitido dentro de 60 dias (art. 133, I, da CLT); **V:** correta, art. 143, § 2º, da CLT.

Gabarito "C"

(Magistratura do Trabalho – 16ª Região – 2008) Qual das seguintes alternativas sobre Férias não está de acordo com a jurisprudência sumulada do Colendo TST?

(A) A indenização pelo não deferimento das férias no tempo oportuno será calculada com base na remuneração devida ao empregado na época da reclamação ou, se for o caso, na da extinção do contrato.
(B) É assegurado aos professores o pagamento dos salários no período de férias escolares. Se despedido sem justa causa ao terminar o ano letivo ou no curso dessas férias, faz jus aos referidos salários.
(C) As faltas ou ausências decorrentes de acidente do trabalho são consideradas para os efeitos de duração de férias.
(D) Se as faltas ao serviço já são justificadas pela lei, consideram-se como ausências legais e não serão descontadas para o cálculo do período de férias.
(E) A remuneração das férias do tarefeiro deve ser calculada com base na média da produção do período aquisitivo, aplicando-se-lhe a tarifa da data da concessão.

A assertiva incorreta, que deve ser assinalada, é a "C", pois não são consideradas para efeito de duração de férias (Súmula 46 do TST).

Gabarito "C"

(Magistratura do Trabalho – 23ª Região – 2008) Sobre as férias assinale a alternativa CORRETA:

(A) o empregado estudante, desde que menor de dezoito anos, terá direito a fazer coincidir suas férias com as férias escolares;
(B) os empregados contratados há menos de doze meses não poderão gozar férias coletivas;
(C) o empregado não fará jus às férias proporcionais se o contrato de trabalho for extinto mediante pedido de demissão antes de completados doze meses;
(D) o empregado que, no curso do período aquisitivo, contar com trinta faltas injustificadas perde o direito as férias;
(E) encerrado o período aquisitivo, inicia-se o prazo prescricional para reclamar a concessão das férias ou o pagamento da respectiva remuneração.

A alternativa "A" corresponde ao disposto no art. 136, § 2º, da CLT.

Gabarito "A"

(Magistratura do Trabalho – 23ª Região – 2012) Com base nas disposições da Consolidação das Leis do Trabalho – "CLT" – analise as proposições abaixo e assinale a alternativa correta:

I. No caso de férias individuais somente em casos excepcionais serão as férias concedidas em 2 (dois) períodos, os quais não poderão ser inferiores a 10 (dez) dias corridos cada.

II. No caso de férias coletivas as férias poderão ser gozadas em 2 (dois) períodos anuais desde que um deles, pelo menos, seja superior a 10 (dez) dias corridos. Para tanto, o empregador comunicará ao órgão local de fiscalização das normas trabalhistas, com a antecedência mínima de 15 (quinze) dias as datas de início e fim das férias, precisando quais os estabelecimentos ou setores abrangidos pela medida.

III. Aos empregados menores de 18 (dezoito) anos, se estudantes, e aos maiores de 50 (cinquenta) anos de idade as férias serão sempre concedidas de uma só vez.

IV. A concessão das férias será participada, por escrito, ao empregado, com antecedência de, no mínimo, 30 (trinta) dias e dessa participação o interessado dará recibo. Sempre que as férias forem concedidas após o prazo do período concessivo o empregador pagará em dobro a respectiva remuneração.

V. Vencido o período concessivo de férias, sem que o empregador as tenha conceda ao empregado, a Lei autoriza o trabalhador, expressamente, a ajuizar reclamação trabalhista pleiteando o pagamento dobrado da remuneração de férias. Não há dispositivo legal algum, contudo, autorizando-o a vindicar a fixação, por sentença, do período de gozo das férias em si, visto que consistiria invasão judicial ao poder diretivo do em pregador.

(A) Apenas as proposições III e IV estão corretas e as demais estão incorretas.
(B) Apenas as proposições IV e V estão corretas e as demais estão incorretas.
(C) Apenas a proposição IV está correta e as demais estão incorretas.
(D) Apenas as proposições II e III estão corretas e as demais estão incorretas.
(E) Apenas as proposições I e IV estão corretas e as demais estão incorretas.

I: incorreta, apenas um dos períodos não pode ser inferior a 10 dias (art. 134, § 1º, da CLT); **II:** incorreta, desde que nenhum deles seja inferior a 10 dias (art. 139, § 1º, da CLT); **III:** incorreta (art. 134, § 2º, da CLT). Não há qualquer ressalva no texto de lei sobre o fato dos menores de 18 anos serem estudantes, ou não; **IV:** correta, art. 135 da CLT; **V:** incorreta (art. 137, § 1º, da CLT).

Gabarito "C"

(Magistratura do Trabalho – 23ª Região – 2006) Em relação às férias, considerando as afirmativas abaixo e o que dispõe a CLT, assinale a alternativa correta:

I. A escolha da época para o gozo é direito do empregado;
II. Podem ser fracionadas em até dois períodos de 15 dias;
III. Os membros de uma mesma família que trabalharem no mesmo estabelecimento ou empresa deverão gozar as férias no mesmo período;
IV. O empregado estudante tem direito de fazer coincidir suas férias com as férias escolares;
V. Podem ser concedidas de forma fracionada em até dois períodos, exceto para os empregados menores de 18 anos e maiores de 60 anos de idade.

(A) quatro alternativas estão incorretas;
(B) três alternativas estão incorretas;
(C) duas alternativas estão incorretas;
(D) todas as alternativas estão incorretas;
(E) todas as alternativas estão corretas.

I: incorreta, "a época da concessão das férias será a que melhor consulte os interesses do empregador." (art. 136 da CLT); **II:** incorreta, as férias individuais podem ser fracionadas em dois períodos desde que um deles não seja inferior a 10 dias corridos. As férias coletivas também podem ser fracionadas em dois períodos, desde que nenhum deles seja inferior a 10 dias corridos (art. 134, § 1º, e 139, § 1º, da CLT); **III:** incorreta, não é dever, mas sim uma faculdade (art. 136, § 1º, da CLT); **IV:** incorreta, art. 136, § 2º, da CLT (tal direito só assiste ao empregado estudante menor de dezoito anos); **V:** incorreta, menores de 18 e maiores de 50 anos (art. 134, § 2º, da CLT).

Gabarito "D"

(Magistratura do Trabalho – 24ª Região – 2006) A respeito das férias, assinale a alternativa CORRETA:

(A) Perde o direito a férias o empregado que, no curso do período aquisitivo, tiver 32 (trinta e duas) faltas injustificadas.
(B) O tempo de trabalho anterior à apresentação do empregado para serviço militar obrigatório será computado no período aquisitivo, desde que ele compareça ao estabelecimento dentro de 120 (cento e vinte) dias da data em que se verificar a respectiva baixa.
(C) Terá direito a 18 (dezoito) dias corridos de férias o empregado que, no curso do período aquisitivo, houver tido de 15 (quinze) a 23 (vinte e três) faltas.
(D) O abono de férias deverá ser requerido até 10 (dez) dias antes do término do período aquisitivo.
(E) O abono pecuniário de férias integra a remuneração do empregado, para efeitos da legislação do trabalho, quando igual ou superior a 20 (vinte) dias de salário.

A alternativa "C" corresponde ao disposto no art. 130, III, da CLT.

Gabarito "C"

(Magistratura do Trabalho – 24ª Região – 2006) Sobre as férias anuais, assinale a INCORRETA:

(A) Não terá direito a férias o empregado que, no curso do período aquisitivo, deixar o emprego e não for readmitido dentro dos 60 (sessenta) dias subsequentes à sua saída.
(B) Não terá direito a férias o empregado que, no curso do período aquisitivo, permanecer em gozo de licença, com percepção de salário, por mais de 30 (trinta) dias.
(C) Não terá direito a férias o empregado que, no curso do período aquisitivo, deixar de trabalhar, com percepção de salário, por mais de 30 (trinta) dias em virtude de paralisação parcial ou total dos serviços da empresa.
(D) Não terá direito a férias o empregado que, no curso do período aquisitivo, tiver percebido da Previdência Social prestações de acidente de

trabalho ou de auxílio-doença por mais de 6 (seis) meses, embora descontínuos.

(E) As férias poderão ser gozadas em 3 (três) períodos anuais, desde que nenhum deles seja inferior a 10 (dez) dias corridos.

A assertiva incorreta, que deve ser assinalada, é a "E", pois são dois períodos: as férias individuais podem ser fracionadas em dois períodos desde que um deles não seja inferior a 10 dias corridos. As férias coletivas também podem ser fracionadas em dois períodos, desde que nenhum deles seja inferior a 10 dias corridos (arts. 134, § 1°, e 139, § 1°, da CLT).

Gabarito "E"

(Procurador do Trabalho – 2013 – MPT) Em relação ao direito de férias, assinale a alternativa **IN**CORRETA:

(A) Consoante a Convenção 132 da OIT, os dias feriados oficiais ou costumeiros deverão ser computados no período de férias.

(B) Nos termos da Convenção 132 da OIT, a duração das férias não deverá em caso algum ser inferior a 3 (três) semanas de trabalho por um ano de serviço

(C) Está em consonância com a Convenção 132 da OIT o entendimento do TST segundo o qual o empregado que se demite antes de completar 12 (doze) meses de serviço tem direito a férias proporcionais.

(D) A concessão das férias após o período concessivo acarreta o pagamento em dobro da respectiva remuneração. Se as férias forem usufruídas parcialmente após este período, o pagamento em dobro será parcial, pois abrangerá os dias de férias gozados após o período legal de concessão.

(E) não respondida.

A: assertiva incorreta, devendo ser assinalada, art. 6° da Convenção 132 da OIT; **B:** assertiva correta, art. 3°, 3, da Convenção; **C:** assertiva correta, por definição (v. arts. 4° e 11 da Convenção 132 da OIT e Súmula 171 do TST; **D:** assertiva correta, Súmula 81 do TST.

Gabarito "A"

(Ministério Público do Trabalho – 8°) A lei possibilita que as férias, excepcionalmente, sejam concedidas em dois períodos. Esta exceção não se aplica aos:

(A) menores de 18 anos e maiores de 60 anos;

(B) membros de uma mesma família;

(C) menores de 18 anos e maiores de 50 anos;

(D) menores de 16 anos e maiores de 55 anos;

(E) menores de 18 anos e maiores de 55 anos;

(F) não sei.

A alternativa "C" corresponde ao disposto no art. 134, § 2°, da CLT.

Gabarito "C"

(Procurador do Trabalho – MPT – 9° Concurso – 2000) Assinale a alternativa correta:

– Não terá direito a férias o empregado que no curso do período aquisitivo:

(A) deixar o emprego e não for readmitido dentro dos 30 (trinta) dias subsequentes à sua saída;

(B) permanecer em gozo de licença, com percepção de salário, por mais de 20 (vinte) dias;

(C) deixar de trabalhar, com percepção do salário, por mais de 30 (trinta) dias em virtude de paralisação parcial ou total;

(D) tiver percebido, da Previdência Social, prestação de acidente do trabalho ou de auxílio doença por mais de três meses consecutivos ou cinco descontínuos;

(E) todas as alternativas anteriores estão erradas;

(F) não sei.

A alternativa correta, conforme art. 133, III, da CLT, é a "C".

Gabarito "C"

10.5. QUESTÕES COMBINADAS SOBRE DURAÇÃO DO TRABALHO

(Magistratura do Trabalho – 2ª Região – 2010) Considere as assertivas abaixo a respeito dos períodos de repousos e suas consequências, conforme previsão legal e jurisprudência sumulada do TST.

I. A prescrição da pretensão de reclamar a concessão ou pagamento das férias é contada do término do período de concessão, ou, se for o caso, da cessação do contrato de trabalho.

II. Não terá direito a férias o empregado que, no curso do período aquisitivo, deixar o emprego e não for readmitido dentro de 60 (sessenta) dias subsequentes à sua saída ou se afastar do serviço, com percepção de auxílio doença por 6 (seis) meses, embora descontínuos.

III. É ilegal o fracionamento de férias do empregado menor de 18 anos ou maior de 50 anos.

IV. É indevido o pagamento dos repousos semanais e feriados intercorrentes nas férias indenizadas.

V. No regime de revezamento, as horas trabalhadas em seguida ao repouso semanal de 24 horas, com prejuízo do intervalo mínimo de 11 horas consecutivas para descanso entre jornadas, devem ser remuneradas como extraordinárias, inclusive com o respectivo adicional.

Responda:

(A) Todas as afirmativas estão corretas.

(B) Apenas as afirmativas I e II estão corretas.

(C) Apenas as afirmativas III e IV estão corretas.

(D) Apenas as afirmativas IV e V estão incorretas.

(E) Apenas a afirmativa IV está incorreta.

I: correta, art. 149 da CLT; **II:** correta, art. 133, I e IV, da CLT; **III:** correta, art. 134, § 2°, da CLT; **IV:** incorreta, a Súmula 147 do TST, que assim dispunha, foi cancelada em outubro de 1998, indicando o equívoco da afirmativa; **V:** correta, Súmula 110 do TST.

Gabarito "E"

(Magistratura do Trabalho – 3ª Região – 2009) Assinale a assertiva ("a" a "e") correta em relação aos enunciados de I a V, observadas a legislação pertinente e a consolidação jurisprudencial do c. TST:

I. A Lei 605, de 5 de janeiro de 1949, que dispõe sobre o repouso semanal remunerado, não se aplica aos funcionários públicos da União, dos Estados e dos Municípios, aos servidores de autarquias paraestatais, desde que sujeitos a regime próprio de proteção ao trabalho que lhes assegure situação análoga à dos funcionários públicos.

II. A remuneração do repouso semanal remunerado corresponderá, aos que trabalham por tarefa ou peça, ao equivalente ao salário correspondente às tarefas ou peças feitas durante a semana, no horário normal de trabalho, dividido pelos dias de serviço efetivamente prestados ao empregador.

III. Em caso de férias coletivas, o empregado contratado há menos de 12 (doze) meses as gozará como os demais colegas abrangidos, iniciando-se, então, novo período aquisitivo.

IV. A concessão de férias ao empregado estudante deverá coincidir com o período de férias escolares.

V. Entre duas jornadas de trabalho, haverá um período mínimo de onze horas consecutivas para descanso, salvo acordo escrito ou contrato coletivo em contrário.

(A) Somente um enunciado é verdadeiro.
(B) Somente dois enunciados são verdadeiros.
(C) Somente três enunciados são verdadeiros.
(D) Somente quatro enunciados são verdadeiros.
(E) Todos os enunciados são verdadeiros.

I: verdadeiro, art. 5º da Lei 605/1949; **II:** verdadeiro, art. 7º, c, da Lei 605/1949; **III:** falso, gozará de férias proporcionais (art. 140 da CLT); **IV:** falso, esse benefício é para o estudante menor de 18 anos (art. 136, § 2º, da CLT); **V:** falso, não há exceção (art. 66 da CLT).

Gabarito "B"

(Magistratura do Trabalho – 14ª Região – 2011) Quanto às normas gerais de tutela do trabalho, conforme previsão legal e da jurisprudência sumulada do TST, indique a alternativa correta.

(A) Cumprida integralmente a jornada no período noturno e prorrogada esta, devido é também o adicional noturno quanto às horas prorrogadas.
(B) O trabalho executado em condições insalubres, em caráter intermitente, afasta o direito à percepção do respectivo adicional, vez que a lei prevê que as atividades insalubres são fixadas em razão da intensidade do agente.
(C) No regime de revezamento, as horas trabalhadas em seguida ao repouso semanal de 24 (vinte e quatro) horas, com prejuízo do intervalo mínimo de 11 (onze) horas consecutivas para descanso entre jornadas, não serão remuneradas como extraordinárias visto que ocorreu mera infração de caráter administrativo.
(D) Não serão abrangidos pelo regime da duração do trabalho (capitulo II do título II da CLT) os empregados que exerçam atividade externa incompatível com a fixação de horário de trabalho, não havendo necessidade da anotação de tal condição a CTPS e no registro de empregados.
(E) Independente do porte da empresa, não poderá ser fixado por acordo ou convenção coletiva, em caso de transporte fornecido pelo empregador, em local de difícil acesso ou não servido por transporte público, o tempo médio despendido pelo empregado, bem como a forma e a natureza da remuneração.

A: correta, Súmula 60, II, do TST; **B:** incorreta, não afasta o direito à percepção do adicional (Súmula 47 do TST); **C:** incorreta, "devem ser remuneradas como extraordinárias, inclusive com o respectivo adicional" (Súmula 110 do TST); **D:** incorreta, é necessária a anotação na CTPS e no registro de empregados (art. 62, I, da CLT); **E:** incorreta, as microempresas e empresas de pequeno porte poderão fixar acordo ou convenção coletiva nesse sentido (art. 58, § 3º, da CLT).

Gabarito "A"

(Magistratura do Trabalho – 14ª Região – 2007) Certo empregado está sujeito à jornada normal diária de oito horas. Em determinado dia laborou das 06h00 às 15h00, com 30 minutos de intervalo. A empresa, que se situa em local de difícil acesso, é servida por transporte público apenas a partir das 07h00, com linha regular que opera até às 22h00, o que obriga o empregado a sair de sua residência, de bicicleta, às 05h00, a ela retornando às 16h00 após a prestação de serviços, já que o percurso demanda 60 minutos para ser vencido. A empresa mantém com o sindicato representativo da categoria acordo para redução do intervalo intrajornada, prevendo para tanto fruição de 40 minutos.

No dia em questão serão devidas ao empregado, computadas as horas extras efetivamente laboradas, as horas itinerantes e as horas intervalares, o seguinte total:

(A) uma hora;
(B) 40 minutos;
(C) uma hora e 40 minutos;
(D) duas horas e 40 minutos;
(E) duas horas.

As horas in itinere não são devidas, pois o trajeto residência-trabalho não é percorrido por condução fornecida pelo empregador (Súmula 90, I, do TST). Assim, apenas a redução do intervalo intrajornada (que sequer poderia ser pactuado, conforme Súmula 437 do TST) empolga o reconhecimento de sobrejornada de trinta minutos (correspondente aos trinta minutos de intervalo não concedidos, considerando a prescrição legal de intervalo mínimo intrajornada de uma hora para jornadas com mais de seis horas, conforme art. 71 da CLT), sendo reconhecido o direito ao pagamento total do período correspondente (isto é, a hora cheia), conforme art. 71, § 4º e Súmula 437, IV, do TST.

Gabarito "A"

(Magistratura do Trabalho – 16ª Região – 2011) Analise as alternativas e assinale a resposta CORRETA:

(A) O empregado estudante terá direito a fazer coincidir suas férias com as férias escolares.
(B) O empregado demitido por justa causa ou que se demite antes de complementar 12 (doze) meses de serviço não tem direito a férias proporcionais.
(C) As empresas legalmente autorizadas a funcionar aos domingos são obrigadas a organizar escalas de revezamento, a de que, cada empregado usufrua de pelo menos dois domingos de folga no mês, sendo as restantes em outros dias da semana.
(D) O trabalho prestado em domingos e feriados sem folga compensatória, deve ser pago em dobro, independente do salário fixo mensal e das sanções de ordem administrativa.
(E) Todas as anteriores estão incorretas.

A: incorreta, esse benefício é para o estudante menor de 18 anos (art. 136, § 2º, da CLT); **B:** incorreta, Súmulas 171 e 261 do TST. O empregado que se demite antes de completar 12 meses de serviço tem direito ao recebimento de férias proporcionais (ver art. 147 da CLT; a atual redação das Súmulas 171 e 261 do TST acabou prevalecendo em virtude da Convenção n. 132 da OIT); **C:** incorreta, há três hipóteses básicas de trabalho aos domingos: i) nos serviços teatrais (e em outros espetáculos, por analogia), não se exige escala de revezamento (CLT, art. 67, parágrafo único); ii) nos serviços que, nos termos do art. 67, parágrafo único, da CLT exijam trabalho aos domingos, será estabelecida escala de revezamento, mensalmente organizada e constando de quadro, sujeito à fiscalização, a fim de que, em um período máximo de sete semanas, cada empregado usufrua ao menos um domingo de folga (art. 2º, *b*, da Portaria MTE 417/1966); iii) no comércio em geral, observada a legislação municipal, o RSR deverá coincidir com os domingos ao menos uma vez no intervalo máximo de três semanas (art. 6º, parágrafo único, da Lei 10.101/2000); **D:** correta, art. 9º da Lei 605/1949 e Súmula 146 do TST.

Gabarito "D"

(Magistratura do Trabalho – 16ª Região – 2008) Assinale a alternativa correta.

(A) Segundo Súmula do TST, estabelecida jornada superior a seis horas e limitada a oito horas por meio de regular negociação coletiva, os empregados submetidos a turnos ininterruptos de revezamento têm direito ao pagamento da 7ª e 8ª horas como extras.

(B) Segundo Súmula do TST havendo a coexistência de dois regulamentos da empresa, a opção do empregado por um deles não significa efeito jurídico de renúncia às regras do sistema do outro.

(C) Segundo Súmula do TST a interrupção do trabalho destinada a repouso e alimentação, dentro de cada turno, ou o intervalo para repouso semanal, descaracteriza o turno de revezamento com jornada de 6 (seis) horas previsto no art. 7º, XIV, da CF/1988.

(D) Segundo Súmula do TST a previsão contida no art. 10 da Lei n. 5.811/1972, possibilitando a mudança do regime de revezamento de petroleiros para horário fixo, constitui alteração lícita, não violando os artigos 468 da CLT e 7º, VI, da CF/1988.

(E) Segundo Súmula do TST o desrespeito ao intervalo mínimo entre dois turnos de trabalho, ainda que não importe em excesso na jornada efetivamente trabalhada, dá direito a ressarcimento ao obreiro, por tratar-se de infração sujeita a penalidade administrativa (art. 71 da CLT).

A: incorreta, não têm direito ao pagamento da 7ª e 8ª hora (Súmula 423 do TST); **B:** incorreta, significa renúncias às regras do outro (Súmula 51, II, do TST); **C:** incorreta, não descaracteriza o turno de revezamento (Súmula 360 do TST); **D:** correta, Súmula 391 do TST; **E:** incorreta, a Súmula 88 do TST, que trazia essa previsão, foi cancelada.

Gabarito "D"

(Magistratura do Trabalho – 24ª Região – 2006) Assinale a alternativa INCORRETA:

(A) Em qualquer trabalho contínuo, cuja duração exceda de seis horas, é obrigatória a concessão de um intervalo para repouso ou alimentação, o qual será, no mínimo, de uma hora e, salvo acordo escrito ou contrato coletivo em contrário, não poderá exceder de duas horas.

(B) O limite mínimo de uma hora para repouso ou refeição poderá ser reduzido por ato do Ministro do Trabalho, quando, ouvida a Secretaria de Segurança e Medicina do Trabalho, se verificar que o estabelecimento atende integralmente às exigências concernentes à organização dos refeitórios e quando os respectivos empregados não estiverem sob regime de trabalho prorrogado a horas suplementares.

(C) Segundo entendimento sumular, a Lei 4.950/1966 não estipula a jornada reduzida, mas apenas estabelece o salário mínimo da categoria para uma jornada de 6 horas para os engenheiros, não havendo que se falar em horas extras, salvo as excedentes à oitava, desde que seja respeitado o salário mínimo/horário da categoria.

(D) O cálculo do valor das horas extras habituais, para efeito de reflexos em verbas trabalhistas, observará o número de horas efetivamente prestadas e a ele aplica-se o valor do salário-hora da época do pagamento daquelas verbas.

(E) Ocorrendo necessidade imperiosa, poderá a duração do trabalho do menor exceder do limite legal ou convencionado, até o limite máximo de 10 horas, seja para fazer face a motivo de força maior, seja para atender à realização de serviços inadiáveis ou cuja execução possa acarretar prejuízo manifesto.

A alternativa incorreta, que deve ser assinalada, é a "E", pois contraria o previsto no inciso II do art. 413 da CLT, *in verbis*: "excepcionalmente, por motivo de força maior, até o máximo de 12 (doze) horas, com acréscimo salarial de, pelo menos, 25% (vinte e cinco por cento) sobre a hora normal e desde que o trabalho do menor seja imprescindível ao funcionamento do estabelecimento".

Gabarito "E"

(Magistratura do Trabalho – 24ª Região – 2006) Assinale a INCORRETA:

(A) Ao empregado em minas de subsolo, em cada período de 3 (três) horas consecutivas de trabalho, será obrigatória uma pausa de 15 (quinze) minutos para repouso, a qual será computada na duração normal de trabalho efetivo.

(B) Nos serviços permanentes de mecanografia (datilografia, escrituração ou cálculo), a cada período de sessenta minutos de trabalho consecutivo corresponderá um repouso de dez minutos deduzidos da duração normal do trabalho.

(C) A duração normal do trabalho dos empregados em bancos, casas bancárias e Caixa Econômica Federal será de 6 (seis) horas contínuas nos dias úteis, com exceção dos sábados, perfazendo um total de 30 (trinta) horas de trabalho por semana.

(D) Para os empregados que trabalham no interior das câmaras frigoríficas e para os que movimentam mercadorias do ambiente quente ou normal para o frio e vice-versa, depois de uma hora e quarenta minutos de trabalho contínuo será assegurado um período de vinte minutos de repouso, computado esse intervalo como de trabalho efetivo.

(E) Ao empregado jornalista profissional a duração normal do trabalho não deverá exceder de 5 (cinco) horas, tanto de dia quanto à noite.

A alternativa incorreta, que deve ser assinalada, é a "B", pois o período é de 90 minutos (art. 72 da CLT).

Gabarito "B"

11. PODER DIRETIVO (INCLUSIVE, ALTERAÇÃO CONTRATUAL E ADICIONAL DE TRANSFERÊNCIA)

(Magistratura do Trabalho – 1ª Região – 2004) No contrato de trabalho, escrito, há cláusula que permite ao empregador transferir o empregado para outros locais.

Assinale a opção correta:

(A) é devido, em qualquer hipótese, o adicional de transferência;

(B) ao empregador é lícita a transferência, posto que o empregado desde a admissão já conhecia esta condição, mas deverá comprovar a efetiva necessidade;

(C) a cláusula não é válida, em qualquer hipótese, porque viola texto literal de lei, sendo nula qualquer modificação do local de trabalho do empregado;

(D) feita a transferência, o empregado tem direito ao adicional de transferência, somente se não comprovada a real necessidade da transferência;

(E) as transferências são válidas somente para os empregados que exerçam cargos de confiança, assim, se este não for o caso do empregado, nula a transferência, independente de ser necessária ou não.

A alternativa "B" estrá em consonância com o previsto no art. 469 da CLT e Súmula 43 do TST.

Gabarito "B"

(Magistratura do Trabalho – 2ª Região – 2012) Em relação aos institutos da alteração, suspensão e interrupção do contrato de trabalho, nos termos da Consolidação das Leis do Trabalho, é **correto** afirmar que:

(A) nos contratos individuais de trabalho é lícita a alteração das respectivas condições por mútuo consentimento, ainda que resultem, direta ou indiretamente, prejuízos ao empregado, diante do caráter bilateral do pacto;

(B) não se considera alteração unilateral a determinação do empregador para que o respectivo empregado reverta ao cargo efetivo, anteriormente ocupado, deixando o exercício de função de confiança.

(C) o empregado que for aposentado por invalidez terá interrompido o seu contrato de trabalho durante o prazo fixado pelas leis de previdência social para a efetivação do benefício;

(D) o empregado poderá deixar de comparecer ao serviço sem prejuízo do salário por um dia, em cada seis meses de trabalho, em caso de doação voluntária de sangue devidamente comprovada;

(E) em caso de necessidade de serviço o empregador poderá transferir o empregado para localidade diversa da que resultar do contrato, ficando obrigado a pagamento suplementar de nunca inferior a trinta por cento dos salários que recebia, enquanto durar esta situação.

A: incorreta. Com base no princípio da proteção, é vedado, no ordenamento jurídico, qualquer alteração contratual lesiva ao empregado (art. 468 da CLT); **B:** correta (art. 468, parágrafo único, da CLT); **C:** incorreta. Trata-se de hipótese de SUSPENSÃO do contrato de trabalho (art. 475 da CLT); **D:** incorreta. O período autorizado pelo art. 473, IV, da CLT, é de um dia a cada **doze** meses de trabalho, no caso de doação voluntária de sangue, devidamente comprovada; **E:** incorreta. O pagamento suplementar, nos casos de transferência do empregado para localidade diversa será de **25%** (art. 469, § 3º, da CLT).

Gabarito "B"

(Magistratura do Trabalho – 2ª Região – 2012) Com base na lei e no entendimento sumulado do TST, assinale a alternativa **IN**CORRETA:

(A) A transferência para o período diurno de trabalho implica a perda do direito ao adicional noturno.

(B) Não será considerada como transferência a alteração do local de trabalho que não acarrete necessariamente a mudança do domicílio do trabalhador.

(C) Por necessidade de serviço será permitida a transferência do empregado para localidade diversa daquela prevista no contrato, ficando o empregador sujeito a um pagamento suplementar não inferior a 25% dos salários do empregado, enquanto durar a transferência.

(D) A supressão, pelo empregador, do serviço extraordinário prestado com habitualidade, durante pelo menos 1 (um) ano, não assegura ao empregado o direito à indenização, visto que a prorrogação de jornada é situação prejudicial ao trabalhador.

(E) É lícita a transferência quando ocorrer extinção do estabelecimento em que trabalhar o em pregado.

A: assertiva correta, Súmula 265 do TST; **B:** assertiva correta, artigo 469, "caput", 2ª parte, da CLT; **C:** assertiva correta, artigo 469, § 3º, da CLT; **D:** assertiva incorreta, devendo ser assinalada, pois assegura ao empregado o direito à indenização (Súmula 291 do TST); **E:** assertiva correta, artigo 469, § 2º, da CLT.

Gabarito "D"

(Magistratura do Trabalho – 2ª Região – 2011) Para o recebimento do adicional de transferência previsto na Consolidação das Leis do Trabalho, devem estar preenchidos os seguintes requisitos:

(A) A transferência deve ser definitiva e o empregado deve autorizá-la.

(B) A transferência deve ser definitiva e imposta pelo empregador por ato discricionário.

(C) A transferência deve ser definitiva e deve implicar a mudança de domicílio do empregado.

(D) A transferência deve ser provisória e não deve implicar a mudança de domicílio do empregado.

(E) A transferência deve ser provisória e implicar a mudança de domicílio do empregado.

A alternativa "E" está de acordo com o art. 469, caput e § 3º, da CLT e OJ 113 da SDI-I do TST.

Gabarito "E"

(Magistratura do Trabalho – 3ª Região – 2008) Constitui situação de regular exercício de "Jus Variandi":

(A) transferência, para localidade diversa da que resultar do contrato, de empregado que exerça cargo de confiança, sem comprovação da real necessidade de serviço.

(B) estipulação de jornada de oito horas para o trabalho realizado em turnos ininterruptos de revezamento, independentemente de negociação coletiva.

(C) transferência lícita do empregado para o período diurno de trabalho com a supressão do pagamento do adicional noturno.

(D) redução salarial, sem previsão em convenção ou acordo coletivo.

(E) supressão, pelo empregador, do serviço suplementar prestado com habitualidade, durante pelo menos 1 ano, sem assegurar ao empregado o direito à indenização correspondente ao valor de 1 mês das horas suprimidas para cada ano ou fração igual ou superior a seis meses de prestação de serviço acima da jornada normal.

A alternativa correta é a "C", conforme disposição da Súmula 265 do TST.

Gabarito "C"

(Magistratura do Trabalho – 3ª Região – 2008) Com relação aos poderes do empregador no contrato de emprego, é incorreto afirmar que :

(A) o poder regulamentar do empregador sofre limitação, na medida em que ele não pode estabelecer cláusulas regulamentares que revoguem ou alterem vantagens deferidas anteriormente, para atingir também os empregados admitidos antes da revogação ou alteração do regulamento empresarial.

(B) o uso pelo empregador de seu poder fiscalizatório não deve implicar violação à intimidade, à vida privada, à honra e à imagem do empregado.

(C) a suspensão do empregado, em aplicação do poder disciplinar pelo empregador, por mais de 30 dias consecutivos não importa na rescisão injusta do contrato de trabalho.

(D) é nula a punição do empregado se não precedida de inquérito ou sindicância internos a que se obrigou a empresa por norma regulamentar.

(E) em geral, o empregador deve procurar seguir o critério da gradação das penalidades, salvo a hipótese de cometimento pelo empregado de falta de extrema gravidade, que impossibilite a continuação do contrato de trabalho.

A alternativa incorreta, que deve ser assinalada, é a "C", pois importa rescisão injusta do contrato de trabalho (art. 474 da CLT).

Gabarito "C"

(Magistratura do Trabalho – 4ª Região – 2012) Quanto ao cargo de confiança, é correto afirmar:

(A) O fato de o empregado exercer cargo de confiança no contrato de trabalho exclui o direito ao adicional de transferência.

(B) Salvo no caso de prática de falta grave, é assegurada ao empregado garantido pela estabilidade que deixar de exercer cargo de confiança, a reversão ao cargo efetivo que haja anteriormente ocupado.

(C) O empregador poderá reduzir o valor da gratificação de função paga ao trabalhador quando se tratar de exercício de função comissionada.

(D) O empregado que percebe gratificação de função por mais de 3 anos consecutivos, tem o direito de continuar recebendo a gratificação de função no retorno ao exercício de seu cargo efetivo, em razão do princípio da estabilidade financeira.

(E) O bancário que exerce cargo de confiança e recebe gratificação inferior a um terço de seu salário já tem remuneradas as duas horas extraordinárias excedentes de seis.

A: incorreta, não exclui o direito ao adicional (OJ 113 da SBDI-I do TST); **B:** correta, art. 499, § 1º, da CLT; **C:** incorreta, não pode reduzir o valor da gratificação (Súmula 372, II, do TST); **D:** incorreta, para continuar recebendo a gratificação tem que ter exercido a função por dez anos ou mais (Súmula 372, I, do TST); **E:** incorreta, a gratificação não pode ser inferior a um terço (Súmula 102, II, do TST).

Gabarito "B"

(Magistratura do Trabalho – 7ª Região – 2005) Analise as proposições abaixo, conforme sejam verdadeiras (V) ou falsas (F), e assinale a opção correta.

( ) A Consolidação das Leis do Trabalho consagra o princípio da inalterabilidade contratual lesiva, estabelecendo que não será lícita a alteração das condições de trabalho, ainda que por mútuo consentimento, quando dessa modificação resultar, direta ou indiretamente, prejuízo ao trabalhador. Não compõe, todavia, o espectro da alteração contratual lesiva a determinação de retorno do trabalhador ao cargo efetivo, deixando, assim, de ocupar função de confiança. A jurisprudência pacificada do Tribunal Superior do Trabalho, todavia, pautada no princípio da estabilidade econômica, veda a supressão da gratificação de função percebida pelo empregado por dez ou mais anos, quando o empregador, sem justo motivo, reverte o trabalhador ao cargo efetivo.

( ) O princípio da inalterabilidade unilateral do contrato de trabalho sofre mitigação quando o objeto dessa modificação guarda identidade com o local da prestação de serviços. A transferência do empregado será válida, quando se tratar de ocupante de cargo de confiança ou de relação contratual em que a possibilidade de transferência seja condição implícita ou explícita. Não havendo, porém, demonstração da real necessidade de trabalho, a transferência do emprego, mesmo nas duas situações mencionadas, será ilícita.

( ) A modificação do local da prestação de serviços que não importar necessariamente a mudança de domicílio do empregado não se insere na regra geral de vedação da transferência. Em tal hipótese, à luz da jurisprudência unificada do TST, não está o empregador obrigado a suprir acréscimos de despesa do empregado com transporte, por ter sido transferido para local mais distante da sua residência.

( ) As transferências provisórias são permitidas por lei e o empregador terá como ônus o pagamento de um adicional de 25% dos salários, parcela que não integrará o salário, podendo ser suprimida quando cessada a transferência.

(A) V – V – F – V

(B) F – V – V – F

(C) F – F – V – F

(D) F – F – F – V

(E) V – F – F – V

I: verdadeira, art. 468 da CLT e Súmula 372, I, do TST; **II:** verdadeira, art. 469 da CLT e Súmula 43 doTST; **III:** falsa, o empregado "tem direito a suplemento salarial correspondente ao acréscimo da despesa de transporte" (art. 469, caput, da CLT e Súmula 29 do TST); **IV:** verdadeira, art. 469, § 3º, da CLT.

Gabarito "A"

(Magistratura do Trabalho – 8ª Região – 2011) Quanto à alteração do contrato de trabalho, é INCORRETO afirmar que:

(A) Em princípio, desde que realizada por mútuo consentimento e desde que dela não resulte, direta ou indiretamente, prejuízos ao empregado, é lícita a alteração do contrato de trabalho. Do contrário, é nula a cláusula que infringir tal garantia legal.

(B) Não obstante as alterações das condições do contrato de trabalho só se possam implementar por mútuo consentimento, não há se desprezar o denominado *"jus variandi"* concedido ao empregador, classificado como alteração voluntária unilateral, fulcrado no poder diretivo do titular do empreendimento econômico, mas que não pode ocorrer em prejuízo do obreiro.

(C) Desde que a transferência da localidade da prestação do serviço não signifique mudança de domicílio do empregado, é lícito ao empregador removê-lo para outro estabelecimento situado na mesma região metropolitana, sem que, em tal hipótese, o empregado tenha direito a qualquer acréscimo salarial.

(D) É possível a redução da carga horária do professor quando da ocorrência de diminuição do número de alunos, contanto que tal não implique em redução do valor da hora-aula.

(E) Em princípio, é impossível a redução do salário do empregado. No entanto, excepcionalmente, tal espécie de alteração quantitativa é permitida, como na hipótese em que se dá a reversão do empregado ao cargo efetivo, de que esteve afastado para o exercício de função de confiança.

A: assertiva correta, art. 468 da CLT; **B:** assertiva correta, por definição; **C:** assertiva incorreta, devendo ser assinalada, "tem direito a suplemento salarial correspondente ao acréscimo da despesa de transporte" caso a transferência seja para local mais distante de sua residência (Súmula 29 do TST, ver art. 469 da CLT); **D:** assertiva correta, OJ 244 da SDI-I do TST; **E:** assertiva correta, art. 468, parágrafo único da CLT (ver Súmula 372, I, do TST).

Gabarito "C"

(Magistratura do Trabalho – 9ª Região – 2006) A mudança de sede da empresa, dentro dos limites do município em que o empregado tem seu domicílio:

(A) Configura transferência provisória, acarretando a obrigação de pagamento aos empregados de adicional de 25%.

(B) Configura transferência definitiva, ensejando o pagamento de ajuda de custo aos empregados.

(C) Somente é permitida pela legislação trabalhista mediante acordo coletivo.

(D) Constitui legítimo exercício do poder diretivo patronal, não caracterizando transferência.

(E) Não gera direito ao adicional de transferência, desde que haja expressa previsão em contrato de trabalho contemplando possibilidade de mudança do local da prestação dos serviços.

A alternativa "D" corresponde ao disposto no art. 469, caput, da CLT.

Gabarito "D"

(Magistratura do Trabalho – 12ª Região – 2006) Sobre os limites para a aplicação de penalidades pelo empregador, à luz do Direito do Trabalho, é incorreto afirmar:

(A) as punições no âmbito empregatício têm que ser gradualmente dosadas, em proporção crescente, desde a penalidade mais branda até a mais elevada (advertência, suspensão e dispensa por justa causa), com vistas a propiciar o alcance dos fins pedagógicos do exercício do poder disciplinar;

(B) o que pode ser tido como infração laboral será exclusivamente um comportamento do trabalhador que prejudique o cumprimento de suas obrigações contratuais trabalhistas ou, no mínimo, produza injustificável prejuízo ao ambiente de trabalho;

(C) são requisitos subjetivos para a aplicação do poder disciplinar a autoria obreira da infração e seu dolo ou culpa com respeito ao fato ou omissão imputados;

(D) são circunstanciais os requisitos que dizem respeito à atuação disciplinar do empregador em face da falta cometida e do trabalhador envolvido, tais como: nexo causal entre a falta e a penalidade; proporcionalidade entre elas; imediatidade da punição; ausência de perdão tácito; singularidade e inalteração da punição;

(E) o critério da singularidade da punição concretiza o princípio clássico do *non bis in idem* no âmbito do poder disciplinar, pelo qual o empregador não pode aplicar mais de uma pena em função de uma única falta cometida.

A alternativa incorreta, que deve ser assinalda, é a "A", tais penalidades não vêm tarifadas (sendo possível, assim que configurada a justa causa, despedir-se diretamente), embora estejam jungidas ao princípio da proporcionalidade.

Gabarito "A"

(Magistratura do Trabalho – 14ª Região – 2011) Com base na lei e no entendimento sumulado do TST, assinale a alternativa que não está correta.

(A) Não será considerada como transferência a alteração do local de trabalho que não acarrete necessariamente a mudança do domicílio do trabalhador.

(B) A transferência para o período diurno de trabalho implica a perda do direito ao adicional noturno.

(C) Caso o empregador determine a supressão do serviço extraordinário prestado com habitualidade, durante pelo menos 1 (um) ano, não ficará assegurado ao empregado o direito à indenização.

(D) E permitida a transferência do empregado quando ocorrer extinção do estabelecimento em que o mesmo trabalhava.

(E) Por necessidade de serviço será permitida a transferência do empregado para localidade diversa daquela prevista no contrato, ficando o empregador sujeito a um pagamento suplementar não inferior a 25% dos salários do empregado, enquanto durar a transferência.

A: assertiva correta, art. 469, caput, da CLT; **B:** assertiva correta, Súmula 265 do TST; **C:** assertiva incorreta, devendo ser assinalada, fica assegurado ao empregado o direito à indenização (Súmula 291 do TST); **D:** assertiva correta, art. 469, § 2º, da CLT; **E:** assertiva correta, art. 469, § 3º, da CLT.

Gabarito "C"

(Magistratura do Trabalho – 15ª Região – 2011) A respeito da alteração contratual e considerando a jurisprudência do TST, analise as seguintes assertivas.

I. Tratando-se de ação que envolva pedido de prestações sucessivas decorrentes de alteração do pactuado, a prescrição é parcial, inclusive quando o direito à parcela esteja assegurado por lei.

II. Tratando-se de ação que envolva pedido de prestações sucessivas decorrentes de alteração do pactuado, a prescrição é total, exceto quando o direito à parcela esteja também assegurado por preceito de lei.

III. A redução da carga horária do professor, em razão da diminuição da número de alunos, constitui alteração ilícita do contrato de trabalho.

IV. É suscetível de operar a prescrição total da ação nas hipóteses de supressão de comissões ou alteração quanto à forma ou percentual, em prejuízo do empregado.

V. As cláusulas regulamentares que revoguem vantagens deferidas anteriormente só atingirão os trabalhadores admitidos após a revogação, não surtindo o mesmo efeito quando se tratar de alteração do regulamento.

Agora responda:

(A) as assertivas II, III e V estão corretas;

(B) as assertivas II e IV estão corretas;

(C) as assertivas II e V estão corretas;

(D) as assertivas I, II, III e IV estão erradas;

(E) as assertivas I, II, III e V estão corretas;

I: incorreta, "a prescrição é total, exceto quando o direito à parcela esteja também assegurado por preceito de lei" (Súmula 294 do TST); **II:** correta, Súmula 294 do TST; **III:** incorreta, "a redução da carga horária do professor, em virtude da diminuição do número de alunos, não constitui alteração contratual, uma vez que não implica redução do valor da hora-aula" (OJ 244 da SDI-I do TST); **IV:** correta, OJ 175 da SDI-I do TST; **V:** incorreta, atingirão os trabalhadores admitidos após a alteração ou revogação do regulamento (Súmula 51, I, do TST).

Gabarito "B"

(Magistratura do Trabalho – 15ª Região – 2011) Assinale a alternativa correta:

(A) ao empregador é vedado transferir o empregado, sem sua anuência, para localidade diversa da que resultar do contrato, independentemente do cargo exercido, não se considerando transferência a que não acarretar necessariamente a mudança do seu domicílio;

(B) a previsão contratual de transferência exclui a necessidade de comprovação da real necessidade de serviço, bem como o direito ao adicional salarial;

(C) não é ilícita a transferência quando ocorrer extinção do estabelecimento em que trabalhar o empregado;

(D) em caso de necessidade de serviço o empregador poderá transferir empregado para localidade diversa da que resultar do contrato, estando dispensado do pagamento de adicional de transferência;

(E) as despesas resultantes da transferência correrão por conta do empregador, salvo na hipótese de empregado detentor de função de confiança.

A: incorreta, "os empregados que exerçam cargo de confiança e aqueles cujos contratos tenham como condição, implícita ou explícita, a transferência, quando esta decorra de real necessidade de serviço" podem ser transferidos pelo empregador (art. 469, § 1º, da CLT); **B:** incorreta, se não comprovada a real necessidade do serviço, a transferência é abusiva (Súmula 43 do TST); **C:** correta, art. 469, § 2º, da CLT (v. Súmula 221 do STF); **D:** incorreta, "ficará obrigado a um pagamento suplementar, nunca inferior a 25% (vinte e cinco por cento) dos salários que o empregado percebia naquela localidade, enquanto durar essa situação" (art. 469, § 3º, da CLT); **E:** incorreta, não existe a exceção trazida na alternativa (art. 470 da CLT).

Gabarito "C"

(Magistratura do Trabalho – 15ª Região – 2010) Considera-se alteração ilícita do contrato de trabalho a determinação do empregador:

(A) que impede o empregado de continuar prestando horas extras já realizadas habitualmente por seis meses;

(B) que transfere o exercente de cargo de confiança em sentido restrito para ocupar a gerência em outra cidade, distinta daquela para a qual foi inicialmente contratado;

(C) para que o empregado trabalhe em outra localidade, tendo em vista a extinção, de atividades no estabelecimento para o qual foi originariamente contratado;

(D) que alterar o ambiente de trabalho, tornando-o salubre, com supressão do adicional de insalubridade antes percebido pelo empregado, resultando em diminuição salarial;
(E) nenhuma das anteriores.

A: incorreta, o adicional de horas extras compõe a noção de salário-condição, só perdurando enquanto subsistir a causa que o justifique, não gerando direito adquirido mesmo em caso de habitualidade, embora sua supressão possa ocasionar algumas indenizações, conforme dispõe a Súmula 291 do TST; **B:** incorreta, os exercentes de cargo de confiança podem ser transferidos pelo empregador (art. 469, § 1º, da CLT); **C:** incorreta, tal transferência é lícita (art. 469, § 2º, da CLT); **D:** incorreta, "a reclassificação ou a descaracterização da insalubridade, por ato da autoridade competente, repercute na satisfação do respectivo adicional, sem ofensa a direito adquirido ou ao princípio da irredutibilidade salarial" (Súmula 248 do TST).

Gabarito "E"

(Magistratura do Trabalho – 15ª Região – 2010) Determinado empregado exerce função comissionada há dez anos e onze meses. Na conformidade da jurisprudência do C. TST, responda:

(A) o empregador não pode reverter esse empregado ao cargo efetivo;
(B) o empregador não pode exigir desse empregado a realização de horas extras;
(C) ainda que o empregador reverta o empregado ao cargo anterior, não poderá suprimir o pagamento da gratificação de função sem justo motivo;
(D) o empregador não pode dispensar, sem motivo, esse empregado;
(E) o empregador pode reverter esse empregado ao cargo efetivo, pagando-lhe metade da gratificação de função.

A alternativa "C" está de acordo com o previsto na Súmula 372 do TST.

Gabarito "C"

(Magistratura do Trabalho – 21ª Região – 2012) Considerando o entendimento pacificado pelo TST e STF, e a legislação consolidada a respeito do assunto, assinale a alternativa correta:

I. não será devido o adicional de transferência ao empregado cujo contrato de trabalho possui expressa previsão de possibilidade de transferência a título provisório;
II. empregado transferido para local mais distante de sua residência não fará jus a qualquer suplemento salarial, desde que não haja necessidade de mudança de domicílio;
III. é lícita a transferência do empregado estável quando ocorrer a extinção, ainda que parcial, do estabelecimento;
IV. será lícita a alteração do contrato de trabalho desde que haja consentimento das partes e não cause prejuízos de ordem financeira ao empregado;
V. é abusiva toda transferência para localidade diversa da prevista no contrato de trabalho, exceto nos casos de exercício de cargo de confiança ou extinção do estabelecimento.

(A) nenhuma assertiva está correta;
(B) apenas a assertiva I está correta;
(C) apenas as assertivas II e III estão corretas;
(D) apenas as assertivas I e IV estão corretas;
(E) apenas as assertivas II e V estão corretas;

I: incorreta, será devido o adicional (OJ 113 da SDI-I do TST); **II:** incorreta, "tem direito a suplemento salarial correspondente ao acréscimo da despesa de transporte" (Súmula 29 do TST); **III:** incorreta, só é possível se por motivo de força maior (Súmula 221 do STF); **IV:** incorreta, não só o prejuízo de ordem financeira (art. 468 da CLT); **V:** incorreta, também não será abusiva no caso de necessidade de serviço (art. 469, §§ 1º e 2º da CLT).

Gabarito "A"

(Magistratura do Trabalho – 23ª Região – 2012) De acordo com as disposições da CLT e entendimento jurisprudencial do TST, analise as proposições abaixo e indique a alternativa correta:

I. Nos contratos individuais de trabalho só é lícita a alteração das respectivas condições, independentemente de mútuo consentimento, quando não resultem, direta ou indiretamente, prejuízos ao empregado, sob pena de nulidade da cláusula infringente desta garantia.
II. Não se considera alteração unilateral a determinação do empregador para que o respectivo empregado reverta ao cargo anteriormente ocupado deixando o exercício do cargo de hierarquia superior.
III. É lícita a transferência para localidade diversa da que resultar do contrato quando ocorrer extinção do estabelecimento em que trabalhar o empregado.
IV. Empregado transferido, por ato unilateral do empregador, para local mais distante de sua residência, tem direito a suplemento salarial correspondente ao acréscimo da despesa de transporte.
V. Presume-se abusiva a transferência de que trata o § 1º do art. 469 da CLT, sem comprovação dá necessidade do serviço.

(A) Apenas as alternativas III e V estão corretas e as demais estão incorretas.
(B) Apenas as alternativas IV e V estão corretas e as demais estão incorretas
(C) Apenas as alternativas III, IV e V estão corretas e as demais estão incorretas
(D) Apenas as alternativas II, III e V estão corretas e as demais estão incorretas
(E) As alternativas I, III, IV e V estão corretas e a alternativa II está incorreta.

I: incorreta, depende de mútuo consentimento (art. 468 da CLT); **II:** incorreta, não se considera alteração unilateral a reversão a cargo efetivo, deixando o exercício da função de confiança (art. 468, parágrafo único, da CLT); **III:** correta, art. 469, § 2º, da CLT; **IV:** correta, Súmula 29 do TST; **V:** correta, Súmula 43 do TST.

Gabarito "C"

(Magistratura do Trabalho – 23ª Região – 2009) Leia o caso hipotético e analise as afirmações seguintes, assinalando a alternativa CORRETA:

Marina trabalhou para determinada empresa por cinco anos. Durante a vigência do pacto laboral cumpriu com seus deveres e nunca faltou ao trabalho.

Marina passou a trabalhar em condições insalubres juntamente com a colega Joana. Fornecidos pela empresa os Equipamentos de Proteção Individual necessários à execução do serviço, eles não eram utilizados de forma adequada por Marina e Joana, razão pela qual foram advertidas e em seguida suspensas de suas atividades, isso sessenta dias depois da ocorrência dos fatos. No dia seguinte ao retorno do cumprimento da suspensão, sem que ocorresse nenhum outro fato, foi dispensada por justa causa. Joana continuou trabalhando para a empresa

I. A ausência de utilização do EPI não caracteriza justa causa, uma vez que este fato não está previsto no art. 482 da CLT.
II. Marina não poderia ser dispensada por justa causa, uma vez que já havia sido suspensa pela ausência de utilização dos EPIs, o que caracteriza *bis in idem*.
III. Marina e Joana cometeram a mesma falta e tiveram tratamento desigual, restando evidente a discriminação pela empresa em relação à Marina, uma vez que o contrato de Joana não foi resolvido.
IV. Não houve imediatidade da punição o que afasta a possibilidade de aplicação da justa causa.

(A) Estão corretos apenas os itens I, II e IV.
(B) Estão corretos apenas os itens I, III e IV.
(C) Estão corretos apenas os itens I, II e III.
(D) Todos os itens estão corretos.
(E) Estão corretos apenas os itens II, III e IV.

I: incorreta, tal fato está previsto no art. 158, parágrafo único, b, da CLT; **II**, **III** e **IV:** corretas, por definição.

Gabarito "E"

(Magistratura do Trabalho – 23ª Região – 2006) Analise as afirmações abaixo e assinale a alternativa correta: I – O poder disciplinar do empregador, prerrogativa contida no seu poder empregatício, e o *jus resistentiae* do empregado constituem elementos concorrentes para o equilíbrio do contrato de trabalho; II – Após a contratação, é vedado ao empregador modificar as condições iniciais do ajuste, salvo interferência do sindicato de classe do obreiro; III – Ao menor que exceder sua jornada fica assegurada a compensação imediata, de modo a não ultrapassar o limite semanal; IV – A transação opera-se quando as partes de uma relação jurídica firmam acordo mediante concessões mútuas e recíprocas referentes à obrigação litigiosa ou duvidosa; V – Aos trabalhadores em regime de tempo parcial, é assegurado o trabalho em horas extraordinárias, mas neste caso o percentual de acréscimo deve ser o dobro do previsto para os trabalhadores de tempo integral.

(A) todas as afirmativas estão corretas;
(B) somente estão corretas as afirmativas III e V;
(C) somente estão corretas as afirmativas I e IV;
(D) somente estão incorretas as afirmativas I, III e IV;
(E) todas as afirmativas estão incorretas.

I: correta, por definição; **II:** incorreta, art. 468 da CLT (não caracterizam alteração contratual unilateral proibida por lei as alterações benéficas ao empregado nem as decorrentes do ius variandi ordinário do empregador); **III:** incorreta, art. 413 da CLT; **IV:** correta, por definição; **V:** incorreta, os trabalhadores em regime de tempo parcial não podem prestar horas extras (art. 59, § 4º, da CLT).

Gabarito "C"

(Ministério Público do Trabalho – 8º) José foi contratado por determinada empresa, para exercer as funções de Cobrador. Dois anos depois, seu empregador o nomeou para o cargo de confiança de "Diretor de Cobrança", com gratificação correspondente. Decorridos 6 anos a direção da empresa resolve destituí-lo do cargo de confiança, voltando a ocupar a primitiva função de Cobrador, tendo sido suprimida a gratificação. Em face do exposto, assinale a alternativa correta:

(A) poderá o empregador determinar que José reverta à função primitiva, desde que faça incorporar a gratificação percebida, à razão de 1/12 por ano de comissionamento;
(B) a perda da função de Diretor autoriza o empregado a propor rescisão indireta do contrato de trabalho, por culpa patronal;
(C) só será válida a determinação do empregador, se este garantir a incorporação à sua remuneração, da gratificação até então percebida;
(D) há nulidade do ato praticado pelo empregador, à luz do art. 468 da CL T;
(E) é válida a determinação do empregador para que José reverta a seu cargo efetivo, sem qualquer incorporação ou indenização compensatória;
(F) não sei.

A alternativa que deve ser assinalada é a "E", conforme art. 468, parágrafo único, da CLT e Súmula 209 do TST (cancelada, mas à época do concurso a orientação trazida na súmula era de acordo com a alternativa "E").

Gabarito "E"

(Ministério Público do Trabalho – 8º) O retorno do empregado ao cargo efetivo anterior, deixando o de comissão:

(A) constitui alteração ilegal do contrato de trabalho;
(B) depende de previsão contratual;
(C) pressupõe motivo aceitável e a concordância do empregado;
(D) encerra direito potestativo do empregador;
(E) não é admitido após dez anos de exercício de cargo comissionado;
(F) não sei.

A alternativa correta, conforme art. 468, parágrafo único, da CLT, é a "D".

Gabarito "D"

(Procurador do Trabalho – MPT – 11º Concurso – 2004) No que se refere às alterações do contrato de trabalho, é CORRETO afirmar:

(A) as alterações bilaterais das condições de trabalho somente serão válidas se delas não resultar, direta ou indiretamente, prejuízos para o empregador;

(B) o *jus variandi* é o poder do empregador de punir o empregado, alterando alguma condição de trabalho, unilateralmente;

(C) o empregado pode resistir à ordem de seu superior hierárquico que extrapole os limites do poder diretivo conferido ao empregador;

(D) conforme prevê a legislação trabalhista, transferência é a alteração do local de trabalho, que não acarretar, necessariamente, a mudança de domicílio do empregado;

(E) não respondida.

A alternativa correta, por definição, é a "C", tratando-se do jus resistentiae.

Gabarito "C".

12. SUSPENSÃO E INTERRUPÇÃO DO CONTRATO DE TRABALHO

(Magistratura do Trabalho – 1ª Região – 2004) Na suspensão do contrato de trabalho para qualificação profissional do empregado, quais dos requisitos abaixo são indispensáveis ?

I. expressa regulação do afastamento através de convenção ou acordo coletivo de trabalho;

II. a suspensão contratual deve ser comunicada ao sindicato com antecedência mínima de quinze dias;

III. é necessária a aquiescência expressa do empregado com a suspensão do seu contrato;

IV. o curso ou programa de qualificação profissional deve ser oferecido pelo empregador ou por instituição por ele eleita;

V. embora possa ser prorrogado, o prazo estabelecido, para a presente hipótese suspensiva, é de dois a cinco meses.

Assinale:

(A) se todos os itens são indispensáveis;

(B) se apenas os itens I, III e IV são indispensáveis;

(C) se apenas os itens III, IV e V são indispensáveis;

(D) se apenas o item II é indispensável;

(E) se nenhum dos requisitos é exigível legalmente, já que a determinação para a qualificação do empregado encontra-se dentro dos limites do poder de comando do empregador que assume os riscos da atividade por ele empreendida.

Todos os itens estão elencados no art. 476-A da CLT.

Gabarito "A".

(Magistratura do Trabalho – 1ª Região – 2004) Empregada sofre acidente de trabalho no curso de contrato de trabalho por prazo determinado, quando se encontrava no terceiro mês de gestação e restavam quatro meses para o término do prazo contratual. Ficou inapta para o trabalho, somente tendo alta médica cinco meses após o acidente. Assinale a assertiva correta:

(A) o contrato de trabalho sofre interrupção, pelo prazo que restar para o seu termo, devendo o empregador arcar com pagamento do salário dos primeiros quinze dias;

(B) o contrato de trabalho sofre interrupção, por quinze dias, ficando a seguir suspenso pelo prazo que restar para o seu termo, terminando no prazo pactuado;

(C) o contrato de trabalho sofre interrupção, por quinze dias, ficando a seguir suspenso até a verificação de alta, mesmo ultrapassando o prazo inicialmente pactuado, quando estará a empregada apta para o trabalho, comutando-se o contrato para prazo indeterminado;

(D) o contrato de trabalho sofre interrupção, por quinze dias, ficando a seguir suspenso até que esteja a empregada apta para o trabalho, não terminando no prazo pactuado em face do advento do estado de gravidez, que implicará a estabilidade provisória até cinco meses após o parto;

(E) o contrato de trabalho sofre interrupção, por quinze dias, ficando a seguir suspenso até que esteja a empregada apta para o trabalho, não terminando no prazo pactuado em face da estabilidade de um ano garantida ao acidentado que usufruir auxílio-doença acidentário.

À época em que a questão foi elaborada, a alternativa "B" estava correta. A atual redação da Súmula 244, III, do TST, no entanto, indica que a emprega gestante tem estabilidade provisória desde a confirmação da gravidez até cinco meses após o parto, mesmo que contratada por prazo determinado (art. 472, § 2º, da CLT, Súmula 244, III, do TST).

Gabarito "B".

(Magistratura do Trabalho – 3ª Região – 2009) Analise as proposições abaixo e, considerando o entendimento jurisprudencial sumulado e a legislação em vigor, assinale a alternativa correta:

I. O empregado que for aposentado por invalidez terá suspenso o seu contrato de trabalho.

II. Segundo a Consolidação das Leis do Trabalho, trata-se de interrupção contratual o afastamento de nove dias no caso de falecimento do cônjuge, pai, mãe ou filho do empregado professor.

III. Ao empregado afastado do trabalho efetivo, em razão de doença, são assegurados, por ocasião de seu retorno, os reajustes salariais que, em sua ausência, tiverem sido atribuídos à categoria, por força de convenção coletiva, ainda que o seu contrato de trabalho preveja expressamente o oposto.

IV. O empregado eleito para ocupar cargo de diretor tem o respectivo contrato de trabalho suspenso, não se computando o tempo de serviço deste período, salvo se permanecer a subordinação jurídica inerente à relação de emprego.

V. A participação pacífica em greve implica interrupção do contrato de trabalho, nos termos da Lei n. 7.783/1989, salvo se a greve for ilícita e a participação do empregado tiver sido ativa.

(A) São falsas as proposições I, II, IV.

(B) São falsas as proposições II, III, V.

(C) São falsas as proposições I, II, IV e V.

(D) Apenas a proposição II é falsa e as demais são verdadeiras.

(E) Apenas a proposição V é falsa e as demais são verdadeiras.

I: correta, art. 475 da CLT e Súmula 160 do TST (v. OJ 375 da SDI-I do TST); **II:** correta, art. 320, § 3º, da CLT; **III:** correta, art. 471 da CLT; **IV:** correta, Súmula 269 do TST; **V:** incorreta, implica em suspensão do contrato de trabalho (art. 7º da Lei 7.783/1989).

Gabarito "E"

(Magistratura do Trabalho – 3ª Região – 2008) É situação de suspensão do contrato de trabalho:

(A) afastamento do segurado empregado doméstico para percepção de auxílio-doença previdenciário a contar da data do início da incapacidade.

(B) licença remunerada do empregado concedida pelo empregador.

(C) repouso remunerado de 2 semanas concedido à empregada mulher, em caso de aborto não criminoso, comprovado por atestado médico oficial.

(D) comparecimento do empregado a juízo pelo tempo que se fizer necessário.

(E) afastamento do professor no decurso de 9 dias por motivo de gala ou de luto em consequência de falecimento do cônjuge, do pai ou mãe, ou de filho.

Art. 60 da Lei 8.213/1991 (o art. 11 faz uma distinção entre segurado empregado e segurado empregado doméstico).

Gabarito "A"

(Magistratura do Trabalho – 3ª Região – 2008) Sobre a suspensão do contrato para qualificação profissional do empregado, é incorreto afirmar que:

(A) o empregado com contrato de trabalho suspenso para qualificação profissional (art. 476-A da CLT) mantém a qualidade de segurado, independentemente de contribuições, até 12 meses após a cessação das contribuições.

(B) durante o período de suspensão contratual para participação em curso ou programa de qualificação profissional, o empregado fará jus aos benefícios voluntariamente concedidos pelo empregador.

(C) se ocorrer a dispensa do empregado no transcurso do período de suspensão contratual para qualificação profissional ou nos três meses subsequentes ao seu retorno ao trabalho, o empregador pagará ao empregado, além das parcelas indenizatórias previstas na legislação em vigor, multa a ser estabelecida em convenção ou acordo coletivo, sendo de, no mínimo, cem por cento sobre o valor da última remuneração mensal anterior à suspensão do contrato.

(D) o empregado que estiver com o contrato de trabalho suspenso em virtude de participação em curso ou programa de qualificação profissional oferecido pelo empregador, em conformidade com o disposto em convenção ou acordo coletivo celebrado para este fim, fará jus à bolsa de qualificação profissional custeada pelo Fundo de Amparo ao Trabalhador – FAT, cabendo também a este Fundo custear a bolsa em caso de prorrogação do prazo limite de 5 meses mediante convenção ou acordo coletivo de trabalho e aquiescência formal do empregado.

(E) se durante a suspensão do contrato não for ministrado o curso ou programa de qualificação profissional, ou o empregado permanecer trabalhando para o empregador, ficará descaracterizada a suspensão, sujeitando o empregador ao pagamento imediato dos salários e dos encargos sociais referentes ao período, às penalidades cabíveis previstas na legislação em vigor, bem como às sanções previstas em convenção ou acordo coletivo.

A alternativa incorreta, que deve ser assinlada, é a "D", pois em caso de prorrogação do prazo limite de 5 meses, o empregador arcarr "com o ônus correspondente ao valor da bolsa de qualificação profissional, no respectivo período" (art. 476-A, § 7º, da CLT).

Gabarito "D"

(Magistratura do Trabalho – 8ª Região – 2007) Sobre as formas de inexecução provisória da prestação de serviços, é correto afirmar que:

(A) Tanto na suspensão como na interrupção ao empregador é possível romper o vínculo de emprego, independentemente do motivo, desde que arque com o pagamento da indenização devida.

(B) Considerando que em determinadas situações, embora inexistindo prestação de serviços por parte do empregado, persiste a obrigação do empregador pagar-lhe salário, constitui ônus do empregador o pagamento dos salários até o décimo quinto dia do afastamento do trabalhador por motivo de doença.

(C) Na suspensão do contrato de trabalho não há labor e também não há obrigação do empregador pagar salário, sendo que no caso de acidente de trabalho o tempo de afastamento não é considerado como tempo de serviço.

(D) Uma das hipóteses de suspensão do contrato de trabalho é o tempo de afastamento do empregado nos quinze primeiros dias, por motivo de doença.

(E) Um dos traços comuns entre suspensão e interrupção do contrato de trabalho é que, em razão da cessação contratual, que logicamente decorre dessas duas situações, ao empregado não são asseguradas as vantagens que durante o período de afastamento são atribuídas à sua categoria profissional.

_A alternativa correta é a "B". Vide arts. 476 da CLT, 60, da Lei 8.213/1991, e 75, § 4º, do Decreto 3.048/1999.

Gabarito "B"

(Magistratura do Trabalho – 9ª Região – 2009) Analise as proposições a seguir:

I. O afastamento do empregado por motivo de doença interrompe o contrato de trabalho por 15 dias e suspende o contrato a partir do 16º dia.

II. As férias e os descansos semanais remunerados importam em exemplos de interrupção do contrato de trabalho.

III. Em todas as situações de suspensão do contrato de trabalho cessa para o empregador a obrigação de pagamento de salários, de cômputo do período no tempo de serviço do empregado e de depósito do FGTS.

IV. Conforme súmula do TST, após 5 anos da concessão da aposentadoria por invalidez, cessa para o empregado o direito de retornar ao trabalho se o benefício for cancelado a partir de então.

V. O casamento do professor interrompe o respectivo contrato de trabalho por 9 dias.

(A) Somente as proposições II, III e IV são corretas.
(B) Somente as proposições I, II e V são corretas.
(C) Somente as proposições I, II e IV são corretas.
(D) Somente as proposições II, IV e V são corretas.
(E) Todas as proposições são corretas.

I: correta, arts. 476 da CLT, 60, da Lei 8.213/1991 e 75, § 4º, do Decreto 3.048/1999; **II:** correta, por definição, eis que a despeito de inexistir prestação de serviços (a principal obrigação do empregado no curso de uma relação de emprego), subsiste a obrigação do empregador de pagar os salários; **III:** incorreta, em caso de ausência do empregado em decorrência de acidente de trabalho e prestação de serviço militar obrigatório, o afastamento será computado como tempo de serviço e serão devidos os depósitos do FGTS (art. 4º, parágrafo único, da CLT e art. 5º do Decreto 99.684/1990); **IV:** incorreta, tratava-se da redação antiga da hoje reformulada Súmula 160 do TST; **V:** correta, art. 320, § 3º, da CLT.

Gabarito "B"

(Magistratura do Trabalho – 15ª Região – 2011) A respeito da suspensão e da interrupção do contrato de trabalho e considerando os termos da legislação, assinale a alternativa correta:

(A) nos contratos por prazo determinado, o tempo de afastamento, se assim acordarem as partes, será computado na contagem do prazo para a respectiva terminação;
(B) a suspensão do empregado por mais de 30 (trinta) dias, consecutivos ou não, importará rescisão injusta do contrato de trabalho;
(C) o contrato de trabalho poderá ser suspenso por um período de 2 (dois) a 5 (cinco) meses para participação do empregado em curso ou programa de qualificação profissional oferecido pelo empregador, mediante previsão em convenção ou acordo coletivo, sem necessidade de aquiescência formal do empregado;
(D) o empregado poderá deixar de comparecer ao serviço sem prejuízo do salário até 2 (dois) dias, desde que consecutivos, para o fim de se alistar eleitor;
(E) o empregado que for aposentado por invalidez terá suspenso o seu contrato de trabalho durante todo o prazo fixado pelas leis de previdência social para a efetivação do benefício.

A: incorreta, não será computado na contagem do prazo (art. 472, § 2º, da CLT); **B:** incorreta, mais de 30 dias consecutivos (art. 474 da CLT); **C:** incorreta, tem que ter a aquiescência formal do empregado (art. 476-A da CLT); **D:** incorreta, são 2 dias consecutivos ou não (art. 473, V, da CLT); **E:** correta, art. 475 da CLT.

Gabarito "E"

(Magistratura do Trabalho – 15ª Região – 2010) O empregado aposentado por invalidez terá o seu contrato de trabalho:

(A) interrompido durante o prazo fixado pelas leis de previdência social para a efetivação do benefício;
(B) suspenso;
(C) rescindido condicionalmente;
(D) interrompido durante dois anos;
(E) alterado quanto ao salário.

A alternativa correta, conforme o art. 475 da CLT, é a "B".

Gabarito "B"

(Magistratura do Trabalho – 23ª Região – 2012) Analise as alternativas abaixo e indique aquela em que se faz uma proposição incorreta acerca dos institutos jurídicos da suspensão e da interrupção do contrato de emprego.

(A) A interrupção do contrato de emprego é também denominada de suspensão parcial e pode ser conceituada como a paralisação temporária do trabalho, sem que haja perda da contraprestação devida ou do cômputo desse período de paralisação no tempo de serviço na empresa para os devidos fins.
(B) A suspensão do contrato de emprego ocorre quando há cessação temporária da prestação de serviços sem pagamento de salário e tampouco cômputo do período de afastamento como tempo de serviço na empresa para os devidos fins.
(C) Não se admite, quer no curso da suspensão quer no da interrupção do contrato de emprego, que possa, via de regra, o empregador dissolver, validamente, o vínculo empregatício, salvo em hipóteses excepcionais como no cometimento de justa causa pelo empregado ou de extinção da empresa.
(D) São consideradas hipóteses de interrupção contratual, dentre outras, o afastamento por motivo de doença ou acidente do trabalho a partir do 15º (décimo quinto) dia útil, o gozo de férias e o repouso/descanso semanal remunerado.
(E) São consideradas hipóteses de suspensão do contrato de trabalho, dentre outras, a paralisação do empregado por motivo de adesão à greve, o período de suspensão das funções até a decisão final do processo denominado inquérito para apuração de falta grave e a suspensão disciplinar.

A única assertiva incorreta é a "D". No caso de afastamento por motivo de doença ou acidente do trabalho, a interrupção do contrato de trabalho será até o 15º dia. A partir do 16º dia, teremos a suspensão contratual.

Gabarito "D"

(Magistratura do Trabalho – 23ª Região – 2008) O afastamento do empregado nos quinze primeiros dias em decorrência de acidente de trabalho; as faltas ao trabalho injustificadas e não remuneradas; e a ausência ao trabalho por até três dias em virtude de casamento, são causas de:

(A) suspensão do contrato de trabalho;
(B) interrupção do contrato de trabalho;
(C) respectivamente, suspensão, interrupção e suspensão do contrato de trabalho;
(D) respectivamente, interrupção, suspensão e interrupção do contrato de trabalho;
(E) as duas primeiras são causa de suspensão do contrato de trabalho e a última de interrupção do contrato de trabalho.

Interrupção e suspensão do contrato de trabalho são hipóteses de paralisação transitória da prestação de serviços sem a cessação contratual. Em ambos os casos são asseguradas ao empregado afastado do emprego, por ocasião de sua volta, todas as vantagens que, em sua ausência, tenham sido atribuídas à categoria a que pertencia na empresa (CLT, art. 471). Em ambos os casos, outrossim, está o empregador impossibilitado de dissolver o contrato de trabalho durante a cessação temporária do trabalho (salvo justa causa do obreiro ou extinção da empresa). O que difere a interrupção da suspensão é a cessação transitória, no caso da suspensão, da principal obrigação do empregador decorrente do contrato de trabalho: o pagamento dos salários dos empregados, obrigação esta que subsiste na interrupção contratual. Isto posto, o afastamento do empregado nos quinze primeiros dias em decorrência de acidente de trabalho é causa de interrupção contratual (remanesce o dever do empregador arcar com a remuneração do empregado durante tal período, conforme arts. 43, § 2º, e 60, § 3º, da Lei 8.213/1991); as faltas injustificadas e não remuneradas são causa de suspensão; e a ausência decorrente de gala é causa de interrupção do contrato de trabalho (CLT, art. 473, II).

Gabarito "D"

(Magistratura do Trabalho – 24ª Região – 2007) Acerca dos institutos da Suspensão e Interrupção, considere as proposições abaixo:

I. Tanto na suspensão como na interrupção do contrato são asseguradas ao empregado, afastado do emprego, por ocasião de sua volta, todas as vantagens que, em sua ausência, tenham sido atribuídas à categoria a que pertencia na empresa.

II. O período de tempo em que o empregado tiver de cumprir as exigências do serviço militar, como o comparecimento anual para fins de apresentação das reservas, configura interrupção contratual trabalhista.

III. Durante o período de suspensão contratual para participação em curso ou programa de qualificação profissional, oferecido pelo empregador, o empregado fará jus aos benefícios voluntariamente concedidos pelo empregador.

IV. O prazo de suspensão do contrato de trabalho na hipótese de participação do empregado em curso ou programa de qualificação profissional, oferecido pelo empregador, será de 2 (dois) a 5 (cinco) meses, podendo esse prazo ser prorrogado mediante convenção ou acordo coletivo de trabalho e aquiescência formal do empregado, desde que o empregador arque com o ônus correspondente ao valor da bolsa de qualificação profissional, no respectivo período.

V. O empregado eleito para ocupar o cargo de diretor tem o respectivo contrato de trabalho suspenso, não se computando o tempo de serviço deste período, salvo se permanecer a subordinação jurídica inerente à relação de emprego.

Considerando as proposições acima, RESPONDA:

(A) Apenas as proposições I e II estão incorretas.
(B) Apenas as proposições IV e V estão incorretas.
(C) Apenas a proposição III está incorreta.
(D) Todas as proposições estão corretas.
(E) Todas as proposições estão incorretas.

I: correta, art. 471 da CLT; **II:** correta, art. 473, VI, da CLT; **III:** correta, art. 476-A, § 4º, da CLT; **IV:** correta, art. 476-A, § 7º, da CLT; **V:** correta, Súmula 269 do TST.

Gabarito "D"

(Magistratura do Trabalho – 24ª Região – 2006) Na conformidade da CLT, o empregado poderá deixar de comparecer ao serviço sem prejuízo do salário, EXCETO:

(A) Até 3 (três) dias consecutivos, em virtude de casamento.
(B) Até 2 (dois) dias consecutivos ou não, para o fim de se alistar eleitor, nos termos da lei respectiva.
(C) Até 2 (dois) dias consecutivos, em caso de falecimento do cônjuge, ascendente, descendente, pais do cônjuge, irmão ou pessoa que, declarada em sua Carteira de Trabalho e Previdência Social, viva sob sua dependência econômica.
(D) Nos dias em que estiver comprovadamente realizando provas de exame vestibular para ingresso em estabelecimento de ensino superior.
(E) Pelo tempo que se fizer necessário, quando tiver que comparecer a juízo.

A alternativa incorreta, que deve ser assinalada, é a "C", pois são duas faltas (art. 473, I, da CLT).

Gabarito "C"

(Ministério Público do Trabalho – 8º) Na hipótese de doença do empregado verifica-se:

(A) interrupção do contrato de trabalho até a alta previdenciária;
(B) suspensão do contrato de trabalho após os primeiros quinze dias de afastamento;
(C) cessação do contrato de trabalho pela impossibilidade de o empregado exercer as tarefas para as quais foi contratado;
(D) suspensão imediata do contrato de trabalho e gozo do auxílio doença por conta do órgão da Previdência Oficial;
(E) interrupção do contrato de trabalho após os primeiros quinze dias de afastamento;
(F) não sei.

A alternativa "B" está de acordo com o disposto nos arts. 43, § 2º, e 60, § 3º, da Lei 8.213/1991.

Gabarito "B"

(Procurador do Trabalho – MPT – 9º Concurso – 2000) São casos de Suspensão e de Interrupção, respectivamente:

(A) férias e suspensão disciplinar;
(B) férias e afastamento decorrente de doença a partir do 16º dia;
(C) faltas injustificadas e licença gestante;
(D) faltas justificativas e faltas abonadas;
(E) faltas justificativas e greve;
(F) não sei.

Entendemos, assim como Alice Monteiro de Barros, José Luiz Ferreira Prunes e Mozart Victor Russomano e maior parte da doutrina que a licença gestante é hipótese de suspensão do contrato de trabalho, eis que ocorre a cessação temporária das principais obrigações do empregado e do empregador no curso do contrato de trabalho (cessação da prestação de serviço e cessação do pagamento do salário, respectivamente), na medida em que o órgão previdenciário é quem arcará com o pagamento do salário--maternidade. Contudo, há autores que consideram tratar-se de hipótese de interrupção (Süssekind, por exemplo), ao argumento de que algum dever do empregador subsistem no curso da licença--maternidade (depósito de FGTS) e que o período de afastamento é contado como tempo de serviço para todos os fins, inclusive como período aquisitivo do direito de férias.

Gabarito "C"

(Procurador do Trabalho – MPT – 11º Concurso – 2004) Quanto à suspensão e à interrupção do contrato de trabalho, é CORRETO afirmar:

(A) a interrupção do contrato de trabalho por mais de 30 (trinta) dias consecutivos importa dispensa sem justa causa do empregado;

(B) durante o período em que a empregada estiver afastada do trabalho, recebendo licença-maternidade, deve o empregador recolher o FGTS;

(C) restará suspenso o contrato de trabalho, nos dias em que o empregado estiver comprovadamente realizando provas de exame vestibular, para ingresso em estabelecimento de ensino superior;

(D) não ocorre suspensão do contrato de trabalho do empregado que for aposentado por invalidez;

(E) não respondida.

A alatrnativa "B" está de acordo com o art. 28, IV, do Decreto 99.684/1990.

Gabarito "B"

13. EXTINÇÃO DO CONTRATO DE TRABALHO

13.1. AVISO-PRÉVIO

ATENÇÃO: Após anos de lacuna, em 2011 foi publicada a Lei 12.506, conferindo eficácia plena ao inciso XXI do art. 7º da CF. Doravante, será concedido na proporção de trinta dias aos empregados que contem até um ano de serviço na mesma empresa e serão acrescidos 3 (três) dias por ano de serviço prestado na mesma empresa, até o máximo de 60 (sessenta) dias, perfazendo um total de até 90 (noventa) dias. Sobreveio a Nota Técnica 184/2012 do Ministério do Trabalho e Emprego, considerando a contagem dos três dias de acréscimo após 01 (um) ano completo de serviço, adotando-se a seguinte fórmula de cálculo do Aviso-prévio (AP): AP = 30 + (número de anos completos trabalhados x 3). Ademais, passou a afirmar a Súmula 441 do TST, de setembro de 2012:

SÚM-441. AVISO-PRÉVIO. PROPORCIONALIDADE – Res. 185/2012, *DEJT* divulgado em 25, 26 e 27.09.2012

O direito ao aviso-prévio proporcional ao tempo de serviço somente é assegurado nas rescisões de contrato de trabalho ocorridas a partir da publicação da Lei n. 12.506, em 13 de outubro de 2011.

(Magistratura do Trabalho – 3ª Região – 2013) Relativamente ao aviso-prévio, conforme disposto na legislação e jurisprudência dominante, é incorreto afirmar:

(A) O tempo do aviso-prévio, mesmo indenizado, conta-se para efeito da indenização adicional prevista no art. 9º da Lei n. 708, de 30.10.1979.

(B) O direito aos salários do período de férias escolares assegurado aos professores (art. 322, *caput* e § 3º, da CLT) não exclui o direito ao aviso-prévio, na hipótese de dispensa sem justa causa ao término do ano letivo ou no curso das férias escolares.

(C) A cessação da atividade da empresa, com o pagamento da indenização, simples ou em dobro, não exclui, por si só, o direito do empregado ao aviso-prévio.

(D) Em caso de aviso-prévio cumprido em casa, o prazo para pagamento das verbas rescisórias é até o décimo dia da notificação de despedida.

(E) O direito ao aviso-prévio proporcional ao tempo de serviço somente é assegurado nas rescisões de contrato de trabalho celebrados a partir da publicação da Lei n. 12.506, em 13 de outubro de 2011.

A: assertiva correta, Súmula 182 do TST; **B:** assertiva correta, Súmula 10 do TST; **C:** assertiva correta, Súmula 44 do TST; **D:** assertiva correta, OJ 14 da SDI-I do TST; **E:** assertiva incorreta, devendo ser assinalada, Súmula 441 do TST.

Gabarito "E"

(Magistratura do Trabalho – 8ª Região – 2009) A respeito do aviso-prévio, é incorreto afirmar:

(A) redução do horário normal de trabalho do empregado durante o prazo do aviso-prévio, quando a rescisão for promovida pelo empregador, será de duas horas diárias ou 7 dias corridos, a critério do trabalhador. Para os trabalhadores rurais, na mesma hipótese de rescisão promovida pelo empregador, a lei prescreve o direito a um dia por semana, sem prejuízo do salário, para procurar outro trabalho, no período do aviso-prévio.

(B) É faculdade da parte notificada aceitar ou não a reconsideração do aviso-prévio dado. Restará configurada a aceitação tácita pelo empregado quando este continuar a prestação de serviços após expirado o prazo do aviso-prévio.

(C) O instituto do aviso-prévio é absolutamente incompatível com a garantia de emprego, sendo inválida a sua concessão na fluência da estabilidade.

(D) O instituto do aviso-prévio é absolutamente incompatível com o contrato de trabalho que tenha termo estipulado.

(E) De acordo com a interpretação do Tribunal Superior do Trabalho, a disposição legal de integração do período de aviso-prévio ao tempo de serviço para todos os efeitos está limitada às vantagens econômicas, de modo que o registro da candidatura do empregado a cargo de dirigente sindical durante o período de aviso-prévio não assegura a estabilidade. Mas, nos termos da lei, o cometimento de falta grave no curso do aviso--prévio determina a perda do direito ao restante do respectivo prazo.

A alternativa incorreta, que deve ser assinalada, é a "D", pois o aviso-prévio é compatível com o contrato por termo estipulado (art. 481 da CLT e Súmula 163 do TST).
Gabarito "D"

(Magistratura do Trabalho – 8ª Região – 2007) Marque a alternativa correta:

(A) O aviso-prévio é um instituto jurídico unilateral, portanto, somente ao empregador é obrigatória a sua concessão.
(B) A duração do aviso-prévio deve ser de, no máximo, trinta dias.
(C) Se antes do término do prazo do aviso-prévio a parte notificante reconsiderar o ato, a outra parte deve aceitar esse pedido de reconsideração.
(D) A continuidade da prestação de serviços, depois de expirado o prazo do aviso-prévio, constitui-se em novo contrato de trabalho.
(E) Durante o prazo do aviso-prévio, se a rescisão tiver sido promovida pelo empregador, o empregado rural terá direito a um dia por semana, sem prejuízo do salário integral, para procurar outro trabalho.

A alternativa "E" está em consonância com o art. 15 da Lei 5.889/1973.
Gabarito "E"

(Magistratura do Trabalho – 12ª Região – 2006) Assinale a alternativa incorreta em relação ao aviso-prévio no contrato de trabalho:

(A) em se tratando de aviso-prévio devido pelo empregador ao empregado despedido, a jornada será reduzida, sem prejuízo da integralidade dos salários, ou, se assim o preferir o empregado, haverá interrupção do contrato de trabalho durante sete dias corridos;
(B) não cabe aviso-prévio nas rescisões antecipadas dos contratos de experiência;
(C) reconhecida a culpa recíproca na rescisão do contrato de trabalho (art. 484 da CLT), o empregado tem direito a 50% (cinquenta por cento) do valor do aviso-prévio;
(D) o tempo do aviso-prévio, mesmo indenizado, conta-se para efeito da indenização adicional prevista no art. 9º da Lei n. 6.708/1979;
(E) o direito ao aviso-prévio é irrenunciável pelo empregado, e o pedido de dispensa do seu cumprimento não exime o empregador de pagar o respectivo valor, salvo comprovação de haver o prestador dos serviços obtido novo emprego.

A alternativa incorreta, que deve ser assinalda, é a "B", pois cabe aviso-prévio (Súmula 163 do TST).
Gabarito "B"

(Magistratura do Trabalho – 14ª Região – 2011) Quanto ao instituto do aviso-prévio, nos termos da lei e da jurisprudência sumulada do TST, assinale a alternativa que não está correta.

(A) É possível substituir o período que se reduz da jornada de trabalho, no aviso-prévio, pelo pagamento das horas correspondentes.
(B) O tempo do aviso-prévio, mesmo indenizado, conta-se para efeito da indenização adicional prevista no art. 9º da Lei n. 6.708, de 30.10.1979.
(C) É inválida a concessão do aviso-prévio na fluência da garantia de emprego, ante a incompatibilidade dos dois institutos.
(D) O direito ao aviso-prévio é irrenunciável pelo empregado. O pedido de dispensa de cumprimento não exime o empregador de pagar o respectivo valor, salvo comprovação de haver o prestador dos serviços obtido novo emprego.
(E) E devido o aviso-prévio na despedida indireta.

A: assertiva incorreta, devendo ser assinalada, é ilegal tal redução (Súmula 230 do TST); **B:** assertiva correta, Súmula 182 do TST; **C:** assertiva correta, Súmula 348 do TST; **D:** assertiva correta, Súmula 276 do TST; **E:** assertiva correta, tal é o que se depreende do cancelamento da Súmula 31 do TST.
Gabarito "A"

(Magistratura do Trabalho – 14ª Região – 2008) Aviso-prévio.

I. Reconhecida a culpa recíproca na rescisão do contrato de trabalho (art. 484 da CLT), o empregado tem direito a 50% (cinquenta por cento) do valor do aviso-prévio.
II. A ocorrência de justa causa, salvo a de abandono de emprego, no decurso do prazo do aviso-prévio dado pelo empregador, retira do empregado qualquer direito às verbas rescisórias de natureza indenizatória.
III. É ilegal substituir o período que se reduz da jornada de trabalho, no aviso-prévio, pelo pagamento das horas correspondentes.
IV. O direito ao aviso-prévio é irrenunciável pelo empregado. O pedido de dispensa de cumprimento não exime o empregador de pagar o respectivo valor, salvo comprovação de haver o prestador dos serviços obtido novo emprego. Responda:

(A) todas as opções estão corretas;
(B) apenas três opções estão corretas;
(C) apenas duas opções estão corretas;
(D) apenas uma opção está correta;
(E) todas as opções estão incorretas.

I: correta, Súmula 14 do TST; **II:** correta, Súmula 73 do TST; **III:** correta, Súmula 230 do TST; **IV:** correta, Súmula 276 do TST.
Gabarito "A"

(Magistratura do Trabalho – 15ª Região – 2010) As assertivas a seguir deverão ser analisadas de acordo com à legislação e a jurisprudência do C. TST.

I. E cabível a cláusula assecuratória do direito recíproco de rescisão antecipada no contrato de experiência.
II. A dação do aviso-prévio é ato unilateral, mas a sua reconsideração, antes de exaurido o prazo, deve ser bilateral.
III. As horas extras habituais integram o aviso-prévio indenizado, mas as gorjetas, cobradas pelo empregador na nota de serviço, estão excluídas de sua base de cálculo.

IV. O aviso-prévio é irrenunciável pelo empregado. O pedido de dispensa do seu cumprimento não exime o empregador de pagar o respectivo valor, mesmo que o trabalhador tenha obtido novo emprego no primeiro dia do aviso.

Assinale a alternativa correta:

(A) apenas as assertivas I e II estão corretas;
(B) apenas as assertivas II e- III estão corretas;
(C) todas as assertivas estão corretas;
(D) Apenas as assertivas I e III estão corretas;
(E) Apenas as assertivas I, II e III estão corretas.

I: correta, art. 481 da CLT; **II:** correta, art. 489, parágrafo único, da CLT; **III:** correta, art. 487, § 5º, da CLT e Súmula 354 do TST; **IV:** incorreta, se o prestador de serviços tiver obtido novo emprego, o empregador não precisará pagar o aviso-prévio (Súmula 276 do TST).

Gabarito "E"

(Magistratura do Trabalho – 18ª Região – 2006) João, que ajustou salário de R$ 500,00 (quinhentos reais) por semana, resolveu demitir-se do emprego. Demissão comunicada, João pediu a dispensa do cumprimento do aviso-prévio e foi atendido. Já no sindicato obreiro, no momento da homologação da rescisão, João pleiteou o pagamento do aviso-prévio, dizendo que ele é irrenunciável segundo a jurisprudência sumulada do TST. A empresa resistiu e disse que João é o devedor do aviso, que seria de oito dias se ele não tivesse sido dispensado do cumprimento. João tem direito ao recebimento de indenização correspondente ao aviso-prévio?

(A) sim, porque o aviso-prévio é irrenunciável de acordo com a Súmula 276 do TST.
(B) sim, porque o aviso-prévio é irrenunciável, de acordo com a Constituição Federal.
(C) não, porque João era devedor do aviso antes de ter sido dispensado de seu cumprimento, e ele seria de trinta dias se João não tivesse sido dispensado do cumprimento.
(D) não, porque João era devedor do aviso antes de ter sido dispensado de seu cumprimento, e ele seria de oito dias se João não tivesse sido dispensado do cumprimento.
(E) não, porque o direito ao aviso-prévio é renunciável pelo empregado.

A alternativa "D" está conforme o disposto no art. 487, I e § 2º, da CLT.

Gabarito "D"

(Magistratura do Trabalho – 21ª Região – 2012) José Paulo, admitido em 20.04.2004, recebeu, em 02.01.2012, comunicação da empresa de que, a partir desta data, teria início o seu aviso-prévio. Após 15 (quinze) dias de trabalho, durante o cumprimento do aviso-prévio, o seu superior hierárquico, perante todos os demais empregados, atacou a honra da esposa de José Paulo, que, de pronto, abandonou o trabalho, não mais retornando à empresa. Diante dessas circunstâncias, é correto afirmar:

(A) nesse caso, o abandono do emprego pelo empregado resulta na perda do direito à percepção dos 15 dias restantes do aviso-prévio;
(B) diante da agressão sofrida, configura-se a hipótese de rescisão indireta, assegurado o pagamento dos 15 dias restantes do aviso-prévio;
(C) não tendo havido agressão ao empregado, configurou-se o abandono do emprego, com a consequente perda do direito às verbas rescisórias de natureza indenizatória;
(D) nesse caso, o empregado tem direito ao pagamento dos 15 dias trabalhados e mais 33 dias indenizados, em face das circunstâncias em que ocorreu a ruptura do pacto laboral;
(E) a hipótese não configura rescisão indireta, pois a agressão não foi perpetrada contra o empregado, mas contra sua esposa, que não é parte na relação contratual.

A questão exige a aplicação da nova Lei do Aviso-prévio – 12.506/2011. Pelo gabarito, a banca adotou a corrente que não adiciona 3 dias ao primeiro ano trabalhado. Porém, sobreveio a Nota Técnica 184/2012 do Ministério do Trabalho e Emprego, considerando a contagem dos três dias de acréscimo após 01 (um) ano completo, calculando o aviso-prévio pela fórmula AP = 30 + (número de anos completos trabalhados x 3). No caso em questão, seriam concedidos 51 (cinquenta e um) dias de aviso-prévio, pois AP = 30 + (07 x 3) = 30 + 21 = 51, descontando-se 15 dias já trabalhados, o resultado seria 36 dias.

Gabarito "D"

(Magistratura do Trabalho – 24ª Região – 2007) De acordo Súmula da jurisprudência do Colendo Tribunal Superior do Trabalho, em tema de aviso-prévio:

I. A cessação da atividade da empresa, com o pagamento da indenização, simples ou em dobro, não exclui, por si só o direito do empregado ao aviso-prévio.
II. A ocorrência de justa causa, salvo a de abandono de emprego, no decurso do prazo do aviso-prévio dado pelo empregador, retira do empregado qualquer direito às verbas rescisórias de natureza indenizatória.
III. Cabe aviso-prévio nas rescisões antecipadas dos contratos de experiência, na forma do art. 481 da CLT.
IV. É ilegal substituir o período que se reduz da jornada de trabalho, no aviso-prévio, pelo pagamento das horas correspondentes.
V. É inválida a concessão do aviso-prévio na fluência da garantia de emprego, ante a incompatibilidade dos dois institutos.

RESPONDA:

(A) Todas as proposições estão corretas.
(B) Apenas as proposições I e II estão corretas.
(C) Apenas a proposição II e IV estão corretas.
(D) Apenas as proposições III e V estão corretas.
(E) Apenas as proposições II, III e IV estão corretas.

I: correta, Súmula 44 do TST; **II:** correta, Súmula 73 do TST; **III:** correta, Súmula 163 do TST; **IV:** correta, Súmula 230 do TST; **V:** correta, Súmula 348 do TST.

Gabarito "A"

(Procurador do Trabalho – MPT – 17º Concurso – 2012) Sobre o aviso-prévio, considerando a jurisprudência uniformizada do Tribunal Superior do Trabalho e a legislação do trabalho, assinale a alternativa **IN**CORRETA:

(A) Na contagem do prazo do aviso-prévio, aplica-se a regra do Código Civil, excluindo-se o dia do começo e incluindo o do vencimento.
(B) A projeção do contrato de trabalho para o futuro, pela concessão do aviso-prévio indenizado, tem efeitos limitados às vantagens salariais obtidas no período deste. No caso de concessão de auxílio-doença no curso do aviso-prévio, todavia, só se concretizam os efeitos da dispensa depois de expirado o benefício previdenciário.
(C) O aviso-prévio será concedido na proporção de 30 (trinta) dias aos empregados que contêm até 1 (um) ano de serviço na mesma empresa, com acréscimo de 3 (três) dias por ano de serviço prestado na mesma empresa, até o máximo de 60 (sessenta) dias, perfazendo um total de até 90 (noventa) dias.
(D) É inválida a concessão do aviso-prévio na fluência da garantia de emprego, ante a incompatibilidade dos dois institutos.
(E) Não respondida.

A: assertiva correta, Súmula 380 do TST; **B:** assertiva incorreta, devendo ser assinalada, tem efeitos limitados às vantagens econômicas (Súmula 371 do TST); **C:** assertiva correta, art. 1º, parágrafo único, da Lei 12.506/2011; **D:** assertiva correta, Súmula 348 do TST.
Gabarito "B"

(Ministério Público do Trabalho – 8º) O empregado prestou serviços por quatorze meses, com jornada diária de oito horas. Rescindido o contrato por iniciativa do empregador, tem-se, quanto ao aviso-prévio:

(A) a jornada deverá ser reduzida de duas horas ou, a critério exclusivo do empregado, poderá este faltar ao serviço por sete dias corridos;
(B) a jornada de trabalho poderá ser reduzida de duas horas, ou, a critério do empregado, poderá o empregador faltar ao serviço por sete dias corridos;
(C) a jornada de trabalho será apenas reduzida de duas horas;
(D) a jornada de trabalho poderá ser reduzida de duas horas, ou, a critério do empregado, poderá este faltar ao serviço por oito dias corridos;
(E) a jornada de trabalho poderá ser reduzida de duas horas, ou, a critério do empregador, poderá este faltar ao serviço por oito dias corridos;
(F) não sei.

A alternativa "A" compreende o disposto no art. 488, caput e parágrafo único, da CLT.
Gabarito "A"

(Procurador do Trabalho – MPT – 9º Concurso – 2000) A reconsideração do aviso-prévio será eficaz:

(A) se a outra parte aceitá-la;
(B) se o motivo for justo;
(C) se for proposta pelo empregador;
(D) se for proposta pelo empregado;
(E) pela simples comunicação à outra parte;
(F) não sei.

A alternativa "A" deve ser assinalada, pois está de acordo com o art. 489 da CLT.
Gabarito "A"

13.2. JUSTA CAUSA

(Magistratura do Trabalho – 8ª Região – 2007) Sobre a resolução contratual, marque a alternativa correta:

(A) As hipóteses de justa causa previstas na Consolidação das Leis do Trabalho são apenas exemplificativas, portanto, a falta pode ser livremente apreciada pelo juiz, fora dos contornos fixados na lei.
(B) O empregado poderá pleitear a resolução do seu contrato de trabalho, nas hipóteses previstas no texto consolidado de prática de falta grave pelo empregador, desde que permaneça no serviço até final decisão do processo.
(C) Ocorre a resolução contratual, por culpa recíproca, quando ambas as partes contribuíram proporcionalmente e, nesse caso, a indenização será reduzida à metade do que seria devido em caso de culpa exclusiva do empregador.
(D) A resolução contratual, por culpa do empregado, retira-lhe o direito de receber aviso-prévio, décimo terceiro salário proporcional ao ano da ruptura contratual, férias simples e proporcionais mais um terço, bem como Fundo de Garantia do Tempo de Serviço, mais a multa de quarenta por cento.
(E) O ato de improbidade só se caracteriza quando por ação ou omissão dolosas o empregado visa a uma vantagem pessoal.

A alternativa "C"está de acordo com o previsto na Súmula 14 do TST.
Gabarito "C"

(Magistratura do Trabalho – 13ª Região – 2006) Assinale a alternativa incorreta:

(A) comete falta grave o empregado que, em serviço, pratica ato lesivo à honra de colega de trabalho;
(B) tendo em vista ser classificada como doença, a embriaguez habitual, de acordo com moderna corrente jurisprudencial e doutrinária, não é mais qualificada como justa causa para a despedida do empregado;
(C) a desídia é uma falta grave que se caracteriza pela conduta sexual inadequada do trabalhador, em serviço ou fora dele;
(D) o empregado que se apropria de bens ou valores do empregador comete falta grave tipificada como ato de improbidade pela CLT;
(E) a falta de polidez, educação, respeito ao demais colegas de trabalho, capazes de prejudicar o ambiente onde se desenvolvem as atividades laborais, constitui a falta grave tipificada como mau procedimento.

Desídia é o desleixo na realização dos serviços. A conduta reprovável de cunho sexual é chamada de incontinência de conduta.
Gabarito "C"

(Magistratura do Trabalho – 14ª Região – 2008) Assinale a alternativa INCORRETA:

(A) Presume-se o abandono de emprego se o trabalhador não retornar ao serviço no prazo de 30 (trinta) dias após a cessação do benefício previdenciário nem justificar o motivo de não o fazer;

(B) Enquanto a indisciplina é o descumprimento de regras gerais impostas pelo empregador indistintamente a todos os empregados, a insubordinação é o descumprimento de ordens especificamente dirigidas a determinado empregado ou grupo de empregados;

(C) A pornografia, a libertinagem, o desregramento sexual caracterizam a incontinência de conduta ensejadora da dispensa do empregado com justa causa;

(D) Considera-se justa causa, para efeito de rescisão do contrato de trabalho do empregado bancário, a falta contumaz de pagamento de dívidas legalmente exigíveis;

(E) Constitui justa causa para a rescisão do contrato de trabalho pelo empregador a condenação criminal do empregado, passada em julgado, caso não tenha havido a suspensão da execução da pena, exclusivamente no tocante a crimes decorrentes do cumprimento do contrato de trabalho.

A: assertiva correta, Súmula 32 do TST; **B:** assertiva correta, por definição; **C:** assertiva correta, art. 482, b, da CLT; **D:** assertiva correta, art. 508 da CLT (foi revogado pela Lei 12.347/2010); **E:** assertiva incorreta, devendo ser assinalada, não existe a ressalvea de crimes decorrentes exclusivamente do cumprimento do contrato de trabalho (art. 482, d, da CLT).

Gabarito "E"

(Magistratura do Trabalho – 18ª Região – 2006) Em quais hipóteses pode o empregado pleitear a rescisão indireta do contrato de trabalho permanecendo no serviço até final da decisão do processo?

(A) descumprimento de obrigações contratuais por parte do empregador e exigência de serviços superiores às sua forças e defesos por lei.

(B) redução do trabalho, sendo este por peça ou tarefa, de forma a afetar sensivelmente a importância dos salários e prática pelo empregador ou seus prepostos de ato lesivo da honra e boa fama contra o empregado ou pessoas de sua família.

(C) ofensas físicas praticadas pelo empregador, salvo em caso de legítima defesa, própria ou de outrem, e descumprimento de obrigações contratuais por parte do empregador.

(D) descumprimento de obrigações contratuais por parte do empregador e tratamento com rigor excessivo também por parte do empregador ou pelos superiores hierárquicos.

(E) descumprimento de obrigações contratuais por parte do empregador e redução do trabalho, sendo este por peça ou tarefa, de forma a afetar sensivelmente a importância dos salários.

A alternativa "E" compreende o disposto no art. 483, d e g, § 3º, da CLT.

Gabarito "E"

(Magistratura do Trabalho – 23ª Região – 2012) Considerando as disposições do texto da Consolidação das Leis do Trabalho (CLT) assinale a alternativa que indica, corretamente, uma conduta ou um ato previstos como sendo caracterizadores de justa causa do empregado:

(A) embriaguez habitual.

(B) ato lesivo da honra ou da boa fama praticado contra qualquer pessoa.

(C) prática de jogos de azar.

(D) condenação criminal do empregado, passada em julgado, tenha ou não havido suspensão da execução da pena.

(E) negociação por conta própria ou alheia, com ou sem permissão do empregador, e quando constituir ato de concorrência à empresa para a qual trabalha o empregado e for prejudicial ao serviço.

A alternativa "A" corresponde ao disposto no art. 482, "f" da CLT.

Gabarito "A"

(Magistratura do Trabalho – 23ª Região – 2012) Considerando as disposições do texto da Consolidação das Leis do Trabalho (CLT) assinale a alternativa que NÃO indica, corretamente, uma conduta ou um ato previstos como sendo caracterizadores de justa causa do empregador (ou de rescisão indireta do contrato de trabalho):

(A) Quando forem exigidos do empregado serviços alheios ao contrato.

(B) Quando praticar o empregador ou seus prepostos, contra pessoas da família do empregado, ato lesivo da honra e boa fama.

(C) Quando o empregador reduzir o trabalho do empregado, sendo este por peça ou tarefa, de forma a afetar sensivelmente a importância dos salários.

(D) Quando o empregado for tratado pelo empregador ou por seus superiores hierárquicos com rigor.

(E) Quando o empregado correr perigo manifesto de mal considerável.

A alternativa incorreta, que deve ser assinalada, é a "D", pois só caracterizaria a justa causa se o tratamento fosse com rigor excessivo (art. 483, "b", da CLT).

Gabarito "D"

(Magistratura do Trabalho – 23ª Região – 2008) Determinada empresa possui em seu regulamento a proibição expressa de os empregados deixarem o local de trabalho sem a autorização do superior imediato. O empregado que descumprir essa determinação incorre em:

(A) indisciplina;

(B) insubordinação;

(C) mau procedimento;

(D) desídia;

(E) incontinência de conduta.

Indisciplina é a inobservância, pelo empregado, de ordens (lícitas) gerais estabelecidas pelo empregador ou superior hierárquico, enquanto que insubordinação é a inobservância, pelo empregado, de ordens (lícitas) específicas e diretamente a ele dirigidas. Desídia é a inobservância do dever de diligência pelo empregado, caracterizando-se pelo desleixo, má vontade, falta de zelo, incúria. O mau procedimento é uma conduta ampla, evidenciada pelo comportamento incorreto do empregado e que contraria as regras de boa convivência, o respeito, a polidez, o decoro. A incontinência de conduta é um ato faltoso com conotação sexual, com afronta ao pudor, exteriorizando-se por meio de gestos, palavras ou atos obscenos.

Gabarito "A"

(Magistratura do Trabalho – 24ª Região – 2006) Considere as proposições abaixo, usando V para verdadeira e F para falsa, e, a seguir, escolha a alternativa que exprime a análise CORRETA sob a ótica da jurisprudência sumulada do TST e da legislação pertinente:

I. Reconhecida a culpa recíproca na rescisão do contrato de trabalho, o empregado tem direito a 50% (cinquenta por cento) do valor do aviso-prévio, do décimo terceiro salário e das férias proporcionais, bem como faz jus à importância de 20% (vinte por cento) sobre o montante de todos os depósitos realizados em sua conta vinculada do FGTS durante a vigência do contrato de trabalho.

II. O direito ao aviso-prévio é irrenunciável pelo empregado. O pedido de dispensa de cumprimento não exime o empregador de pagar o respectivo valor, salvo comprovação de haver o prestador dos serviços obtido novo emprego.

III. A ocorrência de justa causa, salvo a de abandono de emprego, no decurso do prazo do aviso-prévio dado pelo empregador, retira do empregado qualquer direito às verbas rescisórias de natureza indenizatória.

IV. É lícito ao empregador substituir o período que se reduz da jornada de trabalho, no aviso-prévio, pelo pagamento das horas correspondentes.

V. Aplica-se a regra prevista no *caput* do art. 132 do Código Civil de 2002 à contagem do prazo do aviso-prévio, excluindo-se o dia do começo e incluindo o do vencimento.

(A) V, F, V, F, F.
(B) F, V, F, F, V.
(C) V, V, F, V, F.
(D) F, V, V, F, V.
(E) V, V, V, F, V.

I: verdadeira, Súmula 14 do TST; **II:** verdadeira, Súmula 276 do TST; **III:** verdadeira, Súmula 43 do TST; **IV:** falsa, tal substituição é ilegal (Súmula 230 do TST); **V:** verdadeira, Súmula 380 do TST.

Gabarito "E"

(Magistratura do Trabalho – 24ª Região – 2007) Assinale a alternativa INCORRETA:

(A) A recusa injustificada de executar serviço extraordinário, em caso de urgência ou de acidentes que afetem a segurança ou regularidade do serviço, tipifica justa causa no serviço ferroviário.
(B) O trabalhador contratado como motorista e que se recusa a trabalhar como vigia do estabelecimento comete falta grave.
(C) Não tipifica falta grave o fato de o trabalhador deixar de cumprir ordens cuja execução lhe possa acarretar sério risco à integridade física.
(D) A desídia se caracteriza por um somatório de pequenas faltas repetidas; porém, pode caracterizar-se em um só ato, dependendo da gravidade do dano causado ao empregador pela negligência do empregado.
(E) O fato de ser legal ou tolerado o jogo de azar, praticado habitual e periodicamente pelo empregado, não o isenta de punição pelo empregador.

A: assertiva correta, art. 240, caput e parágrafo único, da CLT; **B:** assertiva incorreta, devendo ser assinalada, tal recusa não caracteriza insubordinação, mas regular exercício do jus resistentiae, considerando-se o desvio de função e, destarte, a ilicitude da ordem dirigida ao empregado (v. arts. 456, parágrafo único, 468 e 483, a, da CLT); **C:** assertiva correta, tratando-se de exercício regular do jus resistentiae (v. art. 483, c, da CLT); **D:** assertiva correta, por definição. Conquanto, em geral, seja necessária uma certa repetição de atos desidiosos para a caracterização desta justa causa, ela poderá configurar-se com uma única falta, desde que suficientemente grave e geradora da quebra de confiança. **E:** assertiva correta, por definição.

Gabarito "B"

13.3. EFEITOS DA EXTINÇÃO CONTRATUAL E VERBAS RESCISÓRIAS

(Magistratura do Trabalho – 1ª Região – 2004) Um reclamante, alegando-se injustamente dispensado, postula o pagamento das férias vencidas e proporcionais, ambas com 1/3; do aviso-prévio; do 13º salário proporcional; do FGTS da rescisão; da multa de 40% sobre o FGTS; da multa do art. 477 da CLT; do saldo de salários do último mês de trabalho; da aplicação da multa do art. 467 da CLT; além da entrega de guias. Os pedidos eram líquidos. Em defesa a empresa admite nada ter pago ao autor, em razão de sua recusa em receber o valor ofertado, mas alega tê-lo demitido na forma do art. 482, alínea *a*, da CLT, e nada fala sobre os valores apontados na inicial. O juiz se convence que não houve justa motivação para a dispensa. Deve o juiz, no que diz respeito à multa do art. 467 da CLT:

(A) não condenar ao pagamento da multa do art. 467 da CLT, pela controvérsia quanto às causas da ruptura;
(B) condenar ao pagamento em dobro do saldo de salários;
(C) condenar ao pagamento da multa do art. 467, incidente sobre todas as verbas postuladas;
(D) condenar ao pagamento da multa do art. 467 da CLT, incidente sobre todas as verbas postuladas, exceto quanto à multa do art. 477 da CLT;
(E) condenar ao pagamento da multa do art. 467 da CLT, incidente sobre o saldo de salário do último mês trabalhado e as férias vencidas, com o respectivo terço.

Invocada a justa causa do empregado, cumpre ao empregador o ônus da prova desse fato extintivo de alguns dos direitos pugnados pelo reclamante (CPC, art. 333, II, e CLT, art. 818), do qual não se desincumbiu; contudo, pelos termos da própria contestação, a alegação de justa causa tornou controvertida as verbas rescisórias pleiteadas a título de despedida sem justa causa (férias proporcionais, 13º proporcional e multa do FGTS), ao mesmo tempo em que tornou controvertida a multa pleiteada nos termos do art. 477 da CLT, eis que a empresa alega culpa exclusiva do ex-empregado pelo não pagamento tempestivo das verbas rescisórias. Contudo, restou incontroverso o dever de pagamento de saldo de salários e férias vencidas (tais verbas são direito adquirido, devidas quaisquer que sejam os motivos da extinção contratual) e a própria empresa confessou o não pagamento destes valores, daí o ônus do empregador de pagar a multa do art. 477 da CLT incidente sobre tal base (v. OJ 351 da SDI-I, do TST, cancelada).

Gabarito "E".

(Magistratura do Trabalho – 1ª Região – 2004) O empregado que se demite antes de completar 12 (doze) meses de serviço, com relação às férias proporcionais e gratificação natalina:

(A) tem direito a férias proporcionais, acrescidas de 1/3, e gratificação natalina proporcional;
(B) tem direito apenas a férias proporcionais, acrescidas de 1/3;
(C) tem direito apenas à gratificação natalina proporcional;
(D) não tem direito a férias proporcionais e gratificação natalina proporcional, pois somente terá direito após 12 (doze) meses de serviço;
(E) tem direito a férias proporcionais, acrescidas de 1/3, e gratificação natalina proporcional, somente se ocorrer rescisão indireta.

A alternativa "A" está de acordo com as Súmulas 157 e 171 do TST.

Gabarito "A".

(Magistratura do Trabalho – 3ª Região – 2013) Relativamente à rescisão contratual por culpa recíproca, com base na jurisprudência dominante, pode-se afirmar:

(A) Reconhecida a culpa recíproca na rescisão do contrato de trabalho o empregado não fará jus ao aviso-prévio, às férias proporcionais e à gratificação natalina do ano respectivo.
(B) Reconhecida a culpa recíproca na rescisão do contrato de trabalho, o empregado não fará jus ao aviso-prévio, mas terá direito ao pagamento das férias proporcionais e da gratificação natalina do ano respectivo.
(C) Reconhecida a culpa recíproca na rescisão do contrato de trabalho o empregado fará jus ao pagamento das férias proporcionais e à gratificação natalina do ano respectivo e a 50% (cinquenta por cento) do valor do aviso-prévio.
(D) Reconhecida a culpa recíproca na rescisão do contrato de trabalho, o empregado tem direito a 50% (cinquenta por cento) do valor do aviso-prévio, do décimo terceiro salário e das férias proporcionais.
(E) Reconhecida a culpa recíproca na rescisão do contrato de trabalho, o empregado tem direito ao valor do aviso-prévio, do décimo terceiro salário e das férias proporcionais.

A alternativa "D" está de acordo com a Súmula 14 do TST.

Gabarito "D".

(Magistratura do Trabalho – 3ª Região – 2009) João foi admitido pela Drogaria Remédio Legal por meio de contrato por prazo determinado de 90 dias, com cláusula assecuratória do direito recíproco de rescisão antecipada. Ao final de 15 dias, o empregador resolveu exercer seu direito de por fim ao contrato. João deverá receber, diante da ruptura, os direitos:

(A) decorrentes da ruptura de um contrato de trabalho por prazo determinado.
(B) decorrentes da ruptura de um contrato de trabalho por prazo indeterminado.
(C) decorrentes da ruptura de um contrato de trabalho por prazo indeterminado, salvo com relação à multa de 40% do FGTS.
(D) decorrentes da ruptura de um contrato de trabalho por prazo determinado, salvo com relação ao saque do FGTS.
(E) decorrentes da indenização integral da remuneração a que teria direito até o termo do contrato.

A alternativa "B" corresponde ao disposto no art. 481 da CLT.

Gabarito "B".

(Magistratura do Trabalho – 3ª Região – 2008) Assinale a alternativa correta:

(A) no caso de contrato a termo, ocorrendo a rescisão antecipada, com culpa recíproca, o empregador depositará, na conta vinculada do trabalhador no FGTS, importância igual a quarenta por cento do montante de todos os depósitos realizados na conta vinculada durante a vigência do contrato de trabalho.
(B) não se equipara à extinção normal do contrato a termo o término do mandato do diretor não empregado não reconduzido.
(C) nos contratos que tenham termo estipulado, o empregador que, sem justa causa, despedir o empregado, será obrigado a pagar-lhe, a título de indenização, a remuneração a que teria direito até o termo do contrato.
(D) nos contratos que tenham termo estipulado, o empregador que, sem justa causa, despedir o empregado, será obrigado a pagar-lhe, a título de indenização, e por metade, a remuneração a que teria direito até o termo do contrato, sem obrigação de depositar, na conta vinculada do trabalhador no FGTS, importância igual a quarenta por cento do montante de todos os depósitos realizados na conta vinculada durante a vigência do contrato de trabalho.
(E) nos contratos que tenham termo estipulado, o empregador que, sem justa causa, despedir o empregado, será obrigado a pagar-lhe, a título de indenização, e por metade, a remuneração a que teria direito até o termo do contrato e depositará, na conta vinculada do trabalhador no FGTS, importância igual a quarenta por cento do montante de todos os depósitos realizados na conta vinculada durante a vigência do contrato de trabalho.

Arts. 479 da CLT e art. 14 do Decreto 99.684/1990. Há entendimentos doutrinários de que esses 40% se compensariam com a indenização do art. 479 da CLT, por atenderem a objetivos idênticos, mas para

Godinho tal entendimento conflita com a regra expressa pelo art. 14 do Decreto 99.684/1990 (indenização decorrente da despedida arbitrária). Em todo caso, é pacífico na jurisprudência que os depósitos mensais do FGTS não se compensam com a indenização do art. 479 da CLT (Súmula 125 do TST).

Gabarito "E"

(Magistratura do Trabalho – 3ª Região – 2008) Assinale a alternativa incorreta:

(A) em caso de despedida indireta, o empregado terá direito de perceber o Seguro-Desemprego, quando comprove ter recebido salários consecutivos no período de 6 meses imediatamente anteriores à data da dispensa, de uma ou mais pessoas jurídicas ou físicas equiparadas às jurídicas.

(B) reconhecida a culpa recíproca na rescisão do contrato de trabalho, o empregado não fará jus ao aviso-prévio, às férias proporcionais e à gratificação natalina do ano respectivo.

(C) ocorrendo motivo de força maior que determine a extinção da empresa, ou de um dos estabelecimentos em que trabalhe o empregado, é assegurada a este, quando despedido, uma indenização na forma seguinte: I – sendo estável, nos termos dos arts. 477 e 478 da CLT; II – não tendo direito à estabilidade, metade da que seria devida em caso de rescisão sem justa causa; III – havendo contrato por prazo determinado, aquela a que se refere o art. 479 da CLT, reduzida igualmente à metade.

(D) a conta vinculada do trabalhador no FGTS poderá ser movimentada se o empregado utilizar a faculdade de rescindir o contrato de trabalho em caso de morte do empregador constituído em empresa individual.

(E) o pedido de dispensa de cumprimento do aviso-prévio não exime o empregador de pagar o respectivo valor, salvo comprovação de haver o prestador dos serviços obtido novo emprego.

A alternativa incorreta, que deve ser assinalada, é a "B", pois "o empregado tem direito a 50% (cinquenta por cento) do valor do aviso-prévio, do décimo terceiro salário e das férias proporcionais" (Súmula 14 do TST).

Gabarito "B"

(Magistratura do Trabalho – 8ª Região – 2009) Quanto à extinção do contrato de trabalho, é incorreto afirmar:

(A) A aposentadoria espontânea não extingue o contrato de trabalho quando o empregado continua a trabalhar na empresa após a concessão do benefício previdenciário.

(B) O empregado pode pleitear a rescisão do contrato de trabalho e o pagamento das respectivas indenizações, permanecendo no serviço, caso queira, até o final do processo, na hipótese de ser tratado com rigor excessivo pelo empregador.

(C) O empregado despedido sem justa causa, cujo contrato de trabalho tenha termo estipulado, receberá, a título de indenização, a metade da remuneração a que teria direito até o final do contrato.

(D) A aposentadoria por invalidez não extingue o contrato de trabalho, que ficará suspenso durante o prazo fixado pelas leis de previdência social para a efetivação do benefício.

(E) Qualquer compensação no pagamento a que fizer jus o empregado, no ato da homologação da rescisão do contrato de trabalho, não poderá exceder o equivalente a um mês de sua remuneração.

A: assertiva correta, embora a CLT consagre a aposentadoria espontânea como hipótese automática de rescisão do contrato de trabalho (art. 453, §§ 1º e 2º), o STF declarou a inconstitucionalidade de tal preceito (ADIn 1.770 e 1.721), o que importou no cancelamento da OJ 177 da SDI-I do TST; **B:** assertiva incorreta, devendo ser assinalada, não permanecerá no serviço, caso queira, até o final do processo (art. 483, § 3º, da CLT); **C:** assertiva correta, art. 479 da CLT; **D:** assertiva correta, Súmula 160 do TST; **E:** assertiva correta, art. 477, § 5º, da CLT.

Gabarito "B"

(Magistratura do Trabalho – 11ª Região – 2007 – FCC) João, após 35 anos de trabalho para uma empresa pública, requereu a sua aposentadoria, continuando, no entanto, a trabalhar. Dois anos após a aposentação, João veio a ser dispensado sem justa causa. Nesse caso,

I. a aposentadoria de João extinguiu o contrato de trabalho, iniciando-se a partir daí um novo contrato.

II. o contrato de trabalho foi um só, não tendo havido a extinção em virtude da aposentadoria. No entanto, ao ser dispensado sem justa causa, João receberá a multa de 40% do FGTS apenas sobre os depósitos referentes aos dois anos posteriores à aposentadoria.

III. ao ser dispensado sem justa causa, João terá direito ao recebimento da multa de 40% do FGTS, que deverá ser calculada sobre o saldo existente na conta do Fundo de Garantia e relativo a todos os 37 anos trabalhados.

IV. por ser trabalhador aposentado, João não poderá ser dispensado sem justa causa.

Está INCORRETO o que se afirma em

(A) I e II, apenas.

(B) I, II e III, apenas.

(C) II e III, apenas.

(D) III e IV, apenas.

(E) I, II, III e IV.

I: incorreta, embora a CLT consagre a aposentadoria espontânea como hipótese automática de rescisão do contrato de trabalho (art. 453, §§ 1º e 2º), o STF declarou a inconstitucionalidade de tal preceito (ADIn 1.770 e 1.721), o que importou no cancelamento da Súmula 295 e da OJ 177 da SDI-I do TST; **II:** incorreta por força do quanto decidido nas citadas ADIns e considerando-se o cancelamento da OJ 177 da SDI-I do TST; **III:** incorreta, a multa incide não sobre o saldo existente na conta de FGTS, mas sobre os valores devidos a título de FGTS. Todavia, talvez não seja este o ponto de incorreção do enunciado. É que ainda há polêmica jurisprudencial em torno da incidência da multa de 40% sobre os depósitos de FGTS anteriores à aposentadoria. Vejamos alguns entendimentos do TST em sentidos opostos: "**APOSENTADORIA ESPONTÂNEA – EFEITOS**. Esta Corte, em Sessão Extraordinária do Tribunal Pleno, realizada no dia 25.10.2006, decidiu, por unanimidade, pelo cancelamento da Orientação Jurisprudencial n. 177 da C. SBDI-I, que previa a extinção do contrato de trabalho com a aposentadoria espontânea, mesmo quando o empregado continuava a trabalhar na empresa após a concessão do benefício previdenciário. Assim, seria indevida a multa de 40% do FGTS em relação ao período anterior à aposentadoria. Tal cancelamento se deu em virtude do julgamento pelo Supremo Tribunal Federal da Ação Direta de Inconstitucionalidade n. 1.721-3 DF. É que ficou decidido pela Corte suprema que a aposentadoria espontânea não extingue o contrato de trabalho. Por consequência lógica, se ao aposentar o empregado continua trabalhando, é uno o contrato, e, ao ser despedido, a multa de 40% do FGTS incide sobre todo o período trabalhado. Recurso conhecido em parte e provido" (TST-RR-2187-2001-014-15-0, 2ª Turma, Relator: Ministro José Luciano de Castilho Pereira, DJ 24.11.2006). No mesmo sentido, decidiu a SDI-I do TST no E-RR-82084/2003-900-01-00.0. Em sentido contrário: "**FGTS – MULTA DE 40% – PERÍODO ANTERIOR À APOSENTADORIA ESPONTÂNEA**. O empregado aposentado voluntariamente, que permanece no emprego, não tem direito à multa de 40% sobre os depósitos do FGTS em relação ao período anterior à jubilação, quando posteriormente dispensado sem justa causa, uma vez que já conta com fonte de renda para fazer frente à inatividade. Solução diversa importaria em desvirtuar a finalidade pela qual o FGTS e sua suplementação foram instituídos, que é o provimento de recursos financeiros para o período de inatividade do trabalhador, até obter nova colocação. Recurso de revista desprovido" (TST-RR-616.084/1999, 4ª Turma, Relator: Ministro Ives Gandra Martins da Silva Filho, DJ 29.09.2006); **IV:** incorreta, inexistindo tal restrição na lei.

Gabarito "E"

(Magistratura do Trabalho – 12ª Região – 2006) Assinale a alternativa incorreta:

(A) em caso de rescisão do contrato de trabalho, todo empregador deverá pagar as verbas rescisórias incontroversas na data do comparecimento à Justiça do Trabalho, sob pena de pagá-las acrescidas de 50% (cinquenta por cento);

(B) conforme previsto na CLT, o pagamento das parcelas rescisórias deverá ser efetuado até o primeiro dia útil imediato ao término do contrato ou até o décimo dia contado da data da notificação da demissão quando da ausência do aviso-prévio, indenização do mesmo ou dispensa do seu cumprimento;

(C) o pagamento das verbas rescisórias será efetuado no ato da homologação da rescisão do contrato de trabalho, e qualquer compensação no pagamento não poderá exceder o equivalente a um mês da remuneração do empregado;

(D) sobrevindo morte do empregador pessoa física, extingue-se, de plano, o contrato de trabalho, não tendo o empregado direito ao aviso-prévio e ao acréscimo de 40% sobre o montante do FGTS, tendo em vista que o contrato não foi objeto de denúncia, mas de caducidade;

(E) ocorrendo qualquer das justas causas previstas nas alíneas "a" a "g" do art. 483 da CLT (rescisão indireta), o empregado deverá ajuizar a competente ação visando à rescisão do contrato de trabalho perante a Justiça do Trabalho.

A: assertiva incorreta, devendo ser assinalada, se o empregador for a União, Estados, Distrito Federal, Municípios, autarquias, fundações públicas ou massa falida, não se sujeitarão ao pagamento da parte incontroversa das verbas rescisórias mais 50% (art. 467, parágrafo único, da CLT e Súmula 388 do TST); **B:** assertiva correta, art. 477, § 6º, da CLT; **C:** assertiva correta, art. 477, §§ 4º e 5º, da CLT; **D:** assertiva correta, conforme entendimento de parte da Doutrina. Em sentido contrário, Maurício Godinho Delgado entende que a hipótese assemelha-se a do art. 485 da CLT e, considerando-se o elemento da alteridade, ínsito à relação de emprego, haveria a incidência de amplo número de verbas rescisórias. Também Valentin Carrion e Eduardo Gabriel Saad entendem aplicáveis a multa de 40% sobre o FGTS na hipótese; **E:** assertiva correta, embora nada impeça o reconhecimento da rescisão indireta pelo próprio empregador, com a desnecessidade da ação.

Gabarito "A"

(Magistratura do Trabalho – 13ª Região – 2006) Considerando-se as afirmações abaixo, marque a alternativa correta:

I. o recibo de pagamento de rescisão contratual é valido como quitação de todas as verbas trabalhistas, mesmo que não as discrimine, desde que se encontre devidamente assinado pelo empregado e homologado pelo seu sindicato;

II. o pedido de demissão de trabalhador maior de 18 (dezoito) anos, absolutamente capaz, com mais de 2 (dois) anos de emprego, prescinde de assistência, quer seja do seu sindicato ou de autoridade pública, desde que feito por escrito e se encontre devidamente assinado pelo trabalhador, juntamente com duas testemunhas;

III. nos contratos a termo, o empregador poderá rescindir o pacto antes do prazo estipulado, pagando ao empregado, além da remuneração do período trabalhado, as verbas decorrentes da rescisão indireta;

IV. o pagamento das parcelas decorrentes da despedida deverá ser efetuado no último dia do contrato;

V. desde que o empregado, mesmo analfabeto, concorde e seja assistido pelo sindicato da sua categoria, o pagamento das verbas rescisórias pode ser efetuado em gêneros alimentícios.

(A) todas as respostas estão corretas;

(B) só a I e a II estão corretas;

(C) nenhuma resposta está correta;

(D) só a IV está certa;

(E) só a III e a V estão certas.

I: incorreta, "o instrumento de rescisão ou recibo de quitação, qualquer que seja a causa ou forma de dissolução do contrato, deve ter especificada a natureza de cada parcela paga ao empregado e discriminado o seu valor, sendo válida a quitação, apenas, relativamente às mesmas parcelas" (art. 477, § 2º, da CLT); **II:** incorreta, "o pedido de demissão ou recibo de quitação de rescisão, do contrato de trabalho, firmado por empregado com mais de 1 (um) ano de serviço, só será válido quando feito com a assistência do respectivo Sindicato ou perante a autoridade do Ministério do Trabalho e Previdência Social" (art. 477, § 1º, da CLT); **III:** incorreta, "o empregador que, sem justa causa, despedir o empregado será obrigado a pagar-lhe, a título de indenização, e por metade, a remuneração a que teria direito até o termo do contrato" (art. 479 da CLT); **IV:** incorreta, deverá ser efetuado "a) até o primeiro dia útil imediato ao término do contrato; ou b) até o décimo dia, contado da data da notificação da demissão, quando da ausência do aviso-prévio, indenização do mesmo ou dispensa de seu cumprimento" (art. 477, § 6º, da CLT); **V:** incorreta, o pagamento será feito em dinheiro ou cheque; se o empregado for analfabeto, somente pode ser feito em dinheiro (art. 477, § 5º, da CLT).

Gabarito "C"

(Magistratura do Trabalho – 14ª Região – 2011) À luz da legislação trabalhista apropriada, bem como da jurisprudência sumulada do TST, analise as proposições seguintes e, ao final, responda.

I. O pagamento das parcelas constantes do instrumento de rescisão ou recibo de quitação deverá ser efetuado até o décimo dia, contado da data de término do aviso-prévio trabalhado.

II. Nos contratos que tenham termo estipulado, o empregador que, sem justa causa, despedir o empregado será obrigado a pagar-lhe, a título de indenização a remuneração a que teria direito até o termo do contrato.

III. Reconhecida a culpa recíproca na rescisão do contrato de trabalho, na forma do artigo 484 da CLT, o empregado tem direito a 50% (cinquenta por cento) do valor do aviso-prévio, do décimo terceiro salário e das férias proporcionais.

IV. Não cabe aviso-prévio nas rescisões antecipadas dos contratos de experiência, ainda que contiverem cláusula assecuratória do direito recíproco de rescisão antes de expirado o termo ajustado e seja exercido tal direito por qualquer das partes.

V. O só pagamento dos salários atrasados em audiência ilide a mora capaz de determinar a rescisão do contrato de trabalho.

(A) Apenas as proposições I e II são corretas.
(B) Apenas as proposições II e IV são corretas.
(C) Apenas a proposição III é correta.
(D) Nenhuma proposição é correta.
(E) Apenas as proposições I e V são corretas.

I: incorreta, havendo aviso-prévio trabalhado, o prazo para pagamento das verbas rescisórias é até o primeiro dia útil imediato ao término deste aviso-prévio (art. 477, § 6º, a, da CLT); **II:** incorreta, o empregador pagará por metade, a remuneração a que teria direito até o termo do contrato (art. 479 da CLT); **III:** correta, Súmula 14 do TST; **IV:** incorreta, cabe aviso-prévio (Súmula 163 do TST); **V:** incorreta, não ilide a mora (Súmula 13 do TST).

Gabarito "C"

(Magistratura do Trabalho – 14ª Região – 2011) Conforme entendimento sumulado do TST assinale a alternativa que não está correta.

(A) Presume-se abandono de emprego se o trabalhador não retornar ao serviço no prazo de trinta dias após a cessação do benefício previdenciário nem justificar o motivo de não o fazer.
(B) A ocorrência de justa causa, salvo a de abandono de emprego, no decurso do aviso-prévio dado pelo empregador, retira do empregado qualquer direito às verbas rescisórias de natureza indenizatória.
(C) O empregado que se demite antes de completar doze meses de serviço perde o direito a férias proporcionais.
(D) A indenização adicional, prevista no artigo 9º da Lei n. 6.708/1979 e no art. 9º da Lei n. 7.238/1984, corresponde ao salário mensal, no valor devido na data da comunicação do despedimento, integrado pelos adicionais legais ou convencionados, ligados à unidade de tempo mês, não sendo computável a gratificação natalina.
(E) A garantia de emprego à gestante só autoriza a reintegração se esta se der durante o período de estabilidade. Do contrário, a garantia restringe-se aos salários e demais direitos correspondentes ao período de estabilidade.

A: assertiva correta, Súmula 32 do TST; **B:** assertiva correta, Súmula 73 do TST; **C:** assertiva incorreta, devendo ser assinalada, Súmula 261 do TST, tem direito a férias proporcionais (ver art. 147 da CLT; a atual redação das Súmulas 261 e 171 do TST acabou prevalecendo em virtude da Convenção n. 132 da OIT); **D:** assertiva correta, Súmula 242 do TST; **E:** assertiva correta, Súmula 244 do TST.

Gabarito "C"

(Magistratura do Trabalho – 15ª Região – 2012) Assinale a alternativa **correta**, a respeito da aposentadoria espontânea,

(A) A aposentadoria espontânea extingue o contrato de trabalho, mesmo quando o empregado continua a trabalhar na empresa após a concessão do benefício previdenciário. Assim sendo, indevida a multa de 40% do FGTS em relação ao período anterior à aposentadoria.
(B) A aposentadoria espontânea extingue o contrato de trabalho, a não ser que o empregado continue a trabalhar na mesma empresa após a concessão do benefício por parte da Previdência Social.
(C) O ato de concessão de benefício de aposentadoria a empregado que não tiver completado 35 anos de serviço, se homem, ou trinta, se mulher, importa em extinção do vínculo empregatício.
(D) Na aposentadoria espontânea de empregados das empresas públicas e sociedades de economia mista é permitida sua readmissão desde que atendidos aos requisitos constantes do art. 37, inciso XVI, da Constituição, e condicionada à prestação de concurso público.
(E) O § 2º do art: 453 da CLT, introduzido pela Lei n. 9.528/1997, criou modalidade de despedida arbitrária ou sem justa causa, sem indenização, o que não poderia ser feito sem ofensa ao disposto no art.10 do Ato das Disposições Constitucionais Transitórias, que prevê a multa de 40% sobre o FGTS. Com tais fundamentos, o C. STF declarou inconstitucional o referido § 2º do art. 453 consolidado.

A: incorreta, vide transcrição da OJ 361 da SDI-I nos comentários às alternativas "C" e "D" (OJ 361 da SDI-I do TST); **B:** incorreta, A OJ 177 da SDI-I do TST, que previa o disposto na alternativa, foi cancelada; **C e D:** incorretas. Os §§ 1º e 2º, do art. 453 da CLT foram julgados inconstitucionais pelo STF na ADIN 770-4. Logo após, o TST editou a OJ 361 da SDI-I, que determina "A aposentadoria espontânea não é causa de extinção do contrato de trabalho se o empregado permanece prestando serviços ao empregador após a jubilação. Assim, por ocasião da sua dispensa, o empregado tem direito à multa de 40% do FGTS sobre a totalidade dos depósitos efetuados no curso do pacto laboral". Desta forma, é entendimento pacificado que a aposentadoria espontânea não extingue o contrato de trabalho, inclusive de empregados de empresas públicas e de sociedade de economia mista; **E:** correta. O texto da alternativa retrata a fundamentação do voto de veto do referido parágrafo.

Gabarito "E"

(Magistratura do Trabalho – 15ª Região – 2012) Considerando-se as disposições legais bem como a jurisprudência dominante no E. TST, especialmente Súmula 380 e, tendo em vista que determinada pessoa física foi admitida como empregado da empresa "X" em 16.10.2004, contrato este rescindido sem justa causa em 31.12.2011, analise as assertivas a seguir:

I. Na hipótese de rescisão a pedido, com dispensa de cumprimento do aviso-prévio, as rescisórias deveriam ser pagas até 10.02.2012.
II. No caso de injusta dispensa, a homologação da rescisão deveria ocorrer, no máximo, até 10.02.2012.
III. Na hipótese de dispensa sem justa causa, com cumprimento do aviso-prévio, as rescisórias deveriam ser pagas até 10.02.2012.
IV. Em qualquer hipótese de motivação rescisória, o mero pagamento das verbas devidas na ruptura, dez dias após o último dia trabalhado, sempre elide a possibilidade de incidência da multa do art. 477, § 8º, da CLT.
V. No caso de injusta dispensa, independente da data da homologação, as verbas rescisórias deveriam ser pagas até o dia 11.02.2012.

Agora, responda:

(A) Estão corretas apenas as proposições I e II
(B) Estão incorretas apenas as proposições II, III e IV.
(C) Estão corretas apenas as proposições II, e IV.
(D) Está correta apenas a proposição IV.
(E) Todas as proposições estão incorretas.

Todos os itens estão incorretos. Vide art. 477, § 6º, "a" e "b", da CLT.

Gabarito "E".

(Magistratura do Trabalho – 15ª Região – 2012) A reclamante, admitida em 20.08.2009, recebeu auxílio doença previdenciário no período de 10.03.2011 a 10.10.2011. Ao retornar ao serviço, no dia 11.10.2011, foi orientada pelo empregador a aguardar em casa. Foi dispensada sob alegação de abandono de emprego em 20.10.2011. A reclamante requereu sua reintegração no emprego, alegando ser portadora de doença ocupacional, bem como a condenação da reclamada ao pagamento dos salários, férias + 1/3 e 13º salários do período de 10.03.2011 até a reintegração. O laudo médico do Perito Judicial concluiu pela ausência do nexo causal entre a patologia havida pela reclamante e seu labor prestado à empresa reclamada.

É **correto** afirmar que a reclamante:

(A) Tem direito aos salários a partir de 10.03.2011.
(B) Tem direito à reintegração, uma vez que e contrato de trabalho estava suspenso.
(C) Tem direito ao FGTS do período de suspensão do contrato de trabalho.
(D) Não tem direito à reintegração, eis que não configurada a doença ocupacional, devendo ser considerada dispensada sem justa causa, pela ausência do *animus abandonandi*.
(E) Tem direito às férias integrais do período aquisitivo de 20.08.2010 a 19.08.2011 e proporcionais de 20.08.2011 a 10.10.2011, ambas acrescidas de um terço.

A: incorreta. O auxílio doença é causa de suspensão do contrato de trabalho (art. 476 da CLT); **B:** incorreta, não tem direito a ser reintegrada sob alegação de ter adquirido a doença no trabalho, pois o laudo pericial indicou o contrário; **C:** incorreta, só teria direito ao FGTS se a licença tivesse ocorrido por acidente de trabalho (art. 15 e § 5º, da Lei 8.036/1990); **D:** correta, Súmula 32 do TST; **E:** incorreta, não tem direito ao recebimento de férias, pois recebeu da Previdência Social, auxílio-doença por mais de 6 meses (art. 133, IV, da CLT).

Gabarito "D".

(Magistratura do Trabalho – 15ª Região – 2010) A massa falida não se sujeita ao pagamento de:

(A) aviso-prévio ao empregado dispensado após a falência;
(B) horas extras ao empregado que continua trabalhando após a falência;
(C) indenização prevista em favor do empregado no § 8º do art. 477 da CLT, ao trabalhador dispensado após a falência;
(D) indenização de 40% sobre o montante depositado no FGTS ao empregado dispensado antes da falência;
(E) de auxílio-alimentação previsto em convenção coletiva ao empregado que continua trabalhando após a falência.

A alternativa que deve ser assinalada é a "C". Vide Súmula 388 do TST.

Gabarito "C".

(Magistratura do Trabalho – 21ª Região – 2005) Ocorrendo a rescisão imotivada do contrato de trabalho, as verbas rescisórias deverão ser quitadas:

(A) até o 5º dia útil do desligamento do empregado;
(B) até o 10º dia útil, se não houver aviso-prévio;
(C) até o 1º dia útil, após o término do aviso-prévio;
(D) até o 10º dia subsequente ao desligamento, sempre que o aviso-prévio for dispensado;
(E) até o 5º dia, depois de cumprido o aviso-prévio;

A alternativa "C" corresponde ao disposto no art. 477, § 6º, a, da CLT.

Gabarito "C".

(Magistratura do Trabalho – 23ª Região – 2006) Analise as assertivas abaixo e assinale a alternativa correta:

I. No caso de morte do empregador constituído em empresa individual, é facultado ao empregado rescindir o contrato de trabalho;
II. Reconhecida em juízo a culpa recíproca quanto ao término contratual, o acréscimo rescisório sobre o Fundo de Garantia, de 40%, será devido apenas pela metade. Também se deve reduzir pela metade o aviso-prévio indenizado, o décimo terceiro salário proporcional e férias proporcionais e seu terço;
III. É lícito ao menor de dezoito anos firmar recibo pelo pagamento de salários, todavia, quando da quitação das verbas rescisórias, ele deverá estar assistido pelos responsáveis legais, sob pena de nulidade;
IV. O atleta profissional de futebol poderá postular a rescisão indireta de seu contrato de trabalho, ficando inclusive livre para se transferir para

outra agremiação, quando o empregador estiver em atraso com o pagamento de salário, no todo ou em parte, por período igual ou superior a três meses. São considerados salários, para estes efeitos, o abono de férias, o décimo terceiro salário, as gratificações, os prêmios e demais verbas inclusas no contrato de trabalho;

V. Chegando a termo o contrato de experiência, serão devidas as férias e a gratificação natalina proporcionais. O empregado ainda terá direito a sacar o saldo da conta vinculada do FGTS, com a multa de 40%.

(A) todas as alternativas estão corretas;
(B) todas as afirmativas estão incorretas;
(C) somente a afirmativa V está incorreta;
(D) somente as afirmativas III e V estão incorretas;
(E) somente a afirmativa III e IV estão incorretas.

I: correta, art. 483, § 2º, da CLT; **II:** correta, Súmula 14 do TST; **III:** correta, art. 439 da CLT; **IV:** correta, artigo 31 da Lei n. 9.615/1998; **V:** incorreta, são devidas as férias (art. 147 da CLT) e a gratificação natalina proporcionais (art.7º do Decreto 57.155/1965), com o empregado podendo levantar o saldo da conta vinculada do FGTS, sem multa (art. 20, IX, da Lei 8.036/1990 e art. 35 do Decreto 99.684/1990).

Gabarito "C"

(Magistratura do Trabalho – 24ª Região – 2006) Sobre a rescisão do contrato de trabalho, conforme a CLT, assinale a INCORRETA:

(A) O pedido de demissão ou recibo de quitação de rescisão do contrato de trabalho, firmado por empregado com mais de um ano de serviço, só será válido quando feito com a assistência do respectivo sindicato ou perante a autoridade do Ministério do Trabalho.
(B) O instrumento de rescisão ou recibo de quitação, qualquer que seja a causa ou forma de dissolução do contrato, deve ter especificada a natureza de cada parcela paga ao empregado e discriminado o seu valor, sendo válida a quitação, apenas, relativamente às mesmas parcelas.
(C) O pagamento a que fizer jus o empregado será efetuado no ato da homologação da rescisão do contrato de trabalho, em dinheiro ou em cheque visado, conforme acordem as partes, salvo se o empregado for analfabeto, quando o pagamento somente poderá ser feito em dinheiro.
(D) O pagamento das parcelas constantes do instrumento de rescisão ou recibo de quitação deverá ser efetuado até o primeiro dia útil imediato ao término do contrato, quando da ausência do aviso-prévio, indenização do mesmo ou dispensa de seu cumprimento.
(E) O ato da assistência na rescisão contratual será sem ônus para o trabalhador e empregador.

A alternativa incorreta, que deve ser assinalada, é a "D", pois o pagamento deverá ocorrer "até o décimo dia, contado da data da notificação da demissão" (art. 477, § 6º, da CLT).

Gabarito "D"

(Ministério Público do Trabalho – 8º) A dobra salarial de que cogita o artigo 467 da CLT cabe:

(A) apenas quando o vínculo tenha sido rescindido por iniciativa do empregador;
(B) relativamente às parcelas salariais incontroversas, em qualquer hipótese rescisória;
(C) quando não pagos, quando do comparecimento à Justiça do Trabalho, os salários retidos e incontroversos, desde que mantido o vínculo empregatício;
(D) apenas quando caracterizada a figura da revelia;
(E) na hipótese de cessação do contrato de trabalho;
(F) não sei.

A alternativa "B" está em consonância com o disposto no art. 467 da CLT.

Gabarito "B"

(Procurador do Trabalho – MPT – 11º Concurso – 2004) Quanto à cessação do contrato de trabalho, é INCORRETO afirmar:

(A) a falência não gera, por si só, a cessação dos contratos de trabalho;
(B) aos contratos de trabalho por prazo determinado, com cláusula assecuratória do direito recíproco de rescisão, aplicam-se, quando exercido tal direito, as regras previstas para os contratos por prazo indeterminado;
(C) a dispensa arbitrária define-se como a dispensa não embasada em motivo disciplinar, técnico, econômico ou financeiro;
(D) nos termos expressos da lei, as verbas rescisórias incontroversas devem ser pagas pelo empregador na data de seu comparecimento à Justiça do Trabalho, sob pena de pagá-las com acréscimo de 50%, ainda que o empregador seja ente público;
(E) não respondida.

A alternativa incorreta, que deve ser assinalada, é a "D", pois ao ente público não se aplica a penalidade versada na alternativa (art. 467, parágrafo único, da CLT).

Gabarito "D"

(Ministério Público do Trabalho – 12º) Assinale a alternativa INCORRETA:

(A) a partir da ratificação da Convenção n. 132 da OIT, o Tribunal Superior do Trabalho passou a entender que o empregado que se demite antes de completar 12 (doze) meses de serviço tem direito a férias proporcionais;
(B) segundo orientação jurisprudencial do Tribunal Superior do Trabalho, a prescrição começa a fluir no final da data do término do aviso-prévio, devendo ser também esta a data de saída a ser anotada na CTPS, ainda que o aviso-prévio seja indenizado;
(C) nos contratos de trabalho, a resolução por justa causa se distingue da resolução por força maior porque nesta é impossível prosseguir a execução do contrato, enquanto que naquela o prosseguimento é indesejável pelo empregador em face da inadimplência contratual do empregado;

(D) reconhecida a culpa recíproca na rescisão do contrato de trabalho, o empregado tem direito ao valor integral do aviso-prévio e 20% de multa sobre o total dos depósitos do FGTS.

(E) não respondida.

A alternativa incorreta, que deve ser assinalada, é a "D", pois o empregado tem direito a 50% do valor do aviso-prévio,décimo terceiro salario e das férias proporcionais (Súmula 14 do TST).

Gabarito "D"

(Procurador do Trabalho – MPT – 14º Concurso – 2007 Complete com a opção CORRETA.

Na hipótese de rescisão do contrato de trabalho sem que tenha havido a compensação integral da jornada extraordinária, fará o trabalhador jus ao pagamento das horas extras não compensadas, calculadas sobre o valor _______ na data da rescisão.

(A) da hora normal;

(B) do salário;

(C) da remuneração;

(D) da globalidade salarial:

(E) não respondida.

A alternativa correta é a "C", conforme art. 59, § 3º, da CLT.

Gabarito "C"

13.4. GARANTIA NO EMPREGO E FGTS

ATENÇÃO: nesta matéria, há que se contemplar as questões cotejando a época do certame com as alterações ocorridas nas Súmulas 244, 369 e 378 do TST.

Eis a antiga redação da Súmula 244, entre 2005 e 2012:

SUM-244 GESTANTE. ESTABILIDADE PROVISÓRIA

I – O desconhecimento do estado gravídico pelo empregador não afasta o direito ao pagamento da indenização decorrente da estabilidade (art. 10, II, "b" do ADCT).

II – A garantia de emprego à gestante só autoriza a reintegração se esta se der durante o período de estabilidade. Do contrário, a garantia restringe-se aos salários e demais direitos correspondentes ao período de estabilidade.

III – **Não há direito da empregada gestante à estabilidade provisória na hipótese de admissão mediante contrato de experiência, visto que a extinção da relação de emprego, em face do término do prazo, não constitui dispensa arbitrária ou sem justa causa.**

Porém, a partir de setembro de 2012, após a Res. 185/2012 do TST, o item III da Súmula 244 passou a contar com a seguinte redação:

III – A empregada gestante tem direito à estabilidade provisória prevista no art. 10, inciso II, alínea "b", do Ato das Disposições Constitucionais Transitórias, mesmo na hipótese de admissão mediante contrato por tempo determinado.

Já a Súmula 369 do TST, entre 2005 e 2012, assim dizia:

SUM-369 DIRIGENTE SINDICAL. ESTABILIDADE PROVISÓRIA

I – É indispensável a comunicação, pela entidade sindical, ao empregador, na forma do § 5º do art. 543 da CLT.

II – O art. 522 da CLT foi recepcionado pela Constituição Federal de 1988. Fica limitada, assim, a estabilidade a que alude o art. 543, § 3º, da CLT a sete dirigentes sindicais e igual número de suplentes.

III – O empregado de categoria diferenciada eleito dirigente sindical só goza de estabilidade se exercer na empresa atividade pertinente à categoria profissional do sindicato para o qual foi eleito dirigente.

IV – Havendo extinção da atividade empresarial no âmbito da base territorial do sindicato, não há razão para subsistir a estabilidade.

V – O registro da candidatura do empregado a cargo de dirigente sindical durante o período de aviso-prévio, ainda que indenizado, não lhe assegura a estabilidade, visto que inaplicável a regra do § 3º do art. 543 da Consolidação das Leis do Trabalho.

Entretanto, a partir de setembro de 2012, após a Res. 185/2012 do TST, o item I da Súmula 369 passou a contar com a seguinte redação:

I – É assegurada a estabilidade provisória ao empregado dirigente sindical, ainda que a comunicação do registro da candidatura ou da eleição e da posse seja realizada fora do prazo previsto no art. 543, § 5º, da CLT, desde que a ciência ao empregador, por qualquer meio, ocorra na vigência do contrato de trabalho.

Finalmente, a S que a ciência ao empregador, por qualquer meio, ocorra na vigência do contrato de trabalho. da candidatura ou da eleição assim grafado:

III – O empregado submetido a contrato de trabalho por tempo determinado goza da garantia provisória de emprego decorrente de acidente de trabalho prevista no art. 118 da Lei n. 8.213/1991.

(Magistratura do Trabalho – 1ª Região – 2004) Empregado contratado em 30 de setembro de 1978, com doze anos de idade, não optante pelo FGTS, e que continua a trabalhar até a presente data. Assinale a assertiva correta:

(A) o contrato de trabalho é nulo da admissão até a data na qual o menor completou dezesseis anos, sendo válido a partir de então;

(B) o empregado perdeu a estabilidade em 05.10.1988, com o advento do regime obrigatório pelo FGTS, conservando direito à indenização em dobro do período anterior;

(C) o empregado é detentor de estabilidade decenal;

(D) o empregado pode, a qualquer momento, optar pelo FGTS com efeito retroativo à sua data de admissão ou à data na qual completou dezesseis anos, desde que a transação tenha assistência do sindicato da sua categoria profissional;

(E) o empregador pode resilir unilateralmente o contrato de trabalho, por justa causa, independentemente do ajuizamento de inquérito para apuração de falta grave.

A alternativa "C" está correta, pois com a entrada em vigor da CF/1988 (que tornou o regime do INSS obrigatório), já contava com dez anos de serviço. Observe-se que segundo o art. 165, X, da Carta de 1967 (e EC 1/1969) autorizavam o trabalho a partir dos doze anos, mas, ainda que assim não fosse, seria irrelevante a circunstância do trabalhador ser menor de idade quando de sua contratação, por se tratar de incapacidade de proteção e empolgar a aplicação da teoria especial das nulidades trabalhistas.

Gabarito "C"

(Magistratura do Trabalho – 1ª Região – 2004) Em consonância com a jurisprudência uniformizada do Tribunal Superior do Trabalho:

(A) a garantia de emprego à gestante autoriza sempre a reintegração, assegurando-lhe o direito a salários e vantagens correspondentes ao período e seus reflexos;

(B) a garantia de emprego à gestante não autoriza a reintegração, assegurando-lhe apenas o direito a salários e vantagens correspondentes ao período e seus reflexos;

(C) a garantia de emprego à gestante só autoriza o direito à reintegração se esta se der durante o período de estabilidade. Do contrário, a garantia restringe-se aos salários e demais direitos correspondentes ao período de estabilidade;

(D) a garantia de emprego à gestante só autoriza o pagamento dos salários e demais direitos correspondentes ao período de estabilidade, se postulados no curso desta;

(E) a garantia de emprego à gestante só autoriza o direito à reintegração se houver concordância do empregador, assegurando-se, em qualquer hipótese, o pagamento dos salários e demais direitos correspondentes ao período de estabilidade.

A alternativa "C" está em consonância com a Súmula 244, II, do TST.

Gabarito "C"

(Magistratura do Trabalho – 2ª Região – 2012) A empresa Alfa Comunicações firmou contrato de experiência com a empregada Lídia, para o exercício das funções de assistente de mídia, pelo prazo de 30 dias. Vencido o prazo inicial, houve prorrogação escrita firmada pelas partes por mais 60 dias. No final do último dia do contrato prorrogado, houve a comunicação da dispensa da empregada, com o pagamento dos dias trabalhados e os proporcionais de férias com 1/3 e 13º salário. Após três dias da rescisão, Lídia retornou à empresa e comunicou ao chefe do setor de recursos humanos que estava grávida, com um mês de gestação, juntando cópia de ultrassom e solicitando o seu retorno ao trabalho. Entretanto não houve a reintegração. Com fundamento na legislação e na jurisprudência sumulada do TST, a empregadora Alfa Comunicações agiu de forma **correta**?

(A) Não, porque a empregada era detentora de estabilidade gestacional nos termos previstos do artigo 10, II, "b" do ADCT.

(B) Não, porque não houve a possibilidade de cumprimento de aviso-prévio trabalhado ou o pagamento de indenização pelo período do aviso-prévio.

(C) Sim, porque nos contratos a termo na modalidade de experiência não há estabilidade gestacional, conforme entendimento sumulado do TST.

(D) Sim, porque o desconhecimento do estado gravídico pelo empregador não caracteriza a sua conduta de má-fé e afasta o direito a estabilidade.

(E) Não, porque a prorrogação por prazo diferente daquele previsto no primeiro pacto descaracteriza o contrato de experiência e faz incidir a estabilidade gestacional, além do pagamento de aviso-prévio indenizado.

A realização da prova ocorreu em 02.09.2012, ou seja, antes da alteração da **Súmula 244 do TST**, em 14 de setembro de 2012. Atualmente, a redação deste enunciado prevê a estabilidade provisória da gestante ainda que sua admissão se dê por contrato por prazo determinado. Contudo, anteriormente, o entendimento do TST era no sentido de não reconhecer esta estabilidade em contratos de experiência, por isso, o gabarito correto à época é o constante da alternativa "C"(Entendimento anterior – ALTERADO – III – Não há direito da empregada gestante à estabilidade provisória na hipótese de admissão mediante contrato de experiência, visto que a extinção da relação de emprego, em face do término do prazo, não constitui dispensa arbitrária ou sem justa causa.). **Contudo, para as provas atuais, o gabarito correto é o da alternativa "A", o qual retrata o atual entendimento do TST – "III – A empregada gestante tem direito à estabilidade provisória prevista no art. 10, inciso II, alínea "b", do Ato das Disposições Constitucionais Transitórias, mesmo na hipótese de admissão mediante contrato por tempo determinado".**

Gabarito "C"

(Magistratura do Trabalho – 2ª Região – 2012) Sobre o Fundo de Garantia por Tempo de Serviço, nos termos da legislação própria e das súmulas do TST, é **correto** afirmar que:

(A) A contribuição para o Fundo de Garantia do Tempo de Serviço incide sobre a remuneração mensal devida ao empregado, inclusive horas extras e adicionais eventuais.

(B) O pagamento relativo ao período de aviso-prévio, desde que trabalhado pelo empregado, está sujeito à contribuição para o FGTS.

(C) A prescrição da pretensão relativa às parcelas remuneratórias não alcança o respectivo recolhimento da contribuição para o FGTS.

(D) Os empregadores ficam obrigados a depositar, até o dia 7 (sete) de cada mês, na conta vinculada, a importância correspondente a 8 (oito) por cento da remuneração paga ou devida, no mês anterior, sendo que tal depósito fica suspenso nos casos de afastamento para prestação do serviço militar e licença por acidente de trabalho.

(E) A conta vinculada do trabalhador no FGTS poderá ser movimentada quando o trabalhador permanecer dois anos ininterruptos fora do regime do FGTS, podendo o saque, neste caso, ser efetuado a partir do mês de aniversário do titular da conta.

A: correta. Súmula 63 do TST; **B:** incorreta, mesmo que não trabalhado está sujeito à contribuição do FGTS (Súmula 305 do TST); **C:** incorreta, alcança o recolhimento da contribuição para o FGTS (Súmula 206 do TST); **D:** incorreta, tal depósito é obrigatório nos casos de afastamento para prestação do serviço militar e licença por acidente de trabalho (art. 15, § 5º, da Lei 8.036/1990); **E:** incorreta, poderá ser movimentada quando o trabalhador permanecer três anos ininterruptos fora do regime do FGTS (art. 20, VIII, da Lei 8.036/1990).

Gabarito "A".

(Magistratura do Trabalho – 2ª Região – 2011) Sobre a estabilidade e as garantias provisórias de emprego, assinale a única alternativa correta:

(A) Decorre de lei que o empregador que deixar de cumprir decisão passada em julgado sobre a readmissão ou reintegração de empregado, além do pagamento dos salários deste, incorrerá em multa, até que seja cumprida a decisão.

(B) Por ter o art. 2º, § 1º, da CLT equiparado os profissionais liberais ao empregador, não se aplica o art. 507 da CLT aos seus empregados, que, portanto, não gozam de qualquer espécie de garantia de emprego.

(C) O empregado estável não recebe indenização pela rescisão do contrato a prazo indeterminado, no caso de extinção da empresa, fechamento do estabelecimento ou supressão de atividade, havidos sem motivo de força maior, conforme preveem os artigos 497 e 498 da CLT.

(D) Diante da previsão constitucional que protege a relação de emprego contra a despedida arbitrária, a dispensa do empregado não é um direito potestativo do empregador.

(E) Os titulares e suplentes representantes dos empregados membros da Comissão de Conciliação Prévia não gozam de vedação à dispensa durante o período de mandato.

A: correta, art. 729 da CLT; **B:** incorreta, embora fossem os escritórios de profissionais liberais equiparados a empregadores (art. 2º, § 1º, da CLT), seus empregados, por força do art. 507 da CLT, ficaram excluídos da estabilidade decenária. Tratando-se de preceito segregacionista e de questionável recepção pela Constituição, sua interpretação é estrita, não alcançando outras garantias no emprego; **C:** incorreta, recebe indenização paga em dobro (arts. 497 e 498 da CLT); **D:** incorreta, trata-se de um poder potestativo, pois, ressalvadas as estabilidades e garantias no emprego, o empregador ainda detém a prerrogativa da rescisão do contrato de trabalho por denúncia vazia. **Importante:** visando a dar concretude à garantia constitucional de proteção do trabalhador contra a despedida arbitrária ou sem justa causa (CF, art. 7º, I), o Brasil ratificou a Convenção 158 da OIT (que inibe a despedida desmotivada) por meio do Decreto Legislativo 68/1992 (que foi complementado pelo Decreto 1.855/1996). Porém, ao entendimento de que o diploma internacional em questão ingressaria no ordenamento jurídico brasileiro com o status de lei ordinária, e considerando que o art. 7º, I, da CF prevê a proteção da relação de emprego nos termos de "lei complementar", o Supremo Tribunal Federal retirou toda a eficácia da Convenção 158 da OIT ao deferir medida cautelar requerida na ADI-MC 1.480/DF (na ocasião, o voto do Ministro Relator Celso Mello conferiu à Convenção 158 uma "interpretação conforme a Constituição" que minou por completo seu conteúdo) e, no próprio ano de 1996, o governo brasileiro denunciou a Convenção (sobre a questão aqui tratada, confira-se, ainda, o Enunciado 2, II, editado na 1ª Jornada de Direito e Processo do Trabalho promovida pela Associação Nacional dos Magistrados da Justiça do Trabalho em novembro de 2007); **E:** incorreta, é vedada a dispensa dos titulares e suplentes até um ano após o final do mandato, exceto se cometerem falta grave (art. 625-B, § 1º, da CLT).

Gabarito "A".

(Magistratura do Trabalho – 2ª Região – 2010) Assinale a alternativa incorreta quanto ao instituto da garantia de emprego.

(A) É vedada a dispensa de empregado sindicalizado a partir do registro da sua candidatura a cargo de direção ou representação sindical e, se eleito, ainda que suplente, até um ano após o final de seu mandato, salvo se cometer falta grave nos termos da lei.

(B) A garantia prevista em lei subsiste, em favor do membro da administração do Sindicato, em caso de transferência para outro município vizinho da mesma região metropolitana e base territorial desde que não dificulte ou torne impossível o desempenho de suas atribuições sindicais.

(C) O empregado membro da CIPA indicado pelo empregador é detentor de garantia de emprego por até um ano após o final de seu mandato, constituindo-se tal garantia em vantagem pessoal que prevalece mesmo em caso de extinção do estabelecimento.

(D) O empregado que sofreu acidente de trabalho é detentor de garantia de emprego por 12 (doze) meses após a cessão de auxílio doença acidentário, independentemente de percepção de auxílio-acidente.

(E) Não haverá estabilidade no exercício dos cargos de diretoria, gerência ou outros de confiança imediata do empregador, ressalvado o cômputo do tempo de serviço para todos os efeitos legais.

A: assertiva correta, art. 8º, VIII, da CF, e 543, § 3º, da CLT; **B:** assertiva correta, art. 543 da CLT; **C:** assertiva incorreta, devendo ser assinalada – art. 165 da CLT e art. 10, II, a, do ADCT (por empregado "eleito", entende-se o representante dos empregados); **D:** assertiva correta, art. 118 da Lei 8.213/1991 e Súmula 378 do TST; **E:** assertiva correta, art. 499 da CLT.

Gabarito "C".

(Magistratura do Trabalho – 2ª Região – 2010) Quanto ao Fundo de Garantia por Tempo de Serviço – FGTS, não é correto afirmar que:

(A) O empregador é obrigado a efetuar os depósitos mensais na conta vinculada do FGTS mesmo que o empregado esteja afastado do serviço para prestação do serviço militar ou por motivo de acidente de trabalho com percepção do benefício previdenciário.

(B) Todas as parcelas integrantes da remuneração do empregado, desde que habituais, salvo as utilidades, devem ser levadas em consideração para efeito de depósitos a cargo do empregador.

(C) O sindicato profissional, independente de outorga de poderes pelo empregado, tem legitimidade para propor ação contra empresa, objetivando a regularização dos depósitos do FGTS.

(D) No curso do contrato de trabalho é possível o saque dos valores depositados na conta vinculado do FGTS em caso de aquisição de casa própria, observadas as condições previstas na Lei 8.036/1990, em caso de algumas doenças graves como portar o trabalhador o vírus HIV ou sofrer neoplasia maligna.

(E) O pagamento relativo ao período de aviso-prévio, trabalhado ou não, está sujeito a contribuição para o FGTS.

A: assertiva correta, art. 15, § 5º, da Lei 8.036/1990; **B:** a assertiva incorreta, devendo ser assinalada, as utilidades também deverão ser consideradas para efeito de depósitos a cargo do empregador (art. 15, caput e § 5º, da Lei 8.036/1990); **C:** assertiva correta, art. 25 da Lei 8.036/1990; **D:** assertiva correta, art. 20 da Lei 8.036/1990; **E:** assertiva correta, Súmula 305 do TST.

Gabarito "B"

(Magistratura do Trabalho – 3ª Região – 2013) Sobre a proteção contra a dispensa arbitrária, com base na jurisprudência dominante, é incorreto afirmar:

(A) O desconhecimento do estado gravídico pelo empregador não afasta o direito ao pagamento da indenização decorrente da estabilidade prevista no art. 10, II, "b" do ADCT.

(B) Exaurido o período de estabilidade, são devidos ao empregado apenas os salários do período compreendido entre a data da despedida e o final do período de estabilidade, não lhe sendo assegurada a reintegração no emprego.

(C) A garantia de emprego à gestante só autoriza a reintegração se esta se der durante o período de estabilidade. Do contrário, a garantia restringe-se aos salários e demais direitos correspondentes ao período de estabilidade.

(D) Não há direito da empregada gestante à estabilidade provisória na hipótese de admissão mediante contrato de experiência, visto que a extinção da relação de emprego, em face do término do prazo, não constitui dispensa arbitrária ou sem justa causa.

(E) Presume-se discriminatória a despedida de empregado portador do vírus HIV ou de outra doença grave que suscite estigma ou preconceito. Inválido o ato, o empregado tem direito à reintegração no emprego.

A: assertiva correta, Súmula 244, I, do TST; **B:** assertiva correta, Súmula 396, I, do TST; **C:** assertiva correta, Súmula 244, II, do TST; **D:** assertiva incorreta, devendo ser assinalada, Súmula 244, III, do TST; **E:** assertiva correta, Súmula 443 do TST.

Gabarito "D"

(Magistratura do Trabalho – 3ª Região – 2013) Relativamente à estabilidade do dirigente sindical, com base na jurisprudência dominante, é incorreto afirmar:

(A) O empregado de categoria diferenciada eleito dirigente sindical só goza de estabilidade se exercer na empresa atividade pertinente à categoria profissional do sindicato para o qual foi eleito dirigente.

(B) É assegurada a estabilidade provisória ao empregado dirigente sindical, ainda que a comunicação do registro da candidatura ou da eleição e da posse seja realizada fora do prazo previsto no art. 543, § 5º, da CLT, desde que a ciência ao empregador, por qualquer meio, ocorra na vigência do contrato de trabalho.

(C) O registro da candidatura do empregado a cargo de dirigente sindical durante o período de aviso-prévio, ainda que indenizado, assegura-lhe a estabilidade, dado que aplicável a regra do § 3º do art. 543 da Consolidação das Leis do Trabalho.

(D) O art. 522 da CLT foi recepcionado pela Constituição Federal de 1988. Assim, a estabilidade a que alude o art. 543, § 3.º, da CLT, fica limitada a sete dirigentes sindicais e igual número de suplentes.

(E) Havendo extinção da atividade empresarial no âmbito da base territorial do sindicato, não há razão para subsistir a estabilidade.

A alternativa incorreta, que deve ser assinalada, é a "C", pois "não lhe assegura a estabilidade, visto que inaplicável a regra do § 3º do art. 543 da Consolidação das Leis do Trabalho". Súmula 369 do TST.

Gabarito "C"

(Magistratura do Trabalho – 3ª Região – 2009) Analise as proposições abaixo e, considerando a Lei n. 8.036, de 1990 e o entendimento jurisprudencial sumulado, assinale a alternativa correta:

I. Na hipótese de denúncia vazia do contrato de trabalho, por parte do empregador, é devida a indenização de 40% sobre o montante existente na conta vinculada do trabalhador no FGTS, não se considerando os saques ocorridos na vigência do contrato de trabalho.

II. Aos membros do Conselho Curador do FGTS, representantes dos trabalhadores, efetivos e suplentes, é assegurada a garantia provisória de emprego, cuja duração compreenderá o período de tempo situado desde a nomeação até um ano após o término do mandato de representação, podendo ser dispensados por motivo de falta grave, regularmente comprovada através de processo sindical.

III. Nas hipóteses previstas no artigo 37, § 2º, da Constituição da República, ou seja, nos casos em que a Administração Pública contrata trabalhador sem observância de concurso público prévio, é indevido o depósito do FGTS na conta vinculada do trabalhador, cujo contrato de trabalho tenha sido judicialmente declarado nulo, mesmo se mantido o direito aos salários.

IV. Ocorrendo despedida por culpa recíproca ou força maior, reconhecida pela Justiça do Trabalho, o empregado terá direito à importância equivalente a 20% (vinte por cento) do montante de todos os depósitos realizados em sua conta vinculada do FGTS durante a vigência do contrato de trabalho, atualizados monetariamente e acrescidos dos respectivos juros.

V. Os depósitos do FGTS são corrigidos monetariamente, além de capitalizarem juros de três por cento ao ano, que são aumentados após dois anos de vigência do contrato de trabalho.

(A) São falsas as proposições I e III.
(B) São falsas as proposições I, II, III e V.
(C) São falsas as proposições II, IV e V.
(D) Apenas a proposição I é verdadeira e as demais são falsas.
(E) Apenas a proposição IV é verdadeira e as demais são falsas.

I: falsa, é devido a multa sobre os saques corrigidos monetariamente (art. 18, § 1º, da Lei 8.036/1990 e OJ 42 da SDI-I do TST); **II:** verdadeira, art. 3º, § 9º, da Lei 8.630/1990; **III:** falsa, quando mantido o direito ao salário, o depósito do FGTS na conta vinculada do trabalhador é devido (art. 19-A da Lei 8.036/1990 e Súmula 363 do TST); **IV:** verdadeira, Súmula 14 do TST e art. 18, § 2º, da Lei 8.037/1990; **V:** verdadeira, esta progressividade dos juros só alcança os antigos optantes do FGTS, observadas as condições do art. 13, § 3º, da Lei 8.036/1990.

Gabarito “A”

(Magistratura do Trabalho – 3ª Região – 2009) Assinale a assertiva (“a” a “e”) correta em relação aos enunciados de I a V, observadas a legislação pertinente e a consolidação jurisprudencial do c. TST:

I. Aos servidores regidos pela CLT que trabalham em fundação de direito privado instituída por lei e que receba dotação ou subvenção do Poder Público para realização de atividades de interesse do Estado, ostentando natureza de fundação pública, é assegurada estabilidade excepcional prevista no art. 19 do ADCT.

II. Rescindido por acordo seu contrato de trabalho, o empregado detentor de estabilidade decenal e optante tem direito ao mínimo de 60% (sessenta por cento) do total da indenização em dobro, calculada sobre o maior salário percebido no emprego. Se houver recebido menos do que este total, qualquer que tenha sido a forma de transação, assegura-se-lhe a complementação até aquele limite, nos termos do consolidado entendimento do c. TST.

III. A todos os ocupantes de cargo de direção das Comissões Internas de Prevenção de Acidentes (CIPAs) é assegurada a vedação da dispensa arbitrária ou sem justa causa desde o registro de sua candidatura até um ano após o final do mandato.

IV. É vedada a dispensa de todos os membros das Comissões de Conciliação Prévia, titulares e suplentes, até um ano após o final do mandato, salvo se cometerem falta grave, nos termos da lei.

V. Está consolidado pela jurisprudência do c. TST que o empregado público da administração direta, autárquica, fundacional, de empresa pública, admitido mediante aprovação em concurso público, é beneficiário da estabilidade prevista no art. 41 da Constituição da República de 1988.

(A) Somente um enunciado é verdadeiro.
(B) Somente dois enunciados são verdadeiros.
(C) Somente três enunciados são verdadeiros.
(D) Somente quatro enunciados são verdadeiros.
(E) Todos os enunciados são verdadeiros.

I: verdadeiro, OJ 364 da SDI-I do TST; **II:** verdadeiro, Súmula 54 do TST; **III** e **IV:** falsos, só se beneficiam com a garantia no emprego os representantes eleitos pelos empregados e respectivos suplentes (arts. 10, II, a, do ADCT e 165 da CLT); **V:** falso, não socorrendo a estabilidade ao empregado de empresa pública (Súmula 390 do TST).

Gabarito “B”

(Magistratura do Trabalho – 3ª Região – 2008) Analise as proposições abaixo (de I a V) e assinale a alternativa correta, conforme sejam verdadeiras ou falsas:

I. rescindindo por acordo seu contrato de trabalho, o empregado estável optante tem direito ao mínimo de 50% do total da indenização em dobro, calculada sobre o maior salário percebido no emprego. Se houver recebido menos do que esse total, qualquer que tenha sido a forma de transação, assegura-se-lhe a complementação até aquele limite.

II. o tempo de serviço anterior à opção ou a 5 de outubro de 1988 poderá ser transacionado entre empregador e empregado, respeitado o limite mínimo de 50% da indenização simples ou em dobro, conforme o caso.

III. no caso de se converter a reintegração em indenização dobrada, o direito aos salários é assegurado até a data da primeira decisão que determinou essa conversão.

IV. os trabalhadores não optantes do FGTS admitidos antes da data da promulgação da Constituição Federal de 1988 poderão a qualquer momento optar pelo FGTS com efeito retroativo a 1º de janeiro de 1967 ou à data de sua admissão, quando posterior àquela, sem necessidade de concordância do empregador.

V. a estabilidade contratual ou a derivada de regulamento de empresa são compatíveis com o regime do FGTS. Diversamente ocorre com a estabilidade legal (decenal, art. 492 da CLT), que é renunciada com a opção pelo FGTS.

(A) Apenas as proposições III e V são verdadeiras.
(B) Apenas as proposições III e IV são verdadeiras.
(C) Apenas as proposições I, II e III são verdadeiras.
(D) Apenas as proposições I, II e IV são verdadeiras.
(E) Apenas as proposições I, II e V são verdadeiras.

I: falsa, tem direito ao mínimo de 60% (Súmula 54 do TST); **II:** falsa, “o tempo de serviço anterior à atual Constituição poderá ser transacionado entre empregador e empregado, respeitado o limite mínimo de 60 (sessenta) por cento da indenização prevista”. (art. 14, § 2º, da Lei 8.036/1990); **III:** verdadeira, Súmula 28 do TST; **IV:** falsa, tem que haver concordância do empregador, art. 1º da Lei 5.958/1973 (v. art. 14, § 4º, da Lei 8.036/1990); **V:** verdadeira, Súmula 98, II, do TST.

Gabarito “A”

(Magistratura do Trabalho – 3ª Região – 2008) Assinale a alternativa correta :

(A) o segurado que sofreu acidente do trabalho tem garantida, pelo prazo mínimo de 12 meses, a manutenção do seu contrato de trabalho na empresa, após a cessação do auxílio-doença acidentário, sendo necessária a percepção do auxílio-acidente pelo segurado para gozar desta garantia de emprego.

(B) a estabilidade somente é prevista em normas infraconstitucionais.

(C) o pedido de demissão de empregado detentor de estabilidade decenal prevista na CLT (direito adquirido antes da promulgação da Constituição Federal de 1988) dispensa a assistência sindical, da autoridade competente do Ministério do Trabalho ou da Justiça do Trabalho.

(D) a Constituição Federal de 1988 se inspirou na "Teoria da Nulidade da Dispensa Arbitrária".

(E) em princípio, considera-se inválida estabilidade concedida pela vontade unilateral do empregador ou ajustada entre as partes no contrato de trabalho.

O respeito ao valor trabalho, o interesse social pelo pleno emprego e a subordinação da propriedade à sua função social vêm repercutindo na proscrição da dispensa meramente arbitrária por parcela significativa dos países europeus, assim a que não se funda em causa socialmente relevante. Embora – e não somente – em linha de princípio haja o legislador constituinte se inspirado na teoria da nulidade da dispensa arbitrária (CF, art. 7º, I), o Brasil preserva a prerrogativa empresarial de extinguir o contrato pela denúncia vazia.

Gabarito "D"

(Magistratura do Trabalho – 4ª Região – 2012) A estabilidade provisória é direito reconhecido legalmente a todos os empregados

(A) dispensados por ato discriminatório do empregador, pelo período de um ano a contar de sua reintegração ao trabalho.

(B) com tempo de serviço igual ou superior a 5 anos na mesma empresa e que contarem com menos de 24 meses para a aquisição da aposentadoria integral por tempo de serviço.

(C) que retornarem de férias, licença-maternidade ou afastamento involuntário não inferior a 30 dias, pelo período de três meses.

(D) acometidos por doença grave por prazo igual ao do afastamento, até o limite de sessenta dias após a alta médica.

(E) nomeados para o Conselho Nacional da Previdência Social, desde a nomeação até um ano após o término do mandato.

A: incorreta. A Lei 9.029/1995 proíbe a adoção de qualquer prática discriminatória e limitativa ao acesso à relação de emprego, com exceção de discriminações protetivas lícitas (por exemplo, art. 7º, XXXIII, da CF). Caso isto ocorra, além de indenização por dano moral, de acordo com o art. 4º da citada lei, é facultado ao empregado optar pela readmissão com ressarcimento integral de todo o período de afastamento, mediante pagamento das remunerações devidas, corrigidas monetariamente, acrescidas dos juros legais, ou pela percepção, em dobro, da remuneração do período de afastamento, corrigida monetariamente e acrescida dos juros legais; **B** e **C:** incorretas. Inexiste norma legal a respeito, não obstante a possibilidade de sua pactuação coletiva; **D:** incorreta, "o segurado que sofreu acidente do trabalho tem garantida, pelo prazo mínimo de doze meses, a manutenção do seu contrato de trabalho na empresa, após a cessação do auxílio-doença acidentário, independentemente de percepção de auxílio-acidente" (art. 118 da Lei 8.213/1991, arts. 336 e 346 do Decreto 3.048/1999); **E:** correta, art. 3º, § 9º, da Lei 8.036/1990.

Gabarito "E"

(Magistratura do Trabalho – 7ª Região – 2005) Analise as proposições abaixo e assinale a opção correta.

I. A estabilidade conferida ao empregado eleito para cargo de administração sindical ou de representação profissional, na forma do artigo 543, da CLT, é também assegurada aos empregados eleitos diretores de sociedades cooperativas por eles mesmos criadas.

II. Em conformidade com a jurisprudência pacificada do Tribunal Superior do Trabalho, embora sejam o afastamento por 15 dias e a percepção de auxílio acidentário pressupostos para o reconhecimento da estabilidade de que trata o artigo 118, da Lei n. 8.213/1991, não são eles exigidos quando se tratar de doença profissional constatada após a despedida e que guarde nexo de causalidade com as atividades exercidas pelo trabalhador no período em que vigorou o contrato de trabalho.

III. Goza de estabilidade o empregado que, no período do aviso-prévio, tem a sua candidatura registrada à eleição para cargo de dirigente sindical, conforme jurisprudência pacificada do Tribunal Superior do Trabalho.

IV. Os empregados suplentes das Comissões Internas de Prevenção de Acidentes, designados pelo empregador, gozam de estabilidade, não lhes sendo devido, porém, o pagamento de indenização na hipótese de rescisão contratual determinada pela extinção do estabelecimento.

V. Os membros do Conselho Curador do FGTS, representantes dos empregados, que são indicados pelas respectivas centrais sindicais e nomeados pelo Ministro do Trabalho, gozam de estabilidade no emprego até um ano após o término do mandato de representação.

(A) Todas as proposições são verdadeiras.

(B) As duas primeiras proposições são verdadeiras, sendo falsas as demais.

(C) São verdadeiras apenas a primeira, a segunda e a quinta.

(D) São verdadeiras apenas a primeira, a quarta e a quinta.

(E) São verdadeiras apenas a segunda, a terceira e a quarta.

I: verdadeira, art. 55 da Lei 5.764/1971; **II:** verdadeira, Súmula 378, II, do TST; **III:** falsa, não goza de estabilidade (Súmula 369, V, do TST); **IV:** falsa, só se beneficiam com a garantia no emprego os representantes eleitos pelos empregados e respectivos suplentes (Súmula 339 do TST); **V:** verdadeira, art. 3º, § 9º, da Lei 8.036/1990.

Gabarito "C"

(Magistratura do Trabalho – 8ª Região – 2011) Com relação ao Fundo de Garantia do Tempo de Serviço, assinale a alternativa INCORRETA:

(A) O pagamento do aviso-prévio, trabalhado ou não, submete-se à incidência do FGTS.

(B) A equivalência entre os regimes do Fundo de Garantia do Tempo de Serviço e o da estabilidade prevista na CLT é tão somente jurídica e não também econômica, de modo a não serem devidos valores a título de diferença entre um e outro regime.

(C) Não há incidência de FGTS sobre férias indenizadas.

(D) Considerando que é trintenária a prescrição das contribuições para o FGTS, a prescrição da pretensão às parcelas remuneratórias devidas não alcança o respectivo recolhimento dessas contribuições.

(E) Mesmo na ocorrência de saques na conta do FGTS durante o contrato de trabalho, é devida a multa sobre os valores sacados, corrigidos monetariamente.

A: assertiva correta, Súmula 305 do TST; **B:** assertiva correta, Súmula 98, I, do TST; **C:** assertiva correta, OJ 195 da SDI-I do TST; **D:** assertiva incorreta, devendo ser assinalada, Súmula 206 do TST (quanto à prescrição trintenária, a assertiva está correta, conforme art. 23, § 5º, da Lei 8.036/1990 e Súmula 362 do TST); **E:** assertiva correta, OJ 42 da SDI-I do TST.

Gabarito "D"

(Magistratura do Trabalho – 8ª Região – 2011) Analise as proposições abaixo e marque a alternativa CORRETA:

I. Dentre os empregados beneficiários da estabilidade decenária prevista na CLT estavam aqueles que contassem com mais de dez anos de serviço na empresa, ou em empresas integrantes do mesmo grupo econômico, os dirigentes contratados para o desempenho de cargo em confiança, como os cargos de diretoria ou gerência, empregados em consultórios ou escritórios de profissionais liberais.

II. Embora em franco declínio, a antiga estabilidade decenal persiste, no entanto, a estabilidade provisória em que se incluem: a estabilidade do dirigente sindical; da empregada urbana, rural e avulsa, desde a confirmação da gravidez até cinco meses após o parto; a do empregado eleito para o cargo de direção das CIPA; a do empregado acidentado; a dos empregados membros de Comissão de Conciliação Prévia; a dos representantes dos trabalhadores no Conselho Curador do FGTS e a do representante de empregados no Conselho Nacional da Previdência Social.

III. Desde que pertencente à categoria diferenciada, o empregado eleito dirigente sindical goza da estabilidade que lhe é inerente, independentemente da atividade exercida na empresa para a qual trabalha.

IV. Para a aquisição da estabilidade acidentária, o empregado deve ter sido afastado do trabalho por prazo superior a 15 dias, com consequente percepção do auxílio-doença acidentário, salvo na hipótese em que, após o despedimento, vier a ser constatada doença profissional que tenha relação de causalidade com a execução do contrato de emprego.

(A) As alternativas III e IV estão corretas.

(B) As alternativas I e III estão corretas.

(C) As alternativas II e IV estão corretas.

(D) As alternativas I e IV estão corretas.

(E) As alternativas I e II estão corretas.

I: incorreta, art. 499 da CLT. Foram excluídos da estabilidade decenária os dirigentes contratados para cargos de confiança (CLT, art. 499) e os trabalhadores de escritórios ou consultórios de profissionais liberais (CLT, art. 507). Contudo, no primeiro caso, se a promoção para a função de confiança estivesse precedida de um contrato de trabalho para uma função efetiva normal, o tempo da função de confiança se somava ao tempo de desempenho daquela para fins de reconhecimento da estabilidade decenária no cargo efetivo. Porém, se o empregado se limitasse a exercer funções de confiança, jamais adquiriria a estabilidade e, ao ser dispensado, fazia jus apenas à indenização simples dos arts. 477 e 478; **II:** correta. O princípio da continuidade – que valoriza a permanência do vínculo empregatício e a inserção do obreiro na vida da empresa – permeia o contrato de trabalho, sendo o instituto da estabilidade uma de suas expressões. Em 1923, quando da Lei Elói Chaves, o instituto da estabilidade do empregado, depois de dez anos de serviços ao mesmo empregador, já vinha contemplado em favor dos ferroviários. Nascia a estabilidade decenária, posteriormente incorporada pela CLT (art. 492) e respaldada pela Constituição de 1946. O citado instituto criava, após o primeiro ano de trabalho, um óbice financeiro crescente à rescisão contratual potestativa pelo empregador, deferindo-se ao empregado uma indenização correspondente a 1 mês de serviço multiplicado pelo número de anos (bem como de fração superior a seis meses) de serviços prestados. Chegando-se à marca de dez anos de serviços, o obstáculo à rescisão sem justa causa se aprofundava a tal ponto que a despedida só era possível em certas circunstâncias legalmente tipificadas, como na ocorrência de falta grave pelo empregado, a ser devidamente apurada pela ação de inquérito judicial de apuração de falta grave. Apesar da expressão "decenária", a jurisprudência passou a conceber a despedida do empregado com nove anos de casa, sem justa causa, como ato abusivo do empregador. É assim que, por meio do antigo Enunciado 26 do TST, cristalizou-se na jurisprudência que, após nove anos de serviços, presumir-se-ia obstativa da estabilidade a despedida do empregado sem justa causa. Neste caso, a expressão "presume-se", veiculada pelo cancelado enunciado, sinalizava a inversão do ônus da prova, recaindo ao empregador o dever de demonstrar que a despedida não era obstativa, mas pautada em algum fundamento legítimo. Em 1966, a Lei 5.107 criou o Fundo de Garantia por Tempo de Serviço como modelo alternativo à estabilidade decenária para o empregado urbano. O ingresso no FGTS dependia de expressa opção pelo empregado, por escrito, e tal opção, como regra, era prospectiva (dava-se no momento da celebração do contrato, valendo para o futuro, embora houvesse a possibilidade da opção retroativa). Trata-se de instituto mais vantajoso ao empregado no que diz respeito a pedidos de demissão e aposentadoria, mas extremamente mais flexível no que diz respeito à despedida sem justa causa, uma vez que bastava ao empregador recolher contribuições à alíquota de 8% da remuneração mensal do empregado, podendo despedi-lo por simples denúncia vazia quando bem entendesse, arcando com a singela indenização de 10% sobre o saldo de FGTS devido (atualmente, esta alíquota indenizatória é de 40%), valor este manifestamente inferior ao da indenização por tempo de serviço antiga. Deste modo, a natureza optativa do FGTS revelou-se meramente nominal, pois na prática, a partir de 1977, empregadores só aceitavam contratar trabalhadores que optassem pela nova sistemática. Com a CF de 1988, o FGTS foi universalizado, tornando-se obrigatório e afastando-se a antiga estabilidade decenária, respeitado o direito adquirido daqueles que já haviam adquirido a estabilidade até a data de entrada em vigor da Constituição, razão pela qual a estabilidade decenária, atualmente, está em franco declínio. Quanto às garantias no emprego (estabilidade provisória), são elas: a) dirigente sindical e suplentes (CF, art. 8º, VIII e CLT, art. 543, § 3º); b) representantes dos empregados na

CIPA e suplentes (ADCT, art. 10, II, a, e CLT, art. 165); c) gestante (ADCT, art. 10, II, b), inclusive doméstica (Lei 11.324/2006); d) acidentado do trabalho (Lei 8.213/1991, art. 118); e) empregados de empresas eleitos diretores de cooperativas, não abrangendo suplentes (Lei 5.764/1971, art. 55); f) representantes dos empregados, inclusive suplentes, nas Comissões de Conciliação Prévia (CLT, art. 625-B); g) representantes dos empregados membros do Conselho Nacional de Previdência Social (Lei 8.213/1991, art. 3º, § 7º); h) representantes dos empregados membros do Conselho Curador do FGTS (Lei 8.036/1990, art. 3º); **III:** incorreta, "só goza de estabilidade se exercer na empresa atividade pertinente à categoria profissional do sindicato para o qual foi eleito dirigente" (Súmula 369, III, do TST); **IV:** correta, Súmula 378, II, do TST.

Gabarito "C"

(Magistratura do Trabalho – 8ª Região – 2008) À vista das hipóteses legais em que a conta de FGTS do trabalhador poderá ser movimentada, assinale a assertiva que contém equívoco:

(A) Quando o trabalhador ou qualquer de seus dependentes for acometido de neoplasia maligna; quando o trabalhador ou qualquer de seus dependentes for portador do vírus HIV; quando o trabalhador ou qualquer de seus dependentes estiver em estágio terminal, em razão de doença grave, nos termos do regulamento; suspensão total do trabalho avulso por período igual ou superior a noventa dias, comprovada por declaração do sindicato representativo da categoria profissional.

(B) Pagamento de parte das prestações decorrentes de financiamento habitacional concedido no âmbito do Sistema Financeiro da Habitação (SFH), desde que, dentre outros requisitos, o mutuário conte com o mínimo de quatro anos de trabalho sob o regime do FGTS, na mesma empresa ou em empresas diferentes.

(C) Falecimento do trabalhador, sendo o saldo pago a seus dependentes, para esse fim habilitados perante a Previdência Social, segundo o critério adotado para a concessão de pensões por morte. Na falta de dependentes, farão jus ao recebimento do saldo da conta vinculada os seus sucessores previstos na lei civil, indicados em alvará judicial, expedido a requerimento do interessado, independente de inventário ou arrolamento.

(D) Extinção total da empresa, fechamento de quaisquer de seus estabelecimentos, filiais ou agências, supressão de parte de suas atividades, declaração de nulidade do contrato de trabalho por violação da regra constitucional que exige concurso público, ou ainda falecimento do empregador individual sempre que qualquer dessas ocorrências implique rescisão de contrato de trabalho, comprovada por declaração escrita da empresa, suprida, quando for o caso, por decisão judicial transitada em julgado.

(E) Aposentadoria concedida pela Previdência Social; quando o trabalhador permanecer três anos ininterruptos, a partir de 1º de junho de 1990, fora do regime do FGTS, podendo o saque, neste caso, ser efetuado a partir do mês de aniversário do titular da conta; extinção normal do contrato a termo, inclusive o dos trabalhadores temporários regidos pela Lei n. 6.019, de 3 de janeiro de 1974; quando o trabalhador tiver idade igual ou superior a setenta anos.

A alternativa incorreta, que deve ser assinalada, é a "B", pois o mínimo é de 3 anos de trabalho sob o regime do FGTS (art. 20, V, a, da Lei 8.036/1990).

Gabarito "B"

(Magistratura do Trabalho – 9ª Região – 2009) Considere as proposições abaixo:

I. São detentores de estabilidade no emprego os servidores públicos civis, ainda que não admitidos mediante concurso público, desde que em exercício na data da promulgação da Constituição Federal (05.10.1988).

II. De acordo com a jurisprudência majoritária, inclusive Súmula do TST, não são detentores de estabilidade os empregados de entidades estatais não integrantes da administração direta, autárquica ou fundacional.

III. O registro da candidatura do empregado ao cargo de dirigente sindical, ainda que ocorra no período do aviso-prévio, lhe garante a estabilidade.

IV. São detentores de garantia no emprego os empregados de empresas que sejam eleitos diretores de sociedades cooperativas pelos mesmos criadas.

(A) Todas as proposições são incorretas.
(B) Somente são corretas as proposições II e IV.
(C) Somente são corretas as proposições I, II e III.
(D) Somente são corretas as proposições I e IV.
(E) Somente são corretas as proposições II, III e IV.

I: incorreta, "os servidores públicos civis da União, dos Estados, do Distrito Federal e dos Municípios, da administração direta, autárquica e das fundações públicas, em exercício na data da promulgação da Constituição, há pelo menos cinco anos continuados, e que não tenham sido admitidos na forma regulada no art. 37, da Constituição, são considerados estáveis no serviço público" (art. 19 do ADCT); **II:** correta, Súmula 390 do TST; **III:** incorreta, se ocorrer no período do aviso-prévio, não garante a estabilidade (Súmula 369, V, do TST); **IV:** correta, art. 55 da Lei 5.764/1971.

Gabarito "B"

(Magistratura do Trabalho – 9ª Região – 2007) Considere as seguintes proposições:

I. O empregado que sofrer acidente, fora do local e horário de trabalho, na prestação espontânea de serviço à empregadora para lhe evitar prejuízo terá garantida, pelo prazo mínimo de doze meses, a manutenção do seu contrato de trabalho na empresa, após a cessação do auxílio-doença acidentário, independentemente de percepção do auxílio-acidente.

II. A dispensa de trabalhador reabilitado ou de deficiente habilitado ao final de contrato por prazo determinado de mais de 90 (noventa) dias, e a imotivada, no contrato por prazo indeterminado, só poderá ocorrer após a contratação de substituto de condição semelhante.

III. Havendo extinção do estabelecimento onde trabalha o empregado beneficiário de garantia de emprego decorrente de acidente de trabalho, está o empregador obrigado a pagar, a título indenizatório, as verbas contratuais devidas até o final da aludida garantia de emprego.

Assinale a alternativa correta:

(A) Todas as proposições estão incorretas.
(B) Todas as proposições estão corretas.
(C) Estão corretas apenas as proposições I e II.
(D) Estão corretas apenas as proposições II e III.
(E) Está correta apenas a proposição II.

I: correta, art. 21, IV, b c/c art. 118 da Lei 8.213/1991; **II:** correta, art. 93, § 1º, da Lei 8.213/1991; **III:** correta, entende-se correta a proposição, forte no princípio da alteridade (arts. 2º, caput, 497 e 498 da CLT; Súmula 44 do TST).

Gabarito "B"

(Magistratura do Trabalho – 9ª Região – 2006) Com relação às estabilidades provisórias, analise as assertivas abaixo e assinale a alternativa correta:

I. O desconhecimento, pelo empregador, do estado gravídico da empregada não afasta o direito ao pagamento da indenização decorrente da estabilidade à gestante, conforme jurisprudência do TST.

II. Marina é componente da CIPA na qualidade de vice-presidente. A CIPA terá duração de 1 ano. Nessa mesma composição, mediante indicação do empregador, Sueli exerce a atribuição de secretária da CIPA. Com base nesses dados é possível afirmar que apenas Marina terá estabilidade de 1 ano após o término do mandato.

III. Havendo extinção da atividade empresarial no âmbito da base territorial do sindicato, não há razão para subsistir a estabilidade do dirigente sindical, conforme jurisprudência do TST.

IV. Os empregados que sejam eleitos diretores de sociedades cooperativas gozarão de garantia de emprego nas mesmas condições asseguradas aos dirigentes sindicais, abrangendo inclusive os membros suplentes, conforme jurisprudência do TST.

(A) Somente a III está correta.
(B) Somente as assertivas II, III e IV estão corretas.
(C) Somente as assertivas I, II e III estão corretas.
(D) Somente as assertivas I, II e IV estão corretas.
(E) Todas as assertivas estão corretas.

I: correta, Súmula 244, I, do TST; **II:** correta, a garantia no emprego só abrange os cipeiros representantes dos empregados e respectivos suplentes, sendo certo que o vice-presidente da CIPA deve ser indicado dentre os representantes dos trabalhadores (CLT, art. 164, § 5º); **III:** correta, Súmula 369, IV, do TST; **IV:** incorreta, a estabilidade não abrange os membros suplentes (OJ 253 da SDI-I e art. 55 da Lei 5.764/1971).

Gabarito "C"

(Magistratura do Trabalho – 12ª Região – 2006) Sobre a estabilidade provisória no emprego no Direito brasileiro, é incorreto afirmar:

(A) têm estabilidade provisória legal no emprego o dirigente sindical, a empregada gestante, o trabalhador eleito para o cargo de titular ou suplente junto à CIPA, o trabalhador indicado para integrar na condição de representante dos trabalhadores o Conselho Curador do FGTS, o dirigente de cooperativa de trabalhadores, o representante dos empregados membro da comissão de conciliação prévia;
(B) conforme entendimento manifestado em súmula pelo TST, o desconhecimento do estado gravídico pelo empregador no momento do despedimento sem justa causa da empregada afasta o direito ao pagamento da indenização decorrente da estabilidade provisória da gestante;
(C) o trabalhador acidentado tem estabilidade provisória pelo prazo de 12 meses após a cessação do benefício previdenciário, desde que o afastamento do serviço seja superior a 15 dias e ele tenha percebido o auxílio-doença acidentário, salvo se constatada, após a despedida, doença profissional que guarde relação de causalidade com a execução do contrato de emprego, conforme entendimento sumulado do TST;
(D) também conforme súmula do TST, a estabilidade provisória do cipeiro não constitui vantagem pessoal, mas garantia para as suas atividades como membro da CIPA, que somente tem razão de ser quando em atividade a empresa. Extinto o estabelecimento, não se verifica a despedida arbitrária, sendo impossível a reintegração e indevida a indenização do período estabilitário;
(E) sob o ponto de vista econômico, o conceito de estabilidade corresponde à política oficial de garantia de pleno emprego, atendendo ao valor social do trabalho, um dos fundamentos da República Federativa do Brasil. E, sob o ponto de vista jurídico, consubstancia o direito do empregado de manter-se no emprego, salvo situações previstas em lei que retiram do empregador o direito potestativo de rescindir o contrato de forma aleatória.

A alternativa incorreta, que deve ser assinalada, é a "B", pois o desconhecimento do estado gravídico não afasta o direito ao pagamento da indenização decorrente da estabilidade provisória da gestante (Súmula 244, I, do TST).

Gabarito "B"

(Magistratura do Trabalho – 14ª Região – 2011) Em relação às garantias de emprego, conforme legislação e entendimento sumulado pelo TST marque a alternativa que está incorreta.

(A) Exaurido o período de estabilidade, são devidos ao empregado apenas os salários do período compreendido entre a data da despedida e o final do período de estabilidade, não lhe sendo assegurada a reintegração no emprego.
(B) Em razão da garantia de emprego provisória do cipeiro estar constitucionalmente garantida (artigo 10, II, "a" do ADCT) fica assegurada a indenização do período estabilitário, ainda que extinto o estabelecimento e sendo impossível a reintegração.
(C) São pressupostos para a concessão da estabilidade o afastamento superior a 15 dias e a consequente percepção do auxílio doença acidentário,

salvo se constatada, após a despedida, doença profissional que guarde relação de causalidade com a execução do contrato de emprego.

(D) Ao empregado de empresa pública ou de sociedade de economia mista, ainda que admitido mediante aprovação em concurso público, não é garantida a estabilidade prevista no art. 41 da CF/1988.

(E) O desconhecimento do estado gravídico pelo empregador não afasta o direito ao pagamento da indenização decorrente da estabilidade prevista no art. 10, II, "b" do ADCT.

A: assertiva correta, Súmula 396, I, do TST; **B:** assertiva incorreta, devendo ser assinalada, "extinto o estabelecimento, não se verifica a despedida arbitrária, sendo impossível a reintegração e indevida a indenização do período estabilitário" (Súmula 399, II, do TST); **C:** assertiva correta, Súmula 378, II, do TST; **D:** assertiva correta, Súmula 390, II, do TST; **E:** assertiva correta, Súmula 244, I, do TST.

Gabarito "B"

(Magistratura do Trabalho – 14ª Região – 2011) Sobre o Fundo de Garantia por Tempo de Serviço – FGTS. luz da legislação aplicável e do entendimento sumulado do TST, marque a alternativa que não está correta.

(A) A contribuição para o Fundo de Garantia do Tempo de Serviço incide sobre a remuneração mensal devida ao empregado, inclusive horas extras e adicionais eventuais.

(B) O pagamento relativo ao período de aviso-prévio, trabalhado ou não, está sujeito a contribuição para o FGTS.

(C) É trintenária a prescrição do direito de reclamar contra o não recolhimento da contribuição para o FGTS, observado o prazo de 2 (dois) anos após o término do contrato de trabalho.

(D) Quando ocorrer despedida por culpa recíproca ou força maior, reconhecida pela Justiça do Trabalho, o empregador depositará, na conta vinculada do trabalhador no FGTS, importância igual a 20 (vinte) por cento do montante de todos os depósitos realizados na conta vinculada durante a vigência do contrato de trabalho, atualizados monetariamente e acrescidos dos respectivos juros.

(E) A conta vinculada do trabalhador no FGTS poderá ser movimentada na hipótese de suspensão total do trabalho avulso por período igual ou superior a 60 (sessenta) dias, comprovada por declaração do sindicato representativo da categoria profissional.

A: assertiva correta, Súmula 63 do TST; **B:** assertiva correta, Súmula 305 do TST; **C:** assertiva correta, Súmula 362 do TST; **D:** assertiva correta, art. 18, § 2º, da Lei 8.036/1990 e Súmula 14 do TST; **E:** assertiva incorreta, devendo ser assinalada, o período é igual ou superior a 90 dias (art. 20, X, da Lei 8.036/1990).

Gabarito "E"

(Magistratura do Trabalho – 14ª Região – 2008) Assinale a alternativa INCORRETA:

(A) O empregado de categoria diferenciada eleito dirigente sindical só goza de estabilidade se exercer na empresa atividade pertinente à categoria profissional do sindicato para o qual foi eleito dirigente;

(B) Não há direito da empregada gestante à estabilidade provisória na hipótese de admissão mediante contrato de experiência, visto que a extinção da relação de emprego, em face do término do prazo, não constitui dispensa arbitrária ou sem justa causa;

(C) A equivalência entre os regimes do Fundo de Garantia do Tempo de Serviço e da estabilidade prevista na CLT é meramente jurídica e não econômica, sendo indevidos valores a título de reposição de diferenças;

(D) A estabilidade provisória do cipeiro não constitui vantagem pessoal, mas garantia para as atividades dos membros da CIPA. Contudo, ainda que extinto o estabelecimento e, portanto, impossível a reintegração, é devida a indenização do período estabilitário;

(E) São pressupostos para a concessão da estabilidade decorrente de acidente de trabalho o afastamento superior a 15 dias e a consequente percepção do auxílio doença acidentário, salvo se constatada, após a despedida, doença profissional que guarde relação de causalidade com a execução do contrato de emprego.

A alternativa incorreta, que deve ser assinalada, é a "D", pois é indevida a indenização do período estabilitário (Súmula 339 do TST).

Gabarito "D"

(Magistratura do Trabalho – 15ª Região – 2011) A respeito das estabilidades provisórias, indique a alternativa que não representa o entendimento majoritário do TST:

(A) a estabilidade do cipeiro não subsiste em caso de extinção do estabelecimento, por não constituir vantagem pessoal;

(B) o empregado de categoria diferenciada eleito dirigente sindical só goza de estabilidade se exercer na empresa atividade pertinente à categoria profissional do sindicato para o qual foi eleito dirigente;

(C) o ajuizamento de ação trabalhista após decorrido o período de garantia de emprego configura abuso do exercício do direito de ação, não sendo devida a indenização desde a dispensa até a data do término do período estabilitário;

(D) preenchidos os pressupostos para a aquisição de estabilidade decorrente de acidente ou doença profissional, ainda durante a vigência do instrumento normativo, goza o empregado de estabilidade mesmo após o término da vigência deste;

(E) a lei assegura a garantia de emprego apenas aos empregados eleitos diretores de cooperativas, não abrangendo os suplentes.

A: assertiva correta, Súmula 339, II, do TST; **B:** assertiva correta, Súmula 369, III, do TST; **C:** assertiva incorreta, devendo ser assinalada, "não configura abuso do exercício do direito de ação, pois este está submetido apenas ao prazo prescricional inscrito no art. 7º, XXIX, da CF/1988, sendo devida a indenização desde a dispensa até a data do término do período estabilitário" (OJ 399 da SDI-I do TST); **D:** assertiva correta, OJ 41 da SDI-I do TST; **E:** assertiva correta, OJ 253 da SDI-I do TST.

Gabarito "C"

(Magistratura do Trabalho – 15ª Região – 2011) Assinale a alternativa correta:

(A) o empregado eleito para o cargo de administração sindical tem direito à estabilidade conferida ao dirigente sindical, ainda que sua candidatura tenha sido registrada no decorrer do aviso-prévio;

(B) o empregado eleito para o cargo de administração sindical tem direito à estabilidade conferida ao dirigente sindical, mesmo na hipótese de extinção do estabelecimento no âmbito da base territorial do sindicato;

(C) o direito à estabilidade do dirigente sindical prescinde da comunicação, pela entidade sindical, do registro da candidatura do empregado ao empregador;

(D) o direito à garantia de emprego conferida a empregada gestante prescinde da prévia ciência do estado gestacional pelo empregador;

(E) na hipótese de rescisão antecipada do contrato de experiência a empregada gestante detém garantia de emprego.

A: incorreta, não tem direito à estabilidade se o registro da candidatura se der no decorrer do aviso-prévio (Súmula 369, V, do TST); **B:** incorreta, "não há razão para subsistir a estabilidade" se extinto o estabelecimento no âmbito da base territorial do sindicato (Súmula 369, IV, do TST); **C:** incorreta, o empregador deve ser comunicado (Súmula 369, I, do TST); **D:** correta, Súmula 244, I, do TST; **E:** incorreta, à época em que a questão foi elaborada. Atualmente, estaria correta (Súmula 244, III, do TST).

Gabarito "D"

(Magistratura do Trabalho – 15ª Região – 2010) Com relação ao Fundo de Garantia do Tempo de serviço, aponte a alternativa correta:

(A) o Ministério da Ação Social, como gestor da aplicação do FGTS, tem competência para fixar os critérios para parcelamento de recolhimentos em atraso;

(B) as aplicações dos recursos do FGTS só podem ser realizadas pelo Ministério da Ação Social;

(C) o saldo das contas vinculadas, para as contas abertas após 22.09.1971, rende juros de 3% ao ano e correção monetária. Para aquelas anteriormente existentes, cujos empregados não mudaram de empregador, os juros são progressivos, chegando ao patamar de 6% ao ano;

(D) diretor não empregado não pode ter depósitos em conta vinculada de FGTS;

(E) na dispensa decorrente de força maior, validada pela Justiça do Trabalho, não há direito à indenização do FGTS.

A: incorreta, é competência do Conselho Curador (art. 5º, IX, da Lei 8.036/1990); **B:** incorreta, "as aplicações com recursos do FGTS poderão ser realizadas diretamente pela Caixa Econômica Federal e pelos demais órgãos integrantes do Sistema Financeiro da Habitação – SFH, exclusivamente segundo critérios fixados pelo Conselho Curador do FGTS" (art. 9º da Lei 8.036/1990); **C:** correta, arts. 9º, III, e 13, § 3º, da Lei 8.036/1990; **D:** incorreta, "as empresas sujeitas ao regime da legislação trabalhista poderão equiparar seus diretores não empregados aos demais trabalhadores sujeitos ao regime do FGTS" (art. 16 da Lei 8.036/1990); **E:** incorreta, há direito ao recebimento de importância igual a 20% (art. 18, § 2º, da Lei 8.036/1990).

Gabarito "C"

(Magistratura do Trabalho – 16ª Região – 2011) Analise as alternativas e assinale a resposta CORRETA:

I. O art. 522 da CLT foi recepcionado pela Constituição Federal de 1988. Fica limitada, assim, a estabilidade a que alude o art. 543, § 3º, da CLT a sete dirigentes sindicais.

II. Havendo extinção da atividade empresarial no âmbito da base territorial do sindicato, cessa a estabilidade do dirigente, sendo devida apenas a indenização correspondente ao restante do período.

III. Na suspensão do contrato de trabalho, como ocorre em caso de afastamento do empregado em razão de acidente de trabalho, não há pagamento de salários e tampouco o período de afastamento é considerado para os demais efeitos contratuais. Na interrupção do contrato, tal qua! ocorre quando o empregado goza férias, a ausência do empregado não afeta seu tempo de serviço, que é computado para todos os efeitos legais.

IV. O servidor público celetista da administração direta, autárquica ou fundacional é beneficiário da estabilidade prevista no art. 41 da CF 1988. Ao empregado de empresa pública ou de sociedade de economia mista, ainda que admitido mediante aprovação em concurso público, não é garantida a estabilidade prevista no art. 41 da CFI1988.

(A) Estão corretas apenas as alternativas I e II.

(B) Estão corretas apenas as alternativas II e III.

(C) Estão corretas apenas as alternativas I, III e IV.

(D) Está correta apenas a alternativa IV.

(E) Todas estão corretas.

I: incorreta, fica limitada a 7 dirigentes sindicais e a 7 suplentes (Súmula 369, II, do TST); **II:** incorreta, Súmula 369, IV, do TST; **III:** incorreta, no afastamento decorrente de acidente de trabalho, embora não haja o pagamento de salários a partir do 16º dia (quando o trabalhador entra no gozo do auxílio-doença), persiste o dever de recolhimento de FGTS pelo empregador (art. 15, § 5º, da Lei 8.036/1990), computando-se o tempo de afastamento para efeito de indenização e estabilidade (art. 4º, parágrafo único, da CLT), para fins de férias (Súmula 46 do TST, desde que não exceda seis meses, conforme art. 131, III, da CLT) e décimo terceiro salário (Súmula 46 do TST); **IV:** correta, Súmula 390 do TST.

Gabarito "D"

(Magistratura do Trabalho – 18ª Região – 2006) Considere as assertivas abaixo e assinale a alternativa correta.

I. A conta vinculada do trabalhador no FGTS poderá ser movimentada em caso de necessidade pessoal, cuja urgência e gravidade decorra de desastre natural, desde que o trabalhador seja residente em áreas comprovadamente atingidas de Município ou do Distrito Federal em situação de emergência ou em estado de calamidade pública, formalmente reconhecidos pelo Governo Federal por ato do Ministro de Estado do Trabalho e Emprego.

II. No caso de movimentação da conta vinculada em caso de necessidade pessoal, cuja urgência e gravidade decorra de desastre natural, o valor do saque será equivalente ao saldo existente na conta vinculada, na data da solicitação, limitado à quantia correspondente a dez salários mínimos, por evento caracterizado como desastre natural, desde que o intervalo entre uma movimentação e outra não seja inferior a doze meses.

III. Para os fins da movimentação da conta vinculada em caso de necessidade pessoal, cuja urgência e gravidade decorra de desastre natural, considera-se desastre natural os tornados, as trombas d'água e as precipitações de granizos.

IV. A solicitação de movimentação da conta vinculada em caso de necessidade pessoal, cuja urgência e gravidade decorra de desastre natural, será admitida até 90 (noventa) dias após a publicação do ato de reconhecimento, pelo Governo Federal, da situação de emergência ou de estado de calamidade pública.

V. Para os fins da movimentação da conta vinculada em caso de necessidade pessoal, cuja urgência e gravidade decorra de desastre natural, o decreto municipal ou do Distrito Federal que declare a situação de emergência ou o estado de calamidade pública deverá ser publicado no prazo máximo de trinta dias, contados do primeiro dia útil seguinte ao da ocorrência do desastre natural.

(A) Todas são verdadeiras.
(B) Apenas as duas primeiras são falsas.
(C) Apenas as duas últimas são verdadeiras.
(D) Apenas a terceira é verdadeira.
(E) Apenas as três primeiras são verdadeiras.

O art. 20, XVI, da Lei 8.036/1990, determina: "Art. 20. A conta vinculada do trabalhador no FGTS poderá ser movimentada nas seguintes situações: (...) XVI – necessidade pessoal, cuja urgência e gravidade decorra de desastre natural, conforme disposto em regulamento, observadas as seguintes condições:a) o trabalhador deverá ser residente em áreas comprovadamente atingidas de Município ou do Distrito Federal em situação de emergência ou em estado de calamidade pública, formalmente reconhecidos pelo Governo Federal; b) a solicitação de movimentação da conta vinculada será admitida até 90 (noventa) dias após a publicação do ato de reconhecimento, pelo Governo Federal, da situação de emergência ou de estado de calamidade pública; e c) o valor máximo do saque da conta vinculada será definido na forma do regulamento". Assim, os dois primeiros itens são falsos.

Gabarito "B"

(Magistratura do Trabalho – 21ª Região – 2012) À luz do entendimento pacificado pelo TST, analise as assertivas abaixo, assinalando, a seguir, a alternativa <u>correta:</u>

I. ajuizada a ação trabalhista após exaurido o período de estabilidade provisória, é facultado ao empregado que foi ilicitamente dispensado optar pelo pagamento dos salários do período compreendido entre a data da despedida e o final do período de estabilidade, ou pela reintegração ao emprego, com a garantia de permanência mínima equivalente ao período da estabilidade;

II. o desconhecimento do estado gravídico pelo empregador afasta o direito ao pagamento da indenização decorrente da estabilidade da gestante;

III. extinto o estabelecimento, é indevida qualquer indenização do período estabilitário ao suplente da CIPA;

IV. o empregado de categoria diferenciada eleito dirigente sindical só goza de estabilidade se exercer na empresa atividade pertinente à categoria profissional do sindicato para o qual foi eleito dirigente;

V. são requisitos obrigatórios para a concessão da estabilidade decorrente do acidente de trabalho o afastamento superior a 15 dias e a consequente percepção do auxílio doença acidentário, ainda que, após a despedida, seja constatada doença profissional que guarde relação de causalidade com a execução do contrato de emprego.

(A) apenas a assertiva I está correta;
(B) apenas as assertivas II e III estão corretas;
(C) apenas as assertivas IV e V estão corretas;
(D) apenas as assertivas III e IV estão corretas;
(E) nenhuma assertiva está correta

I: incorreta, "são devidos ao empregado apenas os salários do período compreendido entre a data da despedida e o final do período de estabilidade, não lhe sendo assegurada a reintegração no emprego" (Súmula 396, I, do TST); **II:** incorreta, não afasta o direito ao pagamento da indenização decorrente da estabilidade da gestante (Súmula 244, I, do TST); **III:** correta. Súmula 339, II, do TST **IV:** correta, (Súmula 369, III, do TST); **V:** incorreta, exceto se for constatada doença profissional que guarde relação de causalidade com a execução do contrato (Súmula 378, II, do TST).

Gabarito "D"

(Magistratura do Trabalho – 23ª Região – 2012) Com base nas disposições da Consolidação das Leis do Trabalho "CLT" – analise as proposições abaixo e assinale a alternativa correta:

I. Ocorrendo a despedida arbitrária do membro da Comissão Interna de Prevenção de Acidentes (CIPA) detentor de estabilidade legal (art. 165 da CLT), caberá ao empregado, em caso de reclamação à Justiça do Trabalho, comprovar a inexistência de quaisquer dos motivos previstos em lei como aptos para a legitimação de sua dispensa, a fim de demonstrar a ilicitude do ato e, assim, o seu direito a ser reintegrado ao emprego.

II. O mandato dos membros eleitos da CIPA terá duração de 1 (um) ano, permitida uma reeleição. Esta limitação à reeleição não se aplicará ao membro suplente que, durante o seu mandato, tenha participado de menos de 2/3 (dois terços) do número de reuniões da CIPA.

III. O Presidente e Vice-Presidente da Comissão Interna de Prevenção de Acidentes CIPA) serão escolhidos, livre e indistintamente, em escrutínio realizado por todos os integrantes da Comissão, tanto titulares quanto suplentes, representantes dos empregados e do empregador, dentre os membros titulares que se candidatarem aos cargos.

IV. Cada Comissão Interna de Prevenção de Acidentes (CIPA) será composta de representantes da empresa e dos empregados, de acordo com os critérios que vierem a ser adotados na regulamentação pertinente. Os representantes dos empregadores, titulares e suplentes, serão por eles designados e os representantes dos empregados, titulares e suplentes, serão eleitos em escrutínio secreto, do qual participem, independentemente de filiação sindical, exclusivamente os empregados interessados.

V. Os titulares da representação dos empregados e dos empregadores na Comissão Interna de Prevenção de Acidentes (CIPA) não poderão sofrer despedida arbitrária, entendendo-se como tal a que não se fundar em motivo disciplinar, técnico, econômico ou financeiro.

(A) Apenas as proposições II, III e IV estão corretas e as demais estão incorretas.
(B) Apenas as proposições I e V estão corretas e as demais estão incorretas.
(C) Apenas as proposições I e IV estão corretas e as demais estão incorretas.
(D) Apenas a proposição IV está correta e as demais estão incorretas.
(E) Todas as proposições estão incorretas.

I: incorreta, cabe ao empregador comprovar a existência de qualquer motivo disciplinar, técnico, econômico ou financeiro aptos a legitimar a dispensa (art. 165, parágrafo único, da CLT); **II:** incorreta, não se aplica "ao membro suplente que, durante o seu mandato, tenha participado de menos da metade do número de reuniões da CIPA" (art. 164, §§ 3º e 4º, da CLT); **III:** incorreta, "o empregador designará, anualmente, dentre os seus representantes, o Presidente da CIPA e os empregados elegerão, dentre eles, o Vice-Presidente" (art. 164, § 5º, da CLT); **IV:** correta, art. 164, §§ 1º e 2º, da CLT; **V:** incorreta, art. 165 da CLT. Aplica-se, somente, aos representantes dos empregados.

Gabarito "D"

(Magistratura do Trabalho – 23ª Região – 2012) Considerando o entendimento jurisprudencial firmando perante o Tribunal Superior do Trabalho sobre estabilidade provisória no emprego analise as proposições abaixo e assinale a alternativa correta.

I. É nulo, por julgamento "extra petita", o julgado que deferir salário quando o pedido for apenas de reintegração, dados os termos do art. 496 da CLT.

II. Quanto à estabilidade da gestante, a garantia de emprego à gestante só autoriza a reintegração se esta se der durante o período de estabilidade. Ultrapassado o período de estabilidade, não se há falar em reintegração ou em pagamento dos salários e demais direitos correspondentes ao período de estabilidade.

III. Quanto à estabilidade da gestante, não há direito da empregada à estabilidade provisória na hipótese de admissão mediante contrato de experiência, ainda que a extinção da relação de emprego se dê após o término do prazo.

IV. Quanto à estabilidade decorrente de acidente de trabalho e de situações equiparadas ao acidente de trabalho por lei, são pressupostos para a concessão da estabilidade o afastamento superior a 15 dias e a consequente percepção do auxílio-doença acidentário, ainda que constatada, após a despedida, doença profissional que guarde relação de causalidade com a execução do contrato de emprego.

V. Quanto à estabilidade da gestante, o desconhecimento do estado gravídico pelo empregador não afasta o direito ao pagamento da indenização decorrente da estabilidade (art. 10, II, "b" do ADCT).

(A) Apenas as alternativas I, IV e V estão corretas e as demais estão incorretas
(B) Apenas a alternativa II e V estão corretas e as demais estão incorretas.
(C) Apenas as alternativas I, II e V estão corretas e as demais estão incorretas
(D) Apenas as alternativas I e V estão corretas e as demais estão incorretas.
(E) Apenas a alternativa V está correta e as demais estão incorretas.

I: incorreta, "não há nulidade por julgamento "extra petita" da decisão que deferir salário quando o pedido for de reintegração, dados os termos do art. 496 da CLT" (Súmula 396, II, do TST); **II:** incorreta, ultrapassado o período de estabilidade, "a garantia restringe-se aos salários e demais direitos correspondentes ao período de estabilidade" (Súmula 244, II, do TST); **III:** incorreta, "a empregada gestante tem direito à estabilidade provisória prevista no art. 10, inciso II, alínea "b", do Ato das Disposições Constitucionais Transitórias, mesmo na hipótese de admissão mediante contrato por tempo determinado", Súmula 244, III, do TST (vide nota ao início do capítulo sobre a nova redação da súmula 244 do TST); **IV:** incorreta, salvo se "constatada, após a despedida, doença profissional que guarde relação de causalidade com a execução do contrato de emprego" (Súmula 378, II, do TST); **V:** correta. Súmula 244, I, do TST.

Gabarito "E"

(Magistratura do Trabalho – 23ª Região – 2012) Segundo entendimento da jurisprudência sumulada do TST, quanto ao dirigente sindical e a estabilidade provisória que lhe é assegurada, analise as proposições abaixo e assinale a alternativa correta:

I. É indispensável a comunicação, pela entidade sindical, ao empregador, do dia e da hora do registro da candidatura do seu empregado.

II. O art. 522 da CLT, que limita a sete o número de dirigentes sindicais, não foi recepcionado pela Constituição Federal de 1988, por ser incompatível com o princípio de liberdade sindical.

III. O empregado de categoria diferenciada eleito dirigente sindical só goza de estabilidade se exercer na empresa atividade pertinente à categoria profissional do sindicato para o qual foi eleito dirigente.

IV. Havendo extinção da atividade empresarial no âmbito da base territorial do sindicato, não há razão para subsistir a estabilidade.

V. O registro da candidatura do empregado a cargo de dirigente sindical durante o período de aviso-prévio, ainda que indenizado, não lhe assegura a estabilidade, visto que inaplicável a regra do § 3º do art. 543 da Consolidação das Leis do Trabalho.

(A) Todas as afirmações estão corretas
(B) As proposições I, III, IV e V estão corretas e a proposições II está incorreta.

(C) As proposições I, IV e V estão corretas e as demais estão incorretas.
(D) As proposições I, III e IV estão corretas e as demais estão incorretas.
(E) As proposições I, III e V estão corretas e as demais estão incorretas.

I: correta, Súmula 369, I, do TST.; **II:** incorreta, o art. 522 da CLT foi recepcionado pela CF/1988 (Súmula 369, II, do TST); **III:** correta, Súmula 369, III, do TST; **IV:** correta, Súmula 369, IV, do TST; **V:** correta, Súmula 369, V, do TST.

Gabarito "B"

(Magistratura do Trabalho – 23ª Região – 2008) O trabalhador poderá proceder ao levantamento dos valores depositados em sua conta vinculada (FGTS) nas seguintes hipóteses:

I. extinção normal do contrato a termo;
II. quando o trabalhador ou qualquer de seus dependentes for portador do vírus HIV;
III. extinção do contrato decorrente de culpa recíproca;
IV. suspensão total do trabalho do empregado por período igual ou superior a noventa dias.

(A) todas as opções estão corretas;
(B) apenas três opções estão corretas;
(C) apenas duas opções estão corretas;
(D) apenas uma opção está correta;
(E) todas as opções estão incorretas.

I: correta, art. 20, IX, da Lei 8.036/1990; **II:** correta, art. 20, XIII, da Lei 8.036/1990; **III:** correta, art. 20, I, da Lei 8.036/1990; **IV:** incorreta, suspensão total do trabalho avulso (art. 20, X, da Lei 8.036/1990).

Gabarito "B"

(Magistratura do Trabalho – 23ª Região – 2008) Assinale a alternativa INCORRETA:

(A) não há direito da empregada gestante à estabilidade provisória na hipótese de admissão mediante contrato de experiência, visto que a extinção da relação de emprego, em face do término do prazo, não constitui dispensa arbitrária ou sem justa causa;
(B) a estabilidade provisória do cipeiro não constitui vantagem pessoal, mas garantia para as atividades dos membros da CIPA. Assim, extinto o estabelecimento, não se verifica a despedida arbitrária, sendo impossível a reintegração e indevida a indenização do período estabilitário;
(C) o registro da candidatura do empregado a cargo de dirigente sindical durante o período de aviso-prévio, ainda que indenizado, não lhe assegura a estabilidade provisória;
(D) ao empregado de empresa pública ou de sociedade de economia mista, ainda que admitido mediante aprovação em concurso público, não é garantida a estabilidade prevista no art. 41 da CF/1988;
(E) tratando-se de estabilidade provisória, é nula, por julgamento "extra petita", a decisão que deferir salário quando o pedido for apenas de reintegração.

A alternativa incorreta, que deve ser assinalada, é a "E", pois não há nulidade nesse caso (Súmula 396, II, do TST).

Gabarito "E"

(Magistratura do Trabalho – 24ª Região – 2007) Assinale a alternativa INCORRETA:

(A) Extinto, automaticamente, o vínculo empregatício com a cessação das atividades da empresa, os salários só são devidos até a data da extinção.
(B) É classificada como estabilidade imprópria a do trabalhador que vai prestar o serviço militar.
(C) Em se tratando da antiga e clássica estabilidade decenária, a extinção da empresa ou estabelecimento, mesmo nos casos de força maior, assegura ao trabalhador estável, quando despedido, o direito a receber a indenização em dobro.
(D) A evolução das relações de trabalho, com ênfase na observação da experiência estrangeira, autoriza dizer que há um processo de socialização da empresa provocado pelos mecanismos negociais das condições de trabalho, da ação sindical no âmbito da empresa e dos sistemas de controle de sua gestão.
(E) A Lei do FGTS (Lei 5.107/1966), fruto da experiência jurídica brasileira, é considerada monumento de flexibilização normativa do Direito do Trabalho.

A alternativa incorreta, que deve ser assinalada, é a "C". Vide art. 502, I, da CLT.

Gabarito "C"

(Magistratura do Trabalho – 24ª Região – 2007) De acordo com a Lei 8.036/1990, são hipóteses de movimentação da conta vinculada do trabalhador no FGTS, EXCETO:

(A) Falecimento do trabalhador, sendo o saldo pago a seus dependentes, para esse fim habilitados perante a Previdência Social, segundo o critério adotado para a concessão de pensões por morte. Na falta de dependentes, farão jus ao recebimento do saldo da conta vinculada os seus sucessores previstos na lei civil, indicados em alvará judicial, expedido a requerimento do interessado, independente de inventário ou arrolamento.
(B) Quando o trabalhador ou qualquer de seus dependentes for acometido de neoplasia maligna.
(C) Quando o trabalhador ou qualquer de seus dependentes for portador do vírus HIV.
(D) Quando o trabalhador ou qualquer de seus dependentes estiver em estágio terminal, em razão de doença grave, nos termos do regulamento.
(E) Quando o trabalhador tiver idade igual ou superior a sessenta e cinco anos.

O maior de 65 anos de idade não pode movimentar a conta vinculada do FGTS, somente quando atingir 70 anos de idade é que poderá (art. 20, XV, da Lei 8.036/1990).

Gabarito "E"

(Procurador do Trabalho – MPT – 12º Concurso – 2005) Segundo entendimento uniforme do Tribunal Superior do Trabalho, assinale a alternativa CORRETA:

I. extinta a empresa, não se verifica a despedida arbitrária, sendo impossível a reintegração ou mesmo a indenização devida em relação ao período da estabilidade do cipeiro;

II. o servidor público celetista da administração direta, autárquica ou fundacional, é beneficiário da estabilidade prevista no artigo 41 da Constituição Federal;

III. o artigo 522 da Consolidação das Leis do Trabalho que limita a sete o número de dirigentes sindicais estáveis foi recepcionado pela Constituição Federal;

IV. tanto os empregados eleitos diretores quanto os membros suplentes de cooperativa têm assegurada a estabilidade no emprego.

(A) apenas a assertiva IV está incorreta;
(B) apenas as assertivas II e III estão corretas;
(C) apenas as assertivas I e III estão corretas;
(D) todas as assertivas estão corretas.
(E) não respondida.

I: correta, Súmula 339, II, do TST; **II:** correta, Súmula 390, I, do TST; **III:** correta, Súmula 369, II, do TST; **IV:** incorreta, os suplentes não têm assegurada estabilidade no emprego (OJ 253 da SDI-I do TST).

Gabarito "A"

(Procurador do Trabalho – MPT – 15º Concurso – 2008) Analise as seguintes proposições:

I. o empregado estável que deixar de exercer cargo de confiança tem direito a reversão ao cargo efetivo que haja anteriormente ocupado, salvo no caso de falta grave;

II. segundo prevê a jurisprudência dominante do TST, eventual pleito de reintegração no emprego de obreiro estável somente será atendido se concedido judicialmente dentro do período estabilitário;

III. na forma da lei, o pedido de demissão do empregado estável só será válido quando devidamente assistido por sindicato representativo e, se não o houver, perante autoridade do Ministério do Trabalho e Emprego ou da Justiça do Trabalho.

Assinale a alternativa CORRETA:

(A) todas as assertivas são corretas;
(B) apenas as assertivas I e II são corretas;
(C) todas as assertivas são incorretas;
(D) apenas a assertiva III é correta;
(E) não respondida.

I: correta, art. 499, § 1º, da CLT; **II:** correta, Súmula 396 do TST; **III:** correta, art. 500 da CLT.

Gabarito "A"

(Ministério Público do Trabalho – 8º) Sobre a despedida de empregado eleito dirigente de Comissão Interna de Prevenção de Acidentes, assinale a alternativa correta:

(A) a despedida do cipeiro está fora do alcance protecionista;
(B) a redução das disponibilidades financeiras em época de globalização autoriza o distrato;
(C) generalizada crise decorrente das flutuações do mercado consumidor impede a resilição;
(D) o registro da candidatura, seguida de eleição, assegura a estabilidade provisória de até um ano após o término do respectivo mandato;
(E) a partir da eleição a dispensa fica sujeita a inquérito judicial para apuração de falta grave;
(F) não sei.

A alternativa "D" está de acordo com o art. 10, II, a, do ADCT e art. 165 da CLT.

Gabarito "D"

13.5. QUESTÕES COMBINADAS SOBRE EXTINÇÃO DO CONTRATO DE TRABALHO

(Magistratura do Trabalho – 2ª Região – 2012) Em relação à rescisão do contrato individual de trabalho, nos termos da Consolidação das Leis do Trabalho e do entendimento sumulado do TST é **correto** afirmar que:

(A) O pedido de demissão ou recibo de quitação de rescisão do contrato de trabalho, firmado por empregado com mais de 6 (seis) meses de serviço, só será válido quando feito com a assistência do respectivo Sindicato ou perante a autoridade do Ministério do Trabalho.
(B) O pagamento das parcelas constantes do instrumento de rescisão ou recibo de quitação deverá ser efetuado até o décimo dia imediato ao término do aviso-prévio trabalhado.
(C) Nos contratos que tenham termo estipulado, o empregador que, sem justa causa, despedir o empregado será obrigado a pagar-lhe, a título de indenização, e por metade, a remuneração a que teria direito até o termo do contrato.
(D) Dado o aviso-prévio, a rescisão torna-se efetiva depois de expirado o respectivo prazo, mas, se a parte notificante reconsiderar o ato, antes de seu termo, a outra parte é obrigada a aceitar a reconsideração.
(E) É lícito substituir o período que se reduz da jornada de trabalho, no aviso-prévio, pelo pagamento das horas correspondentes como extraordinárias com o devido adicional.

A: incorreta. O prazo é de **01** ano, e não de seis meses (art. 477, § 1º, da CLT); **B:** incorreta. Caso o aviso-prévio seja trabalhado, o prazo para pagamento das verbas rescisórias é no **primeiro dia útil** (art. 477, § 6º, "a", da CLT); **C:** correta, art. 479 da CLT; **D:** incorreta. Em caso de reconsideração, é facultado à outra parte aceitá-la (art. 489 da CLT); **E:** incorreta. Trata-se de ilegalidade, e não de ilicitude, nos termos da Súmula 230 do TST.

Gabarito "C"

(Magistratura do Trabalho – 3ª Região – 2009) Analise as proposições abaixo e, considerando o entendimento jurisprudencial sumulado e a legislação em vigor, assinale a alternativa correta:

I. Nos termos da Lei n. 9.029/1995, o rompimento da relação de trabalho por ato discriminatório do empregador faculta ao empregado optar entre: I. a readmissão com ressarcimento integral de todo o período de afastamento, mediante pagamento das remunerações devidas, corrigidas monetariamente, acrescidas de juros legais;

II. a percepção, em dobro, da remuneração do período de afastamento, corrigida monetariamente e acrescida de juros legais.

II. Na hipótese de resolução do contrato de trabalho, motivada por justa causa patronal, não são devidas ao empregado as seguintes verbas rescisórias: aviso-prévio, com sua projeção contratual, indenização de 40% sobre o FGTS e indenização adicional prevista na Lei n. 7.238/1984.

III. Entende a jurisprudência sumulada do TST que a quitação passada pelo empregado, com assistência da entidade sindical de sua categoria, ao empregador, com observância dos requisitos exigidos nos parágrafos do artigo 477 da CLT, tem eficácia liberatória em relação às parcelas expressamente consignadas no recibo, salvo se oposta ressalva expressa e especificada ao valor dado à parcela ou parcelas impugnadas.

IV. Segundo o entendimento jurisprudencial sumulado, a empregada gestante tem direito à garantia provisória de emprego da confirmação da gravidez até cinco meses após o parto, inclusive nos casos de admissão mediante contrato de experiência, uma vez que o objetivo do instituto é a proteção da criança.

V. Caso assim o desejem, podem as partes estipular, para a hipótese de rompimento injustificado do contrato de trabalho, o pagamento de uma indenização por tempo de serviço, nos moldes do artigo 477 da CLT, acrescida àquela prevista na legislação relativa ao FGTS.

(A) São falsas as proposições I, II e V.
(B) São falsas as proposições I, II, IV e V.
(C) São falsas as proposições II e IV.
(D) Apenas a proposição II é falsa e as demais são verdadeiras.
(E) Apenas a proposição I é falsa e as demais são verdadeiras.

I: verdadeira, art. 4º da Lei 9.029/1995; **II:** falsa, na justa causa patronal (rescisão indireta) são devidas as mesmas verbas decorrentes da despedida sem justa causa; **III:** verdadeira, Súmula 330 do TST; **IV:** falsa, à época em que a questão foi elaborada. Com a nova redação do item III da Súmula 244 do TST, estaria correta; **V:** verdadeira, não há vedação legal neste sentido.

Gabarito "C"

(Magistratura do Trabalho – 5ª Região – 2006 – CESPE) Renato trabalhava para a pessoa jurídica Argon, exercendo a função de coordenador de estratégias de marketing. Por sua reconhecida competência, Renato eventualmente prestava consultoria a outras empresas. Certa vez, ele foi contratado pelo prazo de um ano, com cláusula assecuratória do direito recíproco de rescisão, para formar e organizar o departamento de marketing institucional da pessoa jurídica Tecon. Em 29.11.2005, Renato, ao retornar para sua casa, após a festa de casamento de um amigo, atropelou um transeunte, que faleceu momentos depois, em virtude dos ferimentos. Renato, por este fatídico incidente, foi condenado a dois anos de detenção, convertidos em prestação de serviços à comunidade, a ser cumprida, aos domingos, em hospital do município. No dia 30.07.2006, Renato foi demitido com alegação de justa causa, em virtude de sua condenação criminal. O termo de rescisão do contrato de trabalho de Renato foi homologado perante o sindicato da categoria, com as ressalvas pertinentes, tais quais horas extras, às quais Renato alega ter direito.

Com base nessa situação hipotética, assinale a opção correta.

(A) No contrato por prazo determinado celebrado entre Renato e Tecon, se a empresa exercer o direito de rescisão, Renato terá direito à metade do que receberia se o contrato perdurasse até o final, mas não terá direito a aviso-prévio.
(B) Não beneficiará Renato o reajustamento salarial coletivo determinado no curso do aviso-prévio.
(C) Caso o aviso-prévio de Renato seja indenizado, o pagamento das verbas rescisórias deverá ser feito até o sétimo dia, contado da data da notificação da demissão.
(D) A condenação criminal de Renato é justa causa para a rescisão do contrato individual de trabalho.
(E) A eficácia liberatória da quitação passada por Renato, com assistência do sindicato da categoria, somente será válida em relação às parcelas expressamente consignadas e especificadas no termo, não abrangendo as horas extras ressalvadas por Renato, bem como o reflexo desse adicional sobre outras parcelas, mesmo que estas constem do recibo.

A alternativa "E" está em consonância com o disposto na Súmula 330 do TST.

Gabarito "E"

(Magistratura do Trabalho – 9ª Região – 2009) Considere as seguintes proposições:

I. É também justa causa para a extinção contratual a condenação criminal do empregado à pena privativa de liberdade, passada em julgado, desde que não tenha havido suspensão da execução da pena. Para a configuração de tal justa causa, necessário é que o ilícito penal cometido tenha relação com o contrato de emprego.

II. A justa causa da indisciplina caracteriza-se com o descumprimento, pelo empregado, às ordens lícitas diretamente por ele recebidas, emanadas do empregador e/ou prepostos deste.

III. A extinção contratual em razão da morte do empregado decorrente do risco no ambiente de trabalho, por culpa do empregador, poderá ensejar a obrigação de pagamento de todas as verbas rescisórias inerentes à rescisão indireta.

IV. Havendo extinção, por dispensa antecipada, do contrato de emprego a termo com cláusula assecuratória do direito recíproco de antecipação rescisória, devidas serão todas as parcelas rescisórias típicas dos contratos por prazo indeterminado, dentre as quais aviso-prévio e multa de 40% do FGTS.

(A) Somente são corretas as proposições I, II e III.
(B) Somente são corretas as proposições II, III e IV.

(C) Somente são corretas as proposições I e II.
(D) Somente são corretas as proposições I e IV.
(E) Somente são corretas as proposições III e IV.

I: incorreta, não é necessário que o ilícito tenha relação com o contrato de emprego (art. 482, d, da CLT); **II:** incorreta, a indisciplina corresponde ao descumprimento, pelo empregado, de ordens lícitas passadas aos empregados em geral, ao passo que a insubordinação é que corresponde à hipótese de justa causa descrita no enunciado; **III:** correta, segundo Maurício Godinho Delgado; **IV:** correta, conforme art. 481 da CLT.

Gabarito "E"

(Magistratura do Trabalho – 9ª Região – 2009) Considere as seguintes proposições:

I. Não é aplicável às pessoas jurídicas de direito público (União, Estados, Distrito Federal, Municípios e às suas autarquias e fundações) que não observam os prazos para pagamento das verbas rescisórias, a penalidade prevista no § 8º do art. 477 da CLT.
II. O empregado com um ano ou menos de serviço pode firmar pedido de demissão e recibo relativo às verbas rescisórias, sem que haja necessidade da assistência administrativa prestada pelo sindicato obreiro, órgão local do Ministério do Trabalho e Emprego, e onde inexistentes estes, pelo Ministério Público ou Defensor Público e, na falta ou impedimento destes, pelo Juiz de Paz. Não obstante, configura-se como exceção a tal regra o pedido de demissão do empregado dirigente sindical com um ano ou menos de serviço, o qual deverá contar com a assistência administrativa mencionada.
III. O trabalhador menor de 18 anos, aprendiz ou não, muito embora possa, sozinho, firmar recibos de pagamentos salariais vencidos ao longo do contrato de emprego, quando da rescisão contratual, independentemente do tempo de serviço, necessita da assistência de seu responsável legal.
IV. O aviso-prévio é irrenunciável. Assim, tendo o empregado pedido demissão e concedido aviso-prévio ao empregador, não é possível que este o libere do cumprimento.

(A) Somente são corretas as proposições I, II e IV.
(B) Somente são corretas as proposições II e III.
(C) Somente são corretas as proposições III e IV.
(D) Somente são corretas as proposições I e II.
(E) Somente são corretas as proposições I e IV.

I: incorreta, "Submete-se à multa do artigo 477 da CLT a pessoa jurídica de direito público que não observa o prazo para pagamento das verbas rescisórias, pois nivela-se a qualquer particular, em direitos e obrigações, despojando-se do "jus imperii" ao celebrar um contrato de emprego" (OJ 238 da SDI-I do TST); **II:** correta, arts. 477, § 1º, e 500 da CLT; **III:** correta, art. 439 da CLT; **IV:** incorreta, trata-se de direito irrenunciável sob o ponto de vista do empregado.

Gabarito "B"

(Magistratura do Trabalho – 9ª Região – 2006) Assinale a alternativa incorreta:

(A) Empregado e empregador firmaram contrato de trabalho por prazo determinado, sem cláusula prevendo direito recíproco de rescisão antecipada. Antes do termo final estipulado, o empregador despede o empregado sem justo motivo. Neste quadro, o empregado tem direito de receber indenização equivalente à metade da remuneração que teria direito entre a data da dispensa e a data do termo final do contrato.
(B) Um empregado foi despedido sem justa causa e cumpriu regular e integralmente o aviso-prévio concedido pelo empregador. Recebeu as verbas rescisórias no décimo dia, contado da data do término do contrato. Neste quadro, o empregado não tem direito à multa em valor equivalente ao seu salário porque as parcelas constantes do instrumento de rescisão ou recibo de quitação foram pagas dentro do prazo legal.
(C) A rescisão do contrato de trabalho somente se torna efetiva depois de expirado o prazo do aviso-prévio concedido pelo empregador ao empregado, uma vez que se o empregado aceita eventual reconsideração do empregador ou continua a prestar serviços após o decurso do prazo de 30 dias, o contrato continua em vigor, como se o aviso não tivesse existido.
(D) Em se tratando de empregado não estável e com menos de um ano de serviço, a lei não exige homologação do pedido de demissão.
(E) O empregado que pleiteia a rescisão indireta do seu contrato de trabalho alegando o não cumprimento, pelo empregador, das obrigações contratuais, tem a faculdade de permanecer ou não no emprego até final decisão do processo.

A alternativa incorreta, que deve ser assinalada, é a "B", como o aviso-prévio foi cumprido, o pagamento deveria ter ocorrido "até o primeiro dia útil imediato ao término do contrato", tendo o direito ao recebimento da multa (art. 477, § 6º, a, da CLT).

Gabarito "B"

(Procurador do Trabalho – MPT – 15º Concurso – 2008) Analise as assertivas abaixo:

I. a jurisprudência dominante do TST considera que a não redução da jornada de trabalho durante o aviso-prévio retira a eficácia respectiva, sendo ilegal a adoção de tal prática;
II. o empregado que cometer falta grave no curso do aviso-prévio não fará jus ao restante do aviso, além de perder o direito às verbas rescisórias de natureza indenizatória, salvo no caso de abandono de emprego;
III. de acordo com a jurisprudência atual do TST, reconhecida a culpa recíproca, o empregado tem direito a 50% (cinquenta por cento) do valor do aviso-prévio, além do décimo terceiro salário e das férias proporcionais;
IV. de acordo com o princípio da alteridade, os riscos da atividade econômica pertencem única e exclusivamente ao empregador; por consequência, extinta a empresa, serão devidas ao obreiro todas as verbas atinentes à dispensa imotivada, além do respectivo aviso-prévio.

Assinale a alternativa CORRETA:

(A) todas as alternativas são incorretas;
(B) apenas a alternativa I é incorreta;
(C) apenas as alternativas II e III são corretas;
(D) todas as alternativas são corretas;
(E) não respondida.

I: correta, Súmula 230 do TST; **II:** correta, Súmula 73 do TST; **III:** correta, Súmula 14 do TST; **IV:** correta, por definição, embora controvertida na doutrina, mormente se a extinção for decorrente de força maior, hipótese em que se aplica o art. 502 da CLT e sequer seria devido o aviso-prévio (neste sentido, Alice Monteiro de Barros).

Gabarito "D"

14. PRESCRIÇÃO E DECADÊNCIA

(Magistratura do Trabalho – 1ª Região – 2004) Em consonância com a jurisprudência uniformizada do Tribunal Superior do Trabalho, a prescrição do direito de reclamar contra o não recolhimento da contribuição para o FGTS:

(A) é bienal, dada a natureza da prestação, fluindo o prazo da lesão ao direito do empregado verificada pela primeira inadimplência;
(B) é quinquenal, observado o prazo de 2 (dois) anos após o término do contrato de trabalho;
(C) é quinquenal, fluindo o prazo da lesão ao direito do empregado verificada pela primeira inadimplência;
(D) é decenal, nos termos do art. 205, do Código Civil, aplicado subsidiariamente com base no art. 769, da CLT, observado o prazo de 2 (dois) anos após o término do contrato de trabalho;
(E) é trintenária, observado o prazo de 2 (dois) anos após o término do contrato de trabalho.

A alternativa "E" está de acordo com o art. 23, § 5º, da Lei 8.036/1990 e Súmula 362 do TST.

Gabarito "E"

(Magistratura do Trabalho – 1ª Região – 2004) Em consonância com a jurisprudência uniformizada do Tribunal Superior do Trabalho:

(A) a ação trabalhista, ainda que arquivada, suspende a prescrição em relação a qualquer objeto;
(B) a ação trabalhista, ainda que arquivada, suspende a prescrição somente em relação aos pedidos idênticos;
(C) a ação trabalhista, ainda que arquivada, interrompe a prescrição em relação a qualquer objeto;
(D) a ação trabalhista, ainda que arquivada, interrompe a prescrição somente em relação aos pedidos idênticos;
(E) a ação trabalhista, ainda que arquivada, não provoca o mesmo efeito do protesto com relação ao prazo prescricional, em nenhuma hipótese.

A letra "D" corresponde ao disposto na Súmula 268 do TST.

Gabarito "D"

(Magistratura do Trabalho – 2ª Região – 2012) Sobre prescrição e decadência no Direito do Trabalho, nos termos da lei e do entendimento sumulado do TST é **INCORRETO** afirmar que:

(A) Da extinção do último contrato começa a fluir o prazo prescricional do direito de ação em que se objetiva a soma de períodos descontínuos de trabalho.
(B) E trintenária a prescrição do direito de reclamar contra o não recolhimento da contribuição para o FGTS, não sendo necessário observar o prazo de 2 (dois) anos após o término do contrato de trabalho.
(C) O prazo de decadência do direito do empregador de ajuizar inquérito em face do empregado que incorre em abandono de emprego é contado a partir do momento em que o empregado pretendeu seu retorno ao serviço.
(D) Na ação de equiparação salarial, a prescrição é parcial e só alcança as diferenças salariais vencidas no período de 5 (cinco) anos que precedeu o ajuizamento.
(E) Respeitado o biênio subsequente à cessação contratual, a prescrição da ação trabalhista concerne às pretensões imediatamente anteriores há cinco anos, contados da data do ajuizamento da reclamação e, não, às anteriores ao quinquênio da data da extinção do contrato.

A: assertiva correta, Súmula 156 do TST; **B:** assertiva incorreta, devendo ser assinalada. Em que pese a prescrição relativa à pretensão das contribuições do FGTS ser trintenária, faz-se necessário observar o prazo bienal após o término do contrato de trabalho (Súmula 362 do TST); **C:** assertiva correta, Súmula 62 do TST; **D:** assertiva correta, Súmula 6, IX, do TST; **E:** assertiva correta, Súmula 308 do TST.

Gabarito "B"

(Magistratura do Trabalho – 2ª Região – 2011) Sobre a prescrição expressamente prevista na CLT ou de interpretação já pacificada pela jurisprudência sumulada pelo TST, aponte a única alternativa incorreta:

(A) Como o congelamento do valor das gratificações não traduz ato único, mas sim negativo, as diferenças correspondentes estão sujeitas à prescrição parcial.
(B) O prazo de prescrição com relação à ação de cumprimento de decisão normativa flui apenas da data de seu trânsito em julgado.
(C) Na ação que objetive corrigir desvio funcional e em se tratando de pedido de reenquadramento, a prescrição é parcial e só alcança as diferenças salariais vencidas no período de 5 (cinco) anos que precedeu o ajuizamento.
(D) Não flui a prescrição da pretensão cujo objeto seja a anotação de CTPS para fins de prova junto à Previdência Social.
(E) Da extinção do último contrato começa a fluir o prazo prescricional do direito de ação em que se objetiva a soma de períodos descontínuos de trabalho.

A: assertiva correta, Súmula 373 do TST; **B:** assertiva correta, Súmula 350 do TST; **C:** assertiva incorreta, devendo ser assinalada, "em se tratando de pedido de reenquadramento, a prescrição é total, contada da data do enquadramento do empregado" (Súmula 275 do TST); **D:** assertiva correta, como se depreende do art. 11, § 1º, da CLT e do cancelamento da Súmula 64 do TST; **E:** assertiva correta, Súmula 156 do TST.

Gabarito "C"

(Magistratura do Trabalho – 3ª Região – 2013) Considerando a direito sumulado pelo TST sobre prescrição, assinale a alternativa incorreta:

(A) Na ação que objetive corrigir desvio funcional, a prescrição só alcança as diferenças salariais vencidas no período de 5 (cinco) anos que precedeu o ajuizamento.

(B) Em se tratando de pedido de reenquadramento, a prescrição é total, contado o prazo prescricional de 02 anos da data do enquadramento do empregado.

(C) Da extinção do último contrato começa a fluir o prazo prescricional do direito de ação em que se objetiva a soma de períodos descontínuos de trabalho.

(D) Em se tratando de horas extras pré-contratadas, opera-se a prescrição total se a ação não for ajuizada no prazo de cinco anos, a partir da data em que foram suprimidas.

(E) A ação trabalhista, ainda que arquivada, interrompe a prescrição somente em relação aos pedidos idênticos.

A: assertiva correta, Súmula 275, I, do TST; **B:** assertiva incorreta, devendo ser assinalada, Súmula 275, II, do TST; **C:** assertiva correta, Súmula 156 do TST; **D:** assertiva correta, Súmula 199, II, do TST; **E:** assertiva correta, Súmula 268 do TST.

Gabarito "B".

(Magistratura do Trabalho – 3ª Região – 2009) Assinale a assertiva ("a" a "e") correta em relação aos enunciados de I a V, observadas a legislação pertinente e a consolidação jurisprudencial do c. TST:

I. Nos termos da CLT, a prescrição do direito de reclamar a concessão de férias é contada do término do prazo aquisitivo, ou, se for o caso, da cessação do contrato de trabalho.

II. Ao emitir parecer na remessa de ofício, na qualidade de *custos legis*, o Ministério Público tem legitimidade para arguir a prescrição a favor de entidade de direito público, em matéria de direito patrimonial, por força de entendimento firmado em orientação jurisprudencial do c. TST.

III. O termo inicial do prazo prescricional para o empregado pleitear em juízo diferenças da indenização de 40% do FGTS, decorrentes dos expurgos inflacionários, deu-se com a vigência da Lei Complementar n. 110, em 06.01, salvo comprovado trânsito em julgado de decisão proferida em ação proposta anteriormente no foro competente, que reconheça o direito à atualização do saldo da conta vinculado, sendo, ainda, interrompida caso ajuizado protesto judicial no biênio posterior à Lei Complementar mencionada.

IV. Tratando-se de pedido de complementação de aposentadoria oriunda de norma regulamentar e jamais paga ao ex-empregado, a prescrição aplicável é a total, começando a fluir o biênio a partir da aposentadoria.

V. Nos termos sumulados pelo c. TST, é total a prescrição aplicável ao pedido de diferença de gratificação semestral que teve seu valor congelado.

(A) Somente um enunciado é verdadeiro.

(B) Somente dois enunciados são verdadeiros.

(C) Somente três enunciados são verdadeiros.

(D) Somente quatro enunciados são verdadeiros.

(E) Todos os enunciados são verdadeiros.

I: falso, é contada do término do prazo do período concessivo ou da cessação do contrato de trabalho (art. 149 da CLT); **II:** falso, não tem legitimidade para arguir a rpescrição (OJ 130 da SDI-I do TST); **III:** verdadeiro, OJs 344 e 370 da SDI-I do TST; **IV:** verdadeiro, Súmula 326 do TST (atentar à nova redação conferida a Súmula 326 pelo TST em maio de 2011); **V:** falso, a prescrição é parcial (Súmula 373 do TST).

Gabarito "B".

(Magistratura do Trabalho – 3ª Região – 2008) Constitui exemplo acerca da aplicação do critério da "actio nata":

(A) é inaplicável na Justiça do Trabalho a prescrição intercorrente.

(B) o termo inicial do prazo prescricional para o empregado pleitear em juízo diferenças da multa do FGTS, decorrentes dos expurgos inflacionários, deu-se com a vigência da Lei Complementar n. 110, em 30.06.2001, salvo comprovado trânsito em julgado de decisão proferida em ação proposta anteriormente na Justiça Federal, que reconheça o direito à atualização do saldo da conta vinculada.

(C) não se conhece de prescrição não arguida na instância ordinária.

(D) não ofende o princípio do duplo grau de jurisdição a decisão do TST que, após afastar a decadência em sede de recurso ordinário, aprecia desde logo a lide, se a causa versar questão exclusivamente de direito e estiver em condições de imediato julgamento.

(E) não procede ação rescisória calcada em violação do art. 7º, XXIX, da CF/1988 quando a questão envolve discussão sobre a espécie de prazo prescricional aplicável aos créditos trabalhistas, se total ou parcial, porque a matéria tem índole infraconstitucional, construída, na Justiça do Trabalho, no plano jurisprudencial.

Pelo critério da actio nata, o prazo prescricional só tem início com o surgimento do direito de ação. Assim, o termo inicial do prazo prescricional para o empregado pleitear diferenças da multa do FGTS decorrente dos expurgos inflacionários ocorreu com o advento da LC 110/2001, que reconheceu o direito à atualização do saldo de FGTS nas contas vinculadas, ressalvada a hipótese de decisão anterior em ação ajuizada perante a Justiça Federal na qual tal direito haja sido deferido, conforme OJ 344 da SDI-I do TST.

Gabarito "B".

(Magistratura do Trabalho – 9ª Região – 2009) Considere as proposições abaixo:

I. Conforme jurisprudência sumulada do TST, a prescrição do direito de reclamar contra o não recolhimento da contribuição para o FGTS é trintenária, não se observando, portanto, o prazo prescricional de dois anos da extinção do contrato de trabalho.

II. Ao tratar de ações objetivando a complementação de aposentadoria oriunda de norma regulamentar, a jurisprudência sumulada do TST informa que em se tratando de pedido de complementação de aposentadoria jamais paga ao ex-empregado, a prescrição aplicável é a total, começando a fluir o biênio a partir da aposentadoria. Todavia, se o pedido tratar de diferença de complementação de aposentadoria, a prescrição aplicável é a parcial, não atingindo o direito de ação, mas, tão somente, as parcelas anteriores ao quinquênio.

III. O inciso I do artigo 320 do CPC estabelece que não se aplicam os efeitos da revelia "se, havendo pluralidade de réus, algum deles contestar a ação". Tratando-se de demanda ajuizada em face do empregador e do tomador de serviços, objetivando o reconhecimento da responsabilidade subsidiária deste último, sendo o empregador revel, não se conhece da prescrição arguida pelo tomador de serviços, porque o inciso I do artigo 320 do CPC é de aplicação ampla apenas nos casos de litisconsórcio necessário.

IV. Tratando-se dos critérios distintivos entre decadência e prescrição é certo afirmar que "na prescrição há uma ação que nasce posteriormente ao direito, enquanto a decadência supõe uma ação que tem nascimento no mesmo momento em que o direito".

V. A prescrição do direito de reclamar a concessão das férias ou o pagamento da respectiva remuneração é contada do término do prazo concessivo, ou seja, os doze meses subsequentes à data em que o trabalhador tiver adquirido o direito às férias. Assim, para um trabalhador cujo contrato de trabalho perdurou de 01.02.2000 a 20.10.2005, sem gozo de férias e que em 20.02.2007 ajuíza ação postulando a indenização das férias não usufruídas, estará prescrito o direito de ação das férias relativas ao período aquisitivo de 01.02.2000 a 31.01.2001, mas não as do período de 01.02.2001 a 31.01.2002.

(A) Todas as proposições estão corretas.
(B) Apenas quatro proposições estão corretas.
(C) Apenas três proposições estão corretas.
(D) Apenas duas proposições estão corretas.
(E) Apenas uma proposição está correta.

I: incorreta, o prazo de dois anos após a extinção do contrato deve ser observado (Súmula 362 do TST); **II:** correta, Súmulas 326 e 327 do TST (atentar à nova redação conferida a tais súmulas pelo TST em maio de 2011); **III:** incorreta, pois o art. 320 do CPC não se limita às hipóteses de litisconsórcio necessário; **IV:** correta, por definição; **V:** correta, art. 149 da CLT.

Gabarito "C"

(Magistratura do Trabalho – 9ª Região – 2006) Considere as proposições abaixo formuladas e assinale a alternativa correta à luz da jurisprudência dominante do TST:

I. A prescrição começa a fluir no final da data do término do aviso-prévio e, a partir desta data, é contado o prazo de cinco anos para reclamar verbas trabalhistas não pagas.

II. Na vigência do contrato de trabalho, é quinquenal a prescrição do direito de reclamar contra o não recolhimento da contribuição para o Fundo de Garantia do Tempo de Serviço incidente sobre parcelas reclamadas judicialmente.

III. A ação trabalhista, ainda que arquivada, interrompe a prescrição em relação a todo e qualquer pedido do reclamante, permitindo a este que renove a ação com inclusão de outros pedidos não realizados anteriormente.

IV. O empregado que não recebe suplementação de aposentadoria estabelecida por norma interna da empresa pode reclamar o pagamento das parcelas vencidas nos últimos cinco anos, contados do ajuizamento da ação, tendo em vista que a prescrição é parcial.

V. Opera-se a prescrição da ação que busca diferenças de comissões decorrentes da redução do percentual de cálculo promovida unilateralmente pelo empregador, em prejuízo do empregado, em data anterior ao quinquênio constitucional.

(A) Apenas I, II e III estão corretas.
(B) Apenas I e IV estão corretas.
(C) Apenas IV e V estão incorretas.
(D) Apenas II e V estão corretas.
(E) Apenas III e V estão incorretas.

I: incorreta, o prazo é bienal (art. 7º, XXIX, da CF e art. 11, I, da CLT); **II:** correta, Súmula 206 do TST; **III:** incorreta, interrompe a prescrição somente em relação aos pedidos idênticos (Súmula 268 do TST); **IV:** incorreta, "prescreve em 2 (dois) anos contados da cessação do contrato de trabalho" – Súmula 326 do TST (v. Súmula 327; atentar à nova redação conferida a tais súmulas pelo TST em maio de 2011); **V:** correta, OJ 175 da SDI-I do TST.

Gabarito "D"

(Magistratura do Trabalho – 11ª Região – 2007 – FCC) Considere as seguintes afirmativas:

I. A prescrição bienal do direito de propositura de ação quanto a créditos resultantes das relações de trabalho se conta da extinção do contrato de trabalho, equiparando-se, para tal efeito, segundo entendimento jurisprudencial dominante, a mudança do regime celetista para o estatutário, nos moldes da Lei n. 8.112/1990.

II. A prescrição, como matéria de ordem pública, não se encontra sujeita a efeitos preclusivos, podendo ser acolhida pelo órgão julgador em qualquer fase do processo de conhecimento, mesmo na instância extraordinária, desde que arguida expressamente pela parte, quando se tratar de direitos patrimoniais.

III. Todas as ações – tomadas no sentido técnico de pretensão – encontram-se sujeitas aos efeitos da prescrição, independentemente de sua natureza.

IV. O prazo para a propositura da ação de inquérito judicial para apuração de falta grave é de trinta dias, contados da data da suspensão do empregado estável, e, sendo de natureza decadencial, mostra-se insuscetível de suspensão ou interrupção.

(A) Está correta apenas uma afirmativa.
(B) Estão corretas apenas duas afirmativas.
(C) Estão corretas apenas três afirmativas.
(D) Estão corretas quatro afirmativas.
(E) Estão incorretas quatro afirmativas.

I: correta, Súmula 382 do TST; **II:** incorreta, "não se conhece de prescrição não arguida na instância ordinária" (Súmula 153 do TST); **III:** incorreta, não sendo o instituto compatível com as pretensões meramente declaratórias nem, segundo alguns doutrinadores, com as meramente constitutivas (para estas, os prazos seriam de decadência); **IV:** correta, pois os prazos decadenciais não se suspendem nem se interrompem.

Gabarito "B"

(Magistratura do Trabalho – 13ª Região – 2006) Assinale a alternativa incorreta:

(A) a prescrição aplica-se de igual modo ao trabalhador rural e ao trabalhador urbano;

(B) um trabalhador urbano, menor de 17 (dezessete) anos, pode pleitear os seus direitos, perante a Justiça do Trabalho, depois do prazo de 2 (dois) anos da extinção do contrato de trabalho;

(C) o direito de pleitear férias prescreve em 2 (dois) anos, contados a partir do fim do período aquisitivo;

(D) a prescrição aplicável à trabalhadora, na vigência do contrato de trabalho, é de 5 (cinco) anos, e de 2 (dois) anos após a extinção do pacto laboral;

(E) é imprescritível o direito de pleitear anotação de contrato de trabalho em carteira profissional, a fim de fazer prova perante a Previdência Social.

A alternativa incorreta, que deve ser assinalada é a "C", pois o direito de pleitear férias é contado do término do período concessivo ou, se for o caso, da cessação do contrato de trabalho (art. 149 da CLT).

Gabarito "C"

(Magistratura do Trabalho – 14ª Região – 2011) Sobre prescrição no Direito do Trabalho, nos termos do entendimento sumulado do TST, assinale a alternativa correta.

(A) Em se tratando de horas extras pré-contratadas do trabalhador bancário, opera-se a prescrição total se a ação não for ajuizada no prazo de cinco anos, a partir da data em que foram suprimidas.

(B) A prescrição da pretensão relativa às parcelas remuneratórias não alcança o respectivo recolhimento da contribuição para o FGTS.

(C) A ação trabalhista, desde que não arquivada, suspende a prescrição somente em relação aos pedidos idênticos.

(D) Na ação que objetive corrigir desvio funcional, a prescrição só alcança as diferenças salariais vencidas no período de 2 (dois) anos que precedeu o ajuizamento.

(E) Respeitado o biênio subsequente à cessação contratual, a prescrição da ação trabalhista concerne às pretensões imediatamente anteriores a cinco anos, contados do quinquênio anterior à data da extinção do contrato e, não, da data do ajuizamento da reclamação.

A: correta, Súmula 199, II, do TST; **B:** incorreta, alcança o recolhimento da contribuição para o FGTS (Súmula 206 do TST); **C:** incorreta, "a ação trabalhista, ainda que arquivada, interrompe a prescrição somente em relação aos pedidos idênticos" (Súmula 268 do TST); **D:** incorreta, o período é de cinco anos (Súmula 275 do TST); **E:** incorreta, "contados da data do ajuizamento da reclamação e, não, às anteriores ao quinquênio da data da extinção do contrato" (Súmula 308, I, do TST).

Gabarito "A"

(Magistratura do Trabalho – 14ª Região – 2008) Prescrição.

I. Na ação de equiparação salarial, a prescrição é total e inicia-se após o término do contrato de trabalho do reclamante ou paradigma, respeitado o período de 5 (cinco) anos que precedeu o ajuizamento.

II. Respeitado o biênio subsequente à cessação contratual, a prescrição da ação trabalhista concerne às pretensões imediatamente anteriores a cinco anos, contados da data da extinção do contrato de trabalho e não às anteriores ao quinquênio da data do ajuizamento da reclamação.

III. A ação trabalhista, ainda que arquivada, interrompe a prescrição somente em relação aos pedidos idênticos.

IV. A transferência do regime jurídico de celetista para estatutário implica extinção do contrato de trabalho, fluindo o prazo da prescrição bienal a partir da mudança de regime.

Responda:

(A) todas as opções estão corretas;

(B) apenas três opções estão corretas;

(C) apenas duas opções estão corretas;

(D) apenas uma opção está correta;

(E) todas as opções estão incorretas.

I: incorreta, "a prescrição é parcial e só alcança as diferenças salariais vencidas no período de 5 (cinco) anos que precedeu o ajuizamento" (Súmula 6, IX, do TST); **II:** incorreta, "contados da data do ajuizamento da reclamação e, não, às anteriores ao quinquênio da data da extinção do contrato" (Súmula 308, I, do TST); **III:** correta, Súmula 268 do TST; **IV:** correta, Súmula 382 do TST.

Gabarito "C"

(Magistratura do Trabalho – 15ª Região – 2012) O direito de ação quanto a créditos resultantes das relações de trabalho prescreve em cinco anos para o trabalhador urbano, até o limite de dois anos após a extinção do contrato. Assim dispõe o art 11 da CLT, sendo que o disposto neste artigo não se aplica às ações que tenham por objeto anotações para fins de prova junto à Previdência Social. Sobre a prescrição, assinale a assertiva correta, de acordo com a notória e atual jurisprudência do C. TST:

(A) Na lesão de direito que atinja prestações periódicas, de qualquer natureza, devidas ao empregado, a prescrição é sempre total e se conta da lesão do direito.

(B) Na lesão de direito individual que atinja prestações periódicas devidas ao empregado, à exceção da que decorre de ato único do empregador, a prescrição é sempre parcial e se conta do vencimento de cada uma dessas prestações, e não da lesão do direito.

(C) Para o bancário, em se tratando de horas extras pré-contratadas, opera-se a prescrição total se a ação não for ajuizada no prazo de dois anos, a partir da data em que foram suprimidas.

(D) Na ação que objetive corrigir desvio funcional, a prescrição só alcança as diferenças salariais vencidas no período de 2 (dois) anos que precedeu o ajuizamento. Em se tratando de pedido de reenquadramento, a prescrição é 05 anos, contada da data do enquadramento do empregado.

(E) A pretensão à complementação de aposentadoria jamais recebida prescreve em 2 (dois) anos contados da cessação do contrato de trabalho. Já a pretensão a diferenças de complementação de aposentadoria sujeita-se à prescrição parcial e quinquenal, salvo se o pretenso direito decorrer de verbas não recebidas no curso da relação de emprego e já alcançadas pela prescrição, à época da propositura da ação.

A: incorreta, Súmula 168 do TST – Cancelada. "A prescrição é total, exceto quando o direito à parcela esteja também assegurado por preceito de lei" (Súmula 294 do TST); **B:** incorreta, Trata-se da antiga redação da Súmula 198 do TST, que foi cancelada em 2003; **C:** incorreta, o prazo é de cinco anos (Súmula 199, II, do TST); **D:** incorreta, na ação que objetive desvio funcional, a prescrição é de cinco anos, na de reenquadramento, a prescrição é total (Súmula 275 do TST); **E:** correta, Súmula 326 do TST.

Gabarito "E"

(Magistratura do Trabalho – 16ª Região – 2011) Assinale a resposta INCORRETA:

(A) A prescrição para reclamar contra anotação de carteira profissional, ou omissão desta, flui da data de cessação do contrato de trabalho.

(B) Da extinção do último contrato começa a fluir o prazo prescricional do direito de ação em que se objetiva a soma de períodos descontínuos de trabalho.

(C) Na ação que objetiva corrigir desvio funcional, a prescrição só alcança as diferenças salariais vencidas no período de 5 (cinco) anos que precedeu o ajuizamento.

(D) O prazo de decadência, na ação rescisória, conta-se do dia imediatamente subsequente ao trânsito em julgado da última decisão, de mérito ou não, proferida.

(E) Em se tratando de pedido de reenquadramento, a prescrição é total, contada da data do enquadramento do empregado.

A: assertiva incorreta, devendo ser assinalada, é imprescritível o direito de pleitear anotação de contrato de trabalho em carteira profissional, a fim de fazer prova perante a Previdência Social – art. 11, § 1º da CLT (ver Súmula 64 do TST, cancelada); **B:** assertiva correta, Súmula 156 do TST; **C:** assertiva correta, Súmula 275, I, do TST; **D:** assertiva correta, Súmula 100, I, do TST; **E:** assertiva correta, Súmula 275, II, do TST.

Gabarito "A"

(Magistratura do Trabalho – 18ª Região – 2006) No que diz respeito à prescrição trabalhista, é correto afirmar:

(A) O prazo prescricional com relação à ação de cumprimento de decisão normativa flui com a publicação da decisão, visto que já é possível o ajuizamento de ação requerendo os direitos fixados.

(B) A demanda trabalhista arquivada suspende o prazo prescricional.

(C) Tratando-se de ação que envolva pedido de prestações sucessivas decorrente de alteração do pactuado a prescrição é total, quando o direito também esteja assegurado por lei.

(D) Em se tratando de reenquadramento, a prescrição só alcança as diferenças salariais vencidas no período de 5 (cinco) anos que precedeu o ajuizamento.

(E) Na equiparação salarial, a prescrição só alcança as diferenças salariais vencidas no período de 5 (cinco) anos que precedeu o ajuizamento.

A alternativa "E" está de acordo com a Súmula 6, IX, do TST.

Gabarito "E"

(Magistratura do Trabalho – 23ª Região – 2009) Analise os itens abaixo e marque a alternativa CORRETA:

I. Em se tratando de horas extras pré-contratadas, opera-se a prescrição total se a ação não for ajuizada no prazo de cinco anos, a partir da data em que foram suprimidas.

II. Não se aplica a prescrição nas ações declaratórias, bem como nos pedidos relacionados ao FGTS.

III. A submissão de demanda trabalhista à Comissão de Conciliação Prévia ou Núcleo Intersindical de Conciliação Trabalhista provoca a suspensão do prazo Prescritivo, nos limites do art. 625-G da CLT.

IV. Na seara trabalhista a prescrição se interrompe pelo protesto judicial, entretanto, é necessário que o protesto ou congênere enuncie as parcelas sobre as quais se quer a interrupção da prescrição, uma vez que não é cabível interrupção genérica e imprecisa.

(A) V, V, V, F.

(B) F, V, F, F.

(C) V, V, F, F.

(D) V, F, V, V.

(E) F, F, V, V.

I: verdadeira, Súmula 199, II, do TST; **II:** falsa, "é trintenária a prescrição do direito de reclamar contra o não recolhimento da contribuição para o FGTS, observado o prazo de 2 (dois) anos após o término do contrato de trabalho" (Súmula 362 do TST); **III:** verdadeira, art. 625-G da CLT; **IV:** verdadeira, OJ 392 da SDI-I do TST.

Gabarito "D"

(Magistratura do Trabalho – 23ª Região – 2006) Considerando as normas que tratam da prescrição na CLT, assinale a alternativa correta:

I. a prescrição aplicável à trabalhadora, na vigência do contrato de trabalho, é de 5 (cinco) anos, e de 2 (dois) anos após a extinção do pacto laboral;

II. a prescrição aplica-se de igual modo ao trabalhador rural e ao trabalhador urbano;

III. um trabalhador urbano, menor de 17 (dezessete) anos, pode pleitear os seus direitos, perante a Justiça do Trabalho, depois do prazo de 2 (dois) anos da extinção do contrato de trabalho;

IV. é imprescritível o direito de pleitear anotação de contrato de trabalho em carteira profissional, a fim de fazer prova perante a Previdência Social;

V. a contagem do prazo prescricional inicia-se no momento em que o empregado completa o período aquisitivo do direito às férias.

(A) as alternativas I, II, III e V estão corretas;

(B) as alternativas I, II, III e IV estão corretas;

(C) todas as alternativas estão corretas;

(D) as alternativas I, II e IV estão corretas;
(E) as alternativas I, II e V estão corretas.

I: correta, arts. 7º, XXIX, da CF, e 11, I, da CLT; **II:** correta, art. 7º, XXIX, da CF (o prazo prescricional do trabalhador urbano e do trabalhador rural foi unificado pela EC 28/2000); **III:** correta, art. 440 da CLT; **IV:** correta, art. 11, § 1º, da CLT; **V:** incorreta, a contagem se dá do término do período concessivo ou da cessação do contrato de trabalho (art. 149 da CLT).

Gabarito "B"

(Magistratura do Trabalho – 24ª Região – 2006) Considerando a jurisprudência uniformizada do TST, assinale a alternativa INCORRETA:

(A) Na ação que objetive corrigir desvio funcional, a prescrição só alcança as diferenças salariais vencidas no período de 5 (cinco) anos que precedeu o ajuizamento. Em se tratando de pedido de reenquadramento, a prescrição também é parcial, contada da data do enquadramento do empregado.
(B) A ação trabalhista, ainda que arquivada, interrompe a prescrição somente em relação aos pedidos idênticos.
(C) Tratando-se de pedido de diferença de gratificação semestral que teve seu valor congelado, a prescrição aplicável é a parcial.
(D) É trintenária a prescrição do direito de reclamar contra o não recolhimento da contribuição para o FGTS, observado o prazo de 2 (dois) anos após o término do contrato de trabalho.
(E) No caso de trabalhador bancário, em se tratando de horas extras pré-contratadas, opera-se a prescrição total se a ação não for ajuizada no prazo de cinco anos, a partir da data em que foram suprimidas.

A alternativa incorreta, que deve ser assinalada, é a "A", pois em se tratando de pedido de reenquadramento, a prescrição é total (Súmula 275 do TST).

Gabarito "A"

(Procurador do Trabalho – MPT – 17º Concurso – 2012) Quanto à prescrição, considerando a jurisprudência uniformizada do Tribunal Superior do Trabalho, assinale a alternativa CORRETA:

(A) Na ação que objetive corrigir desvio funcional, a prescrição só alcança as diferenças salariais vencidas no período de 5 (anos) anos que precedeu o ajuizamento. Em se tratando de pedido de reenquadramento, a prescrição é total, contada da data da implantação do plano de cargos e salários.
(B) A pretensão a diferenças de complementação de aposentadoria sujeita-se à prescrição parcial e quinquenal, salvo se o pretenso direito decorrer de verbas não recebidas no curso da relação de emprego e já alcançadas pela prescrição, à época da propositura da ação.
(C) O prazo de prescrição com relação à ação de cumprimento de decisão normativa flui apenas da data de seu julgamento pelo tribunal do trabalho.
(D) A pretensão à complementação de aposentadoria prescreve em 2 (dois) anos contados da cessação do contrato de trabalho.
(E) Não respondida.

A: incorreta, "em se tratando de pedido de reenquadramento, a prescrição é total, contada da data do enquadramento do empregado" (Súmula 275, II, do TST); **B:** correta, Súmula 327 do TST; **C:** incorreta, flui apenas da data de seu trânsito em julgado (Súmula 350 do TST); **D:** incorreta, tal previsão é para a complementação de aposentadoria jamais recebida (Súmula 326 do TST).

Gabarito "B"

(Procurador do Trabalho – MPT – 11º Concurso – 2004) No que tange à prescrição trabalhista, é CORRETO afirmar:

(A) a Constituição da República assegura, expressamente, aos empregados domésticos, o direito de ação, quanto aos créditos trabalhistas, com prazo prescricional de cinco anos, até o limite de dois anos após a extinção do contrato de trabalho;
(B) a CLT possui regra expressa prevendo que contra o trabalhador com idade inferior a 18 anos não corre nenhum prazo de prescrição;
(C) os prazos da prescrição trabalhista não se interrompem;
(D) a Constituição Federal autoriza a contagem do prazo prescricional de dois anos, no curso do contrato de trabalho, quanto a eventual direito oriundo de alteração de condição essencial por ato unilateral do empregador;
(E) não respondida.

A alternativa "B" descreve o disposto no art. 440 da CLT.

Gabarito "B"

15. NOVOS TEMAS DE DIREITO DO TRABALHO

15.1. DISCRIMINAÇÃO, AÇÕES AFIRMATIVAS E ASSÉDIO MORAL E SEXUAL

(Magistratura do Trabalho – 16ª Região – 2008) Analise:

A escritora francesa Marie France Hirigoyen utilizou pela primeira vez a expressão "assédio moral" para falar da violência perversa no cotidiano das famílias e do mundo do trabalho. Disse que "o assédio moral no trabalho é definido como qualquer conduta abusiva (gesto, palavra, comportamento, atitude...) que atente, por sua repetição ou sistematização, contra a dignidade ou integridade psíquica ou física de uma pessoa, ameaçando o seu emprego ou degradando o clima de trabalho"... "O termo *bullying* nos parece de acepção mais ampla do que o termo *mobbing*. Vai de chacotas e isolamento até condutas abusivas de conotação sexual ou agressões físicas.Refere-se mais a ofensas ou violência individual do que a violência organizacional".

(HIRIGOYEN, Marie-France. **Assédio Moral: a violência perversa no cotidiano.** Tradução de Maria Helena Kühner. 6.ed. Rio de Janeiro: Bertrand Brasil, 2006 p.17).

Sobre assédio moral e sexual no sistema jurídico brasileiro:

I. É possível prever em Acordo Coletivo ou Convenção Coletiva de Trabalho punição para o empregado responsável por assédio moral.

II. É possível prever em Acordo Coletivo ou Convenção Coletiva de Trabalho punição para o empregado responsável por assédio sexual.
III. É possível a configuração de dano moral praticado por subalterno hierárquico.
IV. É possível a configuração de assédio moral praticado por subalterno hierárquico.
V. É possível a configuração de assédio moral por colega de mesmo nível hierárquico.

Agora responda:

(A) Todas estão erradas.
(B) Apenas II está errada.
(C) Apenas II e IV estão erradas.
(D) Apenas IV está correta.
(E) Todas estão corretas.

Todos os itens estão corretos. Vide CF, art. 1º, III e IV.
Gabarito "E"

(Magistratura do Trabalho – 18ª Região – 2006) O dever patronal de não discriminar está materializado em vários dispositivos constitucionais e legais. A propósito, considere as assertivas abaixo e assinale a alternativa correta.

I. A Constituição Federal proíbe diferença de salários, de exercício de funções e de critério de admissão por motivo de sexo, idade, cor ou estado civil.
II. A Constituição Federal proíbe qualquer discriminação no tocante a salário e critérios de admissão do trabalhador portador de deficiência.
III. A Constituição Federal proíbe a distinção entre trabalho manual, técnico e intelectual ou entre os profissionais respectivos.
IV. A Constituição Federal garante a igualdade de direitos entre o trabalhador com vínculo empregatício permanente e o trabalhador autônomo.
V. A CLT garante igual salário, sem distinção de sexo, nacionalidade ou idade, a todo trabalho de igual valor, prestado ao mesmo empregador, na mesma localidade, desde que presente uma única condição, que é a identidade de função.

(A) As três primeiras são incorretas.
(B) As duas últimas são corretas.
(C) Apenas a última é correta.
(D) As três primeiras são corretas e as duas últimas são incorretas.
(E) Todas são corretas.

I: correta, art. 7º, XXX, da CF; **II:** correta, art. 7º, XXXI, da CF; **III:** correta, art. 7º, XXXII, da CF; **IV:** incorreta, inexiste tal previsão; **V:** incorreta, na parte que trata "desde que presente uma única condição, que é a identidade de função" (art. 461 da CLT).
Gabarito "D"

(Magistratura do Trabalho – 21ª Região – 2005) Dois trabalhadores de uma empresa do ramo da construção civil foram surpreendidos com a notícia das respectivas demissões sem alegação de motivo. As rescisões foram efetivadas, coincidentemente, no mesmo mês em que ambos completaram 45 anos de idade. A surpresa se deveu ao fato de que, além de serem qualificados para as funções que exerciam, havia muitas obras em andamento, propiciando até novas contratações, e o nível de produtividade individual estava na média dos demais empregados. Quando compareceram para receber as parcelas rescisórias, já que não eram portadores de qualquer tipo de estabilidade, tiveram acesso, por acaso, a um documento interno cujo conteúdo refletia a orientação do diretor administrativo para não se manter na empresa trabalhadores com idade superior a 40 anos. Diante disso, e de acordo com a lei aplicável à espécie, os dois trabalhadores dispensados, sendo vítimas de ato discriminatório:

(A) não têm direito, em face da rescisão, à readmissão, uma vez que não gozavam de qualquer tipo de estabilidade legal ou convencional, excluindo-se também a possibilidade de indenização, diante da ausência de configuração de lesão moral;
(B) têm o direito de optar entre a percepção, em dobro, da remuneração do período de afastamento, corrigida monetariamente e acrescida dos juros legais, e a readmissão com o pagamento integral das remunerações de todo o período de afastamento, com os acréscimos devidos de correção monetária e juros legais;
(C) têm direito exclusivamente à reintegração, com ressarcimento integral de todo o período de afastamento, mediante pagamento das remunerações devidas, corrigidas monetariamente, acrescidas dos juros legais;
(D) têm apenas direito ao recebimento das verbas rescisórias, sem a possibilidade legal de reintegração, em face da ausência de estabilidade, podendo pleitear indenização decorrente da caracterização do dano moral sofrido;
(E) têm direito à readmissão, sem a garantia de ressarcimento do período de afastamento.

A alternativa "B" está de acordo com o disposto no art. 4º da Lei 9.029/1995.
Gabarito "B"

(Magistratura do Trabalho – 23ª Região – 2009) Leia o caso hipotético, analise as afirmações seguintes e marque a alternativa CORRETA:

Luiz Tadeu, portador assintomático do vírus HIV, é trabalhador desempregado que se candidatou a uma vaga de cozinheiro numa famosa rede de hotéis. Após rigoroso processo de seleção, a empresa escolheu dois candidatos com perfil para o preenchimento da única vaga existente, entre eles Luiz Tadeu. Ultrapassada essa fase, foi solicitado dos candidatos que se submetessem ao exame clínico com o médico da empresa. Luiz Tadeu, ao ser examinado, disse ao médico ser portador do vírus HIV. O médico comunicou o fato à empresa, que prontamente contratou o outro candidato.

I. Não existe no ordenamento jurídico brasileiro lei específica que proteja Luiz Tadeu de ato discriminatório, por ser portador do vírus HIV, no ato da contratação.

II. Luiz Tadeu, na condição de portador assintomático do vírus HIV, goza de aptidão para o trabalho, logo a intervenção da empresa neste caso é desproporcional à finalidade do exame médico admissional.

III. Pelas regras do Conselho Federal de Medicina do Brasil, em consonância com as normas internacionais, o médico está proibido de revelar à empresa o diagnóstico de Luiz Tadeu.

IV. Luiz Tadeu, embora portador assintomático do vírus HIV, está protegido por direitos fundamentais, a saber, o direito ao trabalho, o direito a não ser discriminado e o direito à preservação da intimidade.

(A) Estão corretos apenas os itens I, II e IV.
(B) Estão corretos apenas os itens I, III e IV.
(C) Estão corretos apenas os itens I, II e III.
(D) Estão corretos apenas os itens II, III e IV.
(E) Todos os itens são verdadeiros.

Todos os itens estão corretos. Vide arts. 1º, III e IV, e 5º, X, da CF.

Gabarito "E"

(Magistratura do Trabalho – 23ª Região – 2009) Leia o caso hipotético e analise as afirmações seguintes, à luz da lei e da doutrina dominante, assinalando a alternativa CORRETA:

Camila é uma jovem diplomada em Ciências Políticas e acaba de ingressar em uma grande empresa pública sob as ordens de Odilon, um colega mais velho e praticamente autodidata, que recebeu a incumbência de instruí-la. No começo, ele não lhe passa nenhuma informação sobre os relatórios e a organização interna do serviço, obrigando-a a descobrir tudo sozinha. A despeito disso, Odilon critica sistematicamente Camila sem, contudo, indicar o modo correto de execução das tarefas. Quando Camila faz alguma pergunta, Odilon se esquiva, muda de assunto ou então a ridiculariza: "Não vale a pena cursar Ciências Políticas e não saber nada.

Tenho que ensinar tudo a você. O que foi que você aprendeu na faculdade?" Camila perde a autoconfiança, passa a dar razão a Odilon, torna-se submissa e, com medo, passa a pedir a sua opinião sobre tudo o que vai fazer. Mesmo assim, Odilon continua a fazer observações insultuosas a Camila, até que ela adoece.

I. Camila foi vítima de "mobbing", comportamento que consiste em manobras hostis frequentes e repetidas no local de trabalho, visando sistematicamente a mesma pessoa.

II. Camila foi vítima de assédio moral vertical descendente.

III. A doença adquirida por Camila pode ser considerada doença profissional.

IV. Diante da conduta de Odilon, o contrato de trabalho de Camila pode ser rescindido indiretamente, sem prejuízo do direito ao pagamento de indenização por assédio moral.

(A) Estão corretos apenas os itens I, II e III.
(B) Estão corretos apenas os itens I, III e IV.
(C) Estão corretos apenas os itens I, II e IV.
(D) Estão corretos apenas os itens II, III e IV.
(E) Todos os itens são corretos.

I, II: corretas, por definição; **III:** incorreta, trata-se de doença do trabalho (art. 20, II, da Lei 8.213/1991), e não de doença profissional, ambas espécies do gênero doenças ocupacionais; **IV:** correta, art. 483, b, c e e, da CLT.

Gabarito "C"

(Procurador do Trabalho – 2013 – MPT) Quanto à igualdade e à não discriminação nas relações de trabalho, é **CORRETO** dizer:

I. Na discriminação indireta, em que há o tratamento neutro ou formalmente igual entre os interessados, a configuração do ilícito efetiva-se pelo resultado com prejuízo ou efeito perverso sobre determinado grupo, sendo irrelevante a intenção do autor.

II. Presume-se discriminatória a despedida de empregado portador de doença grave que suscite estigma ou preconceito, assegurando-se lhe o direito à reintegração no emprego, reconhecida a invalidade do ato.

III. A aplicação das prerrogativas da Fazenda Pública à empresa pública, por força do princípio da igualdade, atrai a necessidade de motivação do ato de dispensa dos empregados celetistas previamente aprovados por concurso público.

IV. Não se admite que, abstrata e aprioristicamente, seja afastada a reserva legal às pessoas com deficiência em relação ao exercício de funções, devendo-se proceder a avaliação do grau de comprometimento das limitações físicas ou psicológicas dos candidatos no caso concreto, segundo critérios objetivos.

(A) apenas a assertiva IV está incorreta;
(B) apenas as assertivas I e II estão corretas;
(C) todas as assertivas estão corretas;
(D) apenas as assertivas II e IV estão corretas;
(E) não respondida.

I: correta, por definição (v. teoria do impacto desproporcional, Griggs V. Duke Power). **II:** correta, Súmula 443 do TST; **III:** correta. Em verdade, a necessidade de motivação do ato de dispensa dos empregados concursados de empresas públicas, independentemente desta ter reconhecida prerrogativas próprias de Fazenda Pública, restou reconhecida pelo STF no RE 589.998. Observe-se que o debate aqui presente envolve apenas a questão da motivação, não adentrando a questão da estabilidade. **IV:** correta. A cota do art. 93 da Lei 8.213/1991 parte do pressuposto da aptidão universal da pessoa com deficiência. Confira-se: RR 129600-12.2006.5.02.0090.

Gabarito "C"

(Procurador do Trabalho – MPT – 16º Concurso – 2009) Leia e analise os itens abaixo que têm por fundamento o Estatuto do Idoso:

I. A pessoa idosa, com idade igual ou superior a sessenta anos, tem direito ao exercício de atividade profissional, respeitadas suas condições físicas, intelectuais e psíquicas.

II. Na admissão da pessoa idosa em qualquer trabalho ou emprego, é vedada a discriminação e a fixação de limite máximo de idade, inclusive para concursos da administração pública indireta, como as empresas públicas e sociedades de economia mista.

III. A lei atribui ao Poder Público o dever de estimular e criar programas voltados para a profissionalização da pessoa idosa, aproveitando seus potenciais e habilidades para atividades regulares e remuneradas; estimular as empresas privadas para a admissão de pessoas idosas no trabalho e preparar os trabalhadores para a aposentadoria, com antecedência mínima de um ano.

Marque a alternativa CORRETA:

(A) apenas os itens II e III são corretos;
(B) apenas os itens I e II são corretos;
(C) apenas os itens I e III são corretos;
(D) todos os itens são corretos;
(E) Não respondida.

I: correta, art. 26 da Lei 10.741/2003; **II:** incorreta, há os casos em que a natureza do cargo pode exigir limitação de idade (art. 27 da Lei 10.741/2003); **III:** correta, art. 28 da Lei 10.741/2003.

Gabarito "C"

(Procurador do Trabalho – MPT – 16º Concurso – 2009) Leia e analise os itens abaixo segundo a Convenção sobre os Direitos da Pessoa com Deficiência, da Organização das Nações Unidas:

I. A Convenção sobre os Direitos da Pessoa com Deficiência foi assinada pelo Brasil. Seguiu os trâmites estabelecidos na Constituição da República e teve seu texto aprovado com equivalência à emenda constitucional. Portanto, a definição de pessoa com deficiência é aquela de seu texto: "Pessoas com deficiência são aquelas que têm impedimentos de longo prazo de natureza física, mental, intelectual ou sensorial, os quais, em interação com diversas barreiras, podem obstruir sua participação plena e efetiva na sociedade em igualdade de condições com as demais pessoas".

II. Para viver com autonomia e participar plenamente de todos os aspectos da vida, deve ser assegurado à pessoa com deficiência o acesso, em igualdade de oportunidades com as demais pessoas, dentre outros direitos, à educação, à profissionalização, aos meios de transporte, aos espaços e edifícios de uso coletivo, incluídos os locais de trabalho.

III. A Convenção reconhece o direito de a pessoa com deficiência trabalhar, em condições de igualdade com as demais pessoas, incluindo iguais oportunidades e igual remuneração por trabalho de igual valor, condições seguras e salubres de trabalho, além de reparação de injustiças e proteção contra o assédio no trabalho.

Marque a alternativa CORRETA:

(A) todos os itens são corretos;
(B) apenas os itens I e II são corretos;
(C) apenas os itens I e III são corretos;
(D) todos os itens são incorretos;
(E) não respondida.

I: correta, com efeito, a Convenção da ONU sobre Direitos da Pessoa com Deficiência, assinada em Nova York em 30.03.2007, ratificada pelo País por meio do Decreto Legislativo 186/2008, trata-se do primeiro tratado internacional ratificado pelo País segundo o rito do art. 5º, § 3º, da Constituição (em sentido contrário, Valério de Oliveira Mazzuoli entende indispensável, mesmo nas hipóteses do § 3º do art. 5º da CF, a expedição de decreto pelo chefe do Executivo para que ocorra a definitiva positivação e ingresso do tratado na ordem interna, o que até o momento de fechamento deste livro, não havia ocorrido). Quanto à definição de pessoa com deficiência encimada, consta do art. 1º da Convenção; **II:** correta, art. 9º da Convenção; **III:** correta, art. 27 da Convenção.

Gabarito "A"

(Procurador do Trabalho – MPT – 16º Concurso – 2009) Analise as afirmações abaixo:

I. As medidas especiais tomadas para assegurar a igualdade entre grupos raciais ou étnicos e entre homens e mulheres no Brasil têm fundamento em duas convenções internacionais da Organização das Nações Unidas: Eliminação de todas as formas de discriminação racial e eliminação de todas as formas de discriminação contra a mulher. O programa nacional de ações afirmativas no âmbito da administração pública federal, que garante a realização de metas percentuais de participação de afrobrasileiros, mulheres e pessoas com deficiência no preenchimento de cargos em comissão é um exemplo dessas medidas.

II. A Convenção da Organização Internacional do Trabalho concernente à Discriminação em Matéria de Emprego e Profissão indica a possibilidade de o Estado-Membro aplicar uma política nacional que tenha por fim promover a igualdade de oportunidades e de tratamento em matéria de emprego e profissão, com o objetivo de eliminar toda discriminação. A adoção de reserva de cargos em empresas com cem ou mais empregados para trabalhadores com deficiência e beneficiários reabilitados é exemplo de aplicação do princípio da igualdade de oportunidades.

III. A Convenção Interamericana para a Eliminação de Todas as Formas de Discriminação Contra as Pessoas Portadoras de Deficiência esclarece que não constituirá discriminação a diferenciação ou preferência adotada para promover a integração social ou o desenvolvimento pessoal das pessoas com deficiência, desde que a diferenciação ou preferência não limite em si mesma o direito à igualdade dessas pessoas, e que elas não sejam obrigadas a aceitar tal diferenciação ou preferência.

Marque a alternativa CORRETA:

(A) todos os itens são incorretos;
(B) apenas os itens I e II são corretos;
(C) todos os itens são corretos;
(D) apenas os itens II e III são corretos;
(E) não respondida.

I: correta, quanto às convenções, a primeira foi promulgada pelo Decreto 65.810/1969, enquanto que a segunda, pelo Decreto 4.377/2002. Já o programa nacional de ações afirmativas foi veiculado pelo

Decreto 4.228/2002; **II:** correta, art. 2º e 5º da Convenção 111 da OIT (Decreto 62.150/1968) e art. 93 da Lei 8.213/1991; **III:** correta, art. 1º, item 2, b, da Convenção Interamericana para a Eliminação de Todas as Formas de Discriminação Contra as Pessoas Portadoras de Deficiência (Decreto 3.956/2001).

Gabarito "C"

(Procurador do Trabalho – MPT – 16º Concurso – 2009) Analise os itens abaixo:

I. O crime de assédio sexual foi introduzido no Código Penal, sendo seu conceito aplicável no âmbito das relações de trabalho. O crime consiste em constranger alguém com o intuito de obter vantagem ou favorecimento sexual, prevalecendo-se o agente de sua condição de superior hierárquico ou ascendência inerentes ao exercício de emprego, cargo ou função.

II. Não há previsão explícita de assédio sexual na CLT, mas pode ser enquadrado como ilícito trabalhista, hipótese na qual o empregado poderá postular a rescisão indireta do contrato de trabalho, quando o empregador ou seus prepostos praticam contra ele ou pessoas de sua família ato lesivo da honra e boa fama.

III. Não há previsão explícita de assédio sexual na CLT, mas pode ser enquadrado na hipótese: pelo empregador, na demissão por justa causa de empregado que pratica o ato, quando ele (o empregado) incorre em incontinência de conduta ou mau procedimento e ato lesivo da honra ou da boa fama praticado no serviço contra qualquer pessoa.

Marque a alternativa CORRETA:

(A) todos os itens são corretos;
(B) apenas os itens I e II são corretos;
(C) apenas os itens I e III são corretos;
(D) apenas os itens II e III são corretos;
(E) não respondida.

I: correta, art. 216-A do Código Penal; **II** e **III:** corretas, por definição.

Gabarito "A"

(Procurador do Trabalho – MPT – 15º Concurso – 2008) Analise as assertivas abaixo:

I. a doutrina dominante admite a possibilidade de cumulação de indenizações por dano material, dano moral e dano estético, ainda que a lesão acidentária tenha sido a mesma;

II. não constitui discriminação a constatação de distinções, exclusões ou preferências fundadas em qualificações exigidas para um determinado emprego.

III. o trabalhador readaptado em nova função, por motivo de deficiência física ou mental atestada pelo órgão competente da Previdência Social, não servirá de paradigma para fins de equiparação salarial;

IV. a empresa privada que possui 200 (duzentos) empregados está obrigada a preencher 3% (três por cento) dos seus cargos com beneficiários reabilitados ou pessoas portadoras de deficiência, habilitadas.

De acordo com as assertivas acima é CORRETO afirmar que:

(A) todas as assertivas estão corretas;
(B) apenas as assertivas I e IV estão corretas;
(C) apenas a assertiva IV está incorreta;
(D) apenas as assertivas II e III estão corretas;
(E) não respondida.

I: correta, por definição; **II:** correta, art. 1º, item 2, da Convenção 111 da OIT; **III:** correta, art. 461, § 4º, da CLT; **IV:** incorreta, está obrigada a preencher 2% (art. 93 da Lei 8.213/1991).

Gabarito "C"

(Procurador do Trabalho – MPT – 14º Concurso – 2007) Julgue as assertivas abaixo:

I. Os atos praticados pelo superior hierárquico para punir o subordinado, longe da presença de terceiros, não podem ser enquadrados como assédio moral, uma vez que traduzem as prerrogativas decorrentes do poder disciplinar para o melhor andamento da atividade empreendida.

II. O assédio sexual é mais amplo no âmbito dos efeitos trabalhistas do que em sua tipificação no Direito Penal brasileiro, pois este prevê o assédio sexual "por chantagem", não incluindo o assédio "por intimidação", além de não abranger o "assédio ascendente", praticado pelo inferior hierárquico.

III. combate à discriminação no ato da contratação dos trabalhadores situa-se à margem das atribuições do Ministério Público do Trabalho, considerando inexistir, até então, contrato de trabalho formalizado.

IV. De acordo com as normas incorporadas ao nosso ordenamento jurídico, não constituem discriminações as distinções, exclusões ou preferências baseadas nas qualificações exigidas para um emprego determinado, as que se possam justificar em função da segurança do Estado e, finalmente, as que tenham o caráter de medidas de proteção ou assistência especial reconhecida como necessária por motivos como o sexo, a invalidez, os encargos de família ou o nível social ou cultural.

(A) apenas os itens I e IV são corretos;
(B) apenas os itens I e III são corretos;
(C) apenas os itens II e IV são corretos;
(D) todos os itens são incorretos;
(E) não respondida.

I: incorreta, tal poder encontra limites na função social da propriedade e não pode servir de pretexto para o assédio moral (CF, art. 1º, III e IV); **II:** correta, por definição; **III:** incorreta, é atribuição do MP (arts. 127, caput, e 129, III, da CF, e art. 83, III, da LC 75/1993); **IV:** correta, arts. 1º, item 1, b, 4º e 5º da Convenção 111 da OIT.

Gabarito "C"

(Procurador do Trabalho – MPT – 13º Concurso – 2006) Em relação aos princípios da igualdade e da não discriminação, é CORRETO afirmar que:

(A) não constitui discriminação a constatação de distinções, exclusões ou preferências fundadas em qualificações exigidas para um determinado emprego;

(B) são requisitos para a equiparação salarial: identidade de funções, trabalho de igual valor, serviço prestado para o mesmo empregador e na mesma localidade, diferença de tempo de serviço na função inferior a três anos e inexistência de quadro de carreira devidamente homologado;

(C) a licença-maternidade, que constitui norma de proteção especial ao trabalho da mulher, não é, entretanto, aplicável nos casos de adoção;

(D) as empresas privadas que possuam 200 empregados não são obrigadas a contratar pessoas com deficiência;

(E) não respondida.

A: correta, art. 1º, tem 2, da Convenção 111 da OIT; **B:** incorreta, a diferença de tempo no serviço não pode ser superior a 2 anos (art. 461 da CLT); **C:** incorreta, é aplicável aos casos de adoção (art. 392-A da CLT); **D:** incorreta, são obrigadas a preencher 2% de suas vagas com pessoas portadoras de deficiência (art. 93 da Lei 8.213/1991).

Gabarito "A".

(Procurador do Trabalho – MPT – 12º Concurso – 2005) Assinale a alternativa CORRETA:

I. o assédio moral (*mobbing*) assim como o assédio sexual constituem crimes previstos em lei, ensejando indenização por dano moral e material com base nas regras constitucionais que asseguram respeito à dignidade da pessoa humana e inviolabilidade da honra, imagem, intimidade e vida privada;

II. são inconstitucionais as chamadas ações afirmativas previstas em legislação infraconstitucional que estabelece reserva de vagas de emprego para pessoas portadoras de deficiência e aprendizes, uma vez que a Constituição Federal veda qualquer discriminação no ambiente do trabalho;

III. constitui abuso do direito potestativo de resilir o contrato de trabalho a despedida do empregado que, apesar de ser rotulada como sendo sem justa causa, em verdade encobre ilícita discriminação racial perpetrada pelo empregador;

IV. a boa-fé do tipo objetiva constitui fonte dos chamados deveres anexos de conduta nos contratos comutativos e sucessivos; são, pois, o que a doutrina chama de deveres recíprocos das partes de lealdade, proteção e informação.

(A) apenas a assertiva II está incorreta;

(B) apenas as assertivas I e II estão incorretas;

(C) apenas a assertiva III está correta;

(D) apenas a assertiva IV está correta.

(E) não respondida.

I: incorreta, no Brasil, o mobbing não é criminalmente tipificado; **II:** incorreta, as ações afirmativas são constitucionais quando observam os princípios da razoabilidade e da proporcionalidade; **III:** correta, arts. 1º, III e IV, 3º, IV, e 5º, I e XLII, da CF, e art. 1º da Lei 9.029/1995; **IV:** correta, por definição.

Gabarito "B".

15.2. TRABALHO EM CONDIÇÕES ANÁLOGAS ÀS DE ESCRAVO

(Magistratura do Trabalho – 21ª Região – 2012) "[...] *torna-se impostergável e inadiável "basta!" à intolerância e nefasta ofensa social e retorno urgente à decência nas relações humanas de trabalho. Torna-se, portanto, urgente a extirpação desse cancro do trabalho forçado análogo ao de escravo que infeccionou as relações normais de trabalho, sob condições repulsivas da prestação de serviços tão ofensivas à reputação do cidadão brasileiro, com negativa imagem para o país perante o mundo civilizado*" (Tribunal Regional do Trabalho da 10ª. Região, Proc. 00073-2002-811-10-00-6, 2ª. Turma, Rel. Des. Ribamar Lima Junior, DJ 30.05.2003). Quanto à reparação de danos dessa natureza (*prática de exploração de trabalho em condições análogas à de escravo*), de acordo com a jurisprudência pacificada do Tribunal Superior do Trabalho, é correto afirmar:

(A) além dos direitos trabalhistas devidos aos trabalhadores submetidos à exploração de forma análoga à de escravo, é possível a condenação de danos morais exclusivamente a estes, tendo em vista a natureza *intuitu personae* dessa modalidade de reparação;

(B) além dos direitos trabalhistas típicos, é possível se cogitar a persecução criminal e a expropriação, sem pagamento, das terras onde se constatou essa prática para assentar os trabalhadores explorados; 249

(C) além da ofensa ao patrimônio jurídico dos trabalhadores explorados, também é possível afirmar a ofensa a interesses ou direitos extrapatrimoniais coletivos, passíveis de reparação;

(D) a reparação por danos morais coletivos não encontra previsão legal, razão pela qual somente se pode cogitar, nesse conceito, nos dias atuais, da possibilidade de condenações por danos morais individuais homogêneos considerados e provados;

(E) a exploração de trabalhadores em condições análogas à de escravo pode ser considerada como um resíduo histórico de nosso país, mas a simples constatação dessa prática não tem sido considerada pela jurisprudência como bastante para a condenação cumulativa em danos patrimoniais e morais.

A, D e **E:** Evidentemente, a exploração de trabalho escravo empolga, sem prejuízo das tutelas inibitórias necessárias, também a tutela ressarcitória por danos individuais ou coletivos (arts. 1º e 3º da Lei da Ação Civil Pública e art. 6º, VI, do Código de Defesa do Consumidor); **B:** incorreta. No momento, apenas glebas destinadas ao cultivo proibido de psicotrópicos podem ser expropriadas (art. 243 da CF). Todavia, até o fechamento desta edição, a PEC 438/2001, que passará a contemplar a expropriação decorrente da exploração de trabalho escravo, havia retornado, aprovada, da Câmara dos Deputados ao Senado Federal; **C:** correta.

Gabarito "C".

(Procurador do Trabalho – MPT – 17º Concurso – 2012) Leia e analise os itens abaixo:

I. Nos termos da Convenção n. 29 da Organização Internacional do Trabalho, o trabalho forçado ou compulsório é o trabalho ou serviço exigido de um indivíduo sob ameaça de alguma sanção e para o qual não se ofereceu voluntariamente.

II. No trabalho executado em área rural, as empresas devem disponibilizar nas frentes de trabalho instalações sanitárias fixas ou móveis, compostas de vasos sanitários e lavatórios, proporcionalmente ao respectivo número de trabalhadores.

III. Quando houver permanência de trabalhadores no estabelecimento empresarial, por períodos entre as jornadas de trabalho, é obrigatória a construção de alojamentos individuais, que devem ser mantidos em condições adequadas de conservação, asseio e higiene.

IV. Quando não admitem o trabalho escravo ou afirmam ignorar sua existência, os proprietários dos imóveis em que é flagrado o trabalho escravo não podem ser responsabilizados pelos direitos trabalhistas dos trabalhadores em ação civil pública movida pelo Ministério Público do Trabalho, embora tenham se beneficiado do trabalho por eles prestado.

Marque a alternativa **CORRETA**

(A) todas as assertivas estão incorretas;
(B) apenas as assertivas I e IV estão corretas;
(C) apenas as assertivas I, II e III estão corretas;
(D) apenas as assertivas I e II estão corretas;
(E) não respondida.

I: correta, artigo 2º, da Convenção 29 da OIT; **II:** correta. Subitens 31.23.3.4 e 31.23.3.2 da Norma Regulamentadora 31 do MTE; **III:** incorreta. Subitem 31.23.1, da Norma Regulamentadora 31 do MTE. O alojamento não precisa ser, necessariamente, individual; **IV:** incorreta, serão responsabilizados (artigo 14 da IN 91 do MTE).

Gabarito "D"

(Procurador do Trabalho – MPT – 14º Concurso – 2007) Trabalhadores foram atraídos por falsas promessas para laborarem em outro estado da federação. Durante o período (alguns por 5 meses, outros por 14 meses) em que permaneceram no local da prestação de serviços, cerceados da liberdade de ir e vir, os trabalhadores operaram em condições degradantes, sem pagamento dos salários. Diante desses fatos, podemos afirmar que:

I. trata-se de hipótese de rescisão indireta e, por essa razão, o empregado resgatado com mais de um ano de serviço deverá receber, a título de verbas rescisórias: salários de todo período; aviso-prévio; gratificações natalinas; férias vencidas e proporcionais, acrescidas do terço constitucional; FGTS de todo o período, acrescido da indenização de 40%;

II. por caracterizar justa causa cometida pelo empregador, o empregado libertado com menos de um ano de serviço terá direito apenas a receber a título de verbas rescisórias: salários de todo período; aviso-prévio; 13º salário proporcional; FGTS de todo o período, acrescido da indenização de 40%;

III. alguns trabalhadores afirmaram que, no ato da contratação, consentiram com o deslocamento até o local da prestação de serviços. Para esses, não estão presentes os elementos caracterizadores do trabalho em condição análoga à de escravo;

IV. o trabalhador identificado como submetido a regime de trabalho em condições análogas à de escravo, em decorrência de ação de fiscalização do grupo móvel, será dessa situação resgatado e terá direito a seis parcelas de seguro-desemprego no valor de um salário mínimo cada.

Assinale a alternativa CORRETA:

(A) apenas uma das assertivas está correta;
(B) apenas duas das assertivas estão corretas;
(C) apenas três das assertivas estão corretas;
(D) todas as assertivas estão corretas;
(E) não respondida.

I: correta, art. 483, a, c, d e e, da CLT; **II:** incorreta, Súmula 172 do TST; **III:** incorreta, ainda que tenham consentido, está configurado o trabalho em condição análoga a de escravo (art. 149 do CP); **IV:** incorreta, terá direito ao recebimento de três parcelas (art. 2º-C da Lei 7.998/1990).

Gabarito "A"

(Procurador do Trabalho – MPT – 13º Concurso – 2006) Em relação à escravidão moderna, é INCORRETO afirmar que:

(A) a configuração de trabalho prestado em condições análogas às de escravo, para fins de indenização trabalhista, pressupõe a existência de trabalho forçado;
(B) o trabalho prestado no meio urbano também pode ser qualificado como degradante, desde que presentes os elementos caracterizadores, em especial, as péssimas condições de alojamento, alimentação e do meio ambiente do trabalho em geral;
(C) no quadro das providências normativas adotadas pelo Estado brasileiro em favor da erradicação do trabalho escravo, destaca-se a elaboração de cadastro de empregadores autuados pela fiscalização do trabalho por manterem trabalhadores nessa condição, coloquialmente conhecido como "lista suja";
(D) os principais instrumentos normativos da Organização Internacional do Trabalho para o combate ao trabalho escravo foram ratificados pelo Estado Brasileiro;
(E) não respondida.

A alternativa incorreta, que deve ser assinalada, é a "A". Vide art. 149 do CP.

Gabarito "A"

(Procurador do Trabalho – MPT – 12º Concurso – 2005) A respeito do trabalho prestado em condição análoga à de escravo, é CORRETO dizer:

I. tem como uma de suas características a utilização do sistema conhecido como *truck system*, fato que contribui para a identificação do trabalho forçado, diante da servidão por dívida e consequente cerceio da liberdade individual do trabalhador;

II. caracteriza-se, também, pelas condições degradantes de trabalho, assim entendidas como aquelas em que se violenta a dignidade do trabalhador, negado-lhe acesso a um ambiente saudável e seguro, chegando a transformar o homem em coisa;

III. normalmente tem, em sua origem, o recrutamento ou aliciamento de trabalhadores. Assim, seduzidos com falsas promessas e levados para prestar serviços, em regra, em locais diversos das cidades de origem, costumam perder completamente o vínculo com as famílias;

IV. a legislação brasileira, trabalhista e penal, expressamente, não admite tal prática, responsabilizando o empregador e eximindo seus prepostos, inclusive os chamados "gatos", pois agem sempre em cumprimento às ordens patronais.

Diante das assertivas acima, responda:

(A) somente as assertivas I, II e III estão corretas;
(B) somente as assertivas I, II e IV estão corretas;
(C) somente as assertivas I e II estão corretas;
(D) todas as assertivas estão corretas.
(E) não respondida.

I: correta, art. 462 da CLT, art. 149 do CP e art. 14 da Convenção 29 da OIT; **II:** correta, art. 149 do CP; **III:** correta, art. 207 do CP; **IV:** incorreta, a legislação trabalhista que trata especificamente do tema é a Convenção 29 da OIT. Porém, o enunciado está incorreto, uma vez que não há isenção legal dos "gatos".

Gabarito "A"

(Procurador do Trabalho – MPT – 11º Concurso – 2004) Assinale a alternativa INCORRETA:

(A) o nome do empregado não pode ser utilizado pelo empregador em publicações ou representações que o exponham ao desprezo público, ainda quando não haja intenção difamatória;
(B) nos termos da lei, o empregador que comete ato discriminatório na relação de emprego fica sujeito à proibição de obter empréstimo ou financiamento junto a quaisquer instituições financeiras;
(C) é vedado publicar ou fazer publicar anúncio de emprego no qual haja referência ao sexo, à idade, à cor ou situação familiar, salvo quando a natureza da atividade a ser exercida, pública e notoriamente, assim o exigir;
(D) a promoção do bem de todos, sem preconceitos de origem, raça, sexo, cor, idade e quaisquer outras formas de discriminação constitui objetivo fundamental da República Federativa do Brasil;
(E) não respondida.

A alternativa incorreta, que deve ser assinalada, é a "B", pois a proibição é junto às instituições financeiras oficiais (art. 3º, II, da Lei 9.029/1995).

Gabarito "B"

(Ministério Público do Trabalho – 8º) O *truck system* consiste no pagamento dos salários:

(A) por meio de cheque;
(B) por meio de "vales" aos caminhoneiros;
(C) em prestações *in natura;*
(D) metade em "vales" e metade em dinheiro;
(E) nenhuma das alternativas anteriores;
(F) não sei.

Consubstancia-se no endividamento do trabalhador a partir da aquisição ou remuneração por meio de utilidades.

Gabarito "C"

16. QUESTÕES PLURITEMÁTICAS

(Magistratura do Trabalho – 1ª Região – 2004) Assinale a alternativa correta:

(A) aplicam-se ao contrato de safra todas as regras inerentes aos contratos a termo. No entanto, aquele possui regra própria que determina que, expirado o contrato em seu termo final, o empregador pague ao safrista, a título de indenização, valor correspondente a 1/12 avos do salário mensal do obreiro, por mês de serviço ou fração acima de 14 dias;
(B) para a maior parte da doutrina e da jurisprudência, ao pequeno empreiteiro são assegurados todos os direitos previstos na CLT, já que, nos termos do art. 652, *a*, II, da CLT, a Justiça do Trabalho é competente para julgar os litígios trabalhistas ajuizados por esta categoria de trabalhadores;
(C) os trabalhadores avulsos e os eventuais possuem igualdade de direitos com os trabalhadores com vínculo empregatício permanente;
(D) o empregado eleito para ocupar qualquer cargo de diretor tem o seu contrato de trabalho suspenso, não se computando, em qualquer situação, o tempo de serviço desse período;
(E) somente pode ser considerada empregadora rural a pessoa que é proprietária de área não urbana destinada à exploração de atividade agroeconômica, em caráter permanente ou temporário, diretamente ou por meio de prepostos e com o auxílio de empregados.

A: a assertiva é controvertida. Em sentido contrário, Alice Monteiro de Barros, Amauri Mascaro Nascimento e Iara Alves Cordeiro Pacheco entendem que a indenização especial ao safrista, prevista no art. 14 da Lei 5.889/1973, foi revogada com a universalização do direito ao Fundo de Garantia por Tempo de Serviço pela Constituição Federal; **B:** incorreta, o disposto no art. 652, a, II, da CLT diz com competência material, não implicando na aplicação do direito material do trabalho; **C:** incorreta, a igualdade é entre o trabalhador com vínculo empregatício permanente e o trabalhador avulso (art. 7º, XXXIV, da CF); **D:** incorreta, computa-se o tempo caso permaneça a subordinação jurídica inerente à relação de emprego (Súmula 269 do TST); **E:** incorreta, pode ser considerada empregadora rural a pessoa física ou jurídica, proprietário ou não (art. 3º da Lei 5.889/1973).

Gabarito "A"

(Magistratura do Trabalho – 2ª Região – 2010) Assinale a resposta correta:

(A) O contrato a termo somente será válido em se tratando de serviço cuja natureza e transitoriedade justifique a determinação do prazo ou em contrato de experiência.

(B) Existindo cláusula que garanta a possibilidade recíproca de rescisão antecipada antes de expirado o termo final ajustado no contrato a prazo, se o direito for exercido por uma das partes, será devido o aviso-prévio previsto para a rescisão dos contratos por prazo indeterminado.

(C) Nos contratos temporários previstos na Lei 6.019/1974, constitui-se requisito de validade a celebração de contrato escrito entre a empresa de trabalho temporário e o trabalhador assalariado, no qual constem os direitos assegurados ao mesmo, com a possibilidade de estipulação de cláusula de reserva, proibindo a contratação do trabalhador pela tomadora ou cliente ao fim do prazo em que se encontrava à sua disposição.

(D) Quando o empregado for readmitido, serão computados os períodos que tiver trabalhado anteriormente na empresa, ainda que não contínuos, no seu tempo de serviço, independente do motivo da rescisão contratual.

(E) A contratação de trabalhador por intermédio de empresa interposta é irregular, mas não forma vínculo de emprego com o tomador nos casos de trabalho temporário, serviços de vigilância (Lei 7.102/1983), serviços de conservação e limpeza, órgãos da administração pública direta. Entretanto, haverá responsabilidade subsidiária dos tomadores de serviço pelo inadimplemento das obrigações trabalhistas por parte do empregador, nos casos anteriores, exceto quanto ao órgão da administração pública direta, em razão da disposição contida no artigo 37, II, da Constituição Federal.

A: incorreta, também será válido nas atividades empresariais de caráter transitório (art. 443, § 2º, da CLT); **B:** correta, art. 481 da CLT; **C:** incorreta, tal cláusula será nula (art. 11, parágrafo único, da Lei 6.019/1974); **D:** incorreta, "se houver sido despedido por falta grave, recebido indenização legal ou se aposentado espontaneamente" esse período não será computado (art. 453 da CLT); **E:** incorreta, a intermediação irregular de mão de obra não gera o vínculo de emprego direto apenas quando o tomador for a Administração Pública (em razão do art. 37, II, da CF), que, não obstante, pode responder subsidiariamente pelas verbas trabalhistas decorrentes da terceirização (Súmula 331, II e V, do TST).

Gabarito "B"

(Magistratura do Trabalho – 3ª Região – 2013) Sobre o direito do trabalho, leia as afirmações abaixo e, em seguida, assinale a alternativa correta:

I. Os condôminos responderão, proporcionalmente, pelos créditos dos empregados do condomínio residencial.

II. A eficácia dos direitos fundamentais trabalhistas é vertical, quando se trate da relação entre o particular e o Estado, horizontal, quando se trate de relação entre particulares, e diagonal, quando se trate de relação entre particulares em que um deles estiver em situação de supremacia sobre o outro.

III. O pagamento da remuneração das férias será efetuado até 2 (dois) dias após o início do respectivo período.

IV. Ao sindicato cabe a defesa dos direitos e interesses coletivos ou individuais da categoria, exclusivamente em questões judiciais.

(A) Somente as afirmativas I e II estão corretas.
(B) Somente as afirmativas I e IV estão corretas.
(C) Somente as afirmativas I, III e IV estão corretas.
(D) Somente a afirmativa IV está correta.
(E) Todas as afirmativas estão corretas.

I: corrreta, art. 3º da Lei 2.757/1956; **II:** correta, por definição. Diz-se diagonal a eficácia dos direitos fundamentais entre particulares no contexto de superioridade de uma parte sobre a outra, como ocorre na relação de emprego; **III:** incorreta, art. 145 da CLT; **IV:** incorreta, art. 8º, III, da CF.

Gabarito "A"

(Magistratura do Trabalho – 3ª Região – 2013) Sobre o direito do trabalho, leia as afirmações abaixo e, em seguida, assinale a alternativa correta, segundo a jurisprudência do TST:

I. Presume-se discriminatória a despedida de empregado portador do vírus HIV ou de outra doença grave que suscite estigma ou preconceito. Inválido o ato, o empregado tem direito à reintegração no emprego.

II. Considera-se à disposição do empregador, na forma do art. 4º da CLT, o tempo necessário ao deslocamento do trabalhador entre a portaria da empresa e o local de trabalho, desde que supere o limite de 20 (vinte) minutos diários.

III. Preenchidos os requisitos do art. 3º da CLT, é legítimo o reconhecimento de relação de emprego entre policial militar e empresa privada, independentemente do eventual cabimento de penalidade disciplinar prevista no Estatuto da Polícia Militar.

IV. É inaplicável multa prevista em instrumento normativo (sentença normativa, convenção ou acordo coletivo) em caso de descumprimento de obrigação prevista em lei quando a norma coletiva é mera repetição de texto legal.

(A) Somente as afirmativas I e II estão corretas.
(B) Somente a afirmativa I está correta.
(C) Somente as afirmativas III e IV estão corretas.
(D) Somente as afirmativas I e III estão corretas.
(E) Todas as afirmativas estão corretas.

I: correta, Súmula 443 do TST; **II:** incorreta, Súmula 429 do TST; **III:** correta, Súmula 386 do TST; **IV:** incorreta, Súmula 384, II, do TST.

Gabarito "D"

(Magistratura do Trabalho – 3ª Região – 2013) Sobre o direito do trabalho, leia as afirmações abaixo e, em seguida, assinale a alternativa correta, segundo a jurisprudência do TST:

I. É válido o instrumento normativo que, regularizando situações pretéritas, estabelece jornada de oito horas para o trabalho em turnos ininterruptos de revezamento.

II. A dedução das horas extras comprovadamente pagas daquelas reconhecidas em juízo deve ser limitada ao mês da apuração.

III. A pactuação em norma coletiva conferindo caráter indenizatório à verba 'auxílio-alimentação' ou a adesão posterior do empregador ao Programa de Alimentação do Trabalhador – PAT – altera a natureza salarial da parcela, instituída anteriormente, para aqueles empregados que, habitualmente, já percebiam o benefício, a teor das Súmulas 51, I, e 241 do TST.

IV. Não fere o princípio da isonomia instituir vantagem mediante acordo coletivo ou norma regulamentar que condiciona a percepção da parcela participação nos lucros e resultados ao fato de estar o contrato de trabalho em vigor na data prevista para a distribuição dos lucros. Assim, na rescisão contratual antecipada, não é devido o pagamento da parcela na forma proporcional aos meses trabalhados.

(A) Somente as afirmativas I, III e IV estão corretas.
(B) Somente as afirmativas I, II e IV estão corretas.
(C) Somente as afirmativas II, III e IV estão corretas.
(D) Todas as afirmativas estão incorretas.
(E) Apenas a afirmativa III está correta.

I: incorreta, OJ 420 da SDI-I do TST; **II:** incorreta, OJ 415 da SDI-I do TST; **III:** incorreta, OJ 413 da SDI-I do TST; **IV:** incorreta, OJ 390 da SDI-I do TST.

Gabarito "D"

(Magistratura do Trabalho – 3ª Região – 2013) Sobre o direito do trabalho, leia as afirmações abaixo e, em seguida, assinale a alternativa correta, segundo a jurisprudência do TST:

I. Mesmo a partir da vigência da Lei 10.243, de 27.06.2001, que acrescentou o § 1º ao art. 58 da CLT, prevalece cláusula prevista em convenção ou acordo coletivo que elastece o limite de 5 minutos que antecedem e sucedem a jornada de trabalho para fins de apuração das horas extras.

II. O delegado sindical é beneficiário da estabilidade provisória prevista no art. 8º, VIII, da CF/1988.

III. Membro do conselho fiscal de sindicato não tem direito à estabilidade prevista nos arts. 543, § 1º, da CLT e 8º, VIII, da CF/1988.

IV. Os créditos tipicamente trabalhistas reconhecidas em juízo são suscetíveis de compensação com a indenização paga em decorrência de adesão do trabalhador a Programa de Incentivo à Demissão Voluntária.

(A) Somente a afirmativa III está correta.
(B) Somente as afirmativas I, II e III estão corretas.
(C) Somente as afirmativas II e III estão corretas.
(D) Somente as afirmativas III e IV estão corretas.
(E) Todas as afirmativas estão corretas.

I: incorreta, OJ 372 da SDI-I do TST; **II:** incorreta, OJ 369 da SDI-I do TST; **III:** correta, OJ 365 da SDI-I do TST; **IV:** incorreta, OJ 356 da SDI-I do TST.

Gabarito "A"

(Magistratura do Trabalho – 3ª Região – 2013) Sobre o direito do trabalho, leia as afirmações abaixo e, em seguida, assinale a alternativa correta, segundo a jurisprudência do TST:

(A) A massa falida está sujeita à penalidade do art. 467 e à multa do § 8º do art. 477, ambos da CLT.
(B) O servidor público celetista da administração indireta, autárquica ou fundacional é beneficiário da estabilidade prevista no art. 41 da CF/1988.
(C) O empregado de categoria diferenciada eleito dirigente sindical só goza de estabilidade se exercer na empresa atividade pertinente à categoria profissional do sindicato para o qual foi eleito dirigente.
(D) O art. 522 da CLT foi recepcionado pela Constituição Federal de 1988. Fica limitada, assim, a estabilidade a que alude o art. 543, § 3º, da CLT a sete dirigentes sindicais, incluídos os suplentes.
(E) Em caso de readmissão não é contado a favor do empregado o período de serviço anterior, encerrado com a saída espontânea.

A: incorreta, Súmula 388 do TST; **B:** incorreta, Súmula 390, I, do TST; **C:** correta, Súmula 369, III, do TST; **D:** incorreta, Súmula 369, II, do TST; **E:** incorreta, Súmula 138 do TST.

Gabarito "C"

(Magistratura do Trabalho – 3ª Região – 2013) Sobre o direito do trabalho, leia as afirmações abaixo e, em seguida, assinale a alternativa correta, segundo a jurisprudência do TST:

(A) A interrupção do trabalho destinada a repouso e alimentação, dentre de cada turno, descaracteriza o turno de revezamento com jornada de 6 (seis) horas previsto no art. 7º, XIV, da CF/1988.
(B) É válida a concessão de aviso-prévio na fluência da garantia de emprego, ante a compatibilidade dos dois institutos.
(C) Tratando-se de terminais privativos destinados à navegação de cabotagem ou de longo curso, não é obrigatória a requisição de vigia portuário indicado pelo sindicato.
(D) O fato de o empregado não possuir diploma de profissionalização de auxiliar de laboratório afasta a observância das normas da Lei 3.999, de 15.12.1961, ainda que comprovada a prestação de serviços na atividade.
(E) Ao serviço médico da empresa ou ao mantido por esta última mediante convênio compete abonar os primeiros 20 (vinte) dias de ausência ao trabalho.

A: incorreta, Súmula 360 do TST; **B:** incorreta, Súmula 348 do TST; **C:** correta, Súmula 309 do TST; **D:** incorreta, Súmula 301 do TST; **E:** incorreta, Súmula 282 do TST.

Gabarito "C"

(Magistratura do Trabalho – 3ª Região – 2013) Sobre o direito do trabalho, leia as afirmações abaixo e, em seguida, assinale a alternativa correta, segundo a jurisprudência do TST:

(A) Para efeito de equiparação de salários em caso de trabalho de igual valor, conta-se o tempo no emprego e não na função.

(B) É desnecessário que, ao tempo da reclamação sobre equiparação salarial, reclamante e paradigma estejam a serviço do estabelecimento, desde que o pedido se relacione com situação pretérita.

(C) Reconhecida a culpa recíproca na rescisão do contrato de trabalho, o empregado tem direito a 50% (cinquenta por cento) do valor do aviso-prévio, do décimo terceiro salário e das férias proporcionais e integrais.

(D) Reconhecida a culpa recíproca na rescisão do contrato de trabalho, o empregado tem direito a 50% (cinquenta por cento) do valor do aviso-prévio, do décimo terceiro salário, das férias proporcionais e do saldo de salário.

(E) As faltas ou ausências decorrentes de acidente de trabalho não são consideradas para os efeitos de duração das férias e cálculo da gratificação natalina, desde que inferiores a 30 (trinta) dias.

A: incorreta, Súmula 6, II, do TST; **B:** correta, Súmula 6, IV, do TST; C e **D:** incorretas, Súmula 14 do TST; **E:** incorreta, Súmula 46 do TST.

Gabarito "B"

(Magistratura do Trabalho – 3ª Região – 2013) Sobre o direito do trabalho, leia as afirmações abaixo e, em seguida, assinale a alternativa correta, segundo a jurisprudência do TST:

(A) O trabalho executado em condições insalubres, em caráter intermitente, afasta, só por essa circunstância, o direito à percepção do respectivo adicional.

(B) A contribuição para o Fundo de Garantia do Tempo de Serviço incide sobre a remuneração mensal devida ao empregado, salvo horas extras e adicionais eventuais.

(C) A compensação de jornada de trabalho somente pode ser ajustada por acordo coletivo ou convenção coletiva.

(D) Os intervalos concedidos pelo empregador, na jornada de trabalho, não previstos em lei, representam tempo à disposição da empresa, remunerados como serviço extraordinário, se acrescidos ao final da jornada.

(E) O vale para refeição, fornecido por força do contrato de trabalho, tem caráter indenizatório, não integrando a remuneração do empregado.

A: incorreta, Súmula 47 do TST; **B:** incorreta, Súmula 63 do TST; **C:** incorreta, Súmula 85, I, do TST; **D:** correta, Súmula 118 do TST; **E:** incorreta, Súmula 241 do TST.

Gabarito "D"

(Magistratura do Trabalho – 3ª Região – 2013) Sobre o direito do trabalho, leia as afirmações abaixo e, em seguida, assinale a alternativa correta, segundo a jurisprudência do TST:

(A) As cláusulas normativas dos acordos coletivos ou convenções coletivas integram os contratos individuais de trabalho e somente poderão ser modificadas ou suprimidas mediante negociação coletiva de trabalho.

(B) O fato de o empregador cobrar, parcialmente ou não, importância pelo transporte fornecido, para local de difícil acesso, ou não servido por transporte regular, afasta o direito à percepção do pagamento das horas *in itinere*.

(C) Mesmo havendo extinção da atividade empresarial no âmbito da base territorial do sindicato, subsiste a estabilidade do dirigente sindical.

(D) O registro da candidatura do empregado a cargo de dirigente sindical durante o período de aviso-prévio, ainda que indenizado, assegura-lhe a estabilidade, visto que aplicável a regra do § 3º do art. 543 da Consolidação das Leis do Trabalho.

(E) O vigia sujeito ao trabalho noturno não tem direito ao respectivo adicional.

A: correta, Súmula 277 do TST; **B:** incorreta, Súmula 320 do TST; **C:** incorreta, Súmula 369, IV; **D:** incorreta, Súmula 369, V, do TST; **E:** incorreta, Súmula 140 do TST.

Gabarito "A"

(Magistratura do Trabalho – 3ª Região – 2013) Sobre o direito do trabalho, leia as afirmações abaixo e, em seguida, assinale a alternativa correta, segundo a jurisprudência consolidada do TST:

(A) O empregado submetido a contrato de trabalho por tempo determinado não goza da garantia provisória de emprego, decorrente de acidente de trabalho, prevista no art. 118 da Lei 8.213/1991.

(B) É válida cláusula de acordo ou convenção coletiva de trabalho contemplando a supressão ou redução do intervalo intrajornada.

(C) Nas condenações por dano moral, a atualização monetária é devida a partir da data da decisão de arbitramento ou de alteração do valor.

(D) Nas condenações por dano moral, a atualização monetária é devida a partir do evento danoso.

(E) É vintenária a prescrição do direito de reclamar contra o não recolhimento da contribuição para o FGTS, observado o prazo de 2 (dois) anos após o término do contrato de trabalho.

A: incorreta, Súmula 378, III, do TST; **B:** incorreta, Súmula 437, II, do TST; **C:** correta, Súmula 439 do TST; **D:** incorreta, Súmula 439 do TST; **E:** incorreta, Súmula 95 do TST.

Gabarito "C"

(Magistratura do Trabalho – 3ª Região – 2013) Sobre o direito do trabalho, leia as afirmações abaixo e, em seguida, assinale a alternativa correta, segundo a jurisprudência consolidada do TST:

I. A limitação legal da jornada suplementar a duas horas diárias não exime o empregador de pagar todas as horas trabalhadas.

II. Em caso de criação de novo município, por desmembramento, cada uma das novas entidades responsabiliza-se pelos direitos trabalhistas do empregado no período em que figuram como real empregador.

III. O trabalho prestado em domingos e feriados, não compensado, deve ser pago em dobro, sem prejuízo da remuneração relativa ao repouso semanal.

IV. Enquanto perdurar a substituição que não tenha caráter meramente eventual, inclusive nas férias, o empregado substituto fará jus ao salário contratual do substituído.

(A) Somente as afirmativas I, II e III estão corretas.
(B) Somente as afirmativas I, II e IV estão corretas.
(C) Somente as alternativas I, III e IV estão corretas.
(D) Somente as alternativas II, III e IV estão corretas.
(E) Todas as afirmativas estão corretas.

I: correta, Súmula 376, I, do TST; **II:** correta, OJ 92 da SDI-I do TST; **III:** correta, OJ 93 da SDI-I do TST; **IV:** Súmula 159, I, do TST.

Gabarito "E"

(Magistratura do Trabalho – 3ª Região – 2013) Sobre o direito do trabalho, leia as afirmações abaixo e, em seguida, assinale a alternativa correta:

I. Ao empregador doméstico é lícito efetuar descontos no salário do empregado por fornecimento de alimentação
II. O contrato de trabalho de aprendizagem não poderá ser estipulado por mais de 2 (dois) anos.
III. O Sistema Federal de Inspeção do Trabalho, a cargo do Ministério do Trabalho e Emprego, tem por finalidade assegurar, em todo o território nacional, a aplicação das disposições legais, incluindo as convenções internacionais ratificadas, os atos e decisões das autoridades competentes e as convenções, acordos e contratos coletivos de trabalho, no que concerne à proteção dos trabalhadores no exercício da atividade laboral.
IV. Os créditos relativos ao FGTS gozam dos mesmos privilégios atribuídos aos créditos trabalhistas.

(A) Somente as afirmativas III e IV estão corretas.
(B) Todas as afirmativas estão corretas.
(C) Somente as afirmativas I, III e IV estão corretas.
(D) Somente as afirmativas II, III e IV estão corretas.
(E) Somente as afirmativas I e II estão corretas.

I: incorreta, art. 2º-A da Lei 5.859/1972; **II:** incorreta, art. 428, § 3º, da CLT; **III:** correta, art. 1º do Decreto 4.552/2002; **IV:** correta, art. 2º, § 3º, da Lei 8.844/1994.

Gabarito "A"

(Magistratura do Trabalho – 3ª Região – 2013) Sobre o direito do trabalho, leia as afirmações abaixo e, em seguida, assinale a alternativa correta, segundo a jurisprudência do TST:

(A) O divisor aplicável para cálculo das horas extras do trabalhador bancário, se houver ajuste individual expresso ou coletivo no sentido de considerar o sábado como dia de descanso remunerado será: 1) 150, para os empregados submetidos à jornada de 6 (seis) horas, prevista no *caput* do art. 224 da CLT; 2) 200, para os empregados submetidos à jornada de 8 (oito) horas, nos termos do § 2º do art. 224 da CLT; 3) nas demais hipóteses, aplicar-se-á o divisor: a) 180, para os empregados submetidos à jornada de 6 (seis) horas, prevista no *caput* do art. 224 da CLT; b) 220 para os empregados submetidos à jornada de 8 (oito) horas, nos termos do § 2º do art. 224 da CLT.
(B) O pagamento relativo ao período de aviso-prévio, desde que trabalhado, está sujeito a contribuição para o FGTS.
(C) A contratação de trabalhadores por interposta pessoa é ilegal, formando-se o vínculo diretamente com o tomador dos serviços, ainda que se trate de trabalho temporário.
(D) O salário profissional dos técnicos em radiologia é igual a 4 (quatro) salários mínimos.
(E) Na contagem do prazo do aviso-prévio, inclui-se o dia do começo e exclui-se o do vencimento.

A: correta, Súmula 124 do TST; **B:** incorreta, Súmula 305 do TST; **C:** incorreta, Súmula 331, I, do TST; **D:** incorreta, Súmula 358 do TST; **E:** incorreta, Súmula 380 do TST.

Gabarito "A"

(Magistratura do Trabalho – 3ª Região – 2009) Assinale a assertiva ("a" a "e") correta em relação aos enunciados de I a V, observadas a legislação pertinente e a consolidação jurisprudencial do c. TST:

I. O contrato de trabalho especial firmado entre empresa e menor de 14 (quatorze) anos, com duração prevista de 12 (doze) meses, sob a modalidade de aprendiz, sem a regular inscrição em programa de aprendizagem desenvolvido sob orientação de entidade qualificada em formação técnico profissional metódica, em razão do limite de idade estabelecido pelo inciso XXXIII do art. 7º da Constituição, é nulo de pleno direito, não gerando quaisquer efeitos;
II. A contratação de servidor público, após a Constituição de 1988, sem aprovação prévia em concurso público, ofende o disposto no art. 37, § 2º, implicando em imediata cessação da prestação laboral, gerando efeitos trabalhistas durante sua vigência, negando-se, entretanto, o direito a verbas rescisórias próprias à dispensa sem justa causa;
III. Ao bancário que exerce cargo de confiança previsto no art. 224, § 2º, da CLT, no período que se verificar pagamento a menor da gratificação de 1/3, é devido o pagamento como horas extras das 7ª e 8ª horas, conforme sumulado pelo c. TST;
IV. Por ser expressamente vedado o vínculo de emprego entre policial militar e empresa privada, sendo ilícita, portanto, a relação empregatícia, não há que se falar em seu reconhecimento, ainda que preenchidos os requisitos do artigo 2º e 3º da CLT;
V. Segundo o Direito do Trabalho pátrio, é eivado de nulidade, com amparo nos artigos 9º e 444 da CLT, todo ato de renúncia promovido individualmente pelo trabalhador, por ofensivo ao princípio da indisponibilidade.

(A) Somente um enunciado é verdadeiro.
(B) Somente dois enunciados são verdadeiros.
(C) Somente três enunciados são verdadeiros.
(D) Somente quatro enunciados são verdadeiros.
(E) Todos os enunciados são verdadeiros.

I: falso, pois a hipótese condiz com trabalho proibido, e não com trabalho ilícito, empolgando a aplicação plena da teoria especial das nulidades trabalhistas e o deferimento dos direitos trabalhistas ao menor como se regular fosse a relação contratual; **II:** falso, não havendo que se falar em direitos trabalhistas durante a sua vigência. A hipótese é de nulidade contratual (CF, art. 37, § 2º), com aplicação mitigada da teoria especial das nulidades trabalhistas a fim de se deferir ao trabalhador somente o valor da contraprestação pactuada (e os depósitos do FGTS, direito de duvidosa constitucionalidade trazido pela MP 2.164-41/2001, que introduziu o art. 19-A à Lei 8.036/1990), o que possui natureza indenizatória e o escopo de não se gerar o enriquecimento sem causa da Administração que se valeu da força de trabalho alheia, haja vista a impossibilidade fática de restituição das coisas ao status quo ante no caso (v. Súmula 363 do TST); **III:** verdadeiro, Súmula 102, III, do TST; **IV:** falso, Súmula 386 do TST (novamente, a hipótese é de trabalho proibido, com a aplicação plena da teoria especial das nulidades trabalhistas); **V:** falso, embora em evidente exceção à regra, há hipóteses pontuais em que a renúncia é possível, como é o caso do dirigente sindical que pede demissão ou aquiesce à transferência de seu local de trabalho para localidade não compreendida pela base territorial do respectivo sindicato, a importar renúncia à estabilidade de dirigente sindical.

Gabarito "A"

(Magistratura do Trabalho – 3ª Região – 2009) Assinale a assertiva ("a" a "e") correta em relação aos enunciados de I a V, observadas a legislação pertinente e a consolidação jurisprudencial do c. TST:

I. Conforme orientação jurisprudencial do TST, o retorno de servidor público (administração direta, autárquica e fundacional) à jornada inicialmente contratada se insere nas vedações do art. 468 da CLT.
II. A época da concessão de férias será a que melhor consulte aos interesses do empregador.
III. Enquadra-se na hipótese do parágrafo único do art. 468 a determinação pelo empregador, independentemente de justa motivação, de reversão do empregado ao seu cargo efetivo, deixando o exercício de função de confiança, com consequente retirada da correspondente gratificação de função, ainda que exercida por mais de dez anos. Não se admite, no entanto, que mantida a função, o valor da gratificação seja reduzido, conforme sumulado pelo c. TST.
IV. Ao empregador é vedado transferir o empregado, sem sua anuência, para localidade diversa da que resultar seu contrato de trabalho, salvo na ocorrência de extinção do estabelecimento em que trabalhar o obreiro, hipótese em que ficará obrigado a um pagamento suplementar, em valor não inferior a 25% (vinte e cinco por cento) do salário percebido pelo empregado na localidade anterior.
V. Cabe ao empregador cumprir e fazer cumprir as normas de segurança e medicina do trabalho, através de ordens de serviço, quanto às precauções a serem tomadas, arcando com seguro contra acidentes de trabalho, sem exclusão de indenização a que se obriga, caso incorra em dolo ou culpa.

(A) Somente um enunciado é verdadeiro.
(B) Somente dois enunciados são verdadeiros.
(C) Somente três enunciados são verdadeiros.
(D) Somente quatro enunciados são verdadeiros.
(E) Todos os enunciados são verdadeiros.

I: falso, não se insere nas vedações do art. 468 da CLT (OJ 308 da SDI-I do TST); **II:** verdadeiro, art. 136, caput, da CLT; **III:** falso, "percebida a gratificação de função por dez ou mais anos pelo empregado, se o empregador, sem justo motivo, revertê-lo a seu cargo efetivo, não poderá retirar-lhe a gratificação tendo em vista o princípio da estabilidade financeira" (Súmula 372 do TST); **IV:** falso, contraria o disposto no art. 469 e parágrafos da CLT; **V:** verdadeiro, art. 157, I e II, da CLT e art. 7º, XXVIII, da CF.

Gabarito "B"

(Magistratura do Trabalho – 3ª Região – 2009) Assinale a assertiva ("a" a "e") correta em relação aos enunciados de I a V, observada a consolidação jurisprudencial do c. TST:

I. Nula é a punição do empregado se não precedida de inquérito ou sindicância internos a que se obrigou a empresa por norma regulamentar.
II. Estabelecida jornada superior a seis horas e limitada a oito horas por meio de regular negociação coletiva, os empregados submetidos a turnos de revezamento não têm direito ao pagamento como extras da 7ª e 8ª horas.
III. Tratando-se de ação que envolva pedido de prestações sucessivas decorrente de alteração do pactuado, a prescrição é sempre parcial, nos termos da Súmula 294 do c. TST.
IV. A redução da carga horária do professor, em virtude da diminuição do número de alunos, não constitui alteração contratual, uma vez que não implica redução do valor da hora-aula, conforme entendimento cristalizado pelo c. TST.
V. Empregado transferido, por ato unilateral do empregador, para local mais distante de sua residência, tem direito ao suplemento salarial correspondente ao acréscimo das despesas de transporte.

(A) Somente um enunciado é verdadeiro.
(B) Somente dois enunciados são verdadeiros.
(C) Somente três enunciados são verdadeiros.
(D) Somente quatro enunciados são verdadeiros.
(E) Todos os enunciados são verdadeiros.

I: verdadeiro, Súmula 77 do TST; **II:** verdadeiro, Súmula 423 do TST; **III:** falso, "a prescrição é total, exceto quando o direito à parcela esteja também assegurado por preceito de lei". (Súmula 294 do TST); **IV:** verdadeiro, OJ 244 da SDI-I do TST; **V:** verdadeiro, Súmula 29 do TST.

Gabarito "D"

(Magistratura do Trabalho – 3ª Região – 2008) Leia as afirmações abaixo e, em seguida, assinale a alternativa correta:

I. A teoria da solidariedade ativa da figura do empregador consiste em considerar as empresas do mesmo grupo econômico um empregador único, para fins, por exemplo, de aplicação do princípio da isonomia.
II. O poder disciplinar do empregador é relativo e tem limitações, por exemplo, ligadas ao respeito,

à imediatidade, à proporcionalidade e à existência do nexo causal e o Poder Judiciário, ao exercer o controle sobre ele, pode dosar a punição aplicada pelo empregador ao empregado.

III. O princípio "in dubio pro misero", derivado do princípio protetor, é aplicável nos casos de dúvida na aplicação da lei, mas é inaplicável no campo processual, em matéria de prova.

IV. A renúncia é ato unilateral e pressupõe certeza do direito, enquanto que a transação é ato bilateral e pressupõe a existência de "res dubia" – em ambas as hipóteses, é preciso preencher os pressupostos de validade para os atos jurídicos.

V. A situação jurídica do empregado eleito pela assembleia geral de uma sociedade anônima para ocupar o cargo de diretor é a decorrente de um contrato de trabalho suspenso, salvo se permanecer a pessoalidade inerente à relação de emprego.

(A) As afirmativas III e V estão corretas.
(B) As afirmativas I, II e IV estão corretas.
(C) As afirmativas I, III e IV estão corretas.
(D) As afirmativas I, II, III e IV estão corretas.
(E) Todas as afirmativas estão corretas.

I: correta, art. 2º, § 2º, da CLT. A noção de empregador único, e, portanto, de solidariedade dual, restou acatada pela Súmula 129 do TST, donde a conclusão de que o grupo econômico, sendo empregador único, implica preenchimento do requisito "identidade de empregadores" previsto no art. 461 da CLT; **II:** incorreta, a questão da possibilidade de dosagem judicial da pena aplicada pelo empregador encerra grande polêmica, apta a nulificar a questão. Uma corrente sustenta que o Judiciário pode anular a pena, mas não dosá-la, argumentando-se que a gradação judicial da pena transferiria o poder diretivo ao Estado, em ofensa à livre-iniciativa (CF, art. 1º, IV); outra corrente sustenta a viabilidade da dosimetria judicial, ao argumento a fortiori, isto é, quem pode o mais (anular) pode o menos (dosar). Tal doutrina se calca, por exemplo, no art. 413 do Código Civil; **III:** correta, de fato, vigora no campo da aplicação do direito o princípio protetivo, ao passo que, no campo das provas, vigora a teoria geral do ônus da prova (CLT, art. 818), por vezes mitigada por teorias como a da carga dinâmica da prova (incumbência a quem tiver melhores condições de produzí-la) ou da inversão do *ônus probandi*, nos termos do CDC; **IV:** correta, enquanto a renúncia é um ato de despojamento unilateral de um direito, a transação é um ato de despojamento bilateral, pressupondo concessões recíprocas sobre uma base jurídica ou fática dúbia; **V:** incorreta, Súmula 269 do TST (subordina*ção* em vez de pessoalidade).

Gabarito "C"

(Magistratura do Trabalho – 3ª Região – 2008) Analise as proposições abaixo e assinale a alternativa correta:

I. Já que o contrato de trabalho é oneroso, a falta de estipulação de salário não constitui óbice ao seu reconhecimento, desde que presentes seus pressupostos, e o empregado terá direito a receber salário igual ao daquele que, na mesma empresa, fizer serviço equivalente ou do que for habitualmente pago para serviço semelhante.

II. O trabalhador eventual hoje é protegido pelo Direito do Trabalho, sendo submetido às regras da Consolidação das Leis do Trabalho, em vista dos princípios constitucionais da dignidade do trabalho humano e dos valores sociais do trabalho.

III. O trabalhador avulso foi adquirindo alguns direitos ao longo dos anos e é atualmente equiparado ao empregado, quanto à extensão dos direitos trabalhistas heterônomos.

IV. A Lei do Trabalho Portuário estabelece que o órgão gestor de mão de obra responde, solidariamente com os operadores portuários, pela remuneração devida ao trabalhador avulso e, para isso, pode exigir dos operadores portuários prévia garantia dos respectivos pagamentos.

V. No serviço portuário, o órgão gestor de mão de obra atua como intermediário na contratação dos trabalhadores avulsos, administrando o fornecimento da mão de obra através de cadastro do trabalhador portuário e recebendo e repassando a remuneração devida pelos serviços prestados.

(A) Apenas uma proposição é correta.
(B) Duas proposições são corretas.
(C) Três proposições são corretas.
(D) Quatro proposições são corretas.
(E) Cinco proposições são corretas.

I: correta, art. 460 da CLT; **II:** incorreta, não está submetido às regras da CLT (art. 3º da CLT); **III:** correta, art. 7º, XXXIV, da CF; **IV:** correta, art. 19, §§ 2º e 3º, da revogada Lei 8.630/1993 (vide art. 33, § 2º, da Lei 12.815/2013); **V:** correta, de acordo com a banca examinadora. No entanto, entendemos incorreta a assertiva, tornando a questão suscetível de nulidade. No caso, embora corretamente descrita a função do órgão gestor de mão de obra (art. 18 da revogada Lei 8.630/1993 – vide art. 32 da Lei 12.815/2013), parece-nos que o examinador não atentou para a relevante distinção que existe entre o cadastro e o registro do trabalhador portuário avulso a implicar na preferência do registrado nas escalações e na condição de mão de obra meramente supletiva do trabalhador cadastrado junto ao OGMO.

Gabarito "D"

(Magistratura do Trabalho – 5ª Região – 2006 – CESPE) Davi possui diversas fazendas de cultivo de soja, no Brasil, na Argentina e no Paraguai. Davi, objetivando expandir os seus negócios, constituiu a pessoa jurídica Teta Investimentos e Participações Ltda., de que é sócio majoritário. Teta adquiriu as pessoas jurídicas Gama Indústria de Defensivos Agrícolas Ltda. e Delta Indústria e Comércio de Sementes Ltda. Gama e Delta celebraram com Davi contrato de fornecimento de defensivos agrícolas, sementes e mão de obra e de acompanhamento das culturas de soja, vigente somente durante o período das safras. Gama e Delta possuem suas sedes no polo industrial localizado na área urbana do município X.

Com relação a essa situação hipotética, assinale a opção correta.

(A) A existência do grupo econômico impõe a responsabilização da pessoa jurídica principal e das controladas. Todavia, na execução trabalhista, somente poderá ser sujeito passivo a pessoa jurídica do grupo que tenha participado da relação jurídica processual durante a fase de cognição.
(B) O contrato de fornecimento de mão de obra celebrado entre Gama, Delta e Davi consubstancia forma lícita de terceirização.

(C) Nos termos da legislação vigente, os empregados de Gama e Delta que prestarem serviços nas fazendas de Davi no acompanhamento das culturas de soja não serão considerados empregados rurais, mesmo na hipótese de, em uma demanda trabalhista, ser declarada judicialmente a ilegalidade da contratação por empresa interposta.

(D) O contrato de safra possui um elemento acidental em sua constituição.

(E) Davi é solidariamente responsável nas obrigações decorrentes da relação de emprego, pela ilicitude da contratação por empresa interposta e por sua condição de sócio majoritário de Teta Investimentos e Participações Ltda., que possui o controle do grupo econômico.

A: incorreta, a Súmula 205 do TST, que dispunha nesse sentido, foi cancelada; **B:** incorreta, Súmula 331 do TST; **C:** incorreta, Súmula 331 do TST e arts. 2º e 3º da Lei 5.889/1973; **D:** correta, dentre os elementos acidentais dos contratos, segundo a teoria geral dos contratos, inserem-se a condição, o termo, o encargo e o modo. No caso, o contrato de safra é um contrato por prazo determinado, submetido a termo final incerto; **E:** incorreta, Davi só poderá ser pessoalmente responsabilizado em caso de aplicação da teoria da desconsideração da personalidade jurídica, não havendo que se falar, aprioristicamente, em sua responsabilidade solidária.

Gabarito "D"

(Magistratura do Trabalho – 5ª Região – 2006 – CESPE) Jorge trabalha como radialista, para a pessoa jurídica Ômicron, na função de chefe do departamento de editoração de imagens, recebendo remuneração no valor de R$ 3.500,00 mensais. Jorge inicialmente trabalhava na sede de Ômicron, situada no município W. Ao completar dezoito anos de idade, Jorge teve de afastar-se de seu emprego para cumprimento do serviço militar obrigatório. Após o período de prestação do serviço militar, Jorge retornou ao seu local de trabalho para ocupar novamente o seu cargo, tendo sido informado que todos os editores de imagens da empresa estavam desenvolvendo suas atividades em um estúdio de Ômicron, localizado no município Z, município contíguo a W, pertencente à mesma região metropolitana onde se localiza a sede de Ômicron, em razão da alienação do estabelecimento-sede e aquisição de outros dois escritórios. Jorge também foi informado que passaria a receber por tarefas, sendo garantido um valor mínimo de R$ 1.000,00, em razão da perda de seu cargo de confiança e reversão ao anteriormente ocupado. No estúdio localizado em Z, Jorge percebeu que seu empregador estava reduzindo o seu trabalho em relação aos demais editores de imagens, o que fez com que seu salário fosse de apenas R$ 1.000,00, enquanto a remuneração dos demais se aproximava de R$ 3.000,00.

Com base nessa situação hipotética, assinale a opção incorreta.

(A) A transferência de Jorge para o estúdio localizado no município Z é ilícita.

(B) A determinação para que Jorge retorne ao seu cargo efetivo, com a perda de seu cargo de confiança, é considerada alteração unilateral prejudicial, sendo, portanto, nula de pleno direito.

(C) Será total a prescrição para Jorge pleitear a declaração judicial de nulidade das alterações contratuais perpetradas por seu empregador.

(D) O afastamento do empregado em razão do serviço militar não legitima qualquer alteração do contrato individual do trabalho de Jorge.

(E) A redução dos serviços de Jorge é causa justa para a rescisão indireta de seu contrato individual de trabalho.

A: assertiva incorreta, devendo ser assinalada, a transferência é lícita (art. 469, caput, e § 2º, da CLT); **B:** assertiva correta, ao que tudo indica, a alteração contratual se deu no curso da suspensão do contrato de trabalho, o que afronta o art. 472 da CLT. Apenas neste sentido é que a afirmativa estaria correta, pois é lícita a reversão para o cargo efetivo de empregado em função de confiança, nos termos do art. 468, parágrafo único, da CLT; **C:** assertiva correta, Súmula 294 do TST; **D:** assertiva correta, art. 472 da CLT; **E:** assertiva correta, art. 483, g, da CLT.

Gabarito "A"

(Magistratura do Trabalho – 5ª Região – 2006 – CESPE) Andréia possui curso superior em nutrição e trabalha como nutricionista no restaurante de determinado hotel, além de exercer a atividade de supervisora de câmara frigorífica, no mesmo estabelecimento empresarial. Andréia prestava constantemente serviços em sobrejornada. Em 23.04.2005, ela registrou sua candidatura para o cargo de suplente de dirigente sindical, perante o sindicato dos profissionais de nutrição. Em 30.06.2005, a chapa a que Andréia pertencia foi eleita, para o período 2005/2006. Em 19.02.2006, Andréia discutiu com seu superior hierárquico, agredindo-o verbal e fisicamente.

Com referência a essa situação hipotética, assinale a opção incorreta.

(A) Em virtude da acusação de falta grave, Andréia poderá ser suspensa de suas funções até a decisão final do inquérito. Não sendo reconhecida a existência de falta grave, Andréia será readmitida ao serviço e receberá os salários acumulados a que teria direito durante o período em que permaneceu suspensa.

(B) Andréia não tem direito à estabilidade provisória, em virtude de pertencer a categoria profissional diferenciada, relativamente à atividade principal de sua empregadora.

(C) Se a atividade de supervisora de câmara frigorífica fosse incluída, em 15.03.2006, no quadro de atividades insalubres aprovado pelo Ministério do Trabalho e Emprego, os efeitos pecuniários decorrentes do trabalho nessas condições seriam devidos a partir dessa data.

(D) Andréia tem direito a um descanso de, no mínimo, quinze minutos, antes do início da atividade em sobrejornada.

(E) Se, após o inquérito para apuração de falta grave, for constatado que não há justa causa para a rescisão do contrato de trabalho, e for desaconselhável a reintegração, em virtude do grau de incompatibilidade resultante da questão, o juiz determinará a conversão da reintegração em indenização, em valor correspondente ao dobro da indenização devida em razão de rescisão de contrato individual de trabalho por prazo indeterminado.

A: assertiva correta, arts. 494 e 495 da CLT e Súmula 379 do TST; **B:** assertiva incorreta, devendo ser assinalada, tem direito à estabilidade (Súmula 369, III, do TST); **C:** assertiva correta, art. 196 da CLT (v. OJ 4 da SDI-I do TST, alterada pelo TST em 24.05.2011.); **D:** assertiva correta, art. 384 da CLT; **E:** assertiva correta, arts. 496 e 497 da CLT.

Gabarito "B"

(Magistratura do Trabalho – 8ª Região – 2009) Não constitui direito do trabalhador previsto em lei:

(A) Indenização correspondente ao valor de um mês das horas extras suprimidas para cada ano ou fração igual ou superior a seis meses de prestação de serviços acima da jornada mensal.

(B) Recebimento de salário, como se estivesse em efetivo exercício, durante a paralisação dos serviços em decorrência de interdição de estabelecimento ou embargo de obra.

(C) Descanso de no mínimo 15 minutos, em caso de prorrogação do horário normal, antes do período extraordinário do trabalho da empregada.

(D) Estabilidade no emprego para a empregada doméstica, desde a confirmação da gravidez até 5 meses após o parto.

(E) Intervalo para repouso e alimentação do empregado rural, observados os usos e costumes da região.

A: assertiva incorreta, devendo ser assinalada, trata-se de direito sem expressa previsão legal, mas com reconhecimento jurisprudencial (Súmula 291 do TST, alterada pelo TST em 24.05.2011.); **B:** assertiva correta, art. 161, § 6º, da CLT; **C:** assertiva correta, art. 384 da CLT; **D:** assertiva correta, art. 4º-A da Lei 5.859/1972; **E:** assertiva correta, art. 5º da Lei 5.889/1973.

Gabarito "A"

(Magistratura do Trabalho – 8ª Região – 2009) Considerando a jurisprudência consolidada e as normas de proteção ao trabalho, assinale a alternativa incorreta:

(A) A Norma Regulamentadora 09 (nove) estabelece a obrigatoriedade da elaboração e implementação, por parte de todos os empregadores e instituições que admitam trabalhadores como empregados, do Programa de Prevenção de Riscos Ambientais – PPRA, visando à preservação da saúde e da integridade dos trabalhadores, através da antecipação, reconhecimento, avaliação e consequente controle da ocorrência de riscos ambientais existentes ou que venham a existir no ambiente de trabalho, tendo em consideração a proteção do meio ambiente e dos recursos naturais. As ações do PPRA devem ser desenvolvidas no âmbito de cada estabelecimento da empresa, sob a responsabilidade do empregador, com a participação dos trabalhadores, sendo sua abrangência e profundidade dependentes das características dos riscos e das necessidades de controle.

(B) O tempo despendido pelo empregado, em condução fornecida pelo empregador, até o local de trabalho de difícil acesso, ou não servido por transporte público regular, e para o seu retorno, é computável na jornada de trabalho. A incompatibilidade entre os horários de início e término da jornada do empregado e os do transporte público regular é circunstância que também gera o direito às horas "in itinere". A mera insuficiência de transporte público não enseja o pagamento de horas "in itinere". Se houver transporte público regular em parte do trajeto percorrido em condução da empresa, as horas "in itinere" remuneradas limitam-se ao trecho não alcançado pelo transporte público. Considerando que as horas "in itinere" são computáveis na jornada de trabalho, o tempo que extrapola a jornada legal é considerado como extraordinário e sobre ele deve incidir o adicional respectivo.

(C) Descontos salariais efetuados pelo empregador, com a autorização prévia e por escrito do empregado, para ser integrado em planos de assistência odontológica, médico-hospitalar e de previdência privada de seus trabalhadores, em seu benefício e de seus dependentes, não afrontam o princípio da intangibilidade salarial. O empregado que usufruiu destes benefícios ao longo do contrato de trabalho não pode, após seu término, pretender a devolução dos valores descontados sob qualquer hipótese.

(D) É possível o uso da analogia para regular situações de trabalho não expressamente previstas na legislação consolidada ou nas demais normas de tutela do trabalho; assim os digitadores têm direito a intervalos de descanso de 10 (dez) minutos a cada 90 (noventa) de trabalho consecutivo.

(E) A interrupção do trabalho destinada a repouso e alimentação, dentro de cada turno, ou o intervalo para repouso semanal, não descaracteriza o turno de revezamento com jornada de 6 (seis) horas previsto no art. 7º, XIV, da CF/1988. Estabelecida jornada superior a seis horas e limitada a oito horas por meio de regular negociação coletiva, os empregados submetidos a turnos ininterruptos de revezamento não têm direito ao pagamento da 7ª e 8ª horas como extras.

A: assertiva correta, NR 9 do MTE, itens 9.1.1 e 9.1.2; **B:** assertiva correta, art. 58, § 2º, da CLT e Súmula 90 do TST; **C:** assertiva incorreta, devendo ser assinalada, podem pretender a devolução "se ficar demonstrada a existência de coação ou de outro defeito que vicie o ato jurídico" (Súmula 342 do TST); **D:** assertiva correta, Súmula 346 do TST; **E:** assertiva correta, Súmulas 360 e 423 do TST.

Gabarito "C"

(Magistratura do Trabalho – 8ª Região – 2009) À luz da legislação pertinente e da jurisprudência consolidada do TST, marque a alternativa incorreta:

(A) Estágio é ato educativo escolar supervisionado, desenvolvido no ambiente de trabalho, que visa à preparação para o trabalho produtivo de educandos que estejam frequentando o ensino regular em instituições de educação superior, de ensino médio, da educação especial e dos anos finais do ensino fundamental, na modalidade profissional da educação de jovens e adultos.

(B) A jornada de atividade em estágio será definida de comum acordo entre a instituição de ensino, a parte concedente e o aluno estagiário ou seu representante legal, devendo constar do termo de compromisso ser compatível com as atividades escolares e não ultrapassar 4 (quatro) horas diárias e 20 (vinte) horas semanais, no caso de estudantes de educação especial e dos anos finais do ensino fundamental, na modalidade profissional de educação de jovens e adultos, e 6 (seis) horas diárias e 30 (trinta) horas semanais, no caso de estudantes do ensino superior, da educação profissional de nível médio e do ensino médio regular.

(C) O trabalho portuário de capatazia, estiva, conferência de carga, conserto de carga, bloco e vigilância de embarcações, nos portos organizados, será realizado por trabalhadores portuários com vínculo empregatício a prazo indeterminado e por trabalhadores portuários avulsos, ficando limitada a possibilidade de contratação de trabalhadores portuários de vigilância de embarcações com vínculo empregatício a prazo indeterminado dentre os trabalhadores portuários avulsos registrados.

(D) A jornada reduzida de seis horas dos empregados bancários não se aplica aos que exercem funções de confiança, gerência, fiscalização, chefia e equivalentes ou que desempenhem outros cargos de confiança, desde que o valor da gratificação recebida não seja inferior a 1/3 do salário do cargo efetivo. Em tais casos, os bancários sujeitam-se à jornada de trabalho de oito horas, considerando-se extraordinárias as horas trabalhadas além da oitava hora.

(E) A invenção e o modelo de utilidade pertencem exclusivamente ao empregador quando decorrerem de contrato de trabalho cuja execução ocorra no Brasil e que tenha por objeto a pesquisa ou a atividade inventiva, ou resulte esta da natureza dos serviços para os quais foi o empregado contratado. Salvo prova em contrário, consideram-se desenvolvidos na vigência do contrato a invenção ou o modelo de utilidade, cuja patente seja requerida pelo empregado até 2 (dois) ano após a extinção do vínculo empregatício.

A: assertiva correta, art. 1º da Lei 11.788/2008; **B:** assertiva correta, art. 10 da Lei 11.788/2008; **C:** assertiva correta, art. 26 da revogada Lei 8.630/1993 (vide art. 40 da Lei 12.815/2013); **D:** assertiva correta, art. 224, § 2º, da CLT e Súmula 102, IV, do TST; **E:** assertiva incorreta, devendo ser assinalada, consideram-se desenvolvidos na vigência do contrato a invenção ou o modelo de utilidade, cuja patente seja requerida pelo empregado até um ano após a extinção do vínculo empregatício. (art. 88 da Lei 9.279/1996).

Gabarito "E"

(Magistratura do Trabalho – 8ª Região – 2008) À luz da jurisprudência consolidada pelo TST, assinale a assertiva CORRETA:

(A) Faz jus ao adicional de periculosidade o empregado exposto permanentemente ou que, de forma intermitente, sujeita-se a condições de risco. Indevido, apenas, quando o contato dá-se de forma eventual, assim considerado o fortuito, ou o que, sendo habitual, dá-se por tempo extremamente reduzido. A fixação do adicional de periculosidade, em percentual inferior ao legal e proporcional ao tempo de exposição ao risco, ainda que pactuada em acordos ou convenções coletivas, é ilegal, na medida em que, tratando-se de norma de segurança e saúde do trabalhador, configura matéria de ordem pública, infenso à negociação coletiva.

(B) Ainda que estabelecida jornada superior a seis horas e limitada a oito horas por meio de regular negociação coletiva, os empregados submetidos a turnos ininterruptos de revezamento têm direito ao pagamento da 7ª e 8ª horas como sobrelabor. Outrossim, a cessação da atividade da empresa, com o pagamento da indenização, simples ou em dobro, não exclui, por si só, o direito do empregado ao aviso-prévio.

(C) É devida a multa do FGTS sobre os saques corrigidos monetariamente ocorridos na vigência do contrato de trabalho. Por sua vez, o cálculo da multa de 40% do FGTS deverá ser feito com base no saldo da conta vinculada na data do efetivo pagamento das verbas rescisórias, considerada a projeção do aviso-prévio indenizado.

(D) A projeção do contrato de trabalho para o futuro, pela concessão do aviso-prévio indenizado, tem amplos efeitos, inclusive quanto às vantagens econômicas obtidas no período de pré-aviso, ou seja, salários, reflexos e verbas rescisórias. No caso de concessão de auxílio-doença no curso do aviso-prévio, todavia, só se concretizam os efeitos da dispensa depois de expirado o benefício previdenciário.

(E) Tratando-se de terminais privativos destinados à navegação de cabotagem ou de longo curso, não é obrigatória a requisição de vigia portuário indicado por sindicato. Demais disso, também é certo que, respeitado o biênio subsequente à cessação contratual, a prescrição da ação trabalhista concerne às pretensões imediatamente anteriores a cinco anos, contados da data do ajuizamento da reclamação e não às anteriores ao quinquênio da data da extinção do contrato.

A: incorreta, à época do exame, anteriormente à sua revisão em maio de 2011, a Súmula 364, II, do TST estabelecia: "II – A fixação do adicional de periculosidade, em percentual inferior ao legal e proporcional ao tempo de exposição ao risco, deve ser respeitada, desde que pactuada em acordos ou convenções coletivos"; **B:** incorreta, não têm direito ao pagamento da 7ª e 8ª horas como sobrelabor (Súmula 423 do TST); **C:** incorreta, "desconsiderada a projeção do aviso-prévio indenizado, por ausência de previsão legal" (OJ 42, II, da SDI-I do TST); **D:** incorreta, a projeção tem efeitos limitados às vantagens econômicas obtidas no período de pré-aviso (Súmula 371 do TST); **E:** correta, Súmula 309 do TST.

Gabarito "E"

(Magistratura do Trabalho – 8ª Região – 2007) Assinale a alternativa incorreta, segundo a jurisprudência do TST:

(A) A fixação do adicional de periculosidade, em percentual inferior ao legal, e proporcional ao tempo de exposição ao risco, deve ser respeitada, desde que pactuada em negociação coletiva.

(B) A equivalência entre os regimes do Fundo de Garantia do Tempo de Serviço e da estabilidade prevista na Consolidação das Leis do Trabalho é meramente jurídica e não econômica, sendo indevidos valores a título de reposição de diferenças.

(C) A estabilidade contratual ou a derivada de regulamento de empresa são compatíveis com o regime do FGTS. Diversamente ocorre com a estabilidade legal (decenal, art. 492 da Consolidação das Leis do Trabalho), que é renunciada com a opção pelo FGTS.

(D) São aplicáveis, nas condenações impostas à Fazenda Pública, os juros de mora de meio por cento ao mês, a partir de setembro de 2001, procedendo-se à adequação do montante da condenação a essa limitação legal, ainda que em sede de precatório.

(E) Enquanto perdurar a substituição que não tenha caráter meramente eventual, inclusive nas férias, o empregado substituto fará jus ao salário contratual do substituído. Vago o cargo em definitivo, o empregado que passa a ocupá-lo tem direito a salário igual ao do antecessor.

A: assertiva correta, à época em que a questão foi elaborada, correspondia ao texto do item II da Súmula 364 do TST (a Res. 174/2011 cancelou o item II e deu nova redação ao item I); **B:** assertiva correta, Súmula 98, I, do TST; **C:** assertiva correta, Súmula 98, II, do TST; **D:** assertiva correta, OJ 7 do Tribunal Pleno do TST; **E:** assertiva incorreta, devendo ser assinalada, "vago o cargo em definitivo, o empregado que passa a ocupá-lo não tem direito a salário igual ao do antecessor" (Súmula 159, II, do TST).

Gabarito "E"

(Magistratura do Trabalho – 8ª Região – 2007) Assinale a alternativa incorreta, conforme a legislação trabalhista e a posição sumulada pelo C. TST:

(A) O salário a ser pago aos empregados sob o regime de tempo parcial será proporcional à sua jornada, em relação aos empregados que cumprem, nas mesmas funções, tempo integral.

(B) O adicional de insalubridade deve ser calculado sobre o salário mínimo vigente, todavia, poderá também ser apurado a partir do salário profissional, quando houver, se estabelecido por força de lei, convenção coletiva ou sentença normativa.

(C) O inadimplemento das obrigações trabalhistas, por parte do empregador, implica responsabilidade subsidiária do tomador dos serviços, quanto às obrigações trabalhistas.

(D) Se o empregado perceber salário pago à base de tarefa, o cálculo do aviso-prévio será feito de acordo com a média dos últimos doze meses de serviço, multiplicado pelo valor da última tarefa.

(E) É considerado trabalho rural noturno de acordo com a legislação específica a atividade pecuária executada entre as vinte e uma hora de um dia e às cinco horas do dia seguinte.

A: assertiva correta, art. 58-A, § 1º, da CLT e OJ 358 da SDI-I do TST; **B:** assertiva correta, Súmula 228 do TST (importante: ver considerações sobre a Súmula Vinculante 4 no capítulo 5.2 de Direito do Trabalho deste livro); **C:** assertiva correta, Súmula 331, IV, do TST, alterada pelo TST em 24.05.2011; **D:** assertiva correta, art. 487, § 3º, da CLT; **E:** assertiva incorreta, devendo ser assinalada, considera-se trabalho noturno na pecuária aquele realizado entre as vinte e uma horas de um dia até às quatro horas do dia seguinte (art. 7º da Lei 5.889/1973).

Gabarito "E"

(Magistratura do Trabalho – 9ª Região – 2009) Considere as seguintes proposições:

I. A terceirização da atividade-fim da empresa, como ocorre na indústria automobilística, é possível desde que não ocorra fraude.

II. O auxílio financeiro concedido ao prestador de serviço voluntário acarreta a configuração da relação de emprego.

III. O contrato de trabalho é bilateral, consensual, oneroso, comutativo e de trato sucessivo.

IV. A regra do parágrafo único do artigo 442 da CLT (*qualquer que seja o ramo de atividade da sociedade cooperativa, não existe vínculo empregatício entre ela e seus associados, nem entre estes e os tomadores de serviços daquela*) caracteriza-se como uma excludente legal absoluta da relação de emprego.

(A) As proposições I, II e IV estão corretas.

(B) As proposições I e II estão corretas.

(C) As proposições I e III estão corretas.

(D) Todas as proposições estão corretas.

(E) Nenhuma proposição está correta.

I: correta, tratando-se de modalidade de terceirização chamada, por alguns, de terceirização material, externa ou de etapas da cadeia produtiva, em contraposição à terceirização clássica, pessoal, de serviços ou interna (que ocorre, por exemplo, quando uma montadora de automóveis contrata serviços de faxina, portaria ou vigilância junto a outra empresa). No caso da terceirização da cadeia produtiva, fenômeno bastante presente nos modelos econômicos pós-fordistas (toyotismo, volvismo etc.), a verificação das repercussões deletérias da terceirização avulta sobre a divisa entre atividade-meio e atividade-fim, que é a tônica da aferição da ilicitude na terceirização de serviços; **II:** a resposta do gabarito não permite concluir pela veracidade ou falsidade da assertiva. Se presentes os outros elementos fático-jurídicos constitutivos do vínculo empregatício que se agregam à onerosidade, entendemos correta a preposição. Como alternativa ao desemprego, durante algum tempo vigorou a possibilidade de concessão de auxílio financeiro de natureza contraprestativa ao trabalhador voluntário com idade entre dezesseis e vinte e quatro anos pertencente a família de baixa renda, sem que isso importasse no vínculo de emprego. Este modelo – substituição da política de busca pelo pleno emprego por uma política de plena ocupação – foi concebido pela Lei 10.748/2003, que introduziu o art. 3º-A à Lei 9.608/1998. Em 2008, a Lei 11.692 revogou o citado dispositivo e, atualmente, a única transferência de valores ao trabalhador voluntário que a Lei 9.608/1998 admite é com fins ressarcitórios de despesas comprovadas (art. 3º da Lei 9.608/1998); **III:** correta, por definição; **IV:** incorreta, a regra do art. 442, parágrafo único, da CLT é afastada na hipótese de cooperativismo fraudulento, considerando-se o art. 9º da CLT e os princípios justrabalhistas da proteção e do contrato-realidade.

Gabarito "C"

(Magistratura do Trabalho – 9ª Região – 2007) Caio Mário foi contratado pela Indústria de Alimentos Boa Comida Ltda. em 02.02.2000, teve a carteira de trabalho anotada somente em 05.06.2000. Em 01.06.2007 foi despedido por justa causa, em razão de ter apresentado à empregadora atestados médicos falsos, para justificar ausências ao serviço. No dia 05.06.2007 ajuizou ação trabalhista, postulando, dentre outras verbas, o reconhecimento do vínculo de emprego desde a admissão, em 02.02.2000, e até 04.06.2000. Também requereu reconhecimento judicial de nulidade da despedida, com a consequente reintegração ao emprego, em razão de que ocupava cargo de direção sindical, circunstância que exige inquérito judicial para apuração de eventual falta grave.

Considerada a situação fática acima exposta, além da legislação que regula a matéria, examine as assertivas abaixo:

I. A pronúncia da prescrição quinquenal fulmina a pretensão relativa ao reconhecimento do vínculo de emprego desde a admissão em 02.02.2000 e até 04.06.2000.

II. A pronúncia da prescrição, no caso acima, não atinge o direito do trabalhador de reclamar o recolhimento dos valores do FGTS incidentes sobre os salários pagos no período em que não houve registro do contrato de trabalho na carteira de trabalho.

III. Em razão de que o dirigente sindical somente pode ser dispensado por falta grave mediante apuração em inquérito judicial, deve o juiz reconhecer a nulidade da despedida e determinar a readmissão do trabalhador ao emprego.

IV. A apresentação pelo empregado de atestados médicos falsos para justificar ausências ao trabalho configura ato de improbidade.

V. É de trinta dias, contados da data da suspensão do empregado, o prazo prescricional para o empregador ajuizar inquérito para apuração de falta grave contra empregado garantido com estabilidade.

Assinale a alternativa correta:

(A) Todas as assertivas estão corretas;
(B) Apenas quatro assertivas estão corretas;
(C) Apenas três assertivas estão corretas;
(D) Apenas duas assertivas estão corretas;
(E) Apenas uma assertiva está correta.

I: incorreta, por se tratar de pretensão declaratória, com a prescrição só atingindo a exigibilidade judicial de eventuais consectários patrimoniais decorrentes do vínculo (v. art. 11, § 1º, da CLT); **II:** correta, havendo que se fazer grande esforço exegético no caso. Não se reconhecendo vínculo de emprego em decorrência de errônea aplicação do instituto da prescrição, subsiste o dever legal de recolhimento de FGTS pelo tomador de serviços nos moldes do § 1º do art. 15 da Lei 8.036/1990, pouco enfrentado pela jurisprudência. Não obstante, o FGTS não incidirá sobre valores remuneratórios não pagos pelo tomador e fulminados pela prescrição (Súmula 206 do TST). Quanto aos valores pagos, a pretensão de recolhimento de FGTS incidente sobre estes só prescreve em trinta anos, conforme Súmula 362 do TST; **III:** incorreta, podendo converter-se o direito à reintegração em indenização, acaso a natureza do dissídio desaconselhe a primeira providência citada (art. 496 da CLT, por analogia); **IV:** correta, consistindo a improbidade no ato de desonestidade que abale a confiança inerente à relação de emprego; **V:** incorreta, pois tal prazo é decadencial.

Gabarito "D"

(Magistratura do Trabalho – 9ª Região – 2007) Considere as seguintes proposições.

I. O exercício do cargo de confiança implica restrição dos direitos laborais do empregado, tanto que a lei não considera alteração unilateral do contrato a determinação do empregador para que aquele retorne ao cargo antes ocupado, deixando o exercício do cargo de confiança. Por essa razão, segundo o entendimento dominante no Tribunal Superior do Trabalho, independentemente do tempo em que foi percebida a gratificação de função pelo empregado exercente de cargo de confiança, se o empregador, ainda que sem justo motivo, revertê-lo a seu cargo efetivo, poderá retirar-lhe a gratificação.

II. Empregado doméstico é aquele que presta serviços de natureza contínua e de finalidade não lucrativa à pessoa ou à família, no âmbito residencial destas. Aos empregados domésticos é garantido o repouso semanal remunerado, o pagamento de salário nos dias feriados civis e religiosos, sendo ainda vedada a dispensa arbitrária ou sem justa causa da empregada doméstica gestante desde a confirmação da gravidez até 5 (cinco) meses após o parto.

III. No contrato de aprendizagem, o qual não poderá ser estipulado por prazo superior a dois anos, o empregador se compromete a assegurar ao maior de 14 e menor de 24 anos, inscrito em programa de aprendizagem, formação técnico-profissional metódica, compatível com o seu desenvolvimento físico, moral e psicológico, e o aprendiz a executar com zelo e diligência as tarefas necessárias para tal formação.

IV. Tem sido frequente a utilização do contrato de sociedade por cotas de responsabilidade limitada com o objetivo de simular relação jurídica e mascarar a relação de emprego. No entanto, como as partes que praticam simulação não podem alegar tal fato, processualmente, em seu benefício, não há possibilidade de reconhecimento da relação de emprego nesses casos.

Assinale a alternativa correta:

(A) Somente as proposições I, II e III estão corretas;
(B) Somente as proposições II e III estão corretas;
(C) Somente as proposições I e IV estão corretas;
(D) Somente as proposições II, III e IV estão corretas;
(E) Todas as proposições estão corretas.

I: incorreta, Súmula 372, I, do TST; **II:** correta, arts. 1º e 4º-A da Lei 5.859/1972 e art. 9º da Lei 11.324/2006, que revogou o art. 5º, a, da Lei 605/1949, de sorte a estender ao doméstico o regramento dos descansos semanais remunerados e em feriados estabelecido por aquela lei; **III:** correta, art. 428 da CLT; **IV:** incorreta, art. 9º da CLT, considerando-se a hipossuficiência do empregado e a situação de premência em que se encontra, a facilitar a cooptação da sua vontade.

Gabarito "B"

(Magistratura do Trabalho – 12ª Região – 2006) Assinale a alternativa incorreta em sede de Direito:

(A) trabalhador avulso é o que presta serviços a inúmeras empresas, agrupado em entidade de classe, por intermédio desta e sem vínculo empregatício;

(B) trabalhador temporário é a pessoa física contratada por empresa de trabalho temporário, mediante contrato verbal ou escrito pelo prazo não superior a três meses, para a prestação de serviço destinado a atender à necessidade transitória de substituição de pessoal regular e permanente ou ao acréscimo extraordinário de tarefas de outras empresas;

(C) trabalhador autônomo presta trabalho por conta própria, enquanto que o empregado presta trabalho por conta alheia;

(D) a prestação de serviços com exclusividade não é considerada pela doutrina e pela jurisprudência trabalhistas como uma das condições para o reconhecimento da relação de emprego;

(E) empregado doméstico é quem presta serviços de natureza contínua e de finalidade não lucrativa a outra ou outras pessoas físicas, no âmbito residencial destas, e para o doméstico ter direito ao seguro-desemprego e ao FGTS é necessária sua inscrição no FGTS, o que, no entanto, constitui faculdade do empregador.

A: assertiva correta, por definição, embora no bojo do trabalho avulso portuário, desde a Lei de Modernização dos Portos (Lei 8.630/1993), esta intermediação ocorra por meio do órgão gestor de mão de obra e não mais por entidade de classe; **B:** assertiva incorreta, devendo ser assinalada, o contrato deve ser, obrigatoriamente, escrito (art. 11 da Lei 6.019/1974); **C:** assertiva correta, tratando-se do elemento conhecido por alteridade, presente na relação de emprego; **D:** assertiva correta, a exclusividade não é elemento constitutivo do vínculo de emprego (arts. 2º e 3º da CLT); **E:** assertiva correta, arts. 3º-A e 6º-A da Lei 5.859/1972.

Gabarito "B"

(Magistratura do Trabalho – 12ª Região – 2006) Assinale a alternativa que não está em consonância com o entendimento sumulado do TST:

(A) a contratação irregular de trabalhador, mediante empresa interposta, não gera vínculo de emprego com os órgãos da administração pública direta, indireta ou fundacional;

(B) a contratação de servidor público após a Constituição Federal de 1988, sem prévia aprovação em concurso público, importa na nulidade do contrato e somente produz efeitos para pagamento das horas trabalhadas;

(C) os privilégios e isenções no foro da Justiça do Trabalho não abrangem as sociedades de economia mista, ainda que tenham gozado desses benefícios anteriormente ao Decreto-lei n. 779, de 21.08.1969;

(D) a Fazenda Pública está sujeita ao duplo grau de jurisdição em dissídio individual, no qual tenha sido proferida decisão desfavorável contra ela, salvo quando a condenação não ultrapassar o valor correspondente a 60 (sessenta) salários mínimos;

(E) o inadimplemento das obrigações trabalhistas por parte do empregador implica na responsabilidade subsidiária do tomador de serviços quanto àquelas obrigações, inclusive quanto aos órgãos da administração direta, das autarquias, das fundações públicas, das empresas públicas e das sociedades de economia mista, mas desde que hajam participado da relação processual e constem do título executivo judicial.

A: assertiva correta, Súmula 331 do TST, alterada pelo TST em 24.05.2011; **B:** assertiva incorreta, devendo ser assinalada, "somente lhe conferindo direito ao pagamento da contraprestação pactuada, em relação ao número de horas trabalhadas, respeitado o valor da hora do salário mínimo, e dos valores referentes aos depósitos do FGTS" (Súmula 363 do TST); **C:** assertiva correta, Súmula 170 do TST; **D:** assertiva correta, Súmula 303 do TST; **E:** assertiva correta, Súmula 331 do TST, alterada pelo TST em 24.05.2011.

Gabarito "B"

(Magistratura do Trabalho – 14ª Região – 2007) Considere as seguintes proposições:

I. A conduta do empregador, que se recusa a conceder à empregada gestante, sem prejuízo do salário e demais direitos, transferência de função, quando as condições de saúde o exigirem, autoriza a empregada a considerar rescindido o contrato por justa causa empresarial.

II. A legislação vigente permite expressamente a revista das empregadas, inclusive a íntima, desde que prevista em regulamento interno da empresa e seja feita por pessoa do mesmo sexo.

III. Ao menor de 18 anos é proibido o trabalho em atividades na agricultura, no meio rural, entre 20 horas de um dia e as 4 horas do dia seguinte.

IV. Ao menor é vedado o trabalho penoso. Em consequência, o empregado menor poderá considerar rescindido o contrato de trabalho e pleitear a devida indenização se o empregador exigir serviço que demande o emprego de força muscular igual ou superior a 20 quilos.

Assinale a alternativa correta:

(A) Apenas as assertivas II, III e IV estão incorretas;

(B) Apenas as assertivas I, III e IV estão incorretas;

(C) Apenas as assertivas II e III estão incorretas;

(D) Apenas as assertivas II e IV estão incorretas;

(E) Apenas a assertiva III está incorreta.

I: correta, art. 392, § 4º, I, c/c art. 483, c e d, da CLT; **II:** incorreta, é vedado "proceder o empregador ou preposto a revistas íntimas nas empregadas ou funcionárias" (art. 373-A, VI, da CLT); **III:** incorreta, embora o trabalho noturno seja proibido ao menor (art. 7º, XXXIII, da CF), apenas na atividade de pecuária o horário encimado é considerado noturno (art. 7º da Lei 5.889/73); **IV:** incorreta, o inciso XXXIII do art. 7º da CF não menciona o trabalho penoso. Seja como for, a CLT proíbe práticas penosas, mas, quanto à prevenção à fadiga do menor, os limites de emprego de força muscular seguem a sistemática do art. 390 da CLT (art. 405, § 5º, da CLT).

Gabarito "A"

(Magistratura do Trabalho – 15ª Região – 2012) Assinale a alternativa **incorreta:**

(A) O contrato de aprendizagem exige forma escrita e possui duração máxima de dois anos, exceto quando se tratar de aprendiz portador de deficiência.

(B) A empregada que obtiver a guarda judicial para fins de adoção de criança fará jus à licença-maternidade.

(C) A jornada de atividade em estágio de estudante do ensino superior, da educação profissional de nível médio e do ensino médio regular não pode ultrapassar 6h00 (seis horas) diárias e 30h00 (trinta horas) semanais.

(D) A ausência do termo de adesão entre a entidade privada sem fins lucrativos e o prestador de serviço voluntário, forma exigida no artigo 2º de Lei 9.608/1998, importa no reconhecimento de vínculo empregatício entre ambos, ainda que ausente a onerosidade.

(E) O contrato entre a empresa de trabalho temporário e a empresa tomadora ou cliente com relação a um mesmo empregado, não poderá exceder de três meses, salvo autorização conferida pelo órgão local do Ministério do Trabalho e Emprego.

A: assertiva correta, art. 428, § 3º, da CLT. É válido ressaltar que o artigo 71-A da Lei 8.213/1991, que estipula diferentes prazos de licença-maternidade para a mãe adotante, de acordo com a idade da criança adotada, estava suspenso, quando do fechamento desta edição, pela Medida Provisória 619 de 2013; **B:** assertiva correta, art. 392-A da CLT; **C:** assertiva correta, art. 10, II, da Lei 11.788/2009; **D:** assertiva incorreta, devendo ser assinalada, não importa reconhecimento de vínculo empregatício (arts. 1º e 2º da Lei 9.608/1998); **E:** assertiva correta, art. 10 da Lei 6.019/1974.

Gabarito "D"

(Magistratura do Trabalho – 15ª Região – 2012) Sob a ótica das Súmulas do TST, aponte a alternativa **incorreta:**

(A) A justificação da ausência do empregado motivada por doença, para a percepção do salário-enfermidade e da remuneração do repouso semanal, deve observar a ordem preferencial dos atestados médicos estabelecida em lei.

(B) É devida a remuneração do repouso semanal e dos dias feriados ao empregado comissionista, exceto se pracista.

(C) Aos ferroviários que trabalham em estação do interior, assim classificada por autoridade competente, não são devidas horas extras.

(D) Chefe de trem, regido pelo estatuto dos ferroviários, não tem direito à gratificação prevista no respectivo estatuto.

(E) Se as faltas já são justificadas pela lei, consideram-se como ausências legais e não serão descontadas para o cálculo do período de férias.

A: assertiva correta, Súmula 15 do TST; **B:** assertiva incorreta, devendo ser assinalada, é devida a remuneração ainda que pracista (Súmula 27 do TST); **C:** assertiva correta, Súmula 61 do TST; **D:** assertiva correta, Súmula 67 do TST; **E:** assertiva correta, Súmula 89 do TST.

Gabarito "B"

(Magistratura do Trabalho – 15ª Região – 2012) Aponte a altefnativa **incorreta**, com base em Súmulas do TST:

(A) O salário profissional dos médicos e dentistas guarda proporcionalidade com as horas efetivamente trabalhadas, respeitado o mínimo de 44 horas mensais.

(B) A correção monetária não incide sobre o débito do trabalhador reclamante.

(C) A gratificação semestral não repercute no cálculo das horas extras, das férias e do aviso-prévio, ainda que indenizados. Repercute, contudo, pelo seu duodécimo na indenização por antiguidade e na gratificação natalina.

(D) O empregado que se demite antes de completar 12 meses de serviço tem direito a férias proporcionais.

(E) Em se tratando de pedido de reenquadramento, a prescrição é total, contada da data do enquadramento do empregado.

A assertiva incorreta, devendo ser assinalada. O mínimo é de **50 (cinquenta) horas**. Súmula 143 do TST; **B:** assertiva correta, Súmula 187 do TST; **C:** assertiva correta, Súmula 253 do TST; **D:** assertiva correta, Súmula 261 do TST; **E:** assertiva correta, Súmula 275, II, do TST.

Gabarito "A"

(Magistratura do Trabalho – 15ª Região – 2012) Aponte a alternativa **incorreta**, tomando-se por base Jurisprudência consolidada no C. TST:

(A) Os empregados menores de 18 anos não podem ser discriminados em cláusula de norma coletiva que fixa salário mínimo profissional para a categoria.

(B) Não é necessária a correspondência entre as atividades exercidas pelos setores profissional e econômico, a fim de legitimar os envolvidos no conflito a ser solucionado pela via do dissídio coletivo.

(C) Nos termos do art. 10, II, *"b"*, do ADCT, a proteção à maternidade foi erigida à hierarquia constitucional, pois retirou do âmbito do direito potestativo do empregador a possibilidade de despedir arbitrariamente a empregada em estado gravídico. Portanto, a teor do artigo 9º da CLT, conforme entendimento da Seção de Dissídios Coletivos do C. TST, torna-se nula de pleno direito a cláusula que estabelece a possibilidade de renúncia ou transação, pela gestante, das garantias referentes à manutenção do emprego e salário.

(D) Somente após o término do período estabilitário é que se inicia a contagem do prazo do aviso-prévio para efeito das indenizações adicionais previstas no art. 9º da Lei 6.708 e 9º da Lei 7.238/1984.

(E) O adicional de risco dos portuários, previsto no art. 14 da Lei n. 4.860/1965, deve ser proporcional no tempo efetivo no serviço considerado sob risco e apenas concedido àqueles que prestam serviços na área portuária.

A: assertiva correta, OJ 26 da SDC do TST; **B:** assertiva incorreta, devendo ser assinalada, a correspondência é necessária (OJ 22 da SDC do TST); **C:** assertiva correta, OJ 30 da SDC do TST; **D:** assertiva correta, OJ 268 da SDI-I do TST; **E:** assertiva correta, OJ 316 da SDI-I do TST.

Gabarito "B"

(Magistratura do Trabalho – 15ª Região – 2012) Reclamações trabalhistas envolvendo grandes empresas acabam por, trazer à Justiça do Trabalho a apreciação reiterada de certas matérias. Como instrumento de unificação da jurisprudência, o C. TST edita Súmulas e Orientações Jurisprudenciais sobre muitas dessas matériás. Considerando os verbetes jurisprudenciais do Tribunal Superior do Trabalho, indique a alternativa **incorreta:**

(A) Em relação aos empregados do Banespa (Banco do Estado de São Paulo S.A.), a complementação de aposentadoria, prevista no art.106, e seus parágrafos, do regulamento de pessoal editado em 1965, só é integral para os empregados que tenham 30 (trinta) ou mais anos de serviços prestados exclusivamente ao banco.

(B) O acordo homologado no Dissídio Coletivo n. TST – DC – 810.950/2001.3, que estabeleceu a garantia de emprego aos empregados em atividade do Banco do Estado de São Paulo S.A – Banespa e que, portanto, não se aplica aos empregados aposentados, não prevalece sobre a fixação do reajuste salarial previsto na convenção coletiva firmada entre a Federação Nacional do Bancos – Fenaban e os sindicatos dos bancários.

(C) As alterações na estrutura do Plano de Cargos Comissionados do Banco do Brasil, introduzidas pelas Cartas-Circulares DIREC/FUNCI 96/0904 e 96/0957, dentre as quais a substituição do Abono de Função e Representação (AFR) pelo Adicional de Função (AF) e pelo Adicional Temporário de Revitalização (A-TR), não autorizam o pagamento de diferenças de complementação de aposentadoria aos inativos por só abrangerem os empregados em atividade, bem como em razão de o Plano de Incentivo à Aposentadoria da época do jubilamento não conter previsão de aplicação de eventual alteração na estrutura dos cargos comissionados àqueles que se aposentassem.

(D) Ausente a fidúcia especial a que alude o art. 224, § 2º, da CLT, é ineficaz a adesão do empregado à jornada de oito horas constante do Plano de Cargos em Comissão da Caixa Econômica Federal, o que importa no retorno à jornada de seis horas, sendo devidas como extras a sétima e a oitava horas laboradas. A diferença de gratificação de função recebida em face da adesão ineficaz poderá ser compensada com as horas extraordinárias prestadas.

(E) A despeito da vedação de pagamento em periodicidade inferior a um semestre civil ou mais de duas vezes no ano cível, disposta no art. 3º, § 2º, da Lei n. 10.101, de 19.12.02.2000, o parcelamento em prestações mensais da participação dos lucros e resultados de janeiro de 1999 a abril de 2000, fixado no acordo coletivo celebrado entre o Sindicato dos Metalúrgicos do ABC e a Volkswagen do Brasil Ltda., não retira a natureza indenizatória da referida verba (art. 7º, XI, da CF), devendo prevalecer a diretriz constitucional que prestigia a autonomia privada coletiva (art. 7º, XXVI da CF).

A: assertiva correta, Súmula 313 do TST; **B:** assertiva correta, devendo ser assinalada, o acordo prevalece sobre a fixação do reajuste salarial (OJ Transitória 68 da SDI-I, do TST); **C:** assertiva correta, OJ Transitória 69 da SDI-I, do TST; **D:** assertiva correta, OJ Transitória 70 da SDI-I, do TST; **E:** assertiva correta, OJ Transitória 73 da SDI-I do TST.

Gabarito "B"

(Magistratura do Trabalho – 15ª Região – 2012) Aponte a alternativa **incorreta**, considerando o entendimento jurisprudencial consolidado do C. TST:

(A) As normas relativas à complementação de aposentadoria, inseridas no Manual de Pessoal da Petrobras, têm caráter meramente programático, delas não resultando direito à referida complementação.

(B) Preenchidos todos os pressupostos para a aquisição de estabilidade decorrente de acidente ou doença profissional, ainda durante a vigência do instrumento normativo, goza o empregado de estabilidade mesmo após o término da vigência desta.

(C) A deliberação da diretoria da Empresa Brasileira de Correios e Telégrafos – ECT, prevista no Plano de Carreira, Cargos e Salários como requisito necessário para a concessão de progressão por antiguidade, por se tratar de condição puramente potestativa, não constitui óbice ao deferimento da progressão horizontal por antiguidade aos empregados, quando preenchidas as demais condições dispostas no aludido plano.

(D) A parcela denominada "sexta parte", instituída pelo art. 129 da Constituição do Estado de São Paulo, é devida apenas aos servidores estaduais, celetistas e estatutários da Administração Pública direta, das fundações e das autarquias, conforme disposição contida no art. 124 da Constituição Estadual, não se estendendo aos empregados de sociedade de economias mista e de empresa pública, integrantes da Administração Pública indireta, submetidas ao regime jurídico próprio das empresas privadas, nos termos do art. 173, § 1º, II, da Constituição Federal.

(E) Ainda que preenchidos os requisitos do art. 3º da CLT, não será reconhecida a relação de emprego entre policial militar e empresa privada.

A: assertiva correta, Súmula 332 do TST; **B:** assertiva correta, OJ 41 da SDI-I do TST; **C:** assertiva correta, OJ Transitória 71 da SDI-I do TST; **D:** assertiva correta, OJ Transitória 75 da SDI-I do TST; **E:** assertiva incorreta, devendo ser assinalada, "Preenchidos os requisitos do art. 3º da CLT, é legítimo o reconhecimento de relação de emprego entre policial militar e empresa privada" (Súmula 386 do TST).

Gabarito "E"

(Magistratura do Trabalho – 16ª Região – 2008) Assinale a alternativa errada:

(A) Segundo Súmula do TST não se aplica a hora reduzida de 52 minutos e 30 segundos prevista no art. 73, § 2º, da CLT quanto ao trabalho noturno dos empregados nas atividades de exploração, perfuração, produção e refinação do petróleo, industrialização do xisto, indústria petroquímica e transporte de petróleo e seus derivados, por meio de dutos.

(B) É desnecessário que, ao tempo da reclamação sobre equiparação salarial, reclamante e paradigma estejam a serviço do estabelecimento, desde que o pedido se relacione com situação pretérita.

(C) Para efeito de equiparação de salários em caso de trabalho igual, conta-se o tempo de serviço na função e não no emprego.

(D) Segundo Súmula do TST, a transferência para o período diurno de trabalho não implica a perda do direito ao adicional noturno se o trabalhador é horista.

(E) O conceito de "mesma localidade" de que trata o art. 461 da CLT refere-se, em princípio, tanto ao mesmo município quanto a municípios distintos que comprovadamente pertençam à mesma região metropolitana.

A: assertiva correta, Súmula 112 do TST; B, C e **E:** assertivas corretas, Súmula 6 do TST; **D:** assertiva incorreta, devendo ser assinalada, Súmula 265 do TST.

Gabarito "D".

(Magistratura do Trabalho – 18ª Região – 2006) Considere as assertivas abaixo e assinale a alternativa correta, de acordo com a jurisprudência sumulada do TST.

I. A contratação irregular de trabalhador, mediante empresa interposta, não gera vínculo de emprego com os órgãos da administração pública direta, indireta ou fundacional.

II. Salvo os casos de trabalho temporário e de serviço de vigilância, previstos nas Leis ns. 6.019, de 03.01.1974, e 7.102, de 20.06.1983, é ilegal a contratação de trabalhadores por empresa interposta, formando-se o vínculo empregatício diretamente com o tomador dos serviços, inclusive ente público, em relação ao período anterior à vigência da CF/1988.

III. Preenchidos os requisitos do art. 3º da CLT, é legítimo o reconhecimento de relação de emprego entre policial militar e empresa privada, independentemente do eventual cabimento de penalidade disciplinar prevista no Estatuto do Policial Militar.

IV. Não forma vínculo de emprego com o tomador a contratação de serviços de vigilância (Lei n. 7.102, de 20.06.1983) e de conservação e limpeza, bem como a de serviços especializados ligados à atividade-meio do tomador, desde que inexistente a pessoalidade e a subordinação direta.

V. Não se caracteriza o vínculo empregatício na nomeação para o exercício das funções de oficial de justiça *ad hoc*, ainda que feita de forma reiterada, pois exaure-se a cada cumprimento de mandado.

(A) Todas são verdadeiras.

(B) Apenas a segunda não é verdadeira.

(C) Apenas a última não é verdadeira.

(D) Apenas a primeira e a quarta são verdadeiras.

(E) Apenas as assertivas I, III e IV são verdadeiras.

266

I: verdadeira, Súmula 331 do TST, alterada pelo TST em 24.05.2011; **II:** divergindo do gabarito, entendemos falsa a assertiva, conforme Súmula 331, I, do TST. A contratação por empresa interposta (que ocorre no trabalho temporário, que tem por objeto o fornecimento de mão de obra) não se confunde com a contratação de serviços (que ocorre no contrato de serviços de vigilância, de limpeza, portaria etc., em que o objeto contratual é um serviço, e não o fornecimento de mão de obra); **III:** verdadeira, Súmula 386 do TST; **IV:** verdadeira, Súmula 331 do TST, alterada pelo TST em 24.05.2011; **V:** verdadeira, OJ 164 da SDI-I do TST.

Gabarito "A".

(Magistratura do Trabalho – 18ª Região – 2006) Considere as assertivas abaixo e assinale a alternativa correta, de acordo com a jurisprudência sumulada do TST.

I. Cancelada a aposentadoria por invalidez, mesmo após cinco anos, o trabalhador terá direito de retornar ao emprego, facultado, porém, ao empregador, indenizá-lo na forma da lei.

II. A complementação dos proventos da aposentadoria é regida pelas normas em vigor na data do desligamento do empregado, observando-se as alterações posteriores desde que mais favoráveis ao beneficiário do direito.

III. A cessação do contrato de trabalho em razão de aposentadoria espontânea do empregado exclui o direito ao recebimento de indenização relativa ao período anterior à opção. A realização de depósito na conta do Fundo de Garantia do Tempo de Serviço, de que trata o § 3º do art. 14 da Lei n. 8.036, de 11.05.1990, é faculdade atribuída ao empregador.

IV. Tratando-se de pedido de complementação de aposentadoria oriunda de norma regulamentar e jamais paga ao ex-empregado, a prescrição aplicável é a parcial, começando a fluir o biênio a partir da aposentadoria.

V. A aposentadoria espontânea extingue o contrato de trabalho, mesmo quando o empregado continua a trabalhar na empresa após a concessão do benefício previdenciário. No entanto, é devida a multa de 40% do FGTS em relação ao período anterior à aposentadoria.

(A) Apenas as assertivas I, III e IV são verdadeiras.

(B) Apenas a última não é verdadeira.

(C) Apenas as três primeiras são verdadeiras.

(D) Apenas as assertivas II, IV e V não são verdadeiras.

(E) Todas são verdadeiras.

I: verdadeira, Súmula 160 do TST; **II:** falsa, é regida pelas normas em vigor na data da admissão do empregado (Súmula 288 do TST); **III:** verdadeira, Súmula 295 do TST (cancelada em 2008); **IV:** falsa, a prescrição é de dois anos, contados da cessação do contrato de trabalho (Súmula 326 do TST); **V:** falsa, OJ 177 da SDI-I do TST (cancelada em 2006).

Gabarito "D".

(Magistratura do Trabalho – 18ª Região – 2006) De acordo com a jurisprudência sumulada do STF, considere as assertivas abaixo e assinale a alternativa correta.

I. A prestação de serviços a mais de uma empresa do mesmo grupo econômico, durante a mesma jornada de trabalho, não caracteriza a coexistência de mais de um contrato de trabalho, salvo ajuste em contrário.

II. O empregado eleito para ocupar cargo de diretor tem o respectivo contrato de trabalho suspenso, não se computando o tempo de serviço desse período, salvo se permanecer a subordinação jurídica inerente à relação de emprego.

III. A contratação de servidor público, após a CF/1988, sem prévia aprovação em concurso público, confere ao trabalhador somente direito ao pagamento da contraprestação pactuada, em relação ao número de horas trabalhadas, respeitado o valor da hora do salário mínimo e dos valores referentes aos depósitos do FGTS.

IV. A transferência do regime jurídico de celetista para estatutário implica extinção do contrato de trabalho, fluindo o prazo da prescrição bienal a partir da mudança de regime.

V. A aposentadoria espontânea extingue o contrato de trabalho, mesmo quando o empregado continua a trabalhar na empresa após a concessão do benefício previdenciário, e por isto é indevida a multa de 40% do FGTS em relação ao período anterior à aposentadoria.

(A) Há uma assertiva correta.
(B) Há duas assertivas corretas.
(C) Há três assertivas corretas.
(D) Nenhuma assertiva é correta.
(E) Todas são corretas.

I: correta, Súmula 129 do TST; **II:** correta, Súmula 269 do TST; **III:** correta, Súmula 363 do TST; **IV:** correta, Súmula 382 do TST; **V:** correta, OJ 177 da SDI-I do TST (cancelada em 2006).

Gabarito "E"

(Magistratura do Trabalho – 20ª Região – 2003)02 – Considerando a jurisprudência prevalecente, pode-se afirmar que:

I. É ilegal o desconto promovido no salário do frentista de posto de gasolina referente ao cheque sem fundo que tiver recebido, ainda que o dito empregado não tenha observado as recomendações previstas em instrumento coletivo para o recebimento de cheque, porque o tal desconto viola o disposto no art. 462, da CLT, e transfere para o empregado o risco da atividade econômica, que, segundo dispõe o art. 2º, da CLT, é do empregador.

II. O conceito de "*mesma localidade*", de que trata o art. 461, da CLT, refere-se ao mesmo município, ao passo que, cuidando-se de municípios distintos, não há possibilidade de aplicação do referido dispositivo legal para efeito do reconhecimento do direito à isonomia salarial.

III. A cessação da atividade da empresa, observado o pagamento da indenização acaso devida, de forma simples ou em dobro, por si só, exclui o direito do empregado ao aviso-prévio.

Marque:

(A) as proposições I e II são corretas e a III, incorreta;
(B) a proposição I é a única correta;
(C) a proposição III é a única correta;
(D) a proposição II é a única correta;
(E) todas as proposições são incorretas.

I: incorreta, "é lícito o desconto salarial referente à devolução de cheques sem fundos, quando o frentista não observar as recomendações previstas em instrumento coletivo" (OJ 251 da SDI-I do TST); **II:** incorreta, "o conceito de "mesma localidade" de que trata o art. 461 da CLT refere-se, em princípio, ao mesmo município, ou a municípios distintos que, comprovadamente, pertençam à mesma região metropolitana" Súmula 6 do TST; **III:** incorreta, (Súmula 44 do TST).

Gabarito "E"

(Magistratura do Trabalho – 20ª Região – 2003) Levando em conta a jurisprudência predominante, pode-se afirmar que:

I. Uma vez que seja reconhecida a culpa recíproca na rescisão do contrato de trabalho, o empregado perde o direito às férias proporcionais e vencidas que ainda não tiver gozado, além do direito ao aviso-prévio e à natalina proporcional.

II. Na Justiça Trabalhista é permitida a compensação de crédito que o empregador eventualmente tenha em face do empregado, qualquer que seja a sua natureza, mas desde que alegada na contestação.

III. É devida ao empregado comissionista a remuneração do repouso semanal e dos dias feriados, salvo se pracista.

IV. Para a caracterização da justa causa de abandono de emprego é suficiente o fato objetivo da ausência do empregado ao serviço no prazo de 30 dias após a cessação do benefício previdenciário.

Marque:

(A) todas as proposições são incorretas;
(B) todas as proposições são corretas;
(C) a proposição I é correta e as proposições II, III e IV, incorretas;
(D) a proposição III é a única correta;
(E) a proposição II é a única incorreta.

I: incorreta, "empregado tem direito a 50% (cinquenta por cento) do valor do aviso-prévio, do décimo terceiro salário e das férias proporcionais" (Súmula 14 do TST); **II:** incorreta, (Súmula 18 do TST); **III:** incorreta, ainda que pracista, é devida a remuneração (Súmula 27 do TST); **IV:** incorreta, Súmula 32 do TST.

Gabarito "A"

(Magistratura do Trabalho – 22ª Região – 2006) Consideradas as afirmações abaixo, marque a letra que contém a resposta correta:

I. Para a teoria especial trabalhista das nulidades, de regra a sua decretação judicial opera efeitos "ex nunc", comprometendo o contrato somente a partir de então. A teoria, no entanto, conforme a situação jurídica focalizada, terá aplicação restrita, por exemplo, quando envolver nulidade por incapacidade da parte trabalhadora – hipótese em que o contrato deve ser anulado, reconhecendo-se, porém, todos os efeitos trabalhistas já consumados. Terá, outrossim, aplicação plena, quando se tratar da tutela de bens de interesse público, a exemplo da nulidade do emprego celebrado com a Administração Pública sem prévio concurso público, caso em que o contrato deve ser anulado e negados os efeitos trabalhistas já consumados, ressalvados a contraprestação pactuada e respectivos depósitos para o Fundo de Garantia do Tempo de Serviço.

II. Aplica-se a teoria especial trabalhista tanto aos casos de nulidade do contrato de emprego como de trabalho ilícito, em respeito ao valor-trabalho tutelado pela Constituição. Isso dá suporte teórico, por exemplo, à preservação dos efeitos trabalhistas nas relações que envolvam o trabalho com infrações penais de menor potencial lesivo, a exemplo da exploração do jogo do bicho. Considera-se trabalho ilícito o mesmo ilícito criminal.

III. É proibido o trabalho do menor de dezesseis anos de idade, sob qualquer condição, e ao menor de dezoitos anos é proibido o trabalho noturno, perigoso ou insalubre, segundo a Constituição da República.

IV. Não é permitido o trabalho do menor de dezoito anos de idade em locais prejudiciais à sua moralidade, assim considerado, entre outros exemplos legais, o trabalho prestado de qualquer modo em teatros de revista, cinemas, boates, cassinos, cabarés, *dancings* e estabelecimentos análogos; em empresas circenses, em funções de acrobata, saltimbanco, ginasta e outras semelhantes. Se constatar situação de trabalho proibido, decorrente de norma protetora da criança e do adolescente, o juiz decretará a nulidade do contrato de emprego e afastará o menor do trabalho, aplicando, quanto aos direitos trabalhistas, a mesma regra jurídica que rege os contratos de trabalhado anulados por falta de concurso público.

V. Conselho Tutelar é órgão permanente e autônomo, não jurisdicional, encarregado pela sociedade de zelar pelo cumprimento dos direitos da criança e do adolescente, definidos no Estatuto da Criança e do Adolescente. É composto de cinco membros escolhidos pela comunidade e deve existir pelo menos um em cada Município. Consta entre as atribuições desse Conselho mover ações judiciais para defesa dos direitos da criança e do adolescente.

(A) Somente I e V estão corretas.
(B) Somente II e IV estão corretas.
(C) Somente III está errada.
(D) Todas estão corretas.
(E) Todas estão erradas.

I: incorreta, o primeiro exemplo (incapacidade da parte) é de aplicação plena da teoria especial, enquanto que o segundo (contratação irregular de servidor público) é de aplicação restrita da teoria especial das nulidades trabalhistas; **II:** incorreta, em casos de trabalho ilícito (assim aquele que concorre para um delito), é afastada a aplicação da teoria especial das nulidades trabalhistas (v. OJ 199 da SDI-I do TST); **III:** incorreta, o menor pode trabalhar na condição de aprendiz, a partir dos 14 anos (art. 7º, XXXIII, da CF); **IV:** incorreta, a hipótese é de aplicação plena da teoria especial das nulidades trabalhistas, e não de aplicação restrita (que é o que ocorre em caso de contratação irregular pela Administração Pública); **V:** incorreta, contraria o disposto no art. 136 da Lei 8.069/1990.

Gabarito “E”

(Magistratura do Trabalho – 21ª Região – 2005) Consideradas as afirmações abaixo, marque a letra que contém a resposta correta:

I. São princípios da formação técnico-profissional do adolescente: garantia de acesso e frequência obrigatória ao ensino regular, atividade compatível com o desenvolvimento do adolescente e horário especial para o desenvolvimento das atividades. Trabalho educativo é a atividade laboral disciplinada em lei em que as exigências pedagógicas relativas ao desenvolvimento pessoal e social do educando prevalecem sobre o aspecto produtivo, não podendo haver, sob pena de desfiguração do caráter educativo, remuneração pelo trabalho efetuado ou participação na venda dos produtos do trabalho do adolescente.

II. Entre os principais efeitos conexos do contrato de emprego, quanto à figura do empregador, constam pagar os salários, recolher o Fundo de Garantia do Tempo de Serviço, emitir a CAT (Comunicação de Acidente de Trabalho) e anotar a Carteira de Trabalho e Previdência Social; e, quanto à figura do empregado, constam prestar serviços e ser fiel no tocante aos segredos da empresa.

III. O empregado pode ser indenizado por dano material, moral e estético sofrido em decorrência do contrato de emprego e sua execução. Tal direito decorre de efeito próprio do contrato de emprego.

IV. Sobre os direitos intelectuais, pode-se afirmar que pertencerão exclusivamente ao empregado os inventos e aperfeiçoamentos realizados no curso do contrato de trabalho expressamente destinado à pesquisa no Brasil em que a atividade inventiva do assalariado esteja prevista, ou que decorra da própria natureza da atividade contratada, considerando-se realizados no curso do pacto laboral os inventos cujas patentes sejam requeridas pelo empregado até dois anos após a extinção do mesmo contrato.

V. O poder empregatício compreende as dimensões diretiva, regulamentar, fiscalizatória e disciplinar. O poder regulamentar abrange as prerrogativas de acompanhamento contínuo da prestação dos serviços; nele se inclui o controle da frequência dos empregados.

(A) Somente I está correta.
(B) Somente II está errada.
(C) III e IV estão corretas.
(D) Somente V está errada.
(E) Todas estão erradas.

I: incorreta, “a remuneração que o adolescente recebe pelo trabalho efetuado ou a participação na venda dos produtos de seu trabalho não desfigura o caráter educativo” (art. 68, § 2º, da Lei 8.069/1990); **II:** incorreta, segundo a doutrina, os efeitos jurídicos resultantes do contrato de trabalho podem ser classificados em próprios e conexos. Os primeiros decorrem da natureza do contrato, e, como tal, inevitáveis. Por outro lado, são efeitos conexos aqueles que não resultam diretamente da natureza do contrato de trabalho e, como tal, não possuem natureza trabalhista. Não obstante, como apresentam algum tipo de vinculação com o contrato de trabalho estabelecido, acabam sendo tratados pelo Direito do Trabalho (por exemplo: dever de pagar indenizações em casos de acidentes de trabalho, dever de pagar pelo uso do direito imagem a atletas profissionais que subscrevem contratos de licenciamento com o clube empregador, direitos de propriedade intelectual etc.). Os exemplos acima citados são efeitos próprios, e não conexos, do contrato de trabalho; **III:** incorreta, tratando-se de efeito conexo do contrato de trabalho. Ressalte-se que esta conclusão não entra no mérito da natureza contratual ou extracontratual da responsabilidade decorrente do acidente de trabalho; **IV:** incorreta, o prazo é de um ano após a extinção do vínculo emregatício (art. 88, § 2º, da Lei 9.279/1996); **V:** incorreta, o acompanhamento da prestação dos serviços condiz com o poder fiscalizatório.

Gabarito "E"

(Magistratura do Trabalho – 21ª Região – 2005) Consideradas as afirmações abaixo, marque a letra que contém a resposta correta:

I. Para fins de elidir o direito à equiparação salarial prevista na Consolidação das Leis do Trabalho, só é válido o quadro de pessoal organizado em carreira quando homologado pelo Ministério do Trabalho, excluindo-se, apenas, dessa exigência, o quadro de carreira das entidades de direito público da administração direta, autárquica e fundacional aprovado por ato administrativo da autoridade competente. Para efeito de equiparação de salários em caso de trabalho igual, conta-se o tempo de serviço na função e não no emprego. A equiparação salarial só é possível se o empregado e o paradigma exercerem a mesma função, desempenhando as mesmas tarefas, não importando se os cargos têm, ou não, a mesma denominação. É desnecessário que, ao tempo da reclamação sobre equiparação salarial, reclamante e paradigma estejam a serviço do estabelecimento, desde que o pedido se relacione com situação pretérita. A cessão de empregados não exclui a equiparação salarial, embora exercida a função em órgão governamental estranho à cedente, se esta responde pelos salários do paradigma e do reclamante. Presentes os pressupostos que determinam a equiparação salarial, na forma da CLT, é irrelevante a circunstância de que o desnível salarial tenha origem em decisão judicial que beneficiou o paradigma, exceto se decorrente de vantagem pessoal ou de tese jurídica superada pela jurisprudência de Corte Superior. Desde que atendidos os mesmos pressupostos, é possível a equiparação salarial de trabalho intelectual, que pode ser avaliado por sua perfeição técnica, cuja aferição terá critérios objetivos. É do empregador o ônus da prova do fato impeditivo, modificativo ou extintivo da equiparação salarial. Na ação de equiparação salarial, a prescrição é parcial e só alcança as diferenças salariais vencidas no período de 5 (cinco) anos que precedeu o ajuizamento. O conceito de "mesma localidade" de que trata a CLT refere-se, em princípio, ao mesmo município, ou a municípios distintos que, comprovadamente, pertençam à mesma região metropolitana.

II. A alteração do contrato emprego contém uma particularidade com relação aos demais contratos, no tocante à possibilidade de alteração objetiva ou de seus sujeitos contratuais, limitada à modificação da figura do empregador, o que ocorre, por exemplo, nos casos de sucessão trabalhista.

III. Ao empregador é vedado transferir o empregado, sem sua anuência, para localidade diversa da que resultar do contrato, não se considerando transferência a que não acarretar necessariamente a mudança de seu domicílio, não se enquadrando nessa proibição, porém, os empregados que exerçam cargos de confiança e aqueles cujos contratos tenham como condição implícita ou explícita a transferência, quando esta decorra de real necessidade de serviço, presumindo-se abusiva a transferência realizada sem comprovação dessa necessidade. Mas o empregado transferido por ato unilateral do empregador, para local mais distante de sua residência, tem direito a suplemento salarial correspondente ao acréscimo da despesa de transporte.

IV. Quanto ao horário de trabalho vigora o princípio da inalterabilidade contratual lesiva, o qual é derrogado pelo exercício do "jus variandi" do empregador, a quem se permite, de regra, independente do consentimento ou de real prejuízo para o empregado, transferi-lo do turno diurno para o noturno e vice-e-versa, conforme a necessidade do serviço.

V. Reversão é a alteração funcional lícita do contrato de emprego que determina o retorno do empregado ao cargo efetivo, após ocupação de cargo ou função de confiança. Mas, segundo a jurisprudência sumulada do Tribunal Superior do Trabalho, percebida a gratificação de função por dez ou mais anos pelo empregado, se o empregador, sem justo motivo, revertê-lo a seu cargo efetivo, não poderá retirar-lhe a gratificação, tendo em vista o princípio da estabilidade financeira. Outrossim, mantido o empregado no exercício da função comissionada, não pode o empregador reduzir o valor da gratificação.

(A) Todas estão erradas.
(B) Somente I está correta.
(C) II e III estão erradas.
(D) IV e V estão erradas.
(E) Somente II e IV estão erradas.

I: correta, Súmula 6 do TST; **II:** é incorreta a utilização da expressão "sujeitos contratuais" como sinonímia de "objetiva", que se refere ao conteúdo do contrato. No caso descrito na assertiva, está-se diante de uma hipótese de alterabilidade subjetiva do contrato de trabalho, admitida pela lei (CLT, arts. 10 e 448) quanto a um dos polos da relação jurídica (o do empregador), sem que tal fato modifique objetivamente o contrato de trabalho (a tal fenômeno, Godinho chama de "princípio da intangibilidade contratual objetiva", como forma de realçar a possibilidade de alteração subjetiva sem se afetar o pacto laboral); **III:** correta, art. 469 da CLT e Súmula 29 do TST; **IV:** incorreta, Súmula 265 do TST (v. sobre o abuso no exercício do jus variandi, v. Súmula 43 do TST); **V:** correta, Súmula 372 do TST.

Gabarito "E"

(Magistratura do Trabalho – 23ª Região – 2012) Com base nas disposições da Consolidação das Leis do Trabalho – "CLT" – analise as proposições abaixo e assinale a alternativa correta:

I. Os adicionais por trabalho extraordinário, noturno, insalubre ou perigoso serão computados no salário que servirá de base ao cálculo da remuneração das férias desde que o empregado esteja percebendo, à época da concessão, o mesmo adicional que lhe fora pago habitualmente durante o período aquisitivo.

II. Quando o salário for pago por percentagem, comissão ou viagem, apurar-se-á a média percebida pelo empregado nos 12 (doze) meses que precederem à concessão das férias e quando o salário for pago por tarefa, diferentemente, tomar-se-á por base a média de sua produção no período aquisitivo do direito a férias aplicando-se o valor da remuneração da tarefa na data da concessão das férias.

III. Quando o salário for pago por hora com jornadas variáveis, apurar-se-á a média do período de 12 (doze) meses que precederem à concessão das férias, aplicando-se o valor do salário na data da concessão das férias.

IV. O empregado que, no curso do período aquisitivo do direito de férias, houver faltado 15 (quinze) vezes, injustificadamente, terá direito ao gozo de apenas 18 (dezoito) dias corridos de férias.

V. O tempo de trabalho anterior a apresentação do empregado para serviço militar obrigatório será computado no período aquisitivo de férias, desde que ele compareça ao estabelecimento dentro de 90 (noventa) dias da data em que se verificar a respectiva baixa.

(A) Apenas as proposições II, III, IV e V estão corretas e as demais estão incorretas.

(B) Apenas as proposições II, IV e V estão corretas e as demais estão incorretas.

(C) Apenas as proposições I, II, IV e V estão corretas e as demais estão incorretas.

(D) Apenas a proposição I, III, IV e V estão corretas e as demais, estão incorretas.

(E) Apenas as proposições IV e V estão corretas e as demais estão incorretas.

I: incorreta, desde que o empregado esteja percebendo, à época da concessão, o mesmo adicional que lhe fora pago habitualmente durante o período aquisitivo ou quando o valor tiver sido uniforme (art. 142, §§ 5º e 6º, da CLT); **II:** correta, art. 142, §§ 2º e 3º, da CLT; **III:** incorreta, "apurar-se-á a média do período aquisitivo, aplicando-se o valor do salário na data da concessão das férias" (art. 142, § 1º, da CLT); **IV:** correta, art. 130, III, da CLT; **V:** correta, art. 132 da CLT.

Gabarito "B"

(Magistratura do Trabalho – 24ª Região – 2007) Assinale a alternativa que está em desconformidade com Súmula da jurisprudência do Colendo Tribunal Superior do Trabalho:

(A) A cessação da atividade da empresa, com o pagamento da indenização, simples ou em dobro, não exclui, por si só, o direito do empregado ao aviso-prévio.

(B) A indenização pelo não deferimento das férias no tempo oportuno será calculada com base na remuneração devida ao empregado na época da reclamação ou, se for o caso, na da extinção do contrato.

(C) Os empregados de empresas distribuidoras e corretoras de títulos e valores mobiliários têm direito à jornada especial dos bancários.

(D) A remuneração das férias do tarefeiro deve ser calculada com base na média da produção do período aquisitivo, aplicando-se-lhe a tarifa da data da concessão.

(E) As gratificações por tempo de serviço e produtividade, pagas mensalmente, não repercutem no cálculo do repouso semanal remunerado.

A: assertiva correta, Súmula 44 do TST; **B:** assertiva correta, Súmula 7 do TST; **C:** assertiva incorreta, devendo ser assinalada, não têm direito à jornada especial dos bancários (Súmula 119 do TST); **D:** assertiva correta, Súmula 149 do TST; **E:** assertiva correta, Súmula 225 do TST.

Gabarito "C"

(Magistratura do Trabalho – 24ª Região – 2006) Assinale a alternativa INCORRETA:

(A) De acordo com dispositivo da CLT, é vedado ao empregador ou preposto proceder a revistas íntimas nas empregadas ou funcionárias.

(B) A invenção e o modelo de utilidade pertencem exclusivamente ao empregador quando decorrerem de contrato de trabalho cuja execução ocorra no Brasil e que tenha por objeto a pesquisa ou a atividade inventiva, ou resulte esta da natureza dos serviços para os quais foi o empregado contratado. Nesse caso, a retribuição pelo trabalho limita-se ao salário ajustado, salvo expressa disposição contratual em contrário.

(C) Pertencerá exclusivamente ao empregado a invenção ou o modelo de utilidade por ele desenvolvido, desde que desvinculado do contrato de trabalho e não decorrente da utilização de recursos, meios, dados, materiais, instalações ou equipamentos do empregador.

(D) O empregador poderá conceder ao empregado, autor de invento ou aperfeiçoamento, participação nos ganhos econômicos, com incorporação no salário, mediante negociação com o interessado ou conforme disposto em norma da empresa.

(E) O poder fiscalizatório ou poder de controle, conferido ao empregador, encontra limites na própria Constituição Federal, que contém regras e princípios que afastam a viabilidade jurídica de condutas fiscalizatórias e de controle da prestação de serviços que agridam a liberdade e dignidade básicas da pessoa natural do trabalhador.

A: assertiva correta, art. 373-A, VI, da CLT; **B:** assertiva correta, art. 88 da Lei 9.279/1996; **C:** assertiva correta, art. 90 da Lei 9.279/1996; **D:** assertiva incorreta, devendo ser assinalada, a participação não incorpora ao salário (art. 89, parágrafo único, da Lei 9.279/1996); **E:** assertiva correta, na medida em que o poder diretivo é um poder-função, isto é, um poder direcionado a uma finalidade socialmente lícita, e, emanando este poder diretivo do poder de propriedade, automaticamente estará jungido a uma função social.

Gabarito "D"

(Procurador do Trabalho – 2013 – MPT) Considerando-se o texto constitucional e a jurisprudência uniforme do TST, analise as proposições abaixo:

I. Diante da inexistência de previsão legal específica, o contrato de empreitada de construção civil entre o dono da obra e o empreiteiro não enseja responsabilidade solidária ou subsidiária nas obrigações trabalhistas contraídas pelo empreiteiro, salvo sendo o dono da obra uma construtora ou incorporadora.

II. Possui natureza indenizatória a parcela prevista no art. 71, § 4º, da CLT, com redação introduzida pela Lei n. 8.923/1994, quando não concedido ou reduzido pelo empregador o intervalo mínimo intrajornada para repouso e alimentação.

III. É dever dos responsáveis legais de menores, pais, mães, ou tutores, afastá-los de empregos que diminuam consideravelmente o seu tempo de estudo, reduzam o tempo de repouso necessário à sua saúde e constituição física, ou prejudiquem a sua educação moral.

IV. A indenização por frutos percebidos pela posse de má-fé mostra-se compatível com o Direito do Trabalho, sendo devida no caso de inadimplemento de verbas trabalhistas.

Marque a alternativa CORRETA:

(A) apenas as assertivas I, III e IV estão corretas;
(B) apenas as assertivas I e III estão corretas;
(C) apenas as assertivas II e IV estão corretas;
(D) todas as assertivas estão incorretas;
(E) Não respondida.

I: correta, OJ 191 da SDI-I do TST; **II:** incorreta OJ 354 da SDI-I do TST; **III:** correta, art. 424 da CLT; **IV:** incorreta, Súmula 445 do TST.
Gabarito "B"

(Procurador do Trabalho – 2013 – MPT) A partir das normas constitucionais e legais, além da jurisprudência consolidada do TST e do STF analise as assertivas:

I. Não será considerada falta ao serviço, para efeito de cálculo dos dias de férias do empregado, a ausência durante a suspensão preventiva para responder a inquérito administrativo ou de prisão preventiva.

II. Considera-se em sobreaviso o empregado que, à distância e submetido a controle patronal por instrumentos telemáticos ou informatizados, permanecer em regime de plantão ou equivalente, aguardando a qualquer momento o chamado para o serviço durante o período de descanso.

III. O pagamento dos salários até o 5º dia útil do mês subsequente ao vencido não está sujeito à correção monetária. Se essa data limite for ultrapassada, incidirá o índice da correção monetária do mês subsequente ao da prestação dos serviços, a partir do dia 1º.

IV. Percebida a gratificação de função por dez ou mais anos pelo empregado, se o empregador, revertê-lo a seu cargo efetivo, não poderá retirar-lhe a gratificação tendo em vista o princípio da estabilidade financeira.

Assinale a alternativa CORRETA:

(A) apenas as assertivas II e IV estão erradas;
(B) apenas as assertivas I e III estão erradas;
(C) apenas as assertivas I e IV estão erradas;
(D) todas as assertivas estão corretas;
(E) Não respondida.

I: incorreta, art. 131, V, da CLT; **II:** correta, Súmula 428, II, do TST; **III:** correta, OJ 124 da SDI-I do TST; **IV:** incorreta, Súmula 372, I, do TST.
Gabarito "C"

(Procurador do Trabalho – MPT – 17º Concurso – 2012) De acordo com as normas legais e a jurisprudência uniformizada do Tribunal Superior do Trabalho sobre contrato de trabalho, assinale a alternativa **IN**CORRETA:

(A) Quando a reintegração do empregado estável for desaconselhável, dado o grau de incompatibilidade resultante do dissídio, especialmente quando for o empregador pessoa física, o tribunal do trabalho poderá converter aquela obrigação em indenização por rescisão do contrato por prazo indeterminado, paga em dobro.
(B) A transferência para o período diurno de trabalho implica a perda do direito ao adicional noturno.
(C) A contratação de servidor público, sem prévia aprovação em concurso público, encontra óbice no art. 37, II e § 2º da Constituição da República, somente lhe conferindo direito ao pagamento da contraprestação pactuada, em relação ao número de horas trabalhadas, respeitado o valor da hora do salário mínimo, e dos valores referentes aos depósitos e multa do FGTS.
(D) O empregado acusado de falta grave poderá ser suspenso de suas funções, mas a sua despedida só se tornará efetiva após o inquérito em que se verifique a procedência da acusação. A suspensão perdurará até a decisão final do processo. Reconhecida a inexistência de falta grave praticada pelo empregado, fica o empregador obrigado a readmiti-lo no serviço e a pagar-lhe os salários a que teria direito no período da suspensão.
(E) Não respondida.

A: assertiva correta, artigos 496 e 497 da CLT; **B:** assertiva correta, Súmula 265 do TST; **C:** assertiva incorreta, devendo ser assinalada, a multa do FGTS não está prevista (Súmula 363 do TST); **D:** assertiva correta, artigos 494 e 495 da CLT.
Gabarito "C"

(Procurador do Trabalho – MPT – 17º Concurso – 2012) Assinale a alternativa **IN**CORRETA:

(A) O trabalhador avulso é um trabalhador eventual, que se ativa por curtos períodos de tempo a distintos tomadores, sem se fixar a nenhum deles, com a intermediação de um órgão de gestão de mão de obra. A anotação da CTPS do trabalhador avulso é feita pelo Órgão Gestor de Mão de Obra.
(B) No trabalho voluntário não há contraprestação do trabalho, o que não impede que sejam repassados valores de ressarcimento de despesas comprovadamente realizadas, como as despesas de deslocamento.

(C) O assédio moral organizacional extrapola a esfera de interesses do trabalhador assediado, exigindo a tutela coletiva para que a prática seja extirpada dos métodos de administração e gestão da empresa, para além da tutela das situações individuais.

(D) Para que o contrato de trabalho temporário seja válido é preciso que haja contrato escrito entre o empregado e a empresa de trabalho temporário, com duração de até três meses, prorrogáveis por mais três, além de haver contrato escrito, de natureza civil, entre as empresas prestadora e tomadora dos serviços, do qual conste o motivo da contratação.

(E) Não respondida.

A: assertiva incorreta, devendo ser assinalada. A alternativa misturou o conceito de trabalhador avulso e de trabalhador eventual. De acordo com o artigo 12, VI, da Lei 8212/1991, o trabalho avulso se caracteriza pela prestação de serviços a várias empresas, por parte do trabalhador, sem a formação de vínculo empregatício. De acordo com os ensinamentos de Maurício Godinho Delgado, "O obreiro chamado avulso corresponde à modalidade de trabalhador eventual, que oferta sua força de trabalho, por curtos períodos de tempo, a distintos tomadores, sem se fixar especificamente a qualquer deles. O que distingue o avulso do eventual, entretanto, é a circunstância de sua força de trabalho ser ofertada, no mercado específico em que atua (o setor portuário), através de uma entidade intermediária." (DELGADO, Maurício Godinho. Curso de Direito do Trabalho. Curso de Direito do Trabalho. 12ª ed. São Paulo: LTr, 2013, p. 345). Ressalta-se, ainda, que no tocante ao avulso não portuário, a intermediação é feita por meio do sindicato; **B:** assertiva correta, artigo 3º, da Lei 9.608/1999; **C:** assertiva correta, por definição; **D:** assertiva correta, artigo 2º e parágrafo único da Portaria 550 de 12 de março de 2010.

Gabarito "A"

(Procurador do Trabalho – MPT – 16º Concurso – 2009) Assinale a alternativa INCORRETA:

(A) o tempo despendido pelo empregado até o local de trabalho e para seu retorno, por qualquer meio de transporte, será computado na jornada de trabalho, exceto se o empregador fornecer a condução;

(B) as enfermidades do trabalhador que se relacionarem com a atividade profissional compõem o gênero doenças ocupacionais e assim serão consideradas acidente do trabalho para fins previdenciários e indenizatórios;

(C) acidente ligado ao trabalho que, embora não tenha sido a causa única, haja contribuído diretamente para morte do segurado, para redução ou perda da sua capacidade para o trabalho, ou produzido lesão que exija atenção médica para a recuperação, equipara-se também ao acidente de trabalho;

(D) poderão ser fixados, para as microempresas por meio de acordo ou convenção coletiva, em caso de transporte fornecido pelo empregador, em local de difícil acesso ou não servido por transporte público, o tempo médio despendido pelo empregado, bem como a forma e a natureza da remuneração;

(E) não respondida.

A: assertiva incorreta, devendo ser assinalada, o tempo não será computado, "salvo quando, tratando-se de local de difícil acesso ou não servido por transporte público, o empregador fornecer a condução" (art. 58, § 2º, da CLT e Súmula 90 do TST); **B:** assertiva correta, por definição (v. art. 20 da Lei 8.213/1991); **C:** assertiva correta, art. 21, I, da Lei 8.213/1991; **D:** assertiva correta, art. 58, § 3º, da CLT.

Gabarito "A"

(Procurador do Trabalho – MPT – 16º Concurso – 2009) Na esteira da jurisprudência do C. Tribunal Superior do Trabalho, assinale a alternativa CORRETA:

(A) Faz jus ao adicional de periculosidade o empregado exposto permanentemente ou que, de forma intermitente, sujeita-se a condições de risco. Indevido, apenas, quando o contato dá-se de forma eventual, assim considerado o fortuito, ou o que, sendo habitual, dá-se por tempo extremamente reduzido.

(B) A limpeza em residências e escritórios e a respectiva coleta de lixo não podem ser consideradas atividades insalubres, exceto se constatadas por laudo pericial.

(C) A validade de acordo coletivo ou convenção coletiva de compensação de jornada de trabalho em atividade insalubre não prescinde da inspeção prévia da autoridade competente em matéria de higiene e segurança do trabalho.

(D) O tacógrafo é instrumento hábil para controlar a jornada de trabalho de empregado motorista que exerce atividade externa.

(E) Não respondida

A: correta, Súmulas 47 e 364 do TST; **B:** incorreta, "não podem ser consideradas atividades insalubres, ainda que constatadas por laudo pericial, porque não se encontram dentre as classificadas como lixo urbano na Portaria do Ministério do Trabalho" (OJ 4 da SDI-I do TST); **C:** incorreta, Súmula 349 do TST, cancelada pelo TST em 24.05.2011 (atualmente a questão estaria correta); **D:** incorreta, "o tacógrafo, por si só, sem a existência de outros elementos, não serve para controlar a jornada de trabalho de empregado que exerce atividade externa" (OJ 332 da SDI-I do TST).

Gabarito "A"

(Procurador do Trabalho – MPT – 16º Concurso – 2009) Na esteira da jurisprudência do C. Tribunal Superior do Trabalho, assinale a alternativa INCORRETA:

(A) O salário profissional dos médicos e dentistas guarda proporcionalidade com as horas efetivamente trabalhadas, respeitado o mínimo de 50 (cinquenta) horas.

(B) É assegurado ao vigia noturno o direito ao respectivo adicional.

(C) A transferência para o período diurno de trabalho não implica a perda do direito ao adicional noturno, sob pena de ocorrer redução salarial.

(D) O empregado eleito para ocupar cargo de diretor tem o respectivo contrato de trabalho suspenso, não se computando o tempo de serviço desse período, salvo se permanecer a subordinação inerente à relação de emprego.

(E) Não respondida.

A: assertiva correta, Súmula 143 do TST; **B:** assertiva correta, Súmula 140 do TST; **C:** assertiva incorreta, devendo ser assinalada, implica a perda do direito ao adicional noturno (Súmula 265 do TST); **D:** assertiva correta, Súmula 269 do TST.

Gabarito "C"

(Procurador do Trabalho – MPT – 13º Concurso – 2006) Em relação às formas atípicas de trabalho:

I. o trabalho temporário tem como objetivo dotar as empresas de mecanismos de contratação de trabalhadores em situações transitórias, sem que com isso sejam obrigadas a aumentar o quadro permanente;
II. o contrato de trabalho temporário, seguindo a regra geral dos contratos de trabalho, pode ser escrito ou verbal, expresso ou tácito;
III. serviço voluntário é a atividade não remunerada, prestada por pessoa física a entidade pública de qualquer natureza, ou a instituição privada de fins não lucrativos, que tenha objetivos cívicos, culturais, educacionais, científicos, recreativos ou de assistência social, inclusive mutualidade;
IV. o teletrabalho poderá ser prestado de forma autônoma ou subordinada, devendo-se visualizar em concreto como é exercido, adotando-se o princípio da primazia da realidade.

Analisando-se as asserções acima, pode-se afirmar que:

(A) todas as afirmativas estão corretas;
(B) somente as afirmativas I, III e IV estão corretas;
(C) somente as afirmativas I e III estão corretas;
(D) somente as afirmativas II e IV estão corretas;
(E) não respondida.

I: correta, por definição; **II:** incorreta, tem que ser, obrigatoriamente, escrito (art. 11 da Lei 6.019/1974); **III:** correta, pois o concurso é posterior à revogação, pela Lei 11.692/2008, da Lei 10.748/2003, que introduziu o art. 3º-A à Lei 9.608/1998 para conceber hipóteses de trabalho voluntário remunerado; **IV:** correta, por definição.

Gabarito "B"

(Procurador do Trabalho – MPT – 13º Concurso – 2006) A propósito da jurisprudência uniforme do Tribunal Superior do Trabalho:

I. da extinção de cada contrato de trabalho começa a fluir o prazo prescricional do direito de ação em que se objetiva a soma de períodos descontínuos de trabalho;
II. as gorjetas oferecidas espontaneamente pelos clientes não servem de base de cálculo para o aviso-prévio, adicional noturno, horas extras, Fundo de Garantia do Tempo de Serviço e repouso semanal remunerado;
III. o pagamento referente ao aviso-prévio não trabalhado está sujeito à contribuição para o Fundo de Garantia do Tempo de Serviço;
IV. é parcial a prescrição aplicável quando se tratar de pedido de diferença de gratificação semestral que teve seu valor congelado.

Analisando as asserções acima, pode-se afirmar que:

(A) apenas as de número I e II estão incorretas;
(B) apenas as de número II e IV estão incorretas;
(C) apenas a de número IV está correta;
(D) nenhuma está correta;
(E) não respondida.

I: incorreta, começa a fluir da extinção do último contrato (Súmula 156 do TST); **II:** incorreta, não servem "de base de cálculo para as parcelas de aviso-prévio, adicional noturno, horas extras e repouso semanal remunerado" (Súmula 354 do TST); **III:** correta, Súmula 305 do TST; **IV:** correta, Súmula 373 do TST.

Gabarito "A"

(Procurador do Trabalho – MPT – 13º Concurso – 2006) Assinale a alternativa CORRETAL

(A) o professor faz jus a nove dias de licença remunerada em razão de luto pelo falecimento do pai ou mãe;
(B) o empregador está obrigado a pagar o adiantamento da gratificação natalina no mesmo mês para todos os seus empregados;
(C) a remuneração do repouso semanal remunerado corresponde, para o empregado em domicílio, ao equivalente ao quociente da divisão por sete da importância total da produção na semana;
(D) a remuneração do repouso semanal remunerado corresponde, para o empregado diarista, a um dia de serviço, computadas as horas extras eventualmente prestadas;
(E) não respondida.

A: correta, art. 320, § 3º, da CLT; **B:** incorreta, "o adiantamento será pago ao ensejo das férias do empregado, sempre que este o requerer no mês de janeiro do correspondente ano" (art. 2º, § 1º, da Lei 4.749/1965); **C:** incorreta, o quociente da divisão é por seis (art. 7º, d, da Lei 605/1949); **D:** incorreta, "para os que trabalham por dia, semana, quinzena ou mês, a de um dia de serviço, computadas as horas extraordinárias habitualmente prestada" (art. 7º, a, da Lei 605/1949).

Gabarito "A"

(Ministério Público do Trabalho – 12º) Assinale a alternativa CORRETA:

I. a União encontra-se autorizada por força de lei a conceder auxílio financeiro ao prestador do serviço voluntário, com idade de 16 (dezesseis) a 24 (vinte e quatro) anos, integrante de família com renda mensal *per capita* de até meio salário mínimo;
II. a lei exige que a representação comercial autônoma seja sempre exercida por pessoa jurídica cujos sócios estejam devidamente registrados no respectivo Conselho Regional dos Representantes Comerciais;
III. no contrato de estágio previsto em lei, é facultado o recebimento de bolsa ou outra forma de contraprestação, sendo-lhe, contudo, obrigatório o seguro de acidentes pessoais e a interveniência da instituição de ensino;
IV. em sendo nulo o contrato civil de representação, estágio ou voluntário, e estando presentes os requisitos da relação de emprego, haverá conversão negocial que é justamente o aproveitamento do suporte fático do contrato nulo destinado a concretizar outro válido. No caso particular, aplicar-se-á a substituição legal, instituto sucedâneo da conversão negocial em que a própria lei, sem considerar a hipotética vontade das partes, substitui o que eles queriam pelo que a ela pareceu melhor.

(A) apenas a assertiva II está incorreta;
(B) apenas as assertivas II e III estão incorretas;

(C) apenas as assertivas III e IV estão corretas;
(D) todas estão corretas;
(E) não respondida.

I: correta, pois o concurso ocorreu na vigência da Lei 10.748/2003, que introduziu o art. 3º-A à Lei 9.608/1998 para conceber hipóteses de trabalho voluntário remunerado, o que tornou a ser afastado com a revogação do citado dispositivo pela Lei 11.692/2008; **II:** incorreta, pode ser exercida por pessoa física (art. 1º da Lei 4.886/1965); **III:** correta, de acordo com a lei 6.494/1977 (então vigente) e com a Lei 11.788/2008; **IV:** correta, por definição, e conforme art. 9º da CLT.

Gabarito "A".

(Procurador do Trabalho – MPT – 12º Concurso – 2005) Assinale a alternativa CORRETA:

(A) a exclusão do trabalhador da duração normal do trabalho não alcança aqueles que têm jornada estabelecida por outros dispositivos próprios e específicos como, por exemplo, os bancários, que são regidos pelas suas respectivas normas;
(B) à Justiça do Trabalho é vedado conceder liminar proibindo o empregador de realizar a transferência de empregado seu, por estar no âmbito exclusivo do poder potestativo empresarial e em face do direito de ampla gestão sobre os seus próprios negócios e quebra do princípio da livre-iniciativa;
(C) em qualquer hipótese de transferência, ainda que abusiva, deverão ser custeadas ao trabalhador todas as despesas necessárias para a prática desse ato, tanto na ida quanto no seu retorno;
(D) a quantidade de cigarros entregue pelo empregador ao empregado, juntamente com o salário, todos os meses, desde a admissão, será considerada salário utilidade se corresponder, no mercado, a valor igual ou superior a 50% do salário que o trabalhador recebe mensalmente.
(E) não respondida.

A: incorreta, art. 57 da CLT; **B:** incorreta, art. 5º, XXXVI, da CF; **C:** correta, art. 470 da CLT; **D:** incorreta, "em caso algum será permitido o pagamento com bebidas alcoólicas ou drogas nocivas" (art. 458, caput, da CLT).

Gabarito "C".

(Procurador do Trabalho – MPT – 11º Concurso – 2004) Os períodos de descanso são essenciais à preservação da saúde do trabalhador. A respeito desse aspecto, é CORRETO afirmar:

(A) o trabalho habitual em horas extras não interfere na possibilidade do Ministério do Trabalho autorizar a redução do intervalo para refeição e descanso;
(B) as férias serão devidas após doze meses de efetiva prestação de serviços por parte do empregado, devendo ser concedidas nos doze meses subsequentes;
(C) a lei que cuida do repouso semanal remunerado nega este direito aos empregados domésticos e também o descanso nos feriados civis e religiosos, contrariando, expressamente, nos dois aspectos, a Constituição Federal;
(D) a Convenção n. 132 da OIT, ratificada pelo Brasil, estipula o direito a férias proporcionais para o empregado que não tenha completado o primeiro período aquisitivo;
(E) não respondida.

274

A: incorreta, o limite mínimo de uma hora não pode ser reduzido se os empregados estiverem sob o regime de horas extras (art. 71, § 3º, da CLT); **B:** incorreta, o art. 130 da CLT fala em doze meses de vigência do contrato de trabalho; **C:** incorreta, a CF não trata do descanso nos feriados civis e religiosos, por isso sempre gerando polêmica, uma vez que a Lei 605/1949, que regula o repouso aos domingos e feriados, em seu art. 5º, a, expressamente excluía os domésticos da aplicação da lei, dispositivo este que foi revogado pela Lei 11.324/2006; **D:** correta, art. 4º da Convenção 132 da OIT (promulgada pelo Decreto 3.197/1999).

Gabarito "D".

(Procurador do Trabalho – MPT – 11º Concurso – 2004) Quanto às normas de tutela do trabalhador, é CORRETO afirmar:

(A) a adoção de medidas de proteção ao trabalho das mulheres é considerada de ordem pública, não justificando, em nenhuma hipótese, a redução do salário;
(B) o empregado estudante de qualquer idade terá direito a gozar férias sempre que tiver férias escolares;
(C) as férias poderão ser fracionadas em dois períodos, desde que um deles coincida com as férias escolares dos filhos do empregado e tenha duração mínima de 10 (dez) dias;
(D) a lei não impede o empregador de proceder a revistas íntimas nas empregadas;
(E) não respondida.

A: correta, arts. 7º, XX e XXX, da CF, e 373-A, III, e, principalmente, 377 da CLT; **B:** incorreta, tal privilégio é apenas para o menor de 18 anos (art. 136, § 2º, da CLT); **C:** incorreta, inexiste a previsão legal de coincidência das férias com as férias escolares dos filhos do empregado; **D:** incorreta, há impedimento expresso no art. 373-A, VI, da CLT.

Gabarito "A".

(Procurador do Trabalho – MPT – 11º Concurso – 2004) No que tange aos contratos especiais de trabalho, aponte a alternativa CORRETA:

(A) o exercício remunerado do magistério, em estabelecimentos particulares de ensino, exige apenas habilitação legal e registro no Ministério do Trabalho;
(B) num mesmo estabelecimento de ensino não poderá o professor ministrar, em cada turno, mais de quatro aulas consecutivas, nem mais de seis aulas intercaladas;
(C) nos portos organizados, a movimentação e armazenagem de mercadorias será responsabilidade do operador portuário que, para tanto, deve constituir, em cada porto organizado, um órgão de gestão de mão de obra do trabalho portuário;
(D) o regime especial de 06 (seis) horas de trabalho não se aplica aos empregados de portaria e de limpeza, tais como porteiros, telefonistas de mesa, contínuos e serventes, empregados em bancos e casas bancárias;
(E) não respondida.

A: incorreta, o registro tem que ser no Ministério da Educação (art. 317 da CLT); **B:** incorreta, não poderá ministrar, por dia (art. 318 da CLT); **C:** correta, arts. 1º, § 1º, II, e 18 da Lei 8.630/1993; **D:** incorreta, o regime especial se aplica aos empregados citados (art. 226 da CLT).

Gabarito "C".

(Procurador do Trabalho – MPT – 9º Concurso – 2000) Analisando as assertivas abaixo assinale:

I. entre duas jornadas de trabalho haverá um período mínimo de doze horas consecutivas para descanso;
II. o salário-hora normal, no caso do empregado mensalista, será obtido dividindo-se o salário mensal correspondente à duração do trabalho a que se refere o artigo 58 da Consolidação das Leis do Trabalho por 30 vezes o número de horas dessa duração:
III. o direito do empregado ao adicional de insalubridade ou de periculosidade cessará com a eliminação do risco à sua saúde ou integridade física, ainda que percebido por longo período de tempo.

(A) todas as assertivas estão corretas;
(B) apenas as assertivas II e III estão corretas;
(C) apenas as assertivas I e III estão corretas;
(D) apenas as assertivas I e II estão corretas;
(E) todas as assertivas estão erradas;
(F) não sei.

I: incorreta, haverá um período mínimo de onze horas (art. 66 da CLT); **II:** correta, art. 64 da CLT; **III:** correta, art. 194 da CLT e Súmula 248 do TST.

Gabarito "B"

(Procurador do Trabalho – MPT – 9º Concurso – 2000) Dentre os trabalhadores não contemplados pela Consolidação das Leis do Trabalho, pode-se afirmar que é:

(A) trabalhador eventual, aquele que presta serviços a uma empresa, para atender a necessidade transitória de substituição de seu pessoal regular e permanente ou a acréscimo extraordinário de serviços;
(B) o trabalhador avulso, o profissional por conta própria e independente diante daqueles para os quais presta continuadamente ou não os seus serviços;
(C) o trabalhador temporário, que presta a sua atividade para alguém ocasionalmente, dependendo de acontecimento incerto, casual, fortuito;
(D) o trabalhador voluntário, aquele que presta serviços sem remuneração a entidade pública ou entidade privada sem fins lucrativos, mediante termo de adesão;
(E) o estagiário, estudante de nível médio ou superior que realiza atividades em empresa pública ou privada visando à aquisição de experiência profissional, recebendo remuneração inferior ao trabalhador contratado como contrapartida pelo esforço despendido;
(F) não sei.

A: incorreta, a descrição corresponde ao trabalhador temporário; **B:** incorreta, a descrição corresponde ao trabalhador autônomo; **C:** incorreta, a descrição corresponde ao trabalhador eventual; **D:** correta (pois o concurso é anterior à Lei 10.748/2003, que introduziu o art. 3º-A à Lei 9.608/1998 para conceber hipóteses de trabalho voluntário remunerado, o que tornou a ser afastado com a revogação do citado dispositivo pela Lei 11.692/0208); **E:** incorreta, inexiste, na descrição da figura do estagiário, a remuneração na forma como descrita.

Gabarito "D"

(Procurador do Trabalho – MPT – 9º Concurso – 2000) Leia atentamente as assertivas abaixo:

I. Segundo jurisprudência predominante no Tribunal Superior do Trabalho, não é devido o pagamento de horas extras relativamente aos dias em que o excesso de jornada não ultrapassa de cinco minutos antes e/ou após a duração normal de trabalho; se ultrapassado tal limite, será considerado como extraordinário o período que excedê-lo:
II. para fins de regulação do serviço ferroviário, considera-se de "sobreaviso" o empregado que ficar nas dependências da Estrada, aguardando ordens, sendo a respectiva escala de, no máximo, 12 horas;
III. ao menor é vedado o trabalho insalubre, perigoso, noturno e, em qualquer hipótese, além da jornada normal de 8 horas diárias e 44 horas semanais;
IV. é inexistente o contrato de trabalho, na falta de acordo ou prova sobre condição que lhe seja essencial;
V. havendo concordata na falência, será facultado aos contratantes tornar sem efeito a rescisão do contrato de trabalho e consequente indenização, desde que o empregador pague, no mínimo, a metade dos salários que seriam devidos aos empregados durante o interregno.

Assinale a alternativa correta;

(A) todas as assertivas são verdadeiras;
(B) todas as assertivas são falsas;
(C) apenas uma assertiva é verdadeira;
(D) apenas duas assertivas são verdadeiras;
(E) apenas três assertivas são verdadeiras;
(F) não sei.

I: incorreta, conforme a então vigente OJ 23 da SDI-I do TST (que tratava do cômputo, como hora extraordinária, da totalidade do tempo que exceder a jornada normal, e não apenas o período que exceder os cinco minutos), que foi objeto de aclaramento pela súmula 366 do TST; **II:** incorreta, "considera-se de "sobreaviso" o empregado efetivo, que permanecer em sua própria casa, aguardando a qualquer momento o chamado para o serviço. Cada escala de "sobreaviso" será, no máximo, de vinte e quatro horas" (art. 244, § 2º, da CLT); **III:** incorreta, pode-se prorrogar "até mais 2 (duas) horas, independentemente de acréscimo salarial, mediante convenção ou acordo coletivo nos termos do Título VI desta Consolidação, desde que o excesso de horas em um dia seja compensado pela diminuição em outro, de modo a ser observado o limite máximo de 48 (quarenta e oito) horas semanais ou outro inferior legalmente fixada" (CLT, art. 413); **IV:** incorreta, pois se trata de contrato informal que pode ser expresso ou tácito; **V:** correta, art. 449, § 2º, da CLT.

Gabarito "C"

2. Direito Coletivo do Trabalho

Luiz Fabre

1. TEORIA GERAL DO DIREITO COLETIVO DO TRABALHO

1.1. CONTEÚDO DO DIREITO COLETIVO DO TRABALHO E SINDICALISMO

(Magistratura do Trabalho – 12ª Região – 2006) Em relação à história do Direito Coletivo do Trabalho e à Sindicalização é incorreto afirmar:

(A) nasceu com o reconhecimento de associação dos trabalhadores, o que veio a ocorrer após a Revolução Industrial;
(B) o direito de associação, na Alemanha, foi admitido expressamente pela Constituição de Weimar, de 1919, tendo sido a primeira Constituição a tratar da matéria trabalhista e do direito coletivo do trabalho;
(C) o direito de sindicalização passou a estar elencado entre os direitos humanos na Declaração Universal dos Direitos do Homem, de 1948, ao dispor que "todo homem tem direito a organizar sindicatos e a neles ingressar para a proteção dos seus interesses";
(D) a OIT, com a Convenção nº 87, de 1948, passou a determinar as linhas mestras sobre o direito de livre sindicalização, sem qualquer ingerência por parte do Estado;
(E) a Constituição Federal de 1988, ao dispor no seu art. 8º que é livre a associação profissional ou sindical, permitiu a ratificação pelo Brasil da Convenção nº 87 da OIT.

A: correta. Com a revolução industrial surge a classe proletária. Concentrada nas cidades, a massa trabalhadora encontra ambiente propício para o fortalecimento do sentimento de classe, inspirado por aspirações comuns, culminando no reconhecimento, pela Inglaterra, em 1824, do direito de associação; pouco depois, em 1833, são fundadas as primeiras *trade unions*, materializando o ideal do filósofo socialista galês Robert Owen; **B:** correta, porém, a afirmativa parece-nos ambígua e suscetível de anulação, pois uma das interpretações possíveis é no sentido de que a Constituição de Weimar teria sido a primeira a tratar das questões que menciona. Na realidade, a afirmativa só está correta se interpretada no sentido de que a Constituição de Weimar foi a primeira da Alemanha a fazê-lo, eis que no âmbito do constitucionalismo mundial a Constituição Mexicana de 1917, em seu art. 123, já abordara matéria trabalhista e o direito coletivo de coalizão e greve; **C:** correta. Art. XXIII, item 4, da DUDH; **D:** correta. Arts. 2º, 3º, 4º e 11 da Convenção 87 da OIT; **E:** incorreta, pois o art. 8º, II, da CF, ao veicular o princípio da unicidade sindical e ao jungir a representatividade do trabalhador à categoria em que este se enquadra, choca-se com a Convenção 87 da OIT, não ratificada pelo País.

Gabarito "E."

(Magistratura do Trabalho – 23ª Região – 2012) Analise as proposições abaixo e indique a alternativa correta:

I. A forma atual do sindicato, compreendida enquanto associação, teve sua origem na chamada Primeira Revolução Industrial surgindo, então, como meio de reação e de enfrentamento dos trabalhadores face à exploração excessiva que sofriam por parte dos detentores do capital, ante a exigência de trabalho prestado em péssimas condições, com jornadas excessivas e baixíssimas contraprestações.
II. O chamado *Trade Union Act* concebido na Inglaterra, em 1871, e a chamada *Lei Waldeck Rousseau* concebida na França, em 1884, ocupam papel de referência na compreensão da história dos sindicatos por representarem o início do reconhecimento formal de governos europeus quanto à existência de associações profissionais.
III. A Encíclica *Rerum Novarum*, do Papa Leão XIII, de 1891, também é destacada pelos estudiosos enquanto marco histórico da construção do Direito Coletivo do Trabalho por ser um dos primeiros textos da Igreja Católica que, não só aceitavam, como também estimulavam a associação sindical de trabalhadores, na linha do chamado "sindicalismo reivindicatório" ou "sindicalismo de enfrentamento". Representou, a aludida encíclica, uma verdadeira aproximação entre igreja e ideais socialistas, embora sem dizê-lo expressamente, visto que justificava a associação sindical como meio legítimo de defesa intransigente dos interesses dos trabalhadores face aos tomadores de seus serviços, inclusive, através do direito de resistir e do uso da força se necessário.

IV. Embora já tenha sido objeto de divergência da doutrina pátria, atualmente, prevalece de forma pacífica o entendimento de que o sindicato possui natureza jurídica de entidade de direito misto, público e privado, visto que possui autonomia e liberdade para atuar sem intervenção estatal ou ingerência patronal, mas, todavia, ainda é destinatário das contribuições sindicais obrigatórias previstas em lei.

V. Com a edição da Constituição Federal de 1988 foram asseguradas a liberdade e autonomia do sindicato através do art. 8º da Lei Maior. Nessa linha, a Convenção nº 98 da Organização Internacional do Trabalho, que traça o modelo ou padrão de liberdade e de autonomia dos sindicatos no cenário internacional, não pôde, contudo, ser ratificada pelo Estado Brasileiro em razão da manutenção constitucional da contribuição sindical prevista em lei (art. 8º, inciso IV, "in fine" da CFRB/88) e do regime de unicidade sindical (art. 8º, inciso H, da CFRB/88) que são incompatíveis com os ditames de referida Convenção, cuja ratificação com reservas não restou autorizada.

(A) Apenas as proposições I, II e V estão corretas e as demais estão incorretas.
(B) Apenas as proposições I e II estão corretas e as demais estão incorretas.
(C) Apenas as proposições II, III e IV estão corretas e as demais estão incorretas.
(D) Apenas a proposição I está correta e as demais estão incorretas.
(E) Todas as proposições estão incorretas.

I: correta. De acordo com os ensinamentos de Maurício Godinho Delgado: "Mas ainda que se discorde quanto à data precisa do marco inicial de existência do sindicato (situando-o mais à frente, na evolução sócio-histórica do capitalismo inglês), ele está, sem dúvida, fixado na Inglaterra, no contexto de desenvolvimento da revolução industrial e da sociedade capitalista, daí espalhando-se para o restante da Europa Ocidental, norte dos Estados Unidos e, tempos depois, para outras partes do globo terrestre." (DELGADO, Mauricio Godinho. **Curso de Direito do Trabalho**. 10. ed. São Paulo: LTr, 2011. p. 1.286); **II:** correta. De acordo com os ensinamentos de José Claudio Monteiro de Brito Filho, "Sob estes novos ares, o sindicalismo persistiu em sua evolução. O Estado, então, como não podia deixar de ser, deixou de lado sua postura de indiferença legal à questão e se curvou a uma realidade que não havia como ser ignorada. Começa nova fase da evolução do sindicalismo, denominada fase de reconhecimento. Nela, passam os Estados a reconhecer os sindicatos. Na Inglaterra, isto ocorre em 1871, e em sequência, na Dinamarca, em 1874; na França, em 1884 (Lei Waldeck Rousseau); em Portugal e Espanha, em 1887 e, na Bélgica, em 1898, como dispõe *Romita*" (BRITO FILHO, José Cláudio Monteiro de. **Direito sindical**. 3. ed. São Paulo: LTr, 2009. p. 54); **III:** incorreta. A Encíclica *Rerum Novarum*, escrita pelo Papa Leão XIII em 1891, teve como objetivo principal a discussão das relações entre o governo, negócios, o trabalho e a Igreja, durante a Revolução Industrial e as sociedades democráticas do fim do século XIX. Em que pese a defesa do direito de os trabalhadores formarem um sindicato, havia também a rejeição ao sindicalismo e a defesa da propriedade privada. "O documento traduz manifestação oficial da Igreja Católica, de notável influência na época, com respeito à questão social, exigindo do Estado e das classes dirigentes postura mais compreensiva sobre a necessidade de regulação das relações trabalhistas" (DELGADO, Mauricio Godinho. *Op. cit.* p. 97); **IV:** incorreta. A natureza jurídica dos sindicatos no Brasil poderia ser classificada perante a existência de três correntes: sindicato como *ente público* (pela qual, seus interesses se confundiriam com os do próprio Estado), sindicato como *pessoa jurídica de Direito Social* (pela qual, englobaria, além do Direito do Trabalho, outros ramos sociocoletivos, como o Direito Ambiental e o Direito do Consumidor e, por fim, sindicato como *pessoa jurídica de direito privado*, como uma associação de pessoas para a defesa de seus interesses. Esta última é a que prevalece no país; **V:** incorreta. A Convenção da OIT que trata da liberdade sindical é a de número 87, ainda não ratificada pelo Brasil, e não a Convenção 98, que trata de Direito de sindicalização e de negociação coletiva, ratificada em 1952.

Gabarito "B"

(Procurador do Trabalho – 2013 – MPT) Em relação à evolução do sindicalismo, assinale a alternativa CORRETA:

(A) Numa perspectiva histórica, os primeiros sindicatos foram as guildas e as corporações de ofício, que inauguraram na Idade Moderna, respectivamente, a defesa de interesses coletivos e a garantia de vantagens profissionais.
(B) Em virtude do princípio de liberdade sindical e da normatização constitucional, compete aos trabalhadores e empregadores interessados definirem as respectivas categorias profissionais e econômicas, não tendo sido recepcionado o quadro de atividades e profissões previsto no artigo 577 da CLT e seu anexo.
(C) Consoante a Constituição da República é vedada ao poder público a interferência e a intervenção na organização sindical, não se podendo obstar a criação de sindicatos por profissão, categoria, setor econômico, empresa ou atividade econômica.
(D) A arrecadação de fundos financeiros para movimentos grevistas, assim como o exercício do locaute, são proibidos de acordo com a legislação brasileira.
(E) Não respondida.

A: incorreta. Estes institutos pertencem à Idade Média (pois surgem no século XII e se expandem, sobretudo, até o século XV), sendo impróprio falar-se em Idade Moderna. As Guildas foram associações de comerciantes com o objetivo de regular o comércio no interior dos burgos. As Corporações de Ofício eram associações de artesãos com o objetivo de constituir um monopólio de profissões, o impedimento da livre concorrência e a defesa do mercado contra estrangeiros. **B:** Acreditamos dúbia a assertiva e que a questão deveria ser anulada. Observada a unicidade sindical, cumpre aos trabalhadores e empregadores definirem as respectivas categorias, isso está correto. A segunda parte da questão é polêmica, e dependerá do enfoque. É certo e pacífico que a Comissão de Enquadramento Sindical fere o art. 8º, I, da CF, de sorte que o instituto atrita com a Constituição e não mais subsiste. Especificamente quanto ao Quadro de Atividades e Profissões, porém, há inúmeros julgados, principalmente de TRFs, considerando expressamente que o quadro de atividades e profissões foi recebido pela Constituição Federal de 1988 (por exemplo, TRF 1ª Reg., AMS 2002.38.03.005393-4/MG, 8ª T., j. 16.03.2007, rel. Des. Federal Maria do Carmo Cardoso, *DJ* 10.05.2007), o que, a nosso ver, deveria importar na nulidade da questão. Para Sérgio Pinto Martins, permanece em vigor o quadro anexo ao art. 577 da CLT, mas como a Comissão de Enquadramento Sindical não foi recepcionada pela Constituição Federal, tal quadro não pode ser alterado (**Direito do Trabalho**. São Paulo: Atlas, 2004. p. 724). Por outro lado, há doutrina em sentido oposto: "embora a Constituição Federal de 1988, ao proibir a intervenção do Estado no sistema sindical, não tenha recepcionado o Quadro de Atividades e Profissões anexo ao art. 577 da CLT, é certo que manteve o enquadramento sindical previsto a partir do art. 570 consolidado" (STÜRMER, Gilberto. **A liberdade sindical**. Porto Alegre: Livraria do Advogado, 2007. p. 83). Segundo Homero Batista Mateus da Silva (grifos nossos), "com a promulgação da Constituição Federal de 1988, houve um *quase* consenso quanto à não recepção desses dois dispositivos (arts. 570 e 577 da CLT). Todavia, novamente se colocava a questão sobre como zelar pela unicidade sindical, que sobreviveu agarrada ao art. 8º, II (da Constituição), e, ao mesmo tempo aceitar que os interessados desfrutem de ampla liberdade de formação e desenvolvimento da entidade sindical. *Foi diante desse impasse que, para surpresa de muitos e aplausos de outros, o Supremo Tribunal Federal entendeu recepcionado o quadro de categorias, contanto que as atualizações tenham prosseguimento, como já previsto desde 1943 e naturalmente se mostra incrementada em tempos de revolução. Ver, dentre outros, o acórdão proferido em recurso em Mandado de Segurança nº 24.069, de 22 de março de 2005*" (**Curso de Direito do Trabalho Aplicado**. *7* - Direito Coletivo do Trabalho. Rio de Janeiro: Elsevier, 2012. p. 53). **C:** incorreta. O art. 8º, II, da CF, estabeleceu a compulsoriedade do critério de agregação de trabalhadores por categoria. **D:** incorreta. O art. 6º, II, da Lei 7.783/1989 permite a arrecadação de fundos de greve.

Gabarito "B"

(Ministério Público do Trabalho – 15º) Assinale a alternativa INCORRETA:

(A) o Direito Coletivo do Trabalho estrutura-se em torno dos seres coletivos trabalhistas, atuando na resolução dos conflitos coletivos no âmbito das relações laborais;

(B) são conflitos coletivos trabalhistas aqueles que atingem comunidades específicas de trabalhadores e empregadores ou tomadores de serviços, quer no âmbito restrito do estabelecimento ou empresa, quer em âmbito mais largo, envolvendo a categoria ou, até mesmo, comunidade obreira mais ampla;

(C) a resolução dos conflitos coletivos de trabalho está concentrada na autocomposição, sendo possível, eventualmente, a utilização de técnicas de autotutela, como a greve e o *lockout*, por exemplo;

(D) a fórmula autocompositiva da negociação trabalhista pode receber certos impulsos e estímulos, caracterizados por mecanismos de autotutela, como a greve, ou auxiliares, como a mediação. Entretanto, a presença desses diferentes mecanismos não desnatura a autocomposição realizada, que se celebra autonomamente pelas partes, ainda que sob certa pressão social verificada ao longo da dinâmica negocial;

(E) não respondida.

A: correta, enaltecendo o enfoque subjetivista do Direito Coletivo do Trabalho; **B:** correta, por definição; **C:** incorreta, pois o *lockout* é vedado pelo art. 17 da Lei 7.783/1989; **D:** correta. A posição de Maurício Godinho Delgado é neste sentido.

Gabarito "C"

1.2. PRINCÍPIOS DO DIREITO COLETIVO DO TRABALHO E LIBERDADE SINDICAL

(Magistratura do Trabalho – 2ª Região – 2011) Assinale a alternativa incorreta, dentre aquelas abaixo, levando em conta que é livre a associação profissional ou sindical, mas ao empregado sindicalizado é assegurada, em Igualdade de condições, preferência:

(A) Para ingresso em funções públicas ou assemelhadas, em caso de cessação coletiva de trabalho, por motivo de fechamento de estabelecimento.

(B) Na concessão de empréstimos simples concedidos pelas agências financeiras do Governo ou a ele vinculadas.

(C) Na concessão de bolsas de estudo para si ou para seus filhos, obedecida a legislação que regule a matéria.

(D) Para a admissão nos trabalhos de empresa que explore serviços públicos ou mantenha contrato com os poderes públicos.

(E) Para a aquisição de instrumentos relativos ao exercício da profissão, exceto automóveis e outros veículos, quando financiados pelas autarquias, sociedades de economia mista ou agências financeiras do Governo.

Art. 544, VII, da CLT. Observe-se que a recepção do artigo 544 da CLT pela Constituição Federal de 1988 é extremamente questionável, eis que a concepção de um modelo amplo de liberdade sindical individual positiva (direito de se associar a um sindicato) e negativa (direito de se retirar de um sindicato) pelo art. 8º, V, da CF, aliada ao princípio da não interferência estatal nos sindicatos (CF, art. 8º, I) não comporta, em tese, medidas exógenas de fomento ao associativismo.

Gabarito "E"

(Magistratura do Trabalho – 2ª Região – 2010) São considerados princípios específicos de Direito Coletivo do Trabalho, exceto:

(A) Princípio da liberdade de associação.

(B) Princípio da autonomia sindical.

(C) Princípio do desnível dos contratantes coletivos.

(D) Princípio da interveniência sindical na negociação coletiva.

(E) Princípio da lealdade e transparência da negociação coletiva.

A: correta. O princípio da liberdade de associação, positivado pelos arts. 5º, XX, e 8º, V, da CF, é enquadrado, por alguns autores, na noção de liberdades sindicais individuais, em contraposição às garantias de criação, funcionamento e não dissolução do sindicato, que são chamadas de liberdades sindicais coletivas. Quanto às liberdades sindicais individuais, estas comumente são dividas em positivas (liberdade de associar-se em sindicato, por exemplo) e negativas (liberdade de desfiliação, por exemplo); também aduz-se às liberdades sindicais coletivas em sentido positivo (liberdade de criação de sindicatos, por exemplo) e negativo (garantias contra ingerências, liberdade de dissolução, etc.); **B:** correta. O princípio da autonomia sindical (CF, art. 8º, I) diz com a autoconstituição, autogoverno, autorregulação e autoadministração do sindicato, que passa ao largo de qualquer intervenção estatal, ressalvado o dever de observância às normas de ordem pública que disciplinam a matéria; **C:** incorreta, devendo ser assinalada. Ao contrário, a paridade de forças é que é o dínamo do direito coletivo trabalhista, considerando-se a noção de ser coletivo. O sindicato profissional, também chamado de ser coletivo obreiro, possui aptidão para negociar e submeter questões à arbitragem privada, diferentemente da tendência apontada pelo direito individual do trabalho. No polo oposto da relação coletiva de trabalho, não obstante, estará presente outro ser coletivo, que poderá ser o sindicato da categoria econômica contraposta ou, mesmo, o empregador (a empresa já é concebida como um ser coletivo por sua própria natureza); **D:** correta. Tal princípio, positivado pelo art. 8º, VI, da CF, produz duas ordens de controvérsias: a primeira diz respeito à possibilidade da empresa negociar individualmente com o sindicato profissional, sem a interferência obrigatória do sindicato econômico que a representa, uma vez que o citado dispositivo constitucional menciona, simplesmente, "sindicatos". Por se entender que a empresa já é um ser coletivo trabalhista por sua própria natureza, é pacífico o entendimento de que a interveniência sindical obrigatória na negociação coletiva só diz respeito ao sindicato profissional, donde a possibilidade de negociação direta deste com o empregador, a culminar nos acordos coletivos de trabalho. A segunda controvérsia, muito mais polêmica, refere-se à possibilidade de trabalhadores negociarem diretamente as condições de trabalho com o empregador por intermédio de comissões, sem a interveniência do sindicato profissional, nos termos do art. 617, § 1º, da CLT, o que muito excepcionalmente é aceito pelo TST (RODC 16300-58.20055.03.0000, SDC, j. 08.03.2007, rel. Min. Milton de Moura França, *DJ* 13.04.2007, unânime), haja vista a extrema suscetibilidade à cooptação da vontade destes trabalhadores pelo empregador; **E:** correta. Trata-se de princípios da negociação coletiva. Ambos decorrem do princípio geral da boa fé: é na ética que reside o fundamento do direito. A negociação coletiva visa à encerrar o conflito coletivo de trabalho, e não a tornar o ambiente de negociações ainda mais litigioso. Assim sendo, a conduta na negociação deve observar os deveres morais da ética e da lealdade entre as partes. Decorrência de tal princípio é a abusividade, em linha geral, da greve deflagrada enquanto estiverem em curso as negociações. Quanto ao princípio da transparência, referido por alguns como princípio da informação, este determina que as partes negociantes tenham acesso à situação real da categoria e das empresas, a fim de que a negociação se embase em elementos reais. A doutrina ainda aponta outros princípios da negociação coletiva: princípio da irrecusabilidade ou indeclinabilidade da negociação coletiva (CLT, art. 616), e princípio da razoabilidade.

Gabarito "C"

(Magistratura do Trabalho – 3ª Região – 2008) Analise as proposições abaixo (de I a V) e assinale a alternativa correta, conforme sejam verdadeiras ou falsas:

I. A lei não poderá exigir autorização do Estado para a fundação de sindicato, ressalvado o registro no órgão competente, que é o Cartório de Registro Civil de Pessoas Jurídicas, sendo desnecessário o registro sindical também perante o Ministério do Trabalho e Emprego.

II. A similitude de condições de vida oriunda da profissão ou trabalho em comum, em situação de emprego na mesma atividade econômica ou em atividades econômicas similares ou conexas, compõe a expressão social elementar compreendida como categoria profissional.

III. A unicidade é exigida apenas para a organização sindical representativa de categoria profissional.

IV. A base territorial mínima das entidades sindicais é o distrito municipal.

V. É obrigatória a participação dos entes sindicais nas negociações coletivas de trabalho.

(A) Apenas as proposições I e II são verdadeiras.
(B) Apenas as proposições I e IV são verdadeiras.
(C) Apenas as proposições II e V são verdadeiras.
(D) Apenas as proposições I, II e IV são verdadeiras.
(E) Apenas as proposições III, IV e V são verdadeiras.

I: incorreta. No intuito de assegurar a autonomia sindical, a Constituição de 1988 prevê que "a lei não poderá exigir autorização do Estado para a fundação de sindicato, ressalvado o registro no órgão competente" (CF, art. 8º, I). A dubiedade da expressão "órgão competente" gerou polêmica quando a nova Carta entrou em vigor, entendendo-se, em princípio, que o registro em questão concernia à inscrição dos estatutos sociais no Cartório de Registro Civil (o que levou o Ministério do Trabalho, inclusive, a editar Portaria nesse sentido – Portaria 3.301/1988). Entretanto, grandes dificuldades advieram, notadamente no controle da unicidade sindical, unicidade esta prescrita pelo art. 8º, II, da CF. A questão só veio a ser pacificada pelo Supremo Tribunal Federal, no curso do MI 144-8/SP (Pleno, j. 03.08.1992, rel. Min. Sepúlveda Pertence, *DJ* 28.05.1993, que culminou na edição da Súmula 677 do STF), que definiu que os estatutos dos sindicatos, independentemente da inscrição em Cartório, deveriam ser levados ao Ministério do Trabalho estritamente para fins cadastrais e de verificação da unicidade sindical; **II:** correta. Art. 511, § 2º, da CLT; **III** e **IV:** incorretas. Art. 8º, II, da CF; **V:** correta. Art. 8º, VI, da CF.

Gabarito "C"

(Magistratura do Trabalho – 3ª Região – 2009) Assinale a assertiva ("a" a "e") correta em relação aos enunciados de I a V, observadas a legislação pertinente e a consolidação jurisprudencial do c. TST:

I. Considera-se de licença não remunerada, salvo assentimento da empresa ou cláusula contratual, o tempo em que o empregado se ausentar do trabalho no desempenho do múnus sindical.

II. Incorre em multa a empresa que, por qualquer modo, procure impedir que o empregado se associe a sindicato, organize associação profissional ou sindical ou exerça os direitos inerentes à condição de sindicalizado, sem prejuízo da reparação ao lesado.

III. Não é ofensiva à liberdade de sindicalização a concessão por parte do empregador de horário e local na sede do estabelecimento para que o sindicato profissional promova campanha de sindicalização de seus empregados.

IV. Aos dirigentes ou representantes sindicais que, no período compreendido entre 5 de outubro de 1988 e 4 de março de 1993, sofreram punições em virtude de motivação política, de participação em movimento reivindicatório ou outra modalidade de exercício do mandato ou representação sindical, foi concedida anistia, com determinação de pagamento dos salários do período da suspensão disciplinar, ou, caso dispensados, sua reintegração ao quadro de empregados da empregadora, com preservação de todos os direitos.

V. O princípio da Unicidade Sindical estabelecido pela Constituição da República tem aplicação exclusiva a associações sindicais profissionais, posto que as pessoas jurídicas empresárias não estão obrigadas à sindicalização ou ao cumprimento de instrumentos normativos firmados por sindicato econômico ao qual livremente não se filiou.

(A) Somente um enunciado é verdadeiro.
(B) Somente dois enunciados são verdadeiros.
(C) Somente três enunciados são verdadeiros.
(D) Somente quatro enunciados são verdadeiros.
(E) Todos os enunciados são verdadeiros.

I: correta, art. 543, § 2º, da CLT; **II:** correta. Art. 543, § 6º, da CLT; **III:** correta. Tal cláusula, usualmente pactuada em convenções ou acordos coletivos de trabalho, quando executada com razoabilidade não infringe o disposto no art. 2º, item 2, da Convenção 98 da OIT; **IV:** correta. Art. 1º da Lei 8.632/1993; **V:** incorreta, art. 8º, II, da CF.

Gabarito "D"

(Magistratura do Trabalho – 8ª Região – 2011) Sobre os princípios aplicáveis ao Direito Coletivo do Trabalho, analise as proposições abaixo e assinale a alternativa CORRETA:

I. O princípio da liberdade sindical, previsto na Convenção nº 87 da OIT, recentemente ratificada pelo Brasil, baseia-se essencialmente na ideia de que os trabalhadores e empregadores, sem qualquer distinção e, tampouco, autorização prévia, têm o direito de constituir as organizações que entendam convenientes, assim como o de se filiar a essas organizações, com a única condição de observar seus estatutos.
II. O princípio da interveniência sindical obrigatória impõe a presença da entidade sindical operária na relação jurídica de direito coletivo; assim, se os trabalhadores não estiverem assistidos por sua entidade sindical, não se poderá falar na existência de negociação coletiva, mas, no máximo, em negociação plúrima, sem o condão de produzir efeitos *ultra partes* ou de promover alterações contratuais coletivas *in pejus*.
III. Pelo princípio da força normativa, os instrumentos coletivos negociados constituem fonte de caráter normativo, ou seja, têm natureza jurídica de norma geral e abstrata.
IV. Baseado no princípio da prevalência relativa do negociado sobre o legislado, pode-se afirmar que é nula de pleno direito cláusula de contrato coletivo de trabalho que estabeleça a possibilidade de renúncia ou transação, pela gestante, das garantias referentes à manutenção do emprego e do salário.

(A) Os itens I, II, III e IV, estão corretos.
(B) Somente os itens I, II e III estão corretos.
(C) Somente os itens II, III e IV estão corretos.
(D) Somente os itens II e III estão corretos.
(E) Somente os itens III e IV estão corretos.

I: incorreta. O País não ratificou a Convenção 87 da OIT, o que será de difícil ocorrência diante das restrições à liberdade sindical ditadas pelo art. 8º, II, da CF (unicidade sindical e limitação da representatividade ao âmbito da respectiva categoria); **II:** correta, porém, a assertiva é extremamente polêmica. A possibilidade de trabalhadores negociarem diretamente as condições de trabalho com o empregador por intermédio de comissões, sem a interveniência do sindicato profissional, nos termos do art. 617, § 1º, da CLT, é muito excepcionalmente aceita pelo TST, haja vista a previsão do art. 8º, VI, da CF, e a extrema suscetibilidade à cooptação da vontade destes trabalhadores pelo empregador, sendo que nos precedentes do RODC 16300-58.20055.03.0000, SDC, j. 08.03.2007, rel. Min. Milton de Moura França, *DJ* 13.04.2007 e ROAD 4578400-74.2002.5.09.0900, SDC, j. 12.08.2004, rel. Min. Rider de Brito, *DJ* 10.09.2004 as pactuações foram claramente prejudiciais aos trabalhadores, a menos que se aceite o argumento de que estes saíram ganhando com a preservação dos empregos, embora não haja sido exaustivamente comprovada a necessidade de corte de postos de trabalho em caso de subsistência das condições de trabalho até então vigentes. Quanto à circunstância de tratar-se de uma negociação plúrima, sem caráter *ultra partes*, também entendemos a assertiva bastante controvertida: deontologicamente, inexiste maiores diferenças entre o acordo coletivo de trabalho firmado entre a empresa e o sindicato profissional e aquele firmado com a comissão de trabalhadores, nos moldes do art. 617, § 1º, da CLT. Além disso, para todos os efeitos, a pactuação com a comissão de trabalhadores também atinge empregados que não manifestaram interesse em negociar, no que se revela *ultra partes*, sendo prevalente a vontade da maioria dos empregados. Enfim, o gabarito aponta a assertiva II como correta, a evidenciar a problemática de se embasar questões objetivas com posicionamentos doutrinários e subjetivos; **III:** correta, por definição. Quanto à diferença entre norma geral e abstrata, norma geral e concreta, norma individual e abstrata e norma individual e concreta, recomendamos a leitura dos comentários às questões sobre Fontes do Direito do Trabalho, no título Direito Individual do Trabalho; **IV:** correta, eis que o negociado encontra limitações nas normas de ordem pública de indisponibilidade absoluta.

Gabarito "C"

(Magistratura do Trabalho – 8ª Região – 2006) Sobre liberdade sindical e organização sindical no Brasil é correto afirmar que:

(A) A Constituição Federal de 1988 assegurou a liberdade de associação para todos os fins, vedada a de caráter paramilitar.
(B) A Constituição Federal de 1988 considera livre a associação sindical ou profissional, quando diz que a lei não poderá exigir autorização do Estado para a fundação de sindicato, sem qualquer tipo de ressalva, proibindo expressamente a interferência e a intervenção do poder público na organização sindical.
(C) A Constituição Federal de 1988 focaliza a liberdade sob o prisma do direito de constituir sindicatos, do direito de o sindicato autodeterminar-se, do direito de liberdade de filiação ou não ao sindicato e o direito de organizar mais de um sindicato da categoria econômica ou profissional dentro da mesma base territorial.
(D) A Convenção nº 87 da OIT ratificada pelo Brasil em 14 de novembro de 2006 possibilita a criação de entidades sindicais na mesma base territorial, não implicando restrição à representação.
(E) A unicidade sindical (ou monismo sindical) consiste no reconhecimento pelo Estado de uma única entidade sindical, de qualquer grau, para determinada categoria profissional ou econômica, na mesma base territorial, enquanto que a unidade sindical traduz a união espontânea em torno de um único sindicato, à semelhança do que ocorre na unicidade, porém não em decorrência de imposição legal, mas como uma opção, como manifestação espontânea de seus integrantes.

A: incorreta. Art. 5º, XVII, da CF; **B:** incorreta. Art. 8º, I, da CF; **C:** incorreta. Art. 8º, II, da CF; **D:** incorreta. O Brasil não ratificou a Convenção 87 da OIT, uma das mais importantes sobre liberdade sindical; **E:** correta, por definição.

Gabarito "E".

(Magistratura do Trabalho – 8ª Região – 2006) Sobre entidades, garantias e sistemas sindicais é correto afirmar que:

(A) Com a proibição de intervenção do poder público na organização sindical cessaram as atribuições da Comissão de Enquadramento Sindical, competindo, agora, às confederações a coordenação das atividades do sistema, podendo, inclusive, solucionar controvérsias, garantindo-se sempre a possibilidade de recorrer ao Judiciário, na hipótese de inconformismo de uma das partes.

(B) Não é possível o desmembramento de categorias agrupadas em entidades sindicais, em face de especialidades diversas reunidas por similitude e conexão.

(C) O direito sindical brasileiro impossibilita a descentralização de uma categoria profissional que foi criada tendo por base o território nacional.

(D) A jurisprudência é pacífica no sentido de que a legitimidade do sindicato limita-se à defesa dos direitos e interesses coletivos ou individuais homogêneos da categoria, inclusive em questões judiciais ou administrativas.

(E) A jurisprudência e a doutrina entendem que a estabilidade concedida ao empregado sindicalizado a partir do registro de sua candidatura a cargo de direção ou representação sindical e, se eleito, ainda que suplente, até um ano após o final do mandato, salvo se cometer falta grave nos termos da lei, atinge todos os eleitos, diante da liberdade sindical reconhecida na Constituição Federal de 1988.

A: correta, por definição (o instituto da Comissão de Enquadramento Sindical não foi recepcionado pela Constituição Federal de 1988 (art. 8º, I e II); **B:** incorreta. Art. 571 da CLT; **C:** incorreta. A descentralização sindical (ou, como alguns preferem, o desmembramento de sindicatos por território, para se diferir da descentralização administrativa de que cuida o art. 517, § 2º, da CLT) é fenômeno admitido no direito positivo, desde que mantida incólume a unicidade na base territorial mínima correspondente ao tamanho de um município (CF, art. 8º, II), sendo possível, por exemplo, que sindicato nacional, regional, estadual ou intermunicipal se desmembre em sindicato de âmbito municipal; **D:** incorreta. Não é possível compreender exatamente o sentido da afirmação. Durante um tempo, predominou entendimento limitativo da legitimidade sindical, em sede de direitos metaindividuais, para a defesa de interesses individuais homogêneos, de sorte que a expressão "coletivos", no sentido de interesses coletivos em sentido estrito, acarretaria o equívoco da assertiva. Atualmente, por outro lado, tal limitação não é adequada diante do reconhecimento, cada vez mais consolidado, da legitimidade sindical ampla na defesa da categoria, inclusive em sede de interesses difusos, o que também revelaria o equívoco da assertiva (v. TST, RR 691531-47.2000.5.17.5555 e Súmula 310 do TST, cancelada). Seja como for, é arriscado falar-se em jurisprudência "pacífica" tanto em um caso como em outro; **E:** incorreta. Súmula 369, II, do TST.

Gabarito "A".

(Magistratura do Trabalho – 9ª Região – 2006) No modelo sindical atual, é permitido que:

(A) Seja criada mais de uma organização sindical, em qualquer grau, representativa de igual categoria profissional ou econômica, na mesma base territorial ou Município.

(B) O Poder Público interfira e intervenha na organização sindical.

(C) O aposentado filiado vote e seja votado nas organizações sindicais.

(D) A lei exija autorização do Estado para a fundação do sindicato.

(E) As entidades sindicais instituam a cobrança de contribuições compulsórias para a manutenção do sistema sindical inclusive com abrangência superior à base territorial dos sindicatos envolvidos na negociação coletiva.

A: incorreta. Art. 8º, II, da CF; **B:** incorreta. Art. 8º, I, da CF; **C:** correta. Art. 8º, VII, da CF; **D:** incorreta. Art. 8º, I, da CF; **E:** incorreta. Segundo a jurisprudência, as normas coletivas estão jungidas ao princípio da territorialidade, ou seja, sua aplicação está adstrita à base territorial do sindicato pactuante (nesse sentido: TRT 10ª Região, RO 00170.2005.811.10.00-1, 1ª Turma, j. 07.12.2005, rel. Des. Elaine Machado Vasconcelos, *DJ* 16.12.2005). Sobre a possibilidade de contribuição compulsória para custear o sistema sindical, *vide* súmula 666 do STF, OJ 17 da SDC e PN 119 da SDC do TST.

Gabarito "C".

(Magistratura do Trabalho – 11ª Região – 2007 – FCC) A respeito do direito coletivo do trabalho, considere as seguintes afirmativas:

I. Por força do princípio constitucional da unicidade sindical, é proibida a criação de mais de uma entidade sindical, em qualquer grau, representativa de categoria profissional ou econômica, na mesma base territorial definida pelos próprios interessados – que não pode ser inferior à área de um município.

II. Os aposentados poderão se filiar ao sindicato, mas é vedada a sua participação na administração das entidades sindicais, uma vez que não têm mais o contato diário com as dificuldades da profissão.

III. Quando a categoria profissional não estiver organizada em sindicato, o exercício do direito de greve pelos trabalhadores dependerá da representação pelos órgãos do Ministério Público do Trabalho, aprovada pelo voto da maioria dos interessados.

IV. O sindicato poderá ser livremente criado pela categoria interessada, desde que obtenha a autorização prévia do Ministro do Trabalho.

(A) Está correta apenas uma afirmativa.

(B) Estão corretas apenas duas afirmativas.

(C) Estão corretas apenas três afirmativas.

(D) Estão corretas quatro afirmativas.

(E) Estão incorretas quatro afirmativas.

I: correta, art. 8º, II, da CF; **II:** incorreta, art. 8º, VII, da CF; **III:** incorreta, arts. 9º, da CF, e 4º, § 2º, da Lei 7.783/1989; **IV:** incorreta, art. 8º, I, da CF.

Gabarito "A".

(Magistratura do Trabalho – 15ª Região – 2010) Para estimular a sindicalização, em declínio, o sindicato representante da categoria profissional pactua, em acordo coletivo, que os trabalhadores sindicalizados têm preferência para admissão naquela empresa. Assinale a alternativa correta:

(A) a cláusula é válida porque sindicalização é direito garantido por lei;

(B) a cláusula é válida porque é preciso estimular a filiação sindical;

(C) a cláusula é válida porque quanto mais trabalhadores tiverem se sindicalizado mais legítima será a representação no local de trabalho;

(D) a cláusula é nula porque ninguém pode ser obrigado a filiar-se ou manter-se filiado a sindicato;

(E) a cláusula só será válida se contar com a concordância de 2/3 dos trabalhadores presentes à assembleia.

O enunciado descreve prática atentatória à liberdade sindical individual positiva. Trata-se da chamada cláusula *preferencial shop*, pela qual se pactua, junto ao empregador, a preferência, na contratação, a trabalhadores filiados ao sindicato obreiro. Tal cláusula viola o art. 8º, V, da CF, e é reputada ilícita pela OJ 20 da SDC. Outras cláusulas de sindicalização forçada tidas como nulas são a *closed shop*, obrigação assumida pelo empregador diante dos sindicatos pela qual este se obriga a somente contratar trabalhadores filiados ao sindicato obreiro correspondente; a *union shop*, pela qual o empregador se compromete a manter apenas empregados que, após prazo razoável de admissão, se filiem ao sindicato; e a *maintenance of membership*, segundo a qual o empregado deve preservar, no curso do contrato de trabalho, sua filiação sindical, sob pena de perda do emprego.

Gabarito "D"

(Magistratura do Trabalho – 21ª Região – 2012) A liberdade sindical tem um conteúdo amplo e pode ser vislumbrada sob a perspectiva individual e coletiva. Assentada essa premissa, leia as assertivas abaixo e assinale, a seguir, a alternativa *correta*:

I. a liberdade sindical individual compreende a liberdade de constituição de sindicatos e de filiação e desfiliação;

II. a liberdade sindical coletiva compreende a liberdade de autorregulamentação e de autodissolução dos sindicatos;

III. a liberdade sindical coletiva autoriza que não haja limitação quanto ao conteúdo das manifestações sindicais, tendo o Tribunal Superior do Trabalho reafirmado essa liberdade ao dispor que as empresas deverão deixar disponíveis, em suas instalações, mural ou local adequado para que os sindicatos afixem matéria de qualquer conteúdo, vedadas apenas as de conteúdo contrário aos bons costumes;

IV. a liberdade de constituição implica que as organizações sindicais se criem sem autorização prévia do Estado, tendo entendido o Comitê de Liberdade Sindical da Organização Internacional do Trabalho que as legislações nacionais podem estabelecer alguns requisitos a serem cumpridos pelos sindicatos criados, tais como a publicidade de sua criação.

(A) apenas as assertivas I, II e III estão corretas;

(B) apenas as assertivas I e IV estão corretas;

(C) apenas as assertivas I, II e IV estão corretas;

(D) apenas a assertiva IV está correta;

(E) apenas a assertiva III está correta.

I e **II:** incorretas. De acordo com os ensinamentos de José Cláudio Monteiro de Brito Filho, "a liberdade sindical deve ser vista sob dois prismas, o individual e o coletivo, compreendendo o primeiro as liberdades individuais de filiação, não filiação e desfiliação e, o segundo, as liberdades de associação, de organização, de administração e de exercício das funções" (BRITO FILHO, José Cláudio Monteiro de. *Direito sindical*. 3. ed. São Paulo: LTr, 2009. p. 73-74); **III:** incorreta. PN 104 da SDC, do TST; **IV:** correta. Convenção 87 da OIT, Artigos 3, 7 e 8.

Gabarito "D"

(Magistratura do Trabalho – 21ª Região – 2005) Consideradas as afirmações abaixo, marque a letra que contém a resposta correta:

I. O princípio da liberdade sindical – um desdobramento do princípio da liberdade de associação – ampara a liberdade de criação e autoextinção dos sindicatos, bem assim a livre vinculação e a livre desfiliação a um sindicato. Mas é derrogado pelo princípio da unicidade sindical.

II. A Convenção 87 da Organização Internacional do Trabalho (OIT), subscrita pelo Brasil, agasalha a liberdade sindical plena, com a unidade prática de sindicatos, isto é, sindicato único, detentor do monopólio da representação sindical, por força de lei.

III. O modelo sindical brasileiro implementado pela Constituição da República de 1988 impede a intervenção e as interferências político-administrativas no sindicalismo, pelo Estado. Mesmo assim, subsiste, para fins cadastrais, amparada pela jurisprudência dominante, a obrigação de depositar os estatutos dos sindicatos no Ministério do Trabalho e Emprego.

IV. Segundo a jurisprudência consolidada do Tribunal Superior do Trabalho, ofende o direito de livre associação e sindicalização a cláusula constante de acordo, convenção coletiva ou sentença normativa de trabalho que estabeleça contribuição em favor de entidade sindical, a título de taxa para custeio do sistema confederativo, assistencial, revigoramento ou fortalecimento sindical e outras da mesma espécie, obrigando trabalhadores não sindicalizados.

V. Segundo a jurisprudência sumulada do Tribunal Superior do Trabalho, o empregado integrante de categoria profissional diferenciada não tem o direito de haver de seu empregador vantagens previstas em instrumento coletivo no qual a empresa não foi representada por órgão de classe de sua categoria. E, quando eleito dirigente sindical, somente goza de estabilidade se exercer na empresa atividade pertinente à categoria profissional do sindicato para o qual foi eleito dirigente.

(A) I e IV estão corretas.
(B) Todas estão erradas.
(C) III e V estão corretas.
(D) Apenas IV e V estão corretas.
(E) II, IV e V estão corretas.

I: correta. Deveras, "liberdade" é um conceito relativo, a demandar a comparação com algum referencial. Em se tratando de liberdade sindical, o referencial mais amplo é a Convenção 87 da OIT e, segundo tal parâmetro, o princípio da unicidade sindical derroga (suprime parcialmente) a liberdade sindical. Quanto à parte inicial da afirmativa, também está correta, revelando a liberdade sindical coletiva positiva e negativa, bem como a liberdade sindical individual positiva e negativa; **II:** incorreta, pois o Brasil não subscreveu a Convenção 87 da OIT, que tampouco estabelece, categoricamente, a unidade prática sindical; **III:** correta, art. 8º, I, da CF, Súmula 677 do STF e OJ 15 da SDC do TST; **IV:** correta, PN 119 e OJ 17 da SDC do TST; **V:** correta, Súmulas 374 e 369, III, do TST. Portanto, compreendemos as razões pelas quais o gabarito indica a resposta "C", uma vez que também entendemos correta a resposta "A". A única justificativa possível seria um entendimento subjetivo diverso do nosso para a expressão "é derrogado pelo princípio da unicidade sindical", caso haja o examinador concebido que a unicidade sindical importaria em "mitigação", e não "derrogação", propriamente dita, da liberdade sindical. Sendo esta a justificativa, criticamos a questão elaborada, por impregnar com grande dose de subjetivismo uma questão objetiva.

Gabarito "C"

(Magistratura do Trabalho – 23ª Região – 2008) A Constituição da República, após preceituar ser livre a associação profissional ou sindical, estabelece os seguintes princípios, EXCETO:

(A) ninguém será obrigado a filiar-se ou manter-se filiado a sindicato;
(B) é vedada a criação de mais de uma organização sindical, em qualquer grau, representativa de categoria profissional ou econômica, na mesma base territorial, não podendo ser inferior à área de um Município;
(C) é obrigatória a participação dos sindicatos nas negociações coletivas de trabalho;
(D) a lei não poderá exigir autorização do Estado para a fundação de sindicato, ressalvado o registro no órgão competente;
(E) o aposentado filiado tem direito de votar, mas não poderá ser votado, nas organizações sindicais.

A: correta. Art. 8º, V, da CF; **B:** correta. Art. 8º, II, da CF; **C:** correta. Art. 8º, VI; **D:** correta. Art. 8º, I; **E:** incorreta. Art. 8º, VII, todos da CF.

Gabarito "E"

(Magistratura do Trabalho – 23ª Região – 2006) Faça a correspondência entre os princípios aplicáveis no direito coletivo: I – Tal princípio sustenta a garantia de autogestão às organizações associativas e sindicais dos trabalhadores, sem interferências empresariais ou do Estado. II – Postula pelo reconhecimento de um estatuto sociojurídico semelhante a ambos os contratantes coletivos. III – Propõe que a validade do processo negocial coletivo submeta-se à necessária intervenção do ser coletivo institucionalizado obreiro. IV – Visa assegurar condições efetivas de concretização prática da equivalência teoricamente assumida entre os sujeitos do Direito Coletivo do Trabalho. V – Este princípio trata das possibilidades e limites jurídicos da negociação coletiva. Ou seja, os critérios de harmonização entre as normas jurídicas oriundas da negociação coletiva e as normas jurídicas provenientes da legislação heterônoma estatal.

(A) I – Princípio da Lealdade e Transparência na Negociação Coletiva; II – Princípio da Adequação Setorial Negociada; III – Princípio da Interveniência Sindical na Normatização Coletiva; IV – Princípio da Autonomia Sindical; V – Princípio da Equivalência dos Contratos Coletivos.
(B) I – Princípio da Autonomia Sindical; II – Princípio da Equivalência dos Contratos Coletivos; III – Princípio da Interveniência Sindical na Normatização Coletiva; IV – Princípio da Lealdade e Transparência na Negociação Coletiva; V – Princípio da Adequação Setorial Negociada.
(C) I – Princípio da Autonomia Sindical; II – Princípio da Equivalência dos Contratos Coletivos; III – Princípio da Adequação Setorial Negociada; IV – Princípio da Lealdade e Transparência na Negociação Coletiva; V – Princípio da Criatividade Jurídica da Negociação Coletiva.
(D) I – Princípio da Liberdade Associativa; II – Princípio da Adequação Setorial Negociada; III – Princípio da Criatividade Jurídica da Negociação Coletiva; IV – Princípio da Lealdade e Transparência na Negociação Coletiva; V – Princípio da Equivalência dos Contratos Coletivos.
(E) I – Princípio da Autonomia Sindical; II – Princípio da Equivalência dos Contratos Coletivos; III – Princípio da Interveniência Sindical na Normatização Coletiva; IV – Princípio da Lealdade e Transparência na Negociação Coletiva; V – Princípio da Criatividade Jurídica da Negociação Coletiva.

B: correta, segundo a principiologia de Maurício Godinho Delgado.

Gabarito "B"

(Procurador do Trabalho – 2013 – MPT) Leia e analise os itens abaixo:

I. A adequação setorial negociada faz prevalecer as normas coletivas sobre as estatais em relação a direitos de indisponibilidade absoluta, quando estiver promovendo transação, e não renúncia a direitos.
II. A liberdade de associação sindical compreende uma dimensão positiva, ligada à livre vinculação ao sindicato, e uma negativa, ligada à prerrogativa de livre desfiliação, pela liberdade para manter-se associado, ambas com expressa previsão constitucional.
III. O princípio da isonomia fundamenta o direito de sindicalização dos servidores públicos, nas mesmas condições asseguradas aos trabalhadores do setor privado, sendo injustificadas quaisquer restrições.

Marque a alternativa CORRETA:

(A) todas as assertivas estão corretas;
(B) apenas as assertivas II e III estão corretas;

(C) apenas as assertivas I e III estão corretas;
(D) apenas a assertiva II está correta;
(E) não respondida.

I: incorreta. Segundo Mauricio Godinho Delgado, "pelo princípio da adequação setorial negociada as normas autônomas juscoletivas construídas para incidirem sobre certa comunidade econômico-profissional podem prevalecer sobre o padrão geral heterônomo justrabalhista desde que respeitados certos critérios objetivamente fixados. São dois esses critérios autorizativos: a) quando as normas autônomas juscoletivas implementam um padrão setorial de direitos superior ao padrão geral heterônomo; b) quando as normas autônomas juscoletivas transacionam setorialmente parcelas justrabalhistas de indisponibilidade apenas relativa (e não de indisponibilidade absoluta)" (**Curso de Direito do Trabalho**. São Paulo: Ltr, 2011. p. 1.256); **II:** correta, por definição; **III:** incorreta. Artd. 1°, 2° e 3°, da Convenção 151 da OIT; art. 8°, 2, do Pacto Internacional sobre Direitos Econômicos, Sociais e Culturais.
Gabarito "D"

(Procurador do Trabalho – 2013 – MPT) Considerando-se a Constituição da República, assinale a alternativa **CORRETA**, em relação aos institutos nela expressamente previstos:

(A) Obrigatoriedade de reconhecimento formal da entidade sindical pelo Estado; unicidade sindical; divisão por categorias; contribuição sindical compulsória; base territorial mínima não inferior a um município; reconhecimento dos acordos e convenções coletivas; paralelismo sindical.
(B) Obrigatoriedade de reconhecimento formal da entidade sindical pelo Estado; unicidade sindical; divisão por categorias; contribuição confederativa; reconhecimento dos acordos e convenções coletivas, liberdade de filiação e desfiliação, garantia de emprego ao dirigente sindical.
(C) Obrigatoriedade de reconhecimento formal da entidade sindical pelo Estado; unicidade sindical; divisão por categorias, contribuição sindical compulsória, reconhecimento dos acordos e convenções coletivas, paralelismo sindical, liberdade de filiação e desfiliação.
(D) Obrigatoriedade de reconhecimento formal da entidade sindical pelo Estado; unicidade sindical; representação sindical na empresa, contribuição confederativa; reconhecimento dos acordos e convenções coletivas, liberdade de filiação e desfiliação; garantia de emprego ao dirigente sindical.
(E) não respondida.

Art. 8º da CF.
Gabarito "B"

(Ministério Público do Trabalho – 16º) Leia com atenção as assertivas abaixo e assinale a alternativa CORRETA:

I. O Brasil, como país democrático que é, adota o regime da liberdade sindical plena, nos moldes preconizados pela Organização Internacional do Trabalho.
II. No Brasil adotamos a liberdade sindical com controle das associações sindicais pelo Estado.
III. No Brasil adotamos um modelo sindical que tem por principal característica a supressão da luta de classes.

(A) apenas as alternativas I e II são falsas;
(B) apenas as alternativas II e III são falsas;
(C) todas as alternativas são falsas;
(D) apenas as alternativas I e II são verdadeiras;
(E) não respondida.

I: incorreta. O Brasil adota o sistema da unicidade sindical, impossibilitada a representatividade sindical para além da noção de categoria; concebe o poder normativo da Justiça do Trabalho (o que não deixa de ser um empecilho, conforme o ângulo em que se analise, ao pleno desenvolvimento das negociações coletivas) e concebe a contribuição sindical compulsória, em afronta ao modelo de plena liberdade sindical preconizado pela Convenção 87 da OIT; **II:** incorreta. Art. 8°, I, da CF; **III:** incorreta, pois o modelo brasileiro situa-se no meio termo entre os modelos abstencionistas e os modelos dirigistas. Cita-se o poder normativo da Justiça do Trabalho como exemplo de mecanismo impeditivo do pleno conflito de classes e inibidor da plena negociação coletiva.
Gabarito "C"

(Ministério Público do Trabalho – 16º) Assinale a alternativa CORRETA:

(A) a possibilidade de o trabalhador se retirar ou ingressar dos quadros associativos da entidade sindical é conhecida como liberdade sindical negativa;
(B) o Brasil adota a liberdade sindical com autorização do Estado para a criação de entidade sindical;
(C) a liberdade sindical compreende a liberdade de administração, que compreende, entre outros aspectos, a democracia interna;
(D) no Brasil, em razão da contribuição sindical compulsória, a sindicalização é obrigatória;
(E) não respondida.

A: incorreta. Trata-se de liberdade sindical individual (negativa, no primeiro caso, e positiva, no segundo); **B:** incorreta. Art. 8°, I, da CF; **C:** correta, por definição; **D:** incorreta. Art. 8°, V, da CF.
Gabarito "C"

(Ministério Público do Trabalho – 16º) Leia as assertivas abaixo:

I. a liberdade sindical coletiva compreende, dentre outros aspectos, a liberdade de exercício das funções e a liberdade de organização;
II. no modelo sindical brasileiro a base territorial do sindicato é definida pelo Estado;
III. nos termos da jurisprudência sumulada do Supremo Tribunal Federal, a contribuição assistencial só é exigível dos filiados ao respectivo sindicato;
IV. conforme a legislação vigente o exercício de atividade econômica pelo sindicato está vedado, salvo se ocorrer de forma indireta.

De acordo com os itens acima, pode-se afirmar que:

(A) todas as assertivas são falsas;
(B) as assertivas III e IV são falsas;
(C) as assertivas I e II são falsas;
(D) apenas as assertivas II e IV são falsas;
(E) não respondida.

I: correta. A liberdade sindical coletiva é comumente apresentada à luz de quatro dimensões: liberdade de associação (não interferência estatal na criação de sindicatos), liberdade de organização (possibilidade de interessados definirem o modelo de organização sindical), liberdade de administração (diz respeito à organização interna do sindicato sem a interferência de terceiros) e liberdade de exercício das funções (trata-se do direito das entidades sindicais defenderem seus representados e executarem as ações necessárias ao cumprimento de suas finalidades); **II:** correta, art. 8º, II, da CF; **III:** incorreta, Súmula 666 do STF; **IV:** incorreta. Art. 564 da CLT.

Gabarito "B"

(Ministério Público do Trabalho – 14º) Sobre o direito de liberdade sindical previsto na Constituição brasileira de 1988, julgue as assertivas abaixo, levando em conta a doutrina do constitucionalismo.

I. O direito de liberdade sindical enquadra-se como princípio constitucional na medida em que reúne todas as condições para, de maneira prévia, estabelecer sua delimitação nos casos concretos, mediante um modelo de aplicação absoluta de seu conteúdo.

II. A eficácia vertical imediata do direito de liberdade sindical em relação ao poder público assegura aos sindicatos imunidade contra qualquer tipo de intervenção por parte do Ministério Público do Trabalho, no que se refere à organização e às ações sindicais.

III. O direito de liberdade sindical, como garante de liberdades, possui um conteúdo estritamente negativo, de não intervenção, que o coloca na primeira dimensão dos direitos, e, como tal, dirige-se ao trabalhador como indivíduo abstrato; sua natureza difere da dos demais direitos trabalhistas, que surgem como de segunda dimensão, pois levam em conta os trabalhadores inseridos em seus contextos de vida e possuem um conteúdo positivo prestacional.

IV. A Constituição Brasileira prevê reserva legal para a prática de qualquer ato resultante do direito de liberdade sindical dos servidores públicos estatutários.

(A) Apenas a I é correta.
(B) Apenas a III é correta.
(C) Apenas a II e IV são corretas.
(D) Todas são incorretas.
(E) não respondida.

I: incorreta. A pouca densidade normativa e a necessidade de mediações concretizadoras são alguns traços característicos das normas-princípios em relação às normas-regras (princípios são eminentemente descritivos, ao passo que o item em questão alude às regras, que são eminentemente prescritivas); **II:** incorreta. Todo preceito fundamental encontra limites em outros preceitos de igual magnitude, a impor harmonização ou ponderação conforme o caso, com a possibilidade de atuação ministerial quando, a pretexto de se exercer a liberdade sindical, o ente desborda de seus limites; **III:** incorreta. A liberdade sindical, pelo prisma coletivo ou individual, também possui conotação positiva relevante (ex.: liberdade de criar sindicatos, liberdade de se filiar); **IV:** incorreta. A reserva legal tange ao exercício do direito de greve (CF, art. 37, VI e VII).

Gabarito "D"

1.3. PRÁTICAS ANTISSINDICAIS

(Magistratura do Trabalho – 3ª Região – 2008) Podem ser consideradas condutas antissindicais, previstas na Consolidação das Leis do Trabalho, exceto:

(A) a dispensa sem justa causa de empregado exercente, em virtude de eleição, de cargo de administração sindical ou representação profissional.
(B) a transferência desse empregado, sem sua solicitação ou anuência, para lugar ou mister que lhe dificulte ou torne impossível o desempenho de suas atribuições sindicais.
(C) o impedimento de associação de empregado a sindicato.
(D) o impedimento do exercício dos direitos inerentes à condição de sindicalizado.
(E) a divulgação dos nomes dos trabalhadores sindicalistas, com o objetivo de excluí-los do mercado de trabalho.

A: incorreta. Art. 543, § 3º, da CLT; **B:** incorreta. Art. 543, *caput*, da CLT; C e **D:** incorretas. Art. 543, § 6º, da CLT; **E:** correta, conquanto ilícita por afrontar o princípio fundamental da dignidade da pessoa humana, tal prática, conhecida por lista discriminatória (ou *mise a l'index*), não vem expressamente abordada pela CLT.

Gabarito "E"

(Magistratura do Trabalho – 23ª Região – 2012) Assinale a alternativa que contém proposição incorreta:

(A) No que tange às práticas antissindicais reconhecidas em doutrina, a cláusula de negociação coletiva chamada "closed shop" (empresa fechada) se caracteriza quando a empresa se recusa a contratar empregados sindicalizados.
(B) Reconhecida em doutrina como espécie evidente de prática antissindical, a chamada "yellow dog contracts" (contratos de cães amarelos) ocorre quando o trabalhador firma, junto ao empregador, compromisso de não se filiar ao sindicato como requisito para admissão ou manutenção do posto de trabalho.
(C) No que tange às práticas antissindicais reconhecidas em doutrina, a cláusula de negociação coletiva chamada "union shop" (empresa sindicalizada) ocorre quando a empresa se compromete a manter empregado, após certo tempo da admissão, apenas aqueles trabalhadores sindicalizados.
(D) No que tange às chamadas práticas antissindicais reconhecidas em doutrina, a cláusula de negociação coletiva chamada "preferencial shop" (empresa preferencial) ocorre quando há qualquer instituição de preferência para a contratação de trabalhadores sindicalizados em detrimento dos demais:
(E) Reconhecida em doutrina como espécie evidente de prática antissindical, a chamada "mise à l'index" (colocar no índex), conhecida no Brasil como "lista negra" consiste na prática patronal de as empresas divulgarem, entre si, os nomes de trabalhadores com atuação sindical significativa para obstar a

contratação desse empregado por quaisquer dessas empresas, o que acaba por discriminá-lo face aos demais e, quando não, praticamente excluí-lo do respectivo mercado de trabalho.

Práticas de sindicalização forçada ou de coptação do sindicato obreiro pela categoria econômica são incompatíveis com a liberdade sindical preconizada pela Constituição Federal de 1988 (em que pese tal liberdade situar-se aquém do paradigma mais amplo de liberdade sindical enunciado pela OIT). Entre tais práticas ilícitas, a doutrina costuma mencionar o "Closed Shop" (empresa fechada), em que o empregador se obriga perante o sindicato obreiro a somente contratar trabalhadores a este filiados; o "Union Shop" (empresa sindicalizada), em que o empregador se compromete a manter apenas empregados que, após prazo razoável de sua admissão, se filiem ao respectivo sindicato operário. Não há óbice ao ingresso de eventual trabalhador não sindicalizado, mas caso o mesmo opte por não se filiar à entidade sindical no futuro, sua continuidade no emprego é prejudicada; "Maintenance of membership" (manutenção de filiação), em que o empregado inscrito em certo sindicato deve manter sua filiação durante o prazo de vigência da respectiva convenção coletiva, sob pena de perda do emprego; "Preferencial Shop" (empresa preferencial) em que se favorece a contratação de trabalhadores que sejam filiados ao respectivo sindicato.

Gabarito "A"

(Magistratura do Trabalho – 23ª Região – 2009) Podem ser consideradas práticas antissindicais, EXCETO:

(A) a ausência de consenso para a instituição de comissão de conciliação prévia;

(B) o compromisso exigido do empregado para que não se filie ao sindicato, sob ameaça de não contratação.

(C) o financiamento, pelo empregador, de campanha de chapa que concorra à direção do sindicato dos trabalhadores.

(D) a divulgação entre empresas de lista dos trabalhadores com significativa atuação sindical, mas que não são sindicalistas.

(E) a negociação coletiva direta entre empresa e trabalhadores quando existam organizações representativas destes últimos.

A: correta. A instituição de CCP pressupõe a existência de convenção ou acordo coletivo (art. 625-C da CLT), o que, por sua vez, pressupõe livre manifestação da vontade pelas partes, com a evidente possibilidade de não se chegar a um consenso sem que isso afronte a liberdade sindical; **B:** incorreta. Trata-se da cláusula *yellow dog contract*, vedada expressamente pelo art. 1, item 2, *a*, da Convenção 98 da OIT; **C:** incorreta. Trata-se de modalidade de financiamento ilícito vedada pela Convenção 98 da OIT (art. 2º, 2), que propicia o surgimento dos regimes de *company unions* (sindicatos cooptados pelas empresas); **D:** incorreta. Trata-se da lista discriminatória (*mise a l'index*), atentatória ao princípio fundamental da dignidade da pessoa humana; **E:** incorreta. Art. 8º, VI, da CF.

Gabarito "A"

1.4. CONVENÇÕES 87, 98 E 135 DA OIT

OBSERVAÇÃO: As convenções citadas no título deste tópico são as mais destacadas em matéria sindical, salientando-se que o Brasil não ratificou a Convenção 87 (que corporifica a liberdade sindical em seu sentido mais pleno; embora haja internalizado o Pacto de Direitos Econômicos, Sociais e Culturais e o Protocolo de San Salvador, cujos arts. 8º asseguram o direito ao trabalhador de se filiar a sindicato de sua livre escolha), ao contrário da Convenção 98 (sobre proteção do trabalhador sindicalizado em face de atos discriminatórios e garantias sindicais contra atos de ingerência) e da Convenção 135 (sobre proteção dos representantes dos trabalhadores nas empresas). A par destas, a OIT trata da liberdade sindical, principalmente, nas Convenções 141 (ratificada pelo Brasil, sobre sindicalização rural), 144 (ratificada pelo Brasil, sobre procedimentos de consulta às organizações sindicais mais representativas) e 151 (ratificada, sobre sindicalização no setor público). Dentre as Recomendações da OIT, destacam-se as Recomendações 91 (convenções coletivas de trabalho), 92 (conciliação e arbitragem de conflitos coletivos), 113 (sobre consulta e colaboração entre autoridades públicas e organizações sindicais), 143 (proteção aos representantes de trabalhadores nas empresas) e 149 (sindicalismo rural).

(Magistratura do Trabalho – 3ª Região – 2009) Leia as afirmações abaixo e, em seguida, assinale a alternativa correta:

I. Embora a Convenção 87 da Organização Internacional do Trabalho (OIT) seja uma das mais importantes em matéria sindical, ainda não foi objeto de ratificação pelo Brasil.

II. Eventual ratificação da Convenção 87 da OIT implicará modificação na legislação brasileira, pois, embora a Constituição de 1988 tenha consagrado a autonomia sindical, manteve, por exemplo, a unicidade sindical.

III. O conceito legal de categoria econômica é o vínculo social básico constituído pela solidariedade de interesses econômicos dos que empreendem atividades idênticas, similares ou conexas. Já o de categoria profissional é composto da similitude de condições de vida oriunda da profissão ou trabalho em comum, em situação de emprego na mesma atividade econômica ou em atividades econômicas similares ou conexas. Por fim, a categoria profissional diferenciada é a que se forma dos empregados que exerçam profissões ou funções diferenciadas por força de estatuto profissional especial ou em consequência de condições de vida singulares.

IV. As dúvidas quanto ao enquadramento sindical são solucionadas pela Comissão de Enquadramento Sindical do Ministério do Trabalho, garantindo-se sempre o recurso ao Judiciário, se houver inconformismo de uma das partes.

V. De acordo com os critérios de similitude e conexão, poderá haver desmembramento ou descentralização regular dos sindicatos.

(A) Somente uma afirmativa está correta.

(B) Somente duas afirmativas estão corretas.

(C) Somente três afirmativas estão corretas.

(D) Somente quatro afirmativas estão corretas.

(E) Todas as afirmativas estão corretas.

I: correta, a Convenção 87 da OIT, paradigma da complexa liberdade sindical, ressalta quatro garantias sindicais universais, concernentes à liberdade de se fundar sindicatos, administrar sindicatos, atuar na defesa dos interesses da categoria e filiar-se ou não a um sindicato. Até o momento, todavia, o Brasil não ratificou a Convenção 87, com a qual seu ordenamento se atrita, eis que a Convenção 87 propõe um modelo sindical espontâneo, sem o cerco do princípio da unicidade sindical, da contribuição sindical compulsória ou do enquadramento por categorias. Registre-se que, no governo Dutra, o Poder Executivo encaminhou ao Congresso Nacional um projeto de ratificação da Convenção 87, que chegou a ser aprovado pela Câmara dos Deputados, mas foi rejeitado pelo Senado Federal. **II:** correta. Basicamente, eventual ratificação da Convenção 87 demandaria o fim da unicidade sindical, da contribuição sindical compulsória e do enquadramento obrigatório por categorias, institutos estes que se chocam com os princípios de organização sindical espontânea veiculados pela norma internacional; **III:** correta, art. 511, §§ 1º, 2º e 3º, da CLT; **IV:** incorreta. Com a proibição da intervenção do Poder Público na organização sindical (art. 8º, I e II, da CF), findaram-se as atribuições da Comissão de Enquadramento Sindical, hodiernamente competindo às confederações a coordenação das atividades do sistema, garantindo-se sempre o recurso à Justiça do Trabalho (CF, art. 114, III); **V:** correta. O desmembramento consiste na fragmentação da categoria originária em prol de um sindicato específico, ao passo que a descentralização condiz com a hipótese de, existente um sindicato de base nacional, por exemplo, para uma categoria, criar-se um sindicato de base estadual ou municipal. O que determinará tais fragmentações são as ideias de similitude e conexão (CLT, art. 511, *caput*), e a fragmentação é autorizada pelo art. 571 da CLT quando se apresentar condições de vida associativa regular e de ação sindical eficiente.

Gabarito "D"

(Magistratura do Trabalho – 8ª Região – 2007) Considerando que a Convenção de nº 87 da Organização Internacional do Trabalho – OIT – tem como objetivo a liberdade sindical, bem como a proteção do direito sindical, marque a resposta correta:

(A) No exercício dos direitos que lhe são reconhecidos pela citada Convenção, os trabalhadores, entidades patronais e respectivas organizações têm a faculdade, à semelhança das outras pessoas ou coletividades organizadas, de respeitar a legalidade.

(B) O Conselho Estatutário do Sindicato pode deliberar a respeito de matérias que possam ensejar a paralisação da respectiva entidade, em face da pluralidade sindical.

(C) A legislação nacional determinará o âmbito de aplicação às forças armadas e à polícia das garantias previstas na respectiva convenção, devendo sempre observar o estabelecido no instrumento normativo da categoria.

(D) As organizações de trabalhadores e de entidades patronais não estão sujeitas à dissolução ou à suspensão por via administrativa.

(E) As disposições da Convenção nº 87 da Organização Internacional do Trabalho aplicam-se inteiramente às federações e confederações das organizações de trabalhadores e patronais.

A: incorreta. Art. 8º, item 1, da Convenção 87; **B:** incorreta. Desconhecemos a fonte que inspirou tal afirmativa, mas entendemos que tal medida extrema deve ser deliberada em assembleia geral e tampouco se justificaria pelo princípio da pluralidade sindical, inexistente em nosso ordenamento; **C:** incorreta. Art. 9º, item 1, da Convenção 87 (não há menção à observância do instrumento normativo da categoria); **D:** correta. Art. 4º da Convenção 87; **E:** incorreta. Art. 6º da Convenção 87.

Gabarito "D"

(Magistratura do Trabalho – 9ª Região – 2009) A Convenção nº 87 da OIT, por tratar de direitos fundamentais, só pode ser aprovada no todo, mesmo porque não consagra o direito de reservas. Embora não ratificada pelo Brasil, tudo que nela contém é permitido pelo nosso ordenamento jurídico, exceto:

(A) Liberdade de elaboração de estatuto e regulamentos, bem assim dos programas administrativos e de ação.

(B) Possibilidade de fundar múltiplas associações para um mesmo grupo em idêntica região geográfica.

(C) Liberdade de filiação, condicionada, unicamente, à aceitação das normas estatutárias.

(D) Liberdade de constituição de associações, independentemente de prévia autorização.

(E) Liberdade de tais organizações constituírem federações e confederações e de filiarem-se a elas, e ainda, de essas entidades, por sua vez, filiarem-se a organizações internacionais.

A: correta. Art. 8º, I, da CF; **B:** incorreta. Art. 8º, II, da CF (embora entendamos que a Convenção 87 também se choca com as noções de representatividade obrigatória por categoria e de contribuição sindical compulsória, existentes em nosso ordenamento); **C:** correta. Art. 8º, *caput*, da CF, e art. 540, *caput*, da CLT; **D:** correta. Art. 8º, I, da CF; **E:** correta. Art. 533 e ss. da CLT. Quanto à liberdade coletiva de filiação à organizações internacionais, inexiste óbice no ordenamento.

Gabarito "B"

(Magistratura do Trabalho – 20ª Região – 2003) No que respeita à Convenção nº 87/OIT, de 1948, relativa à liberdade e à proteção ao direito de sindicalização, pode-se afirmar que:

I. A OIT, por meio da referida Convenção, faz expressa opção pelo sistema da pluralidade sindical – que é aquele no qual é permitida a existência de mais de um sindicato representativo da categoria profissional ou econômica numa mesma base territorial – e proscreve a contribuição sindical obrigatória, um claro resquício do regime fascista.

II. As garantias previstas na Convenção nº 87/OIT não se aplicam às forças armadas e às polícias, dada a natureza específica do trabalho que desempenham e por seu caráter bélico.

III. As organizações de trabalhadores ou empregadores não se sujeitam à dissolução ou suspensão pela via administrativa, salvo na exclusiva hipótese de serem utilizadas como instrumento de desestabilização do regime de governo ou se constituírem em grupo paramilitar.

IV. Embora trate expressamente das federações e confederações de organizações de trabalhadores e empregadores, para admitir o direito à sua constituição, a Convenção nº 87/OIT não trata das centrais sindicais.

Marque:

(A) todas as proposições são corretas;
(B) todas as proposições são incorretas;
(C) a proposição I é a única correta;
(D) a proposição IV é a única correta;
(E) a proposição III é a única incorreta.

I: incorreta. A Convenção aborda a pluralidade sindical de forma tácita (art. 2º), ao mesmo tempo que a contribuição sindical obrigatória não é claramente proscrita, entendendo-se que tal modalidade de financiamento se choca com o amplo espírito de liberdade preconizado pela Convenção 87 e, mais especificamente, com seus arts. 3º e 8º, item 2; **II:** incorreta. Entendemos que o enunciado não está incorreto (art. 9º da Convenção), salientando-se que as razões discriminatórias de tais categorias são, precisamente, as especificidades sobreditas. Porém, em outro sentido, seria dado afirmar que a Convenção 87, nos termos de seu art. 9º, em linha de princípio, aplica-se a tais categorias, salvo no que a legislação interna vier a dispor em contrário; **III:** incorreta. O art. 4º da Convenção 87 não faz ressalvas; **IV:** correta. Art. 5º da Convenção.

Gabarito "D"

(Procurador do Trabalho – 2013 – MPT) Considerando-se a normatização da Organização Internacional do Trabalho, analise as assertivas seguintes:

I. A Convenção 87 da OIT sobre Liberdade Sindical e Proteção ao Direito de Sindicalização dispõe que compete aos Estados-membros adotar as medidas necessárias para a garantia da unidade sindical espontânea pelas organizações de trabalhadores e empregadores num regime de pluralidade sindical.
II. A Convenção 87 da OIT sobre Liberdade Sindical e Proteção ao Direito de Sindicalização dispõe que compete aos Estados-membros adotar as medidas necessárias para a garantia da unicidade sindical pelas organizações de trabalhadores e empregadores.
III. A Convenção 98 da OIT sobre Direito de Sindicalização e de Negociação Coletiva dispõe sobre atos antissindicais, isto é, atos atentatórios às liberdades sindicais individuais e coletivas em matéria de emprego.
IV. A Declaração da OIT sobre os Princípios e Direitos Fundamentais no Trabalho declarou o reconhecimento efetivo do direito de negociação coletiva como um princípio fundamental de observância de todos os Estados-Membros que compõem a Organização Internacional do Trabalho, os quais devem promovê-lo e torná-lo realidade, ainda que não tenham ratificado as Convenções 87 e 98 da OIT, entre outras.

Marque a alternativa CORRETA:

(A) apenas as assertivas I e II estão corretas;
(B) apenas as assertivas I e III estão corretas;
(C) apenas as assertivas II e IV estão corretas;
(D) apenas as assertivas III e IV estão corretas;
(E) não respondida.

I: incorreta. A Convenção 87 não menciona, explicitamente, pluralidade sindical (v. art. 11); **II:** incorreta, art. 11 da Convenção 87; **III:** correta, art. 1º da Convenção 98; **IV:** correta, item 2, *a*, da Declaração de 1998.

Gabarito "D"

(Procurador do Trabalho – MPT – 17º Concurso) Quanto à representação dos trabalhadores nas empresas, considerando a contextualização constitucional e as Convenções da Organização Internacional do Trabalho, está **CORRETA** a alternativa:

(A) A representação de trabalhadores, nas empresas, aplica-se apenas no caso de inexistência de sindicato representante da categoria, devendo a legislação ou a negociação estabelecer garantia de emprego e canais diretos de entendimento entre trabalhadores e empresas.
(B) A eleição dos trabalhadores representantes será levada a cabo pelos próprios obreiros interessados, em processo democrático de votação, em que a empresa não poderá ter nenhuma ingerência, nem tampouco os sindicatos poderão participar de qualquer ato relacionado à escolha pelos trabalhadores interessados, a fim de assegurar plenamente a independência neste tipo de representação.
(C) Quando uma empresa contar ao mesmo tempo com representantes sindicais e representantes eleitos, medidas adequadas deverão ser tomadas, cada vez que for necessário, para garantir que a presença de representantes eleitos não venha a ser utilizada para o enfraquecimento da situação dos sindicatos interessados ou de seus representantes e para incentivar a cooperação, relativa a todas as questões pertinentes, entre os representantes eleitos, por uma parte, e os sindicatos interessados e seus representantes, por outra parte.
(D) Segundo a Constituição da República, nas empresas de mais de 200 empregados, é assegurada a eleição de um representante destes com a finalidade exclusiva de promover-lhes o entendimento direto com os empregadores, porém, não poderão celebrar convenção coletiva de trabalho, salvo estabelecer acordos coletivos, restritos ao âmbito da empresa da representação respectiva.
(E) Não respondida.

A: incorreta. A representação de trabalhadores na empresa pode ocorrer independentemente da existência de sindicato da categoria. Art. 11 da CF c/c artigo 1º da Convenção 135 da OIT; **B:** incorreta. Art. 3º, "b", da Convenção 135 da OIT; **C:** correta. Art. 5º, da Convenção 135 da OIT; **D:** incorreta. Art. 11, da CF. O PN 86 da SDC do TST estende as garantias dos dirigentes sindicais, previstas no art. 543 da CLT, aos representantes eleitos na forma do art. 11 da CF. Quanto à possibilidade desta representação encetar negociações coletivas, entendemos que tal mister desborda de suas competências, considerando-se o disposto no art. 8º, VI, da CF e no art. 10 da Declaração Sociolaboral do Mercosul, em que pese a polêmica exegese sobre a recepção do art. 611, § 1º, da CLT, pela Constituição.

Gabarito "C"

(Ministério Público do Trabalho – 15º) Assinale a alternativa INCORRETA.

(A) o princípio da liberdade sindical, tal como consagrado na Convenção nº 87 da OIT, é aplicado integralmente ao ordenamento jurídico doméstico;
(B) a estrutura sindical brasileira conjuga os princípios da unicidade, da autonomia e liberdade sindicais;

(C) o princípio da unicidade sindical não impede o desmembramento de sindicato, ainda que na mesma base territorial, desde que o novo sindicato constituído não tenha representatividade em área inferior à de um município;

(D) os princípios da autonomia e liberdade sindical, aplicáveis ao ordenamento jurídico doméstico, não autorizam os sindicatos a fixarem número de dirigentes acima do previsto legalmente, contemplados pela estabilidade;

(E) não respondida.

A: incorreta, eis que os princípios da unicidade sindical, da vinculação obrigatória por categoria e a contribuição sindical compulsória, positivados pela Constituição Federal de 1988, chocam-se com os princípios da Convenção 87 da OIT; **B:** correta (art. 8º, *caput*, I e II, da CF); **C:** correta. Como ensina Alice Monteiro de Barros, "consoante o critério da similitude e conexão, com especialidades diversas, poderá ocorrer o desmembramento, de acordo com o disposto no art. 115, § 3º, da CLT"; **D:** correta. Súmula 369, II, do TST. Obs.: cf. art. 571 da CLT.

Gabarito "A"

(Ministério Público do Trabalho – 14º) Analise as assertivas e marque a opção CORRETA:

I. O Brasil não ratificou a Convenção nº 87 da Organização Internacional do Trabalho sobre liberdade sindical; isso não impede, porém, que o Comitê de Liberdade Sindical do Conselho de Administração da OIT possa dar seguimento ao exame de eventual queixa baseada na violação em nosso País dos direitos previstos naquela convenção internacional.

II. A Convenção nº 87 da OIT prevê expressamente o direito fundamental de greve como conteúdo essencial do direito de liberdade sindical.

III. A Convenção nº 98 da OIT consagra o modelo do foro sindical, de maneira exclusiva, no sentido de que estabelece proteção contra a prática de alguns atos antissindicais por parte dos empregadores ou seus representantes, sendo indiferente a eventuais práticas desleais por parte dos sindicatos dos empregados.

IV. A Convenção nº 98 da OIT proíbe a sindicalização e a negociação coletiva dos funcionários públicos dos Estados-membros.

(A) apenas a de número I é correta;

(B) apenas as de números II e IV são corretas;

(C) apenas a de número III é correta;

(D) todas são incorretas;

(E) não respondida.

I: correta. Esta possibilidade advém da cláusula 2 da Declaração de 1998 da OIT sobre princípios e direitos fundamentais no trabalho. Quanto ao Comitê de Liberdade Sindical da OIT, este órgão foi constituído pelo Conselho de Administração em sua 11ª Reunião, de 10 a 12 de janeiro de 1952; **II:** incorreta. O direito de greve não vem expresso na Convenção 87 da OIT; **III:** incorreta. A proteção conferida pela Convenção 98 é generalizada, de sorte que o art. 2º, item 1 chega a conceber atos de ingerência de sindicatos obreiros sobre sindicatos patronais, ao passo que o item 2 deste artigo tutela situações de cooptação econômica do sindicato obreiro; **IV:** incorreta. Art. 6º da Convenção 98.

Gabarito "A"

(Ministério Público do Trabalho – 13º) Assinale a alternativa CORRETA, a respeito da Convenção nº 87, da Organização Internacional do Trabalho:

(A) admite somente a sindicalização dos trabalhadores;

(B) impõe a pluralidade sindical;

(C) preceitua a adoção do sistema confederativo;

(D) prescreve o direito de as organizações elaborarem seus próprios estatutos e regimentos;

(E) não respondida.

A: incorreta. Art. 2º da Convenção 87; **B:** incorreta. Não há tal imposição, sendo compatível com o art. 2º, por exemplo, o modelo da unidade prática; **C:** incorreta. Aceita-se o sistema confederativo, sem imposição neste sentido; **D:** correta. Art. 3º, item 1, da Convenção 87.

Gabarito "D"

2. ORGANIZAÇÃO SINDICAL

2.1. ATRIBUIÇÕES SINDICAIS E ASSOCIAÇÃO EM SINDICATO

(Magistratura do Trabalho – 1ª Região – 2004) Analisando as assertivas abaixo:

I. ao sindicato cabe a defesa dos direitos e interesses coletivos ou individuais dos trabalhadores, inclusive em questões judiciais ou administrativas, desde que associados;

II. ao sindicato cabe a defesa dos direitos e interesses individuais da categoria, inclusive em questões administrativas;

III. ao sindicato cabe a defesa dos direitos e interesses coletivos da categoria, inclusive em questões judiciais;

IV. ao sindicato cabe a defesa dos direitos e interesses individuais da categoria, inclusive em questões judiciais;

V. ao sindicato cabe a defesa dos direitos e interesses coletivos da categoria, inclusive em questões administrativas.

Assinale:

(A) se somente a assertiva I estiver correta;

(B) se somente as assertivas II e V estiverem corretas;

(C) se somente as assertivas III e IV estiverem corretas;

(D) se somente as assertivas II, III, IV e V estiverem corretas;

(E) se somente a assertiva III estiver correta.

II, III, IV e **V:** corretas. Art. 8º, III, da CF.

Gabarito "D"

(Magistratura do Trabalho – 3ª Região – 2013) A Consolidação das Leis do Trabalho não impõe aos Sindicatos o dever de:

(A) Fundar e manter escolas de alfabetização e prevocacionais.

(B) Promover a fundação de cooperativas de trabalho.

(C) Sempre que possível, e de acordo com as suas possibilidades, manter no seu quadro de pessoal, em convênio com entidades assistenciais ou por conta própria, um assistente social com as atribuições específicas de promover a cooperação operacional na empresa e a integração profissional na Classe.

(D) Manter serviços de assistência judiciária para os associados.

(E) Colaborar com os poderes públicos no desenvolvimento da solidariedade social.

Art. 514 da CLT.

Gabarito "B"

(Magistratura do Trabalho – 3ª Região – 2008) São prerrogativas dos sindicatos, exceto:

(A) representar, perante as autoridades administrativas e judiciárias os interesses gerais da respectiva categoria ou profissão liberal ou interesses individuais dos associados relativos à atividade ou profissão exercida.

(B) o empregado eleito para cargo de administração sindical ou representação profissional, inclusive junto a órgão de deliberação coletiva, não poderá ser impedido do exercício de suas funções, nem transferido para lugar ou mister que lhe dificulte ou torne impossível o desempenho das suas atribuições sindicais.

(C) eleger ou designar os representantes da respectiva categoria ou profissão liberal.

(D) colaborar com o Estado, como órgãos técnicos e consultivos, no estudo e solução dos problemas que se relacionam com a respectiva categoria ou profissão liberal.

(E) para os sindicatos de empregados, a fundação e a manutenção de agências de colocação.

A: correta. Art. 513, *a*, da CLT; **B:** incorreta, devendo ser assinalada. Art. 543 da CLT (trata-se de questão capciosa, uma vez que a afirmativa versa sobre prerrogativa dos dirigentes sindicais); **C:** correta. Art. 513, *c* da CLT; **D:** correta. Art. 513, *d* da CLT; **E:** correta. Art. 513, parágrafo único, da CLT.

Gabarito "B"

(Magistratura do Trabalho – 4ª Região – 2012) São prerrogativas dos Sindicatos de empregados e empregadores, dentre outras,

(A) fundar e manter agências de colocação.

(B) fundar e manter escolas de alfabetização e pré-vocacionais.

(C) promover a conciliação nos dissídios de trabalho.

(D) eleger ou designar os representantes da respectiva categoria ou profissão liberal.

(E) manter serviços de assistência judiciária para os associados.

A: incorreta. Art. 513, parágrafo único, da CLT; **B:** incorreta. Art. 514, parágrafo único, "b" da CLT; **C:** incorreta. Art. 514, "c", da CLT; **D:** correta. Art. 513, "c", da CLT; **E:** incorreta. Art. 514, "b", da CLT.

Gabarito "D"

(Magistratura do Trabalho – 8ª Região – 2009) A respeito das disposições consolidadas concernentes à organização sindical, é correto afirmar:

(A) É lícita a associação para fins de estudo, defesa e coordenação dos seus interesses econômicos ou profissionais de todos os que, como empregadores, empregados, servidores públicos, agentes ou trabalhadores autônomos ou profissionais liberais exerçam, respectivamente, a mesma atividade ou profissão ou atividades ou profissões similares ou conexas. A solidariedade de interesses econômicos dos que empreendem atividades idênticas, similares ou conexas, constitui o vínculo social básico que se denomina categoria econômica. A similitude de condições de vida oriunda da profissão ou trabalho em comum, em situação de emprego na mesma atividade econômica ou em atividades econômicas similares ou conexas, compõe a expressão social elementar compreendida como categoria profissional.

(B) São prerrogativas dos sindicatos das categorias profissional e econômica: a) representar, perante as autoridades administrativas e judiciárias, os interesses gerais da respectiva categoria ou profissão liberal ou interesses individuais dos associados relativos à atividade ou profissão exercida; b) celebrar contratos coletivos de trabalho; c) fundar e manter agências de colocação.

(C) São deveres dos sindicatos de trabalhadores: a) colaborar com os poderes públicos no desenvolvimento da solidariedade social; b) manter serviços de assistência judiciária para os associados; c) promover a conciliação nos dissídios de trabalho; d) sempre que possível, e de acordo com as suas possibilidades, manter no seu quadro de pessoal, em convênio com entidades assistenciais ou por conta própria, um assistente social com as atribuições específicas de promover a cooperação operacional na empresa e a integração profissional na Classe; e) promover a fundação de cooperativas de consumo e de crédito; f) fundar e manter escolas de alfabetização e pré-vocacionais.

(D) A importância arrecadada a título de contribuição sindical terá a seguinte destinação, mediante crédito realizado pela Caixa Econômica Federal: 5% para a confederação correspondente; 15% para a federação; 60% para o sindicato respectivo e 20% a "Conta Especial Emprego e Salário". Esta disposição aplica-se aos empregadores e aos trabalhadores.

(E) Permanecem em vigor as disposições da CLT pertinentes à contribuição sindical. A lei permite a criação da contribuição negocial, vinculada ao exercício efetivo da negociação coletiva e à aprovação em assembleia geral da categoria, sem prejuízo da contribuição sindical como instrumento complementar de financiamento do sistema de representação das categorias profissional e econômica.

A: incorreta. O art. 511, *caput*, da CLT não alude aos servidores públicos; **B:** incorreta. O art. 513, parágrafo único, da CLT reserva tal prerrogativa ao sindicato profissional; **C:** correta. Art. 514 da CLT; **D:** incorreta. Tais percentuais só se aplicam aos empregadores, conforme art. 589 da CLT na redação conferida pela Lei

11.648/2008; **E:** incorreta. A primeira parte do enunciado está correta, mas a segunda não, eis que a contribuição negocial é que seria complementar à contribuição sindical, de índole compulsória. Tradicionalmente, a receita sindical é integrada pela 1) contribuição sindical (prevista no art. 578 da CLT, trata-se do antigo "imposto sindical", com natureza tributária, correspondente a um dia de trabalho do empregado, obrigatória a todo integrante da categoria), 2) pelas mensalidades sindicais (exigíveis só de membros do sindicato, nos termos de seu estatuto), 3) pelas contribuições confederativas e 4) pelas chamadas taxas de reversão, contribuição assistencial, taxa de solidariedade ou contribuição negocial. Destas, apenas a contribuição sindical é compulsória a todos os integrantes da categoria, sindicalizados ou não. Sob os mais diversos argumentos, é comum os entes sindicais buscarem formas complementares de arrecadação: a pretexto de sustentar o modelo confederativo, são criadas contribuições confederativas; não raro, são pactuadas, em instrumentos coletivos, contribuições patronais em favor do sindicato obreiro (o que viola o art. 2º, 2, da Convenção 98 da OIT); finalmente, é comum, no bojo de acordos ou convenções coletivas de trabalho, a pactuação das chamadas taxas de solidariedade ou taxa de reversão, destinadas a custear os gastos com as negociações coletivas. A contribuição negocial a que alude o enunciado é outra denominação recebida por estas últimas. Inexiste previsão legal de tal contribuição e sequer entendemos cabível sua pactuação no bojo de instrumento coletivo, uma vez que as matérias que devem constar destes instrumentos estão limitadas, pelo art. 611 da CLT, às condições de trabalho aplicáveis, no âmbito das respectivas representações, às relações individuais de trabalho (neste sentido: TST, ED-RIAA 36700-16.1999.5.17.0000, SDC, j. 18.08.2005, rel. Min. Carlos Alberto Reis de Paula, *DJ* 09.09.2005). Forte no princípio da liberdade sindical, entendemos que, à exceção da contribuição sindical, todas as demais taxas e contribuições sindicais, na esteira da Súmula 666 do STF, só podem ser exigidas dos membros efetivamente filiados ao sindicato. Quanto à contribuição negocial, esta deve ser objeto de deliberação em assembleia da categoria e de aplicação exclusiva aos membros dos sindicatos, a teor da Súmula 666 do STF e da OJ 17 da SDC do TST.

Gabarito "C"

(Magistratura do Trabalho – 9ª Região – 2009) O art. 513 da CLT dispõe sobre as prerrogativas do sindicato, dentre as quais não se inclui:

(A) Impor contribuições a todos que participam das categorias econômicas ou profissionais ou das profissões liberais representadas.
(B) Celebrar convenções coletivas de trabalho.
(C) Colaborar com o Estado, como órgãos técnicos e consultivos, no estudo e solução dos problemas que se relacionam com a respectiva categoria ou profissão liberal.
(D) Eleger ou designar os representantes da respectiva categoria ou profissão liberal constituída, no máximo, de sete e, no mínimo, de três membros, eleitos pela assembleia geral.
(E) Representar, perante as autoridades administrativas e judiciárias, os interesses gerais da respectiva categoria ou profissão liberal ou os interesses individuais dos associados relativos à atividade ou profissão exercida.

A: correta. Art. 513, *e*; **B:** correta. Art. 513, *b*; **C:** art. 513, *d*; **D:** incorreta, devendo ser assinalada. Art. 513, *c*; **E:** correta. Art. 513, *a*, todos da CLT.

Gabarito "D"

(Magistratura do Trabalho – 15ª Região – 2010) Sindicato que representa determinada categoria profissional congrega também os trabalhadores em atividades similares e conexas e assim foi registrado, abrangendo os municípios A, B, C e D. Entretanto, os trabalhadores que atuam em atividades similares e conexas conseguem fundar e registrar novo sindicato, cuja abrangência está restrita aos municípios A e B. Assinale a alternativa correta:

(A) a partir da regular constituição de um sindicato específico, a categoria profissional deixa de ter a condição de similar ou conexa, e os trabalhadores de todos os municípios passam a ser automaticamente representados pelo novo sindicato;
(B) a abrangência territorial do novo sindicato depende da concordância do sindicato anterior;
(C) só os trabalhadores das atividades similares e conexas dos municípios A e B passam a ser representados pelo novo sindicato;
(D) a abrangência da representação do novo sindicato depende, unicamente do que foi deliberado em assembleia por todos os trabalhadores;
(E) nenhuma das anteriores.

Dois fenômenos do sindicalismo são abordados pelo enunciado: o desmembramento e a descentralização sindical. O parágrafo único do art. 570 da CLT permite a categorias que, pelo baixo número de membros ou pela natureza de suas atividades ou profissões, não reúnam condições de atividade sindical eficiente, fundirem-se a outras categorias maiores pelo critério da similitude ou conexão. Por outro lado, diz o art. 571, será dado a tais categorias desmembrarem-se do sindicato principal, formando um sindicato específico, quando o novo sindicato oferecer possibilidade de vida associativa regular e de ação sindical eficiente: trata-se do fenômeno do *desmembramento sindical*. Não obstante, o art. 517 da CLT preceitua que os sindicatos poderão ser distritais, municipais, estaduais, interestaduais e, excepcionalmente, nacionais. Como se sabe, a Constituição Federal (art. 8º, II) não recepcionou a base territorial distrital, incumbindo aos trabalhadores e empregadores interessados a delimitação da sua base territorial, que não poderá ser inferior à de um município. Obedecida a prevalência da vontade da categoria (princípio da autonomia privada coletiva), será possível a *descentralização sindical*, isto é, que trabalhadores integrantes de categoria representada por sindicato intermunicipal, estadual ou interestadual criem sindicato da mesma categoria profissional em uma base territorial menor, como a base municipal. Assim, além de desmembrarem o sindicato-mãe, os trabalhadores descentralizaram sua base sindical, restringindo-a aos municípios A e B. Pelos princípios da representatividade por categoria e da territorialidade, portanto, a alternativa correta é a "C".

Gabarito "C"

(Magistratura do Trabalho – 15ª Região – 2010) Assinale a alternativa correta. O sindicato:

(A) é pessoa jurídica de direito público, pois recebe contribuição compulsória e sua personalidade depende de chancela ministerial;
(B) é pessoa jurídica de direito administrativo;
(C) dos trabalhadores goza de imunidade tributária;
(D) não tem personalidade jurídica, caracterizando-se como uma *universitas juris*;
(E) nenhuma das anteriores.

Sindicatos possuem a natureza de pessoa jurídica de direito privado, gozando o sindicato dos trabalhadores de imunidade tributária, nos termos do art. 150, V, *c*, da CF.

Gabarito "C"

(Magistratura do Trabalho – 21ª Região – 2005) Consideradas as afirmações abaixo, marque a letra que contém a resposta correta:

I. O princípio da liberdade sindical – um desdobramento do princípio da liberdade de associação – ampara a liberdade de criação e autoextinção dos sindicatos, bem assim a livre vinculação e a livre desfiliação a um sindicato. Mas é derrogado pelo princípio da unicidade sindical.

II. A Convenção 87 da Organização Internacional do Trabalho (OIT), subscrita pelo Brasil, agasalha a liberdade sindical plena, com a unidade prática de sindicatos, isto é, sindicato único, detentor do monopólio da representação sindical, por força de lei.

III. O modelo sindical brasileiro implementado pela Constituição da República de 1988 impede a intervenção e as interferências político-administrativas no sindicalismo, pelo Estado. Mesmo assim, subsiste, para fins cadastrais, amparada pela jurisprudência dominante, a obrigação de depositar os estatutos dos sindicatos no Ministério do Trabalho e Emprego.

IV. Segundo a jurisprudência consolidada do Tribunal Superior do Trabalho, ofende o direito de livre associação e sindicalização a cláusula constante de acordo, convenção coletiva ou sentença normativa de trabalho que estabeleça contribuição em favor de entidade sindical, a título de taxa para custeio do sistema confederativo, assistencial, revigoramento ou fortalecimento sindical e outras da mesma espécie, obrigando trabalhadores não sindicalizados.

V. Segundo a jurisprudência sumulada do Tribunal Superior do Trabalho, o empregado integrante de categoria profissional diferenciada não tem o direito de haver de seu empregador vantagens previstas em instrumento coletivo no qual a empresa não foi representada por órgão de classe de sua categoria. E, quando eleito dirigente sindical, somente goza de estabilidade se exercer na empresa atividade pertinente à categoria profissional do sindicato para o qual foi eleito dirigente.

(A) I e IV estão corretas.
(B) Todas estão erradas.
(C) III e V estão corretas.
(D) Apenas IV e V estão corretas.
(E) II, IV e V estão corretas.

I: incorreta. Não se trata de uma derrogação, mas de uma mitigação, considerando-se que a liberdade sindical é uma liberdade complexa, ora enfocada de forma individual (direito de filiar-se, por exemplo), ora coletiva (direito de constituir entidades de grau superior); ora de forma positiva (direito de filiar-se), ora de forma negativa (direito de desfiliar-se). Tratando-se a liberdade de um conceito abstrato, é de mister um referencial para analisar-se o princípio, o que, no caso, é provido pela Convenção 87 da OIT, sob os seguintes parâmetros: liberdade de constituição de sindicatos, liberdade de administração, liberdade de filiar-se e de desfiliar-se, liberdade de base territorial, liberdade de enquadramento, liberdade de constituição de entidades de grau superior, liberdade de associação a organismos internacionais e liberdade de negociação coletiva; **II:** incorreta. A Convenção 87 nem foi ratificada pelo Brasil, nem prescreve o regime de unidade prática; **III:** correta. Art. 8º, I, da CF, OJ 15 da SDC do TST e decisão proferida pelo STF na MI 144-8/SP, Pleno, j. 03.08.1992, rel. Min. Sepúlveda Pertence, *DJ* 28.05.1993 (que culminou na edição da Súmula 677 do STF). **IV:** correta. A OJ 17 da SDC não trata da sentença normativa (observação: v. PN 119 do TST); **V:** incorreta. Súmulas 374 e 369, III, do TST.

Gabarito "C"

(Magistratura do Trabalho – 23ª Região – 2009) Marque a alternativa CORRETA:

O sindicato adquire personalidade sindical:

(A) a partir da data de publicação do ato administrativo do Ministério do Trabalho e Emprego que concede o respectivo registro.
(B) a partir da data de realização da assembleia geral que aprova os seus atos constitutivos.
(C) a partir da data do registro do estatuto social da entidade no cartório de pessoas jurídicas.
(D) a partir da data em que celebra o primeiro acordo ou convenção coletiva de trabalho.
(E) a partir da data em que, após constituído e mesmo sem registro em cartório, assume a representatividade da categoria em negociação coletiva.

Súmula 677 do STF e OJ 15 da SDC do TST.

Gabarito "A"

(Procurador do Trabalho – 2013 – MPT) Leia e assinale a alternativa **IN**CORRETA:

(A) O ordenamento jurídico laboral vigente considera central sindical a entidade de representação de empregados ou empregadores, constituída em âmbito nacional, como ente associativo privado, composto de organizações sindicais e que atenda os requisitos de filiação mínimos legalmente estabelecidos.
(B) É necessária a correspondência entre as atividades exercidas pelos setores profissional e econômico, isto é, o denominado paralelismo sindical, a fim de legitimar os envolvidos no conflito a ser solucionado pela via do dissídio coletivo.
(C) A natureza jurídica do sindicato é de associação privada de caráter coletivo, com função de defesa e incremento dos direitos dos trabalhadores ou empregadores por ele representados, sendo o critério mais significativo de agregação no ordenamento pátrio o de categoria.
(D) A Constituição da República, ao considerar obrigatória a participação dos sindicatos nas negociações coletivas, não se refere ao sindicato de empregadores, mas ao sindicato de empregados.
(E) Não respondida.

A: incorreta, devendo ser assinalada. A Lei 11.648/2008 não reconhece centrais sindicais de empregadores; **B:** correta, por definição; **C:** correta, por definição; **D:** correta, por definição, haja vista que a Constituição Federal reconhece a figura do Acordo Coletivo de Trabalho, pacto do qual não participa sindicato da categoria econômica.

Gabarito "A"

(Ministério Público do Trabalho – 15º) Segundo a Constituição da República, assinale a alternativa CORRETA:

(A) ao sindicato cabe a defesa dos direitos individuais dos associados, exclusivamente em questões judiciais;

(B) ao sindicato, e na sua ausência, à federação ou à confederação, cabe a defesa dos interesses da categoria, em ações judiciais, competindo aos sócios dessas entidades a intervenção assistencial;

(C) o sindicato, a federação e a confederação têm legitimidade concorrente para defender os direitos da categoria, em ações judiciais;

(D) ao sindicato cabe a defesa dos direitos e interesses coletivos ou individuais da categoria em questões administrativas;

(E) não respondida.

Conforme expressa previsão do art. 8º, III, da CF.

Gabarito "D".

(Ministério Público do Trabalho – 14º) Uma associação de trabalhadores formula pedido de registro sindical, com os documentos indispensáveis para a prática do ato, protocolado na Delegacia Regional do Trabalho onde se localiza a sede da entidade. Verificada a regularidade dos documentos pelo setor competente, o pedido de registro foi publicado no Diário Oficial da União. Houve impugnação por entidade sindical de mesmo grau, representatividade e base territorial coincidentes com as da requerente, acompanhada dos documentos necessários ao seu conhecimento, entre os quais o comprovante do registro sindical expedido pelo Ministério do Trabalho e Emprego. De acordo com a situação descrita, analise as seguintes asserções, baseando-se em entendimento do Supremo Tribunal Federal.

I. A autoridade do Ministério do Trabalho e Emprego concederá autorização à entidade que reunir as melhores condições para representar os integrantes da categoria, podendo, caso seja necessário, desconstituir registro anteriormente concedido à outra entidade sindical.

II. Prevalecerá na hipótese a anterioridade, ou seja, a entidade que anteriormente detiver o registro sindical.

III. O registro da associação requerente deve ser concedido, sem prejuízo do registro já concedido anteriormente, sob pena de intervenção do Estado nos sindicatos; as eventuais disputas intersindicais decorrentes da duplicidade devem ser resolvidas em juízo.

IV. O registro das entidades sindicais no Ministério do Trabalho e Emprego é compatível com a Constituição brasileira de 1988.

Assinale a opção CORRETA:

(A) é correta apenas a de número I;

(B) são corretas as de números II e IV;

(C) é correta apenas a de número III;

(D) é correta apenas a de número IV;

(E) não respondida.

294

I: incorreta, pois é vedada a dissolução administrativa de sindicatos (CF, arts. 5º, XIX, e 8º, I); **II:** correta, tratando-se de efeito lógico da função de zelar pela unicidade sindical atualmente atribuída ao MTE; **III:** incorreta, ou tornaria sem efeito a Súmula 677 do STF, cumprindo àquele que se sentir prejudicado buscar a tutela judicial; **IV:** correta, Súmula 677 do STF.

Gabarito "B".

2.2. DIREÇÃO SINDICAL: PRERROGATIVAS E ELEIÇÕES

ATENÇÃO: Até setembro de 2012, o item I da Súmula 369 do TST reconhecia como indispensável, para fins de reconhecimento das garantias asseguradas ao dirigente sindical, a comunicação ao empregador, pela entidade sindical, por escrito, no prazo de vinte e quatro horas, do dia e hora do registro da candidatura do seu empregado e, em igual prazo, de sua eleição e posse, fornecendo comprovante nesse sentido. A questão sempre foi polêmica e, muitas vezes, enfrentava o boicote da chapa dirigente de situação, que embaraçava tais ritos em prejuízo da chapa opositora. Tal Súmula, todavia, foi alterada em setembro de 2012 pela Resolução 185/2012 do TST. Atualmente, diz o item I da Súmula 369: "I - É assegurada a estabilidade provisória ao empregado dirigente sindical, ainda que a comunicação do registro da candidatura ou da eleição e da posse seja realizada fora do prazo previsto no art. 543, § 5º, da CLT, desde que a ciência ao empregador, por qualquer meio, ocorra na vigência do contrato de trabalho."

(Magistratura do Trabalho – 3ª Região – 2008) Sobre a garantia de emprego ou estabilidade provisória do dirigente sindical é incorreto afirmar que:

(A) o empregado de categoria diferenciada eleito dirigente sindical só goza de estabilidade se exercer na empresa atividade pertinente à categoria profissional do sindicato para o qual foi eleito dirigente.

(B) havendo extinção da atividade empresarial no âmbito da base territorial do sindicato, não há razão para subsistir a estabilidade do dirigente sindical.

(C) o dirigente sindical somente poderá ser dispensado por falta grave mediante a apuração em inquérito judicial.

(D) em decorrência da aplicação do princípio da liberdade sindical, não há limitação para o número de dirigentes de sindicato portadores de garantia de emprego ou estabilidade provisória.

(E) o registro da candidatura do empregado a cargo de dirigente sindical durante o período de aviso prévio, ainda que indenizado, não lhe assegura a estabilidade.

A: correta. Súmula 369, III, do TST; **B:** correta. Súmula 369, IV, do TST; **C:** correta. Súmula 379 do TST; **D:** incorreta, pois a Súmula 369, II, do TST, limita a estabilidade a 7 dirigentes sindicais e igual número de suplentes; **E:** correta. Súmula 369, V, do TST.

Gabarito "D".

(Magistratura do Trabalho – 7ª Região – 2005) Analise as proposições abaixo e assinale a opção correta.

I. Entre as garantias asseguradas ao dirigente sindical destaca-se a inamovibilidade, assim compreendida a proibição de sua remoção para atividades incompatíveis com a sua atuação sindical ou para local diverso da sua base territorial. Aceitando voluntariamente o dirigente sindical a transferência promovida pelo seu empregador, preservada estará a estabilidade provisória a ele assegurada.

II. A jurisprudência pacificada no âmbito do Tribunal Superior do Trabalho considera indispensável, para fins de reconhecimento das garantias asseguradas ao dirigente sindical, a comunicação ao empregador, pela entidade sindical, por escrito, no prazo de vinte e quatro horas, do dia e hora do registro da candidatura do seu empregado e, em igual prazo, de sua eleição e posse, fornecendo, outrossim, comprovante nesse sentido.

III. O reconhecimento da garantia estabilitária consagrada pelo artigo 8º, inciso VIII, da Constituição Federal circunscreve-se às pessoas que compõem a diretoria do sindicato, ou seja, no máximo sete e no mínimo três, além dos respectivos suplentes, conforme jurisprudência pacificada no Tribunal Superior do Trabalho.

(A) A primeira é verdadeira e as demais são falsas.
(B) A primeira e a terceira são verdadeiras e falsa a segunda.
(C) A primeira é falsa, sendo verdadeiras a segunda e a terceira.
(D) A primeira e a segunda são verdadeiras, sendo falsa a terceira.
(E) Todas são verdadeiras.

I: incorreta, pois conforme o art. 543, *caput* e § 1º, da CLT, o mandato será perdido; **II:** Correta, à época da realização do concurso, em que vigia a Súmula 369, I, do TST. Porém, tal súmula foi alterada em setembro de 2012 pela Resolução 185/2012. Atualmente, diz o item I da Súmula 369: "I - É assegurada a estabilidade provisória ao empregado dirigente sindical, ainda que a comunicação do registro da candidatura ou da eleição e da posse seja realizada fora do prazo previsto no art. 543, § 5º, da CLT, desde que a ciência ao empregador, por qualquer meio, ocorra na vigência do contrato de trabalho." ; **III:** correta. Súmula 369, II, do TST.

Gabarito "C"

(Magistratura do Trabalho – 8ª Região – 2011) À luz da legislação pertinente e da jurisprudência consolidada do TST, assinale a alternativa INCORRETA a respeito da estabilidade sindical:

(A) É vedada, em qualquer hipótese, a dispensa do dirigente sindical, desde o registro da candidatura ao cargo e, se eleito, até um ano após o término do mandato.
(B) Para fins de aquisição da estabilidade sindical, é indispensável a comunicação ao empregador pelo sindicato, por escrito, dentro de 24 horas, do dia e da hora do registro da candidatura do seu empregado e, em igual prazo, sua eleição e posse, fornecendo, igualmente, a este comprovante no mesmo sentido.
(C) Não há que se falar em estabilidade provisória quando o registro da candidatura do empregado a cargo de dirigente sindical ocorrer no curso do aviso prévio, ainda que indenizado.
(D) O conselho fiscal é o órgão responsável pela fiscalização da gestão financeira da entidade sindical, cabendo-lhe o controle dos atos administrativos da entidade sindical, mas não propriamente a direção desta; por este motivo, os membros do conselho fiscal não têm direito à estabilidade prevista na Constituição Federal.
(E) Os delegados sindicais são os agentes incumbidos de representar a diretoria e de dar apoio remoto aos integrantes da categoria, entretanto, não são beneficiários da estabilidade provisória, que, por sua vez, somente é dirigida àqueles que exercem ou ocupam cargos de direção nos sindicatos, submetidos a processo eletivo.

A: incorreta, devendo ser assinalada, pois não consta na Súmula 369 do TST a hipótese de proibição de dispensa do dirigente sindical, mas apenas a estabilidade provisória; **B:** correta. Súmula 369, I, do TST, e art. 543, § 5º, da CLT (quanto à atual redação da Súmula 369, I, vide nota ao início do capítulo); **C:** correta. Súmula 369, V, do TST; **D:** correta. OJ 365 da SDI-1 do TST. **E:** correta. OJ 369 da SDI-1 do TST.

Gabarito "A"

(Magistratura do Trabalho – 14ª Região – 2011) Conforme jurisprudência sumulada do TST assinale a alternativa que está incorreta.

(A) O empregado de categoria diferenciada eleito dirigente sindical só goza de estabilidade se exercer na empresa atividade pertinente à categoria profissional do sindicato para o qual foi eleito dirigente.
(B) Ainda que ocorra a extinção da atividade empresarial no âmbito da base territorial do sindicato, subsistirá a estabilidade do dirigente sindical prevista em lei.
(C) É indispensável a comunicação por escrito, pela entidade sindical, ao empregador, dentro de 24 (vinte e quatro) horas, o dia e a hora do registro da candidatura do seu empregado e, em igual prazo, sua eleição e posse na forma do § 5º do art. 543 da CLT.
(D) O art. 522 da CLT, que limita a sete o número de dirigentes sindicais, foi recepcionado pela Constituição Federal de 1988.
(E) O dirigente sindical somente poderá ser dispensado por falta grave mediante a apuração em inquérito judicial.

A: correta. Súmula 369, III, do TST; **B:** incorreta, devendo ser assinalada. Súmula 369, IV, do TST; **C:** correta. Súmula 369, I, do TST (quanto à atual redação da Súmula 369, I, vide nota ao início do capítulo); **D:** correta. Súmula 369, II, do TST; **E:** correta. Súmula 379 do TST.

Gabarito "B"

(Magistratura do Trabalho – 15ª Região – 2012) O art. 522 da CLT prevê que a administração do sindicato será exercida por uma diretoria constituída no máximo de sete e no mínimo de três membros e de um Conselho Fiscal composto de três membros, eleitos esses órgãos pela Assembleia Geral. Já o art. 543 consolidado prescreve garantias para o dirigente sindical. Sobre o tema analise as questões que seguem, e responda com base no entendimento jurisprudencial sumulado do C. TST.

I. O art. 522 da CLT não foi recepcionado pela Constituição Federal de 1988. Não fica limitada, assim, a estabilidade a que alude o art. 543, § 3º, da CLT a sete dirigentes sindicais e igual número de suplentes.
II. O empregado de categoria diferenciada eleito dirigente sindical goza de estabilidade, mesmo se exercer na empresa atividade diversa à categoria profissional do sindicato para o qual foi eleito dirigente.
III. Havendo extinção da atividade empresarial no âmbito da base territorial do sindicato, não há razão para subsistir a estabilidade.
IV. O registro da candidatura do empregado a cargo de dirigente sindical durante o período de aviso prévio, ainda que indenizado, assegura-lhe a estabilidade, visto que aplicável a regra do § 3º do art. 543 da Consolidação das Leis do Trabalho.

(A) Estão corretas somente as afirmações I, II e IV.
(B) Estão corretas somente as afirmações II, III e IV.
(C) Está correta somente a afirmação III.
(D) Está correta somente a afirmação IV.
(E) Todas as afirmações estão erradas.

I: incorreta. Súmula 369, II do TST; **II:** incorreta. Súmula 369, III, do TST; **III:** correta. Súmula 369, IV, do TST; **IV:** incorreta. Súmula 369, V, do TST.

Gabarito "C".

(Magistratura do Trabalho – 15ª Região – 2010) Sindicato que tem extensa base territorial e representa trabalhadores de empresa de grande porte elege diretoria composta por 20 (vinte) integrantes, em relação aos quais pretende ver reconhecida a estabilidade sindical. Assinale a alternativa correta:

(A) a empresa tem que acatar o pedido e reconhecer a estabilidade de todos os integrantes da diretoria porque a Constituição garante a liberdade de associação sindical;
(B) a empresa é obrigada a reconhecer o benefício da estabilidade a 7 (sete) empregados eleitos integrantes da diretoria;
(C) a empresa só é obrigada a reconhecer a estabilidade de todos os integrantes da diretoria se a abrangência territorial do sindicato se estender a mais de um município;
(D) quando a entidade sindical tiver mais de uma empresa de grande porte em sua base territorial, é obrigatória a concessão da estabilidade aos 20 (vinte) empregados eleitos, pois a lei garante a efetividade da representação;
(E) a empresa só estará obrigada a reconhecer a estabilidade dos 20 (vinte) integrantes da diretoria se assim for Votado em assembleia geral.

Súmula 369, II, do TST.

Gabarito "B".

(Magistratura do Trabalho – 21ª Região – 2012) Sobre o sistema sindical brasileiro é <u>correto</u> afirmar que:

(A) os sindicatos deverão ter sua estrutura administrativa composta de uma diretoria, cujo número de diretores seguirá uma regra de proporcionalidade em relação ao número de integrantes da categoria;
(B) ao membro Presidente do sindicato de trabalhadores é assegurada a sua liberação remunerada do trabalho para o exercício do seu mandato;
(C) os trabalhadores eleitos para os cargos integrantes da estrutura administrativa dos sindicatos terão estabilidade no emprego a contar da data do registro de sua candidatura até 01 ano após o término do seu mandato;
(D) o empregado eleito para o cargo de direção de um sindicato que for transferido para cidade diversa do local do contrato, não perderá o mandato, desde que permaneça laborando na mesma base territorial e a transferência não impeça o exercício de suas atividades;
(E) a tomada e aprovação de contas dos Sindicatos poderão ser realizadas, exclusivamente, perante o seu Conselho Fiscal, já que eleito para a fiscalização da gestão financeira da entidade sindical.

A: incorreta. Art. 522 da CLT; **B:** incorreta. Art. 543, § 2º, da CLT; **C:** incorreta. Art. 543, § 3º, da CLT; **D:** correta. Art. 543, *caput*, da CLT; **E:** incorreta. Art. 522, § 2º, da CLT (limitação de competência do Conselho Fiscal à fiscalização da gestão financeira do sindicato) c/c art. 524, da CLT (a tomada e aprovação de contas da diretoria é um dos assuntos tratados em escrutínio secreto dos sindicatos).

Gabarito "D".

(Magistratura do Trabalho – 21ª Região – 2005) Consideradas as afirmações abaixo, marque a letra que contém a resposta correta:

I. Entre as garantias sindicais previstas em lei constam a garantia provisória de emprego e a inamovibilidade do dirigente sindical.
II. De acordo com a jurisprudência sumulada do Tribunal Superior do Trabalho, é indispensável a comunicação por escrito, pela entidade sindical, ao empregador, dentro de 24 horas, do dia e hora do registro da candidatura do seu empregado e, em igual prazo, de sua eleição e posse, para que o empregado possa usufruir da garantia provisória de emprego.
III. Segundo a jurisprudência sumulada do Tribunal Superior do Trabalho, a Constituição da República de 1988 recepcionou o artigo da Consolidação das Leis do Trabalho que limita em sete o número de dirigentes sindicais.

IV. De acordo com a jurisprudência sumulada do Tribunal Superior do Trabalho, o registro da candidatura do empregado a cargo de dirigente sindical durante o período do aviso prévio, ainda que indenizado, não lhe assegura a estabilidade provisória no emprego.

V. No caso de extinção da atividade empresarial no âmbito da base territorial do sindicato, de acordo com a jurisprudência sumulada do Tribunal Superior do Trabalho, não há razão para subsistir a estabilidade.

(A) Todas estão corretas.
(B) Somente I está incorreta.
(C) I e III estão incorretas.
(D) Somente II e IV estão incorretas.
(E) Somente V está correta.

I: correta. Art. 543 da CLT; **II:** correta. Súmula 369, I, do TST (quanto à atual redação da Súmula 369, I, vide nota ao início do capítulo); **III:** correta. Súmula 369, II, do TST; **IV:** correta. Súmula 369, V, do TST; **V:** correta. Súmula 369, IV, do TST.

Gabarito "A".

(Procurador do Trabalho – MPT – 17º Concurso) No referente às garantias dos dirigentes sindicais, é **INCORRETO** afirmar:

(A) Conforme jurisprudência uniformizada do Tribunal Superior do Trabalho, são estáveis os diretores, até o número de 07 (sete), e seus suplentes, os quais só podem ser despedidos por prática de falta grave, apurada em Inquérito Judicial na Justiça do Trabalho, modalidade de ação promovida pelo empregador em petição escrita.
(B) Segundo a Consolidação das Leis do Trabalho, os dirigentes sindicais têm direito à licença não remunerada, contudo, o pagamento dos salários pode ser assegurado em negociação coletiva ou os sindicatos podem arcar com os ônus financeiros do afastamento.
(C) A estabilidade no emprego não é garantida ao dirigente sindical, se não exercer na empresa atividade pertinente à categoria profissional do sindicato para o qual foi eleito dirigente, conforme jurisprudência uniformizada do Tribunal Superior do Trabalho.
(D) A estabilidade sindical tem início com a divulgação oficial, pelo sindicato, da relação nominal dos candidatos inscritos nas eleições, inteligência esta consubstanciada na jurisprudência uniformizada do Tribunal Superior do Trabalho.
(E) Não respondida.

A: correta. Súmula 369, I e II, do TST c/c Súmula 379, do TST; **B:** correta. Art. 543, § 2º da CLT. Eventual condição mais benéfica a este trabalhador, trazida por negociação coletiva, como, por exemplo, a remuneração deste período de afastamento, é perfeitamente aceitável.; **C:** correta. Súmula 369, III, do TST; **D:** incorreta. Art. 543, § 3º, da CLT. Atualmente, com a alteração da redação do item I da Súmula 369 do TST: "É assegurada a estabilidade provisória ao empregado dirigente sindical, ainda que a comunicação do registro da candidatura ou da eleição e da posse seja realizada fora do prazo previsto no art. 543, § 5º, da CLT, desde que a ciência ao empregador, por qualquer meio, ocorra na vigência do contrato de trabalho".

Gabarito "D".

(Ministério Público do Trabalho – 15º) Analise as proposições abaixo:

I. em face da jurisprudência consolidada do Supremo Tribunal Federal, o trabalhador eleito para cargo diretivo de entidade de classe antes da concessão, pelo Ministério do Trabalho e Emprego, de seu registro sindical, não detém estabilidade no emprego;

II. de acordo com a legislação em vigor, os membros do conselho fiscal do sindicato possuem estabilidade no emprego;

III. o dirigente sindical no exercício de seu mandato é afastado do trabalho, sem prejuízo do salário e demais vantagens do cargo.

Assinale a alternativa CORRETA:

(A) apenas a proposição I é correta;
(B) apenas a proposição II é correta;
(C) apenas a proposição III é correta;
(D) todas as proposições são corretas;
(E) não respondida.

I: correta. Súmula 677 do STF; **II:** incorreta. Art. 543, § 3º, da CLT (cf. TST, ROAR 718676-40.2000.5.22.5555, SDI-2, j. 24.04.2001, rel. Juiz convocado Horácio Raymundo de Senna Pires, *DJ* 01.06.2001); **III:** incorreta. Art. 543, § 2º, da CLT.

Gabarito "A".

(Ministério Público do Trabalho – 14º) Analise as assertivas abaixo sobre a garantia de emprego do dirigente sindical, tendo em conta a jurisprudência do Tribunal Superior do Trabalho:

I. O registro da candidatura a cargo de dirigente sindical no curso de eventual aviso prévio concedido pelo empregador implica a suspensão do término do contrato de trabalho inicialmente previsto.

II. O reconhecimento da estabilidade do dirigente de sindicato de categoria diferenciada depende, entre outras exigências, das atividades que o empregado exerce na empresa.

III. A comunicação pela entidade sindical do registro da candidatura a cargo sindical, no prazo de 24 horas, assim como da eventual eleição e posse, no mesmo prazo, é dispensável, pois sua ausência não prejudica a estabilidade do empregado, caso ele preencha os demais requisitos para o exercício do direito.

IV. Caso o empregado seja detentor de estabilidade sindical, a sua dispensa pelo empregador em razão de falta cometida durante o período de garantia do emprego, depende de apuração em inquérito judicial.

Assinale a opção CORRETA:

(A) apenas os itens I e II são corretos;
(B) apenas os itens II e IV são corretos;
(C) apenas os itens I e IV são corretos;
(D) todos os itens são incorretos;
(E) não respondida.

I: incorreta. Súmula 369, V, do TST; **II**: correta. Súmula 369, III, do TST; **III**: incorreta. Súmula 369, I, do TST; **IV**: correta. Súmula 167 do STF e art. 543, § 3º, da CLT.

Gabarito "B".

(Ministério Público do Trabalho – 13º) São prerrogativas do dirigente sindical:

I. o direito de exercício da ação sindical;
II. o direito de não ser transferido para local que impeça a ação sindical;
III. o direito de suspender o contrato para o desempenho da ação sindical;
IV. o direito de não ser dispensado desde o registro da candidatura e se eleito, até um ano após o término do mandato, salvo se cometer falta grave, nos termos da lei.

De acordo com as assertivas acima, pode-se afirmar que:

(A) todas estão certas;
(B) a I e a III estão erradas;
(C) a I e a IV estão erradas;
(D) somente a I está errada;
(E) não respondida.

I: correta, Art. 1º da Convenção 135 da OIT e art. 543, *caput*, da CLT; **II**: correta. Art. 543, *caput*, da CLT; **III**: correta. Art. 543, § 2º, da CLT; **IV**: correta. Art. 543, § 3º, da CLT.

Gabarito "A".

2.3. ESTRUTURA SINDICAL

(Magistratura do Trabalho – 3ª Região – 2009) Assinale a assertiva ("a" a "e") correta em relação aos enunciados de I a V, observadas a legislação pertinente e a consolidação jurisprudencial do c. TST:

I. As federações são entidades sindicais de 2º grau, sendo que, para sua criação é necessário um mínimo de sete sindicatos, cuja administração será exercida pelos seguintes órgãos: diretoria, conselho de representantes e conselho fiscal.
II. As confederações organizar-se-ão com o mínimo de três federações, tendo como órgãos de administração a diretoria, conselho de representantes e conselho fiscal. Sua criação não é obrigatória, competindo aos interessados deliberar sobre tanto.
III. Mesmo após a Constituição de 1988, a comprovação da legitimidade *ad processum* da entidade sindical se faz por seu registro no órgão competente do Ministério do Trabalho e Emprego.
IV. Constituída a associação profissional que pretenda investir-se em sindicato, esta deverá, ao apresentar seus atos constitutivos para registro no órgão competente do Ministério do Trabalho e Emprego, fazer constar em seu estatuto, dentre outras definições, que a entidade sindical requerente agirá como órgão de colaboração com os poderes públicos e as demais associações no sentido da solidariedade social e da subordinação dos interesses econômicos ou profissionais ao interesse nacional.
V. Havendo conflito entre entidade sindical já existente em relação à nova entidade sindical que se pretende constituir, caberá à Justiça do Trabalho dirimir o litígio.

(A) Somente um enunciado é verdadeiro.
(B) Somente dois enunciados são verdadeiros.
(C) Somente três enunciados são verdadeiros.
(D) Somente quatro enunciados são verdadeiros.
(E) Todos os enunciados são verdadeiros.

I: incorreta. Arts. 534 e 538 da CLT; **II**: correta, arts. 535 e 538 da CLT; **III**: correta, OJ 15 da SDC do TST; **IV**: incorreta, pois incompatível com a liberdade sindical preconizada pela Constituição (CF, art. 8º, I); **V**: correta. Art. 114, III, da CF.

Gabarito "C".

(Magistratura do Trabalho – 3ª Região – 2009) Assinale a assertiva ("a" a "e") correta em relação aos enunciados de I a V, observadas a legislação pertinente e a consolidação jurisprudencial do c. TST:

I. A central sindical representativa dos trabalhadores, constituída em âmbito nacional, terá como atribuições e prerrogativas a coordenação da representação dos trabalhadores por meio das organizações sindicais a ela filiadas, participação de negociações em fóruns, colegiados de órgãos públicos e demais espaços de diálogo social que possuam composição tripartite nos quais estejam em discussão assuntos de interesse geral dos trabalhadores e firmar contratos coletivos de trabalho de abrangência nacional intercategoriais.
II. As centrais sindicais deverão prestar contas ao Tribunal de Contas da União sobre a aplicação dos recursos provenientes das contribuições de interesse das categorias profissionais ou econômicas e de outros recursos públicos que porventura venham a receber.
III. Para o exercício de suas atribuições e prerrogativas, a central sindical deverá cumprir os seguintes requisitos: I – filiação de, no mínimo, 100 (cem) sindicatos distribuídos nas 5 (cinco) regiões do País; II – filiação em pelo menos 3 (três) regiões do País de, no mínimo, 20 (vinte) sindicatos em cada uma; III – filiação de sindicatos em, no mínimo, 5 (cinco) setores de atividade econômica e filiação de sindicatos que representem, no mínimo, 7% (sete por cento) do total de empregados sindicalizados em âmbito nacional.
IV. Em sintonia com as inovações advindas com a Emenda Constitucional 18/1998, ao militar é assegurada a sindicalização, sendo-lhe, porém, vedado o exercício da greve.
V. A partir da vigência da Lei 11.648/2008, que dispõe sobre o reconhecimento formal das centrais sindicais, do rateio da importância da arrecadação da contribuição sindical dos trabalhadores, caberá à central sindical, à qual for vinculada a entidade profissional representativa do empregado, o percentual de 20% (vinte por cento) anteriormente destinado à Conta Especial de Emprego e Salário do Ministério do Trabalho e Emprego.

(A) somente um enunciado é verdadeiro.
(B) somente dois enunciados são verdadeiros.
(C) somente três enunciados são verdadeiros.
(D) somente quatro enunciados são verdadeiros.
(E) todos os enunciados são verdadeiros.

I: incorreta, pois a prerrogativa de firmar contratos coletivos de trabalho ainda não se encontra prescrita de forma ampla pela lei; **II:** incorreta, pois a tomada de contas pelo TCU só incide, em relação às pessoas jurídicas em geral, quando se tratar de repasse de verbas públicas federais; **III:** correta, art. 2º da Lei 11.648/2008; **IV:** incorreta, art. 142, IV, da CF; **V:** incorreta, art. 589, II, da CLT.

Gabarito "A"

(Magistratura do Trabalho – 4ª Região – 2012) A administração das federações e confederações será exercida

(A) pela Diretoria, pelo Conselho de Representantes e pelo Conselho Fiscal e terá seu presidente escolhido pelo Conselho de Representantes e pelo Conselho Fiscal, dentre os seus membros.
(B) apenas pela Diretoria, constituída no mínimo de 3 membros, os quais serão eleitos pelo Conselho de Representantes com mandato de 3 anos.
(C) pela Diretoria, pelo Conselho de Representantes e pelo Conselho Fiscal, sendo que a competência deste último limita-se à fiscalização da gestão financeira.
(D) apenas pelo Conselho de Representantes que será formado pelas delegações dos Sindicatos ou das Federações filiadas, constituída cada delegação de 2 membros, com mandato de 3 anos, cabendo 1 voto a cada delegação.
(E) apenas pela Diretoria e pelo Conselho de Representantes e poderão escolher seu presidente dentre os seus membros ou não.

Art. 538, § 5º, da CLT.

Gabarito "C"

(Magistratura do Trabalho – 9ª Região – 2007) Considere as seguintes assertivas:

I. As centrais sindicais não compõem o modelo sindicalista brasileiro, motivo pelo qual a jurisprudência laboral não lhes tem reconhecido os poderes inerentes às entidades sindicais, principalmente a representação jurídica.
II. A estrutura sindical brasileira é feita em três níveis, com o sindicato na sua base, a federação em grau intermediário e a confederação em grau superior aos demais. A federação é formada pela união voluntária de, no mínimo, três sindicatos representativos de uma determinada categoria. A confederação é formada pela união de, no mínimo, cinco federações.
III. A CLT prevê a existência de três órgãos internos nos sindicatos: a Assembleia Geral, o Conselho Fiscal e a Diretoria.
IV. Considera o Tribunal Superior do Trabalho, através de Súmula, que o art. 522 da CLT, que limita a cinco o número de dirigentes sindicais, foi recepcionado pela Constituição Federal de 1988.
V. Entende a jurisprudência sumulada pelo Tribunal Superior do Trabalho que o registro da candidatura do empregado a cargo de dirigente sindical, ainda que durante o período de aviso prévio, assegura-lhe direito a estabilidade, sob pena de se referendar a existência de dispensas obstativas da ação sindical, caracterizando-se, assim, práticas antissindicais.

Assinale a alternativa correta:

(A) Apenas a assertiva I está incorreta.
(B) Apenas a assertiva II está incorreta.
(C) Apenas a assertiva V está incorreta.
(D) Apenas as assertivas I e III estão corretas.
(E) Apenas as assertivas II, III e V estão corretas.

I: correta, porém, a questão é anterior à Lei 11.648/2008, que integrou as Centrais Sindicais ao sistema sindical brasileiro; **II:** incorreta. Arts. 534, *caput*, e 535, *caput*, da CLT; **III:** correta. Art. 522 da CLT; **IV:** incorreta. Súmula 369, II, do TST (o limite do art. 522 é de sete dirigentes sindicais); **V:** incorreta. Súmula 369, V, do TST.

Gabarito "D"

2.4. CATEGORIAS E ENQUADRAMENTO

(Magistratura do Trabalho – 4ª Região – 2012) Empregado integrante de categoria profissional diferenciada

(A) é reconhecido como tal por decisão judicial quando houver similitude de condições de vida oriunda da profissão ou trabalho em comum.
(B) pode ser reconhecido como tal por dissídio coletivo, quando o Sindicato pretender a interpretação de norma relativa ao enquadramento sindical.
(C) beneficia-se do regime legal relativo aos bancários quando trabalhar para um estabelecimento de crédito.
(D) tem o direito de haver de seu empregador vantagens previstas em instrumento coletivo desde que a empresa para a qual trabalha tenha sido representada por órgão de classe de sua categoria.
(E) eleito dirigente sindical goza de estabilidade na empresa independentemente do exercício de atividade pertinente à categoria profissional do sindicato para o qual foi eleito dirigente.

A: incorreta. Art. 511, § 3º, da CLT; **B:** incorreta. OJ 9, da SDC do TST; **C:** incorreta. Súmula 117, do TST; **D:** correta. Súmula 374, do TST; **E:** incorreta. Súmula 369, III, do TST.

Gabarito "D"

(Magistratura do Trabalho – 8ª Região – 2011) Assinale a alternativa INCORRETA, à luz da legislação pertinente e da jurisprudência consolidada do TST:

(A) É correto afirmar que são integrantes de uma categoria profissional diferenciada não apenas os trabalhadores que tenham uma lei que regulamente sua profissão, mas também aqueles que, embora não tendo estatuto profissional especial, exerçam profissões ou funções que singularizem sua condição de vida.

(B) O dissídio coletivo não é meio próprio para o Sindicato vir a obter o reconhecimento de que a categoria que representa é diferenciada, pois esta matéria, enquadramento sindical, envolve a interpretação de norma genérica.

(C) Os associados do sindicato são os indivíduos naturalmente integrantes da entidade sindical, independente de vontade própria, já os membros de uma categoria são os indivíduos que, além do vínculo institucional, têm um liame obrigacional, contratual, com as entidades sindicais pelo simples fato de manifestarem o desejo de a elas aderir.

(D) Empregado integrante de categoria profissional diferenciada só tem direito a vantagens previstas em instrumento coletivo, se a empresa para a qual trabalhe tenha participado, por si ou por seu sindicato, das negociações e da formação do respectivo acordo ou convenção coletiva.

(E) Um advogado que exerça a função de diretor-secretário do sindicato dos advogados somente poderá valer-se da estabilidade provisória para proteger-se contra eventual desligamento, se exercer, na empresa empregadora, atividade pertinente à categoria profissional do sindicato para o qual foi eleito dirigente.

A: correta. Art. 511, § 3º, da CLT. O sindicalismo de categoria diferenciada é chamado de horizontal, no sentido de que a representatividade abrange todos os exercentes de uma determinada função, qualquer que seja o seu empregador. Um critério prático para identificar a categoria diferenciada consiste em analisar se a similitude de suas condições de vida é maior em relação a outro trabalhador do mesmo segmento econômico ou em relação a outro trabalhador de outro segmento econômico com a mesma função. Assim, por exemplo, percebemos que um segurança de uma agência bancária possui maior similitude de condições de vida (requisitos para a profissão, treinamentos, exames, etc.) com um segurança de uma joalheria do que com um caixa desta mesma agência, o que é um importante indício de que integra uma categoria profissional diferenciada; **B:** correta. OJ 9 da SDC do TST; **C:** incorreta. A assertiva inverte o que vem a ser um associado e um membro da categoria; **D:** correta. Súmula 374 do TST; **E:** correta. Súmula 369, III, do TST.

Gabarito "C"

(Magistratura do Trabalho – 12ª Região – 2006) Assinale a alternativa incorreta:

(A) o empregado integrante de categoria profissional diferenciada não tem o direito de haver de seu empregador vantagens previstas em instrumento coletivo no qual a empresa não foi representada por órgão de classe de sua categoria;

(B) o empregado de categoria diferenciada eleito dirigente sindical só goza de estabilidade se exercer na empresa atividade pertinente à categoria profissional do sindicato para o qual foi eleito dirigente;

(C) havendo extinção da atividade empresarial no âmbito da base territorial do sindicato, não há razão para subsistir a estabilidade do dirigente sindical;

(D) a mensalidade sindical é paga apenas pelos associados ao sindicato, na forma prevista no estatuto de cada entidade sindical, enquanto que a contribuição sindical é recolhida uma só vez, anualmente, na importância correspondente à remuneração de um dia de trabalho dos empregados;

(E) categoria profissional diferenciada é a que se forma por empregados ou empregadores que exerçam profissões ou funções diferenciadas por força de estatuto profissional especial ou em consequência de condições de vida singulares.

A: correta. Súmula 374 do TST; **B:** correta. Súmula 369, III, do TST; **C:** correta. Súmula 369, IV, do TST; **D:** correta, por definição (v. arts. 579 e 480 da CLT e OJ 17 da SDC do TST); **E:** incorreta. Art. 511, § 3º, da CLT.

Gabarito "E"

(Magistratura do Trabalho – 14ª Região – 2011) Sobre o Direito Coletivo verifique as proposituras abaixo e responda.

I. A solidariedade de interesses econômicos dos que empreendem atividades idênticas, similares ou conexas constitui o vínculo social básico que se denomina categoria econômica.

II. A similitude de condições de vida oriunda da profissão ou trabalho em comum, em situação de emprego na mesma atividade econômica ou em atividades econômicas similares ou conexas, compõe a expressão social elementar compreendida como categoria profissional.

III. Categoria profissional diferenciada é a que se forma dos empregados que exerçam profissões ou funções diferenciadas por força de estatuto profissional especial ou em consequência de condições de vida singulares.

IV. O empregado eleito para cargo de administração sindical ou representação profissional, não poderá ser impedido do exercício de suas funções, nem transferido para lugar ou mister que lhe dificulte ou torne impossível o desempenho das suas atribuições sindicais, bem como não perderá o mandato se a transferência for por ele solicitada ou voluntariamente aceita.

V. E livre a associação profissional ou sindical, mas ao empregado sindicalizado é assegurada, em igualdade de condições, preferência na concessão de empréstimos simples concedidos pelas agências financeiras do Governo ou a ele vinculadas.

(A) Todas as assertivas são corretas.

(B) Apenas as assertivas I, II e III são corretas.

(C) Apenas as assertivas I, II, III e IV são corretas.

(D) Apenas as assertivas I, IV e V são corretas.

(E) Apenas a assertiva IV é incorreta.

I: correta. Art. 511, § 1º, da CLT; **II:** correta. Art. 511, § 2º, da CLT; **III:** correta. Art. 511, § 3º, da CLT; **IV:** incorreta. Art. 543, § 1º, da CLT; **V:** incorreta. Embora o art. 544, VI, da CLT assim preveja, consideramos que o dispositivo em questão não foi recepcionado pela Constituição Federal de 1988, eis que a concepção de um modelo amplo de liberdade sindical individual positiva (direito de se associar a um sindicato) e negativa (direito de se retirar de um sindicato) pelo art. 8º, V, da CF, aliada ao princípio da não interferência estatal nos sindicatos (CF, art. 8º, I) não comporta, em tese, medidas exógenas de fomento ao associativismo.

Gabarito "B"

(Magistratura do Trabalho – 15ª Região – 2010) Sindicato que representa a categoria dos motoristas ajuíza ação de cumprimento pretendendo que a empresa fabricante de produtos alimentícios conceda aos seus motoristas reajuste salarial idêntico ao estipulado em convenção coletiva que celebrou com o sindicato patronal das transportadoras. Assinale a alternativa correta:

(A) empregado integrante de categoria diferenciada não tem o direito de haver vantagens previstas em instrumento coletivo no qual o empregador não foi representado por entidade de sua categoria econômica;
(B) por se tratar de categoria diferenciada, o reajuste obtido junto a uma entidade patronal vale também para as demais, face à similitude de condições em que o trabalho é prestado;
(C) a empresa só estará obrigada a conceder o mesmo reajuste salarial se assim for deliberado em assembleia;
(D) a empresa só estará obrigada a conceder o mesmo reajuste salarial se constar expressamente da convenção coletiva dos motoristas que seus efeitos vinculam toda a categoria;
(E) nenhuma das anteriores.

Súmula 374 do TST.
Gabarito "A".

(Ministério Público do Trabalho – 15º) No Direito Coletivo do Trabalho brasileiro, a categoria diferenciada é aquela:

I. formada de empregados que exercem profissões ou funções diferenciadas por força de estatuto profissional especial ou de condições de vida singulares;
II. formada de empregadores que exercem atividades diferenciadas por força de estatuto especial ou de condições de vida singulares;
III. formada de empregados e de empregadores que exercem profissões ou atividades diferenciadas por força de estatuto especial ou de condições de vida singulares;
IV. formada por meio de deliberação de empregados e empregadores desejosos de se organizarem autonomamente.

Assinale a alternativa CORRETA:

(A) apenas a assertiva I é correta;
(B) apenas a assertiva III é correta;
(C) apenas as assertivas II e IV são incorretas;
(D) todas as assertivas são incorretas;
(E) não respondida.

Art. 511, § 3º, da CLT.
Gabarito "A".

(Ministério Público do Trabalho – 13º) São critérios de homogeneidade, ou seja, as dimensões dentro das quais as categorias profissionais ou econômicas são homogêneas e a associação é natural:

I. a identidade;
II. a similaridade;
III. a conexidade;
IV. a complementaridade.

Com base nas alternativas acima, pode-se afirmar que:

(A) a III está errada;
(B) somente a I e a III estão certas;
(C) somente a I e a II estão certas;
(D) a III está certa e a IV está errada;
(E) não respondida.

Art. 511, § 4º, da CLT.
Gabarito "D".

(Ministério Público do Trabalho – 13º) Assinale a alternativa INCORRETA:

(A) deve ser entendido como categoria profissional o agrupamento de trabalhadores que leva em consideração a similitude de condições de vida oriunda da profissão ou do trabalho em situação de emprego na mesma atividade econômica;
(B) deve ser entendido como categoria econômica, dentre outros, o agrupamento dos que empreendem atividades econômicas idênticas;
(C) deve ser entendida como categoria profissional diferenciada aquela que se forma de empregados que exerçam profissão diferenciada em consequência de condições de vida singulares;
(D) empregados que exerçam atividades semelhantes, desde que trabalhem para empregadores com a mesma atividade econômica, podem integrar categoria profissional diferenciada;
(E) não respondida.

A: correta. Art. 511, § 2º, da CLT; **B:** correta. Art. 511, § 1º, da CLT; **C:** correta. Art. 511, § 3º, da CLT; **D:** incorreta, pois é contrária ao art. 511, § 3º, da CLT.
Gabarito "D".

2.5. GESTÃO FINANCEIRA DO SINDICATO E CONTRIBUIÇÃO SINDICAL

(Magistratura do Trabalho – 3ª Região – 2013) Nos moldes da CLT, a contribuição sindical, além das despesas vinculadas à sua arrecadação, recolhimento e controle, será aplicada pelos sindicatos dos empregados, na conformidade dos respectivos estatutos, usando aos seguintes objetivos, exceto:

(A) Finalidades desportivas e sociais.
(B) Congressos e conferências.
(C) Colônias de férias e centros de recreação.
(D) Realização de estudos econômicos e financeiros.
(E) Auxílio-funeral.

Art. 592, II, da CLT.
Gabarito "D".

(Magistratura do Trabalho – 4ª Região – 2012) O orçamento das entidades sindicais

(A) é aprovado pelo Presidente e sua Diretoria, independentemente de Assembleia Geral, e deverá ser público e evidenciado pelos registros contábeis, executados sob a responsabilidade de contabilista legalmente habilitado.
(B) é aprovado pelo Conselho Fiscal, desde que autorizado pelo Presidente.

(C) é aprovado em escrutínio secreto, pelas respectivas Assembleias Gerais ou Conselho de Representantes, até 30 (trinta) dias antes do início do exercício financeiro a que se refere.

(D) é aprovado em Assembleia Geral, especialmente convocada para este fim, até 60 (sessenta) dias antes do início do exercício financeiro a que se refere.

(E) independe de aprovação, desde que seja publicado no prazo de 60 (sessenta) dias antes do início do exercício financeiro a que se refere.

Art. 550, da CLT.

Gabarito "C"

(Magistratura do Trabalho – 9ª Região – 2009) Em relação às formas de sustentação financeira dos sindicatos é correto afirmar que:

(A) Compete à Justiça Comum processar e julgar as ações relativas à contribuição sindical prevista no art. 578 da CLT.

(B) A Constituição Federal, à vista do art. 8º, IV, *in fine*, recebeu o instituto da contribuição sindical compulsória, exigível daqueles integrantes da categoria, desde que associados ao sindicato.

(C) A contribuição confederativa de que trata o art. 8º, IV, da Constituição só é exigível dos filiados ao sindicato respectivo.

(D) Em face do caráter tributário da contribuição confederativa, ela é compulsória para os empregados sindicalizados.

(E) As contribuições estabelecidas nos estatutos dos sindicatos ferem o princípio da liberdade de associação consagrado no inciso V do art. 8º da Carta Magna, uma vez que o sindicato representa a categoria e não somente os associados.

A: incorreta. Entende a jurisprudência que, após a EC 45/2004, tal competência passou para a Justiça do Trabalho, com fundamento no art. 114, III, da CF, tornando sem efeito a Súmula 222 do STJ (nesse sentido: STJ, CC 65.436/SP, Decisão monocrática, j. 17.11.2006, rel. Min. João Otávio de Noronha, *DJ* 17.11.2006); **B:** incorreta. Contribuição sindical em sentido estrito é a de que trata o art. 578 da CLT (o antigo "imposto sindical"), com natureza de contribuição parafiscal e exigível de todos os empregados e empregadores (não só dos sindicalizados), conforme art. 579 da CLT, ao contrário das demais formas de financiamento sindical; **C:** correta. Entende-se que a contribuição sindical compulsória é atentatória à liberdade sindical, na medida em que violaria a liberdade individual de associação e estimularia o comodismo dos dirigentes sindicais, que se veriam despreocupados de atuar como forma de granjear a adesão da categoria e o consequente financiamento espontâneo da atividade sindical. Assim, a compulsoriedade das contribuições sindicais é interpretada de forma restritiva (Súmula 666 do STF, OJ 17 da SDC do TST), de sorte a somente abranger a contribuição do art. 578 da CLT, sendo todas as demais exigíveis apenas de trabalhadores associados ao sindicato, nos termos de seus estatutos. D e **E:** incorretas, conforme explicação anterior.

Gabarito "C"

(Magistratura do Trabalho – 11ª Região – 2007 – FCC) Considere as seguintes afirmativas:

I. Segundo o STF, a contribuição confederativa, de que trata o artigo 8º, IV, da Constituição Federal, só é exigível dos filiados ao sindicato respectivo.

II. A contribuição assistencial, prevista em lei, depende de regulamentação em negociação coletiva.

III. O recolhimento da contribuição sindical referente aos empregados será efetuado no mês de março e aos trabalhadores avulsos será efetuado no mês de abril, sendo ela calculada na base de 20% do salário devido.

IV. A assistência judiciária será prestada pelo sindicato àqueles que não tenham condições econômicas de ingressar com a ação, ainda que o trabalhador não seja associado ao sindicato.

(A) Está correta apenas a afirmativa I.

(B) Está correta apenas a afirmativa II.

(C) Está correta apenas as afirmativas I e IV.

(D) Estão corretas apenas as afirmativas II e III.

(E) Estão corretas apenas as afirmativas III e IV.

I: correta. Súmula 666 STF; **II:** incorreta. Inexiste tal condicionamento à contribuição de que trata o art. 578 da CLT; **III:** incorreta. Art. 580 da CLT; **IV:** correta. Art. 18 da Lei 5.584/1970.

Gabarito "C"

(Magistratura do Trabalho – 15ª Região – 2012) A Constituição Federal consagra o princípio da liberdade de associação profissional ou sindical. Sobre este tema, levando em conta os textos legais e os entendimentos jurisprudenciais pacificados pelo C. TST e pelo E. STF, aponte a alternativa **errada**:

(A) A assembleia geral do ente sindical fixará a contribuição que, em se tratando de categoria profissional, será descontada em folha, para custeio do sistema confederativo da representação sindical respectiva, independentemente da contribuição prevista em lei.

(B) A contribuição confederativa de que trata o art. 8º, IV, da Constituição, só é exigível dos filiados ao sindicato respectivo.

(C) A contribuição assistencial será recolhida, de uma só vez, anualmente, e consistirá na importância correspondente à remuneração de um dia de trabalho, para os empregados, qualquer que seja a forma da referida remuneração.

(D) A contribuição sindical será recolhida, de uma só vez, anualmente, e consistirá, para os empregadores, numa importância proporcional ao capital social da firma ou empresa, registrado nas respectivas Juntas Comerciais ou órgãos equivalentes, mediante a aplicação de alíquotas, conforme a tabela progressiva prevista no inc. III, do art. 580 da CLT.

(E) Excluem-se da regra de recolhimento da contribuição sindical as entidades ou instituições que comprovarem, através de requerimento dirigido ao Ministério do Trabalho, que não exercem atividade econômica com fins lucrativos.

A: correta. Art. 8º, IV, da CF; **B:** correta. Súmula 666, do STF; **C:** incorreta, devendo ser assinalada. Art. 580, I, da CLT; **D:** correta. Art. 580, III, da CLT; **E:** correta. Art. 580, § 6º, da CLT.

Gabarito "C"

(Magistratura do Trabalho – 15ª Região – 2012) A Lei Complementar nº 123/2006 institui o Estatuto Nacional da Microempresa e da Empresa de Pequeno Porte. A respeito das contribuições sindicais em relação a estas empresas é **correto** afirmar que:

(A) A Lei Complementar nº 123/2006 traz expressa referência à obrigatoriedade de recolhimento da contribuição sindical.
(B) A Lei Complementar nº 123/2006 prevê a imunidade tributária da microempresa e da empresa de pequeno porte, mas o STF entende tal disposição é inaplicável, uma vez que o art. 580 da CLT não faz distinção entre estas empresas e as demais, sendo inconstitucional o tratamento favorecido às empresas de pequeno porte.
(C) As microempresas e empresas de pequeno porte optantes pelo Simples Nacional ficam dispensadas do pagamento das demais contribuições instituídas pela União, inclusive as contribuições para as entidades privadas de serviço social e de formação profissional vinculadas ao sistema sindical, de que trata o art. 240 da Constituição Federal, e demais entidades de serviço social autônomo.
(D) As microempresas e empresas de pequeno porte optantes pelo Simples Nacional ficam dispensadas do pagamento das demais contribuições instituídas pela União, inclusive as contribuições para as entidades privadas de serviço social e de formação profissional vinculadas ao sistema sindical, de que trata o art. 240 da Constituição Federal, e demais entidades de serviço social autônomo, assim como do recolhimento, da contribuição à Seguridade Social, quota parte de seus empregados.
(E) As microempresas e empresas de pequeno porte optantes pelo Simples Nacional ficam dispensadas do pagamento das demais contribuições instituídas pela União, inclusive as contribuições para as entidades privadas de serviço social e de formação profissional vinculadas ao sistema sindical, de que trata o art. 240 da Constituição Federal, e demais entidades de serviço social autônomo, assim como do recolhimento da contribuição à Seguridade Social, quota parte devida pelo empresário contribuinte individual.

Art. 13, da LC 123/2006.

Gabarito "C"

(Magistratura do Trabalho – 15ª Região – 2010) O sindicato profissional obtém reajuste salarial expressivo em convenção coletiva de abrangência nacional, que beneficiará a todos os integrantes da categoria. Visando ressarcir as despesas que teve com a negociação pactua, com o sindicato patronal, o desconto de contribuição assistencial a ser suportada por todos os trabalhadores no primeiro mês em que for efetuado o pagamento do salário majorado. Assinale a alternativa correta:

(A) a contribuição só pode ser exigida dos associados do sindicato;
(B) como o reajuste beneficiou aos integrantes da categoria, o pagamento da contribuição assistencial é devido por todos;
(C) o pagamento da contribuição assistencial só é devido por aqueles que compareceram à assembleia e concordaram com o desconto;
(D) o pagamento só será devido se for estipulado como contribuição confederativa, pois também deve ter abrangência nacional;
(E) o pagamento só será devido por todos os trabalhadores se esta estipulação assim constar expressamente do documento que for registrado no Ministério do Trabalho e Emprego.

Súmula 666 do STF, OJ 17 da SDC e PN 119 do TST.

Gabarito "A"

(Magistratura do Trabalho – 23ª Região – 2008) Assinale a alternativa CORRETA no tocante às receitas sindicais:

I. a contribuição sindical é devida por todos aqueles que participarem de uma determinada categoria econômica ou profissional, ou de uma profissão liberal, em favor do sindicato representativo da mesma categoria ou profissão, independentemente de condição de filiado;
II. segundo entendimento do STF a contribuição confederativa prevista no artigo 8º da Constituição da República somente pode ser exigida dos filiados ao sindicato respectivo;
III. conforme entendimento do TST é ofensiva à liberdade sindical a cláusula constante de acordo, convenção coletiva ou sentença normativa estabelecendo contribuição em favor de entidade sindical a título de taxa para custeio do sistema confederativo, assistencial, revigoramento ou fortalecimento sindical e outras da mesma espécie, obrigando trabalhadores não sindicalizados;
IV. a contribuição sindical será recolhida, de uma só vez, anualmente, e consistirá na importância correspondente à remuneração de um dia de trabalho, para os empregados, qualquer que seja a forma da referida remuneração.

(A) todas as opções estão corretas;
(B) apenas três opções estão corretas;
(C) apenas duas opções estão corretas;
(D) apenas uma opção está correta;
(E) todas as opções estão incorretas.

I: correta. Contribuição sindical em sentido estrito é a de que trata o art. 578 da CLT (o antigo "imposto sindical"), com natureza de contribuição parafiscal e exigível de todos os empregados e empregadores (não só dos sindicalizados), conforme art. 579 da CLT, ao contrário das demais formas de financiamento sindical; **II:** correta. Súmula 666 do STF; **III:** correta. OJ 17 da SDC do TST; **IV:** correta. Art. 580, I, da CLT.

Gabarito "A"

(Ministério Público do Trabalho – 15º) Quanto ao sistema contributivo, analise os itens abaixo:

I. a Contribuição Sindical tem natureza tributária, impondo-se o respectivo desconto a todos os trabalhadores;

II. a Contribuição Assistencial é devida apenas aos associados do sindicato nos termos da jurisprudência dominante do TST;

III. a Contribuição Confederativa tem como finalidade garantir o sustento do sindicato em razão dos gastos ocorridos no processo de negociação coletiva, nos termos da CLT, e é devida apenas pelos associados do sindicato, de acordo da jurisprudência dominante do TST.

Assinale a alternativa CORRETA:

(A) todas as assertivas estão corretas;

(B) apenas a assertiva II é incorreta;

(C) apenas as assertivas I e III são corretas;

(D) apenas a assertiva I é correta;

(E) não respondida.

I: correta. Trata-se de contribuição parafiscal, detendo natureza tributária e sendo devida por todos os empregados e empregadores, filiados ou não a sindicatos; **II:** incorreta. A contribuição assistencial é uma das inúmeras denominações para cláusulas sobre financiamento de atividades sindicais pactuadas em instrumentos coletivos (sendo usual a utilização dos epítetos "taxa de reversão", "taxa de solidariedade", etc. Em todo caso, só são exigíveis dos trabalhadores associados ao sindicato respectivo (OJ 17 da SDC do TST), sendo, portanto, devido pelos tais trabalhadores, e não a tais trabalhadores; **III:** incorreta. Embora a segunda parte do enunciado esteja em consonância com a Súmula 666 do STF, a primeira parte descreve equivocadamente a contribuição confederativa, destinada a custear o sistema confederativo sindical como um todo, e não uma negociação coletiva específica.

Gabarito "D"

3. NEGOCIAÇÃO E INSTRUMENTOS COLETIVOS

ATENÇÃO: É necessário ressaltar a mudança no texto da Súmula 277 do TST, versando sobre vigência de normas coletivas. Em sua redação originária, a Súmula prestigiava a teoria da vigência limitada por prazo, isto é, a norma coletiva, vinculada por sentença normativa, convenção coletiva de trabalho ou acordo coletivo de trabalho, vigoraria pelo prazo de validade do respectivo instrumento coletivo. Ocorre que a redação da Súmula 277 do TST foi significativamente alterada em setembro de 2012 pela Resolução 185/2012 do TST. Atualmente, a redação da Súmula 277 reconhece a teoria da aderência limitada por revogação, a compreender a vigência da norma coletiva para além do prazo de validade do instrumento (ultratividade da norma coletiva), vigorando até ulterior negociação coletiva. Merece destaque, ademais, a circunstância da "nova" Súmula 277 não mencionar a norma coletiva veiculada por sentença normativa.

(Magistratura do Trabalho – 2ª Região – 2011) Quanto às convenções e acordos coletivos, aponte a alternativa correta:

(A) Os sindicatos convenentes ou as empresas acordantes devem promover, conjuntamente, dentro de sete dias da assinatura da convenção ou acordo, o depósito do correspondente instrumento para fins de registro e arquivo no órgão competente do Ministério do Trabalho e Emprego.

(B) Feito o depósito do instrumento da convenção ou acordo, este entrará em vigor cinco dias depois, sendo que dentro de três dias, da mesma data do depósito, cópias autenticadas dos referidos atos deverão ser afixadas, de modo visível, nas sedes dos sindicatos e dos estabelecimentos empresariais.

(C) Havendo convenção, acordo ou sentença normativa em vigor, o dissídio coletivo deverá ser instaurado dentro dos 60 dias anteriores ao respectivo termo final, para que o novo instrumento possa ter vigência no dia imediato a esse termo.

(D) Interesse coletivo é o fundado em um bem indivisível e diz respeito a sujeitos indeterminados, ligados por meio de uma relação jurídica básica.

(E) Interesse ou direito difuso é o transindividual, de natureza divisível, cujos titulares são pessoas indeterminadas, ligadas por uma relação jurídica básica.

A: incorreta. Art. 614, *caput*, da CLT; **B:** incorreta. Art. 614, § 1º, da CLT; **C:** correta. Art. 616, § 3º, da CLT; **D:** incorreta. Art. 81, II, do CDC; **E:** incorreta. Art. 81, I, do CDC (natureza indivisível, e, não, divisível).

Gabarito "C"

(Magistratura do Trabalho – 2ª Região – 2010) No que se refere aos Acordos e Convenções Coletivas de Trabalho, analise as expressões abaixo e posteriormente responda:

I. É facultado aos sindicatos representativos de categorias profissionais celebrar Acordos Coletivos com uma ou mais empresas da correspondente categoria econômica, que estipulem condições de trabalho, aplicáveis no âmbito da empresa ou das empresas acordantes às respectivas relações de trabalho.

II. Convenção Coletiva de Trabalho é o acordo de caráter normativo pelo qual dois ou mais sindicatos representativos de categorias econômicas e profissionais estipulam condições de trabalho aplicáveis, no âmbito das respectivas representações, às relações individuais de trabalho.

III. Os sindicatos só poderão celebrar Convenções ou Acordos Coletivos de Trabalho, por deliberação de Assembleia Geral especialmente convocada para esse fim, consoante o disposto nos respectivos Estatutos.

IV. As Federações e, na falta destas, as Confederações representativas de categorias econômicas ou profissionais poderão celebrar Convenções Coletivas de Trabalho para reger as relações das categorias e elas vinculadas, não organizadas em sindicatos, no âmbito de suas representações.

(A) Apenas as assertivas de número I, III e IV são corretas.

(B) Apenas as assertivas de número I, II e IV são corretas.

(C) Apenas as assertivas de número I e III são corretas.

(D) Todas são corretas.

(E) Apenas as assertivas de número II e III são corretas.

I: correta. Art. 611, § 1º, da CLT; **II:** correta. Art. 611, *caput*, da CLT; **III:** correta. Art. 612, *caput*, da CLT; **IV:** correta. Art. 611, § 2º, da CLT.

Gabarito "D"

(Magistratura do Trabalho – 1ª Região – 2004) São abrangidos pelos efeitos de um acordo coletivo pactuado pelo sindicato de empregados (assinale a alternativa correta):

(A) todos os empregados, mesmo os admitidos posteriormente ao acordo, desde que dentro de seu prazo de vigência, excetuando-se os empregados de categorias diferenciadas;
(B) todos os empregados, mesmo os admitidos posteriormente ao acordo, desde que dentro de seu prazo de vigência;
(C) somente os filiados ao sindicato e se admitidos antes da assinatura do acordo;
(D) somente os filiados ao sindicato, mesmo os admitidos depois de assinado o acordo, desde que dentro do seu prazo de vigência;
(E) todos os empregados, desde que admitidos antes da assinatura do acordo.

A alternativa "A" está correta, por definição (v. art. 611, § 1º, da CLT e Súmula 374 do TST).

Gabarito "A"

(Magistratura do Trabalho – 3ª Região – 2009) Assinale a assertiva ("a" a "e") correta em relação aos enunciados de I a V, observadas a legislação pertinente e a consolidação jurisprudencial do c. TST:

I. É obrigatória a participação dos sindicatos representativos das partes interessadas na negociação coletiva de trabalho.
II. As categorias econômicas ou profissionais inorganizadas em sindicatos poderão, para efeitos de negociação coletiva, constituir comissões de negociação para representá-las, podendo tais comissões firmar instrumentos normativos de trabalho, aplicáveis às respectivas bases.
III. Os sindicatos representativos de categorias econômicas ou profissionais e as empresas, inclusive as que não tenham representação sindical, quando provocados, não poderão recusar-se à negociação coletiva.
IV. Para que as entidades sindicais celebrem acordos e convenções coletivas de trabalho, não é imprescindível a autorização dos respectivos representados e interessados.
V. As convenções e acordos coletivos de trabalho entrarão em vigor três dias após seu depósito perante o órgão competente do Ministério do Trabalho.

(A) Somente um enunciado é verdadeiro.
(B) Somente dois enunciados são verdadeiros.
(C) Somente três enunciados são verdadeiros.
(D) Somente quatro enunciados são verdadeiros.
(E) Todos os enunciados são verdadeiros.

I: incorreta, pois a despeito da previsão veiculada pelo art. 8º, VI, da CF, é dado ao empregador negociar coletivamente com o sindicato profissional respectivo, culminando-se no acordo coletivo de trabalho; **II:** incorreta, arts. 8º, VI, da CF, e 611, § 2º, da CLT; **III:** correta, art. 616 da CLT; **IV:** incorreta, art. 612 da CLT; **V:** correta, art. 614, § 1º, da CLT.

Gabarito "B"

(Magistratura do Trabalho – 3ª Região – 2008) Quanto à negociação coletiva, assinale a alternativa correta:

(A) A negociação coletiva não sofre limitações.
(B) As convenções e os acordos coletivos de trabalho não necessitam conter disposições sobre o processo de sua prorrogação e de revisão total ou parcial de seus dispositivos.
(C) Os empregados e as empresas podem celebrar contratos individuais de trabalho, estabelecendo disposições ou condições que contrariem normas ajustadas em convenção ou acordo coletivo de trabalho.
(D) Os instrumentos de negociação coletiva somente devem conter cláusulas normativas, ou seja, regras que estabelecem condições ajustadas para reger as relações individuais de trabalho durante sua vigência.
(E) Conforme expressiva corrente doutrinária e jurisprudencial, os dispositivos previstos em instrumentos de negociação coletiva vigoram no prazo assinado, não aderindo de forma definitiva aos contratos individuais de trabalho.

A: incorreta. A negociação coletiva só pode dispor sobre normas trabalhistas disponíveis ou de indisponibilidade meramente relativa (v. arts. 623 e 624 da CLT); **B:** incorreta. Art. 613, VI, da CLT; **C:** incorreta. Arts. 619 e 622 da CLT; **D:** incorreta. Segundo taxonomia bastante presente na doutrina, o conteúdo dos instrumentos coletivos é divido em cláusulas normativas e obrigacionais, sendo que por meio destas os sujeitos convenentes (sindicatos ou sindicato e empresa) estipulam obrigações recíprocas para serem cumpridas por eles próprios, não possuindo relação direta com as relações individuais de trabalho, que são objeto das cláusulas normativas; **E:** correta. Trata-se da teoria da aderência da norma coletiva ao contrato de trabalho limitada por prazo. À época do certame, tal teoria encontrava-se prestigiada pela redação da Súmula 277 do TST, a qual foi substantivamente alterada em setembro de 2012 pela Resolução 185/2012 do TST. Atualmente, a redação da Súmula 277 aderiu à teoria da vigência limitada por revogação, a reconhecer a ultratividade da norma coletiva para além do prazo de validade do instrumento, vigorando até ulterior norma coletiva revogadora.

Gabarito "E"

(Magistratura do Trabalho – 4ª Região – 2012) Os sindicatos poderão celebrar Convenções ou Acordos Coletivos de Trabalho,

(A) independentemente de aprovação em Assembleia Geral.
(B) por deliberação de Assembleia Geral, especialmente convocada para esse fim, que será válida com o comparecimento e votação, em primeira convocação, de 2/3 (dois terços) dos associados da entidade, se se tratar de Convenção, e dos interessados, no caso de Acordo e, em segunda convocação, de 1/3 (um terço) dos membros.
(C) por deliberação de Assembleia Geral, especialmente convocada para esse fim, que será válida com o comparecimento e votação, em única convocação, de 1/8 (um oitavo) dos membros associados ou não.

(D) independentemente de aprovação em Assembleia geral, quando houver autorização expressa de sua diretoria.

(E) na falta das federações ou confederações representativas das categorias econômicas ou profissionais.

Art. 612 da CLT.

Gabarito "B"

(Magistratura do Trabalho – 7ª Região – 2005) Analise as proposições abaixo e assinale a opção correta.

I. Em matéria de convenção coletiva de trabalho, considera a doutrina exemplo de cláusulas obrigacionais aquelas que dizem respeito à higiene e segurança do trabalho; fixação de regras sobre a forma de remuneração do trabalho extraordinário e as que estabelecem penalidades aos sindicatos na hipótese de descumprimento de acordo coletivo.

II. A obrigatoriedade de participação dos sindicatos nas negociações coletivas, consagrada no artigo 8º, inciso VI, da Constituição Federal alcança apenas a entidade sindical profissional.

III. Para celebração de convenção ou acordo coletivo os Sindicatos deverão convocar Assembleia Geral para essa finalidade, dependendo a validade desta do comparecimento e votação, em primeira convocação, de 2/3 dos associados da entidade, no caso de acordo coletivo.

IV. Desde que representem a maioria absoluta de um grupo de atividades ou profissões idênticas, similares ou conexas, é facultado aos sindicatos, em número não inferior a cinco, organizarem-se em federação.

(A) Há apenas uma proposição verdadeira.

(B) Há apenas duas proposições verdadeiras.

(C) Há apenas três proposições verdadeiras.

(D) Há apenas quatro proposições verdadeiras.

(E) Não há proposições verdadeiras.

I: incorreta. Segundo a doutrina que adota a taxonomia de diferenciar as cláusulas coletivas em obrigacionais e normativas, estas concernem às relações individuais de trabalho, ao passo que aquelas dispõem sobre obrigações recíprocas envolvendo os entes convenentes, de modo que as duas primeiras hipóteses citadas são de cláusulas normativas; **II:** correta, eis que o empregador já é um ser trabalhista coletivo por excelência, daí sua possibilidade de, em pé de igualdade com a parte contrária, firmar Acordos Coletivos de Trabalho sem o intermédio do sindicato da categoria econômica; **III:** incorreta, art. 612 da CLT; **IV:** correta, art. 534 da CLT.

Gabarito "B"

(Magistratura do Trabalho – 8ª Região – 2011) A respeito dos contratos coletivos de trabalho, analise as proposições abaixo e assinale a alternativa CORRETA:

I. A natureza jurídica dos instrumentos normativos negociados se assemelha a um contrato em sua formação, pois nasce de um acordo de vontades, porém, na sua essência, eles têm natureza de norma, visto que beneficiam e obrigam todos os integrantes da categoria envolvida no conflito.

II. Segundo Orientação Jurisprudencial do TST, o preceito celetista que prevê que toda convenção ou acordo coletivo de trabalho não poderá ser superior a 2 anos, não foi recepcionado pela Constituição Federal de 1988, face ao princípio da liberdade sindical que autoriza o seu elastecimento por vontade das organizações sindicais.

III. É desnecessária a homologação, por tribunal trabalhista, do acordo extrajudicialmente celebrado, sendo suficiente, para que surta efeitos, sua formalização perante o Ministério do Trabalho.

IV. De acordo com o princípio da condição mais benéfica, as fontes de direito não se modificam, nem se substituem para piorar a situação do trabalhador. Desta feita, conforme corrente majoritária da jurisprudência trabalhista, ainda que não prorrogados os instrumentos coletivos, seus efeitos se estenderão aos contratos individuais firmados após seu termo.

(A) Os itens I, II, III e IV estão corretos.

(B) Somente os itens II, III e IV estão corretos.

(C) Somente os itens I, II e IV estão corretos.

(D) Somente os itens II e IV estão corretos.

(E) Somente os itens I e III estão corretos.

I: correta, por definição; **II:** incorreta. OJ 322 da SDI-1 do TST; **III:** correta. OJ 34 da SDC do TST; **IV:** incorreta. Três teorias procuram explicar a vigência da norma coletiva. A primeira teoria é a da *aderência irrestrita* das normas coletivas aos contratos individuais de trabalho. Era incentivada pela similitude guardada entre as normas coletivas e as normas contratuais (a atrair a aplicação do princípio da inalterabilidade contratual lesiva), numa época anterior à Magna Carta, em que não se concebia à negociação coletiva o poder de criar "normas jurídicas". A segunda teoria é a da *aderência limitada pelo prazo*, pela qual as normas coletivas vigoram pelo prazo assinalado em seu instrumento, até o prazo máximo de dois anos, segundo o § 3º do art. 614 da CLT. Finalmente, a terceira teoria é a da *aderência limitada pela revogação* por outra norma jurídica. Tal tese, adotada pela Lei 8.542/1992, defende que a norma coletiva vigora até o ulterior advento de nova norma expressa ou tacitamente revogadora. Posteriormente, adveio a Medida Provisória 1.053/1995 (alusiva ao Plano Real, sucessivamente reeditada até se converter na Lei 10.192/2001), cujo art. 17 expressamente revogava o § 1º do art. 1º da Lei 8.542/1992, vindo a ser editada a Súmula 277 do TST, cujo item I previa que *as condições de trabalho alcançadas por força de sentença normativa, convenção ou acordos coletivos vigoram no prazo assinado, não integrando, de forma definitiva, os contratos individuais de trabalho* (o item II desta súmula ressalvava de tal regra o período compreendido na vigência da Lei 8.542/1992). Assim, à época do concurso, era consolidada no TST a teoria da vigência limitada pelo prazo. À época do certame, a teoria da aderência limitada pelo prazo encontrava-se prestigiada pela redação da Súmula 277 do TST, a qual foi substantivamente alterada em setembro de 2012 pela Resolução 185/2012 do TST. Atualmente, a redação da Súmula 277 reconhece a teoria da aderência limitada por revogação, a compreender a vigência da norma coletiva para além do prazo de validade do instrumento (ultratividade da norma coletiva), vigorando até ulterior negociação coletiva.

Gabarito "E"

(Magistratura do Trabalho – 9ª Região – 2009) A respeito da eficácia das normas coletivas estipuladas em Convenções ou Acordos Coletivos, assinale a alternativa correta:

(A) As cláusulas de natureza salarial têm duração restringida, com duração máxima de um ano.
(B) Após a homologação pelo Ministério do Trabalho, o prazo é ilimitado, pois as convenções têm efeito *erga omnes*.
(C) As convenções e acordos coletivos têm duração de três anos com eficácia a todos os integrantes da categoria.
(D) A lei trabalhista brasileira fixa não ser permitido estipular convenção ou acordo coletivo com duração superior a dois anos.
(E) Nenhuma das anteriores.

Art. 614, § 3º, da CLT.

Gabarito "D"

(Magistratura do Trabalho – 14ª Região – 2008) Não será permitido estipular duração de Convenção ou Acordos superior a:

(A) 01 mês;
(B) 06 meses;
(C) 01 ano;
(D) 18 meses;
(E) 02 anos.

Art. 614, § 3º, da CLT.

Gabarito "E"

(Magistratura do Trabalho – 14ª Região – 2011) Em relação à negociação coletiva trabalhista, com base na legislação aplicável e no entendimento sumulado do TST, indique a alternativa correta.

(A) As condições estabelecidas em Convenção Coletiva de Trabalho, quando mais favoráveis, prevalecerão sobre as estipuladas em Acordo Coletivo de Trabalho.
(B) E aplicável multa prevista em instrumento normativo (sentença normativa, convenção ou acordo coletivo) em caso de descumprimento de obrigação prevista em lei, salvo quando a norma coletiva seja mera repetição de texto legal.
(C) As empresas e instituições que não estiverem incluídas no enquadramento sindical a que se refere o art. 577 da CLT não poderão celebrar Acordos Coletivos de Trabalho com os Sindicatos representativos dos respectivos empregados.
(D) Para o fim de deliberar sobre o Acordo Coletivo de Trabalho, a entidade sindical convocará Assembleia Geral dos diretamente interessados, desde que sindicalizados.
(E) O acordo individual para compensação de horas é válido, mesmo quando houver norma coletiva em sentido contrário, visto que a autonomia coletiva não pode prevalecer sobre a vontade das partes.

A: correta. Art. 620 da CLT; **B:** incorreta. Súmula 384, II, do TST; **C:** incorreta. Art. 618 da CLT; **D:** incorreta. Art. 617, § 2º, da CLT; **E:** incorreta. Súmula 85, II, do TST.

Gabarito "A"

(Magistratura do Trabalho – 15ª Região – 2012) O art. 613 da CLT traz requisitos obrigatórios a serem observados pelas convenções e acordos coletivos de trabalho. Sobre referidas normas, analise as proposições abaixo:

I. É aplicável multa prevista em instrumento normativo (sentença normativa, convenção ou acordo coletivo) em caso de descumprimento de obrigação prevista em lei, mesmo que a norma coletiva seja mera repetição de texto legal.
II. O descumprimento de qualquer cláusula constante de instrumentos normativos diversos não submete o empregado a ajuizar várias ações, pleiteando em cada uma o pagamento da multa referente ao descumprimento de obrigações previstas nas cláusulas respectivas.
III. As condições de trabalho alcançadas por força de sentença normativa, convenção ou acordos coletivos vigoram no prazo assinado, não integrando, de forma definitiva, os contratos individuais de trabalho.
IV. As condições de trabalho alcançadas por força de sentença normativa, convenção ou acordos coletivos vigoram no prazo assinado, mas integram de forma definitiva, os contratos individuais de trabalho, em se tratando de cláusula social mais benéfica ao trabalhador.

Responda, considerando os entendimentos sumulados do C. TST a respeito.

(A) Todas as proposições acima estão corretas;
(B) Apenas as proposições I e II estão corretas;
(C) Apenas as proposições I, II e III estão corretas;
(D) Estão corretas somente as proposições II e IV;
(E) Todas as proposições estão erradas.

I: correta. Súmula 384, II, do TST; **II:** correta. Súmula 384, I, do TST; **III:** correta. A prova foi realizada em março de 2012, portanto, antes da reforma da redação da Súmula 277, I, do TST. Atualmente, tal afirmação seria considerada incorreta, pois a alteração aplica a teoria da ultratividade, ou seja, permanecem válidas tais condições além da vigência do instrumento coletivo: "As cláusulas normativas dos acordos coletivos ou convenções coletivas *integram os contratos individuais de trabalho* e *somente poderão ser modificados ou suprimidas* mediante negociação coletiva de trabalho"; **IV:** incorreta. Vide explicação ao item III.

Gabarito "C"

(Magistratura do Trabalho – 15ª Região – 2012) Sobre normas coletivas trabalhistas é **errado** afirmar:

(A) Não é possível a prevalência de acordo sobre legislação vigente, quando ele é menos benéfico do que a própria lei, em especial quando se trata de norma de ordem pública, de caráter imperativo, que acaba restringindo o campo de atuação da vontade das partes.
(B) Não se admite aplicar condições constantes de acordo homologado nos autos de dissídio coletivo, extensivamente, às partes que não o subscreveram, exceto se observado o procedimento previsto no art. 868 e seguintes, da CLT.

(C) Não há necessidade de submeter à Justiça do Trabalho homologação de acordo extrajudicialmente celebrado, sendo suficiente, para que surta efeitos, sua formalização perante o Ministério do Trabalho.
(D) São compatíveis com a natureza e finalidade do dissídio coletivo as pretensões de provimento judicial de arresto, apreensão ou depósito,
(E) É vedado ao sindicato utilizar-se de dissídio coletivo como instrumento apto para obter o reconhecimento de que a categoria que representa é diferenciada, mesmo porque esta matéria – enquadramento sindical – envolve a interpretação de norma genérica, de modo especial o art. 577 da CLT.

A: correta por definição. Trata-se da aplicação do princípio protetivo, base do Direito do Trabalho; **B:** correta. OJ 2 da SDC do TST; **C:** correta. OJ 34 da SDC do TST.; **D:** incorreta. OJ 3 da SDC do TST.; **E:** correta. OJ 9 da SDC do TST.

Gabarito "D"

(Magistratura do Trabalho – 15ª Região – 2010) Em determinada convenção coletiva, com duração de um ano, foi estabelecido adicional de 100% para todas as horas extras. Esta vantagem se incorporou definitivamente ao contrato de trabalho?

(A) não, porque a cláusula convencional só vale para o prazo estabelecido;.
(B) a vantagem deve ser mantida para os trabalhadores que já foram beneficiados, mas pode ser suprimida em relação aos que forem admitidos após a vigência da nora;
(C) sim, por se tratar de cláusula preexistente;
(D) sim, a vantagem adere ao contrato e só pode ser retirada se os trabalhadores concordarem expressamente;
(E) sim, por se tratar de norma mais benéfica, incorpora-se ao patrimônio de toda a categoria.

À época do certame, a assertiva "A" estava correta, conforme a então redação da Súmula 277 do TST. Atualmente, nenhuma assertiva estaria correta. A Súmula 277 adotara a teoria da aderência da norma coletiva limitada pelo prazo, mas sua redação foi substantivamente alterada em setembro de 2012 pela Resolução 185/2012 do TST. Assim, a redação atual da referida Súmula reconhece a teoria da aderência limitada por revogação, a compreender a vigência da norma coletiva para além do prazo de validade do instrumento (ultratividade da norma coletiva), vigorando até ulterior negociação coletiva (Súmula 277, I, do TST).

Gabarito "A"

(Magistratura do Trabalho – 15ª Região – 2010) Um grupo de empregados de empresa de médio porte procura a diretoria e manifesta interesse na pactuação de acordo coletivo. O empregador convoca imediatamente assembleia interna e a proposta é aprovada, sendo formalizada por escrito com a assinatura de todos os que compareceram ao ato. Sabendo do ocorrido, o sindicato dos empregados ajuíza ação com o objetivo de anular esta pactuação. Assinale a alternativa correta:

(A) não há amparo legal para a anulação, pois houve uma assembleia e ela aprovou o acordo;
(B) o acordo celebrado diretamente entre empregados e empresa só vale se houver prévia autorização do Ministério do Trabalho e Emprego;
(C) o acordo só vale se ficar provado que, para a realização da assembleia, foi observado o quórum de presença de metade dos empregados;
(D) o acordo não vale, pois não houve a participação do sindicato dos empregados;
(E) nenhuma das anteriores.

Mesmo em se entendendo que o art. 617, § 1º, da CLT foi recepcionado pela Constituição Federal (v. art. 8º, VI), necessário seria a inércia sindical e a expiração do prazo mencionado no dispositivo celetista.

Gabarito "D"

(Magistratura do Trabalho – 16ª Região – 2006) Assinale a alternativa CORRETA:

(A) É de 4 anos o prazo máximo de vigência dos acordos e das convenções coletivas. Assim sendo, é inválida, naquilo que ultrapassa aquele prazo total, a cláusula de termo aditivo que prorroga a vigência do instrumento coletivo originário por prazo indeterminado.
(B) O aumento real, concedido pela empresa a todos os seus empregados, não pode ser reduzido mediante a participação efetiva do sindicato profissional no ajuste.
(C) É válida cláusula de acordo ou convenção coletiva de trabalho contemplando a supressão ou redução do intervalo intrajornada.
(D) O empregado poderá deixar de comparecer ao serviço, sem prejuízo do salário, pelo tempo que se fizer necessário, quando, na qualidade de representante de entidade sindical patronal, estiver participando de reunião oficial de organismo internacional do qual o Brasil seja membro.
(E) A Constituição da República, em seus arts. 5º, XX, e 8º, V, assegura o direito de livre associação e sindicalização. É ofensiva a essa modalidade de liberdade cláusula constante de acordo, convenção coletiva ou sentença normativa estabelecendo contribuição em favor de entidade sindical a título de taxa para custeio do sistema confederativo, assistencial, revigoramento ou fortalecimento sindical e outras da mesma espécie, obrigando trabalhadores não sindicalizados. Sendo nulas as estipulações que inobservem tal restrição, tornam-se passíveis de devolução os valores irregularmente descontados.

A: incorreta. Art. 614, § 3º, da CLT; **B:** incorreta. Art. 7º, VI, da CF; **C:** incorreta. OJ 342 da SDI-1 do TST; **D:** incorreta. Art. 473, IX, da CLT; **E:** correta. PN 119 da SDC e OJ 17 da SDC do TST.

Gabarito "E"

(Magistratura do Trabalho – 18ª Região – 2006) De acordo com a jurisprudência sumulada do STF, considere as assertivas abaixo e assinale a alternativa correta.

I. A compensação de jornada de trabalho deve ser ajustada por acordo individual escrito, acordo coletivo ou convenção coletiva, mas o mero não atendimento das exigências legais para a compensação de jornada, inclusive quando encetada mediante acordo tácito, não implica a repetição do pagamento das horas excedentes à jornada normal diária, se não dilatada a jornada máxima semanal, sendo devido apenas o respectivo adicional.

II. O acordo individual para compensação de horas é válido, inclusive se houver norma coletiva em sentido contrário.

III. A validade de acordo coletivo ou convenção coletiva de compensação de jornada de trabalho em atividade insalubre prescinde da inspeção prévia da autoridade competente em matéria de higiene do trabalho.

IV. A prestação de horas extras habituais descaracteriza o acordo de compensação de jornada, e as horas que ultrapassarem a jornada semanal normal deverão ser pagas como horas extraordinárias, inclusive aquelas destinadas à compensação.

V. É válido o sistema de compensação de horário quando a jornada adotada é a denominada "semana espanhola", que alterna a prestação de 48 horas em uma semana e 40 horas em outra, não violando os arts. 59, § 2º, da CLT e 7º, XIII, da CF/1988 o seu ajuste mediante acordo ou convenção coletiva de trabalho.

(A) Apenas a segunda está incorreta.
(B) Apenas a quarta está incorreta.
(C) Apenas a primeira e a terceira estão corretas.
(D) Apenas a terceira e a quinta estão corretas.
(E) Apenas a segunda e a quarta estão incorretas.

I: correta. Súmula 85 do TST, **II:** incorreta. Súmula 85 do TST; **III:** correta. Súmula 349 do TST, cancelada pelo TST em 24.05.2011; **IV:** incorreta. Súmula 85 do TST; **V:** correta. OJ 323 da SDI-1 do TST.

Gabarito "E"

(Magistratura do Trabalho – 20ª Região – 2003) A propósito das convenções e acordos coletivos, pode-se afirmar que:

I. O depósito do instrumento coletivo de trabalho – convenção ou acordo – no Ministério do Trabalho e Emprego tem por objetivo, além da perscrutação de sua legalidade formal, a análise meritória do dito instrumento, ao qual se dará ou negará validade a depender de sua legalidade substancial também.

II. A capacidade sindical é adquirida com o registro sindical no Ministério do Trabalho e Emprego, sendo obrigatória a participação dos sindicatos nas negociações coletivas que poderão resultar em celebrações de acordo coletivo ou convenção coletiva.

III. Segundo a jurisprudência prevalecente, a validade de acordo coletivo ou convenção coletiva de compensação de jornada de trabalho em atividade insalubre prescinde da inspeção prévia da autoridade competente em matéria de higiene do trabalho da qual fala o art. 60, da CLT.

IV. A convenção coletiva de trabalho, por ser firmada por entidades sindicais, tem hierarquia superior ao acordo coletivo de trabalho, segundo a jurisprudência predominante, e suas cláusulas, por outro lado, aderem aos contratos individuais de trabalho, só podendo ser modificadas ou suprimidas, em qualquer caso, por cláusulas de nova convenção.

Marque:

(A) as proposições I e III são corretas e a IV, incorreta;
(B) apenas a proposição I é correta;
(C) as proposições II e III são corretas;
(D) apenas a proposição III é incorreta;
(E) todas as proposições são corretas, salvo a II.

I: incorreta, pois, forte no art. 8º II, da CF, não será dado ao MTE negar validade em decorrência de ilicitude no mérito do instrumento coletivo. Verificada ilicitude substancial no instrumento, o órgão do MTE deverá encaminhá-lo ao Ministério Público do Trabalho para a adoção das medidas extrajudiciais ou judiciais cabíveis para se obter a cessação dos efeitos da cláusula ilícita; **II:** correta. Art. 8º, I e VI, da CF; **III:** correta. Súmula 349 do TST; **IV:** incorreta em toda a sua extensão (arts. 614, § 2º, e 620 da CLT).

Gabarito "C"

(Magistratura do Trabalho – 21ª Região – 2012) Um dos princípios jurídicos do direito coletivo do trabalho é o da *interveniência sindical na negociação coletiva*. A respeito desse princípio e seus desdobramentos, é <u>correto</u> afirmar:

(A) o princípio da interveniência sindical na negociação coletiva estabelece que a validade do processo negocial coletivo decorre da participação dos sindicatos de empregadores e empregados;
(B) o princípio não é absoluto, uma vez que a Seção de Dissídios Coletivos do Tribunal Superior do Trabalho entende que o art. 617 e parágrafos, da CLT, foi recepcionado pela Constituição de 1988, e admite que, no caso do sindicato de trabalhadores negar-se a negociar, sem justo motivo, um grupo de trabalhadores da empresa pode negociar diretamente com esta, de forma a viabilizar a celebração de novas condições de trabalho;
(C) como desdobramento desse princípio, tem-se que não se pode considerar abusiva a indicação, nos estatutos do sindicato, de qualquer número de dirigentes sindicais, detentores de estabilidade sindical, para atuar nas negociações coletivas;
(D) por esse princípio, a adequação setorial negociada pode realizar-se com participação dos sindicatos, inclusive para transacionar setorialmente parcelas justrabalhistas indisponíveis;
(E) segundo esse princípio, a participação dos sindicatos de trabalhadores é indispensável nas negociações coletivas, sujeitando-se, contudo, ao atendimento das regras atinentes à comprovação da legalidade da constituição do sindicato e legitimidade da sua atuação, representada pela regular eleição da diretoria e discussão, em assembleia geral, das matérias que serão objeto da negociação coletiva.

A: incorreta. Art. 611, § 1º, da CLT; **B:** incorreta. Antes da negociação direta, os interessados deverão comunicar o fato às Federações e Confederações, em 08 dias, para que estas assumam a negociação. Expirado este prazo, aí sim, a negociação poderia ser direta, segundo o art. 617, § 1º, da CLT. Observe-se que tal exegese contraria o disposto no art. 9º da Declaração Sociolaboral do Mercosul; **C:** incorreta. Súmula 369, II, do TST; **D:** incorreta. De acordo com Maurício Godinho Delgado,

"Pelo *princípio da adequação setorial negociada* as normas autônomas juscoletivas construídas para incidirem sobre certa comunidade econômico-profissional podem prevalecer sobre o padrão geral heterônomo justrabalhista desde que respeitados certos critérios objetivamente fixados. São dois esses critérios autorizativos: a) quando as normas autônomas juscoletivas implementam um padrão setorial de direitos superior ao padrão geral oriundo da legislação heterônoma aplicável; b) quando as normas autônomas juscoletivas transacionam setorialmente parcelas justrabalhistas de indisponibilidade apenas relativa (e não de indisponibilidade absoluta)" (Delgado, Maurício Godinho. *Curso de Direito do Trabalho.* 10. ed. São Paulo: LTr, 2011. p. 1.330); **E:** correta. Art. 611, da CLT.

Gabarito "E".

(Magistratura do Trabalho – 23ª Região – 2008) Sobre as convenções ou acordos coletivos analise as proposições e responda:

I. a celebração de convenção coletiva depende de deliberação de Assembleia Geral especialmente convocada para esse fim, conforme disposto nos estatutos dos respectivos sindicatos;

II. as convenções coletivas entrarão em vigor no dia em que for depositada na Secretaria de Emprego e Salário;

III. os sindicatos representativos de categorias econômicas ou profissionais e as empresas, quando provocados, não podem recusar-se à negociação coletiva;

IV. o prazo máximo de vigência de um acordo coletivo é de um ano;

(A) todas as opções estão corretas;

(B) apenas três opções estão corretas;

(C) apenas duas opções estão corretas;

(D) apenas uma opção está correta;

(E) todas as opções estão incorretas.

I: correta, art. 612 da CLT; **II:** incorreta, art. 614, § 1º, da CLT; **III:** correta, art. 616 da CLT; **IV:** incorreta, art. 614, § 3º, da CLT.

Gabarito "C".

(Magistratura do Trabalho – 23ª Região – 2009) Marque a alternativa CORRETA:

A convenção coletiva de trabalho, na perspectiva do entendimento jurisprudencial dominante no momento:

(A) as suas cláusulas não se revestem de efeitos ultrativos.

(B) as condições benéficas incorporam-se definitivamente aos contratos de trabalho em curso no período de sua vigência, não podendo ser suprimidas.

(C) as cláusulas benéficas, por traduzirem conquistas da categoria e em face do princípio da isonomia, estendem-se inclusive aos empregados admitidos depois de expirado o prazo de vigência do respectivo instrumento.

(D) ocorrendo o termo final estipulado, as cláusulas pactuadas passam a integrar os contratos de trabalho apenas enquanto não modificadas por normas coletivas posteriores.

(E) pode contemplar, licitamente, em razão do princípio da autonomia privada coletiva, dispositivo prevendo a supressão do intervalo legal intrajornada.

À época do certame, a assertiva a ser assinalada era a "A". A chamada teoria da aderência limitada pelo prazo encontrava-se prestigiada pela redação da Súmula 277 do TST, a qual foi substantivamente alterada em setembro de 2012 pela Resolução 185/2012 do TST. Atualmente, a redação da Súmula 277 reconhece a teoria da aderência limitada por revogação, a compreender a vigência da norma coletiva para além do prazo de validade do instrumento (ultratividade da norma coletiva), vigorando até ulterior negociação coletiva; **E:** incorreta. OJ 342 da SDI-1 do TST.

Gabarito "A".

(Procurador do Trabalho – 2013 – MPT) Sobre as normas coletivas de trabalho, assinale a alternativa CORRETA:

(A) Acerca da natureza jurídica dos acordos e convenções coletivas de trabalho, o ordenamento jurídico brasileiro adotou a teoria híbrida ou mista, segundo a qual a norma coletiva constitui um *tertium genus* entre o contrato e a lei, pois sua formação decorre de um ajuste de vontades e seu conteúdo equivale a uma norma jurídica aplicável aos sujeitos das relações individuais de trabalho.

(B) Como espécies de normas coletivas, a legislação nacional previu expressamente apenas duas espécies, os acordos coletivos de trabalho e as convenções coletivas de trabalho, não obstante haver no direito comparado outros tipos de normas coletivas.

(C) A legitimação para a celebração de acordo ou convenção coletiva de trabalho é do tipo concorrente-disjuntiva sendo conferida igual e indistintamente aos sindicatos, federações e confederações.

(D) Em se tratando de empregado pertencente à categoria profissional diferenciada aplica-se a norma coletiva do sindicato para o qual há o recolhimento das contribuições sindicais, seja o específico da categoria diferenciada, ou o sindicato profissional pertinente à atividade econômica preponderante do empregador.

(E) Não respondida

A: correta, por definição, segundo a concepção doutrinária clássica. Ressaltamos, entretanto, em nossa obra *Fontes do Direito do Trabalho* (Editora LTr), que consideramos imprópria tal caracterização, pois segundo a teoria científica das fontes, tanto contratos como leis são veículos introdutores de normas jurídicas ao ordenamento; **B:** incorreta, pois a assertiva possui atecnias. Acordo e Convenção Coletiva de Trabalho não são normas, mas suportes para normas, veículos introdutores de normas. Há outros veículos introdutores de normas coletivas aceitos pelo ordenamento jurídico, como sentenças normativas, contratos coletivos de trabalho e regulamento de empresas. **C:** incorreta, art. 611, § 2º, da CLT; **D:** incorreta. Por definição, aplica-se a norma da categoria diferenciada, observada a Súmula 374 do TST. Em matéria de categoria diferenciada, o critério da atividade preponderante não prevalece sobre o critério da especialidade da categoria. A exceção, ao que parece, seria quanto aos rurais, pois a despeito de integrar categoria diferenciada, a OJ 315 da SDI-1 do TST considera rural o motorista vinculado a empresa rural.

Gabarito "A".

(Ministério Público do Trabalho – 15º) Analise as proposições abaixo:

I. é facultado aos sindicatos representativos de categorias profissionais celebrar Convenções Coletivas de Trabalho com uma ou mais empresas da correspondente categoria econômica;

II. as Convenções Coletivas de Trabalho são aplicadas às relações individuais de trabalho no âmbito da representação dos sindicatos convenentes;

III. as normas coletivas são aplicadas apenas aos trabalhadores sindicalizados, membros da categoria profissional representada pelo sindicato obreiro, em respeito à liberdade de filiar ou desfiliar a sindicato, conforme consagrado pela Constituição da República;

Assinale a alternativa CORRETA:

(A) todas as assertivas são corretas;
(B) apenas as assertivas II e III são corretas;
(C) apenas as assertivas I e III são incorretas;
(D) apenas a assertiva I é incorreta;
(E) não respondida.

I: incorreta. A hipótese trata do Acordo Coletivo de Trabalho; **II:** correta, por definição; **III:** incorreta. Arts. 511, 513, *a*, e 611 da CLT e 8º, II, da CF.

Gabarito "C"

(Ministério Público do Trabalho – 14º) Assinale a alternativa INCORRETA.

(A) a negociação coletiva pode ter por finalidade fixar condições individuais de trabalho e estabelecer as condições para o relacionamento entre aqueles que se engajam nas relações coletivas de trabalho;
(B) a negociação coletiva não se confunde com a convenção e o acordo coletivo de trabalho;
(C) os princípios da razoabilidade, do dever de informação e do respeito à finalidade da negociação são princípios da negociação coletiva;
(D) segundo a jurisprudência do Tribunal Superior do Trabalho, não é possível a realização de acordo coletivo de trabalho ou convenção coletiva de trabalho sem a participação do sindicato;
(E) não respondida.

A: correta. Trata-se, respectivamente, das cláusulas normativas e das cláusulas obrigacionais; **B:** correta. A convenção e o acordo coletivo são apenas os nomes de veículos introdutores de normas coletivas, ou seja, o produto do negociar coletivamente (atividade enunciativa); **C:** correta, por definição; **D:** incorreta, conforme jurisprudência do TST: RODC 16300-58.2005.5.03.0000, SDC, j. 08.03.2007, rel. Min. Milton de Moura França, *DJ* 13.04.2007 (v.art. 617 da CLT; pela sua não recepção pelo art. 8º, VI, da CF: Maurício Godinho Delgado, Amador Paes de Almeida, Arnaldo Sussekind; a favor: Sergio Pinto Martins, Carlos Moreira de Luca, Paulo Eduardo Vieira de Oliveira, Ronaldo Lima dos Santos).

Gabarito "D"

(Ministério Público do Trabalho – 14º) Assinale a alternativa INCORRETA:

(A) a negociação coletiva pode ocorrer por empresa ou por categoria;
(B) parte da doutrina nacional sustenta que a natureza jurídica da convenção coletiva de trabalho é mista, ou seja, contratual na celebração e regulamentar quanto aos seus efeitos;
(C) apesar de previsto expressamente na legislação brasileira, o contrato coletivo de trabalho não foi implementado;
(D) dentre os elementos extrínsecos da convenção coletiva de trabalho podemos arrolar o consenso;
(E) não respondida.

A: correta. Art. 611 da CLT; **B:** correta, por definição; **C:** correta. A expressão *contrato coletivo de trabalho* consta do art. 59 da CLT como figura sinônima de acordo e convenção coletiva de trabalho; sua previsão como instituto autônomo só veio com a Lei 8.542/1992, limitando-se à menção ao seu nome e carecendo de densidade normativa, tal como faz o art. 33, I, da Lei 12.815/2013; **D:** incorreta. O consenso é elemento intrínseco.

Gabarito "D"

(Ministério Público do Trabalho – 13º) Assinale, a respeito da convenção coletiva de trabalho, a alternativa INCORRETA:

(A) é o acordo de caráter normativo no qual são estipuladas condições de trabalho;
(B) é celebrada por dois ou mais sindicatos representativos de categorias profissionais e econômicas;
(C) são celebradas por escrito, sem emendas nem rasuras;
(D) entram em vigor a partir da entrega para registro e arquivamento no Ministério do Trabalho e Emprego;
(E) não respondida.

A e **B:** corretas. Art. 611 da CLT; **C:** correta. Art. 613, parágrafo único, da CLT; **D:** incorreta. Art. 614, § 1º, da CLT.

Gabarito "D"

(Ministério Público do Trabalho – 13º) Assinale, a respeito do acordo coletivo do trabalho, a alternativa INCORRETA:

(A) é o acordo de caráter normativo firmado entre um ou mais sindicatos profissionais e uma ou mais empresas;
(B) as empresas podem ser substituídas na celebração, em não existindo sindicato da categoria econômica, pela federação respectiva;
(C) deve ser depositado no Ministério do Trabalho e Emprego para fins de registro e arquivamento;
(D) não poderá ter sua duração estipulada por prazo superior a dois anos;
(E) não respondida.

A: correta. Art. 611, § 1º, da CLT; **B:** incorreta. No acordo coletivo de trabalho a empresa figura em um dos polos da avença, não se falando em sindicato da categoria econômica; **C:** correta. Art. 614 da CLT; **D:** correta. Art. 614, § 3º, da CLT.

Gabarito "B"

(Ministério Público do Trabalho – 13º) A respeito das convenções e acordos coletivos de trabalho, NÃO é cláusula obrigatória:

(A) designação dos sindicatos convenentes ou dos sindicatos e empresas acordantes;
(B) prazo de vigência;
(C) categorias de trabalhadores abrangidas pelos respectivos dispositivos;
(D) reajuste concedido aos empregados;
(E) não respondida.

Art. 613 da CLT.

Gabarito "D"

(Ministério Público do Trabalho – 12º) Sobre negociação e normas coletivas de trabalho, observe as assertivas abaixo e, consoante o entendimento jurisprudencial dominante no Tribunal Superior do Trabalho, assinale a alternativa CORRETA:

I. em respeito a comando constitucional vigente, não podem os empregados menores ser discriminados em cláusula que fixa salário mínimo profissional para a categoria;

II. é necessária, como condição de validade, a homologação, por Tribunal Trabalhista ou por Delegacia Regional do Trabalho, de acordo coletivo de trabalho e, também, de convenção coletiva de trabalho, em caso de celebração extrajudicial;

III. por força de dispositivo celetista, bem como de disposição constitucional, ambos em plena vigência, é completamente nula a cláusula de norma coletiva que estabelece a possibilidade de renúncia ou transação, pela gestante, das garantias referentes à manutenção de emprego, função e salário.

(A) nenhuma das assertivas está correta;
(B) apenas uma das assertivas está correta;
(C) apenas duas das assertivas estão corretas;
(D) todas as assertivas estão corretas.
(E) não respondida.

I: correta, art. 7º, XXX, da CF; **II:** incorreta, art. 8º, I, da CF; **III:** incorreta, à míngua de norma constitucional ou celetista específica a respeito.

Gabarito "B"

4. COMISSÕES DE CONCILIAÇÃO PRÉVIA

(Magistratura do Trabalho – 4ª Região – 2012) A Comissão de Conciliação Prévia instituída no âmbito da empresa será composta de, no mínimo, dois e, no máximo

(A) dez membros, sendo que haverá na Comissão dois suplentes para cada um dos representantes titulares.
(B) dez membros, sendo que o representante dos empregados desenvolverá seu trabalho normal na empresa, afastando-se de suas atividades apenas quando convocado para atuar como conciliador, sendo computado como tempo de trabalho efetivo o despendido nessa atividade.
(C) dez membros, sendo vedada a dispensa dos representantes dos empregados, titulares e suplentes, até um ano após o início do mandato, salvo se cometerem falta grave, nos termos da lei.
(D) doze membros, sendo que a metade de seus membros será indicada pelo empregador e a outra metade eleita pelos empregados, em escrutínio secreto, fiscalizado pelo sindicato da categoria profissional.
(E) doze membros, sendo que o mandato dos seus membros, titulares e suplentes, é de um ano, permitida uma recondução.

A: incorreta. Art. 625-B, II, da CLT; **B:** correta. Art. 625-B, § 2º, da CLT; **C:** incorreta. Art. 652-B, § 1º, da CLT; D e **E:** incorretas. Art. 625-B, I e III da CLT.

Gabarito "B"

(Magistratura do Trabalho – 8ª Região – 2007) É correto afirmar a respeito das Comissões de Conciliação Prévia:

(A) As Comissões poderão ser constituídas por grupos de empresas ou ter caráter intrassindical.
(B) A ausência do empregado de seu trabalho normal, com convocação para atuar como conciliador, tem característica de suspensão do pacto laboral, sendo computado como tempo de trabalho efetivo o despendido nessa atividade.
(C) A Comissão instituída no âmbito do sindicato não terá sua constituição e normas de funcionamento definidas no estatuto daquele.
(D) As empresas e os sindicatos devem instituir Comissões de Conciliação Prévia, de composição paritária, com a atribuição de conciliar os conflitos individuais do trabalho.
(E) As Comissões de Conciliação Prévia têm prazo de quinze dias para a realização da sessão de conciliação a partir da provocação do interessado.

A: incorreta. Art. 625-A da CLT; **B:** incorreta. Prevista no art. 625-B, § 2º, da CLT, a hipótese é de interrupção do contrato de trabalho; **C:** correta. Art. 625-C da CLT; **D:** incorreta. Art. 625-A, *caput*, da CLT; **E:** incorreta, o prazo é de dez dias. Art. 625-F, da CLT.

Gabarito "C"

(Magistratura do Trabalho – 9ª Região – 2006) É correto afirmar, à luz dos arts. 625-A a 625-H, da CLT:

I. Em comissão de conciliação prévia, instituída no âmbito da empresa, os membros representantes da categoria profissional, inclusive suplentes, gozarão de garantia de emprego até um ano após o final do mandato, não sendo previsto igual benefício legal para membros da comissão instituída no âmbito do sindicato.

II. Pelo período em que a demanda estiver aguardando a tentativa conciliatória junto à comissão de conciliação prévia, a prescrição será interrompida.

III. O termo de conciliação prévia constitui título executivo de eficácia liberatória geral, exceto no que respeita às parcelas expressamente ressalvadas.

IV. Concorrendo na localidade, por mesma categoria, comissão de empresa e comissão sindical, tem preferência esta, a quem o interessado deverá submeter a sua demanda.

(A) Somente as proposições I e II são corretas.
(B) Somente as proposições II e IV são corretas.
(C) Somente as proposições II e III são corretas.
(D) Somente a proposição II é correta.
(E) Somente as proposições I e III são corretas.

I: correta. Art. 625-B, § 1º, da CLT; **II:** incorreta. Art. 625-G da CLT; **III:** correta. Art. 625-E, parágrafo único, da CLT; **IV:** incorreta. Art. 625-D, § 4º, da CLT.

Gabarito "E"

(Magistratura do Trabalho – 14ª Região – 2011) Em relação às Comissões de Conciliação Prévia - CCP, criadas pela Lei 9.958/2000, indique a alternativa correta.

(A) As empresas e os sindicatos podem instituir Comissões de Conciliação Prévia, de composição paritária, com representantes dos empregados e dos empregadores, com a atribuição de tentar conciliar os conflitos individuais do trabalho, ficando vedada a sua constituição em caráter intersindical.

(B) Caso exista, na mesma localidade e para a mesma categoria, Comissão de empresa e Comissão sindical, o interessado deverá submeter a sua demanda perante a sindical.

(C) O mandato dos seus membros, titulares e suplentes, é de dois anos, permitida uma recondução.

(D) É vedada a dispensa dos membros da Comissão de Conciliação Prévia, titulares e suplentes, até um ano após o final do mandato, salvo se cometerem falta grave, nos termos da lei.

(E) O prazo prescricional será suspenso a partir da provocação da Comissão de Conciliação Prévia, recomeçando a fluir, pelo que lhe resta, a partir da tentativa frustrada de conciliação ou do esgotamento do prazo de 10 dias para a realização da sessão de tentativa de conciliação a partir da provocação do interessado.

A: incorreta. Art. 625-A, parágrafo único, da CLT; **B:** incorreta. Art. 625-D, § 4º, da CLT; **C:** incorreta. Art. 625-B, III, da CLT; **D:** incorreta. Art. 625-B, § 1º, da CLT (a garantia no emprego é restrita aos representantes dos empregados membros da CCP); **E:** correta. Art. 625-G c/c art. 625-F da CLT.

Gabarito "E"

(Magistratura do Trabalho – 15ª Região – 2012) Relativamente às Comissões de Conciliação Prévia, analise as assertivas abaixo e, após, responda.

I. As Comissões de Conciliação Prévia não poderão ser constituídas por grupos de empresas ou ter caráter intersindical.

II. Aquelas comissões porventura instituídas no âmbito do sindicato terão sua constituição e normas de funcionamento definidas no seu estatuto social. O termo de conciliação é título executivo extrajudicial e terá eficácia liberatória geral, exceto quanto às parcelas expressamente ressalvadas.

III. Comissão instituída no âmbito da empresa será composta pelos números de dois a dez membros, respectivamente mínimo e máximo. Haverá tantos suplentes quantos forem os titulares.

IV. As empresas e os sindicatos podem constituir Comissões de Conciliação Prévia, de composição paritária, com representantes dos empregados e dos empregadores, com a atribuição de tentar conciliar os conflitos individuais e coletivos do trabalho.

V. A duração do mandato dos membros das comissões de conciliação prévia é inferior à dos membros da CIPA.

(A) Todas as assertivas estão incorretas.

(B) A afirmação I está correta e a II está errada.

(C) Apenas as assertivas **III**, **IV** e **V** estão incorretas,

(D) Apenas a afirmação **III** está correta.

(E) As afirmações **I** e **III** estão corretas.

I: incorreta. Art. 625-A, da CLT; **II:** incorreta. Art. 625-C, da CLT; **III:** correta. Art. 625-B, *caput* e II, da CLT; **IV:** incorreta. Art. 625-A da CLT; **V:** incorreta. Arts. 164, § 3º, e 625-B, III, da CLT.

Gabarito "D"

(Ministério Público do Trabalho – 15º) Em relação às Comissões de Conciliação Prévia, analise as assertivas abaixo:

I. as empresas e os sindicatos podem constituir Comissões de Conciliação Prévia, de composição paritária, com representantes dos empregados e dos empregadores, com a atribuição de tentar conciliar os conflitos individuais do trabalho;

II. as Comissões de Conciliação Prévia não poderão ser constituídas por grupos de empresas ou ter caráter intersindical;

III. a Comissão instituída no âmbito da empresa será composta de, no mínimo, quatro e, no máximo doze membros. A Comissão instituída no âmbito do sindicato terá sua constituição e normas de funcionamento definidas no seu estatuto social;

IV. o termo de conciliação é título executivo extrajudicial e terá eficácia liberatória geral, exceto quanto às parcelas expressamente ressalvadas.

De acordo com as assertivas acima, pode-se afirmar que:

(A) todas as assertivas estão corretas;

(B) apenas a assertiva I está correta;

(C) apenas as assertivas III e IV estão incorretas;

(D) apenas as assertivas II e III estão incorretas;

(E) não respondida.

I: correta. Art. 625-A, *caput*, da CLT; **II:** incorreta. Art. 625-A, parágrafo único, da CLT; **III:** incorreta. Arts. 625-B, *caput*, e 625-C da CLT; **IV:** correta. Art. 625-E, parágrafo único, da CLT.

Gabarito "D"

(Ministério Público do Trabalho – 9º) Com base nas assertivas abaixo assinale a alternativa correta:

Relativamente às Comissões de Conciliação Prévia instituída pela Lei 9.958/2000:

I. a Comissão instituída no âmbito da empresa será composta de no mínimo três e no máximo nove membros;

II. o mandato dos seus membros, titulares e suplentes, é de dois anos, permitida a recondução:

III. a Comissão instituída no âmbito do Sindicato terá sua composição e normas de funcionamento definidas em assembleia geral convocada especialmente para esse fim.

(A) apenas a assertiva III está correta:

(B) apenas as assertivas II e III estão corretas;

(C) apenas as assertivas I e III estão corretas;

(D) todas as assertivas estão corretas;

(E) todas as assertivas estão erradas:

(F) não sei.

I: incorreta. Art. 625-B, *caput*, da CLT; **II:** incorreta. Art. 625-B, III, da CLT; **III:** incorreta. Art. 625-C da CLT.

Gabarito "E"

5. DIREITO DE GREVE

(Magistratura do Trabalho – 2ª Região – 2012) Observe as assertivas e ao final responda.

I. A competência para processar e julgar ação de interdito proibitório, ajuizada em decorrência do exercício do direito de greve pelos trabalhadores da iniciativa privada, é da Justiça do Trabalho.

II. A participação do trabalhador na greve interrompe o contrato de trabalho, devendo as relações obrigacionais, durante o período, ser regidas por acordo, convenção, laudo arbitrai ou decisão da Justiça do Trabalho.

III. É vedada a rescisão do contrato de trabalho durante a greve, bem como a contratação de trabalhadores substitutos, mesmo quando declarada a abusividade do movimento grevista.

IV. O controle de tráfego aéreo e marítimo é considerado atividade essencial para fins da Lei 7.783/1989 (que dispõe sobre o exercício do direito de greve).

V. Na vigência de sentença normativa, não constitui abuso do direito de greve a paralisação que seja motivada pela superveniência de fatos novos ou acontecimento imprevisto que modifique substancialmente a relação de trabalho.

Estão **corretas apenas** as assertivas:

(A) I e IV;
(B) II e V;
(C) II e IV;
(D) III e V;
(E) I e V.

I: correta. Súmula Vinculante 23 do STF; **II:** incorreta. Trata-se, em linha de princípio, de hipótese de suspensão do contrato de trabalho, e não de interrupção. Art. 7º, da Lei 7.783/1989; **III:** incorreta. Art. 7º, parágrafo único, e 14 da Lei 7.783/89; **IV:** incorreta. Art. 10, X, da Lei 7.783/1989; **V:** correta. Art. 14, parágrafo único e inc. II, da Lei 7.783/1989.

Gabarito "E".

(Magistratura do Trabalho – 2ª Região – 2011) No que tange ao instituto da greve, analise as proposições abaixo:

I. Um dos traços do movimento paredista é a sustação provisória de atividades laborativas, em face do empregador ou do tomador de serviços.

II. A greve possui um caráter de exercício coletivo, embora atos individuais de seus participantes possam ser enquadrados como tipos ilícitos e sofram as consequências punitivas da lei.

III. A sabotagem faz parte das consequências fáticas e políticas da greve, porquanto é conduta que atinge o patrimônio do empregador, aliás, como acontece com o próprio movimento de greve.

IV. São considerados serviços ou atividades essenciais, dentre outros, os que apresentam limitação ao direito de greve, pois, em relação a estes a greve não é possível: tratamento e abastecimento de água; produção e distribuição de energia elétrica; serviços bancários; serviços funerários; escolas; controle de tráfego aéreo.

V. A competência para conhecer e julgar o movimento paredista é da Justiça do Trabalho, mas a ocupação do estabelecimento pelos obreiros e a restrição a trânsito dos trabalhadores pelos piquetes grevistas, competem à Justiça Comum.

Responda:

(A) Estão corretas as assertivas I e II
(B) Estão corretas as assertivas I e III.
(C) Estão corretas as assertivas II e III.
(D) Estão corretas as assertivas III e IV
(E) Estão corretas as assertivas I e V.

I: correta, conforme art. 2º da Lei 7.783/1989, mas há outros meios de se deflagrar uma greve, como na greve de operação padrão ou tartaruga (em que o trabalho não é paralisado, mas tem seu ritmo diminuído); **II:** correta, conforme art. 15 da Lei 7.789/1989; **III:** incorreta. Art. 6º, § 3º, da Lei 7.789/1989; **IV:** incorreta. Art. 11 da Lei 7.789/1989; art. 114, II, da CF.

Gabarito "A".

(Magistratura do Trabalho – 2ª Região – 2010) Para a Lei de Greve (Lei 7.783/1989), são considerados serviços ou atividades essenciais, exceto:

(A) Segurança bancária.
(B) Transporte coletivo.
(C) Telecomunicações.
(D) Compensação bancária.
(E) Controle de tráfego aéreo.

Art. 10 da Lei 7.789/1989.

Gabarito "A".

(Magistratura do Trabalho – 3ª Região – 2013) Nos termos da Lei de Greve, são considerados serviços ou atividades essenciais, exceto:

(A) Serviços funerários
(B) Telecomunicações
(C) Ensino fundamental
(D) Compensação bancária
(E) Captação e tratamento de esgoto e lixo

Art. 10 da Lei 7.783/1989.

Gabarito "C".

(Magistratura do Trabalho – 3ª Região – 2009) Assinale a assertiva ("a" a "e") correta em relação aos enunciados de I a V, observadas a legislação pertinente e a consolidação jurisprudencial do c. TST:

I. De acordo com Lei 7.783/1989, que regulamenta o exercício do direito de greve, são considerados serviços ou atividades essenciais dentre outros: tratamento e abastecimento de água, produção e distribuição de energia elétrica, gás e combustíveis; assistência médica hospitalar; transporte coletivo, captação e tratamento de esgoto e lixo; serviços educacionais; controle de tráfego aéreo; produção de medicamentos e alimentos.

II. Em caso de greve em atividade essencial, com possibilidade de lesão do interesse público, o Ministério Público do Trabalho poderá ajuizar dissídio coletivo, competindo à Justiça do Trabalho decidir o conflito;

III. Na greve em serviços ou atividades essenciais, ficam as entidades sindicais obrigadas a comunicar a decisão aos empregadores, à entidade patronal correspondente, ao Ministério Público do Trabalho e aos usuários com antecedência mínima de 72 (setenta e duas) horas da paralisação.

IV. Não se legitima o Sindicato profissional a requerer judicialmente a qualificação de movimento paredista que ele próprio fomentou.

V. A Justiça do Trabalho, por iniciativa de qualquer das partes ou do Ministério Público do Trabalho, decidirá sobre a procedência, total ou parcial, ou a improcedência das reivindicações, cumprindo ao Tribunal publicar, de imediato, o competente acórdão. Decidida a questão pelo Poder Judiciário, constituirá abuso do direito de greve a manutenção da paralisação.

(A) Somente um enunciado é verdadeiro.
(B) Somente dois enunciados são verdadeiros.
(C) Somente três enunciados são verdadeiros.
(D) Somente quatro enunciados são verdadeiros.
(E) Todos os enunciados são verdadeiros.

I: incorreta, pois nem serviços educacionais nem produção de medicamentos e alimentos (mas a distribuição destes itens, sim) são considerados serviços ou atividades essenciais pelo art. 10 da Lei 7.783/1989; **II:** correta, art. 114, § 3º, da CF; **III:** incorreta. Art. 13 da Lei 7.783/1989; **IV:** correta à época do concurso (OJ 12 da SDC do TST, cancelada em abril de 2010); **V:** correta, art. 14 da Lei 7.783/1989.

Gabarito "C"

(Magistratura do Trabalho – 3ª Região – 2008) Analise as questões abaixo e assinale a alternativa correta:

I. A greve deverá ser precedida de um aviso de 24 (vinte e quatro) horas ao sindicato patronal ou ao empregador, salvo no caso de atividades essenciais, quando o pré-aviso será de 72 (setenta e duas) horas.

II. É vedado aos grevistas impedir o acesso ao trabalho ou causar ameaça ou dano à propriedade ou pessoa; de outro lado, é vedado às empresas constranger o empregado ao comparecimento ao trabalho.

III. A regra geral é de que a greve interrompe o contrato de trabalho.

IV. Pode haver contratação de trabalhadores substitutos aos grevistas em caso de abuso do direito de greve ou para evitar prejuízo irreparável, pela deterioração irreversível de bens, máquinas e equipamentos, bem como para manter serviços essenciais à retomada das atividades da empresa quando da cessação do movimento.

V. Nos serviços ou atividades essenciais é obrigatória a prestação indispensável ao atendimento das necessidades inadiáveis da comunidade, assim consideradas aquelas ligadas à sobrevivência, saúde ou segurança da população.

(A) As alternativas I, II e IV estão corretas.
(B) As alternativas II, III e V estão corretas.
(C) As alternativas I, II, IV e V estão corretas.
(D) As alternativas I, III e V estão corretas.
(E) As alternativas II, IV e V estão corretas.

I: incorreta. Art. 3º, parágrafo único, da Lei 7.783/1989; **II:** correta. Art. 6º, §§ 2º e 3º da Lei 7.783/1989; **III:** incorreta. Art. 7º da Lei 7.783/1989; **IV:** correta. Arts. 7º, parágrafo único, e 9º, parágrafo único, da Lei 7.783/1989; **V:** correta. Art. 11 da Lei 7.783/1989.

Gabarito "E"

(Magistratura do Trabalho – 8ª Região – 2011) Sobre o exercício do direito de greve, assinale a alternativa CORRETA:

(A) Consoante jurisprudência consolidada do TST, é incompatível com a declaração de abusividade de movimento grevista o estabelecimento de quaisquer vantagens ou garantias a seus partícipes, que assumiram os riscos inerentes à utilização do instrumento de pressão máximo.
(B) A regra geral é de que a greve suspende os contratos de trabalho, devendo as relações obrigacionais, durante seu período, ser regidas por acordo, convenção, laudo arbitral ou decisão judicial. Ademais, veda-se a rescisão contratual e a contratação de trabalhadores substitutos dos grevistas nesse período, o que é excepcionado, apenas, nas hipóteses em que seja necessário assegurar a manutenção de serviços cuja paralisação acarrete prejuízo irreparável.
(C) Na hipótese de ser deflagrada greve em empresas que desenvolvam atividades que, uma vez paralisadas, impliquem perigo iminente à sobrevivência, saúde ou segurança da comunidade, as entidades sindicais deverão manter em funcionamento, no mínimo, 40% dos serviços indispensáveis à população, bem como comunicar a decisão aos empregadores e aos usuários, com antecedência mínima de 72 horas da paralisação.
(D) Na vigência de acordo, convenção ou sentença normativa, somente não constitui abuso do exercício do direito de greve, a paralisação motivada pela superveniência de fato novo ou acontecimento imprevisto que modifique substancialmente a relação de trabalho.
(E) Quanto ao direito de greve dos servidores públicos civis, garantido pelo texto constitucional, vem sendo posição dominante do Supremo Tribunal Federal a autorização de aplicação irrestrita da Lei nº 7.783/1989 (Lei de Greve), às greves dos servidores públicos civis, até que o Poder Legislativo supra a lacuna com uma lei específica.

A: correta. OJ 10 da SDC do TST; **B:** incorreta. Art. 9º da Lei 7.783/1989; **C:** art. 11 da Lei 7.783/1989 (não há percentuais preestabelecidos); **D:** incorreta. Art. 14, II, da Lei 7.783/1989; **E:** incorreta. O posicionamento é pela aplicação, no que couber, da lei em questão (STF, MIs 670-9/ES, Pleno, j. 25.10.2007, rel. para acórdão Min. Gilmar Mendes, *DJe* 31.10.2008; 708-0/DF, Pleno, j. 25.10.2007, rel. Min. Gilmar Mendes, *DJe* 31.10.2008 e 712-8/PA, Pleno, j. 25.10.2007, rel. Min. Eros Grau, *DJe* 31.10.2008). V. art. 37, VII, da CF.

Gabarito "A"

(Magistratura do Trabalho – 8ª Região – 2008) À luz da Lei nº 7.783/1989 (Lei de Greve), é INCORRETO afirmar:

(A) São assegurados aos grevistas, dentre outros direitos: o emprego de meios pacíficos tendentes a persuadir ou aliciar os trabalhadores a aderirem à greve, bem como a arrecadação de fundos e a livre divulgação do movimento. Porém, em nenhuma hipótese os meios adotados por empregados e empregadores poderão violar ou constranger os direitos e garantias fundamentais de outrem. É vedado às empresas adotar meios para constranger o empregado ao comparecimento ao trabalho, bem como capazes de frustrar a divulgação do movimento. Ademais, é certo que as manifestações e atos de persuasão utilizados pelos grevistas não poderão impedir o acesso ao trabalho nem causar ameaça ou dano à propriedade ou pessoa.

(B) Durante a greve, o sindicato ou a comissão de negociação, mediante acordo com a entidade patronal ou diretamente com o empregador, manterá em atividade equipes de empregados com o propósito de assegurar os serviços cuja paralisação resultem em prejuízo irreparável, pela deterioração irreversível de bens, máquinas e equipamentos, bem como a manutenção daqueles essenciais à retomada das atividades da empresa quando da cessação do movimento. Não havendo acordo, é assegurado ao empregador, enquanto perdurar a greve, o direito de contratar diretamente os serviços necessários a que se refere este artigo.

(C) São considerados serviços ou atividades essenciais, dentre outros: assistência médica e hospitalar; tratamento e abastecimento de água; produção e distribuição de energia elétrica; telecomunicações; processamento de dados em geral; controle de tráfego aéreo; e transporte coletivo. Na greve em serviços ou atividades essenciais, ficam as entidades sindicais ou os trabalhadores, conforme o caso, obrigados a comunicar a decisão aos empregadores e aos usuários com antecedência mínima de setenta e duas horas da paralisação.

(D) Constitui abuso do direito de greve a manutenção da paralisação após a celebração de acordo, convenção ou decisão da Justiça do Trabalho. Na vigência de acordo, convenção ou sentença normativa não constitui abuso do exercício do direito de greve a paralisação que tenha por objetivo exigir o cumprimento de cláusula ou condição, bem assim aquela que seja motivada pela superveniência de fato novo ou acontecimento imprevisto que modifique substancialmente a relação de trabalho.

(E) Fica vedada a paralisação das atividades, por iniciativa do empregador, com o objetivo de frustrar negociação ou dificultar o atendimento de reivindicações dos respectivos empregados (*lockout*). Na ocorrência dessa prática, assegura-se aos trabalhadores o direito à percepção dos salários durante o período de paralisação. Cumpre asseverar, também, por outro lado, que a participação de trabalhadores em greve suspende o contrato de trabalho, devendo as relações obrigacionais, durante o período, ser regidas pelo acordo, convenção, laudo arbitral ou decisão da Justiça do Trabalho.

Art. 10, IX, da Lei 7.783/1989.

Gabarito "C"

(Magistratura do Trabalho – 8ª Região – 2007) Marque a resposta correta a respeito da greve:

(A) Em pleno exercício de greve em qualquer hipótese ao empregador fica vedada a contratação de trabalhadores substitutos.

(B) A participação em greve interrompe o contrato de trabalho, devendo as relações obrigacionais durante o período ser regidas pelo acordo, convenção, laudo arbitral ou decisão da Justiça do Trabalho.

(C) A comunicação aos empregadores e aos usuários, quando a greve for ocorrer em serviços ou atividades essenciais, deve se dar com antecedência mínima de quarenta e oito horas da paralisação.

(D) Considerando que não é amparado pelo ordenamento jurídico brasileiro, o *lockout*, quando praticado, sempre garante a percepção dos salários durante a paralisação das atividades.

(E) Legítimo exercício do direito de greve é a interrupção coletiva, temporária ou pacífica, total ou parcial, de prestação pessoal de serviços a empregador.

A: incorreta. Arts. 7º, parágrafo único, e 9º, parágrafo único, da Lei 7.783/1989; **B:** incorreta. Art. 7º da Lei 7.783/1989; **C:** incorreta. Art. 13 da Lei 7.783/1989; **D:** correta. Art. 17 da Lei 7.783/1989; **E:** correta. Art. 2º da Lei 7.783/1989 (a conjunção alternativa *ou* que antecede *pacífica* está incorreta).

Gabarito "D"

(Magistratura do Trabalho – 8ª Região – 2006) Sobre greve no direito brasileiro é correto afirmar que:

(A) Considera-se legítimo exercício do direito de greve a suspensão coletiva, temporária e pacífica, total ou parcial, de prestação pessoal de serviços a empregador, desde que frustrada a negociação ou verificada a impossibilidade de recursos via arbitral e a entidade patronal correspondente ou os empregadores diretamente interessados sejam notificados, com antecedência mínima de setenta e duas horas, da paralisação.

(B) A participação em greve suspende o contrato de trabalho, desde que observadas as condições previstas na Lei de Greve, devendo as relações obrigacionais, durante o período, ser regidas pelo acordo, convenção, laudo arbitral ou decisão da Justiça do Trabalho.

(C) Em todos os casos é vedada a rescisão de contrato de trabalho durante a greve, bem como a contratação de trabalhadores substitutos.

(D) No Brasil, cabe à entidade sindical convocar assembleia, com o *quorum* previsto nos estatutos, para deliberar sobre a greve, sendo facultado aos trabalhadores interessados das categorias não organizadas em sindicato, deliberar sobre a greve constituindo uma comissão que os representará apenas nas negociações.

(E) Na vigência de acordo, convenção ou sentença normativa constitui abuso do exercício do direito de greve a paralisação que tenha por objetivo exigir o cumprimento de cláusula ou condição e seja motivada pela superveniência de fato novo ou acontecimento imprevisto que modifique substancialmente a relação de trabalho.

A: incorreta. Art. 3º, parágrafo único, da Lei 7.783/1989 (a notificação com antecedência de 72 horas só ocorre na hipótese do art. 13); **B:** correta. Art. 7º, *caput*, da Lei 7.783/1989; **C:** incorreta. Art. 7º, parágrafo único, da Lei 7.783/1989; **D:** incorreta. Art. 5º da Lei 7.783/1989; **E:** incorreta. Art. 14 da Lei 7.783/1989.

Gabarito "B"

(Magistratura do Trabalho – 9ª Região – 2009) Em relação aos salários dos dias de paralisação em face de greve, assinale a proposição incorreta:

(A) A participação do empregado em movimento grevista importa na suspensão do contrato de trabalho.

(B) As relações obrigacionais durante o período deverão ser regidas pelo acordo, convenção, laudo arbitral ou decisão da Justiça do Trabalho.

(C) Os salários serão devidos desde que atendidas as reivindicações dos trabalhadores, total ou parcialmente, por acordo ou negociação.

(D) O fato de o empregador deixar de pagar salários pelos dias de paralisação não implica a possibilidade de o empregado rescindir o seu contrato de trabalho por justa causa, nos termos preconizados pelo art. 483, *d*, da CLT.

(E) Não havendo acordo, os salários são indevidos, ainda quando considerado não abusivo o movimento.

Art. 7º da Lei 7.783/1989.

Gabarito "C"

(Magistratura do Trabalho – 9ª Região – 2006) Marque a alternativa incorreta:

(A) Os empregadores podem deixar de pagar aos trabalhadores em greve os salários correspondentes aos dias de paralisação; todavia, o acordo das partes ou a decisão judicial poderão dispor a respeito.

(B) O empregador pode promover a rescisão de contrato de trabalho no período de greve, mesmo se considerada não abusiva; mas será obrigado, neste caso, a rescindir os contratos sem justa causa.

(C) A lei não veda a realização de greve por parte dos trabalhadores de empresas que desenvolvem serviços ou atividades essenciais à sociedade, embora dê tratamento legal distinto para a sua realização de modo não abusivo.

(D) Finda a greve, firmado o acordo ou convenção coletiva de trabalho, os benefícios decorrentes da vitória do movimento grevista devem sempre ser estendidos a todos os membros da categoria, associados ou não ao sindicato, mesmo aqueles que não participaram do movimento.

(E) O direito de greve é um direito de caráter coletivo e não individual que visa a paralisação da produção ou do serviço; todavia, a lei não veda a realização de greve por meio de outras práticas de pressão que não impliquem necessariamente a suspensão das atividades da empresa.

Art. 7º, parágrafo único, da Lei 7.783/1989.

Gabarito "B"

(Magistratura do Trabalho – 14ª Região – 2011) À luz do conjunto normativo que rege o Direito de Greve no Brasil, assinale a alternativa que não está correta.

(A) O "lockout" consiste na paralisação provisória das atividades empresariais por determinação do empregador com intuito de frustrar negociação coletiva ou dificultar ou atendimento das reivindicações obreiras, cuja prática é vedada por lei e assegura aos trabalhadores o direito à percepção dos salários durante o período de paralisação.

(B) Na vigência de acordo, convenção ou sentença normativa não constitui abuso do exercício do direito de greve a paralisação que tenha por objetivo exigir o cumprimento de cláusula ou condição; bem como seja motivada pela superveniência de fato novo ou acontecimento imprevisto que modifique substancialmente a relação de trabalho.

(C) Durante a greve é vedado às empresas adotar meios para constranger o empregado ao comparecimento ao trabalho, bem como capazes de frustrar a divulgação do movimento.

(D) Na greve, em serviços ou atividades essenciais, ficam as entidades sindicais ou os trabalhadores, conforme o caso, obrigados a comunicar a decisão aos empregadores e aos usuários com antecedência mínima de 48 (quarenta e oito) horas da paralisação.

(E) A lei de greve considera serviços ou atividades essenciais: transporte coletivo; captação e tratamento de esgoto e lixo; telecomunicações; compensação bancária; serviços funerários.

A: correta. Art. 17 da Lei 7.783/1989; **B:** correta. Art. 14 da Lei 7.783/1989; **C:** correta. Art. 6º, § 2º, da Lei 7.783/1989; **D:** incorreta. Art. 13 da Lei 7.783/1989; **E:** correta. Art. 10 da Lei 7.783/1989.

Gabarito "D"

(Magistratura do Trabalho – 14ª Região – 2008) Sobre o direito de greve, assinale a alternativa CORRETA:

(A) Na greve em serviços ou atividades essenciais, ficam as entidades sindicais ou os trabalhadores, conforme o caso, obrigados a comunicar a decisão aos empregadores e aos usuários com antecedência mínima de 72 (setenta e duas) horas da paralisação;

(B) Compete à Justiça Comum Estadual processar e julgar as ações que envolvam o exercício do direito de greve;

(C) A participação em greve suspende o contrato de trabalho e, consequentemente, em nenhuma hipótese serão devidos os salários relativos a esse período;

(D) Não se tratando de serviços ou atividades essenciais, os empregadores e ou a entidade patronal correspondente serão notificados da realização da greve com antecedência mínima de 24 (vinte e quatro) horas;

(E) Em nenhuma hipótese será possível a rescisão do contrato de trabalho durante o período de greve.

A: correta. Art. 13 da Lei 7.783/1989; **B:** incorreta. Art. 114, II, da CF; **C:** incorreta. Art. 7º, *caput*, da Lei 7.783/1989; **D:** incorreta. Art. 3º, parágrafo único, da Lei 7.783/1989; **E:** incorreta. Art. 7º, parágrafo único, da Lei 7.783/1989.

Gabarito "A"

(Magistratura do Trabalho – 15ª Região – 2011) A respeito da regulamentação do direito de greve, assinale a alternativa correta:

(A) durante a greve é vedado às empresas adotar meios para constranger o empregado ao comparecimento ao trabalho, bem como capazes de frustrar a divulgação do movimento, a não ser em casos excepcionais e específicos definidos em lei;

(B) o empregador não está impedido de proceder a contratações de empregados substitutos durante a greve em alguns casos previstos na lei;

(C) compete exclusivamente aos empregados interessados convocar assembleia geral que definirá as reivindicações da categoria e deliberará sobre a paralisação da prestação de serviços;

(D) na greve em serviços ou atividades essenciais, ficam as entidades sindicais ou os trabalhadores, conforme o caso, obrigados a comunicar a decisão aos empregadores e aos usuários com antecedência mínima de 48 (quarenta e oito) horas da paralisação;

(E) a lei de greve considera serviços ou atividades essenciais o controle de tráfego aéreo, o processamento de dados no geral, o transporte coletivo, a captação e tratamento de esgoto e lixo e os serviços funerários.

A: incorreta. Art. 6º, § 2º, da Lei 7.783/1989; **B:** correta. Art. 9º, parágrafo único, da Lei 7.783/1989; **C:** incorreta. Art. 4º da Lei 7.783/1989; **D:** incorreta. Art. 13 da Lei 7.783/1989; **E:** incorreta. Art. 10, IX, da Lei 7.783/1989.

Gabarito "B"

(Magistratura do Trabalho – 15ª Região – 2010) A Lei nº 7.783/1989 regula o direito de greve, garantido pelo art. 9º da Constituição Federal. Porém, tal direito não é ilimitado, sofrendo restrições. Uma delas está relacionada às atividades essenciais. Nesses casos, a deflagração da greve:

(A) constitui crime;

(B) é sempre abusiva;

(C) depende de prévia autorização da autoridade competente;

(D) depende de prévio aviso à autoridade competente, no prazo mínimo de 48 horas;

(E) depende da manutenção dos serviços indispensáveis para o atendimento das necessidades inadiáveis da comunidade.

Art. 11 da Lei 7.783/1989.

Gabarito "E"

(Magistratura do Trabalho – 18ª Região – 2006) Considere as assertivas abaixo e assinale a alternativa correta.

I. A participação em greve interrompe o contrato de trabalho, se forem observadas as condições previstas na lei específica, mas é sempre vedada a rescisão de contrato de trabalho durante a greve, bem como a contratação de trabalhadores substitutos.

II. É proibida a greve nos serviços essenciais.

III. Controle de tráfego aéreo e compensação bancária são considerados serviços ou atividades essenciais, mas não os serviços de telecomunicações.

IV. Na vigência de acordo, convenção ou sentença normativa não constitui abuso do exercício do direito de greve a paralisação que tenha por objetivo exigir o cumprimento de cláusula ou condição ou que seja motivada pela superveniência de fato novo ou acontecimento imprevisto que modifique substancialmente a relação de trabalho.

V. É permitida a paralisação das atividades, por iniciativa do empregador, com o objetivo de frustrar negociação ou dificultar o atendimento de reivindicações dos respectivos empregados.

(A) Todas são falsas.

(B) Apenas a última é falsa.

(C) Apenas a IV é verdadeira.

(D) Apenas as três primeiras são falsas.

(E) Apenas as assertivas II e III são verdadeiras.

I: incorreta. Art. 7º, *caput*, da Lei 7.783/1989; **II:** incorreta. Art. 11 da Lei 7.783/1989; **III:** incorreta. Art. 10, VII, da Lei 7.783/1989; **IV:** correta. Art. 14, parágrafo único, da Lei 7.783/1989; **V:** incorreta. Art. 17 da Lei 7.783/1989.

Gabarito "C"

(Magistratura do Trabalho – 20ª Região – 2003) Quanto ao direito de greve no setor privado, pode-se afirmar que:

I. Em hipótese alguma é permitido ao empregador, durante a greve, rescindir contratos de empregados que aderirem ao movimento paredista ou mesmo contratar pessoal para substituir os grevistas.

II. Podem os trabalhadores, uma vez deflagrada a greve, realizar manifestações e atos de persuasão, impedindo, inclusive, o acesso ao trabalho, sem o que o movimento seria esvaziado e perderia força, mas é terminantemente vedada a prática de atos que causem ameaça ou dano à propriedade ou pessoa.

III. A ocorrência de greve durante a vigência de acordo, convenção ou sentença normativa da Justiça do Trabalho implica abuso de direito, ressalvando-se, apenas, aquela tendente a exigir o cumprimento de cláusula ou condição.

IV. O *loukout* é permitido desde quando exercido nos limites e condições estabelecidos para o direito de greve.

Marque:

(A) todas as proposições são corretas;

(B) todas as proposições são incorretas;

(C) apenas a proposição II é correta;

(D) apenas as proposições II e III são corretas;
(E) as proposições I, II e III são corretas e a proposição IV, incorreta.

I: incorreta. Art. 7º, parágrafo único, da Lei 7.783/1989; **II:** incorreta. Art. 6º, § 3º, da Lei 7.783/1989; **III:** incorreta. Art. 14, parágrafo único, da Lei 7.783/89; **IV:** incorreta. Art. 17 da Lei 7.783/1989.

Gabarito "B"

(Magistratura do Trabalho – 21ª Região – 2012) Sobre a interpretação dada pelo Tribunal Superior do Trabalho ao direito de greve, é *correto* afirmar:

I. o Tribunal Superior do Trabalho considera abusiva a greve realizada em setores que a lei define como serviços essenciais para a comunidade, sem que haja um percentual de funcionamento da atividade para atendimento às necessidades básicas dos usuários dos serviços;
II. o Tribunal Superior do Trabalho firmou jurisprudência de que o sindicato profissional não tem legitimidade para requerer a qualificação legal de greve que ele próprio fomentou;
III. para o Tribunal Superior do Trabalho é abusiva a realização de greve sem que o sindicato profissional haja tentado, direta e pacificamente, solucionar o conflito;
IV. segundo o Tribunal Superior do Trabalho, quando há declaração de abusividade da greve, não pode o Poder Judiciário deferir vantagens e garantias aos seus participantes, que assumiram o risco de realizar o movimento paredista.

(A) apenas a assertiva I está correta;
(B) apenas as assertivas I, II e IV estão corretas;
(C) apenas a assertiva IV está correta;
(D) apenas as assertivas I, II e III estão corretas;
(E) apenas as assertivas I, III e IV estão corretas.

I: correta. OJ 38 da SDC do TST; **II:** incorreta. A assertiva veicula a redação da OJ 12 da SDC do TST, cancelada em 2010; **III:** correta. OJ 11 da SDC do TST; **IV:** correta. OJ 10 da SDC do TST.

Gabarito "E"

(Magistratura do Trabalho – 23ª Região – 2012) Com base nas disposições do texto da Lei nº 7.783/1989, que regulamenta o exercício do direito de greve, assinale a alternativa correta:

(A) Considera-se legítimo exercício do direito de greve a suspensão individual ou coletiva, temporária e pacífica, total ou parcial, de prestação pessoal de serviços a empregador.
(B) A entidade patronal correspondente ou os empregadores diretamente interessados serão notificados, com antecedência mínima de 24 (vinte e quatro) horas da paralisação.
(C) Na falta de entidade sindical local, compete à federação ou, não havendo, à confederação de representação profissional convocar a assembleia geral dos trabalhadores interessados para deliberar sobre as reivindicações da categoria e sobre a paralisação coletiva da prestação de serviços, assim como representá-los nas negociações ou na Justiça do Trabalho.
(D) As ações dos grevistas poderão dificultar ou impedir o acesso ao trabalho, como forma legítima de persuasão para adesão ao movimento dos demais empregados, mas em nenhuma hipótese podem causar ameaça ou dano à propriedade ou pessoa.
(E) São considerados serviços ou atividades essenciais, dentre outros, os serviços funerários, de telecomunicações e de compensação bancária.

A: incorreta. Art. 2º, da Lei 7.783/1989; **B:** incorreta. Arts. 3º, parágrafo único, e 13 da Lei 7.783/1989; **C:** incorreta. Art. 4º, § 2º, da Lei 7.783/1989; **D:** incorreta. Art. 6º da Lei 7.783/1989; **E:** correta. Art. 10 da Lei 7.783/1989.

Gabarito "E"

(Magistratura do Trabalho – 23ª Região – 2009) Analise as duas proposições à luz da doutrina dominante e responda:

(I) De acordo com a Lei de Greve (Lei nº 7.783/1989) o afastamento do empregado por motivo de greve traduz suspensão do contrato de trabalho SALVO (II) se a norma coletiva ou laudo arbitral responsável pela cessação da greve dispuser sobre pagamentos de salários e demais vantagens desse período, quando o afastamento será convertido em interrupção.

(A) A primeira proposição está errada e a segunda proposição está correta.
(B) As duas proposições estão corretas e a segunda complementa a primeira.
(C) A primeira proposição está correta e a segunda proposição está errada.
(D) As duas proposições estão corretas, mas a segunda não complementa a primeira.
(E) As duas proposições estão erradas.

A letra "B" é correta, conforme art. 7º, *caput*, da Lei 7.783/1989 e considerando-se que a interrupção do contrato de trabalho se caracteriza pela cessação temporária da principal obrigação do empregado no curso da relação de emprego (prestação de serviços), ao passo que subsiste a principal obrigação do empregador (pagamento dos salários).

Gabarito "B"

(Magistratura do Trabalho – 23ª Região – 2008) Sobre o direito de greve é CORRETO afirmar:

(A) em se tratando de greve em serviços ou atividades consideradas essenciais a autorização do Poder Público é requisito fundamental para a sua legalidade;
(B) a prática do *lockout* não é proibida pelo ordenamento jurídico, contudo é assegurado aos trabalhadores o direito à percepção dos salários durante o período de paralisação;
(C) iniciada a greve, em nenhuma hipótese o empregador poderá contratar substitutos para os grevistas;
(D) é vedado aos grevistas o emprego de meios, ainda que pacíficos, tendentes a persuadir ou aliciar os trabalhadores a aderirem à greve;
(E) é imprescindível para a legalidade da greve que, antes de sua deflagração, haja a tentativa, direta e pacífica, de solucionar o conflito que lhe constitui o objeto.

A: incorreta. Art. 11 da Lei 7.783/1989; **B:** incorreta. Art. 17 da Lei 7.783/1989; **C:** incorreta. Art. 7º, parágrafo único, da Lei 7.783/1989; **D:** incorreta. Art. 6º, I, da Lei 7.783/1989; **E:** correta. Art. 3º da Lei 7.783/1989 e OJ 11 da SDC do TST.

Gabarito "E"

(Magistratura do Trabalho – 23ª Região – 2006) Assinale a alternativa incorreta:

(A) *Lock-out* é a paralisação provisória das atividades da empresa, estabelecimento ou seu setor, realizada por determinação empresarial, com o objetivo de exercer pressões sobre os trabalhadores, frustrando negociação coletiva ou dificultando o atendimento a reivindicações coletivas obreiras;

(B) A Lei de Greve brasileira não proíbe, de forma expressa, o *lock-out*;

(C) No *lock-out*, o período de afastamento do obreiro será considerado como mera interrupção da prestação de serviços;

(D) O *lock-out* constitui falta empresarial por descumprimento do contrato e da ordem jurídica. Sendo grave a falta, em consonância com as circunstâncias do caso concreto, poderá ensejar a ruptura contratual por justa causa do empregador;

(E) É certo dizer que o *lock-out* é considerado um instrumento de autotutela de interesses empresariais socialmente injusto.

Art. 17 da Lei 7.783/1989.

Gabarito "B"

(Magistratura do Trabalho – 24ª Região – 2007) Em relação à Lei de Greve (Lei 7.783/1989), assinale a alternativa INCORRETA:

(A) Caberá à entidade sindical correspondente convocar, na forma do seu estatuto, assembleia geral que definirá as reivindicações da categoria e deliberará sobre a paralisação coletiva da prestação de serviços.

(B) São assegurados aos grevistas, dentre outros direitos, o emprego de meios pacíficos tendentes a persuadir ou aliciar os trabalhadores a aderirem à greve.

(C) Na greve, em serviços ou atividades essenciais, ficam as entidades sindicais ou os trabalhadores, conforme o caso, obrigados a comunicar a decisão aos empregadores e aos usuários com antecedência mínima de 48 (quarenta e oito) horas da paralisação.

(D) São considerados serviços ou atividades essenciais, dentre outros, o tratamento e abastecimento de água; produção e distribuição de energia elétrica, gás e combustíveis; distribuição e comercialização de medicamentos e alimentos; funerários; controle de tráfego aéreo; compensação bancária.

(E) Nos serviços ou atividades essenciais, os sindicatos, os empregadores e os trabalhadores ficam obrigados, de comum acordo, a garantir, durante a greve, a prestação dos serviços indispensáveis ao atendimento das necessidades inadiáveis da comunidade.

A: correta. Art. 4º, *caput*, da Lei 7.783/1989; **B:** correta. Art. 6º, I, da Lei 7.783/1989; **C:** incorreta. Art. 13 da Lei 7.783/1989; **D:** correta. Art. 10 da Lei 7.783/1989; **E:** correta. Art. 11 da Lei 7.783/1989.

Gabarito "C"

(Magistratura do Trabalho – 24ª Região – 2006) À luz da Lei nº 7.783/1989, que disciplina o exercício do direito de greve, analise as proposições abaixo, usando V para verdadeira e F para falsa e, ao final, assinale a alternativa que exprime a análise CORRETA:

I. A participação do trabalhador em greve suspende o contrato de trabalho, devendo as relações obrigacionais durante o período ser regidas pelo acordo, convenção, laudo arbitral ou decisão da Justiça do Trabalho.

II. Nos serviços ou atividades essenciais, os sindicatos, os empregadores e os trabalhadores ficam obrigados, de comum acordo, a garantir, durante a greve, a prestação dos serviços indispensáveis ao atendimento das necessidades inadiáveis da comunidade, assim consideradas aquelas que, não atendidas, coloquem em perigo iminente a sobrevivência, a saúde ou a segurança da população.

III. As manifestações e atos de persuasão utilizados pelos grevistas poderão impedir o acesso ao trabalho, mas não podem causar ameaça ou dano à propriedade ou pessoa.

IV. Na greve em serviços ou atividades essenciais, ficam as entidades sindicais ou os trabalhadores, conforme o caso, obrigados a comunicar a decisão aos empregadores e aos usuários com antecedência mínima de 72 (setenta e duas) horas da paralisação.

V. São considerados serviços ou atividades essenciais, dentre outros: distribuição e comercialização de medicamentos e alimentos; funerários; telecomunicações; transporte coletivo; escolas e serviços de correios.

(A) V, V, F, V, F.

(B) V, V,V, V, V.

(C) F, V, V, V, F.

(D) F, V, V, F, F.

(E) V, V, F, F,V.

I: correta. Art. 7º, *caput*, da Lei 7.783/1989; **II:** correta. Art. 11 da Lei 7.783/1989; **III:** incorreta. Art. 6º, § 3º, da Lei 7.783/1989; **IV:** correta. Art. 13 da Lei 7.783/1989; **V:** incorreta. Escolas e serviços de correios não constam do art. 10 da Lei 7.783/1989.

Gabarito "A"

(Procurador do Trabalho – 2013 – MPT) Em relação ao direito de greve, consoante a jurisprudência predominante do TST e do STF:

I. É cabível dissídio coletivo em face de pessoa jurídica de direito público que mantenha empregados, exclusivamente para a apreciação de cláusulas de natureza social.

II. Compete à Justiça Comum o processamento e julgamento de ação possessória ajuizada em decorrência do direito de greve pelos empregados de empresa concessionária ou permissionária de serviço público.

III. A greve de ocupação pelo comparecimento de empregados ao local da prestação de serviços essenciais visando a evitar que trabalhem aqueles que assim desejam, pode configurar abusividade do exercício do direito de greve, cuja declaração poderá ser requerida pelo Ministério Público do Trabalho.

IV. É abusiva a greve que se realiza em setores que a lei define como sendo essenciais à comunidade, se não é assegurado o atendimento básico das necessidades inadiáveis dos usuários do serviço, na forma prevista na Lei de Greve.

Assinale a alternativa CORRETA:

(A) apenas as assertivas I e III estão corretas;
(B) apenas as assertivas II e IV estão corretas;
(C) apenas a assertiva II está correta;
(D) apenas as assertivas I, III e IV estão corretas;
(E) não respondida.

I: correta. OJ 5 da SDC do TST; **II:** incorreta. Súmula Vinculante 23 do STF; **III:** correta, por definição; **IV:** correta. OJ 38 da SDC.

Gabarito "D"

(Procurador do Trabalho – MPT – 17º Concurso) À vista das paralisações coletivas, tanto no setor público quanto no privado, é **CORRETO** afirmar:

(A) Por determinação expressa da Constituição da República, policiais militares, membros das Forças Armadas, da polícia civil e da Polícia Federal não podem deflagrar greve, cujo embasamento, entre outros, se encontra na intangibilidade da segurança pública, o que é aplicável ao setor de vigilância privada, já que seus profissionais também são considerados membros de "categorias armadas".
(B) Por determinação expressa da Constituição da República, policiais militares, membros das Forças Armadas, da polícia civil e da Polícia Federal não podem deflagrar greve, cujo embasamento, entre outros, se encontra na intangibilidade da segurança pública, porém não aplicável à categoria dos profissionais vigilantes, por serem trabalhadores da iniciativa privada.
(C) A Lei nº 7.783/1989 (Lei de Greve) não tipifica a atividade de segurança como essencial, o que franqueia greves por trabalhadores que laboram em segurança privada, apesar de serem consideradas "categorias armadas".
(D) Havendo greve de vigilantes, não pode o Estado providenciar o desarmamento dos participantes da paralisação, em face do princípio da autonomia sindical, que lhe veda a intervenção e a interferência nas entidades sindicais, incumbindo-lhe, porém, determinar o acompanhamento de força policial para assegurar o controle do conflito.
(E) Não respondida.

A e **B:** incorretas. Arts. 42, § 1º, e 142, § 3º, IV, da CF; **C:** correta. Art. 10 da Lei 7.783/1989; **D:** incorreta. De acordo com o art. 22 da Lei 7.102/1983, o armamento do vigilante é permitido quando no exercício de sua atividade. No caso de greve exercida por estes profissionais, deve o Estado providenciar o desarmamento, em prol da segurança pública. Ressalta-se, ainda que, de acordo com a Lei 7.102/1983, a fiscalização de armamento e munição nos serviços de vigilância armada é exercida pelo Ministério da Justiça, através da Polícia Federal.

Gabarito "C"

(Ministério Público do Trabalho – 15º) Sobre o exercício do direito de greve:

I. é assegurado o direito de greve, competindo aos trabalhadores decidir a oportunidade de exercê-lo e sobre os interesses que devam por meio dele defender e, para o seu exercício nas atividades consideradas essenciais, o sindicato deverá comunicar a empresa com antecedência mínima de 48 horas e à população no prazo de 72 horas;

II. o *lockout* é a paralisação das atividades pelo empregador, constitucionalmente garantido, para que seja respeitado o princípio da igualdade;

III. não havendo acordo, é vedado ao empregador, enquanto perdurar a greve, a contratação direta de outros trabalhadores para a manutenção dos equipamentos essenciais;

Assinale a alternativa CORRETA:

(A) todas as assertivas são incorretas;
(B) apenas as assertivas II e III são corretas;
(C) apenas as assertivas I e III são incorretas;
(D) apenas a assertiva III é correta;
(E) não respondida.

I: incorreta. Art. 13 da Lei 7.783/1989; **II:** incorreta. Arts. 9º da CF e 17 da Lei 7.783/1989; **III:** incorreta. Art. 9º, parágrafo único, da Lei 7.783/1989. 321

Gabarito "A"

(Ministério Público do Trabalho – 14º) Assinale a alternativa CORRETA:

(A) o piquete pacífico não é admitido pela legislação brasileira;
(B) a "greve de rendimento" não é permitida pela legislação brasileira;
(C) as greves que não impliquem a cessação do trabalho estão amparadas pela legislação brasileira pertinente;
(D) a mera adesão à greve pode constituir falta grave se o movimento for considerado abusivo pelas Cortes Trabalhistas;
(E) não respondida.

A: incorreta. Art. 6º da Lei 7.783/1989; **B:** correta. Art. 6º, §§ 1º e 3º da Lei 7.783/1989; **C:** incorreta. Art. 2º da Lei 7.783/1989; **D:** incorreta. Súmula 316 do STF.

Gabarito "B"

(Ministério Público do Trabalho – 14º) Leia com atenção:

I. Dentre os serviços ou atividades essenciais estão incluídos o transporte coletivo, serviços funerários, serviços de bancos, controle de tráfego aéreo, telecomunicações, captação e tratamento de esgoto e lixo.

II. Dentre as correntes que procuram elucidar a titularidade da greve estão aquelas que a consideram como um direito do sindicato ou um direito coletivo dos trabalhadores.

III. Segundo a jurisprudência do Tribunal Superior do Trabalho, os interesses que podem ser defendidos com o exercício do direito de greve são os profissionais.

Assinale a alternativa CORRETA:

(A) todas as assertivas estão corretas;
(B) apenas as assertivas I e II estão corretas;
(C) apenas as assertivas II e III estão corretas;
(D) apenas as assertivas I e III estão corretas;
(E) não respondida.

I: incorreta. Art. 10 da Lei 7.783/1989; **II:** correta. A greve possui a natureza jurídica de um direito coletivo, mas chegou a ser reconhecida, no passado, como um direito individual de exercício coletivo; **III:** correta. Embora a Constituição assegure aos trabalhadores a prerrogativa de decidir sobre os interesses que devam defender por meio da greve (CF, art. 9º), e o Comitê de Liberdade Sindical da OIT entenda cabível a reivindicação de interesses de natureza profissional, sindical ou política (frise-se, todavia, que a Convenção 87 da OIT, art. 10, não alude à greve política), o TST sinaliza postura restritiva quanto aos interesses tuteláveis por meio de greve, como se infere do seguinte aresto: "EMENTA: GREVE. NATUREZA POLÍTICA. ABUSIVIDADE. A greve política não é um meio de ação direta da classe trabalhadora em benefício de seus interesses profissionais, e, portanto, não está compreendida dentro do conceito de greve trabalhista. Entende-se por greve política, em sentido amplo, a dirigida contra os poderes públicos para conseguir determinadas reivindicações não suscetíveis de negociação coletiva. Recurso Ordinário Obreiro parcialmente provido." (TST, RODC, 454136-20.1998.5.01.5555, SDC, j. 14.06.1999, rel. Min. Valdir Righetto, *DJ* 06.08.1999), exegese esta pautada na premissa de que o art. 2º da Lei 7.783/1989 restringiria o exercício da greve à tutela de interesses profissionais ao se referir à paralisação de "serviços a empregador".

Gabarito "C"

(Ministério Público do Trabalho – 13º) A respeito da greve, assinale a alternativa INCORRETA:

(A) na vigência de acordo coletivo de trabalho é possível a greve que tenha por objetivo exigir o cumprimento de cláusula;
(B) o serviço funerário é considerado atividade essencial;
(C) é permitido aos grevistas o aliciamento pacífico dos trabalhadores para a adesão à greve;
(D) nas atividades não consideradas essenciais, o prazo mínimo para a comunicação aos empregadores diretamente interessados é de 72 (setenta e duas) horas;
(E) não respondida.

A: correta. Art. 14, parágrafo único, I, da Lei 7.783/1989; **B:** correta. Art. 10, IV, da Lei 7.783/1989; **C:** correta. Art. 6º, I, da Lei 7.783/1989; **D:** incorreta. Art. 3º, parágrafo único, da Lei 7.783/1989.

Gabarito "D"

(Ministério Público do Trabalho – 12º) Sobre a greve, observe as assertivas abaixo e, consoante o entendimento jurisprudencial dominante no Tribunal Superior do Trabalho, assinale a alternativa CORRETA:

I. é abusiva a greve levada a efeito sem que as partes hajam tentado, direta e pacificamente, solucionar o conflito que lhe constitui o objeto, salvo se solicitada, sem sucesso, a intervenção do Ministério Público do Trabalho nas negociações;
II. não obtém legitimidade ativa *ad causam* o sindicato profissional que vem a juízo requerer que seja reconhecido como legal o movimento paredista por ele próprio fomentado;
III. é abusiva a greve realizada em setores legalmente definidos como essenciais à comunidade, uma vez que não esteja assegurado o atendimento básico das necessidades inadiáveis dos usuários do serviço, em estrito respeito ao disposto na atual legislação de greve;
IV. é incompatível com a declaração de abusividade de movimento grevista o estabelecimento de quaisquer vantagens ou garantias a seus partícipes, pois assumiram os riscos inerentes ao uso do instrumento máximo de pressão, salvo quanto ao pagamento dos dias parados.

(A) somente as assertivas I, II e III estão corretas;
(B) somente as assertivas II e III estão corretas;
(C) somente as assertivas II, III e IV estão corretas.
(D) todas as assertivas estão corretas;
(E) não respondida.

I: incorreta. OJ 11 da SDC do TST; **II:** correta à época do certame. OJ 12 da SDC do TST (atenção: esta Orientação Jurisprudencial foi cancelada em 2010); **III:** correta. OJ 38 da SDC do TST; **IV:** incorreta. OJ 10 da SDC do TST.

Gabarito "B"

6. SOLUÇÃO DE CONFLITOS COLETIVOS

6.1. ARBITRAGEM, MEDIAÇÃO E DISSÍDIO COLETIVO

(Magistratura do Trabalho – 2ª Região – 2010) Para o Direito Coletivo do Trabalho são consideradas formas de heterocomposição dos conflitos coletivos:

(A) A mediação, a convenção coletiva e o dissídio coletivo.
(B) A convenção coletiva, o acordo coletivo e o dissídio coletivo.
(C) A arbitragem, a mediação e a convenção coletiva.
(D) A mediação, a arbitragem e o dissídio coletivo.
(E) A arbitragem, o dissídio coletivo e o acordo coletivo.

Formas heterônomas de solução de conflitos são aquelas em que um terceiro, alheio às partes envolvidas na relação jurídica, é chamado a intervir. Destarte, na convenção ou no acordo coletivo de trabalho, as próprias partes, autonomamente, solucionam o conflito, diversamente do que ocorre no dissídio coletivo. Há certa controvérsia doutrinária sobre a natureza autocompositiva ou heterocompositiva da mediação, eis que o mediador não decide, limitando-se a aproximar as partes, apresentar argumentos, sendo a solução sempre consensual. Quanto à arbitragem, há autonomia na enunciação (na etapa de adesão ao procedimento arbitral), mas há heteronomia no enunciado (na decisão arbitral).

Gabarito "D"

(Magistratura do Trabalho – 1ª Região – 2004) Analisando as proposições:

I. segundo o texto da legislação aplicável, o erro evidente de análise de prova, descoberta de documento novo fundamental e ofensa à coisa julgada, não enseja a anulação da sentença arbitral;

II. tanto o compromisso arbitral quanto a cláusula compromissória pressupõem a existência de uma relação jurídica de natureza contratual;

III. o Delegado do Trabalho pode ser mediador de conflitos coletivos, podendo convocar as partes envolvidas para entabularem negociação para acordo. Tal mediação, no entanto, não é pressuposto para o ajuizamento do dissídio coletivo;

IV. a Federação não tem legitimidade para ajuizar ação de cumprimento na qualidade de substituto processual de categoria profissional não organizada.

Assinale:

(A) se apenas I e II são verdadeiras;
(B) se apenas II e III são verdadeiras;
(C) se apenas II, III e IV são verdadeiras;
(D) se apenas I e III são verdadeiras;
(E) se apenas I, III e IV são verdadeiras.

I: correta. Art. 32 da Lei 9.307/1996; **II:** incorreta. A cláusula compromissória pressupõe a existência de contrato em curso, consubstanciando-se em cláusula acessória a algum contrato, o que não ocorre com o compromisso arbitral, sendo certo que nem o art. 1º, nem o art. 3º da Lei 9.307/1996, aludem à preexistência de contrato; **III:** correta. O Delegado do Trabalho (atualmente, fala-se em Superintendente e Gerente Regional do Trabalho e Emprego) pode ser mediador (arts. 616, § 1º, da CLT e 3º do Decreto 1.572/1995; v. art. 11, § 2º, da Lei 10.192/2001) e a efetiva realização da mediação não é pressuposto para o ajuizamento do dissídio coletivo (art. 114, §§ 1º e 2º, da CF); **IV:** incorreta. A súmula 359 do TST foi cancelada.
Gabarito "D"

(Magistratura do Trabalho – 3ª Região – 2009) Acerca dos conflitos coletivos de trabalho e sua resolução, leia as afirmações abaixo e, em seguida, assinale a alternativa correta:

I. Enquanto os conflitos ditos de natureza jurídica dizem respeito à divergência de interpretação sobre regras ou princípios já existentes, os conflitos conhecidos como de natureza econômica tratam de divergência acerca de reivindicações econômico-profissionais dos trabalhadores ou pleitos empresariais.

II. A Consolidação das Leis do Trabalho determina que o tribunal prolator da sentença normativa fixe o prazo de sua vigência, o qual não poderá ser superior a quatro anos.

III. A sentença normativa deve observar, em virtude de expressa determinação constitucional, o critério de incorporação das vantagens precedentes.

IV. Compete à Justiça do Trabalho conciliar e julgar os dissídios que tenham origem no cumprimento de convenções coletivas de trabalho ou acordos coletivos de trabalho mesmo quando ocorram entre sindicatos ou entre sindicato de trabalhadores e empregador.

V. De acordo com a jurisprudência cristalizada pelo Tribunal Superior do Trabalho, aos servidores públicos não foi assegurado o direito ao reconhecimento de acordos e convenções coletivas de trabalho, razão pela qual, por conseguinte, também não lhes é facultada a via do dissídio coletivo.

(A) Somente uma afirmativa está correta.
(B) Somente duas afirmativas estão corretas.
(C) Somente três afirmativas estão corretas.
(D) Somente quatro afirmativas estão corretas.
(E) Todas as afirmativas estão corretas.

I: correta, por definição; **II:** correta. Art. 868, parágrafo único, da CLT; **III:** correta. Art. 114, § 2º, da CF; **IV:** art. 114, III, da CF (v. Súmulas 224 e 334 do TST, canceladas); **V:** correta. OJ 5 da SDC do TST.
Gabarito "E"

(Magistratura do Trabalho – 3ª Região – 2009) Sobre a forma de resolução dos conflitos coletivos, leia as afirmações abaixo e, em seguida, assinale a alternativa correta:

I. A autocomposição ocorre quando as partes coletivas contrapostas ajustam suas divergências de modo autônomo, diretamente, por força e atuação próprias, celebrando o diploma coletivo negociado, ainda que recebam certos estímulos como a greve ou a mediação.

II. A heterocomposição ocorre quando um terceiro tem o encargo da resolução do conflito, como nos casos do dissídio coletivo.

III. A arbitragem, no Direito coletivo trabalhista brasileiro, pode ser obrigatória, dependendo de prévia estipulação nesse sentido, imposta pelas mesmas partes, e somente pode abranger litígios relativos a direitos patrimoniais disponíveis.

IV. A mediação, sempre voluntária no Direito coletivo trabalhista, é realizada por agente externo às partes, necessariamente oficial, com o objetivo de instigar a resolução pacífica da controvérsia.

V. A Constituição da República faz referência expressa tanto à mediação quanto à arbitragem como forma de solução dos conflitos coletivos trabalhistas.

(A) Somente uma afirmativa está correta.
(B) Somente duas afirmativas estão corretas.
(C) Somente três afirmativas estão corretas.
(D) Somente quatro afirmativas estão corretas.
(E) Todas as afirmativas estão corretas.

I: correta, por definição; **II:** correta, sendo a arbitragem outro exemplo de heterocomposição; **III:** incorreta, eis que a arbitragem é obrigatória quando independe de prévia estipulação, a exemplo da arbitragem de que cuida o art. 37 da Lei 12.815/2013; **IV:** incorreta, pois os mediadores trabalhistas não se restringem aos agentes oficiais do Ministério do Trabalho (v. art. 11, § 1º, da Lei 10.192/2001, por exemplo); **V:** incorreta, não há alusão expressa à mediação (art. 114, § 2º, da CF).
Gabarito "B"

(Magistratura do Trabalho – 3ª Região – 2009) Assinale a assertiva ("a" a "e") correta em relação aos enunciados de I a V, observadas a legislação pertinente e a consolidação jurisprudencial do c. TST:

I. Corolário da alteração promovida pela Emenda Constitucional 45/2004 que, dando nova redação ao § 2º do art. 114 da Carta Magna, incluiu a expressão "de comum acordo" para ajuizamento de dissídio coletivo de natureza econômica, a sentença normativa proferida por Tribunal do

Trabalho possui natureza jurídica de norma autônoma, pois decorrente de mediata manifestação volitiva dos atores envolvidos na controvérsia.

II. A conjugação dos artigos 7º, parágrafo único e 114, § 2º da Constituição da República, assegura aos sindicatos profissionais representativos dos empregados domésticos instaurar dissídio coletivo de natureza econômica em face da respectiva representação econômica, desde que obtido o comum acordo.

III. O dissídio coletivo de natureza jurídica não se presta à interpretação de normas de caráter genérico.

IV. É aplicável multa prevista em instrumento normativo (sentença normativa, convenção ou acordo coletivo) em caso de descumprimento de obrigação prevista em lei, mesmo que a norma coletiva seja mera repetição de texto legal, não ofendendo, portanto, o princípio da reserva legal.

V. Não poderá ser exercido o Poder Normativo da Justiça do Trabalho se, anteriormente à sua provocação, não tiverem as partes envolvidas no conflito realizado reunião de conciliação perante a Superintendência Regional do Trabalho ou suas Gerências Regionais.

(A) Somente um enunciado é verdadeiro.
(B) Somente dois enunciados são verdadeiros.
(C) Somente três enunciados são verdadeiros.
(D) Somente quatro enunciados são verdadeiros.
(E) Todos os enunciados são verdadeiros.

I: incorreta, pois o "comum acordo" é mero pressuposto processual (e não condição da ação, segundo entendemos) e não desnatura o caráter heterônomo da sentença normativa; **II:** incorreta, pois o sindicalismo doméstico não é reconhecido pela Constituição Federal (art. 7º, parágrafo único), inclusive diante da inexistência da correspondente categoria econômica organizada, assumindo *status* de simples associação; **III:** correta, OJ 7 da SDC do TST; **IV:** correta, tratando-se de aspecto cominatório similar ao que ocorre nas tutelas inibitórias do art. 461 do CPC, ou seja, a multa cominatória, fixa ou variável, pode coexistir com obrigações prescritas em lei não só a título de reforço de eventual sanção, mas também em se considerando a natureza distinta entre tais multas cominatórias e multas administrativas porventura veiculadas pelas leis: aquelas possuem vocação inibitória, voltada ao futuro, a fim de que o ilícito não se perpetue, repita ou venha a ocorrer, enquanto que as segundas são eminentemente repressivas, voltadas para o passado, quando já constatada a ocorrência da lesão, razão pela qual, inclusive, não há que se falar em *bis in idem* na eventualidade do infrator vir a responder pela multa administrativa e pela multa cominatória; **V:** incorreta, haja vista que o art. 114, § 2º, da CF alude à frustração da negociação coletiva ou da arbitragem, sendo que em ambos os casos não há obrigatoriedade de que a figura do conciliador, mediador ou árbitro recaia sobre agente da Superintendência ou da Gerência Regional do Trabalho e Emprego.

Gabarito "B".

(Magistratura do Trabalho – 3ª Região – 2008) Assinale a alternativa correta, após análise das afirmativas abaixo:

I. O Poder Normativo pela Justiça do Trabalho é exercitado através de juízo de equidade e se encontra dentro do poder discricionário do juiz.

II. De acordo com a jurisprudência sumulada do Tribunal Superior do Trabalho, a sentença normativa é exequível desde logo, não havendo necessidade do seu trânsito em julgado para a propositura da ação de cumprimento.

III. O dissídio coletivo não se confunde com o dissídio individual plúrimo, entre outros motivos, porque no primeiro estão em jogo interesses concretos, enquanto que no segundo a lide versa sobre interesses abstratos.

IV. A competência para processar e julgar os dissídios coletivos é dos Tribunais Regionais do Trabalho ou do Tribunal Superior do Trabalho, mas a de julgar as reclamações fundadas em descumprimento das obrigações instituídas pela sentença normativa ou pelo acordo coletivo judicial é das Varas do Trabalho ou do Juiz de Direito investido da jurisdição trabalhista.

V. O dissídio coletivo e a ação de cumprimento somente poderão ser ajuizados pelo sindicato, porque os interesses em litígio são coletivos.

(A) As afirmativas I, II e III estão corretas.
(B) As afirmativas II, IV e V estão corretas.
(C) As afirmativas I, II e IV estão corretas.
(D) As afirmativas I, II e V estão corretas.
(E) As afirmativas III, IV e V estão corretas.

I: correta, havendo que se atentar, não obstante, para a jurisprudência do STF e do TST limitativa da derrogação do princípio da legalidade pela sentença normativa; **II:** correta. Súmula 246 do TST; **III:** incorreta. Em ambas as hipóteses os interesses em jogo são concretos, diferindo o dissídio coletivo das ações plúrimas em razão da condição das partes: no primeiro caso, é a categoria (dissídios intersindicais) ou parte desta (dissídios entre sindicatos e empresas), considerada como uma unidade, que demanda em juízo, ao passo que, no segundo caso, são trabalhadores reunidos em litisconsórcio ativo (cumulação subjetiva da lide), individualmente considerados, mas acidentalmente reunidos, que litigam nos termos do art. 842 da CLT; **IV:** correta. O dissídio coletivo é processo de competência funcional originária dos tribunais (arts. 114, § 2º, da CF, 678, I, *a*, da CLT, e 2º, I, *a*, da Lei 7.701/1988), enquanto que as ações de cumprimento competem ao juízo monocrático (art. 872, parágrafo único, da CLT); **V:** incorreta. Arts. 114, § 3º, da CF e 872, parágrafo único, da CLT.

Gabarito "C".

(Magistratura do Trabalho – 3ª Região – 2008) Com relação à arbitragem e à mediação no Direito Brasileiro, marque a alternativa incorreta:

(A) A Constituição da República elenca a arbitragem como meio de solução do conflito coletivo, caso frustrada a negociação coletiva.
(B) De acordo com a lei que dispõe sobre a participação nos lucros e resultados, firmado o compromisso arbitral, não será admitida a desistência unilateral de qualquer das partes; por outro lado, o laudo arbitral somente terá força normativa se for objeto de homologação judicial.
(C) Em caso de insucesso da negociação coletiva que visa à participação nos lucros ou resultados da empresa, as partes poderão recorrer à mediação para solucionar o litígio e o mediador será escolhido de comum acordo entre elas.

(D) Não é pacífica a validade da arbitragem como solução de conflitos de direito individual do trabalho, em virtude do princípio da irrenunciabilidade.

(E) A mediação se distingue da arbitragem porque o mediador, ao contrário do árbitro, não tem poder decisório sobre o litígio.

A: correta. Art. 114, § 1º, da CF; **B:** incorreta. Art. 4º, § 4º, da Lei 10.101/2000; **C:** correta. Art. 4º, I e § 2º, da Lei 10.101/2000; **D:** correta. A arbitragem está vocacionada para litígios envolvendo direitos disponíveis e pressupõe paridade de armas entre as partes, não se revelando meio idôneo para a solução de conflitos de direito individual do trabalho segundo o nosso entendimento, considerando-se o princípio da irrenunciabilidade (alguns autores, como Godinho, vão mais além e falam em princípio da indisponibilidade) e a hipossuficiência do empregado; **E:** correta, por definição.

Gabarito "B".

(Magistratura do Trabalho – 3ª Região – 2008) São mecanismos para solução dos conflitos coletivos de trabalho, exceto :

(A) o dissídio coletivo.

(B) a convenção coletiva de trabalho.

(C) a mediação.

(D) a arbitragem.

(E) a comissão de conciliação prévia.

Art. 625-A da CLT.

Gabarito "E".

(Magistratura do Trabalho – 5ª Região – 2006 – CESPE) O sindicato de determinada categoria profissional, seis meses antes do término da vigência de acordo coletivo de trabalho, provocou a pessoa jurídica contratante para negociarem o acordo substitutivo. Sem qualquer justificativa, a pessoa jurídica negou-se a participar da negociação coletiva.

Com base nessa situação hipotética, assinale a opção correta.

(A) O não comparecimento da pessoa jurídica ao local e hora designados pelo sindicato, para negociar o acordo substitutivo, compreende recusa tácita, o que legitima por si só a instauração de instância.

(B) A legitimação para instauração da instância, em dissídios coletivos, em que não ocorrer suspensão do trabalho, é sempre do sindicato representativo da categoria econômica. A falta deste sindicato não poderá ser suprida por nenhuma outra associação sindical, mesmo que pertencente à mesma categoria profissional, de mesmo grau ou grau superior.

(C) Para a instauração da instância em dissídio coletivo, o sindicato da categoria deverá convocar assembleia para deliberação, cuja aprovação dependerá do voto favorável da maioria absoluta de membros associados interessados na solução do litígio, ou seja, 50% de seus membros acrescido de 1 voto.

(D) Se forem estabelecidas condições mais favoráveis em convenção coletiva de trabalho, da qual for signatário o referido sindicato, essas condições prevalecerão sobre as estipuladas no acordo coletivo de trabalho.

(E) Se não existisse acordo coletivo de trabalho anterior, a sentença normativa que julgar o dissídio coletivo vigorará 60 dias após a data de sua publicação.

A: incorreta. Art. 616, § 2º, da CLT (convocações pelas Superintendências ou Gerências Regionais do Trabalho e Emprego), além do pressuposto processual do comum acordo (art. 114, § 2º, da CF, embora haja corrente doutrinária reputando que o não comparecimento importa em exercício abusivo do direito de não negociar, a implicar em aquiescência tácita ao ajuizamento do dissídio coletivo); **B:** incorreta. Art. 857, parágrafo único, da CLT; **C:** incorreta. Art. 859 da CLT (v. OJ 13 da SDC do TST, cancelada, sinalizando a possibilidade de exegese que dê prevalência aos quóruns definidos em estatuto, prestigiando-se a liberdade sindical em detrimento da ingerência estatal, esta proscrita pelo art. 8º, I, da CF); **D:** correta. Art. 620 da CLT; **E:** incorreta. Art. 867, parágrafo único, *a*, da CLT.

Gabarito "D".

(Magistratura do Trabalho – 5ª Região – 2006 – CESPE) Considerando os mecanismos de solução de conflitos coletivos de trabalho, assinale a opção correta.

(A) O locaute é uma das formas heterônomas de resolução de conflitos coletivos de trabalho, atuando, no conflito, como instrumento de pressão para o encontro de solução mais favorável ao empregador.

(B) Conflitos interindividuais e conflitos coletivos de trabalho são conceitos distintos, pois os primeiros não envolvem comunidades específicas de trabalhadores e empregadores, mas o confronto entre as partes contratuais trabalhistas isoladamente consideradas.

(C) Ao atribuir à Justiça do Trabalho a competência para conciliar e julgar os dissídios individuais e coletivos entre trabalhadores e empregadores, a Constituição Federal implicitamente excluiu do direito pátrio a possibilidade de utilização de mecanismos como a mediação e o juízo arbitral para a solução de tais conflitos.

(D) Ao estabelecer que ninguém será obrigado a filiar-se ou manter-se filiado a sindicato, a Constituição Federal permitiu negociação coletiva entre trabalhadores e empregadores sem a participação dos sindicatos.

(E) A proteção contra a dispensa imotivada de ocupante de cargo de direção ou representação sindical é restrita aos membros efetivamente eleitos, não alcançando o empregado sindicalizado que tenha registrado a sua candidatura a cargos de tal natureza.

A: incorreta. Art. 17 da Lei 7.783/1989; **B:** correta, por definição; **C:** incorreta. Art. 114, §§ 1º e 2º, da CF; **D:** incorreta. Art. 8º, VI, da CF; **E:** incorreta. Art. 8º, VIII, da CF.

Gabarito "B".

(Magistratura do Trabalho – 5ª Região – 2006 – CESPE) A respeito das espécies de dissídios coletivos, assinale a opção correta.

(A) Os dissídios de natureza econômica, em regra, não criam novas normas ou condições de trabalho, restringindo-se à interpretação de cláusulas salariais já vigentes.

(B) Os dissídios de natureza jurídica são, na verdade, ações constitutivas com o propósito de estabelecer direitos até então não contemplados nos instrumentos anteriores.

(C) Os dissídios originários são aqueles que versam interesses de caráter nacional e, por isso, são da competência originária do TST.

(D) Os dissídios coletivos podem ser de revisão. Nesse caso, destinam-se a reavaliar normas e condições coletivas de trabalho preexistentes que se hajam tornado injustas ou ineficazes pela modificação das circunstâncias que a ditaram.

(E) O TST não admite como modalidade autônoma de dissídio coletivo a declaração sobre a paralisação do trabalho.

A: incorreta. Ao contrário, os dissídios de natureza econômica, também chamados de dissídios de interesse, visam ao estabelecimento de novas condições de trabalho; **B:** incorreta. Os dissídios de natureza jurídica, também conhecidos como interpretativos ou jurídicos, possuem natureza declaratória e objetivam a interpretação de cláusulas ou normas já existentes; **C:** incorreta. Dissídio originário ou inaugural é aquele instaurado sem que haja normas coletivas vigentes aplicáveis à categoria (art. 867, parágrafo único, *a*, da CLT); **D:** correta, por definição (arts. 873 a 875 da CLT); **E:** incorreta. Art. 220, V, do Regimento Interno do TST (trata-se do dissídio coletivo de declaração sobre a paralisação do trabalho).

Gabarito "D"

(Magistratura do Trabalho – 5ª Região – 2006 – CESPE) Referente aos pressupostos e condições do dissídio coletivo, assinale a opção correta, considerando o texto constitucional e a legislação aplicável.

(A) Uma das inovações introduzidas pela Emenda Constitucional nº 45/2004 à redação originária do art. 114 da Constituição Federal foi a concordância das partes quanto ao ajuizamento do dissídio coletivo de natureza econômica.

(B) Entre os argumentos daqueles que defendem a negociação coletiva prévia como pressuposto processual do dissídio coletivo, figura a falta de interesse de agir do suscitante, que poderia obter o bem da vida reivindicado sem a necessidade de intervenção do Poder Judiciário.

(C) Para a propositura do dissídio coletivo, é desnecessária a comprovação da frustração da negociação coletiva prévia, bastando, para tanto, que o suscitante alegue a sua impossibilidade.

(D) O sindicato profissional tem legitimidade para requerer pronunciamento judicial sobre greve por ele realizada.

(E) É juridicamente possível o pedido, em dissídio coletivo, para que cláusula estabeleça vinculação da remuneração à quantidade de salários mínimos que representa.

A: correta. Art. 114, § 2º, da CF; **B:** incorreta. Este argumento é utilizado pela corrente que compreende o comum acordo como condição da ação, à qual não nos filiamos; **C:** incorreta. A frustração da negociação coletiva ou da recusa à via arbitral deve ser comprovada; **D:** incorreta. O que parcela da jurisprudência vem entendendo desnecessária é a comprovação do pressuposto do comum acordo quando a parte contrária não arguir a falta do pressuposto em contestação, a implicar concordância tácita; **E:** incorreta. Art. 7º, IV, parte final, da CF.

Gabarito "A"

(Magistratura do Trabalho – 5ª Região – 2006 – CESPE) Assinale a opção correta.

(A) Não compete ao tribunal prolator a iniciativa para a revisão da decisão que fixar condições de trabalho, quando se tiverem modificado as circunstâncias que ditaram tal decisão.

(B) O empregado de categoria diferenciada eleito dirigente sindical goza de estabilidade ainda que exerça na empresa atividade que não seja pertinente à categoria profissional do sindicato para o qual foi eleito dirigente.

(C) O edital de convocação da assembleia geral da categoria não constitui documento essencial ao ajuizamento do dissídio coletivo.

(D) Não é devida multa por descumprimento de obrigação inserida em sentença normativa, convenção ou acordo coletivo que represente mera repetição de obrigação já prevista na CLT.

(E) Em caso de dissídio coletivo que tenha por motivo novas condições de trabalho e no qual figure apenas uma fração de empregados de uma empresa, é possível ao tribunal competente a aplicação de equidade para estender tais condições aos demais empregados.

A: incorreta. Art. 874, *caput*, da CLT; **B:** incorreta. Súmula 369, III, do TST; **C:** incorreta. OJ 29 da SDC do TST; **D:** incorreta, tratando-se de aspecto cominatório similar ao que ocorre nas tutelas inibitórias do art. 461 do CPC, ou seja, a multa cominatória, fixa ou variável, pode coexistir com obrigações prescritas em lei não só a título de reforço de eventual sanção, mas também em se considerando a natureza distinta entre tais multas cominatórias e multas administrativas porventura veiculadas pelas leis: aquelas possuem vocação inibitória, voltada ao futuro, a fim de que o ilícito não se perpetue, repita ou venha a ocorrer, enquanto que as segundas são eminentemente repressivas, voltadas para o passado, quando já constatada a ocorrência da lesão, razão pela qual, inclusive, não há que se falar em *bis in idem* na eventualidade do infrator vir a responder pela multa administrativa e pela multa cominatória; **E:** correta. Art. 868 da CLT.

Gabarito "E"

(Magistratura do Trabalho – 9ª Região – 2007) Analise as proposições seguintes:

I. No âmbito dos conflitos coletivos de trabalho podem as partes envolvidas se valer, indistintamente, da negociação coletiva ou da arbitragem, como condição, dentre outras, do ajuizamento de dissídio coletivo.

II. O árbitro, de que trata a Lei nº 9.307/1996, é juiz de fato, mas não de direito, e a sentença que proferir é irrecorrível e não fica sujeita à homologação pelo Poder Judiciário.

III. A Lei Complementar nº 75/1993 conferiu legitimidade aos membros do Ministério Público do Trabalho para atuarem como árbitros, mas apenas em relação aos conflitos trabalhistas de natureza coletiva.

Assinale a alternativa correta:

(A) Todas as proposições estão incorretas;

(B) Todas as proposições estão corretas;

(C) Apenas as proposições I e III estão corretas;

(D) Apenas as proposições II e III estão corretas;

(E) Apenas a proposição I está correta.

I: incorreta. Art. 114, § 1º, da CF; **II:** incorreta. Art. 18 da Lei 9.307/1996; **III:** incorreta. Art. 83, XI, da LC 75/1993 (observe-se que a assertiva traz elementos ausentes no texto legal, mas concordamos, em que pesem posicionamentos em contrário, com a invalidade de qualquer forma de arbitragem em sede de litígio trabalhista individual).

Gabarito "A"

(Magistratura do Trabalho – 14ª Região – 2011) São distintos os meios de solução de conflitos interindividuais e sociais conhecidos no sistema jurídico trabalhista brasileiro. Basicamente se classificam em três grandes grupos: "autotutela", "autocomposição" e "heterocomposição". Assinale a alternativa que apresenta a adequada correspondência entre estes meios e os exemplos.

(A) Autotutela = greve; autocomposição transação; heterocomposição: renúncia.

(B) Autotutela = jurisdição; autocomposição = mediação; heterocomposição: arbitragem.

(C) Autotutela = renúncia; autocomposição jurisdição; heterocomposição: arbitragem.

(D) Autotutela greve; autocomposição transação; heterocomposição: jurisdição.

(E) Nenhuma alternativa apresenta correta correspondência.

Na autotutela, o interessado, por seus próprios meios e independentemente do comportamento da parte contrária, busca dirimir o conflito, como ocorre na greve; na autocomposição, as partes dirimem a controvérsia segundo o consentimento mútuo, sem intervenção de direitos, como ocorre na negociação coletiva, na transação ou na mediação (segundo parcela da doutrina); na heterocomposição, as partes solucionam um litígio com a intervenção de um terceiro, como no caso da mediação (segundo outra parcela da doutrina), arbitragem ou jurisdição.

Gabarito "D"

(Magistratura do Trabalho – 15ª Região – 2011) Considerando o teor das orientações jurisprudenciais do TST, assinale a alternativa correta:

(A) dependendo da situação, pode ser compatível com a declaração de abusividade de movimento grevista o estabelecimento de vantagens a seus partícipes;

(B) após a promulgação da Constituição Federal, a comprovação da legitimidade *ad processum* da entidade sindical se faz por seu registro no cartório de registro de pessoas jurídicas;

(C) após a promulgação da Constituição Federal, as categorias diferenciadas são reconhecidas como tais por decisão judicial;

(D) as pretensões de provimento judicial de arresto, apreensão ou depósito são compatíveis com a natureza e finalidade do dissídio coletivo;

(E) o dissídio coletivo de natureza jurídica não se presta à interpretação de normas de caráter genérico.

A: incorreta. OJ 10 da SDC do TST; **B:** incorreta. OJ 15 da SDC do TST; **C:** incorreta. OJ 9 da SDC do TST; **D:** incorreta. OJ 3 da SDC do TST; **E:** correta. OJ 7 da SDC do TST.

Gabarito "E"

(Magistratura do Trabalho – 16ª Região – 2006) O dissídio coletivo pode ser instaurado:

(A) Pelo Ministério Público do Trabalho, mesmo não havendo greve na categoria profissional.

(B) Pelo Ministério Público do Trabalho, quando a categoria profissional encontrar-se em greve.

(C) Pelo Juiz Titular da Vara do Trabalho, pelo Presidente do Tribunal Regional do Trabalho ou pelo Presidente do Tribunal Superior do Trabalho.

(D) Pelo sindicato profissional, desde que observada a aprovação em assembleia, da qual participem os associados da entidade sindical, interessados na solução do conflito, em primeira convocação, por maioria de 2/3 destes, ou, em segunda convocação, com qualquer *quorum*, presente o representante do Ministério do Trabalho.

(E) Pela federação correspondente ou, na sua falta, pela confederação respectiva, no âmbito de sua representação, quando se tratar de categoria organizada em sindicato.

A, B e **C:** art. 856, *caput*, da CLT (observe-se que o texto da CLT encontra-se defasado em relação ao atual perfil constitucional do Ministério Público, conforme se depreende dos arts. 114, § 3º, da CF, e 83, VIII, da LC 75/1993); **D:** incorreta. Art. 859 da CLT; **E:** incorreta. Art. 857, parágrafo único, da CLT (o enunciado fala em categoria organizada, ao passo que o texto legal trata das categorias inorganizadas).

Gabarito "B"

(Magistratura do Trabalho – 23ª Região – 2009) Analise os itens abaixo e marque a alternativa CORRETA:

I. Cessado o movimento paredista, as relações obrigacionais geradas durante o período podem ser regidas por laudo arbitral.

II. Tanto a mediação quanto a arbitragem são meios legítimos para a solução de impasse gerado durante negociação coletiva regulatória da participação nos lucros.

III. É compulsória a mediação a ser promovida por auditores fiscais do trabalho em caso de frustração da negociação coletiva trabalhista entre sindicatos e empresas.

(A) Apenas o item I é falso.

(B) Apenas o item II é falso.

(C) Apenas o item III é falso.

(D) Todos os itens são falsos.

(E) Todos os itens são verdadeiros.

I: correta. Art. 7º da Lei 7.783/1989; **II:** correta. Art. 4º da Lei 10.101/2000; **III:** incorreta. Art. 2º do Decreto 1.572/1995.

Gabarito "C"

(Procurador do Trabalho – MPT – 17º Concurso) A propósito do ajuizamento do dissídio coletivo pelo Ministério Público do Trabalho, assinale a opção CORRETA:

(A) A Constituição da República, por força da Emenda Constitucional nº 45/2004, reduziu as possibilidades de ajuizamento do dissídio coletivo, restringindo, em sua força hierárquico- normativa, o alcance da Lei Complementar nº 75/1993, a qual autorizava o Ministério Público do Trabalho a instaurar instância em caso de greve, quando a defesa da ordem jurídica ou o interesse público assim o exigir.

(B) Segundo a Constituição da República, o Ministério Público do Trabalho pode ajuizar dissídio coletivo desde que haja, no conflito coletivo, possibilidade de lesão ao interesse público ou se trate de atividade essencial, com risco à sociedade.

(C) O dissídio coletivo é modalidade de ação que só em casos excepcionais pode ser promovida pelo Ministério Público do Trabalho, pois a orientação constitucional primária é que as próprias partes (empresas e sindicatos) resolvam seus conflitos coletivos, ao largo do Estado, utilizando-se dos canais próprios de negociação extrajudicial, como a mediação, a arbitragem e a conciliação nos Tribunais do Trabalho.

(D) Mesmo estando em curso dissídio coletivo, o Ministério Público do Trabalho pode realizar audiência extrajudicial de negociação coletiva com as entidades interessadas, devendo, para tanto, peticionar suspensão do processo durante prazo razoável e desde que as partes concordem com a atividade ministerial.

(E) Não respondida.

A: correta. A partir da Emenda Constitucional 45/2004, houve profunda alteração no texto do art. 114 da Lei Maior, o qual passou a prever, em seu § 3º, a legitimidade de ajuizamento do dissídio coletivo por parte do Ministério Público do Trabalho apenas na hipótese de greve em atividade essencial, limitando, assim, as possibilidades previstas na Lei Complementar 75/1993; **B:** incorreta. A redação do § 3º do art. 114 da CF, não prevê, expressamente, o risco à sociedade, estabelecendo a possibilidade de ajuizamento de dissídio coletivo por parte do Ministério Público do Trabalho em caso de greve em atividade essencial com possibilidade de lesão do interesse público, cumulativamente, e não alternativamente, como prevê a assertiva; **C:** incorreta. A redação original do art. 114 da CF, anteriormente à EC 45/2004 estabelecia a obrigatoriedade de as partes buscarem a solução dos conflitos coletivos através de negociações extrajudiciais. Contudo, não previa a legitimidade do Ministério Público do Trabalho para instaurar a instância de greve, o que ocorreu apenas após o advento da EC 45/2004, conforme acima explanado. Até então, esta legitimidade era prevista apenas no art. 856 da CLT e no art. 83 da LC 75/1993. Atualmente, a legitimidade excepcional do Ministério Público do Trabalho para ajuizar dissídio de greve é prevista nos casos do § 3º do art. 114 da CF, trazido pela EC 45/2004; **D:** incorreta. Inexiste tal previsão de suspensão processual. Vide art. 83, IX da LC 75/1993.

Gabarito "A"

(Ministério Público do Trabalho – 12º) Assinale a alternativa CORRETA:

Dissídio Coletivo, de natureza econômica, ajuizado contra qualquer autarquia federal, salvo conselhos de fiscalização profissional, no qual outro sindicato de empregados se afirma o legítimo representante da categoria:

(A) deve ser suspenso e concedida vista ao sindicato autor;

(B) deve ser sumariamente rejeitado o ingresso do segundo sindicato;

(C) extingue-se o processo no caso de falta de concordância da autarquia;

(D) extingue-se o processo por se tratar de autarquia federal.

(E) não respondida.

OJ 5 da SDC do TST.

Gabarito "D"

(Ministério Público do Trabalho – 12º) Para o Acordo Coletivo de Trabalho extrajudicial ter validade depende:

(A) de homologação pelo tribunal do trabalho que seria competente para julgar o dissídio coletivo, caso não houvesse acordo;

(B) da homologação pelo Tribunal Superior do Trabalho, se envolver sindicato ou empresa de âmbito nacional;

(C) apenas do depósito de uma via do Acordo no Ministério do Trabalho ou em seus órgãos regionais;

(D) do depósito de uma via no Ministério do Trabalho cumulado com o registro no Cartório de Títulos da localidade onde o sindicato tiver sede.

(E) não respondida.

Art. 614, § 1º, da CLT.

Gabarito "C"

6.2. AÇÃO DE CUMPRIMENTO

(Magistratura do Trabalho – 3ª Região – 2009) Sobre a ação de cumprimento, leia as afirmações abaixo e, em seguida, assinale a alternativa correta:

I. Tem lugar quando os empregadores deixarem de satisfazer o pagamento de salários, na conformidade da decisão normativa proferida ou de acordo ou convenção coletivos. Nesse caso, poderão os empregados ou seus sindicatos, independentes de outorga de poderes de seus associados, juntando certidão de tal decisão, apresentar reclamação à Vara ou Juízo competente, sendo vedado, porém, questionar sobre a matéria de fato e de direito já apreciada na decisão.

II. Para sua propositura, é dispensável o trânsito em julgado da sentença normativa, embora o prazo de decadência flua apenas a partir dele.

III. Nos termos da jurisprudência sumulada do Tribunal Superior do Trabalho, caso a sentença normativa, objeto de ação de cumprimento, modifique-se em grau de recurso, os meios processuais aptos a atacarem a execução de cláusula reformada são a exceção de pré-executividade e a ação rescisória, mas não o mandado de segurança.

IV. A coisa julgada produzida na ação de cumprimento é atípica, pois dependente de condição resolutiva, ou seja, da não modificação da decisão normativa por eventual recurso.

V. Tem natureza de dissídio individual, ainda que plúrimo, cuja apreciação compete às Varas do Trabalho ou ao Juiz de Direito investido de jurisdição trabalhista.

(A) Somente uma afirmativa está correta.
(B) Somente duas afirmativas estão corretas.
(C) Somente três afirmativas estão corretas.
(D) Somente quatro afirmativas estão corretas.
(E) Todas as afirmativas estão corretas.

I: correta, art. 872 da CLT e súmula 286 do TST (v. Súmula 310 do TST, cancelada); **II:** incorreta, Súmula 350 do TST (prescrição, e não decadência); **III:** incorreta, Súmula 397 do TST; **IV:** correta, OJ 277 da SDI-1 do TST; **V:** correta, art. 872, parágrafo único, da CLT.

Gabarito "C"

7. DIREITOS DIFUSOS, COLETIVOS E INDIVIDUAIS HOMOGÊNEOS

(Magistratura do Trabalho – 3ª Região – 2008) Sobre os direitos difusos, coletivos e individuais homogêneos na esfera trabalhista, assinale a opção correta:

(A) A definição é extraída do Código de Defesa do Consumidor e da Lei da Ação Civil Pública.
(B) Os direitos difusos são os transindividuais, indivisíveis, de que sejam titulares pessoas determinadas e ligadas por circunstâncias de fato.
(C) Os direitos coletivos são os transindividuais, indivisíveis, de que seja titular grupo, categoria ou classe de pessoas ligadas entre si ou com parte contrária por uma relação de fato.
(D) Os direitos individuais homogêneos são os decorrentes de origem comum.
(E) Todas as afirmações acima são corretas.

A definição é extraída do Código de Defesa do Consumidor (art. 81, III).

Gabarito "D"

(Magistratura do Trabalho – 9ª Região – 2007) Considere as seguintes proposições:

I. Os direitos ou interesses coletivos em sentido amplo abrangem todas as espécies de direitos ou interesses metaindividuais, ou seja, os difusos, os coletivos em sentido estrito e os individuais homogêneos.

II. Ao ajuizar ação coletiva para pleitear o pagamento de adicional de insalubridade e/ou periculosidade em nome dos integrantes da categoria o sindicato está a defender em juízo direitos individuais homogêneos, na condição de substituto processual.

III. É coletivo em sentido estrito o direito dos trabalhadores de determinada empresa de desfrutarem de ambiente de trabalho salubre e seguro.

IV. Os interesses difusos e coletivos em sentido estrito são, material e processualmente, metaindividuais, enquanto os interesses individuais homogêneos, em razão de serem provenientes de uma causa comum que atinge uniformemente a todos os lesados, são metaindividuais apenas para fins de tutela judicial coletiva.

V. A obrigação prevista em lei de as empresas com mais de cem empregados preencherem de 2% (dois por cento) a 5% (cinco por cento) dos seus cargos com beneficiários reabilitados ou pessoas portadoras de deficiência, quando descumprida, pode ensejar ajuizamento de demanda coletiva, pois há, no caso, ofensa a direitos individuais homogêneos.

Assinale a alternativa correta:

(A) Todas as proposições estão corretas;
(B) Apenas quatro proposições estão corretas;
(C) Apenas três proposições estão corretas;
(D) Apenas duas proposições estão corretas;
(E) Apenas uma proposição está correta.

I: correta, por definição; **II:** correta, por definição, em que pese o cancelamento da Súmula 271 do TST (decorrência do vocábulo restritivo "associados"); **III:** correta, por definição (observe-se que, em sede de interesses metaindividuais, um mesmo fato pode originar uma gama distinta de interesses. No caso, do fato *ambiente insalubre*, há o interesse individual homogêneo – geralmente identificado a partir de um conteúdo patrimonial – dos trabalhadores no recebimento do adicional devido, assim como o interesse difuso da sociedade vertido nos prejuízos gerados ao INSS em decorrência do ambiente insalubre, a potencializar hipóteses de acidente de trabalho e o pagamento do respectivo benefício previdenciário acidentário); **IV:** correta, daí dizer-se que os interesses individuais homogêneos são acidentalmente coletivos; **V:** incorreta, pois a hipótese condiz com interesses difusos da coletividade no preenchimento da cota, medida que repercute socialmente e de forma indivisível na reversão de quadros atávicos de discriminação consciente ou não.

Gabarito "B"

8. QUESTÕES COMBINADAS

(Magistratura do Trabalho – 1ª Região – 2004) Em consonância com a jurisprudência uniformizada do Tribunal Superior do Trabalho:

I. as condições de trabalho alcançadas por força de sentença normativa vigoram no prazo assinado, não integrando, de forma definitiva, os contratos;

II. convenção coletiva, formalizada sem prévia audiência do órgão oficial competente, não obriga a sociedade de economia mista;

III. é indispensável o trânsito em julgado da sentença normativa para a propositura da ação de cumprimento;

IV. as condições de trabalho alcançadas por força de sentença normativa prorrogam-se até a entrada em vigor de novo instrumento coletivo, não integrando, de forma definitiva, os contratos;

V. a validade de acordo coletivo ou convenção coletiva de compensação de jornada de trabalho em atividade insalubre depende da inspeção prévia da autoridade competente em matéria de higiene do trabalho.

Assinale:

(A) se somente as assertivas I e II estiverem corretas;
(B) se somente as assertivas II e III estiverem corretas;
(C) se somente as assertivas III e IV estiverem corretas;
(D) se somente as assertivas IV e V estiverem corretas;
(E) se somente as assertivas I e V estiverem corretas.

I: correta, à época da realização do concurso, à luz da então redação da Súmula 277 do TST. A chamada teoria da aderência limitada pelo prazo encontrava-se prestigiada pela redação da Súmula 277 do TST, a qual foi substantivamente alterada em setembro de 2012 pela Resolução 185/2012 do TST. Atualmente, a redação da Súmula 277 reconhece a teoria da aderência limitada por revogação, a compreender a vigência da norma coletiva para além do prazo de validade do instrumento (ultratividade da norma coletiva), vigorando até ulterior negociação coletiva; **II:** correta. Súmula 280 do TST (já cancelada à época do concurso, tornando a questão passível de anulação); **III:** incorreta. Súmula 246 do TST; **IV:** incorreta. Súmula 277 do TST; **V:** incorreta. Súmula 349 do TST, cancelada pelo TST em 24.05.2011.

Gabarito "A"

(Magistratura do Trabalho – 2ª Região – 2012) Assinale a alternativa correta:

(A) No caso da prática de ato ilícito ou crime cometido, no curso da greve, o Ministério Público poderá requisitar a abertura do competente inquérito.
(B) No caso do *lockout*, o pagamento, ou não, dos salários dos trabalhadores durante o período de paralisação será estabelecido em cláusula inserida no acordo, convenção ou decisão da Justiça do Trabalho.
(C) Os administradores responsáveis do empregador, pessoa jurídica concessionária de serviço público, que se recusar a cumprir decisão proferida em dissídio coletivo, serão afastados, desde que assim ordenado pelo Presidente do Tribunal que houver proferido a decisão, sob pena de ser cassada a concessão.
(D) Os serviços de compensação bancária não são definidos pela lei de greve como serviços ou atividades essenciais.
(E) O princípio da unicidade sindical não conflita com a Convenção 87 da OIT, ratificada pelo Brasil.

A: incorreta. Art. 15 da Lei 7.783/1989; **B:** incorreta. Art. 17, da Lei 7.783/1989; **C:** correta. Art. 722, § 2º, da CLT; **D:** incorreta. Art. 10, XI, da Lei 7.783/1989; **E:** incorreta. A Convenção 87 da OIT é um dos documentos-modelo sobre a liberdade sindical para a OIT, prevendo ampla liberdade de na constituição de sindicatos (art. 2º). Tal previsão conflita com o disposto no art. 8º, II, da CF, sendo apontado como fundamento para a não ratificação da Convenção pelo Brasil, em que pese haver o Brasil ratificado o Pacto Internacional de Direitos Econômicos, Sociais e Culturais, bem como o Protocolo de San Salvador, cujos arts. 8º preconizam ampla liberdade de constituição e de escolha de sindicato.

Gabarito "C"

(Magistratura do Trabalho – 2ª Região – 2012) Analise as assertivas e ao final responda.

I. As cláusulas denominadas *closed shop* (empresa fechada), *union shop* (empresa sindicalizada), preferencial shop (empresa preferencial) e *maintenance of membership* (manutenção de filiação), como cláusulas de segurança sindical que são, têm plena validade em nosso ordenamento.
II. O empregado eleito para cargo de administração sindical, que voluntariamente aceite transferência para lugar que lhe dificulte o desempenho de suas atribuições sindicais, perde o mandato.
III. O art. 522 da CLT, que estipula sete, como número máximo de diretores do Sindicato, foi recepcionado pela CF/1988.
IV. O empregado de categoria diferenciada eleito dirigente sindical goza de estabilidade mesmo que exerça, na empresa, atividade não pertinente à categoria profissional do sindicato para o qual tenha sido eleito dirigente.
V. A Convenção 98 da OIT, que trata do "direito de sindicalização e negociação coletiva", vigora no Brasil desde a década de 1950.

Estão **corretas apenas** as assertivas:

(A) II, III e V;
(B) I, II e III;
(C) IV e V;
(D) I e IV;
(E) I, IV e V.

I: incorreta. A liberdade sindical preconizada pela Constituição Federal é afrontada por algumas práticas de sindicalização forçada ou de coptação do movimento sindical pelo empregador. Entre as práticas antissindicais citadas pela doutrina, podemos mencionar: "Closed Shop" (empresa fechada): o empregador se obriga perante o sindicato obreiro a somente contratar trabalhadores a este filiados; "Union Shop" (empresa sindicalizada): o empregador se compromete a manter apenas empregados que, após prazo razoável de sua admissão, se filiem ao respectivo sindicato operário. Não há óbice ao ingresso de eventual trabalhador não sindicalizado, mas caso o mesmo opte por não se filiar à entidade sindical no futuro, sua continuidade no emprego é prejudicada; "Maintenance of membership" (manutenção de filiação): o empregado inscrito em certo sindicato deve manter sua filiação durante o prazo de vigência da respectiva convenção coletiva, sob pena de perda do emprego; "Preferencial Shop" (empresa preferencial): favorece a contratação de trabalhadores que sejam filiados ao respectivo sindicato; **II:** correta. Art. 543, § 1º, da CLT; **III:** correta. Súmula 369, II, do TST; **IV:** incorreta. Súmula 369, III, do TST; **V:** correta. A Convenção 98 da OIT foi ratificada pelo Brasil em 18 de novembro de 1952 e promulgada pelo Decreto 33.196, de 29 de junho de 1953.

Gabarito "A"

(Magistratura do Trabalho – 2ª Região – 2012) Observe as assertivas e ao final responda.

I. A impetração de mandado de segurança coletivo por entidade de classe em favor dos associados independe da autorização destes.
II. A entidade de classe tem legitimação para o mandado de segurança ainda quando a pretensão veiculada interesse apenas a uma parte da respectiva categoria.
III. São indevidos honorários advocatícios nas causas em que o ente sindical figure como substituto processual.
IV. A estabilidade do dirigente sindical subsiste à extinção da atividade empresarial no âmbito da base territorial do sindicato.
V. O registro da candidatura do empregado a cargo de dirigente sindical durante o período de aviso prévio, desde que não indenizado este, assegura-lhe a estabilidade.

Estão **corretas apenas** as assertivas:

(A) I e II;
(B) II e III;
(C) III e IV;
(D) IV e V;
(E) II, III e V.

I: correta. Art. 5º, LXX, "b", da CF e Súmula 629, do STF; **II:** correta. Súmula 630, do STF; **III:** incorreta. Súmula 219, III, do TST; **IV:** incorreta. Súmula 369, IV, do TST; **V:** incorreta. Súmula 369, V, do TST.

Gabarito "A"

(Magistratura do Trabalho – 7ª Região – 2005) Analise as proposições abaixo e assinale a opção correta.

I. A Convenção nº 87, da OIT, não ratificada pelo Brasil, estabelece que os trabalhadores e as entidades patronais, sem distinção de qualquer espécie, têm o direito, sem autorização prévia, de constituírem organizações da sua escolha, assim como o de se filiarem nessas organizações, com a única condição de se conformarem com os estatutos destas últimas.

II. A contribuição para custeio do sistema confederativo da representação sindical, fixada em assembleia geral, inclusive com autorização para desconto em folha de pagamento, alcança a respectiva categoria, conforme jurisprudência pacificada do Tribunal Superior do Trabalho.

III. A base territorial da organização sindical, representativa da categoria econômica ou profissional, é definida pelos trabalhadores e empregadores interessados. O modelo em vigor no Brasil, contudo, não autoriza a criação de sindicatos distritais.

(A) São verdadeiras apenas a primeira e a terceira.
(B) Somente a primeira é falsa.
(C) Somente a segunda e a terceira são falsas.
(D) Não há proposições falsas.
(E) Todas as proposições são falsas.

I: correta. Art. 2º da Convenção 87 da OIT; **II:** incorreta. Súmula 666 do STF; **III:** correta. Art. 8º, II, da CF.

Gabarito "A"

(Magistratura do Trabalho – 9ª Região – 2007) Considere as seguintes proposições:

I. A liberdade sindical, prevista no inciso I, do art. 8º, da Constituição Federal, permitiu ao Brasil ratificar a Convenção 87 da Organização Internacional do Trabalho, que foi aprovada pela autoridade competente, passando a integrar o direito positivo nacional.

II. Para efeitos de enquadramento sindical, é necessário identificar a atividade preponderante da empresa, daí decorrendo o enquadramento dos empregados, pois a base da estrutura sindical brasileira encontra-se assentada sobre o sistema de correspondência entre o sindicato econômico e o sindicato profissional. Dessa forma, o pedreiro que executa tal função em um hotel, na condição de empregado deste, não pertence à categoria da construção civil, mas à dos empregados no comércio hoteleiro.

III. Segundo a regra geral, os sindicatos constituir-se-ão normalmente por categorias econômicas ou profissionais específicas.

IV. Qualquer das atividades ou profissões integrante de sindicato que congrega categorias similares ou conexas poderá dissociar-se do sindicato principal, formando um sindicato específico, desde que o novo sindicato, a juízo da Comissão do Enquadramento Sindical, ofereça possibilidade de vida associativa regular e de ação sindical eficiente.

V. Segundo a jurisprudência dominante no Tribunal Superior do Trabalho, o empregado integrante de categoria profissional diferenciada não tem o direito de haver de seu empregador vantagens previstas em instrumento coletivo no qual a empresa não foi representada por órgão de classe de sua categoria.

Assinale a alternativa correta:

(A) Todas as proposições estão corretas.
(B) Apenas quatro proposições estão corretas.
(C) Apenas três proposições estão corretas.
(D) Apenas duas proposições estão corretas.
(E) Apenas uma proposição está correta.

I: incorreta, o País não subscreveu a Convenção 87 da OIT, e o princípio da unicidade sindical e a estrita adstrição do sindicalismo brasileiro ao critério de agregação por categoria são os principais entraves; **II:** correta, restando o pedreiro representado pelo sindicato da categoria profissional correspondente à atividade econômica preponderante do empregador, o que só não ocorreria acaso a condição de pedreiro se subsumisse ao conceito de categoria diferenciada (o que não é o caso), quando então seria representado pelo sindicato da categoria profissional diferenciada respectiva; **III:** correta, eis que a regra, no País, é o sindicalismo por categoria (econômica e profissional, conforme art. 8º, II, da CF) e apenas excepcionalmente é aplicável o critério de agregação de trabalhadores por categoria diferenciada, resquício do sindicalismo por profissão; **IV:** incorreta, pois as Comissões de Enquadramento Sindical deixaram de existir porquanto atentatórias ao disposto no art. 8º, I, da CF; **V:** correta, Súmula 374 do TST.

Gabarito "C"

(Magistratura do Trabalho – 9ª Região – 2007) Considere as seguintes proposições:

I. Enquanto nos acordos coletivos de trabalho devem figurar nos polos subjetivos necessariamente duas entidades sindicais (representando empregados e empregadores), as convenções coletivas de trabalho podem ser celebradas diretamente por empresa ou empresas com associação sindical representativa da profissão.

II. Segundo o entendimento dominante no Tribunal Superior do Trabalho, as condições de trabalho decorrentes de sentença normativa integram definitivamente o contrato de trabalho dos integrantes da categoria, ante o princípio da inalterabilidade do contrato consagrado pelo art. 468 da CLT.

III. A lei trabalhista brasileira veda a estipulação de acordo ou convenção coletiva por prazo superior a quatro anos.

IV. Segundo a teoria da conglobamento, havendo dois instrumentos normativos em vigência (convenção coletiva e acordo coletivo), será aplicável a norma que, em seu conjunto, seja mais benéfica à categoria.

V. A cassação de efeito suspensivo concedido a recurso interposto de sentença normativa, retroage à data do despacho que o deferiu.

Assinale a alternativa correta:

(A) Todas as proposições estão incorretas.
(B) Apenas quatro proposições estão incorretas.
(C) Apenas três proposições estão incorretas.
(D) Apenas duas proposições estão incorretas.
(E) Apenas uma proposição está incorreta.

I: incorreta, pois as descrições estão invertidas; **II:** incorreta à época do certame, conforme Súmula 277 do TST. Atualmente, com a nova redação da súmula 277, há plausibilidade, a nosso ver, em se invocar a teoria da ultratividade também quanto à norma coletiva definida por sentença normativa; **III:** incorreta, art. 614, § 3º, da CLT (não confundir com o prazo do art. 868, parágrafo único, da CLT); **IV:** correta, por definição; **V:** correta, Súmula 279 do TST.

Gabarito "C"

(Magistratura do Trabalho – 13ª Região – 2006) Considerando-se as afirmações abaixo, marque a alternativa correta:

I. a criação de sindicato de trabalhadores pressupõe, entre outras condições, que todos os associados sejam assalariados e pertençam à mesma atividade econômica;

II. as categorias econômicas e profissionais não organizadas em sindicatos estão legalmente impedidas de celebrar convenções coletivas;

III. todo sindicato terá uma base territorial que será necessariamente municipal, vedada a criação de sindicato com base territorial distinta;

IV. o empregado eleito para cargo de administração sindical goza de estabilidade no emprego, desde a sua eleição até 1 (um) ano após o final do seu mandato;

V. o trabalhador, menor de 18 (dezoito) anos, poderá votar nas eleições sindicais, no entanto, não poderá ser votado.

(A) todas as proposições estão corretas;
(B) todas as proposições estão erradas;
(C) só a I e a III estão corretas;
(D) só a II e a V estão corretas;
(E) só a IV está certa.

I: incorreta. Art. 8º, I, da CF (v. art. 515 da CLT); **II:** incorreta. Art. 611, § 2º, da CLT; **III:** incorreta. Art. 8º, II, da CF; **IV:** incorreta. Art. 8º, VIII, da CF; **V:** incorreta. Art. 529, "b", da CLT.

Gabarito "B"

(Magistratura do Trabalho – 14ª Região – 2011) Sobre o Direito Coletivo do Trabalho, indique a alternativa incorreta.

(A) A Constituição Federal de 1988 afastou a possibilidade jurídica de intervenção e interferência político-administrativa do Estado, via Ministério do Trabalho e Emprego, no sindicalismo.

(B) Não são todas as disposições do artigo 8º da Constituição Federal (associação profissional ou sindical) que se aplicam à organização de sindicatos rurais e de colônias de pescadores, atendidas as condições que a lei estabelecer.

(C) A base territorial mínima dos sindicatos no Brasil é o Município, sendo possível base territorial mais ampla, inclusive até mesmo o próprio território nacional.

(D) As federações resultam da conjugação de, pelo menos, cinco sindicatos da mesma categoria profissional, diferenciada ou econômica, enquanto que as Confederações resultam da conjugação de, pelo menos, três federações, respeitadas as respectivas categorias e terão sede em Brasília.

(E) Considera-se de licença não remunerada, salvo assentimento da empresa ou cláusula contratual, o tempo em que o empregado se ausentar do trabalho no desempenho das funções de representação sindical.

A: correta. Art. 8º, I, da CF; **B:** incorreta. Art. 8º, parágrafo único, da CF; **C:** correta. Art. 8º, II, da CF e art. 517, *caput*, parte final, da CLT; **D:** correta. Arts. 534 e 535 da CLT; **E:** correta. Art. 543, § 2º, da CLT.

Gabarito "B"

(Magistratura do Trabalho – 14ª Região – 2011) Assinale a alternativa que não está correta.

(A) Nas empresas de mais de duzentos empregados, é assegurada a eleição de um representante destes com a finalidade exclusiva de promover-lhes o entendimento direto com os empregadores.

(B) É vedada a criação de mais de uma organização sindical, em qualquer grau, representativa de categoria profissional ou econômica na mesma base territorial, que será definida pelos trabalhadores ou empregadores interessados, não podendo ser inferior à área de um Município.

(C) É assegurada a participação dos trabalhadores e empregadores desde que sindicalizados nos colegiados dos Órgãos públicos em que seus interesses profissionais ou previdenciários sejam objeto de discussão e deliberação.

(D) A lei não poderá exigir autorização do Estado para a fundação de sindicato, ressalvado o registro no Órgão competente, vedadas ao Poder Público a interferência e a intervenção na organização sindical.

(E) Recusando-se qualquer das partes à negociação coletiva ou à arbitragem, é facultado às mesmas, de comum acordo, ajuizar dissídio coletivo de natureza econômica, podendo a Justiça do Trabalho decidir o conflito, respeitadas as disposições mínimas legais de proteção ao trabalho, bem como as convencionadas anteriormente.

A: correta. Art. 11 da CF; **B:** correta. Art. 8º, II, da CF; **C:** incorreta. Art. 10 da CF; **D:** correta. Art. 8º, I, da CF; **E:** correta. Art. 114, § 2º, da CF.

Gabarito "C"

(Magistratura do Trabalho – 14ª Região – 2011) Sobre Direito Coletivo, conforme previsão legal e jurisprudência sumulada do TST, indique a alternativa incorreta.

(A) A fundação e a manutenção de escolas de alfabetização e pré-vocacionais constitui-se em um dos deveres dos sindicatos das categorias econômica ou profissional.

(B) A legitimidade do sindicato para propor ação de cumprimento estende-se também à observância de acordo ou de convenção coletivos.

(C) As condições de trabalho alcançadas por força de sentença normativa, convenção ou acordo coletivos vigoram no prazo assinado, não integrando, de forma definitiva, os contratos individuais de trabalho, exceto quanto ao período compreendido entre 23.12.1992 e 28.07.1995, em que vigorou a Lei nº 8.542, revogada pela MP nº 1.709, convertida na Lei nº 10.192, de 14.02.2001.

(D) As Federações e, na falta destas, as Confederações representativas de categorias econômicas ou profissionais poderão celebrar convenções coletivas de trabalho para reger as relações das categorias a elas vinculadas, inorganizadas em Sindicatos, no âmbito de suas representações.

(E) Nenhuma disposição de contrato individual de trabalho que contrarie normas de Convenção ou Acordo Coletivo de Trabalho poderá prevalecer na execução do mesmo, sendo considerada nula de pleno direito.

A: incorreta. Art. 514, parágrafo único, "b", da CLT; **B:** correta. Súmula 286 do TST; **C:** correta. Súmula 277 do TST (a chamada teoria da aderência limitada pelo prazo encontrava-se prestigiada à época do certame pela redação da Súmula 277 do TST, a qual foi substantivamente alterada em setembro de 2012 pela Resolução 185/2012 do TST. Atualmente, a redação da Súmula 277 reconhece a teoria da aderência limitada por revogação, a compreender a vigência da norma coletiva para além do prazo de validade do instrumento, vigorando até ulterior negociação coletiva; **D:** correta. Art. 611, § 2º, da CLT; **E:** correta. Art. 619 da CLT.

Gabarito "A".

(Magistratura do Trabalho – 14ª Região – 2006) Liberdade sindical

I. É obrigatória a filiação de trabalhador ao sindicato de sua respectiva categoria.

II. É obrigatória a participação dos sindicatos nas negociações coletivas de trabalho.

III. é vedada a dispensa do empregado sindicalizado a partir do registro da candidatura a cargo de direção ou representação sindical e, se eleito, ainda que suplente, até um ano após o final do mandato, salvo se cometer falta grave nos termos da lei.

IV. é vedada a criação de mais de uma organização sindical, em qualquer grau, representativa de categoria profissional ou econômica, na mesma base territorial, que será definida pelos trabalhadores ou empregadores interessados, não podendo ser inferior à área de um Município.

Responda:

(A) todas as opções estão corretas;

(B) apenas três opções estão corretas;

(C) apenas duas opções estão corretas;

(D) apenas uma opção está correta;

(E) todas as opções estão incorretas.

I: incorreta. Art. 8º, V, da CF; **II:** correta. Art. 8º, VI, da CF; **III:** correta. Art. 8º, VIII, da CF; **IV:** correta. Art. 8º, II, da CF.

Gabarito "B".

(Magistratura do Trabalho – 16ª Região – 2011) Analise as alternativas e assinale a resposta CORRETA:

I. Consiste em abuso do direito de greve o fato de o Sindicato descumprir ordem judicial determinando a manutenção dos serviços indispensáveis ao atendimento de necessidades inadiáveis da comunidade, ainda que da decisão penda análise de recurso.

II. São direitos dos empregados grevistas a utilização de meios pacíficos tendentes a persuadir a aderirem a greve, proteção à dispensa por parte do empregador, a arrecadação de fundos e a livre divulgação do movimento e obstar deforma pacífica o acesso ao trabalho daqueles empregados que optarem não aderir ao movimento. É vedado ao empregador paralisar suas atividades com o objetivo de frustrar a negociação ou dificultar o atendimento das reivindicações.

III. De acordo com a legislação brasileira que rege a espécie os trabalhadores e as entidades patronais, sem distinção de qualquer espécie, têm o direito de constituírem organizações da sua escolha, assim como o de se filiarem nessas organizações, com a única condição de se conformarem com os estatutos destas últimas, devendo as autoridades públicas se absterem de qualquer intervenção suscetível de limitar esse direito ou de entravar o seu exercício legal, não estando tais entidades sujeitas à dissolução ou à suspensão por via administrativa.

IV. No âmbito das relações justrabalhistas, são tuteláveis em sede de ação civil pública direitos difusos, tais como greves em atividades essenciais, com o não atendimento das necessidades inadiáveis da comunidade; contratação sem concurso público; discriminação de trabalhadores em razão de sexo; idade, raça, deficiência, etc.; exigência pela empresa, aos candidatos a emprego, de certidão negativa de ações propostas na Justiça do Trabalho; os coletivos: ofensa à liberdade sindical, com a prática de condutas antissindicais ou dispensa arbitrária de dirigentes sindicais; agressão ao meio ambiente de trabalho, com a não adoção das medidas de medicina e higiene previstas na lei vigente; dispensa coletiva de trabalhadores durante uma greve, como forma de retaliação ao movimento paredista; e os individuais homogêneos: empregador que não paga as verbas rescisórias dos seus empregados; não pagamento de adicional de insalubridade ou periculosidade aos empregados; não concessão de férias aos obreiros; não concessão de intervalo inter e intrajornada aos empregados.

(A) Estão corretas apenas as alternativas I, III e IV.
(B) Estão corretas apenas as alternativas I e IV.
(C) Estão corretas apenas as alternativas II, III e IV.
(D) Estão corretas apenas as alternativas I, II e IV.
(E) Todas estão corretas.

I: correta. OJ 38 da SDC do TST; **II:** incorreta. Art. 6º, § 3º, da Lei 7.783/1989; **III:** incorreta. Art. 8º, II, da CF, a liberdade de agregação em torno de sindicatos é limitada pelo conceito de categoria; **IV:** correta, por definição. Observe-se que é da essência dos interesses metaindividuais a multiplicidade de interesses que um único fato pode desencadear. Por exemplo, se uma empresa acintosamente adota uma política de sobrejornada em relação a seus funcionários, este mesmo fato pode possuir um viés difuso (interesse do mercado na geração de postos de trabalho, interesse da coletividade, na condição de custeadora do INSS, na não ocorrência de acidentes de trabalho potencializados por jornadas exaustivas), coletivo em sentido estrito (interesse da coletividade de empregados da empresa em que seu empregador se abstenha de exigir a sobrejornada com habitualidade) e individuais homogêneos (direito dos empregados afetados ao pagamento das horas extraordinárias, exemplificativamente).

Gabarito "B".

(Magistratura do Trabalho – 20ª Região – 2003) Em vista da ordem constitucional e legal vigente, pode-se afirmar que:

I. O sindicato, no Brasil, é único para cada categoria profissional ou econômica, tendo, não obstante, como base mínima o município.
II. Havendo sindicato nacional, regional ou estadual é permitida a constituição de sindicato de âmbito municipal, o qual, já então, será destacado do sindicato de representatividade mais ampla.
III. Uma das fontes de receita do sindicato é o imposto sindical, que sobreviveu, segundo jurisprudência que acabou por prevalecer, ao advento da Constituição Federal de 1988, não obstante o princípio da liberdade sindical por esta última preconizado.
IV. A estabilidade sindical é provisória, ficando vedada a dispensa do empregado sindicalizado ou associado a partir do momento do registro de sua candidatura a cargo de direção ou representação até um ano após o mandato, caso seja eleito, salvo se cometer falta grave, nos termos da Consolidação das Leis do Trabalho.

Marque:

(A) apenas as proposições II e III são corretas;
(B) apenas a proposição III é incorreta;
(C) apenas a proposição II é incorreta;
(D) todas as proposições são incorretas;
(E) todas as proposições são corretas.

I: correta. Art. 8º, II, da CF; **II:** correta. Trata-se do fenômeno da descentralização sindical (ou, como alguns preferem, desmembramento por território, para se diferir da descentralização administrativa de que cuida o art. 517, § 2º, da CLT); **III:** correta. A contribuição sindical de que trata o art. 578 da CLT possui a natureza jurídica de contribuição parafiscal, autorizada pelo art. 149 da Constituição Federal, e é a única exação sindical compulsória a todos os membros da categoria, associados ou não ao sindicato (v. Súmula 666 do STF, OJ 17 da SDC do TST e PN 119 da SDC do TST); **IV:** correta. Art. 8º, VIII, da CF.

Gabarito "E".

(Magistratura do Trabalho – 24ª Região – 2006) Assinale a alternativa INCORRETA:

(A) Categoria profissional diferenciada é a que se forma dos empregados que exerçam profissões ou funções diferenciadas por força de estatuto profissional especial ou em consequência de condições de vida singulares.
(B) Os sindicatos convenentes ou as empresas acordantes promoverão, conjunta ou separadamente, dentro de 8 (oito) dias da assinatura da Convenção ou do Acordo Coletivo, o depósito de uma via deste, para fins de homologação e arquivo, na Secretaria de Relações do Trabalho e nos órgãos regionais do Ministério do Trabalho e Emprego.
(C) Segundo a jurisprudência sumulada do TST, as condições de trabalho alcançadas por força de sentença normativa vigoram no prazo assinado, não integrando, de forma definitiva, os contratos.
(D) Frustrada a negociação coletiva, as partes poderão eleger árbitros.
(E) O empregado eleito para cargo de administração sindical ou representação profissional, inclusive junto a órgão de deliberação coletiva, não poderá ser impedido do exercício de suas funções, nem transferido para lugar ou mister que lhe dificulte ou torne impossível o desempenho das suas atribuições sindicais. O empregado perderá o mandato se a transferência for por ele solicitada ou voluntariamente aceita.

A: correta. Art. 511, § 3º, da CLT; **B:** incorreta. Art. 614, *caput*, da CLT; **C:** correta, conforme redação da Súmula 277 do TST à época do certame; **D:** correta. Art. 114, § 1º, da CF; **E:** correta. Art. 543 da CLT.

Gabarito "B".

(Magistratura do Trabalho – 23ª Região – 2012) Assinale a alternativa correta:

(A) O princípio da vedação do retrocesso jurídico e social no direito coletivo do trabalho é absoluto.
(B) Dentre as várias teorias formuladas para que se pudesse compreender a natureza jurídica da entidade sindical, a partir da aplicação da teoria integral, ou eclética, considerar-se-ia o sindicato pessoa jurídica de direito privado.
(C) A Lei de Falência (nº 11.101 de 9 de fevereiro de 2005) previu uma nova prerrogativa legal dos sindicatos de trabalhadores, qual seja, a de representar os integrantes da categoria, associado ou não, perante a assembleia geral de credores, quando titulares de créditos derivados da legislação do trabalho ou decorrentes de acidente de trabalho, não comparecerem, pessoalmente ou por procurador, à assembleia.
(D) Quanto ao direito de negociação coletiva e ao ajuizamento de dissídio coletivo por servidores da Administração Pública, tem-se que a matéria já foi levada ao Supremo Tribunal Federal, via *ADIN*, tendo sido reconhecida a inconstitucionalidade das alíneas *d* e *e* do art. 240 da Lei 8.112 de 11 de dezembro de 1990, que instituiu o regime jurídico único para os servidores da

Administração Pública e lhes contemplavam o direito à negociação coletiva e ao ajuizamento de dissídio coletivo em face da Justiça do Trabalho, sendo que, posteriormente, a Lei 9.527, de 1997, inclusive, revogou referidas alíneas.

(E) Inúmeras teorias buscaram firmar a natureza jurídica dos instrumentos coletivos resultantes das negociações coletivas. Dentre essas teorias, as da estipulação em favor de terceiros e da gestão de negócios estão dentre as que são prestigiadas no âmbito doutrinário e jurisprudencial atual.

A: incorreta, sendo possível tal retrocesso em circunstâncias excepcionais, conforme art. 7º, VI, XIII e XIV, da CF; **B:** incorreta. Segundo Alice Monteiro de Barros "a teoria integral eclética, que engloba a teoria do fim (pela qual, o interesse público define a natureza jurídica do ente) e a teoria da funcionalidade (pela qual, a pessoa jurídica será de interesse público se toda sua atividade for controlada pelo Estado), considera a entidade como de direito público se o Estado intervém na constituição ou na gestão da pessoa jurídica, ou em ambas, ora com meios econômicos, ora com meios jurídicos, ou ainda, se o Estado impõe vigilância e tutela, ou normas particulares da administração, ou cria órgãos de controle. (...) Concluindo, Orlando Gomes alega que o que caracteriza a pessoa jurídica de direito público é a qualidade da iniciativa de sua criação e dos que desejam a ela se filiar, pouco importando a finalidade. Os sindicatos são, frise-se, fruto da vontade dos indivíduos que compõem grupos, cujos interesses são iguais, similares ou conexos, congregando determinada categoria econômica, profissional, de trabalhadores autônomos ou profissionais liberais, daí a natureza jurídica de direito privado." (BARROS, Alice Monteiro de. **Curso de Direito do Trabalho**. 8. ed. São Paulo: LTr, 2012. p. 976/977); **C:** incorreta. Art. 37, § 5º, da Lei 11.101/2005; **D:** correta, conforme a ADIn 492-1/DF, Pleno, j. 12.11.1992, rel. Min. Carlos Velloso, *DJ* 12.03.1993. Ressalte-se que a Convenção 154 da OIT (Direito de Organização e aos processos de fixação das condições de trabalho na função pública), juntamente com a Recomendação 159 da OIT, foi ratificada e promulgada pelo Brasil (Decreto 7.944/2013); **E:** incorreta. A teoria da estipulação em favor de terceiros (sindicato estipulante firma com o sindicato patronal condições contratuais em favor de terceiros – beneficiários) não foi acolhida, pois não se pode considerar os associados ou integrantes da categoria terceiros. Eles participam da relação jurídica por intermédio de seu representante. A teoria da gestão de negócios, pela qual, o sindicato negocia por sua própria iniciativa em proveito dos seus membros, também não é aceita, eis que a gestão de negócios tem como fim objetivos pessoais, e não coletivos (BARROS, Alice Monteiro de. **Curso de Direito do Trabalho**. 8. ed. São Paulo: LTr, 2012. p. 996).

Gabarito "D"

(Magistratura do Trabalho – 23ª Região – 2012) De acordo com a jurisprudência firmada perante o colendo Tribunal Superior do Trabalho assinale a alternativa em que se faz uma proposição correta.

(A) A despeito da natureza e finalidade do dissídio coletivo, as pretensões de provimento judicial de arresto, apreensão ou depósito deduzidas em seu bojo podem ser acolhidas, excepcionalmente, quando indispensáveis ao resguardo do interesse público ou coletivo, com base no Poder Geral de cautela dos Órgãos da Justiça do Trabalho.

(B) Não se presta o dissídio coletivo de natureza jurídica à interpretação de normas de caráter genérico, salvo se inseridas em Sentença Normativa do próprio Tribunal Superior do Trabalho.

(C) É incompatível com a declaração de abusividade de movimento grevista o estabelecimento de vantagens ou garantias além daquelas vigentes no instrumento coletivo anterior da categoria ou empresa, visto que seus partícipes assumiram os riscos inerentes à utilização do instrumento de pressão máximo.

(D) Os descontos efetuados com base em cláusula de acordo firmado entre as partes não podem ser superiores a 70% do salário base percebido pelo empregado, pois deve-se assegurar um mínimo de salário em espécie ao trabalhador.

(E) As cláusulas coletivas que estabeleçam contribuição em favor de entidade sindical, a qualquer título, obrigando trabalhadores não sindicalizados, salvo quando garantam direito à oposição, são ofensivas ao direito de livre associação e sindicalização, constitucionalmente assegurado, e, portanto, nulas, sendo passíveis de devolução, por via própria, os respectivos valores eventualmente descontados.

A: incorreta. OJ 3 da SDC do TST; **B:** incorreta. OJ 7 da SDC do TST; **C:** incorreta. OJ 10 da SDC do TST; **D:** correta. OJ 18 da SDC do TST; **E:** incorreta. OJ 17 da SDC do TST.

Gabarito "D"

(Procurador do Trabalho – 2013 – MPT) Considerando as normas constitucionais e a jurisprudência consolidada do STF e do TST em matéria sindical, examine as proposições abaixo:

I. A participação de governos estaduais nas negociações entre as entidades sindicais de trabalhadores e empregadores para atualização dos pisos salariais ofende o princípio da autonomia sindical e extrapola os contornos da competência legislativa delegada pela União.

II. É constitucional a isenção da contribuição sindical patronal para as empresas inscritas no "Simples", pois a tutela constitucional concedida às empresas de pequeno porte (art. 170, IX, da CF/1988) sobreleva-se à autonomia e à liberdade sindical de empregados e empregadores também protegidas pela Constituição.

III. O registro da candidatura do empregado a cargo de dirigente sindical durante o período de aviso prévio, ainda que indenizado, assegura-lhe a estabilidade provisória.

IV. A estabilidade sindical provisória deve ser reconhecida aos diretores eleitos na assembleia constitutiva da entidade sindical, desde, pelo menos, a data do pedido de registro no Ministério do Trabalho. Da exigência do registro para o aperfeiçoamento da constituição do sindicato, não cabe inferir que só a partir dele estejam os seus dirigentes ao abrigo da estabilidade sindical.

Marque a alternativa CORRETA:

(A) apenas as assertivas I, II e IV estão corretas;
(B) apenas as assertivas I e III estão corretas;
(C) apenas as assertivas II e IV estão corretas;

(D) todas as assertivas estão corretas;
(E) não respondida.

I: correta. STF, ADI 4.364/SC, Pleno, j. 02.03.2011, rel. Min. Dias Toffoli, *DJe* 16.05.2011; **II:** correta. STF, ADI 2.006-4/DF, Pleno, j. 22.11.2007, rel. Min. Eros Grau, *DJe* 10.10.2008; **III:** incorreta. Súmula 369, V, do TST; **IV:** STF, RE 205.107-1/MG, Pleno, j. 06.08.1998, rel. Min. Sepúlveda Pertence, *DJ* 25.09.1998.
Gabarito "A".

(Procurador do Trabalho – 2013 – MPT) Considere as seguintes assertivas, à luz da jurisprudência uniforme do TST:

I. É assegurada a estabilidade provisória ao empregado dirigente sindical, ainda que a comunicação do registro da candidatura ou da eleição e da posse seja realizada fora do prazo previsto no art. 543, § 5º, da CLT, desde que a ciência ao empregador, por qualquer meio, ocorra na vigência do contrato de trabalho.
II. As cláusulas normativas dos acordos coletivos ou convenções coletivas integram os contratos individuais de trabalho somente poderão ser modificadas ou suprimidas mediante negociação coletiva de trabalho.
III. Os suplentes do conselho de administração das cooperativas gozarão de proteção contra a despedida arbitrária, desde que exerçam funções diretivas.

É **CORRETO** afirmar que:

(A) todas as assertivas estão corretas;
(B) apenas as assertivas I e II estão corretas;
(C) apenas as assertivas II e III estão corretas;
(D) apenas as assertivas I e III estão corretas;
(E) não respondida.

I: correta. Súmula 369, I, do TST; **II:** correta. Súmula 277 do TST; **III:** incorreta. OJ 253 da SDI-1 do TST.
Gabarito "B".

(Procurador do Trabalho – MPT – 17º Concurso) Leia e analise as assertivas abaixo:

I. Consoante a Organização Internacional do Trabalho, as organizações de trabalhadores e de empregadores gozarão de adequada proteção contra atos de ingerência de umas nas outras, ou por agentes ou membros de umas nas outras, na sua constituição, funcionamento e administração. Serão principalmente considerados atos de ingerência: promover a constituição de organizações de trabalhadores dominadas por organizações de empregadores ou manter organizações de trabalhadores com recursos financeiros ou de outra espécie, com o objetivo de sujeitar essas organizações ao controle de empregadores ou de organizações de empregadores.
II. Na vigência de acordo, convenção ou sentença normativa, não constitui abuso do exercício do direito de greve a paralisação que tenha por objetivo exigir o cumprimento de cláusula ou condição, ou seja motivada pela superveniência de fatos novos ou acontecimento imprevisto que modifique substancialmente a relação de trabalho.
III. Conforme a jurisprudência uniformizada do Tribunal Superior do Trabalho, não fere o princípio da isonomia salarial (art. 7º, XXX, da Constituição da República) a previsão de salário normativo tendo em vista o fator tempo de serviço.
IV. Conforme a jurisprudência uniformizada do Tribunal Superior do Trabalho, é desnecessária a homologação, por Tribunal Trabalhista, do acordo extrajudicialmente celebrado, sendo suficiente, para que surta efeitos, sua formalização perante o Ministério do Trabalho.

Marque a resposta CORRETA:

(A) apenas as assertivas II, III e IV estão corretas;
(B) apenas as assertivas III e IV estão corretas;
(C) todas as assertivas estão corretas;
(D) apenas as assertivas I e II estão corretas;
(E) não respondida.

I: correta. Art. 2º da Convenção 98 da OIT; **II:** correta. Art. 14, parágrafo único, da Lei 7.783/1989; **III:** correta. OJ 25 da SDC do TST; **IV:** correta. OJ 34 da SDC do TST.
Gabarito "C".

(Procurador do Trabalho – MPT – 17º Concurso) Assinale a alternativa CORRETA:

(A) Conforme jurisprudência uniformizada do Tribunal Superior do Trabalho, a empresa que tem empregado de categoria profissional diferenciada está sujeita às normas dos instrumentos coletivos desta categoria, ainda que distinta a categoria econômica da sua atividade preponderante e mesmo que não tenha sido representada no acordo ou convenção coletiva em questão.
(B) A Consolidação das Leis do Trabalho não prevê a possibilidade de extensão do instrumento normativo para fora das categorias nele representadas. Eventual interesse em extensão do conteúdo de um acordo ou convenção coletiva deverá observar as formalidades legais necessárias a um novo instrumento normativo.
(C) O empregado que participa da greve tem direito à remuneração dos dias de paralisação, em razão da garantia do direito de greve estabelecida no texto constitucional.
(D) É constitucional o art. 544 da Consolidação das Leis do Trabalho quando estabelece preferência ao empregado sindicalizado para a admissão nos trabalhos de empresas que explorem serviços públicos ou mantenham contrato com os poderes públicos.
(E) Não respondida.

A: incorreta. Súmula 374 do TST; **B:** correta. Art. 611 da CLT c/c Súmula 274 do TST; **C:** incorreta. Art. 7º, da Lei 7.783/1989; **D:** incorreta. Tal regra ofende a liberdade sindical individual negativa (direito de não se filiar a sindicatos), não havendo sido recepcionada pela Constituição (art. 8º, V). Vide OJ 20 da SDC.
Gabarito "B".

(Ministério Público do Trabalho – 16º) Leia as assertivas abaixo:

I. Nos termos da Orientação Jurisprudencial do Tribunal Superior do Trabalho, a cláusula de termo aditivo que prorroga a vigência de instrumento coletivo originário por prazo indeterminado é totalmente inválida.

II. Nos termos da jurisprudência sumulada do Tribunal Superior do Trabalho, a empresa que não tenha sido representada pelo órgão de classe representativo de sua categoria econômica não está obrigada ao cumprimento de cláusula inserida em convenção ou acordo coletivo.

III. Nos termos da jurisprudência sumulada do Tribunal Superior do Trabalho, subsiste a estabilidade do dirigente sindical quando há a extinção da atividade empresarial no âmbito da base territorial do sindicato.

De acordo com os itens acima, pode-se afirmar que:

(A) todas as assertivas são falsas;
(B) apenas a assertiva I é falsa;
(C) apenas as assertivas I e III são falsas;
(D) apenas a assertiva II é falsa;
(E) não respondida.

I: incorreta. OJ 322 da SDI-1 do TST; **II:** incorreta. Súmula 374 do TST; **III:** incorreta. Súmula 369, IV, do TST.

Gabarito "A"

3. PROCESSO DO TRABALHO

Luiz Fabre

1. TEORIA GERAL DO DIREITO PROCESSUAL DO TRABALHO

1.1. PRINCÍPIOS DA JURISDIÇÃO E DO PROCESSO

(Magistratura do Trabalho – 1ª Região – 2004) Considerando o texto vigente de lei e os princípios que norteiam o Processo do Trabalho, podemos dizer que (assinale a alternativa INCORRETA):

(A) o juiz do trabalho não pode negar seguimento ao agravo de instrumento que tenha sido interposto por denegação de seguimento a recurso ordinário, mesmo que intempestivo;

(B) o juiz deve deferir a requerimento das partes, ou determinar de ofício a produção de todas as provas que entenda necessárias à formação do seu convencimento, em homenagem ao princípio da busca da verdade real;

(C) o tribunal, apreciando um recurso, não pode reformar a sentença, agravando a situação da parte que recorreu, em obediência ao princípio do *non reformatio in pejus*;

(D) os atos processuais, nas lides trabalhistas, em quase sua totalidade, são praticados em audiência, em obediência ao princípio da oralidade;

(E) o juiz somente declara nulos os atos processuais mediante prévia arguição pela parte prejudicada, na primeira oportunidade em que falar, desde que a eles não tenha dado causa, e se não se puder sanar o vício, em obediência ao princípio da instrumentalidade.

A: assertiva correta, pois o agravo de instrumento, previsto no art. 897, *b*, da CLT, possui a função específica de destrancar algum outro recurso que tenha o seguimento denegado pelo juízo *a quo*, de modo que seu julgamento, bem como seu conhecimento, se restringem aos órgãos *ad quem*; **B:** assertiva correta, art. 765 da CLT; **C:** correta, por definição. Entretanto, há que ressalvar aquilo que a doutrina vem chamando de efeito translativo dos recursos, o que possibilitaria a apreciação *ex officio* pelo órgão *ad quem* de matérias de ordem pública, ainda que em eventual prejuízo ao recorrente; **D:** assertiva correta, pois a CLT acentua o procedimento oral nos arts. 791, 839, *a*, 840, 843, 845, 847, 848, 850, parágrafo único, 852 e 893, § 1º; **E:** assertiva incorreta, devendo ser assinalada. O princípio da instrumentalidade, também chamado de princípio da finalidade, tem por objetivo conservar os atos processuais que, apesar de praticados de forma diversa da prescrita em lei, atingiram sua finalidade e produziram os efeitos legais (CPC, art. 244). Por outro lado, os princípios aludidos na questão são os princípios da convalidação ou da preclusão ("arguição pela parte prejudicada, na primeira oportunidade", art. 795, *caput*, da CLT), do interesse ("aquele que não tenha dado causa", art. 796, *b*, da CLT) e do saneamento ("se não se puder sanar o vício", art. 796, *a*, da CLT). Ademais, é suspeita a expressão "somente" em face do que dispõe o § 1º do art. 795 da CLT.

Gabarito "E"

(Magistratura do Trabalho – 2ª Região – 2012) De acordo com a jurisprudência sumulada do Tribunal Superior do Trabalho, assinale a alternativa correta, quanto à identidade física do juiz:

(A) A Emenda Constitucional 24/1999, alterou a jurisprudência do Tribunal Superior do Trabalho no que tange à identidade física do juiz.

(B) Este princípio aplica-se ao processo do trabalho, tendo em vista que integra o princípio da oralidade.

(C) Pressupõe o referido princípio a concentração dos atos processuais, por isso se aplica plenamente ao processo do trabalho.

(D) É aplicável às Varas do Trabalho em se tratando de ação indenizatória de dano moral ou material decorrente de acidente de trabalho.

(E) Embora o princípio da oralidade e da concentração dos atos processuais, não se aplica às Varas do Trabalho.

Pelo princípio da identidade física, embasado no art. 132 do CPC, a prolação da sentença fica a cargo do magistrado que preside a instrução. Presume-se que tal magistrado possui maior proximidade com a prova e, assim, maior aptidão para decidir segundo esta. O princípio da identidade física deriva do princípio da oralidade. A realização do exame em apreço ocorreu em 02.10.2012, ou seja, antes do cancelamento da Súmula 136 do TST, em 14 setembro de 2012, a qual previa que o princípio da identidade física do juiz não era aplicável ao processo do trabalho (por isso, a alternativa "E" foi considerada a correta). Atualmente, essa assertiva não subsistiria.

Gabarito "E"

(Magistratura do Trabalho – 2ª Região – 2011) Analise as seguintes proposições:

I. As decisões normativas são instituições próprias do processo trabalhista, que não tem similar no processo comum, e as cláusulas inseridas em convenção coletiva, estipulando normas processuais atinentes ao procedimento a ser adotado para a solução dos conflitos dela resultantes, constituem-se em fonte extraestatal de Direito Processual.

II. O primeiro princípio concreto do processo do trabalho é o protecionista, o segundo, o da jurisdição normativa, que implica em uma delegação de poderes ao Judiciário Trabalhista para, utilizando a via processual, criar ou modificar norma jurídica.

III. O princípio da despersonalização do empregador permite a extensão dos efeitos da coisa julgada a quem não foi parte no processo.

IV. A faculdade de conversão da reintegração do empregado estável em indenização é fruto do princípio da ultrapetição ou extrapetição.

V. Os princípios da extrapetição, da iniciativa 'ex officio' da ação e o da coletivização das ações individuais são abstratos.

Responda:

(A) Todas as assertivas estão corretas.
(B) Somente a assertiva III está errada.
(C) A assertiva IV está errada.
(D) A assertiva V está errada.
(E) Nenhuma das anteriores.

I: correta, pois ao que tudo indica, a questão está amparada na doutrina de Wagner D. Giglio. Ao abordar a autonomia científica do processo do trabalho, informa o autor que as decisões normativas não têm similar no processo comum, e sugere a equiparação da "ação coletiva a uma provocação legislativa, em que o autor, sob a forma externa de prestação jurisdicional, requer ao Estado-juiz não o reconhecimento de um direito material, mas a criação ou a modificação de um direito, numa atividade de fundo legiferante; e que os itens V e VI do art. 613 da CLT parecem outorgar às partes de uma convenção coletiva o poder de estipular normas processuais atinentes ao procedimento a ser adotado para a solução dos conflitos dela resultantes, criando fonte extraestatal de direito processual" (*Direito Processual do Trabalho,* 15ª ed, São Paulo: Saraiva, p. 82); **II:** correta. Segundo Giglio, "o caráter tutelar do Direito Material do Trabalho se transmite e vigora também no Direito Processual do Trabalho. (...) Assim, a gratuidade do processo, com isenção de pagamento de custas e despesas, aproveita os trabalhadores, mas não aos patrões (n.a.: como regra); a assistência judiciária gratuita é fornecida ao empregado, mas não ao empregador; a inversão do ônus da prova através das presunções beneficia o trabalhador, nunca ou raramente o empregador; o impulso processual *ex officio* favorece o trabalhador, já que o beneficiário dos serviços, salvo raras exceções, é o réu, demandado, e não aufere proveito da decisão: na melhor das hipóteses, deixa de perder" (*op. cit.*, p. 84-85). Quanto às considerações sobre a jurisdição normativa, também constam da doutrina de Giglio (*op. cit.*, p. 85); **III:** correta. Conforme Giglio, sob a inspiração do princípio da despersonalização do empregador, "garante-se o trabalhador contra as alterações na estrutura jurídica ou na propriedade da empresa: são os bens materiais e imateriais componenetes do empreendimento que asseguram a satisfação do julgado. A ação trabalhista visa, em concreto, atingir a empresa, muito embora endereçada, formalmente, à pessoa física ou jurídica que a dirige ou explora. Esta, na realidade, 'representa' a empresa. Uma das consequências processuais do instituto mal denominado 'sucessão de empresas' (a rigor, a sucessão é de empresários, e não de empresas) é a possibilidade de o julgado ser executado contra terceiros, estendendo-se os efeitos da coisa julgada a quem não foi parte no processo de conhecimento" (*op. cit.*, p. 86); **IV:** correta, para Wagner D. Giglio, além dos princípios próprios do Direito Processual do Trabalho, este ramo jurídico conta com princípios ideais, que são tendências atuais ainda não densificadas normativamente. Entre tais princípios ideais, haveria o princípio da extrapetição, a possibilitar decisões como a exemplificada no enunciado (*op. cit.*, p. 87); **V:** correta, pois tais princípios são exemplos dos princípios ideais do processo do trabalho a que nos referimos no item anterior, na peculiar taxonomia principiológica do processo do trabalho apresentada por Giglio.

Gabarito "A"

(Magistratura do Trabalho – 3ª Região – 2013) Sobre a atividade jurisdicional, leia as afirmações abaixo e, em seguida, assinale a alternativa correta:

I. O pedido do autor da demanda autoriza e limita a atividade jurisdicional.

II. Há nulidade por julgamento *extra petita* da decisão que deferir salário quando o pedido for de reintegração, mesmo diante dos termos do art. 496 da CLT.

III. A correção monetária e os juros incluem-se na liquidação, ainda que omissos o pedido inicial ou a condenação.

IV. A jurisdição constitui atividade vinculada pelas regras e princípios constitucionais relativos ao processo judicial.

(A) Somente as afirmativas I e IV estão corretas.
(B) Todas as afirmativas estão corretas.
(C) Somente as afirmativas I, II e IV estão corretas.
(D) Somente as afirmativas I, III e IV estão corretas.
(E) Somente as afirmativas I, II e III estão corretas.

I: correta. Trata-se do princípio da congruência ou da adstrição (CPC, arts. 128 e 460). Tal princípio, porém, é mitigado em diversas hipóteses: medidas cautelares (CPC, art. 805), tutela inibitória (CPC, art. 461), prestações vencidas no curso do processo (CPC, art. 290), conversão de estabilidade em indenização (CLT, art. 496), correção monetária e juros (CPC, art. 293, e Súmula 211 do TST); **II:** incorreta, Súmula 396 do TST; **III:** correta. Súmula 211 do TST e art. 293 do CPC; **IV:** correta, por definição.

Gabarito "D"

(Magistratura do Trabalho – 8ª Região – 2008) Assinale a alternativa INCORRETA com relação aos princípios norteadores do direito processual do trabalho:

(A) oralidade; transcendência e informalidade.
(B) celeridade; eventualidade*; jus postulandi.*
(C) contraditório; lealdade e boa-fé; dispositivo.
(D) protetor; irrenunciabilidade; primazia da realidade.
(E) inquisitivo; instrumentalidade das formas processuais; duplo grau de jurisdição.

A questão causa alguma perplexidade ao arrolar princípios do processo comum, bem como o discutível princípio do duplo grau de jurisdição; todavia, a alternativa D destaca-se como a incorreta (devendo ser assinalada) por arrolar princípios de direito material do trabalho, conquanto o processo trabalhista, para alguns autores, também seja inspirado pelo princípio protetivo (Mauro Schiavi, Bezerra Leite) e o princípio da primazia da realidade possa ser vertido no princípio da informalidade e da busca da verdade real.

Gabarito "D"

(Magistratura do Trabalho – 8ª Região – 2007) Sobre os princípios aplicáveis ao processo do trabalho, assinale a alternativa incorreta:

(A) O princípio do *jus postulandi* estabelece que empregados e empregadores poderão reclamar pessoalmente perante a Justiça do Trabalho e acompanhar as suas reclamações até o final. Cuida-se de regra que representa um especial matiz processual do princípio protetivo ou tuitivo.

(B) A Consolidação das Leis do Trabalho, dando concretude ao princípio da conciliação, reza que os dissídios individuais ou coletivos submetidos à apreciação da Justiça do Trabalho serão sempre sujeitos à conciliação, cabendo aos magistrados o emprego de seus bons ofícios e persuasão no sentido de conduzir as partes a uma solução conciliatória da demanda, sendo lícito aos litigantes, a qualquer momento, celebrar acordo que ponha termo ao processo, ainda que depois de encerrado o juízo conciliatório.

(C) Quanto ao princípio do duplo grau de jurisdição, há que se ponderar que nos dissídios de alçada – nos quais se inserem aquelas demandas trabalhistas cujo valor da condenação não ultrapassa a dois salários mínimos (Lei 5.584/1970, artigo 2º, §§ 3º e 4º) –, haverá julgamento em instância única pelas Varas do Trabalho, não sendo admitido o aviamento de qualquer impugnação recursal, salvo se a irresignação girar em torno de matéria constitucional.

(D) O Texto Consolidado revela o princípio da busca da verdade real, dispondo que os juízos e tribunais do trabalho terão ampla liberdade na direção do processo e velarão pelo rápido andamento das causas, podendo determinar, ainda, qualquer diligência necessária ao esclarecimento delas. Interessante perceber que tal enunciado legislativo também operacionaliza o alvissareiro princípio da duração razoável do processo – agora alcandorado a nível constitucional.

(E) O princípio da extrapetição, aplicável ao processo do trabalho, permite ao juiz, em casos excepcionais, condenar o reclamado em pedidos não constantes da exordial, sem a caracterização de julgamento *extra petita*.

A: assertiva correta. O *jus postulandi*, previsto no art. 791, *caput*, da CLT subsiste ao argumento da facilitação do acesso do trabalhador à Justiça. Observação: embora o art. 791 da CLT contemple a expressão "até o final" (e tenha sido referendado pelo pleno do STF no julgamento da ADI 1127-8, DJ 29.06.2001, que afastou a aplicabilidade do art. 1º da Lei 8.906/1994 na Justiça do Trabalho), entende-se imprescindível a intervenção de advogado na interposição de recursos técnicos (assim aqueles insuscetíveis de interposição por simples petição), donde a decisão proferida pelo Pleno do TST em 13.10.2009, no sentido de inadmitir a atuação da parte sem advogados perante o TST (E-AIRR e RR 85581/03-900.02.00-5, e Súmula 425 do TST); **B:** assertiva correta, art. 764 da CLT; **C:** assertiva incorreta, devendo ser assinalada, pois o que define o rito sumário não é a condenação em valor não superior a dois salários mínimos, mas a fixação do valor da causa em tal patamar previamente ao início da instrução (art. 2.º da Lei 5.584/1970); **D:** assertiva correta, de acordo com os arts. 795 da CLT, 8.º, 1 e 25, 1, do Pacto de São José da Costa Rica, e 5.º, LXXVIII, da CF; **E:** assertiva correta, pois ainda predomina, como consequência do princípio da imparcialidade, o princípio da congruência entre a decisão e o pedido (CPC, art. 128). Não obstante, há muito o processo do trabalho admite medidas *extra e ultra petita* (de modo que Wagner Giglio inclusive enxerga a existência do princípio ideal da *extrapetição* no processo do trabalho), como é o caso da conversão, pelo julgador, do pedido de reintegração do empregado estável despedido em indenização. Cumpre mencionar, ademais, que o princípio da congruência vem sendo cada vez mais mitigado pelas normas sobre tutela inibitória (CPC, art. 461; CDC, art. 84).

Gabarito "C"

(Magistratura do Trabalho – 14ª Região – 2011) Segundo nossa melhor doutrina, o princípio da oralidade não se resume ao predomínio da palavra oral, senão que abarca, também:

(A) a imediatidade do juiz; a identidade física do juiz; a concentração dos atos do procedimento, e a irrecorribilidade das decisões interlocutórias.

(B) a imediatidade do juiz; a identidade física do juiz; a concentração dos atos do procedimento, e a gratuidade.

(C) a identidade física do juiz; a concentração dos atos do procedimento, e a irrecorribilidade das decisões interlocutórias.

(D) a imediatidade do juiz; a primazia da realidade; a concentração dos atos do procedimento, e a irrecorribilidade das decisões interlocutórias.

(E) a imediatidade do juiz; a identidade física do juiz; e a irrecorribilidade das decisões interlocutórias.

Como explica *Carlos Henrique Bezerra Leite*, o princípio da oralidade é um princípio comum ao direito processual civil e ao direito processual do trabalho, embora mais acentuado neste diante de algumas peculiaridades que permitem sua manifestação mais efetiva. Tal princípio não encontra residência em nenhuma norma expressa do CPC ou da CLT, mas se exterioriza interagindo com outros quatro princípios: os princípios da imediaticidade, da identidade física do juiz, da concentração e da irrecorribilidade imediata das decisões interlocutórias. Com a instituição do Juizados Especiais, lembra o autor, o princípio da oralidade passou a ter um papel de destaque no direito processual civil, que finalmente reconheceu que os resultados, a eficácia do processo e a efetividade da prestação jurisdicional encontram forte aliado na discussão oral da causa (*Curso de direito processual do trabalho*, 7ª ed, São Paulo: Ltr, p. 72-73).

Gabarito "A"

(Magistratura do Trabalho – 16ª Região – 2011) Analise as questões e assinale a alternativa CORRETA:

I. São Órgãos vinculados ao Tribunal Superior do Trabalho a Escola Nacional de Formação e Aperfeiçoamento de Magistrados do Trabalho e o Conselho Superior da Justiça do Trabalho, cujas decisões tem efeito vinculante no âmbito administrativo, orçamentário, financeiro e patrimonial da Justiça do Trabalho de Primeiro e Segundo Graus.

II. A Justiça do Trabalho prestigia a conciliação como forma primordial de solução do conflito trabalhista, a ponto de obrigar o juiz a propor a conciliação em diversos estágios do processo, bem como homologar o acordo construído pelas partes, sob pena de nulidade dos atos processuais subsequentes, por ofensa a direito líquido e certo dos litigantes.

III. O princípio da oralidade, de vastíssima aplicação no processo do trabalho, subdivide-se nos corolários da identidade física do juiz; prevalência da palavra oral sobre a escrita, com o devido registro em ata; concentração dos atos processuais em audiência; imediatidade do juiz na colheita da prova e a irrecorribilidade das decisões interiocutórias.

IV. A aplicação das normas da processualística comum ao processo do trabalho devem ocorrer quando houver omissão da CLT e das legislações trabalhistas extravagantes acerca da matéria, bem como devem tais normas observar a compatibilidade com os princípios que regem o processo do trabalho, máxime o acesso do trabalhador à Justiça.

(A) Estão corretas apenas as afirmativas I, II e III.
(B) Estão corretas apenas as afirmativas I, II e IV.
(C) Estão corretas apenas as afirmativas I e III.
(D) Estão corretas apenas as afirmativas I, III e IV.
(E) Todas estão corretas.

I: correta, art. 111-A, § 2.º, da CF; **II:** incorreta, conforme Súmula 418 do TST: "A concessão de liminar ou a homologação de acordo constituem faculdade do juiz, inexistindo direito líquido e certo tutelável pela via do mandado de segurança"; **III:** correta, pois todos os *corolários* apresentados no enunciado são facetas do princípio da oralidade; **IV:** correta, art. 769 da CLT.

Gabarito "D".

(Magistratura do Trabalho – 21ª Região – 2005) Em face dos princípios que informam o Processo do Trabalho, analise as assertivas seguintes e aponte a resposta correta:

I. De acordo com o princípio inquisitivo, o Juiz do Trabalho terá ampla liberdade na direção do processo, velando pelo andamento rápido das causas, mas não pode determinar diligências probatórias sem que haja requerimento da parte, sob pena de quebra da imparcialidade;

II. Considerando a atual estrutura e funcionamento da Justiça do Trabalho, aplica-se o princípio da identidade física do juiz, que impõe ao Magistrado que concluir a audiência a obrigação de julgar a lide, ainda que esteja convocado para o Tribunal;

III. O princípio do juiz natural não impede que o Presidente do Tribunal Regional convoque Juiz do Trabalho Substituto, versado em segurança e saúde do trabalho, para participar de sessão de julgamento da Corte, que tenha em pauta recurso ordinário tratando sobre tema complexo envolvendo a caracterização de periculosidade;

IV. O princípio da motivação das decisões não impede que o Juiz do Trabalho decida reinquirir uma testemunha, mesmo sem fundamentar, na ata, a sua iniciativa;

V. Não se aplica o princípio da *non reformatio in pejus* quando o Tribunal Regional do Trabalho, em sede de reexame necessário, retifica o percentual do adicional de insalubridade deferido pela decisão de Primeiro Grau, alterando-o de 30% para 40%;

(A) todas as afirmações estão incorretas;
(B) apenas as afirmações I e III estão corretas;
(C) apenas as afirmações I e IV estão corretas;
(D) apenas a afirmação IV está correta;
(E) apenas a afirmação I está correta.

I: incorreta, pois o Juiz, destinatário da prova, possui o poder de determinar providências de ofício que sejam necessárias ao esclarecimento dos fatos e à busca da verdade real (CLT, art. 765); **II:** incorreta. Tal assertiva, à época do certame, possuía embasamento na Súmula 136 do TST, posteriormente cancelada pela Resolução 185/2012 do TST; **III:** incorreta, pois o princípio do juiz natural impossibilita tal designação *ad hoc*. Observação: no projeto de reforma do CPC consta a possibilidade do Juízo, em matérias de alta complexidade técnica, admitir *amicus curiae* para subsidiá-lo na tomada de decisões. **IV:** correta, pois na medida em que o Juízo pode o mais (determinar diligências de ofício, conforme art. 765 da CLT), pode o menos (reinquirir testemunhas), de modo que não entendemos presente a transcendência necessária que deve empolgar a declaração de nulidade na hipótese das razões de tal reinquirição não constar na ata de audiência; **V:** incorreta, uma vez que somente em se tratando de matéria processualmente de ordem pública seria dado mitigar a *non reformatio in pejus* em prol do efeito translativo dos recursos, o que não é o caso do percentual de adicional de insalubridade.

Gabarito "D".

(Magistratura do Trabalho – 23ª Região – 2006) A Súmula 207 do Tribunal Superior do Trabalho estabelece que "a relação jurídica trabalhista é regida pelas leis vigentes no país da prestação de serviços e não por aquelas do local da contratação". Trata-se do princípio:

(A) *Ratione loci*;
(B) *Lex loci executionis*;
(C) Foro privilegiado;
(D) Extraterritorialidade;
(E) Nenhuma das alternativas acima está correta.

Aplica-se, portanto, o princípio da lei do local da execução do contrato (e não a lei do local da contratação), ou seja, a regra do *lex loci executionis* (conforme, inclusive, expressamente constava na ementa da Súmula 207 do TST, cancelada em 2012).

Gabarito "B".

(Ministério Público do Trabalho – 15º) Julgue as seguintes proposições acerca dos princípios de natureza processual:

I. segundo a jurisprudência consolidada do TST, o princípio da identidade física do juiz é aplicável na Justiça do Trabalho, mesmo após o advento da EC 24/1999, que extinguiu a representação classista;

II. o princípio do *jus postulandi*, inscrito na Consolidação das Leis do Trabalho (CLT), foi recepcionado pela Constituição Federal de 1988;

III. o princípio do impulso oficial nas execuções é aplicável apenas às ações trabalhistas típicas, em que se discutem créditos oriundos de relações de emprego;

IV. por aplicação do princípio da *perpetuatio jurisdicionis*, as ações de execução de multas impostas pelos órgãos de fiscalização das relações de trabalho, em fase de apelação por ocasião do advento da EC 45/2004, deverão ser julgadas pela Justiça do Trabalho.

De acordo com as assertivas acima, pode-se afirmar que:

(A) os itens I e II são certos;
(B) o item I é certo e o item III é errado;
(C) o item IV é errado e o item II é certo;
(D) os itens III e IV são certos;
(E) não respondida.

I: incorreta. A Súmula 136 do TST, vigente à época do certame, foi cancelada em setembro de 2012 pela Resolução 185/2012 do TST; **II:** correta, conforme STF, Pleno, ADI 1127-8, DJ 29.06.2001 (v. Súmula 425 do TST); **III:** o enunciado é confuso: em linha de princípio, está correto, pois se entende que a execução de ofício é uma decorrência da aplicação processual do princípio protetivo, que incide sobre a relação de emprego. Por outro lado, a Constituição determina a execução, de ofício, das contribuições sociais decorrentes das sentenças que proferir, sem ressalvas quanto a se tratar de ação decorrente de relação de emprego ou de trabalho *lato sensu*. Observe-se, ainda, que a ressalva feita pelo enunciado é doutrinária e não consta da lei nem da IN 27/2005 do TST (relativa a procedimentos sobre outras relação de trabalho que não a relação de emprego); **IV:** incorreta. A alteração de competência em razão da matéria (competência absoluta) implica imediata remessa das ações pendentes à Justiça materialmente competente, independente do estado em que encontre (a exceção a tal regra se deu com o CC 7.204, quando o STF, em nome da segurança jurídica e para não prejudicar os jurisdicionados, aplicou a doutrina prospectiva para as ações sobre acidentes de trabalho envolvendo empregados e empregadores, determinando o encaminhamento à Justiça Obreira apenas as ações que não contassem com sentença quando da entrada em vigor da EC 45/04). Entretanto, o princípio da *perpetuatio jurisdicionis* (perpetuação da jurisdição), que diz respeito a incompetências relativas, dispõe em sentido contrário ao do enunciado, prevendo regra de manutenção da lide no Juízo relativamente incompetente.

Gabarito "C"

1.2. FONTES, APLICAÇÃO E INTERPRETAÇÃO DO DIREITO PROCESSUAL DO TRABALHO

(Magistratura do Trabalho – 2ª Região – 2010) Assinale a alternativa correta:

(A) Em casos de lides simuladas, em que as partes submetem ao Judiciário acordo que visa apenas à renúncia de direitos pelo trabalhador, não correspondendo, portanto, à vontade deste, o juiz, diante das circunstâncias da causa e convencendo-se de que o processo foi utilizado para conseguir fim vedado por lei, não deve homologar a transação eivada de vício e, conforme previsão legal, deve suspender o curso do feito e dar ciência ao Ministério Público do Trabalho.
(B) A decisão judicial que deixa de homologar um acordo deve ser atacada exclusivamente por meio de mandado de segurança, porquanto se trata de decisão irrecorrível.
(C) O juiz somente poderá socorrer-se de analogia, costumes, princípios gerais do direito e equidade nos casos expressamente previstos em lei.
(D) As regras de experiência comum subministradas ao que ordinariamente acontece, bem como as regras de experiência técnica constituem importante instrumento auxiliar na formação do convencimento judicial, devendo o magistrado socorrer-se de tais regras na falta de normas jurídicas particulares suficientes ao deslinde da questão.
(E) Quando for invocada no processo norma de direito municipal, estadual e estrangeiro, deve a parte interessada, se assim determinar o juiz, fazer prova do teor e da vigência; o direito consuetudinário e o direito federal presumem-se de conhecimento das partes e do magistrado, razão pela qual não demandam demonstração em juízo.

A: incorreta, aplica-se o art. 129 do CPC, por analogia (eis que neste tipo de lide, também chamada de "casadinha", não há, necessariamente, dolo do reclamante). Inexiste a previsão legal de suspensão do processo; B: incorreta, segundo disposto na Súmula 418 do TST: "A concessão de liminar ou a homologação de acordo constituem faculdade do juiz, inexistindo direito líquido e certo tutelável pela via do mandado de segurança"; C: incorreta, pois para a utilização da analogia, costumes e princípios gerais do direito, basta a existência de lacuna legal (art. 4.º da LINDB e 126 do CPC). Destarte, somente quanto à aplicação da equidade é que o julgador dependerá da expressa autorização legal, não bastando, como regra, a simples lacuna normativa (CPC, art. 127). Porém, na esfera trabalhista, particularmente, o recurso à equidade se compraz com a simples existência de lacuna legal, pois o art. 8.º da CLT já a menciona como meio de integração do direito do trabalho; D: correta, art. 335 do CPC; E: incorreta, conforme previsão do art. 337 do CPC: "A parte, que alegar direito municipal, estadual, estrangeiro ou consuetudinário, provar-lhe-á o teor e a vigência, se assim o determinar o juiz".

Gabarito "D"

(Magistratura do Trabalho – 3ª Região – 2013) Sobre o processo do trabalho, leia as afirmações abaixo e, em seguida, assinale a alternativa correta:

I. A conciliação e a mediação são métodos adversariais de solução de conflitos.
II. O direito de ação contempla um complexo de direitos, tais como o de apresentar argumentos e provas em favor de determinada pretensão, não se resumindo ao direito de provocar a jurisdição.
III. As garantias processuais atribuem significado concreto ao direito material, na medida em que favorecem o seu gozo efetivo, no caso da sua não observância espontânea.
IV. Os costumes, enquanto fonte do direito, consistem no uso reiterado, uniforme e prolongado de determinada regra de conduta, pela convicção geral de consistir o respeito a esta regra uma obrigação.

(A) Todas as afirmativas estão corretas.
(B) Somente as afirmativas I, III e IV estão corretas.
(C) Somente as afirmativas III e IV estão corretas.
(D) Somente a afirmativa I esta correta.
(E) Somente as afirmativas II, III e IV estão corretas.

I: incorreta, ao contrário, trata-se de métodos consensuais, de construção de uma razão comunicativa embasada no consenso; **II:** correta, por definição; **III:** correta, por definição; **IV:** correta, por definição. Este elemento subjetivo (convicção de obrigatoriedade) é o traço que distingue o costume do uso.

Gabarito "E"

(Magistratura do Trabalho – 9ª Região – 2007) Assinale a alternativa incorreta:

(A) Segundo a doutrina tradicional, a jurisprudência não é fonte do direito processual do trabalho, por lhe faltar impessoalidade, abstração e generalidade.

(B) A analogia, a equidade, o direito comparado e os princípios gerais do direito são fontes formais do direito processual do trabalho.

(C) No que respeita à eficácia da lei processual no tempo, segundo a teoria do isolamento dos atos processuais, o direito de recorrer deve ser exercido de acordo com a lei vigente ao tempo da publicação da decisão de que a parte pretende recorrer.

(D) Se a lei, por hipótese, aumentar o prazo para interposição de embargos declaratórios de cinco para dez dias, se o prazo da parte estava no quarto dia quando a lei entrou em vigor, a parte terá mais seis dias de prazo.

(E) Ao determinar a remessa dos autos que tramitam em Vara Cível para Vara especializada, tendo esta última sido criada depois da válida formação da relação processual, o magistrado não pratica ofensa ao princípio do juiz natural.

A: correta, embora tal doutrina não leve em consideração a evolução do direito sumular brasileiro, em que a jurisprudência passou a servir como fundamento de validade para certas decisões (como na mitigação das hipóteses de reexame necessário, na admissibilidade de recurso de revista etc.); **B:** incorreta, devendo ser assinalada, pois se tratam de recursos de aplicação do direito processual (fontes subsidiárias, nos termos dos arts. 126 do CPC e 8.º da CLT); **C:** correta, sendo esta a distinção em relação à teoria da aplicabilidade imediata e irrestrita da nova lei processual (de sorte que as regras seriam ditas pela lei vigente ao tempo da interposição do recurso), mas não a distinção em relação à teoria do isolamento das fases processuais (que, dividindo o processo nas fases postulatória, instrutória, decisória e recursal, impõe o término de cada fase para que se inicie a aplicação da nova lei). Obs.: v. art. 915 da CLT; **D:** correta, de acordo com a teoria da aplicabilidade imediata da nova lei processual (v. arts. 912 e 915 da CLT e 1.211 do CPC); **E:** correta, eis que a instalação da Vara do Trabalho suprime a condição estabelecida pelo art. 112 da CF para a investidura do Juízo Cível em matéria trabalhista.

Gabarito "B"

(Magistratura do Trabalho – 12ª Região – 2006) Sobre a interpretação das normas trabalhistas assinale a alternativa incorreta:

(A) ao decidir uma arguição de nulidade em um processo, será válido ao juiz se valer do informalismo processual, do qual deriva, mas também lhe dá causa, o princípio da instrumentalidade das formas processuais;

(B) equidade, juridicamente, não significa igualdade *stricto sensu*, mas um critério de moderação, nem sempre de acordo com disposições precisas de direito objetivo;

(C) segundo a legislação brasileira, desde que não haja convenção internacional em contrário, quando se trata de trabalhador brasileiro prestando serviço no estrangeiro em filial de empresa brasileira, é competente a autoridade judiciária brasileira, aplicando-se a lei processual do Brasil quanto à prova dos fatos ocorridos no exterior;

(D) na instrução, a matéria de prova rege-se pelas normas que estiverem em vigor no momento em que ela se realizar;

(E) na execução, a eficácia da sentença da qual ela decorre encontra-se disciplinada pela lei vigente quando da prolação da decisão, mas os procedimentos e prazos ficam sujeitos à lei nova.

A: correta, por definição; **B:** correta. A equidade, para Aristóteles, consiste na realização da justiça para o caso concreto, ao passo que no direito romano assume a conotação de criação pretoriana do direito. Da síntese de tais sentidos advém a noção moderna de equidade de justiça para o caso concreto sem adstrição à fria letra da lei; **C:** incorreta, devendo ser assinalada. O art. 651, § 1º, da CLT não trata da aplicação das normas brasileiras quanto à prova dos fatos, subsistindo o art. 13 da LICC; **D:** correta, de acordo com a teoria da aplicabilidade imediata da nova norma processual (v. art. 912 da CLT); **E:** correta, de acordo com o princípio da irretroatividade da lei cumulado com a teoria da vigência imediata da lei processual.

Gabarito "C"

(Magistratura do Trabalho – 16ª Região – 2006) A aplicação subsidiária do direito processual comum requer:

(A) A omissão da legislação processual trabalhista.

(B) A conveniência e a oportunidade de cada caso concreto.

(C) A omissão da lei processual trabalhista e a compatibilidade com os princípios do processo do trabalho.

(D) A omissão da legislação processual trabalhista, a incompatibilidade com os princípios do processo do trabalho e o pedido do interessado.

(E) O pedido do interessado, a conveniência e a oportunidade de cada caso concreto.

Dispõe o art. 769 da CLT que "nos casos omissos, o direito processual comum será fonte subsidiária do direito processual do trabalho, exceto naquilo em que for incompatível com as normas deste Título".

Gabarito "C"

(Magistratura do Trabalho – 23ª Região – 2009) Analise os itens abaixo e marque a alternativa CORRETA:

I. Nos casos omissos, o direito processual comum será fonte subsidiária do direito processual do trabalho, exceto naquilo em que for incompatível com as normas Consolidadas sob o título respectivo.

II. Os Juízos e Tribunais do Trabalho podem determinar qualquer diligência necessária ao esclarecimento das circunstâncias da causa.

III. No processo de execução trabalhista são aplicáveis os preceitos que regem o processo dos executivos fiscais da Fazenda Pública Federal que não contrariarem o procedimento estabelecido na CLT para o referido processo.

(A) Apenas os itens II e III são verdadeiros.

(B) Apenas os itens I e II são verdadeiros.

(C) Todos os itens são verdadeiros.

(D) Apenas os itens I e III são verdadeiros.

(E) Todos os itens são falsos.

I: correta, art. 769 da CLT; **II:** correta, nos termos do art. 765 da CLT; **III:** correta, conforme redação do art. 889 da CLT.

Gabarito "C"

(Ministério Público do Trabalho – 15º) Julgue os itens seguintes acerca dos critérios de interpretação da norma processual e ainda a propósito de sua eficácia no tempo e no espaço:

I. o método filológico supõe a investigação do sentido das palavras utilizadas pelo legislador, bem assim das funções que desempenham no texto;
II. o método comparativo induz o intérprete a buscar o sentido e alcance da norma jurídica a partir de sua inserção em um sistema lógico – o ordenamento jurídico –, que não admite contradições ou paradoxos;
III. por aplicação do princípio da extraterritorialidade, as normas processuais alusivas ao ônus da prova e sua forma de produção serão aquelas vigentes nos países em que forem verificados os fatos que se pretende demonstrar;
IV. a eficácia imediata da lei processual é mitigada pela teoria do isolamento dos atos processuais, embora prevaleça na doutrina e na jurisprudência a teoria *tempus regit processum*, segundo a qual o processo é inteiramente regido pela lei vigente ao tempo de sua instauração.

De acordo com as assertivas acima, pode-se afirmar que:

(A) os itens I e II são certos;
(B) o item I é certo e o item III é errado;
(C) o item IV é certo e o item II é errado;
(D) o item III é certo e o item IV é errado:
(E) não respondida.

I: correta, tratando-se de sinônimo da interpretação literal, gramatical ou judaica; **II:** incorreta, pois a sentença descreve o método lógico ou sistemático, ao passo que o método comparativo consiste em comparar o ordenamento pátrio com o direito alienígena; **III:** correta, nos termos do art. 13 da LICC; **IV:** incorreta. Embora a primeira sentença esteja correta, o restante do enunciado está incorreto, eis que prevalece o princípio da eficácia imediata acrescido da técnica do isolamento dos atos processuais, ao passo que o final do dispositivo dispõe sobre o isolamento do processo como um todo.

Gabarito "D"

1.3. MEIOS DE SOLUÇÃO DE CONFLITOS: CONCILIAÇÃO, COMISSÕES DE CONCILIAÇÃO PRÉVIA E ARBITRAGEM

(Magistratura do Trabalho – 12ª Região – 2006) Em relação à conciliação prévia no Processo do Trabalho assinale a alternativa correta:

(A) os trabalhadores têm de submeter suas controvérsias às Comissões de Conciliação Prévia, quando existentes na empresa ou no sindicato da categoria. A exigência corresponde a um requisito processual a ser necessariamente observado, sendo injustificáveis os motivos da não submissão;
(B) o prazo para a realização da sessão de tentativa de conciliação é de apenas 15 dias, sendo obrigatório o fornecimento de declaração de tentativa frustrada caso esse prazo seja ultrapassado;
(C) o prazo prescricional fica suspenso a partir da provocação da Comissão de Conciliação caso a parte intente a ação trabalhista no prazo de 30 dias;
(D) os termos de conciliação firmados perante as Comissões de Conciliação Prévia poderão ser executados perante a Justiça do Trabalho, da mesma forma que os termos de ajuste de conduta firmados perante o Ministério Público do Trabalho e as decisões judiciais passadas em julgado;
(E) nenhuma das alternativas está correta.

A: incorreta. Espelhando posicionamento já majoritário na doutrina e na jurisprudência, em 13.05.2009 o STF concedeu interpretação, conforme a Constituição, ao art. 625-D da CLT para, forte no princípio da inafastabilidade da Jurisdição, reputar não obrigatória a pré-submissão de controvérsias às CCPs (medida liminar nas ADIs 2.139 e 2.160); **B:** incorreta, pois de acordo com o art. 625-F da CLT "as Comissões de Conciliação Prévia têm prazo de dez dias para a realização da sessão de tentativa de conciliação a partir da provocação do interessado"; **C:** incorreta, art. 625-G da CLT (inexistindo o tal prazo de trinta dias para ajuizamento da ação trabalhista); **D:** correta, arts. 625-E, parágrafo único, e 876 da CLT.

Gabarito "D"

(Magistratura do Trabalho – 14ª Região – 2008) Leia as proposições sobre as comissões de conciliação prévia, apontando abaixo a alternativa CORRETA:

I. Podem ser instituídas por sindicatos, por grupos de empresa ou ter caráter intersindical, sendo, obrigatoriamente, de composição paritária, com representantes dos empregadores e empregados, com a atribuição de tentar conciliação dos conflitos individuais do trabalho.
II. A Comissão instituída no âmbito da empresa será composta de, no mínimo dois e, no máximo, dez membros, com respectivos suplentes. A metade de seus membros será indicada pelo empregador e a outra metade eleita pelos empregados, em escrutínio secreto, fiscalizado pelo sindicato da categoria profissional ou pela Delegacia Regional do Trabalho da localidade.
III. Todos os membros componentes da Comissão, titulares e suplentes, gozam de estabilidade provisória no emprego, até um ano após o final do mandato, salvo se cometerem falta grave, nos termos da lei.
IV. O termo de conciliação, revestido das formalidades legais, constitui-se em título executivo extrajudicial e terá eficácia liberatória especificamente quanto às parcelas reclamadas e os respectivos valores, exceto quanto às ressalvas expressamente feitas.

(A) Todas as proposições estão corretas;
(B) Apenas as proposições I e II estão corretas;
(C) Apenas as proposições I e IV estão corretas;
(D) Apenas a proposição I está correta;
(E) Apenas as proposições II e IV estão corretas.

I: correta, art. 625-A da CLT; **II:** incorreta. O art. 625-B não alude às DRTs (atuais GRTEs); **III:** incorreta, art. 625-B, § 1º, da CLT (a garantia só alcança os representantes dos empregados); **IV:**

incorreta, conforme redação do parágrafo único do art. 625-E da CLT que dispõe: "O termo de conciliação é título executivo extrajudicial e terá eficácia liberatória geral, exceto quanto às parcelas expressamente ressalvadas".

Gabarito "D"

(Magistratura do Trabalho – 16ª Região – 2008) Analise as proposições abaixo:

I. Os meios de solução dos conflitos coletivos de trabalho se dividem em autocompositivos, como a renúncia, a negociação e a mediação, e heterocompositivos, como a arbitragem e a solução jurisdicional;

II. A mediação é meio de solução de conflitos em que um terceiro estimula um debate entre as partes, com a tarefa de coordenar o processo de composição e propor soluções. Tal em nada se assemelha à conciliação, porque nesta é defeso ao conciliador judicial ou extrajudicial propor solução do dissídio às partes;

III. Na arbitragem, uma terceira pessoa tem o poder de dizer a solução para o conflito de interesses que lhe é levado à apreciação. Pode ser obrigatória ou voluntária, sendo esta última a forma de arbitragem admitida no direito brasileiro, em razão do princípio da inafastabilidade da jurisdição;

IV. Após a promulgação da EC/45, o poder normativo da Justiça do Trabalho restou abalado, conquanto agora se exige a concordância de ambos os conflitantes para que o dissídio seja apreciado pelo Poder Judiciário.

Responda:

(A) Apenas I e IV estão corretas;
(B) Apenas I e III estão corretas;
(C) Apenas I, III e IV estão corretas;
(D) Apenas II e IV estão corretas.
(E) Todas estão corretas.

I: correta, por definição; **II:** incorreta, pois os meios são muito semelhantes e não há óbices a que o terceiro, mediador ou conciliador, proponha soluções. Tradicionalmente, diz-se que a mediação é forma de solução de conflitos em que o mediador busca a aproximação das partes para que elas próprias cheguem a uma solução consensual, ao passo que na conciliação o conciliador aproximará as partes visando à solução do conflito mediante concessões recíprocas das partes; **III:** correta, considerando-se o princípio da inafastabilidade da jurisdição (observe-se, contudo, que a arbitragem de que trata o art. 37 da Lei 12.815/2013 (art. 23, § 1º, da revogada Lei 8.630/1993) tem feição obrigatória, o que poderia acarretar a anulação da questão); **IV:** correta, art. 114, § 2.º, da CF.

Gabarito "C"

(Magistratura do Trabalho – 18ª Região – 2006) Acerca das Comissões de Conciliação Prévia, é correto afirmar:

(A) Caso exista, na mesma localidade e para a mesma categoria, comissão de empresa e comissão sindical, o interessado optará por uma delas para submeter a sua demanda, sendo competente aquela que primeiro conhecer do pedido.

(B) O prazo prescricional será interrompido a partir da provocação da Comissão de Conciliação Prévia, recomeçando a fluir inteiramente a partir da tentativa frustrada de conciliação ou do esgotamento do prazo de 10 dias previsto no artigo 625-F da Consolidação das Leis do Trabalho.

(C) O número máximo de integrantes da Comissão de Conciliação Prévia instituída no âmbito do sindicato é de 10 membros.

(D) O mandato dos membros da Comissão de Conciliação Prévia instituída no âmbito do sindicato, titulares ou suplentes, é de um ano, permitida uma recondução.

(E) O termo de conciliação lavrado pelas Comissões de Conciliação Prévia é título executivo e sempre terá eficácia liberatória geral.

A: correta, art. 625-D, § 4º, da CLT; **B:** incorreta, conforme disposto no art. 625-G da CLT: "O prazo prescricional será suspenso a partir da provocação da Comissão de Conciliação Prévia, recomeçando a fluir, pelo que lhe resta, a partir da tentativa frustada de conciliação ou do esgotamento do prazo previsto no art. 625-F"; C e **D:** incorretas, de acordo com art. 625-C da CLT "a Comissão instituída no âmbito do sindicato terá sua constituição e normas de funcionamento definidas em convenção ou acordo coletivo"; **E:** incorreta, com base na redação do art. 625-E, parágrafo único, da CLT que prevê: "O termo de conciliação é título executivo extrajudicial e terá eficácia liberatória geral, exceto quanto às parcelas expressamente ressalvadas".

Gabarito "A"

(Ministério Público do Trabalho – 15º) A propósito dos meios de resolução de conflitos individuais e coletivos do trabalho, assinale a alternativa CORRETA:

(A) os conflitos individuais de trabalho devem ser submetidos a prévia tentativa de conciliação se existir, na localidade da prestação de serviços, Comissão de Conciliação Prévia no âmbito da empresa ou do sindicato da categoria ou órgão do Ministério do Trabalho e Emprego;

(B) o exercício da função arbitral pelos órgãos do Ministério Público do Trabalho é admissível tanto em conflitos coletivos, quanto em litígios individuais;

(C) de acordo com a jurisprudência do TST, o ajuizamento de dissídio coletivo de natureza econômica depende de comum acordo entre as partes envolvidas, resguardando-se ao Poder Judiciário o exame da razoabilidade de eventual recusa manifestada pelo suscitado;

(D) havendo conflito intersindical acerca da titularidade da representação dos interesses individuais e coletivos de determinada categoria, a mediação respectiva não poderá ser processada no âmbito do Ministério do Trabalho e Emprego;

(E) não respondida.

A: incorreta. O art. 625-D da CLT não concebe a CCP no âmbito do MTE; **B:** correta, art. 83, XI, da LC 75/93; **C:** incorreta. A afirmativa é bastante controvertida na doutrina e na jurisprudência: embora apresente-se incorreta na medida em que o TST já tenha afastado o exame de razoabilidade da recusa (DC 165049/2005-000-00-00.4, *DJU* 29.09.2006), os TRTs já sinalizam a possibilidade de exame de razoabilidade de recusa (neste sentido: TRT 2.ª Região, Proc. 202222.2005.000.02.00.0, DJ 24.01.2006); **D:** incorreta, eis que a Seção III do Capítulo II da Portaria 186/2008 do MTE trata especificamente desta hipótese de mediação.

Gabarito "B"

(Ministério Público do Trabalho – 12°) Quanto à arbitragem, é CORRETO afirmar que:

(A) a Lei Orgânica do Ministério Público da União, expressamente, permite que membro do Ministério Público do Trabalho atue como árbitro, se assim for solicitado pelas partes, nos dissídios de competência da Justiça do Trabalho;

(B) a legislação trabalhista brasileira não admite expressamente a arbitragem de ofertas finais;

(C) a sentença arbitral é título executivo previsto expressamente na CLT, juntamente com termo de compromisso de ajustamento de conduta firmado perante o Ministério Público do Trabalho;

(D) não era prevista expressamente na redação original Constituição da República com relação às lides de competência da Justiça do Trabalho;

(E) não respondida.

A: correta, art. 83, XI, da LC 75/1993; **B:** incorreta, conforme art. 37 da Lei 12.815/2013 (art. 23, § 1°, da revogada Lei 8.630/1993) e art. 4°, II, da Lei 10.101/00, por exemplo; **C:** incorreta, art. 876 da CLT; **D:** a arbitragem constava da redação original do art. 114, § 2.°, da CF.

Gabarito "A".

1.4. PROCESSO E AÇÃO: PROVIMENTOS JURISDICIONAIS, PRESSUPOSTOS PROCESSUAIS E CONDIÇÕES DA AÇÃO

(Magistratura do Trabalho – 1ª Região – 2004) Luís de Camões, escritor, propôs reclamação trabalhista em face de Guilherme Shakspeare Editores Ltda., na qual pretende que se reconheça que o contrato, mantido entre ele e a ré, era de emprego. Em defesa, arguem-se preliminares de incompetência do juízo, porque não era de emprego a relação; de carência de ação por ilegitimidade de parte, porque o autor não era empregado da ré; no mérito se alega que não houve relação de emprego. Com a defesa, veio o contrato firmado pelas partes, dando conta de que fora, o reclamante, contratado como autônomo para escrever três livros, no prazo de três anos, para publicação pela reclamada, pagando-se um valor fixo por livro.

Dentre as alternativas abaixo, assinale a correta atitude do juiz da causa:

(A) acolher a preliminar de incompetência, remetendo os autos à Justiça Comum, porquanto, pelo contrato vindo aos autos, a relação não era de emprego, não se aplicando, então, o disposto no art. 114 da Constituição Federal;

(B) deferir às partes a possibilidade da produção de provas, prolatando sentença de mérito;

(C) julgar improcedente o pedido, sem permitir outras provas, porque o contrato demonstra a inexistência do vínculo de emprego;

(D) deferir a produção de provas, julgando procedente o pedido, acaso demonstrada a existência da relação de emprego, ou extinguindo o feito sem julgamento do mérito pela carência de ação, se ficasse comprovado que o contrato não era de emprego;

(E) proferir sentença terminativa, com base no documento vindo com a defesa, sem permitir a produção de outras provas, porquanto o contrato já demonstrava que o autor não era empregado.

Ainda que a questão seja anterior à EC 45/04, não haveria que se falar em incompetência material da Justiça do Trabalho, na medida em que esta é definida, classicamente, pelo pedido e pela causa de pedir. Se o pedido é de reconhecimento de vínculo trabalhista e a causa de pedir se assenta em fundamentos neste sentido, a competência é da Justiça do Trabalho. Quanto às condições da ação, essas são analisadas em *statu assertionis* (teoria da asserção), isto é, tal como alegado pelo autor, considerando-se todos os fatos articulados como se verdadeiros fossem. Acaso necessária a dilação probatória para se considerar ilegítima a parte, inadequada ou inútil a via eleita ou impossível o pedido, o exame passa a ser de mérito. Finalmente, quanto à prova preconstituída, na medida em que vigora no Direito do Trabalho o princípio da primazia da realidade, a substância do ato avulta sobre a forma, sendo insuficiente a existência de contrato intitulado como de prestação de serviços autônomos.

Gabarito "B".

(Magistratura do Trabalho – 11ª Região – 2007 – FCC) Ao ser citada para contestar uma reclamação trabalhista ajuizada por ex-empregado, a reclamada verifica que está sendo repetido pedido de horas extras já decidido por sentença da qual não cabe mais nenhum recurso. A reclamada em defesa deverá:

(A) opor exceção de coisa julgada.

(B) arguir preliminar de coisa julgada.

(C) opor exceção de nulidade.

(D) arguir litigância de má-fé.

(E) arguir preliminar de carência de ação.

Trata-se de matéria preliminar ao mérito, de acordo com os arts. 267, V, e 467 do CPC.

Gabarito "B".

(Magistratura do Trabalho – 24ª Região – 2007) Assinale a alternativa INCORRETA:

(A) A teoria da tríplice identidade (*tri eadem*) é capaz de justificar todas as hipóteses configuradoras de litispendência.

(B) A teoria da identidade da relação jurídica excepciona a regra geral da tríplice identidade.

(C) A teoria da identidade da relação jurídica autoriza o reconhecimento da litispendência.

(D) A teoria da identidade da relação jurídica mitiga a identidade física para configurar a litispendência.

(E) A teoria da identidade da relação jurídica tem sido aplicada em casos de concomitância entre ações típicas de substituição processual e ação individual.

A teoria da tríplice identidade (que define que uma demanda é idêntica a outra quando houver identidade de partes, causa de pedir e pedido) é proveniente do Código Napoleônico, art. 1351, e foi positivada pelos §§ 1° e 2.° do art. 301 do CPC. Entretanto, haverá ocasiões em que a litispendência ocorre sem que haja a tríplice identidade. Por exemplo, pode haver litispendência entre processos ajuizados por partes distintas (como no caso de ações civis públicas com idênticos objetos e causa de pedir, uma ajuizada pelo Ministério Público e outra pelo sindicato, hipótese em que será necessário investigar a qualidade com que a parte litiga) ou sem identidade na causa de pedir próxima (como no caso de se pleitear verbas da despedida indireta por violação das normas contratuais pelo empregador e intentar-se nova ação, com base nos mesmos fatos, aludindo-se desta vez à exigência de serviços superiores às forças do empregado como fundamento jurídico). Aplica-se eventualmente, portanto, a teoria da identidade da relação jurídica, segundo a qual o novo processo deve ser extinto quando a *res in iudicium deducta* for idêntica à que se deduziu no processo primitivo, ainda que haja diferença entre alguns dos elementos identificadores da demanda.

Gabarito "A".

(Magistratura do Trabalho – 14ª Região – 2011) Segundo melhor doutrina as ações trabalhistas individuais, cujos titulares são pessoas singularmente consideradas, destinam-se à obtenção de um pronunciamento jurisdicional sobre interesses concretos e individualizados e dividem-se em:

(A) condenatórias, mandamentais, declaratórias e executórias.
(B) condenatórias, constitutivas, declaratórias, executórias, finalísticas e cautelares.
(C) constitutivas, declaratórias, executórias, cautelares e finalísticas.
(D) condenatórias, constitutivas, declaratórias e executórias.
(E) condenatórias, constitutivas, declaratórias, executórias e cautelares.

Seguindo-se a tradição germânica do século XIX, as ações são classificadas, segundo o provimento esperado, em ação de conhecimento, executiva e cautelar. Quanto às primeiras, subdividem-se, à luz da carga de eficácia das sentenças, em ações meramente declaratórias, condenatórias e constitutivas. Assim, segundo a teoria tradicional da ação, a resposta "E" é a correta. Incrementando tal classificação, Pontes de Miranda já vislumbrava novas categorias de provimentos jurisdicionais, aduzindo à existência de tutelas mandamentais e executivas *lato sensu* dentre as subdivisões da ação de conhecimento. As primeiras teriam, por objeto, uma ordem judicial para que se faça ou se deixe de fazer algo, sendo exemplo o mandado de segurança e a ação de modificação de registro público; já as segundas representariam a possibilidade de convivência, na ação de conhecimento, de medidas executivas, possibilitando ao Juízo determinar a entrega do bem da vida à míngua de uma ação executiva autônoma. Hodiernamente, a classificação tradicional revela-se mais complexa, haja vista o sincretismo entre a ação de conhecimento e a ação de execução, de acordo com as reformas do ordenamento processual brasileiro verificadas na última década que culminaram na fase de *cumprimento da sentença*, em substituição à execução de sentença.

Gabarito "E".

2. JUSTIÇA DO TRABALHO: ORGANIZAÇÃO E COMPETÊNCIA

2.1. ORGANIZAÇÃO

(Magistratura do Trabalho – 2ª Região – 2011) Analise as seguintes proposições que dizem respeito à organização da Justiça do Trabalho e o Poder Judiciário:

I. A Emenda Constitucional 45, de 2004, introduziu significativas alterações no artigo 111 da Constituição da República, dentre as quais, reguladas no artigo 111-A, a instituição de dois novos organismos de funcionamento junto ao TST, a Escola Nacional de Formação e Aperfeiçoamento de Magistrados do Trabalho e o Conselho Superior da Justiça do Trabalho.
II. Ao Conselho Superior da Justiça do Trabalho cabe exercer, na forma da lei, a supervisão administrativa, orçamentária, financeira e patrimonial da Justiça do Trabalho de primeiro e segundo graus, como órgão central do sistema e suas decisões terão efeito vinculante.
III. A Emenda Constitucional 45, de 2004, incluiu, na Constituição da República, o Conselho Nacional de Justiça como órgão do Poder Judiciário, ao qual compete, dentre outras funções, controlar o cumprimento dos deveres funcionais dos juízes.
IV. A aferição do merecimento para a promoção de magistrado na carreira deve dar-se conforme o seu desempenho e por critérios objetivos de produtividade e presteza no exercício da jurisdição, bem como pela frequência e aproveitamento em cursos oficiais ou reconhecidos de aperfeiçoamento.
V. A União criará ouvidorias de justiça, competentes para receber reclamações e denúncias de qualquer interessado contra membros ou órgãos do Poder Judiciário, ou contra seus serviços auxiliares, representando diretamente ao Conselho Nacional de Justiça.

Responda:

(A) Apenas as assertivas I, II e IV são corretas.
(B) Apenas as assertivas I, III e V são corretas.
(C) Apenas as assertivas II, III e IV são corretas.
(D) Apenas as assertivas II, IV e V são corretas.
(E) Todas as assertivas são corretas.

I: correta, conforme art. 111-A, § 2º, I e II, da CF; **II:** correta, art. 111-A, § 2º, II, da CF; **III:** correta, art. 103-B, § 4º, da CF; **IV:** correta, art. 93, II, *c*, da CF; **V:** correta, art. 103-B, § 7º, da CF.

Gabarito "E".

(Magistratura do Trabalho – 2ª Região – 2010) No que se refere à organização da Justiça do Trabalho, assinale a alternativa correta:

(A) Os órgãos da Justiça do Trabalho funcionarão perfeitamente coordenados, em regime de mútua colaboração, sob a orientação do presidente do Tribunal Superior do Trabalho.
(B) Os órgãos da Justiça do Trabalho funcionarão perfeitamente coordenados, em regime de mútua colaboração, sob a orientação do presidente do Tribunal Regional do Trabalho da Região respectiva
(C) Os órgãos da Justiça do Trabalho funcionarão de forma independente, sob a orientação do presidente do Tribunal Superior do Trabalho.
(D) Os órgãos da Justiça do Trabalho funcionarão de forma independente, sob a orientação do presidente do Tribunal Regional do Trabalho da Região respectiva.
(E) Os órgãos da Justiça do Trabalho funcionarão perfeitamente coordenados, em regime de mútua colaboração, sob a orientação do presidente do Conselho Superior da Justiça do Trabalho.

Art. 646 da CLT.

Gabarito "A".

(Magistratura do Trabalho – 8ª Região – 2011) Em relação à Organização da Justiça do Trabalho, assinale a alternativa INCORRETA:

(A) O Brasil espelhou-se no modelo da Itália, que possuía um ramo do Judiciário especializado na solução dos conflitos trabalhistas, composto por representantes do Estado (juiz togado), dos empregadores e dos empregados (juiz classista), até a extinção desse modelo paritário pela Emenda Constitucional 24/1999.

(B) O Tribunal Superior do Trabalho, considerado o órgão máximo da organização judiciária do trabalho, com sede na Capital Federal, é composto por 27 juízes, com o título de Ministros, nomeados pelo Presidente da República, após aprovação do Senado Federal. Dentre esses, um quinto entre advogados com mais de dez anos de efetiva atividade profissional e membros do Ministério Público do Trabalho, com mais de dez anos de efetivo exercício. Os demais membros são indicados entre Juízes dos Tribunais Regionais do Trabalho, pelo próprio TST e escolhidos pelo Presidente da República, após aprovação do Senado Federal, o que não significa que o TST seja extensão da carreira de magistrado trabalhista, visto que não há promoção por critérios alternados de merecimento e antiguidade para o acesso àquele órgão.

(C) Os Tribunais Regionais do Trabalho instalarão a justiça itinerante, com a realização de audiências e demais funções de atividade jurisdicional, nos limites territoriais da respectiva jurisdição, servindo-se de equipamentos públicos e comunitários.

(D) A lei criará varas da Justiça do Trabalho, podendo, nas comarcas não abrangidas por sua jurisdição, atribuí-la aos juízes de direito, com recurso para o respectivo Tribunal de Justiça.

(E) Funcionará junto ao Tribunal Superior do Trabalho a Escola Nacional de Formação e Aperfeiçoamento de Magistrados do Trabalho, cabendo-lhe, dentre outras funções, regulamentar os cursos oficiais para o ingresso e promoção na carreira.

A: assertiva correta, na origem, a organização da Justiça do Trabalho no Brasil foi inspirada pelo sistema paritário da Itália fascista. Embora houvesse a Itália abandonado tal sistema paritário no pós-guerra, o Brasil manteve a estrutura intacta até a EC 21/1999, que extinguiu a representação classista; **B:** assertiva correta, de acordo com a CF, art. 111-A, I e II. Como explica Wagner Giglio, a inclusão dos ministros oriundos da advocacia e do Ministério Público foi determinada pela Carta de 1967 (art. 141, § 1º, *a*, da EC n. 1/1969), estendendo à Justiça do Trabalho a tradição prevalente nos demais Tribunais. "A determinação no sentido de que os demais sejam escolhidos entre Juízes do Trabalho, outra novidade instituída pela Constituição de 1967, veio criar acesso àquela Corte, embora não se possa falar em extensão da carreira de magistrado trabalhista, pois não há direito a promoções por critérios alternados de antiguidade e merecimento: o Tribunal Superior indica, livremente, os nomes de três desembargadores federais do trabalho ao Presidente da República, que escolhe, também livremente, um deles para ser submetido ao escrutínio do Senado e nomeado, após a aprovação deste"; **C:** assertiva correta, art. 115, § 1º, da CF; **D:** assertiva incorreta, devendo ser assinalada, pois dispõe o art. 112 da CF que o recurso será dirigido para o Tribunal Regional do Trabalho; **E:** assertiva correta, art. 111-A, § 2º, I, da CF.

Gabarito "D"

(Magistratura do Trabalho – 14ª Região – 2011) Quanto à composição dos Tribunais Regionais do Trabalho a Constituição Federal de 1988 assim estabelece:

(A) Serão compostos por, no mínimo 7 (sete) juízes, recrutados, quando possível, na respectiva região e nomeados pelo Presidente da República dentre brasileiros com mais de trinta e cinco e menos de sessenta e cinco anos de idade.

(B) Serão compostos por, no mínimo 5 (cinco) juízes, recrutados, quando possível, na respectiva região e nomeados pelo Presidente da República dentre brasileiros com mais de trinta e cinco e menos de sessenta e cinco anos de idade.

(C) Serão compostos por, no mínimo 5 (cinco) juízes, recrutados, quando possível, na respectiva região e nomeados pelo Presidente da República dentre brasileiros com mais de trinta e menos de sessenta anos de idade.

(D) Serão compostos por, no mínimo 7 (sete) juízes, recrutados, quando possível, na respectiva região e nomeados pelo Presidente da República dentre brasileiros com mais de trinta e menos de sessenta e cinco anos de idade.

(E) Serão compostos por, no mínimo 7 (sete) juízes, recrutados, quando possível, na respectiva região e nomeados pelo Presidente da República dentre brasileiros com mais de trinta e cinco menos de sessenta anos de idade.

Art. 115 da CF.

Gabarito "D"

(Magistratura do Trabalho – 16ª Região – 2006) Marque a alternativa CORRETA:

(A) Na Justiça do Trabalho existem três corregedorias: a geral, a regional e a local.

(B) A atividade do corregedor é de natureza jurisdicional.

(C) Cabe reclamação correicional contra erro de julgamento do juiz.

(D) Cabe reclamação correicional contra erro de procedimento do juiz.

(E) Cabe reclamação correicional mesmo quando o ato pode ser impugnado por via de recurso ou mandado de segurança.

A: incorreta, pois inexiste Corregedoria local, ficando a correição nas Varas a cargo do Corregedor-regional, nos termos do regimento interno do respectivo Tribunal ou, supletivamente, na forma do art. 682, XI, da CLT; **B:** incorreta, pois a atividade do corregedor é de natureza administrativa (art. 709 da CLT); **C:** incorreta, pois a correição parcial, sobre cuja natureza jurídica a doutrina diverge (para José Frederico Marques possui natureza recursal, Mauro Schiavi entende tratar-se de ação incidental e Amauri Mascaro Nascimento a vê como um procedimento administrativo), é instrumento destinado a corrigir ato tumultuário da boa ordem processual, não contando com uma regulamentação específica. Seja como for, é pacífico que se destina a corrigir *error in procedendo*, e não o *error in judicando*, eis que este desafia os recursos legalmente tipificados; **D:** correta, pelos motivos expostos no comentário à alternativa C. **E:** incorreta, pois de acordo com o art. 709, II, da CLT compete ao Corregedor "decidir reclamações contra os atos atentatórios da boa ordem processual praticados pelos Tribunais Regionais e seus presidentes, quando inexistir recurso específico".

Gabarito "D"

(Magistratura do Trabalho – 21ª Região – 2005) Consideradas as afirmações abaixo, marque a letra que contém a resposta correta:

I. Aplicam-se, subsidiariamente, ao Direito Processual do Trabalho, os institutos, normas e doutrina do Direito Processual comum, desde que: exista omissão na Consolidação das Leis do Trabalho e demais leis trabalhistas, haja compatibilidade com a legislação processual do trabalho e não prejudique sua celeridade e simplificação, seja possível a adaptação às peculiaridades do processo trabalhista e exista compatibilidade material com o Direito Processual do Trabalho.

II. Nos termos da Constituição da República vigente, integram a Justiça do Trabalho, como seus órgãos, somente: o Tribunal Superior do Trabalho, os Tribunais Regionais do Trabalho e os Juízes do Trabalho.

III. Funcionam junto ao Tribunal Superior do Trabalho – este composto de vinte e sete Ministros, escolhidos entre brasileiros com mais de trinta e cinco anos e menos de sessenta e cinco anos de idade – a Escola Nacional de Formação e Aperfeiçoamento de Magistrados do Trabalho e o Conselho Superior da Justiça do Trabalho, cabendo, ao último, exercer a supervisão administrativa, funcional, orçamentária, financeira e patrimonial de toda a Justiça do Trabalho, na forma da lei, como órgão central do sistema, cujas decisões terão efeito vinculante.

IV. O Tribunal Superior do Trabalho tem jurisdição em todo o território nacional, competindo ao respectivo Tribunal Pleno, entre outras incumbências previstas no Regimento Interno: aprovar, revisar ou cancelar Súmula, Precedente Normativo e Orientação Jurisprudencial das Subseções, e, em matéria judiciária, processar e julgar os mandados de segurança e os recursos do interesse dos juízes e servidores da Justiça do Trabalho, bem como julgar os recursos interpostos das decisões dos Tribunais Regionais do Trabalho em processo administrativo disciplinar envolvendo magistrado, estritamente para controle da legalidade.

V. Compete ao Corregedor-Geral da Justiça do Trabalho, entre outras providências previstas no Regimento Interno do Tribunal Superior do Trabalho: decidir as reclamações contra atos atentatórios à boa ordem processual, praticados pelos Tribunais Regionais, seus Presidentes e juízes, quando inexistir recurso específico; exercer as funções de inspeção e correição permanente ou periódica, ordinária ou extraordinária, parcial ou total; e distribuir os processos aos Ministros do Tribunal, segundo as regras regimentais e resoluções administrativas.

(A) Todas estão corretas.
(B) Somente I e II estão corretas.
(C) I, II e III estão corretas.
(D) III e IV estão corretas.

I: correta, de acordo com o gabarito oficial, porém a afirmativa revela-se extremamente controvertida, pois em nenhum momento o direito positivo (CLT, art. 769) alude à importação da doutrina do direito processual comum ou ressalva expressamente a questão da celeridade e da simplificação. Assim, somente em um sentido poético estaria correto o enunciado, partindo da premissa de que a linguagem empregada é a da Ciência do Direito (e não a do Direito Positivo) e que a abordagem se refere às lacunas normativas, axiológicas e ontológicas, vindo calcada na corrente hermenêutica dita evolutiva; **II:** correta, art. 111 da CF; **III:** incorreta, pois ao CSJT não compete a supervisão funcional da magistratura trabalhista (art. 111-A, § 2º, II, da CF); **IV:** incorreta, art. 70 da Resolução Administrativa 908/2002, em vigor à época do concurso (a Resolução Administrativa 1.295/2008, atual Regimento Interno do TST, revogou a Resolução 908); **V:** art. 40 da Resolução Administrativa 908/2002, em vigor à época do concurso (a Resolução Administrativa 1.295/2008, atual Regimento Interno do TST, revogou a Resolução 908).

Gabarito "B".

(Ministério Público do Trabalho – 14º Região) No que diz respeito à organização da Justiça do Trabalho:

I. Na composição do Tribunal Superior do Trabalho (TST), devem constar Ministros que tenham sido Juízes de Tribunais Regionais do Trabalho, livremente indicados em lista tríplice elaborada pelo próprio Tribunal Superior e nomeados pelo Presidente da República, após aprovação pela maioria absoluta do Senado Federal.

II. Um quinto dos Ministros do TST devem ser escolhidos dentre advogados com mais de dez anos de efetiva atividade profissional, notório saber jurídico e reputação ilibada, indicados em lista sêxtupla pelo órgão de representação de sua classe.

III. Ao Conselho Superior da Justiça do Trabalho cabe exercer, na forma da lei, a supervisão administrativa, orçamentária, financeira e patrimonial da Justiça do Trabalho de primeiro e segundo graus.

IV. Os Tribunais Regionais do Trabalho instalarão a Justiça Itinerante, com a realização de audiências e demais funções de atividade jurisdicional, nos limites territoriais da respectiva jurisdição, servindo-se de equipamentos públicos e comunitários.

De acordo com as assertivas acima, pode-se afirmar que:

(A) apenas as alternativas I e IV estão corretas;
(B) apenas a alternativa II está errada;
(C) apenas as alternativas III e IV estão corretas;
(D) apenas as alternativas II e IV estão corretas;
(E) não respondida.

I: incorreta, pois não há liberdade na indicação, que deverá recair sobre magistrados oriundos da carreira (art. 111-A, *caput*,e II, da CF); **II:** incorreta, arts. 94 e 111-A, I, da CF; **III:** correta, art. 111-A, § 2º, II, da CF; **IV:** correta, art. 115, § 1º, da CF.

Gabarito "C".

2.2. COMPETÊNCIA

(Magistratura do Trabalho – 1ª Região – 2004) Apresentada a exceção de incompetência o prazo para o exceto se pronunciar é de:

(A) dez dias;
(B) oito dias;

(C) cinco dias;
(D) 48 horas;
(E) 24 horas.

Art. 800 da CLT.
Gabarito "E"

(Magistratura do Trabalho – 1ª Região – 2004) Assinale a alternativa correta:

(A) a Justiça do Trabalho é competente para julgar ação na qual o sindicato, em nome próprio, pleiteia o recolhimento de desconto assistencial previsto em sentença normativa, convenção ou acordo coletivos;
(B) a Justiça do Trabalho é competente para julgar ação na qual o sindicato, em nome próprio, pleiteia o recolhimento de desconto assistencial previsto em convenção ou acordo coletivos, mas não em sentenças normativas, em que não pode constar a determinação de recolhimento de tal contribuição;
(C) a Justiça do Trabalho é competente para julgar ação na qual o sindicato, em nome próprio, pleiteia o recolhimento de desconto assistencial previsto em acordo coletivo, mas não em convenções coletivas, nem sentenças normativas;
(D) a Justiça do Trabalho é incompetente para julgar ação na qual o sindicato, em nome próprio, pleiteia o recolhimento de desconto assistencial previsto em sentença normativa, convenção ou acordo coletivos;
(E) a Justiça do Trabalho é incompetente para julgar ação na qual o sindicato, em nome próprio, pleiteia o recolhimento de desconto assistencial previsto em convenção ou acordo coletivos, mas é competente para julgar as ações de cobrança da contribuição assistencial, desde que fixadas em sentenças normativas.

Art. 114, III, da CF e art. 1º da Lei 8.984/95 (v. súmula 222 do STJ).
Gabarito "A"

(Magistratura do Trabalho – 2ª Região – 2012) Analise as proposições quanto à competência territorial da Justiça do Trabalho, nos termos da Consolidação das Leis do Trabalho.

I. A competência das Varas é determinada pela localidade onde o empregado, reclamante ou reclamado, prestar serviços ao empregador, salvo se contratado noutro local ou no estrangeiro.
II. Quando for parte no dissídio agente ou viajante comercial, a competência será da Vara da localidade em que a empresa tenha agência ou filial e a esta o empregado esteja subordinado.
III. Quando for parte no dissídio agente ou viajante comercial, a competência será da Vara da localidade em que o empregado tenha domicílio ou a localidade mais próxima, se não houver agência ou filial a que o empregado esteja subordinado.
IV. A competência das Varas do Trabalho estende-se aos dissídios ocorridos em agência ou filial no estrangeiro, desde que o empregado seja brasileiro e não haja convenção internacional dispondo em contrário.
V. Em se tratando de empregador que promova realização de atividades fora do lugar do contrato de trabalho, o empregado deverá apresentar reclamação no local de execução de suas atividades.

Estão **corretas apenas** as proposições:

(A) I, II e III.
(B) I, III e IV.
(C) II, III e IV.
(D) I, III e V. E)II, IV e V.

I: incorreta, pois a competência será determinada pela localidade onde o empregado, reclamante ou reclamado, prestar serviços ao empregador, ainda que tenha sido contratado noutro local ou no estrangeiro (art. 651, da CLT); **II:** correta, art. 651, § 1º, da CLT; **III:** correta, art. 651, § 1º, da CLT; **IV:** correta, art. 651, § 2º, da CLT; **V:** incorreta, pois o empregado apresentará reclamação no foro da celebração do contrato ou no da prestação dos respectivos serviços (art. 651, § 3º, da CLT).
Gabarito "C"

(Magistratura do Trabalho – 2ª Região – 2012) Considera as assertivas seguintes quanto à competência, o alcance, e o procedimento da execução das contribuições previdenciárias no processo do trabalho, é **INCORRETO** afirmar:

(A) Serão executadas "ex officio" as contribuições sociais devidas em decorrência de decisão proferida pelos Juízes e Tribunais do Trabalho, resultantes de condenação ou homologação de acordo.
(B) Faculta-se ao devedor o pagamento imediato da parte que entender devida à Previdência Social, sem prejuízo da cobrança de eventuais diferenças encontradas na execução "ex officio".
(C) Elaborada a conta pela parte ou pelos órgãos auxiliares da Justiça do Trabalho, o juiz procederá à intimação da União para manifestação, no prazo de 30 (trinta) dias, sob pena de preclusão.
(D) Sendo ilíquida a sentença exequenda, ordenar-se-á, previamente, a sua liquidação, que abrangerá, também, o cálculo das contribuições previdenciárias devidas.
(E) O Ministro de Estado da Fazenda poderá, mediante ato fundamentado, dispensar a manifestação da União quando o valor total das verbas que integram o salário-de-contribuição, ocasionar perda de escala decorrente da atuação do órgão jurídico.

A: assertiva correta, Art. 876, parágrafo único, da CLT; **B:** assertiva correta, art. 878-A, da CLT; **C:** assertiva incorreta, devendo ser assinalada. O prazo para manifestação da União será de 10 (dez) dias (Art. 879, § 2º, da CLT); **D:** assertiva correta, art. 879, § 1º-A, da CLT; **E:** assertiva correta, art. 879, § 5º, da CLT.
Gabarito "C"

(Magistratura do Trabalho – 2ª Região – 2010) Com relação ao procedimento do conflito de competência no Processo do Trabalho não é correto afirmar:

(A) O juiz, a parte ou o Ministério Público do Trabalho suscitarão o conflito perante o presidente do Tribunal.
(B) Nos Tribunais Regionais do Trabalho, divididos em Turmas, compete ao Pleno o julgamento dos conflitos de competência entre suas Turmas.

(C) Havendo conflito de competência entre o Tribunal Superior do Trabalho e o Superior Tribunal de Justiça ou qualquer outro Tribunal, a competência para dirimi-lo será do Supremo Tribunal Federal.

(D) Se o conflito de competência ocorrer entre Vara do Trabalho e Juiz de Direito investido da jurisdição trabalhista, a competência para solucioná-lo será do Superior Tribunal de Justiça.

(E) No âmbito do TST, compete à Seção Especializada em Dissídios Coletivos julgar os conflitos de competência entre Tribunais Regionais do Trabalho em processos de dissídio coletivo.

A: assertiva correta, art. 805 da CLT (v. também o art. 806 do mesmo diploma legal); **B:** assertiva correta, art. 678, I, *c*, 3, da CLT; **C:** assertiva correta, art. 102, I, *o*, da CF; **D:** assertiva incorreta, devendo ser assinalada, pois compete à Justiça do Trabalho processar e julgar os conflitos de competência entre órgãos com jurisdição trabalhista, ressalvado o disposto no art. 102, I, *o*, da CF (v. art. 114, V, da CF e arts. 678, I, *c*, 3, 808, *a*, da CLT); **E:** assertiva correta, art. 2º, I, *e*, da Lei 7.701/1988.

Gabarito "D"

(Magistratura do Trabalho – 3ª Região – 2009) A Emenda Constitucional número 45 aumentou significativamente a competência da Justiça do Trabalho e suscitou controvérsia doutrinária e jurisprudencial quanto aos limites dessa competência. A respeito dela e das questões de competência em geral, leia as afirmações abaixo e, em seguida, assinale a alternativa correta:

I. O Tribunal Superior do Trabalho editou súmula acerca da competência da Justiça do Trabalho para processar e julgar a ação de cobrança ajuizada por profissional liberal contra cliente.

II. O Tribunal Superior do Trabalho editou súmula acerca da competência da Justiça do Trabalho para processar e julgar ação indenizatória proposta por viúva e filhos de empregado falecido em acidente de trabalho.

III. O Tribunal Superior do Trabalho editou súmula acerca da competência da Justiça do Trabalho para dirimir controvérsias referentes à indenização por danos morais, quando decorrente da relação de trabalho.

IV. O Superior Tribunal de Justiça editou súmula no sentido de que a competência estabelecida pela EC 45 não alcança os processos já sentenciados.

V. Na execução por carta precatória, os embargos de terceiro serão oferecidos no juízo deprecante ou no juízo deprecado, mas a competência para julgá-los é do juízo deprecante, salvo se versarem, unicamente, sobre vícios ou irregularidades da penhora, avaliação ou alienação dos bens, praticados pelo juízo deprecado, em que a competência será deste último.

(A) Somente uma afirmativa está correta.
(B) Somente duas afirmativas estão corretas.
(C) Somente três afirmativas estão corretas.
(D) Somente quatro afirmativas estão corretas.
(E) Todas as afirmativas estão corretas.

I: incorreta, pois o STJ é o responsável pela elaboração da mencionada súmula (v. Súmula 363); **II:** incorreta, pois o STJ foi o responsável pela elaboração da mencionada súmula que atualmente encontra-se cancelada (v. Súmula 366); **III:** correta, Súmula 392 do TST; **IV:** correta, Súmula 367 do STJ; **V:** correta, Súmula 419 do TST.

Gabarito "C"

(Magistratura do Trabalho – 3ª Região – 2008) Um juiz de Vara do Trabalho de cidade do interior do Estado recebeu para despachar, pela primeira vez em sua carreira de magistrado trabalhista, os autos de um mandado de segurança impetrado por uma empresa contra ato de Subdelegado do Trabalho da mesma cidade que exigia depósito de multa aplicada à empresa por infração à legislação do trabalho para interposição de recurso administrativo. Primeiramente, o juiz consultou a CLT e deparou com o art. 678, inciso I, letra "b", n. 3, que dispõe que "Aos Tribunais Regionais, quando divididos em Turmas, compete: I - ao Tribunal Pleno, especialmente: b) processar e julgar originariamente: 3) os mandados de segurança". Antes de resolver remeter os autos do mandado de segurança para o TRT, o juiz pesquisou ainda o conteúdo de outras normas legais e constitucionais vigentes. Após esta pesquisa, como o juiz deveria proceder ? Assinale a alternativa correta:

(A) processar e julgar o mandado de segurança.
(B) declarar-se incompetente e remeter o mandado de segurança mesmo para o TRT.
(C) declarar-se incompetente e remeter o mandado de segurança para uma das Varas do Trabalho da Capital do Estado.
(D) declarar-se incompetente e remeter o mandado de segurança para um juiz federal de 1º Grau.
(E) declarar-se incompetente e remeter o mandado de segurança para o TRF.

Art. 114, VII, da CF.

Gabarito "A"

(Magistratura do Trabalho – 7ª Região – 2005) Examine as proposições abaixo, conforme sejam verdadeiras (V) ou falsas (F), e assinale a opção correta.

( ) Nos dissídios individuais que tenham como parte empregado agente ou viajante comercial, a Vara competente para solucionar o conflito será a do domicílio do empregado ou da localidade mais próxima. Havendo, porém, Vara do Trabalho na localidade em que a empresa tenha agência ou filial, ainda que a ela não esteja subordinado o empregado, o aludido órgão judiciário será, preferencialmente, o competente para conhecer da reclamação trabalhista e julgá-la.

( ) Não havendo convenção internacional dispondo em sentido contrário, a competência territorial das Varas do Trabalho estende-se às lides ocorridas em agência ou filial no estrangeiro, desde que o empregado seja brasileiro, independentemente da nacionalidade do empregador.

( ) Tratando-se de empregador que promova realização de atividades fora do lugar do contrato de trabalho, ao trabalhador a lei assegura a opção de ajuizamento da reclamação trabalhista no foro da prestação de serviços ou no do seu domicílio.

( ) Tratando-se de contrato individual de trabalho, a cláusula que estipula foro de eleição não possui validade, ante as inderrogáveis disposições legais que delimitam a competência da Justiça do Trabalho. Ajuizada, porém, reclamação trabalhista perante a Vara do Trabalho da localidade escolhida no contrato, prorrogada estará a competência daquele juízo, se não oposta, tempestivamente, a exceção de incompetência em razão do lugar.

(A) V - V - F - F
(B) F - V - F - V
(C) F - F - V - V
(D) V - F - V - V
(E) F - V - F - F

I: falsa, pois a competência será da Vara da localidade em que a empresa tenha agência ou filial e a esta o empregado esteja subordinado e, na falta, será competente a Vara da localização em que o empregado tenha domicílio ou a localidade mais próxima (art. 651, § 1º, da CLT); **II:** verdadeira, art. 651, § 2º, da CLT (v. Súmula 207 do TST, quanto ao critério de direito material a ser aplicado); **III:** falsa, pois é assegurado ao empregado apresentar reclamação no foro da celebração do contrato ou no da prestação dos respectivos serviços (art. 651, § 3º, da CLT); **IV:** verdadeira, por definição (v. TRT-15.ª Região, Proc. 15744/99, 4.ª Turma, Rel. Juiz Levi Ceregato, *DOESP* 03.10.2000, p. 51).

Gabarito "B"

(Magistratura do Trabalho – 8ª Região – 2011) No que diz respeito à competência da Justiça do Trabalho, analise as proposições abaixo e marque a alternativa CORRETA:

I. Segundo jurisprudência consolidada pela SDI-1 do Tribunal Superior do Trabalho, compete à Justiça do Trabalho julgar pedidos de direitos e vantagens, previstos na legislação trabalhista, referentes a período anterior à Lei n. 8.112/90, mesmo que a ação tenha sido ajuizada após a sua edição. A superveniência de regime estatutário em substituição ao celetista, mesmo após a sentença, limita a execução ao período celetista.
II. É facultada ao empregado a escolha do foro para a apresentação da reclamação trabalhista, podendo demandar naquele onde o contrato foi celebrado ou onde ocorreu a prestação dos respectivos serviços, quando se tratar de agente ou viajante comercial.
III. A competência das Varas do Trabalho é determinada pela localidade onde o empregado prestar serviços ao empregador, ainda que tenha sido contratado em outro local, prevalecendo tal regra se se tratar de dissídios ocorridos em agência ou filial no estrangeiro, desde que o empregado seja brasileiro e não haja convenção internacional dispondo em contrário.
IV. Possui legitimidade para suscitar o conflito de competência absoluta apenas o juiz ou a parte interessada, pessoalmente ou por seu representante.

(A) Apenas a alternativa IV está correta.
(B) As alternativas I e IV estão corretas.
(C) As alternativas II e III estão corretas.
(D) As alternativas III e IV estão corretas.
(E) As alternativas I e III estão corretas.

I: correta, OJ 138 da SDI-1 do TST; **II:** incorreta, pois a competência será da Vara da localidade em que a empresa tenha agência ou filial e a esta o empregado esteja subordinado e, na falta, será competente a Vara da localização em que o empregado tenha domicílio ou a localidade mais próxima (art. 651, § 1º, da CLT); **III:** correta, art. 651, *caput* e § 2º, da CLT; **IV:** incorreta, pois além do juiz e da parte interessada, podem suscitar conflito de jurisdição os Tribunais do Trabalho, o Procurador-Geral e os Procuradores Regionais da Justiça do Trabalho (art. 805 da CLT).

Gabarito "E"

(Magistratura do Trabalho – 8ª Região – 2006) Sobre competência em razão da matéria, das pessoas, funcional e do lugar, no Processo do Trabalho, é correto afirmar que:

(A) A fixação da competência material da Justiça do Trabalho depende daquilo que o autor leva para o processo, isto é, repousa na causa de pedir e no pedido deduzidos em juízo, vinculados com relação de trabalho, inclusive danos morais e materiais, mesmo que a decisão de mérito envolva a aplicação de norma de direito civil ou de outros ramos do direito.
(B) A competência funcional para processar e julgar os dissídios coletivos é dos Tribunais Regionais do Trabalho e do Tribunal Superior do Trabalho conforme a área de abrangência do conflito, cujo Poder Normativo é amplo e ilimitado, pois a Justiça do Trabalho é o único ramo do Poder Judiciário que possui competência material para criar normas gerais e abstratas destinadas às categorias profissionais ou econômicas.
(C) A Justiça do Trabalho é competente para processar e julgar ação anulatória proposta pelo Ministério Público do Trabalho, que tenha por objeto a declaração de ilegalidade de cláusula de convenção ou acordo coletivo que contenha contribuição confederativa ou taxa de assistência sindical, como também é competente para as ações entre sindicato e trabalhador (es) ou entre sindicato e empregador (es) que tenham por objeto a controvérsia sobre tais contribuições, excetuando-se as ações entre sindicatos.
(D) A competência funcional originária e hierárquica para processar e julgar mandado de segurança na Justiça do Trabalho é exclusiva dos Tribunais Regionais ou do Tribunal Superior do Trabalho, conforme o caso.
(E) São legitimados para suscitar conflito de competência os próprios juízes e tribunais do trabalho o Ministério Público do Trabalho (na condição de agente ou órgão superveniente) ou as partes interessadas, pessoalmente ou por meio de seus procuradores. Se a parte interessada já houver oposto na causa a exceção de incompetência, não impede que suscite o conflito.

A: correta, por definição (v. CF, art. 114, VI, e Súmula 392 do TST); **B:** incorreta. Súmula 190 do TST. Além da limitação já determinada pelo art. 114, § 2º, da CF, em dois antigos precedentes o Supremo Tribunal Federal concebeu a sujeição do poder normativo ao princípio da legalidade, entendendo no RE 114.836 (Maurício Corrêa, *DJ* 06.03.1998) que as cláusulas deferidas em sentença normativa deveriam encontrar algum suporte em lei; e entendendo no RE 187.911 (Octavio Gallotti, *DJ* 07.11.1997) que o poder normativo teria cunho subsidiário, só podendo operar no vazio legal; **C:** incorreta, a parte inicial da sentença está correta (art. 83, IV, da LC 75/1993), mas a parte final está incorreta (CF, art. 114, III); **D:** incorreta, sendo a competência funcional originária da Vara do Trabalho (CF, art. 114, IV) quando a Constituição não dispuser em contrário (há tempos, ao entendimento de que os *mandamus* na Justiça do Trabalho só seriam manejáveis em face de atos de juízes, chegou a predominar a tese de que só tribunais deteriam competência funcional ordinária para o mandado de segurança); **E:** incorreta, a primeira parte está adequada nos termos do art. 805 da CLT, porém a segunda parte está incorreta (art. 806 da CLT).

Gabarito "A"

(Magistratura do Trabalho – 9ª Região – 2009) Considere as proposições abaixo:

I. Somente serão admitidas reclamações à Justiça do Trabalho depois de esgotadas, pelo atleta profissional de futebol, as instâncias da Justiça Desportiva.

II. É competente a Justiça do Trabalho para processar e julgar ações entre o trabalhador voluntário e o tomador de seus serviços.

III. É materialmente competente a Justiça do Trabalho para processar e julgar mandado de segurança impetrado contra auditor fiscal do trabalho, quando da aplicação, por este, de multa em razão de fiscalização das relações de trabalho. O mandado de segurança, em tal caso, deverá ser aforado perante o TRT.

IV. É também, presentemente, competente a Justiça do Trabalho, para processar e julgar ações relativas à movimentação do FGTS, quando aforadas por trabalhadores em face da Caixa Econômica Federal.

(A) somente a proposição II é correta;
(B) somente as proposições II e III são corretas;
(C) somente as proposições I, III e IV são corretas;
(D) somente as proposições I, II e III são corretas;
(E) somente as proposições I e IV são corretas.

I: incorreta, pois dispõe o art. 217, § 1º, da CF que "o Poder Judiciário só admitirá ações relativas à disciplina e às competições desportivas após esgotarem-se as instâncias da justiça desportiva, regulada em lei"; **II:** correta, art. 114, I, da CF; **III:** incorreta, pois a competência funcional originária é da Vara do Trabalho (CF, art. 114, IV e VII), haja vista que a Constituição Federal é expressa quando pretende suprimir competência funcional originária dos órgãos de primeiro grau; **IV:** incorreta, a *contrario sensu*, a lide entre empregado e CEF é de competência da Justiça Federal, nos termos da CF, art. 109, I (v. Enunciado 63 aprovado na 1ª Jornada de Direito Material e Processual do Trabalho em 23.11.2007, Brasília-DF).

Gabarito "A"

(Magistratura do Trabalho – 9ª Região – 2009) Analise as proposições seguintes:

I. A competência das Varas do Trabalho estende-se aos dissídios ocorridos em agência ou filial no estrangeiro, desde que o empregado seja brasileiro e não haja convenção internacional dispondo em contrário. Não obstante, o direito material a ser aplicável será o vigente no país da prestação de serviços.

II. Compete ao Ministério Público do Trabalho propor ações visando a declaração de nulidade de cláusula de contrato, acordo coletivo ou convenção coletiva que viole as liberdades individuais ou coletivas ou os direitos individuais indisponíveis dos trabalhadores.

III. O empregado e o empregador, no contrato de emprego, podem estabelecer foro de eleição.

IV. Quando dois ou mais juízos se derem por incompetentes, dá-se o conflito de competência negativo. Possível é o conflito de competência entre TRT e Vara do Trabalho a ele vinculada, o qual será dirimido pelo TST.

(A) somente as proposições III e IV são corretas;
(B) todas as proposições são corretas;
(C) somente as proposições I e II são corretas;
(D) somente as proposições I, II e III são corretas;
(E) somente as proposições II, III e IV são corretas.

I: correta, art. 651, § 2º, da CLT, e Súmula 207 do TST; **II:** correta, art. 83, IV, da LC 75/1993; **III:** incorreta, haja vista a hipossuficiência manifesta do trabalhador para se opor a tal cláusula geradora de múltiplas consequências (v. TRT-15.ª Região, Proc. 15744/99, 4.ª Turma, Rel. Juiz Levi Ceregato, *DOESP* 03.10.2000, p. 51); **IV:** incorreta. A primeira parte da alternativa está correta; quanto à segunda, a hipótese é resolvida pelo critério da hierarquia, inexistindo conflito de competência propriamente dito (Súmula 420 do TST).

Gabarito "C"

(Magistratura do Trabalho – 9ª Região – 2006) No que se refere à atual competência da Justiça do Trabalho, analise as assertivas abaixo e assinale a correta:

I. Compete julgar as ações de indenização por dano moral ou patrimonial, decorrentes da relação de trabalho.

II. Não compete julgar ações relativas a execução das penalidades administrativas impostas aos empregadores pelos órgãos de fiscalização das relações de trabalho.

III. Compete julgar os dissídios coletivos de natureza econômica, que poderão ser ajuizados por qualquer das partes, independentemente da concordância da parte contrária, desde que frustrada a negociação coletiva.

IV. Compete julgar somente as ações oriundas da relação de emprego.

(A) as assertivas I e IV estão corretas;
(B) as assertivas I, II e III estão incorretas;
(C) somente a assertiva I está correta;
(D) as assertivas III e IV estão incorretas;
(E) todas as assertivas estão incorretas.

I: correta, art. 114, VI, da CF e Súmula 392 do TST; **II:** incorreta, pois compete à Justiça do Trabalho processar e julgar ações dessa natureza (art. 114, VII, da CF); **III:** incorreta, pois "recusando-se qualquer das partes à negociação coletiva ou à arbitragem, é facultado às mesmas, de comum acordo, ajuizar dissídio coletivo de natureza econômica, podendo a Justiça do Trabalho decidir o conflito, respeitadas as disposições mínimas legais de proteção ao trabalho, bem como as convencionadas anteriormente" (art. 114, § 2º, da CF); **IV:** incorreta, pois o inciso I do art. 114 da CF prevê que a Justiça do Trabalho é competente para processar e julgar as ações oriundas da relação de trabalho, e não apenas da relação de emprego.

Gabarito "C"

(Magistratura do Trabalho – 11ª Região – 2007 – FCC) Por força de previsão inserta em convenção coletiva de trabalho, ficou estabelecido que as empresas representadas deveriam pagar, ao sindicato profissional, a importância de R$ 10,00 por empregado que trabalhasse aos domingos, no mês de dezembro de 2006. O valor arrecadado seria destinado ao incremento dos serviços médico e odontológico prestados pelo sindicato profissional. Várias das empresas descumpriram o pactuado, o que motivou o ajuizamento de diversas ações pelo sindicato profissional. Nessa situação, embora não haja conflito direto entre trabalhadores e empregadores, a competência para solucionar esses conflitos:

(A) será sempre da Justiça do Trabalho.
(B) poderá ser da Justiça do Trabalho ou da Justiça Federal, a critério do sindicato autor.
(C) poderá ser da Justiça do Trabalho, da Justiça Estadual ou da Justiça Federal, a critério do sindicato autor.
(D) poderá ser da Justiça do Trabalho ou da Justiça Estadual, a critério do sindicato autor.
(E) não poderá ser da Justiça do Trabalho, uma vez que não há conflito entre empregado e empregador, e sim entre pessoas jurídicas.

Art. 114, III, da CF.

Gabarito "A"

(Magistratura do Trabalho – 11ª Região – 2007 – FCC) Pretende o Ministério Público do Trabalho ajuizar Ação Civil Pública em virtude de fraude na contratação, pela União, de cooperativa de trabalhadores para os serviços de limpeza e conservação em prédios públicos. A União apontou, em preliminar, a incompetência da Justiça do Trabalho requerendo a remessa dos autos para a Justiça Federal comum. Considerada essa situação hipotética, é correto afirmar que:

(A) a preliminar deve ser rejeitada, pois a incompetência deve ser arguida mediante exceção.
(B) a competência para instruir e julgar o feito é da Justiça Federal, devendo ser acolhida a preliminar.
(C) não merece acolhida a preliminar suscitada, pois a competência material é da Justiça do Trabalho.
(D) não merece acolhida a preliminar suscitada, pois a competência *ratione loci* é da Justiça do Trabalho.
(E) essa incompetência, sendo relativa e, por isso, prorrogável, deve ser arguida pela parte a quem aproveita, não podendo ser decretada de ofício.

Art. 114, I, da CF e art. 83, III, da LC 75/93.

Gabarito "C"

(Magistratura do Trabalho – 12ª Região – 2006) Considerando as novas competências para a Justiça do Trabalho, é errado afirmar:

(A) é da competência da Justiça Comum julgar a ação de indenização por dano moral proposta pela viúva do empregado morto em decorrência de acidente do trabalho;
(B) segundo as orientações do TST, o processo dessas novas ações deverá adaptar-se naquilo que não for incompatível com a CLT;
(C) é da competência da Justiça do Trabalho julgar a ação de indenização por dano moral e material decorrente do acidente de trabalho postulada pelo empregado;
(D) havendo pedido do empregado nesse sentido, o Juiz do Trabalho é competente para apreciar e determinar o recolhimento das contribuições fiscais que não foram recolhidas pelo empregador ao longo do contrato;
(E) é possível dizer que o INSS atualmente detém no processo a condição de terceiro interessado, o que, na prática, o habilita a interpor recurso ordinário das sentenças homologatórias de acordos visando à incidência das contribuições previdenciárias.

A e **C**: assertivas corretas, pois à época do exame, a alternativa "A" mostrava-se amparada por parcela da jurisprudência. Atualmente, porém, está claramente equivocada, o que nos leva a abordar as idas e vindas da jurisprudência do STJ a respeito da competência da Justiça do Trabalho em lides relacionadas a acidente de trabalho. O art. 109, I, da CF sempre gerou controvérsias quanto à Justiça competente para o julgamento de lides entre empregados e empregadores decorrentes de acidente de trabalho (art. 109. Aos juízes federais compete processar e julgar: I - as causas em que a União, entidade autárquica ou empresa pública federal forem interessadas na condição de autoras, rés, assistentes ou oponentes, exceto as de falência, as de acidentes de trabalho e as sujeitas à Justiça Eleitoral e à Justiça do Trabalho.). Embora predominante o entendimento de que seria da competência da Justiça Comum Estadual apenas as lides de acidente de trabalho envolvendo empregado e INSS, recaindo sobre a Justiça Trabalhista as lides entre empregado e empregador em geral (art. 114 da CF, mesmo na sua redação antiga, anterior à EC 45/04), ainda era frequente entendimento em sentido diverso, pela competência da Justiça Comum Estadual para ambas as lides, com amparo, inclusive, em jurisprudência antiga do STF. A questão só foi definitivamente pacificada com o julgamento do CC 7204 pelo STF que, como medida de política judiciária (a fim de se evitar prejuízo a jurisdicionados decorrentes de instabilidade jurisprudencial), aplicou a doutrina da eficácia prospectiva das decisões judiciais para fixar que as ações entre empregados e empregadores decorrentes de acidente de trabalho ajuizadas na Justiça Comum ali permaneceriam se já contassem com sentença de primeiro grau quando da entrada em vigor da EC 45/2004, ao passo que seriam remetidas à Justiça do Trabalho, no estado em que se encontrassem, as lides de tal natureza porventura existentes na Justiça Comum e não sentenciadas até a data da EC 45/2004. Confira-se a ementa de tal importante julgamento: "Constitucional. Competência judicante em razão da matéria. Ação de indenização por danos morais e patrimoniais decorrentes de acidente do trabalho, proposta pelo empregado em face de seu (ex-)empregador. Competência da Justiça do Trabalho. Art. 114 da Magna Carta. Redação anterior e posterior à emenda constitucional 45/04. Evolução da jurisprudência do Supremo Tribunal Federal. Processos em curso na Justiça comum dos Estados. Imperativo de política judiciária. Numa primeira interpretação do inciso I do art. 109 da Carta de Outubro, o Supremo Tribunal Federal entendeu que as ações de indenização por danos morais e patrimoniais decorrentes de acidente do trabalho, ainda que movidas pelo empregado contra seu (ex-)empregador, eram da competência da Justiça comum dos Estados-Membros. 2. Revisando a matéria, porém, o Plenário concluiu que a Lei Republicana de 1988 conferiu tal competência à Justiça do Trabalho. Seja porque o art. 114, já em sua redação originária, assim deixava transparecer, seja porque aquela primeira interpretação do mencionado inciso I do art. 109 estava, em boa verdade, influenciada pela jurisprudência que se firmou na Corte sob a égide das Constituições anteriores. 3. Nada obstante, como imperativo de política judiciária – haja vista o significativo número de ações que já tramitaram e ainda tramitam nas instâncias ordinárias, bem como o relevante interesse social em causa –, o Plenário decidiu, por maioria, que o marco temporal da competência da Justiça trabalhista é o advento da EC 45/2004. Emenda que explicitou a competência da Justiça Laboral na matéria em apreço. 4. A nova orientação alcança os processos em trâmite pela Justiça comum estadual, desde que pendentes de julgamento de mérito. É dizer: as ações que tramitam perante a Justiça comum dos Estados, com sentença de mérito anterior à promulgação da EC 45/2004, lá continuam até o trânsito em julgado e correspondente execução. Quanto àquelas cujo mérito ainda não foi apreciado, hão de ser remetidas à Justiça do Trabalho, no estado em que se encontram, com total aproveitamento dos atos praticados até então. A medida se impõe, em razão das características que distinguem a Justiça comum estadual e a Justiça do Trabalho, cujos sistemas recursais, órgãos e instâncias não guardam exata correlação. 5. O Supremo Tribunal Federal, guardião-mor da Constituição Republicana, pode e deve, em prol da segurança jurídica, atribuir eficácia prospectiva às suas decisões, com a delimitação precisa dos respectivos efeitos, toda vez que proceder a revisões de jurisprudência definidora de competência *ex ratione materiae*. O escopo é preservar os jurisdicionados de alterações jurisprudenciais que ocorram sem mudança formal do Magno Texto. 6. Aplicação do precedente consubstanciado no julgamento do Inquérito 687, Sessão Plenária de 25.08.99, ocasião em que foi cancelada a Súmula 394 do STF, por incompatível com a Constituição de 1988, ressalvadas as decisões proferidas na vigência do verbete. 7. Conflito de competência que se resolve, no caso, com o retorno dos autos ao Tribunal Superior do Trabalho." Isso motivou a edição, pelo STF, da Súmula Vinculante 22 (A Justi**ç**a do Trabalho **é** competente para processar e julgar as a**çõ**es de indeniza**ç**ao por danos morais e patrimoniais decorrentes de acidente de trabalho propostas por empregado contra empregador, inclusive aquelas que ainda nao possu**í**am senten**ç**a de m**é**rito em primeiro grau quando da promulga**ç**ao da emenda constitucional 45/2004), cuja infelicidade terminológica, aparentemente restringindo a competência da Justiça Obreira à lide entre empregado e empregador, levou o STJ a editar a Súmula 366 (Compete à Justiça estadual processar e julgar ação indenizatória proposta por viúva e filhos de empregado falecido em acidente de trabalho). Já no CC 7.545, o STF rechaçou a tese do STJ: "A compet*ê*ncia para julgar a*çõ*es de indeniza*çã*o por danos morais e materiais decorrentes de acidente de trabalho, ap*ó*s a edi*çã*o da EC 45/04, *é* da Justi*ç*a do Trabalho. O ajuizamento da a*çã*o de indeniza*çã*o pelos sucessores n*ã*o altera a compet*ê*ncia da Justi*ç*a Especializada." (Rel. Min. Eros Grau, 14.08.2009). Assim, julgando o CC 101.977-SP na sessão de 16.09.2009, a Corte Especial do STJ deliberou pelo cancelamento da Súmula n. 366. Sobre a matéria, confira-se, ainda, o Enunciado 36 editado na 1.ª Jornada de Direito Material e Direito Processual do Trabalho promovida pela Amatra. **B:** assertiva correta, cf. Instrução Normativa 27, de 16 de fevereiro de 2005, do TST; **D:** assertiva incorreta, devendo ser assinalada, pois estabelece o inciso VIII do art. 114 que serão executadas *ex-officio* as contribuições sociais devidas em decorrência de decisão proferida pelos Juízes e Tribunais do Trabalho, resultantes de condenação ou homologação de acordo, inclusive sobre os salários pagos durante o período contratual reconhecido. (v. art. 876, parágrafo único, da CLT e Súmula 368 do TST); **E:** assertiva correta à época do concurso. Atualmente, a redação do § 4º do art. 832 da CLT, alterado pela Lei 11.457/2007, não mais prevê a condição de terceiro interessado do INSS nesses casos. De acordo com o dispositivo, a União será intimada das decisões homologatórias de acordos que contenham parcela indenizatória (v. art. 832, § 4º, da CLT).

Gabarito "D"

(Magistratura do Trabalho – 13ª Região – 2006) Assinale a alternativa adequada:

I. a Justiça do Trabalho não é competente para o julgamento das demandas dos empregados de empresa pública federal, oriundas da relação de trabalho;
II. não é da competência da Justiça do Trabalho o julgamento de litígio decorrente de empreitada, mesmo quando o empreiteiro é operário ou artífice;
III. as execuções das contribuições previdenciárias decorrentes das sentenças trabalhistas, tendo em vista a natureza de tributo federal das mesmas, devem ser processadas perante a Justiça Federal Comum;
IV. as demandas entre sindicatos de empregados ou entre sindicato e associado, por não envolverem relação de emprego, devem ser dirimidas pela Justiça Estadual;
V. dentro da competência da Justiça do Trabalho não está incluída a de julgamento de ação por dano patrimonial, se não decorrente da relação de emprego.

(A) todas as proposições estão corretas;
(B) só a I está correta;
(C) todas estão incorretas;
(D) só a I e a V estão corretas;
(E) só estão corretas a III e a IV.

I: incorreta, pois dispõe o art. 114, I, da CF que compete à Justiça do Trabalho processar e julgar "as ações oriundas da relação de trabalho, abrangidos os entes de direito público externo e da administração pública direta e indireta da União, dos Estados, do Distrito Federal e dos Municípios" (v. ADIn 3.395-6); **II:** incorreta, sendo competente a Justiça do Trabalho para conciliar e julgar "as ações oriundas da relação de trabalho, abrangidos os entes de direito público externo e da administração pública direta e indireta da União, dos Estados, do Distrito Federal e dos Municípios" (art. 652, *a*, III, da CLT); **III:** incorreta, pois serão processadas pela Justiça do Trabalho (arts. 114, VIII, da CF, 876, parágrafo único, da CLT e Súmula 368 do TST); **IV:** incorreta, pois serão dirimidas perante a Justiça do Trabalho (art. 114, III, da CF); **V:** incorreta, pois se inclue na competência da Justiça do Trabalho o julgamento de ação de indenização por dano moral e patrimonial, decorrente da relação de trabalho (art. 114, VI, da CF).

Gabarito "C"

(Magistratura do Trabalho – 13ª Região – 2006) Assinale a alternativa correta:

(A) no processo do trabalho, não alegada pela parte a incompetência em razão da matéria ou da pessoa, o juiz deverá prosseguir na apreciação da causa até a sentença de mérito, uma vez que não pode conhecer tal tipo de incompetência de ofício;
(B) oposta exceção de incompetência, no processo do trabalho, da decisão do juiz que a julga improcedente caberá, de imediato, recurso para a instância superior;
(C) se o Juiz do Trabalho acata exceção de incompetência, todos os atos anteriormente praticados no processo serão nulos;

(D) no processo do trabalho, a exceção de incompetência deverá ser julgada pela instância superior àquela contra a qual foi arguida;
(E) a competência em razão do lugar, não sendo absoluta, é a única que se prorroga no processo do trabalho, uma vez não arguida pela parte, no momento processual adequado.

Arts. 112 e 114 do CPC, OJ 149 da SDI-2 do TST (observe-se que a incompetência "de foro", prevista no art. 795, § 1º, da CLT, não é interpretada gramaticalmente. Entende-se que a norma em questão versa sobre incompetência material, de "foro trabalhista").
Gabarito "E".

(Magistratura do Trabalho – 14ª Região – 2011) No que se refere a conflitos de competência no Processo do Trabalho é correto afirmar:

(A) Os conflitos de competência entre o Tribunal Superior do Trabalho e o Tribunal de Justiça Estadual são processados e julgados pelo Superior Tribunal de Justiça.
(B) Os conflitos de competência entre os Tribunais Regionais do Trabalho e os Tribunais de Justiça dos Estados são processados e julgados pelo Tribunal Superior do Trabalho.
(C) Os conflitos de competência entre o Tribunal Superior do Trabalho e os Tribunais de Justiça dos Estados são processados e julgados pelo Supremo Tribunal Federal.
(D) Os conflitos de competência entre o Tribunal Superior do Trabalho e o Superior Tribunal de Justiça são processados e julgados pelo próprio Superior Tribunal de Justiça.
(E) Todas as afirmativas estão corretas.

A: incorreta, pois compete ao STF processar e julgar "os conflitos de competência entre o Superior Tribunal de Justiça e quaisquer tribunais, entre Tribunais Superiores, ou entre estes e qualquer outro tribunal" (art. 102, I, *o*, da CF); **B:** incorreta, pois a competência será do STJ (art. 105, I, *d*, da CF); **C:** correta, art. 102, I, *o*, da CF; **D:** incorreta, pois a competência será do STF (art. 102, I, *o*, da CF).
Gabarito "C".

(Magistratura do Trabalho – 14ª Região – 2011) A empresa "X", com sede no Brasil, contratou empregado brasileiro, através de sua sucursal em Londres, para gerenciar as obras existentes na Arábia Saudita, lugar onde prestou serviços durante dois anos. Rompido o contrato o empregado retorna ao Brasil e pretende, aqui acionar o seu empregador. Ante o exposto, assinale a alternativa correta.

(A) É incompetente a autoridade judiciária brasileira, para conhecer da reclamação trabalhista, que deveria ser ajuizada na Arábia Saudita, local da prestação dos serviços.
(B) A autoridade judiciária brasileira (Vara do Trabalho) é competente para conhecer da reclamação trabalhista, salvo se houver Convenção Internacional dispondo em contrário.
(C) Será competente para conhecer da ação trabalhista o foro de opção do empregado, podendo ser o da contratação, da prestação de serviços ou o da demissão.
(D) A autoridade judiciária brasileira é incompetente, devendo a ação ser proposta no País em que o empregado foi contratado.
(E) Se houver foro de eleição expressamente previsto no contrato, será este o competente para conhecer da reclamação trabalhista.

Art. 651, § 2º, da CLT.
Gabarito "B".

(Magistratura do Trabalho – 14ª Região – 2008) Considere as proposições abaixo.

I. Quando houver controvérsia entre autoridades judiciárias trabalhistas sobre a reunião ou separação de processos, dá-se o conflito de competência.
II. No TST, o Ministro-relator poderá determinar, a requerimento de qualquer das partes ou mesmo de ofício, o sobrestamento do processo, na hipótese de o conflito de competência ser positivo, e, sendo negativo o conflito, poderá designar um dos órgãos para, em caráter provisório, decidir as medidas urgentes.
III. É da competência do juiz corregedor executar as decisões, em única ou última instância, proferidas pelo Tribunal Superior do Trabalho.
IV. Havendo conflito de competência, positivo ou negativo, entre órgão de primeiro grau de jurisdição da Justiça do Trabalho e órgão de primeiro grau de jurisdição da Justiça Estadual não investido de jurisdição trabalhista é o Superior Tribunal de Justiça o órgão competente para decidir o conflito.

(A) Todas as proposições estão corretas;
(B) Apenas a proposição I está incorreta;
(C) Apenas a proposição II está incorreta;
(D) Apenas a proposição III está incorreta;
(E) Apenas a proposição IV está incorreta.

I: correta, por definição (art. 804 da CLT); **II:** correta, art. 205 do Regimento Interno do TST; **III:** incorreta, pois de acordo com o art. 707, *d*, da CLT compete ao Presidente do Tribunal "fazer cumprir as decisões originárias do Tribunal, determinando aos Tribunais Regionais e aos demais órgãos da Justiça do Trabalho a realização dos atos processuais e das diligências necessárias". As atribuições do Juiz Corregedor estão previstas no art. 709 da CLT; **IV:** correta, art. 105, I, *d*, da CF (v. art. 808 da CLT).
Gabarito "D".

(Magistratura do Trabalho – 14ª Região – 2008) Em matéria de competência, dadas as proposições, aponte a alternativa CORRETA:

I. Em se tratando de empregador que promova realização de atividades fora do lugar do contrato de trabalho, é assegurado ao empregado apresentar ação trabalhista no foro da prestação de serviços ou no do seu domicílio.
II. Quando for parte no dissídio agente ou viajante comercial, a competência será da vara da localidade em que a empresa tenha agência ou filial e a esta o empregado esteja subordinado e, na falta, será competente a vara da localidade em que o empregado tenha domicílio ou a localidade mais próxima.

III. Não havendo convenção internacional dispondo em sentido contrário, a competência territorial das Varas do Trabalho estende-se às lides ocorridas em agência ou filial no estrangeiro, desde que o empregado seja brasileiro, independentemente da nacionalidade do empregador.

IV. A competência das Varas do Trabalho é determinada pela localidade onde o empregado prestar serviços ao empregador, no local da contratação ou do seu domicílio.

(A) Todas as proposições estão corretas;
(B) Apenas as proposições I e II estão corretas;
(C) Apenas as proposições II, III e IV estão corretas;
(D) Apenas as proposições II e III estão corretas;
(E) Apenas as proposições I e IV estão corretas.

I: incorreta, pois ao empregado é assegurado apresentar reclamação no foro da celebração do contrato ou no da prestação dos respectivos serviços (art. 651, § 3º, da CLT); **II:** correta, art. 651, § 1º, da CLT; **III:** correta, art. 651, § 2º, da CLT; **IV:** incorreta, pois estabelece o art. 651, *caput*, da CLT que a competência será determinada pela localidade onde o empregado, reclamante ou reclamado, prestar serviços ao empregador, ainda que tenha sido contratado noutro local ou no estrangeiro.

Gabarito "D"

(Magistratura do Trabalho – 15ª Região – 2011) Assinale a alternativa incorreta:

(A) a Justiça do trabalho é competente para processar e julgar as ações de indenização por danos morais e patrimoniais decorrentes de acidente de trabalho propostas por em empregado contra empregador, inclusive aquelas que ainda não possuíam sentença de mérito em primeiro grau quando da promulgação da Emenda Constitucional n. 45/04;
(B) a Justiça do Trabalho é competente para processar e julgar ação possessória ajuizada em decorrência do exercício do direito de greve pelos trabalhadores da iniciativa privada;
(C) não compete ao Superior Tribunal de Justiça dirimir conflitos de competência entre juízes trabalhistas vinculado a Tribunais Regionais do Trabalho diversos;
(D) não compete à Justiça do Trabalho executar contribuição previdenciárias decorrentes do vínculo empregatício que reconhecer, nos termos do que sedimentado em decisão do Supremo Tribunal Federal à qual foi concedida repercussão geral;
(E) a justiça do Trabalho é competente para determinar o recolhimento das contribuições previdenciárias decorrentes das sentenças condenatórias e declaratórias que proferir, conforme entendimento sumulado do Tribunal Superior do Trabalho.

358

A: assertiva correta, Súmula vinculante 22 do STF e CC STF 7204 (v. comentários à questão de 2006 do TRT da 12ª Região); **B:** assertiva correta, Súmula vinculante 23 do STF; **C:** assertiva correta, Súmula 236 do STJ; **D:** assertiva correta, a Justiça do Trabalho não detém competência executória de contribuição previdenciária em ações meramente declaratórias, conforme decidido pelo STF: "Recurso extraordinário. Repercussão geral reconhecida. Competência da Justiça do Trabalho. Alcance do art. 114, VIII, da Constituição Federal. 1. A competência da Justiça do Trabalho prevista no art. 114, VIII, da Constituição Federal alcança apenas a execução das contribuições previdenciárias relativas ao objeto da condenação constante das sentenças que proferir. 2. Recurso extraordinário conhecido e desprovido" (RE 569.056/PA, Rel. Min. Menezes Direito, *DJe*-236, divulgação em 11.12.2009 e publicação em 12.12.2008); **E:** assertiva incorreta, devendo ser assinalada, pois dispõe a Súmula 368, I, do TST que "a Justiça do Trabalho é competente para determinar o recolhimento das contribuições fiscais. A competência da Justiça do Trabalho, quanto à execução das contribuições previdenciárias, limita-se às sentenças condenatórias em pecúnia que proferir e aos valores, objeto de acordo homologado, que integrem o salário-de-contribuição" (v. RE 569.056/PA).

Gabarito "E"

(Magistratura do Trabalho – 16ª Região – 2011) Analise as afirmativas e assinale a alternativa INCORRETA:

(A) As ações decorrentes da nova competência da Justiça do Trabalho devem observar o procedimento previsto na CLT, excetuadas as ações com procedimentos especiais, sendo que estas últimas devem ser submetidas ao sistema recursal do processo do trabalho.
(B) De acordo com a jurisprudência dominante, a alteração superveniente da competência material por norma constitucional não invalida a sentença anteriormente proferida por juízo outrora competente, mantendo-se a competência de tal juízo para apreciar os recursos interpostos de sua decisão.
(C) A competência para dirimir os conflitos entre o empregado do cartório extrajudicial com o titular da serventia é da Justiça Comum Estadual, vez que este cargo é provido mediante prévia aprovação em concurso público de provas e títulos.
(D) Diante da ampliação da competência da Justiça do Trabalho, há a possibilidade de reconhecimento do vínculo de emprego e as verbas trabalhistas dele, decorrentes e, na impossibilidade do reconhecimento do vínculo empregatício, formular pedido sucessivo de pagamento das parcelas oriundas do contrato de prestação de serviços.
(E) Segundo entendimento jurisprudencial sumulado é competente a Justiça Estadual para processar a ação de cobrança ajuizada por profissional liberal contra cliente.

A: assertiva correta, Instrução Normativa 27, de 16 de fevereiro de 2005, do TST; **B:** assertiva correta, trata-se de posicionamento prospectivo, que visa a dar maior segurança jurídica ao jurisdicionado. Neste sentido, v. Súmula 367 do STJ; **C:** assertiva incorreta, devendo ser assinalada, pois há reiterados pronunciamentos do STF reconhecendo a competência da Justiça do Trabalho para o caso (v. STF, Pleno, Ac. 69642/110, Min. Néri Silveira); **D:** assertiva correta, por definição (v. art. 289 do CPC); **E:** assertiva correta, Súmula 363 do STJ.

Gabarito "C"

(Magistratura do Trabalho – 16ª Região – 2008) Em relação à competência da Justiça do Trabalho para julgar ações relativas a acidente de trabalho, analise as seguintes assertivas, considerando o atual posicionamento do STF sobre a matéria:

I. Em conflito de competência o STF firmou entendimento de que o marco temporal da competência da Justiça trabalhista para as demandas envolvendo acidente de trabalho é o advento da EC 45/2004, de 31.12.2004;

II. Ainda segundo o STF, as ações que tramitam perante a Justiça comum dos Estados, mesmo aquelas que já tinham sentença de mérito prolatada antes da promulgação da EC 45/04, deverão ser remetidas à Justiça do Trabalho, no estado em que se encontram, eis que a competência material é questão de ordem pública, não admitindo exceções ou relativizações;

III. Os atos praticados pela Justiça Comum em ações relativas a acidente de trabalho após a EC 45/04 não poderão ser aproveitados, pois praticados por órgão judicial absolutamente incompetente e, portanto, eivados de nulidade absoluta;

IV. As ações de acidente de trabalho que tramitam perante a Justiça comum dos Estados, com sentença de mérito anterior à promulgação da EC 45/2004, lá continuam até o trânsito em julgado e correspondente execução. Segundo o STF, a medida se impõe, em razão das características que distinguem a Justiça comum estadual e a Justiça do Trabalho, cujos sistemas recursais, órgãos e instâncias não guardam exata correlação;

V. As ações de acidente de trabalho ajuizadas perante a Justiça Comum e que já possuem decisão transitada em julgado poderão ser objeto de ação rescisória, já que a decisão do STF teve como fundamento não a EC 45/2004, mas a mudança de interpretação acerca do art. 109, I, da CF/1988 e possui efeitos *ex tunc*. Portanto, retroage à data de promulgação da Constituição Federal de 1988.

(A) Apenas as afirmativas I e II estão corretas;
(B) Apenas as afirmativas II e III estão corretas;
(C) Apenas as afirmativas I e IV estão corretas;
(D) Apenas as afirmativas IV e V estão corretas;
(E) Apenas a afirmativa IV está correta.

Sobre o assunto, v. Conflito de Competência 7.204 (ver comentários à questão de 2006 do TRT da 12ª Região).

Gabarito "C"

(Magistratura do Trabalho – 21ª Região – 2012) A respeito da competência da Justiça do Trabalho, em razão do local, das pessoas e funcional, é correto afirmar:

I. a competência das Varas do Trabalho é determinada pela localidade onde o empregado, reclamante ou reclamado, tiver sido contratado, ainda que para prestar serviços em outro local, ou no estrangeiro;

II. em se tratando de empregador que desenvolva atividades fora do lugar em que houve a formalização do contrato de trabalho, é assegurado ao empregado apresentar sua reclamação no foro da celebração do contrato ou no da prestação dos serviços;

III. quando for parte no dissídio viajante comercial, a competência será da Vara da localidade em que a empresa tenha agência ou filial e a esta o empregado esteja subordinado e, na ausência, será competente a Vara da localização em que o empregado tenha domicílio ou a localidade mais próxima;

IV. oposta exceção de incompetência em razão do lugar, da decisão que rejeitar a exceção caberá recurso imediato para o Tribunal Regional do Trabalho;

V. não cabe declaração de ofício de incompetência territorial no caso do uso, pelo trabalhador, da faculdade prevista no art. 651, § 3º, da CLT. Nessa hipótese, resolve-se o conflito pelo reconhecimento da competência do juízo do local onde a ação foi proposta.

(A) nenhuma assertiva está correta;
(B) apenas a assertiva I está correta;
(C) apenas as assertivas II e III estão corretas;
(D) apenas as assertivas I e IV estão corretas;
(E) apenas as assertivas II, III e V estão corretas;

I: incorreta, pois a competência é determinada pela localidade onde o empregado prestar serviços ao empregador, ainda que tenha sido contratado noutro local ou no estrangeiro (art. 651 da CLT); II e **III:** corretas, art. 651 da CLT. **IV:** incorreta, pois prevê o art. 799, § 2º, da CLT que "das decisões sobre exceções de suspeição e incompetência, salvo, quanto a estas, se terminativas do feito, não caberá recurso, podendo, no entanto, as partes alegá-las novamente no recurso que couber da decisão final" (v. Súmula 214 do TST); **V:** correta, OJ 149 da SDI-II do TST.

Gabarito "E"

(Magistratura do Trabalho – 24ª Região – 2006) Assinale a alternativa INCORRETA:

(A) Na conformidade da jurisprudência do TST, para fixação da competência territorial em sede de ação civil pública, cumpre tomar em conta a extensão do dano causado ou a ser reparado, pautando-se pela incidência analógica do art. 93 do Código de Defesa do Consumidor. Assim, se a extensão do dano a ser reparado limitar-se ao âmbito regional, a competência é de uma das Varas do Trabalho da Capital do Estado; se for de âmbito suprarregional ou nacional, o foro é o do Distrito Federal.

(B) Consoante jurisprudência oriunda do STJ sobre as repercussões da EC 45/04, que ampliou a competência da Justiça do Trabalho, o marco de incidência da nova competência é a prolação da sentença. Se já proferida sentença na Justiça Estadual, a ação deve ali prosseguir, e não na Justiça do Trabalho.

(C) As ações sobre greve envolvendo os servidores públicos estatutários estão na esfera da competência da Justiça Comum, federal ou estadual, conforme o caso.

(D) É cabível ação de interdito proibitório na Justiça do Trabalho.

(E) de acordo com a jurisprudência sumulada do TST, os descontos previdenciários e fiscais devem ser efetuados pelo juízo executório somente quando houver determinação expressa na sentença exequenda.

A: OJ 130 da SDI-2 do TST (importante: A OJ 130 da SBDI-2 do TST teve sua redação substantivamente alterada em setembro de 2012, conforme Resolução 186/2012 do TST); **B:** súmula 367 do STJ; **C:** STF, MI 20-DF; **D:** art. 114, II, da CF e Súmula Vinculante 23; **E:** súmula 401 do TST.

Gabarito "E"

(Procurador do Trabalho – MPT – 18º concurso – 2013) Em relação aos trabalhadores brasileiros contratados no Brasil por Estados estrangeiros ou Organizações Internacionais, para aqui prestarem serviço, é CORRETO afirmar que:

(A) Em virtude do reconhecimento de imunidade relativa às representações diplomáticas, é competente originariamente o Tribunal Regional do Trabalho do local onde celebrado o contrato, para demanda ajuizada pelo trabalhador em face da mesma.

(B) A imunidade de jurisdição das representações diplomáticas se restringe aos atos de gestão, os quais pertencem à soberania de cada Estado em particular, não abrangendo os atos de império.

(C) Em virtude do reconhecimento de imunidade absoluta das representações diplomáticas de Estados estrangeiros, é competente uma das Varas Federais da capital da República Federativa do Brasil.

(D) Consoante jurisprudência atual do STF organização internacional integrante do sistema das Nações Unidas goza de imunidade absoluta de jurisdição, pois amparada em norma internacional incorporada ao ordenamento jurídico brasileiro.

(E) Não respondida.

A questão da imunidade jurisdicional de entidades estrangeira (Estados estrangeiros, suas missões diplomáticas, agências consulares, missões especiais, organismos internacionais e suas agências) sempre foi polêmica. No que se refere aos Estados estrangeiros, há algum tempo se vem firmando o entendimento de que a imunidade de jurisdição é relativa (isto é, não é absoluta, podendo ser afastada em certas circunstâncias). Em 1990, no julgamento pelo STF da AC (Apelação Cível) 9.696, o Min. Francisco Resek relata a evolução do entendimento quanto à matéria, tradicionalmente entendida a imunidade jurisdicional como absoluta, passando a uma relativização a partir da década de 1970. Assentou-se, no STF, duas ressalvas quanto à imunidade de jurisdição do Estado estrangeiro: a) possibilidade dos Estados renunciarem ao benefício da imunidade; b) insubsistência da imunidade quando o litígio dissesse respeito não a atos de império, mas a simples atos de gestão, notadamente os de índole trabalhista e os geradores de responsabilidade civil (nada obstante a subsistência da imunidade à Execução por razões de soberania, devendo a execução seguir os meios diplomáticos, realizando-se por Carta Rogatória). Portanto, "não há imunidade judiciária para o estado estrangeiro, em causa de natureza trabalhista. Em princípio esta deve ser processada e julgada pela Justiça do Trabalho, se ajuizada depois do advento da CF de 1988 (art.114 da CF)" (STF, Ac. 9.696-3- SP, Sydney Sanches), com competência funcional do Juízo monocrático, haja vista a ausência de previsão distinta na Constituição. No tocante aos organismos internacionais, todavia, a solução preconizada pelo STF, após os Recursos Extraordinários 578.543 e 597.368 (com repercussão geral reconhecida pelo STF) foi em sentido oposto: quando tais organismos estiverem lastreados em norma internacional internalizada pelo ordenamento jurídico brasileiro, tais entidades gozariam de imunidade absoluta. Tal exegese parte da premissa de que organismos internacionais, diversamente dos Estados, não possuem território, nem governo, e os Estados a eles se associam por espontânea vontade. Deste modo, prevaleceu no STF que ao celebrar contrato de trabalho com organismos internacionais, o trabalhador sairia da esfera de jurisdição nacional para se submeter ao sistema de solução de controvérsias adotado por esses organismos, sejam próprios ou não, a exemplo da remissão aos sistemas extrajudiciais, como o da arbitragem, conforme expressamente previsto nos acordos internacionais em questão. O efeito prático foi a reforma das decisões do TST que haviam condenado ONU/PNUD (partes envolvidas nos recursos extraordinários citados) ao pagamento de verbas trabalhistas, segundo a exegese já cristalizada desde fevereiro de 2012 na OJ 416 da SDI-1 do TST.

Gabarito "D"

(Procurador do Trabalho – MPT – 17º Concurso) A respeito da competência material da Justiça do Trabalho, é **CORRETO** afirmar que:

(A) Foi ampliada pela Emenda Constitucional 45/2004, assegurando à Justiça do Trabalho competência para julgar os crimes contra a organização do trabalho.

(B) Compete à Justiça do Trabalho julgar as ações sobre representação sindical entre sindicatos, mas não entre sindicatos e trabalhadores e muito menos entre sindicatos e empregadores.

(C) A Justiça do Trabalho tornou-se competente para o julgamento de todas as matérias relativas à execução das contribuições previdenciárias não recolhidas pelo empregador em face da relação laboral.

(D) Cabe à Justiça do Trabalho julgar as ações relativas às penalidades administrativas impostas aos empregadores pelos órgãos de fiscalização das relações de trabalho.

(E) Não respondida.

A: incorreta, pois segundo o art. 109, VI, da CF os crimes contra a organização do trabalho serão julgados pelos juízes federais (v. STF, ADI 3.684-MC); **B:** incorreta, pois a Justiça do Trabalho é competente para julgar as ações sobre representação sindical, entre sindicatos, entre sindicatos e trabalhadores, e entre sindicatos e empregadores (art. 114, III, da CF); **C:** incorreta, pois dispõe o art. 114, VIII, da CF que a Justiça do Trabalho processará e julgará "a execução, de ofício, das contribuições sociais previstas no art. 195, I, *a*, e II, e seus acréscimos legais, decorrentes das sentenças que proferir" (v. Súmula 368 do TST); **D:** correta, art. 114, VII, da CF.

Gabarito "D"

(Ministério Público do Trabalho – 14º) Quanto à temática da competência da Justiça do Trabalho, assinale a alternativa ERRADA:

(A) É da Justiça do Trabalho a competência para julgar os danos materiais e morais provenientes de doença ocupacional, ficando privada, todavia, de apreciar pedidos de benefícios previdenciários decorrentes.

(B) Não se configura conflito de competência entre Tribunal Regional do Trabalho e Vara do Trabalho a ele vinculada.

(C) A partir da promulgação da Emenda Constitucional 45, compete à Justiça do Trabalho processar e julgar as ações penais exclusivamente e diretamente decorrentes das relações de trabalho.

(D) Compete ao Tribunal Regional do Trabalho o julgamento dos conflitos de competência entre juízes do trabalho e juízes de direito investidos de jurisdição trabalhista, na respectiva Região.
(E) Não respondida.

Sobre o assunto, v. ADIn 3.684.
Gabarito "C"

(Ministério Público do Trabalho – 13°) Em relação à competência da Justiça do Trabalho, é INCORRETO afirmar que:

(A) a Presidência do Supremo Tribunal Federal, em decisão liminar em sede de ação direta de inconstitucionalidade, suspendeu toda e qualquer interpretação que inclua na competência da Justiça do Trabalho a apreciação de causas entre o Poder Público e seus servidores, a ele vinculados por típica relação de ordem estatutária ou de caráter jurídico-administrativo;
(B) compete à Justiça do Trabalho processar e julgar as ações oriundas da relação de trabalho;
(C) é competência da Justiça do Trabalho a apreciação de ação proposta por empresa para anulação de penalidade imposta em auto de infração lavrado por auditor fiscal do trabalho, por inobservância da cota de contratação de pessoas com deficiência;
(D) as ações de indenização por dano moral decorrentes da relação de trabalho são de competência da Justiça do Trabalho somente a partir da Emenda Constitucional 45, conforme a jurisprudência do Tribunal Superior do Trabalho, que antes não admitia o processamento de tais ações na Justiça Especializada;
(E) não respondida.

Em 2003, anteriormente à EC 45/2004, a OJ 237 da SDI-1 já reconhecia tal competência material: "Nos termos do art. 114 da CF/88, a Justiça do Trabalho é competente para dirimir controvérsias referentes à indenização por dano moral, quando decorrente da relação de trabalho". Vale ressaltar que a referida OJ foi cancelada e convertida na Súmula 392 do TST.
Gabarito "D"

(Ministério Público do Trabalho – 11°) Acerca da competência do Tribunal Superior do Trabalho, pode-se dizer:

I. as ações rescisórias propostas contra as sentenças normativas serão apreciadas e julgadas, em última instância, pela Seção Especializada em Dissídios Coletivos;
II. cabe à Seção Especializada em Dissídios Individuais, pela sua Subseção II, originariamente, julgar os mandados de segurança impetrados contra ato de Ministro integrante da Seção Especializada em Dissídios Individuais, nos processos de sua competência;
III. os conflitos de competência entre Tribunais Regionais e os que envolvam Juízes de Direito no exercício da jurisdição trabalhista e as Varas do Trabalho, em processos de dissídio individual, serão julgados, em última instância, pela Seção Especializada em Dissídios Individuais;
IV. os embargos de divergência serão julgados, em última instância, pela Subseção I da Seção Especializada em Dissídios Individuais, e os embargos infringentes, também em última instância, pela Seção Especializada em Dissídios Coletivos;

(A) apenas as assertivas II e IV estão corretas;
(B) apenas as assertivas I e III estão corretas;
(C) todas as assertivas estão incorretas;
(D) todas as assertivas estão corretas;
(E) não respondida.

I: incorreta, art. 2º, I, *c* e II, *b*, da Lei 7.701/1988 (registre-se haver entendimento da própria SDC sobre a incompatibilidade entre a ação rescisória e a decisão prolatada em dissídio coletivo, que apenas faria coisa julgada *rebus sic stantibus*: TST, SDI-2, ROAR 518.429, *DJU* 09.02.2001); **II:** correta, art. 71, III, *a*, 2, do Regimento Interno do TST; **III:** incorreta, pois compete à Subseção II julgar, em única instância, "os conflitos de competência entre Tribunais Regionais e os que envolvam Juízes de Direito investidos da jurisdição trabalhista e Varas do Trabalho em processos de dissídios individuais" (art. 71, III, *b*, 2, do Regimento Interno do TST); **IV:** correta, arts. 70, II, *c*, e 71, II, *a*, do Regimento Interno do TST, e art. 2º, II, *c*, da Lei 7.701/1988.
Gabarito "A"

2.3. QUESTÕES COMBINADAS SOBRE JUSTIÇA DO TRABALHO

(Magistratura do Trabalho – 3ª Região – 2008) Sobre a Justiça do Trabalho, é correto dizer, exceto:

(A) É competente para julgar ações sobre representação sindical, ainda que sejam entre sindicatos e empregadores.
(B) Os Tribunais Regionais do Trabalho, atualmente em número de vinte e quatro, compõem-se de, no mínimo, sete juízes e o Tribunal Superior do Trabalho de vinte e sete Ministros.
(C) A Escola Nacional de Formação e Aperfeiçoamento de Magistrados do Trabalho e o Conselho Superior da Justiça do Trabalho funcionam junto ao Tribunal Superior do Trabalho.
(D) Nas comarcas não abrangidas pela jurisdição das Varas do Trabalho, os juízes de direito são investidos na jurisdição trabalhista e o recurso é dirigido para o Tribunal de Justiça do respectivo Estado.
(E) Compete-lhe conciliar e julgar os dissídios oriundos do cumprimento de convenções ou acordos coletivos de trabalho.

A, **B**, **C** e **E**: assertivas corretas. **D**: assertiva incorreta, devendo ser assinalada, pois o recurso será dirigido para o Tribunal Regional do Trabalho respectivo (Art. 112 da CF).
Gabarito "D"

(Magistratura do Trabalho – 20ª Região – 2003) Considere as proposições abaixo:

I. É da competência da Seção de Dissídios Individuais do TST julgar, em única instância, os mandados de segurança de sua competência originária, na forma da lei.

II. É da competência da Seção de Dissídios Individuais do TST julgar, em única instância, os agravos regimentais de despachos denegatórios dos Presidentes das Turmas, em matéria de embargos, na forma estabelecida no Regimento Interno da Corte.

III. É da competência do Tribunal Pleno do TST aprovar os precedentes da jurisprudência predominante em dissídios coletivos e julgar os incidentes de uniformização da jurisprudência em dissídios individuais.

IV. A sentença normativa poderá ser objeto de ação de cumprimento a partir do 20.º (vigésimo) dia subsequente ao do julgamento, fundada no acórdão ou na certidão de julgamento, independentemente do trânsito em julgado mas desde que não concedido efeito suspensivo pela autoridade judiciária competente, na forma da lei.

Marque:

(A) as proposições I e II são incorretas e as III e IV, corretas;
(B) todas as proposições são corretas, salvo a IV;
(C) todas as proposições são incorretas, à exceção da III;
(D) a proposição I é a única correta;
(E) a proposição II é a única correta.

I: incorreta, pois a Seção de Dissídios Individuais do TST é competente para julgar, originariamente, os mandados de segurança de sua competência originária, na forma da lei (art. 3º, I, *b*, da Lei 7.701/1988); **II:** incorreta, pois compete à Seção de Dissídios Individuais julgar, em única instância, os agravos regimentais interpostos em dissídios individuais (art. 3º, II, *a*, da Lei 7.701/1988); **III:** correta, art. 4º, *c* e *d*, da Lei 7.701/1988; **IV:** correta, art. 7º, § 6º da Lei 7.701/1988 (v. art. 10).

Gabarito "A".

3. REGIME JURÍDICO DO MINISTÉRIO PÚBLICO

(Magistratura do Trabalho – 2ª Região – 2011) Considere as seguintes proposições:

I. O Ministério Público da União, organizado por lei ordinária, é instituição permanente, essencial à função jurisdicional do Estado, incumbindo-lhe a defesa da ordem jurídica, do regime democrático, dos interesses sociais e dos interesses individuais Indisponíveis.

II. São princípios institucionais do Ministério Público da União a unidade, a indivisibilidade, a soberania e a representatividade popular.

III. Compete ao Ministério Público da União, entre outros entes, propor ação civil coletiva para defesa de interesses individuais homogêneos.

IV. Para o exercício de suas atribuições, o Ministério Público da União poderá, nos procedimentos de sua competência, notificar testemunhas e requisitar sua condução coercitiva, no caso de ausência injustificada, mas seu acesso a banco de dados de caráter público ficará sempre condicionado à existência prévia de ação judicial.

V. Tendo em conta o princípio da independência funcional, o Procurador-Geral da República, como chefe do Ministério Público da União, não pode ser exonerado de ofício pelo Presidente da República.

Responda:

(A) Estão corretas somente as assertivas I e II;
(B) Estão corretas somente as assertivas IV e V;
(C) Somente a assertiva III está correta;
(D) Todas as assertivas estão corretas;
(E) Todas as assertivas estão erradas.

I: incorreta, pois será organizado por lei complementar (art. 128, § 5º, da CF); **II:** incorreta, pois são princípios institucionais do Ministério Público a unidade, a indivisibilidade e a independência funcional (art. 127, § 1º, da CF); **III:** correta, arts. 81, parágrafo único, III, e 82 do CDC, e art. 6º, VII, *d*, da LC 75/1993; **IV:** incorreta, pois a lei não faz nenhuma ressalta quanto ao acesso a banco de dados de caráter público (art. 8º, I, da LC 75/1993); **V:** incorreta, pois a exoneração do Procurador-Geral da República por iniciativa do Presidente da República será de ofício (art. 25, parágrafo único, da LC 75/1993).

Gabarito "C".

(Magistratura do Trabalho – 2ª Região – 2010) No que se refere à atuação do Ministério Público do Trabalho, analise as expressões abaixo e posteriormente responda:

I. Compete ao Ministério Público do Trabalho manifestar-se em qualquer processo trabalhista, acolhendo a solicitação do Juiz ou por sua iniciativa, quando entender existente interesse público que justifique a intervenção.

II. Compete ao Ministério Público do Trabalho propor ações necessárias à defesa dos direitos e interesses dos menores, incapazes e índios, decorrentes das relações de trabalho.

III. Compete ao Ministério Público do Trabalho promover mandado de injunção, quando a competência for da Justiça do Trabalho.

IV. Compete ao Ministério Público do Trabalho atuar como árbitro, por sua iniciativa e quando for solicitado pelas partes, nos dissídios de competência da Justiça do Trabalho.

V. Compete ao Ministério Público do Trabalho promover as ações cabíveis para declaração de nulidade de cláusula de contrato, acordo ou convenção coletiva que viole as liberdades individuais ou coletivas ou os direitos individuais indisponíveis dos trabalhadores ou empregadores.

(A) Apenas as assertivas I, II e V são corretas.
(B) todas as assertivas são corretas.
(C) Apenas as assertivas I, II e III são corretas.
(D) Apenas as de número II, III e IV são corretas.
(E) Apenas as assertivas I, III e V são corretas.

I: correta, art. 83, II, da LC 75/1993; **II:** correta, art. 83, V, da LC 75/1993; **III:** correta, art. 83, X, da LC 75/1993; **IV:** incorreta, pois compete ao Ministério Público "atuar como árbitro, se assim for solicitado pelas partes" (art. 83, XI, da LC 75/1993); **V:** incorreta, pois a lei fala apenas em violação dos direitos individuais indisponíveis dos trabalhadores (art. 83, IV, da LC 75/1993).

Gabarito "C".

(Magistratura do Trabalho – 3ª Região – 2009) A respeito das atribuições do Ministério Público do Trabalho, leia as afirmações abaixo e, em seguida, assinale a alternativa correta:

I. Segundo a jurisprudência consolidada do Tribunal Superior do Trabalho, o Ministério Público do Trabalho não tem legitimidade para recorrer na defesa de interesse patrimonial privado, inclusive de empresas públicas e sociedades de economia mista. Esta regra, contudo, não se aplica quando se trata de decisão que declara a existência de vínculo empregatício com sociedade de economia mista, após a CF/1988, sem a prévia aprovação em concurso público.

II. As funções do Ministério Público só podem ser exercidas por integrantes da carreira, que deverão residir na comarca da respectiva lotação, salvo autorização do chefe da instituição ou, por delegação, do procurador regional.

III. Os Subprocuradores-Gerais do Trabalho serão designados para oficiar junto ao Tribunal Superior do Trabalho e nos ofícios na Câmara de Coordenação e Revisão, cabendo-lhes exercer, privativamente, as funções de Corregedor-Geral do Ministério Público do Trabalho.

IV. Entre as atribuições do Ministério Público está a de propor as ações cabíveis para declaração de nulidade de cláusula de contrato, acordo coletivo ou convenção coletiva que viole as liberdades individuais ou coletivas ou os direitos individuais indisponíveis dos trabalhadores.

V. Por expressa disposição legal, não estão sujeitos a ponto os procuradores-gerais e os procuradores do trabalho.

(A) Somente uma afirmativa está correta.
(B) Somente duas afirmativas estão corretas.
(C) Somente três afirmativas estão corretas.
(D) Somente quatro afirmativas estão corretas.
(E) Todas as afirmativas estão corretas.

I: correta, OJs 237 e 338 da SDI-1 do TST; **II:** incorreta, pois a lei não apresenta a hipótese de delegação pelo procurador regional (art. 129, § 2º da CF); **III:** correta, arts. 107 e 108 da LC 75/1993; **IV:** correta, art. 83, IV, da LC 75/1993; **V:** correta, art. 739 da CLT.

Gabarito "D"

(Magistratura do Trabalho – 4ª Região – 2012) Compete ao Ministério Público do Trabalho o exercício das seguintes atribuições junto aos órgãos da Justiça do Trabalho, EXCETO:

(A) manifestar-se em qualquer fase do processo trabalhista, acolhendo solicitação do juiz ou por sua iniciativa, quando entender existente interesse público que justifique a intervenção.

(B) promover a ação civil pública no âmbito da Justiça do Trabalho, para defesa de interesses coletivos, quando desrespeitados os direitos sociais constitucionalmente garantidos.

(C) propor as ações cabíveis para declaração de nulidade de cláusula de contrato, acordo coletivo ou convenção coletiva que viole as liberdades individuais ou coletivas ou os direitos individuais indisponíveis dos trabalhadores.

(D) intervir em todos os processos decorrentes das relações de trabalho que envolvam interesses das mulheres, dos menores e dos portadores de deficiência.

(E) recorrer das decisões da Justiça do Trabalho, quando entender necessário, tanto nos processos em que for parte, como naqueles em que oficiar como fiscal da lei, bem como pedir revisão dos Enunciados da Súmula de Jurisprudência do Tribunal Superior do Trabalho.

A: correta, art. 83, II, da LC 75/1993; **B:** correta, art. 83, III, da LC 75/1993; **C:** correta, art. 83, V, da LC 75/1993. O texto da lei prevê a competência do Ministério Público do Trabalho para propor as ações necessárias à defesa dos direitos e interesses dos menores, incapazes e índios, decorrentes das relações de trabalho; **D:** incorreta, inexiste previsão de intervenção obrigatória em processo envolvendo mulheres; **E:** correta, art. 83, VI, da LC 75/1993.

Gabarito "D"

(Magistratura do Trabalho – 7ª Região – 2005) São atribuições conferidas ao Ministério Público do Trabalho, perante a Justiça do Trabalho, por força de Lei Complementar:

I. Atuar como árbitro, se assim solicitado pelas partes, nos dissídios de competência da Justiça do Trabalho.

II. Recorrer das decisões da Justiça do Trabalho, tanto nos processos em que for parte, como naqueles em que oficiar como fiscal da lei, quando entender necessário.

III. Intervir obrigatoriamente em todos os feitos nos segundo e terceiro graus de jurisdição da Justiça do Trabalho.

IV. Propor ações cabíveis para declaração de nulidade de cláusula de convenção coletiva, acordo coletivo ou ainda de contrato, quando violadas as liberdades individuais ou coletivas ou os direitos individuais indispensáveis do trabalhador.

(A) São falsas todas as proposições, à exceção da terceira.
(B) As três primeiras proposições são falsas, sendo verdadeira a última.
(C) Todas as proposições são falsas.
(D) Apenas a primeira proposição é falsa.
(E) Apenas a terceira proposição é falsa.

I: correta, art. 83, XI, da LC 75/1993; **II:** correta, art. 83, VI, da LC 75/1993; **III:** incorreta, pois compete ao Ministério Público "intervir obrigatoriamente em todos os feitos nos segundo e terceiro graus de jurisdição da Justiça do Trabalho, quando a parte for pessoa jurídica de Direito Público, Estado estrangeiro ou organismo internacional" (art. 83, XIII, da LC 75/1993); **IV:** correta, art. 83, V, da LC 75/1993.

Gabarito "E"

(Magistratura do Trabalho – 8ª Região – 2009) À luz da legislação aplicável ao processo do trabalho, é correto afirmar:

(A) Constituem privilégios da União, dos estados, do Distrito Federal, dos municípios e das autarquias ou fundações de direito público federais, estaduais e municipais, que não explorem atividades econômicas: o quádruplo do prazo para apresentar defesa, o prazo em dobro para recorrer e a dispensa de depósito para interposição de recurso, bem como não possuem obrigações relativas às custas processuais.

(B) São prerrogativas institucionais dos membros do Ministério Público da União: sentar-se no mesmo plano e imediatamente à direita dos juízes singulares ou presidentes dos órgãos judiciários perante os quais oficiem; usar vestes talares; ter ingresso e trânsito livres, em razão de serviço, em qualquer recinto público ou privado, respeitada a garantia constitucional da inviolabilidade do domicílio; a prioridade em qualquer serviço de transporte ou comunicação, público ou privado, no território nacional, quando em serviço de caráter urgente; o porte de arma, independentemente de autorização. São prerrogativas processuais dos membros do Ministério público do trabalho: do membro do Ministério Público que oficie perante tribunais, ser processado e julgado, nos crimes comuns e de responsabilidade, pelos Tribunais Regionais Federais; ser preso ou detido somente por ordem escrita do tribunal competente ou em razão de flagrante de crime inafiançável; ser ouvido, como testemunha, em dia, hora e local previamente ajustados com o magistrado ou a autoridade competente; receber intimação pessoalmente nos autos em qualquer processo e grau de jurisdição nos feitos em que tiver que oficiar.

(C) Compete ao Ministério Público do Trabalho: propor as ações necessárias à defesa dos direitos e interesses dos menores, incapazes e índios, decorrentes das relações de trabalho; pedir revisão dos Enunciados da Súmula de Jurisprudência do Tribunal Superior do Trabalho; atuar como árbitro, se assim for solicitado pelas partes, nos dissídios de competência da Justiça do Trabalho; intervir obrigatoriamente em todos os feitos nos segundo e terceiro graus de jurisdição da Justiça do Trabalho, quando a parte for organismo internacional.

(D) A garantia da inamovibilidade concedida aos integrantes do Ministério Público do Trabalho é relativa, podendo ser flexibilizada por deliberação privativa do Conselho Superior do Ministério Público do Trabalho.

(E) Tratando-se de maiores de 14 (quatorze) e menores de 18 (dezoito) anos, as reclamações poderão ser feitas pelos seus representantes legais ou, na falta destes, por intermédio da Procuradoria da Justiça do Trabalho. Nos lugares onde não houver Procuradoria, o juiz nomeará pessoa habilitada para desempenhar o cargo de curador à lide.

A: incorreta, o art. 1º do DL 779/1969 prescreve que "nos processos perante a Justiça do Trabalho constituem privilégio da União, dos Estados, do Distrito Federal, dos Municípios e das autarquias ou fundações de direito público federais, estaduais ou municipais que não explorem atividade econômica: (...) VI – o pagamento de custas a final, salvo quanto à União Federal, que não as pagará"; **B:** incorreta, pois são prerrogativas processuais: "do membro do Ministério Público da União que oficie perante tribunais, ser processado e julgado, nos crimes comuns e de responsabilidade, pelo Superior Tribunal de Justiça" (art. 18, II, *b*, da LC 75/1993); **C:** correta, art. 83, V, VI e XIII da LC 75/1993; **D:** incorreta, art. 17, II, da LC 75/1993 (v. *quorum* do art. 128, § 5º, I, *b*, da CF, na redação dada pela EC 45/2004; observe-se que o CNMP também detém a atribuição de determinar a remoção de membros do Ministério Público, conforme art. 130-A, § 2º, III, da CF); **E:** incorreta, pois "a reclamação trabalhista do menor de 18 anos será feita por seus representantes legais e, na falta destes, pela Procuradoria da Justiça do Trabalho, pelo sindicato, pelo Ministério Público estadual ou curador nomeado em juízo" (art. 793 da CLT).

Gabarito "C"

(Magistratura do Trabalho – 8ª Região – 2008) Qual das alternativas abaixo, à luz da legislação pertinente, está equivocada com relação às atribuições do Ministério Público do Trabalho junto aos órgãos da Justiça do Trabalho:

(A) Manifestar-se em qualquer fase do processo trabalhista, acolhendo solicitação do juiz ou por sua iniciativa, quando entender existente interesse público que justifique a intervenção; propor as ações cabíveis para declaração de nulidade de cláusula de contrato, acordo coletivo ou convenção coletiva que viole as liberdades individuais ou coletivas ou os direitos individuais indisponíveis dos trabalhadores.

(B) Conduzir, promover ou participar da instrução e conciliação em dissídios decorrentes da paralisação de serviços de qualquer natureza, oficiando obrigatoriamente nos processos, manifestando sua concordância ou discordância, em eventuais acordos firmados antes da homologação, resguardado o direito de recorrer em caso de violação à lei e à Constituição Federal; intervir obrigatoriamente em todos os feitos nos segundo e terceiro graus de jurisdição da Justiça do Trabalho, quando a parte for pessoa jurídica de Direito Público, Estado estrangeiro ou organismo internacional.

(C) Promover a ação civil pública no âmbito da Justiça do Trabalho, para defesa de interesses coletivos, quando desrespeitados os direitos sociais constitucionalmente garantidos; recorrer das decisões da Justiça do Trabalho, quando entender necessário, tanto nos processos em que for parte, como naqueles em que oficiar como fiscal da lei; pedir revisão dos Enunciados da Súmula de Jurisprudência do Tribunal Superior do Trabalho; atuar como árbitro, apenas se assim for solicitado pelas partes, nos dissídios de competência da Justiça do Trabalho.

(D) Funcionar nas sessões dos Tribunais Trabalhistas, manifestando-se verbalmente sobre a matéria em debate, sempre que entender necessário, sendo-lhe assegurado o direito de vista dos processos em julgamento, podendo solicitar as requisições e diligências que julgar convenientes; promover mandado de injunção, quando a competência for da Justiça do Trabalho.

(E) Requerer as diligências que julgar convenientes para o correto andamento dos processos e para a melhor solução das lides trabalhistas; propor as ações necessárias à defesa dos direitos e interesses dos menores, índios e incapazes, desde que decorrentes das relações de trabalho.

A: correta, art. 83, II e IV, da LC 75/1993; **B:** incorreta, pois a redação legal prevê apenas as condutas "promover" ou "participar" da instrução e conciliação (art. 83, IX e XIII, da LC 75/1993); **C:** correta, art. 83, III, VI e XI, da LC 75/1993; **D:** correta, art. 83, VII e X, da LC 75/1993; **E:** correta, art. 83, XII e V, da LC 75/1993.

Gabarito "B"

(Magistratura do Trabalho – 15ª Região – 2011) A respeito do Ministério Público do Trabalho, assinale a alternativa incorreta:

(A) tem atribuição de investigar irregularidades nas relações de trabalho, podendo fazê-lo de ofício ou quando do recebimento de denúncias;
(B) pode instaurar inquérito civil procedimento administrativo e inquisitivo;
(C) sua investigação pode ensejar a assinatura de Termo de Ajustamento de Conduta, título executivo extrajudicial, tendo competência para executá-lo o Juiz do Trabalho da localidade onde a ação poderia ter sido proposta;
(D) pode expedir recomendações;
(E) trata-se do único órgão legitimado a apresentar a ação civil pública quando a discussão referir-se a meio ambiente do trabalho.

A, **B**, **C** e **D:** assertivas corretas. O inquérito civil nasce com a Lei 7.347/1985 (art. 8º, § 1º) e é abrigado pela CF (art. 129, III), sendo regulado pela Resolução 23/2007 do Conselho Nacional do Ministério Público; especificamente quanto ao MPT, o inquérito civil vem previsto no art. 84, II, da LC 75/1993, sendo regulamentado pela **Resolução 69/2007** do Conselho Superior do Ministério Público do Trabalho. A condução do Inquérito Civil é exclusivamente feita pelo Ministério Público e desconhecemos instituto similar no direito comparado. Pode ser instaurado a partir de provocação ou *ex officio*, sempre observado o princípio do promotor natural. Trata-se de procedimento destinado ao aprofundamento dos fatos e coleta de provas que subsidiarão a adoção de medidas judiciais futuras, ou, ainda, à regularização extrajudicial de condutas através de mecanismos como os termos de ajuste de conduta (este, com eficácia de título executivo extrajudicial, conforme art. 5º, § 6º, da Lei 7.347/1985, e art. 876 da CLT) e as notificações recomendatórias (que possuem fundamento nos arts. 129, VI, da CF, e arts. 6º, XX e 8º, VII, da LC 75/1993). Estas, embora simples recomendações, sem caráter imediatamente coercitivo, tendem a surtir efeito, porquanto providas de inegável *power of embarrasment.* Por ser um mero **procedimento administrativo** (ou seja, por meio dele não se acusa nem se estabelece nenhuma sanção), e não um processo administrativo ou judicial, ao Inquérito Civil não se aplicam alguns princípios inerentes ao devido processo legal, como os do contraditório e da ampla defesa, daí sua natureza inquisitorial. Neste sentido: "O princípio do contraditório não prevalece no curso das investigações preparatórias encetadas pelo Ministério Público". (STJ, ROMS 7423-SP, *DJ* 03.11.1997, e ROMS 8.176-GO, *DJ* 25.05.98, Rel. Min. Milton Luiz Pereira). É dito facultativo, eis que o MP está desobrigado de instaurá-lo se dispõe, desde logo, dos elementos necessários à propositura da ação (STJ, REsp 0077899/02, 2.ª Turma, Rel. Min. Eliana Calmon, *DJ* 09.06.2003). Basicamente, o MP dispõe de poder requisitório para a instrução do IC, que terá um dos seguintes desfechos: arquivamento, com necessária submissão a homologação por órgão revisional; tomada de termo de ajuste de conduta; ou ajuizamento de ação civil pública; **E:** assertiva incorreta, devendo ser assinalada, nada obsta que outros colegitimados da ação civil pública, notadamente os sindicatos, ajuízem ação para a tutela do meio ambiente laboral, observada a pertinência temática, conforme o caso.

Gabarito "E"

(Magistratura do Trabalho – 20ª Região – 2003) "O Ministério Público da União, que compreende também o Ministério Público do Trabalho, é instituição permanente, essencial à função jurisdicional do Estado, ao qual incumbe, entre outras, a defesa da ordem jurídica. A ele é dado, no exercício de suas funções, instaurar inquérito civil e outros procedimentos administrativos correlatos, podendo, ainda, nos procedimentos de sua competência, inclusive trabalhistas, notificar testemunhas e requisitar condução coercitiva, no caso de ausência injustificada; realizar inspeções e diligências investigatórias; ter livre acesso a qualquer local público ou privado, respeitadas as normas constitucionais de inviolabilidade do domicílio; requisitar informações, exames, perícias e documentos de autoridades da Administração Pública direta ou indireta, admitida a oposição da exceção de sigilo pelo Presidente da República, Ministros de Estado e Membros do Supremo Tribunal Federal, mas apenas no caso de proteção a superior interesse público, devidamente fundamentada."

Marque:

(A) a proposição acima é correta;
(B) a proposição acima é incorreta, porque, no exercício de suas funções institucionais, não é dado ao Ministério Público da União instaurar inquérito civil sem início de prova previamente obtida acerca da prática de ilegalidades, sob pena de caracterização de constrangimento ilegal e/ou abuso de autoridade;
(C) a proposição acima é incorreta, porque o Ministério Público da União não pode realizar inspeções sem prévia e fundamentada autorização da autoridade judiciária competente, sob pena de violação do princípio da legalidade e ampla defesa;
(D) a proposição acima é incorreta, porque nenhuma autoridade poderá opor ao Ministério Público, sob pretexto algum, a exceção de sigilo;
(E) a proposição acima é incorreta, porque as normas relativas à inviolabilidade do domicílio não são oponíveis ao Ministério Público.

Prevê o art. 8º, § 2º, da LC 75/1993 que "nenhuma autoridade poderá opor ao Ministério Público, sob qualquer pretexto, a exceção de sigilo, sem prejuízo da subsistência do caráter sigiloso da informação, do registro, do dado ou do documento que lhe seja fornecido".

Gabarito "D"

(Magistratura do Trabalho – 21ª Região – 2012) São prerrogativas dos membros do Ministério Público:

(A) cômputo do prazo em quádruplo para contestar e em dobro para recorrer quando interpuserem recursos, seja com parte, seja como *custos legis*;

(B) sentar-se no mesmo plano, e imediatamente à direita, dos juízes de 1ª Instância, dos Presidentes de Turmas e do Presidente dos Tribunais do Trabalho, nas sessões de instrução e julgamento e nas sessões administrativas, nas atuações como *custos legis*;
(C) receber a intimação via postal nos processos que tramitam na primeira instância, com cômputo do prazo, a partir do recebimento da intimação na Procuradoria Regional do Trabalho, e intimação pessoal nos processos que tramitam na segunda instância;
(D) receber intimação pessoal nos autos dos processos que tramitem em primeira instância, com encaminhamento dos autos à sede do Ministério Público, com cômputo do prazo, a partir da efetiva distribuição a um dos membros lotados naquela sede;
(E) solicitar, como fiscal da lei, novas diligências em processos em julgamento, interrompendo-se, necessariamente, o julgamento, para atendimento do pedido do membro do Ministério Público, sem possibilidade do juiz relator indeferir o pedido.

A: correta, art. 188 do CPC; **B:** incorreta, art. 18, I, *a* da LC 75/1993; C e **D:** incorretas, art. 18, II, *h* da LC 75/1993; **E:** incorreta, art. 83, VII, da LC 75/1993.

Gabarito "A"

(Magistratura do Trabalho – 21ª Região – 2005) De acordo com as afirmações seguintes, aponte a resposta correta:

Constituem atribuições legais do Ministério Público do Trabalho:

I. Atuar como árbitro, por solicitação das partes, nos dissídios de competência da Justiça do Trabalho;
II. Requerer revisão das Súmulas de Jurisprudência do Tribunal Superior do Trabalho;
III. Propor as ações necessárias à defesa dos direitos e interesses dos índios no âmbito da Justiça do Trabalho;
IV. Promover o mandado de injunção na Justiça do Trabalho;
V. Realizar inspeções, sempre que necessário, ao exercício de suas funções institucionais.

(A) apenas a alternativa IV está errada;
(B) apenas a alternativa V está errada;
(C) todas as alternativas estão corretas;
(D) apenas as alternativas I e V estão erradas;
(E) apenas as alternativas III e IV estão erradas.

I: correta, art. 83, XI, da LC 75/1993; **II:** correta, art. 83, VI, da LC 75/1993; **III:** correta, art. 83, V, da LC 75/1993; **IV:** correta, art. 83, X, da LC 75/1993; **V:** correta, art. 8º, V, da LC 75/1993.

Gabarito "C"

(Magistratura do Trabalho – 21ª Região – 2005) Consideradas as afirmações abaixo, marque a letra que contém a resposta correta:

I. O Ministério Público é instituição permanente, essencial à função jurisdicional do Estado, incumbindo-lhe a defesa da ordem jurídica, do regime democrático e dos interesses sociais e individuais indisponíveis. Abrange o Ministério Público da União e os Ministérios Públicos dos Estados. O Ministério Público do Trabalho, Ministério Público Federal, Ministério Público Militar, Ministério Público Eleitoral e Ministério Público do Distrito Federal e Territórios estão compreendidos no Ministério Público da União, cujo chefe é o Procurador-Geral da República.
II. O Procurador-Geral do Trabalho, os Subprocuradores-Gerais do Trabalho, os Procuradores Regionais do Trabalho e os Procuradores do Trabalho integram o rol dos órgãos que compõem o Ministério Público do Trabalho. Todos oficiam perante a Justiça do Trabalho. Os Procuradores Regionais do Trabalho oficiam junto aos Tribunais Regionais do Trabalho, podendo oficiar, também, perante o Tribunal Superior do Trabalho, mediante convocação efetuada pelo Procurador-Geral e autorizada pelo Conselho Superior do MPT, e, ainda, junto às Varas do Trabalho, mediante autorização. Os Procuradores do Trabalho, por força de lei, podem atuar tanto perante os Tribunais Regionais do Trabalho como nas Varas do Trabalho, indistintamente. E cabe aos Subprocuradores-Gerais, por exemplo, o ajuizamento de ação civil pública de competência originária do Tribunal Superior do Trabalho.
III. Constituem atribuições do Ministério Público do Trabalho, perante os órgãos da Justiça do Trabalho, entre outras previstas em lei, decorrentes das relações de trabalho: promover ação civil pública e nela intervir, obrigatoriamente, quando não figurar como autor; promover ações visando à declaração de nulidade de cláusula de contrato, acordo ou convenção coletiva de trabalho; promover ações para defesa dos direitos e interesses de índios, menores e incapazes e ajuizar dissídio coletivo em caso de greve em atividade essencial, com possibilidade de lesão do interesse público.
IV. Os Tribunais Regionais do Trabalho e os juízos trabalhistas de primeiro grau devem executar as intimações e notificações ao Ministério Público do Trabalho mediante a remessa dos autos às respectivas sedes das Procuradorias Regionais do Trabalho – segundo a Corregedoria-Geral da Justiça do Trabalho.
V. A propositura de ação civil pública e de ação de declaração de nulidade de cláusula de contrato, acordo ou convenção coletiva de trabalho, não prescinde da realização de inquérito civil pelo Ministério Público do Trabalho.

(A) I está correta.
(B) II e III estão corretas.
(C) IV está errada.
(D) Somente V está errada.
(E) Somente III e IV estão corretas.

I: incorreta, pois o Ministério Público Eleitoral não está elencado nas alíneas do inciso I do art. 128 da CF, não sendo um ramo autônomo do Ministério Público da União. Suas funções são exercidas pelo Ministério Público Federal e, em primeiro grau, de forma delegada por promotores de justiça; **II:** incorreta, pois não há que se falar em competência funcional originária de tribunais para apreciar a ação civil pública (observação: v. arts. 98, XI, 107, parágrafo único, 110, parágrafo único, e 112, parágrafo único da LC 75/1993); **III:** correta, art. 83, III, (c/c art. 5º, § 1º, da Lei 7.347/1985), IV e V, da LC 75/1993, e art. 114, § 3º, da CF; **IV:** correta, arts. 18, II, *h*, da LC 75/1993; 41, IV, da Lei 8.625/1993; e Provimento 04/2000, da Corregedoria Geral da Justiça do Trabalho; **V:** incorreta, pois o inquérito civil é procedimento inquisitório facultativo e que se destina ao aprofundamento das investigações pelo Ministério Público, sendo despiciendo, por exemplo, se uma determinada denúncia já vier suficientemente instruída e viabilizar a adoção imediata da medida judicial pertinente.

Gabarito "E"

(Magistratura do Trabalho – 23ª Região – 2009) Analise os itens abaixo e marque a alternativa CORRETA:

I. É prerrogativa processual dos membros do Ministério Público do Trabalho sentar-se no mesmo plano e imediatamente à direita dos juízes singulares ou presidentes dos órgãos judiciários perante os quais oficiem.
II. É prerrogativa institucional dos membros do Ministério Público do Trabalho receber intimação pessoalmente nos autos em qualquer processo e grau de jurisdição nos feitos em que tiver que oficiar.
III. As garantias e prerrogativas dos membros do Ministério Público da União são inerentes ao exercício de suas funções, podendo ser objeto de renúncia pelos procuradores individualmente considerados.

(A) Apenas os itens II e III são verdadeiros.
(B) Apenas os itens I e II são verdadeiros.
(C) Todos os itens são verdadeiros.
(D) Apenas os itens I e III são verdadeiros.
(E) Todos os itens são falsos.

I: incorreta, pois trata-se de prerrogativa institucional (art. 18, I, *a*, da LC 75/1993); **II:** incorreta, pois trata-se de prerrogativa processual (art. 18, II, *h*, da LC 75/1993); **III:** incorreta, pois "as garantias e prerrogativas dos membros do Ministério Público da União são inerentes ao exercício de suas funções e irrenunciáveis" (art. 21 da LC 75/1993).

Gabarito "E"

(Magistratura do Trabalho – 23ª Região – 2008) São atribuições do Ministério Público do Trabalho junto aos órgãos da Justiça do Trabalho, dentre outras:

I. propor ações individuais, no âmbito da Justiça do Trabalho, para defesa de interesse de trabalhador, beneficiário da Justiça Gratuita, quando desrespeitados os direitos sociais constitucionalmente garantidos;
II. propor as ações cabíveis para declaração de nulidade de cláusula de contrato, acordo coletivo ou convenção coletiva que viole as liberdades individuais ou coletivas ou os direitos individuais indisponíveis dos trabalhadores;
III. recorrer das decisões da Justiça do Trabalho, quando entender necessário, tanto nos processos em que for parte, como naqueles em que oficiar como fiscal da lei, bem como pedir revisão dos Enunciados da Súmula de Jurisprudência do Tribunal Superior do Trabalho;
IV. intervir, quando entender necessário, nos feitos nos segundo e terceiro graus de jurisdição da Justiça do Trabalho, quando a parte for pessoa jurídica de Direito Público, Estado estrangeiro ou organismo internacional.

(A) todas as opções estão corretas;
(B) apenas três opções estão corretas;
(C) apenas duas opções estão corretas;
(D) apenas uma opção está correta;
(E) todas as opções estão incorretas.

I: em linha de princípio, incorreta (art. 128, § 5º, II, *b*, da CF); **II:** correta, art. 83, IV, da LC 75/1993; **III:** correta, art. 83, VI, da LC 75/1993; **IV:** incorreta, pois o art. 83, XIII, da LC 75/1993 dispõe que a intervenção será obrigatória.

Gabarito "C"

(Magistratura do Trabalho – 23ª Região – 2006) Assinale a alternativa correta:

I. Compete ao Ministério Público do Trabalho promover a ação civil pública no âmbito da Justiça do Trabalho, para defesa de interesses coletivos, quando desrespeitados os direitos sociais constitucionalmente garantidos;
II. Compete ao Ministério Público do trabalho propor as ações cabíveis para declaração de nulidade de cláusula de contrato, acordo coletivo ou convenção coletiva que viole as liberdades individuais ou coletivas ou os direitos individuais indisponíveis dos trabalhadores;
III. Compete ao Ministério Público do Trabalho recorrer das decisões da Justiça do Trabalho, quando entender necessário, tanto nos processos em que for parte, como naqueles em que oficiar como fiscal da lei;
IV. Compete ao Ministério Público do Trabalho atuar como árbitro, se assim for solicitado pelas partes ou pelo magistrado, nos dissídios de competência da Justiça do Trabalho;
V. Compete ao Ministério Público do Trabalho requerer as diligências que julgar convenientes para o correto andamento dos processos e para a melhor solução das lides trabalhistas.

(A) todas as afirmativas estão incorretas;
(B) somente duas afirmativas estão corretas;
(C) somente três afirmativas estão corretas;
(D) todas as afirmativas estão corretas;
(E) somente quatro afirmativas estão corretas.

I: correta, art. 83, III, da LC 75/1993; **II:** correta, art. 83, IV, da LC 75/1993; **III:** correta, art. 83, VI, da LC 75/1993; **IV:** incorreta, pois a redação legal não apresenta a hipótese de solicitação pelo magistrado (art. 83, XI, da LC 75/1993); **V:** correta, art. 83, XII, da LC 75/1993.

Gabarito "E"

(Procurador do Trabalho – MPT – 18º concurso – 2013) Nos termos da jurisprudência atual do TST, o Ministério Público do Trabalho:

(A) Ao exarar parecer em remessa *ex officio*, não tem legitimidade para arguir prescrição em favor de ente de direito público, em matéria de direito patrimonial.

(B) Não tem legitimidade para recorrer contra decisão que declara a existência de vínculo empregatício com sociedade de economia mista ou empresa pública, após a CF/1988, sem a prévia aprovação em concurso público.

(C) Pode arguir, em parecer, na primeira vez que tenha de se manifestar no processo, a nulidade do contrato de trabalho em favor de ente público, ainda que a parte não a tenha suscitado, independente da necessidade de dilação probatória.

(D) Tem legitimidade para requerer a instauração da instância, em sede de dissídio coletivo, quando caracterizado o descumprimento da lei, por qualquer das partes, no curso da negociação coletiva.

(E) Não respondida.

A: correta, OJ 130 da SDI-1 do TST; **B:** incorreta, OJ 338 da SDI-1 do TST; **C:** incorreta, OJ 350 da SDI-1 do TST; **D:** a questão é polêmica. A rigor, desborda da sistemática concebida pelo § 3º do art. 114 da CF a possibilidade de ajuizamento de dissídio coletivo pelo Ministério Público do Trabalho em qualquer hipótese de descumprimento de lei, pelas partes, no curso da negociação coletiva. Não obstante, há, em tese, legitimidade ampla do MPT para a ação civil pública que tenha como causa de pedir tal irregularidade.

Gabarito "A"

(Procurador do Trabalho – MPT – 17º Concurso) Analise as seguintes proposições:

I. A autonomia administrativa e financeira assegurada constitucionalmente ao Ministério Público abrange a iniciativa legislativa para criação de seus cargos e serviços auxiliares e a legitimidade para elaborar a proposta financeira, mas não alcança a possibilidade de fixação da própria política remuneratória, que é estabelecida pelo Poder Executivo.

II. Os membros do Ministério Público enquadram-se na categoria geral de servidores públicos, em razão do regime jurídico que lhes é aplicado, não assumindo a condição de agentes políticos, reservada especificamente àqueles que exercem função própria e originária do Estado.

III. Constitui crime de responsabilidade do Presidente da República atentar contra o livre exercício do Ministério Público.

Marque a alternativa **CORRETA**:

(A) apenas a assertiva I é correta;

(B) apenas as assertivas I e II são corretas;

(C) apenas as assertivas II e III são corretas;

(D) apenas a assertiva III é correta;

(E) não respondida.

I: incorreta, pois de acordo com o art. 127, § 2º, da CF ao Ministério Público é assegurada autonomia funcional e administrativa, podendo, observado o disposto no art. 169, propor ao Poder Legislativo a criação e extinção de seus cargos e serviços auxiliares, provendo-os por concurso público de provas ou de provas e títulos, a política remuneratória e os planos de carreira; a lei disporá sobre sua organização e funcionamento"; **II:** incorreta, a doutrina majoritária reconhece o *status* de agente político ao *parquet* trabalhista, considerando-se a capilaridade de suas funções, muito embora não se trate o Ministério Público de um "quarto poder"; **III:** correta, art., 85, II, da CF.

Gabarito "D"

(Procurador do Trabalho – MPT – 17º Concurso) A respeito do Ministério Público na Constituição da República, leia e analise os itens a seguir:

I. O Ministério Público abrange o Ministério Público da União, composto pelo Ministério Público Federal, Ministério Público do Trabalho, Ministério Público Militar, Ministério Público Eleitoral e Ministério Público do Distrito Federal e Territórios; e os Ministérios Públicos dos Estados.

II. São instrumentos de atuação do Ministério Público expressamente previstos na Constituição da República: a ação penal pública; a ação civil pública; o inquérito civil público; a ação de inconstitucionalidade; a expedição de notificações nos procedimentos administrativos de sua competência para requisição de informações e documentos, na forma da lei complementar respectiva; a requisição de diligências e instauração de inquérito policial, indicando os fundamentos jurídicos de suas manifestações processuais.

III. Os membros do Ministério Público gozam da garantia da inamovibilidade, salvo por motivo de interesse público, mediante decisão do órgão colegiado competente do Ministério Público, pelo voto da maioria absoluta de seus integrantes, assegurada ampla defesa.

IV. Os membros do Ministério Público deverão residir na comarca da respectiva lotação, salvo autorização do órgão colegiado competente do Ministério Público, pelo voto da maioria absoluta dos seus integrantes, assegurada ampla defesa.

Marque a alternativa **CORRETA**:

(A) somente as assertivas I e II estão corretas;

(B) somente as assertivas I e III estão corretas;

(C) somente as assertivas II e III estão corretas;

(D) somente as assertivas II e IV estão corretas;

(E) não respondida.

I: incorreta, pois o Ministério Público Eleitoral não é um ramo autônomo do Ministério Público da União. Suas funções são exercidas pelo Ministério Público Federal e, em primeiro grau, de forma delegada por promotores de justiça (art. 128 da CF); **II:** correta, art. 129 da CF; **III:** correta, art. 128, § 5º, I, da CF; **IV:** incorreta, pois dispõe o art. 129, § 2º, da CF que "as funções do Ministério Público só podem ser exercidas por integrantes da carreira, que deverão residir na comarca da respectiva lotação, salvo autorização do chefe da instituição".

Gabarito "C"

(Procurador do Trabalho – MPT – 17º Concurso) Leia as seguintes assertivas sobre o Termo de Ajustamento de Conduta no âmbito das relações de trabalho:

I. É necessária a participação do membro do Ministério Público do Trabalho, como condição de sua eficácia como título executivo extrajudicial, não se admitindo seja utilizado por outro órgão legitimado para a propositura de ação civil pública.

II. Exige-se, nos termos da lei, sem exceções, a inserção de uma cominação a ser imposta em caso de descumprimento de obrigação de fazer e/ou não fazer assumidas pela parte.

III. As obrigações nele previstas poderão ter natureza preventiva, objetivando cessar a ameaça de dano, ou natureza corretiva, visando a adequar a conduta da parte às exigências legais, mas, em nenhuma hipótese, poderão ter natureza reparatória, por ser incompatível com a finalidade desse instrumento.

Marque a alternativa **CORRETA**:

(A) todas as assertivas são corretas;
(B) apenas as assertivas I e III são corretas;
(C) apenas as assertivas II e III são corretas;
(D) apenas a assertiva II é correta;
(E) não respondida.

I: incorreta, pois, além do Ministério Público, existem outros órgãos legitimados para a propositura da ação civil pública (v. art. 5º, I a V, e § 6º, da Lei 7.347/1985); **II:** correta, art. 5º, § 6º, da Lei 7.347/1985; **III:** incorreta, pois o Termo de Ajuste de Conduta pode veicular cláusula reparatória de danos individuais ou coletivos.

Gabarito "D"

(Procurador do Trabalho – MPT – 17º Concurso) Consideradas as prerrogativas conferidas pelo ordenamento jurídico aos membros do Ministério Público do Trabalho, leia as assertivas a seguir:

I. Constitui prerrogativa institucional ter ingresso e trânsito livres, apenas em razão do serviço, em qualquer recinto público ou privado, respeitada a garantia constitucional de inviolabilidade de domicílio, salvo hipóteses como de flagrante delito, a exemplo da constatação de trabalho infantil doméstico em condições análogas à de escravo.

II. Constituem prerrogativas legais a presença e a palavra asseguradas em todas as sessões dos órgãos colegiados em que oficiem, manifestando-se verbalmente sobre a matéria em debate, sempre que entender necessário, e também solicitar as diligências que julgar convenientes, independentemente de requerimento escrito.

III. As prerrogativas são irrenunciáveis e sua enumeração é taxativa, estando previstas exclusivamente na Lei Complementar 75/1993.

Assinale a alternativa **CORRETA**:

(A) apenas a assertiva II é correta;
(B) apenas as assertivas I e II são corretas;
(C) apenas as assertivas II e III são corretas;
(D) apenas as assertivas I e III são corretas;
(E) não respondida.

I: correta, art. 18, I, *c*, da LC 75/1993 c/c art. 5º, XI, da CF; **II:** correta, art. 83, II e VII, da LC 75/1993; **III:** incorreta, pois "as garantias e prerrogativas previstas nesta Lei Complementar não excluem as que sejam estabelecidas em outras leis" (art. 21, parágrafo único, da LC 75/1993).

Gabarito "B"

(Procurador do Trabalho – MPT – 17º Concurso) **NÃO** é permitido ao membro do Ministério Público do Trabalho, para o exercício de suas atribuições, nos termos legais:

(A) A requisição de condução coercitiva de testemunha e do representante da parte investigada, no âmbito da instrução do inquérito civil, em caso de ausência injustificada.
(B) A realização de inspeções e diligências de natureza investigatória, diretamente, ou com o acompanhamento de outros órgãos de fiscalização.
(C) A requisição à administração pública de serviços temporários de seus servidores e meios materiais necessários para a realização de atividades específicas.
(D) A realização de audiências públicas, para discussão de temas e coleta de informações necessárias à sua atuação.
(E) Não respondida.

A: correta, pois não é permitida a requisição de condução coercitiva do representante da parte investigada (art. 8º, I, da LC 75/1993); B, C e **D:** incorretas, pois as permissões encontram-se previstas nos arts. 8º, V, III, e 6º, XIV, da LC 75/1993.

Gabarito "A"

(Procurador do Trabalho – MPT – 17º Concurso) Considerando-se as proposições abaixo a respeito do Ministério Público do Trabalho:

I. Compete ao Procurador-Geral do Trabalho integrar, como membro nato, e presidir o Colégio de Procuradores do Trabalho, o Conselho Superior do Ministério Público do Trabalho e a Comissão de Concurso.

II. O Conselho Superior do Ministério Público do Trabalho é órgão normativo, competindo-lhe, entre outras funções, decidir os conflitos de atribuição entre os órgãos da instituição.

III. Incumbe ao Corregedor-Geral do Ministério Público do Trabalho acompanhar o estágio probatório dos membros e decidir sobre o vitaliciamento ou a exoneração daquele que não cumprir as condições do referido estágio.

IV. Os cargos de Procurador do Trabalho, Procurador Regional do Trabalho, Subprocurador-Geral do Trabalho e Procurador-Geral do Trabalho constituem a carreira do Ministério Público do Trabalho, sendo o cargo inicial de Procurador do Trabalho e o do último nível o de Procurador-Geral do Trabalho.

Marque a alternativa **CORRETA**:

(A) apenas a assertiva II está correta;
(B) apenas as assertivas III e IV estão corretas;
(C) apenas a assertiva III está correta;
(D) apenas a assertiva I está correta;
(E) não respondida.

I: correta, art. 91, II, da LC 75/1993. **II:** incorreta, pois são competentes para decidir os conflitos de atribuição entre os órgãos da instituição a Câmara de Coordenação e Revisão do Ministério Público do Trabalho e o Procurador-Geral do Trabalho (arts. 103, VI, e 91, VII, da LC 75/1993); **III:** incorreta, pois não compete ao

Corregedor-Geral decidir sobre o vitaliciamento ou a exoneração de membro do Ministério Público do Trabalho (arts. 106, IV e V, da LC 75/1993); **IV:** incorreta, pois o cargo de último nível da carreira é de Subprocurador-Geral do Trabalho (art. 86, parágrafo único, da LC 75/1993).

Gabarito "D"

(Ministério Público do Trabalho – 16º) Assinale a alternativa CORRETA:

(A) O Ministério Público do Trabalho tem por Chefe o Procurador-Geral do Trabalho, nomeado pelo Procurador-Geral da República. Em caso de vacância, exercerá o cargo o Vice-Procurador Geral do Trabalho, até o seu provimento definitivo.

(B) O Procurador-Geral de Justiça é o Chefe do Ministério Público do Distrito Federal e Territórios, nomeado pelo Presidente da República e somente poderá ser destituído, antes do término do mandato, por deliberação da maioria absoluta do Senado Federal, mediante representação do Presidente da República.

(C) O Ministério Público Militar oficia perante os órgãos da Justiça Militar, compostos por circunscrições de Justiça Militar da Justiça Estadual e da União e o Superior Tribunal Militar e tem por Chefe o Procurador-Geral da Justiça Militar, nomeado pelo Procurador-Geral da República.

(D) O Conselho Superior dos ramos do Ministério Público da União composto de 10 (dez) Membros é integrado pelo Procurador-Geral e pelo Vice-Procurador como Membros natos, 04 (quatro) Membros eleitos pelo Colégio de Procuradores e 04 (quatro) pelos respectivos Conselhos.

(E) Não respondida.

A: incorreta, pois, em caso de vacância, exercerá o cargo o Vice-Presidente do Conselho Superior, até o seu provimento definitivo (art. 89 da LC 75/1993); **B:** correta, art. 156, § 2º, da LC 75/1993; **C:** incorreta, pois o Ministério Público que atua nas Justiças Militares dos Estados, porventura instituídas com amparo no art. 125, §§ 3º a 5º, da CF, é o Ministério Público Estadual, e não o Ministério Público Militar, ramo do Ministério Público da União; **D:** incorreta, pois, como regra, o Conselho Superior é integrado por 10 membros, sendo o Procurador-Geral e o Vice-Procurador do respectivo ramo, quatro membros eleito pelo Colégio de Procuradores (chamado, no MPDFT, de Colégio de Procuradores e Promotores de Justiça) e por quatro membros eleitos pelos subprocuradores-gerais (o equivalente aos Procuradores de Justiça, no MPDFT), e não pelo respectivo Conselho, como diz a assertiva. Observe-se, ademais, que esta fórmula não se aplica ao Ministério Público Militar (art. 128 da LC 75/1993).

Gabarito "B"

(Ministério Público do Trabalho – 16º Região) Sobre o Ministério Público nas Constituições Brasileiras, assinale a alternativa INCORRETA:

(A) A Constituição de 1891 não faz referência à instituição do Ministério Público, mas fazia nascer à figura do Procurador-Geral da República, que seria nomeado pelo Presidente da República entre os Ministros do STF, com atribuições a serem definidas em lei.

(B) A Constituição Federal de 1946 tratou do Ministério Público em título especial, sem vinculação a nenhum dos outros poderes da República e instituía o Ministério Público da União junto à Justiça comum, à militar, à eleitoral e à do trabalho, e dos Estados.

(C) A "Carta de Curitiba" documento aprovado no consenso institucional do Ministério Público Brasileiro, produzida no 1º Encontro Nacional de Procuradores e Promotores de Justiça, realizado em junho de 1986, na cidade de Curitiba, foi o texto que orientou a classe nos trabalhos da Assembleia Nacional Constituinte.

(D) A Carta Magna de 1946 foi a primeira a constitucionalizar o Ministério Público, inovando o tratamento institucional, ao reservar ao *Parquet* capítulo próprio, absolutamente independente dos demais poderes do Estado.

(E) Não respondida.

A questão pode ser compreendida sob dois prismas: em primeiro lugar, a Constituição de 1934 já inseria o Ministério Público em capítulo apartado dos Poderes constituídos; em segundo lugar, esta absoluta independência inexistia, haja vista que a nomeação e exoneração do chefe da instituição era ato meramente discricionário do Chefe do Executivo, que poderia a qualquer tempo promover a troca da chefia.

Gabarito "D"

(Ministério Público do Trabalho – 16º Região) Assinale a resposta INCORRETA:

(A) Na hipótese de ocorrer conflito de atribuições entre Membros de um Ministério Público Estadual, compete ao Procurador-Geral de Justiça dirimir o conflito.

(B) Ocorrendo conflito de atribuições entre dois Membros do Ministério Público do Trabalho, compete à Câmara de Coordenação e Revisão decidir o conflito, com recurso para o Procurador-Geral do Trabalho.

(C) Quando o conflito for identificado entre Membros do Ministério Público Militar, compete à Câmara de Coordenação e Revisão decidir o conflito, com recurso para o Procurador-Geral da Justiça Militar.

(D) Existindo conflito de atribuições entre um Membro do Ministério Público Federal e um Membro do Ministério Público Estadual, a competência para dirimir o conflito é do Conselho Nacional do Ministério Público.

(E) Não respondida.

---

egundo entendimento atualmente pacificado, a competência é do STF, com base no art. 102, I, *f*, da CF.

Gabarito "D"

(Ministério Público do Trabalho – 16º Região) Assinale a alternativa INCORRETA:

É vedado ao Membro do Ministério Público:

(A) exercer a advocacia em juízo ou tribunal junto ao qual oficiou, antes de decorridos 03 (três) anos do afastamento do cargo por aposentadoria ou exoneração.

(B) exercer, ainda que em disponibilidade, qualquer função pública, salvo uma de magistério.

(C) receber, a qualquer título ou pretexto, auxílios ou contribuições de pessoas físicas, entidades públicas ou privadas, ressalvadas as exceções previstas em lei quanto às entidades públicas.
(D) participar de sociedade comercial, na forma da lei.
(E) não respondida.

Art. 128, § 5º, II, *a*, da CF.
Gabarito "C"

(Ministério Público do Trabalho – 16º) Sobre o Conselho Nacional do Ministério Público (CNMP) é INCORRETO afirmar:

(A) O CNMP se compõe de 14 (quatorze) membros, nomeados pelo Presidente da República, depois de aprovada a escolha pela maioria absoluta do Senado Federal, para um mandato de 02 anos, admitida uma recondução.
(B) A Corregedoria Nacional do CNMP poderá realizar inspeções, correições e auditorias para apurar fatos relacionados a deficiências dos serviços do Ministério Público, em todas as suas áreas de atuação, bem como em seus serviços auxiliares, havendo ou não evidências de irregularidades.
(C) Os atos relativos à atividade-fim (inquérito civil, procedimento preparatório ou procedimento administrativo investigatório) do Ministério Público são suscetíveis de revisão ou desconstituição pelo CNMP.
(D) O Presidente do Conselho Federal da Ordem dos Advogados do Brasil oficiará junto ao CNMP.
(E) Não respondida.

Segundo a jurisprudência do CNMP, não compete à entidade entrar no mérito de atos relativos à atividade-fim do Ministério Público. V. art. 130-A da CF.
Gabarito "C"

(Ministério Público do Trabalho – 16º Região) Assinale a alternativa CORRETA:

(A) O Ministério Público Eleitoral é uma instituição dotada de autonomia administrativa, financeira e orçamentária.
(B) O principio da indivisibilidade é inerente a todos os Ministérios Públicos que o sistema jurídico brasileiro instituiu.
(C) Existe unidade entre o Ministério Público Federal e os Ministérios Públicos Estaduais.
(D) O Ministério Público exerce suas funções por meio de órgãos próprios conforme os princípios de unidade, indivisibilidade e independência funcional e com sujeição, em todo caso, a legalidade e imparcialidade.
(E) Não respondida.

A: incorreta, pois inexiste Ministério Público Eleitoral como ramo autônomo do MP, sendo composto de forma mesclada por membros do Ministério Público Federal e do Ministério Público Eleitoral; **B:** incorreta. Provavelmente, o examinador quis aludir aos Ministérios Públicos junto aos Tribunais de Contas para se concluir pela incorreção da assertiva. Os Ministérios Públicos junto aos Tribunais de Contas não são ramos do Ministério Público, sendo regidos pela lei orgânica do respectivo Tribunal de Contas e a estes não se dirige o art. 127, § 1º, da CF; **C:** incorreta. Trata-se de assertiva polêmica e não uniforme na doutrina. Inexiste unidade se considerada a dissociação administrativa entre tais ramos, com a subordinação administrativa dos membros a chefias distintas (neste sentido, v. art. 185 da LC 75/1993). Por outro lado, entendendo-se por unidade que todos os órgãos dos ramos do MP devem atuar de forma orgânica e institucional na defesa dos valores preconizados pelo *caput* do art. 127, haveria uma unidade funcional. **D:** correta, art. 127, § 1º, da CF, e art. 37, *caput*, da CF.
Gabarito "D"

(Ministério Público do Trabalho – 15º) Assinale a alternativa INCORRETA:

(A) o Procurador-Geral da República é o Chefe do Ministério Público da União, podendo ser reconduzido por mais de duas vezes, sendo que, cada nova recondução deverá ser precedida de decisão do Senado Federal;
(B) a exoneração, de ofício, do Procurador-Geral da República, por iniciativa do Presidente da República, deverá ser precedida de autorização da maioria simples do Senado Federal, em votação aberta;
(C) é atribuição do Procurador-Geral da República, como chefe do Ministério Público da União, dirimir conflitos de atribuição entre integrantes de ramos diferentes do Ministério Público da União;
(D) o Procurador-Geral da República poderá delegar aos Procuradores-Gerais a prática de atos de gestão administrativa, financeira e de pessoal;
(E) não respondida.

Art. 128, § 2º, da CF.
Gabarito "B"

(Ministério Público do Trabalho – 15º) Leia com atenção as assertivas abaixo:

I. o Conselho de Assessoramento Superior do Ministério Público da União é composto pelo Procurador-Geral da República, que o preside, pelo Vice-Procurador-Geral da República, pelo Procurador-Geral do Trabalho, pelo Procurador-Geral da Justiça Militar e pelo Procurador-Geral de Justiça do Distrito Federal e Territórios;
II. as reuniões do Conselho de Assessoramento Superior do Ministério Público da União serão convocadas pelo Procurador-Geral da República, podendo solicitá-las qualquer de seus membros;
III. o Conselho de Assessoramento Superior do Ministério Público da União deverá opinar, dentre outras matérias, sobre a organização e o funcionamento da Diretoria-Geral e dos serviços da Secretaria do Ministério Público da União;

Assinale a alternativa CORRETA:

(A) todas as assertivas estão corretas;
(B) todas as assertivas estão incorretas;
(C) apenas as assertivas I e II estão corretas;
(D) apenas a assertiva I está correta;
(E) não respondida.

I: correta, art. 28 da LC 75/1993; **II:** correta, art. 29 da LC 75/1993; **III:** correta, art. 30, II, da LC 75/1993.
Gabarito "A"

(Ministério Público do Trabalho – 15º) Assinale a alternativa CORRETA:

(A) o Procurador-Geral de Justiça do Distrito Federal e Territórios será nomeado pelo Procurador-Geral da República dentre os integrantes de lista tríplice elaborada pelo Colégio de Procuradores e Promotores de Justiça para um mandato de dois anos;
(B) o Procurador-Geral da Justiça Militar será nomeado pelo Presidente da República, dentre integrantes da instituição, com mais de trinta e cinco anos de idade e de cinco anos na carreira, escolhido em lista tríplice elaborada mediante voto plurinominal, facultativo e secreto, pelo Conselho Superior do Ministério Público Militar, para um mandato de dois anos, observado o mesmo processo;
(C) o Procurador-Geral da República será nomeado pelo Presidente da República, dentre integrantes do último grau da carreira, com mais de trinta e cinco anos de idade, integrantes de lista tríplice escolhida mediante voto plurinominal, facultativo e secreto, pelo Colégio de Procuradores para um mandato de dois anos;
(D) o Procurador-Geral do Trabalho será nomeado pelo Procurador-Geral da República, dentre integrantes da instituição, com mais de trinta e cinco anos de idade e de cinco anos na carreira, integrantes de lista tríplice escolhida mediante voto plurinominal, facultativo e secreto, pelo Colégio de Procuradores para um mandato de dois anos;
(E) não respondida.

Art. 88 da LC 75/1993.

Gabarito "D"

(Ministério Público do Trabalho – 15º) Leia com atenção as assertivas abaixo:

I. o Conselho Superior do Ministério Público do Trabalho é composto somente por Subprocuradores-Gerais do Trabalho, eleitos para um mandado de dois anos;
II. o Conselho Superior do Ministério Público do Trabalho é composto: pelo Procurador-Geral do Trabalho e o Vice-Procurador-Geral do Trabalho, como membros natos; por quatro Subprocuradores-Gerais do Trabalho eleitos pelo Colégio de Procuradores do Trabalho e por quatro Subprocuradores-Gerais do Trabalho eleitos por seus pares, para um mandato de dois anos, mediante voto plurinominal, facultativo e secreto, permitida uma reeleição;
III. o Presidente do Conselho Superior indicará o seu Vice-Presidente, que o substituirá em seus impedimentos e em caso de vacância;

Assinale a alternativa CORRETA:

(A) todas as assertivas estão corretas;
(B) todas as assertivas estão incorretas;
(C) apenas a assertiva II está correta;
(D) apenas a assertiva III está correta;
(E) não respondida.

I: incorreta, pois não se exige que Procurador-Geral do Trabalho, membro nato do CSMPT, seja subprocurador-geral do trabalho (v. art. 88 da LC 75/1993); **II:** correta, art. 95 da LC 75/1993; **III:** incorreta, pois "o Conselho Superior elegerá o seu Vice-Presidente, que substituirá o Presidente em seus impedimentos e em caso de vacância" (art. 95, § 2º, da LC 75/1993).

Gabarito "C"

(Ministério Público do Trabalho – 15º) Assinale a alternativa CORRETA:

(A) a Câmara de Coordenação e Revisão do Ministério Público do Trabalho é organizada por ato normativo, cumprindo-lhe dispor sobre seu funcionamento em regimento interno;
(B) a Câmara de Coordenação e Revisão do Ministério Público do Trabalho é composta por três membros do Ministério Público do Trabalho, todos eles indicados pelo Conselho Superior, juntamente com os seus suplentes, para um mandato de dois anos, sempre que possível dentre integrantes do último grau da carreira;
(C) o Coordenador da Câmara de Coordenação e Revisão do Ministério Público do Trabalho é designado pelo Procurador-Geral do Trabalho, dentre os Subprocuradores-Gerais do Trabalho;
(D) incumbe ao Coordenador da Câmara de Coordenação e Revisão do Ministério Público do Trabalho participar, sem direito a voto, das reuniões do Conselho Superior do Ministério Público do Trabalho;
(E) não respondida.

Art. 102 da LC 75/1993.

Gabarito "C"

(Ministério Público do Trabalho – 15º) Leia com atenção as assertivas abaixo:

I. a Corregedoria do Ministério Público do Trabalho, dirigida pelo Corregedor-Geral, é o órgão de coordenação, de integração e de revisão do exercício funcional na instituição;
II. o Corregedor-Geral é nomeado pelo Procurador-Geral do Trabalho, dentre os Subprocuradores-Gerais do Trabalho, integrantes de lista tríplice elaborada pelo Conselho Superior, para mandato de dois anos, renovável uma vez;
III. O Corregedor-Geral poderá ser destituído, por iniciativa do Procurador-Geral do Trabalho, antes do término do mandato, pelo voto de dois terços dos membros do Conselho Superior.

Assinale a alternativa CORRETA:

(A) todas as assertivas estão corretas;
(B) todas as assertivas estão incorretas;
(C) apenas a assertiva I está correta;
(D) apenas as assertivas II e III estão corretas;
(E) não respondida.

I: incorreta, pois, de acordo com o art. 104 da LC 75/1993, a Corregedoria do Ministério Público é "órgão fiscalizador das atividades funcionais e da conduta dos membros do Ministério Público". O órgão de integração e de revisão é a Câmara de Coordenação e Revisão do MPT; **II:** correta, art. 105, *caput,* da LC 75/1993; **III:** correta, art. 105, § 3º, da LC 75/1993.

Gabarito "D"

(Ministério Público do Trabalho – 14° Região) Assinale a alternativa INCORRETA:

(A) o Conselho de Assessoramento Superior do Ministério Público da União é composto apenas pelo Procurador-Geral da República, que o preside, pelo Procurador-Geral do Trabalho, pelo Procurador-Geral da Justiça Militar e pelo Procurador-Geral de Justiça do Distrito Federal e Territórios;

(B) qualquer dos membros do Conselho de Assessoramento Superior do Ministério Público da União poderá solicitar reuniões;

(C) o Conselho de Assessoramento Superior do Ministério Público da União deverá opinar, dentre outras matérias, sobre a organização e o funcionamento da Diretoria-Geral e dos Serviços da Secretaria do Ministério Público da União;

(D) o Conselho de Assessoramento Superior do Ministério Público da União poderá propor aos Conselhos Superiores dos diferentes ramos do Ministério Público da União medidas para uniformizar os atos decorrentes de seu poder normativo;

(E) não respondida.

Segundo o art. 28 da LC 75/1993, o Conselho de Assessoramento Superior do Ministério Público da União também será integrado pelo Vice-Procurador-Geral da República.

Gabarito "A"

(Ministério Público do Trabalho – 14° Região) Leia com atenção as assertivas abaixo:

I. A ação penal pública contra o Procurador-Geral da República, quando no exercício do cargo, caberá ao Subprocurador-Geral da República mais antigo na carreira;

II. O Procurador-Geral da República poderá delegar a Coordenador de Câmara de Coordenação e Revisão a atribuição de coordenação das atividades do Ministério Público Federal;

III. O Conselho Superior do Ministério Público Militar é formado pelo Procurador-Geral da Justiça Militar, pelo Vice-Procurador-Geral da Justiça Militar, por quatro Subprocuradores-Gerais da Justiça Militar eleitos pelo Colégio de Procuradores da Justiça Militar e por quatro Subprocuradores--Gerais da Justiça Militar eleitos por seus pares.

Assinale a alternativa CORRETA:

(A) todas as assertivas estão corretas;

(B) todas as assertivas estão incorretas;

(C) apenas as assertivas I e III estão corretas;

(D) apenas a assertiva II está correta;

(E) não respondida.

I: incorreta, pois "caberá ao Subprocurador-Geral da República que for designado pelo Conselho Superior do Ministério Público Federal" (art. 51 da LC 75/1993); **II:** correta, art. 50, I, da LC 75/1993; **III:** incorreta, pois o Conselho Superior do Ministério Público Militar é formado pelo Procurador-Geral da Justiça Militar, pelo Vice--Procurador-Geral da Justiça Militar e pelos Subprocuradores-Gerais da Justiça Militar (art. 128 da LC 75/1993).

Gabarito "D"

(Ministério Público do Trabalho – 14ª Região) Assinale a alternativa CORRETA:

(A) para entrar no exercício do cargo de Procurador do Trabalho, o candidato empossado terá o prazo de 30 dias, improrrogáveis;

(B) as promoções dos membros integrantes dos quatro ramos do Ministério Público da União deverão ser realizadas até trinta dias da ocorrência da vaga;

(C) a pena de advertência será aplicada ao membro do Ministério Público do Trabalho de forma pública e por escrito;

(D) equipara-se ao abandono do cargo de Procurador do Trabalho a ausência do membro ao exercício de suas funções, sem causa justificada, por mais de quarenta e cinco dias intercalados, no período de doze meses;

(E) não respondida.

A: incorreta, pois é "prorrogável por mais sessenta dias, mediante comunicação do nomeado, antes de findo o primeiro prazo" (art. 195 da LC 75/1993); **B:** correta, art. 199, § 1°, da LC 75/1993; **C:** incorreta, pois a advertência será feita reservadamente (art. 240, I, da LC 75/1993); **D:** incorreta, pois estabelece o art. 240, § 4°, da LC 75/1993 que "equipara-se ao abandono de cargo a falta injustificada por mais de sessenta dias intercalados, no período de doze meses".

Gabarito "B"

(Ministério Público do Trabalho – 14°) Assinale a alternativa INCORRETA:

(A) além de um dos membros da Câmara de Coordenação e Revisão do Ministério Público do Trabalho, o Procurador-Geral do Trabalho tem por atribuição designar o respectivo Coordenador;

(B) é atribuição do Procurador-Geral do Trabalho decidir, em grau recursal, os conflitos de atribuição entre os órgãos do Ministério Público do Trabalho;

(C) é atribuição do Procurador-Geral do Trabalho determinar o afastamento do exercício de suas funções, de membro do Ministério Público do Trabalho indiciado ou acusado em processo disciplinar, e o seu retorno;

(D) é atribuição do Procurador-Geral do Trabalho dar posse aos membros do Ministério Público do Trabalho;

(E) não respondida.

De acordo com o art. 98, XIV, da LC 75/1993, compete ao Conselho Superior do Ministério Público do Trabalho "determinar o afastamento do exercício de suas funções, de membro do Ministério Público do Trabalho, indiciado ou acusado em processo disciplinar, e o seu retorno".

Gabarito "C"

(Ministério Público do Trabalho – 14°) Leia com atenção as assertivas abaixo:

I. A sindicância é o procedimento que tem por objetivo a coleta sumária de dados para instauração, se necessário, de inquérito administrativo.

II. O Conselho Superior do Ministério Público do Trabalho poderá, caso não acolha a proposta de arquivamento do inquérito administrativo formulada pela Comissão, encaminhá-la ao Corregedor--Geral para formular a súmula de acusação.

III. Havendo prova da infração e indícios suficientes de sua autoria, o Conselho Superior poderá determinar, fundamentadamente, o afastamento preventivo do indiciado em Processo Administrativo, enquanto sua permanência for inconveniente ao serviço ou prejudicial à apuração dos fatos.

Assinale a alternativa CORRETA:

(A) todas as assertivas estão corretas;
(B) apenas a assertiva I está correta;
(C) apenas as assertivas I e III estão corretas;
(D) apenas as assertivas II e III estão corretas;
(E) não respondida.

I: correta, art. 246 da LC 75/1993; **II:** correta, art. 251, § 2º, IV, da LC 75/1993; **III:** correta, art. 260 da LC 75/1993.

Gabarito "A"

(Ministério Público do Trabalho – 14º) Assinale a alternativa CORRETA:

(A) cabe aos Subprocuradores-Gerais do Trabalho, privativamente, apenas o exercício das funções de membros do Conselho Superior do Ministério Público do Trabalho, Corregedor-Geral do Ministério Público do Trabalho e Coordenador da Câmara de Coordenação e Revisão do Ministério Público do Trabalho;
(B) é atribuição do Procurador-Geral do Trabalho decidir processo disciplinar contra membro da carreira, aplicando as sanções que sejam de sua competência;
(C) é atribuição do Conselho Superior do Ministério Público do Trabalho elaborar a proposta orçamentária do Ministério Público do Trabalho;
(D) é atribuição do Procurador-Geral do Trabalho elaborar a lista tríplice destinada à promoção por merecimento.
(E) não respondida.

A: art. 108 da LC 75/1993 (não se exige que Procurador-Geral do Trabalho, membro nato do CSMPT, seja subprocurador-geral do trabalho); **B:** art. 91, X, da LC 75/1993; **C:** art. 91, XVIII, da LC 75/1993; **D:** art. 98, V, da LC 75/1993.

Gabarito "B"

(Ministério Público do Trabalho – 13º) Quanto aos Órgãos do Ministério Público do Trabalho:

I. o Procurador-Geral do Trabalho será nomeado pelo Procurador-Geral da República, dentre integrantes da instituição, com mais de trinta e cinco anos de idade e de cinco anos na carreira, integrantes de lista tríplice escolhida mediante voto plurinominal, obrigatório e secreto, pelo Colégio de Procuradores, para um mandato de dois anos, permitida a recondução, observado o mesmo processo;

II. o Conselho Superior do Ministério Público do Trabalho é composto pelo Procurador-Geral do Trabalho e pelo Vice-Procurador-Geral do Trabalho, como membros natos; por quatro Subprocuradores-Gerais do Trabalho, eleitos para um mandato de dois anos, pelo Colégio de Procuradores, mediante voto plurinominal, facultativo e secreto, permitida a reeleição; e por mais quatro Subprocuradores-Gerais do Trabalho, eleitos para um mandato de dois anos, pelos Procuradores do Trabalho de todo Brasil, mediante voto plurinominal, facultativo e secreto, permitida a reeleição. Referido órgão é presidido pelo Procurador-Geral do Trabalho;

III. a Câmara de Coordenação e Revisão do Ministério Público do Trabalho é composta por três Membros do Ministério Público do Trabalho, sendo um indicado pelo Procurador-Geral do Trabalho e dois pelo Conselho Superior do Ministério Público do Trabalho, juntamente com seus suplentes, para um mandato de dois anos, sempre que possível, dentre integrantes do último grau da carreira.

Analisando-se as asserções acima, pode-se afirmar que:

(A) todas estão corretas;
(B) todas estão incorretas;
(C) apenas a de número II está incorreta;
(D) apenas as de números I e II estão incorretas;
(E) não respondida.

I: incorreta, art. 88 da LC 75/1993; **II:** incorreta, art. 95 da LC 75/1993; **III:** correta, art. 101 da LC 75/1993.

Gabarito "D"

(Ministério Público do Trabalho – 13º) Assinale a alternativa CORRETA. Em caso de vacância, o cargo de Procurador-Geral do Trabalho será exercido pelo:

(A) Vice-Procurador-Geral do Trabalho;
(B) Vice-Presidente do Conselho Superior do Ministério Público do Trabalho;
(C) Coordenador da Câmara de Coordenação e Revisão do Ministério Público do Trabalho;
(D) Corregedor-Geral do Ministério Público do Trabalho, se a vacância ocorrer na primeira metade do mandato do Procurador-Geral do Trabalho, até a realização de novo processo de nomeação; e pelo Vice-Presidente do Conselho Superior do Ministério Público do Trabalho, se a vacância ocorrer na segunda metade do mandato do Procurador-Geral do Trabalho, até seu termo final;
(E) não respondida.

Art. 89 da LC 75/1993.

Gabarito "B"

(Ministério Público do Trabalho – 13º) Quanto às prerrogativas processuais, o Membro do Ministério Público da União tem assegurado:

I. nos crimes comuns e de responsabilidade, o seu processamento e julgamento no Superior Tribunal de Justiça, se oficiar perante Tribunais;

II. nos crimes comuns e de responsabilidade, o seu processamento e julgamento nos Tribunais Regionais Federais, ressalvada a competência da Justiça Eleitoral, se oficiar perante juízos de primeira instância;

III. o recebimento de intimação pessoal, nos autos, em qualquer processo e grau de jurisdição nos feitos em que tiver que oficiar.

Analisando-se as asserções acima, pode-se afirmar que:

(A) todas estão corretas;
(B) todas estão incorretas;
(C) apenas a de número I é correta;
(D) apenas as de números I e III estão corretas;
(E) não respondida.

Art. 18, II, *b*, *c* e *h*, da LC 75/1993.

Gabarito "A"

(Ministério Público do Trabalho – 13º) No exercício de suas atribuições, o Membro do Ministério Público da União poderá:

I. ter acesso incondicional a qualquer banco de dados de caráter público ou relativo a serviço de relevância pública;

II. requisitar informações e documentos a entidades privadas, sendo que, na hipótese de usá-los de forma indevida, poderá ser responsabilizado civil e criminalmente e eventual ação penal poderá ser proposta também pelo ofendido, subsidiariamente, na forma da lei processual penal;

III. notificar testemunhas e requisitar sua condução coercitiva, no caso de ausência, ainda que por motivo de força maior, considerando-se a relevância social das investigações ministeriais.

Analisando-se as asserções acima, pode-se afirmar que:

(A) todas estão corretas;
(B) todas estão incorretas;
(C) apenas as de números II e III estão incorretas;
(D) apenas a de número III está incorreta;
(E) não respondida.

I: correta, art. 8º, VIII; **II:** correta, art. 8º, IV e § 1º; **III:** incorreta, art. 8º, I, todos da LC 75/1993.

Gabarito "D"

(Ministério Público do Trabalho – 12º) Quanto ao Conselho de Assessoramento Superior do Ministério Público da União, assinale a alternativa INCORRETA:

(A) é presidido pelo Procurador-Geral da República e integrado pelo Vice-Procurador-Geral da República, pelo Procurador-Geral do Trabalho, pelo Procurador-Geral da Justiça Militar e pelo Procurador-Geral de Justiça do Distrito Federal e Territórios;

(B) as suas reuniões serão convocadas pelo Procurador-Geral da República, podendo ser solicitadas por qualquer de seus Membros;

(C) poderá propor aos Conselhos Superiores dos diferentes ramos do Ministério Público da União medidas para uniformizar os atos decorrentes de seu poder normativo, sempre depois de ouvidos os Corregedores-Gerais dos quatro ramos do Ministério Público da União;

(D) deverá opinar sobre as matérias de interesse geral da instituição e, dentre outras, sobre os projetos de lei de interesse comum do Ministério Público da União, neles incluídos os que proponham a fixação dos vencimentos nas carreiras e nos serviços auxiliares.

(E) não respondida.

Art. 31 da LC 75/1993.

Gabarito "C"

(Ministério Público do Trabalho – 12º) Assinale a alternativa CORRETA:

(A) o Procurador-Geral da República será nomeado pelo Presidente da República, dentre integrantes da Instituição, com mais de trinta e cinco anos de idade e de cinco anos de carreira, escolhidos em lista tríplice mediante o voto plurinominal, facultativo e secreto, pelo Colégio de Procuradores, após a aprovação de seu nome pela maioria absoluta do Senado Federal, para mandato de dois anos, permitida uma recondução, observado o mesmo processo;

(B) o Procurador-Geral do Trabalho será nomeado pelo Procurador-Geral da República, dentre integrantes do último grau da carreira, com mais de trinta e cinco anos de idade, integrantes de lista tríplice escolhida mediante o voto plurinominal, facultativo e secreto, pelo Colégio de Procuradores para um mandato de dois anos, permitida a recondução, observado o mesmo processo;

(C) o Procurador-Geral da Justiça Militar será nomeado pelo Procurador-Geral da República, dentre integrantes da Instituição, com mais de trinta e cinco anos de idade e de cinco anos de carreira, escolhidos em lista tríplice mediante o voto plurinominal, facultativo e secreto, pelo Colégio de Procuradores, para um mandato de dois anos, permitida uma recondução, observado o mesmo processo;

(D) o Procurador-Geral de Justiça do Distrito Federal e Territórios será nomeado pelo Procurador-Geral da República, dentre integrantes da Instituição, com mais de cinco anos de exercício nas funções da carreira e que não tenham sofrido, nos últimos quatro anos, qualquer condenação definitiva ou não estejam respondendo a processo penal ou administrativo, escolhidos em lista tríplice elaborada pelo Colégio de Procuradores e Promotores de Justiça, para mandato de dois anos, permitida uma recondução, precedida de nova lista tríplice.

(E) não respondida.

Art. 121 da LC 75/1993.

Gabarito "C"

(Ministério Público do Trabalho – 12º) Quanto ao Colégio de Procuradores, no âmbito do Ministério Público do Trabalho, assinale a alternativa INCORRETA:

(A) eleger, dentre os Subprocuradores-Gerais do Trabalho e mediante voto plurinominal, facultativo e secreto, quatro membros do Conselho Superior do Ministério Público do Trabalho;
(B) eleger, dentre os integrantes da Instituição, os Coordenadores e Vice-Coordenadores das Coordenadorias Nacionais temáticas das metas institucionais prioritárias;
(C) elaborar, mediante voto plurinominal, facultativo e secreto, a lista sêxtupla para a composição do Tribunal Superior do Trabalho, sendo elegíveis os membros do Ministério Público do Trabalho com mais de dez anos de carreira, tendo mais de trinta e cinco e menos de sessenta e cinco anos;
(D) elaborar, mediante voto plurinominal, facultativo e secreto, a lista sêxtupla para os Tribunais Regionais do Trabalho, dentre os Procuradores com mais de dez anos de carreira.
(E) não respondida.

A LC 75/1993 não dispõe sobre as Coordenadorias Temáticas do MPT, criadas por atos normativos e com Coordenadores e Vice-Coordenadores indicados pelo Procurador-Geral do Trabalho.

Gabarito "B"

(Ministério Público do Trabalho – 12º) Os conflitos de atribuição entre os órgãos do Ministério Público do Trabalho são decididos:

(A) pela Câmara de Coordenação e Revisão do Ministério Público do Trabalho e, em grau de recurso, pelo Procurador-Geral do Trabalho;
(B) pela Câmara de Coordenação e Revisão do Ministério Público do Trabalho e, em grau de recurso, pelo Conselho Superior do Ministério Público do Trabalho;
(C) pelo Conselho Superior do Ministério Público do Trabalho e, em grau de recurso, pela Coordenadoria de Recursos Judiciais da Procuradoria Geral do Trabalho;
(D) pelo Corregedor-Geral do Ministério Público do Trabalho e, em grau de recurso, pelo Corregedor Nacional do Ministério Público da União.
(E) não respondida.

Arts. 91, VII, e 103, V, da LC 75/1993.

Gabarito "A"

(Ministério Público do Trabalho – 12º) São atribuições do Ministério Público do Trabalho:

I. recorrer das decisões da Justiça do Trabalho, quando entender necessário, tanto nos processos em que for parte, como naqueles em que oficiar como fiscal da lei, bem como pedir revisão dos Enunciados da Súmula de Jurisprudência do Tribunal Superior do Trabalho;
II. propor as ações cabíveis para declaração de nulidade de cláusula de contrato, acordo coletivo ou convenção coletiva que viole as liberdades individuais ou coletivas ou os direitos individuais indisponíveis dos trabalhadores;
III. propor as ações necessárias à defesa dos direitos e interesses de crianças e adolescentes, quando inexistente representante legal e de indígenas, quando integrados à sociedade, sempre e quando os direitos eventualmente existentes decorram das relações de trabalho.

Analisando-se as asserções, pode-se afirmar que:

(A) todas estão incorretas;
(B) apenas a de número III está correta;
(C) apenas a de número I está correta;
(D) apenas as de número I e II estão corretas;
(E) não respondida.

I: art. 83, VI; **II:** art. 83, VI; **III:** art. 83, V, da LC 75/1993.

Gabarito "D"

(Ministério Público do Trabalho – 12º) São prerrogativas institucionais dos Membros do Ministério Público do Trabalho:

(A) usar vestes talares nos Tribunais Superiores;
(B) ter ingresso e trânsito livres em recinto público e privado, em qualquer situação;
(C) a prioridade permanente em qualquer serviço de transporte ou comunicação, público ou privado, no território nacional, independentemente de autorização judicial;
(D) sentar-se no mesmo plano e imediatamente à direita dos juízes singulares ou presidentes dos órgãos judiciários perante os quais oficiem.
(E) não respondida.

Art. 18, I, *a*, da LC 75/1993.

Gabarito "D"

(Ministério Público do Trabalho – 12º) Assinale a alternativa INCORRETA:

São prerrogativas processuais do Membro do Ministério Público do Trabalho:

(A) não ser indiciado em inquérito policial e, se no curso de investigação houver indício da prática de infração penal pelo Membro, a autoridade policial, civil ou militar, remeterá imediatamente os autos ao Procurador-Geral do Trabalho, que designará membro do Ministério Público para prosseguimento da apuração do fato;
(B) ser preso ou detido somente por ordem escrita do tribunal competente ou em razão de flagrante de crime inafiançável, caso em que a autoridade fará imediata comunicação àquele tribunal e ao Procurador-Geral da República, sob pena de responsabilidade;
(C) ser ouvido, como testemunha, em dia, hora e local previamente ajustados com o magistrado ou a autoridade competente;
(D) receber intimação pessoalmente nos autos em qualquer processo e graus de jurisdição nos feitos em que tiver que oficiar;
(E) não respondida.

Art. 18, II, *f*, e parágrafo único, da LC 75/1993.

Gabarito "A"

4. SUJEITOS DO PROCESSO, DEVERES DAS PARTES E PROCURADORES, INTERVENÇÃO DE TERCEIROS

(Magistratura do Trabalho – 2ª Região – 2012) Observe as proposições e ao final responda.

I. Nas ações individuais trabalhistas, os empregados e os empregadores poderão fazer-se representar por intermédio do respectivo sindicato representativo da categoria.
II. A assistência é uma intervenção espontânea de terceiro que ao assim agir recebe o processo no estado em que se encontra.
III. Quem pretender, no todo ou em parte, a coisa ou o direito sobre que controvertem autor e réu, poderá, até ser proferida a sentença, oferecer a devida assistência.
IV. O juiz poderá a requerimento da parte, participar, total ou parcialmente, os efeitos da tutela pretendida no pedido inicial, bastando convencer-se da verossimilhança da alegação.
V. Compete ao juiz em especial, dirigir os trabalhos da audiência e proceder, indireta e/ou pessoalmente, à colheita de provas.

Estão **corretas apenas** as proposições:

(A) II e IV.
(B) I e II.
(C) III e IV.
(D) III e V.
(E) II e III.

I: correta, art. 791, § 1°, da CLT ; **II:** correta, art. 50, parágrafo único, do CPC; **III:** incorreta, pois se trata de hipótese de oposição (art. 56 do CPC); **IV:** incorreta, pois o juiz poderá antecipar os efeitos da tutela pretendida no pedido inicial (art. 273, *caput*, do CPC); **V:** incorreta, pois a colheita de provas será feita direta e pessoalmente pelo juiz (art. 446, I e II, do CPC).
Gabarito "B"

(Magistratura do Trabalho – 2ª Região – 2011) Analise as seguintes proposições:

I. A substituição do sindicato, conforme inciso III, do artigo 8°, da Carta Magna de 1988 restringe-se aos membros da categoria a ele filiados.
II. A legitimidade do sindicato para propor ação de cumprimento estende-se também à observância de convenção coletiva, mas não se estende à observância de acordo coletivo.
III. A legitimação do sindicato para atuar como substituto na defesa dos Interesses coletivos restringe-se a questões judiciais.
IV. Não gera litispendência ação proposta pelo sindicato na qualidade de substituto processual, uma vez que se trata de legitimação extraordinária concorrente, em que a propositura de ação pelo substituto não obsta a propositura pelo substituído.
V. Os empregadores e os empregados poderão reclamar pessoalmente perante a Justiça do Trabalho, sendo que, nos dissídios individuais, poderão fazer-se substituir pelo sindicato, que tem legitimação extraordinária para tanto.

Responda:

(A) Somente as assertivas I e II estão corretas.
(B) Somente as assertivas II e V estão corretas.
(C) Somente a assertiva V está correta.
(D) Somente a assertiva IV está correta.
(E) Todas as assertivas estão erradas.

I: incorreta, pois o art. 8º, III, da CF não limita a substituição processual pelo sindicato aos seus filiados; **II:** incorreta, pois "a legitimidade do sindicato para propor ação de cumprimento estende-se também à observância de acordo ou de convenção coletivos" (Súmula 286 TST); **III:** incorreta, pois o sindicato tem legitimidade para atuar em questões judiciais ou administrativas (art. 8º, III, da CF); **IV:** correta, concordamos com o gabarito, com fulcro no art. 104 do CDC, embora tal posicionamento não seja pacífico no TST; **V:** incorreta, pois a hipótese aqui descrita é a do art. 791, § 1°, da CLT, que prevê a representação, e, não, a substituição processual.
Gabarito "D"

(Magistratura do Trabalho – 2ª Região – 2011) No que diz respeito ao *jus postulandi,* conforme entendimento sumulado, é correto afirmar:

(A) Pode ser exercido em qualquer instância da Justiça do Trabalho, exceto em se tratando de mandado de segurança.
(B) Limita-se única e exclusivamente às Varas do Trabalho.
(C) Não alcança nem o mandado de segurança, nem tampouco os recursos de competência do Tribunal Superior do Trabalho, mas pode ser exercido em ação cautelar.
(D) Pode ser exercido em ação cautelar, mas não em sede de ação rescisória.
(E) Não cabe nos recursos de competência do Tribunal Superior do Trabalho.

Súmula 425 do TST.
Gabarito "E"

(Magistratura do Trabalho – 2ª Região – 2011) Assinale abaixo a penalidade a que estão sujeitos os diretores de Sindicatos que deixarem de dar cumprimento às disposições da Lei 5.584, de 26.06.1970 (disciplinadora da concessão e prestação de assistência judiciária na Justiça do Trabalho):

(A) Suspensão por prazo de 60 dias, salvo comprovado motivo de ordem financeira.
(B) Multa pecuniária (dobrada na reincidência), além da suspensão referida na alternativa "a" acima.
(C) Multa pecuniária (com acréscimo de 50% na reincidência), salvo comprovado motivo de ordem financeira.
(D) Multa pecuniária (dobrada na reincidência), salvo comprovado motivo de ordem financeira.
(E) Não estarão sujeitos a qualquer penalidade.

Art. 19 da Lei 5.584/1970 c/c art. 553, *a,* da CLT.
Gabarito "D"

(Magistratura do Trabalho – 2ª Região – 2010) Diante da regra do artigo 791 da CLT que assegura o *jus postulandi* na Justiça do Trabalho e de acordo com o disposto no artigo 133 da Constituição Federal, que prevê a indispensabilidade do advogado para administração da justiça, é correto afirmar que a presença do advogado é exigida quando:

(A) Da oposição de Recurso Ordinário, de Revista e ajuizamento de Ação Rescisória.

(B) Da oferta de Embargos de Declaração e no ajuizamento de Ação de Reconvenção.

(C) Houver pedido de Tutela Antecipada e nos casos de levantamento de valores.

(D) Do indeferimento do pedido de assistência judiciária gratuita com base na Lei 5.584/70.

(E) Do ajuizamento de Embargos de Terceiro.

A alternativa a ser assinalada seria a E, ao fundamento de que, da leitura do art. 791 da CLT, extrair-se-ia que somente aos empregados e empregadores que, nesta qualidade (reclamação trabalhista) atuem no processo, é deferido o *jus postulandi*. No caso do recurso de embargos de terceiro, tratando-se de uma ação autônoma sem a "natureza" de uma "reclamação trabalhista", não haveria o *jus postulandi*. Ou ainda, há o argumento segundo o qual, sendo os embargos de terceiro uma ação autônoma regida pelo CPC, e não pela CLT, faleceria *jus postulandi* a seu autor. Fundamentos deste jaez são encontrados na jurisprudência, em que pese sua duvidosa cientificidade. Seja como for, nas demais alternativas vislumbra-se ao menos algum ato processual não albergado pela atual súmula 425 do TST e em que, mais evidentemente, é plenamente possível o *jus postulandi*.

Gabarito "E".

(Magistratura do Trabalho – 2ª Região – 2010) Quanto à condição de preposto e segundo entendimento do TST é correto afirmar que:

(A) O preposto sempre deve ser empregado do reclamado.

(B) O preposto não precisa ser empregado do reclamado quando se tratar de ação movida contra microempresário.

(C) O preposto não precisa ser empregado, bastando ter conhecimento dos fatos, cujas declarações obrigarão o preponente.

(D) O preposto não precisa ser empregado do reclamado quando se tratar de ação movida contra empresas de economia mista.

(E) O preposto precisa ser empregado do reclamado quando se tratar de ação movida contra pequeno empresário.

Súmula 377 do TST.

Gabarito "B".

(Magistratura do Trabalho – 4ª Região – 2012) Em relação à litigância de má-fé é INCORRETO afirmar que:

(A) reputa-se litigante de má-fé aquele que proceder de modo temerário em qualquer incidente ou ato do processo.

(B) provocar incidentes manifestamente infundados caracteriza conduta de litigância de má-fé.

(C) se forem dois ou mais os litigantes de má-fé no processo, a condenação dos mesmos se dará de forma solidária.

(D) o juiz ou tribunal, de ofício ou a requerimento, condenará o litigante de má-fé a pagar multa não excedente a 1% sobre o valor da causa e a indenizar a parte contrária dos prejuízos que esta sofreu, mais os honorários advocatícios, quando estes forem cabíveis no processo do trabalho.

(E) reputa-se litigante de má-fé aquele que usar do processo para conseguir objetivo ilegal.

A: assertiva correta, art. 17, V, do CPC; **B:** assertiva correta, art. 17, VI, do CPC; **C:** assertiva incorreta, devendo ser assinalada, pois a condenação se dará de maneira proporcional ao interesse de cada um na causa (art. 18, § 1º, do CPC); **D:** assertiva correta, art. 18, *caput*, do CPC; **E:** assertiva correta, art. 17, III, do CPC.

Gabarito "C".

(Magistratura do Trabalho – 8ª Região – 2007) O sistema jurídico detém mecanismos que se destinam a refrear condutas que importem afronta à boa marcha processual e, quiçá, muitas vezes, ao próprio conteúdo ético do processo. Nesse quadro – e na esteira das disposições celetistas pertinentes ao tema –, é incorreto afirmar:

(A) Incorrerá na pena de perda, pelo prazo de seis meses, do direito de reclamar perante a Justiça do Trabalho aquele que, apresentando ao distribuidor reclamação verbal, não se apresentar, no prazo legal, à Vara ou Juízo para fazê-la tomar por termo.

(B) Incorrerá na pena de perda, pelo prazo de seis meses, do direito de reclamar perante a Justiça do Trabalho, o reclamante que por duas vezes seguidas der causa à extinção do feito por arquivamento ou desistência.

(C) Nas regras atinentes ao procedimento sumaríssimo, há disposição expressa aduzindo que o juiz dirigirá o processo com liberdade para determinar as provas a serem produzidas, considerando o ônus probatório de cada litigante, podendo limitar ou excluir, dentre outras, as investigações probatórias que considerar meramente protelatórias.

(D) Nas regras atinentes ao procedimento sumaríssimo, há disposição expressa destacando que as partes e advogados comunicarão ao juízo as mudanças de endereço ocorridas no curso do processo, reputando-se eficazes as intimações enviadas ao local anteriormente indicado, na ausência de comunicação.

(E) É vedado à parte interessada suscitar conflito de jurisdição quando já houver oposto na causa exceção de incompetência.

De acordo com o disposto no art. 732, incorrerá na pena de perda, pelo prazo de 6 (seis) meses, do direito de reclamar perante a Justiça do Trabalho o reclamante que, por 2 (duas) vezes seguidas, der causa ao arquivamento de que trata o art. 844 da CLT. Não existe previsão legal de punição para o reclamante que der causa à extinção do feito por desistência.

Gabarito "B".

(Magistratura do Trabalho – 8ª Região – 2008) Assinale a alternativa em que, à luz da CLT, não constitui matéria que conduza o juiz do trabalho, titular ou substituto, a se dar por suspeito ou ser recusado para instruir ou julgar os feitos, em relação à pessoa dos litigantes:

(A) amizade íntima;

(B) parentesco por consanguinidade ou afinidade de segundo grau civil;

(C) interesse particular na causa alegada pelo recusante no momento do depoimento pessoal das partes, em razão de desconhecimento anterior;

(D) inimizade pessoal por parte do recusante;

(E) sobrevindo novo motivo, no caso em que o recusante praticou algum ato pelo qual haja consentido na pessoa do juiz.

Art. 801 da CLT.

Gabarito "D"

(Magistratura do Trabalho – 8ª Região – 2006) Sobre partes, procuradores, representação, assistência judiciária, justiça gratuita e *jus postulandi* no Processo do Trabalho é correto afirmar que:

(A) Todas as pessoas naturais e jurídicas sempre têm capacidade processual, por serem titulares de direitos e obrigações. Além das pessoas jurídicas, existem outros entes abstratos aos quais a lei não confere a condição de pessoas jurídicas, mas que têm capacidade de ser parte, a exemplo da massa falida e o espólio.

(B) Em qualquer ação ajuizada perante a Justiça do Trabalho, a capacidade postulatória é facultada diretamente às partes por meio do instituto do *jus postulandi*.

(C) A jurisprudência vem admitindo a coexistência de assistência judiciária e justiça gratuita, sendo que a prova da situação de miserabilidade econômica pode ser feita por simples declaração, na própria petição inicial ou em documento a ela anexado. Não há previsão infraconstitucional para a concessão desses institutos ao empregador, mormente em se tratando de pessoa jurídica. Todavia, a jurisprudência do TRT da 8ª Região é unânime no sentido de conceder justiça gratuita ao empregador.

(D) O empregado que não pode comparecer à audiência por motivo de doença ou qualquer outro motivo poderoso poderá fazer-se representar por outro empregado que pertença à mesma profissão, ou pelo seu sindicato. Em ambos os casos, não se trata de representação processual, pois o fim objetivado pela norma consiste apenas na possibilidade de se evitar o arquivamento da reclamação.

(E) Caso a parte opte por constituir advogado (a), este (a) deverá portar o instrumento de mandato, sem o qual não poderá propor a ação ou ingressar nos autos, exceto para o fim de evitar a decadência ou a prescrição, ou intervir no processo para a prática de atos considerados urgentes. Na Justiça do Trabalho não é admitido o mandato *apud acta*.

A: incorreta. Todas as pessoas têm capacidade de ser parte, mas nem todas têm capacidade processual. A capacidade de ser parte decorre da personalidade civil, que, no caso das pessoas naturais, inicia-se com o nascimento com vinda, com a lei já garantindo direitos ao nascituro, enquanto que no caso das pessoas jurídicas a capacidade de ser parte, como regra, decorre de sua constituição regular. Há, ademais, entes abstratos, como a massa falida, o espólio, que possuem capacidade de ser parte. Já a capacidade processual, ou capacidade de estar em juízo, é reconhecida às pessoas que possuem capacidade civil plena (CPC, art. 7º), o que se dá, para fins trabalhistas, após os dezoito anos de idade (CLT, arts. 402 e 792), ressalvadas outras causas não etárias de incapacidade. Quanto às pessoas jurídicas, a capacidade processual é exercida por meio de seus representantes legais (v. art. 843, § 1º, da CLT). No caso da massa falida, esta é representada em juízo pelo síndico; a herança jacente ou vacante, pelo curador nomeado; o espólio, pelo inventariante nomeado e compromissado; a massa de bens decorrente da insolvência civil do devedor, pelo administrador nomeado; os condomínios, pelo síndico (tem-se admitido a representação pelo administrador, por aplicação analógica do art. 12, IX, do CPC); **B:** incorreta, pois a capacidade postulatória no processo trabalhista é reconhecida ao empregado e ao empregador (art. 791 da CLT), mas o *jus postulandi* limita-se às Varas do Trabalho e aos Tribunais Regionais do Trabalho, não alcançando os recursos de competência do TST e do STF, nem a ação rescisória, a ação cautelar ou o mandado de segurança (Súmula 425 do TST). Ademais, há divergências quanto à aplicação do art. 791 da CLT às novas lides decorrentes de outras relações de trabalho (que não a relação de emprego, o trabalho avulso ou a pequena empreitada) atraídas para a Justiça do Trabalho pela ampliação de sua competência determinada pela EC 45/2004, com a Instrução Normativa 27/2005 do TST sinalizando (arts. 3º, § 3º, e 5º) a insubsistência do *jus postulandi* das partes nestas novas hipóteses; **C:** incorreta, pois se entende que a assistência judiciária gratuita, na Justiça do Trabalho, continua regulamentada pela Lei 5.584/1970, com o monopólio sindical em tal assistência, enquanto que o benefício da justiça gratuita, que implica apenas isenção de despesas processuais e independe de quem assessorará juridicamente o reclamante, está regulado pelo art. 790, § 3º (v. OJ 304 da SDI-1 do TST). Observe-se que na hipótese de assistência judiciária gratuita condena-se o reclamado sucumbente em verbas honorárias, o que não ocorre na simples concessão dos benefícios da justiça gratuita. A jurisprudência admite a coexistência da justiça gratuita e da assistência judiciária (ex.: TST, RR 688.649, 4ª Turma, Rel. Min. Antônio José de Barros Levenhagem, *DJU* 29.08.2003, *in* LEITE, Carlos Henrique Bezerra, *Curso de Direito Processual do Trabalho*, LTR, São Paulo, 2009, p. 371). Não há previsão infraconstitucional para a concessão da assistência judiciária ou do benefício da justiça gratuita ao empregador, sendo praticamente unânime a jurisprudência pelo indeferimento de tais benefícios, ressalvado o entendimento doutrinário e já evidenciado em alguns julgados pela possibilidade de extensão desses benefícios ao empregador pessoa física ou entidade sem fins lucrativos; **D:** correta, art. 843, § 2º, da CLT; **E:** incorreta, pois no processo do trabalho tem se admitido não só a procuração *apud acta* como o mandato tácito.

Gabarito "D"

(Magistratura do Trabalho – 9ª Região – 2009) Analise as seguintes proposições:

I. Não se reveste de validade o instrumento de mandato firmado em nome de pessoa jurídica em que não haja a sua identificação e a de seu representante legal, o que, a teor do art. 654, § 1º, do Código Civil, acarreta, para a parte que o apresenta, os efeitos processuais da inexistência de poderes nos autos.

II. A legitimidade processual do sindicato para promover ação de cumprimento não é extensiva para acordo ou convenção coletiva de trabalho.

III. É admissível a juntada de instrumento de mandato posterior à interposição de recurso, pois ele é reputado ato urgente.

IV. O benefício da justiça gratuita é devido somente àqueles que percebem salário igual ou inferior ao dobro do mínimo legal.

V. O benefício da justiça gratuita pode ser requerido em qualquer tempo ou grau de jurisdição, desde que, na fase recursal, seja o requerimento formulado no prazo alusivo ao recurso.

(A) As proposições I e V estão corretas.
(B) As proposições II e IV estão corretas.
(C) As proposições II, III e IV estão corretas.
(D) Todas as proposições estão corretas.
(E) Nenhuma proposição está correta.

I: correta, art. 654, § 1º, do CC e OJ 373 da SDI-1 do TST; **II:** incorreta, pois a legitimidade do sindicato para propor ação de cumprimento estende-se também à observância de acordo ou de convenção coletiva de trabalho (Súmula 286 do TST); **III:** incorreta, pois "é inadmissível, em instância recursal, o oferecimento tardio de procuração, ainda que mediante protesto por posterior juntada, já que a interposição de recurso não pode ser reputada como ato urgente" (OJ 311 da SDI-1 do TST); **IV:** incorreta, pois "atendidos os requisitos da Lei 5.584/70 (art. 14, § 2º), para a concessão da assistência judiciária, basta a simples afirmação do declarante ou de seu advogado, na petição inicial, para se considerar configurada a sua situação econômica" (OJ 304 da SDI-1 do TST); **V:** correta, OJ 269 da SDI-1 do TST.

Gabarito "A"

(Magistratura do Trabalho – 9ª Região – 2009) Analise as seguintes proposições:

I. É inválido o substabelecimento de advogado investido de mandato tácito.

II. O micro e pequeno empresário deve obrigatoriamente ser representado na Justiça do Trabalho por preposto empregado, exceto quando se fizer representar pessoalmente.

III. Caracteriza a irregularidade de representação judicial a ausência da data da outorga de poderes, pois, no mandato judicial, ao contrário do mandato civil, não é condição de validade do negócio jurídico.

IV. A ausência de juntada aos autos de documento que comprove a designação do assistente jurídico como representante judicial da União (art. 69 da Lei Complementar 73, de 10/02/1993) importa irregularidade de representação.

(A) As proposições I e II estão corretas.
(B) As proposições II e III estão corretas.
(C) As proposições I e IV estão corretas.
(D) Todas as proposições estão corretas.
(E) Nenhuma proposição está correta.

I: correta, OJ 200 da SDI-1 do TST; **II:** incorreta, pois prevê a Súmula 377 do TST que o micro e pequeno empresário podem ser representados na Justiça do Trabalho por preposto não empregado; **III:** incorreta, pois "não caracteriza a irregularidade de representação a ausência da data da outorga de poderes, pois, no mandato judicial, ao contrário do mandato civil, não é condição de validade do negócio jurídico. Assim, a data a ser considerada é aquela em que o instrumento for juntado aos autos, conforme preceitua o art. 370, IV, do CPC. Inaplicável o art. 654, § 1º, do Código Civil." (OJ 371 da SDI-1 do TST); **IV:** correta, OJ 65 SDI-1 – Transitória do TST.

Gabarito "C"

(Magistratura do Trabalho – 9ª Região – 2007) Considere as seguintes proposições.

I. O *jus postulandi*, no processo do trabalho, nada mais é do que capacidade conferida a empregados e empregadores para postular em juízo independentemente do patrocínio de advogado, podendo ser exercido inclusive na hipótese de interposição de recurso extraordinário para o Supremo Tribunal Federal.

II. A responsabilidade pelo pagamento dos honorários periciais é da parte sucumbente na pretensão objeto da perícia, independentemente de ser, ou não, beneficiária da Justiça Gratuita.

III. A capacidade processual, ou capacidade de estar em juízo, é conferida às pessoas que possuem capacidade civil. No âmbito trabalhista, a capacidade civil plena dos empregados se dá aos 16 anos. Assim, a partir dos 16 anos o empregado já pode demandar, sem assistência, na Justiça do Trabalho.

IV. Nos termos do entendimento dominante no Tribunal Superior do Trabalho, os honorários do perito assistente indicado pelo autor deverão ser pagos pela ré, quando vencida na matéria objeto da perícia.

V. No processo do trabalho, é facultado aos juízes, desde que apresentado requerimento pelo interessado, conceder o benefício da justiça gratuita àqueles que perceberam salário igual ou inferior ao dobro do mínimo legal, ou declararem, sob as penas da lei, que não estão em condições de pagar as custas do processo sem prejuízo do sustento próprio ou de sua família.

Assinale a alternativa correta:

(A) Todas as proposições estão incorretas;
(B) Apenas quatro proposições estão incorretas;
(C) Apenas três proposições estão incorretas;
(D) Apenas duas proposições estão incorretas;
(E) Apenas uma proposição está incorreta.

I: incorreta, pois o *jus postulandi* das partes limita-se às Varas do Trabalho e aos Tribunais Regionais do Trabalho (Súmula 425 do TST); **II:** incorreta, pois "a União é responsável pelo pagamento dos honorários de perito quando a parte sucumbente no objeto da perícia for beneficiária da assistência judiciária gratuita, observado o procedimento disposto nos arts. 1º, 2º e 5º da Resolução 35/2007 do Conselho Superior da Justiça do Trabalho – CSJT (OJ 387 da SDI-1 do TST); **III:** incorreta, pois dispõe o art. 792 da CLT que "os maiores de 18 (dezoito) e menores de 21 (vinte e um) anos e as mulheres casadas poderão pleitear perante a Justiça do Trabalho sem a assistência de seus pais, tutores ou maridos (v. art. 402 da CLT); **IV:** incorreta, pois "a indicação do perito assistente é faculdade da parte, a qual deve responder pelos respectivos honorários, ainda que vencedora no objeto da perícia" (Súmula 341 do TST); **V:** incorreta, pois "é facultado aos juízes, órgãos julgadores e presidentes dos tribunais do trabalho de qualquer instância conceder, a requerimento ou de ofício, o benefício da justiça gratuita" (art. 790, § 3º, da CLT).

Gabarito "A"

(Magistratura do Trabalho – 11ª Região – 2007 – FCC) O *jus postulandi* encontra limitação no impedimento para:

(A) apresentar razões finais.
(B) impugnar cálculos.
(C) interpor recurso de revista.
(D) interpor recurso extraordinário.
(E) impetrar *habeas corpus*.

À época do enunciado, havia o entendimento de que o *jus postulandi* acompanhava todo o processo durante sua tramitação pela Justiça do Trabalho, só advindo a necessidade de constituição de advogado na interposição de recursos a serem julgados por órgão estranho à justiça obreira, como o recurso extraordinário. Atualmente, predomina o entendimento cristalizado na Súmula 425 do TST.

Gabarito "D"

(Magistratura do Trabalho – 12ª Região – 2006) Em relação à figura do preposto do empregador no Processo do Trabalho, é incorreto afirmar:

(A) se o preposto do empregador já foi ouvido na primeira audiência, não precisará comparecer na audiência de instrução;
(B) exceto quanto à reclamação do empregado doméstico, o preposto deve ser, necessariamente, empregado do empregador;
(C) sem o preposto, ocorrerá a revelia caso na primeira audiência compareça somente o advogado profissional liberal autônomo, munido da respectiva procuração outorgada pelo reclamado contendo cláusula *ad judicia*;
(D) se o advogado tiver vínculo de emprego com a empresa que esteja representando em Juízo, poderá acumular a função de preposto. Nesse caso, o Juiz deverá dispensar o seu depoimento para que não surja incompatibilidade com o Código de Processo Civil, que estabelece ser defeso a quem ainda não depôs assistir ao interrogatório da outra parte;
(E) se o torneiro mecânico de uma indústria metalúrgica reclamar horas extras laboradas durante o período contratual incontroverso e o preposto declarar que desconhece a jornada trabalhada pelo empregado, estará configurada a procedência do pedido, salvo se do conjunto probatório puder o Juízo decidir de forma diferente.

A dispensa do depoimento do preposto é incompatível com o disposto no art. 843, § 1º, da CLT (v. Súmula 377 do TST).

Gabarito "D"

(Magistratura do Trabalho – 15ª Região – 2011) A respeito da validade do mandato e do substabelecimento, assinale a alternativa incorreta:

(A) são válidos os atos praticados pelo substabelecido, ainda que não haja, no mandato, poderes expressos para substabelecer;
(B) é válido o instrumento de mandato com prazo determinado que contém cláusula estabelecendo a prevalência dos poderes para atuar até o final da demanda;
(C) diante da existência de previsão, no mandato, fixando termo para sua juntada, o instrumento só tem validade se anexado ao processo dentro do aludido prazo;
(D) a juntada da ata de audiência em que consignada a presença do advogado, ainda que verificada a irregularidade do mandato expresso, permite o conhecimento do agravo de instrumento porque configurado o mandato tácito;
(E) a habilitação de profissional na OAB na condição de advogado, ocorrida entre o substabelecimento e a interposição de recurso, não valida os atos praticados no processo quando o profissional ainda figurava como estagiário.

A: assertiva correta, Súmula 395, III, do TST; **B:** assertiva correta, Súmula 395, I, do TST; **C:** assertiva correta, Súmula 395, II, do TST; **D:** assertiva correta, OJ 286 da SDI-1 do TST; **E:** assertiva incorreta, devendo ser assinalada, pois "válidos são os atos praticados por estagiário se, entre o substabelecimento e a interposição do recurso, sobreveio a habilitação, do então estagiário, para atuar como advogado" (OJ 319 da SDI-1 do TST).

Gabarito "E"

(Magistratura do Trabalho – 16ª Região – 2008) Paulo trabalhou para uma construtora como mestre de obras com CTPS assinada. Após sua demissão ajuizou reclamação trabalhista pleiteando horas extras e adicional noturno. Seu pedido foi julgado procedente e a decisão transitou em julgado. No entanto, antes de iniciada a execução, Paulo faleceu vítima de um acidente de carro. Logo em seguida a empresa voluntariamente depositou os valores a que foi condenada. Isto posto, e considerando que Paulo era casado e tinha dois filhos com menos de 18 anos, analise as seguintes afirmativas à luz da legislação trabalhista sobre a titularidade de créditos trabalhistas de empregados falecidos:

I. Os valores deferidos a Paulo na decisão judicial deverão ser, necessariamente, divididos entre sua viúva e filhos, desde que provada essa condição nos autos da reclamação trabalhista;
II. Como regra, os créditos trabalhistas não recebidos em vida por Paulo serão divididos apenas entre seus filhos, diante da presunção de que os descendentes diretos do *de cujus* dependiam economicamente do pai para seu sustento. A esposa só terá direito à parte desses valores se provar que também era dependente do falecido marido;
III. Os valores devidos pelos empregadores aos empregados não recebidos em vida pelos respectivos titulares serão pagos, em quotas iguais, aos dependentes habilitados perante a Previdência Social ou na forma da legislação específica dos servidores civis e militares, e, na sua falta, aos sucessores previstos na lei civil, indicados em alvará judicial, independentemente de inventário ou arrolamento;

IV. No caso de trabalhador falecido, os montantes das contas individuais do Fundo de Garantia do Tempo de Serviço e do Fundo de Participação PIS-PASEP não recebidos em vida deverão reverter em prol dos respectivos fundos, já que o direito a tais créditos só se concretiza com o efetivo recebimento;

V. No caso sob análise, os valores atribuídos a menores ficarão depositados em caderneta de poupança, rendendo juros e correção monetária, e só serão disponíveis após o menor completar 18 (dezoito) anos, salvo autorização do juiz para aquisição de imóvel destinado à residência do menor e de sua família ou para dispêndio necessário à subsistência e educação do menor.

Responda:

(A) Apenas as afirmativas II e IV estão corretas;
(B) Apenas as afirmativas III e IV estão corretas;
(C) Apenas as afirmativas III e V estão corretas;
(D) Apenas as afirmativas IV e V estão corretas;
(E) Todas as alternativas estão corretas.

Art. 1º da Lei 6.858/1980.

Gabarito "C"

(Magistratura do Trabalho – 16ª Região – 2006) Na reclamação individual plúrima:

(A) A demanda é ajuizada contra diversas empresas do mesmo grupo econômico.
(B) A demanda é ajuizada por diversos trabalhadores, independentemente da identidade de matéria.
(C) A demanda é ajuizada pelo sindicato, para reivindicar interesses abstratos da categoria profissional.
(D) A demanda é proposta por diversos trabalhadores, da mesma empresa, desde que haja identidade de matéria.
(E) Configura-se o fenômeno do litisconsórcio passivo.

Correta, por definição.

Gabarito "D"

(Magistratura do Trabalho – 21ª Região – 2012) A Lei 12.437/2011 inseriu no corpo da Consolidação das Leis do Trabalho o instituto do mandato tácito para advogado, de grande tradição e uso no Processo do Trabalho. Sobre esse tema, considerando, ainda, a jurisprudência do Tribunal Superior do Trabalho, marque a alternativa incorreta:

(A) o mandado tácito decorre de simples registro em ata de audiência, a requerimento verbal do advogado, com anuência da parte interessada;
(B) o mandato tácito implica apenas a outorga de poderes para o foro em geral, não outorgando poderes tidos como especiais pela legislação em vigor;
(C) o advogado constituído mediante mandato tácito pode substabelecer os poderes que lhe foram outorgados pela parte;
(D) o mandato tácito permite ao advogado interpor recurso para o Tribunal Regional do Trabalho sem mandato expresso;
(E) o mandato tácito permite ao advogado interpor recurso para o Tribunal Superior do Trabalho sem mandato expresso.

A e **B:** assertivas corretas, art. 791, § 3º, da CLT; **C:** assertiva incorreta, devendo ser assinalada, pois "é inválido o substabelecimento de advogado investido de mandato tácito" (OJ 200 da SDI-I, do TST); **D** e **E:** corretas, art. 38, do CPC c/c Súmula 164 do TST.

Gabarito "C"

(Magistratura do Trabalho – 21ª Região – 2012) Leia as assertivas abaixo e marque a resposta correta sobre a representação processual no Processo do Trabalho perante os Tribunais, tendo em vista a jurisprudência pacificada do Tribunal Superior do Trabalho:

I. conquanto o art. 791 da Consolidação das Leis do Trabalho (CLT), que assegura aos empregados e empregadores reclamarem "pessoalmente perante a Justiça do Trabalho", essa faculdade não alcança os recursos perante o Tribunal Superior do Trabalho;
II. é possível às partes, nos termos do art. 791 da CLT, apresentarem recursos perante os Tribunais Regionais do Trabalho;
III. para a propositura de ação rescisória, a ação cautelar e o mandado de segurança, exige-se que a parte esteja representada por advogado;
IV. interposto o recurso para o Tribunal, não é possível ao recorrente protestar pela juntada posterior da procuração;
V. verificando o relator a ausência de procuração outorgada ao advogado subscritor do recurso, pode ser facultado prazo ao recorrente para o saneamento dessa nulidade relativa, tendo em vista o princípio do máximo aproveitamento dos atos processuais.

(A) todas as assertivas estão corretas;
(B) apenas as assertivas I e II estão corretas;
(C) apenas as assertivas II, III e IV estão corretas;
(D) apenas as assertivas I, II, III e IV estão corretas;
(E) apenas as assertivas I e V estão corretas.

I, II e **III:** corretas, Súmula 425 do TST ; **IV:** correta, Súmula 383, I, do TST; **V:** incorreta, pois é "inadmissível na fase recursal a regularização da representação processual, na forma do art. 13 do CPC, cuja aplicação se restringe ao Juízo de 1º grau." (Súmula 383, II, do TST).

Gabarito "D"

(Magistratura do Trabalho – 21ª Região – 2012) Em determinada ação trabalhista, o sindicato profissional atuou como substituto processual, pleiteando diversos direitos de integrantes da categoria que representa. A pretensão, no entanto, não foi acolhida, e o sindicato foi condenado na obrigação de recolhimento das custas processuais, no valor de R$ 750,00, nada obstante ter formulado, na inicial, pedido de justiça gratuita. De acordo com a jurisprudência pacificada do Tribunal Superior do Trabalho, marque a alternativa correta:

(A) a obrigação de recolhimento das custas está correta, pois o sindicato, em razão do imposto sindical que recebe, não pode ser beneficiário de justiça gratuita;

(B) a prestação da assistência jurídica é uma obrigação do sindicato profissional, o que torna incompatível o pedido de justiça gratuita com essa função da entidade sindical;
(C) em se tratando de substituição processual, é incabível pedido de justiça gratuita;
(D) é possível o acolhimento de pedido de justiça gratuita formulado por sindicato profissional, uma vez que atua, na espécie, cumprindo função de relevante interesse público;
(E) é possível o acolhimento de pedido de justiça gratuita formulado por sindicato profissional, bastando que haja nos autos declaração de pobreza formulada pelos substituídos ou pelo próprio sindicato em relação aos substituídos.

Art. 1º da Lei 7.115/1983. Contudo, destacamos que a assertiva trata de tema polêmico no TST, onde constam diversos acórdãos em sentido contrário. A favor deste entendimento, citamos E-ED-RR-25501-09.2005.5.05.0133,,SDI-1, Rel. Carlos Alberto Reis de Paula, *DEJT* 19.04.2011. Entendimento contrário, podemos encontrar em ARR 83400-75.2005.5.05.0161, T3, Rel. Alberto Pereira, *DEJT* 27.04.2012. Ver Súmula 223 do STF.

Gabarito "E"

(Magistratura do Trabalho – 21ª Região – 2005) Assinale a alternativa correta:

(A) de acordo com a Jurisprudência Sumulada do Tribunal Superior do Trabalho, a Constituição Federal não assegura a substituição processual pelo Sindicato, exceto quando existe expressa autorização legal, como na hipótese de ação ajuizada pelo sindicato pleiteando reajuste automático de salário previsto em lei;
(B) a Consolidação das Leis do Trabalho faculta ao empregado ser representado em Juízo por outro colega de profissão, cujas declarações obrigarão aquele trabalhador;
(C) a Jurisprudência Sumulada do Tribunal Superior do Trabalho considera revel a parte reclamada ausente à audiência em que deveria apresentar defesa, mesmo que compareça seu advogado munido de procuração;
(D) de acordo com a Jurisprudência Sumulada do Tribunal Superior do Trabalho, o Direito Processual autoriza que o empregador se faça substituir por preposto, que deve ser necessariamente seu empregado, caso o estabelecimento possua mais de 10 trabalhadores;
(E) a presença do advogado em audiência faz presumir a existência de mandato tácito, amplamente reconhecido pela jurisprudência trabalhista, conferindo ao advogado poderes para o foro em geral e para substabelecer, excluídos, no entanto, os poderes especiais para celebrar acordos e dar quitação.

Súmula 122 do TST.

Gabarito "C"

(Magistratura do Trabalho – 21ª Região – 2005) Consideradas as afirmações abaixo, marque a letra que contém a resposta correta:

I. Empregados e empregadores poderão reclamar pessoalmente perante a Justiça do Trabalho e acompanhar as suas reclamações até o final. É nisso que consiste, resumidamente, o "jus postulandi", que dispensa a contratação de advogado para estar em juízo. A propósito, o Supremo Tribunal Federal, em decisão final proferida em Ação Direta de Inconstitucionalidade, entendeu que não se pode impedir o acesso da população aos juizados especiais, à Justiça trabalhista e para impetração de "habeas corpus" e promoção de ações revisionais penais que não exigem a atuação de advogados. No entanto, não é absoluta a vedação ao legislador de dispensar a participação do advogado em determinadas causas, estando sujeita essa dispensa aos princípios da razoabilidade e da proporcionalidade.
II. A legitimidade do sindicato para propor ação de cumprimento, como substituto processual, abrange a observância da sentença normativa, acordo e convenção coletiva de trabalho.
III. A substituição processual tem a ver com a legitimação extraordinária – aquela em que terceiro vem a juízo, em nome próprio, defender interesses ou direitos de outrem, com autorização legal. No processo do trabalho tal substituição se verifica de modo atípico, tanto que o substituído não pode, ele mesmo, promover a ação. É o que se constata, por exemplo, nos casos de dissídio coletivo e da ação de cumprimento.
IV. Segundo a jurisprudência consolidada do Tribunal Superior do Trabalho, é válido o instrumento de mandato com prazo determinado que contenha cláusula estabelecendo a prevalência dos poderes para atuar até o final da demanda. Diante da existência de previsão, no mandato, fixando termo para sua juntada, o instrumento de mandato só terá validade se anexado aos autos do processo dentro do aludido prazo. São válidos os atos praticados pelo substabelecido, desde que haja, no mandato, poderes expressos para substabelecer, conforme o Código Civil de 2002. Configura-se a irregularidade de representação se o substabelecimento for anterior à outorga passada ao substabelecente.
V. Segundo a jurisprudência consolidada do Tribunal Superior do Trabalho, a denunciação da lide é incompatível com o processo do trabalho.

(A) Somente I e II estão corretas.
(B) II e IV estão corretas.
(C) Somente V está errada.
(D) Somente IV está correta.
(E) III e IV estão corretas.

I: correta, Súmula 425 do TST; **II:** correta, Súmula 286 do TST; **III:** incorreta, pois a hipótese é de legitimação concorrente entre sindicato e empregados (v. OJ 188 da SDI-1 do TST); **IV:** incorreta, pois dispõe o item III da Súmula 395 do TST que "são válidos os atos praticados pelo substabelecido, ainda que não haja, no mandato, poderes expressos para substabelecer (art. 667, e parágrafos, do Código Civil de 2002)"; **V:** incorreta, à época do concurso. A OJ 227 da SDI-1 do TST, que dispunha neste sentido, foi cancelada.

Gabarito "A"

(Magistratura do Trabalho – 23ª Região – 2009) Assinale a alternativa INCORRETA:

(A) A reclamação trabalhista do menor de 18 anos será feita por seus representantes legais com assistência do sindicato, do Ministério Público do Trabalho ou curador nomeado em juízo.

(B) Ao sindicato cabe a defesa dos direitos e interesses coletivos ou individuais da categoria, inclusive em questões judiciais ou administrativas.

(C) Nos dissídios individuais os empregados e empregadores poderão fazer-se representar por intermédio do sindicato, advogado, solicitador, ou provisionado, inscrito na Ordem dos Advogados do Brasil.

(D) Nos dissídios coletivos é facultada aos interessados a assistência por advogado.

(E) A reclamação poderá ser apresentada pelos empregados e empregadores, pessoalmente, ou por seus representantes, e pelos sindicatos de classe.

De acordo com o art. 793 da CLT, "a reclamação trabalhista do menor de 18 anos será feita por seus representantes legais e, na falta destes, pela Procuradoria da Justiça do Trabalho, pelo sindicato, pelo Ministério Público estadual ou curador nomeado em juízo".

Gabarito "A"

(Procurador do Trabalho – MPT – 18º concurso – 2013) Um grupo de oito estudantes de uma república estudantil contratou uma empregada doméstica para laborar na respectiva moradia. A carteira de trabalho foi assinada por um dos estudantes, de nome Orestes. Após o término do contrato, a empregada ajuizou uma ação trabalhista contra o ex-empregador. Na data designada para a audiência inaugural Orestes não poderá comparecer.

Diante da situação, assinale a alternativa CORRETA:

(a) Somente Orestes pode representar o polo passivo e sua ausência acarretará a revelia.

(b) Qualquer dos demais estudantes pode representar o polo passivo.

(c) O empregador doméstico poderá ser dispensado de comparecer e ser representado apenas pelo advogado.

(d) Por se tratar de empregador doméstico, que não pode nomear preposto, o juiz deverá adiar a audiência para outra data.

(e) não respondida.

O art. 1º da Lei 5.859/1972 despersonifica e objetiva o polo empregador da relação de trabalho doméstico, assim considerando a unidade residencial, e não, estritamente, aquele que anota a CTPS do trabalhador doméstico. Destarte, a assertiva *B* é a mais consentânea com tal peculiaridade.

Gabarito "B"

(Procurador do Trabalho – MPT – 17º Concurso) Sobre a substituição processual no processo do trabalho, assinale a alternativa **CORRETA**:

(A) Consoante a jurisprudência do Supremo Tribunal Federal, a Constituição da República consagrou a substituição processual sindical ampla em relação a todos os integrantes da categoria representada pela entidade sindical substituta, independentemente de autorização dos substituídos.

(B) Consoante a jurisprudência do Supremo Tribunal Federal, a Constituição da República consagrou a substituição processual sindical ampla em relação a todos os integrantes da categoria representada pela entidade sindical substituta, desde que haja a devida autorização dos substituídos.

(C) Consoante a jurisprudência do Supremo Tribunal Federal, a Constituição da República consagrou a substituição processual sindical restrita aos associados da entidade sindical substituta, independentemente de autorização dos substituídos.

(D) Consoante a jurisprudência do Supremo Tribunal Federal, a Constituição da República consagrou a substituição processual sindical restrita aos associados da entidade sindical substituta, desde que haja a devida autorização dos substituídos.

(E) Não respondida.

RE 555.720-AgR, Rel. Min. **Gilmar Mendes**, j. 30.09.2008, Segunda Turma, *DJE* 21.11.2008; RE 217.566-AgR, Rel. Min. **Marco Aurélio**, j. 08.02.2011, Primeira Turma, *DJE* 03.03.2011. Tal entendimento ensejou, a propósito, o cancelamento da Súmula 310 do TST pela Resolução 119/2003.

Gabarito "A"

(Ministério Público do Trabalho – 12º) Assinale a alternativa CORRETA:

(A) em face do princípio do *jus postulandi*, no Processo do Trabalho, a parte pode, sem advogado, ajuizar reclamação trabalhista e comparecer a todas as audiências, sozinha, formulando perguntas, requerendo depoimentos, perícias e demais atos, quaisquer que sejam, que ocorram durante o trâmite do processo em 1º grau;

(B) em fase recursal, o *jus postulandi*, no Processo do Trabalho, somente é admitido nas instâncias ordinárias, enquanto válido o exame de fatos e provas e, portanto, vedada a postulação em nome próprio em grau de recurso que tenha natureza extraordinária;

(C) o policial militar, que simultaneamente presta serviço para empresa privada, não pode exercer o *jus postulandi* para reconhecer o vínculo empregatício com a referida empresa, em razão de ocupar cargo público incompatível com a advocacia;

(D) na interposição de recurso sem mandato, o advogado deverá requerer a apresentação da procuração no prazo de 8 dias se for recurso trabalhista ou de 15 dias se for recurso extraordinário, dispensado o reconhecimento de firma, mas sendo obrigatória a exibição em original ou cópia autenticada e legível;

(E) não respondida.

A: correta, Súmula 425 do TST; **B:** incorreta, pois dispõe a Súmula 425 do TST que "o *jus postulandi* das partes, estabelecido no art. 791 da CLT, limita-se às Varas do Trabalho e aos Tribunais Regionais do Trabalho, não alcançando a ação rescisória, a ação cautelar, o mandado de segurança e os recursos de competência do Tribunal Superior do Trabalho"; **C:** incorreta, pois inexiste tal ressalva ao *jus postulandi*, que não se trata de exercício de advocacia, muito ao contrário (v. Súmula 386 do TST); **D:** incorreta, pois "é inadmissível, em instância recursal, o oferecimento tardio de procuração, nos termos do art. 37 do CPC, ainda que mediante protesto por posterior juntada, já que a interposição de recurso não pode ser reputada ato urgente" (Súmula 383, I, do TST, ex-OJ 311 da SDI-1).

Gabarito "A"

5. PROCEDIMENTO

5.1. ATOS E TERMOS PROCESSUAIS. CERTIDÃO NEGATIVA DE DÉBITOS TRABALHISTAS

(Magistratura do Trabalho – 1ª Região – 2004) Em processo sujeito ao rito comum, se o empregador reclamado, domiciliado na comarca, criar óbice ao recebimento da notificação postal, por simples recusa:

(A) far-se-á a notificação por edital;
(B) presumir-se-á realizada a notificação;
(C) será a notificação necessariamente feita por oficial de justiça;
(D) importará a revelia, bem como confissão quanto à matéria fática, se ausente o réu à audiência;
(E) será a notificação feita por hora certa.

A alternativa"A" corresponde ao disposto no art. 841, § 1º, da CLT.

Gabarito "A"

(Magistratura do Trabalho – 2ª Região – 2012) Analise as afirmativas seguintes conforme previsões contidas na Consolidação das Leis do Trabalho sobre os prazos no processo do trabalho.

I. Distribuída a reclamação verbal, o reclamante deverá, salvo motivo de força maior, apresentar-se no prazo de 48 (quarenta e oito) horas, ao cartório ou à secretaria, para reduzi-la a termo.
II. Recebida e protocolada a reclamação, o escrivão ou chefe de secretaria, dentro de 48 (quarenta e oito) horas, remeterá a segunda via da petição, ou do termo, ao reclamado, notificando-o ao mesmo tempo, para comparecer à audiência de julgamento, que será a primeira desimpedida, depois de 10 (dez) dias.
III. Apresentada a exceção de incompetência, abrir-se-á vista dos autos ao exceto, por 24 (vinte e quatro) horas improrrogáveis, devendo a decisão ser proferida na primeira audiência ou sessão que se seguir.
IV. Terminada a instrução, poderão as partes aduzir razões finais, em prazo não excedente de 05 (cinco) dias para cada uma.
V. Concluída a avaliação seguir-se-á a arrematação que será anunciada por edital afixado na sede do Juízo ou Tribunal e publicado no jornal local, se houver, com antecedência de 20 (vinte) dias.

Estão **corretas apenas** as afirmativas:

(A) I, II, IV.
(B) II e IV.
(C) I, IV, V.
(D) III e V.
(E) II e III.

I: incorreta, o prazo é de cinco dias (art. 786, parágrafo único, da CLT); **II:** incorreta, a audiência de julgamento será em cinco dias (art. 841 da CLT); **III:** correta, art. 800 da CLT; **IV:** incorreta, o prazo é de 10 minutos para cada parte (art. 850 da CLT); **V:** correta, art. 888 da CLT.

Gabarito "D"

(Magistratura do Trabalho – 2ª Região – 2011) Analise as seguintes proposições que dizem respeito aos prazos no processo do trabalho:

I. Apresentada a exceção de incompetência, abrir-se-á vista dos autos ao exceto, por vinte e quatro horas, improrrogáveis.
II. A CLT prescreve vinte minutos para defesa oral em audiência e não prevê qualquer prazo para as razões finais.
III. O executado será citado para, no prazo de vinte e quatro horas, pagar ou nomear bens à penhora.
IV. Os prazos do processo judiciário do trabalho são contínuos e irreleváveis, mas pode haver prorrogação pelo tempo estritamente necessário.
V. A CLT prevê aos juízes a sujeição ao desconto de um dia de vencimento para cada dia de retardamento na realização de despachos e prática dos demais atos decorrentes de suas funções.

Responda:

(A) Apenas as assertivas I, II e IV são corretas.
(B) Apenas as assertivas I, IV e V são corretas.
(C) Apenas as assertivas I, II e V são corretas.
(D) Apenas as assertivas II, III e IV são corretas.
(E) Todas as assertivas são corretas.

I: correta, art. 800 da CLT; **II:** incorreta, prevê dez minutos para razões finais (art. 850 da CLT); **III:** incorreta, o excutado será citado para "que cumpra a decisão ou o acordo no prazo, pelo modo e sob ascominações estabelecidas ou, quando se tratar de pagamento em dinheiro, inclusive de contribuições sociais devidas à União, para que o faça em 48 (quarenta e oito) horas ou garanta a execução, sob pena de penhora" (art. 880 da CLT); **IV:** correta, art. 775 da CLT; **V:** correta, art. 658, *d*, da CLT.

Gabarito "B"

(Magistratura do Trabalho – 2ª Região – 2011) Para os efeitos do processo judiciário trabalhista, assinale a alternativa incorreta dentre as abaixo listadas:

(A) A penhora poderá realizar-se em domingo ou dia feriado, mediante autorização expressa do Juiz.
(B) Os atos processuais serão públicos salvo quando o contrário determinar o interesse social, e realizar-se-ão nos dias úteis das 6 (seis) às 20 (vinte) horas.
(C) A reclamação verbal será distribuída após a sua redução a termo.
(D) São isentos de selo as reclamações, representações, requerimentos, atos e processos relativos à Justiça do Trabalho.
(E) As certidões dos processos que correrem em segredo de Justiça dependerão de despacho do Juiz.

A: assertiva correta, art. 770, parágrafo único, da CLT; **B:** assertiva correta, art. 770, *caput*, da CLT; **C:** assertiva incorreta, devendo ser assinalada, será distribuída antes da redução a termo (art. 786 da CLT); **D:** assertiva correta, art. 782 da CLT; **E:** assertiva correta, art. 781, parágrafo único, da CLT.

Gabarito "C"

(Magistratura do Trabalho – 3ª Região – 2013) Sobre a certidão negativa de débitos trabalhistas, leia as afirmações abaixo e, em seguida, assinale a alternativa correta:

I. A certidão negativa de débitos trabalhistas serve para comprovar a inexistência de débitos inadimplidos perante a Justiça do Trabalho.

II. o prazo de validade da certidão positiva de débitos trabalhistas é de 180 (cento e oitenta) dias, contado da data de sua emissão.

III. O interessado não obterá a certidão negativa de débitos trabalhistas quando em seu nome constar o inadimplemento de obrigações estabelecidas em sentença condenatória transitada em julgado proferida pela Justiça do Trabalho ou em acordos judiciais, inclusive no concernente aos recolhimentos previdenciários, a honorários, a custas e emolumentos ou a recolhimentos determinados em lei.

IV. O inadimplemento de obrigações resultantes de execução de acordos firmados perante comissão de conciliação prévia não impede a obtenção da certidão negativa de débitos trabalhistas.

(A) Todas as afirmativas estão corretas.
(B) Somente as afirmativas I e II e III estão corretas.
(C) Somente as afirmativas I, III e IV estão corretas.
(D) Somente as afirmativas I e III estão corretas.
(E) Somente as afirmativas II e III estão corretas.

Art. 642-A da CLT.

Gabarito "B"

(Magistratura do Trabalho – 4ª Região – 2012) Nos termos da CLT, compete à Secretaria das Varas do Trabalho

(A) a distribuição, pela ordem rigorosa de entrada, e sucessivamente a cada Vara, dos feitos que, para esse fim, lhe forem apresentados pelos interessados.
(B) a informação, às partes interessadas e seus procuradores, do andamento dos respectivos processos, cuja consulta lhes facilitará.
(C) a organização e a manutenção de um fichário de jurisprudência do Tribunal, para consulta dos interessados.
(D) a realização dos atos decorrentes da execução dos julgados das Varas do Trabalho.
(E) o recolhimento das custas processuais devidas pelas partes.

A: incorreta, compete ao distribuidor (art. 714, *a*, da CLT); **B:** correta, art. 711, *d*, da CLT; **C:** incorreta, compete à secretaria dos conselhos (art. 719 da CLT); **D:** incorreta, compete aos Oficiais de Justiça e Oficiais de Justiça Avaliadores da Justiça do Trabalho (art. 721 da CLT); **E:** incorreta, compete a contagem das custas, não o recolhimento (art. 711, *f*, da CLT).

Gabarito "B"

(Magistratura do Trabalho – 4ª Região – 2012) Em relação à suspensão do processo do trabalho, é correto afirmar que

(A) a morte ou perda da capacidade processual do representante legal da parte não implica em suspensão do processo.
(B) durante a suspensão do processo não poderão ser praticados quaisquer atos processuais.
(C) a suspensão do processo por convenção das partes nunca poderá exceder de 1 (um) ano.
(D) o processo será suspenso quando a sentença de mérito depender do julgamento de outra causa, ou da declaração da existência ou inexistência da relação jurídica que constitua o objeto principal de outro processo pendente.
(E) em razão do princípio protetor e da natureza alimentar das verbas trabalhistas, inegável que o processo do trabalho deve ser o mais célere possível, não havendo que se falar em suspensão do mesmo, salvo em caso de força maior.

A: incorreta, pois haverá a suspensão do processo (art. 265, I, do CPC); **B:** incorreta, o juiz "poderá determinar a realização de atos urgentes, a fim de evitar dano irreparável" (art. 266 do CPC); **C:** incorreta, nunca poderá exceder 6 meses (art. 265, II e § 3º, do CPC); **D:** correta, art. 265, IV, "a"do CPC; **E:** incorreta, conforme Carlos Henrique Bezerra Leite,"a CLT não contém um sistema próprio acerca da suspensão do processo tal como previsto nos artigos 265 e 266 do CPC. Trata-se de lacuna normativa que exige a verificação, em cada caso, do requisito da adaptabilidade para viabilizar sua aplicação ao processo do trabalho."

Gabarito "D"

(Magistratura do Trabalho – 7ª Região – 2005) Em harmonia com a jurisprudência do Tribunal Superior do Trabalho:

I. Os recursos interpostos por fac-símile, para que sejam admitidos, devem ter os originais apresentados em juízo no prazo de cinco dias contados do término do prazo recursal. A contagem do prazo para juntada dos originais pode ter início em sábados, domingos ou feriados.

II. Ao processo do trabalho aplica-se a regra contida no artigo 191, do CPC, contando-se em dobro os prazos para prática dos atos ali mencionados, quando houver litisconsortes com procuradores diferentes.

III. Recaindo a intimação da parte em um sábado, o prazo para a prática do ato terá a sua contagem iniciada na terça-feira, se no dia anterior tiver havido regular expediente forense.

IV. O prazo de prescrição com relação à ação de cumprimento de decisão normativa flui da data da publicação da respectiva sentença.

(A) Estão corretas a I e a III e falsas as demais.
(B) Estão corretas a I e a II e falsas as demais.
(C) Estão corretas a III e a IV e falsas as demais.
(D) Estão corretas a II e a IV e falsas as demais.
(E) Somente a III está correta.

I: correta, Súmula 387 do TST; **II:** incorreta, "a regra contida no art. 191 do CPC é inaplicável ao processo do trabalho, em face da sua incompatibilidade com o princípio da celeridade inerente ao processo trabalhista" OJ 310 da SDI-I do TST; **III:** correta, Súmula 262, I, do TST; **IV:** incorreta, flui da data de seu trânsito em julgado (Súmula 350 do TST).

Gabarito "A"

(Magistratura do Trabalho – 8ª Região – 2006) Sobre atos, termos e prazos processuais, de acordo com o disposto na CLT, é correto afirmar que:

(A) Os atos processuais serão sempre públicos.
(B) Os prazos processuais podem ser prorrogados tanto pelo Juiz Federal que atue na Vara como pelo Tribunal, pelo tempo estritamente necessário.
(C) Os autos dos processos da Justiça do Trabalho só poderão sair dos cartórios ou secretarias, se solicitados por advogado habilitado por uma das partes ou quando tiverem de ser remetidos aos órgãos competentes em caso de recurso.
(D) Os documentos juntos aos autos poderão ser desentranhados a qualquer momento, desde que fique o traslado.
(E) Os prazos processuais são contínuos e, por serem peremptórios, são sempre irreleváveis.

A: incorreta, se o interesse social assim determinar, podem não ser públicos (art. 770 da CLT); **B:** correta, art. 775 da CLT; **C:** incorreta, advogado contituído por qualquer das partes e em caso de recurso ou requisição art. 778 da CLT; **D:** incorreta, poderão ser desentranhados somente depois de findo o processo (art. 780 da CLT); **E:** incorreta, pois os prazos poderão "ser prorrogados pelo tempo estritamente necessário pelo juiz ou tribunal, ou em virtude de força maior, devidamente comprovada" (art. 775 da CLT).

Gabarito "B"

(Magistratura do Trabalho – 14ª Região – 2011) Quanto aos atos processuais é correto afirmar.

(A) Serão públicos, salvo quando o contrário determinar o interesse social, e realizar-se-ão nos dias úteis das 8 as 20 horas.
(B) Serão públicos, salvo quando o contrário determinar o interesse social, e realizar-se-ão nos dias úteis das 6 às 20 horas.
(C) Serão privados, salvo quando o contrário determinar o interesse social, e realizar-se-ão nos dias úteis das 8 às 20 horas.
(D) Serão públicos, salvo quando o contrário determinar o interesse social, e realizar-se-ão nos dias úteis das 6 às 18 horas.
(E) Serão privados, salvo quando o contrário determinar o interesse social, e realizar-se-ão nos dias úteis das 6 às 18 horas.

Assim dispõe o art. 770 da CLT: "Os atos processuais serão públicos salvo quando o contrário determinar o interesse social, e realizar-se-ão nos dias úteis das 6 (seis) às 20 (vinte) horas".

Gabarito "B"

(Magistratura do Trabalho – 23ª Região – 2006) Assinale a alternativa incorreta:

(A) Os atos processuais serão públicos, salvo quando o contrário determinar o interesse social, e realizar-se-ão nos dias úteis das 6 às 20 horas.
(B) Tratando-se de notificação postal, no caso de não ser encontrado o destinatário ou no de recusa de recebimento, o Correio ficará obrigado, sob pena de responsabilidade do servidor, a devolvê-la no prazo de 48 horas ao Tribunal de origem.
(C) As audiências dos órgãos da Justiça do Trabalho realizar-se-ão na sede do Juízo ou Tribunal em dias úteis previamente fixados entre 8 e 18 horas, não podendo ultrapassar cinco horas seguidas, salvo quando houver matéria urgente.
(D) Recebida e protocolada a reclamação, o escrivão ou chefe de Secretaria, dentro de 48 horas, remeterá a segunda via da petição do termo ao reclamado, notificando-o ao mesmo tempo, para comparecer à audiência de julgamento, que será a primeira desimpedida, depois de cinco dias.
(E) Apresentada a exceção de incompetência, abrir-se-á vista dos autos ao exceto, por 48 horas improrrogáveis, devendo a decisão ser proferida na primeira audiência ou sessão que se seguir.

A única ssertiva incorreta, que deve ser assinalada, e a "E", pois o prazo de vista dos autos é de 24 horas (art. 800 da CLT).

Gabarito "E"

(Magistratura do Trabalho – 24ª Região – 2006) Assinale a alternativa que está em desconformidade com a jurisprudência sumulada do TST:

(A) Quando a intimação tiver lugar na sexta-feira, ou a publicação com efeito de intimação for feita nesse dia, o prazo judicial será contado da segunda-feira imediata, inclusive, salvo se não houver expediente, caso em que fluirá no dia útil que se seguir.
(B) Intimada ou notificada a parte no sábado, o início do prazo se dará no primeiro dia útil imediato e a contagem, no subsequente.
(C) Cabe à parte comprovar, quando da interposição do recurso, a existência de feriado local ou de dia útil em que não haja expediente forense, que justifique a prorrogação do prazo recursal.
(D) Presume-se recebida a notificação 48 (quarenta e oito) horas depois de sua postagem. O seu não recebimento ou a entrega após o decurso desse prazo constitui ônus de prova do destinatário.
(E) O recesso forense e as férias coletivas dos Ministros do Tribunal Superior do Trabalho interrompem os prazos recursais.

A: assertiva correta, Súmula 1 do TST; **B:** assertiva correta, Súmula 262, I, do TST; **C:** assertiva correta, Súmula 385, I, do TST; **D:** assertiva correta, Súmula 16 do TST; **E:** assertiva incorreta, devendo ser assinalada, o recesso e as férias suspendem o prazo (Súmula 262, II, do TST).

Gabarito "E"

(Magistratura do Trabalho – 24ª Região – 2006) No Processo do Trabalho, considere os atos processuais abaixo:

I. Oferecimento de razões finais.
II. Apresentação de defesa oral.
III. Oposição de Embargos de Declaração.
IV. Apresentação de Recurso Ordinário pelos Municípios.
V. Apresentação de Embargos à Arrematação.

Correlacione os atos acima descritos em ordem sequencial de apresentação, com os correspondentes prazos abaixo elencados:

(A) 10 minutos; 20 minutos; 5 dias; 16 dias; 5 dias.
(B) 20 minutos; 20 minutos; 8 dias; 16 dias; 5 dias.

(C) 10 minutos; 10 minutos; 5 dias; 32 dias; 10 dias.
(D) 10 minutos; 20 minutos; 8 dias; 08 dias; 10 dias.
(E) 10 minutos; 20 minutos; 5 dias; 32 dias; 08 dias.

Arts. 850, 847, 897-A, 895, I (c/c art. 188 do CPC), da CLT, e art. 746 do CPC (anteriormente à Lei 11.382/2006, que alterou o prazo dos embargos à arrematação de dez para cinco dias, a doutrina e jurisprudência trabalhista já aplicavam o prazo de cinco dias, com base no art. 884 da CLT).

Gabarito "A".

(Procurador do Trabalho – MPT – 13º Concurso – 2006) Em relação aos prazos processuais, é INCORRETO afirmar que:

(A) o início do prazo, quando a notificação é postal, é fixado pela presunção *juris tantum* de recebimento da correspondência quarenta e oito horas após a sua postagem;
(B) não se confundem início do prazo e início da contagem do prazo, já que a CLT manda excluir da contagem o dia do início e nela incluir o dia do término do prazo;
(C) se a notificação ocorrer no sábado, o início da contagem do prazo ocorrerá na terça-feira subsequente, em sendo dias úteis a segunda e a terça-feira;
(D) constitui prerrogativa da fazenda pública o prazo em dobro para contestar e em quádruplo para recorrer;
(E) não respondida.

A única alternativa incorreta, que deve ser assinalada, é a "D", pois a Fazenda Pública tem prazo em quádruplo para contestar e em dobro para recorrer (art. 188 do CPC).

Gabarito "D".

5.2. CUSTAS E EMOLUMENTOS

(Magistratura do Trabalho – 2ª Região – 2011) No que toca à exigência do depósito prévio da multa cominada em razão de atuação administrativa, como pressuposto de admissibilidade de recurso administrativo, assinale a alternativa correta:

(A) Tal depósito prévio é obrigatório porque previsto no art. 636, § 1º, da CLT, o qual, conforme entendimento sumulado pelo TST, está recepcionado pela Constituição da República ante a sua compatibilidade com o art. 5º, inciso LV, que cuida do contraditório e da ampla defesa.
(B) Tal depósito prévio é obrigatório porque, embora previsto no art. 636, § 1º, da CLT, este sofreu alteração legislativa após a promulgação da Constituição da República, adequando-se ao art. 5º, inciso LV, que cuida do contraditório e da ampla defesa.
(C) Tal depósito prévio é obrigatório, mesmo não tendo sido previsto em lei específica, já que é permitido pelo art. 5º, inciso LV, da Constituição da República, que cuida do contraditório e da ampla defesa.
(D) Tal depósito prévio não é obrigatório porque o art. 636, § 1º, da CLT, conforme entendimento sumulado pelo TST, não foi recepcionado pela Constituição da República ante a sua incompatibilidade com o art. 5º, inciso LV, que cuida do contraditório e da ampla defesa.
(E) O depósito prévio não é obrigatório porque não foi instituído por lei específica e, portanto, conforme jurisprudência sumulada pelo TST, não se aplica o disposto no art. 5º, inciso LV, da Constituição da República, que cuida do contraditório e da ampla defesa.

A alternativa "D" corresponde ao disposto na Súmula 424 do TST (v. Súmula Vinculante 21 do STF).

Gabarito "D".

(Magistratura do Trabalho – 2ª Região – 2011) No que diz respeito às custas processuais, assinale a alternativa errada:

(A) São isentos do pagamento de custas a União, os Estados, o Distrito Federal e os Municípios.
(B) São isentos do pagamento de custas as fundações públicas federais, estaduais ou municipais que não explorem atividade econômica.
(C) É isento o Ministério Público do Trabalho.
(D) São isentas do pagamento de custas as entidades fiscalizadoras do exercício profissional.
(E) São isentas do pagamento de custas as autarquias federais, estaduais ou municipais que não explorem atividade econômica.

A alternativa incorreta, que deve ser assinalada, é a "D", pois as entidades fiscalizadoras do exercício profissional não estão elencadas no art. 790-A da CLT, que determina os isentos do pagamento de custas.

Gabarito "D".

(Magistratura do Trabalho – 2ª Região – 2010) Assinale a alternativa incorreta: Nos dissídios individuais e nos dissídios coletivos do trabalho, nas ações e procedimentos de competência da Justiça do Trabalho, bem como nas demandas propostas perante a Justiça Estadual, no exercício de jurisdição trabalhista, as custas relativas ao processo de conhecimento incidirão à base de 2% (dois por cento), e serão calculadas:

(A) Quando houver acordo ou condenação, sobre o respectivo valor.
(B) No caso de procedência do pedido formulado em ação declaratória e em ação constitutiva, sobre o valor fixado pelo juiz.
(C) Quando houver extinção do processo, sem julgamento do mérito, sobre o valor da causa.
(D) Quando o valor for indeterminado, sobre o que o juiz fixar.
(E) Quando for julgado totalmente improcedente o pedido, sobre o valor da causa.

A alternativa incorreta, que deve ser assinalada, é a "B", pois "o caso de procedência do pedido formulado em ação declaratória e em ação constitutiva, sobre o *valor da causa*" (art. 789 da CLT).

Gabarito "B".

(Magistratura do Trabalho – 8ª Região – 2008) Acerca da disposição da CLT sobre o pagamento de custas e emolumentos, é CORRETO afirmar:

(A) Nos dissídios individuais e nos dissídios coletivos do trabalho, nas ações e procedimentos de competência da Justiça do Trabalho, bem como nas demandas propostas perante a Justiça Estadual, no exercício da jurisdição trabalhista, as custas relativas ao processo de conhecimento incidirão à base de 2% (dois por cento), observado o mínimo de R$ 10,64 (dez reais e sessenta e quatro centavos). No processo de execução, as custas e emolumentos estão sempre a cargo do executado, sendo que o valor das custas em embargos à execução, embargos de terceiro e embargos à arrematação será sempre de R$ 44,26 (quarenta e quatro reais e vinte e seis centavos).

(B) Nos dissídios individuais e coletivos, as partes vencidas responderão solidariamente pelo pagamento das custas, calculadas sobre o valor arbitrado na decisão, ou pelo juiz do feito. Sempre que houver acordo, se de outra forma não for convencionado, o pagamento das custas caberá em partes iguais aos litigantes.

(C) No caso de não pagamento das custas cominadas em processo de competência da Justiça do Trabalho, far-se-á a execução da respectiva importância, observado idêntico procedimento para execução trabalhista, aplicando-se a norma regente da Execução Fiscal de modo apenas subsidiário.

(D) É facultado aos juízes, órgãos julgadores e presidentes dos tribunais do trabalho de qualquer instância conceder, a requerimento ou de ofício, o benefício da justiça gratuita, inclusive quanto a traslados e instrumentos, àqueles que perceberem salário igual ou inferior ao dobro do mínimo legal, ou declararem, sob as penas da lei, que não estão em condições de pagar as custas do processo sem prejuízo do sustento próprio ou de sua família. Tratando-se de empregado que não tenha obtido o benefício da justiça gratuita, ou isenção de custas, o sindicato que houver intervido no processo responderá de modo solidário pelo pagamento das custas devidas.

(E) São isentos do pagamento de custas, além dos beneficiários de justiça gratuita: I – a União, os Estados, o Distrito Federal, os Municípios e respectivas autarquias e fundações públicas, empresas públicas e sociedades de economia mista federais, estaduais ou municipais que não explorem atividade econômica; II – o Ministério Público do Trabalho.

A: incorreta, os emolumentos são suportados pelo requerente (CLT, art. 789-B); **B:** incorreta, as custas são calculadas sobre o valor arbitrado na decisão ou pelo Presidente do Tribunal (art. 789, §§ 3º e 4º, da CLT); **C:** incorreta, art. 790, § 2º, da CLT; **D:** correta, art. 790, §§ 1º e 3º, da CLT; **E:** incorreta, as empresas públicas e sociedades de economia mista federais não são beneficiárias da justiça gratuita (art. 790-A da CLT).

Gabarito "D"

(Magistratura do Trabalho – 8ª Região – 2007) Após a instrução processual, o magistrado julgou totalmente procedente o pedido de retificação da data de admissão na carteira do trabalho e previdência social do demandante, sendo o demandado condenado às custas, na base de 2%. Foi dado à causa o valor de R$ 5.000,00 (cinco mil reais). Não conformado com tal decisão, o demandado interpôs recurso ordinário. Com isso, e considerando a tabela abaixo, oriunda do Tribunal Superior do Trabalho, a respeito dos valores de depósitos recursais, marque a resposta correta:

Data da publicação	Legislação	Recurso Ordinário	Recurso de Revista Embargos Recurso extraordinário	Recurso em Ação Rescisória
DJ 17.07.2006	ATO. GP 215/06	R$ 4.808,65	R$ 9.617,29	R$ 9.617,29

(A) Na presente situação não há que se cogitar em depósito recursal.

(B) No presente caso somente é devido o depósito recursal no valor de R$ 4.808,65.

(C) O depósito para o recurso ordinário é na ordem de R$ 4.808,65 e custas no percentual de 2%, incidentes sobre o referido valor.

(D) Em face do valor dado à causa, o depósito para o recurso ordinário é de R$ 5.000,00.

(E) No presente caso, o valor do depósito para o recurso ordinário é de R$ 4.808,65, e caso possa ser vislumbrada a interposição de recurso de revista, o valor do depósito será de R$ 9.617,29.

Conquanto o depósito recursal também sirva de meio intimidatório contra a interposição de recursos procrastinatórios, sua finalidade precípua é garantir o futuro crédito exequendo, de sorte que o instituto se mostra incompatível com demanda em que inexiste crédito a ser objeto de futura execução pelo reclamante.

Gabarito "A"

(Magistratura do Trabalho – 13ª Região – 2006) Em relação ao processo do trabalho é correto afirmar:

(A) as custas serão pagas, em qualquer hipótese, apenas pelo empregador, uma vez que o empregado é sempre beneficiário da justiça gratuita;
(B) as empresas públicas estão isentas de custas;
(C) não são devidas custas quando o juiz, indeferindo a petição inicial, extingue o processo sem julgamento do mérito;
(D) efetuado o depósito recursal pelo empregador sucumbente, neste já se encontram incluídas as custas;
(E) na execução, os cálculos de liquidação, realizados pelo contador do juízo, estão sujeitos ao pagamento de custas.

A alternativa correta é "E", conforme art. 789-A, IX, da CLT.

Gabarito "E"

(Magistratura do Trabalho – 14ª Região – 2011) Segundo previsão da CLT são isentos do pagamento de custas, além dos beneficiários da justiça gratuita, exceto:

(A) o Ministério Público do Trabalho.
(B) as fundações públicas federais, estaduais ou municipais exploradoras de atividade econômica.
(C) a União, os Estados e os Municípios.
(D) o Distrito Federal.
(E) as autarquias.

A alternativa "B" é incorreta, pois só seriam beneficiários da justiça gratuita se não explorassem astividade econômica (art. 790-A da CLT).

Gabarito "B"

(Magistratura do Trabalho – 15ª Região – 2011) Assinale a alternativa incorreta:

(A) a ausência de recolhimento das custas, por parte das empresas em liquidação extrajudicial não acarreta a deserção do recurso por ela interposto;
(B) em caso de condenação solidária de duas ou mais empresas, o depósito recursal efetuado por uma delas aproveita às demais, quando a empresa que o efetuou não pleiteia sua exclusão da lide;
(C) a fazenda pública, quando condenada subsidiariamente pelas obrigações trabalhistas devidas peja empregadora principal, não se beneficia da limitação dos juros que normalmente lhe é aplicável;
(D) é desnecessário que a matéria veiculada no recurso adesivo seja relacionada com a do recurso interposto pela parte contrária;
(E) a isenção das custas previstas para os órgãos da administração pública direta e indireta que não explorem atividade econômica não alcança as entidades fiscalizadoras da atividade profissional.

A: assertiva incorreta, devendo ser assinalada, nesse caso, ocorre deserção (Súmula 86 do TST); **B:** assertiva correta, Súmula 128, III, do TST; **C:** assertiva correta, OJ 382 da SDI-I do TST; **D:** assertiva correta, Súmula 283 do TST; **E:** assertiva correta, art. 790-A, parágrafo único, da CLT.

Gabarito "A"

(Magistratura do Trabalho – 15ª Região – 2011) A respeito das custas processuais, assinale a alternativa incorreta:

(A) no processo de execução as custas são devidas, sendo pagas ao final sempre de responsabilidade do executado;
(B) tratando-se de empregado que não tenha obtido o benefício da justiça gratuita ou isenção de custas, o sindicato que houver intervindo no processo responderá solidariamente pelas custas devidas;
(C) ocorre deserção do recurso pelo recolhimento insuficiente das custas ainda que a diferença seja ínfima, referente a centavos;
(D) no caso de inversão do ônus da sucumbência em segundo grau, sem acréscimo ou atualização do valor das custas e se estas já foram devidamente recolhidas, descabe um novo pagamento pela parte vencida, ao recorrer;
(E) é necessária a outorga de poderes especiais ao patrono da causa para firmar declaração de insuficiência econômica, destinada à concessão dos benefícios da justiça gratuita.

A: assertiva correta, art. 789-A da CLT; **B:** assertiva correta, art. 790, § 1º, da CLT; **C:** assertiva correta, OJ 140 da SDI-I do TST; **D:** assertiva correta, OJ 186 da SDI-I do TST; **E:** assertiva incorreta, devendo ser assinalada, tal outorga é desnecessária (OJ 331 da SDI-I do TST).

Gabarito "E"

(Magistratura do Trabalho – 18ª Região – 2006) Assinale a alternativa correta de acordo com a jurisprudência sumulada do TST.

(A) A parte vencedora na primeira instância, se vencida na segunda, está obrigada a pagar as custas fixadas na sentença originária, das quais ficará isenta a parte então vencida, assim que seja intimada para isso.
(B) Nas ações plúrimas, as custas incidem sobre o respectivo valor individual.
(C) O prazo para pagamento das custas, no caso de recurso, é contado da intimação do cálculo.
(D) Não ocorre deserção de recurso da massa falida e da empresa em liquidação extrajudicial por falta de pagamento de custas ou de depósito do valor da condenação.
(E) Os privilégios e isenções no foro da Justiça do Trabalho abrangem as sociedades de economia mista.

A: incorreta, estará obrigada ao pagamento das custas independente de intimação (Súmula 25 do TST); **B:** incorreta, incidem sobre o valor global (Súmula 36 do TST); **C:** correta, Súmula 53 do TST; **D:** incorreta, ocorrerá a deserção para a empresa em liquidação judicial (Súmula 86 do TST); **E:** incorreta, não abrangem as sociedade de economia mista (Súmula 170 do TST).

Gabarito "C"

(Magistratura do Trabalho – 21ª Região – 2012) Acerca do pagamento das custas processuais e do depósito recursal, é correto afirmar:

(A) as custas serão sempre devidas pela reclamada quando existir a obrigação de pagar ao empregado, ainda que em razão de sentença homologatória de acordo;

(B) nas decisões cuja condenação consista em obrigação de fazer, para interpor recurso ordinário a reclamada deverá efetuar, no prazo do recurso, o depósito recursal e o pagamento das custas, que deverão ser calculadas com base no valor da causa;

(C) quando a Fazenda Pública integrar o polo passivo da lide trabalhista, a admissibilidade do recurso não estará condicionada ao pagamento das custas, regra que não se aplica ao depósito recursal;

(D) para a interposição de agravo de petição, não se faz necessário o pagamento das custas pelo executado;

(E) julgada improcedente a reclamação trabalhista, o reclamante poderá recorrer sem efetuar o pagamento das custas, se deferido o pedido de justiça gratuita, mas deverá efetuar o recolhimento do depósito recursal, sob pena de deserção.

A: incorreta, "sempre que houver acordo, se de outra forma não for convencionado, o pagamento das custas caberá em partes iguais aos litigantes" (art. 789, § 3º, da CLT); **B:** incorreta, as custas serão fixadas pelo juiz (art. 789, IV, da CLT); **C:** incorreta, essa regra também se aplica aos depósitos recursais (art. 790-A, I, da CLT c/c art. 1º, IV, do Decreto-Lei 779/1969); **D:** correta, art. 789-A da CLT. **E:** incorreta, não será exigido o depósito recursal (art. 790-A da CLT c/c Instrução Normativa 3/1993, X, do TST).

Gabarito "D"

(Magistratura do Trabalho – 21ª Região – 2012) Durante a instrução processual, o Juiz do Trabalho designou perícia médica para aferir a existência e a extensão de sequelas decorrentes de acidente de trabalho, que constitui a causa de pedir da pretensão do autor. No mesmo ato de designação da perícia, o Juiz determinou que a empresa-ré procedesse ao depósito, em cinco dias, da quantia de R$ 1.200,00, a título de antecipação de honorários periciais, sob pena de multa. A partir desse caso hipotético, e tendo em vista a jurisprudência pacificada do Tribunal Superior do Trabalho, marque a alternativa correta:

(A) não há base legal para se exigir do réu a antecipação do valor dos honorários periciais;

(B) é encargo do réu a antecipação dos honorários, mas a jurisprudência tem considerado que o valor máximo de antecipação pelo réu deve ser equivalente a R$ 1.000,00, salvo se o Juiz do Trabalho fundamentar de outra forma;

(C) constitui ônus do réu a antecipação dos honorários periciais;

(D) é incompatível com o Processo do Trabalho essa exigência, salvo se a empresa não comprovar, na sua contestação, a emissão da Comunicação de Acidente de Trabalho – CAT;

(E) é possível se exigir do réu a antecipação dos honorários periciais, mas a multa diária é considerada desproporcional pela jurisprudência pacificada do Tribunal Superior do Trabalho.

Art. 790-B da CLT c/c OJ 98 da SDI-II, do TST. Contudo, é imperioso destacar que o TST entende ser possível a antecipação de depósito prévio dos honorários periciais quando as lides não tiverem como objeto a relação de emprego (art. 6º, parágrafo único, da Instrução Normativa 27/2005 do TST).

Gabarito "A"

(Magistratura do Trabalho – 21ª Região – 2012) Leia as assertivas abaixo e marque a resposta correta sobre o tema dos honorários advocatícios na Justiça do Trabalho, considerada a jurisprudência pacificada do Tribunal Superior do Trabalho:

I. apesar de ser considerada indispensável à administração da justiça, a representação processual por advogado não implica, necessariamente, o deferimento de honorários advocatícios;

II. mesmo nas ações que não derivam da relação de emprego, o cabimento de honorários advocatícios deve observar a indispensável assistência sindical;

III. quando o sindicato profissional atua como substituto processual, não é cabível condenação a título de honorários advocatícios;

IV. nas ações rescisórias, decorrentes da relação de emprego, são devidos os honorários advocatícios;

V. quando devidos, os honorários devem ser fixados em percentual de 10% a 15%, incidentes sobre o valor da condenação.

(A) nenhuma assertiva está correta;

(B) apenas as assertivas I e II estão corretas;

(C) apenas as assertivas I e IV estão corretas;

(D) apenas as assertivas II, III e IV estão corretas;

(E) apenas as assertivas II, III e V estão corretas.

I: correta, Súmula 219, I, do TST; II e **III:** incorretas, "são devidos os honorários advocatícios nas causas em que o ente sindical figure como substituto processual e nas lides que não derivem da relação de emprego" (Súmula 219, III, do TST); **IV:** correta, Súmula 219, II, do TST; **V:** incorreta, não há fixação de percentual mínimo (10%), somente máximo (15%) (Súmula 219, I, do TST).

Gabarito "C"

(Magistratura do Trabalho – 21ª Região – 2005) Quanto às despesas processuais no Processo do Trabalho, é correto afirmar:

(A) as autarquias e fundações públicas detêm o privilégio de, sendo sucumbentes na lide, somente recolher as custas processuais ao final do processo;

(B) na hipótese de acordo, cabe ao réu o pagamento das custas, salvo se de outro modo for convencionado no respectivo termo;

(C) as custas são calculadas, em regra, sobre o valor do acordo ou da condenação, salvo no inquérito para apuração de falta grave, quando elas serão calculadas sobre seis vezes o valor do salário mensal do empregado;

(D) não é pressuposto para a oposição de embargos do devedor o recolhimento das custas fixadas em lei, eis que podem ser pagas pelo embargante até o final do processo;

(E) os emolumentos fixados em lei serão cobrados apenas da parte vencida, salvo se se tratar da União, Estados, Municípios e Distrito Federal, que são isentos de tal pagamento.

A alternativa "D" corresponde ao disposto no art. 789-A da CLT.

Gabarito "D"

(Magistratura do Trabalho – 23ª Região – 2009) Analise os itens abaixo e marque a alternativa CORRETA:

I. A responsabilidade pelo pagamento dos honorários periciais é da parte sucumbente na pretensão objeto da perícia, salvo se beneficiária da Justiça Gratuita.
II. No processo de execução são devidas custas as quais são pagas ao final, de conformidade com a tabela contida na CLT, pela parte sucumbente.
III. São isentos de custas a União, os Estados, o Distrito Federal, os Municípios e respectivas autarquias e fundações públicas federais, estaduais ou municipais que não explorem atividade econômica. Referida isenção alcança as demais despesas processuais e dispensa o depósito recursal e a garantia do juízo.

(A) Apenas o item II é verdadeiro.
(B) Apenas o item III é verdadeiro.
(C) Todos os itens são verdadeiros.
(D) Apenas o item I é verdadeiro.
(E) Todos os itens são falsos.

I: correta, art. 790-B da CLT; **II:** incorreta, as custas são de responsabilidade do executado (art. 789-A da CLT); **III:** incorreta, referida isenção *não alcança* as demais despesas processuais realizadas pela parte vencedora (art. 790-A, parágrafo único, da CLT).

Gabarito "D"

(Magistratura do Trabalho – 24ª Região – 2006) Quanto às custas e emolumentos na Justiça do Trabalho, assinale a alternativa INCORRETA:

(A) As custas serão pagas pelo vencido, após o trânsito em julgado da decisão. No caso de recurso, as custas serão pagas e comprovado o recolhimento dentro do prazo recursal.
(B) Sempre que houver acordo, se de outra forma não for convencionado, o pagamento das custas caberá em partes iguais aos litigantes.
(C) No processo de execução são devidas custas, sempre de responsabilidade do executado e pagas ao final.
(D) São isentos do pagamento de custas, além dos beneficiários da justiça gratuita, a União, os Estados, o Distrito Federal, os Municípios e respectivas autarquias e fundações públicas federais, estaduais ou municipais que explorem atividade econômica, bem como as empresas públicas e sociedades de economia mista.
(E) A responsabilidade pelo pagamento dos honorários periciais é da parte sucumbente na pretensão objeto da perícia, salvo se beneficiária de justiça gratuita.

A alternativa incorreta, que deve ser assinalada é a "D", pois as empresas públicas e sociedade de economia mista não são isentas de cutas (art. 790-A da CLT).

Gabarito "D"

(Procurador do Trabalho – MPT – 14º Concurso – 2007) Em relação aos honorários advocatícios na Justiça do Trabalho:

I. Na Justiça do Trabalho, em lides oriundas de relações de trabalho não empregatícias, os honorários advocatícios são devidos pela mera sucumbência.
II. Atendidos os requisitos da Lei n. 5.584/1970, para a concessão de assistência judiciária, basta a afirmação do declarante ou de seu advogado, na petição inicial, para se considerar configurada a sua situação econômica.
III. O benefício da justiça gratuita pode ser requerido em qualquer tempo ou grau de jurisdição, desde que, na fase recursal, seja o requerimento formulado no prazo alusivo ao recurso.
IV. Na Justiça do Trabalho, em demandas relacionadas a vínculos empregatícios, o deferimento de honorários advocatícios sujeita-se à constatação da ocorrência alternativa de dois requisitos: o benefício da Justiça Gratuita ou a assistência por sindicato.

De acordo com as assertivas acima, pode-se afirmar que:

(A) todas a alternativas estão corretas;
(B) apenas as alternativas III e IV estão erradas;
(C) apenas as alternativas I, II e IV estão erradas;
(D) apenas a alternativa IV está errada;
(E) não respondida.

I: correta, art. 5º da IN 27/2005 do TST (v. Súmula 219, III, do TST); **II:** correta, OJ 304 da SDI-I do TST; **III:** correta, OJ 269 da SDI-I do TST; **IV:** incorreta, Súmula 219, I, e OJ 305 da SDI-I do TST (porém, a atual redação da súmula 219, II e III, sugerem uma gradativa ampliação no leque de hipóteses em que os honorários advocatícios são cabíveis).

Gabarito "D"

5.3. NULIDADES

(Magistratura do Trabalho – 2ª Região – 2011) Determinado recurso ordinário, que não sofreu notificação para contrarrazões, tem seu provimento negado em segunda instância. À luz da teoria das nulidades adotada pelo processo do trabalho em seu estatuto consolidado, assinale a alternativa correta:

(A) Deveria ter sido declarada a nulidade dos atos praticados desde o juízo provisório de admissibilidade, este inclusive.
(B) Deveria ter sido declarada a nulidade dos atos praticados desde o juízo definitivo de admissibilidade.
(C) Impõe-se a declaração da nulidade *ex officio*, a qual abrange todos os atos decisórios.
(D) Impõe-se a declaração da nulidade *ex officio*, a qual abrange todos os atos decisórios de caráter definitivo.
(E) Como a ausência de determinação de prazo para contrarrazões não gera prejuízo ao recorrido, não há nulidade a ser declarada.

A alternativa correta é a "E", conforme se compreende pela leitura dos arts. 794 c/c 797 da CLT.

Gabarito "E"

(Magistratura do Trabalho – 2ª Região – 2010) Com relação às nulidades, analise as expressões abaixo e posteriormente responda:

I. No processo do trabalho as nulidades não podem, em qualquer hipótese, ser arguidas de ofício, sempre dependendo da alegação das partes.
II. No processo do trabalho a nulidade fundada em incompetência de foro deve ser declarada *ex officio*.
III. A nulidade de citação deve ser arguida de ofício pelo Juiz, mesmo que o reclamado tenha recebido a citação.
IV. Nos processos sujeitos à apreciação da Justiça do Trabalho, só haverá nulidade quando resultar dos atos inquinados manifesto prejuízo às partes litigantes.

(A) Se apenas a de número I estiver correta.
(B) Se todas estiverem corretas.
(C) Se apenas as de número II e IV estiverem corretas.
(D) Se apenas as de número II e III estiverem corretas.
(E) Se todas estiverem erradas.

I: incorreta, as nulidades fundadas em incompetência foro devem ser declaradas de ofício (art. 795, § 1º, da CLT); **II:** correta, art. 795, § 1º, da CLT; **III:** incorreta, "só haverá nulidade quando resultar dos atos inquinados manifesto prejuízo às partes litigantes" arts. 794 e 795, *caput*, da CLT; **IV:** correta, art. 794 da CLT.
Gabarito "C"

(Magistratura do Trabalho – 2ª Região – 2010) Assinalar a alternativa correta.

(A) Tendo em vista o que preceitua o art. 37 do CPC, o TST sumulou entendimento no sentido de admitir, em sede recursal, a juntada de procuração, desde que mediante protesto nos autos pela regularização na representação processual.
(B) De acordo com o posicionamento sumulado pelo TST, o efeito devolutivo em profundidade do recurso ordinário, conforme se extrai da redação do § 1º do art. 515 do CPC, transfere ao Tribunal a apreciação de fundamento da defesa não examinado pela sentença, desde que renovado em contrarrazões; não se aplica, todavia, ao caso de pedido não apreciado na sentença.
(C) De acordo com o disposto no art. 795 da CLT, as nulidades devem ser invocadas na primeira oportunidade que a parte tiver de falar em audiência ou nos autos, todavia, eventual invalidade de citação poderá ser arguida a qualquer momento.
(D) Da decisão proferida em agravo de petição cabe recurso de revista excepcionalmente nas seguintes hipóteses: violação literal e direta à Constituição Federal ou ofensa à Súmula de Jurisprudência Uniforme do TST.
(E) A incompetência absoluta, para ser declarada pelo juízo, prescinde de provocação pela parte por meio de exceção; declarada de ofício a incompetência absoluta, todos os atos praticados são tidos por nulos, remetendo-se os autos ao juiz competente.

A: incorreta, "é inadmissível, em instância recursal, o oferecimento tardio de procuração, nos termos do art. 37 do CPC, ainda que mediante protesto por posterior juntada, já que a interposição de recurso não pode ser reputada ato urgente" (Súmula 383 do TST); **B:** incorreta, transfere a apreciação ainda que não renovado em contrarrazões. "Não se aplica, todavia, ao caso de pedido não apreciado na sentença, salvo a hipótese contida no § 3º do art. 515 do CPC (Súmula 393 do TST); **C:** correta, art. 795 da CLT e art. 301, I, § 4º, do CPC; **D:** incorreta, só caberá recurso de revista no caso de ofensa direta e literal à norma da Constituição Federal (art. 896, § 2º, da CLT); **E:** incorreta, o juiz declara a incompetência absoluta de ofício. Serão considerados nulos apenas os atos decisórios (art. 795, § 1º, da CLT).
Gabarito "C"

(Magistratura do Trabalho – 3ª Região – 2013) Em relação ao processo do trabalho, leia as afirmações abaixo e, em seguida, assinale a alternativa correta:

I. Nos processos sujeitos à apreciação da Justiça do Trabalho só haverá nulidade quando resultar dos atos inquinados manifesto prejuízo às partes litigantes.
II. As nulidades não serão declaradas senão mediante provocação das partes, as quais deverão arguí-las à primeira vez em que tiverem que falar em audiência ou nos autos, sem exceção.
III. A nulidade não será pronunciada quando foi possível suprir-se a falta ou repetir-se o ato.
IV. A nulidade do ato prejudicará todos os atos posteriores.

(A) Todas as afirmativas estão corretas.
(B) Somente a afirmativa I está correta.
(C) Somente as afirmativas I e II estão corretas.
(D) Somente as afirmativas I e III estão corretas.
(E) Somente as afirmativas II e III estão corretas.

I: correta, art. 794 da CLT; **II:** incorreta, art. 795, *caput*, da CLT; **III:** correta, art. 796, *a*, da CLT; **IV:** incorreta, art. 798 da CLT.
Gabarito "D"

(Magistratura do Trabalho – 3ª Região – 2009) Analise as proposições abaixo e, considerando as disposições contidas na Consolidação das Leis do Trabalho e no Código de Processo Civil, bem como no entendimento jurisprudencial sumulado, assinale a alternativa correta:

I. À luz da teoria civilista, diz-se comumente que a nulidade de ato ocorre quando lhe falta algum requisito que a lei prescreve como necessário para a sua validade.
II. A nulidade relativa somente será declarada se tiver sido oportunamente suscitada.
III. As nulidades não serão declaradas senão mediante provocação das partes, as quais deverão arguí-las a primeira vez em que tiverem de falar em audiência ou nos autos, salvo a nulidade fundada em incompetência em razão do lugar, que poderá ser declarada *ex officio*.
IV. A nulidade do ato prejudicará os atos anteriores e posteriores que dele dependam ou sejam consequência.

V. O princípio segundo o qual devem ser aproveitados os efeitos validamente produzidos pelo ato irregular pode ser aplicado na declaração de nulidade do ato no Direito Processual do Trabalho.

(A) São falsas as proposições I, III e IV.
(B) São falsas as proposições III e IV.
(C) São falsas as proposições I, III, IV e V.
(D) Apenas a proposição III é falsa e as demais são verdadeiras.
(E) Apenas a proposição IV é falsa e as demais são verdadeiras.

I: correta, por definição; **II:** correta, por definição; **III:** incorreta, art. 795, § 1º, da CLT (observe-se que a incompetência "de foro" não é interpretada gramaticalmente, entendo-se que a norma em questão versa sobre incompetência material, de "foro trabalhista"); **IV:** incorreta, prejudicará os atos posteriores (art. 798 da CLT); **V:** correta, trata-se do princípio da economia processual, presente nos arts. 797 da CLT e 249 do CPC.

Gabarito "B".

(Magistratura do Trabalho – 8ª Região – 2011) A respeito da nulidade processual, é CORRETO afirmar que:

(A) A nulidade jamais será pronunciada quando for possível suprir-se a falta ou repetir-se o ato.
(B) Em atenção ao princípio da lealdade processual, cabe ao juiz declarar a nulidade, ainda que suscitada pela parte que lhe tenha dado causa.
(C) É cabível declaração de nulidade processual, por inobservância do devido processo legal, quando o juiz, no curso da instrução processual, colher inicialmente o depoimento da reclamada e, posteriormente, o do reclamante.
(D) As nulidades, em qualquer caso, devem ser sempre declaradas por provocação da parte.
(E) A nulidade processual deve ser declarada quando indeferida pelo juiz a produção de prova solicitada pela parte, facultando-se a esta demonstrar o prejuízo processual que tal indeferimento lhe acarretou.

A: correta, art. 796, *a*, da CLT; **B:** incorreta, a nulidade não será pronunciada se arguida por quem lhe deu causa (art. 796, *b*, da CLT); **C:** incorreta, só haverá nulidade se resultar manifesto prejuízo aos litigantes – art. 794 da CLT (v. art. 342 do CPC e 848 da CLT); **D:** incorreta, a nulidade fundada em incompetência de foro deverá ser declarada de ofício (art. 795, § 1º, da CLT); **E:** incorreta, a rigor, a nulidade demandaria a efetiva prova do prejuízo, havendo aqui um ônus do requerente, e não uma simples faculdade processual (v. arts. 765 e 794 da CLT).

Gabarito "A".

(Magistratura do Trabalho – 8ª Região – 2007) Sobre o processo do trabalho, é incorreto afirmar:

(A) No processo do trabalho a nulidade só será pronunciada se causar manifesto prejuízo às partes, devendo ser arguida por quem não lhe houver dado causa na primeira oportunidade que se manifestar nos autos, sob pena de preclusão. Todavia, não será pronunciada se for possível suprir-lhe a falta ou repetir-se o ato.
(B) A nulidade do ato prejudicará apenas os atos posteriores que dele dependam ou sejam consequência.
(C) A regra da Consolidação das Leis do Trabalho que determina que seja declarada *ex officio* a nulidade fundada em incompetência do foro não se aplica nos processos em que se discute a incompetência *ex ratione locci*.
(D) Como regra, a nulidade deve ser arguida pela parte, porém, em se tratando de nulidade do contrato de trabalho, por vício formal em face da Constituição Federal, é cabível a arguição de nulidade do contrato de trabalho em favor de ente público, suscitada pelo Ministério Público do Trabalho, mediante parecer, mesmo quando a parte não a suscitou em defesa.
(E) A inércia da parte em aforar o recurso apropriado, imediatamente após a decisão proferida em face de exceção de suspeição, decidida por Juiz singular em Vara do Trabalho, não faz precluir a possibilidade de suscitar novamente a matéria, em sede de Recurso Ordinário que maneje contra a decisão final.

A assertiva "D" estava incorreta segundo a antiga redação da OJ 350 da SDI-I do TST. Contudo, desde novembro de 2009, com a reformulação da citada OJ, o TST entende que "o Ministério Público do Trabalho pode arguir, em parecer, na primeira vez que tenha de se manifestar no processo, a nulidade do contrato de trabalho em favor de ente público, ainda que a parte não a tenha suscitado, a qual será apreciada, sendo vedada, no entanto, qualquer dilação probatória".

Gabarito "D".

(Magistratura do Trabalho – 8ª Região – 2006) Sobre vícios, espécies e nulidades do ato processual, no Processo do Trabalho, é correto afirmar que:

(A) A Consolidação das Leis do Trabalho alberga explicitamente o princípio do prejuízo inspirado no sistema francês (*pas de nullité sans grief*), quando proclama que somente haverá nulidade quando resultar em prejuízos para as duas partes, definindo-se "nulidade" como sendo a eficácia de um ato jurídico em virtude da falta de uma das condições necessárias para sua validade.
(B) Em matéria de nulidade (absoluta e relativa), a CLT também consagra o princípio da convalidação, segundo o qual as nulidades não serão declaradas senão mediante provocação das partes, as quais deverão argui-las à primeira oportunidade em que tiverem que falar em audiência ou nos autos.
(C) Pelo princípio do interesse, a parte tem o ônus de demonstrar o manifesto prejuízo ao seu direito de demandar em juízo, mas somente estará autorizado a arguir a nulidade do ato se, e somente se, não concorreu direta ou indiretamente para a ocorrência da irregularidade.
(D) O princípio da utilidade constitui corolário do princípio da economia processual, quando a CLT diz que "a nulidade do ato não prejudicará senão os posteriores que dele dependem ou sejam consequência". Segundo esse princípio, o juiz não deve aproveitar os atos processuais posteriores independentes, na medida em que não sofram reflexos da nulidade.

(E) A nulidade por incompetência *ex ratione personae* pode ser declarada de ofício ou mediante provocação do interessado.

A: totalmente incorreta, pois o art. 794 da CLT não exige que o prejuízo necessariamente desfavoreça a ambos os litigantes e tampouco há que se confundir nulidade com eficácia; **B:** incorreta, as nulidades absolutas não se convalidam pela preclusão (ex.: art. 795, § 1°, da CLT); **C:** correta, por definição (art. 796, *b*, da CLT); **D:** incorreta, ao contrário, são os atos processuais independentes que deverão ser aproveitados (art. 798 da CLT); **E:** incorreta, conquanto aparentemente conflitante com o art. 795, § 1°, da CLT, entendemos que a incompetência *ex ratione personae*, jungida que está com a competência funcional (ex.: foro por prerrogativa de função) ou com a competência material (ex.: lides entre sindicatos), é critério determinante de regras de competência absoluta, podendo (devendo) ser declarada de ofício ou mediante provocação.

Gabarito "C"

(Magistratura do Trabalho – 9ª Região – 2009) Quanto às nulidades no processo do trabalho, considere as seguintes proposições:

I. Só haverá nulidade quando resultar dos atos inquinados manifesto prejuízo às partes litigantes.
II. Na possibilidade de suprir-se a falta ou repetir-se o ato a nulidade não será pronunciada.
III. A extensão da nulidade será declarada pelo juiz ou tribunal que a pronunciar.
IV. A parte prejudicada deverá arguir a nulidade na primeira oportunidade que tiver que falar em audiência ou nos autos.

(A) Somente a proposição I está correta.
(B) Somente as proposições II e III estão corretas.
(C) Somente as proposições I e IV estão corretas.
(D) Todas as proposições estão corretas.
(E) Nenhuma proposição está correta.

I: correta, art. 794 da CLT; **II:** correta, art. 796, *a* da CLT; **III:** correta, art. 797 da CLT; **IV:** correta, art. 795, *caput*, da CLT.

Gabarito "D"

(Magistratura do Trabalho – 13ª Região – 2006) Assinale a alternativa incorreta:

(A) se a parte prejudicada não alegar a nulidade processual, o juiz não deverá declará-la de ofício, exceto no caso de incompetência absoluta;
(B) o juiz não pronunciará a nulidade se alegada pela parte que lhe deu causa;
(C) a nulidade deverá ser declarada pelo juiz se uma das partes a alegar, mesmo não resultando prejuízo manifesto para qualquer das partes;
(D) a nulidade do ato processual só prejudica os atos posteriores que dele dependam ou sejam consequência;
(E) sendo possível suprir a falta de determinado ato processual, a nulidade não será pronunciada.

A alternativa incorreta, que deve ser assinalada, é a "C", pois se não resultar manifesto prejuízo para às partes, a nulidade não será declarada (art. 794 da CLT).

Gabarito "C"

(Magistratura do Trabalho – 14ª Região – 2011) Assinale a alternativa correta. Nos processos sujeitos à apreciação da Justiça do Trabalho, a nulidade:

(A) não poderá ser declarada mediante provocação das partes, mas apenas se arguida *ex officio* pelo Juiz.
(B) só será declarada quando não resultar dos atos inquinados manifesto prejuízo às partes litigantes.
(C) só será declarada quando resultar dos atos inquinados manifesto prejuízo às partes litigantes;
(D) após declarada não prejudicará senão os atos anteriores ou posteriores que dele dependam, ou sejam consequência.
(E) será sempre pronunciada, mesmo que seja possível suprir-se a falta ou repetir-se o ato.

A: incorreta, só serão declaradas mediante provocação das partes (art. 795, *caput*, da CLT); **B:** incorreta, só será declarada quando os atos inquinados resultar manifesto prejuízo às partes (art. 794 da CLT); **C:** correta, art. 794 da CLT; **D:** incorreta, não prejudicará os atos posteriores que dele dependam (art. 798 da CLT); **E:** incorreta, não será pronunciada se for possível suprir-se a falta ou repetir-se o ato (art. 796, *a*, da CLT).

Gabarito "C"

(Magistratura do Trabalho – 15ª Região – 2011) A respeito das nulidades, assinale a alternativa incorreta:

(A) não serão pronunciadas quando não resultarem em prejuízo às partes litigantes e quando for possível suprir-lhes a falta ou repetir-se o ato;
(B) devem ser declaradas de oficio quando fundadas em incompetência material e podem ser declaradas pelo juiz, por provocação das partes, desde que não alegadas por quem lhes tiver dado causa;
(C) podem ser declaradas quando arguidas pelas partes na primeira oportunidade em que tiverem de falar nos autos ou em audiência;
(D) quando pronunciadas, prejudicarão os atos posteriores bem como os anteriores que deles dependam;
(E) incumbe ao Juiz que as pronuncia também declarar os atos aos quais elas se estendem.

A: assertiva correta, arts. 794 e 796, *a*, da CLT; **B:** assertiva correta, arts. 795, § 1°, e 796, *b*, da CLT; **C:** assertiva correta, art. 795, *caput*, da CLT; **D:** assertiva incorreta, devendo ser assinalada, prejudicarão os atos posteriores (art. 798 da CLT); **E:** assertiva correta, art. 797 da CLT.

Gabarito "D"

(Magistratura do Trabalho – 18ª Região – 2006) O artigo 795 da Consolidação das Leis do Trabalho, que preceitua que "as nulidades não serão declaradas senão mediante provocação das partes, as quais deverão argui-las à primeira vez em que tiverem de falar em audiência ou nos autos", consagra um importante princípio. Qual é ele?

(A) princípio da convalidação;
(B) princípio da transcendência;
(C) princípio do interesse;
(D) princípio do prejuízo;
(E) princípio da economia processual.

Trata-se do princípio da convalidação ou da preclusão. O princípio da transcendência ou do prejuízo vem consagrado no art. 794, *caput*; o princípio do interesse, no art. 796, *b*; o princípio da economia processual, no art. 796, *a*, da CLT (sendo-lhe corolário o princípio da utilidade de que trata o art. 798).

Gabarito "A"

(Magistratura do Trabalho – 20ª Região – 2003) Em audiência, o juiz indeferiu a oitiva da testemunha previamente arrolada pelo autor ao fundamento de que já havia formado o seu convencimento acerca do fato A, objeto da prova. Encerrada a instrução, as partes produziram razões finais meramente reiterativas. Sobrevindo sentença – na qual o juízo formulou o enquadramento legal do fato A diferente daquele constante na exordial, mas não negou a sua ocorrência – o autor foi sucumbente no pedido relativo ao fato A, o que o levou a interpor recurso ordinário para o TRT, no qual arguiu, em preliminar, a nulidade do processo, a partir da audiência de instrução, por cerceamento do direito de defesa, dado ter sido indeferida a oitiva de sua testemunha, e, quanto ao mais, postulou o provimento do recurso e o deferimento do pedido.

Posto isso, tendo em vista a regência legal da espécie, a teoria das nulidades e a jurisprudência predominante, marque:

(A) a preliminar deve ser acatada, haja vista que o juiz não pode indeferir a oitiva de testemunha previamente arrolada pela parte, sob pena de violação dos princípios constitucionais do contraditório e ampla defesa;

(B) a preliminar deve ser rejeitada, porque cabe ao juiz soberanamente, na condição de dirigente do processo, decidir acerca da necessidade ou desnecessidade de produção de prova, sobretudo testemunhal, indeferindo as inúteis ou meramente protelatórias;

(C) a preliminar não deve ser conhecida, porque não arguida em razões finais a nulidade;

(D) o recurso não deve ser conhecido, porque na hipótese o remédio processual cabível é a correição parcial;

(E) a preliminar deve ser acatada, porque o juiz só pode indeferir a oitiva de testemunhas nos casos legalmente previstos de suspeição ou impedimento, sob pena de abrir-se oportunidade ao arbítrio do magistrado.

A preliminar deveria ter sido arguida nas razões finais,como não ocorreu, operou-se a preclusão (art. 795, *caput*, da CLT).

Gabarito "C"

(Magistratura do Trabalho – 21ª Região – 2005) Consideradas as afirmações abaixo, marque a letra que contém a resposta correta:

I. Sobre o sistema de nulidades processuais pode-se dizer que a sua existência é necessária para preservação da legalidade e da garantia da jurisdição. Mas não é qualquer desrespeito à forma que induz à nulidade, de modo que, mesmo que o caminho percorrido não seja o previsto em lei, o ato é válido se a finalidade foi alcançada. As nulidades que devam ser decretadas de ofício pelo juiz, a exemplo da incompetência em razão da pessoa, não se convalidam nem precluem.

II. No caso de indeferimento da produção de prova durante a audiência, como a respectiva decisão judicial é irrecorrível de imediato, eventual nulidade consequente dessa negativa poderá ser alegada somente por ocasião da interposição do recurso contra a sentença, sem risco de preclusão.

III. Quando a intimação se der mediante publicação no órgão oficial, a omissão do nome do advogado constituído acarreta a nulidade do ato, sendo dispensável, porém, a menção do nome de todos os advogados da parte que estejam atuando no processo.

IV. Não se declara nulidade quando o juiz puder decidir o mérito da questão em proveito da parte que a tiver alegado.

V. O direito de alegar nulidade da citação preclui no recurso ou na ação rescisória se a parte interessada tiver se omitido de arguí-la em oportunidade anterior em que poderia ter falado nos autos ou em audiência.

(A) Somente II está errada.

(B) II e IV estão erradas.

(C) III está errada.

(D) I e V estão erradas.

(E) Todas estão corretas.

I: correta, por definição (v. arts. 154 e 244 do CPC); **II:** incorreta, a matéria deverá ser alegada na primeira oportunidade que o prejudicado tiver para se pronunciar nos autos, o que se dá, no caso, com as razões finais (art. 795 da CLT); **III:** correta, v. art. 236, § 1º, do CPC; **IV:** correta, art. 794 da CLT (trata-se de decorrência do princípio do prejuízo, sintetizado na expressão pas de nullité sans grief); **V:** correta, art. 795, *caput*, da CLT (entendemos, entretanto, que o vício de citação pode ser de tal envergadura que comprometa não só a validade como a própria existência do processo, o que significa tratar-se de vício não preclusivo, suscetível de declaração *ex officio* ou, mesmo, ensejador de *querela nullitatis insanabilis*, conforme o caso).

Gabarito "A"

(Procurador do Trabalho – MPT – 18º concurso – 2013) Em relação às nulidades no processo do trabalho, assinale a alternativa CORRETA:

(A) Deve sempre ser observado o princípio da transcendência, não havendo nulidade quando não resultar dos atos inquinados manifesto prejuízo às partes litigantes.

(B) Pelo princípio da causalidade, na hipótese de incompetência material, somente os atos posteriores e que dependam ou sejam consequência do ato nulo serão prejudicados.

(C) Pode ser alegada nulidade absoluta pela primeira vez no processo em sede de recurso ordinário, não obstante ela ter ocorrido durante a fase de conhecimento.

(D) Não pode ser alegada nulidade relativa pela primeira vez no processo em sede de recurso ordinário, não obstante ela ter ocorrido durante a fase de conhecimento.

(E) não respondida.

A: incorreta, o art. 794 da CLT deve ser encarado com ressalvas, não subsistindo em face de nulidades absolutas; **B:** incorreta, art. 795, § 1º, da CLT, e art. 113, § 2º do CPC (a nulidade fulmina qualquer ato decisório); **C:** correta, trata-se de um lugar comum, repetido na doutrina e na jurisprudência, de que as nulidades absolutas podem ser alegadas a qualquer tempo e grau de jurisdição, sendo suscetíveis, inclusive em sede recursal, de conhecimento *ex officio* (trata-se daquilo que *Nelson Nery Jr.* denomina de efeito translativo dos recursos). Saliente-se, porém, que o Supremo Tribunal Federal já deu solução diversa, analisando a matéria à luz da boa-fé processual objetiva no *Habeas Corpus* n. 105.041, declarando a nulidade absoluta de ato que implicara cerceamento de defesa, mas mantendo os efeitos do ato em razão do caráter tardio da alegação, em afronta a um padrão objetivo de comportamento processual que reclama das partes diligência na sinalização para os vícios do processo já percebidos e prontamente alegáveis; **D:** incorreta, tal possibilidade existe, por exemplo, no caso do vício nascido na sentença.

Gabarito "C"

(Procurador do Trabalho – MPT – 14º Concurso – 2007) Tratando-se de nulidades no processo do trabalho, à luz dos seus respectivos princípios e da jurisprudência do Tribunal Superior do Trabalho, assinale a alternativa CORRETA:

(A) É nula, em virtude do seu caráter *extra petita*, a decisão da Justiça do Trabalho que defere salários ao reclamante que pleiteia em juízo, tão somente, sua reintegração ao emprego.

(B) Ainda que tenha ocorrido o trânsito em julgado da decisão, poderá o interessado alegar, na fase de execução, falta ou nulidade da citação.

(C) Pelo princípio da eventualidade, não havendo reação da parte, o ato nulo não arguido no tempo oportuno vem a se convalidar, permanecendo válido.

(D) Dá-se a preclusão consumativa quando um ato não pode mais ser praticado, pelo fato de já se ter praticado outro ato que seja tido juridicamente como incompatível com o já realizado.

(E) Não respondida.

Conforme comentamos na questão anterior, entendemos que a citação é pressuposto de existência do processo, cuja inocorrência enseja, até mesmo, a *querela nullitatis insanabilis*. Assim, o vício que impede a citação válida poderá ser alegado a qualquer momento, não precluindo.

Gabarito "B"

(Procurador do Trabalho – MPT – 13º Concurso – 2006) Em relação ao sistema de nulidades adotado no processo do trabalho, é INCORRETO afirmar que:

(A) toda e qualquer nulidade é passível de declaração *ex officio*;

(B) a nulidade não será pronunciada quando suscitada por quem lhe deu causa;

(C) a nulidade decorrente da incompetência territorial somente será declarada se houver provocação da parte;

(D) se for possível suprir a falta do ato ou ordenar sua repetição, o juiz não decretará a nulidade;

(E) não respondida.

A alternativa incorreta, que deve ser assinalada, é a "A", pois "as nulidades não serão declaradas senão mediante provocação das partes, as quais deverão argui-las à primeira vez em que tiverem de falar em audiência ou nos autos" (art. 795, *caput*, da CLT).

Gabarito "A"

5.4. PETIÇÃO INICIAL

(Magistratura do Trabalho – 2ª Região – 2011) Assinale a estrutura básica da petição inicial do processo trabalhista, nos limites dos requisitos exigidos pelo art. 840 da CL T:

(A) Designação do juiz a quem se dirige, qualificação do autor, qualificação do réu, exposição dos fatos e dos fundamentos jurídicos do pedido, pedido, data e assinatura do autor ou seu representante.

(B) Designação do juiz a quem se dirige, qualificação do autor, qualificação do réu, exposição dos fatos, pedido, data e assinatura do autor ou seu representante.

(C) Designação do juiz a quem se dirige, qualificação do autor, qualificação do réu, exposição dos fatos, pedido, valor da causa, data e assinatura do autor ou seu representante.

(D) Designação do juiz a quem se dirige, qualificação do autor, qualificação do réu, exposição dos fatos, a especificação das provas a produzir, pedido, data e assinatura do autor ou seu representante.

(E) Designação do juiz a quem se dirige, qualificação do autor, qualificação do réu, exposição dos fatos e dos fundamentos jurídicos do pedido, pedido, valor da causa, data e assinatura do autor ou seu representante.

A alternativa "B" descreve acertadamente os requisitos previstos no art. 840 da CLT.

Gabarito "B"

5.5. AUDIÊNCIA TRABALHISTA

(Magistratura do Trabalho – 2ª Região – 2012) De acordo com a jurisprudência sumulada do Tribunal Superior do Trabalho, observe as assertivas abaixo.

I. A ausência do reclamante, quando adiada a instrução depois de contestada a ação em audiência, importa arquivamento do processo.

II. A concessão de liminar ou a homologação de acordo constituem faculdade do juiz, inexistindo direito líquido e certo tutelável pela via do mandado de segurança.

III. A reclamada ausente à audiência em que deveria apresentar defesa é revel, salvo se presente seu advogado munido de procuração.

IV. Na ação rescisória, o que se ataca é a sentença, ato oficial do Estado, acobertado pelo manto da coisa julgada. Assim sendo, e considerando que a coisa julgada envolve questão de ordem pública, a revelia não produz confissão.

V. A prova pré-constituída nos autos pode ser levada em conta para confronto com a confissão ficta (art. 400, I, CPC), implicando cerceamento de defesa o indeferimento de provas posteriores.

As assertivas INCORRETAS são:

(A) II, III e IV.

(B) I, III e V.

(C) III, IV e V.
(D) I, II e IV.
(E) II, IV e V.

I: incorreta, não importa arquivamento do processo (Súmula 9 do TST); **II:** correta, Súmula 418 do TST ; **III:** incorreta, ainda que presente seu advogado munido de procuração será revel (Súmula 122 do TST); **IV:** correta, Súmula 398 do TST; **V:** incorreta, não implica cerceamento de defesa (Súmula 74, II, do TST).

Gabarito "B"

(Magistratura do Trabalho – 2ª Região – 2011) Assinale a alternativa correta, em face dos termos do processo judiciário trabalhista:

(A) Terminada a defesa, seguir-se-á a instrução do processo e deverá o Juiz interrogar os litigantes.
(B) Findo o interrogatório, não poderá qualquer dos litigantes retirar-se, prosseguindo a Instrução com o seu representante.
(C) Após o interrogatório, serão ouvidas, obrigatória e sucessivamente, as testemunhas da reclamada, as testemunhas do reclamante, os peritos e técnicos, se houver.
(D) Terminada a defesa, seguir-se-á a instrução do processo, podendo o Juiz, "ex officio", ou a requerimento, interrogar os litigantes.
(E) Serão, após os interrogatórios, ouvidas as testemunhas, sendo que os peritos e os técnicos, se houver, deverão ser ouvidos em nova audiência especialmente designada para tanto.

A alternativa "C" corresponde ao previsto no art. 848 da CLT.

Gabarito "D"

(Magistratura do Trabalho – 2ª Região – 2010) Quanto à audiência, analise as expressões abaixo e posteriormente responda:

I. Terminada a defesa, seguir-se-á a instrução do processo, podendo o juiz *ex officio* interrogar os litigantes.
II. O depoimento das partes e testemunhas que não souberem falar a língua nacional será feito por meio de intérprete nomeado pelo juiz.
III. A audiência de julgamento será contínua; mas, se não for possível, por motivo de força maior, concluí-la no mesmo dia, o juiz marcará sua continuação para a primeira desimpedida, independentemente de nova notificação.
IV. Findo o interrogatório poderá qualquer dos litigantes retirar-se, prosseguindo a instrução com seu representante.

(A) Apenas a de número I e IV são corretas.
(B) Todas são corretas.
(C) Apenas as de número II e IV são corretas.
(D) Apenas as de número II e III são corretas.
(E) Apenas a de numero II é correta.

I: correta, art. 848, *caput*, da CLT; **II:** correta, art. 819 da CLT; **III:** correta, art. art. 849 da CLT; **IV:** correta, art. 848, § 1º, da CLT.

Gabarito "B"

(Magistratura do Trabalho – 2ª Região – 2010) No que se refere ao entendimento sumulado do TST quanto à consequência da ausência de uma das partes à audiência no processo do trabalho, analise as expressões abaixo e posteriormente responda:

I. Aplica-se a confissão à parte que, expressamente intimada com aquela cominação, não comparecer à audiência em prosseguimento, na qual deveria depor.
II. A prova pré-constituída nos autos pode ser levada em conta para confronto com a confissão ficta, implicando cerceamento de defesa o indeferimento de provas posteriores.
III. A reclamada, ausente à audiência em que deveria apresentar defesa, é revel, ainda que presente seu advogado munido de procuração, podendo ser ilidida a revelia mediante a apresentação de atestado médico que declare a impossibilidade de locomoção do empregador ou do preposto no dia da audiência.
IV. A ausência do reclamante à audiência em prosseguimento em que deveria depor importa em confissão real com a presunção de veracidade dos fatos alegados pela reclamada na defesa, não se admitindo a produção de provas em audiência.

(A) Apenas as alternativas I, II e IV são corretas.
(B) Apenas as alternativas I, III e IV são corretas.
(C) Apenas as alternativas II e III são corretas.
(D) Apenas as alternativas I e III são corretas.
(E) Todas as alternativas são corretas.

I: correta, Súmula 74 do TST; **II:** incorreta, não implica cerceamento de defesa (Súmula 74, II, do TST); **III:** correta, Súmula 122 do TST; **IV:** incorreta, a hipótese é de confissão ficta.

Gabarito "D"

(Magistratura do Trabalho – 3ª Região – 2008) Sobre a audiência trabalhista, é errado dizer:

(A) Apesar de as audiências serem públicas, o juiz ou presidente manterá a ordem nas audiências, podendo mandar retirar do recinto os assistentes que a perturbarem.
(B) Existe previsão legal tolerando atraso de até 15 (quinze) minutos no horário de comparecimento do juiz à audiência e o mesmo direito se estende às partes, em face do princípio da isonomia de tratamento entre juiz e jurisdicionados.
(C) De acordo com a jurisprudência sumulada do Tribunal Superior do trabalho, é facultado ao empregador fazer-se substituir pelo gerente ou qualquer preposto que tenha conhecimento do fato, desde que seja empregado do réu, salvo em se tratando de reclamação de empregado doméstico.
(D) Os momentos de propositura obrigatória da conciliação trabalhista são logo após a abertura da audiência e após as razões finais.
(E) O prazo para defesa oral em audiência é de vinte minutos.

A: assertiva correta, art. 816 da CLT; **B:** assertiva incorreta, devendo ser assinalada, não existe previsão legal para o atraso da parte (art. 815, parágrafo único, da CLT e OJ 245 da SDI-I do TST); **C:** assertiva correta, Súmula 377 do TST (também estendeu a exceção, em maio de 2008, ao micro e pequeno empresário); **D:** assertiva correta, art. 846, *caput*, e 850, *caput*, da CLT; **E:** art. 847 da CLT.

Gabarito "B"

(Magistratura do Trabalho – 8ª Região – 2011) Com relação à audiência trabalhista, assinale a alternativa CORRETA:

(A) As audiências deverão ser realizadas na sede do Juízo ou Tribunal, em dias úteis previamente fixados, sendo vedado ao juiz designar outro local para a sua realização.

(B) A Consolidação das Leis do Trabalho expressamente prevê que, salvo quando se tratar de reclamação de empregado doméstico, o preposto deve ser necessariamente empregado do reclamado.

(C) Consoante jurisprudência consolidada do Tribunal Superior do Trabalho, exceto se houver, no mandato, poderes expressos para substabelecer, são inválidos os atos praticados pelo substabelecido em audiência.

(D) A parte que não comparecer por duas vezes seguidas à audiência inaugural para a qual foi devidamente notificada, incorrerá na pena de perda do direito de reclamar perante a Justiça do Trabalho, pelo prazo de seis meses.

(E) O Tribunal Superior do Trabalho, por meio de jurisprudência pacificada, entende que, ausente a reclamada à audiência em que deveria apresentar defesa e declarada a revelia, esta pode ser ilidida mediante a apresentação de atestado médico, que deverá declarar, expressamente, a impossibilidade de locomoção do empregador ou do seu preposto no dia da audiência.

A: incorreta, "em casos especiais, poderá ser designado outro local para a realização das audiências, mediante edital afixado na sede do Juízo ou Tribunal, com a antecedência mínima de 24 (vinte e quatro) horas" (art. 813, § 1º, da CLT); **B:** incorreta, é a Súmula 377 do TST que aborda o tema; **C:** incorreta, Súmula 395, III, do TST; **D:** incorreta, mesmo sem poderes expressos para substabelecer, são válidos os atos praticados pelo substabelecido (art. 732 da CLT); **E:** correta, Súmula 122 do TST.

Gabarito "E"

(Magistratura do Trabalho – 8ª Região – 2007) Marque a resposta correta a respeito da audiência trabalhista:

(A) O juiz ou presidente manterá a ordem nas audiências, devendo mandar retirar do recinto os assistentes que a perturbarem.

(B) Em caso de audiência marcada para as 08h30min, e não comparecendo o juiz, os presentes deverão retirar-se às 08h45min, devendo o ocorrido constar do livro de registro das audiências.

(C) Após apresentada a defesa e adiada a instrução, e se fazendo presente somente o demandado na sessão de prosseguimento, não há motivo para arquivamento da ação.

(D) Em casos especiais, poderá ser designado outro local para a realização das audiências, mediante comunicação no Diário Oficial da União, com antecedência mínima de vinte e quatro horas.

(E) As audiências podem ser realizadas em outro local, porém, deverá ser afixado edital na sede do Juízo ou Tribunal, com a antecedência mínima de quarenta e oito horas.

A: incorreta, o próprio juiz pode retirar os assistentes que perturbarem (art. 816 da CLT); **B:** incorreta, os presentes *poderão* retirar-se (art. 815, parágrafo único, da CLT); **C:** correta, Súmula 9 do TST; **D:** incorreta, mediante edital afixado na sede do juízo ou tribunal (art. 813, § 1º, da CLT); **E:** incorreta, a antecedência mínima é de vinte e quatro horas (art. 813, § 1º, da CLT).

Gabarito "C"

(Magistratura do Trabalho – 11ª Região – 2007 – FCC) Conforme a CLT, admite-se uma tolerância de 15 minutos após a hora marcada para o início da audiência, no caso de não

(A) comparecer o reclamante.

(B) comparecerem os procuradores.

(C) comparecerem as partes.

(D) comparecer o juiz.

(E) comparecer o secretário da Vara doTrabalho.

A tolerância de 15 minutos é para o não comparecimento do juiz (art. 815, parágrafo único, da CLT).

Gabarito "D"

(Magistratura do Trabalho – 14ª Região – 2011) No que concerne às propostas de conciliação no Processo do Trabalho, assinale a alternativa correta.

(A) Devem ser feitas após a apresentação da defesa e renovadas após as razões finais.

(B) Só podem ser feitas quando o valor da causa o permitir.

(C) Devem ser feitas antes da apresentação da defesa e renovadas após as razões finais.

(D) Devem ser feitas antes da apresentação da defesa e ao término da instrução processual.

(E) Devem ser feitas após a oitiva das partes e quando do encerramento da instrução processual.

A alternativa "C" compreende o disposto nos arts. 846 e 850 da CLT.

Gabarito "C"

(Magistratura do Trabalho – 18ª Região – 2006) Quanto à revelia no processo do trabalho, segundo a jurisprudência sumulada do Tribunal Superior do Trabalho, é correto afirmar:

(A) A partir da Lei n. 10.272, de 05.09.2001, havendo rescisão do contrato de trabalho e sendo revel e confesso quanto à matéria fática, o empregador deve ser condenado ao pagamento de todos os direitos trabalhistas com o acréscimo de 50%, quando as verbas não forem pagas na primeira audiência.

(B) Para não incidir em revelia, o preposto deve ser sempre empregado do patrão.

(C) A reclamada, ausente à audiência em que deveria apresentar defesa, é revel, ainda que presente seu advogado munido de procuração.

(D) Pessoa jurídica de direito público não pode ficar sujeita à aplicação da pena de revelia prevista no artigo 844 da CLT, uma vez que o direito tutelado é indisponível.

(E) A revelia produz confissão na ação rescisória quando ela versar sobre direito disponível.

A: incorreta, "o empregador condenado ao pagamento das verbas rescisórias, não quitadas na primeira audiência, com acréscimo de 50% (cinquenta por cento)" Súmula 69 do TST; **B:** incorreta, "exceto quanto à reclamação de empregado doméstico, ou contra micro ou pequeno empresário" (Súmula 377 do TST); **C:** correta, Súmula 122 do TST; **D:** incorreta, "pessoa jurídica de direito público sujeita-se à revelia prevista no artigo 844 da CLT" (OJ 152 da SDI-I do TST); **E:** incorreta, a revelia não produz confissão (Súmula 398 do TST).

Gabarito "C"

(Magistratura do Trabalho – 21ª Região – 2012) Sobre a audiência trabalhista, é <u>incorreto</u> afirmar:

(A) existe previsão legal tolerando atraso de até 15 minutos para o Juiz comparecer à audiência, do horário previamente designado, estendendo-se o mesmo direito às partes, em face do princípio da isonomia de tratamento entre magistrado e jurisdicionado;

(B) não havendo acordo, o reclamado apresentará sua defesa escrita, ou disporá de 20 minutos para aduzir defesa oral, após a leitura da reclamação, quando esta não for dispensada por ambos os litigantes;

(C) nas reclamações enquadradas no rito sumaríssimo, não contendo a petição inicial a indicação correta do nome e endereço do reclamado, além da certeza e determinação do pedido, a reclamação trabalhista será arquivada e o reclamante condenado ao pagamento de custas sobre o valor da causa;

(D) é facultado ao empregador fazer-se substituir pelo gerente, ou qualquer outro preposto, desde que empregado e tenha conhecimento do fato, cujas declarações obrigarão o proponente, exceto quanto à reclamação de empregado doméstico, ou contra micro ou pequeno empresário;

(E) não torna suspeita a testemunha o simples fato de estar litigando ou de ter litigado contra o mesmo empregador.

A: assertiva incorreta, devendo ser assinalada, tal direito não se estende às partes (art. 815, parágrafo único, da CLT c/c OJ 245 da SDI-I do TST); **B:** assertiva correta, art. 847 da CLT; **C:** assertiva correta, art. 852-B da CLT; **D:** assertiva correta, art. 843, § 1º, da CLT c/c Súmula 377 do TST; **E:** assertiva correta, Súmula 357 do TST.

Gabarito "A"

(Magistratura do Trabalho – 23ª Região – 2008) Assinale a alternativa CORRETA:

I. em audiência, ao aduzir as razões finais, poderá qualquer das partes impugnar o valor dado à causa e, se o juiz o mantiver, pedir revisão da decisão, no prazo de 48 (quarenta e oito horas), ao Presidente do Tribunal Regional;

II. é facultado ao empregador de microempresa ou de empresa de pequeno porte fazer-se substituir ou representar perante a Justiça do Trabalho por terceiros que conheçam dos fatos, ainda que não possuam vínculo trabalhista ou societário;

III. a ausência de ambas as partes na audiência inaugural implica julgamento antecipado da lide;

IV. no caso de tutela antecipada (ou liminar) ser concedida antes da sentença, cabe a impetração do mandado de segurança, em face da inexistência de recurso próprio.

(A) todas as opções estão corretas;

(B) apenas três opções estão corretas;

(C) apenas duas opções estão corretas;

(D) apenas uma opção está correta;

(E) todas as opções estão incorretas.

I: correta, art. 2º, § 1º, da Lei 5.584/1970; **II:** correta, Súmula 377 do TST; **III:** incorreta, art. 844 da CLT (é caso de arquivamento da reclamação); **IV:** correta, Súmula 414, II, do TST.

Gabarito "B"

(Magistratura do Trabalho – 23ª Região – 2006) Com relação às audiências, é correto afirmar: I – O juiz deverá relevar atrasos das partes não superiores à 15 (quinze) minutos; II – As partes serão inquiridas pelo Juiz e, por seu intermédio, pelos seus representantes e advogados; III – A testemunha que for parente até o segundo grau civil, amigo íntimo ou inimigo de qualquer das partes, não prestará compromisso, e seu depoimento valerá como simples informação; IV – O ônus de eventual desconto salarial sofrido pela testemunha, em razão de seu comparecimento a juízo, compete a parte sucumbente; V – A revogação da prisão do depositário infiel, determinada pelo juiz trabalhista, compete ao juiz criminal.

(A) todas as afirmativas estão corretas;

(B) somente duas afirmativas estão incorretas;

(C) somente três afirmativas estão incorretas;

(D) todas as afirmativas estão incorretas;

(E) somente quatro afirmativas estão incorretas.

I: incorreta, inexiste previsãolegal para o atraso das partes (art. 815, parágrafo único e OJ 245 da SDI-I do TST); **II:** correta, art. 820 da CLT; **III:** não deixa de estar correta, já que esta suspeição da testemunha é determinada pelo parentesco até o terceiro grau civil (art. 829 da CLT); **IV:** incorreta, art. 821 da CLT; **V:** incorreta, ante o princípio da unidade de convicção e por se tratar de prisão de natureza cível.

Gabarito "C"

(Magistratura do Trabalho – 23ª Região – 2006) Em audiência, se a parte impugnar o valor fixado à causa e o juiz o mantiver, o recurso cabível é:

(A) agravo de instrumento, no prazo de cinco dias;

(B) recurso inominado;

(C) pedir revisão da decisão, no prazo de quarenta e oito horas, ao Presidente do Tribunal Regional;

(D) a decisão é irrecorrível, devendo a parte arguir preliminar quando da interposição do recurso ordinário;

(E) Nenhuma das alternativas acima está correta.

A alternativa "C" compreende o disposto no art. 2º, § 1º, da Lei 5.584/1970.

Gabarito "C"

(Magistratura do Trabalho – 23ª Região – 2006) Assinale a alternativa incorreta:

(A) Não havendo acordo, o reclamado terá vinte minutos para aduzir sua defesa, após a leitura da reclamação, quando esta não for dispensada por ambas as partes;

(B) Terminada a defesa, seguir-se-á a instrução do processo, sendo que qualquer dos litigantes poderá retirar-se quando findo o interrogatório, prosseguindo a instrução como seu representante;

(C) Terminada a instrução, poderão as partes aduzir razões finais, em prazo não excedente de 10 (dez) minutos para cada uma;

(D) A audiência de julgamento será contínua; mas se não for possível, por motivo de força maior, concluí-la no mesmo dia, o juiz ou presidente marcará a sua continuação para a primeira desimpedida, notificando as partes;

(E) Os trâmites de instrução e julgamento da reclamação serão resumidos em ata de que constará, na íntegra, a decisão.

A alternativa "D" descreveu o previsto no art. 849 da CLT.

Gabarito "D"

(Magistratura do Trabalho – 24ª Região – 2007) De acordo com a CLT:

I. As audiências dos órgãos da Justiça do Trabalho serão públicas e realizar-se-ão na sede do Juízo ou Tribunal em dias úteis previamente fixados, entre 8 (oito) e 18 (dezoito) horas, não podendo ultrapassar cinco horas seguidas, salvo quando houver matéria urgente.

II. Em casos especiais, poderá ser designado outro local para a realização das audiências, mediante edital afixado na sede do Juízo ou Tribunal, com a antecedência mínima de 24 (vinte e quatro) horas.

III. Sempre que for necessário, poderão ser convocadas audiências extraordinárias, observada a antecedência mínima de 24 (vinte e quatro) horas.

IV. Às audiências deverão estar presentes, comparecendo com a necessária antecedência, os escrivães ou chefe de secretaria.

V. À hora marcada, o Juiz ou Presidente declarará aberta a audiência, sendo feita pelo chefe de secretaria ou escrivão a chamada das partes, testemunhas e demais pessoas que devam comparecer.

RESPONDA:

(A) Todas as proposições estão corretas.

(B) Apenas a proposição III está incorreta.

(C) Apenas as proposições I e II estão corretas.

(D) Apenas as proposições I e III estão incorretas.

(E) Todas as proposições estão incorretas.

I: correta, art. 813, *caput*, da CLT; **II:** correta, art. 813, § 1º, da CLT; **III:** correta, art. 813, § 2º, da CLT; **IV:** correta, art. 814 da CLT; **V:** correta, art. 815 da CLT.

Gabarito "A"

(Procurador do Trabalho – MPT – 13º Concurso – 2006) Assinale a afirmativa CORRETA:

(A) a ausência do reclamante, quando adiada a instrução após contestada a ação em audiência, não importa arquivamento do processo;

(B) segundo jurisprudência sumulada pelo Tribunal Superior do Trabalho, a pena de confissão aplica-se tão somente ao reclamado que deixar de comparecer à audiência em prosseguimento, para a qual foi expressamente intimado com aquela cominação;

(C) a confissão presumida conduz à veracidade dos fatos alegados pela parte, e não pode ser elidida pela prova pré-constituída nos autos;

(D) se o reclamante der causa a dois arquivamentos, ficará proibido de mover reclamação na Justiça do Trabalho pelo prazo de um ano;

(E) não respondida.

Assim determina a Súmula 9 do TST. "A ausência do reclamante, quando adiada a instrução após contestada a ação em audiência, não importa arquivamento do processo".

Gabarito "A"

(Procurador do Trabalho – MPT – 12º Concurso – 2005) Observe as assertivas seguintes e assinale a alternativa CORRETA:

I. a ausência injustificada de testemunha regularmente intimada implica o seu comparecimento forçoso, em outra audiência designada, cumulado com aplicação de multa à testemunha faltante e à parte que requereu a oitiva dessa testemunha;

II. o não comparecimento de reclamante em audiência inaugural produz o arquivamento dos autos, salvo se a ausência decorreu de doença, criteriosamente comprovada, oportunidade na qual deverá o autor ser representado por parente direto e de 1º grau ou por representante do seu sindicato de classe;

III. o não comparecimento do juiz, até o limite de 25 minutos após o horário designado para a audiência, não dá direito às partes e suas testemunhas de deixarem o local;

IV. o não comparecimento do reclamado na audiência em que deveria apresentar a sua defesa implicará a confissão, salvo se estiver presente seu advogado, munido de mandato expresso e defesa escrita acompanhada de documentos.

(A) somente uma assertiva está correta;

(B) somente duas assertivas estão corretas;

(C) apenas três assertivas estão corretas;

(D) todas as assertivas estão erradas;

(E) não respondida.

I: incorreta, as testemunhas "que não comparecerem serão intimadas, *ex officio* ou a requerimento da parte, ficando sujeitas a condução coercitiva, além das penalidades do art. 730, caso, sem motivo justificado, não atendam à intimação" art. 825, parágrafo único, da CLT; **II:** incorreta, "poderá fazer-se representar por outro empregado que pertença à mesma profissão, ou pelo seu sindicato" (art. 843, § 2º, e 844 da CLT); **III:** incorreta, "Se, até 15 (quinze) minutos após a hora marcada, o juiz ou presidente não houver comparecido, os presentes poderão retirar-se, devendo o ocorrido constar do livro de registro das audiências" (art. 815, parágrafo único, da CLT); **IV:** incorreta, ainda que apresente seu advogado munido de procuração, implicará confissão (Súmula 122 do TST).

Gabarito "D"

5.6 RESPOSTA DO RÉU

(Magistratura do Trabalho – 3ª Região – 2009) Analise as proposições abaixo e, considerando as disposições contidas na Consolidação das Leis do Trabalho e no Código de Processo Civil, bem como o entendimento jurisprudencial sumulado, assinale a alternativa correta:

I. Segundo a teoria da inatividade, aperfeiçoada por Chiovenda, a atitude do réu, ao se fazer revel, é, a rigor, um comportamento lícito, que não prejudica o processo; pelo contrário, abrevia-o.

II. Mesmo que os pedidos não sejam idênticos, a ação trabalhista, ainda que arquivada, interrompe a prescrição.

III. Caso o réu não alegue a compensação na defesa, não poderá fazê-lo em grau de recurso ordinário, uma vez que estará preclusa a matéria.

IV. A incompetência relativa, a incompetência absoluta, a suspeição e o impedimento são espécies de exceções aplicáveis ao Direito Processual do Trabalho.

V. A apresentação de razões finais é ônus da parte, razão pela qual a sua ausência invalida o processo.

(A) São verdadeiras as proposições I, II, III e IV.

(B) São verdadeiras as proposições I, II, IV e V.

(C) São verdadeiras as proposições I e III.

(D) Apenas a proposição IV é falsa e as demais são verdadeiras.

(E) Apenas a proposição V é falsa e as demais são verdadeiras.

I: correta, por definição; **II:** incorreta, Súmula 268 do TST; **III:** correta, trata-se do ônus da impugnação específica e dos princípios da concentração da defesa e da eventualidade (art. 300 do CPC). V. art. 767 da CLT e súmula 48 do TST; **IV:** incorreta, a incompetência absoluta é questão de ordem pública que deve ser manejada como preliminar de contestação; **V:** incorreta, a decorrência da inobservância de um ônus é um prejuízo processual à parte sobre a qual tal ônus recaía, e não, necessariamente, a nulidade do processo. No caso de não apresentação de razões finais, a única consequência será a preclusão da oportunidade de fazê-lo, bem como a preclusão para se alegar nulidades relativas posteriores à defesa.

Gabarito "C"

(Magistratura do Trabalho – 8ª Região – 2008) Com relação à reconvenção, no processo trabalhista, é INCORRETO afirmar:

(A) Será oferecida, simultaneamente, com a contestação de forma verbal ou escrita.

(B) O valor da causa não exclui a possibilidade de reconvenção nas causas em que figura a administração pública fundacional no polo passivo.

(C) A ação de consignação em pagamento não possui caráter dúplice, exigindo a reconvenção para demandar o valor decorrente da insuficiência do depósito efetuado pelo consignante.

(D) Tem como requisito específico a conexão com a ação principal ou algum dos fundamentos da defesa.

(E) Tem autonomia e independência com relação à ação principal e, neste sentido, a desistência desta não obsta o prosseguimento daquela.

Após a Lei 8.951/1994, a ação de consignação em pagamento passou a ostentar natureza dúplice (art. 899, §§ 1º e 2º, do CPC), inviabilizando-se a reconvenção, salvo quando esta possuir objeto mais amplo do que aquilo que a natureza dúplice da consignatória puder proporcionar ao réu (não sendo pacífica a jurisprudência neste sentido, contudo).

Gabarito "C"

(Magistratura do Trabalho – 8ª Região – 2007) Quando da apresentação da respectiva resposta, o demandado invocou o *factum principis*. Com isso, marque a resposta escorreita:

(A) Compete ao demandado, considerando o devido processo legal, notificar a pessoa de direito público apontada como responsável pela paralisação do trabalho, para que, no prazo de trinta dias, alegue o que entender devido, passando a figurar no processo como chamada à autoria.

(B) Nessa situação, a responsabilidade para que seja providenciada a notificação à pessoa de direito público, apontada como responsável pela paralisação, é do Tribunal do Trabalho, sendo que aquele ente terá o prazo de trinta dias para alegar o que entender devido, passando a figurar no processo como chamada à autoria.

(C) Por ser um terceiro alheio ao pacto laboral, cabe ao empregador notificar a autoridade pública responsável pela paralisação, pois no presente caso está caracterizada a denunciação à lide, com prazo de trinta dias para apresentação da defesa perante o respectivo Tribunal.

(D) Sendo o *factum principis* o motivo da extinção do contrato de trabalho, o Tribunal do Trabalho deverá providenciar notificação ao Ministério Público do Trabalho, bem como à pessoa de direito público apontada como responsável para que apresente manifestação a respeito da demanda, com prazo não superior a trinta dias, caracterizando, assim, denunciação à lide.

(E) O juiz, ao analisar que o reclamado não cumpriu com sua obrigação legal de intimar o ente público, cuidará de suprir a omissão, de imediato.

A alternativa "B" corresponde ao disposto no art. 486, § 1º, da CLT.

Gabarito "B"

(Magistratura do Trabalho – 9ª Região – 2006) Sobre a reconvenção no processo do trabalho, assinale a alternativa incorreta:

(A) No procedimento ordinário, o reclamado, para postular um direito em face do reclamante, poderá fazê-lo por meio de reconvenção.

(B) O reclamado que possuir, em relação ao reclamante, créditos maiores do que aquele postulado na petição inicial, fundados em fatos conexos aos da reclamatória trabalhista, poderá obter a satisfação integral de seus créditos através de reconvenção ou compensação.

(C) O momento oportuno para o oferecimento da reconvenção será na audiência destinada à defesa do reclamado, devendo ser apresentada simultaneamente à contestação.

(D) O reclamado que possuir créditos em relação ao reclamante, fundados em fatos não decorrentes da relação de trabalho, só poderá postulá-los por meio de ação autônoma, em uma relação processual diversa, haja vista que a competência do juízo em que foi proposta a ação inicial consiste em um dos requisitos de admissibilidade da reconvenção.

(E) A reconvenção, embora figure entre as modalidades de resposta do reclamado, deve apresentar os pressupostos processuais e as condições da ação, tendo-se em vista que consiste em uma ação do reclamado em face do reclamante.

A: assertiva correta, a reconvenção tem sido admitida no processo trabalhista com base no princípio da inafastabilidade jurisdicional e nos termos do art. 315 do CPC; **B:** assertiva incorreta, devendo ser assinalada, o enunciado menciona compensação com base em seu sentido definido pelo art. 767 da CLT. Nesses termos, não seria dado ao reclamado arguir, como matéria de defesa, compensação com crédito seu acima do limite de uma remuneração mensal do empregado (art. 477, §§ 4º e 5º, da CLT). Quando o crédito vindicado pelo empregador for superior a uma remuneração mensal do empregado, este deverá ser perseguido por meio da reconvenção, observados seus requisitos específicos, revelando-se incorreta a conjunção alternativa ou constante do enunciado; **C:** assertiva correta, no processo do trabalho, a resposta do reclamado, que abrange a defesa e a reconvenção, deve ser feita na audiência dita inaugural, por escrito ou verbalmente em vinte minutos (art. 297 do CPC c/c art. 847 da CLT); **D:** assertiva correta, uma vez que a reconvenção demanda conexão com a ação principal (CPC, art. 315), e na medida em que a conexão pressupõe competência material simultânea do juízo para ambas as lides (art. 102 do CPC), entende-se que somente o crédito oriundo da relação de trabalho pode ser vindicado pelo empregador (v. Súmula 18 do TST); **E:** assertiva correta, a reconvenção, de fato, é uma ação que o réu propõe em face do autor dentro do mesmo processo em que aquele foi acionado.

Gabarito "B"

(Magistratura do Trabalho – 12ª Região – 2006) Quanto ao prazo para o reclamado contestar a ação, assinale a decisão passível de reforma pelo Tribunal na hipótese que segue:

Tendo recebido a notificação por AR em 09.02.2006 (quinta-feira) para comparecer à audiência designada para o dia 13.02.2006, o reclamado, em audiência, suscitou a nulidade da citação e a necessidade de ser oferecido um prazo maior para a contestação. Assim decidiu o Juiz do Trabalho:

(A) deferiu novo prazo de 8 dias, por analogia dos prazos recursais trabalhistas;

(B) deferiu novo prazo de 15 dias por analogia quanto ao prazo da reconvenção e do processo civil;

(C) não deferiu dilação de prazo, por estarem atendidos os pressupostos legais quanto à designação da audiência inicial, notadamente pelo recebimento da citação inicial enviada pela via postal em 06.02.2006;

(D) redesignou nova audiência inicial para o dia 11.05.2006, por entender que no processo do trabalho a defesa deverá ser obrigatoriamente apresentada em audiência que preveja a conciliação no mesmo ato;

(E) deferiu novo prazo de 10 dias, por analogia dos prazos de contestação das ações cautelares, devendo a petição ser protocolada na Secretaria da Vara.

Há relativo consenso doutrinário da necessária observância do interregno mínimo de cinco dias entre o recebimento da citação e a data da audiência, por aplicação do art. 841 da CLT, sob pena de cerceamento do direito de defesa.

Gabarito "C"

(Magistratura do Trabalho – 15ª Região – 2010) Apresentada a contestação e a reconvenção, o reclamante desiste da reclamatória com o consentimento da reclamada. Assinale a alternativa correta:

(A) a reconvenção liga-se à contestação como acessório e, não havendo principal, não há acessório;

(B) a desistência da reclamação não obsta ao prosseguimento da reconvenção;

(C) ao concordar com a desistência da ação; a reclamada tacitamente desiste da reconvenção;

(D) a reconvenção se transforma em ação principal e comporta nova distribuição;

(E) a reconvenção será extinta sem resolução de mérito.

A alternativa correta é a "B", pois corresponde ao disposto no art. 317 do CPC.

Gabarito "B"

(Magistratura do Trabalho – 23ª Região – 2006) Roberto Dinamite foi contratado em Cuiabá – MT para trabalhar em Primavera do Leste – MT. Foi dispensado injustamente, sem o pagamento das verbas rescisórias. Propôs ação trabalhista contra o empregador que acabou sendo distribuída para Vara do Trabalho de Primavera do Leste – MT. O empregador ofereceu exceção de incompetência dizendo que, para apreciar o dissídio, a competência seria do foro do local da contratação. Assinale a resposta incorreta:

(A) com a apresentação da exceção o juiz obrigatoriamente deverá suspender a ação, concedendo ao excepto prazo de 48 para manifestação;

(B) a decisão deve ser proferida na primeira audiência que se seguir;

(C) havendo necessidade de prova testemunhal, o juiz deve designar audiência de instrução e julgamento;

(D) da decisão a ser proferida não cabe recurso imediato;

(E) a Vara de Primavera do Leste – MT, possui competência para apreciar o litígio.

Assim dispõe o art. 800 da CLT: "Apresentada a exceção de incompetência, abrir-se-á vista dos autos ao exceto, por 24 (vinte e quatro) horas improrrogáveis, devendo a decisão ser proferida na primeira audiência ou sessão que se seguir".

Gabarito "A"

(Magistratura do Trabalho – 24ª Região – 2006) JUREMO JUPIRA ajuizou ação trabalhista em Campo Grande em face de FRAGOSO FONTES, alegando ter prestado serviço em fazenda do reclamado localizada no Município de São Gabriel do Oeste. Atribuiu à causa o valor de R$ 50.000,00, tramitando o feito pelo rito ordinário. Na audiência dita de conciliação, o reclamado apresentou apenas exceção de incompetência em razão do lugar, sustentando que o juízo competente seria a Vara do Trabalho de São Gabriel do Oeste, uma vez que a prestação de serviços teria se dado naquele Município. O reclamado deixou de apresentar defesa de mérito. Considerando as disposições da CLT, como deve proceder o juiz?

(A) Deve considerar o reclamado revel e confesso quanto à matéria de fato, por aplicação do princípio da concentração da defesa.

(B) Deve abrir vista ao excepto por 48 horas para manifestação.

(C) Deve abrir vista dos autos ao excepto por 24 horas improrrogáveis.

(D) Deve determinar ao excepto que se manifeste impreterivelmente naquela audiência, proferindo imediata decisão, ante o princípio da celeridade, da oralidade e da eventualidade.

(E) Deve designar nova audiência dentro de 48 horas, para instrução e julgamento da exceção.

A alternativa que deve ser assinalada é a "C", pois corresponde ao disposto no art. 800 da CLT.

Gabarito "C"

5.7. PROVAS

(Magistratura do Trabalho – 1ª Região – 2004) Estabelece o art. 818 da CLT que a prova das alegações incumbe à parte que as fizer. Em face disto é correto afirmar, tendo em vista a jurisprudência dominante do TST, que:

I. compete ao empregador a prova da jornada de trabalho cumprida pelo empregado, devendo apresentar os controles de frequência, quando possui mais de dez empregados, firmando presunção *iuris et de iure* a recusa injustificada de juntá-los aos autos;

II. a Consolidação das Leis do Trabalho não prevê expressamente a contradita de testemunhas;

III. a comunicação dos atos processuais, no processo do trabalho, é feita, em regra, por via postal. É presumido o recebimento da notificação 48 horas após a sua expedição regular. O seu não recebimento é ônus probante do destinatário;

IV. negando o empregador a identidade de função e a nomenclatura do cargo, a ele compete o ônus da prova da equiparação salarial por se tratar de fatos impeditivos do direito do autor.

Assinale:

(A) se todas as afirmativas estão corretas;

(B) se apenas as II e III estão corretas;

(C) se apenas I, II e III estão corretas;

(D) se apenas a IV está correta;

(E) se apenas I e IV estão corretas.

I: incorreta, a presunção é *juris tantum* (Súmula 338, I, do TST); **II:** correta, estando prevista no art. 414, § 1º, do CPC; **III:** correta, art. 774, parágrafo único, da CLT e Súmula 16 do TST; **IV:** incorreta, a prova dos fatos constitutivos do direito à equiparação salarial incumbe ao autor (art. 818 da CLT e art. 333 do CPC), enquanto que a prova dos fatos modificativos, impeditivos ou extintivos de tal direito recai sobre o réu (art. 333 do CPC e Súmula 6, VIII, do TST). Assim, na equiparação salarial é ônus do empregado a prova da identidade funcional, recaindo sobre o empregador o ônus da prova de valor desigual do trabalho, diferença de produtividade ou perfeição técnica, diversidade de local em relação ao paradigma, tempo de serviço na função que desautorize a equiparação com o paradigma, existência de quadro de carreira ou readaptação do paradigma. Quanto à nomeclatura do cargo, trata-se de fato irrelevante (Súmula 6, III, do TST).

Gabarito "B"

(Magistratura do Trabalho – 2ª Região – 2012) Tendo por base as frases abaixo e a sua respectiva sequência, aponte a alternativa correta em relação aos princípios probatórios: (1) O juiz como diretor do processo é quem colhe direta e imediatamente a prova; (2) O juiz tem ampla liberdade na condução do processo, na busca dos elementos probatórios que formem o seu convencimento; (3) O juiz pode de ofício interrogar os litigantes.

(A) Princípio da imediação; princípio da imediação; princípio do contraditório.

(B) Princípio do livre convencimento; princípio da persuasão racional; princípio da oralidade.

(C) Principio da oralidade; princípio da imediação; princípio da oralidade.

(D) Princípio da imediação; princípio da busca da verdade real; princípio da imediação.

(E) Princípio da aquisição da processual princípio da busca da verdade real; princípio do contraditório.

As definições correlatas aos princípios desta alternativa constam do enunciado da questão.

Gabarito "D"

(Magistratura do Trabalho – 2ª Região – 2012) Em relação às provas e ao ônus da prova no processo do trabalho, com base no texto consolidado e nas súmulas do TST, é **correto** afirmar que:

(A) O depoimento das partes e testemunhas que não souberem falar a língua nacional será feito por meio de intérprete nomeado pelo juiz, sendo que as despesas correrão por conta da parte sucumbente no processo.

(B) Os cartões de ponto que demonstram horários de entrada e saída uniformes são inválidos como meio de prova, invertendo-se o ônus da prova, relativo às horas extras, que passa a ser do empregador, prevalecendo à jornada inicial se dele não se desincumbir.

(C) É ônus do empregador que conta com mais de 10 (dez) empregados o registro da jornada de trabalho na forma da lei, sendo que a não apresentação injustificada dos controles de frequência gera presunção absoluta de veracidade da jornada de trabalho.

(D) No rito ordinário cada uma das partes não poderá indicar mais de 2 (duas) testemunhas para cada fato controverso, salvo quando se tratar de inquérito judicial para apuração de falta grave, caso em que esse número poderá ser elevado a 3 (três).

(E) A testemunha que for inimiga de qualquer das partes, não prestará compromisso, e seu depoimento valerá como simples informação, sendo que torna suspeita a testemunha pelo fato de estar litigando ou de ter litigado contra o mesmo empregador.

A: incorreta, "as despesas correrão por conta da parte a que interessar o depoimento" (art. 819, § 2º, da CLT); **B:** correta, Súmula 338, III, do TST; **C:** incorreta, a presunção é *juris tantum* (Súmula 338, I, do TST); **D:** incorreta, "cada uma das partes não poderá indicar mais de 3 (três) testemunhas, salvo quando se tratar de inquérito, caso em que esse número poderá ser elevado a 6 (seis)" (art. 821 da CLT); **E:** incorreta, "Não torna suspeita a testemunha o simples fato de estar litigando ou de ter litigado contra o mesmo empregador" (art. 829 da CLT e Súmula 357 do TST).

Gabarito "B"

(Magistratura do Trabalho – 2ª Região – 2012) Após ter colhido o depoimento de testemunha convidada pela parte autora, o Magistrado decidiu convocar para ser ouvida como testemunha do Juízo, pessoa referida, de nome Athenas, que ocupa a função de analista judiciária do Tribunal Regional Federal, designando audiência de instrução em horário normal do expediente da testemunha referida. Nesta situação, conforme previsão contida na Consolidação das Leis do Trabalho, Athenas deverá:

(A) ser conduzida por oficial de justiça à audiência marcada.

(B) comparecer espontaneamente à audiência designada e justificar a ausência por atestado.

(C) ser ouvida na sua própria repartição, através de Carta de Ordem, respondendo aos quesitos formulados pelo Juiz.

(D) ser requisitada ao chefe da repartição para comparecer à audiência marcada.

(E) prestar seu depoimento por escrito, respondendo aos quesitos formulados pelo Juiz, para posterior juntada aos autos.

Reza o art. 823 da CLT: "Se a testemunha for funcionário civil ou militar, e tiver de depor em hora de serviço, será requisitada ao chefe da repartição para comparecer à audiência marcada".

Gabarito "D"

(Magistratura do Trabalho – 2ª Região – 2011) Um reclamante pleiteia diferenças salariais fundadas na equiparação salarial com determinado colega de trabalho, que exerce cargo diverso do seu, conforme consta da petição inicial. Ao contestar, a reclamada nega a identidade funcional. Na audiência instrutória, são ouvidas as partes e o reclamante desiste da oitiva de testemunhas. O juiz determina o encerramento da instrução processual, sob protestos da reclamada, que insiste em ouvir as testemunhas que trouxe. Assinale a resposta correta:

(A) O juiz agiu adequadamente, porquanto o ônus da prova incumbia à reclamada, conforme artigo 818 da CLT c/c art. 333, II, do Código de Processo Civil, este aplicável ante o que prevê o art. 469 da CLT.

(B) O juiz não agiu adequadamente, porquanto o ônus da prova incumbia à reclamada, conforme artigo 818 da CLT c/c art. 333, II, do Código de Processo Civil, este aplicável ante o que prevê o art. 469 da CLT.

(C) O juiz agiu adequadamente, porquanto o ônus da prova incumbia ao reclamante, conforme artigo 818 da CLT c/c art. 333, I, do Código de Processo Civil, este aplicável ante o que prevê o art. 469 da CLT.

(D) O juiz não agiu adequadamente, porquanto o ônus da prova incumbia ao reclamante, conforme artigo 818 da CLT c/c art. 333, I, do Código de Processo Civil, este aplicável ante o que prevê o art. 469 da CLT.

(E) O juiz não agiu adequadamente, porquanto violou o art. 5º, LV, da Constituição da República.

Sendo a *identidade de função* fato constitutivo do direito à equiparação salarial, o *onus probandi* recai sobre o reclamante, de modo que o encerramento da instrução está em consonância com os arts. 765 da CLT e 330, I, do CPC (v. Súmula 6, VIII, do TST).

Gabarito "C"

(Magistratura do Trabalho – 2ª Região – 2010) No que se refere à prova testemunhal no processo do trabalho, analise as expressões abaixo e posteriormente responda:

I. As testemunhas não poderão sofrer qualquer desconto pelas faltas ao serviço, ocasionadas pelo seu comparecimento para depor, quando devidamente arroladas ou convocadas.

II. Se a testemunha for funcionário civil ou militar, e tiver de depor em hora de serviço, será requisitado ao chefe da repartição para comparecer à audiência marcada.

III. Toda testemunha, antes de prestar o compromisso legal, será qualificada, indicando o nome, nacionalidade, profissão, idade, residência, e, quando empregada, o tempo de serviço prestado ao empregador, ficando sujeito, em caso de falsidade, às leis civis.

IV. A testemunha que for parente até o segundo grau civil, amigo íntimo ou inimigo de qualquer das partes, não prestará compromisso, e seu depoimento valerá como simples informação.

(A) apenas a de número I é correta.

(B) todas são corretas.

(C) apenas as de número II e IV são corretas.

(D) apenas as de número I e II são corretas.

(E) todas são erradas.

I: correta, arts. 473, VIII, e 822 da CLT; **II:** correta, art. 823 da CLT; **III:** incorreta, em caso de falsidade ficará sujeito às leis penais (art. 828 da CLT); **IV:** incorreta, diz-sae da testemunha que for parente até o terceiro grau civil (art. 829 da CLT).

Gabarito "D"

(Magistratura do Trabalho – 4ª Região – 2012) Quanto à prova testemunhal no processo do trabalho, é correto afirmar que se diferenciam o rito ordinário e o rito sumaríssimo porque

(A) no rito sumaríssimo só será deferida intimação de testemunha que, comprovadamente convidada, deixar de comparecer.

(B) no rito ordinário limita-se a três testemunhas para cada fato e no rito sumaríssimo limita-se a duas para cada parte.
(C) no rito ordinário limita-se a duas testemunhas para cada fato e no rito sumaríssimo limita-se a duas para cada parte.
(D) no rito sumaríssimo não há que se falar em condução coercitiva de testemunha.
(E) em ambos os ritos a limitação do número de testemunhas dá-se em função da matéria debatida, até o limite máximo de três para cada parte.

Pela leitua dos artigos 821 e 852-H da CLT depreende-se o texto trazido na alternativa "A".

Gabarito "A".

(Magistratura do Trabalho – 8ª Região – 2011) A respeito das normas que disciplinam o processo do trabalho, assinale a alternativa INCORRETA:

(A) As Carteiras de Trabalho e Previdência Social, regularmente emitidas e anotadas, servirão de prova nos casos de dissídio na Justiça do Trabalho entre empresa e empregado, especialmente quando verse sobre salários, férias e tempo de serviço, apesar de as anotações não terem valor absoluto.
(B) O documento oferecido como prova pode consistir apenas em cópia declarada autêntica pelo advogado, facultada a impugnação da parte adversa, hipótese em que a responsável pela produção do documento deve ser intimada a apresentar cópia autenticada ou o original para a conferência e a certificação de conformidade pelo serventuário de justiça.
(C) No que concerne à produção da prova pericial, o disposto no Código de Processo Civil, quanto à possibilidade de o juiz indeferir a perícia por a entender desnecessária, tendo em vista outras provas já produzidas, é considerado aplicável no processo trabalhista, à luz do art. 769 da CLT.
(D) Conforme disposto na Consolidação das Leis do Trabalho, quando se tratar de procedimento sumaríssimo, desde que o autor não saiba indicar corretamente o endereço do reclamado, o juiz, para possibilitar a instauração da relação processual, deverá converter o processo para o rito ordinário, de modo a viabilizar a notificação editalícia.
(E) Quando o empregador, no intuito de provar a jornada de trabalho, traz à colação cartões de ponto que apontam horários uniformes de entrada e de saída, consideram-se inválidos tais documentos como meio de prova. Em tal hipótese, inverte-se o ônus da prova que passa a ser do empregador, prevalecendo a jornada declinada pelo empregado na inicial da ação, se dele não se desincumbir.

A: assertiva correta, art. 40, I, da CLT e Súmula 12 do TST; **B:** assertiva correta, art. 830 da CLT, na redação da Lei 11.925/2009; **C:** aasertiva correta, por definição (v. art. 420, parágrafo único, do CPC); **D:** assertiva incorreta, devendo ser assinalada, forte nos princípios do acesso à jurisdição, da economia processual e da proporcionalidade, entendemos viável a conversão do rito sumaríssimo em ordinário em situações como a mencionada, mormente em se considerando a inexistência de prejuízo para a defesa. Porém, tal não é o que consta do texto da CLT (v. art. 852-B, II e § 1º, da CLT); **E:** assertiva correta, Súmula 338, III, do TST.

Gabarito "D".

(Magistratura do Trabalho – 8ª Região – 2009) Sobre a prova no Processo do Trabalho, é correto afirmar:

(A) O documento oferecido para prova só será aceito se estiver no original ou em certidão autêntica, ou quando conferida a respectiva forma pública perante o juiz ou tribunal do trabalho.
(B) Nos termos da lei, o comparecimento das testemunhas à audiência prescinde de notificação ou intimação. As que não comparecerem espontaneamente serão intimadas. Mas, na hipótese de ação submetida ao rito sumaríssimo, o deferimento da intimação dependerá da comprovação pela parte de que a testemunha ausente foi convidada.
(C) Nas ações submetidas ao procedimento sumaríssimo, a prova técnica somente será deferida quando o fato o exigir, ou for legalmente imposta. Uma vez apresentado o laudo pericial, as partes serão intimadas a manifestar-se, no prazo de cinco dias, sucessivos.
(D) A testemunha que for parente até o terceiro grau civil, amigo íntimo, ou inimigo de qualquer das partes, inclusive o trabalhador que estiver litigando ou tiver litigado contra o mesmo empregador, que a inimigo deste se equipara, não prestará compromisso e seu depoimento valerá como simples informação.
(E) É facultado a cada uma das partes apresentar um perito, cujo laudo terá que ser apresentado no mesmo prazo assinado para o perito designado pelo juiz, sob pena de desentranhamento dos atos.

A: incorreta, "o documento em cópia oferecido para prova poderá ser declarado autêntico pelo próprio advogado, sob sua responsabilidade pessoal" (art. 830 da CLT); **B:** correta, arts. 825 e 852-H, §§ 2º e 3º, da CLT; **C:** incorreta, o prazo de cinco dias é comum (art. 852-H, §§ 4º e 6º, da CLT); **D:** incorreta, "não torna suspeita a testemunha o simples fato de estar litigando ou de ter litigado contra o mesmo empregador" (art. 829 da CLT e Súmula 357 do TST); **E:** incorreta, é facultado às partes indicar assistentes, não perito (art. 3º da Lei 5.584/1970).

Gabarito "B".

(Magistratura do Trabalho – 8ª Região – 2008) Marque a alternativa CORRETA:

(A) Doutrina e jurisprudência denominam a confissão como a rainha das provas. A confissão ficta gera presunção de veracidade *jure et de jure* quando aplicada à parte que, devidamente notificada, não comparece em juízo para prestar depoimento pessoal. Neste caso, não configura cerceamento do direto de defesa o indeferimento de pedido do advogado da parte apenada pela oitiva de testemunhas, devidamente arroladas.

(B) Em respeito ao princípio da primazia da realidade, de regra, a prova testemunhal se sobrepõe à prova documental, por ser a que melhor retrata a realidade dos fatos.

(C) Pode o juiz do trabalho se deixar orientar por suas impressões pessoais na apreciação das provas, dando-lhe a valorização pertinente entre os fatos e circunstâncias constantes dos autos, desde que alegados pelas partes, autorizado que está legalmente pelo preceito da persuasão racional.

(D) Havendo insuficiência das provas produzidas pelas partes litigantes, na apuração de adicional de insalubridade ou periculosidade no ambiente de trabalho, o juiz estará adstrito às conclusões do perito.

(E) São causas impeditivas, suspensivas e interruptivas da prescrição, respectivamente: a menoridade até 18 anos; a tentativa conciliatória perante a Comissão de Conciliação Prévia e o ajuizamento de demanda trabalhista, ainda que arquivada. O efeito da interrupção da prescrição, pelo arquivamento da ação trabalhista, ocorre uma única vez.

A: incorreta, a confissão ficta não gera presunção de veracidade absoluta (Súmula 74, II, do TST); **B:** incorreta, inexiste tal tarifação, prevalecendo o princípio da persuasão racional ou da livre convicção motivada; **C:** incorreta, conquanto deva primar, em regra, pelo princípio da imparcialidade, com o consequente princípio da inércia, é dado ao Juiz, destinatário que é das provas, determinar diligências e provas de ofício; **D:** incorreta, embora a prova pericial seja determinada pelo art. 195, § 2º, da CLT acaso arguida a insalubridade ou periculosidade, o magistrado não está adstrito às conclusões do perito, prevalecendo a livre convicção motivada (v. TST-ERR 354556, SBDI-1); **E:** correta, arts. 440 e 625-G da CLT, Súmula 268 do TST e art. 202, *caput*, e parágrafo único, do Código Civil.

Gabarito "E"

(Magistratura do Trabalho – 8ª Região – 2007) Sobre o ônus da prova no âmbito da Justiça do Trabalho, marque a alternativa incorreta:

(A) O reclamante ajuíza reclamação trabalhista visando ao reconhecimento do vínculo de emprego. A reclamada nega a própria prestação de serviços. Neste caso é do empregado o ônus de provar o fato constitutivo do seu direito.

(B) Pelo princípio da inversão do ônus da prova, é ônus do empregador, que mantém mais de dez empregados, a prova da jornada praticada. Caso se recuse, injustificadamente, a apresentar os controles de frequência do registro da jornada de trabalho, gera presunção relativa de veracidade da jornada alegada pelo empregado.

(C) Se o empregador admitir a prestação de serviços do trabalhador, não como empregado, mas como autônomo, é do empregador o ônus de comprovar que a relação não era de emprego.

(D) Definido pelo reclamante o período nos quais não houve depósito do Fundo de Garantia do Tempo de Serviço, ou houve em valor inferior, alegado pela reclamada a inexistência de diferença nos recolhimentos dos depósitos fundiários, atrai para si o ônus da prova, incumbindo-lhe, portanto, apresentar as guias respectivas, a fim de demonstrar o fato extintivo do direito do autor.

(E) É ônus do empregado provar o término do contrato de trabalho, quando negados a prestação do serviço e o despedimento, ante o princípio da continuidade da relação de emprego.

A: assertiva correta, Súmula 212 do TST; **B:** assertiva correta, Súmula 338, I, do TST; **C:** assertiva correta, art. 818 da CLT c/c art. 333, II, do CPC; **D:** assertiva correta, OJ 301 da SDI-I do TST, cancelada pelo TST em 24.05.2011; **E:** assertiva incorreta, devendo ser assinalada, o ônus é do empregador (Súmula 212 do TST).

Gabarito "E"

(Magistratura do Trabalho – 12ª Região – 2006) Quanto à prova dos fatos, em sede trabalhista, é correto afirmar:

(A) sobre os fatos alegados na inicial ou na contestação, as partes que necessitam de se desincumbir do ônus da prova têm o direito de juntar documentos aos autos até o encerramento da instrução;

(B) a produção das provas pode ser antecipada mediante medida cautelar, a qualquer tempo, e sua eficácia, via de regra, independe do prazo para ajuizamento da ação principal;

(C) a cópia de documentos para instruir a inicial ou a defesa só terá força probante se estiver autenticada em cartório ou quando conferida pelo próprio Juiz ou pelo advogado, mediante declaração deste;

(D) o incidente de falsidade pode ser suscitado em qualquer tempo ou grau de jurisdição;

(E) a inexistência de controvérsia sobre determinado fato impede que o juiz exija a prova correspondente.

A alternativa "D" corresponde à primeira parte do art. 390 do CPC.

Gabarito "D"

(Magistratura do Trabalho – 13ª Região – 2006) Tendo em vista as normas processuais contidas na Consolidação das Leis do Trabalho e a aplicação subsidiária do CPC ao processo trabalhista, conforme previsto no art. 769 da CLT, assinale a alternativa correta:

(A) as provas serão produzidas pelas partes, não podendo o juiz determinar a produção de qualquer prova não requerida pelo reclamante ou pelo reclamado;

(B) o juiz é obrigado a conhecer o direito, não podendo, em nenhuma hipótese, determinar que a parte prove a existência ou a vigência de norma legal por ela invocada;

(C) no processo, inexistem fatos que independem de prova;

(D) a prova pericial só é admissível no processo trabalhista, quando se trata de reclamação não submetida ao rito sumaríssimo;

(E) o número de testemunhas admissíveis no processo do trabalho é variável de acordo com o tipo de ação e procedimento, sendo que cada parte poderá indicar até 3 (três) no processo comum, até 2 (dois) no procedimento sumaríssimo e até 6 (seis) nos inquéritos para apuração de falta grave.

A alternativa correta, conforme arts. 821 e 852-H, § 2º, da CLT, é a "E".

Gabarito "E"

(Magistratura do Trabalho – 14ª Região – 2011) Conforme dispõe a CLT toda testemunha, antes de prestar o compromisso legal, será qualificada, indicando diversos dados, exceto:

(A) a nacionalidade.
(B) a profissão.
(C) a filiação.
(D) a idade.
(E) o tempo de serviço prestado ao empregador, quando empregado.

O único dado, dentre os trazidos, que não está previsto no art. 828 da CLT é a filiação.

Gabarito "C"

(Magistratura do Trabalho – 15ª Região – 2011) A respeito do ônus da prova e considerando a jurisprudência do TST, assinale a alternativa correta:

(A) é da reclamada o ônus de provar a regularidade dos depósitos de FGTS quando o reclamante define o período dos quais não foram efetuados os depósitos e a reclamada alega a inexistência de diferenças;
(B) incumbe ao empregador provar que o empregado não satisfaz os requisitos indispensáveis à obtenção do vale-transporte;
(C) o ônus de provar o término do contrato de trabalho, quando negados a prestação de serviços e o despedimento, é do empregado, diante do princípio da continuidade da relação de emprego;
(D) a não apresentação injustificada dos controles de frequência pelo empregador que possui mais de 10 (dez) empregados gera a presunção absoluta de veracidade da jornada de trabalho informada na inicial;
(E) a presunção de veracidade da jornada de trabalho prevista em instrumento normativo não pode ser ilidida por prova em contrário.

A: correta, OJ 301 da SDI-I do TST (observe-se, no entanto, que tal Orientação Jurisprudencial foi cancelada em maio de 2011); **B:** incorreta, OJ 215 da SDI-I do TST (observe-se que tal Orientação Jurisprudencial foi cancelada em maio de 2011, a sugerir a possibilidade de uma nova exegese exatamente no sentido do enunciado); **C:** incorreta, o ônus é do empregador (Súmula 212 do TST); **D:** incorreta, gera presunção relativa (Súmula 338, I, do TST); **E:** incorreta, pode ser ilidida por prova em contrário (Súmula 338, II, do TST).

Gabarito "A"

(Magistratura do Trabalho – 16ª Região – 2011) Analise as afirmativas e assinale a alternativa CORRETA:

I. Em observância ao princípio da aptidão para a produção da prova, cabe ao empregado o ônus de comprovar que satisfaz os requisitos indispensáveis à obtenção do vale-transporte.
II. Só se permite a juntada de documentos probantes na fase recursal quando provado justo impedimento para sua oportuna apresentação ou se referir a fato posterior a publicação da sentença.
III. Definido pelo reclamante o período no qual não houve depósito do FGTS, ou houve em valor inferior, alegada pela reclamada a inexistência de diferença nos recolhimentos de FGTS, esta atrai para si o ônus da prova de demonstrar o fato extintivo do direito do autor.
IV. As anotações contidas na Carteira de Trabalho e Previdência Social do trabalhador geram presunção relativa de sua validade.

(A) Estão corretas apenas as afirmativas I, II e III.
(B) Estão corretas apenas as afirmativas I, II e IV.
(C) Estão corretas apenas as afirmativas II e IV.
(D) Está correta apenas a afirmativa II.
(E) Todas estão corretas.

I: incorreta, a OJ 215 da SDI-I do TST, que assim dispunha, foi cancelada em maio de 2011; **II:** correta, Súmula 8 do TST; **III:** incorreta, a OJ 301 da SDI-I do TST, que assim dispunha, foi cancelada em maio de 2011; **IV:** incorreta, Súmula 12 do TST.

Gabarito "D"

(Magistratura do Trabalho – 16ª Região – 2008) Analisando a distribuição do ônus da prova no Processo do Trabalho e considerando a jurisprudência do TST sobre a matéria, analise as seguintes afirmações:

I. É ônus do empregador que conta com mais de 10 (dez) empregados o registro da jornada de trabalho na forma do art. 74, § 2º, da CLT. A não apresentação injustificada dos controles de frequência gera presunção absoluta de veracidade da jornada de trabalho;
II. É do empregado o ônus da prova do fato impeditivo, modificativo ou extintivo da equiparação salarial;
III. Os cartões de ponto que demonstram horários de entrada e saída uniformes são inválidos como meio de prova, invertendo-se o ônus da prova, relativo às horas extras, que passa a ser do empregador, prevalecendo a jornada da inicial se dele não se desincumbir;
IV. O ônus de provar o término do contrato de trabalho, quando negados a prestação de serviço e o despedimento, é do empregador, pois o princípio da continuidade da relação de emprego constitui presunção favorável ao empregado;
V. É do empregador o ônus de comprovar que o trabalhador não satisfaz os requisitos indispensáveis à obtenção do vale-transporte.

RESPONDA:

(A) Apenas as afirmativas I e II estão corretas;
(B) Apenas as afirmativas II e III estão corretas;
(C) Apenas as afirmativas III e IV estão corretas;
(D) Apenas as afirmativas III e V estão corretas;
(E) Todas as afirmativas estão erradas.

I: incorreta, gera presunção relativa (Súmula 338, I, do TST); **II:** incorreta, nesse caso, é do empregador (Súmula 6, VIII, do TST); **III:** correta, Súmula 338, III, do TST; **IV:** correta, Súmula 212 do TST; **V:** incorreta, OJ 215 da SDI-I do TST (cancelada pelo TST em 24.05.2011).

Gabarito "C"

(Magistratura do Trabalho – 21ª Região – 2012) Francisco de Souza ajuizou reclamação trabalhista contra a empresa PLASTICOS S/A, postulando o pagamento de adicional de insalubridade relativo a todo o período laborado na empresa, de 12.01.2007 a 03.07.2011, uma vez que teria trabalhado submetido a ruído, cujos níveis de pressão sonora estavam acima dos limites de tolerância previstos no Anexo I, da NR 15, do Ministério do Trabalho e Emprego – MTE. Em sua defesa, a empresa alegou que encerrou suas atividades em Natal/RN, em 03.06.2011, sustentando que o ruído não ultrapassava o limite previsto na Norma Regulamentadora, juntando, como prova, a sua planta industrial, acompanhada das especificações das máquinas utilizadas no processo fabril, porém, da sua fábrica localizada no estado de Pernambuco. O reclamante apresentou impugnação alegando que a fábrica situada em Pernambuco é mais moderna do que a de Natal, e pediu que fossem consideradas tão só as provas apresentadas com a petição inicial, quais sejam, cópia do Programa de Prevenção de Riscos Ambientais da empresa, em que há avaliação do risco ruído para o setor em que trabalhava, bem como um laudo técnico elaborado em perícia judicial realizada em outro processo, como prova emprestada, relativa a período anterior ao fechamento da fábrica. Na decisão do processo, é correto o julgador considerar que:

(A) a realização de perícia é obrigatória para a verificação da insalubridade, de modo que não é cabível o uso de prova emprestada para a decisão da lide;
(B) a realização de perícia pode ser suprida pelo fato do agente insalubre ruído estar previsto no anexo I, da NR 15, do Ministério do Trabalho e Emprego;
(C) a realização de perícia não é obrigatória quando não é possível a sua efetivação, como ocorre no caso de fechamento de estabelecimento da empresa, hipótese em que o julgador poderá valer-se de prova emprestada e valorar livremente a prova dos autos, segundo o princípio da persuasão racional;
(D) a realização de perícia é obrigatória, mas não sendo possível realizá-la por causa do fechamento do estabelecimento, o julgador deve considerar, em primeiro lugar, a prova documental produzida no processo e não a prova emprestada;
(E) é incabível a utilização de prova emprestada no processo do trabalho.

A OJ 278 da SDI-I do TST assim dispõe: "A realização de perícia é obrigatória para verificação de insalubridade. Quando não for possível sua realização, como em caso de fechamento da empresa, poderá o julgador utilizar-se de outros meios de prova".

Gabarito "C"

(Magistratura do Trabalho – 21ª Região – 2005) Consideradas as afirmações abaixo, marque a letra que contém a resposta correta:

I. No processo trabalhista todas as provas devem ser produzidas na audiência de instrução e julgamento, em respeito ao princípio da concentração. Dessa regra se exclui a prova pericial, desde que requerida oportunamente, visto que depende da prática de atos mais demorados. A declaração escrita, com firma reconhecida, substitui o depoimento do signatário em audiência, como testemunha.
II. A prova das alegações incumbe à parte que as fizer, segundo a regra simplista contida na Consolidação das Leis do Trabalho – que não atende a todas as situações apresentadas no processo do trabalho. Deve ser considerada, também, a regra do processo civil comum, segundo a qual compete ao autor provar o fato constitutivo de seu direito e ao réu, a existência do fato impeditivo, modificativo ou extintivo do direito do autor. Por isso que é do empregador o ônus da prova do fato impeditivo, modificativo ou extintivo da equiparação salarial – segundo a jurisprudência sumulada do Tribunal Superior do Trabalho.
III. Os cartões de ponto que demonstrem horários de entrada e saída uniformes são inválidos como meio de prova, invertendo-se o ônus da prova, relativo às horas extras, que passa a ser do empregador, prevalecendo a jornada da inicial se dele não se desincumbir – segundo a jurisprudência sumulada do Tribunal Superior do Trabalho.
IV. A testemunha pode ser contraditada por motivo de incapacidade, impedimento ou suspeição. Para a jurisprudência sumulada do Tribunal Superior do Trabalho, não torna suspeita a testemunha o simples fato de estar litigando ou de ter litigado contra o mesmo empregador.
V. A exclusivo juízo dos Presidentes dos Tribunais Regionais do Trabalho e dos Juízes do Trabalho, a perícia poderá ser realizada por servidores, devidamente habilitados, dos quadros do próprio Tribunal, dentro de seu horário de serviço e, portanto, sem direito a honorários profissionais.

(A) Todas estão corretas.
(B) Somente I está errada.
(C) I, III e V estão erradas.
(D) I, II e IV estão corretas.
(E) Todas estão erradas.

I: incorreta, a declaração subscrita será aferida como uma prova documental qualquer, com grande relativização de sua força probante diante da não submissão ao contraditório; **II:** correta, Súmula 6, VIII, do TST; **III:** correta, Súmula 338, III, do TST; **IV:** correta, art. 414, § 1º, do CPC e Súmula 357 do TST; **V:** correta, art. 53 da Consolidação dos Provimentos da Corregedoria-Geral da Justiça do Trabalho.

Gabarito "B"

(Magistratura do Trabalho – 23ª Região – 2009) Marque a alternativa CORRETA:

Contestando o reclamante a assinatura que se lhe atribui em recibo de pagamento apresentado pela reclamada e encerrada a instrução processual sem a produção de outras provas e sem oposição das partes, deverá o juiz quando do julgamento:

(A) porque não desconstituído, considerar válido o documento e provado o fato pertinente.
(B) negar validade ao documento e o desprezá-lo como prova do pagamento.

(C) reabrir a instrução processual e ordenar ao Reclamante provar o que alega, porque seu o ônus correspondente.
(D) suspender o julgamento até enquanto surja algum fato novo capaz de elucidar a questão controvertida.
(E) determinar o desentranhamento do documento, uma vez que cabia à Reclamada o ônus da prova.

Art. 389, II, do CPC.

Gabarito "B"

(Magistratura do Trabalho – 23ª Região – 2009) Marque a alternativa CORRETA:

Verificando-se a revelia em reclamação trabalhista que tem como objeto pretensão de adicional de insalubridade, deverá o juiz:

(A) determinar, mesmo de ofício, a produção de prova pericial e só depois apreciar o pedido.
(B) encerrar a instrução processual, porque confessa a reclamada quanto à matéria de fato, e julgar procedente o pedido.
(C) se não requerida a prova pericial pelo autor, encerrar a instrução processual e julgar improcedente o pedido.
(D) se requerida a prova pericial pelo autor, indeferi-la, uma vez que não está adstrito ao laudo e porque vigora no direito processual o princípio do livre convencimento motivado.
(E) realizada a prova pericial, julgar procedente o pedido ainda que o laudo técnico conclua pela inexistência de trabalho insalubre, já que os efeitos da confissão ficta a ele se sobrepõem.

A alternativa "A" está de acordo com o art. 195, § 2º, da CLT (v. Súmula 74 do TST).

Gabarito "A"

(Magistratura do Trabalho – 23ª Região – 2006) A respeito do ônus da prova, observando-se os posicionamentos jurisprudenciais majoritários, assinale a alternativa correta:

I. Com relação às empresas que possuem mais de dez empregados, a não apresentação injustificada dos controles de frequência gera presunção relativa de veracidade da jornada de trabalho, a qual pode ser elidida por prova em contrário.
II. O ônus de provar a data do término do contrato laboral pertence ao empregado, se negado o despedimento, considerando-se a regra de que "a prova das alegações incumbe à parte que as fizer".
III. É do empregador o ônus da prova do fato impeditivo, modificativo ou extintivo da equiparação salarial.
IV. As anotações na carteira profissional do empregado, quando apostas pelo empregador, geram presunção "juris et de jure".
V. Os cartões de ponto que demonstram horários de entrada e saída uniforme são inválidos como meio de prova, invertendo-se o ônus da prova, relativo às horas extras, que passa a ser do empregador, prevalecendo a jornada da inicial se dele não se desincumbir.

(A) Todas as alternativas são corretas;
(B) Somente uma alternativa é verdadeira;
(C) Somente duas alternativas são verdadeiras;
(D) Somente três alternativas são verdadeiras;
(E) Somente quatro alternativas são verdadeiras.

I: verdadeira, Súmula 338, I, do TST; **II:** falsa, o ônus é do empregador (Súmula 212 do TST); **III:** verdadeira, Súmula 6, VIII, do TST; **IV:** falsa, geram presunção *juris tantum* (Súmula 12 do TST); **V:** verdadeira, Súmula 338, III, do TST.

Gabarito "D"

(Magistratura do Trabalho – 24ª Região – 2007) De acordo com a jurisprudência sumulada do Colendo Tribunal Superior do Trabalho:

I. A prova pré-constituída nos autos pode ser levada em conta para confronto com a confissão ficta (art. 400, I, CPC), não implicando cerceamento de defesa o indeferimento de provas posteriores.
II. É do empregador o ônus da prova do fato impeditivo, modificativo ou extintivo da equiparação salarial.
III. É ônus do empregador que conta com mais de 10 (dez) empregados o registro da jornada de trabalho na forma do art. 74, § 2º, da CLT. A não apresentação injustificada dos controles de frequência gera presunção relativa de veracidade da jornada de trabalho, a qual pode ser elidida por prova em contrário.
IV. A presunção de veracidade da jornada de trabalho, ainda que prevista em instrumento normativo, pode ser elidida por prova em contrário.
V. Os cartões de ponto que demonstram horários de entrada e saída uniformes são inválidos como meio de prova, invertendo-se o ônus da prova, relativo às horas extras, que passa a ser do empregador, prevalecendo a jornada da inicial se dele não se desincumbir.

RESPONDA:

(A) Todas as proposições estão incorretas.
(B) Todas as proposições estão corretas.
(C) Apenas as proposições I e V estão corretas.
(D) Apenas a proposição V está correta.
(E) Apenas as proposições I e II estão corretas.

I: correta, Súmula 74, II, do TST; **II:** correta, Súmula 6, VIII, do TST; **III, IV** e **V:** corretas, Súmula 338 do TST.

Gabarito "B"

(Procurador do Trabalho – MPT – 17º Concurso – 2012) A propósito das provas, leia e assinale os itens a seguir:

I. O documento público faz prova da sua formação e dos fatos que o escrivão, o tabelião ou o funcionário declarar que ocorreram na sua presença, porém, o documento feito por oficial público incompetente, ou sem as formalidades legais, terá a mesma eficácia probatória do instrumento particular, desde que subscrito pelas partes.
II. A confissão eivada de erro ou obtida por dolo ou coação poderá ser objeto de ação anulatória ou ação rescisória. Será objeto de ação anulatória,

se ainda estiver pendente o processo em que foi feita; caso proferida a decisão de mérito, poderá ser revogada por ação rescisória, desde que constitua um dos fundamentos em que se baseou a decisão.

III. A recusa legítima da exibição de documentos em juízo é direito das partes e de terceiros, desde que o fundamento de fato ou de direito para a recusa se enquadre em uma das hipóteses legais, podendo o juiz, segundo o seu prudente arbítrio, admitir outros motivos graves que justifiquem a recusa da exibição.

Marque a alternativa **CORRETA**:

(A) todas as assertivas estão corretas;
(B) apenas a assertiva II está correta;
(C) apenas as assertivas II e III estão corretas;
(D) apenas as assertivas I e III estão corretas;
(E) não respondida.

I: correta, artigos 364 e 367 do CPC; **II:** incorreta, poderá ser revogada por rescisória "depois de transitada em julgado a sentença, da qual constituir o único fundamento" (artigo 352, II, do CPC); **III:** correta, artigo 363, V, do CPC.

Gabarito "D"

(Procurador do Trabalho – MPT – 14º Concurso – 2007) Segundo a jurisprudência do Tribunal Superior do Trabalho, no que diz respeito ao ônus da prova na Justiça do Trabalho:

I. Quando prevista em instrumento normativo, a presunção de veracidade da jornada de trabalho é absoluta, em face do princípio da autonomia privada coletiva.

II. A não apresentação injustificada dos controles de frequência pelo empregador que conta com mais de 10 (dez) empregados gera presunção relativa de veracidade da jornada de trabalho, a qual pode ser elidida por prova em contrário.

III. O ônus de provar o término do contrato de trabalho, quando negados a prestação de serviço e o despedimento, é do empregador, pois o princípio da continuidade da relação de emprego constitui presunção favorável ao empregado.

IV. É do empregado o ônus de comprovar que satisfaz os requisitos indispensáveis à obtenção do vale-transporte.

De acordo com as assertivas acima, pode-se afirmar que:

(A) apenas as alternativas I, II e III estão corretas;
(B) apenas as alternativas II, III e IV estão corretas;
(C) apenas as alternativas I e IV estão incorretas;
(D) todas as alternativas estão corretas;
(E) não respondida.

I: incorreta, a presunção é relativa (Súmula 338, II, do TST); **II:** correta, Súmula 338, I, do TST; **III:** correta, Súmula 212 do TST; **IV:** correta, OJ 215 da SDI-I do TST, cancelada pelo TST em 24.05.2011.

Gabarito "B"

(Procurador do Trabalho – MPT – 11º Concurso – 2004) No processo trabalhista, diante da jurisprudência uniformizada do Tribunal Superior do Trabalho, é CORRETO dizer:

(A) em razão de sua estrutura e da relevância da aplicação do princípio da celeridade, não é admitido o reinterrogatório das partes;
(B) é do empregador o ônus de provar o término do contrato de trabalho, quando negados a prestação do serviço e o despedimento;
(C) é vedado, peremptoriamente, o depoimento como testemunha de pessoa amiga íntima ou inimiga de quaisquer das partes;
(D) em caso de o juiz do trabalho determinar a realização de prova pericial, caberá à parte vencida quanto ao objeto da perícia arcar com o pagamento dos honorários do *expert* e do assistente técnico indicado pela outra parte;
(E) não respondida.

A alternativa "B" corresponde ao disposto na Súmula 212 do TST.

Gabarito "B"

5.8. RITOS SUMÁRIO E SUMARÍSSIMO

(Magistratura do Trabalho – 2ª Região – 2012) Conforme previsão legal, nas causas sujeitas ao procedimento sumaríssimo, o recurso de revista será admitido:

(A) somente no caso de violação direta e literal da Constituição Federal.
(B) por violação literal de lei federal e contrariedade à orientação jurisprudencial (OJ) do Tribunal Superior do Trabalho.
(C) por contrariedade a súmula de jurisprudência uniforme do Tribunal Superior do Trabalho e violação direta da Constituição da República.
(D) por violação direta da Constituição Federal e contrariedade à orientação jurisprudencial (OJ) do Tribunal Superior do Trabalho.
(E) por violação literal de lei federal e de súmula do Tribunal Superior do Trabalho.

O art. 896, § 6º, da CLT dispõe conforme o enunciado da letra "C".

Gabarito "C"

(Magistratura do Trabalho – 2ª Região – 2012) Nos termos da Consolidação das Leis do Trabalho, quanto ao dissídio individual que tramita pelo procedimento sumaríssimo, é **correto** afirmar que:

(A) Os dissídios individuais cujo valor não exceda a quarenta vezes o salário mínimo vigente na data da extinção do contrato de trabalho ficam submetidos ao procedimento sumaríssimo, excluídas as demandas em que é parte a Administração Pública direta, autárquica e fundacional.
(B) As testemunhas, até no máximo de duas para cada parte, comparecerão a audiência de instrução e julgamento independente de intimação; sendo que só será deferida intimação de testemunha que, comprovadamente convidada, deixar de comparecer.

(C) Nas reclamações enquadradas no procedimento sumaríssimo o pedido deverá ser certo ou determinado, sendo desnecessária a indicação do valor correspondente por ausência de previsão de cominação legal.

(D) Em razão da celeridade do rito processual não há previsão legal para manifestação sobre laudo pericial em caso de ser realizada prova técnica.

(E) Serão decididos, em cinco dias, todos os incidentes e exceções que possam interferir no prosseguimento da audiência e do processo; as demais questões serão decididas na sentença.

A: incorreta, a data é do ajuizamento da reclamação (art. 852-A da CLT); **B:** correta, art. 852-H, §§ 2º e 3º, da CLT; **C:** incorreta, é necessário indicar o valor correspondente (art. 852-B, I, da CLT); **D:** incorreta, há prazo de cinco dias (art. 852-H, § 6º, da CLT); **E:** incorreta, serão decididos de plano (art. 852-G da CLT).

Gabarito "B"

(Magistratura do Trabalho – 2ª Região – 2011) No que diz respeito ao procedimento sumaríssimo, analise as seguintes proposições:

I. Estão excluídas do procedimento sumaríssimo as demandas em que é parte a Administração Pública direta ou indireta.

II. Os dissídios individuais, cujo valor não exceda a 40 vezes o salário mínimo vigente na data do ajuizamento da reclamação ficam submetidos ao procedimento sumaríssimo, hipótese em que os títulos de pretensão condenatória deverão ser apresentados de forma líquida, sob pena de arquivamento da reclamação. Tramitando a ação pelo rito sumaríssimo, esgotados todos os meios para a citação do réu sem que este seja encontrado, a citação far-se-á por edital.

III. Não é necessário o relatório na sentença prolatada no sumaríssimo e as partes desta serão intimadas pela via postal, com aviso de recebimento.

IV. No procedimento sumaríssimo, as partes serão intimadas a se manifestar sobre o laudo no prazo sucessivo de cinco dias.

V. No procedimento sumaríssimo, a exceção de incompetência em razão da matéria será decidida de plano na audiência e as demais exceções, na sentença.

Responda:

(A) Estão corretas as assertivas I, II e III.

(B) Estão corretas as assertivas II, III e IV.

(C) Estão corretas as assertivas III, IV e V.

(D) Todas as assertivas estão corretas.

(E) Todas as assertivas estão erradas.

I: incorreta, só estão excluídas a administração direta, autárquica e fundacional (art. 852-A, parágrafo único, da CLT); **II:** incorreta, não se fará a citação por edital (art. 852-B, II, da CLT); **III:** incorreta, "as partes serão intimadas da sentença na própria audiência em que prolatada" (art. 852-I, § 3º, da CLT); **IV:** incorreta, o prazo é comum (art. 852-H, § 6º, da CLT); **V:** incorreta, todas as exceções serão decididas de plano (art. 852-G da CLT).

Gabarito "E"

412

(Magistratura do Trabalho – 2ª Região – 2011) Em se tratando do procedimento sumaríssimo previsto na CLT, assinale a alternativa errada:

(A) As partes e advogados comunicarão ao juízo as mudanças de endereço ocorridas no curso do processo.

(B) Reputam-se eficazes as intimações enviadas ao local anteriormente indicado, na ausência de comunicação de mudança de endereço.

(C) As partes serão intimadas a se manifestar sobre o laudo pericial, no prazo comum de oito dias.

(D) As partes serão intimadas da sentença na própria audiência em que prolatada.

(E) A sentença mencionará os elementos de convicção do juízo, com resumo dos fatos relevantes ocorridos em audiência, dispensado o relatório.

A: assertiva correta, art. 852-B, § 2º, da CLT; **B:** assertiva correta, art. 852-B, § 2º, da CLT; **C:** assertiva incorreta, devendo ser assinalada, pois o prazo é de cinco dias (art. 852-H, § 6º, da CLT); **D:** assertiva correta, art. 852-I, § 3º, da CLT; **E:** assertiva correta, art. 852-I, *caput*, da CLT.

Gabarito "C"

(Magistratura do Trabalho – 7ª Região – 2005) Analise as proposições abaixo e assinale a opção correta.

I. Sujeitam-se ao procedimento sumário, instituído pela Lei n. 5.584/1970, as ações em que figuram como parte a administração pública direta, autárquica e fundacional.

II. Nas causas submetidas ao procedimento sumaríssimo, somente se admitirá recurso de revista por violação direta da Constituição Federal.

III. Constitui causa suficiente para o arquivamento de reclamação trabalhista sob o rito sumaríssimo a incorreta indicação do endereço do reclamado.

IV. As provas, no rito sumaríssimo, devem ser produzidas em audiência, mesmo que não requeridas. As testemunhas, em número não superior a duas para cada parte, serão ouvidas na mesma audiência, sendo inviável a intimação quando não comparecerem.

(A) São falsas a primeira e a última e verdadeiras as demais.

(B) São verdadeiras as três primeiras e falsa a última.

(C) A primeira e a terceira são verdadeiras, sendo falsas as demais.

(D) São falsas a primeira e a segunda e verdadeiras as demais.

(E) A primeira é falsa e as demais são verdadeiras.

I: correta, a restrição em questão só se dá no procedimento sumaríssimo, conforme art. 852-A, parágrafo único, da CLT, sendo a Lei n. 5.584/1970 omissa a respeito. Anteriormente à redação atual do art. 475 do CPC e da Súmula 303 do TST, até havia quem sustentasse a incompatibilidade entre o rito sumário e o disposto no art. 1º, V, do Dec.-lei 779/1969 (reexame necessário nas causas envolvendo a Fazenda Pública) a obstar a adoção de tal rito em face da administração direta, autárquica e fundacional; **II:** incorreta, também se admitirá por contrariedade à súmula de jurisprudência uniforme do TST (art. 896, § 6º, da CLT); **III:** correta, art. 852-B, § 1º, da CLT; **IV:** incorreta, "só será deferida intimação de testemunha que, comprovadamente convidada, deixar de comparecer" (art. 852-H, § 3º, da CLT).

Gabarito "C"

(Magistratura do Trabalho – 8ª Região – 2008) Assinale a alternativa FALSA com relação ao procedimento sumaríssimo:

(A) Tal como ocorre no procedimento ordinário, as partes têm 8 (oito) dias para recorrer.
(B) Tal como ocorre no procedimento ordinário, o prazo para contestação é de 20 (vinte) minutos.
(C) Tal como ocorre no procedimento ordinário, a exceção de suspeição deve ser instruída e julgada em 24 (vinte e quatro) horas.
(D) Nos processos em que a Administração Pública direta, autárquica e fundacional é parte na condição de litisconsorte passivo, respondendo subsidiária ou solidariamente pelos direitos trabalhistas a que porventura venha a ser condenada, não se aplica o procedimento sumaríssimo.
(E) Aplica-se, igualmente, aos dissídios individuais plúrimos, cujo valor não exceder 40 (quarenta) vezes o salário mínimo vigente ao tempo do ajuizamento da ação.

A alternativa falsa, que deve ser assinalada, é a "C", pois todas as exceções são decididas de plano (art. 852-G da CLT).

Gabarito "C"

(Magistratura do Trabalho – 8ª Região – 2007) Nos processos sujeitos ao procedimento sumaríssimo, assinale a alternativa incorreta, à luz do texto consolidado:

(A) Será aplicável o procedimento sumaríssimo nos dissídios individuais, nos dissídios coletivos e nas ações plúrimas, desde que o valor total do pedido para todos os reclamantes seja de até quarenta salários mínimos.
(B) No recurso ordinário o relator terá o prazo máximo de dez dias para liberar o feito, devendo a secretaria da turma colocá-lo imediatamente em pauta para julgamento.
(C) Na sessão de julgamento, se o Ministério Público entender necessário proferir parecer, este será oral, com registro na certidão.
(D) Admitir-se-á recurso de revista no procedimento sumaríssimo por contrariedade à súmula de jurisprudência uniforme do Tribunal Superior do Trabalho e violação direta da Constituição Federal.
(E) Aplica-se o procedimento sumaríssimo nas demandas em que são parte as empresas públicas que explorem atividade econômica e as sociedades de economia mista.

O procedimento sumaríssimo é incompatível com o dissídio coletivo, modalidade de procedimento especial trabalhista.

Gabarito "A"

(Magistratura do Trabalho – 8ª Região – 2006) Acerca do procedimento sumaríssimo no processo do trabalho é correto afirmar que:

(A) O procedimento sumaríssimo tem o seu campo de aplicação restrito aos dissídios individuais simples cujo valor da causa seja maior que dois e menor que quarenta salários mínimos, excluídas as demandas em que é parte a Administração Pública direta, autárquica e fundacional.
(B) Nas reclamações enquadradas no procedimento sumaríssimo o pedido deverá ser certo ou determinado e indicará o valor correspondente, sob pena do processo ser extinto sem resolução do mérito, por não ter o autor praticado os atos e diligência que lhe competiam. Não obstante, se ilíquidos os pedidos, a atribuição do valor da causa inferior a quarenta salários mínimos já é suficiente para o autor beneficiar-se do procedimento sumaríssimo.
(C) No procedimento sumaríssimo, o recurso de revista só é admitido por violação direta à Constituição e contrariedade à Orientação Jurisprudencial do Tribunal Superior do Trabalho.
(D) As demandas sujeitas ao rito sumaríssimo serão instruídas e julgadas em audiência única, no prazo de quinze dias do seu ajuizamento, podendo constar de pauta especial da Vara do Trabalho. Todavia, em caso de interrupção da audiência, o seu prosseguimento e a solução do processo dar-se-ão no prazo máximo de trinta dias, salvo motivo relevante justificado nos autos pelo juiz da causa.
(E) O procedimento sumaríssimo admite a prova testemunhal, no número máximo de duas, as quais comparecerão à audiência de instrução e julgamento independentemente de intimação, e serão ouvidas pelo juiz que preside a audiência, não admitindo a oitiva por carta precatória inquiritória, em face da celeridade processual pretendida pelo legislador.

A: incorreta, inexiste vedação à aplicação do rito sumaríssimo aos dissídios individuais plúrimos, desde que o valor total do pedido, para todos os reclamantes, seja de até 40 salários mínimos; **B:** incorreta, o processo não será extinto sem resolução de mérito, mas implicará no arquivamento da reclamação e pagamento de custas sobre o valor da causa (art. 852-B, § 1º, da CLT); **C:** incorreta, só é admitido por contrariedade à súmula de jurisprudência uniforme do TST e por violação direta à Constituição (art. 896, § 6º, da CLT); **D:** correta, arts. 852-B, III, 852-C e 852-H, § 7º, da CLT; **E:** incorreta, a inadmissibilidade da oitiva por carta precatória, como um princípio, atentaria contra o princípio da ampla defesa. Inexiste, pois, tal restrição, conquanto o Juiz possa dirigir o processo com maior liberdade, nos termos do art. 852-D da CLT.

Gabarito "D"

(Magistratura do Trabalho – 11ª Região – 2007 – FCC) No procedimento sumaríssimo, o juiz deverá decidir de plano:

(A) litispendência, conexão e coisa julgada.
(B) prescrição e decadência.
(C) compensação e retenção.
(D) prescrição e litispendência.
(E) compensação e coisa julgada.

Art. 852-G da CLT. As demais questões são matérias preliminares ao mérito (ou defesa indireta) que serão decididas na sentença.

Gabarito "A"

(Magistratura do Trabalho – 12ª Região – 2006) Quanto ao procedimento sumaríssimo no Processo Trabalhista, assinale a resposta correta:

(A) o procedimento sumaríssimo se aplica a todos os dissídios individuais de valor até sessenta vezes o salário mínimo vigente na data do ajuizamento da reclamação, salvo em se tratando de administração pública direta, autárquica ou fundacional;

(B) apenas duas testemunhas para cada parte poderão ser ouvidas, exceto em caso de reclamação individual plúrima;
(C) não poderão as partes indicar assistente técnico;
(D) a citação por edital é cabível no procedimento sumaríssimo;
(E) no procedimento sumaríssimo apenas caberá recurso de revista, por contrariedade à súmula de jurisprudência uniforme do TST e por violação direta da Constituição Federal.

A: incorreta, o valor é de quarenta vezes (art. 852-A, parágrafo único, da CLT); **B:** incorreta, ainda que proposta a reclamação plúrima, o número de testemunhas será de duas para o conjunto de reclamantes (todavia, em se tratando de litisconsórcio passivo, cada réu poderá arrolar duas testemunhas); **C:** incorreta, o § 5º do art. 852-H, que vedava às partes a indicação de assistente técnico no procedimento sumaríssimo, foi vetado, aplicando-se o § 1º do art. 421 do CPC; **D:** incorreta, não haverá ctação por edital (art. 852-B, II, da CLT); **E:** correta, art. 896, § 6º, da CLT.

Gabarito "E"

(Procurador do Trabalho – MPT – 13º Concurso – 2006) Assinale a alternativa correta:

(A) os dissídios individuais e coletivos cujo valor da causa não exceda 40 vezes o salário mínimo vigente na data do ajuizamento da reclamação serão submetidos ao rito sumaríssimo;
(B) as demandas trabalhistas contra administração pública direta, autárquica e fundacional não podem adotar o rito sumaríssimo;
(C) no procedimento sumaríssimo trabalhista admite-se o pedido ilíquido desde que a parte reclamada não se oponha;
(D) a sentença que decidir o procedimento sumaríssimo, além dos fundamentos da decisão, fará, obrigatoriamente, relatório sucinto;
(E) o número de testemunhas, no processo sumaríssimo é de 3 (três), no máximo.

A: incorreta, o dissídio coletivo é procedimento especial incompatível com o rito sumaríssimo; **B:** correta, art. 852-A, parágrafo único, da CLT; **C:** incorreta, "o pedido deverá ser certo ou determinado e indicará o valor correspondente" (art. 852-B, I e § 1º, da CLT); **D:** incorreta, o relatório é dispensado (art. 852-I da CLT); **E:** incorreta, o número máximo é de 2 (duas) (art. 852-H, § 2º, da CLT).

Gabarito "B"

(Magistratura do Trabalho – 14ª Região – 2011) No que concerne aos processos submetidos ao rito sumaríssimo, analise as assertivas abaixo e posteriormente responda.

I. Todas as provas serão produzidas na audiência de instrução e julgamento, ainda que não requeridas previamente.
II. Só será deferida intimação de testemunha que, comprovadamente convidada, deixar de comparecer. Não comparecendo a testemunha intimada, o juiz poderá determinar sua condução coercitiva.
III. As testemunhas, até o máximo de duas para cada parte, comparecerão à audiência de instrução e julgamento independentemente de intimação.
IV. Interrompida a audiência, o seu prosseguimento e a solução do processo dar-se-ão no prazo máximo de quinze dias, salvo motivo relevante justificado nos autos pelo juiz da causa.

(A) Apenas as afirmativas I, II e IV são corretas.
(B) Apenas as alternativas I, II e III são corretas.
(C) Apenas as alternativas II, III e IV são corretas.
(D) Apenas as alternativas I, III e IV são corretas.
(E) Todas as afirmativas são corretas.

I: correta, art. 852-H, *caput*, da CLT; **II:** correta, art. 852-H, § 3º, da CLT; **III:** correta, art. 852-H, § 2º, da CLT; **IV:** incorreta, o prazo máximo é de 30 (trinta) dias (art. 852-H, § 7º, da CLT).

Gabarito "B"

(Magistratura do Trabalho – 14ª Região – 2008) Em relação ao procedimento Sumaríssimo, marque a alternativa INCORRETA:

(A) A apreciação da ação trabalhista deverá ocorrer no prazo máximo de quinze dias, a contar da data do seu ajuizamento.
(B) A não indicação correta do nome e/ou endereço do reclamado, importará na extinção do processo sem apreciação do mérito, com o consequente arquivamento dos autos.
(C) O juiz dirigirá o processo com liberdade para determinar as provas a serem produzidas, podendo, inclusive, dar especial valor às regras de experiência comum ou técnica.
(D) Todas as provas, ainda que não requeridas previamente pelas partes, serão produzidas na audiência designada, que será una. As exceções e os incidentes processuais havidos serão resolvidos na sentença.
(E) Só será deferida intimação de testemunha que, comprovadamente convidada, deixar de comparecer. Não comparecendo a testemunha intimada, o juiz poderá determinar sua imediata condução coercitiva.

Assim determina o art. 852-G da CLT: "Serão decididos, de plano, todos os incidentes e exceções que possam interferir no prosseguimento da audiência e do processo. As demais questões serão decididas na sentença".

Gabarito "D"

(Magistratura do Trabalho – 15ª Região – 2011) São características exclusivas dos processos submetidos ao rito sumaríssimo, exceto:

(A) a interposição de recurso de revista só é viável por contrariedade a súmula de jurisprudência uniforme do Tribunal Superior do Trabalho e violação direta à Constituição da República, não se admitindo, portanto, tal recurso no caso de interpretação divergente, entre dois Tribunais, de lei federal;
(B) o Juízo adotará a decisão que reputar mais justa e equânime apenas na ausência de disposição legal ou contratual sobre a matéria;
(C) não admite a citação por edital e o número de testemunhas é limitado a 2 (duas) por parte;

(D) extingue-se a ação sem apreciação de seu mérito se não forem indicados os valores correspondentes aos pedidos formulados;
(E) não provado o convite à testemunha faltosa, o juiz indeferirá a redesignação da audiência.

A: assertiva correta, art. 896, § 6º, da CLT; **B:** assertiva incorreta, devendo ser assinalada, "O juízo adotará em cada caso a decisão que reputar mais justa e equânime" (art. 852-I, § 1º, da CLT); **C:** assertiva correta, art. 852-B, II, e art. 852-H, § 2º, da CLT; **D:** assertiva correta, art. 852-B, I e § 1º, da CLT; **E:** assertiva correta, art. 852-H, § 3º, da CLT

Gabarito "B"

(Magistratura do Trabalho – 21ª Região – 2012) Significativo avanço verificou-se no direito processual do trabalho com o advento da Lei n. 9.957/2000, que introduziu o rito sumaríssimo, tornando mais célere a prestação jurisdicional. Quanto às reclamações trabalhistas que tramitam sob esse rito, é incorreto afirmar que:

(A) das decisões proferidas em recurso ordinário é cabível o recurso de revista, desde que a decisão recorrida esteja em confronto com interpretação de Orientação Jurisprudencial do TST;
(B) admite a produção de prova pericial e testemunhal, contudo há limitação quanto ao número de testemunhas, que não pode exceder a 02(duas) por litigante;
(C) as autarquias não se sujeitam a esse rito, sendo obrigatória a adoção do rito ordinário, mesmo nas causas de alçada inferior a 40 salários mínimos;
(D) das decisões proferidas em agravo de petição cabe recurso de revista, desde que haja inequívoca violação direta à Constituição Federal;
(E) não se admite pedidos ilíquidos, razão pela qual a petição inicial deve ser acompanhada da memória de cálculo das verbas pleiteadas.

A: assertiva incorreta, devendo ser assinalada, "somente será admitido recurso de revista por contrariedade à súmula de jurisprudência uniforme do Tribunal Superior do Trabalho e violação direta da Constituição da República" (art. 896, § 6º, da CLT c/c Súmula 442 do TST); **B:** assertiva correta, art. 852-H, §§ 2º e 4º, da CLT; **C:** assertiva correta, art. 852-A e parágrafo único, da CLT; **D:** assertiva correta, Súmula 266 do TST; **E:** assertiva correta, art. 852-B, I, da CLT.

Gabarito "A"

(Magistratura do Trabalho – 21ª Região – 2012) Considerando o que dispõem a Consolidação das Leis do Trabalho e a jurisprudência pacificada do Tribunal Superior do Trabalho sobre o procedimento sumaríssimo, marque a alternativa incorreta:

(A) não são submetidas ao rito sumaríssimo as ações trabalhistas nas quais figure como parte a administração pública direta, autárquica e fundacional;
(B) é possível a produção de prova pericial;
(C) somente é possível a interposição de recurso de revista por violação direta da Constituição Federal, ou por contrariedade com orientação jurisprudencial ou súmula do Tribunal Superior do Trabalho;
(D) é possível a interposição de embargos de divergência, no âmbito do Tribunal Superior do Trabalho, fundados em interpretações diversas acerca da aplicação de mesmo dispositivo constitucional ou de matéria sumulada pelo Tribunal;
(E) se o Ministério Público do Trabalho entender necessário proferir parecer durante o processamento do recurso ordinário, terá de fazê-lo oralmente, durante a sessão de julgamento.

A: assertiva correta, art. 852-A, parágrafo único, da CLT; **B:** assertiva correta, art. 852-H, § 4º, da CLT; **C:** assertiva incorreta, devendo ser assinalada, não se admite recurso de revista por contrariedade a Orientação Jurisprudencial (Súmula 442 do TST); **D:** assertiva correta, OJ 405 da SDI-I, do TST; **E:** assertiva correta, art. 895, § 1º, III, da CLT.

Gabarito "C"

(Magistratura do Trabalho – 23ª Região – 2009) Analise os itens abaixo e marque a alternativa CORRETA:

Em relação aos dissídios de alçada:

I. são assim considerados aqueles de valor não excedente ao dobro do salário mínimo no momento em que for proferida a sentença.
II. não cabe recurso da sentença, salvo se versar sobre matéria constitucional, caso em que será dispensável o preparo.
III. quando cabível o recurso, submete-se ao prazo de 05 dias.
IV. cada parte poderá ouvir, no máximo, duas testemunhas.
V. é dispensável o resumo em ata dos depoimentos, bastando a conclusão do Juízo quanto à matéria de fato.

(A) V, V, F, F, V.
(B) V, F, V, V, V.
(C) F, V, F, F, V.
(D) F, F, F, V, V.
(E) V, V, V, F, F.

I: falsa, são assim considerados aqueles cujo valor não exceda duas vezes o salário mínimo vigente na sede di juízo (art. 2º, §§ 2º e 3º, da Lei n. 5.584/1970); **II:** falsa, inexiste tal dispensa de preparo na Lei 5.584/1970; **III:** falsa, os prazos serão de quinze dias, que é o prazo positivado para o Recurso Ordinário (contados em dobro quando o recorrente for a Fazenda Pública ou o Ministério Público); **IV:** verdadeira, trata-se de interpretação lógica diante do contido no art. 852-H, § 2º, da CLT. Porém, a questão é polêmica, eis que inexiste previsão alguma quanto ao número de testemunhas na Lei n. 5.584/1970. Sérgio Pinto Martins, por exemplo, entende que não houve revogação expressa ou tácita do art. 2º da Lei n. 5.584/1970 (cujos §§ 3º e 4º tratam do rito sumário) pela Lei 9.957 (que concebeu o procedimento sumaríssimo), sendo possível a oitiva de até três testemunhas de cada parte, sendo que a audiência não precisará ser uma, tal como no sumaríssimo; **V:** verdadeiro, art. 2º, § 3º, Lei n. 5.584/1970.

Gabarito "D"

(Magistratura do Trabalho – 23ª Região – 2009) Sobre o procedimento sumaríssimo no Processo do Trabalho, assinale a alternativa INCORRETA:

(A) A concentração de incidentes e exceções em decisões instantâneas é uma característica desse procedimento.
(B) A definição da prova a ser produzida na audiência será feita pelo juiz.
(C) A ata deve conter as afirmações fundamentais das partes, sendo imprescindível, todavia, a transcrição dos depoimentos das testemunhas.

(D) No ato da conciliação, o juiz pode, por meios adequados, persuadir as partes, o que não configura prejulgamento.

(E) Somente será admitido recurso de revista por contrariedade à súmula de jurisprudência uniforme do TST e violação direta à Constituição da República.

Art. 852-I da CLT.

Gabarito "C"

(Magistratura do Trabalho – 23ª Região – 2006) No que diz respeito ao procedimento sumaríssimo, considerando as afirmações abaixo, assinale a alternativa correta: I. As testemunhas, até o máximo de duas para cada fato, comparecerão à audiência de instrução e julgamento independentemente de intimação. II. nas reclamações sujeitas ao rito sumaríssimo, o recurso ordinário será imediatamente distribuído, uma vez recebido no Tribunal, devendo o relator liberá-lo no prazo máximo de cinco dias, e a Secretaria do Tribunal ou Turma colocá-lo imediatamente em pauta para julgamento, sem revisor. III. Não se admite recurso de revista nas causas sujeitas ao procedimento sumaríssimo, salvo por contrariedade à Constituição da República. IV. As demandas sujeitas a rito sumaríssimo serão instruídas e julgadas em audiência única, sob a direção de juiz presidente ou substituto, sendo que este poderá ser convocado para atuar simultaneamente com o titular. V. Quando a prova do fato o exigir ou for legalmente imposta, será deferida a prova técnica requerida na audiência, ainda que na petição inicial não tenha o autor protestado pela sua produção.

(A) todas as alternativas são incorretas;

(B) somente duas alternativas estão incorretas;

(C) somente três alternativas estão incorretas;

(D) somente quatro alternativas estão incorretas;

(E) todas as alternativas estão corretas.

I: incorreta, são duas testemunhas para cada parte (art. 852-H, § 2º, da CLT); **II:** incorreta, o prazo máximo é de dez dias (art. 895, § 1º, II, da CLT); **III:** incorreta, admite-se também por contrariedade à súmula de jurisprudência uniforme do TST (art. 896, § 6º, da CLT); **IV:** correta, art. 852-C da CLT (trata-se da chamada pauta dupla); **V:** correta, conforme art. 852-H, § 3º, da CLT e ante a ausência do requisito de que a inicial trabalhista mencione as provas que se pretende produzir.

Gabarito "C"

(Procurador do Trabalho – MPT – 17º Concurso – 2012) Sobre o procedimento sumaríssimo, é **INCORRETO** afirmar:

(A) Somente é cabível recurso de revista por violação literal de disposição de lei federal, e recurso de embargos, quando demonstrada divergência jurisprudencial entre Turmas do Tribunal Superior do Trabalho, na conformidade da jurisprudência uniforme deste Tribunal.

(B) Não se aplica à ação civil pública, ainda que o valor da causa não exceda a quarenta vezes o salário mínimo vigente na data do ajuizamento da demanda.

(C) É admissível a realização de prova técnica.

(D) O membro do Ministério Público do Trabalho emitirá parecer oral, em sessão de julgamento dos recursos, e poderá emitir parecer escrito, na primeira instância, em ação que, por interesse público ou mediante solicitação do juiz, for chamado a intervir.

(E) Não respondida.

A: assertiva incorreta, devendo ser assinalada, "somente será admitido recurso de revista por contrariedade à súmula de jurisprudência uniforme do Tribunal Superior do Trabalho e violação direta da Constituição da República" (artigo 896, § 6º, da CLT); **B:** assertiva correta, artigo 852-A da CLT; **C:** assertiva correta, artigo 852-H, § 4º, da CLT; **D:** assertiva correta, artigo 895, § 1º, III, da CLT c/c artigo 83, II, da LC 75/1993.

Gabarito "A"

(Procurador do Trabalho – MPT – 16º Concurso – 2009) Com relação ao procedimento sumaríssimo no processo do trabalho, assinale a alternativa CORRETA:

(A) A parte pode comprometer-se a levar a testemunha à audiência, independentemente de intimação, presumindo-se, caso a testemunha não compareça, que a parte desistiu de ouvi-la.

(B) Todas as provas serão produzidas na audiência de instrução e julgamento, desde que requeridas previamente.

(C) A testemunha que não comparecer será intimada, de ofício ou a requerimento da parte, ficando sujeita à condução coercitiva se a parte provar tê-la convidado.

(D) Só será deferida a intimação de testemunhas que, comprovadamente convidada, deixar de comparecer. Não comparecendo a testemunha intimada, o juiz poderá determinar sua imediata condução coercitiva.

(E) não respondida.

A alternativa "D" corresponde ao disposto no art. 852-H, § 3º, da CLT.

Gabarito "D"

(Procurador do Trabalho – MPT – 15º Concurso – 2008) A propósito da disciplina legal do procedimento sumaríssimo na Justiça do Trabalho, assinale a alternativa INCORRETA:

(A) aplicável às ações cujo valor não exceda a 40 (quarenta) salários mínimos vigentes na data do ajuizamento, o rito sumaríssimo aplica-se às ações propostas em face de sociedades de economia mista e empresas públicas, sendo, porém, inaplicável às ações movidas em face de órgãos da Administração Pública direta, autárquica e fundacional;

(B) formulando o Autor pedido ilíquido ou genérico, não será franqueada a emenda da inicial, competindo ao magistrado extinguir liminarmente o processo sem exame do mérito;

(C) embora as partes possam apresentar até 02 (duas) testemunhas, deve o juiz limitar ou excluir as testemunhas que considerar excessivas, impertinentes ou protelatórias;

(D) em grau de recurso, as ações vinculadas ao rito sumaríssimo receberão parecer oral ou escrito, conforme pareça conveniente ao representante do Ministério Público oficiante, dispensada a lavratura de acórdão, que corresponderá à certidão de julgamento, quando a sentença for confirmada por seus próprios fundamentos;

(E) não respondida.

A alternativa "D" contraria o disposto no art. 895, § 1º, III e IV, da CLT.

Gabarito "D"

(Procurador do Trabalho – MPT – 13º Concurso – 2006) Em relação ao procedimento sumaríssimo, é CORRETO afirmar que:

(A) o legislador excluiu da incidência do procedimento sumaríssimo as causas em que figurem como parte entes da Administração Pública Direta e Indireta;

(B) as ações civis públicas propostas pelo Ministério Público do Trabalho em defesa dos interesses difusos, coletivos ou individuais homogêneos são compatíveis com o procedimento sumaríssimo;

(C) a sentença mencionará os elementos de convicção do juízo, com resumo dos fatos relevantes, dispensado o relatório;

(D) na hipótese de recurso ordinário, os autos serão remetidos previamente ao Ministério Público do Trabalho para exame e parecer escrito;

(E) não respondida.

A: incorreta, a expressão *administração indireta* abrange as empresas estatais, não excluídas pelo art. 852-A, parágrafo único, da CLT; **B:** incorreta, a ação civil pública, positivada pelo Lei 7.347/1985, é ação de rito especial incompatível com o procedimento sumaríssimo; **C:** correta, art. 852-I da CLT; **D:** incorreta, o recurso ordinário "terá parecer oral do representante do Ministério Público presente à sessão de julgamento, se este entender necessário o parecer, com registro na certidão" (art. 895, § 1º, III, da CLT).

Gabarito "C"

(Procurador do Trabalho – MPT – 12º Concurso – 2005) Assinale a alternativa CORRETA:

Em caso de procedimento sumaríssimo somente cabe recurso de revista para discutir questão constitucional. Nessa hipótese:

(A) a parte deverá interpor simples recurso de revista, que será remetido ao Tribunal Superior do Trabalho, que observará as regras comuns de distribuição, iguais a qualquer outro recurso;

(B) deverá ser aforado recurso de revista e, no mesmo prazo, recurso extraordinário para o Supremo Tribunal Federal;

(C) o recurso de revista deverá ser interposto diretamente ao Pleno do Tribunal Superior do Trabalho, por versar exame de constitucionalidade;

(D) a parte deverá requerer que o juízo de admissão do recurso de revista seja exercido pelo Pleno do Tribunal Regional respectivo, por se tratar de questão constitucional;

(E) não respondida.

A alternativa "A" está correta, por definição, tratando-se de um recurso de revista comum, a ser interposto na forma do art. 896, § 1º, da CLT (observação: o enunciado está incorreto, pois no procedimento sumaríssimo o recurso de revista é também cabível na hipótese de violação a súmula do TST, conforme art. 896, § 6º, da CLT).

Gabarito "A"

(Procurador do Trabalho – MPT – 11º Concurso – 2004) Quanto ao procedimento sumaríssimo, instituído no âmbito dos dissídios individuais trabalhistas, é INCORRETO afirmar:

(A) serão decididos, de plano, todos os incidentes e exceções que possam interferir no prosseguimento da audiência e do processo, e as demais questões serão decididas na sentença;

(B) a sua adoção é vedada quando figurar como reclamada empresa pública ou fundação pública;

(C) é adotado para questões cujo valor não exceda a 40 (quarenta) vezes o salário mínimo vigente na data do ajuizamento da ação;

(D) admite prova pericial, incumbindo ao juiz fixar o prazo de sua realização, além de constituir direito das partes a intimação para manifestação sobre o laudo, no prazo comum de 5 (cinco) dias;

(E) não respondida.

Reza o parágrafo único do art. 852-A da CLT: "Estão excluídas do procedimento sumaríssimo as demandas em que é parte a Administração Pública direta, autárquica e fundacional".

Gabarito "B"

5.9 SENTENÇA E COISA JULGADA

(Magistratura do Trabalho – 2ª Região – 2011) A empresa x, por meio de reclamação trabalhista, foi condenada à inclusão do adicional de insalubridade, em grau médio, na folha de pagamento do empregado y. Passados quase dois anos do trânsito em julgado daquela decisão, a empresa x adota todos os cuidados suficientes e necessários para a eliminação do agente insalubre que ensejou a sua condenação, sendo certo que y deixa de se expor a toda e qualquer condição de insalubridade, com o que x cessa o pagamento do adicional correspondente. Tendo em vista a hipótese narrada, assinale a alternativa correta:

(A) x age com acerto, eis que a condenação que versa sobre relações jurídicas continuativas pode ser suspensa por ato de iniciativa do executado quando há modificação no estado de fato.

(B) x não age com acerto, eis que a decisão mencionada faz coisa julgada material e os efeitos da modificação no estado de fato devem ser resolvidos por meio de Ação Rescisória.

(C) x age com acerto, eis que a coisa julgada material não se forma em decisões sobre relações jurídicas sucessivas.

(D) x não age com acerto, eis que a decisão mencionada faz coisa julgada material e os efeitos da modificação no estado de fato devem ser resolvidos por meio de Ação Revisional.

(E) x não age com acerto, eis que a decisão mencionada não faz coisa julgada material, mas os efeitos da modificação no estado de fato devem ser resolvidos por meio de Ação Revisional.

Em que pese a coisa julgada *rebus sic standibus* produzida pela condenação, seria necessário o ajuizamento de Ação Revisional, nos termos do art. 471, I, do CPC.

Gabarito "D"

(Magistratura do Trabalho – 2ª Região – 2010) Quanto à classificação das sentenças no processo do trabalho, é incorreto afirmar que:

(A) As sentenças declaratórias pronunciam a existência ou inexistência de relação jurídica ou autenticidade ou falsidade de documento.

(B) As sentenças condenatórias são as que reconhecem a existência de uma obrigação do réu a determinada prestação, fazendo surgir para o autor um título judicial que o legitima ao exercício de uma outra pretensão, a executiva.

(C) As sentenças constitutivas são as que criam, modificam ou extinguem relações jurídicas.

(D) As sentenças mandamentais são as que geram uma ordem, um mandado que em nada se confunde com o que é expedido na execução forçada, proveniente de título judicial ou extrajudicial.

(E) As sentenças executivas são as que se restringem à verificação de um direito, não tendo o condão de fazer atuar o direito.

A verificação de um direito ocorre no curso de uma sentença de acertamento, como regra proferida em processo de conhecimento (inclusive, em processos incidentais à execução, como os embargos do devedor ou os embargos de terceiro). As sentenças executivas, ao invés, restringem-se à declaração de satisfação de um direito.

Gabarito "E"

(Magistratura do Trabalho – 4ª Região – 2012) Analise as afirmações abaixo.

I. Convencendo-se, pelas circunstâncias da causa, de que autor e réu serviram do processo para praticar ato simulado ou conseguir fim proibido em lei, o juiz proferirá sentença que obste aos objetivos das partes.

II. O juiz decidirá a lide nos limites em que foi proposta, sendo-lhe defeso conhecer das questões não suscitadas, a cujo respeito a lei exige a iniciativa da parte.

III. O pedido deve ser interpretado restritivamente.

IV. É defeso ao juiz proferir sentença a favor do autor, de natureza diversa da pedida, bem como condenar o réu em quantia superior ou em objeto diverso do que lhe foi demandado.

Todas as afirmações são

(A) verdadeiras e consagram a proibição do julgamento *extra* e *ultra petita.*

(B) verdadeiras, mas apenas as de número I, III e IV consagram a proibição do julgamento *extra* e *ultra petita.*

(C) verdadeiras, mas apenas as de número I, II e IV consagram a proibição do julgamento *extra* e *ultra petita.*

(D) verdadeiras, mas apenas as de número II e IV consagram a proibição do julgamento *extra* e *ultra petita.*

(E) verdadeiras, mas apenas as de número I e II consagram a proibição do julgamento *extra* e *ultra petita.*

I: verdadeira, art. 129 do CPC; **II e IV:** verdadeiras, arts. 128 e 460 do CPC. Trata-se do princípio da congruência, correlação ou adstrição, segundo o qual, a sentença prolatada pelo juiz deverá ser vinculada às partes, ao pedido e à causa de pedir. Este princípio decorre do *princípio dispositivo*, o que significa que o juiz somente poderá decidir sobre questões efetivamente alegadas pelas partes em juízo. Como exceção, ou seja, matérias que o juiz pode conhecer de ofício, podemos citar: objeções de direito material e processual (por exemplo, inconstitucionalidade de norma e falta de condição da ação ou pressuposto processual); exceções de direito material que, por expressa previsão legal, possam ser conhecidas de ofício pelo juiz (por exemplo, a prescrição), determinação de medidas necessárias no bojo da tutela específica (CPC, art. 461); **III:** verdadeira, art. 293 do CPC.

Gabarito "D"

(Magistratura do Trabalho – 21ª Região – 2005) Com referência às sentenças trabalhistas, é correto dizer que houve julgamento:

(A) *ultra petita,* quando o Juiz do Trabalho defere na sentença o acréscimo, ao valor da condenação, de correção monetária, embora não requerida na petição inicial;

(B) *extra petita,* quando o Juiz do Trabalho concede a reintegração do empregado detentor de estabilidade, mesmo que apenas tenha este requerido a indenização em dobro;

(C) *extra petita,* quando o Juiz do Trabalho defere indenização por danos extrapatrimoniais em valor acima do pleiteado pela parte ofendida;

(D) *citra petita,* quando o Juiz do Trabalho concede horas extras em número inferior ao pleiteado pela parte reclamante;

(E) *ultra petita,* quando o Juiz do Trabalho, apreciando pedido de indenização pela frustração do benefício do seguro-desemprego, opta por condenar o empregador na obrigação de fornecer a respectiva documentação, sob pena de multa diária.

A validade da sentença demanda a observância dos requisitos previstos no art. 832 da CLT. Ademais, salvo exceções pontuais, não pode o juiz decidir acima (*ultra*), fora (*extra*) ou aquém (*citra petita*) dos limites da lide. **A:** incorreta, a correção monetária não é nenhum *plus* ao valor requerido, mas tão somente a manutenção de seu valor real em face dos efeitos corrosivos da inflação, daí o entendimento materializado na Súmula 211 do TST (o que, por outro lado, polemiza o entendimento materializado na Súmula 187 do TST); **B:** correta, trata-se de hipótese de decisão *extra petita*, mas que não invalida a sentença, conforme Súmula 396, II, do TST; **C:** incorreta, a hipótese é de julgamento *ultra petita*; **D:** incorreta, a hipótese é de deferimento parcial do pedido; **E:** incorreta, a hipótese é de sentença *extra petita.*

Gabarito "B"

(Magistratura do Trabalho – 24ª Região – 2006) Em relação aos juros e correção monetária, assinale a alternativa que não está em consonância com a jurisprudência sumulada do TST:

(A) A correção monetária não incide sobre o débito do trabalhador reclamante.

(B) Os juros de mora incidem sobre a importância da condenação corrigida monetariamente.

(C) Os débitos trabalhistas das entidades submetidas aos regimes de intervenção ou liquidação extrajudicial estão sujeitos a correção monetária desde o respectivo vencimento até seu efetivo pagamento, sem interrupção ou suspensão, não incidindo, entretanto, sobre tais débitos, juros de mora.

(D) Os juros de mora e a correção monetária incluem-se na liquidação somente quando houver pedido expresso na petição inicial e for determinado na condenação.

(E) O pagamento dos salários até o 5º dia útil do mês subsequente ao vencido não está sujeito à correção monetária. Se essa data limite for ultrapassada, incidirá o índice da correção monetária do mês subsequente ao da prestação dos serviços, a partir do dia 1º.

A: assertiva correta, Súmula 187 do TST; **B:** assertiva correta, Súmula 200 do TST; **C:** assertiva correta, Súmula 304 do TST; **D:** assertiva incorreta, devendo ser assinalada, ainda que omisso o pedido incial ou a condenação, serão incluídos (Súmula 211 do TST); **E:** assertiva correta, Súmula 381 do TST.

Gabarito "D"

(Procurador do Trabalho – MPT – 16º Concurso – 2009) Analise as hipóteses abaixo, de acordo com o ordenamento processual civil aplicável ao processo do trabalho:

I. A sentença deixou de ser ato do juiz que põe termo ao processo, com ou sem julgamento do mérito, e passou a ser o ato do juiz que implica algumas das situações previstas no CPC.

II. Sentença terminativa é o provimento judicial que, sem apreciar o mérito, pode extinguir o processo.

III. Sentença definitiva é o provimento judicial que aprecia e resolve o mérito do pedido, podendo implicar a extinção ou não do processo.

Marque a alternativa CORRETA:

(A) todos os itens são corretos;
(B) apenas os itens I e II são corretos;
(C) apenas os itens I e III são corretos;
(D) apenas os itens II e III são corretos;
(E) não respondida.

I: correta, por definição (art. 162, § 1º, do CPC); **II:** correta, por definição; **III:** correta, por definição.

Gabarito "A"

(Procurador do Trabalho – MPT – 16º Concurso – 2009) Analise as hipóteses abaixo:

I. A CLT e o CPC convergem quanto aos requisitos essenciais da sentença, que deve conter: o nome das partes, o resumo do pedido e da defesa, a apreciação das provas, os fundamentos da decisão e a conclusão.

II. Sentença sem conclusão, ou dispositivo, ou *decisum*, é inexistente.

III. É certo afirmar que ao se aplicar o princípio da utilidade aproveitam-se os atos válidos praticados no processo, eis que a nulidade do ato não prejudicará senão os posteriores que dele dependam ou sejam consequência.

Marque a alternativa CORRETA:

(A) apenas os itens I e III são corretos;
(B) apenas os itens I e II são corretos;
(C) apenas os itens II e III são corretos ;
(D) todos os itens são corretos;
(E) não respondida.

I: correta, arts. 458 do CPC e 832, *caput*, da CLT; **II:** correta, por definição; **III:** correta, arts. 797 e 798 da CLT.

Gabarito "D"

(Procurador do Trabalho – MPT – 16º Concurso – 2009) Leia e analise as hipóteses abaixo:

I. O acordo homologado judicialmente tem força de decisão irrecorrível, transitando em julgado na data de sua homologação, na forma da jurisprudência do TST.

II. De acordo com a jurisprudência do Tribunal Superior do Trabalho o acordo ou termo de conciliação homologado judicialmente é equiparado à sentença de mérito, podendo ser impugnado por ação rescisória.

III. O acordo ou termo de conciliação homologado judicialmente não terá eficácia de coisa julgada em relação à Previdência Social quanto às contribuições que lhe forem devidas.

Marque a alternativa CORRETA:

(A) todos os itens são corretos;
(B) apenas os itens I e II são corretos;
(C) apenas os itens I e III são corretos;
(D) apenas os itens II e III são corretos;
(E) não respondida.

I: correta, Súmula 100, V, do TST (o art. 832, § 4º, da CLT veicula exceção à regra da irrecorribilidade em relação ao INSS); **II:** correta, Súmula 259 do TST; **III:** correta, art. 831, parágrafo único, da CLT.

Gabarito "A"

5.10. QUESTÕES COMBINADAS SOBRE PROCEDIMENTO

(Magistratura do Trabalho – 9ª Região – 2007) Analise as seguintes proposições, à luz das disposições legais que regulam a matéria e considerando a jurisprudência dominante no Tribunal Superior do Trabalho:

I. A incompetência em razão da matéria deve ser arguida pelo réu como matéria preliminar na contestação, enquanto a incompetência em razão do lugar deve ser arguida por meio de exceção.

II. Apresentada a exceção de incompetência, o exceto terá o prazo de cinco dias para se manifestar.

III. A tentativa de conciliação, no processo do trabalho, pode ser feita a qualquer momento, mas deve ocorrer, obrigatoriamente: a) no início da audiência, antes da apresentação da defesa; e b) após as razões finais.

IV. A ausência do reclamante, na audiência em prosseguimento, quando adiada a instrução após contestada a ação em audiência, importa arquivamento do processo, enquanto a ausência do reclamado implica revelia e confissão quanto à matéria de fato.

V. Na audiência, o reclamado pode se fazer representar por preposto, enquanto o reclamante pode, em qualquer circunstância, ser representado por outro empregado que pertença à mesma profissão ou por seu sindicato.

Assinale a alternativa correta:

(A) Todas as proposições estão corretas;
(B) Apenas quatro proposições estão corretas;
(C) Apenas três proposições estão corretas;
(D) Apenas duas proposições estão corretas;
(E) Apenas uma proposição está correta.

I: correta, arts. 795, § 1º (entende-se que a competência "de foro" ali tratada é a competência material, suscetível de reconhecimento de ofício e que deve ser articulada como preliminar ao mérito, eis que não se trata de exceção, mas de objeção), e 799 da CLT (refere-se à exceção de incompetência relativa) **II:** incorreta, o prazo é de 24 horas (art. 800 da CLT); **III:** correta, arts. 764, 831, 846, e 850 da CLT; **IV:** incorreta, não importa arquivamento do processo (Súmula 9 do TST); **V:** incorreta, "Se por doença ou qualquer outro motivo poderoso, devidamente comprovado, não for possível ao empregado comparecer pessoalmente, poderá fazer-se representar por outro empregado que pertença à mesma profissão, ou pelo seu sindicato". (art. 843, § 2º, da CLT).

Gabarito "D"

(Magistratura do Trabalho – 9ª Região – 2006) Assinale a alternativa incorreta:

(A) A petição inicial de ação trabalhista não precisa conter os fundamentos jurídicos do pedido.
(B) Não existindo outras provas, a instrução do processo será encerrada. O Juiz deve possibilitar às partes a apresentação de razões finais. Após, o Juiz renovará proposta de conciliação e, não se realizando esta, julgará o processo.
(C) A dedução de valores pagos pelos mesmos títulos deferidos somente é cabível mediante provocação do réu.
(D) Sendo promovida reclamação trabalhista em relação a dois reclamados, não haverá confissão quanto à matéria de fato, apesar da revelia de um dos réus, quando o outro comparecer à audiência e apresentar impugnação específica a todos os fatos e pedidos da petição inicial.
(E) A nulidade do processo trabalhista não será pronunciada quando for possível suprir-se a falta ou repetir-se o ato e quando arguida por quem lhe tiver dado causa.

A contestação e a retenção são modalidades de defesa indireta do mérito, constituindo fato modificativo do direito alegado pelo autor. Segundo o art. 767 da CLT, a compensação, ou retenção, só poderá ser arguida como matéria de defesa, não podendo o reclamado argui-las em outro momento (Súmula 48 do TST). Na compensação, duas pessoas são, reciprocamente, credoras e devedoras. Já a retenção se trata do direito de o réu reter algo do reclamante que esteja em seu poder em virtude de autorização legal (exemplo: retenção de tributos na fonte) ou até que este cumpra alguma obrigação que deve ao primeiro, o que acaba convergindo para a compensação. A detenção, diferentemente, consiste na subtração, em relação ao valor pugnado pelo reclamante a determinado título, dos valores já pagos pelo reclamado sob o mesmo título. O instituto objetiva impedir o enriquecimento sem causa e materializa o princípio do *non bis in idem*, tratando-se de matéria que pode ser conhecida de ofício pelo juiz.

Gabarito "C"

(Magistratura do Trabalho – 16ª Região – 2011) Analise as afirmativas e assinale a alternativa CORRETA

(A) Consiste assédio processual o ato ilícito praticado de forma reiterada e insidiosa por um dos sujeitos que atuam no processo, que tem por objetivo minar a autoestima de uma das partes, degradando o processo.
(B) É nulo o ato que indefere o sobrestamento da reclamação trabalhista ante o ajuizamento de processo criminal contra o reclamante que analise os mesmos fatos deduzidos na reclamatória para se evitar decisões conflitantes.
(C) De acordo com o princípio da transcendência, o ordenamento jurídico garante a eficácia de um ato ainda que inválido desde que emane efeitos na ordem processual, exceto se a nulidade causar prejuízos aos entes públicos ainda que estes restem silentes nos autos.
(D) Em observância ao princípio da economia processual, no processo do trabalho é possível repetir-se qualquer ato nulo, desde que a medida não importe em demora no andamento processual e que tal não cause prejuízos às partes.
(E) Em caso de litisconsortes com procuradores diferentes, não é aplicável no processo do trabalho a obrigatoriedade de concessão de prazos em dobro para recorrer ou falar nos autos.

A: incorreta, o assédio processual não visa à autoestima de uma das partes, mas à causação de tumulto pela abusiva prática de atos procrastinatórios, desnecessários ou excessivos; **B:** incorreta, é lícito o sobrestamento processual quando presentes as chamadas prejudicialidades. No caso, tratar-se-ia de questão prejudicial externa (exoprocessual) e perfeita (relativa a outro ramo jurídico). Cf. CPC, art. 110. **C:** incorreta, em matéria de nulidades, o princípio da transcendência, segundo o qual não se declarará nulo o ato que não ocasionou prejuízo, não distingue entre ente público ou privado (art. 794 da CLT). Seja como for, a assertiva utiliza a expressão "causar prejuízo". Neste caso, havendo prejuízo manifesto, declara-se a nulidade, quer o prejudicado seja ente público ou privado. Em se tratando de ente público, este deverá suscitar normalmente a nulidade, ressalvadas as hipóteses suscetíveis de pronunciamento judicial *ex officio* (nulidade absoluta). De fato, o art. 795 da CLT deve ser lido com as lentes adequadas: a nulidade a que se refere o *caput*, na realidade, diz com anulabilidades (nulidades relativas); **D:** incorreta, o art. 796, *a*, da CLT não ressalva a demora no andamento processual. Quanto ao prejuízo à parte, não convém considerá-la quando da aplicação do art. 796, *a* , da CLT, eis que a repetição do ato nulo necessariamente acarreta um prejuízo fático àquele que se beneficiaria com a extinção de um processo em razão da nulidade; **E:** correta, OJ 310 da SDI-I do TST.

Gabarito "E"

(Magistratura do Trabalho – 16ª Região – 2006) Marque a alternativa INCORRETA:

(A) Cabe no processo trabalhista o aditamento à reclamação, desde que apresentado antes da contestação.
(B) A reconvenção não cabe no processo trabalhista porque o instituto não é previsto na CLT.
(C) Na petição inicial trabalhista é desnecessário requerer a notificação da parte reclamada, porque esse ato é praticado automaticamente pela Secretaria da Vara do Trabalho ou Serviço de Distribuição.

(D) A reconvenção é cabível no processo trabalhista.

(E) Na petição inicial trabalhista, tal como previsto na CLT, não é obrigatório constar os fundamentos jurídicos do pedido e a indicação dos meios de prova para demonstração dos fatos alegados.

A: assertiva correta, o art. 294 do CPC autoriza o aditamento da inicial até a citação do autor. Considerando-se que no processo trabalhista a citação é automática, isto é, decorre da tão só distribuição da ação, entende-se que o aditamento pode ocorrer até a apresentação da defesa, na própria audiência, hipótese em que não haverá cerceamento ao direito de defesa desde que o magistrado designe nova audiência. Apresentada a defesa, entretanto, já não será mais possível aditar a inicial sem o consentimento do réu, conforme art. 264 do CPC; **B:** incorreta. Embora a CLT não preveja a reconvenção e explicite que a compensação e a retenção são matérias de defesa (o que levou alguns doutrinadores a concluírem pela inviabilidade da reconvenção no processo trabalhista), predomina que a reconvenção é uma verdadeira ação e que a sua negação no processo trabalhista ofenderia o princípio da inafastabilidade da jurisdição; **C:** correta, por definição, conforme art. 841 da CLT; **D:** correta, vide comentários à letra "B"; **E:** assertiva correta, art. 840 da CLT. Quanto à não indicação dos fundamentos jurídicos do pedido, trata-se de uma visão ampliada do princípio *iura novit curia*, decorrência da encampação da teoria da substanciação da causa de pedir (segundo a qual, diversamente do que ocorre na teoria da individualização, a descrição dos fatos avulta sobre o seu enquadramento jurídico) pelo nosso ordenamento, havendo certa controvérsia doutrinária e jurisprudencial acerca da sua plena desnecessidade, eis que tal indicação auxilia na delimitação da lide, na análise de conexão entre processos, na aferição do princípio da congruência entre o julgamento e a causa de pedir etc. Todavia, assumindo o processo trabalhista uma feição simples, com admissão ao *jus variandi*, é certo que a indicação dos fundamentos jurídicos não deve ser exigida com o mesmo rigor verificado no processo comum. Quanto à indicação das provas, há razoável consenso doutrinário de que estas são produzidas em audiência e que é desnecessária a sua especificação na peça inicial, diversamente do que determina o CPC.

Gabarito "B"

(Magistratura do Trabalho – 11ª Região – 2007 – FCC) Nas ações movidas perante a Justiça do Trabalho contra a Fazenda Pública constitui garantia o

(A) prazo em dobro só para recurso ordinário, com dispensa do depósito prévio e remessa *ex officio* das decisões que lhes sejam total ou parcialmente contrárias.

(B) prazo em dobro só para recurso ordinário e recurso de revista *ex officio* das decisões que lhes sejam total ou parcialmente contrárias.

(C) prazo em quádruplo para recurso, e recurso ordinário *ex officio* das decisões que lhes sejam total ou parcialmente contrárias.

(D) prazo em dobro para recurso, em quádruplo para recorrer, além de remessa *ex officio* das decisões que lhes sejam total ou parcialmente contrárias, se a condenação superar 60 salários mínimos.

(E) recurso ordinário, recurso de revista e agravos *ex officio* das decisões que lhes sejam total ou parcialmente contrárias.

A alternativa "D" corresponde ao previsto nos arts. 188 e 475 do CPC (v. Dec.-lei 779/1969).

Gabarito "D"

(Magistratura do Trabalho – 18ª Região – 2006) Assinale a alternativa correta de acordo com a jurisprudência sumulada do TST.

(A) O acordo homologado judicialmente tem força de decisão irrecorrível, na forma do art. 831 da CLT, mas isto não significa que o termo conciliatório transita em julgado na data da sua homologação judicial.

(B) É possível a desconstituição de decisão homologatória de acordo, pela via rescisória, com apoio no inciso III do art. 485 do CPC (dolo da parte vencedora em detrimento da vencida).

(C) A homologação de acordo constitui faculdade do juiz, inexistindo direito líquido e certo tutelável pela via do mandado de segurança.

(D) Ainda que o empregado dê plena e ampla quitação, sem qualquer ressalva, o acordo homologado judicialmente não obsta a propositura de nova reclamação trabalhista.

(E) O acordo homologado judicialmente pode ser atacado pela via recursal ordinária.

A: incorreta, o termo conciliatório transita em julgado na data da sua homologação judicial (Súmula 100, V, do TST); **B:** incorreta, "se a decisão rescindenda é homologatória de acordo, não há parte vencedora ou vencida, razão pela qual não é possível a sua desconstituição calcada no inciso III do art. 485 do CPC " (Súmula 403, II, do TST); **C:** correta, Súmula 418 do TST; **D:** incorreta, "Acordo celebrado - homologado judicialmente - em que o empregado dá plena e ampla quitação, sem qualquer ressalva, alcança não só o objeto da inicial, como também todas as demais parcelas referentes ao extinto contrato de trabalho, violando a coisa julgada, a propositura de nova reclamação trabalhista" OJ 132 da SDI-II do TST; **E:** incorreta, só pode ser atacado por ação rescisória (Súmula 259 do TST).

Gabarito "C"

(Magistratura do Trabalho – 21ª Região – 2005) Assinale a alternativa correta:

(A) apresentada a exceção de incompetência em razão do lugar, poderá o excepto se pronunciar no prazo de 24 horas;

(B) acolhida a exceção de incompetência territorial, deverá o Juiz do Trabalho declarar nulos todos os atos processuais praticados, exclusive a inicial;

(C) as audiências na Justiça do Trabalho somente podem ser realizadas das 08 às 20 horas, salvo se a matéria for urgente, hipótese em que a audiência não poderá ultrapassar quatro horas seguidas;

(D) os atos processuais serão praticados nos dias úteis, salvo no que pertine aos atos de execução, que podem ser realizados aos sábados, mediante requerimento da parte interessada;

(E) salvo no procedimento sumaríssimo e no inquérito para apuração de falta grave, a parte tem o direito de que sejam ouvidas pelo menos três testemunhas, acarretando ofensa ao princípio da ampla defesa a dispensa de qualquer uma delas pelo Juiz do Trabalho, desde que tenha sido consignado o protesto em ata.

Assim dispõe o art. 800 da CLT: "Apresentada a exceção de incompetência, abrir-se-á vista dos autos ao exceto, por 24 (vinte e quatro) horas improrrogáveis, devendo a decisão ser proferida na primeira audiência ou sessão que se seguir".

Gabarito "A"

6. PRESCRIÇÃO E DECADÊNCIA

OBSERVAÇÃO: para mais questões sobre prescrição e decadência, ver o capítulo sobre Direito Material do Trabalho.

(Magistratura do Trabalho – 2ª Região – 2011) Analise as assertivas proposições:

I. O prazo de dois anos para ajuizar ação rescisória suspende-se durante o recesso.

II. O prazo de dois anos para interpor ação rescisória interrompe-se durante o recesso.

III. Conforme entendimento sumulado, bem como nos termos do Código Civil, a ação trabalhista, ainda que arquivada, interrompe a prescrição somente em relação aos pedidos idênticos, ou seja, soma-se na contagem o período anterior à interposição da ação.

IV. O prazo de prescrição com relação à ação de cumprimento de decisão normativa, conforme entendimento sumulado, flui apenas da data de seu trânsito em julgado.

V. A pretensão à complementação de aposentadoria jamais recebida, conforme entendimento sumulado, prescreve em dois anos contados da cessão do contrato de trabalho.

Responda:

(A) Estão corretas as assertivas I e III,;

(B) Estão corretas as assertivas II e III;

(C) Estão corretas as assertivas III, IV e V;

(D) Estão corretas as assertivas I e V;

(E) Estão corretas as assertivas IV e V.

I e **II**: incorretas. Há consenso doutrinário e jurisprudencial de que o prazo para o ajuizamento de ação rescisória é decadencial, de modo que não se interrompe nem se suspende; **III**: incorreta. A primeira parte está correta (Súmula 268 do TST), mas não a segunda parte, pois na interrupção, recomeça-se um novo prazo prescricional (CC, art. 202, parágrafo único); **IV**: correta, Súmula 350 do TST; **V**: correta, Súmula 326 do TST.

Gabarito "E"

(Magistratura do Trabalho – 12ª Região – 2006) Sobre a prescrição no Direito Processual do Trabalho em relação às as nulidades, assinale a alternativa incorreta:

(A) não há que se falar em prescritibilidade ou não dos atos nulos, mas sim em prescritibilidade do direito de ação que vise a anular os efeitos dos atos supostamente nulos, segundo a melhor doutrina;

(B) na falta de previsão expressa na CLT, deve ser aplicada no Direito do Trabalho a teoria das nulidades do Direito Comum;

(C) a ação que visa a anular os efeitos dos atos nulos não prescreve;

(D) o entendimento sumulado pelo TST é de que, em se tratando de ação que envolva pedido de prestações sucessivas decorrente de alteração do pactuado, a prescrição é total, exceto quando o direito à parcela esteja também assegurado por preceito de lei;

(E) a supressão de comissões sujeita-se à prescrição total em virtude de cuidar-se de parcela não assegurada por preceito de lei.

A e **B**: corretas. Segundo a doutrina, o ato nulo não prescreve, mas já há prescrição na ação que visa a anular os efeitos do ato nulo. De acordo com Orlando Gomes, "se os atos nulos estivessem excluídos do âmbito da regra estatuída no art. 11 (da CLT), teria a Consolidação consagrado um preceito ocioso, pois, a prevalecer o entendimento de que nulo todo ato infringente de lei imperativo, dominaria a regra da imprescritibilidade, eis que as disposições trabalhistas têm essa natureza. Por outro lado, o art. 11 da CLT não autoriza, para efeito de prescrição, a distinção entre atos nulos e anuláveis mas, ao contrário, deixa bem claro o propósito de cobrir com a prescrição todos os atos infringentes das suas disposições. (...) a) não há que se falar em prescritibilidade ou não dos atos nulos, mas sim da prescritibilidade do direito de ação que vise anular os efeitos dos atos supostamente nulos; b) pela falta de previsão expressa, eis que o disposto nos arts. 794 a 798 da Consolidação das Leis do Trabalho refere-se apenas às nulidades processuais, deve ser aplicada, no Direito do Trabalho, a teoria das nulidades do direito comum" (Gomes, Orlando, *Ensaios de direito civil e de direito do trabalho*, Rio de Janeiro: Aide, 1986, p. 213); **C**: incorreta, conforme exposto no comentário às alternativas A e B, tal ação prescreve; **D**: correta, Súmula 294 do TST; **E**: correta, OJ 175 da SDI-1 do TST.

Gabarito "C"

(Magistratura do Trabalho – 21ª Região – 2012) No que se refere à aplicação da prescrição intercorrente, e tendo em conta a jurisprudência uniformizada, tanto do Supremo Tribunal Federal como do Tribunal Superior do Trabalho sobre o tema, assinale a alternativa correta:

(A) a do Supremo Tribunal Federal a admite e a do Tribunal Superior do Trabalho não a admite;

(B) a do Supremo Tribunal Federal não a admite e a do Tribunal Superior do Trabalho a admite;

(C) ambas não a admitem;

(D) ambas a admitem;

(E) o tema não recebeu uniformização pelo Supremo Tribunal Federal.

A Súmula 327 do STF prevê a prescrição intercorrente no Direito Trabalhista, mas a Súmula 114 do TST dispõe ser inaplicável.

Gabarito "A"

(Magistratura do Trabalho – 21ª Região – 2005) Ao promover a sua defesa, a reclamada pretendia arguir a prescrição quinquenal, bem como a compensação e retenção de valores pagos durante o contrato ao empregado. Porém, não o fez por ocasião da contestação. Diante disso, é correto afirmar:

(A) a arguição da prescrição poderá ser feita até as alegações finais, não podendo a parte interessada fazê-la nas contrarrazões de recurso;

(B) a arguição da prescrição e da compensação se limita ao momento da contestação, por ser matéria de mérito da defesa e, vencida essa etapa, opera-se a preclusão;

(C) a arguição da prescrição e da compensação é matéria de mérito da defesa e, como tal, poderá ser arguida na instância ordinária;

(D) a prescrição poderá ser arguida na instância ordinária, ou seja, até o recurso ou contrarrazões, enquanto a compensação limita-se à contestação;

(E) a prescrição poderá ser arguida até o recurso de revista, enquanto a retenção poderá ser arguida até na liquidação da sentença.

Conforme Súmulas 48 e 153 do TST e 153 do TST "a compensação só poderá ser arguida com a contestação" e "não se conhece de prescrição não arguida na instância ordinária".

Gabarito "D"

7. RECURSOS

7.1. PRINCÍPIOS RECURSAIS, PRESSUPOSTOS GERAIS E EFEITOS

(Magistratura do Trabalho – 1ª Região – 2004) Analisando as proposições abaixo:

I. o princípio da *non reformatio in pejus* não é adotado expressamente pelo CPC, mas é largamente aceito pela doutrina;
II. o referido princípio não tem o condão de alcançar as questões consideradas de ordem pública, conhecíveis de ofício em qualquer grau de jurisdição;
III. segundo entendimento dominante, deve ser inteiramente anulada a sentença que proferiu julgamento *ultra petita*;
IV. ante o princípio da transcendência, o ato nulo que não for arguido no tempo oportuno terminará por se convalidar;
V. é cabível mandado de segurança para extinguir execução fundada em sentença proferida em ação de cumprimento, quando excluída da sentença normativa a cláusula que lhe serviu de sustentáculo.

Assinale:

(A) se apenas I, II e V são verdadeiras;
(B) se apenas II, III e IV são verdadeiras;
(C) se apenas I, III, e IV são verdadeiras;
(D) se apenas I e II são verdadeiras;
(E) se apenas III, IV e V são verdadeiras.

I e **II:** corretas, o princípio da *non reformatio in pejus* não vem explícito no CPC, sendo decorrência do princípio do dispositivo: não havendo recurso contra uma parte do julgado desfavorável a um dos demandantes, tal capítulo da sentença se torna imutável. Observe-se, todavia, que tal princípio não alcança questões de ordem pública, conhecíveis de ofício a qualquer tempo e grau de jurisdição (arts. 267, § 3º, e 516 do CPC); **III:** incorreta, a validade da sentença demanda a observância dos requisitos previstos no art. 832 da CLT. Ademais, salvo exceções pontuais, não pode o juiz decidir acima (*ultra*), fora (*extra*) ou aquém (*citra petita*) dos limites da lide. Como regra, proferida a sentença *ultra petita*, esta não deverá ser anulada, reformando-se apenas a parte que desbordar dos limites do pedido, forte no princípio da congruência entre a sentença e os pedidos, observado o princípio da economia processual e do aproveitamento (CLT, art. 796, *a*); **IV:** incorreta, pelo princípio da transcendência, também presente na teoria das nulidades no processo trabalhista, não há que se declarar a nulidade do julgado sem a ocorrência de prejuízo (não confundir o princípio da transcendência com o requisito da transcendência, presente no recurso de revista); **V:** correta, Súmula 397 do TST.

Gabarito "A"

(Magistratura do Trabalho – 1ª Região – 2004) O empregador reclamado, sucumbente, interpõe recurso ordinário no quinto dia do prazo, sem comprovação de realização do depósito recursal. Assinale a alternativa correta, a ser adotada pelo juiz prolator da sentença atacada, considerando que os demais pressupostos processuais estão presentes:

(A) deverá negar seguimento ao recurso, por deserto;
(B) deverá determinar a intimação para suprir o vício, no prazo de cinco dias;
(C) deverá dar seguimento ao recurso, se feito e comprovado o depósito no prazo recursal de oito dias;
(D) não deverá conhecer do recurso, por deserto;
(E) deverá conhecer do recurso, em face do duplo grau de jurisdição, constitucionalmente assegurado.

Assim reza a Súmula 245 do TST: "O depósito recursal deve ser feito e comprovado no prazo alusivo ao recurso. A interposição antecipada deste não prejudica a dilação legal".

Gabarito "C"

(Magistratura do Trabalho – 2ª Região – 2012) Analise as assertivas seguintes e ao final responda.

I. Efeito translativo do recurso depende de expressa manifestação da parte.
II. O recurso interposto de decisão normativa tem efeito suspensivo, na medida e extensão conferidas em despacho do Presidente do Tribunal Superior do Trabalho.
III. O Presidente do Tribunal Regional do Trabalho pode conceder efeito suspensivo ao recurso de revista.
IV. A decisão proferida pelo juízo "ad quem" substitui a decisão recorrida no que tiver sido objeto de recurso.
V. Pode-se dizer que existe efeito extensivo do recurso quando este é interposto por um dos litisconsortes, aproveitando aos demais, salvo se distintos ou opostos seus interesses.

Estão **corretas apenas** as assertivas:

(A) I, II e III.
(B) II, III e V.
(C) III, IV e V.
(D) II, IV e V.
(E) I, III e IV.

I: incorreta. Segundo os ensinamentos de Luis Guilherme Marinoni, o efeito translativo do recurso é ligado à matéria que compete ao Judiciário conhecer, em qualquer tempo ou grau de jurisdição, **ainda que sem expressa manifestação da parte** (como exemplo, podemos citar as preliminares de mérito elencadas no art. 301 do CPC, com exceção do inciso IX). O tribunal é autorizado a conhecer esses temas de ordem pública, ainda que não tenham sido ventilados, seja no juízo *a quo*, seja nas razões de recurso. **II:** correta, art. 14 da Lei 10.192/2001; **III:** incorreta. O efeito suspensivo ao Recurso de Revista somente pode ser proferido pelo Presidente do Tribunal Superior do Trabalho – TST, e não do TRT (art. 7º, § 6º, da Lei 7.701/1988); **IV:** correta. Trata-se do efeito substitutivo dos Recursos, previsto no art. 512 do CPC; **V:** correta, art. 509 do CPC.

Gabarito "D"

(Magistratura do Trabalho – 2ª Região – 2012) Conforme jurisprudência sumulada do Tribunal Superior do Trabalho quanto à recorribilidade das decisões interlocutórias é **correto** afirmar:

(A) As decisões interlocutórias são recorríveis sempre que o juiz no curso do processo resolva questão incidental.
(B) As decisões interlocutórias são recorríveis quando tais decisões contrariarem Orientação Jurisprudencial do Tribunal Superior do Trabalho.
(C) As decisões interlocutórias não são recorríveis ainda que acolherem exceção de incompetência territorial, remetendo os autos para Tribunal distinto.
(D) As decisões interlocutórias são irrecorríveis, mesmo quando suscetíveis de impugnação mediante recurso para o mesmo Tribunal.
(E) As decisões interlocutórias não poderão ser impugnadas, salvo por meio de recurso de revista.

Assim preceitua a Súmula 214 do TST: "Na Justiça do Trabalho, nos termos do art. 893, § 1º, da CLT, as decisões interlocutórias não ensejam recurso imediato, salvo nas hipóteses de decisão: a) de Tribunal Regional do Trabalho contrária à Súmula ou Orientação Jurisprudencial do Tribunal Superior do Trabalho (...)".

Gabarito "B".

(Magistratura do Trabalho – 2ª Região – 2011) No que diz respeito ao sistema recursal, assinale a alternativa correta:

(A) Das decisões proferidas em dissídio coletivo que afete empresa de serviço público poderão recorrer, além dos interessados, o Presidente do Tribunal e a Procuradoria da Justiça do Trabalho ou, em qualquer caso, das proferidas em revisão, poderão recorrer, além dos interessados, o Presidente do Tribunal, ficando vedada a interposição de recurso pela Procuradoria da Justiça do Trabalho nesta última hipótese.
(B) O recurso da União contra as decisões proferidas nos dissídios coletivos será suspensivo quanto à parte que exceder o índice governamental.
(C) No ato de interposição do agravo de instrumento, o depósito recursal corresponderá a 40% (quarenta por cento) do valor do depósito do recurso ao qual se pretende destrancar.
(D) A contagem do quinquídio para apresentação dos originais de recurso interposto por intermédio de *fac-símile* começa a fluir do dia subsequente ao término do prazo recursal e não do dia seguinte à interposição do recurso, se esta se deu antes do termo final do prazo, sendo que o *dies a quo* não poderá coincidir com sábado, domingo ou feriado, consoante e regra insculpida no art. 184 do Código de Processo Civil.
(E) A União, Estados, Municípios e suas autarquias e fundações de direito público, que não explorem atividade econômica, assim como a massa falida e as empresas em liquidação extrajudicial, estão isentas do depósito recursal tanto no caso de interposição do recurso ordinário, quanto no de revista.

A: incorreta, pois das decisões proferidas em revisão também poderá interpor recurso a Procuradoria da Justiça do Trabalho (art. 898, *caput*, da CLT); **B:** correta, art. 8º da Lei 5.584/1970; **C:** incorreta, o depósito recursal corresponderá a 50% (cinquenta por cento) – art. 899, § 7º, da CLT; **D:** incorreta, contraria o disposto na Súmula 387, III, do TST, *in verbis*: "Não se tratando a juntada dos originais de ato que dependa de notificação, pois a parte, ao interpor o recurso, já tem ciência de seu ônus processual, não se aplica a regra do art. 184 do CPC quanto ao "dies a quo", podendo coincidir com sábado, domingo ou feriado"; **E:** incorreta, tal privilégio não se aplica à empresas em liquidação extrajudicial (Súmula 86 do TST) (v. Dec.-lei 779/1969).

Gabarito "B".

(Magistratura do Trabalho – 2ª Região – 2010) Com relação ao depósito recursal, conforme entendimento sumulado do Tribunal Superior do Trabalho assinale a alternativa correta:

(A) Havendo condenação solidária de duas ou mais empresas, o depósito recursal efetuado por uma delas aproveita às demais, quando a empresa que efetuou o depósito não pleiteia sua exclusão da lide.
(B) É ônus da parte recorrente efetuar o depósito legal, integralmente, em relação a cada novo recurso interposto, sob pena de deserção, ainda que tenha sido atingido o valor da condenação.
(C) Havendo pluralidade de empresas rés, o depósito recursal somente deve ser feito por uma delas, aproveitando às demais que recorrerem.
(D) O depósito recursal deve ser efetuado em todas as hipóteses em que a parte interponha recurso, mesmo estando garantido o juízo, na fase executória.
(E) O depósito recursal deve ser efetuado mesmo se não houver condenação a pagamento em pecúnia.

A: correta, Súmula 128, III, do TST; **B:** incorreta, se atingido o valor da condenação, nenhum depósito será exigido (Súmula 128, I, do TST); **C:** incorreta, art. 509 do CPC (não se tratando de litisconsórcio unitário, o depósito feito por um dos réus não aproveita aos demais, salvo havendo solidariedade passiva e se as defesas opostas ao autor forem comuns); **D:** incorreta, contradiz o disposto na Súmula 128, II, do TST; "*Garantido o juízo, na fase executória, a exigência de depósito para recorrer de qualquer decisão viola os incisos II e LV do art. 5º da CF/1988.* Havendo, porém, elevação do valor do débito, exige-se a complementação da garantia do juízo"; **E:** incorreta, o depósito, nesse caso, não deve ser efetuado (Súmula 161 do TST).

Gabarito "A".

(Magistratura do Trabalho – 2ª Região – 2010) Considerando os efeitos recursais conhecidos na doutrina e determinados em lei, relacione as assertivas abaixo na ordem respectiva, assinalando a alternativa correta:

I. Decorre do princípio dispositivo e do duplo grau de jurisdição.
II. Adia os efeitos da decisão impugnada.
III. Só tem esse efeito se o recurso for conhecido e provido pelo mérito da causa, ainda que o Tribunal mantenha integralmente o julgado de piso.
IV. Tem aplicação na hipótese de litisconsórcio unitário.

(A) Efeito substitutivo; efeito devolutivo; efeito translativo; efeito extensivo.
(B) Efeito devolutivo; efeito suspensivo; efeito substitutivo; efeito extensivo.

(C) Efeito extensivo; efeito suspensivo; efeito extensivo; efeito substitutivo.
(D) Efeito devolutivo; efeito suspensivo; efeito substitutivo; efeito translativo.
(E) Efeito substitutivo; efeito suspensivo; efeito substitutivo; efeito regressivo.

O gabarito é autoexplicativo.

Gabarito "B"

(Magistratura do Trabalho – 3ª Região – 2013) Sobre os recursos no processo do trabalho, leia as afirmações abaixo e, em seguida, assinale a alternativa correta:

I. A denominada *jurisprudência defensiva* é traduzida por decisões que flexibilizam o exame dos pressupostos de admissibilidade dos recursos, visando fazer chegar aos tribunais superiores o maior número possível de recursos.
II. Em nenhuma hipótese as decisões interlocutórias são passíveis de recurso imediato.
III. O prazo recursal é de oito dias, sem exceções.
IV. O recurso adesivo não está sujeito ao depósito recursal.

(A) Somente a afirmativa I esta correta.
(B) Todas as afirmativas estão corretas.
(C) Somente a afirmativa II esta correta.
(D) Todas as afirmativas estão incorretas.
(E) Somente a afirmativa IV esta correta.

I: incorreta. A jurisprudência defensiva consiste, ao contrário, em orientações formalistas no sentido de se dificultar o exame de mérito dos recursos por meio da rigidez na aferição dos pressupostos de admissibilidade recursal, sob o pragmático fundamento do excessivo número de recursos; **II:** incorreta, Súmula 214 do TST; **III:** incorreta, em linha de princípio, os prazos fixados para os recursos previstos na CLT são de oito dias (art. 6º da Lei 5.584/1970). Por exceção, muito embora o recurso de embargos de declaração conte com previsão na CLT, seu prazo é de cinco dias (CLT, art. 897-A). Há, não obstante, outro recurso de interesse do processo do trabalho cujo prazo é distinto: ao recurso extraordinário, em não se tratando de recurso com previsão regido pela CLT, não se aplica o prazo previsto pelo art. 6º da Lei 5.584/1970, valendo o prazo geral de quinze dias (Lei 8.038/1990, art. 26). Saliente-se, por oportuno, que embora os agravos regimentais contem com prazo habitual de cinco dias na esfera cível, o art. 235 do Regimento Interno do TST indica o prazo de oito dias para o agravo regimental no processo do trabalho; **IV:** incorreta, item IX da Instrução Normativa n. 3, de 05.03.1993, do Tribunal Superior do Trabalho.

Gabarito "D"

(Magistratura do Trabalho – 3ª Região – 2013) Em relação ao processo do trabalho, leia as afirmações abaixo e, em seguida, assinale a alternativa correta, segundo a jurisprudência consolidada do Tribunal Superior do Trabalho:

I. O efeito devolutivo em profundidade do recurso ordinário transfere ao Tribunal a apreciação dos fundamentos da inicial ou da defesa, não examinados pela sentença, ainda que não renovados em contrarrazões.
II. O efeito devolutivo em profundidade do recurso ordinário transfere ao Tribunal a apreciação do pedido não apreciado na sentença, inclusive na hipótese contida no § 3º do art. 515 do CPC.
III. Inadmissível na fase recursal a regularização da representação processual, na forma do art. 13 do CPC, cuja aplicação se restringe ao juízo de 1º grau.
IV. As organizações ou organismos internacionais gozam de imunidade absoluta de jurisdição quando amparados por norma internacional incorporada ao ordenamento jurídico brasileiro, não se lhes aplicando a regra do Direito Consuetudinário relativa à natureza dos atos praticados. Excepcionalmente, prevalecerá a jurisdição brasileira na hipótese de renúncia expressa à cláusula de imunidade jurisdicional.

(A) Somente as afirmativas I, III e IV estão corretas.
(B) Somente as afirmativas I, II e IV estão corretas.
(C) Somente as afirmativas III e IV estão corretas.
(D) Somente as afirmativas I, II e III estão corretas.
(E) Somente a afirmativa II está correta.

I: correta, Súmula 393 do TST; **II:** incorreta, Súmula 393 do TST; **III:** correta, Súmula 383, II, do TST; **IV:** correta, OJ 416 da SDI-1 do TST.

Gabarito "A"

(Magistratura do Trabalho – 3ª Região – 2009) Analise as proposições abaixo e, considerando as disposições contidas na Consolidação das Leis do Trabalho e no Código de Processo Civil, bem como no entendimento jurisprudencial sumulado, assinale a alternativa correta:

I. O sistema recursal trabalhista é informado pelos seguintes princípios, dentre outros: unirrecorribilidade, fungibilidade, irrecorribilidade das decisões interlocutórias, sucumbência e proibição da *reformatio in pejus*.
II. O princípio da dialeticidade, segundo Nelson Nery Júnior, é o que informa que o recurso deve ser dialético, ou seja, discursivo, devendo o recorrente declinar o porquê do pedido de reexame da decisão.
III. O recurso interposto de decisão normativa da Justiça do Trabalho terá efeito suspensivo, na medida e extensão conferidas em despacho do Presidente do Tribunal Superior do Trabalho.
IV. Os recursos trabalhistas serão interpostos por simples petição e terão efeito meramente devolutivo, salvo as exceções previstas em lei, permitida a execução provisória até a penhora.
V. O efeito devolutivo em profundidade do recurso ordinário, que se extrai do § 1º do artigo 515 do CPC, transfere automaticamente ao Tribunal a apreciação de fundamento da defesa não examinado pela sentença, ainda que não renovado em contrarrazões. Não se aplica, todavia, ao caso de pedido não apreciado na sentença.

(A) São verdadeiras as proposições I, II, III, IV e V.
(B) São falsas as proposições I, II, IV e V.
(C) São falsas as proposições II e V.
(D) Apenas a proposição IV é falsa e as demais são verdadeiras.
(E) Apenas a proposição II é falsa e as demais são verdadeiras.

I e **II**: corretas, por definição; **III**: correta, art. 14 da Lei 10.192/2001; **IV**: correta, art. 899 da CLT; **V**: correta, Súmula 393 do TST.

Gabarito "A"

(Magistratura do Trabalho – 4ª Região – 2012) As custas processuais, no caso de interposição de recurso ordinário em mandado de segurança, deverão ser

(A) pagas e comprovadas em oito dias da interposição do recurso.
(B) pagas e comprovadas em cinco dias da interposição do recurso.
(C) pagas em cinco dias da interposição do recurso e comprovadas em cinco dias a contar do recolhimento.
(D) comprovadas em oito dias a contar do recolhimento.
(E) comprovadas dentro do prazo recursal.

A OJ 148 da SDI-II do TST dispõe: "É responsabilidade da parte, para interpor recurso ordinário em mandado de segurança, a comprovação do recolhimento das custas processuais no prazo recursal, sob pena de deserção". Vide também o art. 789, § 1º, da CLT.

Gabarito "E"

(Magistratura do Trabalho – 4ª Região – 2012) Considerando os entendimentos do TST, analise as proposições abaixo.

I. O efeito devolutivo em profundidade do recurso ordinário transfere ao Tribunal a apreciação dos fundamentos da inicial ou da defesa, não examinados pela sentença, ainda que não renovados em contrarrazões. Não se aplica, todavia, ao caso de pedido não apreciado na sentença, salvo nos casos de extinção do processo sem julgamento do mérito, se a causa versar sobre questão exclusivamente de direito e estiver em condições de imediato julgamento.

II. A admissibilidade do recurso de embargos contra acórdão de Turma em Recurso de Revista em fase de execução, publicado na vigência da Lei n. 11.496, de 16.06.2007, condiciona-se à demonstração de divergência jurisprudencial entre Turmas ou destas e a Seção Especializada em Dissídios Individuais do Tribunal Superior do Trabalho em relação à interpretação de dispositivo constitucional.

III. É extemporâneo recurso interposto antes de publicado o acórdão impugnado.

IV. Não cabem embargos para a Seção de Dissídios Individuais de decisão de Turma proferida em agravo.

V. Em ação rescisória, a decisão desfavorável ao ente público proferida pelo juízo de primeiro grau não está sujeita ao duplo grau de jurisdição obrigatório.

Estão corretas APENAS as proposições

(A) I, II e IV.
(B) II, III e IV.
(C) I, III e V.
(D) I, II e III.
(E) III, IV e V.

I: correta, Súmula 393 do TST; **II**: correta, Súmula 433 do TST; **III**: correta, Súmula 434, I, do TST; **IV**: incorreta, Há decisões de Turma proferida em agravo em que caberão embargos. Vide Súmula 353 do TST; **V**: incorreta, a decisão ao ente público está sujeita ao duplo grau de jurisdição obrigatório. As exceções são: "a) quando a condenação não ultrapassar o valor correspondente a 60 (sessenta) salários mínimos; b) quando a decisão estiver em consonância com decisão plenária do Supremo Tribunal Federal ou com súmula ou orientação jurisprudencial do Tribunal Superior" – Súmula 303, II, do TST.

Gabarito "D"

(Magistratura do Trabalho – 7ª Região – 2005) Analise as proposições abaixo e assinale a opção correta.

I. O efeito translativo, inerente ao recurso de apelação, é aplicável, supletivamente, ao recurso ordinário, permitindo, assim, que questões suscitadas e discutidas pelas partes, ainda que não apreciadas integralmente pela sentença, possam ser examinadas pelo Tribunal.

II. São pressupostos extrínsecos do recurso ordinário a legitimidade, a capacidade e o interesse.

III. As decisões interlocutórias, no processo do trabalho, não desafiam recurso imediato. Tratando-se, porém, de decisão que acolhe exceção de incompetência em razão do lugar, a jurisprudência pacificada no âmbito do Tribunal Superior do Trabalho admite a imediata interposição de recurso, quando o juízo excepcionado estiver vinculado a Tribunal Regional diverso daquele prolator da decisão.

IV. Em reclamação trabalhista movida em face da União, houve condenação desta no valor exato de R$ 18.000,00 (dezoito mil reais). Não tendo as partes interposto recurso ordinário, conclui-se, à luz da jurisprudência prevalente no Tribunal Superior do Trabalho, que a referida sentença transitou em julgado.

(A) Estão corretas as proposições I e III, sendo falsas as demais.
(B) Estão corretas as proposições I, III e IV, e falsa a II.
(C) Estão corretas as proposições I e IV e falsas as demais.
(D) Estão corretas as proposições I, II e IV e falsa a III.
(E) Estão corretas as proposições II e III e falsas as demais.

I: correta, o efeito devolutivo dos recursos impede que o juízo *ad quem* profira julgamento além, aquém ou fora do pedido nas razões recursais (arts. 128 e 460 do CPC). Entretanto, há questões de ordem pública que devem ser conhecidas de ofício pelo órgão *ad quem*, independentemente de suscitação no recurso, o que é nominado de efeito translativo dos recursos e que está autorizado pelos arts. 515, §§ 1º e 2º, do CPC; **II**: incorreta, a doutrina classifica os pressupostos processuais em subjetivos (ou intrínsecos) e objetivos (extrínsecos). Assim, legitimidade, capacidade e interesse são pressupostos intrínsecos; **III**: correta, trata-se do princípio da concentração ou da irrecorribilidade imediata das decisões interlocutórias (art. 893, § 1º, da CLT) e do entendimento cristalizado na Súmula 214, *c*, do TST; **IV**: correta, Súmula 303, *a*, do TST.

Gabarito "B"

(Magistratura do Trabalho – 8ª Região – 2007) A sistemática recursal trabalhista apresenta algumas peculiaridades que ensejam resultados mais vantajosos para o trâmite processual, por representar caráter dinâmico e flexível para os recursos laborais. Das alternativas abaixo, assinale a que não se coaduna com o processo do trabalho, por não integrar sua construção ideológica básica:

(A) Em regra, a irrecorribilidade imediata das decisões interlocutórias.
(B) A existência de simultaneidade na interposição de recursos, bem como a sucessividade recursal, em decorrência dos princípios da celeridade e fungibilidade.
(C) O recurso ordinário é dotado apenas de efeito devolutivo, permitindo-se a execução provisória até a constrição do bem.
(D) Das decisões de exceção de suspeição não caberá recurso imediato.
(E) Em caso de sucumbência recíproca, se o reclamante interpor recurso ordinário e o reclamado aforar embargos de declaração com pedido de efeito modificativo e sendo este acolhido modificando-se o julgado, ao reclamante será facultado interpor novo recurso ordinário ou até aditar o recurso anterior.

O recurso trabalhista é presidido pelo princípio da singularidade, unirrecorribilidade ou unicidade sindical, a impedir a interposição simultânea de mais de um recurso contra a mesma decisão (ou capítulo da mesma decisão). Como ensina Carlos Henrique Bezerra Leite, tal princípio, constante do art. 498 do CPC, foi ainda mais acentuado com a atual redação deste artigo, conferida pela Lei 10.352/2001 (2009, p. 608). De certa forma, a necessidade de interposição simultânea, no processo comum, de recurso extraordinário e recurso especial mitiga o princípio em questão, que só subsiste, em tal hipótese, se considerarmos que cada um destes recursos ataca capítulo distinto de uma mesma decisão.

Gabarito "B"

(Magistratura do Trabalho – 11ª Região – 2007 – FCC) Estando o reclamante representado por advogado e pretendendo este recorrer ordinariamente da sentença, é pressuposto do recurso

(A) a existência de omissão, obscuridade ou contradição na sentença.
(B) a existência de procuração ou substabelecimento válidos, outorgados ao advogado que subscreve o recurso.
(C) o pagamento do depósito recursal.
(D) a transcendência da matéria com relação aos reflexos gerais de natureza econômica, política, social ou jurídica.
(E) a demolição justificada das matérias impugnadas.

De acordo com a Súmula 383 do TST: "I – É inadmissível, em instância recursal, o oferecimento tardio de procuração, nos termos do art. 37 do CPC, ainda que mediante protesto por posterior juntada, já que a interposição de recurso não pode ser reputada ato urgente. II – Inadmissível na fase recursal a regularização da representação processual, na forma do art. 13 do CPC, cuja aplicação se restringe ao Juízo de 1º grau".

Gabarito "B"

(Magistratura do Trabalho – 11ª Região – 2007 – FCC) O reclamado A foi condenado a pagar verbas trabalhistas no valor de R$ 3.000,00 (três mil reais); o reclamado B, por sua vez, foi condenado a pagar R$ 22.000,00 (vinte e dois mil reais). Suponha-se que da tabela referente ao depósito recursal conste o valor de R$ 5.000,00 (cinco mil reais) para o recurso ordinário e R$ 10.000,00 (dez mil reais) para o recurso de revista. Em ambos os casos não houve agravamento da condenação pelo Tribunal Regional do Trabalho. Conforme jurisprudência do Tribunal Superior do Trabalho, o depósito recursal a ser efetuado por cada um dos reclamados deverá ser de

(A) R$ 3.000,00 (três mil reais) no recurso ordinário de A e R$ 5.000,00 (cinco mil reais) no recurso de revista de B.
(B) R$ 3.000,00 (três mil reais) no recurso ordinário de A e R$ 10.000,00 (dez mil reais) no recurso de revista de B.
(C) R$ 3.000,00 (três mil reais) no recurso ordinário de A e R$ 7.000,00 (sete mil reais) no recurso de revista de B.
(D) R$ 5.000,00 (cinco mil reais) no recurso ordinário de A e R$ 10.000,00 (dez mil reais) no recurso de revista de B.
(E) R$ 5.000,00 (cinco mil reais) no recurso ordinário de A e o mesmo valor no recurso ordinário de B.

Conforme preceitua a Súmula 128, I, do TST: "I – É ônus da parte recorrente efetuar o depósito legal, integralmente, em relação a cada novo recurso interposto, sob pena de deserção. Atingido o valor da condenação, nenhum depósito mais é exigido para qualquer recurso".

Gabarito "B"

(Magistratura do Trabalho – 12ª Região – 2006) Assinale a alternativa incorreta, em sede processual trabalhista:

(A) não havendo condenação em pecúnia na sentença, para o processamento do recurso ordinário é desnecessário o depósito recursal do valor arbitrado à condenação para efeitos de custas;
(B) em caso de fechamento da empresa, a realização de perícia visando a apurar a insalubridade não é obrigatória;
(C) garantido o juízo, na fase executória, a exigência de depósito para recorrer é inconstitucional;
(D) a comprovação do depósito recursal deve ser feita simultaneamente com o recurso ordinário e o protocolo antecipado deste em relação ao prazo final não autoriza a comprovação em momento diferente por razões de celeridade da marcha processual;
(E) sempre que houver litisconsórcio passivo, o depósito recursal para fins de interposição do recurso ordinário em sentença condenatória só precisa ser efetuado por um dos reclamados quando a empresa que efetuou o depósito não pleitear sua exclusão da lide.

A: correta, Súmula 161 do TST; **B:** correta, OJ 278 da SDI-I do TST; **C:** correta, Súmula 128, II, do TST; **D:** incorreta, Súmula 245 do TST; **E:** correta, Súmula 128, III, do TST.

Gabarito "D"

(Magistratura do Trabalho – 15ª Região – 2010) Aponte a alternativa incorreta:

(A) o art. 462 do CPC, que admite a invocação de fato constitutivo, modificativo ou extintivo do direito superveniente à propositura da ação, é aplicável de ofício;
(B) o efeito devolutivo em profundidade do recurso ordinário, que se extrai do § 1º do art. 515 do CPC, transfere automaticamente ao Tribunal a apreciação de fundamento da defesa não examinado pela sentença, ainda que não renovado em contrarrazões. Não se aplica, todavia, ao caso de pedido não apreciado;
(C) a contagem do quinquídio para apresentação dos originais de recurso interposto por intermédio de *fac-símile* começa a fluir do dia subsequente à interposição do recurso apresentado antes do termo final do prazo;
(D) independe de notificação da parte a obrigação de que apresente os originais de recurso interposto por *fac-símile*;
(E) nenhuma das anteriores.

A: assertiva correta, art. 462 do CPC; **B:** assertiva correta, Súmula 393 do TST; **C:** assertiva incorreta, devendo ser assinalada, o prazo começa a fluir do dia subsequente ao término do prazo recursal, "e não do dia seguinte à interposição do recurso, se esta se deu antes do termo final do prazo" (Súmula 387, II, do TST); **D:** assertiva correta, Súmula 387, III, do TST.

Gabarito "C"

(Magistratura do Trabalho – 18ª Região – 2006) Assinale a alternativa incorreta de acordo com a jurisprudência sumulada do TST.

(A) Havendo recurso ordinário em sede de rescisória, o depósito recursal só é exigível quando for julgado procedente o pedido e imposta condenação em pecúnia, devendo este ser efetuado no prazo recursal, no limite e nos termos da legislação vigente, sob pena de deserção.
(B) O depósito recursal é exigível mesmo quando não há condenação a pagamento em pecúnia.
(C) É ônus da parte recorrente efetuar o depósito legal, integralmente, em relação a cada novo recurso interposto, sob pena de deserção, e uma vez atingido o valor da condenação, nenhum depósito mais é exigido para qualquer recurso.
(D) Garantido o juízo, na fase executória, não é exigível depósito para recorrer, mas havendo elevação do valor do débito, exige-se a complementação da garantia do juízo.
(E) Havendo condenação solidária de duas ou mais empresas, o depósito recursal efetuado por uma delas aproveita as demais, quando a empresa que efetuou o depósito não pleiteia sua exclusão da lide.

A: assertiva correta, Súmula 99 do TST; **B:** assertiva incorreta, devendo ser assinalada. Súmula 161 do TST: "Se não há condenação a pagamento em pecúnia, descabe o depósito de que tratam os §§ 1º e 2º do art. 899 da CLT"; **C**, **D** e **E:** assertivas corretas, Súmula 128 do TST.

Gabarito "B"

(Magistratura do Trabalho – 18ª Região – 2006) Como é chamado o efeito dos recursos que está ligado à apreciação pelo Juízo *ad quem* das questões de ordem pública, que devem ser conhecidas de ofício pelo magistrado, a respeito das quais não se opera a preclusão, tais como nos casos da ausência de pressupostos de constituição e desenvolvimento regular do processo, litispendência, coisa julgada e ausência de condições da ação?

(A) efeito devolutivo;
(B) efeito extensivo;
(C) efeito regressivo;
(D) efeito translativo;
(E) efeito substitutivo.

V. arts. 515, §§ 1º e 2º, do CPC.

Gabarito "D"

(Procurador do Trabalho – MPT – 18º concurso – 2013) Assinale a alternativa INCORRETA:

(A) No caso de conciliação celebrada em ação civil pública, o acordo homologado pela Vara do Trabalho só pode ser impugnado por ação anulatória.
(B) Na Justiça do Trabalho, nos termos do art. 893, § 1º, da CLT, as decisões interlocutórias não ensejam recurso imediato, salvo nas hipóteses de decisão: a) de Tribunal Regional do Trabalho contrária à Súmula ou Orientação Jurisprudencial do Tribunal Superior do Trabalho; b) suscetível de impugnação mediante recurso para o mesmo Tribunal; c) que acolhe exceção de incompetência territorial, com a remessa dos autos para Tribunal Regional distinto daquele a que se vincula o juízo excepcionado, consoante o disposto no art. 799, § 2º, da CLT.
(C) O recurso adesivo é compatível com o processo do trabalho e cabível, no prazo de 8 (oito) dias, nas hipóteses de interposição de recurso ordinário, de agravo de petição, de revista e de embargos, sendo desnecessário que a matéria nele veiculada esteja relacionada com a do recurso interposto pela parte contrária.
(D) O fato de o juízo primeiro de admissibilidade do recurso de revista entendê-lo cabível apenas quanto a parte das matérias veiculadas não impede a apreciação integral pela Turma do TST, sendo imprópria a interposição de agravo de instrumento, no que concerne as matérias em relação às quais não foi dado seguimento.
(E) Não respondida.

A: assertiva incorreta, devendo ser assinalada. Não enxergamos razão pela qual a hipótese seria distinta das conciliações firmadas no bojo de reclamações individuais. No Direito Processual Civil, a ação anulatória é o instrumento para se atacar o ato judicial meramente homologatório (art. 486 do CPC). Porém, tal não é o entendimento na seara processual trabalhista. O TST entende que a ação rescisória é o meio de se atacar o termo de conciliação previsto no parágrafo único do art. 831 da CLT (Súmula 259), haja vista que o próprio CPC reconhece a resolução do processo com mérito, em caso de transação (CPC, art. 269, III); **B:** assertiva correta, Súmula 214 do TST; **C:** assertiva correta, Súmula 283 do TST; **D:** assertiva correta, Súmula 285 do TST.

Gabarito "A"

(Procurador do Trabalho – MPT – 17º Concurso – 2012) Marque a alternativa **INCORRETA**:

(A) Conforme a jurisprudência uniformizada do Tribunal Superior do Trabalho, há possibilidade de fungibilidade recursal quando o relator profere decisão monocrática de provimento ou denegação do recurso com conteúdo decisório definitivo e conclusivo da lide, sendo cabíveis embargos de declaração somente para suprir omissão e não para a modificação do julgado. Se o embargante, insurgindo-se contra a decisão do relator opuser embargos de declaração com efeito modificativo, estes devem ser recebidos como agravo.

(B) O recurso sem assinatura é apócrifo e, portanto, inexistente, não merecendo ser admitido. Todavia, a jurisprudência uniformizada do Tribunal Superior do Trabalho admite a validade do apelo, caso assinado ao menos na petição de apresentação ou nas razões recursais, aplicando, desta maneira, o princípio da instrumentalidade das formas processuais.

(C) O relator pode negar seguimento a recurso manifestamente inadmissível, improcedente, prejudicado, ou em confronto com súmula ou jurisprudência dominante do respectivo tribunal, do Supremo Tribunal Federal ou de Tribunal Superior, inclusive súmula do Tribunal Superior do Trabalho. Esses poderes do relator são aplicáveis, tanto nos Tribunais Regionais do Trabalho, quanto no Tribunal Superior do Trabalho, tendo em vista que não é inconstitucional a decisão monocrática, uma vez que existe recurso de agravo, assegurando-se a revisão pelo colegiado.

(D) O *jus postulandi* é aplicado nas Varas do Trabalho e nos Tribunais Regionais do Trabalho, podendo incidir em ações cautelares e mandados de segurança, sendo vedado somente para os casos de ação rescisória e recursos de competência do Tribunal Superior do Trabalho.

(E) Não respondida.

A: assertiva correta, Súmula 421 do TST; **B:** assertiva correta, OJ 120 da SDI-I do TST; **C:** assertiva correta, art. 557 do CPC; **D:** assertiva incorreta devendo ser assinalada, o *jus postulandi* também não alcança ações cautelares e mandados de segurança de competência do TST (Súmula 425 do TST).

Gabarito "D"

(Procurador do Trabalho – MPT – 16º Concurso – 2009) Tendo em conta o efeito devolutivo em extensão e em profundidade inerente ao recurso ordinário, na forma do art. 515, §§ 1º e 2º, do Código de Processo Civil, aplicado subsidiariamente ao processo do trabalho, podemos afirmar que:

I. a extensão do efeito devolutivo consiste em precisar o que se submete, por força do recurso ordinário, ao julgamento do Tribunal Regional do Trabalho; medir-lhe a profundidade é determinar com que material há de trabalhar o órgão destinatário do recurso para julgar;

II. o efeito devolutivo em profundidade transfere automaticamente ao Tribunal a apreciação de questão ou fundamento da defesa não examinado pela sentença, ainda que não renovado em contrarrazões, não se aplicando, todavia, ao caso de pedido não apreciado na sentença;

III. o efeito devolutivo em extensão e em profundidade do recurso ordinário transfere ao conhecimento do Tribunal Regional do Trabalho a matéria impugnada, nos limites dessa impugnação, sendo vedada reapreciação de questões já decididas no mesmo processo. O que se permite ao Tribunal revisor é conhecer, mesmo sem provocação, das questões relativas à admissibilidade do processo, respeitada, porém, a preclusão;

Assinale a alternativa CORRETA:

(A) apenas as alternativas I e II estão corretas;

(B) todas as alternativas estão corretas;

(C) apenas as alternativas II e III estão corretas;

(D) apenas as alternativas I e III estão corretas;

(E) não respondida.

Corretas, por definição, todas as afirmativas (v. súmula 393 do TST). Basicamente, o art. 515, *caput*, do CPC trata do efeito devolutivo em extensão, ao passo que os §§ 1º e 2º do mesmo dispositivo tratam do efeito devolutivo em profundidade.

Gabarito "B"

(Procurador do Trabalho – MPT – 16º Concurso – 2009) Assinale a alternativa INCORRETA: 429

(A) os pressupostos extrínsecos de admissibilidade do recurso ordinário são concernentes ao exercício do direito de recorrer; os pressupostos intrínsecos são atinentes à própria existência do direito de recorrer;

(B) a sucumbência formal consiste na discrepância entre o requerido e a parte dispositiva da decisão; na sucumbência material, a decisão judicial gera gravame à parte vencida, daí a utilidade do recurso para obter provimento mais vantajoso do ponto de vista prático;

(C) é inadmissível, em instância recursal, a regularização da representação processual, uma vez que esse procedimento é restrito ao Juízo de primeiro grau; no entanto, admite-se, por exceção, o protesto por posterior juntada do instrumento de mandato na fase recursal, a fim de evitar perecimento do direito;

(D) o princípio do *jus postulandi* somente é aplicável nas Varas do Trabalho e nos Tribunais Regionais do Trabalho, não se estendendo ao recurso de revista interposto para o Tribunal Superior do Trabalho;

(E) não respondida

A segunda parte da alternativa "C" está incorreta, pois não se admite o protesto por posterior juntada de mandato na fase recursal (Súmula 383 do TST).

Gabarito "C"

(Procurador do Trabalho – MPT – 14º Concurso – 2007) Assinale a alternativa CORRETA:

(A) Se o recorrente provar justo impedimento, tem o juiz de relevar a pena de deserção, dispensando o preparo.

(B) No caso de inversão do ônus da sucumbência em segundo grau, sem acréscimo ou atualização do valor das custas e se estas já foram devidamente recolhidas, descabe um novo pagamento pela parte vencida, ao recorrer.

(C) É ônus da parte recorrente efetuar o depósito recursal legal, integralmente, em relação a cada novo recurso interposto, sem que haja limite, sob pena de deserção.

(D) Às sociedades de economia mista é assegurada a isenção do recolhimento de custas processuais, conforme o Decreto-Lei n. 779/1969.

(E) Não respondida.

A: incorreta, o juiz, caso o recorrente prove justo impedimento, fixará prazo para recolhimento do preparo (art. 519 do CPC); **B:** correta, OJ 186 da SDI-I do TST; **C:** incorreta, pois "atingido o valor da condenação, nenhum depósito mais é exigido para qualquer recurso" (Súmula 128, I, do TST); **D:** incorreta, "os privilégios e isenções no foro da Justiça do Trabalho não abrangem as sociedades de economia mista, ainda que gozassem desses benefícios anteriormente ao Decreto-lei 779" (Súmula 170 do TST).

Gabarito "B"

(Procurador do Trabalho – MPT – 14º Concurso – 2007) Segundo a jurisprudência do Tribunal Superior do Trabalho, no que diz respeito aos recursos no processo do trabalho:

I. Na Justiça do Trabalho, as decisões interlocutórias não ensejam recurso imediato, salvo nas hipóteses de decisão: de Tribunal Regional do Trabalho contrária à Súmula ou Orientação Jurisprudencial do Tribunal Superior do Trabalho; suscetível de impugnação mediante recurso para o mesmo Tribunal; ou que acolhe exceção de incompetência territorial, com a remessa dos autos para Tribunal Regional distinto daquele a que se vincula o juízo excepcionado.

II. O juízo de admissibilidade é feito tanto no juízo "a quo", como no juízo "*ad quem*". A posição do primeiro não vincula o segundo, pois, se o juízo de primeiro grau entender que não cabe recurso por determinado fundamento, nada impede que o Tribunal examine a mesma questão por motivo, inclusive, de hierarquia.

III. Em nenhuma hipótese serve ao conhecimento de recurso de revista aresto divergente oriundo de mesmo Tribunal Regional do Trabalho.

IV. O efeito devolutivo do recurso ordinário transfere automaticamente ao Tribunal a apreciação de fundamento da defesa não examinado pela sentença, salvo se não renovado em contrarrazões.

De acordo com as proposições acima, pode-se afirmar que:

(A) todas as alternativas são corretas;

(B) apenas a alternativa IV está errada;

(C) apenas as alternativas I, III e IV estão erradas;

(D) apenas as alternativas I e II estão corretas;

(E) não respondida.

I: correta, Súmula 214 do TST; **II:** correta, por definição, desde que, evidentemente, interposto o agravo de instrumento para destrancar o recurso freado pelo primeiro grau; **III:** incorreta, se a interposição do recurso foi anterior à vigência da Lei 9.756/1998, servirá ao conhecimento de recurso de revista aresto divergente oriundo de mesmo Tribunal Regional do Trabalho (OJ 111 da SDI-I do TST); **IV:** incorreta, ainda que não renovado em contrarrazões, o Tribunal apreciará o fundamento da defesa (Súmula 393 do TST).

Gabarito "D"

(Procurador do Trabalho – MPT – 13º Concurso – 2006) Segundo jurisprudência consolidada do Tribunal Superior do Trabalho, é INCORRETO afirmar que:

(A) o efeito devolutivo em profundidade do recurso ordinário transfere automaticamente ao Tribunal a apreciação de fundamento da defesa não examinado pela sentença, ainda que não renovado em contrarrazões, não se aplicando, todavia, ao caso de pedido não apreciado na sentença;

(B) a regra que prevê o prazo em dobro para recurso de litisconsortes com procuradores distintos não se aplica ao processo do trabalho;

(C) as sociedades de economia mista possuem prazo em dobro para interposição de embargos declaratórios;

(D) a União, Estados, Municípios, Distrito Federal, suas autarquias e fundações públicas, quando representadas em juízo por seus procuradores, estão dispensados da juntada de instrumento de mandato;

(E) não respondida.

O prazo em dobro para interpor recurso não se estende às sociedade de economia mista (art. 188 do CPC e art. 1º, III, do Dec.-lei 779/1969).

Gabarito "C"

(Procurador do Trabalho – MPT – 13º Concurso – 2006) Em relação ao sistema recursal trabalhista, é INCORRETO afirmar que:

(A) as pessoas jurídicas de direito público e o Ministério Público do Trabalho não estão sujeitos ao depósito recursal;

(B) a juntada de documentos na fase recursal se justifica quando provado o justo impedimento para sua oportuna apresentação ou se referir a fato posterior à sentença;

(C) o juízo de oportunidade e conveniência a respeito da interposição do recurso é do órgão do Ministério Público, seja nos processos em que atua como órgão agente, seja naqueles em que oficia como fiscal da lei;

(D) os Tribunais Regionais do Trabalho procederão à uniformização de sua jurisprudência, servindo a súmula respectiva para ensejar a admissibilidade do recurso de revista;

(E) não respondida.

Reza o § 3º do art. 896 da CLT: "Os Tribunais Regionais do Trabalho procederão, obrigatoriamente, à uniformização de sua jurisprudência, nos termos do Livro I, Título IX, Capítulo I do CPC, *não servindo* a súmula respectiva para ensejar a admissibilidade do Recurso de Revista quando contrariar Súmula da Jurisprudência Uniforme do Tribunal Superior do Trabalho".

Gabarito "D"

(Procurador do Trabalho – MPT – 12º Concurso – 2005) Assinale a alternativa CORRETA:

Em caso de sentença condenatória do empregador, o depósito recursal deverá ser feito na conta do empregado, vinculada ao FGTS. Caso não tenha essa conta:

(A) o recorrente deverá depositar na conta do PIS/PASEP;
(B) realizar o depósito em favor da Delegacia Regional do Trabalho, legitimando o interesse recursal;
(C) o recorrente deverá abrir a conta vinculada ao FGTS;
(D) depositar em conta especial à disposição do juiz;
(E) não respondida.

Assim preceitua o § 5º do art. 899 da CLT: "Se o empregado ainda não tiver conta vinculada aberta em seu nome, nos termos do art. 2º da Lei 5.107, de 13 de setembro de 1966, a empresa procederá à respectiva abertura, para efeito do disposto no § 2º".

Gabarito "C"

7.2. REMESSA DE OFÍCIO

(Magistratura do Trabalho – 18ª Região – 2006) Assinale a alternativa incorreta de acordo com a jurisprudência sumulada do TST.

(A) Em dissídio individual, toda decisão contrária à Fazenda Pública está sujeita ao duplo grau de jurisdição.
(B) A alçada é fixada pelo valor dado à causa na data de seu ajuizamento, desde que não impugnado, sendo inalterável no curso do processo.
(C) Salvo se versarem sobre matéria constitucional, nenhum recurso caberá das sentenças proferidas nos dissídios que tenham valor de causa inferior a dois salários mínimos.
(D) Não se aplica a alçada em ação rescisória e em mandado de segurança.
(E) Em mandado de segurança, somente cabe remessa "*ex officio*" se, na relação processual, figurar pessoa jurídica de direito público como parte prejudicada pela concessão da ordem; tal situação não ocorre na hipótese de figurar no feito como impetrante e terceiro interessado pessoa de direito privado, ressalvada a hipótese de matéria administrativa.

A regra é que a decisão contrária à Fazenda Pública, em dissídio individual, está sujeita ao duplo grau de jurisdição, *exceto* se o valor da condenação não ultrapassar 60 (sessenta) salário mínimos ou se tiver emconsonância com decisão plenária do STF ou com Súmula/OJ do TST (Súmula 303, I, do TST).

Gabarito "A"

7.3. RECURSOS EM ESPÉCIE

(Magistratura do Trabalho – 1ª Região – 2004) Sendo indeferidos embargos à execução, por intempestivos, entendendo o embargante que foram tempestivos, deve impugnar a decisão:

(A) por recurso ordinário, em face da natureza de ação dos embargos;
(B) por agravo de petição, por ser decisão do juiz em execução;
(C) por agravo de instrumento, em face da natureza interlocutória da decisão;
(D) por mandado de segurança, em face do abuso de autoridade;
(E) por reclamação correicional, em face do erro de procedimento.

No caso versado, cabe agravo de petição, em consonância com o estatuído no art. 897, a, da CLT.

Gabarito "B"

(Magistratura do Trabalho – 2ª Região – 2012) Das decisões proferidas pelos Tribunais Regionais do Trabalho ou por suas turmas, em execução de sentença, inclusive em processo incidente de embargos de terceiro, caberá recurso de revista:

(A) por ofensa direta e literal de norma da Constituição Federal.
(B) por divergência jurisprudencial entre Tribunais Regionais do Trabalho e violação de lei federal.
(C) por divergência jurisprudencial entre Tribunais Regionais do Trabalho sobre aplicação de lei estadual.
(D) por violação da Constituição Federal e de súmula uniforme de jurisprudência do Tribunal Superior do Trabalho.
(E) em nenhuma hipótese caberá recurso de revista em agravo de petição.

De acordo com o § 2º do art. 896 da CLT, "das decisões proferidas pelos Tribunais Regionais do Trabalho ou por suas Turmas, em execução de sentença, inclusive em processo incidente de embargos de terceiro, não caberá Recurso de Revista, salvo na hipótese de ofensa direta e literal de norma da Constituição Federal".

Gabarito "A"

(Magistratura do Trabalho – 2ª Região – 2011) Assinale a resposta correta no que diz respeito ao prazo para o INSS (Instituto Nacional do Seguro Social) interpor o recurso ordinário previsto pelo art. 893, II, da CLT contra as sentenças definitivas condenatórias proferidas em reclamações trabalhistas nas quais litigam empregado e empregador na posição de reclamante e reclamado, respectivamente:

(A) É de 08 dias, não se aplicando o que prevê o art. 188 do CPC, já que este abrange, restritivamente, apenas os entes da administração pública direta.
(B) É de 08 dias, não se aplicando o que prevê o art. 188 do CPC, já que este abrange, restritivamente, apenas os entes da administração pública indireta.

(C) É de 16 dias, conforme art. 188 do CPC, extensivo à recorrente que, por se tratar de autarquia, goza da vantagem prevista pela Lei n. 9.469, de 1997, que cuida da intervenção da União, nas causas em que figurarem entes da administração indireta.
(D) É de 16 dias, conforme art. 188 do CPC, extensivo à recorrente que, por se tratar de empresa pública, goza da vantagem prevista pela Lei n. 9.469, de 1997, que cuida da intervenção da União, nas causas em que figurarem entes da administração indireta.
(E) É de 08 dias, conforme regra geral insculpida no art. 895, I, da CLT.

Arts. 895, II, da CLT c/c art. 188 do CPC (v. art. 832, § 4º, da CLT, e Lei 9.469/1997). Vale ressaltar que pela Lei 10.480/2002 foi criada a Procuradoria-Geral Federal, órgão vinculado à Advocacia-Geral da União, encarregado do patrocínio das causas de interesse de autarquias federais (como o INSS). Entretanto, desde a Lei 11.457/2007, é a Procuradoria-Geral da Fazenda Nacional que atua na recuperação de créditos previdenciários, órgão este também vinculado à Advocacia-Geral da União e afeto à União, e não ao INSS.
Gabarito "C".

(Magistratura do Trabalho – 2ª Região – 2011) Analise as seguintes proposições:

I. O parcelamento dos recolhimentos referentes às contribuições sociais, concedido pela Secretaria da Receita Federal do Brasil, implica a interrupção da execução de referidas contribuições.
II. Se a decisão contiver partes autônomas, a admissão parcial, pelo presidente do tribunal *a quo*, de recurso extraordinário que, sobre qualquer delas se manifestar, limitará a apreciação de todas pelo Supremo Tribunal Federal, independentemente de interposição de agravo de instrumento.
III. No Tribunal Superior do Trabalho não cabem embargos de decisão não unânime de julgamento que homologar conciliação em dissídio coletivo que exceda a competência territorial dos Tribunais Regionais do Trabalho ou que estenda as sentenças normativas do Tribunal Superior do Trabalho.
IV. Das decisões proferidas pelos Tribunais Regionais do Trabalho ou por suas Turmas, em execução de sentença, exceto em processo incidente de embargos de terceiro, não caberá Recurso de Revista, salvo na hipótese de ofensa direta e literal de lei federal.
V. O recurso adesivo é compatível com o processo do trabalho e cabe, no prazo de oito dias, nas hipóteses de interposição de recurso ordinário, de agravo de petição, de revista e de embargos, sendo necessário, neste último caso, que a matéria nele veiculada esteja relacionada com a do recurso interposto pela parte contrária.

Responda:

(A) Todas as assertivas estão corretas.
(B) Todas as assertivas estão erradas.
(C) Somente a assertiva V está correta.
(D) Somente estão corretas as assertivas IV e V.
(E) Somente estão corretas as assertivas III, IV e V.

I: incorreta, implica na *suspensão* até a quitação de todas as parcelas (art. 889-A, § 1º, da CLT); **II:** incorreta, pois *não* se limitará a apreciação de todas pelo STF (Súmula 528 do STF); **III:** incorreta, pois na hipótese narrada na alternativa, os embargos são cabíveis (art. 894, I, *a*, da CLT); **IV:** incorreta, *inclusive* em processo incidente de embargos de terceiro não caberá Recurso de Revista (art. 896, § 2º, da CLT); **V:** incorreta, é desnecessário, em qualquer um dos recursos citados, que a matéria nele veiculada esteja relacionada com a do recurso interposto pela parte contrária (Súmula 283 do TST.
Gabarito "B".

(Magistratura do Trabalho – 2ª Região – 2010) Quanto ao recurso ordinário nas reclamações trabalhistas sujeitas ao procedimento sumaríssimo, assinale a alternativa incorreta

(A) será imediatamente distribuído, uma vez recebido no Tribunal, devendo o relator liberá-lo no prazo máximo de dez dias, e a Secretaria do Tribunal ou Turma colocá-lo imediatamente em pauta para julgamento, sem revisor.
(B) terá parecer oral do representante do Ministério Público presente à sessão de julgamento, se este entender necessário o parecer, com registro na certidão.
(C) os Tribunais Regionais, divididos em Turmas, poderão designar Turma para o julgamento dos recursos ordinários interpostos das sentenças prolatadas nas demandas sujeitas ao procedimento sumaríssimo.
(D) terá parecer escrito do representante do Ministério Público presente à sessão de julgamento, se este entender necessário, devendo ser concedido prazo para sua apresentação.
(E) terá acórdão consistente unicamente na certidão de julgamento, com a indicação suficiente do processo e parte dispositiva, e das razões de decidir do voto prevalente. Se a sentença for confirmada pelos próprios fundamentos, a certidão de julgamento, registrando tal circunstância, servirá de acórdão.

O parecer do representante do MP será oral (art. 895, § 1º, III, da CLT).
Gabarito "D".

(Magistratura do Trabalho – 2ª Região – 2010) No que se refere ao recurso de agravo de instrumento no processo do trabalho, quando ainda não garantido o juízo, é correto afirmar:

(A) É o recurso cabível contra qualquer decisão interlocutória.
(B) É cabível mediante realização de depósito recursal específico, quando interposto pela reclamada.
(C) Não admite retratação do juiz prolator da decisão recorrida.
(D) É cabível, sem necessidade de realização de depósito recursal por qualquer das partes.
(E) Não é cabível no processo do trabalho.

A: incorreta, é cabível dos despachos denegatórios de seguimento de recurso (art. 897, *b*, da CLT); **B:** correta, art. 899, § 7º, da CLT; **C:** incorreta, o agravo de instrumento produz efeito regressivo; **D:** incorreta, a reclamada tem que depositar 50% do valor do recurso que se pretende destrancar (art. 899, § 7º, da CLT); **E:** incorreta, vide comentários à alternativa "A" (art. 897, *b*, da CLT).
Gabarito "B".

(Magistratura do Trabalho – 2ª Região – 2010) Conforme previsão contida no artigo 897-A da CLT no que diz respeito aos embargos de declaração é correto afirmar:

(A) Caberão embargos de declaração da sentença ou acórdão, no prazo de cinco dias, devendo seu julgamento ocorrer na primeira audiência ou sessão subsequente à sua apresentação, registrada na certidão, admitido efeito modificativo da decisão nos casos de obscuridade, omissão e contradição no julgado e manifesto equívoco no exame dos pressupostos extrínsecos do recurso.

(B) Caberão embargos de declaração da sentença ou acórdão, no prazo de oito dias, devendo seu julgamento ocorrer na primeira audiência ou sessão subsequente à sua apresentação, registrada na certidão, admitido efeito modificativo da decisão nos casos de omissão e contradição no julgado e manifesto equívoco no exame dos pressupostos extrínsecos do recurso.

(C) Caberão embargos de declaração da sentença ou acórdão, no prazo de cinco dias, devendo seu julgamento ocorrer na primeira audiência ou sessão subsequente à sua apresentação, registrada na certidão, admitido efeito modificativo da decisão nos casos de omissão e contradição no julgado e manifesto equívoco no exame dos pressupostos extrínsecos do recurso.

(D) Caberão embargos de declaração da sentença ou acórdão, no prazo de cinco dias, devendo seu julgamento ocorrer na primeira audiência ou sessão subsequente à sua apresentação, registrada na certidão, nos casos de contradição,omissão e dúvida, não se admitindo efeito modificativo da decisão.

(E) Caberão embargos de declaração da sentença ou acórdão, no prazo de cinco dias, devendo seu julgamento ocorrer na primeira audiência ou sessão subsequente à sua apresentação, registrada na certidão, admitido efeito modificativo da decisão nos casos de omissão, dúvida e contradição no julgado e manifesto equívoco no exame dos pressupostos extrínsecos do recurso.

A letra "C" descreve o disposto no art. 897-A da CLT.

Gabarito "C"

(Magistratura do Trabalho – 2ª Região – 2010) Deixando de lado a figura dos embargos de declaração, que tem conceito todo peculiar e se aplica indistintamente a todos os graus de jurisdição, podem ser identificadas três modalidades de embargos como recurso em sentido estrito, no processo do trabalho. São eles:

(A) Os embargos de nulidade, os embargos de divergência e os embargos infringentes.

(B) Os embargos à alienação, os embargos de divergência e os embargos infringentes.

(C) Os embargos infringentes, os embargos à alienação e os embargos de terceiro.

(D) Os embargos de terceiro, os embargos de divergência e os embargos infringentes.

(E) Os embargos de divergência, os embargos à execução e os embargos infringentes.

Com o advento da Lei 11.496/2007, foi suprimida a parte final da alínea *b* do inciso III do art. 3º da Lei 7.701/1988, deixando de existir os embargos de nulidade, ao menos assim expressamente nominado, o que torna controvertido o enunciado (v. art. 894 da CLT), mas não o gabarito (haja vista que todas as demais alternativas estão inequivocamente incorretas).

Gabarito "A"

(Magistratura do Trabalho – 4ª Região – 2012) Determinada sentença apreciou o mérito da lide. Por lapso, omitiu-se quanto a ponto importante da controvérsia. A parte opôs embargos declaratórios, pedindo suprimento da omissão e alteração do julgado. O Juiz do Trabalho

(A) poderá declarar a omissão e até supri-la, mas não alterar a conclusão, pois já cumprido o ofício jurisdicional.

(B) poderá declarar a omissão e, suprindo-a, emprestar aos embargos declaratórios efeito modificativo.

(C) nada poderá declarar, face à preclusão.

(D) poderá declarar a omissão, mas não supri-la, servindo os embargos declaratórios apenas para pré-questionamento da matéria, que deverá ser apreciada pelo TRT, este sim podendo dar efeito modificativo à sentença.

(E) poderá declarar a omissão, mas, ao supri-la, não poderá emprestar aos embargos declaratórios efeito modificativo.

Os embargos declaratórios poderão ter efeito modificativo (*Vide* artigos 897-A da CLT e 463 do CPC, e Súmula 278 do TST).

Gabarito "B"

(Magistratura do Trabalho – 4ª Região – 2012) Cabe recurso de revista, EXCETO

(A) quando as decisões proferidas derem ao mesmo dispositivo de lei federal interpretação diversa da que lhe houver dado outro Tribunal Regional, no seu Pleno ou Turma, ou a Seção de Dissídios Individuais do Tribunal Superior do Trabalho, ou a Súmula de Jurisprudência Uniforme do TST.

(B) quando as decisões proferidas derem ao mesmo dispositivo de lei estadual, Convenção Coletiva de Trabalho, Acordo Coletivo, sentença normativa, ou regulamento empresarial de observância obrigatória em área territorial que exceda a jurisdição do Tribunal Regional prolator da sentença recorrida, interpretação divergente.

(C) das decisões definitivas dos Tribunais Regionais, em processos de sua competência originária, no prazo de oito dias, quer nos dissídios individuais, quer nos dissídios coletivos.

(D) das decisões proferidas com violação literal de disposição de lei federal ou afronta direta e literal à Constituição Federal.

(E) das decisões proferidas pelos Tribunais Regionais do Trabalho ou por suas Turmas, em execução de sentença, na hipóteses de ofensa direta e literal de norma da Constituição Federal.

A: correta, art. 896, *a*, da CLT; **B:** correta, art. 896, *b*, da CLT; **C:** incorreta. O Recurso de Revista não é manejável no contexto dos dissídios coletivos (art. 896, *caput*, da CLT); **D:** correta, art. 896, *c*, da CLT; **E:** correta, Súmula 266 do TST.

Gabarito "C"

(Magistratura do Trabalho – 7ª Região – 2005) Analise as proposições abaixo e assinale a opção correta.

I. Além da omissão, da obscuridade e da contradição, manifesto equívoco no exame dos pressupostos extrínsecos de admissibilidade do recurso desafiam embargos de declaração, aos quais poderá ser emprestado efeito modificativo, com o objetivo de sanar mencionados vícios.

II. Havendo manifesto propósito protelatório nos embargos declaratórios, o embargante será apenado com multa não superior a 1% do valor da causa, sendo o respectivo depósito condição de admissibilidade dos recursos posteriores.

III. Intimadas da publicação da sentença em 30.09.2005, sexta-feira, ambas as partes opuseram embargos de declaração, sendo os da reclamada protocolizados no dia 07.10.2005 e os do reclamante, no dia 10.10.2005. Os embargos empresariais foram conhecidos e desprovidos, enquanto que os do reclamante não foram conhecidos, porquanto intempestivos. Intimadas dessa decisão no dia 17.10.2005, segunda-feira, ambas as partes interpuseram recurso ordinário no dia 25.10.2005. Considerando a inexistência de feriados no dia 03.10.2005, segunda-feira, é possível afirmar que o recurso ordinário interposto pelo reclamante encontra-se intempestivo.

IV. Somente acórdãos ou sentenças são passíveis de embargos de declaração, nos termos do artigo 897-A, da CLT. Admite a jurisprudência do Tribunal Superior do Trabalho a possibilidade de oposição dos embargos de declaração contra decisão monocrática do relator, que nega ou concede provimento a recurso. Em tal hipótese, a decisão será também monocrática, quando objetivada a concessão de efeito modificativo.

(A) Todas as proposições são falsas.
(B) As proposições são falsas, exceto a primeira.
(C) As proposições são falsas, exceto as duas últimas.
(D) As proposições são falsas, exceto a primeira e a última.
(E) As proposições são falsas, exceto a segunda e a terceira.

A única proposição incorreta é a "C", pois contraria o disposto no art. 897-A da CLT, *in verbis*: "Caberão embargos de declaração da sentença ou acórdão, no prazo de cinco dias, devendo seu julgamento ocorrer na primeira audiência ou sessão subsequente a sua apresentação, registrado na certidão, admitido efeito modificativo da decisão nos casos de omissão e contradição no julgado e manifesto equívoco no exame dos pressupostos extrínsecos do recurso".

Gabarito "B".

(Magistratura do Trabalho – 8ª Região – 2011) Assinale a alternativa CORRETA:

(A) A petição de interposição do agravo de instrumento contra despacho do juízo de primeiro grau que denega o processamento do recurso ordinário, sob pena de não conhecimento do apelo, será instruída, obrigatoriamente, com as seguintes peças: cópias da decisão agravada, da decisão da respectiva intimação, das procurações outorgadas aos advogados do agravante e do agravado, da petição inicial, da contestação, da decisão originária, do depósito recursal referente ao recurso que se pretende destrancar e, finalmente, da comprovação do recolhimento das custas.

(B) O art. 897, § 5º, da CLT, dispõe que, sob pena de não conhecimento, as partes promoverão a formação do instrumento do agravo de modo a possibilitar, caso provido, o imediato julgamento do recurso denegado, instruindo a petição inicial com as peças obrigatórias, elencadas no inciso I e as facultativas, a que se refere o item II.

(C) Na medida em que se trata de recurso destinado a assegurar o processamento de um outro recurso, como que em uma relação entre acessório e principal, admite-se, pacificamente, que o advogado habilitado apenas nos autos do processo de agravo de instrumento reúne legitimidade para atuar também no processo de que este se originou.

(D) Desde que admitido o mandato tácito no processo trabalhista, dessume-se que, no traslado de peças necessárias à constituição regular do agravo de instrumento, não havendo, nos autos de que se origina o agravo, mandato expresso ao advogado do agravante, a juntada da ata de audiência em que esteja demonstrada a presença do advogado, dispensa a procuração.

(E) Por imposição da Lei n. 5.584, de 1970, em seu art. 7º, a comprovação do depósito da condenação ou depósito recursal, a que se refere o art. 899, §§ 1º a 5º, da CLT, terá que ser feita dentro do prazo recursal, sob pena de deserção, de modo que, antecipada pelo recorrente a data da interposição do recurso, a partir desta flui o prazo respectivo para tal comprovação.

A: incorreta, também é documento obrigatório cópia do depósito recursal (art. 897, § 5º, I, da CLT); **B:** incorreta, a assertiva apega-se à expressão "partes", veiculada pelo art. 897, § 5º, da CLT, para concluir pela necessidade de que tanto agravante como agravado instruam a minuta e a contraminuta de agravo de instrumento com as peças necessárias ao exame da decisão denegatória de seguimento do recurso trancado e do mérito do próprio recurso que empolgou o agravo; **C:** incorreta, "a existência de instrumento de mandato apenas nos autos de agravo de instrumento, ainda que em apenso, não legitima a atuação de advogado nos processos de que se originou o agravo" (OJ 110 da SDI-I do TST); **D:** correta, OJ 286 da SDI-I do TST; **E:** incorreta, a interposição antecipada de recurso não prejudica a dilação legal (Súmula 245 do TST).

Gabarito "D".

(Magistratura do Trabalho – 8ª Região – 2011) Assinale a alternativa INCORRETA:

A) É incabível recurso de revista contra acórdão regional prolatado em agravo de instrumento, consoante a jurisprudência consolidada do TST.

B) Cabem embargos para a Seção de Dissídios Individuais do TST de decisão de Turma, proferida em agravo, para revisão dos pressupostos extrínsecos de admissibilidade do recurso de revista, cuja ausência haja sido declarada originariamente pela Turma no julgamento do agravo, consoante a jurisprudência consolidada do TST.

C) O arrematante deverá garantir o lance com o sinal correspondente a 30% (trinta por cento) do seu valor e, se ele ou seu fiador não pagar dentro de 24 (vinte e quatro) horas o preço da arrematação, perderá, em benefício da execução, o sinal, voltando à praça os bens executados.

D) O fato de o juízo primeiro de admissibilidade do recurso de revista entendê-lo cabível, apenas quanto a parte das matérias veiculadas, não impede a apreciação integral pela turma do Tribunal Superior do Trabalho, sendo imprópria a interposição de agravo de instrumento, consoante jurisprudência consolidada do TST.

E) Consoante jurisprudência consolidada do TST, havendo tese explícita sobre a matéria, na decisão recorrida, desnecessário contenha nela referência expressa do dispositivo legal para ter-se como prequestionado este.

A: assertiva correta, Súmula 218 do TST; **B:** assertiva correta, Súmula 353 do TST; **C:** assertiva incorreta, devendo ser assinalada, o sinal é de 20% (art. 888, § 2º, da CLT); **D:** assertiva correta, Súmula 285 do TST; **E:** assertiva correta, OJ 118 da SDI-I do TST.

Gabarito "C"

(Magistratura do Trabalho – 8ª Região – 2011) Em relação aos recursos no processo trabalhista, é CORRETO afirmar que:

(A) É incabível a apreciação do merecimento das decisões interlocutórias por meio de recurso da decisão definitiva.

(B) Salvo se versarem sobre matéria constitucional ou se forem proferidas com violação literal de disposição de lei federal, nenhum recurso caberá das sentenças prolatadas nos dissídios da alçada de que trata a Lei n. 5.584/1970.

(C) É considerada contradição, para efeito de interposição de embargos de declaração, nos termos do art. 897-A da CLT, a divergência entre o horário de trabalho que foi reconhecido na sentença de conhecimento, extraído das declarações prestadas pela testemunha, em relação ao horário registrado em cartões de ponto.

(D) Conforme jurisprudência pacificada do Tribunal Superior do Trabalho, é cabível recurso de revista interposto de acórdão proferido em agravo de petição, na liquidação de sentença ou em processo incidente na execução, inclusive os embargos de terceiro, quando demonstrada de forma inequívoca violação direta à Constituição Federal.

(E) O recurso adesivo é compatível com o processo do trabalho, sendo necessário que a matéria nele veiculada esteja relacionada com a do recurso interposto pela parte contrária.

A: incorreta, é cabível essa apreciação em recurso de decisão definitiva (art. 893, § 1º, da CLT); **B:** incorreta, a exceção não se estende à matéria proferida com violação literação de disposição de lei federal (art. 2º, § 4º, da Lei 5.584/1970); **C:** incorreta, a contradição se revela pelo antagonismo entre os fundamentos da decisão e o dispositivo, ao passo que a assertiva trata de juízo de valoração de prova, cujo meio idôneo de se combater é o recurso ordinário; **D:** correta, Súmula 266 do TST; **E:** incorreta, é desnecessário que a matéria veiculada tenha relação com a do recurso interposto pela parte contrária (Súmula 283 do TST).

Gabarito "D"

(Magistratura do Trabalho – 8ª Região – 2009) Sobre embargos declaratórios, é incorreto afirmar:

(A) É passível de nulidade decisão que acolhe embargos declaratórios com efeito modificativo sem oportunidade para a parte contrária se manifestar.

(B) A pessoa jurídica de direito público tem prazo em dobro para a interposição de embargos declaratórios.

(C) Ocorre preclusão se não forem opostos embargos declaratórios para suprir omissão apontada em recurso de revista.

(D) A natureza da omissão suprida pelo julgamento de embargos declaratórios pode ocasionar efeito modificativo no julgado.

(E) Cabem embargos declaratórios contra a decisão monocrática do Relator, de denegação ou provimento de recurso, por seu conteúdo decisório definitivo e conclusivo da lide, que serão submetidos ao pronunciamento do colegiado, convertidos em agravo, mesmo quando o embargante não postular efeito modificativo.

A: correta, OJ 142 da SDI-I do TST; **B:** correta, arts. 188 do CPC e 1º, III, do Dec.-lei 779/1969; **C:** correta, Súmula 184 do TST; **D:** correta, Súmula 278 do TST; **E:** incorreta, os embargos declaratórios só serão submetidos ao pronunciamento colegiado se o embargante postular efeito modificativo (Súmula 421 do TST).

Gabarito "E"

(Magistratura do Trabalho – 8ª Região – 2006) Relativamente ao recurso de revista é correto afirmar que:

(A) O recurso de revista – recurso de natureza extraordinária – é cabível para uma das Turmas do Tribunal Superior do Trabalho das decisões terminativas proferidas em dissídio individual ou coletivo, pelos Tribunais Regionais do Trabalho. Destina-se a uniformizar a jurisprudência ou restabelecer norma nacional violada, e não admite o exame de fatos ou provas. É incabível contra acórdão regional proferido em agravo de instrumento.

(B) O recurso de revista não se presta à observância do duplo grau de jurisdição. Sua interposição não exige o simples fato da sucumbência, tal como ocorre com os recursos de natureza ordinária. O Ministro Relator pode negar seguimento ao recurso de revista nas hipóteses de intempestividade, deserção, falta de alçada e ilegitimidade de representação, ou ainda por estar a decisão recorrida em consonância com Súmula da Jurisprudência do Tribunal Superior do Trabalho. A divergência apta a ensejar recurso de revista deve ser atual.

(C) A divergência jurisprudencial ensejadora da admissibilidade, do prosseguimento e do conhecimento do recurso de revista há de ser específica, revelando a existência de teses diversas na interpretação de um mesmo dispositivo legal, embora idênticos os fatos que as ensejaram. Daí a necessidade de demonstrar essa divergência para o Órgão julgador. Se não constar da decisão, compete à parte prequestioná-la. Diz-se prequestionada a matéria quando na decisão impugnada haja sido adotada, implicitamente, tese a respeito. Incumbe à parte interessada interpor embargos declaratórios objetivando o pronunciamento acerca do tema, sob pena de preclusão.

(D) Havendo condenação solidária de duas ou mais empresas, o depósito recursal efetuado por uma delas aproveita às demais, mesmo quando a empresa que efetuou o depósito pleiteia sua exclusão da lide.

(E) Caberá recurso de revista das decisões proferidas nos embargos de terceiro, apresentados nas execuções, quando houver violação literal de disposição de lei federal.

A: incorreta, art. 896, *caput*, da CLT (não cabe em dissídio coletivo); **B:** correta, por definição (art. 896 da CLT, Súmula 333 do TST); **C:** incorreta, há prequestionamento se na decisão impugnada haja sido adotada, *explicitamente,* tese a respeito. Para interpor embargos declaratórios, a matéria tem que ter sido invocada no recurso principal (Súmula 297 do TST); **D:** incorreta, o depósito recursal não aproveitará às demais se a empresa que efetuou o depósito pleitear sua exclusão da lide (Súmula 128, III, do TST); **E:** incorreta, o recurso de revista será cabível se a violação for direta e literal de norma da Constituição Federal (art. 896, § 2º, da CLT).

Gabarito "B".

436

(Magistratura do Trabalho – 9ª Região – 2006) O Recurso de Revista de acórdão oriundo de ação sujeita ao procedimento sumaríssimo, tem a seguinte característica:

(A) Será admitido em caso de violação direta da Consolidação das Leis do Trabalho.

(B) Será admitido quando contrariar norma coletiva de trabalho.

(C) Não será admitido em hipótese alguma.

(D) Será admitido quando houver contrariedade à súmula de jurisprudência uniforme do TST e violação direta da Constituição Federal.

(E) Será admitido somente quando houver violação direta da Constituição Federal.

Conforme dispõe o § 6º do art. 896 da CLT: "Nas causas sujeitas ao procedimento sumaríssimo, somente será admitido recurso de revista por contrariedade a súmula de jurisprudência uniforme do Tribunal Superior do Trabalho e violação direta da Constituição da República".

Gabarito "D".

(Magistratura do Trabalho – 9ª Região – 2006) Segundo entendimento sumulado do Tribunal Superior do Trabalho, para suprir a exigência de prequestionamento da matéria para fins de interposição de recurso de revista, faz-se necessário que:

(A) A matéria tenha sido alegada pela parte em qualquer de suas petições, mesmo que sem o pronunciamento da decisão impugnada.

(B) A decisão impugnada tenha adotado tese explícita a seu respeito, ou que tenha sido suscitada em embargos de declaração, desde que antes invocada no recurso principal.

(C) A parte levante o questionamento com o devido fundamento legal, por ocasião da interposição do recurso de revista, desde que antes tenha arguida a questão em sua petição inicial.

(D) A petição inicial ou a contestação tenham expressamente levantado a questão com seus fundamentos legais, sob pena de preclusão, mesmo que ausente da decisão impugnada.

(E) A matéria tenha sido alegada pela parte em qualquer momento processual, inclusive nas razões finais.

A alternativa "B" descreve a previsão contida na Súmula 297 do TST.

Gabarito "B".

(Magistratura do Trabalho – 9ª Região – 2006) Com relação aos recursos no processo do trabalho, assinale a alternativa incorreta:

(A) Não se conhece de recurso de revista ou de embargos, se a decisão recorrida resolver determinado item do pedido por diversos fundamentos e a jurisprudência transcrita não abranger a todos.

(B) É incabível recurso de revista interposto de acórdão regional prolatado em agravo de instrumento.

(C) A admissibilidade do recurso de revista e de embargos por violação tem como pressuposto a indicação expressa do dispositivo de lei ou da Constituição tido como violado.

(D) O fato de o juízo primeiro de admissibilidade do recurso de revista entendê-lo cabível apenas quanto à parte das matérias veiculadas não impede a apreciação integral pela Turma do TST, sendo imprópria a interposição de agravo de instrumento.

(E) A contagem do quinquídio para apresentação dos originais de recurso interposto por intermédio de *fac-símile* começa a fluir no dia seguinte à interposição do recurso, mesmo que esta tenha se dado antes do termo final do prazo recursal.

A: assertiva correta, Súmula 23 do TST; **B:** assertiva correta, Súmula 218 do TST; **C:** assertiva correta, Súmula 221 do TST; **D:** assertiva correta, Súmula 285 do TST; **E:** assertiva incorreta, devendo ser assinalada, a contagem começa a fluir do dia subsequente ao término do prazo recursal (Súmula 387, II, do TST).

Gabarito "E".

(Magistratura do Trabalho – 11ª Região – 2007 – FCC) Distribuída a ação trabalhista para uma das Varas do Trabalho de Manaus (11ª Região), o reclamado apresentou exceção de incompetência em razão do lugar, acolhida pelo Juiz, que determinou a remessa dos autos para uma das Varas do Trabalho de Jundiaí (15ª Região). Considerada essa situação hipotética e o entendimento sumulado pelo Tribunal Superior do Trabalho, é correto afirmar:

(A) O reclamante poderá interpor, desde logo, recurso ordinário para que o Tribunal Regional do Trabalho da 11ª Região reexamine a questão da competência em razão do lugar.

(B) O reclamante só poderá atacar a questão da competência por ocasião do recurso interposto contra a decisão final, pois não se admite o recurso imediato contra as decisões interlocutórias.

(C) O reclamante poderá interpor, desde logo, recurso ordinário para que o Tribunal Regional do Trabalho da 15ª Região reexamine a questão da competência em razão do lugar.

(D) Não poderia o juiz ter acolhido a exceção de incompetência em razão do lugar, pois essa espécie de competência é relativa, sendo admissível sua prorrogação.

(E) A incompetência em razão do lugar deve ser apontada em preliminar, na própria contestação, e não sob a forma de exceção.

Assim determina a Súmula 214, *c*, do TST: "Na Justiça do Trabalho, nos termos do art. 893, § 1º, da CLT, as decisões interlocutórias não ensejam recurso imediato, salvo nas hipóteses de decisão: (...) que acolhe exceção de incompetência territorial, com a remessa dos autos para Tribunal Regional distinto daquele a que se vincula o juízo excepcionado, consoante o disposto no art. 799, § 2º, da CLT".

Gabarito "A"

(Magistratura do Trabalho – 13ª Região – 2006) Assinale a alternativa incorreta:

(A) a interposição de agravo de petição permite o prosseguimento da execução em relação aos valores não impugnados no recurso;

(B) cabe agravo de petição das decisões proferidas na execução trabalhista;

(C) o agravo de instrumento, no processo do trabalho, é recurso destinado a reformar despacho que denega a interposição de recurso de qualquer das partes;

(D) recebido o agravo de instrumento, o juiz da Vara do Trabalho determinará a intimação do agravado para responder, no prazo legal, e, decorrido tal prazo, julgará o recurso;

(E) o recurso de revista é cabível de decisões dos Tribunais Regionais do Trabalho.

O § 4º do art. 897 da CLT dispõe: "Na hipótese da alínea *b* deste artigo, o agravo será julgado pelo Tribunal que seria competente para conhecer o recurso cuja interposição foi denegada".

Gabarito "D"

(Magistratura do Trabalho – 13ª Região – 2006) De acordo com a jurisprudência sumulada do Tribunal Superior do Trabalho, assinale a alternativa correta:

(A) no processo do trabalho, são cabíveis os recursos previstos na CLT, sem aplicação subsidiária do CPC. Incabível, desse modo, no processo trabalhista, o recurso adesivo;

(B) só cabe aplicação subsidiária do CPC, em se tratando de recurso adesivo, em relação às ações previstas na lei processual civil admissíveis no processo trabalhista;

(C) o recurso adesivo é incabível no processo trabalhista, por ser incompatível com os princípios deste, apenas no que diz respeito ao processo de execução;

(D) cabe recurso adesivo, no processo trabalhista, nas hipóteses de recurso ordinário, recurso de revista, agravo de petição e de embargos;

(E) só cabe recurso adesivo em se tratando de recurso ordinário, sendo incabível no recurso de revista.

Preceitua a Súmula 283 do TST: "O recurso adesivo é compatível com o processo do trabalho e cabe, no prazo de 8 (oito) dias, nas hipóteses de interposição de recurso ordinário, de agravo de petição, de revista e de embargos (...)".

Gabarito "D"

(Magistratura do Trabalho – 14ª Região – 2011) Em uma ação trabalhista típica, movida por empregado contra o ex-empregador houve sentença de mérito, julgando a demanda procedente em parte. Da sentença o advogado do reclamado recorreu ordinariamente, mas o recurso não foi provido. O advogado do reclamado então interpôs recurso de revista apenas repetindo, um a um, os argumentos constantes do recurso ordinário anteriormente apresentado. Considerados os dados supra e as súmulas do TST, assinale a alternativa correta.

(A) O recurso deve ser conhecido e apreciado pelo TST.

(B) O recurso não pode ser conhecido, pois não era caso de recurso de revista.

(C) O recurso não pode ser conhecido, pois as razões do recorrente não impugnaram os fundamentos da decisão recorrida.

(D) O recurso deve ser conhecido, pois a parte pode alegar o quiser nas razões apresentadas.

(E) O recurso deve ser conhecido, por força do princípio do duplo grau de jurisdição.

O recurso de revista deve atacar a decisão proferida no recurso ordinário, e não a sentença (art. 896 da CLT).

Gabarito "C"

(Magistratura do Trabalho – 15ª Região – 2010) Em relação aos recursos endereçados ao TST, assinale a alternativa incorreta:

(A) por se tratar de recurso com fundamentação vinculada, o recurso de revista não admite a interposição de apelo adesivo;

(B) excepcionando a regra da mera devolutividade, o recurso interposto de decisão normativa terá efeito suspensivo, na medida e extensão conferidas em despacho do Presidente do TST;

(C) o relator poderá negar seguimento, ao recurso de revista se a decisão recorrida estiver em consonância com súmula da Corte;

(D) julgado o agravo de petição envolvendo embargos de terceiro, o recurso de revista somente será cabível na hipótese de ofensa direta e literal à Constituição Federal;

(E) se o acórdão manteve a condenação de origem, o ente público que não apresentou recurso ordinário voluntário não poderá interpor recurso de revista.

A: incorreta, o recurso de revista admite interposição de recurso adesivo, pois é "desnecessário que a matéria nele veiculada esteja relacionada com a do recurso interposto pela parte contrária" (Súmula 283 do TST); **B:** correta, art. 14 da Lei 10.192/2001; **C:** correta, art. 896, § 5º, da CLT; **D:** correta, art. 896, § 2º, da CLT; **E:** correta, OJ 334 da SDI-I do TST.

Gabarito "A"

(Magistratura do Trabalho – 16ª Região – 2011) Analise as afirmativas e assinale a alternativa INCORRETA:

(A) O agravo regimental é cabível para impugnar as decisões monocráticas proferidas pelos relatores nas turmas dos Tribunais Regionais e do TST que negarem seguimento a recurso, e das decisões proferidas em sede de correição parcial.

(B) Não são cabíveis embargos para o TST se a decisão de Turma proferida em dissídios individuais, ainda que divirja de outra Turma, estiver em consonância com as Súmulas e OJ's do TST.

(C) O recurso de revista não pode ser interposto por simples petição, não se conhecendo de tal remédio pela ausência do requisito de admissibilidade inscrito no art. 514, II, do CPC, tendo as razões do recorrente atacado os fundamentos da decisão recorrida.

(D) É cabível o agravo de petição em face de decisões interlocutórias que não encerram o processo executivo, mas causem prejuízo a parte e não possam ser impugnadas pelos embargos à execução.

(E) Não cabe recurso extraordinário das decisões dos Tribunais Regionais do Trabalho que contrariam dispositivo da Constituição Federal ou declarem a inconstitucionalidade de tratado ou lei federal.

A: correta,, arts. 2º, II, *d*, e 3º, III, *c*, da Lei 7.701/1988; art. 709, § 1º, da CLT; (v. art. 235 do Regimento Interno do TST); **B:** correta, art. 894, II, da CLT; **C:** incorreta, francamente, não compreendemos o sentido da assertiva. De fato, o recurso de revista é um recurso extremamente técnico, com pressupostos bastante complexos (não é suficiente o simples inconformismo com a decisão recorrida), que não se compraz com a interposição por simples petição (a despeito da autorização contida no art. 899 da CLT), sendo necessária a fundamentação do recurso. Não compreendemos a pertinência com o art. 514, II, do CPC, que trata da fundamentação do recurso de apelação, e talvez aí haja o examinador inserido o erro da assertiva, eis que o art. 514, II, do CPC, trata dos fundamentos de fato e de direito da apelação, ao passo que o recurso de revista diz apenas com matéria de direito (Súmula 126 do TST); **D:** correta, há consenso de que o princípio da irrecorribilidade das decisões interlocutórias (v. art. 893, § 1º, da CLT) não é absoluto, sendo possível recorrer-se, por exemplo, da fixação do valor da causa por meio do pedido de revisão (art. 2º, §§ 1º e 2º, da Lei 5.584/1970) e de algumas decisões monocráticas de relatores por meio de agravo regimental (v. Súmula 214 do TST). É assim que, embora a hipótese não esteja contemplada pela Súmula 214 do TST, a jurisprudência admite a interposição de agravo de petição contra decisões interlocutórias relevantes ou terminativas na execução, a exemplo da decisão que determina o arquivamento do feito com base no art. 40 da Lei de Execução Fiscal (devedor ou bens não encontrados), quando o exequente entende haver localizado bens penhoráveis do executado. Outrossim, embora amplamente predominante o entendimento de não cabimento de recurso contra decisão interlocutória proferida em objeção de pré-executividade, é possível encontrar julgados admitindo o agravo de petição contra a decisão que não conhece a objeção (não da decisão que a julga improcedente); **E:** correta, na área trabalhista é possível o manejo do recurso de revista para atacar a decisão de TRT que afronte a Constituição (CLT, art. 896, *c*). Já o instrumento "equivalente" ao recurso de revista no processo comum, o recurso especial, não é meio idôneo para se discutir questão constitucional (CF, art. 105, III). Deste modo, embora no processo comum seja habitual a apresentação simultânea do recurso especial e do recurso extraordinário em face de decisão preferida pelos TJs ou TRFs, no processo do trabalho isso não ocorre, pois o TRT não é a última instância, anteriormente ao STF, que enfrenta a matéria constitucional. Deste modo, o recurso extraordinário trabalhista deverá ser interposto em face de decisão do TST que versar sobre questão constitucional, por se tratar de instância última (art. 102, III, da CF), ou de decisão de vara do trabalho em processo de rito sumário que viole norma constitucional ou declare a inconstitucionalidade de tratado ou lei federal, por se tratar de instância única (art. 2º, § 4º, da Lei 5.584/1970).

Gabarito "C".

(Magistratura do Trabalho – 16ª Região – 2008) Julgue os itens abaixo:

I. Em caso de embargos de declaração, quando o embargante requer efeito modificativo, os embargos declaratórios deverão ser submetidos ao pronunciamento do Colegiado, convertidos em agravo, em face dos princípios da celeridade processual e fungibilidade.

II. O juiz ou o tribunal condenará o embargante a pagar ao embargado multa não excedente de 1% (um por cento) sobre o valor da causa se declarar que são manifestamente protelatórios os embargos de declaração. Na reiteração de embargos protelatórios, a multa é elevada a até 10% (dez por cento), ficando condicionada a interposição de qualquer outro recurso ao depósito do respectivo valor.

III. Ocorrerá preclusão se não forem opostos embargos declaratórios para suprir omissão apontada em recurso de revista ou de embargos.

IV. Se a decisão monocrática de provimento ou denegação de recurso, prevista no art. 557 do CPC, tiver conteúdo decisório definitivo e conclusivo da lide, comporta ser esclarecida pela via dos embargos de declaração, em decisão aclaratória, também monocrática, quando se pretende tão somente suprir omissão e não, modificação do julgado.

AGORA RESPONDA:

(A) Todas as assertivas estão corretas;

(B) Todas as assertivas estão erradas;

(C) Somente I e II estão corretas;

(D) Somente II e III estão corretas;

(E) Somente I e III estão corretas.

I: correta, Súmula 421, II, do TST; **II:** correta, art. 538, parágrafo único, do CPC; **III:** correta, Súmula 297, II, do TST; **IV:** correta, Súmula 421, I, do TST.

Gabarito "A".

(Magistratura do Trabalho – 18ª Região – 2006) A MP 2226, de 4 de setembro de 2001, introduziu na CLT o art. 896-A, determinando que o TST examine previamente, no recurso de revista, "se a causa oferece transcendência". A respeito, considere as assertivas abaixo e assinale a alternativa correta.

I. A transcendência é aferida de acordo com os reflexos gerais de natureza econômica, política, social ou jurídica.

II. A transcendência é aferida somente de acordo com os reflexos gerais de natureza econômica e política.

III. O dispositivo mencionado foi revogado.
IV. Caberá ao TST regulamentar, em seu regimento interno, o processamento da transcendência do recurso de revista, assegurada a apreciação da transcendência em sessão pública, com direito a sustentação oral e fundamentação da decisão.
V. A inconstitucionalidade do referido dispositivo foi declarada pelo STF, no julgamento da ADI 2527-9.

(A) Apenas a primeira é correta.
(B) Apenas a segunda é correta.
(C) Apenas as assertivas I e IV são corretas.
(D) Apenas a assertiva III é correta.
(E) Apenas a última é correta.

I: correta, art. 896-A da CLT; **II:** incorreta, é aferida também de acordo com os reflexos de natureza social ou jurídica (art. 896-A da CLT); **III:** incorreta, não houve revogação; **IV:** correta, art. 2º da MP 2.226/2001; **V:** correta, na ADI foi suspendida a eficácia do art. 3º da citada MP, que não versa sobre a transcendência.

Gabarito "C"

(Magistratura do Trabalho – 18ª Região – 2006) Assinale a alternativa incorreta de acordo com a jurisprudência sumulada do TST.

(A) Não se conhece de recurso de revista ou de embargos se a decisão recorrida resolver determinado item do pedido por diversos fundamentos e a jurisprudência transcrita não abranger a todos.
(B) É incabível o recurso de revista ou de embargos para reexame de fatos e provas.
(C) Ocorre preclusão se não forem opostos embargos declaratórios para suprir omissão apontada em recurso de revista ou de embargos.
(D) Na Justiça do Trabalho as decisões interlocutórias nunca ensejam recurso imediato.
(E) A admissibilidade do recurso de revista interposto de acórdão proferido em agravo de petição, na liquidação de sentença ou em processo incidente na execução, inclusive os embargos de terceiro, depende de demonstração inequívoca de violência direta à Constituição Federal.

A: correta, Súmula 23 do TST; **B:** correta, Súmula 126 do TST; **C:** correta, Súmula 184 do TST; **D:** incorreta, "as decisões interlocutórias não ensejam recurso imediato, *salvo* nas hipóteses de decisão: a) de Tribunal Regional do Trabalho contrária à Súmula ou Orientação Jurisprudencial do Tribunal Superior do Trabalho; b) suscetível de impugnação mediante recurso para o mesmo Tribunal; c) que acolhe exceção de incompetência territorial, com a remessa dos autos para Tribunal Regional distinto daquele a que se vincula o juízo excepcionado (...)" (Súmula 214 do TST); **E:** correta, art. 896, § 2º, da CLT e Súmula 266 do TST.

Gabarito "D"

(Magistratura do Trabalho – 18ª Região – 2006) Segundo o entendimento sumulado do Tribunal Superior do Trabalho, é incorreto afirmar:

(A) O recurso adesivo é cabível em agravo de petição.
(B) O recurso adesivo é cabível em recurso ordinário.
(C) O recurso adesivo é cabível em agravo de instrumento.
(D) O recurso adesivo é cabível no recurso de revista
(E) O recurso adesivo é cabível em recurso de embargos.

O agravo de instrumento não está previsto na Súmula 283 do TST.

Gabarito "C"

(Magistratura do Trabalho – 20ª Região – 2003) João de Lima ajuizou reclamação trabalhista em face de Silveira Júnior Ltda. alegando, em síntese, que foi empregado da ré no período de 03.01.2003 a 25.04.2003, tendo sido despedido sem justa causa e sem receber as verbas rescisórias do pacto, o qual, inclusive, não foi registrado na CTPS. Inconformado, pediu o registro do contrato e o pagamento de aviso-prévio, férias e natalina proporcionais, indenização do FGTS + 40% e multa do § 8º, do art. 477, da CLT, ou, alternativamente, caso não fosse reconhecido o vínculo, que o juízo condenasse a reclamada a lhe pagar o saldo de R$ 900,00 (novecentos reais) que lhe ficou devendo por força do contrato que firmaram. A ré, ao se defender, alegou que contratou o autor para executar o serviço de construção de uma cisterna pelo qual lhe pagaria a importância de R$ 1.750,00 (um mil, setecentos e cinquenta reais), valor esse não integralmente quitado porque o reclamante não acabou a obra, motivo pelo qual apenas recebeu a importância de R$ 850,00 (oitocentos e cinquenta reais). A vara trabalhista perante a qual foi proposta a ação proferiu sentença no sentido de que não existiu contrato de emprego entre as partes, mas contrato de natureza civil, e, quanto ao mais, determinou a remessa dos autos para o juízo cível competente, segundo entendeu, para conhecer e apreciar o pedido de saldo contratual.

Marque a alternativa que oferece possibilidade de solução para o caso.

(A) cabe recurso ordinário para o Tribunal de Justiça da respectiva jurisdição, no qual o reclamante deve postular a reforma da sentença e o reconhecimento do vínculo de emprego ou, alternativamente, o pagamento do saldo contratual;
(B) cabe recurso de apelação para o Tribunal de Justiça da respectiva jurisdição, no qual o reclamante deve postular a reforma da sentença e o retorno dos autos ao juízo de origem para que nova decisão seja proferida;
(C) cabe recurso ordinário para o TRT da respectiva jurisdição, no qual o reclamante deve postular a reforma do julgado e o retorno dos autos à vara trabalhista de origem a fim de que profira nova decisão, apreciando, desta feita, o pedido de pagamento do saldo contratual;
(D) cabe recurso de agravo de instrumento para o TRT da respectiva jurisdição, no qual o reclamante deve postular a reforma do julgado e, de logo, decisão do órgão *ad quem* quanto à procedência do pedido de saldo contratual;
(E) cabe recurso especial para o STJ, no qual o reclamante deve postular àquela corte que defina se a competência para o julgamento da causa é da Justiça Trabalhista ou da Justiça Cível.

Art. 895, I, da CLT (observação: não se trata da hipótese prevista na Súmula 214, *c*, do TST).

Gabarito "C"

(Magistratura do Trabalho – 20ª Região – 2003) "O recurso de revista, uma vez interposto na forma da lei, é apresentado no Tribunal Regional do Trabalho prolator da decisão recorrida e o seu cabimento é examinado em despacho fundamentado pela presidência da referida corte, cabendo agravo de instrumento da decisão que denegar seguimento ao recurso. Para efeito da comprovação da divergência justificadora da revista, é necessário que o recorrente junte certidão ou cópia autenticada do acórdão paradigma ou cite a fonte oficial ou repositório autorizado em que foi publicado, e, além disso, que transcreva, em sua petição recursal, as ementas e/ou trechos dos acórdãos apresentados à configuração do dissídio, mencionando as teses que identifiquem os casos confrontados, ainda que os acórdãos já se encontrem nos autos ou venham a ser juntados com o recurso".

Marque:

(A) a proposição é correta;

(B) a proposição é incorreta, porque da decisão do juiz presidente do Regional que denega seguimento a recurso de revista não cabe agravo de instrumento, mas embargos;

(C) a proposição é incorreta, porque o juiz presidente do Regional não tem competência para examinar o cabimento e pressupostos da revista, sendo essa competência do juiz corregedor;

(D) a proposição é incorreta, porque o tribunal *a quo* não realiza juízo de admissibilidade de recurso de revista;

(E) a proposição é incorreta, porque é desnecessário que o recorrente transcreva, em sua petição recursal, as ementas e/ou trechos dos acórdãos apresentados à configuração do dissídio, mencionando as teses que identifiquem os casos confrontados, se os acórdãos já se encontram nos autos ou venham a ser juntados com o recurso.

A proposição está correta, corresponde ao disposto nos arts. 896, § 1º, e 897, *b*, da CLT e Súmula 337 do TST.

Gabarito "A".

(Magistratura do Trabalho – 21ª Região – 2005) Leia o enunciado abaixo e assinale, em seguida, a alternativa correta, considerando a Jurisprudência Sumulada do Tribunal Superior do Trabalho:

Examinando reclamação trabalhista proposta por servidor público em face de ente municipal, relativamente a direitos oriundos do período celetista, acolheu o Juiz do Trabalho a prejudicial de prescrição, em vista do transcurso do biênio contado a partir da data da mudança do regime. A parte reclamante interpôs recurso ordinário ao Tribunal Regional do Trabalho, que considerou que a transformação de regime não provocou ruptura da relação jurídica de trabalho, pelo que não havia lugar para a contagem prescricional. O acórdão, portanto, acolheu a tese do postulante e, afastando a prescrição pronunciada, determinou o retorno dos autos ao Juízo de origem para proceder a novo julgamento, a fim de se examinar os demais aspectos do mérito da pretensão. Dessa decisão, o Município apresentou recurso de revista ao Tribunal Superior do Trabalho.

(A) o recurso de revista não é cabível, uma vez que a decisão do Tribunal Regional é meramente interlocutória, o que contraria a regra inscrita no § 1º do art. 893 da CLT, que consagra o princípio da irrecorribilidade imediata das decisões interlocutórias;

(B) somente é possível a interposição de recurso de revista contra decisões não terminativas dos Tribunais Regionais do Trabalho, em casos que envolvam prescrição;

(C) as decisões interlocutórias no Processo do Trabalho não ensejam recurso de imediato, salvo quanto à decisão que acolhe exceção de incompetência territorial, e, ainda assim, desde que haja ordem de remessa para Juízo distinto do trabalhista;

(D) o recurso de revista é cabível, eis que a decisão do Tribunal Regional, apesar de interlocutória, é contrária à jurisprudência uniformizada do Tribunal Superior do Trabalho;

(E) o recurso de revista é, em tese, cabível, já que envolve matéria eminentemente jurídica, não violando o princípio do duplo grau de jurisdição, de acordo com as normas processuais vigentes.

A alternativa correta é a "D", conforme Súmulas 214, *a*, e 382 do TST.

Gabarito "D".

(Magistratura do Trabalho – 21ª Região – 2005) Com relação aos embargos declaratórios no âmbito do Direito Processual do Trabalho, é incorreto afirmar:

(A) podem ser opostos contra sentenças ou acórdãos, no prazo de cinco dias;

(B) a sua interposição suspende o prazo recursal;

(C) quando tenham por objeto pedido de efeito modificativo no julgado, ensejam, obrigatoriamente, oportunidade para manifestação da parte contrária;

(D) quando intempestivos, não produzem efeitos sobre o prazo para interposição de recurso cabível;

(E) admitem efeito modificativo para afastar a intempestividade de recursos ou qualquer outro requisito extrínseco destes.

Assim dispõe o art. 538 do CPC: "Os embargos de declaração interrompem o prazo para a interposição de outros recursos, por qualquer das partes".

Gabarito "B".

(Magistratura do Trabalho – 23ª Região – 2008) Segundo entendimento sumulado do C. Tribunal Superior do Trabalho, em relação à admissão do Recurso de Revista, é CORRETO afirmar:

I. a admissibilidade do recurso de revista contra acórdão proferido em agravo de petição, na liquidação de sentença ou em processo incidente na execução, inclusive os embargos de terceiro, depende de demonstração inequívoca de violência à lei ou a Constituição Federal;

II. enseja o conhecimento de recurso de revista ou de embargos, quando a decisão recorrida resolver determinado item do pedido por diversos fundamentos, ainda que a jurisprudência transcrita não abranger a todos;

III. é incabível recurso de revista interposto de acórdão regional prolatado em agravo de instrumento;

IV. o fato de o juízo primeiro de admissibilidade do recurso de revista entendê-lo cabível apenas quanto a parte das matérias veiculadas não impede a apreciação integral pela Turma do TST, sendo imprópria a interposição de agravo de instrumento.

(A) todas as opções estão corretas;
(B) apenas três opções estão corretas;
(C) apenas duas opções estão corretas;
(D) apenas uma opção está correta;
(E) todas as opções estão incorretas.

I: incorreta, a Súmula 226 do TST exige demonstração inequívoca de violência direta à Constituição Federal, não à lei; **II:** incorreta, não enseja o conhecimento de Recurso de Revista ou embargos (Súmula 23 do TST); **III:** correta, Súmula 218 do TST; **IV:** correta, Súmula 285 do TST.

Gabarito "C"

(Magistratura do Trabalho – 24ª Região – 2006) Quanto aos recursos no Processo do Trabalho, assinale a INCORRETA:

(A) Cabe recurso ordinário para a instância superior, das decisões definitivas dos Tribunais Regionais, em processos de sua competência originária, no prazo de oito dias, quer nos dissídios individuais, quer nos dissídios coletivos.

(B) Nas reclamações sujeitas ao procedimento sumaríssimo, o recurso ordinário será imediatamente distribuído, uma vez recebido no Tribunal, devendo o relator liberá-lo no prazo máximo de 10 dias, e a Secretaria do Tribunal ou Turma colocá-lo imediatamente em pauta para julgamento, sem revisor.

(C) Os Tribunais Regionais, divididos em Turmas, poderão designar Turma para o julgamento dos recursos ordinários interpostos das sentenças prolatadas nas demandas sujeitas ao procedimento sumaríssimo.

(D) O Recurso de Revista, dotado de efeito apenas devolutivo, será apresentado ao Presidente do Tribunal recorrido, que poderá recebê-lo ou denegá-lo, fundamentando, em qualquer caso, a decisão.

(E) Das decisões proferidas pelos Tribunais Regionais do Trabalho ou por suas Turmas, em execução de sentença, inclusive em processo incidente de embargos de terceiro, não caberá Recurso de Revista, em nenhuma hipótese.

Se houver ofensa direta e literal de norma da Constituição Federal, caberá Recurso de Revista (art. 896, § 2º, da CLT).

Gabarito "E"

(Procurador do Trabalho – MPT – 15º Concurso – 2008) A propósito do sistema recursal trabalhista, considere as seguintes proposições:

I. gravados de efeito devolutivo e classificados como recurso próprio, os embargos de declaração intempestivamente opostos não suspendem o prazo do recurso impróprio, ordinário ou extraordinário, adequado;

II. o efeito devolutivo imanente ao recurso ordinário permite que o tribunal revisor examine argumento de defesa não considerado no julgado recorrido, não se aplicando, contudo, a pedido não apreciado na origem;

III. o agravo apresentado com o objetivo de suprir omissão em decisão monocrática de provimento ou denegação de recurso, decisão revestida de conteúdo definitivo e conclusivo da lide, deve ser recebido como embargos de declaração e decidido monocraticamente, por aplicação dos princípios da fungibilidade e celeridade processual;

IV. embora ostente natureza interlocutória, a decisão que acolhe exceção de incompetência territorial, determinando o envio dos autos a órgão jurisdicional vinculado a tribunal diverso daquele a que se vincula o juízo excepcionado, desafia a interposição de recurso ordinário imediato.

De acordo com as assertivas acima, pode-se afirmar que:

(A) o item I é certo e o item II é errado;
(B) o item II é certo e o item III é errado;
(C) o item III é certo e o item IV é errado;
(D) o item IV é certo e o item I é errado;
(E) não respondida.

I: errado. Na taxonomia dos recursos, estes são classificados de próprio ou impróprios conforme a autoridade a que se dirigem: próprios são os julgados por órgão de jurisdição inferior, como o recurso ordinário e o recurso de revista; impróprios são os julgados pelo mesmo órgão prolator da decisão. Portanto, embargos declaratórios são recursos impróprios; **II:** certo, Súmula 393 do TST; **III:** errado (Súmula 421, II, do TST); **IV:** certo, Súmula 214, *c*, do TST.

Gabarito "D"

(Procurador dol Trabalho – MPT – 12º Concurso – 2005) Assinale a alternativa CORRETA:

Intimado de sentença referente a processo do qual não foi citado, deverá o empregador:

(A) informar ao juiz do trabalho a ausência da citação e aguardar o despacho para, a partir dele, adotar alguma medida;

(B) informar ao juiz sobre a ausência da citação e, de logo, requerer que lhe seja remetida cópia da inicial para que apresente contestação, sob pena de ofensa ao direito de defesa;

(C) interpor recurso ordinário para o Tribunal Regional do Trabalho;

(D) comunicar o fato ao corregedor e requerer que ele decrete a anulação de todos os atos.

(E) não respondida.

De acordo com o art. 895, I, da CLT, deverá o empregador interpor Recurso Ordinário, em oito dias.

Gabarito "C"

(Procurador dol Trabalho – MPT – 11º Concurso – 2004) Em termos de recursos no Processo do Trabalho, é CORRETO dizer:

(A) cabem embargos de declaração da sentença ou acórdão, no prazo de cinco dias, podendo gerar efeito modificativo da decisão, nos casos de omissão e contradição no julgado e manifesto equívoco no exame dos pressupostos extrínsecos do recurso.

(B) nas ações sujeitas ao procedimento sumaríssimo, o recurso ordinário deve ser distribuído em 15 dias e não terá revisor;

(C) a interposição de recurso para o Supremo Tribunal Federal suspende a execução do julgado;

(D) de acordo com a jurisprudência uniformizada do Tribunal Superior do Trabalho, se os embargos declaratórios objetivarem sanar omissão no julgado, será sempre nula a decisão se não for dada oportunidade à parte contrária para se manifestar previamente;

(E) não respondida.

A: correta, art. 897-A da CLT; **B:** incorreta, o prazo é de 8 (oito) dias (art. 895, I, da CLT); **C:** incorreta, não há suspensão da execução. É possível executar provisoriamente até a penhora (art. 899 da CLT; **D:** incorreta, a decisão não será sempre nula (OJ 142 da SDI-I do TST).

Gabarito "A".

7.4. CORREIÇÃO PARCIAL

(Magistratura do Trabalho – 8ª Região – 2006) Sobre a correição parcial é correto afirmar que:

(A) Estando a petição em ordem e regularmente instruída, o Corregedor Regional ordenará a notificação, mediante ofício, da autoridade reclamada, com remessa da segunda via apresentada pelo autor, com as cópias dos documentos, para que, no prazo máximo de dez dias, se manifeste sobre o pedido, devendo prestar as informações pertinentes. Ainda que se trate de reclamação contra ato de natureza funcional, as informações deverão ser preferencialmente prestadas pelo magistrado que se achar na titularidade da Vara do Trabalho, independentemente de haver proferido ou não o ato judicial impugnado.

(B) Não é admissível o indeferimento da petição inicial monocraticamente pelo Corregedor Regional.

(C) Das decisões proferidas pelo Corregedor Regional, caberá agravo regimental para o Tribunal Pleno, no prazo de oito dias, salvo quanto à autoridade judicial reclamada.

(D) É da competência privativa do Tribunal Superior do Trabalho estabelecer, através de seu regimento interno, as regras atinentes ao instituto da correição parcial a serem observadas por todos Tribunais Regionais do Trabalho.

(E) A correição parcial é utilizada para eliminar *erro in procedendo* e *in judicando*.

A: incorreta, as informações deverão ser prestadas preferencialmente, pelo próprio magistrado apontado como autoridade reclamada (art. 49, parágrafo único, do Regimento Interno do TRT da 8ª Região); **B:** incorreta, "A inicial será desde logo indeferida quando não for o caso de correição parcial" (art. 47 do Regimento Interno do TRT da 8ª Região); **C:** correta, art. 52 do Regimento Interno do TRT da 8ª Região (v. art. 709, § 1º, da CLT); **D:** incorreta, o art. 96, I, *b*, da CF, ao prever o instituto da correição, não atribui competência normativa privativa aos tribunais superiores; **E:** incorreta, há duas espécies de correição, uma de cunho administrativo (trata-se da correição permanente, nos termos dos arts. 682, XI, primeira parte, e 709, I, da CLT), e outra de cunho processual (arts. 682, XI, segunda parte, e 709, II, da CLT), esta apelidada de *correição parcial* e cabível contra "atos atentatórios da boa ordem processual" e "quando inexistir recurso específico" (art. 709, II). Ensina Bezerra Leite que a correição parcial não é recurso, nem ação (não há contraditório), mas medida judicial *sui generis* destinado a eliminar o *error in procecedendo* e disciplinada pelos regimentos internos dos tribunais (2009, p. 1119). Das decisões prolatadas pelo Corregedor cabe agravo regimental (art. 709, § 1º, da CLT).

Gabarito "C".

(Magistratura do Trabalho – 9ª Região – 2007) Quanto à correição parcial, considere as seguintes assertivas:

I. Não pode o Corregedor Regional indeferir, liminarmente, a petição inicial de correição parcial.

II. Contra a decisão proferida pelo Corregedor-Geral do Tribunal Superior do Trabalho caberá agravo regimental para o Tribunal Pleno, no prazo de oito dias.

III. A correição parcial pode ser utilizada para corrigir ato que contenha vício de atividade ou vício de juízo.

IV. A reclamação correicional ou correição parcial não são previstas no Código de Processo Civil ou na Consolidação das Leis do Trabalho, sendo integralmente regulamentadas nos regimentos internos do Tribunal Superior do Trabalho e dos Tribunais Regionais do Trabalho.

Assinale a alternativa correta:

(A) Apenas as assertivas II e IV estão corretas;

(B) Apenas as assertivas I, II e IV estão corretas;

(C) Apenas a assertiva II está correta;

(D) Apenas as assertivas II, III e IV estão corretas;

(E) Nenhuma assertiva está correta.

I: incorreta, embora o Regimento Interno do TRT da 9ª Região não preveja a hipótese expressamente, inexistem restrições legais ou regimentais ao indeferimento liminar da petição inicial; **II:** correta, art. 709, § 1º, da CLT c/c art. 6º da Lei 5.584/1970 e art. 40 do Regimento Interno do TST; **III:** incorreta, conforme examinado na questão acima, a correição parcial visa a corrigir o *error in procedendo* (vício de atividade), e não o *error in judicando* (vício de juízo); **IV:** incorreta, há duas espécies de correição, uma de cunho administrativo (trata-se da correição permanente, nos termos dos arts. 682, XI, primeira parte, e 709, I, da CLT) e outra de cunho processual (arts. 682, XI, segunda parte, e 709, II, da CLT), esta apelidada de *correição parcial* e cabível contra "atos atentatórios da boa ordem processual" e "quando inexistir recurso específico" (art. 709, II).

Gabarito "C".

7.5. QUESTÕES COMBINADAS SOBRE RECURSOS TRABALHISTAS

(Magistratura do Trabalho – 1ª Região – 2004) Quanto ao sistema recursal no processo do trabalho:

I. como regra os recursos têm efeito meramente devolutivo;
II. vige o princípio da irrecorribilidade imediata das decisões interlocutórias, no processo de conhecimento;
III. o recurso de revista, quando cabível, é sempre interposto contra decisões em recurso ordinário;
IV. o agravo de instrumento é cabível contra decisões que negarem seguimento a recurso, enquanto que o agravo de petição é cabível das decisões de juiz do trabalho ou de Presidente de tribunal trabalhista, nas execuções;
V. cabe recurso ordinário das decisões definitivas dos Tribunais Regionais, nos processos de sua competência originária, inclusive nos dissídios individuais.

Assinale:

(A) se todas as assertivas estiverem corretas;
(B) se somente as assertivas I e II estiverem corretas;
(C) se somente as assertivas I, II e III estiverem corretas;
(D) se somente as assertivas III e IV estiverem corretas.
(E) se todas as assertivas estiverem erradas.

I: correta, art. 899 da CLT; **II:** correta, em linha de princípio (v. Súmula 214 do TST); **III:** a afirmativa é polêmica. Embora esteja em consonância com o art. 896, *caput*, da CLT, o § 2º do citado dispositivo autoriza, em determinada hipótese, o recurso de revista em face de decisão recursal no processo de execução, ou seja, contra decisão prolatada em agravo de petição (v. Súmula 218 do TST); **IV:** correta, art. 897 da CLT; **V:** correta, art. 895, II, da CLT.

Gabarito "A"

(Magistratura do Trabalho – 3ª Região – 2009) Analise as proposições abaixo e, considerando as disposições contidas na Consolidação das Leis do Trabalho e no Código de Processo Civil, bem como no entendimento jurisprudencial sumulado, assinale a alternativa correta:

I. Cabe recurso de revista para turma do Tribunal Superior do Trabalho das decisões proferidas em grau de recurso ordinário, em dissídio individual, pelos Tribunais do Trabalho, quando derem ao mesmo dispositivo de regulamento empresarial de observância obrigatória, em área territorial que exceda a jurisdição do Tribunal Regional prolator da decisão recorrida, interpretação diversa da que lhe houver dado outro Tribunal Regional, no seu Pleno ou Turma, ou a Seção de Dissídios Individuais do Tribunal Superior do Trabalho, ou a Súmula de Jurisprudência Uniforme do TST.
II. Desde que a matéria haja sido invocada no recurso principal, cabe à parte interessada opor embargos declaratórios objetivando o pronunciamento sobre o tema, sob pena de preclusão.
III. Tratando-se de decisões proferidas pelos Tribunais Regionais do Trabalho ou por suas Turmas em processo de embargos de terceiro, aviados em execução de sentença, cabe recurso de revista na hipótese de violação à Súmula de Jurisprudência Uniforme do Tribunal Superior do Trabalho.
IV. Nas causas sujeitas ao procedimento sumaríssimo somente é admitido recurso de revista por violação direta da Constituição da República.
V. Segundo o entendimento jurisprudencial sumulado, é incabível recurso de embargos e recurso de revista contra decisões superadas por atual, notória e iterativa jurisprudência do Tribunal Superior do Trabalho.

(A) São falsas as proposições I, II, III e IV.
(B) São falsas as proposições III e IV.
(C) São falsas as proposições I, III, IV e V.
(D) Apenas a proposição IV é falsa e as demais são verdadeiras.
(E) Apenas a proposição V é falsa e as demais são verdadeiras.

I: verdadeira, art. 896, *b*, da CLT; **II:** verdadeira, Súmula 297, II, do TST; **III:** falsa, no caso versado caberá Recurso de Revista se houver ofensa direta e literal de norma da Constituição Federal (art. 896, § 2º, da CLT); **IV:** falsa, nas causas sujeitas ao procedimento sumaríssimo também será admitido Recurso de Revista na hipótese contrariedade à súmula de jurisprudência uniforme do Tribunal Superior do Trabalho (art. 896, § 6º, da CLT); **V:** verdadeira, Súmula 333 do TST (na redação anterior à Res. 155/2009 do TST).

Gabarito "B"

8. LIQUIDAÇÃO DE SENTENÇA E EXECUÇÃO

(Magistratura do Trabalho – 1ª Região – 2004) Proposta uma reclamação em face da empresa BCBA PUBLICIDADE Sociedade Civil LTDA., foi esta julgada procedente. No curso da fase de liquidação a empresa apresenta um novo contrato social, em que houve a completa alteração do quadro societário, afastando-se os anteriores sócios e ingressando novos.

Iniciada a execução, verificou-se que a empresa não possuía bens. A requerimento do autor foram expedidos ofícios à Receita Federal, em nome da empresa e dos atuais sócios, tais ofícios retornaram com informações de que a empresa não possuía bens e que os atuais sócios declararam como isentos, eis que não tinham qualquer receita e que não possuem bens, situação preexistente à aquisição de cotas.

Por determinação do juiz, expediram-se ofícios aos Juízos Distribuidores de Feitos da Justiça do Trabalho, da Justiça Comum e da Justiça Federal, com as respostas se verificou que, ao tempo da alienação das cotas da sociedade, a empresa era ré em diversas ações de cobrança. Apurou-se, através das declarações de renda dos antigos sócios, que estes detêm patrimônio suficiente ao pagamento do crédito em execução.

Diante da situação da empresa e de seus atuais sócios, fez o exequente, a quem se reconheceu o direito à gratuidade de justiça, requerimento de expedição de ofício à Justiça Estadual, com vistas a providências para a declaração de falência da executada.

Assinale a correta atitude do Juiz do Trabalho:

(A) determinar a expedição do ofício, como requerido;

(B) rejeitar o requerimento, determinando de ofício a expedição de certidão para o fim de obter o reclamante, junto ao juízo competente, a declaração de falência da executada;

(C) rejeitar o requerimento e de ofício declarar a responsabilidade dos antigos sócios pela satisfação dos créditos em execução, determinando a penhora dos bens destes;

(D) rejeitar o requerimento, instaurando a execução contra devedor insolvente;

(E) rejeitar o requerimento, determinando que o exequente forneça os meios para o prosseguimento da execução.

De acordo com o art. 2º da lei de falências então vigente (Dec.-lei 7.661/1945), era possível a decretação da falência do comerciante que, executado por dívida líquida, não pagasse, não depositasse e não nomeasse bens à penhora no prazo legal, assim como no caso de comerciante que praticasse negócios fraudulentos ou simulasse a transferência de seu principal estabelecimento com o objetivo de burlar a legislação ou a fiscalização para prejudicar credor (tais hipóteses de decretação de falência foram mantidas pelo art. 94 da Lei 11.101/2005). Contudo, trata-se o procedimento falimentar de processo judicial a ser promovido pelo interessado, e não por meio de ofício judicial. Segundo a sistemática da lei falimentar antiga, não tendo sido garantida a execução no prazo legal, ao credor cumpria pedir ao juiz o encerramento do processo executório e, em face dos autos, requerer a falência do devedor executado no juízo competente. No que tange à possibilidade de se declarar a responsabilidade dos ex-sócios, José Affonso Dallegrave Neto explica que, "no Brasil, o instituto (da teoria da desconsideração da personalidade jurídica) é de utilidade ímpar, haja vista nossa execrável cultura de sonegação, torpeza e banalização do ilícito trabalhista. Observa-se que a indústria da fraude à execução trabalhista foi aperfeiçoada de tal maneira, que o desafio hodierno não é mais atingir o sócio ostensivo, mas o sócio de gato que se encontra dissimulado pela presença de outros estrategicamente escolhidos pela sua condição de insolvente, os quais são vulgarmente chamados 'laranjas' ou 'testas-de-ferro'" (*A execução dos bens dos sócios em face da disregard doctrine*. DALLEGRAVE NETO, José Afonso; FREITAS, Ney José de [coord.]. *Execução trabalhista: estudos em homenagem ao ministro João Oreste Dalazen*. São Paulo: LTr, 2002). Quanto à possibilidade de aplicação *ex officio* da *disregard doctrine*, há a necessidade de se cotejar o art. 50 do Código Civil (que autoriza o juiz a desconsiderar a personalidade jurídica mediante requerimento das partes ou do Ministério Público) e o art. 28 do Código de Defesa do Consumidor, que alude de forma mais ampla às hipóteses de aplicação da teoria da disregard sem explicitar a necessidade de requerimento das partes, com o art. 878 da CLT, que autoriza a execução de ofício.

Gabarito "C"

(Magistratura do Trabalho – 1ª Região – 2004) No processo do trabalho, a execução (assinale a alternativa correta):

(A) somente pode ser promovida pelo credor, com base no título executivo judicial que lhe reconhece o direito;

(B) pode ser promovida por qualquer interessado, independentemente de ter participado da relação jurídica processual;

(C) pode ser promovida pelo próprio juiz, *ex officio*, apenas quando o credor estiver em local incerto e não sabido;

(D) somente pode ser promovida pelo credor ou Ministério Público do Trabalho;

(E) somente pode ser promovida pelo credor ou Ministério Público do Trabalho, este quando se tratar de decisão do Tribunal Regional do Trabalho.

Conforme preceitua o art. 878 da CLT, "A execução poderá ser promovida por qualquer interessado (...)".

Gabarito "B"

(Magistratura do Trabalho – 2ª Região – 2012) Determinada empresa, no curso de inquérito movido pelo Ministério Público do Trabalho firmou um Termo de Ajuste de Conduta – TAC. Entretanto esse termo não é cumprido pela empresa. No que respeita à execução do termo de ajuste de conduta, é **correto** afirmar:

(A) O termo de ajuste de conduta firmado perante o Ministério Público do trabalho é título executivo extrajudicial, sendo competente para a execução o Juiz do Trabalho que teria competência para o processo de conhecimento relativo à matéria.

(B) Ocorrerá mediante ação trabalhista comum (processo de conhecimento) a ser ajuizada perante a Vara do Trabalho competente para conhecer da matéria objeto do termo de ajuste de conduta.

(C) O próprio Ministério Público do Trabalho, através da Procuradoria da Justiça do Trabalho tem competência para executar, direta e exclusivamente, os termos de ajuste de conduta, perante seção da Justiça Federal.

(D) Para que o termo de ajuste de conduta seja exequível é necessário primeiramente que haja decisão judicial trabalhista outorgando-lhe a natureza de título executivo judicial, para execução da multa ajustada na Justiça Comum.

(E) Não cabe execução na Justiça do Trabalho, pois o termo de ajuste de conduta não é reconhecido como título executivo, cabendo execução da multa ajustada na Justiça Comum.

A alternativa correta é a "A", conforme arts. 876 e 877-A da CLT.

Gabarito "A"

(Magistratura do Trabalho – 2ª Região – 2010) No que se refere à execução trabalhista, analise as expressões abaixo e posteriormente responda:

I. Elaborada a conta e tornada líquida o juiz deverá abrir às partes prazo sucessivo de dez dias para impugnação fundamentada com a indicação dos itens e valores objeto da discordância, sob pena de preclusão.

II. No processo do trabalho a execução provisória far-se-á por conta e risco do credor, que se obrigará a reparar os danos causados pelo devedor.

III. Na fase de execução do processo do trabalho não se poderá modificar ou inovar a sentença exequenda, nem discutir matéria concernente à causa principal.

IV. No processo do trabalho a execução pode ter início por ato das partes ou do próprio magistrado, indistintamente, agindo este *ex officio*.

V. Nas ações de competência originária dos Tribunais Regionais a execução poderá ser promovida pelo Ministério Publico do Trabalho.

(A) apenas as assertivas I, III e V são corretas.
(B) apenas as assertivas I, II e IV são corretas.
(C) apenas as assertivas I, II e III são corretas.
(D) apenas as assertivas III, IV e V são corretas.
(E) apenas as assertivas III e IV são corretas.

I: incorreta, art. 879, § 2º, da CLT (atente-se à expressão "deverá", constante do enunciado, em contraposição à expressão "poderá", constante da lei); **II:** incorreta, art. 475-O, I, do CPC (atente-se à expressão "causados pelo devedor", ao invés de "causados ao devedor"); **III:** correta, art. 879, § 1º, da CLT, extensível, *a fortiori*, à fase de execução; **IV:** correta, art. 878, *caput*, da CLT; **V:** correta, art. 578, parágrafo único, da CLT.

Gabarito "D"

(Magistratura do Trabalho – 2ª Região – 2010) Quanto aos recolhimentos previdenciários e fiscais no processo do trabalho, segundo o entendimento sumulado do TST é incorreto afirmar:

(A) O recolhimento das contribuições previdenciárias e fiscais deve ser feito por cada uma das partes, observado o objeto da responsabilidade respectiva, devendo incidir, em relação aos descontos fiscais, sobre o valor total da condenação.

(B) Os descontos previdenciários e fiscais devem ser efetuados pelo juízo executório, ainda que a sentença exequenda tenha sido omissa sobre a questão, dado o caráter de ordem pública ostentado pela norma que os disciplina.

(C) É do empregador a responsabilidade pelo recolhimento das contribuições previdenciárias e fiscais, resultante de crédito do empregado oriundo de condenação judicial, devendo incidir, em relação aos descontos fiscais, sobre o valor total da condenação, referente às parcelas tributáveis, calculado ao final.

(D) Em se tratando de descontos previdenciários, o critério de apuração determina que a contribuição do empregado, no caso de ações trabalhistas, seja calculada mês a mês, aplicando-se as alíquotas previstas em lei, observado o limite máximo do salário de contribuição.

(E) A Justiça do Trabalho é competente para determinar o recolhimento das contribuições fiscais. A competência da Justiça do Trabalho, quanto à execução das contribuições previdenciárias, limita-se às sentenças condenatórias em pecúnia que proferir e aos valores, objeto de acordo homologado, que integrem o salário de contribuição.

A: incorreta, Súmula 368, II, do TST (a redação do item II da Súmula 368 foi alterada após o certame, conforme Resolução 181/2012 do TST) e OJ 363 da SDI-I do TST, *in verbis*; "A responsabilidade pelo recolhimento das contribuições social e fiscal, resultante de condenação judicial referente a verbas remuneratórias, é do empregador e incide sobre o total da condenação (...)"; **B:** correta, Súmula 401 do TST; **C:** correta, Súmula 368, II, do TST (a redação do item II da Súmula 368 foi alterada após o certame, conforme Resolução 181/2012 do TST, que agora prevê que as contribuições previdenciárias e fiscais devem ser calculadas em relação à incidência dos descontos fiscais, mês a mês,); **D:** correta, Súmula 368, III, do TST; **E:** correta, Súmula 368, I, do TST.

Gabarito "A"

(Magistratura do Trabalho – 2ª Região – 2010) Analise as expressões abaixo e posteriormente responda.

I. Sendo ilíquida a sentença exequenda, ordenar-se-á, previamente, a sua liquidação, que poderá ser feita por cálculo, por arbitramento ou por artigos.

II. Elaborada a conta pela parte ou pelos órgãos auxiliares da Justiça do Trabalho, o juiz procederá à intimação da União para manifestação, no prazo máximo de 15 (quinze) dias, sob pena de preclusão.

III. No processo do trabalho a liquidação abrangerá, também, o cálculo das contribuições previdenciárias devidas.

IV. Na liquidação, não se poderá modificar, ou inovar, a sentença liquidanda, nem discutir matéria pertinente à causa principal.

V. As partes deverão ser previamente intimadas para apresentação do cálculo de liquidação e, após a apresentação destes, serão novamente intimadas para apresentação do cálculo das contribuições previdenciárias devidas.

(A) Apenas as assertivas de número I, II e IV são corretas.
(B) Apenas as assertivas de número III, IV e V são corretas.
(C) Apenas as assertivas de número II, III e V são corretas.
(D) Apenas as assertivas de número I, III e IV são corretas.
(E) Todas as assertivas são corretas.

I: correta, art. 879, *caput*, da CLT; **II:** incorreta, o prazo é de 10 (dez) dias (art. 879, § 3º, da CLT); **III:** correta, art. 879, § 1º-A, da CLT; **IV:** correta, art. 879, § 1º, da CLT; **V:** incorreta, as partes serão intimadas previamente para apresentação do cálculo de liquidação e do cálculo das contribuições previdenciárias devidas (art. 879, § 1º-B, da CLT).

Gabarito "D"

(Magistratura do Trabalho – 3ª Região – 2008) Analise as proposições abaixo (de I a V) e assinale a alternativa correta, conforme sejam verdadeiras ou falsas:

I. em se tratando de execução provisória, não fere direito líquido e certo do exequente a determinação de penhora em dinheiro, mesmo quando nomeados outros bens à penhora.

II. a execução poderá ser promovida por qualquer interessado, ou *ex officio* pelo próprio Juiz ou Presidente ou Tribunal competente.

III. são títulos executivos trabalhistas: as decisões passadas em julgado ou das quais não tenha havido recurso com efeito suspensivo; os acordos, quando não cumpridos; os termos de ajuste de conduta firmados perante o Ministério Público do Trabalho e os termos de conciliação firmados perante as Comissões de Conciliação Prévia.

IV. o empregado também pode figurar no polo passivo do processo de execução trabalhista.

V. a execução trabalhista não deve prosseguir diretamente na Justiça do Trabalho após a decretação da liquidação extrajudicial.

(A) Apenas as proposições II e III são verdadeiras.
(B) Apenas as proposições III e V são verdadeiras.
(C) Apenas as proposições I e III são verdadeiras.
(D) Apenas as proposições II, IV, V são verdadeiras.
(E) Apenas as proposições II, III e IV são verdadeiras.

I: incorreta, em se tratando de execução provisória, se nomeados bens à penhora, fere o direito líquido e certo do exequente a determinação de penhora em dinheiro (Súmula 417, III, do TST); **II:** correta, art. 878 da CLT; **III:** correta, art. 876 da CLT; **IV:** correta, tal é possível, por exemplo, acaso o empregado seja devedor de custas ou outras despesas processuais, bem como nos casos em que tenha sido condenado a entregar coisa ao empregador ou a pagar valores decorrentes de prejuízos causados (art. 462, § 1º, da CLT); **V:** incorreta, a execução deve prosseguir diretamente na Justiça do Trabalho (OJ 143 da SDI-I do TST).

Gabarito "E".

(Magistratura do Trabalho – 4ª Região – 2012) Conforme previsão contida na CLT, garantida a execução ou penhorados os bens, o executado pode

(A) apresentar embargos à execução no prazo de oito dias.
(B) em matéria de defesa, requerer a produção de provas e arrolar até três testemunhas.
(C) apresentar agravo de petição no prazo de oito dias.
(D) debater questões já decididas pela sentença no processo de cognição.
(E) apresentar embargos à execução no prazo de cinco dias.

Dispõe o art. 884 da CLT.: "Garantida a execução ou penhorados os bens, terá o executado 5 (cinco) dias para apresentar embargos, cabendo igual prazo ao exequente para impugnação".

Gabarito "E".

(Magistratura do Trabalho – 4ª Região – 2012) É INCORRETO afirmar:

(A) No processo do trabalho a penhora deve recair sempre em dinheiro, tendo em vista a natureza alimentar do crédito trabalhista.
(B) A execução deve ser processada da forma menos gravosa ao devedor.
(C) A execução é de natureza real, não atingindo a pessoa do devedor.
(D) No processo do trabalho é admissível a execução do termo de conciliação firmado perante a Comissão de Conciliação Prévia e o termo de ajuste de conduta firmado com o Ministério Público do Trabalho.
(E) No processo do trabalho são admissíveis a arrematação, a adjudicação e a remição dos bens levados à hasta pública.

A: incorreta, a penhora pode recair sobre outros bens (art. 882 da CLT, c/c art. 655 do CPC); **B:** correta, art. 620 do CPC e Súmula 417 do TST; **C:** correta, a execução é regida pelo princípio da patrimonialidade, prevista no artigo 591 do CPC, recaindo sobre os bens, e não sobre a pessoa do devedor; **D:** correta, art. 876 da CLT; **E:** correta, art. 888 da CLT.

Gabarito "A".

(Magistratura do Trabalho – 7ª Região – 2005) Tendo em conta a jurisprudência predominante no âmbito do Tribunal Superior do Trabalho, é possível afirmar:

I. Não viola direito líquido e certo do devedor a determinação de penhora em dinheiro, em sede de execução provisória, ainda que o executado tenha nomeado outros bens à constrição judicial.

II. Em se tratando de descontos previdenciários, o critério de apuração encontra-se disciplinado no art. 276, § 4º, do Decreto n. 3.048/1999 que regulamentou a Lei 8.212/1991 e determina que a contribuição do empregado, no caso de ações trabalhistas, seja calculada mês a mês, aplicando-se as alíquotas previstas no art. 198, observado o limite máximo do salário de contribuição.

III. Não há ofensa a direito líquido e certo o prosseguimento da execução em relação às matérias e valores não especificados pelo executado no agravo de petição.

IV. Não pode ser sujeito passivo da execução o responsável solidário, integrante de grupo econômico, que não participou da relação processual e não tenha constado do título judicial.

(A) As proposições I e II são falsas e verdadeiras as demais.
(B) As proposições I e III são falsas e verdadeiras as demais.
(C) As proposições II e IV são falsas e verdadeiras as demais.
(D) As proposições III e IV são falsas e verdadeiras as demais.
(E) As proposições I e IV são falsas e verdadeiras as demais.

I: incorreta, se a execução for provisória e o executado tiver nomeado outros bens à penhora, viola direito líquido e certo a determinação da penhora em dinheiro (Súmula 417, III, do TST); **II:** correta, Súmula 368, III, do TST; **III:** correta, Súmula 416 do TST; **IV:** incorreta, a Súmula 205 do TST, que dispunha neste sentido, foi cancelada.

Gabarito "E".

(Magistratura do Trabalho – 7ª Região – 2005) Analise as proposições abaixo e assinale a opção correta.

I. Por força do disposto no artigo 100, da Constituição Federal, e à luz da jurisprudência predominante no Supremo Tribunal Federal, não se sujeitam à expedição de precatório os créditos de natureza alimentar.

II. Inserem-se no conceito de débito de natureza alimentar, para os fins do artigo 100, da Constituição Federal, as indenizações por invalidez, calcadas na responsabilidade civil, decorrentes de decisão transitada em julgado.

III. Admite-se o fracionamento do valor da execução contra a fazenda pública, a fim de propiciar que parte do débito seja quitada mediante precatório e outra parte – enquadrada nos limites definidos em lei –, sob a forma de obrigações de pequeno valor, que dispensam a expedição do precatório.

(A) Todas as proposições são falsas.
(B) Todas as proposições são verdadeiras.
(C) As proposições são falsas, exceto a II.
(D) As proposições são falsas, exceto a III.
(E) As proposições são verdadeiras, exceto a I.

I: incorreta, tais créditos, ressalvados os de pequeno valor, estão sujeitos à expedição de precatório, embora em ordem cronológica distinta em relação aos créditos comuns; **II:** correta, art. 100, § 1º, da CF; **III:** incorreta, não se admite tal fracionamento (art. 100, § 8º, da CF).

Gabarito "C"

(Magistratura do Trabalho – 8ª Região – 2011) No que diz respeito à execução trabalhista, analise as proposições abaixo e assinale a alternativa CORRETA:

I. Garantida a execução ou penhorado os bens, terá o executado cinco dias para apresentar embargos, cabendo igual prazo ao exequente para impugnação, e julgar-se-ão na mesma sentença os embargos e as impugnações à liquidação apresentadas pelos credores trabalhista e previdenciário.

II. A arrematação far-se-á em dia, hora e lugar anunciados e os bens serão vendidos, no mínimo, pelo valor correspondente a 20% da sua avaliação, tendo o exequente preferência para a adjudicação.

III. De acordo com a sistemática da CLT, não havendo licitante, e não requerendo o exequente a adjudicação dos bens penhorados, poderão os mesmos ser vendidos por iniciativa particular ou por corretor credenciado perante a autoridade judiciária.

IV. A adjudicação, se não houver licitante, far-se-á pelo preço da avaliação do bem penhorado e, se este valor for superior ao crédito, a adjudicação somente será deferida pelo juiz, se a diferença for depositada pelo exequente, à ordem do juízo.

(A) Somente as alternativas I e IV estão corretas.
(B) As alternativas, I, III e IV estão corretas.
(C) As alternativas I e III estão corretas.
(D) As alternativas I, II e IV estão corretas.
(E) Somente a alternativa I está correta.

I: correta, art. 884, *caput*, da CLT; **II:** incorreta, os bens serão vendidos pelo maior lance. "O arrematante deverá garantir o lance com o sinal correspondente a 20% (vinte por cento) do seu valor" (art. 888, §§ 1º e 2º, da CLT); **III:** incorreta, não havendo licitante, e não requerendo o exequente a adjudicação dos bens penhorados, poderão os mesmos ser vendidos por leiloeiro nomeado pelo Juiz ou Presidente (art. 888, § 3º, da CLT); **IV:** correta, art. 24, II e parágrafo único, da Lei 6.830/1980 c/c art. 889 da CLT.

Gabarito "A"

(Magistratura do Trabalho – 8ª Região – 2011) A Emenda Constitucional n. 62, de 9 de dezembro de 2009, instituiu regime especial de pagamento de precatórios pelos Estados, Distrito Federal e Municípios. Com base em tais regras, assinale a alternativa INCORRETA a respeito da execução contra a Fazenda Pública, mais especificamente a precatórios e dívidas de pequeno valor:

(A) Antes da expedição dos precatórios, o Tribunal solicitará à Fazenda Pública devedora, para resposta em até 30 (trinta) dias, sob pena de perda do direito de abatimento, informação sobre os débitos que preencham as condições estabelecidas no § 9º, do artigo 100, da Constituição Federal.
(B) No pagamento de obrigações de pequeno valor, poderão ser fixados, por leis próprias, valores distintos às entidades de direito público, segundo as diferentes capacidades econômicas, sendo o mínimo igual ao valor do maior benefício do regime geral de previdência social.
(C) É vedada a expedição de precatórios complementares ou suplementares de valor pago, bem como o fracionamento, repartição ou quebra do valor da execução para fins de enquadramento de parcela do total à obrigação de pequeno valor.
(D) O Presidente do Tribunal competente que, por ato comissivo ou omisso, retardar ou tentar frustrar a liquidação regular de precatórios incorrerá em crime de desobediência e responderá, também, perante o Conselho Nacional de Justiça.
(E) As dotações orçamentárias e os créditos abertos serão consignados diretamente ao Poder Judiciário, cabendo ao Presidente do Tribunal que proferir a decisão exequenda determinar o pagamento integral e autorizar, a requerimento do credor e exclusivamente para os casos de preterimento de seu direito de precedência ou de não alocação orçamentária do valor necessário à satisfação do seu débito, o sequestro da quantia respectiva.

A: assertiva correta, art. 100, § 10, da CF; **B:** assertiva correta, art. 100, § 4º, da CF; **C:** assertiva correta, art. 100, § 8º, da CF; **D:** assertiva incorreta, devendo ser assinalada. Incorrerá em crime de *responsabilidade* (art. 100, § 7º, da CF); **E:** correta, art. 100, § 6º, da CF.

Gabarito "D"

(Magistratura do Trabalho – 8ª Região – 2011) Com relação à execução das contribuições sociais ou previdenciárias, devidas em decorrência de decisão proferida pelos Juízes e Tribunais do Trabalho, assinale a alternativa INCORRETA:

(A) Serão executadas *ex officio*, as resultantes de condenação ou homologação de acordo, inclusive sobre os salários pagos durante o período contratual reconhecido e, concedido o parcelamento pela Secretaria da Receita Federal do Brasil, o devedor juntará aos autos a comprovação do ajuste, ficando a execução da contribuição social correspondente suspensa até a quitação de todas as parcelas.

(B) O devedor tem a faculdade de efetuar o pagamento imediato da parte que entender devida, sem prejuízo da cobrança de eventuais diferenças encontradas na execução *ex officio*.

(C) A atualização do crédito devido à Previdência Social observará os critérios estabelecidos na legislação que trata dos débitos trabalhistas de qualquer natureza, Lei n. 8.177, de 1991, uma vez que é executado em conjunto com o aludido débito.

(D) Sendo a sentença ilíquida, elaborada a conta pela parte ou pelos órgãos auxiliares da Justiça do Trabalho, o juiz procederá à intimação da União para manifestação, no prazo de 10 (dez) dias, sob pena de preclusão, e o Ministro de Estado da Fazenda poderá, mediante ato fundamentado, dispensar a manifestação da União quando o valor total das verbas que integram o salário de contribuição, na forma do art. 28 da Lei n. 8.212, de 1991, ocasionar perda de escala decorrente da atuação do órgão jurídico.

(E) Os recolhimentos das importâncias devidas, referentes às contribuições sociais, serão efetuados nas agências locais da Caixa Econômica Federal ou do Banco do Brasil S.A., e as Varas do Trabalho encaminharão, mensalmente, à Secretaria da Receita Federal do Brasil, informações sobre os recolhimentos efetivados nos autos, salvo se outro prazo for estabelecido em regulamento.

A: assertiva correta, a alternativa está em consonância com os arts. 876, parágrafo único, e 889-A, § 1º, da CLT (ao interpretar o art. 876, parágrafo único, atente-se sempre à Súmula 368 do TST e à decisão proferida pelo STF no RE 569.056: "Recurso extraordinário. Repercussão geral reconhecida. Competência da Justiça do Trabalho. Alcance do art. 114, VIII, da Constituição Federal. 1. A competência da Justiça do Trabalho prevista no art. 114, VIII, da Constituição Federal alcança apenas a execução das contribuições previdenciárias relativas ao objeto da condenação constante das sentenças que proferir. 2. Recurso extraordinário conhecido e desprovido." (RE 569056, Relator(a): Min. MENEZES DIREITO, Tribunal Pleno, julgado em 11.09.2008, REPERCUSSÃO GERAL – MÉRITO *DJe*-236 DIVULG 11-12-2008 PUBLIC 12-12-2008); **B:** assertiva correta, art. 878-A da CLT; **C:** assertiva incorreta, devendo ser assinalada. A atualização observará os critérios estabelecidos na legislação previdenciária (art. 879, § 4º, da CLT); **D:** assertiva correta, art. 879, §§ 3º e 5º, da CLT; **E:** assertiva correta, art. 889-A da CLT.

Gabarito "C"

(Magistratura do Trabalho – 8ª Região – 2009) À luz da legislação consolidada, da Lei n. 6.830/1980 e da jurisprudência do TST, acerca do processo de execução, é correto afirmar:

(A) Garantida a execução ou penhorados os bens, terá o executado 5 dias para apresentar embargos, cabendo igual prazo ao exequente para manifestação. Na execução através de carta precatória, os embargos de terceiro serão oferecidos no Juízo deprecado, cabendo a este a competência para julgá-los, salvo nos casos em que os embargos versarem, unicamente, sobre vícios ou irregularidades da penhora, avaliação ou alienação dos bens.

(B) À luz do art. 655 do CPC, em execução definitiva, é válida a penhora em dinheiro do executado, não cabendo a impetração de mandado de segurança contra o ato que determinou o bloqueio. Considerando que a execução provisória se processa até a penhora, o bloqueio "on-line" realizado durante a execução provisória fere direito líquido e certo do executado quando nomeados outros bens à penhora, pois o executado tem direito a que a execução se processe da forma que lhe seja menos gravosa, nos termos do art. 620 do CPC.

(C) Serão executadas, de ofício, as contribuições sociais cujo fato gerador seja decisão proferida pelos Juízes e Tribunais do trabalho, resultantes de condenação ou homologação de acordo, inclusive sobre os salários pagos durante o período contratual reconhecido. Nos acordos homologados em que não figurarem, discriminadamente, as parcelas legais de incidência da contribuição previdenciária, esta incidirá sobre o valor total do acordo homologado. Configura-se como discriminação das parcelas legais de incidência de contribuição previdenciária a fixação de percentual de verbas remuneratórias e indenizatórias constantes dos acordos homologados. O devedor poderá efetuar o pagamento imediato da quantia que entender devida à Previdência social sem prejuízo da cobrança de eventuais diferenças durante a execução *ex officio*.

(D) Ofende a coisa julgada a limitação à data-base da categoria, na fase executória, da condenação ao pagamento de diferenças salariais decorrentes de planos econômicos, quando a decisão exequenda silenciar sobre a limitação.

(E) Nas execuções fiscais, o Juiz suspenderá o curso da execução, enquanto não for localizado o devedor ou encontrados bens sobre os quais possa recair a penhora, e, nesses casos, não correrá o prazo de prescrição. Suspenso o curso da execução, será aberta vista dos autos ao representante judicial da Fazenda Pública. Decorrido o prazo de 2 (dois) anos, sem que seja localizado o devedor ou encontrados bens penhoráveis, o Juiz pronunciará a prescrição.

A: incorreta, na execução por meio de carta precatória, os embargos de terceiro serão oferecidos no Juízo *deprecante* ou no juízo deprecado, cabendo ao juízo *deprecante* a competência para julgálos, salvo nos casos em que os embargos versarem, unicamente, sobre vícios ou irregularidades da penhora, avaliação ou alienação dos bens praticados pelo juiz deprecado, que *a competência será deste* (Súmula 419 do TST; v. art. 884 da CLT); **B:** correta, Súmula 417 do TST; **C:** incorreta, discriminação consiste na definição da natureza jurídica de cada parcela devida, o que possibilitará compreender sua natureza indenizatória ou remuneratória, e não no estabelecimento de percentuais sobre valores genéricos (v. arts. 876, parágrafo único, e 878-A da CLT e OJ 368 da SDI-I do TST); **D:** incorreta, não há ofensa à coisa julgada (OJ 262 da SDI-I do TST); **E:** incorreta, nas execuções fiscais, é de cinco anos o prazo de prescrição intercorrente. No que tange à prescrição intercorrente na execução trabalhista, de acordo com o art. 40 da Lei 6.830/1980 (Lei de Execução Fiscal), aplicada subsidiariamente à execução trabalhista por força do art. 889 da CLT, não localizados o devedor ou bens penhoráveis, a execução ficará suspensa. No prazo de um ano da suspensão, é premissa pacífica, não corre prazo prescricional. Após este prazo, o Juiz determinará o arquivamento dos autos, quando então surge a polêmica discussão acerca da existência de prescrição intercorrente no processo trabalhista. Nas execuções fiscais comuns, inteiramente regidas pela Lei 6.830/1980, após o prazo de um ano de suspensão da execução na forma do art. 40 da LEF, inicia-se o prazo de cinco anos de prescrição intercorrente. Assim, arquivado o processo por cinco anos, ocorrerá a prescrição intercorrente (art. 40, § 4º, da LEF). Tal exegese se aplica, inclusive, à execução de dívida ativa na Justiça do Trabalho. Em relação ao crédito obreiro, no entanto, há doutrinadores que entendem aplicável a prescrição intercorrente acaso haja a total inércia do exequente, como forma de se harmonizar a Súmula 327 do STF com a Súmula 114 do TST. Ademais, o art. 884, § 1º, da CLT menciona a prescrição como matéria suscetível de se alegar nos embargos à execução e tal prescrição só poderia ser a intercorrente, pois a prescrição normal já deveria ter sido alegada na defesa e decidida na sentença. Para tal doutrina, o prazo de prescrição intercorrente seria de dois anos, pois "prescreve a execução no mesmo prazo de prescrição da ação" (Súmula 150 do STF). Contudo, considerável parcela da doutrina já concluía pela impraticabilidade da prescrição intercorrente na execução trabalhista, na medida em que o art. 878 trata da possibilidade da execução de ofício. Esta posição restou robustecida com o § 5º do art. 475-J do CPC, instituído pela Lei 11.232/2005, mas ainda não é possível falar-se no predomínio de uma ou de outra corrente na jurisprudência.

Gabarito "B".

(Magistratura do Trabalho – 8ª Região – 2009) Assinale a alternativa correta:

(A) O executado poderá garantir a execução mediante depósito da quantia exequenda, atualizada e acrescida das despesas processuais, ou nomeando bens à penhora, observada a ordem preferencial estabelecida no art. 655 do Código Processual Civil. Não pagando o executado, nem garantindo a execução, seguir-se-áà penhora dos bens, tantos quantos bastem ao pagamento da importância da condenação, acrescida de custas, correção monetária e juros de mora, computados a partir da data do ajuizamento da ação.

(B) Requerida a execução, o juiz mandará expedir mandado de citação do executado, a fim de que cumpra a decisão no prazo, pelo modo e sob as cominações estabelecidas ou, quando se tratar de pagamento em dinheiro, inclusive de contribuições sociais devidas à União, para que o faça em 48 (quarenta e oito) horas ou garanta a execução, sob pena de penhora. Se o executado, procurado por 3 (três) vezes no espaço de 48 (quarenta e oito) horas, não for encontrado, far-se-á citação por edital, publicado no jornal oficial ou, na falta deste, afixado na sede do Juízo, durante 5 (cinco) dias.

(C) Nas hipóteses em que a sentença é proferida de forma ilíquida, ordenar-se-á, previamente, sua liquidação, que poderá ser feita por cálculo, por arbitramento ou por artigos, e que abrangerá o cômputo das contribuições previdenciárias, não sendo possível, na liquidação, modificar, ou inovar, a sentença liquidanda nem discutir matéria pertinente à causa principal. Efetuada a liquidação, o Juiz abrirá às partes prazo sucessivo de 10 (dez) dias para impugnação fundamentada com a indicação dos itens e valores objeto da discordância, sob pena de preclusão.

(D) Relativamente à execução das contribuições previdenciárias, uma vez concedido o parcelamento do débito pela Secretaria da Receita Federal do Brasil, o devedor juntará aos autos a comprovação do ajuste, ficando a execução da contribuição social correspondente suspensa até a quitação de todas as parcelas. As Varas do Trabalho encaminharão a cada trinta dias à Secretaria da Receita Federal do Brasil informações sobre os recolhimentos efetivados nos autos, salvo se outro prazo for estabelecido em regulamento.

(E) A arrematação, no processo do trabalho, far-se-á em dia, hora e lugar anunciados e os bens serão vendidos pelo maior lance, tendo o exequente preferência para adjudicá-los. Na hipótese de arrematação, o arrematante deverá garantir o lance com o sinal correspondente a 20% (vinte por cento) do seu valor. Se o arrematante, ou seu fiador, não pagar em 24 (vinte e quatro) horas o preço da arrematação, perderá, em benefício da execução, o sinal retro referido, volvendo à praça os bens penhorados. Não havendo licitante, e não requerendo o exequente a adjudicação, os bens penhorados poderão ser levados a leilão, cujo leiloeiro será nomeado pelo Juiz.

A: incorreta, art. 789-A da CLT (na execução, as custas são pagas ao final e seu valor não integra o valor do mandado de penhora, conforme art. 883 da CLT); **B:** incorreta, o executado será procurado por 2 (duas) vezes, e não por 3 (três) (art. 880, § 3º, da CLT); **C:** incorreta, a incorreção na afirmativa reside na expressão "abrirá", na sentença final, enquanto que o art. 879, § 2º, da CLT menciona que o juiz "poderá abrir", pois a regra o art. 879 coexiste, de forma bizarra, com o disposto no art. 884, §§ 3º e 4º, de maneira que, na liquidação por cálculos, dois procedimentos podem ser adotados pelo juiz: 1) homologar os cálculos apresentados pelo contador judicial, sem observar o contraditório e 2) conceder prazo sucessivo de dez dias às partes para impugnarem os cálculos. No primeiro caso, ao homologar os cálculos, estará proferida a sentença homologatória de liquidação, expedindo-se mandado de citação e penhora, abrindo-se oportunidade para a impugnação da sentença de liquidação por ocasião dos embargos do devedor (art. 884, § 3º, da CLT). Observe-se que, por mais estranho que pareça, em tal caso o credor também poderá impugnar a sentença de liquidação "no mesmo prazo" que assiste ao devedor para opor os embargos. Segundo a interpretação sistemática do dispositivo, este "no mesmo prazo" referido no art. 884, § 3º, significaria a possibilidade de impugnar a sentença de liquidação por ocasião da impugnação aos embargos do devedor. Já no segundo caso, sob pena de preclusão, as partes deverão impugnar os cálculos no prazo sucessivo de dez dias. Na confusão reinante em torno da liquidação no processo trabalhista, há ainda que se harmonizar as normas em apreço com o art. 879, § 1º-B, da CLT, segundo o qual as partes devem ser intimadas previamente para a apresentação de cálculos de liquidação, e com § 3º, que determina a obrigatória intimação do INSS para manifestação em dez dias sobre a conta de liquidação. Com isso, abre-se a possibilidade da liquidação por cálculos enveredar pelo seguinte fluxo: i) intimação das partes para a apresentação de cálculos à ii) elaboração da conta por serventuário do juízo à iii) intimação obrigatória do INSS (*rectius*, União); iv) homologação da conta pelo juiz à v) discussão da conta por ocasião dos embargos "à penhora", cabendo ao exequente igual direito e "no mesmo" prazo. OU: i) intimação das partes para a apresentação de cálculos à ii) elaboração da conta por serventuário do juízo à iii) intimação obrigatória do INSS e intimação às partes para se manifestarem no prazo sucessivo de dez dias, seguindo-se a decisão judicial. **D:** incorreta, em vez de "trinta dias" e "informações", o art. 889-A, § 2º, da CLT utiliza as expressões "mensalmente" e "cópias das guias pertinentes aos recolhimentos efetuados nos autos"; **E:** correat, art. 888 da CLT.

Gabarito "E".

(Magistratura do Trabalho – 8ª Região – 2007) Marque a alternativa correta:

(A) No processo trabalhista, no caso de a sentença exequenda ser proferida de forma ilíquida, ordenada a liquidação por cálculo e homologados por sentença os cálculos apresentados pelo servidor competente, o juiz deverá obrigatoriamente, atendendo o princípio da ampla defesa, abrir prazo sucessivo às partes, de dez dias, para impugnação fundamentada, com a indicação dos itens e valores objeto da discordância, sob pena de preclusão.

(B) Considera-se inexigível o título judicial fundado em lei ou ato normativo declarados inconstitucionais pelo Supremo Tribunal Federal ou em aplicação ou interpretação tidas por incompatíveis com a Constituição Federal.

(C) A adjudicação, que é o ato processual através do qual o credor recebe o bem objeto de constrição judicial para pagamento do seu crédito ou de parte dele, não prefere à arrematação, pela prevalência do princípio de que a execução se processa de maneira menos gravosa para o devedor.

(D) A remição, uma das formas de extinção da execução no processo trabalhista, é o instituto que permite ao devedor liberar o bem constrito, depositando nos autos o valor de sua avaliação, desde que o faça antes do pedido de adjudicação, que prefere àquela.

(E) O termo de acordo homologado pelo juízo trabalhista valerá como decisão irrecorrível, inclusive quanto às contribuições devidas à Previdência Social.

A: incorreta, pois o juiz não está obrigado a abrir prazo sucessivo às partes (art. 879, § 2º, da CLT); **B:** correta, arts. 884, § 5º, da CLT e 741, parágrafo único, do CPC; **C:** incorreta, contraria o disposto no § 1º do art. 888 da CLT; **D:** incorreta, deverá depositar valor igual ao da condenação (art. 13 da Lei 5.584/1970); **E:** incorreta, o termo de acordo homologado pelo juízo trabalhista não valerá como decisão irrecorrível quanto às contribuições devidas à Previdência Social (art. 831, parágrafo único, da CLT).

Gabarito "B".

(Magistratura do Trabalho – 8ª Região – 2007) No tocante à execução trabalhista, marque a resposta que está em desacordo com o estabelecido pela Consolidação das Leis do Trabalho:

(A) Ao devedor é facultado o pagamento imediato de parte que entender à Previdência Social, sem prejuízo de cobrança de eventuais diferenças encontradas na execução *ex officio*.

(B) As decisões passadas em julgado ou das quais não tenha havido recurso com efeito devolutivo, os acordos, quando não cumpridos, bem como os termos de ajuste de condutas firmados perante o Ministério Público do Trabalho e os termos de conciliação firmados perante as Comissões de Conciliação Prévia, serão executados conforme o que determina a Consolidação das Leis do Trabalho.

(C) Os créditos previdenciários devidos em decorrência de decisão proferida pelos Juízes e Tribunais do Trabalho, resultante de condenação ou homologação de acordo serão executados *ex officio*.

(D) Os critérios estabelecidos na legislação previdenciária deverão ser observados quando se tratar de atualização do crédito devido à Previdência Social.

(E) Não se pode discutir matéria pertinente à causa principal na liquidação da sentença, nem tampouco modificar ou inovar a sentença liquidanda.

A alternativa "B" descreve previsão contida no art. 876 da CLT.

Gabarito "B".

(Magistratura do Trabalho – 9ª Região – 2009) A respeito da execução no processo do trabalho, analise as proposições a seguir:

I. São espécies de títulos executivos extrajudiciais os termos de ajuste de conduta firmados perante o Ministério Público do Trabalho e os termos de conciliação firmados perante as Comissões de Conciliação Prévia.

II. Segundo a jurisprudência dominante, nos casos de execução provisória, não viola direito líquido e certo do devedor a decisão que determina a penhora de dinheiro, quando nomeados outros bens à penhora, na medida em que amparada na gradação prevista no art. 655 do CPC.

III. Consoante à jurisprudência dominante, não é válida a penhora de bens de pessoa jurídica de direito privado, realizada anteriormente à sucessão pela União ou por Estado da Federação, pois, em face destas, a execução deve seguir mediante precatório, nos termos do art. 100 da Constituição Federal de 1988.

IV. De acordo com jurisprudência consolidada do TRT da 9ª Região, o prazo para o ajuizamento de embargos à execução por parte da União Federal é de 10 (dez) dias, na medida em que é inconstitucional a Medida Provisória 2180-35/2001, que tinha por escopo alterar a redação do art. 730 do CPC.

(A) Apenas as proposições I e IV estão corretas.
(B) Apenas as proposições II e III estão corretas.
(C) Apenas as proposições II e IV estão corretas.
(D) Apenas as proposições I e III estão corretas.
(E) Todas as proposições estão corretas.

I: correta, art. 876 da CLT; **II:** incorreta, pois se a execução é provisória, viola direito líquido e certo (Súmula 417, III, do TST); **III:** incorreta, não pode a execução prosseguir mediante precatório (OJ 343 da SDI-I do TST); **IV:** correta, OJ 109 da Seção Especializada do TRT da 9ª Região (atualmente, suspensa).

Gabarito "A".

(Magistratura do Trabalho – 9ª Região – 2009) Considere as seguintes proposições:

I. A execução de título executivo extrajudicial compete ao juiz que teria competência para o processo de conhecimento relativamente à matéria.

II. Apresentada a conta de liquidação, o juiz deve abrir às partes prazo sucessivo de 10 dias para impugnação fundamentada com a indicação dos itens e valores objeto de discordância, sob pena de preclusão.

III. A matéria de defesa, nos embargos à execução, está restrita à alegação de cumprimento da decisão ou do acordo, quitação ou prescrição da dívida, oportunidade em que pode o executado apresentar impugnação à sentença de liquidação.

IV. Nas prestações sucessivas por tempo indeterminado, a execução pelo não pagamento de uma prestação compreenderá as que lhe sucederem.

V. Em relação aos trâmites e incidentes da execução, a CLT estabelece a aplicação subsidiária da lei de execuções fiscais naquilo em que não contravierem o processo do trabalho.

(A) Somente as proposições I e III são corretas.
(B) Somente as proposições II, III e V são corretas.
(C) Somente as proposições I, III e V são corretas.
(D) Somente as proposições IV e V são corretas.
(E) Todas as proposições são corretas.

I: correta, art. 877-A da CLT; **II:** incorreta, o juiz "pode" não "deve" abrir prazo sucessivo (art. 879, § 2º, da CLT); **III:** correta, art. 884, §§ 1º e 3º, da CLT; **IV:** incorreta, nas prestações sucessivas por tempo indeterminado "a execução compreenderá inicialmente as prestações devidas até a data do ingresso na execução" (art. 892 da CLT); **V:** correta, art. 889 da CLT.

Gabarito "C"

(Magistratura do Trabalho – 9ª Região – 2006) A sentença proferida pelo Juiz do Trabalho transitou em julgado, condenando a reclamada ao pagamento de algumas parcelas decorrentes do contrato de trabalho. Após a liquidação da sentença, o Juiz homologou o cálculo e determinou a citação da reclamada para pagamento dos respectivos valores. Neste quadro, é incorreto afirmar, à luz da CLT:

(A) Através do mandado o executado será citado para pagar os valores indicados nos cálculos homologados, devidamente atualizados, em quarenta e oito horas, ou garantir a execução, sob pena de penhora.
(B) O executado que não pagar os valores devidos poderá garantir a execução mediante depósito dos mesmos ou nomear bens à penhora.
(C) Garantida a execução por depósito em dinheiro realizado pelo devedor, nenhum valor poderá ser liberado ao credor até o trânsito em julgado da sentença que resolver os embargos à execução, uma vez que a execução torna-se provisória como decorrência da apresentação do mencionado recurso.
(D) O prazo para interposição dos embargos à execução é contado da ciência pelo executado da garantia da execução ou da penhora dos bens, e não da data da juntada do mandado de penhora cumprido aos respectivos autos.
(E) Ciente da garantia da execução ou da penhora de bens, o exequente terá cinco dias para apresentar impugnação à sentença de liquidação, sendo que os embargos à execução e à impugnação serão julgados na mesma sentença.

Segundo o art. 475-I, § 1º, do CPC, provisória é a execução da sentença na pendência de recurso em face desta. Transitando a ação em julgado (atenção: v. Súmula 228 do STF e OJ 56 da SDI-II do TST) ou em se tratando de execução de título extrajudicial, a execução é definitiva, a par das discussões que venham a ocorrer nos embargos à execução, salvo se deferido efeitos suspensivos a estes, nos termos do art. 475-M do CPC.

Gabarito "C"

(Magistratura do Trabalho – 9ª Região – 2006) Assinale a alternativa correta:

(A) Os únicos títulos executivos que podem ser objeto de execução perante a Justiça do Trabalho são judiciais, quais sejam, os acordos homologados e não cumpridos e as sentenças passadas em julgado ou das quais não tenha havido recurso com efeito suspensivo.
(B) Somente o próprio exequente, ou seu sucessor, poderá promover a execução do título executivo trabalhista, sendo que uma vez intimado o credor e decorrido o prazo deferido pelo Juízo, começará a correr o prazo de prescrição intercorrente.
(C) Por força do artigo 889 da CLT, a penhora de bens obedecerá à ordem prevista no artigo 11 da Lei 6.830/1980, que dispõe sobre a cobrança judicial da dívida ativa da Fazenda Pública.
(D) Poder-se-ão discutir nos embargos apresentados pelo devedor unicamente questões de direito, uma vez que na liquidação da sentença não se poderá modificar, ou inovar, a sentença liquidanda, nem discutir matéria pertinente à causa principal, cabendo ao Juiz indeferir o requerimento de produção de provas orais, amparado pelo artigo 765 da CLT.
(E) A liquidação do título executivo poderá ser feita por artigos, arbitramento ou por cálculos, e abrangerá também o cálculo das contribuições previdenciárias devidas. Uma vez elaborada a conta, o Juiz deve determinar a intimação do Instituto Nacional do Seguro Social, para manifestação, no prazo de 10 dias, sob pena de preclusão.

A: incorreta, os termos de ajuste de conduta firmados perante o Ministério Público do Trabalho e os termos de conciliação firmados perante as Comissões de Conciliação Prévia também podem ser executados perante a Justiça do Trabalho (art. 876 da CLT); **B:** incorreta, a execução poderá ser provida por qualquer interesado (art. 878 da CLT); **C:** incorreta, a penhora dos bens obedecerá a ordem prevista no art. 655 do CPC (art. 882 da CLT); **D:** incorreta, contraria o disposto no § 2º do art. 884 da CLT, que dispõe: "Se na defesa tiverem sido arroladas testemunhas, poderá o Juiz ou o Presidente do Tribunal, caso julgue necessários seus depoimentos, marcar audiência para a produção das provas, a qual deverá realizar-se dentro de 5 (cinco) dias"; **E:** correta, art. 879, *caput*, e §§ 1º-A e § 3º, da CLT.

Gabarito "E"

(Magistratura do Trabalho – 11ª Região – 2007 – FCC) A remição, no processo do trabalho, na fase de execução somente será deferível ao executado se este oferecer preço igual a

(A) 20% do valor da avaliação.
(B) 30% do valor da avaliação.
(C) 50% do valor do maior lanço.
(D) o do maior lanço.
(E) o da condenação.

Art. 13 da Lei 5.584/1970.

Gabarito "E"

(Magistratura do Trabalho – 11ª Região – 2007 – FCC) Em determinada ação trabalhista, as partes se compõem, ajustando na transação o pagamento de R$ 10.000,00 pela reclamada, em quatro parcelas iguais de R$ 2.500,00, com vencimento em 25.08.2007, 25.09.2007, 25.10.2007 e 25.11.2007, tendo sido, ainda, pactuado na hipótese de inadimplência 50% de multa. O acordo foi devidamente homologado. Vencida a primeira parcela e não se verificando o pagamento, terá início a execução pelo valor

(A) da parcela vencida, mais 50% de multa sobre a parcela.

(B) da parcela vencida, acrescida da multa de 50%, mais parcelas vincendas, sem multas.

(C) das parcelas vencidas até a data da assinatura do mandato executório, mais multa de 50% sobre tais parcelas.

(D) total da conciliação, mais a multa, devendo aguardar-se o término do prazo avençado para cumprimento do acordo, para ato contínuo expedir mandado executório.

(E) total do acordo, mais a multa de 50%.

Reza o art. 891 da CLT: "Nas prestações sucessivas por tempo determinado, a execução pelo não pagamento de uma prestação compreenderá as que lhe sucederem".

Gabarito "E"

(Magistratura do Trabalho – 11ª Região – 2007 – FCC) Quando uma constrição for além dos bens do demandado e alcançar aqueles que pertençam a um terceiro, oferece a lei ao interessado a possibilidade de propor embargos

(A) de terceiro, opostos a qualquer tempo, no processo de execução até cinco dias antes da arrematação e assinatura da respectiva carta.

(B) de terceiro, opostos a qualquer tempo, no processo de conhecimento e até oito dias depois da arrematação e antes da assinatura da respectiva carta, no procedimento de execução.

(C) de terceiro, opostos a qualquer tempo, no processo de conhecimento enquanto não transitada em julgado a sentença.

(D) à execução, somente, no processo de execução até cinco dias depois da adjudicação e antes da assinatura da respectiva carta.

(E) à execução, somente, no processo de execução enquanto não transitada em julgado a sentença.

Conforme preceitua o art. 1.048 do CPC: "Os embargos podem ser opostos a qualquer tempo no processo de conhecimento enquanto não transitada em julgado a sentença, e, no processo de execução, até 5 (cinco) dias depois da arrematação, adjudicação ou remição, mas sempre antes da assinatura da respectiva carta".

Gabarito "C"

(Magistratura do Trabalho – 11ª Região – 2007 – FCC) A sentença de liquidação no processo do trabalho pode ser impugnada quer pelo exequente, quer pelo executado

(A) por agravo de petição, no prazo de oito dias da ciência real ou presumida.

(B) na mesma ocasião dos embargos à penhora, no prazo de cinco dias, a contar da garantia do juízo.

(C) por embargos à execução, no prazo de oito dias da garantia do juízo.

(D) por impugnação, no prazo de oito dias dos embargos à execução, após a garantia do juízo.

(E) por embargos à execução, se versar matéria de fato, ou por agravo de petição, se versar matéria de direito, no prazo respectivo de cinco ou oito dias, a contar da garantia do juízo.

Assim preceitua o art. 884 da CLT: "Garantida a execução ou penhorados os bens, terá o executado 5 (cinco) dias para apresentar embargos, cabendo igual prazo ao exequente para impugnação".

Gabarito "B"

(Magistratura do Trabalho – 11ª Região – 2007 – FCC) Considere as seguintes afirmativas, quanto aos embargos à execução trabalhista:

I. Têm natureza de ação do executado contra o exequente.

II. Em nenhuma hipótese será admitida a produção de prova testemunhal.

III. O embargante poderá aproveitar para discutir as matérias que não foram abordadas na fase de conhecimento.

IV. Só poderão ser apresentados se o juízo estiver garantido, salvo se o embargante for a fazenda pública.

Das afirmativas apresentadas,

(A) nenhuma está correta.

(B) apenas uma está correta.

(C) apenas duas estão corretas.

(D) apenas três estão corretas.

(E) quatro estão corretas.

I: correta, por definição; **II:** incorreta, é possível produção de provas (art. 884, § 2º, da CLT); **III:** incorreta, "a matéria de defesa será restrita às alegações de cumprimento da decisão ou do acordo, quitação ou prescrição da divida" (art. 884, § 1º, da CLT); **IV:** correta, arts. 884 e 889 da CLT e 730 do CPC.

Gabarito "C"

(Magistratura do Trabalho – 12ª Região – 2006) Sobre o processo de execução trabalhista assinale a alternativa correta:

(A) só advogados com procuração nos autos podem obter cópias de processo em tramitação normal (ativos);

(B) a carta de fiança bancária equivale a dinheiro para efeito da gradação dos bens penhoráveis;

(C) inexiste a figura da remição da penhora nos moldes do Código de Processo Civil;

(D) como o processo é movido por impulso do juiz, o exequente não pode desistir da execução.

(E) o recurso de revista é incabível em sede de execução.

A: incorreta, mesmo sem procuração poderão obter cópias (art. 7º, XIII, da Lei 8.906/1994); **B:** correta, OJ 59 da SDI-II do TST; **C:** incorreta, existe tal figura (art. 13 da Lei 5.584/1970); **D:** incorreta, segundo o princípio da livre disponibilidade do processo pelo credor; **E:** incorreta, será cabível na hipótese de ofensa direta e literal de norma da Constituição Federal (art. 896, § 2º, da CLT).

Gabarito "B"

(Magistratura do Trabalho – 13ª Região – 2006) De acordo com a CLT, assinale a alternativa correta:

(A) na liquidação de sentença por cálculos, as partes serão obrigatoriamente intimadas para a impugnação fundamentada do cálculo.
(B) a impugnação aos cálculos só poderá ser feita por ocasião dos embargos à execução;
(C) julgada por sentença a liquidação, os erros materiais dos cálculos não podem ser corrigidos de ofício, necessitando manifestação das partes;
(D) é vedado às partes e ao juiz, na liquidação, inovar a sentença liquidanda;
(E) os cálculos das obrigações previdenciárias, decorrentes das condenações trabalhistas, devem ser efetuados pelo INSS, no prazo de 10 (dez) dias.

A: incorreta, as partes deverão ser intimadas para apresentação do cálculo de liquidação (art. 879, § 1º-B, da CLT); **B:** incorreta, a impugnação aos cálculos será feita na liquidação da sentença, sob pena de preclusão (art. 879, § 2º, da CLT); **C:** incorreta, os erros materiais podem ser corrigidos de ofício (art. 897-A, parágrafo único, da CLT) – v. OJ 85 da SDI-II do TST; **D:** correta, art. 879, § 1º, da CLT; **E:** incorreta, as partes, na ocasião de apresentação de cálculo de liquidação, ou os órgãos auxiliares da justiça, deverão incluir as contribuições previdenciárias devidas. A união será chamada a se manifestar, no prazo de 10 dias, sobre esses cálculos art. 879, § 1º-B e § 3º, da CLT.

Gabarito "D"

(Magistratura do Trabalho – 13ª Região – 2006) A lei brasileira distingue a fraude contra credores da fraude à execução. A primeira é tratada no Código Civil, enquanto a última está disciplinada pelo Código de Processo Civil, neste aspecto aplicável subsidiariamente ao processo do trabalho. A fraude à execução, de acordo com o que está previsto no CPC, ocorre:

(A) quando o devedor se oculta para não ser citado;
(B) quando o devedor, citado, não paga o valor da execução e nem indica bens à penhora de modo a garantir integralmente o seu débito;
(C) quando o devedor aliena bens sobre os quais pende ação fundada em direito real;
(D) quando o devedor solvente, citado, indica bens de valor inferior ao seu débito, ou bens de difícil alienação, de modo a dificultar a quitação da obrigação;
(E) quando o devedor deixa deliberadamente que o bem penhorado, em garantia da execução, venha a se deteriorar, de modo a diminuir o valor, frustrando com isso o direito do credor.

A alternativa "C" descreve o disposto no inciso I do art. 593do CPC.

Gabarito "C"

(Magistratura do Trabalho – 13ª Região – 2006) Assinale a alternativa errada:

(A) na execução contra a fazenda pública, esta poderá opor embargos independentemente de garantia da execução;
(B) os pagamentos dos débitos trabalhistas da fazenda pública serão sempre feitos mediante precatórios;
(C) havendo preterição de credor, na ordem de preferência de precatórios, por parte da fazenda pública, poderá ser sequestrada, por ordem judicial, quantia suficiente para satisfazer o débito;
(D) a requisição de pagamento por precatório será feita pelo juiz por intermédio do presidente do tribunal;
(E) é obrigatória a inclusão, no orçamento das entidades de direito público, de valor necessário ao pagamento dos seus débitos, oriundos de sentenças transitadas em julgado, constantes dos precatórios judiciais, apresentados até 1º de julho, fazendo-se o pagamento até o final do exercício seguinte, quando terão os seus valores atualizados monetariamente.

A assertiva incorreta é a "B", pois os pagamentos dos débitos de pequeno valor não serão feitos mediante precatórios (art. 100, § 3º da CF).

Gabarito "B"

(Magistratura do Trabalho – 14ª Região – 2011) Quanto à execução por prestações sucessivas por tempo indeterminado, assinale a alternativa correta.

(A) A execução pelo não pagamento de uma prestação compreenderá as que lhe sucederem.
(B) Não existe execução por prestações sucessivas no processo do trabalho.
(C) A execução por prestações sucessivas no processo do trabalho obedece aos parâmetros estabelecidos no CPC, aplicável subsidiariamente por força do artigo 769 da CLT.
(D) A execução compreenderá inicialmente as prestações devidas até a data do ingresso na execução.
(E) A execução compreenderá apenas as prestações devidas após o ingresso na execução.

A: incorreta, art. 891 da CLT (atente-se à expressão "indeterminado", constante do enunciado); **B:** incorreta, há previsão expressa no art. 890 da CLT; **C:** incorreta, obedece aos parâmetros estabelecidos na própria CLT (art. 890 da CLT); **D:** correta, art. 892 da CLT; **E:** incorreta, vide o enunciado da alternativa "D" (art. 892 da CLT).

Gabarito "D"

(Magistratura do Trabalho – 14ª Região – 2008) Considere as proposições dadas, aponte abaixo a alternativa CORRETA:

I. Tratando-se de prestações sucessivas, por tempo indeterminado, a execução pelo não pagamento de uma prestação compreenderá as que lhe sucederem.
II. A execução da decisão proferida em ação rescisória far-se-á nos próprios autos da ação que lhe deu origem.
III. A liquidação de sentença por artigos, no Processo do Trabalho, pode ser iniciada tanto pelo credor, quanto pelo devedor ou, ainda, *ex officio* pelo juiz. Por isso, persiste o entendimento consagrado em súmula, no sentido que a prescrição intercorrente não é compatível com a execução trabalhista.
IV. Os débitos trabalhistas das entidades submetidas aos regimes de intervenção ou liquidação extrajudicial estão sujeitos à correção monetária desde o respectivo vencimento até o seu efetivo pagamento, sem interrupção ou suspensão, não incidindo, entretanto, sobre tais débitos, juros de mora.

(A) Todas as proposições estão corretas;
(B) Apenas as proposições I e II estão corretas;
(C) Apenas as proposições II, III e IV estão corretas;
(D) Apenas as proposições III e IV estão corretas;
(E) Apenas as proposições II e IV estão corretas.

I: incorreta, "a execução compreenderá inicialmente as prestações devidas até a data do ingresso na execução" (art. 892 da CLT); **II:** correta, art. 836, parágrafo único, da CLT; **III:** incorreta, entende-se que na liquidação por artigos, que tem lugar quando da necessidade de se alegar e provar fato novo para se determinar o valor da condenação, apesar da expressão "ordenar-se-á", prevista no art. 879 da CLT (que ensejaria a interpretação acerca da possibilidade de se iniciar de ofício), a liquidação depende de iniciativa da parte, nos termos remitidos pelo art. 475-F do CPC. A parte deverá apresentar petição escrita descrevendo os fatos a serem provados e os meios de prova; **IV:** correta, Súmula 304 do TST.

Gabarito "E".

(Magistratura do Trabalho – 15ª Região – 2011) A respeito do tema execução em face da Fazenda Púplica, assinale a alternativa incorreta:

(A) é obrigatória a inclusão, no orçamento das entidades de direito público, de verba necessária ao pagamento de seus débitos, oriundos de sentenças transitadas em julgado, constantes de precatórios judiciários apresentados até 1º de julho, fazendo-se o pagamento até o final do exercício seguinte, quando terão seus valores atualizados monetariamente. Pagos tais valores durante o período em questão, não incidirão juros de mora;
(B) nas reclamações trabalhistas plúrimas, a aferição do que vem a ser obrigação de pequeno valor, para efeito de expedição de oficio requisitório, deve ser realizada considerando-se o crédito devido a cada reclamante;
(C) não publicada lei definidora do pequeno valor pelos Estados e Municípios, consideram-se, respectivamente, aqueles de até 40 (quarenta) e 30 (trinta) salários mínimos. O valor mínimo que a lei pode considerar é o do maior benefício do regime geral de previdência social;
(D) o exequente não pode renunciar a parcela do seu crédito para recebê-lo como verba de pequeno valor, para que não ocorra a inversão da ordem cronológica dos pagamentos;
(E) por força de emenda constitucional, foi possível aos Estados optar pelo parcelamento dos débitos oriundos de precatórios não oportunante quitados.

A: assertiva correta, art. 100, § 5º, da CF; **B:** assertiva correta, OJ 9 do TP do TST; **C:** assertiva correta, art. 87 do Ato das Disposições Constitucionais Transitórias; **D:** assertiva incorreta, devendo ser assinalada, pois o exequente pode renunciar a parcela de seu crédito para recebê-lo como verba de pequeno valor (art. 87, parágrafo único, do ADCT); **E:** assertiva correta, art. 78 do ADCT (v. art. 86 do ADCT).

Gabarito "D".

(Magistratura do Trabalho – 15ª Região – 2011) Proferida sentença em reclamação trabalhistas, um único título foi deferido: horas extras, no valor de R$ 15.000,00. Realizada audiência de conciliação em execução, as partes se conciliaram. A executada se comprometeu a pagar ao exequente, para quitação do valor deferido na ação, R$ 10.000,00. em duas parcelas de R$ 5.000,00. Considerando a jurisprudência do TST, as contribuições previdenciárias são devidas:

(A) pelo valor do acordo formulado;
(B) pelo valor deferido na sentença;
(C) pelo valor das horas extras, que deixou de ser quitado no momento do trabalho prestado;
(D) pelo valor mensal das horas extras deferidas, agregado ao do salário pago, no momento da prestação dos serviços;
(E) nenhuma das alternativas anteriores.

A alternativa "A" está correta, conforme preceitua a OJ 368 da SDI-I do TST.

Gabarito "A".

(Magistratura do Trabalho – 15ª Região – 2011) A executada foi condenada a pagar diferenças de adicional de insalubridade, que o juízo entendeu que deveria ter sido calculado sobre a remuneração. A decisão transitou em julgado. Posteriormente, o Supremo Tribunal Federal editou a Súmula Vinculante n. 4 e adotou o posicionamento de que, conquanto referido adicional não pudesse ser calculado sobre o salário mínimo, não é da competência do Poder Judiciário a fixação de sua base de cálculo. Citada para pagar, a executada depositou o valor para garantia do juízo, com a finalidade de apresentar sua irresignação. Assinale a alternativa correta quanto ao procedimento a ser adotado:

(A) agravo de petição, no prazo de 8 (oito) dias contados da intimação da garantia do juízo, medida na qual poderá discutir todas as matérias vinculadas à liquidação e à execução;
(B) embargos à execução, no prazo de 5 (cinco) dias contados da intimação da garantia do juízo, medida na qual só poderá alegar o cumprimento parcial da decisão e a incorreção do valor apurado em liquidação;
(C) embargos à execução no prazo de 05 (cinco) dias contados da garantia do juízo, medida na qual poderá alegar entre outras matérias, a inexigibilidade do titulo judicial fundado em interpretação tida por incompatível com a Constituição pelo Supremo Tribunal Federal;
(D) transitada em julgado a sentença, a executada só poderá questionar o valor apurado e fixado na sentença de liquidação, por meio de embargos à execução;
(E) agravo de petição no prazo de 8 (oito) dias contados da garantia do juízo, no qual só poderá impugnar a sentença de liquidação.

A alternativa "C" descreve o disposto no art. 884, § 5º, da CLT.

Gabarito "C".

(Magistratura do Trabalho – 15ª Região – 2010) Com relação à liquidação por arbitramento dos valores devidos em decorrência de decisão judicial, é correto afirmar que:

(A) só na própria sentença pode ser determinada a adoção do procedimento;
(B) as partes podem convencionar que o valor devido seja apurado por arbitramento;
(C) é processada da mesma forma que a liquidação por artigos;

(D) não é possível seu processamento quando a execução for provisória;
(E) nenhuma das anteriores.

A: incorreta, além de determinado na própria sentença, as partes também podem convencionar a adoção desse procedimento (art. 475-C, I, do CPC); **B:** correta (art. 475-C, I, segunda parte, do CPC); **C:** incorreta, enquanto na liquidação por artigos há necessidade de alegar e provar fato novo para determinar o valor da condenação, na liquidação por arbitrmento o juiz nomeia perito para confeccionar laudo; não há fato novo há ser discutido e provado (arts. 475-D e 475-E do CPC); **D:** incorreta, é possível até na pendência de recurso (art. 475-A, § 2º, c/c art. 475-O do CPC).

Gabarito "B."

(Magistratura do Trabalho – 16ª Região – 2011) Analise as afirmativas e assinale a alternativa CORRETA:

I. São passíveis de penhora no processo do trabalho as cédulas de crédito industrial garantida por alienação fiduciária e as cédulas rurais pignoratícias.
II. De acordo com a jurisprudência do TST, é admissível a penhora sobre renda mensal ou faturamento de empresa, desde que não incida sobre valores reservados a folha de pagamento dos empregados.
III. A substituição de bem penhorado por dinheiro pode ser determinada de oficio pelo juiz do trabalho, mediante ordem de bloqueio, ainda que o exequente não tenha refutado o bem ofertado pelo executado.
IV. A existência de penhora sobre um mesmo bem não impede a realização de novas penhoras, observada a preferência das precedentes compatibilizada com o privilégio do crédito trabalhista.

(A) Estão corretas apenas as afirmativas I, II e III.
(B) Estão corretas apenas as afirmativas I, II e IV.
(C) Estão corretas apenas as afirmativas III e IV.
(D) Está correta apenas a afirmativa III.
(E) Está correta apenas a afirmativa VI.

I: incorreta, as cédulas de crédito industrial garantida por alienação fiduciária não são passíveis de penhora na esfera trabalhista (OJ 226 da SDI-I do TST); **II:** incorreta, é possível, "limitada a determinado percentual, desde que não comprometa o desenvolvimento regular de suas atividades" (OJ 93 da SDI-II do TST); **III:** correta, art. 765 c/c art. 878 da CLT (v. Súmula 417 do TST); **IV:** correta, arts. 613 e 711 do CPC.

Gabarito "C."

(Magistratura do Trabalho – 18ª Região – 2006) Assinale a alternativa incorreta de acordo com a jurisprudência sumulada do TST.

(A) Não há ofensa à coisa julgada se o juízo executório determina os descontos previdenciários e fiscais, ainda que a sentença exequenda tenha sido omissa sobre a questão.
(B) Por se tratar de imperativo legal, não há ofensa à coisa julgada se o juízo executório determina os descontos previdenciários e fiscais, mesmo que o título exequendo, expressamente, tenha afastado a dedução dos valores a título de imposto de renda e de contribuição previdenciária.
(C) Não fere direito líquido e certo do impetrante o ato judicial que determina penhora em dinheiro do executado, em execução definitiva, para garantir crédito exequendo, uma vez que obedece à gradação prevista no art. 655 do CPC.
(D) Havendo discordância do credor, em execução definitiva, não tem o executado direito líquido e certo a que os valores penhorados em dinheiro fiquem depositados no próprio banco, ainda que atenda aos requisitos do art. 666, I, do CPC.
(E) Em se tratando de execução provisória, fere direito líquido e certo do impetrante a determinação de penhora em dinheiro, quando nomeados outros bens à penhora, pois o executado tem direito a que a execução se processe da forma que lhe seja menos gravosa, nos termos do art. 620 do CPC.

A: assertiva correta, Súmula 401 do TST; **B:** assertiva incorreta, devendo ser assinalada, "A *ofensa à coisa julgada* somente poderá ser caracterizada na hipótese de o título exequendo, *expressamente, afastar a dedução dos valores a título de imposto de renda e de contribuição previdenciária*" (Súmula 401 do TST); **C**, **D** e **E:** corretas, Súmula 417 do TST.

Gabarito "B."

(Magistratura do Trabalho – 20ª Região – 2003) Após ser dispensado do emprego e haver enfrentado desentendimentos com o ex-empregador acerca do valor das verbas rescisórias a que teria direito, José Barbosa firmou com Lojas de Tintas Vilmont Ltda. um termo de conciliação perante Comissão de Conciliação Prévia regularmente constituída, o qual não foi cumprido no prazo estipulado. O empregado, então, ingressou na Justiça do Trabalho com ação de execução, com vistas a receber o quanto estipulado no respectivo termo, cuja juntada providenciou. A executada, ao ser citada, ingressou, no quinto dia após a ciência da penhora, com embargos à execução, cuja petição foi assinada pelo sócio-gerente da empresa, nos quais sustentou a inexequibilidade do título, uma vez que ele não se prestaria a embasar execução forçada.

Para o caso descrito, qual das alternativas abaixo é correta:

(A) os embargos à execução devem ser acolhidos, haja vista que o termo de conciliação firmado perante Comissão de Conciliação Prévia não é título extrajudicial exequível perante a Justiça do Trabalho;
(B) os embargos devem ser julgados improcedentes e a execução se processar normalmente;
(C) os embargos devem ser rejeitados *in limine*, porque opostos por quem não é advogado, sendo certo que o *jus postulandi* das partes só prevalece na fase de conhecimento da causa, até o trânsito em julgado da decisão;
(D) os embargos devem ser acolhidos, porque não é a execução forçada, mas a ação monitória é o meio processual adequado para o empregado receber o seu crédito proveniente de termo de conciliação firmado perante Comissão de Conciliação Prévia;
(E) os embargos à execução devem ser rejeitados liminarmente, porque opostos intempestivamente, uma vez que o prazo para embargar, de cinco dias, começa a correr a partir da citação do executado.

Art. 876 da CLT (v. arts. 791 e 884 da CLT).

Gabarito "B."

(Magistratura do Trabalho – 20ª Região – 2003) No que diz respeito à liquidação de sentença no processo do trabalho, pode-se afirmar que:

I. Ela pode ser feita por simples cálculo, por arbitramento ou por artigos, sendo certo que, na hipótese de vir a ser realizada por artigos, é ônus da parte propô-los, uma vez que não é possível ao juiz, neste caso, impulsionar de ofício o processo de modo a que tenha início a execução sem a participação do credor.

II. Os cálculos de liquidação abrangerão, inclusive e sendo o caso de haver incidência, as contribuições previdenciárias devidas, ainda que o INSS não tenha participado da relação processual de conhecimento.

III. Uma vez elaborada a conta pelo órgão auxiliar do juízo, as partes e o INSS serão intimados, via postal aquelas e por oficial de justiça o último, para se manifestarem, no prazo de 10 dias, sob pena de preclusão.

IV. Na hipótese de os cálculos elaborados pelo credor serem rejeitados por duas vezes pelo juízo, em virtude de erros manifestos e inescusáveis que promovam excessos nas contas, perderá o credor, em favor do devedor, o equivalente a 10% (dez por cento) do seu crédito, sem prejuízo de ser reputado litigante de má-fé e de pagar a indenização de que trata o art. 18, do CPC.

Marque:

(A) todas as proposições são corretas;
(B) todas as proposições são incorretas;
(C) as proposições I e II são corretas e as III e IV, incorretas;
(D) a proposição I é a única correta;
(E) a proposição IV é a única incorreta.

I: correta, entende-se que na liquidação por artigos, que tem lugar quando da necessidade de se alegar e provar fato novo para se determinar o valor da condenação, apesar da expressão "ordenar-se-á", prevista no art. 879 da CLT (que ensejaria a interpretação acerca da possibilidade de se iniciar de ofício), a liquidação depende de iniciativa da parte, nos termos remitidos pelo art. 475-F do CPC. A parte deverá apresentar petição escrita descrevendo os fatos a serem provados e os meios de prova; **II:** correta, art. 879, §§ 1º-A e 1º-B, da CLT; **III:** incorreta, art. 879, §§ 2º e 3º, da CLT (não há obrigatoriedade de que as partes sejam intimadas necessariamente neste momento para se manifestarem sobre a conta, ao mesmo tempo que a notificação do INSS é pela via postal); **IV:** incorreta, contraria o disposto no art. 18 do CPC.

Gabarito "C"

(Magistratura do Trabalho – 21ª Região – 2012) Proferida a sentença, pode-se iniciar a execução, antes mesmo do trânsito em julgado. Acerca dos atos praticados no curso da execução é correto afirmar:

(A) transitada em julgado a decisão, o Juiz determinará a penhora em dinheiro, ato que poderá ser desconstituído, se restar provado que a executada indicou bens à penhora, pois o executado tem direito a que a execução se processe de forma menos gravosa;
(B) na execução provisória, é vedada a penhora em dinheiro através do BACENJUD, quando o executado possuir bens penhoráveis que sejam suficientes à garantia da dívida;
(C) quando a execução se processar por carta precatória, a interposição de embargos de terceiros deverá, obrigatoriamente, ocorrer perante o Juízo deprecante;
(D) da decisão proferida em embargos à execução, quando ainda se discute os cálculos de liquidação, é cabível o agravo de petição. Todavia, da decisão proferida no agravo de petição, não caberá recurso de revista;
(E) poderá o executado, em embargos à execução, arguir a prescrição de parcela constante do título executivo judicial, desde que a parcela já tenha sido alcançada pela prescrição quinquenal na data do ajuizamento da reclamação.

A: incorreta, como transitou em julgado a decisão, o ato não poderá ser desconstituído, pois obedece à gradação prevista no art. 655 do CPC (Súmula 417 do TST); **B:** correta, Súmula 417, III, do TST; **C:** incorreta, os embargos de terceiro poderão ser interpostos perante o juízo deprecante ou deprecado (Súmula 419 do TST); **D:** incorreta, se demonstrada inequívoca violência direta à Constituição Federal, caberá recurso de revista (art. 897 da CLT e Súmula 266 do TST); **E:** incorreta, art. 884, da CLT.

Gabarito "B"

(Magistratura do Trabalho – 21ª Região – 2012) Considerando as disposições da Consolidação das Leis do Trabalho, a Lei n. 6.830/1980 e a jurisprudência predominante do TST, é correto afirmar:

(A) garantida a execução ou penhorados os bens, terá o executado dez dias para apresentar embargos à execução, cabendo igual prazo ao exequente para apresentar sua impugnação;
(B) ao executado é assegurado impugnar a sentença de liquidação nos embargos à penhora, no prazo de cinco dias, mesmo que não garantido o Juízo integralmente, cabendo ao exequente igual direito, no mesmo prazo;
(C) aos trâmites e incidentes do processo da execução são aplicáveis, naquilo em que não contravierem as regras estabelecidas da CLT, os preceitos que regem os atos executivos previstos no Código de Processo Civil;
(D) a matéria de defesa, nos embargos à execução, será restrita às alegações de cumprimento da decisão ou do acordo, quitação ou prescrição da dívida;
(E) na execução por carta precatória, os embargos de terceiro serão oferecidos no juízo deprecante ou no juízo deprecado, mas a competência para julgá-los é sempre do juízo deprecado, especialmente se versarem sobre vícios ou irregularidades da penhora, avaliação ou alienação dos bens.

A: incorreta, o prazo é de 5 (cinco) dias (art. 884 da CLT); **B:** incorreta, o juízo deve estar integralmente garantido (art. 884, *caput* e § 3º, da CLT); **C:** incorreta, são aplicáveis os preceitos que regem o processo dos executivos fiscais para a cobrança judicial da dívida ativa da Fazenda Pública Federa (lart. 889 da CLT); **D:** correta, art. 884, § 1º, da CLT; **E:** incorreta, a competência para julgar os embargos de terceiros é do juízo deprecante, "salvo se versarem, unicamente, sobre vícios ou irregularidades da penhora, avaliação ou alienação dos bens, praticados pelo juízo deprecado, em que a competência será deste último" (Súmula 419 do TST).

Gabarito "D"

(Magistratura do Trabalho – 21ª Região – 2005) Considere as regras processuais sobre liquidação de sentença e marque a resposta incorreta:

(A) após a regulamentação da cobrança das contribuições previdenciárias na Justiça do Trabalho, é obrigatória a inclusão das contribuições previdenciárias devidas nos cálculos de liquidação, devendo o Instituto Nacional do Seguro Social – INSS – ser intimado dos cálculos para que sobre eles possa se manifestar, sob pena de preclusão;

(B) caso a conta tenha sido elaborada pela Contadoria Judicial, deve o Juiz abrir prazo sucessivo de dez dias para que as partes possam apresentar, querendo, impugnação, que deve ser fundamentada, com a indicação dos valores objeto da discordância;

(C) nos termos da Jurisprudência Sumulada do Tribunal Superior do Trabalho, devem ser incluídos na liquidação os juros de mora e a correção monetária, ainda que omissa a condenação a respeito;

(D) o cálculo da contribuição previdenciária não deverá observar os critérios de atualização monetária aplicáveis aos créditos trabalhistas, mas sim àqueles estabelecidos na legislação previdenciária específica;

(E) contra a decisão homologatória de cálculos de liquidação não cabe recurso, podendo a parte executada, no entanto, impugná-la mediante a oposição de embargos à execução.

A: assertiva correta, art. 879, § 3º, da CLT; **B:** assertiva incorreta, devendo ser assinalada, a incorreção na afirmativa reside na expressão "deve o Juiz abrir", enquanto que o art. 879, § 2º, da CLT menciona que o juiz "poderá abrir", pois a regra do art. 879 coexiste com o disposto no art. 884, §§ 3º e 4º da CLT; **C:** aseertiva correta, Súmula 211 do TST; **D:** assertiva correta, art. 879, § 4º, da CLT; **E:** assertiva correta, art. 884, § 3º, da CLT.

Gabarito "B"

(Magistratura do Trabalho – 21ª Região – 2005) Leia o enunciado abaixo e assinale, em seguida, a alternativa correta, considerando a atual Jurisprudência do Pleno do Tribunal Superior do Trabalho:

A União Federal apresentou ao Presidente do Tribunal Regional do Trabalho, nos autos de requisitório de precatório, impugnação aos cálculos de liquidação homologados pelo Juiz do Trabalho de Primeiro Grau, sob o fundamento de que as vantagens concedidas ao autor da ação, ora servidor público federal submetido ao regime estatutário, devem ser limitadas ao período imediatamente anterior à vigência da Lei 8.112/1990, porquanto, a partir de então, cessou a competência da Justiça do Trabalho.

(A) Devido à natureza administrativa do procedimento relativo ao precatório, não compete ao Presidente do Tribunal Regional do Trabalho examinar matérias atinentes à liquidação de sentença, excluídas, apenas, as questões de erro material de aritmética.

(B) O Presidente do Tribunal deve limitar a execução, diante do que consta da Jurisprudência do Tribunal Superior do Trabalho, sendo que contra esta decisão cabe, apenas, agravo regimental para o órgão colegiado do próprio Tribunal que exerce, no caso, o duplo grau de jurisdição, não comportando, assim, recurso ao Tribunal Superior do Trabalho.

(C) É da competência funcional do Presidente do Tribunal Regional do Trabalho, mesmo em sede de precatório, adequar a conta de liquidação aos parâmetros legais, limitando, assim, a execução ao período celetista, salvo se a matéria tiver sido decidida, de modo contrário, em embargos à execução, por exemplo.

(D) Das decisões em agravo regimental dos Tribunais Regionais do Trabalho em matéria de precatório que envolvam pedido de revisão de cálculo, é obrigatória a remessa dos autos para o reexame do Tribunal Superior do Trabalho, nos termos do Decreto-Lei n. 779/1969, quando contrárias à Fazenda Pública;

(E) A limitação dos cálculos de liquidação até o advento da Lei n. 8.112/1990, estando o processo na fase de execução, só pode ser efetivada através da ação rescisória, mesmo assim se não ultrapassado o biênio decadencial.

A alternativa "C" está em consonância com o disposto nas OJs 2 e 6 do Tribunal Pleno do TST.

Gabarito "C"

(Magistratura do Trabalho – 21ª Região – 2005) Considere as disposições da Consolidação das Leis do Trabalho atinentes ao processo de execução e marque a alternativa incorreta:

(A) são títulos executivos no Processo do Trabalho não somente as decisões dos Juízes e Tribunais do Trabalho, como também os termos de ajuste de conduta firmados perante o Ministério Público do Trabalho, os Termos de Compromisso celebrados junto aos órgãos do Ministério do Trabalho e Emprego, bem como os Termos de Conciliação firmados perante as Comissões de Conciliação Prévia;

(B) citado o reclamado para pagamento, ele pode indicar bens à penhora no prazo de 48 horas, hipótese em que será observada a ordem preferencial estabelecida no Código de Processo Civil;

(C) na falta de Oficial de Justiça Avaliador, poderá o Juiz do Trabalho designar qualquer outro serventuário do Juízo para a prática de atos de execução;

(D) durante a arrematação, os bens penhorados serão vendidos pelo maior lance, podendo o exequente requerer a adjudicação, detendo a preferência, caso sejam equivalentes os lances;

(E) pode o arrematante oferecer, no ato da hasta pública, apenas 20% do valor global do seu lance, mas terá que depositar o restante no prazo de 24 horas, sob pena de perder aquele sinal em benefício da execução.

A: assertiva incorreta, devendo ser assinalada. Os Termos de Compromisso celebrados junto aos órgãos do Ministério do Trabalho e Emprego não são títulos executivos no processo do trabalho (art. 876 da CLT); **B:** assertiva correta, arts. 880 e 882 da CLT; **C:** assertiva correta, art. 721, § 5º, da CLT; **D:** assertiva correta, art. 888, § 1º, da CLT; **E:** assertiva correta, art. 888, §§ 2º e 4º, da CLT.

Gabarito "A"

(Magistratura do Trabalho – 21ª Região – 2005) Consideradas as afirmações abaixo, marque a letra que contém a resposta correta:

I. A alienação ou oneração de bens na pendência de demanda contra o devedor, capaz de reduzi-lo à insolvência, configura fraude de execução, a qual, uma vez reconhecida em juízo, tem o efeito de anular o próprio ato de oneração ou alienação, para que os bens possam retornar ao patrimônio do devedor e, consequentemente, ser penhorados.

II. Adjudicação é o ato pelo qual o credor exequente recebe em pagamento, total ou parcial de seu crédito, os bens penhorados.

III. Remição é a liberação dos bens mediante pagamento, pelo executado, do valor do lanço ou da avaliação, mas somente é admitida no processo do trabalho se o preço oferecido for igual ao valor da condenação, conforme restrição legal.

IV. Os cálculos de liquidação devem conter o valor da contribuição previdenciária, a qual será executada de ofício pelo juiz do trabalho. É do empregador a responsabilidade pelo recolhimento das contribuições previdenciárias e fiscais, resultante de crédito do empregado oriundo de condenação judicial, devendo incidir, em relação aos descontos fiscais, sobre o valor total da condenação, referente às parcelas tributáveis, calculado ao final, nos termos da legislação pertinente e obedecido Provimento da Corregedoria-Geral da Justiça do Trabalho. Em se tratando de descontos previdenciários, o critério de apuração determina que a contribuição do empregado, no caso de ações trabalhistas, seja calculada mês a mês, aplicando-se as alíquotas previstas em lei, observado o limite máximo do salário de contribuição.

V. O inquérito para apuração de falta grave contra empregado estável pode ser requerido pelo empregador, por escrito ou verbalmente – e, neste caso, reduzido a termo – à Justiça do Trabalho.

(A) Somente I e V estão erradas.
(B) I, II e III estão corretas.
(C) Somente IV está errada.
(D) Somente III está correta.
(E) V está correta.

I: incorreta, a declaração de fraude à execução não tem o efeito de anular o ato praticado, mas apenas de declarar sua ineficácia em face da execução em questão (art. 592, V, do CPC); **II:** correta, por definição; **III:** correta, por definição (art. 13 da Lei 5.584/1970); **IV:** correta, Súmula 368 do TST (a redação do item II da Súmula 368 foi alterada após o certame, conforme Resolução 181/2012 do TST); **V:** incorreta, o inquérito não pode ser requerido verbalmente (art. 853 da CLT).

Gabarito "A"

(Magistratura do Trabalho – 23ª Região – 2009) Leia as assertivas abaixo e marque a alternativa CORRETA:

I. Os valores definidos no Ato das Disposições Constitucionais Transitórias como sendo de "pequeno valor", e que por isso mesmo autorizam procedimento diverso da requisição por precatório em execuções contra a Fazenda Pública, podem ser alterados, ainda que para fixar montantes inferiores, por leis locais do respectivo ente federado.

II. Segundo dispõe a Lei dos Juizados Especiais Federais (Lei n. 10.259/2001), são consideradas, em relação à União, obrigações de pequeno valor, e que devem ser solvidas independentemente de precatório, aquelas que não ultrapassarem o equivalente a 60 (sessenta) salários mínimos, cujo adimplemento deverá ser feito no prazo de 60 (sessenta) dias, após o trânsito em julgado da decisão.

III. O não pagamento de débitos oriundos de sentenças judiciais transitadas em julgado, constantes de precatórios judiciários, pode dar ensejo à intervenção federal, que depende, porém, que se afira conduta dolosa e deliberada do ente federado em não proceder ao pagamento.

(A) Apenas o item I é falso.
(B) Apenas o item II é falso.
(C) Apenas o item III é falso.
(D) Todos os itens são falsos.
(E) Todos os itens são verdadeiros.

I: correta, art. 100, § 4º, da CF; **II:** correta, art. 17 da Lei 10.259/2001; **III:** correta, art. 34, VI, da CF.

Gabarito "E"

(Magistratura do Trabalho – 23ª Região – 2009) Marque a alternativa CORRETA:

Iniciada a execução trabalhista e diante da omissão da demandada, depois de citada para tanto, em efetuar o pagamento da dívida no prazo legal ou garantir a execução, requereu o credor a aplicação da multa prevista no art. 475-J do CPC. Como deverá proceder o juiz atento e disposto a seguir a jurisprudência predominante, no momento, na Corte Superior do Trabalho sobre o tema?

(A) deferir o pedido, porque as normas do CPC têm aplicação subsidiária no Processo do Trabalho.
(B) indeferir o pedido, uma vez que a CLT tem rito executivo específico e que não contempla tal multa, pelo que inexiste omissão a justificar o socorro do preceito do Direito Processual Comum.
(C) deferir o pedido, uma vez que o ato do devedor importa em oposição maliciosa à execução.
(D) indeferir a pretensão, porque intempestiva, já que o exequente deveria ter se acautelado e requerido na fase cognitiva a incidência da penalidade para o eventual descumprimento da coisa julgada.
(E) deferir o pedido, porque a efetividade do processo se sobrepõe à polêmica sobre a incidência ou não da multa do art. 475-J do CPC na execução trabalhista, até porque os ramos processuais constituem um todo interligado.

Neste sentido: "RECURSO DE REVISTA. MULTA DO ART. 475-J DO CPC. INAPLICABILIDADE NO PROCESSO DO TRABALHO. A aplicação subsidiária do Código de Processo Civil ao Direito Processual do Trabalho, de acordo com a doutrina e com a jurisprudência unânimes, exige dois requisitos para permitir a aplicação da norma processual comum ao Processo do Trabalho: a ausência de disposição na CLT e a compatibilidade da norma supletiva com os princípios do Processo do Trabalho. Observa-se que o fato preconizado pelo art. 475-J do CPC possui disciplina própria no âmbito do Processo do Trabalho, pelos arts. 880, 882 e 883 da CLT, que preveem o prazo e a garantia da dívida por depósito ou a penhora de bens quantos bastem ao pagamento da importância da condenação, acrescido das despesas processuais, custas e juros de mora.Recurso de Revista conhecido e provido (RR-60400-31.2007.5.16.0012, Data de Julgamento: 10.03.2010,Relatora Ministra: Maria de Assis Calsing, 4ª Turma, Data de Publicação: *DEJT* 19.03.2010; Vide também: E-RR-38300-47.2005.5.01.0052.

Gabarito "B".

(Magistratura do Trabalho – 23ª Região – 2006) Sobre execução, assinale a alternativa correta: I – Em hasta pública, se o arrematante ou seu fiador não pagar dentro de 48 (quarenta e oito) horas o preço da arrematação, perderá em benefício da execução o sinal de 20% do valor da arrematação. II – Medida Provisória posteriormente convertida em lei ordinária, o que afastou a inconstitucionalidade por vício formal, estabeleceu que se considera inexigível o título judicial fundado em lei ou ato normativo declarados inconstitucionais pelo Supremo Tribunal Federal ou em aplicação ou interpretação tidas por incompatíveis com a Constituição Federal. III – Se o executado, procurado por duas vezes no espaço de 48 horas, não for encontrado, far-se-á a citação por hora certa. IV – A execução das decisões proferidas em qualquer instância poderá ser promovida por qualquer interessado, ou *ex officio*, pelo próprio juiz ou pela Procuradoria da Justiça do Trabalho. V – Elaborada a conta pela parte ou pelos órgãos auxiliares da Justiça do Trabalho, o juiz procederá à intimação por via postal do Instituto Nacional do Seguro Social – INSS, por intermédio do órgão competente, para manifestação, no prazo de oito dias, sob pena de preclusão.

(A) Todas as alternativas são corretas;
(B) Somente uma alternativa é verdadeira;
(C) Somente duas alternativas são verdadeiras;
(D) Somente três alternativas são verdadeiras;
(E) Todas as alternativas são falsas.

I: falsa, o prazo é de 24 horas (art. 888, §§ 2º e 4º, da CLT); **II:** falsa, trata-se da MP 2.180-35/2001, que acrescentou o § 5º ao art. 884 da CLT. Tal MP não foi convertida em lei ordinária neste ponto, tendo-se eternizada por força da EC 32/2001; **III:** falsa, a citação será por edital (art. 880, § 3º, da CLT); **IV:** falsa, a Procuradoria da Justiça do Trabalho poderá promover a execução quando se tratar de decisão proferida pelos tribunais regionais (art. 878, parágrafo único, da CLT); **V:** falsa, "o juiz procederá à intimação da União para manifestação, no prazo de 10 (dez) dias" (art. 879, § 3º, da CLT).

Gabarito "E".

(Magistratura do Trabalho – 23ª Região – 2006) Sobre a exceção de pré-executividade, assinale a alternativa incorreta:

(A) Suspende o prazo para oferecimento dos bens à penhora pelo devedor ou a indicação dos bens penhoráveis pelo credor.
(B) Constitui uma possibilidade conferida ao devedor para que este, antes mesmo de ver seus bens constritos, ingresse no processo de execução com o objetivo específico de demonstrar a inexigibilidade do título executivo.
(C) Na exceção de pré-executividade não há garantia do juízo.
(D) Deve ser apresentada após a citação do devedor e antes da penhora.
(E) A decisão judicial que acolhe a exceção de pré-executividade, extinguindo, total ou parcialmente, a execução desafia a interposição do agravo de petição.

Inexiste tal previsão na lei, mormente em se considerando a objeção de pré-executividade como produto de construção doutrinária e jurisprudencial.

Gabarito "A".

(Magistratura do Trabalho – 23ª Região – 2006) Em audiência de praça, previamente designada para vender um veículo Fusca avaliado em R$ 20.000,00 (vinte mil reais), compareceram três licitantes, tendo sido apresentadas, na ordem, as seguintes propostas: R$ 8.000,00 (oito mil reais), R$ 12.000,00 (doze mil reais), 13.000,00 (treze mil reais), além do exequente que requereu a adjudicação do bem pelo valor do menor lance. Qual o procedimento a ser adotado pelo juiz da execução?

(A) Indeferir a arrematação e a adjudicação, porquanto configurado lanço vil;
(B) Deferir o pedido de adjudicação, pois no processo do trabalho a adjudicação sempre prefere à arrematação;
(C) Indeferir todas as propostas, inclusive o pedido de adjudicação, pois todas inferiores ao valor da avaliação;
(D) Deferir o pedido de arrematação pelo valor de R$ 8.000,00 (oito mil reais), pois foi a primeira proposta a ser oferecida;
(E) Deferir o último pedido de arrematação, de R$ 13.000,00 (treze mil reais), pois o de maior valor, inclusive preferindo à adjudicação requerida pela exequente.

Assim dispõe o § 1º do art. 888 da CLT: "A arrematação far-se-á em dia, hora e lugar anunciados e *os bens serão vendidos pelo maior lance*, tendo o exequente preferência para a adjudicação".

Gabarito "E".

(Magistratura do Trabalho – 24ª Região – 2007) Assinale a alternativa CORRETA. Em relação à penhora, quando se diz que o bem servirá à expropriação no processo em que foi penhorado, diz-se:

(A) Da suficiência.
(B) Da afetação.
(C) Da preferência.
(D) Da universalidade patrimonial.
(E) Da responsabilidade executória.

Diz-se da afetação.

Gabarito "B".

(Magistratura do Trabalho – 24ª Região – 2007) Assinale a alternativa INCORRETA:

(A) Por aplicação subsidiária do Código de Processo Civil, o executado que frauda a execução comete ato atentatório à dignidade da justiça e incidirá em multa fixada pelo Juiz, em montante não superior a 20% (vinte por cento) do valor atualizado do débito em execução, sem prejuízo de outras sanções de natureza processual ou material, multa essa que reverterá em proveito do credor, exigível na própria execução.

(B) Qualquer interessado pode promover a execução.

(C) Tratando-se de prestações sucessivas por tempo indeterminado, a execução compreenderá inicialmente as prestações devidas até à data do ingresso na execução.

(D) É competente para a execução de título executivo extrajudicial o Juiz que teria competência para o processo de conhecimento relativo à matéria.

(E) Por aplicação subsidiária da Lei de Execução Fiscal (Lei 6.830/1980), será admitida a reconvenção nos Embargos à Execução contra a Fazenda Pública.

A: assertiva correta, arts. 600, I, e 601 do CPC; **B:** assertiva correta, art. 878 da CLT; **C:** assertiva correta, art. 892 da CLT; **D:** assertiva correta, art. 877-A da CLT; **E:** assertiva incorreta, devendo ser assinalada, inexiste tal possibilidade jurídica.

Gabarito "E"

(Magistratura do Trabalho – 24ª Região – 2006) Quanto à execução no Processo do Trabalho, assinale a alternativa INCORRETA:

(A) É competente para a execução de título executivo extrajudicial o juiz que teria competência para o processo de conhecimento relativo à matéria.

(B) A execução poderá ser promovida por qualquer interessado, ou *ex officio*, pelo próprio juiz ou presidente ou tribunal competente.

(C) Sendo ilíquida a sentença exequenda, ordenar-se-á, previamente, a sua liquidação, que poderá ser feita por cálculos, por arbitramento ou por artigos.

(D) Elaborada a conta pela parte ou pelos órgãos auxiliares da Justiça do Trabalho, o juiz procederá à intimação por via postal do Instituto Nacional do Seguro Social – INSS, por intermédio do órgão competente, para manifestação, no prazo de dez dias, sob pena de preclusão.

(E) A atualização do crédito devido à Previdência Social observará os critérios estabelecidos na legislação trabalhista.

A: assertiva correta, art. 877-A da CLT; **B:** assertiva correta, art. 878 da CLT; **C:** assertiva correta, art. 879, *caput*, da CLT; **D:** assertiva correta, art. 879, § 3º, da CLT; **E:** assertiva incorreta, devendo ser assinalada, "a atualização do crédito devido à Previdência Social *observará os critérios estabelecidos na legislação previdenciária*" (art. 879, § 4º, da CLT).

Gabarito "E"

(Magistratura do Trabalho – 24ª Região – 2006) Considerando as disposições da CLT, assinale a alternativa incorreta:

(A) Faculta-se ao devedor o pagamento imediato da parte que entender devida à Previdência Social, sem prejuízo da cobrança de eventuais diferenças encontradas na execução *ex officio*.

(B) Considera-se inexigível o título judicial fundado em lei ou ato normativo declarados inconstitucionais pelo Supremo Tribunal Federal ou em aplicação ou interpretação tidas por incompatíveis com a Constituição Federal.

(C) Tratando-se de prestações sucessivas, por tempo indeterminado, a execução compreenderá inicialmente as prestações devidas até à data do ingresso na execução.

(D) O executado que não pagar a importância reclamada poderá garantir a execução mediante depósito da mesma, atualizada e acrescida das despesas processuais, ou nomeando bens à penhora, observada a ordem preferencial estabelecida da Lei 6.830/1980.

(E) Sendo concedido parcelamento do débito previdenciário perante o INSS o devedor deverá juntar aos autos documentos comprobatórios do referido ajuste, ficando suspensa a execução da respectiva contribuição previdenciária até final e integral cumprimento do parcelamento.

A: assertiva correta, art. 878-A da CLT; **B:** assertiva correta, art. 884, § 5º, da CLT; **C:** assertiva correta, art. 892 da CLT; **D:** assertiva incorreta, devendo ser assinalada, deve ser observada a ordem preferencial estabelecida no art. 655 do CPC (art. 882 da CLT); **E:** assertiva correta, art. 889-A, § 1º, da CLT.

Gabarito "D"

(Procurador do Trabalho – MPT – 16º Concurso – 2009) Analise as assertivas abaixo acerca do procedimento de liquidação e execução de títulos judiciais e extrajudiciais na Justiça do Trabalho:

I. o Ministério Público do Trabalho não tem legitimidade para recorrer na execução contra decisão em que o interesse do INSS foi resguardado mediante a notificação do acordo entre as partes e exercitado por procurador habilitado, mediante interposição de recurso ordinário, não podendo o *Parquet* atuar como substituto da autarquia federal, em face de vedação constitucional;

II. compete à Justiça do Trabalho a execução de débitos previdenciários provenientes de suas próprias sentenças condenatórias, quando credor o trabalhador (empregado ou contribuinte individual), enquanto que o empregador é o responsável tributário, não incluída em tal atribuição constitucional a execução das contribuições sociais destinadas a terceiros e do período em que reconhecido o vínculo de emprego em Juízo, à falta de título judicial;

III. a coisa julgada produzida na ação de cumprimento é atípica, pois dependente de condição resolutiva, ou seja, da não modificação da decisão normativa por eventual recurso, não fazendo, portanto, coisa julgada material, de sorte que a revisão posterior da sentença normativa produz efeitos na execução;

IV. tratando-se de reclamações trabalhistas plúrimas, a aferição do que vem a ser obrigação de pequeno valor, para efeito de dispensa de formação de precatório e aplicação do disposto na Constituição da República, deve ser realizada considerando-se os créditos de cada reclamante.

De acordo com as assertivas, pode-se afirmar que:

(A) apenas as alternativas II e III estão incorretas;
(B) apenas a alternativa III está incorreta;
(C) apenas a alternativa I está incorreta;
(D) todas as alternativas estão corretas;
(E) não respondida.

I: correta, art. 129, IX, da CF (v. OJs 130 e 237 da SDI-I do TST); **II:** correta, Súmula 368, I, e II do TST e enunciado n. 74 da 1ª Jornada de Direito Material e Processual do Trabalho, realizada em Brasília-DF, em 23.11.2007; **III:** correta, OJ 277 da SDI-I do TST; **IV:** correta, OJ 9 do TP (Tribunal Pleno) do TST.

Gabarito "D"

(Procurador do Trabalho – MPT – 14º Concurso – 2007) Assinale a alternativa INCORRETA, quanto à execução no processo do trabalho:

(A) Na execução por carta precatória, os embargos de terceiro serão oferecidos no juízo deprecante ou no juízo deprecado, mas a competência para julgá-los é do juízo deprecante, salvo se versarem, unicamente, sobre vícios ou irregularidades da penhora, avaliação ou alienação dos bens, praticados pelo juízo deprecado, em que a competência será deste último.
(B) Serão executadas *ex officio* as contribuições sociais devidas em decorrência de decisão proferida pelos Juízes e Tribunais do Trabalho, resultantes de condenação ou homologação de acordo, inclusive sobre os salários pagos durante o período contratual reconhecido.
(C) Tratando-se de reclamações trabalhistas plúrimas, a aferição do que vem a ser obrigação de pequeno valor, para efeito de dispensa de formação de precatório e aplicação do disposto no § 3º do art. 100 da Constituição Federal, deve ser realizada considerando-se a soma total dos créditos dos reclamantes.
(D) É válida a penhora em bens de pessoa jurídica de direito privado, realizada anteriormente à sucessão pela União ou por Estado-membro, não podendo a execução prosseguir mediante precatório.
(E) Não respondida.

A: assertiva correta, Súmula 419 do TST; **B:** assertiva correta, Súmula 368, I, do TST; **C:** assertiva incorreta, devendo ser assinalada, deve ser realziada considerando o crédito de cada reclamante (OJ 9 do TP do TST); **D:** assertiva correta, OJ 343 da SDI-I do TST.

Gabarito "C"

(Procurador do Trabalho – MPT – 13º Concurso – 2006) São títulos executivos expressamente previstos na legislação processual trabalhista:

I. decisões das quais não tenha havido recurso com efeito suspensivo;
II. acordos judiciais não cumpridos;
III. termos de ajuste de conduta firmados perante o Ministério Público do Trabalho;
IV. termos de conciliação firmados perante comissão de conciliação prévia.

De acordo com as alternativas acima, pode-se afirmar que:

(A) todas estão certas;
(B) a I está errada;
(C) a III está errada;
(D) a IV está errada;
(E) não respondida.

Todas as alternativas estão prevista no art. 876 da CLT.

Gabarito "A"

(Procurador do Trabalho – MPT – 13º Concurso – 2006) Quanto à arrematação na execução no processo do trabalho, assinale a alternativa INCORRETA:

(A) os bens serão vendidos, na praça, pelo maior lance;
(B) a adjudicação prefere a arrematação;
(C) o arrematante deve garantir o lance com sinal igual a 25% do seu valor;
(D) não havendo licitante e não havendo adjudicação os bens poderão ser vendidos por leiloeiro nomeado pelo juiz;
(E) não respondida.

Asim prevê o art. 888, § 2º, da CLT: "O arrematante deverá garantir o lance com o sinal correspondente a 20% (vinte por cento) do seu valor".

Gabarito "C"

(Procurador do Trabalho – MPT – 11º Concurso – 2004) Considerando as assertivas abaixo, assinale a alternativa CORRETA:

I. os créditos previdenciários serão executados *ex officio* quando decorrentes da decisão proferida pelos Juízes e Tribunais do Trabalho, resultante de condenação ou homologação de acordo;
II. a citação determinada na execução para cumprimento do título executivo destina-se à apresentação da defesa do devedor, sendo, a partir daí, impulsionado o processo de ofício;
III. a nomeação de bens à penhora observará a ordem preferencial estabelecida no Código de Processo Civil, em razão do completo silêncio da Consolidação das Leis do Trabalho a respeito;
IV. na liquidação não se poderá modificar ou inovar a sentença liquidanda, nem discutir matéria pertinente à causa principal;

(A) as assertivas II e III estão corretas;
(B) as assertivas I e IV estão corretas;
(C) as assertivas I e III estão corretas;
(D) somente a assertiva II está correta;
(E) não respondida.

I: correta, art. 876, parágrafo único, da CLT; **II:** incorreta, "a execução poderá ser promovida por qualquer interessado, ou ex officio pelo próprio Juiz ou Presidente ou Tribunal competente" (art. 878 da CLT); **III:** incorreta, a CLT não é silente a esse respeito; vide art. 882 da CLT; **IV:** correta, art. 879, § 1º, da CLT.

Gabarito "B"

(Procurador do Trabalho – MPT – 11º Concurso – 2004) Tratando-se da execução trabalhista, é INCORRETO dizer:

(A) intimado da penhora, independentemente de se resolver eventual incidente referente à nomeação de depositário, começará a contar para o devedor o prazo de 05 (cinco) dias, para oferecimento de embargos à execução;

(B) no prazo para apresentação dos embargos poderá o credor discutir a liquidação dos cálculos, caso não esteja preclusa a oportunidade;

(C) o agravo de petição possui efeito meramente devolutivo quanto à parte impugnada da decisão, sendo recebido, no entanto, somente quando o agravante delimitar, justificadamente, as matérias e os valores impugnados;

(D) tornada líquida a sentença, o juiz deverá abrir vistas às partes pelo prazo sucessivo de 10 (dez) dias, para impugnação fundamentada com a indicação dos itens e valores objeto da discordância, sob pena de preclusão;

(E) não respondida.

Art. 879, § 2º, da CLT. Conforme já mencionamos anteriormente, a incorreção na afirmativa "D" reside na expressão "deverá", enquanto que o art. 879, § 2º, da CLT menciona que o juiz "poderá abrir", pois a regra do art. 879 coexiste, de forma bizarra, com o disposto no art. 884, §§ 3º e 4º, de maneira que, na liquidação por cálculos, dois procedimentos podem ser adotados pelo juiz: 1) homologar os cálculos apresentados pelo contador judicial, sem observar o contraditório e 2) conceder prazo sucessivo de dez dias às partes para impugnarem os cálculos. No primeiro caso, ao homologar os cálculos, estará proferida a sentença homologatória de liquidação, expedindo-se mandado de citação e penhora, abrindo-se oportunidade para a impugnação da sentença de liquidação por ocasião dos embargos do devedor (art. 884, § 3º, da CLT). Observe-se que, por mais estranho que pareça, em tal caso o credor também poderá impugnar a sentença de liquidação "no mesmo prazo" que assiste ao devedor para opor os embargos. Segundo a interpretação sistemática do dispositivo, este "no mesmo prazo" referido no art. 884, § 3º, significaria a possibilidade de impugnar a sentença de liquidação por ocasião da impugnação aos embargos do devedor. Já no segundo caso, sob pena de preclusão, as partes deverão impugnar os cálculos no prazo sucessivo de dez dias. Na confusão reinante em torno da liquidação no processo trabalhista, há ainda que se harmonizar as normas em apreço com o art. 879, § 1º-B, da CLT, segundo o qual as partes devem ser intimadas previamente para a apresentação de cálculos de liquidação, e com § 3º, que determina a obrigatória intimação do INSS para manifestação em dez dias sobre a conta de liquidação. Com isso, abre-se a possibilidade da liquidação por cálculos enveredar pelo seguinte fluxo: i) intimação das partes para a apresentação de cálculos à ii) elaboração da conta por serventuário do juízo à iii) intimação obrigatória do INSS (*rectius*, União); iv) homologação da conta pelo juiz à v) discussão da conta por ocasião dos embargos "à penhora", cabendo ao exequente igual direito e "no mesmo" prazo. OU: i) intimação das partes para a apresentação de cálculos à ii) elaboração da conta por serventuário do juízo à iii) intimação obrigatória do INSS e intimação às partes para se manifestarem no prazo sucessivo de dez dias, seguindo-se a decisão judicial. Além disso, em vez de "trinta dias" e "informações", o art. 889-A, § 2º, da CLT utiliza as expressões "mensalmente" e "cópias das guias pertinentes aos recolhimentos efetuados nos autos".

Gabarito "D"

(Procurador do Trabalho – MPT – 11º Concurso – 2004) Ainda em termos de execução trabalhista, é INCORRETO dizer:

(A) não há um limite mínimo, fixado por lei, para o lance em praça pública, cabendo ao juiz avaliar, mediante os parâmetros da razoabilidade, e sopesando o objetivo da execução e o princípio da execução de modo menos oneroso, a validade do lance, para considerá-lo, ou não, vil;

(B) julgar-se-ão na mesma sentença os embargos e as impugnações às liquidações apresentadas pelos credores trabalhista e previdenciário;

(C) as decisões passadas em julgado ou das quais não tenha havido recurso com efeito suspensivo; os acordos, quando não cumpridos; os termos de ajuste de conduta firmados perante o Ministério Público do Trabalho e os termos de conciliação firmados perante as Comissões de Conciliação Prévia são títulos executivos na Justiça do Trabalho;

(D) a atualização do crédito previdenciário, quando executado na Justiça do Trabalho, observará os critérios previstos para a atualização das dívidas trabalhistas;

(E) não respondida.

A: assertiva correta, por definição; **B:** assertiva correta, art. 884, § 4º, da CLT; **C:** assertiva correta, art. 876 da CLT; **D:** assertiva incorreta, devendo ser assinalada, observará os critérios estabelecidos na legislação previdenciária (art. 879, § 4º, da CLT).

Gabarito "D"

9. PROCEDIMENTOS ESPECIAIS E TUTELAS DE URGÊNCIA

9.1. INQUÉRITO PARA APURAÇÃO DE FALTA GRAVE

(Magistratura do Trabalho – 2ª Região – 2011) Quanto ao prazo para a instauração do inquérito para apuração de falta grave contra empregado garantido com estabilidade, na forma do art. 853 da CLT, o empregador apresentará reclamação por escrito ao juízo cabível:

(A) Dentro de 08 dias, contados da data da suspensão do empregado;

(B) Dentro de 15 dias contados da data da suspensão do empregado;

(C) Dentro de 30 dias, contados da data em que o empregado cometeu o ato contido no art. 482 da CL T.

(D) Dentro de 10 dias, contados da data da suspensão do empregado.

(E) Dentro de 30 dias, contados da data da suspensão do empregado.

Reza o art. 853 da CLT: "Para a instauração do inquérito para apuração de falta grave contra empregado garantido com estabilidade, o empregador apresentará reclamação por escrito à Junta ou Juízo de Direito, dentro de 30 (trinta) dias, contados da data da suspensão do empregado.".

Gabarito "E"

(Magistratura do Trabalho – 9ª Região – 2007) Analise as seguintes proposições:

I. No inquérito para apuração de falta grave, cada uma das partes poderá ouvir até seis testemunhas para cada fato.

II. O dirigente sindical e os empregados de empresas que sejam eleitos diretores de sociedades cooperativas por eles criadas somente poderão ser dispensados por falta grave mediante apuração em inquérito judicial.

III. No inquérito para apuração de falta grave, as custas serão calculadas sobre 6 (seis) vezes o salário mensal do reclamado ou reclamados e deverão ser pagas, pela empresa, antes do julgamento pela Vara do Trabalho.

IV. Quando a reintegração do empregado estável for desaconselhável, dado o grau de incompatilidade resultante do litígio, especialmente quando for o empregador pessoa física, poderá o juiz converter aquela obrigação em indenização. Todavia, em atenção ao princípio da vinculação do juiz ao pedido, a conversão da obrigação de reintegrar em indenização somente poderá ser determinada pelo juiz se houver pedido expresso do empregado nesse sentido.

Assinale a alternativa correta:

(A) Todas as proposições estão corretas;
(B) Apenas três proposições estão corretas;
(C) Apenas duas proposições estão corretas;
(D) Apenas uma proposição está correta;
(E) Todas as proposições estão erradas.

I: incorreta, art. 821 da CLT (não há previsão de número de testemunhas por cada fato); **II:** correta, art. 8º, VIII, da CF, Súmula 197 do STF e art. 55 da Lei 5.764/1971; **III:** incorreta, não condiz com o previsto no art. 789 da CLT; **IV:** incorreta, "não há nulidade por julgamento "extra petita" da decisão que deferir salário quando o pedido for de reintegração, dados os termos do art. 496 da CLT" (Súmula 396, II, do TST).

Gabarito "D"

(Magistratura do Trabalho – 15ª Região – 2011) A respeito do inquérito Judicial para apuração da justa causa, assinale a alternativa incorreta:

(A) é prescindível para a apuração de falta grave praticada por empregada gestante;
(B) é imprescindível para a apuração de falta grave, praticada por dirigente sindical;
(C) é imprescindível para a apuração de falta grave praticada por membro titular da CIPA;
(D) é prescindível para a apuração de falta grave praticada pelo empregado no período de sua estabilidade acidentária;
(E) é prescindível para a apuração de falta grave praticada pelo delegado sindical.

Entendemos que o inquérito para apuração de falta grave, concebido para legitimar a despedida do empregado beneficiário da estabilidade decenal, é procedimento exigido para a despedida por justa causa de servidores públicos celetistas não concursados de que trata o art. 19 do ADCT, de dirigentes sindicais (Súmula 379 do TST e Súmula 197 do STF), de representantes dos trabalhadores no Conselho Curador do FGTS (Lei 8.036/1990, art. 3º, § 9º), de dirigente de cooperativa de empregados (Lei 5.764/1971, art. 55), de representante dos trabalhadores no Conselho Nacional de Previdência Social (Lei 8.213/1991, art. 3º, § 7º) e de representantes dos trabalhadores nas Comissões de Conciliação Prévia (CLT, art. 625-B, § 1º). Quanto aos demais casos de garantia no emprego, prevalece a regra do art. 165, parágrafo único, da CLT à míngua de previsão em sentido contrário. Acerca do delegado sindical, cf. OJ 369 da SDI-I do TST.

Gabarito "C"

9.2. DISSÍDIO COLETIVO, AÇÃO DE CUMPRIMENTO E AÇÃO ANULATÓRIA DE CLÁUSULA CONVENCIONAL

(Magistratura do Trabalho – 2ª Região – 2012) Quanto aos dissídios coletivos em sua classificação, na sentença normativa e na extensão e revisão das decisões, é **correto** afirmar:

(A) Conforme previsão da CLT, na hipótese de extensão da decisão o Tribunal que houver julgado o dissídio coletivo fixará a data em que a decisão deverá entrar em execução, bem como o prazo da sua vigência, o qual não poderá ser superior a 2 (dois) anos.
(B) Ainda que o dissídio coletivo seja suscitado em nome de toda a categoria, haverá necessidade da extensão das decisões, tendo em vista que a decisão não possuirá eficácia "erga omnes".
(C) O dissídio coletivo de natureza jurídica tem por finalidade obter decisão judicial sobre interesses do grupo representado pelas respectivas entidades sindicais, de trabalhadores e de empregadores, para decisão sobre pontos controvertidos a respeito dos quais controvertem e que não foram consensuais na negociação coletiva.
(D) Nos termos de súmula de jurisprudência do TST, é documento novo apto a viabilizar a desconstituição de julgado por meio de ação rescisória a sentença normativa proferida ou transitada em julgado posteriormente à sentença rescindenda.
(E) Decorrido mais de 1 (um) ano de sua vigência, caberá revisão das decisões que fixarem condições de trabalho, quando se tiverem modificado as circunstâncias que as ditaram, de modo que tais condições se hajam tornado injustas ou inaplicáveis.

A: incorreta, não poderá ser superior a 4 (quatro) anos (art. 868, parágrafo único, da CLT); **B:** incorreta, A sentença normativa possui eficácia *erga omnes* e atingirá todos os entes sindicais envolvidos no respectivo dissídio, bem como todos os integrantes das categorias econômica e profissional. No entanto, é imperioso destacar que, quando o dissídio for instaurado pela empresa, a sentença normativa terá seus efeitos irradiados somente aos trabalhadores da respectiva empresa que tenham sido representados pelos sindicatos, sejam eles associados, ou não; **C:** incorreta, O dissídio de natureza jurídica visa à interpretação ou à aplicação de normas preexistentes, nelas incluídas as cláusulas de sentença normativa ou de instrumento de negociação coletiva; **D:** incorreta, por não ser considerado documento novo (Súmula 402,"a", do TST); **E:** correta, art. 873 da CLT.

Gabarito "E"

(Magistratura do Trabalho – 3ª Região – 2009) Assinale a assertiva ("a" a "e") correta em relação aos enunciados de I a V, observadas a legislação pertinente e a consolidação jurisprudencial do c. TST:

I. A autorização para que o sindicato profissional atue como substituto processual dos integrantes da categoria que representa é obtida em assembleia geral especialmente convocada para este fim, observados os ditames do estatuto da entidade sindical, sendo tal procedimento indispensável para conferir-lhe legitimidade ativa *ad causam*.

II. Publicado o acórdão de sentença normativa, após interposição de recurso ordinário fundado apenas na certidão de julgamento, se for o caso, reabrir-se-á o prazo para aditamento do recurso interposto.

III. É prescindível a publicação do acórdão da sentença normativa proferida em dissídio coletivo para propositura de ação de cumprimento, desde que observado o prazo de vinte dias entre o julgamento e o ajuizamento da demanda.

IV. O provimento de recurso interposto em face de sentença normativa não importará na restituição dos salários ou vantagens pagos em execução do julgado.

V. Nos dissídios coletivos, as partes vencidas responderão solidariamente pelo pagamento das custas processuais, calculadas sobre o valor arbitrado na decisão, ou pelo presidente do Tribunal.

(A) Somente um enunciado é verdadeiro.
(B) Somente dois enunciados são verdadeiros.
(C) Somente três enunciados são verdadeiros.
(D) Somente quatro enunciados são verdadeiros.
(E) Todos os enunciados são verdadeiros.

I: Falso, inexistindo a determinação de instauração de assembleia geral para toda e qualquer hipótese de atuação do ente sindical como substituto processual (v. arts. 8º, III, da CF e 3º da Lei 8.073/1990); **II:** verdadeiro, art. 7º, § 2º, da Lei 7.701/1988; **III:** verdadeiro, Súmula 246 do TST e art. 7º, § 6º, da Lei 7.701/1988; **IV:** verdadeiro, art. 6º, § 3º, da Lei 4.725/1965; **V:** verdadeiro, art. 789, § 4º, da CLT.

Gabarito "D"

(Magistratura do Trabalho – 4ª Região – 2012) Em relação ao dissídio coletivo é correto afirmar:

(A) A representação dos sindicatos para instaurar a instância fica subordinada à aprovação em assembleia, da qual participem os associados interessados na solução do dissídio coletivo, sendo necessária metade mais um dos votos dos presentes.
(B) É facultado ao empregador fazer-se representar na audiência pelo gerente ou por qualquer outro preposto que tenha conhecimento do dissídio, e por cujas declarações será sempre responsável.
(C) A representação para instaurar a instância em dissídio coletivo constitui prerrogativa exclusiva das associações sindicais.
(D) A sentença normativa vigorará a partir da data de sua prolação.
(E) O prazo de vigência da sentença normativa será fixado pelo Tribunal e não poderá ser superior a 2 (dois) anos.

A: incorreta, na primeira convocação, o quórum é maioria de 2/3 dos associados, em segunda convocação, 2/3 dos presentes (art. 859 da CLT); **B:** correta, (art. 861 da CLT); **C:** incorreta, a, "quando não houver sindicato representativo da categoria econômica ou profissional, poderá a representação ser instaurada pelas federações correspondentes e, na falta destas, pelas confederações respectivas, no âmbito de sua representação" (art. 857, parágrafo único, da CLT); **D:** incorreta, contraria previsão contida no (art. 867, parágrafo único, "a" e "b", da CLT); **E:** incorreta, o prazo não poderá ser superior a 4 (quatro) anos (art. 868, parágrafo único, da CLT.

Gabarito "B"

(Magistratura do Trabalho – 7ª Região – 2005) Analise as proposições abaixo e assinale a opção correta.

I. O não esgotamento das tentativas extrajudiciais de conciliação é causa de extinção, sem exame do mérito, de dissídio coletivo de natureza econômica.

II. O dissídio coletivo constitui ação originária do Tribunal, podendo o seu presidente, no entanto, delegar ao Juiz de Vara a tentativa de conciliação, quando o dissídio ocorrer fora da sede do Tribunal.

III. Salvo quando inexistente norma coletiva anterior, a sentença normativa passará a vigorar a partir do dia seguinte ao termo final de vigência do acordo, convenção ou sentença normativa.

IV. A simples interposição de recurso ordinário não obsta o cumprimento de sentença normativa.

(A) Todas as proposições são verdadeiras.
(B) As proposições são verdadeiras, exceto a última.
(C) As proposições são verdadeiras, exceto a terceira.
(D) As proposições são verdadeiras, exceto a primeira e a segunda.
(E) As proposições são verdadeiras, exceto a primeira.

I: correta, há autores que elencam o esgotamento das tratativas extrajudiciais como pressuposto processual objetivo do dissídio coletivo (Ives Gandra da Silva Martins Filho), enquanto que outros entendem tratar-se de condição da ação, sob a modalidade de interesse de agir (Carlos Henrique Bezerra Leite). Seja como for, a não frustração da negociação coletiva é causa de extinção do processo sem resolução do mérito (CF, art. 114, §§ 1º e 2º); **II:** correta, arts. 678, I, *a*, 680, *a*, e 866 da CLT; **III:** incorreta, quando não existir norma coletiva anterior, a sentença normativa vigorará da data do ajuizamento (art. 867 da CLT); **IV:** correta, arts. 7º, § 6º, e 9º da Lei 7.701/1988 (atualmente, art. 14 da Lei 10.192/2001).

Gabarito "C"

(Magistratura do Trabalho – 8ª Região – 2011) Com relação ao dissídio coletivo, assinale a alternativa INCORRETA:

(A) De acordo com a legislação, para o ajuizamento do dissídio coletivo de natureza econômica há necessidade de esgotar a negociação coletiva, bem como de existência de comum acordo entre as partes envolvidas no litígio, sob pena de extinção do processo sem resolução do mérito.

(B) Segundo a legislação trabalhista, há possibilidade de concessão de efeito suspensivo ao recurso ordinário interposto em face de sentença normativa proferida pelo TRT.

(C) A competência funcional para decidir o dissídio coletivo será dos Tribunais Regionais do Trabalho, ou do Tribunal Superior do Trabalho, quando o conflito exceder a jurisdição dos Tribunais Regionais do Trabalho.

(D) Na audiência de conciliação, assim como ocorre nos dissídios individuais, haverá o arquivamento da ação quando o autor não comparecer.

(E) Segundo súmula do Tribunal Superior do Trabalho, não procede ação rescisória calcada em ofensa à coisa julgada perpetrada por decisão proferida em ação de cumprimento, em face de a sentença normativa, na qual se louvava, ter sido modificada em grau de recurso, porque em dissídio coletivo somente se consubstancia coisa julgada formal. Assim, os meios processuais aptos a atacarem a execução da cláusula reformada são a exceção de pré-executividade e o mandado de segurança, no caso de descumprimento do art. 572 do CPC.

A: assertiva correta, art. 114, § 2º, da CF; **B:** assertiva correta,art. 14 da Lei 10.192/2001; **C:** assertiva correta, arts. 677 e 678, I, *a*, da CLT, e art. 2º, I, *a*, da Lei 7.701/1988; **D:** assertiva incorreta, devendo ser assinalada, se o autor não aparecer, "o presidente submeterá o processo a julgamento, depois de realizadas as diligências que entender necessárias e ouvida a Procuradoria" (art. 864 da CLT); **E:** assertiva correta, Súmula 397 do TST.

Gabarito "D"

(Magistratura do Trabalho – 8ª Região – 2006) Em se tratando de dissídio coletivo, quanto à legitimidade ou representação, é correto afirmar que:

(A) É do Ministério Público do Trabalho em caso de greve em atividade essencial, ainda que inexista a possibilidade de lesão a interesse público ou risco iminente à vida, à saúde e à segurança das pessoas direta ou indiretamente envolvidas pelo movimento de paralisação.

(B) É do sindicato profissional, desde que observada a aprovação em assembleia, da qual participem os associados interessados na solução do dissídio coletivo, em primeira convocação, por maioria de dois terços dos mesmos, ou, em segunda convocação, pelo número de membros presentes.

(C) É do Presidente do Tribunal Regional do Trabalho ou, na sua ausência, e em casos de extrema relevância decorrente da paralisação de atividade essencial ao interesse coletivo, do Corregedor-Regional do Trabalho nesta condição.

(D) É da federação correspondente, ou na falta desta, da confederação respectiva, no âmbito de sua representação, quando o sindicato representativo patronal organizado não obtiver, por falta de *quorum*, a autorização para representação.

(E) As Comissões de trabalhadores, especialmente eleitas em assembleia, poderão representar os interesses dos trabalhadores na Justiça do Trabalho.

A: incorreta, tem que haver a possibilidae de lesão do interesse público (arts. 114, § 3º, da CF, 83, VIII, da LC 75/1993); **B:** incorreta, em segunda convocação o quórum será de 2/3 dos presentes (art. 859 da CLT); **C:** incorreta, "a instância será instaurada mediante representação escrita ao Presidente do Tribunal. Poderá ser também instaurada por iniciativa do presidente, ou, ainda, a requerimento da Procuradoria da Justiça do Trabalho, sempre que ocorrer suspensão do trabalho" (art. 856 da CLT); **D:** incorreta, quando não houver sindicato representativo da categoria econômica ou social que a federação ou confederação terão legitimidade (art. 857, parágrafo único, da CLT); **E:** correta, arts. 4º, § 2º, e 5º da Lei 7.783/1989.

Gabarito "E"

(Magistratura do Trabalho – 9ª Região – 2009) A respeito do Dissídio Coletivo, analise as proposições a seguir:

I. Da sessão de julgamento de um dissídio coletivo fixando normas e condições de trabalho, resultará uma sentença normativa da qual caberá recurso ordinário, no prazo de oito dias, que será apreciado pelo Tribunal Superior do Trabalho.

II. A negociação coletiva é requisito indispensável para o ajuizamento de dissídio coletivo.

III. Ocorrendo greve em serviços e atividades essenciais, a instauração da instância em dissídios coletivos será feita mediante representação escrita, dirigida ao Ministério Público do Trabalho que, depois de cumpridas as formalidades legais, encaminhará a mesma ao Tribunal.

IV. O dissídio coletivo será instaurado mediante representação escrita ao Presidente do Tribunal Regional.

(A) Todas as proposições estão corretas.

(B) A proposição I é incorreta.

(C) A proposição II é incorreta.

(D) A proposição III é incorreta.

(E) A proposição IV é incorreta.

I: correta, arts. 895, II, da CLT e 2º, II, *a*, da Lei 7.701/1988; **II:** correta, art. 114, §§ 1º e 2º, da CF; **III:** incorreta, "em caso de greve em atividade essencial, com possibilidade de lesão do interesse público, o Ministério Público do Trabalho poderá ajuizar dissídio coletivo, competindo à Justiça do Trabalho decidir o conflito" (arts. 114, § 3º, da CF, 83, VIII, da LC 75/1993); **IV:** correta, art. 856 da CLT.

Gabarito "D"

(Magistratura do Trabalho – 9ª Região – 2006) Não havendo acordo em dissídio coletivo e não comparecendo ambas as partes em audiência designada, o Presidente do Tribunal deverá:

(A) Extinguir o processo sem julgamento do mérito por falta de interesse processual.

(B) Submeter o processo a julgamento, depois de realizadas as diligências que entender necessárias e ouvida a Procuradoria.

(C) Arquivar o feito em razão da ausência do suscitante.

(D) Decretar a revelia do suscitado.

(E) Intimar as partes para o comparecimento em nova audiência designada que não poderá ultrapassar o prazo de 10 dias.

A alternativa "B" corresponde ao disposto no art. 864 da CLT.

Gabarito "B"

(Magistratura do Trabalho – 13ª Região – 2006) Assinale a alternativa incorreta:

(A) nos dissídios coletivos, as categorias ainda não organizadas em sindicatos poderão se fazer representar pelas federações ou, na falta destas, pelas confederações;

(B) a competência para apreciação dos dissídios coletivos que excedam a competência dos Tribunais Regionais do Trabalho é do Tribunal Superior do Trabalho;

(C) as questões suscitadas nos dissídios coletivos podem ter natureza econômica, mas não jurídica;

(D) como nos dissídios individuais, os dissídios coletivos também devem ser submetidos à conciliação;

(E) a decisão, em dissídio coletivo, sobre novas condições de trabalho, poderá ser estendida a todos os empregados da mesma categoria profissional compreendida na jurisdição do tribunal.

A: assertiva correta, art. 857, parágrafo único, da CLT; **B:** assertiva correta, arts. 702, I, *b*, da CLT e art. 2º, I, *a*, da Lei 7.701/1988; **C:** assertiva incorreta, devendo ser assinalada, as questões podem ter natureza jurídica "para interpretação de cláusulas de sentenças normativas, de instrumentos de negociação coletiva, acordos e convenções coletivas, de disposições legais particulares de categoria profissional ou econômica e de atos normativos" (art. 220, II, do RITST; v. OJ 7 da SDC do TST); **D:** assertiva correta, art. 860 da CLT; **E:** assertiva correta, art. 869 da CLT.

Gabarito "C".

466 **(Magistratura do Trabalho – 14ª Região – 2008)** Dissídio coletivo.

I. A revisão das decisões proferidas em dissídio coletivo, segundo a CLT, pode ser promovida após um ano da sua vigência, desde que tenha havido modificação das circunstâncias que as ditaram, de modo que as condições de trabalho se hajam tornado injustas ou inaplicáveis.

II. A decisão sobre novas condições de trabalho poderá também ser estendida a todos os empregados da mesma categoria profissional compreendida na jurisdição do Tribunal, por solicitação de um ou mais sindicatos de empregados, de um ou mais empregadores, ou qualquer sindicato destes.

III. Na audiência designada, comparecendo ambas as partes ou seus representantes, o presidente do Tribunal as convidará para se pronunciarem sobre as bases da conciliação. Caso não sejam aceitas as bases propostas, o presidente submeterá aos interessados a solução que lhe pareça capaz de resolver o dissídio. Se houver acordo lavrar-se-á o termo, assinado pelo presidente e pelas partes, consignando-se o prazo e demais condições para seu cumprimento.

IV. A representação dos sindicatos para instauração da instância fica subordinada à aprovação da assembleia, da qual participem os associados interessados na solução do dissídio coletivo, em primeira convocação, por maioria de 2/3 (dois terços) dos mesmos, ou, em segunda convocação, por 2/3 (dois terços) dos presentes.

(A) Todas as proposições estão incorretas;

(B) Apenas a proposição III está incorreta;

(C) Apenas a proposição IV está incorreta;

(D) Apenas as proposições III e IV estão incorretas;

(E) Apenas a proposição I está correta.

I: correta, art. 873 da CLT; **II:** correta, art. 869 da CLT; **III:** incorreta, havendo acordo, este será submetido à homologação do Tribunal na primeira sessão (art. 863 da CLT); **IV:** correta, art. 859 da CLT.

Gabarito "B".

(Magistratura do Trabalho – 15ª Região – 2010) Ao julgar dissídio coletivo o tribunal defere benefícios aos empregados. A empresa interpõe recurso e se recusa ao cumprimento da sentença normativa. Assinale a alternativa correta:

(A) o sindicato dos trabalhadores deve aguardar o julgamento do recurso. Só depois do trânsito em julgado, caso persista a recusa, poderá intentar a ação de cumprimento;

(B) é dispensável o trânsito em julgado da sentença normativa para a propositura da ação de cumprimento;

(C) para ajuizar ação de cumprimento antes do trânsito em julgado o sindicato dos trabalhadores deve obter liminar em ação cautelar;

(D) para ajuizar ação de cumprimento antes do trânsito em julgado o sindicato dos trabalhadores deve obter liminar em mandado de segurança coletivo;

(E) a ação de cumprimento só pode ser ajuizada em relação às matérias que não foram objeto de recurso.

A alternativa "B" descreve o disposto na Súmula 246 do TST.

Gabarito "B".

(Magistratura do Trabalho – 15ª Região – 2010) Não havendo acordo em, dissídio coletivo e não comparecendo ambas as partes à audiência designada, o presidente do Tribunal deverá:

(A) extinguir o processo sem julgamento do mérito por falta de interesse processual;

(B) submeter o processo a julgamento, depois de realizadas as diligências que entender necessárias e ouvida a Procuradoria;

(C) arquivar o feito em razão da ausência do suscitante;

(D) decretar a revelia do suscitado;

(E) nenhuma das anteriores.

A alternativa que descreve o previsto no art. 864 da CLT é a "B".

Gabarito "B".

(Magistratura do Trabalho – 16ª Região – 2011) Analise as afirmativas e assinale a alternativa CORRETA:

(A) Em dissídio coletivo, o julgamento *ultra* ou *extra petita* é passível de nulidade.

(B) Segundo entendimento do Tribunal Superior do Trabalho, a sentença normativa produz coisa julgada material, sendo cabível ação rescisória contra esta decisão.

(C) No caso de não existir acordo, convenção ou sentença normativa em vigor, a sentença normativa vigerá a partir da data do ajuizamento, cabendo sua execução imediata.

(D) A competência para apreciar dissídios coletivos se restringe aos Tribunais Regionais do Trabalho, ocorrendo a cumulação entre a competência funcional e territorial.

(E) A celebração de acordo pelas partes após a propositura de dissídio coletivo prescinde de homologação judicial para sua validade e eficácia, implicando em extinção do dissídio coletivo correspondente por carência superveniente de ação.

A: incorreta, os parâmetros do poder normativo traçados pelo art. 114, § 2º, da CF, e a própria natureza anômala deste tipo de jurisdição (em que não há pedido de aplicação de normas, mas de criação de normas), permitem a mitigação do princípio da congruência entre o pedido e a sentença; **B:** incorreta, a sentença normativa produz coisa julgada formal, não sendo cabível ação rescisória (Súmula 397 do TST); **C:** incorreta, art. 867, parágrafo único, *a*, da CLT; **D:** incorreta, a competência para apreciar os dissídios coletivos que excedam a jurisdição dos Tribunais Regionais do Trabalho é do TST (art. 2º, I, a, da Lei 7.701/1988); **E:** correta. Tal composição extrajudicial (alheia ao curso processual), que não se confunde com a hipótese do art. 863 da CLT (aqui, trata-se de composição judicial, cuja sentença homologatória é, também, uma sentença normativa), é plenamente possível, eis que as partes já detinham, desde sempre, a faculdade da celebração da convenção ou acordo coletivo de trabalho.

Gabarito "E"

(Magistratura do Trabalho – 16ª Região – 2006) O dissídio coletivo:

(A) É recurso contra a instauração de greve, para a interpretação de normas coletivas, apreciado por Juiz Titular da Vara do Trabalho, Juiz do Trabalho Substituto ou Juiz de Direito investido de jurisdição trabalhista.

(B) É ação instaurada, em regra, perante o TRT, que, nesse caso, funciona como órgão de primeiro grau, sobretudo para a criação de novas condições de trabalho, quando frustrada a negociação coletiva, devendo o julgamento do conflito respeitar as disposições mínimas legais de proteção ao trabalho, bem como as convencionadas anteriormente.

(C) É recurso interposto perante o TST, contra decisões proferidas por mais de um TRT, em matéria de direito coletivo.

(D) É ação ajuizada perante o TST, com vistas a desconstituir sentença proferida com violação a norma coletiva de determinada categoria profissional.

(E) É recurso interposto perante o TRT, contra decisão proferida por Juiz do Trabalho Titular da Vara do Trabalho ou Juiz do Trabalho Substituto, em matéria relacionada à greve de trabalhadores.

A: incorreta, arts. 678, I, *a*, 680, *a*, da CLT; **B:** correta, arts. 114, §§ 1º e 2º, da CF e 680, *a*, da CLT; **C** e **E:** incorretas, art. 895, II, da CLT; **D:** incorreta, a ação com tal desiderato é a ação anulatória de cláusulas convencionais ou a ação civil pública com pedido incidental de declaração de nulidade de cláusula convencional.

Gabarito "B"

(Magistratura do Trabalho – 18ª Região – 2006) Assinale a alternativa correta de acordo com a jurisprudência sumulada do TST.

(A) Nas ações de cumprimento, o substituído processualmente pode, a qualquer tempo, desistir da ação, desde que, comprovadamente, tenha havido transação.

(B) O substituído processualmente pode, antes da sentença de primeiro grau, desistir da ação.

(C) A federação não tem legitimidade para ajuizar a ação de cumprimento prevista no art. 872, parágrafo único, da CLT na qualidade de substituto processual da categoria profissional inorganizada.

(D) O prazo de prescrição com relação à ação de cumprimento de decisão normativa flui apenas da data de seu trânsito em julgado.

(E) O sindicato não é parte legítima para propor, como substituto processual, demanda que vise a observância de convenção coletiva.

A: incorreta, Súmula 180 do TST foi cancelada (v. art. 8º da Lei 7.788/1989); **B:** incorreta, a Súmula 255 do TST foi cancelada; **C:** incorreta, a Súmula 359 do TST foi cancelada; **D:** correta, Súmula 350 do TST; **E:** incorreta, no caso em questão, o sindicato é parte legítima (Súmula 286 do TST).

Gabarito "D"

(Magistratura do Trabalho – 20ª Região – 2003) Considere as proposições abaixo:

I. Os recursos interpostos das decisões proferidas em dissídios coletivos têm efeito meramente devolutivo, salvo se for concedido efeito suspensivo pelo juiz presidente do tribunal prolator da decisão, a requerimento da parte e havendo perigo de irreversibilidade.

II. O provimento do recurso em dissídio coletivo ao qual não se deu efeito suspensivo implica a restituição dos salários ou vantagens pagos em execução do julgado.

III. As custas, nos dissídios coletivos, são calculadas de acordo com o valor arbitrado pelo juiz designado relator, e pagas no prazo por ele fixado.

IV. As custas, nos dissídios coletivos, são pagas pelas partes na proporção da sucumbência de cada uma.

Marque:

(A) todas as proposições são corretas, à exceção da IV;

(B) apenas a proposição II é correta;

(C) a proposição III é a única correta;

(D) apenas as proposições III e IV são corretas;

(E) todas as proposições são incorretas.

I: incorreta, art. 6º da Lei 4.725/1965 e art. 14 da Lei 10.192/2001; **II:** incorreta, não implica restituição dos salários ou vantagens pagas (art. 6º, § 3º, da Lei 4.725/1965); **III** e **IV:** incorretas, "nos dissídios coletivos, as partes vencidas responderão solidariamente pelo pagamento das custas, calculadas sobre o valor arbitrado na decisão, ou pelo Presidente do Tribunal" (art. 789, § 4º, da CLT).

Gabarito "E"

(Magistratura do Trabalho – 21ª Região – 2012) A respeito da exigência de comum acordo, para instauração de dissídio coletivo de trabalho, é <u>correto</u> afirmar:

I. a jurisprudência do Tribunal Superior do Trabalho tem admitido a hipótese de concordância tácita, caracterizada pela ausência de oposição do suscitado à instauração da instância;

II. a Emenda Constitucional 45/2004, que introduziu a exigência de comum acordo, coaduna-se com a Convenção n. 154, ratificada pelo Brasil, que trata do incentivo à negociação coletiva;

III. a oposição do suscitado à instauração de instância não extingue o dissídio coletivo, pois seria uma forma de impedir o exercício do direito de ação, assegurado constitucionalmente;

IV. a exigência de comum acordo constitui um pressuposto processual específico, de modo que a falta de "comum acordo" provoca a extinção do dissídio coletivo por falta de um pressuposto processual.

(A) somente a assertiva I é correta;
(B) somente as assertivas I e IV estão corretas;
(C) somente as assertivas II e III estão corretas;
(D) somente as assertivas I, II e IV estão corretas;
(E) somente a assertiva III está correta.

I: correta, "(...) O comum acordo, pressuposto específico para o ajuizamento do dissídio coletivo, exigência trazida pela Emenda Constitucional n. 45/2004 ao art. 114, § 2º, da CF, embora de modo ideal devesse ser materializado sob a forma de petição conjunta da representação, é interpretado de maneira mais flexível pela Justiça do Trabalho, no sentido de se admitir a concordância tácita na instauração da instância, desde que não haja a oposição expressa do suscitado, na contestação" (RODC n. 82300-35.2008.5.03.0000, TST – SDC. Rel. Dora M. da Costa. DEJT 30.04.2010; **II:** correta, o pressuposto processual do comum acordo está à bem do prosseguimento das negociações coletivas, o que se acomoda ao espírito da Convenção 154 da OIT; **III:** incorreta, em sede de jurisdição normativa, não se fala em inafastabilidade jurisdicional, eis que o que está em jogo não é a lesão ou a ameaça de lesão a direitos, daí o cabimento da citada oposição: **IV:** correta, por definição, ainda que haja doutrina minoritária considerando o comum acordo uma condição da ação, espécie de interesse de agir, a exemplo de Mauro Schiavi.

Gabarito "D."

(Magistratura do Trabalho – 21ª Região – 2005) Consideradas as afirmações abaixo, marque a letra que contém a resposta correta:

I. São incompatíveis com a natureza e finalidade do dissídio coletivo as pretensões de provimento judicial de arresto, apreensão ou depósito.

II. A coisa julgada produzida na ação de cumprimento é atípica, pois dependente de condição resolutiva, ou seja, da não modificação da decisão normativa por eventual recurso. Assim, modificada a sentença normativa pelo Tribunal Superior do Trabalho, com a consequente extinção do processo, sem julgamento do mérito, deve-se extinguir a execução em andamento, uma vez que a norma sobre a qual se apoiava o título exequendo deixou de existir no mundo jurídico.

III. Para ajuizamento do Dissídio Coletivo faz-se necessária a juntada da ata da assembleia de trabalhadores que legitima a atuação da entidade sindical respectiva em favor de seus interesses, a qual deve registrar, obrigatoriamente, a pauta reivindicatória, produto da vontade expressa da categoria.

IV. Não procede ação rescisória calcada em ofensa à coisa julgada perpetrada por decisão proferida em ação de cumprimento, em face de a sentença normativa na qual se louvava ter sido modificada em grau de recurso, porque em dissídio coletivo somente se consubstancia coisa julgada formal.

V. Documento novo é o cronologicamente velho, já existente ao tempo da decisão rescindenda, mas ignorado pelo interessado ou de impossível utilização, à época, no processo. Não constituem documento novo apto a viabilizar a desconstituição de julgado: a sentença normativa proferida ou transitada em julgado posteriormente à sentença rescindenda; e a sentença normativa preexistente à sentença rescindenda, mas não exibida no processo principal, em virtude de negligência da parte, quando podia e deveria louvar-se de documento já existente e não ignorado quando emitida a decisão rescindenda.

(A) Todas estão corretas.
(B) Somente I está errada.
(C) Somente IV está errada.
(D) Somente V está errada.
(E) Todas estão erradas.

I: correta, OJ 3 da SDC do TST; **II:** correta, OJ 277 da SDI-I do TST; **III:** correta, OJ 8 da SDC do TST. A doutrina elenca, como documentos essenciais à propositura do dissídio coletivo, o edital de convocação da assembleia geral da categoria, a ata da assembleia geral, a lista de presença na assembleia geral, documentos que comprovem a frustração da negociação coletiva, a norma coletiva anterior, se o dissídio for revisional, e a comprovação do mútuo consentimento; **IV:** correta, Súmula 397 do TST e OJ 277 da SDI-I do TST; **V:** correta, Súmula 402 do TST.

Gabarito "A."

(Procurador do Trabalho – MPT – 18º concurso – 2013) Quanto à ação anulatória de cláusulas convencionais, é INCORRETO afirmar que:

(A) O Ministério Público do Trabalho possui legitimidade concorrente-disjuntiva com outros legitimados para a sua propositura.
(B) A competência do Tribunal Regional do Trabalho é fixada conforme a base territorial dos sindicatos convenentes e a abrangência do instrumento coletivo, isto é, a extensão do conflito.
(C) Constitui o remédio jurídico para a tutela de direitos e liberdades individuais ou coletivas e de direitos individuais indisponíveis dos trabalhadores, violados por meio de contrato, acordo, convenção coletiva ou sentença normativa.
(D) Esta ação não obsta o ajuizamento de ação civil pública pelo Ministério Público, com pedido de tutela inibitória no sentido de impedir a repetição, pelas entidades sindicais, de norma de igual teor.
(E) Não respondida.

A: assertiva correta, a medida em que a regra sobre legitimidade para tal ação é positivada apenas pelo art. 83, IV, da LC 75/1993, há quem entenda que apenas o MPT possuiria tal legitimidade. Nada obstante, prevalece o entendimento de que tal restrição importaria afronta ao princípio do amplo acesso à jurisdição

(CF, art. 5º, XXXV), sendo admitida a legitimidade concorrente e disjuntiva dos sindicatos convenentes; **B:** assertiva correta, a ação em apreço é considerada espécie do gênero *dissídios coletivos*, a atrair a competência funcional originária dos tribunais (CLT, arts. 678, I, *a* e 895, II). Em se tratando de dissídios coletivos que excedam a jurisdição do TRT, a competência funcional originária será do TST (art. 2º da Lei 7.701/1988). Por exceção, caso o dissídio compreenda todo o Estado de São Paulo, a competência será do TRT da 2ª Região, muito embora este coexista com o TRT da 15ª Região em tal território (art. 12 da Lei 7.520/1986); **C:** assertiva incorreta, devendo ser assinalada, não é usual compreender que tal ação seria o meio indicado pelo art. 83, IV, da LC 75/1993 para coibir nulidades pactuadas em contratos individuais de trabalho; **D:** assertiva correta, por definição, haja vista que a ação civil pública comporta a análise incidental de validade da cláusula, inclusive sendo a ação adequada para uma tutela prospectiva (voltada a inibir a a pactuação da cláusula atacada em futuras negociações coletivas), eis que à ação anulatória, de natureza constitutiva negativa, não se reconhece tal possibilidade.

Gabarito "C"

(Procurador do Trabalho – MPT – 17º Concurso – 2012) A respeito do dissídio coletivo, analise as assertivas a seguir:

I. Considerando-se a jurisprudência uniformizada do Tribunal Superior do Trabalho e a natureza das pretensões deduzidas, são incompatíveis com a finalidade do dissídio coletivo as pretensões acautelatórias de arresto, apreensão ou depósito.
II. O não comparecimento da parte à audiência não produz os efeitos da revelia, como a presunção de veracidade dos fatos alegados pela parte autora, sendo que o não comparecimento de ambas as partes acarreta a extinção do processo sem resolução do mérito.
III. Quando o dissídio coletivo ocorrer fora da sede do Tribunal, poderá ser delegada pelo Presidente do Tribunal, ao juiz de primeira instância, a tentativa de conciliação, competindo-lhe ultimar os atos homologatórios, com posterior remessa dos autos ao Tribunal.
IV. Em se tratando de dissídio coletivo com envolvimento de empresa, não representada por entidade de classe, não é facultada a representação por preposto.

Assinale a alternativa **CORRETA**:

(A) apenas a assertiva II está correta;
(B) apenas as assertivas I, III e IV estão corretas;
(C) apenas as assertivas II e III estão corretas;
(D) apenas a assertiva I está correta;
(E) Não respondida.

I: correta, OJ 3 da SDC do TST. ; **II:** incorreta, "o não comparecimento do reclamante à audiência importa o arquivamento da reclamação, e o não comparecimento do reclamado importa revelia, além de confissão quanto à matéria de fato" (art. 844 da CLT). Vide também, art. 818 da CLT; **III:** incorreta, art. 866 da CLT; **IV:** incorreta, poderá ser representado por preposto (artigos 843, § 1º, e 861 da CLT c/c Súmula 377 do TST).

Gabarito "D"

(Procurador do Trabalho – MPT – 16º Concurso – 2009) Leia as assertivas abaixo e após assinale a alternativa CORRETA, considerando as orientações jurisprudenciais do Tribunal Superior do Trabalho:

I. as condições de trabalho acordadas e homologadas em sede de Dissídio Coletivo não podem em hipótese alguma ser aplicadas extensivamente às partes que não o subscreveram;
II. a legitimação de entidade sindical para o ajuizamento do dissídio coletivo prescinde da autorização dos trabalhadores diretamente envolvidos no conflito;
III. se a base territorial do sindicato suscitante for intermunicipal, é obrigatória a realização de múltiplas assembleias, abrangendo toda a extensão do conflito coletivo;
IV. para instruir dissídio coletivo não é necessário o registro em ata de assembleia da pauta reivindicatória da categoria profissional.

De acordo com os itens acima, pode-se afirmar que:

(A) nenhuma das assertivas está correta;
(B) apenas as assertivas II e IV estão incorretas;
(C) apenas a assertiva III está correta;
(D) apenas as assertivas I e II estão incorretas;
(E) não respondida.

I: incorreta, poderão ser aplicadas nas hipóteses do art. 868 e ss. da CLT (OJ 2 da SDC do TST); **II:** incorreta, é necessária a autorização dos trabalhadores (OJ 19 da SDC do TST); **III:** incorreta, a OJ 14 da SDC do TST foi cancelada; **IV:** incorreta, é necessário o registro em ata (OJ 8 da SDC do TST).

Gabarito "A"

(Procurador do Trabalho – MPT – 15º Concurso – 2008) Ao poder normativo da Justiça do Trabalho, previsto no artigo 114 da Constituição da República, compete:

I. criar regulamentos para as empresas prevendo novos direitos trabalhistas que deverão ser cumpridos sob pena de multa diária a ser fixada na sentença normativa;
II. estabelecer normas e condições de trabalho, criando, inclusive, obrigações pecuniárias para as empresas, tais como aumentos ou reajustes salariais;
III. estabelecer normas e condições, respeitadas as disposições convencionais e legais mínimas de proteção ao trabalho;
IV. criar normas, com força de lei, para todos os integrantes das categorias envolvidas no dissídio sem que, necessariamente, sejam observados os limites legais mínimos já previstos na Constituição Federal e leis destinadas aos trabalhadores.

Assim considerando, assinale a alternativa CORRETA:

(A) todas as assertivas são incorretas;
(B) apenas as assertivas I e IV são incorretas;
(C) apenas as assertivas II e IV são corretas;
(D) apenas a assertiva I é incorreta;
(E) não respondida.

I: incorreta, o regulamento de empresa é ato unilateral do empregador, decorrendo de seu poder diretivo; **II:** correta, por definição; **III:** correta, art. 114, § 2º, da CF; **IV:** incorreta, vide enunciado do item III (art. 114, § 2º, da CF).

Gabarito "B"

(Procurador do Trabalho – MPT – 14º Concurso – 2007) Assinale a alternativa CORRETA, concernente ao dissídio coletivo na Justiça do Trabalho.

(A) A sentença normativa é fonte de direito, pois irradia efeitos jurídicos gerais e abstratos, com campo de incidência objetivo-subjetiva limitado, entretanto, às categorias profissionais e econômicas que se tenham envolvido no processo do dissídio coletivo.

(B) Recusando-se qualquer das partes à negociação ou à arbitragem, é facultado aos respectivos sindicatos ajuizar dissídio coletivo, podendo a Justiça do Trabalho estabelecer normas e condições, respeitadas as disposições convencionais e mínimas de proteção ao trabalho.

(C) A instância pode ser concorrentemente instaurada por sindicato representativo da categoria econômica ou profissional, pelas federações ou confederações respectivas.

(D) Pela ação de cumprimento, os empregados, individualmente ou de maneira plúrima ou por seus sindicatos, objetivam o cumprimento de sentença normativa transitada em julgado, acordo ou convenção coletiva de trabalho, perante a Vara do Trabalho ou o Juiz de Direito investido na função trabalhista.

(E) Não respondida.

A: correta, por definição; **B:** incorreta, é facultado às partes ajuizar o dissídio (art. 114, § 2º, da CF); **C:** incorreta, somente se não houver sindicato representativo da categoria que a representação será instaurada pelas federações e, na falta destas, pelas confederações (art. 857, parágrafo único, da CLT); **D:** incorreta, não há a imperiosidade do trânsito em julgado da sentença normativa (Súmula 246 do TST; v. art. 6º da Lei 4.725/1965).

Gabarito "A"

(Procurador do Trabalho – MPT – 13º Concurso – 2006) A respeito do dissídio coletivo, assinale a alternativa INCORRETA:

(A) os trabalhadores, em caso de categoria não organizada, podem ser representados pela federação respectiva;

(B) o prazo máximo de duração da sentença normativa é de 4 (quatro) anos;

(C) pode ser ajuizado pelo Ministério Público do Trabalho, em caso de greve em atividade essencial, com possibilidade de lesão do interesse público;

(D) independentemente de negociação, pode ser ajuizado dissídio coletivo de natureza econômica pelos conflitantes, desde que estejam de comum acordo;

(E) não respondida.

A: assertiva correta, art. 857, parágrafo único, da CLT; **B:** assertiva correta, art. 868, parágrafo único, da CLT; **C:** assertiva correta, art. 114, § 3º, da CF; **D:** assertiva incorreta, devendo ser assinalada, a negociação é necessária (art. 114, § 2º, da CF).

Gabarito "D"

(Procurador do Trabalho – MPT – 12º Concurso – 2005) Sobre a ação de cumprimento, observe as assertivas abaixo e, consoante ao entendimento jurisprudencial dominante no Tribunal Superior do Trabalho, assinale a alternativa CORRETA:

I. o prazo de prescrição com relação à ação de cumprimento de decisão normativa flui apenas da data de seu trânsito em julgado, sendo indispensável que a sentença normativa transite em julgado, para a propositura de tal demanda;

II. o cumprimento da norma coletiva pode ser postulado pelo próprio empregado (reclamação comum) ou por mais de um empregado na mesma demanda (reclamação plúrima). Já o sindicato propõe a ação em seu nome, defendendo direito alheio, em hipótese de substituição processual;

III. a legitimidade do sindicato para propor ação de cumprimento estende-se também à observância de acordo ou de convenção coletivos;

IV. modificada a sentença normativa pelo TST, decretando-se a extinção do processo, sem julgamento do mérito, deve-se extinguir a execução que tramita nos autos da ação de cumprimento.

(A) somente as assertivas II, III e IV estão corretas;

(B) somente as assertivas II e III estão corretas;

(C) somente as assertivas I, II e III estão corretas;

(D) todas as assertivas estão corretas;

(E) não respondida.

I: incorreta, Súmula 246 do TST (a primeira parte do enunciado está correta, conforme Súmula 350 do TST); **II:** correta, art. 872, parágrafo único, da CLT e Súmula 286 do TST; **III:** correta, Súmula 286 do TST; **IV:** correta, OJ 277 da SDI-I do TST.

Gabarito "A"

(Procurador do Trabalho – MPT – 12º Concurso – 2005) Sobre o dissídio coletivo, observe as assertivas abaixo e, consoante ao entendimento jurisprudencial dominante no Tribunal Superior do Trabalho, assinale a alternativa CORRETA:

I. sob pena de extinção do feito, a ata da assembleia de trabalhadores que legitima a atuação da entidade sindical respectiva, em favor de seus interesses, deve registrar, obrigatoriamente, a pauta reivindicatória, produto da expressa vontade da categoria;

II. no dissídio coletivo movido em face de uma empresa, é imprescindível a legitimação da entidade sindical, e esta se dá diante da juntada da autorização dos trabalhadores diretamente envolvidos no conflito, ou por meio da intervenção conjunta da Federação na qual filiou-se o sindicato obreiro;

III. é pressuposto indispensável à constituição válida e regular da ação coletiva a apresentação em forma clausulada e fundamentada das reivindicações da categoria, salvo se juntada com a inicial a sentença normativa anterior.

(A) nenhuma das assertivas está correta;
(B) apenas uma das assertivas está correta;
(C) apenas duas das assertivas estão corretas;
(D) todas as assertivas estão corretas;
(E) não respondida.

I: correta, OJ 8 da SDC do TST; **II:** a primeira parte do enunciado está correta (OJ 19 da SDC do TST), mas inexiste no ordenamento jurídico qualquer menção à intervenção conjunta de Federação; **III:** incorreta, não há previsão da exceção "juntada com a inicial a sentença normativa anterior" (OJ 32 da SDC do TST).

Gabarito "B"

9.3. MANDADO DE SEGURANÇA

(Magistratura do Trabalho – 2ª Região – 2011) Inconformado com o andamento da execução definitiva de reclamação trabalhista proposta, para a qual não foi regularmente citado; o executado impetra mandado de segurança. Considerando a hipótese narrada, assinale a alternativa correta:

(A) Contra sentença transitada em julgado não cabe mandado de segurança.
(B) A sentença transitada em julgado admite questionamento por meio de mandado de segurança.
(C) A sentença transitada em julgado pode ser atacada por mandado de segurança em razão do vício de citação.
(D) A sentença transitada em julgado pode ser atacada por mandado de segurança porque a execução já é definitiva.
(E) A sentença não transitou em julgado, porquanto pendente a execução definitiva.

A alternativa "A" define o previsto na Súmula 33 do TST.

Gabarito "A"

(Magistratura do Trabalho – 8ª Região – 2011) Assinale a alternativa INCORRETA:

(A) Nos dissídios de alçada de que trata a Lei n. 5.584/1970, poderá ,qualquer das partes, impugnar o valor fixado para a causa e, se o juiz o mantiver, poderá a parte pedir revisão da decisão, no prazo de 48 (quarenta e oito) horas, ao Presidente do Tribunal Regional.
(B) Nos termos do art. 791 da CLT, que trata do exercício do *jus postulandi*, é dispensável a presença de advogado para a impetração de mandado de segurança no âmbito da Justiça do Trabalho.
(C) A Federação de Trabalhadores possui legitimidade para impetrar mandado de segurança coletivo na Justiça do Trabalho, sempre que se destinar à defesa de seus membros ou associados.
(D) Nos termos da Lei n. 12.016, de 2009, que trata do mandado de segurança individual e coletivo, o pedido de segurança poderá ser renovado dentro do prazo decadencial, se a decisão denegatória não lhe houver apreciado o mérito.
(E) Da decisão do juiz de primeiro grau que conceder ou denegar liminar em mandado de segurança na Justiça do Trabalho não caberá agravo de instrumento.

A: assertiva correta, art. 2º, § 2º, da Lei 5.584/1970; **B:** assertiva incorreta, devendo ser assinalada, é indispensável a presença de advogado para impetrar Mandado de Segurança (Súmula 425 do TST); **C:** assertiva correta art. 5º, LXX, *b*, c/c art. 114, IV, da CF; **D:** assertiva correta art. 6º, § 6º, da Lei 12.016/2009; **E:** assertiva correta art. 893, § 1º, da CLT.

Gabarito "B"

(Magistratura do Trabalho – 16ª Região – 2011) Analise as afirmativas e assinale a alternativa CORRETA:

(A) Compete aos Tribunais Regionais do Trabalho o julgamento de mandado de segurança impetrado contra seus próprios atos administrativos.
(B) Caso a petição inicial do mandado de segurança não venha instruída com a prova documental pré-constituída, o juiz assinalará prazo para emenda, sob pena de indeferimento da inicial.
(C) As varas do trabalho e os juízes de direito investidos de jurisdição trabalhista não têm competência para julgar mandado de segurança.
(D) São passíveis de mandado de segurança atos de gestão comercial praticados por administradores de empresa pública e concessionárias de serviços públicos essenciais.
(E) A antecipação da tutela concedida na sentença comporta impugnação pela via do mandado de segurança, em face da inexistência de recurso próprio.

A: correta, OJ 4 do TP do TST; **B:** incorreta, Súmula 415 do TST. Considerando-se que o mandado de segurança é vocacionado à tutela de direito líquido e certo (como regra, devendo, portanto, ser comprovado de plano), há forte restrição à emenda da inicial. Opta a jurisprudência, na hipótese presente, pela extinção do *mandamus* sem julgamento de mérito, eis que dentro do prazo decadencial poderá ser renovado o pedido de mandado de segurança (art. 6º, § 6º, da Lei 12.016/2009), ou seja, o pedido poderá ser "emendado" quantas vezes necessário enquanto não decorrido o prazo decadencial, desde que não haja sentença de mérito. São neste sentido, inclusive, as razões do veto ao § 4º do art. 6º da Lei 12.016/2009; **C:** incorreta, com a EC 45/2004 e a previsão dos incisos IV e VII do artigo 114 da CF, as varas do trabalho e os juízes de direito investidos em jurisdição trabalhistas receberam competência para o *writ*; **D:** incorreta, no caso versado não cabe MS (art. 1º, § 2º, da Lei 12.016/2009); **E:** incorreta, a antecipação de tutela concedida na sentença é impugnável por Recurso Ordinário (Súmula 414, I, do TST).

Gabarito "A"

(Magistratura do Trabalho – 21ª Região – 2005) Considere a Jurisprudência do Tribunal Superior do Trabalho e assinale a resposta correta:

(A) o mandado de segurança não é via processual idônea para atacar ato do Juiz do Trabalho que indefere homologação de acordo em ação trabalhista, por se tratar de faculdade do Juiz que não viola direito líquido e certo das partes;
(B) por se tratar de decisão interlocutória sujeita a recurso próprio na fase de execução, não cabe mandado de segurança, na forma da Lei 1.533/1951, para atacar a ordem judicial de penhora em dinheiro no curso de execução provisória;
(C) a antecipação dos efeitos da tutela, concedida, na forma da lei processual, no curso do processo

ou por ocasião da sentença, pode ser impugnada pela via excepcional do mandado de segurança, diante da iminência de dano irreparável;

(D) contra decisão judicial homologatória de pedido de adjudicação é cabível a impetração de mandado de segurança, tendo em vista se tratar de ato de natureza expropriatória que demanda celeridade em seu exame, sob pena de provocar-se grave prejuízo à parte expropriada;

(E) exigindo o mandado de segurança prova eminentemente documental, pode ser determinado ao impetrante que, no prazo assinado pelo Juiz, providencie a juntada de documento considerado indispensável ao exame da legalidade do ato praticado pela autoridade apontada como coatora.

A: correta, Súmula 418 do TST; **B:** incorreta, caberá mandando de segurança, atualmente regulado pela Lei 12.016/2009 (Súmula 417, III, do TST); **C:** incorreta, se a antecipação da tutela for antes da sentença, caberá Mandado de Segurança, mas se for depois, caberá Recurso Ordinário (Súmula 414 do TST); **D:** incorreta, caberá embargos à adjudicação (OJ 66 da SDI-II do TST); **E:** incorreta, considerando-se que o mandado de segurança é vocacionado à tutela de direito líquido e certo (como regra, devendo, portanto, ser comprovado de plano), há forte restrição à emenda da inicial (Súmula 415 do TST).

Gabarito "A".

(Magistratura do Trabalho – 21ª Região – 2005) Consideradas as afirmações abaixo, marque a letra que contém a resposta correta:

I. Compete à Justiça do Trabalho processar e julgar os mandados de segurança quando o ato questionado envolver matéria sujeita à sua jurisdição. Prepondera, nesse caso, a fixação da competência em razão da matéria. Nesse contexto, compete aos juízes do trabalho de primeira instância processar e julgar mandado de segurança impetrado contra ato do Delegado Regional do Trabalho que aplicar multa administrativa a empregador por descumprimento de norma de saúde e segurança no trabalho. Ainda a título de exemplo, compete-lhe, também, processar e julgar mandado de segurança contra ato de dirigente de autarquia federal que ofender a direito líquido e certo de servidor regido pela Consolidação das Leis do Trabalho.

II. De acordo com a jurisprudência sumulada do Tribunal Superior do Trabalho, em mandado de segurança somente cabe remessa "*ex officio*" se, na relação processual, figurar pessoa jurídica de direito público como parte prejudicada pela concessão da ordem. Tal situação não ocorre na hipótese de figurar no feito como impetrante e terceiro interessado pessoa de direito privado, ressalvada a hipótese de matéria administrativa.

III. Exigindo o mandado de segurança prova documental pré-constituída, não tem cabimento a abertura de prazo ao impetrante para emendar ou completar a petição inicial, quando verificada a ausência de documento indispensável ou de sua autenticação – segundo a jurisprudência sumulada do Tribunal Superior do Trabalho.

IV. A concessão de liminar ou a homologação de acordo constituem faculdade do juiz, inexistindo direito líquido e certo tutelável pela via do mandado de segurança – segundo a jurisprudência sumulada do Tribunal Superior do Trabalho.

V. A execução da medida liminar deferida e da sentença concessiva de mandado de segurança é imediata, específica ou "in natura", ou seja, mediante o cumprimento da providência determinada pelo juiz, sem possibilidade de ser substituída por reparação pecuniária.

(A) Somente I está errada.
(B) I, II e IV estão erradas.
(C) Somente III e V estão erradas
(D) Todas estão erradas.
(E) Todas estão corretas.

I: correta, por definição (v. art. 114, IV, da CF); **II:** correta, Súmula 303, III, do TST; **III:** correta, Súmula 415 do TST; **IV:** correta, Súmula 418 do TST; **V:** correta, por se tratar de decisão mandamental, passível de incursão em crime de desobediência.

Gabarito "E".

(Procurador do Trabalho – MPT – 18º concurso – 2013) Marque a alternativa INCORRETA:

(A) Segundo o entendimento do TST, pode uma questão processual ser objeto de rescisão desde que consista em pressuposto de validade de uma sentença de mérito.

(B) Consoante a Lei n. 12.016/2009, não cabe agravo da decisão que indefere petição inicial de mandado de segurança de competência originária de Tribunal do Trabalho.

(C) Cabe agravo de instrumento em recurso ordinário cujo seguimento foi denegado.

(D) Em conformidade com o entendimento do TST, contra a decisão de juiz de primeiro grau que indefere a antecipação dos efeitos da tutela não é cabível o mandado de segurança.

(E) Não respondida

A: assertiva correta, Súmula 412 do TST; **B:** assertiva incorreta, devendo ser assinalada (art. 10, § 1º, da Lei 12.016/2009); **C:** assertiva correta, art. 897, *b*, da CLT; **D:** assertiva correta, Súmula 418 do TST.

Gabarito "B".

(Procurador do Trabalho – MPT – 17º Concurso – 2012) Em relação ao mandado de segurança no processo do trabalho, assinale a alternativa **CORRETA**:

(A) É correto afirmar que a Emenda Constitucional n. 45/2004, ao inserir o inciso IV ao artigo 114 da Constituição da República, adotou o critério da competência material para os mandados de segurança impetrados perante a Justiça do Trabalho, quando o ato questionado envolva matéria sujeita à jurisdição trabalhista.

(B) Consoante a jurisprudência uniformizada do Tribunal Superior do Trabalho, em razão do princípio da irrecorribilidade autônoma das decisões interlocutórias, a decisão que conceder ou indeferir a liminar em mandado de segurança deverá ser impugnada por via de outro mandado de segurança.

(C) Em conformidade com a jurisprudência uniformizada do Tribunal Superior do Trabalho, em virtude do princípio da irrecorribilidade autônoma das decisões interlocutórias, existe direito líquido e certo, tutelável pela via do mandado de segurança, diante de decisão judicial denegatória de liminar em ação cautelar.

(D) Nos termos da legislação vigente, não se concederá mandado de segurança quando se tratar de decisão judicial da qual caiba recurso com efeito suspensivo ou possa ser modificada por correição parcial.

(E) Não respondida.

A: correta, por definição (artigo 114, IV, da CF); **B:** incorreta, essa decisão não pode ser impugnada por MS (OJ 140 da SDI-II do TST); **C:** incorreta, inexiste direito líquido e certo em decisão denegatória de liminar em ação cautelar (Súmula 418 do TST); **D:** "Pegadinha muito sutil. A incorreição reside na expressão "nos termos da legislação vigente", ao passo que a restrição ao mandado de segurança quanto cabível correição parcial é produto de jurisprudÇencia (Súmula 267 do STF). Vide art. 5º da Lei 12.016/2009.".

Gabarito "A".

(Procurador do Trabalho – MPT – 12º Concurso – 2005) Sobre o mandado de segurança, observe as assertivas abaixo e, consoante ao entendimento jurisprudencial dominante no Tribunal Superior do Trabalho, assinale a alternativa CORRETA:

(A) negando-se o juiz a homologar proposta de acordo, com expresso reconhecimento do pedido, deixando de decretar a extinção do feito, com julgamento do mérito, para publicar sentença, é cabível mandado de segurança;

(B) constitui direito líquido e certo do empregador e, assim, amparado por mandado de segurança, a suspensão do empregado, ainda que detentor da estabilidade sindical, até a decisão final do inquérito em que se apure a falta grave a ele imputada;

(C) no caso da tutela antecipada (ou liminar), uma vez concedida antes da sentença, não cabe a impetração do mandado de segurança, em face da existência de recurso próprio;

(D) da mesma forma que nas ações rescisórias, aplica-se a alçada no mandado de segurança;

(E) não respondida.

A: incorreta, a homologação de acordo é faculdade do juiz, inexistindo direito líquido e certo atacável por MS (Súmula 418 do TST); **B:** correta, OJ 137 da SDI-II do TST; **C:** incorreta, nesse caso, cabe MS (Súmula 414, II, do TST); **D:** incorreta, não se aplica nas ações rescisórias e também não se aplica no MS (Súmula 365 do TST).

Gabarito "B".

(Procurador do Trabalho – MPT – 11º Concurso – 2004) Assinale a alternativa INCORRETA:

No âmbito do Processo do Trabalho, em consonância com a jurisprudência uniformizada do Tribunal Superior do Trabalho:

(A) não cabe mandado de segurança quando já esgotadas as vias recursais existentes;

(B) não é cabível o mandado de segurança visando a cassação de liminar concedida em ação civil pública, considerando a existência de recurso próprio na respectiva lei;

(C) comporta mandado de segurança o deferimento de reintegração no emprego em ação cautelar;

(D) é impugnável mediante mandado de segurança a tutela antecipada concedida antes da prolação da sentença, em razão de não comportar recurso próprio;

(E) não respondida.

A: assertiva correta, OJ 99 da SDI-II do TST (v. Súmula 33 do TST); **B:** assertiva incorreta, devendo ser assinalada, considerando-se o princípio da irrecorribilidade das decisões interlocutórias no processo trabalhista, conforme art. 893, § 1º, da CLT (v. Súmula 414 do TST); **C:** assertiva correta, OJ 63 da SDI-II do TST; **D:** assertiva correta, Súmula 414, II, do TST.

Gabarito "B".

9.4. AÇÃO CIVIL PÚBLICA

(Magistratura do Trabalho – 2ª Região – 2011) Tem legitimidade para propor a Ação Civil Pública, segundo previsão expressa na Lei 7.347, de 1985:

(A) Apenas o Ministério Público.

(B) Apenas o Ministério Público, a Defensoria Pública, a União, os Estados, o Distrito Federal, os Municípios, as autarquias, as empresas públicas, as fundações, as sociedades de economia mista e a associação que esteja constituída há pelo menos um ano nos termos da lei civil e que inclua, entre suas finalidades institucionais, a proteção ao meio ambiente, ao consumidor, à ordem econômica, à livre concorrência ou ao patrimônio artístico, estético, histórico, turístico e paisagístico.

(C) Apenas o Ministério Público, a Defensoria Pública, a União, os Estados, o Distrito Federal, os Municípios, as autarquias, as fundações e a associação que esteja constituída há pelo menos um ano nos termos da lei civil e que inclua, entre suas finalidades institucionais, a proteção ao meio ambiente, ao consumidor, à ordem econômica, à livre concorrência ou ao patrimônio artístico, estético, histórico, turístico e paisagístico.

(D) Apenas o Ministério Público, a Defensoria Pública, as autarquias, as fundações e a associação que esteja constituída há pelo menos um ano nos termos da lei civil e que inclua, entre suas finalidades institucionais, a proteção ao meio ambiente, ao consumidor, à ordem econômica, à livre concorrência ou ao patrimônio artístico, estético, histórico, turístico e paisagístico.

(E) Apenas o Ministério Público, a Defensoria Pública e a associação que esteja constituída há pelo menos um ano nos termos da lei civil e que inclua, entre suas finalidades Institucionais, a proteção ao meio ambiente, ao consumidor, à ordem econômica, à livre concorrência ou ao patrimônio artístico, estético, histórico, turístico e paisagístico.

A alternativa "B" elenca corretamente o rol de legitimados expressos no art. 5º da Lei 7.347/1985.

Gabarito "B".

(Magistratura do Trabalho – 3ª Região – 2008) Sobre a Ação Civil Pública na Justiça do Trabalho, não se pode afirmar que:

(A) a sentença civil fará coisa julgada *erga omnes*, nos limites da competência territorial do órgão prolator, exceto se o pedido for julgado improcedente por insuficiência de provas, hipótese em que qualquer legitimado poderá intentar outra ação com idêntico fundamento, valendo-se de nova prova.

(B) nas ações de que trata a Lei 7.347/1985, não haverá adiantamento de custas, emolumentos, honorários periciais e quaisquer outras despesas, nem condenação da associação autora, salvo comprovada má-fé, em honorários de advogado, custas e despesas processuais.

(C) a legitimação ativa para a Ação Civil Pública na Justiça do Trabalho é exclusiva do Ministério Público do Trabalho.

(D) quando a extensão do dano causado ou a ser reparado extrapolar a jurisdição da Vara do Trabalho, limitando-se ao âmbito regional, a competência territorial em sede de ação civil pública é de uma das Varas do Trabalho da Capital do Estado.

(E) compete ao Ministério Público do Trabalho promover a ação civil pública para defesa de interesses coletivos, quando desrespeitados os direitos sociais constitucionalmente garantidos.

A: assertiva correta, art. 16 da Lei 7.347/1985; **B:** assertiva correta, art. 18 da Lei 7.347/1985; **C:** assertiva incorreta, devendo ser assinalada, o Ministério Público não é o único legitimado. Vide art. 5º da Lei 7.347/1985, que traz o rol dos legitimados; **D:** assertiva correta, OJ 130 da SDI-II do TST (importante: A OJ 130 da SBDI-II do TST teve sua redação substantivamente alterada em setembro de 2012, conforme Resolução 186/2012 do TST, cujo texto é o seguinte: "II – Em caso de dano de abrangência regional, que atinja cidades sujeitas à jurisdição de mais de uma Vara do Trabalho, a competência será de qualquer das varas das localidades atingidas, ainda que vinculadas a Tribunais Regionais do Trabalho distintos"); **E:** assertiva correta, art. 83, III, da LC 75/1993.

Gabarito "C"

(Magistratura do Trabalho – 8ª Região – 2009) Sobre ação civil pública, é incorreto afirmar:

(A) Compete ao Ministério Público do Trabalho promover a ação civil pública no âmbito da Justiça do Trabalho, para defesa de interesses coletivos, quando desrespeitados os direitos sociais constitucionalmente garantidos.

(B) O Supremo Tribunal Federal tem reconhecido a legitimidade do Ministério Público do Trabalho para propor ação civil pública perante a Suprema Corte.

(C) Não será cabível ação civil pública para veicular pretensões que envolvam tributos, contribuições previdenciárias e o FGTS.

(D) A imprescritibilidade da ação civil pública justifica-se pela natureza indisponível do direito tutelado.

(E) De acordo com o TST, a competência territorial para a ação civil pública será de uma das Varas do Trabalho da Capital do Estado quando a extensão do dano a ser reparado limitar-se ao âmbito regional. Quando a extensão do dano for de âmbito suprarregional, o foro será o do Distrito Federal.

A: assertiva correta, art. 83, III, da LC 75/1993; **B:** assertiva incorreta, devendo ser assinalada, preliminarmente, não há que se falar em competência funcional ordinária do STF para ações civis públicas, eis que esta recai sobre os juízos monocráticos, à míngua de previsão na Constituição de competência originária de tribunais para o julgamento de ações civis públicas. Esclarecida tal impropriedade, a assertiva está incorreta, eis que, de modo geral, o STF não vem reconhecendo a legitimidade de membro do MPT para oficiar perante o STF (por exemplo, manejando reclamação, ação cautelar ou agravo regimental contra decisões do STF). Neste sentido, v. decisões do STF em Agravo Regimental nas Reclamações 6.002, 4.980, 4.453 e 4.091. **C:** assertiva correta, art. 1º, parágrafo único, da Lei 7.347/1985; **D:** assertiva correta, por definição. Prescrição é fenômeno que diz com o decurso do prazo para se exigir judicialmente uma pretensão aliada à inércia de seu titular. Ocorre que os direitos transindividuais, como regra, não são de titularidade dos legitimados à ação civil pública, que não possuem, destarte, a faculdade de disporem sobre tais direitos. **E:** assertiva correta, OJ 130 da SDI2 do TST (importante: A OJ 130 da SBDI2 do TST teve sua redação substantivamente alterada em setembro de 2012, conforme Resolução 186/2012 do TST, e agora dispõe: "II – Em caso de dano de abrangência regional, que atinja cidades sujeitas à jurisdição de mais de uma Vara do Trabalho, a competência será de qualquer das varas das localidades atingidas, ainda que vinculadas a Tribunais Regionais do Trabalho distintos. III – Em caso de dano de abrangência suprarregional ou nacional, há competência concorrente para a Ação Civil Pública das varas do trabalho das sedes dos Tribunais Regionais do Trabalho").

Gabarito "B"

(Magistratura do Trabalho – 8ª Região – 2008) Quanto à disciplina legal da ação civil pública, é INCORRETO afirmar:

(A) Poderão ajuizar ação civil pública o Ministério Público; a Defensoria Pública; a União, os Estados, o Distrito Federal e os Municípios; a autarquia, empresa pública, fundação ou sociedade de economia mista; a associação que, concomitantemente, esteja constituída há pelo menos um ano nos termos da lei civil e inclua, entre suas finalidades institucionais, a proteção ao meio ambiente, ao consumidor, à ordem econômica, à livre concorrência ou ao patrimônio artístico, estético, histórico, turístico e paisagístico .

(B) Não será cabível ação civil pública para veicular pretensões que envolvam tributos, contribuições previdenciárias, o Fundo de Garantia do Tempo de Serviço – FGTS ou outros fundos de natureza institucional cujos beneficiários podem ser individualmente determinados. Ademais, a propositura da ação prevenirá a jurisdição do juízo para todas as ações posteriormente intentadas, desde que possuam a mesma causa de pedir e o mesmo objeto.

(C) O Ministério Público, se não intervier no processo como parte, atuará como fiscal da lei, obrigatoriamente. De outra banda, faculta-se ao Poder Público e a outras associações legitimadas habilitar-se como litisconsortes de qualquer das partes. Em caso de desistência infundada ou abandono da ação por associação legitimada, o Ministério Público assumirá a titularidade ativa, o mesmo sendo permitido, expressamente, segundo a lei, em relação a qualquer outro legitimado.

(D) No que se refere à legitimidade ativa, é certo que o requisito da pré-constituição poderá ser dispensado pelo juiz, quando haja manifesto interesse social evidenciado pela dimensão ou característica do dano, ou pela relevância do bem jurídico a ser protegido. Por outro lado, na ação que tenha por objeto o cumprimento de obrigação de fazer ou não fazer, o juiz determinará o cumprimento da prestação da atividade devida ou a cessação da atividade nociva, sob pena de execução específica, ou de cominação de multa diária, se esta for suficiente ou compatível, independentemente de requerimento do autor.

(E) O juiz poderá conferir efeito suspensivo aos recursos, para evitar dano irreparável à parte. A sentença civil fará coisa julgada *erga omnes*, nos limites da competência territorial do órgão prolator, exceto se o pedido for julgado improcedente por insuficiência de provas, hipótese em que qualquer legitimado poderá intentar outra ação com idêntico fundamento, valendo-se de nova prova. Em caso de litigância de má-fé, a associação autora e os diretores responsáveis pela propositura da ação serão solidariamente condenados em honorários advocatícios e ao décuplo das custas, sem prejuízo da responsabilidade por perdas e danos.

A: assertiva correta, art. 5º da Lei 7.347/1985; **B:** assertiva incorreta, devendo ser assinalada, a primeira sentença está correta (art. 1º, parágrafo único, da Lei 7.347/1985), mas a segunda não, eis que os requisitos sobreditos (causa de pedir e mesmo objeto) são alternativos, e não simultâneos (art. 2º, parágrafo único, da Lei 7.347/1985); **C:** assertiva correta, art. 5º, §§ 1º, 2º e 3º, da Lei 7.347/1985; **D:** assertiva correta, arts. 5º, § 4º, e 11 da Lei 7.347/1985, e art. 84 da Lei 8.078/1990 (CDC). Observe-se que o CDC aplica-se à ação civil pública naquilo em que não contrariar as disposições da Lei 7.347/1985, conforme art. 19 desta lei; **E:** assertiva correta, arts. 14, 16 e 17 da Lei 7.347/1985.

Gabarito "B".

(Magistratura do Trabalho – 8ª Região – 2008) À luz da legislação pertinente, notadamente quanto à tutela metaindividual, é INCORRETO afirmar:

(A) Quanto à tutela de direitos individuais homogêneos, proposta a ação, será publicado edital no órgão oficial, a fim de que os interessados possam intervir no processo como litisconsortes, sem prejuízo de ampla divulgação pelos meios de comunicação social por parte dos órgãos de defesa do consumidor. Em caso de procedência do pedido, a condenação será genérica, fixando a responsabilidade do réu pelos danos causados.

(B) Quanto à tutela de direitos individuais homogêneos, a execução poderá ser coletiva, abrangendo as vítimas cujas indenizações já tiveram sido fixadas em sentença de liquidação, sem prejuízo do ajuizamento de outras execuções. A execução coletiva far-se-á com base em certidão das sentenças de liquidação, da qual deverá constar a ocorrência ou não do trânsito em julgado. É competente para a execução o juízo da liquidação da sentença ou da ação condenatória, no caso de execução individual, e da ação condenatória, quando coletiva a execução.

(C) A coisa julgada, na esfera da tutela metaindividual, especificamente quanto aos interesses ou direitos difusos, dar-se-á *erga omnes*, exceto se o pedido for julgado improcedente por insuficiência de provas, hipótese em que qualquer legitimado poderá intentar outra ação com idêntico fundamento, valendo-se, porém, de nova prova. Por outro lado, a coisa julgada, especificamente quanto aos interesses coletivos, dar-se-á ultra partes, mas limitadamente ao grupo, categoria ou classe, salvo improcedência por insuficiência probatória.

(D) A coisa julgada, na esfera da tutela metaindividual, especificamente quanto aos interesses individuais homogêneos, dar-se-á *erga omnes*, apenas e tão somente no caso de procedência do pedido, para beneficiar todas as vítimas e seus sucessores. Registre-se, de outra banda, que interesses ou direitos difusos, para os efeitos legais, são aqueles transindividuais, de natureza indivisível, de que sejam titulares pessoas indeterminadas e ligadas por uma circunstância fática.

(E) Já interesses ou direitos coletivos, para os efeitos legais, são aqueles transindividuais, de natureza indivisível, de que seja titular grupo, categoria ou classe de pessoas ligadas entre si ou com a parte adversa por uma relação jurídica base, sendo que o simples fato de existir ação coletiva tutelando interesses ou direitos coletivos não impede que o lesado, individualmente, proponha a ação de reparação de danos, mas os efeitos da coisa julgada exarada na ação coletiva só beneficiarão os autores das ações individuais se não for requerida sua suspensão no prazo de trinta dias, a contar da ciência nos autos do ajuizamento da ação coletiva.

A: assertiva correta, arts. 94 e 95 do CDC; **B:** assertiva correta, art. 98 do CDC; **C:** assertiva correta, art. 103, I e II, do CDC; **D:** assertiva correta, arts. 81, I, e 103, III, do CDC; **E:** assertiva incorreta, devendo ser assinalada, pois os efeitos da coisa julgada exarada na ação coletiva só beneficiarão os autores das ações individuais *se for* requerida sua suspensão no prazo de trinta dias (arts. 81, II, e 104 do CDC).

Gabarito "E".

(Magistratura do Trabalho – 9ª Região – 2009) Considere as seguintes proposições:

I. A orientação jurisprudencial do Tribunal Superior do Trabalho é no sentido de que a fixação da competência territorial em sede de ação civil pública deve tomar em conta a extensão do dano causado ou a ser reparado, pautando-se pela incidência analógica do art. 93 do Código de Defesa do Consumidor. Assim, se a extensão do dano a ser reparado limitar-se ao âmbito regional, a competência é de uma das Varas do Trabalho da Capital do Estado; se for de âmbito suprarregional ou nacional, o foro é o do Distrito Federal.

II. A ação civil pública é cabível na defesa de interesses difusos de trabalhadores prejudicados pela contratação de outros trabalhadores pela

Administração Pública sem prévio concurso, na defesa de interesses coletivos de trabalhadores prejudicados por ambiente de trabalho inseguro em determinada empresa e na defesa de interesses individuais homogêneos de trabalhadores que não recebem horas extras quando prorrogam jornadas de trabalho em determinada empresa.

III. A ação coletiva não gera litispendência em relação à ação individual concomitante de algum dos integrantes da coletividade, do grupo, categoria ou classe, desde que a parte autora da ação individual requeira a suspensão processual no prazo de 30 dias contados da ciência nos autos do ajuizamento da ação coletiva, hipótese em que não será beneficiada pelos efeitos da coisa julgada *erga omnes* ou *ultra* partes na ação coletiva.

IV. Nas ações coletivas para a defesa de direitos individuais homogêneos, como de recebimento de adicional de insalubridade para empregados em determinada empresa e em determinado período, em caso de procedência do pedido a condenação será genérica, fixando a responsabilidade da parte ré pelos danos causados, com liquidação e execução individual pelo trabalhador beneficiado ou coletiva pelos legitimados ativamente à propositura da ação coletiva.

V. No caso de ações coletivas com objeto de interesses ou direitos trabalhistas individuais homogêneos, o alcance subjetivo da coisa julgada será *erga omnes* apenas no caso de procedência do pedido, para beneficiar todas as vítimas e seus sucessores, mas no caso de improcedência do pedido os interessados que atuaram como litisconsortes na ação coletiva poderão propor ação de indenização a título individual.

(A) nenhuma das proposições está correta;
(B) apenas uma proposição está correta;
(C) apenas duas proposições estão corretas;
(D) apenas três proposições estão corretas;
(E) apenas quatro proposições estão corretas.

I: correta, OJ 130 da SDI-II do TST (importante: A OJ 130 da SBDI2 do TST teve sua redação substantivamente alterada em setembro de 2012, conforme Resolução 186/2012 do TST, que atualmente dispõe: "II – Em caso de dano de abrangência regional, que atinja cidades sujeitas à jurisdição de mais de uma Vara do Trabalho, a competência será de qualquer das varas das localidades atingidas, ainda que vinculadas a Tribunais Regionais do Trabalho distintos. III – Em caso de dano de abrangência suprarregional ou nacional, há competência concorrente para a Ação Civil Pública das varas do trabalho das sedes dos Tribunais Regionais do Trabalho"); **II:** correta, art. 81, parágrafo único, do CDC; **III:** incorreta, se houver o requerimento de suspensão no prazo de 30dias, será beneficiada pelos efeitos da coisa julgada *erga omnes* ou *ultra partes* na ação coletiva (art. 104 do CDC); **IV:** correta, arts. 95 e 97 do CDC; **V:** incorreta, somente os interessados que não atuaram como litisconsortes poderão propor ação de indenização a título individual (art. 103, § 2º, do CDC).

Gabarito "D"

(Magistratura do Trabalho – 9ª Região – 2007) Considere as seguintes proposições:

I. Segundo a atual jurisprudência uniformizada do Tribunal Superior do Trabalho em qualquer ação proposta pelo sindicato como substituto processual, todos os substituídos serão individualizados na petição inicial e, para o início da execução, devidamente identificados pelo número da Carteira de Trabalho e Previdência Social ou de qualquer documento de identidade.

II. Para ajuizar ações civis públicas ou coletivas, as associações civis precisam deter representatividade adequada do grupo que pretendam defender em juízo, aferida à vista do preenchimento de dois requisitos, quais sejam: pertinência temática e pré-constituição há mais de um ano, podendo o último ser dispensado pelo juiz quando haja manifesto interesse social evidenciado pela dimensão ou característica do dano, ou pela relevância do bem jurídico a ser protegido.

III. Tratando-se de sentença condenatória em ação que tenha por objeto a tutela de direitos difusos, a legitimidade para promover a liquidação e a execução é do autor ou de qualquer dos colegitimados à ação coletiva, vedada, como regra, essa possibilidade ao indivíduo.

IV. A existência simultânea de ações individual e coletiva, com o mesmo objeto, não induz litispendência. Entretanto, se os autores das ações individuais, cientes do ajuizamento da ação coletiva, não requererem a suspensão daquelas no prazo de sessenta dias, não serão beneficiados por eventual decisão favorável na ação coletiva.

V. Tratando-se de ação coletiva que tenha por objeto a tutela de direitos individuais homogêneos, a sentença será imutável *erga omnes* apenas em caso de procedência, e beneficiará vítimas e sucessores.

Assinale a alternativa correta:

(A) Todas as proposições estão corretas;
(B) Apenas quatro proposições estão corretas;
(C) Apenas três proposições estão corretas;
(D) Apenas duas proposições estão corretas;
(E) Apenas uma proposição está correta.

I: incorreta, considerando-se o cancelamento da Súmula 310 do TST; **II:** correta, art. 5º, V e § 4º, da Lei 7.347/1985; **III:** correta, considerando-se que o art. 97 do CDC refere-se à defesa de interesses individuais homogêneos, ao passo que o art. 15 da Lei 7.347/1985 não alude aos indivíduos; **IV:** incorreta, o prazo é de 30 (trinta) dias (art. 104 do CDC); **V:** correta, art. 103, III, do CDC.

Gabarito "C"

(Magistratura do Trabalho – 21ª Região – 2012) O Ministério Público do Trabalho ajuizou ação civil pública contra a empresa PRESTEX – Prestação de Serviços de Limpeza, com filiais em vários Estados da Federação. Foi celebrado acordo judicial, em Vara do Trabalho de Natal, no qual foi prevista a abrangência nacional do ajuste. Dois anos após a homologação do acordo judicial, a empresa encerrou suas atividades em Natal.

Após o encerramento, o Procurador do Trabalho que assinou o acordo judicial recebeu relatório de fiscalização, enviado por outro órgão do Ministério Público do Trabalho, uma vez que a fiscalização foi realizada pela Superintendência Regional do Trabalho e Emprego no Ceará, com vários autos de infração lavrados contra a empresa, e que evidenciam descumprimento do acordo judicial, quanto aos empregados lotados na filial da empresa estabelecida na cidade de Fortaleza/CE. Diante dessa situação fática, é correto afirmar que a execução do acordo judicial:

(A) deve ocorrer no local do dano (Fortaleza/CE), pois o local do dano é o critério determinador da competência na ação civil pública, e, por consequência, da sua execução;

(B) deve ocorrer perante a Vara que conciliou e homologou o acordo judicial;

(C) pode ocorrer em qualquer Vara do Trabalho das cidades onde a empresa tem estabelecimentos, pois o acordo judicial foi de âmbito nacional;

(D) deve ocorrer em Vara do Trabalho no Distrito Federal, nos termos da jurisprudência pacificada do Tribunal Superior do Trabalho;

(E) pode se processar na Vara que homologou o acordo ou na Vara da localidade em que ocorreu o dano.

Vigora a regra pela qual a execução do título executivo judicial deve ter lugar perante o Juízo onde foi constituído. Por exceção, entendemos que em caso de execuções promovidas por beneficiários individuais da sentença metaindividual, estas podem ser aforadas no foro do domicílio de cada indivíduo, conforme se deduz de uma interpretação sistemática do art. 98, § 2º, do CDC.

Gabarito "B"

(Magistratura do Trabalho – 21ª Região – 2005) Diante das afirmativas seguintes, marque a resposta correta:

O inquérito civil manejado pelo Ministério Público do Trabalho:

I. É instrumento de instauração facultativa, razão pela qual a ação civil pública pode ser diretamente proposta, sem a necessidade de existência de qualquer procedimento prévio;

II. Enseja o respeito ao princípio do contraditório, à luz da garantia assegurada constitucionalmente às partes;

III. Assemelha-se a um típico processo administrativo, objetivando a produção de provas, distinguindo-se da natureza inquisitiva do inquérito policial;

IV. Permite a imposição de sigilo em sua tramitação, como garantia do resultado da investigação, mesmo em face da natureza trabalhista das irregularidades apuradas;

V. Possibilita o conhecimento de informações bancárias e fiscais da parte investigada, por meio de requisição de iniciativa do Procurador do Trabalho que preside o procedimento.

(A) apenas a alternativa III está errada;

(B) apenas as alternativas II e III estão erradas;

(C) apenas as alternativas III e IV estão erradas;

(D) apenas as alternativas II e V estão erradas;

(E) as alternativas II, III e IV estão erradas.

I: correta, o inquérito civil é instrumento destinado à coleta de provas e formação da convicção do procurador do trabalho, que poderá ajuizar ação civil pública imediatamente após o recebimento de denúncia ou o conhecimento de alguma irregularidade, acaso já disponha de elementos para tanto (v. art. 8º, § 1º, da Lei 7.347/1985); **II** e **III:** incorretas, não se aplica o princípio do contraditório em sede de inquérito civil, que é procedimento (e não processo) de natureza inquisitorial; **IV:** correta, art. 20 do Código de Processo Penal, por analogia; **V:** correta, art. 8º, § 2º, da LC 75/1993.

Gabarito "B"

(Magistratura do Trabalho – 21ª Região – 2005) Na defesa de interesses coletivos respeitantes à esfera da proteção jurídica à intimidade dos trabalhadores da categoria, de acordo com a lei, o sindicato:

(A) possui legitimidade para ajuizar ação civil pública, desde que esteja devidamente autorizado pela categoria profissional em assembleia geral;

(B) não possui legitimidade para ajuizar ação civil pública, considerando que a hipótese enquadra-se no campo de legitimação do Ministério Público do Trabalho;

(C) possui legitimidade para ajuizar ação civil pública, independentemente de autorização da assembleia geral da categoria ou dos trabalhadores vítimas da conduta irregular;

(D) possui legitimidade para ajuizar ação civil pública, desde que apresente a identificação dos trabalhadores individualmente atingidos pela conduta irregular;

(E) não possui legitimidade para ajuizar ação civil pública, considerando que a natureza do interesse tutelado é extrapatrimonial, implicando em pleito de dano moral coletivo.

Art. 5º, V, da Lei 7.347/1985, considerando-se o cancelamento da Súmula 310 do TST em 2003.

Gabarito "C"

(Magistratura do Trabalho – 21ª Região – 2005) Em conformidade com as afirmações seguintes, indique a resposta correta:

Considerando a ação civil pública proposta na Justiça do Trabalho:

I. A Vara do Trabalho do local onde ocorreu o dano terá competência funcional, de natureza absoluta e inderrogável, para processar e julgar a causa, tratando-se de tutela de direitos da coletividade de trabalhadores das empresas de transporte coletivo municipal;

II. O objeto da demanda, quando se tratar de tutela do meio ambiente do trabalho, restringir-se-á ao cumprimento de obrigação de fazer ou não fazer, traduzida na imposição de conduta ativa ou omissiva;

III. Os sindicatos possuem legitimação exclusiva para o seu ajuizamento, quando se tratar da defesa de interesses individuais homogêneos;

IV. Não se aplicam as disposições de natureza processual do Código de Defesa do Consumidor, em face da primazia das normas da CLT relativas ao processo laboral e da aplicação subsidiária do processo civil;

V. Se o Ministério Público não ocupar o polo ativo, atuará obrigatoriamente como *custos legis*, sob pena de nulidade processual.

(A) apenas a alternativa V está correta;
(B) todas as alternativas estão erradas;
(C) apenas as alternativas II e V estão corretas;
(D) apenas as alternativas II, IV e V estão corretas;
(E) apenas as alternativas I e V estão corretas

I: correta, art. 2º da Lei 7.347/1985 (observe-se que se trata de competência territorial-funcional, por expressa dicção legal, o que diz com competência absoluta); **II:** incorreta, pode ter por objeto a condenação em dinheiro (art. 3º da Lei 7.347/1985); **III:** incorreta, não possuem legitimação exclusiva (art. 91 do CDC) V. também, art. 6º, VII, *d*, da LC 75/1993; **IV:** incorreta, no que for cabível, aplica-se o CDC (art. 21 da Lei 7.347/1985). V. também, art. 19 da Lei 7.347/1985; **V:** correta, art. 5º, § 1º, da Lei 7.347/1985 c/c art. 84 e 246 do Código de Processo Civil.

Gabarito "E"

(Magistratura do Trabalho – 21ª Região – 2005) À vista da ação civil pública trabalhista:

I. Haverá litispendência em relação às ações individualmente propostas sobre a mesma matéria;

II. A sentença fará coisa julgada *erga omnes* apenas no caso de procedência do pedido, beneficiando todos os integrantes da coletividade vitimada;

III. Tratando-se da tutela de direitos individuais homogêneos e julgando-se procedente o pedido, a condenação será específica, fixando o juiz na sentença o valor dos danos sofridos por cada trabalhador atingido;

IV. É lícito ao juiz, a pedido da parte e nos próprios autos, conceder a tutela liminarmente, mesmo sem ouvir o réu, quando for este pessoa jurídica de direito privado, desde que estejam presentes os requisitos da relevância do fundamento da demanda e do receio justificado de ineficácia do provimento final;

V. A sentença fará coisa julgada *ultra partes* quando for o pedido julgado improcedente, após o exaurimento do conteúdo probatório, hipótese em que nenhum dos trabalhadores integrantes da coletividade, grupo, categoria ou classe poderá ajuizar ações individuais.

(A) apenas as alternativas II e IV estão corretas;
(B) apenas as alternativas III e IV estão corretas;
(C) apenas as alternativas II e V estão corretas;
(D) apenas as alternativas I e II estão corretas;
(E) apenas as alternativas I e IV estão corretas.

I: incorreta, não há litispendência (art. 104 do CDC); **II:** correta, art. 103, III, do CDC; **III:** incorreta, a condenação será genérica, fixando o juiz a responsabilidade do réu pelos danos causados (art. 95 do CDC); **IV:** correta, art. 12 da Lei 7.347/1985 (v. arts. 273 do CPC e 1º da Lei 9.494/1997); **V:** incorreta, os efeitos da coisa julgada "não prejudicarão interesses e direitos individuais dos integrantes da coletividade, do grupo, categoria ou classe" (art. 103, § 1º, do CDC).

Gabarito "A"

(Magistratura do Trabalho – 21ª Região – 2005) Consideradas as afirmações abaixo, marque a letra que contém a resposta correta:

I. São legitimados, concorrentemente, para promoção da ação civil pública: o Ministério Público, os sindicatos, a União, Estados, Distrito Federal, Municípios, autarquias, empresas públicas, fundações e sociedades de economia mista, associação constituída pelo menos há um ano e que tenha entre as suas finalidades institucionais a proteção a interesse defensável através da referida ação. O autor, nesse caso, tem legitimação autônoma para condução do processo, ou seja, legitimação ordinária.

II. Segundo a Lei da ação civil pública, a competência funcional para processar e julgar a referida ação é do foro do local onde ocorrer o dano. Tal critério é adotado pela jurisprudência consolidada do Tribunal Superior do Trabalho.

III. A sentença proferida na ação civil pública que verse interesses coletivos produz efeitos "erga omnes". Isso significa que a sentença, de procedência ou não, sempre obriga a todos os integrantes da classe, obstando que outras ações individuais ou coletivas sejam promovidas com a mesma finalidade.

IV. A execução da sentença proferida em ação civil pública se fará conforme a natureza da obrigação imposta, à luz do pedido, que pode ser a condenação em dinheiro ou o cumprimento de obrigação de fazer ou não fazer. Estão legitimados a promover essa execução quaisquer dos legitimados ao ajuizamento da ação. Na execução específica da obrigação de fazer ou não fazer o juiz dispõe de vários mecanismos de coação para compelir o devedor, inclusive a multa diária ou "astreintes", a qual, se for cominada liminarmente, será exigida de imediato.

V. Não existe litispendência entre as ações coletivas em defesa de interesses difusos, coletivos e individuais homogêneos, e as ações propostas a título individual. Mas, publicado o edital sobre a existência da ação civil pública, se o autor do processo individual não quiser ser prejudicado com eventual improcedência daquela, deve pedir, no prazo de trinta dias, o apensamento desses autos aos da ação coletiva.

(A) Somente I e II estão corretas.
(B) Somente III está errada.
(C) IV está correta.
(D) Todas estão corretas.
(E) Todas estão erradas.

I: incorreta, a legitimação autônoma ordinária se dá no âmbito dos direitos difusos e coletivos. Na defesa de interesses individuais homogêneos, o autor atuará como substituto processual (legitimação extraordinária). Observe-se que Defensoria Pública passou a deter legitimidade, conforme art. 5º, II, da Lei 7.347/1985, na redação da Lei 11.448/2007; **II:** incorreta, cotejar art. 2º da Lei 7.347/1985 com a OJ 130 da SDI-II do TST (importante: A OJ 130 da SBDI2 do TST teve sua redação substantivamente alterada em setembro de 2012, conforme Resolução 186/2012 do TST); **III:** incorreta, contraria o disposto no art. 16 da Lei 7.347/1985 c/c 103, § 3º, do CDC; **IV:** incorreta, "a multa cominada liminarmente só será exigível do réu após o trânsito em julgado da decisão favorável ao autor, mas será devida desde o dia em que se houver configurado o descumprimento" (art. 12, § 2º, da Lei 7.347/1985); **V:** incorreta, em desacordo com o previsto no art. 104 do CDC.

Gabarito "E"

(Magistratura do Trabalho – 24ª Região – 2007) A respeito do Inquérito Civil e da Ação Civil Pública, assinale a alternativa INCORRETA:

(A) O inquérito civil é um instrumento de atuação do Ministério Público, por meio do qual o Órgão Ministerial poderá tomar dos interessados compromisso de ajustamento de sua conduta às exigências legais, mediante cominações, que terá eficácia de título executivo extrajudicial. É competente para a execução do termo de ajustamento de conduta o Juiz que teria competência para o processo de conhecimento relativo à matéria.

(B) O inquérito civil não é condição para a propositura da ação civil pública.

(C) Na conformidade da legislação, não será cabível ação civil pública para veicular pretensões que envolvam tributos, contribuições previdenciárias, o Fundo de Garantia do Tempo de Serviço ou outros fundos de natureza institucional, cujos beneficiários podem ser individualmente determinados.

(D) A ação civil poderá ter por objeto a condenação em dinheiro ou o cumprimento de obrigação de fazer ou não fazer. Na ação que tenha por objeto o cumprimento de obrigação de fazer ou não fazer, o Juiz determinará o cumprimento da prestação da atividade devida ou a cessação da atividade nociva, sob pena de execução específica, ou de cominação de multa diária, se esta for suficiente ou compatível, independentemente de requerimento do autor.

(E) Para efetivação das medidas cautelares na ação civil pública, poderá o Juiz fixar multa diária para forçar o cumprimento específico da obrigação determinada liminarmente. A multa cominada será exigível do réu imediatamente ao descumprimento da ordem.

A: assertiva correta, por definição. V. arts. 876, *caput*, e 877-A, da CLT; **B:** assertiva correta o inquérito civil é instrumento destinado à coleta de provas e à formação da convicção do procurador do trabalho, que poderá ajuizar ação civil pública imediatamente após o recebimento de denúncia ou o conhecimento de alguma irregularidade, acaso já disponha de elementos para tanto (v. art. 8º, § 1º, da Lei 7.347/1985); **C:** assertiva correta art. 1º, parágrafo único, da Lei 7.347/1985; **D:** assertiva correta, arts. 3º e 11 da Lei 7.347/1985; **E:** assertiva incorreta, devendo ser assinalada, a multa só é exigível do réu após o trânsito em julgado da decisão favorável ao autor (art. 12, § 2º, da Lei 7.347/1985).

Gabarito "E"

(Procurador do Trabalho – MPT – 17º Concurso – 2012) Consoante o Código de Defesa do Consumidor (Lei n. 8.078/1990), nas ações coletivas, é **CORRETO** afirmar que a sentença fará coisa julgada:

(A) *Erga omnes*, exceto se o pedido for julgado improcedente por insuficiência de provas, nas hipóteses de interesses difusos, coletivos e individuais homogêneos.

(B) *Erga omnes*, exceto se o pedido for julgado improcedente por insuficiência de provas, nas hipóteses de interesses difusos e coletivos; e *ultra partes*, apenas no caso de procedência do pedido, para beneficiar todas as vítimas e seus sucessores, na hipótese de interesses individuais homogêneos.

(C) *Erga omnes*, exceto se o pedido for julgado improcedente por insuficiência de provas, nas hipóteses de interesses difusos e individuais homogêneos; e *ultra partes*, salvo no caso de improcedência por insuficiência de provas, nas hipóteses de interesses coletivos.

(D) *Erga omnes* e *ultra partes*, respectivamente, nos casos de interesses difusos e coletivos, exceto se o pedido for julgado improcedente por insuficiência de provas; e *erga omnes*, apenas na hipótese de procedência do pedido, para beneficiar todas as vítimas e seus sucessores, quando se tratar de interesses individuais homogêneos.

(E) Não respondida.

A letra "D" corresponde ao disposto no art. 103 do CDC.

Gabarito "D"

(Procurador do Trabalho – MPT – 18º concurso – 2013) Em relação à ação civil pública trabalhista, conforme o CDC e a jurisprudência dominante do TST, analise as proposições abaixo:

I. A Vara do Trabalho de Brasília tem competência concorrente para a solução de demandas sobre danos de âmbito suprarregional, somente nas hipóteses em que o dano alcance a área de sua jurisdição.

II. O sindicato tem ampla legitimidade ativa para postular a tutela inibitória relativa a direitos difusos e coletivos, mesmo aqueles desvinculados de interesses da categoria que representa.

III. Os pedidos relativos a interesses difusos julgados improcedentes, por ausência de prova, produzem coisa julgada material com efeito erga omnes.

IV. É possível a cumulação objetiva de pedidos de indenização por danos morais individuais e coletivos.

Assinale a alternativa CORRETA:

(A) As assertivas II e III estão incorretas;

(B) As assertivas I e IV estão incorretas;

(C) As assertivas I e III estão incorretas;

(D) As assertivas II e IV estão incorretas;

(E) Não respondida.

I: correta, OJ 130 da SDI-2 do TST; **II:** incorreta, o entendimento prevalente quanto às associações a que se refere o art. 5º, V, da Lei 7.347/1985, é no sentido de se exigir pertinência entre seu objeto e os direitos vindicados na ação civil pública; **III:** incorreta, art. 16 da Lei 7.347/1985 e art. 103 do CDC; **IV:** correta, art. 3º da Lei 7.347/1985, art. 6º, VI, do CDC.

Gabarito "A".

(Procurador do Trabalho – MPT – 18º concurso – 2013) Analise as afirmações abaixo:

I. A ação movida por sindicato, na qualidade de substituto processual, interrompe a prescrição, ainda que tenha sido considerado parte ilegítima *ad causam*.

II. Na ação em que o sindicato atua como substituto processual não é exigível rol de substituídos, pois se está diante de uma ação coletiva em defesa de interesse individuais homogêneos, cuja sentença de procedência produz efeito *erga omnes* e beneficia todos os trabalhadores abrangidos.

III. A conciliação judicial pode contemplar direitos não pleiteados na ação.

Marque a alternativa opção CORRETA:

(A) apenas a assertiva I é correta;
(B) apenas a assertivas II é correta;
(C) apenas a assertiva III é correta;
(D) todas as assertivas são corretas;
(E) não respondida.

I: correta, OJ 359 da SDI-1 do TST; **II:** correta, o cancelamento da Súmula 310 do TST é indicativo de tal exegese (Conf. **RE 210.029**, Rel. p/ o ac. Min. **Joaquim Barbosa**, julgamento em 12.06.2006, Plenário, *DJ* de 17.08.2007); **III:** correta, por definição.

Gabarito "D".

(Procurador do Trabalho – MPT – 18º concurso – 2013) Em relação às ações coletivas para a tutela de interesses individuais homogêneos:

I. É cabível a reconvenção do réu em face da associação autora.

II. Em caso de desistência infundada ou abandono da associação autora, poderá o Ministério Público ou outro legitimado assumir a titularidade ativa.

III. As associações legitimadas podem habilitar-se como litisconsorte da parte passiva.

IV. Há possibilidade de a ação cautelar e a respectiva ação coletiva principal possuírem autores distintos.

Marque a alternativa CORRETA:

(A) apenas assertivas I, II e III são corretas;
(B) apenas assertivas I, III e IV são corretas;
(C) as assertivas II, III e IV são corretas;
(D) apenas as assertivas I e II são incorretas;
(E) não respondida.

I: incorreta, art. 315, parágrafo único, do CPC; **II:** correta, art. 5º, § 3º, da Lei 7.347/1985; **III:** correta, havendo pertinência subjetiva, não se vislumbra óbice na assistência litisconsorcial passiva. Conforme *Ronaldo Lima dos Santos*, "quanto ao polo passivo da ação civil coletiva, será possível a assistência (simples ou litisconsorcial) desde que presente o necessário interesse jurídico, uma vez que qualquer pessoa física ou jurídica, pública ou privada, poderá figurar como ré numa ação coletiva, responder pelos ônus dela decorrentes ou sofrer os reflexos da coisa julgada" (*Sindicatos e ações coletivas*. São Paulo: Ltr, 2012. p. 521); **IV:** correta, na tutela transindividual, os elementos da ação sofrem adaptações em relação ao padrão clássico do processo individual. Assim, a parte é analisada não nominalmente, mas a partir da qualidade com que o sujeito litiga, de sorte que será possível, por exemplo, falar-se em litispendência ou coisa julgada ainda que a parte autora das ações não seja a mesma. Da mesma forma, é possível que um colegitimado do art. 5º da Lei 7.347/1985 haja manejado a cautelar e que outro ajuíze a ação principal.

Gabarito "C".

(Procurador do Trabalho – MPT – 18º concurso – 2013) Consoante o disposto expressamente no Código de Defesa do Consumidor, assinale a alternativa INCORRETA:

(A) Em caso de concurso de créditos decorrentes de condenação pecuniária em ação para a tutela de interesses difusos e coletivos, e de indenizações pelos prejuízos individualmente resultantes do mesmo evento danoso, estas terão preferência de pagamento em relação às primeiras.

(B) Na tutela dos interesses difusos, coletivos e individuais homogêneos aplica-se o instituto da coisa julgada *secundum eventum probationis* (conforme a sorte das provas), de forma que qualquer legitimado poderá intentar outra ação, com idêntico fundamento, valendo-se de nova prova.

(C) A legislação brasileira inspirou-se no instituto da *fluid recovery* (reparação fluida) da jurisprudência norte-americana para destinar ao Fundo criado pela Lei n. 7.347/1985, o produto da indenização devida em ação coletiva aos lesados individuais, quando decorrido o prazo de um ano sem habilitação de interessados em número compatível com a gravidade do dano reconhecido na ação coletiva para tutela de direitos individuais homogêneos.

(D) Denomina-se transporte *in utilibus* (em utilidade) da coisa julgada a autorização prevista no CDC para que os efeitos da coisa julgada resultante de decisão proferida em ação civil pública, quando procedente o pedido (*secundum eventum litis*), beneficiem as vítimas e seus sucessores, que poderão proceder à liquidação e à execução da decisão.

(E) não respondida.

A: assertiva correta, art. 99 do CDC; **B:** assertiva incorreta, devendo ser assinalada, conforme art. 103, III, do CDC, a coisa julgada produzida na ação coletiva que tutela interesses individuais homogêneos independe do *eventum probationis*, de forma que não será possível a repropositura da ação coletiva com base em novas provas (contra: Hugo Nigro Mazilli, para quem a improcedência na ação coletiva que tutela interesses individuais homogêneos simplesmente não faz coisa julgada, independentemente de insuficiência de provas, exceto quanto aos que intervieram no processo); **C:** correta, por definição; **D:** correta, por definição (v. art. 103, III, do CDC).

Gabarito "B".

(Procurador do Trabalho – MPT – 17º Concurso – 2012) Nos termos do Código de Defesa do Consumidor (Lei n. 8.078/1990), nas ações coletivas, é **CORRETO** afirmar que:

(A) É competente para a execução o juízo do domicílio do autor, no caso de execução individual, e o juízo da liquidação da sentença, na hipótese de execução coletiva.

(B) É competente para a execução o juízo da ação condenatória, no caso de execução individual, e o juízo da liquidação da sentença, no caso de execução coletiva.

(C) É competente para a execução o juízo da liquidação da sentença ou da ação condenatória, no caso de execução individual, e o juízo da ação condenatória, no caso de execução coletiva.

(D) É competente para a execução o juízo da liquidação da sentença, no caso de execução individual, e o juízo da liquidação da sentença ou da ação condenatória, na hipótese de execução coletiva.

(E) Não respondida.

A alternativa correta é a "C", pois compreende o disposto no art. 98, § 2º, do CDC.

Gabarito "C".

(Procurador do Trabalho – MPT – 17º Concurso – 2012) Marque a alternativa **INCORRETA**:

(A) A celebração de termo de ajustamento de conduta não importa em remissão dos autos de infração lavrados anteriormente, visto que as sanções pecuniárias (multas) aplicadas pelos Auditores Fiscais do Trabalho do Ministério do Trabalho não se confundem com os procedimentos judiciais ou extrajudiciais do Ministério Público do Trabalho.

(B) Nos termos da Lei da Ação Civil Pública e da legislação processual civil, a competência é definida pelo foro do local do dano, como primado dos princípios do acesso à justiça e facilitação da produção e colheita de provas. Essa competência é classificada como absoluta, tendo como características a sua improrrogabilidade, indisponibilidade, irrenunciabilidade e inalterabilidade, devendo ser declarada inclusive de ofício.

(C) A mediação é forma de solução dos conflitos em que o mediador adota postura persuasiva com as partes, para que alcancem uma solução consensual. Já a conciliação é obtida em juízo, gerando uma sentença homologatória, um título executivo judicial, que, em regra, não pode ser atacado via recurso ordinário, mas por ação rescisória. Segundo orientação da jurisprudência uniformizada do Tribunal Superior do Trabalho, a homologação do acordo constitui faculdade do juiz, o qual pode deixar de homologá-lo, se for prejudicial ao empregado, lesivo à ordem jurídica ou for objeto de simulação e/ou colusão entre as partes para prejuízo de terceiros, entre outros motivos.

(D) O litisconsórcio entre membros de diferentes ramos do Ministério Público é autorizado pela lei e é facultativo ativo, podendo ser inicial ou incidental. Nesse sentido, enquadra-se eventual ação civil pública proposta conjuntamente pelo Ministério Público Estadual e pelo Ministério Público do Trabalho, contra o Estado Membro, na Justiça Estadual, com pedido de implementação de política pública de erradicação do trabalho infantil de porte familiar em estádios de futebol. *In casu*, ainda que atuem em litisconsórcio, os atos processuais praticados pelo membro do Ministério Público do Trabalho ficarão na dependência de ratificação pelo Promotor de Justiça do Ministério Público do Estado.

(E) Não respondida.

A: assertiva correta, por definição (v. Enunciado 55 da 1ª Jornada de Direito Material e Processual na Justiça do Trabalho); **B:** assertiva correta (artigo 2º da Lei 7.347/1985, art. 93 do CDC e OJ 130 da SDI-II, do TST); **C:** assertiva correta (Súmula 418 do TST); **D:** assertiva incorreta, devendo ser assinalada, Pelo princípio da independência funcional, previsto no artigo 127 da CF, não há a necessidade de ratificação dos atos de um ramo do Ministério Público pelo outro.

Gabarito "D".

(Procurador do Trabalho – MPT – 17º Concurso – 2012) Em relação à ação civil pública no processo do trabalho, considere as seguintes proposições:

I. Em caso de procedência do pedido em ação civil pública versando sobre interesses coletivos, a condenação será genérica, fixando-se a responsabilidade do réu pelos danos causados.

II. Consoante a jurisprudência uniformizada do Tribunal Superior do Trabalho, a decisão de mérito proferida em ação civil pública não pode ser objeto de ação rescisória pelo Ministério Público do Trabalho com fundamento em questão processual, como aquela que diz respeito a pressuposto de validade da própria decisão de mérito.

III. Em conformidade com o entendimento predominante na doutrina e na jurisprudência, na hipótese de tutela dos interesses difusos e coletivos, o ente legitimado atua na condição de legitimado extraordinário ou substituto processual; já em relação aos interesses individuais homogêneos, a legitimação tem natureza ordinária ou autônoma para o processo.

IV. Nos termos da Lei n. 7.347/1985, na hipótese de improcedência por insuficiência de provas, qualquer outro legitimado, valendo-se de nova prova, poderá propor outra ação com idêntico fundamento, com exceção daquele que propôs a ação anterior.

Marque a alternativa **CORRETA**:

(A) todas as assertivas estão corretas;

(B) apenas as assertivas I, II e III estão corretas;

(C) apenas as assertivas II, III e IV estão corretas;

(D) todas as assertivas estão incorretas;

(E) não respondida.

I: trata-se de pegadinha bastante sutil: o examinador empregou a expressão "interesses coletivos" de forma bastante técnica, incompatível com a sentença genérica, que se destina, nos termos do artigo 95 do CDC, à tutela de interesses individuais homogêneos; **II:** incorreta, se a questão processual for pressuposto de validade de uma sentença de mérito, poderá ser objeto de ação rescisória (Súmula 412 do TST); **III:** incorreta, é o oposto (v. Enunciado 75 da 1ª Jornada de Direito Material e Processual do Trabalho); **IV:** incorreta, qualquer legitimado, inclusive aquele que propôs ação anterior, desde que valendo de nova prova, poderá propor ação com idêntico fundamento (artigo 16 da Lei 7347/1985).

Gabarito "D".

(Procurador do Trabalho – MPT – 16º Concurso – 2009) A propósito da ação civil pública, assinale a alternativa INCORRETA:

(A) em caso de litigância de má-fé, a associação autora e os diretores responsáveis pela propositura da ação civil pública serão solidariamente condenados em honorários advocatícios e ao décuplo das custas, sem prejuízo da responsabilidade por perdas e danos;

(B) a sentença proferida em sede de ação civil pública faz coisa julgada *erga omnes*, nos limites da competência territorial do órgão prolator, exceto se o pedido for julgado improcedente por insuficiência de provas, hipótese em que qualquer legitimado poderá intentar outra ação com idêntico fundamento, valendo-se de nova prova;

(C) decorridos 60 dias do trânsito em julgado da sentença condenatória, sem que a associação autora lhe promova a execução, o Ministério Público poderá fazê-lo não sendo facultada igual iniciativa a outros legitimados para a propositura da ação civil pública;

(D) na ação que tenha por objeto o cumprimento de obrigação de fazer ou não fazer, o juiz determinará o cumprimento da prestação da atividade devida ou a cessação da atividade nociva, sob pena de execução específica, ou de cominação de multa diária, se esta for suficiente ou compatível, independentemente de requerimento do autor;

(E) não respondida.

A: assertiva correta, art. 17 da Lei 7.347/1985; **B:** assertiva correta, art. 16 da Lei 7.347/1985; **C:** assertiva incorreta, devendo ser assinalada, tal faculdade é estendida aos outros legitimados (art. 15 da Lei 7.347/1985); **D:** assertiva correta, arts. 11 da Lei 7.347/1985 e 84 do CDC.

Gabarito "C".

(Procurador do Trabalho – MPT – 16º Concurso – 2009) Leia as assertivas abaixo e, com base na disciplina legal constante do Código de Defesa do Consumidor, assinale a alternativa CORRETA:

I. as associações legalmente constituídas há pelo menos um ano e que incluam entre seus fins institucionais a defesa dos interesses e direitos protegidos por este código, dispensada a autorização assemblear, estão legitimadas para a propositura de ação civil pública;

II. nas ações coletivas para a defesa de interesses individuais homogêneos o Ministério Público atuará como fiscal da lei se não for o autor da ação;

III. os legitimados para propositura da ação civil pública não têm legitimidade para propor ação coletiva para a defesa de interesses individuais homogêneos em nome próprio e no interesse dos sucessores das vítimas pelos danos por estas sofridos individualmente.

De acordo com os itens acima, pode-se afirmar que:

(A) apenas a alternativa I é verdadeira;

(B) apenas as alternativas I e II são verdadeiras;

(C) apenas as alternativas II e III são verdadeiras;

(D) apenas as alternativas I e III são verdadeiras;

(E) não respondida.

I: correta, art. 5º, V, da Lei 7.347/1985 (v. Súmula 310 do TST, cancelada; v. art. 2º-A, parágrafo único, da Lei 9.494/1997). Observação: o art. 2º-A da Lei n. 9.494/1997 (exigência de autorização assemblear em ação civil pública), introduzido pela Medida Provisória n. 2.180-35/2001, só se destina às entidades associativas em geral, previstas no art. 5º, XXI da CF, e não aos sindicatos, na medida em que estes defendem interesses de toda a categoria, e não somente dos associados, uma vez que atuam não como representantes, mas como substitutos processuais, por força do art. 8º, III da CF. Neste sentido: TRIBUTÁRIO E PROCESSUAL CIVIL. MANDADO DE SEGURANÇA. LEGITIMIDADE ATIVA. SINDICATO. DESNECESSIDADE DE AUTORIZAÇÃO EXPRESSA. JULGAMENTO DA AÇÃO PELO TRIBUNAL. ART. 515, § 3º, DO CPC. CONTRIBUIÇÃO PREVIDENCIÁRIA SOBRE A GRATIFICAÇÃO NATALINA. LEI N. 9.783/1999. SERVIDORES PÚBLICOS ATIVOS. CONSTITUCIONALIDADE. 1. O disposto no art. 2º-A, parágrafo único, da Lei n. 9.494/1997, com a redação dada pela MP n. 2.180-35, de 24.08.2001, aplica-se tão somente às entidades associativas do art. 5º, XXI, da Constituição Federal, e não aos sindicatos, que defendem interesses de toda a categoria, e não somente dos associados. Desnecessária a autorização expressa de cada um dos substituídos. Precedentes jurisprudenciais. (...) (TRF4, AMS 2000.72.00.009392-6, Primeira Turma, Relator Paulo Afonso Brum Vaz, publicado em 22.10.2003). V. Enunciado 77, aprovado na 1ª Jornada de Direito Material e Processual na Justiça do Trabalho (23.11.2007); **II:** correta, art. 5º, § 1º, da Lei 7.347/1985; **III:** incorreta, art. 91 do CDC.

Gabarito "B".

(Procurador do Trabalho – MPT – 15º Concurso – 2008) O Ministério Público do Trabalho ajuizou ação civil em face da empresa X, objetivando a adoção de equipamento de proteção coletiva para minimizar a periculosidade do meio ambiente do trabalho. A Justiça considerou que as provas produzidas nos autos foram insuficientes para confirmar a existência da periculosidade, motivo pelo qual julgou improcedente o pedido que condenava a empresa a adotar proteção coletiva. Contra essa decisão o Ministério Público do Trabalho não interpôs qualquer recurso e os autos foram arquivados.

Considerando a hipótese acima, assinale a alternativa CORRETA:

(A) a propositura da mencionada ação civil pelo Ministério Público do Trabalho induziu litispendência para reclamações trabalhistas que tramitavam concomitantemente, propostas por empregados da empresa X com a finalidade de obter o pagamento do adicional de periculosidade;

(B) o julgamento procedente do pedido de adicional de periculosidade, deduzido em reclamação trabalhista proposta por empregado da empresa X após o trânsito em julgado da decisão proferida na mencionada ação civil, constitui ofensa à coisa julgada;

(C) com relação aos empregados da empresa X é facultado, apenas aos que não intervieram no processo movido pelo Ministério Público do Trabalho, propor reclamação trabalhista individual pleiteando o pagamento do adicional de periculosidade;

(D) tanto o Ministério Público do Trabalho como o sindicato da categoria profissional dos empregados da empresa X poderiam ajuizar nova ação, deduzindo pedido idêntico ao julgado improcedente, caso obtenham novas provas acerca da periculosidade do meio ambiente;

(E) não respondida.

A: incorreta, pois não induz litispendência (art. 104 do CDC); **B:** incorreta, não há ofensa à coisa julgada (art. 103, § 3º, do CDC); **C:** incorreta, é facultado aos interessados que não tiverem intervindo como litisconsortes (art. 103, § 2º, do CDC); **D:** correta, arts. 16 da Lei 7.347/1985, e 103, I e II, do CDC.

Gabarito "D"

(Procurador do Trabalho – MPT – 15º Concurso – 2008) O Ministério Público recebeu denúncia de que o Município X, apesar de realizar concursos públicos regularmente, provê os cargos efetivos constantes de seu quadro com cidadãos não aprovados no certame.

Considerando esta hipótese, assinale a alternativa que contém proposição INCORRETA:

(A) em ação civil ajuizada após a conclusão do inquérito civil, o juiz da causa, julgando procedente o pedido relativo ao provimento de cargos efetivos apenas com servidores aprovados em concursos, poderá determinar que o Município cumpra a obrigação no prazo de 100 dias, sob pena de pagamento de multa diária de R$ 1.000,00 (hum mil reais), ainda que não demandada na petição inicial pelo Ministério Público;

(B) concursados aprovados no certame oferecido pelo Município X poderão promover individual e diretamente a liquidação e execução da sentença obtida pelo Ministério Público, independentemente de terem proposto ação individual de conhecimento;

(C) no caso de liquidação e execução individual da sentença obtida pelo Ministério Público, a ação respectiva somente poderá ser distribuída para o juízo que proferiu a sentença condenatória;

(D) a sentença obtida pelo Ministério Público não beneficiará, nos processos judiciais individuais, os concursados que tenham proposto ações objetivando nomeação nos cargos para os quais foram aprovados, caso não tenham pedido a suspensão das respectivas demandas no prazo de trinta dias contados da ciência, nos autos, do ajuizamento da ação proposta pelo Ministério Público;

(E) não respondida.

A: assertiva correta, pois o princípio da congruência entre a sentença e o pedido é mitigado em sede de tutela inibitória (arts. 461, § 4º, do CPC, e 84, § 4º, do CDC); **B:** assertiva correta art. 97 do CDC; **C:** assertiva incorreta, devendo ser assinalada. Poderá ser distribuída também para o juízo da liquidação da sentença (art. 98, § 2º, do CDC); **D:** assertiva correta art. 104 do CDC.

Gabarito "C"

(Procurador do Trabalho – MPT – 14º Concurso – 2007) Assinale a alternativa INCORRETA, relativamente à ação civil pública no processo do trabalho:

(A) Segundo a jurisprudência do Tribunal Superior do Trabalho, o Ministério Público do Trabalho tem legitimidade ativa para ajuizar ação civil pública em defesa de interesses individuais homogêneos, inclusive para denunciar situação fraudulenta envolvendo sociedade cooperativa, utilizada para intermediar mão de obra.

(B) Poderá ingressar com ação civil pública perante a Justiça do Trabalho a associação civil constituída há dois meses, desde que inclua entre seus fins institucionais e defesa dos interesses transindividuais, em situação considerada pelo magistrado de manifesto interesse social, evidenciado pela relevância do bem jurídico a ser protegido.

(C) Na Justiça do Trabalho, a ação civil pública tem natureza condenatória, visando à criação de novas condições de trabalho e ao adimplemento de obrigações de dar (pagamento de multa), de fazer ou não fazer.

(D) Segundo a jurisprudência do Tribunal Superior do Trabalho, se a extensão do dano abranger os Estados do Rio Grande do Norte e da Paraíba, o ajuizamento da correspondente ação civil pública trabalhista deverá ocorrer na Justiça do Trabalho do Distrito Federal.

(E) Não respondida.

A: assertiva correta, neste sentido, E-RR n. 700.903/69.2000.5.08.5555, julgado pela SDI-I do TST. V. Enunciado 75, aprovado na 1ª Jornada de Direito Material e Processual na Justiça do Trabalho (23.11.2007); **B:** assertiva correta art. 5º, V, da Lei 7.347/1985; **C:** assertiva incorreta, devendo ser assinalada, é o dissídio coletivo de interesse que visa a criar novas condições de trabalho, sem falar que a ação civil pública pode ter natureza declaratória ou constitutiva; **D:** assertiva correta OJ 130 da SDI-II do TST(importante: A OJ 130 da SBDI-II do TST teve sua redação substantivamente alterada em setembro de 2012, conforme Resolução 186/2012 do TST, que atualmente prevê: "III – Em caso de dano de abrangência suprarregional ou nacional, há competência concorrente para a Ação Civil Pública das varas do trabalho das sedes dos Tribunais Regionais do Trabalho").

Gabarito "C"

(Procurador do Trabalho – MPT – 13º Concurso – 2006) Assinale a alternativa INCORRETA, a respeito de sentença nas ações coletivas:

(A) não faz coisa julgada *erga omnes*, na hipótese de defesa de interesses difusos, caso o pedido seja julgado improcedente por falta de provas;

(B) não faz coisa julgada ultra partes, na hipótese de defesa de interesses coletivos, caso o pedido seja julgado improcedente por falta de provas;

(C) faz coisa julgada *erga omnes* no caso de procedência do pedido, na hipótese de defesa de interesses individuais homogêneos;

(D) não faz coisa julgada, na hipótese de defesa dos interesses difusos e coletivos, no caso de improcedência por falta de amparo legal;

(E) não respondida.

A letra "D" corresponde ao disposto no art. 103 do CDC.

Gabarito "D"

(Procurador do Trabalho – MPT – 12º Concurso – 2005) Sobre a ação civil pública aforada na Justiça do Trabalho, é CORRETO dizer:

(A) na forma da lei, vários são os legitimados para propor ação civil pública destinada à proteção de interesses coletivos ou difusos das pessoas portadoras de deficiência. Todavia, em caso de desistência ou abandono da ação, apenas o Ministério Público, dentre todos os colegitimados, pode assumir a titularidade ativa;

(B) na forma da Lei da Ação Civil Pública que, inclusive, prevê expressamente a possibilidade de cominação em multas (as chamadas *astreintes*), a destinação destas, uma vez não cumpridas as sentenças ou as cláusulas de termo de ajuste de conduta (TAC), deve ser em proveito do FAT – Fundo de Amparo ao Trabalhador;

(C) no âmbito das Varas do Trabalho e dos Tribunais Regionais do Trabalho, nos casos específicos das decisões proferidas nas ações civis públicas, são cabíveis impugnações por meio dos seguintes recursos: embargos de declaração; recurso ordinário; agravo de instrumento; recurso adesivo; agravo regimental; recurso de revista; agravo de petição; recurso extraordinário;

(D) consoante comando literal inserto na Lei da Ação Civil Pública, é competente para conhecer e julgar a demanda a Vara do Trabalho com jurisdição sobre o local onde ocorrer o dano.

(E) não respondida.

A: incorreta, o Ministério Público ou outro legitimado poderá assumir a titularidade ativa (art. 5º, § 3º, da Lei 7.347/1985); **B:** incorreta, na realidade, o Fundo de Amparo ao Trabalhador, criado pela Lei 7.998/1990, não consiste no fundo de reconstituição a bens lesados de que cuida o art. 13 da Lei 7.347/1985, inexistindo obrigatoriedade de destinação de valores ao FAT e havendo a possibilidade de destinação de valores a outros fundos (como o Fundo da Infância e da Adolescência) ou a conversão das multas e indenizações em obrigações de entregar coisas (doações a entidades beneficentes, por exemplo); **C:** incorreta, na justiça trabalhista, os recursos extraordinários são interpostos perante o TST, considerando-se pressuposto da esgotabilidade recursal aliada à circunstância de que o recurso de revista é também recurso cabível em face de afronta a norma constitucional; **D:** correta, art. 2º da Lei 7.347/1985.

Gabarito "D"

9.5. AÇÃO RESCISÓRIA

(Magistratura do Trabalho – 2ª Região – 2012) Quanto à ação rescisória no processo do trabalho à luz das súmulas do Tribunal Superior do Trabalho, é **INCORRETO** afirmar:

(A) Não procede pedido formulado na ação rescisória por violação literal de lei se a decisão rescindenda estiver baseada em texto legal infraconstitucional de interpretação controvertida nos Tribunais.

(B) A data da inclusão, na Orientação Jurisprudencial do TST, da matéria discutida é o marco divisor quanto a ser, ou não, controvertida, nos Tribunais, a interpretação dos dispositivos legais citados na ação rescisória.

(C) Fundando-se a ação rescisória em violação literal de disposição de lei, não é necessária a expressa indicação, na petição inicial da ação rescisória, do dispositivo legal violado, aplicando-se, no caso, o princípio "iura novit curia".

(D) Havendo recurso ordinário em sede de rescisória, o depósito recursal só é exigível quando for julgado procedente o pedido e imposta condenação em pecúnia, devendo este ser efetuado no prazo recursal, no limite e nos termos da legislação vigente, sob pena de deserção.

(E) Na hipótese de colusão das partes, o prazo decadencial da ação rescisória somente começa a fluir para o Ministério Público, que não interveio no processo principal, a partir do momento em que tem ciência da fraude.

A: assertiva correta, Súmula 83, I, do TST; **B:** assertiva correta, Súmula 83, II, do TST; **C:** assertiva incorreta, devendo ser assinalada. Nesse caso (violação literal a dispositivo de lei), é necessária a indicação do dispositivo legal violado, não se aplicando o princípio *iura novit curia* (Súmula 408 do TST, parte final); **D:** assertiva correta, Súmula 99 do TST; **E:** assertiva correta, Súmula 100, VI, do TST.

Gabarito "C"

(Magistratura do Trabalho – 2ª Região – 2010) Quanto à ação rescisória no processo do trabalho e, considerando entendimento sumulado do TST, analise as expressões abaixo e posteriormente responda:

I. Não procede ação rescisória calcada em violação do artigo 7º, inciso XXIX da CF/1988, quando a questão envolve discussão sobre a espécie de prazo prescricional aplicável aos créditos trabalhistas, se total ou parcial, porque a matéria tem índole infraconstitucional, construída, na Justiça do Trabalho, no plano jurisprudencial.

II. A legitimidade *ad causam* do Ministério Público para propor ação rescisória, ainda que não tenha sido parte no processo que deu origem à decisão rescindenda, não está limitada às alíneas "a" e "b" do inciso III do artigo 487 do CPC, uma vez que traduzem hipóteses meramente exemplificativas.

III. É cabível ação rescisória, por violação do art. 896 da CLT, "a", da CLT, contra decisão que não conhece de recurso revista, com base em divergência jurisprudencial, pois se trata de sentença de mérito.

IV. A ação rescisória calcada em violação de lei não admite reexame de fatos e provas do processo que originou a decisão rescindenda.

V. Questão processual não pode ser objeto de ação rescisória, ainda que consista em pressuposto de validade de uma sentença de mérito.

(A) Apenas as assertivas I, III e IV são corretas.
(B) Apenas as assertivas I, II e IV são corretas.
(C) Apenas as assertivas II, III, e V são corretas.
(D) Apenas as assertivas I, III e V são corretas.
(E) Apenas as assertivas II, IV e V são corretas.

I: correta, Súmula 409 do TST; **II:** correta, Súmula 407 do TST; **III:** incorreta, é incabível, pois não se trata de sentença de mérito (Súmula 413 do TST); **IV:** correta, Súmula 410 do TST; **V:** incorreta, se consistir em pressuposto de validade de sentença de mérito, questão processual poderá ser objeto de ação rescisória (Súmula 412 do TST).

Gabarito "B"

(Magistratura do Trabalho – 7ª Região – 2005) Analise as proposições abaixo, conforme sejam verdadeiras (V) ou falsas (F) e assinale a opção correta.

( ) Nas reclamações trabalhistas, as decisões homologatórias de acordo, exceto no tocante às contribuições previdenciárias, não são passíveis de recurso, podendo ser desconstituídas por meio de ação rescisória, não se exigindo, para o seu ajuizamento, o depósito de que tratam os artigos 488, inciso II, e 494, do CPC.

( ) A execução da decisão proferida em ação rescisória far-se- á nos próprios autos da ação que lhe deu origem.

( ) Em conformidade com a jurisprudência unificada do Tribunal Superior do Trabalho, uma questão processual, ainda que seja pressuposto para uma decisão de mérito, não pode ser objeto de rescisão.

( ) O litisconsórcio, na ação rescisória, em harmonia com a jurisprudência uniformizada do Tribunal Superior do Trabalho, é necessário em relação ao polo passivo e facultativo quanto ao polo ativo.

(A) V – V – F – V
(B) V – F – F – F
(C) F – V – F – F
(D) F – F – V – V
(E) V – V – V – F

I: verdadeira, art. 831, parágrafo único, e art. 836, *caput*, da CLT, e Súmula 259 do TST (importante: o exame é anterior à Lei 11.495/2007, que modificou o art. 836 da CLT, passando-se a exigir depósito prévio de 20% sobre o valor da causa; também em 2007 deu-se o cancelamento da Súmula 194 do TST); **II:** verdadeira, art. 836, parágrafo único, da CLT; **III:** falsa, pode ser objeto de rescisão (Súmula 412 do TST); **IV:** verdadeira, Súmula 406, I, do TST.

Gabarito "A"

(Magistratura do Trabalho – 8ª Região – 2009) De acordo com a jurisprudência do Tribunal Superior do Trabalho, é incorreto afirmar, sobre ação rescisória:

(A) A ação rescisória calcada em violação do art. 37, *caput*, da Constituição Federal, por desrespeito ao princípio da legalidade administrativa, exige que, ao menos, o princípio constitucional tenha sido prequestionado.

(B) Não se admite tutela antecipada em sede de ação rescisória, na medida em que não se pode desconstituir antecipadamente a coisa julgada, com base em juízo de verossimilhança, dadas as garantias especiais de que se reveste o pronunciamento estatal transitado em julgado.

(C) Havendo recurso ordinário em sede de rescisória, o depósito recursal prévio só é exigível quando for julgado procedente o pedido e imposta condenação em pecúnia.

(D) É cabível a rescisória para corrigir contradição entre a parte dispositiva do acórdão rescindendo e a sua fundamentação, por erro de fato na retratação do que foi decidido.

(E) A decisão que declara extinta a execução, pela satisfação da obrigação, remissão da dívida ou renúncia de crédito, não é passível de corte rescisório, uma vez que não há atividade cognitiva.

A: assertiva correta, OJ 135 da SDI-II do TST; **B:** assertiva correta, Súmula 405, II, do TST; **C:** assertiva correta, Súmula 99 do TST; **D:** assertiva correta, OJ 103 da SDI-II do TST; **E:** assertiva incorreta, devendo ser assinalada, pois é passível de corte rescisório (OJ 107 da SDI-II do TST).

Gabarito "E"

(Magistratura do Trabalho – 8ª Região – 2008) À vista da jurisprudência consolidada pelo TST acerca da ação rescisória, é INCORRETO afirmar:

(A) O juízo rescindente não está adstrito à certidão de trânsito em julgado juntada com a ação rescisória, podendo formar sua convicção através de outros elementos dos autos quanto à antecipação ou postergação do *dies a quo* do prazo decadencial, desde que a temática tenha sido objeto de debate anterior. Além disso, o acordo homologado judicialmente tem força de decisão irrecorrível, o que faz com que o termo conciliatório transite em julgado na exata data da sua homologação judicial.

(B) Havendo recurso ordinário em sede de rescisória, o depósito recursal só é exigível quando for julgado procedente o pedido e imposta condenação em pecúnia, devendo este ser efetuado no prazo recursal, no limite e nos termos da legislação vigente, sob pena de deserção, valendo gizar, também, que o prazo de decadência, na ação rescisória, conta-se do dia imediatamente subsequente ao trânsito em julgado da última decisão proferida na causa, seja de mérito ou não.

(C) Havendo recurso parcial no processo principal, o trânsito em julgado dá-se em momentos e em tribunais diferentes, contando-se o prazo decadencial para a ação rescisória do trânsito em julgado de cada decisão, salvo se o recurso tratar de preliminar ou prejudicial que possa tornar insubsistente a decisão recorrida, hipótese em que flui a decadência a partir do trânsito em julgado da decisão que julgar o recurso parcial. Frise-se, ainda, que a interposição de recurso intempestivo ou a interposição de recurso incabível não protrai o termo inicial do prazo decadencial, excetuada a hipótese de dúvida razoável.

(D) Na hipótese de colusão das partes, o prazo decadencial da ação rescisória somente começa a fluir para o Ministério Público, que não interveio no processo principal, a partir do momento em que tem ciência da fraude. Ademais, não ofende o princípio do duplo grau de jurisdição a decisão do TST que, após afastar a decadência em sede de recurso ordinário, aprecia desde logo a lide, se a causa versar questão exclusivamente de direito e estiver em condições de imediato julgamento.

(E) A exceção de incompetência, ainda que oposta no prazo recursal, sem ter sido aviado o recurso próprio, não tem o condão de afastar a consumação da coisa julgada e, assim, postergar o termo inicial do prazo decadencial para a ação rescisória. Por outro lado, prorroga-se até o primeiro dia útil, imediatamente subsequente, o prazo decadencial para ajuizamento de ação rescisória quando expira em férias forenses, feriados, finais de semana ou em dia em que não houver expediente forense. Outrossim, conta-se o prazo decadencial da ação rescisória, após o decurso do prazo legal previsto para a interposição do recurso extraordinário, apenas quando esgotada a integralidade das vias recursais ordinárias.

A: assertiva incorreta, devendo ser assinalada, não há a exigência de que a temática tenha sido objeto de debate anterior (Súmula 100, IV, do TST). A segunda parte da assertiva está correta, conforme súmula 100, V, do TST; **B:** assertiva correta, Súmulas 99 e 100, I, do TST; **C:** assertiva correta, Súmula 100, II e III, do TST; **D:** assertiva correta, Súmula 100, VI e VII, do TST; **E:** assertiva correta, Súmula 100, VII, VIII, IX e X, do TST.

Gabarito "A".

(Magistratura do Trabalho – 9ª Região – 2009) A respeito da ação rescisória no processo do trabalho, considere as seguintes proposições:

I. Consoante à jurisprudência dominante, a ação rescisória fundada em violação de lei admite reexame de fatos e provas do processo que originou a decisão rescindenda.
II. Não se admite, de acordo com o entendimento jurisprudencial dominante, ação rescisória contra decisão que não conhece de recurso de revista, com base em divergência jurisprudencial, isto é, por violação do art. 896, alínea "a", da CLT, pois não se trata de sentença de mérito.
III. Segundo o entendimento jurisprudencial dominante, a regra do art. 485, VIII, do CPC, ao tratar do fundamento para invalidar a confissão como hipótese de rescindibilidade da sentença, refere-se tanto à confissão real quanto à confissão ficta.
IV. De acordo com o entendimento jurisprudencial dominante é incabível ação rescisória para impugnar decisão homologatória de adjudicação ou arrematação.

(A) apenas as proposições I e IV estão corretas;
(B) apenas as proposições II e III estão corretas;
(C) apenas as proposições II e IV estão corretas;
(D) apenas as proposições I e III estão corretas;
(E) todas as proposições estão corretas.

I: incorreta, não admite tal reexame (Súmula 410 do TST); **II:** correta, Súmula 413 do TST; **III:** incorreta, não se refere à confissão ficta (Súmula 404 do TST); **IV:** correta, Súmula 399, I, do TST.

Gabarito "C".

(Magistratura do Trabalho – 9ª Região – 2007) Considerando-se as atuais Súmulas do Tribunal Superior do Trabalho, analise as proposições seguintes:

I. Fundando-se a ação rescisória no artigo 485, inciso V, do CPC ("violar literal disposição de lei"), é indispensável a expressa indicação, na respectiva petição inicial, do dispositivo legal tido por violado.
II. A decisão homologatória de cálculos não comporta rescisão, mesmo que tenha enfrentado as questões envolvidas na elaboração da conta de liquidação.
III. Acórdão proferido pelo Tribunal Superior do Trabalho que não conhece de recurso de revista, analisando arguição de violação de dispositivo de lei material, examina o mérito da causa. Logo, eventual ação rescisória ajuizada é da competência de referido Tribunal.
IV. São válidos os atos praticados pelo substabelecido, ainda que não haja, no mandato, poderes expressos para substabelecer.

Assinale a alternativa correta:

(A) Todas as proposições estão incorretas;
(B) Apenas três proposições estão corretas;
(C) Apenas duas proposições estão corretas;
(D) Apenas uma proposição está correta;
(E) Todas as proposições estão corretas.

I: correta, Súmula 408 do TST; **II:** incorreta, se tiver enfrentado as questões envolvidas na elaboração da conta de liquidação, comportarão rescisão (Súmula 399, II, do TST); **III:** correta, Súmula 192, II, do TST; **IV:** correta, Súmula 395, III, do TST.

Gabarito "B".

(Magistratura do Trabalho – 9ª Região – 2007) Considerando o entendimento sumulado do Tribunal Superior do Trabalho, assinale a alternativa incorreta:

(A) Havendo recurso parcial no processo principal, o trânsito em julgado dá-se em momentos e em tribunais diferentes, contando-se o prazo decadencial para a ação rescisória do trânsito em julgado de cada decisão, salvo se o recurso tratar de preliminar ou prejudicial que possa tornar insubsistente a decisão recorrida, hipótese em que flui a decadência a partir do trânsito em julgado da decisão que julgar o recurso parcial.
(B) O juízo rescindente não está adstrito à certidão de trânsito em julgado juntada com a ação rescisória, podendo formar sua convicção através de outros elementos dos autos quanto à antecipação ou postergação do "dies a quo" do prazo decadencial.
(C) Prorroga-se até o primeiro dia útil, imediatamente subsequente, o prazo decadencial para ajuizamento de ação rescisória quando expira em férias forenses, feriados, finais de semana ou em dia em que não houver expediente forense.
(D) Em respeito ao princípio do duplo grau de jurisdição a decisão do TST que afasta a decadência em sede de recurso ordinário deve necessariamente determinar o retorno dos autos à origem para apreciação do mérito.
(E) Na hipótese de colusão das partes, o prazo decadencial da ação rescisória somente começa a fluir para o Ministério Público, que não interveio no processo principal, a partir do momento em que tem ciência da fraude.

A única alternativa incorreta é a "D", pois "se a causa versar questão exclusivamente de direito e estiver em condições de imediato julgamento", o TST apreciará desde logo a lide (Súmula 100 do TST).

Gabarito "D".

(Magistratura do Trabalho – 9ª Região – 2006) De acordo com entendimento sumulado pelo TST a respeito da ação rescisória, analise as assertivas abaixo e assinale a alternativa correta:

I. O prazo de decadência, na ação rescisória, conta-se do dia imediatamente subsequente ao trânsito em julgado da última decisão proferida na causa, seja de mérito ou não.
II. Salvo se houver dúvida razoável, a interposição de recurso intempestivo ou a interposição de recurso incabível não protrai o termo inicial do prazo decadencial.

III. Havendo recurso parcial no processo principal, o trânsito em julgado dá-se em momentos e em tribunais diferentes, contando-se o prazo decadencial para a ação rescisória do trânsito em julgado de cada decisão, salvo se o recurso tratar de preliminar ou prejudicial que possa tornar insubsistente a decisão recorrida, hipótese em que flui a decadência a partir do trânsito em julgado da decisão que julgar o recurso parcial.

IV. O juízo rescindente não está adstrito à certidão de trânsito em julgado juntada com a ação rescisória, podendo formar sua convicção através de outros elementos dos autos quanto à antecipação ou postergação do *dies aquo* do prazo decadencial.

(A) apenas as assertivas I e IV estão corretas;
(B) apenas as assertivas I, II e III estão corretas;
(C) apenas as assertivas II, III e IV estão correta;
(D) todas as assertivas estão corretas;
(E) todas as assertivas estão incorretas.

I: correta, Súmula 100, I, do TST; **II:** correta, Súmula 100, III, do TST; **III:** correta, Súmula 100, II, do TST; **IV:** correta, Súmula 100, VI, do TST.

Gabarito "D"

(Magistratura do Trabalho – 11ª Região – 2007 – FCC) Rescindida sentença trabalhista, a execução da decisão proferida em ação rescisória se fará

(A) em autos apartados, no juízo de primeiro grau.
(B) nos autos da ação rescisória, que serão remetidos ao juízo de primeiro grau.
(C) nos autos da ação rescisória, no Tribunal Regional do Trabalho.
(D) nos próprios autos da ação que lhe deu origem, no juízo de primeiro grau.
(E) nos próprios autos da ação que lhe deu origem, no Tribunal Regional do Trabalho.

A alternativa "D" corresponde ao disposto no art. 836, parágrafo único, da CLT.

Gabarito "D"

(Magistratura do Trabalho – 14ª Região – 2011) No que concerne às Ações Rescisórias, considerado o entendimento sumulado do TST, leia atentamente as expressões abaixo e posteriormente assinale a alternativa correta.

I. O litisconsórcio, na ação rescisória, é necessário em relação ao polo passivo da demanda, porque supõe uma comunidade de direitos ou de obrigações que não admite solução díspar para os litisconsortes, em face da indivisibilidade do objeto.

II. A legitimidade *ad causam* do Ministério Público para propor ação rescisória, ainda que não tenha sido parte no processo que deu origem à decisão rescindenda, está limitada às alíneas "a" e "b" do inciso III do artigo 487 do CPC, uma vez que traduzem hipóteses meramente exemplificativas.

III. Em relação ao polo ativo da ação rescisória o litisconsórcio é facultativo, uma vez que a aglutinação de autores se faz por conveniência e não. pela necessidade decorrente da natureza do litígio, pois não se pode condicionar o exercício do direito individual de um dos litigantes no processo originário à ausência dos demais para retomar a lide.

IV. O Sindicato, substituto processual e autor da reclamação trabalhista, em cujos autos fora proferida a decisão rescindenda, possui legitimidade para figurar como réu na ação rescisória, sendo descabida a exigência de citação de todos os empregados substituídos, porquanto inexistente litisconsórcio passivo necessário.

(A) Todas as afirmativas estão corretas.
(B) Apenas as alternativas I, II e III estão corretas.
(C) Apenas as alternativas II, ill e IV estão corretas.
(D) Todas as afirmativas estão erradas.
(E) Apenas as afirmativas I, III e IV estão corretas.

I: correta, Súmula 406, I, do TST; **II:** incorreta, a legitimidade do MP não está limitada a tais alíneas, que são hipóteses apenas exemplificativas (Súmula 407 do TST); **III:** correta, Súmula 406, I, do TST; **IV:** correta, Súmula 406, II, do TST.

Gabarito "E"

(Magistratura do Trabalho – 14ª Região – 2008) Considerando a jurisprudência consolidada do C. TST, sobre ação rescisória, analise as proposições dadas, apontando a alternativa CORRETA:

I. sentença normativa proferida ou transitada em julgado posteriormente à sentença rescindenda, não é documento novo apto a viabilizar a desconstituição do julgado por intermédio de ação rescisória.

II. É incabível ação rescisória para impugnar decisão homologatória de adjudicação ou arrematação.

III. O sindicato, substituto processual e autor da reclamação trabalhista, em cujos autos fora proferida a decisão rescindenda, possui legitimidade para figurar como réu na ação rescisória, sendo, entretanto, necessária a citação de todos os empregados substituídos, porquanto existente litisconsórcio passivo necessário.

IV. A ação rescisória calcada em violação de lei não admite reexame de fatos e provas do processo que originou a decisão rescindenda.

(A) Todas as proposições estão corretas;
(B) Apenas as proposições I e II estão corretas;
(C) Apenas as proposições I, II e IV estão corretas;
(D) Apenas as proposições III e IV estão corretas;
(E) Apenas as proposições I e III estão corretas.

I: correta, Súmula 402 do TST; **II:** correta, Súmula 399, I, do TST; **III:** incorreta, pois é "descabida a exigência de citação de todos os empregados substituídos, porquanto inexistente litisconsórcio passivo necessário". Súmula 406, II, do TST; **IV:** correta, Súmula 410 do TST.

Gabarito "C"

(Magistratura do Trabalho – 15ª Região – 2011) A respeito da ação rescisória e considerando a jurisprudência do TST, assinale a alternativa incorreta:

(A) é incabível ação rescisória para impugnar decisão homologatória de adjudicação ou arrematação;
(B) a ação rescisória calcada em violação de lei não admite reexame de fatos e provas do processo que originou a decisão rescindenda;
(C) a sentença de mérito transitada em julgado pode ser rescindida quando houver fundamento para invalidar a confissão real;
(D) uma questão processual pode ser objeto de rescisão ainda que não consista em pressuposto de validade de uma sentença de mérito;
(E) os processos submetidos ao rito sumaríssimo são passíveis de corte rescisório.

A: assertiva correta, Súmula 399, I, do TST; **B:** assertiva correta, Súmula 410 do TST; **C:** assertiva correta, Súmula 404 do TST; **D:** assertiva incorreta, devendo ser assinalada, se consistir em pressuposto de validade de sentença de mérito, questão processual poderá ser objeto de ação rescisória (Súmula 412 do TST); **E:** assertiva correta, não há nenhum óbice legal (v. art. 485 do CPC).

Gabarito "D"

(Magistratura do Trabalho – 15ª Região – 2010) Aponte a alternativa correta com relação à ação rescisória:

(A) procede, quando calcada em ofensa à coisa julgada perpetrada por decisão proferida em ação de cumprimento, em face de a sentença normativa, na qual se louvava, ter sido modificada em grau de recurso;
(B) a decisão homologatória de cálculos sempre comporta rescisão, a não ser quando enfrentar as questões envolvidas na elaboração da conta de liquidação;
(C) na rescisória de rescisória, o vício apontado deve nascer na própria decisão rescindenda, não se admitindo a rediscussão do acerto do julgamento da rescisória anterior;
(D) é documento novo apto a viabilizar a desconstituição de julgado a sentença normativa proferida ou transitada em julgado posteriormente à sentença rescindenda;
(E) é possível a desconstituição da decisão homologatória de acordo calcada na alegação de dolo da parte vencedora em detrimento da vencida.

A: incorreta, não procede porque "em dissídio coletivo somente se consubstancia coisa julgada formal (Súmula 397 do TST); **B:** incorreta, a decisão homologatória somente comporta rescisão quando enfrentar as questões envolvidas na elaboração da conta de liquidação (Súmula 399, II, do TST); **C:** correta, Súmula 400 do TST; **D:** incorreta, não é documento novo (Súmula 402 do TST); **E:** incorreta, "se a decisão rescindenda é homologatória de acordo, não há parte vencedora ou vencida, razão pela qual não é possível a sua desconstituição calcada no inciso III do art. 485 do CPC (dolo da parte vencedora em detrimento da vencida), pois constitui fundamento de rescindibilidade que supõe solução jurisdicional para a lide" (Súmula 403, II, do TST).

Gabarito "C"

(Magistratura do Trabalho – 16ª Região – 2008) Assinale a alternativa errada:

(A) Pode uma questão processual ser objeto de rescisão desde que consista em pressuposto de validade de uma sentença de mérito.
(B) A ação rescisória calcada em violação de lei não admite reexame de fatos e provas do processo que originou a decisão rescindenda.
(C) Se a decisão recorrida, em agravo regimental, aprecia a matéria na fundamentação, sob o enfoque das Súmulas ns. 83 do TST e 343 do STF, constitui sentença de mérito, ainda que haja resultado no indeferimento da petição inicial e na extinção do processo sem julgamento do mérito. Sujeita-se, assim, à reforma pelo TST, a decisão do Tribunal que, invocando controvérsia na interpretação da lei, indefere a petição inicial de ação rescisória.
(D) Cabe Ação Rescisória calcada em violação do art. 7º, XXIX, da CF/1988 quando a questão envolve discussão sobre a espécie de prazo prescricional aplicável aos créditos trabalhistas, se total ou parcial, porque a matéria tem índole infraconstitucional, construída, na Justiça do Trabalho, no plano jurisprudencial.
(E) É incabível ação rescisória, por violação do art. 896, "a", da CLT, contra decisão que não conhece de recurso de revista, com base em divergência jurisprudencial, pois não se cuida de sentença de mérito (art. 485 do CPC).

A: assertiva correta, Súmula 412 do TST; **B:** assertiva correta, Súmula 410 do TST; **C:** assertiva correta, Súmula 411 do TST; **D:** assertiva incorreta, devendo ser assinalada, pois não cabe ação rescisória (Súmula 409 do TST) do TST; **E:** assertiva correta, Súmula 413 do TST.

Gabarito "D"

(Magistratura do Trabalho – 18ª Região – 2006) Acerca da AÇÃO RESCISÓRIA, é correto afirmar segundo o entendimento sumulado do Tribunal Superior do Trabalho:

(A) A decisão homologatória de cálculos nunca comporta rescisão.
(B) É cabível ação rescisória para impugnar decisão homologatória de adjudicação ou arrematação.
(C) Padece de inépcia a petição da ação rescisória que omite a subsunção do fundamento de rescindibilidade no artigo 485 do CPC ou o capitula erroneamente em um de seus incisos.
(D) O princípio *jura novit curia* é aplicável na rescisória fundada em violação a literal dispositivo de lei, bastando a narração fática, sem a indicação do preceito legal violado.
(E) Não é documento novo apto a viabilizar a desconstituição do julgado a sentença normativa preexistente à sentença rescindenda, mas não exibida no processo principal, em virtude de negligência da parte, quando podia e deveria louvar-se de documento já existente e não ignorado quando emitida a decisão rescindenda.

A: incorreta, comportará rescisão quando enfrentar as questões envolvidas na elaboração da conta de liquidação (Súmula 399, II, do TST); **B:** incorreta, é incabível (Súmula 399, I, do TST); **C:** incorreta, não padece de inépcia, aplicando-se o princípio da *iura novit curia*; **D:** incorreta, se a rescisória for fundada em violação a literal dispositivo de lei, deverá indicar expressamente o preceito legal violado (Súmula 408 do TST); **E:** correta, Súmula 402 do TST.

Gabarito "E"

(Magistratura do Trabalho – 21ª Região – 2005) Sobre a ação rescisória no Processo do Trabalho, considere a Jurisprudência do Tribunal Superior do Trabalho e marque a opção incorreta:

(A) mesmo que o réu não ofereça resposta, não cabe falar em confissão na ação rescisória, porque esta envolve matéria de ordem pública;

(B) o Sindicato possui legitimidade para figurar no polo passivo da ação rescisória, se for o autor da ação trabalhista cuja decisão se buscar rescindir, não sendo necessária a citação dos empregados substituídos, para o fim de integrarem litisconsórcio passivo necessário;

(C) alegando a petição inicial da ação rescisória que a decisão rescindenda violou literal dispositivo de lei, eventual omissão da parte autora na expressa indicação do dispositivo legal violado não conduz à decretação de inépcia da inicial, tendo em vista o princípio *iura novit curia*;

(D) o cabimento de ação rescisória com fundamento na invalidação de confissão não comporta a hipótese de confissão ficta, resultante, por exemplo, de revelia;

(E) na hipótese de colusão das partes, o prazo decadencial da ação rescisória somente começa a fluir para o Ministério Público, que não interveio no processo principal, a partir do momento em que tem ciência da fraude.

A: assertiva correta, Súmula 398 do TST; **B:** assertiva correta, Súmula 406, II, do TST; **C:** assertiva incorreta, devendo ser assinalada, se a rescisória for fundada em violação a literal dispositivo de lei, deverá indicar expressamente o preceito legal violado, não tendo aplicação do princípio citado (Súmula 408 do TST); **D:** assertiva correta, Súmula 404 do TST; **E:** assertiva correta, Súmula 100, VI, do TST.

Gabarito "C"

(Magistratura do Trabalho – 23ª Região – 2009) Analise os itens abaixo e marque a alternativa CORRETA:

I. Conforme entendimento jurisprudencial a decisão homologatória de cálculos apenas comporta rescisão quando enfrentar as questões envolvidas na elaboração da conta de liquidação, quer solvendo a controvérsia das partes quer explicitando, de ofício, os motivos pelos quais acolheu os cálculos oferecidos por uma das partes ou pelo setor de cálculos, e não contestados pela outra.

II. No Processo do Trabalho, o termo de homologação de conciliação (ato judicial) somente pode ser desfeito por meio da ação rescisória enquanto a transação extrajudicial (ato praticado pelas partes) é reversível por meio de ação anulatória.

III. Não cabe na ação rescisória a aplicação dos efeitos da revelia e confissão.

IV. A ação rescisória no Processo do Trabalho está sujeita ao depósito prévio de 5% (cinco por cento) do valor da causa, salvo prova de miserabilidade jurídica do autor.

(A) Apenas os itens II e IV são verdadeiros.

(B) Apenas os itens I, II e III são verdadeiros.

(C) Apenas os itens I e III são verdadeiros.

(D) Todos os itens são verdadeiros.

(E) Todos os itens são falsos.

I: correta, Súmula 399, II, do TST; **II:** correta, Súmula 259 do TST; **III:** correta, Súmula 398 do TST; **IV:** incorreta, o depósito é de 20% sobre o valor da causa (art. 836 da CLT).

Gabarito "B"

(Magistratura do Trabalho – 23ª Região – 2008) Em conformidade com os enunciados das Súmulas do TST, analise as proposições abaixo e assinale a alternativa CORRETA:

I. a comprovação do trânsito em julgado da decisão rescindenda é pressuposto processual indispensável ao tempo do julgamento da ação rescisória;

II. o juízo rescindente não está adstrito à certidão de trânsito em julgado juntada com a ação rescisória, podendo formar sua convicção através de outros elementos dos autos quanto à antecipação ou postergação do *dies a quo* do prazo decadencial;

III. caracteriza dolo processual, previsto no art. 485, III, do CPC, o fato de a parte vencedora haver silenciado a respeito de fatos contrários a ela, porque o procedimento levado a efeito constitui ardil processual que induz o juiz a proferir uma sentença não condizente com a verdade;

IV. procede a ação rescisória calcada em ofensa à coisa julgada perpetrada por decisão proferida em ação de cumprimento, em face de a sentença normativa, na qual se louvava ter sido modificada em grau de recurso, porque em dissídio coletivo se consubstancia os efeitos da coisa julgada material.

(A) todas as opções estão corretas;

(B) apenas três opções estão corretas;

(C) apenas duas opções estão corretas;

(D) apenas uma opção está correta;

(E) todas as opções estão incorretas.

I: incorreta, Súmula 299, III, do TST ("ao tempo do ajuizamento"); **II:** correta, Súmula 100, IV, do TST; **III:** incorreta, não caracteriza dolo processual (Súmula 403, I, do TST); **IV:** incorreta, no caso versado, não procede ação rescisória (Súmula 397 do TST).

Gabarito "D"

(Magistratura do Trabalho – 23ª Região – 2006) No tocante à ação rescisória, levando-se em consideração as orientações e súmulas do C. TST, assinale a alternativa incorreta:

(A) Não padece de inépcia a petição inicial de ação rescisória apenas porque omite a subsunção ao fundamento de rescindibilidade no art. 485 do CPC ou o capitula erroneamente em um dos seus incisos. Contanto que não se afaste dos fatos e fundamentos invocados como causa de pedir, ao Tribunal é lícito emprestar-lhes adequada qualificação jurídica (*iura novit curia*). No entanto, fundando-se a ação rescisória no art. 485, inc. V, do CPC, é indispensável expressa indicação na petição inicial da ação rescisória, do dispositivo legal violado, por se tratar de causa de pedir da rescisória, não se aplicando, no caso, o princípio *iura novit curia*;

(B) É incabível ação rescisória para impugnar decisão homologatória de adjudicação ou arrematação;

(C) O litisconsórcio, na ação rescisória, é necessário em relação ao polo passivo da demanda, porque supõe uma comunidade de direitos ou de obrigações que não admite solução díspar para os litisconsortes, em face da indivisibilidade do objeto. Já em relação ao polo ativo, o litisconsórcio é facultativo, uma vez que a aglutinação de autores se faz por conveniência e não pela necessidade decorrente da natureza do litígio, pois não se pode condicionar o exercício do direito individual de um dos litigantes no processo originário à anuência dos demais para retomar a lide;

(D) O sindicato, substituto processual e autor da reclamação trabalhista, em cujos autos fora proferida a decisão rescindenda, possui legitimidade para figurar como réu na ação rescisória, sendo descabida a exigência de citação de todos os empregados substituídos, porquanto inexistente litisconsórcio passivo necessário;

(E) O valor da causa, na ação rescisória de sentença de mérito advinda de processo de conhecimento, corresponde ao valor da condenação fixado no processo originário.

A: assertiva correta, Súmula 408 do TST; **B:** assertiva correta, Súmula 399, I, do TST; **C:** assertiva correta, Súmula 406, I, do TST; **D:** assertiva correta, Súmula 406, II, do TST; **E:** assertiva incorreta, devendo ser assinalada (OJ 142 da SDI-II do TST, vigente à época do concurso, que assim previa: "O valor da causa, na ação rescisória de sentença de mérito advinda de processo de conhecimento, corresponde ao valor da causa fixado no processo originário, corrigido monetariamente. No caso de se pleitear a rescisão de decisão proferida na fase de execução, o valor da causa deve corresponder ao montante da condenação").

Gabarito "E"

(Procurador do Trabalho – MPT – 17º Concurso – 2012) Em relação à ação rescisória no processo do trabalho, leia e analise as assertivas a seguir:

I. A sentença de mérito, transitada em julgado, pode ser rescindida quando se verificar que foi dada por prevaricação, concussão ou corrupção do juiz, ou quando este for impedido ou incompetente para o feito.

II. Consoante a jurisprudência uniformizada do Tribunal Superior do Trabalho, o cabimento de ação rescisória por violação literal de disposição de lei pressupõe que a decisão rescindenda não esteja baseada em texto legal infraconstitucional de interpretação controvertida nos tribunais, sendo que a data de inclusão em Orientação Jurisprudencial do Tribunal Superior do Trabalho da referida interpretação dos dispositivos legais citados na rescisória constitui o marco divisor quanto a ser ou não a matéria controvertida nos tribunais.

III. Consoante a jurisprudência do Tribunal Superior do Trabalho, a execução de decisão proferida em ação de cumprimento baseada em sentença normativa que foi modificada em grau de recurso deve ser impugnada por meio de exceção de pré-executividade ou mandado de segurança, conforme a situação, não procedendo ação rescisória baseada em ofensa à coisa julgada com fulcro na modificação superveniente da sentença normativa que embasou a ação de cumprimento.

Marque a alternativa **CORRETA**:

(A) apenas as assertivas I e II estão corretas;
(B) apenas as assertivas I e III estão corretas;
(C) apenas as assertivas II e III estão corretas;
(D) todas as assertivas estão corretas;
(E) não respondida.

I: incorreta, artigo 485, II, do CPC; **II:** correta, Súmula 83, I e II, do TST; **III:** correta, Súmula 397 do TST.

Gabarito "C"

(Procurador do Trabalho – MPT – 14º Concurso – 2007) Quanto à ação rescisória no processo do trabalho:

I. A ação rescisória será admitida na Justiça do Trabalho, desde que sujeita ao depósito prévio de 20% (vinte por cento) do valor da causa, salvo prova da miserabilidade jurídica do autor.

II. Sempre que não houver o conhecimento de recurso de revista ou de embargos, a competência para julgar ação que vise a rescindir a decisão de mérito é do Tribunal Regional do Trabalho.

III. Cabe ação rescisória por violação ao art. 896, "a", da CLT, contra decisão que não conhece do recurso de revista, com base em divergência jurisprudencial.

IV. A decisão que conclui estar preclusa a oportunidade de impugnação da sentença de liquidação, por ensejar tão somente a formação de coisa julgada formal, não é suscetível de rescindibilidade.

De acordo com as proposições acima, pode-se afirmar que:

(A) apenas as proposições I, II e III estão corretas;
(B) todas as proposições estão corretas;
(C) apenas as alternativas II e III estão erradas;
(D) apenas as alternativas I e II estão erradas;
(E) não respondida.

I: correta, art. 836, *caput*, da CLT; **II:** incorreta, a competência é do tribunal Superior do Trabalho (Súmula 192, II, do TST); **III:** incorreta, é incabível, nesse caso, ação rescisória, pois não se trata de sentença de mérito (Súmula 413 do TST); **IV:** correta, OJ 134 da SDI-II do TST.

Gabarito "C"

(Procurador do Trabalho – MPT – 13º Concurso – 2006) A respeito da ação rescisória, são hipóteses de seu cabimento no processo do trabalho:

I. quando for proferida por juiz impedido ou absolutamente incompetente;

II. quando ofender a coisa julgada;
III. quando se fundar em prova, cuja falsidade tenha sido apurada em processo criminal ou seja provada na própria ação rescisória;
IV. quando se verificar que foi dada por prevaricação do juiz.

De acordo com as assertivas acima, pode-se afirmar que:

(A) todas estão certas;
(B) a III está errada;
(C) somente a I e a IV estão certas;
(D) nenhuma das anteriores;
(E) não respondida.

Todas as alternativas estão de acordo com o art. 485, I, II, IV e VI, do CPC.

Gabarito "A"

(Procurador do Trabalho – MPT – 12º Concurso – 2005) Sobre a ação rescisória, observe as assertivas abaixo e, consoante ao entendimento jurisprudencial dominante no Tribunal Superior do Trabalho, assinale a alternativa CORRETA:

I. não se admite, em hipótese alguma, ação rescisória de ação rescisória, tampouco é permitido o ajuizamento de uma única ação rescisória contendo mais de um pedido, em ordem sucessiva, de rescisão de sentença e do acórdão;
II. em sede de dissídio coletivo, não é considerado documento novo, apto a viabilizar a desconstituição de julgado, por meio de ação rescisória, a sentença normativa proferida ou transitada em julgado posteriormente à sentença rescindenda;
III. não é cabível ação rescisória para desconstituir sentença meramente homologatória, na medida em que, silente sobre os motivos de convencimento do juiz, deixa de trazer a lume o obrigatório prequestionamento;
IV. é possível reabilitar a ação rescisória proposta antes do trânsito em julgado da decisão que se pretende rescindir, bastando juntar a respectiva certidão aos autos e, em seguida, requerer seja a demanda recebida como ação rescisória preventiva.

(A) somente a assertiva II está correta;
(B) somente as assertivas I e IV estão corretas;
(C) somente as assertivas I e III estão corretas;
(D) somente as assertivas II e III estão corretas;
(E) não respondida.

I: incorreta, é cabível ação rescisória de ação rescisória bem como o ajuizamento de uma única ação rescisória contendo mais de um pedido (Súmula 400 e OJ 78 da SDI-II do TST); **II:** correta, Súmula 402 do TST; **III:** correta, Súmula 298, IV, do TST; **IV:** incorreta, não é possível reabilitar a ação rescisória proposta antes do trânsito em julgado da decisão que se pretende rescindir, "o ordenamento jurídico não contempla a ação rescisória preventiva" (Súmula 299, III), do TST.

Gabarito "D"

9.6. AÇÃO DE CONSIGNAÇÃO EM PAGAMENTO

(Magistratura do Trabalho – 20ª Região – 2003) Quanto à ação de consignação em pagamento ajuizável perante a Justiça do Trabalho, pode-se afirmar que:

I. Ela só pode ser manejada com o objetivo de o empregador ver-se desonerado do pagamento de salários e indenizações trabalhistas devidas ao trabalhador, não comportando, portanto, outras finalidades, dada a restrição quanto à competência material da Justiça Especializada.
II. Uma vez ultimado o depósito pelo devedor, cessam definitivamente, para ele, os juros e os riscos.
III. Julgado procedente o pedido, a sentença determinará a liberação do depósito em favor do consignante, condenando o consignado no pagamento das custas do processo, mas não em honorários advocatícios, dado o *jus postulandi* das partes.
IV. Havendo controvérsia acerca do montante devido, não poderá o consignado levantar o depósito, salvo se prestar caução idônea.

Marque:

(A) todas as proposições são corretas, salvo a II;
(B) todas as proposições são incorretas;
(C) apenas a proposição I é correta;
(D) a proposição III é a única incorreta;
(E) todas as proposições são incorretas, salvo a IV.

I: incorreta, inexiste óbice a que o empregado ajuíze ação consignatória com o objetivo, por exemplo, de devolver ferramentas de trabalho à empresa, acaso encontre alguma resistência a isso; **II:** incorreta, se a ação for julgada improcedente, não cessarão (art. 891 do CPC); **III:** incorreta, o depósito será liberado em favor de algum dos réus na ação consignatória; **IV:** incorreta, poderá levantar o depósito consignado sem necessidade de prestar caução idônea (art. 899, § 1º, do CPC).

Gabarito "B"

9.7. TUTELAS DE URGÊNCIA

(Magistratura do Trabalho – 3ª Região – 2008) São exemplos de tutela antecipatória de mérito no Direito Processual do Trabalho, exceto:

(A) medida liminar para tornar sem efeito transferência de empregado exercente de cargo de confiança, quando esta transferência não decorrer de real necessidade de serviço.
(B) pedido de produção antecipada de prova pericial.
(C) medida liminar para reintegrar no emprego dirigente sindical afastado, suspenso ou dispensado pelo empregador.
(D) determinação liminar, antes da sentença de mérito, de entrega ao empregado de CTPS retida ilegalmente pelo empregador.
(E) ordem judicial liminar, antes da sentença de mérito, de expedição de guias de FGTS, quando incontroversa a dispensa sem justa causa do empregado.

Em todos os demais exemplos está-se tratando de medidas antecipatórias do mérito buscado pelo autor, ao passo que na hipótese da alternativa "B" busca-se provimento cautelar tendente a evitar o perecimento de prova a ser ulteriormente utilizada.

Gabarito "B"

(Magistratura do Trabalho – 11ª Região – 2007 – FCC) O reclamante, em uma ação trabalhista, postulou a reintegração na mesma função anteriormente ocupada. O juiz deferiu o pedido de antecipação da tutela, relativo à reintegração. Nessas condições, é correto afirmar:

(A) O reclamante deverá ser reintegrado tão logo transite em julgado a decisão.

(B) Não é cabível antecipar a tutela quanto à reintegração do empregado, em face do perigo de irreversibilidade.

(C) Se a tutela foi antecipada na própria sentença, o reclamado poderá atacá-la pela interposição do recurso ordinário, que nessa hipótese terá efeito suspensivo.

(D) Se a tutela foi antecipada em decisão incidental, o reclamado poderá atacá-la impetrando mandado de segurança.

(E) O reclamante deverá ser imediatamente reintegrado, desde que a empresa reclamada não recorra da decisão.

A: incorreta, não haveria necessidade do instituto da tutela antecipada se seu cumprimento só ocorresse após o trânsito em julgado de qualquer decisão que seja; **B:** incorreta, é cabível (OJ 142 da SDI-II do TST); **C:** incorreta, para se obter efeito suspensivo ao recurso, deverá ingressar com ação cautelar (art. 899 da CLT e Súmula 414, I, do TST); **D:** correta, Súmula 414, II, do TST; **E:** incorreta, mesmo que a empresa reclamada recorra da decisão, poderá o reclamante ser reintegrado (art. 899 da CLT).

Gabarito "D"

(Magistratura do Trabalho – 14ª Região – 2011) Considerando a jurisprudência sumulada do TST no que concerne à antecipação de tutela concedida antes da sentença em mandado de segurança, analise as assertivas abaixo e posteriormente responda.

I. A superveniência da sentença, nos autos originários, faz perder o objeto do mandado de segurança que impugnava a concessão da tutela antecipada.

II. A antecipação de tutela concedida na sentença não comporta impugnação pela via do mandado de segurança, por ser impugnável mediante recurso ordinário. A ação cautelar é o meio próprio para se obter efeito suspensivo a recurso.

III. No caso da tutela antecipada ser concedida antes da sentença, cabe a impetração do mandado de segurança, em face da inexistência de recurso próprio.

IV. A concessão de tutela antecipada constitui faculdade do juiz, existindo direito liquido e certo tutelável pela via do mandado de segurança.

(A) Todas as afirmativas estão corretas.

(B) Apenas as alternativas I, II e III estão corretas.

(C) Apenas as alternativas II, III e IV estão corretas.

(D) Todas as afirmativas estão erradas.

(E) Apenas as afirmativas I, II e IV estão corretas.

I: correta, Súmula 414, III, do TST; **II:** correta, Súmula 414, I, do TST; **III:** correta, Súmula 414, II, do TST; **IV:** incorreta, nesse caso, não há direito líquido e certo tutelável por mandado de segurança (Súmula 418 do TST).

Gabarito "B"

(Magistratura do Trabalho – 15ª Região – 2011) O juízo *a quo* deferiu a antecipação dos efeitos da tutela em sentença e determinou a imediata reintegração do trabalhador, independentemente do trânsito em julgado. A reclamada pretende buscar, de imediato, a suspensão da ordem de reintegração e, posteriormente, discutir o conteúdo da decisão. Assinale a primeira providência que deve adotar:

(A) apresentar mandado de segurança;

(B) apresentar ação cautelar;

(C) apresentar o recurso ordinário, com preliminar de suspensão da decisão proferida;

(D) apresentar mera petição ao protocolo do Tribunal, que será distribuída a um dos magistrados que se tomará prevento para análise do recurso a ser aviado;

(E) nenhuma das alternativas anteriores.

"A ação cautelar é o meio próprio para se obter efeito suspensivo a recurso" (Súmula 414, I, do TST).

Gabarito "B"

(Magistratura do Trabalho – 15ª Região – 2010) Assinale o que é incorreto afirmar a respeito da antecipação de tutela:

(A) quando concedida na sentença não comporta impugnação pela via do mandado de segurança;

(B) é pacifica, na jurisprudência; a possibilidade de o juiz concede-la de oficio;

(C) a parte que se sentir prejudicada pela sentença que concedeu a antecipação tutela pode pleitear efeito suspensivo a recurso por meio de ação cautelar;

(D) cabe a impetração de mandado de segurança quando concedida liminarmente;

(E) pode ser concedida quando um ou mais dos pedidos cumulados, ou parcela deles, mostrar-se incontroverso.

A: assertiva correta, Súmula 414, I, do TST; **B:** assertiva incorreta, devendo ser assinalada, considerando o poder geral de cautela do juiz (CPC, art. 798), a disposição do ordenamento em ampliar o exercício *ex officio* de tal poder (art. 4º da Lei 10.259/2001, art. 461 do CPC), e a tendencial fungibilidade entre a tutela cautelar e a tutela antecipada (CPC, art. 273, § 7º), é cada vez mais frequente, na doutrina, a tese da possibilidade de concessão de tutela antecipada de ofício. Não se pode falar, contudo, em aceitação pacífica da tese pela jurisprudência, haja vista que o *caput* do art. 273 do CPC alude, de forma expressa, à necessidade de requerimento da parte; **C:** assertiva correta, Súmula 414, I, do TST; **D:** assertiva correta, Súmula 414, II, do TST; **E:** assertiva correta, art. 273, § 6º, do CPC.

Gabarito "B"

(Magistratura do Trabalho – 15ª Região – 2010) Sindicato patronal ajuíza ação pleiteando o recolhimento da contribuição sindical. A empresa alega que pertence a outra categoria econômica, para a qual recolheu a respectiva contribuição. A ação é julgada procedente, com o deferimento, em sentença, de tutela antecipada para o recolhimento da contribuição em favor do autor no prazo de 48 horas. Assinale a alternativa correta:

(A) a fim de impedir o prejuízo imediato, a empresa deve ajuizar mandado de segurança para suspender a tutela antecipada;

(B) a empresa deve efetuar o depósito recursal daquele valor em 48 horas, sob pena de deserção;

(C) cabe à empresa ajuizar cautelar com pedido de liminar para que seja atribuído efeito suspensivo ao recurso ordinário;

(D) por se tratar de questão referente ao direito coletivo, cabe à empresa ajuizar mandado de segurança coletivo requerendo que seja atribuído efeito suspensivo ao recurso ordinário;

(E) a empresa deve pedir, no prazo de 48 horas, a reconsideração da decisão ao mesmo juiz que prolatou a sentença.

A letra "C" corresponde ao previsto na Súmula 414, I, do TST.

Gabarito "C"

(Magistratura do Trabalho – 16ª Região – 2006) Marque a alternativa INCORRETA:

(A) No processo trabalhista são cabíveis as ações cautelares.

(B) É cabível a concessão de medida liminar para sustar a transferência ilícita, providência que compete ao Juiz Titular da Vara do Trabalho ou Juiz do Trabalho Substituto.

(C) É cabível a concessão de medida liminar para reintegrar dirigente sindical, providência que compete ao Juiz Titular da Vara do Trabalho ou Juiz do Trabalho Substituto.

(D) Não compete ao assessor de juiz deferir, por ato monocrático, medida cautelar.

(E) São incabíveis as ações cautelares no processo trabalhista, porque incompatíveis com os princípios do direito processual do trabalho.

A: assertiva correta, forte no poder-dever geral de cautela do magistrado, fundado no art. 5º, XXXV, da CF, são plenamente cabíveis as medidas cautelares no processo trabalhista; **B** e **C:** assertivas corretas, OJ 142 da SDI-II do TST; **D:** assertiva correta, forte no princípio da investidura e do juiz natural; **E:** assertiva incorreta, devendo ser assinalada. Vide comentários à alternativa "A".

Gabarito "E"

(Magistratura do Trabalho – 18ª Região – 2006) Assinale a alternativa incorreta de acordo com a jurisprudência sumulada do TST.

(A) É cabível o pedido liminar formulado na petição inicial de ação rescisória ou na fase recursal, visando a suspender a execução da decisão rescindenda.

(B) Não é admissível a antecipação de tutela em sede rescisória e por isto o pedido de antecipação de tutela em ação rescisória será sempre rejeitado, vedado seu recebimento como medida acautelatória.

(C) A antecipação da tutela concedida na sentença não comporta impugnação pela via do mandado de segurança, por ser impugnável mediante recurso ordinário.

(D) No caso da tutela antecipada (ou liminar) ser concedida antes da sentença, cabe a impetração do mandado de segurança, em face da inexistência de recurso próprio.

(E) A superveniência da sentença, nos autos originários, faz perder o objeto do mandado de segurança que impugnava a concessão da tutela antecipada (ou liminar).

A: assertiva correta, Súmula 405, I, do TST; **B:** assertiva incorreta, devendo ser assinalada, "o pedido de antecipação de tutela, formulado nas mesmas condições, será recebido como medida acautelatória em ação rescisória, por não se admitir tutela antecipada em sede de ação rescisória" (Súmula 405, II, do TST; v. art. 489 do CPC, com a redação dada pela Lei 11.280/2006, posterior à Súmula 405); **C:** assertiva correta, Súmula 414, I, do TST; **D:** assertiva correta, Súmula 414, II, do TST; **E:** assertiva correta, Súmula 414, III, do TST.

Gabarito "B"

(Magistratura do Trabalho – 21ª Região – 2012) Paulo Silva ajuizou reclamação trabalhista em desfavor da empresa São José Ltda., com pedido de antecipação de tutela. Recebida a inicial, o Juízo da Vara do Trabalho não concedeu a tutela pleiteada, designando audiência de conciliação, instrução e julgamento. Ante tal situação processual, em face dos princípios e regras atinentes ao processo do trabalho, é correto afirmar:

(A) a decisão que indeferiu a tutela antecipada é de natureza interlocutória, irrecorrível nos termos do § 1º do Art. 893 da CLT e, portanto, o ataque à decisão dar-se-á por meio de mandado de segurança;

(B) a decisão que indeferiu a tutela antecipada é de natureza interlocutória, logo deve ser atacada por meio de agravo de instrumento, que deverá ser interposto no prazo de 08 dias;

(C) a decisão que indeferiu a tutela antecipada é de natureza interlocutória, contudo não fere direito líquido e certo atacável pela via mandamental, visto que a concessão ou não de tutela antecipada é uma faculdade do juízo;

(D) a decisão que indeferiu a tutela antecipada é de natureza terminativa do feito, somente podendo ser atacada pela via do recurso ordinário;

(E) a decisão que indeferiu a tutela antecipada é de natureza terminativa do feito, devendo ser atacada por mandado de segurança.

A alternativa correta é a "C", que descreveu o disposto na Súmula 418 do TST.

Gabarito "C"

(Magistratura do Trabalho – 21ª Região – 2012) João dos Santos ajuizou ação trabalhista, com pedido de antecipação dos efeitos da tutela, pleiteando sua reintegração no emprego. O Juiz do Trabalho, contudo, somente deferiu o pedido de antecipação dos efeitos na decisão de mérito, onde ficou determinada a expedição da ordem imediata de reintegração. Irresignada com a decisão, a empresa decidiu impugná-la, tão logo foi intimada da sentença. De acordo com a jurisprudência uniformizada do Tribunal Superior do Trabalho, qual seria o instrumento cabível para impugnar a referida decisão:

(A) mandado de segurança, com pedido de liminar;
(B) ação cautelar perante o Tribunal Regional do Trabalho;
(C) ação rescisória, com medida cautelar incidental;
(D) recurso ordinário, com pedido de efeito suspensivo;
(E) não há como se obter a impugnação imediata, por se tratar de decisão interlocutória.

Para obter efeito suspensivo a recurso deve ser proposta ação cautelar (Súmula 414, I, do TST.

Gabarito "B".

(Magistratura do Trabalho – 23ª Região – 2009) Analise os itens abaixo e marque a alternativa CORRETA:

I. A tutela cautelar faz parte do gênero tutelas de urgência.
II. Assim como a tutela antecipada, as cautelares, como regra, destinam-se à satisfação do direito e não apenas à sua conservação.
III. Diante do caráter precário da ação cautelar, a tutela pode ser revogada a qualquer momento, bem como substituída por outra medida.
IV. O juiz não pode conceder o arresto quando pedido o sequestro, ainda que presentes os requisitos daquele, haja vista que as cautelares não admitem a fungibilidade.

(A) V, V, V, F.
(B) F, V, V, V.
(C) V, V, F, F.
(D) V, F, V, F.
(E) F, F, V, V.

I: verdadeiro, assim como decisão de antecipação de tutela; **II:** falso, eis que as medidas cautelares destinam-se a assegurar os efeitos práticos da sentença, o resultado útil do processo, consubstanciando-se em demanda incidental ou preparatória de outra demanda de cognição ou executiva; **III:** verdadeiro, art. 807 do CPC. Registre-se que nem todas as medidas cautelares têm natureza precária ou provisória, como, por exemplo, as cautelares de natureza administrativa (protesto, notificação etc.); **IV:** falso, entende-se que o art. 805 do CPC alberga o princípio da fungibilidade das medidas cautelares, o que, aliás, é a regra nas tutelas de urgência (art. 273, § 7º, do CPC).

Gabarito "D".

(Magistratura do Trabalho – 23ª Região – 2009) No que diz respeito à tutela inibitória e sua aplicação ao Processo do Trabalho marque a alternativa INCORRETA:

(A) A tutela inibitória é preventiva, ao contrário das tutelas cautelares e antecipatórias que pressupõem um direito já violado que merece imediata tutela.
(B) A tutela inibitória tem suporte no princípio constitucional do acesso à Justiça e na efetividade da tutela jurisdicional.
(C) A tutela inibitória tem aplicação na esfera trabalhista nas condutas antissindicais.
(D) A tutela inibitória não tem aplicação em interdito proibitório em caso de greve.
(E) A natureza do provimento em ação inibitória é mandamental, independendo para sua efetivação de posterior processo de execução.

A: assertiva incorreta, devendo ser assinalada, as tutelas cautelares e antecipatórias não compõem taxonomia excludente da tutela inibitória, que pode ser veiculada no bojo de uma antecipação de tutela ou de uma cautelar. Na realidade, a melhor taxonomia para a tutela inibitória é a que contrapõe o gênero das tutelas específicas às tutelas ressarcitórias. Dentro deste gênero das tutelas específicas, a tutela inibitória é espécie, ao lado da tutela de remoção do ilícito. Seja como for, embora a tutela inibitória se volte precipuamente para a tutela de um ilícito, e apenas acidentalmente para a tutela de um dano que porventura haja ocorrido, inexiste óbice a que a tutela antecipada ou a tutela cautelar (que, muitas vezes, são o meio de realização de uma tutela inibitória) atuem preventivamente diante da ameaça de lesão a um direito; **B, C** e **E:** assertivas corretas, por definição; **D:** para o autor, a única forma de se entender a assertiva correta é conferindo um sentido específico aos interditos proibitórios usualmente manejados em face de greves. A tutela inibitória visa a inibir a ocorrência, repetição ou perpetuação de um ilícito. Por outro lado, o que empolga o interdito proibitório é a ameaça de molestamento da posse por ato ilícito. Sendo a greve um direito, não haveria que se falar, em linha de princípio, em ato ilícito e, em consequência, em tutela inibitória.

Gabarito "A".

(Procurador do Trabalho – MPT – 15º Concurso – 2008) Acerca dos atos judiciais decisórios, avalie os itens seguintes:

I. formulando o autor de Ação Rescisória proposta perante a Justiça do Trabalho pedido de antecipação dos efeitos da tutela, com o escopo de sustar o trânsito da execução instaurada, deve o magistrado adequar o pedido à sua real natureza, verificando a presença dos requisitos próprios à concessão da cautela;
II. segundo a jurisprudência do TST, a concessão da antecipação dos efeitos da tutela por ocasião da sentença autoriza a interposição de recurso ordinário e mandado de segurança, este último para coibir a eficácia material concreta da decisão judicial referida;
III. gradativamente mitigado pela legislação, o princípio da colegialidade, que caracteriza o funcionamento dos órgãos jurisdicionais de caráter revisor, não impede que o pedido de antecipação dos efeitos da tutela, deduzido em recurso ordinário, seja decidido pelo Relator, sem prejuízo de sua ratificação pelo órgão competente, por ocasião do exame do recurso ordinário;
IV. segundo a jurisprudência do TST, a concessão liminar da ordem de reintegração de empregado dispensado em razão de ser portador do vírus HIV autoriza a impetração de mandado de segurança.

De acordo com as assertivas acima, pode-se afirmar que:

(A) o item I é certo e o item II é errado;
(B) o item II é certo e o item III é errado;
(C) o item III é certo e o item IV é errado;
(D) o item IV é certo e o item I é errado;
(E) não respondida.

I: correta, Súmula 405, II, do TST; **II:** incorreta, só comporta recurso ordinário (Súmula 414, I, do TST); **III:** incorreta, "nos Tribunais, compete ao relator decidir sobre o pedido de antecipação de tutela, submetendo sua decisão ao Colegiado respectivo, independentemente de pauta, na sessão imediatamente subsequente" (OJ 68 da SDI-II do TST); **IV:** incorreta, pois inexiste direito líquido e certo nesse caso (OJ 142 da SDI-II do TST).

Gabarito "A"

9.8. QUESTÕES COMBINADAS SOBRE AÇÕES ESPECIAIS

(Magistratura do Trabalho – 21ª Região – 2005) Consideradas as afirmações abaixo, marque a letra que contém a resposta correta:

I. Na ação de consignação em pagamento o réu, mesmo que alegue insuficiência do depósito, poderá levantar, desde logo, a quantia ou a coisa depositadas, com a consequente liberação parcial do autor, prosseguindo o processo quanto à parcela controvertida.
II. Tem legitimidade ativa para propositura da ação de prestação de contas quem tiver o direito de exigi-las ou a obrigação de prestá-las. A sentença que julgar procedente a ação condenará o réu a prestar contas no prazo de cinco dias, sob pena de multa diária.
III. Na ação monitória a defesa será feita mediante embargos, que poderão ser opostos pelo réu no prazo de quinze dias, contados da penhora, os quais suspenderão a eficácia do mandado inicial.
IV. A ação anulatória ("querela nullitatis") é cabível para rescindir os atos judiciais praticados mediante provocação das partes, inclusive a sentença, desde que seja meramente declaratória.
V. De acordo com a atual jurisprudência sumulada do Tribunal Superior do Trabalho, em se tratando de ação anulatória de cláusula de acordo ou convenção coletiva de trabalho, a competência originária será a mesma do juízo em que praticado o ato supostamente eivado de vício.

(A) Somente I está correta.
(B) Somente II e III estão corretas.
(C) Somente V está errada.
(D) Todas estão corretas.
(E) Todas estão erradas.

I: correta, art. 899, § 1º, do CPC; **II:** incorreta, o prazo é de 48 horas, sob pena de ser ilícito impugnar as contas que o autor apresentar (art. 915, § 2º, do CPC); **III:** incorreta, o prazo de 15 dias não é contado da penhora (art. 1.102-C, § 2º, do CPC), **IV:** incorreta, a *querela nullitatis* é cabível na hipótese de processo desenvolvido com a inobservância de seus pressupostos de existência; **V:** incorreta, não há que se falar em acordo ou convenção coletiva de trabalho praticada em juízo (v. OJ 129 da SDI-II do TST).

Gabarito "A"

(Magistratura do Trabalho – 23ª Região – 2009) Analise os itens abaixo e marque a alternativa CORRETA:

I. Em razão da prerrogativa que decorre do mandato sindical, o empregado detentor de estabilidade tem direito líquido e certo, amparável por mandado de segurança, de permanecer trabalhando, a despeito do ajuizamento de inquérito para apuração de falta grave.
II. No caso da ação civil pública, se a extensão do dano a ser reparado for de âmbito suprarregional, a competência territorial será ou de uma das Varas do Trabalho da Capital do Estado ou de uma das Varas do Trabalho do Distrito Federal.
III. É cabível mandado de segurança para atacar liminar concedida em sede de ação civil pública e não haverá perda do objeto da garantia fundamental acaso a sentença superveniente confirme o conteúdo da providência liminar atacada.
IV. A irresignação contra o ato da penhora em dinheiro, tanto no caso de execução provisória como definitiva, deve ser manifestada em agravo de petição, cujo cabimento afasta a possibilidade de impetração do mandado de segurança.

(A) Os itens I e II são verdadeiros.
(B) Os itens II e III são verdadeiros.
(C) Os itens III e IV são verdadeiros.
(D) Apenas o item IV é verdadeiro.
(E) Todos os itens são falsos.

I: incorreta, "constitui direito líquido e certo do empregador a suspensão do empregado, ainda que detentor de estabilidade sindical, até a decisão final do inquérito em que se apure a falta grave a ele imputada" OJ 137 da SDI-II do TST; **II:** incorreta, OJ 130 da SDI-II do TST (observação: a redação da OJ 130 à época do certame colidia com o texto do art. 93 do CDC, que é no sentido do enunciado da questão. A OJ 130 da SBDI-II do TST teve sua redação substantivamente alterada em setembro de 2012, conforme Resolução 186/2012 do TST, *in verbis:* "III – Em caso de dano de abrangência suprarregional ou nacional, há competência concorrente para a Ação Civil Pública das varas do trabalho das sedes dos Tribunais Regionais do Trabalho"); **III:** incorreta, haverá perda do objeto (Súmula 414, III, do TST); **IV:** incorreta, se a execução for provisória, a irresignação deve se dar por mandado de segurança (Súmula 417, III, do TST).

Gabarito "E"

(Procurador do Trabalho – MPT – 16º Concurso – 2009) Leia as assertivas abaixo e assinale a alternativa CORRETA, consideradas as Súmulas e orientações jurisprudenciais do Tribunal Superior do Trabalho:

I. Para fixação da competência territorial em sede de ação civil pública, cumpre tomar em conta a extensão do dano causado ou a ser reparado, pautando-se pela incidência analógica do Código de Defesa do Consumidor. Assim, se a extensão do dano a ser reparado limitar-se ao âmbito regional, a competência é de uma das Varas do Trabalho da Capital do Estado; se for de âmbito suprarregional ou nacional, o foro é do Distrito Federal;

II. no caso de tutela antecipada ou liminar concedidas antes da sentença, cabe a impetração do mandado de segurança, em face da inexistência de recurso próprio;

III. a superveniência da sentença, nos autos originários, faz perder o objeto do mandado de segurança que impugnava a concessão da tutela antecipada o liminar.

De acordo com os itens acima, pode-se afirmar que:

(A) apenas a assertiva I está correta;

(B) apenas as assertivas I e II estão corretas;

(C) apenas as assertivas II e III estão corretas;

(D) todas as assertivas estão corretas;

(E) não respondida.

I: correta, OJ 130 da SDI-II do TST (importante: A OJ 130 da SBDI-II do TST teve sua redação substantivamente alterada em setembro de 2012, conforme Resolução 186/2012 do TST, que atualmente prevê: "II – Em caso de dano de abrangência regional, que atinja cidades sujeitas à jurisdição de mais de uma Vara do Trabalho, a competência será de qualquer das varas das localidades atingidas, ainda que vinculadas a Tribunais Regionais do Trabalho distintos. III – Em caso de dano de abrangência suprarregional ou nacional, há competência concorrente para a Ação Civil Pública das varas do trabalho das sedes dos Tribunais Regionais do Trabalho"); **II** e **III:** corretas, Súmula 414 do TST.

Gabarito "D"

(Procurador do Trabalho – MPT – 13º Concurso – 2006) Assinale a alternativa CORRETA:

(A) o ajuizamento do inquérito judicial para apuração de falta grave deve ser feito dentro de 60 dias a contar da suspensão do empregado;

(B) a sentença de improcedência no inquérito judicial para apuração de falta grave, quando não houver a suspensão do empregado, tem natureza constitutiva negativa;

(C) a natureza da decisão de procedência nas ações anulatórias de cláusulas convencionais é constitutiva negativa;

(D) a ação anulatória de cláusulas convencionais coletivas pode ser proposta pelo Ministério Público do Trabalho e por qualquer sindicato, desde que não tenha participado da contratação;

(E) não respondida.

A: incorreta, o prazo é de 30 dias (art. 853 da CLT); **B:** incorreta, tem natureza declaratória negativa; **C:** correta, por definição; **D:** incorreta, entende-se que, assim como o MPT (art. 83, IV, da LC 75/1993), os sindicatos convenentes também possuem legitimidade para a ação anulatória de cláusula de acordo ou convenção coletiva.

Gabarito "C"

10. FALÊNCIA, RECUPERAÇÃO E EFEITOS NO PROCESSO DO TRABALHO

(Magistratura do Trabalho – 2ª Região – 2011) No que diz respeito à falência, marque a alternativa incorreta:

(A) Os créditos trabalhistas cedidos a terceiros, na falência, serão considerados quirografários, assim como também os saldos dos créditos derivados da legislação do trabalho que excederem o limite de 150 (cento e cinquenta) salários mínimos por credor.

(B) Serão considerados créditos extraconcursais os derivados da legislação do trabalho ou decorrentes de acidente de trabalho relativos a serviços prestados após a decretação da falência, hipótese em que serão pagos com precedência sobre os créditos derivados dos acidentes de trabalho ocorridos antes da decretação da falência.

(C) A decretação da falência, com efeito retroativo, não atinge as arrematações já realizadas, ressalvada a fraude, que depende de ação própria.

(D) Na alienação conjunta ou separada de ativos da falida, não haverá sucessão do arrematante nas obrigações do devedor, exceto nas derivadas da legislação do trabalho e nas decorrentes de acidente de trabalho.

(E) O arrematante sucederá o devedor falido na alienação dos ativos, caso seja sócio da sociedade falida, ou de sociedade controlada pelo falido, parente, em linha reta ou colateral até o 4º grau, consanguíneo ou afim, do falido ou de sócio da sociedade falida, ou, ainda, identificado como agente do falido com o objetivo de fraudar a sucessão.

A: assertiva correta, art. 83, VI e § 4º, da Lei 11.101/2005; **B:** assertiva correta, art. 84 da Lei 11.101/2005; **C:** assertiva correta, conforme doutrina de Valentin Carrion (*Comentário à Consolidação das Leis do Trabalho*, 26ª ed, São Paulo: Saraiva, 2001, p. 697); **D:** assertiva incorreta, devendo ser assinalada, não haverá sucessão do arrematante nas obrigações do devedor, inclusive nas derivadas da legislação do trabalho e nas decorrentes de acidente de trabalho (art. 141, II, da Lei 11.101/2005); **E:** assertiva correta, art. 141, II, § 1º, da Lei 11.101/2005.

Gabarito "D"

11. QUESTÕES COMBINADAS

(Magistratura do Trabalho – 1ª Região – 2004) Assinale a alternativa correta:

(A) o cartório não detém personalidade jurídica própria. Portanto, toda e qualquer demanda, referente a direitos trabalhistas de empregado contratado para laborar em serventia não oficializada, sem recebimento de vantagens dos cofres públicos, deve ser ajuizada em face do titular do referido cartório, destinatário da delegação do Poder Público;

(B) com o recente cancelamento do enunciado 310 do Colendo Tribunal Superior do Trabalho, a substituição processual por parte do sindicato passou a ser ampla e irrestrita;

(C) no processo trabalhista submetido ao rito comum, o juiz não tem obrigação legal de determinar a intimação das testemunhas que não comparecem espontaneamente;

(D) pelo princípio da instrumentalidade das formas, entende-se que a forma do ato processual é importante, uma vez que estabelecida por lei, e se não for observada deve ser declarado nulo o ato processual;

(E) conta-se em dobro o prazo, em favor de qualquer das partes, para recurso no processo do trabalho, quando há litisconsortes no polo passivo, com advogados distintos.

A: correta, Neste sentido, confira-se: "CARTÓRIO EXTRAJUDICIAL – LEGITIMIDADE PASSIVA – SUCESSÃO TRABALHISTA. Os cartórios extrajudiciais não possuem personalidade jurídica própria, pertencendo ao Estado, razão pela qual não possuem legitimidade para serem demandados em Juízo (...)" (TRT4, 2ª Turma, RO 00156.461/97-8, Relatora Juíza Jane Alice de Azevedo Machado, publicado em 27.08.2001). Com efeito, nos termos dos artigos 20, 21 e 22 da Lei 8.935/1994, a contratação de empregados é feita diretamente pelo titular do cartório, e não pelo cartório em si; **B:** incorreta, à época do exame, remanescia alguma controvérsia acerca da ilegitimidade de sindicatos para a substituição processual na liquidação e execução de sentença, para o que se vinha exigindo expressa autorização do trabalhador, como se a hipótese fosse de mera representação. Todavia, no curso do RE 214668 (j. 12.06.2006), o STF, por maioria, rejeitou tais limitações; **C:** incorreta, as testemunhas que não comparecerem serão intimadas de ofício ou a requerimento das partes (art. 825, parágrafo único, da CLT); **D:** incorreta, pelo citado princípio, não se declarará a nulidade do ato quando, a despeito da não realização do ato na forma prescrita pela lei, este atingiu sua finalidade; **E:** incorreta, por causa do princípio da celeridade que rege o processo do trabalho, não é possível a contagem do prazo em dobro, previsto no art. 191 do CPC (OJ 310 da SDI-I do TST).

Gabarito "A"

(Magistratura do Trabalho – 2ª Região – 2012) De acordo com a jurisprudência sumulado do Tribunal Superior do Trabalho, analise as proposições abaixo:

I. A legitimidade do sindicato para propor ação de cumprimento estende-se também à observância de acordo ou de convenção coletiva.
II. O "jus postulandi" das partes, estabelecido no art. 791 da CLT, limita-se a uma das Varas do Trabalho e aos Tribunais Regionais do Trabalho alcançando os dissídios individuais e coletivos e a ação cautelar, não alcançando os recursos de competência do Tribunal Superior do Trabalho.
III. São válidos os atos praticados pelo substabelecido, ainda que não haja, no mandato, poderes expressos para substabelecer.
IV. Inadmissível, em instância recursal, o oferecimento tardio de procuração, nos termos do art. 37 do CPC, salvo se houver protesto por posterior juntada.
V. É incabível a condenação no pagamento de honorários advocatícios em ação rescisória no processo trabalhista.

Estão **corretas apenas** as proposições:

(A) I e II.
(B) II e IV.
(C) I e III.
(D) IV e V.
(E) II e V.

I: correta, Súmula 286 do TST; **II:** incorreta, "O *jus postulandi* das partes, estabelecido no art. 791 da CLT, limita-se às Varas do Trabalho e aos Tribunais Regionais do Trabalho, não alcançando a ação rescisória, a ação cautelar, o mandado de segurança e os recursos de competência do Tribunal Superior do Trabalho" (Súmula 425 do TST); **III:** correta, Súmula 395, III do TST; **IV:** incorreta, mesmo que haja protesto por posterior juntada, não é possível, em instância recursal, o oferecimento tardio de procuração (Súmula 383, I do TST); **V:** incorreta, pois é cabível (Súmula 219, II do TST).

Gabarito "C"

(Magistratura do Trabalho – 2ª Região – 2012) Observe as assertivas seguintes e ao final responda.

I. Nos termos do CPC – Código de Processo Civil, os atos do juiz consistem em sentenças, decisões interlocutórias, despachos de mero expediente e homologação de cálculos.
II. O princípio que diz respeito às nulidades relativas ou anulabilidades é o da preclusão.
III. Custas são espécies de tributo, taxas devidas ao Estado como contraprestação do serviço público de natureza jurisdicional.
IV. O prazo para o recurso extraordinário em matéria trabalhista é de 15 dias.
V. Segundo o Direito sumular do TST – Tribunal Superior do Trabalho, havendo discordância do credor, em execução definitiva, tem o executado direito líquido e certo a que os valores penhorados em dinheiro fiquem depositados no próprio banco.

Estão **corretas apenas** as assertivas:

(A) I, III e V.
(B) II, III e IV.
(C) III, IV e V.
(D) I, IV e V.
(E) II, IV e V.

I: incorreta, os atos do juiz consistem em sentença, decisão interlocutória e despacho (art. 162 do CPC); **II:** correta, artigo 795 da CLT; **III:** correta, por definição (v. ADI-MC 1378-ES); **IV:** correta, o Recurso Extraordinário é previsto no art. 102, III, da CF. Não se trata, portanto, de um recurso típico do Direito do Trabalho, embora admissível na seara laboral. Possui efeito devolutivo e, conforme prevê o art. 26 da Lei 8.038/1990, o prazo para sua interposição é de 15 dias; **V:** incorreta, o executado não tem esse direito (Súmula 417, II, do TST).

Gabarito "B"

(Magistratura do Trabalho – 2ª Região – 2012) Conforme jurisprudência sumulada do Tribunal Superior do Trabalho analise as seguintes proposições.

I. É extemporâneo recurso interposto antes de publicado o acórdão impugnado.
II. A interrupção do prazo recursal em razão da interposição de embargos de declaração pela parte adversa não acarreta qualquer prejuízo àquele que apresentou seu recurso tempestivamente.
III. Havendo pedido expresso de que as intimações e publicações sejam realizadas exclusivamente em nome de determinado advogado, a comunicação em nome de outro profissional constituído nos autos não gera nulidade em razão do "jus postulandi" conferido as partes pelo artigo 791 da CLT.
IV. A antecipação da tutela concedida antes da sentença não comporta impugnação pela via do mandado de segurança, por ser impugnável mediante recurso ordinário.
V. A Justiça do Trabalho não é competente para as ações ajuizadas por empregados em face de empregadores relativas ao cadastramento no Programa de Integração Social (PIS), visto que se trata de matéria de caráter meramente administrativo.

Estão **corretas apenas** as proposições:

(A) I e II.
(B) II e IV.
(C) I e III.
(D) IV e V.
(E) II e V.

I: correta, Súmula 434, I, do TST; **II:** correta, Súmula 434, II, do TST; **III:** incorreta, pois gera nulidade, exceto se constatada a inexistência de prejuízo (Súmula 427 do TST); **IV:** incorreta, a antecipação antes da sentença é atacável por meio de mandado de segurança (Súmula 414, II do TST); **V:** incorreta, a competência é da Justiça do Trabalho (Súmula 300 do TST).

Gabarito "A"

(Magistratura do Trabalho – 2ª Região – 2012) Com base na jurisprudência sumulada do Tribunal Superior do Trabalho, análise as afirmativas abaixo.

I. Em face do princípio da extrapetição o juiz, uma vez provocado, estará restrito aos pedidos feitos pelo demandante, o que explica a inclusão dos juros de mora na liquidação dependentes do pedido inicial e ao título executivo judicial.
II. Na execução por carta precatória, os embargos de terceiro serão oferecidos no juízo deprecado onde foi realizada a constrição, mas a competência para julgá-los será do juízo deprecante onde tramita a ação principal.
III. A competência para declarar a abusividade ou não da greve é da Justiça do trabalho.
IV. Não se configura conflito de competência entre Tribunal Regional do Trabalho e Vara do Trabalho a ele vinculada.
V. A exigência de depósito prévio do valor da multa cominada em razão de atuação administrativa é pressuposto de admissibilidade de recurso administrativo, de acordo com o § 1º do artigo 636 da CLT.

Estão **corretas apenas** as afirmativas:

(A) III e IV.
(B) II e IV.
(C) III e V.
(D) I e III.
(E) I e II.

I: incorreta, "os juros de mora e a correção monetária incluem-se na liquidação, ainda que omisso o pedido inicial ou a condenação" Súmula 211 do TST; **II:** incorreta, também poderão ser oferecidos no juízo deprecante. Ademais, "se versarem, unicamente, sobre vícios ou irregularidades da penhora, avaliação ou alienação dos bens, praticados pelo juízo deprecado" a competência será deste (Súmula 419 do TST); **III:** correta, Súmula 189 do TST; **IV:** correta, Súmula 420 do TST; **V:** incorreta, Súmula 424 do TST.

Gabarito "A"

(Magistratura do Trabalho – 2ª Região – 2012) Em se tratando do processo do trabalho é **INCORRETO** afirmar que:

(A) O processo constitui-se num conjunto de atos processuais que vão se sucedendo e de forma coordenada dentro da relação processual, até atingir a coisa julgada.
(B) Procedimento, ou rito, é a forma, o modo, a maneira como os atos processuais vão se projetando e se desenvolvendo dentro da relação jurídica processual.
(C) Intimação é o ato pelo qual se dá ciência a alguém dos atos e termos do processo, para que faça ou deixe de fazer alguma coisa.
(D) O litisconsórcio ativo necessário decorre de cumulação de lides que se ligam no plano subjetivo, sendo cabível nas demandas em que há trabalhadores empregados e não empregados.
(E) A representação no processo do trabalho pode ser legal ou convencional.

As explicações destas alternativas foram extraídas da obra CARLOS HENRIQUE BEZERRA LEITE. *Curso de Direito Processual do Trabalho*, 9ª edição, 2011, LTR. **A:** assertiva correta, por definição (p. 334); **B:** assertiva correta, por definição (p. 334); **C:** assertiva correta, por definição (p. 353); **D:** assertiva incorreta, devendo ser assinalada, segundo os ensinamentos de Carlos Henrique Bezerra Leite, fazendo referência ao artigo 842 da CLT, "em outros termos, quando os trabalhadores demandantes não forem empregados, é incabível o dissídio individual plúrimo, pois a literalidade da norma consolidada faz referência apenas a "empregados da mesma empresa ou estabelecimento" (p. 401); **E:** assertiva correta, por definição (p. 417), e art. 12 do CPC.

Gabarito "D"

(Magistratura do Trabalho – 2ª Região – 2012) É sabido que o sistema jurídico pátrio não pode tolerar condutas que importem afronta à boa marcha processual e ao próprio conteúdo ético do processo. Nessa seara, conforme regras contidas na Consolidação das Leis do Trabalho pertinentes ao tema, é **INCORRETO** afirmar:

(A) É vedado à parte interessada suscitar conflito de jurisdição quando já houver oposto na causa exceção de incompetência.
(B) Nos dissídios individuais que forem submetidos ao procedimento sumaríssimo, as partes e advogados comunicarão ao juízo as mudanças de endereço ocorridas no curso do processo, reputando-se eficazes as intimações enviadas ao local anteriormente indicado, na ausência de comunicação.
(C) Se o arrematante, ou seu fiador, não pagar dentro de 24 (vinte e quatro) horas o preço da arrematação, perderá, em benefício da execução, o sinal garantidor do lance, voltando à praça os bens executados.
(D) Incorrerá na pena de perda, pelo prazo de seis meses, do direito de reclamar perante a Justiça do Trabalho, aquele que, apresentando ao distribuidor reclamação verbal, não se apresentar, no prazo legal, à Vara ou Juízo para fazê-la tomar por termo.
(E) Incorrerá na pena de perda, pelo prazo de seis meses, do direito de reclamar perante a Justiça do Trabalho, o reclamante que por duas vezes seguidas der causa à extinção do feito por arquivamento, desistência ou inépcia da petição inicial.

A: assertiva correta, art. 806 da CLT; **B:** assertiva correta, art. 852-B, § 2º, da CLT; **C:** assertiva correta, art. 888, § 4º, da CLT; **D:** assertiva correta, art. 731 da CLT; **E:** assertiva incorreta, devendo ser assinalada, perde, por seis meses, o direito de reclamar perante a Justiça do Trabalho o reclamante que, por duas vezes seguidas, der causa ao arquivamento da reclamação (arts. 732 e 844da CLT).

Gabarito "E"

(Magistratura do Trabalho – 2ª Região – 2011) Analise as seguintes proposições:

I. Os dissídios coletivos que produzam efeitos em área territorial alcançada, em parte, pela jurisdição do Tribunal Regional do Trabalho da 2ª Região e, em outra parte, pela jurisdição do Tribunal Regional do Trabalho da 15ª Região, serão processados, conciliados e julgados pelo Colendo Tribunal Superior do Trabalho.

II. Compete à seção especializada em dissídios coletivos, ou seção normativa, do Colendo Tribunal Superior do Trabalho, originariamente, julgar os conflitos de competência entre os Tribunais Regionais do Trabalho em processos de dissídio coletivo e, em última instância, julgar os recursos ordinários interpostos contra as decisões proferidas pelos Tribunais Regionais do Trabalho em ações rescisórias e mandados de segurança pertinentes a dissídios coletivos.

III. Imóvel residencial considerado como bem de família poderá ser penhorado se o exequente tiver sido trabalhador doméstico que tenha prestado serviços somente em referida residência.

IV. Cabe mandado de segurança contra os atos de gestão comercial praticados pelos administradores de empresas públicas e de concessionárias de serviços públicos.

V. O ingresso de litisconsorte ativo não será admitido após o despacho da petição inicial do mandado de segurança.

Responda:

(A) Todas as assertivas estão certas.
(B) Todas as assertivas estão erradas.
(C) Estão certas somente as assertivas I, II, III e IV.
(D) Estão certas somente as assertivas I, III e V.
(E) Estão certas somente as assertivas II, III e V.

I: incorreta, serão processados, conciliados e julgados pelo TRT da 2ª Região (art. 12 da Lei 7.520/1986); **II:** correta, art. 2º, I, e, II, *b*, da Lei 7.701/1988; **III:** correta, art. 3º, I, da Lei 8.009/1990; **IV:** incorreta, não cabe MS nessa hipótese (art. 1º, § 2º, da Lei 12.016/2009); **V:** correta, art. 10, § 2º, da Lei 12.016/2009.

Gabarito "E"

(Magistratura do Trabalho – 3ª Região – 2013) Em relação ao processo do trabalho, leia as afirmações abaixo e, em seguida, assinale a alternativa correta:

I. O direito processual do trabalho adota várias técnicas voltadas a assegurar a maior eficácia possível das decisões judiciais, dentre as quais a atribuição ao juiz do poder para promover, de ofício, a execução dos títulos executivos judiciais.

II. Compete ao Superior Tribunal de Justiça dirimir conflitos de competência entre juízes do trabalho vinculados a Tribunais Regionais do Trabalho diversos.

III. A prescrição da pretensão relativa às parcelas remuneratórias alcança o respectivo recolhimento da contribuição para o FGTS.

IV. A prescrição da pretensão relativa às parcelas remuneratórias não alcança o respectivo recolhimento da contribuição para o FGTS.

(A) Somente as afirmativas I, II e III estão corretas.
(B) Somente as afirmativas I, II e IV estão corretas.
(C) Somente as afirmativas II e IV estão corretas.
(D) Somente as afirmativas II e III estão corretas.
(E) Somente as afirmativas I e III estão corretas.

I: correta, art. 878 da CLT; **II:** incorreta, art. 114, V, da CF; **III:** correta, Súmula 206 do TST; **IV:** incorreta, Súmula 206 do TST.

Gabarito "E"

(Magistratura do Trabalho – 3ª Região – 2009) Assinale a assertiva ("a" a "e") correta em relação aos enunciados de I a V, observadas a legislação pertinente e a consolidação jurisprudencial do c. TST:

I. O prazo de prescrição com relação à ação de cumprimento de decisão normativa flui apenas a partir da data de seu trânsito em julgado.

II. Os termos de ajuste de conduta firmados perante o Ministério Público do Trabalho e os termos de conciliação firmados perante as Comissões de Conciliação Prévia serão executados perante a Justiça do Trabalho.

III. No procedimento sumaríssimo, as testemunhas, até o máximo de duas para cada parte, comparecerão à audiência de instrução e julgamento independentemente de intimação, sendo certo que só será deferida a intimação de testemunha que, comprovadamente convidada, deixar de comparecer.

IV. Não será cabível ação civil pública para veicular pretensões que envolvam tributos, contribuições previdenciárias, o Fundo de Garantia do Tempo de Serviço – FGTS ou outros fundos de natureza institucional cujos beneficiários podem ser individualmente determinados.

V. Em dissídio individual, está sujeita ao duplo grau de jurisdição, mesmo na vigência da Constituição da República de 1988, decisão contrária à Fazenda Pública, salvo: a) quando a condenação não ultrapassar o valor correspondente a sessenta salários mínimos; b) quando a decisão estiver em consonância com decisão plenária do Supremo Tribunal Federal ou com súmula ou orientação jurisprudencial do Tribunal Superior do Trabalho.

(A) Somente um enunciado é verdadeiro.
(B) Somente dois enunciados são verdadeiros.
(C) Somente três enunciados são verdadeiros.
(D) Somente quatro enunciados são verdadeiros.
(E) Todos os enunciados são verdadeiros.

I: correta, Súmula 350 do TST; **II:** correta, art. 876 da CLT; **III:** correta, art. 852-H, §§ 2º e 3º, da CLT; **IV:** correta, art. 1º, parágrafo único, da Lei 7.347/1985; **V:** correta, Súmula 303 do TST.

Gabarito "E"

(Magistratura do Trabalho – 3ª Região – 2009) Assinale a assertiva ("a" a "e") correta em relação aos enunciados de I a V, observada a consolidação jurisprudencial do c. TST:

I. Posto exigir prova preconstituída, verificando o relator da ação rescisória que a parte interessada não juntou à inicial o documento probatório, extinguirá de plano o processo, indeferindo a inicial.

II. Salvo se houver dúvida razoável, a interposição de recurso intempestivo ou a interposição de recurso incabível não protrai o termo inicial do prazo decadencial para propositura de ação rescisória.

III. A decisão que conclui estar preclusa a oportunidade de impugnação da sentença de liquidação, por ensejar tão somente a formação da coisa julgada formal, não é suscetível de rescindibilidade.

IV. Para fixação da competência territorial em sede de ação civil pública, cumpre tomar em conta a extensão do dano causado ou a ser reparado, pautando-se pela incidência analógica do art. 93 do Código de Defesa do Consumidor. Assim, se a extensão do dano a ser reparado limitar-se o âmbito regional, a competência é de uma das Varas do Trabalho da Capital do Estado; se for de âmbito suprarregional ou nacional, o foro é o do Distrito Federal.

V. A procuração outorgada com poderes específicos para ajuizamento de ação trabalhista não autoriza a propositura de ação rescisória, bem como não se admite sua regularização quando verificado o defeito de representação processual na fase recursal.

(A) Somente um enunciado é verdadeiro.
(B) Somente dois enunciados são verdadeiros.
(C) Somente três enunciados são verdadeiros.
(D) Somente quatro enunciados são verdadeiros.
(E) Todos os enunciados são verdadeiros.

I: falso, abrirá prazo de 10 (dez) dias para que junte (Súmula 299, II, do TST); **II:** verdadeiro, Súmula 100, III, do TST; **III:** verdadeiro, OJ 134 da SDI-II do TST; **IV:** verdadeiro, OJ 130 da SDI-II do TST (importante: A OJ 130 da SBDI-II do TST teve sua redação substantivamente alterada em setembro de 2012, conforme Resolução 186/2012 do TST, que atualmente dispões: "II – Em caso de dano de abrangência regional, que atinja cidades sujeitas à jurisdição de mais de uma Vara do Trabalho, a competência será de qualquer das varas das localidades atingidas, ainda que vinculadas a Tribunais Regionais do Trabalho distintos. III – Em caso de dano de abrangência suprarregional ou nacional, há competência concorrente para a Ação Civil Pública das varas do trabalho das sedes dos Tribunais Regionais do Trabalho"); **V:** verdadeiro, OJ 151 da SDI-II do TST.

Gabarito "D"

(Magistratura do Trabalho – 8ª Região – 2009) De acordo com a iterativa jurisprudência do TST, é incorreto afirmar:

(A) Da decisão proferida pelo Tribunal Regional do Trabalho, em ação rescisória, caberá recurso ordinário ao Tribunal Superior do Trabalho. Havendo recurso parcial no processo principal, o trânsito em julgado dá-se em momentos e em tribunais diferentes, contando-se o prazo decadencial para a ação rescisória do trânsito em julgado de cada decisão, salvo se o recurso tratar de preliminar ou prejudicial que possa tornar insubsistente a decisão recorrida, hipótese em que flui a decadência a partir do trânsito em julgado da decisão que julgar o recurso parcial.

(B) A exceção de incompetência, ainda que oposta no prazo recursal, sem ter sido aviado o recurso próprio, não tem o condão de afastar a consumação da coisa julgada e, assim, postergar o termo inicial do prazo decadencial para a ação rescisória. Cabe frisar que o prazo decadencial, para ajuizamento da ação rescisória, conta-se do dia imediatamente subsequente ao trânsito julgado da última decisão proferida na causa, sendo de mérito ou não.

(C) Considera-se documento essencial ao processamento da ação rescisória a certidão de trânsito em julgado da decisão rescindenda. Uma vez constatado que o autor não apresentou o documento, o relator abrirá prazo de 10 dias para que a parte sane a omissão quanto à juntada do documento. Sendo assim, pode-se afirmar que a juntada da certidão se caracteriza como pressuposto processual indispensável no momento em que foi ajuizada a ação rescisória. Nas hipóteses em que ocorre vício de intimação posterior à decisão rescindenda, não se forma a coisa julgada material, o que origina a extinção da ação rescisória sem resolução do mérito por carência de ação.

(D) O cabimento de mandado de segurança contra tutela antecipada dependerá do momento em que ocorreu a concessão da medida. Nos casos em que a tutela antecipada é concedida através da sentença, não cabe a impetração do *mandamus* porquanto a decisão é impugnável através de recurso ordinário. Neste caso, o prejudicado deverá manejar ação cautelar com a finalidade de obter efeito suspensivo ao recurso. Nas situações em que a tutela antecipada é deferida antes da prolação da sentença, cabe a impetração de mandado de segurança, em razão da inexistência de recurso próprio.

(E) O efeito devolutivo em profundidade do recurso ordinário, que se extrai do parágrafo primeiro do art. 515 do CPC, transfere ao Tribunal a apreciação de fundamento da defesa não examinado pela sentença, mediante renovação do fundamento pela via do próprio recurso ou das contrarrazões. Não se aplica nos casos em que o pedido não foi analisado pelo Juízo de primeiro grau.

A e **B:** assertivas corretas, Súmula 100 do TST; **C:** assertiva correta, Súmula 299 do TST; **D:** assertiva correta, Súmula 414 do TST; **E:** assertiva incorreta, devendo ser assinalada, não é preciso a renovação do fundamento pela via do próprio recurso ou das contrarrazões. Ademais, também se aplica aos casos em que o processo foi extinto sem julgamento de mérito (Súmula 393 do TST).

Gabarito "E"

(Magistratura do Trabalho – 8ª Região – 2009) Consoante às súmulas da jurisprudência do TST, assinale a opção incorreta:

(A) Na ação rescisória, a revelia não produz o efeito da confissão tendo em visa que o que se ataca na ação é a sentença, ato oficial do Estado, acobertado pelo manto da coisa julgada, questão, portanto, de ordem pública.

(B) Em se tratando de rescisória de rescisória, o vício apontado deve nascer na decisão rescindenda, não se admitindo a rediscussão do acerto do julgamento da rescisória anterior. Assim, não se admite rescisória calcada em violação literal disposição de lei para discussão, por má aplicação dos mesmos dispositivos, tidos por violados na rescisória anterior, bem como para arguição de questões inerentes à ação rescisória primitiva.

(C) A contagem do quinquídio para apresentação dos originais de recurso interposto por intermédio de fac-símile começa a fluir do dia subsequente ao término do prazo recursal, nos termos do artigo 2º da Lei n. 9.800/1999, e não do dia seguinte à interposição do recurso, se esta se deu antes do termo final do prazo. Não se tratando a juntada dos originais de ato que dependa de notificação, pois a parte, ao interpor o recurso, já tem ciência de seu ônus processual, não se aplica a regra do artigo 184 do CPC quanto ao *dies a quo*, podendo coincidir com sábado, domingo ou feriado.

(D) Tendo a decisão monocrática de provimento ou denegação de recurso, prevista no art. 557 do CPC, conteúdo decisório definitivo e conclusivo da lide, comporta ser esclarecida pela via dos embargos de declaração, em decisão aclaratória, também monocrática, quando se pretende tão somente suprir obscuridade ou contradição, e não modificação do julgado. Postulando o embargante efeito modificativo, os embargos declaratórios deverão ser submetidos ao pronunciamento do Colegiado, convertidos em agravo, em face dos princípios da fungibilidade e celeridade processual.

(E) Tratando-se de pedido de diferença de complementação de aposentadoria oriunda de norma regulamentar, a prescrição aplicável é a parcial, não atingindo o direito de ação, mas, tão somente, as parcelas anteriores ao quinquênio, sendo, porém, total a prescrição nas hipóteses em que o pagamento da complementação jamais ocorreu, e começa a fluir o prazo a partir da concessão da aposentadoria.

A: assertiva correta, Súmula 398 do TST; **B:** assertiva correta, Súmula 400 do TST; **C:** assertiva correta, Súmula 387 do TST; **D:** assertiva incorreta, devendo ser assinalada, pretende-se tão somente suprir *omissão* (Súmula 421 do TST); **E:** assertiva correta, Súmulas 326e 327 do TST (atentar à nova redação conferida a tais súmulas pelo TST em maio de 2011, *in verbis*: Súmula 326: "A pretensão à complementação de aposentadoria jamais recebida prescreve em 2 (dois) anos contados da cessação do contrato de trabalho". Súmula 327: "A pretensão a diferenças de complementação de aposentadoria sujeita-se à prescrição parcial e quinquenal, salvo se o pretenso direito decorrer de verbas não recebidas no curso da relação de emprego e já alcançadas pela prescrição, à época da propositura da ação").

Gabarito "D"

(Magistratura do Trabalho – 8ª Região – 2009) Considerando a expressa dicção legal e a jurisprudência consolidada do TST, é correto afirmar:

(A) Nos dissídios individuais e nos dissídios coletivos do trabalho, nas ações e procedimentos de competência da Justiça do Trabalho, as custas relativas ao processo de conhecimento incidirão à base de 2% (dois por cento), observado o mínimo de R$ 10,64 (dez reais e sessenta e quatro centavos) e serão calculadas: I – quando houver acordo ou condenação, sobre o respectivo valor; II – quando houver extinção do processo, sem julgamento do mérito, ou julgado totalmente improcedente o pedido, sobre o valor da causa; III – no caso de procedência do pedido formulado em ação declaratória e em ação constitutiva, sobre o valor da causa; IV – quando o valor for indeterminado, sobre o que o juiz fixar. Nas demandas propostas perante a Justiça Estadual, no exercício da jurisdição trabalhista, as custas serão apuradas conforme dispuser a Lei de Organização Judiciária local.

(B) Apesar da disposição que determina o cálculo das custas sobre o valor da condenação, não caracteriza deserção a hipótese em que, acrescido o valor da condenação, não houve fixação ou cálculo do valor devido a título de custas e tampouco intimação da parte para o preparo do recurso, devendo, pois, as custas ser pagas ao final.

(C) Válido é o instrumento de mandato com prazo determinado que contém cláusula estabelecendo a prevalência dos poderes para atuar até o final da demanda. Diante da existência de previsão, no mandato, fixando termo para sua juntada, o instrumento de mandato só tem validade se anexado ao processo dentro do aludido prazo. A falta de poderes expressos no mandato para substabelecer torna inválidos os atos praticados pelo substabelecido; configura-se a irregularidade de representação se o substabelecimento é anterior à outorga passada ao substabelecente.

(D) A execução de quantia certa fundada em título executivo judicial poderá ser promovida por qualquer interessado, ou *ex officio* pelo próprio Juiz ou Tribunal competente, sendo, porém, defesa a iniciativa do órgão do Ministério Público do Trabalho, salvo na condição de autor do processo em que se originou o título executado.

(E) Caberão embargos de declaração de acórdão, no prazo de cinco dias, devendo seu julgamento ocorrer na primeira sessão subsequente a sua apresentação, registrado na certidão, sendo apenas admitido efeito modificativo da decisão nos casos de omissão e contradição no julgado, porém os erros materiais poderão ser corrigidos de ofício ou a requerimento de qualquer das partes.

A: incorreta, nas demandas propostas perante a Justiça Estadual o procedimento será o mesmo, art. 789 da CLT; **B:** correta, Súmula 53 do TST e OJ 104 da SDI-I do TST; **C:** incorreta, ainda que não haja poderes expressos no mandato para substabelecer, os atos praticados pelo substabelecido são válidos (Súmula 395 do TST); **D:** incorreta, art. 878, parágrafo único, da CLT (ademais, há outros casos de legitimidade ativa do *parquet* em ações em que não é o demandante, como na hipótese do art. 15 da Lei 7.347/1985); **E:** incorreta, também é admitido efeito modificativo da decisão se houver manifesto equívoco no exame dos pressupostos extrínsecos do recurso (art. 897-A, *caput*, da CLT).

Gabarito "B"

(Magistratura do Trabalho – 8ª Região – 2008) À luz da jurisprudência consolidada pelo TST, é INCORRETO afirmar:

(A) É inadmissível o recurso de revista fundado tão somente em divergência jurisprudencial se a parte não comprovar que a lei estadual, a norma coletiva ou o regulamento da empresa extrapolam o âmbito do TRT prolator da decisão hostilizada.

(B) Não padece de inépcia a exordial de ação rescisória apenas porque se capitula erroneamente em um dos incisos do artigo 485 do CPC. Deveras, desde que não se afaste dos fatos e fundamentos invocados como causa de pedir, ao Tribunal é lícito lhes emprestar a adequada qualificação jurídica, já que o juiz conhece o direito (*iura novit curia*). É evidente que essa assertiva não se aplica às ocasiões em que a ação rescisória tem fulcro jurídico no artigo 485, inciso V, do CPC (violar literal disposição de lei). Nessa última hipótese, ressoa imprescindível a expressa indicação, na peça inaugural da ação rescisória, do dispositivo legal que se afirma arrostado.

(C) Na execução por carta precatória, os embargos de terceiro serão oferecidos no juízo deprecante ou no juízo deprecado, mas a competência para julgá-los é do juízo deprecante, salvo se versarem, unicamente, sobre vícios ou irregularidades da penhora, avaliação ou alienação dos bens, praticados pelo juízo deprecado, em que a competência será deste último.

(D) Existindo, na decisão recorrida, tese explícita sobre a matéria, é desnecessário que contenha nela referência expressa do dispositivo legal para se ter como prequestionado este.

(E) Tratando-se de execução provisória, fere direito líquido e certo do devedor a simples determinação de penhora de numerário, porquanto o executado tem direito a que a execução se processe da forma que lhe seja menos gravosa.

A: assertiva correta, OJ 147 da SDI-I do TST; **B:** assertiva correta, Súmula 408 do TST; **C:** assertiva correta, Súmula 419 do TST; **D:** assertiva correta, OJ 118 da SDI-I do TST; **E:** assertiva incorreta, devendo ser assinalada, "fere direito líquido e certo do impetrante a determinação de penhora em dinheiro, quando nomeados outros bens à penhora" (Súmula 417, III, do TST).

Gabarito "E"

(Magistratura do Trabalho – 8ª Região – 2008) Considerando a posição sumulada do TST, assinale a alternativa CORRETA:

(A) O prazo de decadência, na ação rescisória, conta-se do dia imediatamente subsequente ao trânsito em julgado da última decisão proferida na causa, seja de mérito ou não. Pode uma questão processual ser objeto de rescisão desde que consista em pressuposto de validade de uma sentença de mérito. É motivo de inépcia da petição inicial em ação rescisória, o pedido explícito de desconstituição de sentença quando substituída por acórdão Regional.

(B) Em dissídio individual, está sujeita ao duplo grau de jurisdição, mesmo na vigência da CF/1988, decisão contrária à Fazenda Pública, salvo quando a condenação não ultrapassar o valor correspondente a 60 (sessenta) salários mínimos e quando for proferida em consonância com decisão plenária do Tribunal Superior do Trabalho ou com súmula do Supremo Tribunal Federal.

(C) Não existe incompatibilidade do que dispõe o art. 462 do CPC com o processo do trabalho, pelo que se admite a invocação de fato constitutivo, modificativo ou extintivo do direito, superveniente à propositura da ação, aos processos em curso em qualquer instância trabalhista. Constitui julgamento *extra petita* a decisão do juiz que acolhe o fato superveniente, independentemente da alegação da parte.

(D) O cabimento de ação rescisória contra decisão proferida em ação rescisória é estreito e apenas se admite na excepcionalidade. O vício apontado deve nascer na decisão rescindenda, resultante da má aplicação dos mesmos dispositivos de lei, tidos por violados na rescisória anterior.

(E) A contagem do quinquídio para apresentação dos originais de recurso interposto por intermédio de fac-símile começa a fluir do dia subsequente ao término do prazo recursal, nos termos do art. 2º da Lei n. 9.800/1999, e não do dia seguinte à interposição do recurso, se esta se deu antes do termo final do prazo. Aplica-se, na espécie, a regra em que é considerado prorrogado o prazo até o primeiro dia útil, se o termo inicial para a juntada dos originais recair em feriado.

A: correta, Súmulas 100, I, 192 e 412 do TST; **B:** incorreta, os requisitos não são cumulativos (ou quando for proferida em consonância...) (Súmula 303 do TST); **C:** incorreta, Súmula 394 do TST (a segunda parte da sentença está incorreta, pois contradiz o próprio art. 462 do CPC); **D:** incorreta, não se admite a rediscussão do acerto do julgamento da rescisória anterior (Súmula 400 do TST); **E:** incorreta, o prazo pode coincidir com sábado, domingo ou feriado (Súmula 387 do TST).

Gabarito "A"

(Magistratura do Trabalho – 8ª Região – 2007) Assinale a alternativa correta, segundo a jurisprudência do TST:

(A) Para a fixação da competência territorial em sede de ação civil pública, cumpre tomar em conta a extensão do dano causado ou a ser reparado. Assim, se a extensão do dano a ser reparado limitar-se ao âmbito regional, a competência é de uma das Varas do Trabalho da Capital do Estado; se for de âmbito suprarregional ou nacional, o foro é o do Distrito Federal.

(B) Em se tratando de ação anulatória, a competência originária se dá perante o Tribunal a quem caberia a apreciação do recurso da decisão que provocou a nulidade.

(C) O pedido de revisão dos cálculos, em fase de precatório, previsto na Lei n. 9.494/1997, apenas poderá ser acolhido desde que: a) o requerente aponte e especifique claramente quais são as incorreções existentes nos cálculos, discriminando o montante que seria correto; b) o defeito nos cálculos esteja ligado à incorreção material ou à utilização de critério em descompasso com a lei ou com o título executivo judicial; c) o valor requisitado seja superior ao previsto no orçamento para este tipo de despesa; e d) o critério legal aplicável ao débito não tenha sido objeto de debate nem na fase de conhecimento, nem na fase de execução.

(D) Ao Tribunal Superior do Trabalho compete apreciar, originariamente, mandado de segurança impetrado em face de decisão de Tribunal Regional do Trabalho.

(E) É necessária a outorga de poderes especiais ao patrono da causa para firmar declaração de insuficiência econômica, destinada à concessão dos benefícios da justiça gratuita.

A: correta, OJ 130 da SD-II do TST (importante: A OJ 130 da SBDI-II do TST teve sua redação substantivamente alterada em setembro de 2012, conforme Resolução 186/2012 do TST, cuja redação é a seguinte: "II – Em caso de dano de abrangência regional, que atinja cidades sujeitas à jurisdição de mais de uma Vara do Trabalho, a competência será de qualquer das varas das localidades atingidas, ainda que vinculadas a Tribunais Regionais do Trabalho distintos. III – Em caso de dano de abrangência suprarregional ou nacional, há competência concorrente para a Ação Civil Pública das varas do trabalho das sedes dos Tribunais Regionais do Trabalho"); **B:** incorreta, "a competência originária se dá no mesmo juízo em que praticado o ato supostamente eivado de vício" (OJ 129 da SDI-II do TST); **C:** incorreta, a letra "c" não está prevista na OJ 2 do Tribunal Pleno do TST; **D:** incorreta, pois não compete ao TST (OJ 4 do TP do TST); **E:** incorreta, tal outorga é desnecessária (OJ 331 da SDI-I do TST).

Gabarito "A"

(Magistratura do Trabalho – 8ª Região – 2007) Assinale a alternativa correta, segundo a jurisprudência do TST:

(A) A garantia de emprego à gestante só autoriza a reintegração se esta se der durante o período de estabilidade. Encerrado o contrato de experiência, a garantia restringe-se aos salários e demais direitos correspondentes ao período de estabilidade.

(B) Só por ação anulatória é impugnável, pelas partes, o termo de conciliação que põe fim ao processo trabalhista, previsto na legislação consolidada.

(C) Na ação que objetive corrigir desvio funcional, a prescrição só alcança as diferenças salariais vencidas no período de cinco anos que precedeu o ajuizamento. Caso se trate de pedido de reenquadramento, a prescrição é total, contada da data do enquadramento do empregado.

(D) A juntada de nova procuração aos autos, sem ressalva de poderes conferidos ao antigo patrono, autoriza a atuação dos advogados que figurem em qualquer dos instrumentos.

(E) Tendo a decisão monocrática de provimento ou denegação de recurso conteúdo decisório definitivo e conclusivo da lide, comporta ser esclarecida pela via dos embargos de declaração, em decisão aclaratória colegiada, quando se pretende tão somente suprir omissão e não, modificação do julgado.

A: incorreta, Súmula 244 do TST; **B:** incorreta, só por ação rescisória (Súmula 259 do TST); **C:** correta, Súmula 275 do TST; **D:** incorreta, implica em revogação tácita do mandato anterior (OJ 349 da SDI-I do TST); **E:** incorreta, a decisão aclaratória é monocrática (Súmula 421 do TST).

Gabarito "C"

(Magistratura do Trabalho – 9ª Região – 2007) Considerando a lei vigente e o entendimento dominante no Tribunal Superior do Trabalho, analise as seguintes proposições:

I. Não pode o juiz do trabalho, em razão do princípio da publicidade dos atos processuais consagrado na Constituição Federal, em ação trabalhista ajuizada por trabalhador portador do vírus HIV que pleiteia indenização por dano moral sob o argumento de que sofreu despedida discriminatória, limitar a presença, na audiência de instrução, apenas às próprias partes e a seus advogados.

II. Tendo o autor, na petição inicial, formulado pedido de pagamento de adicional de insalubridade por exposição a ruído acima dos limites de tolerância, a decisão do juiz, que condena a empregadora a pagar referido adicional fundamentada em laudo pericial que concluiu insalubre a atividade, mas por exposição ao agente físico calor acima dos limites de tolerância, configura afronta ao princípio da vinculação do juiz ao pedido.

III. A citação ordenada por juiz incompetente é exemplo de ato existente, inválido e ineficaz.

IV. Nas demandas sujeitas ao procedimento sumaríssimo, o pedido, segundo a lei, deverá ser certo ou determinado e indicará o valor correspondente. Se a petição inicial não observar esse requisito, somente poderá ser indeferida se, após intimada para suprir a irregularidade, a parte não o fizer em dez dias.

Assinale a alternativa correta:

(A) Todas as proposições estão incorretas;

(B) Apenas três proposições estão incorretas;

(C) Apenas duas proposições estão incorretas;

(D) Apenas uma proposição está incorreta;

(E) Todas as proposições estão corretas.

I: incorreta, nesse caso, poderá limitar a presença (art. 5º, LX, da CF); **II:** incorreta, não configura afronta ao princípio da vinculação do juiz ao pedido (Súmula 293 do TST); **III:** incorreta, "a citação válida torna prevento o juízo, induz litispendência e faz litigiosa a coisa; e, ainda quando ordenada por juiz incompetente, constitui em mora o devedor e interrompe a prescrição" (art. 219 do CPC); **IV:** incorreta, se a petição inicial não observar esse requisito, "importará no arquivamento da reclamação e condenação ao pagamento de custas sobre o valor da causa" (art. 852-B, § 1º, da CLT).

Gabarito "A"

(Magistratura do Trabalho – 9ª Região – 2007) Considere as seguintes proposições:

I. A compensação, no processo do trabalho, pode ser arguida em qualquer fase do processo de conhecimento, conforme entendimento sumulado do Tribunal Superior do Trabalho.

II. Havendo conflito de competência entre Tribunal Regional do Trabalho e Vara do Trabalho a ele vinculada, a competência para julgar esse conflito será do Tribunal Superior do Trabalho.

III. Com a extinção da representação classista na Justiça do Trabalho, passou-se a aplicar, nas Varas do Trabalho, o princípio da identidade física do juiz, conforme o entendimento sumulado do Tribunal Superior do Trabalho.

IV. No procedimento sumaríssimo exige-se que o pedido, além de certo ou determinado, contenha a indicação do valor correspondente, não sendo admitida a citação por edital.

V. No procedimento sumaríssimo, as testemunhas, até o máximo de três para cada parte, comparecerão à audiência de instrução e julgamento independentemente de intimação. Só será determinada intimação de testemunha que, comprovadamente convidada, deixar de comparecer.

Assinale a alternativa correta:

(A) Todas as proposições estão corretas;
(B) Apenas quatro proposições estão corretas;
(C) Apenas três proposições estão corretas;
(D) Apenas duas proposições estão corretas;
(E) Apenas uma proposição está correta.

I: incorreta, só pode ser arguida com a contestação (Súmula 48 do TST); **II:** incorreta, "não se configura conflito de competência entre Tribunal Regional do Trabalho e Vara do Trabalho a ele vinculada" (Súmula 420 do TST); **III:** incorreta, conforme Súmula 136 do TST (vigente à época do concurso, mas cancelada pela Resolução 185/2012 do TST); **IV:** correta, art. 852-B da CLT; **V:** incorreta, o número máximo de testemunhas são duas (art. 852-H, § 2º, da CLT).

Gabarito "E"

(Magistratura do Trabalho – 9ª Região – 2007) Analise as seguintes proposições:

I. O acordo homologado judicialmente produz eficácia de coisa julgada em relação às partes que figurarem no título e em relação à Previdência Social. Esta somente poderá impugnar tal acordo através de ação rescisória.

II. Segundo o entendimento sumulado do Tribunal Superior do Trabalho, intimada ou notificada a parte no sábado, o início do prazo se dará no primeiro dia útil imediato e a contagem no subsequente.

III. É poder-dever do juiz impedir que as partes sirvam-se do processo para praticar ato simulado ou conseguir fim proibido em lei. Portanto, constatada a simulação, o juízo proferirá sentença definitiva, com resolução de mérito.

IV. Nos dissídios individuais as custas relativas ao processo de conhecimento serão pagas pelo vencido, após o trânsito em julgado da decisão. No caso de recurso, as custas serão pagas e comprovado o recolhimento no prazo de até cinco dias após o término do prazo recursal.

V. São isentos de custas os beneficiários de justiça gratuita, o Ministério Público do Trabalho, a União, os Estados, o Distrito Federal, os Municípios e respectivas autarquias e fundações públicas federais, estaduais ou municipais que não explorem atividade econômica. Tal isenção não alcança as entidades fiscalizadoras do exercício profissional.

Assinale a alternativa correta:

(A) Somente as proposições III e IV estão corretas;
(B) Somente as proposições II e V estão corretas;
(C) Somente as proposições I, II e IV estão corretas;
(D) Todas as proposições estão corretas;
(E) Somente as proposições II, IV e V estão corretas.

I: incorreta, "o termo que for lavrado valerá como decisão irrecorrível, salvo para a Previdência Social quanto às contribuições que lhe forem devidas" (art. 831, parágrafo único, da CLT); **II:** correta, Súmula 262 do TST; **III:** incorreta, a sentença será extintiva, sem resolução de mérito (art. 129 do CPC); **IV:** incorreta, as custas serão pagas e comprovado o recolhimento no prazo de dentro prazo recursal (art. 789, § 1º, da CLT); **V:** correta, art. 790-A da CLT.

Gabarito "B"

(Magistratura do Trabalho – 9ª Região – 2006) Assinale a alternativa incorreta:

(A) Há litispendência ou coisa julgada quando se reproduz ação anteriormente ajuizada, considerando-se a identidade de ações quando se repetem as mesmas partes, a mesma causa de pedir e o mesmo pedido.
(B) Não há litispendência quando se reproduz ação anteriormente ajuizada, já arquivada pelo não comparecimento do empregado à audiência inicial.
(C) Os sindicatos têm legitimidade para propor ação de cumprimento objetivando a observância de acordo ou de convenção coletiva de trabalho.
(D) A sentença condenatória deve desde logo fixar o valor dos honorários devidos ao perito assistente da parte vencedora no objeto da perícia, que devem ser pagos pela parte sucumbente, conforme jurisprudência do TST.
(E) O simples fato da testemunha estar litigando ou ter litigado contra o mesmo empregador não enseja o acolhimento da contradita apresentada pela ré.

A: assertiva correta, com a litispendência pressupondo a coexistência de ações idênticas, enquanto que a coisa julgada diz com a qualidade imutável obtida pela sentença de que não mais caiba recurso, não se podendo repetir demanda qualificada pela coisa julgada material; **B:** assertiva correta, pois a litispendência pressupõe a coexistência de lides idênticas; **C:** assertiva correta, Súmula 286 do TST; **D:** assertiva incorreta, devendo ser assinalada, se a parte sucumbente for beneficiária da justiça gratuita, não pagará os honorários periciais (art. 790-B da CLT); **E:** assertiva correta, Súmula 357 do TST.

Gabarito "D"

(Magistratura do Trabalho – 11ª Região – 2007 – FCC) Em relação ao processo do trabalho, é correto afirmar:

(A) Perante a Justiça do Trabalho os empregados e os empregadores podem propor e acompanhar, pessoalmente, suas ações até o final, exceto se o valor da causa for superior a quarenta salários mínimos.

(B) No processo do trabalho as partes poderão conciliar a qualquer tempo, desde que ainda não tenha sido citado o devedor para pagar.

(C) A execução, no processo do trabalho, deve ser requerida pelos interessados, pois o seu início *ex officio* violaria o princípio do dispositivo.

(D) Elaborada a conta pela contadoria do juízo, o juiz deverá abrir às partes prazo sucessivo para a impugnação fundamentada, sob pena de preclusão.

(E) A execução sempre se esteia em um título executivo, que no processo do trabalho poderá ser judicial ou extrajudicial.

A: incorreta, esta restrição, parecida com a prevista na Lei dos Juizados Especiais e suscetível de ser confundida com o limite previsto pelo art. 852-A da CLT, não consta do art. 791 da CLT; **B:** incorreta, ainda que encerrado o juízo conciliatório, as partes poderão conciliar (art. 764, § 3º, da CLT); **C:** incorreta, a execução pode ser promovida de ofício (art. 878 da CLT); **D:** incorreta, o juiz *poderá*, não *deverá* abrir o prazo (art. 879, § 2º, da CLT); **E:** correta, art. 876 da CLT.

Gabarito "E"

(Magistratura do Trabalho – 11ª Região – 2007 – FCC) Em relação ao processo do trabalho, é correto afirmar:

(A) Se o sindicato da categoria profissional pretender ajuizar ação como substituto processual de integrantes da categoria, deverá fazer a individualização dos substituídos na petição inicial, e essa substituição se restringe aos casos autorizados pela lei.

(B) No caso de conciliação, o termo lavrado só poderá ser atacado por ação rescisória, conforme entendimento sumulado pelo Tribunal Superior do Trabalho.

(C) Na audiência de instrução, o Juiz indeferiu o pedido de intimação da testemunha, feito pela parte. Em virtude disso, poderá o requerente, de imediato, recorrer ordinariamente.

(D) Se a testemunha do reclamante também estiver litigando contra a empresa, deverá ser, por isso, considerada como suspeita, face à sua evidente imparcialidade.

(E) No processo do trabalho, em regra, os recursos terão efeito meramente devolutivo, ficando a critério do juiz recebê-los também no efeito suspensivo, mas desde que o faça em decisão fundamentada.

A: incorreta, a Súmula 310 do TST, que trazia a previsão da individualização, foi cancelada; **B:** correta, Súmula 259 do TST; **C:** incorreta, "os incidentes do processo são resolvidos pelo próprio Juízo ou Tribunal" (art. 893, § 1º, da CLT); **D:** incorreta, Súmula 357 do TST; **E:** incorreta, nos termos do art. 899 da CLT, a regra é a ausência de efeito suspensivo aos recursos trabalhistas. As exceções à regra não ficam a critério do juiz, mas dependem de expressa previsão legal, como, por exemplo, na norma do art. 14 da Lei 10.192/2001, hipótese em que o Presidente do TST poderá conferir efeito suspensivo ao recurso).

Gabarito "B"

(Magistratura do Trabalho – 12ª Região – 2006) Sobre o enfoque do Processo do Trabalho, assinale a alternativa correta:

(A) se a matéria envolver ofensa direta à Constituição Federal, mediante a interposição de recurso de revista é possível a parte impugnar o termo de conciliação homologado pelo Tribunal Regional do Trabalho, firmado de forma equivocada pelas partes antes do julgamento do recurso ordinário;

(B) é do empregador o ônus da prova do fato impeditivo, modificativo ou extintivo da equiparação salarial pretendida pelo empregado;

(C) nos Tribunais, compete ao colegiado decidir sobre o pedido de antecipação de tutela, devendo o relator submeter o caso à apreciação independentemente de pauta, na sessão imediatamente subsequente;

(D) o recibo de salário é indispensável para comprovar o regular pagamento de empregado doméstico em ação trabalhista;

(E) nenhuma das alternativas está correta.

A alternativa "B" descreve o disposto na Súmula 6, VIII, do TST.

Gabarito "B"

(Magistratura do Trabalho – 12ª Região – 2006) É correto afirmar:

(A) não ocorre deserção de recurso ordinário interposto pelo Consórcio de Automóveis em Liquidação determinada pelo Banco Central por falta do depósito recursal;

(B) A regra do processo civil que admite a invocação de fato constitutivo, modificativo ou extintivo do direito, superveniente à propositura da ação, é aplicável de ofício aos processos em curso em qualquer instância trabalhista;

(C) é cabível a oposição de embargos declaratórios à decisão monocrática do relator que denega recurso, sendo sempre convertidos em agravo, em face dos princípios da fungibilidade e da celeridade processual, uma vez que a decisão será do colegiado;

(D) na ação rescisória subsiste a confissão derivada da revelia;

(E) uma das condições de validade dos atos praticados pelo substabelecido é a preexistência no mandato de poderes expressos para substabelecer.

A: incorreta, nesse caso, ocorre a deserção (Súmula 86 do TST); **B:** correta, Súmula 394 do TST; **C:** incorreta, contraria o disposto na Súmula 421 do TST; **D:** incorreta, "a revelia não produz confissão na ação rescisória" (Súmula 398 do TST); **E:** incorreta, "são válidos os atos praticados pelo substabelecido, ainda que não haja, no mandato, poderes expressos para substabelecer" (Súmula 395 do TST).

Gabarito "B"

(Magistratura do Trabalho – 12ª Região – 2006) Quanto ao Processo do Trabalho é correto afirmar:

(A) as decisões contrárias à Fazenda Pública em dissídio individual estão sempre sujeitas ao duplo grau de jurisdição;
(B) o princípio denominado "persuasão racional" corresponde à ampla liberdade na formação do convencimento jurídico do juiz e independe da prova dos autos;
(C) havendo a um só tempo arguição de suspeição do juiz e de incompetência do Juízo, deverá ser examinada primeiramente a suspeição, uma vez que a necessidade de um juiz imparcial a decidir prevalece sobre as demais matérias;
(D) a sentença, mesmo ao se pronunciar sobre matérias corriqueiras e comuns, precisa fazer a indicação dos dispositivos legais incidentes;
(E) nenhuma das afirmações anteriores está correta.

A: incorreta, há exceções: "a) quando a condenação não ultrapassar o valor correspondente a 60 (sessenta) salários mínimos; b) quando a decisão estiver em consonância com decisão plenária do Supremo Tribunal Federal ou com súmula ou orientação jurisprudencial do Tribunal Superior do Trabalho" (Súmula 303 do TST); **B:** incorreta, a persuasão racional, ou livre convicção motivada, depende de motivação da decisão e de seu respaldo nas provas constantes dos autos, no que difere dos princípios da íntima convicção; **C:** correta, tratando-se da ordem lógica das exceções; **D:** incorreta, a indicação de dispositivos se consubstancia em medida de boa técnica, mas não é imprescindível a reprodução de dispositivos ou a menção destes quando inequivocamente evidenciados os fundamentos jurídicos da decisão de outro modo.

Gabarito "C"

(Magistratura do Trabalho – 14ª Região – 2008) Dadas as proposições, aponte abaixo a alternativa CORRETA:

I. O efeito devolutivo em profundidade do recurso ordinário, que se extrai do § 1º do art. 515 do CPC, transfere automaticamente ao Tribunal a apreciação de fundamento da defesa não examinado pela sentença, ainda que não renovado em contrarrazões, aplicando-se, inclusive, ao caso de pedido não apreciado na sentença.
II. A contagem do quinquídio para apresentação dos originais de recurso interposto por intermédio de fac-símile começa a fluir do dia subsequente ao término do prazo recursal e não do dia seguinte à interposição do recurso, se esta se deu antes do termo final do prazo. Não se tratando a juntada dos originais de ato que dependa de notificação, pois a parte, ao interpor o recurso, já tem ciência de seu ônus processual, não se aplica a regra do artigo 184 do CPC, quanto ao *dies a quo* podendo coincidir com sábado, domingo ou feriado.
III. Exceto quanto à reclamação de empregado doméstico e de rural, o preposto deve ser necessariamente empregado do reclamado.
IV. Os cartões de ponto que demonstram horários de entrada e saída uniformes são inválidos como meio de prova, invertendo-se o ônus da prova, relativo às horas extras, que passa a ser do empregador, prevalecendo a jornada da inicial se dele não se desincumbir.

(A) Todas as proposições estão corretas;
(B) Apenas as proposições I e II estão corretas;
(C) Apenas as proposições II, III e IV estão corretas;
(D) Apenas as proposições II e IV estão corretas;
(E) Apenas as proposições I e IV estão corretas.

I: incorreta, "não se aplica, todavia, ao caso de pedido não apreciado na sentença, salvo a hipótese contida no § 3º do art. 515 do CPC" (Súmula 393 do TST); **II:** correta, Súmula 387 do TST; **III:** incorreta, o empregado rural não está previsto na exceção (Súmula 377 do TST); **IV:** correta, Súmula 338 do TST.

Gabarito "D"

(Magistratura do Trabalho – 14ª Região – 2008) Considere as proposições abaixo.

I. Fixado o valor da causa pelo juiz, qualquer das partes poderá, em razões finais, impugnar o valor fixado e, se o juiz o mantiver, é cabível o pedido de revisão, no prazo de 48 horas, dirigido ao Presidente do Tribunal Regional respectivo.
II. De acordo com a jurisprudência consolidada do C. TST, foi recepcionado pela Constituição de 1988 o § 4º, art. 2º, da Lei 5.584/1970, o qual fixa em dois salários mínimos os dissídios de alçada exclusiva das Varas do Trabalho.
III. O prazo para o reclamado comprovar a efetivação do depósito recursal e o recolhimento das custas judiciais é o do recurso, sob pena de deserção.
IV. Ainda que não seja associado do sindicato, o trabalhador poderá receber a assistência judiciária sindical de que fala a Lei n. 5.584/1970.

(A) Todas as proposições estão corretas;
(B) Apenas as proposições I e II estão corretas;
(C) Apenas as proposições II, III e IV estão corretas;
(D) Apenas as proposições II e IV estão corretas;
(E) Apenas as proposições I e IV estão corretas.

I: correta, art. 2º da Lei 5.584/1970; **II:** correta, Súmula 356 do TST; **III:** correta, arts. 789, § 1º, da CLT e 7º da Lei 5.584/1970, e Súmula 245 do TST; **IV:** correta, art. 18 da Lei 7.701/1988.

Gabarito "A"

(Magistratura do Trabalho – 24ª Região – 2006) Considerando a jurisprudência sumulada do TST, assinale a alternativa INCORRETA:

(A) A prova pré-constituída nos autos pode ser levada em conta para confronto com a confissão ficta (art. 400, I, CPC), não implicando cerceamento de defesa o indeferimento de provas posteriores.
(B) Não ocorre deserção de recurso de empresa em liquidação extrajudicial por falta de pagamento de custas ou de depósito do valor da condenação.
(C) Os privilégios e isenções no foro da Justiça do Trabalho não abrangem as sociedades de economia mista, ainda que gozassem desses benefícios anteriormente ao Decreto-Lei n. 779, de 21.08.1969.

(D) É manifesta a impossibilidade jurídica do pedido de rescisão de julgado proferido em agravo de instrumento que, limitando-se a aferir o eventual desacerto do juízo negativo de admissibilidade do recurso de revista, não substitui o acórdão regional, na forma do art. 512 do CPC.
(E) A indicação do perito assistente é faculdade da parte, a qual deve responder pelos respectivos honorários, ainda que vencedora no objeto da perícia.

A: assertiva correta, Súmula 74, II, do TST; **B:** assertiva incorreta, devendo ser assinalada, nesse caso ocorre a deserção (Súmula 86 do TST); **C:** assertiva correta, Súmula 170 do TST; **D:** assertiva correta, Súmula 192, IV, do TST; **E:** assertiva correta, Súmula 341 do TST.

Gabarito "B".

(Procurador do Trabalho – MPT – 18º concurso – 2013) Analise as hipóteses abaixo, de acordo a jurisprudência uniforme do TST:

I. Não torna suspeita a testemunha o fato de estar litigando ou de ter litigado contra o mesmo empregador, devendo ser rejeitada eventual contradita arguida, salvo na hipótese de prova emprestada.
II. A Justiça do Trabalho é incompetente para julgar ação de indenização pelo não fornecimento das guias do seguro desemprego ao empregado.
III. É admissível a penhora sobre a renda mensal ou faturamento de empresa, limitada a determinado percentual, desde que não comprometa o desenvolvimento regular de suas atividades.
IV. Ofende direito líquido e certo decisão que determina o bloqueio de numerário existente em conta salário, para satisfação de crédito trabalhista, ainda que seja limitado a determinado percentual dos valores recebidos, ou a valor revertido para fundo de aplicação ou poupança, visto que o art. 649, IV, do CPC contém norma imperativa que não admite interpretação ampliativa.

Assinale a alternativa CORRETA:

(A) apenas as assertivas I e IV estão erradas;
(B) apenas as assertivas II e III estão corretas;
(C) apenas as assertivas I e II estão corretas;
(D) apenas as assertivas III e IV estão corretas;
(E) não respondida.

I: incorreta, Súmula 357 do TST. A ressalva à prova emprestada, ao final da assertiva, não possui previsão jurídica; **II:** incorreta, Súmula 389, I, do TST; **III:** correta, OJ 93 da SDI-2 do TST; **IV:** correta, OJ 153 da SDI-2 do TST.

Gabarito "D".

(Procurador do Trabalho – MPT – 18º concurso – 2013) Assinale a alternativa CORRETA:

(A) Nos processos perante a Justiça do Trabalho, a União, os Estados, o Distrito Federal, os Municípios, as autarquias ou fundações de direito público e as empresas públicas federais, estaduais ou municipais que não explorem atividade econômica estão dispensadas do recolhimento do depósito pecuniário para a interposição de recursos.
(B) Na Justiça do Trabalho, a assistência judiciária a que se refere a Lei n. 1.060/1950, será prestada pelo sindicato da categoria profissional a que pertencer o trabalhador. Nessa hipótese, o sindicato poderá pleitear a condenação da empresa no pagamento dos honorários assistenciais, no percentual de até 20% da condenação.
(C) No que concerne ao preparo do recurso, a comprovação do depósito recursal terá que ser feita até o início do julgamento do apelo, sob pena de deserção.
(D) Compete à Justiça do Trabalho processar e julgar ações ajuizadas por empregados em face de empregadores relativas ao cadastramento no Programa de Integração Social (PIS).
(E) Não respondida.

A: incorreta, art. 1º, IV, do Dec.-lei 779/1969; **B:** incorreta, Súmula 219, I, do TST; **C:** incorreta, Súmula 245 do TST, art. 7º da Lei 5.584/1970; **D:** correta, Súmula 300 do TST.

Gabarito "D".

(Procurador do Trabalho – MPT – 17º Concurso – 2012) Analise as assertivas a seguir transcritas:

I. Com base no que estabelece a Lei Complementar no 75/1993, o membro do Ministério Público do Trabalho poderá atuar como árbitro, se assim for solicitado pelas partes, nos dissídios de competência da Justiça do Trabalho.
II. As nulidades relativas serão declaradas mediante provocação da parte interessada, que terá que argui-las na primeira vez em que se manifestar em audiência ou nos autos.
III. A parte sucumbente no pedido fundado no objeto da prova pericial deverá efetuar o pagamento dos honorários do perito oficial e do perito assistente contratado pela parte vencedora.
IV. Consoante o ordenamento jurídico, o Ministério Público do Trabalho poderá atuar como mediador nos conflitos coletivos de trabalho, quando solicitado pelas partes.

Marque a alternativa **CORRETA**:

(A) todas as assertivas estão corretas;
(B) apenas as assertivas I e II estão corretas;
(C) apenas as assertivas I, II e IV estão corretas;
(D) apenas as assertivas III e IV estão corretas;
(E) não respondida.

I: correta, artigo 83, XI, da LC 75/1993; **II:** correta, artigo 795 da CLT; **III:** incorreta, a parte que indicou o perito, ainda que vencedora no objeto da perícia, é quem deverá efetuar o pagamento (Súmula 341 do TST); **IV:** correta, artigo 83, XI, da LC 75/1993.

Gabarito "C".

(Procurador do Trabalho – MPT – 17º Concurso – 2012) Leia e analise os itens abaixo:

I. No inquérito judicial para apuração de falta grave com prévia suspensão do empregado, se o pedido do requerente for julgado improcedente, não tendo sido reconhecida a falta grave, o Juízo condenará o requerente a pagar ao requerido os salários e demais vantagens do período do afastamento, os quais podem ser executados nos próprios autos, além de determinar a reintegração do empregado, sem necessidade de reconvenção, uma vez que o procedimento do inquérito tem natureza dúplice.

II. No dissídio coletivo para a extensão de normas dissidiais fixadas apenas para a fração de empregados de uma empresa, pode o tribunal estender a todos os empregados da mesma categoria profissional compreendida na sua jurisdição, somente mediante requerimento de um ou mais sindicatos de empregados, ou de um ou mais empregadores, ou entidades sindicais.

III. Embora seja assegurado ao Ministério Público do Trabalho manifestar-se em qualquer fase do processo trabalhista, acolhendo solicitação do juiz ou por sua iniciativa, as questões éticas ou morais, dotadas ou não de juridicidade, não se revestem do necessário interesse público para justificar a intervenção ou adoção de providências do *Parquet*, especialmente em feitos dos quais não seja parte.

Marque a alternativa **CORRETA**:

(A) todas as assertivas estão corretas;
(B) apenas a assertiva III está correta;
(C) apenas a assertiva II está correta;
(D) apenas a assertiva I está correta;
(E) não respondida.

I: correta, artigos 853 a 855 da CLT; **II:** incorreta, "poderá o Tribunal competente, na própria decisão, estender tais condições de trabalho, se julgar justo e conveniente, aos demais empregados da empresa que forem da mesma profissão dos dissidentes" (artigo 868 da CLT); **III:** incorreta, contraria o disposto no artigo 82, III, do CPC.

Gabarito "D"

(Procurador do Trabalho – MPT – 14º Concurso – 2007) Examine as proposições abaixo:

I. No julgamento do agravo de instrumento, ao afastar o óbice apontado pelo TRT para o processamento do recurso de revista, pode o juízo "*ad quem*" prosseguir no exame dos demais pressupostos extrínsecos e intrínsecos do recurso de revista, mesmo que não apreciados pelo TRT.

II. Salvo nos casos de manifesto equívoco no exame dos pressupostos extrínsecos do recurso, não se admite efeito modificativo da decisão em embargos declaratórios.

III. Se não houver licitante, e não havendo requerido o exequente a adjudicação dos bens penhorados, poderão ser vendidos por leiloeiro nomeado pelo juiz.

IV. Não torna suspeita a testemunha o simples fato de estar litigando ou ter litigado contra o mesmo empregador.

Agora responda, de acordo com o conteúdo das proposições:

(A) Apenas as alternativas I, II e IV estão corretas;
(B) Todas as proposições estão corretas;
(C) Apenas as alternativas II e III estão erradas;
(D) Apenas a alternativa II está errada;
(E) Não respondida.

I: correta, OJ 282 da SDI-I do TST; **II:** incorreta, também se admite efeito modificativo nos casos de omissão e contradição no julgado (art. 897-A da CLT); **III:** correta, art. 888, § 3º, da CLT; **IV:** correta, Súmula 357 do TST.

Gabarito "D"

(Procurador do Trabalho – MPT – 13º Concurso – 2006) Assinale a assertiva CORRETA:

(A) além dos beneficiários da gratuidade de justiça, são isentas do pagamento das custas, na Justiça do Trabalho, as empresas públicas e as sociedades de economia mista;
(B) a responsabilidade pelo pagamento dos honorários periciais é da parte sucumbente na demanda como um todo;
(C) o *jus postulandi* no processo trabalhista cessa quando da realização da audiência de conciliação, se não houver acordo antes da contestação;
(D) nas localidades não abrangidas por jurisdição de vara do trabalho, as funções de dirimir conflitos trabalhistas são atribuídas ao Juiz de Direito que, assim, fica investido nas funções de Juiz do Trabalho;
(E) não respondida.

A: incorreta, as empresas públicas e as sociedades de economia mista não estão isentas de custas (art. 790-A, I, da CLT); **B:** incorreta, art. 790-B da CLT; **C:** incorreta, nessa hipótese, não cessa (Súmula 425 do TST); **D:** correta, arts. 112 da CF e 668 da CLT.

Gabarito "D"

4. Direito Constitucional

Teresa Melo e Bruna Vieira

1. TEORIA GERAL DA CONSTITUIÇÃO

1.1. CONSTITUCIONALISMO

(Magistratura do Trabalho – 8ª Região – 2008) Acerca do princípio da supremacia da Constituição é CORRETO afirmar:

(A) Sua origem remonta à Magna Carta Inglesa de 1215, que consagrou o princípio da supremacia formal da lei sobre a vontade do Rei João.

(B) O princípio da supremacia da Constituição enuncia que nenhum texto ou ato normativo público ou privado será válido caso esteja em desacordo com a forma ou conteúdo prescrito no texto constitucional; assim, ante seu caráter basilar, o princípio da supremacia da Constituição é característica fundamental de qualquer texto constitucional.

(C) A existência de mecanismo formal de controle de constitucionalidade das leis não é elemento essencial a uma Carta Constitucional, possuindo relevância apenas em face do princípio da rigidez constitucional.

(D) A soberania perante a Constituição é um atributo apenas da União; os Estados-Membros e os Municípios gozam somente de autonomia, caracterizada esta como a posse de competências exclusivas e capacidade de autogoverno.

(E) Aspecto importante do princípio da supremacia da Constituição diz respeito à possibilidade de declaração de inconstitucionalidade de norma constitucional proveniente do Constituinte Originário, quando violar disposição constante do artigo 60 da Constituição Federal (cláusulas pétreas), pois estas possuem uma rigidez e importância extrema em nosso sistema constitucional, assumindo uma posição de preponderância dentro da Constituição.

A: incorreta. Sua origem remonta ao constitucionalismo moderno, ao célebre caso *Marbury* vs. *Madison*, como explica Luís Roberto Barroso: "*Marbury v. Madison*, portanto, foi a decisão que inaugurou o controle de constitucionalidade no constitucionalismo moderno, deixando assentado o princípio da supremacia da Constituição, da subordinação a ela de todos os Poderes estatais e da competência do Judiciário como seu intérprete final, podendo invalidar os atos que a contravenham"; **B:** incorreta. O princípio da supremacia da Constituição submete, em princípio, todos os atos normativos estatais (públicos), excluindo-se os atos privados. Entretanto, deve-se lembrar de que os atos privados submetem-se à eficácia horizontal dos direitos fundamentais; **C:** correta, pois para as constituições flexíveis não há que falar em supremacia da Constituição. Relembrando, a doutrina costuma classificar as constituições quanto à alterabilidade em: rígidas, semirrígidas (ou semiflexíveis) e flexíveis. As rígidas são aquelas que preveem, para a alteração das normas constitucionais, um mecanismo mais difícil que aquele estabelecido para as normas não constitucionais. As semirrígidas preveem normas constitucionais que só podem ser modificadas através de procedimento mais complexo e outras normas constitucionais que podem ser modificadas pelo mesmo processo aplicável às leis infraconstitucionais. As flexíveis, por sua vez, não preveem mecanismo mais dificultoso para a alteração das normas constitucionais, que podem ser modificadas tal como as leis infraconstitucionais. No caso brasileiro, a CF/88 é rígida, porque seu texto traz expresso qual é o procedimento para a alteração das normas constitucionais, que é muito mais qualificado que o das leis ordinárias. Para que uma emenda constitucional seja aprovada, é preciso observar todas as regras insculpidas no art. 60 da Constituição, que lista limites materiais (art. 60, § 4º), formais (art. 60, § 2º) e circunstanciais (art. 60, § 1º) ao poder de reforma da Constituição; **D:** incorreta. A soberania é atributo do Estado Federal (não da União). V. art. 1º, I, e art. 18, ambos da CF. Os entes federados são dotados de autonomia que, segundo a doutrina, consiste na capacidade de auto-organização (cada um dos entes federativos pode elaborar sua própria Constituição), autogoverno (garantia assegurada ao povo de escolher seus próprios dirigentes e de, através deles, editar leis) e autoadministração (capacidade assegurada aos estados de possuir administração própria, faculdade de dar execução às leis vigentes); **E:** incorreta. Não é possível a declaração de inconstitucionalidade de norma constitucional originária (fruto do Poder Constituinte Originário – que é inicial, autônomo, ilimitado e incondicionado), mas apenas de normas constitucionais fruto de emendas à Constituição (porque derivam do Poder Constituinte Derivado).

Gabarito "C"

(Magistratura do Trabalho – 12ª Região – 2006) Considerando que o Estado Democrático de Direito conta com princípios de "segurança jurídica" e de "proteção da confiança" entre outros, assinale a alternativa incorreta:

(A) a lei prevê situações, segundo a doutrina, em que a segurança jurídica, em setores sensíveis a relevantes valores de ordem pública ou excepcional interesse social, autoriza declaração de inconstitucionalidade com efeitos apenas para o futuro (*ex nunc*);

(B) a garantia constitucional da segurança jurídica traduzida pela coisa julgada pode ser superada, no caso da ação rescisória, porque, segundo a doutrina, os princípios da segurança jurídica e da justiça (equidade) são elementos principais da ideia de Direito;

(C) o princípio da segurança jurídica é absoluto no que concerne à modificação das normas legais vigentes a seu tempo, donde resulta violado quando o legislador voltado aos interesses individuais, invocando valores constitucionais superiores e pela sua transcendência, altera normas aparentemente enfraquecedoras da segurança jurídica;

(D) há fatores e situações que, conjuntamente, comprometem a força protegida pela segurança jurídica e recomendam a prevalência de outro princípio de estatura constitucional;

(E) o princípio da segurança jurídica pode ser modulável em função de imperativos, de outros componentes da noção de Estado de Direito, cabendo ao legislador conciliar os diferentes imperativos e a segurança jurídica.

A: correta. Art. 27 da Lei 9.868/1999 (modulação temporal dos efeitos da decisão declaratória de inconstitucionalidade); **B:** correta, desde que respeitado o prazo de 2 anos para a propositura da ação rescisória. Após esse prazo, opera-se o que se costumou chamar de "coisa julgada soberana"; **C:** incorreta, devendo ser assinalada. Nenhum direito ou princípio é absoluto, até mesmo o direito fundamental à vida pode sofrer restrições (art. 5º, XLVII, *a*, da CF); **D:** correta, tendo em vista o caso concreto e observando-se o princípio da razoabilidade; **E:** correta. Diante da inexistência de hierarquia entre os princípios constitucionais, deve-se buscar a redução proporcional do alcance de cada um dos bens em conflito, de modo que seus núcleos não sejam atingidos, evitando o sacrifício total de um bem em benefício do outro.

Gabarito "C"

(Magistratura do Trabalho – 16ª Região – 2008) São princípios políticos constitucionalmente conformadores, exceto:

(A) Os definidores da estrutura do Estado;

(B) Os definidores da independência nacional;

(C) Os princípios estruturantes do regime político;

(D) Os caracterizadores da forma de governo;

(E) Os definidores da organização política em geral.

Canotilho classifica os princípios constitucionais em: princípios jurídicos fundamentais; princípios políticos constitucionalmente conformadores; princípios constitucionais impositivos e princípios-garantia. De acordo com o autor, os princípios políticos constitucionalmente conformadores "são os princípios constitucionais que explicam as valorações políticas fundamentais do legislador constituinte. Neles condensam as opções políticas nucleares e se reflete a ideologia inspiradora da constituição. Os princípios políticos constitucionais são o *cerne político de uma constituição política*. [...] situam-se aí, os princípios definidores da forma de Estado. [...] os princípios políticos constitucionalmente conformadores são princípios *normativos, rectrizes e operantes*, que todos os órgãos encarregados da aplicação do direito devem ter em conta, seja em actividades interpretativas, seja em actos inequivocadamente conformadores".

Gabarito "B"

(Magistratura do Trabalho – 16ª Região – 2008) A respeito do Estado de Direito, assinale a alternativa incorreta:

(A) As características formais do Estado de Direito são a divisão de poderes, a independência da jurisdição, a legalidade da Administração, a plena tutela judicial diante de qualquer intervenção administrativa e a expectativa de indenização nas hipóteses de intervenção no patrimônio privado;

(B) No postulado material do Estado de Direito, da garantia da dignidade da pessoa se inferem os pilares constitucionais que integram a concepção política do Estado.

(C) A lei expressa sempre a decisão política a um problema posto à deliberação. Na normalidade das situações, somente quando a vontade do Estado se traduz em leis se consolida a formação dessa vontade. A vontade do Estado se expressa unicamente pela lei.

(D) A divisão de poderes é uma das principais características do Estado de Direito. A razão é que unicamente o controle e a limitação recíprocas dos órgãos estatais (legislativo, executivo e judicial) produz a moderação do poder e protege a liberdade individual;

(E) Para o Estado de Direito concebido em termos estritamente formais não tem importância a existência de direitos fundamentais. A segurança jurídica pode se dar independente das maiores ou menores margens de liberdade garantidas ao cidadão.

A: correta, mas as características formais não qualificam, sozinhas, o Estado de Direito. Conforme síntese do Prof. Canotilho, "Poderemos afirmar que o Estado de direito ou é Estado de direito democrático e social ou será um Estado de legalidade reduzido a um esqueleto constituído por princípios e regras formais. Todavia, como se teve oportunidade de salientar, os chamados princípios formais do Estado de direito não são apenas 'normas formalísticas' dos cultores do direito. Servem para tornar seguro o caminho de outros ideais. Valem por si. Valem em nome do Estado de direito"; **B:** correta. Sob o ponto de vista material, o Estado de Direito abrange, ainda, os direitos fundamentais e a democracia; **C:** incorreta, devendo ser assinalada. A lei talvez seja a principal forma de expressão da vontade do Estado, mas não é a única. Leis, atos normativos, contratos administrativos e outras manifestações dos agentes estatais também manifestam a vontade do Estado; **D:** correta. Por isso, o princípio da separação dos poderes foi erigido à cláusula pétrea (art. 60, § 4º, III, da CF); **E:** correta. O Estado Formal de Direito qualifica-se, apenas, pelas características já enunciadas no item "a" da questão. Entretanto, como bem pondera o Prof. Canotilho, no trecho anteriormente citado, é preciso que o Estado de Direito seja também democrático e, além disso, que possua características materiais, como o respeito aos direitos fundamentais.

Gabarito "C"

(Magistratura do Trabalho – 16ª Região – 2008) Na moderna doutrina constitucional surge uma discussão a respeito de um fenômeno denominado "democracia militante" e defesa da Constituição. Para caracterizar tal fenômeno é possível identificar processos e tendências hoje existentes. Diante das alternativas abaixo, identifique aquela que não se enquadra dentre esses processos e tendências caracterizadores da "democracia militante":

(A) Na medida em que os direitos fundamentais reconhecidos na Constituição garantem direitos individuais, não se limitam a um vínculo concreto de pessoas, porque se tratam de direitos humanos oponíveis ao Estado;

(B) Uma nova sensibilidade do cidadão frente a qualquer intenção da administração de penetrar na esfera privada, seja espionando, seja solicitando informações: é a consciência do Direito à autodeterminação informativa;

(C) O combate à criminalidade organizada e ao terrorismo político, em condições de alta mobilidade internacional;

(D) A apreciação de novas formas de expressão política e de protesto, tal e como se apresentam nos novos movimentos sociais até chegar à desobediência civil;

(E) A autodeterminação informativa é a faculdade do indivíduo para decidir acerca da entrega e utilização de seus dados pessoais.

A: É certo que hoje os direitos fundamentais são oponíveis ao Estado, mas, também, aos próprios particulares, no que se convencionou chamar de "eficácia horizontal dos direitos fundamentais"; **B, C, D, E:** Sobre democracia militante, conferir excelente artigo de Antônio Torres Del Moral com o mesmo título, em espanhol. O conceito surgiu na Alemanha, em contrapartida ao movimento nazista, que ascendeu ao poder pela vontade da maioria. Pela democracia militante impede-se que a vontade da maioria opere retrocessos contra a própria coletividade. Como explica Luís Fabrício Vergueiro, "em casos de graves ameaças ou violações à ordem interna ou, dentre as quais se incluem, obviamente, o caso de graves delitos contra os Direitos Humanos, o próprio Princípio Democrático deve justificar a mitigação de certos direitos individuais em favor da coletividade". A autodeterminação informativa é parte desse processo e corresponde ao "feixe de direitos através dos quais se pretende impedir que o homem se transforme em 'simples objecto de informações'". (...) O direito em causa permite que o indivíduo negue informação pessoal, se oponha à sua recolha, difusão, ou qualquer outro modo de tratamento. Neste sentido, ainda está próximo da ideia Americana de "privacy", enquanto direito de defesa face às agressões do Estado e terceiros às suas informações pessoais. Mas é mais. Longe de ser um mero direito contra as intrusões do Estado ou de outros indivíduos, que devem abster-se de proceder a tratamentos dos seus dados pessoais, é um direito a decidir até onde vai a sombra que deseja que paire sobre as informações que lhe respeitam, construindo-se como uma liberdade, como um poder de determinar o uso dos seus dados pessoais. Assim, evita-se que o indivíduo se transforme em "simples objecto de informações" também na medida em que se lhe atribui um poder positivo de dispor sobre as suas informações pessoais, i.e., um poder de autotutela, de controlo, sobre os seus dados pessoais, que permite ao cidadão "preservar a sua própria identidade informática" (**Catarina Sarmento e Castro, O direito à autodeterminação informativa e os novos desafios gerados pelo direito à liberdade e à segurança no pós 11 de Setembro**).

Gabarito "A"

(Magistratura do Trabalho – 16ª Região – 2008) A respeito do Estado Social, assinale a alternativa incorreta:

(A) A tarefa mais importante do Estado no seu feitio de configuração social é o de defender os interesses gerais frente aos interesses de grupo, porém isso não significa que possa intervir na forma de atividades de fomento, regulação e freio do poder privado e no livre jogo de forças marcado pela livre concorrência;

(B) A liberdade sindical responde ao objetivo especialmente legitimado pelo Estado Social de dotar de uma necessária compensação aos trabalhadores, sempre em inferioridade de condições em relação ao poder econômico privado;

(C) uma liberdade ilimitada conduziria, na moderna sociedade de classes, à hegemonia dos econômica e socialmente mais fortes sobre os débeis. Toda regulação que sirva à compensação de poder composta simultaneamente de diminuição de liberdade para uns e ampliação da mesma para outros é característica do estado social;

(D) o Estado Social deve se esforçar pela compensação de todos os interesses em jogo. Quando o exercício de um direito fundamental afeta a outro, terá que decidir qual deles, em termos gerais ou no caso concreto, tem prioridade;

(E) o Estado Social não está, como o Estado de Direito, orientado à liberdade, mas à igualdade, porém ambos se unem no Estado Social de Direito. Nesse contexto, por princípio, compete ao legislador realizar sua própria ideia de Justiça e decidir a ação pública de configuração social.

A: incorreta, devendo ser assinalada. Justo o contrário. O fomento de algumas atividades econômicas, a regulação de setores sensíveis e o freio do poder privado (aqui representado pela defesa da livre concorrência) são atividades fundamentais do Estado na defesa dos interesses de toda a coletividade contra o interesse de certos grupos de pressão ou de poder. V, *e.g.*, arts. 170, IV e 173, ambos da CF; **B:** correta. Por liberdade sindical deve-se entender tanto o direito de empregados e empregadores constituírem sindicatos, como o de livremente filiarem-se às organizações sindicais (desfiliarem-se ou permanecerem filiados) e, ainda, a impossibilidade de intervenção do Estado na estrutura sindical; **C:** correta. Nesse sentido, a liberdade visa ao alcance da igualdade; **D:** correta. Sem que se atinja o "núcleo duro" de cada um dos interesses em jogo; **E:** correta. O art. 6º da CF/1988 traduz a adoção do Estado Social de Direito, que teve como marcos a Constituição Mexicana de 1917 e a Constituição da Alemanha (Weimer) de 1919. No Brasil, teve início com a Constituição de 1934.

Gabarito "A"

(Magistratura do Trabalho – 16ª Região – 2008) A nova dogmática constitucional formulou uma nova teoria denominada de "neoconstitucionalismo". Marque a alternativa correta a respeito das características dessa teoria do Direito que reúne as novas transformações constitucionais:

(A) A teoria da norma é entendida como um conjunto de normas com configurações de regras.

(B) No desenho institucional das fontes do Direito há a primazia da Constituição e da jurisprudência emanada pelo tribunal encarregado do controle constitucional.

(C) A teoria da interpretação possui regras e quando estas não existirem, o intérprete é livre para julgar.

(D) A moral é monista, ou seja, sem correlação com o direito no positivismo jurídico.

(E) Na política predomina o Estado de Direito com especial atenção à coerção exercida pelo Poder Judiciário aos atos do poder público.

De acordo com Pedro Lenza, "a doutrina passa a desenvolver, a partir do início do século XXI, uma nova perspectiva em relação ao constitucionalismo, denominada neoconstitucionalismo, ou, segundo alguns, constitucionalismo pós-moderno, ou, ainda, pós-positivismo. Busca-se, dentro dessa nova realidade, não mais apenas atrelar o constitucionalismo à ideia de limitação do poder político, mas, acima de tudo, buscar a eficácia da Constituição, deixando o texto de ter um caráter meramente retórico e passando a ser mais efetivo, especialmente diante da expectativa de concretização dos direitos fundamentais." (**Direito constitucional esquematizado**, 2010, p. 55).

Gabarito "B"

(Magistratura do Trabalho – 18ª Região – 2006) A quem é atribuída a ideia da origem do Poder Constituinte, com a consequente distinção entre Poder Constituinte e poderes constituídos?

(A) O conceito de Poder Constituinte foi primeiramente elaborado por Carl Shimidt na obra "Teoria da Constituição".
(B) O conceito de Poder Constituinte foi primeiramente elaborado por Emmanuel Sieyés, na obra "A Constituinte burguesa - Que é o terceiro estado?".
(C) O conceito de Poder Constituinte foi primeiramente elaborado por Rousseau na obra "Contrato Social".
(D) O conceito de Poder Constituinte foi primeiramente elaborado por Rousseau na obra "Origem das desigualdade entre os homens".
(E) O conceito de Poder Constituinte foi primeiramente elaborado por François Châtelet na obra "História das Ideias Políticas".

Sim. E, de acordo com os ensinamentos atuais, importa relembrar que, ao contrário do Poder Constituinte Originário (que é inicial, autônomo, ilimitado e incondicionado), o Poder Constituinte Derivado é secundário, subordinado, limitado e exercido pelos representantes do povo. Daí resulta a conclusão de que o poder constituinte derivado encontra limites nas regras previstas pelo constituinte originário. Poder constituinte instituído (ou constituído, ou secundário) é sinônimo de Poder Constituinte Derivado. Como defendido em doutrina, o poder constituinte derivado pode ser exercido através da reforma da Constituição Federal ou da Constituição Estadual (poder constituinte derivado reformador), pela revisão da Constituição Federal (poder constituinte derivado revisor, art. 3º do ADCT) ou por intermédio da elaboração das constituições estaduais e da lei orgânica do Distrito Federal (poder constituinte derivado decorrente).

Gabarito "B"

(Magistratura do Trabalho – 24ª Região – 2007) Considere as referências abaixo acerca dos conceitos de Constituição:

I. Constituição no sentido lógico-jurídico.
II. Constituição no sentido jurídico-positivo.
III. Constituição como decisão política fundamental.

Faça a correlação com as referências a seguir:

(A) Significa a norma fundamental hipotética.
(B) A Constituição é dimensionada como decisão global e fundamental advinda da unidade política, e identificável pelo núcleo de matérias que lhe são próprias e inerentes.
(C) Equivale à norma positiva suprema.

Dentre as alternativas abaixo, marque aquela que expressa a relação correta entre as referências acima:

(A) (I-C); (II-A); (III-B).
(B) (I-A); (II-B); (III-C).
(C) (I-A); (II-C); (III-B).
(D) (I-B); (II-C); (III-A).
(E) (I-B); (II-A); (III-C).

Os conceitos lógico-jurídico e jurídico-positivo são fruto da teoria de Hans Kelsen, que concebe a Constituição no mundo do ***dever ser***, o conceito político é extraído da lição de Carl Schmitt.

Gabarito "C"

(Magistratura do Trabalho – 24ª Região – 2006) No que se refere ao Princípio da Igualdade, assinale a alternativa INCORRETA:

(A) Na isonomia formal, a lei e sua aplicação tratam a todos igualmente, sem levar em conta as distinções de grupo.
(B) Embora a Constituição Federal de 1988, no seu art. 5º, reconheça a igualdade no seu sentido jurídico-formal (igualdade perante a lei), ela contém regras de igualdade material, como, por exemplo, a proibição de diferença de salário, de critérios de admissão por motivo de sexo, idade, cor ou estado civil, dentre outras. Assim, a Constituição procura aproximar os dois tipos de isonomia: a formal e a material.
(C) A doutrina e a jurisprudência já se firmaram no sentido de que o princípio da igualdade perante a lei tem como destinatário primário o intérprete particular e, num segundo momento, o aplicador das normas, e, por fim, o legislador.
(D) Historicamente, a proclamação fática do princípio da igualdade de todos perante a lei data da época da Revolução Francesa e buscava abolir a sociedade estamental então vigorante.
(E) A igualdade perante o juiz decorre da igualdade perante a lei, como garantia constitucional indissoluvelmente ligada à democracia.

A igualdade na lei é dirigida ao legislador e a igualdade perante a lei ao intérprete, ao aplicador da lei. A igualdade na lei impede que o legislador estabeleça discriminações não previstas e autorizadas pela Constituição e a igualdade perante a lei impõe a aplicação das leis ao caso concreto de forma igual para todos os que se encontrem na mesma situação.

Gabarito "C"

1.2. FORMAS DE ESTADO

(Magistratura do Trabalho – 14ª Região – 2008) Na expressão "República Federativa do Brasil":

(A) O termo "República" indica a forma de Estado (Estado federal) e está em contraposição ao Estado unitário;
(B) O termo "Federativa" indica a forma de Governo e, de uma forma singela, está em contraposição à Monarquia;
(C) O termo "República" indica a forma de Governo, a qual é impossível de ser alterada pelo legislador constituinte derivado uma vez que está protegida por cláusula pétrea;
(D) O termo "Federativa" indica uma forma de Estado, a qual é impossível de ser alterada pelo legislador constituinte derivado uma vez que está protegida por cláusula pétrea;
(E) O legislador constituinte originário estabeleceu como cláusulas pétreas tanto a forma de Governo quanto a forma de Estado.

A: incorreta. "República" indica a forma de governo, estando em contraposição à forma monárquica; **B:** incorreta. O termo "Federativa" indica a forma de Estado. Temos Estado Federal (unidade de poder sobre o território) e Estado Unitário (divisão espacial de poderes); **C:** incorreta. De acordo com o art. 60, § 4º, I a IV, da CF, as cláusulas pétreas são as seguintes: I - a forma federativa de Estado; II - o voto direto, secreto, universal e periódico; III - a separação dos Poderes; IV - os direitos e garantias individuais; **D:** correta, conforme dispõe o art. 60, § 4º, I, da CF.; **E:** incorreta. A forma de governo (república ou monarquia) não foi definida pelo constituinte originário como cláusula pétrea. Tanto é assim que ele próprio previu, no art. 2º do ADCT (Ato das Disposições Constitucionais Transitórias), que no dia 7 de setembro de 1993 o eleitorado definiria, através de plebiscito, a forma (república ou monarquia constitucional) e o sistema de governo (parlamentarismo ou presidencialismo) que devem vigorar no País.

Gabarito "D"

1.3. CLASSIFICAÇÃO DAS CONSTITUIÇÕES

(Magistratura do Trabalho – 9ª Região – 2009) Analise as proposições a seguir:

I. As Constituições que se originam de uma Assembleia Geral Constituinte eleita pelo povo são chamadas de constituições outorgadas.
II. As Constituições costumeiras têm como característica fundamental o surgimento informal, originando-se da sociedade.
III. A Constituição histórica é aquela resultante da gradativa sedimentação jurídica de um povo, por meio de suas tradições.
IV. A Constituição Brasileira de 1988 é exemplo clássico de Constituição sintética.

(A) As proposições I e II estão corretas.
(B) As proposições II e III estão corretas.
(C) As proposições III e IV estão corretas.
(D) Nenhuma proposição está correta.
(E) Todas as proposições estão corretas.

I: incorreta. São chamadas de constituições promulgadas. As outorgadas são impostas; **II:** correta. Também chamadas consuetudinárias; **III:** correta (classificação quanto ao modo de elaboração das constituições). Lembre-se, porém, que a CF/88 não é histórica, mas dogmática – ou sistemática –, porque traduz os dogmas, planos e sistemas preconcebidos; **IV:** incorreta. A CF/88 é analítica quanto à extensão.

Gabarito "B"

(Magistratura do Trabalho – 9ª Região – 2006) Sobre a Constituição Federal de 1988, é correto afirmar:

I. É flexível, pois pode ser modificada sem necessidade de rito especial.
II. É analítica, pois regulamenta todos os assuntos relevantes à formação, destinação e funcionamento do Estado.
III. Quanto ao conteúdo, é material, pois consubstanciada na forma escrita, como documento solene, estabelecido pelo poder constituinte.
IV. Quanto à origem, é popular, por derivar do trabalho de uma Assembleia Nacional Constituinte.

(A) Somente as proposições I e III são corretas.
(B) Somente as proposições I, II e IV são corretas.
(C) Somente as proposições II e IV são corretas.
(D) Somente as proposições III e IV são corretas.
(E) Todas as proposições são verdadeiras.

A Constituição de 1988 pode ser assim classificada: a) quanto à origem: *promulgada* – ou popular, ou democrática – (não foi imposta, mas fruto do trabalho de uma Assembleia Nacional Constituinte); b) quanto à forma: *escrita* (normas reunidas em um único texto solene e codificado); c) quanto ao conteúdo: *formal* (porque qualquer norma contida na nossa CF é constitucional, não importando se a matéria é ou não referente à organização do Estado ou a direitos fundamentais); d) quanto à extensão: *analítica* (trata de todos os temas que os representantes do povo entenderam importantes e, por isso, é extensa e detalhista); e) quanto ao modo de elaboração: *dogmática* – ou sistemática –, porque traduz os dogmas, planos e sistemas preconcebidos; f) quanto à estabilidade ou alterabilidade: *rígida* (não é flexível), já que prevê, para a alteração das normas constitucionais, um mecanismo mais difícil que aquele estabelecido para as normas não constitucionais (art. 60 da CF).

Gabarito "C"

(Magistratura do Trabalho – 16ª Região – 2006) Considere os itens abaixo:

I. A Constituição de 1824 foi outorgada e era considerada rígida.
II. A Constituição de 1988 é semirrígida e foi outorgada pela Assembleia Constituinte de 1988;
III. A Constituição de 1988 é rígida, analítica, promulgada e quanto ao conteúdo é formal;
IV. Com a Emenda 45/2004 a Constituição Brasileira passou a ser flexível, pois possibilitou que independentemente da matéria, tratados e convenções internacionais passassem a ter a mesma hierarquia de emenda constitucional.

Assinale a opção CORRETA:

(A) Somente I e III;
(B) Somente I e IV;
(C) Somente III;
(D) Somente III e IV;
(E) Somente II e III.

I: incorreta. A Constituição de 1824, outorgada, era semirrígida; **II:** incorreta. A Constituição de 1988 é rígida e democrática; **III:** correta. De fato, a Constituição de 1988 é rígida, analítica (ampla), promulgada (democrática) e formal; **IV:** incorreta. A EC 45/2004 inseriu o § 3º ao art. 5º da CF, que se refere apenas a tratados e convenções internacionais *sobre direitos humanos*. Assim, as normas de tratados e convenções internacionais *sobre direitos humanos* que forem aprovadas, em cada Casa do Congresso Nacional, em dois turnos, por três quintos dos votos dos respectivos membros, serão equivalentes às emendas constitucionais. Entretanto, isso não torna a nossa Constituição *flexível*, pois a alteração de seu texto continua a seguir as regras do art. 60 da CF. Note-se, por fim, que não são todos os tratados sobre direitos humanos que modificam a Constituição, mas apenas aqueles que seguirem o rito do art. 5º, § 3º, da CF.

Gabarito "C"

(Magistratura do Trabalho – 23ª Região – 2006) A doutrina adota variados critérios de classificação das constituições. As principais classificações podem ser efetuadas considerando os seguintes critérios: quanto ao modo de elaboração, as constituições são classificadas em dogmáticas ou históricas; quanto à origem, são classificadas como outorgadas ou promulgadas; quanto à forma, em escritas ou costumeiras; quanto ao conteúdo, em formais e materiais; e, finalmente, quanto à estabilidade ou mutabilidade, as constituições são classificadas em rígidas, semirrígidas e flexíveis. Partindo dos critérios acima, pode-se afirmar:

I. A Constituição Federal de 1988 é classificada como uma constituição dogmática, porque na sua elaboração consubstancia os dogmas estruturais e fundamentais do Estado.

II. A Constituição Federal de 1988 é classificada como uma Constituição histórica, observando o seu modo de elaboração, eis que é resultado de um lento processo de formação, tendo por base o costume e a tradição do povo brasileiro.

III. Quanto à origem, a Constituição Federal de 1988 é classificada como Constituição promulgada, ou democrática, tendo em vista que é resultado do trabalho da Assembleia Nacional Constituinte, cujos membros foram eleitos pelo povo e atuaram como representantes populares.

IV. A Constituição de 1988 também pode ser classificada como uma constituição escrita, e formal, esta última em função do caráter constitucional das normas que contém decorrer do processo de sua formação e não propriamente de seu conteúdo material. Partindo desta premissa, todas as regras contidas na Constituição têm caráter constitucional.

V. Quanto à estabilidade ou mutabilidade, a Constituição Federal de 1988 se enquadra na classificação de Constituição rígida, porque o adota processo legislativo de alteração mais difícil e complexo do que o de alteração das leis ordinárias e complementares, exigindo, para aprovação de emendas constitucionais, *quorum* de votação de 3/5 dos membros de cada casa, em dois turnos, como previsto em seu artigo 60.

Observando as proposições acima, pode-se afirmar:

(A) que todas estão corretas.

(B) que estão corretas as afirmações constantes dos itens II, III e V.

(C) que estão corretas as afirmações constantes dos itens I, III, IV e V.

(D) que estão corretas as afirmações constantes dos item II, III, IV e V.

(E) que estão incorretas todas as afirmações.

A Constituição de 1988 pode ser assim classificada: a) quanto à origem: *promulgada* – ou popular, ou democrática – (não foi imposta, mas fruto do trabalho de uma Assembleia Nacional Constituinte); b) quanto à forma: *escrita* (normas reunidas em um único texto solene e codificado); c) quanto ao conteúdo: *formal* (porque qualquer norma contida na nossa CF é constitucional, não importando se a matéria é ou não referente à organização do Estado ou a direitos fundamentais); d) quanto à extensão: *analítica* (trata de todos os temas que os representantes do povo entenderam importantes e, por isso, é extensa e detalhista); e) quanto ao modo de elaboração: *dogmática* – ou sistemática –, porque traduz os dogmas, planos e sistemas preconcebidos; f) quanto à estabilidade ou alterabilidade: *rígida* (não é flexível), já que prevê, para a alteração das normas constitucionais, um mecanismo mais difícil que aquele estabelecido para as normas não constitucionais (art. 60 da CF).

Gabarito "C"

1.4. PODER CONSTITUINTE

(Magistratura do Trabalho – 7ª Região – 2005) Assinale a opção correta.

(A) Com o advento de uma nova Constituição, normas da Constituição anterior que sejam compatíveis com o novo diploma continuam a vigorar, embora com força de lei complementar.

(B) Chama-se Constituição outorgada aquela que é votada pelos representantes do povo especialmente convocados para elaborar o novo Estatuto Político.

(C) Normas de lei ordinária anteriores à nova Constituição que sejam com essa materialmente compatíveis são tidas como recebidas, mesmo que se revistam de forma legislativa que já não mais é prevista na nova Carta.

(D) Assentou-se a jurisprudência do Supremo Tribunal Federal no sentido de que as normas anteriores à Constituição com essa materialmente incompatíveis são consideradas inconstitucionais e, não, meramente revogadas.

(E) Admite-se pacificamente entre nós a invocação do direito adquirido contra norma provinda do poder constituinte originário.

A: incorreta. O ordenamento brasileiro não admite, em regra, o fenômeno da *desconstitucionalização*, segundo o qual as normas da constituição anterior, materialmente compatíveis com a nova ordem constitucional, permanecem em vigor com *status* de lei ordinária (ou, no caso, complementar). Só existirá desconstitucionalização se o próprio Poder Constituinte assim determinar, haja vista sua autonomia; **B:** incorreta. Justo o contrário: a constituição outorgada é aquela imposta pelo dirigente da nação. A votada pelos representantes do povo é a constituição promulgada, também chamada de popular ou democrática (classificação quanto à origem das constituições); **C:** correta. O advento de uma nova Constituição não revoga automaticamente toda a legislação a ela preexistente. Pelo **princípio da recepção**, a legislação *infraconstitucional* anterior à nova Constituição, desde que seja *materialmente* compatível com o novo texto, é validada e passa a se submeter à nova disciplina constitucional. Se a contrariedade com a nova CF for apenas formal, sendo válido seu conteúdo, ainda assim serão recepcionadas (mas sua alteração será feita de acordo com a forma que a atual Constituição prevê); **D:** incorreta. O STF não adota a doutrina da "inconstitucionalidade superveniente", mas entende que as normas pré-constitucionais que não se compatibilizam com o *conteúdo* da nova Constituição são por ela revogadas. Por isso, não cabe ADIN contra norma anterior à Constituição (mas pode caber ADPF – art. 1º, parágrafo único, I, da Lei 9.882/1999); **E:** incorreta. O Poder Constituinte *Originário* é inicial, autônomo, ilimitado e incondicionado (não se condiciona nem mesmo à garantia do "direito adquirido").

Gabarito "C"

(Magistratura do Trabalho – 8ª Região – 2006) Relativamente aos elementos, objeto, supremacia e tipos de Constituição, bem como sobre Poder Constituinte, emenda, reforma e revisão constitucionais é correto afirmar que:

(A) O poder constituinte derivado reformador só está presente nas Constituições rígidas e consiste na possibilidade de alterar-se o texto constitucional, diante da irrevogabilidade de seus dispositivos por mecanismos comuns, respeitando-se a regulamentação especial prevista na própria Constituição

Federal, e será exercido por determinados órgãos com caráter representativo, como pelo Congresso Nacional, no Brasil.

(B) A ideia da existência de um Poder Constituinte é o suporte lógico de uma Constituição superior ao restante do ordenamento jurídico, que só poderá ser modificada pelos Poderes Constituídos, tendo em vista que aquele Poder é distinto, anterior e fonte da autoridade destes, com os quais não se confunde.

(C) O Poder Constituinte originário estabelece a Constituição de um novo Estado, organizando-o e criando os poderes destinados a reger os interesses de uma comunidade, caracterizando-se por ser inicial, ilimitado, autônomo e condicionado.

(D) A outorga e a Assembleia Nacional Constituinte são as duas formas básicas de expressão do Poder Constituinte. A outorga é o estabelecimento da Constituição por declaração unilateral do agente revolucionário, que autolimita o seu poder, como ocorreu com a Constituição Brasileira de 1937. A Assembleia Nacional Constituinte, também denominada de convenção, nasce da deliberação da representação popular, oriunda de movimentos comunitários e se impõe sobre o agente revolucionário para estabelecer o texto organizatório e limitativo de Poder, a exemplo da Constituição Federal de 1988.

(E) O Poder Constituinte derivado está inserido na própria Constituição, pois decorre de uma regra jurídica de autenticidade constitucional, portanto, conhece limitações constitucionais expressas e implícitas, não sendo passível de controle de constitucionalidade. Esse Poder apresenta as características de derivado, subordinado e condicionado.

A: correta. As constituições rígidas são aquelas que preveem, para a alteração das normas constitucionais, um mecanismo mais difícil que aquele estabelecido para as normas não constitucionais. As semirrígidas preveem normas constitucionais que só podem ser modificadas através de procedimento mais complexo e outras normas constitucionais que podem ser modificadas pelo mesmo processo aplicável às leis infraconstitucionais. As flexíveis, por sua vez, não preveem mecanismo mais dificultoso para a alteração das normas constitucionais, podendo ser alteradas por leis ordinárias posteriores cujo conteúdo lhes seja contrário. No caso brasileiro, a CF/88 é rígida, porque seu texto traz expresso qual é o procedimento para a alteração das normas constitucionais, que é muito mais qualificado que o das leis ordinárias. Para que uma emenda constitucional seja aprovada, é preciso observar todas as regras insculpidas no art. 60 da Constituição, que lista limites materiais (art. 60, § 4º), formais (art. 60, § 2º) e circunstanciais (art. 60, § 1º) ao poder de reforma da Constituição; **B:** incorreta. O suporte lógico de uma constituição superior ao restante do ordenamento é o princípio da supremacia da constituição, que tem por consequência a rigidez constitucional (se não existisse um procedimento mais difícil para a alteração das normas constitucionais, qualquer norma infraconstitucional posterior à Constituição e com ela incompatível iria revogar o comando da CF) e a possibilidade de controle de constitucionalidade (pois nenhuma lei ou ato normativo pode contrariar o disposto na CF); **C:** incorreta. O Poder Constituinte Originário (PCO) é inicial porque inaugura uma nova ordem jurídica; ilimitado porque não se submete aos limites impostos pela ordem jurídica anterior; autônomo porque exercido livremente por seu titular (o povo) e incondicionado por não se submeter a nenhuma forma preestabelecida para sua manifestação, nem mesmo aos "direitos adquiridos". É importante ressaltar que, para a doutrina jusnaturalista, o direito natural impõe limites ao PCO que, por essa razão, não seria totalmente autônomo; **D:** incorreta. Outorga e Assembleia Nacional Constituinte são as duas formas básicas de expressão do Poder Constituinte **Originário**; **E:** As normas oriundas do Poder Constituinte Derivado podem ser objeto de controle de constitucionalidade. Somente as normas constitucionais originárias (fruto do Poder Constituinte Originário) não se submetem a controle de constitucionalidade.

Gabarito "A"

(Magistratura do Trabalho – 9ª Região – 2006) É correto afirmar:

I. A reforma da Constituição abrange os procedimentos de emenda e de revisão constitucional, estando atualmente restrita ao procedimento de emenda.

II. É possível emenda à Constituição Federal, pela proposta de mais da metade das Assembleias Legislativas das Unidades da Federação, manifestando-se, cada uma delas, pela maioria relativa de seus membros.

III. A Constituição Federal, em seu art. 25, ao dispor: "Os Estados organizam-se e regem-se pelas Constituições e leis que adotarem, observados os princípios desta Constituição", consagra Poder Constituinte derivado, da espécie decorrente.

IV. As normas que preveem limitações expressas ao Poder Constituinte derivado reformador não podem ser objeto de Emenda à Constituição.

(A) Somente a alternativa IV é correta.
(B) Somente alternativas I, III e IV são corretas.
(C) Somente as alternativas II, III e IV são corretas.
(D) Somente as alternativas I e IV.
(E) Todas as alternativas são verdadeiras.

I: correta. O Poder Constituinte Derivado exerce-se por meio de emendas à constituição ou pelo mecanismo de revisão constitucional. As emendas são aprovadas na forma do art. 60 da CF e não tem prazo para seu exercício. Já a revisão constitucional obedeceu ao disposto no art. 3º do ADCT, sendo certo que o quórum de aprovação das emendas de revisão (maioria absoluta) é menos rígido que o prescrito para aprovação das emendas "ordinárias" (maioria de três quintos – art. 60, § 2º, da CF), somando-se a isso o fato de o dispositivo que prevê a revisão constitucional constar do Ato das Disposições Constitucionais Transitórias, o que corrobora a vontade do constituinte originário de realizar a revisão constitucional uma única vez. Dessa forma, tem-se que a revisão constitucional foi concebida pelo Poder Constituinte Originário para ser única, após cinco anos da promulgação da CF, pelo voto da maioria absoluta do Congresso Nacional, em sessão unicameral. Em obediência à determinação constitucional, a revisão ocorreu em 1993/1994 e resultou em 6 emendas de revisão, tendo aí a norma constitucional exaurido sua eficácia; **II:** correta (art. 60, III, da CF); **III:** correta. O Poder Constituinte Derivado é secundário, subordinado, limitado, e exercido pelos representantes do povo. Daí resulta a conclusão de que o poder constituinte derivado encontra limites nas regras previstas pelo constituinte originário. Como defendido em doutrina, o poder constituinte derivado pode ser exercido através da reforma da Constituição Federal ou da Constituição Estadual (poder constituinte derivado reformador), pela revisão da Constituição Federal (poder constituinte derivado revisor, art. 3º do ADCT) ou por intermédio da elaboração das constituições estaduais e da lei orgânica do Distrito Federal (poder constituinte derivado decorrente); **IV:** correta. De acordo com a doutrina, há limites expressos e limites implícitos ao poder de reforma da Constituição. Os expressos estão listados no art. 60 da CF. Por outro lado, são exemplos de limites implícitos a titularidade do poder constituinte e o próprio procedimento de reforma da Constituição que, apesar de não escritos na Constituição, não podem ser alterados pelo legislador constituinte derivado.

Gabarito "E"

(Magistratura do Trabalho – 9ª Região – 2006) Analise o seguinte texto: "Por este princípio, que não é expresso mas decorre do sistema jurídico-constitucional, entende-se que uma lei, ao regulamentar um mandamento constitucional, instituir determinado direito, ele se incorpora ao patrimônio jurídico da cidadania e não pode ser arbitrariamente suprimido. (...) O que se veda é o ataque à efetividade da norma, que foi alcançada a partir da sua regulamentação. Assim, por exemplo, se o legislador infraconstitucional deu concretude a uma norma programática ou tornou viável o exercício de um direito que dependia de sua intermediação, não poderá simplesmente revogar o ato legislativo, fazendo a situação voltar ao estado de omissão legislativa anterior." (BARROSO, Luís Roberto. O direito constitucional e a efetividade de suas normas. Rio de Janeiro: Renovar, 2003. p. 158/159)

O princípio de que trata o texto acima é o seguinte:

(A) Princípio da efetividade normativa.
(B) Princípio da legalidade.
(C) Princípio da programaticidade.
(D) Princípio da vedação do retrocesso.
(E) Princípio da não omissão legislativa.

Ou em outras palavras: se uma norma constitucional de eficácia limitada foi regulamentada, tornando-se de eficácia plena, a revogação da lei regulamentadora corresponde a um retrocesso constitucional, uma vez que a norma constitucional voltará a ser de eficácia limitada, contrariando a vontade do constituinte originário. Daí falar-se em ataque à efetividade da norma, incompatível com o sistema jurídico-constitucional.

Gabarito "D"

(Magistratura do Trabalho – 24ª Região – 2006) A respeito do Poder Constituinte, assinale a alternativa INCORRETA:

(A) Segundo aponta a doutrina moderna e conforme o sistema jurídico brasileiro, o exercício do poder constituinte pertence ao povo.
(B) O poder constituinte originário é inicial e ilimitado juridicamente. Inicial porque instaura uma nova ordem jurídica, rompendo, por completo, com a ordem jurídica anterior. Ilimitado juridicamente porque não tem que respeitar os limites postos pelo direito anterior.
(C) O poder constituinte derivado decorrente advém da capacidade de auto-organização assegurada pela Constituição Federal aos Estados Membros, estando ele, contudo, limitado às regras traçadas pelo poder constituinte originário.
(D) O poder constituinte originário não deve obediência às cláusulas pétreas e pode, em tese, estabelecer pena de morte, pena de caráter perpétuo, pena de trabalhos forçados, pena de banimento e penas cruéis.
(E) Atualmente, a única forma de alterar a Constituição Federal vigente é através do exercício do poder constituinte derivado reformador, o qual se manifesta através de emendas constitucionais.

A: incorreta, devendo ser assinalada. A titularidade do poder constituinte originário é do povo; seu exercício pode ser realizado pelos representantes do povo; **B:** correta. O Poder Constituinte Originário (PCO) é inicial porque inaugura uma nova ordem jurídica; ilimitado porque não se submete aos limites impostos pela ordem jurídica anterior; autônomo porque exercido livremente por seu titular (o povo) e incondicionado por não se submeter a nenhuma forma preestabelecida para sua manifestação; **C:** correta. O Poder Constituinte Derivado é secundário, subordinado, limitado e exercido pelos representantes do povo. Daí resulta a conclusão de que o poder constituinte derivado encontra limites nas regras estabelecidas pelo constituinte originário. Como defendido em doutrina, o poder constituinte derivado pode ser exercido através da reforma da Constituição Federal ou da Constituição Estadual (poder constituinte derivado reformador), pela revisão da Constituição Federal (poder constituinte derivado revisor, art. 3º do ADCT) ou por intermédio da elaboração das constituições estaduais e da lei orgânica do Distrito Federal (poder constituinte derivado decorrente); **D:** correta. Para a doutrina clássica o PCO inaugura uma nova ordem jurídica, sem submeter-se a nenhuma regra estabelecida pelo sistema anterior. É importante ressaltar que, para a doutrina jusnaturalista, o direito natural impõe limites ao PCO que, por essa razão, não seria totalmente autônomo; **E:** correta (Art. 60 da CF). A outra forma seria a revisão, que hoje não pode mais ser exercida, uma vez que o art. 3º do ADCT previu que a revisão constitucional deveria ser realizada uma única vez, tendo exaurido sua eficácia em 1993/1994.

Gabarito "A"

1.5. EFICÁCIA DAS NORMAS CONSTITUCIONAIS

(Magistratura do Trabalho – 2ª Região – 2011) Analise as seguintes proposições:

I. A Constituição é um conjunto de normas e princípios consubstanciados num documento solene estabelecido pelo poder constituinte, modificável por processos especiais previstos no seu texto, o que confere supremacia a suas normas e princípios.
II. Normas constitucionais de eficácia plena são aquelas que, desde a entrada em vigor da Constituição, produzem todos os efeitos essenciais, ou têm a possibilidade de produzi-los, embora dentro de certos limites e / ou circunstâncias.
III. As normas constitucionais de eficácia limitada ou reduzida não produzem, com a simples entrada em vigor, todos os efeitos essenciais, porque o Legislador constituinte, por qualquer motivo, não estabeleceu, sobre a matéria, uma normatividade para isso bastante, deixando essa tarefa ao legislador ordinário ou a outro órgão do Estado.
IV. O artigo 7°, XI, da Constituição Federal que estabelece como direito dos trabalhadores urbanos e rurais, a "participação nos lucros ou resultados, desvinculada da remuneração, e, excepcionalmente, participação na gestão da empresa, conforme definido em lei", era um exemplo de norma programática vinculada ao princípio da legalidade, mas que já foi concretizada pelo legislador.

V. O Poder Judiciário, quando acionado, a propósito de uma norma programática ou de princípios, que estabeleça direitos a toda população, a exemplo do artigo 196 da Constituição Federal, que estabelece a saúde como um direito de todos e dever do Estado, não tem como impelir o Poder Público à sua concretização. Tais normas ainda dependem de lei que as regulamente.

Responda:

(A) Estão corretas as assertivas I, II e III.
(B) Estão incorretas as assertivas II e IV.
(C) Estão corretas as assertivas II, III e V.
(D) Estão incorretas as assertivas II e V.
(E) Estão corretas as assertivas III, IV e V.

I: correta. De fato, a Constituição é fruto do poder constituinte originário, suas normas e princípios estão abrigados num único documento, alterável pelo procedimento formal e solene das emendas constitucionais. A rigidez constitucional, marcada por esse processo de alteração diferenciado (art. 60 da CF), faz com que as normas trazidas pela Constituição sejam dotadas de supremacia; **II:** errada. As normas de eficácia plena, de fato, desde a entrada em vigor da Constituição, produzem todos os efeitos essenciais, ou têm a possibilidade de produzi-lo, mas **não** comportam limites e/ou circunstâncias. Segundo o professor José Afonso da Silva, as normas de eficácia plena *são as que receberam do constituinte normatividade suficiente à sua incidência imediata*; **III:** correta. De fato, as normas constitucionais de eficácia limitada ou reduzida não produzem, com a simples entrada em vigor, todos os efeitos essenciais. Tais normas dependem da atuação do legislador em regulamentá-las, pois possuem aplicabilidade postergada, diferida ou mediata. Somente após a edição da norma regulamentadora é que efetivamente produzirão efeitos no mundo jurídico; **IV:** correta. De fato, o art. 7, XI, da CF era um exemplo de norma programática vinculada ao princípio da legalidade, mas que foi regulamentado pela Lei 10.101/2000 que dispõe sobre a participação nos lucros ou resultados na empresa; **V:** errada. Diante de um caso concreto, por exemplo, o Poder Judiciário tem como impelir o Poder Público à concretização do direito. Segundo o STF, "o recebimento de medicamentos pelo Estado é direito fundamental, podendo o requerente pleiteá-los de qualquer um dos entes federativos, desde que demonstrada sua necessidade e a impossibilidade de custeá-los com recursos próprios. Isso por que, uma vez satisfeitos tais requisitos, o ente federativo deve se pautar no espírito de solidariedade para conferir efetividade ao direito garantido pela Constituição, e não criar entraves jurídicos para postergar a devida prestação jurisdicional." (RE 607.381-AgR, Rel. Min. Luiz Fux, julgamento em 31-5-2011, Primeira Turma, DJE de 17-6-2011.) No mesmo sentido: AI 553.712-AgR, Rel. Min. Ricardo Lewandowski, julgamento em 19-5-2009, Primeira Turma, DJE de 5-6-2009; AI 604.949-AgR, Rel. Min. Eros Grau, julgamento em 24-10-2006, Segunda Turma, DJ de 24-11-2006.

Gabarito "D"

(Magistratura do Trabalho – 15ª Região – 2010) Quanto à aplicabilidade das normas constitucionais é correto afirmar:

(A) as de eficácia contida têm aplicação imediata, mas se submetem à atuação restritiva nos termos em que a lei infraconstitucional estabelecer;
(B) com a sistemática prevista pela Constituição Federal de 1988 não existe mais a distinção entre normas constitucionais de eficácia contida e limitada;
(C) as de eficácia contida têm aplicabilidade apenas indireta e mediata, pois dependem de norma ulterior;
(D) as normas de eficácia contida têm aplicabilidade integral;
(E) nenhuma das anteriores.

Eficácia jurídica é a aptidão que as normas têm para produzirem efeitos no mundo jurídico. Essa eficácia, por vezes, é graduada, conforme demonstra a classificação das normas constitucionais. Segundo a teoria clássica, adotada por José Afonso da Silva, as normas constitucionais podem ser classificadas em: a) Normas constitucionais de eficácia **plena**, b) Normas constitucionais de eficácia **contida** e c) Normas constitucionais de eficácia **limitada**. As primeiras são aquelas que, por si só, produzem todos os seus efeitos no mundo jurídico e de forma imediata. Não dependem da interposição do legislador para que possam efetivamente produzir efeitos. Além disso, a norma de eficácia plena não admite que uma norma infraconstitucional limite, reduza seu conteúdo. As de eficácia contida são aquelas que produzem imediatamente seus efeitos, mas que dão a possibilidade de outra norma restringir esses efeitos. Por fim, as de eficácia limitada são as que para produzirem seus efeitos, dependem da atuação do legislador infraconstitucional, necessitam de regulamentação. Tais normas possuem aplicabilidade postergada, diferida ou mediata. Somente após a edição da norma regulamentadora é que efetivamente produzirão efeitos no mundo jurídico.

Gabarito "A"

(Magistratura do Trabalho – 18ª Região – 2006) O artigo 5º, inciso XIII, da Constituição Federal, preceitua: "é livre o exercício de qualquer trabalho, ofício ou profissão, atendidas as qualificações profissionais que a lei estabelecer." No que diz respeito à aplicabilidade das normas constitucionais, qual é o tipo de norma correspondente ao preceito transcrito?

(A) Norma de eficácia plena.
(B) Norma de eficácia contida.
(C) Norma de eficácia limitada.
(D) Norma programática.
(E) Norma de eficácia absoluta.

São de eficácia contida porque podem ser aplicadas de imediato, mas nada impede que, no futuro, sejam restringidas pelo legislador infraconstitucional. De acordo com José Afonso da Silva, há: a) normas constitucionais de eficácia plena (ou absoluta) e aplicabilidade imediata, que produzem efeitos plenos tão logo entram em vigor; b) normas constitucionais de eficácia contida (ou redutível ou restringível) e aplicabilidade mediata, que muito embora tenham eficácia direta e aplicabilidade imediata quando da promulgação da CF, podem vir a ser restringidas pelo legislador infraconstitucional no futuro e c) normas constitucionais de eficácia limitada, que, por sua vez, podem ser: c.1) de princípio institutivo (ou organizativo) ou c.2) de princípio programático. Normas constitucionais de eficácia limitada são as que possuem aplicabilidade indireta e eficácia mediata, pois dependem da intermediação do legislador infraconstitucional para que possam produzir seus efeitos jurídicos próprios. Serão de princípio institutivo se contiverem regras de estruturação de instituição, órgãos ou entidades, como a norma do art. 18, § 2º, da CF. As normas constitucionais de eficácia limitada e de princípio programático veiculam programas a serem implementados pelo Estado (arts. 196, 205 e 215, da CF).

Gabarito "B"

(Ministério Público do Trabalho – 11º) Quanto à eficácia das normas constitucionais, é CORRETO dizer que:

(A) norma constitucional de eficácia contida é aquela que depende da atuação do legislador ordinário, para produzir todos os seus efeitos;

(B) as normas constitucionais definidoras dos direitos e garantias fundamentais sempre têm eficácia plena;

(C) no art. 5º, inciso XIII, da Constituição Federal, em que se assegura a chamada liberdade de profissão ou ofício, atendidas as qualificações profissionais que a lei estabelecer, há típica norma constitucional de eficácia limitada programática;

(D) mesmo diante de normas de caráter programático, não se admite a existência de norma constitucional destituída de eficácia;

(E) não respondida.

A: incorreta. Noção referente às normas constitucionais de eficácia limitada; **B:** incorreta. Nem sempre as normas definidoras de direitos ou de garantias são de eficácia plena, ou seja, de aplicabilidade direta e eficácia imediata (entretanto, é importante ressaltar que a banca da Magistratura do Trabalho e do MPT consideram o item verdadeiro quando ausente a palavra "sempre"); **C:** incorreta. O art. 5º, XIII, da CF é típico exemplo de norma constitucional de eficácia contida (ou restringível); **D:** correta. Toda norma constitucional é norma jurídica e, ainda que programática, possui eficácia para revogar as normas em contrário ou para servir de vetor de interpretação para o legislador ordinário. Assim, mesmo tendo baixa densidade normativa, as normas programáticas podem servir como parâmetro para a declaração de inconstitucionalidade das leis que com elas colidem ou como vetor de interpretação das leis infraconstitucionais.

Gabarito "D"

1.6. HERMENÊUTICA CONSTITUCIONAL

(Magistratura do Trabalho – 23ª Região – 2011) Analisando se os itens abaixo (I a IV) contêm proposições verdadeiras ou falsas, à luz das lições da doutrina constitucional brasileira a respeito da interpretação constitucional e seus princípios, preceitos, métodos e evolução histórica, indique qual alternativa corresponde, em ordem sequencial, ao resultado de tal análise:

I. O pós-positivismo pode ser compreendido como a designação provisória e genérica de um ideário difuso, no qual se incluem o resgate dos valores, a distinção qualitativa entre princípios e regras, a centralidade dos direitos fundamentais e a reaproximação entre Direito e a Ética.

II. Não é possível acontecer de uma norma ser constitucional no seu relato abstrato, mas revelar-se inconstitucional em uma determinada incidência por contrariar o próprio nela abrigado ou algum princípio constitucional.

III. A ponderação de valores, interesses, bens ou normas consiste em uma técnica de decisão jurídica utilizável nos casos difíceis, que envolvem a aplicação de princípios que se encontram em linha de colisão, apontando soluções diversas e contraditórias para a questão.

IV. O raciocínio que conduz a ponderação de interesses inclui a seleção das normas e dos fatos relevantes, com a atribuição de pesos aos diversos elementos em disputa, em um mecanismo de concessões recíprocas que procura preservar, na maior intensidade possível, os elementos contrapostos.

(A) item **I:** falsa; item **II:** falsa; item **III:** verdadeira; item **IV:** verdadeira.

(B) item **I:** verdadeira; item **II:** verdadeira; item **III:** falsa; item **IV:** falsa.

(C) item **I:** verdadeira; item **II:** falsa; item **III:** verdadeira; item **IV:** verdadeira.

(D) item **I:** verdadeira; item **II:** falsa; item **III:** falsa; item **IV:** verdadeira.

(E) item **I:** falsa; item **II:** verdadeira; item **III:** falsa; item **IV:** verdadeira.

I: verdadeira. O pós-positivismo centra-se exatamente na força normativa dos princípios, diferenciando-os das regras. A propósito, as brilhantes lições de Luís Roberto Barroso, ao estudar o pós-positivismo: "O constitucionalismo moderno promove, assim, uma volta aos valores, uma reaproximação entre ética e Direito. Para poderem beneficiar-se do amplo instrumental do Direito, migrando da filosofia para o mundo jurídico, esses valores compartilhados por toda a comunidade, em dado momento e lugar, materializam-se em princípios, que passar a estar abrigados na Constituição, explícita ou implicitamente. (...) A novidade das últimas décadas não está, propriamente, na existência de princípios e no seu eventual reconhecimento pela ordem jurídica. (...) Os princípios, como se percebe, vêm de longe e desempenham papéis variados. O que há de singular na dogmática jurídica da quadra histórica atual é o reconhecimento de sua normatividade." (Barroso, Luís Roberto. **A Nova Interpretação Constitucional** – Ponderação, Direitos Fundamentais e Relações Privadas. Editora Renovar. 2ª edição revista e atualizada, 2006, p. 28-29); **II:** falsa, tendo em vista a ampla aceitação na jurisprudência do Supremo Tribunal Federal da chamada declaração de nulidade parcial sem redução de texto, em que a considera-se inconstitucional a aplicação da lei a determinado grupo de pessoas ou de situações; **III:** verdadeira. A ponderação de valores, interesses, bens ou normas é realizada exatamente em situações de colisões de princípios que se aplicam a determinada situação concreta posta à apreciação do julgador. Constitui, portanto, verdadeira técnica de decisão judicial. A respeito do tema, a lição de Gilmar Ferreira Mendes: "É importante perceber que a prevalência de um direito sobre outro se determina em função das peculiaridades do caso concreto. Não existe um critério de solução de conflitos em termos abstratos." (Mendes, Gilmar Ferreira; Coelho, Inocêncio Mártires; Branco, Paulo Gustavo Gonet. **Curso de Direito Constitucional**. Editora Saraiva. São Paulo, 2007, p. 276); **IV:** verdadeira. Eis, mais uma vez, a lição de Gilmar Ferreira Mendes, em que resta evidenciada a questão da atribuição dos pesos a cada um dos valores envolvidos na ponderação: "O juízo de ponderação a ser exercido liga-se ao princípio da proporcionalidade, que exige que o sacrifício de um direito seja útil para atingir o resultado desejado e que seja proporcional em sentido estrito, isto é, que o ônus imposto ao sacrificado não sobreleve o benefício que se pretende obter com a solução. Devem-se comprimir no menor grau possível os direitos em causa, preservando-se a sua essência, o seu núcleo essencial (modos primários típicos do exercício do direito). Põe-se em ação o princípio da concordância prática, que se liga ao postulado da unidade da Constituição, incompatível com situações de colisão irredutível de dois direitos por ela consagrados." (Mendes, Gilmar Ferreira; Coelho, Inocêncio Mártires; Branco, Paulo Gustavo Gonet. **Curso de Direito Constitucional**. Editora Saraiva. São Paulo, 2007, p. 275).

Gabarito "C"

(Magistratura do Trabalho – 9ª Região – 2009) Analise as proposições a seguir:

I. Justificam a existência de uma hermenêutica constitucional, além da jurisdição constitucional, a supremacia da Constituição, a utilização de normas abstratas e de princípios, o tratamento dos direitos fundamentais e dos poderes, e a regulamentação da esfera política.

II. Por princípio da convivência dos direitos constitucionais entende-se que nenhum direito, nenhuma garantia, nenhuma liberdade poderá ser tomada como absoluta.

III. A interpretação evolutiva é a operação destinada a reconstruir o direito dinamicamente, na medida das exigências cambiantes que a realidade social manifesta.

IV. Os direitos sociais são exemplos de normas constitucionais definidoras de direitos.

(A) Somente as proposições I, II e III estão corretas.
(B) Somente as proposições I, III e IV estão corretas.
(C) Somente as proposições I e IV estão corretas.
(D) Todas as proposições estão corretas.
(E) Nenhuma proposição está correta.

I: correta. Só há relevância no estudo da interpretação das normas constitucionais porque a Constituição é a norma suprema e prevalece sobre todas as demais. Pelo mesmo motivo existe controle de constitucionalidade (jurisdição constitucional), do contrário, qualquer norma posterior à CF e com ela incompatível revogaria a Constituição. Os princípios, por sua vez, são vetores de interpretação constitucional e desempenham papel deveras importante na solução de conflitos entre normas constitucionais; **II:** correta. O princípio da relatividade ou princípio da convivência dos direitos constitucionais, de acordo com Alexandre de Moraes, corresponde à noção de que direitos e garantias fundamentais não são ilimitados, uma vez que encontram seus limites nos demais direitos igualmente consagrados na Constituição; **III:** correta. Conforme lição de Luís Roberto Barroso, "sem que se opere algum tipo de ruptura na ordem constituída — como um movimento revolucionário ou a convocação do poder constituinte originário —, duas são as possibilidades legítimas de mutação ou *transição* constitucional: (a) através de uma reforma do texto, pelo exercício do poder constituinte derivado, ou (b) através do recurso aos meios interpretativos. A *interpretação evolutiva* é um processo informal de reforma do texto da Constituição. Consiste ela na atribuição de novos conteúdos à norma constitucional, sem modificação do seu teor literal, em razão de mudanças históricas ou de fatores políticos e sociais que não estavam presentes na mente dos constituintes"; **IV:** correta. Também de acordo com Luís Roberto Barroso, as normas definidoras de direitos enquadram-se no esquema conceitual *dever jurídico, violabilidade* e *pretensão*. Nas palavras do autor, das normas definidoras de direitos "resultam, portanto, para os seus beneficiários — os titulares do direito — situações jurídicas imediatamente desfrutáveis, a serem materializadas em prestações positivas ou negativas. Tais prestações são exigíveis do Estado ou de qualquer outro eventual destinatário da norma (dever jurídico) e, se não foram entregues espontaneamente (violação do direito), conferem ao titular do direito a possibilidade de postular-lhes o cumprimento (pretensão), inclusive e especialmente por meio de uma ação judicial".

Gabarito "D"

(Magistratura do Trabalho – 9ª Região – 2006) Sobre interpretação das normas constitucionais, considerando-se perspectiva pós-positivista, é correto afirmar que:

(A) A técnica da subsunção, baseada em raciocínios silogísticos, é suficiente para resolver colisão de direitos fundamentais, em qualquer caso concreto.
(B) O sistema constitucional vigente é estruturado de tal forma que jamais haverá conflito de normas de mesma hierarquia, em casos concretos.
(C) Como o próprio sistema de normas jurídicas positivadas oferece as soluções cabíveis em caso de conflito de normas de mesma hierarquia, o papel do intérprete, inclusive do juiz, resume-se a uma atividade de conhecimento técnico.
(D) De acordo com o princípio da unidade hierárquico-normativa da Constituição, não há hierarquia entre normas da Constituição, cabendo ao intérprete, em cada caso concreto, buscar a harmonização possível entre comandos que tutelem interesses contrapostos, utilizando-se da técnica da ponderação de valores.
(E) Quando o juiz se deparar, no caso concreto, com colisão de direitos fundamentais, poderá se abster de decidir, pois, do contrário, sua decisão, seja qual for, implicará violação à Constituição.

A: incorreta. O método dedutivo, de que a lei é a premissa maior, o fato é a premissa menor e a conclusão é a regra concreta que vai reger o caso dificilmente resolve conflitos entre direitos fundamentais; **B:** incorreta. Os conflitos entre normas constitucionais, notadamente entre princípios constitucionais, é muito comum no caso concreto (privacidade x informação, por exemplo); **C:** incorreta. Não há solução positivada para os conflitos entre normas de hierarquia constitucional. O juiz deverá analisar, no caso concreto, qual valor ou norma deve prevalecer, sem anular por completo o núcleo do outro princípio constitucional em conflito; **D:** correta. O princípio da unidade da Constituição impõe que as normas constitucionais sejam interpretadas em conjunto, para evitar possíveis contradições com outras normas da própria Constituição, sendo certo que não há hierarquia formal entre normas constitucionais, mas apenas axiológica; **E:** incorreta. O juiz jamais pode abster-se de decidir e, no caso de conflito entre direitos fundamentais, deve observar a técnica da ponderação de interesses.

Gabarito "D"

(Magistratura do Trabalho – 24ª Região – 2007) Dados os seguintes enunciados:

I. A interpretação constitucional deve ser realizada de maneira a evitar contradições entre suas normas.

II. Os órgãos encarregados da interpretação da norma constitucional não poderão chegar a uma posição que subverta, altere ou perturbe o esquema organizatório-funcional estabelecido pelo legislador constituinte originário.

III. Os bens jurídicos em conflito deverão estar coordenados e combinados de forma a evitar o sacrifício total de um (uns) em relação a outro(s).

IV. Entre as interpretações possíveis, deve ser adotada aquela que garanta maior eficácia, aplicabilidade e permanência das normas constitucionais.

V. A uma norma constitucional deve ser atribuído o sentido que maior eficácia se lhe conceda.

VI. Na resolução dos problemas jurídico-constitucionais, deverá ser dada maior primazia aos critérios favorecedores da integração política e social, bem como ao reforço da unidade política.

Relacione-os com o princípio/regra interpretativa de norma constitucional:

A) Unidade da Constituição.
B) Efeito Integrador.
C) Máxima Efetividade ou Eficiência.
D) Justeza ou Conformidade Funcional.
E) Concordância Prática ou Harmonização.
F) Força Normativa da Constituição.

Assinale a alternativa CORRETA:

(A) Unidade da Constituição; Efeito Integrador; Máxima Efetividade ou Eficiência; Justeza ou Conformidade Funcional; Concordância Prática ou Harmonização; Força Normativa da Constituição.
(B) Força Normativa da Constituição; Unidade da Constituição; Concordância Prática ou Harmonização; Justeza ou Conformidade Funcional; Máxima Efetividade ou Eficiência; Efeito Integrador.
(C) Unidade da Constituição; Justeza ou Conformidade Funcional; Concordância Prática ou Harmonização; Força Normativa da Constituição; Máxima Efetividade ou Eficiência; Efeito Integrador.
(D) Concordância Prática ou Harmonização; Justeza ou Conformidade Funcional; Máxima Efetividade ou Eficiência; Unidade da Constituição; Força Normativa da Constituição; Efeito Integrador.
(E) Justeza ou Conformidade Funcional; Efeito Integrador; Força Normativa da Constituição; Concordância Prática ou Harmonização; Unidade da Constituição; Máxima Efetividade ou Eficiência.

De acordo com o princípio do efeito integrador (Canotilho), na resolução dos problemas jurídico-constitucionais, deve ser dada primazia aos critérios favorecedores da integração política e social, bem como ao reforço da unidade política. O *princípio da conformidade funcional* é também chamado de *princípio da justeza* e determina que o intérprete da Constituição, ao realizar sua tarefa, não pode subverter as regras de repartição de competências estabelecidas pela própria Constituição. Pelo *princípio da unidade da Constituição*, as normas constitucionais devem ser interpretadas em conjunto, para evitar possíveis contradições com outras normas da própria Constituição. Pelo *princípio da concordância prática ou harmonização*, diante da inexistência de hierarquia entre os princípios constitucionais, deve-se buscar a redução proporcional do alcance de cada um dos bens em conflito, de modo que seus núcleos não sejam atingidos, evitando o sacrifício total de um bem em benefício do outro. A *força normativa* prioriza a interpretação constitucional que possibilita a atualidade normativa do texto, garantindo, ao mesmo tempo, sua eficácia e permanência. O *princípio da correção funcional* prescreve que o intérprete deve fiel observância à repartição constitucional de competências e de funções entre os poderes estatais (separação de poderes).

Gabarito "C".

(Ministério Público do Trabalho – 16º) Assinale a alternativa INCORRETA.

(A) As normas constitucionais programáticas são dotadas de uma função eficacial de bloqueio, mediante a qual nasce o direito subjetivo negativo de exigir do poder público a abstenção da prática de atos que contravenham os seus ditames.
(B) O conceito de ponderação, essencial à solução da colisão de direitos fundamentais, exprime a subordinação casuística de um princípio em favor de outro, podendo haver limitação recíproca dos seus respectivos espectros de atuação.
(C) O princípio da concordância prática colabora com a interpretação constitucional, atuando de modo a preservar a repartição de funções estabelecida pela Constituição.
(D) As normas constitucionais de eficácia limitada são aquelas que não produzem, pela mera entrada em vigor da Constituição, todos os seus efeitos essenciais, tendo aplicabilidade indireta, mediata e reduzida.
(E) Não respondida.

A: correta. As normas programáticas estabelecem diretrizes a serem atingidas pelo Estado, bem como a direção que deve tomar o legislador ordinário na implementação das políticas de governo. Toda norma constitucional, ainda que programática, possui eficácia para revogar as normas em contrário ou para servir de vetor de interpretação para o legislador ordinário. Assim, mesmo tendo baixa densidade normativa, as normas programáticas podem servir como parâmetro para a declaração de inconstitucionalidade das leis que com elas colidem; **B:** correta, sendo certo que a resolução do conflito se dá sem que se atinja o núcleo duro de nenhum dos princípios em conflito, pois limitação recíproca de seus efeitos não significa anulação; **C:** incorreta, devendo ser assinalada. Diante da inexistência de hierarquia entre os princípios constitucionais, pelo princípio da concordância prática, também chamado de *harmonização*, deve-se buscar a redução proporcional do alcance de cada um dos bens em conflito, de modo que seus núcleos não sejam atingidos, evitando o sacrifício total de um bem em benefício do outro; **D:** correta. Normas constitucionais de *eficácia limitada* são as que possuem aplicabilidade indireta e eficácia mediata, pois dependem da intermediação do legislador infraconstitucional para que possam produzir seus efeitos jurídicos próprios. De acordo com a doutrina, as normas constitucionais de eficácia limitada podem ser: a) de princípio institutivo (ou organizativo) ou b) de princípio programático. Serão de princípio institutivo se contiverem regras de estruturação de instituição, órgãos ou entidades, como a norma do art. 18, § 2º, da CF. As normas constitucionais de eficácia limitada e de princípio programático veiculam programas a serem implementados pelo Estado (arts. 196, 205 e 215, da CF).

Gabarito "C".

1.7. QUESTÕES COMBINADAS SOBRE TEORIA GERAL DA CONSTITUIÇÃO

(Magistratura do Trabalho – 12ª Região – 2006) Assinale a alternativa correta, em Direito Constitucional:

(A) as Constituições pátrias de 1891, 1934 e 1946 são exemplos de constituições outorgadas;
(B) a República Federativa do Brasil, formada pelo conjunto indissolúvel da União, Estados, Municípios e Distrito Federal, constitui-se em Estado

Democrático de Direito e tem como fundamentos a soberania, a cidadania, a dignidade da pessoa humana, os valores sociais do trabalho e da livre iniciativa, assim como o pluralismo político;

(C) é possível distinguir o Poder Constituinte em duas espécies: originário e derivado; o primeiro é instituído na Constituição para o fim de proceder à sua reforma; o segundo tem caráter inicial, produzindo o ordenamento jurídico;

(D) a Constituição poderá ser emendada mediante proposta de metade das Assembleias Legislativas das Unidades da Federação, manifestando-se cada uma delas pela maioria relativa de seus membros;

(E) todas as alternativas são incorretas.

A: incorreta. Foram outorgadas as Constituições de 1824, 1937, 1967 (com a Emenda Constitucional n. 1/1969). As demais foram promulgadas; **B:** incorreta. Não reflete o disposto no art. 1º, *caput*, da CF (não consta União); **C:** incorreta. O originário é inicial, autônomo, ilimitado e incondicionado, produzindo o ordenamento jurídico. O derivado é instituído pela Constituição e nela encontra limites; **D:** incorreta. Não reflete o disposto no art. 60, III, da CF.

Gabarito "E".

(Magistratura do Trabalho– 14ª Região – 2008) Assinale a alternativa INCORRETA:

(A) O Poder Constituinte pode ser classificado em originário e derivado e este em decorrente e reformador;

(B) A Constituição da República Federativa do Brasil pode ser classifica como formal, escrita, dogmática, promulgada e rígida;

(C) A soberania, a cidadania, a dignidade da pessoa humana, os valores sociais do trabalho e da livre iniciativa e o pluralismo político são os fundamentos da República Federativa do Brasil;

(D) O Poder Constituinte derivado decorrente consiste na possibilidade de auto-organização dos Estados-membros em face da autonomia político-administrativa conferida a eles pelo Poder Constituinte originário;

(E) No tocante a aplicabilidade das normas constitucionais, pode-se conceituar as normas de eficácia plena como sendo aquelas que os interesses foram suficientemente regulados pelo legislador constituinte, contudo, foi deixado margem à atuação restritiva da competência discricionária do Poder Público.

A e D: corretas. O Poder Constituinte Originário é inicial, autônomo, ilimitado e incondicionado e o Poder Constituinte Derivado é secundário, subordinado, limitado, e exercido pelos representantes do povo, encontrando limites nas regras previstas pelo constituinte originário. O poder constituinte derivado pode ser exercido através da reforma da Constituição Federal ou da Constituição Estadual (poder constituinte derivado reformador), pela revisão da Constituição Federal (poder constituinte derivado revisor, art. 3º do ADCT) ou por intermédio da elaboração das constituições estaduais e da lei orgânica do Distrito Federal (poder constituinte derivado decorrente); **B:** correta. A Constituição de 1988 pode ser assim classificada: a) quanto à origem: promulgada (não foi imposta, mas fruto do trabalho de uma Assembleia Nacional Constituinte); b) quanto à forma: escrita (normas reunidas em um único texto solene e codificado); c) quanto ao conteúdo: *formal* (porque qualquer norma contida na nossa CF é constitucional, não importando se a matéria é ou não referente à organização do Estado ou a direitos fundamentais); d) quanto à extensão: analítica (trata de todos os temas que os representantes do povo entenderam importantes e, por isso, é extensa e detalhista); e) quanto ao modo de elaboração: dogmática – ou sistemática –, porque traduz os dogmas, planos e sistemas preconcebidos; f) quanto à estabilidade ou alterabilidade: rígida, já que prevê, para a alteração das normas constitucionais, um mecanismo mais difícil que aquele estabelecido para as normas não constitucionais (art. 60 da CF); **C:** correta (art. 1º, I a V, da CF); **E:** incorreta, devendo ser assinalada. Conceito de norma constitucional de eficácia contida (ou restringível).

Gabarito "E".

(Magistratura do Trabalho – 21ª Região – 2005) Sobre a Teoria da Constituição, observe as afirmações seguintes e assinale a alternativa correta:

I. A diferenciação entre Constituições rígidas e flexíveis diz respeito aos requisitos necessários à sua modificação, sendo a primeira somente possível mediante a elaboração de uma nova Constituição, por meio de uma Assembleia Constituinte, e a segunda através de reformas constitucionais previstas em procedimentos especiais, chamadas de propostas de emenda constitucional;

II. Pelo princípio da unidade da Constituição compete ao intérprete buscar a vontade unitária e harmônica da Constituição, eliminando contradições, antagonismos e antinomias;

III. A técnica de interpretação conforme a Constituição, inspirada na jurisprudência do Tribunal Constitucional alemão, expressa-se pela busca da preservação do ato normativo, dando-lhe, no entanto, interpretação compatível com o sentido normativo do Texto Constitucional;

IV. As normas constitucionais de eficácia contida exigem lei complementar, em sentido estrito, para produzirem plena eficácia;

V. Somente na vigência de estado de defesa e estado de sítio a Constituição Federal brasileira não poderá ser objeto de emenda.

(A) Todas as afirmações estão incorretas.

(B) As afirmações II e V estão corretas.

(C) As afirmações I, III e IV estão corretas.

(D) As afirmações II e V estão corretas.

(E) As afirmações II e III estão corretas.

I: incorreta. Quanto à alterabilidade, as constituições podem ser classificadas como rígidas, semirrígidas (ou semiflexíveis) e flexíveis. As rígidas são aquelas que preveem, para a alteração das normas constitucionais, um mecanismo mais difícil que aquele estabelecido para as normas não constitucionais. As semirrígidas preveem normas constitucionais que só podem ser modificadas através de procedimento mais complexo e outras normas constitucionais que podem ser modificadas pelo mesmo processo aplicável às leis infraconstitucionais. As flexíveis, por sua vez, não preveem mecanismo mais dificultoso para a alteração das normas constitucionais, que podem ser modificadas tal como as leis infraconstitucionais. No caso brasileiro, a CF/88 é rígida, porque seu texto traz expresso qual é o procedimento para a alteração das normas constitucionais, que é muito mais qualificado que o das leis ordinárias. Para que uma emenda constitucional seja aprovada, é preciso observar todas as regras insculpidas no art. 60 da Constituição, que lista limites materiais (art. 60, § 4º), formais (art. 60, § 2º) e circunstanciais (art. 60, § 1º) ao poder de reforma da Constituição; **II:** correta, porque não existe hierarquia formal entre as normas constitucionais; **III:** correta. A *interpretação conforme a Constituição* é, ao mesmo tempo, princípio de interpretação e técnica de controle de constitucionalidade, tendo aplicação diante de normas jurídicas *plurissignificativas*. Vale dizer, a interpretação conforme a Constituição somente será possível quando a norma infraconstitucional apresentar vários significados ou puder ser interpretada de várias formas, umas compatíveis com as normas constitucionais e outras não, devendo-se excluir a interpretação contra o texto constitucional e optar pela interpretação que encontra guarida na CF, ou seja, pela interpretação conforme a Constituição. Entretanto, não legitima o intérprete a atuar como legislador positivo; **IV:** incorreta. Produzem plena eficácia quando da promulgação da Constituição, mas podem vir a ser restringidas no futuro, por lei (não necessariamente complementar); **V:** incorreta. O art. 60, § 1º, da CF traz mais uma limitação circunstancial: a intervenção federal.

Gabarito "E"

(Magistratura do Trabalho – 24ª Região – 2006) Considere as proposições abaixo:

I. As Constituições têm por objeto estabelecer a estrutura do Estado, a organização de seus órgãos, o modo de aquisição do poder e a forma de seu exercício, limites de atuação, assegurar os direitos e garantias dos indivíduos, fixar o regime político e disciplinar os fins socioeconômicos do Estado, bem como os fundamentos dos direitos econômicos, sociais e culturais.

II. Na identificação de José Afonso da Silva, a Constituição possui cinco categorias de elementos: elementos orgânicos; elementos limitativos; elementos socioideológicos; elementos de estabilização constitucional e elementos formais de aplicabilidade.

III. Os elementos limitativos acham-se inscritos especialmente no Título II da Constituição Federal do Brasil sob a rubrica "Dos Direitos e Garantias Fundamentais", excetuando-se os direitos sociais tratados no Capítulo II.

IV. São limites circunstanciais ao poder de reforma constitucional a intervenção federal, o estado de defesa ou o estado de sítio.

V. O Princípio da Supremacia da Constituição, que tem como premissa a rigidez constitucional, é a ideia central subjacente a todos os sistemas jurídicos modernos.

Analise as proposições acima e responda:

(A) Todas as proposições estão corretas.
(B) Apenas a proposição IV está incorreta.
(C) Apenas a proposição II está incorreta.
(D) Todas as proposições estão incorretas.
(E) Apenas as proposições II e IV estão corretas.

I: correta, mas nada impede que a constituição consagre outras matérias, de conteúdo não propriamente constitucional, concedendo-lhes *status* superior (normas formalmente constitucionais); **II e III:** Corretas. De acordo com José Afonso da Silva, são elementos da Constituição: a) **elementos orgânicos**, em que se contêm normas que regulam a estrutura do Estado e do Poder que, na CF/88, concentram-se, predominantemente, nos Títulos III (Da organização do Estado), IV (Da organização dos Poderes e dos Sistemas de Governo), Capítulos I e II, do Título V (Das Forças Armadas e da Segurança Pública) e VI (Da Tributação e do Orçamento), que constituem aspectos da organização e do funcionamento do Estado; b) **elementos limitativos**, que se manifestam nas normas que consagram o elenco dos direitos e garantias fundamentais, e são limitativos porque restringem a ação dos poderes estatais (inscritos no Título II da Constituição - Dos Direitos e Garantias Fundamentais, excetuando-se os Direitos Sociais, que entram na categoria seguinte); c) **elementos socioideológicos**, que revelam o caráter de compromisso das Constituições modernas entre o Estado individualista e o Estado Social, intervencionista, como as do Capítulo II do Título II (Direitos Sociais) e as dos Títulos VII (Da Ordem Econômica e Financeira) e VIII (Da Ordem Social); d) **elementos de estabilização constitucional**, consagrados nas normas destinadas a assegurar a solução de conflitos constitucionais, a defesa da Constituição, do Estado e das instituições democráticas, como as encontradas nos arts. 34 a 36, CF (intervenção nos Estados e Municípios), nos arts. 59, I, e 60 (processo de emendas à Constituição), nos arts. 102 e 103 da CF (jurisdição constitucional) e Título V (Defesa do Estado e das Instituições Democráticas – Capítulo I – porque os Capítulos II e III integram os elementos orgânicos; e) **elementos formais de aplicabilidade**, que são os que se acham consubstanciados nas normas que estabelecem regras de aplicação das constituições, assim, o preâmbulo, o dispositivo que contém as cláusulas de promulgação, as disposições constitucionais transitórias e o art. 5°, § 1º, da CF, que determina que as normas definidoras dos direitos e garantias fundamentais têm aplicabilidade imediata; **IV:** correta. De acordo com o art. 60, § 1º, da CF; **V:** correta. Além de ser ideia central subjacente aos ordenamentos modernos, é também fundamento para o controle de constitucionalidade.

Gabarito "A"

2. PRINCÍPIOS FUNDAMENTAIS

(Magistratura do Trabalho – 23ª Região – 2011) Analisando se os itens abaixo (I a III) contêm proposições verdadeiras ou falsas, indique qual alternativa corresponde, em ordem sequencial, ao resultado de tal análise:

I. A consagração pela Constituição de 1988 da dignidade da pessoa humana como principio fundamental da República, inédita no constitucionalismo brasileiro, traz, dentre outras consequências, a imposição não apenas de um dever de abstenção (respeito), mas também de praticar condutas positivas tendentes a proteger a dignidade do indivíduo, servindo como um valor-guia não apenas dos direitos fundamentais, mas de toda a ordem constitucional.

II. Embora não se negue que determinadas normas constitucionais apresentem uma baixa densidade normativa, insuficiente para alcançarem plena eficácia, estabelecendo programas, finalidades e tarefas a serem implementados pelo legislador, pode-se afirmar que todas as normas asseguradoras de direitos fundamentais são dotadas de eficácia e, em certa medida, diretamente aplicáveis já ao nível da Constituição e independentemente de intermediação legislativa, ainda que se o faça na medida da respectiva eficácia.

III. São direitos sociais expressamente consagrados como tais pela Constituição de 1988 o lazer e a assistência aos desamparados.

(A) item **I:** verdadeira; item **II:** verdadeira; item **III:** falsa.
(B) item **I:** verdadeira; item **II:** falsa; item **III:** verdadeira.
(C) item **I:** falsa; item **II:** verdadeira; item **III:** falsa.
(D) item **I:** falsa; item **II:** verdadeira; item **III:** verdadeira.
(E) item **I:** verdadeira; item **II:** verdadeira; item **III:** verdadeira.

I: verdadeira. A dignidade da pessoa humana é consagrada como princípio da República Federativa do Brasil (art. 1º, III, da CF). Além disso, a alternativa destaca ainda a dimensão positiva do principio, que exige do Estado ações positivas no sentido de dar concretude à dignidade da pessoa humana; **II:** verdadeira. O próprio texto constitucional, no seu art. 5º, § 1º, confere às normas definidoras dos direitos e garantias fundamentais aplicação imediata. Assim, mesmo as normas classificadas como de eficácia contida, têm aplicação imediata, na medida em que funcionam como parâmetro de constitucionalidade para as novas normas editadas pelo Poder Legislativo; **III:** verdadeira. O art. 6º da CF expressamente consagra o lazer e a assistência aos desamparados como direitos sociais.

Gabarito "E"

(Magistratura do Trabalho – 14ª Região – 2011) Analise as proposições abaixo e aponte a alternativa correta.

I. Princípios constitucionais fundamentais e princípios gerais do Direito Constitucional diferenciam-se pelo fato de que os primeiros integram o Direito Constitucional positivo, enquanto os segundos formam conceitos-gerais do próprio Direito constitucional.

II. Dentre os princípios fundamentais da Constituição de 1988 temos o principio federalista, o princípio da separação dos poderes, o princípio relativo à forma de governo, chamado principio republicano, os princípios relativos à organização da sociedade, princípios relativos à vida política, princípios relativos ao regime democrático, princípios relativos à prestação positiva do Estado e princípios relativos à comunidade internacional.

III. Na democracia representativa há direta participação popular, periódica, formal, por via das instituições eleitorais que visam a disciplinar as técnicas de escolha dos representantes do povo.

IV. O principio da divisão dos Poderes da República, pelo qual é vedado a qualquer dos Poderes delegar atribuições, e quem for investido na função de um deles não pode exercer a de outro, não comporta exceções.

V. As normas que consubstanciam os direitos fundamentais, democráticos e individuais são de aplicação imediata, enquanto dentre as que definem direitos sociais, embora tendam a ser de aplicação imediata, há aquelas que mencionam uma lei integradora, que são de eficácia limitada e aplicabilidade indireta.

(A) Estão corretas as alternativas I, II e V.
(B) Estão corretas as alternativas II, III e V.
(C) Estão corretas as alternativas III, IV e V.
(D) Estão corretas as alternativas I, III e V.
(E) Estão corretas as alternativas II, III e IV.

I: correta. De fato, segundo José Afonso da Silva, os princípios fundamentais constitucionais integram o Direito Constitucional Positivo, traduzindo-se em normas fundamentais, normas-síntese ou normas matriz "que explicitam as valorações políticas fundamentais do legislador constituinte", normas que contêm as decisões políticas fundamentais que o constituinte acolheu no documento constitucional. Os princípios gerais formam temas da teoria geral do Direito Constitucional, por envolver conceitos gerais, relações, objetos, que podem ter seu estudo destacado da dogmática jurídico-constitucional; **II:** correta. Ainda segundo José Afonso da Silva, a análise dos princípios fundamentais da Constituição, nos leva à seguinte discriminação: **a) princípios relativos à existência, forma, estrutura e tipo de Estado**: República Federativa do Brasil, soberania, Estado Democrático de Direito (art. 1º), **b) princípios relativos à forma de governo e à organização dos poderes**: República e separação dos poderes (arts. 1º e 2º), **c) princípios relativos à organização da sociedade**: princípio da livre organização social, princípio da convivência justa e princípio da solidariedade (art. 3º, I), **d) princípios relativos ao regime político**: princípio da cidadania, princípio da dignidade da pessoa humana, princípio do pluralismo, princípio da soberania popular, princípio da representação política e princípio da participação popular direta (art. 1º, parágrafo único), **e) princípios relativos à prestação positiva do Estado**: princípio da independência e do desenvolvimento nacional (art. 3º, II), princípio da justiça social (art. 3º, III) e princípio da não discriminação (art. 3º, IV), **f) princípios relativos à comunidade internacional**: da independência nacional, do respeito aos direitos fundamentais da pessoa humana, da autodeterminação dos povos, da não intervenção, da igualdade dos Estados, da solução pacífica dos conflitos e da defesa da paz, do repúdio ao terrorismo e ao racismo, da cooperação entre os povos e o da integração da América Latina (art. 4º); **III:** errada. José Afonso da Silva menciona que na democracia representativa a participação popular é **indireta**, periódica e formal, por via das instituições eleitorais que visam a disciplinar as técnicas de escolha dos representantes do povo; **IV:** errada. Segundo José Afonso da Silva, o **principio da divisão dos Poderes da República comporta exceções**, por exemplo, a permissão de que Deputados e Senadores exerçam funções de Ministro de Estado, que é agente auxiliar do Presidente da República, Chefe do Executivo, bem como de Secretário de Estado, do Distrito Federal, de Prefeitura de Capital ou de missão diplomática (art. 56 da CF). Além disso, as exceções mais marcantes, segundo esse autor, repousam na possibilidade de adoção pelo Presidente da República de medidas provisórias, com força de lei (art. 62 da CF), e na autorização de delegação de atribuições legislativas ao Presidente da República (art. 68 da CF); **V:** correta. Como a questão foi toda formulada com base na doutrina do Prof. José Afonso da Silva, faz-se necessário continuar citando-o. Segundo tal autor, a eficácia e aplicabilidade das normas que contêm os direitos fundamentais dependem muito de seu enunciado, pois se trata de assunto que está em função do Direito positivo. A Constituição é expressa sobre o assunto, quando estatui que as normas definidoras dos direitos e garantias fundamentais têm aplicação imediata. Mas certo é que isso não resolve todas as questões porque a **Constituição mesma faz depender de legislação ulterior a aplicabilidade de algumas normas definidoras de direitos sociais**, enquadrados dentre os fundamentais. Por regra, **as normas que consubstanciam os direitos fundamentais democráticos e individuais são de eficácia contida e aplicabilidade imediata, enquanto as que definem os direitos econômicos e sociais tendem a sê-lo também na Constituição vigente, mas algumas, especialmente as que mencionam uma lei integradora, são de eficácia limitada, de princípios programáticos e de aplicabilidade indireta,** mas são tão jurídicas como as outras e exercem relevante função, porque, quanto mais se aperfeiçoam e adquirem eficácia mais ampla, mais se tornam garantias da democracia e do efetivo exercício dos demais direitos fundamentais.

Gabarito "A"

(Magistratura do Trabalho – 15ª Região – 2010) Em relação ao princípio da legalidade e da reserva legal, é correto afirmar que:

(A) possuem a mesma abrangência.
(B) podem, ser empregados nas mesmas situações jurídicas.
(C) possuem finalidades diversas, sendo que o primeiro tem abrangência mais ampla.
(D) são utilizados com a mesma finalidade.
(E) nenhuma das anteriores.

O princípio da legalidade não se confunde com o da reserva legal. O primeiro está previsto no art. 5º, II, da CF e tem sentido amplo, abrangendo todas as espécies normativas, previstas no art. 59 da CF. Já o da reserva legal pressupõe somente a lei em sentido estrito, ou seja, lei ordinária ou complementar.
Gabarito "C".

(Magistratura do Trabalho – 1ª Região – 2004) Considerando os princípios fundamentais, insertos na Constituição Federal, analise as assertivas abaixo:

I. Dentre outros, são fundamentos da República Federativa do Brasil: a soberania, a dignidade da pessoa humana e o pluralismo político.
II. A República Federativa do Brasil é formada pela união de Estados, Municípios e Distrito Federal, sendo possível a secessão.
III. São, dentre outros, objetivos fundamentais da República Federativa do Brasil: erradicar a pobreza e a marginalidade e garantir o desenvolvimento nacional.
IV. A República Federativa do Brasil rege-se nas relações internacionais, dentre outros, pelos seguintes princípios: repúdio ao racismo e terrorismo, concessão de asilo político e interdependência da República Federativa do Brasil com as demais nações, em especial as da América Latina, com quem buscará a formação de um bloco comunitário.

E assinale:

(A) se corretas todas as assertivas;
(B) se incorreta somente a assertiva II;
(C) se corretas somente as assertivas I e III;
(D) se corretas somente as assertivas II e III;
(E) se incorreta somente a assertiva IV.

I: correta (art. 1º, I a V, da CF); **II:** incorreta. O art. 1º, *caput*, da CF fala em união indissolúvel, o que impede a secessão; **III:** correta (art. 3º, I a IV, da CF); **IV:** incorreta. Não reflete o disposto no art. 4º, I a X, e parágrafo único, da CF.
Gabarito "C".

(Magistratura do Trabalho – 1ª Região – 2004) Considerando os fundamentos da República Federativa do Brasil, consagrados na Constituição Federal, marque a alternativa INCORRETA:

(A) O pluralismo político;
(B) A autodeterminação dos povos;
(C) O valor social da livre iniciativa;
(D) O valor social do trabalho;
(E) A dignidade da pessoa humana.

A autodeterminação dos povos consiste em princípio que rege as relações internacionais da República Federativa do Brasil (art. 4º, III, da CF). Os fundamentos da República estão previstos no art. 1º, I a V, da CF.
Gabarito "B".

(Magistratura do Trabalho – 3ª Região – 2009) Na forma de redação do texto constitucional, a República Federativa do Brasil, formada pela união indissolúvel dos Estados e Municípios e do Distrito Federal, constitui-se em Estado Democrático de Direito e tem como princípios fundamentais, exceto:

(A) A soberania.
(B) A cidadania.
(C) A dignidade da pessoa humana.
(D) Os valores sociais do trabalho e da livre iniciativa.
(E) A saúde e a segurança.

A saúde e a segurança não constam entre os fundamentos (art. 1º, I a V, da CF).
Gabarito "E".

(Magistratura do Trabalho – 8ª Região – 2006) Sobre os princípios constitucionais é correto afirmar que:

(A) O princípio da indissolubilidade do Estado Federal tem como uma das finalidades básicas a unidade nacional, não existindo em nosso ordenamento jurídico o direito de secessão.
(B) Pelo princípio da soberania o Estado brasileiro tem capacidade de editar suas próprias normas, sua própria ordem jurídica (a começar pela Lei Magna), de tal modo que qualquer regra heterônoma só tem validade nos casos e nos termos admitidos pela própria Constituição, salvo as Convenções Internacionais ratificadas pelo Brasil.
(C) O princípio do valor social do trabalho e da livre iniciativa assegura proteção ao trabalho, por constituir-se no meio pelo qual homens e mulheres garantem sua subsistência e o crescimento do país, razão por que essa garantia destina-se essencialmente ao trabalhador subordinado.
(D) O princípio da isonomia, que se reveste de autoaplicabilidade, não é, enquanto postulado fundamental de nossa ordem político-jurídica, insuscetível de regulamentação ou de complementação normativa. Esse princípio, cuja observância vincula, condicionalmente, todas as manifestações do Poder Público, deve ser considerado, em sua precípua função de obstar discriminações e de extinguir privilégios.
(E) A correta interpretação do princípio da igualdade torna inaceitável discriminar uma pessoa em função do sexo, sempre que ele seja eleito com o propósito de desnivelar materialmente o homem da mulher; aceitando-o, porém, quando a finalidade pretendida for atenuar os desníveis de tratamento, não permitindo, porém, que normas infraconstitucionais tenham essa finalidade, ainda que em benefício da parte discriminada.

A: correta. Conforme previsto no art. 1º, *caput*, da CF; **B:** incorreta. A soberania é atributo do Estado Federal (art. 1º, I, da CF), os entes federados possuem autonomia. A criação da ordem jurídica é feita pelo Poder Constituinte Originário; **C:** incorreta. Destina-se, indiscriminadamente, a todos os trabalhadores, inclusive avulsos e autônomos; **D** e **E:** incorretas. Nenhum princípio é absoluto. A igualdade entre homens e mulheres, por exemplo, não afasta a possibilidade de estabelecimento de direitos diferenciados para mulheres ou para homens, desde que a distinção obedeça ao princípio da razoabilidade. Não há nenhuma inconstitucionalidade em a mulher possuir período de licença-maternidade maior que o da licença-paternidade, notadamente porque a diferenciação se dá em função da necessidade de amamentação da criança (critério razoável). O princípio da igualdade, ao mesmo tempo em que veda as desigualdades, muitas vezes impõe o tratamento desigual.

Gabarito "A"

(Ministério Público do Trabalho – 8º) À vista das assertivas abaixo:

I. Constituem objetivos fundamentais da República Federativa do Brasil: construir uma sociedade livre, justa e solidária; garantir o desenvolvimento nacional; erradicar a pobreza e a marginalização e reduzir as desigualdades sociais e regionais: promover o bem de todos, sem preconceitos de origem, raça, sexo, cor, idade e quaisquer outras formas de discriminação.
II. A República Federativa do Brasil, formada pela união indissolúvel dos Estados e Municípios e do Distrito Federal, constitui-se em Estado democrático de direito e tem como fundamentos: a soberania; a cidadania; a dignidade da pessoa humana; os valores sociais do trabalho e da livre iniciativa; o pluralismo político.
III. A República Federativa do Brasil rege-se nas suas relações internacionais, entre outros, pelos seguintes princípios: não intervenção; solução pacífica dos conflitos; não concessão de asilo político; repúdio ao terrorismo e ao racismo.
IV. a República Federativa do Brasil buscará a integração econômica, política, social e cultural dos povos da América Latina e Central, visando à formação de uma comunidade americana de nações.
V. A República Federativa do Brasil, formada pela união indissolúvel dos Estados e Municípios e do Distrito Federal, tem como objetivos fundamentais: o pluralismo político; construir uma sociedade livre, justa e solidária; a soberania e a cooperação entre os povos para o progresso da humanidade.

Assinale a alternativa correta:

(A) As assertivas III, IV e V estão incorretas;
(B) Somente a assertiva II está incorreta;
(C) As assertivas I, II e IV estão corretas;
(D) Todas as assertivas estão corretas;
(E) Todas as assertivas estão incorretas;
(F) Não sei.

I: correta (Art. 3º, I a IV, da CF); **II:** correta (art. 1º, I a V, da CF); **III:** errada. Não reflete o disposto no art. 4º, I a X, da CF; **IV:** errada. Não reflete o disposto no art. 4º, parágrafo único, da CF; **V:** errada. Não reflete o disposto no art. 1º, I a V, da CF.

Gabarito "A"

3. DIREITOS E GARANTIAS FUNDAMENTAIS

3.1 DIREITOS E DEVERES INDIVIDUAIS E COLETIVOS

(Magistratura do Trabalho – 8ª Região – 2011) Assinale a alternativa CORRETA:

(A) Os atos processuais poderão correr em segredo de justiça, desde que solicitado pela parte, podendo o juiz, em qualquer hipótese, deferir o pedido.
(B) Norma regulamentadora infraconstitucional poderá remeter à apreciação exclusiva pelo juízo arbitral lesão ou ameaça a determinados direitos.
(C) A liberdade de associação para fins lícitos é admitida amplamente, exceto a de caráter paramilitar.
(D) Decisão judicial, ainda que não transitada em julgado, poderá dissolver as associações.
(E) A atuação judicial de entidades associativas é amplamente assegurada, possuindo legitimidade para representar os seus filiados, ainda que inexistente autorização expressa dos mesmos.

A: incorreta. A Constituição determina que a restrição legal da publicidade dos atos processuais ocorra quando a defesa da intimidade ou o interesse social o exigirem (art. 5º, LX, da CF). Desse modo, o juiz, ao analisar o pedido da parte, deve identificar se há o cumprimento de um ou dos dois dos requisitos. Caso não haja, o pedido deve ser indeferido; **B:** incorreta. De acordo com art. 5º, XXXV, da CF, a lei não excluirá da apreciação do Poder Judiciário lesão ou ameaça a direito; **C:** correta (art. 5º, XVII, da CF); **D:** incorreta. A Constituição **exige o trânsito em julgado** para que uma associação seja dissolvida (art. 5º, XIX, da CF); **E:** incorreta. As associações, **quando expressamente autorizadas**, têm legitimidade para representar seus filiados judicial ou extrajudicialmente (art. 5º, XXI, da CF).

Gabarito "C"

(Magistratura do Trabalho – 23ª Região – 2011) Analise o seguinte caso: uma associação de defesa de determinados valores veicula na mídia (televisão, rádio, jornais e internet) campanha de defesa de opinião e ideias, contendo peças que dizem respeito ao exercício de direitos fundamentais, uma delas afirmando, dentre outras coisas, que "a igualdade entre homens e mulheres é um direito, mas a mulher deve seguir e obedecer ao homem, que lhe é superior, e aquela que assim não age não deve ser respeitada como tal, já que não exerce seu papel e prejudica a humanidade". Diante disso, um dos legitimados pela lei ajuíza ação civil pública, postulando, dentre outros requerimentos, que seja determinada a retirada da campanha do ar, sob pena de multa diária.

Assinale a alternativa correta:

(A) a pretensão não pode ser acolhida, vez que a Constituição Federal, em seus arts. 5º, IX e 220, veda expressamente a censura.
(B) a pretensão deverá ser rejeitada, vez que a liberdade de expressão goza de uma posição

preferencial em relação aos demais direitos fundamentais, o que impede, em termos absolutos, que ceda espaço à incidência de outros direitos a ponto de dar ensejo à proibição de determinada veiculação, especialmente porque, no caso, se tratava da mera defesa de ideias e opiniões.

(C) a campanha necessariamente deverá ser retirada do ar, eis que a igualdade goza de uma posição preferencial em relação aos demais direitos fundamentais, de modo que, em caso de colisão com outros, sempre deverá prevalecer.

(D) a solução do caso passa pela ponderação dos princípios em conflito, sendo possível, em tese, a decisão pela retirada da campanha do ar, já que a preservação do núcleo essencial de tal direito não abrange a proibição, em toda e qualquer situação, de se fazer cessar determinada veiculação midiática.

(E) a solução do caso deverá ser pautada pela natureza das normas em confilto; assim, deverá o magistrado verificar se o preceito que consagra a liberdade de expressão e aquele que reconhece o direito à igualdade tem eficácia imediata, contida ou limitada, bem como a respectiva regulamentação infraconstitucional, prevalecendo aquele em relação ao qual a legislação possibilita o exercício imediato, em detrimento do outro.

A questão versa sobre a colisão de princípios em determinado caso concreto, em que a solução deve ser encontrada na ponderação de valores, assim sintetizada com mestria por Luis Roberto Barroso: "A denominada ponderação de valores ou ponderação de interesses é a técnica pela qual se procura estabelecer o peso relativo de cada um dos princípios contrapostos. Como não existe um critério abstrato que imponha a supremacia de um sobre outro, deve-se, à vista do caso concreto, fazer concessões recíprocas, de modo a produzir um resultado socialmente desejável, sacrificando o mínimo de cada um dos princípios ou direitos fundamentais em oposição. (...) Não há, aqui, superioridade formal de nenhum dos princípios em tensão, mas a simples determinação da solução que melhor atende o ideário constitucional na situação apreciada." (Barroso, Luís Roberto. **A Nova Interpretação Constitucional** – Ponderação, Direitos Fundamentais e Relações Privadas. Editora Renovar. 2ª edição revista e atualizada. 2006, p. 32-33). Destarte, as alternativas "B" e "D" pecam por se referir a uma supremacia abstrata de um dos princípios em colidência no caso apresentado. A alternativa "A", por seu turno, coloca a vedação à censura como princípio absoluto, repousando aí sua incorreção. A alternativa "E", por sua vez, nega aplicação à norma principiológica de suposta eficácia limitada, o que não encontra fundamento constitucional, uma vez que, nos termos do § 1º, do art. 5º, as normas que veiculam direitos fundamentais têm todas elas aplicação imediata.

Gabarito "D".

(Magistratura do Trabalho – 23ª Região – 2011) O grande publicista alemão Georg Jellinek, na sua obra "Sistema dos Direitos Subjetivos Públicos" (*Syzstem der subjetktiv öffentiichen*), formulou concepção original, muito citada pela doutrina brasileira no estudo da teoria dos direitos fundamentais, segundo a qual o individuo, como vinculado a determinado Estado, encontra sua posição relativamente a este cunhada por quatro espécies de situações jurídicas (*status*), seja como sujeito de deveres, seja como titular de direitos. Assinale qual das alternativas abaixo contém um item que NÃO corresponde a um dos quatro *status* da teoria de Jellinek:

(A) *status* passivo (*status subjectionis*).
(B) *status negativus*.
(C) *status civitatis*.
(D) *status socialis*.
(E) *status activus*.

Segundo Georg Jellinek, o indivíduo pode assumir quatro *status* diante do Estado: a) *status* passivo, em que está subordinado aos poderes públicos, sendo detentor de deveres para com o Estado; b) *status* negativo, em que o indivíduo goza de liberdade de atuação, não podendo o Estado se imiscuir em sua autodeterminação; c) *status* positivo, em que o individuo se coloca em situação em que pode exigir do Estado atuações positivas em seu favor, por meio da oferta de bens e serviços, mormente os essenciais à sobrevivência e sadia qualidade de vida da própria comunidade e d) *status activus* em que o indivíduo goza de direito de influir sobre a formação da vontade estatal, através do exercício dos direitos políticos. Portanto, o único *status* não descrito por Jellinek corresponde à alternativa "D".

Gabarito "D".

(Magistratura do Trabalho – 16ª Região – 2011) Sobre as ações previstas na Constituição Federal para defesa de direitos individuais, coletivos elou difusos analise as seguintes afirmações e marque a alternativa CORRETA:

I. O mandado de segurança coletivo pode ser impetrado por organização sindical, entidade de classe ou associação legalmente constituída e em funcionamento há pelo menos um ano, em defesa dos interesses de toda a categoria, independentemente de filiação e/ou associação.

II. Conceder-se-á *habeas data* para assegurar o conhecimento de informações relativas à pessoa do impetrante, constantes de registros ou bancos de dados de entidades governamentais ou de caráter público, bem como para a retificação de dados. Neste último caso, apenas caberá *habeas data* quando a retificação não puder ser feita por processo sigiloso, judicial ou administrativo.

III. Conceder-se-á mandado de segurança para proteger direito líquido e certo, não amparado por *habeas corpus* ou *habeas data*, apenas quando o responsável pela ilegalidade ou abuso de poder for autoridade pública.

IV. Qualquer cidadão é parte legitima para propor ação popular que vise a anular ato lesivo ao patrimônio público ou de entidade de que o Estado participe, à moralidade administrativa, ao meio ambiente e ao patrimônio histórico e cultural. De amplo acesso à Justiça, o autor é sempre isento de custas judiciais e do ônus da sucumbência, salvo desistência da ação e comprovada má-fé.

V. Segundo a Constituição Federal são gratuitas as ações de *habeas corpus*, mandado de segurança e *habeas data*, e, na forma da lei, os atos necessários ao exercício da cidadania.

(A) Somente as afirmativas I e IV estão corretas.
(B) Somente as afirmativas II e III estão corretas.

(C) Somente as afirmativas H e V estão corretas.
(D) Somente a afirmativa IV está correta.
(E) Todas as afirmativas estão erradas.

I: incorreta (art. 5º, LXX, *a* e *b*, da CF); **II:** incorreta (art. 5º, LXXII, *a* e *b*, da CF); **III:** incorreta (art. 5º, LXIX, da CF); **IV:** incorreta (art. 5º, LXXIII, da CF); **V:** incorreta (art. 5º, LXXVII, da CF).

Gabarito "E"

(Magistratura do Trabalho – 15ª Região – 2011) A respeito da ação de *habeas data* é incorreto afirmar que:

(A) é remédio constitucional que pode ser utilizado para a retificação de dados, quando não se pretira fazê-lo por processo sigiloso, judicial ou administrativo;
(B) conforme a natureza da matéria envolvida, é possível atribuir-se à justiça laboral o seu processamento e julgamento;
(C) a medida pode ser impetrada por pessoa jurídica;
(D) conforme entendimento do STJ, trata-se de medida cabível ainda que não tenha havido recusa de prestação de informações por parte da autoridade administrativa;
(E) pode ser concedido para assegurar o conhecimento de informações relativas ao impetrante constantes em bancos de dados de entidades de caráter político.

A: correta (art. 5º, LXXII, *b*, da CF); **B:** correta (art. 114, IV, da CF); **C:** correta. De fato, o *habeas data* pode ser impetrado por pessoa natural ou jurídica que queira conhecer, retificar ou complementar informações relativas a sua pessoa, constantes em bancos de dados de caráter público; **D:** incorreta, devendo ser assinalada. De acordo com a Súmula nº 2 do STJ, não é possível a impetração de *habeas data* para o conhecimento de informações se não houver recusa por parte da autoridade administrativa; **E:** correta (art. 5º, LXXII, *a*, da CF).

Gabarito "D"

(Magistratura do Trabalho – 15ª Região – 2011) Assinale a alternativa incorreta:

(A) conforme entendimento sumulado pelo Supremo Tribunal Federal, a impetração de mandado de segurança coletivo por entidade de classe em favor de seus associados não depende de autorização destes;
(B) qualquer cidadão é parte legítima para propor ação popular que vise anular ato lesivo ao meio ambiente, assegurando-se ao autor a isenção de custas judiciais e do ônus da sucumbência. Salvo em caso de comprovada má-fé;
(C) na forma da lei, são gratuitos os atos necessários ao exercício da cidadania
(D) a todos, no âmbito administrativo, são assegurados a razoável duração do processo e os meios que garantam a celeridade de sua tramitação;
(E) a pequena propriedade rural, assim definida em lei, desde que trabalhada pela família, não será objeto de penhora, salvo para pagamento de débitos decorrentes de sua atividade produtiva.

A: correta (súmula 629 do STF); **B:** correta (art. 5º, LXXIII, da CF); **C:** correta (art. 5º, LXXVII, da CF); **D:** correta (art. 5º, LXXVIII, da CF); **E:** incorreta, devendo ser assinalada. De acordo com o art. 5º, XXVI, da CF, a pequena propriedade rural, assim definida em lei, desde que trabalhada pela família, **não será objeto de penhora para pagamento de débitos decorrentes de sua atividade produtiva**, dispondo a lei sobre os meios de financiar o seu desenvolvimento.

Gabarito "E"

(Magistratura do Trabalho – 15ª Região – 2011) A respeito da proteção constitucional do domicílio, analise as seguintes assertivas.

I. A casa é asilo inviolável do indivíduo. Mediante ordem judicial, entretanto, pode-se nela adentrar durante o dia ou à noite, para a realização de busca e apreensão determinada em sentença judicial.
II. A casa é asilo inviolável, podendo-se nela ingressar, entretanto, sem que seja necessário ordem judicial, por motivo de desastre ou flagrante delito.
III. As pessoas jurídicas não são titulares do direito constitucional à inviolabilidade do domicílio.
IV. O conceito constitucional de domicílio corresponde ao conceito de direito civil,
V. A noção constitucional de domicílio abrange o espaço privado em que o indivíduo exerce a sua atividade profissional.

Agora responda:

(A) as assertivas I e II estão corretas;
(B) a assertiva III é a única incorreta;
(C) a assertiva I é a única incorreta;
(D) as assertivas I, II, III, IV e IV estão incorretas;
(E) as assertivas II e V estão corretas.

I: errada. A Constituição, em seu art. 5º, XI, trata do princípio da inviolabilidade de domicílio e determina que a casa é asilo inviolável do indivíduo, ninguém nela podendo penetrar sem consentimento do morador. Em hipóteses excepcionais, é permitida a penetração na casa, mesmo que não haja consentimento do morador. São as seguintes situações: a) flagrante delito, b) desastre, c) para prestar socorro e d) por determinação judicial. Esta última hipótese só pode ser realizada durante o dia; **II:** correta. Conforme já mencionado, desastre ou flagrante delito estão dentre as hipóteses excepcionais em que se admite a entrada na casa; **III:** errada. Tanto as pessoas naturais, quanto as jurídicas, são titulares do direito constitucional à inviolabilidade de domicílio. O STF já pacificou o entendimento de que o conceito de "casa" deve ser amplo, englobando, portanto, qualquer compartimento não aberto ao público, onde alguém exerce sua profissão ou atividade. Por exemplo, os escritórios, consultórios etc.; **IV:** errada. Como mencionado, o conceito constitucional de domicílio é mais abrangente. Pode incluir, além dos exemplos citados, o quarto de hotel em que uma pessoa se hospeda frequentemente. Já para o direito civil, o conceito é mais restrito. Conforme o art. 70 do CC, o domicílio da pessoa natural é o lugar onde ela estabelece a sua residência com ânimo definitivo; **V:** correta. De acordo com o STF, a noção constitucional de domicílio abrange o espaço privado em que o indivíduo exerce a sua atividade profissional.

Gabarito "E"

(Magistratura do Trabalho – 14ª Região – 2011) Analise as proposições abaixo e aponte a alternativa correta.

I. É crime inafiançável, imprescritível e sujeito a pena de reclusão a prática de racismo e são ainda insuscetíveis de graça ou anistia, respectivamente: a prática da tortura, o tráfico ilícito de entorpecentes e drogas afins, o terrorismo e os definidos como crimes hediondos. As ações de grupos armados, civis ou militares, contra a ordem constitucional e o Estado Democrático, também é considerado crime inafiançável e imprescritível.

II. São penas alternativas aquelas substitutivas da privação de liberdade, a saber, as denominadas de "prestação de serviços à comunidade ou a entidades públicas", consistentes em tarefas não remuneradas em entidades assistenciais, hospitais, escolas, orfanatos, estabelecimentos congêneres, em programas comunitários ou estatais.

III. É assegurado às presidiárias permanecer com seus filhos durante o período de amamentação, que é incerto, dependendo da provisão de leite que a mama da presidiária produza e da disposição da criança.

IV. As penas de privação da liberdade consistem em limitação do direito de ir e vir e as restritivas de liberdade consistem no encarceramento, basicamente em três modos específicos de execução: reclusão, detenção e prisão simples.

V. A individualização da pena é uma garantia constitucional plena e absoluta, com fundamento no princípio da justiça, esgotando-se na sentença executória, posto que o tratamento penitenciário ou a pena alternativa não necessitam levar em conta tal individualização.

(A) Estão corretas as alternativas I, III e IV.
(B) Estão corretas as alternativas I, II e III.
(C) Estão corretas as alternativas III, IV e V.
(D) Estão corretas as alternativas II, IV e V.
(E) Estão corretas as alternativas I. IV e V.

I: correta (art. 5º, XLII, XLIII e XLIV, da CF); **II:** correta (arts. 44 a 46 do CP); **III:** correta (art. 5º, L, da CF); **IV:** errada. Segundo Arthur Trigueiros, as penas privativas de liberdade restringem a plena liberdade de locomoção do condenado. São de três espécies: reclusão, detenção e prisão simples. Já as penas restritivas de direitos, segundo o mesmo autor, são sanções autônomas que substituem as penas privativas de liberdade. Não são, como regra, cominadas abstratamente em um tipo penal incriminador; **V:** errada. O princípio da individualização da pena está previsto no art. 5º, XLVI, da CF e indica que deve ser garantida aos sujeitos que praticarem infrações penais a responsabilidade exatamente de acordo com sua culpabilidade. Tal princípio não se esgota na sentença executória.

Gabarito "B"

(Magistratura do Trabalho – 8ª Região – 2011) A respeito dos direitos e deveres individuais e coletivos, é CORRETO afirmar que:

(A) São invioláveis a intimidade, a vida privada, a honra e a imagem das pessoas, assegurado o direito à indenização pelo dano material ou moral decorrente de sua violação.

(B) Ninguém será obrigado a fazer ou deixar de fazer alguma coisa senão em virtude de lei, exceto se a exigência, ainda que contrária à lei, decorra de previsão constante de contrato privado.

(C) É direito de qualquer cidadão o exercício de qualquer ofício ou profissão, não podendo a lei que a regulamentar, restringir tal exercício.

(D) Conceder-se-á mandado de segurança para proteger direito líquido e certo, ainda que amparado por "*habeas corpus*" ou "*habeas data*", quando o responsável pela ilegalidade ou abuso de poder for autoridade pública ou agente de pessoa jurídica no exercício de atribuições do Poder Público.

(E) A Constituição Federal de 1988 não admite, em qualquer hipótese, a pena de morte.

A: correta (art. 5º, X, da CF); **B:** incorreta. A Constituição, ao tratar do princípio da legalidade, determina que ninguém seja obrigado a fazer ou deixar de fazer alguma coisa senão em virtude de lei e não excepciona tal regra mediante de previsão contratual (art. 5º, II, da CF); **C:** incorreta. A lei que regulamenta a liberdade de profissão pode restringir o seu exercício. Essa liberdade está prevista numa constitucional de eficácia contida, ou seja, aquela que admite lei restringindo o seu conteúdo. Exemplo: o Estatuto da OAB condiciona o exercício da advocacia ao cumprimento de requisitos como a aprovação no exame de ordem (Lei 8.906/1994, art. 8º, IV); **D:** incorreta. O mandado de segurança é um remédio residual, ou seja, só cabe quando o direito não estiver amparado por *habeas corpus* ou *habeas data* (art. 5º, LXIX, da CF); **E:** errada. A pena de morte, como regra, não é admitida no Brasil, mas, excepcionalmente, em caso de guerra declarada, nos termos do art. 84, XIX, da CF, o texto maior admite a decretação (art. 5º, XLVII, *a*, da CF).

Gabarito "A"

(Magistratura do Trabalho – 2ª Região – 2011) Em relação aos Direitos Fundamentais, analise as seguintes proposições:

I. A expressão "Direitos Fundamentais do Homem" significa esfera privada contraposta à atividade pública, como simples limitação ao Estado ou autolimitação deste.

II. As "garantias constitucionais" em conjunto caracterizam-se como imposições, positivas ou negativas, aos órgãos do Poder Público, limitativas de sua conduta, para assegurar a observância ou a reintegração dos direitos fundamentais.

III. As associações só poderão ser compulsoriamente dissolvidas ou ter suas atividades suspensas por decisão judicial, exigindo-se, no primeiro caso, o trânsito em julgado.

IV. A criação de associações e, na forma da lei, a de cooperativas, independem de autorização administrativa, sendo permitida, no entanto, a interferência estatal em seu funcionamento.

V. Todos têm direito a receber dos órgãos públicos informações de seu interesse público, que serão prestadas no prazo de lei, sob pena de responsabilidade. As Informações de Interesse coletivo são vedadas por imprescindíveis à segurança da sociedade e do Estado.

Responda:

(A) Estão corretas as assertivas I, II e IV.
(B) Estão corretas as assertivas II e III.
(C) Estão corretas as assertivas IV e V.
(D) Estão corretas as assertivas III e V.
(E) Estão corretas as assertivas II, IV e V.

I: errada. Segundo o Prof. José Afonso da Silva, a expressão "direitos fundamentais do homem" **não** significa esfera privada contraposta à atividade política, como simples limitação do Estado ou autolimitação deste, **mas limitação imposta pela soberania popular aos poderes constituídos do Estado que dela dependem**. Ao situarmos sua fonte na soberania popular, estamos implicitamente definindo sua historicidade, que é precisamente o que lhes enriquece o conteúdo e os deve pôr em consonância com as relações econômicas e sociais de cada momento histórico (*Curso de Direito Constitucional Positivo*, p.179, 35ª Ed., Editora Malheiros); **II:** correta. É o que nos ensina o Prof. José Afonso da Silva em seu *Curso de Direito Constitucional Positivo*, p.189, 35ª Ed., Editora Malheiros; **III:** correta (art.5º, XIX, da CF); **IV:** errada. É **vedada** a interferência estatal (art. 5º, XVIII, da CF); **V:** errada. A Constituição determina que todos têm direito a receber dos órgãos públicos informações de seu interesse particular, **ou de interesse coletivo** ou geral, que serão prestadas no prazo da lei, sob pena de responsabilidade, ressalvadas aquelas cujo sigilo seja imprescindível à segurança da sociedade e do Estado (art. 5º, XXXIII, da CF);

Gabarito "B"

(Magistratura do Trabalho – 2ª Região – 2011) Em relação às figuras processuais no âmbito da Constituição Federal, assinale a alternativa correta:

(A) Conceder-se-á "habeas data" observando-se, no que couber, as normas do "habeas corpus", enquanto não editada legislação específica.
(B) No mandado de segurança coletivo, a liminar será concedida, quando cabível, após audiência do representante judicial da pessoa jurídica de direito público, que deverá se pronunciar no prazo de 72 (setenta e duas) horas.
(C) Conceder-se-á "habeas data", observando-se, no que couber, as normas do "mandado de injunção", enquanto não editada legislação específica.
(D) No mandado de segurança coletivo, a liminar será concedida, quando cabível, após a audiência do representante judicial da pessoa jurídica de direito público, que deverá se pronunciar no prazo de 48 (quarenta e oito) horas.
(E) A sentença ou o acórdão que denegar mandado de segurança, sem decidir o mérito, impedirá que o requerente, por ação própria, pleiteie os seus direitos e os respectivos efeitos processuais.

A e **C:** incorretas. O *habeas data* possui regramento específico (Lei 9.507/1997) que regula o direito de acesso a informações e disciplina o rito processual desse remédio; **B:** correta. O art. 22, § 2º, da Lei 12.016/2009 (lei que disciplina o mandado de segurança individual e o coletivo), determina que, no mandado de segurança coletivo, a liminar só poderá ser concedida após a audiência do representante judicial da pessoa jurídica de direito público, que deverá se pronunciar no prazo de **72 (setenta e duas) horas**; **D:** incorreta. Conforme mencionado, o prazo é de 72 horas e não 48 horas; **E:** incorreta. De acordo com o art. 19 da Lei 12.016/2009, a sentença ou o acórdão que denegar mandado de segurança, sem decidir o mérito, **não impedirá** que o requerente, por ação própria, pleiteie os seus direitos e os respectivos efeitos processuais.

Gabarito "B"

(Magistratura do Trabalho – 2ª Região – 2011) Assinale a alternativa incorreta dentre os direitos e deveres individuais e coletivos previstos na Constituição Federal:

(A) É livre o exercício de qualquer trabalho, ofício ou profissão, atendidas as qualificações profissionais que a lei estabelecer.
(B) Ninguém poderá ser compelido a associar-se ou a permanecer associado.
(C) O mandado de segurança coletivo pode ser impetrado por organização sindical, entidade de classe legalmente constituída há pelo menos dois anos, em defesa dos interesses de seus membros ou associados.
(D) O Estado prestará assistência jurídica integral e gratuita aos que comprovarem insuficiência de recursos.
(E) Conceder-se-á "habeas data" para a retificação de dados, quando não se prefira fazê-lo por processo sigiloso, judicial ou administrativo.

A: correta (art. 5º, XIII, da CF); **B:** correta (art. 5º, XX, da CF); **C:** incorreta, devendo ser assinalada. A Constituição determina que o mandado de segurança coletivo seja impetrado por partido político com representação no Congresso Nacional, organização sindical, entidade de classe ou **associação legalmente constituída** e em **funcionamento há pelo menos um ano**, em defesa dos interesses de seus membros ou associados (art. 5º, LXX, *a* e *b*, da CF); **D:** correta (art. 5º, LXXIV, da CF); **E:** correta (art. 5º, LXXII, *b*, da CF).

Gabarito "C"

(Magistratura do Trabalho – 23ª Região – 2011) Assinale a alternativa que corresponde a uma afirmação verdadeira:

(A) Dentre os objetivos fundamentais da República Federativa do Brasil estão reduzir a pobreza, a marginalização e as desigualdades sociais e regionais.
(B) O chamado desvio do poder constituinte ou atalhamento da Constituição, tema já enfrentado pelo Supremo Tribunal Federal em seus julgamentos, consiste na tentativa da utilização de um artifício que busque suavizar, abreviar, dificultar ou impedir a ampla produção de efeitos dos princípios constitucionais, especialmente por meio do exercício do poder constituinte reformador.
(C) O mandado de segurança coletivo pode ser impetrado por organização sindical, entidade de classe ou associação, em defesa dos interesses de seus membros ou associados, exigindo-se dos três referidos legitimados que estejam legalmente constituídos e em funcionamento há pelo menos um ano, conforme jurisprudência do Supremo Tribunal Federal.
(D) À falta de previsão constitucional, o Supremo Tribunal Federal não admite a impetração de mandado de injunção coletivo pelas entidades dotadas de expressa legitimidade para o ajuizamento do mandado de segurança coletivo, ante a especificidade do comando constitucional.
(E) Elevada no Brasil ao *status* constitucional em 1934 e desde então consagrada expressamente por todas as Constituições subsequentes como remédio constitucional, a ação popular, já em sua origem, tem como característica o reconhecimento da proteção à moralidade administrativa como fundamento autônomo para a sua propositura.

A: incorreta. Os objetivos da República Federativa do Brasil estão arrolados no art. 3º da CF, dentre os quais figura o de erradicar a pobreza e a marginalização e reduzir as desigualdades sociais e regionais, o que demonstra uma preocupação do Constituinte em eliminar por completo a pobreza e a marginalização, e não apenas reduzi-las, como incorretamente afirmado na alternativa; **B:** correta. Nas palavras de Pedro Lenza, a finalidade do princípio que veda o atalhamento constitucional é "vedar qualquer mecanismo a ensejar o 'atalhamento da Constituição', vale dizer, qualquer artifício que busque abrandar, suavizar, abreviar, dificultar ou impedir a ampla produção de efeitos dos princípios constitucionais" (LENZA, Pedro. *Direito Constitucional Esquematizado*. 12ª edição. Saraiva. 2008, p. 181); **C:** incorreta. O art. 5º, LXX, da CF, aponta os legitimados para impetrar o mandado de segurança coletivo, quais sejam: a) partido político com representação no Congresso Nacional, b) organização sindical, entidade de classe ou associação legalmente constituída e em funcionamento há pelo menos um ano, em defesa dos interesses de seus membros ou associados. A exigência de constituição há pelo menos um ano decorre do próprio texto constitucional e é aplicável apenas em relação às associações legalmente constituídas; **D:** incorreta, tendo em vista que a jurisprudência do STF admite a impetração do mandado de injunção coletivo. A respeito do tema, as observações de Vicente Paulo e Marcelo Alexandrino: "Cabe mencionar que, embora não haja previsão expressa na Constituição Federal, há pacífica orientação do STF a respeito do cabimento do mandado de injunção coletivo, admitindo-se a impetração pelas entidades sindicais ou de classe, com finalidade de viabilizar, em favor dos membros ou associados dessas instituições, o exercício de direitos assegurados pela Constituição e que estejam inviabilizados pela ausência de regulamentação, nos mesmos termos previstos para o mandado de segurança coletivo." (PAULO, Vicente; ALEXANDRINO, Marcelo. *Direito Constitucional Descomplicado*. Editora Impetus, p. 201). Como exemplo de precedente, os autores citam: STF, MI n.º 542, rel. Min. Celso de Mello, 28.08.2001; **E:** incorreta. A ação popular na Constituição de 1934 estava prevista no art. 113, n. 38, o qual ditava que qualquer cidadão podia ser parte legítima para pleitear a declaração de nulidade ou anulação dos atos lesivos do patrimônio da União, dos Estados ou dos Municípios. Desse modo, a proteção à moralidade administrativa como fundamento autônomo para a propositura da ação popular não era encontrada na Constituição de 1934.

Gabarito "B".

(Magistratura do Trabalho – 2ª Região – 2010) Temos as seguintes garantias constitucionais:

1. *habeas corpus*;
2. mandado de segurança individual;
3. ação popular;
4. mandado de injunção;
5. *habeas data*.

Assinale, dentre as alternativas abaixo aquela que representa a exata sequência das apontadas figuras jurídicas:

(A) 1. Não cabe em relação a punições disciplinares militares.
2. Serve para direito não tutelável por *habeas corpus* ou por *habeas data*.
3. Se presta à defesa da moralidade administrativa.
4. Não se admite se for somente para criar nova legislação modificadora da já existente.
5. Tem por finalidade a obtenção de certidão informativa de processos judiciais em andamento, para o exercício do direito de petição junto aos órgãos públicos, em 72 horas.

(B) 1. Não depende de qualquer formalidade.
2. Deve ter prioridade para julgamento, salvo o *habeas corpus*.
3. Se presta à defesa de patrimônio individual atingido por ato de força do Executivo.
4. Declara a mora dos projetos de leis que transitam pelo Congresso.
5. Busca obter defesa prévia do patrimônio público.

(C) 1. Fixa em trinta dias, contados da notificação judicial, o prazo para que o titular do direito impetre a medida.
2. Estende à autoridade coatora o direito de recorrer.
3. Permite a possibilidade de liminar e faculta ao juiz exigir caução.
4. Permite a impetração, também, por *fac-simile* ou outro meio eletrônico de autenticidade comprovada.
5. Não pode ser impetrado durante o "estado de sítio" quando houver medidas de obrigação de permanência em determinado local, ou detenção de edifício não destinado a acusados ou condenados por crimes comuns.

(D) 1. Não cabe em relação a punições disciplinares.
2. Os efeitos da liminar, em princípio, permanecerão até a prolação da sentença.
3. Visa a anulação de ato lesivo não só do patrimônio público, mas também à moralidade administrativa, ao meio ambiente e ao patrimônio histórico e cultural.
4. O pressuposto básico é a falta de regulamentação legislativa, que torna inviável o exercício dos direitos e liberdades constitucionais.
5. O processo que tem esse desiderato terá prioridade sobre todos os atos judiciais, excetuados o *habeas corpus* e o mandado de segurança.

(E) 1. É competência da Justiça do Trabalho quando o ato questionado no pedido envolver matéria sujeita à sua jurisdição.
2. A nova lei eleva de cinco para dez dias o prazo para o Ministério Público manifestar-se nos autos e de cinco para trinta dias o prazo para o juiz proferir a sentença.
3. Tende à tutela de interesses coletivos.
4. Destina-se a tutelar interesses difusos ou coletivos da sociedade em geral que necessita daquela norma legal.
5. Deve ser concedido para assegurar o conhecimento de informações relativas à pessoa do solicitante.

A questão versa sobre os denominados remédios constitucionais e suas principais características. O ***habeas corpus*** está previsto no inciso LXVIII do art. 5º e é cabível sempre que alguém sofrer ou se achar ameaçado de sofrer violência ou coação em sua **liberdade de locomoção**, por ilegalidade ou abuso de poder. Sua principal característica é a **informalidade**, ou seja, para ser impetrado não depende de qualquer formalidade. Não há prazo para a sua impetração e **não cabe** em relação a **punições disciplinares militares**, conforme o art. 142, § 2º, da CF. Além disso, se o ato questionado no pedido **envolver matéria** sujeita à jurisdição da **Justiça do Trabalho**, a competência para o processo e julgamento desse remédio será da própria Justiça Trabalhista (art. 114, IV, da CF). O segundo remédio trazido pela questão é o **mandado de segurança individual**. Previsto no art. 5º, LXIX, da CF tem por finalidade a proteção de **direito líquido e certo**, não amparado por *habeas corpus* ou *habeas data*, quando o responsável pela ilegalidade ou abuso de poder for autoridade pública ou agente de pessoa jurídica no exercício de atribuições do Poder Público. Como mencionado, é uma ação **residual**, ou seja, serve para direito não tutelável por *habeas corpus* ou por *habeas data*. O mandado de segurança, além de estar contemplado na CF/88, é regulamentado pela Lei 12.016/2009 a qual, em seu art. 20, determina que ele deva ter **prioridade para julgamento, salvo** em relação ao ***habeas corpus***. A mesma lei estende à autoridade coatora o direito de recorrer, em seu art. 14, § 2°. Além disso, a Lei do Mandado de Segurança, ao regulamentar o pedido de **liminar** e seus efeitos, determina que estes perdurem **até** a prolação da **sentença**, exceto se a liminar for revogada ou cassada (art. 7°, § 3°). Ainda passeando pela nova lei de mandado de segurança, o prazo para o **Ministério Público** manifestar-se nos autos passou de cinco para **dez dias** e de cinco para **trinta** para o **juiz** proferir a sentença (art. 12, *caput* e parágrafo único, da Lei 12.016/2009). Em relação à **ação popular**, é sabido que ela também tem previsão constitucional (art. 5°, LXXIII) e infraconstitucional (Lei 4.717/1965 – LAP), e visa a **anulação de ato lesivo** ao **patrimônio público** ou de entidade de que o Estado participe, à **moralidade administrativa**, ao meio ambiente e ao patrimônio histórico e cultural. Tem legitimidade para a sua propositura o **cidadão**, aquele possui título de eleitor e está no gozo dos direitos políticos. Determina a Constituição que, salvo comprovada má-fé, o autor é isento de custas judiciais e do ônus da sucumbência. Vale ressaltar que tal ação **não** se presta à defesa de **patrimônio individual**. A Lei 4.717/1965, que regulamenta a ação popular, em seu art. 5°, § 4°, admite liminar, independente de caução. Por fim, essa ação tem natureza de ação coletiva e protege tais direitos e não interesses meramente individuais. Outro remédio analisado é o **mandado de injunção**, previsto no art. 5°, LXXI, da CF e cabível sempre que a **falta de norma regulamentadora torne inviável o exercício dos direitos** e liberdades constitucionais e das prerrogativas inerentes à nacionalidade, à soberania e à cidadania. Conforme a jurisprudência do STF, se já há norma regulamentadora, ainda que essa norma seja inconstitucional ou defeituosa, não cabe mandado de injunção. Desse modo, **não** se admite se for **somente para criar nova legislação** modificadora da já existente. Ainda sobre as decisões da Suprema Corte, havendo **projeto de lei** em trâmite no Congresso não deve ser configurada a mora. Há um julgado de forma diversa (MI 361-RJ) em que se admitiu o mandado de injunção mesmo havendo processo legislativo pendente. Esse remédio não possui norma infraconstitucional específica, de modo que a ele são aplicadas as disposições previstas na lei do mandado de segurança. Assim, **é permitida** a **impetração**, também, por ***fac-simile*** ou outro meio eletrônico de autenticidade comprovada (art. 4° da Lei 12.016/2009 e art. 24, parágrafo único da Lei 8.038/1990). Além disso, para a impetração do mandado de injunção é necessário que um direito específico de alguém ou de algumas pessoas, esteja sendo inviabilizado pela falta de norma regulamentadora. Não se presta, portanto, para a tutela de interesses difusos ou coletivos da sociedade em geral que necessita daquela norma legal. Em último lugar, cabe a análise do ***habeas data***. Conforme o art. 5°, LXXII, *a* e *b*, da CF esse remédio tem por finalidade assegurar o **conhecimento de informações relativas à pessoa do impetrante**, constantes de registros ou bancos de dados de entidades governamentais ou de caráter público e para a **retificação de dados**, quando não se prefira fazê-lo por processo sigiloso, judicial ou administrativo. Não serve para a obtenção de certidões ou para o exercício do direito de petição, pois tais assuntos tem previsão específica na Constituição (art. 5°, XXXIV, *a* e *b*, da CF) e podem ser requeridos na esfera administrativa, independentemente do pagamento de taxas e de capacidade postulatória. O *habeas data*, por ter um objeto específico, que é o conhecimento, retificação ou anotação de informações relativas à pessoa do impetrante, constantes de bancos de dados de caráter público, não serve para obter a defesa do patrimônio público. Além disso, não há a proibição de sua impetração durante o "estado de sítio" quando houver medidas de obrigação de permanência em determinado local, ou detenção de edifício não destinado a acusados ou condenados por crimes comuns. Por fim, de acordo com o art. 19 da Lei 9.507/1997, os processos de *habeas data* terão **prioridade** sobre todos os atos judiciais, exceto *habeas corpus* e mandado de segurança. Na instância superior, deverão ser levados a julgamento na primeira sessão que se seguir à data em que, feita a distribuição, forem conclusos ao relator.

Gabarito "D"

(Magistratura do Trabalho – 15ª Região – 2010) Quanto ao *habeas corpus*, é incorreto afirmar que:

(A) é o meio idôneo para garantir os direitos do acusado relacionados com sua liberdade de locomoção;

(B) poderá ser utilizado para impedir que alguém, sendo inocente, sofra ou se ache ameaçado de sofrer qualquer tipo de pena pecuniária;

(C) constitui garantia individual ao direito de locomoção, quando ameaçado por ilegalidade ou abuso de poder;

(D) é urna ação constitucional, de procedimento especial;

(E) a legitimidade para o ajuizamento do habeas corpus não exige a capacidade para estar em juízo.

A, C, D e **E:** corretas. O remédio denominado *habeas corpus* pode ser considerado como uma **ação de natureza constitucional-penal**, de procedimento especial, previsto no inciso LXVIII do art. 5° da CF. É cabível sempre que alguém sofrer ou se achar ameaçado de sofrer violência ou coação em sua liberdade de **locomoção**, por **ilegalidade** ou **abuso de poder**. Sua principal característica é a informalidade, ou seja, para **ser impetrado não depende de qualquer formalidade**; **B:** incorreta, devendo ser assinalada. De acordo com a súmula n° 693 do STF, **não cabe *habeas corpus*** contra decisão condenatória a pena de multa, ou relativo a processo em curso por infração penal **a que a pena pecuniária seja a única cominada**.

Gabarito "B"

(Magistratura do Trabalho – 15ª Região – 2010) Em relação ao mandado de segurança, assinale a alternativa correta:

(A) poderá ser repressivo de uma ilegalidade já cometida, ou preventivo, quando o impetrante demonstrar justo receio de sofrer uma violação ao seu direito líquido e certo por parte de autoridade;

(B) tendo em vista a urgência na reparação da ameaça ou lesão, é cabível mesmo quando houver recurso administrativo com efeito suspensivo;

(C) a fim de evitar o *periculum in mora* é cabível em relação à decisão ou ao despacho judicial para o qual haja recurso processual eficaz;

(D) tendo em vista o escopo de assegurar garantias constitucionais, o direito líquido, e certo poderá ser comprovado mediante ampla dilação probatória, no decorrer do seu trâmite processual;

(E) como tem o escopo de garantir direito liquido e certo, o mandado de segurança coletivo só poderá ser impetrado por pessoa física.

A: correta. Previsto no art. 5°, LXIX, da CF e na Lei 12.016/2009, tem por finalidade a proteção de **direito líquido e certo**, não amparado por *habeas corpus* ou *habeas data*, sempre que, ilegalmente ou com abuso de poder, qualquer pessoa física ou jurídica **sofrer violação ou houver justo receio de sofrê-la** por parte de autoridade, seja de que categoria for e sejam quais forem as funções que exerça. Desse modo, se a violação ao direito já tiver sido efetivada, estaremos diante do mandado de segurança repressivo. Se for apenas uma ameaça, um justo receio de violação, o remédio será preventivo; **B:** incorreta. O mandado de segurança é uma ação **residual**, ou seja, serve para direito não tutelável por *habeas corpus* ou por *habeas data*. Além disso, o art. 5º, I, da Lei 12.016/2009 **não admite sua concessão** quando **se tratar de ato do qual caiba recurso administrativo com efeito suspensivo**, independentemente de caução; **C:** incorreta. O art. 5º da Lei 12.016/2009, agora em seu inciso II, proíbe a concessão de mandado de segurança de decisão judicial da qual caiba recurso com efeito suspensivo; **D:** incorreta. Não há possibilidade de dilação probatória em sede de mandado de segurança, pois tal remédio pressupõe a existência de um direito líquido e certo, ou seja, aquele comprovável de plano, aquele em que há prova documental pré-constituída; **E:** incorreta. De acordo com o art. 5º, LXX, da CF, o mandado de segurança coletivo pode ser impetrado por a) partido político com representação no Congresso Nacional, b) organização sindical, entidade de classe ou associação legalmente constituída e em funcionamento há pelo menos um ano, em defesa dos interesses de seus membros ou associados.

Gabarito "A"

(Magistratura do Trabalho – 15ª Região – 2010) Quanto à ação popular, é incorreto afirmar que:

(A) por se tratar de garantia constitucional, qualquer pessoa que se encontre no território nacional tem legitimidade para sua propositura;

(B) tem por objeto o combate ao ato ilegal e lesivo ao patrimônio público;

(C) em razão de seu amplo espectro de atuação jurídico-processual, tem o escopo de preservar a moralidade administrativa;

532

(D) o autor tem legitimidade para ajuizá-la mesmo quando o fato ocorra em local diverso de seu domicílio eleitoral;

(E) a decisão tem natureza desconstitutiva e condenatória.

A: incorreta, devendo ser assinalada. De acordo com o art. 5º, LXXIII, da CF e o art. 1º da Lei 4.717/1965 é legitimado ativo à propositura de ação popular qualquer **cidadão**, ou seja, aquele que possui título de eleitor e está no gozo dos seus direitos políticos; **B** e **C:** corretas. De fato, a ação popular visa a anulação **ato lesivo ao patrimônio público** ou de entidade de que o Estado participe, **à moralidade administrativa**, ao meio ambiente e ao patrimônio histórico e cultural (art. 5º, LXXIII, da CF); **D:** correta. Segundo o STJ, não importa se o cidadão tem domicílio eleitoral em outra cidade (REsp 1.242.800). O requisito exigido constitucionalmente é a prova da cidadania e não o local em que ela é exercida; **E:** correta. A decisão tem natureza desconstitutiva, pois visa uma anulação de ato lesivo e condenatória, porque tem por objetivo, em havendo dano, obter o ressarcimento ao erário.

Gabarito "A"

(Magistratura do Trabalho – 15ª Região – 2010) A respeito do sigilo das comunicações telefônicas é correto afirmar:

(A) constitui direito absoluto no sistema constitucional em vigor;

(B) constitui direito fundamental que pode, entretanto, ser superado pela administração pública, para o atendimento de interesses fiscais relevantes;

(C) a autoridade policial pode, desde que nas hipóteses autorizadas em lei, determinar o estabelecimento de escuta telefônica, para fins de investigação criminal;

(D) constitui direito individual que pode ser superado por ordem judicial, nos termos da lei, para fins de instrução do processo penal;

(E) o sigilo é inviolável, salvo por determinação judicial ou do Ministério Público, nas hipóteses legais, para fins de investigação criminal ou de instrução processual pena.

A regra prevista na Constituição, em seu art. 5º, XII, é a da inviolabilidade do sigilo das comunicações telefônicas. De acordo com o mesmo dispositivo, excepcionalmente poderá haver quebra. Para tanto, é necessário **ordem judicial**, e que a situação se enquadre nas hipóteses e na forma que a lei estabelecer para **fins de investigação criminal ou instrução processual penal.** Desse modo, tal direito não é absoluto, mas não só pode ser excepcionado por ordem judicial e para as finalidades expressamente determinadas na Constituição que é a investigação criminal ou instrução processual penal. A superação do sigilo pela administração pública, por autoridade policial ou pelo Ministério Público não é admitida pela CF.

Gabarito "D"

(Magistratura do Trabalho – 1ª Região – 2010) Assinale a opção correta acerca dos direitos e garantias fundamentais.

(A) A CF não admite o ingresso no domicílio legal sem consentimento do morador.

(B) Embora a CF admita a decretação, pela autoridade judicial, da interceptação telefônica para fins de investigação criminal ou instrução processual penal, é possível a utilização das gravações no processo civil ou administrativo, como prova emprestada.

(C) Diante da natureza dos interesses envolvidos, a administração pública pode legitimamente determinar a quebra dos sigilos fiscal e bancário em procedimento administrativo na esfera tributária.

(D) O princípio da inafastabilidade da jurisdição tem aplicação absoluta no sistema jurídico vigente, o qual não contempla a hipótese de ocorrência da denominada jurisdição condicionada.

(E) A CF assegura aos litigantes em processo judicial ou administrativo e aos acusados em geral o contraditório e a ampla defesa, com os meios e recursos a eles inerentes, razão pela qual, no âmbito do processo administrativo disciplinar, é imprescindível a presença de advogado.

A: incorreta. Não reflete o disposto no art. 5º, XI, da CF; **B:** correta. Conforme entendimento do STF: "*Prova Emprestada.* Penal. Interceptação telefônica. Documentos. Autorização judicial e produção para fim de investigação criminal. Suspeita de delitos cometidos por autoridades e agentes públicos. Dados obtidos em inquérito policial. Uso em procedimento administrativo disciplinar, contra outros servidores, cujos eventuais ilícitos administrativos teriam despontado à colheita dessa prova. Admissibilidade. Resposta afirmativa a questão de ordem. Inteligência do art. 5º, inc. XII, da CF, e do art. 1º da Lei federal 9.296/1996. Precedentes. Voto vencido. *Dados obtidos em interceptação de comunicações telefônicas, judicialmente autorizadas para produção de prova em investigação criminal ou em instrução processual penal, bem como documentos colhidos na mesma investigação, podem ser usados em procedimento administrativo disciplinar, contra a mesma ou as mesmas pessoas em relação às quais foram colhidos, ou contra outros servidores cujos supostos ilícitos teriam despontado à colheita dessas provas*" (Questão de Ordem em Petição 3.683-2/MG, Pleno, Rel. Min. Cezar Peluso, 13-08-2008); **C:** incorreta.

Apesar de o sigilo bancário não ser direito absoluto, sua quebra depende de decisão judicial (é medida que se submete à "reserva de jurisdição"). Entretanto, o STF entende que as CPIs podem determinar a quebra de sigilo bancário, fiscal e telefônico por terem poderes próprios de autoridades judiciais, desde que o ato seja adequadamente fundamentado e revele a necessidade objetiva da medida extraordinária; **D:** incorreta. O princípio da inafastabilidade da jurisdição (art. 5º, XXXV, da CF) tem aplicabilidade imediata, mas não é absoluto, pois a Constituição pode prever restrições ao seu conteúdo. Dessa forma, cabe ressaltar a existência de uma hipótese de jurisdição condicionada ou instância administrativa de curso forçado no ordenamento constitucional, referente ao direito desportivo (art. 217, § 1º, da CF); **E:** incorreta. O STJ e o STF têm súmulas antagônicas sobre a matéria, prevalecendo o entendimento do STF insculpido na Súmula Vinculante **5:** "A falta de defesa técnica por advogado no processo administrativo disciplinar não ofende a Constituição."

Gabarito "B"

(Magistratura do Trabalho – 1ª Região – 2004) Quando impetra mandado de segurança coletivo (art. 5º, inciso LXX, letra *b*, da Constituição Federal), a entidade sindical:

(A) age como representante de seus membros ou associados;
(B) age como representante apenas de seus associados;
(C) atua como substituto processual em defesa dos interesses de seus membros ou associados;
(D) atua como substituto processual apenas de seus associados;
(E) atua como substituto processual apenas dos associados que constem do rol de substituídos.

Trata-se de exercício de substituição processual (legitimação extraordinária), defesa de direito alheio em nome próprio. De acordo com a Súmula 629/STF, "a impetração de mandado de segurança coletivo por entidade de classe em favor dos associados independe da autorização destes".

Gabarito "C"

(Magistratura do Trabalho – 3ª Região – 2009) A respeito dos direitos e garantias fundamentais de natureza processual, leia as afirmações abaixo e, em seguida, assinale a alternativa correta:

I. O princípio do juiz natural se manifesta tanto na regra de proibição de tribunais de exceção, quanto no preceito de que ninguém será processado senão pela autoridade competente.
II. A doutrina e a jurisprudência dominantes entendem ser inaplicável a garantia do contraditório e da ampla defesa ao inquérito policial, uma vez que se não tem aqui um processo compreendido como instrumento destinado a decidir litígio.
III. Ao procedimentos administrativo em geral, inclusive nos processos administrativos disciplinares, estende-se o direito à defesa e ao contraditório.
IV. O direito de petição é assegurado aos brasileiros ou estrangeiros e se presta à defesa de direitos individuais ou contra ilegalidade ou abuso de poder, mas não se destina à defesa de interesse geral e coletivo.
V. Uma das manifestações do devido processo legal é a inadmissibilidade da prova ilícita no processo, que deve preponderar ainda quando for produzida em estado de necessidade ou legítima defesa.

(A) Somente uma afirmativa está correta.
(B) Somente duas afirmativas estão corretas.
(C) Somente três afirmativas estão corretas.
(D) Somente quatro afirmativas estão corretas.
(E) Todas as afirmativas estão corretas.

I: correta (art. 5º, XXXVII e LIII, da CF); **II:** correta. O contraditório é postergado ou diferido para o processo judicial; **III:** correta (art. 5º, LV, da CF); **IV:** incorreta. O direito de petição é amplo e destina-se a assegurar qualquer direito, individual ou coletivo (art. 5º, XXXIV, *a*, da CF); **V:** incorreta. A legítima defesa e o estado de necessidade excluem a ilicitude da prova.

Gabarito "C"

(Magistratura do Trabalho – 3ª Região – 2008) Sobre os direitos e garantias fundamentais previstos na Constituição Federal, é incorreto afirmar que:

(A) Para segurança jurídica, a Constituição Federal de 1988 adotou proteção aos direitos subjetivos, ao dispor que "a lei não prejudicará o direito adquirido, o ato jurídico perfeito e a coisa julgada".
(B) No texto constitucional, dentre as garantias fundamentais, estão incluídos os mandados de segurança coletivo e também o individual.
(C) O "habeas data" constitui garantia constitucional de obtenção de certidões em repartições públicas, para defesa de direitos e esclarecimentos de situações de interesse pessoal.
(D) Constitui garantia, que visa tutelar a liberdade pessoal em matéria penal, a irretroatividade da lei penal, salvo quando beneficiar o réu.
(E) As normas definidoras dos direitos e garantias fundamentais têm aplicação imediata.

A: correta (art. 5º, XXXVI, da CF); **B:** correta (art. 5º, LXIX e LXX, da CF); **C:** incorreta, devendo ser assinalada. O *habeas data* deve ser impetrado para assegurar o conhecimento de informações relativas à pessoa do impetrante, constantes de registros ou bancos de dados de entidades governamentais ou de caráter público; ou para a retificação de dados (art. 5º, LXXII, *a* e *b*, da CF); **D:** correta (art. 5º, XL, da CF); **E:** correta (art. 5º, § 1º, da CF).

Gabarito "C"

(Magistratura do Trabalho – 5ª Região – 2006 – CESPE) Assinale a opção correta a respeito do princípio da isonomia.

(A) Tratamento diferenciado instituído pelo legislador deve ter por base motivo que justifique lógica e racionalmente a existência de um vínculo entre o fator de discrímen e a desequiparação procedida.
(B) O princípio da igualdade, dentro da tradicional classificação das gerações de direitos, é considerado um direito de primeira geração.
(C) O princípio da isonomia não se reveste de autoaplicabilidade, sendo suscetível de regulamentação ou de complementação normativa.
(D) O princípio da isonomia deve ser considerado, em sua função de impedir discriminações e de extinguir privilégios, sob duplo aspecto: o da igualdade na lei e o da igualdade perante a lei. A igualdade perante a lei opera em uma fase de

generalidade puramente abstrata e a igualdade na lei, pressupõe a lei já elaborada e traduz imposição destinada aos demais poderes estatais, para que, na aplicação da norma legal, não a subordinem a critérios que ensejem tratamento seletivo ou discriminatório.

(E) Quando uma lei realiza discriminação indevida, concedendo, por exemplo, vantagens, devidas pelos imperativos das circunstâncias concretas, a apenas uma categoria, que se encontra, no entanto, em uma mesma posição jurídica de outra categoria, que por via de consequência mereceria igualmente a extensão da vantagem, há ofensa ao princípio da isonomia, que deve ser resolvido pela declaração de inconstitucionalidade positiva da lei.

A: correta. O princípio da igualdade, ao mesmo tempo em que veda as desigualdades, muitas vezes impõe o tratamento desigual, desde que observado o princípio da razoabilidade; **B:** incorreta. Os direitos de igualdade são de segunda geração; **C:** incorreta. Trata-se de norma constitucional de eficácia plena; **D:** incorreta. Contraria a jurisprudência do STF, segundo a qual, "o princípio da isonomia, que se reveste de autoaplicabilidade, não é - enquanto postulado fundamental de nossa ordem político-jurídica - suscetível de regulamentação ou de complementação normativa. Esse princípio - cuja observância vincula, incondicionalmente, todas as manifestações do Poder Público - deve ser considerado, em sua precípua função de obstar discriminações e de extinguir privilégios (RDA 55/114), sob duplo aspecto: (a) o da igualdade na lei e (b) o da igualdade perante a lei. A igualdade na lei - que opera numa fase de generalidade puramente abstrata - constitui exigência destinada ao legislador que, no processo de sua formação, nela não poderá incluir fatores de discriminação, responsáveis pela ruptura da ordem isonômica. A igualdade perante a lei, contudo, pressupondo lei já elaborada, traduz imposição destinada aos demais poderes estatais, que, na aplicação da norma legal, não poderão subordiná-la a critérios que ensejem tratamento seletivo ou discriminatório. A eventual inobservância desse postulado pelo legislador imporá ao ato estatal por ele elaborado e produzido a eiva de inconstitucionalidade" (STF, MI 58, Rel. p/ acórdão: Min. Celso de Mello). Observa-se que o examinador, na alternativa, inverteu as concepções de "igualdade na lei" e "igualdade perante a lei"; **E:** incorreta. O princípio da isonomia não autoriza essa postura, conforme Súmula 339 do STF: "Não cabe ao Poder Judiciário, que não tem função legislativa, aumentar vencimentos de servidores públicos sob fundamento de isonomia".

Gabarito "A".

(Magistratura do Trabalho – 5ª Região – 2006 – CESPE) Acerca dos direitos e garantias fundamentais previstos na Constituição Federal, assinale a opção correta.

(A) Por meio de decreto, pode-se sujeitar candidato a exame psicotécnico para habilitação a cargo público.

(B) O poder público, provocado por delação anônima, pode adotar medidas informais destinadas a apurar, previamente, em averiguação sumária, com prudência e discrição, a possível ocorrência de eventual situação de ilicitude penal, desde que o faça com o objetivo de conferir a verossimilhança dos fatos nela denunciados, em ordem a promover, então, em caso positivo, a formal instauração da *persecutio criminis*, mantendo-se, assim, completa desvinculação desse procedimento estatal em relação às peças apócrifas.

(C) A proteção aos dados bancários configura manifestação do direito à intimidade e ao sigilo de dados, garantido na Constituição Federal, só podendo cair à força de ordem judicial ou decisão de comissão parlamentar de inquérito, ambas com suficiente fundamentação. Não se permite ao Ministério Público que obtenha diretamente tais dados, ainda que se trate de caso concreto em que se esteja diante de empresa com participação do erário.

(D) É possível que provimento judicial, em ação civil de investigação de paternidade, determine que o réu seja conduzido ao laboratório, sob mandado judicial, para coleta do material indispensável à feitura do exame DNA.

(E) Consultório profissional de cirurgião-dentista não é espaço privado sujeito à proteção constitucional em decorrência do conceito de casa fixado na Constituição Federal. Daí decorre que não há necessidade de mandado judicial para efeito de ingresso dos agentes públicos policiais para realização de diligências.

A: incorreta. Contraria a Súmula 686/STF: "Só por lei se pode sujeitar a exame psicotécnico a habilitação de candidato a cargo público"; **B:** correta. Não pode instaurar a *persecutio criminis* com base em denúncia anônima, mas a partir da denúncia pode adotar medidas que visem à comprovação da verossimilhança das informações; **C:** incorreta. A primeira parte está correta, pois o STF entende que as CPIs podem determinar a quebra de sigilo bancário, fiscal e telefônico por terem poderes próprios de autoridades judiciais, desde que o ato seja adequadamente fundamentado e revele a necessidade objetiva da medida extraordinária. O MP, em regra, não pode quebrar diretamente o sigilo bancário, exceto quando a investigação envolver dinheiro público. A propósito, confira-se precedente do STF: "Não cabe ao Banco do Brasil negar, ao Ministério Público, informações sobre nomes de beneficiários de empréstimos concedidos pela instituição, com recursos subsidiados pelo erário federal, sob invocação do sigilo bancário, em se tratando de requisição de informações e documentos para instruir procedimento administrativo instaurado em defesa do patrimônio público. Princípio da publicidade, *ut* art. 37 da Constituição" **(MS 21.729, Rel. p/ o ac. Min. Néri da Silveira); D: incorreta. A determinação do juiz de obrigar o réu a submeter-se forçadamente a exame de código genético – DNA contraria o entendimento do STF de que a conduta fere os princípios da dignidade humana, da intimidade, da intangibilidade do corpo humano, dentre outros. Diante da tensão entre o princípio da dignidade humana e a defesa dos interesses da criança, a jurisprudência firmou a orientação de que a recusa do suposto pai em realizar o exame induz à presunção de paternidade que, por ser relativa, admite a produção de provas em contrário. O ônus probatório, nesse caso, passa a ser do réu, conforme disposto nos arts. 231 e 232 do CC e no art. 2º-A da Lei 8.560/1992; E: incorreta. Não reflete o disposto no art. 5º, XI, da CF, que se estende ao escritório e ao quarto de hotel, conforme jurisprudência do STF (vide RHC 90.376, Rel. Min. Celso de Mello, julgamento em 3-4-2007, Segunda Turma, DJ de 18-5-2007).**

Gabarito "B".

(Magistratura do Trabalho – 7ª Região – 2005) Suponha que três indivíduos tenham sido denunciados perante órgãos da Administração Pública. Por conta das denúncias, eles podem até vir a ser processados criminalmente. Os três indivíduos desejam conhecer a identidade do seu denunciante, mas isso lhes é negado pelos mesmos órgãos da Administração

Pública. Assinale a ação constitucional de que podem se valer para exigir a revelação da identidade do denunciante.

(A) Mandado de segurança individual.
(B) Mandado de segurança coletivo.
(C) *Habeas corpus*.
(D) *Habeas data*.
(E) Ação popular.

Seria *habeas data* se a informação fosse referente à pessoa do impetrante. Por se tratar de direito líquido e certo não amparado por *habeas data*, cabe mandado de segurança (art. 5º, LXIX e LXXII, da CF). O *habeas corpus* tem por objetivo garantir o direito à locomoção (art. 5º, LXVIII, da CF), o que não é o caso. A ação popular destina-se a anular ato lesivo ao patrimônio público ou de entidade de que o Estado participe, à moralidade administrativa, ao meio ambiente e ao patrimônio histórico e cultural (art. 5º, LXXIII, da CF). A ação popular só pode ser proposta pelo *cidadão* (art. 5º, LXXIII, da CF), ou seja, pode ser autor popular todo aquele que estiver no pleno gozo dos direitos políticos, comprovado pela posse de título de eleitor válido (art. 1º, § 3º, da Lei 4.717/1965).

Gabarito "A"

(Magistratura do Trabalho – 7ª Região – 2005) Assinale a opção correta.

(A) A Constituição veda todo tratamento diferenciado entre brasileiros que tome como critério o sexo, a etnia ou a idade dos indivíduos.
(B) O direito à incolumidade física expressa caso de direito fundamental absoluto.
(C) A liberdade de expressão garantida pela ordem constitucional diz respeito à atividade de comunicação de fatos verídicos, atuais ou históricos, não alcançando as opiniões em torno deles.
(D) A publicação da fotografia de alguém, que causa constrangimento e aborrecimento, pode ensejar indenização por danos morais.
(E) É nulo o processo em que se produz prova ilícita, mesmo que nele haja outras provas, não decorrentes da prova ilícita, que permitam a formação de um juízo de convicção sobre a causa.

A: incorreta. O princípio da igualdade, ao mesmo tempo em que veda as desigualdades, muitas vezes impõe o tratamento desigual, desde que observado o princípio da razoabilidade; **B:** incorreta. Nenhum princípio ou direito é absoluto, nem mesmo o direito à vida; **C:** incorreta. A manifestação de opiniões também é livre, segundo o art. 5º, IV, da CF; **D:** correta (art. 5º, X, da CF); **E:** incorreta. Se há outras provas não decorrentes da prova ilícita o processo não é nulo; nula é apenas a prova ilícita.

Gabarito "D"

(Magistratura do Trabalho – 7ª Região – 2005) Em que caso haverá invasão ilícita de domicílio:

(A) Um agente público, munido de determinação judicial, força a sua entrada, à noite, na casa de um cidadão, para realizar uma busca e apreensão.
(B) Um agente público ingressa na casa de um cidadão, à noite, em seguida a consentimento oral do morador.
(C) Um transeunte, que é médico, força a entrada na casa de um cidadão, depois que vizinhos desse lhe narram que o morador está passando mal e não tem como solicitar socorro por si mesmo.
(D) Um particular, para libertar pessoas sequestradas, que se encontram cativas em uma residência, nela força a sua entrada, mesmo com a oposição do morador e sem mandado judicial.
(E) Em seguida a uma enchente, que causa destruição e mortes, particulares ingressam, à noite, numa das casas atingidas pela calamidade, em busca de feridos, mesmo sem autorização judicial.

A: correta. O art. 5º, XI, da CF permite a entrada *durante o dia*, com mandado judicial; **B:** incorreta. Se há consentimento a entrada é possível em qualquer hora do dia ou da noite; **C, D** e **E:** incorretas. O art. 5º, XI, da CF excepciona a hipótese de entrada sem consentimento para prestar socorro e em flagrante delito.

Gabarito "A"

(Magistratura do Trabalho – 7ª Região – 2005) Assinale a assertiva errada.

(A) A garantia constitucional da ampla defesa possui um conteúdo mínimo que se impõe aos poderes públicos mesmo que não haja lei disciplinando os seus pormenores.
(B) Não há afronta à garantia da ampla defesa no indeferimento, pelo juiz, de prova desnecessária.
(C) A garantia da ampla defesa somente tem incidência nas relações jurídicas em que o Estado delas participe.
(D) A garantia da ampla defesa deve ser observada nos processos administrativos que resultam em demissão de servidor público, civil ou militar, estável ou não.
(E) Tanto o *habeas corpus* como o mandado de segurança podem ser instrumentos idôneos, conforme o caso, para impugnar decisões de autoridade pública com fundamento na ofensa à garantia da ampla defesa.

A: correta, pois a norma é autoaplicável (art. 5º, § 1º, da CF); **B:** correta. O juiz deve indeferir a prova desnecessária, por força do princípio da razoável duração do processo e da celeridade (art. 5º, LXXVIII, da CF); **C:** incorreta. Os direitos fundamentais também são oponíveis aos particulares, ante sua eficácia horizontal; **D:** correta. Deve ser observado em todos os processos, judiciais ou administrativos; **E:** correta. O mandado de segurança é cabível se for o caso de direito líquido e certo, e o *habeas corpus* se visar à tutela do direito de locomoção.

Gabarito "C"

(Magistratura do Trabalho – 8ª Região – 2009) Assinale a alternativa errada, considerando os termos da Constituição Federal:

(A) A lei considerará crimes inafiançáveis e insuscetíveis de graça ou anistia a prática da tortura, o tráfico ilícito de entorpecentes e drogas afins, o terrorismo e os definidos como crimes hediondos, por eles respondendo os mandantes, os executores e os que, podendo evitá-los, se omitirem, além de constituir crime inafiançável e imprescritível a ação de grupos armados, civis ou militares, contra a ordem constitucional e o Estado Democrático.
(B) A Constituição afirma o direito de propriedade nos direitos e garantias fundamentais, descrevendo-o como um dos direitos e deveres

individuais e coletivos e também dentro da ordem econômica e financeira, como um dos princípios gerais da atividade econômica, porém nas duas situações subordina seu uso ao cumprimento de uma função social.

(C) Conceder-se-á mandado de segurança para proteger direito líquido e certo, não amparado por "habeas corpus" ou "habeas data", quando o responsável pela ilegalidade ou abuso de poder for autoridade pública ou agente de pessoa jurídica no exercício de atribuições do Poder Público. O mandado de segurança coletivo pode ser impetrado por: a) partido político com representação no Congresso Nacional ou b) organização sindical, entidade de classe ou associação legalmente constituída e em funcionamento há pelo menos um ano, em defesa dos interesses de seus associados.

(D) Qualquer cidadão é parte legítima para propor ação popular que vise a anular ato lesivo ao patrimônio público ou de entidade de que o Estado participe, à moralidade administrativa, ao meio ambiente e ao patrimônio histórico e cultural, ficando o autor, salvo comprovada má-fé, isento de custas judiciais e do ônus da sucumbência. O STF, por entendimento sumulado, não admite a legitimidade ativa da pessoa jurídica nesta ação, servindo como exceção a possibilidade do Ministério Público assumir, como múnus público, a titularidade da ação, em face da desistência de seu original autor.

(E) Os tratados e convenções internacionais sobre direitos humanos que forem aprovados, em cada Casa do Congresso Nacional, em dois turnos, por três quintos dos votos dos respectivos membros, serão equivalentes às emendas constitucionais, conforme dispositivo acrescentado ao texto constitucional pela EC nº 45/2004. Esta disposição contraria orientação anterior do STF que, interpretando a Constituição, considerava que tais normas ingressariam em nosso ordenamento jurídico com o mesmo "status" das leis ordinárias.

A: correta (art. 5º, XLIII e XLIV, da CF); **B:** correta (art. 5º, XXII e XXIII, e art. 170, II e III, ambos da CF); **III:** correta (art. 5º, LXIX e LXX, *a* e *b*, da CF); **D:** incorreta, devendo ser assinalada. A ação popular deve ser proposta pelo cidadão (art. 5º, LXXIII, da CF), muito embora, caso haja desistência, o Ministério Público esteja legitimado a dar-lhe prosseguimento; **E:** correta (art. 5º, § 3º, da CF).

Gabarito "D"

(Magistratura do Trabalho – 8ª Região – 2009) Concernente aos direitos e garantias individuais e coletivos, como expressamente previstos na Constituição Federal, é correto afirmar:

(A) É livre a associação profissional ou sindical, observado o seguinte: a) a lei não poderá exigir autorização do Estado para a fundação de sindicato, ressalvado o registro no órgão competente, vedadas ao Poder Público a interferência e a intervenção na organização sindical; b) é vedada a criação de mais de uma organização sindical, em qualquer grau, representativa de categoria profissional ou econômica, na mesma base territorial, que será definida pelos trabalhadores ou empregadores interessados, não podendo ser inferior à área de um Município; c) ao sindicato cabe a defesa dos direitos e interesses coletivos ou individuais da categoria, inclusive em questões judiciais ou administrativas; d) a assembleia geral fixará a contribuição que, em se tratando de categoria profissional, será descontada em folha, para custeio do sistema confederativo da representação sindical respectiva, independentemente da contribuição prevista em lei; e) o empregado eleito para cargo de administração sindical ou representação profissional, inclusive junto a órgão de deliberação coletiva, não poderá ser impedido do exercício de suas funções, nem transferido para lugar ou mister que lhe dificulte ou torne impossível o desempenho das suas atribuições sindicais; f) ninguém será obrigado a filiar-se ou a manter-se filiado a sindicato; e g) é vedada a dispensa do empregado sindicalizado a partir do registro da candidatura a cargo de direção ou representação sindical e, se eleito, ainda que suplente, até um ano após o final do mandato, salvo se cometer falta grave nos termos da lei.

(B) As normas definidoras dos direitos e garantias fundamentais têm aplicação imediata, independendo de lei regulamentatória para atingir suas finalidades. Em adição, é possível a existência de disposição ampliativa dos direitos e garantias em legislação extraconstitucional, sem prejuízo da supremacia formal da Constituição. Contudo, é possível afirmar que a disposição do artigo 5º, *caput*, da CF não representa uma garantia universal, pois desautoriza a aplicação dos direitos e garantias a determinadas categorias de pessoas.

(C) É plena a liberdade de associação para fins lícitos, vedada a de caráter paramilitar, sendo que a criação de associações e, na forma da lei, a de cooperativas independem de autorização, sendo vedada a interferência estatal em seu funcionamento. As entidades associativas, quando expressamente autorizadas, têm legitimidade para representar seus filiados judicial ou extrajudicialmente. Atenta contra a Constituição texto normativo que limite a legitimidade ativa ou condicione seu manejo à satisfação de elementos alheios ao interesse coletivo da categoria, pois a garantia constitui cláusula pétrea, nos termos do artigo 60, § 4º, IV da Constituição.

(D) Aos litigantes, em processo judicial ou administrativo, e aos acusados em geral são assegurados o contraditório e ampla defesa, com os meios e recursos a ela inerentes. Apenas a exigência da defesa da intimidade e do interesse público pode justificar que a lei venha a restringir a publicidade dos atos processuais.

(E) Não haverá penas: a) de morte, salvo em caso de guerra declarada; b) de caráter perpétuo; c) de trabalhos forçados; d) de banimento; e) cruéis. Os direitos constitucionais dos presos, durante o cumprimento da pena em virtude de decisão judicial transitada em julgado, não poderão ser reduzidos, suspensos ou afastados.

A: incorreta. O art. 8º, I a VIII, da CF, não contempla a hipótese trazida pela letra "e"; **B:** correta. O gabarito é "b", mas a parte final do item contraria a jurisprudência do STF, de que aos estrangeiros, ainda que de passagem pelo Brasil, como também às pessoas jurídicas, no que couber, são assegurados os direitos e as garantias individuais atribuídos pela Constituição; **C:** incorreta. A CF veda a interferência no funcionamento e a exigência de autorização para seu funcionamento, mas não diz respeito à legitimidade ativa; **D:** incorreta. Defesa da intimidade e interesse social (não público) podem justificar a restrição da publicidade dos atos processuais (art. 5º, LX, da CF); **E:** incorreta, pois os direitos políticos, por exemplo, são suspensos (art. 15, III, da CF).

Gabarito "B"

(Magistratura do Trabalho – 8ª Região – 2008) Sobre controle de constitucionalidade e tutela constitucional das liberdades assinale a alternativa CORRETA:

(A) A interpretação conforme à Constituição e a declaração parcial de inconstitucionalidade sem redução de texto têm eficácia contra todos e efeito vinculante em relação aos órgãos do Poder Judiciário e à Administração Pública Federal, certo que a decisão que declara a constitucionalidade ou a inconstitucionalidade é irrecorrível, salvo embargos declaratórios, e não pode ser objeto de ação rescisória.

(B) Na arguição de descumprimento de preceito fundamental, a decisão é irrecorrível, não podendo ser objeto de ação rescisória, e tem eficácia contra todos e efeito vinculante aos demais órgãos do Poder Judiciário, certo que é possível concessão de medida liminar para determinar a suspensão dos efeitos de decisões judiciais, inclusive de decorrentes da coisa julgada, se tal decisão for adotada por 2/3 do Supremo Tribunal Federal.

(C) Conforme a lei, conceder-se-á *habeas data* para assegurar o conhecimento de informações relativas à pessoa do impetrante, constante de banco de registro ou banco de dados de entidades governamentais, compreendidas as entidades privadas que armazenem dados que não se destinam apenas a uso interno.

(D) Na ação popular, em se tratando de instituições ou fundação para cuja criação ou custeio o tesouro público concorra com oitenta por cento do patrimônio ou da receita semestral, bem como de pessoas jurídicas ou entidades subvencionadas, as consequências patrimoniais da invalidez dos atos lesivos terão por limite a repercussão deles sobre a contribuição dos cofres públicos.

(E) O *habeas corpus*, quando impetrado pelo Ministério Público e concedida a respectiva ordem, põe termo ao processo.

A: correta (arts. 26 e 28, parágrafo único, ambos da Lei 9.868/1999); **B:** incorreta. A primeira parte está correta (art. 12 da Lei 9.882/1999), mas o art. 10, § 3º, da Lei 9.882/1999 expressa que a decisão é vinculante aos demais órgãos do Poder Público, não apenas do Judiciário. Além disso, o art. 5º, § 3º, da mesma lei só autoriza a concessão de liminar para suspender efeitos de decisões judiciais em que não se operou a coisa julgada; **C:** incorreta. O art. 5º, LXXII, da CF, fala em informações constantes de registros ou de banco de dados de entidades governamentais ou de caráter público (não em banco de registro ou banco de dados). Além disso, o art. 1º, parágrafo único, da Lei 9.507/1997 considera de caráter público "todo registro ou banco de dados contendo informações que sejam ou que possam ser transmitidas a terceiros ou que não sejam de uso privativo do órgão ou entidade produtora ou depositária das informações"; **D:** incorreta. Não reflete o disposto no art. 1º, § 2º, da Lei 4.717/1965: "Em se tratando de instituições ou fundações, para cuja criação ou custeio o tesouro público concorra com menos de cinquenta por cento do patrimônio ou da receita ânua, bem como de pessoas jurídicas ou entidades subvencionadas, as consequências patrimoniais da invalidez dos atos lesivos terão por limite a repercussão deles sobre a contribuição dos cofres públicos"; **E:** incorreta. O Ministério Público não possui tratamento especial quando impetra *habeas corpus*.

Gabarito "A"

(Magistratura do Trabalho – 8ª Região – 2008) A respeito dos instrumentos processuais de garantia aos direitos fundamentais é CORRETO afirmar:

(A) É necessária a recusa ou omissão da autoridade administrativa para que a pessoa possa obter a tutela do Poder Judiciário pela via do *habeas data*. Este instrumento tem por função assegurar o conhecimento de informações relativas à pessoa do impetrante, constantes de registros ou bancos de dados de entidades governamentais ou de caráter público, ou para a retificação de dados.

(B) O acesso às informações perseguidas pelo manejo do *habeas data* apenas pode ser relativizado para proteção dos dados cujo sigilo seja imprescindível à segurança da sociedade e do Estado, conforme fixado pela Constituição Federal.

(C) A atual jurisprudência do Supremo Tribunal Federal tem admitido o manejo de *habeas corpus* para proteger outros direitos, além da liberdade de locomoção, em consonância com a tradicional doutrina denominada "doutrina brasileira do *habeas corpus*", praticada pelo STF durante a Primeira República, que aceitava o *mandamus* para defesa de direito líquido e certo, não apenas para a liberdade de locomoção.

(D) O objetivo do mandado de injunção é suprir a falta de norma regulamentadora que torne inviável o exercício dos direitos e liberdades constitucionais e das prerrogativas inerentes à nacionalidade, à soberania e à cidadania, no caso em concreto, sendo manejável apenas em face do órgão do Poder Público, responsável pela falta de regulamentação dos direitos e liberdades constitucionais.

(E) É possível o uso da Ação Direta de Inconstitucionalidade para questionar a tramitação de Emenda Constitucional que viole disposição de cláusula pétrea da Constituição Federal.

A: correta. Súmula 2/STJ: "Não cabe o *habeas data* (CF, Art. 5º, LXXII, letra a) se não houve recusa de informações por parte da autoridade administrativa". Da mesma forma, o STF entende que a prova do anterior indeferimento administrativo do pedido de informação de dados pessoais, ou da omissão em atendê-lo, constitui requisito indispensável para que se concretize o interesse de agir no *habeas data*; **B:** incorreta. O *habeas data* visa garantir acesso a informações referentes à pessoa do impetrante, por isso não há que se falar em relativização; **C:** incorreta. Essa doutrina ficou superada com o advento do Mandado de Segurança, que passou a tutelar direito líquido e certo; **D:** incorreta. Embora com alguma discussão doutrinária a respeito, o STF pacificou o entendimento de que a legitimidade passiva no MI é da autoridade responsável pela edição do ato normativo faltante, aquela que se encontra omissa (embora a banca pareça seguir a corrente de que a pessoa que deveria cumprir a prestação demandada pelo legitimado ativo, que está a depender da norma reguladora, também possa figurar no polo passivo); **E:** incorreta. O art. 102, I, *a*, da CF, só autoriza o cabimento de ADIn em face de lei ou ato normativo estadual ou municipal, não existindo no direito brasileiro o controle de constitucionalidade, por ação direta de inconstitucionalidade, de leis em formação. O que o STF admite é a impetração de mandado de segurança por parlamentares para sustar o andamento de proposta de emenda à Constituição que veicule matéria insuscetível de reforma pelo constituinte derivado (art. 60, § 4º, da CF), por entender que o parlamentar tem direito líquido e certo ao devido processo legislativo.

Gabarito "A"

(Magistratura do Trabalho – 8ª Região – 2008) Assinale a alternativa CORRETA:

(A) O mandado de segurança se presta a tutelar direito líquido e certo, não amparado por *habeas corpus* ou *habeas data*. A liquidez e certeza é requisito indispensável para a ação, pelo que a controvérsia de direito impede a concessão do mandado.

(B) Os tratados e convenções, ratificados pelo Brasil, que forem aprovados, em cada Casa do Congresso Nacional, em dois turnos, por três quintos dos votos dos respectivos membros, serão equivalentes às emendas constitucionais.

(C) Constitui garantia fundamental de preservação do direito à liberdade a impossibilidade de prisão, senão por ordem escrita e fundamentada da autoridade judiciária competente, ressalvada unicamente a hipótese de prisão em flagrante delito.

(D) Constitui requisito para impetração do mandado de segurança, individual e coletivo, a existência de direito líquido e certo, não amparável por *habeas corpus* ou *habeas data*.

(E) A Constituição Federal garante, expressamente, a gratuidade na ação de *habeas corpus* e *habeas data*, sem necessidade da existência de norma regulamentar. Os atos necessários ao exercício da cidadania serão gratuitos, na forma que a lei regulamentar prever.

A: incorreta. A controvérsia do direito impede a própria impetração do mandado de segurança, uma vez que, segundo Hely Lopes Meirelles, direito líquido e certo "é o que se apresenta manifesto na sua existência, delimitado na sua extensão e apto a ser exercitado no momento da impetração", ou seja, é aquele que não demanda dilação probatória, capaz de ser comprovado de plano. Importante frisar que o enunciado da alternativa não faz referência à violação de direito líquido e certo por ato de autoridade ou agente de pessoa jurídica no exercício de atribuição pública, dando a entender que bastaria a prova do direito, nos aludidos termos, para permitir a impetração de mandado de segurança. Por isso, a alternativa "A" está incorreta; **B:** incorreta. Os tratados internacionais *sobre direitos humanos*, conforme expressa previsão do art. 5º, § 3º, da CF, *podem* ter tratamento diferenciado se aprovados na forma prevista na Constituição, adquirindo o *status* de emenda constitucional. Assim, a depender da opção *discricionária* do Congresso Nacional, somente serão equivalentes às emendas constitucionais os tratados que observarem o procedimento do art. 5º, § 3º, da CF. Os demais tratados internacionais sobre direitos humanos, não aprovados na forma do art. 5º, § 3º, da CF, terão *status supralegal*. O tema é de extrema importância e sofreu uma "virada jurisprudencial" no final de 2008. Até então, o STF entendia que os tratados internacionais, mesmo sobre direitos humanos, tinham, em regra, força de *lei ordinária*. A partir do julgamento do RE 466.343-1/SP, Rel. Min. Cezar Peluso, o Tribunal passou a reconhecer a *supralegalidade* dos tratados internacionais sobre direitos humanos. Ou seja: não equivalem às normas constitucionais, mas se encontram em patamar normativo superior ao das leis ordinárias. Dessa forma, pela orientação atual do STF, poderão conviver em nosso ordenamento três tipos de tratados internacionais, com diferentes forças normativas: a) os tratados internacionais *gerais*, com força de lei ordinária; b) os tratados internacionais *sobre direitos humanos* com *status* de emenda constitucional, pois aprovados na forma do art. 5º, § 3º, da CF, e c) os tratados internacionais *sobre direitos humanos* que não observaram o procedimento previsto no art. 5º, § 3º, da CF, que gozam de supralegalidade; **C:** Não reflete o disposto no art. 5º, LXI, da CF; **D:** correta. De fato, conforme os arts. 5º, LXIX e LXX, da CF e 21, *caput*, da Lei 12.016/09, o requisito, direito liquido e certo, existe para ambas as modalidades de mandado de segurança; **E:** correta, de acordo com o art. 5º, LXXVII, da CF.

Gabarito: há duas alternativas corretas: "D" e "E".

(Magistratura do Trabalho – 8ª Região – 2007) Assinale a alternativa incorreta:

(A) A jurisprudência do STF considera incabível o Mandado de Segurança nas hipóteses em que visa combater lei em tese e decisão judicial passível de recurso ou correição, salvo, e ainda de modo restrito, se o recurso cabível e manejado em face da decisão atacada não tiver efeito suspensivo.

(B) Não se admite, consoante atual jurisprudência consolidada do Supremo Tribunal Federal, o manejo de *habeas corpus* para proteger outro direito que não seja o de locomoção, o que se choca com a denominada "doutrina brasileira do habeas corpus", praticada pelo STF durante a Primeira República, que aceitava o *mandamus* para defesa de direitos líquidos e certos, não apenas a liberdade de locomoção.

(C) Apenas o parlamentar tem legitimidade ativa para impetrar mandado de segurança, com a finalidade de coibir atos praticados no processo de aprovação de leis e emendas constitucionais que não se compatibilizam com o processo legislativo constitucional.

(D) O *habeas data* se destina a garantir, em favor da pessoa interessada, o exercício de pretensão jurídica discernível em seu tríplice aspecto: (a) direito de acesso aos registros; (b) direito de retificação dos registros e (c) direito de complementação dos registros.

(E) Na Ação Popular o autor é qualquer pessoa física que possua o gozo dos direitos políticos, não comportando sua substituição no curso da lide.

Art. 9º da Lei 4.717/1965: "Se o autor desistir da ação ou der motiva à absolvição da instância, serão publicados editais nos prazos e condições previstos no art. 7º, II, ficando assegurado a qualquer cidadão, bem como ao representante do Ministério Público, dentro do prazo de 90 (noventa) dias da última publicação feita, promover o prosseguimento da ação".

Gabarito "E"

(Magistratura do Trabalho – 8ª Região – 2007) Em relação às disposições constitucionais que versam sobre os direitos e garantias fundamentais, assinale a alternativa incorreta:

(A) A garantia de inviolabilidade do direito à vida, à liberdade, à igualdade, à segurança e à propriedade não é prerrogativa exclusiva do povo brasileiro.

(B) Dentre os direitos individuais previstos na Constituição está a liberdade de associação para fins lícitos, vedada a de caráter paramilitar.

(C) A Constituição não prevê a aplicação da pena de morte.

(D) Aos litigantes e aos acusados em geral são assegurados o contraditório e a ampla defesa, com os meios e recursos a ela inerentes, princípio este aplicável no processo administrativo.

(E) É livre a manifestação do pensamento, porém é vedado o anonimato, sendo assegurado a todos o acesso à informação e resguardado o sigilo da fonte, quando necessário ao exercício profissional.

A: correta (art. 5º, *caput*, da CF). Tal prerrogativa deve ser estendida, assim tem entendido o STF, aos estrangeiros não residentes no país, bem assim aos apátridas e às pessoas jurídicas; **B:** correta (art. 5º, XVII, da CF); **C:** incorreta, devendo ser assinalada. Nos termos do art. 5º, XLVII, ***a***, da CF, a ***pena de morte*** somente terá lugar no caso de guerra declarada (art. 84, XIX, CF). Dessa forma, declarada guerra, será admissível a ***pena de morte*** na forma prevista no Código Penal Militar; **D:** correta (art. 5º, LV, da CF); **E:** correta (art. 5º, IV e XIV, da CF).

Gabarito "C"

(Magistratura do Trabalho – 8ª Região – 2007) Com respeito à disciplina constitucional dos direitos e deveres individuais e coletivos, assinale a assertiva incorreta:

(A) Em caso de iminente perigo público, a autoridade competente poderá usar de propriedade particular, assegurada ao proprietário indenização ulterior, se houver dano.

(B) Todos podem reunir-se pacificamente, sem armas, em locais abertos ao público, independentemente de autorização ou prévio aviso, desde que não frustrem outra reunião anteriormente convocada para o mesmo local.

(C) Qualquer cidadão é parte legítima para propor ação popular que vise a anular ato lesivo ao patrimônio público ou de entidade de que o Estado participe, à moralidade administrativa, ao meio ambiente e ao patrimônio histórico e cultural, ficando o autor, salvo comprovada má-fé, isento de custas judiciais e do ônus da sucumbência.

(D) A lei considerará crimes inafiançáveis e insuscetíveis de graça ou anistia a prática da tortura, o tráfico ilícito de entorpecentes e drogas afins, o terrorismo e os definidos como crimes hediondos, por eles respondendo os mandantes, os executores e os que, podendo evitá-los, omitirem-se.

(E) A casa é asilo inviolável do indivíduo, ninguém nela podendo penetrar sem consentimento do morador, salvo em caso de flagrante delito ou desastre, ou para prestar socorro, ou, durante o dia, por determinação judicial.

A: correta (art. 5º, XXV, da CF); **B:** incorreta, devendo ser assinalada. O inciso XVI do art. 5º da CF impõe o aviso prévio à autoridade competente, o que se faz necessário para que providências relacionadas à organização sejam tomadas; **C:** correta (art. 5º, LXXIII, da CF); **D:** correta (art. 5º, XLIII, da CF); **E:** correta (art. 5º, XI, da CF).

Gabarito "B"

(Magistratura do Trabalho – 8ª Região – 2006) Sobre os direitos e garantias fundamentais, os direitos e deveres (individuais, difusos e coletivos) e tutelas constitucionais das liberdades, é correto afirmar que:

(A) Conceder-se-á "habeas corpus" sempre que alguém sofrer ou se achar ameaçado de sofrer violência ou coação em sua liberdade de locomoção, por ilegalidade ou abuso de poder; enquanto que o mandado de segurança será concedido para proteger direito líquido e certo, não amparado por "habeas corpus" ou "habeas data", quando o responsável pela ilegalidade ou abuso de poder for autoridade pública ou pessoa física no exercício de atribuições do Poder Público.

(B) O mandado de segurança coletivo pode ser impetrado por partido político com representação no Congresso Nacional ou por organização sindical, entidade de classe ou associação legalmente constituída e em funcionamento há pelo menos um mês, em defesa dos interesses de seus membros ou associados.

(C) Conceder-se-á mandado de injunção somente quando não houver norma regulamentadora e for inviável o exercício dos direitos e liberdades constitucionais e das prerrogativas inerentes à nacionalidade.

(D) Conceder-se-á habeas data para assegurar o conhecimento de informações relativas à pessoa do impetrante, constantes de registros ou bancos de dados de entidades governamentais ou de caráter público ou privado ou para retificação de dados, quando não se prefira fazê-lo por processo sigiloso, judicial ou administrativo.

(E) Qualquer cidadão é parte legítima para propor ação popular que vise a anular ato lesivo ao patrimônio público ou de entidade de que o Estado participe, à moralidade administrativa, ao meio ambiente e ao patrimônio histórico e cultural, ficando o autor, salvo comprovada má-fé, isento de custas judiciais e do ônus da sucumbência.

A: incorreta. A primeira parte está correta (art. 5º, LXVIII, da CF), mas o MS pode ser impetrado quando o responsável pela ilegalidade for autoridade pública ou agente de pessoa jurídica no exercício de atribuições do Poder Público (art. 5º, LXIX, da CF); **B:** incorreta. A associação precisa estar em funcionamento há pelo menos um ano (art. 5º, LXX, *b*, da CF); **C:** incorreta. Será concedido mandado de injunção na ausência de norma reguladora que torne inviável também o exercício de prerrogativas inerentes à nacionalidade, à cidadania e à soberania (art. 5º, LXXI, da CF); **D:** incorreta. Apenas informações constantes em registro ou banco de dados de entidades governamentais ou de caráter público (art. 5º, LXXII, *a*, da CF); **E:** correta (art. 5º, LXXIII, da CF).

Gabarito "E"

(Magistratura do Trabalho – 9ª Região – 2009) Em relação ao *habeas data*, analise as proposições a seguir:

I. Na previsão constitucional, duplo é o objeto do *habeas data*: assegurar o conhecimento de informações e ensejar sua retificação.

II. Ao contrário do que ocorre com o *habeas corpus*, exige-se para a impetração do *habeas data* a prévia constituição de advogado habilitado, que deverá juntar instrumento de mandato.

III. No que diz respeito à legitimação ativa, o entendimento é de que o direito de conhecer e retificar dados, bem como o de impetrar *habeas data*, é personalíssimo.

IV. *O habeas data* pode ser requerido para obtenção de informações constantes de registros ou bancos de dados, públicos ou privados que tenham caráter público.

(A) Todas as proposições são corretas.
(B) Somente as proposições I e III são corretas.
(C) Somente as proposições II e IV são corretas.
(D) Somente as proposições I e II são corretas.
(E) Nenhuma proposição é correta.

I: correta (art. 5º, LXXII, *a* e *b*, da CF); **II:** correta. Vale lembrar que as exceções quanto à postulação de ações pelo próprio autor, sem advogado, depende de prévia autorização legal como ocorre, por exemplo, nosa Lei 9.099/ O *habeas corpus* pode, inclusive, ser deferido de ofício; **III:** correta, porque as informações são relativas à pessoa do impetrante; **IV:** correta (art. 5º, LXXII, *a*, *in fine*, da CF).

Gabarito "A"

(Magistratura do Trabalho – 9ª Região – 2009) Em relação ao mandado de segurança, assinale a proposição incorreta:

(A) A antecipação da tutela concedida na sentença é impugnável pela via do mandado de segurança.
(B) No caso da tutela antecipada ser concedida antes da sentença, cabe a impetração do mandado de segurança, em face da inexistência de recurso próprio.
(C) A superveniência da sentença, nos autos originários, faz perder o objeto do mandado de segurança que impugnava a concessão da tutela antecipada.
(D) A concessão de liminar ou a homologação de acordo constituem faculdade do juiz, inexistindo direito líquido e certo tutelável pela via do mandado de segurança.
(E) Exigindo o mandado de segurança prova documental pré constituída, incabível a determinação pelo juiz de emenda da petição inicial do *mandamus*.

Se o ordenamento prevê recurso próprio para impugnar a decisão judicial, não caberá Mandado de Segurança (art. 5º, II, da Lei 12.016/2009). Nesse sentido, a Súmula 267/STF: "Não cabe mandado de segurança contra ato judicial passível de recurso ou correição."

Gabarito "A"

(Magistratura do Trabalho – 9ª Região – 2006) Acerca dos direitos e garantias fundamentais consagrados pela Constituição de 1988, assinale a correta:

(A) É assegurada a liberdade religiosa, sendo a religião oficial a Religião Católica Apostólica Romana.
(B) É assegurada a liberdade religiosa, porém a liberdade de culto é restrita.
(C) A liberdade religiosa não alcança o direito de não acreditar em Deus.
(D) O ensino religioso poderá constituir disciplina dos horários normais das escolas públicas de ensino fundamental, desde que de matrícula facultativa.
(E) Permite-se a instituição nas escolas públicas do ensino religioso de uma única religião.

Arts. 5º, VI; 19, I e 210, § 1º, todos da CF. O Estado é laico, o que significa dizer que não existe religião oficial, mas a CF garante a liberdade religiosa e de culto, bem como o ensino religioso de matrícula facultativa nas escolas públicas de ensino fundamental.

Gabarito "D"

(Magistratura do Trabalho – 9ª Região – 2006) Garantido aos brasileiros e aos estrangeiros residentes no País a inviolabilidade do direito à vida, à liberdade, à igualdade, à segurança e à propriedade (Constituição Federal, art. 5º), assinale a correta:

(A) As pessoas jurídicas não são beneficiárias dos direitos à propriedade e os estrangeiros em trânsito não têm acesso ao mandado de segurança e ao "habeas corpus".
(B) Ao Estado cabe assegurar o direito à vida e às condições dignas de existência.
(C) No tratamento de casos desiguais, o elemento discriminador resulta, necessariamente, em ofensa ao princípio da igualdade, ainda que a serviço de finalidade acolhida pelo direito.
(D) É permitido ao particular pautar-se por condutas discriminatórias ou racistas, mas não ao Estado.
(E) É permitido ao empregador impor à candidata ao emprego a proibição de engravidar nos primeiros noventa dias do contrato de trabalho.

A: incorreta. Os direitos e garantias estabelecidos no art. 5º da CF são extensivos às pessoas jurídicas e aos estrangeiros de passagem pelo Brasil, no que couber, muito embora o *caput* tenha redação restritiva; **B:** correta (art. 5º, *caput*, da CF); **C:** incorreta. O princípio da igualdade, ao mesmo tempo em que veda as desigualdades, muitas vezes impõe o tratamento desigual, desde que observado o princípio da razoabilidade (*e.g.*, licença-maternidade superior à licença-paternidade, com fundamento no critério razoável da amamentação); **D:** incorreta. Nem ao Estado, nem ao particular, uma vez que os direitos fundamentais devem ser observados na relação Estado-particular e na relação particular-particular (eficácia horizontal); **E:** incorreta. A conduta violaria, por exemplo, o art. 7º, XXX, da CF.

Gabarito "B"

(Magistratura do Trabalho – 9ª Região – 2006) Analise as proposições em matéria de garantias constitucionais e de direitos fundamentais e assinale a alternativa correta:

I. Os direitos e garantias individuais podem ser suprimidos ou alterados somente pela ação do poder reformista do legislador constituinte, mas não pela ação do poder do legislador ordinário.

II. O constituinte brasileiro afasta do poder de deliberação do poder constituinte derivado o que toca à separação dos poderes.

III. A Constituição de 1988, no aspecto particular do enquadramento da dignidade da pessoa humana, não a inclui no rol dos direitos e garantias fundamentais; eleva-a à condição de norma jurídica fundamental, ou seja, princípio e valor fundamental.

(A) Somente a proposição I é verdadeira.
(B) Somente a proposição II é verdadeira.
(C) Somente a proposição III é verdadeira.
(D) Somente as proposições II e III são verdadeiras.
(E) Somente as proposições I e III são verdadeiras.

I: incorreta. O legislador ordinário pode alterá-los, desde que respeitada a Constituição, evitando-se, ainda, o que se convencionou chamar de "vedação do retrocesso"; **II:** correta, pois é cláusula pétrea (art. 60, § 4°, III, da CF); **III:** correta (art. 1°, III, da CF).

Gabarito "D"

(Magistratura do Trabalho – 9ª Região – 2006) Marque a alternativa incorreta:

(A) A Constituição Federal assegura a liberdade de manifestação do pensamento, porém veda o anonimato.
(B) O direito à inviolabilidade do domicílio, ao sigilo de correspondência e das comunicações telegráficas e telefônicas vinculam somente particulares, mas não os poderes públicos.
(C) No tocante ao princípio do devido processo legal, segundo a teoria dos "frutos da árvore envenenada", são desprezadas não somente as provas ilícitas, tais como as obtidas com violação do direito à intimidade e ao sigilo da correspondência, mas também todas as delas decorrentes, permanecendo válidas as demais provas lícitas e autônomas.
(D) Os direitos e garantias previstos na Constituição Federal de 1988 não excluem outros, que decorram de tratados internacionais em que o Brasil seja parte.
(E) Pessoa menor de idade ou insana mental, ainda que não representada ou assistida, pode impetrar habeas corpus, a seu favor ou a favor de terceiro.

A: correta (Art. 5°, IV, da CF); **B:** incorreta, devendo ser assinalada. Não reflete o disposto no art. 5°, XI e XII, da CF, que vincula tanto particulares como o Poder Público (toda a CF vincula o Poder Público); **C:** correta. A existência de provas ilícitas não anula todo o processo administrativo ou penal, mas não podem ser consideradas e não têm força probante, devendo ser retiradas dos autos. E, como afirmado na alternativa, se de uma prova ilícita decorreram outras provas, todas são consideradas ilícitas – as originárias e as derivadas – o que o STF chama de "teoria dos frutos da árvore envenenada" ("*fruits of the poisonous tree*"); **D:** correta (art. 5°, § 2°, da CF); **E:** correta (art. 654 do CPP).

Gabarito "B"

(Magistratura do Trabalho – 9ª Região – 2006) É correto afirmar:

I. O *habeas corpus* e o mandado de segurança são ações de mesma natureza, sendo nesta possível a concessão de liminar, enquanto naquela não.

II. *Habeas corpus* é ação que não pode ser suprimida por emenda constitucional.

III. O *habeas corpus* pode ser preventivo e pode ser impetrado contra ato do particular.

IV. Em conformidade com o sistema legal, o cabimento do *habeas data* exige prévio requerimento na via administrativa.

(A) Somente as proposições I , II, e III são corretas.
(B) Somente as proposições I, II e IV são corretas.
(C) Somente as proposições II e IV são corretas.
(D) Somente as proposições III e IV são corretas.
(E) Somente as proposições II, III e IV são corretas.

I: incorreta. São ações constitucionais de natureza mandamental cujos ritos permitem a concessão de liminar; **II:** correta. Nenhum remédio constitucional pode ser suprimido por emenda constitucional (art. 60, § 4°, IV, da CF); **III:** correta. O art. 5°, LXVIII, da CF, refere-se também à ameaça de lesão (hipótese em que o *habeas corpus* será preventivo) e não associa o remédio constitucional a ato do poder público (como o faz no mandado de segurança), o que possibilita sua impetração contra ato de particular; **IV: correta.** Súmula 2/STJ: "Não cabe o *habeas data* (CF, Art. 5°, LXXII, letra a) se não houve recusa de informações por parte da autoridade administrativa". Da mesma forma, o STF entende que a prova do anterior indeferimento administrativo do pedido de informação de dados pessoais, ou da omissão em atendê-lo, constitui requisito indispensável para que se concretize o interesse de agir no *habeas data.*

Gabarito "E"

(Magistratura do Trabalho – 9ª Região – 2006) Assinale a alternativa correta, considerando a hipótese que segue: A Constituição Federal promulgada em 1988 no país fictício de Santo Domingo dispõe, entre os princípios fundamentais do sistema jurídico adotado, ser proibida a prisão civil por dívidas, com exceção da prisão por dívidas alimentícias, oriundas de obrigações impostas por relações familiares, cônjuges ou companheiros com condições de prestar alimento em benefício dos que destes necessitem.

(A) Em Santo Domingo, com a promulgação da Constituição de 1988, tem-se como constitucional a lei ordinária prevendo prisão por dívida trabalhista e prisão do depositário infiel.
(B) Em Santo Domingo, a lei ordinária que rege a prisão civil por dívidas alimentícias promulgada após a Constituição de 1988 não pode ser analogicamente aplicada às dívidas contratualmente assumidas.
(C) Em Santo Domingo, a lei ordinária que estabelece prisão civil por dívida contratualmente assumida após a promulgação da Constituição de 1988 é constitucional, pois se equipara aquele devedor ao devedor de obrigação alimentícia.
(D) Em Santo Domingo, é permitida, após a Constituição de 1988, a prisão civil do devedor que descumpre contrato garantido por alienação fiduciária.
(E) Em Santo Domingo, é possível a prisão ordenada por autoridade não judiciária assim como o é, em regra, a prisão para compelir o devedor a pagar dívida.

Se a CF de Santo Domingo só permite a prisão civil por dívida alimentícia, não se pode aplicar a lei para prejudicar o réu e prendê-lo por outro motivo. Por oportuno, importa relembrar que a prisão civil por dívida é, em regra, vedada pelo nosso ordenamento. A Constituição Federal, entretanto, estabelece duas exceções à regra, legitimando a prisão civil do devedor que não paga pensão alimentícia e do depositário infiel (art. 5º, LXVII, da CF). O Pacto de San José da Costa Rica, ratificado pelo Brasil, é ainda mais restritivo: só permite a prisão dos devedores de pensão alimentícia, ou seja, com base na Convenção Americana de Direitos Humanos, o depositário infiel não pode ser preso. O conflito entre a norma internacional e a norma constitucional foi inúmeras vezes analisado pelo STF que, em entendimento tradicional, decidia pela prevalência da Constituição e autorizava a prisão do depositário infiel. Ocorre que, em recente virada jurisprudencial, o STF acabou por consagrar a tese da supralegalidade dos tratados para concluir que a prisão do depositário infiel é ilícita, entendimento consagrado na Súmula Vinculante 25: " É ilícita a prisão civil de depositário infiel, qualquer que seja a modalidade do depósito". Hoje, portanto, só se admite a prisão civil por alimentos.

Gabarito "B"

(Magistratura do Trabalho – 12ª Região – 2006) Assinale a alternativa correta:

(A) os direitos de primeira geração (direitos civis e políticos) que compreendem as liberdades clássicas, negativas ou formais, realçam o princípio da liberdade;

(B) os direitos de segunda geração (direitos econômicos, sociais e culturais) se identificam com as liberdades positivas, reais ou concretas — acentuam o princípio da igualdade;

(C) os direitos de terceira geração, que materializam poderes de titularidade coletiva atribuídos genericamente a todas as formações sociais, consagram o princípio da solidariedade e constituem um momento importante no processo de desenvolvimento, expansão e reconhecimento dos direitos humanos, caracterizados, enquanto valores fundamentais indisponíveis, como nota de essencial inexauribilidade;

(D) os direitos e garantias fundamentais, direitos individuais e coletivos, na ordem constitucional, sem distinção de qualquer natureza, têm sustentação na igualdade de todos perante a lei, garantindo-se a inviolabilidade do direito à vida, à liberdade, à igualdade, à segurança e à propriedade aos brasileiros e aos estrangeiros residentes no País;

(E) todas as afirmativas são corretas.

Apesar de muito criticada em doutrina, a divisão dos direitos fundamentais em gerações (ou dimensões) ainda é estudada e muito citada. Como abordado na questão, as gerações de direitos são associadas, respectivamente, ao lema da Revolução Francesa – liberdade, igualdade e fraternidade.

Gabarito "E"

(Magistratura do Trabalho – 12ª Região – 2006) Considerando os direitos e deveres individuais e coletivos previstos na Constituição Federal, marque a alternativa correta:

(A) A lei estabelecerá o procedimento para desapropriação somente por necessidade pública, mediante justa e prévia indenização em dinheiro, ressalvados os casos previstos na Constituição;

(B) É dever da autoridade competente, no caso de iminente perigo público, usar de propriedade particular, assegurada ao proprietário indenização ulterior, se houver dano;

(C) É livre a locomoção no território nacional a qualquer tempo, podendo qualquer pessoa, nos termos da lei, nele entrar, permanecer ou dele sair com seus bens;

(D) É a todos assegurado, independentemente do pagamento de taxas o direito de petição aos Poderes Públicos em defesa de direitos ou contra ilegalidade ou abuso de poder.

(E) É livre a manifestação do pensamento, sendo garantido o anonimato.

A: incorreta. Não reflete o disposto no art. 5º, XXIV, da CF; **B:** incorreta. O art. 5º, XXV, da CF prevê uma faculdade, não um dever; **C:** incorreta. Não reflete o disposto no art. 5º, XV, da CF; **D:** correta (art. 5º, XXXIV, *a*, da CF); **E:** incorreta. Não reflete o disposto no art. 5º, IV, da CF.

Gabarito "D"

(Magistratura do Trabalho – 12ª Região – 2006) Sobre a ação popular é incorreto afirmar:

(A) A Constituição Federal de 1934 foi o primeiro texto constitucional brasileiro que lhe deu guarida.

(B) Qualquer cidadão (eleitor) é parte legítima para propor a ação, ficando o autor, salvo comprovada má-fé, isento de custas judiciais e do ônus de sucumbência.

(C) Apesar de o Ministério Público não ter legitimação ativa originária para propor a ação, o *parquet* é *custos legis* e agente impulsionador da produção probatória; assume a titularidade da ação na eventualidade de o autor originário dela desistir, podendo ainda assumir a execução caso o autor popular não inicie a execução dentro de 60 dias do trânsito em julgado.

(D) Segundo a doutrina, pode haver dois efeitos na ação popular: a anulação ou a declaração de nulidade do ato lesivo; e a condenação dos réus ao pagamento de perdas e danos decorrentes da prática do ato.

(E) Como regra, a causa será proposta no foro ou juízo correspondente ao domicílio do autor da ação.

A: correta. Também foi prevista na Constituição de 1946, ordem na qual foi regulamentada pela Lei 4.717/1965; **B:** correta (art. 5º, LXXIII, da CF); **C:** correta. Pode ser autor popular todo aquele que estiver no pleno gozo dos direitos políticos, comprovado pela posse de título de eleitor válido (art. 1º, § 3º, da Lei 4.717/1965). V. arts. 6º, § 4º; 7º, § 1º e 16, todos da Lei 4.717/1965; **D:** correta. Efeitos reconhecidos também pela jurisprudência; **E:** incorreta, devendo ser assinalada. Não reflete o disposto no art. 5º da Lei 4.717/1965, embora haja precedentes judiciais nesse sentido.

Gabarito "E"

(Magistratura do Trabalho – 13ª Região – 2006) Marque a resposta correta: o mandado de injunção será concedido:

(A) Para assegurar o conhecimento de informações relativas à pessoa do impetrante, constantes de registros ou bancos de dados de entidades governamentais ou de caráter público.

(B) Para anular ato lesivo ao patrimônio público ou de entidade de que o Estado participe, à moralidade administrativa, ao meio ambiente e ao patrimônio histórico e cultural.

(C) Sempre que a falta de norma regulamentadora torne inviável o exercício de direitos e liberdades constitucionais e das prerrogativas inerentes à nacionalidade, à soberania e à cidadania.

(D) Para proteger direito líquido e certo, não amparado por habeas corpus, habeas data ou mandado de segurança.

(E) Para retificar dados quando não se prefira fazê-lo por processo sigiloso, judicial ou administrativo.

Art. 5º, LXXI, da CF. As demais alternativas referem-se ao *habeas data* ("a" e "e") e à ação popular ("b").

Gabarito "C"

(Magistratura do Trabalho – 14ª Região – 2008) No artigo 5º. da Constituição da República foram elencados diversos direitos e garantias relacionados ao processo e ao procedimento, porém dentre eles NÃO consta expressamente:

(A) o duplo grau de jurisdição;

(B) o contraditório;

(C) o direito de petição aos Poderes Públicos;

(D) o principio da inafastabilidade da Jurisdição;

(E) o princípio do juiz natural.

A: correta. embora não expresso, foi consagrado na Constituição em diversos dispositivos (art. 102, II, da CF, por exemplo); **B:** incorreta (art. 5º, LV, da CF); **C:** incorreta (art. 5º, XXXIV, da CF); **D:** incorreta (art. 5º, XXXV, da CF); **E:** incorreta (art. 5º, XXXVII, da CF).

Gabarito "A"

(Magistratura do Trabalho – 14ª Região – 2008) Quando a falta de norma regulamentadora tornar inviável o exercício dos direitos e liberdades constitucionais e das prerrogativas inerentes à nacionalidade, à soberania e à cidadania, deve-se ajuizar:

(A) mandado de segurança;

(B) mandado de injunção;

(C) *habeas corpus*;

(D) *habeas data*;

(E) ação popular.

Art. 5º, LXXI, da CF.

Gabarito "B"

(Magistratura do Trabalho – 16ª Região – 2008) Os direitos fundamentais têm sido cantados e decantados como a mais preciosa parte de uma Constituição. A brasileira de 1988, ao contrário da de 1967, inicia a sua força normativa com o detalhamento dos direitos fundamentais. A respeito dos direitos fundamentais é incorreto dizer:

(A) Aqueles direitos fundamentais que dependem, na sua realização, tanto de providências estatais com vistas à criação e conformação de órgãos ou repartições, a doutrina vem utilizando-se do conceito de "direito à organização e ao procedimento".

(B) A moderna doutrina dos direitos fundamentais debate a possibilidade de o Estado vir a ser obrigado a criar os pressupostos fáticos necessários ao exercício real dos direitos constitucionalmente assegurados e sobre a possibilidade de eventual titular do direito dispor de pretensão a prestações por parte do Estado.

(C) A garantia da liberdade do exercício profissional ou da inviolabilidade do domicílio não assegura pretensão ao trabalho e à moradia.

(D) O direito ao trabalho previsto no art. 6º da CF exige uma política estatal conveniente de criação de empregos. A submissão dessa posição a regras jurídicas causa um fenômeno de transmutação, convertendo situações consideradas de natureza política em situações jurídicas. Ocasiona a juridicização do processo decisório, acentuando-se a tensão entre direito e política.

(E) A chamada "reserva do possível" não pode ser utilizada para limitar o exercício dos direitos fundamentais, posto que as decisões tomadas para a efetivação desses direitos estão vinculadas juridicamente.

A: correta. Nas palavras de Gilmar Ferreira Mendes, "Nos últimos tempos vem a doutrina utilizando-se do conceito de *'direito à organização e ao procedimento' (Recht auf Organisation und auf Verfahren)* para designar todos aqueles direitos fundamentais que dependem, na sua realização, tanto de providências estatais com vistas à criação e conformação de órgãos, setores ou repartições (direito à organização), como de outras, normalmente de índole normativa, destinadas a ordenar a fruição de determinados direitos ou garantias, como é o caso das garantias processuais-constitucionais (direito de acesso à justiça; direito de proteção judiciária; direito de defesa)"; **B:** correta. Doutrina de Gilmar Ferreira Mendes, Inocêncio Coelho e Paulo Gonet Branco (Hermenêutica constitucional e direitos fundamentais); **C:** correta. Não se pode exigir emprego ou casa com base na liberdade de exercício profissional ou inviolabilidade de domicílio; **D:** Mais uma citação de Gilmar Mendes, Inocêncio Coelho e Paulo Gonet Branco (Hermenêutica constitucional e direitos fundamentais); **E:** incorreta. Pode ser invocada desde que o Poder Público comprove a inexistência de recursos para a satisfação do direito pleiteado (exaustão orçamentária). Do contrário, os direitos previstos constitucionalmente devem ser implementados, ainda que importem custos. Confira-se precedente do STF sobre o tema (ADPF 45): "(...) É que a realização dos direitos econômicos, sociais e culturais – além de caracterizar-se pela gradualidade de seu processo de concretização – depende, em grande medida, de um inescapável vínculo financeiro subordinado às possibilidades orçamentárias do Estado, de tal modo que, comprovada, objetivamente, a incapacidade econômico-financeira da pessoa estatal, desta não se poderá razoavelmente exigir, considerada a limitação material referida, a imediata efetivação do comando fundado no texto da Carta Política. Não se mostrará lícito, no entanto, ao Poder Público, em tal hipótese – mediante indevida manipulação de sua atividade financeira e/ou político-administrativa – criar obstáculo artificial que revele o ilegítimo, arbitrário e censurável propósito de fraudar, de frustrar e de inviabilizar o estabelecimento e a preservação, em favor da pessoa e dos cidadãos, de condições materiais mínimas de existência. Cumpre advertir, desse modo, que a cláusula da "reserva do possível" – ressalvada a ocorrência de justo motivo objetivamente aferível – não pode ser invocada, pelo Estado, com a finalidade de exonerar-se do cumprimento de suas obrigações constitucionais, notadamente quando, dessa conduta governamental negativa, puder resultar nulificação ou, até mesmo, aniquilação de direitos constitucionais impregnados de um sentido de essencial fundamentalidade".

Gabarito "E"

(Magistratura do Trabalho – 16ª Região – 2008) Assinale a alternativa incorreta, observando-se a posição do Supremo Tribunal Federal a respeito do Mandado de Injunção:

(A) O plexo de poderes institucionais legitima que o STF determine a edição de outras medidas que garantam a posição do impetrante até a oportuna expedição de normas pelo legislador.

(B) A decisão judicial que declara a existência de uma omissão inconstitucional constata, igualmente, a mora do órgão ou poder legiferante, provocando-o a editar a norma requerida;

(C) A omissão inconstitucional tanto pode referir-se a uma omissão total do legislador quanto a uma omissão parcial;

(D) É dotada de eficácia *erga omnes* a decisão proferida em sede do controle abstrato de normas acerca da existência, ou não, de omissão, e apresenta diferença significativa em relação a atos decisórios proferidos no contexto de mandado de injunção, posto que nestes a decisão tem eficácia inter partes;

(E) Na ação de mandado de injunção, STF possui competência constitucional para determinar a suspensão de processos administrativos ou judiciais, com o intuito de assegurar ao interessado a possibilidade de ser contemplado por norma mais benéfica, ou que lhe assegure o direito constitucional invocado.

A e **B:** Os efeitos da decisão do mandado de injunção é tema de polêmica doutrinária e jurisprudencial. A doutrina majoritária defende que o provimento jurisdicional tem natureza constitutiva, ou seja, na ausência de norma regulamentadora, deve o órgão julgador suprir a omissão e formular a norma do caso concreto, com eficácia *inter partes*. Entretanto, por muitos anos a jurisprudência do STF não consagrou essa tese, orientando-se no sentido de que o provimento do MI tinha natureza meramente declaratória, limitando-se a dar ciência da mora legislativa ao órgão omisso, para que tomasse as providências necessárias quanto à edição do ato normativo. Em alguns casos, o STF passou a regulamentar o direito violado, desde que o silêncio normativo fosse considerado desproporcional. Atualmente, porém, o STF tem adotado postura mais ativa no que tange ao Mandado de Injunção para viabilizar a própria fruição do direito subjetivo antes impedido de ser exercido por força de omissão legislativa inconstitucional. Conforme notícia publicada no Informativo STF 477/2007, o STF, adotando o sistema do regime geral de previdência social (Lei 8.213/1991, art. 57), assentou o direito da impetrante à aposentadoria especial de que trata o § 4º do art. 40 da CF. Na espécie, a impetrante pleiteava fosse suprida a falta da norma regulamentadora a que se refere o art. 40, § 4º, a fim de possibilitar o exercício do seu direito à aposentadoria especial, haja vista ter trabalhado por mais de 25 anos em atividade considerada insalubre — v. Informativos 442 e 450. Salientando o caráter mandamental e não simplesmente declaratório do mandado de injunção, asseverou-se caber ao Judiciário, por força do disposto no art. 5º, LXXI e seu § 1º, da CF, não apenas emitir certidão de omissão do Poder incumbido de regulamentar o direito a liberdades constitucionais, a prerrogativas inerentes à nacionalidade, à soberania e à cidadania, mas viabilizar, no caso concreto, o exercício desse direito, afastando as consequências da inércia do legislador; **C:** correto, como no caso do valor do salário mínimo. A fixação do valor do salário mínimo em montante aquém do necessário para cumprir as finalidades previstas no art. 7º, IV, da CF, constitui omissão parcial, haja vista que a lei existe, mas os preceitos da Constituição não foram totalmente atendidos. O legislador atuou, mas sem observar a finalidade que a norma constitucional buscava alcançar. Para solucionar o "silêncio normativo" a Constituição previu dois instrumentos: o mandado de injunção (art. 5º, LXXI, da CF) e a ação de inconstitucionalidade por omissão (art. 103, § 2º, da CF); **D** e **E:** No julgamento do MI 107/DF, Rel. Min. Moreira Alves, o Plenário do STF consolidou entendimento que conferiu ao mandado de injunção as seguintes características: i) os direitos constitucionalmente garantidos por meio de mandado de injunção apresentam-se como direitos à expedição de um ato normativo, os quais, via de regra, não poderiam ser diretamente satisfeitos por meio de provimento jurisdicional do STF; ii) a decisão judicial que declara a existência de uma omissão inconstitucional constata, igualmente, a mora do órgão ou poder legiferante, insta-o a editar a norma requerida; iii) a omissão inconstitucional tanto pode referir-se a uma omissão total do legislador quanto a uma omissão parcial; iv) a decisão proferida em sede do controle abstrato de normas acerca da existência, ou não, de omissão é dotada de eficácia *erga omnes*, e não apresenta diferença significativa em relação a atos decisórios proferidos no contexto de mandado de injunção; iv) o STF possui competência constitucional para, na ação de mandado de injunção, determinar a suspensão de processos administrativos ou judiciais, com o intuito de assegurar ao interessado a possibilidade de ser contemplado por norma mais benéfica, ou que lhe assegure o direito constitucional invocado; v) por fim, esse plexo de poderes institucionais legitima que o STF determine a edição de outras medidas que garantam a posição do impetrante até a oportuna expedição de normas pelo legislador.

Gabarito "D"

(Magistratura do Trabalho – 16ª Região – 2006) Considere as afirmações abaixo:

I. Para conhecimento do *habeas data*, o Supremo Tribunal Federal entende que não é necessário que o impetrante comprove que o detentor da informação tenha se recusado a prestar a informação requerida;

II. O processo em *habeas data* tem prioridade sobre todos os atos, exceto *habeas corpus* e mandado de segurança;

III. Compete ao Supremo Tribunal Federal processar e julgar originariamente o *habeas data* contra ato do Presidente da República, do Tribunal de Contas da União e do Procurador-Geral da República.

Assinale a opção CORRETA:

(A) Somente I e II;

(B) Somente I;

(C) Somente II;

(D) Somente I e III;

(E) Somente II e III.

I: incorreto. O art. 8º da Lei 9.507/1997 estabelece a necessidade de recusa de informações por parte da autoridade, posição compartilhada pelo STF; **II:** correto (art. 19 da Lei 9.507/1997); **III:** correto (art. 102, I, ***d***, da CF).

Gabarito "E"

(Magistratura do Trabalho – 16ª Região – 2006) Considere as afirmações abaixo:

I. Em regra, o recurso contra decisão que concede *habeas data* tem efeito suspensivo.

II. A jurisprudência do STF tem entendido que é possível se conhecer de mandado de injunção coletivo.

III. A impetração de mandado de segurança coletivo por entidade de classe em favor dos associados independe da autorização destes segundo o STF.

IV. A entidade de classe tem legitimação para o mandado de segurança ainda quando a pretensão veiculada interesse apenas a uma parte da respectiva categoria.

Assinale a opção correta:

(A) Somente II e III;
(B) Somente II, III e IV;
(C) Somente I e III;
(D) Somente II e IV.
(E) Somente I, II e III.

I: incorreto. Não reflete o disposto no art. 15, parágrafo único, da Lei 9.507/1997: "Quando a sentença conceder o *habeas data*, o recurso terá efeito meramente devolutivo"; **II:** correto. O STF já admitiu a impetração de MI por entidades de classe ou sindicatos, em substituição processual de seus filiados (noção que corresponde a verdadeiro "mandado de injunção coletivo"), por analogia ao art. 5º, LXX, da CF (V. MI 361, Rel. para acórdão Min. Sepúlveda Pertence). Além de o Ministério Público ser também autorizado por lei a ajuizar a medida quando a hipótese versar sobre direitos difusos ou coletivos (art. 6º, VIII, da LC 75/1993); **III:** correto. Aplicação, por analogia, da Súmula 629/STF: "A impetração de mandado de segurança coletivo por entidade de classe em favor dos associados independe da autorização destes"; **IV:** correto. Aplicação, por analogia, da Súmula 630 do STF.

Gabarito "B"

(Magistratura do Trabalho – 20ª Região – 2003) No tocante ao direito adquirido, é correto afirmar que:

(A) A Constituição Federal somente poderá suprimir o seu gozo se, e somente se, a emenda for submetida a plebiscito, salvo naqueles casos em que a matéria envolvida estiver relacionada a questões previdenciárias.

(B) O direito adquirido não vingará onde preceito constitucional superveniente der nova disciplina a assunto relacionado ao regime jurídico dos servidores.

(C) Mesmo com o advento de emenda constitucional, deverão ser observados os direitos adquiridos, principalmente no tocante aos vencimentos/proventos dos servidores públicos civis, uma vez que os militares têm um disciplinamento constitucional próprio.

(D) Direito adquirido de servidor público detém a compleição constitucional de cláusula pétrea, conforme estatui o art. 60 da CF.

(E) Regime jurídico de servidores não pode, em regra, ser tema de emenda à Constituição Federal, porquanto esta última delegue tal competência para lei complementar a ser publicada pela fazenda pública interessada.

A: incorreta. A garantia do direito adquirido é cláusula pétrea e não pode ser suprimida do texto constitucional (art. 60, § 4º, IV, da CF); **B:** correta. De acordo com pacífica jurisprudência do STF, não há direito adquirido a regime jurídico; **C:** incorreta. As emendas devem observar direitos adquiridos com base em normas constitucionais originárias e, para tanto, não há distinção entre servidores civis e militares; **D:** incorreta. Os direitos adquiridos, em geral, constituem cláusula pétrea (não apenas os dos servidores públicos); **E:** incorreta. Emendas constitucionais só não podem ser editadas para suprimir cláusulas pétreas, não há vedação para os casos de regime jurídico de servidores.

Gabarito "B"

(Magistratura do Trabalho – 20ª Região – 2003) No que tange ao remédio constitucional do *habeas corpus*:

(A) Não é cabível naqueles casos em que foi imposta apenas pena de multa ao condenado, desde que essa sanção não possa ser convertida em privação de liberdade;

(B) É apropriado para a discussão da perda de cargo público na hipótese em que isso for consequência de sentença condenatória prolatada em juízo criminal;

(C) Não configura meio idôneo para obter o trancamento de ação penal decorrente de ilícitos tributários;

(D) É vedado ao Ministério Público a sua interposição quando ele atuar na qualidade de parte no processo penal;

(E) Embora previsto na Constituição Federal, o disciplinamento processual penal do *habeas corpus* dá a ele a envergadura de recurso.

A: correta. Súmula 693/STF: "Não cabe *habeas corpus* contra decisão condenatória a pena de multa, ou relativo a processo em curso por infração penal a que a pena pecuniária seja a única cominada"; **B:** incorreta. Súmula 694/STF: "Não cabe *habeas corpus* contra a imposição da pena de exclusão de militar ou de perda de patente ou de função pública"; **C:** incorreta. De acordo com a jurisprudência do STJ, "o trancamento de Ação Penal por meio de *Habeas Corpus*, conquanto possível, é medida de todo excepcional, somente admitida nas hipóteses em que se mostrar evidente, de plano, a ausência de justa causa, a inexistência de elementos indiciários demonstrativos da autoria e da materialidade do delito ou, ainda, a presença de alguma causa excludente de punibilidade"; **D:** incorreta. A legitimação para o *habeas corpus* é universal; **E:** incorreta. Tem natureza de ação.

Gabarito "A"

(Magistratura do Trabalho – 20ª Região – 2003) Quanto ao mandado de segurança, pode-se afirmar que:

(A) É sucedâneo tanto do *habeas corpus* quanto do *habeas data*.

(B) Diretor de estabelecimento particular de ensino não poderá figurar no polo passivo do *mandamus*, salvo quando o referido remédio detiver o propósito de sanar irregularidade perpetrada no âmbito de uma ação disciplinar.

(C) A concessão da segurança não implicará reexame necessário quando a autoridade coatora for da esfera municipal.

(D) Entidade privada cujo dirigente tenha sido apontado como coator, sob nenhuma hipótese poderá requerer a suspensão de liminar porventura concedida.

(E) O escoamento do prazo de 120 dias para a impetração de mandado de segurança traduz o fenômeno da decadência, e não da prescrição.

A: incorreta. Só pode ser impetrado caso não sejam cabíveis *habeas corpus* ou *habeas data* (art. 5º, LXIX, da CF); **B:** incorreta.

É pacífico o cabimento de MS no exercício de função delegada do poder público; **C:** incorreta. O reexame necessário dirige-se a todo o poder público, federal, estadual ou municipal; **D:** incorreta. O rito é o mesmo e não muda em razão do polo passivo; **E:** correta. Como bem explica Celso Barbi, "esse prazo tem em vista a forma processual e não a relação jurídica substancial; por isso, não é considerado pela doutrina, acertadamente, como prazo de prescrição mas sim como de decadência, insuscetível, portanto, de interrupção ou suspensão".

Gabarito "E"

(Magistratura do Trabalho – 21ª Região – 2005) Assinale a resposta correta, de acordo com as alternativas indicadas:

A ação popular pode ser proposta por qualquer cidadão, visando anular ato lesivo:

I. Ao patrimônio estético e turístico do município;
II. À moralidade administrativa;
III. Ao patrimônio de sociedade de economia mista;
IV. Ao meio ambiente;
V. À coletividade de consumidores de serviços públicos.

(A) Apenas as alternativas I e III estão incorretas.
(B) Apenas a alternativa V está incorreta.
(C) Apenas a alternativa I está incorreta.
(D) Apenas as alternativas I e IV estão incorretas.
(E) Apenas as alternativas I, III e V estão incorretas.

Art. 5º, LXXIII, da CF: "qualquer cidadão é parte legítima para propor ação popular que vise a anular ato lesivo ao patrimônio público ou de entidade de que o Estado participe, à moralidade administrativa, ao meio ambiente e ao patrimônio histórico e cultural, ficando o autor, salvo comprovada má-fé, isento de custas judiciais e do ônus da sucumbência".

Gabarito "B"

(Magistratura do Trabalho – 21ª Região – 2005) São gratuitas as seguintes ações:

(A) Mandado de Segurança e *Habeas Corpus*;
(B) Habeas Data e *Habeas Corpus*;
(C) Mandado de Segurança e *Habeas Data*;
(D) Mandado de Segurança e, salvo comprovada má-fé, Ação Popular;
(E) *Habeas Corpus* e, salvo comprovada má-fé, *Habeas Data*.

Art. 5º, LXXVII, da CF: "são gratuitas as ações de *habeas corpus* e *habeas data*, e, na forma da lei, os atos necessários ao exercício da cidadania".

Gabarito "B"

(Magistratura do Trabalho – 23ª Região – 2009) Assinale a alternativa CORRETA:

I. O mandado de segurança exige direito líquido e certo. Considerando que o direito sempre é líquido e certo, a conclusão que emerge do texto constitucional é que a certeza não se refere ao direito, mas ao fato, razão pela qual deve o impetrante apresentar, de plano, prova do fato que autoriza a aplicação do direito na forma pretendida, autorizado o pedido de exibição de documentos em poder da autoridade coatora.
II. Em mandado de segurança, somente cabe remessa *ex officio* se, na relação processual, figurar pessoa jurídica de direito público como parte prejudicada pela concessão da ordem. Tal situação não ocorre na hipótese de figurar no feito como impetrante e terceiro interessado pessoa de direito privado, ressalvada a hipótese de matéria administrativa.
III. A ação de mandado de segurança não se sujeita às regras sobre alçada.

(A) Apenas os itens I e II são verdadeiros.
(B) Apenas os itens I e III são verdadeiros.
(C) Todos os itens são verdadeiros.
(D) Apenas os itens II e III são verdadeiros.
(E) Todos os itens são falsos.

I: correto. Segundo Hely Lopes Meirelles, direito líquido e certo "é o que se apresenta manifesto na sua existência, delimitado na sua extensão e apto a ser exercitado no momento da impetração", ou seja, é aquele que não demanda dilação probatória, capaz de ser comprovado de plano; **II:** correto. Enunciado 303, item III, da Súmula do TST: "Em mandado de segurança, somente cabe remessa 'ex officio' se, na relação processual, figurar pessoa jurídica de direito público como parte prejudicada pela concessão da ordem. Tal situação não ocorre na hipótese de figurar no feito como impetrante e terceiro interessado pessoa de direito privado, ressalvada a hipótese de matéria administrativa"; **III:** correto (Súmula 365/TST).

Gabarito "C"

(Magistratura do Trabalho – 23ª Região – 2009) Assinale a alternativa CORRETA:

I. A impetração de mandado de segurança coletivo por entidade de classe em favor dos associados depende da autorização destes.
II. O mandado de segurança coletivo pode ser impetrado por organização sindical, entidade de classe ou associação legalmente constituída e em funcionamento há pelo menos um ano, em defesa dos interesses de seus membros ou associados e também por qualquer partido político com representação no Congresso Nacional;
III. É constitucional a lei que fixa o prazo de decadência para a impetração de mandado de segurança.

(A) Apenas os itens II e III são verdadeiros.
(B) Apenas os itens I e III são verdadeiros.
(C) Todos os itens são verdadeiros.
(D) Apenas os itens I e II são verdadeiros.
(E) Todos os itens são falsos.

I: incorreto. Súmula 629/STF: "A impetração de mandado de segurança coletivo por entidade de classe em favor dos associados independe da autorização destes"; **II:** correto (art. 5º, LXX, *a* e *b*, da CF); **III:** correto. Súmula 632/STF. Sobre o tema, conferir também: Súmula 630/STF: "A entidade de classe tem legitimação para o mandado de segurança ainda quando a pretensão veiculada interesse apenas a uma parte da respectiva categoria"; Súmula 631/STF: "Extingue-se o processo de mandado de segurança se o impetrante não promove, no prazo assinado, a citação do litisconsorte passivo necessário", bem como as demais súmulas do STF sobre mandado de segurança.

Gabarito "A"

(Magistratura do Trabalho – 24ª Região – 2007) Assinale a alternativa INCORRETA:

(A) A Constituição Federal, naquilo que se entende por direito constitucional processual criminal, buscando manter-se fiel a um patamar civilizatório já alcançado, assegura o prestígio da garantia do juiz natural como instrumento de controle dos poderes concedidos ao Estado a título de eficiência punitiva, porém exercido com descontrole da força coercitiva.

(B) Tribunal de exceção é aquele constituído em caráter provisório para o julgamento de questões que o Estado não quer que sejam julgadas pelos Tribunais comuns, normalmente integrantes do Poder Judiciário.

(C) A existência de tribunais especiais ou justiça especializada não é exceção ao princípio do juiz natural.

(D) Os tribunais de ética dos órgãos de controle de classe são considerados exceções ao princípio do juiz natural.

(E) Tribunais de exceção são órgãos a que se confere o julgamento de crimes, com procedimentos sumários, sem correto funcionamento das regras do contraditório e descompromissados com as garantias da imparcialidade e da independência de seus membros.

A: correta. O princípio do juiz natural está previsto no art. 5º, XXXVII e LIII, da CF; **B** e **E:** corretas. Além disso, são constituídos após o fato que se deseja investigar, com juízes especialmente convocados para o julgamento; **C:** correta. Inserem-se na política de organização judiciária; **D:** incorreta, devendo ser assinalada. Os tribunais de ética têm competência administrativa, não constituem exceção ao princípio do juiz natural.

Gabarito "D"

(Magistratura do Trabalho – 24ª Região – 2007) Assinale a alternativa INCORRETA:

(A) O art. 5º da Constituição Federal elenca direitos e garantias fundamentais e este elenco não é considerado exaustivo.

(B) O ordenamento jurídico brasileiro admite o princípio da relatividade das liberdades públicas.

(C) Não há hierarquia entre os direitos e garantias fundamentais e, quando no caso concreto se apresentem dois ou mais direitos e garantias em face dos litigantes, no possível conflito entre os direitos e garantias contrapostos o intérprete está autorizado a ponderar valores que preservem ou reduzam o alcance de um, evitando a completa destruição de outro.

(D) Os direitos e garantias fundamentais são válidos no território nacional e destinam-se apenas aos cidadãos residentes no Brasil.

(E) Na Constituição Federal de 1988, a declaração de direitos fundamentais possui o escopo de estabelecer um rol de direitos em favor do indivíduo e da coletividade.

A: correta. V., por exemplo, art. 5º, § 2º, da CF; **B:** correta. O princípio da relatividade ou princípio da convivência dos direitos constitucionais, de acordo com Alexandre de Moraes, corresponde à noção de que direitos e garantias fundamentais não são ilimitados, uma vez que encontram seus limites nos demais direitos igualmente consagrados na Constituição; **C:** correta. Utilizando, para tanto, o princípio da proporcionalidade; **D:** incorreta, devendo ser assinalada. Destinam-se a todos que se encontrem no Brasil, residentes ou não, bem como às pessoas jurídicas, no que couber; **E:** correta. Conforme expresso no Capítulo I do Título II da CF.

Gabarito "D"

(Magistratura do Trabalho – 24ª Região – 2006) Considerando os direitos e garantias fundamentais expressos na Constituição Federal, assinale a alternativa CORRETA:

(A) É livre o exercício de qualquer trabalho, ofício ou profissão, sendo vedadas limitações de qualquer natureza.

(B) As entidades associativas, independentemente de autorização, têm legitimidade para representar seus filiados judicial ou extrajudicialmente.

(C) As associações só poderão ser compulsoriamente dissolvidas ou ter suas atividades suspensas por decisão judicial, exigindo-se, em ambos os casos, o trânsito em julgado.

(D) A sucessão de bens de estrangeiros situados no País será regulada pela lei brasileira em benefício do cônjuge ou dos filhos brasileiros, sempre que não lhes seja mais favorável a lei pessoal do *de cujus*.

(E) Todos têm direito a receber dos órgãos públicos informações de seu interesse particular, ou de interesse coletivo ou geral, que serão prestadas no prazo de 30 dias, ressalvadas aquelas cujo sigilo seja imprescindível à segurança do Estado.

A: incorrreta. A lei pode restringir ou estabelecer condições para o exercício da profissão, conforme art. 5º, XIII, da CF; **B:** incorreta. As associações precisam de autorização, *ex vi* do art. 5º, XXI, da CF; **C:** incorreta. Não reflete o disposto no art. 5º, XIX, da CF, que exige decisão judicial com trânsito em julgado para a dissolução de associações (notem que a suspensão de atividades também exige decisão judicial, mas não o trânsito em julgado); **D:** correto (Art. 5º, XXXI, da CF); **E:** incorreto. Não reflete o disposto no art. 5º, XXXIII, da CF.

Gabarito "D"

(Magistratura do Trabalho – 23ª Região – 2008) Com base no art. 5º da Constituição Federal, que trata dos direitos e garantias fundamentais, analise as seguintes proposições, assinalando abaixo a alternativa que apresenta a sequência CORRETA:

I. A casa é asilo inviolável do indivíduo, ninguém nela podendo penetrar sem consentimento do morador, durante o dia, salvo em caso de flagrante delito ou desastre, ou para prestar socorro, mediante determinação judicial.

II. A pequena propriedade rural, assim definida em lei, não será objeto de penhora para pagamento de débitos decorrentes de sua atividade produtiva.

III. É livre a locomoção no território nacional, em qualquer tempo, podendo qualquer pessoa, nos termos da lei, nele entrar, permanecer ou dele sair com seus bens.

IV. Nenhum brasileiro será extraditado, salvo em caso de comprovado envolvimento em tráfico ilícito de entorpecentes e drogas afins, na forma da lei.

V. O mandado de segurança coletivo pode ser impetrado por organização sindical, entidade de classe ou associação legalmente constituída e em funcionamento há pelo menos um ano, em defesa dos interesses de seus membros ou associados.

(A) F – F – V – F – V;
(B) F – V – F – V – F;
(C) V – F – V – F – V;
(D) F – F – F – F – V;
(E) V – V – F – V – F.

I: incorreto. Não reflete o disposto no art. 5º, XI, da CF; **II:** incorreto. Não reflete o disposto no art. 5º, XXVI, da CF; **III:** incorreto. Não reflete o disposto no art. 5º, XV, da CF; **IV:** incorreto. Não reflete o disposto no art. 5º, LI, da CF; **V:** correto (art. 5º, LXX, *b*, da CF).

Gabarito "D".

(Magistratura do Trabalho – 23ª Região – 2008) Segundo a Constituição Federal, são imprescritíveis e inafiançáveis os crimes de:

I. Racismo, hediondo e genocídio.
II. Racismo e hediondo.
III. Racismo e os referentes à ação de grupos armados, civis ou militares, contra a ordem constitucional e o Estado Democrático.
IV. Racismo, hediondo e os referentes à ação de grupos armados, civis ou militares, contra a ordem constitucional e o Estado Democrático.

(A) Todas as proposições estão incorretas.
(B) Apenas a proposição I está correta.
(C) Apenas a proposição II está correta.
(D) Apenas a proposição III está correta.
(E) Apenas a proposição IV está correta.

São imprescritíveis e inafiançáveis a prática de racismo e a ação de grupos armados, civis ou militares, contra a ordem constitucional e o Estado Democrático (Art. 5º, XLII e XLIV, da CF).

Gabarito "D".

(Magistratura do Trabalho – 23ª Região – 2008) Com base no art. 5º da Constituição Federal, que trata dos direitos e garantias fundamentais, analise as seguintes proposições, assinalando abaixo a alternativa que apresenta a sequência CORRETA:

I. A casa é asilo inviolável do indivíduo, ninguém nela podendo penetrar sem consentimento do morador, durante o dia, salvo em caso de flagrante delito ou desastre, ou para prestar socorro, mediante determinação judicial.
II. A pequena propriedade rural, assim definida em lei, não será objeto de penhora para pagamento de débitos decorrentes de sua atividade produtiva.
III. É livre a locomoção no território nacional, em qualquer tempo, podendo qualquer pessoa, nos termos da lei, nele entrar, permanecer ou dele sair com seus bens.

IV. Nenhum brasileiro será extraditado, salvo em caso de comprovado envolvimento em tráfico ilícito de entorpecentes e drogas afins, na forma da lei.
V. O mandado de segurança coletivo pode ser impetrado por organização sindical, entidade de classe ou associação legalmente constituída e em funcionamento há pelo menos um ano, em defesa dos interesses de seus membros ou associados.

(A) F – F – V – F – V;
(B) F – V – F – V – F;
(C) V – F – V – F – V;
(D) F – F – F – F – V;
(E) V – V – F – V – F.

I: incorreto. Não reflete o disposto no art. 5º, XI, da CF; **II:** incorreto. Não reflete o disposto no art. 5º, XXVI, da CF, que impõe a condição de a propriedade ser trabalhada pela família; **III:** incorreto. Não reflete o disposto no art. 5º, XV, da CF; **IV:** incorreto. Não reflete o disposto no art. 5º, LI da CF; **V:** correto (art. 5º, LXX, *b*, da CF).

Gabarito "E".

(Magistratura do Trabalho – 24ª Região – 2007) Analise as proposições acerca do "Duplo Grau de Jurisdição":

I. O duplo grau de jurisdição não foi erigido a princípio ou garantia constitucional.
II. O duplo grau de jurisdição foi erigido a princípio ou garantia constitucional porque é uma derivação da própria organização constitucional do Poder Judiciário.
III. O duplo grau de jurisdição não foi erigido a princípio constitucional, mas foi erigido a garantia constitucional porque deriva de outras garantias constitucionais, quer seja a ampla defesa, quer, particularmente, aquela do devido processo legal.
IV. O duplo grau de jurisdição deve ser concebido à moda clássica, com seus dois caracteres específicos: (1) a possibilidade de um reexame integral da sentença de primeiro grau e (2) que esse reexame seja confiado a órgão diverso do que a proferiu e de hierarquia superior na ordem judiciária.

Assinale a alternativa que retrata o posicionamento do Supremo Tribunal Federal sobre a questão:

(A) Apenas a assertiva I está correta.
(B) Apenas as assertivas I e IV estão corretas.
(C) Apenas as assertivas II e IV estão corretas.
(D) Apenas as assertivas III e IV estão corretas.
(E) Apenas a assertiva IV está correta.

I: correto. A afirmação não é pacífica, uma vez que parte da doutrina constitucional entende que o duplo grau decorre do princípio do devido processo legal; **II:** Para a banca, o duplo grau não é princípio constitucional; **III:** A banca não adota essa corrente; **IV:** correto (art. 475 do CPC).

Gabarito "B".

(Magistratura do Trabalho – 24ª Região – 2006) Sobre os direitos e deveres individuais e coletivos, em conformidade com a Constituição Federal, é INCORRETO dizer:

(A) Nenhum brasileiro será extraditado, salvo o naturalizado, em caso de crime comum, praticado antes da naturalização, ou de comprovado envolvimento em tráfico ilícito de entorpecentes e drogas afins, na forma da lei.

(B) As duas únicas hipóteses de prisão civil por dívida admitidas no Direito Brasileiro são a do devedor de alimentos, em caso de inadimplemento voluntário e inescusável de obrigação alimentícia, e a do depositário infiel.

(C) Ninguém poderá ser preso senão por ordem escrita e fundamentada da autoridade judiciária competente, salvo nos casos de transgressão militar ou crime propriamente militar, definidos em lei.

(D) São gratuitas as ações de habeas corpus e habeas data, e, na forma da lei, os atos necessários ao exercício da cidadania.

(E) O mandado de segurança coletivo pode ser impetrado por partido político com representação no Congresso Nacional ou por organização sindical, entidade de classe ou associação legalmente constituída e em funcionamento há pelo menos um ano, em defesa dos interesses de seus membros ou associados.

A: correta (art. 5º, LI, da CF); **B:** correta. Essa é a redação do art. 5º, LXVII, da CF, mas a jurisprudência atual do STF só admite prisão civil do devedor de alimentos, tendo reconhecido o caráter supralegal do Pacto de San Jose da Costa Rica, que impede a prisão do depositário infiel, entendimento consolidado na Súmula Vinculante 25. Portanto, hoje a alternativa estaria errada; **C:** incorreta, devendo ser assinalada. Não reflete o disposto no art. 5º, LXI, da CF; **D:** correta (art. 5º, LXXVII, da CF); **E:** correta (art. 5º, LXX, *a* e *b*, da CF).

Gabarito "C"

(Ministério Público do Trabalho – 16º) Dentre as normas relativas a direitos e garantias fundamentais na Constituição da República de 1988, assinale a alternativa CORRETA:

(A) qualquer cidadão é parte legítima para propor ação popular que vise a anular ato lesivo ao patrimônio público ou de entidade de que o Estado participe, à moralidade administrativa, ao meio ambiente e ao patrimônio histórico e cultural, ficando o autor isento de custas judiciais e do ônus da sucumbência;

(B) a pequena propriedade rural, assim definida em lei, desde que trabalhada pela família, não será objeto de penhora para pagamento de débitos decorrentes de sua atividade produtiva, dispondo a lei sobre os meios de financiar o seu desenvolvimento;

(C) todos têm direito a receber dos órgãos públicos informações, desde que de seu interesse estritamente particular, que serão prestadas no prazo da lei, sob pena de responsabilidade, ressalvadas aquelas cujo sigilo seja imprescindível à segurança da sociedade e do Estado;

(D) ninguém será privado de direitos por motivo de crença religiosa ou de convicção filosófica ou política, salvo se as invocar para eximir-se de obrigação legal a todos imposta;

(E) não respondida.

A: incorreta, pois o autor não ficará isento caso comprovada má-fé (art. 5º, LXXIII, da CF); **B:** correta (art. 5º, XXVI, da CF); **C:** incorreta. Não reflete o disposto no art. 5º, XXXIII, da CF; **D:** incorreta. Não reflete o disposto no art. 5º, VIII, da CF.

Gabarito "B"

(Ministério Público do Trabalho – 15º) Assinale a alternativa INCORRETA:

(A) O Ministério Público, bem como qualquer cidadão, pode propor ação judicial para a proteção do patrimônio público.

(B) Cabe mandado de segurança para obtenção de certidão relativa a informações conhecidas de pessoa física, negada por autoridade pública.

(C) Ressalvada a hipótese do mandado de segurança coletivo, o mandado de segurança para a proteção do direito líquido e certo pode ser impetrado apenas por pessoa física.

(D) O mandado de segurança coletivo pode ser impetrado por organização sindical, entidade de classe ou associação legalmente constituída e em funcionamento há pelo menos um ano, desde que em defesa de seus membros ou associados.

(E) Não respondida.

A: incorreta. O MP não pode propor ação popular, que é privativa do cidadão, mas pode propor ação civil pública (art. 129, III, da CF); **B:** correta, na forma do art. 5º, LXIX, da CF; **C:** incorreta. Pode ser impetrado também por pessoa jurídica (V. art. 1º da Lei 12.016/2009); **D:** incorreta (art. 5º, LXX, *b*, da CF).

Gabarito "C"

(Ministério Público do Trabalho – 14º) Assinale a alternativa INCORRETA:

(A) considerando-se o direito à ampla defesa e ao contraditório, previsto na Constituição Federal, a jurisprudência do Supremo Tribunal Federal firmou-se majoritariamente no sentido de que é nula a sentença penal condenatória fundada exclusivamente em elementos colhidos em inquéritos policiais;

(B) em caso de anulação de ato administrativo, cuja formalização haja repercutido no âmbito de interesses individuais, é necessária a oitiva daqueles cuja situação será modificada, em homenagem ao princípio da ampla defesa e do contraditório;

(C) segundo a jurisprudência do Supremo Tribunal Federal, o conceito constitucional de domicílio se restringe à habitação do indivíduo;

(D) a Constituição assegura ao preso o direito de identificação dos responsáveis pela sua prisão e por seu interrogatório policial;

(E) não respondida.

O conceito normativo de ***casa***, segundo entendimento firmado no STF, não se restringe à habitação do indivíduo. Vai além. Abrange qualquer aposento de ocupação coletiva, incluindo os quartos de hotel. Nesse sentido: STF, RHC 90.376, rel. Min. Celso de Mello, j. 3.4.2007. Tal entendimento é corroborado pela doutrina.

Gabarito "C"

(Ministério Público do Trabalho – 13º) Quanto aos direitos fundamentais constitucionais:

I. É inviolável a liberdade de consciência e de crença, sendo sempre assegurado o livre exercício dos cultos religiosos e garantida, em qualquer hipótese, a proteção aos locais de culto e suas liturgias;

II. É livre a manifestação do pensamento, sendo vedado o anonimato, exatamente para possibilitar o direito de resposta, proporcional ao agravo, além da indenização por dano material, moral coletivo ou à imagem, apenas na hipótese de calúnia, bem como dolo;

III. É livre o exercício de qualquer trabalho, ofício ou profissão, atendidas as qualificações profissionais que a lei estabelecer.

Analisando-se as asserções acima, pode-se afirmar que:

(A) todas estão corretas;
(B) todas estão incorretas;
(C) apenas a de número II está incorreta;
(D) apenas a de número III está correta;
(E) não respondida.

I: incorreto (art. 5º, VI, da CF); **II:** incorreto (art. 5º, IV e V, da CF). O direito de resposta e a indenização a que alude o dispositivo não se restringem ao crime de calúnia, incidindo, da mesma forma, quando o caso, nos crimes de injúria e difamação; **III:** correto (art. 5º, XIII, da CF).

Gabarito "D"

(Ministério Público do Trabalho – 13º) No que diz respeito às garantias constitucionais, assinale a alternativa INCORRETA:

(A) conceder-se-á *habeas corpus* sempre que alguém sofrer ou se achar ameaçado de sofrer violência ou coação em sua liberdade de locomoção, por ilegalidade ou abuso de poder;
(B) conceder-se-á *habeas data* para assegurar o conhecimento de informações relativas à pessoa do impetrante, constantes de registros ou banco de dados de entidades governamentais ou de caráter público e para a retificação de dados, quando não se prefira fazê-lo por processo sigiloso, judicial ou administrativo;
(C) o mandado de segurança coletivo pode ser impetrado por partido político com representação no Congresso Nacional e por organização sindical, entidade de classe ou associação legalmente constituída e em funcionamento há pelo menos um ano, em defesa dos interesses de todos os integrantes da categoria;
(D) qualquer cidadão é parte legítima para propor ação popular que vise a anular ato lesivo ao patrimônio público ou de entidade de que o Estado participe, à moralidade administrativa, ao meio ambiente e ao patrimônio histórico e cultural, ficando o autor, salvo comprovada má-fé, isento de custas judiciais e do ônus da sucumbência;
(E) não respondida.

A: correta (art. 5º, LXVIII, da CF); **B:** correta (art. 5º, LXXII, da CF); **C:** incorreta, devendo ser assinalada (art. 5º, LXX, da CF); **D:** correta (art. 5º, LXXIII, da CF).

Gabarito "C"

(Ministério Público do Trabalho – 11º) Quanto aos direitos fundamentais:

I. A casa é asilo inviolável do indivíduo, ninguém nela podendo penetrar sem consentimento do morador, salvo em caso de flagrante delito, ou, durante a noite no caso de desastre, ou para prestar socorro, ou, durante o dia, por determinação judicial;

II. É inviolável o sigilo da correspondência e das comunicações telegráficas, de dados, e das comunicações telefônicas, salvo, no último caso, por ordem judicial, nas hipóteses e na forma que a lei estabelecer para fins de investigação criminal ou instrução processual penal;

III. São invioláveis a intimidade, a vida privada, a honra e a imagem das pessoas, assegurado o direito a indenização pelo dano material ou moral decorrente de sua violação, após comprovação de dolo;

IV. É plena a liberdade de associação para fins lícitos, vedada a de caráter paramilitar.

Analisando-se as asserções acima, pode-se afirmar que:

(A) apenas a de número I está incorreta;
(B) apenas as de números I e III estão incorretas;
(C) apenas a de número II está correta;
(D) todas estão incorretas;
(E) não respondida.

I: incorreto. Não reflete o disposto no art. 5º, XI, da CF; **II:** correto (art. 5º, XII, da CF); **III:** incorreto. Não reflete o disposto no art. 5º, X, da CF; **IV:** correto (art. 5º, XVII, da CF).

Gabarito "B"

(Ministério Público do Trabalho – 9º) A casa é asilo inviolável do indivíduo. Todavia, de acordo com a Constituição da República, pode-se penetrar nela, a qualquer hora do dia ou da noite, ainda que sem o consentimento do morador:

I. em caso de desastre;
II. em caso de flagrante delito;
III. por determinação judicial;
IV. para prestar socorro.

Examinando o que consta das assertivas acima, assinale a alternativa correta abaixo:

(A) todas as assertivas são corretas:
(B) as assertivas I, II e IV são corretas e a assertiva III é incorreta:
(C) as assertivas I e IV são corretas e as assertivas II e III são incorretas;
(D) as assertivas II,III e IV são corretas e a assertiva I é incorreta;
(E) as assertivas I, II e III são corretas e a assertiva IV é incorreta:
(F) não sei.

Art. 5º, XI, da CF.

Gabarito "B"

(Ministério Público do Trabalho – 9º) É direito ou garantia fundamental consagrada, explícita ou implicitamente. na Constituição da República:

I. A impenhorabilidade da pequena propriedade rural em qualquer hipótese;
II. A obrigatoriedade de que a sucessão de bens estrangeiros situados no País seja regulada pela lei brasileira em qualquer hipótese;
III. A garantia do juiz natural;
IV. O direito à nacionalidade.

Examinando o que consta das assertivas acima, assinale a alternativa correta abaixo:

(A) Todas as assertivas são corretas.
(B) As assertivas I, II e III são corretas e a assertiva IV é incorreta.
(C) As assertivas I e II são corretas e as assertivas III e IV são incorretas.
(D) As assertivas III e IV são corretas e as assertivas I e II são incorretas.
(E) A alternativa III é correta e as assertivas I, II e IV são incorretas.
(F) Não sei.

I: incorreto. Não reflete o disposto no art. 5º, XXVI, da CF; **II:** incorreto. Não reflete o disposto no art. 5º, XXXI, da CF; **III:** correto (art. 5º, XXXVII e LIII, da CF); **IV:** correto (art. 12 da CF).

Gabarito "D"

(Ministério Público do Trabalho – 8º) O Estado Democrático de Direito, consagrado na Constituição de 1988, adota como direitos individuais:

(A) a impenhorabilidade da pequena propriedade, desde que situada em área rural explorada em regime de empresa rural;
(B) a impossibilidade de extradição do brasileiro naturalizado, salvo no caso de comprovado envolvimento com crime político, na forma da lei;
(C) a indenização posterior à requisição, por autoridade competente, da propriedade particular, em situação de iminente perigo público, se houver dano;
(D) a utilização, publicação e reprodução de obras literárias, pelos autores e seus herdeiros, por tempo ilimitado;
(E) a liberdade de crença religiosa e convicção filosófica ou política, podendo ser invocada para eximir-se do cumprimento de obrigação legal a todos imposta;
(F) não sei.

A: incorreta. Não reflete o disposto no art. 5º, XXVI, da CF; **B:** incorreta. Não reflete o disposto no art. 5º, LI, da CF; **C:** correta (art. 5º, XXV, da CF); **D:** incorreta. Não reflete o disposto no art. 5º, XXVII, da CF; **E:** incorreta. Não reflete o disposto no art. 5º, VIII, da CF.

Gabarito "C"

(Ministério Público do Trabalho – 8º) Assinale a alternativa incorreta:

(A) o mandado de segurança coletivo pode ser impetrado por organização sindical, entidade de classe ou associação legalmente constituída e em funcionamento há pelo menos um ano, em defesa dos interesses de seus membros associados;
(B) conceder-se-á *habeas data* exclusivamente para a retificação de dados quando não se prefira fazê-lo por processo sigiloso, judicial ou administrativo;
(C) conceder-se-á *habeas corpus* sempre que alguém sofrer ou se achar ameaçado de sofrer violência ou coação em sua liberdade de locomoção, por ilegalidade ou abuso de poder;
(D) são gratuitas as ações de *habeas corpus* e *habeas data*, e, na forma da lei, os atos necessários ao exercício da cidadania;
(E) não haverá prisão civil por dívida, salvo a do responsável pelo inadimplemento voluntário e irrecusável de obrigação alimentícia e a do depositário infiel;
(F) não sei.

A: correta (art. 5º, LXX, *b*, da CF); **B:** incorreta, devendo ser assinalada. Não reflete o disposto no art. 5º, LXXII, *a* e *b*, da CF; **C:** correta (art. 5º, LXVIII, da CF); **D:** correta (art. 5º, LXXVII, da CF); **E:** correta. A prisão civil por dívida é, em regra, vedada pelo nosso ordenamento. A Constituição Federal, entretanto, estabelece duas exceções à regra, legitimando a prisão civil do devedor que não paga pensão alimentícia e do depositário infiel (art. 5º, LXVII, da CF). O Pacto de San José da Costa Rica, ratificado pelo Brasil, é ainda mais restritivo: só permite a prisão dos devedores de pensão alimentícia, ou seja, com base na Convenção Americana de Direitos Humanos, o depositário infiel não pode ser preso. O conflito entre a norma internacional e a norma constitucional foi inúmeras vezes analisado pelo Supremo que, em entendimento tradicional, decidia pela prevalência da Constituição e autorizava a prisão do depositário infiel. Ocorre que, em recente virada jurisprudencial, o STF acabou por consagrar a tese da supralegalidade dos tratados para concluir que a prisão do depositário infiel é ilícita. Portanto, hoje a alternativa seria incorreta.

Gabarito "B"

3.2. DIREITOS SOCIAIS

(Magistratura do Trabalho – 8ª Região – 2011) Assinale a alternativa CORRETA em relação aos direitos dos trabalhadores:

(A) O fundo de garantia do tempo de serviço é direito garantido a qualquer trabalhador.
(B) É vedada a dispensa arbitrária ou sem justa causa, devendo a lei ordinária estabelecer, dentre outros direitos, indenização compensatória.
(C) A contratação de seguro contra acidentes de trabalho pelo empregador, exclui a indenização a que está obrigado quando incorrer em ato doloso ou culposo de que tenha resultado o acidente.
(D) É assegurado, na Constituição Federal, ao trabalhador aposentado, o direito de votar e de ser votado nas organizações sindicais, ainda que porventura tenha se desfiliado.
(E) É garantida à trabalhadora gestante licença-maternidade, sem prejuízo do emprego e do salário, com a duração de cento e vinte dias.

A: errada. O fundo de garantia do tempo de serviço é direito garantido aos trabalhadores urbanos e rurais (art. 7º, III, da CF); **B:** errada. A Constituição menciona lei complementar e não lei ordinária (art. 7º, I, da CF); **C:** errada. A contratação de seguro contra acidentes de trabalho pelo empregador não exclui a indenização a que este está obrigado, quando incorrer em dolo ou culpa (art. 7º, XXVIII, da CF); **D:** errada. Apenas o aposentado filiado é que tem direito de votar e ser votado nas organizações sindicais (art. 8º, VII, da CF); **E:** correta (art. 7º, XVIII, da CF).

Gabarito "E"

(Magistratura do Trabalho – 8ª Região – 2011) É INCORRETO afirmar que:

(A) É direito do trabalhador urbano adicional de remuneração para as atividades penosas, insalubres ou perigosas, na forma da lei ordinária.
(B) É obrigatória a participação dos sindicatos nas negociações coletivas de trabalho.
(C) Somente por assembleia geral poderá ser fixada contribuição, que, em se tratando de categoria profissional, será descontada em folha, para custeio do sistema confederativo da representação sindical respectiva, independentemente do imposto sindical previsto em lei.
(D) Nas empresas com mais de duzentos empregados, é assegurada a eleição de um delegado sindical, com a finalidade exclusiva de promover-lhes o entendimento direto com os empregadores.
(E) A lei não poderá exigir autorização do Estado para a fundação de sindicato, ressalvado o registro no órgão competente, vedadas ao Poder Público a interferência e a intervenção na organização sindical.

A: correta (art. 7º, XXIII, da CF); **B:** correta (art. 8º, VI, da CF); **C:** correta (art. 8º, IV, da CF); **D:** incorreta, devendo ser assinalada. O art. 11 da CF determina que nas empresas de mais de duzentos empregados, é assegurada a eleição de **um representante destes** com a finalidade exclusiva de promover-lhes o entendimento direto com os empregadores; **E:** correta (art. 8º, I, da CF).

Gabarito "D"

(Magistratura do Trabalho – 2ª Região – 2011) Assinale a alternativa incorreta dentre os direitos constitucionalmente assegurados à categoria dos trabalhadores domésticos:

(A) Integração à previdência social.
(B) Licença-paternidade.
(C) Irredutibilidade do salário, salvo o disposto em convenção ou acordo coletivo.
(D) Repouso semanal remunerado.
(E) Remuneração do trabalho noturno superior à do diurno.

Conforme o parágrafo único do art. 7º da CF, a integração à previdência social, a licença-paternidade, a irredutibilidade de subsídios e o repouso semanal remunerado, dentre outros direitos, são assegurados aos trabalhadores domésticos. Já a remuneração do trabalho noturno superior à do diurno não configurava direito garantido aos domésticos, ao tempo de elaboração da questão. Atualmente, a remuneração a maior do trabalho noturno também é atribuída ao empregado doméstico, em razão da nova redação dada ao parágrafo único do art. 7º da CF, pela Emenda Constitucional 72. Vale ressaltar que o adicional noturno para empregados domésticos dependerá lei regulamentadora.

Gabarito "E"

(Magistratura do Trabalho – 1ª Região – 2004) Com base nos direitos dos trabalhadores, previstos na Constituição Federal, analisando as seguintes assertivas:

I. São passíveis de redução a jornada de trabalho e o salário, somente se decorrente de negociação entre os sindicatos de empregados e sindicatos dos empregadores.
II. Aos empregados domésticos é assegurado o gozo de férias anuais, remuneradas com o acréscimo de um terço em relação ao salário normal, com a duração de trinta dias corridos.
III. Devido o aviso prévio proporcional ao tempo de serviço, com critérios a se fixar por legislação complementar, assegurado o mínimo de trinta dias.
IV. É possível jornada de trabalho superior a seis horas, sem o pagamento de horas extras, nos turnos ininterruptos de revezamento, desde que decorrente de acordo ou convenção coletivos.
V. Proibição do trabalho noturno, perigoso ou insalubre, para os menores de dezesseis anos e de qualquer trabalho para menores de quatorze anos, salvo se na condição de aprendiz.

Assinale:

(A) se todas as alternativas estiverem corretas;
(B) se corretas somente as alternativas III e IV;
(C) se incorreta somente a alternativa II;
(D) se incorretas somente as alternativas I e V;
(E) se incorreta somente a alternativa IV.

I: incorreto. Não reflete o disposto no art. 7º, VI, da CF; **II:** incorreto. O art. 7º, XVII, da CF, extensível aos domésticos por força do parágrafo único do mesmo artigo, não garante férias de 30 dias corridos; **III:** correto (art. 7º, XXI, da CF); **IV:** correto (art. 7º, XIV, da CF); **V:** incorreto. Não reflete o disposto no art. 7º, XXXIII, da CF.

Gabarito "B"

(Magistratura do Trabalho – 8ª Região – 2006) São direitos dos trabalhadores urbanos e rurais, além de outros que visem à melhoria de sua condição social:

(A) Relação de emprego protegida contra despedida arbitrária ou sem justa causa, nos termos de lei complementar, que preverá indenização compensatória, dentre outros direitos; seguro-desemprego, em caso de desemprego voluntário; fundo de garantia do tempo de serviço; salário-mínimo, fixado em lei, nacionalmente unificado, capaz de atender a suas necessidades vitais básicas e às de sua família com moradia, alimentação, educação, saúde, lazer, vestuário, higiene, transporte e previdência social, com reajustes periódicos que lhe preservem o poder aquisitivo, sendo vedada sua vinculação para qualquer fim; proibição de diferença de salários, de exercício de funções e de critério de admissão por motivo de sexo, idade, cor ou estado civil; proibição de qualquer discriminação no tocante a salário e critérios de admissão do trabalhador portador de deficiência; proibição de distinção entre trabalho manual, técnico e intelectual ou entre os profissionais respectivos.
(B) Piso salarial proporcional à extensão e à complexidade do trabalho; irredutibilidade do salário, salvo o disposto em convenção ou acordo coletivo; garantia de salário, nunca inferior ao mínimo, para os que percebem remuneração variável; igualdade de direitos entre o trabalhador doméstico com vínculo empregatício permanente e o

trabalhador avulso; décimo terceiro salário com base na remuneração integral ou no valor da aposentadoria; remuneração do trabalho noturno superior à do diurno; proteção do salário na forma da lei, constituindo crime sua retenção dolosa.

(C) Participação nos lucros ou resultados, desvinculada da remuneração, e, excepcionalmente, participação na gestão da empresa, conforme definido em lei; salário-família pago em razão do dependente do trabalhador de baixa renda nos termos da lei; duração do trabalho normal não superior a oito horas diárias e quarenta e quatro semanais, facultada a compensação de horários e a redução da jornada, mediante acordo ou convenção coletiva de trabalho; jornada de seis horas para o trabalho realizado em turnos ininterruptos de revezamento, salvo negociação coletiva.

(D) Repouso semanal remunerado, preferencialmente aos domingos; remuneração do serviço extraordinário superior, no mínimo, em cinquenta por cento à do normal; gozo de férias anuais remuneradas com, pelo menos, um terço a mais do que o salário normal; proibição de trabalho noturno, perigoso ou insalubre a menores de dezoito e de qualquer trabalho a menores de dezesseis anos, salvo na condição de aprendiz, a partir de dezesseis anos; licença à gestante, sem prejuízo do emprego e do salário, com a duração de cento e vinte dias; licença-paternidade, nos termos fixados em lei; proteção do mercado de trabalho da mulher, mediante incentivos específicos, nos termos da lei; aviso prévio proporcional ao tempo de serviço, sendo no mínimo de trinta dias, nos termos da lei.

(E) Redução dos riscos inerentes ao trabalho, por meio de normas de saúde, higiene e segurança; adicional de remuneração para as atividades penosas, insalubres ou perigosas, na forma da lei; aposentadoria; assistência gratuita aos filhos e dependentes desde o nascimento até seis anos de idade em creches e pré-escolas; reconhecimento das convenções e acordos coletivos de trabalho; proteção em face da automação, na forma da lei; seguro contra acidentes de trabalho, a cargo do empregador, sem excluir a indenização a que este está obrigado, quando incorrer em dolo ou culpa; ação, quanto aos créditos resultantes das relações de trabalho, com prazo prescricional de cinco anos para os trabalhadores urbanos, até o limite de dois anos após a extinção do contrato de trabalho, e até dois anos após a extinção do contrato do trabalho para o trabalhador rural.

A: incorreta. O seguro desemprego é garantido em casos de desemprego involuntário (art. 7º, II, da CF); **B:** incorreta. Não reflete o disposto no art. 7º, XXXIV, da CF; **C:** correta (art. 7º, XI, XII, XIII e XIV, da CF); **D:** incorreta. Não reflete o disposto no art. 7º, XXXIII, da CF (salvo na condição de aprendiz, a partir dos 14 anos); **E:** incorreta. Até cinco anos de idade (art. 7º, XXV, da CF).

Gabarito "C"

(Magistratura do Trabalho – 11ª Região – 2007 – FCC) No âmbito dos direitos sociais, a Constituição Federal prevê como direitos dos trabalhadores urbanos e rurais

(A) assistência gratuita aos filhos e dependentes desde o nascimento até cinco anos de idade em creches e pré-escolas.

(B) remuneração do trabalho noturno idêntica à do diurno, com base no princípio da isonomia.

(C) distinção de direitos entre o trabalhador com vínculo empregatício permanente e o trabalhador avulso.

(D) irredutibilidade do salário, por meio da cláusula de vedação de redução em convenções e acordos coletivos.

(E) seguro contra acidentes do trabalho, a cargo do Governo Federal, sem excluir a indenização devida pelo empregador, apenas quando este incorrer em dolo.

A: correta (art. 7º, XXV, da CF); **B:** incorreta. Não reflete o disposto no art. 7º, IX, da CF; **C:** incorreta. Não reflete o disposto no art. 7º, XXXIV, da CF; **D:** incorreta. Não reflete o disposto no art. 7º, VI, da CF; **E:** incorreta. Não reflete o disposto no art. 7º, XXVIII, da CF.

Gabarito "A"

(Magistratura do Trabalho – 11ª Região – 2007 – FCC) As normas da Constituição Federal que tratam da associação sindical abrangem

(A) a independência e a autonomia do sindicato, asseguradas mediante autorização do Estado para sua fundação e manutenção.

(B) o direito de o sindicato se auto-organizar, vedada, porém, a participação dos aposentados filiados nas decisões a serem tomadas.

(C) a obrigatoriedade da filiação sindical e do pagamento da contribuição respectiva, descontada em folha, para o custeio do sistema confederativo.

(D) a defesa dos direitos e interesses coletivos ou individuais da categoria, inclusive em questões judiciais ou administrativas.

(E) a facultatividade da participação dos sindicatos nas negociações coletivas de trabalho.

A: incorreta. Não reflete o disposto no art. 8º, I, da CF; **B:** incorreta. Não reflete o disposto no art. 8º, VII, da CF; **C:** incorreta. Não reflete o disposto no art. 8º, V, da CF; **D:** correta (art. 8º, III, da CF); **E:** incorreta. A participação é obrigatória (art. 8º, VI, da CF).

Gabarito "D"

(Magistratura do Trabalho – 13ª Região – 2006) É correto afirmar que a questão da proteção ao mercado de trabalho da mulher merece:

(A) tratamento inespecífico do texto constitucional, em virtude das condições de igualdade entre homens e mulheres perante o ordenamento jurídico brasileiro;

(B) garantia por parte da Constituição Federal, que a remete a disciplinamento por lei;

(C) concessão unicamente às mulheres do meio rural como forma de reduzir as desigualdades sociais;

(D) cuidados especiais unicamente em caso de gravidez;

(E) nenhum interesse da parte do legislador constitucional, graças à evolução crescente dos direitos da mulher.

Art. 7º, XX, da CF.

Gabarito "B"

(Magistratura do Trabalho – 13ª Região – 2006) Dada a premissa abaixo, marque a resposta correta:

É livre a associação profissional ou sindical no Brasil, desde que atendidos os seguintes requisitos:

(A) os associados ficam previamente obrigados a comprovar a legalidade de suas atividades;
(B) a associação profissional ou sindical terá de reunir, no mínimo, 200 associados, numa base territorial que será definida pelos trabalhadores interessados, que, por sua vez, não poderá ser inferior à área de um município;
(C) a entidade deverá assegurar representação mínima de empregadores, a ser definida em lei;
(D) a organização garantirá ao aposentado o direito de votar e de ser votado;
(E) a lei não poderá exigir autorização do Estado para a fundação de sindicato, ressalvado o registro no órgão competente, vedadas ao Poder Público a interferência e a intervenção na organização sindical.

Art. 8º, I, da CF.

Gabarito "E"

(Magistratura do Trabalho – 16ª Região – 2006) A Constituição Federal garante expressamente aos trabalhadores domésticos:

I. Licença a gestante;
II. Adicional de Insalubridade;
III. Horas extras;
IV. Adicional noturno.

É correta apenas a alternativa:

(A) Somente I;
(B) I e II;
(C) I, II, III, IV;
(D) I, II e III;
(E) II e III.

Art. 7º, XVIII e parágrafo único, da CF. Vale ressaltar que a Emenda Constitucional 72, ao modificar a redação do parágrafo único do art. 7º da CF, ampliou os direitos do empregado doméstico, entre eles, os adicionais de horas extras e de jornada noturna, dependendo o último de regulamentação por parte do legislador.

Gabarito "A"

(Magistratura do Trabalho – 21ª Região – 2005) Diante das assertivas seguintes, indique a resposta correta:

I. Considerando que possuem aplicação imediata as garantias fundamentais expressas na Constituição Federal postam-se enumeradas exaustivamente, não se admitindo a ampliação do respectivo rol, sob pena de perda de eficácia.
II. Os direitos sociais são considerados "direitos a prestações", tendo em vista que a sua garantia vincula-se a uma conduta preventiva por parte do Estado, de molde a evitar interferências prejudiciais no campo da proteção jurídica da coletividade.
III. A doutrina contemporânea dos direitos humanos, adotada pelo legislador constituinte brasileiro, estabelece um sistema rígido de hierarquia valorativa entre os direitos de primeira, segunda e terceira geração.
IV. Os direitos sociais e os direitos coletivos foram positivados na Constituição Federal em normas de conteúdo programático, a exigir sempre a edição de leis infraconstitucionais definidoras do seu conteúdo e instrumentos de garantia de efetividade.
V. O direito de greve garantido pela Constituição Federal, por dizer respeito ao direito de autonomia decisória individual atribuído a cada trabalhador da classe ou categoria profissional, integra o elenco dos direitos individuais de liberdade, de primeira geração.

(A) apenas a alternativa I está correta;
(B) apenas as alternativas I e III estão corretas;
(C) apenas a alternativa V está correta;
(D) todas as alternativas estão incorretas;
(E) apenas as alternativas III e V estão corretas.

I: incorreto. São apenas exemplificativas (v. art. 5º, § 2º, da CF); **II:** incorreto. Podem ser direitos a prestações positivas (relacionadas a um "fazer" do Estado) ou a prestações negativas (relacionadas a uma abstenção por parte do Estado); **III:** incorreto. Não há hierarquia entre os direitos humanos, a divisão entre primeira, segunda e terceira gerações (ou dimensões) é meramente acadêmica; **IV:** incorreto. Têm, em regra, aplicação imediata; **V:** incorreto. O direito de greve, de natureza social, pertence à segunda geração.

Gabarito "D"

(Magistratura do Trabalho – 24ª Região – 2007) Tratando dos direitos dos trabalhadores urbanos e rurais, a Constituição Federal de 1988:

I. Elencou o salário-família como direito de todos os trabalhadores.
II. Previu o direito ao repouso semanal remunerado e ao descanso em domingos e feriados.
III. Não proibiu o trabalho da mulher em condições insalubres.
IV. Estendeu ao aposentado filiado o direito a ser votado nas organizações sindicais, pois, anteriormente, era-lhe conferido apenas o direito a voto.
V. Assegurou à categoria dos trabalhadores domésticos o direito previsto no inciso XIX do artigo 7º, qual seja "licença-paternidade, nos termos fixados em lei".

Considerando as proposições acima como Verdadeira (V) ou Falsa (F) assinale a alternativa CORRETA:

(A) V, F, V, F, F.
(B) F, F, V, V, V.
(C) F, F, F, F, F.
(D) F, F, V, F, F.
(E) V, V, V, V,V.

I: incorreto. Não reflete o disposto no art. 7º, XII, da CF; **II:** incorreto. Não reflete o disposto no art. 7º, XV, da CF; **III:** correto (art. 7º, XX, XXII e XXXIII, da CF); **IV:** correto (art. 8º, VII, da CF): **V:** incorreto (Art. 7º, XIX, e parágrafo único, da CF).

Gabarito "B"

(Magistratura do Trabalho – 24ª Região – 2006) Tratando dos direitos sociais, a Constituição Federal prevê:

I. Participação nos lucros, ou resultados, desvinculada da remuneração, e participação na gestão da empresa, nos termos de Lei Complementar.
II. Assistência gratuita aos filhos e dependentes desde o nascimento até seis anos em creche e até sete anos em pré-escolas.
III. Proibição de trabalho noturno, perigoso ou insalubre a menores de dezoito e de qualquer trabalho a menores de dezesseis anos, salvo na condição de aprendiz, a partir de doze anos.
IV. Repouso semanal remunerado aos domingos.
V. São direitos sociais a educação, a saúde, o trabalho, a moradia, o lazer, a segurança, a previdência social, a proteção à maternidade e à infância, a assistência aos desamparados, na forma da Constituição.

Considerando as proposições acima, RESPONDA:

(A) Todas as proposições estão incorretas.
(B) Todas as proposições estão corretas.
(C) Apenas as proposições I e V estão corretas.
(D) Apenas a proposição V está correta.
(E) Apenas as proposições I e II estão corretas.

I: incorreto. Não reflete o disposto no art. 7º, XI, da CF; **II:** incorreto. Até 5 anos de idade em creches e pré-escolas (art. 7º, XXV, da CF); **III:** incorreto. Condição de aprendiz, a partir dos 14 anos (art. 7º, XXXIII, da CF); **IV:** incorreto. Preferencialmente aos domingos (art. 7º, XV, da CF); **V:** correto (Art. 6º da CF).

Gabarito "D"

(Ministério Público do Trabalho – 16º) Assinale a alternativa INCORRETA, quanto aos direitos sociais consagrados na Constituição brasileira.

(A) Jornada de seis horas para o trabalho realizado em turnos ininterruptos de revezamento, salvo negociação coletiva.
(B) Seguro contra acidentes de trabalho, a cargo do empregador, sem excluir a indenização a que este está obrigado, quando incorrer em dolo ou culpa.
(C) Proibição de diferença de salários, de exercício de funções e de critério de admissão por motivo de sexo, idade, cor ou estado civil.
(D) Os direitos sociais previstos na Constituição da República são a educação, a saúde, o trabalho, o lazer, a segurança, a previdência social, a proteção à maternidade e à infância, a assistência aos desamparados.
(E) Não respondida.

A: correta (art. 7º, XIV, da CF); **B:** correta (art. 7º, XXVIII, da CF); **C:** correta (art. 7º, XXX, da CF); **D:** incorreta, devendo ser assinalada. Art. 6º da CF: "São direitos sociais a educação, a saúde, a alimentação, o trabalho, a moradia, o lazer, a segurança, a previdência social, a proteção à maternidade e à infância, a assistência aos desamparados, na forma desta Constituição".

Gabarito "D"

(Ministério Público do Trabalho – 16º) Assinale a alternativa CORRETA, relativa às normas constitucionais que versam sobre a matéria sindical e sua atual interpretação pelo Supremo Tribunal Federal.

(A) O sindicato é parte legítima para, na forma da lei, denunciar irregularidades ou ilegalidades perante o Tribunal de Contas da União.
(B) A liquidação de ação coletiva não pode ocorrer por substituição processual sindical.
(C) O preceito constitucional que reconheceu o direito de greve ao servidor público civil constitui norma de eficácia meramente limitada, razão pela qual, para atuar plenamente, depende da edição de lei exigida pela Constituição.
(D) A garantia da estabilidade provisória prevista no Ato das Disposições Constitucionais Transitórias não se aplica ao suplente do cargo de direção de Comissões Internas de Prevenção de Acidentes (CIPA).
(E) Não respondida.

A: correta (Art. 74, § 2º, da CF); **B:** incorreta. STF, RE 210.029/RS, Rel. para acórdão Min. Joaquim Barbosa: *"O art. 8º, III, da CF estabelece a legitimidade extraordinária dos sindicatos para defender em juízo os direitos e interesses coletivos ou individuais dos integrantes de categoria que representam. Essa legitimidade extraordinária é ampla, abrangendo a liquidação e a execução dos créditos reconhecidos aos trabalhadores. Por se tratar de típica hipótese de substituição processual, é desnecessária qualquer autorização dos substituídos"*; **C:** *incorreta*. O STF tem reconhecido o direito de greve aos servidores, mesmo sem edição de lei específica, aplicando-lhes, por analogia, a lei de greve da iniciativa privada (Lei 7.783/1989), editada com fundamento no art. 9º, §§ 1º e 2º da CF. Importante lembrar, ainda, que os militares não possuem direito à greve (art. 142, IV, da CF); **D:** incorreta. A garantia do art. 10, II, *a*, do ADCT é extensível ao suplente.

Gabarito "A"

(Ministério Público do Trabalho – 9º) Estão entre os direitos sociais consagrados pela Constituição da República no Brasil:

I. O direito à educação e o direito à moradia.
II. O direito à saúde e o direito ao lazer.
III. O direito ao trabalho e o direito ao livre exercício profissional.
IV. O direito à segurança e o direito à assistência aos desamparados.
V. O direito à previdência social e à proteção à maternidade e à infância.

Examinando o que consta das assertivas acima, assinale a alternativa correta abaixo:

(A) todas as assertivas são corretas;
(B) as assertivas I, II e V são corretas e as assertivas III e IV são incorretas;
(C) as assertivas II, III, IV e V são corretas e a assertiva I é incorreta;
(D) as assertivas I, II, IV e V são corretas e a assertiva III é incorreta;
(E) as assertivas II e V são corretas e as assertivas I, III e IV são incorretas;
(F) não sei.

Art. 6º da CF.

Gabarito "D"

(Ministério Público do Trabalho – 8º) Entre as opções abaixo, podemos afirmar que a absolutamente correta é:

São direitos dos trabalhadores urbanos e rurais, além de outros que visem à melhoria de sua condição social:

(A) proibição de trabalho noturno, perigoso ou insalubre aos menores de dezoito e de qualquer trabalho a menores de quatorze anos, salvo na condição de aprendiz;
(B) proibição de trabalho noturno, perigoso ou insalubre aos menores de dezoito anos e de qualquer trabalho a menores de quinze anos, salvo na condição de aprendiz:
(C) proibição de trabalho noturno, perigoso ou insalubre aos menores de dezesseis e de qualquer trabalho a menores de quatorze anos, salvo na condição de aprendiz;
(D) proibição de trabalho noturno, perigoso ou insalubre aos menores de dezesseis e de qualquer trabalho a menores de doze anos, salvo na condição de aprendiz;
(E) proibição de trabalho noturno, perigoso ou insalubre a menores de dezoito anos e de qualquer trabalho a menores de dezesseis anos, salvo na condição de aprendiz, a partir de quatorze anos;
(F) não sei.

Art. 7º, XXXIII, da CF.

Gabarito "E"

(Ministério Público do Trabalho – 8º) Assinale a alternativa incorreta:

(A) é assegurado o direito de greve, competindo aos trabalhadores decidir a oportunidade de exercê-lo e sobre os interesses que devam por meio dele defender;
(B) nas empresas de mais de cem empregados, é assegurada a eleição de um representante destes com a finalidade exclusiva de promover-lhe o entendimento direto com os empregadores;
(C) a lei não poderá exigir autorização do Estado para a fundação de sindicato, ressalvado o registro no órgão competente, vedado ao poder público a interferência e a intervenção no órgão sindical;
(D) é obrigatória a participação dos sindicatos nas negociações coletivas de trabalho;
(E) ao sindicato cabe a defesa dos direitos e interesses coletivos ou individuais da categoria, inclusive em questões judiciais ou administrativas;
(F) não sei.

A: correta (art. 9º da CF); **B:** incorreta, devendo ser assinalada. Apenas as empresas com mais de duzentos empregados (art. 11 da CF); **C:** correta (art. 8º, I, da CF); **D:** correta (art. 8º, VI, da CF); **E:** correta (art. 8º, III, da CF).

Gabarito "B"

3.3. NACIONALIDADE

(Magistratura do Trabalho – 15ª Região – 2010) São brasileiros naturalizados:

(A) os nascidos na República Federativa do Brasil, ainda que de pais estrangeiros, desde que estes não estejam a serviço de seu país;
(B) os nascidos no estrangeiro, de pai brasileiro ou mãe brasileira, desde que qualquer deles esteja a serviço da República Federativa do Brasil;
(C) os nascidos no estrangeiro, de pai brasileiro ou mãe brasileira, desde que sejam registrados em repartição brasileira competente;
(D) os que, na forma da lei, adquiram a nacionalidade brasileira, exigidas aos originários de países de língua portuguesa apenas residência por um ano ininterrupto e idoneidade moral;
(E) os estrangeiros de qualquer nacionalidade residentes na República Federativa do Brasil há pelo menos um ano ininterrupto e sem condenação penal.

A, B e **C:** erradas, pois esses sujeitos são considerados brasileiros **natos** e não naturalizados (art. 12, I, *a*, *b* e *c*, 2ª parte, da CF); **D:** correta (art. 12, II, *a*, da CF); **E:** errada. Os estrangeiros de qualquer nacionalidade, residentes na República Federativa do Brasil **há mais de quinze anos** ininterruptos e **sem condenação penal**, são considerados brasileiros naturalizados, desde que requeiram a nacionalidade brasileira (art. 12, II, *b*, da CF).

Gabarito "D"

(Magistratura do Trabalho – 2ª Região – 2010) Ainda em matéria de ordem social, temos:

I. A manipulação genética é possível, apesar da falta de regulamentação específica dessa atividade científica, existindo norma constitucional programática, permitindo que o juiz possa implementá-la, de forma indeterminada.
II. Tem-se o critério do *ius sanguinis* mais o critério funcional para a aquisição de nacionalidade originária dos nascidos no estrangeiro, de pai brasileiro ou mãe brasileira, se algum deles estiver a serviço da Republica Federativa do Brasil.
III. Pela Constituição atual são considerados, também brasileiros, os nascidos no estrangeiro que hajam sido admitidos no Brasil durante os primeiros cinco anos de vida, estabelecidos no território nacional e optem pela nacionalidade brasileira até dois anos após atingir a maioridade. Trata-se de hipótese excepcional de radicação precoce.
IV. A extradição é ato pelo qual um Estado entrega a outro, que lhe formulou o pleito, algum indivíduo que se encontra nos seus limites territoriais, sob a alegação que deve responder pela acusação penal promovida pelo Estado solicitante.
V. Deportação é a exclusão do território nacional de estrangeiro que aqui se encontre após entrada irregular ou cuja estada se torne irregular.

Assinale a alternativa correta:

(A) As alternativas I, II e III estão corretas.
(B) As alternativas II,III,IV e V estão corretas.
(C) As alternativas II, IV e V estão corretas.
(D) As alternativas III, IV e V estão corretas.
(E) As alternativas I, III e IV estão corretas.

I: incorreta. A Lei 11.105/2005 regulamenta o assunto, cabendo ao juiz, quando provocado, decidir de acordo com a previsão legal; **II:** correta. O art. 12, I, *b*, da CF, adota o critério do *ius sanguinis* ao afirmar que são considerados natos os nascidos no estrangeiro, de pai ou mãe brasileira. O que se leva em conta nesse critério é o sangue, a ascendência do indivíduo. Somado a isso, a Constituição exige que qualquer dos pais esteja a serviço, ou seja, adota o critério funcional; **III:** errada. Não há essa previsão no ordenamento jurídico brasileiro; **IV:** correta. O STF conceitua extradição como o processo que pede ao Brasil para entregar um indivíduo a outro Estado (país), para que lá seja processado e julgado por crime que tenha cometido. A concessão de extradição baseia-se em convenções internacionais, por meio das quais os países acordam extraditar pessoas em condições equivalentes; **V:** correta. De fato, a deportação consiste na saída imediata e compulsória do estrangeiro que, irregularmente, entrou ou se mantém de forma irregular no território brasileiro, caso este seja notificado e não se retire no prazo estipulado.

Gabarito "C"

(Magistratura do Trabalho – 13ª Região – 2006) Assinale a hipótese incorreta:

São privativos de brasileiro nato os cargos:

(A) de Presidente e Vice-Presidente da República;
(B) de Presidente da Câmara dos Deputados;
(C) de Presidente do Senado Federal;
(D) de Ministro do Supremo Tribunal Federal;
(E) de Governador de Estado e do Distrito Federal.

Os cargos privativos dos brasileiros estão previstos no art. 12, § 3º, I a VII, da CF, não se incluindo no rol o cargo de Governador de Estado ou do Distrito Federal.

Gabarito "E"

(Magistratura do Trabalho – 24ª Região – 2006) Assinale a alternativa INCORRETA:

(A) São brasileiros naturalizados os estrangeiros de qualquer nacionalidade residentes na República Federativa do Brasil há mais de trinta anos ininterruptos e sem condenação penal, desde que requeiram a nacionalidade brasileira.
(B) São brasileiros natos os nascidos no estrangeiro, de pai brasileiro ou mãe brasileira, desde que qualquer deles esteja a serviço da República Federativa do Brasil.
(C) É privativo de brasileiro nato o cargo de Presidente da Câmara dos Deputados.
(D) Será declarada a perda da nacionalidade do brasileiro que tiver cancelada sua naturalização, por sentença judicial, em virtude de atividade nociva ao interesse nacional.
(E) São símbolos da República Federativa do Brasil a bandeira, o hino, as armas e o selo nacionais.

A: incorreta, devendo ser assinalada. Não reflete o disposto no art. 12, II, *a* e *b*, da CF; **B:** correta (art. 12, I, *b*, da CF); **C:** correta (art. 12, § 3º, II, da CF); **D:** correta (art. 12, § 4º, I, da CF); **E:** correta (art. 13, § 1º, da CF).

Gabarito "A"

3.4. DIREITOS POLÍTICOS

(Ministério Público do Trabalho – 8º) Entre as opções abaixo, pode-se afirmar que a absolutamente correta é:

(A) a soberania popular será exercida pelo sufrágio universal e pelo voto direto, com valor igual a todos, e. nos termos da lei, somente mediante plebiscito e referendo;
(B) o alistamento eleitoral e o voto são: obrigatórios para os maiores de dezesseis anos e facultativos para os analfabetos, os maiores de setenta anos e os maiores de quatorze anos e menores de dezoito;
(C) não podem alistar-se como eleitores os estrangeiros e, durante o período do serviço militar obrigatório, os conscritos;
(D) são condições de elegibilidade, entre outras, na forma da lei: a idade mínima de trinta anos para Presidente e Vice-Presidente da República e Senador;
(E) são elegíveis os analfabetos;
(F) não sei.

A: incorreta. Não reflete o disposto no art. 14, I a III, da CF; **B:** incorreta. Não reflete o disposto no art. 14, § 1º, I e II, *a* a *c*, da CF; **C:** correta (art. 14, § 2º, da CF); **D:** incorreta. Não reflete o disposto no art. 14, § 3º, VI, *a*, da CF.

Gabarito "C"

4. ORGANIZAÇÃO DO ESTADO

4.1. FEDERALISMO

(Magistratura do Trabalho – 5ª Região – 2006 – CESPE) Acerca do sistema federativo brasileiro, assinale a opção correta.

(A) A característica fundamental do Estado Federal é a centralização político-administrativa que nele se opera.
(B) Enquanto o sistema federativo contempla um largo elenco de princípios constitucionais sensíveis, disseminados pelo texto constitucional, o mesmo não se pode afirmar quanto aos princípios federais extensíveis, que configuram acervo restrito dentro da Constituição Federal.
(C) São conhecidas como normas centrais do sistema federativo, entre outras, as normas dos direitos e garantias fundamentais, as normas de repartição de competências, as normas dos direitos políticos, as normas de pré-ordenação dos poderes do estado-membro, as normas dos princípios constitucionais enumerados — forma republicana, sistema representativo, regime democrático, autonomia municipal.
(D) Há uma espécie de condomínio legislativo entre a União, os estados e o Distrito Federal, nas hipóteses de competência concorrente previstas constitucionalmente, resultando na repartição horizontal de competências.
(E) As normas locais em um sistema federativo constituem também normas jurídicas centrais no ordenamento do Estado Federal brasileiro.

A: incorreta. A descentralização política é característica maior da Federação, isso significa que na federação há uma ordem federal (representada pela União, mas que com ela não se confunde) e uma ordem federada (representada pelos outros entes federativos); **B:** incorreta. A CF/88 contempla um elenco menor de princípios sensíveis (expressos apenas no art. 34, VII, que traduzem grave sanção), mas apresenta grande número de princípios federais extensíveis (normas centrais comuns à União, Estados, DF e Municípios), disseminados por todo o texto constitucional; **C:** correta. Traduzem o conteúdo próprio de uma constituição (materialmente constitucionais); **D:** incorreta. As competências previstas no art. 24 da CF são concorrentes, mas não são horizontais, uma vez que, em regra, cabe à União estabelecer normas gerais e aos estados (e municípios, quando couber), criar normas específicas (v. §§ 1º a 4º do art. 24 da CF); **E:** incorreta. As normas locais traduzem um interesse peculiar, específico, não constituindo normas centrais.

Gabarito "C"

(Magistratura do Trabalho – 9ª Região – 2009) Considere as seguintes proposições:

I. A Constituição Federal de 1988 adotou como forma de Estado o federalismo. Deste modo, a República Federativa do Brasil é formada pela união indissolúvel dos Estados e Municípios e do Distrito Federal, inexistindo em nosso ordenamento jurídico o denominado direito de secessão. A tentativa de secessão ensejará a decretação de intervenção federal.

II. A União, os Estados, o Distrito Federal e os Municípios são autônomos e possuidores da capacidade de auto-organização e normatização própria, autogoverno e autoadministração.

III. Dentre outras competências, compete à União organizar e manter o Poder Judiciário, o Ministério Público, a Defensoria Pública, a polícia civil, a polícia militar e o corpo de bombeiros do Distrito Federal.

IV. Aos Estados-Membros cabem, na área administrativa, privativamente, todas as competências que não forem da União, dos municípios e as comuns.

É a denominada "competência remanescente" dos Estados-Membros.

(A) Somente as proposições I e II estão corretas.
(B) Somente as proposições III e IV estão corretas.
(C) Somente as proposições I e III estão corretas.
(D) Somente as proposições I, II e IV estão corretas.
(E) Todas as proposições estão corretas.

I: correto. Art. 1º, *caput*, da CF (união indissolúvel); art. 18 da CF (autonomia dos entes federativos); art. 34, I, da CF (intervenção federal), além de a CF prever a forma federativa como cláusula pétrea (art. 60, § 4º, I); **II:** correta. Na Federação brasileira, a União, os Estados-membros, o Distrito Federal e os Municípios são autônomos. V. art. 18, *caput*, da CF. Segundo a doutrina, a autonomia é a capacidade de auto-organização (cada um dos entes federativos pode elaborar sua própria Constituição), autogoverno (garantia assegurada ao povo de escolher seus próprios dirigentes e de, através deles, editar leis) e autoadministração (capacidade assegurada aos estados de possuir administração própria, faculdade de dar execução às leis vigentes); **III:** correta. A alternativa deve ser escolhida por exclusão das demais, haja vista que a União organiza e mantém a Defensoria Pública da União e a Defensoria Pública do DF, bem como o Ministério Público da União e Ministério Público do DF (v. art. 21, XIII e XIV, da CF). As demais defensorias e ministérios públicos são organizados e mantidos pelos respectivos estados; **IV:** correta (art. 25, § 1º, da CF).

Gabarito "E"

(Magistratura do Trabalho – 16ª Região – 2008) A respeito do federalismo, assinale a alternativa incorreta:

(A) O significado do termo federalismo, em uma primeira análise, vincula-se às ideias, valores e concepções do mundo, que exprimem uma filosofia compreensiva da adversidade na unidade. A federação, por sua vez, é entendida como forma de aplicação concreta do federalismo, com o intuito de incorporar as unidades autônomas ao exercício de um governo central, sob rigorosas bases constitucionais.

(B) A respeito do federalismo dualista, é possível se afirmar que o equilíbrio adequado necessário ao funcionamento do sistema federal é garantido e mantido pela estrita delimitação da autoridade federal e estadual. Os estados-membros e a União são concebidos como rivais iguais e, a menos que haja uma delimitação rígida de suas respectivas competências, teme-se que a própria União sofra uma ruptura em decorrência dessa rivalidade.

(C) Ao se falar em federalismo cooperativo, verifica-se que há uma mudança dos poderes de decisão nos níveis de governo - federal e federado - em benefício de um mecanismo, mais ou menos complexo e formalizado, de negociação e acordo intergovernamental. Com isso, há uma tendência de redução das políticas que sejam conduzidas por um só governo, havendo uma interdependência e coordenação das atividades governamentais.

(D) É possível se verificar que com o federalismo cooperativo há uma alteração no conceito de autonomia, que passa a se medir mais pelas disposições jurídicas e pela defesa das barreiras constitucionais e menos pela capacidade de influência tanto no âmbito das negociações entre todos os entes da federação, como nas comissões frequentemente consuetudinárias e segundo procedimentos que devem assegurar a igualdade entre os entes representados.

(E) A respeito do conceito de federalismo simétrico e assimétrico, pode-se afirmar que a simetria foi definida como o grau de conformidade e do que possui de comum de cada unidade política separada do sistema para com o sistema como um todo e para as outras unidades membros. Já na assimetria cada unidade política separada do sistema teria uma só característica ou um conjunto de características que diferencia seu relacionamento para com o sistema como um todo, para com a autoridade federal e para com outro Estado-membro.

Conforme a doutrina, há sim uma alteração no conceito de autonomia, mas de forma contrária à apresentada na questão: ou seja, passa a se medir menos pelas disposições jurídicas e pela defesa das barreiras constitucionais e mais pela capacidade de influência tanto no âmbito das negociações entre todos os entes da federação.

Gabarito "D"

(Magistratura do Trabalho – 22ª Região – 2006) Não se inclui entre as exceções ao *princípio constitucional da divisão dos poderes*, entre o Poder Judiciário, o Poder Executivo e o Poder Legislativo:

(A) Edição de Medidas Provisórias pelo Presidente da República;

(B) Elaboração de Leis Delegadas pelo Presidente da República;

(C) Investidura de Deputado Federal no cargo de Ministro de Estado;

(D) A convocação, pelo Senado Federal, de Ministro de Estado, para prestar informações acerca de assunto previamente determinado;

(E) Processo e julgamento, pelo Supremo Tribunal Federal, de membro do Congresso Nacional, pela prática de infração penal comum.

O princípio da separação de poderes é estruturado com base na a) especialização funcional e na b) independência entre eles. A especialização funcional diz respeito à atribuição de uma "função típica" para cada um dos Poderes, o que não exclui o exercício de "funções atípicas", vale dizer, muito embora a função típica (preponderante) do Executivo seja administrar, a do Legislativo seja legislar e a do Judiciário seja julgar, nada impede que todos os Poderes legislem, administrem e julguem. Em suma: a função típica de um Poder é atípica do outro. A letra "e" está errada porque traduz função típica do Judiciário, não sendo exceção a divisão de poderes (mas, sim, a regra).

Gabarito "E"

(Ministério Público do Trabalho – 8º) Sobre o Federalismo na Constituição brasileira, é correto afirmar-se que:

(A) a autonomia das unidades federativas obsta a existência de um direito nacional;

(B) constitui um dos fundamentos da República Federativa do Brasil;

(C) define-se como forma de Estado onde os quinhões territoriais são dotados de autonomia exclusivamente administrativa;

(D) constitui cláusula pétrea, ao lado dos direitos e garantias individuais, do princípio da separação dos poderes e do voto direto, secreto, universal e periódico;

(E) compreende a União, os Estados, o Distrito Federal, os Municípios e os Territórios, todos autônomos;

(F) não sei.

A: incorreta. A autonomia dos entes federados não impede que a CF estabeleça um sistema de repartição de competências em que a União legisle de forma nacional; **B:** incorreta. Não reflete o disposto no art. 1º, I a V, da CF; **C:** incorreta. A doutrina aponta duas formas de Estado: Unitário e Federação, em que o Estado Federal é qualificado pela descentralização política e administrativa, imperando a repartição constitucional de competências entre os entes federados. O Estado Unitário é caracterizado pela unidade de poder sobre o território, pessoas e bens (Estado unitário puro). Nada impede, porém, que seja descentralizado administrativamente (Estado unitário descentralizado); **D:** correta (art. 60, § 4º, I, da CF); **E:** incorreta. Os territórios não existem mais e, caso existissem, não seriam autônomos (v. art. 18 da CF).

Gabarito "D"

4.2. COMPETÊNCIAS DOS ENTES FEDERATIVOS

(Magistratura do Trabalho – 23ª Região – 2011) Assinale a alternativa que corresponde a uma afirmação falsa à luz da Constituição de 1988:

(A) São bens da União as terras devolutas indispensáveis à defesa das fronteiras, das fortificações e construções militares, das vias federais de comunicação e à preservação ambiental, definidas em lei, e os lagos, rios e quaisquer correntes de água em terrenos de seu domínio, ou que banhem mais de um Estado, sirvam de limites com outros países, ou se estendam a território estrangeiro ou dele provenham, salvo as praias fluviais:

(B) incluem-se entre os bens dos Estados as águas superficiais ou subterrâneas, fluentes, emergentes e em depósito, ressalvadas, neste caso, na forma da lei, as decorrentes de obras da União.

(C) Incluem-se entre os bens dos Estados as áreas, nas ilhas oceânicas e costeiras, que estiverem no seu domínio, excluídas aquelas sob domínio da União, Municípios ou terceiros.

(D) São bens dos Estados as terras devolutas não compreendidas entre as da União.

(E) Compete privativamente à União legislar sobre sistemas de consórcios e sorteios.

A: falsa, devendo ser assinalada. Apenas a última parte da alternativa é que apresenta falha, pois o art. 20, II e III, da CF menciona todos esses bens da União e **inclui as praias fluviais**; **B:** verdadeira (art. 26, I, da CF); **C:** verdadeira (art. 26, II, da CF); **D:** verdadeira (art. 22, XX, da CF); **E:** verdadeira (art. 26, II, da CF).

Gabarito "A"

(Magistratura do Trabalho – 15ª Região – 2011) Assinale a alternativa incorreta:

(A) são bens da União as terras devolutas indispensáveis à defesa das vias federais, definidas em lei;

(B) é assegurada, nos termos da lei, aos órgãos da administração direta da União, a participação no resultado da exploração do gás natural, ou o recebimento de compensação financeira por essa exploração;

(C) a Constituição veda a participação, no resultado da exploração de petróleo, aos Estados;

(D) a faixa de até cento e cinquenta quilômetros de largura, ao longo das fronteiras terrestres, designada como faixa de fronteira, é considerada fundamental para defesa do território nacional, e sua ocupação e utilização serão reguladas em lei;

(E) são bens da União as terras tradicionalmente ocupadas pelos índios que, entretanto, detêm o usufruto exclusivo das riquezas do solo, dos rios e dos lagos nelas existentes.

A: correta (art. 20, II, da CF); **B:** correta (art. 20, § 1º, da CF); **C:** incorreta, devendo ser assinalada. O art. 20, § 1º, da CF **assegura**, nos termos da lei, aos Estados, ao Distrito Federal e aos Municípios, bem como a órgãos da administração direta da União, **participação no resultado da exploração de petróleo ou gás natural**, de recursos hídricos para fins de geração de energia elétrica e de outros recursos minerais no respectivo território, plataforma continental, mar territorial ou zona econômica exclusiva, ou compensação financeira por essa exploração; **D:** correta (art. 20, §2º, da CF); **E:** correta (arts. 20, XI e 231, §2º, ambos da CF).

Gabarito "C"

(Magistratura do Trabalho – 23ª Região – 2011) A respeito da distribuição de competências legislativas pela Constituição de 1988, assinale a alternativa que corresponde a uma afirmação falsa:

(A) De acordo com a jurisprudência do Supremo Tribunal Federal, os Municípios tem competência para editar leis determinando aos bancos a adoção de medidas de conforto aos usuários (clientes ou não), como instalações sanitárias, cadeiras de espera, tempo de espera de atendimento e equipamentos destinados a proporcionar-lhes segurança.

(B) À luz da jurisprudência do Supremo Tribunal Federal, é competente o Município para o horário de funcionamento de estabelecimento comercial.

(C) Compete à União instituir diretrizes para o desenvolvimento urbano, inclusive saneamento básico e transportes urbanos.

(D) Os Estados poderão, mediante lei ordinária, instituir regiões metropolitanas, aglomerações urbanas e microrregiões, constituídas por agrupamentos de municípios limítrofes, para integrar a organização, o planejamento e a execução de funções públicas de interesse comum.

(E) Consoante jurisprudência do Supremo Tribunal Federal e do Superior Tribunal de Justiça, compete à União horário para atendimento ao público nos bancos, por se tratar de questão que extrapola o interesse meramente local, incidindo interesse nacional.

A: verdadeira. Segue julgado do Supremo Tribunal Federal que adota tal entendimento: "EMENT**A:** AGRAVO REGIMENTAL EM RECURSO EXTRAORDINÁRIO. COMPETÊNCIA DE MUNICÍPIO PARA LEGISLAR SOBRE ATIVIDADE BANCÁRIA. INTERESSE LOCAL. POSSIBILIDADE. 1. O Plenário do Supremo Tribunal Federal, ao apreciar o RE 610.221, da relatoria da ministra Ellen Gracie, reconheceu a repercussão geral da controvérsia sobre a competência dos Municípios para legislar sobre o tempo máximo de espera de clientes em filas de instituições bancárias. Na oportunidade, esta nossa Casa de Justiça reafirmou a jurisprudência, no sentido de que os Municípios possuem competência para legislar sobre assuntos de interesse local, tais como medidas que propiciem segurança, conforto e rapidez aos usuários de serviços bancários. 2. Agravo regimental desprovido. (RE 254172 AgR, Relator(a): Min. Ayres Britto, Segunda Turma, julgado em 17/05/2011, DJe-183 Divulg 22-09-2011 Public 23-09-2011 Ement Vol-02593-01 p-00063); **B:** verdadeira. De fato, o STF entende ser competente o Município para dispor em lei local acerca do horário de funcionamento dos estabelecimentos comerciais. Tal entendimento encontra-se, inclusive, na súmula n.º 645 do STF que determina que é competente o Município para fixar o horário de funcionamento de estabelecimento comercial; **C:** verdadeira (art. 21, XX, da CF); **D:** falsa, devendo ser assinalada. Nos termos do § 3º do art. 25 da CF, o instrumento normativo próprio para a instituição, pelos Estados, de regiões metropolitanas, aglomerações urbanas de microrregiões é a lei complementar; **E:** verdadeira. De acordo com entendimento do Superior Tribunal de Justiça, na súmula n.º 19, a fixação do horário bancário, para atendimento ao público, é da competência da União. No Supremo Tribunal Federal, também há precedentes que veiculam tal entendimento: "MANDADO DE SEGURANÇA. O MUNICÍPIO NÃO TEM ATRIBUIÇÃO POR LEI PARA FIXAÇÃO DE HORARIO DE FUNCIONAMENTO BANCARIO. TRATA-SE DE INTERESSE NACIONAL, CONSEQUENTEMENTE, A COMPETÊNCIA E DA UNIÃO. AGRAVO REGIMENTAL IMPROVIDO." (AI 124069 AgR, Relator(a): Min. Djaci Falcao, Segunda Turma, julgado em 04/03/1988, DJ 25-03-1988 p-06385 Ement Vol- 1495-05 p-00993).

Gabarito "D"

(Magistratura do Trabalho – 2ª Região – 2010) No que tange às competências dos entes federativos temos o que segue:

(1) Manter o serviço postal e o correio;

(2) Legislar sobre trânsito e transporte;

(3) Promover adequado ordenamento territorial, mediante planejamento e controle do uso, do parcelamento e da ocupação do solo;

(4) Registrar, acompanhar e fiscalizar as concessões de direitos de pesquisa e exploração de recursos hídricos e minerais em seus territórios;

(5) Legislar sobre a propaganda comercial.

Assinale, dentre as alternativas abaixo aquela que representa a exata sequência das apontadas figuras jurídicas:

(A) 1. União; 2. Municípios; 3. União, Estados e Distrito Federal; 4. Municípios; 5. Estados.

(B) 1. União; 2. União; 3. Municípios; 4. União, Estados, Distrito Federal e Municípios; 5. Municípios.

(C) 1. União; 2. Municípios; 3. Estados; 4. Estados; 5. Municípios.

(D) 1. União; 2. União, Estados e Municípios; 3. Municípios, 4.Estados; 5. Estados.

(E) 1. União; 2. União; 3. Municípios; 4. União, Estados, Distrito Federal e Municípios; 5. União.

1: cabe à União, de forma exclusiva, manter o serviço postal e o correio (art. 21, X, da CF); **2:** a legislação sobre trânsito e transporte é da competência privativa da União (art. 22, XI, da CF); **3:** cabe ao Município, no que couber, promover o adequado ordenamento territorial, mediante planejamento e controle do uso, do parcelamento e da ocupação do solo (art. 30, VIII, da CF); **4:** é da competência comum da União, dos Estados, do Distrito Federal e dos Municípios registrar, acompanhar e fiscalizar as concessões de direitos de pesquisa e exploração de recursos hídricos e minerais em seus territórios (art. 23, XI, da CF); **5:** a legislação sobre propaganda comercial é da competência privativa da União (art. 22, XXIX, da CF).

Gabarito "E"

(Magistratura do Trabalho – 1ª Região – 2004) Sobre a competência da União, Estados e Municípios, assinale a alternativa correta:

(A) compete privativamente à União legislar sobre: direito civil, comercial, serviço postal e educação;

(B) são da União as competências que não lhe são vedadas pela Constituição Federal;

(C) compete privativamente aos Municípios legislar sobre: assuntos de interesse local e normas de proteção ao meio ambiente;

(D) são dos Estados as competências remanescentes;

(E) compete concorrentemente aos Estados e à União legislar sobre: direito tributário, custas e serviços forenses, responsabilidade por dano ao meio ambiente e trânsito.

A: incorreta. Educação é matéria de competência concorrente (art. 24, IX, da CF); **B:** incorreta. A União possui competências enumeradas (exceção: competência tributária residual da União – art. 154, I, da CF); **C:** incorreta. Interesse local sim (art. 30, I, da CF), mas meio ambiente é matéria de competência concorrente (art. 24, VI, da CF); **D:** correta. As competências legislativas e administrativas remanescentes são dos Estados (art. 25, § 1º, da CF); **E:** incorreta. Tributário, custas e responsabilidade por dano ao meio ambiente são competências concorrentes (art. 24, I, IV e VIII, da CF), mas trânsito é competência privativa da União (art. 22, XI, da CF).

Gabarito "D"

(Magistratura do Trabalho – 9ª Região – 2007) Analise as seguintes assertivas:

I. Compete privativamente à União legislar sobre direito civil, processual e tributário.
II. Compete à União, aos Estados e ao Distrito Federal legislar concorrentemente sobre direito econômico, penitenciário e eleitoral
III. Compete aos Municípios legislar sobre direito urbanístico e assuntos de interesse local.

Assinale a alternativa correta:

(A) Apenas a assertiva I é verdadeira.
(B) Apenas a assertiva II é verdadeira.
(C) Apenas a assertiva III é verdadeira.
(D) Existem duas ou mais assertivas verdadeiras.
(E) Nenhuma assertiva é verdadeira.

I: incorreto. Civil e processual sim (art. 22, I, da CF), tributário é de competência concorrente (art. 24, I, da CF); **II:** incorreto. Econômico e penitenciário sim (art. 24, I, da CF), mas eleitoral é de competência privativa da União (art. 22, I, da CF); **III:** incorreto. Urbanístico é de competência concorrente (art. 24, I, da CF). Interesse local é da competência do Município (art. 30, I, da CF).

Gabarito "E"

(Magistratura do Trabalho – 11ª Região – 2007 – FCC) Lei estadual que verse sobre direito penal será

(A) compatível com a Constituição, desde que se restrinja a tratar de questões específicas na matéria e que seja precedida de lei complementar federal que autorize os Estados a legislar nesse sentido.
(B) inconstitucional, diante da vedação expressa na Constituição no sentido de que os Estados legislem em matéria de competência privativa da União.
(C) constitucional, na medida em que haja leis complementares federais que fixem normas para a cooperação entre os entes da Federação, tendo em vista o bem-estar em âmbito nacional.
(D) incompatível com a Constituição, porque esta atribui aos Municípios, e não aos Estados, a competência para suplementar a legislação federal, em matéria de competência privativa da União.
(E) compatível com a Constituição, desde que inexistente lei federal dispondo sobre normas gerais na matéria, suspendendo-se, no entanto, a eficácia da lei estadual, na hipótese de superveniência da lei federal com aquela conflitante.

Art. 22, I, c/c parágrafo único, da CF.

Gabarito "A"

(Magistratura do Trabalho – 21ª Região – 2005) Não se incluem entre os bens da União:

(A) As ilhas oceânicas e costeiras, incluídas as que contenham a sede de Município, exceto aquelas áreas afetadas ao serviço público e a unidade ambiental federal;
(B) Os lagos, rios e quaisquer correntes de água em terrenos de seu domínio, ou que banhem mais de um Estado, sirvam de limites com outros países, ou se estendam a território estrangeiro ou dele provenham, bem como os terrenos marginais e as praias fluviais;
(C) os potenciais de energia hidráulica;
(D) as terras tradicionalmente ocupadas pelos índios;
(E) os recursos naturais da plataforma continental e da zona econômica exclusiva.

Art. 20, I a XI, da CF.

Gabarito "A"

(Magistratura do Trabalho – 21ª Região – 2005) Compete à União, aos Estados e Distrito Federal legislar concorrentemente sobre:

(A) Requisições civis e militares, em caso de iminente perigo e em tempo de guerra;
(B) Trânsito e transporte;
(C) Proteção e integração social das pessoas portadoras de deficiência física;
(D) Diretrizes e bases da educação;
(E) Propaganda comercial.

Art. 24, XIV, da CF.

Gabarito "C"

(Ministério Público do Trabalho – 12º) Quanto ao sistema constitucional de repartição de competências:

I. É competência privativa da União legislar, dentre outros temas, sobre direito (civil, comercial, penal, processual, eleitoral, agrário, marítimo, tributário, aeronáutico, espacial e do trabalho), desapropriação, comércio exterior e interestadual, regime dos portos, trânsito e transporte, nacionalidade, populações indígenas, registros públicos, atividades nucleares de qualquer natureza, produção e consumo, seguridade e previdência social, propaganda comercial e diretrizes e bases da educação nacional.
II. No âmbito da competência legislativa concorrente, se não existir lei federal sobre normas gerais, os Estados exercerão a competência legislativa plena, a fim de atender a suas peculiaridades, sendo que a eventual superveniência de lei federal sobre normas gerais revogará a íntegra da lei estadual.
III. As competências materiais exclusivas da União Federal são indelegáveis, mas as suas competências legislativas privativas poderão ser delegadas aos Estados, ao Distrito Federal e aos Municípios, por meio de lei complementar que estabeleça normas para a cooperação entre os referidos entes federativos, a fim de alcançar o equilíbrio e o alcance do desenvolvimento social.

Analisando-se as asserções acima, pode-se afirmar que:

(A) apenas as de números I e II estão corretas;
(B) apenas as de números I e III estão corretas.
(C) todas estão corretas;
(D) todas estão incorretas.
(E) não respondida.

I: incorreto (art. 22, I a XXIX, da CF); **II:** incorreto. Não reflete o disposto no art. 24, § 4º, da CF; **III:** incorreto. Não reflete o disposto no art. 22, parágrafo único, da CF.

Gabarito "D"

(Ministério Público do Trabalho – 9º) Assinale a alternativa correta. Não é matéria de competência legislativa concorrente da União e dos Estados:

(A) Custas dos serviços forenses.
(B) Procedimentos em matéria processual, direito tributário.
(C) Financeiro e econômico: assistência judiciária e defensoria pública.
(D) Trânsito e transporte.
(E) Não sei.

A, **B** e **C:** Competências concorrentes: art. 24, IV, XI, I, XIII; **D:** Competência privativa da União: art. 22, XI, da CF.

Gabarito "D"

Ministério Público do Trabalho – 8º) Compete à União, aos Estados e ao Distrito Federal legislar concorrentemente sobre:

(A) direito civil, comercial, penal, processual, eleitoral, agrário, marítimo, espacial e do trabalho;
(B) organização judiciária, do Ministério Público e da Defensoria Pública do Distrito Federal e dos Territórios, bem como a organização administrativa destes;
(C) direito tributário, financeiro, penitenciário, econômico e urbanístico;
(D) seguridade social;
(E) propaganda comercial;
(F) não sei.

A, **B**, **D** e **E:** Competências privativas da União: art. 22, I, XVII, XXIII e XXIX, da CF; **C:** Art. 24, I, da CF.

Gabarito "C"

(Ministério Público do Trabalho – 8º) Compete privativamente à União legislar sobre:

(A) assistência jurídica e defensoria pública;
(B) responsabilidade por dano ao meio ambiente, ao consumidor, a bens e direitos de valor artístico, estético, histórico, turístico e paisagístico;
(C) proteção à infância e à juventude;
(D) criação, funcionamento e processo de juizado de pequenas causas;
(E) populações indígenas;
(F) não sei.

A: incorreta. O art. 22, XVII, da CF fala em assistência judiciária, não em assistência jurídica; **B:** incorreta. Competência concorrente (art. 24, VIII, da CF); **C:** incorreta. Competência concorrente (art. 24, XV, da CF); **D:** incorreta. Competência concorrente (art. 24, X, da CF); **E:** correta (art. 22, XIV, da CF).

Gabarito "E"

4.3. INTERVENÇÃO

(Magistratura do Trabalho – 7ª Região – 2005) Um dos instrumentos característicos da Federação é a intervenção federal. Assinale a opção que contém afirmação incorreta sobre a intervenção federal.

(A) A intervenção para garantir o livre exercício do Poder Legislativo de um Estado-membro depende de solicitação ao Presidente da República do poder coacto.
(B) Cabe ao STF julgar a representação para fins interventivos, por descumprimento, pelo Estado-membro, de princípio constitucional sensível.
(C) Sujeita-se a intervenção federal o Estado-membro que deixar de aplicar o mínimo exigido da receita resultante de impostos estaduais nas ações e serviços públicos de saúde.
(D) Cabe ao Supremo Tribunal Federal julgar a representação do Procurador-Geral da República para fins interventivos, no caso de recusa à execução de lei federal.
(E) A intervenção federal em Município, situado em Estado-membro, por descumprimento de decisão trabalhista, não pode ser recusada pelo Presidente da República, se lhe for requisitada pelo Tribunal Superior do Trabalho.

A: correta (art. 34, IV, c/c art. 36, I, ambos da CF); **B:** correta. Art. 36, III, da CF (os princípios constitucionais sensíveis são os previstos no art. 34, VII, da CF); **C:** correta (art. 34, VII, *e*, da CF); **D:** correta (art. 36, III, da CF); **E:** incorreta, devendo ser assinalada. A União só pode intervir em Município situado em Territórios (que hoje não existem). Só os estados podem intervir em seus municípios (art. 35, *caput*, da CF).

Gabarito "E"

(Ministério Público do Trabalho – 13°) Assinale a alternativa CORRETA. A decretação de intervenção da União nos Estados dependerá:

(A) de solicitação do Poder Legislativo ou do Poder Executivo coacto ou impedido, na hipótese de repelir invasão de uma unidade da Federação em outra;
(B) de provimento, pelo Supremo Tribunal Federal, de representação do Procurador-Geral da República, no caso de recusa à execução de lei federal;
(C) de requisição do Supremo Tribunal Federal, do Superior Tribunal de Justiça, do Tribunal Superior Eleitoral ou do Tribunal Superior do Trabalho, no caso de desobediência à ordem ou decisão judicial;
(D) de requisição do Supremo Tribunal Federal, para assegurar a observância dos seguintes princípios constitucionais: forma republicana, sistema representativo e regime democrático; direitos da pessoa humana; autonomia municipal; prestação de contas da administração pública, direta e indireta; aplicação do mínimo exigido da receita resultante de impostos estaduais, compreendida a proveniente de transferências, na manutenção e desenvolvimento do ensino e nas ações e serviços públicos de saúde;
(E) não respondida.

Art. 36, I, II, e III, da CF.

Gabarito "B"

(Ministério Público do Trabalho – 12°) Quanto à intervenção federal, indique a alternativa CORRETA:

(A) para pôr termo a grave comprometimento da ordem pública a intervenção federal é espontânea;
(B) segundo o texto da Constituição da República, o Tribunal Superior do Trabalho pode requisitar intervenção federal;
(C) o Congresso Nacional aprova o decreto de intervenção federal através de resolução;
(D) a intervenção federal tem duração máxima de sessenta dias.
(E) não respondida.

A: correta. O art. 34, III, da CF, não depende de nenhuma providência prevista no art. 36; **B:** incorreta. Não reflete o disposto no art. 36, I e II, da CF; **C:** incorreta. O decreto é do Chefe do Poder Executivo e será submetido ao Poder Legislativo correspondente (art. 36, § 1°, da CF); **D:** incorreta. Não há prazo predeterminado (art. 36, §§ 1° e 4°, da CF).

Gabarito "A"

(Ministério Público do Trabalho – 12°) Indique a alternativa que, de acordo com o Texto Constitucional, NÃO é princípio constitucional sensível:

(A) autonomia municipal;
(B) direitos da pessoa humana;
(C) integridade nacional;
(D) regime democrático.
(E) não respondida.

Os princípios constitucionais sensíveis estão previstos no art. 34, VII, *a* a *e*, da CF, dispositivo em que não consta a hipótese de defesa da "integridade nacional".

Gabarito "C"

(Ministério Público do Trabalho – 11°) Quanto à intervenção, assinale a alternativa INCORRETA:

(A) segundo a Constituição da República, o modelo de Estado Federal adotado pelo Brasil assegura a regra da não intervenção, admitindo-se excepcional e taxativamente as hipóteses de intervenção tanto nos Estados, como no Distrito Federal e nos Municípios;
(B) a União intervirá nos Estados ou no Distrito Federal para assegurar a observância do princípio constitucional relativo aos direitos da pessoa humana;
(C) os Estados-Membros podem intervir nos Municípios e a União Federal pode intervir nos Estados, no Distrito Federal e nos Municípios;
(D) o decreto de intervenção, que especificará a amplitude, o prazo e as condições de execução, e que, se couber, nomeará o interventor, será submetido à apreciação do Congresso Nacional ou da Assembleia Legislativa do Estado, no prazo de vinte e quatro horas;
(E) não respondida.

A: correta. A regra é a não intervenção, na forma dos arts. 34 e 35 da CF; **B:** correta (art. 34, VII, *b*, da CF); **C:** incorreta, devendo ser assinalada. A União só pode intervir nos estados ou nos municípios localizados em território federal (arts. 34 e 35, *caput*, da CF); **D:** correta (art. 36, § 1°, da CF).

Gabarito "C"

(Ministério Público do Trabalho – 9°) Assinale a alternativa correta. A representação interventiva do Procurador-Geral da República perante o Supremo Federal contra Estado da Federação se dá na hipótese de:

(A) recusa à execução de lei federal;
(B) desrespeito à autonomia municipal;
(C) grave comprometimento da ordem pública;
(D) suspensão do pagamento de dívida fundada por mais de dois anos consecutivos. Salvo caso maior;
(E) cerceamento do exercício do Poder Legislativo Estadual;
(F) não sei.

Art. 34, VII, *c*, c/c art. 36, III, ambos da CF.

Gabarito "B"

(Ministério Público do Trabalho – 9°) São princípios sensíveis da Constituição Federal:

I. A forma republicana.
II. A prestação de contas da administração pública direta e indireta.
III. A autonomia municipal.
IV. A liberdade e a igualdade.

Assinale a alternativa correta:

(A) todas as assertivas são verdadeiras;
(B) todas as assertivas são falsas;
(C) apenas uma assertiva é verdadeira;
(D) apenas duas assertivas são verdadeiras;
(E) apenas três assertivas são verdadeiras;
(F) não sei.

Art. 34, VII, *a* a *e*, da CF.

Gabarito "A"

4.4. ADMINISTRAÇÃO PÚBLICA

(Magistratura do Trabalho – 7ª Região – 2005) Assinale a opção correta.

(A) Para haver a responsabilidade civil do Estado é imprescindível que esteja patente o nexo de causalidade, direto ou indireto, entre a ação ou a omissão atribuída a seus agentes e o dano causado a terceiro.
(B) O direito de regresso contra o agente público responsável por dano ensejador de responsabilidade civil do Estado somente se dá em caso de comportamento doloso do agente, não se configurando na hipótese de o servidor ter agido apenas com culpa em sentido estrito.
(C) A responsabilidade civil das pessoas jurídicas de direito privado prestadoras de serviço público é objetiva quer em relação aos usuários do serviço, quer em relação a pessoas outras que não ostentem a condição de usuário.
(D) Não existe responsabilidade civil do Estado por ato lícito.
(E) Tratando-se de ato omissivo do poder público, a responsabilidade civil do Estado por esse ato é subjetiva, exigindo demonstração de dolo ou culpa em sentido estrito.

A: incorreta. O nexo de causalidade deve ser direto; **B:** incorreta. Dolo ou culpa (art. 37, § 6º, da CF); **C:** incorreta. Apenas em relação ao usuário (STF, RE 262651/SP, Rel. Min. Carlos Velloso). Contudo, observou-se mudança de posicionamento do STF, no sentido de que a responsabilidade de concessionárias e permissionárias de serviço público será de natureza objetiva, quanto ao que se refere a danos causados por terceiros não usuários (RE 591.874/MS, Rel. Min. Ricardo Lewandowski); **D:** incorreta. O art. 37, § 6º, da CF não restringe e a responsabilização por ato lícito é aceita pela doutrina e na jurisprudência; **E:** correta. Essa é a doutrina majoritária, embora muitos autores afirmem ser também caso de responsabilidade objetiva.

Gabarito "E"

(Magistratura do Trabalho – 8ª Região – 2007) Com respeito à disciplina constitucional da Administração Pública, assinale a assertiva incorreta:

(A) A publicidade dos atos, programas, serviços e campanhas dos órgãos públicos deverá ter caráter educativo, informativo ou de orientação social, dela não podendo constar nomes, símbolos ou imagens que caracterizem promoção pessoal de autoridades ou servidores públicos.

(B) Os atos de improbidade administrativa importarão a suspensão dos direitos políticos, a perda da função pública, a indisponibilidade dos bens e o ressarcimento ao erário, na forma e gradação previstas em lei, sem prejuízo da ação penal cabível.

(C) As funções de confiança, exercidas exclusivamente por servidores ocupantes de cargo efetivo, e os cargos em comissão, a serem preenchidos por servidores de carreira nos casos, condições e percentuais mínimos previsto em lei, destinam-se apenas às atribuições de chefia e assessoramento.

(D) Somente por lei específica poderá ser criada autarquia e autorizada a instituição de empresa pública, de sociedade de economia mista e de fundação, cabendo à lei complementar, neste último caso, definir as áreas de sua atuação.

(E) A lei reservará percentual dos cargos e empregos públicos para as pessoas portadoras de deficiência e definirá os critérios de sua admissão, bem como estabelecerá os casos de contratação por tempo determinado para atender a necessidade temporária de excepcional interesse público.

A: correta (art. 37, § 1º, da CF); **B:** correta (art. 37, § 4º, da CF); **C:** incorreta, devendo ser assinalada. Não abrange todas as hipóteses previstas no disposto no art. 37, V, da CF: direção, chefia e assessoramento; **D:** correta (art. 37, XIX, da CF); **E:** correta (art. 37, VIII, da CF).

Gabarito "C"

(Magistratura do Trabalho – 21ª Região – 2005) No que diz respeito ao prazo de validade do concurso público, é CORRETO se afirmar:

(A) será de 3 (três) anos, prorrogável uma vez, por igual período;

(B) será de até 3 (três) anos, prorrogável uma vez, por igual período;

(C) será de 2 (dois) anos, prorrogável uma vez, por igual período;

(D) será de até 2 (dois) anos, prorrogável uma vez, por igual período;

(E) será de 5 (cinco) anos, vedada sua prorrogação.

Art. 37, III, da CF.

Gabarito "D"

(Magistratura do Trabalho – 24ª Região – 2007) Em relação à responsabilidade extracontratual do Estado, assinale a alternativa INCORRETA:

(A) Quanto aos danos que causarem a terceiros, o ordenamento constitucional prevê a responsabilidade objetiva do Estado e a responsabilidade subjetiva dos agentes estatais que atuem nessa qualidade.

(B) A partir da concepção teórica do risco administrativo, a mera ocorrência de ato lesivo causado à vítima pelo Estado acarreta o dever de indenizá-la pelo dano pessoal e/ou patrimonial sofrido, independentemente de caracterização de culpa dos agentes estatais ou de demonstração de falta do serviço público.

(C) A responsabilidade pelos danos é reconhecida independentemente da oficialidade da atividade causal e lesiva imputável a agente do Poder Público.

(D) A culpa exclusiva da vítima implica exclusão da responsabilidade do Estado.

(E) A responsabilidade civil do Estado não se confunde com as responsabilidades criminal e administrativa dos agentes públicos, por se tratar de instâncias independentes, salvo quando no juízo criminal ficar patenteada a inexistência de materialidade do delito ou a negativa de autoria, em decisão passada em julgado.

A: correta (art. 37, § 6º, da CF); **B:** correta. Pela teoria do risco administrativo, a ideia de culpa é substituída pela noção de nexo de causalidade entre o ato estatal e o prejuízo sofrido pela vítima. Baseia-se na ideia de que os ônus sociais devem ser repartidos entre todos, assim como os benefícios dirigem-se para toda a sociedade; **C:** incorreta, devendo ser assinalada. Não reflete o disposto no art. 37, § 6º, da CF. Só há responsabilização se os servidores atuarem na qualidade de agentes públicos; **D:** correta. Excluem a responsabilidade do Estado a força maior e a culpa exclusiva da vítima. No caso de culpa concorrente da vítima e do Estado, a responsabilidade estatal é apenas atenuada; **E:** correta. As esferas penal, civil e administrativa são independentes. Entretanto, no caso em questão, segundo doutrina e jurisprudência, quando na esfera penal se reconhece, por sentença judicial transitada em julgado, a ausência de autoria e/ou de materialidade do delito, afasta-se a responsabilidade do Estado. Tal não ocorre, por exemplo, nos casos em que a sentença penal não reconhecer a existência do crime por falta de provas.

Gabarito "C"

(Magistratura do Trabalho – 24ª Região – 2007) A Administração Pública recebe tratamento constitucional:

I. A autonomia gerencial, orçamentária e financeira dos órgãos e entidades da administração direta e indireta poderá ser ampliada mediante contrato, a ser firmado entre seus administradores e o poder público, que tenha por objeto a fixação de metas de desempenho para o órgão ou entidade, cabendo à lei dispor sobre: (1) o prazo de duração do contrato; (2) os controles e critérios de avaliação de desempenho, direitos, obrigações e responsabilidade dos dirigentes; (3) a remuneração do pessoal.

II. A lei disciplinará as formas de participação do usuário na administração pública direta e indireta, regulando, entre outras hipóteses, as reclamações relativas à prestação dos serviços públicos em geral, asseguradas a manutenção de serviços de atendimento ao usuário e a avaliação periódica, externa e interna, da qualidade dos serviços.

III. A administração fazendária e seus servidores fiscais terão, dentro de suas áreas de competência e jurisdição, precedência sobre os demais setores administrativos, na forma da lei.

IV. A Constituição impõe a proibição de acumular empregos e funções e esta proibição abrange autarquias, fundações, empresas públicas, sociedades de economia mista, suas subsidiárias, e sociedades controladas, direta ou indiretamente, pelo poder público.

Considere as proposições e RESPONDA:

(A) Apenas as proposições I e III estão corretas.
(B) Apenas as proposições II e IV estão corretas.
(C) Apenas as proposições III e IV estão corretas.
(D) Apenas a proposição IV está correta.
(E) Todas as proposições estão corretas.

I: correta (art. 37, § 8º, da CF); **II:** correta (art. 37, § 3º, da CF); **III:** correta (art. 37, XVIII, da CF); **IV:** correta (art. 37, XVII, da CF).

Gabarito "E"

4.5. SERVIDORES PÚBLICOS

(Magistratura do Trabalho – 15ª Região – 2011) A respeito da aposentadoria dos servidores titulares de cargos efetivos das fundações públicas municipais assinale a alternativa correta:

(A) poderá ocorrer por invalidez: permanente decorrente de acidente em serviço, caso no qual os proventos poderão ser integrais;
(B) é direito renunciável, pelo servidor, a aposentadoria aos 70 (setenta) anos;
(C) ocorrerá aos 70 (setenta) anos de idade sempre com proventos integrais;
(D) poderá ocorrer, para o homem, voluntariamente, desde que cumprido tempo mínimo de 35 (trinta e cinco) anos de efetivo exercício no serviço público independentemente do cumprimento de qualquer outra condição;
(E) poderá ocorrer aos 45 (quarenta e cinco) anos de idade e 30 (trinta de contribuição), se mulher.

A: correta (art. 40, § 1º, I, da CF); **B:** incorreta. Aos setenta anos a aposentadoria é compulsória, **não** podendo ser objeto de **renúncia** (art. 40, § 1º, II, da CF); **C:** incorreta. Os proventos serão **proporcionais** ao tempo de contribuição (art. 40, § 1º, II, da CF); **D:** incorreta. A aposentadoria voluntária para o homem exige o cumprimento do tempo mínimo de dez anos de efetivo exercício no serviço público e cinco anos no cargo efetivo em que se dará a aposentadoria, além dos **sessenta anos de idade** e trinta e cinco de contribuição (art. 40, § 1º, III, *a*, da CF); **E:** incorreta. Para a mulher, a aposentadoria voluntária também exige o cumprimento do tempo mínimo de dez anos de efetivo exercício no serviço público e cinco anos no cargo efetivo em que se dará a aposentadoria, além de **cinquenta e cinco anos** de idade e trinta de contribuição (art. 40, § 1º, III, *a*, da CF).

Gabarito "A"

(Magistratura do Trabalho – 8ª Região – 2011) Assinale a alternativa CORRETA:

(A) A Constituição Federal de 1988, ao estabelecer, no seu art. 37, inciso II, que a investidura em cargo ou emprego público depende de aprovação prévia em concurso público de provas ou de provas e títulos, assegurou, sob outros termos, que deve ser devidamente motivado o ato de desligamento de qualquer empregado público, de tal forma que somente poderá ser demitido caso tenha cometido falta grave.
(B) A Constituição Federal de 1988 assegura ao ente público federativo a possibilidade de contratação por tempo determinado em qualquer hipótese, desde que lei o autorize.
(C) Somente por lei específica poderá ser autorizada a instituição de fundação, cabendo à lei complementar definir as áreas de sua atuação.
(D) É constitucional a acumulação remunerada de um cargo de supervisor pedagógico de universidade federal, com outro de pesquisador de instituição científica estadual.
(E) As pessoas jurídicas de direito público e as de direito privado prestadoras de serviços públicos responderão pelos danos que seus agentes, nesta qualidade, causarem a terceiros, assegurado o direito de regresso contra o responsável apenas nos casos de dolo.

A: errada. O próprio art. 37, II, da CF determina os cargos em comissão são de livre nomeação e **livre exoneração**; **B:** errada. Dispõe a Constituição, em seu art. 37, IX, que lei deve estabelecer os casos de contratação por tempo determinado **para atender a necessidade temporária de excepcional interesse público**; **C:** correta. De acordo com o art. 37, XIX, da CF somente por lei específica poderá ser criada autarquia e **autorizada a instituição** de empresa pública, de sociedade de economia mista e de **fundação**, **cabendo à lei complementar**, neste último caso, **definir as áreas de sua atuação**; **D:** errada. O art. 37, XVI, da CF admite a acumulação remunerada de cargos em algumas situações e desde que haja compatibilidade de horários e sujeição ao teto remuneratório. Dentre tais situações na há a acumulação de um cargo supervisor com outro técnico ou científico e sim a de professor com outro técnico ou científico; **E:** errada. O art. 37, § 6º, da CF determina que as pessoas jurídicas de direito público e as de direito privado prestadoras de serviços públicos responderão pelos danos que seus agentes, nessa qualidade, causarem a terceiros, assegurado o direito de regresso contra o responsável nos **casos de dolo ou culpa**.

Gabarito "C"

(Magistratura do Trabalho – 2ª Região – 2011) Quanto aos tribunais e servidores, assinale a alternativa incorreta:

(A) Independem de concurso as nomeações para cargos em comissão declarado em lei de livre nomeação e exoneração.
(B) É garantido ao servidor público civil o direito à livre associação sindical e o direito à greve nos limites determinados em leis especificas.
(C) O subsidio e os vencimentos dos ocupantes de cargos e empregos públicos, bem como seus acréscimos pecuniários são irredutíveis.
(D) Nos tribunais com número superior a 25 julgadores, poderá ser constituído órgão especial, com o mínimo

de 11 e o máximo de 25 membros, para o exercício das atribuições administrativas e jurisdicionais delegadas da competência do tribunal pleno.

(E) Somente pelo voto da maioria absoluta de seus membros ou dos membros do respectivo órgão especial poderão os tribunais declarar a inconstitucionalidade de lei ou ato normativo do Poder Público.

A: correta. De fato, os cargos em comissão são de livre nomeação e exoneração. Segundo o Prof. Wander Garcia, é importante ressaltar que, em que pese o art. 37, V, da CF disponha que a nomeação para o cargo em comissão é livre, podendo ser chamado quem nunca fez concurso público algum, a lei que cria cargos em comissão deve trazer percentuais mínimos de cargos em comissão que devem ser providos por servidores de carreira; **B:** correta. É o que determina o art. 37, VI e VII, da CF; **C:** errada. O art. 37, XV, da CF determina que o subsídio e os vencimentos dos ocupantes de cargos e empregos públicos são irredutíveis, mas traz várias ressalvas como, por exemplo, os acréscimos pecuniários; **D:** correta. De fato, o art. 93, XI, da CF admite a criação de órgão especial nos Tribunais que contenham número eleva de desembargadores (acima de 25 julgadores); **E:** correta. Tal regra está prevista no art. 97 da CF e é denominada de cláusula de reserva de plenário.

Gabarito "C"

(Magistratura do Trabalho – 3ª Região – 2008) A respeito dos servidores públicos, é correto dizer, exceto:

(A) Durante o prazo improrrogável previsto no edital de convocação, aquele aprovado em concurso público de provas ou de provas e títulos será convocado com prioridade sobre novos concursados para assumir cargo ou emprego, na carreira;

(B) As funções de confiança, exercidas exclusivamente por servidores ocupantes de cargo efetivo, e os cargos em comissão, a serem preenchidos por servidores de carreira nos casos, condições e percentuais mínimos previstos em lei, destinam-se apenas às atribuições de direção, chefia e assessoramento;

(C) A aposentadoria voluntária será concedida, desde que cumprido tempo mínimo de dez anos de efetivo exercício no serviço público e cinco anos no cargo efetivo em que se dará a aposentadoria; será integral, quando observadas as condições de sessenta anos de idade e trinta e cinco de contribuição, se homem, e cinquenta e cinco anos de idade e trinta de contribuição, se mulher; será proporcional, quando preenchidas as condições de sessenta e cinco anos de idade, se homem, e sessenta anos de idade, se mulher.

(D) É vedada a acumulação remunerada de cargos públicos, exceto, quando houver compatibilidade de horários, a de dois cargos de professor, a de um cargo de professor com outro técnico ou científico e a de três cargos privativos de médico.

(E) Os atos de improbidade administrativa importarão a suspensão dos direitos políticos, a perda da função pública, a indisponibilidade dos bens e o ressarcimento ao erário, na forma e gradação previstas em lei, sem prejuízo da ação penal cabível.

A: correta (art. 37, IV, da CF); **B:** correta (Art. 37, V, da CF); **C:** correta (art. 40, § 1º, III, *a* e *b*, da CF); **D:** incorreta. Não reflete o disposto no art. 37, XVI, *a* a *c*, da CF; **E:** correta (art. 37, § 4º, da CF).

Gabarito "D"

(Magistratura do Trabalho – 7ª Região – 2005) Considere a seguinte situação: uma lei concede aos integrantes de uma dada carreira (carreira A) do funcionalismo público uma certa gratificação. Os integrantes da carreira B não foram contemplados com a benesse, embora exerçam, comprovadamente, atividades coincidentes com as da carreira A. Os servidores da carreira B postulam em juízo a extensão a eles da mesma vantagem. Nesse quadro, assinale a opção correta.

(A) A sentença deverá declarar a inconstitucionalidade da lei, por ferir a isonomia, e conceder aos autores o que pleiteiam.

(B) A sentença não deverá declarar a inconstitucionalidade da lei, mesmo que seja óbvia a quebra da isonomia, e deverá denegar o pedido.

(C) A sentença deverá declarar a inconstitucionalidade da lei por ferir a isonomia, mas negar o pedido.

(D) A sentença não deverá declarar a inconstitucionalidade da lei, mas deverá acolher o pedido, com fundamento no princípio da isonomia.

(E) A sentença deverá julgar o pedido improcedente, porque o princípio constitucional da isonomia se dirige ao legislador, e, não, ao aplicador do direito.

Art. 37, XIII, da CF. Súmula 339/STF: "não cabe ao Poder Judiciário, que não tem função legislativa, aumentar vencimentos de servidores públicos sob fundamento de isonomia".

Gabarito "B"

(Magistratura do Trabalho – 9ª Região – 2007) Considere as seguintes proposições:

I. São servidores públicos: a) os servidores estatutários; b) os empregados públicos; c) os servidores temporários, contratados por tempo determinado para atender a necessidade temporária de excepcional interesse público, ocupantes de função pública.

II. Como regra, o recrutamento do pessoal a ser contratado pelos órgãos da Administração Federal direta, para atender a necessidade temporária de excepcional interesse público, será feito mediante processo seletivo simplificado sujeito a ampla divulgação, inclusive através do Diário Oficial da União, prescindindo de concurso público.

III. É vedada a acumulação remunerada de cargos públicos, exceto quando houver compatibilidade de horários: a) de dois cargos de professor; b) de um cargo de professor com outro técnico ou científico; c) de um cargo técnico ou científico com o mandato de vereador; d) e a de dois cargos ou empregos privativos de profissionais da saúde, com profissões regulamentadas.

IV. Aos juízes é vedado: a) exercer, ainda que em disponibilidade, qualquer outro cargo ou função; b) receber custas ou participação em processos; c) dedicar-se à atividade político-partidária.

Assinale a alternativa correta:

(A) Todas as proposições estão corretas;
(B) Apenas as proposições II, III e IV estão corretas;
(C) Apenas as proposições I, III e IV estão corretas;
(D) Apenas a proposição I está correta;
(E) Apenas as proposições I, II e III estão corretas.

I: correta (art. 37, II e IX, da CF); **II:** correta (art. 37, IX, da CF e art. 3º da Lei 8.745/1993); **III:** correta (art. 37, XVI, *a* a *c*, da CF); **IV:** incorreta. Não reflete o disposto no art. 95, parágrafo único, I a III, da CF.

Gabarito "E"

(Magistratura do Trabalho – 11ª Região – 2007 – FCC) Quanto ao regime jurídico dos servidores públicos estáveis, a Constituição Federal prevê que

(A) a perda do cargo somente se dará em virtude de sentença judicial transitada em julgado.
(B) invalidada por sentença judicial a demissão de servidor estável, será ele aposentado, e o eventual ocupante da vaga, se estável, reconduzido ao cargo de origem, mediante indenização.
(C) a perda do cargo pode ocorrer, entre outras hipóteses, mediante procedimento de avaliação periódica de desempenho, na forma de lei complementar, assegurada ampla defesa.
(D) extinto o cargo ou declarada sua desnecessidade, o servidor estável ficará em disponibilidade, com remuneração integral, não podendo ser aproveitado em outro cargo.
(E) a estabilidade se dá após dois anos de exercício, contínuo ou intermitente, desde que a nomeação se tenha dado para cargo de provimento efetivo.

A: incorreta. Não reflete o disposto no art. 41, § 1º, I a III, da CF; **B:** incorreta. Não reflete o disposto no art. 41, § 2º, da CF; **C:** correta (41, § 1º, III, da CF); **D:** incorreta. Não reflete o disposto no art. 41, § 3º, da CF; **E:** incorreta. Não reflete o disposto no art. 41, *caput*, da CF.

Gabarito "C"

(Magistratura do Trabalho – 21ª Região – 2005) Tendo em vista as seguintes assertivas, marque a resposta correta em face da Constituição Federal:

I. Proíbe-se a vinculação ou equiparação de quaisquer espécies remuneratórias para o efeito de remuneração de pessoal do serviço público.
II. Permite-se a acumulação remunerada do cargo de médico do Instituto Nacional do Seguro Social com o emprego de assessor administrativo da Companhia de Águas e Esgotos do Estado do Rio Grande do Norte, desde que haja compatibilidade de horários.
III. Permite-se a acumulação do cargo de professor do curso de odontologia da Universidade Federal do Rio Grande do Norte, com jornada semanal de quarenta horas, com o emprego de professor de biologia de curso particular preparatório para o vestibular e, também, com o exercício de consultoria autônoma na área de vendas de equipamentos ortodônticos.
IV. Estende-se aos servidores públicos ocupantes de cargo público o direito ao seguro contra acidentes de trabalho, sem excluir a indenização a que se obriga o ente público, em face de tal evento danoso, quando incorrer em dolo ou culpa.
V. Permite-se que servidor ocupante de cargo público em autarquia estadual exerça, sem a necessidade de afastamento, mandato eletivo de Deputado Estadual.

(A) apenas as alternativas I e III estão corretas;
(B) apenas as alternativas I e IV estão corretas;
(C) todas as alternativas estão corretas;
(D) apenas as alternativas I, IV e V estão corretas;
(E) apenas as alternativas I, III e V estão corretas.

I: correta (art. 37, XIII, da CF); **II:** incorreta. Viola o art. 37, XVI, da CF; **III:** correta. O art. 37, XVI, da CF refere-se a acumulação remunerada de cargos *públicos*; **IV:** incorreta. O art. 7º, XXVIII, da CF não se aplica a ocupantes de cargo público, conforme art. 39, § 3º, da CF; **V:** incorreta. Viola o art. 38, I, da CF.

Gabarito "A"

(Magistratura do Trabalho – 22ª Região – 2006) São estáveis os servidores nomeados para cargo de provimento efetivo em virtude de concurso público:

(A) Após 2 (dois) anos de provimento efetivo;
(B) Após 3 (três) anos de provimento efetivo;
(C) Após 4 (quatro) anos de provimento efetivo;
(D) Após 5 (cinco) anos de provimento efetivo;
(E) A figura da estabilidade foi extinta a partir da Emenda Constitucional n. 19/1998, resguardados os direitos adquiridos.

Art. 41, *caput*, da CF.

Gabarito "B"

(Magistratura do Trabalho – 21ª Região – 2005) Não se inclui entre os direitos assegurados, no Texto Constitucional, aos servidores públicos:

(A) Salário mínimo, fixado em lei, nacionalmente unificado, capaz de atender às suas necessidades vitais básicas e às de sua família com moradia, alimentação, educação, saúde, lazer, vestuário, higiene, transporte e previdência social, com reajustes periódicos que lhe preservem o poder aquisitivo.
(B) Remuneração do trabalho noturno superior à do diurno.
(C) Repouso semanal remunerado, preferencialmente aos domingos.
(D) Irredutibilidade de remuneração, salvo o disposto em convenção ou acordo coletivo.
(E) Salário-família pago em razão do dependente do servidor de baixa renda, nos termos da lei.

Art. 39, § 3º, da CF.

Gabarito "D"

(Magistratura do Trabalho – 23ª Região – 2009) No que concerne ao direito de greve dos servidores públicos civis:

(A) pode ser amplamente exercido porque a norma do inciso VII do art. 37 da Constituição Federal é de eficácia plena.
(B) a definição de seus limites depende da edição de lei complementar.
(C) se sujeita a disposições da Lei nº 7.783/89 enquanto perdurar a omissão do Congresso Nacional.

(D) não se aplicam preceitos da Lei nº 7.783/89 porque nesta são estabelecidos marcos regulatórios específicos do setor privado.

(E) os serviços e atividades considerados essenciais são exclusivamente aqueles previstos na Lei n.º 7.783/89.

O art. 37, VII, da CF prevê o direito de greve do servidor público, condicionando-o à edição de lei específica. Diante da omissão do Congresso Nacional, o STF tem reconhecido o direito de greve aos servidores, mesmo sem edição de lei específica, aplicando-lhes, por analogia, a lei de greve da iniciativa privada (Lei 7.783/1989), editada com fundamento no art. 9º, §§ 1º e 2º da CF. É importante lembrar, ainda, que os militares não possuem direito à greve (art. 142, IV, da CF).

Gabarito "C"

(Ministério Público do Trabalho – 16º) Avalie as assertivas a seguir lançadas sobre a disciplina constitucional da Administração Pública:

I. As funções de confiança, exercidas exclusivamente por servidores ocupantes de cargo efetivo, e os cargos em comissão, a serem preenchidos por servidores de carreira nos casos, condições e percentuais mínimos previstos em lei, destinam-se apenas às atribuições de direção, chefia e assessoramento.

II. É garantido ao servidor público civil o direito à livre associação sindical, à negociação coletiva e à greve, nos termos e nos limites definidos em lei específica.

III. A remuneração e o subsídio dos ocupantes de cargos, funções e empregos públicos da administração direta, autárquica e fundacional, dos membros de qualquer dos Poderes da União, dos Estados, do Distrito Federal e dos Municípios, dos detentores de mandato eletivo e dos demais agentes políticos e os proventos, pensões ou outra espécie remuneratória, percebidos cumulativamente ou não, incluídas as vantagens pessoais ou de qualquer outra natureza, não poderão exceder o subsídio mensal, em espécie, dos Ministros do Supremo Tribunal Federal, aplicando-se como limite, nos Municípios, o subsídio do Prefeito, e nos Estados e no Distrito Federal, o subsídio mensal do Governador no âmbito do Poder Executivo, o subsídio dos Deputados Estaduais e Distritais no âmbito do Poder Legislativo e o subsídio dos Desembargadores do Tribunal de Justiça, limitado a noventa inteiros e vinte e cinco centésimos por cento do subsídio mensal, em espécie, dos Ministros do Supremo Tribunal Federal, no âmbito do Poder Judiciário, aplicável este limite aos membros do Ministério Público, aos Procuradores e aos Defensores Públicos.

IV. As implicações dos atos de improbidade administrativa são: a perda da função pública, a indisponibilidade dos bens e o ressarcimento ao erário, na forma e gradação previstas em lei, sem prejuízo da ação penal cabível.

De acordo com as proposições acima, pode-se afirmar que:

(A) todas as alternativas são corretas;

(B) apenas a alternativa II está errada;

(C) apenas as alternativas I, III e IV estão erradas;

(D) apenas as alternativas II e IV estão incorretas;

(E) não respondida.

I: correto (Art. 37, V, da CF); **II:** incorreto. Não reflete o disposto no art. 37, VII, da CF. V., tb., o inciso VI; **III:** correto (art. 37, XI, da CF); **IV:** incorreto. Não reflete o disposto no art. 37, § 4º, da CF.

Gabarito "D"

(Ministério Público do Trabalho – 13º) Quanto ao regramento constitucional da Administração Pública, assinale a alternativa CORRETA:

(A) os cargos, empregos e funções públicas são acessíveis a todos os brasileiros, assim como aos estrangeiros ainda que não naturalizados, na forma da lei;

(B) exercidas por servidores ocupantes de cargo efetivo e por servidores extraquadros, as funções de confiança e os cargos em comissão, a serem preenchidos por servidores de carreira nos casos, condições e percentuais mínimos previstos em lei, destinam-se apenas às atribuições de direção, gerenciamento, chefia e assessoramento;

(C) a investidura em cargo ou emprego público depende de aprovação prévia em concurso público de provas ou de provas e títulos, de acordo com a natureza e a complexidade do cargo ou emprego, na forma prevista em lei, ressalvadas as nomeações para cargo em comissão declarado em lei de livre nomeação e exoneração;

(D) a lei reservará percentual dos cargos públicos para as pessoas portadoras de deficiência e definirá os critérios de sua admissão, sendo que para os empregos públicos aplicar-se-á a legislação específica da iniciativa privada;

(E) não respondida.

A: incorreto. Não reflete o disposto no art. 37, I, da CF; **B:** incorreta. Não reflete o disposto no art. 37, V, da CF; **C:** correta (art. 37, II, da CF); **D:** incorreta. Não reflete o disposto no art. 37, VIII, da CF.

Gabarito "C"

(Ministério Público do Trabalho – 8º) Em consonância com a Constituição Federal, é incorreto afirmar-se sobre os servidores públicos que:

(A) sendo estável, só pode perder o cargo em virtude de sentença judicial trânsita em julgado, mediante processo administrativo em que lhe seja assegurada ampla defesa e mediante procedimento de avaliação periódica de desempenho, na forma da lei complementar, onde deve ser assegurada ampla defesa;

(B) compondo a esfera federal, as suas aposentadorias e pensões são custeadas com recursos da União Federal e de contribuição por eles recolhidas na forma da lei;

(C) o tempo de serviço federal, estadual e municipal deve ser computado integralmente para fins de aposentadoria e disponibilidade;

(D) extinto o cargo ou declarada sua desnecessidade, o servidor estável ficará em disponibilidade, mantida integralmente sua remuneração, até seu adequado aproveitamento em outro cargo;

(E) cabe à lei reger a aposentadoria em cargos ou empregos temporários;

(F) não sei.

A: correta. V. art. 41, § 1º, I a III, da CF; **B:** correta. O art. 40, § 6º, da CF teve sua redação modificada pela EC 20/1998, o que torna a afirmativa errada; **C:** Errada pela nova redação do art. 40, § 9º da CF: "O tempo de contribuição federal, estadual ou municipal será contado para efeito de aposentadoria e o tempo de serviço correspondente para efeito de disponibilidade"; **D:** Não reflete o disposto no art. 41, § 3º, da CF; **E:** Antiga redação do art. 40, § 2º, da CF.

Gabarito "D"

4.6. QUESTÕES COMBINADAS SOBRE ORGANIZAÇÃO DO ESTADO

(Magistratura do Trabalho – 8ª Região – 2008) Sobre Administração Pública e servidores públicos, assinale a alternativa CORRETA:

(A) A autonomia gerencial, orçamentária e financeira dos órgãos e entidades da administração direta e indireta poderá ser ampliada mediante contrato

(B) O chamado "teto constitucional" de remuneração não se aplica às empresas públicas e às sociedades de economia mista.

(C) A remuneração dos servidores públicos organizados em carreira não poderá ser fixada exclusivamente por subsídio, considerado em parcela única, vedado o acréscimo de qualquer gratificação, adicional, abono, prêmio, verba de representação, ou de outra espécie remuneratória.

(D) As parcelas de caráter indenizatório são computadas para efeito do limite remuneratório máximo previsto na Constituição.

(E) Em qualquer caso que exija o afastamento para o exercício de mandato eletivo, o tempo de serviço do servidor será computado para todos os efeitos legais e, para efeito de benefício previdenciário, os valores serão determinados como se no exercício estivesse.

A: correta (art. 37, § 8º, da CF); **B:** incorreta. O art. 37, XI, da CF é expresso nesse sentido; **C:** incorreta. Não reflete o disposto no art. 39, §§ 4º e 8º, da CF; **D:** incorreta. Não reflete o disposto no art. 37, § 11, da CF; **E:** incorreta. V. art. 38, IV e V, da CF.

Gabarito "A"

(Magistratura do Trabalho – 8ª Região – 2006) Sobre a Administração Pública é correto afirmar que:

(A) A eficiência é um dos princípios constitucionais da Administração Pública, que impõe ao Administrador praticar determinado ato apenas visando o seu fim legal, de forma impessoal.

(B) Os cargos, empregos e funções públicas somente são acessíveis aos brasileiros natos ou naturalizados e aos portugueses equiparados.

(C) Invalidada por sentença judicial a demissão do servidor estável, será ele reintegrado, e o eventual ocupante da vaga, se estável, reconduzido ao cargo de origem, com direito à indenização correspondente a um mês de remuneração por ano de serviço.

(D) O Servidor Público da Administração Direta, autárquica e fundacional no exercício de mandato eletivo de vereador, havendo compatibilidade de horário, poderá perceber as vantagens de seu cargo, emprego ou função, sem prejuízo da remuneração do cargo eletivo.

(E) As funções de confiança, na administração pública direta e indireta de qualquer dos Poderes da União, dos Estados, do Distrito Federal e dos Municípios, podem ser exercidas por pessoas estranhas aos quadros do funcionalismo.

A: incorreta. Segundo a doutrina, eficiência relaciona-se com o modo de atuação do agente público e com o modo de organização, estruturação e disciplina da Administração Pública. A inserção do princípio da eficiência na CF reflete a busca pela administração gerencial, otimizada, e dirige-se tanto ao agente público como à estrutura organizacional do Poder Público; **B:** incorreto. Não reflete o disposto no art. 37, I, da CF; **C:** incorreto. Não reflete o disposto no art. 41, § 2º, da CF; **D:** correto (art. 38, III, da CF); **E:** incorreto. Não reflete o disposto no art. 37, V, da CF.

Gabarito "D"

(Magistratura do Trabalho – 9ª Região – 2009) Analise as proposições abaixo, considerando a Constituição da República:

I. Mesmo considerando o disposto no *caput* do artigo 5º: "Todos são iguais perante a lei, sem distinção de qualquer natureza, garantindo-se aos brasileiros e aos estrangeiros residentes no País a inviolabilidade do direito à vida, à liberdade, à igualdade, à segurança e à propriedade", a lei poderá estabelecer requisitos diferenciados de admissão em cargo público, quando a natureza do cargo o exigir.

II. Nos termos do artigo 37 da Constituição da República, "a administração pública direta e indireta de qualquer dos Poderes da União, dos Estados, do Distrito Federal e dos Municípios obedecerá aos princípios de legalidade, impessoalidade, moralidade, publicidade e motivação".

III. Um dos incisos do artigo 37 da Constituição da República dispõe que "a remuneração dos servidores públicos e o subsídio de que trata o § 4º do art. 39 somente poderão ser fixados ou alterados por lei específica, observada a iniciativa privativa em cada caso, assegurada revisão geral anual, sempre na mesma data e sem distinção de índices".

IV. Um dos incisos do artigo 37 da Constituição da República estabelece que, exceto no caso de acumulação de pensões ou cargos públicos, a remuneração e o subsídio dos ocupantes de cargos, funções e empregos públicos da administração direta, autárquica e fundacional, dos membros de qualquer dos Poderes da União, dos Estados, do Distrito Federal e dos Municípios, dos detentores de mandato eletivo e dos demais agentes políticos, incluídas as vantagens pessoais ou de qualquer outra natureza, não poderão exceder o subsídio mensal, em espécie, dos Ministros do Supremo Tribunal Federal.

V. A proibição de acumulação remunerada de cargos públicos estende-se a empregos e funções e abrange autarquias, fundações, empresas públicas, sociedades de economia mista, suas subsidiárias, e sociedades controladas, direta ou indiretamente, pelo poder público; as exceções para acumulação – e desde que haja compatibilidade de horários – são a de dois cargos de professor; a de um cargo de professor com outro técnico ou científico; e a de dois cargos ou empregos privativos de profissionais de saúde, com profissões regulamentadas.

(A) Somente as proposições I, II e III são corretas.
(B) Somente as proposições I, III e IV são corretas.
(C) Somente as proposições II, III e IV são corretas.
(D) Somente as proposições III, IV e V são corretas.
(E) Somente as proposições I, III e V são corretas.

I: correto porque o princípio da igualdade, ao mesmo tempo em que veda as desigualdades, muitas vezes impõe o tratamento desigual, desde que obedecido o princípio da razoabilidade; **II:** incorreto. O art. 37, *caput*, da CF lista os princípios da Administração Pública como: (l) egalidade, (i)mpessoalidade, (m)oralidade, (p)ublicidade e (e)ficiência (LIMPE); **III:** correto. Texto do art. 37, X, da CF; **IV:** incorreto. Não reflete o disposto no art. 37, XI, da CF; **V:** correto (art. 37, XVI e XVII, da CF).

Gabarito "E"

(Magistratura do Trabalho – 9ª Região – 2006) Assinale a alternativa correta:

(A) Os cargos, empregos e funções públicas são acessíveis a brasileiros natos ou naturalizados, mas não a estrangeiros.
(B) A vedação de acumulação remunerada de cargos públicos não se estende aos empregos públicos.
(C) São princípios constitucionais da administração pública: legalidade, pessoalidade, moralidade, isonomia e eficiência.
(D) Não são passíveis de atos de constrição, em ação judicial, os bens das sociedades de economia mista e empresas públicas que explorem atividade econômica.
(E) É assegurada aos servidores públicos a revisão geral anual de remuneração, sempre na mesma data e sem distinção de índices.

A: incorreta. Não reflete o disposto no art. 37, I, da CF; **B:** incorreta. Não reflete o disposto no art. 37, XVII, da CF; **C:** incorreta. Não reflete o disposto no art. 37, *caput*, da CF; **D:** incorreta. Apenas os afetados ao serviço público não podem ser objeto de penhora; **E:** correta (art. 37, X, da CF).

Gabarito "E"

(Magistratura do Trabalho – 16ª Região – 2006) Marque a opção INCORRETA:

(A) São estáveis após três anos de efetivo exercício os servidores nomeados para cargo de provimento efetivo em virtude de concurso público.
(B) O servidor público estável somente perderá o cargo em virtude de sentença judicial transitada em julgado, mediante processo administrativo em que lhe seja assegurada ampla defesa e mediante procedimento de avaliação periódica de desempenho na forma de lei ordinária, assegurada ampla defesa.
(C) Somente por lei específica poderá ser criada autarquia e autorizada a instituição de empresa pública, de sociedade de economia mista e de fundação, cabendo à lei complementar, neste último caso, definir as áreas de sua atuação.
(D) Depende de autorização legislativa, em cada caso, a criação de subsidiárias de empresa pública de economia mista, assim como a participação de qualquer delas em empresa privada.
(E) Ao servidor ocupante, exclusivamente, de cargo em comissão declarado em lei de livre nomeação e exoneração bem como de outro cargo temporário ou de emprego público, aplica-se o regime geral de previdência social.

A: correta (art. 41, *caput*, da CF); **B:** incorreta, devendo ser assinalada. Não reflete o disposto no art. 41, § 1º, da CF; **C:** correta (art. 37, XIX, da CF); **D:** correta (art. 37, XX, da CF); **E:** correta (art. 40, § 13, da CF).

Gabarito "B"

5. ORGANIZAÇÃO DOS PODERES

5.1. SEPARAÇÃO DE PODERES

(Magistratura do Trabalho – 5ª Região – 2006 – CESPE) Acerca das características do presidencialismo, assinale a opção incorreta.

(A) O presidente da República exerce plenamente o Poder Executivo, acumulando as funções de chefe de Estado, chefe de governo e chefe da administração pública.
(B) O eventual plano de governo, mesmo quando aprovado por lei, depende exclusivamente da coordenação do presidente da República.
(C) O governo é responsável ante o parlamento, o que significa que o governo depende de seu apoio e confiança para governar.
(D) No presidencialismo, as relações entre os Poderes Executivo e Legislativo são mais rígidas que em outros sistemas de governo, prevalecendo o princípio da separação de poderes independentes e autônomos, embora estes possam ser harmônicos.
(E) O presidencialismo é um sistema típico das repúblicas.

Quando ao sistema de governo podemos afirmar a existência do **presidencialismo**, em que o Chefe do Estado e o Chefe do Governo estão concentrados na mesma pessoa e o **parlamentarismo**, no qual o Chefe de Estado é o Presidente ou o Rei e o Chefe de Governo o Primeiro-Ministro que para continuar no poder depende do apoio do Parlamento. Sendo assim, a ideia do governo ser responsável ante o parlamento é possível, mas aplicável ao parlamentarismo e não ao presidencialismo, como afirmado pela alternativa "C".

Gabarito "C"

(Magistratura do Trabalho – 11ª Região – 2007 – FCC) O princípio da separação dos poderes, na Constituição Federal brasileira de 1988,

(A) apresenta rigorosamente as características da sua formulação clássica, advinda de Montesquieu e adotada em todas as constituições brasileiras precedentes;
(B) implica a rigorosa divisão de poderes, bem como a total vedação da ingerência de um poder sobre o outro, exceção feita apenas ao poder congressual de sustar atos normativos do Poder Executivo;

(C) rechaça formalmente a cláusula-parâmetro da independência e harmonia entre os poderes, devido ao fato de que o constituinte contava com a futura adoção do parlamentarismo, no plebiscito que ficara previsto no ato das disposições constitucionais transitórias;

(D) impõe explicitamente a tripartição dos poderes nos Estados, Distrito Federal e Municípios, além de determinar a observância, em tais entes federativos, das regras da inacumulabilidade e da indelegabilidade;

(E) é flexibilizado, sobretudo em virtude da supressão das cláusulas da indelegabilidade e da inacumulabilidade de funções de poderes distintos, expressas nas constituições republicanas anteriores.

De acordo com Pedro Lenza, Aristóteles identificou a existência de três funções diferentes exercidas pelo soberano. Montesquieu aprimorou a teoria ao afirmar que tais funções estavam ligadas a três órgãos distintos, autônomos entre si, sendo que cada órgão exerceria apenas sua função típica. A teoria da tripartição de Poderes de Montesquieu foi abrandada e, nos dias atuais, a separação de poderes é estruturada com base na a) especialização funcional e na b) independência entre eles. A especialização funcional diz respeito à atribuição de uma "função típica" para cada um dos Poderes, o que não exclui o exercício de "funções atípicas", vale dizer, muito embora a função típica (preponderante) do Executivo seja administrar, do Legislativo seja legislar e do Judiciário seja julgar, nada impede que todos os Poderes legislem, administrem e julguem. Em suma: a função típica de um Poder é atípica do outro.

Gabarito "E".

(Magistratura do Trabalho – 23ª Região – 2009) Constituem exceções ao princípio da separação dos poderes:

I. A investidura de Deputado no cargo de Secretário de Estado.

II. A chefia, pelo Senador, de missão diplomática temporária.

III. A convocação de Ministro de Estado por Comissão de qualquer das casas do Congresso Nacional.

IV. A edição de leis delegadas pelo Presidente da República.

(A) Apenas os itens I, II e IV são verdadeiros.

(B) Apenas os itens II e III são verdadeiros.

(C) Apenas os itens I e III são falsos.

(D) Todos os itens são verdadeiros.

(E) Todos os itens são falsos.

O princípio da separação de poderes é estruturado com base na a) especialização funcional e na b) independência entre eles. A especialização funcional diz respeito à atribuição de uma "função típica" para cada um dos Poderes, o que não exclui o exercício de "funções atípicas", vale dizer, muito embora a função típica (preponderante) do Executivo seja administrar, a do Legislativo seja legislar e a do Judiciário seja julgar, nada impede que todos os Poderes legislem, administrem e julguem. Em suma: a função típica de um Poder é atípica do outro. A questão traz funções atípicas de cada poder.

Gabarito "D".

5.2. PODER LEGISLATIVO E PROCESSO LEGISLATIVO

(Magistratura do Trabalho – 14ª Região – 2011) Analise as proposições abaixo e aponte a alternativa correta.

I. O bicameralismo é o fato de ter duas Câmaras com funções idênticas, ainda que se reconheça algumas competências privativas a cada uma delas. É o que se chama bicameralismo paritário.

II. Compete privativamente à Câmara dos Deputados, dentre outras competências, autorizar por dois terços de seus membros, a instauração de processo contra o Presidente e o Vice-Presidente da República e os Ministros de Estado. Compete privativamente ao Senado Federal, dentre outras competências, processar e julgar o Presidente e o Vice-Presidente da República, nos crimes de responsabilidade, bem como os Ministros de Estado e os Comandantes da Marinha, do Exército e da Aeronáutica, nos crimes da mesma natureza conexos com aqueles.

III. O número total dos Deputados eleitos pelo povo, bem como a representação por Estado e pelo Distrito Federal, será estabelecido por Emenda Constitucional, proporcionalmente à população, procedendo-se aos ajustes necessários, no ano anterior às eleições, para que nenhuma daquelas unidades da Federação tenha menos de oito ou mais de 50 Deputados.

IV. Cada Estado federado elegerá três Senadores, o Distrito Federal, dois Senadores, cada qual com um suplente, com o mandato de 4 anos, renováveis por quatro anos.

V. Salvo disposição constitucional em contrário, as deliberações de cada Casa e de suas Comissões serão tomadas por maioria qualificada, presente a maioria absoluta de seus membros.

(A) Estão incorretas as alternativas I, II e III.

(B) Estão corretas as alternativas I, III e IV.

(C) Estão incorretas as alternativas III, IV e V.

(D) Estão corretas as alternativas II, III e V.

(E) Estão incorretas as alternativas I, III e V.

I: correta. De fato os parlamentos compostos por duas casas legislativas são tidos como bicamerais. São também paritários ou igualitários, além de bicamerais, quando as casas possuem as mesmas funções, havendo distribuição equilibrada de poderes; **II:** correta (arts. 51, I, e 52, I, ambos da CF); **III:** incorreta. De acordo com o art. 45, § 1º, da CF, o número total de Deputados, bem como a representação por Estado e pelo Distrito Federal, será estabelecido por **lei complementar**, proporcionalmente à população, procedendo-se aos ajustes necessários, no ano anterior às eleições, para que nenhuma daquelas unidades da Federação tenha menos de oito ou mais de setenta Deputados; **IV:** incorreta. Conforme o art. 46, § 1º, da CF, cada **Estado e o Distrito Federal elegerão três Senadores**, com **mandato de oito anos**; **V:** incorreta. Segundo o art. 47 da CF, salvo disposição constitucional em contrário, as deliberações de cada Casa e de suas Comissões serão tomadas por **maioria dos votos**, **presente a maioria absoluta** de seus membros.

Gabarito "C".

(Magistratura do Trabalho – 23ª Região – 2011) Quanto ao processo legislativo, assinale a alternativa que corresponde a uma afirmativa falsa:

(A) A Constituição poderá ser emendada mediante proposta de um terço, no mínimo, dos membros da Câmara dos Deputados ou do Senado Federal, do Presidente da República, de mais da metade das Assembleias Legislativas das unidades da Federação, manifestando-se, cada uma delas, pela maioria relativa de seus membros.

(B) A matéria constante de proposta de emenda constitucional rejeitada ou havida por prejudicada poderá constituir objeto de nova proposta, na mesma sessão legislativa, mediante iniciativa da maioria absoluta dos membros de qualquer das Casas do Congresso Nacional.

(C) A iniciativa popular pode ser exercida pela apresentação à Câmara dos Deputados de projeto de lei subscrito por, no mínimo, um por cento do eleitorado nacional, distribuído pelo menos por cinco Estados, com não menos de três décimos por cento dos eleitores de cada um deles.

(D) O veto presidencial será apreciado em sessão conjunta, dentro de trinta dias a contar de seu recebimento, só podendo ser rejeitado pelo voto da maioria absoluta dos Deputados e Senadores, em escrutínio secreto.

(E) Não serão objeto lei delegada os atos de competência exclusiva do Congresso Nacional, os de competência privativa da Câmara dos Deputados ou do Senado Federal, a matéria reservada à lei complementar, nem a legislação sobre a organização do Poder Judiciário e do Ministério Público, a carreira e a garantia de seus membros.

A: correta (art. 60, I, II e III, da CF); **B:** incorreta, devendo ser assinalada. De acordo com o § 5º do art. 60 da CF, § 5º, a matéria constante de proposta de emenda rejeitada ou havida por prejudicada **não** pode ser **objeto de nova proposta na mesma sessão** legislativa; **C:** correta (art. 61,§2º, da CF); **D:** correta (art. 66, § 4º, da CF); **E:** correta (art. 68, § 1º, I, da CF).

Gabarito "B"

(Magistratura do Trabalho – 16ª Região – 2011) Marque a única alternativa que NÃO representa uma competência privativa do Senado Federal:

(A) Autorizar operações externas de natureza financeira, de interesse da União, dos Estados, do Distrito Federai, dos Territórios e dos Municípios.

(B) Estabelecer limites globais e condições para o montante da dívida mobiliária dos Estados, do Distrito Federal e dos Municípios.

(C) Proceder à tomada de contas do Presidente da República, quando não apresentadas ao Congresso Nacional dentro de sessenta dias apos a abertura da sessão legislativa.

(D) Avaliar periodicamente a funcionalidade do Sistema Tributário Nacional, em sua estrutura e seus componentes, e o desempenho das administrações tributárias da União, dos Estados e do Distrito Federal e dos Municípios.

(E) Aprovar previamente, por voto secreto, após arguição em sessão secreta, a escolha dos chefes de missão diplomática de caráter permanente.

A: incorreta. Autorizar operações externas de natureza financeira, de interesse da União, dos Estados, do Distrito Federal, dos Territórios e dos Municípios é da competência privativa do Senado Federal (art. 52, V, da CF); **B:** errada. Estabelecer limites globais e condições para o montante da dívida mobiliária dos Estados, do Distrito Federal e dos Municípios também é da competência privativa do Senado (art. 52, IX, da CF); **C:** correta. Proceder à tomada de contas do Presidente da República, quando não apresentadas ao Congresso Nacional dentro de sessenta dias após a abertura da sessão legislativa compete privativamente à Câmara de Deputados e não ao Senado (art. 51, II, da CF); **D:** errada. Compete ao Senado, de forma privativa, avaliar periodicamente a funcionalidade do Sistema Tributário Nacional, em sua estrutura e seus componentes, e o desempenho das administrações tributárias da União, dos Estados e do Distrito Federal e dos Municípios (art. 52, XV, da CF); **E:** errada. Por fim, também compete privativamente ao Senado aprovar previamente, por voto secreto, após arguição em sessão secreta, a escolha dos chefes de missão diplomática de caráter permanente.

Gabarito "C"

(Magistratura do Trabalho – 16ª Região – 2011) Analise as seguintes afirmações e marque a alternativa CORRETA:

I. Compete privativamente ao Presidente da República manter relações com Estados estrangeiros e acreditar seus representantes diplomáticas, autorizado pelo Congresso Nacional ou referendado por ele.

II. A condenação do Presidente e do Vice-Presidente da República em crime de responsabilidade pelo Senado Federal somente será proferida por dois terços dos votos e limitar-se-á à perda do cargo, com inabilitação por oito anos para o exercício de função pública. Uma vez que se trata de processo e julgamento políticos, sem quaisquer participação de membros do Judiciário, tal pena será aplicada sem prejuízo das demais sanções judiciais cabíveis.

III. A Câmara dos Deputados e o Senado Federal, ou quaisquer de suas Comissões, poderão convocar Ministro de Estado ou quaisquer titulares de órgãos diretamente subordinados à Presidência da República para prestarem, pessoalmente, informações sobre assunto previamente determinado, importando crime de desobediência a ausência sem justificação adequada.

IV. As Mesas da Câmara dos Deputados e do Senado Federal poderão encaminhar pedidos escritos de informações a Ministros de Estado, importando em crime de desobediência a recusa, ou o não atendimento, no prazo de quinze dias, bem como a prestação de informações falsas.

V. É da competência exclusiva do Congresso Nacional apreciar os atos de concessão e renovação de concessão de emissoras de rádio e televisão.

(A) Somente as afirmativas I, IV e V estão corretas.

(B) Somente as afirmativas I e V estão corretas.

(C) Somente as afirmativas I e III estão corretas.

(D) Somente as afirmativas I, II e III estão erradas.

(E) Somente a afirmativa V está correta.

I: incorreta. De acordo com o art. 84, VII, da CF, a competência é privativa do Presidente da República, sem necessidade de autorização ou referendo do Congresso Nacional; **II:** incorreta. A condenação do Presidente e do Vice-Presidente da República em crime de responsabilidade pelo Senado Federal somente será proferida, de fato, por dois terços dos votos e limitar-se-á à perda do cargo, com inabilitação por oito anos para o exercício de função pública, sem prejuízo das demais sanções judiciais cabíveis (art. 52, parágrafo único, da CF). Ocorre que, ao contrário do mencionado, há participação de membro do Judiciário nesse processo e julgamento, pois funcionará como Presidente o do Supremo Tribunal Federal; **III:** incorreta. Conforme o art. 50, *caput*, da CF, a ausência injustificada importa crime de responsabilidade; **IV:** incorreta. Agora conforme o § 2º do mesmo art. 50 da CF, de fato, as Mesas da Câmara dos Deputados e do Senado Federal poderão encaminhar pedidos escritos de informações a Ministros de Estado ou a qualquer das pessoas referidas no *caput* deste artigo, mas a recusa, ou o não atendimento, no prazo de trinta dias, bem como a prestação de informações falsas, importa crime de responsabilidade; **V:** correta (art. 49, XII,da CF).

Gabarito "E"

(Magistratura do Trabalho – 16ª Região – 2011) Sobre o processo legislativo analise as seguintes afirmações e marque a alternativa CORRETA:

I. A matéria constante de projeto de lei rejeitado somente poderá constituir objeto de novo projeto, na mesma sessão legislativa, mediante proposta da maioria absoluta dos membros de qualquer das Casas do Congresso Nacional.
II. A Constituição Federal poderá ser emendada mediante proposta do Presidente da República; de, no mínimo, a maioria simples dos membros da Câmara dos Deputados ou do Senado Federal e de mais da metade das Assembleias Legislativas das unidades da Federação. Neste último caso, cada uma delas deverá se manifestar pela maioria absoluta de seus membros.
III. A Constituição não poderá ser emendada na vigência de intervenção federal, de estado de defesa ou de estado de sítio, salvo declaração expressa do Congresso Nacional sobre a matéria.
IV. A proposta de Emenda será discutida e votada em cada Casa do Congresso Nacional, em dois turnos, considerando-se aprovada se obtiver, em ambos, três quintos dos votos dos respectivos membros. Apenas não será objeto de deliberação a proposta de emenda tendente a abolir a forma federativa de Estado, os direitos e garantias individuais e o voto direto, secreto, universal e periódico.
V. A iniciativa popular para a criação de leis pode ser exercida pela apresentação à Câmara dos Deputados de projeto de lei subscrito por, no mínimo, um por cento do eleitorado nacional, distribuído pelo menos por cinco Estados, com não menos de três décimos por cento dos eleitores de cada um deles.

(A) Somente as afirmativas II, e IV estão corretas.
(B) Somente as afirmativas I e V estão corretas.
(C) Somente as afirmativas I, III e V estão corretas.
(D) Somente as afirmativas II e III estão erradas.
(E) Somente a afirmativa I está correta.

I: correta (art. 67 da CF); **II:** errada. O art. 60, I, II e III, da CF traz as pessoas que podem propor a elaboração de emendas à Constituição. Segundo esse artigo, a Constituição pode ser emendada mediante proposta de **um terço, no mínimo, dos membros da Câmara dos Deputados** ou do Senado Federal, do Presidente da República e de **mais da metade das Assembleias** Legislativas das unidades da Federação, **manifestando-se, cada uma delas, pela maioria relativa de seus membros**; **III:** errada. De acordo com o art. 60, § 1º, da CF, a Constituição não poderá ser emendada na vigência de intervenção federal, de estado de defesa ou de estado de sítio e **não há exceção a tal regra**; **IV:** errada. A primeira parte da alternativa está correta, pois é cópia do art. 60, §2º da CF. Já a segunda parte, trata dos limites materiais ao poder de reforma ou as chamadas cláusulas pétreas e, de acordo com o art. 60, § 4º, da CF, o conteúdo não se restringe a forma federativa de Estado, os direitos e garantias individuais e o voto direto, secreto, universal e periódico. Há também a **separação dos poderes**; **V:** correta (art. 61, § 2º, da CF).

Gabarito "B"

(Magistratura do Trabalho – 16ª Região – 2011) Ainda sobre o processo legislativo, analise as seguintes afirmações e marque a alternativa CORRETA:

I. Entre as leis de iniciativa privativa do Presidente da República estão aquelas que dispõem sobre a criação de cargos, funções ou empregos públicos na administração direta, a organização do Ministério Público e da Defensoria Pública da União, bem como normas gerais para a organização do Ministério Público e da Defensoria Pública dos Estados.
II. Segundo entendimento do STF, é possível a instituição de medida provisória estadual, desde que, primeiro, esse instrumento esteja expressamente previsto na Constituição do Estado e, segundo, sejam observados os princípios e as limitações impostas pelo modelo adotado pela Constituição Federal.
III. As leis delegadas serão elaboradas pelo Presidente da República, que deverá solicitar a delegação ao Congresso Nacional. No entanto, considerando tratar-se de situação excepcional, o legislador constituinte vedou seu uso, entre outras matérias, aos atos de competência exclusiva do Congresso Nacional. Por outro lado, há casos em que é permitida a delegação de matérias relativas aos planos plurianuais e diretrizes orçamentárias. desde que especificado seu conteúdo e os termos de seu exercício, através de resolução do Congresso Nacional.
IV. As medidas provisórias necessariamente perderão eficácia, desde a edição, se não forem convertidas em lei no prazo de sessenta dias, prorrogável uma única vez por igual período. No caso de perda de eficácia, o Congresso Nacional disciplinará, por decreto legislativo, as relações jurídicas delas decorrentes.
V. Conforme entendimento consolidado do Supremo Tribunal Federal, os requisitos constitucionais legitimadores da edição de medidas provisórias, vertidos nos conceitos jurídicos indeterminados de 'relevância' e 'urgência' (art. 62 da Constituição federal de 1988), apenas em caráter excepcional se submetem ao crivo do Poder Judiciário, por força da regra da separação de poderes.

(A) Somente as afirmativas I e II estão corretas.
(B) Somente as afirmativas I, II e V estão corretas.

(C) Somente as afirmativas I, II, III e V estão corretas.
(D) Somente as afirmativas I e III estão erradas.
(E) Somente as afirmativas I e V estão corretas.

I: correta (art. 61, §1º, II, *a* e *d*, da CF); **II:** correta. No julgamento da ADI 2301-8, Santa Catarina, Min. Ellen Gracie, o STF entendeu ser **possível a instituição de medida provisória estadual**, desde que, primeiro, esse instrumento esteja expressamente previsto na Carta Estadual e, segundo, sejam observados os princípios e as limitações impostas pelo modelo adotado pela Constituição Federal; **III:** errada. Apenas a parte final da alternativa que possui erro. De acordo com o art. 68, § 1º, III da CF, **não será objeto de delegação**, além de outras matérias, **a legislação sobre planos plurianuais, diretrizes orçamentárias e orçamentos**; **IV:** errada. Conforme o art. 62, § 3º, da CF, as medidas provisórias, **ressalvado o disposto nos §§ 11 e 12 perderão eficácia**, desde a edição, se não forem convertidas em lei no prazo de sessenta dias, prorrogável, nos termos do § 7º, uma vez por igual período, devendo o Congresso Nacional disciplinar, por decreto legislativo, as relações jurídicas delas decorrentes; **V:** correta. Vide julgado: "Conforme entendimento consolidado da Corte, os **requisitos constitucionais legitimadores da edição de medidas provisórias**, vertidos nos conceitos jurídicos indeterminados de 'relevância' e 'urgência' (art. 62 da CF), **apenas em caráter excepcional se submetem ao crivo do Poder Judiciário**, por força da regra da separação de poderes (art. 2º da CF) (ADI 2.213, Rel. Min. Celso de Mello, DJ de 23-4-2004; ADI 1.647, Rel. Min. Carlos Velloso, DJ de 26-3-1999; ADI 1.753-MC, Rel. Min. Sepúlveda Pertence, DJ de 12-6-1998; ADI 162-MC, Rel. Min. Moreira Alves, DJ de 19-9-1997)." (ADC 11-MC, voto do Rel. Min. Cezar Peluso, julgamento em 28-3-2007, Plenário, DJ de 29-6-2007.).

Gabarito "B"

(Magistratura do Trabalho – 14ª Região – 2011) Assinale a alternativa que não está correta.

(A) A Constituição Federal poderá ser emendada mediante proposta de um terço, no mínimo, dos membros da Câmara dos Deputados ou do Senado Federal, mediante proposta do Presidente da Republica, mediante proposta de mais da metade das Assembleias Legislativas das unidades da Federação, manifestando-se cada uma delas pela maioria relativa de seus membros.
(B) A matéria constante de proposta de emenda rejeitada ou havida por prejudicada não pode ser objeto de nova proposta na mesma sessão legislativa.
(C) A iniciativa de leis complementares e ordinárias cabe a qualquer membro ou Comissão da Câmara dos Deputados, do Senado Federal ou do Congresso Nacional, ao Presidente da República, ao Supremo Tribunal Federal, aos Tribunais Superiores, ao Procurador-Geral da República e aos cidadãos, na forma e casos previstos na Constituição Federal.
(D) Em caso de relevância e urgência, o Presidente da República poderá adotar medidas provisórias, com força de lei, devendo submetê-las de imediato ao Senado Federal. Se a medida provisória não for apreciada até 35 dias, contados de sua publicação, entrará em regime de urgência, subsequentemente, em cada uma das Casas do Congresso Nacional, ficando sobrestadas, até que se ultime a votação, todas as demais deliberações legislativas da Casa em que estiver tramitando.
(E) As medidas provisórias, dentre as espécies normativas, terão sua votação iniciada na Câmara dos Deputados.

A: correta (art. 60, I, II e III, da CF); **B:** correta (art. 60,§5º, da CF); **C:** correta (art. 61, *caput*, da CF); **D:** incorreta, devendo ser assinalada. O § 6º do art. 62 da CF determina que a medida provisória entre em regime de urgência quando não apreciada em até **quarenta e cinco dias** contados de sua publicação; **E:** correta (art. 62, § 8º, da CF).

Gabarito "D"

(Magistratura do Trabalho – 8ª Região – 2011) É CORRETO afirmar que:

(A) Compete exclusivamente ao Congresso Nacional processar e julgar o Presidente e o Vice-Presidente da República nos crimes de responsabilidade, bem como Ministros de Estado e os Comandantes da Marinha, do Exército e da Aeronáutica, nos crimes da mesma natureza, conexos com aqueles.
(B) As mesas da Câmara dos Deputados e do Senado Federal poderão encaminhar pedidos escritos de informações a Ministros de Estado que poderão se recusar a respondê-los, de forma motivada, desde que tal justificativa seja apresentada no prazo de trinta dias.
(C) Desde a expedição do diploma, Deputados e Senadores serão submetidos a julgamento perante o Supremo Tribunal Federal.
(D) Os Deputados e Senadores não podem se recusar, sob pena de responsabilidade, a testemunhar sobre informações recebidas ou prestadas em razão do exercício do mandato, assim como sobre as pessoas que lhes confiaram ou deles receberam informações.
(E) O Deputado ou Senador que for investido no cargo de Secretário de Prefeitura de Capital ou chefe de missão diplomática temporária perderá seu mandato parlamentar.

A: incorreta. A competência é privativa do Senado Federal (art. 52, I, da CF); **B:** incorreta. De fato a Constituição dispõe que as mesas da Câmara dos Deputados e do Senado Federal podem encaminhar pedidos escritos de informações a Ministros de Estado, mas determina que é considerado crime de responsabilidade a recusa ou o não atendimento, no prazo de trinta dias, bem como a prestação de informações falsas (art. 50, § 2º, da CF); **C:** correta (art. 53, §1º, da CF); **D:** incorreta. Ao contrário, os Deputados e Senadores podem se recusar a testemunhar sobre informações recebidas ou prestadas em razão do exercício dos mandatos, assim como sobre as pessoas que lhes confiaram ou deles receberam informações (art. 53, § 6º, da CF); **E:** incorreta. A Constituição dispõe de forma contrária (art. 56, I, da CF).

Gabarito "C"

(Magistratura do Trabalho – 8ª Região – 2011) A respeito do processo legislativo, analise as proposições abaixo e assinale a alternativa CORRETA:

I. São de iniciativa privativa do Presidente da República as leis que disponham sobre normas gerais para a organização do Ministério Público e da Defensoria Pública dos Estados.
II. Prorrogar-se-á uma única vez, por igual período, a vigência de medida provisória que, no prazo de sessenta dias, contado de sua publicação, não tiver a sua votação encerrada na Câmara dos Deputados.
III. A Constituição poderá ser emendada mediante proposta de mais da metade das Assembleias

Legislativas das unidades da Federação, manifestando-se, cada uma delas, pela maioria relativa de seus membros.

IV. A discussão e a votação dos projetos de lei de iniciativa do Presidente da República, do Supremo Tribunal Federal e dos Tribunais Superiores terão início na Câmara dos Deputados, sendo vedado ao Presidente da República solicitar urgência para a apreciação de projetos apenas de sua iniciativa.

(A) As alternativa I e III estão corretas.
(B) As alternativas I e II estão corretas.
(C) As alternativas I e IV estão corretas
(D) As alternativas III e II estão corretas.
(E) As alternativas I, II, III e IV estão corretas.

I: correta (art. 61, § 1º, II, *b*, 2ª parte, da CF); **II:** incorreta. O § 7º do art. 62 da CF determina que a prorrogação única e por igual período da medida provisória ocorra, dentro do prazo de sessenta dias, contado de sua publicação, quando a votação não tiver a sido encerrada **nas duas Casas do Congresso Nacional** e não apenas na Câmara de Deputados; **III:** correta (art. 60, III, da CF); **IV:** incorreta. O art. 64, §1º, da CF **admite que o Presidente da República solicite urgência** na apreciação de **projetos de sua iniciativa**.

Gabarito "A"

(Magistratura do Trabalho – 2ª Região – 2010) Em matéria de espécies normativas e de processo legislativo, assinale a alternativa correta.

(A) Pode ser objeto de lei complementar matéria que também pode ser objeto de lei ordinária, sendo que aquelas diferenciam-se desta última pelo "quorum" necessário à sua aprovação, correspondente à maioria simples.
(B) A reedição, na mesma sessão legislativa, de Medida Provisória expressamente rejeitada pelo Congresso Nacional configura hipótese de crime de responsabilidade do Presidente da República.
(C) Para que o Presidente da República possa elaborar Medida Provisória há necessidade de autorização do Poder Legislativo.
(D) O Decreto legislativo veicula matérias atinentes ao Poder Legislativo de cada uma das casas do Congresso, estando completo e apto a produzir efeitos imediatos no território nacional, quando autoriza a entrada no Brasil de um tratado internacional negociado e assinado por representante brasileiro.
(E) A sanção do Presidente da República deve ser expressamente manifestada e o veto, tendo em vista, a sua negativa repercussão, pode ser objeto de retratação, após juízo de reconsideração do chefe do Executivo, no prazo inafastável de trinta dias.

A: incorreta. As leis complementares se diferenciam das ordinárias por possuírem duas características. A primeira, de fato, está relacionada ao quórum de aprovação. Para ser aprovada é necessário o voto da maioria absoluta (art. 69 da CF). A segunda diferença se dá quanto ao conteúdo disciplinado. Será exigida a aprovação por meio de lei complementar somente em relação às matérias que a Constituição expressamente exige essa espécie legislativa; **B:** correta. De fato, a doutrina sustenta que a reedição, na mesma sessão legislativa, de medida provisória expressamente rejeitada pelo Congresso Nacional configura hipótese de crime de responsabilidade do Presidente da República. O fundamento é de essa reedição configura ato que atenta contra a Constituição Federal, em especial, contra o livre exercício do Poder Legislativo (art. 85, II, da CF); **C:** incorreta. O art. 62 da CF, que trata das medidas provisórias, não faz menção a necessidade de autorização do Poder Legislativo. A espécie legislativa que o Presidente edita, mediante autorização (delegação) do Congresso Nacional é a lei delegada (art. 68 da CF); **D:** incorreta. O decreto legislativo que autoriza a entrada no Brasil de um tratado internacional negociado e assinado por um representante brasileiro depende da ratificação do Presidente da República para produzir efeitos no território nacional (art. 84, VIII, da CF); **E:** incorreta. A sanção presidencial pode ser expressa ou tácita. O art. 66, § 1 º, da CF menciona que se o Presidente quiser vetar o projeto deve fazê-lo em quinze dias úteis, de modo que, no silêncio, presume-se sancionado o projeto. Em relação ao veto, não há juízo de reconsideração, pois uma de suas características é fato de ser irretratável.

Gabarito "B"

(Magistratura do Trabalho – 15ª Região – 2010) É da competência exclusiva do Congresso Nacional:

(A) escolher dois terços dos membros do Tribunal de Contas da União;
(B) aprovar a escolha dos chefes de missão diplomática de caráter permanente;
(C) autorizar a instauração de processo contra o Presidente e o Vice-Presidente da República;
(D) decretar o estado de defesa e o estado de sítio;
(E) expedir instruções para a execução das leis, decretos e regulamentos.

A: correta (art. 49, XIII, da CF); **B:** incorreta. Conforme o art. 52, IV, a aprovação prévia da escolha dos chefes de missão diplomática de caráter permanente é da competência privativa do **Senado Federal** **C:** incorreta. Conforme o art. 51, I, da CF, compete privativamente à **Câmara dos Deputados** autorizar, por dois terços de seus membros, a instauração de processo contra o Presidente e o Vice-Presidente da República e os Ministros de Estado; **D:** incorreta. O art. 84, XI, da CF, determina que cabe ao **Presidente da República**, de forma privativa, decretar o estado de defesa e o estado de sítio; **E:** incorreta. Conforme o art. 87, parágrafo único, II, da CF, compete ao **Ministro de Estado**, além de outras atribuições estabelecidas nesta Constituição e na lei, expedir instruções para a execução das leis, decretos e regulamentos.

Gabarito "A"

(Magistratura do Trabalho – 1ª Região – 2010) A respeito do Poder Legislativo, assinale a opção correta.

(A) Compete ao Congresso Nacional, com a sanção do presidente da República, autorizar a exploração e o aproveitamento de recursos hídricos e a pesquisa e lavra de riquezas minerais em terras indígenas.
(B) O Senado Federal tem competência para fixar, por proposta do presidente da República, limites globais para o montante da dívida consolidada da União, dos estados, do Distrito Federal e dos municípios.
(C) A iniciativa privativa ou reservada para deflagrar procedimento destinado à formação de determinada lei ordinária pode ser objeto de delegação.
(D) A CF veda a iniciativa popular para desencadear processo legislativo destinado à edição de lei complementar.
(E) A CF veda o requerimento de urgência na votação de projetos de lei fora das hipóteses por ela expressamente admitidas.

A: incorreta. O art. 49, XVI, da CF traduz competência exclusiva do Congresso Nacional, ou seja, não há sanção do Presidente da República (art. 48, *caput*, da CF); **B:** correta (art. 52, VI, da CF); **C:** incorreta. Embora haja discussão em doutrina a respeito da distinção entre competências privativas (podem ser delegadas) e exclusivas (não podem ser delegadas), a banca considerou que a iniciativa legislativa privativa não pode ser objeto de delegação; **D:** incorreta. O art. 61, *caput*, da CF refere-se expressamente a leis complementares (v., tb., o § 2º do mesmo artigo); **E:** incorreta. A CF não lista as hipóteses em que o requerimento de urgência é possível (art. 64, § 1º, da CF).

Gabarito "B"

(Magistratura do Trabalho – 1ª Região – 2004) Considerando as chamadas cláusulas pétreas da Constituição, assim consideradas aquelas para as quais proposta de emenda sequer será objeto de deliberação, assinale aquela que não se insere entre elas:

(A) Os direitos e garantias individuais.
(B) A forma federativa de Estado.
(C) A separação dos Poderes.
(D) O regime republicano.
(E) O voto direto, secreto, universal e periódico.

O regime republicano não foi incluído no art. 60, § 4º, I a IV, da CF como cláusula pétrea.

Gabarito "D"

(Magistratura do Trabalho – 5ª Região – 2006 – CESPE) Acerca das medidas provisórias (MPs), assinale a opção correta.

(A) A edição da MP paralisa temporariamente a eficácia da lei que versava a mesma matéria, mas caso a MP seja rejeitada, não se restaura a eficácia da norma anterior.
(B) A edição de MPs pelo presidente da República, para legitimar-se juridicamente, depende, entre outros requisitos, da estrita observância dos pressupostos constitucionais da urgência e da relevância. Tais requisitos, por serem conceitos jurídicos relativamente indeterminados e fluidos, não permitem, nem excepcionalmente, o controle do Poder Judiciário.
(C) As MPs cujos conteúdos versavam sobre matérias que eram objeto de restrição da Emenda Constitucional n.º 32 e foram publicadas em data anterior à da referida emenda perderam sua validade.
(D) É constitucional a adoção de MP pelos estados--membros, desde que esse instrumento esteja expressamente previsto na Constituição estadual e que sejam observados os princípios e as limitações estabelecidos pela Constituição Federal.
(E) O legislador constitucional previu expressamente as matérias que podem ser objeto de MP.

A: incorreta. V. art. 62, § 11, da CF; **B:** incorreta. O juízo de relevância e urgência para adoção de Medidas Provisórias é ato privativo do Presidente da República (art. 84, XXVI, da CF) e indelegável (art. 84, parágrafo único, da CF). Excepcionalmente são *sindicáveis*, ou seja, podem ser objeto de análise pelo Poder Judiciário, com fundamento no respeito ao princípio da separação de poderes. Para o STF, "os pressupostos da urgência e da relevância, embora conceitos jurídicos relativamente indeterminados e fluidos, mesmo expondo-se, inicialmente, à avaliação discricionária do Presidente da República, estão sujeitos, ainda que excepcionalmente, ao controle do Poder Judiciário, porque compõem a própria estrutura constitucional que disciplina as medidas provisórias, qualificando-se como requisitos legitimadores e juridicamente condicionantes do exercício, pelo Chefe do Poder Executivo, da competência normativa primária que lhe foi outorgada, extraordinariamente, pela Constituição da República. (...) A possibilidade de controle jurisdicional, mesmo sendo excepcional, apoia-se na necessidade de impedir que o Presidente da República, ao editar medidas provisórias, incida em excesso de poder ou em situação de manifesto abuso institucional, pois o sistema de limitação de poderes não permite que práticas governamentais abusivas venham a prevalecer sobre os postulados constitucionais que informam a concepção democrática de Poder e de Estado, especialmente naquelas hipóteses em que se registrar o exercício anômalo e arbitrário das funções estatais" (STF, ADI 2213 MC, Rel. Min. Celso de Mello); **C:** incorreta. Continuam em vigor até os dias atuais por força do art. 2º da EC 32/2001, que expressamente assegurou a eficácia das MPs adotadas antes da publicação da referida emenda constitucional; **D:** correta por simetria federativa, entendimento já consagrado pelo STF; **E:** incorreta. Previu as que não podem ser objeto de MP (art. 62, § 1º, da CF).

Gabarito "D"

(Magistratura do Trabalho – 8ª Região – 2009) Assinale a alternativa correta à luz das expressas disposições contidas na Constituição Federal.

(A) A soberania popular será exercida pelo sufrágio universal e pelo voto direto e secreto, com valor igual para todos, e, nos termos da lei, mediante a ocorrência da iniciativa popular. A iniciativa popular pode marcar o início do processo legislativo das normas de competência do Congresso Nacional, com exceção das: leis delegadas; medidas provisórias; decretos legislativos e resoluções.
(B) A iniciativa das leis cabe a qualquer membro ou Comissão da Câmara dos Deputados, do Senado Federal ou do Congresso Nacional, ao Presidente da República, ao Supremo Tribunal Federal, aos Tribunais Superiores, ao Procurador-Geral da República e aos cidadãos, na forma e nos casos previstos na Constituição. A discussão e votação dos projetos de lei de iniciativa do Supremo Tribunal Federal e dos Tribunais Superiores terão início na Câmara dos Deputados. A Câmara dos Deputados e o Senado Federal possuem a iniciativa privativa dos projetos de lei que versem sobre sua organização, funcionamento, polícia, criação, transformação ou extinção dos cargos, empregos e funções de seus serviços, e a fixação da respectiva remuneração, observados os parâmetros estabelecidos na lei de diretrizes orçamentárias e o princípio da reserva legal.
(C) Os Deputados e Senadores são invioláveis, civil e penalmente, por quaisquer de suas opiniões, palavras e votos. Recebida a denúncia contra o Senador ou Deputado, por crime ocorrido após a diplomação, o Supremo Tribunal Federal dará ciência à Casa respectiva, que, por iniciativa de partido político nela representado e pelo voto da maioria do Congresso Nacional, poderá, até a decisão final, sustar o andamento da ação. O pedido de sustação será apreciado no prazo improrrogável de quarenta e cinco dias do seu recebimento pela Mesa Diretora e, caso aprovado, importa em

interrupção da prescrição. As imunidades de Deputados ou Senadores subsistirão durante o estado de sítio, só podendo ser suspensas mediante o voto de dois terços dos membros da Casa respectiva, e, exclusivamente, nos casos de atos praticados fora do recinto do Congresso Nacional, que sejam incompatíveis com a execução da medida.

(D) A convocação extraordinária do Congresso Nacional far-se-á: a) pelo Presidente do Senado Federal, em caso de decretação de estado de defesa ou de intervenção federal, de pedido de autorização para a decretação de estado de sítio e para o compromisso e a posse do Presidente e do Vice-Presidente da República; b) pelo Presidente da República, pelos Presidentes da Câmara dos Deputados e do Senado Federal ou a requerimento da maioria dos membros de ambas as Casas, em caso de urgência ou interesse público relevante, com a aprovação da maioria absoluta de cada uma das Casas do Congresso Nacional. Na sessão legislativa extraordinária, o Congresso Nacional somente deliberará sobre a matéria para a qual foi convocado.

(E) Em caso de relevância e urgência, o Presidente da República poderá adotar medidas provisórias, com força de lei, devendo submetê-las de imediato ao Congresso Nacional, sendo vedada a edição de medidas provisórias sobre matéria: a) que vise a detenção ou sequestro de bens, de poupança popular ou qualquer outro ativo financeiro; b) reservada a lei complementar; c) já disciplinada em projeto de lei aprovado pelo Congresso Nacional e pendente de sanção ou veto do Presidente da República. Como regra, as medidas provisórias perderão eficácia, desde a edição, se não forem convertidas em lei no prazo de sessenta dias, prorrogável uma vez por igual período. O prazo de sessenta dias para o encerramento da votação da Medida Provisória pelo Congresso Nacional contar-se-á da publicação da medida provisória, suspendendo-se durante os períodos de recesso do Congresso Nacional.

A: incorreta. Não reflete o disposto no art. 14, I a III, da CF; **B:** incorreta. Primeira parte válida para as leis ordinárias e complementares (art. 61, *caput*, da CF). A discussão e votação dos projetos de lei de iniciativa do Presidente da República, do Supremo Tribunal Federal e dos Tribunais Superiores terão início na Câmara dos Deputados (art. 64 da CF). V., tb, art. 51, IV, e art. 52, XIII, ambos da CF; **C:** incorreta. V. art. 53, *caput*, e § § 3º, 4º e 8º, da CF; **D:** incorreta. V. art. 57, § 6º, I e II, e § 7º, da CF; **E:** correta (Art. 62, *caput*, § 1º, II, III e IV; § 3º e § 4º, da CF).

Gabarito "E".

(Magistratura do Trabalho – 8ª Região – 2008) Assinale a alternativa CORRETA.

(A) Insere-se na competência exclusiva do Congresso Nacional, dentre outras: escolher dois terços dos membros do Tribunal de Contas da União e eleger os membros do Conselho da República.

(B) Em semelhança com a disposição que regula o processo legislativo das leis ordinárias, a Constituição Federal expressamente prevê a possibilidade de iniciativa para apresentação de Emenda Constitucional a: de um terço, no mínimo, dos membros da Câmara dos Deputados ou do Senado Federal; iniciativa popular; do Presidente da República; de mais da metade das Assembleias Legislativas das unidades da Federação, manifestando-se, cada uma delas, pela maioria relativa de seus membros.

(C) A ocorrência de Estado de Defesa; Estado de Sítio; Intervenção da União nos Estados ou destes nos Municípios, impede o processo de emenda à Constituição Federal.

(D) A República, a forma federativa de Estado, o voto direto, secreto, universal e periódico; a separação dos Poderes e os direitos e garantias individuais constituem as chamadas cláusulas pétreas, expressamente descritas na Constituição Federal.

(E) O processo legislativo de criação de Emendas Constitucionais apenas prevê a possibilidade de atuação do Presidente da República na iniciativa, retirando-lhe qualquer possibilidade de atuação formal futura, até mesmo na eventual sanção ou veto ao projeto, pois inexistente a possibilidade.

A: incorreta. A primeira parte sim (art. 49, XIII, da CF), mas a eleição dos membros do Conselho da República é competência privativa do Senado Federal (art. 52, XIV, da CF); **B:** incorreta. Não reflete o disposto no art. 60, I a III, da CF; **C:** incorreta. Não reflete o disposto no art. 60, § 1º, da CF; **D:** incorreta. Não reflete o disposto no art. 60, § 4º, I a IV, da CF. República é forma de governo, não constando do rol do art. 60, § 4º, da CF. Além disso, o art. 2º do ADCT previu plebiscito sobre o tema, o que demonstrava, em tese, a possibilidade de alteração da forma de governo; **E:** correta. O Presidente da República só participa do processo se apresentar a proposta de alteração (art. 60, II, da CF), haja vista não existir a fase de sanção ou veto presidencial no processo de elaboração de emendas à Constituição, já que constituem manifestação do Poder Constituinte Derivado. Importa observar, entretanto, que a participação do Chefe do Executivo é bem mais expressiva no caso do art. 5º, § 3º, da CF, pois cabe a ele a edição do decreto que faz incorporar o texto do tratado ao direito interno.

Gabarito "E".

(Magistratura do Trabalho – 8ª Região – 2007) Compete privativamente à Câmara dos Deputados:

(A) Aprovar previamente, por voto secreto, após arguição em sessão secreta, a escolha dos chefes de missão diplomática de caráter permanente.

(B) Aprovar, por maioria absoluta e por voto secreto, a exoneração, de ofício, do Procurador Geral da República, antes do término de seu mandato.

(C) Dispor sobre limites globais e condições para o montante da dívida mobiliária dos Estados, do Distrito Federal e dos Municípios.

(D) Autorizar operações externas de natureza financeira, de interesse da União, dos Estados, do Distrito Federal, dos Territórios e dos Municípios.

(E) Proceder à tomada de contas do Presidente da República, quando não apresentadas ao Congresso Nacional dentro de sessenta dias após a abertura da sessão legislativa.

A: incorreta. Não reflete o disposto no art. 52, IV, da CF; **B:** incorreta. Não reflete o disposto no art. 52, XI, da CF; **C:** incorreta. Não reflete o disposto no art. 52, IX, da CF; **D:** incorreta. Não reflete o disposto no art. 52, V, da CF; **E:** correta (Art. 51, II, da CF).

Gabarito "E".

(Magistratura do Trabalho – 9ª Região – 2009) Analise as proposições a seguir:

I. Decorre do princípio constitucional da independência dos Poderes a impossibilidade da Câmara dos Deputados convocar Ministro de Estado ou quaisquer titulares de órgãos diretamente subordinados à Presidência da República para prestarem, pessoalmente, informações sobre assuntos previamente determinados.
II. Compete privativamente ao Senado Federal processar e julgar os Ministros do Supremo Tribunal Federal, os membros do Conselho Nacional de Justiça e do Conselho Nacional do Ministério Público, o Procurador-Geral da República e o Advogado-Geral da União nos crimes de responsabilidade.
III. O poder constituinte originário pode estabelecer limitações materiais ao poder de reforma da Constituição.
IV. O controle externo exercido para a fiscalização contábil, financeira, orçamentária, operacional e patrimonial da União fica a cargo do Congresso Nacional com o auxílio do Tribunal de Contas da União, sendo este último integrado por nove ministros.
V. As medidas provisórias perderão eficácia, desde a edição, se não forem convertidas em lei no prazo de trinta dias a partir de sua publicação, devendo o Congresso Nacional disciplinar as relações jurídicas delas decorrentes.

(A) Somente as proposições II, III e IV são corretas.
(B) Somente as proposições I, III e V são corretas.
(C) Somente as proposições III, IV e V são corretas.
(D) Somente as proposições II e IV são corretas.
(E) Todas as proposições são corretas

I: incorreta. Viola o art. 50 da CF; **II:** correta (art. 52, II, da CF); **III:** correta. Art. 60, § 4º, da CF (cláusulas pétreas); **IV:** correta (arts. 70, 71 e 73 da CF); **V:** incorreta. Não reflete o disposto no art. 62, § 3º, da CF.
Gabarito "A"

(Magistratura do Trabalho – 9ª Região – 2007) Considere as seguintes proposições:

I. Nos casos de relevância e urgência, o Presidente da República pode adotar medidas provisórias com força de lei, as quais permanecem em vigor por 60 dias a contar da publicação, e devem ser submetidas de imediato ao Poder Legislativo. O prazo mencionado ficará suspenso durante o recesso do Congresso Nacional.
II. Se rejeitada expressamente pelo Poder Legislativo, a medida provisória perderá seus efeitos retroativamente, cabendo ao Congresso Nacional disciplinar as relações jurídicas dela decorrentes, através de decreto legislativo. No entanto, é permitida a reedição de tal medida provisória pelo Presidente da República.
III. Não havendo apreciação da Medida Provisória em até 45 dias contados de sua publicação, a mesma entrará no denominado "regime de urgência", durante o qual as demais deliberações da Casa Legislativa que estiver apreciando a medida provisória ficarão sobrestadas, até a conclusão da votação.
IV. Em caso de relevância e urgência, é permitido aos Governadores de Estado e Prefeitos Municipais editar medidas provisórias, desde que, no primeiro caso, exista previsão expressa na Constituição Estadual e, no segundo, previsão na Constituição Estadual e na respectiva Lei Orgânica do Município. Essas Medidas Provisórias deverão ser submetidas, de imediato, ao Poder Legislativo local.

Assinale a alternativa correta:

(A) Somente as proposições I, II e III estão corretas;
(B) Somente as proposições II, III e IV estão corretas;
(C) Somente as proposições I e II estão corretas;
(D) Somente as proposições I e III estão corretas;
(E) Somente as proposições I, III e IV estão corretas.

I: correto (Art. 62, *caput*, §§ 3º e 4º, da CF); **II:** incorreto. V. art. 62, §§ 3º, 10 e 11, da CF; **III:** correto (art. 62, § 6º, da CF); **IV:** correto, e desde que sigam o modelo federal, ante a simetria federativa.
Gabarito "E"

(Magistratura do Trabalho – 9ª Região – 2006) É correto afirmar:

I. Medida Provisória que tenha perdido sua eficácia por decurso de prazo não pode ser reeditada na mesma sessão legislativa.
II. Em caso de relevância e urgência, o Presidente da República poderá adotar medidas provisórias, com força de lei, versando sobre matéria relativa a direito processual civil.
III. É vedada a adoção de medidas provisórias sobre matéria relativa a diretrizes orçamentárias.
IV. No processo de julgamento do Presidente da República, em crimes de responsabilidade, a Câmara dos Deputados é órgão de admissibilidade, cabendo ao Senado Federal o processamento e julgamento, sob presidência do Presidente do Supremo Tribunal Federal.

(A) Somente as proposições I , II e III são corretas.
(B) Somente as proposições III e IV são corretas.
(C) Somente a proposição II é correta.
(D) Somente as proposições I, III e IV são corretas.
(E) Somente as proposições II e IV são corretas.

I: correto (Art. 62, § 10, da CF); **II:** incorreto. Viola o art. 62, § 1º, I, *b*, da CF; **III:** correto (art. 62, § 1º, I, *d*, da CF); **IV:** correto (art. 51, I e art. 52, I e parágrafo único, ambos da CF).
Gabarito "D"

(Magistratura do Trabalho – 9ª Região – 2006) Sobre o processo legislativo, considere as seguintes assertivas e assinale a alternativa correta:

I. Lei complementar é a aprovada por *quorum* mínimo da maioria absoluta da composição de cada Casa do Congresso Nacional.
II. A Casa do Congresso Nacional na qual tenha sido concluída a votação enviará o projeto de lei ao Presidente da República, que, aquiescendo,

o sancionará. Decorrido o prazo de quinze dias, o silêncio do Presidente da República importará sanção.

III. A Emenda à Constituição não pode ser aprovada quando vigente intervenção federal.

IV. Não podem ser objeto de Medida Provisória matérias que requeiram Lei Complementar.

(A) Somente as alternativas I, III e IV estão corretas.
(B) Somente as alternativas II e V estão incorretas.
(C) Somente as alternativas I e IV estão corretas.
(D) Todas estão corretas.
(E) Todas estão incorretas.

I: correta (art. 69 da CF); **II:** correta (art. 66, *caput*, e § 3º, da CF); **III:** correta (art. 60, § 1º, da CF); **IV:** correta (art. 60, § 1º, III, da CF).

Gabarito "D"

(Magistratura do Trabalho – 11ª Região – 2007 – FCC) É da competência exclusiva do Congresso Nacional:

(A) julgar anualmente as contas prestadas pelo Presidente da República e apreciar os relatórios sobre a execução dos planos de governo;
(B) avaliar periodicamente a funcionalidade do Sistema Tributário Nacional, em sua estrutura e seus componentes, e o desempenho das administrações tributárias da União, dos Estados e do Distrito Federal e dos Municípios;
(C) proceder à tomada de contas do Presidente da República, quando não apresentadas ao Congresso Nacional dentro de sessenta dias após a abertura da sessão legislativa;
(D) fixar, por proposta do Presidente da República, limites globais para o montante da dívida consolidada da União, dos Estados, do Distrito Federal e dos Municípios;
(E) autorizar, por dois terços de seus membros, a instauração de processo contra o Presidente e o Vice-Presidente da República e os Ministros de Estado.

A: correta (art. 49, IX, da CF); **B** e **D:** Competências privativas do Senado Federal (art. 52, VI e XV, da CF); **C e E:** Competências privativas da Câmara dos Deputados (art. 51, I e II, da CF).

Gabarito "A"

(Magistratura do Trabalho – 11ª Região – 2007 – FCC) No que tange ao processo legislativo, é correto afirmar que

(A) O Presidente do Congresso Nacional promulgará a lei, caso o Presidente da República não o faça em quinze dias.
(B) É possível edição de medida provisória sobre matéria relativa a direito eleitoral.
(C) São de iniciativa privativa da Câmara dos Deputados as leis que disponham sobre matéria tributária.
(D) O veto é irretratável e deve ser sempre motivado, embora possa ser total ou parcial.
(E) As medidas provisórias terão sua votação iniciada no Senado Federal.

A: incorreta. Não reflete o disposto no art. 66, § 7º, da CF; **B:** incorreta. Viola o art. 62, § 1º, I, *a*, da CF; **C:** incorreta. Direito tributário é matéria de competência concorrente (art. 24, I, da CF), não havendo que se falar em iniciativa privativa da Câmara dos Deputados; **D:** correta (art. 66, §§ 1º, 2º, e 4º, da CF); **E:** incorreta. Não reflete o disposto no art. 62, § 8º, da CF.

Gabarito "D"

(Magistratura do Trabalho – 11ª Região – 2007 – FCC) Medida provisória que, sessenta dias após sua edição, ainda não tenha sido apreciada em caráter definitivo pelo Congresso Nacional

(A) perde eficácia com efeitos retroativos à data de edição, cabendo ao Congresso Nacional, em igual prazo, regular por decreto legislativo as relações jurídicas dela decorrentes.
(B) deverá ser reeditada pelo Presidente da República, para viger por igual período, sob pena de perda de eficácia retroativa à data de sua edição.
(C) já estará tramitando em regime de urgência, dado que decorridos mais do que quarenta e cinco dias de sua edição, e será prorrogada automaticamente, uma única vez, por sessenta dias.
(D) será transformada em projeto de lei de conversão de medida provisória, submetendo-se ao procedimento legislativo ordinário e à sanção, ao final, do Presidente da República.
(E) será submetida à comissão mista de Deputados e Senadores, que sobre ela emitirá parecer, devendo ser incluída em pauta de convocação extraordinária de reunião conjunta das casas do Congresso Nacional.

Art. 62, §§ 3º e 6º, da CF.

Gabarito "C"

(Magistratura do Trabalho – 12ª Região – 2006) A respeito do processo legislativo, na seara constitucional, assinale a proposição incorreta:

(A) é vedada a edição de medida provisória sobre diretrizes orçamentárias;
(B) se a medida provisória não for apreciada em até quarenta e cinco dias contados de sua publicação, entrará em regime de urgência, subsequentemente, em cada uma das Casas do Congresso Nacional, ficando sobrestadas, até que se ultime a votação, todas as demais deliberações legislativas da Casa em que estiver tramitando;
(C) prorrogar-se-á uma única vez por igual período a vigência de medida provisória que, no prazo de sessenta dias, contado de sua publicação, não tiver a sua votação encerrada no Senado Federal;
(D) as leis delegadas serão elaboradas pelo presidente da República, que deverá solicitar a delegação ao Congresso Nacional. Não serão objeto de delegação os atos de competência exclusiva do Congresso Nacional, os de competência privativa da Câmara dos Deputados ou do Senado Federal, a matéria reservada à lei complementar, nem a legislação sobre nacionalidade, cidadania, direitos individuais, políticos e eleitorais;
(E) as leis complementares serão aprovadas por maioria absoluta.

A: correta (art. 62, § 1º, I, *d*, da CF); **B:** correta (art. 62, § 6º, da CF); **C:** incorreta, devendo ser assinalada. Não reflete o disposto no art. 62, § 3º, da CF; **D:** correta (art. 68, *caput* ,e § 1º, II, da CF); **E:** correta (art. 69 da CF).

Gabarito "C"

(Magistratura do Trabalho – 14ª Região – 2008) Assinale a alternativa CORRETA:

(A) A proposta de emenda constitucional será discutida e votada em cada Casa do Congresso Nacional, em dois turnos, considerando-se aprovada se obtiver, em ambos, um terço dos votos dos respectivos membros.
(B) É vedada a edição de medidas provisórias sobre matéria relativa a direito penal, direito processual penal, direito civil, direito processual civil e direito do trabalho.
(C) Concluída a votação do projeto de lei, este será enviado ao Presidente da República para sanção. Se o Chefe do Poder Executivo considerar o projeto, no todo ou em parte, inconstitucional ou contrário ao interesse público, poderá vetá-lo total ou parcialmente, no prazo de quinze dias úteis, contados da data do recebimento, e em seguida, dentro de quarenta e oito horas, comunicará ao Presidente do Senado Federal os motivos do veto.
(D) A discussão e votação dos projetos de lei de iniciativa do Supremo Tribunal Federal e dos Tribunais Superiores terão início no Senado Federal.
(E) A iniciativa das leis complementares cabe exclusivamente ao Presidente da Câmara dos Deputados, Presidente do Senado Federal, Presidente da República, ao Supremo Tribunal Federal, aos Tribunais Superiores e ao Procurador-Geral da República.

A: incorreta. Não reflete o disposto no art. 60, § 2º, da CF; **B:** incorreta. Não reflete o disposto no art. 62, § 1º, II, *b*, da CF; **C:** correta (art. 66, *caput*, e § 1º, da CF); **D:** incorreta. Não reflete o disposto no art. 64 da CF; **E:** incorreta. Não reflete o disposto no art. 61 da CF.

Gabarito "C"

(Magistratura do Trabalho – 18ª Região – 2006) No processo legislativo da emenda constitucional, é incorreto afirmar:

(A) A Constituição poderá ser emendada mediante proposta de um terço, no mínimo, dos membros da Câmara dos Deputados.
(B) A Constituição poderá ser emendada mediante proposta de um terço, no mínimo, dos membros do Senado Federal.
(C) A Constituição Federal poderá ser emendada mediante proposta de um terço das Assembleias Legislativas das unidades da Federação, manifestando-se, cada uma delas pela maioria absoluta de seus membros.
(D) A matéria constante de proposta de emenda rejeitada ou havida por prejudicada poderá ser objeto de nova proposta desde que em outra sessão legislativa.
(E) A proposta será discutida e votada em cada Casa do Congresso Nacional, em dois turnos, considerando-se aprovada se obtiver, em ambos, três quintos dos votos dos respectivos membros.

A, B e C: V. art. 60, I e III, da CF; **D:** Art. 60, § 5º, da CF; **E:** Art. 60, § 2º, da CF.

Gabarito "C"

(Magistratura do Trabalho – 20ª Região – 2003) Não é cláusula pétrea, nos termos da Constituição Federal:

(A) A forma federativa de Estado.
(B) O voto direto, obrigatório, periódico, secreto e universal.
(C) Igualdade entre homens e mulheres, salvo as exceções estabelecidas na própria Constituição Federal, sempre em benefício das mulheres.
(D) A independência e harmonia entre os poderes.
(E) A liberdade de manifestação do pensamento.

O caráter obrigatório do voto não consta como matéria inalterável pelo Poder Constituinte Derivado. V. Art. 60, § 4º, I a IV, da CF.

Gabarito "B"

(Magistratura do Trabalho – 21ª Região – 2005) Sobre o disciplinamento constitucional das medidas provisórias, é correto afirmar:

I. Os requisitos da relevância e da urgência, de acordo com a jurisprudência do Supremo Tribunal Federal, podem ser objeto, de forma excepcional, de exame pelo Poder Judiciário, no exercício do controle da constitucionalidade dos atos normativos;
II. Após a promulgação da Emenda Constitucional nº 32/2001, passou a Constituição a restringir as matérias objeto de medidas provisórias, vedando-lhes dispor, por exemplo, sobre direito processual penal e civil, bem como sobre matéria já disciplinada em projeto de lei aprovado pelo Congresso Nacional e pendente de sanção ou veto do Presidente da República;
III. A votação das medidas provisórias tem início, alternadamente, na Câmara dos Deputados ou no Senado Federal, salvo se versar sobre matéria tributária, hipótese em que a votação inicial sempre será no Senado Federal;
IV. As medidas provisórias editadas até a publicação da Emenda Constitucional nº 32/2001 continuam em vigor, ficando dispensada sua apreciação pelo Congresso Nacional, além de não poder mais ser objeto de revogação pelo Presidente da República, através de outra medida provisória.

(A) todas as afirmações estão corretas;
(B) as afirmações I, II e III estão corretas;
(C) as afirmações II e III estão corretas;
(D) as afirmações I e II estão corretas;
(E) nenhuma das afirmações está correta.

I: correto. Para o STF, "os pressupostos da urgência e da relevância, embora conceitos jurídicos relativamente indeterminados e fluidos, mesmo expondo-se, inicialmente, à avaliação discricionária do Presidente da República, estão sujeitos, ainda que excepcionalmente, ao controle do Poder Judiciário, porque compõem a própria estrutura constitucional que disciplina as medidas provisórias, qualificando-se como requisitos legitimadores e juridicamente condicionantes do exercício, pelo Chefe do Poder Executivo, da competência normativa primária que lhe foi outorgada, extraordinariamente, pela Constituição da República. (...) - A possibilidade de controle jurisdicional, mesmo sendo excepcional, apoia-se na necessidade de impedir que o Presidente da República, ao editar medidas provisórias, incida em excesso de poder ou em situação de manifesto abuso institucional, pois o sistema de limitação de poderes não permite que práticas governamentais abusivas venham a prevalecer sobre os postulados constitucionais que informam a concepção democrática de Poder e de Estado, especialmente naquelas hipóteses em que se registrar o exercício anômalo e arbitrário das funções estatais." (STF, ADI 2213 MC, Rel. Min. Celso de Mello); **II:** correto (art. 62, § 1º, I, *b* e IV, da CF); **III:** incorreto. Não reflete o disposto no art. 62, § 8º, da CF; **IV:** incorreto. V. art. 2º da EC 32/2001, que não traz vedação à edição de outra MP sobre mesma matéria, revogando a primeira.

Gabarito "D"

(Magistratura do Trabalho – 21ª Região – 2005) No que se refere ao processo legislativo, nos termos da Constituição Federal, é correto afirmar:

(A) as propostas de emenda à Constituição podem ser apresentadas pelo Presidente da República, por qualquer membro do Congresso Nacional ou pela Mesa de Assembleia Legislativa;

(B) as emendas constitucionais são promulgadas pelas Mesas do Congresso Nacional, após aprovação em dois turnos por, no mínimo, dois terços dos votos dos respectivos membros;

(C) após a promulgação da Emenda Constitucional nº 45/2004, os Tratados e Convenções internacionais sobre direitos humanos podem ser considerados equivalentes às emendas constitucionais, desde que aprovados pelo Congresso Nacional após processo legislativo igual ao aplicado às propostas de emenda à Constituição Federal;

(D) o quorum qualificado para a aprovação de leis complementares é de dois terços dos membros de cada uma das Casas que compõem o Congresso Nacional;

(E) nas matérias de interesse do Poder Judiciário, compete ao Supremo Tribunal Federal, aos tribunais superiores, aos tribunais federais e aos tribunais do trabalho a iniciativa de encaminhar projetos de leis ordinárias ao Congresso Nacional, cabendo, no entanto, apenas ao Supremo Tribunal Federal a iniciativa quanto à lei complementar.

A: incorreta. Não reflete o disposto no art. 60, I a III, da CF; **B:** incorreta. Não reflete o disposto no art. 60, §§ 2º e 3º, da CF; **C:** correta (art. 5º, § 3º, da CF); **D:** incorreta. Não reflete o disposto no art. 69 da CF; **E:** incorreta. Não reflete o disposto no art. 61 da CF.

Gabarito "C"

(Magistratura do Trabalho – 21ª Região – 2005) É de competência privativa da União legislar sobre:

(A) orçamento;

(B) previdência social;

(C) desapropriação;

(D) procedimentos em matéria processual;

(E) custas dos serviços forenses.

Art. 22, II, da CF.

Gabarito "C"

(Magistratura do Trabalho – 22ª Região – 2006) Tratando-se de procedimento legislativo ordinário, na hipótese de o Presidente da República vetar totalmente projeto de lei, por considerar alguns dispositivos inconstitucionais e outros contrários ao interesse público, se o veto for rejeitado pelo Congresso Nacional:

(A) O projeto de lei será promulgado pelas Mesas da Câmara dos Deputados e do Senado Federal, em sessão conjunta.

(B) O projeto de lei será novamente enviado ao Presidente da República, para sanção.

(C) O projeto de lei será novamente enviado ao Presidente da República, para promulgação.

(D) O projeto de lei será sancionado pelo Presidente do Senado Federal.

(E) O projeto de lei será considerado automaticamente promulgado, concluída a votação no âmbito do Congresso Nacional.

Art. 66, § 5º, da CF.

Gabarito "C"

(Magistratura do Trabalho – 21ª Região – 2005) Não se encontra entre as matérias cuja iniciativa de lei é privativa do Presidente da República:

(A) Organização administrativa e judiciária, matéria tributária e orçamentária, serviços públicos e pessoal da administração de Territórios.

(B) Servidores públicos da União e Territórios, seu regime jurídico, provimento de cargos, estabilidade e aposentadoria.

(C) Militares das Forças Armadas, seu regime jurídico, provimento de cargos, promoções, estabilidade, remuneração, reforma e transferência para a reserva.

(D) Criação de cargos, funções ou empregos públicos na administração direta e autarquias ou aumento de sua remuneração.

(E) Regime dos portos, navegação lacustre, fluvial, marítima, aérea e aeroespacial.

Art. 61, § 1º, I e II, da CF.

Gabarito "E"

(Magistratura do Trabalho – 23ª Região – 2009) Analise os itens abaixo e marque a alternativa CORRETA:

A Medida Provisória:

I. pode dispor sobre sequestro de ativo financeiro.

II. perde eficácia se não for convertida em lei no prazo de 60 dias, prorrogável por mais 30 dias.

III. entra em regime de urgência se não for apreciada em até 45 dias contados de sua publicação.

IV. é apreciada, em sessão separada, pelo plenário de cada uma das Casas do Congresso Nacional.

V. pode ser reeditada na mesma sessão legislativa desde que tenha perdido a sua eficácia por decurso de prazo.

(A) V, V, V, F, V.

(B) F, F, V, F, V.

(C) F, F, V, V, F.

(D) V, F, V, F, V.

(E) F, V, V, V, V.

I: incorreto. Vedação expressa no art. 62, § 1º, II, da CF; **II:** incorreto. Tem validade de 60 dias, prorrogáveis por outros 60 (art. 62, § 3º, da CF); **III:** correto (art. 62, § 6º, da CF); **IV:** correto (art. 62, § 9º, da CF); **V:** incorreto. Vedação expressa no art. 62, § 10, da CF.

Gabarito "C"

(Magistratura do Trabalho – 23ª Região – 2008) Compete privativamente ao Senado Federal:

I. autorizar o Presidente e o Vice-Presidente da República a se ausentarem do País, quando a ausência exceder a quinze dias;
II. apreciar os atos de concessão e de renovação de concessão de emissoras de rádio e televisão;
III. proceder à tomada de contas do Presidente da República, quando não apresentadas ao Congresso Nacional dentro de sessenta dias após a abertura da sessão legislativa;
IV. fixar, por proposta do Presidente da República, limites globais para o montante da consolidada da União, dos Estados, do Distrito Federal e dos Municípios.

(A) todas as opções estão corretas;
(B) apenas três opções estão corretas;
(C) apenas duas opções estão corretas;
(D) apenas uma opção está correta;
(E) todas as opções estão incorretas.

I e **II**: incorretos. Competências do Congresso Nacional (art. 49, III e XII, da CF); **III**: incorretos. Competência da Câmara dos Deputados (art. 51, II, da CF); **IV**: Art. correto (52, VI, da CF).

Gabarito "D"

(Magistratura do Trabalho – 23ª Região – 2008) Dadas as proposições, assinale a alternativa CORRETA:

I. compete ao Supremo Tribunal Federal o julgamento dos mandados de segurança e os *habeas data* contra ato de Ministro de Estado, dos Comandantes da Marinha, do Exército e da Aeronáutica ou do próprio Tribunal;
II. compete ao Superior Tribunal de Justiça o julgamento dos conflitos de atribuições entre autoridades administrativas e judiciárias da União, ou entre autoridades judiciárias de um Estado e administrativas de outro ou do Distrito Federal, ou entre as deste e da União;
III. os cargos de Ministros do Supremo Tribunal Federal e do Superior Tribunal de Justiça são privativos de brasileiro nato;
IV. as cláusulas pétreas podem ser invocadas para sustentação de tese de inconstitucionalidade de normas constitucionais inferiores em face de normas constitucionais superiores.

(A) todas as opções estão corretas;
(B) apenas três opções estão corretas;
(C) apenas duas opções estão corretas;
(D) apenas uma opção está correta;
(E) todas as opções estão incorretas.

I: incorreto. Competência do STJ (art. 105, I, *b*, da CF); **II**: correto (art. 105, I, *g*, da CF); **III**: incorreto. Apenas os de Ministro do STF (art. 12, § 3º, IV, da CF); **IV**: incorreto. Não há hierarquia formal entre normas constitucionais, ainda que se possa falar em hierarquia axiológica.

Gabarito "D"

(Magistratura do Trabalho – 23ª Região – 2006) Quanto à emenda à Constituição Federal, considerando o que dispõe o texto constitucional, analise as afirmações abaixo e assinale a resposta correta:

I. poderá ser emendada mediante proposta de um terço, no mínimo, dos membros da Câmara dos Deputados ou do Senado Federal, do Presidente da República ou de mais da metade das Assembleias Legislativas das unidades da Federação, manifestando-se, cada uma delas, pela maioria relativa de seus membros.
II. A proposta será discutida e votada em cada Casa do Congresso Nacional, em dois turnos, considerando-se aprovadas se obtiver, em pelo menos uma delas, três quintos dos votos dos respectivos membros;
III. Não poderá ser objeto de nova proposta na mesma sessão legislativa a matéria constante de proposta rejeitada; entretanto, tal proibição não se estende à matéria que foi havida por prejudicada;
IV. não será objeto de deliberação a proposta de emenda tendente a abolir a forma federativa de Estado, o voto direto, secreto, universal e periódico, a separação dos poderes e os direitos e garantias individuais;
V. A Constituição não poderá ser emendada na vigência de intervenção federal, de estado de defesa ou estado de sítio.

(A) todas as afirmativas estão corretas;
(B) somente as afirmativas II, III e V estão corretas;
(C) todas as afirmativas estão incorretas;
(D) somente as afirmativas I, III, IV e V estão corretas;
(E) somente as afirmativas I, IV e V estão corretas.

I: correto (art. 60, I a III, da CF); **II**: incorreto. Não reflete o disposto no art. 60, § 2º, da CF; **III**: incorreto. Não reflete o disposto no art. 60, § 5º, da CF; **IV**: correto (Art. 60, § 4º, I a IV, da CF); **V**: correto (Art. 60, § 1º, da CF).

Gabarito "E"

(Magistratura do Trabalho – 23ª Região – 2006) Compete privativamente à Câmara dos Deputados, conforme texto constitucional:

I. processar e julgar os Ministros do Supremo Tribunal Federal, os membros do Conselho Nacional de Justiça e do Conselho do Ministério Público, o Procurador-Geral da República e o Advogado-Geral da União nos crimes de responsabilidade, eleger membros do Conselho da República;
II. autorizar por dois terços de seus membros a instauração de processo contra o Presidente e o Vice-Presidente da República e os Ministros de Estado, eleger membros do Conselho da República;
III. proceder à tomada de contas do Presidente da República, quando não apresentadas ao Congresso Nacional dentro de sessenta dias após a abertura da sessão legislativa; dispor sobre sua organização, funcionamento, polícia, criação, transformação ou extinção de cargos, empregos e funções de seus serviços;
IV. eleger dois cidadãos brasileiros natos como membros do Conselho da República, com mais de trinta e cinco anos de idade, com mandato de três anos, vedada a recondução.

(A) todas as alternativas são verdadeiras;
(B) todas as alternativas são falsas;
(C) somente a alternativa II é verdadeira;
(D) somente as alternativas I e IV são falsas;
(E) somente as alternativas II, III e IV são verdadeiras.

I: Competência do Senado Federal (art. 52, II, da CF); **II, III** e **IV:** Atribuições da Câmara dos Deputados (art. 51, I, II e V, da CF).

Gabarito "E"

(Magistratura do Trabalho – 23ª Região – 2006) As comissões parlamentares de inquérito, conforme texto constitucional e interpretação do STF, têm prazo certo para a apuração de fato determinado, e:

I. terão poderes de investigação próprios das autoridades judiciais, serão criadas exclusivamente pela Câmara dos Deputados, mediante requerimento de um terço de seus membros;

II. serão criadas pela Câmara dos Deputados e pelo Senado Federal, em conjunto ou separadamente, mediante o requerimento de um terço de seus membros;

III. terão poderes de investigação próprios das autoridades judiciais, além de outros previstos nos regimentos das respectivas Casas, serão criadas pela Câmara dos Deputados e pelo Senado Federal, em conjunto ou separadamente, mediante o requerimento de um terço de seus membros, sendo suas conclusões, se for o caso, encaminhadas ao Ministério Público, para que promova a responsabilidade civil e criminal dos infratores;

IV. o STF já se manifestou no sentido de que caracteriza abuso de exposição da imagem pessoal na mídia, a transmissão e a gravação de sessão em que se toma depoimento de indiciado, em Comissão Parlamentar de Inquérito.

(A) somente as alternativas II, III e IV são falsas;
(B) somente as alternativas I e III são falsas;
(C) somente são verdadeiras as alternativas II e III;
(D) somente são verdadeiras as alternativas II, III e IV;
(E) todas são alternativas verdadeiras.

I, II e III: Art. 58, § 3º, da CF; **IV:** incorreto. "Não aparentam caracterizar abuso de exposição da imagem pessoal na mídia, a transmissão e a gravação de sessão em que se toma depoimento de indiciado, em Comissão Parlamentar de Inquérito" (STF, **MS 24.832-MC, Rel. Min. Cezar Peluso).**

Gabarito "C"

(Magistratura do Trabalho – 23ª Região – 2006) Os Senadores e Deputados, conforme texto constitucional, são invioláveis civil e penalmente por quaisquer de suas opiniões, palavras e votos, e:

I. desde a expedição do diploma serão submetidos a julgamento perante o Supremo Tribunal Federal, não serão obrigados a testemunhar sobre informações recebidas ou prestadas em razão do exercício do mandato, nem sobre as pessoas que lhes confiaram ou deles receberam informações;

II. desde a expedição do diploma, os membros do Congresso Nacional não poderão ser presos salvo em flagrante de crime inafiançável. Recebida a denúncia, por crime ocorrido após a diplomação, o Supremo Tribunal Federal dará ciência à Casa respectiva, que, por iniciativa da mesa e por maioria dos votos de seus membros, poderá, até a decisão final, sustar o andamento da ação;

III. O pedido de sustação será apreciado pela Casa respectiva no prazo de quarenta e cinco dias do seu recebimento pela Mesa Diretora, prorrogável por mais 45 dias;

IV. somente após a posse é que serão submetidos a julgamento perante o Supremo Tribunal Federal.

(A) todas as alternativas são falsas;
(B) somente a alternativa IV é verdadeira;
(C) somente as alternativas III e IV são verdadeiras;
(D) somente a alternativa I é verdadeira;
(E) somente as alternativas II, III e IV são verdadeiras.

I: correto (Art. 53, §§ 1º e 6º, da CF); **II:** incorreta. Não reflete o disposto no art. 53, §§ 2º e 3º, da CF; **III:** incorreta. Não reflete o disposto no art. 53, § 4º, da CF; **IV:** incorreta. Não reflete o disposto no art. 53, § 1º, da CF.

Gabarito "D"

(Magistratura do Trabalho – 24ª Região – 2006) Assinale a alternativa INCORRETA:

(A) O processo legislativo compreende a elaboração de resoluções.
(B) A Constituição poderá ser emendada mediante proposta de um quinto, no mínimo, dos membros do Congresso Nacional.
(C) É vedada a edição de medidas provisórias sobre matéria relativa a nacionalidade, cidadania, direitos políticos, partidos políticos e direito eleitoral.
(D) As medidas provisórias terão sua votação iniciada na Câmara dos Deputados.
(E) É vedada a reedição, na mesma sessão legislativa, de medida provisória que tenha sido rejeitada ou que tenha perdido sua eficácia por decurso de prazo.

A: correta (Art. 59, VII, da CF); **B:** incorreta. Não reflete o disposto no art. 60, I, da CF; **C:** correta (Art. 62, § 1º, I, *a*, da CF); **D:** correta (Art. 62, § 8º, da CF); **E:** correta (Art. 62, § 10, da CF).

Gabarito "B"

(Magistratura do Trabalho – 24ª Região – 2006) Em conformidade com a Constituição Federal:

I. A iniciativa das leis complementares e ordinárias cabe a qualquer membro ou Comissão da Câmara dos Deputados, do Senado Federal ou do Congresso Nacional, ao Presidente da República, ao Supremo Tribunal Federal, aos Tribunais Superiores, ao Procurador-Geral da República e aos cidadãos, na forma e nos casos previstos na Constituição.

II. A discussão e votação dos projetos de lei de iniciativa do Presidente da República, do Supremo Tribunal Federal e dos Tribunais Superiores terão início na Câmara dos Deputados.

III. Se o Presidente da República solicitar urgência para apreciação de projetos de lei de sua iniciativa e a Câmara dos Deputados e o Senado Federal não se manifestarem sobre a proposição em prazo comum de até quarenta e cinco dias, sobrestar-se-ão todas as demais deliberações legislativas da respectiva Casa, sem exceção, até que se ultime a votação.

IV. A matéria constante de projeto de lei rejeitado somente poderá constituir objeto de novo projeto, na mesma sessão legislativa, mediante proposta da maioria absoluta dos membros do Congresso Nacional.

V. A iniciativa popular pode ser exercida pela apresentação ao Congresso Nacional de projeto de lei subscrito por, no mínimo, dois por cento do eleitorado nacional, distribuído pelo menos por cinco Estados, com não menos de três décimos por cento dos eleitores de cada um deles.

Analise as proposições acima e responda:

(A) Apenas as assertivas I e II estão corretas.
(B) Apenas a assertiva III está incorreta.
(C) Todas as assertivas estão corretas.
(D) Apenas as assertivas IV e V estão incorretas.
(E) Todas as assertivas estão incorretas.

I: correto (Art. 61 da CF); **II:** correto (Art. 64 da CF); **III:** incorreto. Não reflete o disposto no art. 64, §§ 1º e 2º, da CF; **IV:** incorreto. Não reflete o disposto no art. 67 da CF; **V:** incorreto. Não reflete o disposto no art. 61, § 2º, da CF.

Gabarito "A"

(Ministério Público do Trabalho – 16º) Quanto à sistemática constitucional do Poder Legislativo, é INCORRETO dizer que:

(A) cabe ao Congresso Nacional, com a sanção do Presidente da República, dispor sobre incorporação, subdivisão ou desmembramento de áreas de Territórios ou Estados, ouvidas as respectivas Assembleias Legislativas;
(B) é da competência exclusiva do Congresso Nacional sustar os atos normativos do Poder Executivo que exorbitem do poder regulamentar ou dos limites de delegação legislativa;
(C) a iniciativa das leis complementares e ordinárias cabe exclusivamente a qualquer membro ou Comissão da Câmara dos Deputados, do Senado Federal ou do Congresso Nacional, ao Presidente da República, ao Supremo Tribunal Federal, aos Tribunais Superiores e aos cidadãos, na forma e nos casos previstos na Constituição da República;
(D) as Mesas da Câmara dos Deputados e do Senado Federal poderão encaminhar pedidos escritos de informações a Ministros de Estado, importando em crime de responsabilidade a recusa, ou o não atendimento, no prazo de trinta dias, bem como a prestação de informações falsas;
(E) não respondida.

A: correta (Art. 48, VI, da CF); **B:** correta (Art. 49, V, da CF); **C:** incorreta, devendo ser assinalada. Não reflete o disposto no art. 61 da CF; **D:** correta (Art. 50, § 2º, da CF).

Gabarito "C"

(Ministério Público do Trabalho – 15º) Assinale a alternativa INCORRETA:

(A) O decreto legislativo é a espécie normativa que tem, como objeto, a regulamentação das matérias de competência exclusiva do Congresso Nacional.
(B) Desde que caracterizada a relevância e urgência, qualquer matéria pode ser objeto de medida provisória.
(C) A lei complementar difere da ordinária em razão da matéria e em razão do respectivo quorum para aprovação.
(D) A Emenda Constitucional é espécie normativa que se equipara à Constituição Federal no que se refere à sua posição hierárquica em relação às demais espécies.
(E) Não respondida.

A: correta (Art. 59, VI, e art. 49, ambos da CF); **B:** incorreta, devendo ser assinalada. Não podem ser objeto de MP as matérias listadas no art. 62, § 1º, I a IV, da CF; **C:** correta (Arts. 47 e 69 da CF); **D:** correta. As normas constitucionais oriundas de Emendas à Constituição encontram-se no mesmo patamar normativo que as normas constitucionais originárias, não havendo hierarquia formal entre elas (embora exista controle de constitucionalidade de normas constitucionais inseridas ou modificadas por emendas à constituição e não exista controle de constitucionalidade de normas constitucionais originárias – mas, aqui, a diferença não se dá por questão de hierarquia entre elas, mas porque as originárias são fruto do Poder Constituinte Originário e as normas das emendas à Constituição são manifestação do Poder Constituinte Derivado). Entretanto, em relação às demais espécies normativas, as normas constitucionais (originárias ou provenientes de emendas à Constituição) são hierarquicamente superiores.

Gabarito "B"

(Ministério Público do Trabalho – 15º) Com relação à iniciativa legislativa, é INCORRETO afirmar que:

(A) é de iniciativa privativa do Presidente da República legislar sobre responsabilidade por dano ao meio ambiente;
(B) os municípios não têm competência legislativa para estabelecer, em lei municipal, as hipóteses de desapropriação relativas aos imóveis localizados nos limites do município;
(C) compete à União, aos Estados e ao Distrito Federal legislar, concorrentemente, sobre direito tributário e financeiro;
(D) na ausência de legislação federal fixando diretrizes de proteção ao patrimônio histórico, cultural, artístico, turístico e paisagístico é lícito a cada um dos Estados da federação fixá-las em lei estadual;
(E) não respondida.

A: incorreta, devendo ser assinalada. Não se encontra entre as matérias listadas no art. 61, § 1º, I e II, da CF; **B:** correta. Competência privativa da União (art. 22, II, da CF); **C:** correta (Art. 24, I, da CF); **D:** correta (Art. 24, VII e § 3º, da CF).

Gabarito "A"

(Ministério Público do Trabalho – 14º) Assinale a alternativa INCORRETA:

Lei Complementar disporá sobre:

(A) as condições para integração de regiões em desenvolvimento;
(B) elaboração, redação, alteração e consolidação das leis;
(C) o regime jurídico dos militares das forças armadas;
(D) o estatuto da magistratura;
(E) não respondida.

A: correta (Art. 43, § 1º, I, da CF); **B:** correta (Art. 59, parágrafo único, da CF); **C:** incorreta, devendo ser assinalada. Não reflete o disposto no art. 61, § 1º, II, *f*, da CF; **D:** correta (Art. 93 da CF).

Gabarito "C"

(Ministério Público do Trabalho – 14°) Assinale a alternativa INCORRETA:

(A) cada Senador será eleito segundo o princípio majoritário com dois suplentes;
(B) é de competência exclusiva do Congresso Nacional apreciar os atos de concessão e renovação de concessão de emissoras de rádio e televisão;
(C) compete privativamente à Câmara dos Deputados proceder à tomada de contas do Presidente da República, quando não apresentadas ao Congresso Nacional dentro de sessenta dias após a abertura da sessão legislativa;
(D) a incorporação de Deputados e Senadores às Forças Armadas dependerá de prévia licença da Casa respectiva, ainda que em tempo de guerra, exceto os militares;
(E) não respondida.

A: correta (Art. 43, *caput*, e § 3°, da CF); **B:** correta (Art. 49, XII, da CF); **C:** correta (Art. 51, II, da CF); **D:** incorreta, devendo ser assinalada. Não reflete o disposto no art. 53, § 7°, da CF.

Gabarito "D"

(Ministério Público do Trabalho – 14°) Leia com atenção:

I. Uma Comissão Parlamentar de Inquérito no âmbito do Congresso Nacional sujeita-se ao controle judicial, por meio de mandado de segurança ou *habeas corpus*, diretamente pelo Supremo Tribunal Federal.
II. As Comissões Parlamentares de Inquérito podem anular atos sob sua investigação, desde que lesivos ao patrimônio público.
III. As Comissões Parlamentares de Inquérito podem decretar a quebra do sigilo bancário e proibir o afastamento do País de pessoas investigadas.

Assinale a alternativa CORRETA:

(A) apenas a assertiva I está correta;
(B) apenas a assertiva III está correta;
(C) todas as assertivas estão corretas;
(D) as assertivas I e III estão corretas;
(E) não respondida.

I: correto (Art. 5°, XXXV, c/c art. 102, I, *d*, da CF); **II:** incorreto. Não reflete o disposto no art. 58, § 3°, da CF; **III:** incorreto. A quebra de sigilo sim, pois está inserida na noção de poderes de investigação próprios das autoridades judiciais. Já a proibição de afastamento é medida que só pode ser determinada pelo Judiciário (reserva de jurisdição).

Gabarito "A"

(Ministério Público do Trabalho – 13°) Assinale a alternativa INCORRETA:

(A) a Constituição poderá ser emendada mediante proposta de um terço, no mínimo, dos membros da Câmara dos Deputados e do Senado Federal; do Presidente da República; ou de mais da metade das Assembleias Legislativas das unidades da Federação, manifestando-se, cada uma delas, pela maioria absoluta de seus membros;
(B) a Constituição não poderá ser emendada na vigência de intervenção federal, de estado de defesa ou de estado de sítio;
(C) a proposta de emenda será discutida e votada em cada Casa do Congresso Nacional, em dois turnos, considerando-se aprovada se obtiver, em ambos, três quintos dos votos dos respectivos membros;
(D) não será objeto de deliberação a proposta de emenda tendente a abolir a forma federativa de Estado; o voto direto, secreto, universal e periódico; a separação dos Poderes; os direitos e garantias individuais;
(E) não respondida.

A: incorreta, devendo ser assinalada. Não reflete o disposto no art. 60, I, II e III, da CF; **B:** correta (Art. 60, § 1°, da CF); **C:** correta (Art. 60, § 2°, da CF); **D:** correta (Art. 60, § 4°, da CF).

Gabarito "A"

(Ministério Público do Trabalho – 12°) Quanto ao processo legislativo constitucional, assinale a alternativa CORRETA:

(A) na vigência de intervenção federal, não será objeto de deliberação a proposta de emenda tendente a abolir os direitos e garantias fundamentais;
(B) a matéria constante de proposta de emenda rejeitada ou havida por prejudicada não pode ser objeto de nova proposta na mesma sessão legislativa e a matéria constante de projeto de lei rejeitado somente poderá constituir objeto de novo projeto, na mesma sessão legislativa, mediante proposta da maioria absoluta dos membros de qualquer das Casas do Congresso Nacional;
(C) em consonância com o Texto Constitucional vigente, a iniciativa popular é admissível para todas as espécies normativas, desde que seja apresentado, à Câmara dos Deputados, projeto de lei subscrito por, no mínimo, um por cento do eleitorado nacional, distribuído pelo menos por cinco Estados da Federação, com não menos de três décimos por cento dos eleitores de cada um deles;
(D) se o Presidente da República considerar o projeto de lei, no todo ou em parte, inconstitucional ou contrário ao interesse público, deverá vetá-lo, no prazo de quinze dias úteis, sendo que o veto será apreciado por ambas as Casas do Congresso Nacional, iniciando-se pela Câmara dos Deputados, em dois turnos, considerando-se rejeitado se obtiver três quintos dos votos dos respectivos membros.
(E) não respondida.

A: incorreta. Não reflete o disposto no art. 60, § 1°, da CF; **B:** correta (Art. 60, § 5°, da CF); **C:** incorreta. Não reflete o disposto no art. 61, § 2°, da CF, nem se encontra listada no art. 60, I a III, da CF; **D:** incorreta. V. art. 66, §§ 1° e 4°, da CF.

Gabarito "B"

(Ministério Público do Trabalho – 11°) A competência para legislar:

(A) é privativa da União Federal, quando se tratar de direito processual, direito do trabalho, regime dos portos e populações indígenas, sendo certo que lei complementar poderá autorizar os Estados a legislar sobre questões específicas relacionadas a tais matérias;

(B) é concorrente da União, dos Estados, do Distrito Federal e dos Municípios, quando se tratar de proteção do meio ambiente e controle da poluição, responsabilidade por dano ao meio ambiente, proteção e defesa da saúde, previdência social;
(C) é concorrente da União, dos Estados e do Distrito Federal, quando se tratar de direito do trabalho, sendo que a competência da primeira é a de estabelecer normas gerais, o que não exclui a competência suplementar dos Estados;
(D) da União, mesmo quando privativa, permite a delegação para os Municípios, por lei complementar, quando se tratar de matéria de interesse local;
(E) não respondida.

A: correta (Art. 22, I, X, XIV e parágrafo único, da CF); **B:** incorreta. O art. 24, *caput*, não se refere a Municípios; **C:** incorreta. Direito do trabalho é da competência privativa da União (art. 22, I, da CF); **D:** incorerta. Violaria o art. 22, parágrafo único, da CF.

Gabarito "A"

(Ministério Público do Trabalho – 11º) Quanto ao Processo Legislativo, é INCORRETO afirmar que:

(A) não está compreendida no Processo Legislativo a elaboração de resoluções;
(B) a matéria constante de projeto de lei rejeitado somente poderá constituir objeto de novo projeto, na mesma sessão legislativa, mediante proposta da maioria absoluta dos membros de qualquer das Casas do Congresso Nacional;
(C) para as propostas de lei ordinária, o projeto de lei aprovado por uma Casa será revisto pela outra, em um só turno de discussão e votação, e enviado à sanção ou promulgação, se a Casa revisora o aprovar, ou arquivado, se o rejeitar;
(D) não será objeto de deliberação a proposta de emenda constitucional tendente a abolir a forma federativa de Estado; o voto direto, secreto, universal e periódico; a separação de Poderes e os direitos e garantias individuais;
(E) não respondida.

A: incorreta, devendo ser assinalada. Contraria o art. 59, VII, da CF; **B:** correta (art. 67 da CF); **C:** correta (art. 65 da CF); **D:** correta (Art. 60, § 4º, I a IV, da CF).

Gabarito "A"

(Ministério Público do Trabalho – 11º) O Presidente da República, em caso de relevância e urgência, poderá adotar Medidas Provisórias:

I. sobre quaisquer matérias, desde que as submeta de imediato ao Congresso Nacional, que terá prazo de 30 (trinta) dias para convertê-las em lei, sob pena de perda de eficácia, desde a sua edição;
II. com força de lei, devendo submetê-las de imediato ao Congresso Nacional; se não forem convertidas em lei no prazo de 60 (sessenta dias), prorrogável por uma única vez pelo mesmo prazo, perderão a eficácia desde a edição e o Congresso Nacional deverá disciplinar as relações jurídicas delas decorrentes, por resolução;
III. com força de lei, devendo submetê-las de imediato ao Congresso Nacional, mas se forem rejeitadas ou perderem sua eficácia por decurso de prazo, não poderão ser reeditadas na mesma sessão legislativa;
IV. com força de lei, devendo submetê-las de imediato ao Congresso Nacional, sendo que a votação iniciar-se-á na Câmara dos Deputados.

Analisando-se as asserções acima, pode-se afirmar que:

(A) todas estão corretas;
(B) apenas as de números III e IV estão corretas;
(C) apenas as de números I e II estão corretas;
(D) apenas as de números I e III estão corretas;
(E) não respondida.

I: incorreto. Viola o art. 62, § 1º, I a IV, da CF; **II:** incorreto. As relações jurídicas decorrentes da MP que perder a vigência serão reguladas por decreto legislativo (art. 62, § 3º, da CF); **III:** correto (Art. 62, *caput*, e § 10, da CF); **IV:** correto (Art. 62, *caput*, e § 8º, da CF).

Gabarito "B"

(Ministério Público do Trabalho – 9º) Não há vedação constitucional à edição de medida provisória sobre:

(A) transporte aéreo, aquático e terrestre;
(B) petróleo e telecomunicações;
(C) seguros e resseguros;
(D) greve nos serviços públicos;
(E) critérios e percentuais de admissão no serviço público de portadores de deficiência;
(F) não sei.

Art. 62, § 1º, I a IV, da CF.

Gabarito "E"

(Ministério Público do Trabalho – 8º) Quanto ao Poder Legislativo, podemos afirmar que:

(A) compete privativamente ao Senado Federal escolher dois terços dos membros do Tribunal de Contas da União;
(B) compete exclusivamente ao Congresso Nacional apreciar os atos de concessão e renovação de concessão de emissoras de rádio e televisão;
(C) os deputados e senadores não poderão, desde a expedição do diploma, ser titulares de mais de um cargo ou mandato público eletivo;
(D) perde o mandato o deputado ou senador a partir da data da sentença da sua condenação criminal;
(E) na sessão legislativa extraordinária, o Congresso Nacional somente pode deliberar sobre matéria para a qual foi convocado, sendo facultado o pagamento de parcela indenizatória equivalente ao dobro do valor do subsídio mensal;
(F) não sei.

A: incorreta. Competência do Congresso Nacional (art. 49, XIII, da CF); **B:** correta (Art. 49, XII, da CF); **C:** incorreta. Vedação que se inicia com a posse, não com a diplomação (art. 54, II, *d*, da CF); **D:** incorreta. A partir do trânsito em julgado da sentença criminal (art. 55, VI, da CF); **E:** incorreta. Não reflete o disposto no art. 57, §§ 7º e 8º, da CF.

Gabarito "B"

5.3. FISCALIZAÇÃO CONTÁBIL, FINANCEIRA E ORÇAMENTÁRIA

(Ministério Público do Trabalho – 13°) Quanto à fiscalização contábil, financeira e orçamentária da União:

I. o controle externo, a cargo do Congresso Nacional, será exercido com o auxílio do Tribunal de Contas da União, ao qual compete, dentre outras atribuições, apreciar as contas prestadas anualmente pelo Presidente da República, mediante parecer prévio, que deverá ser elaborado em sessenta dias a contar de seu recebimento;

II. a comissão mista permanente de orçamento do Congresso Nacional, diante de indícios de despesas não autorizadas, ainda que sob a forma de investimentos não programados ou de subsídios não aprovados, requisitará da autoridade governamental responsável que, no prazo de cinco dias, preste os esclarecimentos necessários; se a autoridade não atender a requisição, a comissão encaminhará o expediente ao Ministério Público do Tribunal de Contas, para a propositura de ação de improbidade;

III. qualquer cidadão, partido político, associação ou sindicato é parte legítima para, na forma da lei, denunciar irregularidades ou ilegalidades perante o Tribunal de Contas da União.

Analisando-se as asserções acima, pode-se afirmar que:

(A) todas estão corretas;
(B) todas estão incorretas;
(C) apenas a de número I está correta;
(D) apenas a de número II está incorreta;
(E) não respondida.

I: correto (Art. 71, *caput* e I, da CF); **II:** incorreto. Não reflete o disposto no art. 72, *caput* e § 1°, da CF; **III:** correto (Art. 74, § 2°, da CF).

Gabarito "D"

5.4. PODER EXECUTIVO

(Magistratura do Trabalho – 1ª Região – 2010) Acerca dos comandos constitucionais relativos ao Poder Executivo, assinale a opção correta.

(A) A CF admite a possibilidade de o advogado-geral da União conceder indulto e comutar penas, com audiência dos órgãos instituídos em lei, se necessário.
(B) Nos casos de crimes de responsabilidade conexos com os do presidente da República e de crimes comuns, os ministros de Estado serão processados e julgados perante o STF.
(C) O presidente da República detém competência indelegável para a edição de medida provisória, a qual, na ocorrência da denominada rejeição tácita, perderá a eficácia desde a sua edição, com efeitos *ex nunc*.
(D) Uma vez publicada medida provisória, são revogadas as demais normas do ordenamento jurídico que com ela sejam incompatíveis.
(E) O procurador-geral da República pode, mediante delegação do presidente da República, celebrar tratados, convenções e atos internacionais, os quais se sujeitam a referendo do Congresso Nacional.

A: correta. A competência do Presidente da República de conceder indulto e comutar penas, prevista no art. 84, XII, da CF, pode ser delegada ao AGU, conforme expressa autorização do parágrafo único do mesmo artigo; **B:** incorreta. Competência do Senado Federal (art. 52, I, da CF); **C:** incorreta. O juízo de relevância e urgência para adoção de Medidas Provisórias é ato privativo do Presidente da República (art. 84, XXVI, da CF) e indelegável (art. 84, parágrafo único, da CF), mas a sua não conversão em lei no prazo constitucional (rejeição tácita), de acordo com o art. 62, § 3°, da CF, implica perda da eficácia desde a edição (eficácia *ex tunc*); **D:** incorreta. Não há propriamente revogação, pois a medida provisória é editada sob condição resolutiva de sua conversão em lei; **E:** incorreta. A competência prevista no art. 84, VIII, da CF é indelegável ao PGR, pois não consta do parágrafo único do mesmo artigo.

Gabarito "A"

(Magistratura do Trabalho – 8ª Região – 2007) Marque a resposta que está em desacordo com a Constituição Federal, no tocante às atribuições do Presidente da República:

(A) Iniciar o processo legislativo, na forma e nos casos previstos na Constituição Federal.
(B) Celebrar a paz, autorizado ou com o referendo do Senado Federal.
(C) Convocar e presidir o Conselho da República e o Conselho de Defesa Nacional.
(D) Conferir condecorações e distinções honoríficas.
(E) Prover e extinguir os cargos públicos federais, na forma da lei.

A: correta (Art. 84, III, da CF); **B:** incorreta, devendo ser assinalada. Não reflete o disposto no art. 84, XX, da CF; **C:** correta (Art. 84, XVIII, da CF); **D:** correta (Art. 84, XXI, da CF); **E:** correta (Art. 84, XXV, da CF).

Gabarito "B"

(Magistratura do Trabalho – 16ª Região – 2006) Considere os itens abaixo:

I. Compete ao Presidente da República celebrar tratados, convenções e atos internacionais, sujeitos ao referendo do Congresso Nacional.

II. O Presidente da República poderá delegar ao Ministro de Estado a concessão de indulto e comutar penas, com audiência, se necessário, dos órgãos instituídos por lei.

III. Permitir que nos casos previstos em lei ordinária que forças estrangeiras transitem pelo território nacional ou nele permaneçam temporariamente

Assinale a opção CORRETA:

(A) Somente I e II;
(B) Somente I;
(C) Somente e I, II e III;
(D) Somente I e III;
(E) Somente II e III.

I: correto (Art. 84, VIII, da CF); **II:** correto (Art. 84, XII e parágrafo único, da CF); **III:** incorreto. Não reflete o disposto no art. 84, XXII, da CF.

Gabarito "A"

(Magistratura do Trabalho – 23ª Região – 2006) Na Seção que trata da responsabilidade do Presidente da República, a Constituição Federal estabelece que são crimes de responsabilidade os atos do Presidente da República, que atentem contra a Constituição e em especial contra o exercício dos direitos políticos, individuais e sociais, o cumprimento das leis e das decisões judiciais dentre outros elencados nos incisos I a VII do art. 85. De acordo com o texto constitucional e o entendimento do STF, é correto afirmar que:

I. O Supremo Tribunal Federal entende que "são da competência legislativa da União a definição dos crimes de responsabilidade e o estabelecimento das respectivas normas de processo e julgamento";

II. O Presidente não ficará suspenso de suas funções nas infrações penais comuns, ainda que recebida a denúncia ou queixa-crime pelo Supremo Tribunal Federal.

III. Admitida a acusação contra o Presidente da República, por dois terços do Senado Federal, será ele submetido a julgamento perante a Câmara dos Deputados, nos crimes de responsabilidade;

IV. O Presidente ficará suspenso de suas funções, quando processada a acusação nos crimes de responsabilidade, após a instauração do processo pelo Senado Federal.

(A) todas as alternativas são incorretas;
(B) todas as alternativas são corretas;
(C) somente as alternativas II e IV são corretas;
(D) somente as alternativas I e IV são corretas;
(E) somente as alternativas I e III são corretas.

I: correto (Súmula 722/STF); **II:** incorreto. Não reflete o disposto no art. 86, § 1º, I, da CF; **III:** incorreto. A admissibilidade é feita pela Câmara dos Deputados (art. 51, I, da CF) e o julgamento, pelo Senado Federal (art. 52, I, da CF); **IV:** correto (Art. 86, § 1º, II, da CF).

Gabarito "D"

(Ministério Público do Trabalho – 16º) Assinale a alternativa CORRETA, no que diz respeito às normas constitucionais vigentes em relação ao Poder Executivo.

(A) O descumprimento das leis e das decisões judiciais, salvo quando decretado o estado de defesa, implica em crime de responsabilidade do Presidente da República.
(B) Os Ministros de Estado serão escolhidos dentre brasileiros maiores de trinta e cinco anos e no exercício dos direitos políticos.
(C) A criação e extinção de Ministérios e órgãos da administração pública é matéria reservada a lei complementar.
(D) Admitida a acusação contra o Presidente da República, por dois terços da Câmara dos Deputados, será ele submetido a julgamento perante o Supremo Tribunal Federal, nas infrações penais comuns, ou perante o Senado Federal, nos crimes de responsabilidade.
(E) Não respondida.

A: incorreta. O art. 85, VII, da CF não estabelece exceções; **B:** incorreta. Maiores de 21 anos (art. 87 da CF); **C:** incorreta. O art. 88 da CF refere-se apenas a "lei", o que a qualifica como ordinária; **D:** correta (Art. 86 da CF).

Gabarito "D"

(Ministério Público do Trabalho – 14º) Julgue as assertivas abaixo e assinale a alternativa CORRETA:

I. As medidas provisórias são fontes do direito com previsão constitucional, havendo restrições tão somente no aspecto material, no tocante à urgência e relevância da situação nela disciplinada, além de algumas matérias que estão fora de seu âmbito, mas não no aspecto formal; sendo assim, elas podem substituir qualquer modalidade de lei, produzindo desde logo seus efeitos sujeitos à condição resolutiva, uma vez respeitadas as restrições materiais.

II. Compete privativamente ao Presidente da República dispor mediante decreto sobre a organização e funcionamento da administração federal, quando não implicar aumento de despesas nem criação ou extinção de órgãos públicos, assim como sobre extinção de funções ou cargos públicos quando vagos.

III. Cabe ao Presidente da República nomear os procuradores gerais dos ramos do Ministério Público da União, após aprovação de seus nomes pelo Senado Federal.

IV. Os atos do Presidente da República que atentem contra a Constituição Federal, no que se refere ao livre exercício do Ministério Público e do exercício dos direitos políticos, individuais e sociais, constituem crimes de responsabilidade, conforme definição em lei especial, que estabelecerá as normas de processo e julgamento.

(A) apenas as assertivas I e III são corretas;
(B) apenas as assertivas I e II são corretas;
(C) apenas as assertivas II e IV são corretas;
(D) apenas a assertiva II é correta;
(E) não respondida.

I: incorreto. Não reflete o disposto no art. 62, § 1º, III, IV, e § 2º, da CF; **II:** correto (Art. 84, VI, *a* e *b*, da CF); **III:** incorreto. Não reflete o disposto no art. 84, XIV, da CF; **IV:** correto (Art. 85, II, da CF).

Gabarito "C"

(Ministério Público do Trabalho – 13º) Quanto ao Poder Executivo:

I. compete privativamente ao Presidente da República, em caso de relevância e urgência, editar medidas provisórias, com força de lei, devendo submetê-las de imediato ao Congresso Nacional, que, se não apreciá-las em até quarenta e cinco dias contados da data de sua publicação, entrará em regime de urgência, subsequentemente, em cada uma das Casas do Congresso Nacional, ficando sobrestadas, até que se ultime a votação, todas as demais deliberações legislativas da Casa em que estiver tramitando;

II. os Ministros de Estado, nomeados privativamente pelo Presidente da República, serão escolhidos dentre brasileiros maiores de trinta e cinco anos e no pleno exercício e gozo de seus direitos políticos, sendo que poderão ser livremente exonerados, tanto pelo Presidente da República, como pelo Vice-Presidente da República, pelo Presidente da Câmara dos Deputados, pelo Presidente do Senado Federal ou pelo Presidente do Supremo Tribunal Federal, desde que estejam no exercício constitucional da Presidência;

III. admitida a acusação contra o Presidente da República, por dois terços da Câmara dos Deputados, será ele submetido a julgamento perante o Senado Federal, nos crimes de responsabilidade, sendo que ficará suspenso de suas funções, apenas após a instauração do processo naquela casa legislativa e, se decorrido o prazo de cento e oitenta dias, o julgamento não estiver concluído, cessará o afastamento e a eventual punibilidade do Presidente.

Analisando-se as asserções acima, pode-se afirmar que:

(A) todas estão corretas;
(B) todas estão incorretas;
(C) apenas as de números II e III estão incorretas;
(D) apenas a de número III está correta;
(E) não respondida.

I: correto (Art. 62, § 6º, da CF); **II:** incorreto. Maiores de 21 anos (art. 87 da CF), demissíveis *ad nutum* pelo Chefe do Poder Executivo (art. 84, I, da CF); **III:** incorreto. A primeira parte está correta (art. 86, *caput* e § 1º, II, da CF), mas o decurso do prazo de 180 cessa apenas o afastamento, não o processo (art. 86, § 2º, da CF).

Gabarito "C"

(Ministério Público do Trabalho – 12º) Quanto à responsabilidade penal de Governador de Estado, indique a alternativa CORRETA segundo a jurisprudência do Supremo Tribunal Federal:

(A) o Governador de Estado é julgado, por crimes comuns, no Tribunal de Justiça;
(B) o Governador de Estado é julgado, por crimes comuns, no Superior Tribunal de Justiça, independentemente de autorização da Assembleia Legislativa;
(C) o Governador de Estado é julgado, por crimes comuns, no Supremo Tribunal Federal, independentemente de autorização da Assembleia Legislativa;
(D) os Governadores de Estado, na vigência de seus mandatos, podem ser responsabilizados criminalmente por atos estranhos ao exercício de suas funções.
(E) não respondida.

De acordo com o STF, a imunidade do Presidente da República, prevista no art. 86, § 3º, da CF, não pode ser conferida aos Governadores de Estado pelas constituições estaduais. Confira-se passagem da ementa da ADI 978, Rel. Min. Ilmar Galvão: "(...) O Estado-membro, ainda que em norma constante de sua própria Constituição, não dispõe de competência para outorgar ao Governador a prerrogativa extraordinária da imunidade à prisão em flagrante, à prisão preventiva e à prisão temporária, pois a disciplinação dessas modalidades de prisão cautelar submete-se, com exclusividade, ao poder normativo da União Federal, por efeito de expressa reserva constitucional de competência definida pela Carta da República. - A norma constante da Constituição estadual - que impede a prisão do Governador de Estado antes de sua condenação penal definitiva - não se reveste de validade jurídica e, consequentemente, não pode subsistir em face de sua evidente incompatibilidade com o texto da Constituição *Federal*. PRERROGATIVAS INERENTES AO PRESIDENTE DA REPUBLICA ENQUANTO CHEFE DE ESTADO. - Os Estados-membros não podem reproduzir em suas próprias Constituições o conteúdo normativo dos preceitos inscritos no art. 86, §§ 3. e 4., da Carta Federal, pois as prerrogativas contempladas nesses preceitos da Lei Fundamental - por serem unicamente compatíveis com a condição institucional de Chefe de Estado - são apenas extensíveis ao Presidente da República".

Gabarito "D"

5.5. PODER JUDICIÁRIO EM GERAL: ORGANIZAÇÃO, PRINCÍPIOS REGENTES E SÚMULAS VINCULANTES

(Magistratura do Trabalho – 16ª Região – 2011) Sobre o Conselho Nacional de Justiça (CNJ), marque a alternativa CORRETA:

(A) Os membros do Conselho serão nomeados pelo Presidente da República, depois de aprovada a escolha pela maioria absoluta do Senado Federal.
(B) Compete ao Conselho o controle da atuação administrativa e financeira do Poder Judiciário e do cumprimento dos deveres funcionais dos juízes, cabendo-lhe, entre outras atribuições, rever, apenas quando provocado, os processos disciplinares de juízes e membros de tribunais julgados ha menos de um ano.
(C) Também compete ao CNJ elaborar anualmente relatório estatístico sobre processos e sentenças prolatadas, por unidade da Federação, nos diferentes órgãos do Poder Judiciário.
(D) O CNJ será presidido pelo Presidente do Supremo Tribunal Federal e, nas suas ausências e impedimentos, pelo Corregedor, que sempre será o Ministro do Superior Tribunal de Justiça indicado para compor o Conselho.
(E) Compete ao Conselho o controle da atuação administrativa e financeira do Poder Judiciário e do cumprimento dos deveres funcionais dos juízes, cabendo-lhe, entre outras atribuições, receber e conhecer das reclamações contra membros ou Órgãos do Poder Judiciário, inclusive contra seus serviços auxiliares, serventias e órgãos prestadores de serviços notariais e de registro que atuem por delegação do poder público ou oficializados, sem prejuízo da competência disciplinar e correcional dos tribunais, podendo avocar processos disciplinares em curso e determinar a remoção, a disponibilidade ou a aposentadoria com subsídios ou proventos proporcionais ao tempo de serviço e aplicar outras sanções administrativas, assegurada ampla defesa.

A: incorreta. O art. 103-B, § 2º, determina que os demais membros do Conselho, **exceto o Presidente** do CNJ, pois este será o Presidente do Supremo Tribunal Federal e, nas suas ausências e impedimentos, pelo Vice-Presidente do Supremo Tribunal Federal, são nomeados pelo Presidente da República, depois de aprovada a escolha pela maioria absoluta do Senado Federal; **B:** incorreta. De acordo com o art. 103-B, § 4º, V, da CF, cabe ao CNJ rever, de ofício **ou mediante provocação**, os processos disciplinares de juízes e membros de tribunais julgados há menos de um ano; **C:** incorreta. Esse tipo de relatório deve ser feito semestralmente, conforme o art. 103-B, §4º, VI, da CF; **D:** incorreta. Como já mencionado, nas suas ausências e impedimentos do Presidente do Supremo, o CNJ será presidido pelo Vice-Presidente do Supremo Tribunal Federal. É o que determina o art. 103-B, §1º, da CF; **E:** correta (art. 103-B, §4º, III, da CF).

Gabarito "E"

(Magistratura do Trabalho – 16ª Região – 2011) Analise as seguintes afirmações e marque a alternativa CORRETA:

I. Considerando o principio da separação dos Poderes, cabe ao Poder Judiciário verificar a regularidade dos atos normativos e de administração do Poder Público em relação às causas e aos motivos, mas não à finalidade que os ensejam.

II. Todos os julgamentos dos Órgãos do Poder Judiciário serão públicos, e fundamentadas todas as decisões, sob pena de nulidade, podendo a lei limitar a presença, em determinados atos, às próprias partes e a seus advogados, ou somente a estes, em casos nos quais a preservação do direito à intimidade do interessado no sigilo não prejudique o interesse público à informação.

III. As decisões administrativas dos tribunais serão motivadas e em sessão pública, sendo as disciplinares tomadas pelo voto da maioria absoluta de seus membros.

IV. Nos tribunais com número superior a vinte e cinco julgadoras, poderá ser constituído Órgão especial, com o mínimo de onze e o máximo de vinte e cinco membros, para o exercício das atribuições administrativas e jurisdicionais delegadas da competência do tribunal pleno, provendo-se metade das vagas por antiguidade e a outra metade por eleição pelo tribunal pleno.

V. O Conselho Nacional de Justiça não tem nenhuma competência sobre o Supremo Tribunal Federal e seus ministros, sendo esse o órgão máximo do Poder Judiciário nacional, a que aquele está sujeito.

(A) Somente as afirmativas II e III estão corretas.
(B) Somente as afirmativas II, III e IV estão corretas.
(C) Somente as afirmativas II, III, IV e V estão corretas.
(D) Somente as afirmativas I e III estão erradas.
(E) Todas as afirmativas estão corretas.

I: incorreta. O Judiciário, ao analisar a legalidade de um ato administrativo, verifica se a finalidade foi devidamente cumprida; **II:** correta (art. 93, IX, da CF); **III:** correta (art. 93, X, da CF); **IV:** correta (art. 93, XI, da CF); **V:** correta. De fato, o Conselho Nacional de Justiça faz parte do Poder Judiciário, mas é um órgão hierarquicamente inferior ao STF.

Gabarito "C"

(Magistratura do Trabalho – 16ª Região – 2011) Analise as seguintes afirmações e marque a alternativa CORRETA:

I. É da jurisprudência assente do Supremo Tribunal que afronta o principio fundamental da separação e independência dos poderes o trato em constituições estaduais de matéria, sem caráter essencialmente constitucional assim, por exemplo, a relativa à fixação de vencimentos ou à concessão de vantagens específicas a servidores públicos -, que caracterize fraude à iniciativa reservada ao Poder Executivo de leis ordinárias a respeito.

II. Aos juízes é vedado exercer, ainda que em disponibilidade, outro cargo ou função, salvo uma de magistério; receber, a qualquer título ou pretexto, custas ou participação em processo; dedicar-se à atividade político-partidária; receber, a qualquer título ou pretexto, auxílios ou contribuições de pessoas físicas, entidades públicas ou privadas, ressalvadas as exceções previstas em lei; e exercer a advocacia no juízo ou tribunal do qual se afastou, antes de decorridos dois anos do afastamento do cargo por aposentadoria ou exoneração.

III. Segundo entendimento do STF é vedado ao Poder Judiciário determinar, ainda que em bases excepcionais, a formulação elou execução de políticas públicas, pois tais prerrogativas cabem aos Poderes Legislativo e Executivo.

IV. Somente pelo voto da maioria absoluta de seus membros poderão os tribunais declarar a inconstitucionalidade de lei ou ato normativo do Poder Público.

V. Não viola a cláusula de reserva de plenário a decisão de órgão fracionário de tribunal que apenas afasta a incidência, no todo ou em parte, de lei ou ato normativo do poder público, sem declarar expressamente sua inconstitucionalidade.

(A) Somente as afirmativas I e II estão corretas.
(B) Somente as afirmativas I, II e IV estão corretas.
(C) Somente as afirmativas I, II e V estão corretas.
(D) Somente as afirmativas II, III, IV e V estão erradas.
(E) Todas as afirmativas estão erradas.

I: correta. Segue a decisão: "Ação direta de inconstitucionalidade. Reserva de iniciativa. Aumento de remuneração de servidores. Perdão por falta ao trabalho. Inconstitucionalidade. Lei 1.115/1988 do Estado de Santa Catarina. Projeto de lei de iniciativa do governador emendado pela Assembleia Legislativa. Fere o art. 61, § 1º, II, *a*, da CF de 1988 emenda parlamentar que disponha sobre aumento de remuneração de servidores públicos estaduais. Precedentes. Ofende o art. 61, § 1º, II, c, e o art. 2º da CF de 1988 emenda parlamentar que estabeleça perdão a servidores por falta ao trabalho. Precedentes. Pedido julgado procedente." (ADI 13, Rel. Min. Joaquim Barbosa, julgamento em 17-9-2007, Plenário, DJ de 28-9-2007.); **II:** errada. A parte final da alternativa é que apresenta vício. Segundo o art. 95, parágrafo único, V, da CF é vedado aos juízes exercerem a advocacia antes de decorridos **três anos** do afastamento do cargo por aposentadoria ou exoneração; **III:** errada. Segue decisão: "EMENTA Agravo regimental no recurso extraordinário com agravo. Constitucional. Poder Judiciário. **Determinação para implementação de políticas públicas. Melhoria da qualidade do ensino público. Possibilidade. Violação do princípio da separação dos poderes. Não ocorrência.**

Precedentes. 1. O Poder Judiciário, em situações excepcionais, pode determinar que a Administração Pública adote medidas assecuratórias de direitos constitucionalmente reconhecidos como essenciais sem que isso configure violação do princípio da separação de poderes. 2. Agravo regimental não provido. A Turma negou provimento ao agravo regimental no recurso extraordinário com agravo, nos termos do voto do Relator. Unânime. Presidência da Senhora Ministra Cármen Lúcia. 1ª Turma, 6.12.2011.- Acórdãos citados: ARE 639337 AgR, RE 464143 AgR, RE 594018 AgR, RE 463210 AgR. Número de páginas: 17. Análise: 12/03/2012, MJC; **IV:** errada. De acordo com o art. 97 da CF, somente pelo voto da maioria absoluta de seus membros **ou dos membros do respectivo órgão especial** poderão os tribunais declarar a inconstitucionalidade de lei ou ato normativo do Poder Público. É a chamada cláusula de reserva de plenário; **V:** errada. Conforme a Súmula Vinculante nº 10, **viola** a cláusula de reserva de plenário (CF, artigo 97) a decisão de órgão fracionário de tribunal que, embora não declare expressamente a inconstitucionalidade de lei ou ato normativo do poder público, afasta sua incidência, no todo ou em parte.

Gabarito "D"

(Magistratura do Trabalho – 14ª Região – 2011) Aponte a alternativa correta.

(A) A vitaliciedade que diz respeito à vinculação do titular ao cargo para o qual o juiz fora nomeado é conseguida a partir da posse. Tornam-se vitalícios a partir da posse, se já não o eram: os ministros do STF, os ministros do STJ, os juízes dos TRF's. os ministros e juízes togados do TST e dos TRT's, os ministros do STM, os desembargadores dos Tribunais de Justiça, os juízes dos Tribunais de Alçada e os juízes de segunda instância dos Tribunais Militares do Estado.

(B) O juiz pode ser removido por interesse público em decisão pelo voto da maioria simples dos membros do Tribunal a que estiver vinculado ou do Conselho Nacional de Justiça, assegurada ampla defesa.

(C) Os subsídios dos magistrados somente podem ser diminuídos em virtude de medida geral, ficando sujeitos ao teto previsto na Constituição e ao imposto de renda, como qualquer contribuinte.

(D) Tornam-se vitalícios após quatro anos de exercício os juízes togados de primeiro grau.

(E) Não pode o juiz exercer a advocacia no juízo ou Tribunal do qual se afastou, antes de decorridos cinco anos do afastamento do cargo por aposentadoria ou exoneração.

A: correta. De fato, a Constituição determina que, apenas em primeiro grau de jurisdição, a garantia da vitaliciedade dada aos membros da magistratura, seja adquirida após dois anos de exercício. Desse modo, como a alternativa traz apenas membros de tribunais, é correto afirmar que a vitaliciedade para eles é adquirida com a posse (art. 95, I, da CF); **B:** errada. De acordo com o art. 93, VIII, da CF, o ato de remoção, disponibilidade e aposentadoria do magistrado, por interesse público, fundar-se-á em decisão por voto da **maioria absoluta** do respectivo tribunal ou do Conselho Nacional de Justiça, assegurada ampla defesa; **C:** errada. Os subsídios dos magistrados **não podem ser diminuídos** em virtude de medida geral (art. 95, III, da CF); **D:** errada. Conforme já mencionado, a garantia da vitaliciedade dada aos membros da magistratura, em primeiro grau de jurisdição, é adquirida após **dois anos** de exercício (art. 95, I, da CF); **E:** errada. Dispõe o art. 95, parágrafo único, V, da CF que é vedado aos juízes exercer a advocacia no juízo ou tribunal do qual se afastou, antes de decorridos **três anos** do afastamento do cargo por aposentadoria ou exoneração.

Gabarito "A"

(Magistratura do Trabalho – 8ª Região – 2011) É INCORRETO afirmar que:

(A) Não será promovido o juiz que, injustificadamente, retiver autos em seu poder além do prazo legal, não podendo devolvê-los ao cartório sem o devido despacho ou decisão.

(B) Somente em decisão tomada por dois terços do respectivo tribunal ou do Conselho Nacional de Justiça, o ato de remoção, disponibilidade e aposentadoria do magistrado será fundado, desde que assegurada ampla defesa.

(C) A atividade jurisdicional será ininterrupta, sendo vedadas férias coletivas nos juízos e tribunais de segundo grau, funcionando, nos dias em que não houver expediente forense normal, juízes em plantão permanente.

(D) São públicos todos os julgamentos dos órgãos do Poder Judiciário, bem como fundamentadas todas as decisões, sob pena de nulidade, podendo a lei limitar a presença, em determinados atos, às próprias partes e a seus advogados, ou somente a estes, em casos nos quais a preservação do direito à intimidade do interessado no sigilo não prejudique o interesse público à informação.

(E) O tribunal competente poderá autorizar que o juiz titular resida fora da respectiva comarca.

A: correta (art. 93, II, *e*, da CF); **B:** incorreta, devendo ser assinalada. O art. 93, VIII, da CF menciona que a decisão deve ser tomada por voto da **maioria absoluta** do respectivo tribunal ou do Conselho Nacional de Justiça, e não dois por terços como afirmado; **C:** correta (art. 93, XII, da CF); **D:** correta (art. 93, IX, da CF); **E:** correta (art. 93, VII, da CF).

Gabarito "B"

(Magistratura do Trabalho – 8ª Região – 2011) É INCORRETO afirmar que:

(A) Entidade de classe de âmbito nacional pode provocar a aprovação, revisão ou cancelamento de súmula com efeito vinculante aprovada pelo Supremo Tribunal Federal.

(B) Somente por maioria absoluta o Supremo Tribunal Federal poderá, após reiteradas decisões sobre matéria constitucional, aprovar súmula que, a partir de sua publicação na imprensa oficial, terá efeito vinculante em relação aos demais órgãos do Poder Judiciário e à administração pública direta e indireta, nas esferas federal, estadual e municipal, bem como proceder à sua revisão ou cancelamento, na forma estabelecida em lei.

(C) O Supremo Tribunal Federal, julgando procedente reclamação em relação a ato administrativo ou decisão judicial que tenha contrariado súmula vinculante aplicável, determinará a anulação do ato administrativo ou cassará a decisão judicial reclamada, sem prejuízo da determinação de que outra decisão judicial seja proferida, com ou sem a aplicação da súmula, conforme o caso.

(D) A súmula vinculante terá por objetivo a validade, a interpretação e a eficácia de normas determinadas, acerca das quais haja controvérsia atual entre órgãos judiciários, ou entre estes e a administração pública, desde que essa controvérsia acarrete grave insegurança jurídica e relevante multiplicação de processos sobre questão idêntica.

(E) O Presidente do Senado Federal não pode provocar a revisão de súmula com efeito vinculante.

A: correta. O art. 103-A, § 2º, da CF autoriza que os legitimados à propositura da ação direta de inconstitucionalidade também proponham a aprovação, a revisão ou o cancelamento de súmula vinculante. A entidade de classe de âmbito nacional, por se incluir no rol de legitimados das ações do controle concentrado, pode provocar o Supremo a editar, a revisar ou a cancelar súmula vinculante. Além disso, a lei que regulamente a súmula vinculante (Lei 11.417/2006), em seu art. 3º, VIII, trouxe, expressamente, essa possibilidade, ratificando a previsão constitucional; **B:** incorreta, devendo ser assinalada. A Constituição, em seu art. 103-A, *caput*, exige que aprovação se dê mediante decisão de **dois terços dos membros** e não maioria absoluta como afirmado. De mesmo modo dispõe o art. 2º, § 3º, da Lei 11.417/2006; **C:** correta. É o que determina a segunda parte do § 2º do art. 103-A da CF e o art. 7º, § 2º, da Lei 11.417/2006; **D:** correta. É o que se extrai da leitura do o § 1º do art. 103-A da CF e do art. 2º, § 1º, da Lei 11.417/2006; **E:** correta. De fato o Presidente não pode provocar a revisão de súmula vinculante, pois não se encontra no rol de legitimados previsto no art. 3º da Lei 11.417/2006. Tal dispositivo enumera como legitimados a propor a edição, a revisão ou o cancelamento de enunciado de súmula vinculante: I - o Presidente da República, II - a **Mesa do Senado Federal**, III – a Mesa da Câmara dos Deputados, IV – o Procurador-Geral da República, V – o Conselho Federal da Ordem dos Advogados do Brasil, VI – o Defensor Público-Geral da União, VII – partido político com representação no Congresso Nacional, VIII – confederação sindical ou entidade de classe de âmbito nacional, IX – a Mesa de Assembleia Legislativa ou da Câmara Legislativa do Distrito Federal, X – o Governador de Estado ou do Distrito Federal e XI – os Tribunais Superiores, os Tribunais de Justiça de Estados ou do Distrito Federal e Territórios, os Tribunais Regionais Federais, os Tribunais Regionais do Trabalho, os Tribunais Regionais Eleitorais e os Tribunais Militares.

Gabarito "B"

(Magistratura do Trabalho – 2ª Região – 2011) Assinale a alternativa incorreta, dentre os princípios constitucionais relativos ao Poder Judiciário, concernentes à lei complementar, de iniciativa do Supremo Tribunal Federal, que disporá sobre o Estatuto da Magistratura:

(A) O Juiz titular residirá na respectiva comarca, salvo autorização do tribunal.

(B) É obrigatória a promoção do Juiz que figure por três vezes consecutivas ou cinco alternadas em lista de merecimento.

(C) As decisões administrativas dos tribunais serão motivadas e em sessão pública, sendo as disciplinares tomadas pelo voto da maioria simples de seus membros.

(D) A distribuição de processos será imediata, em todos os graus de jurisdição.

(E) Os servidores receberão delegação para a prática de atos de administração e atos de mero expediente sem caráter decisório.

A: correta (art. 93, VII, da CF); **B:** correta (art. 93, II, *a*, da CF); **C:** incorreta, devendo ser assinalada. As decisões disciplinares devem ser tomadas pelo voto da maioria **absoluta** de seus membros e não maioria simples, como afirmado (art. 93, X, da CF); **D:** correta (art. 93, XV, da CF); **E:** correta (art. 93, XIV, da CF).

Gabarito "C"

(Magistratura do Trabalho – 2ª Região – 2011) Assinale a alternativa incorreta, dentre o que é constitucionalmente vedado aos Juízes:

(A) Exercer a advocacia no juízo ou tribunal do qual se afastou, antes de decorridos dois anos do afastamento do cargo por aposentadoria ou exoneração.

(B) Receber, a qualquer título ou pretexto, auxílios ou contribuições de pessoas físicas, entidades públicas ou privadas, ressalvadas as exceções previstas em lei

(C) Dedicar-se à atividade político partidária.

(D) Receber, a qualquer título ou pretexto, custas ou participação em processos.

(E) Exercer, ainda que em disponibilidade, outro cargo ou função, salvo uma de magistério.

A: incorreta, devendo ser assinalada. A Constituição determina o período de **três anos** e não dois (art. 95, parágrafo único, V, da CF); **B:** correta (art. 95, parágrafo único, IV, da CF); **C:** correta (art. 95, parágrafo único, III, da CF); **D:** correta (art. 95, parágrafo único, II, da CF); **E:** correta (art. 95, parágrafo único, I, da CF).

Gabarito "A"

(Magistratura do Trabalho – 1ª Região – 2010) No que se refere ao Poder Judiciário, assinale a opção correta.

(A) A CF admite a instituição de órgão especial no âmbito dos tribunais com número superior a vinte e cinco julgadores e com o limite máximo e o mínimo de componentes fixados pelos respectivos regimentos internos.

(B) As decisões proferidas pelo Conselho Superior da Justiça do Trabalho, que funciona junto ao TST, não possuem efeito vinculante.

(C) De acordo com entendimento do STF, não compete à justiça do trabalho processar e julgar as ações de indenização por dano moral, com base em acidente de trabalho, ainda que propostas por empregado contra empregador.

(D) Compete ao STF o julgamento de conflitos de competência envolvendo tribunais superiores e juízes vinculados a outros tribunais.

(E) São taxativamente previstas na CF as atribuições do Conselho Nacional de Justiça, órgão responsável pelo controle da atuação administrativa e financeira do Poder Judiciário e do cumprimento dos deveres funcionais dos juízes.

A: incorreta. Previsão de mínimo de 11 e máximo de 25 membros estabelecida pela própria CF (art. 93, XI); **B:** incorreta. Suas decisões têm efeito vinculante (art. 111-A, § 2º, II, da CF); **C:** incorreta. Súmula Vinculante 22/STF: "A Justiça do Trabalho é competente para processar e julgar as ações de indenização por danos morais e patrimoniais decorrentes de acidente de trabalho propostas por empregado contra empregador, inclusive aquelas que ainda não possuíam sentença de mérito em primeiro grau quando da promulgação da Emenda Constitucional nº 45/2004"; **D:** correta (Art. 105, I, *d*, da CF); **E:** incorreta. O art. 103-B, § 4º, da CF é exemplificativo, outras atribuições podem ser estabelecidas pelo Estatuto da Magistratura.

Gabarito "D"

(Magistratura do Trabalho – 1ª Região – 2004) Dispõe a Constituição Federal, expressamente, no art. 111, que o Juiz do Trabalho é:

(A) funcionário público federal;
(B) agente político do Estado;
(C) órgão da Justiça do Trabalho;
(D) ocupante de carreira de Estado;
(E) servidor público *sui generis*.

A Constituição considera órgão da Justiça do Trabalho os Juízes do Trabalho (Art. 111, III, da CF).

Gabarito "C"

(Magistratura do Trabalho – 3ª Região – 2008) Constituem alterações no Poder Judiciário produzidas pela chamada "Reforma do Judiciário" (Emenda Constitucional nº 45/2004), EXCETO:

(A) A organização do Conselho Nacional de Justiça (CNJ).
(B) A ampliação da competência da Justiça do Trabalho para processar os dissídios resultantes de contratos de empreitadas em que o empreiteiro seja operário ou artífice.
(C) A introdução da Súmula Vinculante.
(D) A exigência de, no mínimo, 3 anos de atividade jurídica para ingresso na carreira de magistrado.
(E) A extinção dos Tribunais de Alçada.

A: correta. V., por exemplo, art. 92, I-A e art. 103-B (também alterado pela EC 61/2009), ambos da CF; **B:** incorreta, devendo ser assinalada. Matéria não constante expressamente do rol do art. 114 da CF, alterado pela EC 45/2004 (o tema é polêmico no direito do trabalho); **C:** correta (Art. 103-A da CF); **D:** correta (Art. 93, I, da CF); **E:** correta (Art. 4º da EC 45/2004).

Gabarito "B"

(Magistratura do Trabalho – 8ª Região – 2009) A Constituição Federal prevê a existência de Lei complementar, de iniciativa do Supremo Tribunal Federal, que disporá sobre o Estatuto da Magistratura, observados os seguintes princípios, exceto:

(A) Ingresso na carreira, cujo cargo inicial será o de juiz substituto, mediante concurso público de provas e títulos, com a participação da Ordem dos Advogados do Brasil em todas as fases, exigindo-se do bacharel em direito, no mínimo, três anos de atividade jurídica e obedecendo-se, nas nomeações, à ordem de classificação.
(B) A promoção por merecimento pressupõe dois anos de exercício na respectiva entrância e integrar o juiz a primeira quinta parte da lista de antiguidade desta, salvo se não houver com tais requisitos quem aceite o lugar vago. A aferição do merecimento será realizada conforme o desempenho e pelos critérios objetivos de produtividade e presteza no exercício da jurisdição e pela frequência e aproveitamento em cursos oficiais ou reconhecidos de aperfeiçoamento. Na apuração de antiguidade, o tribunal somente poderá recusar o juiz mais antigo pelo voto fundamentado de dois terços de seus membros, conforme procedimento próprio, e assegurada ampla defesa, repetindo-se a votação até fixar-se a indicação. Constitui critério objetivo a impedir a promoção, independentemente da ocorrência de razões de produtividade, presteza ou até mesmo de antiguidade, a existência de retenção injustificada de autos em seu poder além do prazo legal.
(C) O magistrado vitalício possui direito a inamovibilidade, que apenas poderá ser excepcionado ao seu pedido, ou por ato de remoção por interesse público, fundado em decisão por voto da maioria absoluta do tribunal a que estiver vinculado.
(D) A permuta de magistrados de comarca de igual entrância atenderá, no que couber, as seguintes normas: a) a obrigatoriedade da promoção do juiz que figure por três vezes consecutivas ou cinco alternadas em lista de merecimento; b) a observância de dois anos de exercício na respectiva entrância e integrar o juiz a primeira quinta parte da lista de antiguidade desta, salvo se não houver com tais requisitos quem aceite o lugar vago; c) a aferição do merecimento conforme o desempenho e pelos critérios objetivos de produtividade e presteza no exercício da jurisdição e pela frequência e aproveitamento em cursos oficiais ou reconhecidos de aperfeiçoamento.
(E) As decisões administrativas dos tribunais serão motivadas e em sessão pública, sendo as disciplinares, compreendidas estas também como as que autorizam a instauração de procedimento disciplinar, tomadas pelo voto da maioria absoluta de seus membros.

Art. 93, I a XV, da CF.

Gabarito "C"

(Magistratura do Trabalho – 8ª Região – 2009) A respeito da organização do Poder Judiciário e das funções essenciais à Justiça, a Constituição Federal estabelece:

(A) Um quinto dos lugares nos Tribunais integrantes do Poder Judiciário será composto de membros do Ministério Público, com mais de dez anos de carreira, e de advogados de notório saber jurídico e de reputação ilibada, com mais de dez anos de efetiva atividade profissional, indicados em lista sêxtupla pelos órgãos de representação das respectivas classes. Recebidas as indicações, o tribunal formará lista tríplice, enviando-a ao Poder Executivo, que, nos vinte dias subsequentes, escolherá um de seus integrantes para nomeação. Excepciona esta regra o Superior Tribunal de Justiça e o Superior Tribunal Militar que possuem proporcionalidade diferente em sua composição.
(B) Compete ao Superior Tribunal de Justiça processar e julgar, originariamente: nos crimes comuns, os Governadores dos Estados e do Distrito Federal, e, nestes e nos de responsabilidade, os desembargadores dos Tribunais de Justiça dos Estados e do Distrito Federal, os membros dos Tribunais de Contas dos Estados e do Distrito Federal, os dos Tribunais Regionais Federais, dos Tribunais Regionais Eleitorais e do Trabalho, os

membros dos Conselhos ou Tribunais de Contas dos Municípios e os do Ministério Público que oficiem perante tribunais.

(C) O Tribunal Superior do Trabalho compor-se-á de vinte e sete Ministros, escolhidos dentre brasileiros com mais de trinta e cinco e menos de sessenta e cinco anos, nomeados pelo Presidente da República após aprovação pela maioria absoluta do Senado Federal. Funcionará junto ao Tribunal Superior do Trabalho o Conselho Superior da Justiça do Trabalho, cabendo-lhe exercer, na forma da lei, a supervisão administrativa, orçamentária, financeira e patrimonial da Justiça do Trabalho, como órgão central do sistema, cujas decisões terão efeito vinculante.

(D) São órgãos da Justiça Militar: a) o Superior Tribunal Militar; b) os Tribunais de segundo grau e Juízes Militares instituídos por lei, cabendo a este ramo do Poder Judiciário a competência para julgar os crimes militares, como definidos em lei. Não é possível confundir estes órgãos com a Justiça Militar organizada nos Estados Membros, que integra outro ramo do Poder Judiciário.

(E) O Ministério Público da União tem por chefe o Procurador-Geral da República, nomeado pelo Presidente da República dentre integrantes da carreira, maiores de trinta e cinco anos, após a aprovação de seu nome pela maioria absoluta dos membros do Senado Federal, para mandato de dois anos, permitida a recondução. Os Ministérios Públicos dos Estados e o do Distrito Federal e Territórios formarão lista tríplice dentre integrantes da carreira, na forma da lei respectiva, para escolha de seu Procurador-Geral, que será nomeado pelo Chefe do Poder Executivo, para mandato de dois anos, permitida uma recondução.

A: incorreta. O STF não possui "quinto constitucional" e seus cargos são de livre nomeação pelo Presidente da República. O TSE e o TRE tampouco possuem "quinto"; **B:** incorreta. Não cabe ao STJ julgar membros dos Tribunais de Contas Municipais (aliás, a CF vedou a criação de cortes de contas municipais, muito embora tenha ressalvado os que já existiam à época de sua promulgação). V. art. 105, I, *a*, da CF; **C:** incorreta. A primeira parte está correta (art. 111-A, *caput*, da CF). O Conselho Superior da Justiça do Trabalho não é órgão central, pois só supervisiona as Justiças do Trabalho de primeiro e de segundo graus. V. art. 111-A, § 2º, II, da CF; **D:** incorreta. O art. 122, II, da CF não se refere a tribunais militares "de segundo grau", mas apenas a "tribunais"; **E:** correta (Art. 128, §§ 1º e 3º, da CF).

Gabarito "E"

(Magistratura do Trabalho – 8ª Região – 2008) Acerca das disposições constitucionais do Poder Judiciário é CORRETO afirmar:

(A) Constitui princípio constitucional autoaplicável a disposição que destina um quinto dos lugares dos Tribunais Superiores, dos Tribunais Regionais Federais, dos Tribunais dos Estados, e do Distrito Federal e Territórios aos membros, do Ministério Público, com mais de dez anos de carreira, e aos advogados de notório saber jurídico e de reputação ilibada, com mais de dez anos de efetiva atividade profissional, indicados em lista sêxtupla pelos órgãos de representação das respectivas classes. Esta norma não se aplica ao Supremo Tribunal Federal.

(B) É inconstitucional a disposição de Constituição Estadual que preveja a atribuição da competência aos Tribunais de Justiça dos Estados de realizar o controle abstrato de constitucionalidade de leis municipais perante a Constituição Federal.

(C) Os Tribunais Regionais do Trabalho compõem-se de, no mínimo, sete juízes, recrutados, quando possível, na respectiva região, e nomeados pelo Presidente da República dentre brasileiros natos com mais de trinta e menos de sessenta e cinco anos. É possível aos Tribunais Regionais do Trabalho instalar a justiça itinerante, com a realização de audiências e demais funções de atividade jurisdicional, nos limites territoriais da respectiva jurisdição, servindo-se de equipamentos privados, públicos e comunitários.

(D) A disciplina constitucional da advocacia pública regula as atividades dos Procuradores dos Estados, do Distrito Federal e dos Municípios, afirmando-os organizados em carreira, na qual o ingresso depende de concurso público de provas e títulos, com a participação da Ordem dos Advogados do Brasil em todas as suas fases, tendo por atribuição a representação judicial e a consultoria jurídica das respectivas unidades federadas.

(E) O Ministério Público da União tem por chefe o Procurador-Geral da República, nomeado pelo Presidente da República dentre integrantes da carreira, maiores de trinta e cinco anos, após a aprovação de seu nome pela maioria absoluta dos membros do Senado Federal, para mandato de dois anos, permitida única recondução.

A: incorreta. Não reflete o disposto no art. 94, *caput* e parágrafo único, da CF. Não existe "quinto constitucional" no STF (art. 101 da CF), no TSE, no TRE e, no STJ, existe o "terço constitucional" (art. 104, parágrafo único, I e II, da CF); **B:** correta. O STF e os TJs locais realizam controle concentrado de constitucionalidade, cuja diferença está no parâmetro de controle. Apenas ao STF cabe o controle concentrado (ou abstrato ou por via de ação) de lei ou ato normativo federal ou estadual diante da Constituição Federal (art. 102, I, *a*, da CF), mas os TJs locais também exercem o controle concentrado de constitucionalidade, ao julgar as representações de inconstitucionalidade de leis ou atos normativos estaduais e municipais em face da Constituição Estadual (art. 125, § 2º, da CF). Assim, o TJ não realiza controle concentrado de lei federal, nem o controle de lei estadual ou municipal em face da Constituição Federal, sob pena de usurpação inconstitucional da competência do STF; **C:** incorreta. A primeira parte está correta (art. 115, *caput*, da CF), mas a segunda viola o disposto no § 1º do mesmo artigo; **D:** incorreta. Regula a AGU e as procuradorias dos Estados/Distrito Federal (não há referência aos municípios). V. arts. 131 e 132 da CF; **E:** incorreta. Não reflete a redação do art. 128, § 1º, da CF.

Gabarito "B"

(Magistratura do Trabalho – 8ª Região – 2007) A respeito da Emenda Constitucional nº 45/2004, é correto afirmar:

(A) Importante alteração foi a elevação do quórum para a deliberação de natureza disciplinar, restando consagrado que as decisões administrativas dos tribunais devem ser motivadas e deliberadas em sessão pública, sendo que as disciplinares estão sujeitas à aprovação de três quintos dos membros do respectivo Tribunal.

(B) Foi introduzida a figura da "quarentena", proibindo o magistrado de exercer a advocacia no juízo ou tribunal do qual se afastou, antes de decorridos dois anos do afastamento do cargo por aposentadoria ou exoneração.

(C) Na apuração de antiguidade, para fim de promoção, o Tribunal somente poderá recusar o juiz mais antigo pelo voto fundamentado de dois terços de seus membros, conforme procedimento próprio, assegurada ampla defesa. Igual quorum deve ser observado para edição de ato de remoção, disponibilidade e aposentadoria do magistrado, por interesse público, também assegurada ampla defesa.

(D) É da competência do Conselho Nacional de Justiça receber e conhecer das reclamações contra membros ou órgãos do Poder Judiciário, inclusive contra seus serviços auxiliares, serventias e órgãos prestadores de serviços notariais e de registro que atuem por delegação do poder público ou oficializados, sem prejuízo da competência disciplinar e correicional dos Tribunais, podendo avocar processos disciplinares em curso e determinar a remoção, a disponibilidade ou a aposentadoria com subsídios ou proventos proporcionais ao tempo de serviço e aplicar outras sanções administrativas, assegurada ampla defesa.

(E) As Súmulas do Supremo Tribunal Federal, editadas anteriormente a dezembro de 2004, passam a ter efeito vinculante após nova publicação na imprensa oficial.

A: incorreta. Não reflete o disposto no art. 93, X, da CF; **B:** incorreta. Não reflete o disposto no art. 95, parágrafo único, V, da CF; **C:** incorreta. Não reflete o disposto no art. 93, VIII, da CF. V, tb., art. 93, II, *d*, da CF; **D:** correta (Art. 103-B, § 4º, III, da CF); **E:** incorreta. Não reflete o disposto no art. 8º da EC 45/2004 e no art. 103-A da CF.

Gabarito "D"

(Magistratura do Trabalho – 11ª Região – 2007 – FCC) Dentre os princípios contemplados na Constituição da República, relativamente ao estatuto da magistratura, prevê-se expressamente que

(A) o concurso público de provas e títulos para provimento de cargo de juiz substituto contará, necessariamente, com a participação da Ordem dos Advogados do Brasil em todas as fases.

(B) o juiz titular residirá sempre na respectiva comarca, independentemente de sua vontade, o que configura exceção à regra da inamovibilidade.

(C) é obrigatória a promoção do juiz que figure por três vezes, consecutivas ou não, em lista de merecimento.

(D) é vedado ao juiz exercer a advocacia no juízo do qual se afastou, antes de decorridos quatro anos do afastamento do cargo por aposentadoria ou exoneração.

(E) o magistrado adquire a garantia de vitaliciedade, no primeiro grau, após três anos de exercício efetivo da função.

Ver art. 93, I a XV, da CF.

Gabarito "A"

(Magistratura do Trabalho – 11ª Região – 2007 – FCC) Nos termos da Constituição Federal, a regra é a publicidade dos atos processuais. Eventuais restrições só podem ser levadas a efeito pela lei e apenas quando

(A) a tutela da honra objetiva for comprometida.

(B) a ação tiver, no polo ativo ou passivo, autoridades públicas.

(C) o processo envolver investigação criminal.

(D) a defesa da intimidade ou o interesse social o exigirem.

(E) o sigilo bancário, o segredo industrial e a intimidade familiar estiverem ameaçados.

Art. 5º, LX, da CF.

Gabarito "D"

(Magistratura do Trabalho – 12ª Região – 2006) As inovações constitucionais recentes (EC nº 45/2004), no que concerne à Reforma do Judiciário, elevaram a celeridade, a qualidade, a segurança jurídica, a economicidade e a acessibilidade ao *status* de garantia constitucional. Assinale a alternativa incorreta.

(A) as Escolas Nacionais de Magistrados, instituídas para o aperfeiçoamento técnico dos magistrados, têm previsão constitucional, cabendo-lhes, dentre outras funções, regulamentar os cursos oficiais para ingresso e promoção na carreira;

(B) são assegurados a todos, no âmbito judicial e administrativo, a razoável duração do processo e os meios que garantam a celeridade de tramitação, tais como previsto pelo ordenamento jurídico, os despachos monocráticos, aplicação de multas, redução recursal, com critérios denominados de " repercussão geral "e "transcendência" e a distribuição imediata de todos os processos;

(C) a aprovação de súmulas pelo Supremo Tribunal Federal, por decisão de dois terços dos seus membros, vinculará, pelos seus efeitos, a partir da publicação na imprensa oficial, os demais órgãos do Poder Judiciário e a administração pública direta e indireta, nas esferas federal, estadual e municipal;

(D) é possível a lotação de juízes por unidade jurisdicional proporcionalmente à efetiva demanda judicial e à respectiva população, assim como a instalação da justiça itinerante e a descentralização de câmaras regionais;

(E) sem prejuízo do que vier a ser estabelecido em lei, a aprovação, a revisão ou o cancelamento de súmula poderão ser provocados por aqueles que podem propor ação civil pública e ação direta de inconstitucionalidade.

A: correta (Art. 105, parágrafo único, I, da CF); **B:** correta (Art. 5º, LXXVIII, da CF); **C:** correta (Art. 103-A da CF); **D:** correta (Art. 93, XIII, da CF); **E:** incorreta, devendo ser assinalada. O art. 103-A, § 2º, da CF fala apenas nos legitimados para propor ADIn.

Gabarito "E"

(Magistratura do Trabalho – 12ª Região – 2006) Assinale a alternativa incorreta:

(A) o ingresso na carreira, cujo cargo inicial será o de juiz substituto, será mediante concurso público de provas e títulos, com a participação da Ordem dos Advogados do Brasil em todas as fases, exigindo-se do bacharel em direito, no mínimo, três anos de atividade jurídica, obedecendo-se, nas nomeações, à ordem de classificação;

(B) o juiz residirá obrigatoriamente na Comarca, conforme determina a Constituição Federal;

(C) o ato de remoção, disponibilidade e aposentadoria do magistrado, por interesse público, fundar-se-á em decisão por voto da maioria absoluta do respectivo Tribunal ou do Conselho Nacional de Justiça, assegurada a ampla defesa;

(D) todos os julgamentos dos órgãos do Poder Judiciário serão públicos, e fundamentadas todas as decisões, sob pena de nulidade, podendo a lei limitar a presença, em determinados atos, às próprias partes e a seus advogados, ou somente a estes, em casos em que a preservação do direito à intimidade do interessado no sigilo não prejudique o interesse público à informação;

(E) são órgãos da Justiça do Trabalho: o TST, os TRTs e os juízes do trabalho, funcionando junto ao TST a Escola Nacional de Formação e Aperfeiçoamento de Magistrados do Trabalho e o Conselho Superior da Justiça do Trabalho.

A: correta (Art. 93, I, da CF); **B:** incorreta, devendo ser assinalada. Salvo autorização do Tribunal (art. 93, VII, da CF); **C:** correta (Art. 93, VIII, da CF); **D:** correta (Art. 93, IX, da CF); **E:** correta (Art. 111, I a III, e § 2º, I, da CF).

"B" ojueqeS

(Magistratura do Trabalho – 13ª Região – 2006) O acesso aos tribunais de segundo grau far-se-á:

(A) pelo critério de livre escolha do Presidente do Tribunal, *ad referendum* do pleno;

(B) por antiguidade e merecimento, alternadamente, apurados na última ou única instância;

(C) pela apresentação em lista tríplice por parte dos respectivos colegiados das carreiras da Magistratura, do Ministério Público ou da Seccional da OAB, alternadamente;

(D) por votação em dois turnos do Tribunal respectivo;

(E) pelo Presidente do Poder Judiciário competente, ouvido o Conselho da Magistratura, que decidirá por maioria absoluta.

Art. 93, III, da CF: "o acesso aos tribunais de segundo grau far-se-á por antiguidade e merecimento, alternadamente, apurados na última ou única entrância".

"B" ojueqeS

(Magistratura do Trabalho – 13ª Região – 2006) Assinale a hipótese verdadeira. Verificando-se caso de greve em atividade essencial, com possibilidade de lesão do interesse público:

(A) o Tribunal do Trabalho da Região competente intervirá em vinte e quatro horas, a fim de resguardar o interesse coletivo;

(B) o Presidente do Tribunal Regional do Trabalho da Região jurisdicionada comunicará o fato em vinte e quatro horas ao Tribunal Superior do Trabalho, para as providências emergenciais previstas em lei;

(C) o Ministério Público do Trabalho poderá ajuizar dissídio coletivo, competindo à Justiça do Trabalho decidir o conflito;

(D) compete à Justiça comum decidir e julgar a matéria, desde que provocada pelo Ministério Público do Trabalho;

(E) as partes terão ampla liberdade de solucionar o conflito, em respeito aos Direitos Individuais e Coletivos contidos no *caput* do art. 5º da CF.

Art. 114, § 3º, da CF.

"C" ojueqeS

(Magistratura do Trabalho – 13ª Região – 2006) Todos os julgamentos dos órgãos do poder judiciário serão públicos e fundamentadas as decisões, podendo a lei:

(A) limitar a presença, em determinados atos, às próprias partes e a seus advogados, ou somente a estes;

(B) exigir representante qualificado do Ministério Público Federal;

(C) restringir a oitiva das partes e de suas testemunhas às audiências que se processarem em segredo de justiça;

(D) limitar o direito de defesa às garantias individuais contidas na Carta Magna;

(E) nenhuma das respostas acima.

Art. 93, IX, da CF.

"A" ojueqeS

(Magistratura do Trabalho – 13ª Região – 2006) Considere as assertivas seguintes e assinale a que não é verdadeira:

(A) ao Poder Judiciário é assegurada autonomia administrativa e financeira (EC n. 45/2004);

(B) somente pelo voto da maioria absoluta de seus membros ou dos membros do respectivo órgão especial poderão os tribunais declarar a inconstitucionalidade de lei ou de ato normativo do poder público;

(C) a justiça de paz em nenhuma hipótese poderá ser remunerada e terá sua composição formada por cidadãos de conduta ilibada, de livre escolha dos Presidentes do Tribunais de Justiça dos Estado;

(D) as custas e emolumentos serão destinados exclusivamente ao custeio dos serviços afetos às atividades específicas da Justiça;

(E) nenhuma das respostas.

A: correta (Art. 99 da CF); **B:** correta. Art. 97 da CF (cláusula da reserve de plenário); **C:** incorreta, devendo ser assinalada. Não reflete o disposto no art. 98, II, da CF; **D:** correta (Art. 98, § 2º, da CF).

"C" ojueqeS

(Magistratura do Trabalho – 14ª Região – 2008) Assinale a alternativa CORRETA:

(A) Haverá, pelo menos, um Tribunal Regional do Trabalho em cada Estado da Federação;

(B) Nas localidades não abrangidas pela Jurisdição das Varas do Trabalho, esta poderá ser exercida por juízes de direito, com recurso ao respectivo Tribunal de Justiça;

(C) um terço dos membros do Tribunal Superior do Trabalho é composto por advogados com mais de dez anos de efetiva atividade profissional e membros do Ministério Público do Trabalho, com mais de dez anos de efetivo exercício;

(D) Funcionará junto ao Tribunal Superior do Trabalho a Escola Nacional de Formação e Aperfeiçoamento de Magistrados do Trabalho, cabendo-lhe, dentre outras funções, regulamentar os cursos oficiais para o ingresso e promoção na carreira;

(E) Os Tribunais Regionais do Trabalho serão compostos, no mínimo, de quinze juízes, recrutados, quando possível, na respectiva região, e nomeados pelo Presidente da República dentre brasileiros com mais trinta e menos de sessenta e cinco anos.

A: Redação anterior do art. 112 da CF, modificada pela EC 45/2004; **B:** incorreta. Com recurso para o respectivo TRT (art. 112 da CF); **C:** incorreta. Um quinto dos membros (art. 111-A, I, da CF); **D:** correta (Art. 111-A, § 2º, I, da CF); **E:** incorreta. Não reflete o disposto no art. 115 da CF.

Gabarito "D"

(Magistratura do Trabalho – 16ª Região – 2008) A emenda constitucional 45 criou o Conselho Nacional de Justiça composto de quinze membros. Conforme se pode verificar de sua composição, o constituinte derivado optou pela heterogeneidade na composição do órgão. A esse respeito, assinale a alternativa incorreta:

(A) Um juiz de Tribunal Regional do Trabalho, indicado pelo Tribunal Superior do Trabalho;

(B) Um juiz estadual, indicado pelo Superior Tribunal de Justiça;

(C) Um juiz federal, indicado pelo Superior Tribunal de Justiça;

(D) Um membro do Ministério Público da União, indicado pelo Procurador Geral da República;

(E) Dois advogados, indicados pelo Conselho Federal da Ordem dos Advogados do Brasil;

Art. 103-B, I a XIII, da CF.

Gabarito "B"

(Magistratura do Trabalho – 20ª Região – 2003) Segundo a Constituição Federal:

(A) todas as decisões do Poder Judiciário deverão estar corretamente fundamentadas;

(B) a necessidade de fundamentação adstringe-se tão somente às decisões terminativas, estando, pois, as interlocutórias dispensadas de tal exigência, uma vez que a possibilidade de serem agravadas supre o preceito;

(C) a rigor, o que se exige é que a decisão judicial esteja fundamentada. Não se requer, todavia, que a fundamentação seja a correta, desde que mantenha um traço de coerência com o conteúdo da sentença;

(D) a publicidade que a Constituição Federal impõe aos julgamentos do poder judiciário não é relativa;

(E) a natureza teleológica da motivação requer fundamentação doutrinária e jurisprudencial, sob pena de nulidade absoluta do *decisum*.

Art. 93, IX, da CF: "todos os julgamentos dos órgãos do Poder Judiciário serão públicos, e fundamentadas todas as decisões, sob pena de nulidade, podendo a lei limitar a presença, em determinados atos, às próprias partes e a seus advogados, ou somente a estes, em casos nos quais a preservação do direito à intimidade do interessado no sigilo não prejudique o interesse público à informação".

Gabarito "C"

(Magistratura do Trabalho – 20ª Região – 2003) Quanto aos ministros do STF pode-se afirmar:

(A) sua nomeação é privativa do poder executivo, ao qual, contudo, impõe-se a submissão do nome escolhido à aprovação por parte do plenário da Corte;

(B) compete ao presidente da república nomear os seus membros, após a anuência do Congresso Nacional;

(C) apenas depois da aprovação da Câmara de Deputados, a qual se dá através de voto secreto, o presidente da república poderá proceder à nomeação de ministros para o STF;

(D) a nomeação de ministros para o STF é ato posterior e dependente da aprovação do nome indicado pelo Senado Federal, aprovação, essa, cujo procedimento envolve arguição pública e votação secreta;

(E) o Senado Federal, a quem compete aprovar o nome do futuro ministro do STF, poderá dispensar o candidato de arguição pública na hipótese de esse mesmo candidato ser oriundo do próprio Poder Judiciário.

Art. 101, *caput* e parágrafo único, da CF.

Gabarito "D"

(Magistratura do Trabalho – 21ª Região – 2005) Assinale a alternativa correta:

(A) a Emenda Constitucional nº 45/2004 instituiu o chamado 'controle externo' do Poder Judiciário, ao dispor sobre a criação do Conselho Nacional de Justiça, órgão que não integra a estrutura do Poder Judiciário e é composto por magistrados e membros da sociedade civil organizada;

(B) funciona junto ao Conselho Nacional de Justiça a Escola Nacional da Magistratura, a quem compete, dentre outras atribuições, baixar instruções para o ingresso na carreira da magistratura nacional;

(C) no âmbito das atribuições constitucionais do Conselho Nacional de Justiça está a de conhecer de reclamações contra membros do Poder Judiciário, podendo, inclusive, avocar processos disciplinares em curso ou revê-los, desde que julgados há menos de cinco anos;

(D) o Conselho Nacional de Justiça é presidido pelo Presidente do Supremo Tribunal Federal, que ficará excluído da distribuição de processos naquele tribunal;

(E) em relação aos membros do Poder Judiciário, a atuação disciplinar do Conselho Nacional de Justiça permite, dentre outras sanções, a decretação da aposentadoria compulsória de magistrado, com subsídios ou proventos proporcionais ao tempo de serviço, desde que a decisão seja tomada pela maioria absoluta de sua composição, assegurada a ampla defesa.

A: incorreta. O CNJ integra o Poder Judiciário (art. 92, I-A, da CF); **B:** incorreta. Funciona junto ao STJ (art. 105, parágrafo único, I, da CF); **C:** incorreta. V. art. 103-B, § 4º, V, da CF; **D:** incorreta. O art. 103-B, § 1º, da CF não o exclui da distribuição; **E:** correta (Art. 103-B, § 4º, III, da CF).

Gabarito "E"

(Magistratura do Trabalho – 21ª Região – 2005) Assinale a alternativa correta:

(A) estabelece a Constituição que funcionará junto ao Tribunal Superior do Trabalho a Escola Nacional de Formação e Aperfeiçoamento de Magistrados do Trabalho, cabendo-lhe, dentre outras funções, regulamentar os cursos oficiais para promoção na carreira da Magistratura do Trabalho;
(B) embora previsto na Constituição, o Conselho Superior da Justiça do Trabalho somente poderá ser instalado após a publicação de lei ordinária disciplinando sua composição e funcionamento;
(C) as decisões do Conselho Superior da Justiça do Trabalho podem ter efeito vinculante, desde que referendadas pelo Plenário do Tribunal Superior do Trabalho;
(D) compete ao Conselho Superior da Justiça do Trabalho exercer a supervisão administrativa sobre os Tribunais Regionais do Trabalho, cabendo a estes últimos exercer idêntica atribuição em relação aos Juízes do Trabalho de Primeira Instância;
(E) A Escola Nacional de Formação e Aperfeiçoamento de Magistrados do Trabalho deverá ser regulamentada por lei no prazo de 180 dias, contados da publicação da Emenda Constitucional nº 45/2004.

A e E: Art. 111-A, § 2º, I, da CF; **B, C e D:** não refletem o disposto no art. 111-A, § 2º, II, da CF.

Gabarito "A"

(Magistratura do Trabalho – 21ª Região – 2005) Sobre o Poder Judiciário, é incorreto afirmar:

(A) é obrigatória a promoção de juiz que figure por três vezes consecutivas ou cinco alternadas em lista de merecimento;
(B) o juiz residirá na respectiva comarca, salvo autorização do Conselho Nacional de Justiça;
(C) as decisões administrativas dos tribunais serão tomadas em sessão pública, com a devida fundamentação;
(D) nos tribunais com mais de vinte e cinco membros, poderá ser instituído órgão especial, sendo que metade de seus membros deve ser eleita pelo respectivo Tribunal Pleno;
(E) o número de juízes na unidade jurisdicional será proporcional à efetiva demanda judicial e à respectiva população.

A: correta (Art. 93, II, *a*, da CF); **B:** incorreta, devendo se assinalada. Salvo autorização do tribunal (art. 93, VII, da CF); **C:** correta (Art. 93, X, da CF); **D:** correta (Art. 93, XI, da CF); **E:** correta (Art. 93, XIII, da CF).

Gabarito "B"

(Magistratura do Trabalho – 21ª Região – 2005) Observe as afirmações abaixo e assinale, em seguida, a alternativa correta:

I. O Magistrado adquire vitaliciedade após estágio probatório de dois anos de exercício, podendo, antes do vitaliciamento, perder o cargo por decisão administrativa do Tribunal;
II. A garantia da inamovibilidade não é absoluta no regime constitucional brasileiro, podendo o Magistrado ser removido por interesse público, desde que a decisão seja tomada por dois terços dos membros do Tribunal;
III. A chamada 'quarentena' da Magistratura, instituída pela Emenda Constitucional nº 45/2004, impõe a vedação ao Juiz para exercer a advocacia junto ao Tribunal do qual se afastou antes de decorrido o período de dois anos;
IV. Aos juízes é vedado dedicar-se à atividade associativa;
V. Os juízes poderão delegar a servidores do Judiciário a prática de atos de administração e atos de mero expediente sem caráter decisório.

(A) as afirmações I e III estão corretas;
(B) as afirmações II e III estão corretas;
(C) as afirmações II e IV estão corretas;
(D) as afirmações I e V estão corretas;
(E) as afirmações II e V estão corretas;

I: correto (Art. 95, I, da CF); **II:** incorreto. Não reflete o disposto no art. 95, II, da CF, que vincula a decisão à maioria absoluta; **III:** incorreto. A "quarentena" é de três anos (art. 95, parágrafo único, V, da CF); **IV:** incorreto. Não consta do rol do art. 95, parágrafo único, da CF; **V:** correto (Art. 93, XIV, da CF).

Gabarito "D"

(Magistratura do Trabalho – 21ª Região – 2005) Estabelece o art. 94, da Constituição Federal: "*um quinto dos lugares dos Tribunais Regionais Federais, dos Tribunais dos Estados, e do Distrito Federal e Territórios será composto de membros do Ministério Público, com mais de dez anos de carreira, e de advogados de notório saber jurídico e de reputação ilibada, com mais de dez anos de efetiva atividade profissional, indicados em lista sêxtupla pelos órgãos de representação das respectivas classes*". A propósito da regra do "quinto constitucional", assinale a alternativa CORRETA:

(A) A partir da promulgação da Emenda Constitucional n. 45/2004, passou a ser aplicável aos Tribunais do Trabalho, excetuando-se o Tribunal Superior do Trabalho, o qual é composto por um terço escolhido dentre Juízes dos Tribunais Regionais do Trabalho, um terço dentre membros originários do Ministério Público do Trabalho e um terço eleito dentre Advogados;
(B) Com a promulgação da Emenda Constitucional n. 45/2004, deu-se sua extensão aos Tribunais do Trabalho, porém sendo assegurado aos Magistrados classistas, em disposição transitória, sua permanência nas unidades jurisdicionais trabalhistas até a aposentadoria;

(C) A Emenda Constitucional n. 45/2004 não trouxe qualquer inovação no pertinente à composição da Justiça do Trabalho, na medida em que a figura dos classistas já havia sido extinta à época da promulgação daquela norma superior;
(D) Todos os ramos da Justiça do Trabalho passaram a adotá-la, apenas a partir da promulgação da Emenda Constitucional n. 45/2004.
(E) Passou a ser aplicada no âmbito dos Tribunais do Trabalho, a partir da promulgação da Emenda Constitucional nº 45/2004.

Art. 111-A, I e art. 115, I, da CF. Lembre-se que não existe "quinto constitucional" no STF (art. 101 da CF), no TSE, no TRE e, no STJ, existe o "terço constitucional" (art. 104, parágrafo único, I e II, da CF).
Gabarito "E"

(Magistratura do Trabalho – 24ª Região – 2007) De acordo com a Constituição Federal, ocorrerá a promoção de Juízes de entrância para entrância, alternadamente, por antiguidade e merecimento, atendidas as seguintes normas:

I. A promoção por merecimento pressupõe dois anos de exercício na respectiva entrância e integrar o Juiz a primeira quinta parte da lista de antiguidade desta, salvo se não houver com tais requisitos quem aceite o lugar vago.
II. Aferição do merecimento conforme o desempenho e pelos critérios objetivos de produtividade e presteza no exercício da jurisdição e pela frequência e aproveitamento em cursos oficiais ou reconhecidos de aperfeiçoamento.
III. Na apuração de antiguidade, o tribunal somente poderá recusar o Juiz mais antigo pelo voto fundamentado de dois terços de seus membros, conforme procedimento próprio, e assegurada ampla defesa, repetindo-se a votação até fixar-se a indicação.
IV. Não será promovido o Juiz que, injustificadamente, retiver autos em seu poder além do prazo legal, não podendo devolvê-los ao cartório sem o devido despacho ou decisão. RESPONDA:

(A) Apenas as proposições I e II estão corretas.
(B) Apenas as proposições III e IV estão corretas.
(C) Apenas as proposições I e IV estão corretas.
(D) Apenas as proposições II e III estão corretas.
(E) Todas as proposições estão corretas.

I: correto (Art. 93, II, *b*, da CF); **II:** correto (Art. 93, II, *c*, da CF); **III:** correto (Art. 93, II, *d*, da CF); **IV:** correto (Art. 93, II, *e*, da CF).
Gabarito "E"

(Magistratura do Trabalho – 24ª Região – 2007) Dispõe o artigo 103-A da Constituição Federal que "O Supremo Tribunal Federal poderá, de ofício ou por provocação, mediante decisão de dois terços dos seus membros, após reiteradas decisões sobre matéria constitucional, aprovar súmula que, a partir de sua publicação na imprensa oficial, terá efeito vinculante em relação aos demais órgãos do Poder Judiciário e à administração pública direta e indireta, nas esferas federal, estadual e municipal, bem como proceder à sua revisão ou cancelamento, na forma estabelecida em lei". Consoante a Constituição Federal e sem prejuízo do que vier a ser estabelecido em lei, tem legitimidade para provocar a aprovação, revisão ou cancelamento de súmula:

I. O Presidente da República.
II. O Conselho Federal da Ordem dos Advogados do Brasil.
III. Confederação sindical ou entidade de classe de âmbito nacional.
IV. O Procurador-Geral da República.
V. Qualquer cidadão.
VI. Apenas os Ministros do Supremo Tribunal Federal.

Considerando as assertivas acima, RESPONDA:

(A) Todas as assertivas estão incorretas.
(B) Apenas as assertivas V e VI estão incorretas.
(C) Apenas as assertivas I e V estão incorretas.
(D) Apenas a assertiva VI está correta.
(E) Apenas a assertiva VI está incorreta.

Os cidadãos não são legitimados a propor a edição, a revisão ou o cancelamento de enunciado de súmula vinculante. Também tal legitimidade não está restrita aos Ministros do Supremo Tribunal Federal (Art. 3º da Lei 11.417/2006).
Gabarito "B"

(Magistratura do Trabalho – 24ª Região – 2006) Nos termos da Constituição Federal:

I. São órgãos do Poder Judiciário: Supremo Tribunal Federal, Conselho Nacional de Justiça, Superior Tribunal de Justiça, Tribunais Regionais Federais e Juízes Federais, Tribunais e Juízes do Trabalho, Tribunais e Juízes Eleitorais, Tribunais e Juízes Militares, Tribunais e Juízes dos Estados e do Distrito Federal e Territórios.
II. São órgãos da Justiça do Trabalho: Tribunal Superior do Trabalho, Conselho Superior da Justiça do Trabalho, Tribunais Regionais do Trabalho e Juízes do Trabalho.
III. A lei criará varas da Justiça do Trabalho, podendo, nas comarcas não abrangidas por sua jurisdição, atribuí-la aos juízes de direito, com recurso para o Tribunal de Justiça do respectivo Estado.
IV. Os Tribunais Regionais do Trabalho instalarão a justiça itinerante, com a realização de audiências e demais funções de atividade jurisdicional, nos limites territoriais da respectiva jurisdição, servindo-se de equipamentos públicos e comunitários.
V. O Conselho Nacional de Justiça compõe-se de quinze membros com mais de trinta e cinco e menos de sessenta e cinco anos de idade, com mandato de 02 (dois) anos, sendo admitida uma recondução.

Considerando as assertivas acima, responda:

(A) Todas as assertivas estão corretas.
(B) Apenas as assertivas I e III estão corretas.
(C) Apenas as assertivas I, IV e V estão corretas.
(D) Apenas a assertiva III está incorreta.
(E) Apenas a assertivas I e IV estão corretas.

I: correta (Art. 92, I a VII, da CF); **II:** incorreta. Não reflete o disposto no art. 111, I a III, da CF; **III:** incorreta. Recurso para o TRT (art. 112 da CF); **IV:** correta (Art. 115, § 1º, da CF); **V:** incorreta. Não há limitação de idade (art. 103-B, *caput*, da CF).

Gabarito "E"

(Ministério Público do Trabalho – 16º) Assinale a alternativa CORRETA, no que diz respeito às súmulas vinculantes do Supremo Tribunal Federal.

(A) O cálculo de gratificações e outras vantagens do servidor público incide sobre o abono utilizado para se atingir o salário mínimo.

(B) A nomeação de cônjuge, companheiro ou parente em linha reta, colateral ou por afinidade, até o terceiro grau, inclusive, da autoridade nomeante ou de servidor da mesma pessoa jurídica investido em cargo de direção, chefia ou assessoramento, ressalvado o exercício de cargo em comissão ou de confiança ou, ainda, de função gratificada na administração pública direta e indireta em qualquer dos Poderes da União, dos Estados, do Distrito Federal e dos Municípios, compreendido o ajuste mediante designações recíprocas, viola a Constituição Federal.

(C) Só é lícito o uso de algemas em casos de resistência e de fundado receio de fuga ou de perigo à integridade física própria ou alheia, por parte do preso ou de terceiros, justificada a excepcionalidade por escrito, sob pena de responsabilidade disciplinar, civil e penal do agente ou da autoridade e de nulidade da prisão ou do ato processual a que se refere, sem prejuízo da responsabilidade civil do Estado.

(D) A falta de defesa técnica por advogado no processo administrativo disciplinar ofende a Constituição.

(E) Não respondida.

A: incorreta. Súmula Vinculante 15/STF: "O cálculo de gratificações e outras vantagens do servidor público não incide sobre o abono utilizado para se atingir o salário mínimo"; **B:** incorreta. Súmula Vinculante 13/STF: "A nomeação de cônjuge, companheiro ou parente em linha reta, colateral ou por afinidade, até o terceiro grau, inclusive, da autoridade nomeante ou de servidor da mesma pessoa jurídica investido em cargo de direção, chefia ou assessoramento, para o exercício de cargo em comissão ou de confiança ou, ainda, de função gratificada na administração pública direta e indireta em qualquer dos Poderes da União, dos Estados, do Distrito Federal e dos Municípios, compreendido o ajuste mediante designações recíprocas, viola a Constituição Federal"; **C:** correta (Súmula Vinculante 11/STF); **D:** incorreta. Súmula Vinculante 5/STF: "A falta de defesa técnica por advogado no processo administrativo disciplinar não ofende a constituição".

Gabarito "C"

(Ministério Público do Trabalho – 16º) Em relação à organização do Poder Judiciário:

I. Compete ao Conselho Nacional de Justiça receber e conhecer das reclamações contra membros ou órgãos do Poder Judiciário, inclusive contra seus serviços auxiliares, serventias e órgãos prestadores de serviços notariais e de registro que atuem por delegação do poder público ou oficializados, sem prejuízo da competência disciplinar e correicional dos tribunais, podendo avocar processos disciplinares em curso e determinar a remoção, a disponibilidade ou a aposentadoria com subsídios ou proventos proporcionais ao tempo de serviço e aplicar outras sanções administrativas, assegurada ampla defesa.

II. A União, inclusive no Distrito Federal e nos Territórios, criará ouvidorias de justiça, competentes para receber reclamações e denúncias de qualquer interessado contra membros ou órgãos do Poder Judiciário, ou contra seus serviços auxiliares, representando diretamente ao Conselho Nacional de Justiça.

III. A vitaliciedade dos juízes, no primeiro grau, só será adquirida após dois anos de exercício, dependendo a perda do cargo, nesse período, de sentença judicial transitada em julgado.

IV. Ao Conselho Superior da Justiça do Trabalho, cabe exercer, na forma da lei, a supervisão administrativa, orçamentária, financeira e patrimonial da Justiça do Trabalho de primeiro e segundo graus, como órgão central do sistema, cujas decisões terão efeito vinculante.

De acordo com as assertivas acima, pode-se afirmar que:

(A) todas as alternativas estão corretas;

(B) apenas as alternativas III e IV estão erradas;

(C) apenas as alternativas I, II e IV estão erradas;

(D) apenas a alternativa III está errada;

(E) não respondida.

I: correta (Art. 103-B, § 4º, III, da CF); **II:** correta (Art. 103-B, § 7º, da CF); **III:** incorreta. Não reflete o disposto no art. 95, I, da CF; **IV:** correta (Art. 111-A, § 2º, II, da CF).

Gabarito "D"

(Ministério Público do Trabalho – 15º) Analise as assertivas abaixo acerca das súmulas aprovadas pelo STF, mediante dois terços de seus membros, relativas à matéria constitucional e precedidas de reiteradas decisões, conhecidas como "súmulas vinculantes":

I. poderão ter sua edição proposta pelos Tribunais Superiores, pelos Tribunais de Justiça dos Estados ou do Distrito Federal e Territórios, pelos Tribunais Regionais Federais, pelos Tribunais Regionais do Trabalho, pelos Tribunais Regionais Eleitorais e pelos Tribunais Militares;

II. terão efeito vinculante apenas em relação aos órgãos do Poder Judiciário;

III. poderão ser canceladas a pedido do Governador do Distrito Federal;

IV. somente poderão ser revistas após prévia manifestação do Procurador-Geral da República, caso não tenha sido ele o autor do pedido de revisão.

De acordo com as assertivas acima, pode-se afirmar que:

(A) apenas as alternativas I, II e III estão incorretas;

(B) apenas a alternativa III está incorreta;

(C) apenas a alternativa II está incorreta;

(D) todas estão corretas;

(E) não respondida.

I: correto (Art. 3º, XI, da Lei 11.417/2006); **II:** incorreto. O efeito vinculante refere-se aos órgãos do Poder Judiciário e à administração pública direta e indireta, nas esferas federal, estadual e municipal (art. 103-A da CF); **III:** correto (Art. 3º, V, da Lei 11.417/2006); **IV:** correto (Art. 2º, § 2º, da Lei 11.417/2006).

Gabarito "C."

(Ministério Público do Trabalho – 15º) Com relação aos subsídios dos membros do Poder Judiciário, é CORRETO afirmar que:

(A) lei específica, de iniciativa dos Tribunais Superiores ou dos Tribunais de Justiça conforme o caso, fixará o valor dos subsídios dos membros e juízes respectivos, bem como as isenções tributárias pertinentes, sendo vedado qualquer tratamento privilegiado em relação aos demais contribuintes;
(B) o subsídio do juiz federal não excederá o subsídio dos Ministros do STF, ressalvada parcela de caráter indenizatório prevista em lei;
(C) é privativa do STJ a competência para a fixação do subsídio da magistratura estadual;
(D) é de iniciativa privativa do STF o projeto de lei para a fixação do subsídio de toda a magistratura nacional, incluindo a federal e a estadual;
(E) não respondida.

Art. 93, V, da CF. Ver, tb., art. 37, § 11, da CF.

Gabarito "B."

(Ministério Público do Trabalho – 15º) Assinale a alternativa INCORRETA:

(A) apenas o brasileiro nato pode compor o STF, mas o naturalizado pode compor tanto o STJ quanto o TST;
(B) os advogados que integram os Tribunais nas vagas destinadas a sua classe, adquirem vitaliciedade no ato da posse;
(C) é de iniciativa privativa do STJ a propositura de lei que objetive alterar o número de membros dos Tribunais de Justiça;
(D) são requisitos comuns para ingresso no STJ, TST e STF: idade mínima de 35 e máxima de 65 anos; aprovação pela maioria absoluta do Senado Federal após sabatina; nomeação pelo Presidente da República;
(E) não respondida.

A: correta (Art. 12, § 3º, IV, da CF); **B:** correta (Art. 94 da CF); **C:** incorreta, devendo ser assinalada. Não reflete o disposto no art. 96, II, *a*, da CF; **D:** correta (Arts. 101; 104, parágrafo único e 111-A, todos da CF).

Gabarito "C."

(Ministério Público do Trabalho – 15º) Assinale a alternativa INCORRETA:

(A) a Constituição Federal extinguiu as férias coletivas nos juízos e tribunais de 2º grau, mas não vedou a previsão de dias sem expediente forense normal;
(B) a vedação do exercício da advocacia no período posterior de três anos ao afastamento do cargo público, aplica-se aos juízes, aos membros do Ministério Público e da Advocacia Pública;
(C) as decisões administrativas dos Tribunais serão motivadas e deliberadas em sessões públicas, inclusive as disciplinares;
(D) o Presidente do Conselho Nacional de Justiça é o Presidente do STF mas o cargo de Ministro-Corregedor é privativo do Ministro do STJ;
(E) não respondida.

A: correta (Art. 93, XII, da CF); **B:** incorreta, devendo ser assinalada. Apenas aos juízes (art. 95, parágrafo único, V, da CF) e aos membros do MP (art. 128, § 6º, da CF); **C:** correta (Art. 93, X, da CF); **D:** correta (Art. 103-B, §§ 1º e 5º, da CF).

Gabarito "B."

(Ministério Público do Trabalho – 13º) Quanto à Justiça do Trabalho, assinale a alternativa INCORRETA:

(A) o Tribunal Superior do Trabalho poderá funcionar descentralizadamente, constituindo Câmaras regionais, a fim de assegurar o pleno acesso do jurisdicionado à justiça em todas as fases do processo;
(B) funcionarão junto ao Tribunal Superior do Trabalho a Escola Nacional de Formação e Aperfeiçoamento de Magistrados do Trabalho, cabendo-lhe, dentre outras funções, regulamentar os cursos oficiais para ingresso e promoção na carreira, e o Conselho Superior da Justiça do Trabalho, cabendo-lhe exercer, na forma da lei, a supervisão administrativa, orçamentária, financeira e patrimonial da Justiça do Trabalho de primeiro e segundo graus, como órgão central do sistema, cujas decisões terão efeito vinculante;
(C) os Tribunais Regionais do Trabalho instalarão a justiça itinerante, com a realização de audiências e demais funções de atividade jurisdicional, nos limites territoriais da respectiva jurisdição, servindo-se de equipamentos públicos e comunitários;
(D) a lei criará Varas da Justiça do Trabalho, podendo, nas comarcas não abrangidas por sua jurisdição, atribuí-la aos juízes de direito, com recurso e apreciação de conflito de competência para o respectivo Tribunal Regional do Trabalho;
(E) não respondida.

A: incorreta, devendo ser assinalada. A previsão existe para os TRTs (art. 115, § 2º, da CF), não para o TST; **B:** correta (Art. 111-A, § 2º, I e II, da CF); **C:** correta (Art. 115, § 1º, da CF); **D:** correta (Art. 112 da CF).

Gabarito "A."

(Ministério Público do Trabalho – 12º) Quanto ao Conselho Nacional de Justiça, é CORRETO afirmar:

(A) é composto por quinze membros, sendo que apenas sete não são integrantes do Poder Judiciário, a saber, um membro do Ministério Público da União, dois membros dos Ministérios Públicos Estaduais, dois advogados indicados pelo Conselho Federal da Ordem dos Advogados do Brasil e dois cidadãos, indicados um pela Câmara dos Deputados e o outro pelo Senado Federal;
(B) seu Presidente será sempre o Ministro do Supremo Tribunal Federal, enquanto que o Conselho escolherá, em votação secreta, um Corregedor nacional, apenas dentre os integrantes do Poder Judiciário, sendo que ambos – Presidente e Corregedor - ficarão excluídos da distribuição de processos no tribunal de origem;

(C) seus membros, que terão mandato de dois anos, admitida uma única recondução, são nomeados pelo Presidente da República, imediatamente após as respectivas indicações pelos órgãos e instituições competentes;

(D) tem como uma de suas atribuições a de receber e conhecer das reclamações contra membros ou órgãos do Poder Judiciário, inclusive contra seus serviços auxiliares, serventias e órgãos prestadores de serviços notariais e de registro que atuem por delegação do poder público ou oficializados, sem prejuízo da competência disciplinar e correicional dos tribunais, podendo avocar processos disciplinares em curso e determinar a remoção, a disponibilidade e a aposentadoria com subsídios ou proventos proporcionais ao tempo de serviço e aplicar outras sanções administrativas, assegurada ampla defesa.

(E) não respondida.

A: incorreta. V. art. 103-B, I a XIII, da CF; **B:** incorreta. V. art. 103-B, §§ 1º e 5º, da CF; **C:** incorreta. V. art. 103-B, § 2º, da CF; **D:** correta (Art. 103-B, § 4º, III, da CF).

Gabarito "D"

(Ministério Público do Trabalho – 12º) Quanto ao Poder Judiciário:

I. são órgãos do Poder Judiciário: o Supremo Tribunal Federal, o Conselho Nacional de Justiça, o Superior Tribunal de Justiça, os Tribunais Regionais Federais e os Juízes Federais, os Tribunais e Juízes do Trabalho, os Tribunais e Juízes Eleitorais, os Tribunais e Juízes Militares, os Tribunais de Contas, os Tribunais e Juízes dos Estados e do Distrito Federal e Territórios;

II. o chamado "quinto constitucional" influencia diretamente na formação dos tribunais, posto que um quinto dos lugares em relação aos Tribunais Regionais Federais, tribunais dos Estados e do Distrito Federal e Territórios será composto de membros do Ministério Público, com mais de dez anos de carreira, e de advogados de notório saber jurídico e de reputação ilibada, com mais de dez anos de efetiva atividade profissional, indicados em lista sêxtupla pelos órgãos de representação das respectivas classes, sendo que recebidas as indicações, o tribunal, no prazo de vinte dias, escolherá um de seus integrantes para nomeação;

III. todos os julgamentos dos órgãos do Poder Judiciário serão públicos, e fundamentadas todas as decisões, sob pena de nulidade, podendo a lei limitar a presença, em determinados atos, às próprias partes e a seus advogados, ou somente a estes, em casos nos quais a preservação do direito à intimidade do interessado no sigilo não prejudique o interesse público à informação.

Analisando-se as asserções acima, pode-se afirmar que:

(A) apenas a de número I está correta;

(B) apenas a de número II está correta;

(C) apenas a de número III está correta;

(D) todas estão corretas.

(E) não respondida.

I: incorreto. V. Art. 92, I a VII, da CF; **II:** incorreto. V. art. 94, *caput* e parágrafo único, da CF; **III:** correto (Art. 93, IX, da CF).

Gabarito "C"

(Ministério Público do Trabalho – 11º) O Poder Judiciário:

I. tem como órgãos o Supremo Tribunal Federal, o Superior Tribunal de Justiça, o Tribunal de Contas da União, os Tribunais Regionais Federais e Juízes Federais, os Tribunais e Juízes do Trabalho, os Tribunais e Juízes Eleitorais, os Tribunais e Juízes Militares e os Tribunais e Juízes dos Estados e do Distrito Federal e Territórios;

II. tem autonomia administrativa e financeira, sendo que os tribunais elaborarão suas propostas orçamentárias de forma autônoma, em virtude do princípio da separação de poderes;

III. tem a característica do autogoverno, competindo privativamente aos tribunais eleger seus órgãos diretivos e elaborar seus regimentos internos, sem observar qualquer restrição, dispondo sobre a competência e o funcionamento dos respectivos órgãos jurisdicionais e administrativos;

IV. observará o princípio da publicidade, sendo que todos os julgamentos de seus órgãos serão públicos, e fundamentadas todas as decisões, sob pena de nulidade, podendo a lei limitar a presença, em qualquer caso, às próprias partes e a seus advogados.

Analisando-se as asserções acima, pode-se afirmar que:

(A) apenas a de número I está correta;

(B) todas estão incorretas;

(C) apenas a de número II está correta;

(D) apenas a de número IV está correta;

(E) não respondida.

I: incorreto. V. art. 92, I a VII, da CF; **II:** incorreto. V. art. 99, *caput* e § 1º, da CF; **III:** incorreto. V. art. 96, I, *a*, da CF; **IV:** incorreto. V. art. 93, IX, da CF.

Gabarito "B"

5.6. PODER JUDICIÁRIO: COMPETÊNCIAS

(Magistratura do Trabalho – 2ª Região – 2011) Em matéria de competência, assinale a alternativa correta:

(A) Compete ao Supremo Tribunal Federal julgar, originária e definitivamente, mandado de segurança, quando a autoridade coatora for autoridade da Administração Pública Federal.

(B) Compete ao Supremo Tribunal Federal, precipuamente, a guarda da Constituição, cabendo-lhe processar e julgar, originariamente, o mandado de injunção, quando a elaboração da norma regulamentadora for atribuição de órgão, entidade ou autoridade federal, a exemplo dos órgãos da Justiça do Trabalho.

(C) Compete ao Superior Tribunal de Justiça, processar e julgar, originariamente, o *habeas corpus*, sendo pacientes os Governadores dos Estados e do Distrito Federal.

(D) Compete ao Supremo Tribunal Federal, processar e julgar, nos crimes de responsabilidade, os membros dos Tribunais Regionais Federais, dos Tribunais Regionais Eleitorais e dos Tribunais do Trabalho.

(E) Compete ao Superior Tribunal de Justiça, processar e julgar, originariamente, os conflitos de competência entre os Tribunais Superiores, ou entre estes e qualquer outro tribunal.

A: incorreta. Compete à Justiça Federal ou à Justiça do Trabalho se o ato questionado envolver matéria sujeita à sua jurisdição (arts. 109, VIII, e 114, IV, ambos da CF); **B:** incorreta. Conforme o art. 105, I, *h*, da CF cabe ao Superior Tribunal de Justiça e não ao Supremo Tribunal Federal o processo e julgamento, de forma originária, do mandado de injunção, quando a elaboração da norma regulamentadora for atribuição de órgão, entidade ou autoridade federal; **C:** correta (art. 105, I, *c*, da CF) **D:** incorreta. O art. 105, I, *a*, da CF determina a competência do Superior Tribunal de Justiça e não do Supremo Tribunal Federal; **E:** incorreta. Dispõe o art. 102, I, *o*, da CF que a competência originária para o processo e julgamento de tais conflitos é do Supremo Tribunal Federal.

Gabarito "C"

(Magistratura do Trabalho – 16ª Região – 2011) Sobre a organização e competência do Poder Judiciário, considerando ainda a jurisprudência dominante do STF, marque a alternativa CORRETA:

(A) Nas hipóteses de grave violação de direitos humanos, o Procurador-Geral da República, com a finalidade de assegurar o cumprimento de obrigações decorrentes de tratados internacionais de direitos humanos dos quais o Brasil seja parte, poderá suscitar, perante o Superior Tribunal de Justiça, em qualquer fase do inquérito ou processo, incidente de deslocamento de competência para a Justiça Federal. Nesses casos, a competência será do respectivo Tribunal Regional Federal.

(B) Compete aos juízes federais processar e julgar as causas em que a União, entidade autárquica ou empresa pública federal forem interessadas na condição de autoras, rés, assistentes ou oponentes, ressalvadas apenas às de falência, as de acidentes de trabalho e as sujeitas à Justiça Eleitoral.

(C) Compete aos Tribunais Regionais Federais julgar, em recurso ordinário, as causas em que forem partes Estado estrangeiro ou organismo internacional, de um lado, e, do outro, Município ou pessoa residente ou domiciliada no País.

(D) É da competência da Justiça Federal processar e julgar os delitos de greve e crimes contra a organização do trabalho (arts. 197 a 207 do CP), que causem prejuízo à ordem pública, econômica ou social e ao trabalho coletivo.

(E) A Justiça do Trabalho é competente para processar e julgar as ações de indenização por danos morais e patrimoniais decorrentes de acidente de trabalho propostas por empregado contra empregador, inclusive aquelas que já possuíam sentença de mérito em primeiro grau proferida pela Justiça Estadual quando da promulgação da Emenda Constitucional nº 45/2004.

A: incorreta. Apenas a parte final da alternativa é que apresenta vício. Conforme o art. 109, § 5º, da CF, nas hipóteses de grave violação de direitos humanos, o Procurador-Geral da República, com a finalidade de assegurar o cumprimento de obrigações decorrentes de tratados internacionais de direitos humanos dos quais o Brasil seja parte, poderá suscitar, perante o Superior Tribunal de Justiça, em qualquer fase do inquérito ou processo, incidente de deslocamento de competência **para a Justiça Federal**. Nessa hipótese a competência para o processo e julgamento é do juiz federal (art. 109, V-A, da CF; **B:** incorreta. A alternativa está incompleta. Dispõe o art. 109, I, da CF que compete aos juízes federais o processo e julgamento das causas em que a União, entidade autárquica ou empresa pública federal forem interessadas na condição de autoras, rés, assistentes ou oponentes, **exceto** as de falência, as de acidentes de trabalho e as sujeitas à Justiça Eleitoral **e à Justiça do Trabalho**; **C:** incorreta. Tal assunto é da competência do STJ e não dos TRF's, conforme o art. 105, II, *c*, da CF; **D:** correta. Tal entendimento está de acordo com o art. 109, VI, da CF e a jurisprudência do STF: "Delitos de greve e crimes contra a organização do trabalho (arts. 197 a 207 do CP) que causem prejuízo à ordem pública, econômica ou social e ao trabalho coletivo: competência da Justiça Federal." (RE 599.943-AgR, Rel. Min. **Cármen Lúcia**, julgamento em 2-12-2010, Primeira Turma, *DJE* de 1º-2-2011.); **E:** incorreta. De acordo com a Súmula Vinculante nº 22, a Justiça do Trabalho é competente para processar e julgar as ações de indenização por danos morais e patrimoniais decorrentes de acidente de trabalho propostas por empregado contra empregador, **inclusive** aquelas que ainda **não possuíam sentença de mérito** em primeiro grau quando da promulgação da Emenda Constitucional 45/2004.

Gabarito "D"

(Magistratura do Trabalho – 15ª Região – 2010) Observadas as normas constitucionais e a jurisprudência do Supremo Tribunal Federal, assinale a alternativa correta:

(A) compete ao TST julgar o conflito de competência em matéria trabalhista envolvendo um juiz de direito e um TRT;

(B) após a Emenda Constitucional 45, compete à Justiça do Trabalho julgar os crimes contra a organização do trabalho;

(C) compete à Justiça do Trabalho julgar os interditos proibitórios propostos pelos empregadores em decorrência do exercício do direito de greve;

(D) compete à Justiça do Trabalho julgar pedidos de indenização por dano moral apenas nas relações de trabalho regidas pela CLT;

(E) com o advento da Súmula Vinculante 25, vedando a prisão do depositário infiel em qualquer modalidade, foi alterada a competência material para expedir mandado de prisão.

A: incorreta. De acordo com o art. 105, I, *d*, da CF, a competência para tanto é do Superior Tribunal de Justiça e não do Tribunal Superior do Trabalho; **B:** incorreta. Conforme o art. 109, VI, da CF, os crimes contra a organização do trabalho são processados e julgados pelos juízes federais; **C:** correta (art. 114, II, da CF); **D:** incorreta. De acordo com o art. 114, VI, da CF, são da competência da Justiça do Trabalho as ações de indenização por dano moral ou patrimonial, decorrentes **da relação de trabalho** e não apenas as advindas das relações regidas pela CLT; **E:** incorreta. A súmula vinculante dispõe que é ilícita a prisão civil de depositário infiel, qualquer que seja a modalidade do depósito. Desse modo, como há proibição para essa modalidade de prisão, não há que se falar em alteração da competência para expedição de mandado de prisão.

Gabarito "C"

(Magistratura do Trabalho – 2ª Região – 2010) No que concerne a atuação do Supremo Tribunal Federal, assinale a alternativa correta:

(A) Cabe ao Supremo Tribunal Federal o julgamento as infrações penais comuns dos Procuradores do Estado, dos juízes de 1º. Grau de quaisquer ramos do Judiciário e os Delegados da Polícia Federal.

(B) Compete ao Supremo Tribunal Federal julgar recurso contra decisão que julgar valida lei local contestada em face de lei Federal.

(C) A reclamação constitucional tem por finalidade assegurar a competência dos Tribunais Superiores do Judiciário da União, dos Estados e do Distrito Federal.

(D) Compete ao Supremo Tribunal Federal julgar as infrações comuns do Presidente da República, do Vice-Presidente, dos membros do Congresso Nacional, dos Ministros, dos Procuradores da União e dos Estados Federados.

(E) Também é de competência exclusiva do Supremo Tribunal Federal, o julgamento de *habeas corpus*, quando o coator for algum dos integrantes dos Tribunais pertencentes à Justiça Comum dos Estados.

A: incorreta. As competências do STF estão previstas no art. 102 da CF, dentre as quais não se inclui o julgamento das infrações penais comuns dos Procuradores do Estado, dos juízes de 1º. Grau de quaisquer ramos do Judiciário e os Delegados da Polícia Federal; **B:** correta. De fato o art. 102, III, *d*, da CF prevê que é da competência do Supremo o julgamento, em recurso extraordinário, das causas decididas em única ou última instância, quando a decisão recorrida julgar válida lei local contestada em face de lei federal); **C:** errada. A reclamação constitucional, em regra, é cabível para garantir a autoridade das decisões do STF (art. 102, I, *l*, da CF) ou para preservar a competência do Tribunal, por exemplo, do STJ (art. 105, I, *f*, da CF). Além disso, cabe reclamação quando há descumprimento de súmula vinculante (art.103-A, § 3º, da CF e Lei 11.417/2006); **D:** incorreta. Conforme o art. 102, I, *b*, da CF é da competência do STF o processo e julgamento das infrações penais comuns, cometidas pelo Presidente da República, o Vice-Presidente, os membros do Congresso Nacional, seus próprios Ministros e o Procurador-Geral da República; **E:** incorreta. O julgamento de *habeas corpus*, quando o coator for algum dos desembargadores dos Tribunais pertencentes à Justiça Comum dos Estados (art. 105, I, *c*, da CF).

Gabarito "B"

(Magistratura do Trabalho – 5ª Região – 2006 – CESPE) Em relação à competência dos órgãos judiciais, assinale a opção correta.

(A) O fato de uma ação popular, com o objetivo de anulação de decreto presidencial de demarcação de terra indígena, ter sido proposta por particulares não descaracteriza a competência do Supremo Tribunal Federal (STF) para seu processamento e julgamento, se configurado no caso em julgamento um litígio federativo entre a União e um estado-membro.

(B) Procurador do trabalho que, por designação, oficia em tribunal regional do trabalho não possui prerrogativa de foro perante o Superior Tribunal de Justiça (STJ), para fins penais.

(C) É de competência da justiça comum julgar ação ordinária em que sindicato de categoria econômica pretenda que uma empresa seja condenada a satisfazer contribuição assistencial prevista em contrato coletivo de trabalho.

(D) Compete ao Tribunal de Justiça do Distrito Federal e Territórios processar e julgar, originariamente, os membros do Ministério Público do Distrito Federal e dos Territórios que atuem em primeira instância.

(E) O ingresso da União em uma causa, vindicando posição processual definida, submete-se ao escrutínio do magistrado do tribunal estadual, para que este possa aferir a legitimidade do interesse da União no processo.

A: correta (Art. 102, I, *f*, da CF); **B:** incorreta. STF, RHC 84184, Rel. Min. Cezar Peluso: "Competência Criminal. Ministério Público da União. Procuradora do Trabalho. Designação para oficiar no Tribunal Regional do Trabalho. Ação penal por crime comum (art. 4º, *caput* e parágrafo único, 6º e 10 da Lei nº 7.492/1986). Prerrogativa de foro. Feito da competência originária do Superior Tribunal de Justiça. Atuação temporária naqueloutro tribunal. Infrações que teriam sido praticadas antes da designação. Irrelevância. Nulidade da decisão do Juízo Federal que recebeu a denúncia. Recurso provido para pronunciá-la. Inteligência do art. 105, I, *a*, da CF. Precedentes. Independentemente da data da prática do ato que lhe é imputado, o membro do Ministério Público da União que oficie perante qualquer tribunal está, nos crimes comuns e de responsabilidade, sujeito à jurisdição penal originária do Superior Tribunal de Justiça"; **C:** incorreta. STF, CC 7221, Rel. Min. Marco Aurélio: "Ante o disposto no art. 1º da Lei nº 8.984/1995, à Justiça do Trabalho já competia julgar ação de sindicato de categoria econômica contra empregador, visando à contribuição assistencial estabelecida em contrato coletivo. COMPETÊNCIA - CONTRIBUIÇÃO ASSISTENCIAL - SINDICATO DE CATEGORIA ECONÔMICA - EMENDA CONSTITUCIONAL Nº 45/2004. A competência da Justiça do Trabalho para processar e julgar ações sobre representação sindical, entre sindicatos, entre sindicatos e trabalhadores e entre sindicatos e empregadores - inciso III do artigo 114 da Constituição Federal, com a redação da Emenda nº 45, de 2004 -, abrange demandas propostas por sindicato de categoria econômica contra empregador, objetivando o reconhecimento do direito à contribuição assistencial"; **D:** incorreta. STF, RE 418.852, Rel. Min. Carlos Britto: "A jurisprudência desta Casa de Justiça firmou a orientação de que, em regra, a competência para o julgamento de *habeas corpus* contra ato de autoridade é do Tribunal a que couber a apreciação da ação penal contra essa mesma autoridade. Precedente: RE 141.209, Relator o Ministro Sepúlveda Pertence (Primeira Turma). Partindo dessa premissa, é de se fixar a competência do Tribunal Regional Federal da 1ª Região para processo e julgamento de ato de Promotor de Justiça do Distrito Federal e dos Territórios com atuação na primeira instância. Com efeito, a garantia do juízo natural, proclamada no inciso LIII do art. 5º da Carta de Outubro, é uma das mais eficazes condições de independência dos magistrados. Independência, a seu turno, que opera como um dos mais claros pressupostos de imparcialidade que deles, julgadores, se exige. Pelo que deve prevalecer a regra específica de competência constitucional criminal, extraída da interpretação do *caput* do art. 128 c/c o *caput* e a alínea *d* do inciso I do art. 108 da Magna Carta, em face da regra geral prevista no art. 96 da Carta de Outubro"; **E:** incorreta. Competência da justiça federal (art. 109, I, da CF).

Gabarito "A"

(Magistratura do Trabalho – 8ª Região – 2009) Nos termos do artigo 114 da Constituição Federal e da legislação consolidada, inclui-se na competência jurisdicional da Justiça do Trabalho as medidas processuais abaixo, exceto:

(A) Ações relativas às penalidades administrativas impostas aos empregadores pelos órgãos de fiscalização das relações de trabalho, inclusive para discutir penalidade aplicada em auto de infração lavrado por Auditor Fiscal, referente ao descumprimento de normas de segurança no local de trabalho.

(B) Ações oriundas da relação de trabalho, abrangidos os entes de direito público externo e da administração pública direta e indireta da União, dos Estados, do Distrito Federal e dos Municípios, inclusive para discutir o vínculo de emprego do trabalhador que estava prestando serviço sem anotação de carteira, quando sofreu acidente.

(C) Ações relativas ao descumprimento de normas sobre segurança, higiene e saúde dos trabalhadores, assim como as ações para garantir o direito à estabilidade do acidentado, conforme art. 118 da Lei nº 8.213/1991.

(D) Dissídios coletivos de natureza econômica, na hipótese de qualquer das partes recusar a negociação coletiva ou à arbitragem. O ajuizamento do dissídio coletivo de natureza econômica é sempre efetuado pelas categorias envolvidas e de modo facultativo, e somente deve ser manejado em comum acordo. Preenchidos estes pressupostos, é possível à Justiça do Trabalho estabelecer normas e condições, respeitadas as disposições convencionais e legais mínimas de proteção ao trabalho.

(E) As ações sobre pagamento de salário e aqueles que derivarem da falência do empregador, podendo ser constituído processo em separado sempre que a reclamação também versar sobre outros assuntos.

V. art. 114, I a IX, da CF.

Gabarito "D"

(Magistratura do Trabalho – 8ª Região – 2009) Em se tratando de competência jurisdicional, tal como definida pela Constituição Federal e legislação infraconstitucional pertinente, é correto afirmar que:

(A) Compete ao Supremo Tribunal Federal, precipuamente, a guarda da Constituição, cabendo-lhe julgar ação de controle concentrado de constitucionalidade quando houver violação da Constituição Federal por norma federal, estadual ou municipal.

(B) Serão processadas e julgadas na justiça estadual, no foro do domicílio dos segurados ou beneficiários, as causas em que forem parte instituição de previdência social e segurado, sempre que a comarca não seja sede de vara do juízo federal. Esta atividade jurisdicional da Justiça dos Estados é exceção ao mandamento constitucional e, como tal, deve ser interpretada restritivamente, revelando-se impossível a ampliação deste comando para causas de outra natureza.

(C) A enumeração da competência jurisdicional da Justiça do Trabalho, como enunciada no artigo 114, não é exaustiva, podendo ser ampliada pela legislação ordinária, desde que a matéria objeto da ampliação tenha pertinência com a existência de relação de emprego, ante a redação limitativa do inciso IX, que remete para a possibilidade de apreciar outras controvérsias decorrentes daquela relação.

(D) Compete ao Conselho Nacional de Justiça o controle da atuação administrativa, jurisdicional e financeira do Poder Judiciário e do cumprimento dos deveres funcionais dos juízes, cabendo-lhe, além de outras atribuições, zelar pela autonomia do Poder Judiciário e pelo cumprimento do Estatuto da Magistratura, podendo expedir atos regulamentares, no âmbito de sua competência, ou recomendar providências; zelar pela observância do art. 37 da CF e apreciar, de ofício ou mediante provocação, a legalidade dos atos administrativos praticados por membros ou órgãos do Poder Judiciário, podendo desconstituí-los, revê-los ou fixar prazo para que se adotem as providências necessárias ao exato cumprimento da lei, sem prejuízo da competência do Tribunal de Contas da União; receber e conhecer das reclamações contra membros ou órgãos do Poder Judiciário, inclusive contra seus serviços auxiliares, serventias e órgãos prestadores de serviços notariais e de registro que atuem por delegação do poder público ou oficializados, sem prejuízo da competência disciplinar e correicional dos tribunais, podendo avocar processos disciplinares em curso e determinar a remoção, a disponibilidade ou a aposentadoria com subsídios ou proventos proporcionais ao tempo de serviço e aplicar outras sanções administrativas, assegurada ampla defesa.

(E) As decisões definitivas de mérito, proferidas pelo Supremo Tribunal Federal, nas ações diretas de inconstitucionalidade, nos conflitos de competência e nas ações declaratórias de constitucionalidade produzirão eficácia contra todos e efeito vinculante relativamente aos demais órgãos do Poder Judiciário e à administração pública direta e indireta, nas esferas federal, estadual e municipal, prescindindo da remessa ao Senado Federal para suspender a norma tida por inconstitucional, pois a própria decisão do Supremo Tribunal Federal possui esta capacidade.

A: correta. Art. 102, I, *a* e § 1º, da CF (controle concentrado no STF). A ADPF, conforme previsão do art. 1º, parágrafo único, I, da Lei 9.882/1999, pode ser ajuizada para questionar lei municipal; **B:** incorreta. O art. 109, § 3º, da CF afirma expressamente que a lei pode permitir que outras causas sejam também julgadas pela justiça estadual; **C:** incorreta. O art. 114, IX, da CF é cláusula aberta, mas exige a pertinência da matéria com a relação de trabalho (não de emprego); **D:** incorreta. O art. 103-B, § 4º, da CF não atribui competência jurisdicional ao CNJ (apenas administrativa e financeira); **E:** incorreta. A ADIn e a ADC têm eficácia vinculante e *erga omnes* (art. 102, § 2º, da CF), mas os conflitos de competência não.

Gabarito "A"

(Magistratura do Trabalho – 9ª Região – 2006) Marque a opção correta:

(A) Compete ao Supremo Tribunal Federal julgar toda e qualquer causa que envolva interesse de magistrado.
(B) Compete ao Supremo Tribunal Federal processar e julgar originariamente nos crimes comuns os Governadores de Estado.
(C) Compete ao Supremo Tribunal Federal processar e julgar originariamente a homologação de sentenças estrangeiras.
(D) Compete ao Supremo Tribunal Federal processar e julgar *habeas corpus* contra ato de membro de Tribunal de Justiça.
(E) Compete ao Supremo Tribunal Federal julgar, em recurso ordinário, o crime político.

Art. 102, I a III, da CF.
Gabarito "E".

(Magistratura do Trabalho – 12ª Região – 2006) Compete ao Superior Tribunal de Justiça julgar:

(A) nas infrações penais comuns, o presidente da República, o vice-presidente, os membros do Congresso Nacional, seus próprios ministros e o procurador-geral da República;
(B) originariamente, as causas entre Estado estrangeiro ou organismo internacional e Município ou pessoa domiciliada ou residente no País;
(C) os mandados de segurança e os *habeas data* contra ato de ministro de Estado, dos comandantes da Marinha, do Exército e da Aeronáutica ou do próprio Tribunal;
(D) o litígio entre Estado estrangeiro ou organismo internacional e a União, o Estado, o Distrito Federal ou o Território;
(E) a ação em que todos os membros da magistratura sejam direta ou indiretamente interessados e aquela em que mais da metade dos membros do Tribunal de origem esteja impedida ou seja direta ou indiretamente interessada.

Art. 105, I a III, da CF.
Gabarito "C".

(Magistratura do Trabalho – 13ª Região – 2006) Das atribuições do Supremo Tribunal Federal adiante enumeradas, identifique a incorreta:

- processar e julgar, originariamente:

(A) a ação direta de inconstitucionalidade de lei ou ato normativo federal ou estadual e a ação declaratória de constitucionalidade de lei ou ato normativo federal;
(B) nas infrações penais comuns, o Presidente da República, o Vice-Presidente, os membros do Congresso Nacional, seus próprios Ministros e o Procurador-Geral da República;
(C) nas infrações penais comuns e nos crimes de responsabilidade, os Ministros de Estado e os Comandantes da Marinha, do Exército e da Aeronáutica, ressalvado o disposto no art. 52, I, os membros dos Tribunais Superiores, os do Tribunal de Contas da União e os chefes de missão diplomática de caráter permanente;
(D) nos crimes comuns, os Governadores dos Estados e do Distrito Federal, e, nestes e nos de responsabilidade, os desembargadores dos Tribunais de Justiça dos Estados e do Distrito Federal, os membros dos Tribunais de Contas dos Estados e do Distrito Federal, os dos Tribunais Regionais Federais, dos Tribunais Regionais Eleitorais e do Trabalho, os membros dos Conselhos ou Tribunais de Contas dos Municípios e os do Ministério Público da União que oficiem perante tribunais;
(E) nenhuma das respostas.

Art. 102, I, da CF (competências originárias do STF). Nelas não se inclui o julgamento dos Governadores por crimes comuns, que é da competência do STJ (art. 105, I, *a*, da CF).
Gabarito "D".

(Magistratura do Trabalho – 16ª Região – 2006) Considere os itens abaixo:

I. Compete à Justiça do Trabalho processar e julgar as ações sobre representação sindical; entre sindicatos, entre sindicatos e trabalhadores; e entre sindicatos e empregadores.
II. O Conselho Nacional da Justiça terá como membro o Procurador-Geral da República.
III. Segundo a Constituição Federal de 1988, nas empresas com mais de duzentos empregados é assegurada a eleição de um representante deste com a finalidade exclusiva de promover-lhes o entendimento direto com os empregados.

Assinale a opção CORRETA:

(A) I e II;
(B) Somente I;
(C) Somente III;
(D) I e III;
(E) II e III.

I: correto (Art. 114, III, da CF); **II:** incorreto. Terá um membro do Ministério Público da União, indicado pelo Procurador-Geral da República (art. 103-B, X, da CF); **III:** correto (Art. 11 da CF).
Gabarito "D".

(Magistratura do Trabalho – 21ª Região – 2005) Considerando a nova redação do art. 114 da Constituição Federal, que trata da competência material constitucional da Justiça do Trabalho, assinale a alternativa incorreta:

(A) compete à Justiça do Trabalho processar e julgar as ações sobre representação sindical, assim compreendidos os litígios intersindicais, aqueles entre sindicatos e trabalhadores e, ainda, entre sindicatos e empregadores;
(B) o rol de matérias sujeitas à competência da Justiça do Trabalho não é disposto de forma exaustiva pela Constituição, podendo, na forma da lei, ser-lhe atribuída outras controvérsias decorrentes da relação de trabalho;
(C) segundo a jurisprudência do Plenário do Supremo Tribunal Federal, a Justiça do Trabalho é competente para julgar as ações que envolvam pedidos

de danos morais e materiais decorrentes de acidente de trabalho ou doença ocupacional, em face do empregador;

(D) a Emenda Constitucional nº 45/2004 atribuiu à Justiça do Trabalho a competência para aplicar, de ofício, aos empregadores, as multas administrativas pela inobservância da legislação trabalhista, decorrentes das sentenças que proferir;

(E) o novo inciso IV do art. 114 pôs fim ao longo dissenso jurisprudencial em torno da competência para conhecer e julgar o habeas corpus impetrado em face de prisão civil decretada por Juiz do Trabalho, atribuindo-se tal competência à Justiça do Trabalho.

Art. 114, I a IX, da CF. Tem competência para executar, de ofício, as contribuições sociais previstas no art. 195, I, *a* , e II, e seus acréscimos legais, decorrentes das sentenças que proferir.

Gabarito "D".

(Magistratura do Trabalho – 21ª Região – 2005) Compete ao Supremo Tribunal Federal processar e julgar originariamente:

(A) Nas infrações penais comuns, o Presidente e o Vice-Presidente da República, os membros do Congresso Nacional, seus próprios Ministros e o Procurador-Geral da União;

(B) Nas infrações penais comuns e nos crimes de responsabilidade, os Ministros de Estado e os Comandantes da Marinha, do Exército e da Aeronáutica, ressalvado o disposto no art. 52, inciso I, da Carta Magna, os membros dos Tribunais Superiores, os membros do Tribunal de Contas da União e os chefes de missão diplomática de caráter permanente;

(C) O mandado de segurança e o *habeas data* contra atos do Presidente da República, das Mesas da Câmara dos Deputados e do Senado Federal, do Tribunal de Contas da União, do Procurador-Geral da União e do próprio Supremo Tribunal Federal;

(D) As causas em que forem partes Estado estrangeiro ou organismo internacional, de um lado, e, de outro, Município ou pessoa residente ou domiciliada no País;

(E) A concessão de *exequatur* às cartas rogatórias.

V art. 102, I, da CF.

Gabarito "B".

(Magistratura do Trabalho – 21ª Região – 2005) Ao Ministério Público Federal foi encaminhada representação formulada por particular, tendo como objetivo apurar o procedimento de privatização do transporte ferroviário nacional, com especial referência a ilicitudes ocorridas em determinado Estado-membro. O Procurador da República a quem foi distribuída a peça inicial e seus anexos, entendendo não haver sequer evidências da participação de servidor público federal ou prejuízo ao Tesouro Nacional, nas ilicitudes noticiadas, determinou sua remessa ao Ministério Público Estadual, tendo o Promotor de Justiça discordado da posição adotada pelo Ministério Público Federal, em razão do que adotou providências visando ao ajuizamento de "conflito negativo de atribuições". Posta a questão desta forma, assinale a alternativa CORRETA:

(A) Compete ao Superior Tribunal de Justiça, originariamente, processar e julgar o "conflito de atribuições" em comento;

(B) Compete, originariamente, ao Tribunal Regional Federal, com jurisdição no local em que se deu o fato supostamente ilícito, processar e julgar o "conflito de atribuições" em relevo;

(C) Compete ao Procurador-Geral da República dirimir o "conflito de atribuições" entre os membros do Ministério Público Federal e do Ministério Público Estadual;

(D) Compete originariamente ao Supremo Tribunal Federal processar e julgar o "conflito de atribuições" acima descrito;

(E) Compete ao Tribunal Superior do Trabalho processar e julgar, originariamente, o "conflito de atribuições", mas somente para efeito de declarar o Ministério Público do Trabalho o detentor de atribuições para dar seguimento à representação formulada, dada a repercussão nos contratos individuais de trabalho a serem extintos após concluído o procedimento de privatização dado como ilícito.

Aplicação, por analogia, do art. 105, I, *d*, da CF.

Gabarito "A".

(Magistratura do Trabalho – 23ª Região – 2008) A competência originária para processar e julgar Juiz do Trabalho, nos crimes de responsabilidade, é atribuída:

(A) ao Tribunal Superior do Trabalho;

(B) ao Supremo Tribunal Federal;

(C) ao Tribunal Regional do Trabalho a que estiver subordinado o Juiz do Trabalho;

(D) ao Tribunal Regional Federal, que tenha jurisdição na área de atuação do Juiz do Trabalho;

(E) a uma das Varas Federais que tenha jurisdição sobre a área de atuação do Juiz do Trabalho.

Art. 108, I, *a*, da CF.

Gabarito "D".

(Ministério Público do Trabalho – 14º) Analise os itens abaixo e assinale a letra CORRETA:

I. Compete ao Supremo Tribunal Federal julgar conflito de competência entre o Tribunal Superior do Trabalho e um Tribunal Regional Federal.

II. Compete ao Supremo Tribunal Federal julgar eventual recurso ordinário contra decisão de única instância em mandado de segurança impetrado no Tribunal Superior do Trabalho, se denegatória a decisão.

III. As decisões definitivas de mérito, proferidas pelo Supremo Tribunal Federal, nas ações diretas de inconstitucionalidade e nas ações declaratórias de constitucionalidade, produzirão eficácia contra todos e efeito vinculante, relativamente aos demais órgãos do Poder Judiciário e à administração pública direta e indireta, nas esferas federal, estadual e municipal.

IV. Compete originariamente ao Supremo Tribunal Federal processar e julgar as ações contra o Conselho Nacional do Ministério Público.

(A) todos são corretos;
(B) apenas os itens I e III são corretos;
(C) apenas os itens II e IV são corretos;
(D) apenas os itens II e III são corretos;
(E) não respondida.

I: correta (Art. 102, I, *o*, da CF); **II:** correta (Art. 102, II, *a*, da CF); **III:** correta (Art. 102, § 2º, da CF e art. 28, parágrafo único, da Lei 9.868/1999); **IV:** correta (Art. 102, I, *r*, da CF).

Gabarito "A"

(Ministério Público do Trabalho – 11º) Ao Supremo Tribunal Federal NÃO compete:

(A) processar e julgar, originariamente, a ação direta de inconstitucionalidade de lei ou ato normativo federal ou estadual e a ação declaratória de constitucionalidade de lei ou ato normativo federal;
(B) julgar, mediante recurso extraordinário, as causas decididas em única ou última instância, quando a decisão recorrida contrariar dispositivo da Constituição ou declarar a inconstitucionalidade de lei federal;
(C) processar e julgar, originariamente, a reclamação para a preservação de sua competência e garantia da autoridade das decisões dos Tribunais Superiores;
(D) processar e julgar, originariamente, nas infrações penais comuns, o Procurador-Geral da República;
(E) não respondida.

Art. 102, I a III, da CF. O STF julga as reclamações para preservação de sua competência constitucional e garantir a autoridade de suas próprias decisões.

Gabarito "C"

(Ministério Público do Trabalho – 8º) Compete ao Supremo Tribunal Federal processar e julgar originariamente:

(A) crime político;
(B) a validade de lei ou ato do governo local contestado em face da Constituição Federal;
(C) nos crimes comuns, os Governadores dos Estados e do Distrito Federal;
(D) nas infrações penais comuns, o Procurador-Geral da República;
(E) os *habeas data* contra ato de Ministro de Estado;
(F) não sei.

Art. 102, I, da CF.

Gabarito "D"

5.7. PODER JUDICIÁRIO: SISTEMÁTICA DE PRECATÓRIOS

(Magistratura do Trabalho – 16ª Região – 2011) Sobre o regime de precatórios, marque a alternativa INCORRETA:

(A) As dotações orçamentárias e os créditos abertos serão consignados diretamente ao Poder Judiciário, cabendo ao Presidente do Tribunal que proferir a decisão exequenda determinar o pagamento integral e autorizar, a requerimento do credor e exclusivamente para os casos de preterimento de seu direito de precedência ou de não alocação orçamentária do valor necessário à satisfação do seu débito, o sequestro da quantia respectiva.
(B) Os débitos de natureza alimentícia compreendem aqueles decorrentes de salários, vencimentos, proventos, pensões e suas complementações, benefícios previdenciários e indenizações por morte ou por invalidez, fundadas em responsabilidade civil, em virtude de sentença judicial transitada em julgado, e serão pagos com preferência sobre todos os demais débitos, observando-se apenas a ordem cronológica de apresentação dos precatórios com créditos da mesma natureza, sem ressalvas de qualquer espécie.
(C) No momento da expedição dos precatórios, independentemente de regulamentação, deles deverá ser abatido, a título de compensação, valor correspondente aos débitos líquidos e certos, inscritos ou não em dívida ativa e constituídos contra o credor original pela Fazenda Pública devedora, incluídas parcelas vincendas de parcelamentos, ressalvados aqueles cuja execução esteja suspensa em virtude de contestação administrativa ou judicial.
(D) É facultada ao credor, conforme estabelecido em lei da entidade federativa devedora, a entrega de créditos em precatórios para compra de imóveis públicos do respectivo ente federado.
(E) A seu critério exclusivo e na forma da lei, a União poderá assumir débitos, oriundos de precatórios, de Estados, Distrito Federal e Municípios, refinanciando-os diretamente.

A: correta (art. 100, § 6º, da CF); **B:** incorreta, devendo ser assinalada. O art. 100, § 1º, da CF, ao tratar do assunto, menciona expressamente que há exceções como os débitos de natureza alimentícia cujos titulares tenham 60 (sessenta) anos de idade ou mais na data de expedição do precatório, ou sejam portadores de doença grave, definidos na forma da lei, que serão pagos com preferência sobre todos os demais débitos, até o valor equivalente ao triplo do fixado em lei para os fins do disposto no § 3º deste artigo, admitido o fracionamento para essa finalidade, sendo que o restante será pago na ordem cronológica de apresentação do precatório; **C:** correta (art. 100, § 9º, da CF). Vale lembrar que esse dispositivo foi declarado inconstitucional por estabelecer uma superioridade desproporcional à Fazenda Pública (ADI 4.357/DF). A decisão, quando à abrangência dos seus efeitos, ainda está pendente; **D:** correta (art. 100, § 11, da CF); **E:** correta (art. 100, § 16, da CF).

Gabarito "B"

(Magistratura do Trabalho – 8ª Região – 2011) Em relação à execução contra a Fazenda Pública, analise as proposições abaixo e assinale a alternativa CORRETA:

I. O credor poderá ceder, total ou parcialmente, seus créditos em precatórios a terceiros, desde que comunique previamente o tribunal de origem e que haja concordância do devedor.

II. Os débitos de natureza alimentícia, cujos titulares tenham 65 (sessenta e cinco) anos de idade ou mais na data da expedição do precatório, serão pagos com preferência sobre os demais débitos, até o valor equivalente ao triplo do fixado em lei para os fins do disposto no § 3º deste artigo, admitido o fracionamento para essa finalidade.

III. No momento da expedição dos precatórios, independentemente de regulamentação, deles deverá ser abatido, a título de compensação, valor correspondente aos débitos líquidos e certos, inscritos ou não em dívida ativa e constituídos contra o credor original pela Fazenda Pública devedora, incluídas parcelas vincendas de parcelamentos, ressalvados aqueles cuja execução esteja suspensa em virtude de contestação administrativa ou judicial.

IV. A seu critério exclusivo e na forma da lei, a União poderá assumir débitos, oriundos de precatórios, de Estados, Distrito Federal e Municípios, refinanciando-os diretamente.

(A) As alternativas I e IV estão corretas.
(B) As alternativas II e IV estão corretas.
(C) As alternativas I e III estão corretas.
(D) As alternativas III e IV estão corretas.
(E) As alternativas II e III estão corretas.

I: incorreta. O art. 100, § 13, da CF, com redação dada pela EC 62/09, determina que essa cessão, total ou parcial, dos créditos em precatórios a terceiros **não** depende da concordância do devedor; **II:** incorreta. A Constituição menciona **sessenta anos** e não sessenta cinco, como afirmado (art. 100, § 2º, da CF); **III:** correta (art. 100, § 9º, da CF). Vale lembrar que esse dispositivo foi declarado inconstitucional por estabelecer uma superioridade desproporcional à Fazenda Pública (ADI 4.357/DF). A decisão, quando à abrangência dos seus efeitos, ainda está pendente; **IV:** correta (art. 100, § 16, da CF).

Gabarito "D"

(Magistratura do Trabalho – 5ª Região – 2006 – CESPE) Em relação à execução contra a fazenda pública e ao sistema de pagamento por via de precatórios judiciais, assinale a opção correta.

(A) A ordem judicial de pagamento por parte do presidente do tribunal e os demais atos necessários a tal finalidade concernem ao campo jurisdicional e não ao administrativo.
(B) Constatado erro material ou inexatidão nos cálculos, compete ao presidente do tribunal determinar o retorno do processo à vara de origem para que sejam feitas as correções a partir dos parâmetros do título executivo judicial, ou seja, da sentença exequenda.
(C) Ocorrendo a extinção do índice inicialmente previsto para a atualização do precatório, o tribunal deve escolher, discricionariamente, um outro índice para substituí-lo.
(D) A norma consubstanciada no art. 100 da Carta Política não realiza os postulados do princípio da igualdade, pois não concretiza efetivamente a exigência constitucional de tratamento isonômico dos credores do Estado.
(E) A exceção prevista na Constituição Federal, em favor dos créditos de natureza alimentícia, não dispensa a expedição de precatório, limitando-se a isentá-los da observância da ordem cronológica dos precatórios decorrentes de condenações de outra natureza.

A, B, C e **D:** STF, ADI 1.098, Rel. Min. Marco Aurélio: "PRECATÓRIO - OBJETO. Os preceitos constitucionais direcionam à liquidação dos débitos da Fazenda. O sistema de execução revelado pelos precatórios longe fica de implicar a perpetuação da relação jurídica devedor-credor. PRECATÓRIO - TRAMITAÇÃO - REGÊNCIA. Observadas as balizas constitucionais e legais, cabe ao Tribunal, mediante dispositivos do Regimento, disciplinar a tramitação dos precatórios, a fim de que possam ser cumpridos. PRECATÓRIO - TRAMITAÇÃO - CUMPRIMENTO - ATO DO PRESIDENTE DO TRIBUNAL - NATUREZA. A ordem judicial de pagamento (§ 2º do artigo 100 da Constituição Federal), bem como os demais atos necessários a tal finalidade, concernem ao campo administrativo e não jurisdicional. A respaldá-la tem-se sempre uma sentença exequenda. PRECATÓRIO - VALOR REAL - DISTINÇÃO DE TRATAMENTO. A Carta da República homenageia a igualação dos credores. Com ela colide norma no sentido da satisfação total do débito apenas quando situado em certa faixa quantitativa. PRECATÓRIO - ATUALIZAÇÃO DE VALORES - ERROS MATERIAIS - INEXATIDÕES - CORREÇÃO - COMPETÊNCIA. Constatado erro material ou inexatidão nos cálculos, compete ao Presidente do Tribunal determinar as correções, fazendo-o a partir dos parâmetros do título executivo judicial, ou seja, da sentença exequenda. PRECATÓRIO - ATUALIZAÇÃO - SUBSTITUIÇÃO DE ÍNDICE. Ocorrendo a extinção do índice inicialmente previsto, o Tribunal deve observar aquele que, sob o ângulo legal, vier a substituí-lo. PRECATÓRIO - SATISFAÇÃO - CONSIGNAÇÃO - DEPÓSITO. Não se há de confundir a consignação de créditos, a ser feita ao Poder Judiciário, com o depósito do valor do precatório, de responsabilidade da pessoa jurídica devedora à qual são recolhidas, materialmente, "as importâncias respectivas" (§ 2º do artigo 100 da Constituição Federal); **E:** correta (Art. 100, § 1º, da CF).

Gabarito "E"

(Magistratura do Trabalho – 16ª Região – 2006) Marque a opção INCORRETA:

(A) À exceção dos créditos de natureza alimentícia, os pagamentos devidos pela Fazenda Federal, Estadual ou Municipal, em virtude de sentença judiciária, far-se-ão exclusivamente na ordem cronológica de apresentação dos precatórios e à conta dos créditos respectivos, proibida a designação de casos ou de pessoas nas dotações orçamentárias e nos créditos adicionais abertos para este fim.
(B) Os débitos de natureza alimentícia compreendem aqueles decorrentes de salários, vencimentos, proventos, pensões e suas complementações, benefícios previdenciários e indenizações por morte ou invalidez, fundadas na responsabilidade civil, em virtude de sentença transitada em julgado.
(C) A expedição de precatórios não se aplica aos pagamentos de obrigações definidas em lei como de pequeno valor que a Fazenda Federal, Estadual, Distrital ou Municipal deva fazer em virtude de sentença judicial transitada em julgado.
(D) É possível a expedição de precatório complementar ou suplementar de valor pago, bem como fracionamento, repartição ou quebra do valor da execução, a fim de que parte seja paga através de expedição de precatório e parte através de requisição de pagamento de obrigações de pequeno valor prevista em lei;
(E) O Presidente do Tribunal competente que, por ato comissivo ou omissivo, retardar ou tentar frustrar a liquidação regular de precatório incorrerá em crime de responsabilidade.

A: Art. 100 da CF; **B:** Art. 100, § 2º, da CF; **C:** Art. 100, § 3º, da CF; **D:** Não reflete o disposto no art. 100, § 8º, da CF; **E:** Art. 100, § 7º, da CF.

Gabarito "D"

(Magistratura do Trabalho – 20ª Região – 2003) Em sede de execução contra a fazenda pública, considerando o regime de precatórios, é incorreto afirmar:

(A) preterido o credor no seu direito de preferência, a seu requerimento, o presidente do tribunal que expediu o precatório poderá ordenar o sequestro da quantia necessária para satisfazer o débito;

(B) é obrigatória a inclusão, no orçamento das entidades de direito público, em regra, de verba necessária ao pagamento de seus débitos constantes de precatórios;

(C) o presidente do tribunal competente que, por ato comissivo ou omissivo, retardar ou tentar frustrar a liquidação regular de precatório incorrerá em crime de responsabilidade;

(D) os benefícios previdenciários e indenizações por morte ou invalidez, fundadas na responsabilidade civil, em virtude de sentença transitada em julgado, são considerados débitos de natureza alimentícia, tanto quanto os decorrentes de salários;

(E) um cidadão, vencendo demanda contra a União relativa à responsabilização civil desta por ato ilícito, tendo a decisão transitado em julgado, assim desejando, em razão da especificidade do caso, poderá receber o dinheiro imediatamente por meio de acordo judicial, no qual haverá redução do montante a ser pago.

Contraria o sistema de precatório estabelecido pelo art. 100 da CF, que é excepcionado apenas pelos pagamentos de pequeno valor, conforme disposto no § 3º do mesmo artigo.

Gabarito "E"

(Magistratura do Trabalho – 23ª Região – 2009) Considerando a disciplina constitucional, aliada à interpretação conferida ao tema pelo Supremo Tribunal Federal, sobre execução contra a Fazenda Pública, analise as assertivas abaixo, e após marque a alternativa CORRETA:

I. Os débitos de natureza alimentar, que não se enquadrem no conceito jurídico de "pequeno valor", não dispensam a expedição de precatório, uma vez que a exceção traçada na Constituição limita-se a isentá-los da observância da ordem cronológica dos precatórios decorrentes de condenações de outra natureza.

II. Nos termos da Emenda Constitucional nº 37 de 2002, não mais subsiste a figura do precatório complementar, ainda que fundado em substituição, por força de lei, de índice de correção aplicável, ou em erro material.

III. É constitucional Resolução Administrativa de Tribunal Regional do Trabalho que preveja a aplicação do procedimento inserido na Lei dos Juizados Especiais Federais (Lei nº 10.259/2001), conferindo ao Presidente da Corte a competência para proceder à requisição de pequeno valor em desfavor da União, para satisfação em 60 dias, com posterior sequestro da quantia em caso de descumprimento da ordem.

(A) Apenas o item I é verdadeiro.

(B) Apenas o item II é verdadeiro.

(C) Apenas o item III é verdadeiro.

(D) Todos os itens são verdadeiros.

(E) Todos os itens são falsos.

I: correto (Art. 100, § 1º, da CF); **II:** incorreto. A CF não veda, em geral, a expedição de precatório complementar. Veda o fracionamento do precatório com o objetivo de enquadrá-lo no conceito de obrigação de pequeno valor, burlando o regime constitucional (art. 100, § 8º, da CF); **III:** incorreto. A CF não previu a criação de Juizados Especiais no âmbito da Justiça do Trabalho, apenas para a Justiça Federal (art. 98, I, § 1º). Além disso, o art. 100, § 6º, da CF só autoriza o sequestro exclusivamente para os casos de preterimento do direito de precedência ou de não alocação orçamentária do valor necessário à satisfação do débito.

Gabarito "A"

(Magistratura do Trabalho – 23ª Região – 2008) Em relação à execução contra a fazenda pública, considerando o regime de precatórios, pode-se afirmar que:

I. o Presidente do Tribunal competente que, por ato comissivo ou omissivo, retardar ou tentar frustrar a liquidação regular de precatório incorrerá em crime de responsabilidade;

II. os benefícios previdenciários e indenizações por morte ou invalidez, fundadas na responsabilidade civil, em virtude de sentença transitada em julgado, são considerados débitos de natureza alimentícia, tanto quanto os decorrentes de salários, vencimentos, proventos, pensões e suas complementações;

III. é obrigatória a inclusão, no orçamento das entidades de direito público, de verba necessária ao pagamento de seus débitos oriundos de sentenças transitadas em julgado, constantes de precatórios judiciários, apresentados até 1º de julho, fazendo-se o pagamento até o final do exercício seguinte, quando terão seus valores atualizados monetariamente;

IV. à exceção dos créditos de natureza alimentícia, os pagamentos devidos pela Fazenda Federal, Estadual ou Municipal, em virtude de sentença judiciária, independentemente do valor, far-se-ão exclusivamente na ordem cronológica de apresentação dos precatórios e à conta dos créditos respectivos, proibida a designação de casos ou de pessoas nas dotações orçamentárias e nos créditos adicionais abertos para este fim.

(A) todas as proposições estão corretas;

(B) apenas a proposição I está incorreta;

(C) apenas a proposição II está incorreta;

(D) apenas a proposição III está incorreta;

(E) apenas a proposição IV está incorreta.

I: correto (Art. 100, § 7º, da CF); **II:** correto (Art. 100, § 1º, da CF); **III:** correto (Art. 100, § 5º, da CF); **IV:** incorreta. Não reflete o disposto no art. 100, § 3º, da CF, que excepciona os créditos de pequeno valor do sistema de pagamento via precatório.

Gabarito "E"

5.8. PODER JUDICIÁRIO: CONTROLE DE CONSTITUCIONALIDADE

(Magistratura do Trabalho – 15ª Região – 2011) Está(ão) legitimado(s) para a propositura da ação direta de inconstitucionalidade e da ação declaratória de constitucionalidade:

(A) o Governador do Distrito Federal;
(B) a entidade de classe de âmbito nacional ou estadual;
(C) o Conselho Estadual da Ordem dos Advogados do Brasil;
(D) o Procurador do Estado;
(E) apenas o Presidente da República e a entidade de classe de âmbito nacional ou estadual.

A: correta (art. 103, V, da CF); **B:** incorreta. Apenas a **entidade de classe** de âmbito **nacional** é que é legitimada (art. 103, IX, da CF); **C:** incorreta. É o Conselho **Federal** da OAB e não o Estadual (art. 103, VII, da CF); **D:** incorreta. O Procurador do Estado não detém tal legitimidade. A Constituição atribui legitimidade ao **Procurador-Geral da República** (art. 103, VI, da CF); **E:** incorreta. Os legitimados à propositura das ações do controle concentrado de constitucionalidade (ação direta de inconstitucionalidade – ADI -, a ação declaratória de constitucionalidade – ADC - e a arguição de descumprimento de preceito fundamental – ADPF -) estão previstos no art. 103 da CF e são os seguintes: I - o **Presidente da República**, II - a Mesa do Senado Federal, III - a Mesa da Câmara dos Deputados, IV - a Mesa de Assembleia Legislativa ou da Câmara Legislativa do Distrito Federal, V - o Governador de Estado ou do Distrito Federal, VI - o Procurador-Geral da República, VII - o Conselho Federal da Ordem dos Advogados do Brasil, VIII - partido político com representação no Congresso Nacional, IX - confederação sindical ou **entidade de classe de âmbito nacional**.

Gabarito "A"

(Magistratura do Trabalho – 23ª Região – 2011) A respeito do controle de constitucionalidade, assinale a alternativa que corresponde a uma afirmação verdadeira:

(A) O Poder Legislativo poderá revogar a lei constitucional, mas não declarar a inconstitucionalidade por ato legislativo, ou seja, poderá retirar a lei do ordenamento jurídico, com efeitos *ex nunc*, sem afetar a validade dos atos praticados sob a vigência da norma revogada, não podendo dar caráter retroativo à sua manifestação, ainda que fundado em suposto juízo quanto à inconstitucionalidade da lei.
(B) Ao declarar a inconstitucionalidade de lei ou ato normativo, e tendo em vista razões de segurança jurídica ou de excepcional interesse social, poderá o Supremo Tribunal Federal, por decisão da maioria absoluta de seus membros, restringir os efeitos daquela declaração ou decidir que ela só tenha eficácia a partir de seu trânsito em julgado ou de outro momento que venha a ser fixado.
(C) De acordo com a jurisprudência do Supremo Tribunal Federal, a arguição de descumprimento de preceito fundamental não seria instrumento idôneo de atuação do Poder Judiciário no processo de concretização das liberdades positivas (direitos constitucionais de segunda geração), não cabendo falar em caráter relativo da liberdade de conformação do legislador em relação ao dever de conformação dos direitos sociais, econômicos e culturais, por violação à separação entre os Poderes.
(D) O Presidente da República, conquanto seja um dos legitimados à propositura da ação direta de inconstitucionalidade, não poderá propô-la em face de lei que tenha sido por ele sancionada, por se tratar de comportamento contraditório (proibição do *venire contra factum proprium*) cuja prática não se admite.
(E) Exige-se das entidades de classe de âmbito nacional, como o Conselho Federal da Ordem dos Advogados do Brasil, a indispensável pertinência temática entre o conteúdo da ação e o interesse da classe.

A: verdadeira. De fato, ao Poder Legislativo não compete declarar a inconstitucionalidade de ato normativo, embora possa retirá-lo do ordenamento jurídico com efeitos *ex nunc*. Difere, portanto, da expulsão da norma, pelo Poder Judiciário, em sede de controle de constitucionalidade, em que os efeitos, em regra, são *ex tunc*; **B:** falsa. A modulação de efeitos, nos termos do art. 27, da Lei n.º 9.868/99, exige o voto da maioria de dois terços de membros do STF; **C:** falsa. O entendimento do STF é justamente ao contrário: ADPF - Políticas Públicas - Intervenção Judicial - Reserva do Possível EMENT**A:** ARGUIÇÃO DE DESCUMPRIMENTO DE PRECEITO FUNDAMENTAL. A QUESTÃO DA LEGITIMIDADE CONSTITUCIONAL DO CONTROLE E DA INTERVENÇÃO DO PODER JUDICIÁRIO EM TEMA DE IMPLEMENTAÇÃO DE POLÍTICAS PÚBLICAS, QUANDO CONFIGURADA HIPÓTESE DE ABUSIVIDADE GOVERNAMENTAL. DIMENSÃO POLÍTICA DA JURISDIÇÃO CONSTITUCIONAL ATRIBUÍDA AO SUPREMO TRIBUNAL FEDERAL. INOPONIBILIDADE DO ARBÍTRIO ESTATAL À EFETIVAÇÃO DOS DIREITOS SOCIAIS, ECONÔMICOS E CULTURAIS. CARÁTER RELATIVO DA LIBERDADE DE CONFORMAÇÃO DO LEGISLADOR. CONSIDERAÇÕES EM TORNO DA CLÁUSULA DA "RESERVA DO POSSÍVEL". NECESSIDADE DE PRESERVAÇÃO, EM FAVOR DOS INDIVÍDUOS, DA INTEGRIDADE E DA INTANGIBILIDADE DO NÚCLEO CONSUBSTANCIADOR DO "MÍNIMO EXISTENCIAL". VIABILIDADE INSTRUMENTAL DA ARGUIÇÃO DE DESCUMPRIMENTO NO PROCESSO DE CONCRETIZAÇÃO DAS LIBERDADES POSITIVAS (DIREITOS CONSTITUCIONAIS DE SEGUNDA GERAÇÃO) ADPF 45 MC/DF, RELATOR: MIN. CELSO DE MELLO; **D:** falsa está incorreta. A sanção presidencial, segundo jurisprudência do STF, não lhe retira legitimidade para propositura de ADI que tenha como objeto a norma sancionada, não se havendo de falar, no caso, em proibição do *venire contra factum proprium*; **E:** falsa. O Conselho Federal da OAB é, ao lado do Presidente da República, das Mesas da Câmara e do Senado, do PGR e dos partidos políticos com representação no Congresso Nacional, legitimado universal, ou seja, não demanda a comprovação do requisito da chamada pertinência temática, aplicável apenas aos legitimados especiais.

Gabarito "A"

(Magistratura do Trabalho – 8ª Região – 2011) A respeito do controle de constitucionalidade, é CORRETO afirmar que:

(A) Em controle de constitucionalidade concentrado, somente pelo voto da maioria absoluta de seus membros ou dos membros do respectivo órgão especial poderão os tribunais declarar a inconstitucionalidade de lei ou ato normativo do Poder Público.
(B) Declarada inconstitucional uma lei, por decisão definitiva do Supremo Tribunal Federal, compete privativamente à Mesa do Senado Federal suspender sua execução, no todo ou em parte.
(C) Qualquer norma editada pela União, Estados, Distrito Federal e Municípios pode ser objeto de controle incidental de constitucionalidade.

(D) Entidade de classe de âmbito nacional possui legitimidade ampla para propor ação direita de constitucionalidade em qualquer caso, em razão da esfera de sua atuação.

(E) É admissível a desistência após proposta a ação direta de inconstitucionalidade por omissão.

A: incorreta. A chamada **cláusula de reserva de plenário**, prevista no art. 97 da CF, é aplicada tanto no controle **difuso** quanto no controle **concentrado** de constitucionalidade. Por tal regra, os tribunais somente poderão declarar a inconstitucionalidade de lei ou ato normativo do Poder Público pelo voto da maioria absoluta de seus membros ou dos membros do respectivo órgão especial; **B:** incorreta. Conforme o art. 52, X, da CF, declarada inconstitucional uma lei, por decisão definitiva do Supremo Tribunal Federal, compete privativamente **ao Senado Federal** suspender sua execução, no todo ou em parte; **C:** correta. O controle incidental, também chamado de difuso ou concreto tem por objeto qualquer norma editada pelos entes federativos e que viole a Constituição Federal; **D:** incorreta. Não é em qualquer caso, pois a **entidade de classe** de âmbito nacional é tida como legitimada especial ou temática, ou seja, para entrar com a ação tem de demonstrar que existe uma relação direta entre o ato impugnado e os fins específicos protegidos pela entidade. Segundo o STF, esse requisito é chamado de **pertinência temática**; **E:** incorreta. De acordo com o art. 12-D da Lei 9.868/1999, acrescentado pela Lei 12.063/2009, proposta a ação direta de inconstitucionalidade por omissão, **não se admitirá desistência**.

Gabarito "C"

(Magistratura do Trabalho – 15ª Região – 2010) O Ministério Público ajuíza ação civil pública para anular licitação baseada em Lei Municipal que alega ser inconstitucional por afrontar o artigo 37 da Constituição Federal. Assinale a alternativa correta:

(A) não cabe questionamento incidental de inconstitucionalidade em sede de ação civil pública;

(B) o questionamento incidental de inconstitucionalidade numa ação civil pública só é cabível em relação à lei federal;

(C) a declaração incidental de inconstitucionalidade de uma lei nos autos de unia ação civil pública gera efeito *erga omnes*;

(D) é cabível o questionamento incidental de inconstitucionalidade nos autos de uma ação civil pública, mas seus efeitos ficam restritos apenas às partes e somente naquele caso concreto;

(E) nenhuma das anteriores.

Todas as alternativas encontram fundamento nos precedentes do STF. Segue: "Se, contudo, o ajuizamento da ação civil pública visar, não à apreciação da validade constitucional de lei em tese, mas objetivar o julgamento de uma específica e concreta relação jurídica, aí, então, tornar-se-á lícito promover, *incidenter tantum*, o controle difuso de constitucionalidade de qualquer ato emanado do Poder Público. (...) É por essa razão que o magistério jurisprudencial dos Tribunais – inclusive o do STF (Rcl 554/MG, Rel. Min. Maurício Corrêa – Rcl 611/PE, Rel. Min. Sydney Sanches, v.g.) – tem reconhecido a legitimidade da utilização da ação civil pública como instrumento idôneo de fiscalização incidental de constitucionalidade, desde que, nesse processo coletivo, a controvérsia constitucional, longe de identificar-se como objeto único da demanda, qualifique-se como simples questão prejudicial, indispensável à resolução do litígio principal (...)." (RE 411.156, Rel. Min. Celso de Mello, decisão monocrática, julgamento em 19-11-2009, DJE de 3-12-2009. Nessa situação, os efeitos produzidos pela sentença serão restritos apenas às partes e somente naquele caso concreto.

Gabarito "D"

(Magistratura do Trabalho – 15ª Região – 2010) Em relação ao controle da constitucionalidade é correto afirmar:

(A) a sistemática fixada pela Constituição Federal de 1988 estabelece o controle preventivo e também o controle repressivo da inconstitucionalidade;

(B) nosso ordenamento constitucional prevê apenas o controle concentrado da constitucionalidade;

(C) cabe exclusivamente ao Poder Judiciário o controle preventivo da constitucionalidade;

(D) o controle repressivo da constitucionalidade cabe exclusivamente ao Puder Judiciário;

(E) nenhuma das anteriores.

Quanto ao momento em que é realizado, o controle de constitucionalidade pode ser classificado em preventivo ou repressivo. Será prévio ou preventivo quando o ato normativo impugnado ainda não esteja em vigor. O projeto de lei e não a lei é que é objeto de questionamento, é ele que tem sua constitucionalidade questionada. Exemplo: no trâmite do processo legislativo, há uma fase na qual o projeto é encaminhado ao Presidente da República para que ele o sancione ou o vete, é a denominada deliberação executiva. Caso o projeto de lei seja vetado por razões de inconstitucionalidade, estaremos diante do veto jurídico, previsto no art. 66, § 1°, da Constituição Federal. Nessa hipótese o Presidente da República realiza controle preventivo de constitucionalidade. Outro exemplo se dá na fase de deliberação legislativa, quando a Comissão de Constituição e Justiça (CCJ) analisa a constitucionalidade de um projeto de lei, expedindo parecer. Tal ato, em regra, tem natureza terminativa, e a proposta de lei tida como inconstitucional será rejeitada e arquivada. Excepcionalmente o Poder Judiciário pode fazer controle preventivo de constitucionalidade, por exemplo, ao julgar mandado de segurança impetrado por parlamentares contra a continuidade de um processo legislativo em que esteja sendo deliberado assunto tendente a abolir uma das cláusulas pétreas. Será posterior ou repressivo (controle superveniente) quando o ato normativo eivado de vício de inconstitucionalidade já tenha sido editado. A lei, a ser ou não declarada inconstitucional, já produz efeitos no mundo jurídico. Normalmente quem faz controle repressivo de constitucionalidade é o Poder Judiciário e o faz pelas vias difusa e concentrada, tema que será abordado adiante. Vale destacar que a Constituição admite, de forma excepcional, que o Poder Legislativo também faça esse controle, por exemplo, na hipótese do art. 62, § 5°, da CF, em que ele rejeita medida provisória por considerá-la inconstitucional. Outra situação ocorre quando o Congresso Nacional susta, por meio de decreto legislativo, atos normativos do Poder Executivo que exorbitaram seu poder regulamentar ou excederam os limites da delegação legislativa, conforme disposição prevista nos arts. 49, V, 84, IV, e 68, todos da CF.

Gabarito "A"

(Magistratura do Trabalho – 2ª Região – 2010) Uma das características do ordenamento jurídico nacional é o controle de constitucionalidade exercido pelo Supremo Tribunal Federal. Diante disso, escolha a resposta certa:

(A) As decisões definitivas de mérito proferidas pelo Supremo Tribunal Federal, nas ações diretas de inconstitucionalidade, produzirão eficácia contra todos e efeito vinculante para os demais órgãos do Poder Judiciário, restando à Administração Pública, eventual questionamento, por meio do recurso apropriado.

(B) Compete ao Supremo Tribunal Federal declarar a inconstitucionalidade de tratado ou lei federal e a homologação de sentença estrangeira que não contrarie as normas de ordem pública e a soberania nacional.

(C) Deve o Supremo Tribunal Federal, na declaração de inconstitucionalidade, comunicar a decisão à Câmara Alta e à Câmara Baixa, para que automática e necessariamente ocorra a emissão de uma Resolução suspendendo a execução da norma acoimada do vício.

(D) A Constituição Federal permite uma típica medida cautelar nas ações diretas de inconstitucionalidade julgadas pelo Supremo Tribunal Federal.

(E) Somente a União, como representante da Federação pode ser autorizada pelo Senado a proceder operações externas de natureza financeira.

A: incorreta. Conforme o art. 102, § 2º, da CF, a Administração Pública também é atingida pelo efeito vinculante produzido pelas decisões definitivas de mérito, proferidas pelo Supremo Tribunal Federal, nas ações diretas de inconstitucionalidade e nas ações declaratórias de constitucionalidade. Havendo descumprimento das decisões dotadas de efeito vinculante, cabe reclamação ao Supremo Tribunal Federal (art. 102, I, *l*, da CF); **B:** incorreta. A homologação de sentença estrangeira é da competência do Superior Tribunal de Justiça (art. 105, I, *i*, da CF); **C:** incorreta. No controle difuso de constitucionalidade, se a lei for declarada inconstitucional pelo Supremo Tribunal Federal, em decisão definitiva e pelo voto da maioria absoluta dos membros, deve ser feita a comunicação ao **Senado Federal** para que ele, de forma discricionária, decida por suspender ou não a execução da lei (art. 25, X, da CF); **D:** correta (art. 102, I, "p", da CF); **E:** incorreta. De acordo com o art. 52, V, da CF, **todos os entes federativos**, desde que autorizados pelo Senado, podem proceder operações externas de natureza financeira.

Gabarito "D"

(Magistratura do Trabalho – 1ª Região – 2010) Assinale a opção correta em relação ao controle de constitucionalidade no sistema brasileiro.

(A) A teoria da modulação dos efeitos tem aplicação também quando o STF exara juízo negativo de recepção de determinada lei ou ato normativo.

(B) Ao julgar procedente, em parte, determinada ADI, para conferir ao texto impugnado interpretação conforme a CF, o STF pode, por arrastamento, conferir interpretação conforme outro dispositivo legal que não foi objeto da ação.

(C) Se um juiz, em controle difuso de constitucionalidade, afasta a aplicação de determinada lei, declarando-a inconstitucional, quando já há decisão proferida pelo STF indeferindo medida cautelar em ADI tendo por objeto a mesma lei, cabe o ajuizamento de reclamação dirigida à Suprema Corte.

(D) Segundo entendimento do STF, uma vez indeferida medida cautelar em ADI, não é cabível a reiteração do pedido de concessão da medida, considerando-se a natureza objetiva do controle.

(E) A decisão do STF que, em ação declaratória de constitucionalidade, declara a constitucionalidade de determinada lei ou ato normativo pode ser objeto de novo exame, se fundado em novos argumentos que levariam à interpretação no sentido da inconstitucionalidade.

A: incorreta. RE 395.902-AgR, Rel. Min. Celso de Mello: "A não recepção de ato estatal pré-constitucional, por não implicar a declaração de sua inconstitucionalidade - mas o reconhecimento de sua pura e simples revogação (RTJ 143/355 — RTJ 145/339) —, descaracteriza um dos pressupostos indispensáveis à utilização da técnica da modulação temporal, que supõe, para incidir, dentre outros elementos, a necessária existência de um juízo de inconstitucionalidade"; **B:** correta, pois a ADIn tem causa de pedir aberta, ou seja, o STF não está vinculado à fundamentação da ADIn; **C:** incorreta. De acordo com o entendimento do STF, o indeferimento de cautelar em ADIn não tem por consequência a afirmação de que a lei é constitucional, nem eficácia vinculante a possibilitar o ajuizamento de uma reclamação; **D:** incorreta. Como já foi questão do próprio CESPE, o indeferimento da medida cautelar na ADI não significa confirmação da constitucionalidade da lei com efeito vinculante, nem mesmo para o STF. Assim, apresentados novos fatos, pode considerar presentes os requisitos para o deferimento da cautelar; **E:** incorreta. Tanto a decisão final em ADIn, como a decisão final em ADC, produzem efeitos vinculantes e *erga omnes* (art. 102, § 2º, da CF).

Gabarito "B"

(Magistratura do Trabalho – 1ª Região – 2004) Analisando as proposições abaixo:

I. segundo o art. 103 da CF, podem propor ação direta de inconstitucionalidade: o Presidente da República, a mesa do Senado Federal, a Mesa da Câmara dos Deputados, a Mesa da Assembleia Legislativa, o Governador de Estado, o Procurador-Geral da República, o Conselho Federal da OAB, partido político com representação no Congresso Nacional e confederação sindical ou entidade de classe de âmbito nacional;

II. pela via de controle incidental, a decisão judicial, no caso concreto, terá efeito retroativo (*ex tunc*), invalidando qualquer relação jurídica fundada na lei ou no ato reconhecido como inconstitucional, mas somente *inter pars*. A lei ou o ato permanecerão válidos até que sua executoriedade seja suspensa pelo Senado;

III. no caso de suspensão de lei ou ato pelo Senado, permanecem válidas as relações jurídicas neles fundadas, estabelecidas antes da suspensão;

IV. a ação direta de inconstitucionalidade pode ser interventiva, genérica ou supridora de omissão;

V. a posição majoritária do STF é a de considerar a ação declaratória de constitucionalidade como inserida no sistema de controle abstrato da constitucionalidade de normas, visando a defesa da ordem jurídica, e não se destinando diretamente à tutela de direitos subjetivos.

Assinale:

(A) Apenas I, II e III estão corretas;

(B) Apenas I, III e IV estão corretas;

(C) Apenas II, IV e V estão corretas;

(D) Apenas I e II estão corretas;

(E) Todas estão corretas.

I: correta. Observe-se apenas que a EC 45/2004 alterou a redação dos incisos IV e V do art. 103 para "incluir" a Mesa da Câmara Legislativa do Distrito Federal e o Governador do Distrito Federal. Entretanto, mesmo antes da EC 45 a jurisprudência do STF já admitia a propositura de ADIn por esses legitimados que, por isso, já tinham sido expressamente listados no art. 2º da Lei 9.868/1999; **II:** correta. A competência do Senado Federal, prevista no art. 52, X, da CF, ocorre apenas no controle incidental ou concreto de constitucionalidade, quando a decisão produz efeitos temporais *ex tunc*, mas *inter partes* (somente entre as partes que participaram do processo). No controle concentrado ou abstrato (via ADIn), a decisão final do STF já produz eficácia contra todos e efeitos vinculantes (art. 102, § 2º, da CF); **III:** correta, porque a suspensão da execução da lei pelo Senado Federal, com efeitos *erga omnes*, possui eficácia temporal *ex nunc* (lembrando que, para as partes do processo os efeitos são *ex tunc*); **IV:** correta. Ação direta de inconstitucionalidade genérica (art. 102, I, *a*, da CF), a ação direta de inconstitucionalidade interventiva (art. 36, III, da CF), a ação direta de inconstitucionalidade por omissão (art. 103, § 2º, da CF). São também exemplo de controle por via *principal* a ação declaratória de constitucionalidade (art. 102, I, *a*, da CF) e a arguição de descumprimento de preceito fundamental (art. 102, § 1º, da CF); **V:** correta. Especificamente no que toca à omissão do Poder Legislativo, a CF estabeleceu dois mecanismos para suprir o "silêncio do legislador": o mandado de injunção (art. 5º, LXXI, CF) e a ação de inconstitucionalidade por omissão (art. 103, § 2º, CF). A ação de inconstitucionalidade por omissão é instrumento de controle de constitucionalidade por via principal, em tese, cujo maior objetivo é a tutela do próprio ordenamento jurídico, sem que existam partes ou interessados. Seus legitimados são os mesmos da ação direta genérica (art. 103 da CF) e a ação dirige-se contra o órgão ou entidade responsável pela edição do ato normativo ausente. A ADIn por omissão é julgada originariamente pelo STF, em controle concentrado de constitucionalidade (art. 102, I, *a*, da CF) e produz efeitos contra todos e vinculantes (art. 102, § 2º, da CF).

Gabarito "E".

(Magistratura do Trabalho – 1ª Região – 2004) Sobre o controle da constitucionalidade no ordenamento jurídico brasileiro, pode-se afirmar:

I. os juízes de primeiro grau podem declarar a inconstitucionalidade de lei ou ato normativo do Poder Público, de forma difusa, para o caso concreto;
II. os tribunais podem declarar a inconstitucionalidade de lei ou ato normativo do Poder Público, desde que pela maioria absoluta dos seus membros ou dos membros do respectivo órgão especial;
III. o Supremo Tribunal Federal, cuja competência precípua é de guardião da Constituição, exerce o controle da constitucionalidade de forma concentrada e difusa;
IV. entre outros, estão legitimados à propositura da ação declaratória de constitucionalidade o Presidente da República e o Conselho Federal da Ordem dos Advogados do Brasil;
V. entre outros, estão legitimados à propositura da ação de inconstitucionalidade o Presidente da República e os sindicatos das categorias profissional e econômica.

Assinale:

(A) se somente as assertivas I, II e III estiverem corretas;
(B) se somente as assertivas II, III e IV estiverem corretas;
(C) se somente as assertivas III, IV e V estiverem corretas;
(D) se somente as assertivas I, IV e V estiverem corretas;
(E) se somente as assertivas I, II e V estiverem corretas.

I e III: corretas. O Brasil adota o sistema misto de constitucionalidade, vale dizer, convivem em nosso país o controle abstrato (ou concentrado) e o controle difuso (ou concreto). Dessa forma, qualquer juiz ou tribunal (inclusive o STF), ao analisar um caso concreto, pode verificar a compatibilidade de lei ou ato normativo diante da Constituição Federal (controle difuso). Ao mesmo tempo, apenas ao STF cabe o controle concentrado (ou abstrato ou por via de ação) de lei ou ato normativo federal ou estadual diante da Constituição Federal (e aos TJs locais o controle concentrado em face da Constituição estadual). Assim, o STF realiza as duas espécies de controle: o difuso, em exercício de competência recursal (art. 102, III, da CF), ao analisar um recurso extraordinário; e o concentrado, em competência originária, ao julgar ADIn, ADC e ADPF (art. 102, I, *a* e § 1º, da CF); **II:** correta. Art. 97 da CF (cláusula da reserva de plenário); **IV:** incorreta. Pela redação atual do art. 103 da CF sim, mas antes da EC 45/2004 os legitimados para a propositura da ADCon (ou ADC) eram apenas os listados no antigo § 4º do art. 103 da CF; **V:** incorreta. O art. 103, IX, da CF refere-se a confederação sindical ou entidade de classe de âmbito nacional, o que não se confunde com sindicatos.

Gabarito "A".

(Magistratura do Trabalho – 3ª Região – 2009) Assinale a assertiva ("a" a "e") correta em relação aos enunciados de I a V, observadas a Constituição da República e a legislação pertinente:

I. Dentre outras hipóteses, também caberá arguição de descumprimento de preceito fundamental quando for relevante o fundamento da controvérsia constitucional sobre lei ou ato normativo federal, estadual ou municipal, incluídos os anteriores à Constituição.
II. Não será admitida arguição de descumprimento de preceito fundamental quando houver outro meio eficaz de sanar a lesividade.
III. Em sede de arguição de descumprimento de preceito fundamental, se entender necessário, o relator poderá ouvir as partes nos processos que ensejaram a arguição, requisitar informações adicionais, designar perito ou comissão de peritos para que emita parecer sobre a questão, ou ainda, fixar data para declarações, em audiência pública, de pessoas com experiência e autoridade na matéria.
IV. Ao declarar a inconstitucionalidade de lei ou de ato normativo, no processo de arguição de descumprimento de preceito fundamental, e tendo em vista razões de segurança jurídica ou de excepcional interesse social, poderá o Supremo Tribunal Federal, por maioria de dois terços de seus membros, restringir os efeitos daquela declaração ou decidir que ela só tenha eficácia a partir de seu trânsito em julgado ou de outro momento que venha a ser fixado.
V. São requisitos essenciais da petição inicial da arguição de descumprimento de preceito constitucional: indicação do preceito fundamental que se considera violado; indicação do ato questionado; prova da violação do preceito fundamental; o pedido com suas especificações; se for o caso, a comprovação da existência de controvérsia judicial relevante sobre a aplicação do preceito fundamental que se considera violado.

(A) Somente um enunciado é verdadeiro.
(B) Somente dois enunciados são verdadeiros.
(C) Somente três enunciados são verdadeiros.

(D) Somente quatro enunciados são verdadeiros.
(E) Todos os enunciados são verdadeiros.

I: correta (Art. 1º, parágrafo único, I, da Lei 9.882/1999); **II:** correta (Art. 4º, § 1º, da Lei 9.882/1999); **III:** correta (Art. 6º, § 1º, da Lei 9.882/1999); **IV:** correta (Art. 11 da Lei 9.882/1999); **V:** correta (Art. 3º, I a V, da Lei 9.882/1999).

Gabarito "E"

(Magistratura do Trabalho – 3ª Região – 2008) Com relação à arguição de descumprimento de preceito fundamental (ADPF), analise as proposições abaixo:

I. A arguição (ADPF) será proposta perante o Supremo Tribunal Federal.
II. Dentre outros, são legitimados para propor a arguição (ADPF) o Presidente da República, o Ministro da Justiça, o Presidente do Senado Federal, os Governadores de Estados ou do Distrito Federal e o Conselho Federal da Ordem dos Advogados do Brasil.
III. A decisão que julgar procedente ou improcedente o pedido em arguição de descumprimento de preceito fundamental é irrecorrível.
IV. A decisão que julgar procedente ou improcedente o pedido em arguição de descumprimento de preceito fundamental poderá ser objeto de ação rescisória.
V. É possível o deferimento de pedido de medida liminar na arguição de descumprimento de preceito fundamental.

Agora, assinale a alternativa correta:

(A) Apenas os itens I, III e V estão corretos.
(B) Apenas os itens I, II e V estão corretos.
(C) Apenas os itens I, IV e V estão corretos.
(D) Apenas os itens III e IV estão corretos.
(E) Apenas os itens II e III estão corretos.

I: correto (Art. 102, § 1º, da CF); **II:** incorreto. Os legitimados para propor ADPF são os mesmos da ADIn (v. art. 103 da CF e art. 2º, I, da Lei 9.882/1999; **III e IV:** Art. 12 da Lei 9.882/1999; **V:** correto (Art. 5º da Lei 9.882/1999).

Gabarito "A"

(Magistratura do Trabalho – 5ª Região – 2006 – CESPE) Com relação a arguição de descumprimento de preceito fundamental (ADPF), assinale a opção correta acerca do entendimento jurídico que foi consolidado no STF.

(A) Caso o ato normativo impugnado por ADPF seja passível de controle concentrado de constitucionalidade pela via da ação direta, o processo feito não pode ter seguimento, nem mesmo com o seu aproveitamento como se fora ação direta de inconstitucionalidade.
(B) A mera possibilidade de utilização de outros meios processuais basta por si só para justificar a invocação do princípio da subsidiariedade que rege a ADPF.
(C) Compete ao proponente da ação de descumprimento de preceito fundamental o juízo acerca do que pode ser compreendido conceitualmente como preceito fundamental.
(D) Para ter legitimidade ativa ad causam para a propositura da ADPF, basta que o autor configure uma subclasse ou fração de uma classe profissional.
(E) Os legitimados para propor ADPF se encontram definidos, em *numerus clausus*, na Constituição da República.

A: incorreta. O STF aceita o princípio da fungibilidade entre as ações constitucionais; **B:** incorreta. O art. 4, § 1º, da Lei 9.882/1999 refere-se a outro meio igualmente eficaz de sanar a lesividade; **C:** incorreta. O juízo é privativo do STF; **D:** incorreta. Os legitimados para a ADPF são os mesmos da ADIN, ou seja, aplica-se ao caso o disposto no art. 103, IX, da CF; **E:** correta (Art. 103 da CF). Ver também art. 2º da Lei 9.882/1999.

Gabarito "E"

(Magistratura do Trabalho – 7ª Região – 2005) Suponha que o STF haja declarado, numa ação direta de inconstitucionalidade, a inconstitucionalidade de norma do Regimento Interno do Tribunal Superior do Trabalho (TST) que permitia sequestro de bens de prefeituras que atrasassem o pagamento de débitos trabalhistas resultantes de decisões transitadas em julgado. Assinale a opção correta.

(A) Caberá reclamação perante o STF contra a aplicação de norma idêntica à declarada inconstitucional, constante do Regimento Interno de outro Tribunal do Trabalho, mesmo que tal norma desse TRT não tenha sido, ela própria, objeto explícito de ação direta de inconstitucionalidade.
(B) O legislador ordinário está proibido constitucionalmente de editar lei com o mesmo teor da regra julgada inconstitucional.
(C) Em decorrência da decisão, somente os débitos trabalhistas resultantes de decisões que hajam transitado em julgado depois da decisão do STF deixam de ensejar o sequestro de bens, caso haja o atraso.
(D) Essa decisão do STF somente contará com efeitos *erga omnes* depois de o Senado Federal suspender a norma do Regimento Interno declarada inconstitucional.
(E) Nada impede, juridicamente, que, apesar da decisão, o TST reedite a mesma norma, no ano seguinte à prolação do acórdão do STF.

A: correta. A previsão de eficácia vinculante das decisões definitivas de mérito proferidas em ações diretas de inconstitucionalidade tem uma consequência processual direta e imediata, qual seja o cabimento do instituto da reclamação (art. 102, I, *l*, da CF). Para o STF, todos aqueles que comprovarem efetivo interesse de agir, a partir da existência de provimento jurisdicional diverso daquele fixado em ADIn, podem requerer o pronunciamento do Tribunal a respeito, independentemente da condição de parte no processo principal ou da legitimação concorrente para a propositura de ação direta de inconstitucionalidade (art. 103 da CF). Isso porque o objetivo principal da reclamação é a garantia da eficácia vinculante das decisões de mérito do STF, de modo a preservar a higidez constitucional. Confira-se: "a eficácia vinculante legalmente atribuída à decisão de mérito em ação direta de inconstitucionalidade produz, entre outros, reflexos de natureza processual quanto à utilização do instituto previsto no art. 102, I, *l*, da Carta da República. O conceito de parte interessada, a que aludem os artigos 13 da Lei 8.038/1990 e 156 do RISTF, ganha abrangência idêntica aos efeitos do julgado a ser preservado, alcançando todos aqueles que comprovem prejuízo em razão do pronunciamento dos demais órgãos do Poder Judiciário, desde que manifestamente contrário ao julgamento da Corte". (STF, Rcl 1880 AgR, Rel. Min. Maurício Corrêa); **B:** incorreta. A eficácia vinculante das decisões que declaram a inconstitucionalidade dirige-se aos demais órgãos do Poder Judiciário e à Administração Pública de todas as esferas, mas não limita o Poder Legislativo – art. 102, § 2º, da CF; **C:** incorreta. Os efeitos temporais da declaração de inconstitucionalidade em ADIn são, em regra, *ex tunc* (retroativos) – v. art. 102, § 2º, da CF e exceção prevista no art. 27 da Lei 9.868/1999; **D:** incorreta. As decisões proferidas em ADIn já possuem, por si só, eficácia *erga omnes* e vinculante (art. 102, § 2º, da CF) – a atuação do Senado Federal prevista no art. 52, X, da CF, refere-se apenas ao controle difuso de constitucionalidade; **E:** incorreta. A eficácia vinculante dirige-se a todos os órgãos do Poder Judiciário – só não limita o próprio STF (art. 102, § 2º, da CF).

Gabarito "A".

(Magistratura do Trabalho – 7ª Região – 2005) Assinale a opção correta.

(A) Uma ação direta de inconstitucionalidade que tenha sido proposta por partido político que tinha representação no Congresso Nacional, mas que a perde antes do julgamento de mérito da demanda, deve ser julgada prejudicada.
(B) Governadores de Estado têm legitimidade para propor ação declaratória de constitucionalidade tendo por objeto lei federal.
(C) Leis estaduais e municipais podem ser objeto de ação declaratória de constitucionalidade proposta pelo Presidente da República.
(D) A Constituição veda aos tribunais regionais do trabalho exercer o controle incidental de constitucionalidade de leis estaduais ou municipais.
(E) O Conselho Federal da Ordem dos Advogados do Brasil somente tem legitimidade para propor ação direta de inconstitucionalidade contra leis que interfiram diretamente nos afazeres, direitos e prerrogativas dos advogados.

A: incorreta. O STF superou o entendimento anterior de que a perda da representação do partido político em uma das casas legislativas, posteriormente ao ajuizamento da ADIn, tinha como consequência a extinção da ação direta de inconstitucionalidade sem julgamento de mérito. De acordo com o entendimento atual do STF, a ADIn deve ser julgada se, no momento da sua propositura e quando do início do julgamento, o partido político tinha representação no Congresso Nacional (um congressista em qualquer das Casas Legislativas). Do contrário, a desfiliação do parlamentar equivaleria à desistência da ação direta, o que é vedado por lei (art. 5º da Lei 9.868/1999); **B:** correta (Art. 103, V, da CF); **C:** incorreta. Só cabe ADC em face de lei federal (art. 102, I, *a*, da CF); **D:** incorreta. Qualquer juiz ou tribunal pode exercer o controle incidental de constitucionalidade, sendo certo que, no caso de tribunais, deve-se observar a regra do art. 97 da CF; **E:** incorreta. O Conselho Federal da OAB é legitimado universal para a propositura de ADIn, não precisando demonstrar pertinência temática.

Gabarito "B".

(Magistratura do Trabalho – 7ª Região – 2005) A respeito de uma lei que haja sido declarada inconstitucional pelo Supremo Tribunal Federal em ação direta de inconstitucionalidade, assinale a opção correta.

(A) Nada impede que um juiz de primeiro grau afirme válida a mesma lei, ao julgar um caso concreto.
(B) Mesmo diante da declaração de inconstitucionalidade do STF, um tribunal de segunda instância somente pode deixar de aplicar a lei declarada inconstitucional depois de suscitado e julgado, pelo Plenário ou órgão especial do mesmo tribunal, o incidente de inconstitucionalidade.
(C) O Congresso Nacional fica proibido de editar outra lei de igual teor.
(D) Não pode vir a ser declarada constitucional, pelo próprio STF, em julgamento posterior, por meio de controle incidental.
(E) Pode vir a ser declarada válida, se o STF julgar procedente ação rescisória contra a decisão tomada na ação direta de inconstitucionalidade.

A e **B:** incorretas. A decisão final em ADIn tem eficácia vinculante para os demais órgãos do Poder Judiciário, que não podem aplicar a lei, devendo seguir a orientação firmada pelo STF (art. 102, § 2º, da CF); **C:** incorreta. De acordo com o art. 102, § 2º, da CF, a eficácia vinculante não se dirige ao Poder Legislativo; **D:** correta. Em controle incidental o STF não pode declarar sua constitucionalidade; **E:** incorreta. Não cabe ação rescisória em ADIn (art. 26 da Lei 9.868/1999).

Gabarito "D".

(Magistratura do Trabalho – 7ª Região – 2005) A respeito da ação direta de inconstitucionalidade no STF, assinale a opção incorreta.

(A) Leis revogadas antes da propositura da ação direta de inconstitucionalidade não são objetos idôneos dessa demanda.
(B) Na ação direta de inconstitucionalidade, a atividade judicante do STF está condicionada pelo pedido, mas não pela causa de pedir, que é tida como "aberta".
(C) O Advogado-Geral da União deve participar, necessariamente, tanto da ação direta de inconstitucionalidade como da ação direta de inconstitucionalidade por omissão.
(D) O requerente não pode desistir da ação direta de inconstitucionalidade que haja proposto.
(E) Leis de efeito concreto não constituem objeto idôneo da ação direta de inconstitucionalidade.

A: correta. O STF firmou o entendimento de que não cabe ADIn contra leis revogadas; **B:** correta. O STF não se restringe à fundamentação da ADIn, pode declarar a inconstitucionalidade por outro motivo, não constante das razões da ação; **C:** incorreta, devendo ser assinalada. Não reflete o disposto no art. 103, § 3º, da CF; **D:** correta (Art. 5º da Lei 9.868/1999); **E:** correta. Só cabe ADIn contra leis ou atos normativos, ou seja, são necessárias abstração e generalidade.

Gabarito "C".

(Magistratura do Trabalho – 8ª Região – 2009) Nos termo do art. 103-A da Constituição Federal, o Supremo Tribunal Federal poderá, de ofício ou por provocação, mediante decisão de dois terços dos seus membros, após reiteradas decisões sobre matéria constitucional, aprovar súmula que, a partir de sua publicação na imprensa oficial, terá efeito vinculante em relação aos demais órgãos do Poder Judiciário e à administração pública direta e indireta, nas esferas federal, estadual e municipal, bem como proceder à sua revisão ou cancelamento. Considerando tal, assinale a alternativa incorreta pertinente à matéria tratada nas súmulas vinculantes atualmente em vigor:

(A) A nomeação de cônjuge, companheiro ou parente em linha reta, colateral ou por afinidade, até o terceiro grau, inclusive, da autoridade nomeante ou de servidor da mesma pessoa jurídica investido em cargo de direção, chefia ou assessoramento, para o exercício de cargo em comissão na administração pública direta e indireta em qualquer dos Poderes da União, dos Estados, do Distrito Federal e dos Municípios, compreendido o ajuste mediante designações recíprocas, viola a Constituição Federal.

(B) Só é lícito o uso de algemas em casos de resistência e de fundado receio de fuga ou de perigo à integridade física própria ou alheia, por parte do preso ou de terceiros, justificada a excepcionalidade por escrito, sob pena de responsabilidade disciplinar, civil e penal do agente ou da autoridade e de nulidade da prisão ou do ato processual a que se refere, independentemente da consideração da existência da hipótese de responsabilidade civil do Estado.

(C) A Administração pode anular seus próprios atos, quando eivados de vícios que os tornam ilegais, porque deles não se originam direitos; ou revogá-los, por motivo de conveniência ou oportunidade, respeitados os direitos adquiridos, e ressalvada, em todos os casos, a apreciação judicial.

(D) Viola a cláusula de reserva de plenário (CF, artigo 97) a decisão de órgão fracionário de tribunal que, embora não declare expressamente a inconstitucionalidade de lei ou ato normativo do poder público, afasta sua incidência, no todo ou em parte.

(E) Nos processos perante o Tribunal de Contas da União asseguram-se o contraditório e a ampla defesa quando da decisão puder resultar anulação ou revogação de ato administrativo que beneficie o interessado, excetuada a apreciação da legalidade do ato de concessão inicial de aposentadoria, reforma e pensão.

A: correta (Súmula Vinculante 13/STF); **B:** corrreta (Súmula Vinculante 11/STF); **C:** incorreta. Teor da Súmula 473/STF, que não é vinculante, mas apenas persuasiva; **D:** correta (Súmula Vinculante 10/STF); **E:** correta (Súmula Vinculante 3/STF).

Gabarito "C."

(Magistratura do Trabalho – 8ª Região – 2008) A respeito do controle de constitucionalidade, é CORRETO afirmar:

(A) O controle difuso de constitucionalidade pode ser exercido por qualquer juízo ou tribunal. Realizada em tribunal, a competência para julgamento é do plenário ou do órgão especial, para onde deve ser remetido o processo oriundo de órgão fracionário, independentemente de juízo deste, para solução de questão prejudicial à causa principal. Solucionada a questão relativa à inconstitucionalidade, restitui-se o processo ao órgão fracionário para prosseguir no julgamento do feito.

(B) A decisão no sentido da inconstitucionalidade de uma norma, realizada pelo STF, em controle difuso ou concentrado, impõe a comunicação da decisão ao Senado Federal, para que este, no uso de sua competência, suspenda o texto considerado inconstitucional.

(C) As normas constitucionais, oriundas do Poder Constituinte Originário e Derivado, estão sujeitas a controle de constitucionalidade, devendo ser observado o limite objetivo consubstanciado nas cláusulas pétreas, pertinentes ao respeito à forma federativa de Estado; ao voto direto, secreto, universal e periódico; à separação dos Poderes; e aos direitos e garantias individuais.

(D) A Emenda Constitucional nº 45/2004 criou hipótese de deslocamento de competência para julgamento, onde considera, em seu exato texto, que nas hipóteses de grave violação de direitos humanos, o Procurador-Geral da República, com a finalidade de assegurar o cumprimento de obrigações decorrentes de tratados internacionais de direitos humanos dos quais o Brasil seja parte, poderá suscitar, perante o Supremo Tribunal Federal, em qualquer fase do inquérito ou processo, incidente de deslocamento de competência para a Justiça Federal.

(E) A jurisprudência do STF em controle de constitucionalidade tem permitido modulação dos mecanismos de controle de sorte a afirmar a compatibilidade da norma com a Constituição no tempo presente, porém apontando sua incompatibilidade com a Constituição, caso haja mudança da situação que determinou a compatibilidade.

A: incorreta. O art. 97 da CF não exclui o juízo prévio do órgão fracionário. V., tb., art. 480 e ss. do CPC; **B:** incorreta. Somente no controle difuso (art. 52, X, da CF). No controle concentrado a suspensão é efeito imediato da decisão do STF (art. 102, § 2º, da CF); **C:** incorreta. Não cabe controle de constitucionalidade de normas constitucionais originárias (oriundas do poder constituinte originário), mas apenas das normas constitucionais fruto de emendas, porque são obra do constituinte derivado; **D:** incorreta. Perante o STJ (art. 109, § 5º, da CF); **E:** correta. Caso da inconstitucionalidade progressiva ou "lei ainda constitucional".

Gabarito "E."

(Magistratura do Trabalho – 8ª Região – 2007) Assinale a alternativa correta:

(A) O método de controle concentrado da constitucionalidade das leis, que atribuí a um único órgão a tarefa da verificação da compatibilidade das leis com a Constituição, foi expressamente previsto na Constituição dos Estados Unidos de 1787, sendo esta a primeira constituição rígida que contemplou esta possibilidade.

(B) O controle de constitucionalidade das leis, dos atos administrativos normativos e dos projetos de lei, é de competência exclusiva do Poder Judiciário, cabendo ao Supremo Tribunal Federal a competência para julgar as ações de controle concentrado em face da Constituição Federal.

(C) O princípio da reserva de plenário, consagrado na Constituição Federal, é regra de direito processual e não pode deixar de ser aplicado nos processos que versam sobre controle de constitucionalidade nos Tribunais.

(D) A jurisprudência atual do Supremo Tribunal Federal admite que o estrangeiro, residente no exterior, possa impetrar mandado de segurança, como decorrente da interpretação da disciplina do instituto na Constituição Federal de 1988.

(E) A impetração de mandado de segurança coletivo por entidade de classe em favor dos associados é admissível, desde que por estes expressamente autorizada, conforme jurisprudência assentada do Supremo Tribunal Federal.

A: incorreta. Não houve previsão expressa na Constituição dos EUA, sendo certo que o controle de constitucionalidade surgiu nos EUA de forma difusa, incidental, no caso Marbury x Madison; **B:** incorreta. Não há controle de constitucionalidade de projetos de lei pelo Poder Judiciário (mas sim pelo Legislativo, por meio das comissões de constituição e justiça, por exemplo); **C:** incorreta. V. art. 481, parágrafo único, do CPC; **D:** correta. O *caput* do art. 5º da CF deve ser interpretado ampliativamente, para incluir os estrangeiros de passagem pelo Brasil; **E:** incorreta. Súmula 629/STF: "A impetração de mandado de segurança coletivo por entidade de classe em favor dos associados independe da autorização destes".

Gabarito "D"

(Magistratura do Trabalho – 9ª Região – 2009) Considere as seguintes proposições:

I. As decisões definitivas de mérito, proferidas pelo Supremo Tribunal Federal, nas ações diretas de inconstitucionalidade, nas ações declaratórias de constitucionalidade e em sede de recurso extraordinário produzirão eficácia contra todos e efeito vinculante, relativamente aos demais órgãos do Poder Judiciário e à administração pública direta e indireta, nas esferas federal, estadual e municipal.

II. Declarada a inconstitucionalidade por omissão de medida para tornar efetiva norma constitucional, será dada ciência ao Poder competente para a adoção das providências necessárias e, em se tratando de omissão legislativa federal, ao Congresso Nacional, para apreciação de projeto de lei em trinta dias.

III. O Supremo Tribunal Federal poderá, de ofício ou por provocação, mediante decisão de dois terços dos seus membros, após reiteradas decisões sobre matéria constitucional, aprovar súmula que, a partir de sua publicação na imprensa oficial, terá efeito vinculante em relação aos demais órgãos do Poder Judiciário e à administração pública direta e indireta, nas esferas federal, estadual e municipal, bem como proceder à sua revisão ou cancelamento, na forma estabelecida em lei.

IV. Do ato administrativo ou decisão judicial que contrariar a súmula aplicável ou que indevidamente a aplicar, caberá reclamação ao Supremo Tribunal Federal que, julgando-a procedente, anulará o ato administrativo ou cassará a decisão judicial reclamada, e proferirá decisão substitutiva com ou sem a aplicação da súmula, conforme o caso.

V. A arguição de descumprimento de preceito fundamental será proposta perante o Supremo Tribunal Federal e terá por objeto evitar ou reparar lesão a preceito fundamental, resultante de ato do Poder Público, comportando medida liminar, inclusive consistente na determinação de que juízes e tribunais suspendam o andamento de processo ou os efeitos de decisões judiciais, ou de qualquer outra medida que apresente relação com a matéria objeto da arguição de descumprimento de preceito fundamental, mesmo se decorrentes da coisa julgada.

(A) Somente a proposição III está correta.
(B) Somente a proposição IV está correta.
(C) Somente as proposições I e II estão corretas.
(D) Somente as proposições III e IV estão corretas.
(E) Somente as proposições III e V estão corretas.

I: incorreto. Para a ADIn e ADC aplica-se a regra do art. 102, § 2º, da CF. O recurso extraordinário, porém, não possui eficácia vinculante e contra todos, mas apenas *inter partes*; **II:** incorreto. Não reflete o disposto no art. 103, § 2º, da CF; **III:** correto (Art. 103-A da CF); **IV:** incorreto. Não reflete o disposto no art. 103-A, § 3º, da CF; **V:** incorreto. A primeira parte está correta (art. 1º, *caput* e art. 5º, ambos da Lei 9.882/1999). Entretanto, a parte final contraria o disposto no art. 5º, § 3º, da mesma lei.

Gabarito "A"

(Magistratura do Trabalho – 9ª Região – 2007) Considere as seguintes proposições:

I. Segundo o entendimento jurisprudencial, quando o Plenário do Supremo Tribunal Federal (STF) houver declarado a inconstitucionalidade de determinada lei, podem os órgãos fracionários dos Tribunais adotar o entendimento do STF e nele fundamentar suas decisões em casos concretos posteriores, dispensando a submissão da questão de constitucionalidade ao seu próprio plenário ou órgão especial.

II. O sistema brasileiro de controle da constitucionalidade das leis admite, no controle concentrado, a declaração de inconstitucionalidade com efeito *pro futuro*.

III. Segundo a legislação vigente, não é admitido o instituto da intervenção de terceiros no processo de ação direta de inconstitucionalidade. Todavia, é permitida a manifestação de terceiros no processo, na condição de *amici curiae*, que tanto podem apresentar manifestação escrita como fazer sustentação oral.

IV. Caberá arguição de descumprimento de preceito fundamental quando for relevante o fundamento da controvérsia constitucional sobre lei ou ato normativo federal, estadual ou municipal, desde que posteriores à Constituição.

V. A medida liminar na arguição de descumprimento de preceito fundamental somente poderá ser concedida pela maioria absoluta dos membros do Supremo Tribunal Federal, sendo vedada ao relator essa possibilidade.

Assinale a alternativa correta:

(A) Apenas uma proposição está correta;
(B) Apenas duas proposições estão corretas;

(C) Apenas três proposições estão corretas;
(D) Apenas quatro proposições estão corretas;
(E) Todas as proposições estão corretas.

I: correta. V. art. 481, parágrafo único, do CPC; **II:** correta. V. art. 27 da Lei 9.868/1999; **III:** correta. V. art. 7º da Lei 9.868 e seu § 2º; **IV:** incorreta. A parte final não corresponde à redação do art. 1º da Lei 9.882/1999; **V:** incorreta. V. art. 5º, *caput* e § 1º da Lei 9.882/1999.

Gabarito "C"

(Magistratura do Trabalho – 9ª Região – 2006) Sobre o sistema brasileiro de controle de constitucionalidade, marque a alternativa incorreta:

(A) Pelo controle difuso, exercido perante um caso concreto, qualquer juiz ou tribunal pode, *incidenter tantum*, declarar a inconstitucionalidade da lei. Somente pelo voto da maioria absoluta de seus membros ou dos membros do respectivo Órgão Especial poderão os Tribunais declarar a inconstitucionalidade de lei ou ato normativo do Poder Público.
(B) Quando a inconstitucionalidade é declarada pelo Supremo Tribunal Federal em sede de Recurso Extraordinário, os efeitos da decisão judicial, neste caso, serão *inter partes* e *ex tunc*, isto é, obrigam somente as partes envolvidas na ação e retroagem à data de vigência da lei.
(C) Quando a lei é declarada inconstitucional pelo Supremo Tribunal Federal, em sede de Ação Direita de Inconstitucionalidade, deverá o tribunal encaminhar ao Senado Federal cópia da decisão exarada para que seja suspensa, por resolução, a execução da lei declarada inconstitucional. Todavia, não está o Senado obrigado a suspender a lei.
(D) As leis e atos normativos municipais contrários à Constituição Federal não podem ser objeto de Ação Direita de Inconstitucionalidade perante o Supremo Tribunal Federal. Neste caso, quando houver suposta ofensa à Constituição Estadual no tocante aos preceitos de repetição obrigatória, cabe aos Tribunais de Justiça dos Estados julgar tais normas.
(E) Os efeitos da decisão que, em controle concentrado, declara a inconstitucionalidade de lei são *erga omnes* e, regra geral, *ex tunc*, isto é, retroagem à data de vigência da lei.

A: correta. No controle difuso qualquer juiz ou tribunal pode declarar a inconstitucionalidade de uma lei, mas, no caso de tribunais, deve-se observar a regra da reserva de plenário (art. 97 da CF); **B:** correta. O STF realiza controle difuso (via recurso extraordinário) e controle concentrado (via ADIn, ADC, ADPF). No controle difuso ou incidental, a decisão sobre a inconstitucionalidade, para as partes que participaram do processo, tem eficácia retroativa ou *ex tunc*. Deve-se lembrar, entretanto, que caso o Senado Federal resolva suspender a execução da lei, na forma do art. 52, X, da CF, a decisão do STF terá eficácia *erga omnes*, mas, para a generalidade das pessoas, a produção de efeitos temporais conta-se apenas a partir da publicação da resolução do Senado Federal (*ex nunc*); **C:** incorreta. A atribuição prevista no art. 52, X, da CF tem sede apenas no controle difuso ou incidental. No controle principal, ou via ação direta, a decisão do STF, por si só, já produz eficácia vinculante e *erga omnes* (art. 102, § 2º, da CF); **D:** correta, lembrando apenas que as leis municipais podem ser controladas diretamente pelo STF via ADPF (art. 1º, parágrafo único, I, da CF); **E:** correta (Art. 102, 2º da CF). Quanto à eficácia temporal, a regra é a produção de efeitos retroativos (*ex tunc*). Excepcionalmente, porém, pode-se aplicar o disposto no art. 27 da Lei 9.868/1999.

Gabarito "C"

(Magistratura do Trabalho – 11ª Região – 2007 – FCC) De acordo com a jurisprudência do Supremo Tribunal Federal, a interpretação conforme a Constituição Federal

(A) é incompatível com o sistema brasileiro de controle de constitucionalidade.
(B) é cabível somente em sede de controle difuso de constitucionalidade.
(C) pode ser admitida somente se resultar em redução do texto da norma impugnada.
(D) apenas é admitida quando o sentido de uma norma é unívoco.
(E) pode atribuir a uma norma interpretação que lhe preserve a constitucionalidade.

A interpretação conforme a Constituição ocorre diante de normas plurissignificativas, ou seja, que admitem mais de uma interpretação possível, devendo-se preferir aquela que mais se aproxima da Constituição. Funciona como técnica de interpretação constitucional e como mecanismo de controle de constitucionalidade, sendo aceita em doutrina e também pela jurisprudência do STF.

Gabarito "E"

(Magistratura do Trabalho – 12ª Região – 2006) Tendo-se presente a jurisprudência do STF concernente à inconstitucionalidade de lei ou de ato normativo e sua interpretação, é incorreto afirmar:

(A) o desrespeito à Constituição tanto pode ocorrer mediante ação estatal, quanto mediante inércia governamental;
(B) a situação de inconstitucionalidade pode derivar de comportamento ativo do Poder Público, que age ou edita normas em desacordo com o que dispõe a Constituição, ofendendo, assim, os preceitos constitucionais;
(C) a situação de inconstitucionalidade de lei pode ser acolhida por violação de princípios constitucionais (explícitos ou implícitos) como o da proporcionalidade e da razoabilidade;
(D) a técnica denominada de interpretação conforme a Constituição só é utilizável quando a norma impugnada admite dentre as variadas interpretações possíveis uma que se compatibilize com a Carta Magna, podendo ser "interpretação conforme com redução de texto, interpretação conforme sem redução de texto ou pode ser excluída da norma determinada interpretação;
(E) a interpretação conforme a Constituição, sem redução de texto, declara inconstitucional a norma impugnada e importa em suspensão imediata do dispositivo legal submetido ao exame do STF, desde que a decisão que aprecie o recurso extraordinário seja definitiva de mérito e prolatada pelo Tribunal Pleno, por dois terços de seus membros.

A: correta. São mecanismos de controle da omissão estatal o mandado de injunção e a ação direta de inconstitucionalidade por omissão; **B:** correta. E para isso há vários mecanismos para o controle de constitucionalidade, haja vista que qualquer juiz ou tribunal, diante de um caso concreto, pode declarar a inconstitucionalidade da ação estatal ou da lei ou ato normativo; **C:** correta. Apesar de não previsto expressamente na CF, o princípio da razoabilidade encontra-se no art. 2º da Lei 9.784/1999; **D:** correta. A interpretação conforme a Constituição ocorre diante de normas plurissignificativas, ou seja, que admitem mais de uma interpretação possível, devendo-se preferir aquela que mais se aproxima da Constituição. Funciona como técnica de interpretação constitucional e como mecanismo de controle de constitucionalidade, sendo aceita em doutrina e também pela jurisprudência do STF; **E:** incorreta. Para Gilmar Mendes (*Jurisdição Constitucional*, 1996, p. 196 e 197), a declaração parcial de inconstitucionalidade sem redução de texto "refere-se, normalmente, a casos não mencionados no texto, que, por estar formulado de forma ampla ou geral, contém, em verdade, um complexo de normas". A declaração de inconstitucionalidade é parcial porque atinge apenas uma (ou algumas) dessas normas, mantendo-se íntegro o texto.

Gabarito "E".

(Magistratura do Trabalho – 14ª Região – 2008) Controle da constitucionalidade.

I. No Brasil, o controle da constitucionalidade exercido pelo Poder Judiciário é realizado tanto na forma concentrada quanto na forma difusa. Nesta última, é permitido a todo e qualquer juiz, num caso concreto, a análise da compatibilidade do ordenamento jurídico com a Constituição da República.

II. Compete privativamente à Câmara dos Deputados suspender a execução, no todo ou em parte, de lei declarada inconstitucional por decisão definitiva do Supremo Tribunal Federal.

III. A declaração de inconstitucionalidade de lei pela via de exceção gera efeitos "erga omnes", enquanto que a declaração de inconstitucionalidade pela via de ação atinge somente as partes.

IV. São espécies de controle concentrado contemplados pela Constituição da República a ação direta de inconstitucionalidade, a ação direta de inconstitucionalidade interventiva, a ação direta de inconstitucionalidade por omissão e a ação declaratória de constitucionalidade.

Responda:

(A) todas as opções estão corretas;
(B) apenas três opções estão corretas;
(C) apenas duas opções estão corretas;
(D) apenas uma opção está correta;
(E) todas as opções estão incorretas.

I: correta. O controle difuso, também conhecido como repressivo, posterior, pela via de exceção ou defesa, ou controle aberto, é realizado por qualquer juiz ou tribunal. No caso dos tribunais, deve-se observar a regra do art. 97 da Constituição. O controle concentrado pode ser realizado pela via da ADIn (art. 102, I, *a*, CF), ADPF (art. 102, § 1º, CF), ADIn por omissão (art. 103, § 2º, CF), ADI interventiva (art. 35, IV, e art. 36, III, CF) e ADC (art. 102, I, *a* e § 2º e art. 103, CF); **II:** incorreta (Art. 52, X, CF); **III:** incorreta. Justo o contrário: eficácia ***inter partes*** no controle difuso (ou por exceção) e eficácia ***erga omnes*** no controle concentrado (ou por ação); **IV:** correta (Art. 102, I, *a*; Arts. 35, IV, e 36, III, CF; Art. 103, § 2º, CF; e Art. 102, I, *a* e § 2º, e Art. 103, CF, respectivamente).

Gabarito "C".

(Magistratura do Trabalho – 16ª Região – 2008) Em tema de controle de constitucionalidade é mais do que sabido – nem é preciso dizer – que o difuso foi o primeiro a surgir, nos Estados Unidos. Hoje, dada a grande influência do Direito alemão sobre as principais cabeças pensantes do Direito Constitucional brasileiro, dentre elas a de Gilmar Mendes, o controle concentrado de constitucionalidade ganha corpo e volume, existindo, inclusive, vozes abalizadas que defendem a transformação do Supremo Tribunal Federal em corte constitucional nos moldes do *Bundesverfassungsgerich*. A respeito da declaração de inconstitucionalidade é incorreto dizer:

(A) No controle de constitucionalidade incidental, o julgamento da matéria exige o *quorum* de onze ministros, somente podendo ser proclamada a constitucionalidade ou a inconstitucionalidade da norma se, num ou noutro sentido, se tiverem manifestado seis ministros.
(B) Em regra as decisões do Supremo Tribunal Federal em Ação Direta de Inconstitucionalidade possuem eficácia *ex tunc*, tendo em vista a nulidade do ato normativo desde a sua edição.
(C) Ao atribuir importante significado ao controle de constitucionalidade da chamada omissão do legislador, a Constituição de 1988 abriu a possibilidade para o desenvolvimento sistemático da declaração de inconstitucionalidade sem a pronúncia da nulidade.
(D) No controle de constitucionalidade incidental exercido pelos Tribunais, a declaração de inconstitucionalidade somente poderá ser pronunciada pelo voto da maioria absoluta de seus membros ou dos membros do órgão especial.
(E) No processo de controle de constitucionalidade, a possibilidade de manifestação de outros órgãos ou entidades representativas cria a figura do *amicus curiae*.

A: incorreta, devendo ser assinalada. O controle incidental pode ser realizado por qualquer juiz ou tribunal. No caso de tribunais, deve-se observar a regra do art. 97 da CF; **B:** correta. Excepcionalmente pode-se aplicar o art. 27 da Lei 9.868/1999; **C:** correta. Segundo Gilmar Mendes, a declaração de inconstitucionalidade sem a pronúncia da nulidade permite que se operem a suspensão de aplicação da lei e dos processos em curso até que o legislador, dentro de prazo razoável, venha a se manifestar sobre a situação inconstitucional (declaração de inconstitucionalidade sem pronúncia da nulidade/restrição de efeitos); **D:** correta (Art. 97 da CF); **E:** correta (Art. 7º, § 2º, da Lei 9.868/1999).

Gabarito "A".

(Magistratura do Trabalho – 16ª Região – 2008) A respeito do controle jurisdicional pelo Supremo Tribunal Federal das medidas provisórias é incorreto dizer:

(A) Para legitimar-se juridicamente, a edição de medidas provisórias pelo Presidente da República, depende, dentre outros requisitos, da estrita observância dos pressupostos constitucionais da urgência e da relevância.
(B) No desempenho de sua atividade jurisdicional de controle das medidas provisórias, o Supremo Tribunal Federal está condicionado às razões de ordem jurídica invocadas como suporte da pretensão de inconstitucionalidade deduzida pelo autor da ação direta. Cabendo à parte o dever processual de motivar o pedido e de identificar, na Constituição, em obséquio ao princípio da especificação das normas, os dispositivos alegadamente violados pelo ato normativo que pretende impugnar.

(C) Os pressupostos da urgência e da relevância estão sujeitos, ainda que excepcionalmente, ao controle do Poder Judiciário, embora conceitos jurídicos relativamente indeterminados e fluidos, mesmo expondo-se, inicialmente, à avaliação discricionária do Presidente da República, porque compõem a própria estrutura constitucional que disciplina as medidas provisórias, qualificando-se como requisitos legitimadores e juridicamente condicionantes do exercício, pelo Chefe do Poder Executivo, da competência normativa primária que lhe foi outorgada, extraordinariamente, pela Constituição da República.

(D) A possibilidade de controle jurisdicional, mesmo sendo excepcional, apoia-se na necessidade de impedir que o Presidente da República incida em excesso de poder ou em situação de manifesto abuso institucional, ao editar medidas provisórias, pois o sistema de limitação de poderes não permite que práticas governamentais abusivas venham a prevalecer sobre os postulados constitucionais que informam a concepção democrática de Poder e de Estado, especialmente naquelas hipóteses em que se registrar o exercício anômalo e arbitrário das funções estatais.

(E) A apropriação institucional crescente do poder de legislar por parte dos sucessivos Presidentes da República, tem despertado graves preocupações de ordem jurídica, em razão do fato de a utilização excessiva das medidas provisórias causar profundas distorções que se projetam no plano das relações políticas entre os Poderes Executivo e Legislativo.

Ao contrário do afirmado na alternativa "B", vige o que se costumou chamar de "causa de pedir aberta", ou seja, os fundamentos apresentados pelo autor não limitam o STF, que pode declarar a inconstitucionalidade por outro motivo, com base em outras normas diferentes das apontadas como violadas.

Gabarito "B"

(Magistratura do Trabalho – 16ª Região – 2006) Considere os itens abaixo:

I. O controle preventivo de constitucionalidade é realizado dentro do processo legislativo e somente pelo Poder Legislativo.

II. Conforme a Constituição Federal, somente pelo voto da maioria absoluta de seus membros, ou dos membros do respectivo órgão especial poderão os tribunais declarar a inconstitucionalidade da lei ou ato normativo do poder público.

III. Declarada *incidenter tantum*, a inconstitucionalidade de lei ou ato normativo pelo STF, desfaz-se desde sua origem a eficácia do declarado inconstitucional, com efeitos *ex tunc* para as partes do processo em que houver a declaração.

IV. Poderão ser ampliados os efeitos da declaração incidental, quando o Senado suspender a eficácia da lei ou ato normativo, declarado inconstitucional por decisão definitiva do STF, que terá efeito *erga omnes* e *ex tunc*.

Assinale a opção CORRETA:

(A) I e II;
(B) I e III;
(C) II e III;
(D) III, IV;
(E) II e IV.

I: incorreto. Pode ser realizado fora do processo legislativo, na hipótese em que o Legislativo rejeita Medida Provisória inconstitucional. E pode ser realizado pelo Poder Executivo, ao vetar projeto de lei que considere inconstitucional; **II:** correto (Art. 97, CF); **III:** correto. Como regra, no controle difuso os efeitos são *inter partes* e *ex tunc*. Entretanto, o STF já reconheceu eficácia *ex nunc* nessas hipóteses (V., *e.g.*, RE 197.917, Rel. Min. Maurício Corrêa); **IV:** incorreta. De acordo com a doutrina majoritária, a suspensão de eficácia da norma, pelo Senado Federal (art. 52, X, CF), produz efeitos *erga omnes* e *ex nunc*.

Gabarito "C"

(Magistratura do Trabalho – 16ª Região – 2006) Considere os itens abaixo:

I. É admissível ação direta de inconstitucionalidade de lei e de ato normativo, mesmo que este já esteja revogado.

II. A ação direta de inconstitucionalidade de leis ou atos normativos municipais contrários à Constituição Federal deve ser processada perante o Supremo Tribunal Federal;

III. Não é possível o controle concentrado de constitucionalidade de lei municipal ou ato normativo municipal em face da Constituição Federal;

IV. Não é possível o controle concentrado de constitucionalidade de decretos, mesmo que autônomos.

Com base na jurisprudência do STF assinale a alternativa CORRETA:

(A) II e IV;
(B) Somente II;
(C) Somente III;
(D) I e III;
(E) II e III.

I: incorreto. A lei revogada já não produz efeitos, motivo por que a ADIn perde seu objeto quando há revogação durante seu curso. A ADIn deixa de ser útil ou necessária; **II:** incorreto (Art. 102, I, *a*, da CF). Não cabe ADIn contra lei ou ato normativo municipal; **III:** correto. Essa é a regra. Entretanto, vale lembrar o cabimento de ADPF contra lei municipal, na forma do art. 1º, parágrafo único, I, da Lei 9.882/1999; **IV:** incorreto. Os decretos autônomos podem ser objeto de controle de constitucionalidade, principalmente para verificar possível violação ao princípio da reserva legal.

Gabarito "C"

(Magistratura do Trabalho – 18ª Região – 2006) Considere as assertivas abaixo e assinale a resposta correta.

I. Não será admitida arguição de descumprimento de preceito fundamental quando houver qualquer outro meio eficaz de sanar a lesividade.

II. Não se admitirá intervenção de terceiros no processo de ação direta de inconstitucionalidade, mas o relator, considerando a relevância da matéria e a representatividade dos postulantes, poderá, por despacho irrecorrível, admitir a manifestação de outros órgãos ou entidades.

III. Não é admissível a desistência da ação direta de inconstitucionalidade, nem da ação declaratória de constitucionalidade.

IV. A medida cautelar em ação direta de inconstitucionalidade, dotada de eficácia contra todos, será concedida com efeito *ex nunc*, salvo se o Tribunal entender que deva conceder-lhe eficácia retroativa.

V. O Supremo Tribunal Federal, por decisão da maioria absoluta de seus membros, poderá deferir pedido de medida cautelar na ação declaratória de constitucionalidade, consistente na determinação de que os juízes e os Tribunais suspendam o julgamento dos processos que envolvam a aplicação da lei ou do ato normativo objeto da ação até seu julgamento definitivo.

(A) há uma assertiva correta.
(B) há duas assertivas corretas.
(C) há três assertivas corretas.
(D) nenhuma assertiva é correta.
(E) todas são corretas.

I: correto (Art. 4º, § 1º, da Lei 9.882/1999); **II:** correto (Art. 7º, *caput* e § 2º, da Lei 9.868/1999); **III:** correto (Arts. 5º, 12-D e 16, todos da Lei 9.868/1999); **IV:** correto (Art. 11, § 1º, da Lei 9.868/1999); **V:** correto (Art. 21 da Lei 9.868/1999).

Gabarito "E"

(Magistratura do Trabalho – 18ª Região – 2006) No que diz respeito ao controle de constitucionalidade das leis, analise as seguintes proposições e assinale a alternativa correta.

I. O controle de constitucionalidade das leis pode ser feito de forma difusa por qualquer juiz ou tribunal, incluindo-se o Supremo Tribunal Federal.

II. No controle de constitucionalidade difuso é aplicável a cláusula de reserva de plenário, que atua como verdadeira condição de eficácia jurídica da própria declaração jurisdicional de inconstitucionalidade.

III. O controle preventivo de constitucionalidade é realizado sempre dentro do processo legislativo.

IV. O controle concentrado de constitucionalidade pode ser feito pelo Supremo Tribunal Federal e Tribunais Superiores.

V. O controle difuso é feito apenas pelos tribunais, observada a cláusula de reserva de plenário.

(A) Apenas os itens IV e V estão incorretos.
(B) Apenas os itens III, IV e V estão incorretos.
(C) Apenas os itens II, IV e V estão incorretos.
(D) Apenas os itens II, III e IV estão incorretos.
(E) Todos os itens estão incorretos.

I: correto. O STF realiza controle concentrado (ao julgar ADIn, ADC, ADPF) e também controle difuso (via recurso extraordinário); **II:** correto (Art. 97 da CF). V. tb. arts. 480 e ss do. CPC; **III:** correto. Quanto ao momento de seu exercício, o controle de constitucionalidade será *preventivo* (antes da edição da lei ou ato normativo) ou *repressivo* (após a edição da lei ou ato normativo); **IV:** incorreto. Apenas pelo STF, tendo como parâmetro a CF, e pelos TJs, tendo como parâmetro a constituição estadual. Os tribunais superiores, como qualquer outro juiz ou tribunal, podem exercer controle difuso; **V:** incorreto. O controle difuso é realizado por qualquer tribunal e por qualquer juiz.

Gabarito "A"

(Magistratura do Trabalho – 20ª Região – 2003) É correto afirmar que:

(A) a ação declaratória de constitucionalidade somente poderá ser proposta pelo presidente da república e pelas mesas do Senado Federal e da Câmara dos Deputados;
(B) caberá ao procurador-geral da república a defesa do ato ou texto impugnado quando o STF apreciar a inconstitucionalidade, em tese, de norma legal ou ato normativo;
(C) declarada a inconstitucionalidade por omissão de medida para tornar efetiva a norma constitucional, será dada ciência para que o poder competente adote as providências necessárias e, em se tratando de órgão administrativo, para fazê-lo em trinta dias;
(D) o advogado-geral da união deverá ser previamente ouvido nas ações de inconstitucionalidade e em todos os processos de competência do STF;
(E) qualquer partido político é parte legítima para propor ação de inconstitucionalidade.

A: incorreta. Não reflete o disposto no art. 103 da CF; **B:** incorreta. É atribuição do AGU (art. 103, § 3º, da CF); **C:**correta (Art. 103, § 2º, da CF); **D:** incorreta. É prerrogativa do PGR (art. 103, § 1º, da CF); **E:** incorreta. Deve ter representação no Congresso Nacional (art. 103, VIII, da CF).

Gabarito "C"

(Magistratura do Trabalho – 21ª Região – 2005) Assinale a alternativa correta:

(A) compete aos Tribunais de Justiça dos Estados processar e julgar a ação direta de inconstitucionalidade de lei ou ato normativo municipal, em face da Constituição Federal;
(B) a medida cautelar em ação direta de inconstitucionalidade, quando concedida pelo Supremo Tribunal Federal, produz apenas efeitos *ex nunc*;
(C) ao declarar a inconstitucionalidade de lei ou ato normativo, poderá o Supremo Tribunal Federal, tendo em vista razões de segurança jurídica ou de excepcional interesse social, em decisão tomada por maioria de dois terços de seus membros, restringir os efeitos daquela declaração ou decidir que ela só tenha eficácia a partir de seu trânsito em julgado ou de outro momento que venha a ser fixado;
(D) o *quorum* mínimo para julgamento de ação direta de inconstitucionalidade, no Supremo Tribunal Federal, é de sete ministros;
(E) é obrigatória a audiência do Procurador-Geral da República em todas as ações diretas de inconstitucionalidade, e do Advogado-Geral da União, naquelas em que a lei ou ato normativo impugnado for de autoria de autoridade federal ou órgão integrante da administração pública federal.

A: incorreta. Os TJs controlam a constitucionalidade de lei municipal e estadual em face da constituição federal; **B:** incorreta. A regra é a eficácia *ex nunc* (art. 11, § 1º, da Lei 9.868/1999); **C:** correta (art. 27 da Lei 9.868/1999); **D:** incorreta. O quórum de julgamento é de oito ministros (art. 22 da Lei 9.868/1999), e para declarar a constitucionalidade ou inconstitucionalidade da lei é necessário o voto de pelo menos seis ministros (art. 23 da Lei 9.868/1999); **E:** incorreta. Não reflete o disposto no art. 103, §§ 1º e 3º, da CF.

Gabarito "C"

(Magistratura do Trabalho – 21ª Região – 2005) Não tem legitimidade para propor arguição de descumprimento de preceito fundamental, perante o Supremo Tribunal Federal:

(A) O Presidente da República;
(B) O Governador de Estado;
(C) A Mesa da Câmara Legislativa do Distrito Federal;
(D) O Advogado-Geral da União;
(E) O Conselho Federal da Ordem dos Advogados do Brasil.

Art. 103 da CF c/c art. 2º da Lei 9.882/1999.
Gabarito "D"

(Magistratura do Trabalho – 23ª Região – 2008) Podem propor a ação direta de inconstitucionalidade e a ação declaratória de constitucionalidade, dentre outros:

I. a Mesa do Senado Federal, a Mesa da Câmara dos Deputados, o Presidente e o Vice-Presidente da República;
II. o Governador de Estado, a Mesa de Assembleia Legislativa ou da Câmara Legislativa do Distrito Federal e o Procurador-Geral da República;
III. a Mesa da Câmara dos Deputados, a Mesa do Senado Federal, a federação sindical ou entidade de classe de âmbito nacional;
IV. o Partido Político com representação no Congresso Nacional, o Presidente e o Vice-Presidente da República, o Conselho Federal da Ordem dos Advogados do Brasil.

(A) todas as opções estão corretas;
(B) apenas três opções estão corretas;
(C) apenas duas opções estão corretas;
(D) apenas uma opção está correta;
(E) todas as opções estão incorretas.

Art. 103 da CF.
Gabarito "D"

(Magistratura do Trabalho – 23ª Região – 2006) Sobre o controle da constitucionalidade das leis é correto afirmar:

I. que o Brasil adota sistema que combina o critério de controle difuso, por via de defesa, com o controle concentrado, através de ação direta de inconstitucionalidade de lei ou ato normativo federal ou estadual, ação direta de inconstitucionalidade por omissão e ação declaratória de constitucionalidade de lei ou ato normativo federal.
II. que, conforme artigo 102 da Constituição Federal, ao Supremo Tribunal Federal compete precipuamente a guarda da Constituição, razão pela qual detém o monopólio da jurisdição constitucional, atuando exclusivamente com base no controle concentrado de constitucionalidade.
III. que o Supremo Tribunal Federal não é o único órgão jurisdicional com competência para decidir matéria constitucional, pois o sistema também se funda no critério difuso, que autoriza tribunais e juízes a conhecer e julgar prejudiciais de inconstitucionalidade.
IV. que o Supremo Tribunal Federal somente exerce a jurisdição constitucional exclusiva, de forma concentrada, através de ação direta de inconstitucionalidade de lei ou ato normativo federal ou estadual e através de ação declaratória de constitucionalidade de lei ou ato normativo federal, estadual ou municipal, as quais se inserem em sua competência originária.

Assinale a alternativa correta:

(A) somente uma das afirmações está correta;
(B) todas as afirmações estão corretas;
(C) somente duas afirmativas estão corretas;
(D) todas as afirmativas estão incorretas;
(E) somente três afirmativas estão corretas.

I: correta. O Brasil adota o sistema misto de constitucionalidade, vale dizer, convivem em nosso país o controle abstrato (ou concentrado) e o controle difuso (ou concreto). Dessa forma, qualquer juiz ou tribunal, ao analisar um caso concreto, pode verificar a compatibilidade de lei ou ato normativo diante da Constituição Federal (controle difuso). Ao mesmo tempo, apenas ao STF cabe o controle concentrado (ou abstrato ou por via de ação) de lei ou ato normativo federal ou estadual diante da Constituição Federal (e aos TJs o controle concentrado tendo como parâmetro a constituição estadual); **II:** incorreta. O STF não detém o monopólio da jurisdição constitucional, uma vez que nosso país também adota o controle difuso. Além disso, não realiza exclusivamente controle concentrado, mas também controle difuso, via recurso extraordinário; **III:** correta. V. comentários ao item I; **IV:** incorreta. V. comentários item II.
Gabarito "C"

(Magistratura do Trabalho – 23ª Região – 2006) Quanto à presença do *amicus curiae* no processo objetivo do controle concentrado de constitucionalidade, analise as afirmações abaixo e assinale a resposta correta:

I. Consoante decisões do Supremo Tribunal Federal e referência inserta em seu Regimento Interno, a admissão do *amicus curiae* pode ser definida como a de mero colaborador informal ou hipótese de intervenção de terceiros, sendo razoável afirmar que sua natureza jurídica revela-se como uma modalidade *sui generis* de intervenção de terceiro, com características próprias e bem definidas;
II. É entendimento do Supremo Tribunal Federal o não cabimento da presença do *amicus curiae* ao processo de arguição de descumprimento de preceito fundamental, não se podendo falar em interpretação analógica, em situações tais, da legislação pertinente à intervenção de terceiros;
III. A admissão ou não do *amicus curiae* no processo será decidida pelo relator, ao qual compete analisar o preenchimento dos requisitos e a conveniência e oportunidade da manifestação, em decisão irrecorrível, e, mesmo que admitido, o Tribunal poderá deixar de referendá-lo, afastando a sua intervenção;
IV. Levando-se em consideração que a ação direta de constitucionalidade e a ação direta de inconstitucionalidade são ações dúplices ou ambivalentes, e com base na legislação vigente,

pode-se dizer que há permissivo bastante a justificar a admissão do *amicus curiae* em ambas as modalidades de controle de constitucionalidade.

(A) todas as alternativas são verdadeiras;
(B) somente as alternativas III e V são verdadeiras;
(C) somente as alternativas I e IV são verdadeiras;
(D) todas as alternativas são falsas;
(E) somente a alternativa III é verdadeira.

I: incorreto. Não cabe intervenção de terceiros no controle de constitucionalidade objetivo (art. 7º da Lei 9.868/1999) e a figura do *amicus curiae* não é apenas colaborador informal, mas pode inclusive realizar sustentação oral; **II:** incorreto. O STF admite a presença de *amicus curiae* também na ADPF; **III:** correto (Art. 7º, § 2º, da Lei 9.868/1999); **IV:** incorreto. O § 2º do art. 18 da Lei 9.868/1999, que previa a figura do *amicus curiae* para a ação declaratória de constitucionalidade foi vetado pelo Presidente da República, razão pela qual não se pode falar que a legislação vigente permite *amici curie* na ADC. Entretanto, nas razões do veto o Presidente expressamente afirmou que "resta assegurada, todavia, a possibilidade de o Supremo Tribunal Federal, por meio de interpretação sistemática, admitir no processo da ação declaratória a abertura processual prevista para a ação direta no § 2º do art. 7º".

Gabarito "E"

(Magistratura do Trabalho – 23ª Região – 2006) Referentemente à arguição de descumprimento de preceito fundamental pode-se dizer:

I. É entendimento do Supremo Tribunal Federal que, além da arguição autônoma de caráter abstrato, a arguição de descumprimento de preceito fundamental pode ser admitida de forma incidental em processo em curso, dando-se à legislação infraconstitucional que disciplinou a matéria interpretação conforme para contemplar tal hipótese;
II. O Supremo Tribunal Federal manifestou-se no sentido de que o disposto no art. 102, § 1º, da CRFB, no atinente à arguição de descumprimento de preceito fundamental materializava norma constitucional de eficácia limitada. Referido preceptivo constitucional encontra-se, atualmente, regulamentado, sendo certo que a arguição autônoma tem por objetivo evitar ou reparar lesão a preceito fundamental, resultante de ato do Poder Público;
III. Estão legitimados à propositura da ação de arguição de descumprimento de preceito fundamental os mesmos que podem manejar a ação declaratória de inconstitucionalidade genérica, detendo, também, legitimidade concorrente qualquer pessoa lesada ou ameaçada por ato do poder público, tendo a decisão eficácia contra todos e efeito vinculante aos demais órgãos do Poder Público, além de efeitos retroativos;
IV. Além do caráter preventivo e repressivo, há de se exigir o nexo de causalidade entre a lesão ao preceito fundamental e o ato administrativo, admitindo-se, ainda, por equiparação, a possibilidade de arguição de descumprimento de preceito fundamental quando for relevante o fundamento da controvérsia constitucional sobre a lei ou ato normativo, incluído os anteriores à Constituição.

Observando as proposições acima, pode-se afirmar:

(A) todas as afirmativas estão corretas;
(B) todas as afirmativas estão incorretas;
(C) somente a afirmativa III está correta;
(D) somente a afirmativa IV está correta;
(E) somente as afirmativas III e IV estão corretas.

I e **III:** incorretas. Os legitimados para propositura de ADPF são os mesmos da ADIn (art. 103 da CF c/c art. 2º, I, da Lei 9.882/1999). Além disso, qualquer interessado pode representar ao Procurador-Geral da República para que este, se entender relevante, ajuíze a ADPF (art. 2º, § 1º, da Lei 9.882/1999); **II:** incorreta. Era norma de eficácia limitada antes da regulamentação pela Lei 9.882/1999. A arguição autônoma é a prevista no art. 1º, *caput*, da Lei 9.882/1999; **IV:** correta (Art. 1º, parágrafo único, I, da Lei 9.882/1999).

Gabarito "D"

(Magistratura do Trabalho – 24ª Região – 2006) Com relação ao controle de constitucionalidade, é INCORRETO dizer:

(A) É exercido por via de ação e por via de exceção.
(B) O controle por via de exceção visa a defesa de interesses subjetivos, produzindo efeito *inter partes*.
(C) O controle direto tem como objeto a defesa do ordenamento jurídico objetivo.
(D) O controle por via de ação realiza-se através de: ação direta de inconstitucionalidade; ação direta de inconstitucionalidade por omissão; ação declaratória de constitucionalidade; arguição de descumprimento de preceito fundamental; e ação de inconstitucionalidade pela via interventiva.
(E) As decisões definitivas de mérito, proferidas pelo Supremo Tribunal Federal nas ações diretas de inconstitucionalidade, nas ações declaratórias de constitucionalidade e nas ações diretas de inconstitucionalidade por omissão, produzirão eficácia contra todos e efeito vinculante relativamente aos demais órgãos do Poder Judiciário e à administração pública direta e indireta, nas esferas federal, estadual e municipal.

Não reflete o disposto no art. 102, § 2º, da CF.

Gabarito "E"

(Ministério Público do Trabalho – 15º) Consoante legislação pátria e entendimento atual do STF, produz efeito *erga omnes* a decisão que:

I. julga arguição de descumprimento de preceito fundamental;
II. concede liminar em ação direta de inconstitucionalidade;
III. julga reclamação proposta para preservar sua competência e garantir a autoridade de suas decisões;
IV. nega liminar em ação direta de inconstitucionalidade.

Considerando as alternativas acima, assinale a opção CORRETA:

(A) todas as alternativas estão corretas;
(B) apenas as alternativas II e IV estão corretas;
(C) apenas a alternativa III está incorreta;
(D) apenas as alternativas III e IV estão incorretas;
(E) não respondida.

I, **II**, **III** e **IV:** Eficácia *erga omnes* corresponde à eficácia absoluta, a decisão opera contra todos, repercute na esfera jurídica de todas as pessoas que se encontram na situação descrita pela norma. Assim, é certo dizer que possuem eficácia *erga omnes* a decisão final da ADPF (art. 10, § 3º, da Lei 9.882/1999) e a que concede liminar em ADIn (art. 11, § 1º, da Lei 9.868/1999). A decisão final em reclamação, por ser processo subjetivo, só produz efeitos *inter partes*, entre as partes que participaram do processo. Por fim, em interpretação *a contrario sensu* da norma do art. 11, § 2º, da Lei 9.868/1999, a decisão que nega liminar em ADIn não tem eficácia contra todos.

Gabarito "D"

(Ministério Público do Trabalho – 15º) Assinale a alternativa INCORRETA:

(A) ressalvadas as exceções previstas em lei, a decisão que julgar procedente ação direta de inconstitucionalidade não prejudicará o direito adquirido, o ato jurídico perfeito e a coisa julgada;

(B) em regra, a decisão que concede liminar em medida cautelar em ação direta de inconstitucionalidade produz efeitos *ex nunc* e a proferida na ação principal produz efeitos *ex tunc*;

(C) salvo expressa manifestação em sentido contrário, a concessão de medida cautelar em ação direta de inconstitucionalidade tem efeito repristinatório;

(D) a participação de outros órgãos ou entidades, na condição de *amicus curiae*, é admitida nas ações direta de inconstitucionalidade e direta de constitucionalidade e, ainda, consoante jurisprudência do STF, na arguição de descumprimento de preceito fundamental;

(E) não respondida.

Não há direito adquirido contra a Constituição. Entretanto, para minimizar os efeitos da decisão, o STF pode decidir aplicar a norma do art. 27 da Lei 9.868/1999.

Gabarito "A"

(Ministério Público do Trabalho – 14º) Leia com atenção:

I. Como regra, o controle de constitucionalidade não se mostra adequado para obstar a tramitação de projeto de lei ou de proposta de emenda constitucional.

II. Mesmo havendo pronunciamento do Supremo Tribunal Federal, afirmando a inconstitucionalidade de lei ou de ato normativo, em sede de controle incidental, é necessário que o Plenário de Tribunal Regional ou seu Órgão Especial se manifeste sobre arguição de inconstitucionalidade da mesma lei ou ato normativo.

III. O controle incidental de constitucionalidade pode se realizar inclusive tomando por parâmetro norma constitucional que já não está mais em vigor.

Assinale a alternativa CORRETA:

(A) apenas as assertivas I e III estão corretas;

(B) apenas a assertiva III está correta;

(C) todas as assertivas estão corretas;

(D) as assertivas I e II estão corretas;

(E) não respondida.

I: Como regra a resposta está correta. Excepcionalmente, porém, o STF admite a impetração de MS por congressistas, para obstar a tramitação de proposta de emenda constitucional contrária ao art. 60, 4º, da CF; **II:** incorreto (Art. 481, parágrafo único, do CPC); **III:** correto. Embora não caiba ADIn contra norma da Constituição anterior, é possível questionar a compatibilidade de direito pré-constitucional pela via do recurso extraordinário, ou seja, em controle incidental.

Gabarito "A"

(Ministério Público do Trabalho – 14º) Não pode ser objeto de ação direta de inconstitucionalidade perante o Supremo Tribunal Federal:

(A) o decreto legislativo aprovado pelo Congresso Nacional com o escopo de sustar os atos normativos do Poder Executivo que exorbitem do poder regulamentar ou dos limites de delegação legislativa;

(B) a lei ou ato normativo já revogado;

(C) as medidas provisórias;

(D) as leis formais;

(E) não respondida.

A, C e **D:** O art. 102, I, *a*, da CF prevê o cabimento de ADIn contra lei ou ato normativo federal ou estadual. As MPs têm força de lei e inovam o ordenamento jurídico. Decretos legislativos gerais e abstratos também podem ser objeto de ADIn; **B:** correta. Leis revogadas ou de eficácia exaurida não podem ser objeto de ADIn segundo o STF. Nesse caso, a ADIn não seria útil ou necessária, pois já se realizou a suspensão de sua eficácia. Podem, entretanto, ser objeto de controle difuso.

Gabarito "B"

(Ministério Público do Trabalho – 13º) Quanto ao controle de constitucionalidade no Brasil:

I. as decisões definitivas de mérito, proferidas pelo Supremo Tribunal Federal, nas ações diretas de inconstitucionalidade e nas ações declaratórias de constitucionalidade produzirão eficácia *erga omnes*, efeito vinculante e *ex nunc*, relativamente aos demais órgãos do Poder Judiciário e à administração pública direta e indireta, nas esferas federal, estadual, distrital, territorial e municipal;

II. declarada a inconstitucionalidade por omissão de medida para tornar efetiva norma constitucional ou lei federal, será dada ciência ao Poder competente para a adoção das providências necessárias e, em se tratando de órgão administrativo, para fazê-lo em trinta dias;

III. quando o Supremo Tribunal Federal apreciar ação direta de inconstitucionalidade e ação declaratória de constitucionalidade, de norma legal ou ato normativo, citará, previamente, o Advogado-Geral da União, que defenderá o ato ou texto impugnado.

Analisando-se as asserções acima, pode-se afirmar que:

(A) todas estão corretas;

(B) todas estão incorretas;

(C) apenas a de número I está incorreta;

(D) apenas as de números I e III estão incorretas;

(E) não respondida.

I: incorreta (Art. 102, § 2º, da CF e art. 28, parágrafo único, da Lei 9.868/1999: eficácia *erga omnes* e vinculante). De acordo com a doutrina majoritária e com o STF, a declaração de inconstitucionalidade tem, em regra, eficácia *ex tunc* (art. 27 da Lei 9.868/1999, *a contrario sensu*); **II:** incorreta. Art. 103, § 2º, da CF: a ADIn por omissão busca tornar efetiva norma constitucional, e não lei federal; **III:** incorreta. Art. 103, § 3º, da CF: a atuação do AGU limita-se à ADIn. Não há que se falar em prévia citação do Advogado-Geral da União em ADC.

Gabarito "B"

(Ministério Público do Trabalho – 12º) Quanto ao controle de constitucionalidade no sistema brasileiro:

I. apenas com o julgamento de recurso extraordinário é possível a obtenção da declaração de inconstitucionalidade, com efeito *erga omnes*, de lei (em sentido formal e material) editada por Município;

II. pode ser exercido pelo Supremo Tribunal Federal, ao apreciar, na forma da lei, a arguição de descumprimento de preceito fundamental;

III. podem propor a ação direta de inconstitucionalidade, bem como a ação declaratória de constitucionalidade, dentre outros, o Presidente da República, a Mesa do Senado Federal, a Mesa da Câmara dos Deputados, o Procurador-Geral da República e partido político com representação no Congresso Nacional.

Analisando-se as asserções acima, pode-se afirmar que:

(A) apenas as de números I e III estão incorretas;
(B) apenas as de números II e III estão corretas;
(C) todas estão corretas;
(D) todas estão incorretas.
(E) não respondida.

I e II: O julgamento de inconstitucionalidade em recurso extraordinário é exemplo de controle difuso e, assim, não tem eficácia *erga omnes* de forma automática. Para tanto, é preciso que o Senado Federal atue na forma do art. 52, X, da CF. Além disso, o STF também pode conhecer de inconstitucionalidade de lei municipal via ADPF (art. 1º, parágrafo único, I, da Lei 9.882/1999); **III:** correto (Art. 103 da CF).

Gabarito "B"

(Ministério Público do Trabalho – 11º) NÃO tem legitimidade para propor Ação Direta de Inconstitucionalidade perante o Supremo Tribunal Federal:

(A) o Procurador-Geral da República;
(B) a Mesa de Assembleia Legislativa;
(C) o Conselho Federal da Ordem dos Advogados do Brasil;
(D) a Mesa do Congresso Nacional;
(E) não respondida.

Art. 103 da CF.

Gabarito "D"

(Ministério Público do Trabalho – 11º) Em relação ao controle de constitucionalidade das leis ou atos normativos no Direito Brasileiro, é CORRETO afirmar que a Constituição Federal:

(A) não contempla modalidade de controle político;
(B) prevê que as decisões definitivas de mérito proferidas pelo Supremo Tribunal Federal em ação direta de inconstitucionalidade de lei ou ato normativo federal ou estadual produzirão eficácia contra todos e efeito vinculante, relativamente aos demais órgãos dos Poderes Judiciário, Executivo e Legislativo;
(C) admite a declaração de inconstitucionalidade de lei ou ato normativo do Poder Público por órgão fracionário de Tribunal, em virtude do controle difuso;
(D) não admite a propositura de ação declaratória de constitucionalidade pelo Conselho Federal da Ordem dos Advogados do Brasil;
(E) não respondida.

A: incorreta. Em regra o controle de constitucionalidade é realizado pelo Poder Judiciário, após a aprovação da lei (*controle judicial repressivo*). Entretanto, o Poder Legislativo também pode exercer o controle de constitucionalidade, seja preventivo ou repressivo. O *controle político preventivo* ocorre, por exemplo, no caso de rejeição de projeto de lei pela Comissão de Constituição e Justiça por inconstitucionalidade. Já o *controle político repressivo* na hipótese de não aprovação, pelo Congresso Nacional, de Medida Provisória por inconstitucionalidade ou pela sustação congressual de ato do Executivo que exorbite dos limites de delegação legislativa (art. 49, V, da CF). Por fim, é importante relembrar que o Poder Legislativo não pode editar uma lei para declarar outra lei inconstitucional; **B:** incorreta. Não reflete o disposto no art. 102, § 2º, da CF, que não contempla o Poder Legislativo; **C:** incorreta. Contraria o art. 97 da CF; **D:** correta. Questão anterior à EC 45/2004, que alterou o art. 103 da CF para unificar os legitimados ativos para a propositura da ADIn e da ADC. Hoje, portanto, o Conselho Federal da OAB pode propor ADC (art. 103, VII, da CF).

Gabarito "D"

(Ministério Público do Trabalho – 8º) À vista das assertivas abaixo:

I. o Supremo Tribunal Federal não admite ação direta de inconstitucionalidade de lei ou ato normativo já revogado ou cuja eficácia já tenha se exaurido;

II. consideram-se atos normativos, passíveis de impugnação por ação direta de inconstitucionalidade, a resolução administrativa dos Tribunais de Justiça, bem corno as deliberações administrativas de outros órgãos do Poder Judiciário, inclusive dos Tribunais Regionais do Trabalho;

III. as convenções coletivas de trabalho são consideradas atos normativos, sujeitos à impugnação através de ação direta de inconstitucionalidade;

IV. ainda no conceito de atos normativos, encontram-se os atos estatais de conteúdo meramente derrogatório, como as resoluções administrativas, desde que incidam sobre atos de caráter normativo, revelando-se, pois, objeto idôneo para a instauração de controle concentrado de constitucionalidade perante o Supremo Tribunal Federal:

V. os atos estatais de efeitos concretos se submetem, em sede de controle concentrado, à jurisdição constitucional abstrata.

Assinale a alternativa correta:

(A) as assertivas I, III e IV estão incorretas;
(B) as assertivas II, IV e V estão corretas;
(C) as assertivas III e V estão incorretas;
(D) somente as assertivas II e IV estão incorretas;
(E) todas as assertivas estão corretas;
(F) não sei.

I: correto, porque o controle concentrado visa resguardar a higidez do ordenamento constitucional. Se a lei já foi revogada, não há risco para a ordem jurídica (a ADIn não é conhecida ou, caso a lei seja revogada no curso da ação, perde seu objeto). No controle difuso, porém, a ação segue seu curso, pois o objetivo principal é resolver um caso concreto; **II** e **IV**: corretos, pois possuem abstração, generalidade e imperatividade; **III**: incorreto. Não possuem generalidade nem abstração; **V**: incorreto. Atos de efeitos concretos não se submetem ao controle concentrado, pois não são genéricos nem abstratos.

Gabarito "C"

5.9. QUESTÕES COMBINADAS SOBRE O PODER JUDICIÁRIO

(Magistratura do Trabalho – 8ª Região – 2011) Assinale a assertiva CORRETA:

(A) A União é representada, judicial e extrajudicialmente, pela Advocacia- Geral da União, cabendo-lhe prestar consultoria e assessoramento jurídico ao Poder Executivo, consoante lei complementar.

(B) Não poderá o Conselho Nacional de Justiça avocar processos disciplinares em curso e determinar a remoção, a disponibilidade ou a aposentadoria, com subsídios proporcionais ao tempo de serviço, de magistrados, ainda que assegurada ampla defesa.

(C) Compete ao Conselho Nacional de Justiça o controle do cumprimento dos deveres funcionais dos juízes, além de outras atribuições que lhe forem conferidas pelo Estatuto da Magistratura, competindo ao Tribunal de Contas de União o controle da atuação administrativa e financeira do Poder Judiciário.

(D) Cabe ao Conselho Superior da Justiça do Trabalho, na forma da lei, a supervisão administrativa, orçamentária, financeira e patrimonial da Justiça do Trabalho de primeiro e segundo graus, como órgão central do sistema, cujas decisões terão efeito facultativo.

(E) É vedado ao juiz exercer qualquer outro cargo ou função, ainda que em disponibilidade.

A: correta. É o que determina o *caput* do art. 131 da CF; **B**: incorreta. O art. 103-B, § 4º, III, admite que o Conselho Nacional de Justiça avoque tais processos disciplinares e determine a remoção, a disponibilidade ou a aposentadoria, com subsídios proporcionais ao tempo de serviço, de magistrados, desde que seja assegurada a ampla defesa; **C**: incorreta. De acordo com o art. 103-B, § 4º, *caput*, da CF, o controle da atuação administrativa e financeira do Poder Judiciário também é da competência do Conselho Nacional de Justiça; **D**: incorreta. Conforme o art. 111-A, § 2º, II, da CF, as decisões desse Conselho terão efeito vinculante; **E**: incorreta. O art. 95, I, da CF admite que o juiz cumule o seu cargo com um de magistério.

Gabarito "A"

(Magistratura do Trabalho – 2ª Região – 2010) Em relação ao processo judicial e acesso ao Judiciário bem como as garantias que a Constituição Federal estabelece, é correto afirmar:

(A) Ao provocar o Judiciário por fato ilícito ou abusivo do Poder Público, o interessado busca obter uma resposta que deve ser dada no prazo máximo de 15 dias.

(B) Todos tem direito a receber dos órgãos públicos informações de seu interesse particular, ou de interesse coletivo ou geral, que serão prestadas no prazo da lei, sob pena de responsabilidade, ressalvadas aquelas cujo sigilo seja imprescindível à segurança da sociedade e do Estado.

(C) As súmulas vinculantes e a diminuição do número de recursos extraordinários que devem ser conhecidos pelo Supremo Tribunal Federal, conforme mandamento constitucional, enquadram-se no princípio da sustentabilidade, pelo qual a Suprema Corte deve manter-se atuante, coesa e viável, todavia, é sempre possível reclamatória específica que será decidida pelo Superior Tribunal de Justiça, em colaboração com o STF.

(D) Em referência a prova realizada no processo, não se há de indagar se é lícita ou ilícita, porque o bem maior a ser considerado é o de dar a cada um o que é seu.

(E) A lei pode ter eficácia retroativa, ainda que venha violar o direito adquirido, como no caso da execução de bens do devedor, cuja propriedade veio a ser consolidada formal e materialmente, nos termos da legislação civil.

A: incorreta. Não há essa previsão no ordenamento jurídico; **B**: correta. A alternativa reproduz conteúdo do art. 5º, XXXIII, da CF que trata do direito à informação; **C**: incorreta. A possibilidade da edição de súmulas vinculantes foi trazida pela Emenda Constitucional 45/2004 e tem por fundamento o princípio da celeridade processual ou duração razoável do processo. Quando uma súmula vinculante não está sendo cumprida, cabe reclamação ao Supremo Tribunal Federal (art. 103-A, § 3º, da CF); **D**: incorreta. Conforme o art. 5º, LVI, da CF não são admitidas no processo as provas obtidas por meios ilícitos; **E**: incorreta. Dispõe o art. 5º, XXXVI, da CF que a lei não pode prejudicar o ato jurídico perfeito, o direito adquirido e a coisa julgada. Quanto ao direito adquirido há algumas limitações como, por exemplo, com a entrada em vigor de uma nova Constituição, mas, a situação mencionada na alternativa não é tida como limitação.

Gabarito "B"

(Magistratura do Trabalho – 3ª Região – 2009) Assinale a assertiva ("a" a "e") correta em relação aos enunciados de I a V, observada a Constituição da República:

I. A Constituição da República expressamente atribui competência ao Supremo Tribunal Federal, ao Superior Tribunal de Justiça e ao Tribunal Superior do Trabalho, para processar e julgar originariamente reclamação para a preservação de suas competências e garantia da autoridade de suas decisões.

II. Dentre outras hipóteses, compete ao Supremo Tribunal Federal julgar, mediante recurso extraordinário, as causas decididas em única ou última instância, quando a decisão recorrida julgar válida lei local contestada em face de lei federal.

III. As decisões definitivas de mérito, proferidas pelo Supremo Tribunal Federal, nas ações diretas de inconstitucionalidade e nas ações declaratórias de constitucionalidade produzirão eficácia contra todos e efeito vinculante, relativamente aos demais órgãos do Poder Judiciário e à administração pública direta e indireta nas esferas federal, estadual e municipal.

IV. Nos tribunais com número superior a trinta julgadores, poderá ser constituído órgão especial, com o mínimo de doze e no máximo trinta, para o exercício das atribuições administrativas e jurisdicionais delegadas da competência do tribunal pleno, provendo-se metade das vagas por antiguidade e a outra metade por eleição do tribunal pleno.

V. A atividade jurisdicional será ininterrupta, sendo vedado férias coletivas nos juízos e tribunais de segundo grau, e superiores, salvo o Supremo Tribunal Federal, funcionando, nos dias em que não houver expediente forense normal juízes em plantão permanente.

(A) Somente um enunciado é verdadeiro.
(B) Somente dois enunciados são verdadeiros.
(C) Somente três enunciados são verdadeiros.
(D) Somente quatro enunciados são verdadeiros.
(E) Todos os enunciados são verdadeiros.

I: incorreto. O STF (art. 102, I, *l*, da CF) e o STJ (art. 105, I, *f*, da CF) têm competência para julgar reclamação. O TST, não; **II:** correto (Art. 102, III, *d*, da CF); **III:** correto (Art. 102, § 2º, da CF); **IV:** incorreto. O art. 93, XI, da CF possibilita a criação de órgão especial em tribunais com mais de 25 membros, com o mínimo de 11 e o máximo de 25 julgadores; **V:** incorreto. As férias coletivas são vedadas para os tribunais de segundo grau, mas não para os superiores (art. 93, XII, da CF).

Gabarito "B"

(Magistratura do Trabalho – 8ª Região – 2007) Sobre o Poder Judiciário, assinale a alternativa incorreta:

(A) Ao Supremo Tribunal Federal compete, precipuamente, a guarda da Constituição, mas a declaração de inconstitucionalidade de leis, em caráter incidental, não é ato exclusivo do referido órgão.
(B) A aprovação, revisão ou cancelamento de súmula poderá ser provocada pelo Presidente da República.
(C) Compete ao Superior Tribunal de Justiça processar e julgar, originariamente, os conflitos de competência entre juízes vinculados a tribunais diversos.
(D) Compete ao Superior Tribunal de Justiça julgar reclamação contra decisão judicial que contrariar súmula por ele editada.
(E) As decisões definitivas de mérito, proferidas pelo Supremo Tribunal Federal, nas ações diretas de inconstitucionalidade, produzirão eficácia contra todos e efeito vinculante relativamente aos demais órgãos do Poder Judiciário e à Administração Pública direta e indireta, em todas as esferas.

A: correta. A declaração de inconstitucionalidade, no controle difuso, pode ser realizada por qualquer juiz ou tribunal (no último caso, após observada a regra do art. 97 da CF); **B:** correta (Art. 3º, I, da Lei 11.417/2006); **C:** correta (Art. 105, I, *d*, da CF); **D:** incorreta, devendo ser assinalada. Não reflete o disposto no art. 105, I, *f*, da CF; **E:** correta (Art. 102, § 2º, da CF e art. 28, parágrafo único, da Lei 9.868/1999).

Gabarito "D"

(Magistratura do Trabalho – 9ª Região – 2009) Considere as seguintes proposições:

I. Ao declarar a inconstitucionalidade de lei ou ato normativo, e tendo em vista razões de segurança jurídica ou de excepcional interesse social, poderá o Supremo Tribunal Federal, por maioria de dois terços de seus membros, restringir os efeitos daquela declaração ou decidir que ela só tenha eficácia a partir de seu trânsito em julgado ou de outro momento que venha a ser fixado, o que é tratado na jurisprudência como modulação dos efeitos da decisão.

II. O Supremo Tribunal Federal emitiu súmula vinculante em controle direto de constitucionalidade que proíbe a utilização do salário mínimo como indexador de base de cálculo de vantagem de servidor público ou de empregado, que deve ser substituído por decisão judicial no caso concreto.

III. O Supremo Tribunal Federal suspendeu em ação declaratória de inconstitucionalidade toda e qualquer interpretação do inciso I do artigo 114 da CF (na redação da EC 45/2004) que inserisse, na competência da Justiça do Trabalho, a apreciação de causas instauradas entre o Poder Público e seus servidores, a ele vinculados por típica relação de ordem estatutária ou de caráter jurídico-administrativo.

IV. A orientação jurisprudencial do pleno do Tribunal Superior do Trabalho é no sentido de que se permite o sequestro de verbas públicas para satisfação de precatórios trabalhistas nas hipóteses de não inclusão da despesa no orçamento ou de não pagamento do precatório até o final do exercício, quando incluído no orçamento.

V. A expedição de precatórios não se aplica aos pagamentos de obrigações definidas em lei como de pequeno valor que a Fazenda Federal, Estadual, Distrital ou Municipal deva fazer em virtude de sentença judicial transitada em julgado, sendo vedada a expedição de precatório complementar ou suplementar de valor pago, bem como fracionamento, repartição ou quebra do valor da execução do crédito trabalhista para que seu pagamento não se faça, em parte, através de precatório e, em parte, através de requisição de pagamento de obrigação de pequeno valor – OPV.

(A) Somente uma proposição está correta.
(B) Somente duas proposições estão corretas.
(C) Somente três proposições estão corretas.
(D) Somente quatro proposições estão corretas.
(E) Todas as proposições estão corretas.

I: correto (Art. 27 da Lei 9.868/1999); **II:** incorreto. Não reflete o teor da Súmula Vinculante 4/STF: "Salvo nos casos previstos na constituição, o salário mínimo não pode ser usado como indexador de base de cálculo de vantagem de servidor público ou de empregado, nem ser substituído por decisão judicial."; **III:** correto. Entendimento firmado pelo STF ao ratificar a liminar concedida na ADIn 3365; **IV:** incorreto. Não reflete o teor da OJ 3: "O sequestro de verbas públicas para satisfação de precatórios trabalhistas só é admitido na hipótese de preterição do direito de precedência do credor, a ela não se equiparando as situações de não inclusão da despesa no orçamento ou de não pagamento do precatório até o final do exercício, quando incluído no orçamento"; **V:** correto (Art. 100, §§ 3º e 8º, da CF).

Gabarito "C"

(Magistratura do Trabalho – 9ª Região – 2009) Analise as proposições a seguir:

I. Compete ao Supremo Tribunal Federal, precipuamente, a guarda da Constituição, cabendo-lhe a homologação das sentenças estrangeiras e a concessão do "exequatur" às cartas rogatórias, atribuições essas que podem ser conferidas pelo regimento interno a seu Presidente.

II. O Conselho Nacional de Justiça é órgão do Poder Judiciário, composto por quinze membros com mais de trinta e cinco e menos de sessenta e seis anos de idade, com mandato de dois anos.

III. Incumbe ao Conselho Superior da Justiça do Trabalho exercer, na forma da lei, a supervisão administrativa, orçamentária, financeira e patrimonial da Justiça do Trabalho de primeiro e segundo graus, como órgão central do sistema, cujas decisões terão efeito vinculante.

IV. Os Tribunais Regionais do Trabalho podem funcionar descentralizadamente, constituindo Câmaras regionais.

V. Compete aos Tribunais Regionais Federais processar e julgar, originariamente, os juízes federais da área de sua jurisdição, excluídos os da Justiça do Trabalho, nos crimes comuns e de responsabilidade, ressalvada a competência da Justiça Eleitoral.

(A) Somente as proposições II, III e IV são corretas.
(B) Somente as proposições II, IV e V são corretas.
(C) Somente as proposições I, II e IV são corretas.
(D) Somente as proposições I, III e IV são corretas.
(E) Todas as proposições são corretas.

I: incorreto. Essa competência foi transferida para o STJ pela EC 45/2004 (art. 105, I, *i*, da CF); **II:** incorreta. É órgão do Poder Judiciário (art. 92, I-A da CF), mas pela redação atual do art. 103-B, *caput*, da CF, não existem limites mínimo e máximo de idade. Assim, quando da aplicação da prova a questão estava correta, hoje não mais; **III:** correto (Art. 111-A, § 2º, II, da CF); **IV:** correto (Art. 115, § 2º, da CF); **V:** incorreto. O art. 108, I, *a*, da CF inclui os magistrados trabalhistas e os da justiça militar.

Gabarito oficial "A" / Gabarito nosso Anulada

(Magistratura do Trabalho – 9ª Região – 2007) Considere as seguintes proposições:

I. Compete ao Supremo Tribunal Federal julgar, mediante recurso extraordinário, as causas decididas em única ou última instância, mesmo quando a decisão recorrida julgar válida lei local contestada em face de lei federal.

II. Prevê a atual Constituição Federal que os magistrados deverão residir na respectiva comarca em que exercem seu ofício jurisdicional, salvo autorização do órgão disciplinar.

III. Compete ao Supremo Tribunal Federal, originariamente, a homologação de sentenças estrangeiras e a concessão de *exequatur* às cartas rogatórias.

IV. Cabe ao Conselho da Justiça Federal exercer, na forma da lei, a supervisão administrativa e orçamentária da Justiça Federal de primeiro e segundo graus, como órgão central do sistema, inclusive com poderes correicionais, cujas decisões terão caráter vinculante.

Assinale a alternativa correta:

(A) Todas as proposições estão corretas;
(B) Apenas a proposição II está correta;
(C) Apenas as proposições I, II e IV estão corretas;
(D) Apenas as proposições III e IV estão corretas;
(E) Apenas as proposições I e IV estão corretas.

I: correto (Art. 102, III, *c*, da CF); **II:** incorreto. Salvo autorização do Tribunal respectivo (art. 93, VII, da CF); **III:** incorreto. Competência transferida do STF para o STJ (art. 105, I, *i*, da CF); **IV:** correto (Art. 105, parágrafo único, II, da CF).

Gabarito "E"

(Magistratura do Trabalho – 9ª Região – 2007) Analise as seguintes proposições:

I. A declaração de inconstitucionalidade de lei, em ação direta de inconstitucionalidade, tem o condão de gerar efeitos repristinatórios das normas estatais revogadas pelo diploma objeto do processo de controle normativo *in abstrato*, de forma automática e independentemente de qualquer menção, nesse sentido, constante do Acórdão respectivo.

II. Os Estados-Membros não dispõem de competência para instituir, no âmbito de seu ordenamento positivo, sistema de controle de constitucionalidade de leis ou atos normativos municipais contestados em face da Constituição Federal.

III. Segundo a regra contida no artigo 8º da Emenda Constitucional n. 45/2004, as atuais súmulas do Supremo Tribunal Federal somente produzirão efeito vinculante após sua confirmação por dois terços de seus integrantes e publicação na imprensa oficial.

IV. Na chamada "interpretação conforme a Constituição", amplamente aceita pelo Supremo Tribunal Federal, tem-se, dogmaticamente, a declaração de que uma lei é constitucional com a interpretação que lhe é, então, conferida. Não poderá implicar, contudo, redução de texto da norma impugnada ou de subversão de seu sentido literal inequívoco. No sistema normativo brasileiro, resulta na procedência parcial da ação de inconstitucionalidade, na medida em que a norma em questão permanece no ordenamento jurídico pátrio, porém com a interpretação restritiva que a coloca em harmonia com a Constituição Federal.

V. A norma constitucional segundo a qual "É livre o exercício de qualquer trabalho, ofício ou profissão, atendidas as qualificações profissionais que a lei estabelecer" (CF/88, artigo 5º, XIII), é de eficácia limitada.

Assinale a alternativa correta:

(A) Todas as proposições estão corretas;
(B) Apenas uma proposição está correta;
(C) Apenas duas proposições estão corretas;
(D) Apenas três proposições estão corretas;
(E) Apenas quatro proposições estão corretas.

I: correta. Segundo Luís Roberto Barroso, "a premissa da não admissão de efeitos válidos decorrentes do ato inconstitucional conduz, inevitavelmente, à tese da repristinação da norma revogada. É que, a rigor lógico, sequer se verificou a revogação no plano jurídico. De fato, admitir-se que a norma anterior continue a ser tida por revogada importará na admissão de que a lei inconstitucional inovou na ordem jurídica, submetendo o direito objetivo a uma vontade que era viciada desde a origem. Não há teoria que possa resistir a essa contradição"; **II:** correta. O art. 125, § 2º, da CF, autoriza o controle apenas em face da Constituição Estadual; **III:** correta. Art. 8º da EC 45/2004: "As atuais súmulas do Supremo Tribunal Federal somente produzirão efeito vinculante após sua confirmação por dois terços de seus integrantes e publicação na imprensa oficial"; **IV:** incorreta. Pode haver declaração parcial de inconstitucionalidade com ou sem redução de texto. A interpretação conforme *com* redução de texto realiza-se com a exclusão do ordenamento jurídico da parte do texto incompatível com a Constituição; **V:** incorreta. É exemplo clássico de norma de eficácia contida (ou restringível), ou seja, muito embora tenha eficácia direta e aplicabilidade imediata quando da promulgação da CF, pode vir a ser restringida pelo legislador infraconstitucional no futuro.

Gabarito "D"

(Magistratura do Trabalho – 14ª Região – 2008) Assinale a alternativa CORRETA:

(A) Compete ao Supremo Tribunal Federal a homologação de sentença estrangeira e a concessão de *exequatur* às cartas rogatórias;

(B) O Conselho Nacional de Justiça compõe-se de quinze membros com mais de trinta e cinco e menos de sessenta e seis anos de idade, com mandado de dois anos, admitida uma recondução e será presidido pelo Ministro do Supremo Tribunal Federal;

(C) O Supremo Tribunal Federal poderá, de ofício ou por provocação, mediante decisão da maioria absoluta de seus membros, após reiteradas decisões sobre matéria constitucional, aprovar súmula que, a partir de sua publicação na imprensa oficial, terá efeito vinculante em relação aos demais órgãos do Poder Judiciário e à administração pública direta e indireta, nas esferas federal, estadual e municipal, bem como proceder à sua revisão ou cancelamento na forma estabelecida em lei;

(D) O Tribunal Superior do Trabalho compor-se-á de dezessete Ministros, escolhidos dentre brasileiros com mais de trinta e cinco e menos de sessenta e cinco anos, nomeados pelo Presidente da República após aprovação pela maioria absoluta do Senado Federal;

(E) Compete ao Superior Tribunal de Justiça processar e julgar, originariamente, nas infrações penais comuns e nos crimes de responsabilidade, os Ministros de Estado, os membros do Tribunal de Contas da União e os chefes de missão diplomática de caráter permanente.

A: incorreto. Não reflete o disposto no art. 105, I, *i*, da CF; **B:** correto (Art. 103-B, *caput* e § 1º, da CF); **C:** incorreto. Não reflete o disposto no art. 103-A da CF; **D:** incorreto. Não reflete o disposto no art. 111-A da CF; **E:** incorreto. Não reflete o disposto no art. 102, I, *c*, da CF.

Gabarito "B"

(Magistratura do Trabalho – 16ª Região – 2006) Considere os itens abaixo:

I. As ações de improbidade administrativa contra o Presidente da República são processadas perante o Supremo Tribunal Federal;

II. O Supremo Tribunal Federal poderá, de ofício ou por provocação, mediante decisão da maioria absoluta dos seus membros, após reiteradas decisões sobre matéria constitucional, aprovar súmula que, a partir de sua publicação na imprensa oficial, terá efeito vinculante em relação aos demais órgãos do Poder Judiciário e à administração pública direta e indireta, nas esferas federal, estadual e municipal, bem como proceder à sua revisão ou cancelamento, na forma estabelecida em lei.

III. Os membros do Conselho Nacional da Justiça devem ter mais de 35 anos e menos de 66 anos, são indicados pelos órgãos competentes e serão nomeados pelo Presidente da República após aprovada a escolha pela maioria absoluta do Senado Federal.

Assinale a opção CORRETA:

(A) I e II;

(B) Somente III;

(C) Somente II;

(D) I e III;

(E) II e III.

I: incorreto. A ação de improbidade administrativa tem natureza civil e visa combater os atos praticados por qualquer agente público, servidor ou não, contra a administração direta, indireta ou fundacional de qualquer dos Poderes da União, dos Estados, do Distrito Federal, dos Municípios, de Território, de empresa incorporada ao patrimônio público ou de entidade para cuja criação ou custeio o erário haja concorrido ou concorra com mais de cinquenta por cento do patrimônio ou da receita anual (art. 1º da Lei 8.429/1992). Tem início na primeira instância, na forma do art. 17 da Lei 8.429/1992; **II:** incorreto. Mediante decisão de dois terços dos seus membros (art. 103-A da CF); **III:** O item está incorreto de acordo com a nova redação do art. 103-B da CF, alterado pela EC 61/2009. Atualmente, não há limitação de idade.

Gabarito "B"

(Magistratura do Trabalho – 21ª Região – 2005) Observadas as disposições constitucionais vigentes, assinale a alternativa correta:

(A) é da competência do Supremo Tribunal Federal processar e julgar originariamente o mandado de segurança contra ato do Tribunal de Contas da União;

(B) a adoção de súmula vinculante pelos tribunais superiores foi autorizada pela Emenda Constitucional nº 45/2004, desde que aprovada por dois terços dos membros do respectivo tribunal, passando a surtir efeitos a partir da publicação do verbete na imprensa oficial;

(C) compete ao Superior Tribunal de Justiça o julgamento de conflito de competência entre Tribunais Regionais do Trabalho e Tribunais de Justiça dos Estados, Tribunal Superior do Trabalho e Tribunais Regionais Federais, assim como entre juízes federais e juízes do trabalho;

(D) os Tribunais Regionais do Trabalho, assim como os Tribunais Regionais Federais, poderão funcionar descentralizadamente, desde que constituam turmas avançadas de, no mínimo, três membros;

(E) compete ao Supremo Tribunal Federal, originariamente, a homologação de sentenças estrangeiras e a concessão do *exequatur* às cartas rogatórias.

A: correta (Art. 102, I, *d*, da CF); **B:** incorreta. O art. 103-A da CF refere-se apenas ao STF; **C:** incorreta. Não reflete o disposto no art. 105, I, *d*, da CF; **D:** incorreta. O art. 115, § 2º, da CF não estabelece número mínimo; **E:** incorreta. Competência transferida do STF para o STJ pela EC 45/2004 (art. 105, I, *i*, da CF).

Gabarito "A"

(Magistratura do Trabalho – 23ª Região – 2008) Dadas as proposições, assinale a alternativa CORRETA:

I. compete ao Supremo Tribunal Federal o julgamento dos mandados de segurança e os *habeas data* contra ato de Ministro de Estado, dos Comandantes da Marinha, do Exército e da Aeronáutica ou do próprio Tribunal;

II. compete ao Superior Tribunal de Justiça o julgamento dos conflitos de atribuições entre autoridades administrativas e judiciárias da União, ou entre autoridades judiciárias de um Estado e administrativas de outro ou do Distrito Federal, ou entre as deste e da União;

III. os cargos de Ministros do Supremo Tribunal Federal e do Superior Tribunal de Justiça, são privativos de brasileiro nato;

IV. as cláusulas pétreas podem ser invocadas para sustentação de tese de inconstitucionalidade de normas constitucionais inferiores em face de normas constitucionais superiores.

(A) todas as opções estão corretas;
(B) apenas três opções estão corretas;
(C) apenas duas opções estão corretas;
(D) apenas uma opção está correta;
(E) todas as opções estão incorretas.

I: incorreta. Competência do STJ (art. 105, I, *b*, da CF); **II:** correta. Art. 105, I, "g", da CF; **III:** incorreta. Apenas os de Ministro do STF (v. art. 12, § 3º, IV, da CF); **IV:** incorreta. Não há hierarquia formal entre as normas constitucionais.

Gabarito "D"

(Magistratura do Trabalho – 24ª Região – 2007) Assinale a alternativa INCORRETA:

(A) Compete ao Supremo Tribunal Federal, precipuamente, a guarda da Constituição, cabendo-lhe processar e julgar, originariamente, as causas e os conflitos entre a União e os Estados, a União e o Distrito Federal, ou entre uns e outros, inclusive as respectivas entidades da administração indireta.

(B) Pode propor a ação direta de inconstitucionalidade e a ação declaratória de constitucionalidade a Seccional da Ordem dos Advogados do Brasil.

(C) O Conselho Nacional de Justiça compõe-se de quinze membros com mais de trinta e cinco e menos de sessenta e seis anos de idade, com mandato de dois anos, admitida uma recondução.

(D) Compete ao Superior Tribunal de Justiça processar e julgar, originariamente, os mandados de segurança e os habeas data contra ato de Ministro de Estado, dos Comandantes da Marinha, do Exército e da Aeronáutica ou do próprio Tribunal.

(E) O Supremo Tribunal Federal compõe-se de onze Ministros, escolhidos dentre cidadãos com mais de trinta e cinco e menos de sessenta e cinco anos de idade, de notável saber jurídico e reputação ilibada.

A: correta (Art. 102, I, *f*, da CF); **B:** incorreta. Não reflete o disposto no art. 103, VII, da CF; **C:** correta (Art. 103-B da CF); **D:** correta (Art. 105, I, *b*, da CF); **E:** correta (Art. 101 da CF).

Gabarito "B"

(Ministério Público do Trabalho – 16º) Aprecie as seguintes formulações:

I. O controle de constitucionalidade tem por finalidade declarar a invalidade e paralisar a eficácia dos atos normativos que sejam incompatíveis com a Constituição.

II. Compete ao Supremo Tribunal Federal processar e julgar, originariamente, as causas e os conflitos entre a União e os Estados, a União e o Distrito Federal, ou entre uns e outros, exceto entre as suas respectivas entidades da administração indireta.

III. São irrecorríveis as decisões do Tribunal Superior Eleitoral, salvo as que contrariarem esta Constituição e as denegatórias de habeas corpus.

IV. Compete ao Superior Tribunal de Justiça julgar, em recurso especial, as causas decididas, em única ou última instância, pelos Tribunais Regionais Federais ou pelos tribunais dos Estados, do Distrito Federal e Territórios, quando a decisão recorrida contrariar tratado ou lei federal, ou negar-lhes vigência.

De acordo com as proposições acima, pode-se afirmar que:

(A) apenas as proposições I, II e III estão corretas;
(B) todas as proposições estão corretas;
(C) apenas as alternativas II e III estão erradas;
(D) apenas as alternativas I e II estão erradas;
(E) não respondida.

I: correto, podendo ainda a incompatibilidade ser formal ou material; **II:** incorreto. Não reflete o disposto no art. 102, I, *f*, da CF; **III:** incorreto. Não reflete o disposto no art. 121, § 3º, da CF; **IV:** correto (Art. 105, III, *a*, da CF).

Gabarito "C"

(Ministério Público do Trabalho – 14º) Analise os itens abaixo e assinale a alternativa CORRETA:

I. As decisões administrativas dos tribunais do Poder Judiciário devem ser motivadas e, após a Emenda Constitucional 45/2004, também ser tomadas em sessão pública.

II. O interesse público à informação, que justifica a publicidade de todos os julgamentos dos órgãos do Poder Judiciário, é assegurado por norma de caráter absoluto, e, como tal, não dá espaços para a incidência do princípio da intimidade das partes no processo.

III. Os órgãos do Poder Judiciário brasileiro, inclusive fracionários, podem declarar a inconstitucionalidade de lei ou ato normativo do Poder Público, independentemente da observância de qualquer formalidade, uma vez que detêm o controle difuso de constitucionalidade.

IV. Os créditos de natureza alimentícia, ressalvados os decorrentes de obrigações definidas em lei como de pequeno valor, não dispensam a expedição de precatórios, estando isentos da observância da ordem cronológica dos precatórios resultantes de condenações de outra natureza.

(A) apenas os itens II e III são corretos;
(B) apenas os itens I e III são corretos;
(C) apenas os itens III e IV são corretos;
(D) apenas os itens I e IV são corretos;
(E) não respondida.

I: correto (Art. 93, X, da CF); **II:** incorreto. Não reflete o disposto no art. 93, IX, da CF; **III:** incorreto. Não reflete o disposto no art. 97 da CF; **IV:** correto (Art. 100 da CF c/c art. 86, § 3º do ADCT).

Gabarito "D"

(Ministério Público do Trabalho – 13°) Quanto ao Poder Judiciário brasileiro:

I. o Supremo Tribunal Federal poderá, de ofício ou por provocação efetuada pelos mesmos legitimados para propor ação direta de inconstitucionalidade, mediante decisão por maioria absoluta dos seus membros, após decisões sobre matéria constitucional, aprovar súmula que, a partir de sua edição, terá efeito vinculante em relação aos demais órgãos do Poder Judiciário e à administração pública direta e indireta, nas esferas federal, estadual e municipal, bem como proceder à sua revisão ou cancelamento, na forma estabelecida em lei;

II. somente pelo voto da maioria absoluta de seus membros ou dos membros do respectivo órgão especial poderão os tribunais declarar a inconstitucionalidade de lei ou ato normativo do poder público;

III. um quinto dos lugares dos Tribunais Regionais Federais, dos Tribunais Regionais do Trabalho, dos tribunais dos Estados e do Distrito Federal e Territórios será composto de membros do Ministério Público, com mais de dez anos de carreira, e de advogados de notório saber jurídico e de reputação ilibada, com mais de dez anos de efetiva atividade profissional, indicados em lista tríplice pelos órgãos de representação das respectivas classes, sendo que cabe ao Presidente da República a escolha de um de seus integrantes para nomeação, no prazo máximo de vinte dias.

Analisando-se as asserções acima, pode-se afirmar que:

(A) todas estão corretas;
(B) todas estão incorretas;
(C) apenas as de números I e III estão incorretas;
(D) apenas as de números I e II estão corretas;
(E) não respondida.

I: incorreto. Não reflete o disposto no art. 103-A da CF. V., tb, art. 3º da Lei 11.417/2006; **II:** correto (Art. 97 da CF); **III:** incorreto. Não reflete o disposto no art. 94 da CF. V., tb., art. 115 da CF.

Gabarito "C"

(Ministério Público do Trabalho – 8º) Assinale a alternativa incorreta:

(A) ao Supremo Tribunal Federal compete, originariamente, o processo e julgamento dos conflitos de atribuições entre autoridades administrativas e judiciárias da União, ou entre autoridades judiciárias de um Estado e administrativa de outro ou do Distrito Federal, ou entre as deste e da União;
(B) o Superior Tribunal Militar compor-se-á, de acordo com o texto constitucional, de quinze ministros vitalícios nomeados pelo Presidente da República, depois de aprovada a indicação pelo Senado Federal, sendo três dentre oficiais-generais da Marinha, quatro dentre oficiais-generais do Exército, três dentre oficiais-generais da Aeronáutica, todos da ativa e do posto mais elevado da carreira. e cinco dentre civis;
(C) são princípios institucionais do Ministério Público: a unidade, a indivisibilidade e a independência funcional, de acordo com o art. 127, § 10, da Constituição;
(D) compete aos juízes federais processar e julgar os crimes contra a organização do trabalho;
(E) são irrecorríveis as decisões do Tribunal Superior Eleitoral, salvo as que contrariarem a Constituição Federal e as denegatórias de habeas corpus ou mandado de segurança;
(F) não sei.

A: incorreta, devendo ser assinalada. É de competência do STJ (art. 105, I, "g", da CF); **B:** correto (Art. 123 da CF); **C:** correto (Art. 127, § 1º, da CF); **D:** correto (Art. 109, VI, da CF); **E:** correto (Art. 121, § 3º, da CF).

Gabarito "A"

(Ministério Público do Trabalho – 8º) À vista das assertivas abaixo:

I. a Justiça do Trabalho é especializada em razão da matéria, portanto com competência taxativamente prevista pela Constituição Federal, prevista pela Carta de 1934 e criada em 1942, como órgão do Poder Executivo, ligado ao Ministério do Trabalho;

II. a Justiça do Trabalho passou a ter contornos hoje consagrados, a partir da Constituição de 1946, que a colocou corno órgão do Poder Judiciário;

III. os Ministros Classistas Temporários do Tribunal Superior do Trabalho somente serão processados e julgados por crimes comuns pelo Supremo Tribunal Federal:

IV. os órgãos da Justiça do Trabalho são: o Tribunal Superior do Trabalho, os Tribunais Regionais do Trabalho e as Juntas de Conciliação e Julgamento:

V. o Tribunal Superior do Trabalho compor-se-á de vinte e sete Ministros, escolhidos dentre brasileiros com mais de trinta e cinco e menos de sessenta e cinco anos, nomeados pelo Presidente da República após a aprovação pelo Senado Federal.

Assinale a alternativa correta:

(A) somente as assertivas I, IV e V estão corretas;
(B) somente a assertiva III está incorreta:
(C) somente as assertivas I, II e V estão corretas;
(D) todas as assertivas estão corretas;
(E) todas as assertivas estão incorretas;
(F) não sei.

I: correta. V. art. 114 da CF; **II:** correta. V. art. 92, IV, da CF; **III:** Enquanto existiram, sim. V. art. 102, I, *c*, da CF; **IV:** errada. V. art. 111, I a III, da CF; **V:** correta. V. art. 111-A da CF.

Gabarito "D"

5.10. FUNÇÕES ESSENCIAIS À JUSTIÇA

(Magistratura do Trabalho – 1ª Região – 2010) Acerca da AGU e da consultoria jurídica dos estados e do DF, assinale a opção correta.

(A) O chefe da AGU é escolhido, entre os membros das carreiras desse órgão, pelo presidente da República.
(B) Considerando-se que os procuradores do DF exercem a representação judicial do DF, é vedado ao Poder Legislativo distrital praticar, em juízo, atos processuais em nome próprio.
(C) A CF assegura aos procuradores dos estados e do DF estabilidade após dois anos de efetivo exercício, mediante avaliação de desempenho perante os órgãos próprios, após relatório circunstanciado das corregedorias.
(D) De acordo com o disposto na CF e com entendimento do STF, a representação judicial de tribunal regional federal, por se tratar de órgão da União destituído de personalidade jurídica, cabe à AGU.
(E) Segundo a CF, o ingresso nas classes iniciais das carreiras da AGU far-se-á mediante concurso público de provas e títulos, com a participação da Ordem dos Advogados do Brasil em todas as suas fases.

A: incorreta. O cargo é de livre nomeação e exoneração (art. 131, § 1º, da CF); **B:** incorreta. V. STF, ADIn 1557, Rel. Min. Ellen Gracie: "A Procuradoria Geral do Distrito Federal é a responsável pelo desempenho da atividade jurídica consultiva e contenciosa exercida na defesa dos interesses da pessoa jurídica de direito público Distrito Federal. Não obstante, a jurisprudência desta Corte reconhece a ocorrência de situações em que o Poder Legislativo necessite praticar em juízo, em nome próprio, uma série de atos processuais na defesa de sua autonomia e independência frente aos demais Poderes, nada impedindo que assim o faça por meio de um setor pertencente a sua estrutura administrativa, também responsável pela consultoria e assessoramento jurídico de seus demais órgãos"; **C:** incorreta. Após três anos (art. 132, parágrafo único, da CF); **D:** correta. V. STF, Rcl 8025/SP, Rel. Min. Eros Grau. No precedente, o STF entendeu, por maioria, que a representação judicial do Tribunal Regional Federal da 3ª Região por advogado privado, constituído pelo Presidente do Tribunal Regional Federal da 3ª Região, é ilegítima, pois a representação judicial do Poder Judiciário é função institucional da Advocacia-Geral da União, desconsiderando a sustentação oral realizada; **E:** incorreta. O art. 131, § 2º, da CF não exige participação da OAB para os concursos das carreiras da AGU.

Gabarito "D"

(Magistratura do Trabalho – 8ª Região – 2008) Sobre a Advocacia Geral da União, assinale a alternativa CORRETA:

(A) São atribuições do Advogado-Geral da União desistir, transigir, acordar e firmar compromisso nas ações de interesse da União, nos termos da legislação vigente e, ainda, fixar a interpretação da Constituição, das leis, dos tratados e demais atos normativos, a ser uniformemente seguida pelos órgãos e entidades da Administração Federal, não sendo possível delegar nenhuma dessas atribuições.
(B) Às Consultorias Jurídicas, órgãos administrativamente subordinados aos Ministros de Estado, ao Secretário-Geral e aos demais titulares de Secretarias da Presidência da República e ao Chefe do Estado-Maior das Forças Armadas, compete, especialmente, fixar a interpretação da Constituição, das leis, dos tratados e dos demais atos normativos a ser uniformemente seguida em suas áreas de atuação e coordenação quando não houver orientação normativa do Advogado-Geral da União
(C) A União é citada nas causas em que seja interessada, na condição de autora, ré, assistente, oponente, recorrente ou recorrida, na pessoa do Advogado-Geral da União, privativamente, nas hipóteses de competência do Supremo Tribunal Federal. Nas causas que envolvam empréstimos compulsórios, a União é citada na pessoa do Procurador-Regional da União, nas hipóteses de competência dos demais tribunais, certo que em caso de ausência dessas autoridades a citação se dará na pessoa do substituto eventual.
(D) Os Ministros de Estado podem submeter assuntos ao exame do Advogado Geral da União, inclusive para seu parecer.
(E) Nos processos que envolvam a União, são válidas as intimações e notificações feitas nas pessoas de quaisquer dos Advogados da União ou dos Procuradores da Fazenda Nacional, independentemente de sua atuação nos respectivos autos.

A: incorreta. Art. 4º da LC 73/1993: "São atribuições do Advogado-Geral da União: I - dirigir a Advocacia-Geral da União, superintender e coordenar suas atividades e orientar-lhe a atuação; II - despachar com o Presidente da República; III - representar a União junto ao Supremo Tribunal Federal; IV - defender, nas ações diretas de inconstitucionalidade, a norma legal ou ato normativo, objeto de impugnação; V - apresentar as informações a serem prestadas pelo Presidente da República, relativas a medidas impugnadoras de ato ou omissão presidencial; VI - desistir, transigir, acordar e firmar compromisso nas ações de interesse da União, nos termos da legislação vigente; VII - assessorar o Presidente da República em assuntos de natureza jurídica, elaborando pareceres e estudos ou propondo normas, medidas e diretrizes; VIII - assistir o Presidente da República no controle interno da legalidade dos atos da Administração; IX - sugerir ao Presidente da República medidas de caráter jurídico reclamadas pelo interesse público; X - fixar a interpretação da Constituição, das leis, dos tratados e demais atos normativos, a ser uniformemente seguida pelos órgãos e entidades da Administração Federal; XI - unificar a jurisprudência administrativa, garantir a correta aplicação das leis, prevenir e dirimir as controvérsias entre os órgãos jurídicos da Administração Federal; XII - editar enunciados de súmula administrativa, resultantes de jurisprudência iterativa dos Tribunais; XIII - exercer orientação normativa e supervisão técnica quanto aos órgãos jurídicos das entidades a que alude o Capítulo IX do Título II desta Lei Complementar; XIV - baixar o Regimento Interno da Advocacia-Geral da União; XV - proferir decisão nas sindicâncias e nos processos administrativos disciplinares promovidos pela Corregedoria-Geral e aplicar penalidades, salvo a de demissão; XVI - homologar os concursos públicos de ingresso nas Carreiras da Advocacia-Geral da União; XVII - promover a lotação e a distribuição dos Membros e servidores, no âmbito da Advocacia--Geral da União; XVIII - editar e praticar os atos normativos ou não, inerentes a suas atribuições; XIX - propor, ao Presidente da República, as alterações a esta Lei Complementar"; **B:** correta (Art. 11, III, da LC 73/1993); **C:** incorreta. Art. 35 da LC 73/1993: "A União é citada nas causas em que seja interessada, na condição de autora, ré, assistente, oponente, recorrente ou recorrida, na pessoa: I - do Advogado-Geral da União, privativamente, nas hipóteses de competência do Supremo Tribunal Federal; II - do Procurador-Geral da União, nas hipóteses de competência dos tribunais superiores; III - do Procurador-Regional da União, nas hipóteses de competência dos demais tribunais; IV - do Procurador-Chefe ou do Procurador-Seccional da União, nas hipóteses de competência dos juízos de primeiro grau"; **D:** incorreta Contraria o art. 39 da LC 73/1993: "É privativo do Presidente da República submeter assuntos ao exame do Advogado-Geral da União, inclusive para seu parecer"; **E:** Contraria o disposto no art. 38 da LC 73/1993: "As intimações e notificações são feitas nas pessoas do Advogado da União ou do Procurador da Fazenda Nacional que oficie nos respectivos autos".

Gabarito "B".

(Magistratura do Trabalho – 11ª Região – 2007 – FCC) Diferentemente do previsto em relação aos Procuradores dos Estados e do Distrito Federal, a Constituição da República estabelece, quanto à Advocacia Geral da União, que

(A) aos integrantes da carreira é assegurada estabilidade após três anos de efetivo exercício, mediante avaliação de desempenho perante o Conselho Federal da Ordem dos Advogados do Brasil.

(B) a remuneração dos integrantes da carreira dar--se-á pelo regime de subsídios, observada a disciplina constitucional a este pertinente.

(C) o chefe da instituição é livremente nomeado pelo Presidente da República, dentre cidadãos maiores de 35 anos, de notável saber jurídico e reputação ilibada.

(D) o ingresso na carreira dependerá de concurso público de provas e títulos, com a participação da Ordem dos Advogados do Brasil em todas as suas fases.

(E) são de sua competência as atividades de consultoria e assessoramento do Poder Executivo, mas não a representação judicial da União, a qual cabe à Procuradoria Geral da Fazenda Nacional.

Art. 131, § 1º, da CF.

Gabarito "C".

(Magistratura do Trabalho – 20ª Região – 2003) A Advocacia--Geral da União tem por chefe o Advogado-Geral da União de livre nomeação pelo:

(A) Presidente da República, dentre cidadãos maiores de trinta e cinco anos, de notável saber jurídico e reputação ilibada;

(B) Presidente da República, dentre cidadãos maiores de trinta anos, de notável saber jurídico e reputação ilibada;

(C) Corregedor-Geral da União, dentre cidadãos maiores de trinta e cinco anos, de notável saber jurídico e reputação ilibada;

(D) Corregedor-Geral da União, dentre cidadãos maiores de trinta anos, de notável saber jurídico e reputação ilibada;

(E) Senado Federal, dentre cidadãos maiores de trinta anos, de notável saber jurídico e reputação ilibada.

Art. 131, § 1º, da CF.

Gabarito "A".

(Ministério Público do Trabalho – 15º) Assinale a alternativa INCORRETA:

(A) o Ministério Público tem autonomia administrativa e financeira, mas poderá ter sua proposta orçamentária modificada pelo Poder Executivo caso seja apresentada fora dos limites estabelecidos na lei de diretrizes orçamentárias;

(B) o Conselho Nacional do Ministério Público, em sua atividade correicional e disciplinar, pode determinar a remoção, a disponibilidade, a aposentadoria e a perda do cargo de membro do Ministério Público(C) por determinação da Emenda Constitucional 45/2004, a distribuição de processos é imediata tanto no Ministério Público como no Poder Judiciário;

(D) o Conselho Nacional do Ministério Público é composto por advogados, cidadãos, membros do próprio Ministério Público e da magistratura, mas o cargo de Corregedor Nacional é privativo dos membros do Ministério Público;

(E) não respondida.

A: correta (Art. 127, § 5º, da CF); **B:** incorreta, devendo ser assinalada. Não reflete o disposto no art. 130-A, § 2º, III, da CF; **C:** correta (Art. 93, XV e art. 129, § 5º, ambos da CF); **D:** correta (Art. 130-A, I a VI, e § 3º, da CF).

Gabarito "B".

(Ministério Público do Trabalho – 13º) Quanto às funções essenciais à Justiça:

I. as funções do Ministério Público só podem ser exercidas por integrantes da carreira, que deverão residir na comarca da respectiva lotação, salvo autorização do chefe da instituição;

II. os Procuradores dos Estados e do Distrito Federal, organizados em carreira, na qual o ingresso dependerá de concurso público de provas e títulos, com a participação da Ordem dos Advogados do Brasil em todas as suas fases, exercerão a representação judicial e a consultoria jurídica das respectivas unidades federadas, assegurando--se-lhes estabilidade após três anos de efetivo exercício, mediante avaliação de desempenho perante os órgãos próprios, após relatório circunstanciado das corregedorias;

III. à Defensoria Pública incumbe a orientação jurídica e a defesa, em todos os graus, dos necessitados, assim considerados, pela Constituição Federal, os que comprovarem insuficiência de recursos.

Analisando-se as asserções acima, pode-se concluir que:

(A) todas estão corretas;

(B) todas estão incorretas;

(C) apenas a de número I está correta;
(D) apenas a de número III está incorreta;
(E) não respondida.

I: correta (Art. 129, § 2º, da CF); **II:** correta (Art. 132, *caput* e parágrafo único, da CF); **III:** correta (Art. 134 da CF).
Gabarito "A"

(Ministério Público do Trabalho – 12º) Quanto ao Ministério Público:

I. é instituição permanente, essencial à função jurisdicional o Estado, incumbindo-lhe a defesa da ordem jurídica, do regime democrático e dos interesses sociais e individuais indisponíveis, sendo norteada pelos princípios da unidade, da indivisibilidade e da independência funcional;
II. tem autonomia funcional e administrativa, de maneira que elabora sua proposta orçamentária dentro dos limites estabelecidos na lei de diretrizes orçamentárias;
III. seus membros gozam das garantias da vitaliciedade (após dois anos de exercício, não podendo perder o cargo senão por sentença judicial transitada em julgado), da inamovibilidade (salvo por motivo de interesse público, mediante decisão do órgão colegiado competente do Ministério Público, pelo voto da maioria absoluta de seus membros, assegurada ampla defesa) e da irredutibilidade de subsídios.

Analisando-se as asserções acima, pode-se afirmar que:

(A) todas estão corretas;
(B) todas estão incorretas;
(C) apenas as de números I e II estão corretas;
(D) apenas as de números II e III estão corretas.
(E) não respondida.

I: correta (Art. 127, *caput* e § 1º, da CF); **II:** correta (Art. 127, §§ 2º e 3º, da CF); **III:** correta (Art. 128, § 5º, I, *a, b* e *c*, da CF).
Gabarito "A"

(Ministério Público do Trabalho – 12º) Quanto ao Conselho Nacional do Ministério Público, assinale a alternativa CORRETA:

(A) é órgão de controle externo do Ministério Público, criado pelo poder constituinte derivado, que tem por objetivo a fiscalização das atividades desempenhadas pelos membros da instituição, substituindo a atividade correicional específica de cada ramo, a fim de evitar o corporativismo, bem como o abuso do direito;
(B) deverá elaborar relatório anual, propondo as providências que julgar necessárias sobre a situação do Ministério Público no País e as atividades do Conselho;
(C) não poderá rever os processos disciplinares de membros do Ministério Público da União ou dos Estados, julgados antes da sua instalação;
(D) poderá avocar processos disciplinares em curso e determinar de imediato a remoção a bem do serviço público, se a falta cometida pelo membro assim o exigir.
(E) não respondida.

A: incorreta. É órgão de controle interno da atuação administrativa e financeira do Ministério Público e do cumprimento dos deveres funcionais de seus membros (art. 130-A da CF); **B:** correta (Art. 130-A, § 2º, V, da CF); **C:** incorreta. Não reflete o disposto no art. 130-A, § 2º, IV, da CF; **D:** incorreta. Não reflete o disposto no art. 130-A, § 2º, III, da CF.
Gabarito "B"

(Ministério Público do Trabalho – 11º) Quanto às Funções Essenciais à Justiça:

I. lei complementar organizará a Defensoria Pública da União, dos Estados, do Distrito Federal e dos Territórios;
II. os Procuradores dos Estados exercerão a representação judicial, mas não a consultoria jurídica das respectivas unidades federadas, pois possuem independência funcional;
III. a Defensoria Pública é instituição essencial à função jurisdicional do Estado, incumbindo-lhe a orientação jurídica e a defesa dos necessitados, inclusive no Supremo Tribunal Federal;
IV. a Advocacia-Geral da União tem por chefe o Procurador-Geral da União, de livre nomeação pelo Presidente da República dentre cidadãos maiores de trinta e cinco anos, de notável saber jurídico e reputação ilibada.

Analisando-se as asserções acima, pode-se afirmar:

(A) apenas as de números II e III estão corretas;
(B) apenas as de números III e IV estão corretas;
(C) apenas a de número III está correta;
(D) todas estão incorretas;
(E) não respondida.

I: incorreta. Não reflete o disposto no art. 134, § 1º, da CF; **II:** incorreta. Não reflete o disposto no art. 132 da CF; **III:** correta (Art. 134 da CF); **IV:** incorreta. Tem por chefe o AGU (art. 131, § 1º, da CF).
Gabarito "C"

(Ministério Público do Trabalho – 8º) À vista das assertivas abaixo:

I. são de iniciativa privativa do Presidente da República as leis que disponham sobre a organização do Ministério Público e da Defensoria Pública da União, bem como normas gerais para organização do Ministério Público e da Defensoria Pública dos Estados, do Distrito Federal e Territórios;
II. ao Ministério Público é assegurada autonomia funcional, administrativa e financeira, podendo, observado o art. 169 da Constituição Federal, propor ao Poder Legislativo a criação e extinção de seus cargos e serviços auxiliares, provendo-os por concurso público de provas, a política remuneratória e os planos de carreira;
III. leis complementares da União e dos Estados, cuja iniciativa é facultada aos respectivos Procuradores-Gerais, estabelecerão a organização, as atribuições e o estatuto de cada Ministério Público, observados, relativamente a seus Membros dentre as garantias, a irredutibilidade de subsídio;

IV. são funções institucionais do Ministério Público, dentre outras, expedir notificações nos procedimentos administrativos de sua competência, requisitando informações e documentos para instruí-los na forma da lei complementar respectiva;

V. o Ministério Público da União tem por chefe o Procurador-Geral da República nomeado pelo Presidente da República dentre integrantes da carreira, maiores de trinta e cinco anos, após a aprovação de seu nome pela maioria absoluta dos Membros do Senado Federal, para mandato de dois anos, permitida uma recondução.

Assinale a alternativa correta:

(A) as assertivas I, IV e V estão corretas;
(B) as assertivas II, III e V estão incorretas;
(C) as assertivas III, IV e V estão corretas;
(D) as assertivas I, III, IV e V estão corretas;
(E) as assertivas I, III e IV estão corretas;
(F) não sei.

I: correta (Art. 61, § 1º, II, *d*, da CF); **II:** incorreta. Não reflete o disposto no art. 127, § 2º, da CF; **III:** correta (Art. 128, § 5º, da CF); **IV:** correta (Art. 129, VI, da CF); **V:** incorreta. Permite-se a recondução, e não *uma* recondução (art. 128, § 1º, da CF).

Gabarito "E"

5.11. QUESTÕES COMBINADAS SOBRE ORGANIZAÇÃO DOS PODERES

(Magistratura do Trabalho – 2ª Região – 2010) Em matéria de figuras assentes na linguagem constitucional, assinale a alternativa correta:

(A) Cláusulas Pétreas: são identificadas como o conjunto de preceitos integrantes da Constituição Federal, que só podem ser restringidas por Emenda Constitucional.
(B) Inconstitucionalidade Superveniente: pode ser designada como a relação de incompatibilidade entre as normas anteriores à entrada em vigor de uma Constituição e esta, que lhe é posterior.
(C) Efeito Vinculante: é aquele efeito que se dá somente na ação declaratória de constitucionalidade, conforme menção expressa na Constituição Federal, em consequência de modificação ocorrida com a Emenda 45/2004.
(D) Inconstitucionalidade de Lei pelos Tribunais: é possível somente pelo voto da maioria simples dos membros do respectivo órgão especial dos Tribunais presentes à sessão em que tal decisão pode ser tomada.
(E) Súmula Vinculante: tem por objetivo a validade, a interpretação e a eficácia de normas indeterminadas, acerca das quais haja controvérsia entre órgãos judiciários ou entre estes e a administração pública, que possa acarretar insegurança jurídica e a multiplicação infundada de processos sobre idêntica questão.

A: incorreta. As denominadas cláusulas pétreas (ou núcleos essenciais intangíveis), previstas no art. 60, § 4º, da CF são identificadas como preceitos integrantes da CF e que não podem ser restringidas nem por emenda constitucional. Aliás, tais matérias não podem sequer ser objeto de deliberação tendente a aboli-las; **B:** correta. De fato esse é o conceito de inconstitucionalidade superveniente. Vale lembrar que o STF não adota essa tese, pois entende que as normas editadas antes da Constituição que não estiverem com o conteúdo de acordo com a nova Constituição não são por ela recepcionadas, ou seja, são "revogadas". Vale lembrar que parte da doutrina entende por inconstitucionalidade superveniente o fenômeno também chamado de mutação constitucional, ou seja, a mudança informal da CF, pois o texto permanece intacto e o que é alterado é a sua interpretação); **C:** incorreta. O efeito vinculante se dá em relação às decisões finais proferidas em sede de ação direta de inconstitucionalidade, ação declaratória de constitucionalidade e ainda na arguição de descumprimento de preceito fundamental (art. 102, § 2º, da CF e art. 10, § 3º, da Lei 9.882/1999). Além disso, a Emenda 45/2004, ao criar a súmula vinculante, mencionou que ela também produz efeito vinculante em relação aos demais órgãos do Poder Judiciário e à administração pública direta e indireta, nas esferas federal, estadual e municipal (art. 103-A da CF); **D:** incorreta. O art. 97 determina que somente pelo voto da maioria absoluta de seus membros ou dos membros do respectivo órgão especial poderão os tribunais declarar a inconstitucionalidade de lei ou ato normativo do Poder Público. É o que se denomina cláusula de reserva de plenário. Desse modo, não há possibilidade de declaração de inconstitucionalidade por um Tribunal (órgão colegiado) pelo voto da maioria simples; **E:** incorreta. A súmula vinculante tem por objetivo a validade, a interpretação e a eficácia de normas determinadas e não indeterminadas como afirmado.

Gabarito "B"

(Magistratura do Trabalho – 1ª Região – 2004) Analisando as proposições abaixo:

I. é cabível a concessão de liminar em ação de inconstitucionalidade por omissão;
II. o duplo grau de jurisdição, no âmbito da recorribilidade ordinária, consubstancia garantia constitucional absoluta;
III. o regime de urgência constitucional, para tramitação de projetos de interesse do Poder Executivo, depende de apresentação de justificativa pelo Presidente da República e limita-se a determinadas matérias que a Constituição indica;
IV. são legitimados ativamente para propor a arguição de descumprimento de preceito fundamental as mesmas autoridades e entidades legitimadas para a ação direta de inconstitucionalidade;
V. não pode ser objeto de delegação ao Presidente da República a legislação sobre diretrizes orçamentárias.

Assinale:

(A) apenas I e II estão corretas;
(B) apenas II, III e IV estão corretas;
(C) apenas I e IV estão corretas;
(D) apenas IV e V estão corretas;
(E) apenas I, III e V estão corretas.

I: incorreta. V. art. 12-F da Lei 9.868/1999; **II:** incorreta. Há polêmica doutrinária sobre o *status* constitucional do duplo grau de jurisdição. Mas, de toda sorte, não há que se falar em garantia ou direito absolutos; **III:** incorreta. Não reflete o disposto no art. 64, § 1º, da CF; **IV:** correta (Art. 103 da CF e art. 2º da Lei 9.882/1999); **V:** correta (Art. 68, § 1º, III, da CF).

Gabarito "D"

(Magistratura do Trabalho – 3ª Região – 2009) Assinale a assertiva ("a" a "e") correta em relação aos enunciados de I a V, observada a Constituição da República:

I. Na execução de dívida ativa de natureza tributária, a representação da União cabe à Procuradoria-Geral da Fazenda Nacional;

II. É vedada a edição de medidas provisórias sobre matéria que vise a detenção ou sequestro de bens, de poupança popular ou qualquer outro ativo financeiro.

III. Os pagamentos devidos pela Fazenda Federal, Estadual ou Municipal, em virtude de sentença judiciária, far-se-ão exclusivamente na ordem cronológica de apresentação dos precatórios e à conta dos créditos respectivos, proibida a designação de casos ou de pessoas nas dotações orçamentárias e nos créditos adicionais abertos para este fim.

IV. Nas hipóteses de grave lesão de direitos humanos, o Procurador-Geral da República, com a finalidade de assegurar o cumprimento de obrigações decorrentes de tratados internacionais de direitos humanos dos quais o Brasil seja parte, poderá suscitar, perante o Superior Tribunal de Justiça, em qualquer fase do inquérito ou processo, incidente de deslocamento de competência para a Justiça Federal.

V. São estáveis após dois anos de efetivo exercício os servidores nomeados para cargo de provimento efetivo em virtude de concurso público.

(A) Somente um enunciado é verdadeiro.
(B) Somente dois enunciados são verdadeiros.
(C) Somente três enunciados são verdadeiros.
(D) Somente quatro enunciados são verdadeiros.
(E) Todos os enunciados são verdadeiros.

I: correta (Art. 131, § 3º, da CF); **II:** correta (Art. 62, § 1º, II, da CF); **III:** incorreta. A fazenda distrital também se submete ao regime de pagamento via precatório (v. art. 100 da CF); **IV:** correta (Art. 109, § 5º, da CF); **V:** incorreta. Após três anos (art. 41 da CF).

Gabarito "C"

(Magistratura do Trabalho – 3ª Região – 2008) Analise as afirmativas abaixo e assinale a alternativa correta:

I. A Constituição poderá ser emendada mediante proposta de um terço, no mínimo, dos membros da Câmara dos Deputados ou do Senado Federal; do Presidente da República; de mais da metade das Assembleias Legislativas das unidades da Federação, manifestando-se, cada uma delas, pela maioria relativa de seus membros.

II. As denominadas cláusulas pétreas são as que impedem qualquer emenda tendente a abolir a forma federativa de Estado, o voto direto, secreto, universal e periódico, a separação dos Poderes e os direitos e garantias fundamentais.

III. Admitida a acusação contra o Presidente da República, por dois terços da Câmara dos Deputados, será ele submetido a julgamento perante o Supremo Tribunal Federal, nas infrações penais comuns, ou perante o Senado Federal, nos crimes de responsabilidade, ficando suspenso de suas funções se recebida a denúncia ou queixa-crime pelo Supremo Tribunal Federal, nas infrações penais comuns ou após a instauração do processo pelo Senado Federal, nos crimes de responsabilidade.

IV. O Supremo Tribunal Federal, o Conselho Nacional de Justiça e os Tribunais Superiores têm sede na Capital Federal e jurisdição em todo o território nacional.

V. Aos juízes é vedado exercer, ainda que em disponibilidade, outro cargo ou função, salvo uma de magistério, receber, a qualquer título ou pretexto, custas ou participação em processo, dedicar-se à atividade político-partidária, receber, a qualquer título ou pretexto, auxílios ou contribuições de pessoas físicas, entidades públicas ou privadas, ressalvadas as exceções previstas em lei e exercer a advocacia no juízo ou tribunal do qual se afastou, antes de decorridos três anos do afastamento do cargo por aposentadoria ou exoneração. Por outro lado, o texto constitucional dispõe que o Estatuto da Magistratura preverá cursos oficiais de preparação, aperfeiçoamento e promoção de magistrados, constituindo etapa obrigatória do processo de vitaliciamento a participação em curso oficial ou reconhecido por escola nacional de formação e aperfeiçoamento de magistrados.

(A) Uma afirmativa está incorreta.
(B) Duas afirmativas estão incorretas.
(C) Três afirmativas estão incorretas.
(D) Quatro afirmativas estão incorretas.
(E) Todas as afirmativas estão incorretas.

I: correta (Art. 60, I a III, da CF); **II:** incorreta. Art. 60, § 4º, I a IV, da CF (o inciso IV refere-se a direitos individuais, não fundamentais); **III:** correta (Art. 86, *caput* e § 1º, I e II, da CF); **IV:** incorreta. Sede sim (art. 92, § 1º, da CF), mas o CNJ não exerce jurisdição (art. 92, § 2º, da CF); **V:** correta. Art. 93, IV, e art. 95, parágrafo único, I a V, ambos da CF.

Gabarito "B"

(Magistratura do Trabalho – 12ª Região – 2006) Assinale a alternativa incorreta, em sede constitucional:

(A) a iniciativa das leis complementares e ordinárias cabe a qualquer membro ou Comissão da Câmara dos Deputados, do Senado Federal ou do Congresso Nacional, ao Presidente da República, ao Supremo Tribunal Federal, aos Tribunais, ao Procurador-Geral da República e aos cidadãos, na forma e nos casos previstos na Constituição;

(B) do ato administrativo ou decisão judicial que contrariar súmula do Supremo Tribunal Federal aplicável ou que indevidamente a aplicar caberá reclamação ao Supremo Tribunal Federal, que, julgando-a procedente, anulará o ato administrativo ou cassará a decisão judicial reclamada e determinará que outra seja proferida com ou sem a aplicação da súmula, conforme o caso;

(C) ao servidor público da administração direta, autárquica e fundacional, no exercício de mandato eletivo, aplicam-se as seguintes disposições: I - tratando-se de mandato eletivo federal, estadual ou distrital, ficará afastado de seu cargo, emprego ou função; II - investido no mandato de prefeito, será afastado do cargo, emprego ou função, sendo-lhe facultado optar pela sua remuneração; III - investido no mandato de vereador, havendo compatibilidade de horários, perceberá as vantagens de seu cargo, emprego ou função, sem prejuízo da remuneração do cargo eletivo, e, não havendo compatibilidade, será aplicada a norma do inciso anterior; IV - em qualquer caso que exija o afastamento para o exercício de mandato eletivo, seu tempo de serviço será contado para todos os efeitos legais, exceto para promoção por merecimento; V - para efeito de benefício previdenciário, no caso de afastamento, os valores serão determinados como se no exercício estivesse;

(D) os tratados e convenções internacionais sobre direitos humanos que forem aprovados, em cada Casa do Congresso Nacional, em dois turnos, por três quintos dos votos dos respectivos membros, serão equivalentes às emendas constitucionais;

(E) competem à Advocacia-Geral da União, como instituição, diretamente ou através de órgão vinculado, as atividades de consultoria e assessoramento jurídico do Poder Executivo, entre outras atribuições, tudo na forma da Lei Complementar.

A: incorreta, devendo ser assinalada. V. art. 61 da CF; **B:** correta (Art. 103-A, § 3º, da CF); **C:** correta (Art. 38, I a V, da CF); **D:** correta (Art. 5º, § 3º, da CF); **E:** correta (Art. 131 da CF).

Gabarito "A"

(Magistratura do Trabalho – 21ª Região – 2005) Assinale a alternativa INCORRETA. A União é citada nas causas em que seja interessada, na condição de autora, ré, assistente, oponente, recorrente ou recorrida, na pessoa:

(A) Do Procurador-Geral da União, nas hipóteses de competência do Supremo Tribunal Federal;

(B) Do Procurador-Regional da União, nas hipóteses de competência dos Tribunais Regionais Federais;

(C) Do Procurador-Chefe ou do Procurador-Seccional da União, nas hipóteses de competência dos Juízos de Primeiro Grau;

(D) Do Procurador-Regional da Fazenda Nacional, nas causas de natureza fiscal da União, na hipótese de competência de Tribunais Regionais Federais;

(E) Do Procurador-Chefe ou do Procurador-Seccional da Fazenda Nacional, nas causas de natureza fiscal, de competência de Juízos de Primeiro Grau.

Art. 35 da LC 73/1993: "A União é citada nas causas em que seja interessada, na condição de autora, ré, assistente, oponente, recorrente ou recorrida, na pessoa: I - do Advogado-Geral da União, privativamente, nas hipóteses de competência do Supremo Tribunal Federal; II - do Procurador-Geral da União, nas hipóteses de competência dos tribunais superiores; III - do Procurador-Regional da União, nas hipóteses de competência dos demais tribunais; IV - do Procurador-Chefe ou do Procurador-Seccional da União, nas hipóteses de competência dos juízos de primeiro grau".

Gabarito "A"

(Magistratura do Trabalho – 23ª Região – 2009) Analise a situação hipotética abaixo descrita e marque a alternativa CORRETA: O Governador de determinado Estado-membro, diante da situação financeira difícil que o ente federado vem enfrentando, resolveu editar regulamento, com caráter normativo, endereçado aos funcionários públicos estaduais, modificando, temporariamente (durante seis meses), a data prevista para pagamento da remuneração mensal, transferindo-a do quinto dia útil para o dia 25 de cada mês. O Ministério Público do Trabalho ajuizou ação civil pública com a finalidade de atacar o ato normativo em questão, de maneira que permaneça preservada a previsão legal de vencimento para pagamento dos salários. Em razão da destinação ampla do ato, e da existência de empresas públicas e sociedades de economia mista no Estado, o MPT fez uso da ACP delimitando seu alcance aos empregados públicos.

Diante disso, tem-se que:

(A) Não é cabível ação civil pública porque, em se tratando de ato normativo estadual, a alegação de inconstitucionalidade por violação da competência legislativa privativa da União para legislar sobre Direito do Trabalho deve ser articulada em sede de ação direta de inconstitucionalidade no Supremo Tribunal Federal.

(B) Não é cabível ação civil pública porque, em se tratando de ato normativo estadual, a alegação de inconstitucionalidade por violação da competência legislativa privativa da União para legislar sobre Direito do Trabalho deve ser articulada em sede de ação direta de inconstitucionalidade no Tribunal de Justiça do Estado ou no Supremo Tribunal Federal, sendo que o ajuizamento da segunda (no STF) suspende eventual trâmite iniciado da primeira (TJ).

(C) É cabível ação civil pública para atacar a validade do regulamento, ainda que sob o argumento da sua inconstitucionalidade, porquanto se trata de ato normativo de efeito concreto e, portanto, não equivale à lei em sentido formal e material.

(D) Em havendo conflito de atribuições entre o Ministério Público Estadual e o Ministério Público do Trabalho, a competência para dirimi-lo é do Supremo Tribunal Federal.

(E) É cabível tanto ação civil pública para, através do controle difuso de constitucionalidade, controlar os efeitos nulos do regulamento, como ação direta de inconstitucionalidade, esta a ser proposta pelos legitimados constitucionais, acaso se pretenda conferir eficácia contra todos e efeito vinculante à decisão.

A ação civil pública pode ser utilizada como instrumento de verificação da compatibilidade de uma lei ou ato normativo com a Constituição Federal desde que o pedido de declaração de inconstitucionalidade não seja o objeto principal da ação, mas a causa de pedir, o fundamento para a resolução do conflito principal. Caso contrário, configuraria uma ADIn com o nome de ACP, inadmissível no sistema brasileiro. O STF considera legítima a propositura da ação civil pública (bem como da ação popular) como instrumento de fiscalização *incidental* de constitucionalidade de leis ou atos do poder público, mas afasta sua utilização como sucedânea da ADIn, pois, ante sua eficácia *erga omnes*, constituiria verdadeiro controle concentrado de constitucionalidade.

Gabarito "C"

6. DEFESA DO ESTADO E DAS INSTITUIÇÕES DEMOCRÁTICAS

(Ministério Público do Trabalho – 12°) Quanto ao estado de sítio e ao estado de defesa, é CORRETO afirmar que:

(A) as duas medidas dependem da prévia autorização do Congresso Nacional;

(B) as duas medidas são decretadas pelo Presidente da República e, em seguida, submetidas ao Congresso Nacional para aprovação;

(C) o estado de defesa depende de autorização do Congresso Nacional para ser decretado por ato do Presidente da República;

(D) o estado de sítio depende de autorização do Congresso Nacional para ser decretado por ato do Presidente da República.

(E) não respondida.

A: incorreto. Não reflete o disposto nos arts. 49, IV, 136 e 137, todos da CF; **B, C e D:** O estado de sítio deve ser previamente autorizado pelo Congresso Nacional (art. 137 da CF).

Gabarito "D"

7. TRIBUTAÇÃO E ORÇAMENTO

(Magistratura do Trabalho – 8ª Região – 2011) Quanto aos orçamentos, é INCORRETO afirmar:

(A) A lei orçamentária anual não conterá dispositivo estranho à previsão da receita e à fixação da despesa, sendo excluída da proibição a autorização para a abertura de créditos suplementares e para a contratação de operações de crédito, ainda que por antecipação de receita, nos termos da lei.

(B) Os recursos que, em decorrência de veto, emenda ou rejeição do projeto de lei orçamentária anual, ficarem sem despesas correspondentes poderão ser utilizados, conforme o caso, mediante créditos especiais ou suplementares, com prévia e específica autorização legislativa.

(C) Os créditos especiais e extraordinários terão vigência no exercício financeiro em que forem autorizados, salvo se o ato de autorização for promulgado nos últimos quatro meses daquele exercício, caso em que, reabertos nos limites de seus saldos, serão incorporados ao orçamento do exercício financeiro subsequente.

(D) Os recursos correspondentes às dotações orçamentárias, compreendidos os créditos suplementares e especiais, destinados aos órgãos dos Poderes Legislativo e Judiciário, do Ministério Público e da Defensoria Pública, ser-lhes-ão entregues, até o dia vinte de cada mês, em duodécimos, na forma da lei complementar a que se refere o art. 165, § 9º, da Carta de 1988.

(E) É vedada a transposição, o remanejamento ou a transferência de recursos de uma categoria de programação para outra ou de um órgão para outro, sem autorização legislativa. Estas operações, bem como a abertura de crédito extraordinário, somente podem ser admitidas para o atendimento a despesas imprevisíveis e urgentes, como as decorrentes de guerra, comoção interna ou calamidade pública, facultando-se a utilização de medida provisória para esta finalidade.

A: correta (art. 165, § 8º, da CF); **B:** correta (art. 166, § 8º, da CF); **C:** correta (art. 167, § 2º, da CF); **D:** correta (art. 168 da CF); **E:** incorreta, devendo ser assinalada. A segunda parte da alternativa não consta do texto constitucional (arts. 167, VI e 62, § 1º, *d*, ambos da CF).

Gabarito "E"

(Magistratura do Trabalho – 14ª Região – 2011) Analise as proposições abaixo e aponte a alternativa correta.

I. A competência da União para emitir moeda será exercida pelo Banco Central, pela Superintendência da Moeda e do Crédito - SUMOC e pelo Banco do Brasil.

II. A espécie normativa que dispõe sobre o exercício financeiro, a vigência, os prazos, a elaboração e a organização do plano plurianual, da lei de diretrizes orçamentárias e da lei orçamentária anual é uma Lei Complementar.

III. Os recursos correspondentes às dotações orçamentárias, compreendidos os créditos suplementares e especiais, destinados aos Órgãos dos Poderes Legislativo e Judiciário, do Ministério Público e da Defensoria Pública, ser-lhes-ão entregues até o 10° dia de cada mês, em duodécimos, na forma da lei complementar a que se refere à própria Constituição.

IV. A ordem econômica, fundada na valorização do trabalho humano e na livre iniciativa, tem por fim assegurar a todos a existência digna, conforme os ditames da justiça social.

V. E possível o atendimento de requisição de documento ou informação de natureza comercial, feita por autoridade administrativa ou judiciária estrangeira, a pessoa física ou jurídica residente ou domiciliada no país, mas dependerá de autorização do Poder competente: Executivo, Legislativo ou Judiciário.

(A) Estão corretas as alternativas I, III e V.

(B) Estão incorretas as alternativas II, III e IV.

(C) Estão corretas as alternativas III, IV e V.

(D) Estão incorretas as alternativas I, II e III.

(E) Estão corretas as alternativas II, IV e V.

I: incorreta. O Banco Central foi criado com a promulgação do Lei 4.595/1964, antes disso, de fato, o papel da autoridade monetária era desempenhado pela Superintendência da Moeda e do Crédito - SUMOC, pelo Banco do Brasil - BB e pelo Tesouro Nacional. Este último era o órgão emissor de papel-moeda. Atualmente, conforme o *caput* do art. 164 da CF, a competência da União para emitir moeda é exercida exclusivamente pelo Banco Central; **II:** correta (art. 165, § 9º, I, da CF); **III:** incorreta. De acordo com o art. 168, *caput*, da CF, os recursos correspondentes às dotações orçamentárias, compreendidos os créditos suplementares e especiais, destinados aos órgãos dos Poderes Legislativo e Judiciário, do Ministério Público e da Defensoria Pública, ser-lhes-ão entregues **até o dia 20 de cada mês**, em duodécimos, na forma da lei complementar a que se refere o art. 165, § 9º; **IV:** correta (art. 170, *caput*, da CF); **V:** correta (art. 181 da CF).

Gabarito "E".

(Magistratura do Trabalho – 3ª Região – 2008) Sob a ótica do Direito Constitucional e especificamente das finanças públicas, analise as proposições abaixo:

I. A competência da União para emitir moeda é exercida exclusivamente pelo banco central.

II. O banco central pode conceder diretamente empréstimo ao Tesouro Nacional, mas não o pode fazer indiretamente.

III. O banco central não pode comprar e vender títulos de emissão do Tesouro Nacional, com o objetivo de regular a oferta de moeda ou taxa de juros.

IV. As disponibilidades de caixa da União serão depositadas no Banco Central.

V. As disponibilidades de caixa dos Estados, do Distrito Federal, dos Municípios e dos órgãos ou entidades do Poder Público e das empresas por ele contratadas serão depositadas em instituições financeiras oficiais, ressalvados os casos previstos em lei.

Agora, assinale a alternativa correta:

(A) Apenas os itens I, III e IV estão corretos.
(B) Apenas os itens I, II e V estão corretos.
(C) Apenas os itens I, IV e V estão corretos.
(D) Apenas os itens III, IV e V estão corretos.
(E) Apenas os itens II e III estão corretos.

I: correto (Art. 164 da CF); **II:** incorreto. Contraria o art. 164, § 1º, da CF: "É vedado ao banco central conceder, direta ou indiretamente, empréstimos ao Tesouro Nacional e a qualquer órgão ou entidade que não seja instituição financeira"; **III:** incorreto. O art. 164, § 2º, da CF, autoriza essa operação; IV e **V:** corretos (Art. 164, § 3º, da CF).

Gabarito "C".

(Magistratura do Trabalho – 8ª Região – 2008) Assinale a alternativa CORRETA:

(A) O Orçamento Público Anual é apenas uma peça integrante de um sistema, juntamente com o Plano Plurianual e a Lei de Diretrizes Orçamentárias. Concebido como previsão de receitas e fixação de despesas, é de execução obrigatória para todos os entes da Administração Pública Direta, em cada esfera da Federação, consoante pacífica jurisprudência do STF.

(B) A concessão de qualquer vantagem ou aumento de remuneração, a criação de cargos, empregos e funções ou alteração de estrutura de carreiras, bem como a admissão ou contratação de pessoal, a qualquer título, pelos órgãos e entidades da administração direta ou indireta, inclusive fundações instituídas e mantidas pelo poder público, só poderão ser feitas se houver autorização específica na lei de diretrizes orçamentárias. Esta norma não se aplica às empresas públicas e às sociedades de economia mista.

(C) É possível a emenda no projeto de lei orçamentária, desde que sejam indicados os recursos necessários, sendo apenas aceitos os que decorram de anulação de despesas que incidam sobre dotação para pessoal e seus encargos, dentre outras hipóteses.

(D) É permitido ao Presidente da República enviar mensagem ao Congresso Nacional para propor modificações nos projetos da Lei Orçamentária Anual, do Plano Plurianual e da Lei de Diretrizes Orçamentárias até a votação da matéria no Plenário. Iniciada a votação no Plenário das duas Casas Congressuais, a modificação não mais será possível.

(E) A utilização de recursos que remanescerem, em decorrência de emenda que elimine despesa correspondente no projeto de lei orçamentária, poderá ser realizada mediante prévia e específica autorização do Tribunal de Contas da União, que é o órgão a quem compete o controle externo da União, nos termos da Constituição.

A: incorreta. Não se refere apenas à Administração Direta (v. art. 165, §§ 5º e 7º, da CF); **B:** correta (Art. 169, § 1º, I e II, da CF); **C:** incorreta. Não reflete o disposto no art. 166, § 3º, I a III, da CF; **D:** incorreta. Não reflete o disposto no art. 166, § 5º, da CF; **E:** incorreta. Não reflete o disposto no art. 166, § 8º, da CF.

Gabarito "B".

(Magistratura do Trabalho – 16ª Região – 2008) A respeito do limite global de despesas previsto na Constituição Federal com pessoal realizada pela Administração Pública, assinale a alternativa incorreta:

(A) Até edição da Lei Complementar nº. 101, de 04.05.2000, que estabelece no seu art. 19 o limite de 50% da receita corrente líquida para a União e para os Estados e Municípios em 60%, vigorara o limite de 65% de suas receitas correntes, a teor do art. 38 do Ato das Disposições Constitucionais Transitórias;

(B) Entre as medidas de contenção de despesas que devem ser obedecidas a teor da Lei Complementar nº. 101, está aquela que declara nulo de pleno direito o ato gerador de aumento de despesa com pessoal expedido nos 180 dias anteriores ao final do mandato do titular do respectivo poder ou órgão;

(C) A concessão de qualquer vantagem ou aumento de remuneração, só poderá ser feita se houver autorização específica na lei de diretrizes orçamentárias, ressalvadas as empresas públicas e as sociedades de economia mista e se houver prévia dotação orçamentária suficiente para atender às projeções de despesa de pessoal e aos acréscimos dela decorrentes;

(D) Para o cumprimento dos limites estabelecidos na lei complementar, durante o prazo fixado na referida lei, a União, os Estados, o Distrito Federal e os Municípios, entre outras medidas, reduzirão em pelo menos trinta por cento as despesas com cargos em comissão e funções de confiança;

(E) Estão vedadas a transferência voluntária de recursos e a concessão de empréstimos, mesmo que por antecipação de receita, pelos governos federal, estaduais e suas instituições financeiras para pagamento de despesas com pessoal (ativo, inativo e pensionista) dos Estados, Distrito Federal e Municípios, nos termos do art. 167, X, da CF.

Não reflete o disposto no art. 169, § 3º, I e II, da CF.

Gabarito "D"

(Magistratura do Trabalho – 20ª Região – 2003) Sobre finanças públicas, é incorreto afirmar que:

(A) a matéria deve ser tratada por lei complementar;

(B) a competência da União para emitir moeda será exercida exclusivamente pelo banco central;

(C) é vedada a realização de despesas ou a assunção de obrigações diretas que excedam os créditos orçamentários ou adicionais;

(D) os planos e programas nacionais, regionais e setoriais previstos na Constituição Federal serão elaborados em consonância com o plano plurianual e apreciados pelo Poder Executivo;

(E) o projeto de lei orçamentária será acompanhado de demonstrativo regionalizado do efeito, sobre as receitas e despesas, decorrente de isenções, anistias, remissões, subsídios e benefícios de natureza financeira, tributária e creditícia.

Os planos e programas nacionais, regionais e setoriais previstos na CF serão apreciados, em verdade, pelo Congresso Nacional, de modo que a alternativa "D" não reflete o disposto no art. 165, § 4º, da CF.

Gabarito "D"

(Magistratura do Trabalho – 21ª Região – 2005) Nos termos do art. 169 da Constituição Federal, *"a despesa com pessoal ativo e inativo da União, dos Estados, do Distrito Federal e dos Municípios não poderá exceder os limites estabelecidos em lei complementar"*. Verificando-se que foram ultrapassados os limites a que se refere o mencionado dispositivo constitucional, é autorizada, a Administração, adotar as seguintes medidas:

(A) Exoneração de servidores, estáveis ou não; e redução em pelo menos 20% (vinte por cento) das despesas com cargos em comissão e funções comissionadas;

(B) Exoneração de servidores, estáveis ou não; e redução em até 20% (vinte por cento) das despesas com cargos em comissão e funções comissionadas;

(C) Exoneração de servidores não estáveis; e redução em até 20% (vinte por cento) das despesas com cargos em comissão e funções comissionadas;

(D) Exoneração de servidores não estáveis; e redução em pelo menos 20% (vinte por cento) das despesas com cargos ocupados por servidores estáveis;

(E) Exoneração dos servidores não estáveis; e redução em pelo menos 20% (vinte por cento) das despesas com cargos em comissão e funções comissionadas.

Ao exceder os limites estabelecidos com despesas de pessoal, os entes federados podem adotar as providências do Art. 169, § 3º, I e II, da CF.

Gabarito "E"

(Ministério Público do Trabalho – 16º) Assinale a alternativa INCORRETA sobre o sistema tributário nacional.

(A) É vedado à União, aos Estados, ao Distrito Federal e aos Municípios instituir impostos sobre patrimônio, renda ou serviços dos partidos políticos, inclusive suas fundações, das entidades sindicais dos trabalhadores, das instituições de educação e de assistência social, sem fins lucrativos, atendidos os requisitos da lei.

(B) A aplicação dos recursos provenientes de empréstimo compulsório será vinculada à despesa que fundamentou sua instituição.

(C) É vedado à União, em qualquer hipótese, instituir tributo que não seja uniforme em todo o território nacional ou que implique distinção ou preferência em relação a Estado, ao Distrito Federal ou a Município, em detrimento de outro.

(D) Sempre que possível, os impostos terão caráter pessoal e serão graduados segundo a capacidade econômica do contribuinte, facultado à administração tributária, especialmente para conferir efetividade a esses objetivos, identificar, respeitados os direitos individuais e nos termos da lei, o patrimônio, os rendimentos e as atividades econômicas do contribuinte.

(E) Não respondida.

O art. 151, I, da CF excepciona a concessão de incentivos fiscais destinados a promover o equilíbrio do desenvolvimento socioeconômico entre as diferentes regiões do País.

Gabarito "C"

8. ORDEM ECONÔMICA E FINANCEIRA

(Magistratura do Trabalho – 16ª Região – 2011) Sobre a Ordem Econômica e Financeira instituída pela Carta de 1988, marque a alternativa CORRETA:

(A) Ressalvados os casos previstos na Constituição Federal de 1988, a exploração direta de atividade econômica pelo Estado só será permitida quando houver relevante interesse coletivo, conforme definidos em lei.

(B) O sistema financeiro nacional será regulado por leis complementares que disporão, inclusive, sobre a participação do capital estrangeiro nas instituições que o integram. Ele deve ser estruturado de forma a promover o desenvolvimento equilibrado do Pais e a servir aos interesses da coletividade, abrangendo inclusive as cooperativas de crédito.

(C) Segundo entendimento consolidado no STF, as sociedades de economia mista e as empresas públicas estão sempre sujeitas, nos termos do disposto no 1° do art. 173 da Constituição do Brasil, ao regime jurídico próprio das empresas privadas, independente das atividades por elas exercida.

(D) A propriedade urbana cumpre sua função social quando atende às exigências fundamentais de ordenação da cidade expressas no plano diretor, aprovado pela Câmara Municipal e obrigatório para cidades com mais de dez mil habitantes.

(E) A propriedade cumpre sua função social quando atende ao menos dois dos seguintes requisitos: I aproveitamento racional e adequado; II. utilização adequada dos recursos naturais disponíveis e preservação do meio ambiente; III - observância das disposições que regulam as relações de trabalho; IV - exploração que favoreça o bem-estar dos proprietários e dos trabalhadores.

A: incorreta. Conforme o *caput* do art. 173 da CF, ressalvados os casos previstos nesta Constituição, a exploração direta de atividade econômica pelo Estado **só será permitida** quando **necessária aos imperativos da segurança nacional ou a relevante interesse coletivo**, conforme definidos em lei; **B:** correta (art. 192 da CF); **C:** incorreta. Segundo o STF há "**Distinção entre empresas estatais prestadoras de serviço público e empresas estatais que desenvolvem atividade econômica** em sentido estrito. (...). As sociedades de economia mista e as empresas públicas que explorem atividade econômica em sentido estrito estão sujeitas, nos termos do disposto no § 1º do art. 173 da Constituição do Brasil, ao regime jurídico próprio das empresas privadas. (...). O § 1º do art. 173 da Constituição do Brasil não se aplica às empresas públicas, sociedades de economia mista e entidades (estatais) que prestam serviço público." (ADI 1.642, Rel. Min. Eros Grau, julgamento em 3-4-2008, Plenário, DJE de 19-9-2008.); **D:** incorreta. A segunda parte da alternativa está errada, pois o art. 182, §1º, da CF determina que o plano diretor é obrigatório para cidades com mais de **vinte mil** habitantes; **E:** incorreta. De acordo com o art. 186, *caput* e incisos, da CF, os requisitos que devem ser cumpridos para que a propriedade cumpra sua função social são cumulativos.

Gabarito "B"

(Magistratura do Trabalho – 15ª Região – 2011) A respeito da ordem econômica e financeira, assinale a alternativa incorreta:

(A) são princípios que a informam, dentre outros: soberania nacional, propriedade privada e livre concorrência;

(B) é entendimento pacificado no STF que ofende o princípio da livre concorrência lei municipal que impede a instalação de estabelecimentos comerciais do mesmo ramo em determinada área;

(C) a Constituição preconiza tratamento favorecido para as empresas de pequeno porte, constituídas sob as leis brasileiras e que tenham sua sede e administração no Pais;

(D) as empresas públicas e as sociedades de economia mista poderão gozar de privilégios fiscais não extensivos às empresas do setor privado;

(E) o Estado exercerá na forma da lei as funções de fiscalização incentivo e planejamento sendo este determinante para o setor público e indicativo para o setor privado.

A: correta (art. 170, I, II e IV, da CF); **B:** correta (Súmula 645 do STF) **C:** correta (art. 170, IX, da CF); **D:** incorreta, devendo ser assinalada. De acordo com o art. 173, §2º da CF § 2º as empresas públicas e as sociedades de economia mista **não poderão gozar de privilégios fiscais não extensivos às do setor privado**; **E:** correta (art. 174, *caput*, da CF).

Gabarito "D"

(Magistratura do Trabalho – 8ª Região – 2011) A respeito da ordem econômica e financeira, bem como da ordem social, é CORRETO afirmar que:

(A) A busca do pleno emprego é princípio da ordem econômica que, por sua vez, está fundada na valorização do trabalho humano e na livre iniciativa.

(B) É assegurado a todos o livre exercício de qualquer atividade econômica, desde que autorizado por órgãos públicos, salvo nos casos previstos em lei ordinária.

(C) A função social da propriedade é observada quando o imóvel rural utilize, de forma adequada, os recursos naturais disponíveis e preserve o meio ambiente, ainda que seu proprietário descumpra obrigações trabalhistas e previdenciárias em relação aos empregados que ali laborem.

(D) Todos têm direito ao meio ambiente ecologicamente equilibrado, bem de uso comum do povo e essencial à sadia qualidade de vida, impondo-se, exclusivamente, ao Poder Público o dever de defendê-lo e preservá-lo para as presentes e futuras gerações.

(E) É cabível a aplicação da pena de perdimento da gleba onde for constatada a exploração de trabalho escravo, revertendo a área ao assentamento dos colonos que já trabalhavam na respectiva gleba.

A: correta. De acordo com o art. 170, VIII, da CF a ordem econômica, fundada na valorização do trabalho humano e na livre iniciativa, tem por fim assegurar a todos existência digna, conforme os ditames da justiça social, observados alguns princípios, dentre os quais há a busca do pleno emprego; **B:** incorreta. O parágrafo único do art. 170 de fato determina que seja assegurado a todos o livre exercício de qualquer atividade econômica, mas isso **independentemente de autorização** de órgãos públicos, salvo nos casos previstos em lei; **C:** incorreta. O art. 186 da CF determina que o cumprimento da função social da propriedade rural é atendido quando, simultaneamente, sejam alguns requisitos, dentre os quais se destaca o aproveitamento racional e adequado, a exploração que favoreça o bem-estar dos proprietários e dos trabalhadores, a utilização adequada dos recursos naturais disponíveis, a preservação do meio ambiente e **observância das disposições que regulam as relações de trabalho**; **D:** incorreta. De fato todos têm direito ao meio ambiente ecologicamente equilibrado, bem de uso comum do povo e essencial à sadia qualidade de vida, mas o dever de defendê-lo e preservá-lo para as presentes e futuras gerações não é algo imposto exclusivamente ao Poder Público, **a coletividade também tem esse dever**; **E:** incorreta. De acordo com o art. 243 da CF, **as glebas** de qualquer região do País onde forem localizadas **culturas ilegais de plantas psicotrópicas** serão imediatamente **expropriadas** e especificamente **destinadas ao assentamento de colonos**, para o cultivo de produtos alimentícios e medicamentosos, sem qualquer indenização ao proprietário e sem prejuízo de outras sanções previstas em lei.

Gabarito "A"

(Magistratura do Trabalho – 8ª Região – 2011) Assinale a alternativa INCORRETA:

(A) O planejamento é uma das formas de intervenção do Estado na ordem econômica prevista constitucionalmente, sendo a lei do plano determinante para o setor público, mas meramente indicativa para o privado.

(B) A Constituição da República de 1988 possibilita a responsabilização da pessoa jurídica, sujeitando-a a punições compatíveis com a sua natureza, nos atos praticados contra a ordem econômica e financeira e contra a economia popular.

(C) Constituem monopólio da União a pesquisa, a lavra, o enriquecimento, o reprocessamento, a industrialização e o comércio de minérios, radioisótopos, minerais nucleares e seus derivados.

(D) As cooperativas organizadas para atividades garimpeiras terão prioridade na autorização ou na concessão para pesquisa e lavra dos recursos e jazidas de minerais nas áreas onde estejam atuando.

(E) Não depende de autorização ou concessão o potencial de energia renovável, desde que tenha capacidade reduzida.

A: correta (art. 174, *caput*, da CF); **B:** correta (art. 173, § 5º, da CF); **C:** incorreta, devendo ser assinalada. O art. 177 da CF trata dos assuntos que são tidos como monopólio da União, no inciso V, há a pesquisa, a lavra, o enriquecimento, o reprocessamento, a industrialização e o comércio de minérios e minerais nucleares e seus derivados, **com exceção dos radioisótopos** cuja produção, comercialização e utilização poderão ser autorizadas sob regime de permissão, conforme as alíneas b e c do inciso XXIII do *caput* do art. 21 desta Constituição; **D:** correta (art. 174, § 4º, da CF); **E:** correta (art. 176, § 4º, da CF).

Gabarito "C"

(Magistratura do Trabalho – 23ª Região – 2011) No que se refere ao regime constitucional do exercício da atividade econômica, assinale a alternativa que corresponde a uma afirmação verdadeira:

(A) A promoção econômico-social dos garimpeiros deverá, por expressa previsão constitucional, ser levada em conta na atuação do Estado em suas funções de fiscalização, incentivo e planejamento da atividade econômica.

(B) Ressalvados os casos previstos na Constituição, a exploração direta de atividade econômica pelo Estado só será permitida quando necessária, cumulativamente, aos imperativos da segurança nacional e a relevante interesse coletivo, conforme definidos em lei.

(C) Dentre os princípios gerais da atividade econômica, expressa e especificamente previstos como tais pela Constituição de 1988, são mencionados a função social da propriedade, a defesa do consumidor e a plena liberdade de associação.

(D) As jazidas, em lavra ou não, e demais recursos minerais e os potenciais de energia hidráulica constituem propriedade distinta da do solo, para efeito de exploração ou aproveitamento, e pertencem à União, garantida ao concessionário a propriedade do produto da lavra, sendo que a pesquisa e a lavra de recursos minerais e o aproveitamento dos potenciais retro mencionados, inclusive quanto ao potencial de energia renovável de capacidade reduzida, somente poderão ser efetuados mediante autorização ou concessão da União, no interesse nacional, por brasileiros ou empresa constituída sob as leis brasileiras e que tenha sua sede e administração no País, na forma da lei, que estabelecerá as condições especificas quando essas atividades se desenvolverem em faixa de fronteira ou terras indígenas.

(E) Constituem monopólio da União a pesquisa e a lavra das jazidas de petróleo e gás natural e outros hidrocarbonetos fluidos e a refinação do petróleo nacional, mas não a refinação do estrangeiro.

A: correta. O art. 174, § 3º, da CF dispõe que o Estado favorecerá a organização da atividade garimpeira em cooperativas, levando em conta a proteção do meio ambiente e a promoção econômico-social dos garimpeiros; **B:** incorreta. A Constituição, em seu art. 173, vale-se do disjuntivo "ou", em vez do conectivo "e", ou seja, a exploração direta da atividade econômica pelo Estado só é permitida quando necessária aos imperativos da segurança nacional ou a relevante interesse coletivo; **C:** incorreta. O legislador constituinte não elegeu dentre os princípios da ordem econômica (art. 170, CF) a livre associação; **D:** incorreta. Conforme dispõe o art. 176, § 4º, da CF, não depende de autorização ou concessão, o aproveitamento do potencial de energia renovável de capacidade reduzida; **E:** incorreta. A Constituição inclui, expressamente, a refinação do petróleo estrangeiro como monopólio da União (art. 177, II, CF).

Gabarito "A"

(Magistratura do Trabalho – 8ª Região – 2009) A respeito da Ordem Financeira, como expresso na Constituição, é correto afirmar.

(A) O banco central poderá comprar e vender títulos de emissão do Tesouro Nacional, com o objetivo de regular a oferta de moeda ou a taxa de juros, sendo-lhe vedado conceder, direta ou indiretamente, empréstimos ao Tesouro Nacional e a qualquer órgão ou entidade que não seja instituição financeira. As disponibilidades de caixa da União serão depositadas no Banco do Brasil; as dos Estados, do Distrito Federal, dos Municípios e dos órgãos ou entidades do Poder Público e das empresas por ele controladas, em instituições financeiras oficiais, ressalvados os casos previstos em lei.

(B) A concessão de qualquer vantagem ou aumento de remuneração, a criação de cargos, empregos e funções ou alteração de estrutura de carreiras, bem como a admissão ou contratação de pessoal, a qualquer título, pelos órgãos e entidades da administração direta ou indireta, inclusive fundações instituídas e mantidas pelo poder público, só poderão ser feitas: a) se houver prévia dotação orçamentária suficiente para atender às projeções de despesa de pessoal e aos acréscimos dela decorrentes; b) se houver autorização específica na lei de diretrizes orçamentárias.

(C) A lei orçamentária anual compreenderá: a) o orçamento fiscal referente aos Poderes da União, seus fundos, órgãos e entidades da administração direta e indireta, inclusive fundações instituídas e mantidas pelo Poder Público; b) o orçamento de investimento das empresas em que a União, direta ou indiretamente, detenha a maioria do capital social com direito a voto; c) o orçamento da seguridade social, abrangendo todas as entidades e órgãos a ela vinculados, da administração direta ou indireta, bem como os fundos e fundações instituídos e mantidos pelo Poder Público. A disposição constitucional sobre o orçamento impõe regras à elaboração da lei orçamentária anual, de sorte que os três orçamentos acima discriminados são instrumentos, dentre outras funções, para a redução das desigualdades inter-regionais, segundo critério populacional.

(D) É vedada a retenção ou qualquer restrição à entrega e ao emprego dos recursos decorrentes da repartição das receitas tributárias, aos Estados, ao Distrito Federal e aos Municípios, neles compreendidos adicionais e acréscimos relativos a impostos. A vedação prevista acima não impede a União e os Estados de condicionarem a entrega de recursos à aplicação de verba destas receitas em ações e serviços públicos de saúde.

(E) Os projetos de lei relativos ao plano plurianual, às diretrizes orçamentárias, ao orçamento anual e aos créditos adicionais podem ser objeto de alterações pelo Presidente da República, mesmo após seu encaminhamento ao Congresso Nacional, desde que a votação atinente à parte modificada ainda não tenha se iniciado no Plenário do Congresso Nacional.

A: incorreta. Não reflete o disposto no art. 164, § 3º, da CF (v. tb §§ 1º e 2º do mesmo artigo); **B:** incorreta. Não reflete o disposto no art. 169, § 1º, II, da CF (v. tb inciso I); **C:** incorreta. Não reflete o disposto no art. 165, § 5º, I a III, e § 7º, da CF; **D:** correta (Art. 160, *caput* e parágrafo único, II, da CF); **E:** incorreta. Não reflete o disposto no art. 166, § 5º, da CF.

Gabarito "D".

(Magistratura do Trabalho – 8ª Região – 2009) Concernente a ordem econômica, como disciplinada na Constituição, é correto afirmar:

(A) A ordem econômica, fundada na valorização do trabalho humano e na livre iniciativa, tem por fim assegurar a todos existência digna, conforme os ditames da justiça social, observados os seguintes princípios: 1 - soberania nacional; 2 - livre concorrência; 3 - defesa do consumidor; 4 - defesa do meio ambiente, inclusive mediante tratamento diferenciado conforme o impacto ambiental dos produtos e serviços e de seus processos de elaboração e prestação; 5 - redução das desigualdades regionais e sociais; 6 - busca do pleno emprego; 7 - tratamento favorecido para as empresas brasileiras de capital nacional de pequeno porte; 8 - o livre exercício de qualquer atividade econômica, independentemente de autorização de órgãos públicos, salvo nos casos previstos em lei.

(B) São consideradas: 1- empresa brasileira a constituída sob as leis brasileiras e que tenha sua sede e administração no País; 2 - empresa brasileira de capital nacional aquela cujo controle efetivo esteja em caráter permanente sob a titularidade direta ou indireta de pessoas físicas domiciliadas e residentes no País ou de entidades de direito público interno, entendendo-se por controle efetivo da empresa a titularidade da maioria de seu capital votante e o exercício, de fato e de direito, do poder decisório para gerir suas atividades.

(C) Com a ressalva exclusiva das exceções previstas na Constituição, a exploração direta de atividade econômica pelo Estado só será permitida quando necessária aos imperativos da segurança nacional ou a relevante interesse coletivo, conforme definidos em lei. A intervenção direta será realizada pela adoção das formas de empresa pública, a sociedade de economia mista, devendo estas sujeitar-se ao regime jurídico próprio das empresas privadas, inclusive quanto às obrigações trabalhistas e tributárias. As empresas públicas e as sociedades de economia mista poderão gozar de privilégios fiscais.

(D) Como agente normativo e regulador da atividade econômica, o Estado exercerá, na forma da lei, as funções de fiscalização, incentivo e planejamento, sendo este determinante para o setor público e para o setor privado. A lei estabelecerá as diretrizes e bases do planejamento do desenvolvimento nacional equilibrado, o qual incorporará e compatibilizará os planos nacionais e regionais de desenvolvimento.

(E) Constituem monopólio da União: 1 - a pesquisa e a lavra das jazidas de petróleo e gás natural e outros hidrocarbonetos fluidos; 2 - a refinação do petróleo nacional ou estrangeiro; 3 - a importação e exportação dos produtos e derivados básicos resultantes das atividades acima descritas; 4 - o transporte marítimo do petróleo bruto de origem nacional ou de derivados básicos de petróleo produzidos no País, bem assim o transporte, por meio de conduto, de petróleo bruto, seus derivados e gás natural de qualquer origem; 5 - a exploração dos potenciais de energia hidráulica.

A: incorreta. Não reflete a integralidade do art. 170, I a IX, da CF; **B:** incorreta. Não há regra nesse sentido no capítulo da ordem econômica, como requer o enunciado; **C:** correta (Art. 173, *caput* e § 1º, da CF); **D:** incorreta. O planejamento do Estado é apenas indicativo para o setor privado (art. 174, *caput* e § 1º, da CF); **E:** incorreta. Não reflete o disposto no art. 177, I a V, da CF.

Gabarito "C".

(Magistratura do Trabalho – 9ª Região – 2006) São princípios da ordem econômica:

I. Função social da propriedade.
II. Defesa do meio ambiente.
III. Busca do pleno emprego.
IV. Redução das desigualdades regionais e sociais.
V. Livre-concorrência.

(A) Somente a alternativa V é correta.
(B) Somente alternativas I e V são corretas.
(C) Somente as alternativas II, III e IV são corretas.
(D) Todas as alternativas são falsas.
(E) Todas as alternativas são verdadeiras.

Art. 170, I a IX, da CF .

Gabarito "E".

(Magistratura do Trabalho – 11ª Região – 2007 – FCC) É princípio da ordem econômica na Constituição de 1988

(A) o tratamento favorecido às empresas de pequeno porte, sendo vedada a distinção entre aquelas constituídas sob as leis brasileiras, com sede e administração no país, e aquelas que não o sejam.

(B) a defesa do meio ambiente, inclusive mediante tratamento diferenciado conforme o impacto ambiental dos produtos e serviços e de seus processos de elaboração e prestação.

(C) o exercício pelo Estado, na forma da lei, das funções de fiscalização, incentivo e planejamento da atividade econômica, sendo este obrigatório para os setores público e privado.

(D) a função social da propriedade, em detrimento da propriedade privada e da liberdade de iniciativa.
(E) a sujeição das empresas públicas ao regime jurídico próprio das empresas privadas, exceto quanto aos direitos e obrigações trabalhistas e tributários.

Art. 170, I a IX, da CF.
Gabarito "B".

(Magistratura do Trabalho – 16ª Região – 2006) A ordem econômica, fundada na valorização do trabalho humano e na livre iniciativa, tem por fim assegurar a todos os existência digna, conforme os ditames da justiça social observado os seguintes princípios:

I. Soberania nacional; propriedade privada, função social da propriedade; livre concorrência;
II. Defesa do consumidor; defesa do meio ambiente, inclusive mediante tratamento diferenciado conforme o impacto ambiental dos produtos e serviços e de seus processos de elaboração e prestação;
III. Redução das desigualdades regionais e sociais, busca do pleno emprego; tratamento favorecido para as empresas de pequeno porte constituídas sob as leis brasileiras e que tenham sua sede e administração no País.
IV. É assegurado a todos o livre exercício de qualquer atividade econômica, independentemente de autorização de órgãos públicos, não podendo ser restringida por lei.

Qual a opção correta:

(A) I, II, III;
(B) I e II;
(C) I, II, III, IV;
(D) I e III;
(E) II e III.

I: correto (art. 170, I, II, III e IV, da CF); **II:** correto (art. 170, V e VI, da CF); **III:** correto (art. 170, VII, VIII e IX, da CF); **IV:** incorreto. A lei pode restringir o livre exercício de atividade econômica, nos termos do art. 170, parágrafo único, *in fine*, da CF.
Gabarito "A".

(Magistratura do Trabalho – 20ª Região – 2003) São princípios constitucionais que regem a ordem econômica e financeira:

(A) as leis de mercado, a livre concorrência e a liberdade de iniciativa, ressalvado o monopólio dos meios de produção pelo Estado para assegurar o bem-comum;
(B) valorização do trabalho humano e livre iniciativa;
(C) a vedação da participação do capital estrangeiro nas instituições bancárias e financeiras nacionais;
(D) a soberania nacional, a propriedade privada e o domínio dos mercados, eliminando-se a concorrência pelo estabelecimento de monopólios, oligopólios, trustes ou cartéis, para maior eficiência e melhor qualidade dos produtos em defesa do consumidor;
(E) a livre concorrência, a defesa do consumidor e do meio ambiente e a busca do pleno emprego.

Art. 170, I a IX, da CF.
Gabarito "E".

(Magistratura do Trabalho – 20ª Região – 2003) Considere as proposições abaixo, no tocante à ordem econômica e financeira:

I. As atividades econômicas desenvolvidas pelo Estado em razão de relevante interesse coletivo devem submeter-se ao regime de concorrência.
II. Levando-se em conta o princípio da função social da propriedade, consagrado na Carta Republicana atual, a desobediência às disposições que regulam as relações de trabalho pode suscitar a desapropriação da propriedade produtiva.
III. A ordem econômica constitucional é estruturada sobre fundamentos e princípios que traduzem diferentes posturas ideológicas, porém coerentes, que acabam por fixar a ideologia constitucional.

A partir da análise dessas assertivas, pode-se afirmar:

(A) apenas a I e a II são corretas;
(B) apenas a I e a III são corretas;
(C) apenas a II e a III são corretas;
(D) todas são corretas;
(E) todas são incorretas.

I: correta (Art. 173 da CF); **II:** correta (Art. 184, *caput*, c/c art. 186, III, ambos da CF); **III:** correta (Art. 170, *caput* e I a IX, da CF).
Gabarito "D".

(Magistratura do Trabalho – 21ª Região – 2005) De acordo com a Constituição Federal, são princípios gerais da atividade econômica, exceto:

(A) a defesa do consumidor;
(B) a propriedade privada;
(C) a soberania nacional;
(D) a erradicação da pobreza;
(E) a defesa do meio ambiente.

A erradicação da pobreza é um dos objetivos da República Federativa do Brasil (art. 3º, III, da CF), não consistindo, porém, um princípio da atividade e da ordem econômicas (Art. 170, I a IX, da CF).
Gabarito "D".

(Magistratura do Trabalho – 23ª Região – 2009) Leia as afirmações abaixo sobre a ordem econômica e depois escolha a alternativa CORRETA:

A ordem econômica fundada na valorização do trabalho humano e na livre iniciativa, tem por fim assegurar a todos existência digna, conforme os ditames da justiça social, observados os seguintes princípios:

I. soberania nacional, propriedade privada, função social da propriedade.
II. livre concorrência, defesa do consumidor.
III. defesa do meio ambiente, inclusive mediante tratamento diferenciado conforme o impacto ambiental dos produtos e serviços e de seus processos de elaboração e prestação.
IV. tratamento favorecido para as empresas de pequeno porte constituídas sob as leis brasileiras e que tenham sua sede e administração no País.

(A) Estão corretos apenas os itens I, II e IV.
(B) Estão corretos apenas os itens I, III e IV.

(C) Estão corretos apenas os itens I, II e III.
(D) Estão corretos apenas os itens II, III e IV.
(E) Todos os itens estão corretos.

Art. 170, I a IX, da CF.

Gabarito "E".

(Ministério Público do Trabalho - 16º) Assinale a alternativa INCORRETA, quanto à política urbana prevista na Constituição Federal.

(A) A política de desenvolvimento urbano, executada pelo Poder Público federal, conforme diretrizes gerais fixadas em lei, tem por objetivo ordenar o pleno desenvolvimento das funções sociais da cidade e garantir o bem-estar de seus habitantes.
(B) As desapropriações de imóveis urbanos serão feitas com prévia e justa indenização em dinheiro.
(C) Os imóveis públicos não serão adquiridos por usucapião.
(D) O plano diretor, aprovado pela Câmara Municipal, obrigatório para cidades com mais de vinte mil habitantes, é o instrumento básico da política de desenvolvimento e de expansão urbana.
(E) Não respondida.

A: incorreta, devendo ser assinalada. Não reflete o art. 182, *caput*, da CF; **B:** correta (Art. 182, § 3º, da CF); **C:** correta (Art. 183, § 3º, da CF); **D:** correta (Art. 182, § 1º, da CF).

Gabarito "A".

(Ministério Público do Trabalho - 14º) Analise as assertivas abaixo:

I. É vedado à União, aos Estados, ao Distrito Federal e aos Municípios instituir impostos sobre o patrimônio, a renda e os serviços das entidades sindicais dos trabalhadores, apenas quando relacionados com suas finalidades essenciais.
II. A exploração direta de atividade econômica pelo Estado é, em todo caso, permitida, exigindo-se apenas que as empresas públicas ou sociedades de economia mista que a realizem se sujeitem ao regime próprio das empresas privadas.
III. A prestação de serviços públicos cabe, na forma da lei, diretamente ao poder público ou sob regime de concessão ou permissão, neste caso sempre através de licitação.
IV. É possível dispensar às microempresas e às empresas de pequeno porte, assim definidas em lei, tratamento diferenciado quanto às obrigações trabalhistas, ou pela eliminação ou redução destas por meio de lei.

Assinale a alternativa CORRETA:

(A) apenas os itens I e III são corretos;
(B) apenas os itens III e IV são corretos;
(C) apenas os itens I e IV são corretos;
(D) apenas os itens II e III são corretos;
(E) não respondida.

I: correto (Art. 150, VI, *c* e § 4º, da CF); **II:** incorreto. Não reflete o disposto no art. 173, *caput*, da CF; **III:** correto (Art. 175 da CF); **IV:** incorreto. Não reflete o disposto no art. 179 da CF.

Gabarito "A".

(Ministério Público do Trabalho - 12º) De acordo com o Texto Constitucional, NÃO é princípio geral da atividade econômica brasileira:

(A) erradicação da pobreza e da marginalização;
(B) busca do pleno emprego;
(C) função social da propriedade;
(D) redução das desigualdades regionais e sociais.
(E) não respondida.

A redução das desigualdades regionais e sociais é um dos objetivos da República Federativa do Brasil (art. 3º, III, da CF), não consistindo, porém, um princípio da atividade e da ordem econômicas (Art. 170, I a IX, da CF).

Gabarito "A".

9. ORDEM SOCIAL

9.1. SEGURIDADE SOCIAL

(Magistratura do Trabalho - 16ª Região - 2011) Marque a opção INCORRETA:

(A) O sistema único de saúde tem como uma de suas diretrizes a participação da comunidade.
(B) As normas de fiscalização, avaliação e controle das despesas de saúde nas esferas federal, estadual, distrital e municipal do Sistema Único de Saúde serão estabelecidas mediante Lei complementar, que será reavaliada pelo menos a cada cinco anos.
(C) Os gestores locais do sistema único de saúde poderão admitir agentes comunitários de saúde e agentes de combate às endemias por meio de processo seletivo público, de acordo com a natureza e complexidade de suas atribuições e requisitos específicos para sua atuação.
(D) É absolutamente vedada a destinação de recursos públicos para auxílios ou subvenções às instituições privadas com fins lucrativos, bem como a participação direta ou indireta de empresas ou capitais estrangeiros na assistência à saúde no País.
(E) As instituições privadas poderão participar de forma complementar do sistema único de saúde, segundo diretrizes deste, mediante contrato de direito público ou convênio, tendo preferência as entidades filantrópicas e as sem fins lucrativos.

A: correta (art.198, III, da CF); **B:** correta (art.198, §3º, III, da CF); **C:** correta (art.198, §4º, da CF); **D:** incorreta, devendo ser assinalada. O art. 199, §§1º e 2º, da CF determinam que são vedadas tanto a destinação de recursos públicos para auxílios ou subvenções às instituições privadas com fins lucrativos, quanto a participação direta ou indireta de empresas ou capitais estrangeiros na assistência à saúde no País. Mas, em relação a esta última, admite que a lei excepcione a regra da vedação; **E:** correta (art.199, §1º, da CF).

Gabarito "D".

(Magistratura do Trabalho - 8ª Região - 2011) Analise as proposições abaixo e assinale a alternativa CORRETA:

I. É facultada aos Estados e ao Distrito Federal a vinculação a programa de apoio à inclusão e promoção social de até 5 (cinco) décimos por cento de sua receita tributária líquida, observadas as vedações constitucionais, dentre outras, despesas com pessoal e encargos sociais.

II. A assistência social, vinculada à contribuição para a seguridade social, será prestada a quem dela necessitar, possuindo, dentre seus objetivos, a proteção à família, à maternidade, à infância e à velhice.

III. A admissão, pelos gestores locais do sistema único de saúde, de agentes comunitários de saúde e de agentes de combates de endemias, deve ser precedida de concurso público de provas.

IV. É vedada a participação direta ou indireta de empresa ou capitais estrangeiros na assistência à saúde no País, salvo expressa previsão em lei.

(A) As alternativas I e IV estão corretas.
(B) As alternativas I e III estão corretas.
(C) As alternativas I e II estão corretas.
(D) As alternativas III e IV estão corretas.
(E) As alternativas II e IV estão corretas.

I: correta (art. 204, parágrafo único, I, da CF); **II:** incorreta. O *caput* do art. 203 da CF determina que a assistência social deva ser prestada, a quem dela necessitar, independentemente de contribuição à seguridade social Gabarito; **III:** incorreta. O art. 198, § 4º, da CF os gestores locais do sistema único de saúde poderão admitir agentes comunitários de saúde e agentes de combate às endemias por meio de processo seletivo público, de acordo com a natureza e complexidade de suas atribuições e requisitos específicos para sua atuação; **IV:** correta (art. 199, § 3º, da CF).

Gabarito "A"

(Magistratura do Trabalho – 20ª Região – 2003) Considerando a determinação constitucional para que o poder público, por sua própria competência, nos termos da lei, organize a seguridade social, com base em determinados objetivos, pode-se afirmar que:

(A) enquanto a disposição constitucional que determina a irredutibilidade do valor dos benefícios ligados à seguridade social é norma de eficácia plena, o dispositivo que determina a diversidade da base de financiamento da seguridade é uma norma programática;
(B) segundo a Carta Magna vigente, o acesso à saúde é universal, porém, por ter como objetivo da seguridade social a equidade na forma de participação no custeio, tal serviço deve ser prestado somente às pessoas que contribuem para a seguridade;
(C) uniformidade e inequivalência dos benefícios e serviços às populações urbanas e rurais, além de seletividade e distributividade, representam alguns dos objetivos;
(D) lei ordinária, editada pela União, fixando a renda mensal do auxílio-acidente em 60% do salário-de-benefício, seria inconstitucional por representar diminuição no valor da renda do auxílio-acidente, em flagrante violação do princípio constitucional da irredutibilidade de benefícios;
(E) caráter democrático e descentralização da administração não configuram objetivos da seguridade social.

A: correta. De acordo com José Afonso da Silva, há: a) normas constitucionais de eficácia plena (ou absoluta) e aplicabilidade imediata, que produzem efeitos plenos tão logo entram em vigor, como a do art. 194, IV, da CF; b) normas constitucionais de eficácia contida (ou redutível ou restringível) e aplicabilidade mediata, que muito embora tenham eficácia direta e aplicabilidade imediata quando da promulgação da CF, podem vir a ser restringidas pelo legislador infraconstitucional no futuro e c) normas constitucionais de eficácia limitada, que, por sua vez, podem ser: c.1) de princípio institutivo (ou organizativo) ou c.2) de princípio programático. Normas constitucionais de eficácia limitada são as que possuem aplicabilidade indireta e eficácia mediata, pois dependem da intermediação do legislador infraconstitucional para que possam produzir seus efeitos jurídicos próprios. Serão de princípio institutivo se contiverem regras de estruturação de instituição, órgãos ou entidades, como a norma do art. 18, § 2º, da CF. As normas constitucionais de eficácia limitada e de princípio programático veiculam programas a serem implementados pelo Estado, como o art. 194, VI c/c 195, *caput*, da CF; **B:** incorreta. Não reflete o disposto no art. 198, § 1º, da CF, sendo certo que o serviço de saúde não demanda contribuição; **C:** incorreta. V. art. 194, II e III, da CF; **D:** incorreta. A renda do auxílio-acidente é de 50% do salário-de-benefício. Além disso, uma diminuição desse percentual seria possível por lei ordinária, desde que não afetasse direito adquirido. E o princípio da irredutibilidade garante a manutenção do valor nominal dos benefícios concedidos, sem garantir o mesmo regime jurídico aos benefícios futuros; **E:** incorreta. Não reflete o disposto no art. 194, VII, da CF.

Gabarito "A"

(Magistratura do Trabalho – 21ª Região – 2005) Leia o enunciado abaixo e, em seguida, aponte a resposta correta: Uma pessoa de vinte e cinco anos e desempregada há mais de cinco foi vítima de um acidente doméstico que a deixou com deficiência grave, incapacitando-a irreversivelmente para qualquer trabalho ou atividade. Além disso, evidenciou-se a sua impossibilidade pessoal e familiar de prover à própria manutenção. Considerando o quadro descrito, o sistema de saúde e assistência social previsto em nossa Constituição Federal:

(A) garante a assistência integral à saúde, enquanto for necessária, e o pagamento de auxílio-acidente pelo prazo de vinte e quatro meses;
(B) garante apenas a assistência integral e sem prazo no atendimento à saúde, por meio do sistema único, tendo em vista estar a pessoa afastada do regime previdenciário, sem contribuir há mais de um ano;
(C) garante a assistência integral à saúde e o auxílio-acidente, pelo tempo necessário, além da internação em unidade adequada a pessoas portadoras de deficiência;
(D) garante a assistência integral à saúde, enquanto for necessária, e, considerando a deficiência adquirida e as circunstâncias presentes, confere o direito a um benefício mensal, sem prazo determinado, correspondente a um salário mínimo, mesmo não tendo havido contribuição para o regime previdenciário nos últimos doze meses;
(E) garante a assistência integral à saúde, não assegura a percepção do auxílio-acidente e confere o direito a um benefício mensal correspondente à metade do salário mínimo, considerando a ausência de contribuição para o sistema previdenciário nos últimos trinta e seis meses.

No caso apresentado no enunciado, a CF garante benefício mensal no valor de um salário mínimo à pessoa portadora de deficiência que comprove não possuir meios de prover à própria manutenção ou de tê-la provida por sua família (Art. 203, V, da CF).

Gabarito "D"

(Magistratura do Trabalho – 23ª Região – 2008) A seguridade social compreende um conjunto integrado de ações de iniciativa dos Poderes Públicos e da sociedade, destinadas a assegurar os direitos relativos à saúde, à previdência e à assistência social. Com base nessa assertiva, marque a alternativa CORRETA:

I. tem como um de seus objetivos a uniformidade e equivalência dos benefícios e serviços às populações urbanas e rurais;
II. tem como um de seus objetivos a irredutibilidade do valor dos benefícios e na equidade na forma de participação no custeio;
III. a gratificação natalina dos aposentados e pensionistas terá por base o valor da média anual dos proventos recebidos;
IV. por lei complementar poderão ser instituídas outras fontes destinadas a garantir a manutenção ou expansão da seguridade social.

(A) todas as opções estão corretas;
(B) apenas três opções estão corretas;
(C) apenas duas opções estão corretas;
(D) apenas uma opção está correta;
(E) todas as opções estão incorretas.

I: correto (Art. 194, II, da CF); **II:** correto (Art. 194, IV e V, da CF); **III:** incorreto. A gratificação natalina dos aposentados e pensionistas terá por base o valor dos proventos do mês de dezembro de cada ano (art. 201, § 6º, da CF); **IV:** correto (Art. 195, § 4º, c/c art. 154, I, ambos da CF).

Gabarito "B"

(Ministério Público do Trabalho – 9º) Em relação à seguridade social é incorreto afirmar:

(A) a seletividade e distributividade na prestação dos benefícios e serviços é um dos objetivos fixados pela Constituição Federal;
(B) a seguridade social será financiada por toda a sociedade, apenas de forma direta;
(C) nenhum benefício ou serviço da seguridade social poderá ser estendido sem a correspondente fonte de custeio total;
(D) são isentas de contribuição para a seguridade social as entidades beneficentes de assistência social que atendam às exigências legais;
(E) a contribuição social do empregador, da empresa e da entidade a ela equiparada na forma legal incide inclusive sobre os rendimentos do trabalho pagos a qualquer título à pessoa física que lhe preste serviço, mesmo sem vínculo empregatício;
(F) não sei.

A: correta (Art. 194, III, da CF); **B:** incorreta, devendo ser assinalada. Não reflete o disposto no art. 195, *caput*, da CF; **C:** correta (Art. 195, § 5º, da CF); **D:** correta (Art. 195, § 7º, da CF); **E:** correta (Art. 195, I, *a*, da CF).

Gabarito "B"

(Ministério Público do Trabalho – 8º) Assinale a hipótese incorreta. A previdência social será organizada sob a forma de regime geral, de caráter contributivo e de filiação obrigatória, observados critérios que preservem o equilíbrio financeiro a atuarial, e atenderá, nos termos da lei, a:

(A) cobertura dos eventos de doença, invalidez, morte e idade avançada;
(B) ajuda à manutenção dos dependentes dos segurados de baixa renda;
(C) proteção à maternidade, especialmente à gestante;
(D) salário-família e auxílio reclusão para os segurados de baixa renda;
(E) proteção ao trabalhador em situação de desemprego involuntário;
(F) não sei.

Art. 201, I a V, da CF.

Gabarito "B"

9.2. EDUCAÇÃO

(Magistratura do Trabalho – 9ª Região – 2006) Prescreve o § 1º do art. 213 da Constituição: "Art. 213. Os recursos públicos serão destinados às escolas públicas, podendo ser dirigidos a escolas comunitárias, confessionais ou filantrópicas, definidas em lei, que: (...) § 1º Os recursos de que trata este artigo poderão ser destinados a bolsas de estudo para o ensino fundamental e médio, na forma da lei, para os que demonstrem insuficiência de recursos, quando houver falta de vagas e cursos regulares da rede pública na localidade da residência do educando, ficando o Poder Público obrigado a investir prioritariamente na expansão de sua rede na localidade." Considere o ensino fundamental como direito subjetivo e a hipótese de que o Poder Público não oferece número suficiente de vagas para crianças em período diurno nas escolas públicas.

Assinale a alternativa que contém, entre as interpretações possíveis do referido texto constitucional, aquela que confere eficácia ao princípio da dignidade da pessoa humana:

(A) O cidadão não possui legitimidade para propor demanda reivindicando que o Poder Público custeie escola privada.
(B) O Judiciário somente poderia determinar o custeio de uma escola privada pelo Poder Público com fundamento na lei de que trata o § 1º do art. 213 transcrito.
(C) A exigência de lei prévia dirige-se ao Poder Executivo e não ao Poder Judiciário, podendo este conferir tutela ao direito não cumprido do indivíduo, condenando o Poder Público a custear escola privada ao autor da demanda.
(D) Ao Judiciário compete tutelar os direitos à alimentação, vestuário, saúde e moradia, sendo que a educação fundamental não diz respeito a condições materiais básicas da existência, não

sendo dado ao Poder Judiciário impor a prestação aos entes federados.

(E) Somente o Ministério Público está legitimado para a ação visando ao custeio do ensino fundamental pelo Poder Público por tratar-se de tutela de direito difuso e interesse coletivo.

A: incorreta. Se o cidadão se sentir prejudicado pela ausência de regulamentação da norma constitucional, deve valer-se do Poder Judiciário (art. 5º, XXXV, da CF); **B:** incorreta. O Poder Judiciário não se limita à norma, podendo resolver os conflitos com base nos princípios, como o da dignidade da pessoa humana; **C:** correta. O Poder Judiciário deve resolver o caso concreto, existindo ou não lei que regulamente a matéria (v. art. 4º da LINDB); **D:** incorreta. Não reflete o disposto no art. 6º da CF; **E:** incorreta. O interesse é individual. Vale lembrar que há possibilidade de o Ministério Público ingressar com ação civil pública para defender direitos individuais apenas se forem **indisponíveis**, como é o caso do direito a uma prestação de serviço de saúde.

Gabarito "C"

9.3. MEIO AMBIENTE

(Magistratura do Trabalho – 5ª Região – 2006 – CESPE) Acerca das normas constitucionais de proteção ao meio ambiente, previstas na estrutura da ordem social e nos demais capítulos da Constituição Federal, assinale a opção correta.

(A) O fato de a mata atlântica integrar o patrimônio nacional não acarreta por si só a competência da justiça federal e não converte os bens particulares ali localizados em bens públicos, impedindo a sua utilização racional.

(B) O princípio do desenvolvimento sustentável representa fator de obtenção do justo equilíbrio entre as exigências da economia e as da ecologia, mas, quando ocorrente situação de conflito entre estes valores constitucionais relevantes, pode-se comprometer ou esvaziar o conteúdo essencial do direito fundamental à preservação do meio ambiente.

(C) O direito de propriedade, ainda que descumprida a função social que lhe é inerente, não pode sofrer intervenção estatal.

(D) O Sistema Único de Saúde não tem atribuição constitucional de colaborar na proteção do meio ambiente.

(E) O relatório de impacto ambiental deve ser submetido ao crivo de comissão permanente instituída por lei, com essa finalidade, no âmbito dos poderes legislativos estaduais.

A: correta. V. art. 109 da CF; **B:** incorreta. O conteúdo jurídico de um princípio não pode ser esvaziado, seu "núcleo duro" deve ser preservado; **C:** incorreta. V. art. 184 da CF; **D:** incorreta. V. art. 200, VIII, da CF; **E:** incorreta. "É inconstitucional preceito da Constituição do Estado do Espírito Santo que submete o Relatório de Impacto Ambiental – RIMA – ao crivo de comissão permanente e específica da Assembleia Legislativa. A concessão de autorização para desenvolvimento de atividade potencialmente danosa ao meio ambiente consubstancia ato do poder de polícia – ato da administração pública – entenda-se ato do Poder Executivo." (STF, **ADI 1.505, Rel. Min. Eros Grau).**

Gabarito "A"

(Magistratura do Trabalho – 9ª Região – 2006) Sobre direito ambiental, assinale a alternativa correta:

I. O direito ambiental é de índole constitucional. O interesse que visa tutelar é a sadia qualidade de vida do homem, em suas gerações presentes e futuras, o que realiza através da defesa e preservação do meio ambiente como elemento indissociável da saúde e do bem estar do povo.

II. Através do princípio do desenvolvimento sustentável, o direito ambiental busca realizar uma harmonização entre o desenvolvimento econômico e a preservação do meio ambiente.

III. A Constituição Federal prevê a aplicação da teoria da inversão do ônus da prova, a fim de facilitar a comprovação do grau de culpa necessária para responsabilizar os poluidores a indenizar ou reparar os danos causados ao meio ambiente ou a terceiros, afetados por sua atividade.

IV. A defesa e preservação do meio ambiente, para as presentes e futuras gerações, não é dever apenas do Poder Público, mas também da coletividade, o que justifica a necessidade de conscientização pública e promoção da educação ambiental.

(A) Apenas a assertiva I está correta.
(B) Apenas as assertivas I e II estão corretas.
(C) Apenas as assertivas II e III estão corretas.
(D) Apenas as assertivas I e IV estão corretas.
(E) Apenas as assertivas I, II e IV estão corretas.

I e IV: Art. 225 da CF; **II:** Sim, resultando de uma ponderação entre os dois valores constitucionais, sem que nenhum deles seja totalmente anulado; **III:** Não há regra nesse sentido na CF.

Gabarito "E"

9.4. FAMÍLIA, CRIANÇA, ADOLESCENTE E IDOSO

(Magistratura do Trabalho – 11ª Região – 2007 – FCC) Considere as seguintes afirmações sobre a tutela constitucional da criança e do adolescente:

I. O direito à proteção especial abrangerá o estímulo do Poder Público, através de assistência jurídica, incentivos fiscais e subsídios, nos termos da lei, ao acolhimento, sob a forma de guarda, de criança ou adolescente órfão ou abandonado.

II. O Estado promoverá programas de assistência integral à saúde da criança e do adolescente, observada a aplicação de percentual dos recursos públicos destinados à saúde na assistência materno-infantil.

III. A lei punirá severamente o abuso, a violência e a exploração sexual da criança e do adolescente, observados, no entanto, os princípios da excepcionalidade e do respeito à condição peculiar da pessoa em desenvolvimento, na aplicação de penas restritivas de liberdade a seus infratores.

É correto o que se afirma APENAS em

(A) I.
(B) II.
(C) III.
(D) I e II.
(E) II e III.

I: correto (Art. 227, § 3º, VI, da CF); **II:** correto (Art. 227, § 1º, I, da CF); **III:** incorreto. O art. 227, § 4º, da CF, não estabelece exceções.

Gabarito "D"

(Magistratura do Trabalho – 23ª Região – 2009) Leia as assertivas abaixo e marque a alternativa CORRETA:

No que diz respeito à proteção da Família, da Criança, do Adolescente e do Idoso, o direito a proteção especial abrangerá os seguintes aspectos:

I. idade mínima de quatorze anos para admissão ao trabalho, salvo na condição de aprendiz.

II. garantia de direitos previdenciários e trabalhistas.

III. garantia de acesso do trabalhador adolescente à escola;

IV. garantia de pleno e formal conhecimento da atribuição de ato infracional, igualdade na relação processual e defesa técnica por profissional habilitado, segundo dispuser a legislação tutelar específica.

(A) Apenas os itens I e II são verdadeiros.

(B) Apenas os itens II e III são verdadeiros.

(C) Apenas os itens I e IV são verdadeiros.

(D) Apenas os itens I e III são verdadeiros.

(E) Apenas os itens II, III e IV são verdadeiros.

I: incorreto. Não reflete o disposto no art. 7º, XXXIII, da CF; **II:** correto (Art. 227, § 3º, II, da CF); **III:** correto (Art. 227, § 3º, III, da CF); **IV:** correto (Art. 227, § 3º, IV, da CF).

Gabarito "E"

9.5. ÍNDIOS

(Magistratura do Trabalho – 23ª Região – 2011) A respeito do tratamento dado aos índios pela Constituição de 1988, assinale a alternativa FALS**A:**

(A) As terras tradicionalmente ocupadas pelos índios, apesar de previstas como bens da União, destinam-se à posse permanente daqueles, sendo inalienáveis e indisponíveis, e os direitos sobre elas, imprescritíveis.

(B) O aproveitamento dos recursos hídricos, incluídos os potenciais energéticos, a pesquisa e a lavra das riquezas minerais em terras indígenas só podem ser efetivados com autorização do Senado Federal, ouvidas as comunidades afetadas, ficando-lhes assegurada participação nos resultados da lavra, na forma da lei.

(C) São reconhecidos aos índios sua organização social, costumes, línguas, crenças e tradições, e os direitos originários sobre as terras que tradicionalmente ocupam, competindo à União demarcá-las, proteger e fazer respeitar todos os seus bens.

(D) Os índios, suas comunidades e organizações são partes legítimas para ingressar em juízo em defesa de seus direitos e interesses, intervindo o Ministério Público em todos os atos do processo.

(E) São terras tradicionalmente ocupadas pelos índios as por eles habitadas em caráter permanente, as utilizadas para suas atividades produtivas, as imprescindíveis à preservação dos recursos ambientais necessários a seu bem-estar e as necessárias a sua reprodução física e cultural, segundo seus usos, costumes e tradições.

A: correta. De fato, se por um lado a Constituição Federal de 1988 prevê que as terras tradicionalmente ocupadas pelos índios pertencem à União (art. 20, inciso XI), por outro, no § 2º, do art. 231, prescreve que tais terras destinam-se a sua posse permanente, cabendo-lhes o usufruto exclusivo das riquezas do solo, dos rios e dos lagos nelas existentes; **B:** incorreta (devendo ser assinalada), por atribuir competência para autorização ao Senado Federal, sendo que, na forma do disposto no §3º, do art. 231, da CF, é atribuição do Congresso Nacional a autorização para o aproveitamento dos recursos hídricos descritos na alternativa; **C:** correta (art. 231, *caput*, da CF); **D:** correta (art. 232 da CF); **E:** correta (art. 231, §1º, da CF). Cabe transcrever a lição de José Afonso da Silva a respeito do termo tradicionalmente utilizado pelo Constituinte: "O tradicionalmente refere-se, não a uma circunstância temporal, mas ao modo tradicional de os índios ocuparem e utilizarem as terras e ao modo tradicional de produção, enfim, ao modo tradicional de como eles se relacionam com a terra, já que há comunidades mais estáveis, outras menos estáveis, e as que têm espaços mais amplos pelo qual se deslocam etc. Daí dizer-se que tudo se realize segundo seus usos, costumes e tradições."

Gabarito "B"

(Magistratura do Trabalho – 8ª Região – 2008) Sobre a ordem social, no tocante aos índios, assinale a alternativa CORRETA:

(A) Os índios, suas comunidades e organizações são partes legítimas para ingressar em juízo em defesa de seus direitos e interesses, inclusive na condição de assistente litisconsorcial, intervindo o Ministério Público em todos os atos do processo.

(B) São nulos e extintos os atos que tenham por objeto a ocupação das terras indígenas, não gerando essa nulidade nenhum direito de indenização ou ação contra a União.

(C) Lei complementar poderá disciplinar organização de atividade garimpeira em cooperativa, que tem prioridade na concessão de pesquisa e lavra, garantindo-se essa atividade inclusive em terras indígenas, desde que com autorização do Congresso Nacional, assegurando-se aos índios participação nos resultados da lavra.

(D) As terras indígenas destinam-se a posse permanente dos índios, cabendo-lhes o usufruto, concorrente com a União, das riquezas do solo, dos rios e dos lagos nelas existentes.

(E) É vedada a remoção dos grupos indígenas de suas terras, salvo, ad referendum do Congresso Nacional, no interesse da soberania do País, garantido o retorno imediato logo cesse a causa.

A: correta (Art. 232 da CF); **B:** incorreta. Não reflete o disposto no art. 231, § 6º, da CF; **C:** incorreta. Não reflete o disposto no art. 176, § 1º, da CF; **D:** incorreta. Não reflete o disposto no art. 231, § 2º, da CF; **E:** incorreta. Não reflete o disposto no art. 231, § 5º, da CF.

Gabarito "A"

(Magistratura do Trabalho – 11ª Região – 2007 – FCC) Considerada a disciplina constitucional relativa às terras tradicionalmente ocupadas pelos índios é INCORRETO afirmar que

(A) são assim consideradas as terras pelos índios habitadas em caráter permanente, bem como as necessárias a sua reprodução física e cultural, segundo seus usos, costumes e tradições.
(B) se destinam à posse permanente dos índios, cabendo-lhes o usufruto exclusivo das riquezas do solo, dos rios e lagos nelas existentes.
(C) são inalienáveis, indisponíveis e os direitos sobre elas, imprescritíveis.
(D) possuem legitimidade para a defesa em juízo dos direitos originários sobre essas terras os índios, suas comunidades e organizações.
(E) é vedada a remoção dos grupos indígenas de suas terras, salvo, após deliberação do Congresso Nacional, em caso de catástrofe ou epidemia que ponha em risco sua população.

A: correta (Art. 231, § 1°, da CF); **B:** correta (Art. 231, § 2°, da CF); **C:** correta (Art. 231, § 4°, da CF); **D:** correto (Art. 232 da CF); **E:** incorreta. Não reflete o disposto no art. 231, § 5°, da CF.

Gabarito "E"

(Ministério Público do Trabalho – 8º) À vista das assertivas abaixo:

I. os índios, suas comunidades e organizações são partes legítimas para ingressar em juízo em defesa de seus direitos e interesses. Se não for autor, será o Ministério Público interveniente;
II. a disputa sobre direitos indígenas é matéria de competência dos juízes federais;
III. é vedada a remoção dos grupos indígenas de suas terras, salvo, *ad referendum* do Congresso Nacional, em caso de catástrofe ou epidemia que ponha em risco sua população, ou no interesse da soberania do País, após deliberação do Congresso Nacional, garantido, em qualquer hipótese, o retorno imediato logo que cessar o risco:
IV. o aproveitamento dos recursos hídricos, incluindo os potenciais energéticos, a pesquisa e a lavra das riquezas minerais em terras indígenas podem ser efetivadas 'independente da autorização do Congresso Nacional:
V. são reconhecidos aos índios sua organização social, costumes, línguas, crenças e tradições, e os direitos originários sobre as terras que tradicionalmente ocupam, competindo aos Estados demarcá-las, proteger e fazer respeitar os seus bens.

Assinale a alternativa correta:

(A) as assertivas I, IV e V estão corretas;
(B) as assertivas II, IV e V estão incorretas;
(C) somente a assertiva V está incorreta;
(D) as assertivas I, II e III estão corretas;
(E) todas as assertivas estão corretas;
(F) não sei.

I: correta (Art. 232 da CF); **II:** correta (Art. 109, XI, da CF); **III:** correta (Art. 231, § 5°, da CF); **IV:** incorreta. Não reflete o disposto no art. 231, § 3°, da CF; **V:** incorreta. Não reflete o disposto no art. 231, *caput*, da CF.

Gabarito "D"

9.6. QUESTÕES COMBINADAS SOBRE A ORDEM ECONÔMICA E SOCIAL

(Magistratura do Trabalho – 2ª Região – 2010) No sistema estabelecido pela Lei Maior sobre a Ordem Social, temos:

I. A Constituição Federal de 1988 consagrou a obrigação do Poder Público na efetividade de um meio ambiente sadio. Portanto, o regime jurídico nesta matéria é especial, exorbita o Direito Comum e deve atentar, também, para as preocupações internacionais.
II. Há uma exigência constitucional de prévio acesso às instâncias da Justiça desportiva, para as ações cujo teor é referente às competições desportivas, embora tal Justiça não faça parte do Poder Judiciário.
III. A Constituição Federal definiu como entidades familiares as constituídas pelo casamento civil ou religioso com efeitos civis; a constituída pela união estável entre homem e mulher; e, pela comunidade formada por qualquer dos pais e seus descendentes.
IV. A União homoafetiva está expressamente contemplada na Lei Maior, no Código Civil, na Lei Previdenciária como entidade familiar e não pode ser objeto de contrariedade pelas religiões professadas no Estado;
V. A gratuidade dos transportes coletivos urbanos vem assegurada àqueles que completarem 60 (sessenta) anos de idade.

Assinale a alternativa correta:

(A) As alternativas III, IV e V estão corretas.
(B) As alternativas I, II e III estão corretas.
(C) As alternativas II, III e V estão corretas.
(D) As alternativas II, III e IV estão corretas.
(E) As alternativas I e V estão corretas.

I: correta. De fato, a preservação ao meio ambiente deve atentar, também, para as preocupações internacionais. O primeiro grande marco para tanto foi a Conferência de Estocolmo (1972). Nesse evento aprovaram a denominada "Declaração do Meio Ambiente" que confirmava a importância de harmonizar o desenvolvimento dos países com a proteção ambiental. Outras grandes conferências foram realizadas após essa primeira. Vale ressaltar que o direito ao meio ambiente ecologicamente equilibrado é tido como direito de terceira geração em que a premissa adotada é a solidariedade; **II:** correta. O art. 217, § 1°, da CF determina que o Poder Judiciário só admita ações relativas à disciplina e às competições desportivas **após esgotarem-se as instâncias da justiça desportiva**, regulada em lei. O STF já decidiu analisou o dispositivo e mencionou que "(...) O próprio legislador constituinte de 1988 limitou a condição de ter-se o exaurimento da fase administrativa, para chegar-se à formalização de pleito no Judiciário. Fê-lo no tocante ao desporto, (...) no § 1° do art. 217 (...). Vale dizer que, sob o ângulo constitucional, o livre acesso ao Judiciário sofre uma mitigação e, aí, consubstanciando o preceito respectivo exceção, cabe tão só o empréstimo de interpretação estrita. Destarte, a necessidade de esgotamento da fase administrativa está jungida ao desporto e, mesmo assim, tratando-se de controvérsia a envolver disciplina e competições, sendo que a chamada justiça desportiva há de atuar dentro do prazo máximo de sessenta dias, contados da formalização do processo, proferindo, então, decisão final – § 2º do art. 217 da CF." (ADI 2.139-MC e ADI 2.160-MC, voto do Rel. p/ o ac. Min. Marco Aurélio, julgamento em 13-5-2009, Plenário, DJE de 23-10-2009.); **III:** correta. É o que se extrai da leitura dos parágrafos do art. 226 da CF; **IV:** incorreta. A União homoafetiva **não** está **expressamente** contemplada como entidade familiar pelo ordenamento jurídico, **mas** já foi **reconhecida pelo Supremo Tribunal Federal**, de modo que os casais homossexuais têm os mesmos direitos e deveres que a legislação brasileira estabelece aos casais heterossexuais. O casamento civil entre pessoas do mesmo sexo é permitido e as uniões homoafetivas devem ser tratadas como um novo tipo de família; **V:** incorreta. O art. 230, § 2º, da CF determina que a gratuidade dos transportes coletivos urbanos é garantida aos **maiores de sessenta e cinco anos.**

Gabarito "B"

(Magistratura do Trabalho – 9ª Região – 2009) Considere as proposições a seguir:

I. Compete ao Poder Público a organização da seguridade social, observados dentre outros, os seguintes objetivos: universalidade da cobertura e do atendimento, irredutibilidade do valor dos benefícios, caráter democrático e descentralizado da gestão administrativa, mediante a gestão quadripartite, com a participação dos trabalhadores, dos empregadores, dos aposentados e do Governo nos órgãos colegiados.

II. A Constituição Federal garantiu ampla defesa a somente duas espécies de entidades familiares, quais sejam: a constituída pelo casamento civil ou religioso com efeitos civis; a constituída pela união estável entre o homem e a mulher, devendo a lei facilitar sua conversão em casamento. A comunidade formada por qualquer dos pais e seus descendentes, muito embora receba proteção, não é considerada constitucionalmente como entidade familiar.

III. As terras ocupadas pelos índios integram os bens da União, são inalienáveis, indisponíveis e os direitos sobre as mesmas, imprescritíveis. Não obstante, possível é, nas terras indígenas, o aproveitamento dos recursos hídricos, incluídos os potenciais energéticos, a pesquisa e a lavra das riquezas minerais, desde que autorizados pelo Congresso Nacional, ouvidas as comunidades afetadas, ficando-lhes assegurada participação nos resultados da lavra, na forma da lei.

IV. Os pais têm dever de assistir, criar e educar os filhos menores. No entanto, inexiste previsão constitucional de dever dos filhos maiores de amparar os pais na velhice, sendo esta obrigação somente do Poder Público através da seguridade social.

(A) Todas as proposições são corretas.
(B) Somente são corretas as proposições I e III.
(C) Somente são corretas as proposições I, II e III.
(D) Somente são corretas as proposições II, III e IV.
(E) Somente são corretas as proposições III e IV.

I: correto (Art. 194, parágrafo único, I a VII, da CF); **II:** incorreto. Não reflete o disposto no art. 226, § 4º, da CF; **III:** correto (Art. 20, XI, da CF); **IV:** incorreto. Não reflete o disposto no art. 229 da CF.

Gabarito "B"

(Magistratura do Trabalho – 9ª Região – 2007) Considere as seguintes proposições:

I. Segundo a jurisprudência predominante no Supremo Tribunal Federal, em razão da competência atribuída pela Constituição Federal aos Municípios para legislar sobre assuntos de interesse local, não ofende princípios gerais da atividade econômica lei municipal que impede a instalação de estabelecimentos comerciais do mesmo ramo em determinada área.

II. O princípio da precaução é princípio fundamental do direito ambiental e está inscrito expressamente na legislação nacional.

III. A criança, assim considerada pela lei a pessoa até catorze anos incompletos e o adolescente, assim considerada pela lei a pessoa entre catorze e dezoito anos de idade, têm direito a proteção à vida e à saúde, mediante a efetivação de políticas sociais públicas que permitam o nascimento e o desenvolvimento sadio e harmonioso, em condições dignas de existência.

IV. A lei assegura prioridade de tramitação aos procedimentos judiciais em que figure como parte pessoa com idade igual ou superior a sessenta anos.

V. São bens da União, dentre outros, as terras tradicionalmente ocupadas pelos índios.

Assinale a alternativa correta:

(A) Todas as proposições estão corretas;
(B) Apenas quatro proposições estão corretas;
(C) Apenas três proposições estão corretas;
(D) Apenas duas proposições estão corretas;
(E) Apenas uma proposição está correta.

I: incorreta. Súmula 646/STF: "Ofende o princípio da livre concorrência lei municipal que impede a instalação de estabelecimentos comerciais do mesmo ramo em determinada área"; **II:** incorreta. De acordo com a Conferência das Nações Unidas sobre o Meio Ambiente e Desenvolvimento, realizada em 1992, no Rio de Janeiro, o princípio da precaução corresponde à garantia contra os riscos potenciais que, de acordo com o estado atual do conhecimento, não podem ser ainda identificados. Este princípio afirma que a ausência da certeza científica formal, a existência de um risco de um dano sério ou irreversível requer a implementação de medidas que possam prever este dano. Não se encontra positivado no direito brasileiro; **III:** incorreta. V. arts. 2º e 7º do ECA; **IV:** correta (Art. 71 do Estatuto do Idoso); **V:** correta (Art. 20, XI, da CF).

Gabarito "D"

(Ministério Público do Trabalho – 13º) Quanto à ordem social, assinale a alternativa INCORRETA:

(A) são terras tradicionalmente ocupadas pelos índios as por eles habitadas em caráter permanente, as utilizadas para suas atividades produtivas, as imprescindíveis à preservação dos recursos ambientais necessários a seu bem-estar e as necessárias a sua reprodução física e cultural, segundo seus usos, costumes e tradições;
(B) a família, a sociedade e o Estado têm o dever de amparar as pessoas idosas, assegurando sua participação na comunidade, defendendo sua dignidade e bem-estar e garantindo-lhes o direito à vida, na forma da lei, propiciando-lhe os bens materiais necessários para uma vida digna;

(C) o ensino será ministrado com base, dentre outros, nos princípios da igualdade de condições para o acesso e permanência na escola; da liberdade de aprender, ensinar, pesquisar e divulgar o pensamento, a arte e o saber e do pluralismo de ideias e de concepções pedagógicas, e coexistência de instituições públicas e privadas de ensino;

(D) todos têm direito ao meio ambiente ecologicamente equilibrado, bem de uso comum do povo e essencial à sadia qualidade de vida, impondo-se ao poder público e à coletividade o dever de defendê-lo e preservá-lo para as presentes e futuras gerações e, para assegurar a efetividade desse direito, incumbe ao poder público, dentre outras atribuições, exigir, na forma da lei, para instalação de obra ou atividade potencialmente causadora de significativa degradação do meio ambiente, estudo prévio de impacto ambiental, a que se dará publicidade;

(E) não respondida.

A: correta (art. 231, § 1º, da CF); **B:** incorreta, devendo ser assinalada. O art. 230 da CF não exige regulamentação legal para a garantia do direito à vida, nem se refere aos bens materiais necessários a uma vida digna, embora o art. 203, V, da CF garanta um benefício assistencial mínimo em favor do idoso desamparado; **C:** correta (art. 206 da CF); **D:** correta (art. 225, *caput* e § 1º, IV, da CF).

Gabarito "B"

(Magistratura do Trabalho – 20ª Região – 2003) Analise as proposições abaixo, a respeito da ordem social, na Constituição Republicana:

I. Estabelece a educação como dever do Estado e da Família, e direito de todos, devendo o ensino ser ministrado com base no pluralismo de ideias e de concepções pedagógicas, sendo vedado o ensino religioso e ministrado o ensino fundamental regular exclusivamente em língua portuguesa.

II. Tem como objetivos o bem-estar e a justiça sociais, e como base o primado do trabalho.

III. Estabelece que as instituições privadas com fins lucrativos, nacionais ou estrangeiras, podem participar de forma complementar do sistema único de saúde, segundo diretrizes próprias, e recebendo recursos públicos para auxílios ou subvenções.

IV. Assegura assistência social aos necessitados somente mediante contribuição à seguridade social, salvo no caso da gestante e do trabalhador em situação de desemprego voluntário.

Julgando-as, verifica-se que:

(A) todas estão incorretas;

(B) apenas a I e a II estão corretas;

(C) apenas a II está correta;

(D) apenas a III está correta;

(E) apenas a II e a III estão corretas.

I: incorreto. O ensino religioso é facultativo (art. 210, § 1º, da CF); **II:** correto (Art. 193 da CF); **III:** incorreto. Não reflete o disposto no art. 199, § 1º, da CF; **IV:** V. art. 203, *caput* e incisos I a V, da CF, prestações que independem de contribuição.

Gabarito "C"

(Magistratura do Trabalho – 20ª Região – 2003) Considere as proposições em seguida:

I. As condutas e atividades consideradas lesivas ao meio ambiente sujeitarão os infratores, pessoas físicas ou jurídicas, a sanções penais e administrativas, independentemente da obrigação de reparar os danos causados.

II. O Estado promoverá programas de assistência integral à saúde da criança e do adolescente, admitida a participação de entidades não governamentais e obedecendo a preceitos constitucionais.

III. Os índios, suas comunidades e organizações são partes legítimas para ingressar em juízo em defesa de seus interesses, intervindo o Ministério Público em todos os atos do processo.

IV. Entende-se como entidade familiar apenas a comunidade formada pelo homem e pela mulher e seus descendentes, onde os direitos e deveres referentes à sociedade conjugal são exercidos igualmente.

Analisando-as, de acordo com a Constituição da República em vigor:

(A) apenas a I e a III estão incorretas;

(B) apenas a IV está incorreta;

(C) apenas a III e a IV estão incorretas;

(D) apenas a III está incorreta;

(E) apenas a II e a III estão incorretas.

I: correto (Art. 225, § 3º, da CF); **II:** correto (Art. 227, § 1º, da CF); **III:** correto (Art. 232 da CF); **IV:** incorreto. Não reflete o disposto no art. 226, §§ 3º e 4º, da CF.

Gabarito "B"

(Ministério Público do Trabalho – 11º) Quanto à Ordem Econômica, Financeira e Social:

I. o dever do Estado com a educação será efetivado mediante a garantia de atendimento educacional especializado aos portadores de deficiência, preferencialmente na rede regular de ensino;

II. o Estado promoverá programas de assistência integral à saúde da criança e do adolescente, com a criação de programas de prevenção e atendimento especializado para os portadores de deficiência, sensorial ou mental, bem como de integração social do adolescente portador de deficiência, mediante o treinamento para o trabalho e a convivência, e a facilitação do acesso aos bens e serviços coletivos, com a eliminação de preconceitos e obstáculos arquitetônicos;

III. o direito à proteção especial do adolescente abrangerá a idade mínima de 14 anos para admissão em qualquer trabalho, a garantia de direitos previdenciários e trabalhistas e, ainda, a garantia de acesso do trabalhador adolescente à escola;

IV. a ordem econômica, fundada na valorização do trabalho humano e na livre iniciativa, tem por fim assegurar a todos existência digna, conforme os ditames da justiça social, observados – dentre outros – os seguintes princípios: da propriedade privada, da função social da propriedade, da redução das desigualdades regionais e sociais, da busca do pleno emprego e do tratamento favorecido para as empresas de pequeno porte constituídas sob as leis brasileiras e que tenham sua sede e administração no Brasil.

Analisando-se as asserções acima, pode-se afirmar que:

(A) todas estão corretas;
(B) todas estão incorretas;
(C) apenas a de número III está incorreta;
(D) apenas as de números III e IV estão incorretas;
(E) não respondida.

I: correto (Art. 208, III, da CF); **II:** correto (Art. 227, § 1º, II, da CF); **III:** incorreto (Não reflete o disposto no art. 7º, XXXIII, da CF); **IV:** correto (Art. 170, *caput* e incisos I a IX, da CF).

Gabarito "C"

10. QUESTÕES COMBINADAS

(Magistratura do Trabalho – 2ª Região – 2011) Analise as seguintes proposições:

I. A Advocacia-Geral da União é a instituição que, diretamente ou através de órgão vinculado, representa a União, judicialmente, e tem por chefe o Advogado-Geral da União, de livre nomeação pelo Presidente da República, dentre cidadãos maiores de 35 anos e menores de 60 anos.

II. O juízo arbitral é uma forma de valorizar a liberdade contratual e se contrapõe à garantia do artigo 5°, XXXV, da Constituição Federal, que estabelece a possibilidade de apreciação pelo Poder Judiciário de lesão ou ameaça a direito.

III. Todo autor é titular de direitos morais e de direitos patrimoniais sobre a obra intelectual que produzir. Aqueles são personalíssimos, inalienáveis e irrenunciáveis. Já os patrimoniais são alienáveis por ele ou por seus sucessores.

IV. A liberdade de reunião é uma liberdade-condição, porque sendo um direito em si, constitui também condição para o exercício de outras liberdades: de manifestação do pensamento, de expressão de convicção filosófica, religiosa, científica e política e de locomoção, que abrange também, a liberdade de ir, vir e ficar.

V. A casa é o asilo inviolável do indivíduo, mas apesar disso, é possível nela penetrar, por simples despacho judicial, traduzido num mandado, durante o dia, em princípio, entre 6h e 18h.

Responda:

(A) Estão corretas as assertivas I, II e III.
(B) Estão corretas as assertivas II, III e IV.
(C) Estão corretas as assertivas III, IV e V.
(D) Estão corretas as assertivas I e II.
(E) Estão corretas as assertivas II e IV.

I: incorreta. Conforme o art. 131, § 1º, da CF, de fato, a Advocacia-Geral da União tem por chefe o Advogado-Geral da União que é nomeado livremente pelo Presidente da República, dentre cidadãos maiores de trinta e cinco anos, que possuam notável saber jurídico e reputação ilibada. Não há, portanto, a exigência de possuir menos de sessenta anos de idade, como afirmado na alternativa. Gabarito; **II:** incorreta. Conforme o STF, o juízo arbitral **não** se contrapõe à garantia do art. 5º, XXXV, da CF. Segue a decisão – "Lei de Arbitragem (Lei 9.307/1996): constitucionalidade, em tese, do juízo arbitral; discussão incidental da constitucionalidade de vários dos tópicos da nova lei, especialmente acerca da compatibilidade, ou não, entre a execução judicial específica para a solução de futuros conflitos da cláusula compromissória e a garantia constitucional da universalidade da jurisdição do Poder Judiciário (CF, art. 5º, XXXV). Constitucionalidade declarada pelo Plenário, considerando o Tribunal, por maioria de votos, que **a manifestação de vontade da parte na cláusula compromissória, quando da celebração do contrato, e a permissão legal dada ao juiz para que substitua a vontade da parte recalcitrante em firmar o compromisso não ofendem o art. 5º, XXXV, da CF**." (SE 5.206-AgR, Rel. Min. Sepúlveda Pertence, julgamento em 12-12-2001, Plenário, DJ de 30-4-2004.)(grifos nossos); **III:** correta. De fato, o art. 22 da Lei 9.610/98 (Lei sobre os direitos autorais) determina que pertença ao autor os direitos morais e patrimoniais sobre a obra que produzir. A mesma lei, em seu art.27, indica que os direitos morais do autor são não podem ser objeto de alienação ou de renúncia. Por fim, os capítulos III e V da lei mencionada, cuidam dos direitos patrimoniais do autor, de sua duração e da transferência e autorizam a sua alienação; **IV:** correta. A jurisprudência do STF é justamente nesse sentido. Tal Corte já mencionou que "a **liberdade de reunião, enquanto direito-meio, seria instrumento viabilizador da liberdade de expressão** e qualificar-se-ia como elemento apto a propiciar a ativa participação da sociedade civil na vida política do Estado (ADPF 187, Rel. Min. Celso de Mello, julgamento em 15-6-2011, Plenário, Informativo 631.); **V:** correta. De fato, a casa é asilo inviolável do indivíduo, ninguém nela podendo penetrar sem consentimento do morador, salvo em caso de flagrante delito ou desastre, ou para prestar socorro, ou, durante o dia, por determinação judicial (art. 5º, XI, da CF). Segundo a doutrina, entende-se como noite da aurora ao crepúsculo, ou seja, das 18 até 6 horas; durante este horário somente é permitido ingressar em casa alheia em situações emergenciais e de urgência (desastre, flagrante delito, prestação de socorro). Desse modo, verifica-se que é possível adentrar a casa, mediante ordem judicial, mas isso deve ser feito entre as 6h e 18h.

Gabarito "C"

(Magistratura do Trabalho – 2ª Região – 2010) Analise as proposições abaixo e assinale a alternativa correta.

I. A presunção decorrente da revelia constitui ofensa ao contraditório, ainda que em face dos chamados direitos indisponíveis.

II. O estrangeiro residente regularmente no Brasil, ainda que com visto provisório, pode sofrer prisão civil por dívida, salvo se responsável por inadimplemento de obrigação alimentícia.

III. No caso de improcedência de uma ação popular, o autor, necessariamente cidadão, está isento de custas e honorários advocatícios, a não ser que tenha acionado o Judiciário, de modo infundado e com fim procrastinatório.

IV. A prisão de natureza criminal, que tem finalidade punitiva, somente pode ser feita em flagrante delito ou por ordem escrita e fundamentada de autoridade competente.

V. A inconstitucionalidade por omissão representa um controle político pelo Judiciário com finalidade de apontar lacuna específica e de imediato criar lei para o caso concreto.

(A) As alternativas I, II e IV estão corretas.
(B) As alternativas IV e V estão corretas.
(C) As alternativas II e III estão corretas.
(D) As alternativas I e V estão corretas.
(E) As alternativas III e IV estão corretas.

I: incorreta. Em relação aos chamados direitos indisponíveis a regra da presunção de veracidade dos fatos afirmados pelo autor, prevista no art. 319 do CPC, não se aplica; **II:** incorreta. O estrangeiro residente regularmente no Brasil, ainda que com visto provisório, **não pode** sofrer prisão civil por dívida, salvo se responsável por inadimplemento de obrigação alimentícia. Embora o art. 5º, LXVII, da CF mencione que é possível prisão civil do depositário infiel, tal tema já foi objeto de discussão no Supremo,o qual editou a Súmula Vinculante nº 25 proibindo essa modalidade de prisão; **III:** correta. A ação popular está prevista no art. 5º, LXXIII, da CF, de fato, deve ser proposta por qualquer cidadão, aquele que está no gozo dos direitos políticos, e, salvo comprovada má-fé, é uma ação isenta de custas e do ônus da sucumbência; **IV:** correta. De acordo com o art. 5º, LXI, da CF, ninguém será preso senão em flagrante delito ou por ordem escrita e fundamentada de autoridade judiciária competente, salvo nos casos de transgressão militar ou crime propriamente militar, definidos em lei; **V:** errada. O art. 2º da CF traz um princípio da separação dos poderes, segundo o qual os poderes Legislativo, Executivo e Judiciário são independentes e devem conviver de forma harmônica. Autorizar o Judiciário, diante de uma inconstitucionalidade por omissão, a imediatamente criar lei para o caso concreto, é o mesmo que ignorar a separação dos poderes.

Gabarito "E"

(Magistratura do Trabalho – 2ª Região – 2010) Os direitos e garantias fundamentais revelaram-se como a espinha dorsal do sistema jurídico, devendo o Estado atuar nos diversos setores de interesse público, sem ferir tais direitos e garantias. Em face disso, assinale a alternativa correta:

(A) A defesa do consumidor em juízo somente pode ser feita individualmente, cabendo eventual defesa coletiva apenas para a tutela de direitos individuais e homogêneos, passíveis de serem dimensionados.
(B) Tem-se possível a penhora *pro labore* de pequena propriedade rural familiar, para pagamento de débito devidamente apurado em processo regular, se os valores apontados como devidos decorram de obrigações não cumpridas, estranhas a aquela produção rural.
(C) Indevida a acumulação de indenização de dano material, de dano moral, de dano a imagem e de verbas resilitórias decorrentes da rescisão indireta, pela infringência da letra "e", do art. 483, da CLT, porquanto tais figuras buscam a satisfação de um mesmo interesse.
(D) O inciso XXXV, do artigo 5º, da Constituição Federal (apreciação pelo Judiciário de lesão ou ameaça de direito) abrange as ações de interesses difusos e coletivos, observando que aqueles são transindividuais de natureza indivisível de pessoas determinadas, ligadas por uma relação jurídica básica e estes são transindividuais, de pessoas indeterminadas, ligadas por circunstâncias de fato.
(E) A Constituição Federal proíbe juízos de exceção, sendo que a lei não pode criar Tribunais militares, esportivos e marítimos em virtude do monopólio do sistema Judiciário pela Federação.

A: incorreta. A defesa do consumidor não é feita apenas individualmente. O art. 2°, parágrafo único, do CDC (Lei 8.078/1990) trata como consumidor equiparado a coletividade de pessoas, **ainda que indetermináveis**, que haja intervindo nas relações de consumo; **B:** correta. De acordo com o art. 5º, XXVI, a pequena propriedade rural, assim definida em lei, desde que trabalhada pela família, não será objeto de penhora para pagamento de débitos **decorrentes de sua atividade produtiva**, dispondo a lei sobre os meios de financiar o seu desenvolvimento. Desse modo, se os valores apontados como devidos decorram de obrigações não cumpridas, estranhas à aquela produção rural, há possibilidade da penhora *pro labore*; **C:** incorreta. De acordo com a súmula 37 do Superior Tribunal de Justiça, são cumuláveis as indenizações por dano material e dano moral oriundos do mesmo fato; **D:** errada. De fato o art. 5º, XXXV, da CF trata do princípio da inafastabilidade de jurisdição e se aplica também nas ações de interesses difusos e coletivos. Ocorre que a alternativa trocou os conceitos. Os direitos difusos é que são transindividuais, de pessoas **indeterminadas**, ligadas por circunstâncias de fato. Já os coletivos, também tidos como transindividuais, são de natureza indivisível de pessoas **determinadas**, ligadas por uma relação jurídica básica (art. 81, parágrafo único, I e II, do CDC – Lei 8.078/1990); **E:** incorreta. De fato a Constituição em seu art. 5º, XXXVII, proíbe a criação de tribunais de exceção que seriam aqueles criados para a análise e julgamento de uma situação específica e após a ocorrência dessa situação. Conforme o art. 122, II, da CF a lei os tribunais militares instituídos por lei são órgãos que integram a Justiça Militar. Desse modo, não há vedação quanto à criação desses tribunais. Não há, também, monopólio do sistema Judiciário pela Federação.

Gabarito "B"

(Magistratura do Trabalho – 8ª Região – 2007) Assinale a resposta errada:

(A) O produtor, o parceiro, o meeiro e o arrendatário rurais e o pescador artesanal, bem como os respectivos cônjuges, que exerçam suas atividades em regime de economia familiar, sem empregados permanentes, contribuirão para seguridade social.
(B) As terras tradicionalmente ocupadas pelos índios, destinadas à posse permanente, são inalienáveis e indisponíveis, e os direitos sobre elas, imprescritíveis.
(C) Compete ao Conselho da República se pronunciar sobre intervenção federal, estado de defesa e estado de sítio, e as questões relevantes para a estabilidade das instituições democráticas.
(D) O ato de remoção, disponibilidade e aposentadoria do magistrado, por interesse público, fundar-se-á em decisão por voto de um terço do respectivo Tribunal ou do Conselho Nacional de Justiça, assegurada a ampla defesa.
(E) As Comissões Parlamentares de Inquérito, que terão poderes de investigação próprios das autoridades judiciais, além de outros previstos nos regimentos das respectivas casas, serão criadas pela Câmara dos Deputados e pelo Senado Federal, em conjunto ou separadamente, mediante requerimento de um terço de seus

membros, para a apuração de fato determinado e por prazo certo, sendo suas conclusões, se for o caso, encaminhadas ao Ministério Público, para que promova a responsabilidade civil ou criminal dos infratores.

A: correta (Art. 195, § 8º, da CF); **B:** correta (Art. 231, § 4º, da CF); **C:** correta (Art. 90, I e II, da CF); **D:** incorreta, devendo ser assinalada. Não reflete o disposto no art. 93, VIII, da CF; **E:** correta. Art. 58, § 3º, da CF.

Gabarito "D"

(Magistratura do Trabalho – 9ª Região – 2009) Considere as seguintes proposições:

I. Dentre os direitos e garantias fundamentais de natureza processual inscritos na Constituição da República podemos citar: a lei não excluirá da apreciação do Poder Judiciário lesão ou ameaça a direito; ninguém será privado da liberdade ou de seus bens sem o devido processo legal; é assegurado a todos os litigantes o pleno exercício dos direitos políticos.

II. O princípio da separação dos poderes está expresso no artigo 2º da Constituição Federal de 1988, que assim dispõe: "são Poderes da União, independentes e harmônicos entre si, o Legislativo, o Executivo e o Judiciário".

III. A despeito do princípio constitucional inserto no inciso XXXV, do art. 5º, de que "a lei não excluirá da apreciação do Poder Judiciário lesão ou ameaça a direito", não há previsão constitucional do direito ao duplo grau de jurisdição.

IV. Nos termos da Constituição Federal, a publicidade do processo é a regra; o sigilo a exceção, que apenas se faz presente quando seja imprescindível à segurança da sociedade e do Estado e quando não prejudique o interesse público à informação.

V. O parágrafo 5º do artigo 37 da Constituição da República assim dispõe: "a lei estabelecerá os prazos de prescrição para ilícitos praticados por qualquer agente, servidor ou não, que causem prejuízos ao erário, ressalvadas as respectivas ações de ressarcimento". O dispositivo expressa o princípio da prescritibilidade dos ilícitos administrativos, mas não afasta o direito da administração ao ressarcimento, à indenização, do prejuízo causado ao erário.

(A) Todas as proposições estão corretas.
(B) Somente quatro proposições estão corretas.
(C) Somente três proposições estão corretas.
(D) Somente duas proposições estão corretas.
(E) Somente uma proposição está correta.

I: incorreta (Art. 5º, XXXV e LIV, da CF). Não há norma expressa acerca dos direitos políticos dos litigantes; **II:** correta (Art. 2º, da CF); **III:** correta. O tema não é pacífico, mas a doutrina majoritária entende que não é um princípio constitucional; **IV:** correta (Art. 93, IX, da CF); **V:** correta. As ações de ressarcimento são imprescritíveis.

Gabarito "B"

(Magistratura do Trabalho – 9ª Região – 2007) Assinale a alternativa incorreta:

(A) Compete privativamente ao Senado Federal processar e julgar o Presidente e o Vice-Presidente da República, os membros do Conselho Nacional de Justiça e o Advogado-Geral da União, nos crimes de responsabilidade.
(B) Prorrogar-se-á uma única vez por igual período a vigência de medida provisória que, no prazo de quarenta e cinco dias, contado da sua publicação, não tiver a sua votação encerrada nas duas Casas do Congresso Nacional.
(C) A exploração de atividade econômica pelo Poder Público somente pode realizar-se por empresas públicas, sociedades de economia mista e suas subsidiárias, ficando todas elas, nesse caso, sujeitas ao regime jurídico das empresas privadas, inclusive em relação às obrigações trabalhistas.
(D) A investidura em cargo ou emprego público depende de prévia aprovação em concurso público, ressalvadas as nomeações para cargo em comissão declarado em lei de livre nomeação e exoneração, sendo nulo contrato de trabalho celebrado sem a observância de tal requisito, conforme entendimento sumulado pelo Tribunal Superior do Trabalho.
(E) A utilização em mensagem publicitária de programas e serviços dos órgãos públicos, patrocinada por dinheiro público, de imagem que identifique o governante viola o princípio constitucional da impessoalidade.

A: correta (Art. 52, I, da CF); **B:** incorreta, devendo ser assinalada. Não reflete o disposto no art. 62, § 3º, da CF; **C:** correta (Art. 173, § 1º, II, da CF); **D:** correta (Art. 37, II, da CF e Súmula 363/TST); **E:** correta (Art. 37, § 1º, da CF).

Gabarito "B"

(Magistratura do Trabalho – 9ª Região – 2007) Considere as proposições abaixo:

I. Na hipótese de vacância definitiva dos cargos de Presidente da República e de Vice-Presidente da República, ocorrida nos dois primeiros anos do mandato, far-se-á eleição direta. Se a vacância ocorrer nos dois últimos anos do mandato, a eleição para ambos os cargos será indireta, ou seja, feita pelo Congresso Nacional. Em qualquer destas hipóteses os eleitos somente completarão o período de seus antecessores.

II. Os Ministros de Estado são auxiliares do Presidente da República, livremente nomeados. Uma das principais atribuições do Ministro de Estado é a de referendar os atos e decretos assinados pelo Presidente da República. A ausência do "referendum" do Ministro implicará nulidade do ato ou decreto.

III. A autonomia dos Estados membros decorre de sua capacidade de auto-organização e normatização própria, autogoverno e autoadministração. A auto-organização revela-se pela edição das Constituições Estaduais e legislação estadual; o autogoverno, pela eleição direta dos representantes do Poder Legislativo e Executivo; e a autoadministração, pelo exercício de suas competências administrativas, legislativas e tributárias.

IV. O Distrito Federal é ente federativo autônomo e, portanto, tem competência para legislar sobre sua organização judiciária, do Ministério Público e da Defensoria Pública.

Assinale a alternativa correta:

(A) Todas as proposições estão corretas;
(B) Somente as proposições II, III e IV estão corretas;
(C) Somente as proposições I e IV estão corretas;
(D) Somente as proposições I, II e III estão corretas;
(E) Somente as proposições II e III estão corretas.

I: correto (Art. 81, *caput* e § 1º, da CF); **II:** correto (Art. 87, parágrafo único, I, da CF); **III:** correto. Segundo a doutrina, a autonomia é a capacidade de auto-organização (cada um dos entes federativos pode elaborar sua própria Constituição), autogoverno (garantia assegurada ao povo de escolher seus próprios dirigentes e de, através deles, editar leis) e autoadministração (capacidade assegurada aos estados de possuir administração própria, faculdade de dar execução às leis vigentes); **IV:** incorreto. Não reflete o disposto no art. 22, XVII, da CF.

Gabarito "D"

(Magistratura do Trabalho – 13ª Região – 2006) Dentre as afirmativas seguintes, identifique a incorreta:

(A) as ilhas fluviais e lacustres das zonas limítrofes com outros países pertencem à União;
(B) inexistindo lei federal sobre normas gerais, os Estados exercerão a competência legislativa plena, para atender a suas peculiaridades;
(C) as águas superficiais ou subterrâneas, fluentes, emergentes e em depósito, ressalvadas, neste caso, na forma da lei, as decorrentes de obras da União, incluem-se entre os bens dos Estados;
(D) o total da despesa com a remuneração dos Vereadores será fixado livremente por decisão da Casa, mediante aprovação por maioria de dois terços, respeitado o limite de vinte por cento da receita do município;
(E) nenhuma das respostas.

A: correta (Art. 20, IV, da CF); **B:** correta (Art. 24, § 3º, da CF); **C:** correta (Art. 26, I, da CF); **D:** incorreta, devendo ser assinalada. Viola o art. 29, VII, da CF.

Gabarito "D"

(Magistratura do Trabalho – 13ª Região – 2006) Assinale a afirmativa correta:

(A) o prazo de validade do concurso público destinado a preenchimento de cargo ou emprego público é de dois anos, prorrogável uma vez, por igual período;
(B) a União somente poderá intervir nos Estados e no Distrito Federal em caso de manutenção da integridade nacional;
(C) aos cidadãos comprovadamente carentes são assegurados, independentemente do pagamento de taxas, o direito de petição aos Poderes Públicos em defesa de direitos ou contra ilegalidade ou abuso de poder;
(D) é competência privativa da União legislar sobre direito tributário, financeiro, penitenciário, econômico e urbanístico;
(E) nenhuma das respostas.

A: correto (Art. 37, III, da CF); **B:** incorreta. Não reflete o disposto no art. 34, I a VII, da CF; **C:** incorreta. A gratuidade é para todos (art. 5º, XXXIV, *a*, da CF); **D:** incorreta. Competência concorrente (art. 24, I, da CF).

Gabarito "A"

(Magistratura do Trabalho – 16ª Região – 2006) Considere os itens abaixo:

I. É possível impor-se o limite de idade para inscrição em concurso público, quando possa ser justificado pela natureza das atribuições do cargo a ser preenchida, sem que isso fira o princípio da igualdade.

II. É possível o Estado editar medidas provisórias obedecidas as regras básicas do processo legislativo e desde que prevista na Constituição Estadual.

III. Os Tribunais Regionais do Trabalho poderão funcionar descentralizadamente, constituindo Câmaras Regionais a fim de assegurar o pleno acesso do jurisdicionado à justiça em todas as fases do processo.

É CORRETO afirmar:

(A) I e II;
(B) Somente I;
(C) Somente III;
(D) I , II e III;
(E) II e III.

I: correto. Súmula 683/STF: "O limite de idade para a inscrição em concurso público só se legitima em face do art. 7º, XXX, da CF, quando possa ser justificado pela natureza das atribuições do cargo a ser preenchido"; **II:** correto. O STF admite a adoção de medida provisória pelo governador de estado desde que haja previsão na constituição estadual e sejam observados os princípios e limitações impostos pelo modelo estabelecido na CF; **III:** correto (Art. 115, § 2º, da CF).

Gabarito "D"

(Magistratura do Trabalho – 23ª Região – 2008) Dadas as proposições, assinale a alternativa CORRETA:

I. a responsabilidade objetiva do Estado, prevista no art. 37, § 6º da Constituição Federal não alcança as pessoas jurídicas de direito privado que desenvolvem atividade econômica sujeita ao poder de polícia da Administração Pública;

II. a Constituição Federal estabelece expressamente que cabe à Procuradoria da Funai "defender judicialmente os direitos e interesses das populações indígenas";

III. não compete ao Presidente da República sancionar emenda constitucional aprovada pelas duas Casas do Congresso Nacional;

IV. a intervenção da União nos Estados para prover a execução de lei federal, ordem ou decisão judicial, depende de apreciação do Congresso Nacional.

(A) todas as opções estão corretas;
(B) apenas três opções estão corretas;
(C) apenas duas opções estão corretas;
(D) apenas uma opção está correta;
(E) todas as opções estão incorretas.

I: incorreta. Não alcança as pessoas jurídicas de direito privado; **II:** incorreta. Atribuição do Ministério Público (art. 129, V, da CF); **III:** correta. É exercício do Poder Constituinte Derivado, daí porque as emendas são promulgadas pela Mesa da Câmara dos Deputados e pela Mesa do Senado Federal (art. 60, § 3º, da CF); **IV:** correta (Art. 34, VI e art. 36, §§ 1º e 3º, da CF).

Gabarito "C"

(Magistratura do Trabalho – 23ª Região – 2009) Assinale a alternativa CORRETA:

I. A ordem social tem como base o primado do trabalho, e como objetivo o bem-estar e a justiça sociais.
II. O produtor, o parceiro, o meeiro e o arrendatário rurais e o pescador artesanal, bem como os respectivos cônjuges, que exerçam suas atividades em regime de economia familiar, sem empregados permanentes, contribuirão para a seguridade social mediante a aplicação de uma alíquota sobre o resultado da comercialização da produção e farão jus aos benefícios nos termos da lei.
III. É competência comum da União, dos Estados, do Distrito Federal e dos Municípios legislar sobre procedimentos em matéria processual e previdência social.
IV. É vedada a vinculação ou equiparação de quaisquer espécies remuneratórias para o efeito de remuneração de pessoal do serviço público.

(A) Apenas os itens II e IV são verdadeiros.
(B) Apenas os itens I, II e IV são verdadeiros.
(C) Apenas os itens I e III são verdadeiros.
(D) Todos os itens são verdadeiros.
(E) Todos os itens são falsos.

I: correto (Art. 193 da CF); **II:** correto (Art. 195, § 8º, da CF); **III:** incorreto. A competência é concorrente da União, Estados e DF (art. 24, XI e XII, da CF); **IV:** correto (Art. 37, XIII, da CF).

Gabarito "B"

(Magistratura do Trabalho – 24ª Região – 2007) Considere as proposições abaixo:

I. É da competência exclusiva do Congresso Nacional resolver definitivamente sobre tratados, acordos ou atos internacionais que acarretem encargos ou compromissos gravosos ao patrimônio nacional.
II. Compete ao Supremo Tribunal Federal julgar, mediante recurso extraordinário, as causas decididas em única ou última instância, quando a decisão recorrida declarar a inconstitucionalidade de tratado ou lei federal.
III. Compete ao Superior Tribunal de Justiça julgar, em recurso especial, as causas decididas, em única ou última instância, pelos Tribunais Regionais Federais ou pelos tribunais dos Estados, do Distrito Federal e Territórios, quando a decisão recorrida contrariar tratado ou lei federal, ou negar-lhes vigência.
IV. Compete aos Juízes Federais processar e julgar as causas relativas a direitos humanos que forem deslocadas para a competência da Justiça Federal em decorrência de incidente suscitado pelo Procurador-Geral da República perante o Superior Tribunal de Justiça.
V. Os tratados e convenções internacionais sobre direitos humanos que forem aprovados, em cada Casa do Congresso Nacional, em dois turnos, por três quintos dos votos dos respectivos membros, serão equivalentes às emendas constitucionais.

RESPONDA:

(A) Todas as proposições estão incorretas.
(B) Apenas as proposições III e IV estão incorretas.
(C) Apenas a proposição IV está incorreta.
(D) Todas as proposições estão corretas.
(E) Apenas a proposição V está correta.

I: correto (Art. 49, I, da CF); **II:** correto (Art. 102, III, *b*, da CF); **III:** correto (Art. 105, III, *a*, da CF); **IV:** correto (Art. 109, V e § 5º, da CF); **V:** correto (Art. 5º, § 3º, da CF).

Gabarito "D"

(Magistratura do Trabalho – 24ª Região – 2006) Assinale a alternativa INCORRETA:

(A) Os Estados poderão, mediante lei complementar, instituir regiões metropolitanas, aglomerações urbanas e microrregiões, constituídas por agrupamentos de municípios limítrofes, para integrar a organização, o planejamento e a execução de funções públicas de interesse comum.
(B) A fiscalização do Município será exercida pelo Poder Legislativo Municipal, mediante controle externo, e pelos sistemas de controle interno do Poder Executivo Municipal, na forma da lei.
(C) Lei federal disporá sobre a utilização, pelo Governo do Distrito Federal, das polícias civil e militar e do corpo de bombeiros militar.
(D) É permitida a vinculação ou equiparação de quaisquer espécies remuneratórias para o efeito de remuneração de pessoal do serviço público.
(E) A União, os Estados, o Distrito Federal e os Municípios instituirão conselho de política de administração e remuneração de pessoal, integrado por servidores designados pelos respectivos Poderes.

A: correta (Art. 25, § 3º, da CF); **B:** correta (Art. 31 da CF); **C:** correta (Art. 32, § 4º, da CF); **D:** incorreta, devendo ser assinalada. Viola o art. 37, XIII, da CF; **E:** correta, tendo em vista a antiga redação do art. 39 da CF.

Gabarito "D"

(Ministério Público do Trabalho – 16º) No que diz respeito à jurisprudência sumulada do Supremo Tribunal Federal:

I. É cabível a reclamação mesmo que já transitado em julgado o ato judicial que se alega tenha desrespeitado decisão do Supremo Tribunal Federal.
II. Compete à Justiça do Trabalho julgar as ações que tenham como causa de pedir o descumprimento de normas trabalhistas relativas à segurança, higiene e saúde dos trabalhadores.
III. É inconstitucional toda modalidade de provimento que propicie ao servidor investir-se, sem prévia aprovação em concurso público destinado

ao seu provimento, em cargo que não integra a carreira na qual anteriormente investido.

IV. A fixação de vencimentos dos servidores públicos não pode ser objeto de convenção coletiva.

De acordo com as assertivas acima, pode-se afirmar que:

(A) todas as alternativas estão corretas;
(B) apenas a alternativa IV está errada;
(C) apenas as alternativas II e III estão corretas;
(D) apenas as alternativas II, III e IV estão corretas;
(E) não respondida.

I: incorreto. Súmula 734/STF: "Não cabe reclamação quando já houver transitado em julgado o ato judicial que se alega tenha desrespeitado decisão do Supremo Tribunal Federal"; **II:** correto (Súmula 736/STF); **III:** correto (Súmula 685/STF); **IV:** correto (Súmula 679/STF).

Gabarito "D"

(Ministério Público do Trabalho – 16º) Segundo a jurisprudência sumulada do Supremo Tribunal Federal:

I. Até que lei venha a dispor a respeito, incumbe ao Ministério do Trabalho proceder ao registro das entidades sindicais e zelar pela observância do princípio da unicidade.

II. Não cabe recurso extraordinário contra decisão proferida no processamento de precatórios.

III. É ilegítima a incidência da contribuição previdenciária sobre o 13º salário.

IV. O limite de idade para a inscrição em concurso público viola a Constituição da República.

De acordo com as assertivas acima, pode-se afirmar que:

(A) apenas as alternativas I, III e IV estão corretas;
(B) apenas as alternativas II, III e IV estão incorretas;
(C) apenas as alternativas I e II estão corretas;
(D) todas as alternativas estão corretas;
(E) não respondida.

I: correto (Súmula 677/STF); **II:** correto (Súmula 733/STF); **III:** incorreto. Súmula 688/STF: "É legítima a incidência da contribuição previdenciária sobre o 13º salário"; **IV:** incorreto. Súmula 683/STF: "O limite de idade para a inscrição em concurso público só se legitima em face do art. 7º, XXX, da CF, quando possa ser justificado pela natureza das atribuições do cargo a ser preenchido".

Gabarito "C"

(Ministério Público do Trabalho – 16º) Assinale a alternativa ERRADA, de acordo com as súmulas do Supremo Tribunal Federal.

(A) Os intervalos fixados para descanso e alimentação durante a jornada de seis horas descaracterizam o sistema de turnos ininterruptos de revezamento para o efeito do art. 7º, XIV, da Constituição.
(B) A imunidade tributária conferida a instituições de assistência social sem fins lucrativos pelo art. 150, VI, *c*, da Constituição, somente alcança as entidades fechadas de previdência social privada se não houver contribuição dos beneficiários.
(C) A contribuição confederativa de que trata o art. 8º, IV, da Constituição, só é exigível dos filiados ao sindicato respectivo.
(D) No mandado de segurança impetrado pelo Ministério Público contra decisão proferida em processo penal, é obrigatória a citação do réu como litisconsorte passivo.
(E) Não respondida.

A: incorreta, devendo ser assinalada. Súmula 675/STF: "Os intervalos fixados para descanso e alimentação durante a jornada de seis horas não descaracterizam o sistema de turnos ininterruptos de revezamento para o efeito do art. 7º, XIV, da Constituição"; **B:** correta (Súmula 730/STF); **C:** correta (Súmula 666/STF); **D:** correta (Súmula 701/STF).

Gabarito "A"

(Ministério Público do Trabalho – 15º) Assinale a alternativa INCORRETA:

(A) apesar do efeito erga omnes atribuído a decisões proferidas nas ações coletivas, a posição majoritária do STF é no sentido de que não há usurpação de sua própria competência se a pretensão na declaração de inconstitucionalidade de ato normativo, presente na ação coletiva, é meramente incidental;
(B) segundo entendimento jurisprudencial e doutrinário dominantes, o Chefe do Executivo pode negar-se a cumprir ato normativo que entenda flagrantemente inconstitucional;
(C) pode-se afirmar que a competência atribuída ao Congresso Nacional, para sustar atos do Poder Executivo que exorbitem os limites de delegação legislativa anteriormente concedida, na medida em que retira do ordenamento jurídico espécie normativa produzida em desconformidade com a Constituição Federal, constitui exceção à regra de que o controle repressivo de constitucionalidade pertence ao Poder Judiciário;
(D) o Procurador-Geral de qualquer um dos ramos do Ministério Público da União tem legitimidade concorrente para propor lei complementar estabelecendo alteração na organização interna do respectivo ramo do Ministério Público;
(E) não respondida.

A: correta. Caso das ACPs em que a declaração de inconstitucionalidade é mera causa de pedir, e não pedido principal da ação (controle difuso); **B:** correta. O Poder Executivo, como qualquer outro poder, pode deixar de cumprir lei ou ato normativo flagrantemente inconstitucionais, como já decidiu o STF: *"Os Poderes Executivo e Legislativo, por sua Chefia – e isso mesmo tem sido questionado com o alargamento da legitimação ativa na ação direta de inconstitucionalidade –, podem tão só determinar aos seus órgãos subordinados que deixem de aplicar administrativamente as leis ou atos com força de lei que considerem inconstitucionais" (STF, ADI 221-MC/DF, Rel. Min. Moreira Alves), o que não prejudica posterior declaração de (in)constitucionalidade pelo Poder Judiciário;* **C:** correta. Exemplo de controle de constitucionalidade político, ou seja, realizado por órgão fora do Poder Judiciário. O controle de constitucionalidade é feito pelo Legislativo, por exemplo, ao não converter uma MP em lei por inconstitucionalidade ou ao sustar os atos do Executivo que exorbitem do poder de delegação legislativa, *ex vi* do art. 49, V, da CF; **D:** incorreta. Não reflete o disposto no art. 128, § 5º, da CF.

Gabarito "D"

(Ministério Público do Trabalho – 14º) Examine as proposições abaixo e assinale a alternativa CORRETA.

I. A Justiça do Trabalho detém competência para o processamento e julgamento dos mandados de segurança, apenas quando o ato questionado for praticado por seus membros.

II. A legitimação constitucional para promover a ação civil pública para a proteção de interesses difusos e coletivos é exclusiva do Ministério Público.

III. Com a criação do Conselho Nacional do Ministério Público, a independência funcional no Ministério Público foi relativizada, considerando que cabe ao Conselho rever, de ofício ou mediante provocação, os atos praticados pelos membros da Instituição.

(A) apenas o item I é correto;
(B) apenas o item II é correto;
(C) apenas o item III é correto;
(D) nenhum está correto;
(E) não respondida.

I: incorreta. Não reflete o disposto no art. 114, IV, da CF; **II:** incorreta. Não reflete o disposto no art. 129, § 1º, da CF; **III:** incorreta. Não reflete o disposto no art. 130-A, § 2º, II, da CF. O CNMP só pode rever ato *administrativo* do Ministério Público, sem imiscuir-se no mérito do ato, analisando apenas sua legalidade.

Gabarito "D"

(Ministério Público do Trabalho – 14º) Analise as assertivas abaixo e assinale a alternativa CORRETA:

I. No estado de defesa para preservar ou restabelecer a ordem pública ou a paz social ameaçadas por grave e iminente instabilidade institucional ou atingidas por calamidades de grandes proporções na natureza, é possível a restrição temporária aos direitos de reunião, sigilo de correspondência e de comunicação telegráfica e telefônica.

II. Na vigência do estado de sítio, não se admitem restrições à liberdade de ir e vir nem à inviolabilidade de correspondência.

III. Aos militares asseguram-se, entre outros direitos, o gozo de férias anuais remuneradas, com acréscimo de 1/3, e licença-gestante de 120 dias.

IV. As funções de polícia judiciária da União são exercidas, com exclusividade, pela polícia federal.

(A) apenas os itens I e II são corretos;
(B) apenas os itens II e IV são corretos;
(C) apenas os itens I, III e IV são corretos;
(D) apenas os itens III e IV são corretos;
(E) não respondida.

I: correto (Art. 136, § 1º, I, da CF); **II:** incorreto. Não reflete o disposto no art. 139, I e III, da CF; **III:** correto (Art. 142, § 3º, VIII, da CF). V., tb., Lei 11.770/2008, que institui o Programa Empresa Cidadã, destinado à prorrogação da licença-maternidade mediante concessão de incentivo fiscal; **IV:** correto (Art. 144, § 1º, IV, da CF).

Gabarito "C"

(Ministério Público do Trabalho – 9º) Leia com atenção as assertivas abaixo:

I. segundo entendimento do Supremo Tribunal Federal o conceito de entidade beneficente de assistência social para fins ele isenção de contribuição para a seguridade social não abrange as entidades relativas à saúde e à educação já que o conceito de assistência social não tem tal amplitude;

II. o sigilo bancário à luz da Constituição Federal só pode ser quebrado por decisão judicial:

III. segundo a jurisprudência majoritária do Supremo Tribunal Federal não há direito adquirido a regime jurídico de servidor público aplicando-se a norma nova de imediato e alcançando inclusive efeitos já produzidos no passado:

IV. nos termos da Constituição Federal todos os crimes dolosos contra a vida são de competência do Tribunal do Júri não estando excluídos nem mesmo os crimes cometidos por militares.

Assinale a alternativa correta:

(A) todas as assertivas são verdadeiras;
(B) todas as assertivas são falsas;
(C) apenas uma assertiva é verdadeira:
(D) apenas duas assertivas são verdadeiras:
(E) apenas três assertivas são verdadeiras;
(F) não sei.

I: incorreta. Na ADIn-MC 2028/DF, Rel. Min. Moreira Alves, o STF entendeu que entidade beneficente, para efeito da imunidade prevista no § 7º do art. 195 da CF, abrange não só as de assistência social que tenham por objetivo qualquer daqueles enumerados no art. 203 da CF, como também as entidades beneficentes de saúde e educação, tendo em vista que entidade de assistência social é toda aquela destinada a assegurar os meios de vida aos carentes; **II:** incorreta. O STF entende que as CPIs podem determinar a quebra de sigilo bancário, fiscal e telefônico por terem poderes próprios de autoridades judiciais, desde que o ato seja adequadamente fundamentado e revele a necessidade objetiva da medida extraordinária; **III:** incorreta. O STF possui firme entendimento de que não há direito adquirido a regime jurídico, mas esse entendimento não autoriza que se atinjam efeitos produzidos no passado; **IV:** incorreta. Como bem lembra Pedro Lenza, "essa regra de competência, contudo, não é absoluta. É o que acontece nos arts. 29, X (Prefeito julgado pelo TJ); 96, III (Juízes e Promotores – TJ); 102, I, *b* e *c* (o crime comum engloba o crime doloso contra a vida); 105, I, *a*, e 108, I." (*Direito constitucional esquematizado*, 2010, p. 783).

Gabarito "B"

(Ministério Público do Trabalho – 9º) Leia com atenção as assertivas abaixo:

I. segundo entendimento esposado pelo Supremo Tribunal Federal, é lícita e válida como prova a gravação de conversa telefônica feita por um dos interlocutores ou com sua autorização sem o conhecimento do outro em legítima defesa;

II. segundo o Supremo Tribunal Federal o princípio da anterioridade tributária constitui-se em cláusula pétrea;

III. não é compatível com o nosso modelo constitucional a declaração de inconstitucionalidade sem redução de texto;

IV. o Supremo Tribunal Federal vem se mantendo inflexível no entendimento de que em sede de mandado de injunção, deve apenas ser reconhecida a mora do Congresso Nacional se for o caso e comunicada a existência dessa omissão para que o Poder Legislativo elabore a lei reclamada não admitindo em hipótese alguma qualquer medida concretista mesmo quando descumprido pelo legislador um prazo constitucionalmente estabelecido.

Assinale a alternativa correta:

(A) todas as assertivas são verdadeiras:
(B) todas as assertivas são falsas:
(C) apenas uma assertiva é verdadeira:
(D) apenas duas assertivas são verdadeiras:
(E) apenas três assertivas são verdadeiras:
(F) não sei.

I: correta. V. STF, HC 74678/SP, Rel. Min. Moreira Alves: "Utilização de gravação de conversa telefônica feita por terceiro com a autorização de um dos interlocutores sem o conhecimento do outro quando há, para essa utilização, excludente da antijuridicidade. - Afastada a ilicitude de tal conduta - a de, por legítima defesa, fazer gravar e divulgar conversa telefônica ainda que não haja o conhecimento do terceiro que está praticando crime -, é ela, por via de consequência, lícita e, também consequentemente, essa gravação não pode ser tida como prova ilícita, para invocar-se o artigo 5º, LVI, da Constituição com fundamento em que houve violação da intimidade (art. 5º, X, da Carta Magna)"; **II:** correta. De acordo com o STF, há outros direitos fundamentais no corpo da Constituição, e não apenas os listados no título II, como o princípio da anterioridade tributária (ADI 939/DF, Rel. Sydney Sanches, DJ 18.3.1994). Diante da natureza de direito fundamental, insere-se na limitação material prevista no art. 60, § 4º, IV, da CF; **III:** incorreta. A técnica é amplamente utilizada pelo STF e, para Gilmar Mendes (*Jurisdição Constitucional*, 1996, p. 196 e 197), a declaração parcial de inconstitucionalidade sem redução de texto "refere-se, normalmente, a casos não mencionados no texto, que, por estar formulado de forma ampla ou geral, contém, em verdade, um complexo de normas". A declaração de inconstitucionalidade é parcial porque atinge apenas uma (ou algumas) dessas normas, mantendo-se íntegro o texto, já que é possível declarar a inconstitucionalidade de certos entendimentos de um ato normativo sem, contudo, declarar inválido o próprio ato normativo, aplicando ao caso as técnicas da interpretação conforme a Constituição e da declaração de inconstitucionalidade sem redução de texto; **IV:** incorreta. Por muitos anos a jurisprudência do STF orientou-se no sentido de que o provimento do MI tinha natureza meramente declaratória, limitando-se a dar ciência da mora legislativa ao órgão omisso para que tomasse as providências necessárias quanto à edição do ato normativo. Atualmente, porém, o STF tem adotado postura mais ativa no que tange ao Mandado de Injunção para viabilizar a própria fruição do direito subjetivo antes impedido de ser exercido por força de omissão legislativa inconstitucional. V. MI 721/DF, Rel. Min. Marco Aurélio.

Gabarito "D"

(Ministério Público do Trabalho – 9º) Leia com atenção as assertivas abaixo:

I. o poder constituinte derivado é o exercido pelo Congresso Nacional de maneira incondicionada:
II. as Emendas Constitucionais após aprovação em cada Casa do Congresso Nacional em 2 turnos por três quintos dos votos dos respectivos membros serão promulgadas pelo Presidente da República:
III. a Constituição Federal permite o uso da propriedade particular pela autoridade competente que em caso de iminente perigo público poderá requisitá-la, ficando assegurado ao proprietário indenização ulterior em caso de dano:
IV. segundo a Constituição Federal a fiscalização financeira e orçamentária no âmbito da União é exercida pelo Tribunal de Contas da União mediante controle externo.

Assinale a alternativa correta:

(A) todas as assertivas são verdadeiras;
(B) todas as assertivas são falsas;
(C) apenas uma assertiva é verdadeira;
(D) apenas duas assertivas são verdadeiras;
(E) apenas três assertivas são verdadeiras;
(F) não sei.

I: incorreta. Para que uma emenda constitucional seja aprovada é preciso observar todas as regras insculpidas no art. 60 da Constituição, que lista limites materiais (art. 60, § 4º), formais (art. 60, § 2º) e circunstanciais (art. 60, § 1º) ao poder de reforma da Constituição; **II:** incorreta. As emendas são promulgadas pela Mesa da Câmara dos Deputados e pela Mesa do Senado Federal (atenção, não é pela Mesa do Congresso Nacional!), sem participação do Presidente da República, porque é exercício do Poder Constituinte Derivado (art. 60, § 3º, da CF); **III:** correta (Art. 5º, XXV, da CF); **IV:** incorreta. Não reflete o disposto no art. 70 da CF.

Gabarito "C"

(Ministério Público do Trabalho – 9º) À vista das assertivas abaixo:

I. a organização do Poder Legislativo revela que a função legislativa de competência da União é realizada pelo Congresso Nacional composto da Câmara dos Deputados e do Senado Federal e, integrados por Deputados e Senadores respectivamente. O Senador representa o Estado e é eleito segundo o princípio proporcional e o Deputado representa o povo e é eleito pelo sistema majoritário;
II. a Administração Pública se subordina à lei e prevê meios para tornar eficaz o princípio da legalidade. A fiscalização pelo Poder Legislativo, no âmbito federal sobre a prioridade dos dinheiros públicos compete ao Senado Federal com auxílio do Tribunal de Contas da União;
III. estabelece a Constituição Brasileira competência com exclusividade a cada uma das casas do Congresso Nacional. Assim, é correto afirmar que compete, privativamente, à Câmara dos Deputados: a. autorizar, por dois terços de seus membros a instauração de processo contra o Presidente e o Vice-Presidente da República e os Ministros de Estado: b. proceder à tomada de contas do Presidente da República quando não apresentadas ao Congresso Nacional dentro de sessenta dias após a abertura da sessão legislativa: c. elaborar seu regimento interno: d. dispor sobre sua organização, funcionamento, polícia, criação transformação ou extinção dos cargos empregos e funções de seus serviços e a iniciativa de lei para fixação da respectiva remuneração. observados os parâmetros estabelecidos na lei de diretrizes orçamentárias e; e. eleger membros do Conselho da República.
IV. nas empresas de mais de cem empregados é assegurada a eleição de um representante destes com a finalidade exclusiva de promover-lhes o entendimento direto com os empregadores;
V. a lei não poderá exigir autorização para a fundação de sindicato ressalvado o registro no órgão competente vedadas ao Poder Público a interferência e intervenção na organização sindical salvo em caso de greve.

Assinale a alternativa correta:

(A) as assertivas I, III e IV estão corretas;
(B) as assertivas I, II e V estão incorretas:
(C) as assertivas I, III e V estão corretas;

(D) somente a assertiva V está incorreta;
(E) todas as assertivas estão corretas.
(F) não sei.

I: incorreta. Não reflete o disposto nos arts. 45 e 46 da CF (deputados são eleitos pelo sistema proporcional e senadores pelo majoritário); II: incorreta. Compete ao Congresso Nacional, com auxílio do TCU (arts. 70 e 71 da CF); III: correta (Art. 51, I a V, da CF); IV: incorreta. Mais de duzentos empregados (art. 11 da CF); V: incorreta. Não reflete o disposto no art. 8º, I, da CF.

Gabarito "B".

(Ministério Público do Trabalho – 9º) À vista das assertivas abaixo:

I. a legitimação para a propositura de ação direta de inconstitucionalidade, que antes pertencia apenas, ao Procurador-Geral da República, ampliou-se a partir da vigência da Constituição Federal de 1988 para atribuir, também, igual prerrogativa a outros órgãos e entidades;
II. a supremacia da Constituição provém de sua origem, decorre de um poder que institui a todos os outros poderes, o denominado Poder Constituinte. Consequentemente a Constituição é a base da ordem jurídica de um país e todas as demais leis a ela se subordinam;
III. é plena a liberdade de associação para fins lícitos, admitida a organização estruturada de forma semelhante a das forças policiais;
IV. é assegurado o direito de greve, competindo aos trabalhadores decidir sobre a oportunidade de exercê-lo e sobre os interesses que devam por meio dele defender.

Assinale a alternativa correta:
(A) as assertivas I e III estão corretas;
(B) as assertivas I, II e IV estão corretas;
(C) somente as assertivas I e IV estão corretas;
(D) somente a assertiva IV está incorreta;
(E) todas as assertivas estão corretas.
(F) não sei.

I: correto (Art. 103, I a IX, da CF); II: correto, e da supremacia da CF decorrem a rigidez constitucional e a possibilidade de controle de constitucionalidade das leis; III: incorreto. Não reflete o disposto no art. 5º, XVII, da CF; IV: incorreto. Não reflete o disposto no art. 9º, da CF.

Gabarito "B".

(Ministério Público do Trabalho – 9º) À vista das assertivas abaixo:

I. são princípios institucionais do Ministério Público a unidade, a indivisibilidade e a independência funcional e administrativa:
II. somente pelo voto da maioria de dois terços de seus membros ou dos membros do respectivo órgão especial poderão os Tribunais declarar a inconstitucionalidade de lei ou ato normativo do Poder Público:
III. o Tribunal Superior do Trabalho compor-se-á de dezessete Ministros, togados e vitalícios, escolhidos dentre brasileiros com mais de trinta e cinco anos e menos de sessenta e cinco anos, nomeados pelo Presidente da República, após aprovação pelo Senado Federal, dos quais treze escolhidos dentre juízes dos Tribunais Regionais do Trabalho, integrantes da carreira da magistratura trabalhista, dois dentre advogados e dois dentre membros do Ministério Público do Trabalho:
IV. ao servidor público é assegurado o direito de greve que será exercido nos termos e nos limites definidos em lei complementar;
V. são estáveis após dois anos de efetivo exercício os servidores nomeados para cargo de provimento efetivo em virtude de concurso público.

Assinale a alternativa correta:
(A) as assertivas I III e IV estão corretas:
(B) as assertivas I, II e V estão incorretas;
(C) as assertivas I, III e V estão corretas;
(D) somente a assertivas V está incorreta:
(E) todas as assertivas estão corretas:
(F) não sei.

I: incorreto. Não reflete o disposto no art. 127, § 1º, da CF; II: incorreto. Maioria absoluta (art. 97 da CF); III: incorreto. Questão anterior à EC 45/2004, que alterou o número de ministros do TST para 27. V. art. 111-A da CF; IV: incorreto. O art. 37, VII, da CF refere-se a lei específica, não a lei complementar; V: incorreto. Após três anos (art. 41 da CF).

Gabarito "B".

(Ministério Público do Trabalho – 9º) À vista das assertivas abaixo:

I. a Constituição Federal poderá ser emendada mediante proposta de três quintos das Assembleias Legislativas das Unidades da Federação, manifestando-se, cada uma delas, pela metade de seus membros:
II. são vedações constitucionais a serem observadas pelo membro do Ministério Público: a) receber, a qualquer título e sob qualquer pretexto, honorários, percentagens ou custas processuais; b) exercer a advocacia; c) participar de sociedade comercial, na forma da lei: d) exercer, ainda que em disponibilidade, qualquer outra função pública, salvo uma de magistério: e) exercer atividade político-patidária, salvo exceções previstas na lei:
III. os Ministros de Estado serão escolhidos dentre brasileiros maiores de vinte e um anos e no exercício dos direitos políticos;
IV. são funções essenciais à Justiça: o Ministério Público da União, os Ministérios Públicos dos Estados, a Advocacia-Geral da União, a Advocacia e a Defensoria Pública:
V. aos juízes federais compete processar e julgar o Procurador do Trabalho nos crimes comuns e de responsabilidade.

Assinale a alternativa correta:
(A) as assertivas I, III e IV estão corretas;
(B) as assertivas I, II e V estão incorretas;
(C) as assertivas I, III e V estão corretas;
(D) a assertiva V está incorreta;
(E) todas as assertivas estão corretas;
(F) não sei.

I: incorreto. Não reflete o disposto no art. 60, III, da CF; II: A alternativa estava correta quando da realização da prova, mas após a EC 45/2004 está errada. V. atual redação do art. 128, § 5º, II, "e", da CF; III: correto (Art. 87 da CF); IV: correto. V. arts. 127 a 135 da CF; V: incorreto. Competência do TRF (art. 108, I, *a*, da CF).

Gabarito "D".

5. Direito Administrativo

Wander Garcia

1. INTRODUÇÃO E PRINCÍPIOS

(Magistratura do Trabalho – 1ª Região – 2004) A Administração Pública Direta ou Indireta de qualquer dos Poderes da União, dos Estados, do Distrito Federal e dos Municípios obedecerá, entre outros, aos seguintes princípios:

I. moralidade;
II. legalid ade;
III. publicidade;
IV. impessoalidade;
V. eficiência.

Assinale:

(A) se todas as assertivas estiverem corretas;
(B) se somente as assertivas I e II estiverem corretas;
(C) se somente as assertivas I, II, III e IV estiverem corretas;
(D) se somente as assertivas III e IV estiverem corretas;
(E) se todas as assertivas estiverem incorretas.

Art. 37, *caput*, da CF.

Gabarito "A"

(Magistratura do Trabalho – 7ª Região – 2005) A estrutura lógica do Direito Administrativo está toda amparada em um conjunto de princípios que integram o denominado regime jurídico-administrativo. Assim, para cada instituto desse ramo do Direito Público, há um ou mais princípios que o regem. Assinale, no rol abaixo, o princípio identificado pela doutrina como aquele que, fundamentalmente, sustenta a exigência constitucional de prévia aprovação em concurso público para o provimento de cargo público:

(A) moralidade;
(B) legalidade;
(C) impessoalidade;
(D) publicidade;
(E) razoabilidade.

O princípio da impessoalidade impõe respeito à igualdade, à neutralidade do agente e à finalidade. No ponto em que o princípio da impessoalidade determina tratamento isonômico às pessoas está presente a ideia de que não pode haver favorecimento ou perseguição na admissão de pessoas a cargos públicos, impondo-se, assim, a realização de concurso público.

Gabarito "C"

(Magistratura do Trabalho – 8ª Região – 2011) Consoante a jurisprudência dominante do STF, é INCORRETO afirmar:

(A) Se o ato administrativo regulamentar normativo ofender diretamente a Constituição da República, sem que haja lei a que deva se subordinar, poderá sofrer controle de constitucionalidade através da ação direta de inconstitucionalidade.
(B) Em homenagem ao princípio da segurança jurídica, pode ser convalidado ato administrativo de transposição de carreira, embora baseado em lei inconstitucional, em virtude de já se ter consolidado a situação jurídica do destinatário da norma.
(C) É inconstitucional a cobrança de taxa para a extração administrativa de certidões que visem à defesa de direitos e ao esclarecimento de interesses pessoais do requerente, pois violadora do princípio da publicidade.
(D) A Resolução n. 7 do CNJ, que veda a prática do nepotismo, com fundamento no princípio da moralidade, é aplicável apenas ao Poder Judiciário, sendo necessária lei formal para coibir a prática no âmbito dos demais Poderes.
(E) A criação de milhares de cargos em comissão por estado-membro, comparada com a pequena quantidade de cargos de provimento efetivo, é inconstitucional, por violar os princípios da proporcionalidade e da moralidade administrativa.

A: assertiva correta, conforme a seguinte decisão do STF: "EMENTA: AGRAVO REGIMENTAL NA AÇÃO DIRETA DE INCONSTITUCIONALIDADE. AÇÃO DIRETA QUE QUESTIONA A CONSTITUCIONALIDADE DE DECRETO ESTADUAL. FUNÇÃO NORMATIVA, REGULAMENTO E REGIMENTO. ATO NORMATIVO Q UE DESAFIA O CONTROLE DE CONSTITUCIONALIDADE CONCENTRADO. NEGATIVA DE SEGUIMENTO. ARTIGO 102, INCISO I, ALÍNEA "a", DA CONSTITUIÇÃO DO BRASIL. REFORMA DO ATO QUE NEGOU SEGUIMENTO À ADI. 1. Estão sujeitos ao controle de constitucionalidade concentrado os atos normativos, expressões da função normativa, cujas espécies compreendem a função regulamentar (do Executivo), a função regimental (do Judiciário) e a função legislativa (do Legislativo). Os decretos que veiculam ato normativo também devem sujeitar-se ao controle de constitucionalidade exercido pelo Supremo Tribunal Federal. 2. O Poder Legislativo não detém o monopólio da função normativa, mas apenas de uma parcela dela, a função legislativa. 3. Agravo regimental provido."(ADI

2950 AgR, Relator(a): Min. MARCO AURÉLIO, Relator(a) p/ Acórdão: Min. EROS GRAU, Tribunal Pleno, julgado em 06.10.2004, *DJ* 09.02.2007 PP-00016 EMENT VOL-02263-01 PP-00093); **B:** assertiva correta; a transposição de carreira é inconstitucional (Súmula 685 do STF: "É inconstitucional toda modalidade de provimento que propicie ao servidor investir-se, sem prévia aprovação em concurso público destinado ao seu provimento, em cargo que não integra a carreira na qual anteriormente investido"); porém, o princípio da segurança jurídica, pode fazer com que o ato seja convalidado; confira o seguinte acórdão do STF: "EMENTA: Recurso extraordinário. 2. Ação rescisória. Transposição de cargo. Processo seletivo anterior à CF/1988. Homologação posterior. Ato administrativo controvertido à época. 3. Princípio da segurança jurídica. Aplicabilidade. Precedentes. 4. Recurso extraordinário a que se nega provimento." (RE 466546, Relator(a): Min. GILMAR MENDES, Segunda Turma, julgado em 14.02.2006, *DJ* 17.03.2006 PP-00042 EMENT VOL-02225-05 PP-00932 RTJ VOL-00199-03 PP-01248 LEXSTF v. 28, n. 328, 2006, p. 309-314); **C:** assertiva correta (art. 5º, XXXIV, da CF); **D:** assertiva incorreta, devendo ser assinalada; a vedação do nepotismo se aplica a todos os poderes, nos termos da Súmula Vinculante n. 13 do STF, que é fundada no princípio da moralidade administrativa (art. 37, *caput*, da CF), independentemente da existência de uma lei específica tratando do assunto; **E:** assertiva correta, valendo salientar que a Constituição, ao dispor que os cargos em comissão só servirão para atribuições de chefia, direção e assessoramento, e que serão preenchidos com percentual mínimo de servidores de carreira, está a indicar a excepcionalidade desse tipo de cargo (art. 37, V, da CF).

Gabarito "D"

(Magistratura do Trabalho – 9ª Região – 2007) Considere as seguintes proposições:

I. São princípios constitucionais da Administração Pública: moralidade, impessoalidade, discricionariedade e legalidade.

II. São princípios da Administração Pública: legalidade, eficiência, motivação, supremacia do interesse público.

III. Nos termos estabelecidos na Constituição Federal, classificam-se como crimes de responsabilidade os atos do Presidente da República que atentem contra a probidade na administração.

IV. Em face do princípio da continuidade do serviço público, empresas que contratam com a Administração Pública não podem invocar a *exceptio non adimpleti contractus* nos contratos que tenham como objeto a execução de serviço público.

Assinale a alternativa correta:

(A) Todas as proposições estão corretas.
(B) Apenas as proposições II, III e IV estão corretas.
(C) Apenas as proposições I, III e IV estão corretas.
(D) Apenas as proposições II e III estão corretas.
(E) Apenas a proposição I está correta.

I: incorreta, pois, dentre os princípios constitucionais presentes no art. 37, *caput*, da CF, não está inclusa a *discricionariedade*; **II:** correta, valendo salientar que, mesmo não estando expresso na Constituição, o princípio da supremacia do interesse público é reconhecido como princípio basilar da Administração Pública; **III:** correta (art. 85, V, da CF); **IV:** correta, pois a descontinuidade do serviço público é excepcionalíssima (art. 6º, § 3º, da Lei 8.987/1993), não contemplado a *exceção de contrato não cumprido*.

Gabarito "B"

(Magistratura do Trabalho – 12ª Região – 2006) Assinale a alternativa incorreta:

(A) na Emenda Constitucional n. 19, promulgada em 1998 e conhecida como "Reforma Administrativa", foi incluído o princípio da eficiência dentre os princípios expressos que devem nortear a atuação da administração pública;
(B) o novo mandamento que estabelece que a todos é assegurado razoável duração do processo, bem como os meios que garantam a celeridade de sua tramitação, foi criado pela Emenda Constitucional n. 45, de 08.12.2004, denominada de "Reforma do Judiciário", para ser observado no âmbito judicial, não tendo aplicação no âmbito administrativo;
(C) a Constituição de 1988 trouxe expressamente pela primeira vez os princípios que deveriam nortear a atuação da Administração Pública, rompendo uma tradição da adoção de princípios implícitos, como fora feito pelas Constituições anteriores;
(D) a recente resolução regulamentadora de dispositivo constitucional, aprovada pelo Conselho Nacional de Justiça, que veda a prática de nepotismo contribui para preservar os padrões de moralidade e de impessoalidade no serviço público, mas tem alcance limitado ao Poder Judiciário;
(E) o princípio da impessoalidade se concretiza em várias regras constantes da Constituição, inclusive nas que exigem a realização de concurso para provimento de cargos e nas que estabelecem a necessidade das licitações para a celebração de contratos pela Administração Pública.

A: correta, pois o art. 37, *caput*, da CF foi modificado pela emenda mencionada justamente para incluir o princípio da eficiência; **B:** assertiva incorreta, devendo ser assinalada, pois, apesar do inciso LXXVIII do art. 5º da CF ter sido incluído pela emenda mencionada justamente para estabelecer o princípio da razoável duração do processo, tal princípio aplica-se também ao âmbito administrativo; **C:** correta (art. 37, *caput*, da CF); **D:** correta ao tempo da realização da prova; hoje, com a Súmula Vinculante n. 13, o nepotismo está vedado no âmbito dos três poderes; **E:** correta, pois uma das facetas da impessoalidade é a que determina respeito ao princípio da igualdade, exigência que é atendida com a realização de concursos públicos e licitação pública.

Gabarito "B"

(Magistratura do Trabalho – 13ª Região – 2006) As *medidas provisórias* constituem forma excepcional de restrição ao *princípio da legalidade* na administração pública, as quais não podem ser editadas em relação aos aspectos abaixo nominados, exceto:

(A) direitos políticos, partidos políticos e direito eleitoral;
(B) direito penal e processual penal;
(C) nacionalidade e cidadania;
(D) organização do poder judiciário e do ministério público;
(E) abertura de crédito extraordinário para atender despesas decorrentes de calamidade pública.

Art. 62, § 1º, I, da CF. O art. 167, § 3º, da CF admite medida provisória para a abertura de crédito extraordinário para atender despesas decorrentes de calamidade pública.

Gabarito "E"

(Magistratura do Trabalho – 14ª Região – 2011) Analise as assertivas seguintes e responda.

I. O princípio da autotutela administrativa fundamenta a diretriz consolidada em súmula do STF segundo a qual a Administração Pública pode anular seus próprios atos, quando eivados de vícios que os tomam ilegais, porque deles não se originam direitos; ou revoga-los, por motivo de conveniência ou oportunidade, respeitados os direitos adquiridos e, ressalvada, em todos os casos, a apreciação judicial.

II. A Lei 9.784/1999, que disciplina o processo administrativo federal indica como um dos princípios que devem nortear a Administração Pública o princípio da segurança jurídica, assim como está mencionado no *caput* do artigo 5º da Constituição Federal a garantia à segurança, entendida não só no aspecto físico, como no jurídico. Dentre as consequências deste principio estão: a proibição, como regra, da retroatividade dos atos administrativos e o impedimento de aplicação de nova interpretação, respeito ao direito adquirido e preservação de efeitos de atos e medidas praticados por servidores de fato.

III. De acordo com o princípio da continuidade as atividades realizadas pela Administração Pública devem ser ininterruptas, para que o atendimento do interesse da coletividade não seja prejudicado. Tal princípio informa também as figuras da substituição, interinidade, suplência.

IV. Como instrumentos constitucionais para punir a inobservância do princípio da moralidade administrativa a Constituição Federal aponta a ação popular, a sanção à improbidade administrativa dos agentes públicos em geral. Assim, a Lei 8.429/1992 caracteriza os atos de improbidade administrativa como sendo aqueles que impliquem, necessariamente, locupletamento de caráter financeiro ou material.

(A) Apenas as assertivas I e III são corretas.
(B) Apenas a assertiva I é correta.
(C) Apenas as assertivas II e IV são corretas.
(D) Apenas a assertiva IV é incorreta.
(E) Todas as assertivas são corretas.

I: correta (Súmula 473 do STF); **II:** correta (art. 2º, *caput* e parágrafo único, XIII, da Lei 9.784/1999); **III:** correta, pois o princípio em tela, denominado princípio da continuidade do serviço público, tem em mira justamente a exigência de que os serviços públicos não parem e continuem à disposição da própria administração e dos administrados; quando um servidor está em férias, por exemplo, para que o serviço não seja interrompido, a Administração tem à sua disposição as figuras da *substituição*; já quando um servidor é exonerado de um cargo em comissão, pode-se desde já nomear outro no lugar ou simplesmente nomear alguém *interinamente*; e quando um membro de uma comissão não puder comparecer a uma reunião, por exemplo, costuma haver um *suplente*, justamente para que o serviço público correspondente não fique interrompido; **IV:** incorreta, pois há duas modalidades de improbidade que não requerem o enriquecimento ilícito do agente, quais sejam, a por prejuízo ao erário e a por violação a princípios da Administração (arts. 10 e 11 da Lei 8.429/1992).

Gabarito "D"

(Magistratura do Trabalho – 14ª Região – 2008) A Constituição Federal prevê expressamente que a Administração Pública direta e indireta de qualquer dos poderes da União, dos Estados, dos Municípios e do Distrito Federal, obedecerá aos princípios de:

(A) legalidade, impessoalidade, competência, moralidade, publicidade e eficiência;
(B) proporcionalidade, eficiência, motivação, moralidade, publicidade e legalidade;
(C) legalidade, razoabilidade, impessoalidade, moralidade, publicidade e eficiência;
(D) legalidade, impessoalidade, moralidade, publicidade e eficiência;
(E) motivação, legalidade, conveniência, moralidade, publicidade e eficiência.

Trata-se do famoso LIMPE (cada letra de LIMPE é a primeira letra dos princípios expressos na CF), previsto no art. 37, *caput*, da CF.

Gabarito "D"

(Magistratura do Trabalho – 16ª Região – 2008) Os princípios da Administração Pública apresentam-se como proposições básicas e fundamentais que informam o Direito Administrativo. A respeito desses princípios assinale a opção incorreta.

(A) Os princípios podem ser explícitos ou implícitos. Entre os princípios de Direito Administrativo explicitamente estabelecidos na Constituição Federal encontramos o da legalidade, o da publicidade, o da impessoalidade, o da moralidade administrativa, o da eficiência e o da razoabilidade.

(B) Toda a razão da Administração é voltada para a satisfação do interesse público. Esse é o princípio da supremacia do interesse público. Daí decorre a posição privilegiada dos órgãos e entes públicos encarregados da preservação do interesse público.
(C) O interesse público pode ser dividido em primário e secundário. O interesse público primário é o conjunto de interesses coletivos que prevalecem na sociedade, o interesse público secundário, por sua vez, é integrado pelos interesses que a Administração pode ter como qualquer sujeito de direito.
(D) Pode ser tido como interesse secundário o de pagar o mínimo possível a seus servidores e de elevar ao máximo os impostos.
(E) O princípio da indisponibilidade fundamenta, entre outros, os institutos do provimento dos cargos públicos, das licitações e contratos públicos.

A: assertiva incorreta, devendo ser assinalada, pois o princípio da razoabilidade não está expresso na Constituição Federal (art. 37, *caput*), apesar de estar expresso no art. 2º, *caput*, da Lei 9.784/1999; **B:** correta, valendo salientar que o princípio da *supremacia do interesse público* é considerado um princípio basilar da Administração, juntamente com o princípio da *indisponibilidade do interesse público*; desses dois princípios decorrem todos os outros; **C** e **D:** corretas, valendo salientar que, quando houver conflito entre os interesses públicos primário e secundário, prevalece o primeiro; o interesse público secundário é o interesse da pessoa jurídica estatal, abstraindo-se o interesse da coletividade; **E:** correta, pois o fato do interesse público ser indisponível faz com que seja necessária a realização de concursos públicos para provimento dos cargos públicos, licitação, realização de contratos administrativo, bem como fundamenta que os contratos administrativos tenham regime jurídico diferenciado, de modo a propiciar a promoção do interesse público.

Gabarito "A"

(Magistratura do Trabalho – 21ª Região – 2012) Sobre os princípios que regem a administração pública, é incorreto afirmar:

(A) o princípio da moralidade exige que o administrador se paute por conceitos éticos;

(B) corolário do princípio da igualdade é a vedação de se estabelecer diferenças em razão da sede ou domicílio dos licitantes;

(C) o princípio da supremacia do interesse público decorre da posição privilegiada dos órgãos e entes públicos encarregados da preservação do interesse público;

(D) em decorrência do princípio da hierarquia, que é restrito às funções administrativas e não aplicáveis às funções tipicamente legislativas e judiciais, a Administração Pública possui a prerrogativa de avocar atribuições, e também de rever os atos dos subordinados;

(E) A Constituição Federal prevê, expressamente, os princípios da legalidade, publicidade, impessoalidade, moralidade, eficiência e razoabilidade.

A: assertiva correta, pois o dever de agir conforme a ética, a boa-fé, a lealdade etc., decorre justamente do princípio da moralidade; **B:** assertiva correta, pois a igualdade não se coaduna com discriminar licitantes em função de sua sede ou domicílio, não podendo um edital de licitação de um município dizer que só pode participar de licitação para fornecer, por exemplo, material de escritório para este, empresas sediadas nele; **C:** assertiva correta, pois, para que o interesse público seja assegurado, há situações em que é necessário se conceder privilégios aos órgãos públicos, como o privilégio deste de poder usar a força para executar seus atos em determinados casos; **D:** assertiva correta, pois a hierarquia, de fato, só existe em relações administrativas (não existindo em relações puramente jurisdicionais e legislativas, não sendo correto dizer que um desembargador de uma câmara é superior hierárquico de um juiz) e decorre dela a possibilidade de revisão dos atos dos subordinados e também de avocação de atribuições; **E:** assertiva incorreta, devendo ser assinalada; o princípio da razoabilidade não está expresso no art. 37, *caput*, da CF, diferentemente dos outros mencionados, que estão.

Gabarito "E"

(Magistratura do Trabalho – 21ª Região – 2005) De acordo com as assertivas seguintes, indique a alternativa correta:

I. Decorre da aplicação do princípio da supremacia do interesse público o reconhecimento da validade de ato praticado por funcionário irregularmente investido no cargo ou função, sob fundamento de que os atos são do órgão e não do agente público, como pessoa física;

II. Em vista do princípio da eficiência, o particular que pactua com a Administração Pública passou a ter o direito de invocar a *exceptio non adimpleti contractus*, considerando a responsabilidade e o resultado necessário nas obrigações decorrentes da execução do contrato;

III. Em decorrência do princípio da hierarquia, que é restrito às funções administrativas e não aplicável às funções tipicamente legislativas e judiciais, a Administração Pública possui a prerrogativa de delegar e avocar atribuições, e também de rever os atos dos subordinados;

IV. Considerando a relevância e o alcance do princípio da legalidade no agir da Administração, a legitimidade e a veracidade atribuídas aos seus atos gozam da presunção *juris et de jure*;

V. Diante da fundamentalidade do princípio da publicidade dos atos administrativos, o ordenamento constitucional garante o amplo direito de todos a receber dos órgãos públicos informações de interesse particular ou coletivo, sem quaisquer restrições.

(A) apenas as alternativas I e V estão corretas;

(B) apenas as alternativas I e III estão corretas;

(C) apenas a alternativa III está correta;

(D) apenas as alternativas I e IV estão corretas;

(E) apenas as alternativas II e III estão corretas.

I: incorreta, pois o reconhecimento mencionado na assertiva não expressa uma supremacia estatal, mas uma necessidade decorrente da preservação do princípio da segurança jurídica; **II:** incorreta, pois a Lei 8.666/1993 (art. 78, XIV e XV) impõe que o contratado continue cumprindo com sua parte, mesmo em caso de atraso no pagamento (até o limite de 90 dias) e de suspensão do contrato (até o limite de 120 dias); **III:** correta, pois o princípio da hierarquia diz respeito às relações administrativas; no específico âmbito do processo judicial não se fala em hierarquia, apesar de a decisão de tribunal superior prevalecer sobre a de órgão judiciário inferior quando tomadas no mesmo processo; essa circunstância decorre da competência para julgar recursos, não sendo possível, todavia, que o Tribunal avoque um processo de um juiz de 1º grau para julgamento originário naquele; **IV:** incorreta, pois a presunção de legitimidade dos atos administrativos é relativa (*juris tantum*), e não absoluta (*juris et de jure*); **V:** incorreta, pois o próprio art. 5º da CF, em seu inciso LX, admite o sigilo quando relevante para a defesa da intimidade ou quando ou interesse social o exigir.

Gabarito "C"

(Procurador do Trabalho – 2013 – MPT) Sobre o princípio da transparência na administração pública, analise as seguintes proposições:

I. A Constituição da República assegura de forma expressa o acesso dos usuários a registros administrativos e a informações sobre atos de governo, observado o direito à intimidade, à vida privada, à honra e à imagem das pessoas.

II. Subordina-se aos ditames da Lei n. 12.527/2011 (Lei de Transparência) a administração pública direta e indireta da União, dos Estados e Municípios.

III. O Ministério Público não se sujeita aos ditames da Lei n. 12.527/2011, uma vez que não integra o Poder Executivo, estando sujeito à normatização própria pelo Conselho Nacional do Ministério Público.

IV. Aplicam-se as disposições da Lei n. 12.527/2011, no que couber, às entidades privadas sem fins lucrativos que recebam, para realização de ações de interesse público, recursos públicos diretamente do orçamento ou mediante subvenções sociais, contrato de gestão, termo de parceria, convênios, acordo, ajustes ou outros instrumentos congêneres.

Assinale a alternativa CORRETA:

(A) apenas as assertivas I e III estão corretas;
(B) apenas as assertivas II e IV estão corretas;
(C) apenas as assertivas III e IV estão corretas;
(D) apenas a assertiva IV está correta;
(E) não respondida.

I: incorreta, pois a CF não garante de forma expressa o acesso a registros administrativos e a informações sobre atos de governo, havendo apenas normas que permitem o acesso a atos de interesse coletivo em geral (art. 5º, XXXIII, da CF), sem o nível de detalhe que agora está garantido pela Lei 12.527/2011; **II**: correta (art. 1º, *caput*, da Lei 12.527/11); **III**: incorreta, pois o Ministério Público integra o Poder Executivo, além de haver menção expressa acerca da subordinação do *Parquet* ao regime da Lei 11.527/2011 (art. 1º, parágrafo único, I); **IV**: correta (art. 2º, *caput*, da Lei 12.527/2011).

Gabarito "B"

(Ministério Público do Trabalho – 14º) Quanto aos poderes e princípios da Administração Pública.

I. O poder disciplinar da Administração Pública autoriza a aplicação de sanções a particulares não sujeitos à disciplina interna da Administração.
II. O princípio da continuidade do serviço público jamais cede em razão de seu caráter absoluto, não comporta a aplicação do princípio da proporcionalidade e constitui um verdadeiro superprincípio que orienta todo o ordenamento jurídico administrativo.
III. O princípio da motivação dos atos administrativos, embora recomendável em todos os atos que envolvam o exercício de poderes, ao contrário dos atos praticados pelo Judiciário e Ministério Público, não possui previsão nas normas jurídicas de direito administrativo brasileiro.
IV. O princípio da segurança jurídica não se aplica à Administração Pública brasileira, uma vez que ela possui poderes para desconstituir situações jurídicas e aplicar retroativamente nova interpretação da norma administrativa para garantir o atendimento do fim público a que se dirige.

Assinale a opção CORRETA:

(A) apenas as de números I e III são corretas;
(B) apenas as de números II e IV são corretas;
(C) apenas a de número IV é correta;
(D) todas são incorretas;
(E) não respondida.

I: está incorreta, pois o poder disciplinar autoriza a aplicação de sanções apenas em face de *infrações disciplinares*, que só podem ser cometidas por servidores públicos, ou seja, dentro da disciplina interna da Administração; **II**: está incorreta, pois nenhum princípio é absoluto; **III**: incorreta, pois o princípio está previsto no art. 2º da Lei 9.784/1999; **IV**: incorreta; tal princípio se aplica à Administração Pública brasileira, que pode anular atos eivados de ilegalidade ou revogá-los por conveniência ou oportunidade, mas desde que respeitado o direito adquirido (Súmula 473 do STF). Ademais, a Administração não pode aplicar retroativamente nova interpretação da norma administrativa (art. 2º, parágrafo único, XIII, da Lei 9.784/1999).

Gabarito "D"

2. PODERES ADMINISTRATIVOS

Para resolver as questões deste item, vale citar as definições de cada poder administrativo apresentadas por Hely Lopes Meirelles, definições estas muito utilizadas em concursos públicos. Confira:

a) poder vinculado – "é aquele que o Direito Positivo – a lei – confere à Administração Pública para a prática de ato de sua competência, determinando os elementos e requisitos necessários à sua formalização"; **b) poder discricionário** – "é o que o Direito concede à Administração, de modo explícito, para a prática de atos administrativos com liberdade na escolha de sua conveniência, oportunidade e conteúdo"; **c) poder hierárquico** – "é o de que dispõe o Executivo para distribuir e escalonar as funções de seus órgãos, ordenar e rever a atuação de seus agentes, estabelecendo a relação de subordinação entre os servidores do seu quadro de pessoal"; **d) poder disciplinar** – "é a faculdade de punir internamente as infrações funcionais dos servidores e demais pessoas sujeitas à disciplina dos órgãos e serviços da Administração"; **e) poder regulamentar** – "é a faculdade de que dispõem os Chefes de Executivo (Presidente da República, Governadores e Prefeitos) de explicar a lei para sua correta execução, ou de expedir decretos autônomos sobre matéria de sua competência ainda não disciplinada por lei"; **f) poder de polícia** – "é a faculdade de que dispõe a Administração Pública para condicionar e restringir o uso e gozo de bens, atividades e direitos individuais, em benefício da coletividade ou do próprio Estado". (**Direito Administrativo Brasileiro**, 26ª ed., São Paulo: Malheiros, p. 109 a 123)

(Magistratura do Trabalho – 1ª Região – 2004) Analisando as alternativas:

I. poder vinculado é aquele derivado de delegação de autoridade administrativa e hierarquicamente superior, e se vincula às ordens desta autoridade;
II. poder regulamentar é aquele atribuído aos chefes de poder para a interpretação de lei ou no âmbito de suas competências e pode ser delegado por Decreto;
III. poder discricionário é aquele que o direito concede à administração para a prática de atos administrativos com liberalidade de escolha quanto a conveniência, oportunidade e conteúdo;
IV. a presunção de legitimidade que milita em favor dos atos administrativos autoriza a sua imediata execução ou operatividade, mesmo que arguidos vícios ou defeitos que os levem à invalidade;
V. pelo princípio da impessoalidade, não são imputáveis ao funcionário os atos que pratica, mas ao órgão ou entidade que representa, e se reconhece validade ao ato praticado por funcionário irregularmente investido na função.

Assinale:

(A) apenas I, II e III são corretas;
(B) apenas II, III e IV são corretas;
(C) apenas III, IV e V são corretas;
(D) apenas I e IV são corretas;
(E) apenas II e V são corretas.

I: incorreta, pois a situação narrada decorre do poder hierárquico, e não do poder vinculado; **II:** incorreta, pois o poder regulamentar é indelegável; **III:** correta, pois traz definição adequada de poder discricionário; **IV:** correta, pois a presunção de legitimidade, enquanto não desfeita, permite a imediata execução dos atos administrativos; aquele que entenda haver vício no ato deve, então, buscar, administrativa ou judicialmente, a sua anulação ou suspensão, para que não tenha que obedecê-lo; **V:** correta, pois a impessoalidade faz com que a pessoa do agente público seja de menor importância, imputando-se sempre os atos praticados por este à Administração (Teoria do Órgão), o que permite, em algumas situações, que mesmo atos praticados por alguém irregularmente investido em função pública possam ser considerados válidos.

Gabarito "C"

(Magistratura do Trabalho – 1ª Região – 2010 – CESPE) Assinale a opção correta acerca dos poderes disciplinar, hierárquico, regulamentar e de polícia administrativa.

(A) No campo disciplinar, o direito administrativo utiliza, como regra, o sistema da rígida tipicidade, prevendo cada conduta ilícita e a sanção respectiva.
(B) O poder de polícia é atividade discricionária que não envolve competências vinculadas.
(C) Decorre da hierarquia o poder que o órgão administrativo hierarquicamente superior possui de, em qualquer circunstância e sem necessidade de justificação, avocar temporariamente a competência atribuída a órgão inferior.
(D) Em razão do sistema de jurisdição única adotado no Brasil, cabe ao Poder Judiciário, com exclusividade, a prerrogativa de controlar os atos do Poder Executivo que exorbitem do poder regulamentar.
(E) Os processos de natureza disciplinar, mesmo que redundem na aplicação de penalidades de advertência e de suspensão de até trinta dias, estão submetidos ao princípio da ampla defesa e do contraditório, sendo inconstitucional qualquer dispositivo legal que dispense essa exigência.

A: incorreta, pois o sistema disciplinar não é tão fechado e casuístico assim; há tipos disciplinares mais abertos, como o que considera infração disciplinar sujeita à demissão a "insubordinação grave em serviço" (art. 132, VI, da Lei 8.112/1990), expressão essa bastante vaga e sujeita a múltiplas interpretações; **B:** incorreta, pois o poder de polícia pode ser discricionário ou vinculado, de acordo com a lei que criar esse condicionamento às pessoas; **C:** incorreta, pois a avocação de competência, apesar de decorrer da hierarquia, só é permitida em caráter excepcional e por motivos devidamente justificados (art. 15 da Lei 9.784/1999); **D:** incorreta, pois os atos normativos do Poder Executivo que exorbitam o poder regulamentar também podem ser controlados pelo Poder Legislativo, que tem o poder de sustá-los (art. 49, V, da CF); **E:** correta, pois a exigência de ampla defesa e de contraditório diz respeito a qualquer processo administrativo (art. 5º, LV, da CF).

Gabarito "E"

(Magistratura do Trabalho – 2ª Região – 2012) Analise as assertivas e ao final responda.

I. Pela aplicação do princípio da impessoalidade, o ato administrativo praticado por funcionário irregularmente investido no cargo ou função é válido.
II. A presunção de legitimidade dos atos administrativos é "juris et de jure".
III. Pela aplicação do princípio da especialidade, a Assembleia Geral de acionistas das sociedades de economia mista não pode alterar os objetivos de sua constituição.
IV. Cabe à Administração Pública, no exercício do poder vinculado, antes da edição do ato, apreciar os aspectos concernentes à oportunidade, conveniência, interesse público e equidade.
V. A concessão de alvará de licença é ato de polícia discricionário.

Estão **corretas apenas** as assertivas:

(A) I e III.
(B) II e IV.
(C) III e V.
(D) II e V.
(E) IV e V.

I: correta; trata-se da chamada função de fato, que possibilita a manutenção dos atos praticados por esse agente não só pelo princípio da impessoalidade, como também por conta do princípio da segurança jurídica; **II:** incorreta, pois a presunção de legitimidade não é "juris et de jure" (absoluta), mas sim "juris tantum" (relativa); **III:** correta, pois, do contrário, haveria violação à autorização legislativa para a criação da sociedade de economia mista (art. 37, XIX, da CF); **IV:** incorreta, pois, em sendo o ato vinculado, só há uma opção de agir, não se falando em análise da conveniência e oportunidade para a prática do ato, juízo próprio de atos vinculados; **V:** incorreta, pois a licença é ato unilateral e vinculado, pelo qual se faculta a alguém o exercício de uma atividade.

Gabarito "A"

(Magistratura do Trabalho – 3ª Região – 2013) Relativamente aos poderes administrativos é incorreto afirmar:

(A) O poder discricionário confere ao administrador público liberdade de escolha da conveniência, oportunidade e conteúdo do ato.
(B) O poder vinculado impõe ao agente público a restrição rigorosa aos preceitos legais, sem qualquer liberdade de ação.
(C) O poder hierárquico tem por objetivo ordenar, controlar, coordenar e corrigir as atividades administrativas no âmbito interno da Administração pública.
(D) O poder regulamentar é a faculdade de que dispõem os chefes do Executivo, em todas as esferas, de explicar a lei para a sua correta execução.
(E) O poder de polícia é a faculdade punitiva interna da Administração e só abrange as infrações relacionadas com o serviço.

A: assertiva correta, pois traz a exata definição do poder discricionário; **B:** assertiva correta, pois, de fato, no poder vinculado não há margem de liberdade alguma para o agente público, que só tem uma opção de agir; **C:** assertiva correta, pois traz a exata definição do poder hierárquico; **D:** assertiva correta, pois traz a exata definição do poder regulamentar; **E:** assertiva incorreta, devendo ser assinalada, pois essa definição é do poder disciplinar.

Gabarito "E"

(Magistratura do Trabalho – 4ª Região – 2012) No ordenamento jurídico brasileiro, compete exclusivamente ao Presidente da República, no plano federal, por decreto, praticar ato

(A) decorrente do poder hierárquico, editado para fiel execução da lei.
(B) decorrente do poder normativo da Administração, contemplando a edição de restrições ao exercício de direitos e atividades de particulares.
(C) decorrente do exercício do poder de polícia, para instituir limitações de caráter geral à atuação do particular em face do interesse público.
(D) voltado à extinção de cargos vagos.
(E) voltado à organização administrativa, incluindo a criação de órgãos e cargos públicos.

A: incorreta, pois foi trocada a expressão "poder regulamentar" por "poder hierárquico"; **B:** incorreta, pois o Presidente pratica o poder regulamentar, com vistas à fiel execução da lei (art. 84, IV, da CF); vale lembrar que a edição de restrições a direitos só pode se dar por ato do Chefe do Executivo, se for a título de explicar restrição que a lei tiver previsto, já que, pelo princípio da legalidade, não pode um ato infralegal criar obrigação para as pessoas; por fim, vale dizer que o poder normativo (diferentemente do poder regulamentar) não é exclusivo do Chefe do Executivo; **C:** incorreta, pois o poder de polícia não é ato exclusivo do Presidente da República; **D:** correta (art. 84, VI, "b", da CF); **E:** incorreta, pois somente a lei pode criar órgãos e cargos públicos (art. 84, VI, "a", da CF).

Gabarito "D"

(Magistratura do Trabalho – 5ª Região – 2006 – CESPE) Assinale a opção correta acerca do poder de polícia.

(A) A aplicação de multa por magistrado ao considerar os embargos de declaração manifestamente protelatórios configura ato de poder de polícia.
(B) É possível a criação de taxas para custeio de serviços públicos efetivos, como as custas judiciais e os emolumentos, desde que fixados por meio de atos resolutivos das corregedorias de justiça.
(C) A proporcionalidade é elemento essencial à validade de qualquer atuação da administração pública, salvo nos atos de polícia.
(D) É inconcebível a instituição de taxa que tenha por fundamento o poder de polícia exercido por órgãos da administração compreendidos na noção de segurança pública.
(E) O poder de polícia administrativo se confunde com a discricionariedade.

A: incorreta, pois a aplicação de multa pelo magistrado, no caso, é ato jurisdicional, e não ato administrativo, de modo que não se insere no contexto do poder de polícia, instituto próprio do Direito Administrativo; **B:** incorreta, pois a taxa é um tributo e todo tributo depende de lei para ser criado (art. 145, II, da CF); **C:** incorreta, pois o princípio da proporcionalidade incide sobre toda a atividade administrativa (art. 2º, *caput*, da Lei 9.784/1999), inclusive no poder de polícia; **D:** correta, pois somente serviços públicos divisíveis podem ser hipóteses de incidência de taxa (art. 145, II, da CF), e esse não é o caso do serviço de segurança pública, que não pode ser dividido para cada pessoa da coletividade; **E:** incorreta, pois o poder de polícia é uma atividade estatal que pode ser discricionária ou vinculada, de acordo com a existência ou não de margem de liberdade ditada pela lei que regulamentar dada espécie de poder de polícia.

Gabarito "D"

(Magistratura do Trabalho – 7ª Região – 2005) O exercício do poder regulamentar pode ensejar abusos por parte da Administração, ao eventualmente inovar no ordenamento jurídico e, portanto, descumprir o basilar princípio da legalidade. Ao analisar o tema, Celso Antonio Bandeira de Mello arrola as hipóteses nas quais os regulamentos são compatíveis com a legalidade. Assinale, entre as opções abaixo, aquela que não se enquadra dentro dos regulares propósitos da norma regulamentar.

(A) Dispor sobre o procedimento de operação da Administração nas relações que decorrerão com os administrados quando da execução da lei.
(B) Limitar a discricionariedade administrativa.
(C) Caracterizar fatos, situações ou comportamentos enunciados na lei mediante conceitos vagos.
(D) Decompor analiticamente o conteúdo de conceitos sintéticos, mediante discriminação integral do que neles se contém.
(E) Estabelecer critérios objetivos de atuação da Administração, em face de omissão da norma legal.

Das afirmativas acima, apenas a alternativa "E" não se enquadra nos regulares propósitos da norma regulamentar, pois, em face de omissão legal (lacuna normativa), deve-se utilizar a analogia, os costumes e os princípios gerais de direito, e não criar uma norma nova por meio de um regulamento.

Gabarito "E"

(Magistratura do Trabalho – 9ª Região – 2009) Considere as seguintes proposições:

I. A faculdade de punir internamente as infrações funcionais dos servidores da Administração, decorre do poder disciplinar. As penas disciplinares previstas em lei serão aplicadas conforme a gravidade do fato, discricionariamente, pelo que, incabível Mandado de Segurança contra ato disciplinar.
II. A faculdade normativa, muito embora seja predominantemente do Poder Legislativo, neste não se exaure, pois os Chefes dos Poderes Executivos (Presidente da República, Governadores e Prefeitos) detêm o poder regulamentar, através do qual explicitam a lei ou expedem decretos autônomos sobre matéria de sua competência.
III. O Congresso Nacional tem competência para sustar atos normativos do Executivo Federal que exorbitem o poder regulamentar.
IV. A Administração Pública, através de seu poder de polícia, tem a faculdade de condicionar e restringir o uso e gozo de bens, atividades e direitos individuais, em benefício da coletividade ou do próprio Estado. Tal poder de polícia tem, entre outros, o atributo da autoexecutoriedade, pelo que, inclusive as multas decorrentes de tal poder podem ser executadas administrativamente.

(A) Todas as proposições são incorretas.
(B) Somente as proposições I, II e III são corretas.
(C) Somente as proposições II e III são corretas.
(D) Somente as proposições II, III e IV são corretas.
(E) Somente as proposições I e IV são corretas.

I: incorreta, pois nem toda aplicação de pena disciplinar envolve apreciação discricionária; há casos em que a lei traz um conceito vago como suficiente para aplicar uma pena disciplinar (ex.: "falta grave"), hipótese em que a competência será discricionária, e há casos em que a lei traz requisitos objetivos para a aplicação de uma pena disciplinar (ex.: "não comparecimento ao serviço por X dias consecutivos"), hipótese em que a competência será vinculada; ademais, é cabível mandado de segurança para discutir pena disciplinar quando não houver necessidade de dilação probatória, como é o caso de alegação de falta de cumprimento do devido processo legal; **II:** correta (art. 84, IV e VI, da CF); **III:** correta (art. 49, V, da CF); **IV:** incorreta, pois a autoexecutoriedade, no sentido de se poder usar a força para fazer valer um ato administrativo, pode ou não ser atributo do ato administrativo, a depender da existência de lei estabelecendo ou não esse atributo para a execução de determinado tipo de ato administrativo, o que não é o caso da cobrança de multas, cuja execução forçada só pode ser feita por meio do Judiciário, ingressando-se com ação de execução fiscal.

Gabarito "C"

(Magistratura do Trabalho – 9ª Região – 2007) Analise as seguintes proposições:

I. Não se confundem com o poder de polícia as manifestações autoritárias da administração pública que, conquanto limitadoras da liberdade, promanam de vínculos ou relações específicas firmadas entre o poder público e o destinatário de suas ações.

II. O poder de polícia caracteriza-se como um poder negativo, tendente que é a evitar um mal, proveniente da ação dos particulares.

III. Por meio do poder de polícia normalmente se exige do particular uma abstenção, um *non facere*.

IV. A Polícia Administrativa e a Polícia Judiciária se distinguem pelo fato de que a primeira se predispõe unicamente a impedir ou paralisar atividades antissociais, enquanto a segunda se preordena à responsabilização dos violadores da ordem jurídica.

Assinale a alternativa correta:

(A) Todas as proposições estão corretas.
(B) Apenas a proposição I está incorreta.
(C) Apenas as proposições III e IV estão corretas.
(D) Apenas a proposição II está incorreta.
(E) Apenas as proposições I e II estão incorretas.

I: correta, não se podendo confundir, por exemplo, o poder de polícia das construções (fiscalização de ordem geral) com o acompanhamento de contratos administrativos celebrados com a Administração (fiscalização de ordem especial), daí porque, no primeiro caso, fala-se em sujeição geral, ao passo que no segundo, em sujeição especial; **II:** incorreta, pois o poder de polícia é um poder positivo, pois atua positiva e ostensivamente para evitar a prática de atos contrários à lei; **III:** correta, pois o poder de polícia objetiva que o particular não faça determinadas coisas (ex.: não construir sem alvará; não dirigir sem habilitação etc.); **IV:** correta, pois a polícia administrativa objetiva justamente impedir ou paralisar atividades que violem os interesses da coletividade, ao passo que a polícia judiciária tem caráter investigativo, visando investigar o cometimento de infrações da lei penal, a fim de possibilitar a aplicação desta.

Gabarito "D"

(Magistratura do Trabalho – 9ª Região – 2006) Marque a alternativa incorreta:

(A) Há norma específica para satisfação de créditos contra o Poder Público, cujos bens não são passíveis de serem praceados, nem gravados com direitos reais de garantia.
(B) As medidas de polícia administrativa, na salvaguarda de higiene e saúde pública, bem como de tranquilidade pública, são autoexecutórias.
(C) O traço característico da polícia administrativa não é exclusivamente preventivo.
(D) Não é objetiva a responsabilidade civil do agente público por ato de improbidade administrativa, exigindo-se dolo e não somente culpa.
(E) Pelo princípio do controle judicial dos atos administrativos, conflito algum entre administração e administrado pode ser excluído da apreciação do Poder Judiciário.

A: correta, pois os bens públicos são impenhoráveis, estando a satisfação dos créditos contra o Poder Público regulamentada no art. 100 da CF; **B:** correta, pois, normalmente, as leis que salvaguardam os valores mencionados estabelecem a possibilidade de autoexecutoriedade das medidas de polícia correspondentes; de qualquer forma, é bom lembrar que a autoexecutoriedade, em se tratando da polícia administrativa, depende de a lei expressamente autorizar o uso da força ou de uma situação de urgência que não possa esperar a busca da prestação jurisdicional; **C:** correta, pois o poder de polícia atua preventiva ou repressivamente; **D:** assertiva incorreta, devendo ser assinalada, pois o ato de improbidade só se configura mediante dolo nas modalidades dos arts. 9º e 11 da Lei 8.429/1992, mas, na modalidade prevista no art. 10 da referida lei, o ato se configura mediante conduta dolosa ou culposa; **E:** correta, nos termos do art. 5º, XXV, da CF.

Gabarito "D"

(Magistratura do Trabalho – 12ª Região – 2006) Sobre os poderes de polícia e disciplinar da administração é incorreto afirmar:

(A) o poder de polícia constitui limitação à liberdade individual, mas tem por fim assegurar esta própria liberdade e os direitos essenciais do homem;
(B) a administração pode expressar o poder de polícia por meio de decretos, resoluções, portarias, instruções, despachos;
(C) os direitos fundamentais declarados e assegurados pela Constituição Federal não configuram limites ao exercício do poder de polícia;
(D) além dos deveres de desempenho das atribuições do cargo ou função, de honestidade ou probidade, de lealdade ou fidelidade, de obediência, é dever do servidor público manter segredo a respeito de assuntos funcionais de que teve ciência no exercício de suas atribuições, podendo o desatendimento desses deveres resultar em perda do cargo;
(E) o exercício do poder disciplinar apresenta-se como dever da autoridade administrativa, pois se ela tiver ciência de irregularidade no serviço público deverá promover a apuração dos fatos mediante sindicância ou processo administrativo disciplinar.

A: correta, pois a ideia é conformar os atos particulares às exigências da coletividade, como forma de garantir que cada integrante da coletividade tenha mais segurança e respeito na sua vida; **B:** correta, pois o poder de polícia, em sentido amplo, abrange tanto a lei, que delimita os direitos das pessoas, como os atos normativos infralegais, que atuará no sentido de fazer cumprir o disposto na lei, como os atos administrativos concretos; **C:** incorreta, pois o poder de polícia deve respeitar, naturalmente, os direitos e garantias fundamentais; assim, não se pode, por exemplo, em favor do poder de polícia, violar o domicílio das pessoas fora dos casos em que se permite ingressar na casa de alguém (art. 5º, XI, da CF), pois a inviolabilidade da casa é direito fundamental das pessoas; **D:** correta (art. 132, IX, da Lei 8.112/1990); **E:** correta (art. 143 da Lei 8.112/1990).

Gabarito "C"

(Magistratura do Trabalho – 13ª Região – 2006) Identifique qual das proposições abaixo se encontra errada em relação ao poder de polícia da administração pública:

(A) a polícia administrativa manifesta-se tanto através de atos normativos quanto por meio de atos concretos e específicos;
(B) o poder de polícia tem como um dos traços característicos, a imposição de sua atividade de forma coercitiva pela administração;
(C) salvo hipóteses excepcionalíssimas, não pode haver delegação de ato jurídico de polícia;
(D) a polícia judiciária tem como uma de suas características o seu caráter preventivo, através da instrução policial criminal;
(E) as medidas de polícia administrativa frequentemente são autoexecutórias.

A: correta, pois a polícia administrativa se dá tanto por atos normativos (resoluções, portarias), como por meio de atos concretos e específicos, como a aplicação de uma multa; **B:** correta, pois o poder de polícia se impõe coercitivamente às pessoas em geral, que não podem se evadir da sua aplicação; **C:** correta, até porque a própria delegação é ato excepcional, que deve preencher os requisitos estabelecidos no art. 12 da Lei 9.784/1999; **D:** assertiva incorreta, devendo ser assinalada, pois a polícia judiciária atua na investigação de crimes, sendo, assim, de caráter repressivo normalmente; **E:** correta, pois a autoexecutoriedade, entendida como a possibilidade de usar a força para o fim de fazer valer um ato administrativo, é muito comum em matéria de polícia administrativa, servindo de exemplo a apreensão de alimentos estragados, a remoção de um veículo, a interdição de estabelecimento comercial sem alvará etc.

Gabarito "D"

(Magistratura do Trabalho – 14ª Região – 2011) Sobre os poderes da administração pública, analise as seguintes assertivas e responda.

I. Hodiernamente, no âmbito de um Estado de Direito a doutrina informa que na contraposição do poder vinculado com o poder discricionário, o primeiro corresponderia às matérias de reserva legal absoluta e o segundo as matérias de reserva legal relativa.
II. São exemplos do exercício do poder vinculado: licença de construir; matrícula em escola pública.
III. São exemplos do exercício do poder discricionário: um Secretário da Educação ao fixar normas para distribuição de aulas excedentes a professores, inexistindo norma de lei a respeito; uma Congregação de Faculdade Pública que estabelece regras para revisão de provas.
IV. O poder regulamentar configura um dos modos de exercício do poder normativo no âmbito do Poder Executivo, podendo restringir preceitos da lei, conforme previsão constitucional que atribui privativamente ao Presidente da República competência para expedir decretos e regulamentos.
V. Para a defesa do Estado e das instituições democráticas a Constituição Federal possibilita a extensão excepcional do poder de polícia como decorrência da decretação do estado de defesa e estado de sítio, sendo que este último contém mais restrições aos direitos civis em relação ao primeiro.

(A) Todas as assertivas são corretas.
(B) Apenas as assertivas I, II e III são corretas.
(C) Apenas a assertiva IV é incorreta.
(D) Apenas as assertivas I e V são corretas.
(E) Apenas as assertivas I, IV e V são corretas.

I: correta, pois, no primeiro caso (poder vinculado) a lei dita, de modo objetivo, cada requisito do ato a ser praticado pela Administração, ao passo que, no segundo caso, a lei confere uma margem de liberdade à Administração quanto a alguns requisitos do ato administrativo; **II:** correta, pois, nesses casos, basta que o particular preencha requisitos objetivos para que tenha direito subjetivo a que a Administração expeça tais atos em seu favor; **III:** correta, pois, nos dois exemplos citados, há uma margem de liberdade em favor do agente público; **IV:** incorreta, pois a função do regulamento é explicar a lei, não sendo possível que um regulamento restrinja os preceitos de uma lei; ademais, os outros chefes do Executivo (governadores e prefeitos) também podem expedir decretos; **V:** correta; como, nesses casos aumenta-se a restrição a direitos, o poder de polícia, por consequência, fica mais extenso também; ademais, é certo dizer que o estado de sítio contém mais restrições aos direitos civis em relação ao estado de defesa, até porque uma das hipóteses de estado de sítio é justamente aquela em que as restrições do estado de defesa não estão sendo suficientes (art. 137, I, da CF).

Gabarito "C"

(Magistratura do Trabalho – 14ª Região – 2008) Uma determinada autoridade administrativa, de um certo setor de fiscalização do Estado, ao verificar que o seu subordinado havia sido tolerante com o administrado incurso em infração regulamentar, da sua área de atuação funcional, resolveu avocar o caso e agravar a penalidade aplicada, no uso da sua competência legal, tem este seu procedimento enquadrado no regular exercício dos seus poderes:

(A) disciplinar e vinculado;
(B) discricionário e regulamentar;
(C) hierárquico e de polícia;
(D) regulamentar e discricionário;
(E) vinculado e discricionário.

De fato, o procedimento tem a ver com o poder hierárquico (a avocação de competência é consequência desse poder) e com o poder de polícia (a matéria de fundo – fiscalização – relaciona-se a esse poder).

Gabarito "C"

(Magistratura do Trabalho – 15ª Região – 2010) Relativamente ao poder de polícia, é incorreto afirmar que:

(A) pode ser compreendido como a atividade da administração pública que, limitando ou disciplinando direito, interesse ou liberdade, regula a prática de ato ou abstenção de fato, em benefício do interesse público;
(B) possui como atributos a discricionariedade, a autoexecutoriedade e a coercibilidade, sendo que a discricionariedade comporta exceções;
(C) a polícia administrativa incide sobre bens, direitos e atividades e se difunde por toda a administração pública direta;
(D) o alvará de licença e o alvará de autorização são meios de atuação do poder de polícia, sendo a licença um ato discricionário e a autorização um ato vinculado;
(E) prescreve em cinco anos a ação punitiva da administração pública federal no exercício do seu poder de polícia, objetivando apurar infração à legislação em vigor.

A: assertiva correta, pois traz adequada definição de poder de polícia; **B:** assertiva correta, pois a doutrina aponta essas características do poder de polícia; vale salientar, todavia, que a lei, de acordo com o tipo de interesse envolvido, vai delimitar o campo de incidência da coercibilidade (possibilidade de uso da força), de maneira que, hoje, a doutrina vem apontando que é um pouco temerário dizer que sempre existe coercibilidade no poder de polícia, pois há casos em que a lei não autoriza expressamente o uso da força pela Administração em caso de descumprimento da norma pelo particular, ocasião em que a força só poderá ser utilizada caso se esteja em situação de grande urgência, sem que seja possível buscar a prestação jurisdicional; **C:** assertiva correta, pois, de fato, a polícia administrativa atinge esses bens ou valores; ademais, em toda a Administração Direta há órgãos encarregados desse poder, o que não exclui que também haja entes ou órgãos com esse poder na administração indireta, como é o caso do IBAMA; a afirmativa não fez essa exclusão expressamente, de modo que deve ser considerada correta; **D:** assertiva incorreta, devendo ser assinalada; isso porque a licença é ato vinculado e a autorização, discricionário; **E:** assertiva correta (art. 1º da Lei 9.873/1999).

Gabarito "D"

(Magistratura do Trabalho – 16ª Região – 2006) É manifestação típica do poder de polícia:

I. Retirada de produtos farmacêuticos com data de validade vencida em estabelecimentos comerciais pela vigilância sanitária;
II. Vigilância exercida sobre bens públicos;
III. Prisão de depositário infiel;
IV. Prisão em flagrante de criminoso.

Assinale a opção CORRETA:

(A) Somente I está correta.
(B) Somente I e II estão corretas.
(C) Somente II, III e IV estão corretas.
(D) Somente I e IV estão corretas.
(E) Somente I e III estão corretas.

I: correta, trata-se de manifestação da polícia administrativa em matéria sanitária; **II:** incorreta, pois tal vigilância se assemelha ao policiamento ostensivo; **III:** incorreta, pois trata-se de ato jurisdicional, e não administrativo; **IV:** incorreta, pois tal ato é regulado pelo Direito Processual Penal, e não pelo Direito Administrativo, envolvendo questão de interesse do processo judicial, mesmo quando feito por autoridade administrativa.

Gabarito "A"

(Magistratura do Trabalho – 24ª Região – 2007) Sobre os poderes administrativos, assinale a alternativa INCORRETA:

(A) Dar ordens é determinar, especificamente, ao subordinado os atos a praticar ou a conduta a seguir em caso concreto. Daí decorre o dever de obediência.
(B) A subordinação administrativa resulta do poder de supervisão ministerial sobre a entidade vinculada e é exercida nos limites que a lei estabelecer, sem suprimir a autonomia conferida ao ente supervisionado.
(C) Delegar é conferir a outrem atribuições que originariamente competiam ao delegante.
(D) Avocar é chamar a si funções originariamente atribuídas a um subordinado.
(E) Rever atos de inferiores hierárquicos é apreciar tais atos em todos os seus aspectos (competência, objeto, oportunidade, conveniência, justiça, finalidade e forma), para mantê-los ou invalidá-los, de ofício ou mediante provocação do interessado.

Todas as alternativas estão corretas, salvo a de letra "b", pois a subordinação administrativa (de um órgão superior em relação a um órgão inferior) leva o nome de *hierarquia* e não de *supervisão ministerial*. Esta é a relação que existe entre pessoa jurídica criadora e pessoa jurídica por ela criada, relação que também é chamada de *controle* ou *tutela*.

Gabarito "B"

(Magistratura do Trabalho – 24ª Região – 2007) Em relação aos Poderes da Administração, assinale a alternativa INCORRETA:

(A) O Poder de Polícia, como poder da Administração Pública, é instrumento adequado à contenção ou condicionante dos direitos individuais ante o interesse coletivo prevalecente.
(B) Entre as diversas classificações de seus poderes, a partir de suas funções, o Poder Hierárquico e Disciplinar diz respeito à organização e disciplina da Administração Pública.
(C) São características do Poder de Polícia da Administração Pública: discricionariedade; vinculação; autoexecutoriedade; proporcionalidade.
(D) A expansão da atividade estatal autoriza dizer que, após a promulgação da Constituição de 1988, as expressões "poderes administrativos" e "poderes políticos" são sinônimas.
(E) O Poder Regulamentar é a via que autoriza o agente público competente e no exercício de sua função a editar determinadas normas objetivando tornar mais inteligível a lei ou determinada matéria normativa de interesse direto ou indireto da Administração Pública.

Todas as alternativas estão corretas, salvo a de letra "d", pois as duas expressões não se confundem. Os poderes administrativos são os poderes que a administração detém para realizar atividades administrativas, ou seja, atividades de execução de lei, ao passo que os poderes políticos são os poderes que guardam fundamento de validade na própria Constituição Federal, além de terem alto grau de discricionariedades. Como exemplo de poder político temos o poder de iniciativa de projeto de lei, de veto a projeto de lei, dentre outros.

Gabarito "D"

3. ATO ADMINISTRATIVO

3.1. CONCEITO, FORMAÇÃO, EFEITOS E ATRIBUTOS DO ATO ADMINISTRATIVO

Para resolver as questões sobre os atributos do ato administrativo, vale a pena trazer alguns elementos doutrinários. Confira:

Atributos do ato administrativo (são as qualidades, as prerrogativas dos atos)

- **Presunção de legitimidade** *é a qualidade do ato pela qual este se presume verdadeiro e legal até prova em contrário*; ex.: uma multa aplicada pelo Fisco presume-se verdadeira quanto aos fatos narrados para a sua aplicação e se presume legal quanto ao direito aplicado, a pessoa tida como infratora e o valor aplicado.
- **Imperatividade** *é a qualidade do ato pela qual este pode se impor a terceiros, independentemente de sua concordância*; ex.: uma notificação da fiscalização municipal para que alguém limpe um terreno ainda não objeto de construção, que esteja cheio de mato.
- **Exigibilidade** *é a qualidade do ato pela qual, imposta a obrigação, esta pode ser exigida mediante coação indireta*; ex.: no exemplo anterior, não sendo atendida a notificação, cabe a aplicação de uma multa pela fiscalização, sendo a multa uma forma de coação indireta.
- **Autoexecutoriedade** *é a qualidade pela qual, imposta e exigida a obrigação, esta pode ser implementada mediante coação direta, ou seja, mediante o uso da coação material, da força*; ex.: no exemplo anterior, já tendo sido aplicada a multa, mais uma vez sem êxito, pode a fiscalização municipal ingressar à força no terreno particular, fazer a limpeza e mandar a conta, o que se traduz numa coação direta. A autoexecutoriedade não é a regra. Ela existe quando a lei expressamente autorizar ou quando não houver tempo hábil para requerer a apreciação jurisdicional.

Obs. 1: a expressão autoexecutoriedade também é usada no sentido da qualidade do ato que enseja sua imediata e direta execução pela própria Administração, independentemente de ordem judicial.

Obs. 2: repare que esses atributos não existem normalmente no direito privado; um particular não pode, unilateralmente, valer-se desses atributos; há exceções, em que o particular tem algum desses poderes; mas essas exceções, por serem exceções, confirmam a regra de que os atos administrativos se diferenciam dos atos privados pela ausência nestes, como regra, dos atributos acima mencionados.

(Magistratura do Trabalho – 1ª Região – 2010 – CESPE) Assinale a opção correta quanto à classificação, aos requisitos dos atos administrativos e à teoria dos motivos determinantes.

(A) O parecer, como ato administrativo que expressa posicionamento de natureza técnica, é sempre vinculante, de forma que a autoridade decisória não pode agir de maneira distinta da constante do ato opinativo.

(B) O pressuposto da revogação é o interesse público, razão pela qual ela incide sobre atos válidos e inválidos que a administração pretenda abolir do rol de normas jurídicas, em razão dos inconvenientes e dos malefícios que causem à coletividade.

(C) Em obediência ao princípio da solenidade da forma, entendida esta como o meio pelo qual se exterioriza a vontade da administração, o ato administrativo deve ser escrito e manifestado de maneira expressa, não se admitindo, no direito público, o silêncio como forma de manifestação da vontade da administração.

(D) Se um ato administrativo discricionário for praticado por autoridade que não tenha competência, a autoridade competente não estará obrigada a convalidá-lo se considerar que não estão presentes os aspectos de mérito que sustentam sua apreciação.

(E) Segundo a teoria dos motivos determinantes, a motivação dos atos administrativos é sempre necessária, seja para os atos vinculados, seja para os discricionários, pois constitui garantia de legalidade que tanto diz respeito aos interessados como à própria administração.

A: incorreta, pois há pareceres facultativos (a autoridade pede o parecer se quiser, não sendo obrigada a acatá-lo), obrigatórios (a autoridade deve pedir o parecer, mas não é obrigada a acatá-lo) e vinculantes (a autoridade deve pedir e deve acatar as conclusões do parecer); **B:** incorreta, pois, se o ato for *inválido*, o caso é anulação, e não de revogação; **C:** incorreta, pois o silêncio, nos termos do que dispuser a lei, pode ser uma manifestação de vontade da Administração; **D:** correta, pois a convalidação não é obrigatória quando houver vício de competência em ato discricionário; **E:** incorreta, primeiro porque há exceções ao dever de motivar (ex.: nomeação para cargo em comissão) e segundo porque a obrigatoriedade de motivação decorre do princípio da motivação, e não da Teoria dos Motivos Determinantes.

Gabarito "D"

(Magistratura do Trabalho – 2ª Região – 2011) Em relação aos atos praticados pela Administração e aos atos administrativos, analise as seguintes proposições:

I. Existem atos praticados pela Administração que são regidos pelo Direito Privado, como, por exemplo, a simples locação de uma casa para nela instalar-se uma repartição pública. O conteúdo e respectivo efeito não são regulados pelo Direito Administrativo.

II. Os motivos determinantes que embasam a vontade do agente são importantes para a prática do ato, como motivos gestacionais, mas não integram a validade do ato, salvo quando a lei tenha estabelecido, antecipadamente, os motivos que ensejariam a sua prática.

III. Atos vinculados são aqueles que têm prévia e objetiva tipificação legal do único possível comportamento da Administração em face de situação igualmente prevista em termos de objetividade absoluta. Atos discricionários são os praticados com certa margem de liberdade de avaliação ou decisão, segundo critérios de conveniência e oportunidade, pela Administração formulados.

IV. O ato revogador de outro ato pode ter efeito "ex nunc" e/ou "ex tunc", já a invalidação só opera efeito "ex nunc".

V. Como a forma do ato administrativo pode, eventualmente, não ser obrigatória, inexistindo prescrição, é possível concluir pelo regime estritamente legal, que pode existir ato administrativo sem forma.

Responda:

(A) Estão Incorretas as assertivas I e II.
(B) Estão corretas as assertivas III e IV.
(C) Estão incorretas as assertivas IV e V.
(D) Estão corretas as assertivas III e V.
(E) Estão Incorretas as assertivas II e III.

I: correta; também são exemplos desses atos regidos pelo direito privado o financiamento e o seguro em favor do Poder Público (art. 62, § 3º, I, da Lei 8.666/1993); **II:** correta, pois, quando a lei estabelece qual motivo justifica a prática do ato, o motivo invocado pelo agente deve ser avaliado, para se verificar se corresponde ao motivo que a lei estabelece como apto à prática do ato; **III:** correta; as duas afirmativas são corretas; os atos vinculados têm seus requisitos clara e objetivamente definidos pela lei, de modo que o agente público não tem qualquer margem de liberdade; já os atos discricionários são aqueles em que a lei confere ao agente público margem de liberdade para definir, no caso concreto, o que melhor atende ao interesse público; **IV:** incorreta, pois o ato revogador tem efeito "ex nunc" (não retroage), ao passo que a invalidação tem efeito "ex tunc" (retroage); **V:** incorreta, pois, para que o ato administrativo *exista*, é necessário que se revista de alguma forma, pouco importando qual delas; em seguida, na análise da validade do ato administrativo, vai-se verificar se foi ou não obedecida a forma prevista na lei.

Gabarito "C"

(Magistratura do Trabalho – 3ª Região – 2013) São atributos do ato administrativo:

(A) Autoexecutoriedade e autoridade
(B) Presunção de legitimidade e imperatividade
(C) Presunção de legitimidade e eficiência
(D) Publicidade e autenticidade
(E) Exigibilidade e publicidade

A: incorreta, pois a autoridade não é atributo do ato administrativo; **B:** correta, pois a presunção de legitimidade e a imperatividade são atributos do ato administrativo, assim como a exigibilidade, autoexecutoriedade (ou executoriedade ou coercibilidade) e a tipicidade; **C:** incorreta, pois a eficiência não é atributo do ato administrativo; **D:** incorreta, pois a publicidade e a autenticidade não são atributos do ato administrativo; **E:** incorreta, pois a publicidade não é atributo do ato administrativo.

Gabarito "B"

(Magistratura do Trabalho – 9ª Região – 2006) A respeito dos atos administrativos, assinale a incorreta:

(A) Gozam da presunção relativa de legitimidade.
(B) Admitem prova de que não se conformam à lei.
(C) Admitem imediata execução.
(D) Alegada ilegitimidade, compete ao Poder Público a comprovação da legalidade.
(E) São imperativos.

A e **B:** corretas, pois a presunção de legitimidade é relativa (*juris tantum*), admitindo prova em contrário; **C:** correta, pois, com a presunção de legitimidade, o ato é considerado como adequado ao Direito, o que faz com que seja admitida sua imediata execução; caso alguém entenda que o ato é inválido, deverá impugná-lo administrativa ou judicialmente, para o fim de conseguir sua suspensão ou anulação, mas, enquanto isso não se dê, tal pessoa deverá cumprir o ato administrativo questionado; **D:** assertiva incorreta, devendo ser assinalada, pois a presunção milita em favor do Poder Público, devendo o impugnante provar que o ato não é legal; **E:** correta, pois os atos administrativos são imperativos, ou seja, podem ser impostos a terceiros, independentemente de sua concordância.

Gabarito "D"

(Magistratura do Trabalho – 14ª Região – 2008) Discricionariedade, autoexecutoriedade e coercibilidade podem ser apontados como:

(A) atributos do poder de polícia;
(B) requisitos do ato administrativo em geral;
(C) elementos do ato administrativo em geral;
(D) pré-requisitos dos atos vinculados;
(E) pré-requisitos dos atos discricionários.

De fato, os institutos mencionados são *atributos*, e não requisitos dos atos relacionados ao *poder de polícia*.

Gabarito "A"

(Magistratura do Trabalho – 15ª Região – 2011) São considerados atributos dos atos administrativos os seguintes, exceto:

(A) finalidade;
(B) presunção de legitimidade;
(C) autoexecutoriedade;
(D) imperatividade;
(E) tipicidade

São *atributos* dos atos administrativos a presunção de legitimidade ("b"), a imperatividade ("d"), a exigibilidade, a autoexecutoriedade ("c") e a tipicidade ("e"). A finalidade ("a") é um *requisito* do ato administrativo, e não um *atributo* deste.

Gabarito "A"

(Magistratura do Trabalho – 16ª Região – 2008) A teoria dos atos de governo surgiu na França em decorrência de decisões tomadas pelo Conselho de Estado, a mais alta corte francesa em matéria administrativa. No Brasil, por força da Constituição Federal, são atos de governo, praticados pelo chefe do poder executivo, exceto:

(A) Dispor sobre limites e condições para a concessão de garantia da União em operações de crédito externo e interno;
(B) Decretação e execução de intervenção federal;
(C) Sanção, promulgação e publicação de leis;
(D) Declaração de guerra no caso de agressão estrangeira;

(E) Permitir, nos casos previstos em lei complementar, que forças estrangeiras transitem pelo território nacional ou nele permaneçam temporariamente.

A: assertiva incorreta, devendo ser assinalada, pois é ato do Senado Federal (art. 52, VIII, da CF); **B:** correta (art. 84, X, da CF); **C:** correta (art. 84, IV, da CF); **D:** correta (art. 84, XIX, da CF); **E:** correta (art. 84, XXII, da CF).

Gabarito "A"

(Magistratura do Trabalho – 16ª Região – 2006) Assinale proposição CORRETA:

(A) O ato administrativo discricionário motivado não está sujeito ao controle do Poder Judiciário.

(B) O desvio de finalidade do ato administrativo é insuscetível de exame pelo Poder Judiciário.

(C) Havendo previsão legal para que determinado ato seja motivado, a falta de motivação não se sujeita ao exame do Poder Judiciário.

(D) O ato administrativo, quanto à sua oportunidade, está sujeito ao controle jurisdicional.

(E) São atributos do ato administrativo presunção de legitimidade, autoexecutoriedade e imperatividade.

A: incorreta, o ato discricionário, motivado ou não, pode sim ser apreciado pelo Judiciário, quanto aos aspectos de legalidade, moralidade e razoabilidade; **B:** incorreta, o Judiciário pode apreciar desvio de finalidade, em atos vinculados ou discricionários; **C:** incorreta, a falta de motivação gera a ilegalidade do ato e, portanto, pode ser apreciada pelo Judiciário, já que este pode anular atos administrativos; **D:** incorreta, o Judiciário não pode revogar atos administrativos; **E:** correta, de fato, todos os institutos trazidos na alternativa são atributos do ato administrativo; são também atributos a exigibilidade e a tipicidade.

Gabarito "E"

(Procurador do Trabalho – 2013 – MPT) As recomendações emitidas pelo Ministério Público aos entes públicos constituem:

(A) Ato administrativo com caráter vinculante em que se requisita ao destinatário sua divulgação adequada e resposta, com objetivo de obrigá-lo a adotar um comportamento comissivo ou omissivo, visando à melhoria dos serviços públicos e de relevância pública, bem como ao respeito aos interesses, direitos e bens, cuja defesa lhe cabe promover.

(B) Ato administrativo sem caráter vinculante com objetivo de estimular o destinatário a adotar um comportamento comissivo ou omissivo, sem prazo definido para o cumprimento, visando à melhoria dos serviços públicos e de relevância pública, bem como ao respeito aos interesses, direitos e bens, cuja defesa lhe cabe promover.

(C) Ato administrativo com caráter vinculante cuja finalidade é obrigar o destinatário a adotar um comportamento comissivo ou omissivo, sem prazo definido para o cumprimento, visando à melhoria dos serviços públicos e de relevância pública, bem como ao respeito aos interesses, direitos e bens, cuja defesa lhe cabe promover.

(D) Ato administrativo sem caráter vinculante em que se requisita ao destinatário sua divulgação adequada e resposta, com objetivo de estimulá-lo a adotar um comportamento comissivo ou omissivo, dentro de um prazo razoável para adoção de providências, visando à melhoria dos serviços públicos e de relevância pública, bem como ao respeito aos interesses, direitos e bens, cuja defesa lhe cabe promover.

(E) Não respondida.

A e **C:** incorretas, pois a recomendação, como o próprio nome diz, não tem caráter vinculante, mas de recomendação mesmo, ou seja, de tentativa de convencimento de que o destinatário do ato mude de comportamento; **B:** incorreta, pois, para que a recomendação atenda à sua finalidade e não fique muito vaga, há de conter um prazo (razoável) para a adoção das providências recomendadas; **D:** correta, pois traz exata definição de recomendação; **E:** incorreta, pois a alternativa "d" responde adequadamente à questão.

Gabarito "D"

3.2. REQUISITOS DO ATO ADMINISTRATIVO

Para resolver as questões sobre os requisitos do ato administrativo, vale a pena trazer alguns elementos doutrinários. Confira:

Requisitos do ato administrativo (são requisitos para que o ato seja **válido**)

- **Competência**: *é a atribuição legal de cargos, órgãos e entidades.* São vícios de competência os seguintes: a1) usurpação de função: alguém se faz passar por agente público sem o ser, ocasião em que o ato será inexistente; a2) excesso de poder: alguém que é agente público acaba por exceder os limites de sua competência (ex.: fiscal do sossego que multa um bar que visita por falta de higiene); o excesso de poder torna nulo ato, salvo em caso de incompetência relativa, em que o ato é considerado anulável; a3) função de fato: exercida por agente que está irregularmente investido em cargo público, apesar de a situação ter aparência de legalidade; nesse caso, os praticados serão considerados válidos, se houver boa-fé.
- **Objeto:** é o conteúdo do ato, aquilo que o ato dispõe, decide, enuncia, opina ou modifica na ordem jurídica. O objeto deve ser lícito, possível e determinável, sob pena de nulidade. Ex.: o objeto de um alvará para construir é a licença.
- **Forma**: *são as formalidades necessárias para a seriedade do ato.* A seriedade do ato impõe a) respeito à forma propriamente dita; b) motivação.
- **Motivo**: *fundamento de fato e de direito que autoriza a expedição do ato.* Ex.: o motivo da interdição de estabelecimento consiste no fato de este não ter licença (motivo de fato) e de a lei proibir o funcionamento sem licença (motivo de direito). Pela *Teoria dos Motivos Determinantes*, *o motivo invocado para a prática do ato condiciona sua validade.* Provando-se que o motivo é inexistente, falso ou mal qualificado, o ato será considerado nulo.

- **Finalidade**: *é o bem jurídico objetivado pelo ato*. Ex.: proteger a paz pública, a salubridade, a ordem pública. Cada ato administrativo tem uma finalidade. **Desvio de poder (ou de finalidade)**: *ocorre quando um agente exerce uma competência que possuía, mas para alcançar finalidade diversa daquela para a qual foi criada*. Não confunda o *excesso de poder* (vício de sujeito) com o *desvio de poder* (vício de finalidade), espécies do *gênero abuso de autoridade*.

(Magistratura do Trabalho – 3ª Região – 2013) Relativamente ao motivo do ato administrativo, é incorreto afirmar:

(A) É irrelevante para a eficácia do ato administrativo vinculado.
(B) É elemento, e não atributo, do ato administrativo.
(C) É também denominado motivação.
(D) Corresponde às razões de fato e de direito que servem de fundamento ao ato administrativo.
(E) Não se confunde com o mérito do ato administrativo.

A: assertiva correta, pois, no ato vinculado, o fundamento de fato e de direito para a prática do ato, bem como o teor do próprio ato é trazido de forma clara e objetiva pela lei; assim, tendo sido praticado no caso concreto o ato adequado nos termos do determinado objetivamente pela lei, não haverá grande relevância em se ficar investigando algum problema no motivo; **B:** assertiva correta, pois o motivo, assim como a competência, o objeto, a forma e a finalidade são elementos do ato administrativo; **C:** assertiva incorreta, devendo ser assinalada; o motivo é o próprio fundamento para a prática do ato e é um elemento do ato; já a motivação é a demonstração da pertinência do ato e integra o elemento do ato denominado forma; **D:** assertiva correta, pois traz exata definição de motivo; **E:** assertiva correta, pois o mérito consiste na margem de liberdade que o agente público tem para a prática do ato, ao passo que o motivo é fundamento para a prática do ato.

Gabarito "C"

(Magistratura do Trabalho – 3ª Região – 2008) A respeito dos atos administrativos, analise as afirmações abaixo e escolha a opção correta:

I. São elementos dos atos administrativos competência, objeto, forma, motivo, mérito e finalidade. Competência é o poder que a lei outorga ao agente público para o desempenho de suas funções, é inderrogável e improrrogável, mas pode, em regra, ser objeto de delegação ou avocação.
II. Motivo é o pressuposto de fato ou de direito que serve de fundamento ao ato administrativo. A teoria dos motivos determinantes é aquela segundo a qual o motivo do ato administrativo deve sempre guardar compatibilidade com a situação de fato que gerou a manifestação de vontade.
III. O mérito administrativo é a valoração da conveniência e da oportunidade na prática do ato discricionário, no qual competência, finalidade e forma são sempre vinculadas.
IV. Nos termos da lei, são nulos os atos administrativos quando houver incompetência, vício de forma, ilegalidade do objeto, inexistência dos motivos e desvio de finalidade. A anulação do ato produz eficácia imediata ("ex nunc").
V. O ato deve ser analisado pela Administração, quando for vinculado, sob o aspecto da legalidade, enquanto que, quando for discricionário, sob aspecto da legalidade e do mérito.

(A) Uma afirmativa está correta.
(B) Duas afirmativas estão corretas.
(C) Três afirmativas estão corretas.
(D) Quatro afirmativas estão corretas.
(E) Todas as afirmativas estão corretas.

As afirmativas feitas nos itens II, III e V estão corretas. A afirmativa feita no item I está incorreta, pois o mérito não é um elemento do ato administrativo; os elementos (ou requisitos) do ato administrativo são competência, objeto, forma, motivo e finalidade. A afirmativa feita no item IV está incorreta, pois a anulação tem efeito retroativo, ou seja, *ex tunc*.

Gabarito "C"

(Magistratura do Trabalho – 4ª Região – 2012) A respeito do ato administrativo, é correto afirmar que

(A) motivo é o pressuposto de fato e de direito que serve de fundamento ao ato e, quando falso, importa a invalidade do ato, que pode ser declarada pelo Poder Judiciário com base na teoria dos motivos determinantes.
(B) a discricionariedade administrativa impede o exame, pelo Poder Judiciário, do motivo do ato, aplicando-se, no caso dos atos vinculados, a teoria dos motivos determinantes.
(C) apenas os atos discricionários comportam o exame, pelo Poder Judiciário, da validade e veracidade dos pressupostos de fato e de direito para sua edição.
(D) o desvio de poder constitui vício relativo ao motivo do ato administrativo e enseja sua nulidade, com base na teoria dos motivos determinantes.
(E) a finalidade do ato discricionário decorre da aderência das razões de conveniência e oportunidade ao interesse público, sendo nulo, com base na teoria dos motivos determinantes, o ato que não cumpra tal condição.

A: correta, pois a teoria mencionada torna o ato nulo e atos nulos podem ser invalidados não só pela Administração, como pelo Judiciário também; **B:** incorreta, pois o ato discricionário pode ser controlado pelo Judiciário, bastando que esse se limite a verificar os aspectos vinculados do ato discricionário (todo ato discricionário é parcialmente regrado ou vinculado), atuando assim sobre aspectos de legalidade, moralidade e razoabilidade; **C:** incorreta, pois os atos vinculados também podem ser controlados pelo Judiciário, aliás, em sua inteireza, já que cada ponto de um ato vinculado pode ser verificado pelo Judiciário, diferentemente do ato discricionário, em que o Judiciário se limita a verificar os aspectos de legalidade, moralidade e razoabilidade, não podendo controlar o mérito administrativo; **D:** incorreta, pois o desvio de poder constitui vício relativo à *finalidade* do ato administrativo e não ao *motivo* deste; **E:** incorreta, pois a teoria dos motivos determinantes diz respeito à violação do elemento *motivo* e não do elemento *finalidade*.

Gabarito "A"

(Magistratura do Trabalho – 15ª Região – 2010) Não é requisito do ato administrativo:

(A) a legitimidade;
(B) o motivo;
(C) a finalidade;
(D) a forma;
(E) o objeto.

São requisitos do ato administrativo a competência, o motivo ("b"), a finalidade ("c"), a forma ("d") e o objeto ("e"). A legitimidade não é um requisito do ato administrativo.

Gabarito "A"

(Magistratura do Trabalho – 16ª Região – 2008) Assinale a alternativa correta. É inegável que o Judiciário, desde Seabra Fagundes, pode controlar a validade do comportamento da Administração, até mesmo quando a lei não dispõe sobre os motivos que legitimam a realização de um ato. Assim, pode-se dizer que a relação de adequação entre os pressupostos do ato e seu objeto é:

(A) Finalidade;
(B) Causa;
(C) Motivação;
(D) Conteúdo;
(E) Forma.

Para Celso Antônio Bandeira de Mello são pressupostos de validade do ato administrativo os seguintes: a) agente competente, não impedido e capaz; b) motivo; c) formalização; d) requisitos procedimentais; e) finalidade; f) causa. A *causa* é a relação de pertinência entre o motivo do ato é o ato em si. Quando não há proporção entre o fato que justifica o ato e o ato em si, tem-se violação ao elemento *causa*.

Gabarito "B"

(Magistratura do Trabalho – 20ª Região – 2003) Relativamente aos vícios concernentes ao agente público, é correto afirmar:

(A) que inexistem tais vícios quando o cargo é ocupado por pessoa na plena posse de suas faculdades mentais, à qual se outorga poder legal para manifestar-se como órgão do Estado, presumindo-se sempre e sem contestação a legitimidade de seus atos;
(B) que se configura abuso de poder na modalidade excesso de poder quando o agente pratica o ato, embora legalmente investido, excedendo o âmbito de suas atribuições;
(C) que o abuso de poder na modalidade desvio de finalidade ocorre quando o agente procede sem estar devida e legalmente investido na função pública;
(D) que o agente pode praticar um ato viciado por erro de fato;
(E) que não se configura abuso de poder na modalidade excesso de poder quando o agente pratica o ato, embora legalmente investido, excedendo o âmbito de suas atribuições.

A: incorreta, pois o agente público há de ser competente, não impedido e *capaz*, podendo ser considerado inválido o ato administrativo praticado por agente público incapaz, mormente se este tiver praticado um ato do tipo discricionário; **B:** correta, pois o *excesso de poder* é um vício de *competência*, que ocorre quando um agente público, ao atuar, excede a competência que tem, agindo numa competência que não tem; **C:** incorreta, pois o *desvio de poder* não é um vício do agente público (como é o *excesso de poder*), mas um vício no elemento *finalidade*; **D:** incorreta, pois o erro de fato não é um vício concernente ao *agente público* (incompetência, impedimento ou incapacidade), mas um vício no elemento *motivo*; **E:** incorreta, pois a situação narrada retrata sim excesso de poder, conforme definição dada por nós no comentário à alternativa "B".

Gabarito "B"

(Magistratura do Trabalho – 23ª Região – 2009) Analise os itens abaixo e marque a alternativa CORRETA:

I. Os atos administrativos deverão ser motivados, com indicação dos fatos e dos fundamentos jurídicos, quando neguem, limitem ou afetem direitos ou interesses.
II. A motivação do ato administrativo pode consistir em declaração de concordância com fundamentos de anteriores pareceres, informações, decisões ou propostas, que, neste caso, serão parte integrante do ato.
III. Os atos que apresentarem defeitos sanáveis poderão ser convalidados pela própria Administração.
IV. Os motivos apresentados pelo administrador para justificar o seu ato associam-se à validade do ato e vinculam o agente, porém, se constatada a inexistência dos fatos ou o seu incorreto enquadramento o administrador pode corrigir a sua motivação.

(A) Apenas os itens I e II são verdadeiros.
(B) Apenas os itens III e IV são verdadeiros.
(C) Apenas os itens II e IV são verdadeiros.
(D) Todos os itens são verdadeiros.
(E) Todos os itens são falsos.

I: verdadeira (art. 50, I, da Lei 9.784/1999); **II:** verdadeira (art. 50, § 1º, da Lei 9.784/1999); **III:** falsa, pois está incompleta, faltando a primeira parte da redação do art. 55 da Lei 9.784/1999 ("em decisão na qual se evidencie não acarretarem lesão ao interesse público nem prejuízo a terceiros, os atos que apresentarem ..."); **IV:** falsa, pois a Teoria dos Motivos Determinantes fará com que o ato seja considerado nulo no caso.

Gabarito "A"

(Procurador do Trabalho – MPT – 14º Concurso – 2007) Quanto aos atos administrativos:

I. O princípio da legalidade da administração pública eliminou as discussões em relação ao mérito do ato administrativo e a ausência de controle da discricionariedade do administrador. Isto porque faz desaparecer qualquer possibilidade de atuação de acordo com juízos subjetivos de conveniência e oportunidade não especificados e estabelecidos previamente pela legislação.
II. A competência para a prática do ato administrativo decorre da lei, é inderrogável, mas pode ser objeto de delegação, inclusive no que se refere à decisão de recursos administrativos.

III. Pela teoria dos motivos determinantes, mesmo quando a lei não exija a motivação do ato, a sua indicação pelo administrador produz o efeito de vincular a validade do ato aos motivos indicados.
IV. A nomeação do Procurador-Geral da República mediante aprovação prévia pelo Senado constitui o que a doutrina denomina de ato complexo.

(A) apenas as de números I e III são corretas;
(B) apenas as de números II e IV são corretas;
(C) apenas a de número III é correta;
(D) todas são incorretas;
(E) não respondida.

I: incorreta, pois os atos discricionários continuam existindo normalmente, não tendo desaparecido com a existência do princípio da legalidade; de qualquer forma, tais atos poderão ser controlados pelo Judiciário quanto aos aspectos de legalidade, razoabilidade e moralidade; **II:** incorreta, pois a competência para decidir recursos administrativos é indelegável (art. 13, II, da Lei 9.784/1999); **III:** correta, pois, de acordo com a teoria mencionada, os fundamentos de fato e de direito indicados para a prática de um ato ficam ligados a esse de tal forma que, caso se mostrem falsos ou inadequados, levam à invalidade do ato; **IV:** incorreta, pois tal nomeação é exemplo de ato composto, e não de ato complexo. Isso porque há prática de *mais de um ato* por mais de um órgão, e, no ato complexo, temos *um ato só*, apesar de dois ou mais órgãos.

Gabarito "C"

(Procurador do Trabalho – MPT – 14º Concurso – 2007) Ainda quantos aos atos administrativos:

I. O ato administrativo viciado por incompetência do sujeito é insuscetível de convalidação.
II. A revogação do ato administrativo vinculado produz efeitos *ex tunc*.
III. Os atos praticados por funcionário de fato, mesmo sob aparência de legalidade, enquadram-se como usurpação de função e, como tal, não produzem quaisquer efeitos.
IV. A anulação do ato administrativo consiste no seu desfazimento por motivo de ilegalidade e cabe somente ao Poder Judiciário.

Assinale a opção CORRETA:

(A) apenas a de número I é correta;
(B) apenas as de números II e III são corretas;
(C) apenas a de número IV é correta;
(D) todas são incorretas;
(E) não respondida.

I: incorreta, pois a convalidação é admitida no Direito Administrativo (art. 55 da Lei 9.784/1999) e, muito comumente, acontece em relação a vícios de incompetência; **II:** incorreta, pois os atos vinculados não podem ser revogados; ademais, a revogação sempre produz efeitos *ex nunc*; **III:** incorreta, pois a *usurpação de função* ocorre quando alguém finge ser funcionário público; e o exemplo dado diz respeito aos casos em que a doutrina denomina *função de fato*, sendo que os atos praticados nessas circunstâncias, havendo aparência de legalidade, são considerados válidos; **IV:** incorreta, pois a anulação cabe tanto à Administração Pública, como ao Judiciário.

Gabarito "D"

3.3. CLASSIFICAÇÃO E ESPÉCIES DE ATO ADMINISTRATIVO

Antes de verificarmos as questões deste item, vale trazer um resumo das principais espécies de atos administrativos.

Espécies de atos administrativos segundo Hely Lopes Meirelles:

- **Atos normativos** *são aqueles que contêm comando geral da Administração Pública, com o objetivo de executar a lei.* Exs.: regulamentos (da alçada do chefe do Executivo), instruções normativas (da alçada dos Ministros de Estado), regimentos, resoluções etc.
- **Atos ordinatórios** *são aqueles que disciplinam o funcionamento da Administração e a conduta funcional de seus agentes.* Ex.: instruções (são escritas e gerais, destinadas a determinado serviço público), circulares (escritas e de caráter uniforme, direcionadas a determinados servidores), avisos, portarias (expedidas por chefes de órgãos – trazem determinações gerais ou especiais aos subordinados, designam alguns servidores, instauram sindicâncias e processos administrativos etc.), ordens de serviço (determinações especiais ao responsável pelo ato), ofícios (destinados às comunicações escritas entre autoridades) e despacho (contém decisões administrativas).
- **Atos negociais** *são declarações de vontade coincidentes com a pretensão do particular.* Ex.: licença, autorização e protocolo administrativo.
- **Atos enunciativos** *são aqueles que apenas atestam, enunciam situações existentes.* Não há prescrição de conduta por parte da Administração. Ex.: certidões, atestados, apostilas e pareceres.
- **Atos punitivos** *são as sanções aplicadas pela Administração aos servidores públicos e aos particulares.* Ex.: advertência, suspensão e demissão; multa de trânsito.

Confira mais classificações dos atos administrativos:

- **Quanto à liberdade de atuação do agente**

  Ato vinculado *é aquele em que a lei tipifica objetiva e claramente a situação em que o agente deve agir e o único comportamento que poderá tomar.* Tanto a situação em que o agente deve agir, como o comportamento que vai tomar são únicos e estão clara e objetivamente definidos na lei, de forma a inexistir qualquer margem de liberdade ou apreciação subjetiva por parte do agente público. Exs.: licença para construir e concessão de aposentadoria.

  Ato discricionário *é aquele em que a lei confere margem de liberdade para avaliação da situação em que o agente deve agir ou para escolha do melhor comportamento a ser tomado.*

Seja na situação em que o agente deve agir, seja no comportamento que vai tomar, o agente público terá uma margem de liberdade na escolha do que mais atende ao interesse público. Neste ponto fala-se em mérito administrativo, ou seja, na valoração dos motivos e escolha do comportamento a ser tomado pelo agente.

Vale dizer, o agente público fará apreciação subjetiva, agindo segundo o que entender mais conveniente e oportuno ao interesse público. Reconhece-se a discricionariedade, por exemplo, quando a regra que traz a competência do agente indique conceitos fluídos, como *bem comum*, *moralidade*, *ordem pública* etc. Ou ainda quando a lei não traz um motivo que enseja a prática do ato, como, por exemplo, a que permite nomeação para cargo em comissão, de livre provimento e exoneração. Também se está diante de ato discricionário quando há mais de uma opção para o agente quanto ao momento de atuar, à forma do ato (ex: verbal, gestual ou escrita), sua finalidade ou conteúdo (ex: advertência, multa ou apreensão).

A discricionariedade sofre alguns temperamentos. Em primeiro lugar é bom lembrar que todo ato discricionário é parcialmente regrado ou vinculado. A competência, por exemplo, é sempre vinculada (Hely Lopes Meirelles entende que *competência*, *forma* e *finalidade* são sempre vinculadas, conforme vimos). Ademais, só há discricionariedade nas situações marginais, nas zonas cinzentas. Assim, se algo for patente, como quando, por exemplo, uma dada conduta fira veementemente a moralidade pública (ex: pessoas fazendo sexo no meio de uma rua), o agente, em que pese estar diante de um conceito fluído, deverá agir reconhecendo a existência de uma situação de imoralidade. Deve-se deixar claro, portanto, que a situação concreta diminui o espectro da discricionariedade (a margem de liberdade) conferida ao agente.

Assim, o Judiciário até pode apreciar um ato discricionário, mas apenas quanto aos aspectos de legalidade, razoabilidade e moralidade, não sendo possível a revisão dos critérios adotados pelo administrador (mérito administrativo), se tirados de dentro da margem de liberdade a ele conferida pelo sistema normativo.

- **Quanto às prerrogativas da administração**

  Atos de império são os *praticados no gozo de prerrogativas de autoridade*. Ex.: interdição de um estabelecimento.

  Atos de gestão são os *praticados sem uso de prerrogativas públicas, em igualdade com o particular, na administração de bens e serviços*. Ex.: contrato de compra e venda ou de locação de um bem imóvel.

  Atos de expediente *são os destinados a dar andamentos aos processos e papéis que tramitam pelas repartições, preparando-os para decisão de mérito a ser proferida pela autoridade*. Ex.: remessa dos autos à autoridade para julgá-lo.

  A distinção entre ato de gestão e de império está em desuso, pois era feita para excluir a responsabilidade do Estado pela prática de atos de império, de soberania. Melhor é distingui-los em atos regidos pelo direito público e pelo direito privado.

- **Quanto aos destinatários**

  Atos individuais *são os dirigidos a destinatários certos, criando-lhes situação jurídica particular*. Ex.: decreto de desapropriação, nomeação, exoneração, licença, autorização, tombamento.

  Atos gerais *são os dirigidos a todas as pessoas que se encontram na mesma situação, tendo finalidade normativa*.

São diferenças entre um e outro as seguintes:

- só ato individual pode ser impugnado individualmente; atos normativos, só por ADIN ou após providência concreta.
- ato normativo prevalece sobre o ato individual
- ato normativo é revogável em qualquer situação; ato individual deve respeitar direito adquirido.
- ato normativo não pode ser impugnado administrativamente, mas só após providência concreta; ato individual pode ser impugnado desde que praticado.

- **Quanto à formação da vontade**

  Atos simples: *decorrem de um órgão, seja ele singular ou colegiado*. Ex.: nomeação feita pelo Prefeito; deliberação de um conselho ou de uma comissão.

  Atos complexos: *decorrem de dois ou mais órgãos, em que as vontades se fundem para formar um único ato*. Ex.: decreto do Presidente, com referendo de Ministros.

  Atos compostos: *decorrem de dois ou mais órgãos, em que vontade de um é instrumental à vontade de outro, que edita o ato principal*. Aqui existem dois atos pelo menos: um principal e um acessório. Exs.: nomeação do Procurador-Geral da República, que depende de prévia aprovação pelo Senado; e atos que dependem de aprovação ou homologação. Não se deve confundir *atos compostos* com *atos de um procedimento*, vez que este é composto de vários atos acessórios, com vistas à produção de um ato principal, a decisão.

- **Quanto aos efeitos**

  Ato constitutivo *é aquele em que a Administração cria, modifica ou extingue direito ou situação jurídica do administrado*. Ex.: permissão, penalidade, revogação e autorização.

  Ato declaratório *é aquele em que a Administração reconhece um direito que já existia*. Ex.: admissão, licença, homologação, isenção e anulação.

  Ato enunciativo *é aquele em que a Administração apenas atesta dada situação de fato ou de direito*. Não produz efeitos jurídicos diretos. São juízos de conhecimento ou de opinião. Ex.: certidões, atestados, informações e pareceres.

- **Quanto à situação de terceiros**
  Atos internos são *aqueles que produzem efeitos apenas no interior da Administração*. Ex.: pareceres, informações.
  Atos externos *são aqueles que produzem efeitos sobre terceiros*. Nesse caso, dependerão de publicidade para terem eficácia. Ex.: admissão, licença.
- **Quanto à estrutura.**
  Atos concretos *são aqueles que dispõem para uma única situação, para um caso concreto*. Ex.: exoneração de um agente público.
  Atos abstratos *são aqueles que dispõem para reiteradas e infinitas situações, de forma abstrata*. Ex.: regulamento.

Confira outros atos administrativos, em espécie:

- **Quanto ao conteúdo:** a) **autorização**: *ato unilateral, discricionário e precário pelo qual se faculta ao particular, em proveito deste, o uso privativo de bem público ou o desempenho de uma atividade, os quais, sem esse consentimento, seriam legalmente proibidos*. Exs.: autorização de uso de praça para festa beneficente; autorização para porte de arma; b) **licença**: *ato administrativo unilateral e vinculado pelo qual a Administração faculta àquele que preencha requisitos legais o exercício de uma atividade*. Ex.: licença para construir; c) **admissão**: *ato unilateral e vinculado pelo qual se reconhece ao particular que preencha requisitos legais o direito de receber serviço público*. Ex.: aluno de escola; paciente em hospital; programa de assistência social; d) **permissão:** *ato administrativo unilateral, discricionário e precário, pelo qual a Administração faculta ao particular a execução de serviço público ou a utilização privativa de bem público, mediante licitação*. Exs.: permissão para perueiro; permissão para uma banca de jornal. Vale lembrar que, por ser precária, pode ser revogada a qualquer momento, sem direito à indenização; e) **concessão**: *ato bilateral e não precário, pelo qual a Administração faculta ao particular a execução de serviço público ou a utilização privativa de bem público, mediante licitação*. Ex.: concessão para empresa de ônibus efetuar transporte remunerado de passageiros. Quanto aos bens públicos, há também a *concessão de direito real de uso*, oponível até ao poder concedente, e a *cessão de uso*, em que se transfere o uso para entes ou órgãos públicos; f) **aprovação**: *ato de controle discricionário*. Vê-se a conveniência do ato controlado. Ex.: aprovação pelo Senado de indicação para Ministro do STF; g) **homologação**: *ato de controle vinculado*. Ex.: homologação de licitação ou de concurso público; h) **parecer:** *ato pelo qual órgãos consultivos da Administração emitem opinião técnica sobre assunto de sua competência*. Podem ser das seguintes espécies: *facultativo* (parecer solicitado se a autoridade quiser); *obrigatório* (autoridade é obrigada a solicitar o parecer, mas não a acatá-lo) e *vinculante* (a autoridade é obrigada a solicitar o parecer e a acatar o seu conteúdo; ex.: parecer médico). Quando um parecer tem o poder de *decidir* um caso, ou seja, quando o parecer é, na verdade, uma decisão, a autoridade que emite esse parecer responde por eventual ilegalidade do ato (ex.: parecer jurídico sobre edital de licitação e minutas de contratos, convênios e ajustes – art. 38 da Lei 8.666/1993).
- **Quanto à forma**: a) **decreto**: é a forma de que se revestem os atos individuais ou gerais, emanados do Chefe do Poder Executivo. Exs.: nomeação e exoneração (atos individuais); regulamentos (atos gerais que têm por objeto proporcionar a fiel execução da lei – art. 84, IV, da CF); b) **resolução e portaria**: são as formas de que se revestem os atos, gerais ou individuais, emanados de autoridades que não sejam o Chefe do Executivo; c) **alvará**: forma pela qual a Administração confere licença ou autorização para a prática de ato ou exercício de atividade sujeita ao poderes de polícia do Estado. Exs.: alvará de construção (instrumento da licença); alvará de porte de arma (instrumento da autorização).

(Magistratura do Trabalho – 1ª Região – 2010 – CESPE) Acerca do controle jurisdicional de legalidade e da nulidade dos atos administrativos, assinale a opção correta.

(A) Não cabe controle jurisdicional dos atos administrativos praticados no exercício de competência discricionária, pois a discricionariedade implica liberdade de atuação da autoridade administrativa.
(B) O controle jurisdicional da administração incide sobre atos administrativos ou materiais praticados pelo Poder Executivo, mas não sobre atos dos Poderes Legislativo e Judiciário.
(C) São nulos os atos administrativos de conteúdo ou objeto ilícito, não sendo possível, portanto, sua convalidação.
(D) Os atos praticados com desvio de poder são anuláveis e, como podem ser praticados novamente sem vício, são considerados convalidáveis.
(E) O controle jurisdicional da administração é realizado *a posteriori*, depois que os atos administrativos são produzidos e ingressam no rol das normas jurídicas, não sendo, pois, admissível, no ordenamento jurídico brasileiro, controle prévio do Poder Judiciário sobre esses atos.

A: incorreta, pois o ato discricionário pode ser controlado nos aspectos de legalidade, incluindo o respeito à razoabilidade e à moralidade; **B:** incorreta, pois o controle jurisdicional incide também sobre os atos administrativos dos Poderes Legislativo e Judiciário; **C:** correta, valendo salientar que a ilegalidade do objeto é vício tão grave que não admite convalidação, por estar configurada a nulidade absoluta; **D:** incorreta, pois o desvio de poder também encerra vício gravíssimo, que gera a nulidade absoluta do ato, não se admitindo a convalidação; **E:** incorreta, pois nenhuma lesão ou *ameaça de lesão* a direito será subtraída da apreciação do Judiciário (art. 5º, XXXV, da CF).

Gabarito "C".

(Magistratura do Trabalho – 2ª Região – 2012) Analise as assertivas e marque a alternativa correta:

(A) Os atos administrativos enunciativos imperativos decorrem do exercício do poder extroverso pelo Poder Público.

(B) O encargo é elemento acessório do ato administrativo vinculado.
(C) Pela teoria dos motivos determinantes, quando a Administração motiva o ato, este somente será válido se os motivos forem verdadeiros, a menos que a lei não exija a motivação.
(D) O prazo prescricional para impugnar, administrativa ou judicialmente, o ato administrativo imperfeito conta-se da ciência inequívoca da lesão.
(E) A autorização, que abrange todas as hipóteses em que o exercício de atividade ou a prática de ato são vedados por lei ao particular, é ato administrativo unilateral e discricionário.

A: incorreta, pois os atos enunciativos não são dotados do atributo da imperatividade (poder extroverso), já que apenas enunciam (declaram) uma situação de fato ou de direito, não obrigando alguém a fazer ou deixar de fazer algo (imperatividade); **B:** incorreta, pois o encargo é elemento acidental do ato administrativo; **C:** incorreta, pois, mesmo que a lei não exija motivação, caso esta acabe acontecendo e se revele que a motivação era falsa ou inadequada, o ato respectivo restará nulo pela teoria dos motivos determinantes; **D:** incorreta, pois ato imperfeito é aquele cujo ciclo de formação ainda não terminou, de modo que somente quando o ato se tornar perfeito (passar a existir) é que o prazo para impugná-lo se iniciará; **E:** correta, pois autorização é o ato unilateral, discricionário e precário, pelo qual se faculta ao particular, em proveito deste, o exercício de atividade ou a prática de um ato vedado por lei ao particular; a autorização também se dá em relação a uso de bens públicos e à prestação de serviços públicos.

Gabarito "E".

(Magistratura do Trabalho – 13ª Região – 2006) Os atos administrativos têm a sua classificação, e quanto à *natureza da atividade*, podem ser vários, exceto:

(A) atos de administração ativa;
(B) atos de administração consultiva;
(C) atos de administração verificadora;
(D) atos de administração concreta;
(E) atos de administração contenciosa.

A classificação em questão apresenta as seguintes espécies de atos administrativos: de administração ativa (ex.: expedição de licença), consultiva (ex.: elaboração de parecer), verificadora (ex.: realização de exame médico), contenciosa (ex.: decisões de conselhos de contribuintes) e controladora (ex.: homologação de licitação). Não há, nessa classificação, atos de administração concreta.

Gabarito "D".

(Magistratura do Trabalho – 18ª Região – 2006) É incorreto afirmar:

(A) Ato complexo é o que resulta da manifestação de dois ou mais órgãos, em que a vontade de um é instrumental em relação a de outro, que edita o ato principal.
(B) As certidões, os atestados e os pareceres são atos administrativos enunciativos.
(C) Licença é ato administrativo vinculado e definitivo.
(D) Ato pendente é o que está sujeito a condição ou termo para que comece a produzir efeitos.
(E) Autorização é ato administrativo discricionário e precário.

Todas as alternativas trazem assertivas corretas, salvo a alternativa "A", que traz definição de *ato composto*, e não de *ato complexo*.

Gabarito "A".

(Magistratura do Trabalho – 22ª Região – 2006) Trata-se de ato administrativo unilateral, discricionário e, via de regra, precário, através do qual a Administração, de forma discricionária, faculta ao particular o exercício de atividade, serviço ou utilização de determinados bens públicos ou particulares, de seu interesse, que a lei condiciona à prévia aquiescência da Administração:

(A) Permissão;
(B) Licença;
(C) Aprovação;
(D) Autorização;
(E) Homologação.

A: incorreta, pois, na permissão, é necessário licitação, e o ato não é expedido apenas no interesse do particular; **B:** incorreta, pois a licença é ato vinculado, e não discricionário; **C:** incorreta, pois a aprovação é definida como controle discricionário de atos administrativos; **D:** correta, pois traz a exata definição de autorização; **E:** incorreta, pois a homologação é definida como controle vinculado de atos administrativos.

Gabarito "D".

(Magistratura do Trabalho – 24ª Região – 2007) Analise as assertivas abaixo:

I. Ato alienativo: é o que tem por fim alterar situações preexistentes, sem suprimir direitos ou obrigações, como ocorre com aqueles que alteram horários, percursos, locais de reunião e outras situações estabelecidas pela Administração.
II. Ato modificativo: é o que opera a transferência de bens ou direitos de um titular a outro. Tais atos, em geral, dependem de autorização legislativa ao Executivo, porque sua realização ultrapassa os poderes ordinários de administração.
III. Ato abdicativo: é aquele pelo qual o titular abre mão de um direito. A peculiaridade desse ato é seu caráter incondicionável e irretratável. Desde que consumado, o ato é irreversível e imodificável, como são as renúncias de qualquer tipo.
IV. Ato válido: é o que provém de autoridade competente para praticá-lo e contém todos os requisitos necessários à sua eficácia. O ato válido pode, porém, ainda não ser exequível, por pendente de condição suspensiva ou termo não verificado.

RESPONDA:

(A) Apenas as proposições I, II e IV estão corretas.
(B) Apenas as proposições II, III e IV estão corretas.
(C) Apenas as proposições I e II estão incorretas.
(D) Apenas as proposições II e IV estão incorretas.
(E) Todas as proposições estão corretas.

I: incorreta, pois a alternativa traz o conceito de ato modificativo, e não de ato *alienativo*, definido como o ato que opera a transferência de bens ou direitos de um titular a outro; **II:** incorreta, pois a alternativa traz o conceito de ato alienativo; **III:** correta, pois traz a exata definição de ato abdicativo; **IV:** correta, pois traz a exata definição de ato válido.

Gabarito "C".

(Magistratura do Trabalho – 24ª Região – 2006) Assinale a INCORRETA:

(A) Atos de império ou de autoridade são todos aqueles que a Administração pratica usando de sua supremacia sobre o administrado ou servidor e lhes impõe obrigatório atendimento.

(B) Atos de gestão são os que a Administração pratica sem usar de sua supremacia sobre os destinatários.

(C) Atos administrativos de expediente são todos aqueles que se destinam a dar andamento aos processos e papéis que tramitam pelas repartições públicas, preparando-os para a decisão de mérito a ser proferida pela autoridade competente.

(D) Ato complexo é o que se forma pela conjugação de vontades de mais de um órgão administrativo.

(E) Ato alienativo é o que resulta da vontade única de um órgão, mas depende da verificação por parte de outro, para se tornar exequível.

Todas as alternativas trazem a correta definição dos institutos conceituados, salvo a alternativa "E", que traz definição de *ato composto*, e não de *ato alienativo*.

Gabarito "E".

(Procurador do Trabalho – MPT – 12º Concurso – 2005) Quanto aos atos administrativos, é INCORRETO afirmar que:

(A) os atos administrativos ordinatórios têm por destinatários principais os próprios integrantes da administração pública;

(B) os atos administrativos normativos podem ser objeto de ação direta de inconstitucionalidade;

(C) o Tribunal de Contas aprecia, para fins de registro, a legalidade dos atos de admissão de pessoal, inclusive as nomeações para cargo de provimento em comissão;

(D) o Congresso Nacional pode sustar os atos normativos do Poder Executivo que exorbitem do poder regulamentar.

(E) não respondida.

A: correta, pois os atos ordinatórios são aqueles que disciplinam o funcionamento da Administração e a conduta funcional de seus agentes, tendo por principais destinatários, portanto, os próprios integrantes da administração; **B:** correta, pois a ADI se dirige contra leis ou atos normativos; **C:** assertiva incorreta, devendo ser assinalada, pois não há registro da admissão para cargos em comissão (art. 71, III, da CF); **D:** correta (art. 49, V, da CF); **E:** não deve ser marcada, pois a alternativa "C" já traz uma assertiva incorreta.

Gabarito "C".

(Procurador do Trabalho – MPT – 8º Concurso) Assinale a alternativa correta. Ao ato administrativo discricionário e precário, pelo qual o Poder Público torna possível ao pretendente a realização de certa atividade, serviço ou utilização de determinados bens particulares ou públicos, de seu exclusivo ou predominante interesse, dá-se o conceito de:

(A) licença;

(B) visto;

(C) acordo administrativo;

(D) permissão;

(E) autorização;

(F) não sei.

A: incorreta, pois a licença é ato vinculado, e não discricionário; **B:** incorreta, pois o visto é o ato administrativo pelo qual o Poder Público controla outro ato da própria Administração ou do administrado, aferindo sua legitimidade formal para dar-lhe exequibilidade; **C:** incorreta, pois o acordo administrativo é um ato bilateral, e não unilateral, como o retratado no enunciado, que trata de um ato precário, portanto, unilateral; **D:** incorreta, pois a permissão requer licitação e não é feita apenas no interesse do particular, mas no interesse público também; **E:** correta, pois traz a exata definição de autorização.

Gabarito "E".

(Procurador do Trabalho – MPT – 8º Concurso) Assinale a alternativa correta. Ao ato negocial pelo qual o Poder Público acerta com o particular a realização de determinado empreendimento ou atividade ou ainda a abstenção de certa conduta, no interesse recíproco da Administração e do administrado, signatário do instrumento protocolar, dá-se a denominação de:

(A) homologação;

(B) celebração;

(C) acordo administrativo;

(D) aprovação;

(E) protocolo administrativo;

(F) não sei.

O enunciado traz a exata definição de protocolo administrativo, conforme Hely Lopes Meirelles (*Direito Administrativo Brasileiro*, 26ª ed., São Paulo: Malheiros, p. 182).

Gabarito "E".

3.4. DISCRICIONARIEDADE, VINCULAÇÃO E CONTROLE JURISDICIONAL

(Magistratura do Trabalho – 1ª Região – 2004) Quanto aos atos administrativos, é correto afirmar:

(A) são integralmente passíveis de controle jurisdicional;

(B) são passíveis de controle jurisdicional quanto à conveniência e oportunidade;

(C) são passíveis de controle pelo Congresso Nacional, se atos do Poder Executivo, incluídos os da Administração Indireta;

(D) não são passíveis de controle jurisdicional;

(E) são passíveis de controle pelos Poderes Executivo e Legislativo, se atos administrativos do Poder Judiciário.

A: incorreta, pois o controle jurisdicional só se pode dar nos aspectos de legalidade, razoabilidade e moralidade do ato administrativo; **B:** incorreta, pois é justamente nesse ponto que o controle jurisdicional não pode se dar; **C:** correta (art. 49, V, da CF); **D:** incorreta, pois nenhuma lesão ou ameaça de lesão a direito pode ser subtraída da apreciação do Judiciário (art. 5º, XXXV, da CF); **E:** incorreta, pois os atos administrativos do Poder Judiciário só podem ser controlados pelo próprio Judiciário ou pelo CNJ (art. 103-B, § 4º, da CF).

Gabarito "C".

(Magistratura do Trabalho – 3ª Região – 2008) Assinale a alternativa incorreta:

(A) o controle jurisdicional de legalidade dos atos administrativos somente se faz pelos meios processuais específicos previstos na Constituição Federal, a saber, mandado de segurança, ação popular, "habeas corpus", "habeas data" e mandado de injunção.

(B) segundo expressiva corrente doutrinária e jurisprudencial, o controle jurisdicional dos atos administrativos é limitado à apreciação de sua legalidade, vedado ao Judiciário apreciar o mérito administrativo, ou seja, os critérios de conveniência e oportunidade dos atos administrativos.

(C) a Constituição Federal de 1988 adota o sistema da unidade da jurisdição para controle judicial dos atos administrativos.

(D) a regra geral é que o controle jurisdicional de legalidade dos atos administrativos seja posterior à produção dos atos administrativos, ressalvando-se ao interessado ingressar em juízo com os remédios processuais próprios quando houver ameaça de seu direito por ato da Administração Pública.

(E) constitui privilégio do Poder Público em juízo a dispensa à União, ao Estado, ao Município e ao Ministério Público do depósito da importância de 5% sobre o valor da causa, a título de multa, quando da propositura de ação rescisória.

A: assertiva incorreta, devendo ser assinalada, pois os atos administrativos podem ser controlados por outras ações pertinentes, como as ações pelo rito ordinário, sumário, dentre outras; **B:** correta, pois o Judiciário só pode analisar a legalidade em sentido amplo, que inclui a legalidade em sentido estrito, a razoabilidade e a moralidade; **C:** correta, pois, diferentemente da França, em que há o Poder Judiciário e Conselho de Estado, no Brasil apenas o Judiciário exerce a jurisdição; **D:** correta, pois o princípio da inafastabilidade do controle jurisdicional também incide em caso de ameaça de lesão a direito (art. 5º, XXXV, da CF); **E:** correta (art. 488, parágrafo único, do CPC).

Gabarito "A"

(Magistratura do Trabalho – 7ª Região – 2005) Assinale, entre os seguintes atos administrativos, aquele que não pode ser classificado como discricionário:

(A) licença para construção de imóvel.

(B) nomeação para cargo de provimento em comissão.

(C) ato de ratificação de dispensa de licitação.

(D) decreto de utilidade pública para fins de desapropriação.

(E) autorização para uso de bem público.

A: assertiva incorreta, devendo ser assinalada, pois a licença é ato vinculado, pelo qual se faculta a alguém o exercício de uma atividade; **B:** correta, pois a nomeação para cargo em comissão é livre, de modo que se trata de um ato discricionário; **C:** correta, pois o ato de ratificação, no caso, tem por objetivo apenas aprovar a dispensa concedida, não se confundido com o ato de homologação de uma licitação, que é um ato vinculado, que atesta a regularidade formal do procedimento; **D:** correta, pois há margem de liberdade para a decisão de desapropriar ou não, bem como de escolher o imóvel a ser desapropriado; **E:** correta, pois a autorização é ato unilateral, discricionário e precário, pelo qual se faculta, ao particular, no interesse deste, o uso de um bem público ou o exercício de uma atividade.

Gabarito "A"

(Magistratura do Trabalho – 9ª Região – 2009) Considere as seguintes proposições e assinale a correta:

(A) Ato administrativo é o ajuste que a administração pública, agindo nessa qualidade, firma com particular ou com outra entidade administrativa, para a consecução de objetivos de interesse público, nas condições estabelecidas pela própria administração.

(B) São requisitos do ato administrativo: competência, finalidade, forma, motivo, objeto e condição de revogabilidade.

(C) Atos administrativos vinculados são aqueles para os quais a lei estabelece os requisitos e condições de sua realização, e discricionários são os atos administrativos passíveis de revogação apenas pelo Poder Judiciário.

(D) O mérito do ato administrativo consubstancia-se na valoração dos motivos e na escolha do objeto do ato, feitas pela Administração incumbida de sua prática, quando autorizada a decidir sobre a conveniência, oportunidade e justiça do ato a realizar. É aspecto pertinente apenas aos atos administrativos praticados no exercício de competência discricionária, isto é, só abrange os elementos não vinculados do ato da Administração.

(E) Revogação é a declaração de invalidade de um ato administrativo ilegítimo ou ilegal, feita pela própria administração ou pelo Poder Judiciário.

A: incorreta, pois a definição dada é de *convênio*, e não de *ato administrativo*; **B:** incorreta, pois os requisitos são só os cinco primeiros, não incluindo a *condição de revogabilidade*; **C:** incorreta, pois a revogação, ao contrário do colocado na afirmativa, só pode ser feita pela Administração; **D:** correta, pois esse é o conceito de mérito trazido na doutrina, valendo lembrar que só o ato administrativo possibilita tal valoração, para verificar o *motivo* que justifica a prática do ato (quando) e o *objeto* do ato a ser praticado (como); nos atos vinculados, a lei já predefiniu, de modo claro e objetivo, *quando* e *como* o ato deve ser praticado; **E:** incorreta, pois a *revogação* incide sobre *atos inconvenientes ou inoportunos*, diferentemente da *invalidação*, que incide sobre atos *ilegais*.

Gabarito "D"

(Magistratura do Trabalho – 20ª Região – 2003) O mérito administrativo diz respeito:

(A) à legalidade;

(B) à legitimidade e à discricionariedade;

(C) à coercibilidade e à executoriedade;

(D) à finalidade e à competência;

(E) à oportunidade e à conveniência.

O mérito é justamente a margem de liberdade que tem o agente público nos atos discricionários. Dessa forma, o agente público, diante de um ato discricionário, escolherá qual ato irá praticar, segundo critérios de oportunidade e conveniência.

Gabarito "E"

(Magistratura do Trabalho – 20ª Região – 2003) A motivação do ato administrativo discricionário:

(A) é inoperante;

(B) sujeita o ato administrativo ao controle jurisdicional;

(C) por não ser obrigatória, não sujeita o ato administrativo ao controle jurisdicional;

(D) é sempre obrigatória;

(E) é facultativa para os atos simples e obrigatória para os complexos.

A motivação é a regra em matéria de ato administrativo, principalmente em se tratando de ato discricionário, de modo a evitar que o agente público fique inventando motivos depois de praticar o ato. Portanto, a motivação não é inoperante, tendo função relevantíssima tanto para proteger o administrativo, como para a verificação da legalidade do ato administrativo (alternativa "A"). Por outro lado, a motivação é sempre passível ao controle jurisdicional, que verificará aspectos de legalidade, moralidade e razoabilidade (alternativa "B"). A alternativa "C" está incorreta, pois a motivação é regra, como se viu, já que se trata de um princípio do direito administrativo. A alternativa "D" está incorreta, pois a motivação nem sempre é obrigatória, pois há casos em que a lei dispensa a nomeação, como no caso de nomeação de alguém para cargo em comissão, nomeação essa que é livre. E a alternativa "E" está incorreta, pois tanto para atos simples, como para atos complexos a motivação é obrigatória.

Gabarito "B"

(Magistratura do Trabalho – 23ª Região – 2012) Analise as proposições abaixo e assinale a alternativa correta.

I. o sistema da dualidade de jurisdição, adotado pelo Brasil, autoriza que órgãos do contencioso administrativo exerçam, ao lado do Poder Judiciário, função jurisdicional sobre lides de que a Administração Pública seja parte interessada.

II. É incabível o controle judicial de ato político pelo Poder Judiciário.

III. Do ato administrativo que contrariar súmula vinculante, caberá reclamação ao Supremo Tribunal Federal que, julgando-a procedente, anulará o ato.

IV. os atos que estabelecem regras sobre o funcionamento interno dos órgãos da Administração não poderão ser apreciados pelo Poder Judiciário.

V. em razão da natureza pública dos interesses tutelados pela Administração, quando a Administração Pública figura como parte em ação judicial, atua com as seguintes peculiaridades: Juízo privativo, prazos dilatados, processo especial de execução, restrições à concessão de liminar e à antecipação dos efeitos da tutela.

(A) Somente as proposições constantes dos itens I e IV estão corretas e as demais estão incorretas.

(B) Somente as proposições constantes dos itens III e V estão corretas e as demais estão incorretas.

(C) Somente as proposições constantes dos itens II, III e V estão corretas e as demais estão incorretas.

(D) Somente as proposições constantes dos itens I, II e V estão corretas e as demais estão incorretas.

(E) Somente as proposições constantes dos itens I, II e IV estão corretas e as demais estão incorretas.

I: incorreta, pois no Brasil não se adotou o regime da dualidade de jurisdição, mas sim o sistema da unicidade de jurisdição, em que o monopólio desta é do Judiciário; na França, ao contrário, há dualidade de jurisdição (ou contencioso administrativo), sendo que o Conselho de Estado processa as causas em que se julga atos administrativos; **II:** incorreta, pois, apesar de ser um controle mais restrito, dada a grande discricionariedade dos atos políticos, o Judiciário controla tais atos, com foco nos aspectos de constitucionalidade deste; **III:** correta (art. 7º da Lei 11.417/2006); **IV:** incorreta, pois, caso tais regras firam preceitos legais ou constitucionais, serão anuladas pelo Judiciário; **V:** correta, pois há juízos da Fazenda Pública, prazo em quádruplo para contestar em dobro para recorrer, execução especial (execução fiscal) e restrições a concessões de liminar e tutela antecipada (Leis 8.437/1992 e 9.494/1997).

Gabarito "B"

(Procurador do Trabalho – MPT – 15º Concurso – 2008) Assinale a alternativa CORRETA:

(A) o Presidente da República poderá convalidar o ato de extinção de cargo público vago, praticado por Ministro de Estado, ainda que não lhe tenha delegado essa atribuição;

(B) o ato administrativo qualificado pela lei de discricionário, emanado de autoridade integrante do Poder Executivo, não pode ser objeto de discussão judicial, sob pena de restar violado o princípio da separação entre os três Poderes;

(C) a concessão da aposentadoria pedida por servidor público é ato administrativo discricionário, pois depende da análise do preenchimento dos requisitos previstos em lei;

(D) o Poder Judiciário, caso provocado pelo interessado, pode determinar a revogação do ato administrativo que lhe prejudicou;

(E) não respondida.

A: correta, pois, nesse caso, não há óbice à aplicação do art. 55 da Lei 9.784/1999; **B:** incorreta, pois os atos discricionários podem, sim, ser controlados pelo Judiciário, nos aspectos de legalidade, razoabilidade e moralidade; **C:** incorreta, pois os requisitos para a concessão da aposentadoria são bem objetivos, não havendo margem de liberdade para a sua concessão ou não; **D:** incorreta, pois o Judiciário não pode revogar atos administrativos, salvo os seus próprios atos administrativos.

Gabarito "A"

(Procurador do Trabalho – MPT – 13º Concurso – 2006) Assinale a alternativa INCORRETA:

(A) a discricionariedade pode resultar da consideração de que a disciplina de uma relação jurídica ou de um setor da realidade social deve fazer-se segundo critérios técnico-científicos, variando as soluções inclusive em face do progresso futuro;

(B) a discricionariedade normativa administrativa se traduz na produção de regulamentos;

(C) na revogação, a Administração Pública desfaz o ato administrativo em razão de vício ou defeito;

(D) o ato administrativo pode se extinguir pelo exaurimento integral de sua eficácia;

(E) não respondida.

As alternativas "a", "b" e "d" estão corretas. A alternativa "c" está incorreta, pois o objeto da revogação é um ato administrativo legal, idôneo e sem vício. O ato a ser revogado se ressente apenas de estar inconveniente por conta de um fato novo, e não de ter nascido com vício.

Gabarito "C"

(Procurador do Trabalho – MPT – 8º Concurso) Assinale a alternativa correta. No regime adotado pelo Estado para correção dos atos administrativos ou legais dá-se a denominação de:

(A) sistema Administrativo;

(B) sistema de Controle Jurisdicional de Administração;

(C) sistema revisional;

(D) sistema rescisório;

(E) as respostas "a" e "b" estão corretas;

(F) não sei.

A alternativa "E" está correta, pois os atos administrativos podem se controlados, quanto à sua legalidade, tanto pela Administração (Sistema Administrativo), como pelo Judiciário (Sistema de Controle Jurisdicional de Administração).

Gabarito "E"

3.5. EXTINÇÃO

Segue resumo acerca das formas de extinção dos atos administrativos

- **Cumprimento de seus efeitos:** como exemplo, temos a autorização da Prefeitura para que seja feita uma festa na praça de uma cidade. Este ato administrativo se extingue no momento em que a festa termina, uma vez que seus efeitos foram cumpridos.

- **Desaparecimento do sujeito ou do objeto sobre o qual recai o ato:** morte de um servidor público, por exemplo.
- **Contraposição**: *extinção de um ato administrativo pela prática de outro antagônico em relação ao primeiro.* Ex.: com o ato de exoneração do servidor público, o ato de nomeação fica automaticamente extinto.
- **Renúncia**: extinção do ato por vontade do beneficiário deste.
- **Cassação**: *extinção de um ato que beneficia um particular por este não ter cumprido os deveres para dele continuar gozando.* Não se confunde com a revogação – que é a extinção do ato por não ser mais conveniente ao interesse público. Também difere da anulação – que é a extinção do ato por ser nulo. Como exemplo desse tipo de extinção tem-se a permissão para banca de jornal se instalar numa praça, cassada porque seu dono não paga o preço público devido; ou a autorização de porte de arma de fogo, cassada porque o beneficiário é detido ou abordado em estado de embriaguez ou sob efeito de entorpecentes (art. 10, § 2º, do Estatuto do Desarmamento – Lei 10.826/2003).
- **Caducidade**. *Extinção de um ato porque a lei não mais o permite.* Trata-se de extinção por invalidade ou ilegalidade *superveniente*. Exs.: autorização para condutor de perua praticar sua atividade que se torna caduca por conta de lei posterior não mais permitir tal transporte na cidade; autorizações de porte de arma que caducaram 90 dias após a publicação do Estatuto do Desarmamento, conforme reza seu art. 29.
- **Revogação**. *Extinção de um ato administrativo legal ou de seus efeitos por outro ato administrativo, efetuada somente pela Administração, dada a existência de fato novo que o torne inconveniente ou inoportuno, respeitando-se os efeitos precedentes* (efeito "ex nunc"). Ex.: permissão para a mesma banca de jornal se instalar numa praça, revogada por estar atrapalhando o trânsito de pedestres, dado o aumento populacional, não havendo mais conveniência na sua manutenção.

O **sujeito ativo da revogação** é a *Administração Pública*, por meio da autoridade administrativa competente para o ato, podendo ser seu superior hierárquico. O Poder Judiciário nunca poderá revogar um ato administrativo, já que se limita a apreciar aspectos de legalidade (o que gera a anulação), e não de conveniência, salvo se se tratar de um ato administrativo da Administração Pública dele, como na hipótese em que um provimento do próprio Tribunal é revogado.

Quanto ao tema **objeto da revogação**, tem-se que este recai sobre o ato administrativo ou relação jurídica deste decorrente, salientando-se que o ato administrativo deve ser válido, pois, caso seja inválido, estaremos diante de hipótese que enseja anulação. Importante ressaltar que não é possível revogar um ato administrativo já extinto, dada a falta de utilidade em tal proceder, diferente do que se dá com a anulação de um ato extinto, que, por envolver a retroação de seus efeitos (a invalidação tem efeitos "ex tunc"), é útil e, portanto, possível.

O **fundamento da revogação** *é a mesma regra de competência que habilitou o administrador à prática do ato que está sendo revogado*, devendo-se lembrar que só há que se falar em revogação nas hipóteses de ato discricionário.

Já o **motivo da revogação** é a *inconveniência ou inoportunidade* da manutenção do ato ou da relação jurídica gerada por este. Isto é, o administrador público faz apreciação ulterior e conclui pela necessidade da revogação do ato para atender ao interesse público.

Quanto aos efeitos da revogação, esta suprime o ato ou seus efeitos, mas respeita os efeitos que já transcorreram. Trata-se, portanto, de eficácia "ex nunc".

Há **limites ao poder de revogar**. São atos irrevogáveis os seguintes atos: os que a lei assim declarar; os atos já exauridos, ou seja, que cumpriram seus efeitos; os atos vinculados, já que não se fala em conveniência ou oportunidade neste tipo de ato, em que o agente só tem uma opção; os meros ou puros atos administrativos (exs.: certidão, voto dentro de uma comissão de servidores); os atos de controle; os atos complexos (praticados por mais de um órgão em conjunto); e atos que geram direitos adquiridos. Os atos gerais ou regulamentares são, por sua natureza, revogáveis a qualquer tempo e em quaisquer circunstâncias, respeitando-se os efeitos produzidos.

- *Anulação (invalidação): extinção do ato administrativo ou de seus efeitos por outro ato administrativo ou por decisão judicial, por motivo de ilegalidade, com efeito retroativo* ("ex tunc"). Ex.: anulação da permissão para instalação de banca de jornal em bem público por ter sido conferida sem licitação.

O **sujeito ativo da invalidação** pode ser tanto o *administrador público* como o *juiz*. A Administração Pública poderá invalidar de ofício ou a requerimento do interessado. O Poder Judiciário, por sua vez, só poderá invalidar por provocação ou no bojo de uma lide. A possibilidade de o Poder Judiciário anular atos administrativos decorre do fato de estarmos num Estado de Direito (art. 1º da, CF), em que a lei deve ser obedecida por todos, e também por conta do princípio da inafastabilidade da jurisdição ("a lei não poderá excluir da apreciação do Poder Judiciário lesão ou ameaça de lesão a direito" – artigo 5º, XXXV, da CF) e da previsão constitucional do mandado de segurança, do "habeas data" e da ação popular (art. 5º, LXIX, LXXII e LXXIII da CF).

O **objeto da invalidação** é o ato administrativo inválido ou os efeitos de tal ato (relação jurídica).

Seu **fundamento** é o dever de obediência ao princípio da legalidade. Não se pode conviver com a ilegalidade. Portanto, o ato nulo deve ser invalidado.

O **motivo da invalidação** é a *ilegalidade* do ato e da eventual relação jurídica por ele gerada. Hely Lopes Meirelles diz que o *motivo da anulação* é a *ilegalidade ou ilegitimidade* do ato, diferente do *motivo da revogação*, que é a inconveniência ou inoportunidade.

Quanto ao **prazo** para se efetivar a invalidação, o art. 54 da Lei 9.784/1999 dispõe *"O direito da Administração de anular os atos administrativos de que decorram efeitos favoráveis para os destinatários decai em 5 (cinco) anos, contados da data em que foram praticados, salvo comprovada má-fé"*. Perceba-se que tal disposição só vale para atos administrativos em geral de que decorram efeitos favoráveis ao agente (ex.: permissão, licença) e que tal decadência só aproveita ao particular se este estiver de boa-fé. A regra do art. 54 contém ainda os seguintes parágrafos: § 1º: *"No caso de efeitos patrimoniais contínuos, o prazo de decadência contar-se-á da percepção do primeiro pagamento"*; § 2º: *"Considera-se exercício do direito de anular qualquer medida de autoridade administrativa que importe impugnação à validade do ato"*.

No que concerne aos **efeitos da invalidação**, como o ato nulo já nasce com a sanção de nulidade, a declaração se dá retroativamente, ou seja, com efeito "ex tunc". Invalidam-se as consequências passadas, presentes e futuras do ato. Do ato ilegal não nascem direitos. A anulação importa no desfazimento do vínculo e no retorno das partes ao estado anterior. Tal regra é atenuada em face dos terceiros de boa-fé. Assim, a anulação de uma nomeação de um agente público surte efeitos em relação a este (que é parte da relação jurídica anulada), mas não em relação aos terceiros que sofreram consequências dos atos por este praticados, desde que tais atos respeitem a lei quanto aos demais aspectos.

(Magistratura do Trabalho – 8ª Região – 2006) Sobre atos administrativos é correto afirmar que:

(A) A conveniência e a oportunidade do ato administrativo constituem critério ditado pelo poder discricionário, mas ainda que sejam utilizadas dentro dos parâmetros permissivos legais, estão sempre sujeitas à reforma pelo Poder Judiciário.

(B) O ato administrativo inquinado do vício de legalidade pode ser invalidado apenas pelo Poder Judiciário. O ordenamento jurídico constitucional indica hipóteses de suporte para questionar judicialmente um ato administrativo ilegal, a exemplo do Mandado de Segurança, Ação Civil Pública e Ação Popular.

(C) O ato administrativo, dentre outras maneiras, extingue-se de forma objetiva, o que ocorre com o desaparecimento do sujeito que dele se beneficiou, a exemplo de uma permissão, em que a morte do permissionário extingue o ato por falta de elemento subjetivo, pois via de regra, o ato é intransferível,

(D) A invalidação opera efeito *ex tunc*, isto é, fulmina o que já ocorreu, negam-se hoje os efeitos de ontem; mas terceiros podem reclamar direitos que o ato ilegítimo não poderia gerar por tratar-se de direito adquirido, caso em que o interesse público não prevalece sobre o particular.

(E) O instituto da convalidação, que pode ser aplicado a todos os atos viciados, tem a mesma premissa pela qual se demarca a diferença entre vícios sanáveis e insanáveis, existentes no direito privado, e pode ocorrer de três formas: ratificação, reforma e conversão, admitindo a primeira que um novo ato suprima uma parte inválida do ato anterior, mantendo sua parte válida.

A: incorreta, pois, caso o ato tenha sido praticado nos limites da margem de liberdade do agente público, o Judiciário tem que respeitar o ato administrativo praticado; **B:** incorreta, pois a Administração também pode invalidar seus próprios atos, nos termos do princípio da autotutela (art. 53 da Lei 9.784/1999); **C:** correta, pois o desaparecimento do sujeito ou do objeto sobre os quais recai o ato, de fato, é uma forma de extinção dos atos administrativos; ademais, a permissão, como regra, é intransferível, de maneira que, uma vez falecido o sujeito que se beneficia do ato (o permissionário), a permissão não passa para seus sucessores, ressalvadas as exceções prevista em lei; **D:** incorreta, pois em caso de ilegalidade não se pode falar em direitos, quanto mais em direitos adquiridos; **E:** incorreta, pois a convalidação se dá sobre atos com vícios sanáveis, mantendo-se o ato incólume, ao passo que a conversão se dá sobre atos nulos, aproveitando o ato em outra categoria de atos, em que o ato será válido.

Gabarito "C"

(Magistratura do Trabalho – 9ª Região – 2009) Considere as seguintes proposições:

I. A aplicação da teoria dos motivos determinantes leva à invalidação do ato administrativo desvinculado dos motivos que determinam e justificam sua realização, mesmo em alguns casos de atos administrativos discricionários, como na hipótese de exoneração de servidor público de cargo de provimento em comissão motivada por conduta de improbidade.

II. A anulação é a declaração de invalidade de um ato administrativo ilegítimo ou ilegal e somente pode ser feita pelo Poder Judiciário, enquanto a revogação é ato privativo da Administração Pública, mas em qualquer das hipóteses os efeitos da anulação retroagem à sua origem, invalidando as consequências passadas, presentes e futuras do ato anulado, mas os terceiros de boa-fé alcançados pelos efeitos incidentes do ato anulado são beneficiados pela presunção de legitimidade que acompanha toda atividade da Administração Pública.

III. Um dos critérios doutrinários utilizados para a distinção entre atos administrativos nulos e anuláveis é a possibilidade de convalidação do ato invalidado, negativa na primeira categoria, como na hipótese de atos praticados com desvio de poder, e afirmativa na segunda, como na hipótese de atos expedidos por sujeito incompetente ou com vício de forma.

IV. O ato administrativo é passível de invalidação por vício quanto ao motivo, o que ocorre quando a matéria de fato ou de direito em que se fundamenta é materialmente inexistente ou juridicamente inadequada ao resultado obtido, mas não ocorre quando existe a falsidade do motivo, como na hipótese de punição disciplinar de servidor público por conduta ilícita diversa da que foi praticada.

V. A remoção de servidor público praticada de ofício, com o objetivo de punição e não de atendimento de necessidade de serviço, é hipótese de vício relativo à finalidade do ato administrativo e propicia sua invalidação.

(A) todas as proposições estão corretas;
(B) somente as proposições I, II, III e V estão corretas;
(C) somente as proposições I, III, IV estão corretas;
(D) somente as proposições II, IV e V estão corretas;
(E) somente as proposições I, III e V estão corretas.

I: correta, pois, pela teoria dos motivos determinantes, constatada a inexistência ou a inadequação do motivo de fato ou de direito invocado, o ato será necessariamente nulo; **II:** incorreta, pois a anulação também pode ser feita pela Administração, e não só pelo Judiciário; **III:** correta, ficando a notícia de que atos anuláveis podem ser convalidados, e atos nulos devem ser invalidados ou objetos de conversão, salvo se a Administração decair do direito de anular, pelo decurso do tempo (art. 54 da Lei 9.784/1999); **IV:** incorreta, pois a *falsidade do motivo* macula o ato praticado, que fica passível de invalidação; **V:** correta, pois o desvio de finalidade gera a nulidade do ato administrativo.

Gabarito "E"

(Magistratura do Trabalho – 9ª Região – 2007) Considere as seguintes proposições:

I. Segundo a teoria dos motivos determinantes, uma vez enunciados os motivos pelo seu agente, mesmo que a lei não tenha estipulado a necessidade de enunciá-los, o ato somente terá validade se os motivos efetivamente ocorreram e justificam o ato.

II. A anulação e a revogação do ato administrativo podem ser feitas tanto pelo Judiciário como pela Administração.

III. Em razão de que a revogação atinge um ato editado em conformidade com a lei, o ato revogador tem sempre eficácia *ex nunc*.

IV. É nulo o ato administrativo praticado com desvio da finalidade, que se verifica quando o agente pratica o ato visando a fim diverso daquele previsto, explícita ou implicitamente, na regra de competência.

Assinale a alternativa correta:

(A) Todas as proposições estão corretas.
(B) Somente estão corretas as proposições I e IV.
(C) Somente estão corretas as proposições III e IV.
(D) Somente estão corretas as proposições I, II e III.
(E) Somente estão corretas as proposições I, III e IV.

I: correta, pois tal consequência decorre da Teoria dos Motivos Determinantes; **II:** incorreta, pois o Judiciário não pode revogar os atos administrativos; **III:** correta, pois a revogação não retroage, ou seja, o ato revogatório tem efeitos *ex nunc*; **IV:** correta, pois o desvio de poder ou de finalidade torna nulo o ato administrativo.

Gabarito "E"

(Magistratura do Trabalho – 11ª Região – 2007 – FCC) Em decisão na qual se evidencie não acarretarem lesão ao interesse público nem prejuízo a terceiros, os atos que apresentarem defeitos

(A) sanáveis poderão ser convalidados pela própria administração.
(B) quaisquer poderão ser convalidados pela própria administração.
(C) sanáveis poderão ser convalidados desde que por decisão judicial.
(D) quaisquer poderão ser convalidados desde que por decisão judicial.
(E) não poderão ser convalidados.

Assim determina o art. 55 da Lei 9.784/1999: "Em decisão na qual se evidencie não acarretarem lesão ao interesse público nem prejuízo a terceiros, os atos que apresentarem defeitos sanáveis poderão ser convalidados pela própria Administração".

Gabarito "A"

(Magistratura do Trabalho – 14ª Região – 2008) Analise as proposições dadas:

I. Em relação aos poderes da administração, mesmo nos atos praticados no exercício do poder discricionário, há certos aspectos ou elementos do ato que são vinculados.

II. A competência administrativa de invalidação de ato administrativo viciado é vinculativa, exigindo a presença dos requisitos conveniência e oportunidade.

III. Ato administrativo inválido que admite a convalidação é aquele cujo conteúdo não é atingido pelo vício, permitindo a preservação de seus efeitos jurídicos mediante a expedição de outro ato administrativo.

IV. A revogação do ato administrativo opera efeito *ex nunc*; a anulação, efeito *ex tunc*.

(A) todas as proposições estão corretas;
(B) apenas as proposições I, II e IV estão corretas;
(C) apenas a proposição IV está incorreta;
(D) apenas a proposição I está correta;
(E) apenas a proposição II está incorreta.

As proposições I, III e IV estão corretas. A proposição II está incorreta, pois o *motivo* da invalidação não é a inconveniência, mas sim a ilegalidade.

Gabarito "E"

(Magistratura do Trabalho – 15ª Região – 2010) Assinale a alternativa correta:

(A) a administração pública federal deve anular seus próprios atos, quando eivados de vício de legalidade, e pode revogá-los por motivo de conveniência ou oportunidade, respeitados os direitos adquiridos;
(B) em caso de exoneração *ad nutum*, a administração alega que a cessação da relação jurídica ocorreu por falta de verba. Em seguida, é nomeada outra pessoa para o mesmo cargo. A exoneração é válida, uma vez que o ato é discricionário;
(C) a desconformidade entre o motivo do ato administrativo e a realidade gera vicio sanável, sendo conveniente a revogação do ato;

(D) mesmo não acarretando lesão ao interesse público, nem prejuízo a terceiros, os atos que apresentarem defeitos sanáveis não poderão ser convalidados pela administração pública federal;
(E) os atos administrativos discricionários não estão sujeitos ao controle do judiciário.

A: correta (Súmula 473 do STF e art. 53 da Lei 9.784/1999); **B:** incorreta, pois, pela Teoria dos Motivos Determinantes, a validade de um ato, mesmo discricionário, está condicionada à existência e à adequação do motivo invocado; no caso, como a falta de verba se revelou inexistente, o ato de exoneração é inválido; **C:** incorreta, pois, também pela Teoria dos Motivos Determinantes, a adequação do motivo condiciona a validade do ato; **D:** incorreta, pois, preenchidos os requisitos mencionados, o ato administrativo com defeito sanável poderá ser convalidado (art. 55 da Lei 9.784/1999); **E:** incorreta, pois os atos discricionários estão sujeitos ao controle do Judiciário quanto aos aspectos de legalidade, razoabilidade e moralidade; o Judiciário só não poderá adentrar no mérito administrativo, que é a margem de liberdade que remanesce ao agente público após o crivo dos critérios mencionados.

Gabarito "A"

(Magistratura do Trabalho – 16ª Região – 2008) Julgue os itens abaixo:

I. A Prefeitura Municipal de São Luís retirou a permissão para a banca de jornais situada na Avenida do Vale, próximo ao Zen's. Tal atitude caracteriza a invalidação do ato permissivo.
II. Um determinado terreno de marinha dado em aforamento, situado na Ponta d'Areia em São Luís, foi tomado pelo mar. Tal situação extingue o ato administrativo da enfiteuse.
III. Um dono de hotel, ante a escassez de concursos na Cidade de São Luís, quando então possuía capacidade total ocupada pelos concurseiros, resolve transformá-lo em uma casa de tolerância. Diante disso, a Prefeitura retira a licença para funcionamento. Tal atitude caracteriza cassação.
IV. Antonio Maravilha teve sua autorização para porte de arma retirada porque a autoridade policial deferiu-lhe quando ele era menor de idade. Tal situação caracteriza revogação.

(A) Todas estão corretas.
(B) Todas estão incorretas.
(C) Apenas I e IV estão corretas.
(D) Apenas II e III estão corretas.
(E) Apenas I está correta.

I: incorreta, pois esse caso é de revogação da permissão, pois não se narrou ilegalidade alguma; **II:** correta, pois não há mais utilidade na enfiteuse concedida; **III:** correta, pois foi descumprido requisito para que se continuasse beneficiando do ato (respeito ao objeto licenciado), impondo-se a cassação deste; **IV:** incorreta, pois houve ilegalidade, de modo que tal situação caracteriza anulação.

Gabarito "D"

(Magistratura do Trabalho – 16ª Região – 2008) Na doutrina de Celso Antonio Bandeira de Mello, a respeito da extinção dos atos administrativos há a afirmação de que tal fenômeno ocorre com a retirada do ato. São hipóteses dessa modalidade, exceto:

(A) Revogação;
(B) Renúncia
(C) Contraposição
(D) Invalidação;
(E) Cassação.

A revogação, a contraposição, invalidação e a cassação importam em retirada do ato administrativo por parte da própria Administração, diferentemente da renúncia, em que não há retirada do ato pela Administração, mas sim abdicação do ato por parte de seu beneficiário.

Gabarito "B"

(Magistratura do Trabalho – 18ª Região – 2006) Quanto à revogação do ato administrativo, considere as seguintes afirmações e assinale a alternativa correta:

I. A revogação somente atua *ex nunc*.
II. Os atos vinculados são irrevogáveis.
III. Os atos que já exauriram seus efeitos são irrevogáveis.
IV. A revogação é ato privativo da administração, pressupondo ato ilegal.
V. O ato irrevogável é aquele que tornou-se insuscetível de revogação, por ter produzido seus efeito ou gerado direito subjetivo para o beneficiário, ou ainda, por resultar de coisa julgada administrativa.

(A) Todos os itens estão corretos.
(B) Apenas os itens IV e V estão incorretos.
(C) Somente item IV está incorreto.
(D) Somente o item V está incorreto.
(E) Todos os itens estão incorretos.

I: correta, pois a revogação não retroage; **II:** correta, pois somente atos discricionários podem ser revogados; **III:** correta, pois atos exauridos já estão extintos, portanto não há como revogá-los; **IV:** incorreta, pois, se o ato é ilegal, não é caso de revogação, mas de anulação; **V:** correta, pois os casos citados não permitem a revogação do ato administrativo.

Gabarito "C"

(Magistratura do Trabalho – 20ª Região – 2003) O Poder Judiciário, no processo de anulação de ato administrativo, se limitará ao controle:

(A) da conveniência e oportunidade;
(B) do mérito administrativo;
(C) da legalidade ou legitimidade;
(D) da justiça do ato impugnado;
(E) da valoração dos motivos e escolha do objeto.

O Judiciário não pode atingir o mérito administrativo ou discutir a conveniência ou não do ato administrativo. Não compete ao Judiciário analisar a justiça do ato impugnado ou ficar valorando os motivos e a escolha do ato praticado. O Judiciário somente pode verificar a legalidade ou legitimidade do ato administrativo, analisando se este foi praticado conforme a legalidade em sentido estrito, a razoabilidade e a moralidade.

Gabarito "C"

(Magistratura do Trabalho – 20ª Região – 2003) À administração é facultado anular *ex-officio* os próprios atos:

(A) por motivo de ilegalidade;
(B) por motivo de oportunidade;
(C) por motivo de conveniência;
(D) independentemente de qualquer motivo;
(E) apenas com o advento do fato do príncipe.

O motivo da anulação é justamente a ilegalidade, ao contrário do motivo da revogação, que é a inoportunidade ou inconveniência na manutenção do ato administrativo.

Gabarito "A"

(Magistratura do Trabalho – 21ª Região – 2005) De acordo com as assertivas seguintes, indique a alternativa correta:

I. A existência, em nosso país, de uma jurisdição administrativa específica para o controle dos atos administrativos caracteriza o sistema unitário, de origem anglo-americana;
II. A convalidação de ato administrativo praticado em desacordo com a lei resulta na retroação dos seus efeitos à data da prática do respectivo ato;
III. A revogação do ato administrativo possui caráter discricionário, e os efeitos dele decorrentes são *ex nunc*;
IV. A anulação e também a revogação do ato administrativo podem ser decretadas pelo Poder Judiciário, considerando a extensão do princípio constitucional da inafastabilidade da jurisdição, inclusive em sede de controle judicial dos atos da administração;
V. Consideram-se atributos do ato administrativo a presunção de legitimidade e de veracidade, a imperatividade, a discricionariedade, a executoriedade e a tipicidade.

(A) as alternativas I, IV e V estão erradas;
(B) apenas as alternativas I e V estão erradas;
(C) as alternativas III e V estão erradas;
(D) todas as alternativas estão erradas;
(E) apenas as alternativas I e IV estão erradas.

I: errada, pois, no Brasil, a jurisdição é única e exercida apenas pelo *Poder Judiciário*; **II:** correta, pois a convalidação tem efeitos retroativos, confirmando os atos praticados anteriormente; **III:** correta, pois a revogação incide justamente sobre atos discricionários e não retroage; **IV:** errada, pois a revogação não pode ser feita pelo Judiciário; **V:** errada, pois a discricionariedade não é atributo do ato administrativo.

Gabarito "A"

(Magistratura do Trabalho – 23ª Região – 2012) Analise as proposições abaixo e indique a alternativa correta.

I. É possível o controle judicial sobre a validade de atos administrativos, ainda que se trate de ato administrativo dito discricionário, visto que, nessa modalidade de atos administrativos também há requisitos ou, elementos vinculados e, portanto, perfeitamente passíveis de controle de legalidade, não ocorrendo, daí, qualquer violação do princípio da tripartição dos Poderes do Estado.
II. No caso de revogação de atos administrativos pela própria Administração, por motivo de conveniência ou oportunidade, não se há falar em respeito aos direitos adquiridos de terceiros, mormente se particulares, em vista da supremacia do interesse público em detrimento do privado e, ainda, do princípio da eficiência administrativa.
III. Os chamados requisitos do ato administrativo são os componentes ou elementos de que é formado para a sua validade, dentre os quais, está a competência que é o poder ou a atribuição que a lei outorga ao agente público para que, no desempenho de determinada função, pratique certo ato administrativo.
IV. São espécies de atos administrativos, dentre outras, a permissão, a licença e a autorização.
V. A presunção de legitimidade dos atos administrativos é um atributo que faz com que se presuma a conformidade dos atos com os ditames do ordenamento jurídico posto. Tal presunção, todavia, é de natureza meramente relativa, de modo que ao interessado é dado demonstrar a invalidade do ato administrativo perante as instâncias competentes, sejam administrativas ou judiciais.

(A) Apenas as proposições I e III estão corretas e as demais estão incorretas.
(B) As proposições I, III, IV e V estão corretas e a proposição II está incorreta.
(C) As proposições I, II, III e V estão corretas e a proposição IV está incorreta
(D) As proposições I, II e V estão corretas e as demais estão incorretas.
(E) Todas as proposições estão corretas.

I: correta, pois, de fato, todo ato discricionário é parcialmente vinculado (ou regrado) e, assim, sofre controle do Judiciário quanto a esse aspecto; **II:** incorreta, pois nem mesmo a lei pode prejudicar direitos adquiridos (art. 5º, XXXVI, da CF), quanto mais um ato administrativo que revoga outra; **III:** correta, pois dentre os requisitos de validade do ato administrativo (competência, objeto, forma, motivo e finalidade) está a competência, que, ainda, foi devidamente definida no item; **IV:** correta, valendo salientar que também são espécies de ato administrativo a concessão, a admissão, a aprovação, a homologação, o parecer, dentre outros; **V:** correta, pois a presunção de legitimidade, de fato, é relativa ("juris tantum").

Gabarito "B"

(Magistratura do Trabalho – 23ª Região – 2009) Analise as assertivas abaixo e marque a alternativa CORRETA:

I. O Conselho Nacional de Justiça possui legitimidade para fiscalizar, de ofício, os atos administrativos praticados por órgãos do Poder Judiciário.
II. Os atos administrativos que envolvem a aplicação de conceitos indeterminados, como no caso da desídia imputada em processo disciplinar, estão sujeitos ao controle jurisdicional.
III. A Administração Pública pode anular seus próprios atos, quando eivados de vícios que os tornam ilegais, porque deles não se originam direitos; ou revogá-los, por motivo de conveniência ou oportunidade, respeitados os direitos adquiridos, e ressalvada, em todos os casos, a apreciação judicial.

(A) Apenas o item I é falso.
(B) Apenas o item II é falso.
(C) Apenas o item III é falso.
(D) Todos os itens são verdadeiros.
(E) Todos os itens são falsos.

I: verdadeiro (art. 103-B, § 4º, II, da CF); **II:** verdadeiro, pois os atos discricionários não estão imunes ao controle jurisdicional, que recairá nesses atos quanto aos aspectos de legalidade, razoabilidade e moralidade; **III:** verdadeiro, pois está em consonância com o art. 53 da Lei 9.784/1999 e com a Súmula 473 do STF.

Gabarito "D"

(Magistratura do Trabalho – 24ª Região – 2007) Quanto à revogação dos atos administrativos:

I. Revogação é a extinção de um ato administrativo ou de seus efeitos por outro ato administrativo, efetuada por razões de conveniência e oportunidade, respeitados os efeitos precedentes.

II. O objeto da revogação é um ato administrativo válido ou uma relação jurídica válida dele decorrente. Na revogação não se busca restaurar legitimidade violada, mas atender a uma conveniência administrativa.

III. A revogação suprime um ato ou seus efeitos, mas respeita os efeitos que já transcorreram; portanto, o ato revogador tem sempre eficácia *ex nunc*.

IV. Podem ser revogados: os atos vinculados, enquanto o sejam; os atos que exauriram seus efeitos; os chamados meros atos administrativos.

V. Revogação é a supressão de um ato administrativo ou da relação jurídica dele nascida, por haverem sido produzidos em desconformidade com a ordem jurídica. O que fundamenta a revogação é o dever de obediência à legalidade, o que implica obrigação de restaurá-la. A revogação atinge o ato desde o início, portanto, retroativamente.

RESPONDA:

(A) Apenas as proposições IV e V estão incorretas.
(B) Apenas a proposição V esta incorreta.
(C) Apenas a proposição V está correta.
(D) Apenas as proposições I e II estão corretas.
(E) Todas as proposições estão incorretas.

As proposições I, II e III estão corretas. A proposição IV está incorreta, pois *não* podem ser revogados os atos ali enumerados. E a proposição V está incorreta, pois o *motivo* da revogação não é a desconformidade com a ordem jurídica (a ilegalidade), mas sim a inconveniência da manutenção do ato. Já o *fundamento* da revogação não é o dever de obediência o princípio da legalidade, mas sim a mesma regra de competência que foi utilizada para a expedição do ato. E os efeitos da revogação são *ex nunc*, ou seja, não retroagem.

Gabarito "A".

(Procurador do Trabalho – MPT – 8º Concurso) Assinale a alternativa correta. Em direito administrativo, a revogação, modalidade de supressão de um ato administrativo, que foi revestido das formalidades, produz, em relação aos atos praticados sob sua vigência:

(A) efeitos *ex tunc;*
(B) efeitos *ex nunc;*
(C) anula os atos anteriores;
(D) as alternativas "a" e "b" estão corretas;
(E) nenhuma das alternativas está correta;
(F) não sei.

A revogação não tem efeito retroativo, mas efeitos *ex nunc*. Dessa forma, ficam preservados os atos anteriores.

Gabarito "B".

3.6. TEMAS COMBINADOS DE ATO ADMINISTRATIVO

(Magistratura do Trabalho – 9ª Região – 2009) Considere as seguintes proposições:

I. São princípios informativos da administração pública: legalidade, impessoalidade, moralidade, publicidade e eficiência. Segundo o princípio da legalidade, a Administração Pública pode fazer tudo o que a lei não proíbe.

II. Os atos administrativos podem ser classificados, quanto ao seu objeto, em atos de império, de gestão e de expediente. Por esta classificação, os atos de império ou de autoridade são todos aqueles que a Administração pratica usando de sua supremacia sobre o administrado ou servidor e lhes impõe obrigatório atendimento.

III. Quanto à formação do ato, pode-se classificá-lo em simples, complexo e composto. Ato complexo é o que se forma pela manifestação de dois ou mais órgãos administrativos, sejam eles singulares ou colegiados, cuja vontade se funde para formar um ato único, ou seja, integram-se as vontades de vários órgãos para a obtenção de um mesmo ato.

IV. Ato irrevogável é aquele que se tornou insuscetível de anulação, por ter produzido seus efeitos ou gerado direito subjetivo para o beneficiário ou, ainda, por resultar de coisa julgada administrativa, o que impede a sua reapreciação judicial, enquanto que ato revogável é aquele passível de invalidação pela Administração, por motivos de conveniência, oportunidade ou justiça.

V. São elementos ou requisitos do ato administrativo: o sujeito ou agente, o objeto ou conteúdo, a forma, o motivo e a finalidade. Por objeto ou conteúdo se entende o efeito jurídico imediato do ato (aquisição, transformação ou extinção de direitos), enquanto a finalidade é o fim mediato, ou seja, aquilo que a administração quer alcançar com a sua edição.

(A) Somente as proposições I, II, III e V são corretas.
(B) Somente as proposições II, III, e V são corretas.
(C) Somente as proposições II, III e IV são corretas.
(D) Somente as proposições I, III e V são corretas.
(E) Somente as proposições I, III e IV são corretas.

I: incorreta, pois o princípio da *Legalidade para a Administração* estabelece que esta só pode fazer o que a lei determina; o conceito trazido na alternativa é de *Legalidade para o Particular*; **II:** correta, pois traz o sentido exato da classificação dos atos quanto ao *objeto* ou quanto às *prerrogativas da Administração*; **III:** correta, pois traz o sentido exato da classificação dos atos quanto às vontades necessárias à sua formação; **IV:** incorreta, pois a impossibilidade de revogação de um ato não diz respeito a este ter ou não produzido *efeitos*; aliás, normalmente a revogação de um ato ocorre depois que ela produziu uma série de efeitos; a afirmativa também está incorreta por considerar que a revogação guarda relação com alguma apreciação judicial; na verdade, a revogação não é feita pelo Judiciário, mas sim pela administração pública que tiver praticado o ato; por fim, a afirmativa também está incorreta no ponto em que diz que ato revogável é aquele passível de *invalidação*; como se sabe, esta ocorre quanto a atos *ilegais*, ao passo que a revogação se dá quanto a atos *inconvenientes*, de modo que não se pode confundir a *invalidação* com a *revogação*; **V:** correta, pois traz acertadamente o rol de requisitos do ato administrativo (sujeito, objeto, forma, motivo e finalidade), bem como as definições de objeto e finalidade, valendo salientar que alguns autores, em vez de dizerem que a *competência* é um requisito, dizem que o *sujeito* (competente, capaz e não impedido) é que é o requisito do ato administrativo, daí porque a alternativa está correta mesmo fazendo referência ao requisito *sujeito*, e não ao requisito *competência*.

Gabarito "B".

(Magistratura do Trabalho – 16ª Região – 2006) Marque a alternativa INCORRETA:

(A) Por gozarem de presunção de legitimidade os atos administrativos são tidos como válidos e operantes mesmo que eivados de vícios ou defeitos que os levem à nulidade.

(B) Anulada a nomeação de funcionário público, permanecem válidos os atos por ele praticados no desempenho de suas atribuições funcionais;

(C) De acordo com a teoria dos Motivos Determinantes o motivo do ato administrativo deve corresponder com a realidade fática. Desse modo, a inexistência da situação de fato inquina o ato de vício de legalidade;

(D) A revogação é a retirada de um ato administrativo legítimo e eficaz por não mais convir a sua existência. O poder de revogação da Administração Pública permite que todos os atos possam ser suscetíveis de revogação;

(E) Em relação à determinada espécie de ato administrativo recaem determinadas imposições legais que absorvem quase por completo a liberdade do administrador, restringindo a sua ação ao atendimento dos pressupostos estabelecidos pela norma para validade da atividade administrativa.

A alternativa "d" está incorreta, pois nem todos os atos são revogáveis; não podem ser revogados os atos vinculados, os que geram direito adquirido, os já exauridos e os meros ou puros atos administrativos.

Gabarito "D".

(Magistratura do Trabalho – 23ª Região – 2012) Analise as proposições abaixo e indique a alternativa correta:

I. Diz-se ato administrativo perfeito aquele que é completo, válido e eficaz.

II. A autoexecutoriedade é um dos atributos do ato administrativo, pelo qual, deve a Administração Pública sempre explicitar os motivos que justificaram a prática de seus atos administrativos de modo a torná-los, assim, imediatamente públicos e exequíveis.

III. Quanto ao grau de liberdade da Administração Pública para decidir, os atos administrativos podem ser classificados entre vinculados e discricionários. Os primeiros são aqueles em que a própria legislação prescreve, com detalhes, as particularidades de formação do ato administrativo a ser produzido diante de certas condições. Os últimos, por sua vez, são aqueles em que a legislação deixa certa margem de liberdade ao Administrador para, diante do caso concreto, valer-se de critérios de conveniência e oportunidade para deliberar pela prática ou não de certo ato administrativo e, ainda, para optar pelo ato a ser produzido e para moldá-lo às particularidades que a situação especifica exige.

IV. Revogação de ato administrativo é sinônimo de anulação de ato administrativo, visto que ambas ocorrem, indistintamente, quando a própria Administração Pública retira definitivamente um ato administrativo do ordenamento jurídico, mediante edição de outro ato produzido para tanto, por razões de invalidade ou de ilegalidade do ato original.

V. Quanto à composição da vontade, diz-se ato administrativo simples o que é oriundo da manifestação de vontade de um único agente administrativo de formação singular e ato administrativo complexo o que, conquanto também provenha de um único agente administrativo, porém se trata de órgão de formação colegiada.

(A) Apenas a proposição III está correta e as demais estão incorretas.

(B) Apenas as proposições I e III estão corretas e as demais estão incorretas.

(C) Apenas as proposições II e IV estão corretas e as demais estão incorretas.

(D) Apenas as proposições I, III e V estão corretas e as demais estão incorretas.

(E) Apenas as proposições II e III estão corretas e as demais estão incorretas.

I: incorreta, pois ato perfeito é aquele completo, ou seja, aquele que cumpriu o ciclo necessário à sua formação, à sua existência, podendo ou não ser válido e eficaz; **II:** incorreta, pois a autoexecutoriedade é o atributo que permite à Administração executar diretamente seus atos independentemente de pronunciamento judicial autorizativo; **III:** correta, pois traz exatas definições de atos vinculados e discricionários; **IV:** incorreta, pois a revogação tem por motivo a inconveniência ou a inoportunidade na manutenção de um ato administrativo, ao passo que a anulação, sim, é que tem por motivo a invalidade ou ilegalidade de um ato administrativo; **V:** incorreta, pois no ato simples temos apenas um órgão, ainda que colegiado; o ato complexo, por sua vez, é formado pela conjugação de vontade de dois ou mais órgãos distintos.

Gabarito "A".

4. ORGANIZAÇÃO DA ADMINISTRAÇÃO PÚBLICA

Segue um resumo sobre a parte introdutória do tema Organização da Administração Pública:

O objetivo deste tópico é efetuar uma série de distinções, de grande valia para o estudo sistematizado do tema. A primeira delas tratará da relação entre pessoa jurídica e órgãos estatais.

Pessoas jurídicas estatais *são entidades integrantes da estrutura do Estado e dotadas de personalidade jurídica*, ou seja, de aptidão genérica para contrair direitos e obrigações.

Órgãos públicos *são centros de competência integrantes das pessoas estatais instituídos para o desempenho das funções públicas por meio de agentes públicos.* São, portanto, parte do corpo (pessoa jurídica). Cada órgão é investido de determinada competência, dividida entre seus cargos. Apesar de não terem personalidade jurídica, têm prerrogativas funcionais, o que admite até que interponham mandado de segurança, quando violadas. Tal capacidade processual, todavia, só têm os órgãos independentes e os autônomos. Todo ato de um órgão é imputado diretamente à pessoa jurídica da qual é integrante, assim como todo ato de agente público é imputado diretamente ao órgão à qual pertence (trata-se da chamada "teoria do órgão", que se contrapõe à teoria da representação ou do mandato, conforme se verá no capítulo seguinte). Deve-se ressaltar, todavia, que a representação legal da entidade é atribuição de determinados agentes, como o Chefe do Poder Executivo e os Procuradores. Confiram-se algumas classificações dos órgãos públicos, segundo o magistério de Hely Lopes Meirelles:

Quanto à **posição**, podem ser órgãos *independentes* (originários da Constituição e representativos dos Poderes do Estado: Legislativo, Executivo de Judiciário – aqui estão todas as corporações legislativas, chefias de executivo e tribunais, e juízos singulares); *autônomos* (estão na cúpula da Administração, logo abaixo dos órgãos independentes, tendo autonomia administrativa, financeira e técnica, segundo as diretrizes dos órgãos a eles superiores – cá estão os Ministérios, as Secretarias Estaduais e Municipais, a AGU etc.), *superiores* (detêm poder de direção quanto aos assuntos de sua competência, mas sem autonomia administrativa e financeira – ex.: gabinetes, procuradorias judiciais, departamentos, divisões etc.) e *subalternos* (são os que se acham na base da hierarquia entre órgãos, tendo reduzido poder decisório, com atribuições de mera execução – ex: portarias, seções de expediente):

Quanto à **estrutura**, podem ser *simples* ou *unitários* (constituídos por um só centro de competência) e *compostos* (reúnem outros órgãos menores com atividades-fim idênticas ou atividades auxiliares – ex.: Ministério da Saúde).

Quanto à **atuação funcional**, podem ser *singulares* ou *unipessoais* (atuam por um único agente – ex: Presidência da República) e *colegiados* ou *pluripessoais* (atuam por manifestação conjunta da vontade de seus membros – ex: corporações legislativas, tribunais e comissões).

Outra distinção relevante para o estudo da estrutura da Administração Pública é a que se faz entre desconcentração e descentralização. Confira-se.

Desconcentração *é a distribuição interna de atividades administrativas, de competências.* Ocorre de órgão para órgão da entidade Ex: competência no âmbito da Prefeitura, que poderia estar totalmente concentrada no órgão Prefeito Municipal, mas que é distribuída internamente aos Secretários de Saúde, Educação etc.

Descentralização *é a distribuição externa de atividades administrativas, que passam a ser exercidas por pessoa ou pessoas distintas do Estado.* Dá-se de pessoa jurídica para pessoa jurídica como técnica de especialização. Ex: criação de autarquia para titularizar e executar um dado serviço público, antes de titularidade do ente político que a criou.

Na descentralização **por serviço** a lei atribui ou autoriza que outra pessoa detenha a *titularidade* e a execução do serviço. Depende de lei. Fala-se também em *outorga* do serviço.

Na descentralização **por colaboração** o contrato ou ato unilateral atribui a outra pessoa a *execução* do serviço. Aqui o particular pode colaborar, recebendo a execução do serviço, e não a titularidade. Fala-se também em *delegação* do serviço e o caráter é transitório.

É importante também saber a seguinte distinção.

Administração direta *compreende os órgãos integrados no âmbito direto das pessoas políticas (União, Estados, Distrito Federal e Municípios).*

Administração indireta *compreende as pessoas jurídicas criadas pelo Estado para titularizar e exercer atividades públicas (autarquias e fundações públicas) e para agir na atividade econômica quando necessário (empresas públicas e sociedades de economia Mista).*

Outra classificação relevante para o estudo do tema em questão é a que segue.

As **pessoas jurídicas de direito público** *são os entes políticos e as pessoas jurídicas criadas por estes para exercerem típica atividade administrativa, o que impõe tenham, de um lado, prerrogativas de direito público, e, de outro, restrições de direito público, próprias de quem gere coisa pública.* Além dos entes políticos (União, Estados, Distrito Federal e Municípios), são pessoas jurídicas de direito público as *autarquias*, *fundações públicas*, *agências reguladoras* e *associações públicas* (consórcios públicos de direito público).

As **pessoas jurídicas de direito privado estatais** *são aquelas criadas pelos entes políticos para exercer atividade econômica, devendo ter os mesmos direitos e restrições das demais pessoas jurídicas privadas, em que pese terem algumas restrições adicionais, pelo fato de terem sido criadas pelo Estado.* São pessoas jurídicas de direito privado estatais as *empresas públicas*, as *sociedades de economia mista*, as *fundações privadas criadas pelo Estado* e os *consórcios públicos de direito privado*.

Também é necessário conhecer a seguinte distinção.

Hierarquia *consiste no poder que um órgão superior tem sobre outro inferior, que lhe confere, dentre outras prerrogativas, uma ampla possibilidade de fiscalização dos atos do órgão subordinado.*

Controle (tutela ou supervisão ministerial) *consiste no poder de fiscalização que a pessoa jurídica política tem sobre a pessoa jurídica que criou, que lhe confere tão somente a possibilidade de submeter a segunda ao cumprimento de seus objetivos globais, nos termos do que dispuser a lei.* Ex.: a União não pode anular um ato administrativo de concessão de aposentadoria por parte do INSS (autarquia por ela criada), por não haver hierarquia; mas pode impedir que o INSS passe a comercializar títulos de capitalização, por exemplo, por haver nítido desvio dos objetivos globais para os quais fora criada a autarquia. Aqui não se fala em subordinação, mas em vinculação administrativa.

Por fim, há entidades que, apesar de **não fazerem** parte da Administração Pública Direta e Indireta, colaboram com a Administração Pública e são estudadas no Direito Administrativo. Tais entidades são denominadas *entes de cooperação* ou *entidades paraestatais*. São entidades que não têm fins lucrativos e que colaboram com o Estado em atividades não exclusivas deste. São exemplos de paraestatais as seguintes: a) *entidades do Sistema S* (SESI, SENAI, SENAC etc. – ligadas a categorias profissionais, cobram contribuições parafiscais para o custeio de suas atividades); b) *organizações sociais* (celebram *contrato de gestão* com a Administração); c) *organizações da sociedade civil de interesse público* – OSCIPs (celebram *termo de parceria* com a Administração).

4.1. ADMINISTRAÇÃO PÚBLICA EM GERAL

(Magistratura do Trabalho – 12ª Região – 2006) Assinale a alternativa incorreta:

(A) enquanto que a administração direta é composta de órgãos internos do Estado, a administração indireta se compõe de pessoas jurídicas;
(B) a administração direta do Estado desempenha atividades administrativas do Estado de forma centralizada;
(C) entre as propostas do movimento chamado Consenso de Washington, no qual economistas do governo norte-americano, do Banco Mundial e do FMI elaboraram uma espécie de “cartilha” a ser seguida pelos países em desenvolvimento, destacam-se as que defendem a redução da intervenção do Estado nas atividades econômicas, com a privatização das empresas estatais de produção de bens e prestação de serviços, seguidas da redução das atividades antes reservadas ao monopólio estatal;
(D) com a transferência para a iniciativa privada de várias atividades até então exercidas pelo Estado, por meio do processo que ficou conhecido como “privatização”, foram criadas as denominadas agências reguladoras, entidades com típica função de controle desses serviços e atividades, cujos servidores sujeitam-se ao regime da CLT;
(E) as agências executivas se distinguem das agências reguladoras e destinam-se a exercer atividade estatal que, para melhor desenvoltura, deve ser descentralizada.

A: correta, pois a administração direta compreende os órgãos dos entes políticos, ao passo que a administração indireta compreende as pessoas jurídicas criadas pelos entes políticos; **B:** correta, pois a centralização difere da descentralização, pois a primeira ocorre no âmbito da administração direta, ao passo que a segunda consiste em distribuir competências externamente, de uma pessoa jurídica para outra pessoa jurídica; **C:** correta, valendo lembrar que medidas nesse sentido foram tomadas à exaustão na década de 90; **D:** assertiva incorreta, devendo ser assinalada, pois as agências reguladoras devem, segundo o STF, contratar pelo regime estatutário, já que são pessoas jurídicas de direito público; **E:** correta, tratando-se (as agências executivas) de um qualificativo atribuído às autarquias e fundações públicas que celebram contrato de gestão com a Administração Direta, estabelecendo metas com vistas à melhoria de seu desempenho.

Gabarito “D”

(Procurador do Trabalho – MPT – 16º Concurso – 2009) Assinale a alternativa INCORRETA, considerada a legislação vigente:

(A) Administração é definida como órgão, entidade ou unidade administrativa pela qual a administração pública opera e atua concretamente;
(B) A Administração indireta é composta por pessoas estatais com personalidade jurídica de direito público e também por pessoas jurídicas com personalidade jurídica de direito privado;
(C) Autarquia é o serviço autônomo, criado por lei, com personalidade jurídica, patrimônio e receita próprios, para executar atividades atípicas da administração pública, que requeiram, para seu melhor funcionamento, gestão administrativa e financeira descentralizada;
(D) As universidades gozam de autonomia didático-científica, administrativa e, ainda, de gestão financeira e patrimonial;
(E) Não respondida.

A: correta (art. 6º, XII, da Lei 8.666/1993); **B:** correta, sendo que as pessoas de direito público são as autarquias, fundações públicas, agências reguladoras e associações públicas, e as pessoas de direito privado são as empresas públicas, sociedades de economia mista, fundações privadas estatais e consórcios públicos de direito privado; **C:** assertiva incorreta, devendo ser assinalada, pois as autarquias são criadas para executar atividades *típicas* (e não *atípicas*) da administração pública; **D:** correta (art. 207 da CF).

Gabarito “C”

(Procurador do Trabalho – MPT – 14º Concurso – 2007) Observe as assertivas abaixo e indique a alternativa CORRETA.

I. Não descaracteriza a autonomia administrativa das unidades da federação brasileira a aplicação de normas comuns e de normas gerais editadas pela União, desde que se observem os limites previstos na Constituição.
II. A ideia de administração pública direta e indireta equivale aos conceitos de administração pública concentrada e desconcentrada.
III. A transferência de atribuições no âmbito da administração pública do centro para setores periféricos dentro da mesma pessoa jurídica elimina a vinculação hierárquica.
IV. A um sindicato pode ser outorgada a qualificação de organização da sociedade civil de interesse público para, por exemplo, promover o desenvolvimento econômico e social e combate à pobreza.

(A) apenas a de número I é correta;
(B) apenas as de números II e III são corretas;
(C) apenas a de número IV é correta;
(D) todas são incorretas;
(E) não respondida.

I: correta, pois a Constituição, a par de prever a autonomia administrativa dos entes políticos, estabelece uma repartição de competências entre estes, de modo que não fere a citada autonomia a aplicação de normas comuns e de normas gerais da União, por parte de outro ente político; **II:** incorreta, pois a criação de entes da Administração Indireta está no contexto do fenômeno da descentralização, e não da desconcentração; **III:** incorreta, pois a desconcentração não elimina a hierarquia; **IV:** incorreta, pois os sindicatos não são passíveis de serem qualificados como OSCIPs (art. 2º, II, da Lei 9.790/1999).

Gabarito "A"

(Procurador do Trabalho – MPT – 12º Concurso – 2005) Com relação à Administração Pública, é CORRETO afirmar que:

(A) as autarquias são entidades paraestatais em razão de sua personalidade de direito público;
(B) as autarquias são entidades que integram a Administração Pública indireta e têm personalidade de direito público;
(C) as empresas públicas e as autarquias são criadas por lei;
(D) as empresas públicas em geral gozam da garantia da impenhorabilidade de seus bens.
(E) não respondida

A: incorreta, pois as autarquias não são entidades paraestatais, mas sim entidades da Administração Indireta; as entidades paraestatais são aquelas que não fazem parte da Administração Pública, mas colaboram com esta, como as entidades do Sistema "S", as Organizações Sociais e as OSCIPs; **B:** correta, pois as autarquias são entidades da administração descentralizada e tem regime jurídico de direito público, pois atuam em atividades típicas de Estado; **C:** incorreta, pois as empresas públicas têm a sua criação autorizada por lei, diferentemente das autarquias, que são criadas pela própria lei (art. 37, XIX, da CF); **D:** incorreta, pois somente os bens públicos são impenhoráveis, sendo que bens públicos são aqueles pertencentes às pessoas jurídicas de direito público, o que não inclui as empresas públicas, que têm bens privados, salvo os Correios, que, por terem monopólio do serviço que prestam, possuem bens impenhoráveis.

Gabarito "B"

(Procurador do Trabalho – MPT – 9º Concurso – 2000) O Estatuto da Reforma Administrativa (Dec. Lei 200/1967) classifica a Administração Federal em direta e indireta:

I. são órgãos integrantes da Administração Federal direta a Presidência da República e os Ministérios;
II. são pessoas jurídicas que integram a Administração Federal indireta: as fundações públicas, as autarquias e os Ministérios;
III. são pessoas jurídicas que integram a Administração Federal indireta: apenas as empresas públicas e a sociedade de economia mista;
IV. são pessoas jurídicas que integram a Administração Federal direta: Presidência da República, Ministérios, Fundações Públicas, Autarquias, Empresas Públicas e Sociedades de Economia Mista;
V. Presidência da República, Ministérios e Autarquias são órgãos da Administração Federal direta.

Assinale a alternativa correta:

(A) a assertiva I está correta;
(B) as assertivas I, II e IV estão corretas;
(C) as assertivas I, e V estão incorretas;
(D) as assertivas I, IV e V estão corretas:
(E) todas as assertivas estão corretas:
(F) não sei.

I: correta, pois os órgãos citados fazem parte da Administração Direta; **II:** incorreta, pois os Ministérios fazem parte da Administração Direta, e não Indireta; **III:** incorreta, pois também fazem parte da Administração Indireta outras pessoas, tais como autarquias, fundações públicas, agências reguladoras, dentre outras; **IV:** incorreta, pois as quatro últimas são integrantes da Administração Indireta, e a Presidência o os Ministérios são órgãos públicos, e não pessoas jurídicas; **V:** incorreta, pois as autarquias são pessoas jurídicas (e não órgãos públicos) da Administração Indireta, e não Direta.

Gabarito "A"

4.2. PESSOAS JURÍDICAS DE DIREITO PÚBLICO

(Magistratura do Trabalho – 1ª Região – 2010 – CESPE) Assinale a opção correta no que se refere às agências reguladoras e às executivas.

(A) Mandato fixo e estabilidade para os dirigentes, que somente perderão o mandato em caso de renúncia, de condenação judicial transitada em julgado ou de processo disciplinar, são traços específicos das agências reguladoras.
(B) As agências executivas, assim como as reguladoras, têm a função precípua de exercer controle sobre particulares prestadores de serviços públicos, mas destas se diferenciam porque têm, também, por encargo a execução efetiva de determinadas atividades administrativas típicas de Estado.
(C) O regime jurídico dos trabalhadores das agências reguladoras é o de emprego público, regulado pela CLT.
(D) A qualificação como agência executiva de autarquia ou fundação que tenha celebrado contrato de gestão com o ministério supervisor somente pode ser efetivada por lei de iniciativa do Presidente da República.
(E) A agência executiva, como autarquia de regime especial, deve ser instituída por ato normativo do chefe do Poder Executivo. Nesse ato, devem ser definidas a organização, as competências e a função controladora que a agência exercerá sobre os particulares prestadores de serviços públicos.

A: correta, pois as agências reguladoras têm essa característica especial do mandato fixo de seus dirigentes; **B:** incorreta, pois as agências executivas, que na verdade são autarquias e fundações públicas com o qualificativo em tela – que significa que celebraram um contrato de gestão com o Poder Público –, não têm a exclusividade do exercício da atividade típica de Estado, valendo salientar que as agências reguladoras também podem exercer atividade típica de Estado, como faz a ANVISA, por exemplo, que exerce o poder de polícia em matéria de vigilância sanitária; **C:** incorreta, pois as agências reguladoras, como são pessoas jurídicas de direito público, devem contratar seus agentes pelo regime estatutário, segundo o

STF; **D:** incorreta, pois não é necessário lei para que se efetive essa qualificação, que se dá por ato do Presidente da República (art. 51, § 1º, da Lei 9.649/1998); **E:** incorreta, pois a agência executiva não é um tipo de pessoa jurídica estatal, que é instituída pelo Poder Público; agência executiva é apenas um qualificativo que se dá a autarquias e fundações públicas que tenham um plano de reestruturação e desenvolvimento institucional, e celebram contrato de gestão com o respectivo Ministério Supervisor, qualificação essa concedida por ato do Presidente da República; tal qualificação importará, de um lado, em mais recursos, autonomia e vantagens para a agência executiva e, de outro, em metas a serem cumpridas para melhorar a eficiência do ente público.

Gabarito "A"

(Magistratura do Trabalho – 1ª Região – 2010 – CESPE) Assinale a opção correta a respeito da administração direta e indireta.

(A) Estão submetidos à supervisão direta do Presidente da República os órgãos que compõem a estrutura da Presidência da República, como a Secretaria-Geral da Presidência, a Secretaria de Relações Institucionais e a Secretaria de Comunicação Social, entre outros.

(B) As autarquias, pessoas administrativas que gozam de liberdade administrativa nos limites da lei que as criou, só podem ser extintas por lei ou mediante decreto editado pelo chefe do Executivo da esfera a que pertençam.

(C) Os feitos em que as empresas públicas e as sociedades de economia mista sejam parte, na condição de autoras, rés, assistentes ou oponentes, são processados e julgados perante a justiça federal.

(D) O teto remuneratório previsto na CF aplica-se somente às fundações de direito público que receberem recursos da União, dos estados, do DF ou dos municípios para pagamento de despesas de pessoal ou de custeio em geral.

(E) As sociedades de economia mista, pessoas jurídicas de direito privado integrantes da administração indireta do Estado, são criadas por autorização legal e podem adotar qualquer forma societária entre as admitidas em direito.

A: correta (art. 1º da Lei 9.649/1998); **B:** incorreta, pois as autarquias são criadas por lei e só podem ser extintas por lei; **C:** incorreta, pois apenas as *empresas públicas* federais têm as causas de seu interesse julgadas pela Justiça Federal (art. 109, I, da CF), ao passo que as *sociedades de economia mista* federais têm suas causas julgadas pela Justiça Estadual; **D:** incorreta, pois o teto remuneratório se aplica a todas as entidades da administração pública direta, autárquica e fundacional (art. 37, XI, da CF); apenas as empresas estatais estão de fora desse teto; mesmo assim, caso a empresa estatal dependa do ente político que a tiver criado para as despesas de pessoal ou de custeio em geral, ela também estará sujeita ao teto remuneratório; **E:** incorreta, pois as sociedades de economia mista só podem ter a forma societária *sociedade anônima.*

Gabarito "A"

(Magistratura do Trabalho – 3ª Região – 2013) Relativamente às agências reguladoras, é correto afirmar.

(A) Cabe-lhes, nos limites do texto constitucional, definir políticas públicas assim como executá-las nos diversos setores regulados.

(B) Integram a administração direta federal.

(C) Seus servidores são empregados públicos, sujeitos ao regime da CLT.

(D) Cabe-lhes substituir o poder executivo relativamente às funções que o poder concedente exerce nos contratos de concessão ou permissão de serviços públicos.

(E) As agências reguladoras podem assumir o modelo de fundação pública ou autarquia, conforme opção do ente político (União), no momento de sua criação.

A: incorreta, pois compete à lei definir as políticas públicas; **B:** incorreta, pois as agências integram a administração indireta; **C:** incorreta, pois a agência reguladora, em sendo uma pessoa jurídica de direito público, deve ter servidores estatutários; **D:** correta, pois, em virtude do fenômeno da descentralização, a lei outorga às agências certas competências do poder executivo central; **E:** incorreta, pois as agências reguladoras são entidades autárquicas com regime especial, ou seja, tem um regime autárquico (de direito público), com algumas características específicas, como mandato fixo para os dirigentes.

Gabarito "D"

(Magistratura do Trabalho – 3ª Região – 2009) Assinale a assertiva ("a" a "e") correta em relação aos enunciados de I a V, observadas a legislação pertinente, a consolidação jurisprudencial e a Constituição da República:

I. Conforme o entendimento cristalizado em súmula vinculante do STF, a falta de defesa técnica por advogado no processo administrativo disciplinar não ofende a Constituição da República.

II. Para ser qualificada como Agência Executiva, a autarquia ou fundação ou empresa pública que não explore atividade econômica deverá cumprir os seguintes requisitos: ter um plano estratégico de reestruturação e de desenvolvimento institucional em andamento; ter celebrado Contrato de Gestão com o respectivo Ministério supervisor.

III. A qualificação como Agência Executiva será feita em ato do Presidente da República.

IV. O mandato dos conselheiros e dos diretores das Agências Reguladoras terá o prazo fixado na lei de criação de cada agência.

V. O ex-dirigente de agência reguladora fica impedido para o exercício de atividade ou de prestar qualquer serviço no setor regulado pela respectiva agência pelo prazo de um ano, contados da exoneração ou do término do seu mandato.

(A) Somente um enunciado é verdadeiro.

(B) Somente dois enunciados são verdadeiros.

(C) Somente três enunciados são verdadeiros.

(D) Somente quatro enunciados são verdadeiros.

(E) Todos os enunciados são verdadeiros.

I: verdadeiro, nos termos da Súmula Vinculante n. 5, do STF; **II:** falso, pois a empresa pública não pode ser qualificada como agência executiva, mas apenas as autarquias e fundações podem sê-lo (art. 51, *caput*, da Lei 9.649/1998); **III:** verdadeiro (art. 51, § 1º, da Lei 9.649/1998); **IV:** verdadeiro, sendo que cada lei vai estabelecer a duração do mandato dos diretores respectivos (art. 6º da Lei Geral das Agências – Lei 9.986/2000); **V:** falso, pois tal prazo é de 4 meses (art. 8º da Lei 9.986/2000).

Gabarito "C"

(Magistratura do Trabalho – 3ª Região – 2008) Analise as proposições abaixo, assinalando a opção correta:

I. As autarquias, as fundações e as empresas públicas podem ser qualificadas como Agências Executivas.

II. A qualificação como Agência Executiva é ato do Presidente da República.

III. São impenhoráveis os bens integrantes do patrimônio dos entes da administração pública direta e indireta.

IV. Os bens pertencentes ao patrimônio das autarquias, apesar de serem considerados bens públicos, podem ser susceptíveis de usucapião.

V. As autarquias são titulares de direitos e obrigações próprios, distintos daqueles pertencentes ao ente que as instituiu, estando, contudo, sujeitas ao controle administrativo ou tutela.

(A) Somente as proposições I, II e V são verdadeiras.
(B) Somente as proposições I, III e V são verdadeiras.
(C) Somente as proposições I, II e III são verdadeiras.
(D) Somente as proposições II e III são verdadeiras.
(E) Somente as proposições II e V são verdadeiras.

I: falsa, pois somente as autarquias e fundações podem ser qualificadas como Agências Executivas (art. 51, *caput*, da Lei 9.649/1998); **II:** verdadeira (art. 51, § 1º, da Lei 9.649/1998); **III:** falsa, pois são impenhoráveis os bens das pessoas de direito público, valendo lembrar que nem todas as pessoas da Administração Indireta são pessoas de direito público; as sociedades de economia mista e as empresas públicas, por exemplo, são pessoas de direito privado; **IV:** falsa, pois nenhum bem público é passível de usucapião; **V:** verdadeira, pois entre o ente político criador e a autarquia não há controle, tutela ou supervisão ministerial, que, apesar de preservar a autonomia administrativa e financeira da autarquia, importam em controle finalístico desta, bem como em controle acerca de outros aspectos que a lei que tiver criado a autarquia determinar.

Gabarito "E"

(Magistratura do Trabalho – 7ª Região – 2005) A gestão das agências reguladoras mereceu um tratamento legislativo especial, tendo em vista a complexidade de suas atividades. Entre as inovações constantes de seu regramento, está a figura da denominada "quarentena" de seus ex-dirigentes. Sobre esse instituto, assinale a opção falsa.

(A) O ex-dirigente fica impedido para o exercício de atividades no setor regulado pela respectiva agência por um período de quatro meses, contados da exoneração ou término do mandato.
(B) A quarentena aplica-se, também, ao ex-dirigente que tenha sido exonerado a pedido, desde que tenha cumprido pelo menos um ano de seu mandato.
(C) O ex-dirigente que violar o impedimento de exercer as atividades no respectivo setor, no período da quarentena, incorrerá na prática do crime de advocacia administrativa.
(D) No período de impedimento, o ex-dirigente fará jus à remuneração compensatória equivalente à do cargo que exerceu e aos benefícios a ele inerentes.
(E) Tratando-se de ex-dirigente servidor público, pode o mesmo optar pela quarentena ou pelo retorno ao seu cargo efetivo, desde que não haja conflito de interesse.

A: correta (art. 8º, *caput*, da Lei 9.986/2000); **B:** assertiva incorreta, devendo ser assinalada, pois aplica-se a quarentena no caso, desde que o dirigente tenha cumprido ao menos seis meses de seu mandato (art. 8º, § 3º, da Lei 9.986/2000); **C:** correta (art. 8º, § 4º, da Lei 9.986/2000); **D:** correta (art. 8º, § 2º, da Lei 9.986/2000); **E:** correta (art. 8º, § 5º, da Lei 9.986/2000).

Gabarito "B"

(Magistratura do Trabalho – 13ª Região – 2006) Quanto às autarquias, é correta a afirmação:

(A) as autarquias só podem ser criadas por lei, contudo, sua extinção pode se dar através de ato administrativo;
(B) os bens das autarquias, apesar de serem considerados bens públicos, podem ser suscetíveis de usucapião;
(C) as autarquias são responsáveis pelos seus próprios atos, sendo a responsabilidade do Estado, em relação a elas, apenas subsidiária;
(D) o vínculo existente entre as autarquias e seus servidores é de natureza contratual, e não estatutário;
(E) as autarquias não são pessoas jurídicas distintas do Estado, por isso o ministro supervisor é autoridade de alçada para conhecer de recurso de seus atos.

A: incorreta, pois, pelos princípios do paralelismo das formas e da legalidade, sua extinção também deve se dar por lei; **B:** incorreta, pois nenhum bem público é passível de usucapião; **C:** correta, pois as autarquias têm personalidade jurídica, respondendo, portanto, por seus atos; o ente político que a tiver criado responderá apenas subsidiariamente; **D:** incorreta, pois as autarquias são pessoas jurídicas de direito público, o que faz com que seus servidores devam ter, como regra, regime estatutário; **E:** incorreta, pois a supervisão ministerial não é sinônimo de hierarquia, não possibilitando que o ministério supervisor reveja os atos em geral da pessoa jurídica controlada; o controle (ou tutela ou supervisão ministerial) somente admite a fiscalização finalística da entidade controlada, bem como outras fiscalizações eventualmente previstas em lei, o que não costuma ser o caso da possibilidade de conhecer de recurso contra atos de tal entidade.

Gabarito "C"

(Magistratura do Trabalho – 15ª Região – 2011) A respeito das autarquias, assinale a alternativa correta:

(A) são integrantes da administração pública indireta; possuem personalidade de direito privado e autonomia administrativa e financeira;
(B) sujeitam-se à obrigação de contratar pessoal efetivo mediante concurso público e as condenações que lhes forem impostas vinculam-se à regra do duplo grau de jurisdição obrigatório, quando superarem 60 (sessenta) salários mínimos;
(C) têm como prerrogativa processual o prazo em quádruplo para recorrer e em dobro para contestar;
(D) são entidades sujeitas ao controle dos Tribunais de Contas, ao contrário das sociedades de economia mista;
(E) são entidades com prerrogativas processuais, as mesmas aplicáveis às fundações públicas e empresas públicas.

A: incorreta, pois possuem personalidade jurídica de direito *público*; **B:** correta; a regra da obrigatoriedade do concurso público se aplica a todos os entes da administração pública, inclusive às autarquias, de maneira que a primeira frase está correta; e, quanto às vantagens processuais típicas dos entes políticos, como a mencionada (reexame necessário), estas se aplicam também às autarquias e fundações de direito público (art. 475, I, do CPC), ou seja, se aplicam a todas as pessoas jurídicas de direito público, já que as agências reguladoras e as associações públicas têm natureza autárquica; **C:** incorreta, pois é justamente o contrário; o prazo é em dobro para recorrer e em quádruplo para contestar (art. 188 do CPC); **D:** incorreta, pois as sociedades de economia mista também estão sujeitas ao controle dos Tribunais de Contas (art. 71, II, da CF); **E:** incorreta, pois as empresas públicas não têm prerrogativas processuais próprias das pessoas jurídicas de direito público.

Gabarito "B"

(Magistratura do Trabalho – 16ª Região – 2011) Sobre as Agências Executivas na administração pública federal, marque a alternativa INCORRETA:

(A) Um de seus fundamentos constitucionais é o art. 37, que prevê a possibilidade de ampliação da autonomia gerencial, orçamentária e financeira dos órgãos e entidades da administração direta e indireta.

(B) O mesmo art. 37, da Carta Constitucional dispõe que essa ampliação de autonomia ocorrerá mediante contrato, a ser firmado entre seus administradores e o poder público, tendo por objeto a fixação de metas de desempenho para o órgão ou entidade. No entanto, caberá à lei dispor sobre: I. o prazo de duração do contrato; II. os controles e critérios de avaliação de desempenho, direitos, obrigações e responsabilidade dos dirigentes; e III. a remuneração do pessoal.

(C) O Poder Legislativo poderá qualificar como Agência Executiva a autarquia ou fundação que tenha cumprido os seguintes requisitos: I. ter um plano estratégico de reestruturação e de desenvolvimento institucional em andamento e II. ter celebrado Contrato de Gestão com o respectivo Ministério supervisor.

(D) Os Contratos de Gestão das Agências Executivas serão celebrados com periodicidade mínima de um ano e estabelecerão os objetivos, metas e respectivos indicadores de desempenho da entidade, bem como os recursos necessários e os critérios e instrumentos para a avaliação do seu cumprimento.

(E) Os planos estratégicos de reestruturação e de desenvolvimento institucional definirão diretrizes, políticas e medidas voltadas para a racionalização de estruturas e do quadro de servidores, a revisão dos processos de trabalho, o desenvolvimento dos recursos humanos e o fortalecimento da identidade institucional da Agência Executiva.

A: assertiva correta (art. 37, § 8º, da CF); **B:** assertiva correta (art. 37, § 8º, da CF); **C:** assertiva incorreta, devendo ser assinalada; é o Poder Executivo quem fará essa qualificação (art. 51, *caput*, da Lei 9.649/1998); **D:** assertiva correta (art. 52, § 1º, da Lei 9.649/1998); **E:** assertiva correta (art. 52, *caput*, da Lei 9.649/1998).

Gabarito "C"

(Magistratura do Trabalho – 18ª Região – 2006) Assinale a alternativa que não contém característica das autarquias:

(A) criação por lei e especialização dos fins ou atividades.

(B) personalidade jurídica pública.

(C) capacidade de autodeterminação.

(D) sujeição a controle ou tutela.

(E) liberdade de modificação de seu próprio fim, com a concordância do Ministério Público.

A: correta, é característica da autarquia (art. 37, XIX, da CF); **B:** correta, é característica da autarquia, pois esta é uma *pessoa jurídica* da Administração Indireta; **C:** correta, é característica da autarquia, pois, como esta é uma pessoa jurídica, naturalmente tem capacidade de autodeterminação; **D:** correta, é característica da autarquia, pois todas as pessoas jurídicas da Administração Indireta estão sujeitas ao *controle*, *tutela* ou *supervisão ministerial*; **E:** assertiva incorreta, devendo ser assinalada, não é característica da autarquia, pois somente as fundações privadas estão sujeitas à fiscalização do Ministério Público para qualquer alteração feita em seu objeto.

Gabarito "E"

(Magistratura do Trabalho – 20ª Região – 2003) Assinale a entidade dotada de personalidade jurídica de direito público:

(A) empresa pública;

(B) fundação;

(C) autarquia;

(D) empresa concessionária;

(E) sociedade de economia mista.

São pessoas jurídicas de direito privado as seguintes: autarquias, fundações *públicas*, agências reguladoras e associações públicas. São pessoas de direito privado estatais as seguintes: empresas públicas, sociedades de economia mista, fundações *privadas* e consórcios públicos de direito privado. As empresas concessionárias são sempre pessoas de direito privado, mas algumas são criadas pelo estado (ex.: Petrobrás) e outras são totalmente privadas (ex.: uma empresa telefonia).

Gabarito "C"

(Magistratura do Trabalho – 23ª Região – 2009) Marque a alternativa INCORRETA. As agências reguladoras:

(A) têm o seu pessoal regido pela CLT.

(B) ostentam natureza jurídica de autarquia especial.

(C) os seus dirigentes são nomeados pelo Presidente da República, após aprovação pelo Senado Federal.

(D) os seus dirigentes exercem mandato com prazo fixo definido na respectiva lei de criação.

(E) entre as existentes no Brasil figura a ANATEL.

A: assertiva incorreta, devendo ser assinalada, pois, segundo o STF, as agências não podem, como regra, contratar pela CLT, já que são pessoas jurídicas de direito público, cujo regime funcional adequado é o *estatutário*; B a **D:** corretas, pois as agências reguladoras têm todas as características de uma autarquia (atuam em atividade típica de Estado, têm bens públicos, têm imunidade de impostos, contratam pelo regime estatutário etc.), mas têm também características especializantes, como as previstas nas alternativas "c" e "d"; E; correta, pois a ANATEL é um exemplo de agência reguladora.

Gabarito "A"

(Procurador do Trabalho – MPT – 11º Concurso – 2004) Considerando as assertivas adiante elencadas, assinale a alternativa CORRETA. As Agências Reguladoras integrantes da administração pública brasileira:

I. possuem natureza jurídica de empresa pública, conforme definido em lei, e visam disciplinar e controlar certas atividades de relevância pública, especialmente aquelas que constituem objeto de concessão, permissão ou autorização de serviços públicos;

II. não possuem quadro efetivo de pessoal, considerando que as funções previstas para a realização de suas específicas atividades são desempenhadas exclusivamente por servidores de confiança ou requisitados de outros órgãos da administração pública;

III. poderão, pela sua natureza especial e fins a que se destinam, contratar diretamente empregados, prescindindo de seleção ou concurso público, com vistas a atender, excepcionalmente, necessidade temporária inadiável;

IV. possuem diretores que gozam de estabilidade para o exercício do respectivo mandato, ressalvados os casos de perda dessa garantia decorrente de renúncia, de condenação judicial transitada em julgado ou de processo administrativo disciplinar, dentre outros que podem ser previstos legalmente.

(A) apenas a alternativa IV está correta;
(B) todas as alternativas estão incorretas;
(C) as alternativas I e III estão corretas;
(D) as alternativas I e IV estão corretas;
(E) não respondida

I: incorreta, pois as agências são pessoas jurídicas de direito público; **II:** incorreta, pois as agências reguladoras têm quadro próprio de pessoal; **III:** incorreta, pois a acessibilidade a cargos, empregos e funções públicos depende de concurso público, ressalvada a contratação para cargo em comissão; **IV:** correta, pois seus dirigentes têm mandato fixo, ressalvados os casos de perda dessa garantia mencionados (art. 9º da Lei 9.986/2000).

Gabarito "A"

(Procurador do Trabalho – MPT – 11º Concurso – 2004) De acordo com as assertivas abaixo, assinale a alternativa CORRETA:

I. considerando-se a natureza jurídica de uma autarquia federal e a sua autonomia administrativa, mesmo em caso de ausência irreversível de recursos para pagamento de débito judicial trabalhista, não responderá a União, de forma subsidiária, pela respectiva obrigação;

II. podem ser instituídos impostos sobre o patrimônio, a renda e os serviços vinculados às finalidades essenciais das autarquias e fundações instituídas e mantidas pelo Poder Público.

III. a criação de autarquia dá-se por meio de lei específica, enquanto que a criação de sociedade de economia mista e empresa pública não depende de lei, mas de autorização administrativa do Chefe do Poder Executivo, após consulta ao Poder Legislativo;

IV. aos empregados de sociedade de economia mista, suas subsidiárias, e sociedades controladas, direta ou indiretamente, pelo poder público, não se estende a proibição constitucional de acumular remuneração de cargos, empregos e funções públicas.

(A) todas as alternativas estão incorretas;
(B) as alternativas I e II estão corretas;
(C) apenas a alternativa IV está correta;
(D) apenas a alternativa III está correta;
(E) não respondida

I: incorreta, pois a União responde subsidiariamente pelos débitos das entidades que tiver criado, ou seja, deve-se acionar a entidade devedora, e, caso esta não tenha recursos para arcar com suas obrigações, há de se chamar a entidade criadora (no caso, a União), para que esta responda pela dívida; **II:** incorreta, pois o benefício da imunidade de impostos entre os entes políticos é estendido, nos termos do art. 150, § 2º, da CF, às autarquias e fundações instituídas e mantidas pelo Poder Público; **III:** incorreta, pois a criação de sociedade de economia mista depende de autorização de lei específica (art. 37, XIX, da CF); **IV:** incorreta, pois a proibição é estendida aos empregados dessas sociedades (art. 37, XVII, da CF).

Gabarito "A"

4.3. PESSOAS JURÍDICAS DE DIREITO PRIVADO ESTATAIS

(Magistratura do Trabalho – 4ª Região – 2012) De acordo com a Constituição Federal, a criação de empresa pública ou sociedade de economia mista

(A) é feita por decreto governamental, salvo no caso de ser cometida à empresa o exercício de atividade em regime de monopólio, hipótese em que a criação depende de lei específica.
(B) depende de autorização legislativa para aquelas que atuem no domínio econômico e de decreto governamental para as prestadoras de serviço público.
(C) depende de autorização legislativa, assim como a criação de suas subsidiárias ou a participação em empresa privada.
(D) prescinde de autorização legislativa, a qual é exigida na hipótese de alienação do controle acionário ou participação em empresa privada.
(E) é feita por decreto governamental, no caso de empresas prestadoras de serviço público de titularidade do ente instituidor, dependendo de lei autorizativa nas demais hipóteses.

A, B, D e E: incorretas, pois tal criação sempre depende de prévia autorização legislativa (art. 37, XIX, da CF); **C:** correta (art. 37, XIX, da CF).

Gabarito "C"

(Magistratura do Trabalho – 8ª Região – 2011) Marque a alternativa CORRETA, de acordo com a legislação e a jurisprudência consolidada:

(A) As agências executivas, instituídas, necessariamente, sob a forma de autarquias, têm autonomia de gestão e disponibilidade de recursos orçamentários e financeiros para que cumpram as suas metas.

(B) As agências reguladoras têm por função controlar os serviços e as atividades exercidos sob o regime de concessão, sendo seus servidores sujeitos ao regime de emprego público.

(C) Quando, por qualquer fato jurídico, o Poder Público passa a deter a maioria do capital de sociedade anônima, esta passa a ser considerada, incontinenti, como sociedade de economia mista.

(D) A ECT – Empresa de Correios e Telégrafos, empresa pública federal, não está abrangida pela imunidade tributária recíproca, pois a Constituição da República prevê que, tanto as empresas públicas, quanto às sociedades de economia mista, sujeitam-se ao regime jurídico próprio das empresas privadas quanto às obrigações civis, comerciais, trabalhistas e tributárias.

(E) É legítimo que a lei disciplinadora de uma empresa pública autorize a posterior instituição de subsidiárias, desde que antecipe o objeto a que se destinarão, consoante a jurisprudência dominante do STF.

A: incorreta, pois agência executiva é um qualificativo aplicável tanto às autarquias, como às fundações públicas (art. 51, *caput*, da Lei 9.649/1998); **B:** incorreta, pois as agências reguladoras, como são pessoas jurídicas de direito público, devem, como regra, admitir seus agentes públicos pelo regime estatutário, e não celetista, de maneira que, em regra, os agentes dessas pessoas devem ocupar *cargo público*, e não *emprego público*; **C:** incorreta, pois, para ser sociedade de economia mista, não basta que o Poder Público detenha a maioria do capital da sociedade anônima; é necessário que detenha o controle desta, ou seja, a maioria das ações com direito a voto (art. 5º, III, do Dec.-lei 200/1967) **D:** incorreta, pois a ECT, por ter monopólio, não concorre com empresas privadas, não tendo, por conseguinte, o mesmo regime jurídico destas; nesse sentido, a ECT, pessoa jurídica de direito privado estatal, tem, sim, a imunidade recíproca, própria das pessoas jurídicas de direito público; **E:** correta; nesse sentido, confira o entendimento do STF: "EMENTA: AÇÃO DIRETA DE INCONSTITUCIONALIDADE. LEI 9.478/1997. AUTORIZAÇÃO À PETROBRÁS PARA CONSTITUIR SUBSIDIÁRIAS. OFENSA AOS ARTIGOS 2º E 37, XIX E XX, DA CONSTITUIÇÃO FEDERAL. INEXISTÊNCIA. ALEGAÇÃO IMPROCEDENTE. 1. A Lei 9.478/1997 não autorizou a instituição de empresa de economia mista, mas sim a criação de subsidiárias distintas da sociedade-matriz, em consonância com o inciso XX, e não com o XIX do artigo 37 da Constituição Federal. 2. É dispensável a autorização legislativa para a criação de empresas subsidiárias, desde que haja previsão para esse fim na própria lei que instituiu a empresa de economia mista matriz, tendo em vista que a lei criadora é a própria medida autorizadora. Ação direta de inconstitucionalidade julgada improcedente."(ADI 1649, Relator(a): Min. MAURÍCIO CORRÊA, Tribunal Pleno, julgado em 24.03.2004, *DJ* 28.05.2004 PP-00003 EMENT VOL-02153-02 PP-00204).

Gabarito "E"

(Magistratura do Trabalho – 12ª Região – 2006) Sobre as pessoas administrativas que compõem a Administração Indireta é incorreto afirmar:

(A) as empresas públicas são, basicamente, organizações empresariais mantidas exclusivamente pelo Estado;

(B) as sociedades de economia mista destinam-se a formalizar a associação entre capitais públicos e privados para um empreendimento conduzido sob a orientação do Estado, que detém o controle acionário, sendo exemplos o Banco do Brasil, a Petrobrás, a CASAN (Companhia Catarinense de Água e Saneamento) e a CELESC (Centrais Elétricas de Santa Catarina);

(C) o ingresso dos servidores nas empresas públicas deve ser precedido de aprovação em concurso público, e o vínculo jurídico que se firma entre eles e aquelas pessoas administrativas tem natureza estatutária;

(D) fundação pública é pessoa jurídica de direito privado, instituída por ato legislativo sob a forma de fundação, para desempenho de atividades destituídas de cunho econômico, de interesse coletivo, e mantida com recursos públicos;

(E) autarquia pode ser definida como pessoa jurídica de direito público, integrante da Administração Indireta, criada por lei para desempenhar funções que, despidas de caráter econômico, sejam próprias e típicas do Estado.

A: correta, pois tais empresas têm capital exclusivamente estatal, não havendo capital privado na sua formação e manutenção; **B:** correta, pois tais sociedades têm, necessariamente, capitais público e privado, e os exemplos dados estão corretos; **C:** incorreta (devendo ser assinalada), pois o vínculo jurídico dos agentes dessas pessoas é celetista, e não estatutário; **D:** correta, apesar de conter uma imprecisão; existem, na verdade, duas fundações estatais, uma de direito público, cujo objeto é uma atividade típica de Estado (ex.: FUNAI), e outra de direito privado, cujo objeto não é uma atividade típica de Estado (ex.: um museu estatal); a alternativa estava se referindo a uma fundação estatal de natureza privada, de modo que somente por exclusão (a alternativa "c" é nitidamente incorreta) era possível acertar a questão como um todo; **E:** correta, pois está de acordo com o disposto no art. 5º, I, do Dec.-lei 200/1967.

Gabarito "C"

(Magistratura do Trabalho – 15ª Região – 2010) Observado o regime jurídico da administração pública federal indireta, é incorreto afirmar que:

(A) a empresa pública pode ser estruturada sob qualquer das formas admitidas em direito, o que autoriza a sua constituição como sociedade civil ou comercial, unipessoal ou pluripessoal;

(B) o Decreto-lei 200/1967 determina que a sociedade de economia mista seja constituída unicamente sob a forma de sociedade anônima;

(C) uma empresa pública, mesmo sendo uma entidade com personalidade jurídica de direito privado, pode desempenhar serviço essencialmente público e ter os respectivos bens protegidos pela impenhorabilidade;

(D) a exigência constitucional de haver prévia dotação orçamentária para atender às projeções de despesa de pessoal, em caso de aumento de remuneração, não se aplica à sociedade de economia mista;

(E) a administração pública indireta está sujeita a duplo controle estatal: interno, pelo Poder Executivo, e externo, pelo Poder Legislativo, com auxílio do Tribunal de Contas:

A: assertiva correta, pois a empresa pública pode se revestir de qualquer das formas admitidas em direito (art. 5º, II, do Dec.-lei 200/1967); **B:** assertiva correta (art. 5º, III, do Dec.-lei 200/1967);

C: assertiva correta, pois mesmo as empresas privadas não estatais podem ser concessionárias de serviço público, quanto mais as empresas públicas; além disso, os bens afetados ao serviço público são impenhoráveis, para fazer valer o princípio da continuidade do serviço público; **D:** assertiva incorreta, devendo ser assinalada; o art. 169, § 1º, I, da CF estabelece que essa regra se aplica a todos os órgãos e entidades da administração direta e indireta, o que abrange a sociedade de economia mista; **E:** assertiva correta (arts. 70 e 71 da CF).

Gabarito "D".

(Magistratura do Trabalho – 15ª Região – 2010) Em relação à administração pública federal, assinale a alternativa incorreta:

(A) a exploração de atividade econômica pelo Estado é mareada pela subsidiariedade, somente sendo permitida quando necessária à segurança nacional e a relevante interesse coletivo;

(B) o capital da empresa pública é inteiramente público, em cuja composição podem atuar outras pessoas de direito público interno, inclusive da administração indireta da União, Estados e Municípios;

(C) as empresas públicas que desempenham atividade econômica poderão gozar de privilégios fiscais não extensivos às demais empresas do setor privado;

(D) a agência executiva é a qualificação dada a uma autarquia ou fundação preexistente que, implementados os requisitos legais, recebe essa qualificação;

(E) o objeto da sociedade de economia mista tanto pode ser um serviço público como uma atividade econômica empresarial.

A: assertiva correta (art. 173, *caput*, da CF); **B:** assertiva correta (art. 5º do Dec.-lei 900/1969); **C:** assertiva incorreta, devendo ser assinalada, pois não gozam de tais privilégios (art. 173, § 2º, da CF); **D:** assertiva correta (art. 51 da Lei 9.649/1998); **E:** assertiva correta (art. 173, § 1º, da CF).

Gabarito "C".

(Magistratura do Trabalho – 16ª Região – 2006) Considere os itens abaixo:

I. Não é o fim a que se destina a entidade que a qualifica como participante da Administração Indireta, mas a natureza jurídica que se reveste.

II. São atribuídas às autarquias a execução de serviços públicos de natureza social e o desempenho de atividades de caráter econômico.

III. As sociedades de economia mista e as empresas públicas que explorem atividade econômica sujeitam-se ao regime próprio das empresas privadas, não podendo ter privilégios que não sejam estendidos às empresas privadas, exceto quanto às obrigações tributárias.

IV. Uma empresa pública federal, desde que a maioria do capital votante permaneça de propriedade da União, admite a participação no seu capital de entidades da administração indireta e de outras pessoas de direito público interno.

Assinale a alternativa CORRETA:

(A) I e II;

(B) II, III e IV;

(C) I e IV;

(D) I, II e IV;

(E) Todas estão corretas.

I: correta, pois, para saber se uma entidade é da Administração Indireta ou não basta verificar qual é a sua natureza, ou seja, de onde provém; se for uma entidade criada por um ente da Administração Pública, certamente será uma entidade da Administração Indireta; **II:** incorreta, pois as autarquias são criadas para executar atividades típicas de Estado; **III:** incorreta, pois as empresas estatais também não têm as vantagens tributárias próprias das pessoas jurídicas de direito público; IV, correta, pois o capital de uma empresa pública federal pode ser formado pelas entidades mencionadas na assertiva, conforme o disposto no art. 5º do Dec.-lei 900/1969, que alterou a disposição prevista no art. 5º, II, do Dec.-lei 200/1967.

Gabarito "C".

(Procurador do Trabalho – MPT – 15º Concurso – 2008) Com relação à administração pública indireta é INCORRETO afirmar que:

(A) sociedades de economia mista são sociedades anônimas cujas ações pertencem ao Estado e a particulares, que se associam na exploração de atividades econômicas de produção ou comercialização de bens ou de prestação de serviços;

(B) depende de lei específica a criação das sociedades de economia mista, empresas públicas, autarquias e fundações públicas;

(C) as autarquias são pessoas jurídicas de direito público cujos objetivos são exclusivamente administrativos ou de gestão de serviços públicos específicos;

(D) a área de atuação das fundações públicas é definida em lei complementar;

(E) não respondida.

A: correta, pois as sociedades de economia mista são formadas, necessariamente, mediante a modalidade societária sociedade anônima; além disso, elas têm, necessariamente, capitais público e privado e se destinam à prestação de serviços públicos ou à exploração de atividade econômica; **B:** assertiva incorreta, devendo ser assinalada, pois as autarquias são *criadas* por lei específica, ao passo que as sociedades de economia mista e empresas públicas têm a sua *criação autorizada* por lei específica (art. 37, XIX, da CF); **C:** correta, pois está de acordo com o disposto no art. 5º, I, do Dec.-lei 200/1967; **D:** correta (art. 37, XIX, parte final, da CF).

Gabarito "B".

4.4. ENTES DE COOPERAÇÃO

(Procurador do Trabalho – MPT – 17º Concurso – 2012) Leia os itens abaixo e analise:

I. As organizações sociais são as executoras de serviços públicos em regime de parceria com o poder público, sendo pessoas jurídicas de direito privado, não podem ter fins lucrativos e dedicam-se ao ensino, à cultura, à saúde, à pesquisa científica, ao desenvolvimento tecnológico e à preservação do meio ambiente.

II. As organizações da sociedade civil de interesse público constituem o regime de parceria numa gestão por colaboração.

III. Podem ser qualificadas como sociedades civis de interesse público as organizações sociais, as cooperativas, entidades religiosas; todavia, não podem ser assim qualificadas as sociedades comerciais, organizações creditícias e instituições partidárias.

Marque a alternativa CORRETA:

(A) todas as assertivas estão corretas;
(B) apenas a assertiva III está incorreta;
(C) apenas as assertivas I e II estão incorretas;
(D) apenas as assertivas II e III estão incorretas;
(E) não respondida.

I: correta (art. 1º da Lei 9.637/1998); **II:** correta, pois, de fato, há um regime de cooperação entre as partes, que celebram um Termo de Parceria para tanto (art. 9º da Lei 9.790/1999); **III:** incorreta, pois as organizações sociais, as cooperativas e as entidades religiosas não podem ser qualificadas como OSCIPs (art. 2º, III, V e IX, da Lei 9.790/1999).

Gabarito "B"

4.5. TEMAS COMBINADOS DE ORGANIZAÇÃO DA ADMINISTRAÇÃO PÚBLICA

(Magistratura do Trabalho – 9ª Região – 2009) Considere as seguintes proposições:

I. As autarquias, as fundações públicas, as empresas públicas e as sociedades de economia mista compõem a Administração Pública indireta, mas enquanto as duas primeiras mantêm regime jurídico trabalhista institucional ou "estatutário" com seus servidores, as duas últimas, quando exploram atividade econômica de produção ou comercialização de bens ou de prestação de serviços, mantêm regime jurídico trabalhista contratual ou "celetista" com seus servidores.

II. Segundo a jurisprudência uniformizada do Tribunal Superior do Trabalho, os empregados de empresas públicas e sociedades de economia mista não têm direito à estabilidade prevista no art. 41 da Constituição Federal, mas quando admitidos mediante aprovação em concurso público suas dispensas dependem de atos motivadores, com ressalva apenas da Empresa Brasileira de Correios e Telégrafos (ECT) que goza do mesmo tratamento jurídico destinado à Fazenda Pública.

III. As ações em que as empresas públicas federais sejam partes, na condição de autoras e rés, são sempre processadas e julgadas perante a Justiça Federal, enquanto as sociedades de economia mista federais têm suas ações processadas e julgadas sempre pela Justiça Estadual.

IV. As autarquias são produtos da desconcentração administrativa e pessoas jurídicas de Direito Público de capacidade exclusivamente administrativa, responsáveis principais por seus próprios atos, embora o ente desconcentrado mantenha sua responsabilidade subsidiária.

V. O regime jurídico trabalhista das Agências Reguladoras é de natureza contratual ou "celetista" por força de lei, independentemente do setor de atuação.

(A) Apenas uma proposição está correta.
(B) Apenas duas proposições estão corretas.
(C) Apenas três proposições estão corretas.
(D) Apenas quatro proposições estão corretas.
(E) Todas as proposições estão corretas.

I: incorreta, pois as empresas públicas e sociedades de economia mista têm sempre regime celetista quanto aos seus agentes, e não somente quando exploram atividade econômica; **II:** incorreta, pois, no que diz respeito à necessidade de motivação da dispensa, é justamente o contrário, ou seja, como regra, a dispensa não precisa ser motivada, salvo nos Correios (OJ-SDI1-247); vale ressaltar que, depois da realização desta prova, o STF passou a decidir que, em se tratando de empresa pública ou sociedade de economia mista prestadoras de serviço público, a dispensa depende de motivação em qualquer caso, pois tais empresas estatais não são como as estatais meramente exploradoras de atividade econômica, tendo, assim, um regime jurídico privado, mas com mais condicionantes públicos, como é o caso do dever de motivação em caso de dispensa de agentes públicos; confira: "em atenção, no entanto, aos princípios da impessoalidade e isonomia, que regem a admissão por concurso público, a dispensa do empregado de empresas públicas e sociedades de economia mista que prestam serviços públicos deve ser motivada, assegurando-se, assim, que tais princípios, observados no momento daquela admissão, sejam também respeitados por ocasião da dispensa; a motivação do ato de dispensa, assim, visa a resguardar o empregado de uma possível quebra do postulado da impessoalidade por parte do agente estatal investido do poder de demitir" (STF, RE 589.998, *DJ* 12.09.2013); de qualquer forma a proposição continua incorreta, pois os Correios continuam com o dever de motivar a dispensa; **III:** correta, pois o art. 109, I, da CF, dispõe que as empresas públicas federais têm foro na Justiça Federal, mas não dispõe que as sociedades de economia mista federal também têm foro nesta Justiça, o que faz com que a Justiça Comum julgue as ações das sociedades de economia mista; **IV:** incorreta, pois as autarquias são produtos de descentralização administrativa; **V:** incorreta, pois o STF determinou que o regime jurídico das agências reguladoras fosse estatutário (v. art. 1º da Lei 9.986/2000, com eficácia suspensa no bojo da ADIN 2.310).

Gabarito "A"

(Magistratura do Trabalho – 22ª Região – 2006) A criação de Autarquia e de subsidiárias de Sociedade de Economia Mista:

(A) Depende de lei específica;
(B) Somente a primeira depende de lei específica, vez que, para a segunda hipótese, é suficiente a autorização pela Assembleia Geral de Acionistas, convocada para esse fim;
(C) Pode ocorrer através da edição de Medida Provisória;
(D) Depende de lei complementar;
(E) Somente a primeira depende de lei complementar, bastando à segunda haja autorização através de lei específica.

A: correta, pois tanto a autarquia como as subsidiárias de sociedade de economia mista dependem, para a sua criação ou de lei específica (no caso da autarquia) ou de autorização de lei específica (no caso de subsidiárias de sociedade de economia mista). Recomenda-se a leitura do art. 37, XIX e XX, da CF.

Gabarito "A"

5. AGENTES PÚBLICOS

5.1. CLASSIFICAÇÃO DOS AGENTES PÚBLICOS

Para resolver as questões deste item, vale lembrar que há três grandes grupos de agentes públicos, que são os seguintes: **a) agentes políticos**, que são os que têm cargo estrutural no âmbito da organização política do País (exs.: chefes do Executivo, secretários estaduais e municipais, vereadores, deputados, senadores, juízes, entre outros); **b) agentes administrativos ou servidores públicos**, que são os que possuem cargo, emprego ou função na Administração Direta e Indireta, compreendendo os empregados públicos e servidores estatutários e temporários (exs.: professor, médico, fiscal, técnico, analista, delegado, procurador etc.); **c) particulares em colaboração com o Poder Público**, que são aqueles que, sem perder a condição de particulares, são chamados a contribuir com o Estado (ex.: *agentes honoríficos*, como os mesários das eleições e os jurados do Tribunal do Júri; *agentes credenciados*, como um advogado contrato para defender um Município numa ação judicial específica; *agentes delegados*, como o registrador e o tabelião, nos Cartórios). Assim, dentro da expressão *servidores públicos*, não estão contidos os *agentes políticos* e os *particulares em colaboração com o Poder Público.* Para alguns autores, como Maria Sylvia Zanella Di Pietro, os *militares* devem ser considerados uma espécie a mais de servidores públicos. Assim, para essa doutrina, há quatro grandes grupos de agentes públicos: a) agentes políticos; b) servidores públicos; c) militares; d) particulares em colaboração com a Administração.

(Magistratura do Trabalho – 3ª Região – 2013) O jurado, no Tribunal do Júri, e o advogado contratado pelo ente público, para sua defesa em juízo, são respectivamente:

(A) Agente honorífico e agente credenciado
(B) Agente credenciado e agente delegado
(C) Agente delegado e agente credenciado
(D) Agente político e agente delegado
(E) Agente administrativo e agente credenciado

Os jurados são agentes honoríficos e o advogado contratado para prestar serviços civis para o ente público é agente credenciado, sendo os dois casos de particulares em colaboração com o Estado. Assim, a alternativa "a" é a correta.

Gabarito "A"

(Magistratura do Trabalho – 9ª Região – 2007) Assinale a alternativa incorreta:

(A) Segundo a lei, para atender a necessidade temporária de excepcional interesse público, os órgãos da Administração Federal direta, as autarquias e as fundações públicas poderão contratar professor substituto e professor visitante por prazo determinado, observado o prazo máximo de dois anos.
(B) Segundo o entendimento dominante no Tribunal Superior do Trabalho, ao empregado de empresa pública, ainda que admitido mediante aprovação em concurso público, não é garantida a estabilidade prevista no art. 41, da Constituição Federal, que dispõe que "São estáveis após três anos de efetivo exercício, os servidores nomeados para cargo de provimento efetivo em virtude de concurso público".
(C) O servidor público civil ocupante de cargo em comissão, sem vínculo efetivo com a União, Autarquias, inclusive em regime especial, e Fundações Públicas Federais, vincula-se obrigatoriamente ao Regime Geral de Previdência Social.
(D) Os gestores locais do sistema único de saúde poderão admitir agentes comunitários de saúde e agentes de combate às endemias por meio de processo seletivo público, de acordo com a natureza e complexidade de suas atribuições e requisitos específicos para sua atuação.
(E) Ao servidor público civil a lei assegura o direito à livre associação sindical, mas não lhe garante o direito à negociação coletiva.

A: incorreta (devendo ser assinalada), pois, no caso de contratação de professores visitante e substituto por prazo determinado, o prazo máximo é de 1 ano (art. 4º, II, da Lei 8.745/1993); **B:** correta, pois o servidor público *celetista* das pessoas jurídicas de direito público (administração direta, autárquica e fundacional) é beneficiário da estabilidade, ao passo que o servidor público *celetista* das pessoas jurídicas de direito privado, como é o caso da empresa pública, não é beneficiário da estabilidade prevista no art. 41 da CF; **C:** correta (art. 40, § 13, da CF); **D:** correta (art. 198, § 4º, da CF); **E:** correta, pois é assegurada a livre associação sindical (art. 37, VI, da CF), mas não se admite a negociação coletiva (Súmula STF 679: "a fixação de vencimentos dos servidores públicos não pode ser objeto de convenção coletiva"; vale ressaltar que essa informação diz respeito aos servidores públicos (titulares de cargos públicos) e não a eventuais empregados (regidos pela CLT) da pessoa jurídica de direito público, pois neste caso cabe dissídio coletivo exclusivamente para apreciação de cláusulas de natureza social, nos termos da Convenção 151 da OIT, ratificada pelo Decreto Legislativo 206/10 (OJ-SDC-5).

Gabarito "A"

(Magistratura do Trabalho – 20ª Região – 2003) No regime jurídico dos servidores federais, servidor é:

(A) a pessoa que, sob qualquer forma de provimento, mediante retribuição pecuniária, presta serviços ao Estado;
(B) o cidadão nomeado, designado ou eleito para um cargo público;
(C) a pessoa investida numa função pública que percebe ou não dos cofres públicos;
(D) a pessoa legalmente investida em cargo público;
(E) somente os aprovados em concurso público de provas, ou de provas e títulos.

Segundo o art. 2º da Lei 8.112/1990, servidor é a "pessoa legalmente investida em cargo público", de modo que somente o conceito trazido na alternativa "D" está correto.

Gabarito "D"

(Procurador do Trabalho – MPT – 13º Concurso – 2006) Assinale a alternativa INCORRETA:

(A) agentes políticos são todos aqueles que exercem uma função pública de caráter permanente em decorrência de relação funcional;

(B) agentes delegados são particulares que recebem a incumbência da execução de determinada atividade, obra ou serviço público e o realizam em nome próprio, por sua conta e risco, sob a permanente fiscalização do poder delegante;

(C) agentes honoríficos são cidadãos chamados para, transitoriamente, colaborarem com o Estado, na prestação de serviços específicos, em razão de sua condição cívica, de sua honorabilidade ou de sua própria capacidade profissional;

(D) agentes credenciados são aqueles que recebem da Administração a incumbência de representá-la em determinado ato ou praticar certa atividade específica, mediante remuneração do Poder Público credenciante;

(E) não respondida.

A alternativa incorreta é a "A" pois, normalmente, os agentes políticos têm relação de caráter temporário (e não permanente) e vínculo político (e não funcional); são exemplos os vereadores, deputados, prefeitos etc. As alternativas "b", "c" e "d" trazem adequada definição.

Gabarito "A"

5.2. REGIMES JURÍDICOS E VÍNCULOS

(Magistratura do Trabalho – 1ª REGIÃO – 2010 – CESPE) Com relação aos servidores públicos, assinale a opção correta.

(A) A norma constitucional que reconhece aos servidores públicos o direito de greve, ainda que considerada de eficácia limitada, consagra direito de índole coletiva em relação ao qual a legislação infraconstitucional não pode, sob pretexto algum, estabelecer limites ou condições.

(B) Em 2007, o STF deferiu medida cautelar, com efeitos retroativos, restabelecendo a eficácia da redação original do art. 39, *caput*, da CF, que previa o regime jurídico único. Com essa decisão, não mais se admite a criação de empregos públicos no âmbito da administração direta, autárquica e fundacional, devendo ser invalidadas as situações constituídas anteriormente a 2007 que ignorem a existência do regime único.

(C) Os trabalhadores públicos celetistas das empresas públicas sujeitam-se às regras disciplinadoras da CLT; seu regime básico é o mesmo que se aplica às relações de emprego no setor privado.

(D) A Lei Federal n. 9.962/2000 disciplina o regime de emprego público, o qual incide no âmbito da administração federal direta, das autarquias e das sociedades de economia mista.

(E) Em virtude da alteração introduzida pela Emenda Constitucional n. 45/2004 – Reforma do Poder Judiciário – na CF, os litígios entre a União e servidores estatutários são dirimidos perante a justiça do trabalho, do mesmo modo que os litígios envolvendo servidores trabalhistas e os diversos entes federativos, na condição de empregadores.

A: incorreta, pois tal norma, ao ser regulamentada, estabelecerá limites e condições para o exercício do direito de greve; **B:** incorreta, pois a exigência de regime jurídico único, que consta da redação original do art. 39, *caput*, da CF quer dizer que não é possível haver mais de um estatuto de funcionário público para reger os servidores com *cargo público* na Administração Direta e Indireta; há de existir um estatuto de funcionário público único; no entanto, para reger os servidores com *emprego público* a CLT continuará sendo utilizada; **C:** correta, pois quem tem emprego público é regido pela CLT, mesma lei aplicável ao setor privado; **D:** incorreta, pois a Lei 9.962/2000 disciplina o regime de emprego público apenas para a administração federal direta, e para as autarquias e fundações (art. 1º), não se aplicando às sociedades de economia mista federal; vale salientar que esta lei traz algumas disposições sobre tal regime e, no que não contrariar a lei em questão, aplica-se a CLT; **E:** incorreta, pois os litígios envolvendo servidores estatutários são julgados pela Justiça Comum, e não pela Justiça do Trabalho.

Gabarito "C"

(Magistratura do Trabalho – 13ª Região – 2006) Ao fazermos referência a *agentes públicos*, não está correta a afirmativa:

(A) empregos púbicos são núcleos de encargos de trabalho permanente a serem preenchidos por agentes contratados para desempenhá-los, sob relação trabalhista, segundo a Lei 9.962/2000;

(B) função pública são atribuições criadas por lei, correspondentes a encargos de direção, chefia ou assessoramento, a serem exercidas por titular de cargo efetivo;

(C) cargo público são as mais simples e indivisíveis unidades de competência, criadas por lei, podendo excepcionalmente ser criadas por resolução da câmara e do senado, como nos casos dos serviços auxiliares do legislativo;

(D) na própria administração direta, nas autarquias e fundações públicas, certas atividades podem ser desenvolvidas sob regime de emprego;

(E) empregados de empresas públicas, sociedades de economia mista e fundações de direito privado instituídas pelo poder público devem ser regidas pelo regime estatutário.

A: correta, pois traz a exata definição de empregados públicos; vale salientar que a Lei 9.962/2000 disciplina o regime de emprego público do pessoal da Administração direta, autárquica e fundacional, que é regido pela CLT, ressalvadas algumas regras em contrário previstas na Lei 9.962/2000; já os empregados das pessoas de direito privado estatais são regidos somente pela CLT e legislação correlata; **B:** correta (art. 37, V, da CF); **C:** correta, pois os cargos públicos devem ser criados por lei (art. 3º, parágrafo único, da Lei 8.112/1990) ou por resolução da câmara ou do senado (arts. 51, IV, e 52, XIII, da CF); **D:** correta, estando a questão regulada na Lei 9.962/2000; **E:** assertiva incorreta, devendo ser assinalada, pois tais empregos são regidos pela CLT (regime celetista).

Gabarito "E"

(Magistratura do Trabalho – 16ª Região – 2008) Julgue os itens abaixo a respeito dos servidores públicos militares, a partir da posição adotada pelo Supremo Tribunal Federal:

I. Como o que fez para outras categorias de trabalhadores, a Constituição Federal não estendeu aos militares a garantia da remuneração não inferior ao salário mínimo.

II. Visto que possuem direitos, garantias, prerrogativas e impedimentos próprios, o regime a que se submetem os militares não se confunde com aquele aplicável aos servidores civis.

III. Quanto aos conscritos, a obrigação do Estado limita-se a fornecer-lhes as condições materiais para a adequada prestação do serviço militar obrigatório nas Forças Armadas.

(A) Todas estão corretas;
(B) Todas estão incorretas;
(C) Apenas I está correta;
(D) Apenas II está incorreta;
(E) Apenas II e III estão corretas.

I e **III**: corretas, valendo salientar que a Súmula Vinculante 6 dispõe que "não viola a Constituição o estabelecimento de remuneração inferior ao salário mínimo para os praças prestadores de serviço militar inicial"; **II**: correta, valendo salientar que há um estatuto próprio para os militares das Forças Armadas (Lei 6.880/1980).

Gabarito "A"

(Procurador do Trabalho – MPT – 15º Concurso – 2008) De acordo com a Constituição Federal, é CORRETO afirmar que:

(A) compete ao Congresso Nacional a regulamentação da contratação, por tempo determinado, dos servidores de qualquer dos poderes da União, dos Estados, do DF e dos Municípios, para atender necessidade temporária de excepcional interesse público;
(B) é irregular a contratação temporária de empregados médicos pela administração pública municipal, com a finalidade exclusiva de conter grave surto epidemiológico, se não houver lei específica prevendo esta hipótese de contratação excepcional;
(C) o exercício de cargos de confiança da administração pública que não se destinam às atribuições de chefia, direção e assessoramento, deve ser precedido de prévia aprovação em concurso público;
(D) os empregados públicos das autarquias, fundações e sociedades de economia mista, subordinados ao regime celetista, não estão proibidos de acumular mais de um emprego público remunerado;
(E) não respondida.

A: incorreta, pois compete à lei fazer tal regulamentação (art. 37, IX, da CF), lei essa que, no âmbito federal, é a Lei 8.745/1993; **B**: correta, pois tal previsão tem que estar na lei, nos termos do dispositivo constitucional citado no comentário anterior; **C**: incorreta, pois, se o cargo é de confiança, é porque se destina às atribuições de chefia, direção e assessoramento (art. 37, V, parte final, da CF); **D**: incorreta, pois tal proibição alcança tais empregados também (art. 37, XVII, da CF).

Gabarito "B"

(Procurador do Trabalho – MPT – 11º Concurso – 2004) Assinale a alternativa CORRETA. No que respeita à contratação de pessoal para atender à necessidade temporária de excepcional interesse público, no âmbito da Administração Pública Federal:

(A) de acordo com a previsão legal, poderá ser realizada pelos órgãos da Administração direta, autarquias, fundações públicas, empresas públicas e sociedades de economia mista;
(B) prescinde de concurso público, em todas as hipóteses legalmente previstas;
(C) podem ser ampliadas as hipóteses previstas na lei para a sua ocorrência, desde que constatada a necessidade imperiosa do serviço, que será definida pelo administrador, de maneira fundamentada, à luz dos critérios de conveniência e oportunidade;
(D) será regida, obrigatoriamente, pelo regime jurídico da Consolidação das Leis do Trabalho;
(E) não respondida.

A: incorreta, pois a Lei 8.745/1993 só admite a contratação temporária por excepcional interesse público no âmbito da Administração Federal direta, autárquica e fundacional (art. 1º); **B**: correta, pois, segundo o art. 3º da Lei 8.745/1993, a contratação será feita mediante processo seletivo simplificado, e não por concursos públicos; **C**: incorreta, pois os casos estão, e devem estar, taxativamente previstos na lei (art. 37, IX, da CF – Lei 8.745/1993); **D**: incorreta, pois o regime é o previsto na Lei 8.745/1993, que não adotou o regime celetista, mas estabeleceu um regime jurídico administrativo especial; por conta disso, o STF entende que a Justiça Comum, e não a Justiça do Trabalho, é competente para julgar os conflitos correspondentes (v., por ex., a Rcl 4.872, *DJe* 07.11.2008).

Gabarito "B"

(Procurador do Trabalho – 2013 – MPT) Sobre o regime jurídico único dos servidores previsto na Lei n. 8.112/1990, é **CORRETO** afirmar que:

(A) É aplicável a toda a administração pública federal, incluindo as empresas públicas e sociedades de economia mista.
(B) Por se tratar de lei federal, prevalece sobre as leis estaduais que regem o regime jurídico dos servidores dos respectivos Estados, em razão do princípio da hierarquia das leis.
(C) Regula a contratação temporária de trabalhadores prevista no art. 37, inciso IX, da Constituição da República.
(D) Ao entrar em vigor, acarretou a extinção do contrato de trabalho dos servidores da União, com vínculo celetista, que se encontravam laborando naquela data.
(E) não respondida.

A: incorreta, pois o regime em questão, que é estatutário, aplica-se tão somente aos servidores da União e autarquias e fundações públicas federais (art. 1º da Lei 8.112/1990; **B**: incorreta, pois, pelo princípio federativo, cada ente local terá seu próprio estatuto de funcionário público, que preponderará em relação ao estatuto federal; **C**: incorreta, pois essa lei regula o regime jurídico dos servidores públicos civis da União, ou seja, daqueles que estão investidos em cargo na esfera federal; **D**: correta, ficando os empregos em questão transformados em cargos (art. 243, § 1º, da Lei 8.112/90); **E**: incorreta, pois a alternativa "d" responde adequadamente à questão.

Gabarito "D"

5.3. PROVIMENTO, INVESTIDURA, POSSE E EXERCÍCIO

(Magistratura do Trabalho – 1ª Região – 2004) O retorno do servidor público ao cargo do qual fora demitido, com a plena restauração dos direitos violados, inclusive o pagamento integral dos vencimentos e vantagens correspondentes ao período em que esteve afastado, por força de decisão judicial, recebe o nome de:

(A) revisão;
(B) reversão;

(C) recontratação;
(D) recondução;
(E) reintegração.

Art. 28 da Lei 8.112/1990.
Gabarito "E"

(Magistratura do Trabalho – 4ª Região – 2012) Constitui forma de provimento de cargo público, de acordo com a legislação que rege a matéria:

(A) Reversão, consistente no retorno à atividade de servidor aposentado, nas hipóteses previstas em lei, no mesmo cargo ou em cargo resultante de sua transformação.
(B) Recondução, consistente no retorno do servidor ao cargo de origem, quando invalidada sua demissão por decisão administrativa ou judicial.
(C) Readaptação, consistente no retorno à atividade de servidor aposentado por invalidez, quando junta médica oficial declarar insubsistentes os motivos da aposentadoria.
(D) Reversão, consistente no provimento de cargo decorrente de transformação do originalmente ocupado pelo servidor, condicionada a aprovação em processo seletivo específico.
(E) Readaptação, consistente na investidura de servidor em cargo de menor complexidade, quando inabilitado em estágio probatório do cargo efetivo originalmente provido.

A: correta (art. 25 da Lei 8.112/1990); **B:** incorreta, pois essa definição é de reintegração (art. 28 da Lei 8.112/1990); **C:** incorreta, pois essa definição é de reversão (art. 25, I, da Lei 8.112/1990); **D:** incorreta, pois a reversão, prevista no art. 25 da Lei 8.112/1990, consiste no retorno do aposentado, não se confundindo com a definição dada na alternativa; **E:** incorreta, pois a readaptação consiste na "investidura do servidor em cargo de atribuições e responsabilidades compatíveis com a limitação que tenha sofrido em sua capacidade física ou mental verificada em inspeção médica" (art. 24, *caput*, da Lei 8.112/1990).
Gabarito "A"

(Magistratura do Trabalho – 8ª Região – 2007) Não são consideradas formas de provimento de cargo público, de acordo com a legislação vigente:

(A) Nomeação e Promoção.
(B) Ascensão e Transferência.
(C) Readaptação e Reversão.
(D) Aproveitamento e Reintegração.
(E) Recondução e Reversão.

Tais formas não estão previstas nos arts. 8º e seguintes da Lei 8.112/1990, já que foram revogadas pela Lei 9.527/1997.
Gabarito "B"

(Magistratura do Trabalho – 9ª Região – 2009) Considerando o Regime Jurídico dos servidores públicos civis da União, analise as seguintes proposições:

I. A vacância do cargo público decorrerá de exoneração, demissão, promoção, readaptação, aposentadoria, posse em outro cargo inacumulável e falecimento.
II. São formas de provimento de cargo público: a nomeação, a promoção, a ascensão, a transferência, a readaptação, a reversão, o aproveitamento, a reintegração e a recondução.
III. O servidor ocupante de cargo em comissão ou de natureza especial poderá ser nomeado para ter exercício, interinamente, em outro cargo de confiança, sem prejuízo das atribuições do que atualmente ocupa, hipótese em que a soma das remunerações durante o período da interinidade não pode ultrapassar o subsídio mensal, em espécie, dos Ministros do Supremo Tribunal Federal.
IV. A posse em cargo público, que corresponde ao efetivo desempenho das atribuições do cargo público ou da função de confiança, depende de prévia inspeção médica oficial.
V. Readaptação é a investidura do servidor em cargo de atribuições e responsabilidades compatíveis com a limitação que tenha sofrido em sua capacidade física ou mental verificada em inspeção médica.

(A) Somente as proposições I e II são corretas,
(B) Somente as proposições I e V são corretas,
(C) Somente as proposições II e V são corretas,
(D) Somente as proposições III e IV são corretas,
(E) Todas as proposições são corretas,

I: correta (art. 33 da Lei 8.112/1990); **II:** incorreta, pois a ascensão e a transferência não são mais formas de provimento (art. 8º da Lei 8.112/1990); **III:** incorreta, pois, nesse caso, o servidor deverá optar pela remuneração de um deles durante o período da interinidade (art. 9º, parágrafo único, da Lei 8.112/1990); **IV:** incorreta, pois o conceito de *posse* está errado; posse não é o efetivo desempenho das atribuições do cargo ou função (isso é *entrada em exercício* – art. 15 da Lei 8.112/1990), mas a aceitação do cargo; não fosse isso, a assertiva estaria correta, pois a posse em *cargo* depende de prévia inspeção médica oficial (art. 14 da Lei 8.112/1990); **V:** correta (art. 24 da Lei 8.112/1990).
Gabarito "B"

(Magistratura do Trabalho – 11ª Região – 2007 – FCC) É elemento estranho ao rol de requisitos básicos para investidura em cargo público, nos termos da Lei n. 8.112/1990,

(A) o gozo dos direitos políticos.
(B) a quitação com as obrigações militares.
(C) a quitação com as obrigações eleitorais.
(D) a idade mínima de 16 anos.
(E) a aptidão física e mental.

Art. 5º da Lei 8.112/1990, valendo ressaltar que a idade mínima é de 18 anos.
Gabarito "D"

(Magistratura do Trabalho – 14ª Região – 2011) Assinale a alternativa correta nos termos da Lei 8.112/1990.

(A) O retorno do servidor estável ao cargo anteriormente ocupado em decorrência de inabilitação em estágio probatório relativo a cargo diverso configura o instituto da recondução.
(B) A investidura em cargo com limitações compatíveis com a limitação que o servidor tenha sofrido em sua capacidade física ou mental configura o instituto da reversão.
(C) A reinvestidura do servidor estável no cargo anteriormente ocupado, ou no cargo resultante de sua transformação, quando invalidada a sua demissão por decisão administrativa ou judicial configura o instituto da readaptação.

(D) O retorno à atividade de servidor em disponibilidade far-se-á mediante aproveitamento obrigatório em cargo de atribuições e vencimentos compatíveis com o anteriormente ocupado configura o instituto da reintegração.

(E) O retorno à atividade de servidor aposentado por invalidez, quando junta médica oficial declarar insubsistentes os motivos da aposentadoria configura o instituto da readmissão.

A: correta (art. 29, I, da Lei 8.112/1990); **B:** incorreta, pois essa forma de provimento é denominada readaptação (art. 24 da Lei 8.112/1990); **C:** incorreta, pois essa forma de provimento é denominada reintegração (art. 28, da Lei 8.112/1990); **D:** incorreta, "a reintegração é a reinvestidura do servidor estável no cargo anteriormente ocupado, ou no cargo resultante de sua transformação, quando invalidada a sua demissão por decisão administrativa ou judicial, com ressarcimento de todas as vantagens" – art. 28 da Lei 8.112/1990. (Vide também art. 30 da Lei 8.112/1990); **E:** incorreta, pois essa forma de provimento é denominada reversão (art. 25, I, da Lei 8.112/1990).

Gabarito "A"

(Magistratura do Trabalho – 14ª Região – 2008) O retorno do servidor público ao cargo do qual fora exonerado, com a plena restauração dos direitos violados, ensejando, inclusive, o pagamento dos vencimentos e vantagens atinentes ao período de afastamento, por força de decisão judicial, denomina-se:

(A) readmissão;
(B) recondução;
(C) recontratação;
(D) reversão;
(E) reintegração.

Art. 28 da Lei 8.112/1990.

Gabarito "E"

(Magistratura do Trabalho – 15ª Região – 2012) Assinale a alternativa **incorreta**:

(A) O servidor não aprovado no estágio probatório será exonerado ou, se estável, reconduzido ao cargo anteriormente ocupado, observado o disposto no parágrafo único do art. 29 da Lei n. 8.112/1990.

(B) Consideram-se formas de provimento original a nomeação de pessoa estranha aos quadros do serviço público, bem como a de pessoa que já exercia função pública como ocupante de cargo não vinculado àquele para o qual foi nomeada.

(C) A vedação de remuneração de servidor por órgão de deliberação coletiva não se aplica à remuneração devida pela participação em conselhos de administração e fiscal das empresas públicas e sociedades de economia mista, suas subsidiárias e controladas, bem como quaisquer empresas ou entidades em que a União, direta ou indiretamente, detenha participação no capital social, observado o que, a respeito, dispuser legislação específica.

(D) O tempo de serviço do servidor afastado para exercer mandato eletivo será contado para todos os efeitos legais, inclusive para promoção por merecimento.

(E) O servidor ocupante de cargo em comissão ou de natureza especial poderá ser nomeado para ter exercício, interinamente, em outro cargo de confiança, sem prejuízo das atribuições do que atualmente ocupa, hipótese em que deverá optar pela remuneração de um deles durante o período da interinidade.

A: assertiva correta (art. 20, § 2º, da Lei 8.112/1990); **B:** assertiva correta, pois, nos dois casos, o provimento não guarda relação com a situação anterior da pessoa; **C:** assertiva correta (art. 119 da Lei 8.112/1990); **D:** assertiva incorreta, devendo ser assinalada; o tempo de serviço em questão será contado para todos os fins, salvo para promoção por merecimento (art. 38, IV, da CF); **E:** assertiva correta (art. 9º, parágrafo único, da Lei 8.112/1990).

Gabarito "D"

(Magistratura do Trabalho – 16ª Região – 2011) Considerando o atual Regime Jurídico dos servidores públicos civis da União, analise as seguintes afirmações e marque a alternativa CORRETA:

I. Reintegração é a reinvestidura do servidor estável no cargo anteriormente ocupado, ou no cargo resultante de sua transformação, quando invalidada a sua demissão por decisão administrativa ou judicial, com ressarcimento de todas as vantagens. Encontrando-se provido o cargo, o seu eventual ocupante será reconduzido ao cargo de origem, sem direito à indenização ou aproveitado em outro cargo, ou, ainda, posto em disponibilidade.

II. Recondução é o retorno do servidor estável ao cargo anteriormente ocupado, somente ocorrendo na hipótese de inabilitação em estágio probatório relativo a outro cargo.

III. A exoneração de ofício de cargo efetivo dar-se-á unicamente quando não satisfeitas as condições do estágio probatório e quando, tendo tomado posse, o servidor não entrar em exercício no prazo estabelecido.

IV. Readaptação é a investidura do servidor em cargo de atribuições e responsabilidades compatíveis com a limitação que tenha sofrido em sua capacidade física ou mental verificada em inspeção médica. Porém, se for julgado incapaz para o serviço público, o readaptando será colocado em indisponibilidade, devendo submeter-se a avaliações periódicas até atingir a idade de aposentadoria compulsória.

V. O servidor em estágio probatório não poderá exercer quaisquer cargos de provimento em comissão ou funções de direção, chefia ou assessoramento.

(A) Somente as afirmativas I, III e V estão corretas.
(B) Somente as afirmativas I e V estão corretas.
(C) Somente as afirmativas II e III estão corretas.
(D) Somente as afirmativas I e III estão corretas.
(E) Somente a afirmativa II está errada.

I: correta (art. 28 da Lei 8.112/1990); **II:** incorreta, pois também ocorre em caso de reintegração de anterior ocupante (art. 29, II, da Lei 8.112/1990); **III:** correta (art. 34, parágrafo único, da Lei 8.112/1990); **IV:** incorreta, pois, verificada a incapacidade para o serviço público, o servidor não irá para a indisponibilidade; o servidor será aposentado (art. 24, § 1º, da Lei 8.112/1990); **V:** incorreta, pois poderá exercer sim esse tipo de cargo ou função (art. 20, § 3º, da Lei 8.112/1990).

Gabarito "D"

(Magistratura do Trabalho – 16ª Região – 2006) São formas de provimento derivado, exceto:

(A) Reintegração;
(B) Recondução;
(C) Aproveitamento;
(D) Nomeação;
(E) Reversão.

A nomeação é provimento originário, e não derivado, como são as outras formas de provimento trazidas nas demais alternativas.

Gabarito "D"

(Magistratura do Trabalho – 22ª Região – 2006) Trata-se de provimento derivado em cargo público, consistente no reingresso do servidor estável, que se encontrava em disponibilidade, no mesmo cargo antes ocupado ou em outro de equivalentes atribuições e vencimentos compatíveis:

(A) Recondução;
(B) Reversão;
(C) Reintegração;
(D) Readaptação;
(E) Aproveitamento.

Art. 30 da Lei 8.112/1990.

Gabarito "E"

(Magistratura do Trabalho – 23ª Região – 2006) Faça a correspondência entre as formas de provimento de cargo público: I – investidura do servidor em cargo de atribuições e responsabilidades compatíveis com a limitação que tenha sofrido em sua capacidade física ou mental verificada em inspeção médica; II – reinvestidura do servidor estável no cargo anteriormente ocupado, ou no cargo resultante de sua transformação, quando invalidada a sua demissão por decisão administrativa ou judicial, com ressarcimento de todas as vantagens; III – retorno do servidor estável ao cargo anteriormente ocupado decorrente da inabilitação em estágio probatório relativo a outro cargo; IV – retorno à atividade de servidor aposentado por invalidez, quando, por junta médica oficial, forem declarados insubsistentes os motivos da aposentadoria.

(A) Readaptação, Recondução, Reintegração, Reversão;
(B) Reversão, Reintegração, Readaptação, Recondução;
(C) Readaptação, Reintegração, Reversão, Recondução;
(D) Readaptação, Reintegração, Recondução, Reversão;
(E) Reintegração, Reversão, Recondução, Readaptação.

I: readaptação (art. 24 da Lei 8.112/1990); **II:** reintegração (art. 28 da Lei 8.112/1990); **III:** recondução (art. 29, I, da Lei 8.112/1990); **IV:** reversão (art. 25, I, da Lei 8.112/1990).

Gabarito "D"

(Procurador do Trabalho – MPT – 13º Concurso – 2006) Quanto ao servidor público:

I. investidura é o ato ou cerimônia de posse do agente público no cargo a que faz jus ocupar, em razão de aprovação em concurso público;
II. recondução é o retorno, a cargo público, de servidor que tenha sido colocado em disponibilidade;
III. o prazo de 30 dias para posse, a contar da publicação do ato de provimento, não se aplica ao servidor que, na data referida, se encontre em gozo de licença para capacitação;
IV. o servidor que tiver sua disponibilidade cassada e estiver em débito com o erário terá o prazo de 30 dias para efetuar a quitação respectiva.

Analisando as asserções acima, pode-se afirmar que:

(A) todas estão corretas;
(B) apenas a de número I está correta;
(C) apenas as de número II e IV estão incorretas;
(D) apenas a de número II está incorreta;
(E) não respondida.

I: correta (art. 7º da Lei 8.112/1990); **II:** incorreta, pois tal retorno tem o nome de aproveitamento (art. 30 da Lei 8.112/1990); **III:** correta (art. 13, § 2º, da Lei 8.112/1990); **IV:** incorreta, pois o prazo para efetuar a quitação é de 60 dias (art. 47 da Lei 8.112/1990).

Gabarito "C"

5.4. VACÂNCIA

(Magistratura do Trabalho – 15ª Região – 2011 - adaptada) Luscar Amello, empregado de sociedade de economia mista prestadora de serviço público, foi imotivadamente dispensado após 10 anos de dedicação ao emprego. O novo presidente da empresa, pretendendo realizar outro concurso público, e admitir pessoas mais alinhadas com os seus projetos políticos, assinalou, quando da dispensa, que ela se operava em função de cortes orçamentários. Assinale a alternativa correta:

(A) o ato pode ser revogado peto Poder Judiciário, com efeito *ex tunc*, porque o empregado é detentor de estabilidade;
(B) o ato pode ser revogado pelo próprio administrador público, porque o empregado é detentor de estabilidade;
(C) o ato pode ser anulado pelo Poder Judiciário, porque o empregado é detentor de estabilidade;
(D) o ato pode ser revogado pelo Poder Judiciário por se tratar de um ato discricionário;
(E) o ato depende de motivação, devendo ser anulado pelo administrador ou pelo Poder Judiciário quando verificada a ausência de correspondência entre os motivos espontaneamente apresentados para justificá-lo e a realidade constatada.

A a **C:** incorretas, pois não há estabilidade no caso, já que, segundo o STF, "os empregados públicos não fazem jus à estabilidade prevista no art. 41 da CF, salvo aqueles admitidos em período anterior ao advento da EC n. 19/1998. Precedentes" (STF, RE 589.998, *DJ* 12.09.2013); vale lembrar que, caso houvesse estabilidade, o caso era de anulação e não de revogação; **D:** incorreta, pois o Judiciário não pode revogar atos da Administração Pública; **E:** correta, pois o STF passou a decidir (superando a OJ-II n. 247 do TST) que, em se tratando de empresa pública ou sociedade de economia mista prestadoras de serviço público, a dispensa depende de motivação em qualquer caso, pois tais empresas estatais não são como as estatais meramente exploradoras de atividade econômica, tendo, assim, um regime jurídico privado mas com mais condicionantes públicos, como é o caso do dever de motivação em caso de dispensa de agentes públicos; confira: "em atenção, no entanto, aos princípios da impessoalidade e isonomia, que regem a admissão por concurso público, a dispensa do empregado de empresas públicas e sociedades de economia mista que prestam serviços públicos deve ser motivada, assegurando-se, assim, que tais princípios, observados no momento daquela admissão, sejam também respeitados por ocasião da dispensa; a motivação do ato de dispensa, assim, visa a resguardar o empregado de uma possível quebra do postulado da impessoalidade por parte do agente estatal investido do poder de demitir" (STF, RE 589.998, *DJ* 12.09.2013); vale acrescentar, quanto ao motivo invocado, que, caso venha a se descobrir que este era falso ou inadequado, o ato de dispensa poderá ser anulado, com base na Teoria dos Motivos Determinantes.

Gabarito "E".

(Magistratura do Trabalho – 18ª Região – 2006) Sobre a perda do cargo pelo servidor estável, considere as seguintes proposições e assinale a alternativa correta:

I. O servidor público estável somente pode perder o cargo em virtude de sentença judicial transitada em julgado.
II. O servidor público estável pode perder o cargo em procedimento de avaliação periódica de desempenho, na forma de lei complementar, assegurada a ampla defesa.
III. O servidor público estável pode perder o cargo mediante processo administrativo em que lhe seja assegurada ampla defesa.
IV. Extinto o cargo ou declarada a sua desnecessidade, o servidor estável faz jus à indenização correspondente a um mês de remuneração por ano de serviço.
V. Quando as medidas adotadas para o cumprimento dos limites previstos em lei para despesa com pessoal ativo e inativo da União, dos Estados, do Distrito Federal e dos Municípios forem insuficientes para a adequação prevista no prazo da Lei complementar, o servidor estável poderá perder o cargo, desde que o ato normativo motivado de cada um dos Poderes especifique a atividade funcional, o órgão ou unidade administrativa objeto da redução de pessoal. Nesse caso, o servidor tem direito a uma indenização correspondente a um mês de remuneração por ano de serviço.

(A) Apenas o item I está incorreto.
(B) Os itens II, III e V estão corretos.
(C) Os itens I, II, III e V estão corretos.
(D) Os itens II, III e IV estão corretos.
(E) Todos os itens estão corretos.

I: incorreto, pois também pode perder o cargo por processo administrativo disciplinar, reprovação em avaliação periódica de desempenho (art. 41, § 1º, da CF) e para atender a limites de despesa com pessoal (art. 169, § 4º, da CF); **II:** correta (art. 41, § 1º, III, da CF); **III:** correto (art. 41, § 1º, II, da CF); **IV:** incorreto, pois "o servidor estável ficará em disponibilidade, com remuneração proporcional ao tempo de serviço, até seu adequado aproveitamento em outro cargo" (art. 41, § 3º, da CF); **V:** correto (art. 169, §§ 4º e 5º, da CF).

Gabarito "B".

(Magistratura do Trabalho – 23ª Região – 2006) Nos termos do art. 169 da Constituição Federal, "a despesa com pessoal ativo e inativo da União, dos Estados, do Distrito Federal e dos Municípios não poderá exceder os limites estabelecidos em lei complementar". Verificando-se que foram ultrapassados os limites a que se refere o mencionado dispositivo constitucional, é autorizada, a Administração, adotar as seguintes medidas: I – redução em até 20% (vinte por cento) das despesas com cargos em comissão e funções comissionadas e exoneração de servidores não estáveis; II – exoneração de servidor estável quando a redução de despesas e exoneração de não estáveis não forem suficientes para assegurar o cumprimento da disposição, desde que ato normativo motivado de cada um dos Poderes especifique a atividade funcional, o órgão ou unidade administrativa objeto da redução de pessoal, caso em que será devida ao servidor estável exonerado indenização correspondente a um mês de remuneração por ano de serviço; III – redução em pelo menos 20% (vinte por cento) das despesas com cargos em comissão e funções comissionadas e exoneração dos servidores não estáveis; IV – exoneração de servidor estável quando a redução de despesas e exoneração de não estáveis não forem suficientes para assegurar o cumprimento da disposição, desde que ato normativo motivado de cada um dos Poderes especifique a atividade funcional, o órgão ou unidade administrativa objeto da redução de pessoal, e nenhuma indenização será devida ao servidor estável exonerado; V– redução em pelo menos 20% (vinte por cento das despesas com cargos em comissão e funções comissionadas; exoneração de servidores não estáveis e colocação de servidor estável em disponibilidade não remunerada.

(A) somente uma alternativa é incorreta;
(B) somente duas alternativas são incorretas;
(C) somente três alternativas são incorretas;
(D) todas as alternativas são incorretas;
(E) somente quatro alternativas estão incorretas.

I: incorreta, pois a redução não é "em até", mas "em pelo menos" 20% (art. 169, § 3º, I, da CF); **II:** correta (art. 169, § 4º, da CF); **III:** correta (art. 169, § 3º, da CF); **IV:** incorreta, pois será devida indenização correspondente a um mês de remuneração por ano de serviço (art. 169, § 5º, da CF); **V:** incorreta, pois o servidor estável *perderá* o cargo se as medidas anteriores não forem suficientes (art. 169, § 4º, da CF).

Gabarito "C".

(Magistratura do Trabalho – 24ª Região – 2007) Analise as assertivas abaixo:

I. Extinguindo-se o cargo em que se encontrava o servidor estável ou declarada sua desnecessidade, ficará ele em disponibilidade remunerada proporcional ao tempo de serviço, até seu adequado aproveitamento em outro de natureza e vencimentos compatíveis com o que ocupava, diversamente do que ocorre com o vitalício inamovível, que não é obrigado a aceitar outro cargo, embora idêntico ao seu que fora extinto.

II. Demissão é dispensa a título de penalidade funcional; exoneração é dispensa a pedido ou por motivo previsto em lei ou, ainda, por conveniência da Administração (*ad nutum*), nos casos em que o servidor assim pode ser dispensado.

III. A título de indenização, o servidor estável exonerado em razão da redução de despesa fará jus a indenização correspondente a um mês de remuneração por ano de serviço. Essa indenização deve se equiparar à da Justiça do Trabalho, pelo quê a remuneração aí referida compreende também o décimo-terceiro salário, férias proporcionais e não gozadas e outras parcelas consectárias.

IV. A aposentadoria admite reversão e cassação. Reversão é o retorno do inativo ao serviço, em face da cessação dos motivos que autorizaram a aposentadoria por invalidez. Cassação de aposentadoria é penalidade assemelhada à demissão, por acarretar a exclusão do infrator do quadro dos inativos e, consequentemente, a cessação do pagamento de seus proventos.

RESPONDA:

(A) Apenas as proposições I, II e IV estão corretas.
(B) Apenas as proposições II, III e IV estão corretas.
(C) Apenas as proposições I e IV estão incorretas.
(D) Apenas as proposições III e IV estão incorretas.
(E) Todas as proposições estão corretas.

I: correta (art. 41, § 3º, da CF); **II:** correta, bastando verificar os conceitos de exoneração (arts. 34 e 35 da Lei 8.112/1990) e de demissão (art. 132 da Lei 8.112/1990), para verificar que a primeira não tem caráter punitivo, ao passo que a segunda tem; **III:** correta (art. 169, § 5º, da CF); **IV:** correta, nos termos dos arts. 25 e 127, IV, da Lei 8.112/1990.

Gabarito "E"

(Procurador do Trabalho – MPT – 11º Concurso – 2004) De acordo com as assertivas seguintes, assinale a alternativa CORRETA. A perda do cargo pelo servidor público estável, em consonância com o ordenamento jurídico brasileiro, pode ocorrer:

I. excepcionalmente, em virtude de decisão judicial que antecipa a tutela de mérito;
II. por força de sentença judicial transitada em julgado e de sindicância administrativa;
III. exclusivamente, em virtude de sentença judicial transitada em julgado e de processo administrativo assecuratório de ampla defesa;
IV. também mediante procedimento de avaliação periódica de desempenho, na forma prevista em Lei Complementar, com a garantia de ampla defesa.

(A) as alternativas I, II e IV estão incorretas;
(B) a alternativa III está correta;
(C) apenas a alternativa IV está correta;
(D) todas as alternativas estão incorretas;
(E) não respondida.

I: incorreta, pois é necessária sentença transitada em julgado (art. 41, § 1º, I, da CF); **II:** incorreta, pois a sindicância não é suficiente, sendo necessário processo administrativo com ampla defesa (art. 41, § 1º, II, da CF); **III:** incorreta, pois também cabe perda do cargo em caso de reprovação em avaliação periódica de desempenho (art. 41, § 1º, III, da CF) e para atender a limites de despesa de pessoal (art. 169, § 4º, da CF); **IV:** correta (art. 41, § 1º, III, da CF).

Gabarito "C"

5.5. ACESSIBILIDADE A CARGOS, EMPREGOS E FUNÇÕES

(Magistratura do Trabalho – 8ª Região – 2007) Assinale a resposta correta, considerando os princípios constitucionais da Administração Pública:

(A) O regime de seleção de pessoal, mediante concurso de provas ou de provas e títulos, apenas é excepcionalizado pela possibilidade de contratação de pessoal temporário para atender interesse público relevante, nos termos da Constituição.
(B) A contratação de pessoal temporário, cuja admissão excepcionaliza a regra da seleção pela via do concurso público, apenas pode ser realizada por prazo indeterminado e para atender necessidade temporária de excepcional interesse público.
(C) O prazo de validade do concurso público será de dois anos, prorrogável uma vez, por igual período e, durante o prazo improrrogável previsto no edital de convocação, aquele aprovado em concurso público de provas ou de provas e títulos será convocado com prioridade sobre novos concursados para assumir cargo ou emprego, na carreira.
(D) É vedada a acumulação remunerada de cargos, empregos e funções públicos, exercidos em autarquias, fundações e empresas públicas, exceto, quando houver compatibilidade de horários, observado em qualquer caso o teto constitucional: a) a de dois cargos de professor; b) a de um cargo de professor com outro técnico ou científico; c) a de dois cargos ou empregos privativos de profissionais de saúde, com profissões regulamentadas. A regra não se aplica aos ocupantes de empregos em sociedades de economia mista, suas subsidiárias, e sociedades controladas, que exerçam atividade econômica, nos termos da Constituição Federal.
(E) Para os fins da aplicação da disciplina do teto remuneratório e do subsídio no serviço público, fica facultado aos Estados e ao Distrito Federal fixar, em seu âmbito, mediante emenda às respectivas Constituições e Lei Orgânica, o subsídio mensal dos Desembargadores do respectivo Tribunal de Justiça, limitado a noventa inteiros e vinte e cinco centésimos por cento do subsídio mensal dos Ministros do Supremo Tribunal Federal, não se aplicando tal disposição aos subsídios dos Deputados Estaduais e Distritais e dos Vereadores. Contudo, o Supremo Tribunal Federal deliberou dar interpretação conforme à Constituição para excluir a submissão dos membros da magistratura estadual ao subteto de remuneração.

A: incorreta, a contratação para cargos em comissão também prescinde de concurso público (art. 37, II, da CF); **B:** incorreta, tal contratação se dá por prazo *determinado* (art. 4º da Lei 8.745/1993); **C:** incorreta, o prazo de validade será de *até* dois anos, não de dois anos (art. 37, III e IV, da CF); **D:** incorreta, a regra se aplica aos ocupantes de empregos em sociedades de economia mista, suas subsidiárias, e sociedades controladas, que exerçam atividade econômica (art. 37, XVI e XVII, da CF); **E:** correta, art. 37, XI, da CF. Ver também o seguinte acórdão do STF: "Magistratura. Remuneração. Limite ou teto remuneratório constitucional. Fixação diferenciada para os membros da magistratura federal e estadual. Inadmissibilidade. Caráter nacional do Poder Judiciário. Distinção arbitrária. Ofensa à regra constitucional da igualdade ou isonomia. Interpretação conforme dada ao art. 37, inc. XI, e § 12, da CF. Aparência de inconstitucionalidade do art. 2º da Resolução n. 13/2006 e do art. 1º, parágrafo único, da Resolução n. 14/2006, ambas do Conselho Nacional de Justiça. Ação direta de inconstitucionalidade. Liminar deferida. Voto vencido em parte. Em sede liminar de ação direta, aparentam inconstitucionalidade normas que, editadas pelo Conselho Nacional da Magistratura, estabelecem tetos remuneratórios diferenciados para os membros da magistratura estadual e os da federal." (ADI 3854 MC, Rel. Min. CEZAR PELUSO, Tribunal Pleno, *DJ* 29.06.2007)

Gabarito "E"

(Magistratura do Trabalho – 12ª Região – 2006) A jurisprudência do Supremo Tribunal Federal firmou-se no sentido de que a norma constitucional que proíbe tratamento normativo discriminatório, em razão da idade, para efeito de ingresso no serviço público, se reveste de caráter absoluto, não sendo legítima, em consequência, a estipulação de exigência de ordem etária, mesmo quando esta decorrer da natureza e do conteúdo ocupacional do cargo público a ser provido;

(A) a assertiva é correta por representar o entendimento do STF, que se sustenta também no princípio da razoabilidade;

(B) a assertiva se encontra equivocada, de vez que o STF tem assentado, forte no princípio da razoabilidade que é legítima a estipulação de exigência etária em decorrência da natureza e do conteúdo ocupacional do cargo a ser provido, salvo se ao tratamento diferenciado instituído pelo legislador não corresponder motivo bastante que o justifique lógica e racionalmente. Isso significa, portanto, que se impõe identificar, em cada caso ocorrente, no texto da lei que estipulou o limite etário, a existência de um vínculo de correlação lógica entre o fator de discrímen e a desequiparação procedida;

(C) a assertiva é incorreta, pois o STF tem orientação jurisprudencial firme no sentido de que é manifestamente inconstitucional qualquer limitação etária para ingresso no serviço público, forte no princípio da igualdade;

(D) a assertiva é incorreta, pois inexiste na Constituição Federal regra que limite pela faixa etária o ingresso no serviço público ou o acesso aos cargos políticos, de parlamentares e ministros;

(E) a assertiva se apresentaria correta se fosse dirigida exclusivamente para o acesso às forças armadas e à polícia e aos órgãos fiscais.

O STF exige dois requisitos para que haja qualquer tipo de restrição à participação de alguém em concursos público, quais sejam: i) previsão em lei; ii) respeito à isonomia. Assim, desde que haja *lei* e *pertinência*, é possível, sim, estipulação de limite de idade para a participação em concurso público. A esse respeito, vale citar a Súmula STF 683: "O limite de idade para a inscrição em concurso público só se legitima em face do art. 7º, XXX, da Constituição, quando possa ser justificado pela natureza das atribuições do cargo a ser preenchido".

Gabarito "B"

(Magistratura do Trabalho – 16ª Região – 2011) Considerando a jurisprudência dominante do Supremo Tribunal Federal, marque a alternativa INCORRETA:

(A) O Supremo Tribunal Federal tem entendimento no sentido de que o art. 37, I, da Constituição do Brasil consubstancia, relativamente ao acesso aos cargos públicos por estrangeiros, preceito constitucional dotado de eficácia limitada, dependendo de regulamentação para produzir efeitos, sendo assim, não autoaplicável.

(B) Só por lei se pode sujeitar a exame psicotécnico a habilitação de candidato a cargo público.

(C) A nomeação de cônjuge, companheiro, ou parente, em linha reta, colateral ou por afinidade, até o 2º grau, inclusive, da autoridade nomeante ou de servidor da mesma pessoa jurídica, investido em cargo de direção, chefia ou assessoramento, para o exercício de cargo em comissão ou de confiança, ou, ainda, de função gratificada na administração pública direta e indireta, em qualquer dos Poderes da União, dos Estados, do Distrito Federal e dos Municípios, compreendido o ajuste mediante designações recíprocas, viola a CF.

(D) A administração pode anular seus próprios atos, quando eivados de vícios que os tornam ilegais, porque deles não se originam direitos; ou revogá-los, por motivo de conveniência ou oportunidade, respeitados os direitos adquiridos, e ressalvada, em todos os casos, a apreciação judicial.

(E) O limite de idade para a inscrição em concurso público só se legitima em face do art. 7º, XXX, da Constituição, quando possa ser justificado pela natureza das atribuições do cargo a ser preenchido.

A: assertiva correta; confira acórdão do STF: "EMENTA: AGRAVO REGIMENTAL NO RECURSO EXTRAORDINÁRIO. CONSTITUCIONAL. ADMINISTRATIVO. ESTRANGEIRO. ACESSO AO SERVIÇO PÚBLICO. ARTIGO 37, I, DA CB/1988. O Supremo Tribunal Federal fixou entendimento no sentido de que o artigo 37, I, da Constituição do Brasil [redação após a EC 19/1998], consubstancia, relativamente ao acesso aos cargos públicos por estrangeiros, preceito constitucional dotado de eficácia limitada, dependendo de regulamentação para produzir efeitos, sendo assim, não autoaplicável. Precedentes. Agravo regimental a que se dá provimento. (RE 544655 AgR, Relator(a): Min. EROS GRAU, Segunda Turma, julgado em 09.09.2008, *DJe*-192 DIVULG 09.10.2008 PUBLIC 10.10.2008 EMENT VOL-02336-07 PP-01538 RTJ VOL-00207-01 PP-00412)"; **B:** assertiva correta (Súmula 686 do STF); **C:** assertiva incorreta, devendo ser assinalada; a vedação é de parente até 3º grau, e não até 2º grau (Súmula Vinculante n. 13 do STF); **D:** assertiva correta (Súmula 473 do STF); **E:** assertiva correta (Súmula 683 do STF).

Gabarito "C"

(Magistratura do Trabalho – 16ª Região – 2011) Ainda considerando a jurisprudência majoritária do Supremo Tribunal Federal, marque a alternativa INCORRETA:

(A) É inconstitucional toda modalidade de provimento que propicie ao servidor investir-se, sem prévia aprovação em concurso público destinado ao seu provimento, em cargo que não integra a carreira na qual anteriormente investido.

(B) É inconstitucional o veto não motivado à participação de candidato a concurso público.

(C) Dentro do prazo de validade do concurso, o candidato aprovado tem direito a nomeação, quando o cargo for preenchido sem observância da classificação.

(D) A fixação de vencimentos dos servidores públicos não pode ser objeto de convenção coletiva, salvo quando houver manifesta omissão do Poder Público em assegurar a revisão geral anual, prevista no art. 37, inc. X, da Constituição Federal.

(E) O cálculo de gratificações e outras vantagens do servidor público não incide sobre o abono utilizado para se atingir o salário mínimo.

A: assertiva correta (Súmula 685 do STF); **B:** assertiva correta (Súmula 684 do STF); **C:** assertiva correta (Súmula 15 do STF); **D:** assertiva incorreta, devendo ser assinalada; a fixação de vencimentos dos servidores públicos não pode ser objeto de convenção coletiva, inexistindo a exceção mencionada (Súmula 679 do STF); **E:** assertiva correta (Súmula Vinculante n. 15 do STF).

Gabarito "D"

(Magistratura do Trabalho – 21ª Região – 2005) Sobre o acesso a cargos e empregos públicos, é correto afirmar:

(A) a investidura em cargo público depende de aprovação prévia em concurso de provas e títulos, sendo que, para os empregos públicos, exige-se apenas o concurso público na modalidade de seleção simplificada, para formação de banco de pessoal;

(B) de acordo com a jurisprudência sumulada do Tribunal Superior do Trabalho, a contratação de servidor público, sem prévia aprovação em concurso público, importa em nulidade do ato, assegurado, no entanto, apenas o direito ao pagamento da contraprestação pactuada, em relação ao número de horas trabalhadas, respeitado o valor da hora do salário mínimo;

(C) as funções de confiança são exercidas com exclusividade por servidores ocupantes de cargo efetivo;

(D) o servidor nomeado deverá tomar posse no prazo de trinta dias, a contar da publicação do ato administrativo de provimento, devendo, em igual prazo, contado a partir da posse, entrar em exercício, sob pena de resultar sem efeito a investidura;

(E) a abertura de concurso público está condicionada à inexistência de candidatos aprovados no concurso público anterior, ainda no prazo de validade, salvo mediante autorização expressa da autoridade máxima respectiva do Poder Executivo, Legislativo ou Judiciário.

A: incorreta, pois o concurso público também é exigido para o ingresso em empregos públicos (art. 37, II, da CF); **B:** incorreta, pois, segundo a Súmula 363 do TST, "a contratação de servidor público, após a CF/1988, sem prévia aprovação em concurso público, encontra óbice no respeito ao art. 37, II e § 2º, somente lhe conferindo direito ao pagamento da contraprestação pactuada, em relação ao número de horas trabalhas, respeitado o valor da hora do salário mínimo, **e dos valores referentes aos depósitos do FGTS**" (g.n.); **C:** correta (art. 37, V, da CF); **D:** incorreta, pois o prazo para entrar em exercício é de 15 dias contados da posse (art. 15, § 1º, da Lei 8.112/1990); **E:** incorreta, pois o § 2º do art. 12 da Lei 8.112/1990 dispõe que "não se abrirá novo concurso enquanto houver candidato aprovado em concurso anterior com prazo de validade não expirado".

Gabarito "C"

(Procurador do Trabalho – MPT – 17º Concurso – 2012) Leia e analise os itens a seguir:

I. Em conformidade com a jurisprudência do Supremo Tribunal Federal, a exigência de exame psicotécnico para a habilitação de candidato a cargo público só pode ocorrer mediante previsão legal.

II. A homologação do concurso para ingresso na carreira de membro do Ministério Público do Trabalho pelo Procurador-Geral do Trabalho constitui ato administrativo complexo, uma vez que este pressupõe a concorrência de vontades de dois ou mais órgãos, em que a vontade de um é instrumental à do outro que edita o ato principal.

III. Consoante entendimento do Supremo Tribunal Federal, o candidato aprovado em concurso público tem direito subjetivo à nomeação para a posse que vier a ser dada nos cargos vagos existentes ou nos que vierem a vagar no prazo de validade do concurso; a recusa da administração em prover referidos cargos, quando existentes candidatos aprovados, deve ser motivada e é suscetível de apreciação pelo poder judiciário.

Marque a alternativa CORRETA:

(A) somente as assertivas I e II estão corretas;

(B) somente as assertivas II e III estão corretas;

(C) somente as assertivas I e III estão corretas;

(D) todas as assertivas estão corretas;

(E) não respondida.

I: correta, nos termos da Súmula STF n. 686 ("só por lei se pode sujeitar a exame psicotécnico a habilitação de candidato a concurso público"); **II:** incorreta, pois nesse caso (concorrência de vontades de dois ou mais órgãos, em que a vontade de um é instrumental à do outro que edita o ato principal) tem-se um ato composto; **III:** correta; o STF e o STJ passaram a entender também que o candidato aprovado em concurso tem direito de ser nomeado no limite das vagas previstas no respectivo edital, uma vez que a Administração, ao estabelecer o número de vagas, vincula-se a essa escolha e cria expectativa nos candidatos, impondo-se as nomeações respectivas, em respeito aos princípios da boa-fé, razoabilidade, isonomia e segurança jurídica; é bom consignar que o STF até admite que a Administração deixe de nomear os aprovados no limite das vagas do edital se houver ato motivado demonstrando a existência de fato novo que torne inviável a nomeação. Tal ato, todavia, poderá ser controlado pelo Judiciário (RE 227.480, *DJ* 21.08.2009). De qualquer forma, na prática, será muito difícil que a Administração consiga justificar a existência de motivo que inviabiliza as nomeações, pois somente razões pertinentes, novas, imprevisíveis e justificadas antes da impugnação de candidatos à ausência de sua nomeação atendem ao princípio da adequada motivação.

Gabarito "C"

5.6. ESTABILIDADE

(Magistratura do Trabalho – 1ª Região – 2004) Quanto à estabilidade do servidor público, assinale a alternativa correta:

(A) são estáveis, após dois anos de efetivo exercício, os servidores nomeados para cargo de provimento efetivo em virtude concurso público;

(B) o servidor público estável somente perderá o cargo em virtude de sentença judicial transitada em julgado;

(C) extinto o cargo ou declarada sua desnecessidade, o servidor estável será exonerado;

(D) invalidada por sentença judicial a demissão do servidor estável, será ele reintegrado;

(E) extinto o cargo ou declarada sua desnecessidade, o servidor estável será aposentado.

A: incorreta, pois são necessários 3 anos de efetivo exercício (art. 41, *caput*, da CF); **B:** incorreta, pois também perderá cargo por processo administrativo com ampla defesa, reprovação em avaliação periódica de desempenho e para atendimento a limites de despesa com pessoal (arts. 41, § 1º, e 169, § 4º, da CF); **C:** incorreta, pois, nesse caso, o servidor ficará em disponibilidade, com remuneração proporcional ao tempo de serviço, até seu adequado aproveitamento em outro cargo (art. 41, § 3º, da CF); **D:** correta (art. 41, § 2º, da CF); **E:** incorreta, pois será colocado em disponibilidade, como se viu (art. 41, § 3º, da CF).

Gabarito "D"

(Magistratura do Trabalho – 9ª Região – 2007) À luz das disposições legais que regulam a matéria e considerando a jurisprudência dominante no Tribunal Superior do Trabalho, examine as assertivas abaixo:

I. Tendo sido contratados pelo regime da CLT, fazem jus os servidores públicos, inclusive aqueles da administração direta, autárquica e fundacional, à equiparação salarial prevista no artigo 461 da CLT, desde que presentes os requisitos ali estabelecidos. Segundo o art. 461, *caput*, da CLT, "Sendo idêntica a função, a todo trabalho de igual valor, prestado ao mesmo empregador, na mesma localidade, corresponderá igual salário, sem distinção de sexo, nacionalidade ou idade".

II. O retorno do servidor público da administração direta, autárquica e fundacional à jornada inicialmente contratada não se insere nas vedações do art. 468 da CLT, sendo a sua jornada definida em lei e no contrato de trabalho ajustado entre as partes. Segundo o art. 468, *caput*, da CLT, "Nos contratos individuais de trabalho só é lícita a alteração das respectivas condições, por mútuo consentimento, e, ainda assim, desde que não resultem, direta ou indiretamente, prejuízos ao empregado, sob pena de nulidade da cláusula infringente dessa garantia."

III. A verificação do respeito ao direito ao salário mínimo não é apurável pelo confronto isolado do salário-base do servidor público com o mínimo legal, mas deste com a soma de todas as parcelas de natureza salarial recebidas pelo empregado diretamente do empregador.

IV. O servidor público celetista da administração direta, autárquica ou fundacional é beneficiário da estabilidade prevista no art. 41 da Constituição Federal, que dispõe que "São estáveis após três anos de efetivo exercício, os servidores nomeados para cargo de provimento efetivo em virtude de concurso público".

V. Os servidores públicos civis da União, dos Estados, do Distrito Federal e dos Municípios, da administração direta, autárquica, das fundações públicas, das empresas públicas e das sociedades de economia mista, em exercício na data da promulgação da Constituição Federal/1988, há pelo menos cinco anos continuados, e que não tenham sido admitidos mediante concurso público, são considerados estáveis no serviço público.

Assinale a alternativa correta:

(A) Todas as proposições estão corretas;

(B) Apenas uma proposição está correta;

(C) Apenas duas proposições estão corretas;

(D) Apenas três proposições estão corretas;

(E) Apenas quatro proposições estão corretas.

I: incorreta, pois a OJ-SDI1-297, estabelece, ao tratar do servidor da administração direta, autárquica e fundacional, que "o art. 37, inciso XIII, da CF/1988, veda a equiparação de qualquer natureza para o efeito de remuneração do pessoal do serviço público, sendo juridicamente impossível a aplicação da norma infraconstitucional prevista no art. 461 da CLT quando se pleiteia equiparação salarial entre servidores públicos, independentemente de terem sido contratados pela CLT"; **II:** correta, pois a tese mencionada na assertiva corresponde ao texto da OJ-SDI1-308; **III:** correta, pois a tese mencionada na assertiva corresponde ao texto da OJ-SDI1-272; **IV:** correta, nos termos da Súmula 390 do TST; **V:** incorreta, pois o texto da assertiva não corresponde ao disposto no art. 19 do ADCT, que não insere os agentes das empresas públicas e sociedades de economia mista como beneficiários dessa estabilidade excepcional.

Gabarito "D"

(Magistratura do Trabalho – 22ª Região – 2006) Determinado bacharel em Direito se encontrava investido, à data da promulgação da Constituição Federal de 1988, no cargo comissionado de Diretor de Secretaria de uma Junta de Conciliação e Julgamento, situação essa que perdurava havia seis anos. Antes da investidura, não mantinha qualquer vínculo com a Administração Pública. Dez anos depois de promulgada a Carta Magna, o Juiz do Trabalho titular da Vara achou por bem prestigiar servidor concursado lotado nessa unidade jurisdicional, graduado em Direito, indicando o seu nome para ser o novo Diretor de Secretaria da Vara e, em consequência, solicitando a exoneração do antigo ocupante do cargo, do quadro da Justiça do Trabalho, no que foi atendido pela Administração do Tribunal Regional do Trabalho ao qual se encontrava vinculado. Assinale a alternativa CORRETA:

(A) Somente é viciada a exclusão, do serviço público, do antigo Diretor de Secretaria da Vara do Trabalho, por se tratar de servidor beneficiado com a estabilidade excepcional de que trata o art. 19 do Ato das Disposições Constitucionais Transitórias da Constituição Federal de 1988;

(B) A designação do servidor concursado, para o fim de exercer as atribuições de Diretor de Secretaria da Vara do Trabalho, não apresenta qualquer vício, o mesmo ocorrendo com a exoneração de seu antecessor, vez que a regra da estabilidade excepcional no serviço público não se lhe era aplicável;

(C) A nomeação do servidor concursado, para exercer as atribuições de Diretor de Secretaria da Vara do Trabalho, é nula de pleno direito, considerando-se que o ato respectivo teve como fundamento outro igualmente inválido, qual seja a exoneração de servidor excepcionalmente estável;

(D) Cabe à Administração Pública, de ofício ou mediante provocação do interessado, rever o ato que resultou na exoneração do antigo ocupante do cargo de Diretor de Secretaria da Vara do Trabalho, mantendo-o no quadro da Justiça do Trabalho, no mesmo cargo outrora ocupado pelo novo Diretor de Secretaria, sanando, assim, o vício decorrente da exoneração de servidor detentor de estabilidade excepcional;

(E) A estabilidade excepcional, por se tratar de expressão da vontade do Legislador Constituinte, assegura a permanência indefinida do servidor beneficiário da mesma, na condição de Diretor de Secretaria da Vara do Trabalho, tratando-se de exceção, prevista no próprio Texto Constitucional, à exigência de prévia submissão a concurso público de provas ou de provas e títulos, razão pela qual sua substituição por outro servidor, ainda que concursado, é juridicamente inexistente.

O servidor exonerado não tem direito à estabilidade excepcional prevista no art. 19 do ADCT, pois tal benefício não se aplica àquele que ocupava cargo em comissão (art. 19, § 2º).

Gabarito "B"

(Procurador do Trabalho – MPT – 11º Concurso – 2004)

I. consideram-se estáveis, após três anos de efetivo exercício, os servidores aprovados em concurso público para ocupação de cargo ou emprego, seja na administração pública direta, seja na indireta;

II. de acordo com a súmula da jurisprudência do Tribunal Superior do Trabalho, a contratação de servidor público, após a Constituição de 1988, sem prévia aprovação em concurso público, somente garante o direito ao pagamento da contraprestação pactuada, em relação ao número de horas trabalhadas, respeitado o valor da hora do salário mínimo, e dos valores referentes aos depósitos do FGTS;

III. possuem estabilidade no serviço público os servidores da administração direta, das autarquias e fundações públicas que, não obstante a ausência de submissão a concurso público, encontravam-se em exercício na data da promulgação da Constituição Federal de 1988, há pelo menos cinco anos continuados;

IV. não são nulas as contratações ocorridas anteriormente à data da promulgação da Constituição Federal de 1988, relativamente aos servidores da administração direta ou indireta exercentes de emprego público, mas o direito à estabilidade somente é assegurado àqueles que já contavam com mais de dez anos no desempenho das suas funções.

(A) as alternativas I e III estão corretas;
(B) as alternativas II e III estão corretas;
(C) todas as alternativas estão incorretas;
(D) apenas a alternativa II está correta.
(E) não respondida

I: incorreta, pois aqueles que foram admitidos por concursos públicos para trabalhar nas pessoas de direito privado da Administração Indireta não têm direito à estabilidade (v. item II da Súmula 390 do TST); **II:** correta (Súmula 363 do TST); **III:** correta (art. 19 do ADTC); **IV:** incorreta, pois o prazo para que se consiga a estabilidade provisória é de 5 anos (e não de 10 anos), e o benefício dessa estabilidade só se aplica à administração direta, autárquica e fundacional, não se aplicando à toda administração indireta.

Gabarito "B"

5.7. ACUMULAÇÃO REMUNERADA E AFASTAMENTO

(Magistratura do Trabalho – 15ª Região – 2011) Saulo Dores da Costa, técnico de enfermagem, após aprovação em concurso público na sua área profissional, passou a integrar o quadro de servidores do Hospital da Saúde, sociedade de economia mista. Insatisfeito com a remuneração, prestou novo certame, foi aprovado e admitido, sem desvinculação do emprego anterior, no instituto de Radiologia Bom dos Ossos, empresa pública, para exercer o emprego de técnico em radiologia. Assinale a alternativa correta:

(A) a segunda contratação é ilegal, em face da vedação constitucional à acumulação de cargos, empregos e funções públicas;

(B) a segunda contratação é legal, porque a proibição constitucional de acumulação de cargos empregos e funções públicas não abrange as sociedades de economia mista;

(C) a segunda contratação é legal, porque a proibição constitucional de acumulação de cargos empregos e funções públicas não abrange empresas públicas;

(D) observada a compatibilidade de horários e não excedido o teto salarial, a segunda contratação é legal, porque adequada à possibilidade constitucional de acumulação de cargos empregos e funções públicas;

(E) a despeito da compatibilidade de horários e da observância do teto salarial, a segunda contratação é ilegal, porque as profissões são incompatíveis com a possibilidade constitucional de acumulação de cargos, empregos e funções públicas.

A segunda acumulação é legal, pois os dois cargos são de profissionais da saúde com profissão regulamentada (art. 37, XVI, "c", da CF). Porém, o próprio inciso XVI mencionado deixa claro que a acumulação remunerada, quando cabível, deve respeitar a compatibilidade de horários e o teto remuneratório.

Gabarito "D"

(Magistratura do Trabalho – 15ª Região – 2011) Considerando as hipóteses de exercido, pelo servidor público, de mandato eletivo, assinale a alternativa correta:

(A) o servidor público investido no mandato de prefeito será afastado de seu cargo, emprego ou função e sua remuneração deverá ser a do cargo eletivo;

(B) o servidor público eleito para mandato estadual não se afastará do cargo, emprego ou função;

(C) o servidor público investido no mandato de vereador, havendo compatibilidade de horários, perceberá as vantagens de seu cargo, emprego ou função, sem prejuízo da remuneração do cargo eletivo;

(D) nos casos de afastamento, o tempo de exercício do mandato eletivo será contado como de serviço para todos os efeitos legais, inclusive pata promoção por merecimento;

(E) o servidor público eleito para mandato distrital não se afastará do cargo, emprego ou função.

A: incorreta, pois, nesse caso, o prefeito, afastado de seu cargo de origem, tem direito de optar se deseja receber a remuneração de origem ou o subsídio de prefeito (art. 38, II, da CF); **B:** incorreta, pois o servidor, nesse caso, terá, sim, de se afastar de seu cargo (art. 38, I, da CF); **C:** correta (art. 38, III, da CF); **D:** incorreta, pois o tempo de serviço não será computado para a promoção por merecimento (art. 38, IV, da CF); **E:** incorreta, pois, nesse caso, terá, sim de se afastar de seu cargo (art. 38, I, da CF).

Gabarito "C"

5.8. SISTEMA REMUNERATÓRIO, DIREITOS E VANTAGENS

(Magistratura do Trabalho – 8ª Região – 2011) Consoante a Lei n. 8.112/1990, é INCORRETO afirmar:

(A) A posse ocorrerá no prazo de trinta dias, contados da publicação do ato de provimento, pela assinatura do respectivo termo, no qual deverão constar as atribuições, os deveres, as responsabilidades e os direitos inerentes ao cargo ocupado, que não poderão ser alterados unilateralmente, por qualquer das partes, ressalvados os atos de ofício previstos em lei.

(B) O servidor fará jus a trinta dias de férias, quando não houver faltado ao serviço mais de cinco vezes, que podem ser acumuladas, até o máximo de dois períodos, no caso de necessidade do serviço, ressalvadas as hipóteses em que haja legislação específica.

(C) A partir do registro da candidatura e até o décimo dia seguinte ao da eleição, o servidor fará jus à licença para atividade política, assegurados os vencimentos do cargo efetivo, somente pelo período de três meses.

(D) A obrigação do servidor público de reparar o dano causado ao erário, por dolo ou culpa, estende-se aos seus sucessores e contra eles será executada, até o limite do valor da herança recebida.

(E) As penalidades de advertência e de suspensão terão seus registros cancelados, após o decurso de 3 (três) e 5 (cinco) anos de efetivo exercício, respectivamente, se o servidor não houver, nesse período, praticado nova infração disciplinar, sendo que o cancelamento não surtirá efeitos retroativos.

A: assertiva correta (art. 13, *caput* e § 1º, da Lei 8.112/1990); **B:** assertiva incorreta, devendo ser assinalada; o art. 77, § 2º, da Lei 8.112/1990 proíbe levar em conta faltas dos servidores para efeito de puni-los com diminuição ou exclusão de suas férias; **C:** assertiva correta (art. 86 da Lei 8.112/1990); **D:** assertiva correta (art. 122, § 3º, da Lei 8.112/1990); **E:** assertiva correta (art. 131 da Lei 8.112/1990).

Gabarito "B"

(Magistratura do Trabalho – 14ª Região – 2011) Ainda com base na Lei 8.112/1990, em relação aos servidores públicos federais, assinale a alternativa que não está correta.

(A) É assegurado ao servidor o direito de requerer aos Poderes Públicos, em defesa de direito ou interesse legítimo, que prescreve em 5 (cinco) anos, quanto aos atos de demissão e de cassação de aposentadoria ou disponibilidade, ou que afetem interesse patrimonial e créditos das relações de trabalho.

(B) E vedada a contagem cumulativa de tempo de serviço prestado concomitantemente em mais de um cargo ou função de Órgão ou entidades dos Poderes da União, Estado, Distrito Federal e Município, autarquia, fundação pública, sociedade de economia mista e empresa pública.

(C) São considerados como de efetivo exercício os afastamentos em virtude de participação em competição desportiva nacional ou convocação para integrar representação desportiva nacional, no País ou no exterior, conforme disposto em lei específica.

(D) O adicional de atividade penosa será devido aos servidores em exercício em zonas de fronteira ou em localidades cujas condições de vida o justifiquem, nos termos, condições e limites fixados em regulamento.

(E) E assegurado ao servidor o direito à licença remunerada para o desempenho de mandato em confederação, federação, associação de classe de âmbito nacional, sindicato representativo da categoria ou entidade fiscalizadora da profissão.

A: assertiva correta (arts. 104 e 110, I, da Lei 8.112/1990); **B:** assertiva correta (art. 103, § 3º, da Lei 8.112/1990); **C:** assertiva correta (art. 102, X, da Lei 8.112/1990); **D:** assertiva correta (art. 71 da Lei 8.112/1990); **E:** assertiva incorreta, devendo ser assinalada, pois é assegurada a licença SEM remuneração (art. 92 da Lei 8.112/1990).

Gabarito "E"

(Magistratura do Trabalho – 15ª Região – 2010) A respeito dos servidores e empregados públicos federais, assinale a alternativa correta:

(A) de acordo com a jurisprudência sumulada do TST, todo servidor da administração direta, com mais de três anos de exercício, é beneficiário de estabilidade;

(B) o empregado de uma sociedade de economia mista, contratado mediante concurso público, não pode ser detentor de modalidade alguma de estabilidade;

(C) o empregado de empresa pública federal, que não recebe recursos da União para despesas de pessoal ou custeio, poderá auferir remuneração superior ao teto constitucional representado pelo subsídio mensal do ministro do Supremo Tribunal Federal;

(D) a proibição de acumulação remunerada de empregos públicos não abrange as subsidiárias das sociedades de economia mista;

(E) para preservar a eficiência do serviço público, o servidor não aprovado no estágio probatório será exonerado, não podendo ser reconduzido ao cargo anterior em que detinha estabilidade.

A: incorreta, pois a Súmula 390 do TST não se aplica aos servidores detentores de cargo em comissão; **B:** incorreta, pois os casos de estabilidade previstos na lei trabalhista ficam ressalvados (ex: da gestante); **C:** correta (art. 37, § 9º, da CF); **D:** incorreta, pois abrange as subsidiárias das sociedades de economia mista (art. 37, XVII, da CF); **E:** incorreta, pois cabe a recondução para o cargo anterior em que detinha estabilidade (art. 29 da Lei 8.112/1990).

Gabarito "C"

(Magistratura do Trabalho – 16ª Região – 2011) Considerando a jurisprudência pacificada do STF, analise as seguintes afirmações e marque a alternativa CORRETA:

I. Salvo nos casos previstos na Constituição, o salário mínimo não pode ser usado como indexador de base de cálculo de vantagem de servidor público ou de empregado, nem ser substituído por decisão judicial.

II. O direito ao auxílio-alimentação estende-se aos servidores inativos.

III. Ressalvada a revisão prevista em lei, os proventos da inatividade regulam-se pela lei vigente ao tempo em que o militar, ou o servidor civil, reuniu os requisitos necessários.

IV. Para de aplicação do regime especial de aposentadoria previsto no art. 40, da Constituição Federal, o STF, em sede de controle concentrado de constitucionalidade, recentemente ampliou o sentido da sua Súmula n. 726, decidindo que as funções de direção, coordenação e assessoramento pedagógico integram a carreira do magistério, desde que exercidas em estabelecimentos de ensino básico, por professores de carreira, excluídos os especialistas em educação.

V. É inconstitucional a vinculação do reajuste de vencimentos de servidores estaduais ou municipais a índices federais de correção monetária.

(A) Somente as afirmativas I, IV e V estão corretas.
(B) Somente as afirmativas I e V estão corretas.
(C) Somente as afirmativas I e II! estão corretas.
(D) Somente as afirmativas I! e IV estão erradas.
(E) Somente a afirmativa II está errada.

I: correta (Súmula Vinculante n. 4 do STF); **II:** incorreta, pois esse direito não se estende aos inativos (Súmula 680 do STF); **III:** correta (Súmula 359 do STF); **IV:** correta; o STF decidiu o seguinte: "Salientando que a atividade docente não se limita à sala de aula, e que a carreira de magistério compreende a ascensão aos cargos de direção da escola, o Tribunal, por maioria, julgou parcialmente procedente o pedido formulado para conferir interpretação conforme, no sentido de assentar que as atividades mencionadas de exercício de direção de unidade escolar e as de coordenação e assessoramento pedagógico também gozam do benefício, desde que exercidas por professores" (ADI 3.772, Inform. 526 do STF); **V:** correta (Súmula 681 do STF).

Gabarito "E"

(Magistratura do Trabalho – 18ª Região – 2006) Considere as seguintes proposições, acerca do Regime Jurídico dos Servidores Públicos Civis da União, das autarquias e das fundações, e assinale a alternativa correta:

I. O adicional noturno, prestado em horário compreendido entre 22 (vinte e duas) horas de um dia e 5 (cinco) horas do dia seguinte, terá o valor-hora acrescido de 25% (vinte e cinco por cento), computando-se cada hora como cinquenta e dois minutos e trinta segundos.

II. Em se tratando de serviço extraordinário prestado em horário considerado noturno, o adicional de 25% incide sobre o valor correspondente à hora extra com o adicional de 50%.

III. Após cada quinquênio de efetivo exercício, o servidor poderá, no interesse da administração, afastar-se do exercício do cargo efetivo, com a respectiva remuneração, por até (3) meses, para participar de curso de capacitação profissional.

IV. A pena de suspensão será aplicada em caso de reincidência das faltas punidas com advertência e de violação das demais proibições que não tipifiquem infração sujeita a penalidade de demissão, não podendo exceder de 90 (noventa) dias. Quando houver conveniência para o serviço, a penalidade de suspensão poderá ser convertida em multa, na base de 50% (cinquenta por cento) por dia de vencimento ou remuneração ficando o servidor obrigado a permanecer em serviço.

V. Os servidores investidos em cargo ou função de direção ou chefia e os ocupantes de cargo de Natureza Especial terão substitutos indicados no regimento interno ou, no caso de omissão, previamente designados pelo dirigente máximo do órgão ou entidade.

(A) Há um item correto.
(B) Há dois itens corretos.
(C) Há três itens corretos.
(D) Há quatro itens corretos.
(E) Todos os itens estão corretos.

I: correto (art. 75 da Lei 8.112/1990); **II:** correto (art. 75, parágrafo único, da Lei 8.112/1990); **III:** correto (art. 87 da Lei 8.112/1990); **IV:** correto (art. 130, *caput* e § 2º, da Lei 8.112/1990); **V:** correto (art. 38 da Lei 8.112/1990).

Gabarito "E"

(Magistratura do Trabalho – 23ª Região – 2009) Analise as assertivas abaixo e marque a alternativa CORRETA:

I. Segundo jurisprudência do Supremo Tribunal Federal, é constitucional lei local que estabelece desconto nos vencimentos de servidores públicos afastados de suas funções por responderem a processo penal, em face da acusação de cometimento de crime funcional, quando prevista a devolução das diferenças, no caso de absolvição.

II. Segundo jurisprudência do Supremo Tribunal Federal, é inconstitucional lei estadual que assegure, equiparando, sem distinção, aos servidores das fundações instituídas e mantidas pelo ente federado, inclusive privadas, os mesmos direitos dos servidores das fundações públicas.

III. O princípio da irredutibilidade de vencimentos alcança todos os servidores, inclusive os que não mantêm vínculo efetivo com a Administração Pública, o que inclui o ocupante de cargo em comissão.

(A) Apenas o item I é falso.
(B) Apenas o item III é falso.
(C) Apenas o item II é falso.
(D) Todos os itens são verdadeiros.
(E) Todos os itens são falsos.

I: falso, pois o STF considera inconstitucional tal providência ("A redução de vencimentos de servidores públicos processados criminalmente colide com o disposto nos arts. 5º, LVII, e 37, XV, da Constituição, que abrigam, respectivamente, os princípios da presunção de inocência e da irredutibilidade de vencimentos" – RE 482.006/MG, DJ 14.12.07); **II:** verdadeiro (STF, ADI 191/RS, *DJ* 07.03.2008); **III:** verdadeiro (STF, RE 600.152, *DJ* 02.03.2011).

Gabarito "A"

(Procurador do Trabalho – MPT – 12º Concurso – 2005) Assinale a alternativa CORRETA de acordo com o Texto Constitucional:

(A) os servidores civis têm direito aos adicionais de insalubridade, periculosidade e penosidade;
(B) os servidores civis deixaram de ter direito constitucional aos adicionais de insalubridade, periculosidade e penosidade com o advento de Emenda Constitucional;
(C) os servidores púbicos civis passaram a ter direito constitucional aos adicionais de insalubridade, periculosidade e penosidade com o advento de Emenda Constitucional;
(D) os servidores púbicos civis, na vigência da Constituição da República de 1988, jamais tiveram o direito constitucional aos adicionais de insalubridade, periculosidade e penosidade;
(E) não respondida.

A: incorreta, pois tais adicionais estão previstos no art. 61 da Lei 8.112/1990, e não no texto constitucional, que só prevê tais adicionais para os trabalhadores em geral (art. 7º, XXIII, da CF), não havendo essa garantia para os servidores públicos (art. 39, § 3º, da CF); **B:** correta, nos termos do comentário anterior; C e **D:** incorretas, pois a EC 19/1998 retirou o direito a tais adicionais, que estava previsto no texto original da Constituição.

Gabarito "B"

(Procurador do Trabalho – MPT – 17º Concurso – 2012) A propósito da qualificação profissional do servidor público, encontra-se **INCORRETA** a asserção:

(A) O servidor poderá, no interesse da Administração, e desde que a participação não possa ocorrer simultaneamente com o exercício do cargo ou mediante compensação de horário, afastar- se do exercício do cargo efetivo, com a respectiva remuneração, para participar em programa de pós-graduação *stricto sensu* em instituição de ensino superior no País.
(B) Ato do dirigente máximo do órgão ou entidade definirá, em conformidade com a legislação vigente, os programas de capacitação e os critérios para participação em programas de pós-graduação no País, com ou sem afastamento do servidor, que serão avaliados por um comitê constituído para este fim.
(C) Os afastamentos para realização de programas de mestrado e doutorado somente serão concedidos aos servidores titulares de cargos efetivos.
(D) O período de afastamento do servidor para cursar pós-graduação *stricto sensu* não é computado no seu tempo de serviço.
(E) Não respondida.

A: assertiva correta (art. 96-A da Lei 8.112/1990); **B:** assertiva correta (art. 96-A, § 1º, da Lei 8.112/1990); **C:** assertiva correta (art. 96-A, § 2º, da Lei 8.112/1990); **D:** assertiva incorreta, devendo ser assinalada; o período de afastamento, no caso, é sim computado no tempo de serviço, inclusive com recebimento normal, pelo servidor, de sua respectiva remuneração; **E:** assertiva correta, pois a alternativa "d" responde à questão.

Gabarito "D"

5.9. GREVE E SINDICALIZAÇÃO

(Magistratura do Trabalho – 5ª Região – 2006 – CESPE) Julgue os itens que se seguem, acerca do direito de greve.

I. A simples adesão à greve não constitui falta grave.

II. Embora a regra do art. 37, VII, da Constituição diga que "o direito de greve será exercido nos termos e nos limites definidos em lei específica", não se poderá, em princípio, ignorar o que estabelece também a Constituição, no tocante à definição de serviços ou atividades essenciais e atendimento das necessidades inadiáveis da comunidade, que sujeita os responsáveis pelos abusos cometidos.

III. O Supremo Tribunal Federal já reconheceu a mora do Congresso Nacional, quanto à elaboração da lei que deveria reger os termos e limites do direito de greve dos servidores públicos.

IV. Eventual greve dos advogados públicos federais, que venha a colocar em risco a defesa do erário e, principalmente, do interesse público, constitui motivo de força maior suficiente para determinar-se a suspensão dos feitos que envolvam a União, suas autarquias ou fundações.

A quantidade de itens certos é igual a

(A) 0.
(B) 1.
(C) 2.
(D) 3.
(E) 4.

I: correto, pois a greve é direito do servidor (art. 37, VII, da CF), direito esse que o STF admitiu que pudesse ser exercido utilizando-se a Lei de Greve para o setor privado (Lei 7.783/1989), até que advenha lei específica regulando a greve de servidores públicos (Mandados de Injunção 670, 708 e 712, julgados em 2007); **II:** correto, devendo a greve respeitar os limites da Lei 7.783/1989, de modo garantir a continuidade do serviço público, estipulando-se, para cada greve, um percentual mínimo de pessoal que deve continuar trabalhando, para que não haja paralisação total dos serviços (por ex., em algumas greves da Justiça Federal o STJ determinou que pelo menos 60% dos servidores continuassem trabalhando); **III:** correto, valendo lembrar que esse reconhecimento se deu no ano de 1994, mas apenas importou na declaração de mora legislativa; já em 2007, nos mandados de injunção acima mencionados, o STF reconheceu a mora abusiva e resolveu aplicar a teoria concretista geral, para o fim de permitir o exercício de greve nos termos da lei mencionada; **IV:** correto, pois o interesse público é indisponível e deve ser preservado.

Gabarito "E"

(Magistratura do Trabalho – 7ª Região – 2005) No âmbito do serviço público, tratando-se de servidores submetidos ao regime estatutário, o direito de greve

(A) não é permitido.
(B) é permitido nos termos e limites definidos em lei específica.
(C) é permitido, mas enquanto não for regulamentado não poderá ser exercido.
(D) é permitido nos termos e condições previstos para os trabalhadores privados.
(E) não é permitido em atividades de segurança pública.

Essa questão está prejudicada com a decisão tomada pelo STF, que, hoje, admite a greve do servidor aplicando a Lei de Greve do Setor Privado, de modo que a alternativa "d", hoje, é a resposta correta, e não a alternativa "c", que constou do gabarito oficial.

Gabarito "C"

(Magistratura do Trabalho – 11ª Região – 2007 – FCC) Ao garantir ao servidor público civil o direito à livre associação sindical, a Constituição Federal

(A) condiciona o exercício do direito à disciplina por lei complementar.
(B) condiciona o exercício do direito à disciplina por lei específica.
(C) condiciona o exercício do direito à disciplina por lei ordinária.
(D) condiciona o exercício do direito à disciplina por lei delegada.
(E) não condiciona o exercício do direito à disciplina legislativa.

O texto constitucional não condiciona o direito à sindicalização à existência de lei regulamentando-o (art. 37, VI, da CF).

Gabarito "E"

(Procurador do Trabalho – MPT – 15º Concurso – 2008) Leia com atenção as assertivas abaixo:

I. a Constituição Federal assegura a livre associação sindical dos servidores públicos civis e militares;
II. segundo entendimento jurisprudencial dominante no STF, servidores públicos estatutários não podem celebrar acordos ou convenções coletivas de trabalho;
III. o STF reviu entendimento anterior no sentido de que é vedado ao servidor público o exercício do direito de greve, em face da ausência de lei regulamentadora, passando, a partir de decisão recente de seu órgão plenário, a entender viável o movimento paredista pelos servidores públicos, os quais deverão observar, no que couber, a lei aplicável aos trabalhadores da iniciativa privada;
IV. segundo entendimento jurisprudencial dominante no STF, aos servidores públicos contratados pelo regime da CLT, aplicam-se as mesmas restrições de extensão de direitos sociais previstas para os demais servidores públicos.

De acordo com as assertivas acima, pode-se afirmar que:

(A) todas as assertivas estão corretas;
(B) apenas uma assertiva está correta;
(C) apenas duas assertivas estão corretas;
(D) apenas três assertivas estão corretas;
(E) não respondida.

I: incorreta, pois os militares não têm direito à sindicalização (art. 142, § 3º, IV, da CF); **II:** correta (Súmula 679 do STF); **III:** correta (Mandados de Injunção 670, 708 e 712, julgados em 2007); **IV:** incorreta, pois o STF entende que "o § 3º do artigo 39 da Constituição não restringe os direitos sociais do servidor público celetista" (AI 310.274, *DJ* 15.03.2002).

Gabarito "C"

5.10. PREVIDÊNCIA

(Magistratura do Trabalho – 3ª Região – 2009) Assinale a assertiva ("a" a "e") correta em relação aos enunciados de I a V, observadas a legislação pertinente, a consolidação jurisprudencial e a Constituição da República:

I. Ao servidor público, titular de cargo efetivo da União, dos Estados, do Distrito Federal e dos Municípios, incluídas suas autarquias e fundações, aposentado, é assegurado o reajustamento dos benefícios para preservar-lhes, em caráter permanente, o valor real, conforme critérios estabelecidos em lei.
II. Ao servidor ocupante exclusivamente de cargo em comissão declarado em lei de livre nomeação e exoneração, bem como de outro cargo temporário ou de emprego público aplica-se o regime geral de previdência social.
III. A União, os Estados, o Distrito Federal e os Municípios, desde que instituam regime de previdência complementar para os seus respectivos servidores titulares de cargo efetivo, poderão fixar, para o valor das aposentadorias e pensões a serem concedidas pelo regime de previdência de caráter contributivo, o limite máximo estabelecido para o regime geral de previdência social.
IV. Em caso de aposentadoria de titular de cargo efetivo da União, dos Estados, do Distrito Federal e dos Municípios, por invalidez permanente, seus proventos serão proporcionais ao tempo de contribuição, exceto se decorrente de acidente em serviço, moléstia profissional ou doença grave, contagiosa ou incurável, na forma da lei.
V. Como condição para aquisição da estabilidade do servidor público, é obrigatória a avaliação especial de desempenho por comissão instituída para esta finalidade.

(A) Somente um enunciado é verdadeiro.
(B) Somente dois enunciados são verdadeiros.
(C) Somente três enunciados são verdadeiros.
(D) Somente quatro enunciados são verdadeiros.
(E) Todos os enunciados são verdadeiros.

I: verdadeiro (art. 40, § 8º, da CF); **II:** verdadeiro (art. 40, § 13, da CF); **III:** verdadeira (art. 40, § 14, da CF); **IV:** verdadeiro (art. 40, § 1º, I, da CF); **V:** verdadeiro (art. 41, § 4º, da CF).

Gabarito "E"

(Magistratura do Trabalho – 8ª Região – 2007) Considerando o que dispõe o regime jurídico dos servidores públicos civis da União, das autarquias e das fundações públicas federais, marque a alternativa correta que apresenta ponto de convergência no tocante aos benefícios do Plano de Seguridade Social, entre servidor e dependente:

(A) Auxílio – natalidade.
(B) Salário – família.
(C) Auxílio – funeral.
(D) Assistência à saúde.
(E) Auxílio – reclusão.

Art. 185, II, *d*, da Lei 8.112/1990.

Gabarito "D"

5.11. INFRAÇÕES E PROCESSO DISCIPLINARES. RESPONSABILIDADE DO SERVIDOR

(Magistratura do Trabalho – 9ª Região – 2009) Considerando o Regime Jurídico dos servidores públicos civis da União, analise as seguintes proposições:

I. Constituem indenizações ao servidor: a ajuda de custo, as diárias, o transporte e o auxílio-moradia.
II. O valor mensal do auxílio-moradia é limitado a 25% (vinte e cinco por cento) do valor do cargo em comissão, função comissionada ou cargo de Ministro de Estado ocupado.
III. São penalidades disciplinares: a advertência, a suspensão, a demissão, a cassação de aposentadoria ou disponibilidade, a destituição de cargo em comissão e a destituição de função comissionada.
IV. O processo disciplinar é o instrumento destinado a apurar responsabilidade de servidor por infração praticada no exercício de suas atribuições, ou que tenha relação com as atribuições do cargo em que se encontre investido.
V. São fases do processo disciplinar: a instauração, com a publicação do ato que constituir a comissão; o inquérito administrativo, que compreende instrução, defesa e relatório; e o julgamento.

(A) Somente as proposições I, III e IV são corretas.
(B) Somente as proposições II, III e V são corretas.
(C) Somente as proposições II, III e IV são corretas.
(D) Somente as proposições I, II e IV são corretas.
(E) Todas as proposições são corretas.

I: correta (art. 51 da Lei 8.112/1990); **II:** correta (art. 60-D da Lei 8.112/1990); **III:** correta (art. 127 da Lei 8.112/1990); **IV:** correta (art. 148 da Lei 8.112/1990); **V:** correta (art. 151 da Lei 8.112/1990).

Gabarito "E"

(Magistratura do Trabalho – 20ª Região – 2003) O servidor público que for absolvido em um processo criminal por falta de provas ou ausência de culpabilidade:

(A) terá excluída automaticamente sua culpa civil e administrativa;
(B) não terá sua culpa administrativa e civil excluída;
(C) não será mais responsabilizado administrativamente;
(D) não mais será responsabilizado civilmente;
(E) terá a decisão administrativa vinculada à criminal.

Somente absolvições criminais por inexistência material do fato ou negativa de autoria têm o condão de afastar as responsabilidades administrativa e civil (art. 126 da Lei 8.112/1990).

Gabarito "B"

(Magistratura do Trabalho – 20ª Região – 2003) Quanto ao processo administrativo disciplinar, é correto afirmar:

(A) a decisão prolatada fora do prazo legal é nula;
(B) aplica-se-lhe o princípio de acordo com o qual proíbe-se a *reformatio in pejus*;
(C) em razão da teoria dos motivos determinantes, a autoridade competente para julgar deverá seguir o parecer da comissão processante;
(D) Não se lhe aplica o princípio da atipicidade;
(E) a prescrição dos ilícitos administrativos que sejam ao mesmo tempo ilícitos criminais ocorrerá em conformidade com as regras estatuídas para estes últimos.

A: incorreta, "o julgamento fora do prazo legal não implica nulidade do processo" (art. 169, § 1º, da Lei 8.112/1990); **B:** incorreta, pois não existe norma proibindo a *reformatio in pejus* no processo disciplinar; assim, deve-se aplicar a Lei 9.784/1999 (aplicável subsidiariamente), que permite tal reforma, desde que se dê prévia oportunidade de manifestação para o potencial prejudicado com a reforma da decisão (art. 64, parágrafo único, da Lei 9.784/1999); **C:** incorreta, pois a autoridade julgadora não está vinculada ao relatório da comissão processante; porém, caso a decisão da autoridade seja em sentido contrário, será necessário que seja devidamente motivada (art. 168, parágrafo único, da Lei 8.112/1990); **D:** incorreta, pois a tipificação é necessária (art. 161 da Lei 8.112/1990); **E:** correta (art. 142, § 2º, da Lei 8.112/1990).

Gabarito "E"

(Magistratura do Trabalho – 21ª Região – 2005) Quanto ao regime disciplinar do servidor público federal, é incorreto afirmar:

(A) são penalidades disciplinares, dentre outras, a advertência, a suspensão e a destituição de função comissionada;
(B) o registro da penalidade de suspensão na ficha funcional do servidor é cancelado após o decurso do prazo de cinco anos, e esse cancelamento não surtirá efeitos retroativos;
(C) a acumulação ilegal de cargos, empregos ou funções públicas pelo servidor é passível de pena de exoneração, que somente ocorre após o atendimento de procedimento legal próprio, que compreende, inicialmente, a notificação do servidor para, no prazo improrrogável de quinze dias, apresentar sua opção;
(D) a ação disciplinar em relação à advertência prescreve em cento e oitenta dias;
(E) compete ao Presidente da República aplicar a pena de cassação de aposentadoria no âmbito do Poder Executivo Federal.

A: correto (art. 127 da Lei 8.112/1990); **B:** correto (art. 131 da Lei 8.112/1990); **C:** incorreto. A notificação do servidor para apresentar sua opção é de dez dias, não quinze dias. Caso permaneça omisso, se a acumulação for ilegal e seja comprovada sua má-fé, a pena será de demissão (art. 133 da Lei 8.112/1990); **D:** correto (art. 142, III, da Lei 8.112/1990); **E:** correto (art. 141, I, da Lei 8.112/1990).

Gabarito "C"

(Magistratura do Trabalho – 23ª Região – 2012) Com base na Lei n. 8.112/1990, assinale a alternativa correta:

(A) A falta ao serviço, sem causa justificada, por sessenta dias, interpoladamente, durante o período de doze meses; conduta escandalosa na repartição; desídia e utilização de recursos materiais da repartição em atividades particulares são causa de demissão do servidor público.

(B) A falta ao serviço, sem causa justificada, por trinta dias, interpoladamente, durante o período de doze meses; conduta escandalosa na repartição; desídia e utilização de recursos materiais da repartição em atividades particulares são causa de demissão do servidor público.

(C) A falta ao serviço, sem causa justificada, por noventa dias, interpoladamente, durante o período de doze meses; desídia e utilização de recursos materiais da repartição em atividades particulares são causa de demissão do servidor público.

(D) A falta ao serviço, sem causa justificada, por noventa dias, interpoladamente, durante o período de doze meses; conduta escandalosa na repartição e desídia são causa de demissão do servidor público.

(E) Conduta escandalosa na repartição; desídia e utilização de recursos materiais da repartição em atividades particulares são causa de suspensão do servidor público.

A falta ao serviço, sem causa justificada, por 60 dias, interpoladamente, durante o período de 12 meses é que causa demissão (arts. 132 e 139 da Lei 8.112/1990); assim, ficam afastadas as alternativas "b", "c" e "d", por não mencionar o prazo correto (60 dias); a alternativa "e" está incorreta, pois a conduta escandalosa na repartição e a utilização de recursos materiais da repartição em atividades particulares são causas de demissão do servidor público (arts. 117, XVI e 132, V e XIII, da Lei 8.112/1990).

Gabarito "A"

(Magistratura do Trabalho – 23ª Região – 2012) Quanto à responsabilidade do servidor público, nos termos da Lei n. 8.112/1990, assinale a alternativa correta.

(A) As reposições e indenizações ao erário serão previamente comunicadas ao servidor ativo, aposentado ou ao pensionista, para pagamento, no prazo máximo de trinta dias, devendo ser parceladas, sempre que assim for requerido pelo interessado.

(B) Cabe pena de censura ao servidor que levar à autoridade superior, informação concernente à prática de improbidade da qual tomou conhecimento, em decorrência do exercício de cargo, quando, apurados os fatos, ficar constatado que a denúncia não tinha fundamento.

(C) a obrigação de indenizar é personalíssima, não se transmitindo com a herança.

(D) A responsabilidade penal abrange os crimes e contravenções imputadas ao servidor, nessa qualidade enquanto que a responsabilidade civil-administrativa resulta de ato omissivo ou comissivo praticado no desempenho do cargo ou função.

(E) As sanções civis, penais e administrativas são dependentes entre si, podendo cumular-se.

A: incorreta, pois o pagamento deverá ser feito em até 60 dias, sob pena de inscrição na dívida ativa (art. 47 da Lei 8.112/1990); **B:** incorreta, pois nenhum servidor poderá ser responsabilizado no caso (art. 126-A da Lei 8.112/1990); **C:** incorreta, pois tal obrigação se estende aos sucessores e contra eles será executada, até o limite do valor da herança recebida (art. 122, § 3º, da Lei 8.112/1990); **D:** correta (arts. 123 e 124 da Lei 8.112/1990); **E:** incorreta, pois tais sanções são independentes entre si (art. 125 da Lei 8.112/1990).

Gabarito "D"

(Procurador do Trabalho – 2013 – MPT) Sobre as penalidades e o processo administrativo, assinale a alternativa CORRETA:

(A) A autoridade competente adotará procedimento sumário para a apuração e regularização imediata de acumulação ilegal de cargos, empregos ou funções públicas, na hipótese de omissão do servidor em apresentar opção no prazo legal.

(B) O processo administrativo disciplinar é inquisitivo e não se submete aos princípios do contraditório e da ampla defesa.

(C) As penalidades de advertência e suspensão do servidor público aplicadas por uma infração terão seus registros cancelados, após o decurso de 03 (três) e 05 (cinco) anos, respectivamente, independentemente da prática de nova infração disciplinar pelo servidor neste período.

(D) Extinta a punibilidade de infração disciplinar do servidor público pela prescrição, a autoridade julgadora não poderá determinar o registro do fato nos assentamentos individuais do servidor.

(E) não respondida.

A: correta (art. 133, *caput*, da Lei 8.112/1990); **B:** incorreta (art. 5º, LV, da CF e art. 153 da Lei 8.112/1990); **C:** incorreta, pois os registros serão cancelados no caso, desde que o servidor não tenha, no período, praticado nova infração disciplinar (art. 131, *caput*, da Lei 8.112/1990); **D:** incorreta, pois o registro da prescrição será feito, sim, nos assentamentos individuais do servidor (art. 170 da Lei 8.112/1990); **E:** incorreta, pois a alternativa "a" responde adequadamente à questão.

Gabarito "A"

(Procurador do Trabalho – MPT – 17º Concurso – 2012) Examine as seguintes assertivas:

I. Segundo a Lei n. 8.112/1990, a autoridade que tiver ciência de irregularidade no serviço público é obrigada a promover a sua apuração imediata, mediante sindicância ou processo administrativo disciplinar, assegurada ao acusado ampla defesa, a quem, porém, a Constituição da República não assegura a defesa técnica.

II. Segundo a Lei n. 8.112/1990, sempre que o ilícito praticado pelo servidor ensejar a imposição de penalidade de suspensão por mais de 30 (trinta) dias, de demissão, cassação de aposentadoria ou disponibilidade, ou destituição de cargo em comissão, será obrigatória a instauração de processo disciplinar.

III. Conforme a Lei n. 8.112/1990, quando o fato narrado não configurar evidente infração disciplinar ou ilícito penal, a denúncia será arquivada, por falta de objeto.

IV. O Ministério Público da União, sempre que necessário ao exercício de suas funções institucionais, poderá requisitar à autoridade competente a instauração de procedimentos administrativos, ressalvados os de natureza disciplinar, podendo acompanhá-los e produzir provas.

Marque a alternativa CORRETA:

(A) apenas as assertivas I, II e III estão corretas;
(B) apenas as assertivas I e IV estão corretas;
(C) todas as assertivas estão corretas;
(D) apenas as assertivas I, II e IV estão incorretas;
(E) não respondida.

I: correta (art. 143, *caput*, da Lei 8.112/1990; art. 5º, LV, da CF; Súmula Vinculante STF n. 5); **II:** correta (art. 146 da Lei 8.112/1990); **III:** correta (art. 144, parágrafo único, da Lei 8.112/1990); **IV:** correta (art. 7º, III, da Lei Complementar 75/1993).

Gabarito "C"

(Procurador do Trabalho – MPT – 16º Concurso – 2009) Leia as assertivas abaixo e assinale a alternativa CORRETA, com relação ao Processo Administrativo Disciplinar:

I. as denúncias sobre irregularidades serão objeto de apuração, desde que contenham a identificação e o endereço do denunciante e sejam formuladas por escrito, confirmada a autenticidade;

II. A sindicância poderá resultar em aplicação de advertência ou suspensão de até 30 (trinta) dias, ou em outras pedidas previstas em lei;

III. O prazo para conclusão do processo disciplinar não excederá 60 dias, contados da data de publicação do ato que constituiu a comissão respectiva, admitida a sua prorrogação por igual prazo, quando as circunstâncias o exigirem;

IV. O inquérito administrativo, que compreende instrução, defesa e relatório, é uma das fases do processo disciplinar.

(A) Todas as alternativas acima estão corretas;
(B) Apenas as assertivas II e III estão corretas;
(C) Apenas as assertivas I e IV estão corretas;
(D) A assertiva IV está incorreta.
(E) Não respondida.

I: correta (art. 144 da Lei 8.112/1990); **II:** correta (art. 145 da Lei 8.112/1990); **III:** correta (art. 152 da Lei 8.112/1990); **IV:** correta (art. 151, II, da Lei 8.112/1990).

Gabarito "A"

(Procurador do Trabalho – MPT – 16º Concurso – 2009) Assinale a alternativa CORRETA a respeito da Revisão do Processo Disciplinar:

(A) A comissão revisora terá 30 (trinta) dias para a conclusão dos trabalhos;
(B) Em caso de falecimento do servidor fica prejudicado o processo de revisão;
(C) No processo revisional o ônus da prova cabe à Administração;
(D) O prazo para julgamento do processo revisional será de 20 dias; contados do recebimento do processo, no curso do qual a autoridade julgadora poderá determinar diligências;
(E) Não respondida.

A: incorreta, pois são 60 dias (art. 179 da Lei 8.112/1990); **B:** incorreta, pois é possível até iniciar o processo de revisão mesmo após o falecimento do servidor (art. 174, § 1º, da Lei 8.112/1990); **C:** incorreta, pois o ônus da prova cabe ao requerente (art. 175 da Lei 8.112/1990); **D:** correta (art. 181, parágrafo único, da Lei 8.112/1990).

Gabarito "D"

(Procurador do Trabalho – MPT – 14º Concurso – 2007) Leia com atenção as assertivas abaixo:

I. É obrigatória a presença de advogado em todas as fases do processo administrativo disciplinar.

II. A pena de suspensão, aplicada ao servidor público, poderá ser convertida em multa, desde que haja interesse da administração pública, quando então o servidor permanecerá em serviço com o desconto de 50% nos seus vencimentos, pelos dias correspondentes ao cumprimento da pena originariamente imposta.

III. A responsabilidade administrativa do servidor será afastada no caso de absolvição criminal que negue a existência do fato ou sua autoria.

Assinale a alternativa CORRETA:

(A) apenas as assertivas I e a III estão corretas;
(B) apenas as assertivas I, II e III estão corretas;
(C) apenas a assertiva I está correta;
(D) apenas as assertivas II e III estão corretas.
(E) não respondida.

I: correta, apesar da prova ter considerado a alternativa correta e do fato de que o STJ chegou a editar uma súmula com esse teor, o STF acabou editando a Súmula Vinculante n. 5, em sentido contrário; **II:** correta (art. 130, § 2º, da Lei 8.112/1990); **III:** correta (art. 126 da Lei 8.112/1990).

Gabarito "B"

(Procurador do Trabalho – MPT – 12º Concurso – 2005) Quanto ao processo administrativo disciplinar, analise as assertivas abaixo e, após, responda:

I. pode-se afirmar que a Administração Pública tem discricionariedade na fixação da sanção administrativa, desde que respeitados os parâmetros legais;

II. o Estatuto dos Servidores Públicos Civis da União fixa normas gerais sobre o processo administrativo disciplinar que são vinculantes para os Estados, Municípios e Distrito Federal;

III. os estatutos de servidores públicos civis (federal, estaduais, municipais ou do Distrito Federal) podem estipular que os servidores acusados formalmente, em processo administrativo disciplinar, podem ser colocados em disponibilidade;

IV. uma conduta de servidor público estatutário pode configurar ilícito administrativo sem que exista tipificação penal para a hipótese.

(A) as assertivas I e IV estão corretas;
(B) apenas a assertiva I está correta;
(C) as assertivas I, III e IV estão incorretas;
(D) as assertivas I e III estão corretas;
(E) não respondida.

I: correta, pois a fixação da sanção administrativa é feita a partir de alguns conceitos vagos, conforme se pode ver do art. 128 da Lei 8.112/1990, o que não significa arbitrariedade, mas atuação dentro da margem de liberdade prevista na lei; **II:** incorreta, pois cada ente político tem autonomia para criar seu estatuto de funcionário público; **III:** incorreta, pois há de se preservar o princípio da presunção de inocência; o máximo que pode ser feito é o afastamento preventivo do servidor, nos termos do art. 147 da Lei 8.112/1990; **IV:** correta, pois cada esfera (penal e administrativa) estabelece tipos próprios que, configurados, ensejam a responsabilização respectiva.

Gabarito "A"

(Procurador do Trabalho – MPT – 9º Concurso – 2000) À vista das assertivas abaixo:

I. o processo administrativo disciplinar é obrigatório para a aplicação da pena da perda de cargo de servidor público estável;

II. existem princípios do processo administrativo entre os quais podem ser apontados:
a) oficialidade;
b) informalismo;
c) ampla defesa e contraditório.

III. o processo administrativo disciplinar é o meio de apuração e punição de faltas dos servidores públicos e pode ser precedido de sindicância administrativa;

IV. sempre que o ilícito praticado pelo servidor ensejar a imposição de penalidade de suspensão por mais de 30 (trinta) dias, de demissão, cassação de aposentadoria ou disponibilidade, ou destituição de cargo em comissão, será obrigatória a instauração de processo disciplinar.

Assinale a alternativa correta:

(A) somente as assertivas I e IV estão corretas:
(B) as assertivas I, II, e IV estão incorretas;
(C) somente as assertivas II e III estão corretas:
(D) somente a assertiva IV está incorreta:
(E) todas as assertivas estão corretas:
(F) não sei.

I: correta (art. 146 da Lei 8.112/1990); **II:** correta (art. 2º, *caput*, e parágrafo único, XII e IX, da Lei 9.784/1999); **III:** correta (art. 151, II, da Lei 8.112/1990), valendo salientar que a lei também chama o inquérito administrativo de sindicância administrativa; **IV:** correta (art. 146 da Lei 8.112/1990).

Gabarito "E"

5.12. TEMAS COMBINADOS DE AGENTES PÚBLICOS

(Magistratura do Trabalho – 3ª Região – 2009) Assinale a assertiva ("a" a "e") correta em relação aos enunciados de I a V, observadas a legislação pertinente, a consolidação jurisprudencial e a Constituição da República:

I. Ao servidor público da administração direta, autárquica e fundacional, quando investido no mandato de prefeito, será afastado do cargo, emprego ou função, sendo-lhe facultado optar pela sua remuneração.

II. Em qualquer caso que exija o afastamento para o exercício de mandato eletivo, seu tempo de serviço será contado para todos os efeitos legais, exceto para promoção por merecimento.

III. O direito de greve do servidor público civil será exercido nos termos e nos limites definidos por lei complementar específica.

IV. O servidor público estável só perderá o cargo em virtude de sentença judicial transitada em julgado ou mediante processo administrativo em que lhe seja assegurada ampla defesa.

V. Extinto o cargo ou declarada a sua desnecessidade, o servidor estável ficará em disponibilidade, com remuneração integral, até seu adequado aproveitamento em outro cargo.

(A) Somente um enunciado é verdadeiro.
(B) Somente dois enunciados são verdadeiros.
(C) Somente três enunciados são verdadeiros.
(D) Somente quatro enunciados são verdadeiros.
(E) Todos os enunciados são verdadeiros.

I: verdadeiro (art. 38, II, da CF); **II:** verdadeiro (art. 38, IV, da CF); **III:** falso, pois será exercido nos termos e nos limites de *lei específica*, não sendo necessário que se trate de *lei complementar* (art. 37, VII, da CF); **IV:** falso, pois o servidor estável também pode perder o cargo por avaliação periódica de desempenho insuficiente e para atender a limites de despesa com pessoal (arts. 41, § 1º, III e 169, § 4º, da CF); **V:** falso, pois o servidor ficará em disponibilidade com remuneração proporcional (art. 41, § 2º, da CF).

Gabarito "B"

(Magistratura do Trabalho – 14ª Região – 2008) Em relação ao Regime Jurídico dos Servidores Públicos Civis da União, analise as proposições abaixo, apontando em seguida a alternativa CORRETA:

I. A reversão é o retorno do servidor estável ao cargo anteriormente ocupado, decorrente de inabilitação em estágio probatório relativo a outro cargo.

II. É de 30 (trinta) dias o prazo para o servidor empossado em cargo público entrar em exercício, contados da data da posse.

III. Os servidores cumprirão jornada de trabalho fixada em razão das atribuições pertinentes aos respectivos cargos, respeitada a duração máxima do trabalho semanal de 44 (quarenta e quatro) horas e observados os limites mínimo e máximo de 06 (seis) horas e 08 (oito) horas, respectivamente, em 06 dias da semana.

IV. Os servidores que trabalhem com habitualidade em locais considerados insalubres, fazem jus a um adicional, que é calculado tendo por base o salário mínimo vigente.

(A) Todas as alternativas estão corretas;
(B) Todas as alternativas estão incorretas;
(C) Apenas a alternativa IV está incorreta;
(D) Apenas a alternativa II está correta;
(E) Apenas as alternativas II e III estão corretas.

I: incorreta, reversão é o retorno do servidor aposentado. A alternativa descreveu a recondução (art. 25 da Lei 8.112/1990); **II:** incorreta, o prazo é de quinze dias (art. 15, § 1º, da Lei 8.112/1990); **III:** incorreta, a duração máxima do trabalho semanal serão 40 (quarenta horas) (art. 19 da Lei 8.112/1990); **IV:** incorreta (o art. 68 da Lei 8.112/1990 não prevê o cálculo com base no salário mínimo).

Gabarito "B"

(Magistratura do Trabalho – 16ª Região – 2006) Marque a opção INCORRETA:

(A) O servidor público ao adquirir a estabilidade poderá perder o cargo por meio de processo judicial, processo administrativo ou avaliação periódica de desempenho.
(B) O servidor público em estágio probatório não tem direito à disponibilidade, no caso de extinção do cargo para o qual foi nomeado.
(C) O servidor foi nomeado, após ter sido aprovado em concurso público, e não tomou posse. Seu ato de nomeação será nulo.
(D) No cargo de confiança a destituição é aplicável nas hipóteses de infrações puníveis com demissão e suspensão.
(E) A ação disciplinar prescreverá a contar da data em que o fato se tornou conhecido, sendo de dois anos quanto à pena de suspensão.

A: correta (art. 41, § 1º, da CF); **B:** correta, pois só o servidor estável tem esse direito (art. 41, § 3º, da CF); **C:** assertiva incorreta, devendo ser assinalada, pois não há vício na nomeação; haverá nomeação do próximo classificado; **D:** correta (art. 135 da Lei 8.112/1990); **E:** correta (art. 142, II e § 1º, da Lei 8.112/1990).

Gabarito "C"

(Procurador do Trabalho – MPT – 14º Concurso – 2007) Assinale a alternativa incorreta, a respeito dos servidores públicos civis regidos pela Lei n. 8.112/1990:

(A) os servidores que trabalhem com habitualidade em locais insalubres ou em contato permanente com substâncias tóxicas, radioativas ou com risco de vida, fazem jus a um adicional sobre o vencimento do cargo efetivo;
(B) em caso de dano causado a terceiros, o servidor responderá perante a fazenda pública, em ação regressiva;
(C) a Administração poderá instituir prêmios por inventos que favoreçam o aumento de produtividade ou a redução dos custos operacionais;
(D) o servidor poderá eximir-se do cumprimento de seus deveres quando motivado por crença religiosa;
(E) não respondida.

A: correta (art. 68 da Lei 8.112/1990); **B:** correta (art. 122, § 2º, da Lei 8.112/1990); **C:** correta (art. 237, I, da Lei 8.112/1990); **D:** incorreta, devendo ser assinalada. O servidor *não* poderá eximir-se (art. 239 da Lei 8.112/1990); **E:** não deve ser marcada, já que a alternativa "d" está incorreta.

Gabarito "D"

(Procurador do Trabalho – MPT – 13º Concurso – 2006) A respeito do servidor público:

I. o cancelamento da penalidade aplicada ao servidor pela administração não produzirá efeito retroativo;
II. a utilização de pessoal da repartição pública em atividades particulares sujeita o servidor infrator à pena de demissão;
III. é proibido ao servidor público promover manifestação de apreço ou desapreço no recinto da repartição;
IV. o afastamento do cargo efetivo, sem remuneração, não acarreta a suspensão do pagamento do salário-família.

Analisando as asserções acima, pode-se afirmar que:

(A) todas estão corretas;
(B) apenas a de número I está incorreta;
(C) apenas as de número I e IV estão incorretas;
(D) todas estão incorretas;
(E) não respondida.

I: correta (art. 131, parágrafo único, da Lei 8.112/1990); **II:** correta (art. 117, XVI, c/c o art. 132, XIII, ambos da Lei 8.112/1990); **III:** correta (art. 117, V, da Lei 8.112/1990); **IV:** correta (art. 201 da Lei 8.112/1990).

Gabarito "A"

6. IMPROBIDADE ADMINISTRATIVA

(Magistratura do Trabalho – 1ª Região – 2010 – CESPE) Com relação à improbidade administrativa, assinale a opção correta de acordo com a disciplina da Lei n. 8.429/1992.

(A) O particular que não tem vínculo com a administração pública somente pode sofrer as sanções previstas na Lei de Improbidade Administrativa se for beneficiário direto do ato de improbidade.
(B) Qualquer cidadão pode representar administrativamente para que seja instaurada investigação destinada a apurar prática de ato de improbidade, e a comissão processante responsável pela apuração deve dar conhecimento do procedimento administrativo ao MP e ao respectivo tribunal ou conselho de contas.
(C) Apenas as entidades nas quais o poder público concorra com mais de 50% do patrimônio ou da receita anual sujeitam-se às penalidades previstas na Lei n. 8.429/1992, sejam elas regidas pelo direito público ou pelo direito privado.
(D) Apenas o MP dispõe de legitimidade para ajuizar ação visando à aplicação da sanção pela prática de ato que configure improbidade.

(E) A perda e o afastamento, ainda que provisório, de cargo, emprego ou função pública, e a suspensão dos direitos políticos, em razão da prática de ato de improbidade, somente podem efetivar-se após o trânsito em julgado da sentença condenatória.

A: incorreta, pois o particular pode sofrer as sanções quando for beneficiário direto ou *indireto* do ato de improbidade ou quando *induzir* ou *concorrer* para a prática deste (art. 3º da Lei 8.429/1992); **B:** correta (arts. 14, *caput*, e 15, *caput*, da Lei 8.429/1992); **C:** incorreta, pois "estão também sujeitos às penalidades desta lei os atos de improbidade praticados contra o patrimônio de entidade que receba subvenção, benefício ou incentivo, fiscal ou creditício, de órgão público bem como daquelas para cuja criação ou custeio o erário haja concorrido ou concorra **com menos de cinquenta por cento** do patrimônio ou da receita anual, limitando-se, nestes casos, a sanção patrimonial à repercussão do ilícito sobre a contribuição dos cofres públicos" (grifo nosso) – art. 1º, parágrafo único, da Lei 8.429/1992; **D:** incorreta, pois a pessoa jurídica interessada também tem legitimidade (art. 17, *caput*, da Lei 8.429/1992); assim, se um fiscal ou um procurador municipal comete ato de improbidade, o Município correspondente poderá ingressar com ação de improbidade contra tais agentes; **E:** incorreta, pois o afastamento provisório pode se dar antes do trânsito em julgado; apenas a perda da função pública e a suspensão dos direitos políticos se efetivam após o trânsito em julgado da sentença condenatória (art. 20 da Lei 8.429/1992).

Gabarito "B"

(Magistratura do Trabalho – 3ª Região – 2009) Assinale a assertiva ("a" a "e") correta em relação aos enunciados de I a V, observadas a legislação pertinente, a consolidação jurisprudencial e a Constituição da República:

I. De acordo com a Lei que estabelece sanções àqueles que incorrerem em improbidade administrativa, são apresentadas três modalidades de atos de improbidade, a saber: aqueles que importam em enriquecimento ilícito; os que causam prejuízo ao erário e os que atentam contra o princípios da Administração Pública.

II. Tanto o agente público quanto o terceiro, desde que este induza ou concorra para ato ilícito, ou dele se beneficie sob qualquer forma, podem praticar ato tipificado como de improbidade administrativa.

III. Para os efeitos da Lei de Improbidade Administrativa (8.429/1992), reputa-se agente público todo aquele que exerça, ainda que transitoriamente, mas com remuneração, por eleição, nomeação, designação, contratação, ou qualquer outra forma de investidura, mandato, cargo, emprego ou função em entidades componentes da administração direta, indireta ou fundacional.

IV. Na ação judicial de improbidade administrativa, são vedados a conciliação, acordo ou transação.

V. Possuem legitimidade ativa para ajuizar ação de improbidade administrativa, nos termos da Lei 8.429/1992, o Ministério Público, os sindicatos, o cidadão, a Procuradoria do Órgão lesado, bem como associações constituídas há mais de um ano, com finalidade de defesa do patrimônio público.

(A) Somente um enunciado é verdadeiro.
(B) Somente dois enunciados são verdadeiros.
(C) Somente três enunciados são verdadeiros.
(D) Somente quatro enunciados são verdadeiros.
(E) Todos os enunciados são verdadeiros.

I: verdadeiro (arts. 9º a 11 da Lei 8.429/1992); **II:** verdadeiro (art. 3º da Lei 8.429/1992); **III:** falso, pois é considerado agente público não só quem recebe remuneração, como também quem não recebe (art. 2º da Lei 8.429/1992); **IV:** verdadeiro (art. 17, § 1º, da Lei 8.429/1992); **V:** falso, pois somente a pessoa jurídica interessada e o Ministério Público têm legitimidade para o ingresso com ação de improbidade (art. 17, *caput*, da Lei 8.429/1992).

Gabarito "C"

(Magistratura do Trabalho – 4ª Região – 2012) São passíveis de enquadramento nas disposições previstas na Lei de improbidade administrativa

(A) os atos praticados pelos agentes públicos, exclusivamente.
(B) os atos praticados por agentes públicos, incluindo os agentes políticos e excluídos os particulares que atuam em colaboração com a Administração.
(C) os atos praticados por agentes públicos ou terceiro que induza ou concorra para a prática do ato ou dele se beneficie.
(D) os atos praticados contra o patrimônio de entidade pública ou privada que receba recursos públicos, desde que em montante superior a 50% do capital ou patrimônio.
(E) apenas os atos que ensejem prejuízo ao erário, incluindo aqueles praticados em face das entidades integrantes da Administração indireta.

A: incorreta, pois os atos praticados por terceiros beneficiários de atos ímprobos e por pessoas que induzam ou concorram para a prática de ato de improbidade também são passíveis de enquadramento na Lei 8.429/1992 (art. 3º desta); **B:** incorreta, pois os particulares que colaboram com a Administração, como os mesários e jurados, também estão contidos no conceito de agente público do art. 2º da Lei 8.429/1992 e os agentes públicos, ao contrário, quando já respondem por crimes de responsabilidade, não estão sujeitos à aplicação da Lei 8.429/1992, salvo o Prefeito; **C:** correta (art. 3º da Lei 8.429/1992); **D:** incorreta, pois também são passíveis de enquadramento nas disposições da Lei de Improbidade os atos praticados contra o patrimônio das entidades mencionadas, mesmo que esta recebe recursos públicos que componham montante inferior a 50% do patrimônio ou receita (art. 1º, parágrafo único, da Lei 8.429/1992); **E:** incorreta, pois essa é apenas uma das modalidades de ato de improbidade (art. 10 da Lei 8.429/1992), sendo que as demais modalidades são enriquecimento ilícito do agente (art. 9º) e violação a princípios administrativos (art. 11 da Lei 8.429/1992).

Gabarito "C"

(Magistratura do Trabalho – 5ª Região – 2006 – CESPE) A respeito da improbidade administrativa, assinale a opção incorreta.

(A) O conceito de improbidade administrativa é mais restrito que o conceito de moralidade administrativa.
(B) O alcance subjetivo da chamada Lei de Improbidade estende-se além do tradicional conceito de agentes públicos.
(C) As atividades que podem vir a ser consideradas como atentatórias à probidade administrativa estão divididas em três grupos, quais sejam, as que importam em enriquecimento ilícito, as que causam prejuízo ao erário e as que violam os princípios da honestidade, imparcialidade, legalidade e lealdade às instituições públicas.

(D) Enquadra-se como ato de improbidade aquele que importa ou ameaça implicar prejuízo ou desfalque material ao patrimônio público, mas não aquele que afeta a credibilidade ou a honra objetiva das entidades públicas.

(E) Os atos de improbidade administrativa importarão a suspensão dos direitos políticos, a perda da função pública, a indisponibilidade dos bens e o ressarcimento ao erário.

A: correta, pois a improbidade administrativa é a imoralidade administrativa qualificada pelas condutas previstas nos arts. 9º a 11 da Lei 8.429/1992; **B:** correta, pois, pela lei, pode ser agente público inclusive aquele que trabalha numa entidade não criada pelo Estado, mas que receba recursos por parte deste (arts. 1º e 2º da Lei 8.429/1992); **C:** correta (arts. 9º, 10 e 11 da Lei 8.429/1992); **D:** assertiva incorreta, devendo ser assinalada, pois a modalidade de prejuízo ao erário requer efetivo prejuízo, e não mera ameaça de prejuízo; ademais, atos que afetam a credibilidade ou a honra objetiva da entidade podem configurar ato de improbidade, quando isso importar em violação aos princípios estabelecidos no art. 11 da Lei 8.429/1992; **E:** correta (art. 37, § 4º, da CF).

Gabarito "D"

(Magistratura do Trabalho – 7ª Região – 2005) A improbidade administrativa é objeto da Lei n. 8.429/1992. Assinale, nesse contexto, a afirmativa falsa.

(A) Para os efeitos da Lei n. 8.429/1992, reputa-se agente público todo aquele que exerce função em entidade privada que receba subvenção do Poder Público, correspondente a pelo menos 50% de seu patrimônio.

(B) No caso de enriquecimento ilícito, perderá o agente público ou o terceiro beneficiário os bens ou valores acrescidos ao seu patrimônio.

(C) O sucessor daquele que causar lesão ao patrimônio público ou se enriquecer ilicitamente está sujeito ao ressarcimento do dano, até o limite do valor da herança.

(D) Ocorrendo lesão ao patrimônio público por ação ou omissão, do agente ou de terceiro, dar-se-á o integral ressarcimento do dano.

(E) Incorre em improbidade administrativa a pessoa que mesmo não sendo agente público induza ou concorra para a prática do ato danoso ou dele se beneficie.

A: afirmativa falsa, devendo ser assinalada, pois também pode ser reputado agente público aquele que exerce função em entidade privada que receba subvenção correspondente a menos 50% de seu patrimônio, hipótese em que a sanção patrimonial ficará limitada à repercussão do ilícito sobre a contribuição dos cofres públicos (art. 1º, parágrafo único, da Lei 8.429/1992); **B:** verdadeira (art. 6º da Lei 8.429/1992); **C:** verdadeira (art. 8º da Lei 8.429/1992); **D:** verdadeira (art. 5º da Lei 8.429/1992); **E:** verdadeira (art. 3º da Lei 8.429/1992).

Gabarito "A"

(Magistratura do Trabalho – 8ª Região – 2011) Em relação à improbidade administrativa, marque a alternativa INCORRETA:

(A) Constitui ato de improbidade administrativa, que atenta contra os princípios da Administração Pública, revelar ou permitir que chegue ao conhecimento de terceiro, antes da respectiva divulgação oficial, teor de medida política ou econômica capaz de afetar o preço de mercadoria, bem ou serviço.

(B) A percepção de vantagem patrimonial ilícita, obtida pelo exercício da função pública, bem como o dano ao erário são pressupostos exigíveis para a caracterização do enriquecimento ilícito gerado pela conduta de improbidade.

(C) Ao ímprobo, na hipótese de improbidade administrativa que importe enriquecimento ilícito, pode ser aplicada a pena de suspensão dos direitos políticos, pelo prazo máximo de dez anos.

(D) Será punido com a pena de demissão, a bem do serviço público, sem prejuízo de outras sanções cabíveis, o agente público que se recusar a prestar declaração dos bens, dentro do prazo determinado, ou que a prestar falsa.

(E) Quando o ato de improbidade causar lesão ao patrimônio público ou ensejar enriquecimento ilícito, caberá à autoridade administrativa responsável pelo inquérito representar ao Ministério Público, para a indisponibilidade dos bens do indiciado, que recairá sobre bens que assegurem o integral ressarcimento do dano, ou sobre o acréscimo patrimonial resultante do enriquecimento ilícito.

A: assertiva correta (art. 11, VII, da Lei 8.429/1992); **B:** assertiva incorreta, devendo ser assinalada; o dano ao erário não é pressuposto para a caracterização da modalidade de improbidade enriquecimento ilícito do agente (arts. 9º, *caput*, 21, I, da Lei 8.429/1992); **C:** assertiva correta (art. 12, I, da Lei 8.429/1992); **D:** assertiva correta (art. 13, § 3º, da Lei 8.429/1992); **E:** assertiva correta (art. 7º da Lei 8.429/1992).

Gabarito "B"

(Magistratura do Trabalho – 8ª Região – 2008) Sobre improbidade administrativa assinale a alternativa CORRETA:

(A) Na hipótese de atos de improbidade que importam enriquecimento ilícito, está o responsável sujeito, também, à perda dos bens ou valores acrescidos ilicitamente ao patrimônio, ressarcimento integral do dano, quando houver, perda da função pública, suspensão dos direitos políticos de oito a dez anos, e proibição de contratar com o Poder Público, ainda que por intermédio da pessoa jurídica da qual seja sócio, ainda que minoritário, pelo prazo de dez anos.

(B) Na hipótese de atos de improbidade que causam prejuízo ao erário, está o responsável sujeito, também, à perda dos bens ou valores acrescidos ilicitamente ao patrimônio, se concorrer esta circunstância, ressarcimento integral do dano, perda da função pública, suspensão dos direitos políticos de cinco a oito anos, e proibição de contratar com o Poder Público, ainda que por intermédio da pessoa jurídica da qual seja sócio majoritário pelo prazo de dez anos.

(C) Na hipótese de atos de improbidade que atentam contra os princípios da administração pública, está o responsável sujeito, também, à suspensão dos direitos políticos de três a cinco anos, pagamento de multa civil de até cem vezes o valor da remuneração percebida pelo agente e proibição de contratar com o Poder Público, ainda que por intermédio de pessoa jurídica da qual seja sócio majoritário, pelo prazo de três anos.

(D) Na hipótese de atos de improbidade que importam enriquecimento ilícito, está o responsável sujeito, também, à perda dos bens ou valores acrescidos ilicitamente ao patrimônio, se concorrer esta circunstância, ressarcimento integral do dano, perda da função pública, suspensão dos direitos políticos de cinco a oito anos, e proibição de contratar com o Poder Público, ainda que por intermédio da pessoa jurídica da qual seja sócio majoritário pelo prazo de dez anos.

(E) Na hipótese de atos de improbidade que atentam contra os princípios da administração pública, está o responsável sujeito, também, à perda dos bens ou valores acrescidos ilicitamente ao patrimônio, ressarcimento integral do dano, quando houver, perda da função pública, suspensão dos direitos políticos de oito a dez anos, e proibição de contratar com o Poder Público, ainda que por intermédio da pessoa jurídica da qual seja sócio, ainda que minoritário, pelo prazo de dez anos.

A: incorreta, pois a sanção de proibição de contratar com o Poder Público se dá em relação à pessoa condenada e em relação à pessoa jurídica da qual for sócio **majoritário**, e não minoritário (art. 12, I, da Lei 8.429/1992); **B:** incorreta, pois a proibição de contratar com o Poder Público, no caso, é pelo prazo de 5 anos, e não de 10 anos (art. 12, II, da Lei 8.429/1992); **C:** correta (art. 12, III, da Lei 8.429/1992); **D:** incorreta, pois a suspensão dos direitos políticos, no caso, é pelo prazo de 8 a 10 anos, e não de 5 a 8 anos (art. 12, I, da Lei 8.429/1992); **E:** incorreta, pois a suspensão dos direitos políticos, no caso, é de 3 a 5 anos, e não de 8 a 10 anos; ademais, a proibição de contratar com o Poder Público é pelo prazo de 3 anos, e não de 10 anos (art. 12, III, da Lei 8.429/1992).

Gabarito "C"

(Magistratura do Trabalho – 8ª Região – 2006) Sobre improbidade administrativa, é correto afirmar que:

(A) Os atos de improbidade administrativa que importam enriquecimento ilícito sujeitam o responsável, dentre outras penas, à suspensão dos direitos políticos de cinco a oito anos.

(B) A aplicação das sanções por improbidade administrativa depende da efetiva ocorrência do dano ao patrimônio público e, em determinados casos, de rejeição das contas pelo Tribunal de Contas.

(C) A autoridade judicial poderá determinar o afastamento do agente político do exercício do emprego, sem remuneração, quando essa medida for necessária à apuração da prática de atos de improbidade.

(D) O sucessor daquele que causar lesão ao patrimônio público não está sujeito às sanções por improbidade administrativa.

(E) Os atos de improbidade administrativa que causam prejuízo ao erário sujeitam o responsável, dentre outras penas, ao pagamento de multa civil de até duas vezes o valor do dano.

A: incorreta, pois a suspensão dos direitos políticos, no caso, é pelo prazo de 8 a 10 anos (art. 12, I, da Lei 8.429/1992); **B:** incorreta, pois não é necessário qualquer das duas circunstâncias (art. 21, I e II, da Lei 8.429/1992); **C:** incorreta, pois, em caso de afastamento preventivo, o agente público continua recebendo remuneração (art. 20, parágrafo único, da Lei 8.429/1992); **D:** incorreta, pois está sujeito, sim, até o limite do valor da herança (art. 8º da Lei 8.429/1992); **E:** correta (art. 12, II, da Lei 8.429/1992).

Gabarito "E"

(Magistratura do Trabalho – 9ª Região – 2007) Em relação à improbidade administrativa, é correto afirmar:

(A) Somente configuram atos de improbidade administrativa, nos termos da Lei 8.429/1992, aqueles que resultam em enriquecimento ilícito do agente administrativo.

(B) Configurado o ato de improbidade administrativa, não poderão ser aplicadas, de forma cumulativa, a perda da função pública e a suspensão dos direitos políticos, sob pena de *bis in idem*, vedado pelo ordenamento jurídico brasileiro.

(C) Configura ato de improbidade administrativa o empréstimo de máquinas pertencentes ao Município para a abertura de estrada em propriedade particular, situada na zona rural, ainda que corram a expensas do particular os gastos com o combustível e com a mão de obra.

(D) Não se aplicam as penalidades previstas na Lei 8.429/1992 (que dispõe sobre as sanções aplicáveis aos agentes públicos nos casos de enriquecimento ilícito no exercício de mandato cargo, emprego ou função na administração pública direta, indireta ou fundacional) aos administradores de entidades privadas que percebam subvenção pública, porque a lei se dirige unicamente ao agente público.

(E) Prescrevem em cinco anos após o término do exercício do mandato, cargo em comissão ou função de confiança, as ações de ressarcimento por danos causados por agente público.

A: incorreta, pois também são modalidades de improbidade administrativa às referentes aos atos que causam *prejuízo ao erário* e que *violam princípios da Administração* (arts. 10 e 11, respectivamente, da Lei 8.429/1992); **B:** incorreta, pois o art. 12 da Lei 8.429/1992 permite a cumulação dessas sanções; vale lembrar, todavia, que as duas sanções serão aplicadas de modo cumulativo apenas nos casos mais graves de improbidade administrativa, uma vez que o STJ entende que o juiz não deve cumular todas as sanções previstas em cada inciso do art. 12 da lei de modo indiscriminado (REsp 626.204/RS, *DJ* 06.09.2007); **C:** correta (art. 9º, IV, da Lei 8.429/1992); **D:** incorreta (art. 2º c/c c o art. 1º, parágrafo único, da Lei 8.429/1992); **E:** incorreta, pois as ações de ressarcimento são imprescritíveis, segundo jurisprudência pacífica do STF e do STJ; o que prescreve é a pretensão de aplicação das demais sanções de improbidade, o que se dará segundo os prazos estabelecidos no art. 23 da Lei 8.429/1992.

Gabarito "C"

(Magistratura do Trabalho – 14ª Região – 2011) Os atos de improbidade administrativa geram consequências jurídicas e políticas, conforme texto constitucional, não se enquadrando nestas:

(A) Suspensão dos direitos políticos.

(B) Perda dos direitos políticos.

(C) Perda da função pública.

(D) indisponibilidade dos bens.

(E) Ressarcimento ao erário.

O art. 37, § 4º, da CF e o art. 12 da Lei 8.429/1992 não estabelecem a sanção de "*perda* dos direitos políticos", mas de "*suspensão* dos direitos políticos".

Gabarito "B"

(Magistratura do Trabalho – 14ª Região – 2008) Ato de improbidade administrativa. Aponte a alternativa INCORRETA:

(A) o ato de improbidade administrativa, além das consequências criminais, pode implicar, concomitantemente, a suspensão dos direitos políticos, a indisponibilidade dos bens e o ressarcimento dos danos causados ao erário;

(B) Em ação civil de improbidade administrativa, o Juiz não pode decretar a perda do mandato parlamentar; nada impede, contudo, que se imponha a pena de suspensão dos direitos políticos;

(C) As sanções consistentes na perda de bens, suspensão dos direitos políticos e perda da função pública, todas previstas na lei de improbidade, dependem para a sua aplicação de sentença condenatória no processo criminal;

(D) A proibição de contratar com o Poder Público ou receber benefícios ou incentivos fiscais ou creditícios, direta ou indiretamente, ainda que por intermédio de pessoa jurídica da qual seja sócio majoritário, pelo prazo de dez anos, são algumas das sanções previstas para o responsável pelo ato de improbidade administrativa;

(E) A extensão do dano, assim como o proveito patrimonial obtido pelo agente, serão levados em conta, pelo juiz, na fixação das penas previstas na lei de improbidade administrativa.

A: correta (arts. 37, § 4º, da CF e 12, *caput* e incisos, da Lei 8.429/1992); **B:** considerada correta pela banca examinadora, trata-se de questão polêmica; atualmente, o STF entende que os chamados agentes políticos, além da responsabilidade comum, também devem responder por crime de responsabilidade ou por infração político-administrativa – as quais ensejam sanções semelhantes às sanções pela prática de atos previstos na Lei 8.429/1992 –, não estão sujeitos à aplicação da Lei de Improbidade Administrativa (*vide*, p. ex., o RE 579799, *DJ* 19.12.2008), salvo os Prefeitos, que continuam sujeitos, por enquanto, às ações de improbidade (Rcl 6034, *DJ* 29.08.2008); assim, a questão, para alguns, pode ser considerada incorreta quando dispõe que é possível, por meio de ação por improbidade, a suspensão dos direitos políticos de qualquer parlamentar, pois o parlamentar federal, por exemplo, está sujeito à responsabilização política por seus atos, com perda do mandado e suspensão dos direitos políticos, não podendo, segundo alguns doutrinadores, haver responsabilização dupla (na ação de improbidade e no procedimento de responsabilização política), sob pena de se configurar *bis in idem*; *vide* também o art. 55 da CF; por fim, apesar de o tema não ter sido objeto da presente questão, vale lembrar que o STF entendeu ser inconstitucional a lei que estendia o foro por prerrogativa de função, próprio da esfera penal, para as ações por improbidade administrativa (ADI 2797, *DJ* 19.12.2006); **C:** assertiva incorreta, devendo ser assinalada, pois a instância de improbidade é independente da instância penal; **D:** correta (art. 12, I, da Lei 8.429/1992); **E:** correta (art. 12, parágrafo único, da Lei 8.429/1992).

Gabarito "C".

726

(Magistratura do Trabalho – 15ª Região – 2011) A legislação que trata das sanções aplicáveis aos agentes públicos nos casos de improbidade administrativa prevê as seguintes penalidades, exceto:

(A) perda da função pública;

(B) perda dos direitos políticos;

(C) perda de bens acrescidos ilicitamente ao patrimônio;

(D) ressarcimento integral do dano, quando houver;

(E) proibição temporária de contratar com o poder público.

O art. 12 da Lei 8.429/1992 e o art. 37, § 4º, da CF não estabelecem a sanção de "*perda* dos direitos políticos", mas de "*suspensão* dos direitos políticos".

Gabarito "B".

(Magistratura do Trabalho – 15ª Região – 2010) Em relação à improbidade administrativa, assimile a alternativa correta:

(A) não poderá figurar como sujeito ativo de ato de improbidade o terceiro que apenas concorreu para a prática do ato lesivo ao patrimônio público;

(B) a improbidade administrativa pautada em ato que causa lesão ao erário ocorrerá apenas por conduta dolosa;

(C) o sucessor daquele que causar lesão ao patrimônio público não está sujeito às combinações da Lei de Improbidade, uma vez que a conduta ilegal não se comunica a quem não concorreu para a prática do ato ilícito;

(D) não constitui improbidade administrativa o mero fato de o agente público revelar a terceiros, antes da divulgação oficial, medida econômica que repercutirá no valor das ações de uma sociedade de economia mista;

(E) será punido com a pena de demissão, a bem do serviço público, o agente público que se recusar a prestar declaração dos bens, dentro do prazo fixado.

A: incorreta, pois a lei se aplica àquele que, mesmo não sendo agente público, induza ou concorra para a prática do ato de improbidade (art. 3º da Lei 8.429/1992); **B:** incorreta, pois o próprio art. 10, *caput*, prevê que essa modalidade se configura mediante atos dolosos ou culposos; **C:** incorreta, pois o sucessor está, sim, sujeito às cominações desta lei até o limite do valor da herança (art. 8º da Lei 8.429/1992); **D:** incorreta, pois configura improbidade na modalidade prejuízo ao erário (art. 11, VII, da Lei 8.429/1992); **E:** correta (art. 13, § 3º, da Lei 8.429/1992).

Gabarito "E".

(Magistratura do Trabalho – 16ª Região – 2011) Considerando o disposto na Lei Federal n. 8.429/1992 sobre improbidade administrativa, marque a alternativa CORRETA:

(A) Na hipótese de ato de improbidade administrativa que importa enriquecimento ilícito, o responsável está sujeito à perda dos bens ou valores acrescidos ilicitamente ao patrimônio, ressarcimento integral do dano, quando houver, perda da função pública, suspensão dos direitos políticos de oito a dez anos, pagamento de multa civil de até três vezes o valor do acréscimo patrimonial e proibição de contratar com o Poder Público ou receber benefícios ou incentivos fiscais ou creditícios, direta ou indiretamente, ainda que por intermédio de pessoa jurídica da qual seja sócio majoritário, pelo prazo de cinco anos.

(B) Na hipótese de ato de improbidade administrativa que causa lesão ao erário, o responsável está sujeito a ressarcimento integral do dano, perda dos bens ou valores acrescidos ilicitamente ao patrimônio, se concorrer esta circunstância. perda da função pública, suspensão dos direitos políticos de cinco a oito anos, pagamento de muita civil de até duas vezes o valor do dano e proibição de contratar com o Poder Público ou receber benefícios ou incentivos fiscais ou creditícios, direta ou indiretamente, ainda que por intermédio de pessoa jurídica da qual seja sócio majoritário, pelo prazo de cinco anos.

(C) Na hipótese de ato de improbidade administrativa que atenta contra os princípios da administração pública, o responsável está sujeito a ressarcimento integral do dano, se houver, perda da função pública, suspensão dos direitos políticos de três a cinco anos, pagamento de multa civil de até cem vezes o valor da remuneração percebida pelo agente e proibição de contratar com o Poder Público ou receber benefícios ou incentivos fiscais ou creditícios, direta ou indiretamente, ainda que por intermédio de pessoa jurídica da qual seja sócio majoritário, pelo prazo de cinco anos.

(D) A aplicação das sanções previstas na Lei n. 8.429/1992 independe da efetiva ocorrência de dano ao patrimônio público, salvo quando aprovadas as contas do agente pelo Órgão de controle interno ou pelo Tribunal ou Conselho de Contas.

(E) As sanções previstas na Lei n. 8.429/1992 podem ser aplicadas isolada ou cumulativamente, de acordo com a gravidade do fato, substituindo as sanções administrativas previstas na legislação específica.

A: incorreta, pois a proibição de contratar com o Poder Público, na modalidade enriquecimento ilícito do agente, é pelo prazo de 10 anos (art. 12, I, da Lei 8.429/1992); **B:** correta (art. 12, II, da Lei 8.429/1992); **C:** incorreta, pois a proibição de contratar com o Poder Público, na modalidade prejuízo ao erário, é pelo prazo de 3 anos (art. 12, III, da Lei 8.429/1992); **D:** incorreta, pois a aplicação das sanções na Lei 8.429/1992 independe da aprovação ou rejeição de contas pelo órgão de controle interno ou pelo Tribunal ou Conselho de Contas (art. 21, II, da Lei 8.429/1992); **E:** incorreta, pois as sanções na Lei 8.429/1992 são independentes das sanções administrativas (penais e civis) previstas na legislação específica (art. 12, *caput*, da Lei 8.429/1992).

Gabarito "B"

(Magistratura do Trabalho – 16ª Região – 2011) Ainda considerando o disposto na Lei Federal n. 8.429/1992 sobre improbidade administrativa, marque a alternativa CORRETA:

(A) Reputa-se agente público, para de aplicação da Lei n. 8.429/1992, somente aquele que exerce de forma remunerada, ainda que transitoriamente, por eleição, nomeação, designação, contratação ou qualquer outra forma de investidura ou vínculo, mandato, cargo, emprego ou função na administração direta, indireta ou fundacional de qualquer dos Poderes da União, dos Estados, do Distrito Federal, dos Municípios, de Território, de empresa incorporada ao patrimônio público ou de entidade para cuja criação ou custeio o erário haja concorrido ou concorra com mais de cinquenta por cento do patrimônio ou da receita anual.

(B) As disposições da Lei n. 8.429/1992 são aplicáveis, no que couber, àquele que, mesmo não sendo agente público, induza ou concorra para a prática do ato de improbidade ou dele se beneficie sob qualquer forma direta ou indireta.

(C) Ocorrendo lesão ao patrimônio público, por ação ou omissão dolosa do agente ou de terceiro, dar-se-á o ressarcimento do dano até o limite do atual patrimônio do causador.

(D) O sucessor daquele que causar lesão ao patrimônio público ou se enriquecer ilicitamente também está sujeito às cominações desta lei, respondendo com todos os seus bens.

(E) Caberá a autoridade administrativa responsável pelo inquérito representar ao Ministério Público para a indisponibilidade dos bens do indiciado, somente quando o ato de improbidade causar lesão ao patrimônio público.

A: incorreta, pois, para fins de aplicação da Lei 8.429/1992, é agente público tanto aquele que recebe remuneração, como também aquele que atua sem remuneração (art. 2º da Lei 8.429/1992); **B:** correta (art. 3º da Lei 8.429/1992); **C:** incorreta, pois se dará o integral ressarcimento do dano, independentemente do atual patrimônio do causador do dano (art. 5º da Lei 8.429/1992); **D:** incorreta, pois o sucessor só responderá até o limite do valor da herança (art. 8º da Lei 8.429/1992); **E:** incorreta, pois essa representação também cabe quando o ato de improbidade ensejar enriquecimento ilícito (art. 7º da Lei 8.429/1992).

Gabarito "B"

(Magistratura do Trabalho – 16ª Região – 2006) Com base na Lei 8.429/1992 – Improbidade Administrativa, assinale a alternativa INCORRETA:

(A) As disposições da Lei 8429/1992 são aplicáveis, no que couber, àquele que, mesmo não sendo agente público, induza ou concorra para a prática de ato de improbidade, ou dele se beneficie sob qualquer forma, direta ou indireta.

(B) Ocorrerá nulidade quando o Ministério Público não intervir no processo como fiscal da lei, nos processos em que não atua como parte.

(C) As ações destinadas a levar a efeito as sanções previstas na Lei n. 8.429/1992 podem ser propostas até 5 (cinco) anos após o término do exercício de mandato, de cargo em comissão ou de função de confiança.

(D) É possível a transação nesse tipo de ação que visa à reparação de dano ou perda dos bens havidos ilicitamente, desde que proposta pelo Ministério Público e traga vantagens para a pessoa jurídica prejudicada pelo ilícito.

(E) O Ministério Público pode propor medida cautelar para indisponibilidade dos bens do agente ou de terceiro que tenha praticado ato de improbidade administrativa.

A: correta, art. 3º da Lei 8.429/1992; **B:** correta, art. 17, § 4º, da Lei 8.429/1992; **C:** correta, art. 23, I, da Lei 8.429/1992; **D:** assertiva incorreta, devendo ser assinalada, pois é vedada a transação (art. 17, § 1º, da Lei 8.429/1992); **E:** correta, art. 16 da Lei 8.429/1992.

Gabarito "D"

(Magistratura do Trabalho – 18ª Região – 2006) A Lei 8.429/1992 (Lei de Improbidade Administrativa) prevê punições para os atos de improbidade praticados por qualquer agente público, servidor ou não, contra a administração direta, indireta ou fundacional de qualquer dos Poderes da União, dos Estados, do Distrito Federal, dos Municípios, de Território, de empresa incorporada ao patrimônio público ou de entidade para cuja criação ou custeio o erário haja concorrido ou concorra com mais de cinquenta por cento do patrimônio ou da receita anual. Também prevê punições para os atos de improbidade praticados contra o patrimônio de entidade que receba subvenção, benefício ou incentivo, fiscal ou creditício, de órgão público bem como daquelas para cuja criação ou custeio o erário haja concorrido ou concorra com menos de cinquenta por cento do patrimônio ou da receita anual, limitando-se, nestes casos, a sanção patrimonial à repercussão do ilícito sobre a contribuição dos cofres públicos. A propósito, considere as assertivas abaixo e assinale a resposta correta.

I. Para os efeitos da LIA, agente público é somente aquele que exerce vínculo, mandato, cargo, emprego ou função remunerada, no âmbito das entidades mencionadas no enunciado da questão.
II. A LIA também é aplicável, no que couber, àquele que, mesmo não sendo agente público, induza ou concorra para a prática do ato de improbidade ou dele se beneficie sob qualquer forma direta ou indireta.
III. De acordo com a LIA, são puníveis os atos de improbidade administrativa que importam enriquecimento ilícito, que causam prejuízo ao erário e que atentam contra os princípios da administração pública.
IV. De acordo com a LIA, a posse e o exercício de agente público ficam condicionados à apresentação de declaração dos bens e valores que compõem o seu patrimônio privado, a fim de ser arquivada no serviço de pessoal competente.
V. Qualquer pessoa poderá representar à autoridade administrativa competente para que seja instaurada investigação destinada a apurar a prática de ato de improbidade, garantido sempre o anonimato do representante.

(A) Há uma assertiva correta.
(B) Há duas assertivas corretas.
(C) Há três assertivas corretas.
(D) Nenhuma assertiva é correta.
(E) Todas são corretas.

I: incorreta, pois também é considerado agente público aquele que não recebe remuneração, mas se encontra num dos vínculos mencionados (art. 2º da Lei 8.429/1992); **II:** correta (art. 3º da Lei 8.429/1992); **III:** correta (arts. 9º, 10 e 11 da Lei 8.429/1992); **IV:** correta (art. 13 da Lei 8.429/1992); **V:** incorreta, pois não é possível o anonimato, já que a representação deve ser assinada (art. 14, § 1º, da Lei 8.429/1992).

Gabarito "C"

(Magistratura do Trabalho – 21ª Região – 2005) De acordo com as assertivas seguintes, indique a alternativa correta:

Tendo em vista a legislação específica sobre improbidade administrativa:

I. Veda-se expressamente a possibilidade de transação ou conciliação nas ações propostas pelo Ministério Público para apurar a responsabilidade de agente público;
II. As sanções previstas possuem natureza administrativa, como a perda da função pública, e penal, a exemplo da multa de até cem vezes o valor da remuneração percebida pelo agente;
III. A omissão do agente público que viola o dever de legalidade, como deixar de praticar ato de ofício, constitui ato de improbidade administrativa que atenta contra os princípios da administração;
IV. A aplicação das sanções previstas para a punição dos atos de improbidade administrativa condiciona-se à efetiva demonstração de ocorrência de dano ao patrimônio público;
V. A suspensão dos direitos políticos, como decorrência da prática de ato de improbidade administrativa de natureza gravíssima, é medida sancionatória preventiva, que pode ser decretada em sede de antecipação de tutela de mérito na ação civil pública.

(A) apenas a alternativa I está correta;
(B) apenas a alternativa III está correta;
(C) apenas as alternativas III e V estão corretas;
(D) apenas as alternativas I e IV estão corretas;
(E) apenas as alternativas I e III estão corretas.

I: correta (art. 17, § 1º, da Lei 8.429/1992); **II:** incorreta, pois a multa tem natureza civil, e não penal; as sanções de improbidade têm natureza civil (multa civil e ressarcimento do erário), administrativa (perda de função, proibição de contratar com o Poder Público) e política (suspensão dos direitos políticos), não havendo sanções de natureza penal, o que faz com que o juízo criminal não seja competente para julgar ações por improbidade administrativa; **III:** correta (art. 11, II, da Lei 8.429/1992); **IV:** incorreta (art. 21, I, da Lei 8.429/1992); **V:** incorreta, pois tal sanção só se efetiva com o trânsito em julgado da sentença condenatória (art. 20, parágrafo único, da Lei 8.429/1992).

Gabarito "E"

(Magistratura do Trabalho – 23ª Região – 2012) Quanto ao ato de improbidade administrativa que atenta contra os princípios da administração pública, nos termos da Lei n. 8.429/1992, analise as proposições a seguir e a assinale a alternativa correta.

I. a prática de ato que visa fim proibido em lei ou regulamento ou fim diverso daquele previsto na regra de competência.
II. retardar ou deixar de praticar, indevidamente, ato de ofício.
III. revelar fato ou circunstância de que tem ciência em razão das atribuições e que deva permanecer em segredo.
IV. permitir ou facilitar a alienação, permuta ou locação de bem integrante do patrimônio de quaisquer das entidades referidas no art. 1º da lei, ou ainda a prestação de serviço por parte delas, por preço inferior ao de mercado.

V. revelar ou permitir que chegue ao conhecimento de terceiro, antes da respectiva divulgação oficial, teor de medida política ou econômica capaz de afetar o preço de mercadoria, bem ou serviço.

(A) Todas as proposições caracterizam ato de improbidade administrativa que atenta contra os princípios da administração pública.
(B) Somente as proposições constantes dos itens I, II e V caracterizam ato de improbidade administrativa que atenta contra os principies da administração pública.
(C) Somente as proposições constantes dos itens II, III e V caracterizam ato de improbidade administrativa que atenta contra os princípios da administração pública.
(D) Somente as proposições constantes dos itens I, II, III e V caracterizam ato de improbidade administrativa que atenta contra os princípios da administração pública.
(E) Somente as proposições constantes dos itens I, II e III caracterizam ato de improbidade administrativa que atenta contra os princípios da administração pública.

Os itens I, II, III e V trazem hipóteses de improbidade administrativa que atenta contra os princípios da administração pública (art. 11, I a III e VII, da Lei 8.429/1992). E o item IV traz hipótese de improbidade administrativa que causa prejuízo ao erário (art. 10, IV, da Lei 8.429/1992).

Gabarito "D"

(Magistratura do Trabalho – 23ª Região – 2012) Quanto às penas aplicáveis aos atos de improbidade administrativa, nos termos da Lei n. 8.429/1992, analise as proposições abaixo e indique a alternativa correta:

I. perda da função pública, suspensão dos direitos políticos, pagamento de multa civil, proibição de contratar com o Poder Público ou receber benefícios ou incentivos fiscais ou creditícios são cominações comuns aos atos de improbidade que importam em enriquecimento ilícito, são prejudiciais ao erário e que atentam contra os princípios da Administração Pública.
II. a cominação de ressarcimento de danos havidos somente se aplica ao responsável por atos de improbidade administrativa que causam prejuízo ao erário.
III. As cominações previstas na lei para o responsável pelo ato de improbidade devem ser aplicadas cumulativamente, sempre de acordo com a gravidade do fato e sem prejuízo das Sanções penais, civis é administrativas previstas na legislação especifica.
IV. a recusa do agente público em prestar declaração dos bens, dentro do prazo determinado, ou a prestação falsa é punida com demissão a bem do serviço público, sem prejuízo de outras sanções cabíveis.
V. A perda da função pública e a suspensão dos direitos políticos só se efetivam com o trânsito em julgado da sentença condenatória.

(A) Todas as proposições estão corretas
(B) Somente as proposições constantes dos itens I, II e V estão corretas e as demais estão incorretas
(C) Somente as proposições constantes dos itens II, III e V estão corretas e as demais estão incorretas.
(D) Somente as proposições constantes dos itens I, IV e V estão corretas e as demais estão incorretas.
(E) Somente as proposições constantes dos itens I, II e III estão corretas e as demais estão incorretas.

I: correta (art. 12 da Lei 8.429/1992); **II:** incorreta, pois também pode se dar nas outras duas modalidades, como se pode ver do art. 12, I e III, da Lei 8.429/1992; **III:** incorreta, pois podem ser aplicadas isolada ou cumulativamente (art. 12, *caput*, da Lei 8.429/1992); **IV:** correta (art. 13, § 3º, da Lei 8.429/1992); **V:** correta (art. 20, *caput*, da Lei 8.429/1992).

Gabarito "D"

(Magistratura do Trabalho – 23ª Região – 2009) Assinale a alternativa INCORRETA:

As sanções por prática de ato de improbidade administrativa que importa em enriquecimento ilícito do infrator são:

(A) perda da função pública.
(B) suspensão dos direitos políticos de 8 a 10 anos.
(C) pagamento de multa civil de até 3 vezes o valor do acréscimo patrimonial.
(D) proibição de contratar com o Poder Público pelo prazo de 5 (cinco) anos.
(E) proibição de receber do Poder Público benefícios ou incentivos fiscais ou creditícios, direta ou indiretamente, ainda que por intermédio de pessoa jurídica da qual seja sócio majoritário, pelo prazo de 10 anos.

Apenas a alternativa "d" está incompatível com o art. 12, I, da Lei 8.429/1992, que estabelece prazo de 10 anos para a proibição de contratar com o poder público nessa modalidade de improbidade (enriquecimento ilícito do agente – art. 9º da lei).

Gabarito "D"

(Magistratura do Trabalho – 23ª Região – 2006) Considerando o que dispõem o art. 37, §§ 4º e 5º da CF e a Lei 8.429/1992, que tratam da improbidade administrativa, analise as afirmativas e assinale a resposta correta:

I. Os atos de improbidade administrativa poderão acarretar a suspensão dos direitos políticos, perda da função pública, indisponibilidade dos bens e o ressarcimento ao erário, multa civil, proibição de contratar com o Poder Público ou receber benefícios ou incentivos fiscais ou creditícios, direta ou indiretamente, ainda que por intermédio de pessoa jurídica da qual seja sócio majoritário, sem prejuízo da ação penal cabível;
II. estão sujeitos às penalidades da Lei 8.429/1992 os atos de improbidade praticados contra a administração direta, indireta ou fundacional de qualquer dos Poderes da União, dos Estados, do Distrito Federal, dos Municípios, de Território, de empresa incorporada ao patrimônio público ou de entidade para cuja criação ou custeio o erário haja concorrido ou concorra com mais de

cinquenta por cento do patrimônio ou da receita anual, serão punidos na forma desta lei e ainda contra o patrimônio de entidade que receba subvenção, benefício ou incentivo, fiscal ou creditício, de órgão público bem como daquelas para cuja criação ou custeio o erário haja concorrido ou concorra com menos de cinquenta por cento do patrimônio ou da receita anual, limitando-se, nestes casos, a sanção patrimonial à repercussão do ilícito sobre a contribuição dos cofres públicos.

III. somente o agente público pode ser sujeito ativo do ato de improbidade;

IV. para caracterização do ato de improbidade é necessária a efetiva ocorrência de dano econômico ao patrimônio público.

V. As ações destinadas a aplicar as punições estabelecidas na Lei 8.429/1992 podem ser propostas até cinco anos após o término do exercício de mandato, de cargo em comissão ou de função de confiança; dentro do prazo prescricional previsto em lei específica para faltas disciplinares puníveis com demissão a bem do serviço público, nos casos de exercício de cargo efetivo ou emprego, mas são imprescritíveis as ações de ressarcimento.

(A) somente três afirmativas estão corretas;
(B) somente duas afirmativas estão corretas;
(C) somente quatro afirmativas estão corretas;
(D) todas as afirmativas estão corretas;
(E) todas as afirmativas estão incorretas.

I: correta (art. 12 da Lei 8.429/1992); **II:** correta (art. 1º da Lei 8.429/1992); **III:** incorreta, pois o beneficiário do ato e aquele que induza ou concorra para a prática deste também podem ser sujeitos ativos do ato de improbidade administrativa (art. 3º da Lei 8.429/1992); **IV:** incorreta, pois independe de da ocorrência de dano ao patrimônio (art. 21, I, da Lei 8.429/1992); **V:** correta (art. 23 da Lei 8.429/1992 c/c art. 37, § 5º, da CF).

Gabarito "A"

(Magistratura do Trabalho – 24ª Região – 2007) Sobre os atos de improbidade administrativa:

I. O sucessor daquele que causar lesão ao patrimônio público ou se enriquecer ilicitamente está sujeito às cominações da Lei 8.429/1992 (Lei da Improbidade Administrativa) até o limite do valor da herança.

II. A posse e o exercício de agente público ficam condicionados à apresentação de declaração dos bens e valores que compõem o seu patrimônio privado, a fim de ser arquivada no serviço de pessoal competente.

III. Qualquer pessoa poderá representar à autoridade administrativa competente para que seja instaurada investigação destinada a apurar a prática de ato de improbidade.

IV. A sentença que julgar procedente ação civil de reparação de dano ou decretar a perda dos bens havidos ilicitamente determinará o pagamento ou a reversão dos bens, conforme o caso, em favor da pessoa jurídica prejudicada pelo ilícito.

RESPONDA:

(A) Apenas as proposições I e IV estão corretas.
(B) Apenas as proposições I, II e IV estão corretas.
(C) Apenas as proposições I e IV estão incorretas.
(D) Apenas a proposição II está incorreta.
(E) Todas as proposições estão corretas.

I: correta (art. 8º da Lei 8.429/1992); **II:** correta (art. 13 da Lei 8.429/1992); **III:** correta (art. 14, *caput*, da Lei 8.429/1992); **IV:** correta (art. 18 da Lei 8.429/1992).

Gabarito "E"

(Procurador do Trabalho – MPT – 15º Concurso – 2008) Assinale a alternativa INCORRETA:

(A) de acordo com a Constituição Federal, é imprescritível a ação que pretende o ressarcimento do erário de danos decorrentes de improbidade administrativa;
(B) a contratação irregular de servidor público não aprovado em concurso público para o exercício de cargo efetivo configura ato de improbidade administrativa, mesmo que o contratado tenha bem exercido as funções atribuídas ao cargo;
(C) não é obrigatória a intervenção do Ministério Público como fiscal da lei, em ação civil pública por improbidade administrativa ajuizada por colegitimado distinto, caso tenha proposto o arquivamento do inquérito civil relativo à mesma questão e objeto versados na ação;
(D) de acordo com a Lei de Improbidade Administrativa, os atos de improbidade que importem enriquecimento ilícito ou prejuízo ao erário dependem da existência de dolo ou culpa;
(E) não respondida.

A: correta (art. 37, § 5º, da CF); **B:** correta, pois tal contratação viola os princípios da legalidade, da moralidade e da impessoalidade (art. 11 da Lei 8.429/1992), e, quando acontece, normalmente se dá mediante conduta dolosa, pois não é plausível que o agente não conheça regra tão importante como a que estabelece a obrigatoriedade de concurso público para o acesso a cargos, empregos e funções; **C:** assertiva incorreta, devendo ser assinalada, pois é obrigatória a intervenção do MP, sob pena de nulidade (art. 17, § 4º, da Lei 8.429/1992); **D:** considerada como correta, porém o STJ é pacífico hoje (EREsp 875.163/RS, *DJ* 30.06.2010) que as modalidades de enriquecimento ilícito (art. 9º) e violação a princípios (art. 11) dependem de dolo para se configurarem, ao passo que a modalidade de prejuízo erário (art. 10) configura-se mediante culpa ou dolo.

Gabarito "C"

(Procurador do Trabalho – MPT – 15º Concurso – 2008) Assinale a alternativa CORRETA:

(A) a improbidade administrativa pode ser cometida apenas pelo servidor público;
(B) segundo a jurisprudência dominante, a decretação de indisponibilidade de bens em decorrência de improbidade administrativa não alcança aqueles adquiridos anteriormente à prática do ato ímprobo;
(C) no caso de falecimento do servidor público que praticou ato de improbidade administrativa, seus herdeiros respondem, até o limite do valor da herança, pela condenação no ressarcimento do dano ao erário;

(D) todas as alternativas anteriores estão corretas;
(E) não respondida.

A: incorreta, pois também pode ser cometida pelo beneficiário do ato ou por terceiro que induza ou concorra para a prática deste (art. 3º da Lei 8.429/1992); **B:** incorreta, pois essa cautelar visa garantir, também, o ressarcimento ao erário, sendo de bom alvitre que os bens do agente ímprobo fiquem indisponíveis, de modo a garantir a futura execução do julgado, tudo conforme a jurisprudência do STJ (REsp 839936/PR, *DJ* 01.08.2007); vale informar que só devem ficar indisponíveis bens necessários à futura execução do julgado (AgRg nos EDcl no REsp 1163537/SP, *DJ* 01.07.2010); **C:** correta (art. 8º da Lei 8.429/1992); **D:** incorreta, pois as alternativas "a" e "b" estão incorretas.

Gabarito "C"

(Procurador do Trabalho – MPT – 13º Concurso – 2006) É ato de improbidade administrativa que atenta contra os princípios da Administração Pública:

(A) frustrar a licitude de processo licitatório ou dispensá-lo indevidamente;
(B) perceber vantagem econômica para intermediar a liberação ou aplicação de verba pública;
(C) deixar de prestar contas quando esteja obrigado a fazê-lo;
(D) celebrar contrato ou outro instrumento que tenha por objeto a prestação de serviços públicos por meio de gestão associada sem observar as formalidades previstas na lei;
(E) não respondida.

Art. 11, VI, da Lei 8.429/1992.

Gabarito "C"

(Procurador do Trabalho – MPT – 12º Concurso – 2005) Leia atentamente as assertivas abaixo e indique a alternativa CORRETA:

De acordo com a legislação brasileira que trata da Improbidade Administrativa:

I. somente os agentes públicos estão sujeitos à lei de improbidade administrativa;
II. a aplicação das sanções previstas na lei de improbidade independe da aprovação ou rejeição das contas pelo órgão de controle interno ou pelo Tribunal ou Conselho de Contas;
III. o Ministério Público somente atua na ação de improbidade como órgão agente;
IV. as ações de improbidade, segundo a posição adotada pelo Supremo Tribunal Federal, serão ajuizadas perante o Tribunal competente para processar e julgar criminalmente o funcionário ou autoridade na hipótese de prerrogativa de foro em razão do exercício de função pública.

(A) todas as assertivas estão incorretas;
(B) apenas as assertivas I e III estão incorretas;
(C) a assertiva II está correta;
(D) apenas as assertivas I e IV estão incorretas.
(E) não respondida.

I: incorreta, pois o ato de improbidade também pode ser cometido pelo beneficiário do ato ou por terceiro que induza ou concorra para a prática deste (art. 3º da Lei 8.429/1992); **II:** correta (art. 21, II, da Lei 8.429/1992); **III:** incorreta, pois também atua como fiscal da lei, quando não for autor da ação (art. 17, § 4º, da Lei 8.429/1992); **IV:** incorreta, pois o STF entendeu ser inconstitucional a lei que estendia o foro por prerrogativa de função, próprio da esfera penal, para as ações por improbidade administrativa (ADI 2797, *DJ* 19.12.2006).

Gabarito "C"

(Procurador do Trabalho – MPT – 11º Concurso – 2004) Assinale a alternativa CORRETA:

I. qualquer pessoa, no gozo dos seus direitos civis, pode representar à autoridade competente para que seja apurado ato de improbidade praticado pelo servidor, devendo a representação ser necessariamente escrita ou reduzida a termo e assinada;
II. a ação civil de reparação de danos pela prática de improbidade administrativa terá rito ordinário, devendo ser proposta dentro de 30 (trinta) dias da efetivação da medida liminar;
III. a aplicação das sanções previstas na lei de improbidade administrativa somente será possível após a comunicação da decisão ao Tribunal de Contas;
IV. no caso de improbidade administrativa, se a ação civil foi proposta pelo Ministério Público, a pessoa jurídica interessada integrará a lide na qualidade de litisconsorte.

(A) apenas uma alternativa é falsa;
(B) todas as alternativas são falsas;
(C) apenas uma alternativa é verdadeira;
(D) todas as alternativas são verdadeiras;
(E) não respondida.

I: correta (art. 14 da Lei 8.429/1992); **II:** correta (art. 17, *caput*, da Lei 8.429/1992); **III:** incorreta (art. 21, II, da Lei 8.429/1992); **IV:** correta (art. 17, § 3º, da Lei 8.429/1992), valendo salientar que a pessoa jurídica interessada poderá integrar o polo ativo, integrar o polo passivo ou se abster de participar da demanda, assim como ocorre com a ação popular.

Gabarito "A"

(Procurador do Trabalho – MPT – 11º Concurso – 2004) Assinale a alternativa CORRETA:

I. as ações destinadas à aplicação das sanções previstas na Lei de Improbidade Administrativa somente podem ser propostas até 5 (cinco) anos, nos casos de exercício de cargo efetivo ou emprego;
II. tratando-se de improbidade administrativa, a sentença que julgar procedente ação civil de reparação de dano ou decretar a perda dos bens havidos ilicitamente, determinará o pagamento ou a reversão dos bens, conforme o caso, em favor da pessoa jurídica prejudicada pelo ilícito;
III. nas ações que versem sobre improbidade administrativa, o juiz, em decisão fundamentada, somente poderá extinguir o processo sem julgamento do mérito, entendendo pela inexistência do ato de improbidade, após a apresentação da defesa pelo réu;
IV. conforme previsão da Lei de Improbidade Administrativa, o procedimento de sequestro é regido exclusivamente pelas normas do Código de Processo Civil.

(A) todas as alternativas são verdadeiras;
(B) todas as alternativas são falsas;
(C) apenas duas alternativas são verdadeiras;
(D) apenas uma alternativa é falsa;
(E) não respondida.

I: incorreta, pois, nesses casos, o prazo para ingressar com ação deve ser buscado pela observância do prazo prescricional para a aplicação da demissão a bem do serviço público, estabelecida no estatuto local de servidor público (art. 23, II, da Lei 8.429/1992), prazo esse que pode ou não ser de 5 anos, a depender do texto do estatuto local; **II:** correta (art. 18 da Lei 8.429/1992); **III:** incorreta, pois o juiz pode fazê-lo antes da apresentação da contestação dos réus, logo em seguida à apresentação de manifestação prévia (art. 17, § 8º, da Lei 8.429/1992); **IV:** correta (art. 16, § 1º, da Lei 8.429/1992).

Gabarito "C"

(Procurador do Trabalho – MPT – 11º Concurso – 2004) Leia atentamente as assertivas abaixo e indique a alternativa CORRETA:

De acordo com a legislação brasileira que trata sobre a Improbidade Administrativa:

I. a aplicação das sanções previstas na Lei de Improbidade Administrativa condiciona-se à ocorrência efetiva de dano ao patrimônio público;

II. a improbidade administrativa configura-se em face de atos lesivos aos entes da administração direta e indireta, incluindo as sociedades de economia mista e empresas públicas, não abrangendo, porém, as empresas de natureza privada, ainda que detenha o poder público participação em seu patrimônio ou capital;

III. as disposições da Lei de Improbidade Administrativa não se aplicam, em nenhuma hipótese, a terceiro que não ostente a condição de agente público e que não tenha obtido diretamente vantagem pecuniária;

IV. tratando-se de improbidade administrativa, admite-se que o Ministério Público, em casos excepcionais, possa transacionar, acordar ou conciliar.

(A) todas as alternativas estão incorretas;
(B) apenas as alternativas I e III estão incorretas;
(C) a alternativa IV está correta;
(D) apenas as alternativas I e II estão incorretas;
(E) não respondida.

I: incorreta, pois independe da ocorrência de dano ao patrimônio (art. 21, I, da Lei 8.429/1992); **II:** incorreta, pois instituições não criadas pelo Estado, mas que estejam nas condições mencionadas no art. 1º da Lei 8.429/1992, também podem ser sujeitos passivos do ato de improbidade; **III:** incorreta (art. 3º da Lei 8.429/1992); **IV:** incorreta, não é permitido transacionar, acordar ou conciliar (art. 17, § 1º, da Lei 8.429/1992).

Gabarito "A"

7. INTERVENÇÃO NA PROPRIEDADE

(Magistratura do Trabalho – 5ª Região – 2006 – CESPE) Considere que o Poder Judiciário tenha anulado o tombamento de imóvel particular por entendê-lo desprovido de valor cultural. Em face dessa consideração e dos conceitos jurídicos sobre o mérito administrativo e o seu controle, assinale a opção correta.

(A) A existência de valor cultural atribuído a um bem é matéria que não está sujeita à sindicabilidade do Poder Judiciário, por ser matéria de índole meritória na administração pública.
(B) Como o tombamento é resultado de um processo administrativo que nasce e se desenvolve no âmbito da administração pública, a ingerência do Poder Judiciário nessa questão constituiria lesão ao princípio da separação dos poderes.
(C) Se o Poder Judiciário invocasse o manifesto desvio de finalidade do ato de tombamento para desconstituí-lo, por restar provado que o tombamento deu-se em razão de perseguição ao particular, estar-se-ia diante de um vício de legalidade que autorizaria a ingerência do Poder Judiciário sobre o ato de tombamento.
(D) O valor cultural de um bem é a finalidade ou o pressuposto de fato que serve de fundamento ao ato administrativo de tombamento.
(E) No caso concreto apresentado, a discussão acerca da relação entre questões de mérito e de legalidade é de interesse meramente teórico.

A e **B:** incorretas, pois nenhuma lesão ou ameaça de lesão a direito pode ser subtraída da apreciação do Judiciário (art. 5º, XXXV, da CF), que, quanto aos atos discricionários, deve, todavia, limitar-se a analisar os aspectos de legalidade, razoabilidade e moralidade; **C:** correta, nos termos do comentário feito às alternativas anteriores; **D:** incorreta, pois o valor cultural do bem é somente o pressuposto de fato que serve de fundamento ao ato de tombamento; **E:** incorreta, pois tem importância prática, já que o Judiciário não pode analisar o mérito do ato Administrativo discricionário, mas somente os aspectos de legalidade, razoabilidade e moralidade deste tipo de ato.

Gabarito "C"

8. BENS PÚBLICOS

(Magistratura do Trabalho – 1ª Região – 2010 – CESPE) Acerca dos bens públicos e dos princípios da administração pública, assinale a opção correta.

(A) A impenhorabilidade dos bens públicos tem lastro no próprio texto constitucional, que estabelece processo especial de execução contra a fazenda pública, excluindo, dessa forma, a possibilidade de penhora de tais bens.
(B) De modo geral, os imóveis públicos não estão sujeitos a usucapião, mas os bens móveis públicos são suscetíveis de usucapião especial, também denominado usucapião *pro labore*.
(C) A jurisprudência e a doutrina reconhecem, majoritariamente, a penhorabilidade de bens públicos dominicais quando estes forem utilizados em caráter privado.
(D) O princípio da legalidade estrita significa que a administração não pode inovar na ordem jurídica por simples ato administrativo, salvo se, em razão do poder de polícia, houver necessidade de impor vedações ou compelir comportamentos, casos em que a atividade administrativa prescinde de determinação legal.
(E) Em atenção ao princípio da publicidade, todo ato administrativo deve, em princípio, ser publicado, mas os contratos administrativos, como regra, se operacionalizam e adquirem eficácia independentemente de publicação.

A: correta (art. 100 da CF); **B:** incorreta, pois não cabe qualquer tipo de usucapião em relação a bens públicos (art. 102 do Código Civil e arts. 183, § 3º, e 191, parágrafo único, da CF); **C:** incorreta, pois não cabe penhora de público, devendo a execução contra a Fazenda Pública seguir o trâmite previsto no art. 100 da CF; **D:** incorreta, pois o princípio da legalidade é mais amplo do que está descrito na alternativa, incidindo também nos casos de poder de polícia; a imposição de obrigações e comportamentos somente pode se dar por meio de lei; já a exigência material de que a lei seja cumprida, em situações de urgência, pode se dar por meio do uso da força pela Administração (autoexecutoriedade), mas sempre haverá uma lei por trás, determinando ao particular o que a Administração o faz cumprir; **E:** incorreta, pois a eficácia dos contratos administrativos depende de sua publicação (art. 61, parágrafo único, da Lei 8.666/1993).

Gabarito "A"

(Magistratura do Trabalho – 2ª Região – 2012) Observe as assertivas e ao final responda.

I. Os bens dominicais, sob o aspecto jurídico, são de domínio privado do Estado.
II. A inalienabilidade dos bens públicos é absoluta.
III. Os terrenos destinados a serviço ou estabelecimento da administração municipal, inclusive os de suas autarquias, são considerados bens públicos de uso comum.
IV. Os bens públicos de uso comum não estão sujeitos à usucapião, enquanto que os dominicais sim.
V. Os imóveis da União podem ser cedidos a pessoas físicas, em se tratando de aproveitamento econômico de interesse nacional, desde que referida cessão seja autorizada pelo Ministro de Estado da Fazenda, por delegação do Presidente da República.

Estão **corretas apenas** as assertivas:

(A) I e V;
(B) II e III;
(C) I e IV;
(D) III e V;
(E) II e V.

I: correta, pois são mero patrimônio estatal (art. 99, III, do CC), não havendo afetação (destinação) alguma; **II:** incorreta, pois a inalienabilidade só existe enquanto os bens de uso comum do povo e de uso especial conservarem a sua qualificação (art. 100 do CC); **III:** incorreta, pois esses são bens de uso especial (art. 99, II, do CC); **IV:** incorreta, pois nenhum bem público está sujeito à usucapião (art. 102 do CC); **V:** correta (art. 18, II e § 4º, da Lei 9.636/1998).

Gabarito "A"

(Magistratura do Trabalho – 3ª Região – 2009) Assinale a assertiva ("a" a "e") correta em relação aos enunciados de I a V, observadas a legislação pertinente, a consolidação jurisprudencial e a Constituição da República:

I. A discricionariedade ínsita ao exercício do poder disciplinar limita-se à opção entre punir e não punir.
II. Traduz-se, segundo o magistério de Maria Sylvia Zanella Di Pietro, em hipótese limitada de regulamento autônomo aquele decorrente da competência privativa outorgada pela Constituição da República ao Presidente de dispor sobre organização e funcionamento da administração federal, quando não implicar aumento de despesa nem criação ou extinção de órgãos públicos.
III. São públicos os bens pertencentes às pessoas jurídicas de direito público interno e externo.
IV. São bens públicos de uso comum os rios, mares, estradas, ruas e praças.
V. São bens públicos de uso especial os edifícios ou terrenos destinados a serviço ou estabelecimento da administração federal, estadual, territorial ou municipal, inclusive os de suas autarquias.

(A) Somente um enunciado é verdadeiro.
(B) Somente dois enunciados são verdadeiros.
(C) Somente três enunciados são verdadeiros.
(D) Somente quatro enunciados são verdadeiros.
(E) Todos os enunciados são verdadeiros.

A: incorreta, pois pode haver discricionariedade em relação à *medida* da punição; **B:** correta, pois no caso tem-se regulamento autônomo, pois o Presidente pode regulamentar a questão sem que haja necessidade de lei para tanto, mas há limitações a esse poder, como a que proíbe aumento de despesa; **C:** incorreta, pois são bens públicos os pertencentes às pessoas jurídicas de direito público *interno* (art. 98 do Código Civil); **D:** correta (art. 99, I, do Código Civil); **E:** correta (art. 99, II, do Código Civil).

Gabarito "C"

(Magistratura do Trabalho – 7ª Região – 2005) Tratando-se de bens públicos da União Federal, a Lei n. 9.636/1998 dispõe sobre o respectivo mecanismo de alienação. Sobre esse tema, assinale a afirmativa falsa.

(A) A alienação de bens imóveis da União dependerá de autorização, mediante ato do Presidente da República.
(B) A Secretaria de Patrimônio da União – SPU deverá sempre se pronunciar previamente quanto à conveniência e oportunidade da alienação.
(C) A competência para autorizar a alienação poderá ser delegada ao Ministro de Estado do Planejamento e Gestão, permitida a subdelegação.
(D) A alienação ocorrerá quando não houver interesse público, econômico ou social em manter o imóvel no domínio da União.
(E) A decisão quanto à alienação observará a inconveniência no desaparecimento do vínculo de propriedade com a União em face da preservação ambiental e da defesa nacional.

A: correta (art. 23, *caput*, da Lei 9.636/1998); **B:** correta (art. 23, *caput*, da Lei 9.636/1998); **C:** assertiva incorreta, devendo ser assinalada, pois tal competência pode ser delegada para o *Ministro da Fazenda*, permitida subdelegação (art. 23, § 2º, da Lei 9.636/1998); D e **E:** corretas (art. 23, § 1º, da Lei 9.638/1998).

Gabarito "C"

(Magistratura do Trabalho – 8ª Região – 2011) Marque a alternativa INCORRETA:

(A) Uma área pertencente ao Município, na qual não haja qualquer serviço administrativo, é um bem desafetado de fim público, podendo ser alienado pela administração.
(B) Os bens dominicais, como os demais bens públicos, não podem ser adquiridos por usucapião, mas as acessões e benfeitorias neles realizadas pelos particulares são indenizáveis, ainda que delas não tenha sido notificado previamente o Poder Público.

(C) São indisponíveis as terras devolutas ou arrecadadas pelos Estados, por ações discriminatórias, necessárias à proteção dos ecossistemas naturais.

(D) Não perdem a característica de bens de uso especial aqueles que, objetivando a prestação de serviços públicos, estejam sendo utilizados por particulares, sobretudo sob regime de delegação.

(E) São bens dominicais as terras sem destinação específica, os prédios públicos desativados, os bens móveis inservíveis e a dívida ativa.

A: assertiva correta (arts. 99, III, e 101, ambos do Código Civil); **B:** assertiva incorreta, devendo ser assinalada; como não há usucapião em bem público, não se considera que haja posse sobre este; assim, o efeito da posse que permite que o possuidor de boa-fé que tenha feito benfeitorias úteis ou necessárias receba indenização por estas, não se aplica em se tratando de uso de bem público **C:** assertiva correta (art. 225, § 5º, da CF); **D:** assertiva correta, pois basta que o bem esteja destinado a serviço público (art. 99, II, do CC); **E:** assertiva correta (art. 99, III, do CC).

Gabarito "B"

(Magistratura do Trabalho – 8ª Região – 2009) Acerca dos bens públicos, assinale a alternativa correta:

(A) Para que a União Federal possa realizar a alienação de bens imóveis é sempre necessária a autorização através de ato do Presidente da República, competência que comporta delegação ao Ministro da Fazenda, com possibilidade de subdelegação, sendo precedida, para sua efetivação, da apresentação de parecer da SPU – Secretaria de Patrimônio da União quanto à sua oportunidade e conveniência, sendo indispensável que não haja mais interesse público, econômico ou social em manter o imóvel no domínio da União, nem inconveniência quanto à preservação ambiental e à defesa nacional, no desaparecimento do vínculo de propriedade.

(B) Espécie do gênero bens do domínio terrestre, entende-se como terrenos de marinha, consoante legislação em vigor, as faixas de terra fronteiras ao mar numa largura de 35 metros contados a partir da linha do preamar médio de 1831 para o interior do continente, assim como as faixas de terra que se encontram à margem dos rios e lagoas que estejam sob a influência das marés, e as faixas de terra que contornam ilhas situadas em zonas também sujeitas à influência das marés.

(C) É característica marcante dos bens públicos a imprescritibilidade, por conta do que, em regra, eles não são suscetíveis de usucapião urbano ou rural, excetuando-se os bens dominicais imóveis da União Federal, que ficam sujeitos ao usucapião *pro labore*, que é aquele que se dá em zona rural, em área de terra não superior a 50 (cinquenta) hectares ocupada por 5 (cinco) anos ininterruptos sem oposição por quem não seja proprietário de imóvel rural ou urbano, e que a tenha tornado produtiva em face do seu trabalho ou de sua família, tendo ainda nela moradia.

(D) Os bens públicos de uso comum do povo, como os mares, as ruas, estradas, praças etc., e os de uso especial são inalienáveis, enquanto afetados a tais destinos de uso, na forma que a lei determinar, sendo que o uso comum dos bens públicos pode ser gratuito ou retribuído, conforme for estabelecido legalmente pelo ente federado a cuja administração pertencerem, excetuando-se os de uso comum do povo pertencentes à União, cujo uso é sempre gratuito.

(E) São bens públicos componentes do patrimônio da União Federal os lagos, rios e quaisquer correntes de água em terrenos de seu domínio, ou que banhem mais de um Estado, sirvam de limites com outros países, ou se estendam a território estrangeiro ou dele provenham, bem como as ilhas fluviais e lacustres nas zonas limítrofes com outros países; as praias marítimas; as ilhas oceânicas e as costeiras, excluídas, destas, as que contenham a sede de Municípios.

A: correta (art. 23 da Lei 9.636/1998); **B:** incorreta, pois a faixa é de 33 metros, e não de 35 metros (art. 2º do Dec.-lei 9.760/1946); **C:** incorreta, pois todos os bens públicos, inclusive os dominicais, são imprescritíveis (art. 102 do Código Civil e arts. 183, § 3º, e 191, parágrafo único, da CF); **D:** incorreta, pois qualquer bem de uso comum do povo pode ensejar retribuição por parte de quem o usa (art. 103 do Código Civil); **E:** incorreta, pois, após a palavra "Municípios", faltou completar uma frase, qual seja, "exceto aquelas áreas afetadas ao serviço público e a unidade ambiental federal, e as referidas no art. 26, II" (art. 20, IV, da CF).

Gabarito "A"

(Magistratura do Trabalho – 9ª Região – 2009) Sobre os bens públicos, observe as seguintes proposições:

I. A afetação é a destinação do bem público à satisfação das necessidades coletivas e estatais, do que deriva inclusive a sua inalienabilidade, sendo decorrente ou da própria natureza do bem ou de um ato estatal.

II. Os bens públicos de uso comum e de uso especial não podem ser desafetados, diante do regime jurídico a que se sujeitam.

III. Uma diferença fundamental entre bens dominicais e outras espécies de bens públicos consiste na possibilidade de alienação daqueles, desde que respeitadas as exigências e formalidades previstas em lei.

IV. Os bens dominicais, assim como os demais bens públicos, não podem ser adquiridos por usucapião.

V. Apesar de inalienáveis, os bens públicos afetados podem ser objeto de penhora quando a execução contra a Fazenda Pública tiver por objeto créditos de natureza trabalhista.

(A) Somente as proposições I, II e III são corretas.
(B) Somente as proposições I, III e IV são corretas.
(C) Somente as proposições II, III e IV são corretas.
(D) Somente as proposições II, IV e V são corretas.
(E) Todas as proposições são corretas.

I: correta, pois traz dados corretos a respeito do *conceito* (destinação de bens públicos a necessidades coletivas e estatais), do *efeito* (inalienabilidade) e da *origem* (da própria natureza do bem ou de um ato estatal) da afetação; **II:** incorreta, pois os bens públicos podem, sim, ser desafetados, o que dependerá de lei, caso a própria lei tenha feito a afetação, salvo situações de perecimento do bem, em que a desafetação se dará automaticamente; **III:** correta (art. 101 do CC); **IV:** correta (art. 102 do CC); **V:** incorreta, pois os bens públicos são impenhoráveis, devendo a execução contra a Fazenda Pública seguir o disposto no art. 100 da CF.

Gabarito "B"

(Magistratura do Trabalho – 9ª Região – 2007) Assinale a alternativa correta:

(A) A lei considera bens públicos de uso especial as estradas, ruas e praças.
(B) Os atos que lesem bens das sociedades de economia mista, em razão da natureza jurídica destas, não são passíveis de invalidação através de ação popular.
(C) A autorização de uso corresponde a contrato administrativo através do qual o Poder Público atribui a particular um bem público, para que o explore segundo sua destinação específica.
(D) Os bens públicos são, em regra, imprescritíveis e impenhoráveis, mas são sujeitos a oneração.
(E) Os bens públicos podem ser alienados, desde que satisfeitas as exigências administrativas e requisitos, através de venda, permuta, doação, dação em pagamento, investidura, legitimação de posse ou concessão de domínio, à exceção daqueles bens públicos destinados ao uso comum do povo e os destinados a fins administrativos especiais, enquanto tiverem afetação pública.

A: incorreta, pois tais bens são de uso comum do povo (art. 99, I, do CC); **B:** incorreta, pois *são* passíveis de invalidação por meio de ação popular (art. 1º da Lei de Ação Popular – Lei 4.717/1965); **C:** incorreta, pois a autorização é ato unilateral e precário, e não ato contratual (bilateral); **D:** incorreta, pois os bens públicos são, em regra, inalienáveis, imprescritíveis, impenhoráveis e não passíveis de oneração, ou seja, os bens públicos não podem, em regra, ser dados em garantia, salvo nas hipóteses previstas no art. 167, IV e § 4º, da CF; **E:** correta (art. 17 da Lei 8.666/1993).

Gabarito "E"

(Magistratura do Trabalho – 11ª Região – 2007 – FCC) Exceção constitucional à imprescritibilidade dos bens públicos

(A) não há.
(B) são as terras devolutas.
(C) são os imóveis de até 250 m^2.
(D) são os bens dominicais.
(E) são os imóveis adquiridos por dação em pagamento.

Vide artigos 183, § 3º, e 191, parágrafo único, da CF.

Gabarito "A"

(Magistratura do Trabalho – 13ª Região – 2006) No tocante à afetação e desafetação de bens públicos, está incorreta a alternativa:

(A) a desafetação de bem de uso especial, para passar para classe dominical, depende de lei;
(B) a afetação ao uso comum pode provir de destino natural do bem, como, por exemplo, um rio;
(C) a desafetação de bem de uso comum, para passar para classe dominical, independe de lei, sendo necessário apenas ato do próprio executivo;
(D) os bens de destinação natural só podem ser desafetados por um ato de hierarquia superior, sendo um deles a lei;
(E) os bens dominicais são bens não afetados a qualquer destino público.

A: correta, nos termos do princípio da legalidade; **B:** correta, pois é normal eventos da natureza criarem um bem de uso comum, como é o caso de um rio; **C:** assertiva incorreta, devendo ser assinalada, em virtude do princípio da legalidade; **D:** correta, também em virtude do princípio da legalidade; **E:** correta, pois os bens dominicais são aqueles que não têm destinação, sendo mero patrimônio estatal (art. 99, III, do CC).

Gabarito "C"

(Magistratura do Trabalho – 14ª Região – 2008) Ao processo pelo qual um bem público de uso comum transforma-se em bem dominical, denomina-se:

(A) desvinculação;
(B) desapropriação;
(C) tombamento;
(D) desalienação;
(E) desafetação.

De fato, o processo chama-se desafetação, que significa retirar a destinação do bem.

Gabarito "E"

(Magistratura do Trabalho – 15ª Região – 2010) Em relação aos bens públicos, assinale a alternativa correta:

(A) os bens, públicos de uso comum do povo, como ruas e praças, não podem se tornar bens públicos de uso especial;
(B) os bens públicos de uso especial não podem ser desafetados para ingressarem no direito privado, mesmo que estejam desocupados;
(C) os bens públicos dominicais podem perder o caráter de inalienabilidade, quando alterada a sua destinação;
(D) a lei pode alterar a destinação do bem público de uso comum passível de valoração patrimonial, pela desafetação, modificando a sua qualificação, para que ele ingresse no universo dos bens dominicais;
(E) os rios e mares são bens públicos dominicais.

A: incorreta, pois é possível que haja modificação no tipo de afetação dada ao bem público; **B:** incorreta, pois um bem de uso especial pode ser desafetado, ocasião em que passará a ser um bem dominical; **C:** incorreta, pois os bens dominicais não são inalienáveis (art. 101 do CC); **D:** correta, pois um bem de uso comum do povo pode ser desafetado, ocasião em que passará a ser um bem dominical; **E:** incorreta, pois são bens públicos de uso comum do povo (art. 99, I, do CC).

Gabarito "D"

(Magistratura do Trabalho – 16ª Região – 2011) Considerando o conceito e a classificação de bens públicos adotada por nosso ordenamento jurídico, marque a alternativa CORRETA:

(A) São públicos os bens do domínio nacional pertencentes as pessoas jurídicas de direito público interno, autarquias, fundações, empresas públicas e sociedades de economia mista.
(B) Os bens públicos de uso comum do povo e os de uso especial são inalienáveis, não podendo lei dispor de forma diversa.

(C) Não dispondo a lei em contrário, consideram-se dominicais os bens pertencentes às pessoas jurídicas de direito público a que se tenha dado estrutura de direito privado.

(D) São considerados bens públicos de uso especial, os edifícios ou terrenos destinados a serviço ou estabelecimento da administração federal, estadual, territorial ou municipal, inclusive os de suas autarquias, fundações e empresas públicas.

(E) Os bens públicos não estão sujeitos a usucapião, enquanto conservarem a sua qualificação, na forma que a lei determinar.

A: incorreta, pois os bens das empresas públicas e das sociedades de economia mista são bens privados (art. 98 do CC), já que estas empresas não são pessoas jurídicas de direito público; **B:** incorreta, pois a lei admite que tais bens sejam desafetados e passem a se tornar alienáveis; **C:** correta (art. 99, parágrafo único, do CC); **D:** incorreta, pois os bens das empresas públicas não são bens públicos; vide, ainda, o art. 99, II, do CC; **E:** incorreta, pois os bens públicos não estão sujeitos à usucapião, em qualquer caso (art. 102 do CC).

Gabarito "C"

(Magistratura do Trabalho – 16ª Região – 2006) Considere os itens abaixo e verifique qual(is) dos instituto(s) abaixo aplica-se ao patrimônio público:

I. Penhora;
II. Hipoteca;
III. Usucapião;
IV. Arresto;
V. Desafetação;

Assinale a opção CORRETA:

(A) Somente I e V estão corretas.
(B) Somente III e V estão corretas.
(C) Somente II, III e V estão corretas.
(D) Somente III e IV estão corretas.
(E) Somente V está correta.

Os bens públicos são inalienáveis (art. 100 do Código Civil), de modo que não podem ser penhorados, hipotecados e objeto de arresto. Além disso, são imprescritíveis (art. 102 do Código Civil), de modo que não podem ser objeto de usucapião. Assim, apenas a desafetação se aplica aos bens públicos.

Gabarito "E"

(Magistratura do Trabalho – 20ª Região – 2003) Quanto aos bens públicos, é correto afirmar:

(A) os bens dominiais sujeitam-se à prescrição aquisitiva;

(B) são características dos bens públicos a impessoalidade, a indisponibilidade, a impenhorabilidade e a imprescritibilidade;

(C) os bens de uso comum do povo são os prédios ou terrenos aplicados ou a serviço de estabelecimento público federal, estadual ou municipal;

(D) os bens móveis podem ser alienados sem autorização legislativa;

(E) a impenhorabilidade impede o usucapião de bens públicos.

A: incorreta, pois bem público algum está sujeito a usucapião (art. 102 do CC); **B:** incorreta, pois a impessoalidade não é uma característica dos bens públicos, ao contrário das outras citadas na alternativa, que são características dos bens públicos, juntamente com a "não oneração"; **C:** incorreta, pois esses são bens de uso especial (art. 99, II, do CC); **D:** correto (art. 17, II, da Lei 8.666/1993; **E:** incorreto, pois é a *imprescritibilidade* que impede a usucapião de bens públicos.

Gabarito "D"

(Magistratura do Trabalho – 22ª Região – 2006) Nos termos do art. 183, *caput*, da Constituição Federal, "*aquele que, não sendo proprietário de imóvel rural ou urbano, possua como seu, por cinco anos ininterruptos, sem oposição, área de terra, em zona rural, não superior a cinquenta hectares, tornando-a produtiva por seu trabalho e de sua família, tendo nela sua moradia, adquirir-lhe-á a propriedade*". Em se tratando, no caso, de bem público:

(A) A posse deverá ser de 10 (dez) anos, para que se consolide o direito de propriedade;

(B) A posse deverá ser de 5 (cinco) anos, mas a aquisição da propriedade pelo particular poderá ser revertida pela Administração a qualquer tempo, mediante pagamento de indenização;

(C) Não haverá aquisição da propriedade, em virtude da imprescritibilidade dos bens públicos;

(D) Não haverá aquisição do domínio, por conta da inalienabilidade dos bens públicos rurais por interesse social;

(E) A aquisição do domínio ocorrerá tal como previsto no dispositivo constitucional acima reproduzido, porém mediante pagamento de indenização razoável, pelo particular à Administração Pública.

De fato, não cabe usucapião em bem público (art. 102 do CC), regra que também tem previsão constitucional (arts. 183, § 3º, e 191, parágrafo único, da CF).

Gabarito "C"

(Magistratura do Trabalho – 23ª Região – 2012) Assinale a alternativa que contém proposição incorreta:

(A) São exemplos de bens de uso comum do povo os rios, mares, estradas, ruas e praças.

(B) São exemplos de bens de uso especial os edifícios ou terrenos destinados a serviço ou estabelecimento da administração pública.

(C) São bens dominicais os que constituem o patrimônio das pessoas jurídicas de direito público, como objeto de direito pessoal ou real.

(D) Não dispondo a lei em contrário, consideram-se dominicais os bens pertencentes às pessoas jurídicas de direito público a que se tenha dado estrutura de direito privado.

(E) Os bens públicos de uso comum do povo são absolutamente inalienáveis e os de uso especial o são enquanto conservarem a sua qualificação, na forma que a lei determinar.

A: assertiva correta (art. 99, I, do CC); **B:** assertiva correta (art. 99, II, do CC); **C:** assertiva correta (art. 99, III, do CC); **D:** assertiva correta (art. 99, parágrafo único, do CC); **E:** assertiva incorreta, devendo ser assinalada; os bens de uso comum também são inalienáveis enquanto conservarem a sua qualificação, na forma que a lei determinar (art. 100 do CC).

Gabarito "E"

(Magistratura do Trabalho – 23ª Região – 2012) Analise as proposições abaixo e assinale a alternativa correta:

I. Os bens públicos dominicais podem ser alienados, observadas as exigências da lei, ainda que tenham destinação pública especifica.

II. Os bens públicos dominicais podem ser alienados por meio de institutos do direito privado, como a compra e venda, a doação e a permuta, mas por não terem afetação não podem ser alienados por meio de institutos do direito público como a investidura e a legitimação.

III. Os bens públicos, em suas três modalidades (de uso comum do povo, de uso especial e dominicais), podem ser utilizados pelas pessoas jurídicas de direito público que os detém ou serem cedidos para outros entes públicos, mas apenas os de uso especial e dominicais podem ser utilizados por particulares.

IV. É possível a oposição do particular ao ato administrativo de revogação da utilização do bem público, fundamentado na proteção do interesse público, quando o uso se deu na modalidade de uso privativo ou autorizado, não sendo, contudo, quando se deu na modalidade de uso concedido.

V. As terras devolutas integram a categoria dos bens de uso comum do povo, daí porque não são passíveis de usucapião.

(A) Apenas a proposição V está correta e as demais estão incorretas.
(B) Apenas as proposições IV e V estão corretas e as demais estão incorretas.
(C) Apenas as proposições II e III estão corretas e as demais estão incorretas.
(D) Apenas a proposição IV está correta e as demais estão incorretas.
(E) Todas as proposições estão incorretas.

I: incorreta, pois, se houver afetação (destinação pública específica), o bem não será dominical, mas de uso comum do povo ou de uso especial, e, portanto, inalienável (art. 100 do CC); **II:** incorreta, pois aplicam-se aos bens públicos, dominicais ou não, o disposto no art. 17 da Lei 8.666/1993, que prevê, por exemplo, a investidura (art. 17, I, "d", da Lei 8.666/1993); **III:** incorreta, pois os bens de uso comum do povo também podem ser utilizados por particulares, seja para um uso bem simples (ex: alguém ir a uma praia), seja para um uso mais perene, como na permissão de uso para a instalação de um banca de jornais numa praça pública; **IV:** incorreta, pois a revogação é expressão da supremacia do interesse público sobre o interesse privado e o particular não pode querer sobrepor o seu interesse particular não só nos casos de mera autorização e permissão ("uso privativo ou autorizado"), que são precárias, como também nos casos de concessão ("uso concedido"), que é contratual e, em tese, vínculo mais firme; a diferença entre os dois tipos de outorga de uso ao particular é que, caso revogada a concessão, o particular terá direito à indenização, ao passo que nos demais casos, como regra, não cabe pedido indenizatório; **V:** incorreta, pois essas terras são bens dominicais.

Gabarito "E".

(Magistratura do Trabalho – 24ª Região – 2006) Sobre bens públicos, assinale a INCORRETA:

(A) Os bens públicos não estão sujeitos a usucapião.
(B) Os bens públicos são inalienáveis, enquanto destinados ao uso comum do povo ou a fins especiais.
(C) Os bens públicos podem ser alienados desde o momento em que sejam, por lei, desafetados da destinação originária e traspassados para a categoria de bens dominicais.
(D) Os bens públicos dominicais (do patrimônio disponível da Administração) podem ser alienados, observadas as exigências da lei.
(E) É vedada a penhora de bens públicos da Fazenda Pública Federal, Estadual ou Municipal, exceto para execução de créditos de natureza alimentícia.

A: correta (art. 102 do CC); **B:** correta (art. 100 do CC); **C:** correta (art. 101 do CC); **D:** correta (art. 101 do CC); **E:** assertiva incorreta, devendo ser assinalada, pois a penhora de bens públicos é vedada nesse caso também, devendo a execução contra a Fazenda Pública seguir o disposto no art. 100 da CF.

Gabarito "E".

(Procurador do Trabalho – MPT – 13º Concurso – 2006) Sobre os bens públicos:

I. os entes da Administração Indireta não são bens públicos;
II. são bens públicos aqueles afetados à satisfação de necessidades coletivas e submetidos parcialmente ao regime de direito público, ainda que pertencentes a particulares;
III. afetação é a destinação do bem público à satisfação das necessidades coletivas e estatais, do que deriva sua inalienabilidade, decorrendo da própria natureza do bem ou de um ato estatal unilateral;
IV. os bens dominicais não são passíveis de afetação.

Analisando as asserções acima, pode-se afirmar que:

(A) todas estão corretas;
(B) apenas as de número II e IV estão incorretas;
(C) apenas as de número I, III e IV estão corretas;
(D) todas estão incorretas.
(E) não respondida.

I: correta, pois *pessoas* não se confundem com *bens*; **II:** incorreta, pois bens públicos são os pertencentes às pessoas jurídicas de direito público (art. 98 do CC), tendo regime jurídico de direito público; **III:** correta, pois trouxe adequadas *definição*, *efeito* e *origem* do instituto da afetação; **IV:** correta, pois os bens dominicais não têm afetação, porém, é possível que tais bens venham a ser afetados por disposição legal.

Gabarito "C".

(Procurador do Trabalho – MPT – 17º Concurso – 2012) Marque a alternativa CORRETA:

(A) O domínio eminente é o poder geral do Estado quanto a tudo que esteja nas suas linhas territoriais, em virtude da sua soberania. Inclui: bens públicos, privados e não sujeitos ao regime normal da propriedade, como o espaço aéreo.
(B) O bem público afetado é o que está voltado para determinado fim público e a desafetação é o contrário, sendo que os bens de uso comum do povo jamais serão desafetados, por causa dessa tipologia que não pode ter sua finalidade alterada.
(C) Os bens de uso especial são os cemitérios públicos, repartições, museus, aeroportos, terras reservadas aos indígenas. Perdem essa configuração, caso estejam sendo alvo de utilização por particulares, sobretudo por delegação.
(D) Todas estão erradas.
(E) Não respondida.

A: correta, pois traz a exata definição de domínio eminente; **B:** incorreta, pois os bens de uso comum do povo pode ser desafetados, ou seja, podem perder essa qualificação (art. 100 do CC); **C:** incorreta, pois a utilização pelos particulares não tem o condão de, por si só, desafetarem tais bens; nesse sentido, não é porque, num cemitério público ou num mercado público (bens de uso especial), há permissões e concessões de uso aos particulares (no primeiro caso, relativas aos túmulos e, no segundo, aos boxes para a instalação de bancas de venda), que tais bens deixam de ser de uso especial; **D:** incorreta, pois a alternativa "a" está correta; **E:** incorreta, pois a alternativa "a" está correta.

Gabarito "A"

9. RESPONSABILIDADE DO ESTADO

(Magistratura do Trabalho – 4ª Região – 2012) A União foi condenada, em ação judicial transitada em julgado, a reparar prejuízo causado a terceiro por servidor público federal. De acordo com a legislação que rege a matéria,

(A) deverá ser ajuizada ação regressiva contra o servidor declarado culpado, podendo a liquidação da condenação ser efetuada mediante desconto em folha de pagamento observado o limite legal.
(B) a ação regressiva em face do servidor causador do prejuízo somente será obrigatória em caso de conduta dolosa, podendo ser dispensada em caso de conduta culposa da qual decorra dano de pequena monta.
(C) deverá ser ajuizada ação regressiva em face do servidor declarado culpado, excluída a responsabilidade do funcionário na hipótese de exoneração ou demissão.
(D) caberá ao representante legal da União avaliar o benefício do ajuizamento da ação regressiva em face do servidor declarado culpado, em face da capacidade financeira para reparação do dano.
(E) deverá ser ajuizada ação regressiva contra o servidor declarado culpado, salvo no caso de dano de pequena monta, nos limites fixados pela lei.

A: correta (art. 122, § 1º, c/c art. 46, ambos da Lei 8.112/1990); **B:** incorreta, pois caberá em caso de conduta dolosa ou culposa (art. 122, *caput*, da Lei 8.112/1990); **C:** incorreta, pois nesse caso o servidor terá 60 dias para quitar o débito, sob pena de inscrição deste em dívida ativa, com a consequente execução fiscal (art. 47 da Lei 8.112/1990); **D:** incorreta, pois o interesse público, por ser indisponível, impõe a ação regressiva, ainda que não se consiga repor todo o patrimônio público lesado; **E:** incorreta, pois não existe na lei exceção para ações regressivas em caso de danos de pequena monta.

Gabarito "A"

(Magistratura do Trabalho – 5ª Região – 2006 – CESPE) Um governador de estado da Federação, durante discurso para promoção de uma política pública, emitiu declarações ofensivas contra uma pessoa, que se sentiu lesada patrimonialmente e moralmente. O ofendido promoveu ação de indenização contra o estado. Com referência a essa situação hipotética, assinale a opção correta.

(A) O governador utilizou-se abusivamente de sua qualidade de agente público e por isso fica afastada a responsabilidade estatal.
(B) A ofensa irrogada em discurso é caso clássico de atuação com culpa, pelo que é incabível a responsabilização da pessoa de direito público em face do ato do governador.
(C) O ente de defesa do estado deve aforar a competente ação regressiva contra o governador, em caso de o estado ser condenado a ressarcir o ofendido.
(D) A ação de ressarcimento contra o estado pode ter por fundamento apenas o dano patrimonial, mas não o dano moral.
(E) Incide, na situação considerada, a teoria do risco integral.

A e **B:** incorretas, pois a responsabilidade do Estado é objetiva, sendo desnecessário comprovar culpa ou dolo por parte de seu agente; **C:** correta, cabendo ação regressiva em face do governador em caso de culpa ou dolo deste; vale lembrar que, segundo o STF, o ofendido não pode ingressar com ação diretamente contra o agente público, devendo acionar o Estado, que, por sua vez, ingressará com ação de regresso contra seu agente, quando este atuar com culpa ou dolo. Essa ação de regresso poderá se dar por meio de denunciação da lide, que não é obrigatória, ou acionamento futuro do agente público; **D:** incorreta, pois o Estado tem o dever de indenizar todos os danos sofridos, inclusive o dano moral; **E:** incorreta, pois adotamos a Teoria do Risco Administrativo e não a Teoria do Risco Integral, havendo, portanto, excludentes da responsabilidade estatal.

Gabarito "C"

(Magistratura do Trabalho – 7ª Região – 2005) Tratando-se de responsabilidade civil do Estado, assinale a afirmativa falsa.

(A) Empresas públicas podem se sujeitar à responsabilidade objetiva ou subjetiva, dependendo de seu objeto social.
(B) A teoria francesa da "faute du service" é enquadrada como hipótese de responsabilidade objetiva.
(C) Pessoas jurídicas de direito privado, não integrantes da Administração Pública, podem se sujeitar à responsabilidade objetiva.
(D) A responsabilidade do Estado por omissão caracteriza-se como de natureza subjetiva.
(E) A responsabilidade civil por danos nucleares independe da existência de culpa.

A: verdadeira, pois, se a empresa é prestadora de serviço público, responde objetivamente (art. 37, § 6º, da CF); se for exploradora de atividade econômica, responde subjetivamente; **B:** assertiva falsa, devendo ser assinalada, pois tal teoria trata da responsabilidade do Estado por atos omissivos, responsabilidade essa que é subjetiva e requer que seja analisado se o serviço prestado foi defeituoso ("falta do serviço"), ou seja, se não funcionou, funciona mal ou funcionou atrasado; **C:** verdadeira, desde que sejam prestadoras de serviço público, como é o caso de uma empresa de transporte coletivo por ônibus (art. 37, § 6º, da CF); **D:** verdadeira, pois o STF e o STJ ainda entendem que o Estado responde subjetivamente em caso de conduta omissiva, valendo salientar que isso não significa que se vá verificar a culpa ou dolo do agente público (culpa civilista), mas que se vai verificar se o serviço público é defeituoso ou não (culpa administrativa); vale ressaltar que o STF tem decisão no sentido de que a responsabilidade estatal por *atos omissivos* ***específicos*** é objetiva; um exemplo de caso de omissão específica do Estado é a agressão física a aluno por colega, em escola estadual, hipótese em que a responsabilidade estatal será objetiva, com base na Teoria do Risco Administrativo (STF, ARE 697.326 AgR/RS, *DJ*26.04.2013); não se pode confundir uma *conduta omissiva genérica* (ex: o Estado não conseguir evitar todos os furtos de carros), com uma *conduta omissiva específica* (ex: o Estado ter o dever de vigilância sobre alguém e não evitar o dano); no primeiro caso, o Estado responde *subjetivamente*, só cabendo indenização se ficar provado que o serviço foi defeituoso (ex: um policial presencia um furto e nada faz); no segundo caso, o Estado responde *objetivamente*, não sendo necessário perquerir sobre se o serviço estatal foi ou não defeituoso; **E:** verdadeira, sendo esta responsabilidade não só objetiva, mas com adoção do risco integral, de modo que não se pode alegar excludentes de responsabilidade no caso.

Gabarito "B"

(Magistratura do Trabalho – 8ª Região – 2007) Assinale a resposta incorreta:

(A) As autarquias, sendo pessoas jurídicas de direito público, respondem pelos danos que seus agentes causarem a terceiros, assegurado o direito de regresso contra o responsável nos casos de dolo ou culpa.

(B) É objetiva a responsabilidade civil das autarquias por danos a terceiros.

(C) A autoexecutoriedade do ato administrativo obedece estritamente aos princípios da legalidade e da proporcionalidade.

(D) O mérito administrativo expressa o juízo de conveniência e oportunidade da escolha, no atendimento do interesse público, juízo esse efetuado pela autoridade à qual se conferiu o poder discricionário.

(E) É subjetiva a responsabilidade do Estado tanto para os atos judiciários quanto para os atos jurisdicionais dos magistrados, ou seja, tanto os magistrados como todos os demais servidores do poder judiciário (assessores, jurados, escrivães, oficiais, tabeliães etc.) dentro do exercício dos atos judiciários, podem cometer danos a terceiros, gerando a responsabilidade do Estado.

A: correta (art. 37, § 6º, da CF); **B:** correta (art. 37, § 6º, da CF); **C:** correta, pois a possibilidade da Administração fazer o uso da força deve guardar respeito aos princípios mencionados; **D:** correta, pois o mérito administrativo é justamente a margem de liberdade que tem o agente público para verificar, mediante critérios de conveniência e oportunidade, a conduta que melhor atende ao interesse público; **E:** assertiva incorreta, devendo ser assinalada, pois a responsabilidade do Estado é objetiva, mas só incide dessa forma em relação aos atos jurisdicionais quando há prisão além do tempo ou erro judiciário; quanto aos demais atos jurisdicionais, o Estado só responde se houver dolo ou fraude do juiz; por fim, quanto a atos administrativos dos servidores do Judiciário, a responsabilidade é objetiva.

Gabarito "E"

(Magistratura do Trabalho – 9ª Região – 2006) Marque a alternativa correta:

(A) A responsabilidade civil das pessoas jurídicas de direito público e das pessoas jurídicas de direito privado prestadoras de serviços públicos pelos danos que seus agentes causarem a terceiros dispensa a pesquisa da culpa para gerar indenização à vítima do dano.

(B) Pela teoria da responsabilidade objetiva o Estado deverá reparar danos que seus agentes causarem aos indivíduos independentemente da relação causal entre o dano e a ação ou omissão do agente prestador do serviço público.

(C) Não existe direito de regresso do Estado, condenado em ação de reparação de danos, em relação ao servidor público que, agindo com dolo ou culpa, causou o dano à vítima.

(D) A reparação dos prejuízos do lesado em caso de danos causados pelo Estado é possível apenas através de meios judiciais.

(E) A responsabilidade civil do Estado confunde-se com a responsabilidade criminal.

A: correta, pois a responsabilidade é objetiva (art. 37, § 6º, da CF); **B:** incorreta, pois é necessário demonstrar conduta, dano e **nexo de causalidade**; **C:** incorreta, tal direito está expresso na parte final do § 6º do art. 37 da CF; **D:** incorreta, pois é possível que o Estado faça um acordo administrativo com o lesado; **E:** incorreta, pois as responsabilidades administrativa, civil e penal são independentes (art. 125 da Lei 8.112/1990).

Gabarito "A"

(Magistratura do Trabalho – 11ª Região – 2007 – FCC) A responsabilidade civil das pessoas jurídicas de direito público e a das pessoas de direito privado prestadoras de serviços públicos por danos decorrentes da execução do serviço são, respectivamente,

(A) subjetiva e subjetiva.

(B) inexistente e objetiva.

(C) objetiva e subjetiva.

(D) inexistente e subjetiva.

(E) objetiva e objetiva.

As duas responsabilidades são objetiva, por força do art. 37, § 6º, da CF.

Gabarito "E"

(Magistratura do Trabalho – 12ª Região – 2006) Sobre a responsabilidade civil do Estado na legislação brasileira é incorreto afirmar:

(A) a Constituição Federal de 1998 acolheu a responsabilidade objetiva do Estado;

(B) para o reconhecimento da responsabilidade civil do Estado há que se verificar o nexo causal entre a ação ou omissão do Poder Público e o evento danoso, constituindo fatores de exclusão dessa responsabilidade o exercício regular de direito, caso fortuito ou de força maior e a culpa da vítima ou de terceiro;

(C) além do risco decorrente das atividades estatais em geral (teoria do risco administrativo), constitui também fundamento da responsabilidade do Estado consagrada na Constituição Federal o princípio da repartição dos encargos, pois o Estado, ao ser condenado a reparar os prejuízos do lesado, não seria o sujeito pagador direto, já que os valores indenizatórios seriam resultantes da contribuição feita pelos demais integrantes da sociedade;

(D) o direito de regresso somente é assegurado ao Estado no sentido de dirigir sua pretensão indenizatória contra o agente responsável pelo dano, quando tenha este agido com dolo;

(E) pretensão formulada pelo indivíduo para obter do Estado a reparação de prejuízos atenua em muito o princípio de que o ônus da prova incumbe a quem alega, pois se o autor da ação alegar a existência do fato, o dano e o nexo de causalidade entre um e outro, cabe ao Estado-réu a contraprova de tais alegações.

A: correta (art. 37, § 6º, da CF); **B:** correta, pois são necessários conduta, dano e nexo de causalidade, e são admitidas as excludentes mencionadas, foi adotada a Teoria do Risco Administrativo, e não a Teoria do Risco Integral; **C:** correta, pois, no fundo, quando o Estado indeniza, cada um de nós, que somos beneficiados pela conduta estatal, pagamos um pouco pelos danos causados em nosso favor, daí se falar em repartição dos encargos para todos nós; **D:** assertiva incorreta, devendo ser assinalada, pois cabe ação de regresso em caso de culpa ou dolo; **E:** correta, sendo o ônus da prova do autor; uma vez feita essa prova, cabe ao Estado buscar infirmá-la, por exemplo, demonstrando a existência de uma excludente de responsabilidade.

Gabarito "D"

(Magistratura do Trabalho – 14ª Região – 2011) Analise as proposições abaixo sobre Direito Administrativo e responda.

I. A Constituição Federal prevê a responsabilidade objetiva do Estado ao determinar que as pessoas jurídicas de direito público e as de direito privado prestadoras de serviços públicos responderão pelos danos que seus agentes, nessa qualidade, causarem a terceiros, assegurado o direito de regresso contra o responsável nos casos de dolo ou culpa.

II. A responsabilidade civil do Estado por atos jurisdicionais é acolhida nos casos de erro judiciário criminal, nos termos da lei infraconstitucional e da Constituição.

III. Nos termos estabelecidos na Constituição Federal, o servidor público da administração direta, autárquica e fundacional, no exercício de qualquer mandato eletivo federal, estadual ou distrital, ficará afastado de seu cargo, emprego ou função, sendo-lhe facultado optar pela sua remuneração e o seu tempo de serviço será contado para todos os efeitos legais, inclusive para promoção por merecimento.

IV. Aos servidores titulares de cargos efetivos da União, dos Estados, do Distrito Federal e dos Municípios, incluídas suas autarquias e fundações, é assegurado regime de previdência de caráter contributivo e solidário e serão aposentados: a) por invalidez permanente, com proventos proporcionais ao tempo de contribuição; b) compulsoriamente, aos setenta anos de idade, com proventos integrais; c) voluntariamente, desde que cumprido tempo mínimo de dez anos de efetivo exercício no serviço público e cinco anos no cargo efetivo em que se dará a aposentadoria, observadas as condições da Constituição.

V. Invalidada por sentença judicial a demissão do servidor estável, será ele reintegrado, e o eventual ocupante da vaga, se estável, reconduzido ao cargo de origem, com direito a indenização, aproveitado em outro cargo ou posto em disponibilidade, com remuneração proporcional ao tempo de serviço.

(A) Apenas as assertivas I, II e V são corretas.
(B) Apenas a assertiva IV é incorreta.
(C) Apenas as assertivas II, III e IV são corretas.
(D) Apenas as assertivas I e II são corretas.
(E) Apenas as assertivas IV e V são incorretas.

I: correta (art. 37, § 6º, da CF); **II:** correta (art. 5º, LXXV, da CF; art. 630 do Código de Processo Penal); **III:** incorreta, pois não há possibilidade de o servidor afastado optar pela sua remuneração nos casos citados (art. 38, I, da CF), ressalvados os mandatos eletivos para prefeito e vereador; ademais, o tempo de serviço, no período do afastamento, não será computado para a promoção por merecimento; **IV:** incorreta, pois, na aposentadoria compulsória, os proventos serão PROPORCIONAIS ao tempo de contribuição (art. 40, § 1º, II, da CF); **V:** incorreta, pois NÃO haverá direito à indenização (art. 28, § 2º, da Lei 8.1112/1990).

Gabarito "D"

(Magistratura do Trabalho – 15ª Região – 2011) A respeito da responsabilidade civil da Administração Pública, assinale a alternativa correta:

(A) a teoria do risco administrativo não admite as causas excludentes da responsabilidade do Estado, tais como a culpa exclusiva da vítima ou a força maior;
(B) a norma constitucional vigente consagra a responsabilidade objetiva do estado e a responsabilidade subjetiva do agente público;
(C) a responsabilidade objetiva da administração pública prescinde da comprovação do dano e do nexo causal;
(D) apenas as pessoas jurídicas de direito público respondem, objetivamente, pelos danos decorrentes da atuação de seus agentes;
(E) todas as pessoas jurídicas integrantes da administração pública indireta respondem, objetivamente, pelos danos que seus agentes, nesta qualidade, causarem a terceiros.

A: incorreta, pois a teoria do risco administrativo, diferentemente da teoria do risco integral, admite, sim, causas excludentes da responsabilidade do Estado; **B:** correta (art. 37, § 6º, da CF); **C:** incorreta, pois é necessário, sim, que se comprove, além da conduta estatal, o dano e o nexo de causalidade; **D:** incorreta, pois as *pessoas jurídicas de direito privado prestadoras de serviço público* também respondem objetivamente (art. 37, § 6º, da CF); **E:** incorreta, pois, quanto à Administração Indireta, respondem objetivamente somente as pessoas jurídicas de direito público (autarquias, fundações públicas, agências reguladoras e associações públicas) e as pessoas jurídicas de direito privado prestadoras de serviço público (art. 37, § 6º, da CF).

Gabarito "B"

(Magistratura do Trabalho – 16ª Região – 2011) Sobre os direitos, deveres e responsabilidade dos servidores públicos civis da União, analise as seguintes afirmações e marque a alternativa CORRETA:

I. O servidor responde civil, penal e administrativamente pelo exercício irregular de suas atribuições. A responsabilidade civil e administrativa do servidor independe de qualquer resultado da ação criminal.

II. A responsabilidade civil do servidor público decorre de ato omissivo ou comissivo, doloso ou culposo, que resulte em prejuízo ao erário ou a terceiros.

III. Tratando-se de dano causado a terceiros, responderá o servidor perante a Fazenda Pública, em ação regressiva. Porém, em regra, a obrigação de reparar o dano não se estende aos sucessores, salvo quando evidente a do agente, quando então incidirá até o limite do prejuízo causado ao patrimônio público.

IV. Um dos deveres do servidor é cumprir as ordens superiores, exceto quando manifestamente ilegais. Também é dever do servidor levar ao conhecimento da autoridade superior as irregularidades de que tiver ciência em razão do cargo, zelar pela economia do material e a conservação do patrimônio público, bem como guardar sigilo sobre assunto da repartição.

V. É assegurado ao servidor o direito de requerer aos Poderes Públicos, em defesa de direito ou de interesse legítimo. Tal requerimento será dirigido à autoridade competente para decidi-lo e encaminhado por intermédio daquela a que estiver imediatamente subordinado o requerente. Também cabe pedido de reconsideração à autoridade que houver expedido o ato ou proferido a primeira decisão, não podendo ser renovado.

(A) Somente as afirmativas II, IV e V estão corretas.
(B) Somente as afirmativas II e V estão corretas.
(C) Somente as afirmativas II, III, IV e V estão corretas.
(D) Somente as afirmativas I e III estão corretas.
(E) Somente as afirmativas H e IV estão corretas.

I: incorreta, pois há certos resultados na esfera criminal que se comunicam para a esfera administrativa; o art. 126 da Lei 8.112/1990 estabelece que a absolvição na esfera penal que negar a autoria ou a existência do fato irradia efeitos para a esfera administrativa; **II:** correta (art. 122, *caput*, da Lei 8.112/1990); **III:** incorreta, pois os sucessores do agente público responsável pelo dano respondem por este, mas no limite do valor da herança recebida (art. 122, § 3º, da Lei 8.112/1990); **IV:** correta (art. 116, IV, VI, VII e VIII, da Lei 8.112/1990); **V:** correta (arts. 104 a 106 da Lei 8.112/1990).

Gabarito "A"

(Magistratura do Trabalho – 16ª Região – 2006) Marque a alternativa CORRETA:

(A) Somente as empresas públicas e sociedades de economia mista exploradoras de atividade econômica, como entes da Administração Indireta, estão sujeitas à responsabilidade objetiva da Administração Pública.
(B) Em matéria de responsabilidade civil do Estado, o ato lesivo pode ser uma ação ou omissão, sendo que nesses casos, a responsabilidade da Administração Pública é objetiva.
(C) A responsabilidade civil é independente da criminal, porém não se poderá mais questionar se houver absolvição no criminal por motivo de inexistência do fato ou negativa de autoria.
(D) As pessoas jurídicas de direito público responderão pelos danos que seus agentes causarem a terceiros, desde que aqueles tenham agido com dolo ou culpa.
(E) Mesmo que o lesado tenha concorrido culposamente para o evento danoso, a Administração Pública indenizará integralmente os prejuízos sofridos.

A: incorreta, pois somente as empresas que forem prestadoras de serviço público responderão objetivamente (art. 37, § 6º, da CF); **B:** incorreta, pois, em caso de condutas omissivas estatais, a responsabilidade do Estado é subjetiva, sendo necessário averiguar se o serviço prestado era ou não defeituoso ("falta do serviço"); **C:** correta (art. 126 da Lei 8.112/1990); **D:** incorreta, pois a responsabilidade do Estado é objetiva, não sendo necessário culpa ou dolo do agente público para que o Estado responda; **E:** incorreta, pois, em caso de culpa concorrente da vítima, a indenização existirá, mas não será integral, mas proporcional à culpa de cada parte.

Gabarito "C"

(Magistratura do Trabalho – 18ª Região – 2006) Sobre a responsabilidade civil do Estado, é incorreto afirmar:

(A) A responsabilidade civil das entidades da administração indireta que executem atividade econômica de natureza privada é objetiva.
(B) Quando se trata de ato de terceiros, como é o caso de danos causados por multidão ou por delinquentes, a responsabilidade do Estado é subjetiva.
(C) De acordo com a Constituição, quem responde perante o prejudicado é a pessoa jurídica causadora do dano, a qual tem o direito de regresso contra o seu agente, desde que este tenha agido com dolo ou culpa.
(D) É pressuposto da responsabilidade civil objetiva do Estado que o agente, ao causar o dano, aja nessa qualidade.
(E) O risco administrativo previsto na responsabilidade civil da administração admite contraprova de excludente de responsabilidade, permitindo a exclusão ou atenuação da responsabilidade do Estado.

A: assertiva incorreta, devendo ser assinalada, pois tais pessoas, por não serem prestadoras de serviço público, não estão sujeitas à responsabilidade objetiva prevista no art. 37, § 6º, da CF; **B:** correta, pois, nesse caso, está-se na esfera da responsabilidade do Estado por omissão, que impõe demonstração da falta do serviço, tratando-se de responsabilidade de natureza subjetiva; vale ressaltar que o STF tem decisão no sentido de que a responsabilidade estatal por *atos omissivos **específicos*** é objetiva; um exemplo de caso de omissão específica do Estado é a agressão física a aluno por colega, em escola estadual, hipótese em que a responsabilidade estatal será objetiva, com base na Teoria do Risco Administrativo (STF, ARE 697.326 AgR/RS, *DJ* 26.04.2013); não se pode confundir uma *conduta omissiva genérica* (ex: o Estado não conseguir evitar todos os furtos de carros), com uma *conduta omissiva específica* (ex: o Estado ter o dever de vigilância sobre alguém e não evitar o dano); no primeiro caso, o Estado responde *subjetivamente*, só cabendo indenização se ficar provado que o serviço foi defeituoso (ex: um policial presencia um furto e nada faz); no segundo caso, o Estado responde *objetivamente*, não sendo necessário perquerir sobre se o serviço estatal foi ou não defeituoso; **C:** correta (art. 37, § 6º, da CF); **D:** correta (art. 37, § 6º, da CF); **E:** correta, pois adotamos a Teoria do Risco Administrativo, e não do Risco Integral.

Gabarito "A"

(Magistratura do Trabalho – 21ª Região – 2012) A respeito da responsabilidade civil da administração pública, é correto afirmar:

(A) a administração tem o dever de reparar os danos ocasionados a terceiros, ainda que no exercício regular da atividade administrativa, devendo, todavia, esperar a citação em ação de indenização por danos, promovida pelo ofendido, para promover à reparação integral ou obter conciliação judicial, sendo-lhe defeso, por seus próprios meios, reparar o dano no âmbito administrativo;

(B) a necessidade de determinação judicial para a reparação do dano causado a terceiros justifica-se pela necessidade de certeza, liquidez e arbitramento judicial do valor da indenização, com vistas a possibilitar que a administração pública ingresse com ação regressiva contra o servidor ou agente público causador do dano;

(C) proposta a ação de indenização por danos contra o agente público, não é o caso de sua extinção por ilegitimidade passiva, mas de chamamento à lide da pessoa jurídica de direito público;

(D) o Supremo Tribunal Federal firmou sua jurisprudência no sentido de que a ação de indenização por danos deve ser proposta contra a pessoa jurídica e não contra o agente público, não sendo admitido o litisconsórcio;

(E) o parágrafo 6º do art. 37 da Constituição Federal estabelece a responsabilidade objetiva, por danos causados a terceiros, das pessoas jurídicas de direito público e das pessoas jurídicas de direito privado prestadoras de serviços e que exercem atividades delegadas do Estado de intervenção no domínio econômico.

A: incorreta, pois nada impede (ao contrário, é altamente recomendável, por conta do princípio da moralidade) que a Administração repare o dano no âmbito administrativo; **B:** incorreta, pois a Administração tem elementos para apurar a responsabilidade pelo dano, bem como o *quantum* indenizatório, não se tratando de algo que depende necessariamente de decisão judicial; **C:** incorreta, pois, segundo o STF, a vítima não pode acionar diretamente o agente público, sob pena de ilegitimidade de parte (STF, RE 327.904, devendo acionar o Poder Público e esse, sim, em caso de culpa ou dolo do agente, podendo atuar regressivamente em face do agente público; **D:** correta, nos termos da decisão tomada no RE 327.904; **E:** incorreta, pois a responsabilidade objetiva é das pessoas de direito público e das pessoas de direito privado prestadoras de serviço público e não de pessoas privadas de intervém na ordem econômica (art. 37, § 6º, da CF).

Gabarito "D"

(Magistratura do Trabalho – 21ª Região – 2005) No que se refere à responsabilidade civil do Poder Público, assinale a alternativa correta:

(A) as pessoas jurídicas de direito público somente responderão pelos danos dos seus agentes nos casos em que evidenciado, mediante procedimento administrativo ou judicial, dolo ou culpa dos mesmos;

(B) a Constituição consagrou o princípio do risco administrativo integral em relação às empresas prestadoras de serviço público, no que se refere aos danos causados por seus agentes e prepostos;

(C) somente em caso de dolo é possível à Administração Pública o exercício do direito de regresso contra o responsável pelos danos causados a terceiros;

(D) a Constituição Federal consagrou o princípio do risco administrativo, obrigando as pessoas jurídicas de direito público, bem assim as empresas prestadoras de serviços públicos, a indenizar os prejuízos que seus respectivos agentes, nessa qualidade, causarem a terceiros;

(E) a responsabilidade da Administração Pública, em caso de dano causado por seus agentes a terceiros, prescinde da demonstração do nexo causal e da ausência de causa excludente de responsabilidade.

A: incorreta, pois a responsabilidade do Estado independe da existência de culpa ou dolo de agente público (art. 37, § 6º, da CF); o direito de regresso do Estado perante seus agentes é que reclama dolo ou culpa por parte destes; **B:** incorreta, pois o princípio adotado é o do Risco Administrativo, não havendo risco integral, de modo que existem excludentes da responsabilidade estatal, como a força maior, o caso fortuito, a culpa exclusiva de terceiro e a culpa exclusiva da vítima; **C:** incorreta, pois tal direito existe em caso de culpa ou dolo (art. 37, § 6º, da CF); **D:** correta (art. 37, § 6º, da CF); **E:** incorreta, pois é necessário que se comprove conduta, dano e **nexo de causalidade**, apesar de não ser necessário provar que não há alguma causa excludente.

Gabarito "D"

(Magistratura do Trabalho – 23ª Região – 2009) Analise os itens abaixo e marque a alternativa CORRETA:

A responsabilidade civil do estado à luz do entendimento doutrinário e jurisprudencial majoritários:

I. é de natureza objetiva, com base no risco administrativo.

II. ocorre quando comprovados o dano, a ação administrativa e o nexo de causalidade.

III. admite a investigação da culpa da vítima para que seja atenuada ou mesmo excluída.

IV. é passível de ocorrer, quando resultante de omissão, se ficar demonstrado o descumprimento, pelo Estado, de um dever jurídico de agir.

V. é de natureza subjetiva nos casos de omissão, bastando a ocorrência da chamada culpa anônima.

(A) V, V, F, V, F.

(B) F, V, V, F, V.

(C) V, V, F, F, F.

(D) V, V, V, V, V.

(E) F, V, V, V, V.

I: verdadeira, pois a responsabilidade do estado é objetiva (art. 37, § 6º, da CF), e a teoria adotada é do risco administrativo, que, diferentemente da teoria do risco integral, admite excludentes de responsabilidade do Estado; **II:** verdadeira, pois é necessário comprovar os três elementos citados para que se configure a responsabilidade civil do Estado; **III:** verdadeira, pois em caso de culpa concorrente do estado e da vítima, a responsabilidade do primeiro fica atenuada e, no caso de culpa exclusiva da vítima, a responsabilidade do Estado fica excluída; IV e **V:** verdadeiras, pois o Estado também responde por atos omissivos quando descumpre o dever jurídico de agir, seja para proteger pessoas, seja para prestar adequadamente serviços públicos; no entanto, deverá ser demonstrada a chamada *falta do serviço*, que também tem o nome de *culpa anônima do serviço* (usa-se a palavra *anônima*, pois, nesse caso, não se verifica a culpa ou o dolo de um servidor em especial, mas sim se o serviço foi corretamente prestado), tratando-se de responsabilidade considerada *subjetiva* (e não *objetiva)*, tendo em vista a necessidade de demonstração de que o serviço prestado era *defeituoso* (não prestado, mal prestado ou prestado tardiamente); vale ressaltar que o STF tem decisão no sentido de que a responsabilidade estatal por *atos omissivos* ***específicos*** é objetiva; um exemplo de caso de omissão específica do Estado é a agressão física a aluno por colega, em escola estadual, hipótese em que a responsabilidade estatal será objetiva, com base na Teoria do Risco Administrativo (STF, ARE 697.326 AgR/RS, *DJ* 26.04.2013); não se pode confundir uma *conduta omissiva genérica* (ex: o Estado não conseguir evitar todos os furtos de carros), com uma *conduta omissiva específica* (ex: o Estado ter o dever de vigilância sobre alguém e não evitar o dano); no primeiro caso, o Estado responde *subjetivamente*, só cabendo indenização se ficar provado que o serviço foi defeituoso (ex: um policial presencia um furto e nada faz); no segundo caso, o Estado responde *objetivamente*, não sendo necessário perquerir sobre se o serviço estatal foi ou não defeituoso.

Gabarito "D"

(Magistratura do Trabalho – 24ª Região – 2006) Considere as seguintes proposições:

I. No Direito Administrativo, a responsabilidade civil pode decorrer de atos ou comportamentos que, embora lícitos, causem a pessoas determinado ônus maior do que o imposto aos demais membros da coletividade.
II. Segundo entendimento jurisprudencial dominante, a responsabilidade objetiva do Estado não se aplica aos atos dos juízes, a não ser nos casos expressamente declarados em lei.
III. O Estado indenizará o condenado por erro judiciário, assim como o que ficar preso além do tempo fixado em sentença.
IV. As pessoas jurídicas de direito público e as de direito privado prestadoras de serviços públicos, responderão pelos danos que seus agentes, nessa qualidade, causarem a terceiros, assegurados o direito de regresso contra o responsável nos casos de dolo ou culpa.
V. A culpa concorrente da vítima é causa excludente da responsabilidade civil do Estado.

RESPONDA:

(A) Apenas as proposições I e II estão incorretas.
(B) Apenas a proposição V está incorreta
(C) Apenas as proposições I, II, e V estão incorretas.
(D) Apenas a proposição IV está correta.
(E) Todas as proposições estão corretas.

I: correta, valendo trazer como exemplo a desapropriação, que é ato lícito, mas que causa ônus maior para o expropriado, que, assim, tem direito de ser indenizado; II e **III:** corretas, valendo lembrar que a responsabilidade por ato judicial só se dá em caso de erro judiciário (erro reconhecido em revisão criminal ou erro grave), prisão além do tempo estabelecido e dolo ou fraude do juiz; **IV:** correta (art. 37, § 6º, da CF); **V:** incorreta, pois a exclusão da responsabilidade do Estado no caso depende de culpa exclusiva da vítima, e não de culpa concorrente.

Gabarito "B"

(Procurador do Trabalho – MPT – 15º Concurso – 2008) Considerando o disposto na Constituição Federal acerca da responsabilidade do Estado em razão de danos causados a terceiros, é CORRETO afirmar que:

(A) é meramente subsidiária na hipótese de uma autarquia ser a responsável pelo dano;
(B) o Brasil adotou a Teoria do Risco Integral, uma vez que a responsabilidade estatal é objetiva, não comportando excludentes ou atenuantes;
(C) a absolvição administrativa e criminal do agente público causador do dano afasta a responsabilidade civil do Estado;
(D) nenhuma das afirmativas anteriores está correta.
(E) não respondida.

A: correta, pois responsabilidade do Estado é subsidiária nesse caso, assumindo o primeiro a responsabilidade quando a autarquia não tiver patrimônio para solver a obrigação; **B:** incorreta, pois o Brasil adotou a Teoria do Risco Administrativo, já que se admite excludentes de sua responsabilidade, como a força maior, o caso fortuito, a culpa exclusiva de terceiro e a culpa exclusiva da vítima; **C:** incorreta, pois as instâncias civil, administrativa e criminal são independentes (art. 125 da Lei 8.112/1990); de qualquer forma, vale lembrar que a absolvição penal por inexistência material do fato ou negativa de autoria (e não a por falta de provas!) se comunica para as esferas civil e administrativa (art. 126 da Lei 8.112/1990); **D:** a alternativa "a" está correta.

Gabarito "A"

(Procurador do Trabalho – MPT – 11º Concurso – 2004) Assinale a alternativa CORRETA:

(A) é de natureza subjetiva a responsabilidade civil das pessoas jurídicas de direito privado que prestam serviços públicos, enquanto que a responsabilidade civil das pessoas jurídicas de direito público é de caráter objetivo;
(B) é de natureza híbrida, com feição objetiva quanto aos atos comissivos e subjetiva no que toca aos atos omissivos, a responsabilidade civil da União, em caso de danos nucleares;
(C) as empresas públicas e as sociedades de economia mista que exploram atividade econômica de natureza privada somente responderão pelos danos que seus agentes ocasionarem a terceiros, em caso de restar provada a ocorrência de conduta culposa, salvo os casos especificados em lei, ou quando a atividade desenvolvida implicar, por sua natureza, risco para os direitos de outrem;
(D) mesmo nos casos de leis declaradas inconstitucionais pelo Supremo Tribunal Federal, não se admite, em nenhuma hipótese, a responsabilidade do Estado por danos causados a terceiros, tendo em vista que a atuação do Poder Legislativo dá-se no exercício da soberania estatal;
(E) não respondida

A: incorreta, pois a reponsabilidade civil das pessoas jurídicas de direito privado que prestam serviços públicos também é objetiva, nos termos do art. 37, § 6º, da CF; **B:** incorreta, pois, em caso de danos nucleares, a responsabilidade é objetiva, e mais, com aplicação da Teoria do Risco Integral, que não admite excludentes de responsabilidade; **C:** correta, pois não se aplica a tais empresas a responsabilidade objetiva prevista no art. 37, § 6º, da CF, o que faz com que se deva apurar a responsabilidade delas segundo o Código Civil, que traz, como regra, a responsabilidade subjetiva (art. 186 do CC), ressalvados alguns casos de responsabilidade objetiva, como quando a atividade desenvolvida implicar, por sua natureza, risco para os direitos de outrem (art. 927, parágrafo único, do CC); **D:** incorreta, pois a responsabilidade por atos legislativos pode ocorrer no caso mencionado no enunciado (inconstitucionalidade) ou em caso de lei de efeito concreto que causa dano especial a alguém (ex.: lei que proíbe alguém de usar dada propriedade rural de relevância ambiental; nesse caso, temos uma lei de efeitos concretos, que atinge alguém em especial, causando dano passível de ser ressarcido por ação indenizatória por desapropriação indireta).

Gabarito "C"

10. LICITAÇÕES E CONTRATOS ADMINISTRATIVOS

(Magistratura do Trabalho – 1ª Região – 2004) Assinale a alternativa INCORRETA:

(A) concorrência é a modalidade de licitação entre interessados devidamente cadastrados ou que atenderem a todas as condições exigidas para cadastramento até o terceiro dia anterior à data do recebimento das propostas, observada a necessária qualificação;
(B) a inexigibilidade da licitação é caracterizada pela inviabilidade de competição;
(C) são modalidades de licitação a concorrência, a tomada de preços, o convite, o concurso, o leilão e o pregão;
(D) o procedimento licitatório não é sigiloso, sendo públicos e acessíveis todos os atos, exceto quanto ao conteúdo das propostas até a sua respectiva abertura;
(E) a prestação de serviços públicos por meio de permissão depende de prévia licitação.

A: assertiva incorreta, devendo ser assinalada, pois o caso narrado é de tomada de preços (art. 22, § 2º, da Lei 8.666/1993); **B:** correta (art. 25 da Lei 8.666/1993); **C:** correta (art. 22 da Lei 8.666/1993); **D:** correta (art. 3º, § 3º, da Lei 8.666/1993); **E:** correta (art. 2º, IV, da Lei 8.987/1995).

Gabarito "A"

(Magistratura do Trabalho – 2ª Região – 2010) Em matéria de licitação:

I. Somente a Administração Pública direta dos poderes da União, dos Estados e dos Municípios devem fazer o procedimento licitatório.
II. Devem ser observados os princípios da legalidade, da impessoalidade, da moralidade e da eficiência no procedimento licitatório.
III. Os fundos especiais e as sociedades de economia mista não estão subordinados ao regime licitatório.
IV. São dispensadas do procedimento licitatório obras e serviços de engenharia de pequeno valor, desde que não se refiram a parcelas de uma mesma obra do serviço.
V. É inexigível a licitação quando houver inviabilidade de competição, em especial para a aquisição de materiais, equipamentos, ou gêneros que só possam ser fornecidos por produtor, empresa ou representante comercial exclusivo.

Assinale a alternativa correta:

(A) As afirmativas II, III, IV e V estão corretas.
(B) A afirmativa I é a única correta.
(C) As afirmativas II, III e V estão corretas.
(D) As afirmativas II, IV e V estão corretas.
(E) As afirmativas I, III e V estão corretas.

I: incorreta, pois toda a Administração Indireta também está sujeita à licitação pública (art. 1º, parágrafo único, da Lei 8.666/1993); **II:** correta (art. 3º da Lei 8.666/1993); **III:** incorreta, pois são obrigados a licitar sim (art. 1º, parágrafo único, da Lei 8.666/1993); **IV:** correta (art. 24, I, da Lei 8.666/1993); **V:** correta (art. 25, I, da Lei 8.666/1993).

Gabarito "D"

(Magistratura do Trabalho – 14ª Região – 2008) Uma medida de ordem geral não diretamente relacionada com o contrato, mas nele repercutindo, provocando desequilíbrio econômico-financeiro em desfavor do contratado, é chamado pela doutrina de:

(A) desvio de poder;
(B) fato da administração;
(C) cláusula exorbitante;
(D) fato do príncipe;
(E) cláusula *rebus sic stantibus*.

De fato, essa é a definição doutrinária de fato do príncipe.

Gabarito "D"

(Ministério Público do Trabalho – 16º) Considerada a Lei de Licitações e contratos da Administração Pública, assinale a alternativa INCORRETA:

(A) As empresas públicas e as sociedades de economia mista estão subordinadas ao regime das licitações e contratos administrativos;
(B) A Lei assegura preferência, em primeiro lugar, aos bens e serviços produzidos ou prestados por empresas brasileiras, como critério de desempate em havendo igualdade de condições;
(C) Como regra geral, qualquer cidadão pode acompanhar o desenvolvimento do processo licitatório;
(D) A licitação, salvo quanto ao conteúdo das propostas e até a respectiva abertura, não será sigilosa;
(E) Não respondida.

A: correta (art. 1º, parágrafo único, da Lei 8.666/1993); **B:** assertiva incorreta, devendo ser assinalada. A preferência, em primeiro lugar, aos bens e serviços produzidos no Brasil; prestados por empresas brasileiras está em segundo lugar (art. 3º, § 2º, da Lei 8.666/1993); **C:** correta (art. 4º da Lei 8.666/1993); **D:** correta (art. 3º, § 3º, da Lei 8.666/1993).

Gabarito "B"

(Procurador do Trabalho – MPT – 16º Concurso – 2009) Conforme a legislação positivada, assinale a alternativa INCORRETA:

(A) As obras e os serviços não poderão ser licitados se não houver projeto básico aprovado pela autoridade competente e disponível para exame dos interessados em participar do processo licitatório;
(B) O autor do projeto básico ou executivo não poderá participar na licitação de obra ou de serviço e na execução respectiva como consultor ou técnico a serviço exclusivamente da Administração interessada;
(C) Será nula a compra feita pela Administração sem a adequada caracterização de seu objeto e indicação dos recursos orçamentários para seu pagamento;
(D) Como regra geral, as licitações serão efetuadas no local onde se situar a repartição interessada;
(E) Não respondida.

A: correta (art. 7º, § 2º, I, da Lei 8.666/1993); **B:** assertiva incorreta, devendo ser assinalada. É possível tal participação (art. 9º, § 1º, da Lei 8.666/1993); **C:** correta (art. 14 da Lei 8.666/1993); **D:** correta (art. 20 da Lei 8.666/1993).

Gabarito "B"

(Procurador do Trabalho – MPT – 16º Concurso – 2009) Assinale a alternativa INCORRETA:

(A) Como regra geral, a regra da obrigatoriedade da licitação não se aplica aos convênios públicos;
(B) A criação de consórcio público não depende de autorização legislativa;
(C) A Administração pública, no exercício de suas atribuições, pode se valer de contratos de direito privado;
(D) O contrato administrativo não reproduz de forma exata a autonomia privada típica dos contratos entre particulares;
(E) Não respondida.

A: correta, mas aplica-se a Lei 8.666/1993 aos convênios, no que couber; **B:** assertiva incorreta, devendo ser assinalada, pois é necessário que lei ratifique o protocolo de intenções para a criação de um consórcio público (art. 5º da Lei 11.107/2005); **C:** correta (art. 62, § 3º, I, da Lei 8.666/1993); **D:** correta, pois a Administração não tem autonomia para a contratação e a outra parte, por sua vez, também perde um pouco de autonomia, pois tem que se sujeitar a algumas determinações unilaterais da administração.

Gabarito "B"

(Procurador do Trabalho – MPT – 15º Concurso – 2008) Com relação à licitação, é CORRETO afirmar que:

I. não é obrigatória na aquisição de bem que, embora disponível em diversas qualidades, é oferecido por um único comerciante;
II. é procedimento obrigatório para a União, Distrito Federal, Estados, Municípios, autarquias e fundações públicas, sendo inexigível para as empresas públicas e sociedades de economia mista sujeitas ao regime jurídico próprio das empresas privadas que explorem atividades econômicas de produção ou comercialização de bens ou de prestação de serviços;
III. deve observar os princípios da objetividade, impessoalidade, moralidade, vinculação ao instrumento convocatório, probidade administrativa, igualdade, publicidade, além de outros que lhe sejam correlatos;
IV. o direito brasileiro compreende as modalidades denominadas concorrência, tomada de preços, convite, concurso e leilão, as quais podem ser utilizadas, em um mesmo procedimento, de forma isolada ou combinadamente, conforme o objetivo pretendido pela administração pública.

De acordo com as assertivas acima, assinale a opção CORRETA:

(A) as assertivas I e II estão incorretas;
(B) apenas a assertiva III está correta;
(C) as assertivas III e IV estão corretas;
(D) as assertivas I e III estão corretas;
(E) não respondida.

I: correta (art. 25, I, da Lei 8.666/1993); **II:** incorreta, também é exigível para as empresas públicas e sociedades de economia mista, (art. 1º, parágrafo único, da Lei 8.666/1993); **III:** correta (art. 3º, *caput*, da Lei 8.666/1993); **IV:** incorreta, pois não se admite a combinação das modalidades de licitação (art. 22, § 8º, da Lei 8.666/1993).

Gabarito "D"

(Procurador do Trabalho – MPT – 14º Concurso – 2007) Assinale a alternativa INCORRETA:

(A) o contrato administrativo pode ser alterado unilateralmente pela administração pública, justificadamente, quando houver modificação do projeto ou das especificações, para melhor adequação técnica aos seus objetivos;
(B) havendo alteração unilateral do contrato, que aumente os encargos do contratado, a Administração deverá restabelecer, por aditamento, o equilíbrio econômico-financeiro inicial do contrato;
(C) as cláusulas econômico-financeiras e monetárias dos contratos administrativos não poderão ser alteradas sem prévia concordância do contratado;
(D) a declaração de nulidade do contrato administrativo opera retroativamente impedindo os efeitos jurídicos que ele, ordinariamente, deveria produzir, mantendo intactos os efeitos já produzidos;
(E) não respondida.

A: correta, art. 65, I, "a", da Lei 8.666/1993; **B:** correta, art. 65, § 6º, da Lei 8.666/1993; **C:** correta, art. 58, § 1º, da Lei 8.666/1993; **D:** assertiva incorreta, devendo ser assinalada, pois ocorre a desconstituição dos efeitos já produzidos (art. 59 da Lei 8.666/1993); **E:** está respondida, pois a alternativa "d" está incorreta.

Gabarito "D"

(Procurador do Trabalho – MPT – 13º Concurso – 2006) NÃO se trata de hipótese em que é dispensável a licitação:

(A) para a celebração de contratos de prestação de serviços com as organizações sociais, qualificadas no âmbito das respectivas esferas de governo, para atividades contempladas no contrato de gestão;
(B) para a celebração de contrato de prestação de serviço de fiscalização, supervisão ou gerenciamento de obras ou serviços, de natureza singular, com empresa de notória especialização;
(C) para a aquisição ou restauração de obras de arte e objetos históricos, de autenticidade certificada, desde que compatíveis ou inerentes às finalidades do órgão ou entidade;
(D) quando a União tiver que intervir no domínio econômico para regular preços ou normalizar o abastecimento;
(E) não respondida.

A: correta, art. 24, XXIV, da Lei 8.666/1993; **B:** incorreta, essa seria uma hipótese de inexigibilidade e não de dispensa (*vide* o art. 25, II, da Lei 8.666/1993); **C:** correta, art. 24, XV, da Lei 8.666/1993; **D:** correta, art. 24, VI, da Lei 8.666/1993.

Gabarito "B"

(Procurador do Trabalho – MPT – 12º Concurso – 2005) Considerando as normas gerais sobre licitações da Lei Ordinária Federal n. 8.666/1993, é CORRETO afirmar que:

(A) em todo procedimento licitatório, nas modalidades concorrência, tomada e preços e convite, é necessária a presença de uma comissão de licitação para a realização dos trabalhos;

(B) no concurso, modalidade de licitação prevista na lei federal acima citada, a comissão de licitação deve ser composta por servidores efetivos do órgão licitante;

(C) cabe à comissão de licitação homologar o procedimento licitatório;

(D) o leilão, modalidade de licitação prevista na lei federal acima citada, pode ser cometido a leiloeiro oficial ou a servidor designado pela Administração.

(E) não respondida.

A: incorreta, pois, no convite, pode-se substituir a comissão de licitação por um servidor formalmente designado pela autoridade competente (art. 51, § 1º, da Lei 8.666/1993); **B:** incorreta, pois, no concurso, cabe chamar para a comissão especial pessoas que não são servidoras públicas (art. 51, § 5º, da Lei 8.666/1993); **C:** incorreta, pois compete à autoridade competente a homologação da licitação (art. 43, VI, da Lei 8.666/1993); **D:** correta (art. 53 da Lei 8.666/1993).

Gabarito "D"

(Procurador do Trabalho – MPT – 12º Concurso – 2005) Assinale a alternativa CORRETA:

(A) a lei federal em matéria de licitação e contratação é aplicável aos contratos administrativos e não aos convênios;

(B) aos contratos administrativos não se aplicam as disposições de direito privado;

(C) de acordo com a lei federal sobre normas gerais de licitação e contratação, os contratos que envolvem a prestação de serviços de forma contínua poderão ter sua duração prorrogada, por iguais e sucessivos períodos, com vistas à obtenção de preços e condições mais vantajosas para a Administração Pública, limitada a duração a sessenta meses;

(D) segundo a lei federal sobre normas gerais de licitação e contratação, o contratado pela Administração Pública, na execução do contrato, sem prejuízo das responsabilidades contratuais e legais, poderá subcontratar partes da obra, serviço ou fornecimento, desde que tal possibilidade conste no projeto básico do referido contrato.

(E) não respondida.

A: incorreta, é aplicável aos convênios (art. 116 da Lei 8.666/1993); **B:** incorreta, também se aplicam disposições de direito privado (art. 54, *caput*, da Lei 8.666/1993); **C:** correta (art. 57, II, da Lei 8.666/1993); **D:** incorreta, pois a subcontratação é permitida no limite do estabelecido pela Administração em contrato, não sendo necessário que haja previsão no projeto básico (art. 72 da Lei 8.666/1993).

Gabarito "C"

11. SERVIÇO PÚBLICO. CONCESSÕES EM GERAL. PPP

(Magistratura do Trabalho – 1ª Região – 2010 – CESPE) Assinale a opção correta acerca das características e da classificação dos serviços públicos.

(A) Os serviços públicos prestados diretamente pelo Estado submetem-se à disciplina do direito público, mas os serviços prestados por particulares em colaboração com o poder público são regidos integralmente por normas de direito privado.

(B) Os serviços de utilidade pública, ao contrário do que acontece com os serviços administrativos, são indelegáveis e, por isso, somente podem ser prestados por órgãos e agentes do próprio Estado.

(C) Os denominados serviços públicos próprios, destinados a atender necessidades coletivas, só podem ser executados por órgãos da administração direta.

(D) Os serviços que têm por finalidade a satisfação individual e direta das necessidades dos cidadãos, como os de energia elétrica, gás e transportes, são exemplos de serviços públicos *uti universi*.

(E) Considera-se serviço público toda atividade exercida pelo Estado ou por seus delegados, sob regime total ou parcial de direito público, com vistas à satisfação de necessidades essenciais e secundárias da coletividade.

A: incorreta, pois os particulares em colaboração com o Poder Público (exs.: jurados, mesários, tabeliães, registradores etc.) também atuam em serviços regidos por normas de direito público; **B:** incorretas, pois os *serviços de utilidade pública* ou *serviços impróprios do Estado* são delegáveis, sim; **D:** incorreta, pois a possibilidade de individualizar (singularizar) os destinatários desses serviços os torna *uti singuli*; **E:** correta, pois traz definição adequada de serviço público.

Gabarito "E"

(Magistratura do Trabalho – 7ª Região – 2005) A forma mais moderna de prestação de serviços públicos é a denominada parceria público-privada, regida pela Lei n. 11.079/2004. No âmbito dessa norma, foram previstas várias formas de garantia para sustentar as obrigações pecuniárias contraídas pelo Poder Público. Assinale, no rol abaixo, aquela garantia que não está prevista na norma citada.

(A) Instituição ou utilização de fundos especiais previstos em lei.

(B) Contratação de seguro-garantia com as companhias seguradoras que não sejam controladas pelo Poder Público.

(C) Garantias prestadas por empresa estatal criada para essa finalidade.

(D) Garantia prestada por instituição financeira, de qualquer natureza.

(E) Garantia prestada por organismos internacionais.

A única garantia que não está prevista na norma citada é a prestada por instituição financeira, de qualquer natureza (art. 8º da Lei 11.079/2004).

Gabarito "D"

(Magistratura do Trabalho – 9ª Região – 2007) Assinale a alternativa incorreta:

(A) Serviços públicos propriamente ditos são os que a administração pública presta diretamente à comunidade, ante a sua essencialidade e necessidade para sobrevivência do grupo social e do próprio Estado, ao passo que serviços de utilidade pública são os que a administração, diante da conveniência e para facilitar a vida dos indivíduos, presta diretamente ou através de terceiros, nas condições regulamentadas e sob seu controle, mas por conta e risco dos prestadores, mediante remuneração dos usuários.

(B) No que tange à competência da União em matéria de serviços públicos, alguns lhe são privativos e outros comuns, sendo que nestes se permite a atuação paralela dos Estados-membros e Municípios. Como exemplos de serviços públicos de competência privativa da União, podem ser mencionados a defesa nacional, a emissão de moeda, o serviço postal, os serviços de telecomunicações em geral, os serviços de transporte interestadual e internacional.

(C) Na competência dos Municípios estão insertos, dentre outros, os serviços correspondentes a programas de educação pré-escolar e de ensino fundamental, ordenamento territorial e o controle de uso, parcelamento e ocupação do solo urbano. Ainda, o Município tem competência para criar, organizar e suprimir distritos, observada a legislação estadual.

(D) Serviço Público descentralizado é todo aquele em que o Poder Público transfere sua titularidade ou execução, por outorga ou delegação, a autarquias, fundações, empresas estatais, empresas privadas e consórcios públicos. Há delegação quando o Estado cria uma entidade e a ela transfere, por lei, determinado serviço público.

(E) São reservadas aos Estados-membros as competências que não lhes sejam vedadas pela Constituição Federal.

A: correta, pois traz as exatas definições de serviços públicos propriamente ditos e serviços de utilidade pública, conforme a doutrina tradicional; **B:** correta (art. 21, III, VII, X, XI e XII, da CF); **C:** correta (art. 30, IV, VI e VIII, da CF); **D:** assertiva incorreta, devendo ser assinalada, pois, na mera delegação, não se outorga a titularidade de determinado serviço, mas apenas a sua execução; **E:** correta (art. 25, § 1º, da CF).

Gabarito "D"

(Magistratura do Trabalho – 15ª Região – 2010) Não é principio, ou requisito que se amolde ao regime jurídico do serviço público:

(A) a continuidade;
(B) a cortesia na sua prestação;
(C) a imutabilidade do regime jurídico;
(D) a generalidade;
(E) a modicidade das tarifas.

O art. 6º, § 1º, da Lei 8.987/1995 estabelece a necessidade de o serviço público observar a continuidade, a cortesia na sua prestação, a generalidade, a modicidade das tarifas e outras diretrizes, mas não determina que se deve observar a "imutabilidade do regime jurídico". Aliás, em relação às cláusulas regulamentares de um serviço público, estas devem variar de acordo com as exigências do interesse público, de modo que são mutáveis. Se se tratar de uma concessão de serviço público, o concessionário se sujeita a essas mudanças nas cláusulas regulamentares, tendo direito apenas à manutenção do equilíbrio das cláusulas meramente econômicas dos contratos de concessão.

Gabarito "C"

(Magistratura do Trabalho – 23ª Região – 2012) Assinale a alternativa que contém proposição incorreta.

(A) São consequências da aplicação do princípio da continuidade do serviço público, nos contratos administrativos, os privilégios para a Administração de encampação e de uso compulsório de recursos humanos e materiais da contratada, quando necessário para garantir a continuidade da execução do serviço.

(B) O princípio da flexibilidade dos meios ao fim autoriza mudanças no regime de execução do serviço público para adaptá-lo ao interesse público.

(C) serviço público adequado é definido por lei como o que satisfaz as condições de regularidade, continuidade, eficiência, segurança, atualidade, generalidade, cortesia na sua prestação e modicidade das tarifas.

(D) nos termos da lei, caracteriza-se como descontinuidade do serviço público, também, a sua interrupção em situação de emergência ou após prévio aviso, quando motivada por razões de ordem técnica ou de segurança das instalações, nem por inadimplemento do usuário, considerado o interesse da coletividade.

(E) pelo princípio da igualdade dos usuários perante o serviço público, desde que a pessoa satisfaça às condições legais, faz jus à prestação do serviço público, sem qualquer distinção de caráter pessoal.

A: assertiva correta, pois, nos dois casos (encampação e uso compulsório de recursos), há de se cuidar para que o serviço não seja interrompido, preservando-se o princípio da continuidade do serviço público; **B:** assertiva correta, pois, desde que não haja mudança no objeto da concessão, mas apenas no regulamento do serviço, o poder concedente tem, de fato, flexibilidade para alterar cláusulas regulamentares do serviço, de modo a atender as mudanças do interesse público; **C:** assertiva correta (art. 6º, § 1º, da Lei 8.987/1995); **D:** assertiva incorreta, devendo ser assinalada; pois não se caracteriza como descontinuidade do serviço a sua interrupção nos casos citados (art. 6º, § 3º, da Lei 8.987/1995); **E:** assertiva correta, para que se atenda ao princípio da isonomia, da impessoalidade e da generalidade, sendo que este se encontra no art. 6º, § 1º, da Lei 8.987/1995.

Gabarito "D"

(Magistratura do Trabalho – 23ª Região – 2009) Analise os itens abaixo e marque a alternativa CORRETA:

I. Serviços de Utilidade Pública são os que a Administração presta diretamente à sociedade, sem possibilidade de delegação a terceiros, por reconhecer sua essencialidade ao funcionamento do Estado, como por exemplo a administração de tributos.

II. Serviço público adequado é o que satisfaz as condições de regularidade, continuidade, eficiência, segurança, atualidade, generalidade, cortesia na sua prestação e modicidade das tarifas.

III. Não se caracteriza como descontinuidade do serviço público a sua interrupção após prévio aviso, quando houver inadimplemento do usuário, considerado o interesse da coletividade.

IV. As concessionárias de serviços públicos, de direito público e privado, nos Estados e no Distrito Federal, são obrigadas a oferecer ao consumidor e ao usuário, dentro do mês de vencimento, o mínimo de cinco datas opcionais para escolherem os dias de vencimento de seus débitos.

(A) Apenas o item I é verdadeiro.
(B) Apenas os itens II e III são verdadeiros.

(C) Apenas os itens II e IV são verdadeiros.

(D) Todos os itens são verdadeiros.

(E) Todos os itens são falsos.

I: incorreta, pois tais serviços podem ser delegados, por serem serviços impróprios do Estado, diferentemente dos serviços públicos próprios do Estado; **II:** correta (art. 6º, § 1º, da Lei 8.987/1995); **III:** correta (art. 6º, § 3º, II, da Lei 8.987/1995); **IV:** incorreta, pois são no mínimo 6 datas opcionais (art. 7º-A da Lei 8.987/1995).

Gabarito "B".

(Magistratura do Trabalho – 23ª Região – 2009) Assinale a alternativa INCORRETA:

(A) Serviço delegado é aquele transferido por contrato (concessão) ou ato unilateral (permissão ou autorização).

(B) Serviço Público Industrial é o que produz renda para quem os presta, mediante a remuneração da utilidade usada ou consumida.

(C) Serviço centralizado é o que o Poder Público presta por seus próprios órgãos em seu nome e sob sua exclusiva responsabilidade.

(D) Serviço descentralizado é todo aquele que a Administração executa centralizadamente, mas o distribui entre vários órgãos da mesma entidade, para facilitar sua realização e obtenção pelos usuários.

(E) São considerados serviços essenciais, nos termos da lei, distribuição e comercialização de medicamentos e alimentos, funerários, transporte coletivo, captação e tratamento de esgoto e lixo, telecomunicações e compensação bancária.

A: correta, pois o serviço delegado admite as formas de delegação citadas; **B:** correta, pois o serviço industrial, diferente do serviço administrativo, produz renda para quem o presta, por meio de tarifa ou preço público; **C:** correta, pois a centralização significa que o Estado não está delegando competência, mas centralizando nos seus órgãos a prestação do serviço; **D:** assertiva incorreta, devendo ser assinalada, pois a descentralização consiste na transferência do serviço a outra pessoa jurídica, e não aos órgãos internos da entidade; **E:** correta, valendo citar que a definição de essencialidade trazida na alternativa "e" é para fins de aplicação da Lei de Greve (art. 10 da Lei 7.783/1989).

Gabarito "D".

(Procurador do Trabalho – MPT – 14º Concurso – 2007) Assinale a alternativa incorreta, a respeito do processo de licitação e contratação de parceria público-privada no âmbito da administração pública:

(A) é vedada a celebração de contrato de parceria público-privada cujo período de prestação do serviço seja inferior a 5 anos;

(B) a contraprestação da Administração pública será obrigatoriamente precedida da disponibilização do serviço objeto do contrato de parceria público-privada;

(C) a contratação de parceria público-privada será precedida de licitação na modalidade de concorrência;

(D) é permitida a celebração de contrato de parceria público-privada que tenha como objeto único a execução de obra pública.

(E) não respondida.

A: correta, art. 2º, § 4º, II, da Lei 11.079/2004; **B:** correta, art. 7º da Lei 11.079/2004; **C:** correta, art. 10 da Lei 11.079/2004; **D:** assertiva incorreta, devendo ser assinalada, pois, no caso citado, a celebração é vedada (art. 2º, § 4º, III, da Lei 11.079/2004); **E:** não deve ser marcada, pois a alternativa "d" já traz a afirmativa incorreta.

Gabarito "D".

(Procurador do Trabalho – MPT – 12º Concurso – 2005) Assinale a alternativa CORRETA:

(A) o serviço público de saúde não pode ser prestado por terceiros;

(B) os serviços públicos *uti universi* podem ser objeto da cobrança de taxa;

(C) a lei federal sobre normas gerais relativas às concessões e permissões de serviços públicos, indica, de forma expressa, os casos excepcionais de dispensa de licitação;

(D) a lei federal sobre normas gerais relativas às concessões e permissões de serviços públicos, define que a permissão de serviço público será formalizada mediante contrato de adesão.

(E) não respondida

A: incorreta, pois tais serviços são livres à iniciativa privada (art. 199 da CF); **B:** incorreta, pois somente os serviços público *uti singuli* podem ser objeto de cobrança de taxa; apenas serviços divisíveis são hipótese de incidência de taxa (art. 145, II, da CF); **C:** incorreta, pois não há tal indicação na Lei 8.987/1995, diferentemente do que ocorre na Lei de Licitações e Contratos (art. 24 da Lei 8.666/1993); **D:** correta (art. 40 da Lei 8.987/1995).

Gabarito "D".

12. PROCESSO ADMINISTRATIVO

(Procurador do Trabalho – MPT – 16º Concurso – 2009) A propósito do processo administrativo no âmbito da Administração Pública Federal é INCORRETO afirmar:

(A) Autoridade é o servidor ou agente público dotado de poder de decisão;

(B) Entidade é a unidade de atuação dotada de personalidade jurídica;

(C) Dentre os deveres do administrado perante a administração pública está o de colaborar para o esclarecimento dos fatos;

(D) O requerimento inicial do interessado deve ser sempre formulado por escrito;

(E) Não respondida.

A: correta (art. 1º, § 2º, III, da Lei 9.784/1999); **B:** correta (art. 1º, § 2º, II, da Lei 9.784/1999); **C:** correta (art. 4º, IV, da Lei 9.784/1999); **D:** assertiva incorreta, devendo ser assinalada, pois há casos em que tal requerimento pode ser feito de forma oral (art. 6º, *caput*, da Lei 9.784/1999).

Gabarito "D".

(Procurador do Trabalho – MPT – 16º Concurso – 2009) Assinale a alternativa INCORRETA:

(A) É dever do servidor orientar o interessado quanto ao suprimento de eventuais falhas na instrução documental do processo administrativo;

(B) Como regra geral, são capazes para fins de processo administrativo os maiores de dezoito anos;

(C) Pode ser objeto de delegação a decisão de recursos administrativos;

(D) A avocação temporária de competência atribuída a órgão hierarquicamente inferior será permitida em caráter excepcional e por motivos relevantes devidamente justificados;

(E) Não respondida.

A: correta (art. 6º, parágrafo único, da Lei 9.784/1999); **B:** correta (art. 10 da Lei 9.784/1999); **C:** assertiva incorreta, devendo ser assinalada, pois *não* pode ser objeto de delegação (art. 13, II, da Lei 9.784/1999); **D:** correta (art. 15 da Lei 9.784/1999).

Gabarito "C"

(Procurador do Trabalho – MPT – 13º Concurso – 2006) Quanto ao ato e processo administrativos:

I. a Administração pode revogar seus próprios atos por motivo de conveniência ou oportunidade, respeitados os direitos adquiridos;

II. o recurso administrativo, salvo disposição legal em contrário, tramitará no máximo por duas instâncias administrativas;

III. o órgão competente para decidir o recurso administrativo poderá confirmar, modificar, anular ou revogar, total ou parcialmente, a decisão recorrida, se a matéria for de sua competência, não sendo possível, em qualquer hipótese, a ocorrência de gravame à situação do recorrente;

IV. a Administração poderá convalidar os atos que apresentarem defeitos sanáveis, em decisão na qual se evidencie a inocorrência de lesão ao interesse público e/ou prejuízos a terceiros.

Analisando as asserções acima, pode-se afirmar que:

(A) todas estão corretas;

(B) apenas as de número II e IV estão corretas;

(C) apenas as de número II e III estão incorretas;

(D) todas estão incorretas;

(E) não respondida.

I: correta (art. 53 da Lei 9.784/1999); **II:** incorreta, tramitará no máximo por *três* instâncias (art. 57 da Lei 9.784/1999); **III:** incorreta, poderá haver gravame, ocasião em que o recorrente deverá ser cientificado para que formule suas alegações antes da decisão (art. 64 da Lei 9.784/1999); **IV:** correta (art. 55 da Lei 9.784/1999).

Gabarito "C"

13. MANDADO DE SEGURANÇA, *HABEAS DATA*, AÇÃO POPULAR E AÇÃO CIVIL PÚBLICA

(Magistratura do Trabalho – 5ª Região – 2006 – CESPE) Acerca do inquérito civil público, assinale a opção correta.

(A) Não há requisitos formais a serem atendidos para a instauração do inquérito civil, tendo em vista que este é um procedimento pré-processual.

(B) Todos os legitimados para a ação civil pública podem instaurar o inquérito civil.

(C) A lei da ação civil pública não atribui a todos os ramos do Ministério Público o poder de instaurar e presidir inquérito civil público. Apenas a lei complementar do Ministério Público incumbe ao Ministério Público do Trabalho a competência de instaurar inquérito civil e de realizar outros procedimentos administrativos para assegurar a observância dos direitos sociais dos trabalhadores.

(D) Todas as pessoas podem provocar a iniciativa do Ministério Público para a instauração do inquérito civil público, sendo, no entanto, vedada ao servidor público e aos juízes a remessa de peças ao Ministério Público que possam ensejar tal instauração.

(E) Ao final do inquérito civil público, várias possibilidades se abrem ao seu condutor: a realização de termo de ajustamento de conduta, o ajuizamento de ação civil pública, a expedição de recomendação ou mesmo o arquivamento.

A: incorreta, pois o inquérito civil não é um procedimento processual; trata-se de um procedimento que visa apurar eventual lesão a interesse coletivo, procedimento esse que pode, ao final, ser arquivado, levar à realização de um acordo, ensejar a expedição de recomendação ou, em último caso, propiciar o ingresso com ação civil pública; **B:** incorreta, pois somente o Ministério Público pode instaurar o inquérito civil (art. 8º, § 1º, da Lei 7.347/1985); **C:** incorreta, pois a Lei 7.347/1985 não traz a restrição mencionada, referindo-se ao Ministério Público em geral, que inclui, como se sabe, o Ministério Público do Trabalho; **D:** incorreta, o servidor público *deve* provocar a iniciativa do Ministério Público (art. 6º da Lei 7.347/1985); **E:** correta, conforme já mencionado na alternativa "a".

Gabarito "E"

(Magistratura do Trabalho – 5ª Região – 2006 – CESPE) O Ministério Público do Trabalho (MPT) apurou, durante um inquérito civil, que uma universidade pública vinha contratando terceiros para execução de serviços de construção civil, e que esses terceiros se utilizavam, para execução das obras de construção civil em favor da universidade, embora sem o consentimento desta, de serviços de empregados mantidos na informalidade, sem o registro do contrato de trabalho na carteira de trabalho e previdência social (CTPS), contrariando o disposto nos artigos 1.º, III e IV, e 7.º, I, da Constituição Federal. Constatou, ainda, que os contratados vinham sistematicamente descumprindo as mais elementares normas de medicina e segurança do trabalho nas obras que executavam para a universidade, como as de fornecer áreas de vivência adequada e equipamentos de segurança aos seus empregados, tendo sido observados e gravados, a título de exemplo, empregados trabalhando em escadas e andaimes precários, sem equipamentos de segurança contra quedas, e empregados se utilizando de canos de água de sanitários para suas necessidades de consumo de água. O MPT firmou termo de ajustamento de conduta com a universidade, para que esta assumisse, sob pena do pagamento de multa, sua obrigação de fiscalizar, com maior rigor, a execução das obras de construção civil nas suas instalações, a fim de que não se mantivessem empregados sem registro do contrato de trabalho na CTPS, nem empregados que trabalhem em condições contrárias às normas de medicina e segurança do trabalho. Previu-se nesse termo, ainda, o compromisso da universidade de impedir o trabalho de empregados sem registro e(ou) em condições contrárias às normas de medicina e segurança. Com referência a essa situação hipotética, assinale a opção correta.

(A) Um ajustamento de conduta com o conteúdo e os objetivos descritos só pode ser realizado com o MPT, estando impedidos de ajustar tais compromissos os demais órgãos públicos legitimados para o ajuizamento da ação civil pública.

(B) Caso seja descumprido o termo de ajustamento de conduta referido, em decorrência das obrigações que ali foram assumidas, as quais consubstanciam obrigações de fazer, o MPT deve ajuizar uma ação de conhecimento para fazer cumprir as obrigações referidas.

(C) O termo de ajustamento de conduta firmado com o MPT exonera o compromissado, automaticamente, do pagamento de multas previstas na lei e a cargo da fiscalização do trabalho.

(D) Os trabalhadores contratados que estavam sendo lesados com a conduta irregular da empresa contratada pela universidade, após firmado o termo de ajustamento de conduta entre esta e o MPT, ficam impedidos de cobrar individualmente as responsabilidades do contratante e subsidiariamente da universidade.

(E) Caso seja descumprido o termo de ajustamento de conduta, o valor recolhido a título de multa deve ser destinado a um fundo compatível com o interesse lesado, como o Fundo de Amparo ao Trabalhador.

A: incorreta, pois os órgãos públicos também são legitimados para tomar dos interessados compromisso de ajustamento de conduta (art. 5º, § 6º, da Lei 7.347/1985); **B:** incorreta, pois o termo de ajustamento de conduta é um título executivo extrajudicial (art. 5º, § 6º, da Lei 7.347/1985), de modo que é possível ingressar diretamente com ação de execução; **C:** incorreta, pois o termo de ajustamento de conduta apenas faz com que as condutas ilegais sejam regularizadas daquele momento em diante, ficando as sanções administrativas, já aplicadas ou a serem aplicadas, preservadas e passíveis de manutenção ou aplicação, conforme o caso; **D:** incorreta, pois tanto a celebração de termo de ajustamento de conduta como o ingresso com ação civil pública não impedem que o lesado, individualmente, ingresse com ação para a reparação dos danos que tiver suportado; **E:** correta, pois esse fundo é compatível com o fundo previsto no art. 13 da Lei 7.347/1985.

Gabarito "E"

(Magistratura do Trabalho – 7ª Região – 2005) No âmbito do controle jurisdicional da Administração Pública, destaca-se o instituto da ação popular, regida pela Lei n. 4.717/1965. Nessa norma, estão previstas diversas situações que causam nulidades de atos ou contratos, celebrados pelo Poder Público. Assinale, no rol abaixo, a opção que não se insere dentro das hipóteses legais de nulidade identificadas na referida lei da ação popular.

(A) Operação bancária quando o valor real do bem dado em hipoteca ou penhor for inferior ao constante de escritura, contrato ou avaliação.

(B) Empreitada quando no edital de concorrência forem incluídas cláusulas ou condições que comprometam o seu caráter competitivo.

(C) A concessão de licença de exportação ou importação quando resultar em privilégio ou exceção em favor de exportador ou importador.

(D) Admissão no serviço público, remunerado ou não, quando se der em desobediência quanto às normas de habilitação das normas legais.

(E) A venda de bens, no caso de não ser cabível concorrência, quando o seu preço for inferior ao corrente no mercado, na época da operação.

A: correta (art. 4º, II, "b", da Lei 4.717/1965); **B:** correta (art. 4º, III, "b", da Lei 4.717/1965); **C:** correta (art. 4º, VI, "b", da Lei 4.717/1965); **D:** incorreta, devendo ser assinalada, pois o art. 4º, I, da Lei 4.717/1965 dispõe que admissão ilegal só dá ensejo à ação popular se for *remunerada*; **E:** correta (art. 4º, V, "c", da Lei 4.717/1965).

Gabarito "D"

(Magistratura do Trabalho – 9ª Região – 2009) Considere as seguintes proposições:

I. O inquérito civil público é um procedimento administrativo sujeito a contraditório que pode ser utilizado pelo Ministério Público como medida preparatória de apuração de fatos que serão utilizados na Ação Civil Pública.

II. O termo de ajustamento de conduta é um ato jurídico decorrente de inquérito civil público ou procedimento investigatório preparatório de ação civil pública onde a parte interessada declara a violação de preceitos trabalhistas e assume obrigações junto ao Ministério Público do Trabalho mediante cominações pecuniárias.

III. O Supremo Tribunal Federal decidiu recentemente em mandado de injunção que o direito de greve dos servidores públicos civis, enquanto não seja regulamentado por lei específica, será exercido conforme os preceitos da Lei 7.783/1989, que regulamenta o direito de greve na iniciativa privada, mas diante da imperatividade da continuidade dos serviços públicos, o tribunal competente para analisar a legalidade do exercício do direito de greve dos servidores públicos civis poderá impor o regime de greve mais severo, por envolver "serviços ou atividades essenciais", cujo rol previsto nos artigos 9º a 11 da Lei 7.783/1989 é apenas exemplificativo, pela complexidade e variedade dos serviços públicos e atividades estratégicas típicas do Estado.

IV. A defesa nacional é um serviço público propriamente dito, que não pode ser delegado a terceiros, mas se os servidores públicos militares exercerem seu direito de greve o Estado poderá contratar particulares para assegurar quadro mínimo para a prestação dos serviços indispensáveis à comunidade, nos termos do art. 12 da Lei 7.783/1989.

V. O ajustamento de conduta entre o investigado e o Ministério Público é uma espécie de transação, já que envolve concessões recíprocas das partes interessadas.

(A) Nenhuma das proposições está correta.

(B) Somente as proposições I, II e III estão corretas.

(C) Somente as proposições II, III e IV estão corretas.

(D) Somente as proposições II e III estão corretas.

(E) Somente as proposições I e IV estão corretas.

I: incorreta, pois o inquérito civil é um procedimento inquisitório, não havendo dever de contraditório; **II:** correta (art. 5º, § 6º, da Lei 7.347/1985); **III:** correta, pois o STF admitiu que o servidor público pudesse exercer o direito de greve, utilizando-se a Lei de Greve para o setor privado (Lei 7.783/1989), até que advenha lei específica regulando a greve de servidores públicos (Mandados de Injunção 670, 708 e 712, julgados em 2007); **IV:** incorreta, pois o militar não pode fazer greve (art. 142, § 3º, IV, da CF); **V:** incorreta, pois não é possível fazer concessões em matéria de interesses coletivos, que são, em regra, indisponíveis.

Gabarito "D"

(Magistratura do Trabalho – 12ª Região – 2006) O Controle jurisdicional da administração pode ser exercido por meio de:

(A) mandado de segurança individual;
(B) mandado de segurança coletivo;
(C) ação popular;
(D) *habeas data*;
(E) todas as alternativas estão corretas.

O controle jurisdicional da administração pode ser feito por todas as ações mencionadas nas alternativas "a" a "d", bem como por meio de outras ações de rito ordinário ou sumário, por exemplo.

Gabarito "E"

(Magistratura do Trabalho – 13ª Região – 2006) Têm legitimidade ativa nas ações civis públicas, exceto:

(A) autarquias;
(B) sindicatos;
(C) pessoas jurídicas paraestatais;
(D) associações;
(E) nenhuma das respostas.

Art. 5º da Lei 7.347/1985.

Gabarito "E"

(Magistratura do Trabalho – 24ª Região – 2006) Assinale a alternativa INCORRETA

(A) Segundo a legislação vigente, o Ministério Público poderá instaurar, sob sua presidência, inquérito civil, ou requisitar, de qualquer organismo público ou particular, certidões, informações, exames ou perícias, no prazo que assinalar, o qual não poderá ser inferior a 10 (dez) dias úteis.
(B) Segundo doutrina dominante, Inquérito Civil Público é um autêntico processo administrativo exigindo observância do amplo contraditório.
(C) Inquérito Civil Público busca os elementos para eventual propositura de medida judicial, ou então, configurada a ilegalidade do ato, a assinatura de termo de ajustamento de conduta, de forma espontânea.
(D) Na conformidade da Lei 7.347/1985, se o órgão do Ministério Público, esgotadas todas as diligências, se convencer da inexistência de fundamento para a propositura da ação civil, promoverá o arquivamento dos autos do inquérito civil ou das peças informativas, fazendo-o fundamentadamente. Os autos do inquérito civil ou das peças de informação arquivadas serão remetidos, sob pena de se incorrer em falta grave, no prazo de 3 (três) dias, ao Conselho Superior do Ministério Público.
(E) O Ministério Público poderá tomar dos interessados compromisso de ajustamento de sua conduta às exigências legais, mediante cominações, que terá eficácia de título executivo extrajudicial.

A: correta (art. 8º, § 1º, da Lei 7.347/1985); **B:** assertiva incorreta, devendo ser assinalada, pois o inquérito civil é um procedimento inquisitório, não se impondo observância de amplo contraditório; **C:** correta, valendo salientar que, ao final, o inquérito civil pode ser arquivado, levar à realização de um acordo, ensejar a expedição de recomendação ou, em último caso, propiciar o ingresso com ação civil pública; **D:** correta (art. 9º, § 1º, da Lei 7.347/1985); **E:** correta (art. 5º, § 6º, da Lei 7.347/1985).

Gabarito "B"

14. TEMAS COMBINADOS DE DIREITO ADMINISTRATIVO

(Procurador do Trabalho – 2013 – MPT) Assinale a alternativa **IN**CORRETA:

(A) O chefe do Poder Executivo, ao exercitar sua competência para editar ato administrativo, pode interpretar e aplicar a Constituição da República.
(B) Os princípios que regem a administração pública – legalidade, impessoalidade, moralidade, publicidade e eficiência – são aplicáveis inclusive às empresas públicas e sociedades de economia mista federais, estaduais e municipais.
(C) De acordo com o entendimento do STF, enquanto o art. 37, VII, da Constituição da República não for regulamentado, o direito de greve do servidor público será regido, no que couber, pela Lei n. 7.783/1989, que disciplina o direito de greve no setor privado.
(D) O Governador de Estado pode criar, mediante ato administrativo, empresa pública para atuar na área de saneamento e abastecimento de água.
(E) não respondida

A: assertiva correta, pois, como executor da lei, o Chefe do Executivo deve interpretar e aplicar a Constituição no âmbito de sua competência; **B:** assertiva correta, pois o art. 37, *caput,* da CF, que impõe obediência a esses princípios, é expresso no sentido de que tal deve se dar não só no bojo da administração direta, como no da indireta também; **C:** assertiva correta, pois tal entendimento foi consagrada nos mandados de injunção julgados pelo STF a respeito do tema no ano de 2007 (MIs 670/ES, 708/DF e 712/PA); **D:** assertiva incorreta, devendo ser assinalada; a criação de empresa pública depende de prévia autorização legislativa (art. 37, XIX, da CF).

Gabarito "D"

6. Processo Civil

Murilo Sechieri e Tiago Queiroz

1. PRINCÍPIOS DO PROCESSO CIVIL

(Magistratura do Trabalho – 1ª Região – 2004) Indique os princípios inerentes à jurisdição.

(A) Inércia, inafastabilidade, indelegabilidade, contraditório e juiz natural.
(B) Devido processo legal, aderência ao território, inevitabilidade, investidura, inércia, indelegabilidade e inafastabilidade.
(C) Eventualidade, investidura, inércia, indelegabilidade e inafastabilidade.
(D) Investidura, aderência ao território, indelegabilidade, juiz natural e inércia.
(E) Aderência ao território, oralidade, inércia, controle jurisdicional e investidura.

A: incorreto. Contraditório e juiz natural são princípios constitucionais do processo, e não da jurisdição; **B: incorreto.** Devido processo legal não é princípio inerente à jurisdição; **C: incorreto.** Eventualidade não é um dos princípios da jurisdição; **E: incorreto.** Oralidade é um dos princípios do processo civil, mas não da jurisdição.

Gabarito "D"

(Magistratura do Trabalho – 2ª Região – 2010) O direito de ação:

(A) Depende da existência efetiva do direito material invocado.
(B) É exercido contra o Estado, bastando que o seu titular se refira a um interesse primário, juridicamente protegido.
(C) Configura o dever de dirigir-se ao órgão jurisdicional para a solução das lides.
(D) Rege-se pela teoria imanentista, segundo a qual não há ação sem direito e não há direito sem ação.
(E) É autônomo, mas pressupõe um direito subjetivo violado para os casos em que se pretenda a declaração da inexistência de uma relação jurídica.

A, D e E: incorretos. A teoria *clássica* ou *imanentista*, preconizada por Savigny, há muito foi superada, porquanto o exercício do direito de ação é *autônomo*, ou seja, independe da existência de direito subjetivo, a exemplo do que ocorre nas sentenças que julgam improcedente o pedido do autor, ou, ainda, nas ações declaratórias negativas, nas quais o objeto da demanda cinge-se justamente a obter, por parte do Estado, a declaração de inexistência de determinada relação jurídica; **B: correto.** O direito de ação não é exercido em face do juiz ou do adversário processual da parte; volta-se somente contra o Estado, consubstanciando-se no *direito subjetivo* (ou *poder*, para certa doutrina) à obtenção de uma resposta favorável ou não à pretensão deduzida em juízo. Nessa direção, eis a doutrina de Dinamarco *et alli*: "Nessa concepção, que é da doutrina dominante, a ação é dirigida apenas ao Estado (embora, uma vez apreciada pelo juiz, vá ter efeitos na esfera jurídica de outra pessoa: o réu, ou executado). Nega-se, portanto, ser ela exercida contra o adversário isoladamente, contra este e o Estado ao mesmo tempo, ou contra a pessoa física do juiz" (DINAMARCO, Cândido Rangel *et alii*. **Teoria Geral do Processo**. 20. ed. São Paulo: Malheiros, 2004. p. 255); **C: incorreto.** A doutrina oscila quanto à natureza jurídica do direito de ação, ora concebendo-o como *direito subjetivo* ora como simples *poder* de invocar o Estado em busca de solução para uma controvérsia posta. De qualquer forma, não há qualquer mandamento ou dever de exercitar-se o direito de ação. Esta garantia constitucional funda-se no *poder* ou na *faculdade* de ver exercida a jurisdição. Ao abono de tal entendimento, note-se novamente o magistério expedido por Dinamarco *et alli*: "Nem é admissível a ação como dever, sendo ela, quando muito, um ônus (ou seja, a faculdade cujo exercício é posto como condição para obter certa vantagem): e o ônus faz parte do direito subjetivo ou do poder ou faculdade, nunca do dever" (DINAMARCO, Cândido Rangel *et alii*. **Teoria Geral do Processo**, p. 254).

Gabarito "B"

(Magistratura do Trabalho – 3ª Região – 2009) Leia as afirmações abaixo e, em seguida, assinale a alternativa correta:

I. O princípio da congruência entre pedido e sentença determina que o juiz deve decidir de acordo com o que foi pedido, não podendo decidir fora, acima ou abaixo do pedido, sob pena de nulidade da sentença.
II. Pelo princípio da eventualidade, cabe ao réu impugnar um a um os fatos articulados pelo autor na petição inicial, mas essa regra não se aplica ao advogado dativo, ao curador especial e ao órgão do Ministério Público.

* Tiago Queiroz comentou as questões de 2010, inclusive, em diante.

III. A reconvenção – uma das modalidades de resposta do réu – é ação judicial do réu em face do autor. Sua admissibilidade está condicionada, tanto na fase cognitiva, quanto na de execução, ao preenchimento de pressupostos específicos, dentre eles a existência de conexão.

IV. Quando houver questão prejudicial externa em ação autônoma em curso, o processo que surge posteriormente deverá ser suspenso, mas o período de suspensão nunca poderá exceder 6 (seis) meses.

V. Ocorre perempção quando o autor perde o direito material invocado, em virtude de ter ensejado a extinção do processo sem resolução de mérito por três vezes por não promover atos e diligências que lhe competir, abandonando a causa por mais de 30 (trinta) dias.

(A) Somente uma afirmativa está correta.
(B) Somente duas afirmativas estão corretas.
(C) Somente três afirmativas estão corretas.
(D) Somente quatro afirmativas estão corretas.
(E) Todas as afirmativas estão incorretas.

I: correto, já que é esse o sentido do princípio; **II: incorreto**, pois o princípio apontado pela alternativa não é o da eventualidade, mas o do ônus da impugnação especificada; **III: incorreto**. Em razão da menção feita no texto à fase de execução, uma vez que reconvenção diz respeito exclusivamente à fase cognitiva; **IV: incorreto**. Em razão do que consta do § 5º do art. 265 do CPC (prazo de 1 ano, e não 6 meses); **V: incorreto**. A perempção é perda do direito de ação, mas não atinge o direito material (art. 268, parágrafo único, do CPC).

Gabarito "E".

(Magistratura do Trabalho – 8ª Região – 2007) Sobre os princípios que regem o Direito Processual Civil, assinale a alternativa incorreta:

(A) Segundo o princípio dispositivo ou da demanda, o juiz não pode iniciar o processo de ofício. A pessoa que se sente lesada ou ameaçada quanto a um direito que entende ser titular tem a livre iniciativa de provocar a tutela jurisdicional.
(B) Após o ajuizamento da ação, vigora o princípio inquisitivo, com base no qual o processo se desenvolve por impulso oficial, por atos do juiz e dos auxiliares da justiça, salvo aqueles que devem ser praticados pelas partes e que necessitam de sua provocação.
(C) Consagra o princípio da instrumentalidade o dispositivo legal que estabelece que os atos e termos processuais não dependem de forma determinada, senão quando a lei expressamente o exigir, reputando-se válidos aqueles que, realizados de outro modo, preencham-lhe a finalidade essencial.
(D) Pelo princípio da impugnação específica, o réu deve impugnar um a um os fatos narrados na inicial, sob pena de presumir-se a sua veracidade, em qualquer caso.
(E) O dever do réu de alegar, em contestação, toda a matéria de defesa que tiver contra o pedido do autor decorre do princípio da eventualidade, segundo o qual a oportunidade para o réu se defender é a contestação, sob pena de ocorrer a preclusão consumativa.

A: correto. É esse o significado do princípio dispositivo ou da demanda; **B: correto. A alternativa traz o conceito correto do princípio inquisitivo**; **C: correto**, nos termos do art. 244 do CPC; **D: incorreto**, devendo ser assinalado, pois a presunção de veracidade, que decorre da inobservância do princípio da impugnação específica, não ocorre nas situações descritas nos incisos do art. 302 do CPC; **E: correto**, em razão do que dispõem os artigos 300 e 303 do CPC.

Gabarito "D".

(Magistratura do Trabalho – 9ª Região – 2006) Sobre os princípios do direito processual civil, assinale a alternativa correta:

I. O Direito Processual Civil brasileiro não admite procedimentos ou provimentos específicos fundados em técnicas de contraditório diferido, de reação aos atos processuais já praticados, pois o contraditório é elemento inerente ao devido processo legal, alçado a nível constitucional.

II. O Processo Civil contemporâneo, de tendência publicista, abandona o rigor do princípio dispositivo, eis que atribui ao juiz papel ativo na dinâmica processual, concedendo-lhe iniciativa probatória e reforçando seus poderes na direção do processo.

III. São algumas das manifestações que se atribuem ao princípio da oralidade: a imediatidade do juiz às partes e às provas produzidas, a identidade física do juiz ao processo, a concentração dos atos em audiência e a não recorribilidade imediata de decisões interlocutórias.

IV. O princípio da motivação das decisões judiciais é requisito de legitimidade do pronunciamento judicial, pois através dele se opera a submissão do ato ao controle das partes e da sociedade, evitando-se o arbítrio do mero convencimento pessoal do juiz sobre os ditames da ordem jurídica justa; por isso, exige-se desenvolvimento de fundamentação em todas as decisões judiciais, sejam interlocutórias, sentenças ou despachos meramente ordinatórios.

(A) Todas as assertivas estão corretas.
(B) Apenas as assertivas I, III e IV estão corretas.
(C) Apenas as assertivas II e III estão corretas.
(D) Apenas as assertivas I, II e III estão corretas.
(E) Apenas a assertiva III está correta.

I: incorreto. Embora a regra no processo civil seja o exercício do contraditório de forma antecipada, há hipóteses de que, em razão da prevalência de outros princípios relevantes (efetividade, celeridade, por exemplo), o contraditório possa ser postergado (ou postecipado), sempre que a prévia oitiva da parte puder acarretar a ineficácia da tutela jurisdicional; **II: correto**. O princípio dispositivo era encarado, na sua origem, como sendo uma vedação, para que o juiz determinasse de ofício a produção de provas, o que hoje está superado, em razão de norma legal expressa (art. 130 do CPC); **III: correto**. Esses são precisamente os subprincípios que decorrem da oralidade; **IV: incorreto**. Não se exige extensa fundamentação em despachos ordinatórios, já que eles não têm conteúdo decisório.

Gabarito "C".

(Magistratura do Trabalho – 16ª Região – 2011) Considerando as afirmativas abaixo, assinale a alternativa CORRETA:

I. O princípio do devido processo legal apresenta tanto um caráter instrumental quanto uma dimensão substancial, hipótese na qual tem correspondência com o princípio da proporcionalidade.

II. Os princípios do contraditório e da ampla defesa tem como um de seus consectários lógicos de exteriorização a prerrogativa da produção probatória.

III. O princípio do duplo grau de jurisdição, assim como os demais princípios constitucionais do processo, constitui imposição da Carta Magna de observância obrigatória, sob pena de invalidação da atividade processual.

IV. O princípio da motivação dos atos decisórios, consignado no art. 93, IX, da CFI8B, tem o condão de assegurar ao jurisdicionado o direito à obtenção do órgão jurisdicional de pronunciamento acerca de todos os argumentos deduzidos em juízo.

(A) Somente as afirmativas II e III estão corretas.
(B) Somente as afirmativas I e II estão corretas.
(C) Somente as afirmativas I, II e III estão corretas.
(D) Somente as afirmativas I e IV estão corretas
(E) Todas as afirmativas estão corretas.

I: correto. A doutrina norte-americana deriva o princípio da proporcionalidade do próprio princípio do devido processo legal; este, em sua acepção material ou substancial. Nessa direção, note-se o fragmento extraído do **Informativo** 571 do STF: Evidencia-se, neste ponto, o tema concernente ao princípio da proporcionalidade, que se qualifica - enquanto coeficiente de aferição da razoabilidade dos atos estatais (MELLO, Celso Antônio Bandeira de. **Curso de Direito Administrativo.** 4. ed. São Paulo: Malheiros, 1993. p. 56-57, itens ns. 18/19; FIGUEIREDO, Lúcia Valle. **Curso de Direito Administrativo.** 2. ed. São Paulo: Malheiros, 1995. p. 46, item n. 3.3) – como postulado básico de contenção dos excessos do Poder Público. Essa é a razão pela qual a doutrina, após destacar a ampla incidência desse postulado sobre os múltiplos aspectos em que se desenvolve a atuação do Estado – inclusive sobre a atividade estatal de produção normativa – adverte que o princípio da proporcionalidade, essencial à racionalidade do Estado Democrático de Direito e imprescindível à tutela mesma das liberdades fundamentais, proíbe o excesso e veda o arbítrio do Poder, extraindo a sua justificação dogmática de diversas cláusulas constitucionais, "notadamente daquela que veicula, em sua dimensão substantiva ou material, a garantia do *due process of law*" (STUMM, Raquel Denize. **Princípio da Proporcionalidade no Direito Constitucional Brasileiro.** *Porto Alegre: Livraria do Advogado Editora*, 1995. p. 159-170; FERREIRA FILHO, Manoel Gonçalves. **Direitos Humanos Fundamentais,** pp. 111-112, item n. 14, 1995, Saraiva; BONAVIDES, Paulo. **Curso de Direito Constitucional,** pp. 352-355, item n. 11, 4. ed., 1993, Malheiros) [grifos nossos]; **II: correto.** A possibilidade de participar ativamente do processo, de influenciar o convencimento do órgão julgador, bem como de contrariar os argumentos deduzidos pela parte contrária são consequências do princípio do contraditório e da ampla defesa. Conforme a doutrina de Gilmar Ferreira Mendes *et alii.* (**Curso de Direito Constitucional.** 3. ed. São Paulo: Saraiva, 2008, p. 547-548.), o contraditório e a ampla defesa, assegurados pelo art. 5º, LV, da Constituição, contemplam os seguintes direitos: direito de *informação*, direito de *manifestação* e direito de *ver seus argumentos considerados.* O insigne jurista entende que "o direito de manifestação (*Recht auf Äusserung)* assegura ao defendente a possibilidade de manifestar-se oralmente ou por escrito sobre os elementos fáticos e jurídicos constantes do processo"; **III: incorreto.** Segundo a jurisprudência do STF, a garantia do duplo grau de jurisdição não foi acolhida pela Carta Magna, embora haja doutrina que entenda que o referido princípio, por força de interpretação sistemática, tenha sido albergado pela Lei Fundamental. Nesse sentido: EMENTA: CONSTITUCIONAL. PROMOTOR DE JUSTIÇA. CRIMES DOLOSOS CONTRA A VIDA. COMPETÊNCIA DO TRIBUNAL DE JUSTIÇA. MATÉRIA FÁTICA. SÚMULA 279-STF. PREQUESTIONAMENTO. PRINCÍPIO DO DUPLO GRAU DE JURISDIÇÃO. [...] III. A alegação de ofensa ao inciso LIV do art. 5º, CF, não é pertinente. O inciso LIV do art. 5º, CF, mencionado, diz respeito ao devido processo legal em termos substantivos, e não processuais. Pelo exposto nas razões de recurso, quer a recorrente referir-se ao devido processo legal em termos processuais, CF, art. 5º, LV. Todavia, se ofensa tivesse havido, no caso, à Constituição, seria ela indireta, reflexa, dado que a ofensa direta seria a normas processuais. E, conforme é sabido, ofensa indireta à Constituição não autoriza a admissão do recurso extraordinário. IV. - *Não há, no ordenamento jurídico-constitucional brasileiro, a garantia constitucional do duplo grau de jurisdição. Prevalência da Constituição Federal em relação aos tratados e convenções internacionais.* V. Compete ao Tribunal de Justiça, por força do disposto no art. 96, III, da CF/88, o julgamento de promotores de justiça, inclusive nos crimes dolosos contra a vida. VI. Agravo não provido. (AI 513044 AgR, Relator(a): Min. Carlos Velloso, Segunda Turma, julgado em 22/02/2005) [grifos nossos]; **IV: incorreto.** O órgão jurisdicional não é obrigado a rebater, um a um, todos os argumentos trazidos pela parte. Basta que a decisão resolva, de forma clara e satisfatória, as questões essenciais à solução da controvérsia. Nessa direção, inclina-se a jurisprudência do STJ: AGRAVO REGIMENTAL. RECURSO ESPECIAL. OFENSA AO ART. 535 DO CPC. INEXISTÊNCIA. REEXAME DO CONJUNTO FÁTICO-PROBATÓRIO. IMPOSSIBILIDADE. SÚMULA 7/STJ. DISPOSITIVO LEGAL INDICADO COMO VIOLADO INSUFICIENTE PARA DESCONSTITUIR O ACÓRDÃO RECORRIDO. 1. A jurisprudência desta Casa é pacífica ao proclamar que, se os fundamentos adotados bastam para justificar o concluído na decisão, o julgador não está obrigado a rebater, um a um, os argumentos utilizados pela parte. [...] (AgRg no AREsp 57.661/RJ, Rel. Ministro Sidnei Beneti, Terceira Turma, julgado em 22/11/2011, DJe 06/12/2011).

Gabarito "B"

(Magistratura do Trabalho – 16ª Região – 2008) Sobre os princípios fundamentais do processo civil, assinalar a alternativa incorreta.

(A) Pelo princípio dispositivo, deve o juiz julgar a causa com base nos fatos alegados e provados pelas partes, sendo-lhe vedada a apreciação de fatos cuja prova não foi postulada pelas partes.
(B) Pelo princípio da demanda, o juiz fica limitado aos pedidos formulados pelas partes, preservando sua soberania em determinar as ações em que pretendem litigar.
(C) O princípio do livre convencimento do juiz é a faculdade reconhecida ao julgador de apreciar ampla e livremente a prova, sem meios limitadores de investigação, salvo o princípio da prova legal.
(D) O princípio do contraditório assegura aos litigantes no processo o direito à ampla defesa, com os meios e recursos a ela inerentes, tendo como consectário a igualdade das partes na relação processual.
(E) O princípio do duplo grau de jurisdição permite ao jurisdicionado pretender a reapreciação da decisão judicial prolatada sobre seu direito por outro órgão de hierarquia superior.

A: *essa alternativa foi considerada* **correta** *pelo examinador, embora não o seja*. É correto dizer que o juiz, em razão do princípio dispositivo, deva julgar a causa com base nos fatos alegados e provados pelas partes, mas não lhe é vedada a apreciação de fatos cuja "prova não foi postulada pelas partes", desde que os fatos em questão tenham sido invocados pelas partes. Se a parte alega um determinado fato, mas deixa de requerer a prova sobre ele, o juiz pode determinar de ofício a produção da prova sobre o fato alegado (art. 130 do CPC) e considerá-lo na sentença. O que se veda é a consideração de fatos que não foram invocados (e não daqueles alegados, mas cuja prova não foi requerida); **B: correto,** conforme definição da própria alternativa; **C: incorreto,** devendo ser assinalado. O princípio do livre convencimento impõe ao juiz o dever de indicar os motivos pelos quais atribuiu valor a cada uma das provas consideradas, não sendo adequado dizer, portanto, que não há "meios limitadores de investigação"; **D: correto,** conforme definição da própria alternativa; **E: correto,** conforme definição da própria alternativa.

Gabarito "C"

(Magistratura do Trabalho – 16ª Região – 2006) A garantia de que todos os titulares de direito possam ver prestada a tutela jurisdicional; a necessidade de intervenção do Ministério Público quando há interesse de incapaz; competência funcional do juiz estabelecida pelo Tribunal ao qual está vinculado; direito à tutela judicial adequada encerram os seguintes princípios processuais:

(A) Igualdade, Juiz Natural, Inafastabilidade e Acesso à justiça.
(B) Acesso à Justiça, Igualdade, Juiz Natural e Inafastabilidade.
(C) Juiz Natural, Inafastabilidade e Igualdade, Acesso à justiça.
(D) Inafastabilidade, Acesso à justiça, Igualdade e Juiz Natural.
(E) Igualdade, Inafastabilidade, Acesso à justiça e Juiz Natural.

A garantia de que todos os titulares de direito possam ver prestada a tutela jurisdicional equivale ao princípio do acesso à justiça; a intervenção do Ministério Público em processos em que há interesses de incapaz busca garantir a igualdade entre as partes, por meio do equilíbrio entre elas, já que se presume a hipossuficiência do incapaz; é o princípio do juiz natural que aponta para a necessidade de que os julgamentos sejam proferidos por juízo competente previamente designado pela lei; por fim, o direito à tutela judicial adequada é decorrência do princípio da inafastabilidade da jurisdição.

Gabarito "B"

(Ministério Público do Trabalho – 8º) Assinale a alternativa correta:

(A) a tutela jurisdicional será prestada pelos Juízes quando a parte ou o interessado a requerer, significando dizer que o processo civil se desenvolve por iniciativa privada;
(B) no processo civil, o princípio dispositivo é absoluto, pelo que o Juiz não pode julgar senão de acordo com o que é alegado pelas partes;
(C) a jurisdição é o instrumento pelo qual o Estado declara o direito no caso concreto;
(D) em matéria de apreciação das provas, vigora no processo civil brasileiro o princípio legal;
(E) no julgamento da lide, caberá ao Juiz decidir por equidade, somente nos casos previstos em lei;
(F) não sei.

A: incorreto. O processo desenvolve-se por atos de ofício do juiz e dos serventuários (princípio do impulso oficial), após a provocação feita pela parte ou interessado (princípio da inércia); **B: incorreto** O princípio dispositivo só se aplica às alegações de fatos feitas pelas partes, mas o juiz pode perfeitamente levar em consideração, ao julgar, matérias de direito que não foram invocadas, em razão do princípio do *jura novit curia*; **C: incorreto.** O instrumento pelo qual o Estado declara o direito no caso contrato é o processo (e não a jurisdição); **D: incorreto.** O princípio que vigora nesse campo é o do livre convencimento motivo, sendo que a prova legal só é aplicável em casos excepcionais (por exemplo: arts. 366 e 401 do CPC); **E: correto** Em regra, o juiz decide de acordo com a legalidade estrita, só lhe sendo lícito decidir por equidade quando autorizado pela lei (art. 127, CPC).

Gabarito "E"

2. PARTES, PROCURADORES, MINISTÉRIO PÚBLICO E JUIZ

(Magistratura do Trabalho – 2ª Região – 2011) No que concerne às partes, capacidade, representação e atuação, analise as seguintes proposições:

I. Capacidade de ser parte é a capacidade de ter direitos e obrigações, tal como adjudicada a um sujeito de direito.
II. Capacidade processual é a de alguém que pode, idoneamente, instaurar um processo, porque maior e capaz.
III. A representação, na esfera do processo civil, significa que o absolutamente incapaz, não tendo capacidade processual alguma, mas exclusivamente capacidade de ser parte, não pode processualmente agir.
IV. Verificado o defeito na representação processual, o juiz, de imediato, decretará a nulidade do processo.
V. Havendo transação e nada tendo as partes disposto quanto às despesas, estas serão pagas pelo autor da demanda.

Responda:

(A) Apenas a assertiva IV está correta.
(B) Estão corretas as assertivas I, II e IV.
(C) Estão corretas as assertivas I, III e III.
(D) Estão corretas as assertivas III, IV e V.
(E) Apenas a assertiva II está correta.

I e II: corretos. Antes de mais nada, afigura-se imprescindível destacar que os termos *capacidade de ser parte*, *capacidade processual* e *capacidade postulatória* não se confundem. Os dois primeiros institutos têm natureza jurídica de pressuposto processual de validade do processo, ao passo que o último consubstancia pressuposto processual de existência (art. 37, parágrafo único, do CPC). Nessa direção, a fim de que haja melhor compreensão do tema, é necessário recorrer-se às lições da parte geral do Código Civil. A *capacidade de direito ou de gozo* não se confunde com a *capacidade de fato ou de exercício*, requisito este exigido para que a pessoa exercite pessoalmente direitos e obrigações na órbita civil sem a necessidade de estar representado ou assistido. Isso posto, a *personalidade jurídica*, oriunda do direito civil, está para a *capacidade de ser parte*, assim como a *capacidade de fato ou de exercício* está para a *capacidade processual* ou *capacidade para estar em juízo*. Por ser instituto afeito apenas às pessoas naturais, só os maiores e capazes é que detêm capacidade processual; **III: correto.** O recém-

-nascido com vida tem personalidade jurídica, motivo pelo qual possui capacidade de ser parte, e, por isso, pode pleitear alimentos. Para tanto, será representado por seu representante legal durante o processo, visto que desprovido de capacidade processual ou capacidade para estar em juízo; **IV: incorreto.** O juiz, vislumbrando o defeito de representação da parte em juízo, deve determinar, em primeiro lugar, a suspensão do processo, a fim de que seja regularizada a situação dentro do prazo assinalado. Persistindo a irregularidade, o juiz deve decretar a nulidade do processo, caso o defeito de representação tenha sido apresentado pelo autor (art. 13, *caput* e inciso I, do CPC); **V: incorreto.** As despesas deverão ser divididas igualmente (art. 26, § 2º, do CPC).

Gabarito "C"

(Magistratura do Trabalho – 2ª Região – 2011) Sobre representação em juízo, ativa e passivamente, assinale a alternativa incorreta:

(A) O condomínio é representado pelo administrador ou pelo síndico.
(B) A herança jacente ou vacante é representada por seu curador.
(C) O espólio é representado pelo inventariante.
(D) As pessoas jurídicas são representadas somente por seus diretores.
(E) O município é representado por seu prefeito ou procurador.

A: correto (art. 12, IX, do CPC); **B: correto** (art. 12, IV, do CPC); **C: correto** (art. 12, V, do CPC); **D: incorreto, devendo ser assinalado.** As pessoas jurídicas serão representadas por quem os respectivos estatutos designarem, ou, em não as designando, por seus diretores (art. 12, VI, do CPC); **E: correto** (art. 12, II, do CPC).

Gabarito "D"

(Magistratura do Trabalho – 2ª Região – 2011) Assinale a alternativa incorreta, quanto aos deveres das partes e de todos aqueles que de qualquer forma participam do processo:

(A) Expor os fatos em juízo conforme a verdade.
(B) Proceder com lealdade e boa-fé.
(C) Cumprir com exatidão os provimentos mandamentais e não criar embaraços à efetivação de provimentos judiciais, de natureza antecipatória ou final.
(D) Não produzir provas, nem praticar atos inúteis ou desnecessários à declaração ou defesa do direito.
(E) Comparecer às audiências pontualmente, tolerando-se atrasos de até cinco minutos.

A: correto (art. 14, I, do CPC); **B: correto** (art. 14, II, do CPC); **C: correto** (art. 14, V, do CPC); **D: correto** (art. 14, IV, do CPC); **E: incorreto,** devendo ser assinalado, visto que tal disposição não está inserta no rol dos arts. 14, 340 e 341 do CPC.

Gabarito "E"

(Magistratura do Trabalho – 2ª Região – 2010) Quanto aos sujeitos do processo, pode-se afirmar que:

(A) O juiz regularmente investido da função jurisdicional não pode eximir-se de atuar no processo.
(B) O princípio da igualdade das partes lhes assegura absoluta paridade de tratamento processual, não se admitindo a atribuição de vantagens a qualquer uma delas.
(C) O princípio do contraditório garante às partes a ciência dos atos e termos do processo, com a consequente obrigação de impugná-los.
(D) O litisconsórcio constitui um fenômeno de pluralidade de sujeitos parciais do processo, sendo necessário que haja alguma harmonia entre os respectivos interesses litigiosos.
(E) O advogado não é sujeito do processo, uma vez que mero representante da parte.

A: incorreto. A primeira parte do art. 126 do CPC assevera que o juiz não poderá eximir-se de atuar no feito, alegando lacuna ou obscuridade da lei. Todavia a premissa não deve ser encarada de modo absoluto, a considerar, *v.g.*, os casos de suspeição e de impedimento, de vez que a imparcialidade do julgador, além de pressuposto processual de validade, é consequência do Estado Democrático de Direito e deve ser assegurada em qualquer processo (art. 134 e 135 do CPC), em que o magistrado pode validamente determinar a remessa dos autos ao seu substituto legal; **B: incorreto.** O princípio da isonomia funda-se na máxima de que os iguais devem ser tratados igualmente, bem como os desiguais devem ser considerados desigualmente, na medida de suas desigualdades. O art. 125, I, do CPC, cuida da isonomia em sua vertente material ou substancial. Nesse sentido: "O primeiro dos deveres do juiz é assegurar às partes igualdade de tratamento. O princípio da isonomia tem estatura constitucional e deve ser observado. A isonomia deve ser substancial, não apenas formal. Isso exige do juiz um tratamento igualitário entre as partes, o que inclui a obrigação de compensar eventuais desigualdades porventura existentes" (GONÇALVES, Marcus Vinícius Rios. *Novo Curso de Direito Processual Civil. Vol 1*. 8. ed. São Paulo: Saraiva, 2011. p. 217); **C: incorreto.** As partes têm o *ônus* de impugnar os atos e termos processuais, e não o *dever* de fazê-lo. Durante o desenlace da relação processual, os litigantes têm o ônus de praticar os mais diversos atos. Registre-se que tal conduta reverterá em benefício daquele que levou a efeito o respectivo ato. A inércia, da mesma forma, redundará em benefício à parte contrária. Diferenciam-se, nesse particular das *obrigações*, em que o cumprimento do objeto beneficia a parte contrária, e não aquele que praticou o ato. Confira-se a doutrina de Arruda Alvim: "A ideia de *ônus*, consiste em que a parte deve, no processo, praticar determinados atos em seu *próprio benefício*: consequentemente, se ficar inerte, possivelmente esse comportamento acarretará consequência danosa para ela". (ALVIM, Arruda. *Manual de Direito Processual Civil*. V. 1. 7. ed. São Paulo: RT, 2000. p. 503); **D: correto.** Tal liame entre os interesses implicados está presente tanto no litisconsórcio facultativo (art. 46 do CPC) quanto no necessário (art. 47, *caput*, do CPC); **E: incorreto.** A doutrina classifica o advogado como sujeito do processo, não somente em razão de sua natureza constitucional de função essencial à justiça (art. 133 da CF), como também pelo fato de as partes, de um modo geral, serem desprovidas de capacidade postulatória, daí por que necessitam da intervenção de um advogado para deduzirem sua pretensão em juízo. Nesse sentido: [...] Daí a conhecida definição do processo, já referida, como *actus trium personarum: judicis, actoris et rei*. Essa clássica definição, contudo, contém um quadro extremamente simplificado, que não esgota a realidade atinente aos sujeitos que atuam no processo, merecendo ser realçados os seguintes pontos: [...] d) é indispensável também a participação do advogado, uma vez que as partes, não o sendo, são legalmente proibidas de postular judicialmente por seus direitos. Em resumo: aquela configuração subjetiva tríplice representa somente um esquema mínimo e simplificado, que clama por esclarecimentos e complementações" (DINAMARCO, Cândido Rangel *et alii*. **Teoria Geral do Processo**. 20. ed. São Paulo: Malheiros, 2004. p. 293).

Gabarito "D"

(Magistratura do Trabalho – 7ª Região – 2005) Pedro ajuíza ação reinvidicatória em face de Paulo que, no curso da demanda, aliena o imóvel discutido nessa ação a José, que pagou integralmente o valor, tornando-se o novo proprietário do imóvel. Assinalar a proposição incorreta.

(A) Com a alienação do bem litigioso ocorrerá a sucessão processual, tornando-se o sucessor, que é José, parte na relação processual, desde que tenha a anuência da parte autora para o seu ingresso.

(B) O adquirente de coisa litigiosa por ato *inter vivos*, tanto no processo de execução, quanto no processo de conhecimento, não ganha, com a aquisição do bem, a qualidade de substituto processual.

(C) Na hipótese de o adquirente não se tornar parte no processo, poderá ele atuar no feito na qualidade de assistente litisconsorcial do alienante, auxiliando-o a vencer a causa.

(D) Com a venda do bem litigioso, o alienante deixará de atuar em nome próprio e em direito próprio para ser substituto processual, cuidando dos interesses do adquirente.

(E) A parte contrária concordando com a sucessão processual, o alienante sai do processo, sendo ainda alcançado pelos efeitos da sentença, não obstante o sucessor se tornar parte na relação processual.

A: correto (art. 42, § 1º do CPC); **B: correto,** porque alteração da titularidade da coisa litigiosa, por si só, não modifica a legitimidade das partes (*caput* do art. 42 do CPC); **C: correto.** (art. 42, § 2º, do CPC); **D: correto, conforme própria definição da alternativa**; **E: incorreto**, devendo ser assinalado, porque se houver sucessão do alienante pelo adquirente, aquele não será mais considerado parte, tampouco será alcançado pelos efeitos da sentença.

Gabarito "E".

(Magistratura do Trabalho – 8ª Região – 2011) Em relação às despesas processuais e aos honorários advocatícios, é CORRETO afirmar que:

(A) Nas causas de pequeno valor, nas de valor inestimável, naquelas em que não houver condenação ou for vencida a Fazenda Pública, e nas execuções, embargadas ou não, os honorários serão fixados consoante apreciação equitativa do juiz, atendidos o grau de zelo do profissional, o lugar de prestação do serviço, a natureza e importância da causa, o trabalho realizado pelo advogado e o tempo exigido para o seu serviço.

(B) Se cada litigante for em parte vencedor e vencido, serão recíproca e proporcionalmente distribuídos e compensados entre eles os honorários e as despesas, mesmo se um deles decair de parte mínima do pedido.

(C) O réu que, por não arguir na sua resposta fato impeditivo, modificativo ou extintivo do direito do autor, dilatar o julgamento da lide, será condenado nas custas a partir do ajuizamento da inicial e perderá, ainda que vencedor na causa, o direito a haver do vencido honorários advocatícios.

(D) Quem receber custas indevidas ou excessivas é obrigado a restituí-las, incorrendo em multa equivalente ao triplo do seu valor.

(E) As sanções impostas às partes e aos serventuários da justiça em consequência de má-fé serão contadas como custas e reverterão em benefício do Estado.

A: correto (art. 20, § 4º, do CPC); **B: incorreto.** Se um litigante decair de parte mínima do pedido, o outro responderá, por inteiro, pelas despesas e honorários (art. 21, parágrafo único, do CPC); **C: incorreto,** visto que a condenação em custas dar-se-á desde o saneamento do processo, e não a partir do aforamento da demanda (art. 22 do CPC); **D: incorreto,** pois a multa equivale ao *dobro* do montante recebido indevidamente (art. 30 do CPC); **E: incorreto.** Somente as sanções impostas aos serventuários reverterão em prol do Estado; aquelas irrogadas às partes serão destinadas à parte contrária (art. 35 do CPC).

Gabarito "A".

(Magistratura do Trabalho – 8ª Região – 2011) Em relação aos poderes, aos deveres e à responsabilidade do juiz, analise as proposições abaixo e assinale a alternativa CORRETA:

I. O juiz dirigirá o processo conforme as disposições do Código de Processo Civil, competindo-lhe assegurar às partes igualdade de tratamento, velar pela rápida solução do litígio, prevenir ou reprimir qualquer ato contrário à dignidade da Justiça, tentar, antes do saneamento do processo e após encerrada a instrução processual, conciliar as partes.

II. O juiz não se exime de sentenciar ou despachar alegando lacuna ou obscuridade da lei. No julgamento da lide, caber-lhe-á aplicar as normas legais; não as havendo, recorrerá à analogia, aos costumes e aos princípios gerais de direito. O juiz só decidirá por equidade nos casos previstos em lei.

III. O juiz, titular ou substituto, que concluir a audiência julgará a lide, salvo se estiver convocado, licenciado, afastado por qualquer motivo, promovido ou aposentado, casos em que passará os autos ao seu sucessor. Em qualquer hipótese, o juiz que proferir a sentença, se entender necessário, poderá mandar repetir as provas já produzidas.

IV. Responderá por perdas e danos o juiz, quando no exercício de suas funções, proceder com dolo ou fraude; recusar, omitir ou retardar, sem justo motivo, providência que deva ordenar de ofício, ou a requerimento da parte; julgar em desacordo com súmula vinculante do Supremo Tribunal Federal.

V. A parte interessada deverá arguir o impedimento ou a suspeição, em petição fundamentada e devidamente instruída, na primeira oportunidade em que lhe couber falar nos autos; o juiz mandará processar o incidente em separado e com suspensão da causa, ouvindo o arguido no prazo de 5 (cinco) dias, facultando a prova quando necessária e julgando o pedido.

(A) As alternativas, II, III e V estão corretas.
(B) As alternativas I, II e III estão corretas.
(C) Somente as alternativas II e III estão corretas.
(D) As alternativas I, II e IV estão corretas.
(E) Somente a alternativa II está correta.

I: incorreto, visto que o juiz poderá conciliar as partes a qualquer tempo (art. 125, IV, do CPC); **II: correto** (arts. 126 e 127 do CPC); **III: correto** (art. 132 do CPC); **IV: incorreto.** A primeira e a segunda parte da questão estão corretas (art. 133, I e II, do CPC). Porém, ao decidir contra súmula vinculante do STF, o juiz não está de pronto sujeito a responsabilizações cível, administrativa e penal, a teor do que dispõe o art. 9º da Lei 11.417/06; **V: incorreto.** O juiz poderá reconhecer, de plano, o impedimento ou a suspeição. Caso contrário, apresentará as razões de sua discordância, no prazo de 10 dias, e remeterá os autos ao tribunal (art. 313 do CPC).

Gabarito "C"

(Magistratura do Trabalho – 8ª Região – 2009) Com relação aos poderes, deveres e responsabilidades do juiz, assinale a alternativa correta:

(A) O juiz apreciará livremente a prova, atendendo aos fatos e circunstâncias constantes dos autos, desde que alegados pelas partes, devendo indicar, na sentença, os motivos que lhe formaram o convencimento. O juiz, titular ou substituto, que concluir a audiência julgará a lide, salvo se estiver convocado, licenciado, afastado por qualquer motivo, promovido ou aposentado, casos em que passará os autos ao seu sucessor. Em qualquer hipótese, o juiz que proferir a sentença, se entender necessário, poderá mandar repetir as provas já produzidas.

(B) O juiz não se exime de sentenciar ou despachar alegando lacuna ou obscuridade da lei. No julgamento da lide caber-lhe-á aplicar as normas legais; não as havendo, recorrerá à analogia, à jurisprudência, aos costumes e aos princípios gerais de direito, só decidindo por equidade nos casos previstos em lei.

(C) Quando dois ou mais juízes forem parentes, consanguíneos ou afins, em linha reta ou no terceiro grau na linha colateral, o primeiro, que conhecer da causa no tribunal, impede que o outro participe do julgamento; caso em que o segundo se escusará, remetendo o processo ao seu substituto legal. Aplicam-se os motivos de impedimento e suspeição aos juízes de todos os tribunais.

(D) É defeso ao juiz exercer as suas funções no processo contencioso ou voluntário de que for parte; em que interveio como mandatário da parte, oficiou como perito, funcionou como órgão do Ministério Público, ou prestou depoimento como testemunha; em que conheceu em primeiro grau de jurisdição, tendo-lhe proferido decisão; quando nele estiver postulando, como advogado da parte, o seu cônjuge ou parente seu, consanguíneo ou afim; quando for órgão de direção ou de administração de pessoa jurídica, parte na causa.

(E) Responderá por perdas e danos o juiz, quando: no exercício de suas funções, proceder com negligência, dolo ou fraude; e recusar, omitir ou retardar, sem justo motivo, providência que deva ordenar de ofício, ou a requerimento da parte. O juiz é responsável por: assegurar às partes igualdade de tratamento; velar pela rápida solução do litígio; e buscar a todo tempo a conciliação das partes.

A: incorreto, porque o art. 131 do CPC prevê que o juiz poderá apreciar a prova, atendendo aos fatos e circunstâncias constantes dos autos, ainda que *não* alegados pelas partes; **B: incorreto**, porque a jurisprudência não é um dos instrumentos dos quais deve valer-se o juiz, para colmatar as lacunas da lei (art. 126 do CPC); **C: incorreto.** O impedimento em questão só ocorre quando os juízes forem parentes na linha reta e colateral em segundo (e não em terceiro) grau (art. 136 do CPC); **D: correto,** conforme os termos do art. 134 do CPC; **E: incorreto.** O juiz não responde por negligência mas apenas por dolo ou fraude (art. 133 do CPC).

Gabarito "D"

(Magistratura do Trabalho – 8ª Região – 2008) Sobre despesas processuais assinale a alternativa CORRETA:

(A) Nos procedimentos de jurisdição voluntária as despesas serão adiantadas por todos os interessados, solidariamente.

(B) Nos juízos divisórios litigiosos os interessados pagarão as despesas proporcionalmente a seus quinhões.

(C) Se o assistido ficar vencido, o assistente será condenado solidariamente nas custas do processo.

(D) As sanções impostas às partes em consequência de litigância de má-fé serão contadas como custas.

(E) Quando determinada de ofício pelo juiz, a remuneração do perito será paga em partes iguais pelas partes do processo.

A: incorreto. Nos procedimentos de jurisdição voluntária, as despesas são adiantadas pelo requerente, mas rateadas entre os interessados (art. 24 do CPC); **B: incorreto.** Essa solução só é aplicável para as hipóteses em que não haja litígio no juízo divisório; quando este está presente, aplica-se o princípio da causalidade (art. 25 do CPC); **C: incorreto.** Nos termos do art. 32 do CPC, "se o assistido ficar vencido, o assistente será condenado nas custas em proporção à atividade que houver exercido no processo; **D: correto** (art. 35 do CPC); **E: incorreto.** O art. 33 estabelece que, no caso de perícia determinada de ofício pelo juiz, compete ao autor proceder ao adiantamento da remuneração do perito.

Gabarito "D"

(Magistratura do Trabalho – 8ª Região – 2008) Acerca de partes, capacidade de ser parte, capacidade de estar em juízo e legitimação extraordinária, assinale a alternativa INCORRETA:

(A) As associações de titulares de direitos de autor, com o ato de filiação, tornam-se mandatárias de seus associados para a prática de todos os atos necessários à defesa judicial ou extrajudicial de seus direitos autorais, salvo para sua cobrança. Essas associações atuarão em juízo e fora dele em seus próprios nomes, como substitutos processuais dos titulares a ele vinculados, autorizados por lei.

(B) O titular de direito líquido e certo decorrente de direito, em condições idênticas, de terceiro, poderá impetrar mandado de segurança a favor do direito originário, se o seu titular não o fizer, em prazo razoável, apesar de para isso notificado judicialmente.

(C) O procedimento judicial da separação judicial caberá somente aos cônjuges, e, no caso de incapacidade, serão representados por curador, ascendente ou irmão.

(D) Qualquer cidadão é parte legítima para propor ação popular, ficando o autor, salvo comprovada má-fé, isento de custas judiciais e do ônus da sucumbência.

(E) Ao sindicato cabe a defesa dos direitos e interesses coletivos e individuais da categoria, inclusive em questões judiciais ou administrativas.

A: incorreto, devendo ser assinalado. O art. 98 da Lei 9.610/98 prevê que a associação pode realizar a cobrança dos direitos autorais; **B: correto.** Embora atualmente a lei preveja expressamente o período de 30 dias como sendo o prazo razoável (art. 3º da Lei 12.016/2009); **C: correto** (art. 24 da Lei 6.515/77 e art. 1.582 do CC); **D: correto** (art. 5º, LXXIII, CR); **E: correto** (art. 8º, III, CR).

Gabarito "A"

(Magistratura do Trabalho – 8ª Região – 2007) Assinale a alternativa correta:

(A) Quando o juiz verificar a irregularidade de representação do réu, suspendendo o processo, marcará prazo razoável para ser sanado o defeito, sob pena de decretação de revelia.

(B) No processo civil, a capacidade postulatória, em regra, cabe ao advogado legalmente habilitado. No entanto, apenas será lícito à parte postular em causa própria, quando tiver habilitação legal ou, não a tendo, no caso de falta de advogado no lugar ou impedimento dos que houver.

(C) A procuração geral para o foro confere ao advogado poderes para praticar todo e qualquer ato processual, inclusive para receber e dar quitação, não havendo necessidade de reconhecimento de firma na procuração.

(D) Apenas o maior de dezoito anos tem capacidade plena de exercício de seus direitos e, como consequência, capacidade processual.

(E) O espólio, como ente despersonalizado, deve ser representado em juízo, ativa e passivamente, pelo seu curador.

A: correto (art. 13); **B: incorreto.** Também é lícito à parte, mesmo sem habilitação legal, postular em causa própria nos casos em que a lei dispensa a presença do advogado e reconhece o *jus postulandi* da parte; **C: incorreto** (art. 38 do CPC); **D: incorreto.** O menor de 18 anos que for emancipado também tem capacidade processual; **E: incorreto.** O representante do espólio é o inventariante, ou serão os herdeiros quando este aquele for dativo (art. 12, V, e § 1º, do CPC).

Gabarito "A"

(Magistratura do Trabalho – 8ª Região – 2006) Sobre os sujeitos da relação processual, assinale a alternativa correta:

(A) Nas ações possessórias é sempre indispensável a participação do cônjuge do autor ou do réu, por se tratar de demanda que envolve direito real imobiliário.

(B) Ao advogado que criar embaraços à efetivação de provimentos de natureza antecipatória, praticando ato atentatório ao exercício da jurisdição, poderá ser aplicada multa não superior a vinte por cento sobre o valor da causa, sem prejuízo das penalidades previstas nos estatutos da OAB.

(C) O mandado de segurança coletivo somente pode ser impetrado por partido político com representação no Congresso Nacional e legalmente constituído há pelo menos um ano, cuja atuação, nesse caso, será na qualidade de substituto processual.

(D) As entidades associativas, independentemente de autorização, têm legitimidade para representar seus filiados judicial ou extrajudicialmente, tratando-se de hipótese de substituição processual autônoma e concorrente.

(E) O titular de direito líquido e certo decorrente de direito de terceiro, em condições idênticas, poderá, como substituto processual, impetrar mandado de segurança a favor do direito originário, se o seu titular não o fizer em prazo razoável, mesmo que notificado.

A: incorreto. Só se faz necessária a presença do cônjuge nas ações possessórias, quando se tratar de atos de composse ou de atos por ambos praticado (§ 2º do art. 10 do CPC); **B: incorreto.** O parágrafo único do art. 14 do CPC exclui expressamente os advogados dessa sanção; **C: incorreto.** O lapso mínimo de um ano de constituição é previsto para associação; para os partidos políticos, basta a representação no Congresso Nacional; **D: incorreto.** O inciso XXI do art. 5º da CR exige autorização expressa para a representação; **E: correto** (art. 3º da Lei 12.016/2009).

Gabarito "E"

(Magistratura do Trabalho – 11ª Região – 2007 – FCC) Não há necessidade de citação de ambos os cônjuges para a ação

(A) de despejo por denúncia vazia.

(B) reivindicatória.

(C) de constituição de servidão.

(D) discriminatória.

(E) de usucapião.

A citação de ambos os cônjuges é obrigatória nas demandas que versam sobre direito real imobiliário, como é o caso de todas as demais alternativas. A ação de despejo por denúncia vazia diz respeito a direito pessoal, motivo pelo qual não há litisconsórcio passivo obrigatório entre os cônjuges.

Gabarito "A"

(Magistratura do Trabalho – 12ª Região – 2006) Assinale a alternativa incorreta em sede de Direito Processual Civil:

(A) o juiz não se exime de sentenciar ou despachar alegando lacuna ou obscuridade da lei. No julgamento da lide caber-lhe-á aplicar as normas legais; não as havendo, recorrerá à analogia, aos costumes e aos princípios gerais de direito;

(B) o juiz só decidirá por equidade nos casos previstos em lei;

(C) convencendo-se, pelas circunstâncias da causa, de que autor e réu se serviram do processo para praticar ato simulado ou conseguir fim proibido por lei, o juiz comunicará o fato ao Ministério Público e suspenderá o processo até o julgamento definitivo da ação penal;

(D) responderá por perdas e danos o juiz que, no exercício de suas funções, proceder com dolo ou fraude, recusar, omitir ou retardar, sem justo motivo, providência que deva ordenar de ofício, ou a requerimento da parte;

(E) o ajuizamento da ação rescisória não impede o cumprimento da sentença ou acórdão rescindendo, ressalvada a concessão, caso imprescindíveis e à luz dos pressupostos previstos em lei, de medidas de natureza cautelar ou antecipatória de tutela.

A: correto (art. 126 do CPC); **B: correto** (art. 127 do CPC); **C: incorreto.** Nessa hipótese, compete ao juiz proferir sentença que obste os objetivos das partes (art. 129 do CPC); **D: correto** (art. 133 do CPC); **E: correto** (art. 489 do CPC).

Gabarito "C"

(Magistratura do Trabalho – 12ª Região – 2006) Em relação à atuação do advogado no processo em geral (civil e trabalhista), assinale a alternativa correta:

(A) para o advogado confessar em nome de seu cliente, a procuração geral para o foro da cláusula *ad judicia* é suficiente;

(B) o advogado poderá, a qualquer tempo e sem outras formalidades, renunciar ao mandato, continuando a representar o mandante, desde que necessário para evitar-lhe prejuízo durante os 10 (dez) dias seguintes;

(C) é defeso ao juiz atuar no processo contencioso ou voluntário quando nele estiver postulando, como advogado da parte, qualquer parente seu, consanguíneo ou afim, em linha reta ou na linha colateral até o segundo grau;

(D) sempre que os advogados das partes assim convencionarem a audiência poderá ser adiada;

(E) *jus postulandi* autoriza a atuação irrestrita da parte, em todos os procedimentos e fases processuais em sede trabalhista.

A: incorreto. A confissão requer poderes especiais do advogado (arts. 38 e 349, parágrafo único, do CPC); **B: incorreto.** Compete ao advogado que renunciar ao mandato provar que cientificou o mandante, a fim de que este nomeie substituto (art. 45 do CPC); **C: correto** (art. 134, IV, do CPC); **D: incorreto.** Tal direito só é reconhecido uma única vez (art. 453, I, do CPC); **E: incorreto.** Há limites reconhecidos pela jurisprudência para o exercício do *jus postulandi*. Exige-se a representação por advogado, por exemplo, para a interposição de recursos perante Tribunais que não integrem a Justiça Trabalhista (STF e STJ).

Gabarito "C"

(Magistratura do Trabalho – 14ª Região – 2008) Examine as proposições dadas, apontando abaixo a alternativa CORRETA.

Considera-se atentatório à dignidade da justiça o ato do devedor que:

I. frauda os credores.

II. frauda a execução.

III. resiste injustificadamente às ordens judiciais.

IV. não indica ao juiz onde se encontram os bens sujeitos à execução.

(A) Todas as proposições estão corretas.

(B) Apenas a proposição I está incorreta.

(C) Apenas a proposição II está incorreta.

(D) Apenas a proposição III está incorreta.

(E) Apenas a proposição IV está incorreta.

De acordo com o que prevê o art. 600 do CPC, a única das proposições **incorretas** é a "**I**".

Gabarito "B"

(Magistratura do Trabalho – 15ª Região – 2011) É cabível a intervenção do Ministério Público nas seguintes causas, exceto:

(A) que envolvam litígio coletivo pela posse de área rural, independentemente da dimensão da área;

(B) que envolvam litígio individual pela posse de área rural de elevada dimensão;

(C) que discutam direito do trabalhador acidentado que tem 14 anos de idade, ainda que se encontre representado por seus pais;

(D) nas quais se discuta direito de quem não é encontrado;

(E) de interdição de pessoas maiores.

A: correto (art. 82, III, do CPC); **B: incorreto,** devendo ser assinalado, pois a norma exige que o litígio pela posse de área rural seja coletivo (art. 82, III, do CPC); **C: correto** (art. 82, I, do CPC); **D: correto.** A assertiva refere-se à declaração de ausência (art. 82, II, do CPC); **E: correto** (art. 82, II, do CPC).

Gabarito "B"

(Magistratura do Trabalho – 21ª Região – 2005) Considerando as disposições do Código de Processo Civil, relativamente aos deveres das partes e de seus procuradores, assinale a alternativa correta:

I. Aos deveres processuais a serem observados pelas partes foi acrescentada uma nova modalidade, qual seja a de cumprir com exatidão os provimentos mandamentais e não criar embaraço à efetivação de provimentos judiciais, de natureza antecipatória ou final, cuja inobservância pode caracterizar ato atentatório ao exercício da jurisdição, passível de multa não superior a 20% do valor da causa;

II. Os advogados estão sujeitos à imposição de multas processuais, de forma solidária com o seu cliente, pela prática de atos atentatórios ao exercício da jurisdição, sem prejuízo das sanções previstas no Estatuto da Ordem dos Advogados do Brasil;

III. Provocar incidentes manifestamente infundados, deixar de apresentar defesa e interpor recursos meramente protelatórios são exemplos de litigância de má-fé;

IV. A penalidade prevista ao litigante de má-fé é o pagamento à parte contrária de multa não superior a 1% sobre o valor da causa, sem prejuízo de arcar, também, com uma indenização pelas perdas e danos comprovados, cujo *quantum* não poderá ser superior a 20% sobre o valor da causa, caso o juiz a fixe desde logo, além dos honorários advocatícios e outras despesas processuais;

V. Cabe ao juiz, inclusive de ofício, determinar que sejam riscadas as expressões injuriosas consignadas nas peças processuais.

(A) todas afirmações estão corretas;

(B) somente a afirmação III está incorreta;

(C) as afirmações II e IV estão corretas;

(D) as afirmações I, IV e V estão corretas;

(E) as afirmações I, II e V estão corretas.

I: correto (art. 14, V, e parágrafo único, do CPC); **II: incorreto.** Os advogados estão sujeitos exclusivamente aos estatutos da OAB (parágrafo único do art. 14 do CPC); **III: incorreto.** Deixar de apresentar defesa não é ato de litigância de má-fé; **IV: correto** (art. 18); **V: correto** (art. 15 do CPC).

Gabarito "D"

(Magistratura do Trabalho – 24ª Região – 2007) No processo de conhecimento, considerando a substituição das partes e dos procuradores, é INCORRETO dizer:

(A) Só é permitida, no curso do processo, a substituição voluntária das partes nos casos expressos em lei.
(B) A alienação da coisa ou do direito litigioso, a título particular, por ato entre vivos, não altera a legitimidade das partes.
(C) O adquirente ou o cessionário poderá ingressar em juízo, substituindo o alienante, ou o cedente, independentemente de consentimento da parte contrária.
(D) A sentença, proferida entre as partes originárias, estende os seus efeitos ao adquirente ou ao cessionário.
(E) A parte, que revogar o mandato outorgado ao seu advogado, no mesmo ato constituirá outro que assuma o patrocínio da causa.

A: correto (art. 41 do CPC); **B: correto** (art. 42, *caput*, do CPC); **C: incorreto, devendo se assinalado.** A sucessão do adquirente pelo alienante depende de concordância do adversário (art. 42, § 1º, do CPC); **D: correto** (art. 42, § 3º, do CPC); **E: correto** (art. 43 do CPC).

Gabarito "C"

(Magistratura do Trabalho – 24ª Região – 2006) Reputa-se fundada a suspeição de parcialidade do juiz quando:

I. Amigo íntimo ou inimigo capital de qualquer das partes.
II. Alguma das partes for credora ou devedora do juiz, de seu cônjuge ou de parentes destes, em linha reta ou na colateral até o terceiro grau.
III. Herdeiro presuntivo, donatário ou empregador de alguma das partes.
IV. Interessado no julgamento da causa em favor de uma das partes.

RESPONDA:

(A) Somente I e II estão corretas.
(B) Somente I e III estão corretas.
(C) Somente I e IV estão incorretas.
(D) Somente IV está incorreta.
(E) Todas estão corretas.

Nos termos do art. 135 do CPC, todas as hipóteses estão corretas.

Gabarito "E"

(Ministério Público do Trabalho – 12º) Assinale, de acordo com o Código de Processo Civil, qual das alternativas abaixo não configura litigância de má-fé:

(A) interpor recurso com intuito manifestamente protelatório;
(B) usar processo para conseguir objetivo ilegal;
(C) praticar inovação ilegal no estado de fato;
(D) deduzir pretensão ou defesa contra texto expresso de lei ou fato incontroverso;
(E) não respondida.

A única alternativa que não corresponde às hipóteses de litigância de má-fé previstas no art. 17 do CPC é a da prática de inovação no estado de fato (esta, aliás, constitui atentado, nos termos do art. 879, III, do CPC).

Gabarito "C"

(Ministério Público do Trabalho – 8º) Em matéria de capacidade processual, é incorreto afirmar-se que:

(A) é sempre devida a nomeação de curador especial ao incapaz;
(B) toda pessoa que se acha no exercício dos seus direitos tem capacidade para estar em juízo;
(C) as sociedades sem personalidade jurídica serão representadas em juízo pela pessoa a quem couber a administração de seus bens;
(D) será considerado revel réu que não sanar o defeito da incapacidade processual, dentro do prazo assinalado pelo Juiz;
(E) quando o inventariante for dativo, todos os herdeiros e sucessores do falecido serão autores ou réus nas ações em que o espólio for parte;
(F) não sei.

A: incorreto, devendo ser assinalado. A nomeação do curador especial para o incapaz só é necessária quando houver conflito de interesses entre ele e o seu representante legal; **B: correto (art. 7º do CPC)**; **C: correto** (art. 12, VII, do CPC); **D: correto** (art. 13, II, do CPC); **E: correto** (§ 1º do art. 12 do CPC).

Gabarito "A"

3. ATOS PROCESSUAIS

(Magistratura do Trabalho – 2ª Região – 2011) No que se refere aos atos e prazos processuais, assinale a alternativa correta:

(A) As partes podem, pelo exercício da autonomia da vontade, reduzir ou prorrogar quaisquer prazos.
(B) Não se suspende o processo pela convenção entre as partes, mas somente pela morte ou perda da capacidade processual de qualquer uma delas ou quando oposta exceção de Incompetência do juízo, da câmara ou tribunal, ou, ainda, no caso de suspensão ou impedimento do juiz.
(C) Se o autor der causa, por 3 (três) vezes, à extinção do processo, por falta de condições da ação, não poderá intentar nova ação contra o réu com o mesmo objeto, nem alegar em eventual defesa o seu direito. Trata-se, pois, de perda do direito de ação por desídia.
(D) Na petição inicial, o autor apresentará o rol de testemunhas e, se requerer perícia, formulará quesitos, podendo indicar assistente técnico.
(E) Os atos meramente ordinatórios, como a juntada e a vista obrigatória, dependem de despacho do juiz.

A: incorreto. As partes podem convencionar somente a redução ou ampliação dos prazos *dilatórios*, sendo-lhes vedado diminuir ou prorrogar os prazos *peremptórios* (arts. 181, *caput*, e 182, *caput*, do CPC); **B: incorreto** (art. 265, II, do CPC); **C: incorreto.** A perempção tem como pressuposto a tripla extinção do processo sem resolução de mérito, com fulcro na contumácia do autor, *ex vi* dos arts. 267, III, e 268, parágrafo único, do CPC, e não na ausência das condições da ação, como disposto na assertiva sob análise. Ademais, a perempção não acarreta a perda do direito material; sua consequência é de ordem processual, de modo que o titular do direito de ação não poderá mais exercitá-la, por conta de sua própria indolência. Porém a parte cujo direito de ação for atingido pela perempção poderá invocar o direito material em sua peça de defesa. Nessa direção, observe-se a doutrina de Nelson Nery Jr. e de Rosa Maria de Andrade Nery: "Como não há perda do direito material, uma vez acionado, aquele que teve seu direito de ação perempto pode apresentar contestação, *defendendo-se* da pretensão deduzida pelo autor. Em suma, a perempção faz com que o titular do direito de ação não mais possa exercê-lo ativamente em juízo, deduzindo pretensão. Contudo, permite que se defenda de ação em face dele movida. Exemplo: o autor de ação de usucapião, se der causa, por três vezes, à extinção pelo CPC 267 III, não mais poderá mover referida ação. Mas, se for acionado pelo proprietário, em ação reivindicatória, pode alegar usucapião como defesa (STF 237)" (NERY JR., Nelson; NERY, Rosa Maria de Andrade. **Código de processo civil comentado e legislação extravagante.** 10. ed. São Paulo: RT, 2007, p. 514); **D: correto** (art. 276 do CPC). Cuida-se de regra aplicável ao procedimento comum sumário; **E: incorreto** (art. 162, § 4º, do CPC).

Gabarito "D"

(Magistratura do Trabalho – 3ª Região – 2009) Analise as proposições abaixo e, considerando as disposições contidas no Código de Processo Civil e na Consolidação das Leis do Trabalho, assinale a alternativa correta:

I. Para que uma regra processual civil concernente a um prazo possa ser aplicada pelo juiz do trabalho, é condição necessária e suficiente a omissão, a seu respeito, na legislação processual específica.
II. Decorrido o prazo, extingue-se, independentemente de declaração judicial, o direito de praticar o ato, ficando salvo, porém, à parte provar que não o realizou por justa causa.
III. Podem as partes, de comum acordo, reduzir ou prorrogar o prazo dilatório; a convenção, porém, só terá eficácia se requerida antes do vencimento do prazo e se fundada em motivo legítimo.
IV. O juiz proferirá os despachos de expediente, no prazo de 1 (um) dia e as decisões, no prazo de 15 (quinze) dias.
V. Quando os litisconsortes tiverem diferentes procuradores, ser-lhes-ão contados em quádruplo os prazos para contestar e em dobro para recorrer e, de modo geral, para falar nos autos.

(A) São falsas as proposições I, IV e V.
(B) São falsas as proposições I, II, III e IV.
(C) São falsas as proposições I, III e IV.
(D) Apenas a proposição IV é falsa e as demais são verdadeiras.
(E) Apenas a proposição I é falsa e as demais são verdadeiras.

I: incorreto Além da omissão na legislação específica, também se exige, para a aplicação do direito processual comum, a ausência de incompatibilidade com as normas processuais da CLT (art. 769 da CLT); **II: correto** (art. 183 do CPC); **III: correto** (art. 181 do CPC); **IV: incorreto.** O art. 189 fixa o prazo de 2 dias para os despachos e 10 dias para as decisões. **V: incorreto.** Na hipótese de os litisconsortes terem diferentes procuradores, o prazo será em dobro para contestar, recorrer e, de modo geral, falar nos autos (art. 191 do CPC)

Gabarito "A"

(Magistratura do Trabalho – 3ª Região – 2008) Sobre os atos processuais, analise as afirmativas abaixo e assinale a alternativa correta:

I. É válido o ato realizado no processo sem se revestir de forma especial, a menos que a lei a exija, como é o caso das normas para a expedição de cartas precatórias.
II. Às partes, é vedado lançar cotas marginais nos autos, mas as partes poderão exigir recibo de petições e documentos que entregarem no cartório.
III. Os atos do juiz são sentenças, decisões interlocutórias, despachos e atos ordinatórios.
IV. As férias suspendem o curso do prazo, ao passo que os feriados não.
V. O prazo dilatório é aquele que pode ser reduzido ou prorrogado por convenção das partes; já o prazo cogente é o que não pode ser diminuído ou prorrogado, ainda que as partes estejam de acordo.

(A) Uma afirmativa é correta.
(B) Duas afirmativas são corretas.
(C) Três afirmativas são corretas.
(D) Quatro afirmativas são corretas.
(E) Cinco afirmativas são corretas.

I: correto (art. 154 do CPC); **II: correto** (arts. 160 e 161 do CPC); **III: incorreto.** Os atos ordinatórios não estão previstos dentre os atos do juiz; **IV: correto** (arts. 178 e 179 do CPC); **V: incorreto.** A expressão "prazo cogente", utilizada no texto, quer se referir aos prazos peremptórios.

Gabarito "C"

(Magistratura do Trabalho – 8ª Região – 2009) Assinale a alternativa incorreta:

(A) Considera-se proposta a ação, tanto que a petição inicial seja despachada pelo juiz onde houver mais de uma vara. A propositura da ação, todavia, só produz, quanto ao réu, os efeitos mencionados no art. 219 do CPC depois que for validamente citado. Feita a citação, é defeso ao autor modificar o pedido ou a causa de pedir, sem o consentimento do réu, mantendo-se as mesmas partes, salvo as substituições permitidas por lei. A alteração do pedido ou da causa de pedir é permitida até antes do saneamento do processo.
(B) Far-se-á a citação pessoalmente ao réu, ao seu representante legal ou ao procurador legalmente autorizado. A citação far-se-á na pessoa do mandatário, administrador, feitor ou gerente, quando, estando ausente o réu, a ação se originar de atos por ele praticados. O locador que se ausentar do Brasil sem cientificar o locatário de que deixou na localidade, onde estiver situado o imóvel, procurador com poderes para receber citação, será citado na pessoa do administrador do imóvel encarregado do recebimento dos aluguéis.
(C) Quando, por três vezes, o oficial de justiça houver procurado o réu em seu domicílio, sem o encontrar, deverá, havendo suspeita de ocultação, intimar a qualquer pessoa da família, que, no dia

imediato, voltará, a fim de efetuar a citação, na hora que designar. No dia e hora designados, o oficial de justiça comparecerá ao domicílio ou residência do citando, a fim de realizar a diligência. Se o citando não estiver presente, o oficial de justiça procurará informar-se das razões da ausência, dando por feita a citação.

(D) No caso de morte do procurador de qualquer das partes, ainda que iniciada a audiência de instrução e julgamento, o juiz marcará, a fim de que a parte constitua novo mandatário, o prazo de 20 (vinte) dias, findo o qual extinguirá o processo sem resolução do mérito, se o autor não nomear novo mandatário, ou mandará prosseguir no processo, à revelia do réu, tendo falecido o advogado deste. Durante a suspensão é defeso praticar qualquer ato processual; poderá o juiz, todavia, determinar a realização de atos urgentes, a fim de evitar dano irreparável.

(E) O valor da causa constará da petição inicial e será: na ação de cobrança de dívida, a soma do principal, da pena e dos juros vencidos até a propositura da ação; havendo cumulação de pedidos, a quantia correspondente à soma dos valores de todos eles; sendo alternativos os pedidos, o de maior valor; se houver também pedido subsidiário, o valor do pedido principal; quando o litígio tiver por objeto a existência, cumprimento, modificação ou rescisão de negócio jurídico, o valor do contrato; na ação de alimentos, a soma de 12 (doze) prestações mensais; na ação de divisão e de reivindicação, a estimativa oficial para lançamento do imposto.

A: correto (arts. 263 e 264 do CPC); **B: incorreto, devendo ser assinalado.** Exclusivamente porque só é cabível a citação aos mandatário, administrador, feitor ou gerente, se se tratar de réu ausente, quando a ação originar-se de atos por "eles" praticados (e não por "ele", como constou na alternativa – art. 215, § 1º, do CPC). **C: correto** (arts. 227 e 228 do CPC); **D: correto** (§ 2º do art. 265 e art. 266 do CPC); **E: correto** (art. 259 do CPC).

Gabarito "B"

(Magistratura do Trabalho – 8ª Região – 2008) Sobre atos processuais assinale a alternativa CORRETA:

(A) Quanto à comunicação dos atos processuais, a publicação eletrônica substitui qualquer outro meio e publicação oficial, para quaisquer efeitos legais, à exceção dos casos que, por lei, exigem intimação ou vista pessoal, considerando-se como data da publicação o primeiro dia útil seguinte ao da disponibilização da informação no Diário da Justiça eletrônico, certo que os prazos processuais terão início no primeiro dia útil que se seguir ao considerado como data da publicação.

(B) As cartas rogatórias não poderão ser feitas por meio eletrônico.

(C) É interlocutória a decisão do juiz que resolve a impugnação ao cumprimento de sentença.

(D) A concessão de exequibilidade às cartas rogatórias das justiças estrangeiras obedecerá ao disposto no Regimento Interno do Supremo Tribunal, certo que apenas a homologação de sentença estrangeira passou à competência do Superior Tribunal de Justiça.

(E) Distribuir-se-ão por dependência as causas de qualquer natureza quando, tendo sido extinto o processo, sem julgamento de mérito, for reiterado o pedido, ainda que em litisconsórcio com outros autores, salvo se alterados parcialmente os réus da demanda.

A: correto (art. 4º da Lei 11.419/2006); **B: incorreto** (art. 7º da Lei 11.419/2006); **C: incorreto.** Se a impugnação for acolhida e isso acarretar a extinção do processo, o ato judicial em questão será sentença; **D: incorreto** (art. 105, I, "i", CR); **E: incorreto.** Será feita a distribuição por dependência, mesmo que tenham sido alterados parcialmente os réus da demanda (art. 253, II).

Gabarito "A"

(Magistratura do Trabalho – 13ª Região – 2006) Assinale a alternativa incorreta:

(A) os acórdãos e sentenças devem ser fundamentados, as decisões interlocutórias não necessitam de fundamentação;

(B) o uso da linguagem estrangeira é permitido no processo desde que se trate de juntada de documento escrito, acompanhada de tradução em vernáculo, firmada por tradutor juramentado;

(C) os atos processuais realizar-se-ão nos dias úteis;

(D) a citação e penhora poderão ser realizadas em domingos e feriados;

(E) na contagem dos prazos processuais, exclui-se o dia do começo e inclui-se o dia do vencimento.

A: incorreto. Toda e qualquer decisão judicial depende de fundamentação, por expressa exigência constitucional; **B: correto** (art. 157 do CPC); **C: correto** (art. 172 do CPC); **D: correto** (art. 172, § 2º, do CPC); **E: correto** (art. 184 do CPC).

Gabarito "A"

(Magistratura do Trabalho – 14ª Região – 2008) Aponte a alternativa CORRETA:

(A) Conta-se o prazo para a interposição de recurso da data em que a sentença é publicada no órgão oficial, salvo quanto aos advogados com domicílio fora da sede do juízo;

(B) Em se tratando de nulidade absoluta não se aplica a regra: "a nulidade dos atos processuais deve ser alegada na primeira oportunidade em que couber à parte falar nos autos, sob pena de preclusão";

(C) É facultativa a intervenção do Ministério Público nas causas em que há interesse público evidenciado pela natureza da lide ou qualidade da parte, mas obrigatória naquelas em que há interesse de incapaz;

(D) O prazo para resposta começa a correr, quando houver vários réus, da data em que tiver sido cumprida a última citação, salvo quanto aos litisconsortes citados por edital;

(E) Intervindo como fiscal da lei, o Ministério Público terá vista dos autos antes das partes, sendo intimado de todos os atos do processo.

A: incorreto. A ressalva apontada na alternativa não está prevista em lei (art. 506 do CPC); **B: correto.** As nulidades absolutas não estão sujeitas à preclusão e, por isso, podem ser alegadas a qualquer tempo; **C: incorreto.** A intervenção do Ministério Público é obrigatória em ambos os casos (art. 82 do CPC); **D: incorreto.** O prazo para todos os réus começa a correr a partir da comprovação nos autos da última citação (e não da sua realização propriamente); **E: incorreto.** A vista do Ministério Público, como fiscal da lei, é posterior à manifestação das partes (art. 83, I, do CPC).

Gabarito "B"

(Magistratura do Trabalho – 14ª Região – 2008) Ao procurar o réu para citá-lo, o oficial de justiça verificou que ele, com 18 anos de idade e solteiro, era demente; certificou o fato e devolveu o mandado. Diante desse fato, o Juiz:

(A) nomeará curador a lide para receber a citação, ficando incumbido de proceder à defesa do réu;
(B) determinará a citação do réu na pessoa do pai ou, se for o caso, em nome de outro parente próximo;
(C) nomeará um médico para examiná-lo e apresentar relatório;
(D) suspenderá o processo, concedendo prazo razoável para ser sanado o defeito. Vencido o prazo concedido, sem que a providência seja tomada, será tido como revel;
(E) nomeará advogado dativo que ficará responsável pela defesa e pelos atos posteriores da causa.

A: correto (art. 218 do CPC); **B: incorreto.** Não é essa a solução legal; **C: incorreto.** O médico deverá apresentar laudo (e não relatório); **D: incorreto, pois não há previsão dessa penalidade (art. 218 do CPC)**; **E: incorreto** (art. 218 do CPC).

Gabarito "A"

(Magistratura do Trabalho – 14ª Região – 2011) Em matéria de atos e termos processuais, é possível afirmar:

(A) Dependem de forma determinada, mesmo quando a lei não o exigir.
(B) Reputam-se válidos os que, realizados de outro modo, lhes preencham a finalidade essencial.
(C) Correm em segredo de justiça somente os que exigem interesse público.
(D) O terceiro que se mostrar interessado em determinado processo, de que não é parte, pode consultar os autos, ante a publicidade dos atos processuais.
(E) Somente pode ser junto aos autos documento redigido em língua estrangeira, quando acompanhado do vernáculo, ainda que em versão livre, mas entendível e clara, explicada pela parte interessada.

A: incorreto. Os atos processuais, salvo quando a lei expressamente o exigir, não dependem de forma determinada (art. 154, *caput*, do CPC); **B: correto** (art. 154, *caput*, do CPC); **C: incorreto** (art. 155, II, do CPC); **D: incorreto** (art. 155, parágrafo único, do CPC); **E: incorreto.** O documento redigido em língua estrangeira deverá ser acompanhado de versão em vernácula, firmada por tradutor juramentado (art. 157 do CPC).

Gabarito "B"

(Magistratura do Trabalho – 16ª Região – 2011) Sobre os prazos processuais, conforme o Código de Processo Civil, assinale a alternativa CORRETA:

(A) A superveniência de férias não suspenderá o curso do prazo processual, prorrogando-se o termo para o primeiro dia útil após o seu término.
(B) Na omissão da lei, o juiz determinará os prazos, tendo em conta a complexidade da causa.
(C) Computar-se-á em dobro o prazo para recorrer quando a parte for a Fazenda Pública, computando-se prazo igual ao recorrido, em razão da isonomia.
(D) Não havendo preceito legal nem assinação pelo juiz, será de 10 (dez) dias o prazo para a prática de ato processual a cargo da parte.
(E) Quando o expediente forense for encerrado antes da hora normal, o prazo que se encerraria naquele dia considera-se prorrogado para a primeira hora útil seguinte.

A: incorreto. O prazo recomeça a correr pelo tempo que faltava, já que a superveniência de férias é hipótese de *suspensão*, e não de interrupção dos prazos processuais (art. 179 do CPC); **B: correto** (art. 177, segunda parte, do CPC); **C: incorreto.** Os prazos previstos no art. 188 do CPC aplicam-se exclusivamente à Fazenda Pública e ao Ministério Público, em razão do grande volume de processos em que ambos atuam. Corroborando tal afirmação, confira-se a doutrina de Marcus Vinícius Rios Gonçalves: "No CPC há diversos dispositivos cuja finalidade é assegurar o tratamento igualitário às partes: a exigência de dar a elas prazos iguais (art. 185), com benefícios àqueles que atuam em grande número de processos, como o Ministério Público e a Fazenda Pública (art. 188)" (GONÇALVES, Marcus Vinícius Rios. *Novo Curso de Direito Processual Civil. Vol 1.* 8. ed. São Paulo: Saraiva, 2011. p. 218); **D: incorreto.** O prazo será de 5 dias (art. 185 do CPC); **E: incorreto.** Nessa hipótese, o prazo é prorrogado até o primeiro dia útil subsequente (art. 184, § 1º, II, do CPC).

Gabarito "B"

(Magistratura do Trabalho – 23ª Região – 2009) Analise os itens abaixo e marque a alternativa CORRETA:

Com referência aos prazos no processo civil:

I. podem ser prorrogados pelo juiz, mesmo que peremptórios, em determinadas circunstâncias.
II. tem o curso interrompido na superveniência de férias.
III. podem ser prorrogados pelo juiz em até 60 dias na hipótese de calamidade pública.
IV. de modo geral, são contados em dobro para falar nos autos quando os litisconsortes tiverem diferentes procuradores.

(A) Apenas os itens II e III são verdadeiros.
(B) Apenas os itens I e IV são verdadeiros.
(C) Apenas os itens III e IV são verdadeiros
(D) Todos os itens são verdadeiros.
(E) Todos os itens são falsos.

I: verdadeiro. O juiz pode prorrogar quaisquer prazos nas comarcas onde for difícil o transporte, mas nunca por período superior a 60 dias, salvo no caso de calamidade pública (art. 182 do CPC); **II: falso.** As férias suspendem (e não interrompem) os prazos (art. 179 do CPC); **III: falso.** Não há limitação para o caso de calamidade pública (parágrafo único do art. 182 do CPC); **IV: verdadeiro** (art. 191 do CPC).

Gabarito "B"

(Magistratura do Trabalho – 24ª Região – 2007) Assinale a alternativa INCORRETA:

(A) Os atos e termos processuais não dependem de forma determinada senão quando a lei expressamente a exigir, reputando-se válidos os que, realizados de outro modo, preencham-lhe a finalidade essencial.
(B) Em todos os atos e termos do processo é obrigatório o uso do vernáculo.
(C) Os atos das partes, consistentes em declarações unilaterais ou bilaterais de vontade, produzem imediatamente a constituição, a modificação ou a extinção de direitos processuais.
(D) É defeso lançar, nos autos, cotas marginais ou interlineares; o Juiz mandará riscá-las, impondo a quem as escrever multa correspondente à metade do salário mínimo vigente na sede do juízo.
(E) Os despachos, decisões, sentenças e acórdãos serão redigidos, datados e assinados pelos Juízes, não podendo ser proferidos verbalmente.

A: correto (art. 154 do CPC); **B: correto** (art. 156 do CPC); **C: correto** (art. 158 do CPC); **D: correto** (art. 161 do CPC); **E: incorreto, devendo ser assinalado.** O art. 164 do CPC prevê a possibilidade que os atos do juiz sejam proferidos verbalmente.

Gabarito "E".

(Magistratura do Trabalho – 24ª Região – 2006) Assinale a alternativa INCORRETA:

(A) O prazo, estabelecido pela lei ou pelo juiz, não é contínuo, podendo ser interrompido nos feriados.
(B) A parte poderá renunciar ao prazo estabelecido exclusivamente em seu favor.
(C) O juiz proferirá os despachos de expediente no prazo de dois dias e as decisões no prazo de dez dias.
(D) O advogado deve restituir os autos no prazo legal. Não o fazendo, mandará o juiz, de ofício, riscar o que neles houver escrito e desentranhar as alegações e documentos que apresentar.
(E) Qualquer das partes ou o órgão do Ministério Público poderá representar ao Presidente do Tribunal de Justiça contra o juiz que excedeu os prazos previstos em lei.

A: incorreto, devendo ser assinalado, uma vez que o prazo, estabelecido pela lei ou pelo juiz, é contínuo (art. 178); **B: correto** (art. 186 do CPC); **C: correto** (art. 189 do CPC); **D: correto** (art. 195 do CPC); **E: correto** (art. 198 do CPC).

Gabarito "A".

(Ministério Público do Trabalho – 9º)

I. Os atos requisitados por carta precatória transmitida por telefone são executados de ofício.
II. A carta precatória transmitida por telefone o será pelo escrivão do juízo deprecante por intermédio do escrivão do juízo distribuidor, quando houver na comarca mais de uma vara.
III. A carta precatória, de ordem ou rogatória é itinerante.
IV. O juiz declarará, na carta rogatória, o prazo dentro do qual deverá ser cumprida.

Examinando o que consta das assertivas acima, assinale a alternativa correta abaixo:

(A) todas as assertivas são corretas;
(B) as assertivas III e IV são corretas, sendo incorretas as assertivas I e II;
(C) as assertivas II, III e IV são corretas, sendo incorreta a assertiva I;
(D) as assertivas I, III e IV são corretas, sendo incorreta a assertiva II;
(E) as assertivas I, II e III são corretas, sendo incorreta a assertiva IV.
(F) não sei.

I: correto (art. 208 do CPC); **II: incorreto.** O art. 207 do CPC determina que a carta será transmitida por intermédio do escrivão do primeiro ofício da primeira vara; **III: correto** (art. 204 do CPC); **IV: correto** (art. 203 do CPC).

Gabarito "D".

(Ministério Público do Trabalho – 9º)

I. É vedada a utilização de abreviaturas em atos e termos do processo.
II. Os atos processuais devem se realizar em dias úteis, das seis às dezoito horas.
III. Os atos processuais podem se realizar fora da sede do juízo em razão de deferência.
IV. A citação ordenada por juiz incompetente não constitui o devedor em mora.

Examinando o que consta das assertivas acima, assinale a alternativa correta abaixo:

(A) as assertivas I e II são corretas, sendo incorretas as demais;
(B) as assertivas III e IV são corretas, sendo incorretas as demais;
(C) as assertivas I e III são corretas, sendo incorretas as demais;
(D) as assertivas II e IV são corretas, sendo incorretas as demais;
(E) as assertivas I e IV são corretas, sendo incorretas as demais;
(F) não sei.

I: correto (art. 169, § 1º, do CPC); **II: incorreto** (art. 172 do CPC – das 6 às 20 horas); **III: correto** (art. 176 do CPC); **IV: incorreto** (art. 219 do CPC).

Gabarito "C".

(Ministério Público do Trabalho – 13º) A respeito dos atos processuais, assinale a alternativa INCORRETA:

(A) os atos processuais só são reputados válidos quando, tendo forma expressa e prevista em lei, sejam realizados com sua observância;
(B) correm em segredo de justiça os processos em que o exigir o interesse público;
(C) em todos os atos e termos do processo é obrigatório o uso do vernáculo;
(D) os atos meramente ordinatórios, como a juntada, independem de despacho;
(E) não respondida.

A: incorreto, devendo ser assinalado. Mesmo os que forem realizados por outro modo poderão ser considerados válidos, se preenchida a finalidade essencial (art. 154 do CPC); **B: correto** (art. 155 do CPC); **C: correto** (art. 156 do CPC); **D: correto** (art. 162, § 4º, do CPC).

Gabarito "A"

(Ministério Público do Trabalho – 16º) Com relação aos prazos processuais, é INCORRETO afirmar que:

(A) os prazos das partes são geralmente próprios quando fixados segundo critérios de ordem pública, sendo peremptórios e preclusivos, salvo exceções legais; impróprios, na hipótese contrária; computar-se-á em quádruplo o prazo para contestar e em dobro para recorrer quando a parte for a Fazenda Pública ou o Ministério Público;

(B) a existência de feriado local nos dias dos termos inicial e final do prazo recursal deve ser demonstrada por certidão expedida pelo Tribunal *a quo* ou por documento oficial, a qual deve ser juntada, obrigatoriamente, no momento da interposição do recurso, sob pena de não conhecimento;

(C) é prematura a interposição de recurso especial antes do julgamento dos embargos de declaração, momento em que ainda não está esgotada a instância ordinária e que se encontra interrompido o lapso recursal; afigura-se, portanto, intempestivo o recurso especial interposto antes do julgamento dos embargos de declaração, ainda que opostos pela parte contrária, ante a ausência de ratificação do especial;

(D) os embargos de declaração, ainda que julgados intempestivos, ou não conhecidos por irregularidade de representação, interrompem o prazo para a interposição de outro recurso;

(E) não respondida.

A: correto (art. 188 do CPC); **B: correto.** Os tribunais exigem a comprovação da tempestividade do recurso, no ato da interposição, sob pena de não conhecimento; **C: correto** (Súmula 418 do STJ); **D: incorreto.** Não se reconhece o efeito interruptivo dos embargos de declaração sobre o prazo para os demais recursos, no caso de os aclaratórios terem sido julgados intempestivos.

Gabarito "D"

4. LITISCONSÓRCIO, ASSISTÊNCIA E INTERVENÇÃO DE TERCEIROS

(Magistratura do Trabalho – 2ª Região – 2011) Observe os caracteres processuais a seguir e aponte a alternativa que expresse com exatidão a sequência ora descrita: 1. Não obsta a que a parte principal reconheça a procedência da ação ou transija sobre direitos controversos; 2. É ação secundária, de natureza condenatória, ajuizada no curso de outra ação condenatória principal; 3. É obrigatória àquele que estiver obrigado, pela lei ou pelo contrato, a indenizar, em ação regressiva, o prejuízo do que perder a demanda.

(A) Assistência; chamamento ao processo; assistência.

(B) Chamamento ao processo; assistência; assistência.

(C) Denunciação da lide; denunciação da lide; chamamento ao processo.

(D) Denunciação da lide; denunciação da lide; assistência.

(E) Assistência; denunciação da lide; denunciação da lide.

1. Assistência, possuindo natureza jurídica de intervenção espontânea de terceiros, só pode ser admitida quando demonstrado *interesse jurídico* pelo assistente, tendo cabimento em qualquer tipo de procedimento e em todos os graus de jurisdição (art. 50 do CPC). Cumpre esclarecer que a assistência simples ou adesiva não impede que o assistido, dentre outros, reconheça a procedência do pedido do autor; aliás, o assistente simples, enquanto *mero auxiliar*, não pode promover atividade processual incompatível com a vontade da parte assistida (art. 53, primeira parte, do CPC); **2. Denunciação da lide.** Esta modalidade de intervenção, provocada por terceiros, tem natureza de ação condenatória, que surge, seja por provocação do autor ou do réu, no bojo de outra ação condenatória. Presta-se à obtenção de sentença que reconheça o direito de regresso do denunciante, em face do terceiro alienante, proprietário, possuidor indireto ou responsável civil, tudo, insista-se, dentro da mesma relação processual travada originariamente entre autor e réu. **3. Denunciação da lide** (art. 70, III, do CPC).

Gabarito "E"

(Magistratura do Trabalho – 3ª Região – 2009) Leia as afirmações abaixo e, em seguida, assinale a alternativa correta:

I. Teoricamente, existe distinção entre tutela antecipatória e tutela cautelar, porque a primeira não se limita a assegurar o resultado prático do processo, nem a assegurar a viabilidade de realização do direito afirmado pelo autor, mas tem por objetivo conceder, de forma antecipada e provisória, o próprio provimento jurisdicional pleiteado ou seus efeitos.

II. O deferimento da tutela antecipatória poderá ocorrer quando, por provocação da parte e não havendo perigo de irreversibilidade do provimento, o juiz concluir que existe prova inequívoca da verossimilhança da alegação e I) haja fundado receio de dano irreparável ou de difícil reparação ou II) fique caracterizado o abuso de direito de defesa ou o manifesto propósito protelatório do réu.

III. A oposição – que pode ser parcial ou total – deve ser oferecida enquanto houver litispendência, necessariamente antes da sentença de primeiro grau.

IV. A nomeação à autoria tem por objetivo corrigir a ilegitimidade passiva de causa, já que é utilizada por aquele que detém a coisa própria em nome alheio.

V. Ocorrendo denunciação da lide, haverá duas lides, que serão julgadas na mesma sentença, caso o denunciante fique vencido na ação principal.

(A) Somente uma afirmativa está correta.

(B) Somente duas afirmativas estão corretas.

(C) Somente três afirmativas estão corretas.

(D) Somente quatro afirmativas estão corretas.

(E) Todas as afirmativas estão corretas.

I: correto; II: correto (art. 273 do CPC): **III: correto.** Depois da sentença, será necessário que aquele que pretende o objeto do processo demande contra o vitorioso, por meio de ação autônoma; **IV: incorreto.** O nomeante é aquele que detém coisa em nome alheio, e é demandado em nome próprio; **V: correto.**

Gabarito "D"

(Magistratura do Trabalho – 5ª Região – 2006 – CESPE) A respeito da assistência e da intervenção de terceiros, assinale a opção correta.

(A) A nomeação à autoria é medida obrigatória que visa chamar o terceiro, que mantém vínculo de direito com a parte ré, visando modificar a relação processual, corrigindo-a no polo passivo.

(B) A oposição ocorrerá sob a forma de intervenção de terceiro em processo alheio, objetivando defender pretensão própria sobre o mesmo objeto litigioso disputado pelas partes do processo, de que resulta a formação de litisconsórcio passivo necessário entre os sujeitos da ação principal.

(C) Na assistência litisconsorcial, não se discute a relação jurídica ou o direito de que o assistente se julga titular, ou seja, o seu direito não pode ser objeto da lide pendente. Esse assistente não é parte, atua sempre complementando a atividade processual do assistido, subordinando-se à orientação tomada pelo assistido.

(D) O chamamento ao processo, no qual se forma um litisconsórcio necessário passivo entre as partes do processo primitivo, por determinação legal, é cabível nos processos de conhecimento, cautelar e de execução e pode ser requerido por qualquer das partes. No entanto, se a parte se omite em chamar ao processo o coobrigado, perde a possibilidade de, posteriormente, em outro processo, exercer eventual direito regressivo contra o devedor principal ou contra codevedores.

(E) A denunciação da lide consiste em uma ação regressiva, no mesmo processo, promovida tanto pelo autor como pelo réu, visando à condenação do denunciado à reparação do prejuízo decorrente de sua eventual derrota na causa, seja pela perda da coisa, seja pela perda de sua posse direta, seja por lhe assistir direito regressivo previsto em lei ou em contrato. Assim, pressupõe-se necessariamente que o denunciante tenha uma pretensão própria contra o denunciado, pretensão que fará valer, caso venha, ele denunciante, a sucumbir na ação principal.

A: incorreto. Na nomeação à autoria, o terceiro nomeado mantém vínculo de direito com a parte autora (e não com a parte ré); **B: incorreto.** Se a oposição for oferecida após iniciada a audiência, não haverá propriamente intervenção de terceiro, porque o opoente não participará do processo inicialmente instaurado; **C: incorreto.** A sentença em questão estaria correta para a assistência simples, e não para litisconsorcial, uma vez que, nessa, o assistente é o titular do próprio direito, objeto do processo, e tem atuação de parte, e não de mero coadjuvante desta; **D: incorreto.** No chamamento ao processo, não há litisconsórcio passivo entre as partes do processo primitivo. Além disso, a omissão do réu em chamar ao processo o coobrigado não acarreta a perda direto de regresso; **E: correto (art. 70 e ss** do CPC).

Gabarito "E"

(Magistratura do Trabalho – 8ª Região – 2008) Sobre intervenção de terceiros e assistência assinale a alternativa CORRETA:

(A) Na oposição, os opostos são citados na pessoa de seus advogados. O prazo para contestação é de quinze dias; uma vez oferecida, seguirá o procedimento ordinário, apensada aos autos principais, salvo se um dos opostos reconhecer a procedência do pedido, pois contra o outro prosseguirá a oposição, processada nos próprios autos, realizando-se nova audiência, caso já iniciada a instrução.

(B) A nomeação à autoria deverá ser requerida pelo réu no prazo de quinze dias para contestação, e o juiz mandará ouvir o autor no prazo de dez dias, certo que quando o autor recusar o nomeado, ou quando este negar a qualidade que lhe é atribuída, assinar-se-á ao nomeante novo prazo para contestar.

(C) Na denunciação da lide feita pelo réu, se o denunciado a aceitar e não contestar o pedido, o processo prosseguirá entre o autor, de um lado, e de outro, o denunciante e o denunciado, este assumindo a posição de assistente litisconsorcial.

(D) O requerimento para chamamento ao processo não provoca a suspensão de seu curso; uma vez citado o chamado, o juiz declarará, na mesma sentença, as responsabilidades dos obrigados, condenando os devedores, valendo a sentença como título executivo em favor de quem satisfizer a dívida, para exigi-la, por inteiro, do devedor principal, ou de cada um dos codevedores a sua cota, na proporção do que lhes tocar.

(E) A assistência tem lugar em qualquer tipo de procedimento e em todos os graus de jurisdição. No processo de conhecimento, considera-se litisconsorte da parte principal o assistente toda vez que a sentença houver de influir na relação jurídica entre ele e o adversário do assistido, hipótese em que transitada em julgado a sentença na causa em que interveio como assistente, este não poderá, em processo posterior, discutir a justiça da decisão, salvo se alegar e provar que desconhecia a existência de alegações ou de provas, de que o assistido, por dolo ou culpa, não se valeu. Se qualquer das partes alegar que falece ao assistido interesse jurídico para intervir, o juiz determinará o desentranhamento da petição e da impugnação, para que sejam autuadas em apenso e autorizará a produção de provas.

A: incorreto. Se a oposição for apresentada após o início da audiência, não correrá nos próprios autos; solução que só se aplica se o oferecimento dela se der antes da audiência; **B: incorreto.** O autor é ouvido em 5 dias (e não em 10) sobre a nomeação; **C: incorreto.** Se o denunciado aceita a denunciação, conteste ou não, ele e o denunciante assumem a posição de litisconsortes, em relação à ação principal; **D: incorreto.** O chamamento acarreta a suspensão do processo, nos termos do art. 79 do CPC; **E: correto** (arts. 51, 54 e 55 do CPC).

Gabarito "E"

(Magistratura do Trabalho – 8ª Região – 2006) Sobre intervenção de terceiros é correto afirmar que:

(A) A oposição oferecida antes da audiência será apensada aos autos principais e correrá simultaneamente com a ação. Oferecida depois de iniciada a audiência, a oposição seguirá o procedimento ordinário, hipótese em que o juiz deverá suspender o andamento do processo referente à causa principal para conhecer da oposição em primeiro lugar.

(B) Não é admissível o chamamento ao processo em execução ou na fase de cumprimento da sentença.

(C) No procedimento sumário é admissível o chamamento ao processo e a denunciação da lide fundada em contrato de seguro.

(D) A única modalidade de intervenção de terceiros que é admitida no processo perante os Juizados Especiais é a assistência simples.

(E) O terceiro prejudicado pode interpor agravo retido.

A: incorreto. A oposição oferecida antes da audiência corre nos próprios autos. Oferecida depois de iniciada a audiência, seguirá a oposição o procedimento ordinário, sendo julgada sem prejuízo da causa principal. *Poderá* o juiz, todavia, sobrestar no andamento do processo, por prazo nunca superior a 90 (noventa) dias, a fim de julgá-la conjuntamente com a oposição (arts. 59 e 60 do CPC); **B: correto.** O chamamento ao processo só tem cabimento antes da formação do título a ser executado ou cumprido; **C: incorreto.** Desde que se considere que não são apenas estas as formas de intervenção de terceiros a serem admitidas no procedimento sumário. De acordo com a redação do art. 280 do CPC, são admissíveis todas as modalidades de intervenção fundada em contrato de seguro, e não apenas o chamamento ou denunciação; **D: incorreto.** Nos juizados especiais, não se admite nenhum tipo intervenção, nem mesmo a assistência (art. 10 da Lei 9.099/95); **E: incorreto.** Senão lembre-se de que o "terceiro ainda não admitido no feito não pode manifestar agravo retido" (RT 490/112 e RJTJESP 41/132).

Gabarito "B"

(Magistratura do Trabalho – 9ª Região – 2009) Analise as proposições a seguir:

I. Se a parte, na pendência do processo, aliena a coisa litigiosa, não deixa de figurar na relação processual, passando a agir em nome próprio, mas na defesa de direito material do adquirente, exceto se consentir a parte contrária que o adquirente ingresse em Juízo, em substituição ao alienante.

II. O substituto processual tem amplos poderes no que concerne à prática de atos processuais, bem como tem poder de disposição do direito material do substituído, como transação e reconhecimento do pedido.

III. Pendendo uma causa entre duas pessoas, o terceiro, que tiver interesse jurídico em que a sentença seja favorável a uma delas, poderá intervir no processo para assisti-la. A assistência tem lugar em qualquer dos tipos de procedimento; no entanto, como o assistente recebe o processo no estado em que se encontra, somente é cabível em primeiro grau de jurisdição.

IV. Aquele que detiver a coisa em nome alheio, sendo-lhe demandada em nome próprio, deverá nomear à autoria o proprietário ou o possuidor. Aceitando o nomeado, ao autor caberá promover-lhe a citação; recusando-o ficará sem efeito a nomeação.

(A) Todas as proposições são corretas.

(B) Somente as proposições I, II e III são corretas.

(C) Somente as proposições I, II e IV são corretas.

(D) Somente as proposições III e IV são corretas.

(E) Somente as proposições I e IV são corretas.

I: correto. Nos termos do que estabelece o art. 42 do CPC; **II: incorreto.** O substituto processual não pode abrir mão do direito que pertence ao substituído; **III: incorreto.** É admitida a assistência requerida em segundo grau; **IV: correto** (arts. 62 e 65 do CPC).

Gabarito "E"

(Magistratura do Trabalho – 9ª Região – 2006) Sobre assistência e intervenção de terceiros, assinale a correta:

(A) Na assistência, sendo revel o assistido, o assistente será considerado seu gestor de negócios.

(B) Quem pretender, no todo ou em parte, a coisa ou o direito sobre que controvertem autor e réu, poderá oferecer oposição contra ambos, desde que o faça antes de saneado o processo.

(C) A nomeação à autoria é mera faculdade atribuída ao detentor de coisa em nome alheio, quando demandado em nome próprio, de modo que sua omissão não gera dever de indenizar.

(D) A demanda nova contida na denunciação da lide dará origem a novo processo.

(E) No chamamento ao processo, a sentença que julgar procedente a ação, condenando os devedores, não vale como título executivo em favor do devedor que satisfizer a dívida, para exigir a proporção que cabe aos codevedores.

A: correto (art. 52, parágrafo único); **B: incorreto.** A oposição interventiva pode ser oferecida enquanto não for realizada a audiência, mesmo que já tenho sido saneado o feito; **C: incorreto.** O contrário é estabelecido pelo art. 69; **D: incorreto.** A demanda que surge com a denunciação da lide é decidida no mesmo processo; **E: incorreto.** **O** art. 80 do CPC diz que a sentença valerá como título executivo, em favor do que satisfizer a dívida.

Gabarito "A"

(Magistratura do Trabalho – 12ª Região – 2006) É caso de nomeação à autoria quando:

(A) perante credores solidários, exigir o credor de um ou de alguns deles parcial ou totalmente a dívida comum;

(B) em regra, aquele que estiver obrigado, pela lei ou pelo contrato, a indenizar, em ação regressiva, o prejuízo do que perder a demanda;

(C) segundo o modelo clássico adotado pelo Código Instrumental Civil, aquele que detiver a coisa em nome alheio, sendo-lhe demandada em nome próprio, deverá indicar o proprietário ou possuidor;

(D) até a entrega da prestação jurisdicional, o interessado pretender, no todo ou em parte, a coisa ou direito sobre o qual controvertem as partes;

(E) o terceiro intervém no intuito de auxílio de uma das partes contra a outra, em razão do interesse jurídico que tem na vitória daquela e na derrota desta.

A: incorreto. Essa é uma das hipóteses de chamamento ao processo; **B: incorreto.** Nesse caso, cabe denunciação da lide; **C: correto (art. 62 do CPC); D: incorreto.** Trata-se de caso de oposição; **E: incorreto.** Essa é a descrição da assistência.

Gabarito "C"

(Magistratura do Trabalho – 14ª Região – 2008) Feita a denunciação da lide pelo réu, se o denunciado for revel:

(A) o processo prosseguirá entre o autor, de um lado, e de outro, como litisconsortes, o denunciante e o denunciado;

(B) o processo prosseguirá entre o autor, de um lado, e de outro, o denunciado;
(C) cumprirá ao denunciante prosseguir na defesa até final;
(D) haverá o julgamento conforme o estado do processo;
(E) haverá o julgamento antecipado da lide.

Art. 75, II, do CPC.
Gabarito "C"

(Magistratura do Trabalho – 15ª Região – 2010) Quando, por disposição de lei ou pela natureza da relação jurídica, o juiz tiver de decidir a lide de modo uniforme para todas as partes, há:
(A) assistência;
(B) conexão;
(C) nomeação à autoria;
(D) continência;
(E) litisconsórcio necessário.

A alternativa "E" está correta (art. 47, *caput*, primeira parte do CPC). Litisconsórcio é a pluralidade de partes no polo ativo, no polo passivo ou em ambos. É o cúmulo subjetivo de ações. Quanto à obrigatoriedade de sua formação, o litisconsórcio pode ser classificado em *necessário* (art. 47, *caput*, do CPC) ou *facultativo* (art. 46 do CPC). A formação do litisconsórcio necessário é que depende de *disposição de lei* ou da *natureza da relação jurídica discutida em juízo*. Quanto ao resultado final do processo, o litisconsórcio pode ser *simples* ou *unitário*. Este último terá cabimento quando o juízo tiver de decidir a lide de modo idêntico para todos os litisconsortes. No entanto, como se depreende da cabeça do art. 47 do CPC, o legislador confunde os conceitos de litisconsórcio necessário e unitário.
Gabarito "E"

(Magistratura do Trabalho – 16ª Região – 2008) Sobre a proibição de intervenção de terceiro no processo:
I. O Código de Defesa do Consumidor veda a denunciação da lide, para o exercício do direito de regresso, mas permite o chamamento ao processo, em caso de seguro de responsabilidade.
II. A Lei que regula a Ação Direta de Inconstitucionalidade e a Ação de Declaração de Constitucionalidade (Lei nº 9.686/99) não admite a intervenção de terceiros nos processos dessas ações.
III. O Código de Processo Civil admite a intervenção de terceiros na Ação Direta de Inconstitucionalidade e na Ação de Declaração de Constitucionalidade.
IV. No procedimento sumário não é admissível a intervenção de terceiros, salvo a assistência, o recurso de terceiro prejudicado e a intervenção fundada em contrato de seguro.

Assinalar a resposta correta:
(A) Apenas a alternativa I está incorreta.
(B) Todas as alternativas estão corretas.
(C) Apenas a alternativa III está incorreta.
(D) Apenas as alternativas II e IV estão corretas.
(E) Todas as alternativas estão incorretas.

I: correto (art. 101, II, do CDC); **II: correto** (arts. 7º e 8º da Lei 9.868/99); **III: correto.** Pelo CPC, não há qualquer proibição para que as intervenções sejam utilizadas naqueles tipos de processo. Ocorre, no entanto, que a lei a disciplinar as ações de controle concentrado de constitucionalidade veda expressamente as intervenções nessas demandas (arts. 7º e 18 da Lei 9.868/99); **IV: correto** (art. 280 do CPC).
Gabarito "B"

(Magistratura do Trabalho – 23ª Região – 2006) Sobre a modalidade de intervenção de terceiros relativa à oposição pode-se afirmar:
( ) A existência de ação em curso e a competência plena do juiz da ação principal para processamento e julgamento da matéria discutida na oposição são requisitos para seu ajuizamento;
( ) Não poderá ser ajuizada na fase recursal, porque só é admitida enquanto não proferida a sentença da ação principal;
( ) A pretensão poderá ser manejada contra o autor ou contra o réu, dependendo de o interesse do opoente ser contrário ao interesse de um ou de outro;
( ) O instituto da oposição é admitido nos processos sujeitos ao rito ordinário e sumário;
( ) Na oposição o autor e o réu da ação principal assumem a condição de litisconsortes passivos necessários.

Partindo da leitura das afirmações acima, responda V para as afirmações verdadeiras e F, para as falsas:
(A) V, F, V, V, F
(B) V, V, F, F, V
(C) F, V, V, V, F
(D) V, F, F, V, V
(E) V, V, V, F, F

I e II: verdadeiras. A oposição é ação do opoente contra autor e réu da ação originária, portanto, é falso dizer que ela poderá ser dirigida a um ou a outro, a critério do opoente; **III** e **IV: falsa.** No procedimento sumário é vedada a oposição (art. 280); **V: verdadeira.** Autor e réu são litisconsortes passivos obrigatórios na oposição.
Gabarito "B"

(Magistratura do Trabalho – 24ª Região – 2006) Assinale a alternativa INCORRETA:
(A) Duas ou mais pessoas podem litigar, no mesmo processo, em conjunto, ativa ou passivamente, quando entre elas houver comunhão de direitos ou de obrigações relativamente à lide.
(B) O juiz poderá limitar o litisconsórcio necessário quanto ao número de litigantes, quando este comprometer a rápida solução do litígio ou dificultar a defesa. O pedido de limitação suspende o prazo para a resposta, que recomeça da decisão.
(C) O juiz ordenará ao autor que promova a citação de todos os litisconsortes necessários, dentro do prazo que assinar, sob pena de declarar extinto o processo.
(D) A assistência tem lugar em qualquer dos tipos de procedimento e em todos os graus da jurisdição; mas o assistente recebe o processo no estado em que se encontra.
(E) Considera-se litisconsorte da parte principal o assistente, toda vez que a sentença houver de influir na relação jurídica entre ele e o adversário do assistido.

A: correto (art. 46, I, do CPC); **B: incorreto, devendo ser assinalado.** A limitação do litisconsórcio multitudinário só é admitida quando se tratar de litisconsórcio facultativo. Ademais, o pedido de limitação interrompe o prazo para resposta, que recomeça da intimação da decisão; **C: correto** (art. 47, parágrafo único, do CPC); **D: correto** (art. 50, parágrafo único, do CPC); **E: correto** (art. 54 do CPC).
Gabarito "B"

(Ministério Público do Trabalho – 12°) Assinale a alternativa CORRETA:

I. Na assistência, sendo revel o assistido, o assistente, segundo o Código de Processo Civil, é considerado seu substituto processual.
II. Transitada em julgado a decisão, em causa em que interveio o assistente, este não poderá, em processo posterior, discutir a justiça da decisão, salvo se alegar e provar, por exemplo, que desconhecia provas, de que o assistido, por culpa, não se valeu.
III. Cabendo ao juiz decidir simultaneamente a ação e a oposição, desta conhecerá em primeiro lugar.

(A) todas as assertivas são verdadeiras;
(B) todas as assertivas são falsas;
(C) as assertivas II e III são verdadeiras;
(D) apenas as assertivas I e III são falsas.
(E) não respondida.

I: incorreto. A lei diz que, nesse caso, o assistente será o gestor de negócios do assistido revel (art. 52, parágrafo único, do CPC); **II: correto** (art. 55 do CPC); **III: correto** (art. 61 do CPC).

Gabarito "C"

5. JURISDIÇÃO E COMPETÊNCIA

(Magistratura do Trabalho – 2ª Região – 2011) No que diz respeito a ações, competência e modificações da competência, assinale a alternativa correta:

(A) Distingue-se a incompetência do impedimento, porque este é defeito respeitante ao órgão jurisdicional e não pertinente à pessoa física que integra o Órgão judicial.
(B) A ação de consignação em pagamento, que não verse sobre locação, deve ser ajuizada no local de pagamento, mas quando a coisa devida for corpo que deva ser entregue no lugar em que está, deverá o devedor requerer a consignação no foro em que ela se encontra.
(C) Nas ações em que a União for ré, o foro é o da seção judiciária do domicílio do autor, ou daquela em que ocorreu o ato ou o fato de que se originou a demanda, ou daquela em que a coisa esteja situada, ou, ainda, no Distrito Federal.
(D) No que tange à exceção de incompetência relativa, a petição deve ser protocolizada no juízo de domicilio do réu, sem que haja necessidade de requerimento de imediata remessa ao juízo que determinou a citação.
(E) Mesmo que o juiz entenda haver, em determinado caso, nulidade da cláusula de eleição de foro, em contrato de adesão, não poderá declará-la de ofício, declinando de competência para o juízo de domicílio do réu.

A: incorreto. A imparcialidade do juiz é pressuposto de validade do processo. Nos casos de impedimento, o legislador presume de modo absoluto e objetivo (*jure et de jure*) a parcialidade do magistrado, não admitindo prova em contrário. As hipóteses de impedimento estão enumeradas no art. 134 do CPC. Paralelamente, a suspeição do juiz é caso de parcialidade relativa, cabendo, portanto, a produção de provas que afastem a referida presunção (*juris tantum*). São pressupostos de nuance subjetiva, cuja comprovação é mais dificultosa. As hipóteses estão arroladas no art. 135 do CPC. De qualquer forma, as causas legais de impedimento e de suspeição devem ser apuradas em face do *juiz*, e não do *juízo*; **B: incorreto.** A ação consignatória poderá ser ajuizada no foro eleito pelas partes. Impende destacar que o foro competente para a ação de consignação em pagamento variará conforme a natureza da obrigação. Sendo esta *quesível*, o foro competente é o do domicílio do devedor consignante (art. 327, *caput*, 1ª parte, do CC); se for *portável*, o foro competente será o do domicílio do credor (art. 327, *caput*, 2ª parte, do CC). Essa é a inteligência do art. 891, *caput*, do CPC, quando se refere ao *lugar de pagamento. Entretanto as partes podem eleger o foro (comarca) em que pretendem litigar, visto que a regra contida no art. 891, caput, do CPC, apoia-se em critério de competência relativa (art. 111, caput, do CPC).* Veja-se a doutrina de Alexandre Freitas Câmara: "Para a 'ação consignatória', importa saber se a dívida é quesível (caso em que será competente o foro do domicílio do devedor) ou portável (quando, então, será competente o foro do domicílio do credor). Havendo foro de eleição, este deverá ser respeitado, já que o critério de competência fixado pelo art. 891 do código de Processo Civil é relativo, podendo ser derrogado pela vontade das partes" (CÂMARA, Alexandre Freitas. **Lições de Direito Processual Civil.** Vol III. 10. ed. Rio de Janeiro: *Lumen Juris*, 2006. p. 316). Registre-se, por oportuno, que certa doutrina entende o foro do local do pagamento prevalecer, mesmo sobre o foro eleito pelas partes. Nessa direção: "O foro do local do pagamento prevalece mesmo que haja cláusula contratual de eleição de foro. Nesse sentido a lição de Marcato: A existência de cláusula prevendo foro de eleição (isto é, comarca eleita pelas partes) não afasta, por si só, a prevalência do *forum solutionis* contemplado no art. 891 do CPC, dada a especialidade do último sobre o primeiro. Em outras palavras, concorrendo, no caso concreto, o foro de eleição e o do local do cumprimento da obrigação, prevalecerá o último" (DESTEFENNI, Marcos. **Curso de Processo Civil.** *Vol. 3.* 3. ed. São Paulo: Saraiva, 2010. p. 316); **C: correto** (art. 109, §2°, da CF); **D: incorreto** (art. 305, parágrafo único, do CPC); **E: incorreto** (art. 112, parágrafo único, do CPC).

Gabarito "C"

(Magistratura do Trabalho – 2ª Região – 2010) A jurisdição:

(A) Possui caráter substitutivo, uma vez que a atividade do Estado afasta qualquer outra possibilidade de quem tem uma pretensão de invadir a esfera jurídica alheia para satisfazer-se.
(B) É função estatal cometida exclusivamente ao Poder Judiciário, de acordo com o critério orgânico.
(C) Pode ser delegada de um juiz a outro por meio de carta precatória.
(D) Rege-se pelo princípio da inércia, excetuadas as hipóteses de atuação *ex officio* expressamente previstas em lei.
(E) Quando provocada, impõe-se por si mesma, salvo cláusula contratual em que se estipule sua inaplicabilidade ao caso concreto.

A: incorreto. Aquele que se sente lesado, pode recorrer, ainda, à *autodefesa* (nas hipóteses permitidas pelo ordenamento jurídico), à *autocomposição* (especificamente a transação), e à *arbitragem*, como meios alternativos de solução dos conflitos; **B: incorreto.** Há outros órgãos estatais investidos de jurisdição, mesmo que política, cujo exemplo é o Senado Federal, que processa e julga o Presidente e o Vice-Presidente da República, nos crimes de responsabilidade (art. 52, I, da CF); **C: incorreto.** A jurisdição tem como um de seus atributos a *indelegabilidade.* Vale notar que o juiz tão somente solicita a cooperação de outro órgão jurisdicional, no que diz respeito ao cumprimento de uma dada ordem (art. 202 do CPC);

não há delegação da própria jurisdição, sob pena de vulneração ao princípio do juiz natural (art. 5º, LIII, da CF). Confira-se a doutrina de Dinamarco *et alii*: "Mas através das cartas precatórias não se dá delegação alguma. O que acontece é que, impossibilitado de realizar ato processual fora dos limites da comarca (limitação territorial do poder), o juiz pede a cooperação do órgão jurisdicional competente: seria um contrassenso dizer que o juiz deprecante delega (ou seja, transfere) um poder que ele próprio não tem, por ser incompetente" (DINAMARCO, Cândido Rangel *et alii*. **Teoria Geral do Processo**. 20. ed. São Paulo: Malheiros, 2004, p. 139); **D: correto.** Tal questão resolve-se pelo próprio princípio da *correlação*, *congruência* ou da *adstrição*, de modo que o juízo, na sentença, deve cingir-se ao pedido e à causa de pedir, sob pena de julgamento *citra*, *ultra* ou *extra petita*. O juiz não pode inovar ou ampliar os limites objetivos da lide, sob pena de afronta aos princípios da ampla defesa, do contraditório e ao princípio dispositivo. De qualquer forma, vale registrar que as questões de ordem pública podem ser reconhecidas de ofício pelo órgão jurisdicional, motivo porquanto se revela prescindível pedido expresso da parte; **E: incorreto.** A *inevitabilidade*, enquanto princípio inerente à jurisdição, acarreta a imposição da justa aplicação do direito ao caso concreto independentemente da vontade das partes, de modo tal que estas não podem convencionar acerca da aceitação ou não do que restou proclamado na decisão proferida. Cuida-se de sujeição das partes à autoridade estatal.

Gabarito "D"

(Magistratura do Trabalho – 2ª Região – 2010) Aponte a afirmativa incorreta:

(A) A ação intentada perante tribunal estrangeiro não induz litispendência, nem obsta que a autoridade judiciária brasileira conheça da mesma causa e das que lhe são conexas.

(B) Havendo dois ou mais réus, com diferentes domicílios, serão demandados no foro de qualquer deles, à escolha do autor.

(C) O conflito de competência obsta a que a parte, que não o suscitou, ofereça exceção declinatória do foro.

(D) Poderá o relator, quando o conflito for positivo, determinar seja sobrestado o processo, mas nesse caso designará um dos juízes para resolver, em caráter provisório, as medidas urgentes.

(E) A competência estabelecida pela Emenda Constitucional nº 45/2004 não alcança os processos já sentenciados pela Justiça Comum Estadual, conforme entendimento sumulado do STJ.

A: correto (art. 90 do CPC); **B: correto** (art. 94, § 4º, do CPC); **C: incorreto**, devendo ser assinalado. O conflito de competência *não obsta*, porém, a que a parte, que o não suscitou, ofereça exceção declinatória do foro (art. 117, parágrafo único, do CPC); **D: correto** (art. 120, *caput*, do CPC); **E: correto** (Súmula 367 do STJ).

Gabarito "C"

(Magistratura do Trabalho – 8ª Região – 2006) Sobre competência é correto afirmar que:

(A) O cumprimento da sentença efetuar-se-á perante os tribunais, nas causas de sua competência originária, facultado ao exequente requerer a remessa de autos suplementares ao juízo do atual domicílio do devedor, para que seja processado o cumprimento, visando à maior efetividade dos atos de execução.

(B) O cumprimento da sentença é de competência do juízo que processou a causa no primeiro grau, facultado ao exequente optar por processar o cumprimento no foro onde se encontrem bens sujeitos à expropriação, caso em que a remessa de autos suplementares será solicitada ao juízo de origem.

(C) Considerando a extinção da ação autônoma de execução por título executivo judicial, o cumprimento da sentença efetuar-se-á sempre perante o juízo que proferiu a sentença no processo de conhecimento, estabelecendo-se a competência pelo critério funcional.

(D) Caso o exequente opte por efetuar o cumprimento da sentença perante o juízo do local onde se encontrem bens sujeitos à expropriação ou perante o juízo do atual domicílio do executado, a remessa dos autos do processo será solicitada ao juízo de origem.

(E) Somente é facultado ao exequente optar entre foro onde se encontrem bens sujeitos à expropriação ou pelo foro do atual domicílio do executado, nas novas hipóteses em que a competência para o cumprimento da sentença é fixada pelo critério territorial.

A: incorreto. A possibilidade de realização de fase de cumprimento perante o juízo do atual domicílio do devedor não está prevista para a hipótese de título executivo judicial que se formou perante algum tribunal em causa de competência originária (art. 475-P, parágrafo único, do CPC); **B: incorreto.** Apenas porque são os próprios autos do processo remetidos pelo juízo de origem, e não os autos suplementares; **C: incorreto.** A lei prevê expressamente a possibilidade de o cumprimento ser requerido perante o juízo do atual domicílio do devedor ou do local em que estiverem os bens penhoráveis (parágrafo único do art. 475-P do CPC); **D: correto** (parágrafo único do art. 475-P do CPC); **E: incorreto.** A lei não faz qualquer ressalva nesse sentido.

Gabarito "D"

(Magistratura do Trabalho – 8ª Região – 2011) Quanto à jurisdição e à competência, assinale a alternativa CORRETA:

(A) Determina-se a competência no momento em que a ação é proposta. São irrelevantes as modificações do estado de fato ou de direito ocorridas posteriormente, salvo quando suprimirem o órgão judiciário ou alterarem a competência em razão da matéria, da hierarquia ou territorial.

(B) Compete à autoridade judiciária brasileira, com exclusão de qualquer outra, conhecer de ações relativas a móveis situados no Brasil e proceder a inventário e partilha de bens, situados no Brasil, ainda que o autor da herança seja estrangeiro e tenha residido fora do território nacional.

(C) A ação intentada perante tribunal estrangeiro não induz litispendência, nem obsta a que a autoridade judiciária brasileira conheça da mesma causa e das que lhe são conexas.

(D) Argui-se, por meio de exceção, a incompetência relativa. A nulidade da cláusula de eleição de foro, em contrato de adesão, não pode se declarada de ofício pelo juiz.

(E) Havendo conexão ou continência, o juiz, de ofício ou a requerimento de qualquer das partes, pode ordenar a reunião de ações propostas em separado, mesmo que uma delas já tenha sido julgada.

A: incorreto. Em função do princípio da *perpetuatio jurisdictionis*, a competência é determinada no momento em que a ação é ajuizada, de forma que as modificações do estado de fato ou de direito ocorridas após o aforamento da demanda não têm o condão de modificar a competência, salvo quando suprimirem o órgão judiciário ou alterarem a competência em razão da *matéria* ou da *hierarquia*, o que não se coaduna com o enunciado da questão (art. 87 do CPC); **B: incorreto** O art. 89, I, do CPC alude a *bens imóveis* situados no Brasil; **C: correto** (art. 90 do CPC); **D: incorreto** (art. 112, parágrafo único, do CPC); **E: incorreto.** A *ratio essendi* da reunião dos processos é o julgamento conjunto das demandas, a fim de que seja guardada coerência entre o resultado das decisões. Logo, se uma das demandas já foi sentenciada, não há cogitar-se da reunião dos processos para julgamento simultâneo. Corroborando tal entendimento, eis o seguinte precedente do STJ: EMBARGOS DE DEVEDOR. Ação ordinária. Conexão. Prejudicialidade. - Embora possível o reconhecimento da conexão entre a ação ordinária de declaração de invalidade de contratos celebrados entre as partes, e a ação de embargos de devedor oferecidos à execução de título originário daqueles negócios, a reunião das ações depende de juízo com certa margem de discricionariedade. *É de ser indeferida a reunião quando um dos processos já se encontra julgado em primeiro grau.* Reconhece-se porém, a prejudicialidade entre a ação ordinária de declaração e a ação de embargos, o que justifica a suspensão desta, ainda que em estágios processuais diferentes, nos termos do art. 265, IV, "a", do CPC. Precedentes. Recurso conhecido em parte e provido (REsp 193766/SP, Rel. Ministro Ruy Rosado de Aguiar, quarta turma, julgado em 04/02/1999, DJ 22/03/1999, p. 215). [grifos nossos]

Gabarito "C"

(Magistratura do Trabalho – 11ª Região – 2007 – FCC) Em matéria de competência, é correto afirmar:

(A) Nas causas envolvendo sociedade de economia mista é competente para o seu julgamento o juízo especializado da Fazenda Pública.
(B) A existência de Vara privativa instituída por lei estadual não altera a competência territorial resultante das leis de processo.
(C) A parte que oferecer exceção de incompetência não ficará impedida de suscitar conflito de competência.
(D) A instalação de Vara do Trabalho não cessa a competência do juiz de direito para conhecer de matéria trabalhista.
(E) Compete à Justiça Federal decidir sobre a existência de interesse jurídico que justifique a presença da União nos processos de insolvência.

A: incorreto. Sociedades de economia mista são pessoas jurídicas de direito privado, motivo pelo qual fica afastada a competência do juízo especializado da Fazenda Pública; **B: correto.** Varas privativas representam atribuição de competência em razão das pessoas, e a sua previsão não acarreta qualquer alteração nas regras de competência territorial. Ademais, a Súmula 206 do STJ estabelece que "a existência de vara privativa, estabelecida por lei estadual, não altera a competência territorial resultante das leis do processo"; **C: incorreto.** O art. 117 veda que seja suscitado o conflito de competência pela parte que ofereceu exceção de competência; **D: incorreto.** Instalada a Junta de Conciliação e Julgamento, cessa a competência do Juiz de Direito em matéria trabalhista, inclusive para a execução das sentenças por ele proferidas (Súmula 10 do STJ); **E: incorreto.** O art. 109, I, da CR, exclui a competência da Justiça Federal para os processos de falência, o que abrange, por analogia, a insolvência.

Gabarito "B"

(Magistratura do Trabalho – 12ª Região – 2006) A propósito da modificação de competência, conexão e continência, nos moldes do Código de Processo Civil, é correto afirmar:

(A) dá-se a continência quando em duas ou mais ações lhes for comum o objeto ou a causa de pedir;
(B) reputam-se conexas duas ou mais ações sempre que há identidade das partes e da causa de pedir, mas o objeto de uma, por ser mais amplo, abrange o das outras;
(C) a competência em razão da matéria é inderrogável por convenção das partes, mas elas podem modificar a competência em razão do valor, da hierarquia e do território, elegendo o foro onde serão propostas as ações oriundas de direitos e obrigações. O acordo só produz efeito quando constar de contrato escrito e aludir expressamente a determinado negócio jurídico;
(D) se o imóvel estiver situado em mais de um Estado ou comarca, determinar-se-á o foro pela prevenção, estendendo-se a competência sobre a totalidade do imóvel;
(E) o juiz da causa principal não é competente para a reconvenção, a ação declaratória incidente, as ações de garantia e outras que digam respeito ao terceiro interveniente.

A: incorreto. Esse é o conceito de conexão, e não de continência. Dá-se a continência entre duas ou mais ações sempre que há identidade quanto às partes e à causa de pedir, mas o objeto de uma, por ser mais amplo, abrange o das outras (art. 104 do CPC); **B: incorreto.** Nesse caso, o examinador conceituou a continência; **C: incorreto.** A competência, em razão da hierarquia, é absoluta e, por isso, não admite modificação pela convenção das partes; **D: correto** (art. 107 do CPC); **E: incorreto** (art. 109 do CPC).

Gabarito "D"

(Magistratura do Trabalho – 13ª Região – 2006) De acordo com o as regras que disciplinam a jurisdição, assinale a alternativa correta:

I. a jurisdição civil contenciosa é exercida pelos juízes. A jurisdição civil voluntária também pode ser exercida pelos promotores e tabeliães;
II. a tutela jurisdicional civil será prestada pelo juiz, de ofício, independentemente de requerimento da parte ou interessado, quando envolver interesse público relevante;
III. o Poder Judiciário exerce a jurisdição quando organiza os seus próprios serviços;
IV. quando a administração pública anula ou revoga ato administrativo, por ilegalidade ou interesse público, também está exercendo a jurisdição sobre seus atos;
V. a jurisdição, como as demais funções do Estado, é delegável.

(A) todas as respostas estão incorretas;
(B) todas as respostas estão certas;
(C) só a V está correta;
(D) só a II e a III estão corretas;
(E) só a IV e a V estão corretas.

I: incorreto. Jurisdição, seja contenciosa ou voluntária, só é exercida pelos juízes (art. 1º do CPC); **II: incorreto** (art. 2º do CPC); **III: incorreto.** A organização dos seus próprios serviços é atividade administrativa, e não jurisdicional, ainda que exercida pelo Poder Judiciário; **IV: incorreto.** A autotutela da administração é considerada como ato administrativo, e não jurisdicional; **V: incorreto.** Há outras funções do Estado que podem ser objeto de delegação, embora a jurisdição não seja uma delas.

Gabarito "A".

(Magistratura do Trabalho – 13ª Região – 2006) Assinale a alternativa incorreta:

(A) ocorre a conexão entre ações quando houver identidade das partes e da causa de pedir, mas o objeto de uma, por ser mais amplo, abrange o da outra;
(B) a conexão deve ser alegada na defesa, como preliminar, antes da discussão do mérito da causa;
(C) poderá haver mudança de competência territorial, por conexão;
(D) havendo conexão ou continência, o juiz, de ofício ou a requerimento de qualquer das partes, pode ordenar a reunião de ações propostas em separado, a fim de que sejam decididas simultaneamente;
(E) correndo em separado ações conexas, perante juízes que têm a mesma competência territorial, considera-se prevento aquele que despachou em primeiro lugar.

A: incorreto. Esse é o conceito de continência; **B: correto** (art. 301, VII, CPC); **C: correto.** A competência territorial admite prorrogação; **D: correto** (art. 105 do CPC); **E: correto** (art. 106 do CPC).

Gabarito "A".

(Magistratura do Trabalho – 14ª Região – 2008) "X", em 12/11/2004, ajuizou ação de consignação em pagamento contra "Y", a qual fora distribuída para a 20ª Vara Cível da Comarca de Cacoal-RO. O despacho ordenatório da citação de "Y" foi proferido em 14/11/2004, sendo ele citado em 20/12/2004. Contudo, "Y", igualmente, ajuizou perante a 10ª Vara Cível da referida Comarca ação objetivando rescindir o contrato que deu azo àquela demanda. A ação proposta por "Y" fora ajuizada em 18/11/2004 e o despacho ordenatório de citação proferido em 25/11/2004, sendo "X" citado em 12/12/2004. Havendo conexão entre as duas demandas, deverão ser reunidas para julgamento conjunto perante a:

(A) 20ª Vara Cível, que está preventa, pois o despacho que determinou a citação ocorreu em primeiro lugar;
(B) 10ª ou 20ª Vara Cível, dependendo de qual o juiz acolha a alegação de conexão em primeiro lugar;
(C) 20ª Vara Cível, que está preventa, por força da continência;
(D) 10ª Vara Cível, que está preventa, pois a citação naquele processo ocorreu em primeiro lugar;
(E) 20ª Vara Cível, que está preventa, pois a ação foi para ela distribuída em primeiro lugar.

No caso proposto, como os juízos perante os quais correm as ações conexas têm a mesma competência territorial, prevento é aquele que determinou a citação do réu em primeiro lugar (art. 106 do CPC), motivo pelo qual só está correta a alternativa "A". As demais alternativas estão erradas.

Gabarito "A".

(Magistratura do Trabalho – 16ª Região – 2011) Assinale a alternativa INCORRETA:

(A) O reconhecimento da incompetência absoluta tem como consequência a anulação dos atos decisórios do processo e o aproveitamento dos demais como consequência do princípio da brevidade.
(B) É concorrente a competência entre órgão jurisdicional brasileiro e órgão jurisdicional estrangeiro para julgar determinada controvérsia relativa a obrigação contraída em território estrangeiro e que tenha como objeto imóvel situado em território nacional.
(C) Em função do princípio Kompetenz-kompetenz, é sempre ao próprio juiz da causa que compete resolver eventuais questões sobre sua própria competência.
(D) Na hipótese de competência relativa, só se verifica o conflito de competência se ao menos um dos juízes houver julgado uma exceção de incompetência.
(E) Determina-se a competência no momento em que a ação é proposta. São irrelevantes as modificações do estado de fato ou de direito ocorridas posteriormente, salvo quando suprimirem o órgão judiciário ou alterarem a competência em razão da matéria ou da hierarquia.

A: correto (art. 113, § 2º, do CPC); **B: correto.** Conquanto assinalada como correta pelo gabarito oficial, pensamos que as ações a versarem sobre imóveis situados no Brasil são de competência exclusiva da justiça brasileira, na forma do art. 89, I, do CPC e 12, § 1º, da LINDB. Nesse sentido: "Nos casos do art. 89 do CPC, todavia, compete exclusivamente à Justiça brasileira o julgamento da ação (fala-se em competência *exclusiva).* Por isso, eventual decisão proferida no estrangeiro não poderá produzir efeitos no território nacional. Aliás, nem mesmo poderá ser homologada pelo Superior Tribunal de Justiça [...] Observe que a principal razão do afastamento da jurisdição estrangeira é o fato de a decisão versar sobre um *pedaço* do território nacional (ações relativas a imóveis situados no Brasil). Considerando o que estabelecem os arts. 88 e 89 do CPC, é homologável uma sentença estrangeira de divórcio. Exceto em relação ao que ficar acertado quanto aos bens situados no Brasil. De outro lado, jamais poderá ser homologada uma sentença proferida no estrangeiro acerca de bens imóveis situados no Brasil. Afinal, tal questão é afeta, exclusivamente, à jurisdição brasileira" (DESTEFENNI, Marcos. **Curso de Processo Civil.** *Vol. 1.* Tomo I. 2. edição. São Paulo: Saraiva, 2010, p. 67); **C: correto.** A respeito, observe-se interessante fragmento colhido da decisão monocrática, proferida pelo Min. Hermann Benjamin, em sede de conflito de competência: "O conflito ocorre, por conseguinte, quando duas ou mais autoridades judiciárias negam, ou afirmam, expressamente, sua competência para apreciar a espécie. *As origens desse preceito remontam ao princípio da Kompetenz--Kompetenz, de inspiração do Direito de Organização Judiciária germânico (Gerichtsverfassungsrecht), segundo o qual todo juiz é competente para afirmar sua competência, ou rejeitá-la; uma vez admitida, caberá ao juízo aplicar o direito à espécie (§ 17, item 2, da Gerichtsverfassungsgesetz).* Importa registrar que esse preceito não é novidade no nosso ordenamento e já foi reconhecido por este Superior Tribunal (AgRg no MS 11.308/DF, Rel. Ministro Luiz Fux, Primeira Seção, julgado em 28/06/2006, DJ 14/08/2006 p. 251). *Nessa linha, para que haja conflito, é necessário o pronunciamento controverso de dois ou mais juízos.* No caso, verifica-se que não há propriamente um conflito a ser dirimido por este Tribunal, nos termos constantes do art. 105, inciso I, alínea d, da Carta da

República, visto que nenhuma manifestação expressa sobre essa questão de qualquer dos Juízos - Comum, Trabalhista ou Federal - consta nos autos. Houve, simplesmente, uma especulação da suscitante, no sentido de que haveria um risco de possíveis e futuras decisões contraditórias entre juízos daqueles ramos" (Conflito de Competência Nº 108.690 - RS Ministro HERMAN BENJAMIN, 03/02/2010) [grifos nossos]; **D: incorreto, devendo ser assinalado.** O juiz poderá reconhecer, *de ofício*, a nulidade da cláusula de eleição de foro em contrato de adesão, declinando da competência para o foro do domicílio do réu, sendo prescindível, portanto, a oposição da exceção declinatória em tal hipótese (art. 112, parágrafo único, do CPC); conforme assevera a doutrina de Nelson Nery Jr. e Rosa Maria de Andrade Nery: "Declaração de ofício da incompetência. A Lei 11.280/06 adota a posição da doutrina e da jurisprudência reiterada, principalmente do STJ, no sentido de ser abusiva (CDC 51 XV e 6º VIII) a cláusula de eleição de foro em contrato de adesão, quando o foro eleito for diferente daquele do domicílio do aderente. Não se trata propriamente de declaração de ofício da incompetência relativa, o que estaria em descordo com o sistema processual (v.g. STJ 33) mas, antes, de declaração de ofício da nulidade da cláusula, pela abusividade prevista no CDC 51 XV. Como o controle da abusividade das cláusulas nos contratos de consumo e de adesão são de ordem pública (CDC 1º), nesse caso o direito dispositivo (arguição, pelo réu, da incompetência relativa) cede diante da ordem pública, e, por essa razão, *deve* o juiz declarar a nulidade da cláusula abusiva e, na sequência, para dar sentido e operatividade à declaração e nulidade da cláusula contratual, reconhecer a incompetência e remeter os autos ao juízo do domicílio do réu. Não há, portanto, quebra do sistema, razão pela qual houve impropriedade técnica da L 11280/06, quando modificou a reação do CPC 114, incluindo a hipótese aqui tratada como sendo caso de prorrogação da competência, isto é, como sendo de declaração de ofício de incompetência relativa" (NERY JR. Nelson; NERY, Rosa Maria de Andrade. **Código de processo civil comentado e legislação extravagante.** 10. ed. São Paulo: RT, 2007. p. 370); **E: correto** (art. 87 do CPC).

Gabarito "D"

(Magistratura do Trabalho – 16ª Região – 2006) Processo que tramita na justiça comum estadual, sobrevindo embargos de terceiro propostos por ente federal ou em face de um deles, em que seja proposta uma denunciação à lide, ocorrerá o seguinte:

(A) Em face da incompetência relativa, arguida por via de exceção, o processo será remetido à Justiça Federal para apreciação dos embargos ou da viabilidade da denunciação.
(B) Em face da incompetência absoluta, arguida por via de exceção, o processo permanecerá na Justiça Comum estadual para apreciação do cabimento dos embargos ou da denunciação.
(C) Em face da incompetência absoluta, arguida por via de exceção, o processo será remetido à Justiça Federal para apreciação dos embargos ou da viabilidade da denunciação.
(D) Em face da incompetência absoluta, o processo será remetido à Justiça Federal para apreciação dos embargos ou da viabilidade da denunciação.
(E) Nenhuma das alternativas está correta.

A: incorreto. A intervenção do ente federal acarreta a incompetência absoluta da justiça comum estadual; **B: incorreto.** Incompetência absoluta não é alegada por meio de exceção; **C: incorreto.** O mesmo motivo; **D: correto (art. 109, I, da CF)**.

Gabarito "D"

(Magistratura do Trabalho – 20ª Região – 2003) São duas as espécies da jurisdição civil. Uma contenciosa; outra voluntária. A diferença entre jurisdição civil contenciosa e jurisdição civil voluntária é:

(A) que a contenciosa não implica propriamente um ato de julgar e a voluntária implica uma decisão;
(B) que, na voluntária, a intervenção do juiz tem por escopo julgar a contenda, impedindo que as partes façam justiça com as próprias mãos, enquanto que na contenciosa, também chamada de jurisdição graciosa, a intervenção do juiz garante, com a sua assistência, ou com a sua autorização, legitimidade de um ato de interesse privado;
(C) que a jurisdição civil contenciosa implica uma decisão, enquanto que a jurisdição civil voluntária não implica propriamente um ato de julgar ou de decidir;
(D) que se subtende na contenciosa a não preexistência de um litígio, ao contrário da voluntária que abrange uma contenda;
(E) decidir é próprio da jurisdição contenciosa, porquanto os atos decisórios, por intermédio dos quais a lide é encerrada, caracteriza a essência da jurisdição voluntária.

A: incorreto. É na jurisdição contenciosa que se busca um julgamento; **B: incorreto,** Na jurisdição graciosa, é sinônimo de jurisdição voluntária, e não da contenciosa; **C: correto; D: incorreto.** É a existência do litígio que caracteriza a jurisdição como contenciosa; **E: incorreto.** Não há lide a ser encerrada na jurisdição voluntária. 775

Gabarito "C"

(Magistratura do Trabalho – 21ª Região – 2005) Observe as afirmações a seguir e assinale a alternativa correta:

(A) denomina-se de *perpetuatio iurisdictionis* o fenômeno processual pelo qual, uma vez firmada a competência do juiz, ela, em regra, perdura até o final, sendo irrelevantes as alterações de fato ou de direito ocorridas posteriormente, salvo quando houver alteração da competência em razão da matéria, por exemplo. Diante disso, a jurisprudência sumulada do Superior Tribunal de Justiça entende que, uma vez instalada Vara do Trabalho, cessa imediatamente a competência do juiz de direito em matéria trabalhista, inclusive para a execução de sentença já proferida por este Magistrado;
(B) segundo a jurisprudência sumulada do Superior Tribunal de Justiça, a reunião de causas conexas pode ser feita, na forma do art. 105 do Código de Processo Civil, mesmo que uma das ações já tenha sido julgada, tendo em vista o princípio da unidade de convicção;
(C) a incompetência relativa não pode ser declarada de ofício, e deve ser suscitada pela parte adversa por meio de exceção ou como preliminar de mérito, dependendo da fase de andamento do processo;

(D) apresentado o conflito positivo de competência perante o Tribunal, poderá o relator decidir de plano o conflito, desde que esteja a decisão amparada em jurisprudência sumulada do Supremo Tribunal Federal, cabendo, no entanto, agravo contra tal decisão, no prazo de 10 dias;

(E) a apreciação das provas é livre pelo juiz, devendo, no entanto, indicar na sentença as razões e fundamentos da decisão, acolhendo ou rejeitando cada um dos argumentos das partes.

A: correto (art. 87 do CPC e Súmula 10 do STJ); **B: incorreto** (Súmula 235 do STJ); **C: incorreto.** A incompetência relativa deve ser alegada por meio de exceção, e não como preliminar; **D: incorreto.** Apenas porque o prazo para o agravo interno, contra a decisão do relator, é de 5 dias (e não de 10), conforme o art. 120, parágrafo único, do CPC; **E: incorreto.** Não foi observado precisamente aquilo que consta do art. 131 do CPC, uma vez que se tem a impressão, pelo enunciado, de que o juiz não precisa justificar o valor que atribui às provas, o que não corresponde à regra legal.

Gabarito "A"

(Magistratura do Trabalho – 23ª Região – 2009) Marque a alternativa CORRETA:

Em havendo cumulação de pedidos de natureza trabalhista e estatutário, deverá o juiz:

(A) apreciar tão somente aqueles compreendidos na sua esfera de competência e extinguir, sem a resolução do mérito, os demais estranhos aos limites de sua jurisdição.

(B) ante a impossibilidade da cumulação, extinguir o processo, sem a resolução do mérito, em relação a todos os pedidos.

(C) declarar-se inteiramente incompetente e determinar a remessa dos autos ao Juízo para o qual declina.

(D) julgar todos os pedidos, uma vez que a cumulação e o conhecimento da causa em primeiro lugar firmam a sua competência.

(E) declarar-se parcialmente competente para examinar os pedidos correspondentes e ordenar, quanto aos demais afetos a outra jurisdição, o desmembramento e a remessa de cópia dos autos ao juízo próprio para que ali sejam apreciados.

A: correto. Compete ao juízo onde for intentada a ação de acumulação de pedidos, trabalhistas e estatutário, decidi-la nos limites da sua jurisdição, sem prejuízo do ajuizamento de nova causa, com pedido remanescente, no juízo próprio; **B: incorreto.** Não há motivo para extinguir o processo em relação ao pedido para o qual o juízo é competente; **C: incorreto.** Não é verdade que seja ele inteiramente incompetente; **D: incorreto.** O juízo trabalhista não pode julgar os pedidos de natureza estatutária; **E: incorreto.** Não há previsão para essa solução.

Gabarito "A"

(Magistratura do Trabalho – 23ª Região – 2009) Assinale as proposições abaixo e marque a alternativa CORRETA:

I. Determina-se a competência no momento em que a ação é proposta, sendo irrelevantes as modificações do estado de fato ou de direito ocorridas posteriormente, salvo quando suprimirem o órgão judiciário ou alterarem a competência em razão da matéria ou da hierarquia.

II. A jurisdição é una e indivisível.

III. A jurisdição brasileira afirma-se com exclusividade no território brasileiro e se impõe a todas as pessoas que aqui se encontram, não admitindo a concorrência de jurisdições.

IV. A ação intentada perante tribunal estrangeiro não induz litispendência e não obsta a que a autoridade judiciária brasileira conheça da mesma causa e das que lhes são conexas.

V. A jurisdição civil é exercida pelos juízes, em todo o território nacional, e nenhum juiz prestará a tutela jurisdicional senão quando a parte ou o interessado a requerer, nos casos e forma legais.

(A) F, F, V, V, F.
(B) F, V, F, V, F.
(C) V, V, F, F, V.
(D) V, V, F, V, V.
(E) V, V, V, F, F.

I: verdadeiro (art. 87 do CPC); **II: verdadeiro, pela própria definição**; **III: falso** (art. 88 do CPC); **IV: verdadeiro** (art. 90 do CPC); **V: verdadeiro** (arts. 1º e 2º do CPC).

Gabarito "D"

(Magistratura do Trabalho – 24ª Região – 2006) A respeito da competência dos órgãos jurisdicionais, analise as proposições que se seguem:

I. A ação fundada em direito pessoal e a ação fundada em direito real sobre bens imóveis serão propostas, em regra, no foro do domicílio do réu.

II. Havendo dois ou mais réus, com diferentes domicílios, serão demandados no foro de qualquer deles, à escolha do autor.

III. Nas ações fundadas em direito real sobre imóveis é competente o foro da situação da coisa, podendo o autor, entretanto, optar pelo foro do domicílio ou de eleição se o litígio recair sobre direito de propriedade, vizinhança, servidão, posse, divisão e demarcação de terras e nunciação de obra nova.

IV. O Foro do domicílio do autor da herança, no Brasil, é o competente para o inventário, a partilha, a arrecadação, o cumprimento de disposições de última vontade e todas as ações em que o espólio for réu, ainda que o óbito tenha ocorrido no estrangeiro.

V. Nas ações de reparação do dano sofrido em razão de delito ou acidente de veículos, será competente o foro do domicílio do autor ou do local do fato.

Considere as proposições acima e responda:

(A) Apenas as proposições I, II e V estão corretas.
(B) Apenas as proposições III, IV e V estão corretas.
(C) Apenas as proposições II, IV e V estão corretas.
(D) Todas as proposições estão corretas.
(E) Apenas a proposição V está correta.

I: incorreto (v. art. 95 do CPC); **II: correto** (art. 94, § 4º, do CPC); **III: incorreto** Não é possível foro de eleição nos casos apontados (art. 95 do CPC); **IV: correto** (art. 96 do CPC); **V: correto** (parágrafo único do art. 100 do CPC).

Gabarito "C"

(Magistratura do Trabalho – 24ª Região – 2006) Assinale a alternativa INCORRETA:

(A) Determina-se a competência no momento em que a ação é proposta, sendo irrelevantes as modificações do estado de fato ou de direito ocorridas posteriormente, salvo quando suprimirem o órgão judiciário ou alterarem a competência em razão da matéria ou da hierarquia.

(B) A competência, em razão do valor e do território, poderá modificar-se pela conexão ou continência.

(C) Correndo em separado ações conexas perante juízes que têm a mesma competência territorial, considera-se prevento aquele perante o qual foi efetivada a primeira citação válida.

(D) O foro contratual obriga os herdeiros e sucessores das partes.

(E) Em se tratando de competência em razão do valor e do território, as partes podem eleger o foro onde serão propostas as ações oriundas de direitos e obrigações, porém esse acordo só produz efeito quando constar de contrato escrito e aludir expressamente a determinado negócio jurídico.

A: correto (art. 87 do CPC); **B: correto** (art. 102 do CPC); **C: incorreto, devendo ser assinalado.** Nesse caso, prevento é o que despachou a petição inicial em primeiro lugar (art. 106 do CPC); **D: correto** (art. 111, § 2º, do CPC); **E: correto** (art. 111 do CPC).

Gabarito "C"

(Magistratura do Trabalho – 24ª Região – 2006) Analise as proposições abaixo:

I. Em se tratando de caso de competência internacional concorrente, a sentença proferida no estrangeiro será eficaz no território brasileiro, desde que seja homologada pelo Supremo Tribunal Federal.

II. Se a ação se originar de fato ocorrido ou ato praticado no Brasil, a Justiça Brasileira será competente para julgá-la, com exclusão de qualquer outra.

III. A ação intentada perante tribunal estrangeiro não induz litispendência, nem obsta a que a autoridade judiciária brasileira conheça da mesma causa e das que lhe são conexas.

IV. Compete à autoridade judiciária brasileira, com exclusão de qualquer outra, conhecer de ações relativas a imóveis situados no Brasil.

V. Em casos de competência internacional concorrente, ainda que a ação tenha sido decidida no país estrangeiro, tal não obsta o prosseguimento de ação eventualmente ajuizada no Brasil, exceto se a sentença estrangeira for homologada pela Justiça Brasileira.

Com base nas assertivas acima, responda:

(A) Apenas a proposição V está incorreta.

(B) Apenas as proposições I, III e IV estão corretas.

(C) Apenas as proposições I, IV e V estão corretas.

(D) Apenas as proposições I e II estão incorretas.

(E) Apenas as proposições I, II e III estão corretas.

I: incorreto. A homologação da sentença estrangeira compete ao STJ, e não mais ao STF (art. 105, I, *i*, da CF); **II: incorreto.** Nos termos do art. 88 do CPC, essa é uma hipótese de competência concorrente, e não exclusiva; **III: correto** (art. 90 do CPC); **IV: correto** (art. 89 do CPC); **V: correto** (art. 90 do CPC).

Gabarito "D"

(Ministério Público do Trabalho – 8º) A autoridade judiciária brasileira é competente, com exclusão de qualquer outra:

(A) quando o réu, qualquer que seja a sua nacionalidade, estiver domiciliado no Brasil;

(B) para proceder ao inventário e partilha de bens, situados no Brasil, ainda que o autor da herança seja estrangeiro e tenha residido fora do domicílio nacional;

(C) quando no Brasil tiver que ser cumprida a obrigação;

(D) quando a ação se originar de fato ocorrido ou de ato praticado no Brasil;

(E) quando a pessoa jurídica estrangeira tiver aqui agência filial ou sucursal;

(F) não sei.

A: incorreto. Essa é uma das hipóteses de competência concorrente (art. 88 do CPC); **B: correto** (art. 89, II, do CPC); **C: incorreto** (art. 88 do CPC); **D: incorreto** (art. 88 do CPC); **E: incorreto** (art. 88, parágrafo único, do CPC).

Gabarito "B"

(Ministério Público do Trabalho – 8º) Assinale a alternativa incorreta:

(A) a ação acessória será proposta perante o Juiz competente para a ação principal;

(B) se o conhecimento da lide depender necessariamente da verificação da existência de fato delituoso, o Juiz mandará sobrestar o andamento do processo até que se pronuncie a justiça criminal;

(C) a competência se estabelece quando proposta a ação, sendo, no entanto, modificável quando for estabelecida em razão do valor e do território;

(D) duas ou mais ações que têm o mesmo objeto são consideradas conexas, podendo ser reunidas para decisões simultâneas;

(E) tratando-se de competência em razão da matéria, as partes não poderão eleger foro de competência;

(F) não sei.

A: correto (art. 108 do CPC); **B: incorreto,** devendo ser assinalado, pois a lei diz que o juiz poderá, mas não que ele deverá, sobrestar o feito até que se pronuncie a justiça criminal (art. 110 do CPC); **C: correto (art. 87 do CPC)**; **D: correto** (arts. 103 e 105 do CPC); **E: correto** (art. 111 do CPC).

Gabarito "B"

(Ministério Público do Trabalho – 9º)

I. a competência da Justiça Federal não é prorrogável por conexão;

II. a conexão pode ser arguida a qualquer tempo, desde que em grau ordinário de jurisdição;

III. a competência em razão do lugar e a competência em razão da matéria são prorrogáveis;

IV. a competência em razão do valor e a competência em razão da pessoa podem prorrogadas por conexão;

V. são nulas as decisões prolatadas por juízos diversos em causas conexas.

Examinando o que consta das assertivas acima, assinale a alternativa correta abaixo:

(A) nenhuma das assertivas é correta;

(B) a assertiva I é correta sendo incorretas as demais;

(C) as assertivas III e IV são corretas, sendo incorretas as demais;

(D) as assertivas II e V são corretas, sendo incorretas as demais;

(E) as assertivas I e II são corretas, sendo incorretas as demais;

(F) não sei.

I: correto. A competência da Justiça Federal é absoluta e, portanto, improrrogável; **II: incorreto.** A conexão só pode ser invocada enquanto não for proferida a sentença em um dos processos (Súmula 235 do STJ); **III: incorreto.** Não se prorroga a competência em razão da matéria; **IV: incorreto.** Não se prorroga a competência em razão da pessoa; **V: incorreto.** Não são nulas as decisões.

Gabarito "B".

(Ministério Público do Trabalho – 15º) A propósito das regras de competência, assinale a alternativa INCORRETA:

(A) a competência é fixada no momento em que a ação é proposta, sendo irrelevantes as modificações do estado de fato ou de direito ocorridas posteriormente, salvo quando suprimirem o órgão judiciário ou alterarem a competência em razão da matéria ou da hierarquia;

(B) a ação proposta perante tribunais estrangeiros, envolvendo o domínio de imóvel sediado no Brasil, não impede que a autoridade judiciária brasileira conheça de ação idêntica ou conexa, tampouco configurando litispendência;

(C) a ação fundada em direito real sobre imóvel deve ser proposta no foro do domicílio do Réu, salvo se incerto ou desconhecido o seu domicílio, caso em que será demandado onde for encontrado ou no foro do domicílio do Autor;

(D) há conflito de competência quando dois ou mais juízes se consideram competentes ou incompetentes para instruir e julgar determinada causa, ou ainda, quando há controvérsia acerca da reunião ou separação de processos;

(E) não respondida.

A: correto (art. 87 do CPC); **B: correto** Essa é uma das hipóteses de competência exclusiva da justiça brasileira; **C: incorreto** (art. 95 do CPC); **D: correto** (art. 115 do CPC).

Gabarito "C".

6. PRESSUPOSTOS PROCESSUAIS E CONDIÇÕES DA AÇÃO

(Magistratura do Trabalho – 2ª Região – 2010) Os pressupostos processuais:

(A) São os mesmos exigidos para os atos jurídicos em geral, a saber: capacidade do agente, licitude do objeto, forma prescrita ou não defesa em lei.

(B) São requisitos essenciais para a constituição do processo, pois sem eles a relação processual sequer se estabelece.

(C) Referem-se de forma objetiva à capacidade da parte de estar em juízo.

(D) Referem-se de forma subjetiva à ausência de impedimentos, tais como a coisa julgada ou a litispendência.

(E) Não visam à constatação da existência da relação jurídica, mas sim da regularidade desta perante o direito.

A relação processual é distinta da relação de direito material. Uma e outra não se confundem, motivo porquanto seus requisitos de validade também são diferentes. Os pressupostos erigidos pela teoria geral e pela lei substantiva civil não são os mesmos aplicáveis à relação desenvolvida no decorrer do processo. Impende destacar que o processo tem por finalidade a obtenção do resultado determinado pelas regras de direito material. Para tanto, será imprescindível o preenchimento dos pressupostos processuais e das condições da ação, nessa ordem. Para exarar resposta de mérito, o juiz deve reconhecer a presença das condições da ação. Porém, antes mesmo disso, a relação processual demanda o reconhecimento de requisitos mínimos, sem os quais o processo não terá marchado de modo válido. Segundo a proposição considerada correta pela banca examinadora, os pressupostos processuais miram o desenvolvimento válido e regular da relação travada no bojo do processo. Cuidam, pois, do plano atinente à validade da relação processual, e não propriamente daquele concernente à sua existência. Nesse particular, segue de perto o magistério de Dinamarco *et alii*: "A doutrina falava inicialmente em requisitos sem os quais não chega sequer a constituir-se a própria relação processual (sem cogitar de sua validade). Depois evoluiu para a ideia de que não se trata de constatação da pura existência da relação processual, mas da regularidade desta perante o direito: sem os pressupostos ela pode nascer, mas será inválida (é válida, porém, a manifestação do juiz que, nesse processo viciado, declara a inexistência dos pressupostos)" (DINAMARCO, Cândido Rangel *et alii*. **Teoria Geral do Processo**. 20. ed. São Paulo: Malheiros, 2004, p. 289). Entretanto, em que pesem tais considerações, registramos que a doutrina majoritária (Marcos Destefenni, Nelson Nery Jr. e Rosa Maria de Andrade Nery, Marcus Vinícius Rios Gonçalves, Arruda Alvim etc.) concebe os pressupostos processuais como requisitos indispensáveis tanto à *existência* quanto à *validade* da relação processual, daí a usual classificação em pressupostos de existência e de validade da mencionada relação. Nesse sentido, veja-se a doutrina de Arruda Alvim: "Em primeiro lugar, examinaremos os requisitos para a existência da relação jurídica processual, ou os pressupostos processuais de sua existência. Todavia, quem fala em existência não avança necessariamente sobre a validade. Ao contrário, é a validade (ou a invalidade) que supõe a existência, necessariamente. Podemos, portanto, concluir que a relação jurídica processual pode existir válida ou invalidamente, pois a *validade* se coloca *depois* de constatada a *existência*". (ALVIM, Arruda. **Manual de Direito Processual Civil.** *Vol 1.* 10. ed. São Paulo: Revista dos Tribunais, 2006, p. 478) [grifos do autor]. Por último, são considerados *pressupostos processuais subjetivos*: jurisdição, competência e a imparcialidade (todos relativos ao juiz); e personalidade judiciária, legitimação para o processo e capacidade postulatória (relativos às partes). Por sua vez, são *pressupostos processuais objetivos:* pedido, causa de pedir, existência de nexo causal lógico entre ambos e, no caso de cumulação de pedidos, sua compatibilidade (DESTEFENNI, Marcos. **Curso de Processo Civil.** *Vol. 1.* Tomo I. 2. ed. São Paulo: Saraiva, 2010, p. 101).

Gabarito "E".

(Magistratura do Trabalho – 3ª Região – 2009) Sobre o direito processual civil, é incorreto afirmar:

(A) Segundo a Teoria da Asserção, as condições da ação são aferidas consoante o alegado pelo autor na petição inicial.
(B) A presença das condições da ação deverá ser verificada em abstrato, considerando-se, por hipótese, que as assertivas do demandante em sua inicial são verdadeiras.
(C) Na demanda proposta por quem se diz credor do réu, em se provando, no curso do processo, que o demandante não é titular do crédito, a hipótese é de improcedência do pedido e não de carência de ação.
(D) A relação jurídica processual deve ser composta pelas mesmas partes que compõem a relação jurídica de direito material que originou a lide, salvo os casos de legitimação extraordinária previstos em lei, nos quais uma parte pleiteia, em nome alheio, direito próprio, a exemplo dos casos de substituição processual.
(E) As condições da ação são matéria de ordem pública a respeito da qual o juiz deve se pronunciar de ofício, a qualquer tempo e grau de jurisdição, sendo a matéria insuscetível de preclusão.

A alternativa D está incorreta, devendo ser assinalada, pois na legitimação extraordinária, a parte pleiteia, em nome próprio, direito alheio.

Gabarito "D"

(Magistratura do Trabalho – 3ª Região – 2008) Sobre o direito processual civil, analise as afirmativas abaixo e assinale a alternativa correta:

I. O interesse processual se consubstancia na necessidade de o autor vir a juízo e na utilidade que o provimento jurisdicional poderá lhe proporcionar.
II. A falta de condições da ação, assim como a de existência de litispendência, de coisa julgada e de defeito de representação podem ser conhecidas de ofício pelo juiz.
III. O litisconsórcio é unitário, oposto ao plúrimo, quando a lide tiver de ser decidida de maneira uniforme para todos os litisconsortes (litisconsórcio de resultado), enquanto que o litisconsórcio é necessário, contrário ao facultativo, quando a lei ou a natureza da relação jurídica discutida em juízo determina sua formação, independentemente da vontade da parte (litisconsórcio de formação).
IV. A ação declaratória pode ser admitida como forma de consulta ao Poder Judiciário quanto a incerteza ou dúvida sobre a relação jurídica, como é o caso de interpretação de tese jurídica ou de questão de direito.
V. O objetivo da ação declaratória incidental é abranger, pela coisa julgada, a apreciação incidental da questão prejudicial de mérito, aumentando-se os limites objetivos da coisa julgada.

(A) Uma afirmativa é correta.
(B) Duas afirmativas são corretas.
(C) Três afirmativas são corretas.
(D) Quatro afirmativas são corretas.
(E) Todas as afirmativas são corretas.

I: correto; II: correto Os pressupostos processuais representam matéria de ordem pública, cognoscível de ofício pelo juiz; **III: incorreto.** Litisconsórcio unitário é o oposto de litisconsórcio simples, e não plúrimo (essa expressão é reservada para as hipóteses em que o grande número de autores em litisconsórcio pode comprometer a rápida solução do litígio ou prejudicar a defesa); **IV: incorreto.** Só se admite ação declaratória com a finalidade de o juiz certificar a existência ou inexistência de uma relação ou situação jurídica ou declarar a autenticidade ou falsidade de um documento. Não há ação declaratória para a interpretação de tese jurídica ou de questão de direito; **V: correto.**

Gabarito "C"

(Magistratura do Trabalho – 16ª Região – 2008) As condições da ação são requisitos para que o Estado-juiz preste a tutela jurídica solicitada. Diante disso, assinalar a resposta correta:

(A) A jurisdição só atua se o ordenamento jurídico não vedar o exame da matéria posta em julgamento.
(B) A jurisdição só atua pronunciando-se, de forma definitiva, sobre a demanda, se sua omissão não puder causar prejuízo ao autor.
(C) Para a verificação da legitimidade, interessa o direito concretamente invocado pelo autor, para que possa ser analisado o nexo entre a narrativa e a conclusão.
(D) Em caso de ausência de condição da ação, extingue-se o processo sem resolução do mérito, havendo processo, mas sem existir ação.
(E) O direito de ação está vinculado a uma sentença favorável, significa dizer que só atinge o nível da existência a ação julgada procedente.

A: correto. Se a análise da matéria posta em julgamento for proibida pelo ordenamento jurídico, o pedido será considerado juridicamente impossível, o que impede a atuação da jurisdição; **B: incorreto; C: incorreto.** O nexo entre a narrativa e a conclusão é um dos requisitos para que seja considerada a aptidão da inicial, e não uma das condições da ação; **D: incorreto.** Embora não seja tarefa simples chegar a essa conclusão. É correto dizer que a carência da ação acarreta a extinção do processo sem resolução do mérito. Também é correto dizer que houve processo nesse caso. O que não é correto, ao menos de acordo com parte da doutrina, é dizer que carência da ação implica ação inexistente. Há uma respeitável corrente doutrinária que sustenta que a falta de uma das condições apenas impede o exercício da ação por parte do autor, mas que isso não significa que a ação não tenha existido. Por esse motivo, o examinador considerou correta apenas a alternativa "A"; **E: incorreto.** O direito de ação é autônomo, e não se vincula à existência do direito material.

Gabarito "A"

(Magistratura do Trabalho – 16ª Região – 2008) Sendo o processo e o método imposto pelo Estado-Juiz para dirimir a pretensão resistida:

(A) Não existe, em nossa legislação processual, distinção entre as espécies de processo, pois todos visam ao atendimento do direito material das partes nele envolvidas.
(B) A sua natureza é de relação jurídica de direito público, porque serve à realização de uma função estatal, e de direito privado, porque vincula autor e requerido, em defesa de seus interesses.
(C) Mesmo assim o Estado nada pode dizer quanto a quem deve postular em juízo, por se tratar esta capacidade de direito potestativo.

(D) Sua instauração e seu desenvolvimento válido estão condicionados aos mesmos requisitos de validade do ato jurídico, devendo ser verificada a capacidade do agente em relação às partes, ao juiz e aos servidores.

(E) Os pressupostos objetivos do processo são a forma procedimental adequada, inexistência de litispendência e petição apta.

A: incorreto. Existe um tipo de processo para cada tipo de situação litigiosa apresentada (conhecimento, execução e cautelar); **B: incorreto.** A relação jurídica processual é pública em qualquer aspecto; **C: incorreto.** A legitimidade das partes, como uma das condições da ação, é matéria de ordem pública e, por isso, pode ser apreciada de ofício pelo juiz; **D: correto (arts. 7º e ss. do CPC); E: incorreto.** Inexistência de litispendência é um pressuposto processual negativo (ou extrínseco), e não um pressuposto objetivo.

Gabarito "D"

(Ministério Público do Trabalho – 13º) A respeito da ação, assinale a alternativa INCORRETA:

(A) para propor ou contestar ação é preciso ter legitimidade e interesse;

(B) o interesse do autor pode limitar-se à declaração da existência ou da inexistência de relação jurídica;

(C) não é admissível a ação declaratória se já houver ocorrido a violação do direito;

(D) salvo se autorizado por lei, não se pode pleitear, em nome próprio, direito alheio;

(E) não respondida.

A: correto (art. 3º do CPC); **B: correto** (art. 4º, I, do CPC); **C: incorreto, devendo ser assinalado** (parágrafo único do art. 4º do CPC); **D: correto** (art. 6º do CPC).

Gabarito "C"

7. FORMAÇÃO, SUSPENSÃO E EXTINÇÃO DO PROCESSO, NULIDADES

(Magistratura do Trabalho – 2ª Região – 2011) Assinale a alternativa incorreta, no que diz respeito às hipóteses da extinção do processo sem resolução de mérito:

(A) Quando ocorrer confusão entre autor e réu.

(B) Quando ficar parado durante mais de dois anos por negligência das partes.

(C) Pela convenção de arbitragem.

(D) Quando o autor não promover a citação de todos os litisconsortes necessários, dentro do prazo assinado pelo Juiz.

(E) Quando a ação for considerada intransmissível por disposição legal.

A: correto (art. 267, X, do CPC); **B: incorreto, devendo ser assinalado.** O prazo contido na norma é de 1 ano (art. 267, II, do CPC); **C: correto** (art. 267, VII, do CPC); **D: correto** (art. 47, parágrafo único, do CPC); **E: correto** (art. 267, IX, do CPC).

Gabarito "B"

(Magistratura do Trabalho – 8ª Região – 2011) No que diz respeito à formação, suspensão e extinção do processo, assinale a alternativa CORRETA:

(A) Considera-se proposta a ação, tanto que a petição inicial seja despachada pelo juiz, ou simplesmente distribuída, onde houver mais de uma vara, já produzindo efeitos para o réu, mesmo que ele ainda não tenha sido validamente citado.

(B) Feita a citação, é defeso ao autor modificar o pedido ou a causa de pedir, sem o consentimento do réu, mantendo-se as mesmas partes, salvo se promover uma nova citação.

(C) Suspende-se o processo, dentre outras causas previstas no Código de Processo Civil, pela morte, enfermidade ou perda da capacidade processual de qualquer das partes, de seu representante legal ou de seu procurador.

(D) No caso de morte ou perda da capacidade processual de qualquer das partes, ou de seu representante legal, provado o falecimento ou a incapacidade, o juiz suspenderá o processo, salvo se já tiver iniciado a audiência de instrução e julgamento, caso em que o advogado continuará até o encerramento da audiência, suspendendo-se o processo a partir da publicação da sentença ou do acórdão.

(E) Extingue-se o processo, sem resolução de mérito, quando ficar parado durante mais de 1 (um) ano por negligência das partes; a extinção nesta hipótese não obsta a que o autor intente de novo a ação. A petição inicial será despachada mesmo sem a prova do pagamento ou do depósito das custas e dos honorários de advogado relativos ao processo anterior, para evitar o cerceamento do direito de ação.

A: incorreto. A relação processual entre autor e juiz instaura-se com o aforamento da demanda. Todavia só se aperfeiçoa – ou se triangulariza – com a citação válida do réu, ou, ainda, com seu comparecimento espontâneo ao processo (arts. 214, § 1º, e 263 do CPC); **B: incorreto.** Com a citação válida, ocorre a *estabilização subjetiva da lide* (*perpetuatio legitimationis*), isto é, a impossibilidade de alteração das partes processuais, *salvo as substituições legais.* Remanesce, contudo, a faculdade de alteração do pedido e da causa de pedir por parte do autor, *desde que haja consentimento do réu.* Porém, após o saneamento do processo, ocorre a *estabilização objetiva da lide*, sendo vedado, às partes, em qualquer hipótese, modificar o pedido ou a causa de pedir (art. 264, parágrafo único, do CPC); **C: incorreto.** A enfermidade de uma das partes, de seu representante legal ou de seu procurador, *de per si*, não é causa de suspensão do processo, a teor do que dispõe o rol do art. 265 do CPC. Por óbvio, se a moléstia que acometer a parte ou seu representante legal for bastante para torná-lo relativamente incapaz nos termos da norma civil, tal situação certamente dará ensejo à suspensão do processo com fulcro no art. 265, I, do CPC; **D: correto** (art. 265, § 1º, do CPC); **E: incorreto.** Salvo o disposto no art. 267, V, a extinção do processo não obsta a que o autor intente de novo a ação. A petição inicial, todavia, não será despachada sem a prova do pagamento ou do depósito das custas e dos honorários de advogado. (art. 268, *caput*, do CPC).

Gabarito "D"

(Magistratura do Trabalho – 8ª Região – 2009) Marque a opção certa:

(A) A extinção do processo sem resolução de mérito: (i) Por abandono da causa pelo autor, depende de requerimento do réu; (ii) Por inépcia da petição inicial, pode ser declarada de ofício pelo juiz; (iii) Não faz coisa julgada material, salvo quando o juiz acolhe alegação de perempção, litispendência ou coisa julgada.

(B) Quando o juiz decide pela decadência: (i) Extingue o processo sem resolução do mérito; (ii) Sua decisão faz coisa julgada material; (iii) Outra ação não pode ser intentada, com o mesmo objeto e causa de pedir.

(C) A desistência da ação: (i) Importa na renúncia do direito; (ii) Só pode ocorrer com o expresso consentimento do réu, se este já a contestou; (iii) Quando houver litisconsórcio passivo, só tem eficácia quando todos os réus concordam.

(D) A extinção do processo com resolução de mérito: (i) Faz coisa julgada formal e material; (ii) Não inibe o autor de repetir a ação com a mesma causa de pedir; (iii) Impõe os ônus da sucumbência às partes, *pro rata*.

(E) Suspende-se o processo: (i) pela perda da capacidade processual da parte ou de seu advogado; (ii) se a decisão de mérito depender do julgamento de qualquer recurso pendente no tribunal; (iii) se a sentença não puder ser proferida senão depois de verificado determinado ato ou produzida certa prova requisitada por outro juízo.

A: correto. A extinção do processo por abandono do réu depende de requerimento do autor (Súmula 240 do STJ). A inépcia da inicial é matéria de ordem pública e, por isso, o juiz pode pronunciar-se sobre o tem de ofício. Embora não seja tecnicamente preciso dizer que a sentença que reconhece perempção, litispendência ou coisa julgada, faz coisa julgada material, a verdade é que nesses casos fica inibida a possibilidade de repropositura, o que equivale, nesse sentido, à coisa julgada; **B: incorreto.** A pronúncia de decadência dá-se por sentença em que há resolução do mérito; **C: incorreto.** A desistência da ação não atinge o direito material que continua intacto; **D: incorreto.** A extinção do processo com resolução do mérito impede a repetição da ação. Além disso, o ônus da sucumbência é imposto de acordo com o princípio da causalidade; **E: incorreto.** A dependência de julgamento de qualquer recurso pendente no tribunal não está prevista, no art. 265, dentre as causas de suspensão do processo.

Gabarito "A"

(Magistratura do Trabalho – 8ª Região – 2009) Marque a única opção incorreta:

(A) São pressupostos processuais objetivos: um pedido formulado ao juiz; a citação do réu; a imparcialidade do juiz.

(B) O processo começa com a iniciativa da parte e se completa com a citação do réu.

(C) Saneado o processo, nenhuma modificação pode ser feita no pedido, mesmo com o consentimento do réu.

(D) O processo será suspenso quando a sentença de mérito tiver por pressuposto o julgamento de questão de estado, requerido como declaração incidente.

(E) O falecimento da parte suspende o processo, salvo se já tiver sido iniciada a audiência de instrução e julgamento.

A: incorreto, devendo ser assinalado. A imparcialidade do juiz é pressuposto subjetivo; **B: correto (arts. 262 e 263 do CPC); C: correto.** Em razão da chamada estabilização objetiva da lide; **D: correto** (art. 265, IV, "c"); **E: correto** (art. 265, § 1º).

Gabarito "A"

(Magistratura do Trabalho – 8ª Região – 2007) Reproduzindo-se ação anteriormente ajuizada, decidida por sentença da qual não caiba mais recurso, havendo entre ambas identidade de partes, de causa de pedir e de pedido, de acordo com a nova redação dada aos artigos 267 e 269 do Código de Processo Civil, pela Lei 11.232/2005, nessa segunda ação:

(A) O processo deverá ser extinto, sem julgamento do mérito, por ausência de pressupostos de constituição e desenvolvimento válido e regular.

(B) O processo deverá ser extinto, com julgamento do mérito, em razão da existência de coisa julgada.

(C) O processo deverá ser extinto, sem resolução de mérito, por falta de interesse processual do autor.

(D) O processo deverá ser extinto, sem resolução de mérito, em face da existência de coisa julgada.

(E) Rejeitando o pedido do autor, o juiz extingue o processo, com resolução de mérito.

A: incorreto. O motivo da extinção do processo será a presença de um pressuposto processual extrínseco ou negativo, que é a coisa julgada; **B: incorreto.** Haverá extinção do processo, sem resolução do mérito; **C: incorreto.** O motivo da extinção é a coisa julgada, e não a falta de interesse; **D: correto (art. 267, V, do CPC); E: incorreto.** Embora seja verdadeira a afirmação de que a rejeição do medido dá-se por sentença em que há resolução do mérito, a verdade é que, no caso proposto, o juiz está proibido de apreciar o mérito, ainda que seja para rejeitar o pedido do autor, em razão da coisa julgada já formada.

Gabarito "D"

(Magistratura do Trabalho – 9ª Região – 2009) Considere as seguintes proposições:

I. O acolhimento, pelo Juízo, da alegação de incompetência material formulada pelo réu, enseja a extinção do feito, sem resolução do mérito, com arquivamento dos autos.

II. O juiz pronunciará de ofício a prescrição, o que ensejará a extinção do feito sem resolução de mérito.

III. Nos termos do CPC, feita a citação, o autor não poderá, sem o consentimento do réu, desistir da ação.

IV. A extinção do feito, sem resolução de mérito, em razão do reconhecimento de perempção, não obsta a que o autor intente de novo a ação.

(A) Somente as proposições I e III são corretas.

(B) Somente as proposições II e IV são corretas.

(C) Somente as proposições I, II e IV são corretas.

(D) Somente as proposições II e III são corretas.

(E) Todas as proposições são incorretas.

I: incorreto. O reconhecimento da incompetência absoluta acarreta apenas na remessa dos autos para o juízo competente, e não a extinção do processo; **II: incorreto.** Embora a prescrição possa ser reconhecida de ofício pelo juiz, seu reconhecimento dá-se por sentença de extinção do processo com resolução do mérito; **III: incorreto.** O CPC exige a concordância do réu para o pedido de desistência formulado pelo autor a partir do decurso do prazo para a resposta (§ 4º do art. 267); **IV: incorreto.** Nesse caso, é proibida a repetição da demanda.

Gabarito "E"

(Magistratura do Trabalho – 11ª Região – 2007 – FCC) Suspende-se o processo quando

(A) ocorrer a morte do juiz ou do promotor.
(B) for oposta exceção de suspeição do promotor.
(C) for apresentada reconsideração da decisão que rejeita liminarmente a exceção de incompetência.
(D) for interposto recurso especial contra decisão que rejeita exceção de impedimento do juiz.
(E) houver perda superveniente da capacidade processual de qualquer das partes.

A: incorreto. Não se trata de hipóteses previstas no art. 265 do CPC; **B: incorreto.** O art. 138 prevê que, nesse caso, não haverá suspensão; **C: incorreto.** Falta de previsão legal; **D: incorreto.** O recurso especial não tem efeito suspensivo; **E: correto.** Essa é a hipótese descrita pelo art. 265, I.

Gabarito "E".

(Magistratura do Trabalho – 13ª Região – 2006) Assinale a alternativa correta:

(A) a suspensão do processo por convenção das partes pode se dar na fase de conhecimento, mas não na execução;
(B) morrendo uma das partes, o processo deve ser extinto sem resolução do mérito se os seus sucessores não se habilitarem nos autos no prazo de 30 (trinta) dias;
(C) quando a sentença de mérito depender do julgamento de outra causa, o processo será suspenso, caso em que a suspensão não poderá exceder um ano;
(D) a exceção de suspeição suspende o processo, porém a exceção de incompetência não o suspende;
(E) a suspensão do processo não impede que as partes pratiquem qualquer ato processual.

A: incorreto. A suspensão por convenção das partes também é admitida na fase de execução; **B: incorreto.** Essa solução não está prevista na lei. A morte de uma das partes acarreta a necessidade de habilitação dos herdeiros, que pode ser voluntária ou provocada pelo adversário daquele que morreu; **C: correto** (art. 265, IV, "a" e § 5º); **D: incorreto.** Ambos casos são de suspensão do processo; **E: incorreto.** Durante a suspensão, é defeso praticar qualquer ato processual (art. 266).

Gabarito "C".

(Magistratura do Trabalho – 15ª Região – 2011) Os fatos abaixo elencados implicam a suspensão do processo, exceto:

(A) o falecimento do autor;
(B) o motivo de força maior;
(C) a alegação de suspeição do perito;
(D) a apreciação de questão de estado, requerida como declaração incidente;
(E) a realização de acordo entre as partes destinado à paralisação momentânea do litígio.

A: correto (art. 265, I, do CPC); **B: correto** (art. 265, V, do CPC); **C: incorreto, devendo ser assinalado.** Apenas a oposição de exceção de suspeição ou de impedimento do *juiz* tem o condão de sobrestar o feito (art. 265, III, parte final, do CPC); **D: correto** (art. 265, IV, "c", do CPC); **E: correto** (art. 265, II, do CPC).

Gabarito "C".

(Magistratura do Trabalho – 16ª Região – 2008) A suspensão do processo pode se dar:

(A) Pela morte, mesmo se a ação versar sobre direito intransmissível, ou perda de capacidade de qualquer das partes, de seu representante legal ou de seu procurador.
(B) Por convenção das partes, se a ação tratar de direitos disponíveis, dependendo da autorização do juiz.
(C) Nos casos de incompetência absoluta do juízo, câmara ou tribunal, e de oposição de exceção de suspeição ou impedimento do juiz.
(D) Quando a sentença de mérito depender do julgamento de outra causa, ou de declaração de existência ou não de relação jurídica, objeto principal do processo pendente.
(E) Quando a sentença não puder ser proferida senão depois de verificado certo fato, ou de produzida certa prova, requisitada a outro juízo, ressalvada a carta de ordem.

A: incorreto. Se o direito objeto da ação for intransmissível, a morte de seu titular acarreta a extinção do processo sem resolução do mérito, e não a suspensão; **B: incorreto.** A suspensão do processo, por convenção das partes, não depende de autorização do juiz (JTA 38/193), tampouco está restrita aos casos de direitos disponíveis; **C: incorreto.** A alegação de incompetência absoluta não é causa de suspensão do processo; **D: correto** (art. 265, IV, "a"); **E: incorreto.** Não existe, na lei, a ressalva à carta de ordem, ao contrário do que constou na alternativa.

Gabarito "D".

(Magistratura do Trabalho – 22ª Região – 2006) Não se inclui entre as situações, previstas no Código de Processo Civil, que autorizam a extinção do processo sem exame do mérito:

(A) Convenção de arbitragem;
(B) Desistência da ação;
(C) Ausência de qualquer das condições da ação;
(D) Acolhimento, pelo Juiz, da alegação de coisa julgada;
(E) Renúncia, pelo autor, ao direito sobre que se funda a ação.

A: correto (art. 267, VII); **B: correto** (art. 267, VIII); **C: correto** (art. 267, VI); **D: correto** (art. 267, V); **E: incorreto, devendo ser assinalado** (art. 269, V).

Gabarito "E".

(Magistratura do Trabalho – 22ª Região – 2006) Na sistemática do Código de Processo Civil, não obsta a nova propositura de ação:

(A) A extinção do processo em virtude do reconhecimento, pelo réu, da procedência do pedido formulado pelo autor;
(B) A extinção do processo por haverem as partes transigido;
(C) A extinção do processo em razão de haver o Juiz pronunciado a prescrição;
(D) A extinção do processo pelo indeferimento da petição inicial;
(E) O acolhimento, pelo Juiz, do pedido do autor.

A: incorreto. Nesse caso, haverá resolução do mérito e consequente coisa julgada material (art. 269, II); **B: incorreto.** Mesmo motivo (art. 269, III); **C: incorreto** (art. 269, IV); **D: correto.** Desde que se faça uma ressalva: via de regra, o indeferimento da petição inicial dá-se por sentença de extinção do processo sem resolução do mérito (art. 267, I). Ocorre, no entanto, que, dentre os motivos para o indeferimento da petição inicial, previstos no art. 295 do CPC, estão prescrição e decadência. Se o indeferimento da inicial se der por um desses dois motivos, haverá sentença de extinção do processo com resolução do mérito, o que acarreta a formação de coisa julgada material, e proibição de nova propositura da ação; **E: incorreto** (art. 269, I).

Gabarito "D"

(Magistratura do Trabalho – 24ª Região – 2006) Extingue-se o processo, sem resolução de mérito:

I. Quando ficar parado durante mais de 01 (um) ano por negligência das partes.
II. Quando o juiz acolher a alegação de perempção, litispendência ou de coisa julgada.
III. Pela convenção de arbitragem.
IV. Quando a ação for considerada intransmissível por disposição legal.

RESPONDA:

(A) Todas estão corretas.
(B) Somente IV está incorreta.
(C) Somente I e II estão corretas.
(D) Somente I e III estão incorretas.
(E) Todas estão incorretas.

I: correto (art. 267, II); **II: correto** (art. 267, V); **III: correto** (art. 267, VII); **IV: correto** (art. 267, IX).

Gabarito "A"

(Magistratura do Trabalho – 24ª Região – 2006) Assinale a alternativa INCORRETA:

(A) Feita a citação, pode o autor modificar o pedido ou a causa de pedir, desde que haja consentimento do réu e o faça antes do saneamento do processo.
(B) Após realizada a citação, o autor não poderá, sem o consentimento do réu, desistir da ação.
(C) Enquanto não citado o réu, o autor poderá aditar o pedido, correndo por sua conta as custas acrescidas em razão dessa iniciativa.
(D) A suspensão do processo por convenção das partes nunca poderá exceder 6 (seis) meses.
(E) Suspende-se o processo quando a sentença de mérito depender do julgamento de outra causa, ou da declaração da existência ou inexistência da relação jurídica, que constitua o objeto principal de outro processo pendente, sendo que nessas hipóteses o período de suspensão nunca poderá exceder 1 (um) ano.

A: correto (art. 264 do CPC); **B: incorreto, devendo ser assinalado, pois** o § 4º do art. 267 do CPC estabelece que o autor não poderá desistir da ação, sem o consentimento do réu, depois de decorrido o prazo para a resposta, e não após a realização da citação; **C: correto (art. 267, § 4º, do CPC); D: correto** (art. 265, § 3º, do CPC); **E: correto** (art. 265, IV, "a", do CPC).

Gabarito "B"

(Ministério Público do Trabalho – 13º) A respeito das nulidades, assinale a alternativa INCORRETA:

(A) não pode requerer a nulidade a parte que lhe deu causa;
(B) quando puder decidir no mérito em favor da parte a quem aproveite a declaração de nulidade o juiz não a pronunciará, salvo em caso de violação de direito indisponível;
(C) é nulo o processo quando o Ministério Público não for intimado a acompanhar feito em que deva intervir;
(D) anulado o ato, reputam-se de nenhum efeito todos os subsequentes que dele dependam;
(E) não respondida.

A: correto (art. 243 do CPC); **B: incorreto,** devendo ser assinalado, pois a solução apontada será cabível, ainda que se trate de direitos indisponíveis; **C: correto** (art. 246 do CPC); **D: correto** (art. 248 do CPC).

Gabarito "B"

(Ministério Público do Trabalho – 8º) A respeito das nulidades dos atos processuais é correto afirmar-se que:

(A) as nulidades relativas podem ser alegadas em qualquer momento processual;
(B) quando a lei prescrever determinada forma, sob pena de nulidade, o Juiz considerará válido o ato se, realizado de outro modo, alcançar-lhe a finalidade;
(C) a nulidade de uma parte do ato não prejudicará as outras, que dela sejam independentes;
(D) se o processo tiver corrido, sem o conhecimento do Ministério Público, o Juiz o anulará desde o início;
(E) quando não puder decidir o mérito a favor da parte a quem aproveite a declaração de nulidade, o Juiz não a pronunciará nem mandará repetir o ato, ou suprir-lhe a falta;
(F) não sei.

A: incorreto. As nulidades relativas devem ser alegadas na primeira oportunidade que a parte tiver para falar nos autos, sob pena de preclusão; **B: incorreto.** O art. 244 do CPCcreserva essa solução exclusivamente para os casos em que a lei não cominou a pena de nulidade; **C: correto** (art. 248, segunda parte, do CPC); **D: incorreto** (art. 246 do CPC); **E: incorreto** (art. 249, § 2º, do CPC).

Gabarito "C"

8. TUTELA ANTECIPADA E LIMINAR EM CAUTELAR

(Magistratura do Trabalho – 2ª Região – 2010) Para fins de antecipação da tutela:

I. O juízo de verossimilhança sobre a existência do direito do autor tem como parâmetro legal a prova inequívoca dos fatos que o fundamentam.
II. O *fumus boni iuris* que fundamenta a concessão de uma cautelar é exigência idêntica à verossimilhança da alegação exigida para a tutela antecipada.
III. Convencendo-se o juiz de que a pretensão deduzida na petição inicial tem boas chances de ser atendida, poderá conceder ao autor a fruição

provisória ao bem da vida pretendido, em tutela de cognição sumária.

IV. No caso da antecipação de tutela autorizada por abuso do direito de defesa verifica-se a existência de provisoriedade com toda a estrutura da cautelar, mas não informada pela existência de perigo concreto ao resultado do processo: o perigo de dano a ser evitado é aquele inerente ao tempo necessário para a cognição plena.

Da análise das sentenças acima, é de se concluir que:

(A) Todas as afirmativas são verdadeiras.
(B) Apenas as afirmativas I e III são verdadeiras.
(C) As afirmativas I, II e III são verdadeiras.
(D) As afirmativas I, III e IV são verdadeiras.
(E) As afirmativas II, III e IV são falsas.

I: correto (art. 273, *caput*, do CPC); **II: incorreto.** A verossimilhança da alegação exigida pelo art. 273, *caput*, do CPC, tem contornos mais rígidos do que a fumaça do bom direito necessária para a concessão liminar da medida cautelar postulada. Nesse sentido: "Costuma-se distinguir a exigência de verossimilhança das tutelas antecipadas do *fumus boni juris* das cautelares argumentando que, no exame do primeiro, o juiz deve ser mais rigoroso. A plausibilidade haveria de ser maior para a concessão da tutela antecipada do que para a cautelar. No entanto, fica muito difícil estabelecer uma linha divisória entre os dois níveis de plausibilidade. Ou o que se alega é verossímil e suficiente para a concessão de uma tutela de urgência, ou não. Essa linha de distinção torna-se ainda mais tênue diante da adoção da fungibilidade entre as tutelas de urgência" (GONÇALVES, Marcus Vinícius Rios. **Novo Curso de Direito Processual Civil.** *Vol 1*. 8. ed. São Paulo: Saraiva, 2011. p. 294); **III: correto.** De nítida eficácia mandamental, a antecipação dos efeitos da tutela de mérito consubstancia provimento tomado em sede de cognição sumária que permite ao autor obter, antes mesmo da decisão final, a fruição do bem da vida pretendido, desde que atendidos os requisitos estabelecidos pelo art. 273 do CPC. Não é por outro motivo que a doutrina afirma tal modalidade de tutela de urgência ostentar caráter satisfativo; **IV: correto.** Conforme assevera Marinoni (MARINONI, Luiz Guilherme. **Processo de conhecimento.** 6. ed. São Paulo: RT, 2007. p. 229), a antecipação de tutela, fulcrada no art. 273, II, do CPC, tem "por único fim permitir a correta distribuição do tempo do processo entre as partes", frisando-se que a demora no que tange à instrução do feito não pode ser unicamente suportada pelo autor. Tal espécie de antecipação visa a coibir o ímpeto do réu de procrastinar a solução da lide, através da apresentação de defesas infundadas, de incidentes manifestamente descabidos, tudo em detrimento da evidência do direito do requerente.

Gabarito "D"

(Magistratura do Trabalho – 5ª Região – 2006 – CESPE) Em face da tutela antecipada, assinale a opção correta.

(A) Pela aplicação do princípio da fungibilidade e da efetividade da prestação jurisdicional, pode o juiz, ao analisar um pedido de antecipação da tutela no processo cautelar, julgar antecipadamente a lide. Nessa hipótese, o julgamento antecipado supre a antecipação e com ela se confunde, pois a sentença de mérito atribui ao autor, em provimento definitivo, o direito subjetivo invocado.
(B) A concessão liminar da tutela antecipada está condicionada à demonstração dos pressupostos legais consubstanciados na prova inequívoca e na verossimilhança do direito invocado. Para a obtenção da medida antecipatória exige-se, ainda, que o requerente faça prova tanto da existência da relevância do direito e do risco de dano como do abuso do direito de defesa do réu.
(C) Se o juiz conceder ao autor ou ao réu, nas ações dúplices, a tutela antecipada, seja *initio litis*, seja ao prolatar sentença de mérito, eventual recurso interposto contra a sentença definitiva não suspenderá os seus efeitos em relação à antecipação de tutela.
(D) Considere que tenha sido proposta uma ação cominatória, na qual foi deferido o pedido de antecipação de tutela, consistente na obrigação de fazer. Nessa hipótese, se o requerido cumprir a obrigação determinada, a ação perderá o objeto, acarretando a extinção do feito, sem julgamento de mérito, pois a finalidade desse instituto é, precisamente, adiantar, total ou parcialmente, os efeitos da decisão final, apreciando-se *initio litis* o mérito do pedido. É lógico e natural considerar que tal provimento é exauriente, vale dizer, satisfaz, desde logo, o direito da parte.
(E) Nas causas que tenham por objeto direitos indisponíveis, o juiz não pode conceder a tutela antecipada liminarmente, pois eventuais danos a esses direitos serão irreparáveis e, portanto, irreversíveis. Nessas causas, o juiz, antes da decisão de mérito, deve assegurar o contraditório e a ampla defesa do requerido.

A: incorreto. Julgamento antecipado da lide (art. 330 do CPC) não confunde com antecipação da tutela (art. 273 do CPC), ao contrário do que quer fazer crer a alternativa em questão; **B: incorreto.** Os requisitos para concessão da tutela antecipada são prova inequívoca da verossimilhança do direito invocado (e não prova inequívoca e verossimilhança), e risco de dano ou abuso do direito de defesa; **C: correto.** Veja-se o que dispõe o inciso VII do art. 520 do CPC; **D: incorreto.** Mesmo diante do cumprimento da obrigação pelo réu, ainda assim será necessário que se prossiga na ação, a fim de que o juiz possa, após a cognição exauriente, apreciar o mérito da pretensão e confirmar, ou não, a tutela que havia sido antecipada; **E: incorreto.** A irreversibilidade do provimento não está relacionada com a natureza, disponível ou não, do direito objeto do litígio.

Gabarito "C"

(Magistratura do Trabalho – 8ª Região – 2007) Sobre a disciplina legal da tutela antecipada, assinale a alternativa incorreta:

(A) A tutela antecipada poderá ser revogada ou modificada, a qualquer tempo, em decisão fundamentada.
(B) A tutela antecipada também poderá ser concedida quando um ou mais dos pedidos cumulados, ou parcela deles, mostrar-se incontroverso.
(C) Não se concederá a antecipação da tutela quando houver perigo de irreversibilidade do provimento antecipado, salvo se prestada caução suficiente e idônea.
(D) O juiz poderá, a requerimento da parte, antecipar, total ou parcialmente, os efeitos da tutela pretendida no pedido inicial, desde que observados os requisitos legais.
(E) Verificando, ao longo da marcha processual, o manifesto intuito protelatório do réu, e estando presentes os demais requisitos legais, o juiz poderá antecipar os efeitos da tutela pretendida.

A: correto. É característica própria da antecipação da tutela a revogabilidade (§ 4º do art. 273 do CPC); **B: correto** (§ 6º do 273 do CPC); **C: incorreto, devendo ser assinalado.** A lei não prevê a possibilidade de concessão de provimento antecipado irreversível mediante prestação de caução; **D: correto (art. 273 do CPC); E: correto (art. 273, II, do CPC).**

Gabarito "C"

(Magistratura do Trabalho – 8ª Região – 2006) Sobre a antecipação da tutela é correto afirmar que:

(A) Não é cabível a concessão de antecipação dos efeitos da tutela contra a coisa julgada.

(B) A tutela antecipada não pode ser concedida quando existir cumulação objetiva de pedidos compostos, ainda que alternados por subsidiariedade, admitindo-se, contudo, a antecipação nos pedidos decomponíveis quando estes, em qualquer parcela, mostrarem-se incontroversos.

(C) A fungibilidade da medida de antecipação da tutela em medida de natureza cautelar somente é possível em se tratando de medidas cautelares inominadas, com base no poder geral de cautela do juiz, sendo inaplicável a fungibilidade para deferir, em caráter incidental, medidas cautelares específicas.

(D) Quando um ou mais pedidos mostrarem-se incontroversos, o juiz poderá conceder a tutela antecipada, independentemente de requerimento da parte, diante da possibilidade de julgamento antecipado da lide decorrente da incontrovérsia e do implícito reconhecimento pelo réu do pedido do autor.

(E) É possível a antecipação dos efeitos da tutela no incidente de liquidação de sentença e no de impugnação ao cumprimento da sentença.

A: incorreto. É possível que a antecipação seja concedida, inclusive em sede de ação rescisória (art. 489 do CPC); **B: incorreto.** A cumulação de pedidos não é obstáculo para a concessão de tutela antecipada; **C: incorreto.** Não há qualquer limitação legal para que se possa afirmar que a fungibilidade só é aplicável quando se tratar de medidas cautelares inominadas; **D: incorreto.** A antecipação, mesmo no caso de parcela incontroversa do pedido, depende de requerimento da parte; **E: correto.** Na liquidação, são aplicáveis as regras do procedimento comum, com a possibilidade de antecipação, se presentes os requisitos, e na impugnação ao cumprimento da sentença, pode o devedor impugnante requerer a suspensão da execução, medida essa que tem caráter antecipatório.

Gabarito "E"

(Magistratura do Trabalho – 8ª Região – 2006) Sobre a tutela das obrigações de fazer e não fazer, assinale a alternativa correta:

(A) Pode o juiz converter a obrigação em perdas e danos, independentemente de requerimento do autor, se convencido, pelas circunstâncias da causa, de que será difícil obter o resultado prático correspondente, hipótese na qual será incluído no valor da indenização o valor da multa que tiver sido fixada pelo descumprimento do preceito cominatório.

(B) Considerando o princípio do esgotamento da jurisdição, transitada em julgado a sentença condenatória de obrigação de fazer, não é mais possível ao juiz adotar providências práticas equivalentes ao adimplemento da obrigação cujo pedido foi julgado procedente, salvo a medida inibitória consistente no impedimento de atividade nociva, considerando o princípio da exaustão da prestação jurisdicional.

(C) Para efetivação da tutela específica ou para obtenção de seu equivalente jurisdicional, o juiz poderá de ofício impor multa por tempo de atraso, cujo valor e periodicidade podem ser modificados, sendo que a multa para cumprimento de medida liminar antecipatória depende de requerimento do autor, embora passível de controle pelo juiz.

(D) O perigo da irreversibilidade do provimento, como pressuposto impeditivo à concessão da antecipação da tutela, não é aplicável à tutela específica das obrigações de fazer e não fazer.

(E) Não cabe a imposição de astreintes contra pessoa de direito público, pois a Administração está jungida à legalidade e não tem condições de atender a prestações positivas resultantes de comandos constitucionais.

A: incorreto. A obrigação somente se converterá em perdas e danos se o autor o requerer ou se for impossível (e não difícil) a tutela específica ou a obtenção do resultado prático correspondente; **B: incorreto.** Mesmo depois de proferida a sentença, o juiz pode adotar providências práticas que garantam a eficácia da decisão, sendo incorreto, portanto, falar em esgotamento ou exaustão da prestação jurisdicional; **C: incorreto.** A multa pode ser fixada de ofício pelo juiz; **D: correto.** O art. 461 do CPC, que trata da concessão da tutela antecipada nos casos de obrigação de fazer e não fazer, não aponta esse requisito; **E: incorreto.** Lembre-se: "...a jurisprudência desta Corte Superior encontra-se consolidada no sentido de que inexiste óbice para a imposição da multa (astreinte) à Fazenda Pública, pelo descumprimento de decisão judicial que a obriga a fazer, não fazer ou a entregar coisa (STJ, REsp 1228679/AM, Rel. Ministro Mauro Campbell Marques, segunda turma, julgado em 15/03/2011, DJe 22/03/2011).

Gabarito "D"

(Magistratura do Trabalho – 8ª Região – 2011) Quanto à tutela inibitória, antecipação de tutela, tutela específica e antecipada das obrigações de fazer e não fazer, é CORRETO afirmar que:

(A) O juiz poderá, a requerimento da parte ou de ofício, antecipar, total ou parcialmente, os efeitos da tutela pretendida no pedido inicial, desde que, existindo prova inequívoca, se convença da verossimilhança da alegação e haja fundado receio de dano irreparável ou de difícil reparação, ou fique caracterizado o abuso de direito de defesa ou o manifesto propósito protelatório do réu.

(B) Se o autor, a título de antecipação de tutela, requerer providência de natureza cautelar, não poderá o juiz, mesmo presentes os respectivos pressupostos, deferir a medida cautelar em caráter incidental do processo ajuizado.

(C) Para a efetivação da tutela específica ou a obtenção do resultado prático equivalente, poderá o juiz, de ofício ou a requerimento, impor multa por tempo de atraso, e poderá, ainda de ofício, modificar o seu valor ou a periodicidade, caso verifique que se tornou insuficiente ou excessiva.

(D) Na ação que tenha por objeto o cumprimento de obrigação de fazer ou não fazer, o juiz concederá a tutela específica da obrigação ou, se procedente o pedido, determinará providências que assegurem o resultado prático equivalente ao do adimplemento. A obrigação somente se converterá em perdas e danos se o autor o requerer ou se impossível a tutela específica ou a obtenção do resultado prático correspondente. A indenização por perdas e danos dar-se-á com prejuízo da multa.

(E) Na ação que tenha por objeto o cumprimento de obrigação de fazer ou não fazer, sendo relevante o fundamento da demanda e havendo justificado receio de ineficácia do provimento final, é lícito ao juiz conceder a tutela liminarmente ou mediante justificação prévia, citado o réu. A medida liminar poderá ser revogada ou modificada, a qualquer tempo, em decisão fundamentada. O juiz poderá, na medida liminar ou na sentença, impor multa diária ao réu, desde que requerida pelo autor.

A: incorreto. A antecipação dos efeitos, segundo a dicção do art. 273, *caput*, do CPC, *depende de requerimento da parte*; **B: incorreto** (art. 273, § 7º, do CPC); **C: correto.** O juiz poderá, inclusive de ofício, modificar o valor e a periodicidade da multa, caso esta se revele insuficiente ou excessiva (art. 461, §§ 5º e 6º, do CPC); **D: incorreto.** A indenização por perdas e danos dar-se-á sem prejuízo da multa (art. 461, § 2º, do CPC); **E: incorreto.** A multa poderá ser determinada de ofício (art. 461, §4º, do CPC). Note-se que a doutrina inclina-se pela possibilidade de o juiz estipular livremente a periodicidade da multa, atendendo às peculiaridades do caso concreto. Confira-se a seguinte lição a respeito: "Como a multa que deriva do art. 461, a de natureza cominatória, tem como função exercer pressão psicológica sobre o réu, ela deve ser fixada e modelada pelo juiz atento às circunstâncias fáticas e com os olhos voltados também para a predisposição do réu para acatar, ou não, sua determinação. Ela deve ser modificada, no que diz respeito a seu valor, periodicidade, prazo de exigibilidade, tanto quanto as circunstâncias concretas recomendem". (BUENO, Cássio Sarpinella. **Tutela Antecipada.** 2. ed. São Paulo: Saraiva, 2007. p.135-136). Ratificando o que se disse: "É de observar que, em certos casos, não tem sentido falar em multa diária. Isso ocorre, por exemplo, nas obrigações de não fazer. Nessa hipótese, pode o juiz fixar a multa com valor fixo. Eduardo Talamini ainda lembra que a periodicidade pode ser definida pelo juiz, podendo ser utilizada qualquer unidade de tempo (mesmo horas). Aliás, a atual redação do art. 461, §5º, do CPC fala, simplesmente, em multa, sem qualquer referência à periodicidade. Nada impede, portanto, seja a periodicidade fixada pelo juiz, ante as peculiaridades do caso concreto" (DESTEFENNI, Marcos. **Curso de Processo Civil.** *Vol. 2.* 3. ed. São Paulo: Saraiva, 2010. p. 434-435);

Gabarito "C"

(Magistratura do Trabalho – 9ª Região – 2009) Analise as seguintes proposições:

I. Não é possível conceder liminar em sede de antecipação de tutela de mérito, quando um ou mais dos pedidos cumulados, ou parcela deles, mostrar-se incontroverso.

II. As liminares concedidas em sede de antecipação de tutela de mérito contra a Administração Pública e cumpridas ou executadas à luz do disposto nos artigos 273 e 461 do CPC não estão sujeitas ao pedido de suspensão previsto no art. 4º da Lei 8.437/1992, ainda que o pedido, emanado por parte legítima, esteja amparado em caso de manifesto interesse público calcado em violação à ordem e à economia públicas.

III. Segundo entendimento doutrinário dominante, a regra da irreversibilidade do provimento antecipado como óbice à concessão da tutela mandamental é absoluta e não pode ser desconsiderada nem mesmo nos casos em que é manifesta a prova inequívoca da verossimilhança da alegação e haja fundado receio de dano irreparável ou de difícil reparação.

IV. A cominação de multa diária - mesmo nos casos em que se mostrarem relevantes os fundamentos da demanda; havendo justificado receio de ineficácia do provimento final e que, por isso, for concedida a tutela liminarmente – só será possível se a parte interessada a houver pedido de forma certa e determinada, já que vedada a fixação *ex officio* das *astreintes*.

(A) Somente as proposições I e II estão corretas.
(B) Somente as proposições II e III estão corretas.
(C) Somente as proposições II e IV estão corretas.
(D) Todas as proposições estão corretas.
(E) Todas as proposições estão incorretas.

I: incorreto. É o contrário o que afirma o § 6º do art. 273 do CPC; **II: incorreto** (art. 1º da Lei 9.494/97); **III: incorreto.** Considera-se possível a concessão de medida antecipatória com efeitos irreversíveis, quando feito um juízo de ponderação entre os interesses em jogo, concluir-se pela necessidade de concessão da medida, ainda que o seu resultado não seja reversível; **IV: incorreto.** A multa diária pode ser fixada de ofício pelo juiz.

Gabarito "E"

(Magistratura do Trabalho – 9ª Região – 2006) Sobre tutelas de urgência, assinale a alternativa correta, considerando a seguinte narrativa: "Em uma ação trabalhista individual, pelo rito ordinário, na qual um trabalhador postula, em face de uma empresa, o reconhecimento da existência de um contrato de emprego, na função de vendedor, e o consequente provimento mandamental de registro desse contrato em sua CTPS, além da anulação de notas promissórias que afirma ter sido coagido a emitir, em benefício da empresa, para pagamento do preço de vendas por ele intermediadas e não adimplidas".

I. Mesmo que a empresa reconheça, em sua peça de resposta, a existência do contrato de emprego, como narrado na inicial, não cabe ao Juiz conceder através de decisão antecipatória a tutela mandamental pretendida, determinando à empresa o registro da existência do contrato de emprego incontroverso na CTPS do trabalhador, pois nesse caso não haveria risco de ineficácia do provimento pelo decurso do prazo, já que o documento sempre estaria disponível para registro no futuro.

II. Por outro lado, se entendesse presentes os demais requisitos genéricos das tutelas de urgências, em tal hipótese o Juiz poderia conceder liminarmente um provimento de caráter inibitório, determinando à empresa que se abstivesse de protestar tais títulos de crédito até o julgamento definitivo da pretensão, sem que se apresente como óbice técnico a problemática referente à efetiva natureza jurídica de um provimento como esse, se cautelar ou satisfativo do próprio direito material, em razão do princípio da fungibilidade.

III. Caso concedido o provimento liminar inibitório do protesto dos títulos, para assegurar seu fiel cumprimento o juiz poderia impor à empresa, de ofício, multa coercitiva, bem como multa sancionatória pelo ato atentatório ao exercício da jurisdição, a primeira exigível assim que descumprida a determinação judicial e a segunda exigível após o trânsito em julgado da decisão final do processo.

IV. Pelo princípio da adequação, poderia o juiz determinar, preferencialmente às multas mencionadas na assertiva supra, uma providência prática - qualificada como medida de apoio - que assegurasse o resultado concreto de seu provimento, como a apreensão física dos referidos títulos de crédito até o julgamento definitivo da lide.

(A) Nenhuma assertiva está correta.
(B) Apenas as assertivas II e III estão corretas.
(C) Apenas as assertivas II, III e IV estão corretas.
(D) Apenas as assertivas I, III e IV estão corretas.
(E) Todas as assertivas estão corretas.

Somente a alternativa I está incorreta. O fato de ter havido reconhecimento da relação de emprego pela ré fez com que parte do pedido se tornasse incontroversa, o que autoriza a concessão da tutela antecipada, sem que se exija, para tanto, a presença do requisito do risco de dano irreparável.

Gabarito "C"

(Magistratura do Trabalho – 13ª Região – 2006) Assinale a alternativa correta:

I. a tutela pretendida no pedido inicial não poderá ser antecipada de ofício pelo juiz;
II. requerida a antecipação de tutela, esta não será concedida se o provimento for irreversível;
III. antecipada a tutela, o feito será extinto com julgamento do mérito;
IV. a tutela antecipada não poderá ser modificada ou revogada senão na sentença de mérito;
V. é condição da antecipação da tutela o abuso do direito de defesa ou manifesto propósito protelatório do réu.

(A) só a I e a V estão corretas;
(B) todas estão erradas;
(C) todas estão corretas;
(D) só a I, a II e a V estão corretas;
(E) só a III e a IV estão corretas.

I: correto. O art. 273 do CPC condiciona a concessão da antecipação da tutela ao pedido da parte; **II: correto.** Desde que se saiba que, embora essa seja uma exigência legal, poderá ser admitida a antecipação de medida irreversível, desde que o juiz verifique que também será irreversível, e mais grave, o prejuízo para o autor caso a antecipação não seja concedida; **III: incorreto.** A concessão de tutela antecipada não é motivo para extinção do processo com resolução do mérito, tampouco é garantia de que isso ocorra; **IV: incorreto** (§ 4º do art. 273 do CPC); **V: incorreto.** Esse é um requisito alternativo ao risco de dano irreparável ou de difícil reparação. Portanto, presente o requisito da urgência, a medida pode ser concedida, ainda que não haja abuso do direito de defesa por parte do réu.

Gabarito "D"

(Magistratura do Trabalho – 14ª Região – 2011) Analise as seguintes proposições sobre a tutela jurisdicional específica, e responda.

I. O juiz poderá antecipar totalmente os efeitos da tutela pretendida no pedido inicial, ainda que não haja requerimento das partes, desde que exista prova inequívoca e se convença da verossimilhança da alegação.
II. Para que haja antecipação da tutela é necessário requerimento da parte, bastando o fundamento de receio de dano irreparável ou de difícil reparação.
III. Se existirem pedidos cumulados, não poderá ser concedida a tutela antecipada a um deles, sob pena de cisão da prestação jurisdicional.
IV. A tutela antecipada confunde-se com o julgamento antecipado da lide, porque há julgamento do mérito da causa.
V. A tutela antecipada dos efeitos da sentença é espécie do gênero "tutela de urgência", sendo providência que tem natureza jurídica mandamental, satisfativa no plano dos fatos, pois dá ao requerente o bem da vida pretendido.

(A) Estão corretas as alternativas I, II e III.
(B) Estão incorretas as alternativas I, II e V.
(C) Estão corretas as alternativas II, III, IV e V.
(D) Estão incorretas as alternativas I, II, III e IV.
(E) Estão corretas as alternativas III, IV e V.

I: Incorreto. A antecipação dos efeitos, segundo a dicção do art. 273, *caput*, do CPC, depende de requerimento da parte; **II: incorreto.** Deverá haver prova inequívoca e verossimilhança do que restou alegado (art. 273, *caput*, do CPC); **III: incorreto.** A cumulação de pedidos não impede a concessão parcial dos efeitos da tutela pretendida pela parte, a exemplo do §6º do art. 273 do CPC; **IV: incorreto.** A antecipação dos efeitos da tutela não se confunde com o julgamento antecipado da lide. Aquela se manifesta por decisão interlocutória, ao passo que o julgamento antecipado da lide se perfaz através de sentença, encerrando, de modo geral, a etapa cognitiva, conforme enuncia o art. 331 do CPC. Não é por outro motivo que o § 5º do art. 273 afirma que, uma vez concedida ou não a tutela, o processo segue até final julgamento; **V: correto.** De nítida eficácia mandamental, a antecipação dos efeitos da tutela de mérito consubstancia provimento tomado em sede de cognição sumária que permite ao autor obter, antes mesmo da decisão final, a fruição do bem da vida pretendido, desde que atendidos os requisitos estabelecidos pelo art. 273 do CPC. Não é por outro motivo que a doutrina afirma que tal modalidade de tutela de urgência ostenta caráter satisfativo. A assertiva praticamente transcreve as lições de Nelson Nery Jr. e de Rosa Maria de Andrade Nery. Observe-se: "Tutela antecipatória dos efeitos da sentença de mérito, espécie do gênero *tutelas de urgência,* é providência que tem natureza jurídica *mandamental,* que se efetiva mediante *execução lato sensu,* com o objetivo de entregar ao autor, total ou parcialmente, a própria pretensão deduzida em juízo ou os seus efeitos. É tutela satisfativa no plano dos fatos, já que realiza o direito, dando ao requerente o bem da vida por ele pretendido com a ação de conhecimento" (NERY JR. Nelson; NERY, Rosa Maria de Andrade. **Código de processo civil comentado e legislação extravagante.** 10. ed. São Paulo: Revista dos Tribunais, 2007, p. 523).

Gabarito "D"

(Magistratura do Trabalho – 16ª Região – 2011) Assinale a alternativa INCORRETA:

(A) Na ação que tenha por objeto o cumprimento de obrigação de fazer, ao conceder a tutela especifica, poderá o juiz determinar providências que assegurem o resultado prático equivalente ao do adimplemento.

(B) Antes da oitiva do réu, somente será concedida a tutela especifica quando o direito afirmado pelo demandante puder ser lesado durante o espaço de tempo que é deferido para a apresentação da resposta ou se já se encontrar lesado no momento da postulação inicial.

(C) Em qualquer hipótese poderá o juiz, ex officio, converter a tutela específica de obrigação de fazer em perdas e danos.

(D) Na concessão de tutela inibitória, o juiz poderá, impor multa diária ao réu pelo descumprimento.

(E) Na ação que tenha por objeto o cumprimento de obrigação de fazer, a indenização por perdas e danos dar-se-á sem prejuízo da multa por descumprimento da tutela específica.

A: correto (art. 461, § 5º, do CPC); **B: correto** (art. 461, § 3º, do CPC); **C: incorreto, devendo ser assinalado.** A obrigação resolver-se-á em perdas e danos, desde que haja requerimento do credor, ou, ainda, acaso impossível a obtenção da tutela específica ou do resultado prático equivalente, daí por que não é dado ao órgão jurisdicional, em qualquer hipótese, de ofício, realizar a aludida conversão (art. 461, §1º, do CPC); **D: correto** (art. 461, § 4º, do CPC); **E: correto** (art. 461, §2º, do CPC).

Gabarito "C"

(Magistratura do Trabalho – 16ª Região – 2006) Sobre a tutela antecipada assinale opção CORRETA:

I. A tutela antecipada pode ser concedida por qualquer modalidade de sentença.

II. A tutela antecipatória não pode ser concedida em face das sentenças mandamental e executiva.

III. A concessão de tutela antecipada permite ao juiz ordenar a pena de multa ou de se valer de alguma medida necessária em caso de descumprimento.

IV. A tutela antecipatória se limita a assegurar resultado útil procurado pelo autor, não conferindo imediatamente esse resultado ou um resultado prático satisfativo.

V. Adota o processo civil pátrio o Princípio da Fungibilidade quando admite a concessão de tutela de natureza antecipatória ainda que tenha sido postulada em nome da cautelar.

(A) As assertivas I, II e III estão corretas.

(B) As assertivas I, III e IV estão corretas.

(C) As assertivas I, III e V estão corretas.

(D) As assertivas III, IV e V estão corretas.

(E) Todas as alternativas acima.

I: correto. Já está superada a tese segundo a qual não poderia haver sua concessão em casos de sentenças declaratórias ou constitutivas; **II: incorreto.** São as hipóteses mais frequentes de antecipação; **III: correto (art. 461, § 5º, do CPC); IV: incorreto.** A antecipação é o efetivo adiantamento dos efeitos práticos do provimento final; **V: correto** (§ 7º do art. 273 do CPC).

Gabarito "C"

(Magistratura do Trabalho – 18ª Região – 2006) Considere as assertivas abaixo, a respeito da antecipação da tutela, e assinale a alternativa correta, de acordo com o Código de Processo Civil.

I. a antecipação da tutela será concedida mediante requerimento do autor ou *ex officio*, nos casos de crédito de natureza alimentar, até o limite de 60 (sessenta) vezes o salário mínimo, quando o exequente se encontrar em estado de necessidade.

II. a antecipação da tutela não prescinde de prova inequívoca da verossimilhança da alegação.

III. a antecipação da tutela somente será concedida se houver fundado receio de dano irreparável ou de difícil reparação, a não ser que o requerente preste caução.

IV. não se concederá a antecipação da tutela quando houver perigo de irreversibilidade jurídica do provimento antecipado.

V. Se o autor, a título de antecipação de tutela, requerer providência de natureza cautelar, poderá o juiz, quando presentes os pressupostos da antecipação de tutela, deferir a medida cautelar em caráter incidental do processo ajuizado.

(A) Há uma assertiva correta.

(B) Há duas assertivas corretas.

(C) Há três assertivas corretas.

(D) Há quatro assertivas corretas.

(E) Todas são corretas.

I: incorreto. A concessão da tutela antecipada depende de requerimento da parte, em qualquer caso (art. 273 do CPC); **II: incorreto.** Essa é uma das exigências legais para a sua concessão; **III: incorreto.** Também existe a previsão de sua concessão para a hipótese de abuso de direito de defesa ou manifesto propósito protelatório do réu; **IV: incorreto.** A irreversibilidade prevista pela lei, como um obstáculo à concessão da tutela antecipada, é fática, e não jurídica; **V: correto** (art. 273, § 7º, do CPC).

Gabarito "A"

(Magistratura do Trabalho – 21ª Região – 2005) Em relação à antecipação dos efeitos da tutela jurisdicional, assinale a alternativa incorreta:

(A) o Supremo Tribunal Federal, ao conceder Medida Cautelar na Ação Direta de Constitucionalidade nº 4, reconheceu a legitimidade constitucional do art. 1º da Lei 9.494/97, que ampliou a proibição de concessão de tutelas de urgência contra a Fazenda Pública, prevista na Lei Federal nº 8.437/92, para abranger também a hipótese de antecipação da tutela jurisdicional de que trata o art. 273 do Código de Processo Civil, especialmente nos casos que envolvem majoração de vencimentos e vantagens de servidor público e naqueles onde houver potencial lesão às finanças públicas;

(B) a vedação legal de concessão de antecipação de tutela contra a Fazenda Pública, de acordo com a jurisprudência sumulada do Supremo Tribunal Federal, não se aplica às causas de natureza previdenciária;

(C) se o pedido de antecipação de tutela possuir caráter e natureza de cautelar, o juiz deverá conceder prazo de dez dias para que a parte requerente providencie a emenda à inicial, examinando, em seguida, a pertinência do pedido cautelar, concedendo-o ou indeferindo-o, sem prejuízo do prosseguimento do feito;

(D) a decisão que antecipa a tutela jurisdicional, por seu caráter precário, pode ser revista pelo juiz a qualquer tempo, mediante decisão fundamentada;

(E) nas decisões que envolvam o cumprimento de obrigações de fazer e não fazer, o juiz poderá, inclusive de ofício, impor multa diária ao réu, que pode ser revista a qualquer tempo, caso se verifique que se tornou insuficiente ou excessiva.

A: correto, pela própria definição da alternativa; B: correto (Súmula 729 do STF: "a decisão na ação direta de constitucionalidade 4 não se aplica à antecipação de tutela em causa de natureza previdenciária"); **C: incorreto, devendo ser assinalado.** O § 7º do art. 273 do CPC não contém tal exigência; **D: correto** (art. 273, § 4º, do CPC); **E: correto** (art. 461 do CPC).

Gabarito "C"

(Magistratura do Trabalho – 23ª Região – 2009) Analise os itens abaixo e marque a alternativa CORRETA:

I. O instituto da antecipação dos efeitos da tutela de mérito não é compatível com a providência de natureza cautelar, uma vez que, cabível a segunda, não é pertinente a primeira, e vice-versa.

II. A tutela antecipada poderá ser concedida quando um ou mais dos pedidos cumulados, ou parcela deles, mostrar-se incontroverso.

III. A antecipação da tutela tem a mesma natureza e o objeto da decisão definitiva.

(A) Apenas o item I é falso.

(B) Apenas o item II é falso.

(C) Apenas o item III é falso.

(D) Todos os itens são verdadeiros.

(E) Todos os itens são falsos.

I: falso. É possível que sejam requeridas ambas as medidas, desde que presentes os requisitos para as duas; **II: verdadeiro** (art. 273, § 6º, do CPC); **III: verdadeiro.** Desde que se faça a advertência de que é possível que o objeto de antecipação seja mais restrito do que o objeto da decisão definitiva.

Gabarito "A"

(Ministério Público do Trabalho – 13º) Assinale a alternativa CORRETA:

(A) na ação que tenha por objeto o cumprimento de obrigação de fazer ou não fazer, a obrigação só se converte em perdas e danos se o autor requerer ou se impossível a tutela específica ou a obtenção do resultado prático correspondente;

(B) na ação que tenha por objeto o cumprimento de obrigação de fazer ou não fazer, não pode o juiz, de ofício, modificar o valor ou a periodicidade da multa, mesmo que se observe que se tornou insuficiente;

(C) a tutela antecipada pode ser modificada a qualquer tempo, em decisão fundamentada, mas não pode ser revogada;

(D) só pode ser concedida a antecipação dos efeitos da tutela se, ao mesmo tempo, houver receio de dano irreparável, e ficar caracterizado o abuso do direito de defesa do réu;

(E) não respondida.

A: correto (art. 461, § 1º, do CPC); **B: incorreto**, o juiz pode modificar o valor da multa *ex officio (art. 461, § 4º, do CPC)*; **C: incorreto** (§ 4º do art. 273 do CPC); **D: incorreto** Esses requisitos são alternativos, e não cumulativos (art. 273, I e II, do CPC).

Gabarito "A"

(Ministério Público do Trabalho – 12º) Assinale a alternativa INCORRETA:

(A) o indeferimento da medida cautelar não obsta a que a parte intente a ação principal, nem influi no julgamento desta, salvo se o juiz, no procedimento cautelar, acolher alegação de decadência ou prescrição;

(B) somente em casos excepcionais, expressamente autorizados por lei, determinará o juiz medidas cautelares sem a audiência das partes;

(C) as medidas cautelares, segundo o Código de Processo Civil, são revogáveis ou modificáveis a qualquer tempo;

(D) somente quando admitido recurso, eventual medida cautelar será requerida diretamente ao tribunal.

(E) não respondida.

A: correto (art. 810 do CPC); **B: correto** (art. 797 do CPC); **C: correto** (art. 807 do CPC); **D: incorreto, devendo ser assinalado**. A competência para as cautelares será dos tribunais, quando já interposto recurso, e não quando admitido (art. 800, parágrafo único, do CPC).

Gabarito "D"

9. PROCESSO DE CONHECIMENTO. RITOS SUMÁRIO E ORDINÁRIO

(Magistratura do Trabalho – 2ª Região – 2011) Dentre as alternativas abaixo, assinale a correta, em matéria de procedimento ordinário:

(A) Não estão fora do princípio da congruência as matérias de ordem pública

(B) Os fundamentos de fato compõem a causa de pedir remota, sendo necessário que o autor, no processo civil, aponte com correção a lei que pretenda ver aplicada.

(C) A causa de pedir remota compreende os fundamentos jurídicos e é o que mediatamente autoriza o pedido.

(D) Para caracterizar a ação é necessário que o autor lhe dê o nome correto, uma vez que o juiz não poderá receber como ação de despejo, o que pelos fatos narrados e pelo pedido venha a tratar-se apenas de pagamento de alugueres em atraso.

(E) Quando a obrigação consistir em prestações periódicas, há necessidade de declaração expressa do autor, pelo princípio da congruência entre a inicial e a sentença.

A: incorreto. As matérias de ordem pública estão "fora" do princípio da congruência, já que tais questões podem ser reconhecidas de ofício pelo órgão jurisdicional, motivo porquanto, nesse particular, revela-se prescindível pedido expresso da parte; **B: incorreto e C: correto.** Na visão de Nelson Nery Jr., os fundamentos fáticos constituem a causa de pedir próxima, ao passo que as razões jurídicas em que se assenta o pedido do autor consubstanciam a causa de pedir remota. Em razão de o sistema processual civil brasileiro haver adotado a teoria da substanciação – do que é decorrente a máxima do *jura novit curia* –, o autor deverá declinar corretamente e o juiz deverá ater-se tão somente *aos fatos* que embasam a pretensão deduzida em juízo, sendo irrelevante o equívoco cometido quanto à qualificação jurídica do fato narrado. Logo, apenas a alternativa C está correta; **D: incorreto**. O rótulo, ou *nomen iuris*, emprestado pelo autor não vincula o juízo. A natureza jurídica da demanda é conferida pela causa de pedir e pelo pedido que a constituem. Ao abono de tal ensinamento, veja-se o aresto a seguir: PROCESSUAL CIVIL. AÇÃO DECLARATÓRIA COM PEDIDO ANULATÓRIO. IRRELEVÂNCIA DO *NOMEN IURIS*. RETORNO DOS AUTOS À ORIGEM PARA APRECIAÇÃO DO MÉRITO. 1. Conforme a jurisprudência do STJ, *a natureza jurídica da ação é definida por meio do pedido e da causa de pedir, não tendo relevância o* nomen iuris *dado pela parte autora*. 2. No caso sob exame, apesar de a ação ter sido designada Declaratória de Inexistência de Débito, o pedido formulado e a causa de pedir exposta contêm pretensão de reconhecimento da ilegalidade do Auto de Infração e, consequentemente, do débito relativo ao ICMS. 3. O acórdão recorrido, que decidiu pela carência de ação – ao entendimento de inadequação da via eleita –, deve ser reformado, com o retorno dos autos à origem para fins de apreciação do mérito. 4. Agravo Regimental não provido (AgRg no REsp 594.308/PB, Rel. Ministro Herman Benjamin, segunda turma, julgado em 07/05/2009, DJe 20/08/2009) [grifos nossos]; **E: incorreto**. Com efeito, o autor deve fixar os limites objetivos da lide, especificando em que consiste o provimento pleiteado junto ao Estado-Juiz (art. 128 do CPC), ressalvadas as hipóteses em que são admitidos pedidos implícitos, a exemplo do caso trazido em tal assertiva (Súmula 256 do STF e arts. 290 e 293 do CPC).

Gabarito "C"

(Magistratura do Trabalho – 3ª Região – 2009) Analise as proposições abaixo e, considerando o Código de Processo Civil, assinale a alternativa correta:

I. O pedido será alternativo, quando, pela natureza da obrigação, o devedor puder cumprir a prestação de mais de um modo.
II. Segundo o Código de Processo Civil, a petição inicial deverá indicar: a) o juiz ou tribunal, a que é dirigida; b) os nomes, prenomes, estado civil, profissão, domicílio e residência do autor e réu; c) o fato e os fundamentos jurídicos do pedido; d) o pedido, com suas especificações, e) o valor da causa; f) as provas com que o autor pretende demonstrar a verdade dos fatos alegados; g) o requerimento para citação do réu.
III. Se a petição inicial, no processo civil, não preencher os requisitos legais, deve o juiz, em regra, declarar extinto o processo, sem resolução do mérito, salvo na hipótese em que esteja patente a falta de prejuízo ao réu.
IV. Para que seja possível a cumulação válida de pedidos, devem ser observados os seguintes requisitos: a) que os pedidos sejam compatíveis entre si; b) que seja competente para conhecer deles o mesmo juízo, ainda que sujeitos a procedimentos distintos.
V. A petição inicial será inepta quando: a) faltar pedido ou causa de pedir, b) da narração dos fatos não decorrer conclusão lógica, c) o pedido for juridicamente impossível, d) contiver pedidos incompatíveis entre si, e) a parte for manifestamente ilegítima.

(A) São falsas as proposições II, III, IV e V.
(B) São falsas as proposições III, VI e V.
(C) São falsas as proposições II, III e IV.
(D) Apenas a proposição I é verdadeira e as demais são falsas.
(E) Apenas a proposição IV é verdadeira e as demais são falsas.

I: verdadeiro (art. 288 do CPC); **II: verdadeiro** (art. 282 do CPC); **III: falso**. Se for possível sanar o vício, deverá o juiz conceder ao autor a oportunidade de fazê-lo através de emenda à inicial (art. 284 do CPC); **IV: falso**. A compatibilidade entre os procedimentos também é requisito para a cumulação (art. 292 do CPC); **V: falso**. A ilegitimidade de parte, ainda que seja considerada motivo suficiente para o indeferimento da petição inicial, não é motivo para o reconhecimento da inépcia dela.

Gabarito "B"

(Magistratura do Trabalho – 3ª Região – 2008) À luz do Procedimento Ordinário do Código de Processo Civil vigente, após examinar as assertivas abaixo sobre exceções processuais, escolha a opção correta:

I. o autor da causa também pode opor exceções processuais.
II. a exceção de incompetência relativa é arguida como preliminar da contestação.
III. na exceção de incompetência relativa, a petição pode ser protocolizada no juízo de domicílio do réu, com requerimento de sua imediata remessa ao juízo que determinou a citação.
IV. a petição da exceção de impedimento ou de suspeição será dirigida ao Tribunal ao qual o juiz impedido ou suspeito está vinculado.
V. o juiz poderá indeferir a petição inicial da exceção de incompetência relativa, quando manifestamente improcedente.

(A) Se apenas as alternativas I e III são corretas.
(B) Se apenas as alternativas III, IV e V são corretas.
(C) Se apenas as alternativas I, III e V são corretas.
(D) Se apenas as alternativas II e V são corretas.
(E) Se todas as alternativas são corretas.

I: correto. Desde que se faça uma ressalva: o autor pode opor as exceções de impedimento e suspeição, mas não tem legitimidade – nem interesse – para propor exceção de incompetência relativa; **II: incorreto**. A incompetência relativa deve ser alegada por meio de exceção, e não por preliminar de contestação (essa pode ser utilizada como veículo de alegação da incompetência absoluta); **III: correto**. Notem-se os termos do parágrafo único do art. 305 do CPC; **IV: incorreto**. A petição deve ser endereçada ao próprio juiz recusado, uma vez que pode ele reconhecer o impedimento ou a suspeição, com a consequente dispensa de remessa da exceção para o Tribunal; **V: correto.** (art. 310 do CPC).

Gabarito "C"

(Magistratura do Trabalho – 5ª Região – 2006 – CESPE) A respeito da petição inicial e da resposta do réu, assinale a opção correta.

(A) O autor pode, em uma única ação, formular diversos pedidos cumulados contra vários réus, em decorrência de vários fatos distintos e constitutivos do direito do autor, ainda que entre eles não haja conexão, desde que faça a opção pelo rito ordinário.

(B) Se a ação principal tiver sido promovida pelo substituto processual, a reconvenção somente será possível se o pedido do réu fundar-se em pretensão que tenha em face do substituto processual.

(C) Se a ação é proposta contra vários réus – litisconsórcio passivo –, o prazo para a resposta lhes é comum, indicando-se como termo *a quo* desse prazo a data da juntada aos autos do último aviso de recebimento ou mandado citatório cumprido. Quando os réus tiverem procuradores diferentes, têm prerrogativa de prazo que é contado em dobro.

(D) Se o réu revel ingressar no feito após a fase de especificação de provas, ainda assim poderá indicar as suas provas, pois não há que se falar em preclusão quando ocorre a revelia porque a lei autoriza ao réu ingressar no feito a qualquer momento.

(E) O momento para a produção da prova documental pelo autor é o do ajuizamento da petição inicial. Se não produzido o documento nessa oportunidade, precluso estará o seu direito de trazê-lo aos autos com fins probatórios. O juiz, ao constatar essa irregularidade, deverá indeferir liminarmente a petição inicial.

A: incorreto. O art. 292 do CPC trata da possibilidade de cumulação de pedidos no mesmo processo contra o mesmo réu, e não contra vários réus; **B: incorreto.** A reconvenção não é admitida nessa hipótese (art. 315, parágrafo único, do CPC); **C: correto** (art. 298 do CPC); **D: incorreto.** O revel assume o processo no estado em que ele se encontra e, por consequência, não poderá praticar os atos que já estejam acobertados pela preclusão, como acontece em relação às provas que haviam sido por ele requeridas até o último momento oportuno para tanto; **E: incorreto.** Não só porque o art. 396 do CPC preveja a possibilidade de juntada de documentos novos no curso do processo, mas porque a jurisprudência admite a juntada de qualquer documento no curso do processo, desde que seja possível a observância do contraditório, e não tenha havido ocultação dolosa.

Gabarito "C"

(Magistratura do Trabalho – 7ª Região – 2005) Maria ajuizou ação de reparação de danos em face de João, em decorrência de acidente automobilístico. Postulou, ao final, danos materiais orçados em trinta mil reais e os morais no valor de vinte mil reais. Ao ser citado, João apresentou defesa. Assinalar a proposição correta.

(A) No prazo de defesa, João denunciou à lide a seguradora, considerando a responsabilidade decorrente do estabelecido no contrato entre ele, segurado, e a seguradora, cuja exigência para que ocorresse a cobertura do seguro era o seu pagamento regular, o que já tinha sido comprovado.

(B) Na contestação, João arguiu que o valor postulado pelo autor a título de danos morais e materiais superava o permitido em sede de procedimento sumário, o que se justifica o deferimento da conversão do procedimento sumário para o ordinário.

(C) No prazo de sua defesa, João apresentou reconvenção postulando a condenação do autor embasada nos mesmos fatos descritos na inicial.

(D) João também postulou na contestação a conversão do sumário em ordinário por constatar que a causa exigia a produção de prova complexa, o que não se coaduna com os princípios norteadores do procedimento sumário. Em audiência, o juiz indeferiu a conversão alegando ser a prova simples e o réu, irresignado, interpôs recurso de agravo de instrumento, postulando tal conversão.

(E) Na audiência, o autor postulou a produção da prova pericial, por ser ela simples, sustentando a sua necessidade e argumentando não ter ocorrido a preclusão desse pleito, visto que poderá o juiz determinar de ofício a produção de prova pericial.

A: correto. É admitida a intervenção fundada em contrato de seguro (art. 280 do CPC); **B: incorreto.** No caso de ressarcimento de danos causados em acidente de veículo, não existe a limitação quanto ao valor para a aplicação do procedimento sumário (art. 275, II, "d", do CPC); **C: incorreto.** No procedimento sumário, não é admissível a reconvenção, por incompatibilidade com o princípio da celeridade. Além disso, o réu poderia formular esse pedido na própria contestação, na forma de pedido contraposto; **D: incorreto.** A conversão não era cabível, nesse caso, porque a eventual complexidade da prova pericial em nada alteraria o procedimento; **E: incorreto.** No procedimento sumário, as provas devem ser requeridas de modo específico na própria inicial, sob pena de preclusão.

Gabarito "A"

(Magistratura do Trabalho – 7ª Região – 2005) João ajuizou ação reivindicatória em face de Maria e José, que são casados com regime de comunhão de bens. Após a realização das citações válidas, José não compareceu para apresentar contestação, tornando-se réu revel. Assinalar a opção mais adequada ao caso.

(A) Diante da revelia constatada, os autos foram à conclusão, tendo o magistrado determinado o julgamento antecipado da lide.

(B) Na audiência, José, que não contestou a ação, alegou que os fatos afirmados pelo autor não são verdadeiros em razão de a contestação apresentada por Maria também ser aproveitada a ele.

(C) Ao sentenciar, o magistrado reconheceu a veracidade dos fatos afirmados pelo autor em relação ao réu José, considerando que os litisconsortes serão considerados, em suas relações com a parte adversa, como litigantes distintos; os atos e as omissões de um não prejudicarão nem beneficiarão os outros.

(D) Ao proferir sentença, o magistrado julgou procedente o pedido com relação à José por nada ter aproveitado a ele a contestação apresentada por Maria por não se tratar a hipótese de litisconsórcio unitário.

(E) Ao proferir sentença, o juiz julgou improcedente o pedido em face dos réus, não obstante tenha aproveitado a contestação apresentada por Maria também para José, visto que se tratava de litisconsórcio necessário unitário, o que repudia a veracidade dos fatos por ser um deles revel.

A: incorreto. Não há menção, no enunciado, sobre ter havido revelia de Maria (só de José). Assim, ao que tudo indica, Maria contestou, não havendo motivo para o julgamento antecipado da lide. Além disso, nas ações que versam sobre direitos reais sobre imóveis, não vale (leia-se: é ineficaz) a confissão (ainda que ficta) de um dos cônjuges sem a do outro; **B: incorreto.** Não é possível dizer, com base no enunciado, que as alegações de Maria sejam referentes à matéria comum ao seu marido. É possível que a contestação dela também o favoreça, mas isso só poderia ser afirmado, se houvesse alguma indicação de que o tema por ela suscitado era comum a ambos; **C: incorreto.** Embora prevaleça a regra da autonomia entre os litisconsortes, a verdade é que os atos de um podem ser estendidos aos outros, desde que sejam atos benéficos, o que torna errada a alternativa; **D: incorreto.** Não há nenhum indicativo, na questão, de que seria possível dividir o imóvel objeto da demanda entre José e Maria, motivo pelo qual não parece ser razoável a procedência do pedido apenas em face de um deles; **E: correto.**

Gabarito "E".

(Magistratura do Trabalho – 8ª Região – 2011) Assinale a alternativa INCORRETA com relação à petição inicial e ao pedido:

(A) Quando a obrigação consistir em prestações periódicas, considerar-se-ão elas incluídas no pedido, independentemente de declaração expressa do autor; se o devedor, no curso do processo, deixar de pagá-las ou de consigná-las, a sentença as incluirá na condenação, enquanto durar a obrigação.

(B) É permitida a cumulação, num único processo, contra o mesmo réu, de vários pedidos, ainda que entre eles não haja conexão. Quando, para cada pedido, corresponder tipo diverso de procedimento, admitir-se-á a cumulação se o autor empregar o procedimento ordinário.

(C) Indeferida a petição inicial, o autor poderá apelar, facultado ao juiz, no prazo de 48 (quarenta e oito) horas, reformar sua decisão.

(D) É lícito formular mais de um pedido em ordem sucessiva, a fim de que o juiz conheça do posterior, em não podendo acolher o anterior.

(E) Quando a matéria controvertida for unicamente de direito e no juízo já houver sido proferida sentença de total procedência em outros casos idênticos, poderá ser dispensada a citação e proferida sentença, reproduzindo-se o teor da anteriormente prolatada.

A: correto (art. 290 do CPC); **B: correto** (art. 292, *caput*, e §2º, do CPC); **C: correto** (art. 296, *caput*, do CPC); **D: correto** (art. 289 do CPC); **E: incorreto, devendo ser assinalado** (art. 285-A, *caput*, do CPC). A sentença deverá ser de total *improcedência*.

Gabarito "E".

(Magistratura do Trabalho – 8ª Região – 2011) No que diz respeito à resposta do réu, revelia, conexão e continência de causa, é CORRETO afirmar que:

(A) Segundo a legislação processual civil, o réu poderá oferecer, em peça escrita, dirigida ao juiz da causa, as seguintes respostas: contestação, exceção de incompetência, suspeição e impedimento, reconvenção e exceção de pré-executividade.

(B) O Código de Processo Civil imputou ao réu o ônus da impugnação especificada, presumindo-se como verdadeiros os fatos não impugnados, salvo se não for admissível, a seu respeito, a confissão; se a petição inicial não estiver acompanhada do instrumento público que a lei considerar da substância do ato; se estiverem em contradição com a defesa, considerada em seu conjunto, sendo que esta regra não se aplica ao advogado dativo, ao curador especial e ao órgão do Ministério Público.

(C) A desistência da ação, ou a existência de qualquer causa que a extinga, obsta ao prosseguimento da reconvenção.

(D) Dá-se a continência entre duas ou mais ações sempre que há identidade quanto às partes, à causa de pedir e ao objeto. E há conexão entre duas ou mais ações, quando lhes for comum o objeto ou a causa de pedir.

(E) Se o réu não contestar a ação, reputar-se-ão verdadeiros os fatos afirmados pelo autor. A revelia não induz, contudo, o referido efeito se, havendo pluralidade de réus, algum deles contestar a ação; se o litígio versar sobre direitos disponíveis e se a petição inicial não estiver acompanhada do instrumento público, que a lei considere indispensável à prova do ato.

A: incorreto. A exceção de pré-executividade não é regulada expressamente pelo CPC. Cuida-se de construção emanada da doutrina e da jurisprudência (art. 297 do CPC); **B: correto** (art. 302 do CPC); **C: incorreto** (art. 317 do CPC); **D incorreto.** Se houver identidade de partes, de causa de pedir e de pedido, haverá *identidade de ações* – e não continência –, daí porque será forçoso o reconhecimento da litispendência ou da coisa julgada, a depender do caso (arts. 104 e 301, §§ 2º e 3º, do CPC). O conceito de conexão fornecido pela questão está correto (art. 103 do CPC); **E: incorreto.** Não se produzirão os efeitos da revelia, se o litígio versar sobre direitos *indisponíveis* (art. 320, II, do CPC).

Gabarito "B".

(Magistratura do Trabalho – 8ª Região – 2011) Quanto à prova no processo civil, assinale a alternativa CORRETA:

(A) O ônus da prova incumbe ao autor, quanto ao fato constitutivo do seu direito, e ao réu, quanto à existência de fato impeditivo, modificativo ou extintivo do direito do autor. É nula a convenção que distribui de maneira diversa o ônus da prova quando recair sobre direito disponível da parte.

(B) Na ausência de normas jurídicas particulares, o juiz aplicará as regras de experiência comum subministradas pela observação do que ordinariamente acontece e, ainda, as regras da experiência técnica, inclusive para os casos que dependeriam de exame pericial.

(C) Incumbe o ônus da prova, quando se tratar de falsidade de documento, à parte que o produziu e, em se tratando de contestação de assinatura, à parte que a arguir.

(D) Em virtude da distribuição do ônus da prova, compete exclusivamente a cada parte requerer o depoimento pessoal da outra, a fim de interrogá-la na audiência de instrução e julgamento.

(E) A prova emprestada consiste naquela produzida em um processo e colacionada para ser utilizada em outro, no qual surja o interesse em seu uso, com o intuito de evitar a repetição de atos processuais, ocorrendo, por exemplo, quando o local a ser periciado já tiver sido desativado.

A: incorreto. Porquanto nula será a convenção que distribui de maneira diversa o ônus da prova, quando recair sobre direito *indisponível* da parte (art. 333, parágrafo único, I, do CPC); **B: incorreto**. Ressalva-se a prova pericial (art. 335 do CPC); **C: incorreto** (art. 389 do CPC); **D: incorreto**. O depoimento pessoal da parte pode ser determinado de ofício pelo juiz. Cuida-se do denominado *interrogatório da parte* (art. 342 do CPC); **E: correto**. Prova emprestada é aquela colhida junto a processo em que figuraram as mesmas partes, diante de procedimento animado pelo contraditório. Justifica-se mormente quando não puder ser repetida, o que se dá, por exemplo, quando o local periciado estiver desativado. Conforme declina a doutrina de Marcos Destefenni, "A sua admissibilidade é condicionada a alguns critérios, pacificamente apontados pela doutrina e pela jurisprudência: o seu maior poder de convencimento está relacionado ao fato de ter sido produzida em processo envolvendo as mesmas partes, ter sido colhida em procedimento contraditório e, sobretudo, deve ser analisada a possibilidade de ser repetida, reproduzida. Afinal, se a prova puder ser reproduzida, não há razão que justifique seu empréstimo". (DESTEFENNI, Marcos. **Curso de Processo Civil.** *Vol. 1.* Tomo II. 2. edição. São Paulo: Saraiva, 2010, p. 147).

Gabarito "E"

(Magistratura do Trabalho – 8ª Região – 2009) Sobre prova documental, é incorreto afirmar:

(A) O incidente de falsidade, em qualquer tempo ou grau de jurisdição, correrá em apenso aos autos principais e, no tribunal, processar-se-á perante o relator.

(B) Os extratos digitais de bancos de dados, públicos e privados, fazem a mesma prova que os originais, desde que atestado pelo seu emitente, sob as penas da lei, que as informações conferem com o que consta na origem.

(C) A data do documento particular, quando a seu respeito surgir dúvida entre os litigantes, provar-se-á por todos os meios de direito. Porém, relativamente a terceiros, considerar-se-á datado o documento particular: no dia em que foi registrado; desde a morte de algum dos signatários; a partir da impossibilidade física, que sobreveio a qualquer dos signatários; da sua apresentação em repartição pública ou em juízo; do ato ou fato que estabeleça, de modo certo, a anterioridade da formação do documento.

(D) O juiz ordenará a realização de exame pericial em documento cuja autenticidade seja impugnada por aquele contra quem foi produzida a prova.

(E) Os livros comerciais provam contra o seu autor, admitindo-se a demonstração, por todos os meios permitidos em direito, de que os lançamentos não correspondem à verdade dos fatos.

A: incorreto, devendo ser assinalado. O incidente só será autuado em apenso, quando suscitado depois de encerrada a instrução. Antes disso, corre nos próprios autos (arts. 391 e 393 do CPC); **B: correto** (art. 365, V); **C: correto** (art. 370 do CPC); **D: correto** (art. 392 do CPC); **E: correto** (art. 378).

Gabarito "A"

(Magistratura do Trabalho – 8ª Região – 2009) Marque a alternativa que corresponde ao conceito completo de resposta do réu:

(A) Após citado e no prazo de 15 dias, pode o demandado oferecer contestação alegando as preliminares prejudiciais do mérito e toda a matéria de defesa que tiver, juntando as provas de que dispor e protestando pela produção de outras que sejam pertinentes.

(B) Além de opor-se à ação por meio de simples defesa, pode a parte ré, na mesma oportunidade, excepcionar o juízo quanto a sua competência relativa ou sua imparcialidade e ainda oferecer reação estruturada em nova ação contra o autor.

(C) Além da matéria útil a sua defesa, poderá o réu propor, no mesmo prazo, no mesmo feito e perante o mesmo juízo, ação autônoma contra o autor.

(D) Após regulamente citada, a parte ré deve contestar o pedido do autor estabelecendo o contraditório, traçando os limites da lide e requerendo a produção das provas que entender necessárias.

(E) Mesmo sem ser citada, a parte pode comparecer espontaneamente e, suprindo a citação, contestar a ação.

A: incorreto. O enunciado refere-se ao conceito completo de resposta do réu, e a alternativa só menciona a contestação, que é uma das respostas possíveis; **B: correto**. Nessa alternativa, há referência a todas as modalidades de respostas, quais sejam, contestação, exceções e reconvenção; **C: incorreto.** Não há referência às exceções rituais; **D: incorreto.** Não é efetiva apresentação da contestação que estabelece o contraditório, mas a simples outorga dessa possibilidade ao réu, por meio da regular citação; **D: incorreto.** Embora a afirmação seja verdadeira, não diz respeito ao conceito completo de resposta apontado no enunciado.

Gabarito "B"

(Magistratura do Trabalho – 8ª Região – 2009) Marque a opção certa, conforme a dicção do CPC:

(A) A revelia não induz o efeito de confissão ficta: (i) se houver pluralidade de réus e algum deles contestar a ação; (ii) se a demanda versar sobre direitos indisponíveis; (iii) Se a petição inicial não estiver acompanhada de escritura pública que a lei considere essencial à prova do ato.

(B) Quando ocorre a revelia: (i) A presunção de veracidade dos fatos articulados na inicial é absoluta; (ii) Continua o juiz com a liberdade e responsabilidade de aplicar aos fatos a correta norma legal, porque nem sempre dos fatos alegados na inicial decorre a consequência jurídica perseguida na ação; (iii) O juiz está desobrigado de realizar a audiência de conciliação.

(C) Para que produza o efeito de confissão ficta: (i) Não é necessário que conste expressamente no mandado de citação a respectiva cominação, caso a ação não seja contestada; (ii) É necessário que o curador especial, no caso de citação por edital, seja intimado pessoalmente a contestar a ação; (iii) Não há necessidade de expressa declaração pelo juiz, na audiência.

(D) Na contestação: (i) É defeso ao réu arguir a incompetência absoluta do juiz; (ii) O requerimento de provas deve vir acompanhado da respectiva justificativa quanto a sua utilidade; (iii) O réu deve arguir toda a matéria de defesa que tiver, sendo-lhe possível tais alegações diante de fato novo superveniente.

(E) Na reconvenção: (i) A desistência da ação não obsta o seu prosseguimento; (ii) a conexão como fundamento da defesa é que justifica sua interposição; (iii) O réu pode, em seu próprio nome, opor-se a direito de outrem quando o autor demandar em nome de terceiro.

A: correto (art. 320); **B: incorreto**. A presunção de veracidade, que pode decorrer da revelia, é relativa, e não absoluta, já que pode ser afastada, por exemplo, quando for contrariada por algum elemento de prova dos autos; **C: incorreto.** A advertência no mandado de citação é essencial, para que se possa falar em efeito da revelia; **D: incorreto.** O art. 301, II, prevê a incompetência absoluta como uma das matérias que podem ser arguidas como preliminares da contestação; **E: incorreto.** A reconvenção pode ser ajuizada quando o seu objeto for conexo, não só com os fundamentos da defesa, mas também com a própria ação originária. Além disso, é vedada a reconvenção quando o autor está no processo em nome próprio para defender direito de terceiro (art. 315, parágrafo único, do CPC).

Gabarito "A".

(Magistratura do Trabalho – 8ª Região – 2009) Escolha a alternativa correta:

(A) As partes podem inverter o ônus da prova e distribuí-las livremente no contrato, desde que não recaia sobre direitos indisponíveis ou torne o seu exercício excessivamente difícil a uma delas.
(B) Não dependem de prova os fatos admitidos, por qualquer meio e em qualquer ocasião, como incontroversos.
(C) A parte que alegar direito estrangeiro deverá provar o teor e a vigência da respectiva norma, inclusive com a tradução oficial do seu texto.
(D) Todo aquele que, mesmo não sendo parte no processo, detiver coisa ou documento relativo aos fatos discutidos, está obrigado a exibi-los, desde que intimado a fazê-lo podendo excusar-se apenas se o documento redundar em desonra para o terceiro.
(E) As provas devem ser sempre produzidas em audiência.

A: correto (art. 333, parágrafo único, do CPC); **B: incorreto.** Há situações em que o fato, ainda que incontroverso, dependerá de prova, como ocorre, por exemplo, em relação aos direitos indisponíveis; **C: incorreto.** A prova do direito estrangeiro, invocado pela parte, dependerá de ato de determinação do juiz, e não é automática, como faz crer a alternativa em questão; **D: incorreto.** Nesse caso, o terceiro deverá ser citado, e não apenas intimado, para exibir. Além disso, as recusas admitidas são mais abrangentes do que menciona a alternativa (arts. 360 e 363 do CPC); **E: incorreto.** A prova oral será produzida em audiência, mas não as demais provas (documental, pericial, inspeção judicial, por exemplo).

Gabarito "A".

(Magistratura do Trabalho – 8ª Região – 2009) Marque a alternativa incorreta relativamente à exibição de documento em poder de terceiro:

(A) O incidente é processado em apartado ao processo principal.
(B) O prazo do terceiro para contestar é de 15 dias
(C) Quando processado de modo incidental, cabe apelação da decisão que a indefere liminarmente.
(D) O terceiro paga custas.
(E) Se o terceiro negar a obrigação de exibi-lo, o juiz designará audiência especial, tomando-lhe o depoimento, bem como das partes e até de testemunhas.

A: correto. Trata-se de verdadeira ação em face do terceiro, que dá origem a um processo incidente; **B: incorreto, devendo ser assinalado.** O terceiro tem prazo de 10 dias para responder o pedido; **C: correto.** Há surgimento de um processo incidente; **D: correto.** Note-se o princípio da causalidade; **E: correto.** (art. 361 do CPC).

Gabarito "B".

(Magistratura do Trabalho – 8ª Região – 2009) Marque a alternativa certa:

(A) O documento público faz prova de sua formação e de seu conteúdo, se este for declarado pelo tabelião.
(B) As reproduções digitalizadas de quaisquer documentos só podem ser aceitas como prova, iguais aos respectivos originais, se produzidas por órgão público.
(C) Os originais dos documentos digitalizados, apresentados como prova judicial, devem ficar preservados até o termo final do prazo para interposição de ação rescisória.
(D) Mesmo que feito por oficial público, mas sem a observância das formalidades legais, o documento público perde a eficácia probatória.
(E) Quando a lei exigir como substância do ato o instrumento público e este não puder ser exibido, pode ser substituído por outra prova idônea.

A: incorreto. Não é só o documento público declarado pela tabelião que faz prova de sua formação e de seu conteúdo, mas todos os documentos públicos; **B: incorreto.** A regra também se aplica quando as reproduções forem juntadas por advogados privados (art. 365, VI, do CPC); **C: correto.** (§ 1º do art. 365 do CPC); **D: incorreto.** Nesse caso, o documento terá a mesma eficácia probatória dos documentos particulares (art. 367 do CPC); **E: incorreto.** O art. 366 estabelece que, nesse caso, nenhuma outra prova, por mais especial que seja, pode suprir a falta do instrumento público.

Gabarito "C".

(Magistratura do Trabalho – 8ª Região – 2008) Sobre o processo de conhecimento, assinale a alternativa CORRETA:

(A) É concorrente a competência da autoridade judiciária brasileira para conhecer das ações relativas a imóveis situados no Brasil.
(B) A competência em razão do valor dos Juizados Especiais Federais é relativa.
(C) Quando a matéria controvertida for unicamente de direito e no juízo já houver sido proferida sentença de total improcedência em outros casos idênticos, poderá ser dispensada a citação e proferida sentença, reproduzindo-se o teor da sentença anteriormente prolatada. O juiz somente poderá reproduzir a sentença se tiver sido o prolator da sentença proferida nos outros casos idênticos.
(D) A confissão é incindível. A confissão extrajudicial feita a quem represente a parte e a contida em testamento serão livremente apreciadas pelo juiz.
(E) O juiz poderá converter o procedimento sumário em ordinário ao decidir de plano a controvérsia sobre a natureza da demanda, certo que nesse procedimento, sendo ré a Fazenda Pública, os prazos contar-se-ão em dobro.

A: incorreto. Essa é uma das hipóteses de competência privativa da autoridade judiciária brasileira (art. 89, I); **B: incorreto.** Trata-se de competência absoluta; **C: incorreto.** O art. 285-A do CPC aponta, como requisito para a improcedência liminar das lides repetitivas, já ter sido proferida sentença de total em procedência em casos semelhantes pelo juízo, e não pelo juiz; **D: incorreto.** O caráter incindível da confissão não é absoluto (art. 354 do CPC); **E:** *essa foi a* *alternativa considerada* **correta** *pelo examinador, embora haja, nela, um equívoco.* Não é correto afirmar que, quando a Fazenda Pública é ré no procedimento ordinário, os prazos contar-se-ão em dobro. A Fazenda Pública como ré tem prazos em quádruplo, para apresentar resposta e prazos em dobro, para recorrer. Os demais prazos são simples, o que faz com seja incorreta a alternativa, embora tal não tenha sido considerado pelo examinador.

Gabarito "E"

(Magistratura do Trabalho – 8ª Região – 2008) Quanto à disciplina legal da inspeção judicial, é INCORRETO afirmar:

(A) O juiz, de ofício ou a requerimento da parte, pode, em qualquer fase do processo, inspecionar pessoas ou coisas no desiderato de obter esclarecimento sobre fato que interesse à decisão da causa, sendo dever da parte se submeter à inspeção judicial que se reputar por necessária.

(B) As partes têm sempre o direito de assistir à inspeção judicial, inclusive de prestar esclarecimentos e fazer observações que entendam como de interesse para a causa.

(C) Poderá o juiz ir ao local onde se encontre a coisa quando esta não puder ser apresentada em juízo sem despesas consideráveis ou dificuldades graves. O juiz também poderá fazer inspeção judicial mesmo na hipótese em que seu intuito se resuma tão somente a alcançar uma melhor interpretação de determinado fato.

(D) É possível, na inspeção judicial, a presença de peritos assistindo ao juiz. Uma vez concluído o ato inspecional, o juiz mandará lavrar auto circunstanciado e nele detalhará tudo quanto fora realizado na diligência.

(E) O auto poderá ser instruído com desenho, gráfico e até mesmo fotografia.

A: correto (art. 440); **B: correto** (art. 442, parágrafo único, do CPC); **C: correto** (art. 442, II, do CPC); **D: incorreto, devendo ser assinalado.** No auto circunstanciado, será mencionado "tudo o que for útil ao julgamento da causa" (art. 443), mas não tudo quanto fora realizado na diligência; **E: correto** (art. 443, parágrafo único, do CPC).

Gabarito "D"

(Magistratura do Trabalho – 8ª Região – 2007) A respeito da matéria probatória em direito processual civil, é lícito afirmar:

(A) É nula a convenção que dispuser sobre o ônus da prova.

(B) O juiz poderá aplicar as regras de experiência comum subministradas pela observação do que ordinariamente acontece, além das regras de experiência técnica, na falta de normas jurídicas particulares.

(C) A carta rogatória e a precatória não possuem o condão de suspender o andamento do feito. Caso não sejam devolvidas dentro do prazo, poderão ser juntas aos autos até o julgamento.

(D) Nas ações de estado, a parte deverá responder pessoalmente sobre os fatos articulados, não sendo obrigada a depor de fatos: criminosos ou torpes, que lhe forem imputados; ou a cujo respeito, por estado ou profissão, deva guardar sigilo.

(E) Há confissão quando a parte admite a verdade de um fato, contrário ao seu interesse e favorável ao adversário, podendo assumir a modalidade judicial ou extrajudicial. Todavia, quando a confissão emanar de erro, dolo ou coação, apenas poderá ser revogada por Ação Rescisória.

A: incorreto (parágrafo único do art. 333 do CPC); **B: correto** (art. 335 do CPC); **C: incorreto** (art. 338 do CPC); **D: incorreto.** Nas ações de estado, não se deve aceitar a recusa da parte em responder (parágrafo único do art. 347 do CPC); **E: incorreto.** A confissão que emana de erro, dolo ou coação pode ser invalidada por ação anulatória, se o processo em que ela foi manifestada ainda estiver em curso (art. 352, I, do CPC).

Gabarito "B"

(Magistratura do Trabalho – 8ª Região – 2007) Sobre o aspecto probatório do processo, assinale a alternativa incorreta:

(A) Quanto à prova das alegações, a parte que alegar direito municipal, estadual, estrangeiro ou consuetudinário, provar-lhe-á o teor e a vigência, se assim o determinar o juiz.

(B) Quanto ao depoimento pessoal, a parte responderá pessoalmente sobre os fatos articulados, não podendo se servir de escritos adrede preparados. Todavia, excepcionalmente, o juiz permitirá a consulta a notas breves, desde que objetivem completar esclarecimentos.

(C) Quanto à confissão, esta é, de regra, indivisível, não podendo a parte, que a quiser invocar como prova, aceitá-la no tópico que a beneficiar e rejeitá-la no que lhe for desfavorável. Contudo, excepcionalmente, cindir-se-á quando o confitente lhe aduzir fatos novos, suscetíveis de constituir fundamento de defesa de direito material ou de reconvenção.

(D) Quanto às declarações constantes do documento particular, escrito e assinado, ou somente assinado, presumem-se verdadeiros em relação ao signatário. Quando, todavia, contiver declaração de ciência, relativa a determinado fato, o documento particular prova a declaração, mas não o fato declarado, competindo ao interessado em sua veracidade o ônus de provar o fato.

(E) Quanto à produção da prova testemunhal, prestado o compromisso, é lícito à parte contraditar a testemunha, arguindo-lhe a incapacidade, o impedimento ou a suspeição.

A: correto (art. 337 do CPC); **B: correto** (art. 346 do CPC); **C: correto** (art. 354 do CPC); **D: correto** (art. 368); **E: incorreta, devendo ser assinalado**. A contradita deve ser feita logo após a qualificação da testemunha. Se a testemunha já foi compromissada, houve preclusão do direito de contraditar.

Gabarito "E"

(Magistratura do Trabalho – 8ª Região – 2007) Assinale a resposta incorreta:

(A) No procedimento sumário, quando a fazenda pública for ré, os prazos contar-se-ão em quádruplo.

(B) Há litisconsórcio facultativo quando entre as causas houver conexão pelo objeto ou pela causa de pedir.

(C) A confissão espontânea pode ser feita pela própria parte ou por mandatário com poderes especiais.

(D) O juiz conhecerá de ofício a perempção, em qualquer tempo e grau de jurisdição, enquanto não proferida a sentença de mérito.

(E) É admissível o chamamento ao processo de todos os devedores solidários, quando o credor exigir, parcial ou totalmente, a dívida comum.

A: incorreto, devendo ser assinalado. A Fazenda Pública só tem a prerrogativa de prazo em quádruplo para contestar (art. 188 do CPC), o que significa que os demais prazos são simples (exceto o prazo para recorrer que é dobrado); **B: correto** (art. 46, III, do CPC); **C: correto** (art. 349, parágrafo único, do CPC); **D: correto**. Trata-se de matéria de ordem pública; **E: correto** (art. 77, III, do CPC).

Gabarito "A"

(Magistratura do Trabalho – 8ª Região – 2007) Assinale a resposta incorreta:

(A) No procedimento sumário não são admissíveis a ação declaratória incidental e as hipóteses de intervenção de terceiros.

(B) Nas ações relativas ao estado e à capacidade das pessoas não se aplica o procedimento sumário.

(C) Não incide os efeitos da revelia quando, havendo pluralidade de réus, algum deles contestar a ação, bem como se o litígio versar sobre direitos indisponíveis.

(D) O juiz poderá de ofício, em qualquer estado do processo, determinar o comparecimento pessoal das partes, a fim de interrogá-las sobre os fatos da causa.

(E) Nas ações que versarem sobre bens imóveis ou direitos sobre imóveis alheios, a confissão de um cônjuge não valerá sem a do outro.

A: incorreto devendo ser assinalado. O art. 280 do CPC prevê ser possível o uso das intervenções de terceiro fundadas em contrato de seguro; **B: correto** (art. 275, parágrafo único, do CPC); **C: correto** (art. 320 do CPC); **D: correto** (art. 342 do CPC); **E: correto** (art. 350, parágrafo único, do CPC).

Gabarito "A"

(Magistratura do Trabalho – 8ª Região – 2006) Sobre despacho de petição inicial relativa a causas repetitivas, é correto afirmar que:

(A) Na hipótese de ser permitido ao juiz, ao despachar a inicial, proferir sentença de total improcedência por reprodução de sentença anteriormente prolatada em casos idênticos, o réu será citado somente se o juiz, exercendo juízo de retratação, determinar o prosseguimento da ação

(B) Quando a matéria controvertida for unicamente de direito e no juízo já houver sido proferida sentença de total improcedência em outros casos idênticos, poderá ser dispensada a citação e proferida sentença, reproduzindo-se o teor da sentença anteriormente prolatada, aplicando-se a teoria da tríplice identidade para a verificação da existência de casos idênticos.

(C) Quando a matéria controvertida for unicamente de direito e no juízo já houver sido proferida sentença de total improcedência em outros casos idênticos, poderá ser dispensada a citação e proferida sentença, reproduzindo-se o teor da sentença anteriormente prolatada, aplicando-se essa hipótese inclusive quando a inicial contiver pedidos compostos ou decomponíveis em cumulação objetiva.

(D) Quando a matéria controvertida for unicamente de direito e no juízo já houver sido proferida sentença de total improcedência em outros casos idênticos, poderá ser dispensada a citação e proferida sentença, reproduzindo-se o teor da sentença anteriormente prolatada, regra aplicável apenas quando o juiz prolator da sentença for também o autor da sentença que será reproduzida, visando manter uniforme o entendimento para os casos repetitivos.

(E) Quando a matéria controvertida for unicamente de direito e no juízo já houver sido proferida sentença de total improcedência em outros casos idênticos, poderá ser dispensada a citação e proferida sentença, reproduzindo-se o teor da sentença anteriormente prolatada, certo que não haverá condenação de honorários de sucumbência, salvo se o autor apelar e for mantida a sentença de improcedência.

A: incorreto. O réu também será citado, caso o juiz não exerça o juízo de retratação, para apresentar resposta à apelação eventualmente interposta pelo autor; **B: incorreto.** Se a demanda atual fosse idêntica à anterior (tríplice identidade), haveria extinção do processo sem resolução do mérito, seja pela litispendência ou pela coisa julgada; **C: incorreto.** A aplicação do art. 285-A do CPC requer que o pedido formulado no processo em questão seja o mesmo do processo em que foi proferida a sentença a ser reproduzida. Se a identidade entre os pedidos for parcial, fica prejudicada a aplicação do art. 285-A do CPC; **D: incorreto.** Não se exige que o prolator da sentença reproduzida tenha sido o mesmo juiz; basta que ela tenha sido proferida pelo mesmo juízo; **E: correto.**

Gabarito "E"

(Magistratura do Trabalho – 8ª Região – 2006) Sobre a distribuição de processos, é correto afirmar que:

(A) Distribuir-se-ão por dependência as causas de qualquer natureza quando, tendo sido extinto o processo sem resolução de mérito, for reiterado o pedido, ainda que em litisconsórcio com outros autores ou que sejam parcialmente alterados os réus da demanda.

(B) Não podem ser distribuídas por dependência causas que se relacionarem, por conexão ou continência, com outra causa em que tenha havido desistência, porque tecnicamente não há conexão ou continência em relação a processo extinto.

(C) A litispendência não é causa de distribuição por dependência nem de modificação de competência. Comprovada a existência de ações idênticas, o processo relativo à segunda ação será extinto, sem resolução de mérito, pelo juízo a quem originariamente coube por distribuição, sem necessidade de remessa ao juízo para o qual foi distribuída a primeira ação.

(D) Distribuir-se-ão por dependência as causas de qualquer natureza quando, tendo sido extinto o processo sem resolução de mérito, for reiterado o pedido, ainda que em litisconsórcio com outros autores; contudo, a alteração parcial dos réus na segunda demanda afasta a prevenção.

(E) Havendo intervenção de terceiro, o juiz mandará de ofício proceder à respectiva anotação pelo distribuidor, regra que não se aplica à assistência litisconsorcial em que o assistente é considerado litisconsorte da parte principal.

Art. 253 do CPC. A distribuição por dependência deverá ser feita nesse caso, porque, se a demanda conexa que foi objeto de desistência for ajuizada novamente, será necessário que a nova petição inicial seja distribuída para o mesmo juízo que homologou a desistência, demonstrando, assim, ser mais adequado que a causa conexa seja distribuída para o mesmo juízo.

Gabarito "A"

(Magistratura do Trabalho – 8ª Região – 2006) Sobre a exceção de incompetência relativa, é correto afirmar que:

(A) A nulidade de cláusula de eleição de foro, em contrato de adesão, pode ser declarada de ofício pelo juiz; contudo, o juiz somente poderá declinar da competência para o foro do domicilio do réu se por ele oferecida a respectiva exceção, eis que é vedado ao juiz proclamar de ofício a incompetência territorial.

(B) Prorrogar-se-á a competência em razão do lugar se dela o juiz não declinar diante da nulidade da cláusula de eleição de foro existente em contrato de adesão ou quando o réu não opuser exceção declinatória nos casos e prazos legais.

(C) A petição da exceção de incompetência deverá ser protocolizada no juízo de domicílio do réu e imediatamente remetida ao juízo que determinou a citação, contando-se o prazo de oferecimento da exceção, na hipótese de citação postal, a partir da data de recebimento, pelo réu, da carta citatória.

(D) Na exceção de incompetência, a petição pode ser protocolizada no domicílio do réu, com requerimento de sua imediata remessa ao juízo que determinou a citação, salvo se houver necessidade de prova testemunhal, hipótese em que deverá a exceção ser apresentada para protocolo diretamente no foro onde foi proposta a ação.

(E) Arguida, em contestação, preliminar de nulidade da cláusula de eleição de foro, em contrato de adesão, o juiz declinará, de ofício, da competência para o juízo do domicílio do réu, independentemente de oferecimento da exceção de incompetência.

A: incorreto. O parágrafo único do art. 112 do CPC prevê que o juiz, além de reconhecer de ofício a nulidade da clausula de eleição de foro, também de ofício deva determinar a remessa dos autos ao foro do domicílio do réu; **B: correto** (art. 114 do CPC); **C: incorreto.** O prazo para a exceção de incompetência é o mesmo da contestação, ou seja, 15 dias a contar da comprovação nos autos de que o réu foi citado; **D: incorreto.** O parágrafo único do art. 305 não contém qualquer ressalva relativa à necessidade de produção de prova oral; **E:** *essa foi a alternativa considerada* **incorreta** *pelo examinador,* Ocorre, porém, que há entendimento jurisprudencial, no sentido de que a alegação de incompetência relativa pode ser feita por meio de preliminar de contestação. No caso proposto, o réu arguiu em preliminar de contestação a nulidade da cláusula de eleição de foro, com o único objetivo de chamar a atenção do juízo para o fato de que a demanda foi proposta perante juízo incompetente em razão do lugar. Houve alegação da matéria, portanto, e a eventual remessa dos autos determinada pelo juiz não seria de ofício, ainda mais quando se tem em vista a nova redação parágrafo único do art. 112.

Gabarito "B"

(Magistratura do Trabalho – 9ª Região – 2009) Analise as proposições a seguir:

I. Na contestação o réu deverá deduzir toda a matéria de defesa, mas antes deverá alegar as exceções. Portanto, na hipótese de citação por Carta Precatória, a exceção de incompetência relativa pode ser protocolizada no juízo de domicílio do réu, com requerimento de sua imediata remessa ao juízo que determinou a citação.

II. A compensação pode constituir matéria de defesa, como o pagamento e a prescrição. Ainda, o réu poderá se valer da reconvenção para pleitear a compensação, quando o seu crédito for superior ao do autor e pretender tê-lo condenado no saldo. Portanto, se a compensação for alegada em defesa, o credor só pode compensar com o devedor o que este lhe dever.

III. Há litispendência quando se repete ação que está em curso; há coisa julgada quando se repete ação já decidida por sentença, de que não caiba recurso. Arguindo-as o réu, importarão em extinção do processo com resolução de mérito.

IV. Mesmo depois de encerrada a instrução processual, se o juiz entender insuficiente a prova para formação de seu convencimento, poderá ordenar, de ofício, a produção de nova perícia ou a realização de inspeção judicial.

(A) Nenhuma das proposições está correta.

(B) Todas as proposições estão corretas.

(C) Somente três proposições estão corretas.

(D) Somente duas proposições estão corretas.

(E) Somente uma proposição está correta.

I: incorreto. As exceções devem ser apresentadas separadamente, e não na própria contestação. Além disso, a oposição delas suspende o prazo para a contestação; **II: correto; III: incorreto.** Ambas matérias acarretam na extinção do processo sem resolução do mérito; **IV: correto.**

Gabarito "D"

(Magistratura do Trabalho – 9ª Região – 2009) Analise as proposições a seguir:

I. O artigo 131 do CPC estatui que "o juiz apreciará livremente a prova, atendendo aos fatos e circunstâncias constantes dos autos, ainda que não alegados pelas partes; mas deverá indicar, na sentença, os motivos que lhe formaram o convencimento". Para a avaliação das provas são conhecidos três sistemas: o do critério dispositivo ou legal; o da livre convicção e o da persuasão racional. Portanto, observa-se que o Código de Processo Civil se filia ao sistema da livre convicção.

II. O artigo 363 do CPC, em seu inciso III, dispõe que "a parte ou o terceiro se escusam de exibir, em juízo, o documento ou a coisa (...) se a publicidade do documento redundar em desonra à parte ou ao terceiro, bem como a seus parentes consanguíneos ou afins até o terceiro grau; ou lhes representar perigo de ação penal." Nesta hipótese, o juiz poderá determinar a exibição do documento desde que decrete segredo de justiça, nos termos do artigo 155 do mesmo Codex.

III. Nos termos do artigo 158 do CPC, "os atos das partes, consistentes em declarações unilaterais ou bilaterais de vontade, produzem imediatamente a constituição, a modificação ou a extinção de direitos processuais". Portanto, se as partes peticionarem demonstrando a formalização de acordo celebrado extrajudicialmente em data posterior à propositura da demanda, não há necessidade da sua homologação judicial, porque equivalente à desistência da ação.

IV. Não produzem coisa julgada as sentenças proferidas em processos cautelares, exceto nas hipóteses de reconhecimento de prescrição ou decadência.

V. Conforme as causas de que provém, a preclusão se diz temporal, lógica e consumativa. Preclusão consumativa se dá quando a prática de um ato se faz incompatível com a prática de outro, como, por exemplo, valendo-se a parte de um documento como fundamento do seu direito, arguir a sua nulidade por coação na sua formação.

(A) Todas as proposições estão corretas.
(B) Somente quatro proposições estão corretas.
(C) Somente três proposições estão corretas.
(D) Somente duas proposições estão corretas.
(E) Somente uma proposição está correta.

I: incorreto. A lei adotou o sistema da persuasão racional; **II: incorreto.** Tal solução não está prevista em lei; **III: incorreto.** O acordo deve ser homologado para que o processo seja extinto com resolução do mérito; **IV: correto; V: incorreto.** Preclusão consumativa é a que decorre da efetiva prática do ato (no item, foi conceituada a preclusão lógica).

Gabarito "E"

(Magistratura do Trabalho – 9ª Região – 2006) Sobre provas, assinale a alternativa correta:

(A) Em razão do princípio do ônus da prova, o juiz deve considerar, ao proferir o julgamento, de qual das partes foi a iniciativa na produção de cada prova.
(B) A confissão extrajudicial, feita por escrito à parte ou a quem a represente, tem a mesma eficácia probatória da judicial.
(C) O ônus da prova quanto à não autenticidade de assinatura cabe à parte que alegá-la.
(D) O juiz não pode atribuir fé a documento que, em ponto substancial e sem ressalva, contiver entrelinha, emenda, borrão ou cancelamento.
(E) O juiz não pode motivar seu convencimento com base em meio de prova não previsto expressamente no Código de Processo Civil.

A: incorreto. O princípio do ônus da prova não se relaciona com a iniciativa de cada prova. Trata-se de uma regra de julgamento a ser aplicada pelo juiz quando o cenário probatório não for suficiente, para que se possa acolher qualquer das versões oferecidas pelas partes; **B: correto** (art. 353 do CPC); **C: incorreto.** O ônus da prova, nesse caso, é da parte que juntou o documento (art. 389, II); **D: incorreto** (art. 386 do CPC); **E: incorreto.** Em matéria de provas, vigora o princípio da atipicidade dos meios de prova, ou seja, o rol das provas previsto pelo Código de Processo Civil é meramente exemplificativo.

Gabarito "B"

(Magistratura do Trabalho – 11ª Região – 2007 – FCC) A exceção de impedimento do juiz

(A) poderá ser protocolizada no juízo de domicílio do réu, com requerimento de sua imediata remessa ao juízo que determinou a citação.
(B) observa as regras do julgamento da exceção de incompetência.
(C) suspende o prazo para o réu requerer a nomeação à autoria.
(D) comporta agravo retido das decisões interlocutórias.
(E) suspende o prazo para a ação principal, quando oposta na medida cautelar preparatória.

A: incorreto. Essa solução só está prevista em lei para a exceção de incompetência relativa (art. 305, parágrafo único, do CPC), e não para a exceção de impedimento; **B: incorreto.** Há regras procedimentais próprias para a exceção de impedimento; **C: correto.** A oposição de qualquer exceção acarreta na automática suspensão do processo, bem como do prazo para a apresentação das demais respostas; **D: incorreto.** O regime da retenção do agravo é incompatível com a exceção de impedimento, sendo cabível exclusivamente o agravo de instrumento; **E: incorreto.** O prazo que fica suspenso pela oposição das exceções é o prazo para as demais respostas, sem qualquer influência no prazo para a propositura da ação principal.

Gabarito "C"

(Magistratura do Trabalho – 12ª Região – 2006) Sobre o direito probatório na esfera Processual Civil é possível afirmar:

(A) arrolado como testemunha, o juiz não se torna impedido de julgar a causa se a parte que o incluiu no rol vier a desistir de seu depoimento;
(B) a decisão que resolve o incidente de falsidade documental não faz coisa julgada material;
(C) havendo necessidade de nova perícia, esta substituirá a anterior, desde que tenha por objeto os mesmos fatos sobre os quais recaiu a primeira;
(D) considera-se prova lícita a gravação magnética de conversação telefônica por um dos interlocutores sem o conhecimento do outro;
(E) nenhuma das alternativas é correta.

A: incorreto. O juiz fica impedido de atuar como testemunha e a parte não pode desistir de seu depoimento (art. 409); **B: incorreto.** O incidente de falsidade tem como principal objetivo atribuir força de coisa julgada à decisão relativa à autenticidade ou falsidade do documento; **C: incorreto.** A nova perícia não substitui a anterior (art. 439, parágrafo único); **D: correto.**

Gabarito "D"

(Magistratura do Trabalho – 12ª Região – 2006) Assinale a alternativa incorreta, sob a ótica do Direito Processual Civil:

(A) o juiz pode, de ofício ou a requerimento da parte interessada, em qualquer estado do processo, determinar o comparecimento pessoal das partes, a fim de interrogá-las sobre os fatos da causa;

(B) a parte deverá ser interrogada na mesma forma prescrita para a inquirição de testemunhas;
(C) o juiz deve permitir que a parte faça consulta a notas breves, que objetivem complementar esclarecimentos;
(D) no Juízo Cível, vale como confissão a admissão, em Juízo, de fatos relativos a direitos, ainda que indisponíveis;
(E) a parte não é obrigada a depor sobre fatos criminosos ou torpes que lhe forem imputados, nem a cujo respeito deva guardar sigilo profissional.

A: correto (art. 342 do CPC); **B: correto** (art. 344 do CPC); **C: correto** (art. 346 do CPC); **D: incorreto, devendo ser assinalado** (art. 351 do CPC); **E: correto** (art. 347 do CPC).
Gabarito "D"

(Magistratura do Trabalho – 13ª Região – 2006) José da Silva ingressou com ação contra João Flores, alegando que lhe vendeu uma parte de terras e doze animais de criação, sendo 10 (dez) vacas de leite, um touro e um cavalo de montaria. Alegou que o réu lhe pagou apenas uma parte do débito relacionado à compra das terras, e o fez com grande atraso. Pediu a condenação do demandado ao pagamento do preço dos animais e das parcelas restantes da terra. Pediu ainda a condenação em juros de mora e a atualização monetária dos valores devidos. João Flores admitiu, na contestação, a compra das terras, mas não dos animais. Alegou que pagou todo o preço acertado, no prazo estabelecido no contrato de compra e venda. Tendo em vista a distribuição do ônus da prova, é certo afirmar:

I. José da Silva terá que provar a venda das terras, dos animais e a falta de pagamento;
II. João Flores só terá que provar o pagamento em dia;
III. o autor não necessitará provar a venda das terras, mas deverá fazer a prova da venda dos animais;
IV. o réu deverá provar que efetuou todo o pagamento das terras e que tal pagamento se deu no prazo acordado;
V. o autor deverá provar todas as alegações, inclusive que vendeu as terras ao réu.

(A) todas as respostas estão erradas;
(B) todas as respostas estão certas;
(C) só a I e a II estão certas;
(D) só a III e a IV estão certas;
(E) só a V está certa.

I: incorreto. A venda das terras foi admitida pelo réu, ou seja, tornou-se fato incontroverso e, por isso, não depende de prova; **II: incorreto.** O réu ainda terá que provar que o pagamento foi integral, além de pontual; **III: correto.** A venda das terras foi admitida pelo réu; **IV: correto; V: incorreto.** A compra das terras é fato incontroverso e, como tal, não depende prova.
Gabarito "D"

(Magistratura do Trabalho – 14ª Região – 2011) Analise as proposições abaixo, em matéria de pedido e responda a alternativa correta.

I. Pelo princípio da congruência o juiz deve decidir de acordo com o que foi pedido.
II. As matérias de ordem pública estão fora do princípio da congruência, como, por exemplo, a função social do contrato e da propriedade.
III. Compete ao advogado declarar na petição inicial ou na contestação, o endereço em que receberá a intimação.
IV. O advogado poderá, a qualquer tempo, renunciar ao mandato, provando que cientificou o mandante. Durante os 20 (vinte) dias seguintes, no entanto, continuará a representar a parte, desde que necessário para lhe evitar prejuízo.
V. Se o autor não pedir, nas prestações periódicas que as vincendas se incluam na condenação, estas não devem ser consideradas pelo julgador, porque fugiriam aos parâmetros da necessária interpretação restritiva dos pedidos, determinado pelo sistema processual.

(A) Estão corretas as alternativas I e V
(B) Estão corretas as alternativas I, II e IV.
(C) Estão corretas as alternativas I, II e III.
(D) Estão corretas as alternativas III, IV e V.
(E) Estão corretas as alternativas IV e V.

I: correto. Pelo próprio princípio da *correlação*, *congruência* ou da *adstrição*, o órgão julgador, na sentença, deve cingir-se ao pedido e à causa de pedir, sob pena de julgamento *citra*, *ultra* ou *extra petita*. O juiz não pode inovar ou ampliar os limites objetivos da lide, sob pena de afronta aos princípios da ampla defesa, do contraditório e ao princípio dispositivo. De qualquer forma, vale registrar que as questões de ordem pública podem ser reconhecidas de ofício pelo órgão jurisdicional, motivo porquanto se revela prescindível pedido expresso da parte; **II: correto.** As matérias de ordem pública estão "fora" do princípio da congruência, já que tais questões podem ser reconhecidas de ofício pelo órgão jurisdicional; **III: correto** (art. 39, I, do CPC); **IV: incorreto.** O prazo é de 10 dias, e não de 20 (art. 45 do CPC); **V: incorreto.** O autor deve fixar os limites objetivos da lide, especificando em que consiste o provimento pleiteado junto ao Estado-Juiz (art. 128 do CPC). Via de regra, a parte deve declinar com precisão a providência jurisdicional almejada. Todavia a assertiva sob comento traduz hipótese de *pedido implícito* (290 do CPC), de modo tal que as prestações vincendas considerar-se-ão elas incluídas no pedido, independentemente de declaração expressa do autor.
Gabarito "C"

(Magistratura do Trabalho – 14ª Região – 2011) Analise as proposições abaixo, em matéria de prova, e responda.

I. Incumbe ao autor o ônus da prova, quanto ao fato constitutivo do seu direito.
II. Pelo princípio da aquisição processual, o juiz deve perquirir quem tinha o ônus da prova, para poder julgar com acerto, mesmo quando o fato está plenamente provado nos autos.
III. Em qualquer situação pode o confitente ou seu ex adverso aceitar a parte da confissão que lhe favorece e rejeitar o que não lhe convém.
IV. Ao autor cabe o ônus da prova da inexistência de litispendência (pressuposto processual negativo); ao réu cabe apenas esperar que o autor tenha insucesso, para obter o exame do mérito.
V. Pelo princípio da autonomia da vontade (art. 9° LICC) e do interesse legítimo, podem contratantes

em uma convenção, distribuir de maneira diversa o ônus da prova, independentemente dos direitos convencionados.

(A) Estão corretas as assertivas I, II e III.
(B) Está correta a assertiva III.
(C) Estão incorretas as assertivas I, IV e V.
(D) Está correta a assertiva I.
(E) Estão incorretas as assertivas I, III e V.

I: correto (art. 333, I, do CPC); **II: incorreto**. De acordo com o princípio *da aquisição processual* ou da *comunhão da prova*, esta, uma vez produzida, incorpora-se ao processo. Daniel Assumpção Neves complementa: "Uma prova produzida passa a ser do processo, pouco importando se o responsável pelo requerimento ou determinação de sua produção tenha sido o autor, o réu, ou mesmo o juiz de ofício" (NEVES, Daniel Amorim Assumpção. *O princípio da comunhão da prova. Revista Dialética de Direito Processual*. São Paulo: Dialética, n. 31, 2005, p. 20); **III: incorreto**. A confissão, via de regra, é indivisível (art. 354 do CPC); **IV: incorreto**. O réu não obteria o exame do *mérito* da lide, já que a existência de litispendência implica a extinção do processo sem resolução de mérito, *ex vi* do art. 267, V, do CPC; **V: incorreto**. A convenção será nula, se seu objeto envolver direito indisponível de uma das partes (art. 333, parágrafo único, I, do CPC).

Gabarito "D"

(Magistratura do Trabalho – 15ª Região – 2011) Assinale o correto procedimento a ser adotado em caso de um dos réus suscitar, em face do magistrado, incide de suspeição:

(A) o Juiz, não a reconhecendo e devendo velar pela célere solução do litígio; dá continuidade ao processamento do feito, sobretudo porque há plural idade de réus envolvidos no polo passivo da lide;
(B) o juiz deve acolher a suspeição, ainda que ela não se encontre caracterizada, permitindo, assim, a designação imediata de outro magistrado para analisar o litígio conferindo-lhe rápida solução;
(C) de acordo com o Código de Processo Civil, o magistrado, ao receber o incidente de suspeição, terá dois caminhos: reconhecer a suspeição, ordenando a remessa dos autos ao seu substituto legal, ou remeter o incidente ao tribunal para que o aprecie, suspendendo o curso do processo;
(D) de acordo com o Código de Processo Civil, o magistrado, ao receber o incidente de suspeição, terá dois caminhos: reconhecer a suspeição e remeter o processo ao tribunal, para sua apreciação, ou remeter o incidente ao seu substituto legal, para apreciação, sem suspensão do processo, no qual continua atuando;
(E) nenhuma das alternativas é correta

O juiz poderá reconhecer, de plano, o impedimento ou a suspeição. Caso contrário, apresentará, no prazo de 10 dias, as razões de sua discordância e, aí, sim, remeterá os autos ao tribunal, sobrestando o feito (arts. 265, III, e 313 do CPC).

Gabarito "C"

(Magistratura do Trabalho – 15ª Região – 2011) Com relação à confissão, aponte a alternativa incorreta:

(A) pode ser extra judicial ou judicial e, esta última, provocado ou espontânea. Admite-se que a espontânea seja realizada por procurador ao qual tenham sido conferidos poderes especiais;
(B) quando emanar de dolo pode ser revogada por ação anulatória, quando pendente o processo em que foi feita;
(C) quando emanar de dolo, pode ser revogado por ação rescisória, quando já transitada em julgado a sentença que a considerou como um de seus fundamentos;
(D) quando contida em testamento, não tem a mesma força probatória que a confissão judicial;
(E) necessita da autorização do outro cônjuge, para operar seus efeitos, nas ações que versem sobre bens imóveis.

A: correto (arts. 348 e 349 do CPC); **B: correto** (art. 352, I, do CPC); **C: incorreto**, devendo ser assinalado A rescisória só terá cabimento quando a confissão derivada de dolo constituir seu *único* fundamento (art. 352, II, do CPC); **D: correto** (art. 353, *caput*, segunda parte, do CPC); **E: correto** (art. 350, parágrafo único, do CPC).

Gabarito "C"

(Magistratura do Trabalho – 15ª Região – 2010) Em ação de rito sumário, o réu, ao apresentar sua resposta em audiência, alega a exceção de incompetência em razão do lugar, a existência de coisa julgada e formula pedido em seu favor, fundado nos mesmos fatos referidos na inicial. Assinale a alternativa correta:

(A) o réu apresentou defesa processual peremptória, defesa processual dilatória e pedido contraposto;
(B) o réu apresentou defesa processual dilatória, defesa processual peremptória e pedido contraposto;
(C) o réu apresentou defesa processual dilatória, defesa processual peremptória e reconvenção;
(D) o réu apresentou defesa processual peremptória, defesa processual dilatória e reconvenção;
(E) todas as alternativas estão incorretas.

A exceção de incompetência tem natureza de *defesa processual imprópria ou dilatória*, visto que não tem o condão de extinguir o processo, mas sim o de retardar o seu desfecho, ao passo que a existência de coisa julgada qualifica-se como *defesa processual própria ou peremptória*, porquanto conduz à sua extinção sumária. O pedido formulado em contestação de demanda submetida ao procedimento comum sumário tem natureza de *pedido contraposto*, e não de reconvenção. As ações que se submetem ao rito sumário são classificadas pela doutrina como ações dúplices. Trata-se daquelas demandas em que, por razões de ordem material ou processual, faculta-se ao réu, na própria contestação, apresentar pedido contraposto, isto é, formular uma *pretensão contra o autor* – e não tão somente resistir àquela deduzida por ele na petição inicial – *independentemente de reconvenção.* São exemplos de ações dúplices: prestação de contas, possessórias, desapropriação, declaratórias, aquelas submetidas aos juizados especiais cíveis, consignação em pagamento, renovatórias etc. No procedimento comum, rito sumário, o réu poderá formular pedido contraposto no bojo da contestação, daí por que lhe é vedado o ajuizamento de reconvenção (art. 278, §1º, do CPC). Caso o réu de demanda submetida ao rito sumário fizesse uso de reconvenção, seria carecedor de ação nesse tocante, por lhe faltar interesse de agir, modalidade interesse-necessidade. Afinal de contas, qual a necessidade de o réu aforar reconvenção, se, nas ações dúplices, o requerido pode apresentar pedido contraposto na própria contestação.

Gabarito "B"

(Magistratura do Trabalho – 15ª Região – 2010) Observe as afirmativas abaixo a respeito do tema "provas no processo civil":

I. A fotografia juntada aos autos terá de ser acompanhada do respectivo negativo; a ausência do negativo, porém, não retira o valor probante do documento caso este não tenha sido impugnado.
II. O documento público feito sem a observância das formalidades legais tem a mesma eficácia probante do documento particular, desde que subscrito pelas partes.
III. A parte que alegar direito municipal, estadual, estrangeiro ou consuetudinário, provar-lhe-á o teor e a vigência, se assim o determinar o juiz.
IV. Não dependem de prova os fatos em cujo favor milita presunção legal de veracidade.

Agora responda:

(A) somente as afirmativas contidas nas alíneas "I" e "IV" são corretas;
(B) somente as afirmativas contidas nas alíneas "II" e "IV" são corretas;
(C) somente as afirmativas contidas nas alíneas "III" e "IV" são corretas;
(D) somente as afirmativas contidas nas alíneas "I" e "II" e "III" são corretas;
(E) todas as afirmativas são corretas.

I: correto (arts. 383, *caput*, e 385, §1º, do CPC); **II: correto** (art. 367 do CPC); **III: correto** (art. 337 do CPC); **IV: correto** (art. 334, IV, do CPC).

Gabarito "E"

(Magistratura do Trabalho – 15ª Região – 2010) Assinale a alternativa incorreta:

(A) o juiz pronunciará, de ofício, a prescrição;
(B) a interrupção da prescrição retroagirá à data da propositura da ação, havendo citação válida;
(C) a citação ordenada por juiz incompetente não produz o efeito de constituir o devedor em mora;
(D) salvo para evitar o perecimento de direito, não se fará citação aos doentes, enquanto grave o seu estado;
(E) o militar, em serviço ativo, pode ser citado na unidade em que estiver servindo, nos termos da lei.

A: correto (art. 219, §5º, do CPC); **B: correto** (art. 219, §1º, do CPC); **C: incorreto, devendo ser assinalado** (art. 219, *caput*, do CPC); **D: correto** (art. 217, *caput* e IV, do CPC); **E: correto** (art. 216, parágrafo único, do CPC).

Gabarito "C"

(Magistratura do Trabalho – 16ª Região – 2011) Assinale a alternativa INCORRETA:

(A) A reconvenção deve preencher os requisitos das condições da ação e dos pressupostos processuais, bem como os específicos da conexão da ação, da competência do juízo, identidade de ritos e identidade de partes.
(B) A defesa é direta quando nega a ocorrência dos fatos alegados na petição inicial, afirmando ou que não ocorreram ou que ocorreram de forma diferente ou que são verdadeiros, mas a consequência jurídica não ampara a pretensão, sendo Indireta quando apresenta fatos impeditivos, modificativos ou extintivos do direito do autor, agregando fatos novos ao processo, que alteram o destino da causa, por conduzirem à improcedência da ação.
(C) Peio Princípio da Consumação, na peça de contestação não poderá o réu deduzir alegações incompatíveis entre si, que poderão ser alegadas nas fases seguintes, nos termos do art. 303 do CPC.
(D) Litispendência é quando se reproduz ação anteriormente ajuizada, havendo identidade de partes, da causa de pedir e do pedido. Já a conexão ocasiona a modificação de competência relativa, por prorrogação, reunindo-se os processos para que sejam julgados simultaneamente, por força da prevenção.
(E) Quando a lei considerar da substância do ato que seja por instrumento público, a falta de impugnação precisa sobre os fatos narrados na petição inicial não gera presunção de veracidade.

A: correto. A reconvenção é uma ação incidental de conhecimento, ajuizada pelo réu, por ocasião de sua resposta, inserindo-se, portanto, na mesma relação processual originária. Assim sendo, deve preencher os pressupostos processuais e as condições da ação para que o órgão jurisdicional possa examinar o mérito da pretensão deduzida pelo réu reconvinte. Ademais, a reconvenção, além de *compatibilidade procedimental*, deve guardar *conexão* com a ação ou com o fundamento de defesa (art. 315, *caput*, do CPC), sem embargo de que o juízo da ação deve ser ao menos *absolutamente competente* para processar e julgar a reconvenção; **B: correto**. A questão expõe corretamente os conceitos de defesa de mérito direta e indireta, respectivamente. Na *defesa de mérito direta*, o réu nega o próprio fato, ou até o ratifica, porém rechaça o efeito jurídico pretendido pelo autor. Na *defesa de mérito indireta*, o réu reconhece os fatos articulados pelo demandante; porém, agrega novos elementos que modificam, impedem ou extinguem o direito afirmado na petição inicial; **C: incorreto**. Em razão do princípio da *eventualidade* ou da *concentração*, o réu deve alegar, na contestação, toda a matéria de defesa, expondo as razões fáticas e jurídicas com que impugna o pedido do autor e especificando as provas que pretende produzir (art. 300 do CPC). Em outras linhas, o réu, por influxo de tal princípio, deverá alegar na contestação todas as defesas – processuais e substanciais – que tiver contra a pretensão deduzida pelo autor na petição inicial, sob pena de preclusão, salvo as exceções reproduzidas pelo art. 303 do CPC; **D: correto**. O conceito de litispendência fornecido pela questão é aquele tratado no art. 301, §1º, do CPC. Quanto à conexão, seu escopo é o de propiciar o *julgamento simultâneo, por parte do juízo prevento, das demandas reputadas conexas*, seja em virtude da identidade de causas de pedir ou de pedidos (arts. 102, 103 e 105 do CPC); **E: correto** (art. 302, II, do CPC).

Gabarito "C"

(Magistratura do Trabalho – 16ª Região – 2011) Considerando as afirmativas abaixo, assinale a alternativa CORRETA:

I. Na petição inicial, pela Teoria da Substancialização da causa de pedir, o demandante deve indicar qual o fato jurídico e a relação jurídica dele decorrente, sem que o fato jurídico demonstre esses elementos, não se consubstancia a relação jurídica protegida, obstando a obtenção do efeito jurídico pretendido.

II. Caso a petição inicial não cumpra seus requisitos ou não se mostre suficientemente clara contendo aspectos obscuros que impossibilitam o julgamento, o juiz mandará o autor emendá-la, no prazo de 10 dias. Se ainda assim não o fizer autor, será indeferida a petição inicial por inépcia cabendo dessa decisão recurso de apelação.

III. Quando o pedido consistir na condenação do réu a não praticar algum ato, ou tolerar alguma atividade, ou ainda a uma obrigação de fazer de natureza personalíssima, é lícita a cumulação de pleito cominatório com a penalidade pecuniária por eventual descumprimento da determinação.

IV. É permitida a cumulação na mesma ação, de mais de um pedido em face do mesmo réu, em homenagem ao princípio da economia processual, desde que haja compatibilidade entre os pedidos, e jurisdição competente para ambos e adequação de procedimentos.

(A) Somente as afirmativas I, II e III estão corretas.
(B) Somente as afirmativas I e II estão corretas.
(C) Somente as afirmativas I, III e IV estão corretas.
(D) Somente as afirmativas II, III e IV estão corretas
(E) Todas as afirmativas estão corretas.

I: correto. Na visão de Nelson Nery Jr., os fundamentos fáticos constituem a causa de pedir próxima, ao passo que as razões jurídicas em que se assenta o pedido do autor consubstanciam a causa de pedir remota. Em razão de o sistema processual civil brasileiro haver acolhido a teoria da substanciação – do que é decorrente a máxima do *jura novit curia* –, o autor deverá declinar corretamente e o juiz deverá ater-se tão somente aos fatos que embasam a pretensão deduzida em juízo, sendo irrelevante o equívoco cometido quanto à qualificação jurídica do fato narrado. Todavia, se, dos fatos narrados, não resulta a relação de direito material afirmada na petição inicial, outro não será o resultado do julgamento, senão o de improcedência da demanda; **II: correto** (arts. 284, 295, VI, e 296, *caput*, do CPC); **III: correto** (art. 287 do CPC); **IV: correto** (art. 292 do CPC).

Gabarito "E".

(Magistratura do Trabalho – 16ª Região – 2008) Sobre a resposta do réu, no procedimento ordinário, assinalar a resposta certa:

(A) Para desligar-se da relação jurídica processual ou adiar o seu deslinde, a defesa será sempre indireta, podendo ser dilatória, a que prorroga a conclusão, ou peremptória, a que extingue e relação jurídica, se acatada.
(B) Na contestação, o réu pode impugnar o pedido do autor, assim como tentar desvincular-se do processo, isto em razão da relação jurídica de direito material que deu causa ao processo.
(C) A contestação é regida pelo princípio da eventualidade ou da concentração, pelo qual todas as defesas devem ser apresentadas na contestação, salvo se houver contradição entre elas.
(D) Para evitar os efeitos da revelia é suficiente que o réu apresente sua resposta, uma vez que manifestou interesse em se defender, independente da matéria tratada na inicial.
(E) As matérias de defesa, relativas a pressupostos processuais, perempção, litispendência, coisa julgada e condições da ação, se não apresentadas na contestação, são atingidas pela preclusão.

A: correto; B: incorreto. Se o réu alega, como defesa, a relação jurídica de direito material que deu causa ao processo, não tenta ele se desvincular da demanda, mas busca a improcedência do pedido; **C: incorreto.** Pelo princípio da eventualidade, todas as teses defensivas, ainda que incompatíveis entre si, devem ser invocadas na contestação; **D: incorreto.** Para evitar os efeitos da revelia, não é suficiente que o réu apresente resposta; deve apresentar contestação e, nela, impugnar um a um os fatos afirmados pelo autor; **E: incorreto.** Trata-se de matérias de ordem pública e, por isso, não sujeitas à preclusão.

Gabarito "A".

(Magistratura do Trabalho – 16ª Região – 2008) O réu poderá oferecer resposta para contestar a pretensão do autor, excepcionar o juízo e formular pretensão contra o autor, através de reconvenção. Quanto a esta, assinalar a resposta incorreta.

(A) A possibilidade de propor reconvenção está adstrita à existência de conexão com a causa principal ou com o fundamento da defesa e à identidade de forma procedimental.
(B) Perdida a oportunidade de reconvir, há prejuízo para o réu, uma vez que não poderá propor ação autônoma, sobre a matéria conexa, até o julgamento da ação, ante o fenômeno da litispendência.
(C) A reconvenção altera o princípio da pessoalidade da comunicação ao réu da existência do processo, pois é chamado para respondê-la através de seu procurador.
(D) A desistência da ação, ou a existência de qualquer causa para sua extinção, não torna defesa a continuidade da reconvenção.
(E) A reconvenção pode ser proposta na mesma petição em que é feita a contestação, desde que individualizada e separada da defesa.

A: correto (art. 315); **B: incorreto, devendo ser assinalado.** Mesmo que tenha sido superada a oportunidade para apresentar reconvenção, ainda assim o réu poderá propor ação autônoma, para discutir a matéria conexa, não havendo que se falar em litispendência; **C: correto; D: correto** (art. 317 do CPC); **E:** correta, conforme entendimento jurisprudencial sobre o assunto.

Gabarito "B".

(Magistratura do Trabalho – 16ª Região – 2006) Sobre a defesa do réu pode-se afirmar:

I. Somente é possível ao réu reconvir se o magistrado da causa principal, que tem competência funcional para julgar a reconvenção, tiver competência em razão da matéria e da pessoa para julgar a causa.

II. As exceções de incompetência, impedimento e suspeição poderão ser oferecidas mesmo depois de decorrido o prazo para a resposta do demandado.

III. O revel, em processo civil, pode produzir provas, desde que compareça em momento oportuno, sendo relativo o chamado efeito material da revelia.

IV. Tendo os juízos a mesma competência territorial, prevento é aquele que realizou a primeira citação válida. Se, contudo diferentes as competências territoriais de um e de outro juízo, prevento aquele que primeiro proferiu despacho positivo.

V. É direta a defesa que em ação de cobrança nega a própria validade do contrato e indireta aquela que sustenta pagamento parcial do valor devido.

(A) As assertivas I, II e V estão corretas.
(B) As assertivas II, IV e V estão incorretas.
(C) As assertivas I, III e V estão corretas
(D) As assertivas I, III e IV estão corretas.
(E) Somente IV e V estão corretas.

I: correto; II: incorreto. Fica preclusa, para o réu, a possibilidade de oferecer exceção de incompetência, se decorrido o prazo para as respostas (as demais exceções podem ser apresentadas depois de esgotado para o prazo para a contestação); **III: correto; IV: incorreto.** Se tiverem a mesma competência territorial, prevento será o que despacha a petição inicial em primeiro lugar; **V: correto.**

Gabarito "C"

(Magistratura do Trabalho – 16ª Região – 2006) Marque a opção CORRETA:

I. O caráter obstativo do indeferimento da petição inicial se dá ou por defeito na petição inicial, ou por improcedência *prima facie* do pedido, devendo o magistrado ouvir a parte ré antes de decidir pelo não prosseguimento do feito.

II. O indeferimento da petição inicial por decadência encerra o feito com resolução de mérito.

III. A cumulação do pedido de indenização por danos materiais e morais (Súmula 37 do STJ) decorre de cumulação simples quando as pretensões não têm precedência lógica uma sobre a outra, através de análise independente uma da outra.

IV. A ação declaratória de inexistência de relação jurídica com repetição de indébito encerra em cumulação que guarda entre si um vínculo de precedência lógica, assim, o acolhimento do primeiro pedido implica rejeição do segundo.

V. Pelo princípio da eventualidade todas as pretensões deverão ser arguidas no momento da postulação inicial, o que pode implicar cumulação subsidiária em que se estabelece uma ordem de preferência dos pedidos que sempre condiciona o magistrado à rejeição do anterior para análise do posterior.

(A) As assertivas I e IV estão incorretas.
(B) As assertivas II, III e V estão corretas.
(C) As assertivas II e V estão corretas.
(D) As assertivas III e V estão corretas.
(E) Todas as alternativas acima.

I: incorreto. O juiz não tem que ouvir o réu antes de pronunciar-se sobre o indeferimento da petição inicial ou improcedência *prima facie*; **II: correto** (art. 269, IV, do CPC); **III: correto; IV: incorreto.** O acolhimento do primeiro pedido não implica rejeição do segundo, mas representa requisito para o que o segundo seja apreciado; **V: correto.**

Gabarito "E"

(Magistratura do Trabalho – 16ª Região – 2006) Sobre o instituto da prova, marque a opção CORRETA:

I. A Teoria dos Frutos da Árvore Envenenada (*fruitas of lhe piso-nos treze*), ou as chamadas provas ilícitas por derivação, não são acolhidas pelo STF ou pela doutrina dominante, eis que são aquelas em si mesmas lícitas, mas produzidas a partir de outra ilegalidade obtida, ou seja, o vício da planta se transmite a todos os seus frutos.

II. Quando o pagamento de uma obrigação for em quotas periódicas, a quitação da última estabelece a presunção de estarem solvidas as anteriores, sendo exemplo de presunção absoluta.

III. A iniciativa probatória do juiz deve sofrer algumas limitações para que não haja infringência aos princípios da isonomia e da imparcialidade, sendo necessária a motivação das decisões e a submissão das provas colhidas por ordem do magistrado ao contraditório.

IV. A prova emprestada no processo civil deve ter sido colhida em processo anterior em que figuraram as mesmas partes, em respeito ao princípio do contraditório.

V. O CPC acolhe a Teoria Estática do Ônus da Prova ou Teoria Clássica, em que o encargo probatório não é distribuído previamente às partes incumbindo-as da obrigação de provar os fatos por si alegados, havendo flexibilidade na condução da prova.

(A) As assertivas I, II e III estão corretas
(B) As assertivas I, III e IV estão corretas.
(C) As assertivas II, III e V estão corretas.
(D) As assertivas III, IV e V estão corretas.
(E) Todas as alternativas acima.

I: correto; II: incorreto. Esse é um exemplo de presunção relativa (e não absoluta); **III: correto; IV: correto; V: incorreto.** É verdade que foi adotada pelo CPC a teoria estática da distribuição do ônus da prova, porém, por meio dela, o encargo probatório é distribuído previamente às partes.

Gabarito "B"

(Magistratura do Trabalho – 20ª Região – 2003) Em ação de cobrança, que seguia o procedimento ordinário, o autor alegou haver firmado com o réu contrato verbal de mútuo. O réu, no entanto, esclareceu já haver pago o débito, tendo, inclusive, testemunhas que presenciaram o pagamento. Após a réplica, as partes ingressaram nos autos, requerendo a dispensa da audiência de tentativa de conciliação prevista no art. 331 do Código de Processo Civil, por não terem qualquer interesse em realizar a conciliação. Nesse caso, deve o juiz:

(A) julgar antecipadamente a lide;
(B) designar audiência de instrução e julgamento;
(C) proferir despacho saneador independentemente de audiência;
(D) realizar a audiência de conciliação, fixando os pontos controvertidos inclusive;
(E) tornar prejudicada a conciliação, não realizando a audiência.

A: incorreto. Há necessidade de produção de provas no processo; **B: incorreto.** O juiz deve sanear o feito e apreciar os requerimentos de provas formulados; **C: incorreto.** O juiz, mesmo diante da alegação de que não há interesse na conciliação, pode determinar a realização da audiência preliminar; **D: correto.** Por exclusão das demais alternativas; **E: incorreto.** O juiz pode realizar a audiência.

Gabarito "D"

(Magistratura do Trabalho – 20ª Região – 2003) No tocante à prova é correto afirmar que:

(A) o princípio *jura novit curia* obriga o magistrado a conhecer todo e qualquer diploma legislativo, inclusive aqueles cuja disciplina está relacionada à matéria municipal;

(B) o juiz não se exime de sentenciar ou de despachar, alegando lacuna ou obscuridade da lei. Cabe-lhe, no julgamento da lide, recorrer à analogia, aos costumes e aos princípios gerais de direito quando omissa a norma legal;

(C) o STF permite, em poucos casos, a possibilidade de prolação da denominada "sentença branca", ou seja, aquela que remete para o próximo grau de jurisdição o julgamento de questões cujo deslinde depende, única e exclusivamente, da interpretação de tratados internacionais;

(D) embora o juiz de primeiro grau não esteja obrigado a sentenciar sempre que a demanda envolver fatos, jamais deverá deixar de fazê-lo quando a ação envolver pedidos cuja resolução for puramente de direito;

(E) a parte, *ex-officio*, deverá provar o direito municipal ou internacional, caso sua linha de defesa esteja neles sustentada.

A: incorreto. Quando invocado direito municipal (ou estrangeiro, ou estadual, ou consuetudinário), o juiz poderá exigir da parte a prova do teor e da vigência da norma (art. 337 do CPC); **B: correto** (art. 126 do CPC); **C: incorreto.** O juiz deve enfrentar todas as questões que foram suscitadas, não lhe sendo lícito deixar algumas delas para a instância superior; **D: incorreto.** O juiz não pode deixar de julgar em nenhum caso; **E: incorreto.** A prova do direito pode ser ou não exigida pelo juiz.

Gabarito "B".

(Magistratura do Trabalho – 21ª Região – 2005) Quanto ao procedimento sumário no Direito Processual Civil, é incorreto afirmar:

(A) deve ser observado nas causas cujo valor não exceda a sessenta salários mínimos;

(B) não se aplica às ações relativas ao estado e à capacidade das pessoas, como as que envolvem, por exemplo, investigação de paternidade, suspensão ou destituição de pátrio poder e anulação de casamento;

(C) independentemente do valor, deve ser observado o procedimento sumário nas causas que versem sobre danos decorrentes de acidente automobilístico e sobre cobrança de taxas de condomínio;

(D) pode o réu apresentar, por ocasião da defesa, pedido contraposto em seu favor, aspecto que confere caráter dúplice à ação que tramita pelo rito sumário;

(E) verificando Juiz, após apreciar impugnação ao valor da causa, que esta supera o limite legal, será de pronto proferida sentença de extinção do feito sem exame do mérito, podendo idêntica pretensão ser novamente apresentada em outra demanda, desta feita processada pelo rito ordinário.

A: correto (art. 275, I, do CPC); **B: correto** (art. 275, parágrafo único, do CPC); **C: correto** (art. 275, II, "b" e "d", do CPC); **D: correto** (art. 278, § 1º, do CPC); **E: incorreto.** Essa é hipótese de conversão para o rito ordinário, e não de extinção do processo.

Gabarito "E".

(Magistratura do Trabalho – 22ª Região – 2006) Oferecida a reconvenção, o autor reconvindo:

(A) Será intimado, na pessoa de seu Advogado, para contestá-la no prazo de 15 (quinze) dias;

(B) Será citado pessoalmente para contestá-la no prazo de 10 (dez) dias;

(C) Será intimado, na pessoa de seu Advogado, ou, na falta deste, de seu representante legal, ou pessoalmente, por mandado ou pelo correio, podendo oferecer impugnação, querendo, no prazo de 15 (quinze) dias;

(D) Será intimado, na pessoa de seu Advogado, ou, na falta deste, de seu representante legal, ou pessoalmente, por mandato ou pelo correio, podendo oferecer impugnação, querendo, no prazo de 10 (dez) dias;

(E) Será citado, na pessoa de seu Advogado ou pessoalmente, por mandado ou pelo correio, podendo oferecer impugnação, querendo, no prazo de 15 (quinze) dias.

Art. 316 do CPC.

Gabarito "A".

(Magistratura do Trabalho – 22ª Região – 2006) Ao juiz compete conhecer de ofício as matérias preliminares enumeradas no *caput* do art. 301 do Código de Processo Civil, exceto:

(A) Perempção;

(B) Compromisso arbitral;

(C) Conexão;

(D) Inépcia da petição inicial;

(E) Incompetência absoluta.

Art. 301, § 4º, do CPC.

Gabarito "B".

(Magistratura do Trabalho – 23ª Região – 2009) Analise os itens abaixo e marque a alternativa CORRETA:

I. Em razão da incidência do princípio da proporcionalidade, e mesmo do caráter não absoluto do comando constitucional que veda a utilização em juízo de provas obtidas por meios ilícitos, é viável a sua aceitação em determinadas situações concretas, sobretudo quando evidenciado que sua formação ilícita ocorreu porque não havia outra maneira de demonstrar os fatos em juízo.

II. Prova obtida por força de escuta ambiental autorizada judicialmente, para fins de investigação criminal, não pode depois ser utilizada em procedimento administrativo de caráter disciplinar.

III. Decisão judicial fundada em prova obtida por meio ilícito é passível de nulidade relativa, uma vez que tal reconhecimento depende da insurgência, neste sentido, apresentada pela parte interessada na primeira oportunidade que teve para se manifestar nos autos quando da exibição da gravação resultado de interceptação telefônica.

(A) Apenas o item I é verdadeiro.
(B) Apenas o item II é verdadeiro.
(C) Apenas os itens I e II são verdadeiros.
(D) Apenas os itens I e III são verdadeiros.
(E) Todos os itens são verdadeiros.

I: verdadeiro; II: falso. Só é considerada válida a prova para o processo em que a escuta foi autorizada; **III: falso.** A matéria pode ser conhecida de ofício pelo juiz.

Gabarito "A"

(Magistratura do Trabalho – 23ª Região – 2009) Analise os itens abaixo e marque a alternativa CORRETA:

I. O juiz interrogará a testemunha sobre os fatos articulados, cabendo, primeiro à parte, que a arrolou, e depois à parte contrária, formular perguntas tendentes a esclarecer ou completar o depoimento.
II. É admissível a ação declaratória, ainda que tenha ocorrido a violação do direito.
III. A procuração geral para o foro não pode ser assinada digitalmente.

(A) Apenas os itens I e II são verdadeiros.
(B) Apenas os itens II e III são verdadeiros.
(C) Apenas os itens I e III são verdadeiros.
(D) Todos os itens são verdadeiros.
(E) Todos os itens são falsos.

I: verdadeiro (art. 416 do CPC); **II: verdadeiro** (art. 4º, parágrafo único, do CPC); **III: falso** (parágrafo único do art. 38 do CPC).

Gabarito "A"

(Magistratura do Trabalho – 23ª Região – 2006) Analise as afirmativas abaixo e assinale a alternativa correta:

I. O processamento da reconvenção está atrelado ao processamento da ação em que foi proposta. Por esta razão, a desistência da ação ou a ocorrência de qualquer outra causa que leve a sua extinção obsta o prosseguimento e julgamento da reconvenção;
II. O revel que tem patrono constituído nos autos deve ser intimado dos atos praticados no processo através de tal procurador;
III. A exceção declinatória de foro somente pode ser oferecida no prazo da contestação, sob pena de preclusão e prorrogação da competência relativa. Caso ofereça exceção declinatória de foro, o réu poderá protocolizar a respectiva petição no juízo de seu próprio domicílio e requerer sua remessa ao juízo no qual estiver sendo demandado;
IV. O reconhecimento de nulidade de cláusula de eleição de foro em contrato de adesão depende de arguição do réu, em sede de exceção declinatória de foro, haja vista que não é dado ao juiz conhecer de tal matéria ofício, por se tratar de direito dispositivo da parte.

(A) somente estão corretas as afirmativas II e III;
(B) somente estão corretas as afirmativas I e IV;
(C) somente estão corretas as afirmativas II, III e IV;
(D) é correta somente a afirmativa IV;
(E) todas as afirmativas são incorretas.

I: incorreto (art. 317 do CPC); **II: correto** (art. 322 do CPC); **III: correto** (parágrafo único do art. 305 do CPC); **IV: incorreto** (art. 112, parágrafo único, do CPC).

Gabarito "A"

(Magistratura do Trabalho – 24ª Região – 2007) Assinale a alternativa INCORRETA:

(A) É permitida a cumulação, num único processo, contra o mesmo réu, de vários pedidos, desde que entre eles haja conexão.
(B) Quando a obrigação consistir em prestações periódicas, considerar-se-ão elas incluídas no pedido, independentemente de declaração expressa do autor; se o devedor, no curso do processo, deixar de pagá-las ou de consigná-las, a sentença as incluirá na condenação, enquanto durar a obrigação.
(C) Na obrigação indivisível com pluralidade de credores, aquele que não participou do processo receberá a sua parte, deduzidas as despesas na proporção de seu crédito.
(D) Os pedidos são interpretados restritivamente, compreendendo-se, entretanto, no principal os juros legais.
(E) Antes da citação, o autor poderá aditar o pedido, correndo à sua conta as custas acrescidas em razão dessa iniciativa.

A: incorreto, devendo ser assinalada. A cumulação de demandas não depende de conexão entre elas (art. 292 do CPC); **B: correto** (art. 290 do CPC); **C: correto** (art. 291 do CPC); **D: correto** (art. 293 do CPC); **E: correto** (art. 294 do CPC).

Gabarito "A"

(Magistratura do Trabalho – 24ª Região – 2007) Assinale a alternativa INCORRETA:

(A) Todos os meios legais, bem como os moralmente legítimos, ainda que não especificados no Código de Processo Civil, são hábeis para provar a verdade dos fatos, em que se funda a ação ou a defesa.
(B) É anulável a convenção que distribui de maneira diversa o ônus da prova quando tornar excessivamente difícil a uma parte o exercício do direito.
(C) Em falta de normas jurídicas particulares, o Juiz aplicará as regras de experiência comum subministradas pela observação do que ordinariamente acontece e ainda as regras da experiência técnica, ressalvado, quanto a esta, o exame pericial.
(D) A carta precatória e a carta rogatória, não devolvidas dentro do prazo ou concedidas sem efeito suspensivo, poderão ser juntas aos autos até o julgamento final.
(E) Compete ao terceiro, em relação a qualquer pleito, exibir coisa ou documento, que esteja em seu poder.

A: correto (art. 332 do CPC); **B: incorreto, devendo ser assinalada, pois** o parágrafo único do art. 333 do CPC prevê que será nula (e não anulável) a convenção nesse caso; **C: correto** (art. 335 do CPC); **D: correto** (art. 338, parágrafo único, do CPC); **E: correto** (art. 341, II, do CPC).

Gabarito "B"

(Magistratura do Trabalho – 24ª Região – 2007) Assinale a alternativa INCORRETA:

(A) A audiência poderá ser adiada por convenção das partes e, em tal caso, será admissível uma vez.
(B) A audiência poderá ser adiada se o perito, intimado em tempo hábil, a ela não comparecer.
(C) O Juiz nomeará pessoa idônea para a realização da audiência caso o escrivão a ela não compareça nem indique escrevente juramentado para substituí-lo.
(D) As partes podem convencionar a suspensão do prazo recursal; porém, a suspensão depende de autorização do Juiz.
(E) Pode ser dispensada pelo Juiz a produção das provas requeridas pela parte cujo advogado não compareceu à audiência.

A: correto (art. 453, I, do CPC); **B: correto** (art. 453, II, do CPC); **C: correto** (art. 142, do CPC); **D: incorreto, devendo ser assinalado.** As partes não podem alterar ou suspender os prazos peremptórios, como é o prazo recursal; **E: correto** (art. 453, § 2º, do CPC).

Gabarito "D"

(Magistratura do Trabalho – 24ª Região – 2007) Considere as proposições abaixo:

I. Para o réu reconvir ao autor no mesmo processo, é necessário que a reconvenção seja conexa com a ação principal ou com o fundamento da defesa.
II. Não pode o réu, em seu próprio nome, reconvir ao autor, quando este demandar em nome de outrem.
III. Julgar-se-ão na mesma sentença a ação e a reconvenção. A desistência da ação, ou a existência de qualquer causa que a extinga, obsta ao prosseguimento da reconvenção.
IV. Oferecida a reconvenção, o autor reconvindo será intimado, na pessoa do seu procurador, para contestá-la no prazo de 15 (quinze) dias.
V. A contestação e a reconvenção serão oferecidas simultaneamente, em peças autônomas.

RESPONDA:

(A) Todas as proposições estão corretas.
(B) Apenas as proposições II e III estão incorretas.
(C) Apenas as proposições III e IV estão incorretas
(D) Apenas a proposição III está incorreta.
(E) Apenas a proposição I está incorreta.

I: correto (art. 315 do CPC); **II: correto** (parágrafo único do art. 315 do CPC); **III: incorreto** (art. 317 do CPC); **IV: correto** (art. 316 do CPC); **V: correto** (art. 299 do CPC).

Gabarito "D"

(Magistratura do Trabalho – 24ª Região – 2006) Assinale a alternativa INCORRETA:

(A) O réu pode reconvir ao autor no mesmo processo, toda vez que a reconvenção seja conexa com a ação principal ou com o fundamento da defesa.
(B) Não pode o réu, em seu próprio nome, reconvir ao autor, quando este demandar em nome de outrem.
(C) A desistência da ação, ou a existência de qualquer causa que a extinga, não obsta ao prosseguimento da reconvenção.
(D) Ainda que ocorra revelia, o autor poderá alterar o pedido, ou a causa de pedir, bem como demandar declaração incidente, não necessitando, para tanto, a promoção de nova citação do réu.
(E) Se o réu, reconhecendo o fato em que se fundou a ação, outro lhe opuser impeditivo, modificativo ou extintivo do direito do autor, este será ouvido no prazo de dez dias, facultando-lhe o juiz a produção de prova documental.

A: correto (art. 315 do CPC); **B: correto** (art. 315, parágrafo único, do CPC); **C: correto** (art. 317 do CPC); **D: incorreto, devendo ser assinalado** (art. 321 do CPC); **E: correto** (art. 326 do CPC).

Gabarito "D"

(Magistratura do Trabalho – 24ª Região – 2006) Considerando as disposições do Código de Processo Civil a respeito das provas, assinale a alternativa INCORRETA:

(A) A parte que alegar direito municipal, estadual, estrangeiro ou consuetudinário provar-lhe-á o teor e a vigência, se assim o determinar o juiz.
(B) O juiz apreciará livremente a fé que deva merecer o documento, quando em ponto substancial e sem ressalva contiver entrelinha, emenda, borrão ou cancelamento.
(C) O incidente de falsidade não suspenderá o processo principal
(D) Compete ao terceiro, em relação a qualquer pleito, informar ao juiz os fatos e as circunstâncias de que tenha conhecimento e exibir coisa ou documento que esteja em seu poder.
(E) Em falta de normas jurídicas particulares, o juiz aplicará as regras de experiência comum subministradas pela observação do que ordinariamente acontece e ainda as regras da experiência técnica, ressalvado, quanto a esta, o exame pericial.

A: correto (art. 337 do CPC); **B: correto** (art. 386 do CPC); **C: incorreto, devendo ser assinalado** (art. 394 do CPC); **D: correto** (art. 341 do CPC); **E: correto** (art. 335 do CPC).

Gabarito "C"

(Ministério Público do Trabalho – 15º) A propósito dos procedimentos previstos no Código de Processo Civil, assinale a alternativa INCORRETA:

(A) as regras do procedimento comum ordinário são aplicáveis subsidiariamente ao procedimento comum sumário;
(B) a antecipação dos efeitos da tutela é aplicável em caráter excepcional nas ações submetidas ao procedimento sumário, caso em que não deve o magistrado considerar a existência de risco à irreversibilidade do provimento antecipado;
(C) independentemente do valor da causa, o procedimento sumário deve ser observado nas ações de ressarcimento por danos causados em acidente de veículo de via terrestre;
(D) nas ações submetidas ao procedimento ordinário, quando a matéria controvertida for unicamente de direito e no juízo já houver sido proferida sentença

de total improcedência em outros casos idênticos, poderá ser dispensada a citação e proferida sentença, reproduzindo-se o teor da anteriormente prolatada;

(E) não respondida.

A: correto (art. 272, parágrafo único, do CPC); B: incorreto, devendo ser assinalado. Não há nenhuma peculiaridade da antecipação da tutela no procedimento sumário, sendo, também nele, aplicadas as regras gerais sobre o tema; **C: correto** (art. 275, II, "d", do CPC); **D: correto** (art. 285-A do CPC).

Gabarito "B"

(Ministério Público do Trabalho – 14°) Com relação às provas é INCORRETO afirmar:

(A) A prova emprestada constitui uma modalidade de prova atípica ou inominada, por não estar expressamente regulada no sistema processual brasileiro. Está, porém, inserida no contexto do princípio da economia processual;

(B) Com relação às máximas de experiência, pode-se dizer que o juiz, existindo ou não prova nos autos, estará autorizado a decidir com fundamento na sua observação acerca daquilo que ordinariamente acontece;

(C) A lei processual civil não autoriza ao juiz ouvir as testemunhas impedidas, mesmo que os depoimentos sejam prestados sem compromisso. Já as testemunhas suspeitas, sendo estritamente necessário, serão inquiridas independentemente de compromisso e o juiz lhes atribuirá o valor que possam merecer;

(D) É nula a convenção que distribui de maneira diversa o ônus da prova quando tornar excessivamente difícil a uma parte o exercício do direito;

(E) Não respondida

A: correto, de acordo com a própria definição contida na alternativa; **B: correto** (art. 335 do CPC); **C: incorreto,** devendo ser assinalado. Sendo estritamente necessário, o juiz ouvirá testemunhas impedidas ou suspeitas; mas os seus depoimentos serão prestados independentemente de compromisso (art. 415) e o juiz lhes atribuirá o valor que possam merecer (§ 4º do art. 405 do CPC); **D: correto** (parágrafo único do art. 333 do CPC).

Gabarito "C"

(Ministério Público do Trabalho – 13°) A respeito da petição inicial, assinale a alternativa INCORRETA:

(A) são requisitos a indicação do valor da causa e o requerimento para a citação do réu;

(B) o prazo para emendar ou completar a inicial é de 15 dias;

(C) o pedido pode ser formulado de modo genérico quando não for possível determinar, de modo definitivo, as consequências do ato ou do fato ilícito;

(D) é lícito formular mais de um pedido em ordem sucessiva, a fim de que o juiz conheça do posterior, em não podendo acolher o anterior;

(E) não respondida.

A: correto (art. 282, V e VII, do CPC); **B: incorreto,** devendo ser assinalado. O prazo é de 10 dias (art. 284 do CPC); **C: correto** (art. 286 do CPC); **D: correto** (art. 289 do CPC).

Gabarito "B"

(Ministério Público do Trabalho – 13°) A respeito da resposta do réu, assinale a alternativa INCORRETA:

(A) a contestação e a reconvenção devem ser oferecidas simultaneamente, em peças autônomas;

(B) por meio da exceção, o réu somente pode arguir a incompetência e o impedimento;

(C) o réu pode reconvir ao autor se a reconvenção for conexa com o fundamento da defesa;

(D) não pode o réu, em seu próprio nome, reconvir ao autor, quando este demandar em nome de outrem;

(E) não respondida.

A: correto (art. 299 do CPC); **B: incorreto,** devendo ser assinalado. A exceção também é veículo adequado para a alegação de suspeição (art. 304 do CPC); **C: correto** (art. 315 do CPC); **D: correto** (parágrafo único do art. 315 do CPC).

Gabarito "B"

(Ministério Público do Trabalho – 13°) A respeito da prova e dos meios de prova, assinale a alternativa INCORRETA:

(A) é válido o meio de prova, ainda que não especificado no Código de Processo Civil, bastando que moralmente legítimo;

(B) ao réu cabe o ônus da prova dos fatos impeditivos, modificativos ou extintivos do direito do autor e, a este, os fatos que constituem o seu direito;

(C) é possível a convenção que distribui de maneira diversa o ônus da prova, mesmo que recaia sobre direito indisponível, desde que ocorra livre manifestação das partes;

(D) não dependem de prova os fatos notórios e aqueles em cujo favor milita presunção legal de existência ou de veracidade;

(E) não respondida.

A: correto (art. 332 do CPC); **B: correto** (art. 333 do CPC); **C: incorreto,** devendo ser assinalado (parágrafo único do art. 333 do CPC); **D: correto** (art. 334 do CPC).

Gabarito "C"

(Ministério Público do Trabalho – 12°) Assinale a alternativa INCORRETA:

(A) quanto à cumulação de pedidos em um mesmo processo, é necessário que eles sejam compatíveis entre si;

(B) quanto à cumulação de pedidos em um mesmo processo, é necessário que entre eles haja conexão ou continência;

(C) quanto à cumulação de pedidos em um mesmo processo, é necessário que seja adequado o mesmo tipo de procedimento;

(D) de acordo com jurisprudência do Superior Tribunal de Justiça, a conexão não determina a reunião de processos se um deles já foi julgado.

(E) não respondida.

É permitida a cumulação, num único processo, contra o mesmo réu, de vários pedidos, *ainda que entre eles não haja conexão* (art. 292 do CPC).

Gabarito "B"

(Ministério Público do Trabalho – 12º) Em relação à produção de prova é CORRETO afirmar que:

I. a parte que alegar direito municipal, estadual, estrangeiro ou consuetudinário, provar-lhe-á o teor e a vigência, se assim determinar o juiz;
II. a recusa ilegítima quanto à exibição de documentos, por uma das partes, leva o juiz a admitir como verdadeiros os fatos que, por meio dos mesmos, a outra parte pretendia provar;
III. tratando-se de perícia complexa, que abranja mais de uma área de conhecimento especializado, o juiz poderá nomear mais de um perito e a parte indicar mais de um assistente técnico;
IV. é suspeita para testemunhar a pessoa que, por seus costumes, não é digna de fé.

(A) somente a assertiva IV é incorreta;
(B) apenas as assertivas I e III estão incorretas;
(C) apenas três assertivas estão corretas;
(D) todas as assertivas estão corretas.
(E) não respondida.

I: correto (art. 337 do CPC); **II: correto** (art. 359, II, do CPC); **III: correto** (art. 431-B do CPC); **IV: correto** (art. 405, § 3º, II, do CPC).

Gabarito "D"

(Ministério Público do Trabalho – 11º) Em relação à prova pode-se dizer:

I. diante dos direitos indisponíveis, não podem ser considerados verdadeiros os fatos alegados na inicial quando ocorrer revelia, também não sendo válida a confissão de fatos relativos a estes direitos;
II. não havendo necessidade de determinar às partes a especificação das provas que pretendem produzir, ou já tomadas as providências preliminares, o juiz poderá proferir julgamento conforme o estado do processo, ou seja, a extinção do processo com o julgamento antecipado da lide;
III. são princípios processuais regentes da prova: o livre convencimento motivado do juiz, a oralidade, a imediação, a identidade física do juiz, a coisa julgada e a aquisição processual;
IV. todos os meios legais, moralmente legítimos, são hábeis para provar a verdade dos fatos, podendo o juiz decidir baseado em indícios e presunções, quando o fato não for provado;

(A) apenas três alternativas estão incorretas;
(B) apenas as alternativas I e III estão corretas;
(C) apenas três alternativas estão corretas;
(D) todas as alternativas estão corretas;
(E) não respondida.

I: correto (arts. 320 e 351 do CPC); **II: correto.** Desde que se tenha em mente ser possível, no caso dos autos, o julgamento antecipar-se da lide, mas não se pode acreditar que julgamento, conforme o estado do processo, seja sinônimo de extinção do processo com julgamento antecipado da lide (essa é apenas uma das possibilidades que existem no julgamento, conforme o estado); **III: incorreto.** Coisa julgada não é princípio das provas, mesmo porque não faz coisa julgada a verdade dos fatos estabelecida como razão de decidir (art. 469, II, do CPC); **IV: correto.**

Gabarito "C"

(Ministério Público do Trabalho – 9º) Leia com atenção as assertivas abaixo:

I. processo é "o modo e a forma por que se movem os atos do processo";
II. segundo a sistemática do Código de Processo Civil, o juiz em hipótese alguma poderá proferir decisão de mérito antes da citação da parte contrária;
III. o juiz, após a citação válida e não havendo alegação específica da parte contrária, em hipótese alguma poderá, de ofício, conhecer da prescrição e decretá-la de imediato;
IV. nosso direito processual não admite convenção das partes dispondo sobre critérios próprios a respeito do ônus da prova, por se tratar de matéria de ordem pública.

Assinale a alternativa correta:

(A) todas as assertivas são verdadeiras;
(B) todas as assertivas são falsas;
(C) apenas uma assertiva é verdadeira;
(D) apenas duas assertivas são verdadeiras;
(E) apenas três assertivas são verdadeiras;
(F) não sei.

I: falso. A afirmação valeria para procedimento, mas não para processo; **II: falso.** O juiz pode indeferir a petição inicial por prescrição ou decadência, bem como pode julgar o pedido improcedente de plano nas lides repetitivas (art. 285-A do CPC). Em ambos casos, houve sentença de mérito, mesmo que o réu não tenha sido citado; **III: falso** (art. 219, § 5º, do CPC); **IV: falso** (parágrafo único do art. 333 do CPC).

Gabarito "B"

(Ministério Público do Trabalho – 9º) Leia com atenção as assertivas abaixo:

I. segundo o Código de Processo Civil, o cego e o mudo, quando a ciência do fato depender dos sentidos que lhe faltam, são impedidos de depor;
II. o juiz da causa não pode ser arrolado como testemunha na própria causa;
III. a testemunha que comparecer em juízo só poderá se ressarcir das despesas com locomoção para comparecimento à audiência em ação própria;
IV. a sentença condenatória não produzirá hipoteca judiciária quando a condenação for genérica.

Assinale a alternativa correta:

(A) todas as assertivas são verdadeiras;
(B) todas as assertivas são falsas;
(C) apenas uma assertiva é verdadeira;
(D) apenas duas assertivas são verdadeiras;
(E) apenas três assertivas são verdadeiras;
(F) não sei.

I: falso. Trata-se de hipóteses de incapacidade, e não de impedimento; **II: falso.** O juiz pode ser arrolado, mas, nesse caso, não poderá julgar; **III: falso** (art. 419 do CPC); **IV: falso** (art. 466 do CPC).

Gabarito "B"

(Ministério Público do Trabalho – 9º) São inquiridos em sua residência ou onde exercem a sua função:

I. o Procurador-Geral da República;
II. os conselheiros dos Tribunais de Contas dos Estados;
III. os juízes dos Tribunais Regionais Eleitorais;
IV. os juízes dos Tribunais de Alçada.

Assinale a alternativa correta:

(A) todas as assertivas são verdadeiras;
(B) todas as assertivas são falsas;
(C) apenas uma assertiva é verdadeira;
(D) apenas duas assertivas são verdadeiras;
(E) apenas três assertivas são verdadeiras;
(F) não sei.

Vide artigo 411 do CPC.

Gabarito "A"

(Ministério Público do Trabalho – 9º)

I. é pacífica a jurisprudência do Superior Tribunal de Justiça no sentido de que preclui respectivo direito se a parte não indicar assistente técnico e apresentar quesitos dentro cinco dias contados da intimação do despacho de nomeação do perito:
II. conforme a natureza do fator a perícia poderá se resumir na inquirição pelo juiz do perito dos assistentes técnicos, em audiência, sobre coisas que tiverem examinado informalmente;
III. o perito cumprirá seu encargo independentemente de termo de compromisso;
IV. cabe aos assistentes técnicos apresentarem seus pareceres no mesmo prazo conferido por juiz ao perito.

Examinando o que consta das assertivas acima, assinale a alternativa correta abaixo:

(A) todas as assertivas são corretas;
(B) nenhuma das assertivas é correta;
(C) as assertivas I e IV são corretas, sendo as assertivas II e IV incorretas;
(D) as assertivas I, II e III são corretas, sendo a assertiva IV incorreta;
(E) as assertivas II e III são corretas, sendo as assertivas I e IV incorretas;
(F) não sei.

I: incorreto. É exatamente no sentido oposto que versa a jurisprudência do STJ sobre o tema (STJ – 3ª Turma, AI 381.069-AgRg, Min. Menezes Direito, j. 13.8.01); **II: correto** (art. 421, § 2º, do CPC); **III: correto** (art. 422 do CPC); **IV: incorreto.** O prazo para que os assistentes apresentem os pareceres técnicos é de 10 dias, a contar da intimação das partes de que o laudo pericial foi apresentado (art. 433, parágrafo único, do CPC).

Gabarito "E"

(Ministério Público do Trabalho – 8º) Se a petição inicial não preencher os requisitos dos artigos 282 e 283 do CPC, ou apresentar defeitos e irregularidades capazes de dificultar o julgamento de mérito, o Juiz:

(A) extinguirá o processo, sem julgamento do mérito;
(B) indeferirá a petição inicial;
(C) ordenará a citação do réu;
(D) determinará que o autor a emende ou a complete, no prazo de 5 (cinco) dias, sob pena de indeferimento;
(E) fixará o prazo de 10 (dez) dias para que o autor a regularize;
(F) não sei.

Verificando o juiz que a petição inicial não preenche os requisitos exigidos nos arts. 282 e 283, ou que apresenta defeitos e irregularidades capazes de dificultar o julgamento de mérito, determinará que o autor a emende, ou a complete, no prazo de 10 (dez) dias (art. 284 do CPC).

Gabarito "E"

(Ministério Público do Trabalho – 8º) Uma vez citado, o réu:

I. oferecerá, no prazo de quinze dias, contestação, exceção e reconvenção;
II. poderá oferecer contestação, competindo-lhe alegar toda a matéria de defesa;
III. poderá oferecer exceção de incompetência relativa, no prazo para resposta;
IV. poderá reconvir ao autor, em processo distinto, toda vez que a reconvenção seja conexa com a ação principal ou com o fundamento da defesa;
V. deverá contestar a ação, sob pena de, em regra, serem reputados verdadeiros os fatos afirmados pelo autor.

Analisando-se as assertivas acima, pode-se afirmar que:

(A) todas estão corretas;
(B) as alternativas I e IV estão incorretas;
(C) somente a alternativa IIII está correta;
(D) as alternativas I e V estão corretas;
(E) todas estão incorretas;
(F) não sei.

I: incorreto. É possível que o réu apresente apenas uma das respostas ou nenhuma delas; **II: correto; III: correto; IV: incorreto.** Reconvenção é a ação do réu em face do autor no mesmo processo; **V: correto.**

Gabarito "B"

(Ministério Público do Trabalho – 8º) Findo o prazo para a resposta do réu, o Juiz:

I. mandará que o autor especifique as provas que pretende produzir na audiência, se o réu não contestou a ação e não ocorreu o efeito da revelia;
II. ouvirá o autor, no prazo de 10 (dez) dias, facultando-lhe prova documental, se o réu, apesar de reconhecer o fato que se fundou a ação, outro lhe impuser que impeça, modifique ou extinga o direito daquele;
III. se o réu alegar conexão ou litispendência, mandará ouvir o autor no prazo de 10 (dez) dias;
IV. cumpridas as providências preliminares, ou não havendo necessidade delas, extinguirá o processo, sem julgamento do mérito, se a ação for considerada intransmissível por disposição legal;
V. conhecerá diretamente do pedido, proferindo sentença, quando não houver necessidade de produzir prova em audiência ou tiver ocorrido o efeito da revelia.

Analisando-se as afirmativas acima, pode-se dizer que:

(A) todas estão corretas;
(B) todas estão incorretas;
(C) apenas a alternativa IV está incorreta;
(D) as alternativas I e III estão incorretas;
(E) somente as alternativas I, II, III, e IV estão corretas;
(F) não sei.

I: correto (art. 324 do CPC); **II: correto** (art. 326); **III: correto** (art. 327, primeira parte, do CPC); **IV: correto.** Desde que tenha havido morte da parte titular do direito intransmissível, fato esse não mencionado na alternativa; **V: correto** (art. 331 do CPC).

Gabarito "A".

10. SENTENÇA, CUMPRIMENTO DE SENTENÇA, COISA JULGADA E AÇÕES ANULATÓRIA E RESCISÓRIA

(Magistratura do Trabalho – 2ª Região – 2010) A respeito do cumprimento da sentença:

I. Caso o devedor, condenado ao pagamento de quantia certa ou já fixada em liquidação, não o efetue no prazo de quinze dias, o montante da condenação será acrescido de multa no percentual de dez por cento e, a requerimento do credor (devidamente instruído com o demonstrativo do débito atualizado até a data da propositura da ação), expedir-se-á mandado de penhora e avaliação.

II. Do auto de penhora e avaliação será imediatamente intimado o executado, na pessoa de seu advogado, ou, na falta deste, o seu representante legal, ou ainda pessoalmente, por mandado ou pelo correio, podendo oferecer impugnação, querendo, no prazo de quinze dias. Se o executado alegar que o exequente, em excesso de execução, pleiteia quantia superior à resultante da sentença, abrir-se-á instrução sumária para demonstração do alegado, podendo ser deferida prova pericial, se necessária.

III. A impugnação do devedor não terá efeito suspensivo, mas em casos excepcionais o juiz poderá atribuir-lhe tal efeito desde que relevantes seus fundamentos e o prosseguimento da execução seja manifestamente suscetível de causar ao executado dano de difícil ou incerta reparação.

IV. A decisão que resolver a impugnação é recorrível mediante agravo de instrumento, salvo quando importar extinção da execução, caso em que caberá apelação.

Da análise das sentenças acima, é de se concluir que:

(A) Todas as afirmativas são verdadeiras
(B) Apenas as afirmativas I e III são verdadeiras
(C) As afirmativas I, II e III são verdadeiras
(D) As afirmativas I, III e IV são verdadeiras
(E) As afirmativas II, III e IV são falsas.

I: correto (art. 475-J, *caput*, do CPC); **II: incorreto.** S o exequente não instruir a alegação de excesso de execução com a indicação imediata do valor que entende correto, a impugnação será liminarmente rejeitada (art. 475-L, § 2º, do CPC); **III: correto** (art. 475-M, *caput*, do CPC); **IV: correto** (art. 475-M, § 3º, do CPC).

Gabarito "D".

(Magistratura do Trabalho – 2ª Região – 2010) Por meio da sentença, o juiz:

(A) Põe termo ao processo.
(B) Pode proferir decisão a favor do autor de natureza diversa da pedida, nas hipóteses em que a lei autorizar o julgamento *ultra petita*.
(C) Não pode homologar conciliação ou transação que inclua matéria objeto de discussão entre terceiros.
(D) Não pode prejudicar ou beneficiar terceiros.
(E) Acolhe ou rejeita, no todo ou em parte, o pedido formulado pelo autor.

A: incorreto. A reforma operada no sistema processual civil brasileiro com o advento da Lei 11.232/05 levou em *consideração o conteúdo e a finalidade do pronunciamento judicial para definir o que é sentença. Nos termos do art. 162, § 1º, do CPC, sentença é o ato do juiz que implica alguma das situações previstas nos arts. 267 e 269 desta Lei (conteúdo) e que, ao mesmo tempo, extingue o processo ou a fase de conhecimento em primeiro grau de jurisdição (finalidade).* Entretanto, há hipóteses em que o juiz pode decidir parcela do mérito da causa, sem que, contudo, tal decisão necessariamente ponha fim ao processo, ou seja, há decisões que possuem *conteúdo* de sentença, mas, por não finalizarem o processo ou a fase de conhecimento em primeiro grau, são decisões interlocutórias. Tal situação ocorre, por exemplo, quando o juízo verifica a ocorrência da prescrição da pretensão de cobrança de parcela da obrigação exigida pelo credor. Embora ostente o conteúdo do art. 269, IV, do CPC, cuida-se de decisão interlocutória, visto que o processo marchará quanto à fração da obrigação cuja pretensão não foi atingida pela prescrição. Outro exemplo interessante é aquele em que o órgão jurisdicional, liminarmente, decide por excluir um dos litisconsortes da lide por ilegitimidade de parte. Tal pronunciamento contém a hipótese vertida no art. 267, VI, do CPC, mas, por não extinguir o processo ou a fase de conhecimento em primeiro grau, não pode ser tido como sentença. A esse respeito, note-se o magistério de Nelson Nery Jr. e de Rosa Maria de Andrade Nery: [...] o pronunciamento do juiz somente poderá ser classificado como sentença se contiver uma das matérias expressas no CPC 267 ou 269, mas não extinguindo o processo, o pronunciamento do juiz será *decisão interlocutória* recorrível por agravo. Embora com conteúdo de sentença, são decisões interlocutórias: a) exclusão de um litisconsorte do processo por ilegitimidade de parte (CPC 267 VI) – julga-se a *ação* quanto ao litisconsorte excluído, mas o processo continua quanto ao outro litisconsorte; b) indeferimento liminar de reconvenção (CPC 315) ou de ação declaratória incidental (CPC 5º e 325) – julga-se a *ação* (CPC 267 ou 269) secundária, mas o processo (conjunto formado pelas várias ações cumuladas: *in casu*, ação principal e reconvencional ou ADI) continua quanto à ação principal [...] Todos são exemplos de pronunciamentos com conteúdo do CPC 267 ou 269, que pela tão só literalidade do CPC 162 §1º poderiam ser classificados como sentença, mas que, por não encerrarem *também* o processo no primeiro grau de jurisdição, têm de ser classificados como *decisão interlocutória*, e, consequentemente, são impugnáveis por meio do recurso de agravo (CPC 162 §2º E 522). (NERY JR. Nelson; NERY, Rosa Maria de Andrade. **Código de processo civil comentado e legislação extravagante.** 10. edição. São Paulo: Revista dos Tribunais, 2007, p. 429) [grifos nos original]. Logo, sentença é o ato do juiz que, a um só tempo, consubstancia uma das hipóteses assinaladas nos arts. 267 e 269 do CPC e põe termo ao processo ou, ainda, encerra a fase cognitiva em primeiro grau; **B: incorreto** (art. 460, *caput*, do CPC); **C: incorreto.** A sentença homologatória de conciliação ou de transação, *ainda que inclua matéria não posta em juízo*, é título executivo judicial; (art. 475-N, III, do CPC); **D: incorreto.** Nas causas relativas ao estado de pessoa, se houverem sido citados no processo, em litisconsórcio necessário, todos os interessados, a sentença produz coisa julgada em relação a terceiros (art. 472, segunda parte, do CPC); **E: correto** (art. 269, I, do CPC).

Gabarito "E"

(Magistratura do Trabalho – 3ª Região – 2009) Assinale a assertiva ("a" a "e") correta em relação aos enunciados de I a V, observada a legislação processual civil pertinente:

I. As medidas cautelares serão requeridas ao juiz da causa; e, quando preparatórias, ao juiz competente para conhecer da ação principal. Interposto o recurso, a medida cautelar será requerida diretamente ao tribunal.
II. Cessada a eficácia da medida cautelar por não ter a parte interessada proposto no prazo legal a ação principal, poderá ela novamente intentar pretensão de prestação acautelatória, com os mesmos fundamentos da anterior. O mesmo não pode se dar se a cessação da eficácia da medida cautelar decorrer de decisão do juiz que declare extinto o processo principal, com ou sem resolução de mérito.
III. No processo civil, tratando-se de execução provisória de sentença, nos casos de crédito de natureza alimentar ou decorrente de ato ilícito, até o limite de sessenta vezes o valor do salário mínimo, desde que o exequente demonstre situação de necessidade, poderá o juiz dispensar caução para levantamento de depósito em dinheiro e a prática de atos que importem em alienação de propriedade ou dos quais possa resultar grave dano ao executado.
IV. Não sendo requerida a execução no prazo de doze meses, o juiz mandará arquivar os autos, sem prejuízo de seu desarquivamento a pedido da parte.
V. São absolutamente impenhoráveis, dentre outros: o seguro de vida; os vestuários, bem como os pertences de uso pessoal do executado, salvo se de elevado valor; a quantia aplicada em títulos de dívida pública do Tesouro Nacional, até o limite de 40 (quarenta) salários mínimos; e, a pequena propriedade rural, assim definida em lei, desde que trabalhada pela família.

(A) somente um enunciado é verdadeiro;
(B) somente dois enunciados são verdadeiros;
(C) somente três enunciados são verdadeiros;
(D) somente quatro enunciados são verdadeiros;
(E) todos os enunciados são verdadeiros.

I: verdadeiro (art. 800 do CPC); **II: falso** (art. 808, parágrafo único, do CPC); **III: verdadeiro** (art. 475-O, § 2º, I, do CPC); **IV: falso,** não sendo requerida a execução no prazo de seis meses, o juiz mandará arquivar os autos (art. 475-J, § 5º, do CPC); **V: falso.** O art. 649 do CPC não prevê, como impenhorável, a quantia aplicada em títulos da dívida pública do Tesouro Nacional.

Gabarito "B"

(Magistratura do Trabalho – 3ª Região – 2008) Sobre Sentença e Coisa Julgada, é incorreto afirmar que:

(A) Não faz coisa julgada a verdade dos fatos, estabelecida como fundamento da sentença.
(B) A sentença deve ser certa, ainda quando decida relação jurídica condicional.
(C) Em geral, não existe coisa julgada no processo de execução e no processo cautelar.
(D) A sentença condenatória produz a hipoteca judiciária, embora a condenação seja genérica.
(E) A coisa julgada é também efeito da sentença.

A: correto (art. 469, II, do CPC); **B: correto** (art. 460, parágrafo único, do CPC); **C: correto.** Com a ressalva de que, no processo cautelar, o reconhecimento de prescrição ou decadência faz coisa julgada; **D: correto** (art. 466 do CPC); **E: incorreto.** A coisa julgada não é efeito, mas uma qualidade, da sentença.

Gabarito "E"

(Magistratura do Trabalho – 3ª Região – 2008) Em relação à liquidação, após examinar as assertivas abaixo, escolha a opção correta:

I. existe a possibilidade de título executivo extrajudicial se sujeitar à liquidação.
II. a liquidação poderá ser requerida na pendência de recurso.
III. da decisão de liquidação caberá apelação.
IV. far-se-á a liquidação por arbitramento somente quando determinado pela sentença ou convencionado pelas partes.
V. poderá o juiz valer-se do contador do juízo, quando a memória do cálculo apresentada pelo credor aparentemente exceder os limites da decisão exequenda e, ainda, nos casos de assistência judiciária.

(A) se apenas as alternativas I e II são corretas.
(B) se apenas as alternativas II e V são corretas.
(C) se apenas as alternativas II, III e IV são corretas.
(D) se apenas as alternativas I, II e V são corretas.
(E) se todas as alternativas são corretas.

I: correto. É possível que a obrigação prevista no título executivo extrajudicial impossibilite-se e, por isso, seja convertida em perdas e danos. Nesse caso, pode ser necessário o uso da liquidação para apurar-se o montante dos prejuízos; **II: correto** (art. 475-A, § 2º, do CPC); **III: incorreto.** Cabe agravo de instrumento (art. 475-H do CPC); **IV: incorreto.** Ela também terá cabimento quando o exigir a natureza do objeto da liquidação (art. 475-C, II, do CPC); **V: correto** (art. 475-B, § 3º, do CPC).

Gabarito "D"

(Magistratura do Trabalho – 5ª Região – 2006 – CESPE) Acerca da sentença e da coisa julgada, assinale a opção correta.

(A) Se for julgada improcedente uma ação e transitada em julgado a sentença de mérito, qualquer das partes poderá rediscutir a mesma lide, com a mesma causa de pedir, desde que seja proposta nova demanda, com pedido diverso e com base em novas alegações ou em documento novo. Nesse caso, o objeto da coisa julgada material é a sentença de mérito, dentro da qual somente o dispositivo é acobertado pela autoridade da coisa julgada, não sendo atingidas pela eficácia preclusiva as questões que estejam fora desses limites objetivos.

(B) A questão prejudicial decidida incidentalmente no processo faz coisa julgada material entre as partes e constituirá objeto da sentença definitiva por ser premissa necessária à conclusão da sentença.

(C) Depois de proferida a sentença de mérito, esgota-se o ofício jurisdicional, ficando o juiz impedido de praticar qualquer ato decisório no processo, salvo quando se tratar de sentença terminativa, de execução provisória da sentença condenatória ou de correção de erro material.

(D) A hipoteca judiciária constitui efeito secundário da sentença condenatória à prestação de dar coisa ou quantia em dinheiro e tem por finalidade assegurar a efetividade do processo, impondo-se perante terceiros a garantia do crédito por meio do direito de sequela. Trata-se de uma consequência imediata da sentença condenatória e será ordenada a sua inscrição, ainda que não ocorra o trânsito em julgado ou que tenha sido interposto recurso contra a sentença, recebido em ambos os efeitos.

(E) As regras da adstrição ou da correlação da sentença ao pedido estão relacionadas com a matéria fática e a fundamentação jurídica. Assim, a liberdade conferida ao julgador, quanto à identificação da norma jurídica aplicável, deve compatibilizar-se, todavia, com o referido princípio, pois as partes não podem ser surpreendidas com a incidência de regra não cogitada, especialmente se as consequências forem diversas daquelas submetidas à discussão do juiz. A sentença proferida fora desse limite (*extra petita*) é nula de pleno.

A: incorreto. A coisa julgada também acarreta na impossibilidade de que, em processo futuro, as partes venham a discutir temas que poderiam ter alegados no processo em que a coisa julgada formou-se, em razão da eficácia preclusiva que a coisa julgada apresenta (art. 474 do CPC); **B: incorreto** (art. 469, III, do CPC); **C: incorreto.** Está superada a tese de que a prolação da sentença encerraria e esgotaria a função jurisdicional do juiz. Mesmo depois da sentença, o juiz continua a conduzir o processo e a praticar, em especial, que garantam a eficácia daquilo que se determinou na sentença; **D: correto** (art. 466 do CPC); **E: incorreto.** À fundamentação jurídica, aplica-se a regra do *jura novit curia*, ou seja, o juiz não fica vinculado aos argumentos jurídicos que foram levantados pelas partes.

Gabarito "D"

(Magistratura do Trabalho – 7ª Região – 2005) Em face do ordenamento jurídico é correto afirmar que:

(A) em havendo pedidos cumulados, competirá ao magistrado analisar todos eles, para não incorrer em decisão citra petita corrigível pela via dos declaratórios.

(B) há decisão extra petita quando o juiz examina o pedido e aplica o direito com fundamentos diversos dos descritos na petição inicial.

(C) a sentença que julga além do pedido é nula, devendo outra ser proferida pelo juiz de primeiro grau. Se houver recurso dessa sentença, competirá ao tribunal reconhecer o *error in procedendo* e anular a sentença.

(D) ao proferir a sentença, tornando-a pública, poderá o magistrado alterá-la de ofício na hipótese do surgimento de fato superveniente, seja ele fato constitutivo, modificativo ou extintivo do direito, desde que intimadas às partes previamente.

(E) a arguição de questões relativas ao impedimento e à suspeição do juiz pode ocorrer a qualquer momento no curso do processo por elas serem matérias de ordem pública e por isso não são tidas como preclusivas.

A: correto; B: incorreto. No caso descrito, não há qualquer vício na sentença; **C: incorreto.** Basta que o tribunal cancele o excesso na sentença proferida; **D: incorreto** (art. 463 do CPC); **E: incorreto.** A suspeição do juiz deve ser alegada pela parte, no prazo de 15 dias, a contar da ciência do fato que caracteriza a suspeição, sob pena de preclusão. O impedimento, por sua vez, não preclui.

Gabarito "A"

(Magistratura do Trabalho – 8ª Região – 2009) Com relação à sentença: seu trânsito em julgado, sua liquidação e o seu cumprimento, consoante as normas do CPC, assinale a alternativa incorreta:

(A) A impugnação ao cumprimento da sentença somente poderá versar sobre: penhora incorreta ou avaliação errônea; ilegitimidade das partes; falta ou nulidade da citação, nos casos de revelia; inexigibilidade do título; excesso de execução; qualquer causa impeditiva, modificativa ou extintiva da obrigação, como pagamento, novação, compensação, transação ou prescrição, desde que superveniente à sentença. Quando o executado alegar que o exequente pleiteia quantia superior à resultante da sentença, cumprir-lhe-á declarar de imediato o valor que entende correto, sob pena de rejeição liminar dessa impugnação.

(B) Far-se-á a liquidação por artigos, quando, para determinar o valor da condenação, houver necessidade de alegar fato novo. Na liquidação por artigos, observar-se-á, no que couber, o procedimento comum, sendo vedado, na liquidação, modificar a sentença que a julgou. Da decisão de liquidação caberá agravo.

(C) A sentença faz coisa julgada às partes entre as quais é dada, não beneficiando, nem prejudicando terceiros. Nas causas relativas ao estado de pessoa, se houverem sido citados no processo, em litisconsórcio necessário, todos os interessados, a sentença produz coisa julgada em relação a terceiros. É defeso à parte discutir, no curso do processo, as questões já decididas, a cujo respeito se operou a preclusão. Passada em julgado a sentença de mérito, reputar-se-ão repelidas todas as alegações, que a parte poderia opor à rejeição do pedido.

(D) A sentença que condenar o réu no pagamento de uma prestação, consistente em dinheiro ou em coisa, valerá como título constitutivo de hipoteca judiciária, cuja inscrição será ordenada pelo juiz na forma prescrita na Lei de Registros Públicos. A sentença condenatória produz a hipoteca judiciária: embora a condenação seja genérica; pendente sequestro de bens do devedor; ainda quando o credor possa promover a execução provisória da sentença.

(E) Na ação cujo objeto seja o cumprimento de obrigação de fazer ou não fazer, o juiz concederá a tutela específica da obrigação ou, se procedente o pedido, determinará providências que assegurem o resultado prático equivalente ao do adimplemento. A obrigação somente se converterá em perdas e danos se o autor o requerer ou se impossível a tutela específica ou a obtenção do resultado prático correspondente. Para a efetivação da tutela específica, poderá o juiz, a requerimento, determinar as medidas necessárias, tais como a imposição de multa por tempo de atraso, busca e apreensão, desfazimento de obras e impedimento de atividade nociva.

A: correto (art. 475-L do CPC); **B: correto.** Com a ressalva de que o agravo cabível contra a decisão que julga a liquidação é o de instrumento (art. 475-M, § 3º, do CPC); **C: correto** (art. 472 do CPC); **D: incorreto,** devendo ser assinalado. O art. 466 do CPC fala em arresto, e não em sequestro dos bens do devedor; **E: correto** (art. 461 do CPC).

Gabarito "D"

(Magistratura do Trabalho – 8ª Região – 2008) Sobre sentença e liquidação de sentença, assinale a alternativa CORRETA:

(A) É defesa sentença ilíquida no processo de ressarcimento por danos causados em acidente de veículo de via terrestre e de cobrança de seguro, relativamente aos danos causados em acidente de veículo.

(B) A liquidação poderá ser requerida na pendência de recurso, devendo a parte ser intimada na pessoa de seu procurador, processando-se em autos apartados, certo que o juiz poderá valer-se do contador do juízo, quando a memória de cálculo aparentemente exceder os limites da decisão exequenda; e se o credor não concordar com os cálculos feitos pelo contador, far-se-á a execução pelo valor originariamente pretendido, mas a penhora poderá ter por base o valor encontrado pelo contador.

(C) Na liquidação por arbitramento, o juiz nomeará o perito e fixará o prazo para entrega do laudo, sobre o qual as partes poderão manifestar-se no prazo de dez dias, seguindo-se a realização de audiência preliminar para tentativa de conciliação, certo que a realização de audiência de instrução e julgamento não tem cabimento no arbitramento mas, apenas, na liquidação por artigos, na qual se observa o procedimento comum.

(D) A liquidação por arbitramento tem lugar quando determinado na sentença, quando a natureza do objeto da liquidação o exigir, e, ainda, por convenção das partes, certo que, requerida a liquidação nessa modalidade, será a parte intimada pessoalmente.

(E) Nos casos de assistência judiciária a memória dos cálculos será elaborada pelo contador do juízo.

A: correto (art. 475-A, § 3º do CPC); **B: incorreto.** No caso descrito, a penhora terá por base (e não poderá ter) o valor encontrado pelo contador (§ 4º do art. 475-B do CPC); **C: incorreto.** Não há previsão de realização de audiência preliminar para a tentativa de conciliação na liquidação por arbitramento; **D: incorreto.** Na liquidação, em qualquer modalidade, as partes são intimadas por seus advogados, e não pessoalmente.

Gabarito "A"

(Magistratura do Trabalho – 8ª Região – 2008) Sobre o cumprimento da sentença, assinale a alternativa CORRETA:

(A) O cumprimento da sentença por execução de quantia certa dependerá, sempre, de requerimento do credor, expedindo-se mandado de penhora e avaliação, de cujo auto será de imediato intimado o executado, na pessoa de seu advogado, ou, na falta deste, o seu representante legal, neste caso por mandado, podendo oferecer impugnação no prazo de quinze dias.

(B) A impugnação poderá versar sobre a inexigibilidade do título, considerando-se inexigível o título fundado em lei ou ato normativo declarados inconstitucionais pelo Supremo Tribunal Federal, ou fundado em interpretação da lei tida pelo Supremo Tribunal Federal como incompatível com a Constituição, hipótese em que a impugnação terá efeito suspensivo, salvo se o exequente oferecer caução, arbitrada pelo juiz e prestada nos próprios autos.

(C) Quando se tratar de certidão de partilha, que é título executivo judicial exclusivamente em relação ao inventariante, aos herdeiros e aos sucessores, o mandado inicial incluirá a ordem de citação do devedor, na pessoa de seu procurador, no juízo cível, para a liquidação ou execução, conforme o caso.

(D) É possível na execução provisória o levantamento de depósito de dinheiro e a alienação de propriedade, desde que prestada caução idônea, arbitrada pelo juiz, dispensando-se a caução quando a execução provisória penda de agravo de instrumento junto ao Supremo Tribunal Federal ou ao Superior Tribunal de Justiça e sempre nos casos de crédito de natureza alimentar ou decorrente de ato ilícito, até o limite de sessenta vezes o valor do salário mínimo.

(E) O exequente pode efetuar o cumprimento da sentença no juízo do local onde se encontrem bens sujeitos à expropriação ou pelo atual domicílio do executado, casos em que a remessa dos autos será solicitada ao juízo de origem.

A: incorreta. Intimação do representante legal do devedor pode ser feita também pelo correio, e não só por mandado; **B: incorreto.** Não há previsão de que nesse caso a impugnação tem efeito suspensivo; **C: incorreto.** Não se trata de uma das hipóteses em que o mandado inicial incluirá a ordem de citação do devedor (essa solução só é aplicável aos casos em que o título executivo judicial não se formou pelo processo de conhecimento); **D: incorreto.** Nos casos de crédito alimentar ou decorrente de ato ilícito, também se exige para a dispensa de caução a situação de necessidade do exequente; **E: correto** (art. 475-P, parágrafo único, do CPC).

Gabarito "E"

(Magistratura do Trabalho – 8ª Região – 2007) Assinale a alternativa incorreta:

(A) A sentença *extra petita* ocorre quando o Juiz soluciona pedido diverso do postulado, gravando de nulidade a sentença.

(B) A sentença *ultra petita* ocorre quando o juiz decide o pedido, mas vai para além dele, dando ao autor mais do que o pleiteado, incidindo em nulidade parcial, afastando-se aquilo que ultrapassou o pedido.

(C) A sentença *citra petita* ocorre quando não são examinadas todas as questões apresentadas pelas partes, sendo apenas passível de anulação quando a matéria omitida pelo decisório de origem não esteja compreendida na devolução que o recurso de apelação faz operar para o conhecimento do Tribunal.

(D) Está sujeita ao duplo grau de jurisdição, não produzindo efeito senão depois de confirmada pelo tribunal, a sentença: I - proferida contra a União, o Estado, o Distrito Federal, o Município, e as respectivas autarquias e fundações de direito público; II - que acolher ou rejeitar, no todo ou em parte, os embargos à execução de dívida ativa da Fazenda Pública.

(E) Não fazem coisa julgada: I - os motivos, ainda que importantes para determinar o alcance da parte dispositiva da sentença; II - a verdade dos fatos, estabelecida como fundamento da sentença; III - a apreciação da questão prejudicial, decidida incidentemente no processo, salvo se constituir pressuposto necessário para o julgamento da lide, o juiz for competente para a matéria a e parte o requerer.

A: correto; B: correto; C: correto; D: incorreto, devendo ser assinalado. Só há reexame necessário contra a sentença que acolher os embargos à execução fiscal, e não da sentença que os rejeitar; **E: correto** (arts. 469 e 470 do CPC).

Gabarito "D"

(Magistratura do Trabalho – 8ª Região – 2007) Quanto à disciplina legal do cumprimento da sentença, assinale a alternativa incorreta:

(A) Caso o devedor, condenado ao pagamento de quantia certa ou já fixada em liquidação, não o efetue no prazo de quinze dias, o montante da condenação será acrescido de multa no percentual de dez por cento, expedindo-se de imediato mandado de penhora e avaliação, sem necessidade de ato citatório.

(B) Há expresso amparo legal para que o juiz, na fase de cumprimento da sentença, a requerimento do exequente e com vistas à penhora de dinheiro em depósito ou aplicação financeira, requisite à autoridade supervisora do sistema bancário, preferencialmente por meio eletrônico, informações sobre a existência de ativos em nome do executado, podendo no mesmo ato determinar sua indisponibilidade, até o valor indicado na execução.

(C) Do auto de penhora e de avaliação será de imediato intimado o executado, na pessoa de seu advogado, ou, na falta deste, o seu representante legal, ou pessoalmente, por mandado ou pelo correio, podendo oferecer impugnação, querendo, no prazo de quinze dias.

(D) A impugnação ofertada pelo executado não terá efeito suspensivo, podendo o juiz atribuir-lhe tal efeito desde que relevantes seus fundamentos e o prosseguimento da execução seja manifestamente suscetível de causar ao executado grave dano de difícil ou incerta reparação.

(E) Ainda que atribuído efeito suspensivo à impugnação, é lícito ao exequente requerer o prosseguimento da execução, oferecendo e prestando caução suficiente e idônea, arbitrada pelo juiz e prestada nos próprios autos.

A: incorreto, devendo ser assinalado. Embora não seja ato citatório, o início da fase de cumprimento da sentença está condicionado ao pedido do credor; **B: correto** (art. 655-A do CPC); **C: correto** (art. 475-J, § 1º, do CPC); **D: correto** (art. 475-M do CPC); **E: correto** (art. 475-M, § 1º, do CPC).

Gabarito "A"

(Magistratura do Trabalho – 8ª Região – 2011) Em relação à sentença, é CORRETO afirmar que:

(A) É defeso ao juiz proferir sentença, a favor do autor, de natureza diversa da pedida, bem como condenar o réu em quantidade superior ou em objeto diverso do que lhe foi demandado. A sentença deve ser certa, salvo quando decida relação jurídica condicional.

(B) A sentença que condenar o réu no pagamento de uma prestação, consistente em dinheiro ou em coisa, valerá como título constitutivo de hipoteca judiciária, cuja inscrição será ordenada pelo juiz na forma prescrita na Lei de Registros Públicos. A sentença condenatória produz a hipoteca judiciária, embora a condenação seja genérica, esteja pendente arresto de bens do devedor ou, ainda, quando o credor possa promover a execução provisória da sentença.

(C) Condenado o devedor a emitir declaração de vontade, a sentença, uma vez transitada em julgado, somente produzirá todos os efeitos da declaração após a sua emissão pelo condenado.

(D) Não fazem coisa julgada os motivos, ainda que importantes para determinar o alcance da parte dispositiva da sentença; a verdade dos fatos, estabelecida como fundamento da sentença e a apreciação da questão prejudicial, decidida incidentemente no processo, mesmo que a parte o requeira, o juiz seja competente em razão da matéria e constitua pressuposto necessário para o julgamento da lide.

(E) Nenhum juiz decidirá novamente as questões já decididas, relativas à mesma lide, mesmo em se tratando de relação jurídica continuativa, que precisará de nova demanda judicial.

A: incorreto. A sentença deve ser certa, ainda quando decida relação jurídica condicional (art. 460, parágrafo único, do CPC); **B: correto** (art. 466 do CPC); **C: incorreto** (art. 466-A do CPC); **D: incorreto** (art. 470 do CPC); **E: incorreto** (art. 471, I, do CPC).

Gabarito "B"

(Magistratura do Trabalho – 8ª Região – 2011) Assinale a alternativa CORRETA acerca da execução no Direito Processual Civil:

(A) A liquidação poderá ser requerida na pendência de recurso, processando-se em autos apartados, no juízo de origem, cumprindo ao liquidante instruir o pedido com cópias das peças processuais pertinentes. Do requerimento de liquidação de sentença será a parte intimada pessoalmente.

(B) São títulos executivos judiciais: a sentença proferida no processo civil que reconheça a existência de obrigação de fazer, não fazer, entregar coisa ou pagar quantia; a sentença penal condenatória transitada em julgado; a sentença homologatória de conciliação ou de transação, exceto se incluir matéria não posta em juízo; a sentença arbitral; o acordo extrajudicial, de qualquer natureza, homologado judicialmente; a sentença estrangeira, homologada pelo Superior Tribunal de Justiça; o formal e a certidão de partilha, exclusivamente em relação ao inventariante, aos herdeiros e aos sucessores a título singular ou universal.

(C) Quando a determinação do valor da condenação depender apenas de cálculo aritmético, o credor requererá o cumprimento da sentença, na forma do art. 475-J do Código de Processo Civil, instruindo o pedido com a memória discriminada e atualizada do cálculo. Poderá o juiz valer-se do contador do juízo, quando a memória apresentada pelo credor aparentemente exceder os limites da decisão exequenda e, ainda, nos casos de assistência judiciária.

(D) A execução provisória da sentença far-se-á, no que couber, do mesmo modo que a definitiva, e correrá por iniciativa, conta e responsabilidade do exequente, que se obriga, se a sentença for reformada, a reparar os danos que o executado haja sofrido, em outro processo.

(E) São sujeitos passivos na execução: o devedor, reconhecido como tal no título executivo; o espólio, os herdeiros ou os sucessores do devedor; o novo devedor, que assumiu, mesmo sem o consentimento do credor, a obrigação resultante do título executivo; o fiador judicial e o responsável tributário, assim definido na legislação própria.

A: incorreto. A parte será intimada na pessoa de seu advogado a respeito do requerimento de liquidação de sentença (art. 475-A, §1º, do CPC); **B: incorreto.** A sentença homologatória de conciliação ou de transação, *ainda que inclua matéria não posta em juízo, é título executivo judicial* (art. 475-N, III, do CPC); **C: correto** (art. 475-B, *caput*, e § 3º, do CPC); **D: incorreto.** A liquidação dos danos ocorrerá no ventre do mesmo caderno processual, por arbitramento (art. 475-O, II, do CPC); **E: incorreto.** Será necessário o consentimento do credor para que o novo devedor assuma a obrigação resultante do título executivo (art. 568, III, do CPC).

Gabarito "C"

(Magistratura do Trabalho – 9ª Região – 2006) Sobre preclusão e coisa julgada, assinale a alternativa correta:

I. A preclusão é uma técnica processual que visa garantir o fluxo contínuo da tramitação processual, consistindo na extinção de uma faculdade processual, podendo ser causada: pela não observância do prazo previsto em lei, pela prática de ato processual incompatível com a realização de outro ou pela efetiva prática do ato, validamente.

II. A coisa julgada material é uma qualidade apenas da sentença de mérito não mais sujeita a recurso, que visa tornar imutáveis as eficácias que ela projeta no mundo empírico, tendo como finalidade garantir a estabilidade da tutela jurisdicional e a segurança jurídica; por isso sua autoridade se impõe não apenas às partes, mas também a terceiros.

III. Uma das aptidões da coisa julgada material, denominada eficácia preclusiva da coisa julgada, é a de inviabilizar a reapreciação judicial das questões efetivamente discutidas no processo em que foi proferida a decisão que transitou em julgado e também de todas aquelas outras que poderiam ter sido suscitadas pelas partes.

IV. A estabilidade promovida pela coisa julgada material não é absoluta, podendo ser relativizada em casos extraordinários, como através de ação rescisória ou de resistência às execuções amparadas em títulos executivos judiciais que se fundam em leis ou atos normativos considerados inconstitucionais pelo STF.

(A) Apenas a assertiva I está correta.
(B) Apenas as assertivas I e II estão corretas.
(C) Apenas as assertivas II e III estão corretas.
(D) Apenas as assertivas I, III, e IV estão corretas.
(E) Todas as assertivas estão corretas.

I: correto; II: incorreto. A coisa julgada é oponível tão só às partes, e não a terceiros; **III: correto** (art. 474); **IV: correto.**

Gabarito "D"

(Magistratura do Trabalho – 13ª Região – 2006) Assinale a alternativa correta:

(A) A publicação da sentença de mérito é condição de seu trânsito em julgado.
(B) No procedimento sumário, não há necessidade de fundamentar a sentença.
(C) O dispositivo da sentença é a parte que contém o nome das partes, a suma do pedido e da resposta do réu, bem como o registro das principais ocorrências do processo.
(D) O juiz não está adstrito aos limites do pedido, podendo proferir, em favor do autor, decisão de natureza diversa da postulada, desde que se convença de que o autor tem direto a mais do que foi pleiteado.
(E) É vedado ao juiz proferir sentença ilíquida.

A: correto; B: incorreto. O dever de fundamentar as decisões não sofre qualquer mitigação no procedimento sumário; **C: incorreto.** Esse é o relatório; **D: incorreto.** Tendo em vista o princípio da adstrição previsto no art. 460; **E: incorreto.** Em regra, é possível que o juiz profira sentença ilíquida.

Gabarito "A"

(Magistratura do Trabalho – 13ª Região – 2006) Assinale a alternativa correta:

(A) na liquidação por artigos, observar-se-á procedimento próprio, especialmente previsto para esse tipo de liquidação;
(B) na liquidação por arbitramento, cabe às partes, de comum acordo, eleger árbitro para fixar o valor da causa;
(C) na liquidação por cálculos, estes só poderão ser efetuados pelo contador do juízo;
(D) quando a sentença de mérito tiver deixado de incluir parcela pedida pelo autor e admitida como devida pelo réu, poderá ser acrescida tal parcela na liquidação, corrigindo-se a falha;
(E) a liquidação de sentença por artigos será feita quando, para determinar o valor da condenação, houver necessidade de alegar e provar fato novo.

A: incorreto. O art. 475-F determina que sejam aplicadas à liquidação por artigos as regras do procedimento comum; **B: incorreto.** Quem escolhe, o perito é o juiz (art. 475-D); **C: incorreto.** Compete ao credor efetuar os cálculos (art. 475-B); **D: incorreto.** Na liquidação, é vedado modificar a sentença (art. 475-G); **E: correto** (art. 475-E).

Gabarito "E".

(Magistratura do Trabalho – 15ª Região – 2011) A respeito da execução do título executivo judicial, assinale a alternativa correta:

(A) não requerido seu imediato processamento, o juiz mandará arquivar os autos, que poderia ser impulsionados pelo exequente nos seis meses posteriores;
(B) da expedição do auto de penhora e avaliação será de imediato intimado pessoalmente o executado;
(C) lavrada a penhora pelo oficial de justiça, os autos serão encaminhados ao magistrado, que designará o avaliador;
(D) efetuado o pagamento parcial no prazo de 15 dias, a multa de dez por cento incidirá sobre o restante;
(E) cumpre ao credor, ao requerer a execução, pedir a citação do devedor e instruir a petição inicial com o demonstrativo do débito atualizado até a data do seu vencimento, quando se tratar de execução por quantia certa.

A: incorreto (art. 475-J, § 5º, do CPC); **B: incorreto.** A intimação é realizada na pessoa do advogado do executado, porquanto a fase de cumprimento de sentença desenvolve-se no bojo da mesma relação processual instaurada durante a fase de conhecimento. Somente na hipótese de o executado não possuir advogado constituído nos autos é que se recorrerá à sua intimação pessoal (art. 475-J, § 1º, do CPC); **C: incorreto.** Em regra, o mesmo oficial de justiça que penhorar o bem realizará sua avaliação (art. 475-J, § 2º, do CPC); **D: correto** (art. 475-J, § 4º, do CPC); **E: incorreto.** A atualização deverá ser realizada até o aforamento da demanda (art. 614, II, do CPC).

Gabarito "D".

(Magistratura do Trabalho – 15ª Região – 2011) É título executivo judicial:

(A) o instrumento de transação referendado pelo Ministério Público;
(B) o instrumento de transação referendado pela Defensoria Pública;

816

(C) o crédito de serventuário da justiça, quando as custas emolumentos ou honorários forem aprovados por decisão judicial;
(D) o crédito do tradutor, quando as custas, emolumentos ou honorários forem aprovados por decisão judicial;
(E) o formal e a certidão de partilha exclusivamente em relação ao inventariante aos herdeiros e aos sucessores a título singular ou universal.

A, B, C e **D: incorretos.** Todos são títulos executivos extrajudiciais (art. 585, II e VI, do CPC); **E: correto** (art. 475-N, VII, do CPC).

Gabarito "E".

(Magistratura do Trabalho – 15ª Região – 2010) Em relação ao cumprimento da sentença e à impugnação, assinale a alternativa incorreta:

(A) como regra geral, o oferecimento da impugnação não terá efeito suspensivo sobre a execução;
(B) a decisão, que resolver a impugnação é recorrível mediante agravo de instrumento, salvo quando importar extinção da execução, caso em que caberá apelação;
(C) a impugnação será oferecida no prazo de 15 (quinze) dias, contados da juntada aos autos do mandado de penhora e avaliação;
(D) a impugnação poderá versar sobre a ilegitimidade das partes;
(E) poderá ser arguida a inexigibilidade do título fundado em interpretação de ato normativo tida pelo Supremo Tribunal Federal como incompatível com a Constituição Federal.

A: assertiva correta (art. 475-M, *caput*, do CPC); **B: assertiva correta** (art. 475-M, § 3º, do CPC); **C: assertiva incorreta, devendo ser assinalada.** O prazo para impugnação passa a fluir a partir da intimação do executado acerca da penhora efetuada (art. 475-J, § 1º, do CPC); **D: assertiva correta** (art. 475-L, IV, do CPC); **E: assertiva correta** (art. 475-L, § 1º, do CPC).

Gabarito "C".

(Magistratura do Trabalho – 15ª Região – 2010) Com relação ao procedimento da uniformização de jurisprudência, é incorreto afirmar que:

(A) compete a qualquer Desembargador, ao proferir seu voto na Câmara, solicitar o prévio pronunciamento do Tribunal a que está vinculado, sobre tema acerca do qual há divergência jurisprudencial;
(B) a parte, ao arrazoar o recurso, ou em petição avulsa, poderá solicitar o processamento do incidente;
(C) o Presidente do Tribunal designará sessão de julgamento do incidente;
(D) reconhecida a divergência, o Tribunal indica qual a interpretação a ser observada à matéria;
(E) como o pleno do Tribunal analisa o incidente, é desnecessária a atuação do Ministério Público, na qualidade de fiscal da lei.

A: assertiva correta (art. 476, I, do CPC); **B: assertiva correta** (art. 476, parágrafo único, do CPC); **C: assertiva correta** (art. 477 do CPC); **D: assertiva correta** (art. 478, *caput*, do CPC); **E: assertiva incorreta,** devendo ser assinalada (art. 478, parágrafo único, do CPC).

Gabarito "E".

(Magistratura do Trabalho – 16ª Região – 2011) Assinale a alternativa INCORRETA:

(A) As sentenças que resolvem objeto do processo, consistente em enfrentar o petitório contido na demanda inicial, acolhendo-se a pretensão ou não, são definitivas, incluídas as que declaram extinto o direito ou a ação, por prescrição ou decadência.

(B) O relatório do processo, ainda que resumido; a motivação pela qual o juiz soluciona as questões de fato e de direito, interpretando as normas aplicadas, fazendo exame dos fatos e das provas, qualificando juridicamente o conjunto probatório existente nos autos e dirimindo pontos controvertidos; e o provimento jurisdicional final que é o preceito concreto e imperativo ditado pelo juiz em relação a pretensão, compõem os requisitos da sentença.

(C) As alegações e defesas que se consideram preclusas com a formação da coisa julgada são aquelas que concernem ao mérito da causa, alcançando, inclusive causas de pedir estranhas ao processo.

(D) A sentença deverá ser proferida conforme pedido imediato (providência jurisdicional postulado – declaração, constituição, condenação, mandamento ou execução) e conforme o pedido mediato (bem da vida perseguido em juízo), sendo vedado proferir sentença de natureza diversa da pedida (*infra*, *extra* ou *ultra petita*), podendo ser decretada sua nulidade, e pelo Tribunal poderá haver substituição direta da decisão, sem retorno dos autos à origem.

(E) Publicada a sentença, o juiz poderá modificá-la *ex officio* para retificar erros de cálculo.

A: assertiva correta. Denominam-se sentenças *definitivas* ou de *mérito* aquelas que contêm uma das situações previstas no art. 269 do CPC (art. 269, I e IV, do CPC, no caso sob exame). Em contrapartida, chamam-se de *processuais* ou *terminativas* aquelas que consubstanciam uma das hipóteses elencadas pelo art. 267 do CPC; **B: assertiva correta** (art. 458 do CPC); **C: assertiva incorreta**, devendo ser assinalada. As partes, a causa de pedir e o pedido constituem os chamados *elementos da ação*, de modo tal que só haverá cogitar-se de coisa julgada se uma demanda repetir os elementos de outra em cujo ventre foi proferida sentença de que não caiba mais recurso (art. 301, §§ 1º, 2º e 3º, do CPC). Na hipótese fornecida em tal assertiva, a dessemelhança entre as causas de pedir não induz a reprodução versada no § 1º do art. 301 do CPC, motivo pelo qual não há que se falar em coisa julgada; **D: assertiva correta**. Tal questão se resolve pelo próprio princípio da *correlação*, *congruência*, ou da *adstrição*, de modo que o juízo, na sentença, deve se cingir ao pedido e à causa de pedir, sob pena de julgamento *citra*, *ultra* ou *extra petita*. O juiz não pode inovar ou ampliar os limites objetivos da lide, sob pena de afronta aos princípios da ampla defesa, do contraditório e ao princípio dispositivo. De qualquer forma, vale registrar que as questões de ordem pública podem ser reconhecidas de ofício pelo órgão jurisdicional, motivo porquanto se revela prescindível pedido expresso da parte. Prevalecem os seguintes posicionamentos quanto aos vícios intrínsecos da sentença: a) a decisão *infra* ou *citra petita* pode ser corrigida com a oposição de embargos de declaração, de forma que o próprio órgão prolator da decisão poderá remediar a omissão; b) interposto e admitido o recurso de apelação, a sentença *extra petita* deve ser anulada pelo tribunal, a fim de que os autos sejam remetidos ao órgão *a quo* para prolação de nova sentença, não havendo cogitar-se de substituição da referida decisão; c) interposto e admitido, o recurso de apelação, a sentença *ultra petita* pode ser corrigida pelo tribunal, mediante simples redução da parte que sobejou o pedido formulado, sem necessidade de regresso dos autos à origem; **E: assertiva correta** (art. 463, I, do CPC).

Gabarito "C".

(Magistratura do Trabalho – 16ª Região – 2011) Na sentença, foi concedida uma tutela de obrigação de fazer ao réu, impondo multa diária no valor de R$ 100,00 (cem reais) para o caso de descumprimento. Após o trânsito em julgado da sentença, não tendo sido interposto recurso por nenhuma das partes, o réu peticiona informando que, em razão de mudança significativa na economia, superveniente à sentença, tornou-se mais vantajoso pagar a multa imposta, a cumprir a tutela obrigacional. Considerando essa hipótese, assinale a resposta CORRETA:

(A) Será admitida a conversão da obrigação de fazer em perdas e danos, mas no caso não será possível ao autor requerer a execução da multa pelo descumprimento.

(B) O juiz não poderá elevar a multa, ainda que a requerimento da parte, porque a decisão está acobertada pelo trânsito em julgado.

(C) O valor da multa poderá ser modificado a qualquer tempo, inclusive *ex officio* e mesmo após o trânsito em julgado da sentença que a fixou.

(D) A multa só poderia ser modificada antes do trânsito em julgado da sentença, e se houvesse pedido expresso do autor.

(E) A execução da multa imposta para o caso de descumprimento implicará em renúncia tácita à execução de indenização por perdas e danos.

A e E: incorretos (art. 461, § 2º, do CPC); **B: incorreto e C: correto** (art. 461, § 6º, do CPC). A doutrina inclina-se para a possibilidade de o juiz estipular livremente o valor e a periodicidade da multa, atendendo às peculiaridades do caso concreto. Confira-se a seguinte lição a respeito: "Como a multa que deriva do art. 461, a de natureza cominatória, tem como função exercer pressão psicológica sobre o réu, ela deve ser fixada e modelada pelo juiz atento às circunstâncias fáticas e com os olhos voltados também para a predisposição do réu para acatar, ou não, sua determinação. Ela deve ser modificada, no que diz respeito a seu valor, periodicidade, prazo de exigibilidade, tanto quanto as circunstâncias concretas recomendem". (BUENO, Cássio Sarpinella. *Tutela Antecipada*. 2. ed. São Paulo: Saraiva, 2007. p.135-136). A jurisprudência do STJ ratifica a possibilidade de alteração do montante da *astreinte*, mesmo após o trânsito em julgado da decisão que a fixou: PROCESSUAL CIVIL. AGRAVO REGIMENTAL. AGRAVO DE INSTRUMENTO. ORDEM JUDICIAL. DESCUMPRIMENTO. INSCRIÇÃO DO NOME DO DEVEDOR EM CADASTRO DE INADIMPLENTES. VALOR. SUCUMBÊNCIA RECÍPROCA. INOCORRÊNCIA. MONTANTE. REEXAME. SÚMULA N. 7-STJ. NÃO PROVIMENTO. *1. O valor executado a título de multa cominatória pode ser alterado, mesmo após o trânsito em julgado da sentença de mérito, em hipóteses excepcionais, quando for verificada a exorbitância ou a irrisoriedade da importância arbitrada, o que não se verifica no caso em exame (CPC, art. 461, § 6º). Precedentes.* 2. Reduzido o valor do débito, porém não extinta a execução, fixa-se a sucumbência unicamente em favor do credor. 3. Agravo regimental não provido. (AgRg no Ag 1095408/RS, Rel. Ministra MARIA ISABEL GALLOTTI, QUARTA TURMA, julgado em 16.08.2011, *DJe* 24.08.2011) [grifos nossos]; **D: incorreto.** A multa pode ser modificada a qualquer tempo, já que atua como mecanismo de execução indireta, isto é, como meio de estimular o devedor a cumprir a obrigação em sua forma específica. Conforme assevera Nelson Nery: "Não há ofensa à coisa julgada, mas sim aplicação da cláusula *rebus sic stantibus* de que se reveste a decisão ou sentença na parte que fixa o valor da multa diária. Em outras palavras, mantida a mesma situação de fato, o valor da multa constante da sentença não pode ser alterado; sobrevindo nova situação de fato, o valor da multa constante da sentença pode ser modificado". (NERY JR. Nelson; NERY, Rosa Maria de Andrade. **Código de processo civil comentado e legislação extravagante.** 10. ed. São Paulo: Ed. RT, 2007. p. 672).

Gabarito "C"

(Magistratura do Trabalho – 16ª Região – 2011) Sobre o incidente de uniformização da jurisprudência previsto no CPC, assinale a alternativa CORRETA:

(A) O incidente de uniformização da jurisprudência pode ser suscitado *ex officio* pelo relator do recurso.

(B) Segundo a jurisprudência dominante, mesmo após o julgamento é possível suscitar o incidente de uniformização da jurisprudência, desde que se proposto antes do trânsito em julgado da decisão.

(C) O incidente de uniformização de jurisprudência deve ser suscitado nas razões de interposição do recurso, sob pena de preclusão, não podendo ser suscitado mediante petição avulsa.

(D) Uma vez reconhecida a divergência, e lavrado o acórdão, o processo será distribuído a outro membro a quem competirá relatar o incidente de uniformização da jurisprudência.

(E) No incidente de uniformização da jurisprudência somente será ouvido o Ministério Público nas causas previstas no art. 82 do CPC.

O incidente de uniformização de jurisprudência tem por objetivo a harmonização da interpretação do direito entre órgãos judicantes pertencentes ao mesmo tribunal. A admissibilidade de tal incidente – que se presta a discutir apenas *questões de direito* – depende de uma divergência *efetiva* ou *potencial* entre seus órgãos fracionários. O primeiro juízo de admissibilidade do incidente a que alude o art. 476 e ss. do CPC é realizado pelo próprio órgão fracionário (turma, câmara ou grupo de câmaras), conforme dispõe o art. 477 do CPC. Reconhecido o dissídio, será lavrado acórdão pelo referido órgão e os autos serão encaminhados ao presidente da corte para que este designe sessão em que o respectivo plenário ou órgão especial, onde houver, determine a orientação jurisprudencial que será adotada. Vale ressaltar que tais órgãos poderão analisar novamente a existência ou não de divergência. Não conhecido o incidente, o caderno processual será devolvido ao órgão competente para julgamento da questão principal. Se, por outro lado, o incidente for conhecido, o próprio plenário do tribunal ou seu órgão especial definirá qual das teses jurídicas divergentes deverá prevalecer, deliberação esta após a qual os autos serão encaminhados ao órgão fracionário competente, para que prossiga no julgamento da causa. Destaque-se, por último, que a turma, câmara ou grupo de câmaras suscitantes estarão vinculados ao que restou decidido pelo plenário ou pelo órgão especial da corte. **A: correto** (art. 476, *caput*, do CPC); **B: incorreto.** O incidente de uniformização de jurisprudência presta-se a suscitar o prévio pronunciamento da corte acerca da questão de direito (art. 476, *caput*, do CPC); **C: incorreto** (art. 476, parágrafo único, do CPC); **D: incorreto** (arts. 477 e 478, *caput*, do CPC); **E: incorreto** (art. 478, parágrafo único, do CPC).

Gabarito "A"

(Magistratura do Trabalho – 16ª Região – 2008) Inadimplida a obrigação e estabelecida a lide, não havendo resolução do conflito por autocomposição, busca-se a tutela jurisdicional, que tem por objetivo fazer a entrega do direito, o que se dá pela sentença. Quanto a esta:

I. O juiz decidirá a lide nos limites em que foi proposta, sendo-lhe, no entanto, permitido conhecer questões não suscitadas pelas partes, desde que do interesse destas.

II. O juiz proferirá sentença, acolhendo ou rejeitando, no tudo ou em parte, o pedido formulado pelo autor, podendo, entretanto, proferir sentença condenando por quantia certa, mesmo quando feito pedido ilíquido.

III. Feita a citação, é vedado ao autor modificar o pedido ou a causa de pedir. Entretanto, se após a propositura da ação, sobrevier fato constitutivo, modificativo ou extintivo do direito, caberá ao juiz considerá-lo, até de ofício, ao proferir a sentença.

IV. A sentença deve ser certa. Mas, tratando-se de relação jurídica, de direito material, condicional, o juiz pode sujeitar a procedência ou a improcedência do pedido ao implemento da condição, seja esta suspensiva ou resolutiva.

V. O princípio da inalterabilidade das decisões judiciais não pode ser aplicado quando a sentença contém inexatidões materiais ou erros de cálculo, há interposição de embargos de declaração ou há retratação do juiz.

Assinalar a resposta correta:

(A) Todas as alternativas estão incorretas.

(B) Apenas a alternativa II está correta.

(C) As alternativas III e IV estão incorretas.

(D) As alternativas I e V estão corretas.

(E) As alternativas I e IV estão incorretas.

I: incorreto. Tendo em vista o princípio dispositivo e aquilo que prevê o art. 128 do CPC; **II: correto.** Mesmo nos casos em que se formulou pedido genérico, o juiz pode proferir a sentença líquida se nos autos houver elementos para a fixação de um valor; **III: correto** (art. 462 do CPC); **IV: incorreto** (art. 460, parágrafo único); **V: correto** (art. 463).

Gabarito "E"

(Magistratura do Trabalho – 18ª Região – 2006) A Lei 11.232, de 22 de dezembro de 2005, ainda não em vigor, introduziu o Capítulo IX ("DA LIQUIDAÇÃO DA SENTENÇA") no Título VIII, do Livro I, do CPC. Considere as assertivas abaixo, a respeito das modificações introduzidas no CPC pela lei mencionada, e assinale a alternativa correta.

I. Nas ações de ressarcimento por danos causados em acidente de veículo de via terrestre e de cobrança de seguro, relativamente aos danos causados em acidente de veículo, é defesa a sentença ilíquida, cumprindo ao juiz, se for o caso, fixar de plano, a seu prudente critério, o valor devido.

II. Quando a elaboração da memória do cálculo depender de dados existentes em poder do devedor, o juiz, a requerimento do credor, poderá requisitá-los; se os dados não forem, injustificadamente, apresentados pelo devedor, o juiz deverá valer-se do contador do juízo.

III. Quando a elaboração da memória do cálculo depender de dados existentes em poder de terceiro, o juiz, a requerimento do credor, poderá requisitá-los; se os dados não forem, injustificadamente, apresentados pelo terceiro, o juiz lhe ordenará que proceda ao respectivo depósito em cartório ou noutro lugar designado, no prazo de 5 (cinco) dias, impondo ao requerente que o embolse das despesas que tiver; se o terceiro descumprir a ordem, o juiz expedirá mandado de apreensão, requisitando, se necessário, força policial, tudo sem prejuízo da responsabilidade por crime de desobediência.

IV. Poderá o juiz valer-se do contador do juízo, quando a memória apresentada pelo credor aparentemente exceder os limites da decisão exequenda e, ainda, nos casos de assistência judiciária.

V. Se o credor não concordar com os cálculos feitos pelo contador do juízo, far-se-á a execução pelo valor originariamente pretendido, mas a penhora terá por base o valor encontrado pelo contador.

(A) Nenhuma assertiva é correta.
(B) Há duas assertivas corretas.
(C) Há três assertivas corretas.
(D) Há quatro assertivas corretas.
(E) Todas são corretas.

I: correto (art. 475-A, § 3º, do CPC); **II: incorreto** (art. 475-B, § 2º); **III: correto** (art. 475-B, § 2º, do CPC); **IV: correto** (art. 475-B, § 3º, do CPC); **V: correto** (art. 475-B, § 4º, do CPC).

Gabarito "D"

(Magistratura do Trabalho – 18ª Região – 2006) A lei 11.280, de 16 de fevereiro de 2006, ainda não em vigor, modificou sensivelmente o direito processual e o direito material civil. Considere as assertivas abaixo, a respeito da s modificações introduzidas no CPC pela lei mencionada, e assinale a alternativa correta.

I. O juiz não poderá declarar de ofício a nulidade da cláusula de eleição de foro, em contrato de adesão.

II. O juiz pronunciará a prescrição de ofício.

III. A ação rescisória não impede o cumprimento da sentença ou acórdão rescindendo, ressalvada a concessão, caso imprescindíveis e sob os pressupostos previstos em lei, de medidas de natureza cautelar ou antecipatória de tutela.

IV. Os tribunais, no âmbito da respectiva jurisdição, poderão disciplinar a prática e a comunicação oficial dos atos processuais por meios eletrônicos, atendidos os requisitos de autenticidade, integridade, validade jurídica e interoperabilidade da Infraestrutura de Chaves Públicas Brasileira – ICP – Brasil.

V. Depois que a Lei 11.280/2006 entrar em vigor, o juiz só pronunciará a prescrição de ofício se favorecer a absolutamente incapaz.

(A) Há uma assertiva correta.
(B) Há duas assertivas corretas.
(C) Há três assertivas corretas.
(D) Há quatro assertivas corretas.
(E) Todas são corretas.

I: incorreto. É o contrário que afirma o parágrafo único do art. 112 do CPC; **II: correto** (art. 219, § 5º, do CPC); **III: correto** (art. 489 do CPC); **IV: correto, art. 154, parágrafo único, do CPC; V: incorreto** (art. 219, § 5º, do CPC).

Gabarito "C"

(Magistratura do Trabalho – 21ª Região – 2005) Leia o enunciado abaixo e marque, em seguida, a alternativa correta: Antônio ajuizou ação ordinária pleiteando da Fundação "Cultura Popular", integrante da Administração Pública Municipal, uma determinada indenização pecuniária. A demanda foi distribuída ao Juízo de Direito da Fazenda Pública da Capital, que, em sua decisão de mérito, reconheceu parcialmente a procedência do pedido e condenou o ente público acionado ao pagamento de uma indenização líquida no valor de R$ 15.000,00.

(A) a decisão está sujeita ao duplo grau de jurisdição, na forma do art. 475 do Código de Processo Civil, posto que desfavorável à entidade pública municipal;
(B) a decisão somente pode ser impugnada através do recurso voluntário de apelação cível, porquanto a remessa necessária somente se aplica a entes públicos integrantes da Administração Pública Direta;
(C) a decisão estará sujeita à remessa necessária, já que o valor é superior a quarenta vezes o salário mínimo vigente;
(D) independentemente do valor da condenação, a decisão não estaria sujeita à remessa necessária, caso tivesse como fundamento jurisprudência do Plenário do Supremo Tribunal Federal;
(E) mesmo ultrapassado o prazo de apelação, a Fazenda Pública Municipal está obrigada a requerer ao Presidente do respectivo Tribunal de Justiça que avoque os autos para processamento e julgamento da remessa necessária.

A: incorreto. O valor da condenação é inferior a 60 salários mínimos, o que torna desnecessário o reexame (art. 475, § 2º, do CPC); **B: incorreto.** Também há reexame, quando se trata de entes públicos da administração indireta; **C: incorreto.** O valor fixado pela lei para a dispensa de reexame é de 60 salários mínimos; **D: correta** (§ 3º do art. 475 do CPC); **E: incorreto.** A providência em questão não representa um dever da Fazenda Pública.

Gabarito "D"

(Magistratura do Trabalho – 23ª Região – 2009) Analise os itens abaixo e marque a alternativa CORRETA:

I. No caso da substituição processual, há efeitos *extra partes* da coisa julgada.

II. Nas causas relativas ao estado de pessoa, se houverem sido citados no processo, em litisconsórcio necessário, todos os interessados, a sentença produz coisa julgada em relação a terceiros.

III. A coisa julgada formal decorre simplesmente da imutabilidade da sentença dentro do processo em que foi proferida pela impossibilidade de interposição de recursos.

IV. No caso de decisão judicial transitada em julgado em dezembro de 2000 que, à época da execução, se demonstre em desacordo com decisão proferida, em janeiro de 2005, pelo Supremo Tribunal Federal em ação direta de inconstitucionalidade, cujas repercussões foram definidas como *ex nunc*, pode ser considerada título inexigível, porquanto fundado em lei declarada inconstitucional em sede de controle concentrado, que possui eficácia contra todos e efeito vinculante, o que deverá ser suscitado pela Fazenda Pública em juízo até o momento do pagamento do montante atualizado da dívida.

(A) Apenas os itens I e II são verdadeiros.
(B) Apenas os itens II e III são verdadeiros.
(C) Apenas os itens III e IV são verdadeiros.
(D) Apenas os itens I, II e III são verdadeiros.
(E) Apenas os itens I e IV são verdadeiros.

I: verdadeiro. A coisa julgada também atinge aquele que foi substituído no processo, embora não tenha feito parte dele no sentido formal; **II: verdadeiro** (art. 472, segunda parte); **III: verdadeiro; IV: falso.** Só se pode considerar inexigível um título executivo judicial baseado em ato normativo que foi declarado inconstitucional pelo Supremo, se a declaração deu-se antes da formação da coisa julgada, e não depois dela, como no caso proposto.

Gabarito "D"

(Magistratura do Trabalho – 23ª Região – 2006) Verifique se as afirmações abaixo são verdadeiras ou falsas:

( ) Não são abrangidos pelos efeitos da coisa julgada os motivos determinantes do alcance do dispositivo da sentença, a verdade dos fatos estabelecida como premissa do julgamento e a apreciação de questão prejudicial, incidentalmente ou em ação declaratória autônoma.

( ) Nas ações que versam sobre direitos difusos e coletivos, a eficácia da coisa julgada, por força de disposição legal expressa, será *erga omnes*, vinculando as partes, terceiros e a própria sociedade, independentemente do resultado da demanda.

( ) Nas ações que versam sobre direitos difusos, a eficácia da coisa julgada, por força de disposição legal expressa, será *erga omnes*, exceto se o pedido for julgado improcedente por insuficiência de provas.

( ) Nas ações que versam sobre interesses coletivos, entendidos como tais os interesses transindividuais de natureza indivisível de que seja titular grupo, categoria ou classe de pessoas ligadas entre si ou com a parte contrária por uma relação jurídica-base, a coisa julgada tem efeitos *ultra partes*, mas limitadamente ao grupo, categoria ou classe, independentemente do reconhecimento da procedência ou improcedência da pretensão.

( ) A declaração de inconstitucionalidade proferida em sede de recurso extraordinário, em controle difuso, não irradia efeitos *erga omnes*, valendo apenas no caso concreto e gerando efeitos exclusivamente entre as partes. Observando a sequência de proposições, identifique a alternativa correta:

(A) F, F, V, F, V
(B) V, V, F, F, V
(C) F, F, V, V, V
(D) F, F, F, V, V
(E) V, F, F, V, V

I: falso. Se a questão prejudicial foi decidida em ação autônoma, fica sujeita à coisa julgada; **II: falso.** Não há coisa julgada nas ações que versam sobre interesses difusos ou coletivos, quando houver improcedência por falta ou insuficiência de provas; **III: verdadeiro; IV: falso; V: verdadeiro.** Desde que se faça uma ressalva: o STF tem entendido que, se o pronunciamento sobre a inconstitucionalidade, ainda que em recurso extraordinário, tiver sido feito pelo Plenário, a decisão terá efeitos *erga omnes* e vinculantes.

Gabarito "A"

(Magistratura do Trabalho – 23ª Região – 2006) Observadas as recentes alterações nos dispositivos legais que disciplinam a liquidação de sentença, analise as afirmativas abaixo e assinale a alternativa correta: I – Cabe ao credor requerer o cumprimento da sentença pelo devedor, instruindo o pedido com a memória de cálculo do valor devido, sendo autorizada a elaboração de cálculos pelo contador no caso de ser o credor beneficiário de assistência judiciária. II – Quando os cálculos apresentados pelo credor se revelarem excessivos em relação aos limites da condenação, poderá o juiz se valer de contador para a liquidação. III – Os cálculos apresentados pelo credor poderão ser questionados pelo devedor em impugnação ao cumprimento da sentença. IV – A decisão de liquidação e a decisão que julga a impugnação ao cumprimento da sentença oposta pelo devedor, mesmo que extinga a execução, é recorrível através de recurso de apelação. V – No caso de o credor não concordar com os cálculos do contador, a execução far-se-á pelo valor originalmente pretendido, mas a penhora terá por base o valor encontrado pelo contador.

(A) Somente estão corretas as afirmativas II, III e IV.
(B) Estão corretas todas as afirmativas.
(C) Somente estão corretas as afirmativas I, IV e V.
(D) Somente estão corretas as afirmativas I, II, III e V.
(E) Somente estão corretas as afirmativas II, III e V.

I: correto (art. 475-B do CPC); **II: correto** (art. 475-B, § 3º, do CPC); **III: correto** (art. 475-L, V, do CPC); **IV: incorreto.** O julgamento da liquidação desafia agravo de instrumento, o que também se aplica aos casos em que o julgamento da impugnação não acarreta a extinção da execução; **V: correto** (art. 475-B, § 4º, do CPC).

Gabarito "D"

(Magistratura do Trabalho – 23ª Região – 2006) As recentes alterações das normas processuais que tratam do cumprimento da sentença e da execução em geral tiveram como norte a busca pela maior efetividade do processo. Traduzem este conteúdo finalístico:

I. O dispositivo legal que estabelece que, em caso de condenação a pagamento de quantia certa ou já fixada em liquidação, o devedor deverá cumprir a sentença no prazo de 15 dias, sob pena de incidência de multa de 10% do valor da condenação e, mediante requerimento do credor, posterior expedição de mandado de penhora e avaliação.

II. O dispositivo que autoriza a rejeição liminar da impugnação do executado fundada na alegação de excesso de execução, quando o devedor não declarar de imediato o valor que entende correto.

III. O dispositivo que faculta ao credor, no requerimento de cumprimento da sentença, a indicação desde logo dos bens do devedor passíveis de penhora.

IV. A previsão legal que faculta ao credor a executar a sentença em foro diverso daquele na qual foi proferida, autorizando o mesmo a optar pelo local onde se encontram os bens sujeitos à expropriação ou pelo local do atual domicílio do executado.

V. A previsão legal de processamento da execução de ofício pelo juiz, independente de provocação do credor.

Assinale a alternativa correta:

(A) são verdadeiras apenas as alternativas I, II, III e IV;
(B) são verdadeiras apenas as alternativas III, IV e V;
(C) são verdadeiras apenas as alternativas I e II;
(D) todas as alternativas são verdadeiras;
(E) é verdadeira apenas a alternativa I.

I: verdadeiro (art. 475-J do CPC); **II: verdadeiro** (art. 475-L, § 2º, do CPC); **III: verdadeiro** (art. 475-J, § 3º, do CPC); **IV: verdadeiro** (art. 475-P, parágrafo único); **V: falso.** A execução ainda depende de iniciativa do credor.

Gabarito "A"

(Magistratura do Trabalho – 23ª Região – 2006) Quando a obrigação consistir em prestações periódicas, pode-se dizer que são consideradas incluídas no pedido, independentemente da declaração expressa do autor, sendo certo afirmar:

(A) trata-se de pedido implícito decorrente de prestações de trato sucessivo, homogêneas e contínuas, sendo que as vencidas após a sentença de liquidação necessitarão de outra ação com comando condenatório para serem cobradas;
(B) trata-se de pedido sucessivo decorrente de prestação de trato sucessivo, homogêneas e contínuas, sendo que as vencidas depois da condenação serão liquidadas e cobradas na própria ação condenatória originária;
(C) trata-se de pedido sucessivo decorrente de prestações de trato sucessivo, homogêneas e contínuas, sendo que as vencidas após a sentença de liquidação necessitarão de outra ação com comando condenatório para serem cobradas.
(D) trata-se de pedido implícito decorrente de prestações de trato sucessivo, homogêneas e contínuas, sendo que as vencidas após a sentença de liquidação não necessitarão de outra ação com comando condenatório para serem cobradas.
(E) trata-se de pedido sucessivo decorrente de prestações de trato sucessivo, homogêneas e contínuas, sendo que as vencidas após a sentença de liquidação necessitarão ser executadas em ação autônoma.

Pedido sucessivo é aquele que tem uma relação de dependência do pedido anteriormente formulado, e que fica prejudicado, caso este seja julgado improcedente. Não se trata de pedido sucessivo (art. 290 do CPC).

Gabarito "D"

(Magistratura do Trabalho – 23ª Região – 2006) Referentemente à coisa julgada é correto afirmar:

(A) Na ação civil pública, em se tratando de interesses difusos, havendo declaração de improcedência dos pedidos em decorrência de insuficiência de provas, o julgado produz efeitos tão somente em relação às partes processuais, sistema conhecido como coisa julgada segundo o resultado da lide, não sendo possível a renovação da lide com base em novas provas;
(B) Em ação civil pública versando sobre interesses individuais homogêneos, a sentença será imutável *erga omnes* tão somente em caso de procedência, beneficiando vítimas e sucessores, isto em *in utilibus*. Em caso de improcedência as partes individuais que não intervieram no processo coletivo poderão propor ações individualmente;
(C) A ação coletiva que versa sobre interesse coletivo será imutável *ultra partes*, mas não estará limitada ao grupo, categoria ou classe de lesados, exceto se a improcedência se der por falta de provas, exceto se outra ação for proposta com base em nova prova;
(D) Pelo sistema da tutela coletiva as vítimas e sucessores são beneficiados da sentença de procedência em questão correlata à defesa de interesses coletivos e individuais homogêneos, não, porém, da sentença de procedência envolvendo interesse difuso;
(E) Em ação civil pública versando sobre interesses individuais homogêneos, a sentença será imutável *erga omnes* em caso de procedência e de improcedência, beneficiando vítimas e sucessores, isto em *in utilibus*. 821

A: incorreto. Nesse caso, é possível a renovação da lide com base em novas provas; **B: correto** (art. 103, III, do CDC); **C: incorreto** (art. 103, II, CDC); **D: incorreto** (art. 103, CDC); **E: incorreto.** Não haverá coisa julgada no caso de improcedência.

Gabarito "B"

(Magistratura do Trabalho – 23ª Região – 2006) Analise as afirmativas e assinale a resposta correta:

I. A sentença de mérito prolatada em processo fraudulento, no qual as partes agem em conluio, utilizando o processo para a prática de ato simulado em prejuízo a terceiro, é passível de ser rescindida através de ação rescisória.

II. Atendendo ao princípio da probidade processual, compete às partes, entre outros deveres, expor os fatos em juízo conforme a verdade, proceder com lealdade e boa-fé, não formular pretensões ou alegar defesa cientes de que são destituídas de fundamento.

III. Também se constitui dever das partes e de todos aqueles que de qualquer forma participarem do processo cumprirem com exatidão os provimentos mandamentais e não criar embaraços à efetivação de provimentos judiciais, de natureza antecipatória ou final.

IV. Ressalvados os advogados sujeitos a estatuto próprio, o ato atentatório ao exercício da jurisdição se caracteriza pelo descumprimento do dever descrito no item anterior e sujeita o infrator ao pagamento de multa fixada pelo juiz em percentual não superior a 20%, conforme a gravidade, que reverte em favor da União ou do Estado.

V. A fixação de multa pela prática de ato atentatório ao exercício da jurisdição é passível de cumulação com as sanções pecuniárias por litigância de má-fé, que revertem em favor da parte contrária.

(A) somente as alternativas I, II e V estão corretas.
(B) todas as alternativas estão corretas.
(C) somente as alternativas I, II e III estão corretas.
(D) somente as alternativas III e V estão corretas.
(E) somente as alternativas I, II, IV e V estão corretas.

I: correto (art. 485, III, do CPC); **II: correto** (art. 14 do CPC); **III: correto** (art. 14, V, do CPC); **IV: correto** (art. 14, parágrafo único, do CPC); **V: correto.**

Gabarito "B"

(Magistratura do Trabalho – 24ª Região – 2007) Assinale a alternativa CORRETA:

(A) Nos casos de extinção do processo sem julgamento do mérito, o Juiz decidirá em forma concisa.
(B) A sentença será condicional, quando decidir relação jurídica condicional.
(C) Se, depois da propositura da ação, algum fato constitutivo, modificativo ou extintivo do direito do autor influir no julgamento da lide, caberá ao Juiz tomá-lo em consideração, a requerimento da parte, no momento de proferir a sentença, sendo vedado ao Juiz fazê-lo de ofício.
(D) A apreciação da questão prejudicial, decidida incidentemente no processo, não faz coisa julgada. Faz, todavia, coisa julgada a resolução de questão prejudicial se constituir pressuposto necessário para o julgamento da lide, caso em que o Juiz apreciará a questão de ofício.
(E) A sentença faz coisa julgada às partes entre as quais é dada, não beneficiando, nem prejudicando terceiros. Nas causas relativas ao estado de pessoas, a sentença sempre produz coisa julgada em relação a terceiros.

A: correto (art. 459 do CPC); **B: incorreto** (art. 460, parágrafo único, do CPC); **C: incorreto** (art. 462 do CPC); **D: incorreto** (art. 470 do CPC); **E: incorreto.** Esse efeito depende da citação de todos os litisconsortes necessários (art. 472 do CPC).

Gabarito "A"

(Magistratura do Trabalho – 24ª Região – 2006) Assinale a alternativa INCORRETA:

(A) Quando o autor tiver formulado pedido certo, é vedado ao juiz proferir sentença ilíquida.
(B) O juiz poderá, de ofício, modificar o valor ou a periodicidade da multa, cominada em sentença por descumprimento de obrigação de fazer, caso verifique que se tornou insuficiente ou excessiva.
(C) Não fazem coisa julgada os motivos, ainda que importantes para determinar o alcance da parte dispositiva da sentença.
(D) Faz coisa julgada a resolução da questão prejudicial, se a parte o requerer, o juiz for competente em razão da matéria e constituir pressuposto necessário para o julgamento da lide.
(E) É lícito à parte discutir, no curso do processo, as questões já decididas, a cujo respeito se operou a preclusão.

A: assertiva correta (parágrafo único do art. 459 do CPC); **B: assertiva correta** (art. 461, § 6º, do CPC); **C: assertiva correta** (art. 469, I, do CPC); **D: assertiva correta** (art. 469, III, do CPC); **E: assertiva incorreta,** devendo ser assinalada (art. 473 do CPC).

Gabarito "E"

(Ministério Público do Trabalho – 16º) Assinale a alternativa CORRETA:

(A) a sentença de mérito transitada em julgado possui efeitos dentro do processo em que foi prolatada e, também, efeitos que se projetam para fora desse mesmo processo, tornando obrigatório o comando que emerge de sua parte dispositiva;
(B) a tutela antecipada não poderá ser concedida em causas envolvendo direitos não patrimoniais, mas apenas patrimoniais;
(C) as entidades que não detêm personalidade jurídica própria, não tendo capacidade de direito nem de ser parte, embora detendo personalidade judiciária, não podem estar em juízo, por expressa vedação legal;
(D) o ônus da impugnação especificada dos fatos aplica-se ao advogado dativo, ao defensor público, ao curador especial e ao órgão do Ministério Público;
(E) não respondida.

A: correto; B: incorreto. Não há qualquer restrição para a concessão da tutela antecipada em razão de se tratar de direito não patrimonial; **C: incorreto.** É reconhecida a capacidade para ser parte de alguns entes despersonalizados (art. 12 do CPC); **D: incorreto** (art. 302, parágrafo único, do CPC).

Gabarito "A"

(Ministério Público do Trabalho – 15º) A propósito da sentença e da coisa julgada, assinale a alternativa INCORRETA:

(A) ainda que genérica a condenação, a sentença condenatória produz a hipoteca judiciária;
(B) ao proferir sentença que resolve o processo sem exame do mérito, o juiz deve decidir de forma concisa;
(C) os motivos, ainda que importantes para determinar o alcance da parte dispositiva da sentença, e a verdade dos fatos estabelecida como fundamento da sentença, não fazem coisa julgada;
(D) salvo se fundada em súmula vinculante do Supremo Tribunal Federal, a sentença proferida contra a União apenas produzirá efeitos, alcançando a eficácia da coisa julgada, depois de confirmada pelo tribunal competente;
(E) não respondida.

A: assertiva correta (art. 466 do CPC); **B: assertiva correta** (art. 459 do CPC); **C: assertiva correta** (art. 469 do CPC); **D: assertiva incorreta**, devendo ser assinalada. Não é exigido que se trate de súmula vinculante para afastar o reexame necessário (art. 475, § 3º, do CPC).

Gabarito "D"

(Ministério Público do Trabalho – 14°) Analise as seguintes assertivas:

I. A lei processual civil conceitua sentença como o ato pelo qual o juiz põe termo ao processo, decidindo ou não o mérito da causa.
II. A sentença condenatória valerá como título constitutivo de hipoteca judiciária, exceto quando a condenação for genérica.
III. O juiz, de ofício, não poderá modificar o valor ou periodicidade da multa diária imposta para a efetivação da tutela específica, caso verifique que se tornou insuficiente.
IV. Publicada a sentença, o juiz só poderá alterá-la para lhe corrigir, de ofício ou a requerimento da parte, inexatidões materiais, ou lhe retificar erros de cálculo; por embargos de declaração.

Assinale a alternativa CORRETA:

(A) apenas uma das assertivas está correta;
(B) apenas duas das assertivas estão corretas;
(C) apenas três das assertivas estão corretas;
(D) todas as assertivas estão corretas;
(E) não respondida.

I: incorreto. O conceito atual de sentença é outro (é o ato do juiz que implica numa das situações descritas pelos artigos 267 ou 269 do CPC); **II: incorreto** (art. 466 do CPC); **III: incorreto** (art. 461, § 6º, do CPC); **IV: correto** (art. 463 do CPC).

Gabarito "A"

(Ministério Público do Trabalho – 14°) Analise as seguintes assertivas:

I. Na liquidação por arbitramento e na liquidação por artigos, a citação do réu far-se-á na pessoa de seu advogado constituído nos autos.
II. Quando a indenização por ato ilícito incluir prestação de alimentos, o juiz, quanto a esta parte, poderá ordenar ao devedor a constituição de capital, representado por imóveis, títulos da dívida pública ou aplicações financeiras em banco oficial, capital esse inalienável e impenhorável durante a vida da vítima.
III. São títulos executivos judiciais, dentre outros: a sentença no processo civil que reconheça a existência de obrigação de fazer, não fazer; a sentença arbitral e o acordo extrajudicial, de qualquer natureza, homologado judicialmente.
IV. Na hipótese de o devedor, condenado ao pagamento de quantia certa, não o efetue no prazo de quinze dias, o montante da condenação será acrescido de multa no percentual de dez por cento.

Assinale a alternativa CORRETA:

(A) somente as assertivas I e II estão corretas;
(B) somente as assertivas I, III e IV estão corretas;
(C) somente as assertivas II, III e IV estão corretas;
(D) somente as assertivas III e IV estão corretas;
(E) não respondida.

I: incorreto. Na liquidação, em regra, o devedor será intimado (e não citado); **II: incorreto.** O art. 475-Q do CPC estabelece que o capital será impenhorável e inalienável, enquanto durar a obrigação (e não, enquanto for viva a vítima); **III: correto** (art. 475-N do CPC); **IV: correto** (art. 475-J do CPC).

Gabarito "D"

(Ministério Público do Trabalho – 14°) Analise as seguintes assertivas:

I. não sendo requerida a execução por quantia certa no prazo de seis meses, o juiz mandará arquivar os autos, sem prejuízo de seu desarquivamento a pedido da parte.
II. do auto de penhora e de avaliação será de imediato intimado o executado, na pessoa de seu advogado, podendo oferecer impugnação, no prazo de dez dias.
III. O recebimento da impugnação suspende os atos executivos.
IV. a decisão que acolhe totalmente a impugnação é recorrível por meio da apelação.

Assinale a alternativa CORRETA:

(A) somente as assertivas I e II estão corretas;
(B) somente as assertivas II e III estão corretas;
(C) somente as assertivas I e IV estão corretas;
(D) somente as assertivas III e IV estão corretas;
(E) não respondida.

I: correto (art. 475-J, § 5º, do CPC); **II: incorreto.** O prazo para a impugnação é de 15 dias (§ 1º do art. 475-J do CPC); **III: incorreto** (art. 475-M do CPC); **IV:** *a alternativa foi considerada como* **correta** *pelo examinador, embora não o esteja.* Não basta que a impugnação tenha sido totalmente acolhida para que o ato seja recorrível por meio de apelação. É necessário que, além disso, a decisão tenha acarretado a extinção da execução. Se o motivo da impugnação foi o excesso de execução; por exemplo, ainda que a defesa seja totalmente acolhida, a execução prosseguirá pelo valor incontroverso, motivo pelo qual o recurso cabível, nesse caso, será o agravo de instrumento.

Gabarito "C"

(Ministério Público do Trabalho – 12°) Assinale a alternativa CORRETA:

I. de acordo com jurisprudência do Superior Tribunal de Justiça, no reexame necessário é defeso agravar a condenação imposta à Fazenda Pública;
II. o reexame necessário deve ser realizado quanto às sentenças proferidas contra autarquias, empresas públicas e fundações de direito púbico;
III. não se aplica o reexame necessário sempre que a condenação da Fazenda Pública for de valor certo não excedente a sessenta salários mínimos;
IV. a Fazenda Pública tem prazo em quádruplo para contestar e em dobro para oferecer contrarrazões ou recorrer.

(A) as assertivas I e III estão corretas;
(B) as assertivas I, II e IV estão corretas;
(C) as assertivas III e IV estão corretas;
(D) todas as assertivas são corretas.
(E) não respondida.

I: correto (Súmula 45 do STJ); **II: incorreto.** Não há reexame necessário em sentença contrária às empresas públicas, já que são pessoas jurídicas de direito privado; **III: correto** (art. 475, § 2º, do CPC); **IV: incorreto.** O prazo em dobro para a Fazenda Pública só se aplica para a interposição de recursos (e não para a apresentação de resposta).

Gabarito "A"

(Ministério Público do Trabalho – 9º) Leia com atenção as assertivas abaixo:

I. segundo a sistemática do Código de Processo Civil, a coisa julgada não é um dos efeitos da sentença;
II. a preclusão consumativa é aquela que considera extinto o direito de praticar o ato, independentemente de declaração judicial, em razão do decurso do prazo;
III. passada em julgado a sentença de mérito, considerar-se-ão deduzidas e repetidas, além das alegações e defesas efetivamente trazidas pelas partes, para justificar o acolhimento e a rejeição do pedido, respectivamente, aquelas que poderiam ter sido opostas e não o foram;
IV. é nula a citação do réu, que não seja para evitar o perecimento do direito, feita no dia seguinte ao falecimento de sua sogra.

Assinale a alternativa correta:

(A) todas as assertivas são verdadeiras;
(B) todas as assertivas são falsas;
(C) apenas uma assertiva é verdadeira;
(D) apenas duas assertivas são verdadeiras;
(E) apenas três assertivas são verdadeiras;
(F) não sei.

I: verdadeiro. A coisa julgada é uma qualidade, e não um efeito, da sentença; **II: falso.** Esse é o conceito de preclusão temporal; consumativa é aquela que decorre da efetiva prática do ato; **III: verdadeiro** (art. 474 do CPC); **IV: verdadeiro** (art. 217, II, do CPC).

Gabarito "E"

(Ministério Público do Trabalho – 9º)

I. motivos da sentença importam para determinar o alcance de sua parte dispositiva, fazendo, por isso, coisa julgada;
II. a verdade dos fatos estabelecida como fundamento da sentença não faz coisa julgada;
III. a apreciação da questão prejudicial, decidida incidentemente no processo, somente faz coisa julgada se a parte o requerer;
IV. a preclusão quanto à prova não se aplica ao juiz, enquanto não prolatada a sentença de mérito.

Examinando o que consta das assertivas acima, assinale a alternativa correta abaixo:

(A) todas as assertivas são corretas;
(B) as assertivas II e IV são corretas, sendo incorretas as assertivas I e IV;
(C) as assertivas I, II e III são corretas, sendo incorreta a assertiva IV;
(D) as assertivas II, III e IV são corretas, sendo incorreta a assertiva I;
(E) as assertivas I, III e IV são corretas, sendo incorreta a assertiva II;
(F) não sei.

I: incorreto (art. 469, I, do CPC); **II: correto** (art. 469, II, do CPC); **III:** *a assertiva foi considerada* **correta** *pelo examinador, porém, ela é incorreta.* Além do requerimento da parte, é necessário que o juiz seja competente em razão da matéria (art. 470 do CPC); **IV: correto.** Tendo em vista os poderes instrutórios do juiz.

Gabarito "D"

(Ministério Público do Trabalho – 9º)

I. a sentença deve ser líquida, quando o autor tiver formulado pedido certo;
II. a sentença deve ser certa, mesmo quando decida relação jurídica condicional;
III. o juiz pode determinar, de ofício, o desfazimento de obras, para efetivação da tutela específica, na ação que tenha por objeto o cumprimento de obrigação de não fazer;
IV. cabe ao juiz tomar em consideração, de ofício, fato constitutivo, modificativo ou extintivo do direito ocorrido depois da propositura da ação.

Examinando o que consta das assertivas acima, assinale a alternativa correta abaixo:

(A) todas as assertivas são corretas;
(B) as assertivas II e III são corretas, sendo incorretas as assertivas I e IV;
(C) as assertivas I, II e III são corretas, sendo incorreta a assertiva IV;
(D) as assertivas II, III e IV são corretas, sendo incorreta a assertiva I;
(E) as assertivas I, III e IV são corretas, sendo incorreta a assertiva II;
(F) não sei.

I: correto (art. 459, parágrafo único, do CPC); **II: correto** (art. 460, parágrafo único, do CPC); **III: correto** (art. 461, § 5º, do CPC); **IV: correto** (art. 462 do CPC).

Gabarito "A"

(Ministério Público do Trabalho – 8º) A respeito da coisa julgada, é incorreto afirmar-se que:

(A) a verdade dos fatos, estabelecida como fundamento da sentença, não faz coisa julgada;
(B) a resolução de questão prejudicial, se requerida pela parte a Juiz competente materialmente e que constitua pressuposto necessário para o julgamento da lide, faz coisa julgada;
(C) a regra segundo a qual nenhum Juiz decidirá novamente questões já decididas não se aplica às condições da ação;
(D) tratando-se de condição resolutiva, sobrevindo modificação no estado de feito ou de direito, o que foi estatuído na sentença pode ser revisto, a pedido da parte;
(E) constitui coisa julgada material a eficácia, que torna imutável e indiscutível a sentença, não mais sujeita a recurso ordinário ou extraordinário.
(F) não sei.

A: assertiva correta (art. 469, II, do CPC); **B: assertiva correta** (art. 470, do CPC); **C: assertiva correta.** As condições da ação são matérias processuais, cujo reconhecimento em juízo não representa julgamento de mérito e, por isso, a decisão a seu respeito não faz coisa julgada; **D: assertiva incorreta, devendo ser assinalada.** O inciso I do art. 471 do CPC fala em "relação jurídica continuativa", e não em condição resolutiva, como constou da alternativa; **E: assertiva correta, art. 467 do CPC.**

Gabarito "D"

11. RECURSOS

(Magistratura do Trabalho – 1ª Região – 2004) São pressupostos objetivos dos recursos no Direito Processual Civil:

I. a recorribilidade da decisão e o preparo;
II. a tempestividade do recurso e a singularidade do recurso;
III. a irrecorribilidade da decisão e o devido processo legal;
IV. a adequação do recurso e o manifesto erro do julgado;
V. o depósito recursal e a sucumbência da parte.

Assinale:

(A) se todas as assertivas estiverem corretas;
(B) se somente as assertivas I e II estiverem corretas;
(C) se somente as assertivas II e III estiverem corretas;
(D) se somente as assertivas III e IV estiverem corretas.
(E) se somente as assertivas IV e V estiverem corretas.

I: correto; II: correto; III: incorreto. Irrecorribilidade não é pressuposto objetivo de admissibilidade dos recursos, tampouco o devido processo legal, que é um dos princípios do processo civil; **IV: incorreto.** O erro do julgado diz respeito ao juízo de mérito do recurso, e não à sua admissibilidade; **V: incorreto.** A sucumbência da parte é pressuposto subjetivo de admissibilidade dos recursos.

Gabarito "B"

(Magistratura do Trabalho – 1ª Região – 2004) Com relação aos processos de competência originária dos tribunais, assinale a alternativa correta:

(A) os conflitos de competência entre tribunais superiores, quando envolvido o Superior Tribunal de Justiça, são processados e julgados, originariamente, pelo próprio Superior Tribunal de Justiça;
(B) a competência para julgamento do recurso extraordinário é, como exceção, do Superior Tribunal de Justiça;
(C) são eles julgados em uma única instância, isto é, não desafiam recursos ordinários em decorrência do simples fato da sucumbência;
(D) a competência para julgamento dos recursos especial e extraordinário é, como regra, do Supremo Tribunal Federal;
(E) compete ao Superior Tribunal de Justiça julgar os conflitos de competência entre Juiz do Trabalho e Juiz Federal, bem como entre Juiz do Trabalho e Juiz de Direito.

A: incorreto. Nesse caso, quem julga o conflito é o STF (art. 102, I, "o", CR); **B: incorreto.** Sem exceção, a recurso extraordinário é de competência do STF; **C: incorreto.** Há casos em que é cabível o recurso ordinário das decisões proferidas pelos Tribunais em causas de competência originária; **D: incorreto.** Recurso especial é julgado pelo STJ; **E: correto** (art. 105, I, "d", CR).

Gabarito "E"

(Magistratura do Trabalho – 2ª Região – 2010) Aponte a afirmativa incorreta:

(A) O Supremo Tribunal Federal, em decisão irrecorrível, não conhecerá do recurso extraordinário, quando a questão constitucional nele versada não oferecer repercussão geral, assim considerada a existência, ou não, de questões relevantes do ponto de vista econômico, político, social ou jurídico, que ultrapassem os interesses subjetivos da causa.
(B) Quando houver multiplicidade de recursos extraordinários com fundamento em idêntica controvérsia, caberá ao tribunal de origem selecionar um ou mais recursos representativos da controvérsia e encaminhá-los ao Supremo Tribunal Federal para a análise da repercussão geral, sobrestando os demais até o pronunciamento definitivo da Corte; negada a existência de repercussão geral, os recursos sobrestados considerar-se-ão automaticamente não admitidos.
(C) Quando houver multiplicidade de recursos especiais com fundamento em idêntica questão de direito, caberá ao presidente do tribunal de origem admitir um ou mais dos casos representativos da controvérsia, os quais serão encaminhados ao Superior Tribunal de Justiça, ficando suspensos os demais até o pronunciamento definitivo. Publicado o acórdão do STJ, os recursos especiais sobrestados na origem serão novamente examinados pelo tribunal de origem e terão seguimento denegado na hipótese de o acórdão recorrido divergir da orientação superior.
(D) O relator negará seguimento a recurso manifestamente inadmissível, improcedente, prejudicado ou em confronto com súmula ou com jurisprudência dominante do respectivo tribunal, do Supremo Tribunal Federal, ou de Tribunal Superior.
(E) Se a decisão recorrida estiver em manifesto confronto com súmula ou com jurisprudência dominante do Supremo Tribunal Federal, ou de Tribunal Superior, o relator poderá dar provimento ao recurso, em decisão contra a qual caberá agravo, no prazo de cinco dias, ao órgão competente para o julgamento do recurso. Se não houver retratação, o relator apresentará o processo em mesa, proferindo voto; provido o agravo, o recurso terá seguimento.

A: assertiva correta (art. 543-A, *caput* e § 1º, do CPC); **B: assertiva correta** (art. 543-B, *caput*, §§ 1º e 2º, do CPC); **C: assertiva incorreta,** devendo ser assinalada. Se o Tribunal – nada obstante a nova apreciação da matéria posta em debate (art. 543-C, § 7º, II, do CPC) – destoar da orientação estabelecida pelo STJ, quando do julgamento do recurso repetitivo, a lei determina que se procederá ao juízo de admissibilidade do recurso especial (art. 543-C, § 8º, do CPC); **D: assertiva correta.** Nada obstante tal afirmação ter sido considerada correta pelo gabarito oficial, é de se ponderar que a regra inserta no art. 544, § 4º, II, "b", do CPC, menciona que apenas a contrariedade do recurso a súmula ou jurisprudência dominante do STF ou do STJ é que acarreta sua inadmissibilidade (art. 544, § 4º, do CPC). Justifica-se tal proposição com apoio em regra basilar de hermenêutica jurídica, visto que a alínea "b" do inciso II não pode ser interpretada em descompasso com o que dispõe o parágrafo a que se prende. Dada a confusão na redação de tal item, pensamos que a questão deveria ter sido anulada, justo por haver duas alternativas incorretas; **E: assertiva correta** (arts. 544, § 4º, II, "c", e 545 do CPC).

Gabarito "C"

(Magistratura do Trabalho – 3ª Região – 2009) Assinale a assertiva ("a" a "e") correta em relação aos enunciados de I a V, que tratam do procedimento para o julgamento de recursos repetitivos no âmbito do Superior Tribunal de Justiça, conforme a Lei nº 11.672, de 8 de maio de 2008:

I. Constitui faculdade do Relator a solicitação de informações a tribunais federais ou estaduais a respeito da controvérsia veiculada no recurso especial repetitivo, no prazo de quinze dias.

II. O julgamento do recurso repetitivo prefere os demais feitos, ressalvados os que envolvam réu preso, pedidos de *habeas corpus* e de mandado de segurança.

III. A critério do Relator do Recurso Especial Repetitivo, observado o regimento interno do STJ, considerada a relevância da matéria, admitir-se-á manifestação de pessoas, órgãos ou entidades com interesse na controvérsia.

IV. Publicado o acórdão no Superior Tribunal de Justiça, os recursos especiais sobrestados na origem serão avocados à instância superior para imediato julgamento em massa.

V. Quando houver multiplicidade de recursos com fundamento em idêntica questão de direito, caberá ao presidente do tribunal de origem admitir um ou mais recursos representativos da controvérsia, os quais serão encaminhados ao STJ, ficando suspensos os demais recursos especiais até o pronunciamento definitivo do STJ.

(A) Somente um enunciado é verdadeiro.
(B) Somente dois enunciados são verdadeiros.
(C) Somente três enunciados são verdadeiros.
(D) Somente quatro enunciados são verdadeiros.
(E) Todos os enunciados são verdadeiros.

I: correto (art. 543-C, § 3º, do CPC); **II: incorreto.** A lei não abre exceção à preferência quando se trata de mandado de segurança (art. 543-C, § 6º, do CPC); **III: correto** (art. 543-C, § 4º, do CPC); **IV: incorreto.** As soluções legais são outras, conforme prevê o § 7º do art. 543-C do CPC(os recursos até então sobrestados ou terão o seguimento denegado na hipótese de o acórdão recorrido coincidir com a orientação do STJ, ou serão novamente examinados pelo tribunal de origem na hipótese de o acórdão recorrido divergir da orientação do STJ); **V: correto** (art. 543-C, § 1º, do CPC).

Gabarito "C".

(Magistratura do Trabalho – 5ª Região – 2006 – CESPE) Quanto aos recursos no processo civil, assinale a opção correta.

(A) O recurso com objetivo de invalidação tem como fundamento o fato de existir erro de julgamento. Trata-se de vício de forma que se relaciona à violação de norma do direito material ou do processual e que redunda na nulidade da decisão impugnada.

(B) Os embargos de declaração são cabíveis contra qualquer provimento judicial de conteúdo decisório, seja ele sentença, acórdão ou decisão interlocutória, quando houver na decisão judicial obscuridade, dúvida, contradição ou omissão.

(C) Quando houver sucumbência recíproca de ambas as partes, qualquer um dos sucumbentes poderá interpor recurso adesivo. Esse é cabível no reexame necessário ou no recurso voluntário de apelação, embargos infringentes e recursos extraordinário e especial. No entanto, não sendo conhecido o principal, o recurso adesivo será julgado prejudicado por falta superveniente de interesse recursal.

(D) Segundo o princípio da irrecorribilidade em separado das decisões interlocutórias, essas serão impugnadas somente nos autos principais onde foram proferidas, sem a suspensão do processo, em perfeita observância aos princípios da concentração dos atos processuais e da economia processual.

(E) O objeto do juízo de admissibilidade dos recursos são os requisitos necessários para que se possa legitimamente apreciar o mérito do recurso, dando-lhe ou negando-lhe provimento. Nesse juízo, procede-se ao exame dos requisitos concernentes ao próprio recurso, da existência do poder de recorrer e do modo de exercê-lo. Como regra, reconhece-se ao órgão perante o qual se interpõe o recurso competência para verificar a existência ou inexistência dos referidos requisitos no momento da interposição do recurso. Contudo o juízo *ad quem* não está adstrito ao exame dos requisitos de admissibilidade realizado pelo juízo *a quo*.

A: incorreto. É vício procedimental (*error in procedendo*) que justifica o pedido de invalidação da decisão recorrida; quando há vício do julgamento (*error in judicando*), o pedido do recorrente é a reforma da decisão; **B: incorreto.** Não são cabíveis embargos de declaração na hipótese de dúvida; **C: incorreto.** Não existe recurso adesivo em reexame necessário; **D: incorreto.** É cabível, em alguns casos, o agravo de instrumento, sendo possível que o relator conceda a ele efeito suspensivo; **E: correto,** pois traz adequadas informações sobre o juízo de admissibilidade dos recursos.

Gabarito "E".

(Magistratura do Trabalho – 7ª Região – 2005) Maria ajuizou ação indenizatória em face de José. Ao proferir a sentença, o juiz de primeiro grau julgou improcedente o pedido, apoiando-se na prova pericial. Inconformada, Maria interpôs recurso de apelação. A Primeira Turma Cível do Tribunal de Justiça, à unanimidade de votos, negou provimento ao apelo. Ao ser intimado do resultado do julgamento, Maria constatou que a sessão de julgamento ocorreu 24 (vinte e quatro) horas depois da publicação da pauta e não 48 (quarenta e oito) horas, conforme previsto no Código de Processo Civil. Publicado o acórdão que julgou a apelação no órgão oficial. Assinalar a opção mais adequada ao caso.

(A) Maria opôs embargos de declaratórios, alegando erro material quando do julgamento do recurso de apelação por não ter atendido ao prazo previsto no diploma processual de 48 (quarenta e oito) horas de antecedência à publicação da pauta.

(B) Maria interpôs recurso especial, com fundamento na alínea "a", do permissivo constitucional, alegando violação ao disposto no art. 552, § 2º, do Código de Processo Civil que diz expressamente: "Entre a data da publicação da pauta e a sessão de julgamento mediará, pelo menos, o espaço de 48 (quarenta e oito) horas."

(C) Maria opôs embargos de declaração para fins de prequestionamento explícito do dispositivo do Código de Processo Civil (art. 552, § 2º), tendo sido eles rejeitados por não haver contradição, omissão ou obscuridade no acórdão embargado.

(D) Maria opôs embargos de declaração para fins de pré-questionamento da matéria relativa ao não cumprimento do prazo para a publicação da pauta, sustentando que essa matéria teria surgido pela primeira vez no tribunal, quando do julgamento da apelação.

(E) Maria interpôs recurso especial, alegando violação ao dispositivo infraconstitucional (CPC, art. 552, § 2º) e postulando a anulação do acórdão recorrido por ter incorrido em *error in procedendo*, quando do julgamento do recurso de apelação.

A: incorreto. Não se trata de erro material do acórdão; **B: incorreto.** A violação a esse dispositivo não foi objeto de prequestionamento, o que inviabilizaria o recurso especial; **C: incorreto.** Só teria sentido falar em prequestionamento explícito, se a matéria já tivesse sido enfrentada, sem menção ao diploma ofendido, o que não se verificou no caso em questão; **D: correto; E: incorreto.** A falta de prequestionamento inviabilizaria o especial.

Gabarito "D"

(Magistratura do Trabalho – 7ª Região – 2005) Relativamente aos recursos em geral e aos seus princípios gerais e os efeitos, é incorreto afirmar que:

(A) pelo princípio da fungibilidade dos recursos é facultada a conversão de um recurso por outro, quando houver dúvida objetiva sobre qual o recurso cabível contra determinado pronunciamento judicial e não existindo erro grosseiro da parte na interposição do recurso errado.

(B) quando o recurso interposto é conhecido, a decisão e/ou acórdão substituirá a sentença e/ ou a decisão recorrida, nos termos previstos no Código de Processo Civil.

(C) apelando contra a sentença proferida, o recorrente deixa de efetivar o preparo no prazo legal, invocando doença do seu advogado. O magistrado de primeiro grau defere o pedido e, por consequência, restitui o prazo. Mesmo inconformada, a parte contrária reconheceu que dessa decisão, que relevou a pena de deserção, não caberia recurso.

(D) após a interposição de um recurso, o recorrente solicitou ao magistrado do tribunal a desistência do recurso, tendo sido deferida de plano sem a oitiva da parte contrária.

(E) após a interposição de um recurso, o recorrente requereu ao magistrado do tribunal a renúncia ao direito suscitado no recurso, tendo sido deferido de plano sem a oitiva da parte contrária.

A: assertiva correta; B: assertiva incorreta, devendo ser assinalada. É possível que o julgamento do mérito do recurso acarrete a invalidação da decisão recorrida, e não a sua substituição; **C: assertiva correta.** Cabe ao tribunal, no julgamento do recurso que fora interposto, apreciar se o juiz agiu bem, ou não; **D: assertiva correta.** A desistência do recurso não depende de concordância do recorrido; **E: assertiva correta.** Mesmo motivo.

Gabarito "B"

(Magistratura do Trabalho – 8ª Região – 2011) A respeito do sistema recursal no Direito Processual Civil, assinale a alternativa INCORRETA:

(A) Cada parte interporá o recurso, independentemente, no prazo e observadas as exigências legais. Sendo, porém, vencidos autor e réu, ao recurso interposto por qualquer deles poderá aderir a outra parte. O recurso adesivo não fica subordinado ao recurso principal, visto que, havendo a desistência deste, ou se for ele declarado inadmissível ou deserto, prossegue normalmente o recurso adesivo.

(B) O recurso extraordinário e o recurso especial não impedem a execução da sentença, e a interposição do agravo de instrumento não obsta o andamento do processo, ressalvada a hipótese do relator, a requerimento do agravante, nos casos de prisão civil, adjudicação, remição de bens, levantamento de dinheiro sem caução idônea e em outros casos dos quais possa resultar lesão grave e de difícil reparação, sendo relevante a fundamentação, suspender o cumprimento da decisão até o pronunciamento definitivo da turma ou câmara.

(C) Quando o dispositivo do acórdão contiver julgamento por maioria de votos e julgamento unânime, e forem interpostos embargos infringentes, o prazo para recurso extraordinário ou recurso especial, relativamente ao julgamento unânime, ficará sobrestado até a intimação da decisão nos embargos. Quando não forem interpostos embargos infringentes, o prazo relativo à parte unânime da decisão terá, como dia de início, aquele em que transitar em julgado a decisão por maioria de votos.

(D) A parte, que aceitar expressa ou tacitamente a sentença ou a decisão, não poderá recorrer. Considera-se aceitação tácita a prática, sem reserva alguma, de um ato incompatível com a vontade de recorrer.

(E) O recurso extraordinário, ou o recurso especial, quando interpostos contra decisão interlocutória em processo de conhecimento, cautelar ou embargos à execução ficará retido nos autos e somente será processado se o reiterar a parte, no prazo para a interposição do recurso contra a decisão final, ou para as contrarrazões.

A: assertiva incorreta, devendo ser assinalada. O recurso adesivo é subordinado ao principal (art. 500, *caput* e III, do CPC); **B: assertiva correta** (arts. 497 e 558, *caput*, do CPC); **C: assertiva correta** (art. 498 do CPC); **D: assertiva correta.** Nesse caso, terá ocorrido a preclusão lógica, a qual impede o conhecimento do recurso, em razão da prática de ato anterior incompatível com a vontade de recorrer (art. 503 do CPC); **E: assertiva correta** (art. 542, § 3º, do CPC).

Gabarito "A"

(Magistratura do Trabalho – 8ª Região – 2009) Sobre recursos, é correto afirmar:

(A) A apelação devolverá ao tribunal o conhecimento da matéria impugnada. Havendo questões anteriores à sentença ainda não decididas, os autos baixarão ao juízo *a quo*, para a devida apreciação, antes do julgamento da apelação.

(B) É irrecorrível a decisão do juiz que releva a pena de deserção, cabendo ao tribunal, entretanto, apreciar-lhe a legitimidade.

(C) Caberá agravo, no prazo de dez dias, na forma retida, das decisões interlocutórias proferidas na audiência de instrução e julgamento.

(D) Cabe agravo da decisão que não admitir os embargos infringentes, em dez dias, para o órgão competente para o julgamento do recurso.

(E) Os embargos declaratórios serão opostos no prazo de cinco dias, em petição dirigida ao juiz ou relator, e por eles serão julgados no prazo de cinco dias.

A: incorreto. O artigo 516 estabelece que "ficam também submetidas ao tribunal as questões anteriores à sentença, ainda não decididas"; **B: correto; C: incorreto.** Cabe agravo retido, com interposição oral, na própria audiência, sob pena de preclusão; **D: incorreto.** Da decisão do relator que não admitir os embargos infringentes, cabe agravo interno no prazo de 5 dias; **E: incorreto.** Nos tribunais, caberá ao relator apresentar os embargos em mesa na sessão subsequente.

Gabarito "B"

(Magistratura do Trabalho – 8ª Região – 2008) Sobre recursos assinale a alternativa CORRETA:

(A) Tem efeito somente devolutivo a apelação interposta da sentença que homologa a discriminação.

(B) Cabem embargos infringentes quando o acórdão, não unânime, julgar apelação, ou, ainda, quando houver julgado procedente ação rescisória.

(C) No recurso extraordinário, se a Turma decidir pela existência da repercussão geral por, no mínimo, quatro votos, ficará dispensada a remessa do recurso ao Plenário.

(D) Quando houver multiplicidade de recursos com fundamento em idêntica controvérsia, na análise da repercussão geral, caberá ao Supremo Tribunal Federal selecionar um ou mais recursos mais representativos daqueles enviados pelo tribunal de origem, sobrestando-se os demais até o pronunciamento definitivo da Corte.

(E) O juiz não receberá o recurso de apelação quando a sentença estiver em conformidade com súmula do próprio tribunal, do Superior Tribunal de Justiça e do Supremo Tribunal Federal.

A: incorreto. O inciso I do art. 520 do CPC fala em ação de divisão ou demarcação, e não discriminatória; **B: incorreto.** O cabimento dos embargos infringentes em apelação está condicionado à reforma da sentença de mérito por maioria, o que não constou da alternativa; **C: correto** (art. 543-A, § 4º, do CPC); **D: incorreto** (art. 543-B, § 1º, do CPC); **E: incorreto** (art. 518, § 1º, do CPC).

Gabarito "C"

(Magistratura do Trabalho – 8ª Região – 2007) A respeito da Uniformização de Jurisprudência, é incorreto afirmar:

(A) Constitui pressuposto para o incidente a situação de: divergência de interpretação do direito ou quando, no julgamento recorrido, for-lhe dada interpretação diversa da que lhe haja dado outra turma, câmara, grupo de câmaras ou câmaras cíveis reunidas.

(B) Sem embargo de o incidente ser de iniciativa do juiz, a parte poderá requerer, fundamentadamente e com a demonstração necessária da divergência, que o julgamento do feito de seu interesse seja precedido do incidente de uniformização.

(C) A primeira apreciação do incidente será do órgão fracionário que poderá reconhecer ou não a divergência e, em aquiescendo com sua ocorrência, procederá à remessa do feito ao Presidente do Tribunal, que designará relator do incidente, dentre os membros do Tribunal Pleno ou do Órgão Especial encarregado da uniformização.

(D) O Tribunal, reconhecendo a divergência, fixará a interpretação a ser aplicada, sendo que o julgamento deverá observar o *quorum* qualificado da maioria absoluta dos membros que integram o Tribunal.

(E) A decisão proferida será objeto de súmula e constituirá precedente na uniformização da jurisprudência do Tribunal, devendo ser retomado o julgamento do processo pelo órgão fracionário original, que observará o decidido no incidente.

A: assertiva correta (art. 476 do CPC); **B: assertiva correta** (parágrafo único do art. 476 do CPC); **C: assertiva incorreta,** devendo ser assinalada (art. 479 do CPC); **D: assertiva correta** (art. 479 do CPC); **E: assertiva correta** (parágrafo único do art. 479 do CPC).

Gabarito "C"

(Magistratura do Trabalho – 9ª Região – 2009) Considere as seguintes proposições:

I. O princípio recursal do duplo grau de jurisdição é postulado constitucional, assim como o devido processo legal, pelo que a lei ordinária não pode restringir o cabimento de recursos e suas hipóteses de incidência.

II. O princípio recursal da taxatividade restringe os recursos àqueles denominados e regulados pelo Código de Processo Civil e por leis processuais esparsas, enquanto o princípio recursal da singularidade veda a interposição de mais de um recurso contra a mesma decisão, embora permita mais de uma espécie de recurso a cada decisão recorrível.

III. O princípio recursal da fungibilidade permite ao tribunal superior conhecer de um recurso erroneamente interposto se houver erro grosseiro na eleição do recurso errôneo pela parte interessada e se não houver dúvida objetiva a respeito da espécie de recurso cabível contra a decisão atacada.

IV. O princípio recursal da proibição da *reformatio in pejus* é decorrência do efeito translativo do recurso, que advém do princípio dispositivo, pelo que não se opõe ao efeito dispositivo do recurso, decorrente do princípio inquisitório, o que permite a reforma da decisão recorrida em prejuízo da parte interessada nas hipóteses de remessa necessária e questões de ordem pública.

V. O juízo de admissibilidade recursal é feito, num primeiro momento, pelo juiz ou tribunal de origem, que verifica o cabimento do recurso, a legitimidade para recorrer, o interesse em recorrer, a tempestividade, a regularidade formal e a inexistência de fato impeditivo ou extintivo do poder de recorrer, enquanto o juízo de mérito recursal analisa a pretensão recursal, que pode ou não se confundir com o mérito da ação, sendo de competência do tribunal superior, exceto no caso de competência funcional diferida no juízo de retratação do agravo.

(A) somente a proposição V está correta;
(B) somente a proposição I está correta;
(C) somente as proposições I e V estão corretas;
(D) somente as proposições II e III estão corretas;
(E) somente as proposições IV e V estão corretas.

I: incorreto. O princípio do duplo grau de jurisdição, embora seja reconhecido pela doutrina como sendo um princípio constitucional implícito, não representa uma garantia constitucional, motivo pelo qual é admitida sua limitação por lei infraconstitucional; **II: incorreto.** O princípio da singularidade veda a interposição de mais de uma espécie de recurso contra a mesma decisão judicial; **III: incorreto.** Existência de dúvida objetiva e inexistência de erro grosseiro são requisitos para a aplicação do princípio da fungibilidade; **IV: incorreto.** O princípio da proibição da *reformatio in pejus* é decorrência do princípio dispositivo; **V: correto.**

Gabarito "A"

(Magistratura do Trabalho – 9ª Região – 2006) Sobre recursos, no processo civil, assinale a alternativa correta:

I. Não há violação ao duplo grau de jurisdição quando o Tribunal, em recurso que enfrenta sentença terminativa, julga o mérito da lide cuja controvérsia é exclusivamente de direito, bem como quando o Tribunal considera em sua decisão questões de fato que não puderam ser suscitadas pelas partes anteriormente, por motivo de força maior.
II. Embora, em regra, os recursos destinem-se aos Tribunais que os julgarão, existem recursos que admitem a retratação da decisão recorrida pelo próprio juízo prolator, como, por exemplo, o agravo e o recurso que enfrenta a sentença de indeferimento liminar de processamento da petição inicial, observando-se ainda, neste último caso, que o recurso pode ser julgado sem sequer ser exposto ao contraditório.
III. Todas as sentenças proferidas que contrariem interesses da Fazenda Pública sujeitam-se ao duplo grau de jurisdição, devendo os Juízes, quando as proferirem, encaminhar os autos ao Tribunal para o reexame necessário.
IV. O recurso de apelação, para ser apreciado em seu mérito, em regra, submete-se a três juízos de admissibilidade: o realizado pela instância prolatora da decisão, o efetuado monocraticamente por seu relator e aquele promovido pelo órgão competente para o julgamento no tribunal recursal.

(A) Todas as assertivas estão corretas.
(B) Apenas as assertivas I e III estão corretas.
(C) Apenas as assertivas II e IV estão corretas.
(D) Apenas a assertiva I está correta.
(E) Apenas as assertivas I, II e IV estão corretas.

I: correto (art. 515, § 3º, e art. 517, ambos do CPC); **II: correto** (art. 296 do CPC); **III: incorreto.** O art. 475 do CPC contém ressalvas quanto ao cabimento do reexame necessário; **IV: correto.** De fato o recurso de apelação se submete a três juízos de admissibilidade como descrito na alternativa.

Gabarito "E"

(Magistratura do Trabalho – 11ª Região – 2007 – FCC) Em matéria de recurso adesivo, considere as seguintes proposições:

I. São admissíveis embargos infringentes adesivos contra acórdão não unânime proferido em ação rescisória.
II. Não é exigível que o recurso adesivo se contraponha ao recurso principal; basta ao litigante ser vencido em parte da sua pretensão.
III. A decisão unipessoal do relator poderá ser objeto de recurso adesivo.
IV. O preparo do recurso principal não dispensa o preparo do recurso adesivo.

Está correto o que se afirma APENAS em

(A) I e II.
(B) I e III.
(C) II e III.
(D) II e IV.
(E) III e IV.

I: incorreto. Só serão admissíveis os embargos infringentes se a rescisória for julgada procedente por maioria de votos, o que demonstra que se trata de recurso exclusivo do réu da rescisória, não se podendo falar em embargos infringentes adesivos; **II: correto; III: incorreto.** A decisão unipessoal do relator desafia o agravo interno, que não pode ser interposto adesivamente; **IV: correto.**

Gabarito "D"

(Magistratura do Trabalho – 13ª Região – 2006) Assinale a alternativa correta:

I. considerando-se que a sucumbência é um dos requisitos da recorribilidade, só as partes sucumbentes no processo é que podem recorrer;
II. depois de contra-arrazoado o recurso, só é lícito ao recorrente dele desistir com a anuência da outra parte;
III. após a resposta do apelado, o juiz poderá, reexaminando os pressupostos de admissibilidade do recurso, modificar o despacho que o admitiu e deixar de recebê-lo;
IV. quando a sentença recorrida estiver em conformidade com súmula do Superior Tribunal de Justiça ou do Supremo Tribunal Federal, o juiz não receberá a apelação;
V. recurso é deserto quando apresentado fora do prazo legal.

(A) todas as respostas estão corretas;
(B) só a III e a IV estão corretas;
(C) só a I, a IV e a V estão corretas;
(D) só a II e a V estão corretas;
(E) só a II está correta.

I: incorreto. Também o Ministério Público, bem como o terceiro prejudicado, podem recorrer (art. 499 do CPC); **II: incorreto.** A desistência do recurso não depende de concordância do adversário;

III: correto; IV: correto (art. 518, § 1º, do CPC); **V: incorreto.** Essa hipótese é de intempestividade (deserção é a consequência da falta do preparo recursal).

Gabarito "B"

(Magistratura do Trabalho – 14ª Região – 2008) Dadas as proposições, aponte abaixo a alternativa CORRETA:

I. Os recursos extraordinário e especial serão recebidos apenas no efeito devolutivo.

II. Admitidos os recursos extraordinário e especial, os autos serão remetidos inicialmente ao Superior Tribunal de Justiça.

III. As medidas cautelares caracterizam-se pela fungibilidade, podendo o juiz conceder medida diversa daquela pedida pelo autor, sempre que esta lhe pareça mais adequada às circunstâncias do caso concreto.

IV. Se o recurso estiver em manifesto confronto com súmula ou com jurisprudência dominante do respectivo tribunal, o relator poderá negar-lhe seguimento; mas só poderá dar-lhe provimento se a decisão recorrida estiver em manifesto confronto com súmula ou com jurisprudência dominante do Supremo Tribunal Federal, ou de Tribunal Superior.

(A) Todas as proposições estão corretas;
(B) Apenas as proposições II e IV estão incorretas;
(C) Apenas a proposição II está incorreta;
(D) Apenas a proposição III está incorreta;
(E) Apenas a proposição IV está incorreta.

Art. 557 do CPC.

Gabarito "A"

(Magistratura do Trabalho – 14ª Região – 2008) Assinale a alternativa CORRETA. No Processo Civil:

(A) a decisão que indefere de imediato a petição inicial tem natureza de sentença terminativa, comporta apelação e poderá ensejar a retratação pelo juízo *"a quo"*;
(B) a decisão que indefere de imediato a petição inicial tem natureza de sentença definitiva, comporta apelação e poderá ensejar a retratação pelo juízo *"a quo"*;
(C) a decisão que indefere de imediato a petição inicial tem natureza de sentença definitiva, comporta apelação e não poderá ensejar a retratação pelo juízo *"a quo"*;
(D) a decisão que indefere de imediato a petição inicial tem natureza de sentença terminativa, comporta apelação e não poderá ensejar a retratação pelo juízo *"a quo"*;
(E) a decisão que indefere de imediato a petição inicial tem natureza de decisão interlocutória, comporta agravo de instrumento e poderá ensejar a retratação pelo juízo *"a quo"*.

A: correto. Com a ressalva de que, se o motivo do indeferimento da inicial for prescrição ou decadência, a sentença terá sido definitiva; **B: incorreto.** Na maioria dos casos, a sentença é terminativa; **C: incorreto.** Pode haver retratação; **D e E: incorretas.** Vide comentários das alternativas anteriores.

Gabarito "A"

(Magistratura do Trabalho – 14ª Região – 2011) Em matéria de recurso adesivo, aponte a alternativa correta.

(A) Para que haja recurso adesivo, necessária a sucumbência recíproca, interposição de um recurso principal e que este recurso principal seja de apelação, ordinário, de revista, agravo ou embargos infringentes.
(B) O recurso adesivo será admissível na apelação, nos embargos infringentes, no recurso extraordinário e no recurso especial.
(C) O recorrente adesivo tem o mesmo prazo de oito dias para interpor seu recurso; sendo que o recorrido tem igual prazo para manifestar-se em contrarrazões.
(D) O recurso adesivo, após proposto nos termos e formas da lei, torna-se independente do recurso principal e se neste houver a desistência do recorrente, o adesivo ainda assim deverá ser julgado, sob pena de negativa de prestação jurisdicional.
(E) Pelos princípios da razoabilidade, da eficácia e da celeridade da prestação jurisdicional, deve-se admitir a interposição do recurso adesivo juntamente com as contrarrazões da parte contrária.

A: incorreto. O recurso adesivo só é admitido na apelação, nos embargos infringentes, no recurso especial e no recurso extraordinário (art. 500, II, do CPC); **B: correto** (art. 500, II, do CPC); **C: incorreto.** O prazo de interposição do recurso adesivo equivale àquele previsto para o recurso principal (art. 500, parágrafo único, do CPC); **D: incorreto.** O recurso adesivo é subordinado ao principal (art. 500, *caput* e III, do CPC); **E: incorreto.** Quanto à forma de interposição, o recurso adesivo, conquanto apresentado no prazo das contrarrazões, deve ser aviado por meio de petição autônoma. Nesse sentido, eis a lição de Nelson Nery Jr. e de Rosa Maria de Andrade Nery: "Deve obedecer à forma exigida pela lei para a interposição do recurso pela via principal. Tem de ser interposto por petição acompanhada das razões de recurso, não se admitindo a interposição do recurso adesivo junto com as contrarrazões do recurso da parte contrária". (NERY JR. Nelson; NERY, Rosa Maria de Andrade. **Código de processo civil comentado e legislação extravagante.** 10. ed. São Paulo: Ed. RT, 2007. p. 829).

Gabarito "B"

(Magistratura do Trabalho – 15ª Região – 2011) Segundo o CPC, o Supremo Tribunal Federal não conhecerá do recurso extraordinário quando a questão constitucional, nele versada não oferecer repercussão geral. Assinale a alternativa incorreta:

(A) para efeito da repercussão geral, será considerada a existência, ou não, de questões relevantes do ponto de vista econômico, político, social ou jurídico. Que ultrapassem ou não os interesses objetivos dá causa;
(B) o recorrente deverá demonstrar, em preliminar do recurso para apreciação exclusiva do Supremo Tribunal Federal a existência da repercussão geral;
(C) se a Turma do Supremo Tribunal Federal decidir pela existência da repercussão geral por, no mínimo 4 (quatro) votos, ficará dispensada a remessa do recurso ao Plenário;
(D) negada a existência da repercussão geral, a decisão valerá para todos os recursos sobre matéria

idêntica, que serão indeferidos liminarmente, salvo revisão da tese;

(E) o Ministro Relator poderá admitir na análise da repercussão geral a manifestação de terceiros.

A: assertiva incorreta, devendo ser assinalada. A repercussão geral manifesta-se quando as questões econômicas, políticas, sociais ou jurídicas intrínsecas à causa sobrelevam os interesses subjetivos conflitantes (art. 543-A, § 1º, do CPC); **B: assertiva correta** (art. 543-A, § 2º, do CPC); **C: assertiva correta** (art. 543-A, § 4º, do CPC); **D: assertiva correta** (art. 543-A, § 5º, do CPC); **E: assertiva correta** (art. 543-A, § 6º, do CPC).

Gabarito "A"

(Magistratura do Trabalho – 15ª Região – 2011) Notícia veiculada na página do Superior Tribunal de Justiça em 15.12.2010, afirma que o Tribunal de Justiça de Santa Catarina negou processamento a determinado recurso adesivo, em face de deserção. A parte aviou recurso de tal decisão, defendendo que o direito à gratuidade da justiça, deferido ao recorrente principal, é extensivo àquele que avia o recurso adesivo. Aponte a alternativa correta:

(A) o postulante tem razão porque ao recurso adesivo aplicam-se as mesmas regras do recurso principal, inclusive quanto às condições de admissibilidade e preparo;

(B) o postulante não tem razão porque ao recurso adesivo aplicam-se as mesmas regras do recurso principal, tão somente em relação ao conhecimento, situação que não abrange o preparo;

(C) o postulante não tem razão porque o recurso adesivo, embora subordinado ao principal é submetido às mesmas regras do recurso independente, quanto às condições de admissibilidade, preparo e julgamento no tribunal superior;

(D) o postulante tem razão porque ao recurso adesivo aplicam-se as mesmas regras do recurso independente, exceto em relação ao preparo;

(E) o postulante não tem razão porque para usufruir do mesmo benefício quanto ao preparo, deveria postulá-la, expressamente no momento da interposição do recurso adesivo, ainda que não preencha os requisitos legais ensejadores do deferimento da gratuidade da justiça.

Ao recurso adesivo, por força do art. 500, parágrafo único, do CPC, aplicam-se as mesmas regras do recurso independente, quanto às condições de admissibilidade, preparo e julgamento no tribunal superior. Logo, o recorrente que opta pela forma adesiva deve preencher todos os requisitos de admissibilidade recursal, tal qual o estivesse interpondo de modo independente. Nesse sentido, note-se o teor do seguinte precedente da Corte Especial: PROCESSUAL CIVIL E TRIBUTÁRIO. RECURSO ESPECIAL. RECURSO ADESIVO. PREPARO. IPTU. REPETIÇÃO DE INDÉBITO. JUROS MORATÓRIOS. [...] 2. Deveras, o art. 500 e seu parágrafo único consignam, *verbis*: "Art. 500. Cada parte interporá o recurso, independentemente, no prazo e observadas as exigências legais. Sendo, porém, vencidos autor e réu, ao recurso interposto por qualquer deles poderá aderir a outra parte. O recurso adesivo fica subordinado ao recurso principal e se rege pelas disposições seguintes: (...) Parágrafo único. Ao recurso adesivo se aplicam as mesmas regras do recurso independente, quanto às condições de admissibilidade, preparo e julgamento no tribunal superior." 3. *A interpretação teleológica do dispositivo indica que o recurso independente a que se refere o parágrafo único do artigo 500 é aquele que a própria parte interporia não fosse a adesão eleita. Raciocínio diverso estenderia, sem respeito à legalidade, benefício fazendário pro populo às pessoas aptas ao preparo do recurso.* [...] (REsp 799010/SP, Rel. Ministro LUIZ FUX, PRIMEIRA TURMA, julgado em 03.05.2007, *DJ* 04.06.2007, p. 311) [grifos nossos]. No mesmo sentido: PROCESSUAL CIVIL. RECURSO ESPECIAL ADESIVO. RECURSO ESPECIAL PRINCIPAL AMPARADO PELA ASSISTÊNCIA JUDICIÁRIA GRATUITA. BENEFÍCIO QUE NÃO SE ESTENDE AO APELO ADESIVO. PRECEDENTE. I. *A assistência judiciária de que goza a parte que interpõe o recurso principal não se estende à parte contrária, que dela não frui, pelo que imprescindível o recolhimento do preparo do adesivo, sob pena de deserção.* II. Recurso especial não conhecido. (REsp 912336/SC, Rel. Ministro ALDIR PASSARINHO JUNIOR, QUARTA TURMA, julgado em 02.12.2010, *DJe* 15.12.2010) [grifos nossos].

Gabarito "C"

(Magistratura do Trabalho – 15ª Região – 2010) Com relação à repercussão geral, é correto afirmar que:

(A) é recorrível a decisão do Supremo Tribunal Federal que não reconhece sua existência e o fazendo, não aprecia o recurso extraordinário;

(B) seu reconhecimento se dá pelo Supremo Tribunal Federal, nas ações que versem, exclusivamente sobre questões economicamente relevantes e que, como tal, têm repercussão social ou política;

(C) seu reconhecimento acarreta que as decisões ultrapassem os interesses jurídicos das partes e, julgado o mérito do recurso no qual ela é reconhecida, os, demais recursos com matéria idêntica, que se encontravam sobrestados, terão, todos, decisão consentânea com aquela adotada pelo Supremo Tribunal Federal. Ao contrário, negada sua existência, a decisão valerá para todos os recursos que discutam matéria idêntica, que serão, em decorrência, liminarmente indeferidos;

(D) não compete ao relator do recurso, na análise da repercussão geral, monocraticamente admitir a manifestação de terceiros;

(E) só o Supremo Tribunal Federal pode, verificando que há inúmeros processos que discutem idêntica matéria, sobrestar outros, até o pronunciamento definitivo da Corte.

A: incorreto. A decisão do Plenário do STF que reconhece a inexistência de repercussão geral da questão constitucional abordada é *irrecorrível* e implica o não conhecimento do recurso extraordinário (arts. 543-A, *caput*, do CPC e 326 do RISTF); **B: incorreto.** Além da hipótese vertida no art. 543-A, § 3º, do CPC – quando o recurso impugnar decisão contrária a súmula ou jurisprudência dominante do Tribunal –, verifica-se a repercussão geral quando as questões econômicas, políticas, sociais ou jurídicas afetas ao debate superarem os interesses subjetivos envolvidos (art. 543-A, § 1º, do CPC); **C: correto** (arts. 543-A, §§ 1º e 5º, e 543-B, § 2º, ambos do CPC); **D: incorreto** (art. 543-A, § 6º, do CPC); **E: incorreto**. O STJ também poderá fazê-lo ao apreciar os recursos especiais cuja questão de direito afigure-se idêntica a de tantos outros, consoante enuncia o art. 543-C do CPC.

Gabarito "C"

(Magistratura do Trabalho – 16ª Região – 2011) Sobre o recurso extraordinário previsto no art. 102, III da Constituição Federal, assinale a alternativa CORRETA:

(A) Contra a decisão tomada pelo Plenário Virtual que recusar a repercussão geral poderá ser interposto recurso ao Plenário no prazo de 05 (cinco) dias.

(B) Não será admitida a intervenção de *amicus curiae* no recurso extraordinário sob o regime de repercussão geral, considerado o caráter subjetivo do processo.

(C) Para recusar a repercussão geral é necessária a maioria absoluta dos membros do Tribunal.

(D) Segundo o CPC, se uma Turma do STF decidir pela existência da repercussão geral por, no mínimo, 4 (quatro) votos, ficará dispensada a remessa do recurso ao Plenário.

(E) Somente haverá repercussão geral quando o recurso impugnar decisão contrária a súmula ou jurisprudência dominante do Supremo Tribunal Federal.

A: incorreto. A decisão do Plenário do STF que reconhece a inexistência de repercussão geral da questão constitucional abordada é *irrecorrível* e implica o não conhecimento do recurso extraordinário (arts. 543-A, *caput*, do CPC e 326 do RISTF); **B: incorreto** (art. 543-A, § 6º, do CPC); **C: incorreto.** O *quorum* para rejeição da repercussão geral é de 2/3 dos membros do STF, isto é, de 8 Ministros, e não de maioria absoluta como posto no enunciado sob comento (art. 102, § 3º, da CF); **D: correto** (art. 543-A, § 4º, do CPC); **E: incorreto.** Além da hipótese vertida no art. 543-A, § 3º, do CPC, configura-se a repercussão geral quando as questões econômicas, políticas, sociais ou jurídicas afetas à causa superarem os interesses subjetivos envolvidos (art. 543-A, § 1º, do CPC).

Gabarito "D"

(Magistratura do Trabalho – 16ª Região – 2006) Sobre os recursos constitucionais qual a assertiva verdadeira:

(A) O Recurso especial e o extraordinário são recursos constitucionais que têm por finalidade assegurar o regime federativo, por meio de controle da aplicação da lei federal e da Constituição Federal ao caso concreto, sem que resida em controvérsia em relação à aplicação de lei.

(B) Admite-se a discussão de matéria fática a partir da análise da prova dos autos não feita na instância inferior em sede de recurso especial e recurso extraordinário, suprindo a omissão apontada.

(C) No recurso extraordinário o recorrente deverá demonstrar a repercussão geral das questões constitucionais discutidas no caso, nos termos da lei, a fim de que o tribunal examine a admissão do recurso, podendo recusá-lo pela manifestação de qualquer *quorum*.

(D) O recurso especial ou extraordinário não poderá ser admitido parcialmente, quando interposto por vários fundamentos.

(E) O prequestionamento dos dispositivos legais tidos como violados constitui requisito indispensável à admissibilidade do recurso especial, quando são opostos embargos de declaração ou quando a questão é enfrentada na Corte inferior.

A: falso. Tais recursos pressupõem controvérsia em relação à aplicação da norma legal ou constitucional; **B: falso.** Os recursos extraordinário e especial não se destinam à discussão da matéria fática; **C: falso.** A repercussão geral só pode ser recusada pela manifestação de dois terços dos membros do STF (§ 3º do art. 102, CR); **D: falso.** É possível que tais recursos sejam recebidos apenas em relação a um ou alguns dos capítulos da decisão impugnada; **E: verdadeiro.**

Gabarito "E"

(Magistratura do Trabalho – 18ª Região – 2006) As Leis 11.276 e 11.277, ambas de 7 de fevereiro de 2006, ainda não em vigor, introduziram novos dispositivos no Código de Processo Civil. Considere as assertivas abaixo, a respeito das modificações introduzidas no CPC pelas leis mencionadas, e assinale a alternativa correta.

I. Quando a matéria controvertida for unicamente de direito e no juízo já houver sido proferida sentença de total improcedência em outros casos idênticos, poderá ser dispensada a citação e proferida sentença, reproduzindo-se o teor da anteriormente prolatada.

II. Quando a matéria controvertida for unicamente de direito e já houver sido proferida sentença de total improcedência em outros casos idênticos, mesmo que em outro juízo, poderá ser dispensada a citação e proferida sentença, reproduzindo-se o teor da anteriormente prolatada.

III. É facultado ao juiz decidir, no prazo de 5 (cinco) dias, não manter a sentença e determinar o prosseguimento da ação, mesmo que o autor não apele.

IV. Se o autor apelar, é facultado ao juiz decidir, no prazo de 5 (cinco) dias, não manter a sentença e determinar o prosseguimento da ação.

V. O juiz não receberá o recurso de apelação quando a sentença estiver em conformidade com súmula do Superior Tribunal de Justiça ou do Supremo Tribunal Federal.

(A) Apenas a última é correta.

(B) Apenas as assertivas I e IV são corretas.

(C) Apenas as assertivas I, IV e V são corretas.

(D) Apenas as assertivas I e III são incorretas.

(E) Apenas a primeira e a última são corretas.

I: correto (art. 285-A do CPC); **II: incorreto** (art. 285-A do CPC); **III: incorreto.** O prazo de 5 dias está previsto para o juiz exercer o juízo de retratação, desde que o autor tenha apelado (art. 285-A, § 1º, do CPC); **IV: correto,** (art. 285-A, § 1º, do CPC); **V: correto** (art. 518, § 1º, do CPC).

Gabarito "C"

(Magistratura do Trabalho – 20ª Região – 2003) Nos Embargos de Declaração é correto afirmar que:

(A) depois da reforma do Código de Processo Civil, somente podem ser interpostos em primeiro grau de jurisdição, não mais suspendem o prazo para a interposição de outros recursos e independem de preparo;

(B) podem ser interpostos em primeiro e segundo graus de jurisdição, independem de preparo e, uma vez interpostos, interrompem a contagem do prazo para a interposição de outros recursos;

(C) podem ser interpostos em primeiro e em segundo graus de jurisdição, dependem de preparo apenas os interpostos em primeiro grau de jurisdição e apenas os interpostos em segundo grau de jurisdição interrompem o prazo para a interposição de outros recursos;

(D) depois da reforma do Código de Processo Civil, somente podem ser interpostos em segundo grau de jurisdição, interrompem o prazo para a interposição de outros recursos e independem de preparo;

(E) podem ser interpostos em quaisquer graus de jurisdição, dependem de preparo e, uma vez interpostos, suspendem a contagem do prazo para a interposição de outros recursos.

A: incorreto (art. 536 do CPC); **B: correto** (arts. 536 e 538 do CPC); **C: incorreto.** Não se exige preparo em nenhum caso; **D: incorreto** (art. 536 do CPC); E: incorreto (arts. 536 e 538 do CPC).

Gabarito "B"

(Magistratura do Trabalho – 20ª Região – 2003) Ocorrendo relevante questão de direito no bojo do recurso:

(A) poderá o relator propor que ele seja julgado pelo órgão colegiado que o regimento da casa indicar. Contudo, o referido órgão somente o fará caso reconheça interesse público na assunção de competência;

(B) independentemente de haver, ou não, interesse público na assunção de competência, o órgão colegiado, apontado pelo regimento interno, deverá proceder ao julgamento do recurso;

(C) não competirá ao relator a propositura do julgamento pelo órgão colegiado, mas sim a toda a câmara ou turma;

(D) a propositura de julgamento pelo órgão colegiado dependerá da iniciativa de, no mínimo, dois juízes;

(E) o voto emitido pelo juiz, independentemente da posição da turma ou câmara, precisará submeter-se a um incidente de ratificação por parte do colegiado.

A: correto (art. 555, § 1º, do CPC); **B: incorreto.** O dispositivo apontado exige o reconhecimento do interesse público, para que o julgamento seja feito pelo órgão colegiado; **C: incorreto** (art. 555, § 1º, do CPC); **D: incorreto.** Basta a vontade do relator; **E: incorreto.**

Gabarito "A"

(Magistratura do Trabalho – 22ª Região – 2006) Assinale a alternativa CORRETA:

(A) Compete ao Tribunal Regional do Trabalho dirimir conflito de competência, verificado na respectiva Região, entre Juiz do Trabalho e Juiz Estadual investido de jurisdição do trabalho;

(B) Compete ao Superior Tribunal de Justiça dirimir conflito de competência, verificado em determinada Região, entre Juiz Federal e Juiz Estadual investido de jurisdição federal;

(C) Compete ao Superior Tribunal de Justiça dirimir conflito de competência entre juízos trabalhistas vinculados a Tribunais Regionais do Trabalho diversos;

(D) Compete ao Tribunal Superior do Trabalho dirimir conflito de competência, verificado em determinada Região, entre o Tribunal Regional do Trabalho e o Juiz Estadual investido da jurisdição do trabalho;

(E) Compete ao Supremo Tribunal Federal dirimir conflito de competência entre Tribunal Superior do Trabalho e Tribunal Regional do Trabalho.

A: correto (art. 112 da CF); B: incorreto. A competência, nesse caso, é do TRF; **C: incorreto.** A competência é do TST; **D: incorreto.** A competência é do STJ; **E: incorreto.** A competência é do STJ.

Gabarito "A"

(Magistratura do Trabalho – 22ª Região – 2006) Assinale a alternativa INCORRETA:

(A) Não compete ao Supremo Tribunal Federal conceder medida cautelar para dar efeito suspensivo a recurso extraordinário ainda pendente do seu juízo de admissibilidade;

(B) Cabe ao Presidente do Tribunal de origem decidir o pedido de medida cautelar em recurso extraordinário ainda pendente do seu juízo de admissibilidade;

(C) É incabível recurso extraordinário contra decisão proferida por juiz de primeiro grau nas causas de alçada;

(D) É cabível recurso extraordinário contra decisão proferida por turma recursal de juizado especial cível e criminal;

(E) Não cabe recurso extraordinário por contrariedade ao princípio constitucional da legalidade, quando a sua verificação pressuponha rever a interpretação dada a normas infraconstitucionais pela decisão recorrida.

A: assertiva correta (Súmula 634 do STF); **B: assertiva correta** (Súmula 635 do STF); **C: assertiva incorreta,** devendo ser assinalada (Súmula 640 do STF); **D: correto** (Súmula 640 STF); **E: correto** (Súmula 636 do STF).

Gabarito "C"

(Magistratura do Trabalho – 22ª Região – 2006) A respeito do Recurso Especial, é INCORRETO se afirmar que:

(A) É cabível contra decisão proferida por Turma Recursal de Juizado Especial Estadual Cível e Criminal;

(B) É inadmissível quando cabíveis embargos infringentes contra o acórdão proferido no tribunal de origem;

(C) É inadmissível quanto à questão que, a despeito da oposição de embargos de declaração, não foi apreciada pelo tribunal *a quo*.

(D) A questão federal somente ventilada no voto vencido não atende ao requisito do prequestionamento;

(E) É inadmissível quando o acórdão recorrido assenta em fundamentos constitucional e infraconstitucional, qualquer deles suficiente, por si só, para mantê-lo, e a parte vencida não manifesta recurso extraordinário.

A: assertiva incorreta, devendo ser assinalada. A constituição prevê que o especial é recurso contra decisões proferidas pelos tribunais; **B: correto.** Por ausência do prévio esgotamento das vias ordinárias (Súmula 207 do STJ); **C: correto.** Exige-se prequestionamento explícito (Súmula 211 do STJ); **D: correto** (Súmula 320 do STJ); **E: correto** (Súmula 126 do STJ).

Gabarito "A"

(Magistratura do Trabalho – 22ª Região – 2006) Não há dispensa de preparo:

(A) Em agravo retido;
(B) Em Embargos de Declaração;
(C) Em recursos interpostos por autarquia estadual;
(D) Em recursos interpostos por sociedade de economia mista;
(E) Em recursos interpostos pelo Ministério Público Estadual.

As sociedades de economia mista, tendo natureza de pessoas jurídicas de direito privado, não se enquadram na noção de Fazenda Pública, motivo pelo qual ficam sujeitas ao preparo.

Gabarito "D"

(Magistratura do Trabalho – 22ª Região – 2006) No pertinente a Embargos de Declaração, é correto afirmar-se que:

(A) Interrompem o prazo para a interposição de outros recursos, por qualquer das partes, desde que conhecidos;
(B) Suspendem o prazo para a interposição de outros recursos, por qualquer das partes, desde que conhecidos;
(C) Suspendem o prazo para a interposição de outros recursos, pela parte embargante;
(D) Suspendem o prazo para a interposição de outros recursos, por qualquer das partes;
(E) Interrompem o prazo para a interposição de outros recursos, por qualquer das partes.

A: incorreto. A interrupção dá-se, mesmo que o recurso não seja conhecido, salvo se o motivo do não conhecimento for a intempestividade; **B: incorreto.** O efeito da interposição dos embargos é a interrupção, e não a suspensão do prazo (exceto nos juizados especiais cíveis); **C e D: incorretos**, há interrupção do prazo para a interposição, por qualquer das partes; **E: correto**, vide comentários às alternativas anteriores.

Gabarito "E"

(Magistratura do Trabalho – 22ª Região – 2006) Os Embargos de Declaração serão opostos por particular, em ação movida contra a Fazenda Pública Federal, no prazo de:

(A) 24 (vinte e quatro) horas, salvo se lei específica estipular prazo diverso;
(B) 48 (quarenta e oito) horas, em caso de sentença; e 5 (cinco) dias, em se tratando de acórdão;
(C) 48 (quarenta e oito) horas, em se tratando de acórdão, e 5 (cinco) dias, em caso de sentença;
(D) 48 (quarenta e oito) horas;
(E) 5 (cinco) dias.

O prazo para a interposição dos embargos de declaração é de 5 dias.

Gabarito "E"

(Magistratura do Trabalho – 24ª Região – 2007) Em tema de incidente de uniformização de jurisprudência, o Código de Processo Civil regula o procedimento. Considere as assertivas abaixo:

I. Compete a qualquer Juiz, ao dar voto na turma, câmara, ou grupo de câmaras, solicitar o pronunciamento prévio do tribunal acerca da interpretação do direito quando verificar que, a seu respeito, ocorre divergência.

II. Compete a qualquer Juiz, ao dar voto na turma, câmara, ou grupo de câmaras, solicitar o pronunciamento prévio do tribunal acerca da interpretação do direito quando, no julgamento recorrido, a interpretação for diversa da que lhe haja dado outra turma, câmara, grupo de câmaras ou câmaras cíveis reunidas.

III. O tribunal, reconhecendo a divergência, dará a interpretação a ser observada, cabendo a cada Juiz emitir o seu voto em exposição fundamentada.

IV. O julgamento, tomado pelo voto da maioria absoluta dos membros que integram o tribunal, será objeto de súmula e constituirá precedente na uniformização da jurisprudência.

RESPONDA:

(A) Todas as proposições estão corretas.
(B) Apenas a proposição IV está incorreta.
(C) Apenas as proposições I e II estão corretas.
(D) Apenas as proposições I e III estão incorretas.
(E) Todas as proposições estão incorretas.

I: correto (art. 476, I, do CPC); **II: correto** (art. 476, II, do CPC); **III: correto** (art. 478 do CPC); **IV: correto** (art. 479 do CPC).

Gabarito "A"

(Magistratura do Trabalho – 24ª Região – 2007) Há uma preocupação com a insegurança jurídica decorrente da incerteza de decisões contrastantes no Poder Judiciário. Para tanto, o ordenamento jurídico prevê meios/mecanismos processuais adequados para a uniformização da interpretação do direito pelos Juízes. Marque a alternativa CORRETA, identificando os meios/mecanismos que possuem o escopo de preservar a segurança jurídica na interpretação uniforme do direito:

(A) Incidente de uniformização de jurisprudência; embargos de divergência; recurso especial; composição de divergência.
(B) Incidente de uniformização de jurisprudência; embargos de divergência; conflito de competência; composição de divergência.
(C) Incidente de uniformização de jurisprudência; recurso especial; ação rescisória; embargos de divergência.
(D) Incidente de uniformização de jurisprudência; composição de divergência; conflito de competência; recurso especial.
(E) Incidente de uniformização de jurisprudência; ação rescisória; conflito de competência; recurso especial.

A: correto; B, C, D e E: incorretos. O conflito de competência não se relaciona com a segurança jurídica, mas com a preservação da competência dos órgãos do Poder Judiciário; a ação rescisória desfaz os efeitos da sentença transitada em julgado.

Gabarito "A"

(Magistratura do Trabalho – 24ª Região – 2007) Considerando as disposições do Código de Processo Civil, assinale a alternativa INCORRETA:

(A) O terceiro prejudicado pode interpor recurso, cabendo-lhe demonstrar o nexo de interdependência entre o seu interesse de intervir e a relação jurídica submetida à apreciação judicial.

(B) A renúncia ao direito de recorrer independe da aceitação da outra parte, mas, tratando-se de litisconsórcio, uma vez interposto o recurso, o recorrente somente pode dele desistir com a anuência dos litisconsortes.
(C) O recurso interposto por um dos litisconsortes a todos aproveita, salvo se distintos ou opostos os seus interesses.
(D) Havendo solidariedade passiva, o recurso interposto por um devedor aproveitará aos outros, quando as defesas opostas ao credor lhes forem comuns.
(E) O recurso adesivo será admissível na apelação, nos embargos infringentes, no recurso extraordinário e no recurso especial.

A: assertiva correta; B: assertiva incorreta, devendo ser assinalada. Não se exige a concordância dos demais litisconsortes (art. 501 do CPC); **C: assertiva correta** (art. 509 do CPC); **D: assertiva correta** (art. 509, parágrafo único, do CPC); **E: assertiva correta** (art. 500 do CPC).

Gabarito "B"

(Magistratura do Trabalho – 24ª Região – 2006) Assinale a alternativa INCORRETA:

(A) O recurso pode ser interposto pela parte vencida, pelo terceiro prejudicado e pelo Ministério Público.
(B) A insuficiência no valor do preparo implicará deserção, se o recorrente, intimado, não vier a supri-lo no prazo de cinco dias.
(C) Nos casos de extinção do processo sem julgamento do mérito, o Tribunal pode julgar desde logo a lide, se a causa versar questão exclusivamente de direito e estiver em condições de imediato julgamento.
(D) As questões de fato, não propostas no juízo inferior, poderão ser suscitadas na apelação, se a parte provar que deixou de fazê-lo por motivo de força maior.
(E) Apresentada a resposta ao recurso de apelação, é defeso ao juiz o reexame dos pressupostos de admissibilidade do recurso.

A: assertiva correta (art. 499 do CPC); **B: assertiva correta** (art. 511, § 2º, do CPC); **C: assertiva correta** (art. 515, § 3º, do CPC); **D: assertiva correta** (art. 517 do CPC); **E: assertiva incorreta,** devendo ser assinalada (art. 518, § 2º, do CPC).

Gabarito "E"

(Ministério Público do Trabalho – 16º) A propósito do recurso extraordinário, considere as seguintes proposições:

I. na hipótese de rejeição do mandado de segurança em decisão de única instância proferida por Tribunal, cabível é o recurso ordinário, e não o recurso especial ou o recurso extraordinário; incide, no caso, todavia, o princípio da fungibilidade recursal, em face da dúvida objetiva acerca do cabimento do recurso;
II. em regra, não se admite recurso extraordinário para se discutir interpretação de direito local, salvo quando se afirma que lei ou ato de governo local é prestigiado pela decisão em detrimento de lei federal;
III. o Supremo Tribunal Federal, em decisão irrecorrível, não conhecerá do recurso extraordinário, quando a questão constitucional nele versada não oferecer repercussão geral;
IV. Não admitido o recurso extraordinário ou o recurso especial, caberá agravo, no prazo de 05 (cinco) dias, para o Supremo Tribunal Federal ou para o Superior Tribunal de Justiça, conforme o caso.

De acordo com as assertivas, pode-se afirmar que:

(A) o item I é certo e o item II é errado;
(B) o item II é certo e o item III é errado;
(C) o item I é certo e o item IV é errado;
(D) apenas os itens I e IV são incorretos;
(E) não respondida.

I: incorreto. Não se aplica o princípio da fungibilidade, nesse caso, em razão do erro grosseiro que a interposição de qualquer outro recurso, que não o ordinário, representa; **II: correto; III: correto; IV: incorreto.** Cabe agravo nos próprios autos, no prazo de 10 dias (art. 544).

Gabarito "D"

(Ministério Público do Trabalho – 15º) A propósito dos recursos, assinale a alternativa INCORRETA:

(A) por aplicação do princípio do duplo grau de jurisdição, a apelação interposta pela parte sucumbente, no prazo legal, com advogado regularmente habilitado nos autos, deverá ser recebida pelo juízo de primeiro grau, ainda que a sentença recorrida esteja em conformidade com súmula do Supremo Tribunal Federal ou do Superior Tribunal de Justiça;
(B) a apelação interposta contra sentença que rejeita liminarmente embargos à execução, ou que os julga improcedentes, será recebida apenas no efeito devolutivo;
(C) nas hipóteses em que a decisão interlocutória for suscetível de causar à parte lesão grave e de difícil reparação, será admissível a interposição do agravo por instrumento, dispensada a forma retida;
(D) não serão admissíveis embargos infringentes quando o acórdão proferido de forma não unânime houver reformado, em grau de apelação, sentença de natureza terminativa;
(E) não respondida.

A: assertiva incorreta, devendo ser assinalada (art. 518, § 1º, do CPC); **B: correto** (art. 520, V, do CPC); **C: correto; D: correto.** Desde que a "reforma" da sentença terminativa seja entendida como a anulação pelo tribunal da sentença terminativa. Quando o tribunal, ao apreciar apelação contra sentença terminativa, aplica a regra do § 3º do art. 515 do CPC, e julga o mérito, se a decisão se der por maioria, os embargos serão cabíveis.

Gabarito "A"

(Ministério Público do Trabalho – 15º) A propósito dos incidentes de uniformização de jurisprudência e de inconstitucionalidade, assinale a alternativa INCORRETA:

(A) sendo obrigatória a intervenção do Ministério Público, os incidentes de uniformização resolvidos com o voto da maioria absoluta dos membros do tribunal deverão ser objeto de súmula;

(B) compete a qualquer magistrado, integrante de órgão fracionário de tribunal, suscitar o incidente de uniformização de jurisprudência quando verificar a existência de divergência acerca da interpretação do direito aplicável ou ainda quando constatar no julgamento recorrido interpretação diversa da que lhe haja dado outra turma, câmara, grupo de câmaras ou câmaras cíveis reunidas;
(C) a declaração de inconstitucionalidade de lei ou ato normativo do poder público, reconhecida por órgão fracionário de tribunal, depende de ratificação do órgão plenário ou do órgão especial, com o voto da maioria absoluta de seus membros, ainda quando existir prévio pronunciamento destes órgãos sobre a questão;
(D) na condução do incidente de inconstitucionalidade o relator, considerando a relevância da matéria e a representatividade dos postulantes, poderá admitir, por despacho irrecorrível, a manifestação de outros órgãos ou entidades;
(E) não respondida.

A: assertiva correta (arts. 478 e 479 do CPC); **B: assertiva correta** (art. 476 do CPC); **C: assertiva incorreta,** devendo ser assinalada. Nesse caso, o órgão fracionário sequer tem competência para o tema, cabendo exclusivamente ao órgão pleno manifestar-se sobre o tema (cláusula de reserva de plenário – art. 97 da CF); **D: correto** (art. 482, § 3º, do CPC).

Gabarito "C"

(Ministério Público do Trabalho – 13º) Assinale a alternativa CORRETA:

(A) cabem embargos de declaração exclusivamente em caso de omissão, obscuridade e/ou contradição;
(B) dos despachos, só cabe recurso nas ações de conhecimento;
(C) sendo o direito indisponível só pode haver renúncia ao recurso com a anuência da outra parte, suprível com a concordância do Ministério Público;
(D) o recurso interposto por um dos litisconsortes, em qualquer hipótese, aproveita a todos;
(E) não respondida.

A: correto. Com a ressalva de que no caso do juizado especial cível, há previsão de que os embargos também têm cabimento para o caso de dúvida; **B: incorreto.** Despachos são irrecorríveis; **C: incorreto.** A renúncia ao recurso não depende de anuência da outra, seja qual for a natureza do direito discutido; **D: incorreto** (art. 509 do CPC).

Gabarito "A"

(Ministério Público do Trabalho – 12º) Assinale a alternativa INCORRETA:

(A) não são protelatórios, de acordo com a jurisprudência do Superior Tribunal de Justiça, os embargos de declaração com notório propósito de prequestionamento;
(B) os embargos interrompem o prazo para a interposição de outros recursos, por qualquer das partes;
(C) na legislação processual civil extravagante, a hipótese da decisão conter "dúvida" não é mencionada como caso para oposição de embargos de declaração;
(D) por meio de embargos de declaração podem ser corrigidas inexatidões materiais da sentença;
(E) não respondida.

A: assertiva correta (Súmula 98 do STJ); **B: assertiva correta (art. 538 do CPC); C: assertiva incorreta,** devendo ser assinalada. A Lei 9.099/1995 contém essa previsão (art. 48); **D: assertiva correta.**

Gabarito "C"

(Ministério Público do Trabalho – 8º) Assinale a alternativa correta. Ao receber o recurso, no Tribunal, o Relator:

(A) poderá dar provimento ao recurso se a decisão recorrida estiver em confronto com Súmula ou com jurisprudência dominante do Supremo Tribunal Federal, ou de Tribunal Superior;
(B) poderá dar provimento ao Recurso se a decisão recorrida estiver em confronto com jurisprudência do Tribunal competente para conhecer do recurso;
(C) deverá submeter o recurso ao órgão colegiado, em qualquer hipótese;
(D) não poderá negar seguimento ao recurso;
(E) nenhuma das alternativas acima está correta;
(F) não sei.

Art. 557, § 1º-A, do CPC.

Gabarito "A"

12. EXECUÇÃO

(Magistratura do Trabalho – 1ª Região – 2004) Com relação ao processo de execução:

I. na execução contra a União, Estados, Distrito Federal e Municípios, o pagamento aos exequentes será sempre feito por precatórios, ressalvado o pagamento de obrigações de pequeno valor;
II. o devedor inadimplente, em sede de execução de prestação alimentícia, terá sua prisão decretada pelo juiz da Vara Cível competente, ressalvada a justificada impossibilidade de adimplemento;
III. a execução por quantia certa contra devedor solvente tem por objeto expropriar bens do devedor, a fim de satisfazer o direito do credor;
IV. na execução por quantia certa contra devedor insolvente, o pagamento será efetuado por rateio entre os credores habilitados;
V. o juiz decretará a prisão do depositário infiel, assim entendido aquele que não cumprir, em 24 horas, o mandado de entrega da coisa ou do equivalente em dinheiro.

Assinale:

(A) se todas as assertivas estiverem corretas;
(B) se somente as assertivas I e II estiverem corretas;
(C) se somente as assertivas I, II e III estiverem corretas;
(D) se somente as assertivas III e IV estiverem corretas;
(E) se somente as assertivas IV e V estiverem corretas.

I: correto (art. 100, CF); **II: correto** (art. 733 do CPC): **III: correto** (art. 646 do CPC); **IV: correto; V: correto.** Com a ressalva de que, ao tempo em que a prova em questão foi aplicada, não havia sido ainda aprovada pelo STF a Súmula Vinculante 25, segundo a qual "é ilícita a prisão civil do depositário infiel, qualquer que seja a modalidade de depósito".

Gabarito "A"

(Magistratura do Trabalho – 1ª Região – 2004) Analisando as assertivas abaixo:

I. consideram-se extintas todas as obrigações do devedor insolvente, decorrido o prazo de cinco anos após o encerramento do processo de insolvência;
II. quando o devedor não possui bens penhoráveis, a execução fica suspensa;
III. extingue-se a execução apenas quando o devedor satisfaz a obrigação;
IV. o exequente não pode renunciar ao seu crédito;
V. na remição, os descendentes preferem ao cônjuge.

Assinale:

(A) se somente as assertivas I e II estiverem corretas;
(B) se somente as assertivas II e III estiverem corretas;
(C) se somente as assertivas III e IV estiverem corretas;
(D) se somente as assertivas IV e V estiverem corretas;
(E) se somente as assertivas I e V estiverem corretas.

I: correto (art. 778 do CPC); **II: correto** (art. 791, III, do CPC); **III: incorreto.** A execução também se extingue quando o devedor obtém, por transação ou qualquer outro meio, remissão total da dívida ou quando o credor renunciar ao crédito (art. 794 do CPC); **IV: incorreto** (art. 794 do CPC); **V: incorreto.** A regra vigente ao tempo da aplicação da prova em questão estabelecia a preferência do cônjuge aos descendentes na remição. Ocorre que o instituto remição foi suprido do sistema processual civil, tendo sido revogados os artigos 787 a 790 do CPC.
Gabarito "A"

(Magistratura do Trabalho – 1ª Região – 2004) Com relação à execução forçada, marque a assertiva INCORRETA:

(A) podem promovê-la: o credor detentor de título executivo e o Ministério Público, nos casos legalmente previstos;
(B) podem também promover a execução, entre outros, o espólio, os herdeiros e os sucessores do credor, quando lhes for transmitido o direito resultante do título executivo;
(C) são sujeitos passivos na execução, entre outros, o devedor, reconhecido como tal no título executivo, bem como seu espólio, herdeiros ou sucessores;
(D) não podem ser sujeitos passivos na execução, entre outros, o fiador judicial e o responsável tributário;
(E) o devedor pode assumir posição idêntica à do exequente, requerendo ao juiz que mande citar o credor a receber em juízo.

A: assertiva correta (art. 566 do CPC); **B: assertiva correta** (art. 567 do CPC); **C: assertiva correta** (art. 568 do CPC); **D: assertiva incorreta,** devendo ser assinalada (art. 568, IV e V, do CPC); **E: assertiva correta.** Considerando o tempo em que foi aplicada a prova, porque, naquele momento, vigorava a regra do hoje revogado art. 570 do CPC.
Gabarito "D"

(Magistratura do Trabalho – 3ª Região – 2008) Sobre a Remição, considerando a legislação processual civil vigente, pode-se afirmar que:

(A) é lícito ao cônjuge, ao descendente, ou ao ascendente do devedor remir todos ou quaisquer bens penhorados, ou arrecadados no processo de insolvência, depositando o preço por que foram alienados ou adjudicados.
(B) concorrendo à remição de bens penhorados vários pretendentes, preferirá o que oferecer maior preço.
(C) concorrendo à remição de bens penhorados vários pretendentes, preferirá o que oferecer maior preço e, em condições iguais de oferta, a remição será deferida na seguinte ordem: primeiro, ao cônjuge, segundo, aos descendentes; e terceiro, aos ascendentes.
(D) antes de adjudicados ou alienados os bens, pode o executado, a todo tempo, remir a execução, pagando ou consignando a importância atualizada da dívida, mais juros, custas e honorários advocatícios.
(E) extingue-se a execução quando o devedor obtém, por transação ou por qualquer outro meio, a remissão total da dívida.

A: incorreto. Foram revogados os artigos que previam a remição dos bens penhorados (arts. 787 a 790 do CPC); **B: incorreto.** Mesmo motivo; **C: incorreto.** Idem; **D: correto** (art. 651 do CPC); **E:** *considerada* **incorreta**. Embora a afirmação esteja correta, porque, nos termos do que dispõe o art. 794, II, o fato é que essa hipótese em nada se relaciona com a remição, motivo pelo qual deve ser considerada incorreta, ao menos quando confrontada com o enunciado da questão.
Gabarito "D"

(Magistratura do Trabalho – 5ª Região – 2006 – CESPE) Com relação à execução, assinale a opção correta.

(A) O fiador que pagar a dívida poderá executar o afiançado nos autos do mesmo processo, aproveitando os próprios autos do feito pendente, e prosseguir na execução, assumindo a posição do primitivo credor.
(B) A sentença que rejeita os embargos à execução contra a fazenda pública submete-se ao duplo grau de jurisdição. Assim, por ser essa a condição de eficácia da sentença de conhecimento, enquanto não reexaminada pelo órgão *ad quem*, não transita em julgado. Contudo, poderá o relator negar seguimento à remessa necessária quando a decisão proferida na sentença examinada estiver em conformidade com a jurisprudência dominante do tribunal competente para o seu julgamento.
(C) No processo de execução por título extrajudicial, quando o credor não lograr êxito em localizar bens que possam satisfazer o pagamento do débito ou quando efetivado o arresto, havendo fundado receio de ocultação do devedor, a citação e intimação da penhora será feita por hora certa, e conta-se a partir dessa citação o prazo para o ajuizamento dos embargos do devedor.
(D) Considere que tenha sido ajuizada ação de execução fundada em título judicial que determinou o *quantum* objeto do crédito, sem, contudo, especificar o total da dívida, isto é, que não tenha condenado o réu ao pagamento de juros e correção monetária, requerendo o autor a liquidação por cálculo do contador judicial. Nessa situação,

o executado poderá opor exceção de pré-executividade, alegando a nulidade da execução, por ausência de título líquido, certo e exigível.

(E) A execução específica, seja provisória, seja definitiva, fundada em título judicial ou extrajudicial, baseia-se na responsabilidade patrimonial genérica do devedor e, para satisfazer o direito do credor, expropria bens do inadimplente, transformando-os em dinheiro para com este indenizar a parte pelo equivalente à prestação devida. Tem cabimento na execução de uma sentença mandamental envolvendo obrigações de fazer e não fazer.

A: correto. O fiador fica sub-rogado nos direitos do credor satisfeito; **B: incorreto.** Não há reexame necessário nesse caso; **C: incorreto.** Não há citação com hora certa na execução por quantia; **D: incorreto; E: incorreto.** Execução específica é aquela que concede ao credor o mesmo resultado prático que seria alcançado caso tivesse havido cumprimento voluntário da obrigação pelo devedor.

Gabarito "A"

(Magistratura do Trabalho – 7ª Região – 2005) Com relação ao processo de execução, é correto afirmar que:

(A) tendo conteúdo condenatório, a sentença estrangeira homologada pelo Supremo Tribunal Federal é título executivo judicial, sendo competente para a sua execução o próprio Supremo Tribunal Federal.

(B) tendo conteúdo condenatório, a sentença estrangeira homologada pelo Superior Tribunal de Justiça é título executivo judicial, sendo competente para a sua execução o próprio Superior Tribunal de Justiça.

(C) tendo conteúdo condenatório, a sentença estrangeira homologada pelo Superior Tribunal de Justiça é título executivo judicial, sendo competente para a sua execução o juiz federal.

(D) ainda que a transação verse acerca de matéria alheia à ação pendente, constitui título executivo judicial, ensejando execução perante juízo diverso que homologou a decisão.

(E) o credor pode executar, no cível, a sentença penal condenatória contra o autor do delito e também contra as demais pessoas envolvidas independentemente de processo de conhecimento.

A: incorreto. Primeiro, porque atualmente a competência para homologar sentença estrangeira é do STJ; segundo, porque a execução de tal sentença homologada é da Justiça Federal de primeiro grau; **B: incorreto,** será competente para a execução o juiz federal de primeiro grau; **C: correto; D: incorreto.** Embora a transação possa conter matéria que não havia sido posta em juízo, a sua execução deve dar-se perante o juízo que homologou a decisão; **E: incorreto.** A sentença penal condenatória só é título executivo no cível contra quem foi réu no processo crime. Contra os demais coobrigados, caberá à vítima promover ação própria no cível.

Gabarito "C"

(Magistratura do Trabalho – 8ª Região – 2008) Sobre processo de execução, assinale a alternativa CORRETA:

(A) Na execução de quantia certa contra devedor solvente, não efetuado o pagamento, munido da segunda via do mandado, o oficial de justiça procederá de imediato à penhora de bens e a sua avaliação, lavrando-se o respectivo auto, certo que o juiz poderá dispensar a intimação da penhora ao devedor.

(B) Ao despachar a inicial, o juiz fixará, de plano, os honorários de advogado a serem pagos pelo executado, certo que no caso de pagamento integral no prazo de três dias, a verba honorária será de 10% (dez por cento), valor que poderá ser objeto de parcelamento, desde que deferido pelo juiz, observados os requisitos da lei.

(C) Tratando-se de penhora em bem indivisível, a meação do cônjuge alheio à execução recairá sobre o produto da alienação, ressalvada a hipótese de remição do bem.

(D) A penhora poderá ser substituída por seguro garantia judicial em valor não inferior ao do débito constante da inicial, mais quarenta por cento.

(E) Não realizada a adjudicação, o exequente poderá requerer que sejam os bens penhorados alienados por iniciativa particular ou por corretor credenciado perante a autoridade judiciária, hipótese em que o juiz fixará, se for o caso, a comissão de corretagem, que não poderá ultrapassar cinco por cento do preço mínimo do bem.

A: correto (art. 652, § 1º, do CPC); **B: incorreto.** Pagamento em 3 dias acarreta a redução da verba honorário para a metade (art. 652-A, parágrafo único, do CPC); **C: incorreto.** Não existe mais a figura da remição dos bens penhorados; **D: incorreto.** A fiança bancária ou o seguro garantia judicial deverá corresponder ao valor executado mais 30% (art. 656, § 2º, do CPC); **E: incorreto.** A lei não estabelece tal limite à comissão de corretagem (art. 685-C, § 1º, do CPC).

Gabarito "A"

(Magistratura do Trabalho – 8ª Região – 2008) Sobre o processo de execução por título executivo extrajudicial, assinale a alternativa CORRETA:

(A) Cumpre ao credor indicar a espécie de execução que prefere e poderá, no ato da distribuição, obter certidão comprobatória do ajuizamento da execução, para averbar no registro de imóveis, averbação que deverá ser comunicada ao juízo no prazo de vinte dias de sua concretização, cancelando-se a averbação sobre os bens não penhorados, desde que formalizada penhora sobre outros bens suficientes para cobrir o valor da dívida.

(B) O executado pode, no prazo de quinze dias após intimado da penhora, requerer a substituição do bem penhorado, desde que comprove cabalmente que a substituição não trará prejuízo algum ao exequente e será menos onerosa para ele devedor, incumbindo ao executado, quanto aos créditos, identificar o devedor e qualificá-lo, descrevendo a origem da dívida, o título que representa e a data do vencimento.

(C) O leiloeiro público será indicado pelo exequente. Ressalvados os casos de alienação de bens imóveis e aqueles de atribuição de corretores da Bolsa de Valores, todos os demais bens serão alienados em leilão público. Efetuado o leilão, lavrar-se-á auto que poderá abranger bens penhorados em mais de uma execução, expedindo-se, se necessário, ordem judicial de entrega ao arrematante.

(D) Quando o imóvel do incapaz não alcançar em praça pelo menos oitenta por cento do valor da avaliação, o juiz o confiará à guarda e administração do depositário, adiando-se a praça, sendo vedada a locação do imóvel no prazo do adiamento.

(E) O juiz pode conceder o usufruto ao exequente de móvel ou imóvel, quando reputar menos gravoso ao executado e eficiente para o recebimento do crédito; o usufruto tem eficácia, assim em relação ao executado como a terceiros, a partir da publicação da sentença que o conceda.

A: incorreto. O prazo para comunicar o juízo das averbações é de 10 dias (art. 615-A, § 1º, do CPC); **B: incorreto.** A lei não fixa prazo para o exercício do direito de substituir a penhora; **C: correto** (arts. 706 e 707 do CPC); **D: incorreto.** Nesse caso, o juiz pode autorizar a locação do bem (art. 701, § 3º, do CPC); **E: incorreto.** O usufruto não é concedido por sentença, mas por decisão interlocutória (art. 718 do CPC).

Gabarito "C"

(Magistratura do Trabalho – 8ª Região – 2008) Quanto à disciplina legal da adjudicação, é INCORRETO afirmar:

(A) É lícito ao exequente, oferecendo preço não inferior ao da avaliação, requerer a adjudicação dos bens penhorados, mas, se o valor dos bens suplantar o do crédito exequendo, o adjudicante depositará a diferença imediatamente, quantia essa que ficará disponível ao executado. Mas, se o valor do crédito exceder ao dos bens, a execução seguirá seu curso com relação ao numerário faltante.

(B) A adjudicação também poderá ser requerida pelos credores concorrentes que hajam penhorado o mesmo bem, pelo cônjuge, pelo credor com garantia real, bem como pelos ascendentes ou descendentes do executado. Na hipótese de haver mais de um pretendente, proceder-se-á entre eles à licitação, onde concorrerão com preferência o cônjuge, descendente ou ascendente, nessa ordem.

(C) No caso da constrição judicial ter recaído sobre quota, procedida por exequente alheio à sociedade, esta será intimada, assegurando-se preferência aos sócios.

(D) A adjudicação considera-se perfeita e acabada com a lavratura e assinatura do auto pelo juiz, pelo adjudicante, pelo escrivão e, se for presente, pelo executado. Em seguida, cuidando-se de bem móvel, confeccionar-se-á o competente mandado de entrega ao adjudicante. Caso se trate de bem imóvel, expedir-se-á a respectiva carta.

(E) A carta de adjudicação conterá a descrição do imóvel, com menção a sua matrícula e registros, a cópia do auto de adjudicação e a prova de quitação do imposto de transmissão.

A: assertiva correta (art. 685-A do CPC); **B: assertiva incorreta, devendo ser assinalada.** O direito de adjudicação também existe em favor do cônjuge do executado, embora não tenha sido ele mencionado na primeira parte da alternativa; **C: assertiva correta (art. 685-A, § 4º, do CPC); D: assertiva correta** (art. 685-B do CPC); **E: assertiva correta** (art. 685-B, parágrafo único, do CPC).

Gabarito "B"

(Magistratura do Trabalho – 8ª Região – 2008) Sobre títulos executivos extrajudiciais, assinale a alternativa INCORRETA:

(A) É definitiva a execução fundada em título executivo extrajudicial; é provisória enquanto pendente apelação da sentença de improcedência dos embargos do executado, quando recebidos com efeito suspensivo.

(B) São títulos executivos extrajudiciais: os honorários do árbitro, ou dos árbitros, no compromisso arbitral; o crédito decorrente de foro e laudêmio; as decisões do Tribunal de Contas da União de que resulte imputação de débito ou multa.

(C) São títulos executivos extrajudiciais: as transações relativas a alimentos devidos ao idoso, celebradas perante o promotor de justiça; o termo de compromisso de cessação de prática antitruste, bem como as decisões do plenário do Conselho Administrativo de Defesa Econômica, cominando multa ou impondo obrigação de fazer ou não fazer.

(D) São títulos executivos extrajudiciais: os contratos de anticrese e caução; o termo de conciliação derivado de acordo celebrado perante comissão de conciliação prévia; o contrato escrito de honorários de advogado; e o termo de ajustamento de conduta tomado por órgão público.

(E) São títulos executivos extrajudiciais: o boletim de subscrição e o aviso de chamada, previstos na Lei de Sociedades Anônimas, bem assim o termo de compromisso referente à subscrição de ações preferenciais.

A: assertiva correta (art. 587 do CPC); **B: assertiva correta** (art. 585 do CPC); **C: assertiva correta (art. 13 da Lei 1.741/2003; arts. 85, § 8º, e 93 da Lei 12.529/2012); D: assertiva correta (art. 585, III e VIII, do CPC; art. 625-E, parágrafo único, da CLT; art. 24 da Lei 8.906/1994; art. 5º, § 6º, da Lei 7.347/1985); E: assertiva incorreta, devendo ser assinalada.** Ausência de previsão legal.

Gabarito "E"

(Magistratura do Trabalho – 8ª Região – 2008) Sobre penhora, assinale a alternativa INCORRETA:

(A) A penhora de crédito representado por letra de câmbio far-se-á pela apreensão do documento, esteja ou não em poder do devedor. Se o título não for apreendido, mas o terceiro confessar a dívida, será havido como depositário da importância. O terceiro só se exonerará da obrigação, depositando em juízo a importância da dívida; se o terceiro negar o débito em conluio com o devedor, a quitação, que este lhe der, considerar-se-á em fraude de execução.

(B) Feita a penhora em direito e ação do devedor, e não tendo este oferecido embargos, ou sendo estes rejeitados, o credor fica sub-rogado nos direitos do devedor até a concorrência do seu crédito. A sub-rogação não impede ao sub-rogado, se não receber o crédito do devedor, de prosseguir na execução, nos mesmos autos, penhorando outros bens.

(C) A penhora de empresa, que funcione mediante autorização, far-se-á conforme o valor do crédito sobre a renda, sobre determinados bens, ou sobre todo o patrimônio, nomeando o juiz como depositário, de preferência, um de seus diretores. Por outro lado, a penhora sobre aeronave não obsta a que continue operando até a alienação; mas o juiz, ao conceder a autorização para operar, não permitirá que saia do aeroporto antes que o devedor faça o seguro usual contra riscos.

(D) As pedras e os metais preciosos, bem como os papéis de crédito, serão preferencialmente depositados na Caixa Econômica Federal, impondo-se que apenas as joias sejam depositadas com registro do valor estimado de resgate.

(E) Na penhora de percentual do faturamento da empresa executada, será nomeado depositário, com a atribuição de submeter à aprovação judicial a forma de efetivação da constrição, bem como de prestar contas mensalmente, entregando ao exequente as quantias recebidas a fim de serem imputadas no pagamento da dívida.

A: assertiva correta (art. 672 e §§ 1º a 4º, do CPC); **B: assertiva correta** (art. 673 do CPC); **C: assertiva correta** (art. 678 do CPC); **D: assertiva incorreta,** devendo ser assinalada. O § 2º do art. 666 do CPC estabelece que joias, pedras e objetos preciosos deverão ser depositados com registro do valor estimado de resgate; **E: assertiva correta** (§ 3º do art. 655 do CPC).

Gabarito "D"

(Magistratura do Trabalho – 8ª Região – 2007) Quanto ao executado, são atos atentatórios à dignidade da Justiça, conforme a dicção do Código de Processo Civil, salvo:

(A) Fraudar a execução.

(B) Opor-se maliciosamente à execução, empregando ardis e meios artificiosos.

(C) Resistir injustificadamente às ordens judiciais.

(D) Intimado, não indicar ao juiz, em cinco dias, quais são e onde se encontram os bens sujeitos à penhora e seus respectivos valores.

(E) Dificultar ou embaraçar a realização da penhora.

A: assertiva correta (inciso I do art. 600 do CPC): **B: assertiva correta** (inciso II do art. 600 do CPC); **C: assertiva correta** (inciso III do art. 600 do CPC); **D: assertiva correta** (inciso IV do art. 600 do CPC); **E: assertiva incorreta,** devendo ser assinalada. Falta previsão legal.

Gabarito "E"

(Magistratura do Trabalho – 8ª Região – 2007) Quanto à disciplina legal da execução provisória, assinale a alternativa incorreta:

(A) Corre por iniciativa, conta e responsabilidade do exequente, que se obriga, se a sentença for reformada, a reparar os danos que o executado haja sofrido.

(B) Fica sem efeito, sobrevindo acórdão que modifique ou anule a sentença objeto da execução, restituindo-se as partes ao estado anterior e liquidados eventuais prejuízos nos mesmos autos, por arbitramento.

(C) O levantamento de depósito em dinheiro e a prática de atos que importem alienação de propriedade ou dos quais possa resultar grave dano ao executado dependem de caução suficiente e idônea, arbitrada de plano pelo juiz e prestada nos próprios autos.

(D) A caução mencionada pela lei poderá ser dispensada, dentre outras hipóteses, nos casos de execução provisória em que penda agravo de instrumento junto ao Supremo Tribunal Federal ou ao Superior Tribunal de Justiça, até o limite de sessenta vezes o valor do salário mínimo e demonstrando o exequente situação de necessidade.

(E) A execução provisória da sentença far-se-á, no que couber, do mesmo modo que a definitiva, observadas as normas estabelecidas na lei.

A: assertiva correta (art. 475-O, I, do CPC); **B: assertiva correta** (art. 475-O, II, do CPC); **C: assertiva correta** (art. 475-O, III, do CPC); **D: assertiva incorreta,** devendo ser assinalada. Nesse caso, não há qualquer limite de valor executado para que seja dispensada a caução (art. 475-O, § 2º, II, do CPC); **E: assertiva correta** (art. 475-O, *caput, do CPC*).

Gabarito "D"

(Magistratura do Trabalho – 8ª Região – 2011) Em relação à execução no Direito Processual Civil, assinale a alternativa CORRETA:

(A) O credor tem a faculdade de desistir de toda a execução ou de apenas algumas medidas executivas. Na desistência da execução, serão extintos os embargos que versarem apenas sobre questões processuais, pagando o credor as custas e os honorários advocatícios e, nos demais casos, a extinção dependerá da concordância do embargante.

(B) Dependem de homologação pelo Supremo Tribunal Federal para serem executados, os títulos executivos extrajudiciais, oriundos de país estrangeiro. O título, para ter eficácia executiva, há de satisfazer os requisitos de formação exigidos pela lei do lugar de sua celebração e indicar o Brasil como o lugar de cumprimento da obrigação.

(C) O credor, que estiver, por direito de retenção, na posse de coisa pertencente ao devedor, poderá promover a execução sobre outros bens, não havendo necessidade de excutir primeiramente a coisa que se achar em seu poder.

(D) Na execução de obrigação de fazer, se, no prazo fixado, o devedor não satisfizer a obrigação, resolve-se apenas em perdas e danos, caso em que ela se converte em indenização, sendo lícito ao credor, nos próprios autos do processo, requerer que ela seja executada à custa do devedor.

(E) Na execução contra a Fazenda Pública, se o credor for preterido no seu direito de preferência ou o ente público não cumprir o precatório no prazo estabelecido em lei, o presidente do tribunal, que expediu a ordem, poderá, depois de ouvido o chefe do Ministério Público, ordenar o sequestro da quantia necessária para satisfazer o débito.

A: correto (art. 569 do CPC); **B: incorreto.** Os títulos executivos extrajudiciais independem de homologação pelo STF para serem executados (art. 585, § 2°, primeira parte, do CPC); **C: incorreto** (art. 594 do CPC); **D: incorreto.** Alternativamente à conversão em perdas e danos, o credor poderá requerer que a obrigação seja executada às expensas do devedor (art. 633, *caput*, do CPC); **E: incorreto.** O sequestro, segundo a dicção do art. 731 do CPC, é possível somente quando o credor for preterido em seu direito de preferência.

Gabarito "A"

(Magistratura do Trabalho – 9ª Região – 2009) Considere as seguintes proposições:

I. São exemplos de titulos executivos judiciais: a sentença arbitral, o acordo extrajudicial, de qualquer natureza, homologado judicialmente, e o formal e a certidão de partilha.
II. A homologação judicial de conciliação ou transação contendo matéria não posta em juízo importa em julgamento "extra petita", o que impede a execução da decisão no que diz respeito a esta parte.
III. Títulos executivos extrajudiciais firmados no estrangeiro independem de homologação pelo STF. Não obstante, para ter eficácia executiva, devem satisfazer aos requisitos de formação exigidos pela lei do lugar de sua celebração e indicar o Brasil como o lugar de cumprimento da obrigação.
IV. Exige-se a penhora, o depósito ou a caução do executado para oposição de embargos do devedor.
V. O Juiz pode rejeitar liminarmente os embargos quando entender que são manifestamente protelatórios.

(A) Somente as proposições I, II e IV são corretas.
(B) Somente as proposições I, III e V são corretas.
(C) Somente as proposições II, IV e V são corretas.
(D) Somente as proposições II, III e V são corretas.
(E) Todas as proposições são corretas.

I: correto (art. 475- N do CPC); **II: incorreto.** É possível o juiz homologar, por sentença, acordo que contenha matéria não posta em juízo; **III: correto** (§ 2° do art. 585 do CPC); **IV: incorreto.** Os embargos não dependem de garantia do juízo para que sejam opostos (art. 736 do CPC); **V: correto** (art. 739, III, do CPC).

Gabarito "B"

(Magistratura do Trabalho – 9ª Região – 2009) Considere as seguintes proposições:

I. O executado pode requerer o parcelamento da execução em até 7 parcelas, acrescidas de correção monetária e juros de 1% ao mês, dentro do prazo para embargos, mediante reconhecimento da dívida e comprovação de parcela inicial correspondente a 30% do valor total da execução.
II. Compete ao juízo deprecante o julgamento dos embargos à execução, ainda que oferecidos no juízo deprecado, salvo se versarem unicamente vícios ou defeitos da penhora, avaliação ou alienação dos bens.
III. Se por qualquer dos motivos previstos em lei cessar a eficácia da medida cautelar, a parte pode repetir o pedido com os mesmos fundamentos, desde que observe o prazo de 30 dias daquela decisão.
IV. A sentença condenatória, ainda que ilíquida e pendente de julgamento, serve de prova literal da dívida líquida e certa, para efeito de concessão do arresto.
V. Em termos de responsabilidade patrimonial, o sócio demandado pelo pagamento da dívida da sociedade, para exercer o benefício de ordem, deverá nomear bens da executada, livres e desembargados, de qualquer localidade, tantos quantos bastem para pagar o débito.

(A) Somente as proposições I, III e IV são corretas.
(B) Somente as proposições II, IV e V são corretas.
(C) Somente as proposições III, IV e V são corretas.
(D) Somente as proposições I, II e IV são corretas.
(E) Todas as proposições são corretas.

I: correto (art. 745-A do CPC); **II: correto** (art. 747 do CPC); **III: incorreto** (art. 808, parágrafo único, do CPC); **IV: correto** (parágrafo único do art. 814 do CPC); **V: incorreto.** O sócio deve indicar bens da sociedade na mesma comarca (§ 1° do art. 596 do CPC).

Gabarito "D"

(Magistratura do Trabalho – 9ª Região – 2006) Sobre execução provisória, é correto afirmar:

(A) Tratando-se de crédito alimentar, até o limite de sessenta salários mínimos, é possível o levantamento de depósito em dinheiro, independentemente de caução, se o exequente demonstrar situação de necessidade.
(B) Em qualquer situação, a prática de atos que impliquem alienação de domínio depende de caução prévia, suficiente e idônea.
(C) Ainda que parcial a reforma da decisão exequenda, a execução provisória ficará integralmente sem efeito.
(D) Os prejuízos que a execução provisória tenha causado ao executado, caso reformada a decisão objeto da execução, devem ser apurados em autos distintos, sob pena de se causar tumulto processual.
(E) É cabível a execução provisória ainda que o recurso tenha sido recebido com efeito suspensivo.

A: correto (art. 475-O, § 2°, I, do CPC); **B: incorreto** (art. 475-O, § 2°, do CPC); **C: incorreto.** Nesse caso, fica sem efeito apenas aquilo que foi praticado em razão da parcela do título que agora foi modificada; **D: incorreto.** Tal apuração deve ser feita nos próprios autos (art. 475-O, II, do CPC); **E: incorreto.** Nesse caso, a execução provisória não é admitida.

Gabarito "A"

(Magistratura do Trabalho – 11ª Região – 2007 – FCC) Em matéria de títulos executivos judiciais e extrajudiciais, é correto afirmar que

(A) a nota promissória vinculada a contrato de abertura de crédito goza de autonomia e se presta para aparelhar a execução.
(B) o contrato de abertura de crédito é título executivo, desde que acompanhado de extrato da conta-corrente.
(C) o documento que comprova encargos acessórios decorrentes de aluguel de imóvel não constitui título executivo.

(D) as decisões do Tribunal de Contas da União de que resulte imputação de débito ou multa não têm eficácia executiva.
(E) o instrumento de confissão de dívida, ainda que originário de contrato de abertura de crédito, constitui título executivo.

A: incorreto. O oposto é afirmado na Súmula 258 do STJ; **B: incorreto.** Tais documentos são títulos hábeis para a ação monitória (Súmula 247 do STJ); **C: incorreto (art. 585, V, do CPC); D: incorreto (art. 71, § 3º, da CF); E: correto** (Súmula 300 do STJ).

Gabarito "E"

(Magistratura do Trabalho – 11ª Região – 2007 – FCC) Sobre a execução contra a Fazenda Pública, considere as seguintes proposições:

I. A citação da Fazenda Pública poderá ser feita pelo correio.
II. É desnecessária nova citação da Fazenda Pública para oposição de embargos em atualização de cálculos para expedição de precatório complementar.
III. Os atos do presidente do tribunal que disponham sobre o processamento e pagamento de precatório são recorríveis.
IV. É cabível execução lastreada em cheque contra a Fazenda Pública.

Está correto o que se afirma APENAS em

(A) I e II.
(B) I e III.
(C) II e III.
(D) II e IV.
(E) III e IV.

I: incorreto (art. 222, *c*, do CPC); **II: correto; III: incorreto.** Tais atos têm caráter puramente administrativo, e não jurisdicional; **IV: correto** (Súmula 279 do STJ).

Gabarito "D"

(Magistratura do Trabalho – 13ª Região – 2006) A regra geral é a de que os bens do devedor são penhoráveis para a garantia da satisfação dos direitos do credor. A lei, porém, excepciona essa regra em vários casos. Tendo em vista a regra geral e as exceções, seria correto afirmar:

(A) o imóvel residencial próprio do casal ou entidade familiar é impenhorável em qualquer circunstância;
(B) a impenhorabilidade do imóvel residencial não se estende aos móveis que guarnecem a casa, mesmo que estes estejam devidamente quitados;
(C) a impenhorabilidade do imóvel residencial não é oponível no processo trabalhista;
(D) pode haver penhora sobre o imóvel residencial para garantia de crédito de empregada doméstica da própria residência penhorada;
(E) a impenhorabilidade do imóvel residencial subsiste mesmo no caso de cobrança de imposto predial do próprio imóvel.

A: incorreto. O art. 3º da Lei 8.009/1990 prevê diversas exceções a tal regra; **B: incorreto** (art. 1º, parágrafo único da Lei 8.09/1990); **C: incorreto.** A exceção legal diz respeito aos débitos trabalhistas de empregados do imóvel; **D: correto** (art. 3º, I, Lei 8.009/1990); **E: incorreto.** Esse é uma das hipóteses excepcionais em que a penhora será admitida.

Gabarito "D"

(Magistratura do Trabalho – 14ª Região – 2008) Dadas as proposições, aponte abaixo a alternativa CORRETA:

I. Na ação revocatória, incumbe ao autor provar o *consilium fraudis* e o *eventus damni*, requisitos necessários para demonstrar-se que o negócio jurídico foi realizado em fraude contra credores.
II. A remição da execução consiste no direito conferido ao cônjuge, ao descendente ou ao ascendente do devedor de pagar ou consignar a importância devida, antes de arrematados ou adjudicados os bens que estão penhorados, e não se confunde com a remição de bens, que é o direito conferido ao devedor de resgatar os bens penhorados mediante o pagamento do valor de avaliação, nem tampouco se confunde com a remissão de dívida, que é o perdão concedido pelo credor ao devedor.
III. Na execução para entrega de coisa certa, constante de título executivo extrajudicial, o devedor será citado para, dentro de 10 dias, satisfazer a obrigação ou, seguro o juízo, apresentar embargos.
IV. Na execução fiscal admite-se a penhora de bens oferecidos por terceiros, desde que haja a concordância da Fazenda Pública.

(A) Todas as proposições estão corretas;
(B) Apenas a proposição I está incorreta;
(C) Apenas a proposição II está incorreta;
(D) Apenas a proposição III está incorreta;
(E) Apenas a proposição IV está incorreta;

I: correto. Desde que se faça uma ressalva: nos negócios gratuitos, é dispensável a prova do *consilium fraudis*; **II: incorreto.** Foi suprimido do sistema da execução, o instituto da remição dos bens penhorados. Agora, o que as pessoas que, antes podiam remir, podem fazer é adjudicar os bens penhorados; **III: correto** (art. 621 do CPC); **IV: correto.**

Gabarito "C"

(Magistratura do Trabalho – 14ª Região – 2008) Dadas as proposições, com base nas Súmulas do STJ, aponte a alternativa CORRETA:

I. O contrato de abertura de crédito, ainda que acompanhado de extrato da conta-corrente, não é título executivo.
II. É definitiva a execução de título extrajudicial, ainda que pendente apelação contra sentença que julgue improcedentes os embargos, nos termos de Súmula do STJ.
III. É cabível execução por título extrajudicial contra a fazenda pública.
IV. A nota promissória vinculada a contrato de abertura de crédito não goza de autonomia em razão da iliquidez do título que a originou.

(A) Todas as proposições estão corretas;
(B) Apenas a proposição I está incorreta;
(C) Apenas a proposição II está incorreta;

(D) Apenas a proposição III está incorreta;

(E) Apenas a proposição IV está incorreta;

I: correto. A Súmula 247 do STJ prevê que se trate de documento hábil para a ação monitória; **II: correto** (Súmula 317 do STJ); **III: correto** (Súmula 279 do STJ); **IV: correto** (Súmula 258 do STJ).

Gabarito "A"

(Magistratura do Trabalho – 14ª Região – 2008) O oficial de justiça, na execução por quantia certa contra devedor solvente, de título extrajudicial, não encontrando o executado para a citação:

(A) devolverá o mandado ao cartório, visto que, na hipótese, a citação será feita por edital;

(B) arrestar-lhe-á tantos bens quantos bastem para garantir a execução, devolvendo o mandado em seguida para que o executado seja citado por edital;

(C) penhorar-lhe-á tantos bens quantos bastem para garantir a execução, devolvendo o mandado em seguida, para que o executado seja citado por edital;

(D) arrestar-lhe-á tantos bens quanto bastem para garantir a execução, procurando-o nos dez (10) dias seguintes e por 03 (três) vezes em dias distintos após a efetivação do arresto; não o encontrando, certificará o ocorrido;

(E) penhorar-lhe-á tantos bens quantos bastem para garantir a execução, procurando-o por 03 (três) vezes nos dias subsequentes; não o encontrando, certificará o ocorrido.

A: incorreto. Nesse caso, cabe ao oficial realizar o arresto executivo dos bens do executado (art. 653 do CPC); **B: incorreto.** A citação por edital dependerá de pedido do credor; **C: incorreto.** O ato adequado é o arresto, e não a penhora; **D: correto** (art. 653, parágrafo único, do CPC); **E: incorreto** (art. 653, parágrafo único, do CPC).

Gabarito "D"

(Magistratura do Trabalho – 14ª Região – 2011) Em matéria de execução, aponte a alternativa correta.

(A) E título executivo judicial a sentença homologatória de conciliação ou de transação, desde que não inclua matéria que não foi posta em juízo.

(B) É título executivo judicial a sentença estrangeira devidamente homologada pelo Supremo Tribunal Federal.

(C) A denominada "decisão" ou "sentença liminar", extraída dos processos em que se permite a antecipação de tutela jurisdicional, dos processos cautelares ou das ações constitucionais, é título judicial.

(D) A execução provisória da sentença é possível, no que couber, por iniciativa do exequente ou *ex officio*, ante o princípio da economia e celeridade processual, observando que não deverão ser ultrapassados os atos de constrição, ocorrendo eventual alienação de bens, apenas por autorização judicial.

(E) Ante os dispositivos legais que permitem a execução provisória da sentença, do mesmo modo da execução definitiva, tem-se possível aquela execução nos mesmos autos em que foi proferida a sentença impugnada, ainda que o recurso seja recebido no efeito meramente devolutivo.

A: incorreto. A sentença homologatória poderá compreender matéria não posta em juízo (art. 475-N, III, do CPC); **B: incorreto.** A homologação é realizada pelo STJ (art. 475-N, VI, do CPC); **C: correto.** Ao menos, esse é o posicionamento perfilhado no seguinte precedente do STJ: FORNECIMENTO DE ENERGIA ELÉTRICA. INTERRUPÇÃO. DECISÃO INTERLOCUTÓRIA. RELIGAMENTO. DESCUMPRIMENTO. ASTREINTES. EXECUÇÃO. POSSIBILIDADE. I – Trata-se de recurso especial interposto contra o acórdão que manteve decisão interlocutória que determina a imediata execução de multa diária pelo descumprimento da ordem Judicial. II – *Considerando-se que a "(...) função das astreintes é vencer a obstinação do devedor ao cumprimento da obrigação de fazer ou de não fazer, incidindo a partir da ciência do obrigado e da sua recalcitrância" (REsp nº 699.495/RS, Rel. Min. LUIZ FUX, DJ de 05.09.2005), é possível sua execução de imediato, sem que tal se configure infringência ao artigo 475-N, do então vigente Código de Processo Civil. III – "Há um título executivo judicial que não se insere no rol do CPC 475-N mas que pode dar ensejo à execução provisória (CPC 475-O). É a denominada decisão ou sentença liminar extraída dos processos em que se permite a antecipação da tutela jurisdicional, dos processos cautelares, ou das ações constitucionais" (CPC comentado, Nelson Nery Júnior e Rosa Maria de Andrade Nery, Editora Revista dos Tribunais, 9. ed, p. 654*). IV – A hipótese em tela se coaduna com o que disposto no artigo 461, § 4º, do CPC, tendo em vista o pleno controle da recorrente sobre a execução da ordem judicial. V – Recurso especial improvido. (REsp 885.737/SE, Rel. Ministro FRANCISCO FALCÃO, PRIMEIRA TURMA, julgado em 27.02.2007, *DJ* 12.04.2007, p. 246) [grifos nossos]; **D: incorreto.** A execução provisória corre por iniciativa, conta e responsabilidade do exequente, não havendo cogitar-se de execução provisória de ofício (art. 475-O, I, do CPC); **E: incorreto.** A execução provisória é promovida em autos apartados perante o juízo *a quo* (ressalvada a hipótese de ação de competência originária do tribunal, na forma do art. 475-P, I, do CPC), até porque os autos principais encontram-se em grau de recurso perante o órgão jurisdicional *ad quem* (art. 475-O, § 3º, do CPC). Nesse sentido: "O comando do *caput* do CPC 475-O deve ser entendido com reservas, porque não se pode efetivar a execução provisória nos mesmos autos onde foi proferida a sentença, impugnada por recurso recebido no efeito meramente devolutivo (CPC 475-I, § 1º, e 587), quer dizer, do mesmo modo de realização do *cumprimento de sentença* (CPC 475-I e § 1º), pelo qual se efetiva a definitiva. Os autos principais deverão ser remetidos ao juízo *ad quem*, para que o recurso recebido sem efeito suspensivo (causa primeira da execução provisória) possa ser julgado. A execução provisória, portanto, não pode dar-se naqueles autos, mas em outros, secundários, que deverão ser formados no juízo *a quo*, por onde será processada a execução provisória. (NERY JR. Nelson; NERY, Rosa Maria de Andrade. **Código de processo civil comentado e legislação extravagante.** 10. ed. São Paulo: Ed. RT, 2007. p. 757).

Gabarito "C"

(Magistratura do Trabalho – 14ª Região – 2011) O Código de Processo Civil sofreu várias modificações, a partir de 2005. Analise as proposições abaixo e aponte a alternativa correta.

I. Se ao fazer a penhora, concluir o oficial de justiça que não pode proceder a avaliação dos bens, por falta de conhecimento especializado, o juiz, de imediato, nomeará avaliador, assinando-lhe breve prazo para a entrega do laudo.

II. A sentença arbitral é título executivo extrajudicial.

III. Ao requerer a execução provisória, o exequente instruirá a petição com cópias autenticadas ou o advogado declarará tais cópias autênticas, sob pena de responsabilidade pessoal.

IV. Quando na sentença houver parte líquida e ilíquida, ao credor é lícito promover a execução daquela e a liquidação desta nos mesmos autos.

V. Da decisão de liquidação, não cabe recurso, por tratar-se de decisão interlocutória.

(A) Estão corretas as alternativas I e IV.
(B) Estão corretas as alternativas I, II e III.
(C) Estão corretas as alternativas I e V.
(D) Estão corretas as alternativas II, III e V.
(E) Estão corretas as alternativas I e III.

I: correto (art. 475-J, § 2º, do CPC); **II: incorreto.** A sentença arbitral é título executivo judicial (art. 475-N, IV, do CPC); **III: correto** (art. 475-O, § 3º, do CPC); **IV: incorreto.** Sob tal hipótese, a liquidação corre em autos apartados (art. 475-I, § 2º, do CPC); **V: incorreto** (art. 475-H do CPC).

Gabarito "E".

(Magistratura do Trabalho – 15ª Região – 2010) Em relação ao processo, de execução de título extrajudicial, assinale a alternativa correta:

(A) assinado o auto de arrematação, a carta respectiva somente será expedida após o decurso do prazo de cinco dias para embargos à arrematação;
(B) não havendo interesse na adjudicação, o credor poderá requerer a alienação particular do bem e apresentar proposta de compra por terceiro interessado, sem a intermediação de corretor, ficando a critério do juiz fixar o prazo para alienação, o preço mínimo e condições de pagamento, a forma de publicidade e as garantias que serão exigidas;
(C) incumbe ao arrematante efetuar o pagamento imediato do valor da arrematação, ou no prazo de até quinze dias, mediante caução, sendo vedada qualquer hipótese de parcelamento;
(D) se o exequente possuir interesse na aquisição dos bens penhorados, deverá adjudicá-los, oferecendo preço não inferior ao da avaliação, sendo-lhe vedado disputar o bem em hasta pública em igualdade de condições com terceiros;
(E) para que a execução se processe pelo modo menos gravoso ao devedor, a hasta pública deverá ser realizada antes da alienação por iniciativa particular.

A: incorreto. Com a assinatura do auto de arrematação, tal ato de alienação considera-se perfeito, acabado e irretratável, ainda quando julgados procedentes os embargos do executado (art. 694, *caput*, do CPC); **B: correto** (art. 685-C, *caput* e § 1º, do CPC); **C: incorreto.** É possível o parcelamento (art. 690, § 1º, do CPC); **D: incorreto** (art. 690-A, parágrafo único, do CPC); **E: incorreto.** O sistema processual elenca a seguinte ordem de expropriação do patrimônio do devedor: 1) adjudicação; 2) alienação por iniciativa particular; 3) alienação em hasta pública; e 4) usufruto de bem móvel ou imóvel (arts. 647 e 686, *caput*, do CPC).

Gabarito "B".

(Magistratura do Trabalho – 16ª Região – 2011) No processo de execução previsto no CPC, assinale a alternativa CORRETA:

(A) Uma vez proposta a execução, o credor nunca poderá dela desistir sem a concordância do executado.
(B) Cada herdeiro responde pelas dívidas do falecido, na proporção da parte que na herança lhe coube, desde que proposta a execução até a feitura da partilha.
(C) Poderá ser autorizada a alienação antecipada dos bens, nos casos previstos em lei, ouvida a parte contrária.
(D) Ao exequente compete comprovar que os valores depositados em conta-corrente do executado não correspondem a vencimentos, subsídios, soldos, salários, remunerações, proventos de aposentadoria, pensões, pecúlios e montepios.
(E) Somente quando o valor do crédito executado for superior ao dos bens será lícito ao exequente requerer lhe sejam adjudicados os bens penhorados.

A: incorreto. Se o executado não ajuizar embargos à execução, ou, ainda, se estes versarem unicamente sobre matéria processual, não haverá necessidade de perquirir-se o consentimento do executado quanto ao pleito de desistência (art. 569, parágrafo único, "a", do CPC); **B: incorreto.** A regra inserta no art. 597 do CPC não exige que a execução tenha sido iniciada até a realização da partilha; **C: correto** (art. 670, parágrafo único, do CPC); **D: incorreto.** A *regra* é a *penhorabilidade* dos bens que compõem o acervo patrimonial do executado. Logo, compete ao próprio executado a prova de que a penhora efetuada vulnera alguma das regras de impenhorabilidade excepcionalmente previstas na legislação de regência – *v.g.* o art. 649 do CPC e a Lei 8.009/1990 –, consoante desponta do precedente do STJ coligido a seguir, cuja ementa se transcreve por inteiro, dado o seu escopo, dentre outros, pedagógico: PROCESSUAL CIVIL E TRIBUTÁRIO. EXECUÇÃO FISCAL. IMPENHORABILIDADE DE BEM. ART. 649, V, DO CPC. AUSÊNCIA DE PROVA. SÚMULA 7/STJ. ART. 332 DO CPC. PROVA TESTEMUNHAL. OBJEÇÃO DE IMPENHORABILIDADE. DILAÇÃO PROBATÓRIA. DESCABIMENTO. 1. *As diversas leis que disciplinam o processo civil brasileiro deixam claro que a regra é a penhorabilidade dos bens, de modo que as exceções decorrem de previsão expressa em lei, cabendo ao executado o ônus de demonstrar a configuração, no caso concreto, de alguma das hipóteses de impenhorabilidade previstas na legislação, como a do art. 649, V, do CPC, verbis: "São absolutamente impenhoráveis (...) os livros, as máquinas, as ferramentas, os utensílios, os instrumentos ou outros bens móveis necessários ou úteis ao exercício de qualquer profissão".* 2. *Cabe ao executado, ou àquele que teve um bem penhorado, demonstrar que o bem móvel objeto de constrição judicial enquadra-se nessa situação de "utilidade" ou "necessidade" para o exercício da profissão. Caso o julgador não adote uma interpretação cautelosa do dispositivo, acabará tornando a impenhorabilidade a regra, o que contraria a lógica do processo civil brasileiro, que atribui ao executado o ônus de desconstituir o título executivo ou de obstruir a satisfação do crédito.* 3. Assim, a menos que o automóvel seja a própria ferramenta de trabalho, como ocorre no caso dos taxistas (REsp 839.240/CE, Rel. Min. Eliana Calmon, Segunda Turma, *DJ* de 30.08.2006), daqueles que se dedicam ao transporte escolar (REsp 84.756/RS, Rel. Min. Ruy Rosado, Quarta Turma, *DJ* de 27.05.1996), ou na hipótese de o proprietário ser instrutor de autoescola, não poderá ser considerado, de per si, como "útil" ou "necessário" ao desempenho profissional, devendo o executado, ou o terceiro interessado, fazer prova dessa "necessidade" ou "utilidade". Do contrário, os automóveis passarão à condição de bens absolutamente impenhoráveis, independentemente de prova, já que, de uma forma ou de outra, sempre serão utilizados para o deslocamento de pessoas de suas residências até o local de trabalho, ou do trabalho até o local da prestação do serviço. 4. No caso, o aresto recorrido negou provimento ao agravo do ora recorrente, porque ele não fez prova da "utilidade" ou "necessidade" do veículo penhorado para o exercício profissional. Assim, para se infirmar a tese adotada no aresto recorrido – de que o recorrente não fez prova da "utilidade" ou "necessidade" do bem penhorado para o exercício de sua profissão – será necessário o reexame de matéria fática, o que é incompatível com a natureza do recurso especial, nos termos da Súmula 7/STJ. 5. Tendo sido a discussão sobre a impenhorabilidade do bem travada no âmbito da própria execução, por meio de objeção de impenhorabilidade, não cabia, como não cabe, dilação probatória, não havendo que se falar em cerceamento de defesa pela não realização da prova testemunhal. Ademais, se o ora recorrente sabia da necessidade de produzir provas em juízo, deveria ter recorrido da decisão que cancelou a autuação dos embargos à penhora, convertendo-o em objeção de impenhorabilidade inclusa nos próprios autos da execução. Ausência de violação do art. 332 do CPC. 6. Recurso especial conhecido em parte e não provido, divergindo da nobre Relatora. (REsp 1196142/RS, Rel. Ministra ELIANA CALMON, Rel. p/ Acórdão Ministro CASTRO MEIRA, SEGUNDA TURMA, julgado em 05.10.2010, *DJe* 02.03.2011) [grifos nossos]; **E: incorreto.** O exequente poderá depositar de imediato a diferença havida e, dessa forma, proceder à adjudicação do bem penhorado (art. 685-A, § 1º, do CPC).

Gabarito "C"

(Magistratura do Trabalho – 16ª Região – 2006) Sobre a Execução é correto afirmar:

I. A sentença em torno do cumprimento de obrigação de fazer ou não fazer deve conceder à parte a "tutela específica", de modo que, sendo procedente o pedido, o juiz determinará providências que assegurem o resultado prático equivalente ao do adimplemento, podendo usar medidas de coerção e apoio.

II. Nas ações de dar ou restituir, a tutela deverá ser específica, de modo que o não cumprimento voluntário da condenação acarretará, nos próprios autos em que se proferiu a sentença, a pronta expedição de mandado de busca e apreensão ou de imissão de posse, para tanto é necessário um processo autônomo de execução da sentença.

III. A efetivação forçada da sentença condenatória será feita como etapa final do processo de conhecimento, havendo, assim, processo sincrético.

IV. Os embargos à execução não mais existem na sistemática executiva processual vigente, restando apenas mero incidente de impugnação.

V. A decisão que fixa o *quantum debeatur* na liquidação de sentença é impugnável por via de agravo de instrumento.

(A) As assertivas I, II e III estão corretas.
(B) As assertivas I, III e IV estão corretas.
(C) As assertivas I, III e V estão corretas.
(D) As assertivas III, IV e V estão corretas.
(E) Todas as alternativas acima.

I: correto (art. 461 do CPC); **II: incorreto.** Não se exige processo autônomo de execução da sentença nesses casos (art. 461-A do CPC); **III: correto; IV: incorreto.** Os embargos ainda existem para a execução contra a Fazenda Pública, bem como para a execução fundada em título executivo extrajudicial; **V: correto** (art. 475-H do CPC).

Gabarito "C"

(Magistratura do Trabalho – 21ª Região – 2005) No que se refere ao processo de execução, observe as afirmações abaixo e, em seguida, assinale a opção correta:

I. A venda de um automóvel de propriedade da parte executada pode ser considerada fraude à execução, especialmente se, no processo de execução a que responde, existe citação válida e ainda se aguarda a identificação e localização de bens do devedor para efeito de penhora e expropriação judicial;

II. Considera-se ato atentatório à dignidade da justiça o comportamento omissivo do executado de não indicar a localização de bens sujeitos à execução;

III. A legislação processual estabelece como vil o lance ofertado em arrematação inferior a, pelo menos, 40% do valor constante do laudo da avaliação do bem;

IV. No dia da praça, caso deferido o lance, o juiz deverá assinar o competente auto de arrematação, a partir de quando será considerada perfeita, acabada e irretratável a arrematação;

V. Toda pessoa que estiver na livre administração de seus bens pode participar da praça, oferecendo lance, salvo aqueles a quem foi confiada a guarda e a responsabilidade dos bens praceados.

(A) nenhuma das afirmações está correta;
(B) apenas a afirmação IV está correta;
(C) as afirmações I, IV e V estão corretas;
(D) as afirmações III e IV estão incorretas;
(E) as afirmações I, III e IV estão corretas.

I: correto. Há fraude à execução quando o devedor aliena bens no curso de processo capazes de reduzi-lo a insolvência; **II: correto** (art. 600, IV, do CPC); **III: incorreto.** Não há um critério legal para a conceituação de preço vil; **IV: incorreto; V: correto** (art. 690-A).

Gabarito "D"

(Magistratura do Trabalho – 21ª Região – 2005) Quanto aos embargos do devedor, examine as afirmações abaixo e assinale, a seguir, a alternativa correta:

I. Os embargos do devedor possuem natureza jurídica híbrida, porquanto ostentam características de objeção de caráter incidental e de recurso de natureza ordinária para o mesmo Juízo da execução;

II. Constitui pressuposto para o conhecimento dos embargos a segurança do juízo, que se opera com o recolhimento tempestivo do preparo;

III. Nos embargos, pode ser alegado excesso de execução, porém a nulidade do título executivo deve ser buscada através da exceção de pré--executividade;

IV. Constitui excesso de execução a constrição judicial de bem cuja avaliação é superior ao valor do crédito do exequente;

V. É princípio processual que a execução se processe pelo modo menos gravoso ao executado.

(A) apenas uma afirmação está correta;
(B) apenas duas afirmações estão corretas;
(C) apenas três afirmações estão corretas;
(D) apenas quatro afirmações estão corretas;
(E) todas as afirmações estão corretas.

I: incorreto. Embargos do devedor não têm natureza de recurso, mas de ação; **II: incorreto.** Os embargos não dependem de garantia do juízo; **III: incorreto**, pois nos embargos à execução também pode ser alegada a nulidade da execução; **IV: incorreto**, pois excesso de execução é o excesso no valor da cobrança; **V: correto** (art. 620 do CPC).

Gabarito "A"

(Magistratura do Trabalho – 22ª Região – 2006) Não se inclui entre os títulos executivos judiciais:

(A) A sentença condenatória proferida no processo civil;
(B) O crédito de serventuário de justiça;
(C) A sentença penal condenatória transitada em julgado;
(D) A sentença homologatória de conciliação ou de transação, ainda que verse matéria não posta em juízo;
(E) A sentença estrangeira homologada pelo Supremo Tribunal Federal.

O único documento, apontado pelas alternativas, que não se enquadra no rol dos títulos executivos judiciais é o crédito do serventuário de justiça (trata-se de título extrajudicial). Além disso, deve-se chamar a atenção para o fato de que hoje é o STJ que homologa sentença estrangeira, e não mais o STF.

Gabarito "B"

(Magistratura do Trabalho – 23ª Região – 2009) Marque a alternativa CORRETA:

Nos termos do CPC, são títulos executivos extrajudiciais:

(A) os honorários ajustados entre a parte e o perito assistente nos autos do processo judicial;
(B) o instrumento de transação referendado pelos advogados dos transatores;
(C) o documento particular assinado pelo devedor e uma testemunha;
(D) o crédito do serventuário da justiça;
(E) todas as alternativas anteriores estão corretas.

A: incorreto; B: correto (art. 585 do CPC); **C: incorreto.** A lei exige duas testemunhas, para que o documento tenha força executiva; **D: incorreto.** Não se fez menção à necessária aprovação judicial, para que tal crédito tenha força de título executivo.

Gabarito "B"

(Magistratura do Trabalho – 23ª Região – 2009) Marque a alternativa CORRETA:

São absolutamente impenhoráveis, nos termos do CPC:

(A) o anel nupcial, os retratos de família e o seguro de vida;
(B) o imóvel rural, até um módulo, desde que seja o único de que disponha o devedor;
(C) qualquer quantia depositada em caderneta de poupança;
(D) os recursos públicos recebidos por instituições privadas para aplicação compulsória em educação, saúde ou assistência social;
(E) todas as alternativas anteriores estão corretas.

A: incorreto. Anel nupcial e retratos de família não fazem mais parte do rol dos bens impenhoráveis (art. 649 do CPC); **B: incorreto.** O inciso VIII do art. 649 do CPC fala em pequena propriedade rural, assim definida em lei, mas não limita a sua área ao módulo rural; **C: incorreto.** Só é impenhorável a quantia depositada em caderneta de poupança até 40 salários mínimos; **D: correto** (art. 649, IX, do CPC).

Gabarito "D"

(Magistratura do Trabalho – 23ª Região – 2006) Sobre o instituto da fraude à execução, analise as afirmativas e assinale a alternativa correta:

I. Todos os atos do devedor que importem em alienação ou oneração patrimonial, após o ajuizamento da ação, presumem-se em fraude à execução.
II. Por força de disposição legal expressa, a alienação de bens litigiosos sobre os quais penda ação fundada em direito real é considerada hipótese de fraude à execução, independentemente da situação patrimonial do devedor.
III. A fraude à execução caracteriza ato atentatório à dignidade da justiça, pois impede que o Estado preste integralmente a jurisdição, sujeitando o devedor ao pagamento de multa fixada pelo juiz em percentual não superior a 10% do valor do débito atualizado em execução, que reverterá em proveito do credor.
IV. A fraude de execução é instituto de direito processual, pois sua ocorrência frustra o objetivo do processo executivo. Compromete interesses de ordem pública, pois inibe a atividade jurisdicional do Estado, razões pelas quais é passível de ser reconhecida de ofício ou a requerimento da parte, de forma incidental, no próprio processo de execução.
V. Conforme previsto no Código de Processo Civil, os bens alienados onerados em fraude à execução estão sujeitos à execução, sendo reconhecido pela doutrina dominante que nesta hipótese o negócio jurídico é anulado, retornando o bem à esfera patrimonial do devedor.

(A) Todas as assertivas estão corretas.
(B) Somente estão corretas as afirmativas II e IV.
(C) Somente estão corretas as afirmativas II, III e IV.
(D) Somente estão corretas as afirmativas II, IV e V.
(E) Somente estão corretas as afirmativas I e III.

I: incorreto. São considerados válidos os atos de alienação que o devedor praticar na pendência do processo, mas que não acarretem ou não agravem sua insolvência; **II: correto** (art. 593, I, do CPC); **III: incorreto.** A multa poderá ser de até 20% do valor atualizado do débito (art. 601 do CPC); **IV: correto.** Ao contrário da fraude contra credores, que é instituto de direito civil e que depende de ação própria, para que seja reconhecida; **V: incorreto.** Entende-se que a consequência do reconhecimento da fraude de execução é a simples ineficácia do ato, e não a sua anulação.

Gabarito "B"

(Magistratura do Trabalho – 23ª Região – 2006) Assinale a alternativa correta:

(A) O levantamento de depósito em dinheiro em execução provisória de créditos de natureza alimentar, ou decorrentes de ato ilícito, não depende de caução pelo credor.
(B) A constituição de capital, cuja renda assegure o pagamento do valor da prestação mensal, é obrigatória sempre que a indenização por ato ilícito incluir prestação de alimentos.

(C) Sob pena de violação à coisa julgada, a prestação a título de alimentos compreendida na indenização por ato ilícito não poderá sofrer redução ou majoração, mediante requerimento da parte, ainda que sobrevenha alteração nas condições econômicas a título de alimentos.

(D) Em caso de desistência da execução pelo credor na pendência de embargos versando sobre matéria de mérito, e não meramente processual, a extinção destes depende da concordância do embargante.

(E) Nas execuções de obrigação de fazer fundadas em título executivo extrajudicial, o valor da multa prevista no título, para o caso de atraso no cumprimento da obrigação, não poderá sofrer alteração pelo juiz.

A: incorreto. A dispensa de caução, nesses casos, depende, não só da verificação da situação de necessidade do credor, mas também do limite de valor imposto pela lei (60 salários mínimos – art. 475-O, § 2º, I, do CPC); **B: incorreto.** Tal medida pode ou não ser determinada a critério do juiz (art. 475-Q do CPC); **C: incorreto.** Obrigação de alimentos pode ser objeto de revisão, seja no caso de alimentos de direito de família seja no caso de alimentos decorrentes de ato ilícito (art. 475-Q, § 3º, do CPC); **D: correto** (art. 569, parágrafo único, do CPC); **E: incorreto** (parágrafo único do art. 645 do CPC).

Gabarito "D"

(Magistratura do Trabalho – 23ª Região – 2006) Assinale a alternativa correta:

(A) O usufruto de imóvel ou de empresa não se enquadra como ato expropriatório, segundo a legislação processual civil.

(B) a impenhorabilidade do bem de família é oponível em relação a créditos de trabalhadores da própria residência e respectivas contribuições previdenciárias.

(C) A remição da execução poderá ser efetuada a qualquer tempo pelo devedor, antes de arrematados ou adjudicados os bens que garantem a execução, mediante o pagamento do valor de avaliação do bem que pretende liberar.

(D) A penhora de crédito, não representado por título, será considerada perfeita mediante a intimação do terceiro para que não pague a seu credor.

(E) A penhora de crédito representado por cheque ocorre com a apreensão do documento em poder do devedor ou de terceiro, ou sem apreensão do título na hipótese do terceiro confessar dívida, quando será havido como depositário da importância.

A: incorreto (art. 647, IV, do CPC); B: incorreto (inciso I do art. 3º da Lei 8.009/1990); **C: incorreto.** Compete a ele consignar a importância atualizada da dívida, mais juros, custas e honorários de advogado (art. 651 do CPC); **D: incorreto.** Também é necessária a intimação do credor do terceiro, para que não pratique ato de disposição do crédito (art. 671 do CPC); **E: correto** (art. 672 do CPC).

Gabarito "E"

(Magistratura do Trabalho – 23ª Região – 2006) Justifica-se a desconsideração da personalidade jurídica na fase de execução, preponderantemente, em razão da:

(A) eficácia constitutiva da coisa julgada e responsabilidade solidária dos sócios;

(B) eficácia reflexiva da coisa julgada e responsabilidade subsidiária dos sócios;

(C) eficácia constitutiva da coisa julgada e responsabilidade primária dos sócios;

(D) eficácia reflexiva da coisa julgada e responsabilidade secundária dos sócios;

(E) eficácia constitutiva da coisa julgada e responsabilidade solidária dos sócios.

A coisa julgada, embora operada em relação à pessoa jurídica, gera efeitos reflexos quanto aos sócios, e estes têm responsabilidade patrimonial secundária, no que tange às dívidas da empresa.

Gabarito "D"

(Magistratura do Trabalho – 24ª Região – 2007) Assinale a alternativa INCORRETA. Na conformidade do artigo 649 do Código de Processo Civil, com a nova redação conferida pela Lei 11.382/2006, são absolutamente impenhoráveis:

(A) Os móveis, pertences e utilidades domésticas que guarnecem a residência do executado, salvo os de elevado valor ou que ultrapassem as necessidades comuns correspondentes a um médio padrão de vida.

(B) Os vestuários, bem como os pertences de uso pessoal do executado, salvo se de elevado valor.

(C) A pequena propriedade rural, assim definida em lei, desde que trabalhada pela família.

(D) Os recursos públicos recebidos por instituições privadas para aplicação compulsória em educação, saúde ou assistência social.

(E) A quantia depositada em caderneta de poupança.

A: assertiva correta (inciso II); **B: assertiva correta** (inciso III); **C: assertiva correta** (inciso VIII); **D: assertiva correta** (inciso XI); **E: assertiva incorreta, devendo ser assinalada.** Só é impenhorável a quantia depositada em caderneta de poupança até o limite de 40 salários mínimos.

Gabarito "E"

(Ministério Público do Trabalho – 14º) Quanto à execução provisória, é INCORRETO afirmar:

(A) na hipótese de acórdão superveniente alterar a sentença exequenda, eventuais prejuízos experimentados pelo executado serão liquidados por artigos;

(B) a prática de atos que importem alienação de propriedade ou dos quais possa resultar grave dano ao executado dependem de caução suficiente e idônea, a ser arbitrada de plano pelo juiz e prestada nos próprios autos;

(C) a dispensa da caução dar-se-á em situação de necessidade, quando o crédito tiver natureza alimentar ou for decorrente de ato ilícito, observando-se, ainda, o limite de 60 (sessenta) salários mínimos;

(D) é dispensada a caução quando tiver início (ou prosseguimento) a execução provisória enquanto pender agravo de instrumento perante o Supremo Tribunal Federal ou perante o Superior Tribunal de Justiça, excetuada expressamente a hipótese de a execução, neste último estágio recursal, possa resultar risco de grave dano, de difícil ou incerta reparação ao executado;

(E) não respondida.

A: incorreto. Nesse caso, a liquidação será feita por arbitramento (art. 475-0, II, do CPC); **B: correto** (art. 475-0, III, do CPC); **C: correto** (art. 475-0, § 2º, I, do CPC); **D: correto** (art. 475-0, § 2º, II, do CPC).

Gabarito "A"

(Ministério Público do Trabalho – 12º) Assinale a alternativa CORRETA:

(A) a novação entre as partes, superveniente à sentença, é matéria que pode ser alegada nos embargos à execução contra a Fazenda Pública;
(B) a falta de citação sempre pode ser alegada nos embargos à execução contra a Fazenda Pública;
(C) a propositura de qualquer ação relativa ao débito constante de título executivo, salvo ação rescisória, não inibe o credor de promover-lhe a execução;
(D) a sentença arbitral é título executivo extrajudicial.
(E) não respondida.

A: correto (art. 741, VI, do CPC); **B: incorreto.** Tal matéria só pode ser alegada se o processo correu à revelia (art. 741, I, do CPC); **C: incorreto.** A ação rescisória, pelo simples fato de sua propositura, não inibe o credor de promover a execução da sentença rescindenda, salvo se for concedida medida antecipatória ou cautelar nesse sentido, na própria rescisória (art. 489 do CPC); **D: incorreto.** A sentença arbitral é título executivo judicial.

Gabarito "A"

(Ministério Público do Trabalho – 11º) Na execução contra a Fazenda Pública:

I. por quantia certa, em caso de não serem opostos embargos, o juiz, antes de requisitar o pagamento por intermédio do Presidente do Tribunal competente, deverá ouvir o Ministério Público;
II. não estando sujeitos à execução os bens dos entes públicos, que a lei considera impenhoráveis, o credor deve requerer a inscrição do crédito judicial em precatório e, em qualquer caso de não pagamento, o sequestro da respectiva importância;
III. não se admite que a ação se funde em título executivo extrajudicial, em face de óbice legal erigido pela lei processual;
IV. tratando-se de cumprimento de obrigação de fazer ou não fazer, não se admite, em nenhuma hipótese, a conversão da obrigação em perdas e danos, mesmo quando seja impossível a tutela específica ou a obtenção do resultado prático correspondente.

(A) todas as alternativas são verdadeiras;
(B) todas as alternativas são falsas;
(C) apenas uma alternativa é verdadeira;
(D) apenas duas alternativas são verdadeiras;
(E) não respondida.

I: incorreto. Tal providência não consta da lei; **II: incorreto.** O sequestro só tem cabimento para a hipótese de o credor ter sido preterido no seu direito de preferência (art. 731 do CPC); **III: incorreto** (Súmula 279 do STJ); **IV: incorreto** (art. 461, § 1º, do CPC).

Gabarito "B"

13. CAUTELAR

(Magistratura do Trabalho – 5ª Região – 2006 – CESPE) Assinale a opção correta acerca do processo cautelar.

(A) O processo cautelar desenvolve-se sob a cognição sumária, não se exigindo do juiz a certeza completa, mas apenas a plausibilidade e a verossimilhança do direito invocado. Na sentença cautelar ou antecipatória, o juiz poderá deixar de motivar a decisão, limitando-se, em casos de procedência, a afirmar a ocorrência da situação de urgência capaz de comprometer a eficácia da medida reclamada e a existência de direito afirmado pela parte requerente.
(B) O procedimento cautelar preparatório depende do processo principal, do qual é instrumental, e a sentença nele proferida não faz coisa julgada, por não decidir o mérito do conflito de interesses, que é objeto da ação principal. Entretanto, em virtude da preclusão *pro iudicato*, apenas com base em fatos novos se pode reiterar o pedido da mesma providência cautelar entre as mesmas partes.
(C) A caução que tem por objetivo prevenir perigo em sentido reverso será prestada em dinheiro, pois, em caso de improcedência da demanda cautelar, essa contracautela se transforma em garantia do juízo executório. Por se tratar de pressuposto da concessão da medida liminar, a caução só poderá ser exigida antes do deferimento da medida *inaudita altera parte*.
(D) A medida cautelar não possui um fim em si mesma, mas sua existência serve para garantir a futura prestação jurisdicional, isto é, dar instrumentalidade ao processo principal, cujo êxito procura garantir e tutelar. Sua característica mais marcante é a acessoriedade, impondo, assim, que o pedido da lide cautelar seja sempre o mesmo da ação principal.
(E) É requisito da petição inicial da cautelar a exposição da lide e seu fundamento, ou seja, o requerente deverá esclarecer qual será a lide principal a ser proposta e seu fundamento. Se o requerente não propuser a ação principal em 30 dias a partir da data da efetivação da medida liminar, esta perderá automaticamente a eficácia, ainda que se trate de cautelar preparatória incidental ou satisfativa, e acarretará a extinção do processo, com resolução de mérito.

A: incorreto. Não se afasta a exigência constitucional de motivação das decisões judiciais nos casos de tutelas de urgência; **B: correto; C: incorreto.** A caução pode ser inclusive fidejussória; **D: incorreto.** O pedido da cautelar não coincide com aquele que se faz na ação principal; **E: incorreto.** Não perde a eficácia a medida cautelar de caráter satisfativo.

Gabarito "B"

(Magistratura do Trabalho – 5ª Região – 2006 – CESPE) A propósito dos procedimentos cautelares específicos, assinale a opção incorreta.

(A) Considere que tenha sido ajuizada ação cautelar de arresto, na qual se apreendeu um bem imóvel de propriedade do réu para garantia da execução da sentença ilíquida proferida nos autos da ação de despejo e cobrança de aluguéis, pendente de recurso. Nessa situação, apesar de comprovação dos pressupostos genéricos da tutela cautelar, ou seja, o *fumus boni iuris* e o *periculum in mora*, tem-se por incabível a cautelar, em virtude da inexistência de prova de dívida líquida e certa.

(B) A produção antecipada de provas pode consistir em depoimento pessoal das partes, inquirição de testemunhas e exame pericial. A sentença proferida nessa ação é de natureza homologatória; não há qualquer declaração sobre veracidade da prova produzida e suas consequências sobre a lide. A valoração da prova pertence ao juiz da causa principal e não ao juiz da medida cautelar.

(C) A medida cautelar de exibição judicial tem cabimento como procedimento preparatório, para exigir a exibição de coisa móvel, em poder de terceiro, nos casos em que o autor repute sua ou tenha interesse em conhecê-la; de documento próprio ou comum; da escrituração e documentação comercial, de que a parte venha necessitar para fazer prova em uma ação a ser ajuizada, ou para o exercício do direito de conhecer e fiscalizar o objeto em poder do terceiro.

(D) A medida cautelar de busca e apreensão de coisas ou de pessoas pode ser requerida tanto como preparatória como incidente e subordina-se aos pressupostos comuns das medidas cautelares: fundado receio de dano jurídico e interesse processual na segurança da situação de fato sobre a qual deverá incidir a prestação jurisdicional definitiva.

(E) Consiste o sequestro na apreensão judicial de determinado bem, objeto do litígio, para assegurar a entrega, em bom estado, ao que vencer a causa. O sequestro supõe dúvida sobre o direito material da parte e perigo de desaparecimento da coisa e pode ser requerido como preparatório ou incidente.

A: assertiva incorreta, devendo ser assinalada. O arresto pode ser decretado, ainda que a dívida não seja líquida (parágrafo único do art. 814 do CPC); **B: assertiva correta** (art. 846 do CPC); **C: assertiva correta** (art. 844 do CPC); **D: assertiva correta** (arts. 839 a 842 do CPC); **E: assertiva correta** (art. 822 do CPC).

Gabarito "A"

(Magistratura do Trabalho – 7ª Região – 2005) No procedimento cautelar, o requerente responde ao requerido pelo prejuízo que lhe causar a execução da medida. Assinale a proposição incorreta.

(A) Se o magistrado julgar improcedente o pedido no processo principal.

(B) Se concedida liminarmente a medida cautelar, sem ouvir o réu, e o requerente não promover a citação do requerido em cinco dias.

(C) Se a parte não ajuizar a ação principal no prazo de trinta dias, contados da data da efetivação da medida cautelar.

(D) Se o juiz acolher, na ação principal, a alegação da decadência ou prescrição do direito do autor.

(E) Se ocorrer a cessação da eficácia da medida, por não ter sido ela executada dentro de trinta dias.

A: assertiva correta (art. 811, I, do CPC); **B: assertiva correta** (art. 811, II, do CPC); **C: assertiva correta** (art. 811, III, do CPC); **D: assertiva incorreta,** devendo ser assinalada. O art. 811, IV, fala em acolhimento da alegação de prescrição ou decadência na própria cautelar, e não na ação principal; **E: correto** (art. 811, III, do CPC).

Gabarito "D"

(Magistratura do Trabalho – 8ª Região – 2008) Sobre processo cautelar, assinale a alternativa CORRETA:

(A) O arresto tem lugar quando o devedor com domicílio certo intentar ausentar-se ou alienar os bens que possui, ou deixa de pagar a obrigação no prazo estipulado. A justificação prévia para o arresto, quando ao juiz parecer indispensável, far-se-á em segredo e de plano.

(B) Os bens vinculados à Cédula de Produto Rural não serão sequestrados por outras dívidas do emitente ou do terceiro prestador da garantia real.

(C) Na busca e apreensão decretada, tratando-se de direito autoral ou direito conexo do artista, intérprete ou executante, produtores de fonogramas e organismos de radiofusão, o juiz designará, para acompanhar os dois oficiais de justiça, um perito, ao qual incumbirá confirmar a ocorrência da violação.

(D) A medida cautelar não poderá ser substituída de ofício pelo juiz pela prestação de caução ou outra garantia real, dependendo de requerimento da parte a quem aproveita a providência cautelar.

(E) Na exibição de documento a parte pode se escusar de exibi-lo se seu conteúdo parcial é concernente a negócios da própria vida familiar e, ainda, se sua exibição acarretar divulgação de fatos a cujo respeito deva guardar sigilo, sendo vedada a extração de suma da parte restante para ser apresentada em juízo.

A: incorreto. As hipóteses apontadas aplicam-se ao devedor que não tem domicílio certo (art. 813, I, do CPC); **B: correto (art. 18 da Lei 8.929/1994); C: incorreto.** O oficial de justiça será acompanhado de dois peritos (art. 842, § 3º, do CPC); **D: incorreto** (art. 805 do CPC); **E: incorreto.** Nesse caso, deve ser extraída uma suma da outra parte do documento (art. 363, parágrafo único, do CPC).

Gabarito "B"

(Magistratura do Trabalho – 8ª Região – 2011) Assinale a alternativa INCORRETA a respeito do processo cautelar:

(A) Somente em casos excepcionais, expressamente autorizados por lei, determinará o juiz medidas cautelares sem a audiência das partes.

(B) A petição inicial da medida cautelar em procedimento preparatório dispensa o requisito da lide e seu fundamento.

(C) O requerido será citado, qualquer que seja o procedimento cautelar, para, no prazo de 5 (cinco) dias, contestar o pedido, indicando as provas que pretende produzir. Conta-se o prazo da juntada aos autos do mandado de citação devidamente cumprido ou da execução da medida cautelar, quando concedida liminarmente ou após justificação prévia.

(D) Salvo decisão judicial em contrário, a medida cautelar conservará a eficácia durante o período de suspensão do processo.

(E) Cessa a eficácia da medida cautelar concedida em procedimento preparatório se a parte não intentar a ação principal no prazo de 30 (trinta) dias; se não for executada dentro de 30 (trinta) dias e se o juiz declarar extinto o processo principal, com ou sem julgamento do mérito. Se por qualquer motivo cessar a medida, é defeso à parte repetir o pedido, salvo por novo fundamento.

A: assertiva correta (art. 797 do CPC); **B: assertiva incorreta,** devendo ser assinalada. Aliás, tal requisito só será exigido quando a medida cautelar for requerida em procedimento preparatório (art. 801, parágrafo único, do CPC); **C: assertiva correta** (art. 802 do CPC); **D: assertiva correta** (art. 807, parágrafo único, do CPC); **E: assertiva correta** (art. 808 do CPC).

Gabarito "B"

(Magistratura do Trabalho – 8ª Região – 2011) Quanto às medidas cautelares específicas é CORRETO afirmar que:

(A) Para a concessão do arresto é essencial, dentre outros requisitos, a prova literal da dívida líquida e certa. Equipara-se à prova literal da dívida líquida e certa, para efeito de concessão de arresto, a sentença, líquida ou ilíquida, pendente de recurso, condenando o devedor ao pagamento de dinheiro ou de prestação que em dinheiro possa converter-se.

(B) A sentença proferida no arresto faz coisa julgada na ação principal.

(C) Far-se-á o interrogatório da parte ou a inquirição das testemunhas antes da propositura da ação, ou na pendência desta, mesmo após a audiência de instrução, se tiver de ausentar-se; se, por motivo de idade ou de moléstia grave, houver justo receio de que ao tempo da prova já não exista, ou esteja impossibilitada de depor.

(D) Todo aquele que desejar prevenir responsabilidade, prover a conservação e ressalva de seus direitos ou manifestar qualquer intenção de modo formal, poderá fazer o protesto por escrito ou de maneira oral, caso em que será reduzida a termo pelo setor de distribuição, requerendo que se intime a quem de direito.

(E) Mesmo nos casos em que a demora da intimação pessoal puder prejudicar os efeitos da interpelação ou do protesto, não se fará a intimação por edital.

A: correto (art. 814, I e parágrafo único, do CPC); **B: incorreto** (art. 817 do CPC); **C: incorreto.** O interrogatório da parte ou a inquirição das testemunhas, em se tratando de produção antecipada de provas, não poderá ocorrer após o início da audiência de instrução e julgamento (art. 847, *caput*, do CPC); **D: incorreto.** O protesto só poderá ser requerido por escrito (art. 867 do CPC); **E: incorreto** (art. 870, III, do CPC).

Gabarito "A"

(Magistratura do Trabalho – 11ª Região – 2007 – FCC) Efetivada a medida cautelar, o requerente tem prazo de 30 dias para propor a ação principal. Este prazo tem natureza de

(A) perempção.

(B) decadência.

(C) preclusão.

(D) suspensão.

(E) prescrição.

O prazo, em questão, é decadencial, uma vez que a não propositura da ação no prazo extingue um direito potestativo do requerente de manter em vigor medida já concedida.

Gabarito "B"

(Magistratura do Trabalho – 11ª Região – 2007 – FCC) Em matéria de arresto cautelar, é correto afirmar:

(A) Para a concessão do arresto é essencial prova literal da dívida líquida, certa e exigível.

(B) Sentença condenatória pendente de recurso dotado de efeito suspensivo não configura título capaz de ensejar o arresto cautelar.

(C) O juiz concederá o arresto independentemente de justificação prévia se o credor prestar caução.

(D) O arresto se resolve em penhora mediante despacho.

(E) O pagamento é causa de suspensão da execução do arresto.

A: incorreto. A exigibilidade não é requisito para o arresto; **B: incorreto** (art. 814, parágrafo único, do CPC); **C: correto** (art. 816, II, do CPC); **D: incorreto.** A sentença julga procedente a ação principal que resolve o arresto em penhora; **E: incorreto.** O pagamento é causa de cessação do arresto (art. 820, I, do CPC).

Gabarito "C"

(Magistratura do Trabalho – 13ª Região – 2006) A regra geral estabelecida no art. 808 do Código de Processo Civil é que a eficácia da medida cautelar cessa se não for intentada a ação principal no prazo de 30 (trinta) dias, contados da efetivação da medida, quando esta for concedida em procedimento preparatório.

Considerando-se o citado dispositivo legal e demais preceitos que regem o processo cautelar é correto afirmar:

I. todas as medidas cautelares específicas estão sujeitas ao prazo decadencial de 30 (trinta) dias;

II. o prazo decadencial de 30 (trinta) dias aplica-se ao arresto, mas não ao sequestro;

III. o sequestro e a exibição estão submetidos ao prazo decadencial de 30 (trinta) dias;

IV. a produção antecipada de prova, bem como a exibição, não estão submetidas ao prazo decadencial de 30 (trinta) dias;

V. só não está submetido ao prazo decadencial de 30 (trinta) dias o arresto.

(A) todas as proposições estão erradas;

(B) todas as proposições estão corretas;

(C) só a IV está correta;

(D) só a III está correta;

(E) só a V está correta.

I: incorreto. As medidas que têm cunho satisfativo não se sujeitam a tal prazo; **II: incorreto.** Não há nenhuma distinção, nesse ponto, entre ambas as medidas; **III: incorreto.** A exibição tem caráter satisfativo; **IV: correto; V: incorreto.**

Gabarito "C"

(Magistratura do Trabalho – 14ª Região – 2011) Em matéria de procedimentos cautelares e de procedimentos especiais, analise as assertivas e aponte a alternativa correta.

I. O arresto tem lugar quando o devedor, sem domicílio certo intenta ausentar-se ou alienar os bens que possui, ou deixa de pagar obrigação no prazo estipulado.

II. O juiz concederá o arresto após justificativa prévia, quando requerido por qualquer interessado e pela União, Estado ou Município.

III. O documento que embasa a ação monitoria deve ser escrito e não possuir eficácia de título executivo.

IV. A sentença proferida em arresto, salvo quando houver decadência ou prescrição, não faz coisa julgada na ação principal.

V. A produção antecipada de prova é possível, devendo ser citado o réu da referida medida, em obediência ao princípio constitucional do contraditório.

(A) Estão corretas as alternativas I, II e V.
(B) Estão incorretas as alternativas II, III e IV.
(C) Estão corretas as alternativas I, III, IV e V.
(D) Estão incorretas as alternativas II, II I, IV e V.
(E) Todas as alternativas estão corretas.

I: correto (art. 813, I, do CPC); **II: incorreto** (art. 816, I, do CPC); **III: correto** (art. 1.102-A do CPC); **IV: correto** (art. 810 do CPC); **V: correto.** O réu é citado para acompanhar a colheita da prova e, no prazo de 5 dias, apresentar resposta, sendo que esta deve restringir-se à existência ou não dos pressupostos que autorizam a antecipação da prova intentada. Não há, portanto, qualquer mitigação ao contraditório.

Gabarito "C"

(Magistratura do Trabalho – 16ª Região – 2011) Acerca do processo cautelar, assinale a alternativa INCORRETA:

(A) Quando oferecida garantia menos gravosa para o requerido, o juiz poderá substituir a medida cautelar, *ex* ou a requerimento de qualquer das partes.
(B) É lícito ao juiz conceder liminarmente a medida cautelar, ou após justificação prévia, sem ouvir o réu, quando verificar que este, sendo citado, poderá torná-la ineficaz.
(C) Estando o processo no Tribunal para o julgamento de recurso, a ele competirá conhecer de medidas cautelares àquela causa.
(D) Não se exige do requerente a exposição da lide e do seu fundamento, senão quando a medida cautelar for requerida em procedimento preparatório.
(E) Os prejuízos decorrentes de execução de medida cautelar, quando a sentença no processo principal for desfavorável ao requerente, somente poderão ser cobrados em ação autônoma, observada a ampla defesa e o contraditório.

A: assertiva correta (art. 805 do CPC); **B: assertiva correta** (art. 804, primeira parte, do CPC); **C: assertiva correta** (art. 800, parágrafo único, do CPC); **D: assertiva correta** (art. 801, parágrafo único, do CPC); **E: assertiva incorreta, devendo ser assinalada.** As perdas e danos serão liquidadas nos próprios autos do procedimento cautelar (art. 811, I e parágrafo único, do CPC).

Gabarito "E"

(Magistratura do Trabalho – 16ª Região – 2006) Sobre as cautelares:

I. A aparente existência de *fumus boni juris* e de *periculum in mora* a ponto de autorizar a liminar condiciona a ação à procedência, uma vez que com o estabelecimento do contraditório e com o decorrer da instrução se prova a existência efetiva dos ditos requisitos.

II. Pela sistemática da tutela de urgência, sob a forma de cognição sumária, estando presentes os elementos condicionantes da sua concessão, o julgador deve deferir de plano a sua efetivação.

III. O Requerente que após auferir o deferimento e a efetivação da cautela poderá propor a ação principal no prazo de 30 dias, que em caso negativo ocasionará a extinção do processo cautelar com resolução de mérito.

IV. É parte ilegítima para figurar no polo passivo da ação preparatória de exibição de documento pessoa contra quem a ação principal não será movida.

V. Havendo fundado receio de que venha a tornar-se impossível ou muito difícil a verificação de certos fatos na pendência de ação, é admissível o exame pericial, mediante competente ação cautelar de exibição.

Marque a opção CORRETA:

(A) As assertivas II e III estão corretas.
(B) As assertivas I e IV estão corretas.
(C) As assertivas III e IV estão corretas.
(D) As assertivas II e IV estão corretas.
(E) Nenhuma das alternativas acima.

I: incorreto. É possível que a instrução demonstre exatamente a ausência desses requisitos; **II: correto; III, incorreto.** A extinção da cautelar, por esse motivo, dá-se por sentença em que o mérito da cautelar fica resolvido; **IV: correto; V: incorreto.** Nesse caso, cabível é a produção antecipada de prova, e não a exibição.

Gabarito "D"

(Magistratura do Trabalho – 21ª Região – 2005) Ajuizada medida cautelar preparatória, houve o seu deferimento pelo Juiz, em caráter liminar, considerando a presença dos seus requisitos autorizadores. Efetivada a medida, o requerente deverá propor a ação principal em:

(A) cinco dias;
(B) quinze dias;
(C) dez dias;
(D) oito dias;
(E) trinta dias.

De acordo com o art. 806, cabe à parte propor ação principal, no prazo de 30 dias, contados da efetivação da medida.

Gabarito "E"

(Magistratura do Trabalho – 24ª Região – 2007) Considerando as disposições do Código de Processo Civil acerca do processo cautelar, assinale a alternativa INCORRETA:

(A) O requerente do procedimento cautelar responde ao requerido pelo prejuízo que lhe causar a execução da medida se a sentença no processo principal lhe for desfavorável.

(B) Se não for executada dentro de 30 (trinta) dias, cessa a eficácia da medida cautelar.

(C) Se, por qualquer motivo, cessar a medida cautelar, a parte só pode repetir o pedido se invocar novo fundamento.

(D) Se a parte não intentar a ação no prazo de 30 (trinta) dias, contados da efetivação da data da medida cautelar concedida em procedimento preparatório, o Juiz declarará extinto o processo cautelar, sem resolução do mérito.

(E) O indeferimento da medida não obsta a que a parte intente a ação, nem influi no julgamento desta, salvo se o Juiz, no procedimento cautelar, acolher a alegação de decadência ou de prescrição do direito do autor.

A: assertiva correta (art. 811 do CPC); **B: assertiva correta** (art. 808 do CPC); **C: assertiva correta** (art. 808, parágrafo único, do CPC); **D: assertiva incorreta,** devendo ser assinalada. Essa é hipótese em que há resolução do mérito da cautelar; **E: assertiva correta** (art. 810 do CPC).

Gabarito "D"

(Magistratura do Trabalho – 24ª Região – 2007) A propósito das medidas cautelares específicas dispostas no Código de Processo Civil, assinale a alternativa INCORRETA:

(A) A busca e apreensão restringe-se a coisas, sendo defeso ao Juiz determinar busca e apreensão de pessoas, exceto de menores.

(B) A coisa móvel em poder de outrem e que o requerente tenha interesse em conhecer é passível de exibição judicial.

(C) A produção antecipada da prova pode consistir em interrogatório da parte, inquirição de testemunhas e exame pericial.

(D) Cessa o arresto: pelo pagamento; pela novação; pela transação.

(E) O protesto ou interpelação não admite defesa nem contraprotestos nos autos; mas o requerido pode contraprotestar em processo distinto.

A: incorreto (art. 839 do CPC); **B: correto** (art. 844, I, do CPC); **C: correto** (art. 846 do CPC); **D: correto** (art. 820 do CPC); **E: correto** (art. 871 do CPC).

Gabarito "A"

(Ministério Público do Trabalho – 11º) São consideradas medidas cautelares de cunho satisfativo:

(A) a exibição, o arresto, a antecipação da prova;

(B) a exibição, a justificação, o sequestro;

(C) a interpelação, o protesto, a notificação;

(D) o arresto, o sequestro, a busca e apreensão;

(E) não respondida.

A: incorreto. O arresto não é satisfativo; **B: incorreto.** O sequestro não tem essa natureza; **C: correto; D: incorreto.**

Gabarito "C"

14. PROCEDIMENTOS ESPECIAIS

(Magistratura do Trabalho – 8ª Região – 2009) É correto afirmar, sobre embargos de terceiro:

(A) Os embargos podem ser opostos antes de encerrada a instrução, no processo de conhecimento, e, no processo de execução, até cinco dias depois da arrematação, adjudicação ou remição, mas sempre antes de assinatura da respectiva carta.

(B) Os embargos poderão ser contestados no prazo de 15 dias, findo o qual, não havendo resposta, presumir-se-ão aceitos pelo requerido, como verdadeiros, os fatos alegados pelo requerente.

(C) Caso julgue suficientemente provada a posse, o juiz deferirá liminarmente os embargos e ordenará a expedição de mandado de manutenção ou restituição em favor do embargante.

(D) No caso de deferimento liminar dos embargos, uma vez provada a posse, o embargante receberá os bens, independentemente de prestação de caução.

(E) Os embargos de terceiro podem versar sobre todos os bens ou sobre alguns deles. Em ambos os casos, uma vez opostos os embargos, o juiz determinará a suspensão do processo principal.

A: incorreto. Veja-se que "os embargos podem ser interpostos a qualquer tempo no processo de conhecimento enquanto não transitada em julgado a sentença", conforme a dicção do art. 1.048 do CPC, sendo, portanto, inadequada a menção, na alternativa, ao encerramento da instrução como sendo o marco final para o exercício de tal direito; **B: incorreto.** É de 10 dias o prazo para a contestação (art. 1.053 do CPC); **C: correto** (art. 1.051 do CPC); **D: incorreto.** O art. 1.051 exige a caução para que o embargante receba a posse do bem; **E: incorreto.** Se os embargos versarem sobre algum dos bens tratados no processo principal, este prosseguirá em relação aos bens não embargados (art. 1.052 do CPC).

Gabarito "C"

(Magistratura do Trabalho – 12ª Região – 2006) "Ação autônoma, especial e de procedimento sumário, destinada a excluir de constrição judicial, bens de que tem a posse ou a posse e o domínio" (Luiz Felipe Silveira Difini); Ação constitutiva, que busca desconstituir o ato judicial abusivo, restituindo as partes ao estado anterior à apreensão impugnada" (Humberto Theodoro Júnior); "ação especial de procedimento sumário, destinada a excluir bens que estão sendo, ilegitimamente, objeto de ações alheias (Hamilton de Moraes e Barros). Os conceitos doutrinários acima, a luz do Direito Processual Civil, identificam:

(A) ação de imissão de posse, atentado e interdito proibitório, nesta ordem;

(B) ação de manutenção, reintegração ou reivindicatória, em ordem inversa;

(C) ação de embargos de terceiro;

(D) ação de modificação de julgado ou revisional, ação inominada que visa durante o inventário ao direito de habitação à viúva meeira ou companheira e medida cautelar de sequestro;

(E) ação especial que objetiva obter a liberação de qualquer gravame processual-judicial, ação de embargos de terceiro e busca e apreensão.

Os conceitos doutrinários apontados, no enunciado, dizem respeito aos embargos de terceiro, e não às demais ações apontadas nas outras alternativas.

Gabarito "C"

(Magistratura do Trabalho – 14ª Região – 2008) Na ação monitória, os embargos:

(A) serão oferecidos no prazo de 15 dias, suspendem a eficácia do mandado inicial, independem de prévia segurança do juízo e serão processados nos próprios autos pelo procedimento ordinário;
(B) serão oferecidos no prazo de 10 dias, suspendem a eficácia do mandado inicial, independem de prévia segurança do juízo e serão processados nos próprios autos pelo procedimento ordinário ou sumário, dependendo do valor atribuído à causa;
(C) serão oferecidos no prazo de 15 dias, suspendem a eficácia do mandado inicial, independem de prévia segurança do juízo e serão processados em apenso pelo procedimento ordinário ou sumário, dependendo do valor atribuído à causa;
(D) serão oferecidos no prazo de 15 dias, a contar da garantia prévia do juízo, suspendem a eficácia do mandado inicial e serão processados nos próprios autos pelo procedimento sumário ou ordinário, dependendo do valor da causa;
(E) serão oferecidos no prazo de 10 dias, suspendem a eficácia do mandado inicial, independem de prévia segurança do juízo e serão processados em apenso pelo procedimento ordinário ou sumário, dependendo do valor dado à causa.

A: correto (art. 1.102-C do CPC); **B: incorreto.** O prazo é de 15 dias; **C: incorreto.** Os embargos são processados nos próprios autos; **D: incorreto.** Os embargos não dependem de prévia garantia do juízo; **E: incorreto.** O prazo é de 15 dias.

Gabarito "A"

15. LEGISLAÇÃO EXTRAVAGANTE

(Magistratura do Trabalho – 3ª Região – 2008) Sobre a Ação Civil de Improbidade Administrativa, não se pode afirmar que:

(A) é vedada a transação, acordo ou conciliação na ação civil de improbidade administrativa.
(B) recebida a manifestação por escrito do requerido, o juiz dará prosseguimento à ação civil de improbidade administrativa, não podendo rejeitar liminarmente a ação em qualquer hipótese.
(C) a ação civil de improbidade administrativa, que terá o rito ordinário, será proposta pelo Ministério Público ou pela pessoa jurídica interessada, dentro de trinta dias da efetivação da medida cautelar.
(D) o Ministério Público, se não intervir no processo de ação civil de improbidade administrativa como parte, atuará obrigatoriamente como fiscal da lei, sob pena de nulidade.
(E) a sentença que julgar procedente ação civil de reparação de dano ou decretar a perda dos bens havidos ilicitamente determinará o pagamento ou a reversão dos bens, conforme o caso, em favor da pessoa jurídica prejudicada pelo ilícito.

A: assertiva correta (art. 17, § 1º, da Lei 8.429/1992); **B: assertiva incorreta,** devendo ser assinalada. O § 8º do art. 17 da Lei 8.429/1992 prevê a possibilidade de que o juiz rejeite a ação, se convencido da inexistência do ato de improbidade, da improcedência da ação ou da inadequação da via eleita; **C: assertiva correta** (*caput* do art. 17 da Lei 8.429/1992); **D: assertiva correta** (§ 4º do art. 17 da Lei 8.429/1992); **E: assertiva correta** (art. 18 da Lei 8.429/1992).

Gabarito "B"

(Magistratura do Trabalho – 8ª Região – 2008) Sobre a ação civil de improbidade, assinale a alternativa CORRETA:

(A) No processo judicial relativo à improbidade administrativa, é possível o sequestro de bens de terceiro que tenha enriquecido ilicitamente, segundo rito da lei processual civil comum, desde que a ação principal, de rito especial, seja proposta pela pessoa jurídica interessada dentro de trinta dias da concessão da medida cautelar, vedada, em qualquer caso, transação, acordo, ou conciliação.
(B) Recebida a inicial, o requerido no processo será notificado para oferecer manifestação por escrito, que poderá ser instruída com documentação e justificações, dentro do prazo de quinze dias.
(C) A Fazenda Pública, quando for o caso, promoverá as ações necessárias à complementação do ressarcimento do patrimônio público, certo que a sentença que julgar procedente ação civil de reparação de dano ou decretar a perda dos bens havidos ilicitamente determinará o pagamento ou a reversão dos bens, conforme o caso, em favor da pessoa jurídica prejudicada pelo ilícito.
(D) As ações destinadas a levar a efeito as sanções previstas na lei de improbidade administrativa prescrevem dentro do prazo prescricional previsto em lei específica a contar do término do exercício do mandato, de cargo em comissão ou função de confiança, podendo ser propostas em até cinco anos, por outro lado, para faltas disciplinares puníveis com demissão a bem do serviço público, nos casos de exercício de cargo efetivo ou emprego.
(E) A autoridade judicial competente poderá determinar o afastamento do agente público do exercício do cargo, emprego ou função, sem prejuízo da remuneração, quando a medida se fizer necessária à instrução processual, certo que as sanções previstas para improbidade administrativa dependem da efetiva ocorrência de dano ao patrimônio público e da aprovação ou rejeição das contas pelo órgão de controle interno ou pelo Tribunal ou Conselho de Contas.

A: incorreto. A ação de improbidade segue o rito ordinário, como estabelece o art. 17 da Lei 8.429/1992; **B: incorreto.** A manifestação do requerido é anterior ao deferimento da inicial; **C: correto** (art. 17, § 2º, da Lei 8.429/1992); **D: incorreto.** As faltas disciplinares é que prescrevem no prazo fixado por lei específica; é de 5 anos o prazo para as ações destinadas a levar a efeito as sanções da lei de improbidade (art. 23 da Lei 8.429/1992); **E: incorreto.** A medida também pode ser determinada pela autoridade administrativa competente; ademais, as sanções independem da efetiva ocorrência de dano (salvo quanto à pena de ressarcimento) e da aprovação ou rejeição das contas pelo órgão de controle interno ou pelo Tribunal ou Conselho de Contas (arts. 20, parágrafo único, 2 21, I e II, da Lei 8.429/1992).

Gabarito "C"

(Magistratura do Trabalho – 9ª Região – 2006) Sobre a ação de improbidade administrativa, assinale a alternativa correta:

I. A legitimidade ativa nessa modalidade de ação é atribuída exclusivamente à própria pessoa jurídica de direito público titular dos valores que se pretende restituir ao erário.

II. Trata-se de modalidade processual que conjuga em seu "iter" procedimental tutelas cautelares e também cognitivas de eficácias variadas, como a que declara a conduta do agente público como ímproba, a que desconstitui o ato administrativo viciado e a que condena o agente ao ressarcimento do dano.

III. A ordem de sequestro de bens e bloqueio de valores em contas bancárias pode atingir o patrimônio de terceiros que tenham enriquecido ilicitamente em razão do ato inquinado como ímprobo.

IV. A sentença de procedência na ação de improbidade administrativa admite provimento que decrete a transmissão da propriedade de bens adquiridos ilicitamente, revertendo-os ao patrimônio público.

(A) Apenas as assertivas I, II e III estão corretas.
(B) Apenas as assertivas II, III e IV estão corretas.
(C) Apenas as assertivas II e III estão corretas.
(D) Apenas as assertivas II e IV estão corretas.
(E) Nenhuma das assertivas está correta.

I: incorreto. O Ministério Público também tem legitimidade ativa para a ação; **II: correto; III: correto** (art. 16 da Lei 8.429/1992); **IV: correto** (art. 18 da Lei 8.429/1992).

Gabarito "B"

(Magistratura do Trabalho – 11ª Região – 2007 – FCC) No que se refere às ações coletivas, é correto afirmar:

(A) A legitimidade é restrita às associações que tenham base no local do dano.
(B) Permite-se a concessão de tutelas específicas para cumprimento de obrigações de fazer ou não fazer.
(C) Podem ter por objeto interesses individuais heterogêneos.
(D) A sentença produzirá coisa julgada com efeito *erga omnes*, mesmo quando julgada improcedente a pretensão.
(E) Nas ações para defesa de interesses individuais homogêneos, em caso de procedência do pedido, a condenação será individualizada em conformidade com o rol de substituídos necessariamente apresentado.

A: incorreto; B: correto (art. 84 do CDC); **C: incorreto** (art. 81, parágrafo único, III, do CDC); **D: incorreto.** Na hipótese de improcedência por falta ou insuficiência de provas, não haverá coisa julgada; **E: incorreto.** Nesse caso, caberá a cada um dos substituídos ajuizar liquidação para apurar o montante dos prejuízos sofridos individualmente.

Gabarito "B"

(Magistratura do Trabalho – 15ª Região – 2011) A respeito da ação civil de improbidade administrativa e de acordo com a legislação específica que a regulamenta, assinale a alternativa correta:

(A) será proposta necessariamente pelo Ministério Público, dentro de 30 (trinta) dias da efetivação de medida cautelar que determinou o sequestro dos bens do agente;
(B) admite, na ação principal, a possibilidade de conciliação entre autor e réu;
(C) estando regular a petição inicial, o juiz mandará autuá-la e ordenará a notificação do requerido que deverá ofertar defesa por escrito, em 5 (cinco) dias;
(D) pode ser proposta até 10 (dez) anos após o término do exercício do mandato, de cargo em comissão ou de função de confiança;
(E) a aplicação das sanções não depende da aprovação ou rejeição das contas pelo órgão de controle interno ou pelo Tribunal ou Conselho de Contas.

A: incorreto. O Ministério Público não é o único legitimado. A pessoa jurídica interessada também poderá ajuizar a ação de improbidade administrativa. Cuida-se de legitimidade concorrente (art. 17, *caput*, da Lei 8.429/1992); **B: incorreto.** É vedada a transação, acordo ou conciliação nas ações de improbidade administrativa (art. 17, § 1º, da Lei 8.429/1992); **C: incorreto.** O prazo para que o réu apresente manifestação escrita é de 15 dias (art. 17, § 7º, da Lei 8.429/1992); **D: incorreto.** O prazo é de até *5 anos* após o término do exercício de mandato, de cargo em comissão ou de função de confiança; (art. 23, I, da Lei 8.429/1992); **E: correto** (art. 21, II, da Lei 8.429/1992).

Gabarito "E"

(Magistratura do Trabalho – 18ª Região – 2006) Na ação civil coletiva, não havendo habilitação de interessados em número compatível com a gravidade do dano, os demais legitimados previstos em lei poderão promover a liquidação e execução da indenização devida no prazo de:

(A) 30 dias;
(B) 3 meses;
(C) 6 meses;
(D) 1 ano;
(E) 2 anos.

De acordo com o art. 100 do CDC, o prazo em questão é de 1 ano.

Gabarito "D"

(Ministério Público do Trabalho – 14º) Analise as seguintes assertivas:

I. o arresto tem lugar quando o devedor, que tem domicílio, caindo em insolvência põe ou tenta pôr os seus bens em nome de terceiros ou comete outro qualquer artifício fraudulento, a fim de frustrar a execução ou lesar credores.

II. o bem litigioso (móvel, imóvel ou semovente) pode ser sequestrado quando houver fundado receio de rixas ou danificações.

III. a produção antecipada da prova pode consistir em interrogatório da parte, inquirição de testemunhas e exame pericial. Não se lhe aplica o prazo de eficácia das medidas cautelares, de maneira que mesmo que a ação principal seja proposta, além de trinta dias da realização da medida preparatória, ainda assim, a vistoria ou a inquirição continuará útil e eficaz para servir ao processo de mérito.

IV. a ação de exibição está regulada entre as medidas cautelares, como procedimento preparatório e compreende a pretensão de exigir a exibição em juízo de documento próprio ou comum, em poder de sócio ou condômino ou devedor; da escrituração comercial por inteiro, balanços e documentos de arquivo, nos casos expressos em lei.

Assinale a alternativa CORRETA:

(A) apenas uma das assertivas está correta;
(B) apenas duas das assertivas estão corretas;
(C) apenas três das assertivas estão corretas;
(D) todas as assertivas estão corretas;
(E) não respondida.

I: correto (art. 813 do CPC); **II: correto** (art. 822, I, do CPC); **III: correto** (art. 846 do CPC); **IV: correto** (art. 844 do CPC).

Gabarito "D"

16. TEMAS VARIADOS E COMBINADOS

(Magistratura do Trabalho – 1ª Região – 2004) Analisando as proposições abaixo:

I. as regras da chamada competência internacional, previstas no CPC, são limitativas da própria jurisdição e não meros critérios de distribuição do exercício da jurisdição entre os juízes do mesmo país (competência);

II. se a ação principal tiver sido movida pelo substituto processual, o réu somente poderá reconvir se o seu pedido fundar-se em pretensão que tenha em face do substituído, desde que para tal ação subsista a legitimação extraordinária passiva do substituto (autor-reconvindo);

III. a sentença que condenar o réu ao pagamento de uma prestação, consistente em dinheiro ou em coisa, valerá como título constitutivo de hipoteca judiciária, cuja inscrição será ordenada pelo juiz, na forma prescrita na Lei de Registros Públicos;

IV. a ação monitória compete a quem pretender, com base em prova escrita sem eficácia de título executivo, pagamento de soma em dinheiro, não sendo cabível para o pleito de entrega de coisa fungível ou bem móvel;

V. a conexão entre pedidos não é, em si, requisito de admissibilidade da cumulação.

Assinale:

(A) todas as alternativas estão corretas;
(B) apenas I, III e V estão corretas;
(C) apenas I, IV e V estão corretas;
(D) apenas II e III estão corretas;
(E) apenas II, IV e V estão corretas.

I: correto; II: correto (interpretação a *contrario sensu* do parágrafo único do art. 315 do CPC); **III: correto** (art. 466 do CPC); **IV: correto** (art. 1.102-A do CPC); **V: correto** (art. 292 do CPC).

Gabarito "A"

(Magistratura do Trabalho – 3ª Região – 2009) Leia as afirmações abaixo e, em seguida, assinale a alternativa correta:

I. Há litispendência quando se repete ação que está em curso; há coisa julgada, quando se repete ação que já foi decidida por sentença de que não caiba recurso. As ações são idênticas quanto têm os mesmos elementos: partes, causa de pedir e pedido. Como a segunda ação é mais recente, a primeira não poderá prosseguir, devendo ser extinto o processo sem resolução do mérito.

II. Quando ocorre morte de qualquer das partes ou de seu representante legal, o processo é suspenso, e o procurador, em qualquer caso, somente poderá atuar quando apresentar procuração dos sucessores legais.

III. O autor deverá juntar com a inicial os documentos indispensáveis à propositura da ação. Autor e réu deverão juntar com a inicial e a resposta todos os documentos destinados a provar as alegações, somente podendo juntar documentos posteriormente se forem novos ou relativos a fatos supervenientes ou, no caso do autor, para contrapor as preliminares opostas pelo réu.

IV. São matérias de ordem pública, sujeitas ao exame de ofício os pressupostos processuais, as condições da ação, a litispendência, a coisa julgada e a convenção de arbitragem.

V. Decorrido o prazo para a resposta, o autor não poderá, sem o consentimento do réu, desistir da ação, renunciar ao direito sobre que ela se funda ou modificar o pedido ou a causa de pedir.

(A) Somente uma afirmativa está correta.
(B) Somente duas afirmativas estão corretas.
(C) Somente três afirmativas estão corretas.
(D) Somente quatro afirmativas estão corretas.
(E) Todas as afirmativas estão corretas.

I: incorreto. Quando se repete ação que já está em curso, é o segundo processo que deve ser extinto sem resolução do mérito, e não o primeiro; **II: incorreto.** Se já iniciada audiência, o advogado continuará a atuar no processo até o encerramento da audiência; **III: correto** (arts. 283, 386 e 387 do CPC); **IV: incorreto.** Convenção de arbitragem é matéria de direito dispositivo, e não de ordem pública; **V: incorreto.** A renúncia ao direito em que se funda a pretensão não depende de anuência do réu.

Gabarito "A"

(Magistratura do Trabalho – 3ª Região – 2009) Assinale a assertiva ("a" a "e") correta em relação aos enunciados de I a V, observada a legislação pertinente:

I. Para o desempenho de sua função, podem o perito e os assistentes técnicos utilizar-se de todos os meios necessários, ouvindo testemunhas, obtendo informações, solicitando documentos que estejam em poder de parte ou em repartições públicas, bem como instruir o laudo com plantas, desenhos, fotografia e quaisquer outras peças.

II. São requisitos essenciais da sentença: a ementa, o relatório, os fundamentos e o dispositivo.

III. A parte responderá pessoalmente sobre os fatos articulados, não podendo servir-se de escritos adrede preparados; o juiz lhe permitirá, todavia, a consulta a notas breves, desde que objetivem completar esclarecimentos.

IV. Prescinde de autorização do juiz o adiamento de audiência convencionado pelas partes, o que se admite por uma única vez.

V. No processo civil, da decisão de liquidação caberá apelação, no prazo de quinze dias.

(A) Somente um enunciado é verdadeiro.
(B) Somente dois enunciados são verdadeiros.
(C) Somente três enunciados são verdadeiros.
(D) Somente quatro enunciados são verdadeiros.
(E) Todos os enunciados são verdadeiros.

I: correto (art. 429 do CPC); **II: incorreto.** Ementa não é requisito da sentença; **III: correto** (art. 346 do CPC); **IV: correto (art. 453, I, do CPC); V: incorreto.** O art. 475-H do CPC prevê que o recurso cabível para essa hipótese é o agravo de instrumento.

Gabarito "C"

(Magistratura do Trabalho – 12ª Região – 2006) Assinale a alternativa correta, em sede processual civil:

(A) é inadmissível a cumulação de ações se para cada pedido formulado corresponder tipo diverso de procedimento;
(B) a Fazenda Pública tem prazo em quádruplo para reconvir e em dobro para contra-arrazoar recursos;
(C) a alienação da coisa ou do direito litigioso, a título particular, por ato entre vivos, não altera a legitimidade das partes;
(D) no procedimento sumário, as causas de natureza dúplice admitem reconvenção;
(E) todas as alternativas são incorretas.

A: incorreto. A cumulação será possível se o autor adotar o rito ordinário em relação a todos os pedidos (art. 292 do CPC); **B: incorreto.** A Fazenda Pública tem prazo simples para contra-arrazoar recursos; **C: correto** (art. 42 do CPC); **D: incorreto.** No procedimento sumário não cabe reconvenção.

Gabarito "C"

(Magistratura do Trabalho – 12ª Região – 2006) Assinale a alternativa incorreta em sede de Direito Processual Civil:

(A) o relator converterá o agravo de instrumento em agravo retido, salvo quando se tratar de decisão suscetível de causar à parte lesão grave e de difícil reparação, bem como nos casos de inadmissão da apelação e nos relativos aos efeitos em que a apelação é recebida, mandando remeter os autos ao juiz da causa, ou poderá ao atribuir efeito suspensivo ao recurso, nos casos previstos, ou deferir, em antecipação de tutela, total ou parcialmente, a pretensão recursal;
(B) quando a matéria controvertida for unicamente de direito e no Juízo já houver sido proferida sentença de total improcedência em outros casos idênticos, poderá ser dispensada a citação e proferida sentença, reproduzindo-se o teor da anteriormente prolatada. Se o autor apelar da decisão, o juiz poderá não manter sua decisão e determinar o normal prosseguimento da ação, com a citação regular do réu. Mantida a decisão, será o réu intimado para responder ao recurso;
(C) feita a denunciação pelo autor, o denunciado, comparecendo, assumirá a posição de litisconsorte do denunciante e poderá aditar a petição inicial, procedendo-se em seguida à citação do réu;
(D) o juiz não receberá o recurso de apelação quando a sentença estiver em conformidade com súmula do Superior Tribunal de Justiça ou do Supremo Tribunal Federal;
(E) juiz pronunciará, de ofício, a prescrição.

A: assertiva correta; B: assertiva incorreta, devendo ser assinalada. O réu será citado para responder ao recurso (art. 285-A, § 2º; do CPC); **C: assertiva correta** (art. 74 do CPC); **D: assertiva correta** (art. 518, § 1º, do CPC); **E: assertiva correta** (art. 219, § 5º, do CPC).

Gabarito "B"

(Magistratura do Trabalho – 12ª Região – 2006) Assinale a assertiva errada, sob a ótica do Direito Processual Civil:

(A) o juiz da causa pode ser arrolado como testemunha, devendo se declarar impedido se tiver conhecimento de fatos que possam influir na decisão;
(B) as perguntas que o juiz indeferir não precisam ser transcritas na ata, salvo requerimento específico da parte que as teve indeferidas;
(C) os embargos de declaração suspendem o prazo para a interposição de outro recurso para todas as partes;
(D) quando manifestamente protelatórios os embargos, o embargante fica sujeito a pagar à parte contrária multa não excedente de 1% (um por cento) sobre o valor da causa;
(E) a sentença homologatória de conciliação que versa sobre matéria não posta em Juízo pode ser considerada como título judicial.

A: assertiva correta (art. 409 do CPC); **B: assertiva correta** (art. 416, § 2º, do CPC); **C: assertiva incorreta, devendo ser assinalada.** Os declaratórios interrompem o prazo para os demais recursos (art. 538 do CPC); **D: assertiva correta (art. 538, parágrafo único, do CPC); E: assertiva correta (art. 475-N, III, do CPC).**

Gabarito "C"

(Magistratura do Trabalho – 14ª Região – 2008) Dadas as proposições, com base nas Súmulas do STJ, aponte a alternativa CORRETA:

I. O art. 557 do CPC, que autoriza o relator a decidir o recurso, de forma monocrática, não alcança o reexame necessário.

II. O sistema de "protocolo integrado" não se aplica aos recursos dirigidos ao Superior Tribunal de Justiça.

III. Intimada a defesa da expedição da carta precatória, torna-se desnecessária intimação da data da audiência no juízo deprecado.

IV. A reconvenção é cabível na ação monitória, após a conversão do procedimento em ordinário.

(A) Todas as proposições estão corretas;
(B) Apenas a proposição I está incorreta;
(C) Apenas a proposição II está incorreta;
(D) Apenas a proposição III está incorreta;
(E) Apenas a proposição IV está incorreta.

I: incorreta (Súmula 253 do STJ); **II: correta** (Súmula 256, com a ressalva de que tal súmula foi cancelada em 21.05.2008); **III: correta** (Súmula 273 do STJ); **IV: correta** (Súmula 292 do STJ).

Gabarito "B"

(Magistratura do Trabalho – 14ª Região – 2008) Dadas as proposições, aponte abaixo a alternativa CORRETA:

I. É admissível a oposição de embargos de terceiro fundados em alegação de posse advinda do compromisso de compra e venda de imóvel, ainda que desprovido do registro.
II. Na execução fiscal, o executado será citado para, em cinco dias, pagar a dívida e os acessórios, sendo que o prazo para a oposição de embargos é de trinta dias contados do depósito, da juntada da prova da fiança bancária ou da intimação da penhora.
III. Não transitam em julgado as decisões proferidas em processo cautelar, salvo se versarem sobre prescrição ou decadência de direito ligado ao processo principal.
IV. Nas relações continuativas, sobrevindo modificação no estado de fato ou de direito, é possível a alteração do provimento jurisdicional anteriormente obtido.

(A) Todas as proposições estão corretas;
(B) Apenas a proposição I está incorreta;
(C) Apenas a proposição II está incorreta;
(D) Apenas a proposição III está incorreta;
(E) Apenas a proposição IV está incorreta.

I: correto; II: correto (art. 8º da LEF); **III: correto.** Em termos, porque trânsito em julgado há, o que não há é coisa julgada material; **IV: correto** (art. 471, I, do CPC).

Gabarito "A"

(Magistratura do Trabalho – 14ª Região – 2008) Consideradas as recentes inovações havidas no CPC, analise as proposições dadas, apontando a seguir a alternativa CORRETA:

I. O juiz pronunciará, de ofício, a prescrição.
II. Quando a matéria controvertida for unicamente de direito e no juízo já houver sido proferida sentença de total improcedência em outros casos idênticos, poderá ser dispensada a citação e proferida sentença, reproduzindo-se o teor da anteriormente prolatada.
III. Na exceção de incompetência relativa, a petição pode ser protocolizada no juízo de domicílio do réu, com requerimento de sua imediata remessa ao juízo que determinou a citação.
IV. Contra o revel, que não tenha patrono nos autos, correrão os prazos a partir da intimação pessoal de cada ato decisório. O revel poderá intervir no processo em qualquer fase, recebendo-o no estado em que se encontrar.

(A) Todas as proposições estão corretas;
(B) Apenas a proposição I está incorreta;
(C) Apenas a proposição II está incorreta;
(D) Apenas a proposição III está incorreta;
(E) Apenas a proposição IV está incorreta.

I: correto (art. 219, § 5º, do CPC); **II: correto** (art. 285-A do CPC); **III: correto** (art. 305, parágrafo único, do CPC); **IV: incorreto** (art. 322 do CPC).

Gabarito "E"

(Magistratura do Trabalho – 15ª Região – 2011) Aponte a alternativa correta:

(A) é defeso ao juiz proferir sentença a favor do autor, de natureza diversa da pedida, bem como condenar o réu em quantidade superior ou em objeto diverso do que lhe foi demandado, exceto quando decida relação jurídica condicional;
(B) condenado o devedor a emitir declaração de vontade, desde logo a sentença produzirá todos os efeitos da declaração não emitida independentemente do trânsito em julgado;
(C) levando-se em consideração o princípio da igualdade das partes e os termos da lei é correto afirmar que somente a requerimento da parte pode o juiz, em qualquer fase do processo, inspecionar pessoas ou coisas a fim de se esclarecer sobre fato, que interesse à decisão da causa;
(D) em se tratando de denunciação da lide, a citação do denunciado será requerida, juntamente com a do réu se, o denunciante for o autor; e, no prazo para contestar se o denunciante for o réu. Em qualquer hipótese não se suspenderá o processo e, não se procedendo à citação no prazo marcado, a ação prosseguirá unicamente em relação ao denunciante;
(E) oferecida a oposição depois de iniciada a audiência, seguirá ela o procedimento ordinário, sendo julgada sem prejuízo da causa principal. Poderá o juiz, no entanto, sobrestar o andamento do processo principal, por prazo nunca superior a 90 (noventa) dias, a fim de julgá-la em conjunto com a oposição.

A: incorreto. A sentença deve ser certa, ainda quando decida relação jurídica condicional (art. 460, parágrafo único, do CPC); **B: incorreto.** A sentença só produzirá os efeitos da declaração de vontade não emitida após seu trânsito em julgado (art. 466-A do CPC); **C: incorreto.** O juiz, de ofício ou a requerimento da parte, pode, em qualquer fase do processo, inspecionar pessoas ou coisas, a fim de se esclarecer sobre fato, que interesse à decisão da causa (art. 440 do CPC); **D: incorreto.** O processo será sobrestado quando ordenada a citação do denunciado (art. 72, *caput*, do CPC); **E: correto** (art. 60 do CPC).

Gabarito "E"

(Magistratura do Trabalho – 16ª Região – 2011) Considerando as afirmativas abaixo, assinale a alternativa CORRETA:

I. Segundo a teoria moderna da ação de direito material defendida por Pontes de Miranda, o direito processual tem de atender à eficácia das ações segundo o direito material correspondente.
II. O fenômeno processual da substituição processual constitui hipótese excepcional onde o direito de ação é exercido em nome próprio por quem não é detentor do direito material, apenas quando houver expressa disposição legal autorizativa.
III. Segundo a teoria de Liebman, as condições da ação são requisitos necessários à configuração do próprio direito à tutela jurisdicional, o qual, em virtude do seu caráter abstrato, não se confunde com o direito material vindicado.
IV. Caso se verifique a ausência de uma das condições da ação no momento da sua propositura, mas no curso do processo tal condição venha a ser implementada, não terá incidência a hipótese do art. 267, VI, do CPC, devendo o julgador apreciar o mérito da pretensão.

(A) Somente as afirmativas I, II e III estão corretas.
(B) Somente as afirmativas I e II estão corretas.
(C) Somente as afirmativas I, III e IV estão corretas.

(D) Somente as afirmativas II, III e IV estão corretas.
(E) Todas as afirmativas estão corretas.

I: correto. O direito processual presta-se a realizar a solução que o direito material contempla em suas regras. O processo é instrumento do direito material. Em razão disso, o direito processual elenca um número variado de provimentos, procedimentos e processos, com a finalidade específica de encontrar a medida mais adequada à efetivação de um dado bem da vida perseguido por aquele que se socorre do Judiciário. Essa é a tônica da lição dada por Dinamarco: "Às variadas espécies de situações regidas pelo direito material corresponde simétrica variedade de meios processuais adequados a dar-lhes solução efetiva em caso de insatisfação, sempre mediante imposição das regras jurídico--substanciais pertinentes. Como instrumento do direito material, o processo deve dar a quem tem razão precisamente aquilo que segundo este ele tem o direito de obter (bens da vida, materiais ou imateriais). A variedade de meios processuais constitui, assim, espelho da variedade das soluções ditadas no direito substancial. Para essa correspondência indispensável e valendo-se da experiência multissecular do processo, o legislador estabelece uma variedade de provimentos jurisdicionais, de procedimentos e de processos, num quadro pragmático de busca de soluções adequadas e fiéis ao direito substancial. Na variedade de provimentos, procedimentos e processos reside a multiplicidade dos meios de outorga de tutela jurisdicional existentes numa ordem jurídica. *As soluções estão no direito substancial, os meios de impô-las são processuais*". (DINAMARCO, Cândido Rangel. **Instituições de Direito Processual Civil.** São Paulo: Malheiros, 2001. vol. I, p. 147) [grifos do autor]; **II: correto.** Antes de mais nada, é preciso alertar o candidato para a diferença havida entre *substituição de partes* (também denominada *sucessão processual*) e *substituição processual*. Tais noções não se confundem. A primeira trata da substituição de uma parte por outra no processo, ou seja, a parte originária retira-se da lide, dando vez para que outrem assuma a sua condição, seja em decorrência da vontade dos litigantes seja de um outro evento, a exemplo da morte de um deles. Deve-se destacar que tal fenômeno é excepcional, no processo civil, e só se afigura possível nas hipóteses previstas em lei, a exemplo da substituição voluntária das partes prevista no art. 42, § 1º, do CPC. Em regra, as partes não podem substituir-se, visto que, com a citação válida (art. 219 do CPC), ocorre a *estabilização subjetiva da lide*, isto é, o processo marchará até seu final, passando por suas diversas fases, sem que haja alteração nos polos da demanda. Já na *substituição processual*, não há ingresso nem saída de qualquer das partes; o que existe é o fenômeno da legitimação extraordinária, em que a parte – o substituto processual – defende, em nome próprio, direito alheio: o do substituído processual (art. 6º do CPC). Tal dispositivo, em verdade, ao enunciar que, salvo autorização legal, ninguém poderá pleitear, em nome próprio, direito alheio, está proclamando que a regra, no processo civil, é a *legitimação ordinária*, em que o titular do direito material coincide com o sujeito que postula tal direito em juízo, isto é, a parte processual é justamente a detentora do direito substantivo invocado. Excepcionalmente, em razão de disposição expressa de lei ou em decorrência do próprio sistema jurídico, é que se admite a legitimação extraordinária, por substituição processual, na qual o titular do direito material – substituído processual – não se confunde com o titular da ação: o substituto processual. Sendo assim, o art. 6º do CPC consagra, numa única frase, os dois tipos de legitimação: ordinária e extraordinária, esta por substituição processual; **III: correto.** A teoria *clássica* ou *imanentista*, preconizada por Savigny, há muito foi superada, porquanto o exercício do direito de ação é *autônomo*, ou seja, independe da existência de direito subjetivo, a exemplo do que ocorre nas sentenças que julgam improcedente o pedido do autor, ou, ainda, nas ações declaratórias negativas, nas quais o objeto da demanda cinge-se justamente a obter, por parte do Estado, a declaração de inexistência de determinada relação jurídica. Todavia, para Liebman – adepto da *teoria abstratista eclética* – o direito de ação só poderia ser considerado exercitado quando o órgão jurisdicional proferisse *resposta de mérito*, situação esta que só se torna possível caso se mostrem preenchidos os pressupostos processuais e as condições da ação. Note-se, nesse particular, a doutrina de Marcus Vinícius Rios Gonçalves: "A teoria que aponta a ação como direito a uma resposta de mérito é impropriamente conhecida como eclética. Impropriamente, porque não é intermediária entre as teorias concretistas e abstratistas. Sua natureza é abstratista, porque a existência da ação prescinde do direito. Haverá ação ainda que o resultado final seja a improcedência do pedido. O que se exige é resposta de mérito. [...] A ação, como direito a uma resposta de mérito, depende do preenchimento de determinadas condições, necessárias para a sua existência. Sem elas, não haverá resposta de mérito, e o autor será considerado carecedor de ação. Haverá um processo, decorrente do direito de demandar, mas não exercício do direito de ação. (GONÇALVES, Marcus Vinícius Rios. **Novo Curso de Direito Processual Civil.** 8. ed. São Paulo: Saraiva, 2011. vol. I, p. 99-100); **IV: correto.** Toda ação demanda o preenchimento de algumas condições, as quais, dependendo do momento processual, implicam a extinção do processo sem resolução de mérito por carência de ação ou – caso seja adotada a teoria da asserção, com resolução de mérito –, desde que não verificadas pelo julgador, quando do juízo de admissibilidade da prefacial. Como bem adverte Fredie Didier Jr.: "Não se trata de um juízo de cognição sumária das condições da ação, que permitiria um reexame pelo magistrado, com base em cognição exauriente. O juízo definitivo sobre a existência das condições da ação far-se-ia nesse momento: se positivo o juízo de admissibilidade, tudo o mais seria decisão de mérito, ressalvados fatos supervenientes que determinassem a perda de uma condição da ação. A decisão sobre a existência ou não de carência de ação, de acordo com esta teoria, seria sempre definitiva. Chama-se *teoria da asserção* ou da *prospettazione*". (DIDIER JR., Fredie. **Curso de direito processual civil.** 7. ed. Salvador: Podvm, 2007. vol. 1, p. 162). Corroborando tal ensinamento: "Se a inexistência das condições da ação, todavia, for aferida só a final, diante da prova produzida (e não há preclusão nesta matéria, podendo o juiz rever sua anterior manifestação), duas posições podem ser adotadas: para a primeira (teoria da apresentação), mesmo que venha a final, a decisão será de carência da ação; para a segunda (teoria da prospectação), a sentença nesse caso será de mérito. A primeira teoria prevalece na doutrina brasileira, apesar de autorizadas vozes em sentido contrário (Kazuo Watanabe)" (DINAMARCO, Cândido Rangel *et alii*. **Teoria Geral do Processo**. 20. ed. São Paulo: Malheiros, 2004. p. 261).

Gabarito "E"

(Magistratura do Trabalho – 16ª Região – 2011) Assinale a alternativa INCORRETA:

(A) Dentre outros efeitos, é a partir da citação válida que se tem como configurada a *perpetuatio jurisdictionis*.
(B) Constituem pressupostos processuais negativos a litispendência, a coisa julgada e a incompetência relativa.
(C) É vedada a intervenção de terceiros no processo de execução por título extrajudicial, salvo quando da instauração incidente de embargos de devedor.
(D) Diante de vício insanável do ato de citação, poderá a qualquer tempo ser aviada pelo réu querela *nullitatis insanabilis* dispensando-se a propositura de ação rescisória para tal desiderato.
(E) A transação é causa de extinção do processo com resolução de mérito.

A: assertiva correta. Embora o gabarito tenha assinalado tal alternativa como correta, pensamos que a *perpetuatuo jurisdictionis* – estabilização da competência – ocorre com o aforamento da demanda, na forma do art. 87 do CPC, e não com a citação do réu. Não se deve confundir *perpetuatio jurisdicionis* com litispendência, consoante esclarecem Nelson Nery Jr. e Rosa Maria de Andrade Nery: "Propositura da ação. É o ato pelo qual a ação tem ingresso em juízo. Com a propositura da ação, dá-se a estabilidade da competência (*perpetuactio jurisdictionis*, CPC 87), constituindo-se como parâmetro inclusive para dirimir controvérsias sobre a prevenção do juízo para efeito de competência e de reunião de ações por conexão ou continência. V. CPC 87, 102 especialmente 106. [...] Não se confunde propositura da ação com ação pendente. A litispendência só se instaura com a citação válida (CPC 219). Esta diferença tem sentido prático para, por exemplo, caracterizar a existência ou não de fraude de execução (CPC 593 II), quando a alienação ou oneração do bem ocorre depois da propositura da ação, mas antes da citação. A fraude só se caracteriza com a litispendência, isto é, depois da citação válida do réu (no processo de conhecimento) ou do devedor (na execução). V. Coment. CPC 593". (NERY JR. Nelson; NERY, Rosa Maria de Andrade. **Código de processo civil comentado e legislação extravagante.** 10. ed. São Paulo: Ed. RT, 2007. p. 499); **B: assertiva incorreta, devendo ser assinalada.** A incompetência relativa não acarreta na invalidade do processo. Se não alegada oportunamente pelo réu através da exceção de que trata o art. 307 do CPC, a competência se prorroga (art. 114 do CPC), sanando-se o vício que outrora existia. Somente a *competência absoluta* é pressuposto processual; de qualquer forma, cuida-se de pressuposto processual *positivo* (que necessariamente deve existir, sob pena de nulidade absoluta do processo), ao contrário do que restou dito na questão; **C: assertiva correta.** As hipóteses de intervenção de terceiro típicas do processo de conhecimento não se aplicam ao processo de execução (ressalvada a assistência), a considerar a natureza satisfativa que lastreia este tipo de processo. Ademais, enquanto o processo de conhecimento tem por escopo a formação de um título executivo, o processo de execução tem o título como pressuposto. Conforme ressalta Marcos Destefenni: "na execução não há formação de título executivo, mesmo porque não há sentença sobre a pretensão do credor no processo de execução" (DESTEFENNI, Marcos. **Curso de Processo Civil.** 2. ed. São Paulo: Saraiva, 2009. vol. I, t. I, p. 228). Hipótese diversa ocorre nos embargos à execução, posto que tal demanda ostenta natureza de ação de conhecimento constitutiva negativa. Corroborando o que ora se diz: "Excluem-se, em razão da índole satisfativa da demanda executória, as formas intervencionais típicas do processo de conhecimento. Não comporta a execução, a par dos atos executivos, operando no mundo físico, a simultânea resolução da lide trazida por uma das partes. [...] Em última análise, portanto, os dois institutos [o autor se refere à denunciação da lide e ao chamamento ao processo] visam à criação de título executivo. Ora, no bojo da relação processual executiva semelhante escopo se afigura impertinente e esdrúxulo, pois o título antecede e baseia a execução [...] Por isso, a natureza dessas modalidades de intervenção de terceiros desautoriza, nada obstante o silêncio do CPC, sua admissibilidade na execução. Admite-se apenas a assistência. Essas questões se recolocam, todavia, no âmbito dos embargos do devedor (art. 736) e nos embargos de terceiro, e, neles, a resposta pode ser diversa, como a seu tempo se examinará". (ASSIS, Araken de. **Manual da execução.** 11. ed. São Paulo: Ed. RT, 2007. p. 387-388); **D: assertiva correta.** A inexistência de citação ou a invalidade de tal ato conduz à inexistência do processo, visto que inexiste processo em relação ao réu. Confira-se a doutrina de Marcus Vinícius Rios Gonçalves: "Aqui não há diferença entre falta ou vício de citação. Irrelevante se ela não se aperfeiçoou ou não se realizou de forma adequada. O que importa é que o réu não tomou conhecimento do processo e não teve a oportunidade de participar. [...] Como o vício de citação gera inexistência e não nulidade, será impróprio o ajuizamento de ação rescisória, pois nada haverá a rescindir. O correto será a ação declaratória de inexistência por falta de citação, denominada *querela nulitatis insanabilis*, que não tem prazo para ser aforada" (GONÇALVES, Marcus Vinícius Rios. **Novo Curso de Direito Processual Civil.** 8. ed. São Paulo: Saraiva, 2011. vol. I, p. 118); **E: assertiva correta** (art. 269, III, do CPC).

Gabarito "B"

(Magistratura do Trabalho – 16ª Região – 2011) Assinale a alternativa INCORRETA:

(A) Embora a interrupção da prescrição se aperfeiçoe por meio da citação válida, os efeitos da interrupção retroagem à data do ajuizamento da ação.

(B) Para a extinção do processo por abandono de causa, com fundamento no art. 267, II, 1º do CPC, não se exige a intimação pessoal da parte.

(C) Admite-se a condenação em honorários sucumbenciais nas hipóteses de extinção do processo sem resolução do mérito.

(D) Via de regra, vige no direito pátrio o princípio da demanda, segundo o qual a instauração do processo depende de iniciativa da parte interessada, ressalvadas hipóteses excepcionais em que a atividade jurisdicional poderá ser instaurada *ex officio*, como no processo de arrecadação de bens de ausentes.

(E) No caso de morte ou perda da capacidade processual de qualquer das partes, ou de seu representante legal, provado o falecimento ou a incapacidade, o juiz suspenderá o processo, salvo se já tiver iniciado a audiência de instrução e julgamento.

A: assertiva correta (art. 219, § 1º, do CPC); **B: assertiva incorreta,** devendo ser assinalada. Exige-se a intimação pessoal da parte (art. 267, § 1º, do CPC); **C: assertiva correta** (art. 28 do CPC); **D: assertiva correta.** Em regra, somente com o requerimento da parte ou do interessado é que o órgão jurisdicional poderá prestar a tutela jurisdicional. Cuida-se do *princípio da inércia da jurisdição* (art. 2º do CPC). Todavia, excepcionalmente, o juízo poderá determinar, de ofício, a instauração de processo, a exemplo do inventário (art. 989 do CPC), da exibição de testamento (art. 1.129 do CPC), da arrecadação de bens de ausente (art. 1.160 do CPC) e da arrecadação de bens de herança jacente (art. 1.142 do CPC); **E: assertiva correta** (art. 265, § 1º, do CPC).

Gabarito "B"

(Magistratura do Trabalho – 23ª Região – 2006) Analise as proposições abaixo e assinale a opção correta:

I. A substituição processual se constitui hipótese de legitimação extraordinária, na qual o autor não se afirma titular do direito material discutido em juízo, agindo em nome próprio na defesa de pretensão alheia.

II. A legitimação do Ministério Público para o ajuizamento de ação civil pública ou ação coletiva na defesa de interesses difusos e coletivos é extraordinária, e como tal não autoriza o autor à prática de atos de disposição do direito material.

III. É pacífico na jurisprudência que o Poder Judiciário não se constitui órgão de consulta sobre a interpretação de tese jurídica, sendo exigência que para o ajuizamento de ação declaratória tenha o autor necessidade de ir a juízo postular a tutela jurisdicional, atendendo, assim, a condição da ação relativa ao interesse processual.

IV. Segundo a jurisprudência sumulada do STJ, admite-se o uso da Ação Declaratória para buscar interpretação de cláusula contratual, quando haja fundada dúvida na sua aplicação, hipótese em que se verifica atendida a condição da ação relativa ao interesse processual.

V. Em se tratando de embargos declaratórios protelatórios reiterados, o juiz poderá aplicar multa de 10% sobre o valor da causa, e a interposição de outros recursos fica condicionada ao depósito do valor.

(A) Todas as afirmativas estão corretas.
(B) Todas as afirmativas estão incorretas.
(C) Somente as afirmativas I, II e IV estão corretas.
(D) Somente as afirmativas I e II estão corretas.
(E) Somente as afirmativas I, III, IV e V estão corretas.

I: correto (art. 6º do CPC); **II: incorreto.** É possível a prática de certos atos de disposição; **III: correto; IV: correto** (Súmula 181); **V: correta** (art. 538, parágrafo único, do CPC).

Gabarito "E"

(Ministério Público do Trabalho – 16º) Assinale a alternativa INCORRETA:

(A) na ação declaratória incidental, a demanda é incidente, não a sentença; sua propositura não provoca uma dualidade de julgamentos no processo, um para a causa prejudicada e outro para a prejudicial; a sentença que a julgar trará em seu dispositivo a declaração de existência ou inexistência da relação jurídica controvertida;

(B) na sistemática processual civil vigente, atualmente se realizam em um só processo as atividades cognitivas que culminam na sentença e as executivas destinadas a preparar e efetivar a satisfação do credor, o que se denomina de processo sincrético;

(C) no processo civil, a exceção substancial, como espécie de contradireito do réu ao pedido do autor, relaciona-se com a pretensão material e opera no plano da eficácia, não se permitindo ao juiz o conhecimento *ex officio* de exceção substancial, sob pena de violar o princípio da congruência;

(D) os pressupostos processuais e as condições da ação são questões preliminares ou processuais (juízo de admissibilidade do processo), as quais atacam a validade da relação jurídica processual, podendo impedir o exame do objeto da ação;

(E) não respondida.

A: assertiva correta; B: assertiva correta; C: assertiva incorreta, devendo ser assinalado. O princípio que seria violado pelo conhecimento de ofício de matérias que dependem de alegação é o princípio dispositivo, e não o princípio da congruência; **D: assertiva correta.**

Gabarito "C"

(Ministério Público do Trabalho – 16º) Assinale a alternativa INCORRETA:

(A) é nulo o processo, quando o Ministério Público não for intimado a acompanhar o feito em que deva intervir; todavia, não se declara a nulidade, por falta de audiência do MP, no processo em que houver interesse de menores, se estes foram vitoriosos na causa;

(B) a petição inicial será indeferida, quando o juiz verificar, desde logo, a decadência ou a prescrição, sendo caso de extinção do processo, sem resolução de mérito;

(C) quando a matéria controvertida for unicamente de direito e no juízo já houver sido proferida sentença de total improcedência em outros casos idênticos, poderá ser proferida sentença, reproduzindo-se o teor da anteriormente prolatada. Há necessidade, todavia, de citação inicial do réu, a fim de que a matéria seja controvertida;

(D) as técnicas de tutela coercitiva são essenciais aos provimentos mandamentais, sendo as astreintes manifestação desse tipo de provimento judicial;

(E) não respondida.

A: assertiva correta (art. 246 do CPC; v. tb., TJAP, ApCiv 3.146/07, Câmara Única, j. 13.11.2997, rel. Des. Dôglas Evangelista); **B: assertiva correta** (art. 295, c.c. art. 269, IV, do CPC); **C: assertiva incorreta,** devendo ser assinalada (art. 285-A do CPC); **D: correto** (art. 461, § 5º, do CPC).

Gabarito "C"

(Ministério Público do Trabalho – 14º) Analise as seguintes assertivas:

I. O juiz pode decretar a busca e apreensão de pessoas ou de coisas.

II. O indício é o fato conhecido que indica o fato desconhecido. Não precisa ser, necessariamente, um fato provado, o que é imprescindível é ser um fato conhecido.

III. A lei processual civil permite ao autor formular mais de um pedido em ordem sucessiva, a fim de que o juiz conheça do posterior em não podendo acolher o anterior. Para que os pedidos possam ser deduzidos de maneira sucessiva é prescindível que haja identidade de causa de pedir e que sejam compatíveis entre si.

IV. Só cabe a uniformização da jurisprudência quando o julgamento se processar perante turma, câmara ou grupo de câmaras.

Assinale a alternativa CORRETA:

(A) apenas uma das assertivas está incorreta;

(B) apenas duas das assertivas estão incorretas;

(C) apenas três das assertivas estão incorretas;

(D) todas as assertivas estão incorretas;

(E) não respondida.

I: correto (art. 839 do CPC); II: correto; III: incorreto. Não se exige compatibilidade em si nos pedidos sucessivos; **IV: correto (art. 476 do CPC).**

Gabarito "A"

(Ministério Público do Trabalho – 9º) Leia as assertivas abaixo com atenção:

I. condições da ação são as exigências legais cujo não atendimento impede que o processo, como relação jurídica, se estabeleça ou não se desenvolva validamente;

II. a incompetência relativa não pode ser declarada de ofício;

III. no reexame necessário, é permitido, em caso de violação legal, agravar a condenação imposta à Fazenda Pública;

IV. a perempção consiste na perda do direito de renovar a propositura da mesma ação e utilizar seu fundamento material como matéria de defesa, pela parte que der causa, por 3 vezes, à extinção do processo pelo seu abandono por mais de 30 dias.

Assinale a alternativa correta:

(A) todas as assertivas são verdadeiras:

(B) todas as assertivas são falsas;

(C) apenas uma assertiva é verdadeira;

(D) apenas duas assertivas são verdadeiras;

(E) apenas três assertivas são verdadeiras;

(F) não sei.

I: verdadeiro; II: falso. A hipótese prevista no parágrafo único do art. 112 representa uma exceção a essa regra; **III: falso** (Súmula 45 do STJ); **IV: falso.** A perempção não impede que o direito material seja alegado em outro processo como matéria de defesa (art. 268, parágrafo único, do CPC).

Gabarito "C"

7. DIREITO CIVIL

Ana Paula Garcia e Wander Garcia

1. LINDB – LEI DE INTRODUÇÃO ÀS NORMAS DO DIREITO BRASILEIRO

(Magistratura do Trabalho – 4ª Região – 2012) As regras estabelecidas na Constituição Federal e na Lei de Introdução às Normas do Direito Brasileiro, a respeito do direito intertemporal

(A) não admitem em qualquer hipótese lei com efeito retroativo.
(B) impedem o efeito imediato da lei, apenas para não atingir o ato jurídico perfeito.
(C) preservam a coisa julgada dos efeitos da lei nova, mas não o direito adquirido, nem o ato jurídico perfeito.
(D) permitem sempre a prevalência das normas de ordem pública, em relação ao direito adquirido.
(E) estabelecem a coexistência da regra do efeito imediato da lei com a vedação de ela prejudicar o direito adquirido, o ato jurídico perfeito e a coisa julgada.

A: incorreta, pois existe previsão constitucional de lei retroativa, como é o caso da lei penal benéfica (CF, art. 5º, XL); **B:** incorreta, pois – como regra – *"a lei em vigor terá efeito imediato e geral"* (Lei de Introdução, art. 6º); **C:** incorreta, pois a lei em vigor deve respeitar o ato jurídico perfeito, o direito adquirido e a coisa julgada (CF, art. 5º, XXXVI e Lei de Introdução, art. 6º); **D:** incorreta, pois tal prevalência não encontra amparo legal; **E:** correta, pois tal coexistência vem expressamente estabelecida no art. 5º, XXXVI da CF, bem como no art. 6º da Lei de Introdução.

Gabarito "E"

(Magistratura do Trabalho – 1ª Região – 2010 – CESPE) A respeito de hierarquia, interpretação e integração de lei, assinale a opção correta.

(A) A interpretação teleológica pode ser utilizada pelo juiz para superar antinomia.
(B) Não há hierarquia entre lei complementar e decreto autônomo, quando este for validamente editado.
(C) O costume, para que possa suprir lacuna legal, deve consistir em conduta reiterada de determinada prática.
(D) Não é correto falar em hierarquia entre lei editada pela União e lei editada por estado.
(E) A interpretação é do tipo analógica quando pressupõe que a autoridade expressou na norma exatamente o que pretendia.

A: incorreta, pois a antinomia é superada pelos critérios hierárquico (lei superior prevalece sobre lei de hierarquia inferior), cronológico ou temporal (lei posterior prevalece sobre lei anterior) e da especialidade (lei especial prevalece sobre lei geral); caso o conflito de normas não se resolva por esses critérios, ter-se-á a antinomia real, que é resolvida pelos seguintes metacritérios: a) quando houver conflito entre os critérios hierárquico e o cronológico, prevalece o hierárquico (norma superior-anterior), pois a competência é mais forte que o tempo; b) quando houver conflito entre o critério da especialidade e o cronológico, prevalece o da especialidade (norma especial-anterior), em face do princípio da igualdade, admitindo-se exceções no caso concreto; c) quando houver conflito entre o critério hierárquico e o da especialidade, não é possível estabelecer um metacritério de antemão, com alguma vantagem para o critério hierárquico, em virtude da competência; **B:** correta, pois o decreto autônomo tem fundamento de validade direto na Constituição Federal (art. 84, VI, da CF), e não numa norma intermediária; **C:** incorreta, pois não basta a prática reiterada de determinado ato, sendo necessário, também, a *convicção, pelas pessoas, da obrigatoriedade jurídica dessa prática reiterada*; **D:** incorreta, pois quando há competência concorrente da União, dos Estados e do DF (art. 24 da CF), tal hierarquia existe, valendo lembrar que, sobrevindo lei federal, fica suspensa a eficácia da lei estadual, no que for contrário à primeira (art. 24, § 4º, da CF); **E:** incorreta, pois não existe *interpretação analógica*; o que existe é o emprego da analogia quando houver lacuna, ou seja, quando houver omissão legal (art. 4º da LINDB).

Gabarito "B"

(Magistratura do Trabalho – 2ª Região – 2010) Assinale a alternativa correta:

(A) A irretroatividade da lei é uma garantia em favor do Estado, razão pela qual o ente estatal que editou o ato legislativo não poderá alegá-la, exceto quando se tratar de norma jurídica de ordem pública que poderá retroagir para alcançar os contratos havidos antes do início da sua vigência.
(B) Via de regra, a lei começa a vigorar em todo o país na data da sua publicação, havendo *vacatio legis* de quarenta e cinco dias depois de oficialmente publicada a lei brasileira que for admitida como obrigatória nos Estados estrangeiros.
(C) A *lex domicilii* não se constitui em critério fundamental do estatuto pessoal vez que não há previsão na LICC para a introdução do princípio domiciliar como elemento de conexão para determinação da lei aplicável.
(D) Dá-se a "antinomia de normas" quando há incompatibilidade entre o conteúdo delas, devendo

o intérprete solucionar o impasse mediante o afastamento de uma, salvo se não houver incompatibilidade absoluta das normas, quando se procederá a harmonização dos dispositivos. A "hierarquia", a "cronologia" e a "especialidade" são os principais critérios normativos utilizados para solucionar a questão.

(E) O instituto da "repristinação", ou seja, a possibilidade de restauração da lei revogada por ter a lei revogadora perdido a sua vigência está previsto na LICC de forma tácita e como regra geral de aplicação automática.

A: incorreta, pois é uma garantia em favor dos indivíduos; ademais, o STF também é refratário à ideia de retroatividade de lei nova, mesmo que se trate de lei de ordem pública (ADIN 493/DF; RE 188.366, RE 205.193, RE 205.999, RE 159.979 e RE 263.161); **B:** incorreta, pois, como regra, a lei só começa a vigorar em todo o país 45 dias depois de sua publicação (e não na data de sua publicação); ademais, no exterior, a lei só começa a vigorar 3 meses depois de sua publicação (art. 1º, *caput* e § 1º, da LINDB); **C:** incorreta (art. 7º da LINDB); **D:** correta, pois traz adequada definição de antinomia de normas, bem como os critérios corretos para solucionar a questão; **E:** incorreta, pois a repristinação não acontece automaticamente, mas apenas quando a lei expressamente determinar (art. 2º, § 3º, da LINDB).

Gabarito "D"

(Magistratura do Trabalho – 3ª Região – 2009) Sobre a eficácia espacial e temporal da lei, leia as afirmações abaixo e, em seguida, assinale a alternativa correta:

I. Salvo disposição contrária, a lei começa a vigorar em todo o país quarenta e cinco dias depois de oficialmente publicada. É o que se convencionou chamar de "vacatio legis". Se, antes de entrar a lei em vigor, ocorrer nova publicação de seu texto, destinada a correção, o prazo começará a correr da nova publicação, mas as correções a texto de lei já em vigor consideram-se meras retificações, sem necessidade de "vacatio legis".

II. A lei posterior revoga a anterior quando expressamente o declare, quando seja com ela incompatível ou quando regule inteiramente a matéria de que tratava a lei anterior, mas a lei nova, que estabeleça disposições gerais ou especiais a par das já existentes, não revoga nem modifica a lei anterior.

III. Quando a lei revogadora perde a sua vigência, a lei revogada é, em regra, restaurada.

IV. A lei do país em que a pessoa houver nascido determina as regras sobre o começo e o fim da personalidade, o nome, a capacidade e os direitos de família.

V. As leis, atos e sentenças de outro país, bem como quaisquer declarações de vontade, não terão eficácia no Brasil, quando ofenderem a soberania nacional, a ordem pública e os bons costumes.

(A) Somente uma afirmativa está correta.
(B) Somente duas afirmativas estão corretas.
(C) Somente três afirmativas estão corretas.
(D) Somente quatro afirmativas estão corretas.
(E) Todas as afirmativas estão corretas.

I: incorreta, pois a parte final, prevê que as correções a texto de lei já em vigor consideram-se *meras retificações*, sem necessidade de *vacatio legis*, está incorreta, pois tais correções consideram-se *lei nova*, iniciando-se nova *vacatio legis* (art. 1º, § 4º, da LINDB); **II:** correta (art. 2º, §§ 1º e 2º, da LINDB); **III:** incorreta (art. 2º, § 3º, da LINDB); **IV:** incorreta, pois "a lei do país em que **domiciliada** a pessoa determina as regras sobre o começo e o fim da personalidade, o nome, a capacidade e os direitos de família" (g.n.) (art. 7º da LINDB); **V:** correta (art. 17 da LINDB).

Gabarito "B"

(Magistratura do Trabalho – 5ª Região – 2006 – CESPE) Com referência à eficácia e à interpretação da lei, assinale a opção incorreta.

(A) A lei tem vigência até que outra lei a revogue, ou, então, até que a lei nova com ela seja incompatível. Nesse caso, ocorre a derrogação da lei, ou seja, a revogação integral de uma lei por uma posterior. Quando uma lei é revogada por outra lei, e, em seguida, a lei revogadora perde a vigência, há repristinação da lei revogada.

(B) Na hipótese de uma lei nova de mesmo grau hierárquico tratar inteiramente a matéria da lei anterior, sem modificá-la, a força normativa cogente está na lei nova.

(C) O processo de interpretação sistemática da norma jurídica consiste no esclarecimento do sentido de uma lei por outra, ou pelo contexto do sistema legislativo.

(D) Com a finalidade de resolver e evitar os conflitos que surgem da nova lei em confronto com a lei antiga, o legislador pode elaborar, no próprio texto normativo, as disposições que têm vigência temporária.

(E) Analogia é a aplicação do mesmo princípio a institutos semelhantes, isto é, consiste na aplicação de uma norma, que se refere a outro instituto semelhante. Na falta de texto legal expresso para o caso específico, o juiz decidirá, de acordo com a analogia, os costumes e os princípios gerais do direito.

A: incorreta, pois a derrogação é a revogação parcial da lei e, de acordo com o disposto no art. 2º, § 3º, da LINDB, a lei revogada não se restaura por ter a lei revogadora perdido a vigência, ou seja, o nosso direito não admite, como regra, a repristinação; **B:** correta, pois a alternativa está de acordo com o art. 2º, § 1º, da LINDB; **C:** correta, pois a alternativa traz o conceito correto de interpretação sistemática; **D:** correta, pois a alternativa trata das disposições transitórias, que são elaboradas pelo legislador com objetivo de evitar e solucionar possíveis conflitos da nova lei com a lei antiga e tem vigência temporária; **E:** correta, pois a alternativa traz o conceito correto de analogia e está de acordo com o art. 4º da LINDB.

Gabarito "A"

(Magistratura do Trabalho – 7ª Região – 2005) O princípio da continuidade assim se enuncia:

(A) a norma revogada continua vinculante para os casos anteriores à sua revogação.
(B) a norma atinge os efeitos de atos jurídicos praticados sob o império da lei revogada.
(C) não se destinando à vigência temporária, a norma estará em vigor enquanto não surgir outra que a altere ou revogue.

(D) há incompatibilidade entre a lei nova e a antiga, se a nova regular inteiramente a matéria tratada pela anterior.

(E) a norma só obriga no espaço nacional, ou seja, no seu território, nas suas águas e na sua atmosfera.

O princípio da continuidade das leis pode ser resumido numa simples frase: "Só lei revoga lei". Significa que não há outra forma prevista no ordenamento jurídico, a não ser a própria lei, para a revogação de uma norma. Referido princípio, previsto no art. 2º, *caput*, da LINDB é muito importante, pois evita que decisões monocráticas do Poder Executivo, decisões dos Tribunais ou mesmo costumes pudessem revogar a lei, o que geraria imensa insegurança jurídica. Vale notar, entretanto, que há outras maneiras de se retirar a eficácia de uma lei, ou seja, a força prática que a norma ostenta. Isso pode ocorrer por decisões do STF no controle concentrado, por resoluções do Senado Federal (CF, art. 52, X) após reiteradas decisões do STF sobre a inconstitucionalidade da norma e até mesmo pelos costumes. É importante frisar, todavia, que a ineficácia não se confunde com a revogação.

Gabarito "C"

(Magistratura do Trabalho – 7ª Região – 2005) A analogia *juris*:

(A) surge do fato de que as notas, que trazem a tônica da semelhança de um objeto a outro, convenham ao segundo em grau distinto do primeiro.

(B) é o argumento consistente em ter por ordenado ou permitido, de modo implícito, algo menor do que o que está determinado ou autorizado *expressis verbis*.

(C) parte do fato de que uma disposição normativa inclui certo comportamento num modo deôntico, excluindo-se de seu âmbito qualquer outra conduta, isto é, um comportamento "C" estando proibido, qualquer conduta "Não – C" está permitida.

(D) estriba-se num conjunto de normas, para extrair elementos que possibilitem sua aplicabilidade ao caso concreto não contemplado, mas similar.

(E) consiste em passar da validade de uma disposição normativa menos extensa para outra mais ampla, necessitando- se, para tanto, do auxílio de valorações.

A alternativa "D" está correta, por conceituar de forma precisa o instituto da analogia *juris*.

Gabarito "D"

(Magistratura do Trabalho – 8ª Região – 2006) Sobre a eficácia da lei é correto afirmar que:

(A) Em se tratando de lei de vigência temporária, tem ela revogação automática quando vence o prazo predeterminado para sua expiração ou quando se dá a consumação de seu objeto. No primeiro caso, a revogação é tácita e, no segundo, é expressa.

(B) É modalidade de revogação expressa aquela em que o legislador faz uma declaração genérica de revogação das disposições em contrário ao novo comando, sem identificar a lei ou dispositivos legais revogados.

(C) Caso venha ocorrer, antes da vigência da lei, nova publicação destinada à correção do texto da lei, inicia-se novo cômputo de prazo a partir da nova publicação.

(D) Considera-se direito adquirido apenas aquele decorrente de um negócio jurídico fundado na lei vigente ao tempo em que foi praticado.

(E) Uma vez revogada uma lei, não mais retorna à vida, mesmo que a lei revogadora desapareça, salvo disposições em contrário, pois o direito brasileiro adota o princípio de repristinação das leis.

A: incorreta, conforme o disposto no art. 2º, *caput*, da LINDB; **B:** incorreta, pois a revogação expressa exige especificação da norma que está sendo revogada; **C:** correta, pois a alternativa está de acordo com o art. 1º, § 3º, da LINDB; **D:** incorreta, pois conflita com o disposto no art. 6º, § 2º, da LINDB; **E:** incorreta, pois contraria o disposto no art. 2º, § 3º, da LINDB.

Gabarito "C"

(Magistratura do Trabalho – 9ª Região – 2009) Considere as seguintes proposições:

I. Com exceção das normas constitucionais federais, que prevalecem sobre todas as categorias de normas complementares ou ordinárias vigentes no Brasil, não existe hierarquia absoluta entre leis federais, estaduais e municipais, já que esse escalonamento objetivo só prevalece quando houver competência normativa concorrente entre os entes da federação.

II. Por analogia estende-se a um caso não previsto aquilo que o legislador previu para um caso semelhante, em igualdade de razões, preenchendo uma lacuna na lei, enquanto na interpretação extensiva supõe-se que a norma existe, sendo passível de aplicação ao caso concreto, desde que sua abrangência seja estendida além do que usualmente se faz. Quando se afirma a existência de uma lacuna legal e se nega a aplicação de norma por analogia ao caso concreto, o operador jurídico ainda pode utilizar os princípios gerais de direito para a solução do conflito.

III. A equidade é um elemento de integração da lei e pode ser utilizada para abrandamento do texto legal, amoldando a justiça à especificidade de uma situação real.

IV. Os princípios gerais de direito são enunciações normativas de valor genérico, que condicionam e orientam a compreensão do ordenamento jurídico, quer para a sua aplicação e integração, quer para a elaboração de novas normas, abrangendo tanto o campo da pesquisa pura do Direito quanto o de sua atualização prática.

V. Quando a lei for omissa, o juiz decidirá o caso de acordo com a analogia, os costumes e os princípios gerais de direito. Na aplicação da lei, o juiz atenderá aos fins sociais a que ela se dirige e às exigências do bem comum.

(A) Todas as proposições estão corretas.

(B) Somente as proposições I, II, III e IV estão corretas.

(C) Somente as proposições II, III, IV e V estão corretas.

(D) Somente as proposições I, III, IV e V estão corretas.

(E) Somente as proposições I, II, IV e V estão corretas.

I: correta, pois, no caso referido (art. 24, § 4º, da CF), há hierarquia entre a lei federal e as leis estaduais e municipais; nas demais situações, cada lei estará no âmbito de sua competência, não havendo hierarquia entre leis federais e as demais leis; **II:** correta (art. 4º da LINDB), valendo lembrar que os costumes, apesar de não citados, também são utilizados para suprir as lacunas, caso a analogia não possa ser utilizada; **III:** correta, pois o juiz, a princípio, deve decidir por equidade nos casos previstos em lei (CPC, art. 127), como o previsto no art. 11, II, da Lei 9.307/96; no entanto, isso não impede que o juiz, ao aplicar a lei, busque a forma mais equânime de fazê-la; ou seja, deve o juiz agir com "equidade dentro da lei"; o que não pode é ignorar a lei e simplesmente decidir do modo que entender ser mais equânime; vale lembrar, ainda, que a doutrina entende que também é possível valer-se da equidade quando haja lacuna e nenhum dos critérios previstos na lei consiga integrá-la; **IV:** correta, pois decidir de acordo com os princípios gerais de direito consiste em aplicar as ideias políticas, sociais, jurídicas e práticas subjacentes ao sistema jurídico; **V:** correta (arts. 4º e 5º da LINDB).

Gabarito "A"

(Magistratura do Trabalho – 9ª Região – 2009) Analise as seguintes proposições:

I. Considera-se domicílio qualquer das diversas residências da pessoa natural onde ela viver alternadamente.

II. Considera-se adquirido o direito que o seu titular, ou alguém por ele, possa exercer.

III. Considera-se adquirido o direito cujo começo do exercício tenha termo pré-fixo, ou condição pré-estabelecida inalterável, a arbítrio de seu titular.

IV. A repristinação tácita é admitida pelo ordenamento jurídico brasileiro.

V. A lei do país em que for domiciliada a pessoa determina as regras sobre o começo e o fim da personalidade, o nome, a capacidade e os direitos de família.

(A) Somente as proposições I, III e IV são corretas.
(B) Somente as proposições II, IV e V são corretas.
(C) Somente as proposições I, II, e V são corretas.
(D) Somente as proposições I, II e III são corretas.
(E) Todas as proposições são corretas.

I: correta, pois o art. 71 do Código Civil prevê a possibilidade de a pessoa natural ter diversas residências onde alternadamente viva. Nesse caso, seu domicílio será qualquer uma delas; **II:** correta (LINDB, art. 6º, § 2º), em que pese também ser considerado adquirido o direito "cujo começo do exercício tenha têrmo pré-fixo, ou condição pré-estabelecida inalterável, a arbítrio de outrem"; **III:** incorreta, pois no caso da condição pré-estabelecida inalterável apenas consideram-se adquiridos os direitos cujo começo "esteja a arbítrio de outrem" (LINDB, art. 6º, § 2º); **IV:** incorreta, pois o Brasil permite a repristinação desde que ela seja expressa, ou seja, a lei que revogar a lei revogadora deverá expressamente mencionar a volta da vigência da primeira lei revogada (LINDB, art. 2º, § 3º); **V:** correta, pois de pleno acordo com a LINDB, art. 7º.

Gabarito "C"

(Magistratura do Trabalho – 11ª Região – 2007 – FCC) Considere as seguintes afirmativas:

I. No direito brasileiro, não haverá repristinação da lei, salvo disposição expressa em contrário.

II. A lei geral sempre revogará tacitamente a lei especial que tratar de matéria pertinente ao mesmo ramo do direito.

III. Somente haverá revogação tácita da lei quando a lei nova for incompatível com a lei anterior.

IV. Se a lei nova regular inteiramente a matéria de que tratava lei anterior, haverá revogação tácita desta.

V. A lei nova que estabelecer disposição especial a par de lei geral já existente não revogará a esta.

Está correto o que se afirma APENAS em

(A) I, II e III.
(B) I, IV e V.
(C) II, III e IV.
(D) II, IV e V.
(E) III, IV e V.

I: correta, pois o Brasil permite a repristinação desde que ela seja expressa, ou seja, a lei que revogar a lei revogadora deverá expressamente mencionar a volta da vigência da primeira lei revogada (LINDB, art. 2º, § 3º); **II:** incorreta, pois "A lei nova, que estabeleça disposições gerais ou especiais a par das já existentes, não revoga nem modifica a lei anterior" (LINDB, art. 2º, § 2º); **III:** incorreta, pois haverá a revogação tácita também quando a lei nova regule inteiramente a matéria de que tratava a lei anterior (art. 2º, § 1º, da LINDB); **IV:** correta, conforme explicação do item anterior; **V:** correta, pois a alternativa está de acordo com o art. 2º, § 2º, da LINDB.

Gabarito "B"

(Magistratura do Trabalho – 14ª Região – 2011) Analise as seguintes proposições à luz do Direito Civil brasileiro e, ao final, responda.

I. As leis, atos e sentenças de país estrangeiro terão eficácia no Brasil, quando não ofenderem a soberania nacional e a ordem pública, ainda que atentem contra os bons costumes.

II. A lei nova, que estabeleça disposições gerais e especiais a par das já existentes, não revoga nem modifica a lei anterior.

III. Salvo disposição contrária, a lei começa a vigorar em todo o país quarenta e cinco dias depois de oficialmente publicada, sendo que nos Estados, estrangeiros, a obrigatoriedade da lei brasileira, quando admitida, se inicia seis meses depois de oficialmente publicada.

IV. As correções a texto de lei em vigor consideram-se lei nova.

V. A lei do país em que a pessoa nasceu determina as regras sobre o começo e o fim da personalidade, o nome, a capacidade e os direitos de família

(A) São corretas apenas as assertivas I, II e III.
(B) São corretas apenas as assertivas I, III e IV.
(C) São corretas apenas as assertivas II e V.
(D) São corretas apenas as assertivas I, IV e V.
(E) São corretas apenas as assertivas II e IV.

I: incorreta, pois não terão eficácia no Brasil se atentarem contra os bons costumes (art. 17 da LINDB); **II:** correta (art. 2º, § 2º, da LINDB); **III:** incorreta, pois começa a vigorar no exterior 3 meses após oficialmente publicada (art. 1º, *caput* e § 1º, da LINDB); **IV:** correta (art. 1º, § 4º, da LINDB); **V:** incorreta, pois é a lei do país em que DOMICILIADA a pessoa que determina essas regras (art. 7º, caput, da LINDB).

Gabarito "E"

(Magistratura do Trabalho – 16ª Região – 2011) Sobre a lei e da sua eficácia espacial e temporal, assinale a alternativa CORRETA:

(A) Pelo principio da obrigatoriedade das leis, a lei se aplica a todos indistintamente, valendo a escusa por desconhecimento legal.
(B) Pelo principio da continuidade das leis, a partir da vigência de uma lei sua eficácia só poderá ser descontinuada pela revogação por outra, sendo possível a repristinação tácita.
(C) Após a vigência do Código dc Dcfcsa do Consumidor (Lei 8.078/90) houve derrogação de vários dispositivos de leis que contrariavam seus princípios gerais e regulamentos, tendo ocorrido o fenômeno da derrogação nos que encerravam conflito.
(D) Se um servidor aposenta-se sob a égide de uma norma vigente à época em que preenchia os requisitos, e passa essa mesma lei a ter nova redação após a concessão da aposentadoria, é lícito promover a revisão pelo Estado-Administrador dos valores concedidos ao beneficiário após nova regulamentação legal.
(E) Não dispondo em sentido contrário, a lei vigorará em todo o país na data de sua publicação.

A: incorreta, pois o desconhecimento da lei não é escusa válida para deixar de obedecê-la (art. 3º da LINDB); **B:** incorreta, pois só existe repristinação expressa de lei (art. 2º, § 3º, da LINDB); **C:** correta; vale salientar que o CDC é uma lei principiológica, de maneira que, além de ser lei posterior em relação a outras várias leis, é lei que tem hierarquia material em relação a outras leis de mesma hierarquia formal; **D:** incorreta, pois o servidor terá direito adquirido no caso, e a lei não pode prejudicar direito adquirido (art. 6º, caput, da LINDB); **E:** incorreta, pois, não dispondo em sentido contrário, a lei vigorará em todo o País 45 dias depois de oficialmente publicada (art. 1º, *caput*, da LINDB).

Gabarito "C"

(Magistratura do Trabalho – 16ª Região – 2011) Considerando as afirmativas abaixo, assinale a alternativa CORRETA:

I. Quando a lei for omissa, o juiz decidirá o caso de acordo com a analogia, os costumes e os princípios gerais de direito.
II. A lei estadual sempre revoga a lei municipal quando expressamente o declare, quando seja com ela incompatível ou quando regule inteiramente a matéria de que tratava a lei anterior.
III. A lei nova, que estabeleça disposições gerais ou especiais a par das já existentes, revoga a lei anterior.
IV. Na aplicação da lei, o juiz atenderá aos fins sociais a que ela se dirige e às exigências do bem comum.

(A) Somente as afirmativas I e III estão corretas.
(B) Somente as afirmativas I e IV estão corretas.
(C) Somente as afirmativas I, III e IV estão corretas.
(D) Somente as afirmativas II e IV estão corretas
(E) Todas as afirmativas estão corretas.

I: correta, pois o enunciado trata dos sistemas que integram o ordenamento na hipótese de haver lacuna da lei. Tais sistemas integradores estão previstos no art. 4º da LINDB e são justamente analogia, costumes e princípios gerais do direito; **II:** incorreta. A rigor, não há hierarquia entre leis estaduais e municipais. O assunto é tratado pelo Direito Constitucional, havendo sim campos distintos de competência e de incidência; **III:** incorreta, pois referida lei não revoga nem modifica a lei anterior, conforme o art. 2º, § 2º, da LINDB; **IV:** correta, pois o art. 5º da LINDB determina ao juiz que atenda – ao aplicar a lei – justamente a esses dois vetores.

Gabarito "B"

(Magistratura do Trabalho – 16ª Região – 2008) Considerando os métodos de interpretação da lei, indicar a alternativa correta:

(A) A interpretação gramatical (ou literal) analisa a norma sob o aspecto linguístico, verificando a pontuação e os aspectos gramaticais do texto, sem se preocupar com o sentido e o alcance das palavras.
(B) A interpretação lógica utiliza regras de raciocínio para compreender a intenção do legislador e a finalidade da norma, mas não visa impedir resultado contraditório em relação a outros preceitos normativos.
(C) A interpretação histórica preocupa-se com a dimensão temporal do processo legislativo, as circunstâncias sociais que ditaram sua elaboração, mas não permite apurar a vontade do legislador.
(D) A interpretação sistemática considera a lei como parte de um micro sistema legal, devendo ser entendida conforme sua situação topológica, relacionando com o contexto em que está localizada.
(E) A interpretação teleológica ou sociológica considera a finalidade social da lei, os interesses que determinaram sua criação, que devem ser mantidos independente da nova realidade social.

A: incorreta, pois a interpretação gramatical preocupa-se também com o sentido e alcance das palavras; **B:** incorreta, pois a interpretação lógica visa também impedir resultado contraditório em relação a outros preceitos normativos; **C:** incorreta, pois a interpretação histórica é considerada o melhor método para apurar a vontade do legislador e os objetivos que visava atingir; **D:** correta, pois a alternativa traz o conceito correto de interpretação sistemática; **E:** incorreta, pois a nova realidade social influencia no sentido e finalidade da norma e se altera com as novas exigências sociais.

Gabarito "D"

(Magistratura do Trabalho – 18ª Região – 2006) No que diz respeito à aplicação da lei, analise as seguintes proposições e assinale a alternativa correta.

I. A repristinação é sempre inadmissível no Direito Brasileiro.
II. A contagem do prazo para entrada em vigor das leis que estabeleçam período de vacância far-se-á com a inclusão da data da publicação e do último dia do prazo, entrando em vigor no dia subsequente à sua consumação integral.
III. Nos Estados Estrangeiros, quando admitida, a obrigatoriedade da lei brasileira inicia-se 45 dias depois de sua publicação.

IV. A derrogação é espécie do gênero ab-rogação.

V. Destinando-se a obrigação a ser executada no Brasil e dependendo de forma essencial, será esta observada, admitida as peculiaridades da lei estrangeira quanto aos requisitos extrínsecos do ato.

(A) Todos os itens estão incorretos.
(B) Apenas os itens I, III e IV estão incorretos.
(C) Apenas os itens II, III e IV estão incorretos.
(D) Apenas os itens I, II, III e IV estão incorretos.
(E) O item II é o único correto.

I: incorreta. A repristinação é admitida pelo art. 2º, § 3º, da LINDB, desde que a lei que revogou a lei revogadora expressamente determine o retorno da vigência da primeira lei revogada. O que não está previsto em nosso ordenamento é a repristinação automática; **II:** correta, pois a alternativa está de acordo com o art. 8º, § 1º, da LC 95/98, com redação dada pela LC 107/2001; **III:** incorreta, pois nos Estados Estrangeiros a obrigatoriedade da lei brasileira inicia-se três meses depois de oficialmente publicada (art. 1º, § 1º, da LINDB); **IV:** incorreta, pois ab-rogação e derrogação são espécies de revogação. Aquela significa a revogação de toda a norma, enquanto esta refere-se a uma revogação parcial; **V:** correta, pois está de acordo com o art. 9º, § 1º, da LINDB.

Gabarito "B"

(Magistratura do Trabalho – 21ª Região – 2005) Leia as assertivas seguintes e aponte a resposta correta, considerando o ordenamento jurídico brasileiro, com a vigência do novo Código Civil de 2002:

I. passou a admitir a hipótese de revogação de lei pelo desuso;

II. manteve o prazo de 30 dias para as leis estaduais entrarem em vigor, depois da publicação oficial;

III. equiparou o conceito de direito adquirido ao de expectativa de direito, no âmbito das relações contratuais personalíssimas;

IV. não previu exceções à regra de que ninguém se escusa de cumprir a lei, alegando que não a conhece;

V. não alterou o preceito geral de que a lei revogada não se restaura por ter a lei revogadora perdido a vigência.

(A) todas as alternativas estão erradas;
(B) apenas as alternativas I e IV estão corretas;
(C) apenas a alternativa IV está correta;
(D) apenas a alternativa V está correta:
(E) apenas as alternativas IV e V estão corretas.

I: incorreta, pois continua em vigor o princípio da continuidade, segundo o qual só uma nova lei é capaz de revogar outra lei (LINDB, art. 2º). Não há outra forma prevista no ordenamento jurídico, a não ser a própria lei, para a revogação de uma norma. O desuso de uma norma – fenômeno social muito comum – apenas retira a eficácia da lei, mas não sua vigência; **II:** incorreta, pois não há previsão legal de prazo de 30 dias para que as leis estaduais entrem em vigor; **III:** incorreta, pois o direito adquirido é somente aquele que "que o seu titular, ou alguém por êle, possa exercer, como aquêles cujo comêço do exercício tenha têrmo pré-fixo, ou condição pré-estabelecida inalterável, a arbítrio de outrem"; **IV:** a comissão do concurso considerou esta alternativa como correta, o que reflete um entendimento adotado por parte da doutrina. Contudo, o Decreto-Lei n.º 3.688/1941, que institui a Lei de Contravenções Penais, estabelece no art. 8º que: "No caso de ignorância ou de errada compreensão da lei, quando escusáveis, a pena pode deixar de ser aplicada". Parte da doutrina considera esta uma exceção ao referido princípio da obrigatoriedade; **V:** correta, pois reflete o disposto no art. 2º, § 3º, da LINDB, segundo o qual a repristinação somente ocorre caso a norma que revogar a lei revogadora mencione expressamente a volta da vigência da primeira lei revogada (LINDB, art. 2º, § 3º).

Gabarito "E"

(Magistratura do Trabalho – 23ª Região – 2009) Analise os itens abaixo e marque a alternativa CORRETA:

I. A cessação da vigência da lei é exceção ao princípio da continuidade.

II. A lei do país em que é residente a pessoa determina as regras sobre o começo e o fim da personalidade, o nome, a capacidade e os direitos de família.

III. A lei pode ser revogada tácita ou expressamente.

IV. Sem pronunciamento expresso a lei revogadora não tem o poder de repristinar a lei revogada.

V. Não obstante o efeito imediato da norma constitucional, ela não impõe, de imediato, a perda automática de eficácia das normas que lhe são contrárias.

(A) V, F, V, V, F.
(B) F, V, F, V, V.
(C) V, F, F, F, V.
(D) V, V, F, V, V.
(E) V, V, V, F, F.

I: verdadeira (art. 2º, *caput*, da LINDB); **II:** falsa, pois a lei do país em que for domiciliada a pessoa que determina as regras sobre o começo e o fim da personalidade, o nome, a capacidade e os direitos de família (art. 7º, *caput*, da LINDB); **III:** verdadeira, pois de pleno acordo com o art. 2º, § 1º, da LINDB; **IV:** verdadeira. A repristinação é admitida pelo art. 2º, § 3º, da LINDB, desde que a lei que revogou a lei revogadora expressamente determine o retorno da vigência da primeira lei revogada. O que não está previsto em nosso ordenamento é a repristinação automática (art. 2º, § 3º, da LINDB); **V:** falsa, pois com a promulgação e publicação da nova Constituição, automaticamente ocorre a não recepção das normas que lhe são contrárias.

Gabarito "A"

(Magistratura do Trabalho – 24ª Região – 2006) Assinale a alternativa INCORRETA.

(A) O princípio da continuidade das leis enuncia que a lei permanece em vigor até que outra a modifique ou revogue.

(B) Se, antes de entrar a lei em vigor, ocorrer nova publicação de seu texto, destinada a correção, a *vacatio legis* começará a correr da nova publicação. Se já em vigor a lei, eventuais correções em seu texto consideram-se lei nova.

(C) A contagem do prazo para entrada em vigor das leis que estabeleçam período de vacância far-se-á com a inclusão da data da publicação e do último dia do prazo, entrando em vigor no dia subsequente à sua consumação integral.

(D) Em matéria de aplicação espacial de normas jurídicas, o Brasil adota o princípio da territorialidade moderada.

(E) A revogação parcial de uma lei denomina-se ab-rogação e a revogação total denomina-se derrogação.

A: correta. Não há outra forma prevista no ordenamento jurídico, a não ser a própria lei, para a revogação de uma norma. Referido princípio vem estabelecido no art. 2º da LINDB; **B:** correta, pois de pleno acordo com a LINDB, art. 1º, § 3º; **C:** correta, pois de pleno acordo com a regra estabelecida pelo art. 8º, § 1º, da LC 95/98, com a redação dada pela LC 107/2001; **D:** correta, pois a alternativa classifica corretamente o princípio adotado pelo Brasil; **E:** incorreta, pois ab-rogação é a revogação total e a derrogação é a revogação parcial da lei.

Gabarito "E"

(Ministério Público do Trabalho – 16º) Assinale a alternativa CORRETA:

(A) no direito brasileiro é admitida, por exceção, a repristinação tácita de lei, como também a revogação da lei pela consumação de seu objeto;
(B) em regra, os direitos da personalidade são intransmissíveis ou irrenunciáveis, de sorte que o cônjuge sobrevivente não tem legitimidade para requerer medida judicial com vistas a reclamar perdas e danos em caso de ofensa a direito da personalidade do cônjuge morto;
(C) a forma e a prova dos atos jurídicos são regidos pela lei do tempo de sua realização, devendo por ela ser apreciada a validade;
(D) a interrupção da prescrição poderá ocorrer mais de uma vez e retroagirá à data da propositura da ação;
(E) não respondida.

A: incorreta, pois, no direito brasileiro, a repristinação tácita não é admitida. Para que a lei revogada volte a viger, é necessário que a norma que revogou a lei revogada expressamente mencione a volta da vigência da primeira lei revogada (LINDB, art. 2º, § 3º); **B:** incorreta, pois eventual violação a direito da personalidade de uma pessoa que já faleceu confere legitimação ao cônjuge sobrevivente, ou qualquer parente em linha reta, ou colateral até o quarto grau para exigir a cessação da ameaça ou reclamar perdas e danos (CC, art. 12, parágrafo único); **C:** correta, pois em total consonância com o art. 6º da LINDB; **D:** incorreta, pois a prescrição só poderá ser interrompida uma vez, de acordo com o art. 202, caput, do CC.

Gabarito "C"

(Ministério Público do Trabalho – 14º) Complete com a opção CORRETA.

Nos Estados estrangeiros, a obrigatoriedade da lei brasileira, quando admitida, se inicia ___________ depois de oficialmente publicada.

(A) 2 meses;
(B) 3 meses;
(C) 4 meses;
(D) 5 meses;
(E) não respondida.

A LINDB estabelece a chamada *vacatio legis*. Trata-se de um período de "maturação" da lei, ou seja, um período no qual a lei – apesar de já aprovada e publicada no Diário Oficial – ainda não está em vigor. Este lapso temporal será estabelecido pela própria lei em questão. Se, porém, a lei for omissa quanto ao referido prazo, a LINDB (art. 1º) estabelece que este será de 45 dias, desde que a lei seja aplicada dentro do território nacional. Para leis que tenham aplicação fora do território nacional (*ex: leis que regulem o modo pelo qual os brasileiros residentes no exterior devem votar ou leis que regulamentem o funcionamento de embaixadas)* a vacatio será de 3 meses (LINDB, art. 1º, § 1º).

Gabarito "B"

(Ministério Público do Trabalho – 9º)

I. a obrigatoriedade da lei brasileira nos Estados Estrangeiros, quando admitida, tem início 3 (três) meses depois de oficialmente publicada;
II. a revogação de lei que revogou lei anterior tem efeito repristinatório;
III. as declarações de vontade se interpretam literalmente;
IV. o termo inicial da obrigação suspende a aquisição do direito.

Examinando o que consta das assertivas acima, assinale a alternativa correta abaixo:

(A) nenhuma das assertivas é correta;
(B) somente a assertiva I é correta;
(C) as assertivas I e II são corretas, sendo incorretas as demais:
(D) as assertivas III e IV são corretas, sendo incorretas as demais:
(E) as assertivas II e III são corretas, sendo incorretas as assertivas I e IV;
(F) não sei.

I: correta, pois este é o prazo de *vacatio legis* estabelecido para leis brasileiras com aplicação no exterior (art. 1º, § 1º, da LINDB); **II:** incorreta, pois no direito brasileiro a lei revogada não se restaura automaticamente por ter a lei revogadora perdido a vigência. Admite-se, todavia, a repristinação expressa, ou seja, a última lei revoga a lei revogadora e também determina o retorno da vigência da primeira lei que foi revogada (art. 2º, § 3º, da LINDB); **III:** incorreta, pois o CC (art. 112) determina que se atenda mais à intenção do que à literalidade das declarações de vontade (art. 112 do CC); **IV:** incorreta, pois o termo inicial suspende apenas o exercício, mas não a aquisição do direito subjetivo (CC, art. 131).

Gabarito "B"

2. GERAL

2.1. DAS PESSOAS NATURAIS

(Magistratura do Trabalho – 23ª Região – 2012) Com base nas disposições do Código Civil vigente analise as proposições abaixo e indique a alternativa correta:

I. São absolutamente incapazes de exercer pessoalmente os atos da vida civil: os menores de dezesseis anos; os que, por enfermidade ou deficiência mental, não tiverem o necessário discernimento para a prática desses atos; os que, mesmo por causa transitória, não puderem exprimir sua vontade.
II. São incapazes, relativamente a certos atos, ou à maneira de os exercer: os maiores de dezesseis e menores de dezoito anos; os ébrios habituais, os viciados em tóxicos, e os que, por deficiência mental, tenham perdido, por completo, o discernimento; os excepcionais, sem desenvolvimento mental completo; os pródigos.
III. Dentre outras hipóteses legais, cessará, para os menores, a incapacidade: pelo casamento, se o menor tiver dezesseis anos completos; pelo exercício de emprego público efetivo ou temporário, mas que garanta economia própria ao menor;

pela colação de grau em curso de ensino superior ou curso técnico profissionalizante de segundo grau; pelo estabelecimento civil ou comercial, ou pela existência de relação de emprego, desde que, em função deles, o menor com dezesseis anos completos tenha economia própria.

IV. A existência da pessoa natural termina com a morte; presume-se esta, quanto aos ausentes, nos casos em que a lei autoriza a abertura de sucessão definitiva. Pode ser decretada a ausência presumida de alguém, sem declaração de sua morte, no caso de restar desaparecido em campanha ou feito prisioneiro e não for encontrado até dois anos após o término da guerra.

V. Se dois ou mais indivíduos falecerem na mesma ocasião, não se podendo averiguar se algum dos comorientes precedeu aos outros, presumir-se-ão simultaneamente mortos.

(A) Apenas as proposições I e V estão corretas e as demais estão incorretas.
(B) Apenas as proposições I, III e V estão corretas e as demais estão incorretas.
(C) Apenas as proposições III e V estão corretas e as demais incorretas.
(D) Todas as proposições estão corretas.
(E) Apenas as proposições II, III e V estão corretas e as demais estão incorretas.

I: correta, pois de pleno acordo com as hipóteses de incapacidade previstas no art. 3º do CC; **II:** incorreta, pois aqueles que "por deficiência mental, tenham perdido, por completo o discernimento" são considerados absolutamente incapazes (CC, art. 3º); **III:** incorreta, pois apenas a colação de grau em "curso superior" é que confere capacidade ao menor, não sendo apto para tanto o "curso técnico profissionalizante de segundo grau"; **IV:** incorreta, pois o que se presume é a morte, sem a declaração de ausência (CC, art. 7º); **V:** correta, pois a assertiva refere-se à comoriência, prevista no art. 8º do CC.

Gabarito "A"

(Magistratura do Trabalho – 2ª Região – 2012) Quanto à capacidade civil, conforme previsão do Código Civil é correto afirmar que:

(A) Os menores de 18 anos são absolutamente incapazes para exercer pessoalmente qualquer ato da vida civil.
(B) Os pródigos são relativamente incapazes a certos atos ou à maneira de exercê-los.
(C) São relativamente incapazes os que, mesmo por causa transitória, não puderem exprimir sua vontade.
(D) Os menores de 16 anos podem contratar, sem que haja vício de vontade.
(E) A disposição gratuita do próprio corpo, no todo ou em parte, para depois da morte, depende da regulamentação por lei complementar para ser válida.

A: incorreta, pois a partir dos dezesseis anos de idade a pessoa passa natural passa a ostentar a condição de relativamente incapaz, o que lhe permitirá praticar – com a devida assistência – atos da vida civil (CC, art. 4º). Ademais, a partir dos dezesseis anos a pessoa é plenamente capaz para – sem assistência – testar (CC, art. 1.860 parágrafo único); **B:** correta, pois de pleno acordo com o art. 4º, IV do Código Civil; **C:** incorreta, pois nessa hipótese a incapacidade é absoluta (CC, art. 3º, III); **D:** incorreta, pois os menores de dezesseis anos são absolutamente incapazes para praticar negócios jurídicos (CC, art. 3º, I); **E:** incorreta, pois não há exigência de Lei Complementar para tal ato.

Gabarito "B"

(Magistratura do Trabalho – 2ª Região – 2010) Considerando as regras do Código Civil, analise os seguintes enunciados:

I. A personalidade jurídica civil começa do nascimento com vida, sendo assegurados direitos do nascituro, salvo os relacionados à filiação e à doação.

II. Cessará a incapacidade para os menores por concessão dos pais, ou de um deles na falta do outro, mediante instrumento público, independentemente de homologação judicial, ou por sentença do juiz, ouvido o tutor, se o menor tiver dezesseis anos completos.

III. O incapaz responde pelos prejuízos que causar, se as pessoas por ele responsáveis não tiverem obrigação de fazê-lo ou não dispuserem de meios suficientes, sendo que a indenização não terá lugar se privar do necessário o incapaz.

IV. Constitui-se em causa da emancipação legal a existência de relação de emprego, ainda que o menor com dezesseis anos completos não tenha economia própria.

Da análise das sentenças acima, é de se concluir que:

(A) Nenhuma assertiva está incorreta.
(B) Somente a assertiva I está incorreta.
(C) Somente as assertivas II e III estão corretas.
(D) Somente as assertivas I e IV estão corretas.
(E) Somente as assertivas II e IV estão incorretas.

I: incorreta, pois são assegurados aos nascituros – dentre outros – os direitos relacionados à filiação e à doação (art. 2º do CC; art. 542 do CC); **II:** correta, pois a assertiva enumera duas formas de emancipação do sistema jurídico brasileiro, respectivamente a voluntária e a judicial (art. 5º, parágrafo único, I, do CC), pois **III:** correta, pois de fato o incapaz pode – excepcionalmente – responder com seu próprio patrimônio pelos prejuízos que causar e ainda assim a indenização não será devida se privar o incapaz do necessário para sua subsistência (art. 928 do CC); **IV:** incorreta, pois, nesse caso, é necessário que o menor tenha economia própria, ou seja, consiga prover a sua própria subsistência (art. 5º, parágrafo único, V, do CC) com a relação de emprego.

Gabarito "C"

(Magistratura do Trabalho – 8ª Região – 2009) De acordo com o Código civil, é incorreto afirmar:

(A) Desaparecendo uma pessoa do seu domicílio sem dela haver notícia, se não houver deixado representante ou procurador a quem caiba administrar-lhe os bens, o juiz, a requerimento de qualquer interessado ou do Ministério Público, declarará a ausência, e nomear-lhe-á curador. Também se declarará a ausência, e se nomeará curador, quando o ausente deixar mandatário que não queira ou não possa exercer ou continuar o mandato, ou se os seus poderes forem insuficientes. Decorrido um ano da arrecadação dos bens do ausente, ou, se ele deixou representante ou procurador, em se passando três anos, poderão os interessados requerer que se declare a ausência e se abra provisoriamente a sucessão.

(B) Dez anos depois de passado em julgado a sentença que concede a abertura de sucessão provisória, poderão os interessados requerer a sucessão definitiva e o levantamento das cauções prestadas. Pode-se requerer a sucessão definitiva, também, provando-se que o ausente conta 75 anos de idade, e que de cinco datam as últimas notícias dele.

(C) Para criar uma fundação, o seu instituidor fará, por escritura pública ou testamento, dotação especial de bens livres, especificando o fim a que se destina, e declarando, se quiser, a maneira de administrá-la, limitando-se a possibilidade de escolha dos fins a religiosos, culturais, morais ou de assistência.

(D) Têm domicílio necessário o incapaz, o servidor público, o militar, o marítimo e o preso. O domicílio do incapaz é o do seu representante ou assistente; o do servidor público, o lugar em que exercer permanentemente suas funções; o do militar, onde servir, e, sendo da Marinha ou da Aeronáutica, a sede do comando a que se encontrar imediatamente subordinado; o do marítimo, onde o navio estiver matriculado; e o do preso, o lugar em que cumprir a sentença.

(E) Considera-se condição a cláusula que, derivando exclusivamente da vontade das partes, subordina o efeito do negócio jurídico a evento futuro e incerto. São lícitas, em geral, todas as condições não contrárias à lei, à ordem pública ou aos bons costumes; entre as condições defesas se incluem as que privarem de todo efeito o negócio jurídico, ou o sujeitarem ao puro arbítrio de uma das partes.

A: correta. A assertiva prevê as hipóteses nas quais uma pessoa deixa seu domicílio e não retorna mais durante prolongado tempo. Nessas hipóteses, pode ter início o longo processo de ausência, cujo objetivo final é declarar a morte presumida desta pessoa. Os prazos para a declaração de ausência variam conforme o ausente tenha (um ano) ou não deixado procurador (três anos). (CC, arts. 22, 23 e 26); **B:** incorreta. Como regra pode se pedir a sucessão definitiva dez anos após o trânsito em julgado da sentença que concede a sucessão provisória. Porém, o CC abre a possibilidade de se antecipar tal pedido, desde que o ausente já conte com 80 anos de idade e que já esteja desaparecido há 5 anos (CC, arts. 37 e 38); **C:** correta, pois a assertiva está de pleno acordo com o art. 62 do CC; **D:** correta, pois todas essas hipóteses estão previstas no art. 76 do CC; **E:** correta. A condição é o evento futuro e incerto que subordina a eficácia do negócio jurídico. Quando a condição for suspensiva, o negócio só produzirá efeitos após a ocorrência do evento futuro e incerto. Quando a condição for resolutiva, o negócio jurídico já produz seus regulares efeitos desde logo, mas tais efeitos se resolverão quando ocorrer o referido evento. O art. 122 prevê as condições proibidas.

Gabarito "B"

(Magistratura do Trabalho – 8ª Região – 2007) Diz a lei que são hipóteses em que cessa a incapacidade dos menores, exceto:

(A) Pela concessão dos pais, ou de um deles na falta do outro, mediante instrumento público, independentemente de homologação judicial.

(B) Pelo casamento.

(C) Pelo exercício de emprego público efetivo.

(D) Pela existência de relação de emprego, desde que, em função dela, o menor com dezessete anos completos detenha economia própria.

(E) Pela colação de grau em curso de ensino superior.

Todas as hipóteses, com exceção da letra D, estão claramente previstas no art. 5º, parágrafo único, do Código Civil como causas de emancipação legal. A assertiva D contém apenas um equívoco, quando menciona a necessidade de o menor ter dezessete anos de idade. Isso porque o referido dispositivo legal, no inciso V, estabelece que – aos dezesseis anos – referida emancipação pode ocorrer.

Gabarito "D"

(Magistratura do Trabalho – 9ª Região – 2007) Analise as seguintes proposições:

I. Tratando-se o nome de direito personalíssimo, garantido pela legislação civil, poderá o adotado maior de idade conservar o sobrenome dos pais de sangue, sendo-lhe ainda facultado acrescer a este o sobrenome do adotante.

II. São absolutamente incapazes de exercer pessoalmente todos os atos da vida civil os menores de dezesseis anos, os que por deficiência mental não tiverem discernimento para a prática de tais atos e os pródigos.

III. O nascituro é sujeito de direitos, mas somente adquire a personalidade jurídica com o nascimento com vida.

IV. A emancipação, para o menor que tiver dezesseis anos completos, poderá ocorrer pela concessão dos pais, ou de apenas um deles na falta do outro, através de instrumento público, independentemente de homologação judicial.

V. Segundo a legislação civil, o menor de mais de dezesseis e menos de dezoito anos pode ser admitido como testemunha.

Assinale a alternativa correta:

(A) Todas as proposições estão corretas;

(B) Apenas quatro proposições estão corretas;

(C) Apenas três proposições estão corretas;

(D) Apenas duas proposições estão corretas;

(E) Apenas uma proposição está correta.

I: incorreta, pois o adotado não pode conservar o sobrenome dos seus pais de sangue (art. 47, § 5º, da Lei 12.010/2009); **II:** incorreta, pois o pródigo (aquele que gasta imoderadamente seu patrimônio) é relativamente incapaz (CC, art. 4º, IV); **III:** correta, pois pela letra fria da lei, o Brasil adotou a teoria natalista, segundo a qual somente o nascimento com vida é que traz a personalidade jurídica ao ser humano (art. 2º do CC); **IV:** correta, pois a assertiva contempla duas formas de emancipação do sistema brasileiro: a voluntária e a judicial (CC, art. 5º, parágrafo único, I); **V:** correta, pois apenas os menores de dezesseis anos não podem ser admitidos como testemunha, dentre outras hipóteses (CC, art. 228, I).

Gabarito "C"

(Magistratura do Trabalho – 11ª Região – 2007 – FCC) Cessará, para os menores, a incapacidade pela concessão

(A) do pai ou da mãe isolada ou conjuntamente, mediante instrumento público, independentemente de homologação judicial, ou por sentença do juiz, ouvido o tutor, se o menor tiver dezesseis anos completos.

(B) dos pais, ou de um deles na falta do outro, mediante instrumento público, ou particular, firmado juntamente com duas testemunhas, independentemente de homologação judicial, ou por sentença do juiz, ouvido o tutor, se o menor tiver dezesseis anos completos.

(C) dos pais, ou de um deles na falta do outro, mediante instrumento público, independentemente de homologação judicial, ou por sentença do juiz, ouvido o tutor, se o menor tiver dezesseis anos completos.

(D) dos pais, ou de um deles, ou do tutor se o menor não estiver sob o poder familiar, dependendo, em qualquer caso, de homologação judicial, desde que o menor conte mais de dezesseis anos de idade.

(E) dos pais em conjunto e por instrumento público, ou mediante sentença do juiz, se houver discordância entre eles ou se o menor estiver sob tutela, desde que conte mais de catorze anos de idade.

A: incorreta, pois ambos os genitores devem conceder a emancipação. Somente se admite a concessão por um só deles, caso o outro seja ausente, morto ou ter perdido o poder familiar; **B:** incorreta, pois não se admite instrumento particular para a concessão de emancipação pelos pais; **C:** correta, pois de pleno acordo com o art. 5º, parágrafo único, I, do CC; **D:** incorreta, pois o tutor só poderá emancipar o menor com sentença judicial; **E:** incorreta, pois exige-se pelo menos dezesseis anos de idade.

Gabarito "C"

(Magistratura do Trabalho – 13ª Região – 2006) Cessará a incapacidade para os menores de 18 (dezoito) anos, exceto:

(A) pelo casamento;

(B) pelo exercício de emprego público efetivo;

(C) pelo estabelecimento comercial, se o menor com 16 (dezesseis) anos, em função dele, possuir economia própria;

(D) pela concessão dos pais, mediante instrumento público, independentemente de homologação judicial;

(E) pela concessão dos pais, mediante instrumento público, dependendo de homologação judicial.

A, B e **C:** corretas, pois essas três assertivas estão previstas no CC, art. 5º, parágrafo único, respectivamente nos incisos II, III e V como causas de emancipação automática; **D:** correta, pois a emancipação voluntária ocorre justamente mediante concessão dos pais mediante instrumento público e sem a necessidade de homologação judicial (CC, art. 5º, parágrafo único, I); **E:** incorreta, pois a emancipação voluntária, concedida pelos pais, não depende de homologação judicial.

Gabarito "E"

(Magistratura do Trabalho – 14ª Região – 2008) Personalidade jurídica.

I. Capacidade de exercício é a aptidão do indivíduo para, pessoalmente, adquirir direitos e contrair obrigações.

II. O nascituro, embora tenha proteção legal, não possui personalidade jurídica.

III. A existência da pessoa natural termina com a morte. Excepcionalmente, pode ser declarada a morte presumida sem a decretação de ausência.

IV. É válida, com objetivo científico, ou altruístico, a disposição gratuita do próprio corpo, no todo ou em parte, para depois da morte.

Responda:

(A) todas as opções estão corretas;

(B) apenas as opções I e II estão corretas;

(C) apenas as opções II e III estão corretas;

(D) apenas as opções I e IV estão corretas;

(E) todas as opções estão incorretas.

I: correta; a *capacidade de exercício* também é chamada *capacidade de fato*, e somente os capazes a têm por inteiro; aqueles que têm essa capacidade podem praticar pessoalmente e sozinhos os atos da vida civil; já a *capacidade de direito* (ou de *gozo*) é a aptidão genérica para adquirir direitos e contrair obrigações; todas as pessoas têm capacidade de direito, inclusive uma criança; assim, uma criança pode locar um imóvel de sua propriedade, pois têm capacidade de direito, mas deve fazê-lo mediante um representante, pois não têm capacidade de exercício; **II:** correta, pois o Código Civil adotou a teoria natalista, segundo a qual, a personalidade só se inicia com o nascimento com vida (CC, art. 2º); **III:** correta, pois o art. 7º do CC prevê hipóteses nas quais um fato trágico seguido do desaparecimento de uma pessoa torna extremamente provável sua morte e permite ao juiz presumir esta morte para todos os fins; **IV:** correta, pois trata-se de uma manifestação do direito ao próprio corpo, espécie de direito da personalidade, prevista no art. 14 do CC.

Gabarito "A"

(Magistratura do Trabalho – 14ª Região – 2011) Nos termos do atual Código Civil, assinale a alternativa incorreta.

(A) A lei põe a salvo, desde a concepção, os direitos do nascituro, mas a personalidade civil da pessoa começa do nascimento com vida.

(B) Os menores de dezesseis anos de idade podem ser proprietários de bens móveis e imóveis.

(C) São absolutamente incapazes para o exercício pessoal de atos da vida civil os ébrios habituais, os viciados em tóxicos, os pródigos e os silvícolas, que ficarão sujeitos a regime tutelar, estabelecido em leis e regulamentos especiais.

(D) Os que, mesmo por causa transitória, não puderem exprimir sua vontade, são absolutamente incapazes de exercer pessoalmente atos da vida civil.

(E) Os excepcionais, sem desenvolvimento mental completo, são incapazes, relativamente a certos atos, ou maneira de os exercer.

A: correta, pois o CC adotou a teoria natalista, ou seja, o ser humano só adquire personalidade quando nasce com vida, ressalvando-se, porém, alguns específicos direitos ao nascituro (CC, art. 2º); **B:** correta, pois todas as pessoas, inclusive os menores de 16 anos, têm capacidade de direito, ou seja, a aptidão genérica para adquirir direitos e obrigações na ordem civil (CC, art. 1º). O que lhes carece é a capacidade de fato, ou seja, a capacidade de exercer pessoalmente os atos da vida civil; **C:** incorreta, pois todas as pessoas mencionadas são relativamente incapazes (CC, art. 4º, II e IV), e não absolutamente incapazes; quanto aos índios, o Estatuto do Índio traz uma série de possibilidades, inclusive a possibilidade de o índio ser plenamente capaz, como é o caso do índio integrado (art. 4º, III, da Lei 6.001/73); **D:** correta, pois tal hipótese é prevista na lei como causa de absoluta incapacidade (CC, art. 3º, III); **E:** correta, pois de pleno acordo com o disposto no art. 4º, *caput*, e III, do CC.

Gabarito "C"

(Magistratura do Trabalho – 15ª Região – 2010) Verifique a alternativa incorreta:

(A) são absolutamente incapazes de exercer pessoalmente os atos da vida civil aqueles que se encontram transitoriamente impossibilitados de exprimir sua vontade;
(B) são relativamente incapazes os toxicômanos;
(C) a emancipação, daquele que conte 16 anos completos implica cessação de sua incapacidade relativa;
(D) entre 15 e 18 anos, a obtenção de relação de emprego que permita ao menor viver de suas próprias finanças, implica cessação da menoridade;
(E) os pródigos são relativamente incapazes de exercer certos atos da vida civil.

A: correta, pois esta hipótese vem prevista no Código Civil como causa de incapacidade absoluta (CC, art. 3º, III); **B:** correta, pois o vício em tóxicos é uma hipótese que permite a declaração de incapacidade relativa (CC, art. 4º, II); **C:** correta, pois a emancipação acarreta a concessão de capacidade de exercício ao menor de idade, que tenha pelo menos dezesseis anos (CC, art. 5º, *caput*, e parágrafo único); **D:** incorreta por duas razões. Primeiro porque tal hipótese só é permitida aos dezesseis anos e segundo porque a emancipação nunca faz cessar a menoridade, mas sim a incapacidade. A menoridade é uma questão temporal; a incapacidade é uma questão jurídica; **E:** correta, pois a prodigalidade é prevista em lei como causa de incapacidade relativa (CC, art. 4º, IV).

Gabarito "D"

(Magistratura do Trabalho – 16ª Região – 2008) Sobre personalidade e capacidade, considerar as alternativas propostas:

I. A personalidade civil da pessoa começa com o nascimento, mas a lei põe a salvo, desde a concepção, os direitos do nascituro.
II. Só pode existir personalidade civil, quando a criança consegue respirar, após o corte do cordão umbilical.
III. Só com a morte ou com a ausência, nos casos previstos em lei, a pessoa perde a capacidade de praticar os atos da vida civil.
IV. Diz-se que a capacidade é medida da personalidade porque todas as pessoas são iguais em direitos e obrigações, sendo plena a capacidade para todos.
V. A lei que instituiu os alimentos gravídicos modifica as regras da capacidade do nascituro, atribuindo-lhe capacidade de fato ou de gozo.

Assinalar a resposta correta:

(A) As alternativas I e V estão corretas.
(B) Todas as alternativas estão incorretas.
(C) As alternativas II e IV estão corretas.
(D) Apenas a alternativa I está incorreta.
(E) Apenas as alternativas I, III e V estão incorretas.

I: incorreta, pois a personalidade civil começa com o nascimento *com vida* (art. 2º do CC); **II:** incorreta, pois a lei não traz essa ressalva; **III:** incorreta, pois há no direito brasileiro outras formas de perda de capacidade (CC, art. 3º); **IV:** incorreta, pois todos têm personalidade, a partir do nascimento com vida, mas a capacidade nem todos a têm em sua plenitude, conforme disposto nos arts. 3º e 4º, do CC; **V:** incorreta, pois a Lei 11.804/2008 que disciplinou os alimentos gravídicos não modificou as regras da capacidade do nascituro, que tem apenas os seus direitos ressalvados, conforme disposto no art. 2º do CC.

Gabarito "B"

(Magistratura do Trabalho – 16ª Região – 2006) Sobre a capacidade civil é correto afirmar:

I. São absolutamente incapazes: os menores de 16 anos; os que, por enfermidade ou deficiência mental, não tiverem o necessário discernimento para a prática de atos da vida civil; os que, mesmo por causa transitória, não puderem exprimir sua vontade.
II. São absolutamente incapazes: os menores de 16 anos; os que, por enfermidade, deficiência mental ou loucura, não tiverem o necessário discernimento para a prática de atos da vida civil; os que, mesmo por causa transitória, não puderem exprimir sua vontade.
III. São relativamente incapazes: maiores de 16 anos e menores de 18 anos; os ébrios habituais, os toxicômanos e os que, por deficiência mental, tenham discernimento reduzido; excepcionais, sem desenvolvimento mental completo e os pródigos.
IV. São relativamente incapazes: maiores de 16 anos e menores de 18 anos; Os ébrios habituais, os toxicômanos e os que, por deficiência mental, tenham discernimento reduzido; Excepcionais, sem desenvolvimento mental completo; os pródigos e os silvícolas.
V. Nenhuma das alternativas está correta.

(A) As assertivas I e V estão corretas.
(B) Somente as assertivas I e III estão corretas.
(C) As assertivas II e IV estão corretas.
(D) As assertivas III e IV estão corretas.
(E) Somente IV e V estão corretas.

I: correta. Todas as hipóteses estabelecidas na assertiva são causas de incapacidade absoluta (CC, art. 3º, incisos I, II e III); **II:** incorreta, pois a lei não prevê "loucura" como causa de incapacidade, mas apenas "enfermidade ou deficiência mental" e os que não tiverem o necessário discernimento para a prática dos atos da vida civil (CC, art. 3º, II); **III:** correta, pois a assertiva enumera hipóteses de incapacidade relativa (CC, art. 4º, incisos I a IV); **IV:** incorreta, pois o Código Civil não prevê mais a figura do silvícola (CC, art. 4º, parágrafo único).

Gabarito "B"

(Magistratura do Trabalho – 24ª Região – 2007) Sobre a personalidade e a capacidade:

I. São relativamente incapazes de exercer pessoalmente os atos da vida civil os que, mesmo por causa transitória, não puderem exprimir sua vontade.
II. Cessará, para os menores, a incapacidade pelo exercício de emprego público efetivo.

III. Pode ser declarada a morte presumida, sem decretação de ausência, se for extremamente provável a morte de quem estava em perigo de vida.

IV. Pode ser declarada a morte presumida, sem decretação de ausência, se alguém, desaparecido em campanha ou prisioneiro, não for encontrado até 2 (dois) anos após o término da guerra.

RESPONDA:

(A) Todas as proposições estão corretas.
(B) Apenas a proposição I está incorreta.
(C) Apenas as proposições I e IV estão incorretas.
(D) Todas as proposições estão incorretas.
(E) Apenas as proposições I e II estão corretas.

I: incorreta, pois as pessoas nesta situação são absolutamente incapazes (CC, art. 3º, III); **II:** correta, pois trata-se de uma hipótese de emancipação legal, ou seja, uma causa de cessão da incapacidade automática (art. 5º, parágrafo único, III, do CC); **III:** correta, pois o desaparecimento de uma pessoa precedido de uma causa trágica e que torne absolutamente improvável sua sobrevivência autoriza o juiz a declarar desde logo sua morte presumida (CC, art. 7º, I, do CC); **IV:** correta. Após estabelecer em cláusula genérica que "*pode ser declarada a morte presumida se for extremamente provável a morte de quem estava em perigo de vida*", a lei traz uma hipótese bem específica ao prever que também pode ser declarada a morte presumida de alguém que "desaparecido em campanha ou feito prisioneiro, não for encontrado até dois anos após o término da guerra" (CC, art. 7º).

Gabarito "B"

(Ministério Público do Trabalho – 15º) Assinale a alternativa INCORRETA:

(A) os excepcionais, sem desenvolvimento mental completo, são incapazes, relativamente a certos atos, ou à maneira de os exercer;
(B) presume-se o término da existência do ausente nos casos em que a lei autoriza a abertura da sucessão definitiva;
(C) pode ser declarada a morte presumida se alguém desaparecido em campanha ou feito prisioneiro não for encontrado até dois anos após o término da guerra, decretando-se sua ausência;
(D) a comoriência é a morte de duas ou mais pessoas na mesma ocasião e, geralmente, em razão de um mesmo acontecimento;
(E) não respondida.

A: correta. As pessoas nessas situações são consideradas relativamente incapazes (CC, art. 4º, *caput*, e inciso III); **B:** correta. A decretação da morte presumida do ausente ocorre justamente na abertura da sucessão definitiva, que é a última fase do longo processo de ausência (CC, art. 6º); **C:** incorreta, pois esse caso de morte presumida é *sem* decretação de ausência (CC, art. 7º, II); **D:** correta, pois de acordo com a redação do art. 8º do CC.

Gabarito "C"

2.2. DOS DIREITOS DA PERSONALIDADE

(Procurador do Trabalho – 2013 – MPT) Em relação aos direitos da personalidade, considere as assertivas abaixo:

I. Consoante o Código Civil, toda pessoa tem direito ao nome, nele compreendidos o prenome, o sobrenome e o pseudônimo.

II. São direitos que circundam o indivíduo durante toda a sua vida, porém, em relação a alguns direitos da personalidade, como os do corpo, à imagem e o direito moral de autor subsistem efeitos *post mortem* (após a morte) ou mesmo *ad aeternum* (eternamente).

III. O atual Código Civil inovou em relação ao diploma civilista anterior ao dedicar um capítulo para tratar "*Dos direitos da personalidade*", representando um progresso na legislação brasileira ao disciplinar, no âmbito infraconstitucional, direitos da personalidade outrora consagrados na Constituição Federal de 1988, e enfatizando outros atributos da personalidade como o direito ao corpo, ao nome e à orientação sexual.

Assinale a alternativa CORRETA:

(A) apenas a assertiva I está correta;
(B) apenas a assertiva II está correta;
(C) apenas a assertiva III está correta;
(D) todas as assertivas estão corretas;
(E) não respondida.

I: incorreta, pois são compreendidos no nome apenas o prenome e o sobrenome (art. 16 do CC); **II:** correta, pois mesmo após a morte tais direitos serão objetos de proteção (arts. 12, parágrafo único, e 20, parágrafo único, do CC); **III:** incorreta, pois o Código Civil acabou não tratando expressamente do direito à orientação sexual.

Gabarito "B"

(Magistratura do Trabalho – 23ª Região – 2012) Com base nas disposições do Código Civil vigente analise as proposições abaixo e indique a alternativa correta:

I. Para atendimento do direito público à informação, o nome da pessoa pode ser empregado por outrem em publicações ou representações, ainda que a exponham ao desprezo público, salvo se tenham intenção difamatória.

II. Pode-se exigir que cesse a ameaça, ou a lesão, a direito da personalidade, e reclamar perdas e danos, sem prejuízo de outras sanções previstas em lei. Em se tratando de morto, terá legitimação; para requerer a medida o cônjuge sobrevivente, ou qualquer parente em linha reta, ou colateral ate o quarto grau.

III. É válida, com objetivo científico, ou altruístico, a disposição gratuita do próprio corpo, no todo ou em parte, para depois da morte. O ato de disposição pode ser livremente revogado a qualquer tempo.

IV. O pseudônimo goza da proteção que se dá ao nome. Tratando-se, então, de um verdadeiro direito de personalidade, a proteção jurídica do pseudônimo utilizado pela pessoa não se mitiga em face da licitude, ou não, da atividade em que empregado, pois os direitos de personalidade são indisponíveis e irrenunciáveis.

V. Salvo se autorizadas, ou se necessárias à administração da justiça ou à manutenção da ordem pública, a divulgação de escritos, a transmissão da palavra, ou a publicação, a exposição ou a utilização da imagem de uma pessoa poderão ser proibidas, a seu requerimento e sem prejuízo da indenização que couber, se lhe atingirem a honra, a boa fama ou a respeitabilidade, ou se se destinarem a fins comerciais.

(A) Apenas as proposições III e IV estão corretas e as demais estão incorretas.
(B) Apenas as proposições II, III e IV estão corretas e as demais estão incorretas.
(C) Apenas as proposições I, II e V estão corretas e as demais incorretas.
(D) Apenas as proposições II, III e V estão corretas e as demais estão incorretas.
(E) Apenas as proposições I, III e V estão corretas e as demais estão incorretas.

I: incorreta, pois "O nome da pessoa não pode ser empregado por outrem em publicações ou representações que a exponham ao desprezo público, ainda quando não haja intenção difamatória" (CC, art. 17); **II:** correta, pois a assertiva repete a regra estabelecida pelo art. 12 do CC; **III:** correta, pois de pleno acordo com o disposto no art. 14 do CC; **IV:** incorreta, pois a proteção dada ao pseudônimo limita-se às atividades lícitas; **V:** correta, pois de pleno acordo com o CC, art. 20.
Gabarito "D"

(Magistratura do Trabalho – 8ª Região – 2009) Considerando-se as disposições expressas do Código Civil, é correto afirmar:

(A) Os direitos da personalidade são intransmissíveis e irrenunciáveis, não podendo o seu exercício sofrer limitação voluntária. Assim, é defeso o ato de disposição do próprio corpo, quando importar diminuição permanente da integridade física, ou contrariar os bons costumes, sendo porém admitido para fins de transplante, na forma estabelecida em lei especial. Esta disposição não impede a disposição gratuita do próprio corpo, com objetivo religioso, científico, ou altruístico, no todo ou em parte, para depois da morte, sendo possível a revogação deste ato de disposição a qualquer tempo. A proteção aos direitos de personalidade se estende a impedir que qualquer pessoa possa ser constrangida a submeter-se, com risco de vida, a tratamento médico ou a intervenção cirúrgica.
(B) Toda pessoa tem direito ao nome, nele compreendidos o prenome e o sobrenome. O nome da pessoa não pode ser empregado por outrem em publicações ou representações que a exponham ao desprezo público, presente ou não a intenção difamatória. Sem autorização, não se pode usar o nome alheio em propaganda comercial. O pseudônimo não pode ser usado para manter o anonimato, apenas gozando da proteção legal quando incorporado ao nome.
(C) Constituem-se as associações pela união de pessoas que se organizem para fins não econômicos, com direitos e obrigações recíprocos. Os associados devem ter iguais direitos, mas o estatuto poderá instituir categorias com vantagens especiais. A qualidade de associado é intransmissível, se o estatuto não dispuser o contrário. A exclusão do associado só é admissível havendo justa causa, assim reconhecida em procedimento que assegure direito de defesa e de recurso, nos termos previstos no estatuto.
(D) A fundação somente poderá constituir-se para fins religiosos, morais, culturais ou de assistência. Para criar uma fundação, o seu instituidor fará, por escritura pública ou testamento, dotação especial de bens livres, especificando o fim a que se destina, e declarando, se quiser, a maneira de administrá-la. Tornando-se ilícita, impossível ou inútil a finalidade a que visa a fundação, ou vencido o prazo de sua existência, o órgão do Ministério Público, ou qualquer interessado, lhe promoverá a extinção, incorporando-se o seu patrimônio, salvo disposição em contrário no ato constitutivo, ou no estatuto, em outra fundação, designada pelo juiz, que se proponha a fim igual ou semelhante.
(E) Opera-se o mandato quando alguém recebe de outrem poderes para, em seu nome, praticar atos ou administrar interesses. A procuração é o instrumento do mandato. A aceitação do mandato pode ser tácita, e compreendida como a mera inação do mandatário.

A: incorreta, pois na segunda parte da alternativa há uma exceção: "**salvo por exigência médica**, é defeso o ato de disposição do próprio corpo, quando importar diminuição permanente da integridade física, ou contrariar os bons costumes" (CC, arts. 11, 13, 14 e 15); **B:** incorreta, pois ao pseudônimo adotado para atividades lícitas dá-se a proteção que se dá ao nome (CC, art. 19); **C:** incorreta, pois não há, entre os associados, direitos e obrigações recíprocos (CC, art. 53, parágrafo único); **D:** correta, pois de acordo com a redação dos arts. 62 e 69 do CC; **E:** incorreta, pois a aceitação do mandato pode ser tácita, e resulta do começo de execução (CC, arts. 653 e 659).
Gabarito "D"

(Magistratura do Trabalho – 8ª Região – 2007) Assinale a alternativa correta acerca da disciplina do Código Civil sobre os direitos de personalidade:

(A) Os direitos da personalidade são intransmissíveis e irrenunciáveis, não podendo o seu exercício sofrer limitação voluntária.
(B) É defeso o ato de disposição do próprio corpo, quando importar diminuição permanente da integridade física, ou contrariar os bons costumes, todavia, é válida a disposição gratuita do próprio corpo, no todo ou em parte, para depois da morte, com objetivo científico ou altruístico.
(C) Com a finalidade da preservação do direito à integridade física é possível, mediante determinação judicial, a adoção coativa de tratamento médico ou a intervenção cirúrgica.
(D) O nome da pessoa não pode ser empregado por outrem em publicações ou representações que a exponham ao desprezo público, desde que presente a intenção difamatória, bem como, sem autorização, não será utilizado em propaganda comercial.
(E) O pseudônimo adotado para atividades lícitas goza da proteção que se dá ao nome.

A: incorreta, pois pode haver exceções a esta regra (CC, art. 11); **B:** incorreta, pois o ato de disposição do próprio corpo é permitido quando houver exigência médica (CC, arts. 13); **C:** incorreta, pois "ninguém pode ser constrangido a submeter-se, com risco de vida, a tratamento médico ou a intervenção cirúrgica" (CC, art. 15); **D:** incorreta, pois o nome não pode ser empregado desta forma "ainda quando não haja intenção difamatória" (CC, art. 17); **E:** correta, pois de pleno acordo com o disposto no art. 19 do CC.

Gabarito "E"

(Magistratura do Trabalho – 9ª Região – 2009) Considere as seguintes proposições:

I. Os direitos de personalidade, como tais considerados aqueles direitos próprios da pessoa, são sempre intransmissíveis e irrenunciáveis, não podendo o seu exercício sofrer limitação voluntária.

II. Uma das soluções doutrinárias para os casos de violação à privacidade e à imagem permite a apropriação, pela vítima, dos proventos ilicitamente auferidos pelo autor da ofensa.

III. Pelo Código Civil brasileiro, a única solução possível para a vítima de ofensa aos direitos da personalidade é o pedido de indenização pelos danos sofridos.

IV. As pessoas que, por deficiência mental, não têm o necessário discernimento para a prática de atos da vida civil são consideradas absolutamente incapazes de exercê-los pessoalmente.

V. As pessoas sem desenvolvimento mental completo são consideradas incapazes, relativamente a certos atos, ou à maneira de os exercer.

(A) Somente são corretas as proposições I, II e III.
(B) Somente são corretas as proposições I, IV e V.
(C) Somente são corretas as proposições II, IV e V.
(D) Somente são corretas as proposições I, II e IV.
(E) Todas as proposições são corretas.

I: incorreta, pois há exceções previstas em lei (CC, art. 11); **II:** correta, pois a alternativa reflete corrente doutrinária; **III:** incorreta. A indenização por danos morais e materiais tem caráter compensatório e reparatório. A vítima, porém, pode também pedir a tutela inibitória, que é uma medida que visa evitar que a lesão prossiga. Nesse caso, o juiz normalmente fixa uma multa diária a fim de que o autor da lesão cesse imediatamente os atos que estejam violando o direito da vítima (CC, art. 12); **IV:** correta, pois as pessoas nessa situação são consideradas absolutamente incapazes (CC. art. 3º, II); **V:** correta, pois de acordo com o estabelecido no art. 4º, III, do CC.

Gabarito "C"

(Magistratura do Trabalho – 14ª Região – 2011) Quanto aos direitos de personalidade previstos no Código Civil vigente, assinale a alternativa correta.

(A) Por se tratar de direito da personalidade, o pseudônimo adotado para atividades lícitas e ilícitas goza da proteção que se dá ao nome.
(B) A disposição gratuita do corpo, no todo ou em parte, para depois da morte, é válida com objetivo altruístico.
(C) É lícito o ato de disposição do próprio corpo, ainda que importe em diminuição permanente da integridade física, mesmo se não houver exigência médica vez que tal fato se constitui em direito personalíssimo.
(D) Em se tratando de pessoa reconhecidamente pública o nome desta poderá ser utilizado em propaganda comercial, ainda que sem autorização.
(E) Os direitos de personalidade destinam-se a resguardar a dignidade humana, razão pela qual, apenas em vida pode o seu titular exigir que cesse a ameaça, ou lesão, a seu direito de personalidade, bem como reclamar perdas e danos, sem prejuízo de outras sanções previstas em lei.

A: incorreta, pois só o pseudônimo adotado para atividades lícitas goza da proteção que se dá ao nome (CC, art. 19); **B:** correta, pois tal direito é assegurado pelo art. 14 do Código Civil; **C:** incorreta, pois, como regra, NÃO é lícito que se faça tal disposição; a exceção se dá quando há exigência médica (CC, art. 13); **D:** incorreta. O nome é um dos direitos da personalidade e não se pode, sem autorização, usar o nome de alguém em propaganda comercial (CC, art. 20); **E:** incorreta, pois, em se tratando de morto, o cônjuge e os parentes até 4º grau terão legitimidade para requerer em juízo tais medidas (CC, art. 12, parágrafo único).

Gabarito "B"

(Magistratura do Trabalho – 15ª Região – 2010) Com relação aos direitos de personalidade, assinale a alternativa correta:

(A) os direitos de personalidade são intransmissíveis e irrenunciáveis, o que impede o seu titular de realizar a exploração econômica de quaisquer deles;
(B) a pessoa sempre pode praticar atos de disposição do seu próprio corpo, mesmo quando importar diminuição permanente de sua integridade física;
(C) a disposição gratuita do próprio corpo para depois da morte, com objetivo científico, não é válida;
(D) a recusa à perícia médica ordenada pelo juiz poderá suprir a prova que se pretendia obter com o exame;
(E) o pseudônimo adotado para atividades lícitas é protegido pela lei em patamar inferior ao do nome.

A: incorreta. Há que se fazer uma distinção entre os direitos da personalidade em si mesmos e o exercício ou exploração desses direitos, que não raro produz reflexos patrimoniais. O exercício desse direito, sempre dentro de certos limites, é perfeitamente possível e muito comum, como ocorre, por exemplo, com a utilização da imagem por atores de televisão ou profissionais do mundo esportivo; **B:** incorreta, pois os atos de disposição do próprio corpo em vida só são permitidos quando houver exigência médica (CC, art. 13); **C:** incorreta, pois referida disposição gratuita é válida e regulamentada em lei (CC, art. 14); **D:** correta. Referida previsão vem estampada no CC, art. 232; **E:** incorreta, pois *"O pseudônimo adotado para atividades lícitas goza da proteção que se dá ao nome"* (CC, art. 19).

Gabarito "D"

(Magistratura do Trabalho – 21ª Região – 2005) Assinale a alternativa correta:

Diante da lesão grave a direito da personalidade, e vindo a vítima a falecer:

(A) não se admite a possibilidade de os herdeiros reclamarem perdas e danos, diante da intransmissibilidade dessa categoria de direitos;
(B) o direito à reparação integral das perdas e danos, inclusive de natureza extrapatrimonial, estende-se

também a qualquer parente da vítima, em linha reta, ou colateral até o quarto grau;

(C) o direito à reparação integral dos danos morais é exclusivo do cônjuge sobrevivente e, em sua ausência, dos genitores e filhos da vítima;

(D) admite-se a reparação das perdas e danos, inclusive morais, possuindo legitimação para reclamá-los apenas o cônjuge sobrevivente e os filhos;

(E) admite-se exclusivamente a reparação dos danos materiais porventura sofridos pelos herdeiros.

Há direitos da personalidade que surgem antes mesmo do nascimento e que perduram após a morte do ser humano. Direitos subjetivos como o nome, honra, imagem, dignidade, respeitabilidade são alguns exemplos. Ocorrendo violação desses direitos após o falecimento do ser humano, terá legitimação para requerer as medidas legais de proteção tanto o cônjuge sobrevivente, como qualquer parente em linha reta, ou colateral até o quarto grau (CC, art. 12 parágrafo único). Em relevante julgado sobre o tema, a quarta turma do STJ pontificou: "Os direitos da personalidade, de que o direito à imagem é um deles, guardam como principal característica a sua intransmissibilidade. Nem por isso, contudo, deixa de merecer proteção a imagem e a honra de quem falece, como se fossem coisas de ninguém, porque elas permanecem perenemente lembradas nas memórias, como bens imortais que se prolongam para muito além da vida, estando até acima desta, como sentenciou Ariosto. Daí porque não se pode subtrair dos filhos o direito de defender a imagem e a honra de seu falecido pai" (REsp n.º 521697).

Gabarito "B"

(Magistratura do Trabalho – 23ª Região – 2009) Analise os itens abaixo e marque a alternativa CORRETA:

I. A lesão ao direito da personalidade não autoriza os sucessores do lesado a reclamar perdas e danos.

II. Os direitos da personalidade são intransmissíveis e irrenunciáveis, não podendo o seu exercício sofrer limitação voluntária, ressalvados os casos previstos em lei.

III. São assegurados ao nascituro direitos personalíssimos compatíveis com a situação do ser humano em desenvolvimento no útero materno.

(A) Apenas os itens I e II são verdadeiros.

(B) Apenas os itens II e III são verdadeiros.

(C) Todos os itens são verdadeiros.

(D) Apenas os itens I e III são verdadeiros.

(E) Todos os itens são falsos.

I: incorreta, pois ocorrendo violação a direitos desta natureza após o falecimento do ser humano, terá legitimação para requerer as medidas legais de proteção tanto o cônjuge sobrevivente, como qualquer parente em linha reta, ou colateral até o quarto grau (CC, art. 12, parágrafo único); **II:** correta, pois de pleno acordo com o art. 11 do CC); **III:** verdadeiro. O sistema adotado pelo Código Civil foi o de – por um lado – somente conceder personalidade ao ser humano após seu nascimento com vida e – por outro – conceder ao nascituro direitos compatíveis com sua condição, tais como a vida, alimentos, herança, receber doação e herança.

Gabarito "B"

2.3. DAS PESSOAS JURÍDICAS

(Procurador do Trabalho – 2013 – MPT) Marque a alternativa INCORRETA:

(A) Começa a existência legal da pessoa jurídica de direito privado com a inscrição no respectivo registro, precedida, se for o caso, de autorização ou aprovação do Poder Executivo.

(B) Não constitui coação a ameaça do exercício regular de um direito.

(C) As pessoas jurídicas de direito público interno são civilmente responsáveis por atos dos seus agentes que nessa qualidade causem danos a terceiros, resguardando-se seu direito regressivo contra os causadores do dano, independentemente de dolo ou culpa.

(D) Extingue-se a obrigação de não fazer se, sem culpa do devedor, seu cumprimento se torne impossível.

(E) Não respondida.

A: assertiva correta (art. 45, *caput*, do CC); **B:** assertiva correta (art. 153 do CC); **C:** assertiva incorreta, devendo ser assinalada; a ação regressiva contra o agente causador do dano depende de comprovação de culpa ou dolo deste (art. 43 do CC); **D:** assertiva correta (art. 248 do CC).

Gabarito "C"

(Magistratura do Trabalho – 23ª Região – 2012) Com base nas disposições do Código Civil vigente analise as proposições abaixe e indique a alternativa correta:

I. São pessoas jurídicas de direito público interno: a União; os Estados, o Distrito Federal e os Territórios; os Municípios; as autarquias, inclusive as associações públicas; as fundações e empresas públicas; e as demais entidades de caráter público criadas por lei.

II. Em caso de abuso da personalidade jurídica, caracterizado pelo desvio de finalidade, ou pela confusão patrimonial, pode o juiz decidir, independentemente de requerimento da parte, e ouvido o Ministério Público, quando lhe couber intervir no processo, que os efeitos de certas e determinadas relações de obrigações sejam estendidos aos bens particulares dos administradores ou sócios da pessoa jurídica.

III. Constituem-se as associações pela união de pessoas que se organizem para fins lícitos, econômicos ou não, surgindo entre os associados direitos e obrigações recíprocos a partir da constituição da associação.

IV. Para criar uma fundação, o seu instituidor fará, por escritura pública ou testamento, dotação especial de bens livres, especificando o fim a que se destina, e declarando, se quiser, a maneira de administrá-la. A fundação poderá constituir-se para quaisquer fins lícitos, devendo ser incentivada pelo Estado a instituição daquelas criadas para fins morais, culturais ou de assistência.

V. São pessoas jurídicas de direito público externo os Estados estrangeiros e todas as pessoas que forem regidas pelo direito internacional público.

(A) Apenas as proposições I, III e IV estão corretas e as demais estão incorretas.
(B) Apenas as proposições I, II e V estão corretas e as demais estão incorretas.
(C) Apenas as proposições I, II e IV estão corretas e as demais estão incorretas.
(D) Apenas as proposições I e V estão corretas e as demais estão incorretas.
(E) Apenas a proposição V está correta e as demais estão incorretas.

I: incorreta, pois fundações e empresas públicas são pessoas jurídicas de direito privado (CC, art. 41); **II:** incorreta, pois o juiz não pode decretar a desconsideração da personalidade jurídica de ofício, mas apenas mediante requerimento da parte (CC, art. 50); **III:** incorreta, pois as associações não tem fim econômico (CC, art. 53); **IV:** incorreta, pois "A fundação somente poderá constituir-se para fins religiosos, morais, culturais ou de assistência" (CC, art. 62, parágrafo único); **V:** correta, pois de pleno acordo com a enumeração estabelecida no art. 42 do CC.

Gabarito "E"

(Magistratura do Trabalho – 15ª Região – 2012) Analise as proposições abaixo e, após, responda:

I. O cônjuge do ausente, regularmente casado sob o regime da comunhão universal, separado de fato por menos de dois anos antes da declaração da ausência, será o seu legítimo curador.
II. As pessoas jurídicas de direito público interno são civilmente responsáveis por atos de seus agentes que nessa qualidade causem danos a terceiros, ressalvado direito regressivo contra os causadores do dano, somente se houver, por parte destes, dolo.
III. São pessoas jurídicas de direito público externo os Estados estrangeiros e todas as pessoas, que forem regidas pelo direito internacional público e privado.
IV. Decai em três anos o direito de anular a constituição das pessoas jurídicas de direito privado, por defeito do ato respectivo, contado o prazo da publicação de sua inscrição no registro.
V. Consideram-se imóveis para os efeitos legais o direito à sucessão aberta.

(A) As questões I, IV e V são verdadeiras.
(B) As questões I, II e III são falsas.
(C) As questões II, III e IV são falsas.
(D) Somente a questão V é verdadeira.
(E) Todas as questões são falsas

I: correta, pois o cônjuge do ausente, sempre que não esteja separado judicialmente, ou de fato por mais de dois anos antes da declaração da ausência, será o seu legítimo curador (CC, art. 25); **II:** incorreta, pois referido direito regressivo também existe na hipótese de culpa do agente (CC, art. 43); **III:** incorreta, pois "São pessoas jurídicas de direito público externo os Estados estrangeiros e todas as pessoas que forem regidas pelo direito internacional público" (CC, art. 42) **IV:** correta, pois de pleno acordo com o art. 45, parágrafo único; **V:** correta, pois este específico direito foi elevado à categoria de bem imóvel pelo art. 80, II.

Gabarito "A"

(Magistratura do Trabalho – 15ª Região – 2012) Analise as seguintes assertivas, assinalando, após, a alternativa correta:

I. Uma fundação só poderá ser criada, pelo seu instituidor, através de escritura pública, e este deverá especificar o fim a que se destina, declarando, se quiser, a maneira de administrá-la.
II. Para que se possa alterar estatuto da fundação é mister que a reforma, além de outros requisitos, seja deliberada por metade dos componentes para gerir e representar a fundação.
III. As associações públicas, à vista do direito civil, são consideradas pessoas jurídicas de direito privado e as autarquias pessoas jurídicas de direito público interno.
IV. À luz do Código Civil Brasileiro, o domicílio do incapaz é o do seu representante ou assistente; o do servidor público, o lugar em que exercer permanentemente suas funções; o do militar, onde servir, e, sendo da Marinha ou da Aeronáutica, a sede do comando a que se encontrar imediatamente subordinado; o no marítimo, onde o navio estiver matriculado; e do preso, o lugar em que cumprir a sentença.
V. Não dispondo a lei em contrário, a escritura pública é essencial à validade dos negócios jurídicos que visem à constituição, transferência, modificação ou renúncia de direitos reais sobre imóveis de valor superior a trinta vezes o maior salário mínimo vigente no País.

(A) Apenas a assertiva II está correta.
(B) Apenas as assertivas II e V estão corretas.
(C) Apenas as assertivas IV e V estão corretas.
(D) Apenas as assertivas I, II e III estão corretas.
(E) Todas as assertivas estão erradas.

I: incorreta, pois o testamento também é meio hábil para se constituir uma fundação (CC, art. 62); **II:** incorreta, pois o *quorum* para esta referida alteração é de dois terços (CC, art. 67, I); **III:** incorreta, pois as associações públicas são consideradas pessoas jurídicas de direito público interno (CC, art. 41, IV); **IV:** correta, pois de acordo com o disposto no art. 76, parágrafo único, do CC; **V:** correta, pois de pleno acordo com o art. 108 do CC.

Gabarito "C"

(Magistratura do Trabalho – 2ª Região – 2012) Em se tratando de pessoa jurídica, assinale a alternativa correta:

(A) A decretação da desconsideração da personalidade da pessoa jurídica pressupõe a existência de fraudes a credores.
(B) A pessoa jurídica tem direito a pleitear reparação por danos morais.
(C) Os partidos políticos são pessoas jurídicas de direito público.
(D) A pessoa jurídica de direito privado adquire a sua personalidade jurídica mediante a assinatura do contrato social.
(E) Os bens naturalmente divisíveis podem tornar-se indivisíveis somente por determinação da lei.

A: incorreta, pois a desconsideração da personalidade jurídica pode ser decretada em outras hipóteses, havendo solução específica para a fraude contra credores; **B:** correta, pois há direitos da personalidade que naturalmente se estendem à Pessoa Jurídica, como, por exemplo, a imagem, honra objetiva, nome etc. Eventual violação contra tais direitos enseja reparação por dano moral (STJ, Súmula 227); **C:** incorreta, pois os partidos políticos são pessoas jurídicas de direito privado (CC, art. 44); **D:** incorreta, pois a existência legal das pessoas jurídicas de direito privado começa com a inscrição do ato constitutivo no respectivo registro (CC, art. 45); **E:** incorreta, pois os bens divisíveis podem tornar-se indivisíveis por determinação da lei ou pela vontade das partes (CC, art. 88).

Gabarito "B"

(Magistratura do Trabalho – 2ª Região – 2012) À luz do Código Civil, sobre as pessoas jurídicas, é correto afirmar que:

(A) Nas pessoas jurídicas constituídas sob a forma de associações, não há entre os associados direitos e obrigações recíprocas.

(B) Decai em cinco anos o direito de anular a constituição das pessoas jurídicas de direito privado, por defeito do respectivo ato, contado o prazo da data da sua inscrição no registro.

(C) A desconsideração da personalidade da pessoa jurídica implica na sua despersonalização para todo e qualquer fim.

(D) A desconsideração da personalidade jurídica da pessoa jurídica gera responsabilização patrimonial dos administradores, jamais estendendo os efeitos das obrigações da pessoa jurídica ao patrimônio dos sócios não administradores.

(E) As pessoas jurídicas de direito público interno são civilmente responsáveis por atos de seus agentes que nessa qualidade causem danos a terceiros, ressalvando direito regressivo contra os causadores do dano, se houver, por parte deles, apenas dolo.

A: correta, pois de pleno acordo com o art. 53, parágrafo único, do Código Civil; **B:** incorreta, pois referido prazo é decadencial de três anos (CC, art. 45, parágrafo único); **C:** incorreta, pois o juiz pode determinar que apenas os efeitos de certas e determinadas relações de obrigações sejam estendidos aos bens particulares dos administradores ou sócios da pessoa jurídica (CC, art. 50); **D:** incorreta, pois tanto o CC (art. 50), quanto o CDC (art. 28) admitem a possibilidade de que a responsabilidade recaia sobre bens dos sócios, ainda que não sejam administradores; **E:** incorreta, pois não apenas o dolo, mas também a culpa dos agentes admite a ação regressiva da pessoa jurídica de direito público (CC, art. 43).

Gabarito "A"

(Magistratura do Trabalho – 1ª Região – 2010 – CESPE) A respeito da disciplina da pessoa jurídica, assinale a opção correta.

(A) De acordo com entendimento do STJ, a pessoa jurídica, desde que sem fins lucrativos, é beneficiária da gratuidade de justiça.

(B) A pessoa jurídica pode ser demandada no domicílio de qualquer de seus estabelecimentos, independentemente do local onde for praticado o ato gerador de responsabilidade.

(C) A autonomia da pessoa jurídica pode ser desconsiderada para responsabilizá-la por obrigações assumidas pelos sócios.

(D) Para fins de desconsideração da autonomia patrimonial da pessoa jurídica, o Código Civil adotou a teoria menor.

(E) Para desconsiderar personalidade jurídica, não se tratando de relação de consumo, o magistrado deve verificar se houve intenção fraudulenta dos sócios que aponte para desvio de finalidade ou confusão patrimonial.

A: incorreta, pois o benefício não é automaticamente concedido às pessoas jurídicas sem fins lucrativos, sendo necessário que estas formulem requerimento, comprovando o estado de "miserabilidade jurídica", assim como devem fazer as pessoas jurídicas com fins lucrativos; nesse sentido, o STJ decidiu que "O benefício da assistência judiciária gratuita pode ser deferido às pessoas jurídicas, quer sem fins lucrativos (entidades filantrópicas ou de assistência social), quer com fins lucrativos, cabendo-lhes o *onus probandi* da impossibilidade de arcar com os encargos financeiros do processo" (AgRg nos EREsp 1019237/SP, DJe 01/10/2010). Veja também o teor da Súmula 481 do STJ: "Faz jus ao benefício da justiça gratuita a pessoa jurídica com ou sem fins lucrativos que demonstrar sua impossibilidade de arcar com os encargos processuais."; **B:** incorreta, pois tal só pode ocorrer quanto aos atos praticados no respectivo estabelecimento (art. 75, § 1º, do CC); **C:** correta, tratando-se da desconsideração da personalidade (art. 50 do CC); **D:** incorreta, pois, de fato, o Código Civil adotou a Teoria Maior da Desconsideração; de acordo com essa teoria, para que a desconsideração se dê, é necessário, além da dificuldade em responsabilizar a pessoa jurídica, a presença de outros requisitos, no caso, o abuso da personalidade, caracterizado pelo *desvio de finalidade* ou pela *confusão patrimonial*; **E:** incorreta, pois não é só na relação de consumo que se adotou a Teoria Menor da Desconsideração, que exige "menos" requisitos para a desconsideração; tal teoria é adotada também, por exemplo, em matéria de responsabilidade ambiental.

Gabarito "C"

(Magistratura do Trabalho – 2ª Região – 2011) Assinale a alternativa incorreta, observados os termos do Código Civil:

(A) As pessoas jurídicas são de direito público externo e interno e de direito privado.

(B) As associações, as sociedades e as organizações religiosas são pessoas jurídicas de direito privado.

(C) Os partidos políticos são pessoas jurídicas de direito público interno.

(D) A União, os Estados, o Distrito Federal, os Territórios, os Municípios, as autarquias, e as associações públicas são pessoas jurídicas de direito público interno.

(E) Os estados estrangeiros e todas as pessoas que forem regidas pelo direito internacional público são pessoas jurídicas de direito público externo.

A: correta (art. 40 do CC); **B:** correta (art. 44, I, II e IV, do CC); **C:** incorreta, devendo ser assinalada; os partidos políticos são pessoas jurídicas de direito privado (art. 44, V, do CC); **D:** correta (art. 41, I a IV, do CC); **E:** correta (art. 42 do CC).

Gabarito "C"

(Magistratura do Trabalho – 2ª Região – 2010) Assinale a alternativa incorreta.

(A) Em caso de abuso de personalidade jurídica caracterizada pelo desvio de finalidade ou confusão patrimonial poderá ser declarado judicialmente que os efeitos de certas e determinadas relações de obrigações sejam estendidos aos bens particulares dos administradores ou sócios da pessoa jurídica.

(B) Constituem-se as associações pela união de pessoas que se organizem para fins não econômicos; não havendo reciprocidade de direitos e obrigações entre os associados.

(C) Uma pessoa jurídica de direito privado com estabelecimento no Município de Santos, onde se reúne a sua diretoria, e possuindo outros estabelecimentos em municípios de diversos Estados da Federação, tem por domicílio cada um dos estabelecimentos para os atos nele praticados.

(D) As pessoas jurídicas de direito público interno são civilmente responsáveis por atos dos seus agentes que nessa qualidade causem danos a terceiros, desde que se comprove que houve por parte dos agentes culpa ou dolo.

(E) Os associados devem ter iguais direitos, mas o estatuto poderá instituir categorias com vantagens especiais.

A: correta, pois a assertiva prevê o instituto da desconsideração da personalidade jurídica, previsto no CC, art. 50; **B:** correta, pois em perfeita sintonia com a previsão do CC, art. 53; **C:** correta, pois "Tendo a pessoa jurídica diversos estabelecimentos em lugares diferentes, cada um deles será considerado domicílio para os atos nele praticados (CC, art. 75, § 1º); **D:** incorreta, devendo ser assinalada, pois não há necessidade de comprovação de culpa ou dolo dos agentes para que a pessoa jurídica seja responsabilizada. Referida averiguação somente será relevante para a ação de regresso da pessoa jurídica em face do agente causador do dano (CC, art. 43; CF, art. 37, § 6º); **E:** correta, pois em perfeita sintonia com o disposto no CC, art. 55.

Gabarito "D"

(Magistratura do Trabalho – 3ª Região – 2008) Sobre as pessoas, analise as afirmativas abaixo e assinale a opção correta:

I. A morte presumida ou ausência ocorre quando for extremamente provável a morte de quem estava em perigo de vida, quando alguém, desaparecido em campanha ou feito prisioneiro, não for encontrado até dois anos após o término da guerra ou quando a pessoa desaparece do seu domicílio sem dela haver notícia.

II. O nome da pessoa e o pseudônimo adotado para atividades lícitas não podem ser empregados por outrem em publicações ou representações que a exponham ao desprezo público, ainda quando não haja intenção difamatória, ou usados, sem autorização, em propaganda comercial.

III. As associações são constituídas pela união de pessoas que se organizam para fins não econômicos e seus estatutos regerão os direitos e obrigações recíprocos entre os associados.

IV. O domicílio da pessoa natural é o lugar onde ela estabelece a sua residência com ânimo definitivo. Se, porém, a pessoa natural tiver diversas residências, onde, alternadamente, viva, considerar-se-á domicílio seu qualquer delas. É também domicílio da pessoa natural, quanto às relações concernentes à profissão, o lugar onde esta é exercida. Se a pessoa exercitar profissão em lugares diversos, cada um deles constituirá domicílio para as relações que lhe corresponderem.

V. O Ministério Público do Estado velará pelas fundações nele situadas. Se elas estenderem a atividade por mais de um Estado, caberá o encargo, em cada um deles, ao respectivo Ministério Público.

(A) As afirmativas I e III estão corretas.

(B) As afirmativas I e II estão corretas.

(C) As afirmativas II e III estão corretas.

(D) As afirmativas II, IV e V estão corretas.

(E) As afirmativas II, III e IV estão corretas.

I: incorreta, pois a assertiva trata como sinônimos os conceitos de morte presumida e ausência. A extrema probabilidade da morte de uma pessoa (especialmente em casos de guerra) autoriza – pelo art. 7º do CC – a declaração de morte presumida sem a necessidade de se observar o longo processo de ausência (CC, arts. 22 a 39); **II:** correta, pois em perfeita sintonia com o disposto no CC, arts. 17 a 19); **III:** incorreta, pois entre os associados não há direitos e obrigações recíprocos (CC, art. 53); **IV:** correta, pois a assertiva está de acordo com o disposto no CC, arts. 70 a 72; **V:** correta, pois de acordo com o disposto no CC, art. 66).

Gabarito "D"

(Magistratura do Trabalho – 11ª Região – 2007 – FCC) A desconsideração da personalidade jurídica, segundo o direito positivo vigente, visa

(A) anular, por ato do Juiz, os negócios jurídicos realizados pela pessoa jurídica com desvio de finalidade ou quando houver abuso de poder por parte dos administradores.

(B) extinguir a pessoa jurídica quando agir com desvio de finalidade ou ocorrer confusão patrimonial.

(C) estender, por ato do Juiz ou de autoridade administrativa, os efeitos de certas relações de obrigações aos bens particulares dos administradores ou sócios da pessoa jurídica.

(D) estender, por ato do Juiz, os efeitos de certas relações de obrigações aos bens particulares dos administradores ou sócios da pessoa jurídica.

(E) estender, por ato do Juiz e somente em ação autônoma proposta pelo Ministério Público ou por qualquer interessado, os efeitos de certas relações de obrigações aos bens particulares de sócios e administradores de pessoa jurídica, nos casos de desvio de finalidade ou confusão patrimonial.

Como grande regra geral, quem responde pelas dívidas da pessoa jurídica é a própria pessoa jurídica e não os seus sócios ou administradores (CC, art. 47). A Pessoa Jurídica leva esse nome por ser realmente uma pessoa para fins de responsabilização. A rigor, e a título de exemplo, podemos considerar que responsabilizar o sócio por dívidas da pessoa jurídica é tão incorreto quanto responsabilizar o tio pela dívida do sobrinho, afinal, são duas pessoas diferentes com patrimônios e responsabilidades individuais. Esta regra é fundamental para um país no qual a livre iniciativa é um fundamento (CF, arts. 1º, IV e 170). Ao se proteger os sócios de uma pessoa jurídica, está se estimulando a criação de pessoas jurídicas, as quais gerarão empregos, riqueza, capital com lastro, movimento econômico, tributos, etc. Em casos excepcionais, todavia, especialmente quando os sócios abusam desta proteção para gerar vantagens indevidas ou ainda quando ocorre uma confusão entre o patrimônio dos sócios e o patrimônio da Pessoa Jurídica, é que entra em cena o excepcional instituto da Desconsideração da Personalidade Jurídica, apto a estender apenas por ato do Juiz os efeitos patrimoniais de algumas obrigações aos bens dos sócios ou administradores. A Pessoa Jurídica não é extinta, nem os negócios são anulados. Daí porque a única assertiva correta para responder esta questão é a alternativa D.

Gabarito "D"

(Magistratura do Trabalho – 8ª Região – 2011) Marque a alternativa CORRETA:

(A) A sentença que determinar a abertura da sucessão provisória do ausente só produzirá efeito cento e vinte dias depois de publicada pela imprensa; mas, logo que passe em julgado, proceder-se-á à abertura do testamento, se houver, e ao inventário e partilha dos bens, como se fosse falecido.

(B) Pode ser declarada a morte presumida, sem decretação de ausência, se alguém, desaparecido em campanha ou feito prisioneiro, não for encontrado até três anos após o término da guerra.

(C) Prescreve em três anos o direito de anular a constituição das pessoas jurídicas de direito privado, por defeito do ato respectivo, contado o prazo da publicação de sua inscrição no registro próprio.

(D) Constituída a fundação por negócio jurídico entre vivos, o instituidor é obrigado a transferir-lhe a propriedade, ou outro direito real, sobre os bens dotados, e, se não o fizer, serão registrados, em nome dela, por mandado judicial.

(E) São livres a criação, a organização e a estruturação interna das organizações religiosas, dependendo seu funcionamento de autorização pelo poder público, com o posterior registro dos atos constitutivos.

A: incorreta. A sucessão provisória é uma das fases do longo processo de ausência, cujo objetivo é determinar a morte presumida da pessoa que sumiu. O art. 28 do CC determina que a sentença que determina a abertura desta fase só passe a produzir efeitos após transcorrido o prazo de 180 dias a contar da publicação; **B:** incorreta, pois o Código Civil determina que – nesse caso – o prazo é de 2 anos (CC, art. 7º, II); **C:** incorreta, pois a natureza deste prazo – assim como em todas as hipóteses de anulabilidade – é de decadência e não de prescrição (CC, art. 45, parágrafo único); **D:** correta, pois de pleno acordo com o disposto no art. 64 do CC; **E:** incorreta, pois é vedado ao Poder Público negar conhecimento ou registro dos atos constitutivos das organizações religiosas (CC, art. 44, § 1º).

Gabarito "D"

(Magistratura do Trabalho – 12ª Região – 2006) Assinale a alternativa incorreta, com base no Código Civil:

(A) são pessoas jurídicas de direito privado as associações, as sociedades, as fundações, as organizações religiosas e os partidos políticos;

(B) as associações constituem-se pela união de pessoas que se organizam para fins não econômicos e sem direitos e obrigações recíprocas;

(C) decai em três anos o direito de anular a constituição das pessoas jurídicas de direito privado, por defeito do ato respectivo, contado de sua inscrição no registro;

(D) em caso de abuso da personalidade jurídica, caracterizado pelo desvio de finalidade, ou pela confusão patrimonial, pode o juiz decidir, a requerimento da parte, ou do Ministério Público quando lhe couber intervir no processo, que os efeitos de certas e determinadas relações de obrigações sejam estendidos aos bens particulares dos administradores ou sócios da pessoa jurídica;

(E) as associações secretas, com fins lícitos, embora sua finalidade e conteúdo ideológico ou místico sejam apenas de conhecimento dos iniciados ou filiados, poderão ser tidas como pessoas jurídicas de direito privado, com registro regular de seus atos constitutivos, fazendo-se titular de direitos e obrigações.

A: correta, pois de pleno acordo com o disposto no CC, art. 44, incisos I a V; **B:** correta, pois de acordo com a definição legal estabelecida pelo art. 53 do CC; **C:** incorreta, devendo ser assinalada, pois o termo inicial do prazo é a publicação de sua inscrição no registro (CC, art. 45, parágrafo único, do CC); **D:** correta, pois a assertiva reproduz o disposto no CC, art. 50, que prevê a desconsideração da personalidade jurídica; **E:** correta, pois esse tipo de organização enquadra-se no conceito de associação, nos termos do art. 53 do CC.

Gabarito "C"

(Magistratura do Trabalho – 13ª Região – 2006) Não são consideradas pessoas jurídicas de direito privado:

(A) os partidos políticos;

(B) as associações;

(C) as fundações;

(D) as organizações religiosas,

(E) nenhuma das respostas.

As Pessoas Jurídicas previstas nas assertivas A, B, C, e D são todas consideradas Pessoas Jurídicas de Direito Privado, conforme o CC, art. 44. Logo, a alternativa E é a única que se enquadra como alternativa adequada.

Gabarito "E"

(Magistratura do Trabalho – 13ª Região – 2006) Para que se possa alterar o estatuto da fundação, é mister que a reforma:

(A) seja deliberada por dois terços dos competentes para gerir e representar a fundação;

(B) seja deliberada pela metade dos competentes para gerir e representar a fundação;

(C) seja deliberada pela unanimidade dos competentes para gerir e representar a fundação;

(D) seja deliberada por um terço dos competentes para gerir e representar a fundação;

(E) nenhuma das respostas.

Segundo o CC, art. 67, I, a alteração do estatuto da Fundação deve ser deliberada por um quórum de "dois *terços dos competentes para gerir e representar a fundação*".

Gabarito "A"

(Magistratura do Trabalho – 14ª Região – 2011) Analise as afirmações sobre pessoas jurídicas e, ao final, responda.

I. O Código Civil considera como pessoas jurídicas de direito público interno a União, os Estados, o Distrito Federal, os territórios, os Municípios, as autarquias, as fundações e os partidos políticos.

II. As associações constituem-se pela união de pessoas que se organizem para fins não econômicos e não há, entre os associados direitos e obrigações recíprocos. Entretanto, os associados devem ter direitos iguais, não podendo os estatutos instituir categorias econômicas com vantagens especiais.

III. Salvo disposição em contrário, as pessoas jurídicas de direito público, a que se tenha dado estrutura de direito privado, regem-se, no que couber, quanto ao funcionamento, pelas normas do Código Civil.

IV. Com a inscrição do ato constitutivo no respectivo registro começa a existência legal das pessoas jurídicas de direito privado. Quando necessário, a referida inscrição será precedida de autorização ou aprovação do Poder Executivo, averbando-se no registro todas as alterações por que passar o ato constitutivo.

V. O domicílio da pessoa jurídica de direito privado que possua administração ou diretoria no estrangeiro será na Capital daquele pais, mesmo que a obrigação tenha sido contraída por sua agência situada no Brasil.

(A) Todas as assertivas são incorretas
(B) São corretas apenas as assertivas I e III.
(C) São corretas apenas as assertivas II e IV.
(D) São corretas apenas .as assertivas IV e V.
(E) São corretas apenas as assertivas III e IV.

I: incorreta, pois os partidos políticos são pessoas jurídicas de direito privado (CC, arts. 41 e 44, V); II: incorreta, pois os estatutos podem instituir categorias com vantagens especiais (CC, art. 55); III: correta, pois referida previsão encontra respaldo no CC, art. 41, parágrafo único); IV: correta, pois é a inscrição do ato no registro que dá existência legal à Pessoa Jurídica (CC, art. 45); V: incorreta, pois, se a administração ou diretoria tiver a sede no estrangeiro, haver-se-á por domicílio da pessoa jurídica, no tocante às obrigações contraídas por cada uma das suas agências, o lugar do estabelecimento, sito no Brasil, a que ela corresponder (CC, art. 75, § 2º).

Gabarito "E"

(Magistratura do Trabalho – 14ª Região – 2008) Pessoas jurídicas.

I. Tendo a pessoa jurídica diversos estabelecimentos em lugares diferentes, cada um deles será considerado domicílio para os atos nele praticados.

II. A fundação somente poderá constituir-se para fins religiosos, morais, culturais ou de assistência.

III. As associações constituem-se numa união de pessoas organizadas para fins econômicos ou não econômicos.

IV. Os partidos políticos são pessoas jurídicas de direito privado. Serão organizados e funcionarão conforme o disposto em lei específica.

Responda:

(A) todas as opções estão corretas;
(B) apenas três opções estão corretas;
(C) apenas duas opções estão corretas;
(D) apenas uma opção está correta;
(E) todas as opções estão incorretas.

I: correta, pois de pleno acordo com o disposto no CC, art. 75, § 1º; II: correta, pois de pleno acordo com o disposto no CC, art. 62, parágrafo único; III: incorreta, pois a associação se organiza para fins não econômicos (CC, art. 53); IV: correta, pois de pleno acordo com a previsão do CC, art. 44.

Gabarito "B"

(Magistratura do Trabalho – 15ª Região – 2010) Assinale a alternativa correta:

(A) os cônjuges podem destinar parte de seu patrimônio para instituir bem de família, de maneira que a dissolução da sociedade conjugal extingue tal destinação;
(B) é por meio da união de pessoas que se organizam para fins não econômicos que se constituem as associações; dissolvida a associação, o remanescente de seu patrimônio deve ser destinado à entidade de fins não econômicos designada no estatuto ou, em caso de omissão deste, à instituição municipal, estadual ou federal, de fins idênticos ou semelhantes, por deliberação dos associados;
(C) para criar uma fundação, o seu instituidor fará, por escritura particular ou pública, dotação especial de bens livres, especificando o fim a que se destina, e declarando, se quiser; a maneira de administrá-la. A fundação somente poderá constituir-se para fins religiosos, morais, culturais ou de assistência;
(D) a apresentação de título de crédito em juízo de inventário não interrompe a prescrição;
(E) de acordo com o Código Civil, prescreve em três anos a pretensão do vencedor para haver do vencido o que despendeu em juízo.

A: incorreta, pois a dissolução da sociedade conjugal não extingue o bem de família (CC, art. 1.721); B: correta, pois de pleno acordo com o disposto no CC, arts. 53 e 61; C: incorreta, pois a instituição se fará por escritura pública ou testamento, e não por escritura particular (CC, art. 62); D: incorreta, pois a apresentação do título de crédito em juízo de inventário do devedor é causa de interrupção de prescrição (CC, art. 202, IV); E: incorreta, pois o referido prazo é de cinco anos e não de três (CC, art. 206, § 5º, III).

Gabarito "B"

(Magistratura do Trabalho – 16ª Região – 2011) Considerando as afirmativas abaixo, assinale a alternativa CORRETA:

I. Direitos da personalidade são subjetivos de natureza privada, inatos, vitalícios, imprescindíveis, extrapatrimoniais e inalienáveis.

II. São absolutamente incapazes, os menores de 16 anos; os que, por enfermidade ou deficiência mental, tiverem discernimento reduzido para a prática desses atos; os que, mesmo por causa transitória, não puderem exprimir sua vontade; e os ébrios habituais.

III. O domicílio da pessoa natural somente será no local onde exerce sua profissão, independente da fixação da residência, podendo haver mais de um.

IV. O abuso da personalidade jurídica deve ser analisado sob a ótica da boa-fé objetiva, norteadoras dos negócios jurídicos, podendo ser atingidos os bens particulares dos administradores ou sócios da pessoa jurídica.

(A) Somente as afirmativas I e III estão corretas.
(B) Somente as afirmativas I e IV estão corretas.
(C) Somente as afirmativas I, III e IV estão corretas.
(D) Somente as afirmativas II, III e IV estão corretas
(E) Todas as afirmativas estão corretas.

I: correta, pois de acordo com as diretrizes do art. 11 do CC; **II:** incorreta, pois os que têm o discernimento reduzido e os ébrios habituais são relativamente incapazes e não absolutamente incapazes (CC, art. 4º, II); **III:** incorreta, pois o domicílio – como regra geral – é o lugar onde a pessoa reside com ânimo definitivo (CC, art. 70); **IV:** correta, pois de acordo com a doutrina e legislação (CC, art. 50) referente ao instituto da desconsideração da personalidade jurídica.
Gabarito "B"

(Magistratura do Trabalho – 16ª Região – 2008) Sobre a existência e a natureza da pessoa jurídica, considerando as teorias que as justificam, assinalar a alternativa incorreta:

(A) A teoria da ficção funda-se no pressuposto de que só o homem é sujeito de direito, sendo a pessoa jurídica uma criatura do direito natural, sem amparo no sistema positivo. Sua aceitação decorre da vontade das pessoas se reunirem com determinado objetivo, o que não pode ser feito apenas com a destinação de bens.
(B) A teoria orgânica ou da realidade objetiva conforma-se com o entendimento de que a pessoa jurídica é uma realidade sociológica, capaz de vida própria, distinta da de seus membros, dada pela vontade, mas expressando-se por seus órgãos, cabendo ao Estado reconhecê-la.
(C) A teoria da realidade técnica considera que a pessoa jurídica é a forma encontrada pelo direito para personificar os grupos sociais, que se unem, por vontade própria, em busca de objetivos comuns. É a técnica utilizada para reconhecimento da pessoa jurídica.
(D) A teoria institucional considera a pessoa jurídica uma organização social destinada a determinado fim. Parte da análise das relações sociais, não da vontade humana, e reconhece a existência de grupos organizados para realização de uma ideia socialmente útil.
(E) Ao estabelecer que a existência legal das pessoas jurídicas se dá com a inscrição do ato constitutivo no respectivo registro, o direito brasileiro adotou a teoria da realidade técnica.

A: incorreta, devendo ser assinalada, pois a teoria da ficção funda-se no pressuposto de que a pessoa jurídica é uma criação artificial da lei, pois somente a pessoa natural é sujeito de relações jurídicas, e para que as pessoas jurídicas também possam ser a lei cria uma ficção. É importante lembrar que hoje a teoria da ficção foi superada e não é mais aceita; **B, C, D** e **E:** corretas, pois as alternativas trazem os conceitos corretos das demais teorias a respeito da pessoa jurídica. Atualmente a teoria mais aceita pela doutrina é a teoria da realidade técnica, que foi adotada pelo art. 45 do CC.
Gabarito "A"

(Magistratura do Trabalho – 16ª Região – 2008) Sobre grupos não personificados, analisar as seguintes alternativas:

I. Os grupos jurídicos não personificados têm existência reconhecida pelo sistema jurídico, que não lhes atribui personalidade, mas lhes reconhece capacidade judiciária.
II. A família, como grupo não personificado, embora seja reconhecida pela ordem jurídica, só pode ser representada em juízo por quem for escolhido por seus membros.
III. Os sócios, nas relações entre si, ou com terceiros, somente por escrito podem provar a existência da sociedade, mas os terceiros podem prová-la por qualquer meio.
IV. A responsabilidade dos componentes do grupo é solidária e ilimitada, não podendo os bens dos membros ser executados antes dos da sociedade.
V. A administração dos grupos não personificados dá-se na forma convencionada entre os seus membros, ressalvados os direitos de terceiros de boa-fé.

Assinalar a resposta correta:

(A) As alternativas I e IV estão corretas.
(B) As alternativas III e V estão incorretas.
(C) Todas as alternativas estão corretas.
(D) Apenas a alternativa II está correta.
(E) As alternativas II e IV estão incorretas.

I: correta. Tais grupos não possuem a personalidade atribuída às pessoas jurídicas, mas tem capacidade processual e legitimidade para acionar e serem acionadas em juízo, como ocorre com a massa falida, o espólio, o condomínio, etc. (CC, art. 12, VII, e § 2º, do CPC); **II:** incorreta, pois a família não é reconhecida pela ordem jurídica como tal; **III:** correta, pois de pleno acordo com o CC, art. 987; **IV:** incorreta, pois os sócios dos grupos não personificados não têm a vantagem do benefício de ordem, ou seja, do benefício de primeiro serem executados os bens da sociedade (CC, art. 990); **V:** correta, pois de acordo com o CC, art. 987.
Gabarito "E"

(Magistratura do Trabalho – 16ª Região – 2006) Qual a opção INCORRETA:

(A) Quando a pessoa jurídica for utilizada para fugir de suas finalidades, para lesar terceiros, esta pode ser despersonalizada, retirando-se a personalidade jurídica da pessoa jurídica.
(B) Nas fundações não existem sócios e deverão prestar contas com o Ministério Público, que atua como fiscal da lei.
(C) Os bens das fundações são inalienáveis e impenhoráveis.
(D) O domicílio dos militares em serviço é o lugar onde servir.
(E) A massa falida tem legitimidade passiva para figurar como parte em ações judiciais.

A: incorreta, pois a desconsideração da personalidade jurídica não retira a sua personalidade, mas apenas a afasta temporariamente, visando atingir o patrimônio dos sócios ou administradores (CC, art. 50); **B:** correta, pois na fundação existe o instituidor e os administradores, já que não visam lucro, e são fiscalizados pelo Ministério Público (CC, art. 66); **C:** correta, pois, de fato, os bens das fundações são inalienáveis e impenhoráveis, exceto com autorização judicial, tendo em vista o interesse público da Fundação e também devido ao fato de que o patrimônio é o seu elemento essencial; **D:** correta (CC, art. 76, parágrafo único); **E:** correta, pois de acordo com o CPC, art. 12, III.

Gabarito "A"

(Magistratura do Trabalho – 18ª Região – 2006) Acerca das associações, analise as seguintes proposições e assinale a alternativa correta.

I. É inadmissível a instituição de categoria de associados com vantagens especiais, diferentes dos demais associados.
II. É admissível a exclusão imotivada de associado, desde que observado o estatuto, sempre com recurso para a assembleia geral.
III. A qualidade de associado é transmissível, se o estatuto não dispuser o contrário.
IV. A transferência de quota ou fração ideal do patrimônio da sociedade por associado importa, de per si, na atribuição da qualidade de associado ao adquirente ou ao herdeiro, salvo disposição diversa do estatuto.
V. Constituem-se associações pela união de pessoas que se organizam para fins não econômicos, observados os direitos e obrigações recíprocas existentes entre os associados.

(A) Há um item correto.
(B) Há dois itens corretos.
(C) Há três itens corretos.
(D) Há quatro itens corretos.
(E) Todos os itens são incorretos.

I: incorreta, pois tal instituição é admitida (CC, art. 55); **II:** incorreta, pois tal exclusão só é admissível havendo justa causa, assim reconhecida em procedimento que assegure direito de defesa e de recurso, nos termos previstos no estatuto (CC, art. 57); **III:** incorreta, pois a qualidade de associado é intransmissível, salvo disposição contrária no estatuto (CC, art. 56); **IV:** incorreta, pois transferência de eventual quota ou fração ideal do patrimônio da associação não importará, de per si, na atribuição da qualidade de associado ao adquirente ou ao herdeiro, salvo disposição diversa do estatuto (CC, art. 56, parágrafo único); **V:** incorreto, pois não há, entre os associados, direitos e obrigações recíprocos (CC, art. 53).

Gabarito "E"

(Magistratura do Trabalho – 21ª Região – 2005) Em face das afirmativas expostas, indique a resposta correta:

De acordo com o novo Código Civil, o abuso da personalidade jurídica:

I. pode ser declarado de ofício pelo juiz, independentemente de requerimento da parte, para o fim de responderem os bens particulares dos sócios pela dívida da pessoa jurídica;
II. caracteriza-se pelo desvio de finalidade e também pela ocorrência de confusão patrimonial;
III. somente pode ser declarado a pedido da parte interessada, não atingindo os seus efeitos o sócio minoritário sem poder de gerência;
IV. enseja, necessariamente, para a sua constatação, a propositura de ação declaratória incidental, com vistas à certificação sobre a ocorrência de conduta irregular dos sócios;
V. pode decorrer de atos dos administradores ou sócios, estando legitimado o Ministério Público, quando intervier no processo, a requerer que os bens particulares dessas pessoas físicas respondam por dívidas da pessoa jurídica.

(A) apenas as alternativas II e V estão corretas;
(B) todas as alternativas estão erradas;
(C) apenas a alternativa V está correta;
(D) apenas as alternativas I e II estão corretas;
(E) apenas as alternativas I e V estão corretas.

I: incorreta, pois o abuso de personalidade não pode ser declarado de ofício pelo juiz (CC, art. 50); **II:** correta, pois ambas são causas de desconsideração da personalidade jurídica (CC, art. 50); **III:** incorreta, pois os efeitos podem atingir o sócio minoritário sem poder de gerência (CC, art. 50); **IV:** incorreta, pois não há necessidade de propositura de ação declaratória, já que a lei permite ao juiz declarar o abuso nos próprios autos (CC, art. 50); **V:** correta, pois de acordo com o CC, art. 50.

Gabarito "A"

(Ministério Público do Trabalho – 15º) Assinale a alternativa CORRETA:

(A) Salvo disposição estatutária em contrário, as decisões serão tomadas pela maioria de votos dos administradores, se a pessoa jurídica tiver administração coletiva;
(B) A pessoa jurídica subsistirá, mesmo que cassada a autorização para seu funcionamento, enquanto se ultima a respectiva liquidação;
(C) O cancelamento da inscrição da pessoa jurídica será promovido antes mesmo de encerrada a liquidação respectiva;
(D) A qualidade de associado de entidade associativa é intransmissível, sendo vedada disposição estatutária em contrário.
(E) Não respondida.

A: incorreta, pois as decisões são tomadas pela maioria de votos dos presentes (CC, art. 48); **B:** correta, pois "Nos casos de dissolução da pessoa jurídica ou cassada a autorização para seu funcionamento, ela subsistirá para os fins de liquidação, até que esta se conclua" (CC, art. 51); **C:** incorreta, pois a alternativa contraria o disposto no CC, art. 51, § 3º; **D:** incorreta, pois a alternativa não reflete o disposto no CC, art. 56.

Gabarito "B"

(Ministério Público do Trabalho – 12º) Assinale a alternativa CORRETA:

I. há automática repristinação da norma anteriormente revogada pela perda da vigência da lei revogadora;
II. cessa a menoridade para efeitos civis pela existência de relação de emprego, desde que em razão dela, o menor de 16 anos incompletos que tenha economia própria;
III. conforme recente decisão do STF são inconstitucionais os artigos do Código Civil que ampliam o rol de proteção aos direitos de personalidade enumerados no artigo 5º, X, da Constituição Federal;

IV. conforme entendimento jurisprudencial predominante do STJ, a pessoa jurídica pode ser vítima de dano moral apenas em relação a sua honra subjetiva.

(A) todas as assertivas são falsas;
(B) apenas a assertiva I é verdadeira;
(C) apenas a assertiva II é verdadeira;
(D) apenas a assertiva IV é verdadeira.
(E) não respondida.

I: falsa, pois em nosso sistema a repristinação só é válida se expressamente prevista pela lei que revogou a lei revogadora (LINDB, art. 2º, § 3º); **II:** falsa, pois o Código Civil (art. 5º, parágrafo único, V) exige ao menos dezesseis anos; **III:** falsa, pois o STF não declarou inconstitucionais os artigos que ampliam o rol de proteção aos direitos de personalidade; **IV:** falsa. Honra subjetiva é a autoestima, é o que a pessoa acha de si própria e essa – obviamente – não é titularizada pela Pessoa Jurídica. Já a honra objetiva é o conceito que a sociedade em geral tem em relação a uma pessoa, é a fama que a pessoa tem perante a coletividade. Esta é titularizada pela Pessoa Jurídica e sua violação pode gerar um dano moral passível de reparação civil (STJ, Súmula 227).
Gabarito "A"

2.4. DO DOMICÍLIO

(Magistratura do Trabalho – 8ª Região – 2008) Assinale a alternativa CORRETA, considerando as disposições do Código Civil:

(A) A lei civil possui dispositivo onde prevê a responsabilidade objetiva do Estado. Pelos seus termos, as pessoas jurídicas de direito público interno e as privadas prestadoras de serviço público são civilmente responsáveis por atos dos seus agentes que nessa qualidade causem danos a terceiros, ressalvado direito regressivo contra os causadores do dano, se houver, por parte destes, culpa ou dolo.
(B) Quanto às pessoas jurídicas, o domicílio é: I - da União, o Distrito Federal; II - dos Estados e Territórios, as respectivas capitais; III - do Município, o lugar onde funcione a administração municipal; IV - das demais pessoas jurídicas, o lugar onde funcionarem as respectivas diretorias e administrações, ou onde elegerem domicílio especial no seu estatuto ou atos constitutivos. Tendo a pessoa jurídica diversos estabelecimentos em lugares diferentes, cada um deles será considerado domicílio para todos os efeitos legais.
(C) Têm domicílio necessário o incapaz, o servidor público, o militar, o marítimo e o preso. O domicílio do incapaz é o do seu representante ou assistente; o do servidor público, o lugar em que exercer permanentemente suas funções; o do militar, onde servir, e, sendo da Marinha ou da Aeronáutica, a sede do comando a que se encontrar imediatamente subordinado; o do marítimo, onde o navio estiver fundeado; e o do preso, o lugar em que cumprir a sentença.
(D) O agente diplomático do Brasil, que, citado no estrangeiro, alegar extraterritorialidade sem designar onde tem, no país, o seu domicílio, deverá ser demandado no Distrito Federal.
(E) Muda-se o domicílio, transferindo a residência, com a intenção manifesta de o mudar. A prova da intenção resultará do que declarar a pessoa às municipalidades dos lugares, que deixa, e para onde vai, ou, se tais declarações não fizer, da própria mudança, com as circunstâncias que a acompanharem.

A: incorreta, pois a lei civil prevê, em seu art. 43, que somente as pessoas jurídicas de direito público interno são civilmente responsáveis por atos dos seus agentes que nessa qualidade causem danos a terceiros; trata-se de redação diferente da prevista no art. 37, § 6º, da CF; **B:** incorreta, pois caso a pessoa jurídica tenha diversos estabelecimentos em lugares diferentes, cada um deles será considerado domicílio para os atos nele praticados (art. 75, § 1º, do CC); **C:** incorreta, pois o domicílio necessário do marítimo será onde o navio estiver matriculado (art. 76, parágrafo único, do CC); **D:** incorreta, pois nesse caso o diplomata poderá ser demandado no Distrito Federal ou no último ponto do território brasileiro onde o teve (art. 77 do CC); **E:** correta (art. 74 do CC).
Gabarito "E"

(Magistratura do Trabalho – 14ª Região – 2008) Possui domicílio necessário, EXCETO:

(A) o incapaz;
(B) o servidor público;
(C) o preso;
(D) o marítimo;
(E) o comerciante.

A lei entendeu por adequado fixar o domicílio de certas pessoas, em função de alguma peculiar situação ou mesmo em virtude da facilidade de encontrá-las. Tais pessoas estão previstas no art. 76 do Código Civil e – das assertivas da questão – apenas o comerciante não ostenta tal domicílio, chamado necessário. O domicílio do incapaz é o do seu representante, o domicílio do servidor público, o lugar em que exercer permanentemente suas funções; o do preso, o lugar em que cumpre a sentença e o do marítimo, onde o navio estiver matriculado.
Gabarito "E"

(Magistratura do Trabalho – 15ª Região – 2011) Assinale a alternativa incorreta:

(A) o domicílio do incapaz é o do seu representante ou assistente;
(B) o domicílio do marítimo é o do local onde o navio estiver matriculado;
(C) o domicílio do Oficial da Marinha é o do local onde o navio estiver ancorado;
(D) o domicílio do território é o de sua capital, mas o do município é o do local onde funcione a sua administração;
(E) as empresas privadas podem eleger seu domicilio em seus estatutos ou atos constitutivos.

A e **B:** corretas, pois tanto o incapaz quanto o marítimo ostentam domicílio necessário fixado pela lei nos locais precisamente destacados pelas assertivas A e B (CC, art. 76, parágrafo único); **C:** incorreta, devendo ser assinalada, pois nesse caso, o domicílio é o da sede do comando a que se encontrar imediatamente subordinado (CC, art. 76, parágrafo único); **D:** correta, pois de pleno acordo com o CC, art. 75, II; **E:** correta, pois de acordo com o CC, art. 75, IV.
Gabarito "C"

(Magistratura do Trabalho – 20ª Região – 2003) O itinerante tem por domicílio:

(A) o Distrito Federal;
(B) sua última residência conhecida;
(C) a Capital do Estado em que por último tenha residido;
(D) o lugar em que for encontrado;
(E) a Capital do Estado em que tiver de ser demandado.

Há pessoas que não tem uma residência com ânimo definitivo. Elas não se fixam num determinado lugar, com uma mínima estabilidade suficiente para que se declare como domicílio. Isso ocorre, por exemplo, com os andarilhos, ciganos e empregados circenses. Para esses casos, entendeu a lei por bem determinar que o domicílio seria "o lugar onde a pessoa for encontrada" (CC, art. 73)

Gabarito "D"

(Ministério Público do Trabalho – 16º) A propósito do domicílio e das diferentes classes de bens, considere as seguintes proposições:

I. têm domicílio necessário o incapaz, o servidor público, o militar, o marítimo e o preso;
II. consideram-se móveis para os efeitos legais, os direitos pessoais de caráter patrimonial e respectivas ações;
III. o uso comum dos bens públicos pode ser gratuito ou retribuído, nos termos da lei;

De acordo com as assertivas, pode-se afirmar que:

(A) os itens II e III são errados;
(B) o item I é certo e o item III é errado;
(C) o item I é errado e o item II é certo;
(D) todos os itens são certos;
(E) não respondida.

I: certo. As pessoas previstas nesta assertiva tem domicílio necessário, conforme previsão do CC, art. 76; **II:** certo. A lei estabelece tal equiparação visando assegurar aos direitos pessoais de caráter patrimonial a mesma informalidade, mobilidade e versatilidade dos bens móveis (CC, art. 83, III); **III:** certo, pois "O uso comum dos bens públicos pode ser gratuito ou retribuído" (CC, art. 103).

Gabarito "D"

2.5. DOS BENS

(Magistratura do Trabalho – 15ª Região – 2012) Aponte a alternativa incorreta:

(A) Salvo disposição em contrário, as pessoas jurídicas de direito público, a que se tenha dado estrutura de direito privado, regem-se, no que couber, quanto ao seu funcionamento, pelas normas do Código Civil Brasileiro.
(B) Nos termos do CCB, são bens públicos os de uso comum do povo, tais como rios, mares, estradas, ruas e praças, os de uso especial, tais como edifícios ou terrenos destinados a serviços ou estabelecimento da administração federal, estadual, territorial ou municipal, exceto os de suas autarquias e os dominicais, que constituem o patrimônio das pessoas jurídicas de direito público, como objeto de direito pessoal, ou real, de cada uma dessas entidades.
(C) Os bens públicos dominicais podem ser alienados, observadas as exigências da lei.
(D) Nos termos do CCB, os materiais provenientes da demolição de um prédio são considerados bens móveis.
(E) Nos termos do CCB, nos negócios jurídicos bilaterais, o silêncio intencional de uma das partes a respeito de fato ou qualidade que a outra parte haja ignorado, constitui omissão dolosa, provando-se que sem ela o negócio não se teria celebrado.

A: correta, pois de pleno acordo com o art. 41, parágrafo único; **B:** incorreta, pois os edifícios e terrenos destinados às autarquias também se enquadram como bens de uso especial; **C:** correta, pois de acordo com o art. 101 do CC; **D:** correta, pois de pleno acordo como art. 84 do CC; **E:** correta, pois a assertiva faz referência ao dolo negativo ou dolo por omissão, previsto no CC, art. 147.

Gabarito "B"

(Magistratura do Trabalho – 4ª Região – 2012) De acordo com a Lei no 8.009/90,

(A) pode ser penhorado, para pagamento de qualquer dívida trabalhista, bem de família do sócio que administre a sociedade empresária.
(B) considera-se bem de família o único imóvel da entidade familiar e o pequeno comércio de seus integrantes.
(C) o bem de família pode ser penhorado para execução de sentença penal condenatória.
(D) inclui-se na impenhorabilidade do bem de família o veículo utilizado pelos integrantes da entidade familiar.
(E) pode ser penhorado, para pagamento de qualquer dívida trabalhista, bem de família do maior cotista da sociedade empresária.

A: incorreta, pois referida exceção não encontra respaldo legal; **B:** incorreta, pois o pequeno comércio de seus integrantes não configura bem de família; **C:** correta, pois referida hipótese encontra respaldo no art. 3º, VI, da Lei 8009/90; **D:** incorreta, pois os veículos podem ser penhorados (Lei 8.009/90, art. 2º); **E:** incorreta, pois referida exceção não encontra respaldo legal.

Gabarito "C"

(Magistratura do Trabalho – 2ª Região – 2011) Analise as seguintes proposições, em relação aos bens móveis, quanto à sua classificação legal:

I. *São bens móveis* as edificações que, separadas do solo, mas conservando a sua unidade, forem removidas para outro local.
II. *São bens móveis* os materiais provisoriamente separados de um prédio para nele se reempregarem.
III. *São bens móveis* os materiais destinados a alguma construção, enquanto não forem empregados.
IV. *São bens móveis* os materiais provenientes de demolição.

Responda:

(A) São corretas as assertivas I e III.
(B) São corretas as assertivas II e III.
(C) São corretas as assertivas III e IV.
(D) São corretas as assertivas II e IV.
(E) São corretas as assertivas I e IV.

I: incorreta, pois tais edificações são consideradas como bens imóveis (CC, art. 81, I); **II:** incorreta, pois tais materiais são bens imóveis (CC, art. 81, II); **III:** correta, pois de pleno acordo com a previsão do CC, art. 84; **IV:** correta, pois de pleno acordo com o CC, art. 84.
Gabarito "C"

(Magistratura do Trabalho – 2ª Região – 2011) São chamados de "pertenças" os bens que:

(A) Compõem uma universalidade de fato, como integrantes da pluralidade de bens singulares que, pertinentes à mesma pessoa, tenham destinação unitária.
(B) Constituem uma universalidade de direito, como um complexo de relações jurídicas de uma pessoa, constante de direitos e obrigações, dotadas de valor econômico, a que a ordem jurídica atribui caráter unitário.
(C) Não constituindo partes integrantes, se destinam, entretanto, de modo duradouro, ao uso, ao serviço ou ao aformoseamento de outro bem.
(D) São destinados à permanência apenas transitória, para um melhor proveito inicial da coisa principal, sem terem com esta, entretanto, qualquer vínculo intencional, material ou Ideal.
(E) Necessariamente são abrangidos nos negócios jurídicos que digam respeito ao bem principal, ainda que o contrário resulte das circunstâncias do caso.

A pertença vem prevista no art. 93 do CC. Trata-se do bem destinado de modo duradouro ao uso, serviço ou aformoseamento de outro. O ponto mais importante a destacar-se no estudo das pertenças é o fato de que elas não constituem parte integrante do objeto principal. Um aparelho de ar condicionado instalado numa sala é uma pertença, pois não é parte integrante do imóvel. Já o ar condicionado central, com tubulação interna e que leva o ar refrigerado a todos os ambientes não é pertença, pois integra o principal e dele faz parte de modo indelével. Paulo Dias de Moura Ribeiro esclarece: "Tome-se, neste particular, um exemplo singelo: o toca-CD de um carro. Se for um comum, adaptável a qualquer veículo, será uma pertença nele introduzida pelo proprietário do bem principal; se for um modelo original, já adaptado ao painel do veículo e que só a este se amolda, será um acessório, que seguirá o destino do bem principal" (*Revista do Advogado* 77. Jul. 2004, p. 63).
Gabarito "C"

(Magistratura do Trabalho – 2ª Região – 2010) Analise as proposições sobre os bens jurídicos nos termos das regras previstas no Código Civil.

I. Pertenças são bens que, não constituindo partes integrantes, se destinam, de modo provisório, ao uso, ao serviço ou ao aformoseamento de outro.
II. Os negócios que dizem respeito ao bem principal abrangem as pertenças, salvo se o contrário resultar da lei, da manifestação de vontade, ou das circunstâncias do caso.
III. A dissolução da sociedade conjugal extingue o bem de família.
IV. Podem instituir bem de família os cônjuges ou a entidade familiar, bem como o terceiro por testamento ou doação, independentemente da aceitação dos cônjuges ou entidade familiar beneficiados.

Responda:

(A) As alternativas I, II e IV estão corretas.
(B) As alternativas I, II e III estão corretas.
(C) Todas alternativas estão incorretas.
(D) As alternativas III e IV estão incorretas.
(E) As alternativas II e IV estão incorretas.

I: incorreta, pois a pertença se destina – de modo duradouro – aos usos mencionados (CC, art. 93); **II:** incorreta, pois como regra, os negócios que dizem respeito ao bem principal NÃO abrangem as pertenças (CC, art. 94); **III:** incorreta, pois a dissolução da sociedade conjugal NÃO extingue o bem de família (CC, art. 1.721); **IV:** incorreta, pois quando instituída por terceiro, a eficácia da instituição do bem de família depende da aceitação expressa de ambos os cônjuges beneficiados ou da entidade familiar beneficiada (CC, art. 1.711, parágrafo único).
Gabarito "C"

(Magistratura do Trabalho – 7ª Região – 2005) Uma casa de madeira, que pode ser retirada de seus alicerces, para ser fixada em local diverso do original, é considerada:

(A) bem móvel por antecipação.
(B) bem imóvel.
(C) bem semovente.
(D) bem móvel por natureza.
(E) bem imóvel por determinação legal.

O Código Civil previu esta hipótese no seu art. 81, I. Estabeleceu a lei que seria considerados bens *imóveis* as "edificações que, separadas do solo, mas conservando a sua unidade, forem removidas para outro local". Logo, a alternativa B é a única que responde com correção ao teste.
Gabarito "B"

(Magistratura do Trabalho – 8ª Região – 2011) Em relação aos bens, assinale a alternativa INCORRETA:

(A) A impenhorabilidade do bem de família legal abrange as pertenças.
(B) Não perdem o caráter de imóveis as telhas, provisoriamente separadas de um prédio, para nele se reempregarem.
(C) Consideram-se móveis para os efeitos legais, as energias que tenham valor econômico.
(D) São consumíveis os bens móveis cujo uso importe destruição imediata da própria substância, sendo também considerados tais os destinados à alienação
(E) Os frutos e produtos podem ser objeto de negócio jurídico, desde que separados do bem principal.

A: correta, pois de acordo com o CC, art. 1.712 e também de acordo com a Lei n.º 8.009/90, art. 1º, parágrafo único; **B:** correta, pois não perde o caráter de imóveis os "os materiais provisoriamente separados de um prédio, para nele se reempregarem" (CC, art. 81, II); **C:** correta, pois as energias com valor econômico são consideradas bens móveis (CC, art. 83, I); **D:** correta, pois ambos estão previstos no CC, art. 86 na categoria de bens consumíveis; **E:** incorreta, pois mesmo não separados do bem principal os frutos poderão ser objeto de negócio jurídico (art. 95 do CC).
Gabarito "E"

(Magistratura do Trabalho – 8ª Região – 2008) Quanto à disciplina legal dos bens, é INCORRETO afirmar:

(A) Não perdem o caráter de imóveis os materiais temporariamente separados de um prédio, para nele se reempregarem. Também são considerados imóveis o direito à sucessão aberta, os direitos reais sobre imóveis e as ações que os asseguram, bem como os materiais empregados em uma construção .

(B) Consideram-se móveis os direitos reais sobre objetos móveis e as ações correspondentes, bem como as edificações que, separadas do solo e perdendo sua unidade, forem removidas para outro local. O mesmo se dá com relação aos direitos pessoais de caráter patrimonial e respectivas ações, além das energias, desde que detentoras de valoração econômica .

(C) A universalidade de direito é constituída pelo complexo de relações jurídicas, de uma pessoa, dotadas de valor econômico. Por sua vez, constitui universalidade de fato a pluralidade de bens singulares que, pertinentes à mesma pessoa, tenham destinação unitária, podendo os bens que formam essa universalidade ser objeto de relações jurídicas próprias .

(D) São pertenças os bens que, não constituindo partes integrantes, destinam-se, de modo duradouro ou provisório, ao uso, ao serviço ou ao aformoseamento de outro, sendo que os negócios jurídicos atinentes ao bem principal não atingem as pertenças, salvo se o contrário resultar da lei, da manifestação de vontade ou das circunstâncias do caso concreto.

(E) A rigor, os frutos e produtos podem ser objeto de negócio jurídico, mesmo que ainda não separados do bem principal. Quanto às benfeitorias, podem ser enquadradas como necessárias, úteis ou voluptuárias, não se considerando como benfeitorias os melhoramentos ou acréscimos sobrevindos ao bem sem a intervenção do proprietário, possuidor ou detentor.

A: correta, pois os arts. 79 a 81 do CC classificam exatamente desta forma a categoria dos bens imóveis (CC, arts. 79, 80 e 81); **B:** correta, pois os arts. 81 e 83 do CC classificam desta forma os bens móveis (CC, arts. 81, I, e 83); **C:** correta, pois as conceituações dadas estão de acordo com o disposto nos arts. 90 e 91 do CC); **D:** incorreta, pois as pertenças destinam-se de **modo duradouro** ao uso, serviço ou aformoseamento de outro (CC, art. 93); **E:** correta, pois em consonância com os arts. 95, 96 e 97 do CC.

Gabarito "D"

(Magistratura do Trabalho – 8ª Região – 2007) A respeito dos bens públicos, é incorreto afirmar:

(A) São públicos os bens do domínio nacional pertencentes à administração pública direta ou indireta; todos os outros são particulares, seja qual for a pessoa a que pertencerem.

(B) São bens públicos de uso comum do povo os rios, mares, estradas, ruas e praças.

(C) São bens públicos de uso especial os edifícios ou terrenos destinados a serviço ou estabelecimento da administração federal, estadual, territorial ou municipal, inclusive os de suas autarquias.

(D) São bens públicos dominicais os que constituem o patrimônio das pessoas jurídicas de direito público, como objeto de direito pessoal, ou real, de cada uma dessas entidades.

(E) Os bens públicos de uso comum do povo e os de uso especial são inalienáveis, enquanto conservarem a sua qualificação, na forma que a lei determinar, enquanto que os bens públicos dominicais podem ser alienados, observadas as exigências da lei.

A: incorreta, pois são públicos os "bens do domínio nacional pertencentes às pessoas jurídicas de direito público interno" (CC, art. 98); **B:** correta, pois a categoria dos bens de uso comum do povo (CC, art. 98) engloba aqueles que são utilizados indistintamente pelo povo, em regra sem uma cobrança específica, como é o caso de parques, ruas e avenidas; **C:** correta, pois a assertiva reproduz com precisão o previsto no CC, art. 99, II. Os bens públicos de uso especial são aqueles destinados ao bom funcionamento da burocracia, serviços e administração em geral, como é o caso de delegacias, câmaras municipais, palácios, etc. **D:** correta, pois de pleno acordo com a previsão do CC, art. 99, III; **E:** correta, pois apenas os bens dominicais podem ser alienados e ainda assim com a observância do disposto no Direito Administrativo (CC, arts. 100 e 101).

Gabarito "A"

(Magistratura do Trabalho – 8ª Região – 2007) Marque a alternativa incorreta:

(A) Dentre as hipóteses legais de cessação da incapacidade para os menores estão o casamento, o exercício de emprego público efetivo e a colação de grau em curso de ensino superior.

(B) Se dois ou mais indivíduos falecerem na mesma ocasião, não se podendo averiguar se algum dos comorientes precedeu aos outros, presumir-se-ão simultaneamente mortos.

(C) O Direito Civil estende às pessoas jurídicas a proteção dos direitos da personalidade, no que couber, havendo possibilidade de, inclusive, sofrer dano moral.

(D) O uso comum dos bens públicos só pode ser gratuito, pois são destinados à utilização pela sociedade que já paga os impostos, sendo vedado o uso oneroso dessa classe de bens.

(E) A interpretação dos negócios jurídicos deve estar baseada no princípio da boa-fé e nos usos do lugar de sua celebração.

A: correta. O art. 5º, parágrafo único, II, III e IV do CC prevê hipóteses de emancipação legal, ou seja, fatos que - uma vez ocorridos - geram automaticamente a emancipação da pessoa. As três hipóteses previstas na alternativa estão enumeradas no referido dispositivo legal; **B:** correta, pois a alternativa versa sobre a comoriência, prevista no CC, art. 8º; **C:** correta, pois há direitos da personalidade que naturalmente se estendem à Pessoa Jurídica, como, por exemplo, a imagem, honra objetiva, nome etc. (STJ, súmula 227); **D:** incorreta, pois o uso comum dos bens públicos pode ser gratuito ou retribuído, de acordo com o art. 103 do CC; **E:** correta, pois a assertiva reflete o disposto no art. 113 do CC.

Gabarito "D"

(Magistratura do Trabalho – 8ª Região – 2007) Das alternativas abaixo, marque a correta em relação aos bens singulares:

(A) São compostos pelo solo e tudo quanto se lhe incorporar natural ou artificialmente.

(B) São suscetíveis de movimento próprio, ou de remoção por força alheia, sem alteração da substância ou da destinação econômico-social.

(C) São móveis que podem substituir-se por outros da mesma espécie, qualidade e quantidade.

(D) São os que se podem fracionar, sem alteração na sua substância, diminuição considerável de valor ou prejuízo do uso a que se destinam.

(E) São os que, muito embora reunidos, consideram-se de per si, independentemente dos demais.

A: incorreta, pois tal definição se amolda mais precisamente aos bens imóveis por natureza (CC, art. 79); **B:** incorreta, pois tal definição melhor se encaixa para conceituar os bens móveis (CC, art. 82); **C:** incorreta, pois a assertiva define os bens fungíveis (CC, art. 85); **D:** incorreta, pois a assertiva conceitua os bens divisíveis (CC, art. 87); **E:** correta, pois de pleno acordo com a definição dada pelo art. 89 do CC.

Gabarito "E"

(Magistratura do Trabalho – 8ª Região – 2006) Sabendo-se que bens imóveis são aqueles que não se podem transportar de um lugar para outro, sem destruição; ao contrário dos bens móveis, que podem ser transportados, por força própria ou estranha, sem deterioração em sua substância ou destinação econômico-social, é correta a seguinte afirmação:

(A) É imóvel por acessão física ou artificial tudo aquilo que o homem incorporar permanentemente ao solo, a exemplo dos edifícios e construções; enquanto perdem o caráter de imóveis as edificações que, separadas do solo, mesmo conservando sua unidade, forem removidas para outro local.

(B) São móveis por acessão intelectual ou por destinação do proprietário todas as coisas que este mantiver, intencionalmente, em sua exploração industrial, no seu aformoseamento ou na sua comodidade, tais como máquinas agrícolas, ornamentos e geradores.

(C) Não perde o caráter de imóveis os materiais provisoriamente separados de um prédio, para nele se reempregarem; assim como adquirem essa qualidade os materiais destinados à determinada construção, mesmo enquanto não forem nela empregados.

(D) Tanto o direito à sucessão aberta como os direitos autorais, enquanto direitos pessoais de caráter patrimonial, são considerados móveis para os efeitos legais.

(E) Se um prédio for demolido, o material de construção, decorrente da demolição, será tido como móvel, desde que não mais empregado em sua reconstrução.

A: incorreta, pois **não** perdem o caráter de imóveis as edificações que, separadas do solo, mas conservando a sua unidade, forem removidas para outro local, de acordo com o art. 81, I, do CC; **B:** incorreta, pois não existe tal previsão legal; **C:** incorreta, pois os materiais destinados a alguma construção, enquanto não forem empregados, conservam sua qualidade de móveis, readquirem essa qualidade os provenientes da demolição de algum prédio, conforme art. 84 do CC; **D:** incorreta, pois o direito à sucessão aberta é considerado bem imóvel, conforme art. 80, II, do CC; **E:** correta, conforme disposto no art. 84 do CC.

Gabarito "E"

(Magistratura do Trabalho – 13ª Região – 2006) Quanto aos bens móveis, está correta a alternativa abaixo, exceto:

(A) constitui universalidade de fato a pluralidade de bens singulares que pertencem a várias pessoas;

(B) os bens móveis por natureza são as coisas corpóreas que se podem remover sem dano, por força própria ou alheia, com exceção das que acedem aos imóveis;

(C) os bens móveis considerados na área penal são os mesmos da área civil;

(D) as energias que tenham valor econômico são consideradas bens móveis;

(E) os direitos pessoais de caráter patrimonial e respectivas ações são considerados bens móveis.

A: incorreta, pois constitui universalidade de fato a pluralidade de bens singulares que pertencem a mesma pessoa e que tenham destinação unitária (CC, art. 90); **B:** correta (art. 82 do CC); **C:** correta, pois o direito penal se utiliza de conceitos jurídicos de outras matérias, no caso, a definição de bens móveis de direito civil, salvo eventual definição própria descrita em lei; **D:** correta, pois de acordo com a definição legal do CC, art. 83, I; **E:** correta, pois esses são os bens móveis por força da lei previstos no CC, art. 83, III.

Gabarito "A"

(Magistratura do Trabalho – 14ª Região – 2011) Sobre bens, conforme previsão contida no Código Civil, qual alternativa não está correta?

(A) É considerado bem imóvel por determinação legal o direito à sucessão aberta, ainda que a herança somente seja formada por bens móveis ou abranja apenas direitos pessoais.

(B) São considerados bens móveis aqueles suscetíveis de movimento próprio ou de remição por força alheia, sem alteração da substância ou da destinação econômico-social; considerando-se como bem móvel por determinação legal as energias que tenham valor econômico.

(C) A fungibilidade é própria dos bens móveis, sendo o resultado da comparação entre duas coisas equivalentes, ou seja, da mesma espécie, qualidade e quantidade.

(D) O edifício sede do Governo Federal integra a categoria dos bens públicos dominicais, já que destinado, por sua natureza, ao uso coletivo ou exclusivo por parte do poder público.

(E) O uso comum dos bens públicos pode ser gratuito ou retribuído, conforme estabelecido legalmente pela entidade a cuja administração pertencerem.

A: correta. O art. 80 do CC previu dois direitos considerados relevantes, aos quais se quis atribuir a segurança e a formalidade dos bens imóveis. Assim, estabeleceu que o direito de receber uma herança de pessoa que já faleceu é um direito muito relevante por si só, independentemente dos bens que compõem essa herança. É por isso que uma herança – antes de ser partilhada entre os herdeiros – e composta apenas de bens móveis é considerada um bem móvel. Caso um dos herdeiros queira ceder esse seu direito (antes da partilha) deverá usar escritura pública e pedir vênia conjugal (salvo no regime de separação convencional), pois está – a rigor – cedendo um bem imóvel; **B:** correta, pois de pleno acordo com o disposto no CC, art. 82; **C:** correta, pois trata de forma precisa e adequada da categoria dos bens fungíveis (CC, art. 85); **D:** incorreta, pois o exemplo dado é de um bem de uso especial da Administração e não de bem dominical (cuja previsão encontra-se no CC, art. 99, III); **E:** correta, pois nada impede a cobrança pelo uso de bens públicos (CC, art. 103).

Gabarito "D"

(Magistratura do Trabalho – 14ª Região – 2008) Bens.

I. Considerando que bens divisíveis são os que se podem fracionar sem alteração na sua substância, diminuição considerável do valor, ou prejuízo do uso a que se destinam, conclui-se que os bens naturalmente divisíveis não podem se tornar indivisíveis pela vontade das partes.

II. O direito a sucessão aberta e as energias que tenham valor econômico são considerados bens imóveis para efeitos legais.

III. Os bens públicos podem ser classificados em bens públicos de uso comum, de uso especial e dominicais. Todos são inalienáveis, porém os dominicais são suscetíveis de usucapião.

IV. São consideradas benfeitorias os melhoramentos ou acréscimos sobrevindos ao bem, ainda que sem a intervenção do proprietário, possuidor ou detentor.

Responda:

(A) todas as opções estão corretas;
(B) apenas as opções II e III estão corretas;
(C) apenas as opções I e III estão corretas;
(D) apenas a opção I está correta;
(E) todas as opções estão incorretas.

I: incorreta, pois os bens naturalmente divisíveis podem tornar-se indivisíveis por determinação da lei ou por vontade das partes, conforme disposto no CC, art. 88, **II:** incorreta, pois as energias que tenham valor econômico são consideradas bens móveis, conforme CC, art. 83, I; **III:** incorreta, pois os bens públicos dominicais podem ser alienados, observadas as exigências da lei (art. 101 do CC), e os bens públicos não estão sujeitos a usucapião (art. 102 do CC); **IV:** incorreta, pois não se consideram benfeitorias os melhoramentos ou acréscimos sobrevindos ao bem sem a intervenção do proprietário, possuidor ou detentor (art. 97 do CC).

Gabarito "E"

(Magistratura do Trabalho – 15ª Região – 2010) A respeito dos bens, é incorreto afirmar que:

(A) são públicos os bens do domínio nacional pertencentes às pessoas jurídicas de direito público interno e consideram-se dominicais, não dispondo a lei em contrário, os bens pertencentes às pessoas jurídicas de direito público a que se tenha dado estrutura de direito privado;
(B) não se consideram benfeitorias os melhoramentos ou acréscimos sobrevindos ao bem sem a intervenção do proprietário, possuidor ou detentor;
(C) benfeitorias úteis são as que têm por fim conservar o bem ou evitar que se deteriore;
(D) são pertenças os bens que, não constituindo partes integrantes, se destinam, de modo duradouro, ao uso, ao serviço ou ao aformoseamento de outro;
(E) as energias que tenham valor econômico são consideradas bens móveis para os efeitos legais.

A: correta (CC, arts. 98 e 99, parágrafo único); **B:** correta, pois a assertiva repete o disposto no CC, art. 97; **C:** incorreta, pois a assertiva define as benfeitorias necessárias (CC, art. 96, § 3º); benfeitorias úteis são as que aumentam ou facilitam o uso de bem (art. 96, § 2º, do CC); **D:** correta, pois define de forma correta as pertenças (CC, art. 93); **E:** correta, pois as energias com valor econômico são consideradas como bens móveis (CC, art. 83, I).

Gabarito "C"

(Magistratura do Trabalho – 16ª Região – 2011) Quanto aos bens e sua classificação, considerando as afirmativas abaixo, assinale a alternativa CORRETA:

I. Para efeitos legais, são bens móveis, as energias que tenham valor econômico.

II. Uma roupa, enquanto estiver na loja para ser consumida é bem consumível.

III. As pertenças conservam sua identidade, individualidade e autonomia, não sendo parte integrante de outro bem, sendo que os bens acessórios são parte do principal, existindo independentemente deles.

IV. O bem de família é isento de execução por dívidas posteriores à sua instituição, mas pode ser penhorado para saldar dividas que provierem de tributos relativos ao prédio, ou de despesas de condomínio.

(A) Somente as afirmativas I e IV estão corretas.
(B) Somente as afirmativas I, III e IV estão corretas.
(C) Somente as afirmativas I, II e IV estão corretas.
(D) Somente as afirmativas II e IV estão corretas
(E) Todas as afirmativas estão corretas.

I: correta, pois as energias com valor econômico são consideradas como bens móveis (CC, art. 83, I); **II:** correta, pois também são considerados consumíveis os bens destinados à alienação (CC, art. 86); **III:** incorreta, pois as pertenças configuram espécie de bem acessório e os bens acessórios são aqueles cuja existência pressupõe a existência do bem principal (CC, arts. 92 e 93); **IV:** correta, pois de pleno acordo com o art. 1.715 do CC.

Gabarito "C"

(Ministério Público do Trabalho – 14º) Consideram-se bens móveis para os efeitos legais:

(A) os materiais provisoriamente separados de um prédio, para nele se reempregarem;
(B) as energias que tenham valor econômico;
(C) o direito à sucessão aberta;
(D) as edificações que, separadas do solo, mas conservando a sua unidade, forem removidas para outro local;
(E) não respondida.

A: incorreta, pois tais materiais não perdem a natureza de bens imóveis (CC, art. 81, II); **B:** correta, pois as energias com valor econômico são consideradas bens móveis por força da lei (CC, art. 83, I); **C:** incorreta, pois o direito à sucessão aberta é um exemplo de bem imóvel por força da lei (CC, art. 80, II); **D:** incorreta, pois tais edificações são consideradas pela lei como bens imóveis (CC, art. 81, I).

Gabarito "B"

(Ministério Público do Trabalho – 14º) Assinale a alternativa correta.

(A) os bens públicos estão sujeitos a usucapião;
(B) os bens públicos dominicais não podem ser alienados, em hipótese alguma;
(C) os bens públicos de uso comum do povo e os de uso especial podem ser alienados em qualquer hipótese;
(D) consideram-se dominicais os bens pertencentes às pessoas jurídicas de direito público a que se tenha dado estrutura de direito privado, não dispondo a lei em contrário;
(E) não respondida.

A: incorreta, pois os bens públicos não estão sujeitos a usucapião (CC, art. 102 e CF, arts. 183 § 3º e 191 parágrafo único); **B:** incorreta, pois o CC, art. 101 permite tal alienação, desde que se observem as regras do Direito Administrativo; **C:** incorreta, pois somente com a desafetação é que tais bens podem ser alienados (CC, art. 100); **D:** correta, pois de acordo com o CC, art. 99, parágrafo único.

Gabarito "D"

(Ministério Público do Trabalho – 13º) São considerados bens móveis:

(A) o direito à sucessão aberta;

(B) os materiais provisoriamente separados de um prédio, para nele se reempregarem;

(C) os direitos reais sobre objetos móveis;

(D) o que for incorporado artificialmente ao solo;

(E) não respondida.

A: incorreta, pois o direito à sucessão aberta é considerado um bem imóvel por força da lei (CC, art. 80, II); **B:** incorreta, pois tais materiais não perdem a natureza de bens imóveis (CC, art. 81, II); **C:** correta, pois tais direitos são considerados bens móveis por força do CC, art. 83, II; **D:** incorreta, pois tais bens são considerados imóveis (CC, art. 79).

Gabarito "C"

(Ministério Público do Trabalho – 11º)

I. os bens dominicais que constituem o patrimônio das pessoas jurídicas de direito público, como objeto de direito pessoal ou real, não podem ser alienados ou adquiridos por usucapião;

II. o domicílio das pessoas jurídicas com diversos estabelecimentos em lugares diferentes corresponderá ao lugar onde funcionar a respectiva diretoria;

III. a responsabilidade civil é dependente da criminal, não se podendo questionar mais sobre a existência do fato ou da autoria, se definido no juízo criminal, visto que a sentença penal serve como título executivo judicial para a execução reparatória no âmbito civil;

IV. na sociedade, em que a responsabilidade de cada sócio é restrita ao valor de suas quotas, e todos respondem solidariamente pela integralização do capital social, o contrato social poderá prever a sua regência supletiva pelas normas da sociedade anônima.

(A) todas as alternativas são verdadeiras;

(B) todas as alternativas são falsas;

(C) apenas uma alternativa é falsa;

(D) apenas uma alternativa é verdadeira;

(E) não respondida.

I: falsa, pois os bens dominicais, embora não estejam sujeitos a usucapião (CC, art. 102), podem ser alienados, observadas as exigências da Lei (CC, art. 101); **II:** falsa, pois tendo a pessoa jurídica diversos estabelecimentos em lugares diferentes, cada um deles será considerado domicílio para os atos nele praticados (CC, art. 75, § 1º); **III:** falsa, pois a responsabilidade civil é **independente** da criminal, conforme disposto no CC, art. 935; **IV:** verdadeira, pois a alternativa reflete o disposto nos arts. 1.052 e 1.053, parágrafo único, do CC.

Gabarito "D"

2.6. DOS FATOS JURÍDICOS

2.6.1. TEORIA GERAL DOS NEGÓCIOS JURÍDICOS

(Procurador do Trabalho – 2013 – MPT) Marque a alternativa INCORRETA:

(A) Começa a existência legal da pessoa jurídica de direito privado com a inscrição no respectivo registro, precedida, se for o caso, de autorização ou aprovação do Poder Executivo.

(B) Não constitui coação a ameaça do exercício regular de um direito.

(C) As pessoas jurídicas de direito público interno são civilmente responsáveis por atos dos seus agentes que nessa qualidade causem danos a terceiros, resguardando-se seu direito regressivo contra os causadores do dano, independentemente de dolo ou culpa.

(D) Extingue-se a obrigação de não fazer se, sem culpa do devedor, seu cumprimento se torne impossível.

(E) Não respondida.

A: assertiva correta (art. 45, *caput*, do CC); **B:** assertiva correta (art. 153 do CC); **C:** assertiva incorreta, devendo ser assinalada; a ação regressiva contra o agente causador do dano depende de comprovação de culpa ou dolo deste (art. 43 do CC); **D:** assertiva correta (art. 248 do CC).

Gabarito "C"

(Procurador do Trabalho – 2013 – MPT) Quanto à teoria dos negócios jurídicos, é **CORRETO** afirmar:

(A) É nulo o negócio jurídico realizado por agente com 17 anos, sem assistência de seu representante legal.

(B) O índio integrado, ou seja, incorporado à comunhão nacional, goza de capacidade para firmar negócios jurídicos, mesmo que conserve usos, costumes e características de sua cultura.

(C) Simulação é uma declaração falsa, enganosa, da vontade, visando aparentar negócio diverso do efetivamente desejado, independente de acordo com a parte contrária ou seus destinatários.

(D) O temor reverencial se equipara à coação, pois suprime por si só qualquer consentimento ou manifestação da vontade do agente, independente de ser acompanhado de ameaças ou violências.

(E) Não respondida.

A: incorreta, pois, nesse caso, tem-se um relativamente incapaz (art. 4º, I, do CC), de modo que o negócio é anulável (art. 171, I, do CC) e não nulo; **B:** correta (arts. 4º, I, e 10 do Estatuto do Índio); **C:** incorreta, pois a simulação depende das duas partes devem ter o mesmo intuito, ou seja, devem estar de acordo com esse negócio viciado, sob pena de se configurar algum defeito do negócio jurídico ou outro vício diverso da simulação; **D:** incorreta, pois não se considera coação o simples temor reverencial (art. 153 do CC); **E:** incorreta, pois a alternativa "a" é correta.

Gabarito "B"

(Procurador do Trabalho – MPT – 17º Concurso) Analise as assertivas:

I. Para a validade de todos os negócios jurídicos que visem à constituição, transferência, modificação ou renúncia de direitos reais sobre imóveis a escritura pública é essencial.

II. Na interpretação das declarações de vontade, deve-se dar mais importância à intenção nelas consubstanciada do que ao sentido literal da linguagem.

III. Na representação, o representante é obrigado a provar às pessoas, com quem tratar em nome do representado, a sua qualidade e a extensão de seus poderes, sob pena de, não o fazendo, serem nulos os atos que a estes excederem.

IV. Nos negócios jurídicos, o silêncio importa anuência.

Marque a alternativa CORRETA:

(A) apenas as assertivas I e III estão corretas;
(B) todas as assertivas estão corretas;
(C) apenas as assertivas III e IV estão corretas;
(D) apenas a assertiva II está correta;
(E) não respondida.

I: incorreta, pois referida regra não se aplica quando o objeto do negócio jurídico seja bem imóvel de valor inferior a *trinta vezes o maior salário mínimo vigente no País* (CC, art. 108); **II:** correta, pois este é o comando determinado pelo art. 112 do Código Civil, determinando uma interpretação que se prenda mais à intenção do que à literalidade; **III:** incorreta, pois a pena para este caso não é a nulidade dos atos, mas sim a responsabilidade do representante pelos atos que excederem seus poderes (CC, art. 118); **IV:** incorreta, pois "O silêncio importa anuência, quando as circunstâncias ou os usos o autorizarem, e não for necessária a declaração de vontade expressa" (CC, art. 111).

Gabarito "D"

(Magistratura do Trabalho – 3ª Região – 2013) Assinale a alternativa correta: Nos termos do Código Civil vigente, têm-se por inexistentes (mas subsiste o negócio jurídico):

(A) As condições incompreensíveis
(B) As condições impossíveis, quando resolutivas, e as de não fazer coisa impossível.
(C) As condições ilícitas, ou de fazer coisa ilícita
(D) As condições física ou juridicamente impossíveis, quando suspensivas
(E) As condições contraditórias

Há duas soluções legais para a hipótese de imperfeição nas condições. A primeira é invalidar o negócio jurídico como um todo. Isso ocorre nas hipóteses do art. 123 do CC, a saber: I – as condições física ou juridicamente impossíveis, quando suspensivas; II – as condições ilícitas, ou de fazer coisa ilícita; III – as condições incompreensíveis ou contraditórias. A segunda é invalidar apenas e tão somente a condição, mantendo válido o negócio jurídico e isso ocorre em duas hipóteses previstas no art. 124: condições impossíveis, quando resolutivas, e as de não fazer coisa impossível. Desta forma, apenas a alternativa B responde de forma satisfatória a questão.

Gabarito "B"

(Magistratura do Trabalho – 23ª Região – 2012) Com base nas disposições do Código Civil vigente assinale a alternativa correta:

(A) A incapacidade relativa de uma das partes não pode ser invocada pela outra em beneficio próprio, nem aproveita aos cointeressados capazes, salvo se, neste caso, for indivisível o objeto da direito ou da obrigação comum.
(B) O silêncio será tido como anuência, sempre que as circunstâncias ou os usos o autorizarem.
(C) Nas declarações de vontade se atenderá mais à literalidade estrita da declaração do que à intenção nelas consubstanciada.
(D) Os negócios jurídicos devem ser interpretados conforme a boa-fé e os usos do lugar de sua celebração, salvo quando dependam de forma prevista em lei.
(E) Os negócios jurídicos benéficos e a renúncia interpretam-se extensivamente.

A: correta, pois de pleno acordo com o disposto no art. 105 do CC; **B:** incorreta, pois – para que o silêncio valha como anuência – a lei ainda exige que não seja necessária a declaração de vontade expressa (CC, art. 111); **C:** incorreta, pois a regra do art. 112 do Código Civil é exatamente oposta, exigindo a lei que se atenda mais a intenção do que a literalidade; **D:** incorreta, pois a lei não reproduz a exceção prevista no enunciado; **E:** incorreta, pois tais negócios devem ser interpretados restritivamente (CC, art. 113).

Gabarito "A"

(Magistratura do Trabalho – 2ª Região – 2011) Nos termos do Código Civil, as condições abaixo invalidam os negócios jurídicos que lhes são subordinados, à exceção:

(A) Das condições física ou juridicamente impossíveis, quando suspensivas.
(B) Das condições física ou juridicamente impossíveis, quando resolutivas.
(C) Das condições ilícitas, ou de fazer coisa ilícita.
(D) Das condições Incompreensíveis.
(E) Das condições contraditórias.

A solução legal de invalidar o negócio jurídico como um todo diante de uma imperfeição na condição ocorre nas hipóteses do art. 123 do CC, a saber: I – as condições física ou juridicamente impossíveis, quando suspensivas; II – as condições ilícitas, ou de fazer coisa ilícita; III – as condições incompreensíveis ou contraditórias. Na hipótese da alternativa B, a solução legal é invalidar apenas a condição, mantendo válido o negócio jurídico (CC, art. 124).

Gabarito "B"

(Magistratura do Trabalho – 3ª Região – 2009) Acerca dos atos, fatos e negócios jurídicos segundo o novo Código Civil, leia as afirmações abaixo e, em seguida, assinale a alternativa correta:

I. São defeitos dos negócios jurídicos o erro substancial, o dolo, a coação, a simulação, o estado de perigo, a lesão e a fraude contra credores. Observadas as condições legais, o negócio jurídico defeituoso é anulável.

II. É nulo o negócio jurídico quando celebrado por pessoa absolutamente incapaz; for ilícito, impossível ou indeterminável o seu objeto; o motivo determinante, comum a ambas as partes, for ilícito; não revestir a forma prescrita em lei; for preterida alguma solenidade que a lei considere essencial para a sua validade; tiver por objetivo fraudar lei imperativa; ou a lei taxativamente o declarar nulo, ou proibir-lhe a prática, sem cominar sanção.

III. A confirmação expressa, ou a execução voluntária de negócio anulável, nos termos da lei, importa a extinção de todas as ações, ou exceções, de que contra ele dispusesse o devedor.

IV. Ocorre a lesão quando uma pessoa, premida da necessidade de salvar-se, ou a pessoa de sua família, de grave dano conhecido pela outra parte, assume obrigação excessivamente onerosa.

V. Subordinando-se a eficácia do negócio jurídico à condição suspensiva, enquanto esta se não realizar, vigorará o negócio jurídico, podendo exercer-se desde a conclusão deste o direito por ele estabelecido.

(A) Somente uma afirmativa está correta.
(B) Somente duas afirmativas estão corretas.
(C) Somente três afirmativas estão corretas.
(D) Somente quatro afirmativas estão corretas.
(E) Todas as afirmativas estão corretas.

I: incorreta, pois a simulação não é defeito do negócio, mas causa autônoma de nulidade, conforme disposto no CC, art. 167; **II:** correta, pois a assertiva reproduz as hipóteses de nulidade absoluta prevista no importante art. 166 do Código Civil; **III:** correta, pois é possível a confirmação expressa ou tácita de um negócio jurídico anulável (CC, art. 175); **IV:** incorreta, pois a alternativa traz o conceito de estado de perigo (art. 156, *caput*, do CC); **V:** incorreta, pois enquanto não se verificar o evento futuro e incerto não se terá adquirido o direito (CC, art. 125).

Gabarito "B"

(Magistratura do Trabalho – 5ª Região – 2006 – CESPE) Assinale a opção correta no que concerne aos negócios jurídicos.

(A) Para a caracterização da fraude contra credor exige-se que, na conduta do devedor, esteja presente qualquer artifício ou manobra intencional, com o intuito de escusar-se do pagamento de sua dívida ao credor, isto é, a comprovação da má-fé e do conhecimento quanto ao prejuízo do credor. Para que o negócio jurídico gratuito ou oneroso atraia o caráter de fraude contra credor, tornando o negócio jurídico nulo, faz-se necessário que o devedor tenha conhecimento do seu estado econômico ou financeiro.

(B) Condição é cláusula de um negócio jurídico que deriva exclusivamente da vontade de uma das partes, desde que conste expressamente no contrato. Essa pode ser causal ou potestativa pura. A condição subordina a eficácia ou a resolução do negócio jurídico à vontade de uma das partes ou a acontecimento futuro e incerto. Assim, enquanto não realizada a condição, o cumprimento do negócio jurídico não pode ser validamente exigido.

(C) A lesão inclui-se entre os vícios de consentimento decorrente de abuso praticado em situação de desigualdade de um dos contratantes, por estar sob premente necessidade, ou por inexperiência. Esse vício afeta a vontade do agente e a manifestação de vontade em desacordo com a realidade, quer porque o declarante a desconhece, quer porque o declarante está impelido pela necessidade, e tem como consequência a nulidade do negócio jurídico.

(D) O instituto da conversão é a transformação de um negócio jurídico nulo em outro de natureza diversa e traduz o princípio da conservação dos atos negociais; nele aproveita-se a finalidade do ato desejado pelas partes sempre que for possível e não for obstado pelo ordenamento jurídico. Entretanto, para que ocorra a conversão de um negócio jurídico nulo em outro de natureza diversa, faz-se necessário que o negócio reputado nulo contenha os requisitos do outro negócio e que a vontade manifestada pelas partes faça supor que, se tivessem ciência da nulidade do negócio realizado, mesmo assim, teriam querido celebrar o negócio convertido.

(E) A essência do negócio jurídico é a vontade que deve corresponder à declaração, a qual é mera exteriorização da vontade subjetiva do agente. Assim, havendo divergência entre a vontade e a declaração, o negócio jurídico é nulo, ainda que o declarante haja feito a reserva mental de não querer o que declara, ou quando o destinatário desconhece a verdadeira intenção da outra parte.

A: incorreta, pois no caso de negócios de transmissão gratuita de bens ou remissão de dívida, se os praticar o devedor já insolvente, ou por eles reduzido à insolvência, **ainda que o ignore**, poderão ser anulados pelos credores quirografários, como lesivos dos seus direitos (CC, art. 158); **B:** incorreta, pois condição é a cláusula que, derivando exclusivamente da vontade das partes, subordina o efeito do negócio jurídico a evento futuro e incerto. A condição que sujeita ao puro arbítrio de uma das partes, chamadas de puramente potestativas, não são admitidas no direito civil brasileiro (CC, art. 122); **C:** incorreta, pois embora esteja correto o conceito de lesão, é **causa de anulabilidade do negócio jurídico** (CC, art. 171, II); **D:** correta, pois a alternativa traz o conceito de conversão, previsto no CC, art. 170; **E:** incorreta, pois a alternativa contraria o disposto no art. 110 do CC.

Gabarito "D"

(Magistratura do Trabalho – 14ª Região – 2011) Quanto aos negócios jurídicos, assinale a alternativa incorreta.

(A) Os negócios jurídicos devem ser interpretados conforme a boa-fé e os usos do lugar do pagamento.

(B) A incapacidade relativa de uma das partes não pode ser invocada pela outra em benefício próprio, nem aproveita aos cointeressados capazes, salvo se, neste caso, for indivisível o objeto do direito ou da obrigação comum.

(C) Os negócios jurídicos benéficos e a renúncia interpretam-se estritamente.

(D) A validade da declaração de vontade não dependerá de forma especial, senão quando a lei expressamente a exigir.

(E) O silêncio importa anuência, quando as circunstâncias ou os usos o autorizarem, e não for necessária a declaração de vontade expressa.

A: incorreta, devendo ser assinalada, pois os negócios jurídicos devem ser interpretados conforme a boa-fé e os usos do lugar da CELEBRAÇÃO do negócio jurídico (CC, art. 113); **B:** correta, pois em total consonância com o CC, art. 105; **C:** correta, pois de pleno acordo com o CC, art. 114; **D:** correta, pois de pleno acordo com o CC, art. 107; **E:** correta, pois de acordo com o disposto no CC, art. 111.

Gabarito "A"

(Magistratura do Trabalho – 16ª Região – 2008) Sobre os elementos do negócio jurídico, assinalar a alternativa incorreta.

(A) Os elementos essenciais do negócio jurídico são aqueles indispensáveis para a sua existência, quais sejam, agente capaz de declarar a vontade, objeto lícito, possível, determinado ou determinável e a forma prescrita ou não defesa em lei.

(B) Os elementos naturais são os efeitos decorrentes da própria natureza do negócio, fixados pelas normas jurídicas de regência, não podendo, por isso, ser excluídos da relação jurídica.

(C) Os elementos acidentais são os que podem figurar ou não no negócio, dependentes da vontade das partes, mas, quanto integrante do mesmo, torna-se obrigatório seu cumprimento.

(D) Faltando qualquer dos elementos essenciais do negócio jurídico, este não pode integrar o mundo jurídico, porque lhe falta condição de existência.

(E) A causa, mesmo não se constituindo elemento essencial do negócio jurídico, pode viciar a declaração de vontade, se for falsa e determinante da realização do negócio jurídico.

A: correta, pois se tratam dos requisitos de validade do negócio jurídico, previstos no art. 104 do CC; **B:** incorreta, devendo ser assinalada, pois embora os elementos naturais (*naturalia negotii*) sejam as consequências ou efeitos que decorrem da própria natureza do negócio, **não** dependem da vontade das partes; **C:** correta, pois a alternativa traz o conceito correto de elementos acidentais (*accidentalia negotii*). São exemplos de elementos acidentais a condição, termo e encargo; **D:** correta, pois os elementos essenciais (*essentialia negotii*) são indispensáveis à existência do negócio e são a declaração de vontade, finalidade negocial e idoneidade do objeto; **E:** correta, pois se trata do erro substancial (CC, art. 138).

Gabarito "B"

(Magistratura do Trabalho – 21ª Região – 2005) No que diz respeito à prova dos fatos jurídicos, assinale a resposta correta:

(A) os maiores de catorze e os menores de dezoito anos podem ser admitidos como testemunhas, em qualquer caso;

(B) admite a lei, independentemente da vontade da parte, a possibilidade de determinação judicial para realização obrigatória de exame médico, desde que seja imprescindível à solução da questão e esteja devidamente fundamentada esta circunstância na decisão;

(C) o instrumento particular devidamente elaborado e assinado constitui prova dos fatos nele declarados, operando efeitos em relação a terceiros, independentemente de registro publico;

(D) o juiz pode admitir o depoimento do amigo íntimo ou inimigo capital de uma das partes, na hipótese de prova de fatos que apenas eles conheçam;

(E) a pessoa portadora de deficiência mental não pode ser admitida, em nenhuma hipótese, como testemunha.

A: incorreta, pois os menores de dezesseis anos não podem ser admitidos como testemunhas (CC, art. 228, I); **B:** incorreta, pois no caso de recusa da parte em submeter-se a exame médico, o juiz poderá suprir a prova que se pretendia obter com o exame (CC, art. 232); **C:** incorreta, pois o instrumento particular não se opera, a respeito de terceiros, antes de registrado no registro público (CC, art. 221); **D:** correta, pois de acordo com o CC, art. 228, parágrafo único; **E:** incorreta, pois no caso de só o deficiente ter conhecimento dos fatos, o juiz poderá admitir o seu depoimento (CC, art. 228, parágrafo único).

Gabarito "D"

(Ministério Público do Trabalho – 15º) Leia com atenção as assertivas abaixo:

I. quando as circunstâncias ou os usos o autorizarem, e não for necessária a declaração de vontade expressa, o silêncio importa anuência;

II. são interpretados estritamente os negócios jurídicos benéficos e a renúncia;

III. a condição de fazer coisa ilícita invalida o negócio jurídico que lhe é subordinado;

IV. a condição resolutiva de fazer coisa impossível têm-se por inexistente.

Assinale a alternativa CORRETA:

(A) apenas as assertivas III e IV são corretas;

(B) apenas as assertivas I, II e III são corretas;

(C) apenas as assertivas I e II são corretas;

(D) todas as assertivas são corretas;

(E) não respondida.

I: correta, pois de pleno acordo com o disposto no CC, art. 111; **II:** correta, pois de acordo com a regra estabelecida pelo CC, art. 114; III e **IV:** corretas. Isso porque, há duas soluções legais para a hipótese de imperfeição nas condições. A primeira é invalidar o negócio jurídico como um todo. Isso ocorre nas hipóteses do art. 123 do CC, a saber: I – as condições física ou juridicamente impossíveis, quando suspensivas; II - as condições ilícitas, ou de fazer coisa ilícita; III – as condições incompreensíveis ou contraditórias. A segunda é invalidar apenas e tão somente a condição, mantendo válido o negócio jurídico e isso ocorre em duas hipóteses previstas no art. 124: condições impossíveis, quando resolutivas, e as de não fazer coisa impossível. Desta forma, apenas a alternativa B responde de forma satisfatória a questão.

Gabarito "D"

2.6.2. DEFEITOS DOS NEGÓCIOS JURÍDICOS

(Magistratura do Trabalho – 15ª Região – 2012) Assinale a alternativa incorreta:

(A) O erro é substancial quando sendo de direito e não implicando recusa à aplicação da lei, for o motivo único ou o principal do negócio jurídico.

(B) A transmissão errônea da vontade por meios interpostos é anulável nos mesmos casos em que o é a declaração indireta.

(C) Subsistirá o negócio jurídico se a coação decorrer de terceiro, sem que a parte a que aproveite dela tivesse ou devesse ter conhecimento; mas o autor da coação responderá por todas as perdas e danos que houver causado ao coacto.

(D) Nos termos da lei civil, configura-se o estado de perigo quando alguém, premido da necessidade de salvar-se, ou a pessoa de sua família, de grave dano conhecido pela outra parte, assume obrigação excessivamente onerosa.

(E) O dolo do representante legal de uma das partes não obriga o representado a responder civilmente; se, porém, o dolo for do representante convencional, o representado responderá solidariamente com ele por perdas e danos.

A: correta, pois o referido erro de direito encontra respaldo no art. 139 do Código Civil; **B:** correta, pois de pleno acordo com o disposto no art. 141 do Código Civil; **C:** correta, pois a solução dada pela lei para a coação proveniente de terceiro é mesmo esta. A anulação só será possível caso o beneficiado pela coação soubesse ou pudesse saber da grave ameaça (CC, art. 155); **D:** correta, pois de pleno acordo com a definição legal estabelecida no art. 156 do CC; **E:** incorreta, devendo ser assinalada, pois "O dolo do representante legal de uma das partes só obriga o representado a responder civilmente até a importância do proveito que teve; se, porém, o dolo for do representante convencional, o representado responderá solidariamente com ele por perdas e danos" (CC, art. 149).

Gabarito "E"

(Magistratura do Trabalho – 4ª Região – 2012) Com relação aos defeitos do negócio jurídico, é correto afirmar que

(A) o falso motivo vicia a declaração de vontade mesmo que não expresso como razão determinante do negócio.

(B) o dolo acidental dá causa à anulação do negócio e obriga à satisfação das perdas e danos.

(C) se ambas as partes procederem com dolo, nenhuma delas o pode alegar para reclamar indenização.

(D) no apreciar a coação, ter-se-á em conta a figura do homem médio.

(E) o temor reverencial configura coação.

A: incorreta, pois o motivo é o que move, o que leva o sujeito a praticar um determinado negócio jurídico. Em geral o motivo é irrelevante no sistema civil. Porém, caso este motivo seja expressamente declarado no negócio jurídico como sua causa determinante e constate-se posteriormente que ele não correspondeu à realidade, o negócio jurídico é passível de anulação (CC, art. 140). O exemplo clássico da doutrina é o do fazendeiro que compra um lote de terras, declarando expressamente que a causa da aquisição é a existência de uma queda d'água que seria capaz de produzir energia elétrica para a fazenda, o que – com o tempo – demonstra-se equivocado. Tal negócio seria passível de anulação; **B:** incorreta, pois o dolo acidental é aquele não determinante, não relevante. É o engano que recai sobre característica de menor importância no negócio. Ele não é capaz de anular o negócio jurídico (CC, art. 146); **C:** correta, pois o enunciado prevê a hipótese do dolo bilateral, o qual não é capaz de anular o negócio jurídico (CC, art. 147); **D:** incorreta, pois ao apreciar a gravidade da ameaça, o juiz deverá levar em conta as qualidades e características da vítima em si e não o homem médio. Assim, se a vítima é senhora de pouca cultura e avançada idade, em condições precárias de saúde, uma simples ameaça poderá atemorizá-la a ponto de viciar sua vontade (CC, art. 152); **E:** incorreta, pois o temor reverencial é o exagerado respeito que uma pessoa tem em relação à outra e que a conduz a praticar um negócio que não praticaria com outra pessoa. O temor reverencial – por si só – não anula o negócio jurídico (CC, art. 153). O exemplo clássico é o do funcionário que aceita ser fiador do seu patrão.

Gabarito "C"

(Magistratura do Trabalho – 1ª Região – 2004) Analisando as afirmativas abaixo:

I. a lesão – que se configura quando alguém, premido por grave necessidade ou inexperiência, se obriga à prestação manifestamente desproporcional à da outra parte – é causa de nulidade do negócio jurídico;

II. o estado de perigo é causa para o desfazimento do negócio, mas a ação correspondente deve ser proposta no prazo de 4 (quatro anos) a contar de sua realização, pena de prescrição;

III. quem adquire bem de devedor que se reduz à insolvência pode convalidar o negócio se depositar em juízo o valor previsto para o negócio, ainda não quitado, desde que correspondente ao corrente ou, quando inferior, se depositar o valor real do bem;

IV. se o comprador adquire o bem de boa-fé, quando a insolvência do vendedor não é notória ou não a pudesse conhecer, o negócio é válido.

Assinale:

(A) se corretas somente as afirmativas III e IV;

(B) se todas as afirmativas forem corretas;

(C) se incorreta somente a afirmativa I;

(D) se correta somente a afirmativa III;

(E) se todas as afirmativas forem incorretas.

I: incorreta, pois a lesão não acarreta a nulidade absoluta do negócio jurídico, mas apenas a sua anulabilidade (CC, art. 171, II); **II:** incorreta, pois sempre que se tratar de prazo para anulação de negócio jurídico, este será de natureza decadencial e não prescricional (CC, art. 178, II); **III:** correta, pois de pleno acordo com o disposto no CC, art. 160; **IV:** correta, pois a fraude contra credores somente se configura quando o comprador tem ciência da situação de insolvência do alienante, o que configura o requisito do *consilium fraudis*, ou seja, a existência de conluio fraudulento entre alienante e adquirente (art. 159 do CC).

Gabarito "A"

(Magistratura do Trabalho – 7ª Região – 2005) A lesão especial acarreta anulabilidade do negócio, permitindo-se, porém, para evitá-la:

(A) a dispensa da verificação do dolo da parte que se aproveitou.

(B) a comprovação da culpabilidade do beneficiado e apreciação da desproporção das prestações, segundo valores vigentes ao tempo da celebração do negócio pela técnica pericial.

(C) a prova da premência de necessidade da inexperiência e da desproporção das prestações.

(D) a oferta de suplemento suficiente, inclusive em juízo, para equilibrar as prestações, evitando enriquecimento sem causa, ou se o favorecido concordar com a redução da vantagem, aproveitando, assim, o negócio.

(E) a prova da existência de um risco pessoal que diminui a capacidade da parte de dispor livre e conscientemente.

A lei não simpatiza com a hipótese de anular negócios jurídicos. Isso porque a anulação de um negócio fere a segurança jurídica, causando incertezas no seio social a respeito da real eficácia dos negócios que serão praticados. Por conta disso, existe um princípio denominado conservação do negócio jurídico, o qual visa – sempre que possível – confirmar o negócio ao invés de anulá-lo. É justamente o que ocorre no art. 157 § 2º, do Código Civil, quando a lei impede a anulação do negócio jurídico viciado por lesão, desde que a parte que obteve o proveito excessivo concorde em reduzir o proveito obtido de forma indevida.

Gabarito "D"

(Magistratura do Trabalho – 13ª Região – 2006) Qual das hipóteses arroladas abaixo não é considerada *erro substancial*, concernente aos defeitos do negócio jurídico:

(A) erro sobre a qualidade da pessoa;
(B) erro sobre a natureza do ato negocial;
(C) erro sobre o objeto principal da declaração;
(D) erro sobre a qualidade essencial do objeto;
(E) nenhuma das respostas.

O art. 139 do Código Civil prevê três hipóteses nas quais a falsa percepção da realidade se configura como "erro substancial", apto a anula o negócio jurídico: *I - interessa à natureza do negócio, ao objeto principal da declaração, ou a alguma das qualidades a ele essenciais; II - concerne à identidade ou à qualidade essencial da pessoa a quem se refira a declaração de vontade, desde que tenha influído nesta de modo relevante; III - sendo de direito e não implicando recusa à aplicação da lei, for o motivo único ou principal do negócio jurídico.* No que se refere à pessoa, apenas o erro quanto à identidade ou qualidade essencial dela se configura como erro substancial, passível de gerar a anulação do negócio jurídico. Daí porque a assertiva A deve ser assinalada como gabarito da questão.

Gabarito "A"

(Magistratura do Trabalho – 14ª Região – 2011) Analise as assertivas seguintes em relação aos defeitos do negócio jurídico.

I. A lesão constitui-se em um vício de consentimento decorrente do abuso praticado em situação de desigualdade de um dos contratantes, por estar sob premente necessidade, ou por inexperiência. Assim, todo e qualquer negócio jurídico pode se sujeitar a anulação sob o fundamento da lesão.

II. A coação, para viciar a declaração de vontade, há de ser tal que incuta ao paciente fundado temor de dano iminente e considerável à sua pessoa, à sua família, ou aos seus bens, incluindo o simples temor reverencial, mas não havendo amparo legal à extensão do conceito à pessoa não pertencente à família do paciente.

III. O falso motivo, considerado como erro quanto ao fim colimado, sempre viciará a declaração de vontade e gerará a anulação do negócio jurídico.

IV. Os negócios de transmissão gratuita de bens ou remissão de dívida, se os praticar o devedor já insolvente, ou por eles reduzidos à insolvência, desde que não o ignore (*scientia fraudis*), poderão ser anulados pelos credores, constituindo-se em fraude contra credores.

V. Nos negócios jurídicos, se a coação decorrer de terceiro, sem que a parte a que aproveita dela tivesse ou devesse ter conhecimento, não subsistirá o negócio jurídico, mas o autor da coação bem como a parte a que aproveite, responderão solidariamente por perdas e danos.

Responda:

(A) Apenas as assertivas I e II são corretas.
(B) Apenas as assertivas II e V são corretas.
(C) Apenas as assertivas III e IV são corretas.
(D) Apenas as assertivas IV e V são corretas.
(E) Todas as assertivas são incorretas.

I: incorreta, pois somente negócios bilaterais (em que há prestações para ambas as partes) admitem a incidência do instituto, que reclama que haja uma "prestação manifestamente desproporcional ao valor da prestação oposta" (art. 157, *caput*, do CC); **II:** incorreta, pois não se considera coação "o simples temor reverencial" (ex: o respeito muito forte que o filho tem para com o pai), conforme dispõe o art. 153 do CC; ademais, a lei permite que haja a extensão do conceito à pessoa não pertencente à família do paciente, o que será feito à critério do juiz, com base nas circunstâncias (art. 151, parágrafo único, do CC); assim, se o paciente sofre ameaça de se causar um dano considerável à sua namorada, o juiz pode entender que houve coação em relação a esse paciente; **III:** incorreta, pois o falso motivo SÓ vicia a declaração de vontade quando expresso como razão determinante (art. 140 do CC); **IV:** incorreta, pois haverá fraude contra credores ainda que o devedor IGNORE sua própria insolvência (art. 158 do CC); **V:** incorreta, pois o negócio só estará viciado (e não subsistirá) se a parte a quem aproveita o negócio tivesse ou devesse ter conhecimento da coação (art. 154 do CC).

Gabarito "E"

(Magistratura do Trabalho – 14ª Região – 2008) Defeitos e modalidades dos negócios jurídicos.

I. A lesão é um defeito do negócio jurídico e ocorre quando uma pessoa, sob premente necessidade, ou por inexperiência, se obriga a prestação manifestamente desproporcional ao valor da contraprestação oposta.

II. Diferencia-se a condição do termo, na medida em que a primeira subordina o efeito do negócio jurídico a evento futuro e incerto, enquanto o termo será sempre certo.

III. É proibida a celebração de negócio jurídico com condição puramente potestativa.

IV. Reputa-se verificada, quando aos efeitos jurídicos, a condição cujo implemento for maliciosamente obstado pela parte a quem desfavorecer, considerando-se, ao contrário, não verificada a condição maliciosamente levada a efeito por aquele a quem aproveita o seu implemento.

Responda:

(A) todas as opções estão corretas;
(B) apenas três opções estão corretas;
(C) apenas duas opções estão corretas;
(D) apenas uma opção está correta;
(E) todas as opções estão incorretas.

I: correta, pois de pleno acordo com a definição legal deste vício do consentimento (CC, art. 157); **II:** correta, pois a certeza da ocorrência é justamente o traço diferenciador entre condição e termo (CC, art. 121); **III:** correta, pois tal proibição vem estabelecida no CC, art. 122; **IV:** correta (CC, art. 129). Isso porque, nos polos de uma relação condicional, a ocorrência do evento futuro e incerto pode favorecer uma parte e desfavorecer a outra. Num contrato de doação condicionado a aprovação do donatário em prova pública, por exemplo, a aprovação do donatário diminuirá o patrimônio do doador. Se o donatário burlar os resultados da prova, ocasionando a reprovação do donatário (condição faticamente não se realizou), a lei considera implementada a condição (condição legalmente realizada) e consequentemente exigível a doação. A regra se mantém quando a hipótese é inversa. Desta forma, caso o doador burle os resultados do exame para configurar sua aprovação (condição faticamente implementada), a lei considerará a condição como não ocorrida (condição legalmente não implementada).

Gabarito "A"

(Magistratura do Trabalho – 15ª Região – 2010) Quanto aos defeitos do negócio jurídico, assinale a alternativa incorreta:

(A) o falso motivo vicia a declaração de vontade mesmo quando se referir a fato sem relevância, pois viola o princípio da boa-fé, que deve nortear a conduta dos contratantes;

(B) para que possa viciar a declaração de vontade, a coação há de ser tal que incuta ao paciente fundado temor de dano iminente e considerável a sua pessoa, sua família ou seus bens;

(C) configura-se estado de perigo quando alguém, premido pela necessidade de salvar a si próprio ou a família de grave dano conhecido pela outra parte, assume obrigação excessivamente onerosa;

(D) ocorre a lesão quando uma pessoa, sob premente necessidade, ou por inexperiência obriga-se à prestação manifestamente desproporcional ao valor da prestação oposta;

(E) a transmissão errônea da vontade por meios interpostos é anulável nos mesmos casos em que o é a declaração direta.

A: incorreta, devendo ser assinalada; o falso motivo SÓ vicia a declaração de vontade quando expresso COMO RAZÃO DETERMINANTE do negócio, de modo que um fato sem relevância não tem como viciar a declaração de vontade. O motivo é o que move, o que leva o sujeito a praticar um determinado negócio jurídico. Em geral o motivo é irrelevante no sistema civil. Porém, caso este motivo seja expressamente declarado no negócio jurídico como sua *causa determinante* e constate-se posteriormente que ele não correspondeu à realidade, o negócio jurídico é passível de anulação (CC, art. 140). O exemplo clássico da doutrina é o do fazendeiro que compra um lote de terras, declarando expressamente que a causa da aquisição é a existência de uma queda d'água que seria capaz de produzir energia elétrica para a fazenda, o que – com o tempo – demonstra-se equivocado. Tal negócio seria passível de anulação; **B:** correta, pois em virtude do princípio da conservação do negócio jurídico, não é qualquer ameaça que viciará o negócio. Há que ser uma ameaça séria e que incuta na parte um fundado temor de dano iminente e considerável (CC, art. 151); **C:** correta, pois a assertiva reproduz de forma integral o disposto no art. 156 do CC); **D:** correta, pois de pleno acordo com a definição legal estabelecida pelo art. 157; **E:** correta, pois de pleno acordo com a previsão legal do art. 141 do CC.

Gabarito "A"

(Magistratura do Trabalho – 18ª Região – 2006) Considere as seguintes proposições e assinale a alternativa correta.

I. A lesão é caso de nulidade do negócio jurídico.

II. Para que a simulação seja causa de nulidade do negócio jurídico é necessário que a inveracidade cause dano efetivo a alguém.

III. O dolo do representante legal ou convencional de uma das partes implica a responsabilidade ilimitada e solidária do representado.

IV. A anulabilidade não tem efeito antes de julgada por sentença, nem se pronuncia de ofício e só os interessados a podem alegar, sempre aproveitando exclusivamente aos que a alegarem.

V. Vicia o negócio jurídico a coação exercida por terceiro, se dela tivesse ou devesse ter conhecimento a parte a que aproveite, e esta responderá subsidiariamente com aquele por perdas e danos.

(A) Apenas o item II está correto.
(B) Apenas os itens II e IV estão corretos.
(C) Apenas o item IV está correto.
(D) Apenas os itens II, III, IV e V estão corretos.
(E) Todos os itens estão incorretos.

I: incorreta, pois a lesão é causa de anulação do negócio jurídico (art. 171, II, do CC); **II:** incorreta, pois para que a simulação seja causa de nulidade **não** há necessidade de causar dano a alguém (art. 167 do CC); **III:** incorreta, pois o dolo do representante legal só obriga o representado a responder civilmente até a importância do proveito que teve (art. 149 do CC); **IV:** incorreta, pois no caso de solidariedade ou indivisibilidade também aproveitará aos que não alegaram a anulabilidade (art. 177 do CC); **V:** incorreta, pois subsistirá o negócio jurídico se a coação decorrer de terceiro, sem que a parte a que aproveite dela tivesse ou devesse ter conhecimento, **mas o autor da coação responderá por todas as perdas e danos que houver causado ao coacto** (art. 155 do CC).

Gabarito "E"

(Magistratura do Trabalho – 21ª Região – 2005) Aponte a resposta correta:

Na hipótese de uma das partes contratantes, por inexperiência ou diante de necessidade premente, obrigar-se a uma determinada prestação que se apresente claramente desproporcional ao valor da prestação que coube à outra parte, tem-se a caracterização do seguinte defeito do negócio jurídico:

(A) lesão;
(B) coação;
(C) erro;
(D) ignorância;
(E) dolo.

A: correta, pois o enunciado da questão se enquadra justamente na hipótese prevista pelo art. 157 do CC, dispositivo que introduziu em nosso sistema jurídico o vício do consentimento denominado lesão; **B:** incorreta, pois a coação é uma ameaça de um mal iminente e injusto que incute na vítima um fundado temor e que a conduz a praticar negócio que não celebraria se livre estivesse (CC, art. 151); **C:** incorreta, pois o erro é a falsa percepção da realidade e que vicia o negócio pela falta de esclarecimento da parte quanto ao que se está celebrando (CC, art. 138); **D:** incorreta, pois a ignorância é tratada pelo Código Civil como sendo sinônimo do erro (CC, art. 138); **E:** incorreta, pois o dolo é o erro induzido, é o artifício malicioso que conduz uma pessoa a praticar negócio que não praticaria se estivesse plenamente esclarecida das condições do negócio (CC, art. 145).

Gabarito "A"

(Magistratura do Trabalho – 24ª Região – 2006) Sobre os defeitos do negócio jurídico:

I. O falso motivo só vicia a declaração de vontade quando expresso como razão determinante.

II. O erro de cálculo apenas autoriza a retificação da declaração de vontade.

III. São os negócios jurídicos nulos por dolo, quando este for a sua causa.

IV. Não se considera coação a ameaça do exercício normal de um direito, nem o simples temor reverencial.

RESPONDA:

(A) Somente II e IV estão incorretas.
(B) Somente III e IV estão incorretas.
(C) Somente III está incorreta.
(D) Todas estão incorretas.
(E) Todas estão corretas.

I: correta. O motivo é o que leva o sujeito a praticar um determinado negócio jurídico. Em geral o motivo é irrelevante no sistema civil. Porém, caso este motivo seja expressamente declarado no negócio jurídico como sua causa determinante e constate-se posteriormente que ele não correspondeu à realidade, o negócio jurídico é passível de anulação (CC, art. 140); **II:** correta, pois de acordo com a solução apontada pelo art. 143 do CC; **III:** incorreta, pois o dolo não acarreta a nulidade absoluta do negócio jurídico, mas apenas gera sua anulabilidade (CC, art. 171, II); **IV:** correta, pois a "ameaça justa" não se configura coação. Exemplo: credor ameaça devedor de pedir sua falência. Tampouco se configura coação o simples temor reverencial, que é o exagerado respeito que uma pessoa tem em relação à outra e que a conduz a praticar um negócio que não praticaria com outra pessoa. O temor reverencial – por si só – não anula o negócio jurídico (CC, art. 153). O exemplo clássico é o do funcionário que aceita ser fiador do seu patrão.

Gabarito "C"

2.6.3. INVALIDADE DOS NEGÓCIOS JURÍDICOS

(Procurador do Trabalho – MPT – 17º Concurso) Marque a alternativa CORRETA:

(A) Com exceção dos casos previstos em lei, os direitos da personalidade são intransmissíveis e irrenunciáveis e, caso a pessoa venha a óbito, mesmo assim tem legitimidade para exigir que cesse a ameaça ou a lesão a direito à personalidade, além de reclamar perdas e danos, o cônjuge sobrevivente ou qualquer parente em linha reta ou colateral até o terceiro grau.
(B) O Ministério Público deve atuar nos casos de desconsideração da pessoa jurídica, nos quais ocorre o abuso da personalidade jurídica, configurado pelo desvio de finalidade, ou confusão patrimonial, constituindo-se modalidade de intervenção obrigatória.
(C) Nos termos do Código Civil, é nulo o negócio jurídico simulado, mas subsistirá o que se dissimulou, se válido for, na substância e na forma.
(D) A anulabilidade não opera de pleno direito; logo, não tem efeito antes de julgada por sentença, nem pode ser pronunciada de ofício, somente tendo legitimidade para sua arguição os interessados, aproveitando exclusivamente aos que a alegarem, não podendo ser estendida em casos de solidariedade ou indivisibilidade.
(E) Não respondida.

A: incorreta, pois o art. 12, parágrafo único, concede tal legitimidade ao cônjuge sobrevivente ou qualquer parente em linha reta ou colateral até o quarto grau; **B:** incorreta, pois o Ministério Público só requer a desconsideração da personalidade jurídica quando lhe couber intervir no processo (CC, art. 50); **C:** correta, pois de pleno acordo com o disposto no art. 167 do CC; **D:** incorreta, pois nos casos de solidariedade ou indivisibilidade, ela aproveita também a terceiros (CC, art. 177).

Gabarito "C"

(Magistratura do Trabalho – 4ª Região – 2012) São nulos os negócios

(A) simulados.
(B) praticados sob coação e em fraude contra credores.
(C) celebrados pelos relativa e absolutamente incapazes.
(D) que possuam objeto ilícito, impossível ou determinado.
(E) praticados em fraude contra lei supletiva.

A: correta, pois o ato simulado é nulo de pleno direito (CC, art. 167); **B:** incorreta, pois nessas duas hipóteses a solução é a anulabilidade e não a nulidade (CC, art. 171, II); **C:** incorreta, pois os negócios praticados pelos relativamente incapazes são anuláveis e não nulos (CC, art. 171, I); **D:** incorreta, pois o negócio jurídico será nulo se o seu objeto for ilícito, impossível ou indeterminável (CC, art. 166, II); **E:** incorreta, pois o art. 166, VI prevê que o negócio jurídico será nulo se tiver por objetivo fraudar lei imperativa.

Gabarito "A"

(Magistratura do Trabalho – 3ª Região – 2013) Relativamente às regras gerais sobre a invalidade dos negócios jurídicos, com base no Código Civil, é correto afirmar que:

(A) A invalidade do instrumento induz necessariamente a do negócio jurídico.
(B) É anulável o negócio jurídico sempre que a lei civil proibir-lhe a prática, sem cominar sanção.
(C) Ninguém pode reclamar o que, por uma obrigação anulada, pagou a um incapaz.
(D) No caso de coação, é de cinco anos o prazo de decadência para pleitear-se a anulação do negócio jurídico, contado do dia em que ela cessar.
(E) Se o negócio jurídico nulo contiver os requisitos de outro, subsistirá este quando o fim a que visavam as partes permitir supor que o teriam querido, se houvessem previsto a nulidade.

A: incorreta, pois a invalidade do instrumento não resultará na invalidade do negócio jurídico desde que seja possível prová-lo por outro modo (CC, art. 183); **B:** incorreta, pois tal hipótese resulta em nulidade absoluta prevista no art. 166, VII; **C:** incorreta, pois existe uma ressalva para esta hipótese, que é a prova de que tal pagamento reverteu em favor do incapaz (CC, art. 183); **D:** incorreta, pois o prazo é de quatro anos (CC, art. 178); **E:** correta, pois a alternativa define o instituto da conversão, estabelecido no CC, art. 170.

Gabarito "E"

(Magistratura do Trabalho – 2ª Região – 2012) Sobre os negócios jurídicos assinale a alternativa correta:

(A) É nulo o negócio jurídico simulado celebrado após a vigência do Código Civil de 2002, exceto quando se tratar de simulação relativa, hipótese em que o negócio jurídico será anulável.
(B) É anulável o negócio jurídico simulado realizado após a vigência do Código Civil de 2002, exceto quando se tratar de simulação relativa, hipótese em que o negócio jurídico será nulo.
(C) Os negócios jurídicos realizados em fraude contra credores, conforme Código Civil, sempre dependem da prova cabal do "consilium fraudis".
(D) Os negócios jurídicos nulos não podem ser confirmados, mas podem sofrer conversão substancial em negócios jurídicos válidos.
(E) Os negócios jurídicos devem ser interpretados conforme a boa-fé, independentemente dos usos do lugar de sua celebração.

A: incorreta. Ocorre a simulação relativa quando o negócio jurídico simulado (aquele que não corresponde à realidade) esconde um negócio jurídico que realmente foi praticado (chamado de dissimulado). O negócio jurídico simulado sempre é considerado nulo, pois o sistema repele a manutenção de um negócio que não é verdadeiro (CC, art. 167); **B:** incorreta, pois o negócio jurídico simulado é nulo; **C:** incorreta, pois nos negócios jurídicos gratuitos não se exige a prova do "consilium fraudis" (CC, art. 158). A lei entende que – mesmo com a boa-fé do donatário – não seria justo prejudicar o credor com a insolvência do devedor-doador; **D:** correta, pois o art. 170 do Código Civil prevê o instituto da conversão do negócio jurídico nulo. Referido instituto autoriza que – a partir de um negócio jurídico nulo – seja criado um negócio jurídico válido, desde que estejam presentes dois requisitos: 1º que o negócio jurídico nulo contenha os requisitos formais adequados para a criação do negócio jurídico que será criado com a conversão; 2º que seja possível concluir que a intenção das partes – ao celebrar o negócio jurídico nulo – fosse praticar o negócio que será agora criado com a conversão. Exemplo: um testamento de pequeno valor que não obedece aos requisitos formais da lei pode ser convertido em codicilo (CC, art. 1.881); **E:** incorreta, pois os usos do lugar da celebração são relevantes para a interpretação do negócio jurídico (CC, art. 113).

Gabarito "D"

(Magistratura do Trabalho – 2ª Região – 2011) Assinale a alternativa incorreta:

(A) É nulo o negócio jurídico simulado, mas subsistirá o que se dissimulou, se válido for na substância e na forma.
(B) Haverá simulação nos negócios jurídicos quando aparentarem conferir ou transmitir direitos a pessoas diversas daquelas às quais realmente se conferem ou transmitem, quando contiverem declaração, confissão, condição ou cláusula não verdadeira e no caso de instrumentos particulares que forem antedatados, ou pós-datados.
(C) As nulidades devem ser pronunciadas pelo juiz, quando conhecer do negócio jurídico ou dos seus efeitos e as encontrar provadas, não lhe sendo permitido supri-las, ainda que a requerimento das partes.
(D) O negócio jurídico nulo não é suscetível de confirmação, mas convalesce pelo decurso do tempo.
(E) O negócio anulável pode ser confirmado pelas partes, salvo direito de terceiro.

A: correta. Trata-se de uma importante regra do Direito Civil a respeito da simulação, prevista no art. 167 do Código Civil. Sempre que ocorre uma simulação, o ato simulado é nulo, pois nosso sistema repele a manutenção de um negócio que não é verdadeiro. Ocorre que – por trás do ato simulado – pode se esconder um ato verdadeiro, um ato que realmente foi praticado e que está propositalmente encoberto pelo ato simulado. Isso ocorre, por exemplo, quando se vende uma casa ao valor de cem (negócio dissimulado) mas, visando pagar menos tributo, declara-se o valor de cinquenta (negócio simulado). Nesse caso, o negócio simulado é nulo, mas o negócio dissimulado (que realmente ocorreu) subsiste, pois válido na forma e substância (adequando-se apenas o valor do tributo recolhido); **B:** correta, pois em consonância com o art. 167 § 1º do CC, que prevê hipóteses de atos simulados; **C:** correta, pois o juiz deve pronunciar de ofício quando conhecer das nulidades absolutas e não pode supri-las, mesmo que a pedido das partes (CC, art. 168 parágrafo único); **D:** incorreta, devendo ser assinalada, pois apenas o negócio anulável pode convalescer pelo decurso do tempo. O negócio jurídico nulo é nulo para sempre (CC, art. 169); **E:** correta, pois a confirmação do negócio anulável pode ocorrer de forma expressa ou tácita (CC, art. 172).

Gabarito "D"

(Magistratura do Trabalho – 2ª Região – 2010) Quanto à validade dos negócios jurídicos, considere as seguintes afirmações, e ao final responda.

I. Constitui-se em elemento essencial para validade do negócio jurídico que o seu objeto seja possível, física ou juridicamente e determinado ou, ao menos, suscetível de determinação, pelo gênero ou quantidade.
II. O negócio jurídico concluído pelo representante em conflito de interesses com o representado, se tal fato era ou devia ser do conhecimento de que com ele tratou é anulável, havendo prazo legal decadencial para pleitear-se a sua anulação.
III. O menor, entre dezesseis e dezoito anos, poderá invocar a proteção legal em favor da sua incapacidade para eximir-se da obrigação ou para anular o negócio jurídico que tenha praticado, sem a devida assistência, ainda que dolosamente tenha ocultado a sua idade quando inquirido pela outra parte, ou se espontaneamente declarou-se maior.
IV. É possível a convalidação do negócio anulável em razão da falta de autorização de terceiro, se este a der posteriormente.
V. Haverá simulação nos negócios jurídicos quando os instrumentos particulares forem antedatados, o mesmo não se verificando quando forem pós-datados visto que o fato que deu origem ao instrumento já se operou.

É certo afirmar que:

(A) Apenas I, III e V estão corretas.
(B) Apenas II e IV estão corretas.
(C) Apenas as alternativas III e V estão incorretas.
(D) Apenas as alternativas I e IV estão incorretas.
(E) Nenhuma alternativa está correta.

I: correta, pois o art. 166, II, do CC determina que – para que o negócio seja válido – o objeto deve ser lícito, possível ou determinável; **II:** correta, pois de pleno acordo com o art. 119 do CC; **III:** incorreta, pois "o menor, entre dezesseis e dezoito anos, *não pode*, para eximir-se de uma obrigação, invocar a sua idade se dolosamente a ocultou quando inquirido pela outra parte, ou se, no ato de obrigar-se, declarou-se maior" (CC, art. 180); **IV:** correta, pois tal autorização posterior é permitida pelo CC, art. 176; **V:** incorreta, pois há simulação tanto nos instrumentos antedatados, como nos instrumentos pós-datados (CC, art. 167, § 1º, III).

Gabarito "C"

(Magistratura do Trabalho – 3ª Região – 2008) Sobre os fatos jurídicos, escolha a opção correta, após análise das afirmativas abaixo:

I. A incapacidade relativa de uma das partes não pode ser invocada pela outra em benefício próprio, nem aproveita aos cointeressados capazes, salvo se, neste caso, for indivisível o objeto do direito ou da obrigação comum.

II. O termo inicial suspende o exercício, mas não a aquisição do direito e a ele se aplicam, no que couber, as disposições relativas à condição suspensiva.

III. É nulo o negócio jurídico simulado. Haverá simulação nos negócios jurídicos quando aparentarem conferir ou transmitir direitos a pessoas diversas daquelas às quais realmente se conferem, ou transmitem, contiverem declaração, confissão, condição ou cláusula não verdadeira, os instrumentos particulares forem antedatados, ou pós-datados.

IV. Quando existe incapacidade relativa do agente, o negócio jurídico é anulável, o mesmo ocorrendo por vício resultante de erro, dolo, coação, estado de perigo, lesão ou fraude contra credores.

V. comete ato ilícito o titular de um direito que, ao exercê-lo, excede manifestamente os limites impostos pelo seu fim econômico ou social, pela boa-fé ou pelos bons costumes.

(A) Uma afirmativa está correta.
(B) Duas afirmativas estão corretas.
(C) Três afirmativas estão corretas.
(D) Quatro afirmativas estão corretas.
(E) Todas as afirmativas estão corretas.

I: correta, pois de pleno acordo com a regra estabelecida pelo CC, art. 105; **II:** correta, pois o direito subordinado a termo aguarda apenas a ocorrência do evento futuro e certo e – nessa pendência – já se considera adquirido o direito a que ele visa (CC, arts. 131 e 135); **III:** correta. Sempre que ocorre uma simulação o ato simulado é nulo, pois nosso sistema repele a manutenção de um negócio que não é verdadeiro. Ademais, as hipóteses previstas na assertiva de fato são considerados atos simulados pelo CC, art. 167; **IV:** correta, pois a incapacidade relativa do agente resulta – de fato – na anulabilidade do negócio jurídico (CC, art. 171); **V:** correta, pois o enunciado prevê o ato ilícito que decorre do exercício abusivo de um direito (CC, art. 187). Sobre o tema, o STJ proferiu interessante julgado: "A recorrente, ao suspender o fornecimento de energia elétrica em razão de um débito de R$ 0,85, não agiu no exercício regular de direito, e sim com flagrante abuso de direito. Aplicação dos princípios da razoabilidade e proporcionalidade. Dever de indenizar configurado" STJ. RESP 811690/RR.

Gabarito "E"

(Magistratura do Trabalho – 8ª Região – 2011) Analise as proposições abaixo e assinale a alternativa CORRETA:

I. A fixação de domicílio é ato jurídico em sentido estrito, tendo efeitos *ex lege*.

II. A conversão é a operação pela qual se retiram de um determinado negócio jurídico as partes inválidas, desde que separáveis e respeitada a intenção das partes, sendo decorrente do princípio da conservação.

III. É de três anos o prazo de decadência para pleitear-se a anulação do negócio jurídico, contado, no caso de coação, do dia em que ela cessar.

IV. A incapacidade relativa de uma das partes não pode ser invocada pela outra em benefício próprio, nem aproveita aos cointeressados capazes, salvo se, neste caso, for indivisível o objeto do direito ou da obrigação comum.

(A) As alternativas II e III estão corretas.
(B) As alternativas I e II estão corretas.
(C) As alternativas III e IV estão corretas.
(D) As alternativas I e IV estão corretas.
(E) As alternativas II e IV estão corretas.

I: correta, pois a doutrina classifica a fixação de domicílio como ato jurídico em sentido estrito (mera declaração de vontade cujos efeitos são regulados pela lei), não se tratando de negócio jurídico (declaração de vontade qualificada em que o próprio declarante regula os efeitos de sua declaração); **II:** incorreta, pois, pela conversão, o ato, que é nulo para um determinado fim, continua com suas características, mas é convertido em outra categoria de atos, em que é válido (CC, art. 170); **III:** incorreta, pois, na coação, o prazo é de 4 anos (CC, art. 178, I); **IV:** correta, pois de pleno acordo com o disposto no art. 105 do CC.

Gabarito "D"

(Magistratura do Trabalho – 8ª Região – 2011) Em consonância com a teoria das nulidades do negócio jurídico, é CORRETO afirmar:

(A) É possível o convalescimento do negócio jurídico se o erro na indicação da pessoa ou da coisa for suprível pelo seu conteúdo e pelas circunstâncias.
(B) Presumem-se em fraude contra credores os negócios ordinários praticados pelo devedor insolvente, ainda que indispensáveis à manutenção de estabelecimento mercantil, rural, ou industrial, ou à subsistência do devedor e de sua família.
(C) O negócio jurídico simulado é anulável porque é formado a partir de uma declaração de vontade ou de uma confissão de dívida emitida para não gerar nenhum efeito jurídico, com o fito de lesar interesse de terceiro.
(D) O falso motivo vicia a declaração de vontade, em qualquer caso, tornando anulável o negócio jurídico.
(E) No estado de perigo, ao contrário do que ocorre na lesão, o contraente, por razões essencialmente econômicas, ou por sua evidente inexperiência, é levado, inevitavelmente, a contratar, prejudicando-se.

A: correta, pois referido vício do consentimento pode ser suprido, mantendo-se o negócio jurídico válido (CC, art. 142); **B:** incorreta, pois se presumem de boa-fé e valem os negócios ordinários indispensáveis à manutenção de estabelecimento mercantil, rural, ou industrial, ou à subsistência do devedor e de sua família (CC, art. 164); **C:** incorreta, pois a simulação torna o negócio nulo, e não anulável (CC, art. 167); **D:** incorreta, pois o falso motivo só vicia a declaração de vontade quando expresso como razão determinante do negócio (CC, art. 140); **E:** incorreta, pois houve confusão com o instituto da lesão, pois este sim reclama que o contraente celebre o negócio por premente necessidade (boa parte das vezes uma necessidade econômica) ou por inexperiência (CC, arts. 156 e 157).

Gabarito "A"

(Magistratura do Trabalho – 8ª Região – 2008) Assinale a alternativa INCORRETA, considerando as normas do Código Civil:

(A) Tratando-se de responsabilidade por ato jurídico anulado pelo vício do dolo, a responsabilidade do representado será limitada ao proveito que teve, se for representação legal; se a representação for convencional, o representado responderá solidariamente com ele por perdas e danos.

(B) A verificação da existência de coação, para viciar a declaração da vontade, envolve elementos de natureza subjetiva, que digam respeito à pessoa coagida. Porém é certo que não se considera coação a ameaça do exercício normal de um direito, nem o simples temor reverencial.

(C) É de quatro anos o prazo para pleitear a anulação do negócio jurídico, contado do dia em que se realizou o negócio jurídico, no caso de coação, erro, dolo, fraude contra credores, estado de perigo ou lesão.

(D) A anulabilidade por vício resultante de erro, dolo, coação, estado de perigo, lesão ou fraude contra credores não tem efeito antes de julgada por sentença, nem se pronuncia de ofício; só os interessados a podem alegar, e aproveita exclusivamente aos que a alegarem, salvo o caso de solidariedade ou indivisibilidade.

(E) Tratando-se de negócio jurídico nulo, as nulidades podem ser alegadas por qualquer interessado, ou pelo Ministério Público, quando lhe couber intervir. Independentemente de requerimento das partes, será pronunciada pelo juiz, quando conhecer do negócio jurídico ou dos seus efeitos e as encontrar provadas, não lhe sendo permitido supri-las, ainda que a requerimento das partes. O negócio jurídico nulo não é suscetível de confirmação, nem convalesce pelo decurso do tempo.

A: correta. Para esta hipótese, aplica-se a regra prevista no CC, art. 149, segundo a qual: "O dolo do representante legal de uma das partes só obriga o representado a responder civilmente até a importância do proveito que teve; se, porém, o dolo for do representante convencional, o representado responderá solidariamente com ele por perdas e danos"; **B:** correta, pois o juiz – ao apreciar a coação – deve levar em conta as características da vítima específica da ameaça e não o homem médio. Ademais, a "ameaça justa" não se configura coação. Exemplo: credor ameaça devedor de pedir sua falência. Tampouco se configura coação o simples temor reverencial, que é o exagerado respeito que uma pessoa tem em relação à outra e que a conduz a praticar um negócio que não praticaria com outra pessoa. O temor reverencial – por si só – não anula o negócio jurídico (CC, art. 153). O exemplo clássico é o do funcionário que aceita ser fiador do seu patrão; **C:** incorreta, devendo ser assinalada, pois no específico caso da coação o prazo – que também é de quatro anos – tem seu termo inicial apenas no momento da cessação da ameaça (CC, art. 178, I); **D:** correta, pois tais hipóteses são todas de anulabilidade, cujas características jurídicas são realmente as previstas na assertiva (CC, art. 177); **E:** correta, pois todas as características do negócio nulo estão previstas nos arts. 168 e 169 do CC.

Gabarito "C"

(Magistratura do Trabalho – 12ª Região – 2006) Assinale a proposição incorreta, em sede do Direito Civil:

(A) são anuláveis os negócios jurídicos quando as declarações de vontade emanarem de erro substancial que poderia ser percebido por pessoa de diligência normal, em face das circunstâncias do negócio;

(B) ocorre o erro substancial quando interessa à natureza do negócio, ao objeto principal da declaração ou a alguma das qualidades a ele essenciais, ou concerne à identidade ou à qualidade essencial da pessoa a quem se refira a declaração de vontade, mesmo sem influência nesta de modo relevante;

(C) é nulo o negócio jurídico nas seguintes hipóteses: celebrado por pessoa absolutamente incapaz, é ilícito, impossível ou indeterminável o seu objeto; o motivo determinante, comum a ambas as partes, é ilícito; não se reveste da forma prescrita em lei; é preterida alguma solenidade que a lei considere essencial para a sua validade; seu objetivo é fraudar lei imperativa; a lei taxativamente o declara nulo ou proíbe a sua prática, sem cominar sanção;

(D) é nulo o negócio jurídico simulado, mas subsistirá o que se dissimulou, se válido for na substância e na forma. É caso de simulação nos negócios jurídicos os instrumentos particulares antedatados ou pós-datados;

(E) é nula a renúncia à decadência fixa em lei.

A: correta, pois esta é a perfeita definição legal para o vício do consentimento Erro (CC, art. 138); **B:** incorreta, devendo ser assinalada, pois o erro é substancial quando concerne à identidade ou à qualidade essencial da pessoa a quem se refira a declaração de vontade, **desde que tenha influído nesta de modo relevante** (CC, art. 139, II); **C:** correta, pois a assertiva apenas reproduz as hipóteses de nulidade absoluta previstas pelo CC, art. 166; **D:** correta, pois o negócio jurídico simulado sempre é considerado nulo, pois o sistema repele a manutenção de um negócio que não é verdadeiro (CC, art. 167). Ademais, as hipóteses previstas na assertiva são previstas como hipóteses de simulação (CC, art. 167 § 1º, III); **E:** correta, pois a decadência legal não pode ser renunciada por aquele que dela se beneficiou (CC, art. 209).

Gabarito "B"

(Magistratura do Trabalho – 14ª Região – 2008) São requisitos de validade do negócio jurídico:

(A) agente capaz; objeto lícito, possível, determinado ou determinável e forma prescrita ou não defesa em lei;

(B) interesse de agir, legitimidade de parte e possibilidade jurídica do pedido;

(C) partes, pedido e causa de pedir;

(D) licitude do objeto, legitimidade da parte e capacidade do agente;

(E) capacidade do agente, interesse de agir e pedido.

O art. 104 do Código Civil estabelece os três requisitos básicos para a validade do negócio jurídico. Vale dizer que regras específicas podem trazer requisitos adicionais, mas estes três sempre devem estar presentes a fim de que o negócio jurídico seja válido. Apenas a assertiva A reproduz com fidelidade esses três requisitos, sendo que todas as demais acrescentam requisitos do processo civil que não se confundem com o direito material.

Gabarito "A"

(Magistratura do Trabalho – 16ª Região – 2008) Quanto à invalidade do negócio jurídico, assinalar a alternativa correta:

(A) A nulidade é a sanção legal para os negócios jurídicos praticados sem os necessários requisitos, resultando sua inidoneidade para produzir seus próprios efeitos, mas que podem ser supridas a requerimento das partes.

(B) A anulabilidade é sanção prevista para os negócios jurídicos realizados por pessoa relativamente incapaz, ou em que existe vício de vontade decorrente de erro, dolo, simulação, coação, estado de perigo, lesão ou fraude.

(C) O negócio jurídico anulável produz efeitos até que seja julgado por sentença, aproveitando a todos os seus efeitos, independente de haver solidariedade ou indivisibilidade.

(D) Se o negócio jurídico nulo contiver os requisitos de outro, subsistirá este quando o fim a que visavam as partes permitir supor que o teriam querido, se houvessem previsto a nulidade.

(E) A invalidade parcial de um negócio jurídico prejudicará a parte válida, salvo se houver expressa declaração em sentido contrário.

A: incorreta, pois uma das mais importantes características do negócio jurídico nulo é o fato de ele não ser suscetível de confirmação, nem convalescer pelo decurso do tempo (CC, art. 169); **B:** incorreta, pois a simulação é causa de nulidade absoluta do negócio jurídico (CC, art. 167); **C:** incorreta, pois a anulabilidade aproveita exclusivamente aos que alegarem, salvo o caso de solidariedade ou indivisibilidade (CC, art. 177); **D:** correta, pois a assertiva prevê o importante instituto da **conversão do negócio jurídico** (CC, art. 170); **E:** incorreta, pois a invalidade parcial de um negócio jurídico **não** o prejudicará na parte válida, se esta for separável (CC, art. 184).

Gabarito "D"

(Magistratura do Trabalho – 21ª Região – 2005) Em conformidade com as disposições do novo Código Civil que tratam sobre a invalidade do negócio jurídico, marque a alternativa correta:

(A) celebrado o negócio jurídico sem a utilização da forma prescrita em lei, admite-se a sua convalidação posterior somente quando não tenha decorrido prejuízo para terceiros;

(B) é nulo de pleno direito o negócio jurídico em que se observa vício resultante de simulação, erro e dolo;

(C) no caso de coação, erro, dolo e fraude contra credores, não há prazo para pleitear-se a anulação do negócio jurídico;

(D) o prazo geral para pleitear-se a anulação de determinado ato que a lei considere anulável corresponde a dois anos;

(E) tratando-se de negócio jurídico nulo, o juiz poderá suprir a nulidade, desde que haja requerimento das partes.

A: incorreta, pois é **nulo** o negócio jurídico quando não revestir a forma prescrita em lei (CC, art. 166, IV); **B:** incorreta, pois o erro e dolo são causas de **anulabilidade** do negócio jurídico (CC, art. 171, II); **C:** incorreta, pois o prazo para se pleitear a anulação do negócio jurídico está previsto no art. 178 do CC, e é de quatro anos; **D:** correta, pois quando a lei determinar que um ato é anulável em não fixar prazo, este será de dois anos (CC, art. 179); **E:** incorreta, pois **não é permitido** ao juiz suprir as nulidades, ainda que a requerimento das partes (CC, art. 168, parágrafo único).

Gabarito "D"

2.6.4. DA PRESCRIÇÃO E DA DECADÊNCIA

(Magistratura do Trabalho – 3ª Região – 2013) Relativamente à prescrição e à decadência, com base no Código Civil, é incorreto afirmar:

(A) Dado que não se aplicam à decadência as normas que impedem, suspendem ou interrompem a prescrição, o prazo decadencial corre contra os absolutamente incapazes.

(B) É nula a renúncia à decadência fixada em lei.

(C) Se a decadência for convencional, a parte a quem aproveita pode alegá-la em qualquer grau de jurisdição, mas o juiz não pode suprir a alegação.

(D) Os prazos de prescrição não podem ser alterados por acordo das partes.

(E) A renúncia da prescrição pode ser expressa ou tácita, e só valerá, sendo feita, sem prejuízo de terceiro, depois que a prescrição se consumar.

A: incorreta, devendo ser assinalada, pois existe previsão específica (CC, art. 208) proibindo fluência de prazo decadencial contra o absolutamente incapaz; **B:** correta, pois de acordo com o CC, art. 209; **C:** correta, pois em consonância com o disposto no art. 211 do CC; **D:** correta, pois o art. 192 do CC proíbe a alteração de prazos prescricionais; **E:** correta, pois o art. 191 do CC estabelece regra nesse sentido.

Gabarito "A"

(Magistratura do Trabalho – 4ª Região – 2012) Com relação à prescrição, é correto afirmar que

(A) se admite apenas a renúncia expressa à prescrição.

(B) não pode ser declarada de ofício.

(C) os prazos de prescrição podem ser alterados, mas desde que por acordo expresso.

(D) iniciada contra uma pessoa continua a correr contra o seu sucessor.

(E) não corre contra os relativamente incapazes.

A: incorreta, pois a renúncia da prescrição pode ser tácita (CC, art. 191); **B:** incorreta, pois o juiz pode de ofício declarar a prescrição (CPC, art. 219 § 5º); **C:** incorreta, pois os prazos de prescrição não podem ser alterados por acordo das partes (CC, art. 192); **D:** correta, pois de pleno acordo com a regra estabelecida no art. 196); **E:** incorreta, pois a prescrição não corre contra os absolutamente incapazes (CC, art. 198, I).

Gabarito "D"

(Magistratura do Trabalho – 2ª Região – 2011) Assinale a alternativa incorreta:

(A) Começa a existência legal das pessoas jurídicas de direito privado com a inscrição do ato constitutivo no respectivo registro, precedida, quando necessário, de autorização ou aprovação do Poder Executivo, averbando-se no registro todas as alterações por que passar o ato constitutivo, decaindo em três anos o direito de anular a sua constituição, por defeito do ato respectivo, contado o prazo da publicação da inscrição no respectivo registro.

(B) É anulável o negócio concluído pelo representante em conflito de interesses com o representado, se tal fato era ou devia ser do conhecimento de quem com aquele tratou. É de cento e oitenta dias, a contar da conclusão do negócio ou da cessação da incapacidade, o prazo de decadência para pleitear-se a anulação de negócio concluído pelo representante em conflito de Interesses com o representado, se tal fato era ou devia ser do conhecimento de quem com aquele tratou.

(C) É de quatro anos o prazo de decadência para pleitear-se a anulação do negócio jurídico, contado, no caso de coação, do dia em que ela cessar; no caso de erro, dolo, fraude contra credores, estado de perigo ou lesão, do dia em que se realizou o negócio jurídico; e no caso de atos de incapazes, do dia em que cessar a incapacidade.

(D) Quando a lei dispuser que determinado ato é anulável, sem estabelecer prazo para pleitear-se a anulação, este prazo será de dois anos, a contar da data da conclusão do ato.

(E) O juiz não poderá, de ofício, conhecer da decadência, mesmo quando estabelecida por lei.

A: correta, pois a existência legal das pessoas jurídicas tem mesmo seu marco inicial com a inscrição do ato constitutivo no registro (CC, art. 45); **B:** correta, pois de pleno acordo com a regra estabelecida pelo art. 119 do CC; **C:** correta, pois de pleno acordo com as regras que preveem o lapso temporal e também o início da contagem do prazo decadencial (CC, art. 178); **D:** correta, pois na lacuna da lei quanto ao lapso temporal de anulabilidade, este será bienal (CC, art. 179); **E:** incorreta, devendo ser assinalada, pois o juiz DEVE conhecer de ofício a decadência, quando estabelecida por lei (CC, art. 210).

Gabarito "E"

(Magistratura do Trabalho – 2ª Região – 2010) Analisando as disposições do Código Civil, a alternativa incorreta é:

(A) O princípio da conversão do negócio jurídico constitui-se em medida de exceção em que o negócio jurídico nulo poderá ser aproveitado se contiver os requisitos de outro, subsistirá este quando o fim a que visavam às partes supor que o teriam querido, se houvessem previsto a nulidade.

(B) O ato ilícito é aquele praticado em desacordo com a ordem jurídica, sendo considerados elementos essenciais para sua configuração: (A) fato lesivo voluntário, causado pelo agente, por ação ou omissão, negligência ou imprudência; (B) ocorrência de dano material ou moral; (C) nexo causal entre o dano e o comportamento do agente.

(C) A lei considera como causas que impedem que o curso da prescrição se inicie, as circunstâncias fundadas no *status* da pessoa individual ou familiar, para atender a razões de confiança, amizade e motivos de ordem pessoal.

(D) Se a obrigação for indivisível e houver solidariedade ativa, suspensa a prescrição em favor de um dos credores, tal suspensão aproveitará os demais.

(E) Havendo uma causa interruptiva da prescrição, prevista em lei, o prazo prescricional será retomado a contar do ato que a interrompeu, mas se o credor interrompe a prescrição contra o devedor principal, tal fato não aproveitará os devedores solidários ou subsidiários.

A: correta, pois a assertiva prevê de forma bastante clara o instituto da conversão do negócio jurídico (CC, art. 170); **B:** correta, pois de acordo com a previsão clássica do ato ilícito no ordenamento brasileiro (CC, art. 186); **C:** correta, pois essas circunstâncias estão evidenciadas no art. 197 do CC, que estabelece que não corre a prescrição entre os cônjuges, na constância da sociedade conjugal; entre ascendentes e descendentes, durante o poder familiar; entre tutelados ou curatelados e seus tutores ou curadores, durante a tutela ou curatela; **D:** correta, pois de pleno acordo com a regra estabelecida pelo art. 201 do CC); **E:** incorreta, devendo ser assinalada, pois o prazo prescricional RECOMEÇA a contar da data do ato que interrompeu a prescrição, OU do último ato do processo para a interromper; quanto à última frase, a lei traz disposição segundo a qual a interrupção produzida contra o devedor principal prejudica o fiador (CC, art. 204, § 3º) e a interrupção produzida contra devedor solidário envolve os demais e seus herdeiros (CC, art. 204, § 1º); ou seja, a última frase, que ficou confusa, para estar certa, deveria ter a seguinte redação: "se o credor interrompe a prescrição contra o devedor principal, tal fato PREJUDICARÁ os devedores solidários E O FIADOR".

Gabarito "E"

(Magistratura do Trabalho – 8ª Região – 2011) NÃO prescreve em 3 (três) anos:

(A) A pretensão de reparação civil.

(B) A pretensão de ressarcimento de enriquecimento sem causa.

(C) A pretensão de cobrança de dívidas líquidas constantes de instrumento público ou particular.

(D) A pretensão relativa a alugueis de prédios urbanos ou rústicos.

(E) A pretensão para receber prestações vencidas de rendas temporárias ou vitalícias.

A: prescreve em 3 anos (CC, art. 206, § 3º, V); **B:** prescreve em 3 anos (CC, art. 206, § 3º, IV); **C:** NÃO prescreve em 3 anos, mas em 5 (cinco) anos (CC, art. 206, § 5º, I); **D:** prescreve em 3 anos (CC, art. 206, § 3º, I); **E:** prescreve em 3 anos (CC, art. 206, § 3º, II).

Gabarito "C"

(Magistratura do Trabalho – 8ª Região – 2007) Considerando a disciplina do Código Civil sobre as causas que impedem ou suspendem a prescrição, assinale a alternativa incorreta:

(A) A interrupção da prescrição, que somente poderá ocorrer uma vez, poderá acontecer por despacho do juiz, mesmo incompetente, que ordenar a citação, se o interessado a promover no prazo e na forma da lei processual.

(B) Não corre a prescrição contra os incapazes de modo geral, os ausentes do País em serviço público da União, dos Estados ou dos Municípios e contra os que se acharem servindo nas Forças Armadas em tempo de guerra.

(C) A suspensão da prescrição, em favor de um dos credores solidários, não aproveita os demais, exceto se a obrigação for indivisível.

(D) Quando a ação se originar de fato que deva ser apurado no juízo criminal, não correrá a prescrição antes da respectiva sentença definitiva.

(E) A interrupção por um dos credores solidários aproveita aos outros; assim como a interrupção efetuada contra o devedor solidário envolve os demais e seus herdeiros.

A: correta, pois esta hipótese de interrupção da prescrição está prevista no CC, art. 202, I; **B:** incorreta quanto aos incapazes, devendo ser assinalada, pois apenas os absolutamente incapazes estão protegidos pela norma que não permite a fluência de prazo contra eles (CC, art. art. 198, I); **C:** correta, pois de pleno acordo com a regra estabelecida pelo CC, art. 201; **D:** correta, pois trata-se de causa que impede a fluência do prazo prescricional (CC, art. 200); **E:** correta, pois no caso de solidariedade basta a interrupção contra um dos sujeitos do polo (ativo ou passivo) para que estenda efeitos em relação aos demais (CC, art. 204, § 1º). Assim, interrompida a prescrição contra um devedor solidário, a prescrição está interrompida contra todos, do mesmo modo que interrompida por um credor solidário, todos serão favorecidos com o reinício do prazo.

Gabarito "B"

(Magistratura do Trabalho – 8ª Região – 2007) Sobre a prescrição, assinale a alternativa correta:

(A) A renúncia da prescrição pelo interessado deve ser expressa, para que seja mantida sua eficácia prática.

(B) O juiz não pode suprir, de ofício, a alegação de prescrição, salvo se favorecer a absolutamente incapaz.

(C) Em regra, aplicam-se à decadência as normas que impedem, suspendem ou interrompem a prescrição.

(D) O prazo da prescrição ordinária ou comum prevista no Código Civil é de vinte anos.

(E) Se a decadência for convencional, a parte a quem aproveita pode alegá-la em fase recursal, mas o juiz não pode suprir a alegação.

A: Incorreta, pois a renúncia da prescrição pode ser expressa ou tácita (CC, art. 191); **B:** incorreta, pois o art. 194 do CC foi revogado pela Lei n.º 11.280 de 2006. Atualmente, o juiz pode decretar de ofício qualquer prescrição, não importa quem seja o beneficiado (CPC, art. 219 § 5º); **C:** incorreta, pois salvo disposição legal em contrário, não se aplicam à decadência as normas que impedem, suspendem ou interrompem a prescrição (CC, art. 207); **D:** incorreta, pois a prescrição ocorre em **dez** anos, nos termos do art. 205 do CC; **E:** correta, pois de pleno acordo com o disposto no art. 211 do CC.

Gabarito "E"

(Magistratura do Trabalho – 8ª Região – 2006) Sobre prescrição é correto afirmar que:

(A) Os prazos de prescrição podem ser alterados por acordo entre as partes.

(B) Na interrupção da prescrição, cessada a causa que a ensejou, o prazo prescricional recomeça a correr do ponto onde parou.

(C) Em se tratando de obrigação solidária, ativa ou passiva, a interrupção da prescrição, aberta por um dos credores solidários, não aproveita aos outros, assim como a interrupção efetuada contra o devedor solidário envolve os demais e seus herdeiros.

(D) A interrupção da prescrição somente poderá ocorrer uma vez.

(E) A renúncia à prescrição pode ser expressa ou tácita, e só valerá sendo feita sem prejuízo de terceiro, desde que antes da prescrição se consumar.

A: incorreta, pois a lei proíbe a alteração de prazos prescricionais (CC, art. 192); **B:** incorreta, pois uma característica básica da interrupção da prescrição é o fato de que com sua ocorrência o prazo volta ao início (CC, art. 202, parágrafo único); **C:** incorreta, pois no caso de solidariedade basta a interrupção contra um dos sujeitos do polo (ativo ou passivo) para que estenda efeitos em relação aos demais (CC, art. 204, § 1º). Assim, interrompida a prescrição contra um devedor solidário, a prescrição está interrompida contra todos, do mesmo modo que interrompida por um credor solidário, todos serão favorecidos com o reinício do prazo. (art. 204, § 1º, do CC); **D:** correta, ao menos como regra geral estabelecida pelo CC, art. 202; **E:** incorreta, pois a renúncia à prescrição só pode ocorrer após a consumação total do prazo prescricional (CC, art. 191).

Gabarito "D"

(Magistratura do Trabalho – 9ª Região – 2007) Considere as seguintes proposições:

I. O devedor que pagar espontaneamente dívida prescrita poderá exercer em juízo pretensão de repetição.

II. Todas as pretensões condenatórias estão sujeitas à prescrição. Se a lei não estabelecer prazo específico de prescrição de alguma pretensão condenatória, o prazo de prescrição dessa pretensão é de 10 anos.

III. As pretensões que se exercem mediante ação declaratória também se sujeitam à prescrição.

IV. Prescreve em cinco anos a pretensão dos profissionais liberais em geral, procuradores judiciais, curadores e professores pelos seus honorários, contado o prazo da conclusão dos serviços, da cessação dos respectivos contratos ou mandato.

V. Os prazos de prescrição podem ser diminuídos ou aumentados por meio de negócio jurídico.

Assinale a alternativa correta:

(A) Todas as proposições estão corretas;

(B) Apenas quatro proposições estão corretas;

(C) Apenas três proposições estão corretas;

(D) Apenas duas proposições estão corretas;

(E) Apenas uma proposição está correta.

I: incorreta, pois não se pode repetir o que se pagou para solver dívida prescrita, tendo em vista que – a despeito da ocorrência da prescrição – ainda havia no caso a obrigação (CC, art. 882); **II:** correta, pois pelas pretensões condenatórios busca-se efetivar um direito a uma prestação, que é justamente a espécie de direito que se sujeita aos prazos prescricionais (CC, art. 205); **III:** incorreta, pois em se tratando de ação declaratória pela qual se busca apenas uma certeza jurídica, tal ação não está sujeita à prescrição, nem à decadência; **IV:** correta, pois a previsão do prazo quinquenal encontra-se prevista no art. 206, § 5º, II do CC); **V:** incorreta, pois os prazos de prescrição não podem ser alterados por acordo das partes (CC, art. 192).

Gabarito "D"

(Magistratura do Trabalho – 9ª Região – 2006) Sobre a disciplina dos institutos da prescrição e da decadência no Código Civil de 2002, marque a alternativa incorreta:

(A) As ações de cobrança em geral, em que se pretende que o réu pague determinada quantia em dinheiro, são condenatórias e, assim, estão sujeitas à prescrição.

(B) O prazo prescricional e o decadencial têm como características tratar-se de prazos com possibilidade de interrupção, impedimento ou suspensão.

(C) Tratando-se de prazo decadencial estabelecido em lei, sendo matéria de ordem pública, o juiz deve reconhecê-lo de ofício, independentemente de arguição pela parte interessada.

(D) A prescrição não corre contra os absolutamente incapazes.

(E) São requisitos da prescrição a existência de uma pretensão, a inércia do seu titular pelo período fixado em lei e, por fim, a ausência de causas que impeçam o transcurso do lapso temporal.

A: correta. Isso porque na categoria dos chamados *direitos a uma prestação* (como, por exemplo, qualquer direito de crédito) é possível ocorrer a violação do direito e com isso o surgimento da *pretensão*, a qual se extinguirá com a prescrição (CC, art. 189). Daí porque as ações de cobrança estão sujeitas a prescrição. No campo processual, é correto afirmar que os direitos a uma prestação ensejam uma sentença condenatória; **B:** incorreta, devendo ser assinalada, pois – como regra geral – não se aplicam à decadência as normas que impedem, suspendem ou interrompem a prescrição (CC, art. 207); **C:** correta, pois de acordo com o mandamento estabelecido pelo CC, art. 210; **D:** correta, pois a incapacidade absoluta do credor é causa de impedimento/suspensão da prescrição (CC, art. 198, I); **E:** correta, pois a alternativa traz os requisitos da prescrição de forma correta.

Gabarito "B"

(Magistratura do Trabalho – 13ª Região – 2006) No que se refere aos prazos decadenciais, qual deles abaixo se encontra correto:

(A) o de 30 (trinta) dias para o consumidor obter o abatimento do preço do bem imóvel recebido com vício;

(B) o de 120 (cento e vinte) dias para anulação de casamento, contados da data da celebração, de incapaz de consentir ou manifestar o consentimento;

(C) o de ano e dia, para desfazer janela, sacada, terraço ou goteira sobre o seu prédio;

(D) o de 3 (três) dias, para exercer o direito de perempção, inexistindo prazo estipulado, se a coisa for imóvel , subsequentes à data da notificação feita pelo comprador ao vendedor;

(E) o de 90 (noventa) dias para exercer direito de preferência, se a coisa for móvel, reavendo o vendedor o bem para si.

A: incorreta, pois o prazo para obter o abatimento do preço do bem imóvel é de um ano (CC, art. 445); **B:** incorreta, pois o prazo para anulação de casamento de incapaz de consentir ou manifestar o consentimento é de 180 dias (CC, art. 1.560, I); **C:** correta, pois de acordo com a previsão estabelecida pelo art. 1.302 do CC; **D:** incorreta, pois se a coisa for imóvel o direito de preempção caducará não se exercendo nos sessenta dias subsequentes à data em que o comprador tiver notificado o vendedor (CC, art. 516); **E:** incorreta, pois o prazo para exercer o direito de preferência, se a coisa for móvel, não poderá exceder a 180 dias (CC, art. 513, parágrafo único).

Gabarito "C"

(Magistratura do Trabalho – 14ª Região – 2008) Prescrição e decadência.

I. O impedimento e a suspensão da prescrição fazem cessar, temporariamente, o curso do prazo prescricional, o qual, desaparecida a causa de impedimento ou suspensão, voltará a correr, computando-se o tempo anteriormente transcorrido.

II. Contra as pessoas absolutamente incapazes não corre a prescrição.

III. Os prazos prescricionais podem ser alterados por acordo entre as partes, desde que a avença seja formulada antes da consumação da prescrição.

IV. A prescrição ocorre em vinte anos, quando a lei não lhe haja fixado prazo menor.

Responda:

(A) todas as opções estão corretas;

(B) apenas as opções I e III estão corretas;

(C) apenas as opções I e II estão corretas;

(D) apenas as opção IV está incorreta;

(E) todas as opções estão incorretas.

I: correta, apesar de que a assertiva tecnicamente está mais próxima da suspensão do que do impedimento. Na suspensão sim, o prazo estava correndo e uma causa prevista em lei faz o prazo parar. Desaparecendo a causa, o prazo volta a correr, computando-se o tempo anteriormente transcorrido. Já no impedimento, o prazo nem havia começado a correr e a causa já se instalou. Logo, desaparecendo a causa, o prazo simplesmente vai começar do zero, visto que não havia ainda transcorrido nenhum dia sequer (CC, arts. 198 a 202); **II:** correta, pois a incapacidade absoluta é causa de impedimento/suspensão da prescrição (CC, art. 198, I); **III:** incorreta, pois os prazos de prescrição não podem ser alterados por acordo das partes em nenhum momento (CC, art. 192); **IV:** incorreta, pois a prescrição ocorre em dez anos, quando a lei não lhe haja fixado prazo menor (CC, art. 205).

Gabarito "C"

(Magistratura do Trabalho – 15ª Região – 2011) A respeito da prescrição, assinale a alternativa incorreta:

(A) não corre contra o ausente do País que se encontre a serviço público do Município;

(B) a interrupção poderá ocorrer somente uma vez;

(C) na hipótese de suspensão em favor de um dos credores solidários, só aproveitam os outros se a obrigação for indivisível;

(D) a interrupção produzida contra o principal devedor prejudica o fiador;

(E) não corre entre os cônjuges, na constância da sociedade conjugal, exceto se casados pelo regime da separação obrigatória de bens.

A: correta, pois referida ausência é causa legal de impedimento/suspensão de prazo prescricional (CC, art. 198, II); **B:** correta pois, ao menos como grande regra geral, só se permite uma interrupção de prescrição (CC, art. 202); **C:** correta, pois de acordo com a regra estabelecida pelo CC, art. 201; **D:** correta, pois de acordo com a regra estabelecida pelo CC, art. 204, § 3º; **E:** incorreta, pois referida causa interruptiva da prescrição não utiliza o regime de bens como critério, ou seja, o casamento entre credor e devedora (ou vice-versa) é causa obstativa da interrupção, qualquer que seja o regime de bens.

Gabarito "E"

(Magistratura do Trabalho – 16ª Região – 2006) Considere os itens abaixo:

I. Ocorre a prescrição no caso de pendência de condição suspensiva, por ser causa impeditiva do curso do prazo prescricional.

II. O Juiz pode suprir, de ofício, a falta de alegação da prescrição se favorecer a pessoa absolutamente incapaz e deve, de ofício, conhecer da decadência, quando estabelecida em lei.

III. A exceção não está sujeita a prazo prescricional.
IV. Contra os absolutamente incapazes não corre prazo decadencial.
V. A pessoa jurídica pode sofrer dano moral.

É CORRETO o que se afirma em:

(A) As assertivas I, II e V estão corretas.
(B) As assertivas I, II e III estão corretas.
(C) As assertivas II, III e IV estão corretas.
(D) As assertivas II, IV e V estão corretas.
(E) Nenhuma das alternativas.

I: incorreta, pois não corre a prescrição pendendo condição suspensiva (CC, art. 199, I); **II:** correta, com a ressalva de que o juiz deve conhecer de ofício a prescrição em qualquer caso (CPC, art. 219, § 5º), o mesmo se verificando com relação à decadência estabelecida em lei (CC, art. 210); **III:** incorreta, pois quando se consuma a prescrição, perece não somente a pretensão, como também a exceção de que eventualmente dispunha o credor (CC, art. 190); **IV:** correta. Como grande regra geral, é correto afirmar que a decadência não se suspende, impede ou interrompe. A única exceção fica por conta justamente dos prazos decadenciais que não correm contra o absolutamente incapaz (CC, arts. 207 e 208); **V:** correta, pois há direitos da personalidade que naturalmente se estendem à Pessoa Jurídica, como, por exemplo, a imagem, honra objetiva, nome etc. Eventual violação contra tais direitos enseja reparação por dano moral (STJ, Súmula 227).

Gabarito "D"

(Magistratura do Trabalho – 18ª Região – 2006) Nos contratos de empreitada de edifícios ou outras construções consideráveis, qual o prazo seguinte ao aparecimento do vício ou defeito para o dono da obra propor a ação contra o empreiteiro de materiais e de construção?

(A) O prazo é decadencial de 5 anos.
(B) O prazo é prescricional de 5 anos.
(C) O prazo é decadencial de 1 ano.
(D) O prazo é prescricional de 3 meses.
(E) O prazo é decadencial de 180 dias.

Segundo o Código Civil, o prazo é decadencial de 180 dias. É importante distinguir o **prazo para entrar com a ação depois de aparecer o vício** (180 dias, estabelecido pelo art. 618, parágrafo único) do **prazo de garantia da obra** (5 anos, previsto no art. 618, *caput*).

Gabarito "E"

(Magistratura do Trabalho – 18ª Região – 2006) O Código Civil de 2002 inovou no que concerne às causas interruptivas da prescrição. A propósito, assinale a alternativa que contém a inovação.

(A) protesto cambial;
(B) qualquer ato judicial que constitua em mora o devedor;
(C) apresentação de título de crédito em inventário;
(D) qualquer ato inequívoco, ainda que extrajudicial, que importe reconhecimento do direito pelo devedor;
(E) apresentação do título de crédito em concurso de credores.

No que se refere às causas que interrompem a prescrição, a grande inovação do Código Civil de 2002 veio com o inciso III do art. 202. Referido dispositivo estabeleceu que o protesto cambial é causa interruptiva da prescrição. Tal orientação contraria o entendimento anterior, inclusive sumulado pelo STF no verbete n.º 153: "*Simples protesto cambiário não interrompe a prescrição*". Atualmente, portanto, o protesto cambial interrompe a prescrição.

Gabarito "A"

(Magistratura do Trabalho – 18ª Região – 2006) Caio cometeu ato ilícito contra Tício, 9 anos, antes da vigência do Novo Código Civil brasileiro, mas Tício ainda não invocou a tutela jurisdicional para obter reparação do dano. A pretensão está prescrita?

(A) não, porque o prazo é de 20 anos, do Código Civil de 1916;
(B) não, porque o prazo é de 10 anos, do Código Civil de 1916;
(C) não, porque o prazo é de 10 anos, do Código Civil de 2002;
(D) não, porque o prazo é de 5 anos, do Código Civil de 2002;
(E) sim, porque o prazo é de 3 anos, do Código Civil de 2002.

Para os prazos em andamento, aplica-se a regra estabelecida pelo art. 2.028 do CC. O mesmo dispõe que deverá se manter a contagem do prazo anterior apenas na hipótese de o prazo em abstrato ter diminuído pela nova lei e também se o prazo em concreto já houver transcorrido acima da metade.
No caso mencionado pela questão, quando o atual Código Civil entrou em vigor, havia sido transcorrido menos da metade do prazo de prescrição para a reparação civil do dano previsto no antigo Código Civil (20 anos). Assim, deve ser aplicada imediatamente a lei nova, que estabelece o prazo de 3 anos para a reparação civil (CC, art. 206, § 3º, V). Esse prazo de 3 anos é contado da entrada em vigor do Código. É importante lembrar que o atual Código Civil foi publicado no dia 11/01/02 e entrou em vigor 1 ano após a sua publicação (art. 2.044 do CC).

Gabarito "E"

(Magistratura do Trabalho – 21ª Região – 2005) Tendo em vista as afirmações seguintes, aponte a alternativa correta:

De acordo com a legislação civil em vigor:

I. Não ocorre a prescrição da pretensão de natureza declaratória, que poderá ser deduzida em juízo a qualquer tempo;
II. Admite-se a renúncia tácita da prescrição e da decadência, refletida pela prática de atos do interessado incompatíveis com a sua ocorrência;
III. Não se admite, expressamente, a alteração dos prazos prescricionais, por acordo entre as partes;
IV. Permite-se que a parte interessada alegue a prescrição do direito, ainda que pela primeira vez, em sede de recurso especial;
V. Em qualquer caso poderá o juiz conhecer a prescrição, de ofício, quando favorecer a Fazenda Pública.

(A) apenas a alternativa V está correta;
(B) apenas as alternativas I e III estão corretas;
(C) apenas a alternativa III está correta;
(D) apenas as alternativas I e IV estão corretas;
(E) apenas a alternativa I está correta.

I: correta, pois as ações meramente declaratórias não estão sujeitas à prescrição; nada impede, por exemplo, que uma senhora de oitenta anos peça ao juiz que seja reconhecida a união estável que manteve com seu amado há cinquenta anos; **II:** incorreta, pois é nula a renúncia à decadência fixada em lei (CC, art. 209); **III:** correta, pois o Código veda alteração de prazos prescricionais (CC, art. 192); **IV:** incorreta, pois, se a prescrição não foi suscitada na instância ordinária, é inadmissível a sua alegação no recurso especial, perante o Superior Tribunal de Justiça, por faltar o requisito do prequestionamento exigido pelo Regimento Interno do STJ, que tem força de lei; **V:** incorreta, pois o juiz deve conhecer de ofício da prescrição em qualquer caso (CPC, art. 219, § 5º).

Gabarito "B"

(Magistratura do Trabalho – 24ª Região – 2006) Sobre a prescrição e a decadência, assinale a alternativa INCORRETA:

(A) Os prazos de prescrição não podem ser alterados por acordo das partes.
(B) O juiz não pode suprir, de ofício, a alegação de prescrição, salvo se favorecer o relativamente incapaz.
(C) A prescrição iniciada contra uma pessoa continua a correr contra o seu sucessor.
(D) É nula a renúncia à decadência fixada em lei.
(E) Se a decadência for convencional, a parte a quem aproveita pode alegá-la em qualquer grau de jurisdição, mas o juiz não pode suprir a alegação.

A: correta, pois o CC proíbe alteração de prazos prescricionais (CC, art. 192); **B:** incorreta, devendo ser assinalada, pois o juiz deve reconhecer de ofício a prescrição, não importa quem seja o beneficiado com a sua ocorrência (CPC, art. 219, § 5º); **C:** correta, pois a alteração do sujeito credor ou devedor não é causa interruptiva da prescrição (CC, art. 196); **D:** correta, pois de acordo com o disposto no art. 209 do CC; **E:** correta, pois de acordo com a regra estabelecida pelo CC, art. 211.

Gabarito "B"

(Ministério Público do Trabalho – 14º) Complete com a opção CORRETA.

Prescreve em _____ a pretensão relativa a aluguéis de prédios urbanos ou rústicos.

(A) um ano;
(B) dois anos;
(C) três anos;
(D) cinco anos;
(E) não respondida.

A cobrança de alugueis urbanos ou rurais é um direito a uma prestação, cujo prazo prescricional para ser exercido é de três anos, conforme a regra do CC, art. 206, § 3º, I.

Gabarito "C"

(Ministério Público do Trabalho – 14º) Complete com a opção CORRETA.

Serão os da lei anterior os prazos, quando reduzidos pelo Código Civil de 2002, e se, na data de sua entrada em vigor, já houver transcorrido mais _______ do tempo estabelecido na lei revogada.

(A) da metade;
(B) de um terço;
(C) de dois terços;
(D) de três quintos;
(E) não respondida.

Para os prazos em andamento, aplica-se a regra estabelecida pelo art. 2.028 do CC. O mesmo dispõe que deverá se manter a contagem do prazo anterior apenas na hipótese de o prazo em abstrato ter sido reduzido pela nova lei e também se o prazo em concreto já houver transcorrido acima da metade.

Gabarito "A"

(Ministério Público do Trabalho – 13º) Prescreve em três anos:

(A) a pretensão do dono de restaurante, para o pagamento da conta referente ao fornecimento de refeição;
(B) a pretensão do terceiro prejudicado, contra o segurador, no caso de seguro de responsabilidade civil obrigatório;
(C) a pretensão do vencedor para haver do vencido o que despendeu em juízo;
(D) a pretensão de reconhecimento judicial de união estável;
(E) não respondida.

A: incorreta, pois referido prazo é de um ano (CC, art. 206, § 1º, I); **B:** correta, pois referido prazo trienal vem previsto no art. 206, § 3º, IX, do CC; **C:** incorreta, pois referido prazo é de cinco anos (CC, art. 206, § 5º, III); **D:** incorreta, pois se trata de pretensão declaratória, portanto, imprescritível.

Gabarito "B"

3. OBRIGAÇÕES

3.1. INTRODUÇÃO, CLASSIFICAÇÃO E MODALIDADES DE OBRIGAÇÕES

(Procurador do Trabalho – MPT – 17º Concurso) Marque a alternativa INCORRETA:

(A) O fiador continua com o seu benefício de ordem ou de excussão ainda que se declare devedor solidário, porém perde o direito ao benefício, quando o devedor for insolvente ou falido.
(B) A solidariedade é excepcional, não podendo ser presumida, vigorando como regra o fracionamento das obrigações.
(C) A suspensão da prescrição em favor de um dos credores solidários apenas aproveita aos outros se a obrigação for indivisível.
(D) A pretensão em juízo de um dos credores julgada improcedente, seja por exceção pessoal ou comum, não atinge os demais cocredores que podem ajuizar ações em prol dos seus créditos posteriormente.
(E) Não respondida.

A: incorreta, devendo ser assinalada, pois o fiador perde o benefício de ordem quando se obrigar como devedor solidário e também quando o devedor se tornar insolvente ou falido (CC, art. 828); **B:** correta, pois esta é uma das regras mais importantes do direito obrigacional brasileiro, prevista no art. 265 do CC; **C:** correta, pois "A solidariedade não se presume; resulta da lei ou da vontade das partes"; **C:** correta, pois esta regra vem prevista taxativamente no art. 201 do CC; **D:** correta, pois de acordo com o disposto no art. 274 do CC.

Gabarito "A"

(Procurador do Trabalho – MPT – 17º Concurso) Marque a alternativa INCORRETA:

(A) o prazo de 4 (quatro) anos para se pleitear a anulação do negócio jurídico é decadencial, contado no caso de coação do dia em que cessar, e, no caso de erro, do dia em que se realizou o negócio jurídico.

(B) contam-se os juros de mora desde a citação inicial.

(C) nas obrigações de fazer fungíveis, o credor no exercício da autoexecutoriedade e operabilidade, em caso de urgência na obtenção da obrigação, pode executar ou mandar executar o fato, sendo depois ressarcido.

(D) a novação subjetiva passiva é a substituição do antigo devedor por um novo, sendo que a legislação civil adotou somente a novação por delegação, na qual há a substituição do devedor independentemente de seu consentimento.

(E) não respondida.

A: correta. Os prazos para se pleitear anulação do negócio jurídico são sempre decadenciais e os termos iniciais referidos no enunciado estão de pleno acordo com o disposto no CC, art. 178; **B:** correta, pois em perfeita consonância com o art. 405 do CC; **C:** correta, pois de acordo com a regra estabelecida pelo art. 249, parágrafo único do CC; **D:** incorreta, devendo ser assinalada, pois a novação implica na extinção de uma obrigação visando a criação de uma nova. Ademais, o CC contemplou tanto a novação por delegação, quanto a por expromissão. Nesta última não há necessidade do consentimento do devedor original (CC, art. 362).

Gabarito "D"

(Magistratura do Trabalho – 15ª Região – 2012) Aponte a alternativa incorreta:

(A) A escritura pública, lavrada em notas de tabelião, é documento dotado de fé pública, fazendo prova plena. Se algum comparecente não puder ou não souber escrever, outra pessoa capaz assinará por ele, a seu rogo. Ainda, se algum dos comparecentes não for conhecido do tabelião, nem puder identificar-se por documento, deverão participar do ato pelo menos duas testemunhas que o conheçam e atestem sua identidade.

(B) Os livros e fichas dos empresários e sociedades provam contra as pessoas a quem pertencem, e, em seu favor, quando escriturados sem vício extrínseco ou intrínseco, forem confirmados por outros subsídios.

(C) No campo do direito obrigacional, se o fato puder ser executado por terceiro, será livre ao credor mandá-lo executar à custa do devedor, havendo recusa ou mora deste, sem prejuízo da indenização cabível. Em caso de urgência, pode o credor, independentemente de autorização judicial, executar ou mandar executar o fato, sendo depois ressarcido.

(D) Nas obrigações alternativas, a escolha cabe ao devedor, se outra coisa não se estipulou. Não pode o devedor obrigar o credor a receber parte em uma prestação e parte em outra. Quando a obrigação for de prestações periódicas, a faculdade de opção poderá ser exercida em cada período. No caso de pluralidade de optantes, não havendo acordo unânime entre eles, decidirá o juiz, findo o prazo por este assinado para a deliberação. Se o título deferir a opção a terceiro, e este não quiser, ou não puder exercê-la, caberá ao juiz a escolha se não houver acordo entre as partes.

(E) Se um dos credores remitir a dívida, a obrigação não ficará extinta para com os outros: mas estes só poderão exigir, descontada a quota do outro. Este critério não será observado em caso de confusão.

A: correta, pois de acordo com a regulamentação estabelecida pelo art. 215 do CC; **B:** correta, pois de pleno acordo com o disposto no art. 226 do CC; **C:** correta, pois de pleno acordo com o disposto no art. 249 do CC; **D:** correta, pois de acordo com a extensa regulamentação do art. 252 sobre obrigações alternativas; **E:** incorreta, devendo ser assinalada, pois no caso de confusão aplica-se exatamente a mesma regra mencionada (CC, art. 262 parágrafo único).

Gabarito "E"

(Magistratura do Trabalho – 4ª Região – 2012) No que tange às obrigações solidárias, é correto afirmar

(A) o credor de obrigação solidária pode exigir que apenas um dos devedores pague totalmente a dívida comum.

(B) importa renúncia à solidariedade a propositura de ação contra apenas um dos devedores.

(C) convertendo-se a prestação em perdas e danos, deixa de existir a solidariedade.

(D) a solidariedade decorre da lei ou das circunstâncias do negócio jurídico.

(E) a elas se aplicam todas as disposições referentes às obrigações indivisíveis

A: correta, pois esta é a regra básica da solidariedade passiva. O credor pode exigir que qualquer um dos devedores pague a dívida inteira (CC, art. 275); **B:** incorreta, pois "Não importará renúncia da solidariedade a propositura de ação pelo credor contra um ou alguns dos devedores" (CC, art. 275, parágrafo único); **C:** incorreta, pois a solidariedade é um vínculo entre sujeitos de um mesmo polo obrigacional. Assim, a perda ou deterioração do objeto não afeta esse vínculo; **D:** incorreta, pois a solidariedade decorre da lei ou da vontade das partes (CC, art. 265); **E:** incorreta, pois as regras das obrigações indivisíveis são diferentes das previstas para as obrigações solidárias.

Gabarito "A"

(Magistratura do Trabalho – 3ª Região – 2013) Considerando o disposto no Código Civil vigente, assinale a alternativa falsa:

(A) Não importará renúncia da solidariedade a propositura de ação pelo credor contra um ou alguns dos devedores.

(B) Nas obrigações alternativas, a escolha cabe ao devedor, se outra coisa não se estipulou. Mas não pode o devedor obrigar o credor a receber parte em uma prestação e parte em outra.

(C) Convertendo-se a prestação em perdas e danos, a obrigação solidária converte-se em obrigação divisível.

(D) Se um dos credores solidários falecer deixando herdeiros, cada um destes só terá direito a exigir e receber a quota do crédito que corresponder ao seu quinhão hereditário, salvo se a obrigação for indivisível.

(E) Impossibilitando-se a prestação por culpa de um dos devedores solidários, subsiste para todos o encargo de pagar o equivalente; mas pelas perdas e danos só responde o culpado.

A: correta. O credor tem o direito de propor cobrança contra um ou alguns dos devedores, sem que isso implique em renúncia ao benefício da solidariedade (CC, art. 275 parágrafo único); **B:** correta, pois de pleno acordo com o disposto no art. 252 do CC; **C:** incorreta, devendo ser assinalada, pois o perecimento do objeto obrigacional não transforma a obrigação solidária em obrigação divisível. Daí se concluí que a solidariedade é uma relação entre sujeitos de um mesmo polo, ao passo que a divisibilidade ou indivisibilidade guarda relação com o objeto (CC, art. 279); **D:** correta, pois na obrigação solidária ativa o elemento confiança é fundamental. Daí decorre que um dos credores solidários não necessariamente confia nos herdeiros do outro credor solidário. Daí porque o herdeiro de um credor solidário só pode cobrar a quota do crédito que corresponde ao seu quinhão hereditário (CC, art. 270); **E:** correta, pois de pleno acordo com o art. 279 do CC.

Gabarito "C"

(Magistratura do Trabalho – 1ª Região – 2004) Quanto à solidariedade passiva, analise as seguintes afirmativas:

I. é lícito se cobrar a obrigação de um, de alguns ou de todos devedores solidários, mas se não cobrada judicialmente de todos, presume-se a renúncia da solidariedade em relação aos não demandados;
II. mesmo havendo renúncia da solidariedade, quanto a alguns dos devedores, estes responderão em igualdade de condições com os demais pela parte do devedor insolvente;
III. o devedor que responder pela totalidade da obrigação poderá cobrá-la integralmente, com a dedução de seu quinhão, de qualquer um dos outros coobrigados;
IV. os herdeiros de um devedor falecido respondem pela totalidade da dívida como devedores solidários em relação aos demais, desde que todos os herdeiros estejam reunidos;
V. o devedor que responder pela totalidade da obrigação poderá cobrá-la integralmente do único devedor a quem a obrigação interessava.

E assinale:

(A) se corretas somente as afirmativas I e III;
(B) se incorretas todas as afirmativas;
(C) se incorreta somente a afirmativa III;
(D) se corretas somente as afirmativas II, III e IV;
(E) se corretas somente as afirmativas II, IV e V.

I: incorreta, pois não importará renúncia da solidariedade a propositura de ação pelo credor contra um ou alguns dos devedores (CC, art. 275, parágrafo único); **II:** correta (CC, art. 284); **III:** incorreta, pois o devedor que satisfaz a dívida por inteiro tem direito a exigir de cada um dos codevedores a sua quota (CC, art. 283); **IV:** correta (CC, art. 276); **V:** correta (CC, art. 285).

Gabarito "E"

(Magistratura do Trabalho – 1ª Região – 2004) Analisando as proposições:

I. no direito brasileiro são fontes das obrigações: a lei, os contratos, as declarações unilaterais de vontade, os atos ilícitos (incluindo o abuso no exercício de um direito) e, modernamente, o risco profissional que redunda na culpa objetiva do empregador;
II. o devedor comprometeu-se a entregar ao credor coisa determinada no valor de R$ 1.000,00. Por motivos supervenientes, ficou privado do bem e propôs entregar ao credor outro bem, no valor de R$ 10.000,00. Ante o infortúnio e o valor em muito superior do novo bem oferecido, o credor é obrigado a aceitar a proposta;
III. obrigações alternativas são aquelas em que, embora haja somente uma obrigação, o devedor pode desonerar-se dela, substituindo a obrigação devida por outra de sua escolha;
IV. obrigações facultativas são aquelas em que há mais de uma obrigação estipulada, podendo o devedor escolher, dentre elas, aquela que lhe convier, para desonerar-se, se de outra forma não foi estipulado;
V. obrigações naturais são aquelas em que existe débito mas não existe responsabilidade, sendo, portanto, inexigíveis judicialmente.

Assinale:

(A) apenas I e II são corretas;
(B) apenas II e III são corretas;
(C) apenas III e IV são corretas;
(D) apenas III, IV e V são corretas;
(E) apenas I e V são corretas.

I: correta, pois são fontes das obrigações: vontade do Estado, por intermédio da lei, como é o caso do risco profissional que redunda na culpa objetiva do empregador, e por vontade humana, ou seja, por meio de contrato, da declaração unilateral da vontade e do ato ilícito; **II:** incorreta, pois o credor não é obrigado a receber prestação diversa da que lhe é devida, ainda que mais valiosa (CC, art. 313); **III:** incorreta, pois a assertiva traz o conceito de obrigação facultativa; **IV:** incorreta, pois a assertiva traz o conceito de obrigação alternativa (CC, art. 252); **V:** correta, pois a alternativa traz o conceito correto de obrigação natural, como é o caso de dívidas de jogo e débitos prescritos pagos após o decurso do prazo prescricional.

Gabarito "E"

(Magistratura do Trabalho – 3ª Região – 2009) A respeito das obrigações, leia as afirmações abaixo e, em seguida, assinale a alternativa correta:

I. Nas obrigações de dar coisa certa, até a tradição pertence ao devedor a coisa, com os seus melhoramentos e acrescidos, pelos quais poderá exigir aumento no preço; se o credor não anuir, poderá o devedor resolver a obrigação.
II. Nas coisas determinadas pelo gênero e pela quantidade, a escolha pertence ao credor, se o contrário não resultar do título da obrigação.
III. Nas obrigações de não fazer, praticado pelo devedor o ato, a cuja abstenção se obrigara, o credor pode exigir dele que o desfaça, sob pena de se desfazer à sua custa, ressarcindo o culpado perdas e danos. Para essa última hipótese, será sempre necessária autorização judicial.
IV. Se, havendo dois ou mais devedores, a prestação não for divisível, cada um será obrigado pela dívida toda.
V. O julgamento contrário a um dos credores solidários não atinge os demais; o julgamento favorável aproveita-lhes, a menos que se funde em exceção pessoal ao credor que o obteve.

(A) Somente uma afirmativa está correta.
(B) Somente duas afirmativas estão corretas.
(C) Somente três afirmativas estão corretas.
(D) Somente quatro afirmativas estão corretas.
(E) Todas as afirmativas estão corretas.

I: correta, pois a assertiva reproduz o disposto no CC, art. 237; **II:** incorreta, pois como regra geral, a escolha pertence ao devedor (CC, art. 244); **III:** incorreta, pois, em caso de urgência, poderá "o credor desfazer ou mandar desfazer, independentemente de autorização judicial, sem prejuízo do ressarcimento devido" (CC, art. 251, parágrafo único); **IV:** correta, pois não há como se exigir parte de uma obrigação que é indivisível (CC, art. 259); **V:** correta, pois de acordo com a regra estabelecida pelo CC, art. 274.

Gabarito "C".

(Magistratura do Trabalho – 7ª Região – 2005) "A", "B" e "C" são credores solidários de "D", que lhes deve R$ 60.000,00. Com o óbito de "A", seus herdeiros "E" e "F" poderão reclamar:

(A) da quota do crédito do *de cujus* (R$ 20.000,00), a metade relativa ao quinhão hereditário de cada um, ou seja, R$ 10.000,00.
(B) a prestação por inteiro, por haver solidariedade.
(C) a totalidade do crédito, pois "B" e "C" terão por direito de regresso a quota que lhes seria cabível.
(D) o total do crédito solidário, ante a indivisibilidade da prestação devida.
(E) por inteiro o quantum devido, visto que não agem em conjunto.

A solidariedade ativa encontra seu fundamento na ideia de confiança entre os credores. Isso porque, qualquer um deles tem o direito de exigir judicialmente a dívida toda do devedor. Com o falecimento de um dos credores, quebra-se esse laço de confiança e o herdeiro do credor solidário falecido somente poderá cobrar a quota parte equivalente ao seu quinhão hereditário. Nos termos do art. 270 do Código Civil: "Se um dos credores solidários falecer deixando herdeiros, cada um destes só terá direito a exigir e receber a quota do crédito que corresponder ao seu quinhão hereditário, salvo se a obrigação for indivisível".

Gabarito "A".

(Magistratura do Trabalho – 7ª Região – 2005) O princípio do *concursu partis fiunt*:

(A) decorre da presunção legal de que, em caso de multiplicidade de devedores ou de credores em obrigação divisível, tal obrigação está dividida em tantas obrigações iguais e distintas quantos forem os credores e devedores, de modo que advém do concurso de mais participantes numa mesma obrigação, e por ele nenhum credor poderá pedir senão a sua parte, nenhum devedor está obrigado senão pela sua parte.
(B) é próprio da indivisibilidade da obrigação, que não comporta sua cisão em várias obrigações parceladas distintas.
(C) requer que, uma vez cumprida parcialmente a prestação, o credor não obtenha nenhuma utilidade ou obtenha a que não representa a parte exata da que resultaria do adimplemento integral.
(D) confere a cada cocredor, sendo indivisível a obrigação, o direito de exigir em dinheiro, daquele que recebe a prestação por inteiro, a parte que lhe caiba no final.
(E) se aplicado for, não operará a extinção da dívida, visto que o vínculo obrigacional sofrerá uma diminuição em sua extensão, uma vez que se desconta em dinheiro a quota no remitente.

Trata-se de princípio de que cada um só responde pela sua parte, que é regra geral obrigações divisíveis. Esta é a regra geral das obrigações com pluralidade de partes no Brasil e vem consagrada no art. 257 do CC, segundo o qual: "Havendo mais de um devedor ou mais de um credor em obrigação divisível, esta presume-se dividida em tantas obrigações, iguais e distintas, quantos os credores ou devedores". A regra é afastada quando ocorre a solidariedade, legal ou convencional, hipótese na qual ocorre responsabilização conjunta de todos os devedores pelo total da dívida (quando a solidariedade for passiva) e também concedendo-se a prerrogativa da cobrança por qualquer credor do total da dívida (quando a solidariedade for ativa).

Gabarito "A".

(Magistratura do Trabalho – 8ª Região – 2011) Em relação às obrigações, marque a alternativa INCORRETA:

(A) Para ter eficácia contra terceiros, a transmissão de um crédito deve, necessariamente, celebrar-se mediante instrumento público.
(B) No caso de rateio entre os codevedores, contribuirão também os exonerados da solidariedade pelo credor, pela parte que na obrigação incumbia ao insolvente.
(C) É facultado a terceiro assumir a obrigação do devedor, com o consentimento expresso do credor, ficando exonerado o devedor primitivo, salvo se aquele, ao tempo da assunção, era insolvente e o credor o ignorava
(D) Se um dos credores solidários falecer deixando herdeiros, cada um destes só terá direito a exigir e receber a quota do crédito que corresponder ao seu quinhão hereditário, salvo se a obrigação for indivisível.
(E) Praticado pelo devedor o ato, a cuja abstenção se obrigara, o credor pode exigir dele que o desfaça, sob pena de se desfazer à sua custa, ressarcindo o culpado perdas e danos, independentemente de autorização judicial, em caso de urgência.

A: incorreta, devendo ser assinalada, pois segundo o art. 288 do CC, a transmissão do crédito, para ter eficácia perante terceiros, deve ser celebrada mediante instrumento público OU instrumento particular que obedeça aos requisitos do § 1º do art. 654 do CC; **B:** correta. A assertiva versa sobre a hipótese de um dos devedores pagar a dívida toda e – no regresso contra os demais devedores – um deles se tornar insolvente. Nessa caso, a quota deste insolvente será dividida entre todos os demais, incluindo aí aquele que hipoteticamente havia sido exonerado pelo credor quanto à solidariedade (CC, art. 284); **C:** correta, pois a assertiva trata exatamente da hipótese da assunção de dívida, na qual uma pessoa assume – com o consentimento expresso do credor – o polo passivo da obrigação (CC, art. 299); **D:** correta. A solidariedade ativa encontra seu fundamento na ideia de confiança entre os credores. Isso porque, qualquer um deles tem o direito de exigir judicialmente a dívida toda do devedor. Com o falecimento de um dos credores, quebra-se esse laço de confiança e o herdeiro do credor solidário falecido somente poderá cobrar a quota parte equivalente ao seu quinhão hereditário; **E:** correta, pois de pleno acordo com o CC, art. 251.

Gabarito "A".

(Magistratura do Trabalho – 8ª Região – 2009) Quanto ao Direito das Obrigações disciplinado na lei civil, é correto afirmar:

(A) Que a solidariedade nas obrigações se dá quando para uma mesma obrigação concorrem mais de um credor ou mais de um devedor, cada um com direito, ou obrigado, à dívida toda, resultando sempre da lei, e nunca por presunção, cabendo, no caso de solidariedade ativa, a cada credor o direito de exigir do devedor, ou devedores, o cumprimento integral da prestação, sendo que o pagamento feito a um dos credores solidários extingue a dívida até o montante do que foi pago.

(B) Que nas obrigações de dar coisa certa, os acessórios são abrangidos ainda que não mencionados no título, exceto quando excluídos por convenção das partes ou em razão das circunstâncias do caso, sendo declarada satisfeita a obrigação para ambas as partes quando, sem culpa do devedor, a coisa se perder antes de ocorrida sua tradição ou na pendência de condição suspensiva, ficando, porém, o devedor, quando comprovada sua culpa, obrigado a responder pelo equivalente da coisa perdida, e mais perdas e danos na hipótese de ação ou omissão dolosa.

(C) Que nas obrigações alternativas, se outra coisa não restou convencionada, cabe ao devedor o direito de escolher qual delas adimplir, sendo-lhe vedado impor ao credor o recebimento da obrigação parte em uma prestação e parte em outra, e que, se por convenção das partes, for atribuído a terceiro esse direito de escolha, não podendo ou não querendo o terceiro fazer a opção, competirá ao devedor, em qualquer situação, fazê-lo.

(D) Que é considerada indivisível toda obrigação cuja prestação tem por objeto uma coisa ou um fato não suscetíveis de divisão por sua natureza, por motivo de ordem econômica, ou dada a razão determinante do negócio jurídico, sendo que na hipótese de haver mais de um devedor responsável pelo seu adimplemento, cada um será obrigado pela dívida toda, sub-rogando-se no direito do credor em relação aos outros devedores o devedor que pagar a dívida, e havendo mais de um credor, a quitação da obrigação a um deles alcançará aos demais quando for prestada por este caução de ratificação dos outros credores.

(E) Que não havendo oposição proveniente da natureza da obrigação, da lei, ou da convenção entre o credor e o devedor, é possível àquele ceder o seu crédito, sendo que, na eventualidade de cláusula proibitiva da cessão, ela não poderá ser oposta ao cessionário de boa-fé se não houver constado do instrumento da obrigação, abrangendo a cessão de um crédito todos os seus acessórios, salvo quando disposto de forma contrária, sendo indispensável sua celebração através de instrumento público para se tornar eficaz em relação a terceiros.

A: incorreta, pois solidariedade também pode resultar da *vontade das partes*, e não só da *lei* (CC, art. 295); **B:** incorreta, pois o devedor responderá pelo equivalente, mais perdas e danos em caso de *culpa em sentido estrito* ou *dolo* (CC, art. 239); **C:** incorreta, pois quando o terceiro não puder ou não quiser fazer a opção, caberá ao juiz a escolha se não houver acordo entre as partes (CC, art. 252, § 4º); **D:** correta (CC, arts. 258, 259 e 260, II); **E:** incorreta, pois a cessão de crédito torna-se eficaz perante terceiros se for celebrada por instrumento público ou se for celebrada por instrumento particular revestido das formalidades do art. 654, § 1º, do CC (CC, art. 288).

Gabarito "D"

(Magistratura do Trabalho – 8ª Região – 2008) Considerando as disposições do Código Civil, referente às obrigações, é CORRETO afirmar:

(A) Se a obrigação for de restituir coisa certa, e esta, sem culpa do devedor, se perder antes da tradição, responderá o devedor pelo equivalente. Se a coisa se perder por culpa do devedor, responderá este pelo equivalente, mais perdas e danos.

(B) Tratando-se de obrigação de dar coisa incerta, nas coisas determinadas pelo gênero e pela quantidade, a escolha pertence ao credor, se o contrário não resultar do título da obrigação. Realizada a escolha, o negócio jurídico reger-se-á pelas normas pertinentes às obrigações de dar coisa certa.

(C) Na obrigação de fazer, incorre na obrigação de indenizar perdas e danos o devedor que recusar a prestação a ele só imposta, ou só por ele exequível. Em caso de urgência e tratando-se de obrigação fungível, pode o credor, mercê de autorização judicial, executar ou mandar executar o fato, sendo depois ressarcido.

(D) Havendo mais de um devedor ou mais de um credor em obrigação divisível, esta presume-se dividida em tantas obrigações, iguais e distintas, quantos os credores ou devedores. Se, havendo dois ou mais devedores, a prestação não for divisível, cada um será obrigado pela dívida toda, porém o devedor, que paga a dívida, sub-roga-se no direito do credor em relação aos outros coobrigados.

(E) O adquirente de imóvel hipotecado pode tomar a seu cargo o pagamento do crédito garantido; se o credor, notificado, não impugnar em sessenta dias a transferência do débito, entender-se-á dado o assentimento.

A: incorreta, pois, se a obrigação for de restituir coisa certa, e esta, sem culpa do devedor, perder-se antes da tradição, **sofrerá o credor a perda, e a obrigação se resolverá, ressalvados os seus direitos até o dia da perda** (CC, art. 238); **B:** incorreta, pois nas coisas determinadas pelo gênero e pela quantidade, **a escolha pertence ao devedor**, se o contrário não resultar do título da obrigação; mas não poderá dar a coisa pior, nem será obrigado a prestar a melhor (CC, art. 244); **C:** incorreta, pois, em caso de urgência, pode o credor, à mercê de autorização judicial, executar ou mandar executar o fato, sendo depois ressarcido, independentemente de se tratar de obrigação fungível ou infungível (CC, art. 249, parágrafo único); **D:** correta (CC, arts. 257 e 259); **E:** incorreta, pois o prazo para impugnar é de trinta dias (CC, art. 303).

Gabarito "D"

(Magistratura do Trabalho – 12ª Região – 2006) A solidariedade ativa e passiva, segundo o Código Civil, deve ser examinada externa e internamente, tendo em vista as relações dos codevedores solidários com o credor e as dos devedores entre si e os efeitos jurídicos da solidariedade passiva no que atine às relações entre codevedores solidários e o credor, ante o fato de o conjunto de deveres apresentar-se como se apenas houvesse um devedor. Diante dessa assertiva assinale a alternativa incorreta:

(A) o pagamento parcial feito por um dos devedores e a remissão por ele obtida não aproveitarão aos demais, senão até a concorrência da quantia paga ou relegada;

(B) o credor terá direito de exigir de qualquer coobrigado a satisfação da dívida total ou parcialmente;

(C) a morte de um dos devedores solidários importa em divisão entre os herdeiros, respondendo cada um pela quota correspondente a seu quinhão, salvo se a obrigação for divisível, caso em que os herdeiros serão tidos, por ficção legal, com um só devedor solidário, relativamente aos outros codevedores solidários;

(D) o credor pode renunciar a solidariedade em relação a um, alguns ou todos os devedores, escolhendo entre eles os seus prediletos;

(E) Alberto Godoy, Marcos Mello e Marta Maria são devedores solidários de Delíssimo Moreira da importância de R$ 30.000,00. Delíssimo renuncia a solidariedade em favor de Alberto. Marcos e Marta respondem solidariamente ainda pelo valor de R$ 20.000,00, sendo que Delíssimo pode reclamar o saldo diretamente de Alberto.

A: correta. A regra prevista no art. 277 do CC é óbvia. Caso um dos devedores solidários pague parte da dívida (*ou obtenha perdão de parte da dívida*), os demais devedores só se beneficiarão até o exato limite do que foi pago ou perdoado. Assim, numa dívida de 100, caso o credor perdoe um dos cinco devedores solidários, ele só poderá cobrar 80 de qualquer um dos devedores remanescentes; **B:** correta, pois esta é a regra mais importante da solidariedade passiva. O credor pode cobrar de qualquer devedor a dívida inteira (CC, art. 275); **C:** incorreta, devendo ser assinalada, pois a morte de um dos devedores solidários importa em divisão entre os herdeiros, respondendo cada um pela quota correspondente a seu quinhão, salvo se a obrigação for **indivisível** (CC, art. 276); **D:** correta. Neste caso não há perdão de parte da dívida, mas apenas renuncia parcial da solidariedade. O devedor que obteve o benefício da renúncia continua obrigado, mas apenas por parte da obrigação, enquanto que a solidariedade permanece em relação aos demais (CC, art. 282); **E:** correta, pois houve renúncia da solidariedade em relação a Alberto, ao passo que os outros dois devedores permanecem solidários (CC, art. 282, parágrafo único).

Gabarito "C"

(Magistratura do Trabalho – 14ª Região – 2008) Teoria geral das obrigações.

I. Concentração é o nome dado ao ato do devedor de identificação do objeto nas obrigações de dar coisa incerta e obrigações alternativas.

II. O vínculo jurídico da relação obrigacional, em seu aspecto patrimonial, pode ser bipartido em débito (*debitum*) e responsabilidade (*obligatio*). Embora possa existir responsabilidade sem o débito, jamais poderá existir o débito sem a responsabilidade.

III. Nas obrigações *propter rem,* também chamadas de obrigações reais, o abandono da coisa, necessariamente, extinguirá a obrigação.

IV. São fontes das obrigações o contrato e a declaração unilateral de vontade. O ato ilícito, embora gere o dever de indenizar, não pode ser considerado uma fonte de obrigação, pois a participação do credor é involuntária.

Responda:

(A) apenas as opções I e II estão corretas;

(B) apenas as opções I e III estão corretas;

(C) apenas as opções II e IV estão corretas;

(D) apenas a opção I está correta;

(E) todas as opções estão incorretas.

I: correta (CC, arts. 243 e 252); **II:** incorreta, pois, enquanto a obrigação é um vínculo entre sujeitos, a responsabilidade é a sujeição do patrimônio do devedor ao cumprimento da obrigação; assim, a existência de responsabilidade pressupõe a existência de uma obrigação; o contrário nem sempre ocorre; há alguns casos em que se tem obrigação, mas não se tem responsabilidade; é o caso das dívidas prescritas; a prescrição, como se sabe, não extingue o direito, e, portanto, não extingue uma obrigação de alguém; por outro lado, esse alguém não poderá ser mais acionado, de modo que seu patrimônio não fica mais sujeito ao pagamento de uma dívida, por exemplo; ou seja, tem-se obrigação, mas não se tem responsabilidade. A doutrina utiliza os termos em alemão para identificar a obrigação (*schuld*) e a responsabilidade (*haftung*); **III:** incorreta, pois a obrigação acompanha a coisa, e não a pessoa; **IV:** incorreta, pois são fontes de obrigações os *atos ilícitos* (geram obrigações de indenizar, normalmente), os *contratos* (geram obrigações variadas, como entregar uma coisa, pagar um preço), as *declarações unilaterais de vontade* (*vide* a respeito a promessa de recompensa, a gestão de negócios, o pagamento indevido e o enriquecimento sem causa), e *outros fatos ou situações rotuladas especificamente pela lei* (como a obrigação de pagar tributo, a obrigação de pagamento de alimentos a parentes e a obrigação de indenizar por fato de terceiro).

Gabarito "D"

(Magistratura do Trabalho – 14ª Região – 2008) Obrigações.

I. Na obrigação de dar coisa incerta, se nada foi estipulado no contrato, a escolha pertence ao credor.

II. Na obrigação de dar coisa certa se a coisa se perder por culpa do devedor, resolve-se a obrigação.

III. Na obrigação alternativa, se uma das duas prestações não puder ser objeto de obrigação ou se tornada inexequível, fica automaticamente extinto o débito.

IV. Há solidariedade, quando na mesma obrigação concorre mais de um credor, ou mais de um devedor, cada um com direito, ou obrigado, à dívida toda.

Responda:

(A) todas as opções estão corretas;

(B) apenas três opções estão corretas;

(C) apenas duas opções estão corretas;

(D) apenas uma opção está correta;

(E) todas as opções estão incorretas.

I: incorreta, pois, na obrigação de dar coisa incerta, se nada foi estipulado em contrato, a escolha caberá ao devedor (CC, art. 244); **II:** incorreta, pois na obrigação de dar coisa certa, se a coisa se perder por culpa do devedor, poderá o credor exigir o equivalente ou aceitar a coisa no estado em que se acha com direito a reclamar, em um ou em outro caso, indenização por perdas e danos (CC, art. 236); **III:** incorreta, pois na obrigação alternativa, se uma das prestações não puder ser objeto de obrigação ou se tornada inexequível, subsistirá o débito quanto à outra (CC, art. 253); **IV:** correta, a despeito de uma imprecisão técnica do próprio art. 264 do CC. No rigor da técnica jurídica, quando se tem uma obrigação solidária passiva, cada devedor solidário não é obrigado, mas responsável pela dívida toda, ou seja, cada um deles tem *schuld* parcial, mas *haftung* pelo total.

Gabarito "D"

(Magistratura do Trabalho – 20ª Região – 2003) No tocante à obrigação natural é CORRETO afirmar que:

(A) há nela os elementos *debitum* e *obligatio*, segundo a teoria dualista de Brinz do vínculo jurídico obrigacional;
(B) trata-se de uma consequência dos contratos bilaterais válidos;
(C) é sempre nula por ilicitude do objeto;
(D) não encontra previsão no direito brasileiro;
(E) é inexigível, entretanto, depois de validamente cumprida não enseja repetição.

A alternativa traz o conceito correto de obrigação natural, que não podem ser exigidas judicialmente, mas que uma vez pagas não dão margem à repetição do indébito, como é o caso das dívidas de jogo e dos débitos prescritos pagos após o decurso do prazo prescricional. Nas obrigações naturais existe *schuld*, mas não existe *haftung*. Existe *debitum*, mas não *obligatio*.

Gabarito "E"

(Magistratura do Trabalho – 23ª Região – 2006) Quanto à solidariedade ativa e passiva é correto afirmar, respectivamente:

I. O credor que tiver remitido a dívida ou recebido o pagamento responderá aos outros pela parte que lhe caiba. Importará em renúncia da solidariedade a propositura de ação pelo credor contra um ou alguns dos devedores.
II. Enquanto alguns dos credores solidários não demandarem o devedor comum, a qualquer deles poderá este pagar. O credor tem direito de exigir e receber de um ou de alguns dos devedores, parcial ou totalmente, a dívida comum.
III. O pagamento feito a um dos credores solidários extingue a dívida no montante do que foi pago. O pagamento parcial, feito por um dos devedores e a remissão por ele obtida aproveitam aos outros devedores, senão até à concorrência da quantia paga ou relevada.
IV. A um dos credores solidários pode o devedor opor as exceções pessoais oponíveis aos outros. Todos os devedores respondem pelos juros de mora ainda que a ação tenha sido proposta somente contra um.

(A) Todas as alternativas estão corretas.
(B) Todas as alternativas estão incorretas.
(C) Somente as alternativas II e III estão corretas.
(D) Somente a alternativa II está correta.
(E) Somente as alternativas I e IV estão corretas.

I: incorreta, pois não importará renúncia da solidariedade a propositura de ação pelo credor contra um ou alguns dos devedores (CC, art. 275, parágrafo único); **II:** correta, pois trata-se da regra mais importante da solidariedade ativa, ou seja, a possibilidade de qualquer credor demandar por toda a dívida (CC, arts. 268 e 275); **III:** incorreta, pois o pagamento parcial feito por um dos devedores e a remissão por ele obtida **não aproveitam aos outros devedores, senão até à concorrência da quantia paga ou relevada** (CC, art. 277). Vale registrar que a assertiva é por demais confusa e ambígua; **IV:** incorreta, pois a um dos credores solidários **não pode** o devedor opor as exceções pessoais oponíveis aos outros (CC, art. 273).

Gabarito "D"

(Ministério Público do Trabalho – 15º) Assinale a alternativa INCORRETA:

(A) a obrigação de dar coisa certa abrange seus acessórios, mesmo que não mencionados, salvo se o contrário resultar das circunstâncias do caso ou do título;
(B) nas obrigações alternativas, como regra geral, a escolha cabe ao credor;
(C) quando a obrigação alternativa for de prestações periódicas, a faculdade de escolha poderá ser exercida em cada período;
(D) em caso de obrigação alternativa, se uma das duas prestações não puder ser objeto de obrigação ou se tornar inexequível, subsistirá o débito quanto à outra;
(E) não respondida.

A: correta, pois de acordo com a regra da gravitação prevista no CC, art. 233; **B:** incorreta, devendo ser assinalada, pois, como regra, a escolha cabe ao devedor e não ao credor (CC, art. 252); **C:** correta, pois a cada prestação o devedor terá a prerrogativa da escolha (CC, art. 252, § 2º); **D:** correta, pois nessa hipótese a obrigação do devedor se concentra na remanescente (CC, art. 253).

Gabarito "B"

(Ministério Público do Trabalho – 13º) Quanto à obrigação de dar coisa certa:

I. ocorrendo a venda de determinado barco pesqueiro, estarão abrangidos no negócio, ainda que não mencionados, as redes de pesca, salva-vidas e sinalizadores;
II. determinado automóvel, estacionado regularmente em local apropriado, foi abalroado dois dias antes de ser entregue ao comprador, que o havia adquirido anteriormente, e sofreu perda total. Neste caso, extingue-se a obrigação, devendo o devedor devolver o valor antecipadamente recebido, atualizado monetariamente;
III. determinada motocicleta, estacionada regularmente em local apropriado, foi abalroada dois dias antes de ser entregue ao comprador, que a havia adquirido anteriormente, e sofreu perda apenas parcial. Neste caso, o credor deverá receber a referida motocicleta, no estado em que se encontra, abatida do preço do valor da perda;
IV. o locatário, de boa-fé, realizou em determinado imóvel obra de abertura de uma entrada maior para facilitar o acesso, tendo direito de ser ressarcido pelo locador e podendo até mesmo reter a coisa restituível até que lhe seja pago o valor respectivo.

Analisando as asserções acima, pode-se afirmar que:

(A) apenas a de número II está incorreta;
(B) apenas a de número III está incorreta;
(C) apenas as de número I e IV estão incorretas;
(D) todas estão incorretas;
(E) não respondida.

I: correta, pois "a obrigação de dar coisa certa abrange os acessórios dela, embora não mencionados" (CC, art. 233); **II:** correta, pois a perda da coisa certa sem culpa de quem a deve extingue a obrigação. A devolução do dinheiro entregue é óbvia consequência da vedação ao enriquecimento ilícito (CC, art. 234). Vale lembrar ainda que o dono do carro até o momento da entrega é o vendedor, já que apenas a entrega do bem é que transfere sua propriedade; **III:** incorreta, pois nesse caso abre-se uma alternativa ao credor, que "poderá resolver a obrigação, ou aceitar a coisa, abatido de seu preço o valor que perdeu" (CC, art. 235); **IV:** correta, pois de acordo com os artigos 242 e 1.219 do CC.

Gabarito "B"

3.2. TRANSMISSÃO, ADIMPLEMENTO E EXTINÇÃO DAS OBRIGAÇÕES

(Procurador do Trabalho – MPT – 17º Concurso) À luz do Código Civil, assinale a assertiva INCORRETA:

(A) A compensação é um modo de extinção da obrigação.
(B) O devedor que paga tem direito a quitação regular, e pode reter o pagamento, enquanto não lhe seja dada.
(C) A compensação efetua-se entre dívidas líquidas, vencidas e de coisas fungíveis; no entanto, em qualquer caso, as coisas fungíveis objeto das duas prestações não se compensarão, quando se verificar que diferem na qualidade.
(D) Salvo nos casos taxativamente previstos, a diferença de causa nas dívidas não impede a compensação.
(E) Não respondida.

A: correta, pois "se duas pessoas forem ao mesmo tempo credor e devedor uma da outra, as duas obrigações extinguem-se, até onde se compensarem" (CC, art. 368); **B:** correta, pois esta antiga regra encontra respaldo no art. 319 do CC; **C:** incorreta, devendo ser assinalada, pois referida proibição de compensação somente se aplica quando prevista no contrato (CC, art. 370); **D:** correta, pois – como regra – a diferença de causas não impede compensação (CC, art. 373).

Gabarito "C"

(Magistratura do Trabalho – 1ª Região – 2010 – CESPE) Assinale a opção correta com referência à extinção da obrigação.

(A) O que diferencia o pagamento efetuado pelo terceiro interessado do efetuado pelo não interessado é a possibilidade de este promover a consignação.
(B) Se o devedor der coisa fungível que não lhe pertença ao credor e, ainda que de boa-fé, este a consumir, o pagamento não terá eficácia.
(C) Se o devedor está obrigado a realizar o pagamento por medida e o contrato nada dispõe a esse respeito, entende-se que as partes aceitaram as do lugar de celebração do contrato.
(D) Um dos requisitos essenciais do pagamento é a intenção, daquele que paga, de extinguir a obrigação assumida.
(E) A proibição de comportamento contraditório não tem o poder de alterar o local do pagamento expressamente estabelecido no contrato.

A: incorreta. O terceiro interessado é o sujeito que – a despeito de não ser obrigado a pagar – pode ser responsabilizado patrimonialmente pela dívida. Em outras palavras, é o sujeito que tem *haftung*, pelo *schuld* alheio. O fiador é o melhor exemplo de terceiro interessado. O terceiro não interessado, por sua vez, é a pessoa que não é a devedora e que não pode ser responsabilizada patrimonialmente pela dívida. O irmão mais velho, por exemplo, é terceiro não interessado pela dívida do caçula. Caso o terceiro interessado pague a dívida, ele se sub-roga nos direitos do credor, ingressando juridicamente no lugar deste. Tal sub-rogação não ocorre em relação ao terceiro não interessado. Caso este pague em seu próprio nome, terá direito a mero reembolso; caso pague em nome do devedor, não terá qualquer direito (CC, arts. 305 e 346, III); Ademais, tanto o terceiro interessado quanto o não interessado poderão usar dos meios conducentes à exoneração do devedor, como é o caso da consignação em pagamento; **B:** incorreta, pois haverá eficácia nesse caso (CC, art. 307, parágrafo único); **C:** incorreta, pois entende-se que as partes aceitaram as do lugar da *execução do contrato* (CC, art. 326); **D:** correta (CC, art. 304); **E:** incorreta, pois em consonância com a máxima da vedação do comportamento contraditório "o pagamento reiteradamente feito em outro local faz presumir renúncia do credor relativamente ao previsto no contrato" (CC, art. 330). Trata-se de clara aplicação do brocardo *venire contra factum proprium non potest.*

Gabarito "D"

(Magistratura do Trabalho – 2ª Região – 2010) Nos termos da legislação civil aplicável em relação à extinção das obrigações não é correto afirmar:

(A) A novação subjetiva passiva, ou seja, aquela que ocorre por substituição do devedor, pode ser efetuada independentemente da anuência deste.
(B) Na dação em pagamento, se o credor for evicto da coisa recebida em pagamento, não se restabelecerá a obrigação primitiva, mas ao evicto cabe o direito de reclamar perdas e danos.
(C) Não haverá compensação quando as partes, por mútuo acordo, a excluírem, ou no caso de renúncia prévia de uma delas.
(D) O pagamento reiteradamente feito em outro local diverso daquele originalmente combinado faz presumir renúncia do credor em relação ao previsto inicialmente no contrato.
(E) A remissão da dívida, aceita pelo devedor, extingue a obrigação, mas sem prejuízo de terceiro.

A: correta, pois a novação subjetiva passiva por expromissão ocorre sem anuência do devedor (CC, art. 362); **B:** incorreta, devendo ser assinalada, pois nesse caso a obrigação será restabelecida (CC, art. 359); **C:** correta, pois as partes podem ajustar o afastamento da compensação (CC, art. 375); **D:** correta, pois a regra é prevista no CC, art. 330 e guarda fundamento no brocardo segundo o qual *venire contra factum proprium non potest*, o qual proíbe comportamentos contraditórios; **E:** correta, pois de pleno acordo com a regra disposta no CC, art. 385.

Gabarito "B"

(Ministério Público do Trabalho – 8º) Assinale a afirmativa correta:

Se a novação for feita sem o consenso de fiador e devedor principal:

(A) a dívida pode ser modificada;
(B) a novação perde seu efeito;
(C) o fiador fica sujeito a pagar a dívida;
(D) isso gera a exoneração do primeiro;
(E) inexiste o instituto da novação em direito civil;
(F) não sei.

De acordo com a regra contida no CC, art. 366, caso o credor celebre uma novação com o devedor principal, sem o consenso do fiador, este estará liberado da obrigação.

Gabarito "D"

(Magistratura do Trabalho – 9ª Região – 2006) Marque a alternativa incorreta:

(A) A parte lesada pelo inadimplemento pode exigir o cumprimento ou a resolução do contrato, e somente quando requerer a resolução caberá indenização por perdas e danos.
(B) O distrato faz-se pela mesma forma exigida para a celebração do contrato.
(C) A compensação de dívida fica impedida se uma delas originar-se de alimentos.
(D) O devedor somente pode compensar com o credor o que este lhe dever.
(E) Se o credor se recusa a receber o pagamento, sem justa causa, o depósito do valor devido em estabelecimento bancário extingue a obrigação.

A: incorreta, devendo ser assinalada, pois a parte lesada poderá pedir, em qualquer caso, indenização por perdas e danos (CC, art. 475); **B:** correta, pois a assertiva repete com fidelidade a regra contida no art. 472 do CC; **C:** correta, pois o Código enumera algumas hipóteses nas quais a compensação é proibida. Dentre elas está a hipótese de uma das obrigações se originar de alimentos (CC, art. 373, II); **D:** correta, pois de acordo com a regra estabelecida pelo CC, art. 371; **E:** correta, pois tanto as regras do CC, quanto as do CPC orientam que – o silêncio do credor quanto à notificação do depósito extrajudicial – faz presumir aceitação (CC, arts. 334 e 335; CPC, art. 890, § 2º).

Gabarito "A"

(Magistratura do Trabalho – 11ª Região – 2007 – FCC) Salvo se as partes convencionarem diversamente, ou se o contrário resultar da lei, da natureza da obrigação ou das circunstâncias, efetuar-se-á o pagamento no domicílio do

(A) devedor e o pagamento reiteradamente feito em outro lugar não faz presumir renúncia do credor relativamente ao previsto no contrato.
(B) credor, mas o pagamento reiteradamente feito em outro lugar faz presumir renúncia do credor relativamente ao previsto no contrato.
(C) devedor ou do credor, indistintamente e à escolha do devedor.
(D) credor, ou do devedor, indistintamente e à escolha do credor.
(E) devedor e o pagamento reiteradamente feito em outro lugar faz presumir renúncia do credor relativamente ao previsto no contrato.

A regra do ordenamento (CC, art. 327) é a de que as obrigações sejam de natureza *quérable* (também chamadas de quesíveis). Isso significa que o credor deve dirigir-se ao domicílio do devedor para buscar seu crédito. É claro que esta regra pode ser afastada por vontade das partes. Quanto ao local do pagamento, o CC contém importante regra (art. 330) segundo a qual a aceitação reiterada pelo credor do recebimento em local diverso do combinado faz presumir renúncia quanto ao que fora estabelecido no contrato. A regra evita que comportamentos contraditórios do credor possam surpreender o devedor, em clara aplicação do princípio segundo o qual *venire contra factum proprium non potest*.

Gabarito "E"

(Magistratura do Trabalho – 11ª Região – 2007 – FCC) O credor pode ceder o seu crédito, se a isso não se opuser a natureza da obrigação, a lei, ou a convenção com o devedor,

(A) e, ainda que onerosa a cessão, o cedente não responde pela existência do crédito ao tempo em que o cedeu.
(B) e o crédito, mesmo penhorado, pode ser transferido pelo credor que tiver conhecimento da penhora; mas o devedor que o pagar, não tendo notificação dela, fica exonerado, subsistindo somente contra o credor os direitos de terceiro.
(C) mas, salvo estipulação em contrário, o cedente responde pela solvência do devedor.
(D) mas o crédito, uma vez penhorado, não pode mais ser transferido pelo credor que tiver conhecimento da penhora; mas o devedor que o pagar, não tendo notificação dela, fica exonerado, subsistindo somente contra o credor os direitos de terceiro.
(E) mas o cedente, na cessão onerosa, sempre fica responsável pela existência do crédito ao tempo em que o cedeu e pela solvência do devedor.

A: incorreta, pois, na cessão por título oneroso, o cedente fica responsável ao cessionário pela existência do crédito ao tempo em que lhe cedeu (CC, art. 295). Trata-se da cessão *pro soluto*; **B:** incorreta, pois o crédito, uma vez penhorado, não pode mais ser transferido pelo credor que tiver conhecimento da penhora (CC, art. 298). De fato, não teria sentido tal cessão, tendo em vista que aquele crédito já funciona como garantia processual de terceiro; **C:** incorreta. No âmbito do Direito Civil (CC, art. 296), a cessão do crédito não implica – como regra – na responsabilidade do cedente pela solvência do devedor (também chamada de cessão *pro solvendo*); **D:** correta, pois o credor notificado da penhora do seu crédito não pode mais transferir o crédito, tendo em vista que ele já constitui uma garantia processual a terceiro (CC, art. 298); **E:** incorreta, pois no âmbito do Direito Civil (CC, art. 296), a cessão do crédito não implica – como regra – na responsabilidade do cedente pela solvência do devedor (também chamada de cessão pro solvendo).

Gabarito "D"

(Magistratura do Trabalho – 13ª Região – 2006) Na transmissão das obrigações temos a figura da cessão de crédito, e, caso ocorram várias cessões do mesmo crédito, prevalecerá:

(A) a primeira cessão cujo credor tem preferência;
(B) a última cessão, pois há a sua renovação;
(C) a que se completar com o registro no livro próprio;
(D) a que se completar com a tradição do título de crédito;
(E) nenhuma das respostas.

Para essa hipótese existe regra expressa no CC (art. 291) segundo a qual: "Ocorrendo várias cessões do mesmo crédito, prevalece a que se completar com a tradição do título do crédito cedido".

Gabarito "D"

(Magistratura do Trabalho – 14ª Região – 2008) No tocante ao pagamento, assinale a alternativa CORRETA:

(A) o pagamento, ainda que de boa-fé, feito a credor putativo é nulo, se provado depois que não era credor;
(B) qualquer interessado na extinção da dívida pode pagá-la, usando, se o credor se opuser, dos meios conducentes à exoneração do devedor;

(C) o credor não poderá recusar o recebimento de prestação diversa da devida, se a oferecida pelo devedor for mais valiosa;
(D) Efetuar-se-á o pagamento no domicílio do credor, salvo se as partes convencionarem diversamente, ou se o contrário resultar da lei, da natureza da obrigação ou das circunstâncias;
(E) Salvo disposição legal em contrário, não tendo sido ajustada época para o pagamento, o credor poderá exigi-la no prazo de trinta dias após a notificação do devedor.

A: incorreta, pois para esta hipótese existe a teoria da aparência, a proteger a pessoa que confia na aparência das coisas. Assim, caso alguém de boa-fé pague a pessoa que parece ser credor, tal pagamento será válido, ainda provado depois que não era credor (CC, art. 309); **B:** correta, pois o terceiro (interessado ou não) poderá pagar a dívida, servindo-se dos meios conducentes à exoneração do devedor, como, por exemplo, a consignação em pagamento (CC, art. 304); **C:** incorreta, **pois o credor não é obrigado a receber prestação diversa da que lhe é devida**, ainda que mais valiosa (CC, art. 313); **D:** incorreta, pois a regra do ordenamento (CC, art. 327) é a de que as obrigações sejam de natureza *querable* (também chamadas de quesíveis). Isso significa que o credor deve dirigir-se ao domicílio do devedor para buscar seu crédito. É claro que esta regra pode ser afastada por vontade das partes; **E:** incorreta, pois, salvo disposição em contrário, não tendo sido ajustada à época para o pagamento, **poderá o credor exigi-lo imediatamente** (CC, art. 331).

Gabarito "B"

(Magistratura do Trabalho – 15ª Região – 2011) Assinale a alternativa correta:

(A) o credor pode ceder o seu crédito, se a isso não se opuser a natureza da obrigação, a lei, ou a convenção com o devedor; a cláusula proibitiva da cessão não poderá ser oposta ao cessionário de boa-fé, se não constar do instrumento da obrigação;
(B) o crédito, uma vez penhorado, não pode mais ser transferido pelo credor que tiver conhecimento da penhora, mas o devedor que o pagar fica exonerado, subsistindo somente contra o credor os direitos de terceiro, tendo ou não notificação da penhora;
(C) o cedente não responde pela solvência do devedor, ainda que haja estipulação em contrário;
(D) se a substituição do devedor vier a ser anulada, restaura-se o débito, com todas as suas garantias salvo as garantias prestadas por terceiros, sendo irrelevante se este conhecia o vicio que inquinava a obrigação;
(E) ocorrendo várias cessões do mesmo crédito não há critério de prevalência entre elas.

A: correta, pois de pleno acordo com a regra contida no art. 286 do CC; **B:** incorreta, pois o devedor que o pagar ficará exonerado caso não tenha sido notificado da penhora do crédito (CC, art. 298); **C:** incorreta, pois, havendo disposição nesse sentido, o cedente responde pela solvência do devedor (CC, art. 296); **D:** incorreta, pois, caso os terceiros tenham conhecimento do vício que inquina a obrigação, as garantias por estes prestadas ficam restauradas também (CC, art. 301); **E:** incorreta, pois, ocorrendo várias cessões do mesmo crédito, prevalece a que se completar com a tradição do título do crédito cedido (CC, art. 291).

Gabarito "A"

(Magistratura do Trabalho – 16ª Região – 2008) O principal efeito das obrigações é permitir ao credor o direito de exigir o cumprimento da prestação pelo devedor. A forma normal de extinção da obrigação é o seu adimplemento, através do pagamento. Quanto a este, assinalar a alternativa correta.

(A) Qualquer interessado na extinção da dívida pode pagá-la, usando, se o credor não se opuser, dos meios conducentes à exoneração do devedor.
(B) O terceiro não interessado na extinção da dívida também pode pagá-la, em seu próprio nome, sub-rogando-se nos direitos do credor.
(C) Sendo divisível o objeto da obrigação, pode o credor ser obrigado a receber parte, pela aplicação do princípio da menor onerosidade para o devedor.
(D) A regra, quanto ao local do pagamento, é o domicílio do credor, pela aplicação *favor creditoris*, tratando-se de dívida *portable*.
(E) As obrigações condicionais cumprem-se na data do seu implemento, mas não se considerará vencida a obrigação se a condição foi maliciosamente levada a efeito pelo credor.

A: incorreta, pois qualquer interessado na extinção da dívida pode pagá-la, usando, **se o credor se opuser**, dos meios conducentes à exoneração do devedor (art. 304, *caput*, do CC); **B:** incorreta. O terceiro interessado é o sujeito que – a despeito de não ser obrigado a pagar – pode ser responsabilizado patrimonialmente pela dívida. Em outras palavras, é o sujeito que tem *haftung*, pelo *schuld* alheio. O fiador é o melhor exemplo de terceiro interessado. Já o terceiro não interessado é justamente a pessoa que não é devedor e que não pode ser responsabilizada patrimonialmente pela dívida. O irmão mais velho, por exemplo, é terceiro não interessado pela dívida do caçula. Caso o terceiro interessado pague a dívida, ele se sub-roga nos direitos do credor, ingressando juridicamente no lugar deste. Tal sub-rogação não ocorre em relação ao terceiro não interessado. Caso este pague em seu próprio nome, terá direito a mero reembolso; caso pague em nome do devedor, não terá qualquer direito (CC, arts. 305 e 346, III); Ademais, tanto o terceiro interessado quanto o não interessado poderão usar dos meios conducentes à exoneração do devedor, como é o caso da consignação em pagamento; **C:** incorreta, pois, ainda que a obrigação tenha por objeto prestação divisível, não pode o credor ser obrigado a receber, nem o devedor a pagar, por partes, se assim não se ajustou (CC, art. 314); **D:** incorreta, pois a regra do ordenamento (CC, art. 327) é a de que as obrigações sejam de natureza *querable* (também chamadas de quesíveis). Isso significa que o credor deve dirigir-se ao domicílio do devedor para buscar seu crédito; **E:** correta. Nos polos de uma relação condicional, a ocorrência do evento futuro e incerto pode favorecer uma parte e desfavorecer a outra. Num contrato de doação condicionado a aprovação do donatário em prova pública, por exemplo, a aprovação do donatário diminuirá o patrimônio do doador. Se o donatário burlar os resultados da prova, ocasionando a reprovação do donatário (condição faticamente não se realizou), a lei considera implementada a condição (condição legalmente realizada) e consequentemente exigível a doação. A regra se mantém quando a hipótese é inversa. Desta forma, caso o doador burle os resultados do exame para configurar sua aprovação (condição faticamente implementada), a lei considerará a condição como não ocorrida (condição legalmente não implementada).

Gabarito "E"

(Magistratura do Trabalho – 18ª Região – 2006) Acerca da cessão de crédito, é incorreto afirmar:

(A) Independentemente do conhecimento da cessão pelo devedor, pode o cessionário exercer os atos conservatórios do direito cedido.

(B) O devedor pode opor ao cessionário as exceções que lhe competirem, bem como as que, no momento em que veio a ter conhecimento da cessão, tinha contra o cedente.

(C) Na cessão por título oneroso, o cedente, ainda que não se responsabilize, fica responsável ao cessionário pela existência do crédito ao tempo em que lhe cedeu; a mesma responsabilidade lhe cabe nas cessões por título gratuito, se tiver procedido de má-fé.

(D) Salvo estipulação em contrário, o cedente responde pela solvência do devedor.

(E) O cedente, responsável ao cessionário pela solvência do devedor, não responde por mais do que daquele recebeu, com os respectivos juros; mas tem de ressarcir-lhe as despesas da cessão e as que o cessionário houver feito com a cobrança.

A: correta (art. 293 do CC); **B:** correta (art. 294 do CC); **C:** correta (art. 295 do CC); **D:** incorreta, devendo ser assinalada, pois, salvo estipulação em contrário, o cedente não responde pela solvência do devedor (art. 296 do CC); **E:** correta (art. 297 do CC).

Gabarito "D"

(Magistratura do Trabalho – 23ª Região – 2009) Analise os itens abaixo e marque a alternativa CORRETA:

I. A obrigação é indivisível quando a prestação tem por objeto uma coisa ou um fato não suscetíveis de divisão, por sua natureza, por motivo de ordem econômica ou em face do motivo determinante do negócio jurídico.

II. A obrigação solidária pode ser pura e simples para um dos cocredores ou codevedores, e condicional, ou a prazo, ou pagável em lugar diferente, para o outro.

III. Enquanto o devedor não for demandado por algum dos credores solidários, poderá efetuar o pagamento a qualquer um deles.

IV. O credor pode ceder o seu crédito, se a isso não se opuser a natureza da obrigação, a lei, ou a convenção com o devedor e a cláusula proibitiva da cessão não poderá ser oposta ao cessionário de boa-fé, se não constar do instrumento da obrigação.

V. Se o devedor pagar ao credor, apesar de intimado da penhora feita sobre o crédito, ou da impugnação a ele oposta por terceiros, o pagamento não valerá contra estes, que poderão constranger o devedor a pagar de novo, não tendo ele direito de regresso contra o credor.

(A) V, V, F, F, V.
(B) F, V, V, V, V.
(C) V, F, V, F, F.
(D) F, F, V, V, V.
(E) V, V, V, V, F.

I: verdadeira, pois de acordo com a regra estabelecida pelo CC, art. 258; **II:** verdadeira, pois o art. 266 do CC assim possibilita; **III:** verdadeira, pois esta é uma importante consequência da solidariedade ativa, ou seja, a possibilidade de o devedor pagar tudo a qualquer credor e pagar bem (CC, art. 268); **IV:** verdadeira, pois a cessão de crédito é permitida, ressalvada as hipóteses mencionadas (CC, art. 286); **V:** falsa, pois, no caso, fica, sim, ressalvado o regresso contra o credor (CC, art. 312).

Gabarito "E"

(Magistratura do Trabalho – 23ª Região – 2006) Analise as afirmativas abaixo e assinale a opção correta:

I. O pagamento feito por terceiro, com desconhecimento ou oposição do devedor, não obriga a reembolsar aquele que pagou, se o devedor tinha meios para elidir a ação;

II. O pagamento feito de boa-fé ao credor putativo é valido, ainda que provado depois que não era credor;

III. É lícito convencionar o aumento progressivo de prestações sucessivas;

IV. Nos débitos cuja quitação consista na devolução do título, perdido este, poderá o devedor exigir, retendo o pagamento, declaração do credor que inutilize o título desaparecido;

V. A entrega do título ao devedor firma a presunção do pagamento.

(A) Todas as alternativas estão corretas;
(B) Todas as alternativas estão incorretas;
(C) Somente as alternativas I, III e V estão corretas;
(D) Somente as alternativas II e IV estão corretas;
(E) Somente as alternativas II, III e IV estão corretas.

I: correta. Imagine que a dívida já estava prescrita e então o terceiro comparece e paga ao credor. Não seria justo cobrar agora do devedor o reembolso (CC, art. 306); **II:** correta, pois para esta hipótese existe a teoria da aparência, a proteger a pessoa que confia na aparência das coisas. Assim, caso alguém de boa-fé pague a pessoa que parece ser credor, tal pagamento será válido, ainda provado depois que não era credor (CC, art. 309); **III:** correta, em função do permissivo legal previsto no CC, art. 316; **IV:** correta, em função da regra disposta no CC, art. 321; **V:** correta, pois esta é uma das presunções legais estabelecidas pela Seção: *"Do objeto do pagamento e sua prova"* (CC, art. 324).

Gabarito "A"

(Magistratura do Trabalho – 23ª Região – 2006) Assinale a alternativa correta:

I. A diferença de causa sempre impede a compensação das dívidas;

II. Os prazos de favor, consagrados pelo uso geral, obstam a compensação;

III. A confusão pode verificar-se a respeito de toda a dívida ou só de parte dela e em qualquer das hipóteses não tem o condão de extinguir a obrigação;

IV. Quando as duas dívidas não são pagáveis no mesmo lugar, não se podem compensar sem dedução das despesas necessárias à operação;

V. O devedor que, notificado, nada opõe à cessão que o credor faz a terceiro, do seu direito, não pode opor ao cessionário a compensação que antes da cessão teria podido opor ao cedente.

(A) Todas as alternativas estão incorretas.
(B) Somente a alternativa V está correta.
(C) Somente as alternativas II e IV estão corretas.
(D) Somente as alternativas IV e V estão corretas.
(E) Somente as alternativas I e V estão corretas.

I: incorreta. Como regra, é possível compensar dívidas com causas diferentes. Num exemplo hipotético, seria possível compensar um crédito decorrente de contrato com um crédito decorrente de ato ilícito. As exceções ficam por conta dos incisos do art. 373; **II:** incorreta, pois tais prazos não obstam a compensação (CC, art. 372); **III**: incorreta, pois a confusão (que pode ser parcial ou total) é uma clássica hipótese de extinção de obrigações, e que se verifica pela reunião – numa só pessoa – das qualidades de credor e devedor da mesma obrigação (CC, arts. 381 e 382); **IV**: correta, pois de acordo com a limitação prevista pelo CC, art. 378; **V**: correta, pois de acordo com a regra prevista no art. 377 do CC.

Gabarito "D"

(Magistratura do Trabalho – 24ª Região – 2007) Assinale a alternativa que está em desconformidade com o Código Civil Brasileiro:

(A) O terceiro não interessado, que paga a dívida em seu próprio nome, tem direito a reembolsar-se do que pagar, sub-rogando-se nos direitos do credor.

(B) Para que a consignação tenha força de pagamento, será mister concorram, em relação às pessoas, ao objeto, modo e tempo, todos os requisitos sem os quais não é válido o pagamento.

(C) A novação por substituição do devedor pode ser efetuada independentemente de consentimento deste.

(D) Tratando da cláusula penal, sendo indivisível a obrigação, todos os devedores, caindo em falta um deles, incorrerão na pena; mas esta só se poderá demandar integralmente do culpado, respondendo cada um dos outros somente pela sua cota.

(E) Para exigir a pena convencional, não é necessário que o credor alegue prejuízo.

A: incorreta, devendo ser assinalada. O terceiro interessado é o sujeito que – a despeito de não ser obrigado a pagar – pode ser responsabilizado patrimonialmente pela dívida. Em outras palavras, é o sujeito que tem *haftung*, pelo *schuld* alheio. O fiador é o melhor exemplo de terceiro interessado. O terceiro não interessado, por sua vez, é a pessoa que não é a devedora e que não pode ser responsabilizada patrimonialmente pela dívida. O irmão mais velho, por exemplo, é terceiro não interessado pela dívida do caçula. Caso o terceiro interessado pague a dívida, ele se sub-roga nos direitos do credor, ingressando juridicamente no lugar deste. Tal sub-rogação não ocorre em relação ao terceiro não interessado. Caso este pague em seu próprio nome, terá direito a mero reembolso; caso pague em nome do devedor, não terá qualquer direito (CC, arts. 305 e 346, III); **B**: correta, pois de acordo com a regra prevista no CC, art. 336; **C**: correta, pois a novação subjetiva passiva por expromissão ocorre sem anuência do devedor (CC, art. 362); **D**: correta, pois de acordo com a regra estabelecida pelo CC, art. 414; **E**: correta, pois a exigência da cláusula penal não tem como requisito a prova de prejuízo por parte do credor (CC, art. 416).

Gabarito "A"

(Magistratura do Trabalho – 24ª Região – 2006) Sobre a dação em pagamento, considere as proposições abaixo:

I. O credor pode consentir em receber prestação diversa da que lhe é devida.

II. Determinado o preço da coisa dada em pagamento, as relações entre as partes regular-se-ão pelas normas do contrato de compra e venda.

III. Se for título de crédito a coisa dada em pagamento, a transferência importará em cessão.

IV. Se o credor for evicto da coisa recebida em pagamento, restabelecer-se-á a obrigação primitiva, ficando sem efeito a quitação dada, ressalvados os direitos de terceiros.

RESPONDA:

(A) Todas estão corretas.

(B) Todas estão incorretas.

(C) Somente I e III estão corretas.

(D) Somente II e III estão incorretas.

(E) Somente IV está incorreta.

I: correta. O credor não é obrigado a receber prestação diversa da que foi ajustada (CC, art. 313), mas ele pode consentir, gerando assim a dação em pagamento (CC, art. 356); **II**: correta, pois na dação em pagamento, a determinação do preço implica na aplicação das regras relativas à compra e venda (CC, art. 357); **III**: correta, pois a dação em pagamento mediante entrega de título de crédito implica na aplicação das regras relativas à cessão de crédito (CC, art. 358); **IV**: correta. A evicção da coisa dada em pagamento faz ressurgir a obrigação originária (CC, art. 359). A evicção é a perda da coisa em virtude de sentença judicial que confere sua titularidade a terceiro, por motivo jurídico anterior à transferência (CC, art. 447).

Gabarito "A"

3.3. INADIMPLEMENTO DAS OBRIGAÇÕES

(Magistratura do Trabalho – 23ª Região – 2012) Considerando as disposições do Código Civil acerca da cláusula penal e as proposições abaixo, assinale a alternativa correta:

I. a nulidade da cláusula penal não acarreta a da obrigação principal.

II. a cláusula penal pode ser estipulada em ato posterior ao da obrigação principal.

III. a cláusula penal somente pode ser estipulada em relação à inexecução de alguma cláusula especial ou à mora.

IV. tratando-se de obrigação divisível e havendo pluralidade de devedores, a pena convencional incidirá exclusivamente sobre o devedor que infringir o dever jurídico e os demais membros do polo devedor que não deram causa ao descumprimento não serão atingidos pela cláusula penal, pois esta tem alcance limitado ao responsável direto.

V. a cláusula penal não pode ser instituída previamente em favor de um terceiro, estranho à relação contratual.

(A) Apenas as proposições I e V estão corretas e as demais estão incorretas.

(B) Apenas as proposições I, II e IV estão corretas e as demais estão incorretas.

(C) Apenas a proposição I está correta e as demais estão incorretas.

(D) Apenas a proposição II está correta e as demais estão incorretas.

(E) Todas as proposições estão corretas.

I: correta, pois apenas o contrário seria verdadeiro, ou seja, a nulidade da obrigação principal acarretaria a nulidade do acessório, que é a cláusula penal; **II**: correta, pois o art. 409 do Código Civil permite a estipulação da cláusula penal em ato posterior; **III**: incorreta, pois existe a possibilidade de a cláusula penal ser fixada para o caso de total inadimplemento da obrigação, hipótese na qual converter-se-á em alternativa a benefício do credor; **IV:** correta, pois esta é a regra estipulada pelo art. 415 do Código Civil; **V:** incorreta, pois não há proibição legal nesse sentido.

Gabarito "B"

(Magistratura do Trabalho – 2ª Região – 2012) No tocante à cláusula penal, observe as assertivas e ao final responda.

I. A nulidade da cláusula penal não acarreta a nulidade do contrato principal, nem tampouco a nulidade do contrato principal acarreta a nulidade da cláusula penal.

II. Havendo evicção, restaurar-se-ão a obrigação pecuniária e a cláusula penal.

III. O estabelecimento da cláusula penal exime o credor do ônus de provar a ocorrência do dano, já que este é presumido.

IV. No inadimplemento total do contrato, o devedor poderá optar em pagar a cláusula penal ou a obrigação principal.

V. Quando estipulada em segurança especial a outra cláusula determinada, ou seja, não se tratando de inadimplemento total do contrato, poderá ser exigida de forma cumulativa com o cumprimento da obrigação principal.

Estão corretas apenas as assertivas:

(A) I, II e III;
(B) I, III e IV;
(C) II, III e IV;
(D) II,III e V;
(E) II, IV e V.

I: incorreta, pois a nulidade do contrato principal acarreta a nulidade da cláusula penal, tendo em vista a aplicação do princípio da gravitação, segundo o qual o acessório segue a sorte do principal; **II:** correta, pois de acordo com o art. 359 do CC; **III:** correta, pois a cláusula penal é uma pré-fixação de danos em virtude do inadimplemento contratual. O credor precisará provar apenas o prejuízo que exceder o valor da cláusula penal (CC, art. 416) e mesmo assim se tal possibilidade estiver prevista contratualmente; **IV:** incorreta, pois tal previsão somente se aplica para o caso de cláusula penal compensatória, não se aplicando para a cláusula penal moratória (CC, arts. 410 e 411); **V:** correta, pois a assertiva refere-se à cláusula penal moratória, estabelecida no art. 411.

Gabarito "D"

(Magistratura do Trabalho – 2ª Região – 2012) No tocante à inexecução das obrigações, marque a alternativa correta.

(A) O devedor poderá purgar a mora quando a coisa devida por força do contrato já tiver perecido.

(B) Na mora "accipiendi", se não houver termo certo para a execução da relação obrigacional, a mora se dá desde o dia em que o devedor executou o ato do qual deveria se abster.

(C) O devedor não responde pelos prejuízos resultantes de caso fortuito ou força maior, se expressamente não se houver por eles responsabilizado.

(D) A mora do credor ("creditoris" ou "credendi") pressupõe a existência de uma dívida vencida, que tanto pode ser líquida, como ilíquida.

(E) Purga-se a mora por parte do credor, oferecendo-se este a receber o pagamento, não estando obrigado a o receber por estimativa mais favorável ao devedor, se o seu valor oscilar entre o dia estabelecido para o pagamento e o da sua efetivação.

A: incorreta, pois nesse caso já não há mais mora e sim inadimplemento absoluto, haja visto que o objeto da obrigação já não mais interessa ao credor; **B:** incorreta, pois não se trata de mora *accipiendi*, mas sim de mora *solvendi*; **C:** correta, pois o devedor só responderá por prejuízos resultantes de fortuito ou força maior caso já esteja em mora ou caso tenha expressamente se responsabilizado por eles (CC, art. 393); **D:** incorreta, pois apenas a dívida líquida (certa quanto ao seu valor) é que pode configurar a mora do credor que não a recebe; **E:** incorreta, pois uma das consequências da mora do credor é justamente a obrigação dele aceitar o pagamento pela estimativa mais favorável ao devedor, caso ocorra oscilação no preço entre o dia do vencimento e o do efetivo pagamento.

Gabarito "C"

(Magistratura do Trabalho – 2ª Região – 2011) Assinale a alternativa correta:

(A) A cláusula penal poderá ter qualquer valor, a critério e com a expressa concordância das partes.

(B) A invalidade da obrigação principal implica a das acessórias, a destas induz a da obrigação principal.

(C) O credor para exigir a pena convencional deverá alegar prejuízo.

(D) A penalidade não poderá ser reduzida equitativamente pelo juiz se a obrigação principal tiver sido cumprida em parte.

(E) Nenhuma das alternativas anteriores é correta.

A: incorreta, pois o valor da cláusula penal não pode exceder o da obrigação principal; assim, se a obrigação é de pagar R$ 100, a maior multa possível é de R$ 100; porém, é bom lembrar que há diversas leis criando limites menores para a cláusula penal; um exemplo é o CDC, aplicável apenas às relações de consumo, que traz como cláusula penal máxima o montante de 2% do valor da prestação (CDC, art. 52, § 1º); **B:** incorreta, pois a invalidade das obrigações acessórias não induz a invalidade da obrigação principal (CC, art. 184); apenas o contrário é que é verdadeiro; **C:** incorreta, pois, para exigir a pena convencional, NÃO é necessário que o credor alegue prejuízo; **D:** incorreta, pois a penalidade pode, sim, ser reduzida equitativamente pelo juiz se a obrigação principal tiver sido cumprida em parte, ou se o montante da penalidade for manifestamente excessivo, tendo-se em vista a natureza e a finalidade do negócio (CC, art. 413); **E:** correta, pois todas as alternativas anteriores são incorretas.

Gabarito "E"

(Magistratura do Trabalho – 2ª Região – 2010) Assinale a alternativa correta, conforme previsão contida em nosso Código Civil vigente.

(A) A cláusula penal estipulada conjuntamente com a obrigação, ou em ato posterior pode referir-se simplesmente à mora.

(B) O contrato preliminar deve conter todos os requisitos essenciais ao contrato a ser celebrado, inclusive quanto à forma.

(C) Prevalece em nosso direito civil pátrio o princípio da "imutabilidade da cláusula penal", por importar em pré-avaliação das perdas e danos, razão pela qual não há previsão legal para redução da pena convencional pelo magistrado.

(D) Nas obrigações provenientes de ato ilícito, o devedor constituir-se-á em mora a partir da sua notificação.

(E) A liberdade de contratar está fundada na autonomia da vontade, estando restrita aos limites da função social do contrato somente nos casos de haver inicial desigualdade entre as partes contratantes.

A: correta, pois "a cláusula penal estipulada conjuntamente com a obrigação, ou em ato posterior, pode referir-se à inexecução completa da obrigação, à de alguma cláusula especial ou simplesmente à mora" (CC, art. 409); **B:** incorreta, pois o contrato preliminar deve conter todos os requisitos do contrato a ser celebrado, EXCETO quanto à forma (CC, art. 462); **C:** incorreta, pois o Código Civil permite que o juiz reduza equitativamente a cláusula penal se a obrigação principal tiver sido cumprida em parte, ou se o montante da penalidade for manifestamente excessivo, tendo-se em vista a natureza e a finalidade do negócio (CC, art. 413); **D:** incorreta, pois, nas obrigações decorrentes de ato ilícito, o devedor será considerado em mora desde o momento da PRÁTICA do ato ilícito (CC, art. 398); **E:** incorreta, pois, em QUALQUER contrato, seja ele desigual ou não, a liberdade de contratar será exercida em razão e nos limites da função social dos contratos (CC, art. 421).

Gabarito "A"

(Magistratura do Trabalho – 3ª Região – 2008) Sobre a Cláusula Penal, assinale a alternativa incorreta:

(A) a função da cláusula penal é pré-liquidar perdas e danos, fixando previamente indenização.

(B) quando se estipular a cláusula penal para o caso de mora, ou em segurança especial de outra cláusula determinada, terá o credor o arbítrio de exigir a satisfação da pena cominada, juntamente com o desempenho da obrigação principal.

(C) para exigir o pagamento da quantia estipulada na cláusula penal, o credor tem que alegar prejuízo.

(D) a penalidade deve ser reduzida equitativamente pelo juiz se a obrigação principal tiver sido cumprida em parte, ou se o montante da penalidade for manifestamente excessivo, tendo-se em vista a natureza e a finalidade do negócio.

(E) quando se estipular a cláusula penal para o caso de total inadimplemento da obrigação, esta converter-se-á em alternativa a benefício do credor.

A: correta, pois a alternativa traz o conceito correto de cláusula penal (CC, art. 408); **B:** correta, pois nas cláusulas penais moratórias é possível se exigir tanto a obrigação principal quanto a multa (CC, art. 411); **C:** incorreta, devendo ser assinalada, pois a exigência da cláusula penal não tem como requisito a prova de prejuízo por parte do credor (CC, art. 416); **D:** correta, pois o Código Civil permite que o juiz reduza equitativamente a cláusula penal se a obrigação principal tiver sido cumprida em parte, ou se o montante da penalidade for manifestamente excessivo (CC, art. 413); **E:** correta. A cláusula penal compensatória é – a rigor – uma alternativa à disposição do credor. Ele poderá pedir o cumprimento da obrigação ou o pagamento da cláusula penal (CC, art. 410).

Gabarito "C"

(Magistratura do Trabalho – 8ª Região – 2008) Assinale a alternativa CORRETA:

(A) Se duas pessoas forem ao mesmo tempo credor e devedor uma da outra, as duas obrigações extinguem-se por confusão, até onde se compensarem.

(B) Ocorre a novação: I - quando o devedor contrai com o credor nova dívida para extinguir e substituir a anterior; II - quando novo devedor sucede ao antigo, ficando este quite com o credor ou, III - quando, em virtude de obrigação nova, outro credor é substituído ao antigo, ficando o devedor quite com este.

(C) A devolução voluntária do objeto empenhado, quando por escrito particular ou por tradição, prova desoneração do devedor e seus coobrigados, se o credor for capaz de alienar, e o devedor capaz de adquirir.

(D) A regra geral é que o devedor em mora responde pela impossibilidade da prestação, mesmo que essa impossibilidade resulte de caso fortuito ou de força maior. A única hipótese a afastar a responsabilidade do devedor é este comprovar que o dano sobreviria ainda quando a obrigação fosse oportunamente desempenhada.

(E) Tratando-se de vício redibitório, o adquirente decai do direito de obter a redibição ou abatimento no preço no prazo de trinta dias se a coisa for móvel; é de seis meses se for imóvel, contado da entrega efetiva; se já estava na posse, o prazo conta-se da alienação, reduzido à metade.

A: incorreta. Quando duas pessoas figuram reciprocamente como credora e devedora uma da outra verifica-se a compensação. Repare que para haver compensação é preciso pelo menos duas obrigações e pelo menos duas pessoas. A confusão ocorre quando *uma só pessoa* reúne as qualidades de credor e devedor *de uma mesma obrigação* (CC, arts. 368 e 381); **B:** correta, pois a assertiva traz rigorosamente as três hipóteses de novação previstas no CC, art. 360; **C:** incorreta, pois a devolução voluntária do objeto que foi dado em garantia (penhor) não significa perdão (remissão) da dívida, mas mera renúncia do credor à garantia real; **D:** incorreta, pois devedor em mora responde pela impossibilidade da prestação, embora essa impossibilidade resulte de caso fortuito ou de força maior, se estes ocorrerem durante o atraso; **salvo se provar isenção de culpa**, ou que o dano sobreviria ainda quando a obrigação fosse oportunamente desempenhada (CC, art. 399); **E:** incorreta, pois o adquirente decai do direito de obter a redibição ou abatimento no preço no prazo de trinta dias se a coisa for móvel, e de **um ano se for imóvel**, contado da entrega efetiva; se já estava na posse, o prazo conta-se da alienação, reduzido à metade (CC, art. 445).

Gabarito "B"

(Magistratura do Trabalho – 9ª Região – 2006) Em se tratando de cláusula penal, assinale a incorreta:

(A) Tem eficácia quando estipulada após firmada a obrigação principal, antes do descumprimento desta.

(B) Quando estipulada para o caso de mora, poderá o credor exigi-la conjuntamente com o cumprimento da obrigação principal.

(C) Para o percebimento de indenização complementar ajustada além da cláusula penal o credor deverá provar os danos excedentes ao valor desta.

(D) É faculdade do juiz reduzir equitativamente o montante da cláusula penal quando o devedor cumpre parcialmente a obrigação.

(E) Torna-se exigível a cláusula penal quando apenas um dos devedores não cumpre obrigação indivisível.

A: correta, pois a cláusula penal pode ser estipulada em ato posterior (CC, art. 409); **B:** correta, pois a cláusula penal moratória pode ser exigida conjuntamente com a obrigação principal. É o que ocorre, por exemplo, quando se cobra o aluguel atrasado cumulado com a multa (CC, art. 411); **C:** correta. Em primeiro lugar é necessário que esteja prevista a possibilidade de indenização suplementar. Nesse caso a pena valerá como mínimo da indenização, competindo ao credor provar o prejuízo excedente (CC, art. 416, parágrafo único); **D:** incorreta, devendo ser assinalada, pois se trata de dever do juiz reduzir equitativamente o montante da cláusula penal se a obrigação tiver sido cumprida parcialmente (CC, art. 413); **E:** correta, em virtude da aplicação da regra prevista no CC, art. 414. Vale lembrar, todavia, que "Aos não culpados fica reservada a ação regressiva contra aquele que deu causa à aplicação da pena".

Gabarito "D"

(Magistratura do Trabalho – 9ª Região – 2006) Sobre os juros legais na sistemática do Código Civil de 2002, considere as seguintes proposições e marque a alternativa correta:

I. Os juros podem resultar de estipulação entre as partes e, na ausência de pactuação, a taxa é a fixada em lei.

II. Os juros moratórios resultam do descumprimento da obrigação, enquanto os juros compensatórios decorrem da remuneração do capital.

III. Os juros moratórios são devidos apenas quando alegado prejuízo.

IV. Sendo a obrigação em dinheiro, com prazo estipulado para o pagamento, os juros de mora são contados do vencimento da obrigação.

(A) Somente as alternativas I, II e III estão corretas.

(B) Somente as alternativas I, II e IV estão corretas.

(C) Somente as alternativas I e III estão corretas.

(D) Somente as alternativas II e III estão corretas.

(E) Somente a alternativa II está correta.

I: correta, pois de acordo com a previsão do CC, art. 406; **II:** correta, pois a lei usa a expressão juros legais no capítulo que trata dos juros moratórios. Como se sabe, juros moratórios são aqueles que têm caráter indenizatório pelo retardamento no cumprimento da obrigação. Esses juros também têm caráter punitivo. Não se deve confundir os juros moratórios com os juros remuneratórios (ou compensatórios). Estes são devidos como forma de remunerar o capital emprestado (ex.: taxa de juros do cheque especial); **III:** incorreta (CC, art. 407); **IV:** correta, pois os juros de mora são contados desde a citação; isso não ocorre nas indenizações por ato ilícito e nos casos de mora *ex re*.

Gabarito "B"

(Magistratura do Trabalho – 16ª Região – 2011) Assinale a alternativa INCORRETA:

(A) O valor previsto como cláusula penal não pode superar o valor da obrigação principal.

(B) A resolução do negócio jurídico por onerosidade excessiva, visando a manutenção do equilíbrio econômico do contrato, com abrandamento do princípio 'pacta sunt servanda' em face da cláusula 'rebus sic stantibus, permite ao juiz integralizar o negócio jurídico a partir de situação fática, sem previsão contratual.

(C) O privilégio especial só compreende os bens sujeitos, por expressa disposição de lei, ao pagamento do crédito que ele favorece, e o geral, todos os bens não sujeitos a crédito real nem a privilégio especial.

(D) Nos contratos benéficos, somente responde por dolo o contratante a quem o contrato aproveite, e por simples culpa aquele a quem não favoreça.

(E) A cláusula penal prevista em negócio jurídico deve ser reduzida equitativamente pelo juiz se a obrigação principal tiver sido cumprida em parte, ou se o montante da penalidade for manifestamente excessivo, tendo-se em vista a natureza e a finalidade do negócio.

A: correta, pois de acordo com a limitação do CC, art. 412; **B:** correta; o atual Código Civil trouxe uma série de cláusulas gerais (exs: arts. 317, 421 e 422), que conferem ao juiz discricionariedade, para, no caso concreto, reconhecer a violação de certas diretrizes legais, bem como buscar a providência jurídica que melhor atenda aos objetivos das partes e da lei; nesse mister, o juiz, boa parte das vezes, terá de fazer integração de eventual lacuna contratual, de maneira que a alternativa "b" está correta; **C:** correta (CC, art. 963); **D:** incorreta, devendo ser assinalada. Aquele que se aproveita do contrato responde por culpa ou dolo, ao passo que aquele que não se aproveita do contrato só responde se agir com dolo (CC, art. 392); **E:** correta, pois é dever do juiz reduzir equitativamente o montante da cláusula penal se a obrigação tiver sido cumprida parcialmente (CC, art. 413).

Gabarito "D"

(Magistratura do Trabalho – 18ª Região – 2006) Ainda acerca da cláusula penal, analise as seguintes proposições e assinale a alternativa correta:

I. Na cláusula penal compensatória, o credor pode exigir a satisfação da pena cominada, juntamente com o cumprimento da obrigação principal.

II. Quando a obrigação for indivisível, todos os devedores e seus herdeiros, caindo em falta um deles, responderão integralmente pelo cumprimento da pena, restando assegurado o direito regressivo contra aquele que deu causa à multa.

III. Ainda que o prejuízo exceda ao previsto na cláusula penal, o credor nunca poderá exigir indenização suplementar.

IV. Quando a obrigação for divisível, só incorre na pena o devedor ou o herdeiro do devedor que a infringir, e proporcionalmente à sua parte na obrigação.

V. Só incorre o devedor na cláusula penal se, dolosamente, deixar de cumprir a obrigação ou constituir-se em mora.

(A) Apenas os itens I, II, III e IV estão incorretos.

(B) Apenas os itens I e IV estão corretos.

(C) Apenas o item IV está correto.

(D) Apenas os itens II e IV estão corretos.

(E) Apenas os itens II, IV e V estão corretos.

I: incorreta, pois a cláusula penal compensatória é estipulada para a hipótese de total inadimplemento da obrigação (CC, art. 410), ou seja, não poderá o credor cumular os pedidos, deverá pedir a pena compensatória ou postular o ressarcimento das perdas e danos (comprovando os danos) ou exigir o cumprimento da prestação; **II:** incorreta, pois, quando a obrigação for indivisível, todos os devedores, caindo em falta um deles, incorrerão na pena, mas esta **só se poderá**

demandar integralmente do culpado, respondendo cada um dos outros somente pela sua quota (CC, art. 414); **III:** incorreta, pois, **se for convencionado**, o credor poderá exigir indenização suplementar (CC, art. 416); **IV:** correta (CC, art. 415); **V:** incorreta, pois incorre o devedor na cláusula penal, desde que, **culposamente**, deixe de cumprir a obrigação ou se constitua em mora (CC, art. 408).

Gabarito "C"

(Magistratura do Trabalho – 23ª Região – 2006) Pela sistemática do CC de 2002, em relação à cláusula penal pode-se afirmar:

I. para exigir a pena convencional é necessário que o credor alegue prejuízo;

II. a penalidade pode ser reduzida equitativamente pelo juiz se a obrigação principal tiver sido cumprida em parte ou se o montante da penalidade for manifestamente excessivo;

III. o valor da cominação imposta à cláusula penal pode superar o da obrigação principal;

IV. quando se estipular a cláusula penal para o caso de total inadimplemento da obrigação, esta converte-se em alternativa a benefício do credor;

V. a cláusula penal estipulada conjuntamente com a obrigação ou em ato posterior pode referir-se à inexecução completa da obrigação, à de alguma cláusula especial ou simplesmente à mora.

(A) todas as alternativas estão corretas;
(B) todas as alternativas estão incorretas;
(C) somente as alternativas II e III estão corretas;
(D) somente as alternativas IV e V estão corretas;
(E) somente as alternativas I e V estão corretas.

I: incorreta, pois, para exigir a pena convencional, **não** é necessário que o credor alegue prejuízo (CC, art. 416); **II:** incorreta, pois a penalidade deve ser reduzida equitativamente pelo juiz se a obrigação principal tiver sido cumprida em parte, **ou se o montante da penalidade for manifestamente excessivo, tendo-se em vista a natureza e a finalidade do negócio** (CC, art. 413); **III:** incorreta, pois o valor da cominação imposta na cláusula penal **não** pode exceder o da obrigação principal (CC, art. 412); **IV:** correta, pois a cláusula penal compensatória é – a rigor – uma alternativa à disposição do credor. Ele poderá pedir o cumprimento da obrigação ou o pagamento da cláusula penal (CC, art. 410); **V:** correta, pois a cláusula penal pode ser estipulada em ato posterior, referindo-se a inexecução completa ou a simples mora (CC, art. 409).

Gabarito "D"

(Magistratura do Trabalho – 24ª Região – 2007) Sobre o Direito das Obrigações:

I. A indeterminabilidade subjetiva passiva da relação obrigacional ocorre quando não se pode, de antemão, especificar quem é o devedor da obrigação. É o que acontece com as obrigações *propter rem*, prestações de natureza pessoal que acedem a um direito real, acompanhando-o em todas as suas mutações.

II. No direito obrigacional os núncios são meros transmissores da vontade do declarante. Atuam como simples mensageiros da vontade de outrem, sem interferirem efetivamente na relação jurídica.

III. A cláusula penal compensatória é estipulada para o caso de haver infringência de qualquer das cláusulas do contrato, enquanto que a cláusula penal moratória é estipulada para o caso de descumprimento da obrigação principal.

IV. A cláusula penal compensatória pode ser cumulada com pedido de indenização.

RESPONDA:

(A) Apenas a proposição I está correta.
(B) Apenas as proposições I e II estão corretas.
(C) Apenas as proposições I, II e IV estão corretas.
(D) Apenas as proposições II, III e IV estão corretas.
(E) Todas as proposições estão corretas.

I: correta, pois a alternativa traz o conceito correto de obrigação *propter rem*, que quer dizer "por causa da coisa". Trata-se da obrigação que deriva de um direito real (geralmente a propriedade) e que tem a peculiar característica de seguir a coisa. Assim, caso o proprietário venda a sua casa com um débito de IPTU no valor de 200, o adquirente é o novo devedor do IPTU. É por isso que existe uma certa indeterminabilidade no polo passivo dessas obrigações. A taxa do condomínio é outro exemplo; **II:** correta, pois a alternativa traz o conceito correto de núncios; **III:** incorreta, pois a alternativa inverte os conceitos de cláusula penal compensatória e moratória; **IV:** incorreta, pois a cláusula penal compensatória é – a rigor – uma alternativa à disposição do credor. Ele poderá pedir o cumprimento da obrigação ou o pagamento da cláusula penal (CC, art. 410).

Gabarito "B"

(Magistratura do Trabalho – 24ª Região – 2007) Em conformidade com o Código Civil Brasileiro:

I. Nas obrigações negativas o devedor é havido por inadimplente desde o dia em que executou o ato de que se devia abster.

II. O devedor não responde pelos prejuízos resultantes de caso fortuito ou força maior, se expressamente não se houver por eles responsabilizado.

III. Nos contratos benéficos, responde por simples culpa o contratante, a quem o contrato aproveite, e por dolo aquele a quem não favoreça. Nos contratos onerosos, responde cada uma das partes por culpa, salvo as exceções previstas em lei.

IV. Não cumprida a obrigação, responde o devedor por perdas e danos, mais juros e atualização monetária segundo índices oficiais regularmente estabelecidos, e honorários de advogado.

V. Pelo inadimplemento das obrigações respondem todos os bens do devedor.

Considere as proposições e RESPONDA:

(A) Apenas as proposições I, II e V estão corretas.
(B) Apenas as proposições III, IV e V estão corretas.
(C) Apenas as proposições II, IV e V estão corretas.
(D) Apenas a proposição V está correta.
(E) Todas as proposições estão corretas.

I: correta. A única maneira de se inadimplir uma obrigação de não fazer é justamente fazendo o que se convencionou abster (CC, art. 390); **II:** correta (CC, art. 393). Vale, todavia, o registro de que o devedor *em mora* responderá (como regra) pelo fortuito ou força maior (CC, art. 399); **III:** correta, pois num contrato no qual apenas uma das partes obtenha proveito (o comodatário, por exemplo), ela responderá por culpa e por dolo. Já a outra parte (comodante, por exemplo) responde apenas se agir de forma dolosa (CC, art. 392); **IV:** correta. Estas são as consequências previstas pelo CC para a mora *solvendi* (CC, art. 389). As consequências previstas para a mora *accipiendi* estão previstas no art. 400 do CC; **V:** correta, pois no nosso sistema a responsabilidade é patrimonial, ou seja, são os bens do devedor que respondem por seus débitos (CC, art. 391).

Gabarito "E"

4. DAS PREFERÊNCIAS E PRIVILÉGIOS CREDITÓRIOS

(Magistratura do Trabalho – 3ª Região – 2009) Assinale a assertiva ("a" a "e") correta em relação aos enunciados de I a V, observado o Código Civil, considerando-se a existência de créditos com privilégio especial, o possuem:

I. O credor por sementes sobre os frutos agrícolas.
II. O crédito por custas judiciais, ou por despesas com arrecadação e liquidação da massa, sobre os bens do devedor.
III. Sobre a coisa beneficiada, o credor por benfeitorias necessários ou úteis.
IV. O trabalhador agrícola, quanto à dívida dos seus salários, sobre o produto da colheita, para a qual houver concorrido com seu trabalho, e precipuamente a quaisquer outros créditos, ainda que reais.
V. O crédito pelos salários dos empregados do serviço doméstico do devedor, nos seus derradeiros seis meses de vida, sobre os bens do devedor.

(A) Somente um enunciado é verdadeiro.
(B) Somente dois enunciados são verdadeiros.
(C) Somente três enunciados são verdadeiros.
(D) Somente quatro enunciados são verdadeiros.
(E) Todos os enunciados são verdadeiros.

I: correta (art. 964, V, do CC); **II:** incorreta, pois o crédito por custas judiciais ou por despesas com arrecadação e liquidação da massa terá privilégio **geral** (art. 965, II, do CC); **III:** correta (art. 964, III, do CC); **IV:** correta (art. 964, VIII, do CC); **V:** incorreta, pois o crédito pelos salários dos empregados do serviço doméstico do devedor, nos seus derradeiros seis meses de vida, sobre os bens do devedor goza de privilégio **geral** (art. 965, VII, do CC).

Gabarito "C"

(Magistratura do Trabalho – 8ª Região – 2008) Sobre as preferências e privilégios creditórios, assinale a alternativa CORRETA:

(A) O privilégio especial só compreende os bens sujeitos, por expressa disposição de lei, ao pagamento do crédito que ele favorece; e o geral, todos os bens não sujeitos a crédito real nem a privilégio especial.
(B) Quando concorrerem aos mesmos bens, e por título diferente, dois ou mais credores da mesma classe especialmente privilegiados, haverá entre eles rateio proporcional ao valor dos respectivos créditos, se o produto não bastar para o pagamento integral de todos.
(C) A discussão entre os credores pode versar sobre a preferência entre eles disputada, embora seja limitada, quanto à nulidade, à discussão sobre a falsidade do contrato.
(D) Segundo ordem legal, goza de privilégio especial sobre os bens do devedor o crédito pelos salários dos empregados de serviço doméstico do devedor, nos seus derradeiros seis meses de vida.
(E) Goza de privilégio geral sobre o produto da colheita, para a qual houver concorrido com o seu trabalho, e precipuamente a quaisquer outros créditos, ainda que reais, o trabalhador agrícola, quanto à dívida dos seus salários.

A: correta (art. 963 do CC); **B:** incorreta, pois quando concorrerem aos mesmos bens, **e por título igual**, dois ou mais credores da mesma classe especialmente privilegiados, haverá entre eles rateio proporcional ao valor dos respectivos créditos, se o produto não bastar para o pagamento integral de todos (art. 962 do CC); **C:** incorreta, pois a discussão entre os credores pode versar quer sobre a preferência entre eles disputada, **quer sobre a nulidade, simulação, fraude, ou falsidade das dívidas e contratos** (art. 956 do CC); **D:** incorreta, pois o crédito pelos salários dos empregados de serviço doméstico do devedor, nos seus derradeiros seis meses de vida **gozam de privilégio geral** (art. 965, VII, do CC); **E:** incorreta, pois o crédito real prefere ao pessoal de qualquer espécie (art. 961 do CC).

Gabarito "A"

(Magistratura do Trabalho – 13ª Região – 2006) No tocante às preferências e privilégios creditórios, temos a figura do privilégio geral. Qual das figuras abaixo não se constitui em *privilégio geral* em relação aos bens do devedor?

(A) O crédito pelos impostos devidos à fazenda pública, no ano corrente e no anterior.
(B) O crédito sobre a coisa beneficiada por benfeitorias necessárias ou úteis.
(C) O crédito por despesa de seu funeral.
(D) O crédito por custas judiciais ou por despesa com arrecadação e liquidação da massa.
(E) O crédito pelos gastos necessários à mantença do devedor falecido e sua família, no trimestre anterior ao falecimento.

O crédito sobre a coisa beneficiada por benfeitorias necessárias ou úteis goza de privilégio especial (art. 964, III, do CC), e as demais alternativas tratam de privilégio geral (art. 965, VI, I, II e V, do CC).

Gabarito "B"

(Magistratura do Trabalho – 20ª Região – 2003) Considere as proposições em seguida:

I. As obrigações de fazer, infungíveis que são, somente poderão ser executadas pelo próprio devedor, sendo, pois, *intuitu personae*.
II. De acordo com o código civil, o ato de transformação independe de dissolução ou liquidação da sociedade, e obedecerá aos preceitos reguladores da constituição e inscrição próprios do tipo em que vai converter-se.
III. Em matéria de preferência e privilégio creditório, o crédito real prefere ao pessoal de qualquer espécie; o crédito pessoal privilegiado, ao simples; e o privilégio especial, ao geral.
IV. Na celebração de contrato por correspondência ou carta, segundo o sistema da informação, reputa-se concluído o negócio quando o proponente tem efetivo conhecimento da aceitação do oblato.

Analisando-as, verifica-se:

(A) apenas a I e a III estão incorretas;
(B) apenas a IV está incorreta;

(C) apenas a III e a IV estão incorretas;
(D) apenas a I está incorreta;
(E) apenas a II e a III estão incorretas.

I: incorreta, pois as obrigações de fazer podem, salvo estipulação em contrário, ser executada por terceiro (art. 249 do CC); **II:** correta (art. 1.113 do CC); **III:** correta (art. 961 do CC); **IV:** correta, pois, de acordo com a teoria da informação (ou cognição), o momento da conclusão do negócio entre ausentes é o da chegada da resposta ao conhecimento do policitante.

Gabarito "D"

(Magistratura do Trabalho – 23ª Região – 2006) Quanto às preferências e privilégios creditórios, de acordo com o que dispõe o Código Civil Brasileiro, estão corretas as seguintes afirmativas:

I. a discussão entre os credores limita-se à preferência entre eles disputada;
II. tem privilégio especial sobre o produto da colheita, para a qual houver concorrido com o seu trabalho, e precipuamente a quaisquer outros créditos, ainda que reais, o trabalhador agrícola, quanto à dívida dos seus salários;
III. tem privilégio geral sobre os bens do devedor, o crédito pelos salários dos empregados do serviço doméstico do devedor, nos seus derradeiros seis meses de vida;
IV. o crédito real prefere ao pessoal de qualquer espécie; o crédito pessoal privilegiado ao simples; e o privilégio especial, ao geral.

(A) Todas as alternativas são incorretas;
(B) Somente uma alternativa é verdadeira;
(C) Somente duas alternativas são verdadeiras;
(D) Somente três alternativas são verdadeiras;
(E) Somente quatro alternativas são verdadeiras.

I: falsa, pois a discussão entre os credores pode versar quer sobre a preferência entre eles disputada, quer sobre a nulidade, simulação, fraude, ou falsidade das dívidas e contratos (art. 956 do CC); **II:** verdadeira (art. 964, VIII, do CC); **III:** verdadeira (art. 965, VII, do CC); **IV:** verdadeira (art. 961 do CC).

Gabarito "D"

5. CONTRATOS

5.1. CONCEITO, FORMAÇÃO E PRINCÍPIOS DOS CONTRATOS

(Magistratura do Trabalho – 15ª Região – 2012) Aponte a alternativa incorreta:

(A) No que tange à formação dos contratos, deixa de ser obrigatória a proposta se, feita sem prazo a pessoa presente, não foi imediatamente aceita. Considera-se também presente a pessoa que contrata por telefone ou por meio de comunicação semelhante.
(B) Os contratos entre ausentes tornam-se perfeitos desde que a aceitação é expedida, exceto se o proponente se houver comprometido a esperar resposta.
(C) Nos contratos de execução continuada ou diferida, se a prestação de uma das partes se tornar excessivamente onerosa, com extrema vantagem para a outra, em virtude de acontecimentos extraordinários e imprevisíveis, poderá o devedor pedir a resolução do contrato. Os efeitos da sentença ocorrerão a partir de seu trânsito em julgado.
(D) É lícita a compra e venda entre cônjuges, com relação a bens excluídos da comunhão.
(E) A doação feita em contemplação do merecimento do donatário não perde o caráter de liberalidade, como não o perde a doação remuneratória, ou a gravada, no excedente ao valor dos serviços remunerados ou ao encargo imposto.

A: correta, pois de pleno acordo com o art. 428, I do CC; **B:** correta, pois de acordo com o art. 434, II do CC; **C:** incorreta, devendo ser assinalada, pois os efeitos da sentença retroagirão até a data da citação; **D:** correta, pois tal permissão encontra respaldo no art. 499 do CC; **E:** correta, pois de pleno acordo com o art. 540 do CC.

Gabarito "C"

(Magistratura do Trabalho – 4ª Região – 2012) Analise as proposições abaixo.

I. Para aferição da boa-fé objetiva, leva-se em conta a conduta da parte na execução do contrato.
II. Enquanto a pessoa for viva, sua herança só poderá ser negociada por seus herdeiros necessários.
III. Os efeitos da sentença que resolve contrato por onerosidade excessiva retroagem à data da citação.
VI. Proposta ação de rescisão de contrato por onerosidade excessiva, o juiz não admitirá que o réu ofereça qualquer vantagem para a manutenção do negócio.
V. A anulação do negócio jurídico por lesão depende, apenas, da desproporção entre as obrigações assumidas pelas partes, nos negócios bilaterais.

Estão corretas APENAS as proposições

(A) I e III.
(B) II e III.
(C) III e IV.
(D) IV e V.
(E) I e IV.

I: correta, pois a boa-fé objetiva é um princípio que considera principalmente a conduta concreta da parte na relação contratual; **II:** incorreta, pois qualquer avença que tenha como objeto a herança de pessoa viva é chamada de *pacta corvina* e é considerada nula de pleno direito (CC, art. 496, combinado com CC, art. 166, VII); **III:** correta, pois de pleno acordo com o previsto no art. 478 do CC; **IV:** incorreta, pois "*A resolução poderá ser evitada, oferecendo-se o réu a modificar equitativamente as condições do contrato*" (CC, art. 479); **V:** incorreta, pois a lesão apresenta ainda o requisito de o contrato ter sido assinado sob premente necessidade ou inexperiência da vítima (CC, art. 157).

Gabarito "A"

(Magistratura do Trabalho – 8ª Região – 2009) A liberdade de contratar sob o milenar princípio *pacta sunt servanda* deve obedecer aos princípios e os limites impostos pela lei, sendo certo, segundo a legislação brasileira em vigor:

(A) Quanto aos contratos de simples adesão: As cláusulas ambíguas ou contraditórias devem ser interpretadas de forma mais favorável ao aderente e nenhuma cláusula pode estipular, sob pena de nulidade, a renúncia deste, a qualquer título, ao direito do resultante da natureza do negócio.

(B) As propostas obrigam sempre o proponente, salvo se, dentre outros motivos estabelecidos pela lei, forem feitas sem prazo para pessoa presente e esta não a aceitar imediatamente ou, se no caso de ausente, não tiver sido expedida resposta dentro do prazo estipulado.

(C) A revogação de ofertas públicas só pode ser feita pela mesma via de sua divulgação, ainda que desta não conste esta faculdade.

(D) Os contratos entre ausentes consideram-se perfeitos desde o momento da expedição de sua aceitação, mesmo que esta chegue ao proponente após o prazo convencionado.

(E) Reputa-se celebrado o contrato no lugar onde está o aceitante.

A: incorreta, pois a segunda parte da afirmativa equivoca-se ao dispor que nenhuma cláusula pode estipular, sob pena de nulidade, a renúncia do aderente "a direito resultante" (e não "ao direito do resultante") da natureza do negócio (CC, art. 424); **B:** correta, pois a assertiva traz as hipóteses nas quais a proposta deixa de ser obrigatória (CC, art. 428, I e III); **C:** incorreta, pois a revogação só será possível se ressalvada esta faculdade na oferta realizada (CC, art. 429, parágrafo único); **D:** incorreta, pois apesar de o contrato entre ausentes se tornar perfeito desde o momento da expedição da aceitação, ele não vinculará se a aceitação chegar ao proponente após o prazo convencionado (CC, art. 434, III); **E:** incorreta, pois reputa-se celebrado o contrato no lugar onde foi *proposto* (art. 435 do CC).

Gabarito "B"

(Magistratura do Trabalho – 9ª Região – 2006) Assinale a alternativa incorreta:

(A) Considerando-se que o contrato tem uma função social, como ocorre com os demais direitos, tem-se que o Direito não tutela interesse de credor no cumprimento de obrigação que seja fútil do ponto de vista social e estranha ao bem comum.

(B) Carecem de validade as cláusulas de um contrato de adesão que ensejam desequilíbrio entre as obrigações das partes, em prejuízo da parte mais fraca.

(C) A essência das obrigações de fazer reside na atividade a ser realizada e não na coisa dela resultante.

(D) Considerando-se a moradia como elemento essencial à dignidade da pessoa humana, é sustentável admitir-se a impenhorabilidade do bem imóvel destinado à moradia do devedor solteiro, viúvo, divorciado, enfim do devedor solitário.

(E) Embora de ordem pública, as cláusulas gerais, para serem aplicadas pelo juiz, dependem de pedido da parte ou do interessado.

A: correta, nos termos do art. 421 do CC; **B:** correta, valendo citar caso expressamente previsto na lei a esse respeito (art. 424 do CC); **C:** correta, pois, nas obrigações de fazer temos uma *atividade* ou um *serviço* a ser prestado, diferente da obrigação de dar, em que temos uma *coisa* a ser dada; **D:** correta, nos termos do que vem sendo decidido pelos Tribunais Superiores *("A interpretação do art. 1º da Lei n. 8.009/90 não se limita ao resguardo da família, mas sim, ao direito fundamental de moradia previsto na Constituição da República, baseado no princípio da dignidade da pessoa humana. Caso concreto em que se pretende que a penhora recaia sobre imóvel habitado por pessoa viúva, mesmo havendo outro imóvel que lhe pertence e que pode ser objeto da constrição"* – STJ, REsp 980.300/PE, DJ 21/11/2008); **E:** incorreta, pois as cláusulas gerais, tais como o princípio da função social dos contratos e da boa-fé objetiva, são cláusulas à disposição do juiz para, diante do caso concreto, buscar a solução que melhor se adeque aos objetivos do sistema.

Gabarito "E"

(Magistratura do Trabalho – 9ª Região – 2006) Marque a alternativa correta:

(A) Não se reputa nula de pleno direito a cláusula que contém renúncia antecipada do aderente a direito resultante da natureza do negócio.

(B) Em presença de dúvidas ou contradições, as cláusulas contratuais serão interpretadas da forma mais favorável ao aderente, nos contratos de adesão.

(C) As normas gerais fixadas no Código Civil não se aplicam a contratos atípicos.

(D) Obriga o proponente a proposta de contrato feita sem prazo por telefone ou por meio de comunicação semelhante e não aceita imediatamente.

(E) Reputa-se celebrado o contrato necessariamente no lugar em que aceito.

A: incorreta, pois tais cláusulas são consideradas nulas pelo CC, art. 424; **B:** correta, pois de acordo com a regra prevista no CC, art. 423; **C:** incorreta, pois os contratos atípicos devem obedecer às normas gerais fixadas pelo CC (CC, art. 425); **D:** incorreta, pois a proposta feita por telefone deixa de obrigar o proponente se ela não for imediatamente aceita (CC, art. 428, I); **E:** incorreta, pois reputa-se celebrado o contrato no lugar da proposta (CC, art. 435).

Gabarito "B"

(Magistratura do Trabalho – 18ª Região – 2006) O Código Civil de 2002 inovou no que concerne à disciplina dos contratos. A propósito, assinale a alternativa que não contém inovação.

(A) A liberdade de contratar será exercida em razão e nos limites da função social do contrato.

(B) Os contratantes são obrigados a guardar, assim na conclusão do contrato, como em sua execução, os princípios de probidade e boa-fé.

(C) A oferta ao público equivale a proposta quando encerra os requisitos essenciais ao contrato, salvo se o contrário resultar das circunstâncias ou dos usos.

(D) Pode revogar-se a oferta ao público pela mesma via de sua divulgação, desde que ressalvada esta faculdade na oferta realizada.

(E) Se a aceitação, por circunstância imprevista, chegar tarde ao conhecimento do proponente, este comunicá-lo-á imediatamente ao aceitante, sob pena de responder por perdas e danos. A aceitação fora do prazo, com adições, restrições, ou modificações, importará nova proposta.

A: a assertiva é correta e está de acordo com o importante art. 421 do CC que prevê o princípio da função social do contrato. Trata-se de importante inovação do Código Civil de 2002; **B:** correta, pois de pleno acordo com o art. 422 do CC, o qual consagrou o princípio da boa-fé objetiva em nosso sistema jurídico civilista, consubstanciando importante avanço do novo Código; C e **D:** ambas as assertivas encontram amparo no art. 429 do Código Civil, inovação no sistema jurídico civilista; **E:** apesar de correta a assertiva, as regras previstas nos arts. 430 e 431 do CC não configuram inovação no sistema jurídico brasileiro, pois já estavam dispostas no CC de 1916.

Gabarito "E"

(Magistratura do Trabalho – 20ª Região – 2003) A liberdade de contratar, segundo preceito expresso na lei civil, será exercida em razão e nos limites da função social do contrato

PORQUE

o código civil vigente traz uma maior preocupação com a dignidade da pessoa humana, quando visualiza o contrato como instrumento de integração do homem na sociedade.

Assinale, na folha de respostas,

(A) se as duas são verdadeiras e a segunda justifica a primeira;
(B) se as duas são verdadeiras e a segunda não justifica a primeira;
(C) se a primeira é verdadeira e a segunda é falsa;
(D) se a primeira é falsa e a segunda é verdadeira;
(E) se as duas são falsas.

De fato, trata-se do que a doutrina chama de socialização dos princípios contratuais e o princípio da função social do contrato, previsto no art. 421 do CC, que, juntamente com o princípio da boa-fé objetiva, traça um novo instrumento ao juiz, que deverá utilizar desses novos princípios ao interpretar os contratos e as relações entre as partes. Sobre o tema, oportuno destacar o julgamento do Agravo Regimental no RESP 2011/01974 pelo STJ: "Vale dar destaque as normas insertas nos arts. 421 e 422 do CC, as quais tratam, respectivamente, da função social do contrato e da boa-fé objetiva. A função social apresenta-se hodiernamente como um dos pilares da teoria contratual. É um princípio determinante e fundamental que, tendo origem na valoração da dignidade humana (CF, art. 1º), deve determinar a ordem econômica e jurídica, permitindo uma visão mais humanista dos contratos que deixou de ser apenas um meio para obtenção de lucro."

Gabarito "A"

(Magistratura do Trabalho – 20ª Região – 2003) A boa-fé pode estar configurada por um modelo de conduta social, no qual se deve agir de acordo com determinados padrões, socialmente recomendados

PORQUE

representa a boa-fé subjetiva um estado psicológico da pessoa ou ao seu convencimento de estar agindo de forma a não prejudicar outrem numa relação contratual.

Assinale, na folha de respostas,

(A) se as duas são verdadeiras e a segunda justifica a primeira;
(B) se as duas são verdadeiras e a segunda não justifica a primeira;
(C) se a primeira é verdadeira e a segunda é falsa;
(D) se a primeira é falsa e a segunda é verdadeira;
(E) se as duas são falsas.

Ambas as assertivas estão corretas, porém a segunda não justifica a primeira. A primeira parte da questão está correta, porque conceitua e forma precisa o princípio contratual da boa-fé objetiva (CC, art. 422), modelo de conduta social, padrão concreto de comportamento contratual. Já a segunda parte da assertiva define a boa-fé subjetiva, que é a ignorância do sujeito quanto a eventual vício do negócio praticado, o que não se confunde com boa-fé objetiva. Age de boa-fé subjetiva, por exemplo, a nubente que ignora o fato de que o noivo já era pessoa casada e, que, portanto, o segundo casamento seria nulo o (CC, art. 1.561).

Gabarito "B"

(Magistratura do Trabalho – 24ª Região – 2006) Sobre os contratos em geral:

I. A liberdade de contratar será exercida em razão e nos limites da função social do contrato.
II. Os contratantes são obrigados a guardar, assim na conclusão do contrato, como em sua execução, os princípios de probidade e boa-fé.
III. A proposta de contrato obriga o proponente, se o contrário não resultar dos termos dela, da natureza do negócio, ou das circunstâncias do caso.
IV. Não pode ser objeto de contrato a herança de pessoa viva.

RESPONDA:

(A) Somente III e IV estão incorretas.
(B) Somente IV está incorreta.
(C) Somente I e IV estão incorretas.
(D) Todas estão corretas.
(E) Todas estão incorretas.

I: a assertiva é correta, estando de acordo com o importante art. 421 do CC, que prevê o princípio da função social do contrato; **II:** correta, pois a assertiva prevê o princípio da boa-fé objetiva, a exigir dos contratantes um padrão concreto de conduta proba, íntegra, honrada, respeitosa e ética nos contratos (CC, art. 422); **III:** correta, pois de acordo com o disposto no CC, art. 427; **IV:** correta, pois o Código proíbe o contrato que tem por objeto a herança de pessoa viva, também denominada de *pacta corvina* (CC, art. 426).

Gabarito "D"

(Ministério Público do Trabalho – 15º) Leia com atenção as assertivas abaixo:

I. a proposta de contrato não obriga o proponente quando o contrário resulta da própria natureza do negócio proposto;
II. como regra, a oferta ao público equivale à proposta quando encerra os requisitos essenciais ao contrato;
III. ainda que o proponente tenha se comprometido a esperar resposta, tornar-se-á perfeito o contrato entre ausentes desde a expedição da aceitação.

Assinale a alternativa CORRETA:

(A) apenas as assertivas I e II estão corretas;
(B) apenas as assertivas II e III estão corretas;
(C) apenas as assertivas I e III estão corretas;
(D) todas as assertivas estão corretas;
(E) não respondida.

I: correta, pois o art. 427 do CC estipula regra nesse exato sentido; **II:** correta, pois de acordo com o art. 429 do CC; **III:** incorreta, pois se o proponente se comprometeu a esperar resposta, não se aplica a regra de que o contrato se torna perfeito desde a expedição da aceitação (CC, art. 434, II).

Gabarito "A"

5.2. CLASSIFICAÇÃO DOS CONTRATOS

(Magistratura do Trabalho – 1ª Região – 2004) Analisando as proposições:

I. contratos comutativos são aqueles em que a prestação e a contraprestação são equivalentes entre si, porém, não suscetíveis de imediata apreciação quanto à sua equivalência;

II. na proposta enviada por telegrama, carta, telex, fax, e-mail ou outro meio eletrônico de transmissão de dados, o contrato se perfaz sempre com a expedição da aceitação.

III. nos contratos de adesão, as cláusulas que gerem dúvidas são interpretadas em favor do aderente;

IV. nos contratos onerosos, responde pela evicção o alienante, salvo estipulação em contrário, em que o adquirente assuma o risco, ou se já tinha conhecimento de que a coisa pertencia a terceiros, ou, ainda, se tinha ciência de que versava litígio sobre a coisa.

Assinale:

(A) apenas I está correta;
(B) apenas II está correta;
(C) apenas IV está correta;
(D) apenas II e III estão corretas;
(E) apenas III e IV estão corretas.

I: incorreta, pois "comutativos são os de prestações certas e determinadas. As partes podem antever as vantagens e os sacrifícios, que geralmente se equivalem, decorrentes de sua celebração, porque não envolvem nenhum risco" (GONÇALVES, Carlos Roberto, **Direito Civil Brasileiro**, volume 3 – Contratos e Atos Unilaterais, p. 96); **II:** incorreta, pois há três exceções a esta regra geral (CC, art. 434, I, II e III); **III:** correta, porque na dúvida deve-se mesmo interpretar em favor do aderente (CC, art. 423); **IV:** correta, pois nesse caso o adquirente – além de anuir com a cláusula que exclui a evicção – tinha ciência do risco e o assumiu, afastando assim qualquer responsabilidade do alienante (CC, arts. 447 e 449).

Gabarito "E"

(Magistratura do Trabalho – 8ª Região – 2009) Marque a alternativa correta:

(A) Se o contrato for aleatório em virtude de fatos futuros, cujo risco de inexistirem for assumido por um dos contratantes, terá o outro direito de receber integralmente o que foi prometido, desde que de sua parte não tenha havido culpa ou dolo, ainda que nada do avençado venha a existir.
(B) Nos contratos aleatórios, o alienante terá direito ao preço integral em qualquer situação, ainda que a coisa venha a existir em quantidade inferior à esperada.
(C) Concluído o contrato preliminar poderá a parte exigir seu cumprimento. A existência e a utilização da cláusula de arrependimento não inibe a exigência de perdas e danos.
(D) Se a promessa de contrato for unilateral, pode o credor manifestar-se a qualquer tempo pela sua aceitação.
(E) A resilição unilateral do contrato, em qualquer caso, só se opera mediante denúncia.

A: correta, pois a hipótese versa sobre o contrato aleatório de compra *emptio spei*, no qual o adquirente assume um risco de nada receber e – ainda assim – ter que arcar com todo o preço (CC, art. 458); **B:** incorreta, pois o *alienante* (ex.: o produtor de café) só terá direito a todo o preço, pouco importando a quantidade que venha existir, se o *adquirente* (ex.: a indústria que trata e embala o café) assumir o risco da coisa vir a existir em qualquer quantidade e se o *alienante* não tiver concorrido com culpa para que a coisa viesse em quantidade inferior à esperada (CC, art. 459); **C:** incorreta, pois, havendo cláusula de arrependimento, não há como se exigir o cumprimento do contrato preliminar (CC, art. 463), salvo os casos de lei de ordem pública que vede a cláusula de arrependimento, como é o caso do art. 25 da Lei de Parcelamento (Lei 6.766/79); **D:** incorreta, pois, nos termos do art. 466 do Código Civil, se a promessa de contrato for unilateral, o credor, sob pena de esta ficar sem efeito, deverá manifestar-se no prazo nela previsto, ou, inexistindo este, no que lhe for razoavelmente assinado pelo devedor; **E:** incorreta, pois a resilição unilateral do contrato, que opera mediante denúncia notificada à outra parte, só pode ser feita nos casos em que a lei admita expressa ou implicitamente (art. 473, *caput*, do CC).

Gabarito "A"

(Magistratura do Trabalho – 8ª Região – 2009) Marque a alternativa incorreta:

(A) Nos contratos bilaterais qualquer dos contratantes pode exigir que a outra parte cumpra o avençado, desde que primeiro prove que cumpriu a sua parte.
(B) A parte lesada pelo inadimplemento pode optar entre a resolução do contrato ou a exigência de seu cumprimento, além da indenização por perdas e danos.
(C) Nos contratos em que as obrigações caibam apenas a uma parte, esta poderá desobrigar-se se a prestação for excessivamente onerosa.
(D) A resolução do contrato de obrigações bilaterais poderá ser evitada se a parte oferecer-se para modificar equitativamente as suas condições.
(E) Se for da essência do contrato o instrumento público, o distrato só pode ser feito por esta via.

A: correta, pois a regra encontra respaldo na ideia de que num contrato bilateral uma obrigação é causa da outra. Logo, para se exigir uma deve-se cumprir a outra (CC, art. 476); **B:** correta, pois de pleno acordo com o disposto no CC, art. 475; **C:** incorreta, devendo ser assinalada, pois nos contratos unilaterais não se aplica o disposto no art. 478 do CC, aplicando-se o disposto no art. 480 do CC, que permite redução da prestação ou do modo de executá-la; **D:** correta, pois referida manutenção do contrato tem previsão no CC, art. 479; **E:** correta, pois o "distrato faz-se pela mesma forma exigida para o contrato" (CC, art. 472).

Gabarito "C"

(Magistratura do Trabalho – 16ª Região – 2006) Assinale a alternativa INCORRETA:

(A) Nos contratos de adesão, são nulas as cláusulas que estipulem a renúncia antecipada do aderente a direito resultante da natureza do negócio.
(B) Em todo contrato sinalagmático presume-se a existência de uma cláusula resolutiva tácita, autorizando o lesado pelo inadimplemento a pleitear a resolução do contrato, com perdas e danos.
(C) Nos contratos bilaterais, nenhum dos contratantes, antes de cumprida a sua obrigação, pode exigir a implemento da do outro.

(D) Os contratantes são obrigados a guardar, assim na conclusão do contrato, como em sua execução, os princípios da probidade e boa-fé.

(E) A resilição bilateral ou distrato é uma causa anterior à formação do contrato, que tem por fim extinguir o ajuste em razão do inadimplemento contratual.

A: correta, pois referida renúncia antecipada é nula de pleno direito em virtude do art. 424 do CC; **B:** correta, pois a parte inocente pode pedir a resolução do contrato em virtude do inadimplemento da outra parte (CC, art. 475); **C:** correta, pois a regra encontra respaldo na ideia de que num contrato bilateral uma obrigação é causa da outra. Logo, para se exigir uma deve-se cumprir a outra (CC, art. 476); **D:** correta, pois a assertiva prevê o princípio da boa-fé objetiva, a exigir dos contratantes um padrão concreto de conduta proba, íntegra, honrada, respeitosa e ética nos contratos (CC, art. 422); **E:** incorreta, devendo ser assinalada, pois a resilição bilateral ou distrato é a declaração de vontade das partes em extinguir o contrato anteriormente celebrado.

Gabarito "E"

(Magistratura do Trabalho – 24ª Região – 2006) Sobre os contratos, assinale a alternativa INCORRETA:

(A) Nos contratos de adesão, são nulas as cláusulas que estipulem a renúncia antecipada do aderente a direito resultante da natureza do negócio.

(B) É defeso às partes estipular contratos atípicos, ainda que observadas as normas gerais fixadas no Código Civil.

(C) Os contratos entre ausentes tornam-se perfeitos desde que a aceitação é expedida, exceto se o proponente se houver comprometido a esperar resposta.

(D) Nenhuma obrigação haverá para quem se comprometer por outrem, se este, depois de se ter obrigado, faltar à prestação.

(E) Podem as partes, por cláusula expressa, reforçar, diminuir ou excluir a responsabilidade pela evicção.

A: correta, pois referida renúncia antecipada é nula de pleno direito em virtude do art. 424 do CC; **B:** incorreta, devendo ser assinalada, pois é **lícito** às partes estipular contratos atípicos, observadas as normas gerais fixadas no Código Civil (CC, art. 425); **C:** correta, pois a regra e a exceção estão previstas no art. 434, II do CC; **D:** correta, pois quando a parte que promete fato de terceiro, está liberada quando o terceiro aceita a referida incumbência (CC, art. 440); **E:** correta. A garantia legal contra a evicção pode mesmo ser reforçada (o que interessa ao adquirente), diminuída ou até mesmo excluída (o que interessa ao alienante). No último caso, porém, a lei exige que – além da cláusula expressa – o adquirente tenha ciência do risco da evicção e o assuma expressamente (CC, art. 448).

Gabarito "B"

(Ministério Público do Trabalho – 15º) Assinale a alternativa INCORRETA:

(A) nos contratos benéficos, responde por simples culpa o contratante, a quem o contrato aproveite;

(B) nos contratos onerosos, responde cada uma das partes por culpa, salvo as exceções previstas em lei;

(C) a mora se constitui mediante interpelação judicial ou extrajudicial quando não houver termo para a obrigação;

(D) ocorrendo caso fortuito ou força maior durante a mora do devedor, este não responderá pela impossibilidade da prestação;

(E) não respondida.

A: correta, pois num contrato no qual apenas uma das partes obtenha proveito (o comodatário, por exemplo), ela responderá por culpa e por dolo. Já a outra parte (comodante, por exemplo) responde apenas se agir de forma dolosa (CC, art. 392); **B:** correta, pois nos contratos com vantagens recíprocas cada um responderá por sua própria culpa *lato sensu* (CC, art. 392); **C:** correta, pois a assertiva refere-se à mora *ex personae*, na qual é necessário interpelar a outra parte para lhe configurar na condição jurídica da mora (CC, art. 397, parágrafo único); **D:** incorreta, devendo ser assinalada. Estando na condição jurídica da mora, o devedor tem sua responsabilidade ampliada e passa a responder também pelo fortuito ou força maior (CC, art. 399).

Gabarito "D"

5.3. ONEROSIDADE EXCESSIVA

(Magistratura do Trabalho – 9ª Região – 2007) A respeito da teoria da imprevisão, considere as seguintes proposições:

I. Trata-se de criação da doutrina e da jurisprudência, ainda não sistematizada pelo ordenamento jurídico positivado do Brasil.

II. Aplica-se, tão somente, aos contratos bilaterais comutativos.

III. Exige a lei, dentre outros requisitos, que a prestação de uma das partes se torne excessivamente onerosa em contraponto à extrema vantagem da outra.

IV. Não se aplica aos contratos de execução diferida.

Assinale a alternativa correta:

(A) Todas as proposições estão corretas.

(B) Apenas três proposições estão corretas.

(C) Apenas duas proposições estão corretas.

(D) Apenas uma proposição está correta.

(E) Todas as proposições estão incorretas.

I: incorreta, pois o Código Civil de 2002 disciplinou o assunto em seu art. 478 e o CDC já havia disciplinado no seu art. 6º, V; **II:** incorreta, pois a teoria da imprevisão, tal qual foi disciplinada no Código Civil, somente é aplicável aos **contratos comutativos de execução diferida ou de trato sucessivo**; **III:** correta, pois um dos requisitos é que a prestação de uma das partes se torne excessivamente onerosa, com extrema vantagem para a outra; **IV:** incorreta, pois se aplica aos contratos de execução diferida. Sobre o assunto, interessante julgado do STJ: "O devedor, inadimplente em virtude de onerosidade excessiva, seja por desequilíbrio resultante da desvalorização da moeda ou de critérios para atualização das prestações, pode pleitear a rescisão do contrato. Majoração da retenção, tendo em vista as peculiaridades da espécie. Recurso parcialmente conhecido e, nessa extensão, provido" (REsp 508.831/MG, Rel. Ministro Cesar Asfor Rocha. 4ª Turma 20/03/2006).

Gabarito "D"

(Magistratura do Trabalho – 15ª Região – 2010) Em relação aos contratos é incorreto afirmar que:

(A) se a prestação de uma das partes se tornar excessivamente onerosa, com extrema vantagem para a outra, em decorrência de acontecimentos extraordinários e imprevisíveis, o devedor poderá pedir a sua resolução,

(B) no caso da prestação de uma das partes se tornar excessivamente onerosa, os efeitos da sentença que decretar a resolução contratual retroagirão à data em que ocorreu o acontecimento extraordinário e imprevisível;
(C) no caso da prestação de uma das partes se tornar excessivamente onerosa, a resolução poderá ser evitada caso o réu se proponha a modificar equitativamente as condições do contrato;
(D) se as obrigações couberem a apenas uma das partes, ela poderá pleitear que sua prestação seja reduzida, ou alterada o modo de executá-la, fim de evitar a onerosidade excessiva;
(E) nos contratos bilaterais, nenhum dos contratantes pode, antes de cumprida sua obrigação, exigir o implemento da do outro.

A: correta, tendo em vista que a assertiva disciplina justamente a possibilidade de resolução do contrato por onerosidade excessiva, prevista no art. 478 do CC; **B:** incorreta, devendo ser assinalada, pois os efeitos da sentença que decretar a resolução do contrato retroagirão à data da citação e não à data do evento extraordinário (CC, art. 478); **C:** correta, pois a hipótese de conservação do contrato oneroso vem estabelecida no art. 479 do CC; **D:** correta, pois a regra prevê a onerosidade excessiva para contratos unilaterais (CC, art. 480); **E:** correta, pois a regra encontra respaldo na ideia de que num contrato bilateral uma obrigação é causa da outra. Logo, para se exigir uma deve-se cumprir a outra (CC, art. 476).

Gabarito "B"

(Magistratura do Trabalho – 20ª Região – 2003) Para que se possa, sob o fundamento na teoria da imprevisão, atingir o contrato, é necessário que ocorram os seguintes requisitos de apuração certa, EXCETO:

(A) vigência de um contrato de execução diferida ou continuada;
(B) alteração radical das condições econômicas objetivas no momento da execução, em confronto com o ambiente objetivo no da celebração;
(C) onerosidade excessiva para um dos contratantes e benefício exagerado para o outro;
(D) imprevisibilidade da modificação;
(E) a ordinariedade com que acontece o fato causador do enriquecimento sem causa.

A: correta, pois é no âmbito dos contratos de execução continuada ou diferida que incide a teoria da imprevisão; **B:** correta, pois trata-se de um exemplo de alteração no cenário econômico e que pode ocasionar mudança significativa nas prestações das partes, ensejando a revisão; **C:** correta, pois é justamente esse desequilíbrio que o Código pretende evitar. Nas palavras de Miguel Reale, na exposição de motivos do CC, a lei quis assegurar que o contrato fosse um instrumento de "trocas úteis e justas"; **D:** correta, pois o Código Civil atrelou a teoria da onerosidade excessiva à imprevisão; **E:** incorreta, devendo ser assinalada, pois apenas o fato imprevisível é que possibilita a aplicação da teoria (CC, art. 478).

Gabarito "E"

5.4. EVICÇÃO

(Magistratura do Trabalho – 14ª Região – 2008) Assinale a alternativa INCORRETA:

(A) para poder exercitar o direito que da evicção lhe resulta, o adquirente notificará do litígio o alienante imediato, ou qualquer dos anteriores, quando e como lhe determinarem as leis do processo;
(B) podem as partes, por cláusula expressa, reforçar, diminuir ou excluir a responsabilidade pela evicção;
(C) a cláusula penal estipulada conjuntamente com a obrigação, ou em ato posterior, pode referir-se à inexecução completa da obrigação, à de alguma cláusula especial ou simplesmente à mora;
(D) quando se estipular a cláusula penal para o caso de total inadimplemento da obrigação, esta converter-se-á em alternativa a benefício do credor;
(E) a exigência da cláusula penal far-se-á mediante prova do prejuízo pelo inadimplemento total ou parcial da obrigação.

A: correta, pois de acordo com a exigência legal prevista no CC, art. 456; **B:** correta, pois a garantia legal contra a evicção pode mesmo ser reforçada (o que interessa ao adquirente), diminuída ou até mesmo excluída (o que interessa ao alienante). No último caso, porém, a lei exige que – além da cláusula expressa – o adquirente tenha ciência do risco da evicção e o assuma expressamente (CC, art. 448); **C:** correta, pois a cláusula penal pode ser estipulada em ato posterior, referindo-se a inexecução completa ou a simples mora (CC, art. 409); **D:** correta, pois a cláusula penal compensatória é uma alternativa à disposição do credor. Ele poderá pedir o cumprimento da obrigação ou o pagamento da cláusula penal (art. 410 do CC); **E:** incorreta, devendo ser assinalado, pois, para exigir a pena convencional, não é necessário que o credor alegue prejuízo (CC, art. 416).

Gabarito "E"

5.5. EXTINÇÃO DOS CONTRATOS

(Magistratura do Trabalho – 3ª Região – 2009) Assinale a assertiva ("a" a "e") correta em relação aos enunciados de I a V, em relação à teoria geral dos contratos:

I. Nos contratos de trato sucessivo ou execução continuada, se a prestação de uma das partes se tornar excessivamente onerosa, com extrema vantagem para a outra, em virtude de algum eventual acontecimento, poderá o devedor pedir a resolução do contrato.
II. A cláusula resolutiva tácita exige a interpelação judicial para que produza sua eficácia jurídica.
III. Qualquer redução do patrimônio de uma das partes contratantes justifica a exceção de contrato não cumprido.
IV. A resilição unilateral, nos casos em que a lei expressa ou implicitamente o permita, opera mediante denúncia notificada à outra parte.
V. A denúncia do contrato, no caso de resilição unilateral do mesmo, só produzirá efeito depois de transcorrido prazo compatível com a natureza e o vulto dos investimentos, quando, dada a natureza do contrato, uma das partes houver feito investimentos consideráveis para a sua execução.

(A) Somente um enunciado é verdadeiro.
(B) Somente dois enunciados são verdadeiros.
(C) Somente três enunciados são verdadeiros.
(D) Somente quatro enunciados são verdadeiros.
(E) Todos os enunciados são verdadeiros.

I: incorreta, pois o referido acontecimento deve ser extraordinário e imprevisível (CC, art. 478); **II:** correta, pois a lei exige referida interpelação para que se opere a resolução do contrato em virtude da cláusula resolutiva tácita (CC, art. 474); **III:** incorreta, pois há de se tratar de redução de patrimônio capaz de comprometer ou tornar duvidosa a prestação pela qual se obrigou a parte (CC, art. 477); **IV:** correta, pois de pleno acordo com o disposto no CC, art. 473; **V:** correta, pois o art. 473, parágrafo único visa impedir que o exercício abusivo do direito de resilir um contrato possa causar prejuízos à outra parte. Justamente sobre este dispositivo, Miguel Reale argumentou em sua exposição de motivos: "Limitação do poder de denúncia unilateral dos contratos por tempo indeterminado, quando exigidos da outra parte investimentos de vulto, pressupondo ela poder dispor de prazo razoável, compatível com as despesas feitas. Esta sugestão, por mim feita e acolhida pela Comissão, é um dos tantos exemplos da preocupação que tivemos no sentido de frear os abusos do poder econômico".

Gabarito "C"

(Magistratura do Trabalho – 5ª Região – 2006 – CESPE) Assinale a opção correta de acordo com os contratos regidos pelo Código Civil.

(A) O novo sistema jurídico de direito privado prevê, como cláusula geral dos contratos, os princípios da boa-fé e da probidade, impondo que os contratos sejam interpretados observando-se a sua função social. Essa cláusula adota como fundamento o dirigismo contratual em substituição ao princípio da liberdade contratual, ou seja, a intervenção estatal, retirando a força obrigatória e a função puramente econômica dos contratos, visando à realização da justiça social e à paridade jurídica entre os contratantes.

(B) A resolução significa o modo de extinção dos contratos por vontade de um ou de ambos os contratantes. Quando se tratar de obrigações de prestações recíprocas, o inadimplemento de uma permite à outra parte a opção de resolver o contrato, alegando a exceção do contrato não cumprido.

(C) Se, na execução de um contrato celebrado entre as partes, ocorrer o aumento da prestação pactuada, tornando-a onerosa e impossibilitando o devedor de adimplir a obrigação, poderá o juiz, por aplicação da teoria da imprevisão, liberar o devedor do cumprimento da obrigação assumida e determinar a revisão ou resolução do negócio jurídico.

(D) A resilição bilateral ou unilateral é exercida mediante declaração de vontade, consistente na revogação ou denúncia do contrato, com o objetivo de extinguir o acordo para exonerar-se da reparação dos eventuais prejuízos sofridos em decorrência do cumprimento da avença.

(E) O distrato é negócio jurídico consistente no acordo entre as partes contratantes, objetivando extinguirem o vínculo obrigacional estabelecido no contrato. Todos os contratos podem ser resilidos por distrato, que pressupõe não ter ocorrido a extinção do contrato pelo exaurimento dos seus efeitos. Apresenta-se como um novo contrato, só que extintivo, e seus efeitos operam-se sem retroatividade (efeito *ex nunc*).

A: incorreta, pois o conceito dado na alternativa é do princípio da função social dos contratos, e não da boa-fé objetiva; **B:** incorreta, pois a extinção por vontade das partes tem o nome de resilição, e não de resolução; **C:** incorreta, pois, para a aplicação da teoria nas relações regidas pelo Código Civil, não basta a onerosidade excessiva superveniente, sendo necessário que tal se dê por fato extraordinário e imprevisível (art. 478 do CC); **D:** incorreta, pois a resilição unilateral ou bilateral tem por fundamento a previsão legal ou contratual dessa possibilidade, no primeiro caso, e a vontade de ambas as partes, no segundo caso, não podendo ser utilizada para o fim mencionado na alternativa; **E:** correta, pois traz adequadamente o conceito de distrato, que está regulamento nos arts. 472 e 473 do Código Civil.

Gabarito "E"

(Ministério Público do Trabalho – 8º) Assinale a alternativa correta:

Nos casos de contratos bilaterais, seus distratos operam-se:

(A) por leis extravagantes a respeito;
(B) por forma descrita no código de processo civil;
(C) pela mesma forma que no contrato;
(D) contratos bilaterais não admitem distratos;
(E) somente com o ajuizamento da ação cabível;
(F) não sei.

O Código Civil contempla uma importante regra a respeito do distrato dos contratos. O Código estabelece a necessidade da paridade das formas ao exigir que o distrato observe a mesma forma exigida para o contrato (CC, art. 472).

Gabarito "C"

5.6. COMPRA E VENDA

(Magistratura do Trabalho – 7ª Região – 2005) Assinale a opção falsa.

(A) Se alguém, mensalmente, adquirir de outrem certo objeto, na falta de definição do preço ou de critério para sua determinação, inexistindo tabelamento oficial, o negócio não será ineficaz, pois os contratantes sujeitar-se-ão ao preço corrente nas vendas habituais do vendedor.

(B) Se a coisa foi oportunamente oferecida pelo vendedor ao comprador, que não a quis receber, ele suportará os riscos da coisa, por estar em mora.

(C) A preempção convencional é a cláusula pela qual o adquirente de coisa móvel ou imóvel terá o dever de oferecê-la, por meio de notificação, judicial ou extrajudicial, a quem lha vendeu, para que esse use de seu direito de prelação em igualdade de condições com terceiro, no caso de pretender vendê-la ou dá-la em pagamento.

(D) Na venda a vista só se entrega o objeto vendido mediante pagamento do preço.

(E) O contrato de compra e venda serve de *titulus adquirendi*, gerando, por isso, entre os contratantes um direito real.

A: verdadeira, pois nesse caso "entende-se que as partes se sujeitaram ao preço corrente nas vendas habituais do vendedor" (CC, art. 488); **B:** verdadeira, pois "Correrão também por conta do comprador os riscos das referidas coisas, se estiver em mora de as receber, quando postas à sua disposição no tempo, lugar e pelo modo ajustados" (CC, art. 492, § 2º); **C:** verdadeira, pois o direito de preferência estabelecido num contrato de compra e venda confere ao vendedor o direito de ter a preferência no caso de o comprador pretender vender a coisa (CC, art. 513); **D:** verdadeira, pois a tradição transfere a propriedade das coisas (CC, art. 1.267); **E:** falsa, devendo ser assinalada, pois, no direito brasileiro, o contrato de compra e venda não é contrato translativo, pois o vendedor apenas promete transferir a posse e propriedade ao adquirente (CC, art. 481).

Gabarito "E"

(Magistratura do Trabalho – 8ª Região – 2009) Marque a alternativa incorreta:

(A) Na compra e venda de coisa futura, o contrato ficará sem efeito se a coisa não vier a existir, salvo se a intenção das partes era de concluir contrato aleatório.

(B) A fixação do preço no contrato de compra e venda pode ficar ao arbítrio de terceiro.

(C) Se a venda for convencionada sem a fixação de preço e não havendo tabelamento oficial, entende-se que as partes se sujeitaram ao preço usual nas vendas do vendedor.

(D) É nulo o contrato de venda e compra que deixa ao arbítrio exclusivo de uma das partes a fixação do preço.

(E) Na falta de estipulação expressa a tradição da coisa vendida dar-se-á no lugar do domicilio do adquirente.

A: correta, pois de acordo com o disposto no art. 483 do CC; **B:** correta, pois o Código permite tal fixação (CC, art. 485); **C:** correta, pois de pleno acordo com o art. 488 do CC; **D:** correta, pois a lei proíbe a fixação de preços ao exclusivo arbítrio de uma das partes (CC, art. 489); **E:** incorreta, devendo ser assinalada, pois na falta de estipulação expressa, a tradição se dará no lugar onde a coisa se encontrava ao tempo da venda (CC, art. 493).

Gabarito "E"

(Magistratura do Trabalho – 8ª Região – 2011) Acerca dos contratos no Código Civil de 2002, assinale a alternativa INCORRETA:

(A) O contrato de execução continuada ou diferida pode ser resolvido, por decisão judicial, cujos efeitos retroagirão à data do ajuizamento da ação, no caso de a prestação de uma das partes tornar-se excessivamente onerosa, com extrema vantagem para a outra, em virtude de acontecimentos extraordinários e imprevisíveis.

(B) Não pode um condômino em coisa indivisível vender a sua parte a estranhos, se outro consorte a quiser, tanto por tanto. O condômino, a quem não se der conhecimento da venda, poderá, depositando o preço, haver para si a parte vendida a estranhos, se o requerer no prazo de cento e oitenta dias, sob pena de decadência.

(C) A retrovenda consiste na possibilidade de o vendedor de coisa imóvel reservar-se o direito de recobrá-la no prazo máximo de decadência de três anos, restituindo o preço recebido e reembolsando as despesas do comprador, inclusive as que, durante o período de resgate, se efetuaram com a sua autorização escrita, ou para a realização de benfeitorias necessárias.

(D) Podem ser revogadas por ingratidão as doações se o donatário injuriar gravemente ou caluniar o doador, exceto se a doação se fizer em cumprimento de obrigação natural.

(E) Não se tendo convencionado expressamente, o prazo do mútuo será do espaço de tempo que declarar o mutuante, se for de qualquer coisa fungível, exceto de produtos agrícolas, assim para o consumo, como para semeadura, e de dinheiro.

A: incorreta, devendo ser assinalada; os efeitos da sentença que decretar a resolução do contrato retroagirão à data da CITAÇÃO, e não à data do AJUIZAMENTO da ação (CC, art. 478); **B:** correta, pois de acordo com o direito de preferência titularizado pelos condôminos de coisa indivisível (CC, art. 504); **C:** correta, pois a cláusula de retrovenda confere ao vendedor o direito potestativo de recomprar a coisa nas condições descritas pela assertiva (CC, art. 505); **D:** correta, pois de acordo com as hipóteses de revogação da doação por ingratidão do donatário (CC, arts. 557, III, e art. 564, III); **E:** correta, pois de acordo com os prazos legais estabelecidos pelo art. 592, I e III do CC.

Gabarito "A"

(Magistratura do Trabalho – 9ª Região – 2009) Considere as seguintes proposições:

I. O contrato de compra e venda de bem móvel é insuficiente para transferir o domínio, pelo que, até o momento da tradição, a coisa continua a pertencer ao alienante. Assim sendo, se o comprador determinar que a coisa seja expedida para lugar diverso daquele onde deveria ser entregue e o vendedor, cumprindo a determinação, a entrega a quem a deve transportar, considera-se que houve a tradição. Portanto, se a coisa perecer no interregno entre a remessa e a recepção, quem sofre o prejuízo é o comprador.

II. É anulável a venda de ascendente a descendente, salvo se os outros descendentes e o cônjuge do alienante houverem consentido.

III. Não podem ser comprados, sob pena de nulidade, ainda que em hasta pública, pelos mandatários, os bens de cuja administração ou alienação estejam encarregados.

IV. Nas coisas vendidas conjuntamente, o defeito oculto de uma não autoriza a rejeição de todas.

(A) Todas as proposições são corretas.

(B) Somente as proposições I, II e III são corretas.

(C) Somente as proposições III e IV são corretas.

(D) Somente as proposições I, II e IV são corretas.

(E) Todas as proposições são incorretas.

I: correta, pois o que transfere a propriedade da coisa móvel é a tradição e não o mero contrato de compra e venda (CC, arts. 1.267 e 494); **II:** correta, pois a lei não permite que o ascendente aliene bem a um dos descendentes sem a autorização expressa dos demais e do cônjuge (CC, art. 496). Vale o registro de que – respeitando a parte legítima – o pai pode doar a um dos seus filhos sem necessidade de consentimento dos demais, devido ao instituto da colação de bens que visa reequilibrar as legítimas dos herdeiros necessários; **III:** incorreta, pois não existe proibição nesse sentido contra o mandatário (CC, art. 497); **IV:** correta, pois de acordo com o disposto no CC, art. 503.

Gabarito "D"

(Magistratura do Trabalho – 14ª Região – 2008) Sobre a retrovenda, assinale a alternativa CORRETA.

(A) aplica-se, exclusivamente, a bens móveis;
(B) o direito de retrato não poderá ser exercido contra terceiro adquirente;
(C) o prazo máximo para o exercício do direito de retrato é três anos;
(D) as benfeitorias necessárias realizadas pelo comprador, ainda que mediante autorização escrita do vendedor, não serão indenizadas;
(E) o direito de retrato não se transmite aos herdeiros e legatários.

A retrovenda é o direito potestativo conferido ao vendedor de um bem imóvel que lhe permite – ainda que forçosamente – adquirir o bem do comprador (ou de terceiros, se a cláusula estiver averbada no Cartório de Registro de Imóveis) no prazo decadencial máximo de três anos, indenizando as benfeitorias necessárias realizadas pelo comprador. Referido direito é transmissível a herdeiros e legatários (CC, arts. 505 e seguintes).

Gabarito "C"

(Magistratura do Trabalho – 16ª Região – 2008) A exceção de contrato não cumprido só pode ser oposta por quem cumpriu sua obrigação. No entanto:

(A) Tratando-se de venda a crédito, pode ser oposta pelo comprador.
(B) Mesmo tratando-se de prestações não simultâneas, é possível a oposição da exceção, desde que o contrato seja bilateral.
(C) Tratando-se de inexecução de contrato unilateral, só o favorecido pode fazer a oposição.
(D) Se ambos os contratantes são inadimplentes, é possível a oposição da exceção pelo que agiu de boa-fé.
(E) Sendo o descumprimento de terceiro, e não do contratante, ainda assim pode ser invocada a exceção.

Na compra e venda, o vendedor não é obrigado a entregar a coisa antes de receber o preço por parte do comprador. No entanto, essa regra se inverte quando a compra e venda é a crédito. Assim, o comprador, na compra e venda a crédito, pode alegar a exceção de contrato não cumprido (art. 491 do CC). Sobre a exceção em tela, *vide* também os arts. 476, 477 e 788.

Gabarito "A"

5.7. DOAÇÃO

(Magistratura do Trabalho – 2ª Região – 2012) No caso da doação, marque a alternativa correta.

(A) Admite-se o aceite tácito da doação pelo donatário, mesmo que a doação seja sujeita a encargo.
(B) A doação verbal será válida se, versando sobre bens móveis de qualquer valor, seguir-se incontinenti a tradição.
(C) É inválida a doação feita ao nascituro, mesmo sendo aceita pelo seu representante legal.
(D) É válida cláusula de reversão dos bens doados em favor de terceiro, se o doador sobreviver ao donatário.
(E) O doador não é obrigado a pagar juros moratórios, nem é sujeito às consequências do vício redibitório.

A: incorreta, pois o silêncio do donatário é considerado aceitação desde que tal doação não seja sujeita a encargo (CC, art. 539); **B:** incorreta, pois tal doação verbal é admitida apenas quando o bem doado for móvel e de pequeno valor (CC, art. 541 parágrafo único); **C:** incorreta, pois tal doação é válida, desde que aceita pelo representante legal (CC, art. 542); **D:** incorreta, pois a chamada doação com cláusula de reversão somente admite reversão em favor do doador, não de terceiros (CC, art. 547 parágrafo único); **E:** correta. Tendo em vista que só o doador tem obrigações no contrato, a lei é mais benevolente com ele (CC, art. 552).

Gabarito "E"

(Magistratura do Trabalho – 7ª Região – 2005) A doação de imóvel a duas pessoas, dando a uma delas o direito de usá-lo durante dez anos e à outra a partir dessa época, é tida como:

(A) doação inoficiosa.
(B) doação com cláusula de reversão.
(C) doação sob forma de subvenção periódica.
(D) doação a termo.
(E) doação modal.

A: incorreta, pois a doação inoficiosa é aquela que excede o limite que o doador, no momento da liberalidade, poderia dispor em testamento (CC, art. 549); **B:** incorreta, pois a doação com cláusula de reversão é aquela em que o doador estipula o retorno ao seu patrimônio dos bens doados se sobreviver ao donatário (CC, art. 547); **C:** incorreta, pois a doação sob forma de subvenção periódica é uma pensão cujo pagamento termina com a morte do doador (CC, art. 545); **D:** correta, pois esse tipo de doação é chamada de doação a termo, ou seja, com prazo certo para que passe a ser usufruída pelo segundo donatário; **E:** incorreta, pois a doação modal é aquela em que o doador impõe ao donatário uma incumbência (CC, art. 553).

Gabarito "D"

(Magistratura do Trabalho – 9ª Região – 2009) Considere as seguintes proposições:

I. A doação é classificada como contrato unilateral, gratuito, consensual e, em regra, solene.
II. É do comodante a obrigação de conservar a coisa objeto do comodato, pelo que deve arcar com as despesas de conservação necessárias ao uso e gozo da coisa.
III. Possível é ao mandatário testar em nome do mandante.
IV. Nula é a transação a respeito do litígio decidido por sentença passada em julgado, se dela não tinha ciência algum dos transatores, ou quando, por título ulteriormente descoberto, se verificar que nenhum deles tinha direito sobre o objeto da transação.

(A) Somente as proposições I e IV são corretas.
(B) Somente as proposições I, II e III são corretas.
(C) Somente as proposições II, III e IV são corretas.
(D) Somente as proposições II e III são corretas.
(E) Somente as proposições I, III e IV são corretas.

I: correta, pois a assertiva classifica de forma precisa o contrato de doação. É unilateral porque só tem obrigações para o doador; é gratuito porque só tem vantagens ao donatário; é consensual pois nasce do consenso entre as partes e é solene pois o Código exige escritura pública ou, pelo menos, instrumento particular (CC, art. 541); **II:** incorreta, pois é do **comodatário** a obrigação de conservar a coisa objeto do comodato (CC, arts. 582 e 584); **III:** incorreta, pois o testamento é ato personalíssimo (CC, art. 1.858); **IV:** correta, pois de acordo com o disposto no CC, art. 850.

Gabarito "A"

(Magistratura do Trabalho – 15ª Região – 2011) Assinale a alternativa incorreta:

(A) no que diz respeito à cláusula penal, a penalidade deve ser reduzida equitativamente pelo juiz se a obrigação principal tiver sido cumprida em parte, ou se o montante da penalidade for manifestamente excessivo, tendo-se em vista a natureza e a finalidade do negócio;

(B) nos contratos de execução continuada ou diferida, se a prestação de uma das partes se tomar excessivamente onerosa, com extrema vantagem para a outra, em virtude de acontecimentos extraordinários e imprevisíveis, poderá o devedor pedir a resolução do contrato;

(C) é anulável a venda de ascendente a descendente, salvo se os outros descendentes e o cônjuge do alienante expressamente houverem consentido, dispensando-se o consentimento do cônjuge se o regime de bens for o da separação obrigatória;

(D) nos termos da lei civil, a doação do cônjuge adúltero ao seu cúmplice pode ser anulada exclusivamente pelo outro cônjuge, até 2 (dois) anos, depois de dissolvida a sociedade conjugal;

(E) no que se refere ao contrato de depósito, este será gratuito, exceto se houver convenção em contrário, se resultante de atividade negocial ou se o depositário o praticar por profissão. Se oneroso e a retribuição do depositário não constar de lei, nem resultar de ajuste, será determinada pelos usos do lugar, e, na falta destes, por arbitramento

A: correta, pois a penalidade deve ser reduzida equitativamente pelo juiz se a obrigação principal tiver sido cumprida em parte, **ou se o montante da penalidade for manifestamente excessivo, tendo-se em vista a natureza e a finalidade do negócio** (CC, art. 413); **B:** correta, pois a assertiva reproduz o importante artigo 478 do CC, que estabelece em nosso ordenamento a teoria da imprevisão, a qual objetiva reequilibrar contratos que se tornaram desiguais e injustos ao longo do tempo em virtude de acontecimentos imprevisíveis e extraordinários. A regra não é de toda nova, visto que o Código de Hamurabi já a previa, há pelo menos três mil anos: "Se alguém tem um débito a juros, e uma tempestade devasta o campo ou destrói a colheita, ou por falta d'água não cresce o trigo no campo, ele não deverá nesse ano dar trigo ao credor, podendo modificar sua tábua de contrato e não pagar juros por esse ano"; **C:** correta, pois a lei não permite que o ascendente aliene bem a um dos descendentes sem a autorização expressa dos demais e do cônjuge (CC, art. 496). Vale o registro de que – respeitando a parte legítima – o pai pode doar a um dos seus filhos sem necessidade de consentimento dos demais, devido ao instituto da colação de bens que visa reequilibrar as legítimas dos herdeiros necessários; **D:** incorreta, devendo ser assinalada, pois a doação pode ser anulada pelo outro cônjuge e também pelos herdeiros necessários (art. 550 do CC); **E:** correta (CC, art. 628, *caput* e parágrafo único).

Gabarito "D"

5.8. MÚTUO, COMODATO E DEPÓSITO

(Magistratura do Trabalho – 15ª Região – 2012) Aponte a alternativa incorreta:

(A) Pelo contrato de depósito o depositário recebe um bem, móvel ou imóvel, para guardar, até que o depositante o reclame.

(B) O contrato de depósito é gratuito exceto se houver convenção em contrário, se resultante de atividade negocial ou se o depositário o praticar por profissão. Se o depósito for oneroso e a retribuição do depositário não constar de lei, nem resultar de ajuste, será determinada pelos usos do lugar, e, na falta destes, por arbitramento.

(C) O depositário, que por força maior houver perdido a coisa depositada e recebido outra em seu lugar, é obrigado a entregar a segunda ao depositante, e ceder-lhe as ações que no caso tiver contra o terceiro responsável pela restituição da primeira.

(D) Todas as pessoas capazes são aptas para dar procuração mediante instrumento particular, que valerá desde que tenha a assinatura do outorgante. O terceiro com quem o mandatário tratar poderá exigir que a procuração traga a firma reconhecida. Ainda quando outorgue mandato por instrumento público, pode substabelecer-se mediante instrumento particular.

(E) O mandato em termos gerais só confere poderes de administração. O poder de transigir não importa o de firmar compromisso.

A: incorreta, devendo ser assinalada, pois o contrato de depósito tem como objeto bens móveis (CC, art. 627); **B:** correta, pois de pleno acordo com o disposto no art. 628 do CC; **C:** correta, pois de pleno acordo com o disposto no art. 636 do CC; **D:** correta, pois de pleno acordo com os artigos 654 e 655 do CC; **E:** correta, pois de acordo com a regra estabelecida no art. 661 do Código Civil.

Gabarito "A"

(Magistratura do Trabalho – 2ª Região – 2012) No tocante ao comodato, observe as assertivas e ao final responda.

I. É empréstimo de coisas fungíveis ou infungíveis, perfazendo-se com a tradição do objeto, sempre a título gratuito.

II. O comodatário constituído em mora, além de por ela responder, pagará, até restituí-la, o aluguel da coisa que for arbitrado pelo comodante.

III. Se, correndo risco o objeto do comodato juntamente com outros do comodatário, antepuser este a salvação dos seus abandonando os do comandante, responderá pelo dano ocorrido, exceção feita se o dano decorrer de caso fortuito ou força maior.

IV. O comodatário não poderá jamais recobrar do comodante as despesas feitas com o uso e gozo da coisa emprestada.

V. Se duas ou mais pessoas forem simultaneamente comodatárias de uma coisa, a que causar dano ao comodante responderá como devedora principal, respondendo as demais subsidiariamente apenas.

Estão corretas apenas as assertivas:

(A) I e II;

(B) I e III;

(C) III e V;

(D) IV e V;

(E) II e IV.

I: incorreta, pois o comodato é o empréstimo de coisas infungíveis. O mútuo é o empréstimo de coisas fungíveis (CC, arts. 579 e 586); **II:** correta, pois de acordo com o art. 582 do CC. A hipótese é de um aluguel-sanção; **III:** incorreta, pois nessa específica hipótese o comodatário responderá mesmo pelo fortuito ou força maior; **IV:** correta, pois de pleno acordo com o art. 584 do Código Civil; **V:** incorreta, pois nessa hipótese existirá solidariedade entre ambas (CC, art. 585).

Gabarito "E"

(Magistratura do Trabalho – 2ª Região – 2012) No tocante ao depósito, marque a alternativa INCORRETA:

(A) As despesas de restituição da coisa correm por conta do depositante.

(B) Ainda que o contrato fixe prazo para restituição, o depositário poderá se recusar a fazê-lo se houver motivo razoável para suspeitar que a coisa foi obtida dolosamente, caso em que requererá que se recolha o objeto ao Depósito Público.

(C) O depositário não se furta a restituir a coisa sob a única alegação de que a mesma não pertence ao depositante.

(D) O depósito voluntário provar-se-á por escrito.

(E) Depósito irregular é o realizado em razão de calamidade pública, como por exemplo, inundação ou incêndio.

A: correta, pois de pleno acordo com o art. 631 do CC; **B:** correta, pois de acordo com a hipótese prevista nos arts. 633 e 634 do Código Civil; **C:** correta, pois em consonância com a hipótese prevista no art. 638 do Código Civil; **D:** correta, pois em consonância com a hipótese prevista no art. 646 do Código Civil; **E:** incorreta, devendo ser assinalada, pois o depósito irregular é aquele cujo objeto é fungível e no qual o depositário se obriga a restituir objetos do mesmo gênero, qualidade e quantidade. A ele aplicam-se as regras do mútuo (CC, art. 645).

Gabarito "E"

(Magistratura do Trabalho – 3ª Região – 2008) Analise as proposições abaixo (de I a V) e assinale a alternativa correta, conforme sejam verdadeiras ou falsas:

I. se a aceitação da proposta de contrato for realizada fora do prazo, com adições, restrições ou modificações, importará nova proposta.

II. no contrato de empreitada, se o empreiteiro se afastou das instruções recebidas e dos planos dados, ou das regras técnicas em trabalhos de tal natureza, pode quem encomendou a obra, em vez de enjeitá-la, recebê-la com abatimento no preço.

III. o comodato é o empréstimo de coisas fungíveis, sendo o comodatário obrigado a restituir ao comodante o que dele recebeu em coisa do mesmo gênero, qualidade e quantidade.

IV. em virtude da aplicação da cláusula "rebus sic standibus", pode haver a resolução dos contratos de execução continuada ou diferida por onerosidade excessiva.

V. quando a cláusula de irrevogabilidade for condição de um negócio bilateral, ou tiver sido estipulada no exclusivo interesse do mandatário, a revogação do mandato será eficaz.

(A) Apenas as proposições I e II são verdadeiras.

(B) Apenas as proposições II e III são verdadeiras.

(C) Apenas as proposições I, III e IV são verdadeiras.

(D) Apenas as proposições II, IV e V são verdadeiras.

(E) Apenas as proposições I, II e IV são verdadeiras.

I: verdadeira, pois de pleno acordo com o art. 431 do CC; **II:** verdadeira, pois de acordo com a alternativa conferida pelos arts. 615 e 616 do CC; **III:** falsa, pois o comodato é o empréstimo gratuito de coisas **não fungíveis** (CC, art. 579); **IV:** verdadeira, pois a cláusula *rebus sic stantibus* significa que o contrato será mantido o mesmo, desde que as coisas se mantenham as mesmas. Assim, grandes alterações no cenário econômico, social e até político e que ocasionam desequilíbrios nas obrigações contratuais possibilitam a revisão do contrato (CC, art. 478); **V:** falsa, pois, quando a cláusula de irrevogabilidade for condição de um negócio bilateral, ou tiver sido estipulada no exclusivo interesse do mandatário, a revogação do mandato será ineficaz (CC, art. 684).

Gabarito "E"

(Magistratura do Trabalho – 13ª Região – 2006) Quanto ao contrato de depósito, está incorreta a seguinte alternativa:

(A) são espécies de depósito necessário o que se desempenha em função de lei e aquele por ocasião de alguma calamidade, bem como aqueles por equiparação;

(B) o depósito necessário, por sua natureza, será sempre de ordem gratuita;

(C) o depositário não responde pelos casos de força maior, contudo terá de prová-los;

(D) se o depósito foi entregue fechado, colado, selado ou lacrado, nesse mesmo estado se manterá;

(E) nenhuma das respostas.

A: correta, pois de acordo com a previsão do CC (art. 647) a respeito do depósito necessário; **B:** incorreta, devendo se assinalada, pois o depósito necessário não se presume gratuito (CC, art. 651); **C:** correta, pois como regra é o dono que sofre o prejuízo pelos danos decorrentes do fortuito (CC, art. 642); **D:** correta, pois de pleno acordo com as diretrizes do CC, art. 630.

Gabarito "B"

5.9. LOCAÇÃO

(Magistratura do Trabalho – 11ª Região – 2007 – FCC) Antonio é empregado de Pedro & Cia Ltda., tendo a empregadora a ele cedido imóvel residencial, em locação, pelo prazo de doze meses. Findo este prazo,

(A) o locador somente poderá vir a retomar o imóvel depois de transcorridos cinco anos de ocupação, mesmo que a ocupação do imóvel esteja relacionada com o emprego e extinto o contrato de trabalho, porque se trata de locação residencial.

(B) o locador, devendo valer-se de ação de despejo, poderá retomar o imóvel, se extinto o contrato de trabalho e se a ocupação do imóvel estiver relacionada com o seu emprego.

(C) o locador poderá valer-se de ação de reintegração de posse para retomar o imóvel, depois de o empregado haver sido notificado para desocupá-lo em trinta dias.

(D) o locador poderá obter liminar para desocupação em quinze dias, na ação de despejo, ainda que vigente o contrato de trabalho e a ocupação do imóvel esteja relacionada com o emprego.

(E) o locador somente poderá retomar o imóvel por falta de pagamento, se o empregado continuar a ocupação depois de extinto o contrato de trabalho.

Como regra geral, o locador que concede prazo de locação inferior a trinta meses não pode retomar o imóvel imotivadamente ao final do prazo contratado. Contudo, o art. 47, II, da Lei n.º 8.245/91 possibilita tal retomada na específica hipótese de ocupação do imóvel pelo locatário relacionada com o seu emprego.

Gabarito "B".

5.10. PRESTAÇÃO DE SERVIÇO E EMPREITADA

(Magistratura do Trabalho – 23ª Região – 2012) Ante às disposições do Código Civil acerca do contrato de empreitada, analise as proposições abaixo e assinale a alternativa correta:

I. Uma vez iniciada a construção, pode o dono da obra suspendê-la, pagando ao empreiteiro as despesas e lucros relativos aos serviços já feitos, mais indenização razoável, calculada em função do que ele teria ganho, se concluída a obra.
II. Suspensa pelo empreiteiro, a execução da obra, sem justa causa, faz jus à remuneração do trabalho até então executado em obediência ao principio do não enriquecimento sem causa do dono da obra, mas responde o empreiteiro por perdas e danos.
III. O empreiteiro não poderá suspender a execução da obra mesmo se as modificações exigidas pelo dono da obra, por seu vulto e natureza, forem desproporcionais ao projeto aprovado, se o dono da obra se dispõe a arcar com o acréscimo de preço.
IV. A morte de qualquer das partes não extingue o contrato de empreitada e ocorrendo, a morte do empreiteiro, o contrato deve ser concluído pelos herdeiros, ainda que o façam por intermédio de terceira pessoa, salvo se o contrato foi feito em consideração às qualidades pessoais do empreiteiro.
V. Tudo o que se mediu presume-se verificado se, em trinta dias, a contar da medição, não forem denunciados os vícios ou defeitos pelo dono da obra ou por quem estiver incumbido da sua fiscalização, mas nem tudo o que se pagou presume-se verificado.

(A) Apenas as proposições I e V estão corretas e as demais estão incorretas.
(B) Apenas a proposição I está correta e as demais estão incorretas.
(C) Apenas as proposições I, II e IV estão corretas e as demais estão incorretas.
(D) Apenas a proposição II está correta e as demais estão incorretas
(E) Todas as proposições estão corretas.

I: correta, pois referida regra de suspensão do contrato de empreitada encontra respaldo no art. 623 do CC; **II:** correta, pois a interpretação dominante a respeito do art. 624 do CC assim o permite concluir; **III:** incorreta, pois o empreiteiro tem o direito de suspender a execução da obra "se as modificações exigidas pelo dono da obra, por seu vulto e natureza, forem desproporcionais ao projeto aprovado, ainda que o dono se disponha a arcar com o acréscimo de preço" (CC, art. 625, III). Justamente sobre esse dispositivo, Miguel Reale pronunciou-se em sua Exposição de Motivos: "No capítulo da empreitada, como nos demais, foi dada especial atenção aos casos de excessiva onerosidade, prevendo-se regras capazes de restabelecer o equilíbrio dos interesses em conflito, segundo critérios práticos para a sua solução. Embora se pudesse considerar tal matéria implícita nos preceitos relativos à 'resolução dos contratos por onerosidade excessiva", atendeu-se a algumas particularidades da matéria no âmbito do negócio de empreitada"; **IV:** correta, pois o art. 626 do CC dispõe que: "Não se extingue o contrato de empreitada pela morte de qualquer das partes, salvo se ajustado em consideração às qualidades pessoais do empreiteiro"; **V:** incorreta, pois tudo o que se pagou presume-se verificado (CC, art. 614, § 1º).

Gabarito "C".

(Magistratura do Trabalho – 2ª Região – 2010) Analise as proposições acerca das espécies de contratos regulados pelo Código Civil.

I. O contrato de prestação de serviços não se resolve com a morte de qualquer das partes, vez que poderá ser executado pelo cônjuge, ascendentes ou descendentes até terceiro grau da parte que faleceu.
II. Se o prestador de serviço contratado por tempo certo, ou por obra determinada se despedir sem justa causa no decorrer do pacto, não terá direito à retribuição vencida e responderá por perdas e danos.
III. No contrato de empreitada, presume-se o fornecimento pelo empreiteiro dos materiais necessários à realização da obra diante da facilidade de acesso do empreiteiro em obter tais materiais junto ao mercado.
IV. O mandato outorgado por instrumento público somente pode ser substabelecido através de instrumento público.
V. A remuneração do corretor será devida quando o resultado previsto na mediação for alcançado, mas não será devido caso o resultado não se efetive em virtude do arrependimento das partes.

Responda:

(A) Apenas I, III e V estão corretas.
(B) Apenas I e IV estão corretas.
(C) Apenas II e V estão incorretas.
(D) Apenas III e IV estão corretas.
(E) Nenhuma delas está correta.

I: incorreta, pois o contrato de prestação de serviços acaba com a morte de qualquer das partes (CC, art. 607); **II:** incorreta; o prestador de serviço nessas condições não pode se despedir sem justa causa; se o fizer, responderá por perdas e danos; todavia, terá direito à retribuição vencida, ou seja, terá direito de receber pelo serviço prestado e com valores exigíveis até o momento da despedida (CC, art. 602, *caput* e parágrafo único); **III:** incorreta, pois, na empreitada, NÃO se presume a obrigação de o empreiteiro fornecer os materiais (CC, art. 610, § 1º); **IV:** incorreta, pois ainda que se outorgue mandato por instrumento público, pode substabelecer-se por instrumento particular (CC, art. 655); **V:** incorreta, pois a remuneração é devida ao corretor uma vez que tenha conseguido o resultado previsto no contrato de mediação, MESMO que este não se efetive em virtude de arrependimento das partes (CC, art. 725).

Gabarito "E".

(Magistratura do Trabalho – 8ª Região – 2011) Acerca dos contratos no Código Civil de 2002, assinale a alternativa INCORRETA:

(A) Sendo a empreitada unicamente de lavor, se a coisa perecer antes de entregue, sem mora do dono nem culpa do empreiteiro, este perderá a retribuição, se não provar que a perda resultou de defeito dos materiais e que, em tempo, reclamara contra a sua quantidade ou qualidade.

(B) A prestação de serviço não poderá ser contratada por mais de quatro anos, ainda que o contrato tenha por causa o pagamento de dívida do contratado, ou que se destine à execução de certa e determinada obra, resolvendo-se ainda que não concluída esta.

(C) O depósito é contrato, em regra, oneroso, ficando o depositário obrigado a ter, na guarda e conservação da coisa depositada, o cuidado e a diligência que costuma com o que lhe pertence, bem como a restituí-la, com todos os frutos e acrescidos, quando o exija o depositante.

(D) O maior de dezesseis e menor de dezoito anos não emancipado pode ser mandatário, mas o mandante não tem ação contra ele senão de conformidade com as regras gerais, aplicáveis às obrigações contraídas por menores.

(E) É nula a transação a respeito do litígio decidido por sentença passada em julgado, se dela não tinha ciência algum dos transatores, ou quando, por título ulteriormente descoberto, se verificar que nenhum deles tinha direito sobre o objeto da transação.

A: correta. Na empreitada unicamente de lavor, o empreiteiro contribui com a obra apenas com a mão de obra (CC, art. 610). Nesse caso, se a coisa perecer antes de entregue, sem mora do dono nem culpa do empreiteiro, este perderá a retribuição, se não provar que a perda resultou de defeito dos materiais e que em tempo reclamara (CC, art. 613); **B:** correta, pois tal limitação temporal está prevista no CC, art. 598; **C:** incorreta, devendo ser assinalada; o contrato de depósito, em regra, é gratuito (CC, art. 628); **D:** correta, pois de conformidade com a regra estabelecida pelo art. 666 do CC; **E:** correta, pois referida nulidade absoluta vem prevista no art. 850 do CC.

Gabarito "C"

(Magistratura do Trabalho – 8ª Região – 2008) Sobre contratos, assinale a alternativa CORRETA:

(A) Na compra e venda, inexistindo prazo estipulado, o direito de perempção caducará, se a coisa for móvel, não se exercendo nos cinco dias, e se for imóvel, não se exercendo nos sessenta dias subsequentes à data em que o comprador tiver notificado o vendedor.

(B) No contrato estimatório, um dos contratantes transfere ao outro, temporariamente, o poder de alienação da coisa, que pode ser objeto de penhora pelos credores do consignatário, independentemente do pagamento integral do preço.

(C) Aquele que aliciar pessoas obrigadas em contrato escrito a prestar serviço a outrem pagará a este a importância que ao prestador de serviço, pelo ajuste desfeito, houvesse de caber durante três anos.

(D) Sendo a empreitada somente de lavor, se a coisa perecer antes de entregue, sem mora do dono nem culpa do empreiteiro, este perderá a retribuição, se não provar que a perda resultou de defeito dos materiais e que em tempo reclamara contra sua quantidade ou qualidade.

(E) Aquele que tiver prometido fato de terceiro responderá por perdas e danos, quando este o não executar. Tal responsabilidade existirá se o terceiro for o cônjuge do promitente, independentemente do regime do casamento

A: incorreta, pois, inexistindo prazo estipulado, o direito de preempção caducará, se a coisa for móvel, **não se exercendo nos três dias**, e, se for imóvel, não se exercendo nos sessenta dias subsequentes à data em que o comprador tiver notificado o vendedor (CC, art. 516); **B:** incorreta, pois no contrato estimatório a coisa consignada não pode ser objeto de penhora ou sequestro pelos credores do consignatário, enquanto não pago integralmente o preço (CC, art. 536); **C:** incorreta, pois àquele que aliciar pessoas obrigadas em contrato escrito a prestar serviço a outrem pagará a este a importância que ao prestador de serviço, pelo ajuste desfeito, houvesse de caber durante **dois anos** (CC, art. 608); **D:** correta. Na empreitada unicamente de lavor, o empreiteiro contribui com a obra apenas com a mão de obra (CC, art. 610). Nesse caso, se a coisa perecer antes de entregue, sem mora do dono nem culpa do empreiteiro, este perderá a retribuição, se não provar que a perda resultou de defeito dos materiais e que em tempo reclamara (CC, art. 613); **E:** incorreta, pois tal responsabilidade **não** existirá se o terceiro for o cônjuge do promitente, dependendo da sua anuência o ato a ser praticado, e desde que, pelo regime do casamento, a indenização, de algum modo, venha a recair sobre os seus bens (CC, art. 439, parágrafo único).

Gabarito "D"

(Magistratura do Trabalho – 11ª Região – 2007 – FCC) A prestação de serviço NÃO se poderá convencionar por

(A) instrumento particular quando qualquer das partes não souber ler nem escrever.

(B) prazo indeterminado, sob pena de nulidade do contrato.

(C) mais de quatro anos, embora o contrato tenha por causa o pagamento de dívida de quem o presta, ou se destine à execução de certa e determinada obra.

(D) mais de três anos, embora se destine à execução de certa e determinada obra.

(E) tempo inferior a um ano, sob pena de nulidade do contrato.

A: incorreta. Quando qualquer das partes não souber ler nem escrever, a lei exige apenas que o instrumento seja assinado a rogo e subscrito por duas testemunhas (CC, art. 595); **B:** incorreta, pois o art. 599 admite contrato de prestação de serviço sem prazo determinado; **C:** correta, pois tal limitação temporal está prevista no CC, art. 598; **D:** incorreta, pois admite-se contrato de prestação de serviço por até quatro anos (CC, art. 598); **E:** incorreta, pois não existe na lei tal exigência mínima.

Gabarito "C"

(Magistratura do Trabalho – 13ª Região – 2006) Nos contratos de empreitada de edifícios ou outras construções consideráveis, o empreiteiro de materiais e execução responderá durante o prazo irredutível de quanto tempo pela solidez e segurança do trabalho:

(A) por dois anos;

(B) por três anos;

(C) por quatro anos;

(D) por cinco anos;

(E) nenhuma das respostas.

O prazo de garantia da obra é de 5 anos (CC, art. 618). Contudo, é importante distinguir o **prazo para entrar com a ação depois de aparecer o vício** (180 dias, estabelecido pelo art. 618, parágrafo único) do **prazo de garantia da obra** (5 anos).

Gabarito "D"

(Magistratura do Trabalho – 14ª Região – 2008) Contrato de empreitada.

I. O empreiteiro de uma obra pode contribuir para ela só com seu trabalho ou com ele e os materiais. No primeiro caso, pode ser empreiteira tanto a pessoa natural quanto a pessoa jurídica. No segundo caso, somente a pessoa jurídica pode assumir a condição de empreiteira.

II. O empreiteiro é obrigado a pagar os materiais que recebeu, se por imperícia ou negligência os inutilizar.

III. Se o empreiteiro só forneceu mão de obra, todos os riscos em que não tiver culpa correrão por conta do dono.

IV. Concluída a obra de acordo com o ajuste, ou o costume do lugar, o dono é obrigado a recebê-la. Poderá, porém, rejeitá-la, se o empreiteiro se afastou das instruções recebidas e dos planos dados, ou das regras técnicas em trabalho de tal natureza.

Responda:

(A) todas as opções estão corretas;
(B) apenas as opções I e II estão corretas;
(C) apenas as opções II e III estão corretas;
(D) as opções II, III e IV estão corretas;
(E) todas as opções estão incorretas.

I: incorreta, pois não existe a limitação em relação à pessoa física (CC, art. 610): **II:** correta, pois de acordo com a regra estabelecida pelo art. 617; **III:** correta, pois de pleno acordo com o art. 612 do CC; **IV:** correta, pois de exata conformidade com o art. 615 do CC.

Gabarito "D"

(Magistratura do Trabalho – 16ª Região – 2011) Sobre Contratos no Direito Civil, assinale a alternativa CORRETA:

(A) Mesmo depois de concluído o contrato, em caso de diminuição patrimonial que comprometa a prestação pela qual se obrigou, a parte contratante poderá deixar de cumprir integralmente o contrato até que a outra parte satisfaça as obrigações a que lhe compete.
(B) Em uma compra e venda de imóvel, ficarão a cargo do comprador as despesas de escrituração e registro, e se dá mediante transferência no registro de imóveis, sendo nula de pleno direito a compra e venda de ascendente para descendente, salvo se todos os outros descendentes e o cônjuge expressamente houverem
(C) No comodato, o contrato é de *intuitu personae* e *vitalicio*, mas mantém comodante o direito a retomada do bem a qualquer tempo, ainda que sem necessidade imprevista.
(D) Em contrato para construção de um edifício, o empreiteiro de uma obra obriga-se a fornecer materiais e execução, tendo dever de garantia dos defeitos eventualmente apresentados no prazo de cinco anos, assumindo os mesmos riscos se o empreiteiro for só de mão de obra.
(E) Salvo disposição expressa em sentido contrário no contrato, extingue-se o contrato de empreitada pela morte de qualquer das partes.

A: correta, pois mesmo depois de concluído o contrato, se sobrevier a uma das partes contratantes diminuição em seu patrimônio capaz de comprometer ou tornar duvidosa a prestação pela qual se obrigou, pode a outra recusar-se à prestação que lhe incumbe, até que aquela satisfaça a que lhe compete ou dê garantia bastante de satisfazê-la. (CC, art. 477); **B:** incorreta, pois a lei prevê a anulabilidade para a hipótese de o ascendente alienar bem a um dos descendentes sem a autorização expressa dos demais e do cônjuge (CC, art. 496). Vale o registro de que – respeitando a parte legítima – o pai pode doar a um dos seus filhos sem necessidade de consentimento dos demais, devido ao instituto da colação de bens que visa reequilibrar as legítimas dos herdeiros necessários; **C:** incorreta, pois o comodato NÃO é vitalício; o comodato se dá pelo tempo definido entre as partes ou pelo tempo necessário ao uso concedido; em qualquer desses dois casos, pode o comodante, a qualquer tempo, suspender o uso e gozo da coisa, DESDE que motive seu ato em NECESSIDADE URGENTE E IMPREVISTA (CC, art. 581); **D:** incorreta; apenas o empreiteiro de edifícios e construções consideráveis, em que há empreitada de materiais e execução, responde objetivamente pela solidez e segurança do trabalho, dos materiais e do solo (CC, art. 618); já o empreiteiro só de mão de obra NÃO assume esses mesmo riscos, respondendo apenas pelos riscos em relação aos quais tiver CULPA (CC, art. 612); **E:** incorreta, pois, ao contrário do que acontece com a prestação de serviço, na empreitada a morte do empreiteiro NÃO extingue o contrato (CC, art. 607), salvo se este tiver sido ajustado em consideração às qualidades pessoais do empreiteiro (CC, art. 626).

Gabarito "A"

(Magistratura do Trabalho – 16ª Região – 2008) Sobre o contrato de prestação de serviços, serão observadas as seguintes regras:

I. Para que seja possível a celebração de contrato de prestação de serviços, é necessário que o serviço ou trabalho seja lícito, imaterial e mediante retribuição.

II. O pagamento será feito após a realização do serviço, salvo se, por convenção ou costume, houver de ser adiantada ou paga em prestações.

III. A prestação de serviço não poderá ser convencionada por mais de dois anos, embora tenha por causa o pagamento de dívida de quem o preste.

IV. Se o prestador de serviço for despedido sem justa causa, o tomador será obrigado a pagar a retribuição vencida, por inteiro, e a vincenda, por metade.

V. O contrato de prestação de serviço não se finda com a morte do tomador dos serviços, transferindo-se a obrigação a seus sucessores, se a obra não estiver concluída ou o contrato tenha termo certo.

Assinalar a resposta correta:

(A) Só a alternativa IV está correta.
(B) As alternativas I e II estão incorretas.
(C) As alternativas II e V estão corretas.
(D) As alternativas I, III e V estão incorretas.
(E) Todas as alternativas estão incorretas.

I: incorreta, pois toda a espécie de serviço ou trabalho lícito, **material** ou imaterial, pode ser contratada mediante retribuição (CC, art. 594); **II:** correta. A regra geral do Código Civil é no sentido de que o pagamento ocorre após a realização da obra (CC, art. 597); **III:** incorreta, pois o prazo máximo para o contrato de prestação de serviço é de **quatro** anos (CC, art. 598); **IV:** correta, pois de acordo com a regra estipulada pelo art. art. 603 do CC; **V:** incorreta, pois o contrato de prestação de serviço finda com a morte de qualquer das partes (CC, art. 607).

Gabarito "D"

(Magistratura do Trabalho – 24ª Região – 2007) Assinale a alternativa INCORRETA:

(A) O Código Civil, tratando da resolução do contrato por onerosidade excessiva, dispõe que os efeitos da sentença que decretar a resolução do contrato em virtude de acontecimentos extraordinários e imprevisíveis retroagirão à data da citação.

(B) A partir do Código Civil de 2002, a aplicação do princípio *pacta sunt servanda* encontra-se mitigada pela aplicação da Teoria da Função Social do Contrato.

(C) Comodato é o empréstimo gratuito de coisas não fungíveis, enquanto que o mútuo é o empréstimo de coisas fungíveis.

(D) A prestação de serviço não se poderá convencionar por mais de quatro anos, embora o contrato tenha por causa o pagamento de dívida de quem o presta, ou se destine à execução de certa e determinada obra. Neste caso, decorridos quatro anos, dar-se-á por findo o contrato, ainda que não concluída a obra.

(E) Nos contratos de empreitada, quando o empreiteiro fornece os materiais, correm por sua conta os riscos, mas, se só fornece mão de obra, todos os riscos correrão por conta do dono.

A: correta. Os efeitos da sentença nesse caso retroagem à data da citação (CC, art. 478); **B:** correta, pois, de fato, atualmente há previsão legal que limita a liberdade de contratar ao respeito à função social do contrato (CC, art. 421). Nesse sentido, o art. 2.035, parágrafo único, não poderia ser mais claro ao determinar que: "Nenhuma convenção prevalecerá se contrariar preceitos de ordem pública, tais como os estabelecidos por este Código para assegurar a função social da propriedade e dos contratos". Nesse sentido, muito apropriado o julgado do STJ: Deveras, consoante cediço, o princípio *pacta sunt servanda*, a força obrigatória dos contratos, porquanto sustentáculo do postulado da segurança jurídica é princípio mitigado, posto sua aplicação prática estar condicionada a outros fatores, como, por *v.g.*, a função social, as regras que beneficiam o aderente nos contratos de adesão e a onerosidade excessiva. O Código Civil de 1916, de feição individualista, privilegiava a autonomia da vontade e o princípio da força obrigatória dos vínculos. Por seu turno, o Código Civil de 2002 inverteu os valores e *sobrepõe o social em face do individual*. Dessa sorte, por força do Código de 1916, prevalecia o elemento subjetivo, o que obrigava o juiz a identificar a intenção das partes para interpretar o contrato. Hodiernamente, prevalece na interpretação o elemento objetivo, vale dizer, o contrato deve ser interpretado segundo os padrões socialmente reconhecíveis para aquela modalidade de negócio. STJ, 1ª T. 30/09/2009, AgRg REsp 838.127/DF, Rel. Min. Luiz Fux; **C:** correta. Esta é uma das principais diferenças entre esses contratos (CC, arts. 579 e 586). A outra importante diferença é que o comodato transfere a posse, enquanto o mútuo transfere a propriedade; **D:** correta, pois tal limitação temporal está prevista no CC, art. 598; **E:** incorreta, devendo ser assinalada, pois, se o empreiteiro só forneceu mão de obra, todos **os riscos em que não tiver culpa correrão por conta do dono** (CC, art. 612).

Gabarito "E"

(Magistratura do Trabalho – 24ª Região – 2007) O contrato de prestação de serviços acaba:

I. Com a morte de qualquer das partes.
II. Pelo escoamento do prazo.
III. Pela conclusão da obra.
IV. Pela rescisão do contrato mediante aviso prévio.
V. Por inadimplemento de qualquer das partes ou pela impossibilidade da continuação do contrato, motivada por força maior.

Considerando as proposições acima como Verdadeira (V) ou Falsa (F), assinale a alternativa CORRETA:

(A) V, V, V, F, F.
(B) V, V, V, F, V.
(C) V, V, V, V, V.
(D) V, V, V, V, F.
(E) V, F, V, F, V.

De acordo com o art. 607 do CC, as cinco hipóteses mencionadas são causa de extinção do contrato de prestação de serviço. Daí porque a alternativa C é a adequada.

Gabarito "C"

(Ministério Público do Trabalho – 14º) Complete com a opção CORRETA.

Em relação à empreitada, o que se mediu presume-se verificado se, em _______ dias, a contar da medição, não forem denunciados os vícios ou defeitos pelo dono da obra ou por quem estiver incumbido da sua fiscalização.

(A) 10;
(B) 15;
(C) 20;
(D) 30;
(E) não respondida.

O art. 614, § 2º, do CC estabelece regra no sentido de que – após a medição pelo dono da obra – o transcurso do prazo de 30 dias firma presunção de que a obra foi verificada.

Gabarito "D"

(Ministério Público do Trabalho – 12º) Assinale a alternativa CORRETA:

I. o contrato de prestação de serviço não poderá ser convencionado por prazo superior a 2 (dois) anos, dando-se por findo o contrato ainda que não concluída a obra certa, objeto do ajuste;
II. a prestação de serviço que não estiver sujeita às leis trabalhistas ou a lei especial será regida pelas disposições do Código Civil no que tange ao Capítulo atinente à Empreitada;
III. nos contratos de Empreitada, por não haver subordinação e os riscos correrem integralmente pelo empreiteiro, este é quem detém o ônus de fornecer as ferramentas e os materiais necessários;
IV. os atos praticados por quem não tenha mandato, ou o tenha sem poderem suficientes, são ineficazes em relação àquele em cujo nome forem praticados, salvo se este os ratificar.

(A) apenas a assertiva IV é verdadeira;
(B) apenas as assertivas III e IV são verdadeiras;
(C) apenas as assertivas I e IV são verdadeiras;
(D) apenas as assertivas I e III são verdadeiras.
(E) não respondida.

I: falsa, pois o prazo máximo para o contrato de prestação de serviço é de **quatro** anos (CC, art. 598); **II:** falsa, pois para essa hipótese deve-se aplicar as regras previstas no capítulo "Prestação de Serviços" (CC, art. 593); **III:** falsa, pois a obrigação de fornecer os materiais não se presume; resulta da lei ou da vontade das partes. (CC, art. 610, § 1º); **IV:** verdadeira, pois de acordo com o disposto no CC, art. 662.

Gabarito "A"

(Ministério Público do Trabalho – 9º) Assinale a alternativa correta:

Para diferenciar o contrato de trabalho do contrato de empreitada é elemento suficiente:

(A) a subordinação jurídica ou hierárquica:
(B) a pessoalidade;
(C) a dependência econômica;
(D) a habitualidade:
(E) a natureza do serviço em relação à atividade da empresa:
(F) não sei.

De fato, o contrato de trabalho tem como uma das principais características a subordinação, que não existe no contrato de empreitada.

Gabarito "A"

5.11. MANDATO

(Magistratura do Trabalho – 13ª Região – 2006) Quando se fala em *mandato*, como espécie de contrato, qual das alternativas abaixo está incorreta:

(A) ainda quando se outorgue mandato por instrumento público, pode substabelecer-se mediante instrumento público;
(B) a aceitação do mandato pode ser tácita, e resulta do começo da execução;
(C) o mandato em termos gerais só confere poderes de administração; para alienar, hipotecar, transigir ou praticar outros quaisquer atos que exorbitem da administração ordinária, depende a procuração de poderes especiais e expressos;
(D) o maior de dezesseis e menor de dezoito não emancipado não podem ser mandatários;
(E) o mandatário que exceder os poderes do mandato, ou proceder contra eles, será considerado mero gestor de negócios, enquanto o mandante não lhe ratificar os atos.

A: correta, pois o que determina a forma do substabelecimento não é a forma do mandato, mas sim a forma do ato principal a ser praticado (CC, art. 655); **B:** correta, pois de acordo com as diretrizes apontadas pelo CC, art. 659; **C:** correta, pois para os atos especificados a lei exige poderes especiais (CC, art. 661, § 1º); **D:** incorreta, devendo ser assinalada, pois o maior de dezesseis e menor de dezoito anos não emancipado **pode ser mandatário**, mas o mandante não tem ação contra ele senão de conformidade com as regras gerais, aplicáveis às obrigações contraídas por menores (CC, art. 666); **E:** correta, pois de acordo com o disposto no CC, art. 665.

Gabarito "D"

(Ministério Público do Trabalho – 13º) Assinale a alternativa INCORRETA:

(A) a fiança dar-se-á por escrito ou de forma verbal;
(B) a doação à entidade futura caducará se, em dois anos, esta não estiver constituída regularmente;
(C) morrendo o locador ou o locatário, transfere-se aos seus herdeiros a locação por tempo determinado;
(D) o mandatário tem o direito de reter, do objeto da operação que lhe foi cometida, quanto baste para pagamento de tudo que lhe for devido em consequência do mandato;
(E) não respondida.

A: incorreta, devendo ser assinalada, pois a lei exige a forma escrita para a celebração do contrato de fiança (CC, art. 819); **B:** correta, pois de acordo com a regra estabelecida pelo CC, art. 554); **C:** correta, pois de acordo com o disposto no CC, art. 577; **D:** correta, pois de acordo com o disposto no CC, art. 664.

Gabarito "A"

5.12. TRANSAÇÃO

(Magistratura do Trabalho – 14ª Região – 2008) Transação.

I. Só quanto a direitos patrimoniais de caráter privado se permite a transação.
II. A transação interpreta-se restritivamente, e por ela não se transmitem, apenas se declaram ou reconhecem direitos.
III. A transação concernente a obrigações resultantes de delito não extingue a ação penal pública.
IV. A transação não aproveita, nem prejudica senão aos que nela intervierem ainda que diga respeito a coisa indivisível.

Responda:

(A) todas as opções estão corretas;
(B) apenas três opções estão corretas;
(C) apenas duas opções estão corretas;
(D) apenas uma opção está correta;
(E) todas as opções estão incorretas.

I: correta, pois de acordo com a limitação prevista pelo CC, art. 841: **II:** correta, pois a transação não é a via adequada para a transmissão de direitos (CC, art. 843); **III:** correta, não só em virtude do disposto no art. 846 do CC, como também por conta de observância mínima de princípios do Processo Penal; **IV:** correta, pois de acordo com a regra prevista no CC, art. 844.

Gabarito "A"

5.13. ENRIQUECIMENTO SEM CAUSA

(Ministério Público do Trabalho – 11º) Assinale a alternativa CORRETA:

I. reputa-se anulável o ato ou negócio jurídico por vício resultante de erro, dolo, coação, simulação ou fraude contra credores;
II. a lei não admite o direito à restituição do que se pagou para solver dívida prescrita, ou cumprir obrigação judicialmente inexigível;
III. a restituição é devida, não só quando não tenha havido causa que justifique o enriquecimento, mas também se esta deixar de existir;
IV. não cabe restituição por enriquecimento sem causa, se a lei conferir ao lesado outros meios para se ressarcir do prejuízo sofrido.

(A) apenas uma assertiva é verdadeira;
(B) apenas uma assertiva é falsa;
(C) apenas duas assertivas são verdadeiras;
(D) todas as assertivas são verdadeiras;
(E) não respondida.

I: falsa, pois reputa-se nulo o ato ou negócio jurídico resultante de simulação (CC, art. 167); **II:** verdadeira, pois não se pode repetir o que se pagou para solver dívida prescrita, tendo em vista que – a despeito da ocorrência da prescrição – ainda havia no caso a obrigação (CC, art. 882); **III:** verdadeira, pois de plena conformidade com o disposto no CC, art. 885; **IV:** verdadeira, pois a via da restituição por enriquecimento sem causa é residual (CC, art. 886).

Gabarito "B".

5.14. TEMAS COMBINADOS DE CONTRATOS

(Magistratura do Trabalho – 12ª Região – 2006) Sobre os contratos de natureza civil, assinale a alternativa correta:

(A) se o contrato, por aleatório, dizer respeito a coisas ou fatos futuros, cujo risco de não virem a existir um dos contratantes assuma, terá o outro direito de receber integralmente o que lhe foi prometido, desde que de sua parte não tenha havido dolo ou culpa, ainda que nada do avençado venha a existir, ou, se for aleatório, por serem objeto dele coisas futuras, tomando o adquirente a si o risco de virem a existir em qualquer quantidade, terá também direito o alienante a todo o preço, desde que de sua parte não tenha concorrido culpa, ainda que a coisa venha a existir em quantidade inferior à esperada;

(B) no momento da conclusão do contrato, pode uma das partes reservar-se a faculdade de indicar a pessoa que deve adquirir os direitos e assumir as obrigações dele decorrentes, desde que comunique a outra no prazo de 10 dias da conclusão do contrato específico a esse respeito lado, se outro não tiver sido estipulado no próprio contrato, tornando eficaz a aceitação da pessoa nomeada por qualquer forma contratual;

(C) a resilição unilateral, nos casos em que a lei expressa ou implicitamente a permita, opera mediante denúncia notificada à outra parte. Se, porém, dada a natureza do contrato, uma das partes houver feito investimentos consideráveis para a sua execução, a denúncia unilateral só produzirá efeito depois de transcorrido prazo previsto legalmente para as resilições em geral;

(D) a venda feita a contento do comprador entende-se realizada sob condição suspensiva, ainda que a coisa lhe tenha sido entregue, e não se reputará perfeita enquanto o adquirente não manifestar seu agrado. A venda sujeita à prova presume-se feita sob a condição resolutiva de que a coisa tenha as qualidades asseguradas pelo vendedor e seja idônea para o fim a que se destina. Em ambos os casos, as obrigações do comprador, que recebeu, sob condição suspensiva, a coisa comprada, são as de mero comodatário, enquanto não manifeste aceitá-la;

(E) todas estão corretas.

A: correta (arts. 458 e 459, *caput*, ambos do CC); **B:** incorreta, pois a comunicação deve ocorrer no **prazo de cinco dias** da conclusão do contrato, se outro não tiver sido estipulado no próprio contrato, e a aceitação da pessoa nomeada não será eficaz se não se **revestir da mesma forma que as partes usaram para o contrato** (arts. 467 e 468, ambos do CC); **C:** incorreta, pois se, dada a natureza do contrato, uma das partes houver feito investimentos consideráveis para a sua execução, **a denúncia unilateral só produzirá efeito depois de transcorrido prazo compatível com a natureza e o vulto dos investimentos** (art. 473, p. único, do CC); **D:** incorreta, pois **a venda sujeita a prova presume-se feita sob condição suspensiva** de que a coisa tenha as qualidades asseguradas pelo vendedor e seja idônea para o fim a que se destina (arts. 509, 510 e 511, todos do CC); **E:** apenas a alternativa A está correta.

Gabarito "A".

(Ministério Público do Trabalho – 13º) Em relação aos contratos:

I. é nulo o contrato de comissão firmado sem a estipulação da remuneração devida ao comissário, visto tratar-se de contrato oneroso;

II. a preferência impõe ao comprador a obrigação de oferecer ao vendedor a coisa que aquele vai vender, ou dar em pagamento, para que este use de seu direito de prelação na compra, tanto por tanto;

III. o comodatário poderá exigir do comodante o reembolso das despesas com o uso e conservação do bem.

Analisando as asserções acima, pode-se afirmar que:

(A) apenas as de número I e II estão corretas;

(B) apenas a de número II está correta;

(C) apenas a de número III está correta;

(D) todas estão corretas;

(E) não respondida.

I: incorreta, pois "*Não estipulada a remuneração devida ao comissário, será ela arbitrada segundo os usos correntes no lugar*" (CC, art. 701); **II:** correta, pois de pleno acordo com o disposto no art. 513 do CC); **III:** incorreta, pois "O comodatário não poderá jamais recobrar do comodante as despesas feitas com o uso e gozo da coisa emprestada" (CC, art. 584).

Gabarito "B".

6. RESPONSABILIDADE CIVIL

6.1. OBRIGAÇÃO DE INDENIZAR

(Magistratura do Trabalho – 4ª Região – 2012) De acordo com o Código Civil,

(A) por expressa disposição, a configuração do abuso do direito demanda a comprovação de culpa.

(B) a regra geral é a da responsabilidade objetiva, sendo excepcional a responsabilidade subjetiva.

(C) o incapaz nunca responde pelos prejuízos que causar.

(D) a ofensa à boa-fé objetiva, quando implicar danos, dá azo a obrigação de indenizar.

(E) os empresários individuais e as sociedades empresárias respondem somente nos casos de culpa pelos danos causados pelos produtos postos em circulação.

A: incorreta, pois a responsabilidade civil decorrente do ato ilícito previsto no art. 187 (abuso de direito) independe de culpa e fundamenta-se somente no critério objetivo-finalístico (Enunciado 37 do Conselho da Justiça Federal); **B:** incorreta, pois a regra em nosso sistema é a responsabilidade subjetiva. A responsabilidade objetiva terá lugar nas específicas hipóteses previstas em lei e também na hipótese de a atividade normalmente desenvolvida pelo autor do dano implicar, por sua natureza, risco para os direitos de outrem (CC, art. 927, parágrafo único); **C:** incorreta, pois o art. 928 do Código Civil prevê duas específicas hipóteses nas quais o incapaz responderá diretamente pelos prejuízos que causar (se as pessoas por ele responsáveis não tiverem obrigação de fazê-lo ou não dispuserem de meios suficientes); **D:** correta, pois a violação do referido princípio enseja obrigação de indenizar sempre que dela resultar danos; **E:** incorreta, pois o art. 931 do CC prevê responsabilidade civil objetiva para tais casos.

Gabarito "D"

(Procurador do Trabalho – 2013 – MPT) Sobre a responsabilidade civil do empregador, analise os itens abaixo:

I. Consoante jurisprudência uniforme do STJ, é lícita a cumulação das indenizações por dano moral e por dano estético decorrentes de um mesmo fato, desde que passíveis de identificação autônoma.
II. A teoria da perda de uma chance pode ser aplicada às relações de trabalho.
III. Para que reste caracterizada culpa exclusiva da vítima, é preciso que não haja culpa do empregador em nenhum grau.

Marque a alternativa CORRETA:

(A) todas as assertivas estão corretas;
(B) apenas as assertivas II e III estão corretas;
(C) apenas as assertivas I e III estão corretas;
(D) apenas a assertiva I está correta;
(E) não respondida.

I: correta (Súmula STJ n. 387); **II:** correta, pois a perda de uma chance consiste num dano decorrente da possibilidade de buscar posição jurídica mais vantajosa que muito provavelmente ocorreria; desde que se trate de uma chance séria e real, danos causados em situações como a mencionada dão ensejo à devida indenização mesmo em relações de trabalho; **III:** correta, pois, do contrário, teríamos culpa concorrente e não culpa exclusiva da vítima.

Gabarito "A"

(Procurador do Trabalho – MPT – 17º Concurso) À luz do Código Civil, assinale a assertiva CORRETA:

(A) No caso de indenização por danos, se da ofensa resultar defeito pelo qual o ofendido não possa exercer o seu ofício ou profissão, ou se lhe diminua a capacidade de trabalho, a indenização, além das despesas do tratamento e lucros cessantes até o fim da convalescença, incluirá pensão correspondente à importância do trabalho para que se inabilitou, ou da depreciação que ele sofreu; porém, se o ofensor preferir, poderá exigir que a indenização seja arbitrada para pagamento de uma só vez.
(B) Se a obrigação for indeterminada, e não houver na lei ou no contrato disposição fixando a indenização devida pelo inadimplente, apurar-se-á o valor das perdas e danos na forma que a lei processual determinar.
(C) Em nenhuma circunstância constituirá ato ilícito a deterioração ou destruição da coisa alheia, ou a lesão a pessoa, a fim de remover perigo iminente.
(D) Não comete ato ilícito o titular de um direito que, ao exercê-lo, excede manifestamente os limites impostos pelos bons costumes.
(E) Não respondida.

A: incorreta, pois a lei não confere à vítima o direito de ela exigir o pagamento da indenização de uma só vez (CC, art. 950); **B:** correta, pois o enunciado reflete exatamente a regra prevista no art. 946 do CC; **C:** incorreta, pois o parágrafo único do art. 188 estipula que "*o ato será legítimo somente quando as circunstâncias o tornarem absolutamente necessário, não excedendo os limites do indispensável para a remoção do perigo*"; **D:** incorreta, pois o art. 187 prevê justamente o ato ilícito decorrente do exercício abusivo de um direito, o qual se configurará quando se exceder "manifestamente os limites impostos pelo seu fim econômico ou social, pela boa-fé ou pelos bons costumes". Sobre o tema, o STJ proferiu interessante julgado: "A recorrente, ao suspender o fornecimento de energia elétrica em razão de um débito de R$ 0,85, não agiu no exercício regular de direito, e sim com flagrante abuso de direito. Aplicação dos princípios da razoabilidade e proporcionalidade. Dever de indenizar configurado" STJ. RESP 811690/RR.

Gabarito "B"

(Magistratura do Trabalho – 4ª Região – 2012) Ao arbitrar indenização decorrente de responsabilidade civil,

(A) no caso de lesão ou outra ofensa à saúde, o ofensor indenizará o ofendido das despesas do tratamento e dos lucros cessantes, até ao fim da convalescença, excluídos os demais prejuízos que tenha sofrido.
(B) o grau de culpa jamais interfere no valor da indenização.
(C) se da ofensa resultar defeito pelo qual o ofendido não possa exercer seu ofício ou profissão, ou se lhe diminua a capacidade de trabalho, a indenização, além das despesas do tratamento e lucros cessantes, incluirá pensão correspondente à importância do trabalho para que se inabilitou, a qual deverá, necessariamente, ser paga mensal e periodicamente.
(D) no caso de homicídio, a indenização consiste, sem excluir outras reparações, na prestação de alimentos às pessoas a quem o morto os devia, a serem pagos até a morte dos alimentados.
(E) se a vítima tiver concorrido culposamente para o evento danoso, o juiz poderá reduzir o valor da indenização.

A: incorreta, pois o art. 949 do Código Civil determina que se inclua os demais prejuízos que a vítima tenha sofrido; **B:** incorreta, pois o parágrafo único do art. 944 do CC determina que "Se houver excessiva desproporção entre a gravidade da culpa e o dano, poderá o juiz reduzir, equitativamente, a indenização"; **C:** incorreta, pois a lei não exige o pagamento mensal e periódico (CC, art. 950); **D:** incorreta, pois nesse caso a indenização consiste "na prestação de alimentos às pessoas a quem o morto os devia, levando-se em conta a duração provável da vida da vítima" (CC, art. 948, II); **E:** correta, pois de acordo com o art. 945 do CC.

Gabarito "E"

(Magistratura do Trabalho – 2ª Região – 2012) Observe as assertivas e ao final responda.

I. No campo da responsabilidade civil, a obrigação de reparar lesão decorrente de ato ilícito transmite-se com a herança.
II. Salvo exceção legal, nos contratos benéficos, em havendo o inadimplemento das obrigações, aquele a quem o contrato não favoreça responde apenas por dolo e, aquele a quem o contrato aproveite, responde por simples culpa.

III. Na ação de indenização calcada na culpa aquiliana, o ônus da prova cabe à vítima.

IV. O empregador é responsável pela reparação civil por danos causados por seus empregados, no exercício do trabalho que lhes competir, ou em razão dele, a menos que prove não ter havido de sua parte culpa "in elegendo" ou "in vigilando".

V. No caso do item anterior, o empregador que tenha agido com culpa "in vigilando" responde apenas subsidiariamente pela reparação do dano e o empregado, por sua vez, agente causador do dano, responde como devedor principal.

Estão corretas apenas as assertivas:

(A) I, II e IV;

(B) I, II e III;

(C) II, III e IV;

(D) III, IV e V;

(E) I, IV e V.

I: correta, pois tal obrigação é transmissível aos herdeiros, sempre respeitando as forças da herança; **II:** correta, pois de acordo com a regra instituída no art. 392 do CC. Nesse tipo de contrato, a parte que só tem vantagens responde por dolo e também por culpa, ao passo que a parte que só tem desvantagens responde apenas pelo dolo; **III:** correta, pois – ao menos como grande regra geral – a responsabilidade extracontratual é subjetiva, ou seja, depende da prova da culpa do agente causador do dano; **IV:** incorreta, pois a responsabilidade do patrão pelos atos dos seus empregados é objetiva, ou seja, não depende da prova da culpa do patrão (CC, art. 933); **V:** incorreta, pois a responsabilização recairá diretamente sobre o patrão, cabendo a ele o direito de regressa contra o empregado caso este tenha agido com culpa ou dolo.

Gabarito "B"

(Magistratura do Trabalho – 1ª Região – 2004) Analisando as afirmativas abaixo:

I. o incapaz, em hipótese alguma, responde pelos danos que causar;

II. toda pessoa, que venha a ressarcir dano em nome de outrem, pode deste reaver o que houver pago, salvo se o causador do dano for incapaz ou relativamente incapaz, e seu descendente;

III. o empregador responde pelo ato de seus empregados, desde que o ato causador do dano seja decorrente do exercício das tarefas destes;

IV. o dono do animal responde, em qualquer hipótese, pelos danos provocados por ele;

V. o dever de prestar a reparação não se transmite por herança.

Assinale:

(A) se corretas as afirmativas I, III e V;

(B) se incorreta a afirmativa II e corretas as demais;

(C) se corretas somente as afirmativas IV e V;

(D) se corretas somente as afirmativas II e III;

(E) se corretas somente as afirmativas II, III e V.

I: incorreta, pois o art. 928 do Código Civil prevê duas específicas hipóteses nas quais o incapaz responderá diretamente pelos prejuízos que causar (se as pessoas por ele responsáveis não tiverem obrigação de fazê-lo ou não dispuserem de meios suficientes); **II:** correta. A única pessoa que não tem direito de regresso depois de pagar pelo ato ilícito de outrem é justamente o ascendente pelo ato do descendente incapaz (CC, art. 934); **III:** correta, pois de acordo com o CC, art. 932, III; **IV:** incorreta, pois o dono ou detentor do animal ressarcirá o dano por este causado, **se não provar culpa da vítima ou força maior** (CC, art. 936); **V:** incorreta, pois o dever de prestar a reparação transmite-se com a herança, sempre respeitadas as forças da herança (CC, art. 943).

Gabarito "D"

(Magistratura do Trabalho – 2ª Região – 2010) Em relação à responsabilidade civil, verifique as seguintes proposições e responda:

I. O dano se constitui em lesão a qualquer bem jurídico, material ou moral, devendo, em regra ser um dano atual e certo, admitindo-se, por exceção, a possibilidade da reparação pela perda de uma chance.

II. Quanto às pessoas obrigadas a reparar o dano, o Código Civil elenca: a responsabilidade por ato próprio; responsabilidade por ato de terceiro ou pelo fato de coisas ou animais; responsabilidade em concurso de agentes; responsabilidade de sucessores.

III. A desproporção entre a gravidade da culpa e o dano pode ser critério hábil a intervir na fixação do *quantum* indenizatório.

IV. O empregador será responsável pela reparação civil na hipótese de dano causado por seu empregado ou preposto, no exercício do trabalho que lhe competir, ou em razão dele, desde que verificada a culpa deste empregador.

V. A responsabilidade civil é independente da criminal, porém não se poderá questionar mais sobre a existência do fato, ou sobre a sua autoria, quando estas questões se encontrarem decididas no juízo criminal.

(A) Apenas I e III estão corretas.

(B) Apenas II, III e V estão corretas.

(C) Nenhuma assertiva está incorreta.

(D) Apenas I, IV e V estão corretas.

(E) Apenas IV está incorreta.

I: correta; o lesado tem direito à indenização por danos estéticos (se for o caso), por danos morais (se for o caso) e por danos materiais (se for o caso), indenizações essas que poderão se cumular, se for o caso, conforme entende o STJ; na esfera dos danos materiais, reconhecem-se os danos emergentes (o que efetivamente se perdeu), os lucros cessantes (o que razoavelmente se deixou de lucrar) e os danos decorrentes da perda de uma chance (dano decorrente da possibilidade de se buscar posição jurídica mais vantajosa que muito provavelmente ocorreria; um exemplo é o dano causado em virtude de um voo atrasado, que venha a impedir a posse de alguém, no prazo legal, num cargo público para o qual o lesado tenha sido aprovado em concurso público); **II:** correta, valendo citar como exemplos de regulamentação da responsabilidade por ato próprio o art. 927 do CC; de responsabilidade por ato de terceiro, o art. 932 do CC; de responsabilidade pelo fato de coisas ou animais, os artigos 936 a 938 do CC; de responsabilidade em concurso de agentes, o art. 942 do CC; e de responsabilidade de sucessores, o art. 943 do CC; **III:** correta (art. 944, parágrafo único, do CC); **IV:** incorreta, pois não é necessária a verificação de culpa do empregador; este responde objetivamente pelos atos praticados por seus prepostos (arts. 932, III, e 933, ambos do CC); **V:** correta (art. 935 do CC).

Gabarito "E"

(Magistratura do Trabalho – 3ª Região – 2009) Assinale a assertiva ("a" a "e") correta em relação aos enunciados de I a V, quanto à responsabilidade civil:

I. O incapaz responde pelos prejuízos que causar, se as pessoas por ele responsáveis não tiverem obrigação de fazê-lo ou não dispuserem de meios suficientes.
II. A responsabilidade civil é independente da criminal, não se podendo questionar mais sobre a culpa e a existência do fato, ou sobre quem seja seu autor, quando estas questões se acharem decididas no juízo criminal.
III. No caso de destruição da coisa alheia para remover perigo iminente, não sendo a pessoa lesada ou o dono da coisa culpados do perigo, terão direito à indenização do prejuízo que sofreram.
IV. É responsável pela reparação civil, ainda que não haja culpa de sua parte, aquele que gratuitamente houver participado nos produtos do crime, até a concorrente quantia.
V. É responsável pela reparação civil, ainda que não haja culpa de sua parte, os pais, pelos filhos menores que estiverem sob sua autoridade e em sua companhia.

(A) Somente um enunciado é verdadeiro.
(B) Somente dois enunciados são verdadeiros.
(C) Somente três enunciados são verdadeiros.
(D) Somente quatro enunciados são verdadeiros.
(E) Todos os enunciados são verdadeiros.

I: verdadeira, pois o art. 928 do Código Civil prevê duas específicas hipóteses nas quais o incapaz responderá diretamente pelos prejuízos que causar (se as pessoas por ele responsáveis não tiverem obrigação de fazê-lo ou não dispuserem de meios suficientes); **II:** falsa, pois a responsabilidade civil é independentemente da criminal e o *que* **não se pode mais questionar é a existência do fato e a autoria**, quando estas questões se acharem decididas no juízo criminal (CC, art. 935); **III:** verdadeira. Quando se atua em estado de necessidade (CC, art. 188) e causa-se um dano, deve-se averiguar se a vítima do dano foi culpada pelo risco da situação. Caso positivo, não haverá obrigação de indenizar. Caso contrário, a vítima faz jus à indenização (CC, art. 929); **IV:** verdadeira, pois de acordo com a disciplina dada pelo art. 932, V, do CC); **V:** verdadeira, pois de acordo com o disposto no CC, arts. 932, I, e 933.
Gabarito "D".

(Magistratura do Trabalho – 3ª Região – 2008) Sob a ótica do novo Código Civil, e especificamente no que tange a responsabilidade civil, analise as afirmativas abaixo:

I. O incapaz não responde pelos prejuízos que causar.
II. Os pais são responsáveis pelos filhos menores que estiverem sob sua autoridade.
III. A responsabilidade civil é independente da criminal, não se podendo questionar sobre a existência do fato ou sobre quem seja o seu autor, quando estas questões se acharem decididas no juízo criminal.
IV. O direito de exigir reparação transmite-se com a herança e o da obrigação de prestar a reparação não.
V. Poderá o prejudicado exigir que a indenização seja paga de uma só vez se da ofensa resultar defeito pelo qual o ofendido não possa exercer o seu ofício ou profissão ou se lhe diminua a capacidade de trabalho.

Agora, assinale a alternativa correta:

(A) Apenas os itens I, III e IV estão corretos.
(B) Apenas os itens I, II e V estão corretos.
(C) Apenas os itens II, IV e V estão corretos.
(D) Apenas os itens II, III e V estão corretos .
(E) Apenas os itens I, II, III e V estão corretos.

I: incorreta, pois o art. 928 do Código Civil prevê duas específicas hipóteses nas quais o incapaz responderá diretamente pelos prejuízos que causar (se as pessoas por ele responsáveis não tiverem obrigação de fazê-lo ou não dispuserem de meios suficientes); **II:** correta, em função da determinação do CC, art. 932, I; **III:** correta, pois aquilo que se decidiu no juízo criminal a respeito de existência do fato e autoria, não pode mais ser objeto de questionamento no juízo cível (CC, art. 935); **IV:** incorreta, pois tanto o direito de exigir reparação quanto a obrigação de prestar a reparação transmitem-se com a herança (CC, art. 943); **V:** correta, em virtude do disposto no art. 950 do CC.
Gabarito "D".

(Magistratura do Trabalho – 8ª Região – 2007) No campo da responsabilidade civil e de acordo com o Código Civil em vigor, são hipóteses de responsabilidade, independentemente de culpa, por ato de terceiro, exceto:

(A) O empregador, pelos atos de seus empregados, desde que no exercício do trabalho que lhes competir ou em razão dele.
(B) O curador, pelos curatelados, ainda que sem sua companhia.
(C) Os pais, pelos filhos menores, desde que sob sua autoridade e em sua companhia.
(D) Os donos de hotéis, pelos seus hóspedes.
(E) Os que gratuitamente houverem participado nos produtos do crime, até a concorrente quantia.

Os tutores e curadores só serão responsabilizados pelos atos dos pupilos e curatelados que estiverem sob sua autoridade e companhia (CC, art. 932, II).
Gabarito "B".

(Magistratura do Trabalho – 9ª Região – 2006) Sobre teoria geral da responsabilidade civil, assinale a alternativa correta:

I. A teoria subjetiva da responsabilidade civil é fundada na culpa ou dolo do agente.
II. Admite-se a responsabilização do agente independentemente de culpa, quando a atividade por ele normalmente desenvolvida, por sua natureza intrínseca, implicar riscos, mas as hipóteses de aplicação da teoria do risco devem ser estrita e exaustivamente relacionadas por leis específicas.
III. De acordo com a teoria da responsabilidade por culpa presumida, presume-se a culpa do agente, invertendo-se o ônus da prova, mas facultando-lhe provar fatos excludentes da culpa que se presume.
IV. Pela teoria do abuso do direito, o agente pode ser responsabilizado a reparar danos decorrentes de uma conduta que, embora se caracterize como

exercício de um direito seu, exceda a finalidade econômico-social daquele direito, desviando-o dos fins sociais, da boa-fé e dos bons costumes.

(A) Apenas a assertiva I está correta.
(B) Apenas as assertivas I e III estão corretas.
(C) Apenas as assertivas II e IV estão corretas.
(D) Apenas as assertivas I, III e IV estão corretas.
(E) Todas as assertivas estão corretas.

I: correta, pois a responsabilidade subjetiva exige mesmo esse elemento de intenção ou culpa do agente que causa um dano. Trata-se da regra em nosso ordenamento (CC, art. 186) **II:** incorreta, pois o art. 927, parágrafo único, do CC traz conceito jurídico indeterminado, amplo, de modo que não há exigência de lei específica indicando quais são os casos de responsabilização objetiva. Basta que a atividade normalmente implique um risco acima do normalmente tolerado pela sociedade; **III:** correta, valendo o registro de que ela não se confunde com a responsabilidade objetiva, a qual dispensa a prova da culpa; **IV:** correta, pois o art. 187 prevê justamente o ato ilícito decorrente do exercício abusivo de um direito, o qual se configurará quando se exceder "manifestamente os limites impostos pelo seu fim econômico ou social, pela boa-fé ou pelos bons costumes" (CC, arts. 187 c/c art. 927; *vide* também o Enunciado CJF 37, que dispõe ser *objetiva* a responsabilidade no caso).

Gabarito "D"

(Magistratura do Trabalho – 9ª Região – 2006) Sobre responsabilidade civil e culpa, assinale a alternativa correta:

I. A responsabilidade de reparação de danos pode derivar de ato próprio do agente, de ato de terceiros que estejam sob sua guarda legal ou por fato das coisas ou animais que lhe pertençam.
II. O empregador responde, independentemente de culpa de sua parte, pela reparação civil por atos praticados por seus prepostos no exercício do trabalho que lhes competir.
III. A verificação da culpa em concreto é aquela hipótese em que se considera que o agente podia prever e evitar o dano considerando suas condições particulares. Já a verificação da culpa em abstrato é aquela em que se compara a conduta do agente com aquela que se espera do homem médio, o "bonus pater familias".
IV. A culpa levíssima, que é aquela presente em condutas que somente seriam evitáveis mediante atenção extraordinária, acima do padrão do homem médio, não pode ser considerada como conduta antijurídica e não gera qualquer dever de indenizar.

(A) Apenas as assertivas I, II e III estão corretas.
(B) Apenas as assertivas I e II estão corretas.
(C) Apenas as assertivas I, III e IV estão corretas.
(D) Apenas as assertivas III e IV estão corretas.
(E) Todas as assertivas estão corretas.

I: correta, valendo exemplificar como casos de responsabilidade por atos de terceiros os previstos no art. 932 do CC e como casos de responsabilidade por fato de animais ou coisas os arts. 936 e 937 do CC; **II:** correta, pois trata-se de importante hipótese de responsabilidade por ato de terceiro (CC, art. 932 III); **III:** correta, trazendo adequadas retratações da culpa em concreto e em abstrato; **IV:** incorreta, pois a culpa levíssima também é causa do dever de indenizar; no entanto, é bom lembrar que, havendo excessiva desproporção entre a gravidade da culpa e o dano, o juiz poderá reduzir, equitativamente, a indenização (CC, art. 944, parágrafo único).

Gabarito "A"

(Magistratura do Trabalho – 13ª Região – 2006) No que concerne à responsabilidade civil, são também responsáveis pela reparação civil as seguintes relações, exceto:

(A) os que gratuitamente hajam participado nos produtos do crime, até a concorrente quantia;
(B) o empregador, por seus empregados, no exercício do trabalho que lhes competir, ou em razão deles;
(C) o tutor e o curador, pelos pupilos e curatelados, que se acharem nas mesmas condições;
(D) os donos de hotéis, pelos seus hóspedes, desde que haja previsão contratual;
(E) os pais, pelos filhos menores que estiverem sob sua autoridade.

Com a ressalva da alternativa D, todas as demais hipóteses estão corretas e encontram previsão no importante artigo 932 do Código Civil. O equívoco da alternativa assinalada reside no fato de que não há necessidade de previsão contratual para que os donos de hotéis sejam responsabilizados pelo ato de seus hóspedes (CC, art. 932, IV).

Gabarito "D"

(Magistratura do Trabalho – 16ª Região – 2011) Sobre a responsabilidade civil extracontratual, assinale a alternativa CORRETA:

(A) A teoria do risco-atividade baseia-se na ideia de que o exercício de determinadas atividades desenvolvidas, por sua natureza, e risco para os direitos de outrem, justifica a obrigação de indenizar somente por dolo.
(B) A culpa exclusiva e a concorrente da vítima são as únicas hipóteses de excludentes de ilicitude, como fato gerador do dano que elimina a causalidade e afasta o dever de indenizar.
(C) A culpa aquiliana prescinde para sua configuração apenas do ato ilícito e do dano para formar o nexo causal entre o resultado lesivo e o dever de indenizar.
(D) Ressalvados outros casos previstos em lei especial, os empresários individuais e as empresas respondem independentemente de culpa pelos danos causados pelos produtos postos em circulação.
(E) Em hipótese alguma o incapaz responde pelos prejuízos que causar.

A: incorreta, pois essa teoria justifica a responsabilidade objetiva, ou seja, independentemente de culpa ou dolo (CC, art. 927, parágrafo único); **B:** incorreta; primeiro porque a culpa concorrente não exclui a responsabilidade, mas apenas determina indenização proporcional ao grau de culpa dos envolvidos (CC, art. 945); no mais, excluem a responsabilidade a culpa *exclusiva* da vítima, a culpa exclusiva de terceiro, o caso fortuito e a força maior; **C:** incorreta, pois a culpa aquiliana é aquele que requer (que é o contrário de "prescinde") a culpa ou o dolo (CC, art. 186); **D:** correta (CC, art. 931); **E:** incorreta, pois o incapaz responderá caso seus responsáveis não tiverem a obrigação de fazê-lo ou não dispuserem de meios suficientes (CC, art. 928); porém, quando o incapaz responde, tal responsabilidade é mitigada, pois deverá ser equitativa, não tendo lugar se privar do necessário o incapaz ou as pessoas que dele dependem (CC, art. 928, parágrafo único).

Gabarito "D"

(Magistratura do Trabalho – 16ª Região – 2008) Sobre responsabilidade civil, analisar as seguintes alternativas:

I. São pressupostos da responsabilidade civil o impulso do agente, o resultado lesivo e o nexo causal entre ambos.
II. O empregador é responsável pela reparação civil dos danos causados por seu empregado, desde que haja contrato de trabalho formal.
III. Os empresários individuais e as empresas respondem pelos produtos postos em circulação independente de culpa.
IV. A pessoa que ressarcir dano causado por outrem pode reaver o que pagou daquele por quem pagou, desde que o causador do fato não seja seu descendente.
V. A responsabilidade pelo fato da coisa pode ser elidida por força maior, caso fortuito e pelo desconhecimento da coisa pelo habitante do prédio.

Assinalar a resposta correta:

(A) As alternativas I, III e IV estão corretas.
(B) Só a alternativa II está correta.
(C) As alternativas IV e V estão incorretas.
(D) Só a alternativa IV está incorreta.
(E) Todas as alternativas estão corretas.

I: correta, pois a alternativa traz os pressupostos da responsabilidade civil; **II:** incorreta, pois não há necessidade de existir contrato formal de trabalho para que o empregador seja responsável pela reparação civil dos danos causados por seu empregado (CC, art. 932, III); **III:** correta, pois de acordo com o disposto no CC, art. 931; **IV:** correta, pois a única pessoa que não tem direito de regresso depois de pagar pelo ato ilícito de outrem é justamente o ascendente pelo ato do descendente incapaz (CC, art. 934); **V:** incorreta, pois tais ressalvas não encontram amparo no art. 938 do CC, o qual regulamenta a hipótese.

Gabarito "A"

(Magistratura do Trabalho – 16ª Região – 2006) Com base nas proposições seguintes:

I. A responsabilidade civil é independentemente da criminal e, por isso, pode-se questionar no juízo cível a respeito da autoria de um fato, quando essa questão se achar decidida no juízo criminal.
II. O empregador ou comitente é responsável pela reparação civil por atos de seus empregados ainda que fora do trabalho que lhes competir, mas em razão dele.
III. O direito de exigir reparação e a obrigação de prestá-la extinguem-se com a morte e não se transmitem com a herança.
IV. A fixação do quantum indenizatório nas ações de indenização por danos morais depende do arbítrio judicial.

É CORRETO o que se afirma em:

(A) As assertivas II e IV estão corretas.
(B) As assertivas I e III estão corretas.
(C) As assertivas II e III estão corretas.
(D) Todas as assertivas estão corretas.
(E) Nenhuma das alternativas acima.

I: incorreta, pois não se pode questionar mais sobre quem seja o seu autor quando esta questão se achar decidida no juízo criminal (art. 935 do CC); **II:** correta, em virtude do disposto no CC, art. 932, III, bem como da orientação jurisprudencial dominante; **III:** incorreta, pois tanto o direito de exigir reparação quanto a obrigação de prestar a reparação transmitem-se com a herança (CC, art. 943); **IV:** correta, pois o juiz tem liberdade para, de acordo com os fatos, fixar o valor da indenização por danos morais. A jurisprudência dos Tribunais, contudo, fixou certos parâmetros para que a indenização alcance, o quanto possível, patamares adequados e equânimes. Assim, o juiz deve considerar fatores como a capacidade econômica do causador do dano, a capacidade econômica da vítima, o impacto social da ofensa, o comportamento do ofensor após o dano, os graus de culpa, etc.

Gabarito "A"

(Magistratura do Trabalho – 21ª Região – 2005) Leia o enunciado abaixo e indique, a seguir, a resposta correta:

O supervisor da área de controle de qualidade de uma indústria de laticínios, doutor em ciências biológicas, não detectou a presença de um produto tóxico em um lote de caixas de leite em pó que foi levado à venda. Em decorrência do consumo do produto, mais de cem de pessoas tiveram graves problemas de saúde, que resultaram em gastos com internação hospitalar e medicamentos, além de sequelas físicas irreversíveis. A causa dos problemas veio a ser esclarecida por meio de exame laboratorial.

Diante disso, é correto afirmar:

(A) a responsabilidade da empresa, no campo civil, por ser de natureza objetiva, obriga à indenização dos danos materiais suportados pelas vítimas, enquanto que os danos morais são de responsabilidade do supervisor, considerando a necessidade de ser provada a lesão neste campo, em decorrência do seu caráter subjetivo;
(B) a empresa e o supervisor responderão solidariamente pelos danos materiais e morais, sendo imprescindível a comprovação da ocorrência de conduta culposa ou dolosa para a garantia da indenização das vítimas;
(C) a empresa responderá integralmente pelos danos causados, abrangendo até aqueles de natureza extrapatrimonial, independentemente da ocorrência de culpa ou dolo e sem a necessidade de investigação da conduta do supervisor, ou de sua participação no processo;
(D) a empresa responderá integralmente pelos danos sofridos pelas vítimas, inclusive os de natureza moral, sem que haja a necessidade de se provar a existência de culpa, em face da responsabilidade subjetiva incidente, não assegurando a lei, nesta hipótese, o direito de regresso contra o supervisor;
(E) a empresa somente responderá pelos danos, integralmente, se restar comprovado dolo ou culpa na conduta do supervisor, esta última nas modalidades de imprudência, negligência ou imperícia.

A hipótese se identifica com uma relação de consumo, tendo em vista que – pela narrativa da questão – o produto foi colocado à disposição do consumidor final, esgotando-se assim a cadeia de consumo. Desta feita, é possível a aplicação da responsabilização objetiva da empresa fornecedora do referido produto prevista no

art. 12 do CDC. As únicas hipóteses nas quais tal responsabilidade não incidirá estão previstas no § 3º do referido dispositivo, a saber: "I - que não colocou o produto no mercado; II - que, embora haja colocado o produto no mercado, o defeito inexiste; III - a culpa exclusiva do consumidor ou de terceiro". Nenhuma delas se enquadra na questão ora comentada.
No âmbito do CC, a hipótese também se enquadra como sendo de responsabilidade objetiva, conforme previsão do art. 931: "Ressalvados outros casos previstos em lei especial, os empresários individuais e as empresas respondem independentemente de culpa pelos danos causados pelos produtos postos em circulação".

Gabarito "C"

(Magistratura do Trabalho – 21ª Região – 2005) Considerando as assertivas seguintes, aponte a resposta correta:

O abuso de direito no Código Civil de 2002:

I. somente se configura com a ocorrência de dolo da parte titular do direito;
II. não se equipara ao ato ilícito, pois possui natureza peculiar e regime jurídico próprio;
III. gera o dever de reparação dos danos materiais, e, também, dos danos morais;
IV. em nenhuma hipótese poderá ser declarado de ofício pelo juiz, sem provocação da parte prejudicada;
V. exige para a sua caracterização o elemento culpa, observado na conduta do titular do direito.

(A) apenas as alternativas III e IV estão corretas;
(B) apenas a alternativa IV está correta;
(C) apenas a alternativa III está correta;
(D) apenas as alternativas II e III estão corretas;
(E) todas as alternativas estão incorretas.

I: incorreta, pois a responsabilidade civil decorrente do ato ilícito previsto no art. 187 (abuso de direito) independe de culpa e fundamenta-se somente no critério objetivo-finalístico (Enunciado 37 do Conselho da Justiça Federal); **II:** incorreta, pois o Código Civil equipara abuso de direito expressamente a ato ilícito (CC, art. 187); **III:** correta, pois gera, de fato, o dever de reparar danos materiais e morais (CC, art. 927); **IV:** incorreta, pois há possibilidade, por exemplo, de o juiz conceder de ofício a tutela antecipada em caso de abuso do direito de defesa, conforme entendimento majoritário da doutrina e jurisprudência; **V:** incorreta, pois para a caracterização da responsabilidade por abuso do direito não há necessidade de culpa do agente (CC, art. 187).

Gabarito "C"

(Magistratura do Trabalho – 24ª Região – 2007) Nos termos do Código Civil Brasileiro:

I. Aquele que, por ato ilícito, causar dano a outrem, fica obrigado a repará-lo. Haverá obrigação de reparar o dano, independentemente de culpa, nos casos especificados em lei, ou quando a atividade normalmente desenvolvida pelo autor do dano implicar, por sua natureza, risco para os direitos de outrem.
II. Não constitui ato ilícito a deterioração ou destruição da coisa alheia, ou a lesão a pessoa, a fim de remover perigo iminente, ficando, porém, garantido à pessoa lesada ou dono da coisa o direito à indenização do prejuízo que sofreram caso não forem culpados do perigo.
III. Não constitui ato ilícito a deterioração ou destruição de coisa alheia, ou a lesão a pessoa, a fim de remover perigo iminente, porém, se a deterioração/destruição de coisa ou lesão a pessoa decorrer de perigo provocado por terceiro, o autor do dano terá ação regressiva contra o terceiro.
IV. Comete ato ilícito o titular de um direito que, ao exercê-lo, excede manifestamente os limites impostos pelo seu fim econômico ou social, pela boa-fé ou pelos bons costumes. Considerando as proposições acima,

RESPONDA:

(A) Todas as proposições estão corretas.
(B) Apenas a proposição IV está incorreta.
(C) Apenas as proposições I e II estão corretas.
(D) Apenas as proposições I e III estão incorretas.
(E) Todas as proposições estão incorretas.

I: correta, pois a assertiva reproduz com fidelidade o disposto no art. 927; II e **III:** correta, pois quando se atua em estado de necessidade (CC, art. 188) e causa-se um dano, apesar da licitude do ato, deve-se averiguar se a vítima do dano foi culpada pelo risco da situação. Caso positivo, não haverá obrigação de indenizar. Caso contrário, a vítima faz jus à indenização (CC, art. 929). É uma rara hipótese de ato lícito que gera dever de indenizar; **IV:** correta, pois o art. 187 prevê justamente o ato ilícito decorrente do exercício abusivo de um direito, o qual se configurará quando se exceder "*manifestamente os limites impostos pelo seu fim econômico ou social, pela boa-fé ou pelos bons costumes*" (CC, arts. 187 c/c art. 927, ambos do CC; *vide* também o Enunciado CJF 37, que dispõe ser *objetiva* a responsabilidade no caso).

Gabarito "A"

(Ministério Público do Trabalho – 16º) Assinale a alternativa INCORRETA:

(A) o incapaz responde pelos prejuízos que causar, se as pessoas por ele responsáveis não tiverem obrigação de fazê-lo ou não dispuserem de meios suficientes;
(B) haverá obrigação de reparar o dano, independentemente de culpa, nos casos especificados em lei, ou quando a atividade normalmente desenvolvida pelo autor do dano implicar, por sua natureza, risco para os direitos de outrem;
(C) a responsabilidade civil é independente da criminal, não se podendo questionar mais sobre a existência do fato, ou sobre quem seja o seu autor, quando estas questões se acharem decididas no juízo criminal;
(D) o direito de exigir reparação e a obrigação de prestá-la não se transmitem com a herança, por se tratar de obrigação personalíssima;
(E) não respondida.

A: correta, pois o art. 928 do Código Civil prevê duas específicas hipóteses nas quais o incapaz responderá diretamente pelos prejuízos que causar (se as pessoas por ele responsáveis não tiverem obrigação de fazê-lo ou não dispuserem de meios suficientes); **B:** correta, pois – apesar de a regra em nosso sistema ser a responsabilidade subjetiva - a responsabilidade objetiva terá lugar nas específicas hipóteses previstas em lei e também na hipótese de a atividade normalmente desenvolvida pelo autor do dano implicar, por sua natureza, risco para os direitos de outrem (CC, art. 927

parágrafo único); **C:** correta, pois apesar da independência das instâncias, não é possível se questionar sobre quem seja o seu autor quando esta questão se achar decidida no juízo criminal (CC, art. 935); **D:** incorreta, devendo ser assinalada, pois o direito de exigir reparação e a obrigação de prestá-la transmitem-se ao sucessor, respeitando-se os limites da herança (CC, art. 943).

Gabarito "D"

(Ministério Público do Trabalho – 11º) Assinale a alternativa CORRETA:

I. a pretensão de reparação civil prescreve em 05 (cinco) anos;
II. a culpa extracontratual, chamada aquiliana, é resultante da violação de obrigação prevista no ordenamento jurídico, e, em caso de lesão aos bens alheios e à pessoa, implica o dever de reparação;
III. o empregador é responsável pela reparação civil, independentemente de culpa, por ato de seus empregados, no exercício do trabalho ou em razão dele;
IV. com fundamento na responsabilidade civil, a conduta ilícita ocorrida no âmbito das relações entre empregado e empregador, e que acarretar a quaisquer das partes danos materiais ou morais, enseja a reparação do dano pelo responsável.

(A) todas as alternativas são falsas;
(B) apenas uma alternativa é verdadeira;
(C) apenas uma alternativa é falsa;
(D) todas as alternativas são verdadeiras;
(E) não respondida.

I: falsa, pois a pretensão de reparação civil prescreve em três anos (CC, art. 206, § 3º, V); **II:** verdadeira e seu fundamento legal pode ser encontrado no art. 927 do CC; **III:** correta, pois trata-se de importante hipótese de responsabilidade por ato de terceiro (CC, art. 932 III); **IV:** verdadeira (art. 927 do CC).

Gabarito "C"

6.2. INDENIZAÇÃO

(Magistratura do Trabalho – 11ª Região – 2007 – FCC) A indenização devida em razão de responsabilidade civil

(A) será equitativa, quando tiver de ser suportada por incapaz, e não terá lugar se o privar do necessário, ou às pessoas que dele dependam, para sobreviver.
(B) em nenhuma hipótese será suportada por pessoa incapaz, devendo sempre onerar o patrimônio de quem a representa.
(C) será sempre calculada pela extensão do dano, e não admite redução equitativa, mesmo que haja desproporção entre a gravidade da culpa e o dano.
(D) independe de culpa do autor do dano, desde que provado o nexo causal.
(E) só será paga pelo empregador em razão de danos causados por seus empregados, se provado que obrou com culpa na escolha deles ou não os vigiou devidamente.

A: correta, pois o art. 928 do Código Civil prevê duas específicas hipóteses nas quais o incapaz responderá diretamente pelos prejuízos que causar (se as pessoas por ele responsáveis não tiverem obrigação de fazê-lo ou não dispuserem de meios suficientes). Porém, o parágrafo único faz a ressalva de que tal indenização deverá ser equitativa e "não terá lugar se privar do necessário o incapaz ou as pessoas que dele dependem"; **B:** incorreta, pois a previsão de responsabilidade direta do incapaz existe, embora seja excepcional; **C:** incorreta, pois havendo excessiva desproporção entre a gravidade da culpa e o dano, o juiz poderá reduzir, equitativamente, a indenização (CC, art. 944, p. único); **D:** incorreta, pois é necessário demonstrar, como regra (CC, art. 186), conduta culposa, dano e nexo de causalidade, salvo casos em que a responsabilidade é objetiva (Exs.: arts. 927, parágrafo único, 931 e 932 do CC); **E:** incorreta, pois a responsabilidade por fato de terceiro é objetiva (CC, art. 933).

Gabarito "A"

(Magistratura do Trabalho – 12ª Região – 2006) Assinale a alternativa correta. Nas obrigações civis decorrentes de ato ilícito:

(A) os juros convencionais incidem a contar da citação válida;
(B) é necessária a interpelação judicial ou extrajudicial do devedor para a caracterização da *mora solvendi*;
(C) não se escusa o devedor da mora, mesmo que prove a ocorrência de caso fortuito ou força maior;
(D) considera-se o devedor em mora, desde o momento em que a praticou;
(E) nenhuma das alternativas está correta.

A: incorreta, pois, no caso de obrigações civil decorrentes de ato ilícito, os juros convencionais incidem a contar do evento danoso (CC, art. 398); **B:** incorreta, pois o inadimplemento da obrigação, positiva e líquida, no seu termo, **constitui de pleno direito em mora o devedor** (CC, art. 397); **C:** incorreta, pois, não havendo fato ou omissão imputável ao devedor, não incorre este em mora (CC, art. 398); **D:** correta, pois o termo inicial da mora é justamente o momento da prática do ato ilícito (CC, art. 398).

Gabarito "D"

(Magistratura do Trabalho – 12ª Região – 2006) Assinale a alternativa incorreta, em sede de responsabilidade civil, segundo as regras constitucionais e de Direito Civil:

(A) no sistema anterior à Constituição Federal de 1988 a responsabilidade civil do empregador era adstrita à demonstração da ocorrência de culpa grave ou dolo;
(B) após o advento da Constituição de 1988 a irresponsabilidade do empregador por acidente do trabalho ocorre na ausência de culpa (caso fortuito, força maior e culpa exclusiva da vítima) e independentemente da reparação previdenciária decorrente;
(C) com o advento do novo Código Civil e, em especial, o que consta do parágrafo único do art. 927 ("Haverá obrigação de reparar o dano, independentemente de culpa, nos casos especificados em lei, ou quando a atividade normalmente desenvolvida pelo autor do dano implicar, por sua natureza, risco para os direitos de outrem), surgiram outras teorias aplicáveis à responsabilidade civil do empregador, como a teoria do risco profissional que se particulariza, em essência, com a teoria objetiva;

(D) se da ofensa resultar defeito pelo qual o ofendido não possa exercer o seu ofício ou profissão, ou se lhe diminua a capacidade de trabalho, a indenização, além das despesas do tratamento e lucros cessantes até o fim da convalescença, incluirá pensão correspondente à importância do trabalho para que se inabilitou, ou da depreciação que ele sofreu;

(E) é pacífico o entendimento de que a pensão previdenciária, no caso de acidente do trabalho, deve ser compensada para a fixação de eventual pensão decorrente da responsabilidade civil do empregador.

A: correta, pois de fato esse era o entendimento à época; **B:** correta (art. 7º, XXVIII, da CF); **C:** correta, pois atividades de risco implicam ônus maior para quem se beneficie com esse tipo de atividade, impondo responsabilidade objetiva nos termos do art. 927, parágrafo único, do CC); **D:** correta (CC, art. 950); **E:** incorreta, devendo ser assinalada; vale salientar que o TST vem decidindo ultimamente que a compensação não deve ser feita, pois a parcela devida na esfera cível tem causa diferente da parcela previdenciária, que decorre de seguro; assim, é possível cumular o pensionamento mensal com o benefício previdenciário (RR – 93700-69.2006.5.15.0004, DEJT 08/04/2011; RR – 50200-75.2005.5.02.0221, DEJT 29/04/2011; RR – 80800-45.2003.5.05.0131, DEJT 25/03/2011).

Gabarito "E"

(Magistratura do Trabalho – 24ª Região – 2007) Assinale a alternativa que está em conformidade com o Código Civil Brasileiro:

(A) Na responsabilidade civil, se a vítima tiver concorrido culposamente para o evento danoso, a sua indenização será fixada pela metade.

(B) A indenização por injúria, difamação ou calúnia consistirá na reparação do dano que delas resultar ao ofendido, condicionada à comprovação do prejuízo material.

(C) O direito de exigir reparação civil e a obrigação de prestá-la transmitem-se com a herança.

(D) A responsabilidade civil é dependente da criminal, não se podendo questionar mais sobre a existência do fato, ou sobre quem seja seu autor, quando estas questões se acharem decididas no juízo criminal.

(E) Na obrigação de indenizar, os coautores são subsidiariamente responsáveis com os autores.

A: incorreta, pois, se a vítima tiver concorrido culposamente para o evento danoso, **a sua indenização será fixada tendo-se em conta a gravidade de sua culpa em confronto com a do autor do dano** (CC, art. 945); **B:** incorreta, pois a indenização por injúria, difamação ou calúnia consistirá na reparação do dano que delas resulte ao ofendido e, **se o ofendido não puder provar prejuízo material, caberá ao juiz fixar, equitativamente, o valor da indenização, na conformidade das circunstâncias do caso** (CC, art. 953); **C:** correta, mas ressalvando-se que o limite da transmissão desta obrigação são as forças da herança (CC, art. 943); **D:** incorreta, pois a responsabilidade civil é **independente** da criminal, não se podendo questionar mais sobre a existência do fato, ou sobre quem seja o seu autor, quando estas questões se acharem decididas no juízo criminal (CC, art. 935); **E:** incorreta, pois os coautores são **solidariamente** responsáveis (CC, art. 942).

Gabarito "C"

7. FAMÍLIA

(Magistratura do Trabalho – 1ª Região – 2010 – CESPE) Com base na disciplina do bem de família obrigatório, assinale a opção correta.

(A) Conforme entendimento jurisprudencial, se o imóvel residencial estiver locado, não será considerado impenhorável, ainda que seja o único da família.

(B) Tratando-se de execução movida por pedreiro para haver créditos trabalhistas por ter trabalhado na construção de imóvel residencial, não incide impenhorabilidade sobre o bem.

(C) Se o executado tiver mais de um imóvel residencial e nenhum tiver sido registrado como bem de família, a impenhorabilidade recairá no de maior valor.

(D) Para se valer da impenhorabilidade, o executado deverá demonstrar que o imóvel é bem de família antes da hasta pública.

(E) Não é necessário que os móveis do locatário, que guarneçam o imóvel residencial locado, estejam quitados para serem considerados impenhoráveis.

A: incorreta, pois a posição atual do STJ considera que o fato do imóvel estar locado não desnatura, por si só, a sua impenhorabilidade: "PENHORA. BEM DE FAMÍLIA ÚNICO. LOCAÇÃO. Faz jus aos benefícios da Lei n. 8.009/1990 o devedor que, mesmo não residindo no único imóvel que lhe pertence, utiliza o valor obtido com a locação desse bem como complemento da renda familiar, considerando que o objetivo da norma é o de garantir a moradia familiar ou a subsistência da família". Precedentes citados: AgRg no Ag 385.692-RS , DJ 19/8/2002, e REsp 315.979-RJ , DJ 15/3/2004. REsp 243.285-RS , Rel. Min. Luís Felipe Salomão, julgado em 26/8/2008 (fonte: Informativo STJ 365 – 2008); **B:** correta, pois não se trata de trabalhador da residência, como aquele tratado no art. 3º, I, da Lei 8.009/90. A respeito do alcance da norma, a doutrinadora Rita de Cássia Corrêa de Vasconcelos, na obra "A Impenhorabilidade do Bem de Família e as Novas Entidades Familiares", Editora Revista dos Tribunais, 2002, assim preleciona: "Os trabalhadores a que a Lei se refere são aqueles que exercem atividade profissional na residência do devedor, incluídos nessa categoria os considerados empregados domésticos - empregadas mensalistas, governantas, copeiros, mordomos, cozinheiros, jardineiros e mesmo faxineiras diaristas se caracterizado o vínculo empregatício -, bem como os motoristas particulares dos membros da família. Não se enquadram nessa categoria pessoas que, embora realizem atividade profissional na residência do devedor, não são seus empregados, exercendo trabalho autônomo ou vinculado a outro empregador. Nesse contexto estão os pedreiros, pintores, marceneiros, eletricistas, encanadores, e outros profissionais que trabalham no âmbito da residência apenas em caráter eventual." (p. 60-61); **C:** incorreta, pois, no caso de a família possuir mais de um imóvel, será considerado impenhorável aquele de **menor valor** (art. 5º, parágrafo único, da Lei 8.009/90); **D:** incorreta, pois a impenhorabilidade do bem de família pode ser alegada a qualquer momento nas instâncias ordinárias, como também pode ser decretada de ofício pelo juiz; **E:** incorreta, pois os móveis serão considerados bem de família, desde que quitados (art. 1º, § 1º, da Lei 8.009/90)

Gabarito "B"

(Magistratura do Trabalho – 8ª Região – 2006) Sobre o Bem de Família é correto afirmar que:

(A) Trata-se de instituição jurídica que há de ser feita pelos cônjuges, companheiros, chefe de família monoparental ou terceiro, através de instrumento público ou testamento.

(B) Em se tratando de unidade residencial, instituída como bem de família, esta é impenhorável, estando repetidas no Código Civil de 2002 as mesmas exceções à impenhorabilidade previstas na Lei que dispõe exclusivamente sobre essa matéria.

(C) Como bem de família pode-se registrar um prédio urbano e um rural, com suas pertenças e acessórios, destinando-se ambos à residência familiar, o que foi uma inovação do Novo Código Civil Brasileiro.

(D) Para se instituir um prédio urbano ou rural como bem de família, necessário é que o imóvel seja habitado ou explorado pela família, caracterizando-o, assim, como residencial ou como domicílio do instituidor.

(E) No que concerne ao aspecto trabalhista, a impenhorabilidade do bem de família só não é excepcionada em razão dos créditos de trabalhadores da própria residência (empregados domésticos) e das respectivas contribuições previdenciárias.

A: correta, pois de acordo com o disposto no art. 1.711 do CC; **B:** incorreta, pois as exceções previstas no art. 1.715 do CC não são idênticas às previstas no art. 3º da Lei 8.009/90; **C:** incorreta, pois o art. 1.712 do CC permite que se institua como bem de família o "prédio residencial urbano ou rural" e não ambos; **D:** incorreta, pois o imóvel só pode ser aquele destinado a domicílio familiar ou sobre valores mobiliários, "cuja renda será aplicada na conservação do imóvel e no sustento da família"; **E:** incorreta, pois nesses casos a impenhorabilidade é excepcionada (Lei 8.009/90, art. 3º, I).

Gabarito "A"

(Magistratura do Trabalho – 9ª Região – 2007) No que respeita ao bem de família, considere as proposições a seguir:

I. O terceiro também poderá instituir bem de família, devendo fazê-lo por testamento ou doação, sendo que a eficácia dependerá da aceitação dos cônjuges que serão beneficiados ou da entidade familiar que será beneficiada.

II. O bem de família visa à proteção desta, e é isento de execução por dívidas de qualquer natureza posteriores à sua instituição, inclusive de despesas de condomínio. A isenção durará enquanto viver um dos cônjuges ou, na falta destes, até que os filhos completem a maioridade.

III. O bem de família não pode abranger valores mobiliários, e consistirá sempre em prédio residencial urbano ou rural, destinado a domicílio familiar.

IV. A mera dissolução da sociedade conjugal não extingue o bem de família. No entanto, se a dissolução da sociedade conjugal decorrer da morte de um dos cônjuges, a extinção do bem de família pode ser requerida pelo sobrevivente, se tal bem for o único do casal.

Assinale a alternativa correta:

(A) Todas as proposições estão corretas;

(B) Somente as proposições I e IV estão corretas;

(C) Somente as proposições III e IV estão corretas;

(D) Somente as proposições I, II e III estão corretas;

(E) Somente as proposições II, III e IV estão corretas.

I: correta (CC, art. 1.711, parágrafo único); **II:** incorreta, pois o bem de família é isento de execução por dívidas posteriores à sua instituição, salvo as que provierem de tributos relativos ao prédio, ou de **despesas de condomínio** (CC, art. 1.715); **III:** incorreta, pois o bem de família consistirá em prédio residencial urbano ou rural, com suas pertenças e acessórios, destinando-se em ambos os casos a domicílio familiar, e **poderá abranger valores mobiliários, cuja renda será aplicada na conservação do imóvel e no sustento da família** (CC, art. 1.712); **IV:** correta (CC, art. 1.721).

Gabarito "B"

(Magistratura do Trabalho – 11ª Região – 2007 – FCC) Considere as seguintes afirmativas sobre o bem de família:

I. Não havendo instituição voluntária e possuindo os cônjuges mais de um imóvel residencial, será considerado bem de família o de menor valor.

II. Poderá haver instituição voluntária, por testamento, compreendendo o imóvel de maior valor entre os que possuírem os instituidores, mas não poderá ultrapassar um terço do patrimônio líquido ao tempo da instituição.

III. Poderá consistir de prédio rústico ou urbano.

IV. Quando instituído por escritura pública compreenderá apenas um imóvel residencial, urbano ou rústico, ficando excluídos dessa proteção quaisquer bens móveis ou valores mobiliários.

V. A proteção legal não abrangerá qualquer peça do mobiliário que guarneça a moradia.

Está correto o que se afirma APENAS em

(A) I, II e III.

(B) I, II e IV.

(C) II, III e IV.

(D) II, IV e V.

(E) III, IV e V.

I: correta, em virtude do disposto no art. 5º, parágrafo único, da Lei n.º 8.009/90; **II:** correta (CC, art. 1.711); **III:** correta, pois de pleno acordo com o disposto no art. 1.712 do CC; **IV:** incorreta, pois, quando instituído por escritura pública poderá compreender o imóvel residencial com suas pertenças e acessórios e poderá abranger valores mobiliários, "cuja renda será aplicada na conservação do imóvel e no sustento da família" (CC, art. 1.712); **V:** incorreta, pois a proteção legal abrangerá as pertenças e acessórios do imóvel destinados a domicílio familiar (CC, art. 1.712).

Gabarito "A"

(Magistratura do Trabalho – 13ª Região – 2006) Ao se falar em *bem de família*, podemos considerar errada a seguinte opção:

(A) podem os cônjuges, ou a entidade familiar, mediante escritura pública ou testamento, destinar parte de seu patrimônio para instituir bem de família, desde que não ultrapasse metade do patrimônio líquido existente ao tempo da instituição;

(B) a dissolução da sociedade conjugal não extingue o bem de família;

(C) o bem de família, quer instituído pelos cônjuges ou por terceiro, constitui-se pelo registro de seu título no registro de imóveis;

(D) o bem de família é isento de execução por dívidas posteriores à sua instituição, salvo as que provierem de tributos relativos ao prédio, ou de despesa de condomínio;

(E) regularmente, a administração do bem de família compete a ambos os cônjuges, resolvendo o juiz em caso de divergência.

A: errada, devendo ser assinalada, pois podem os cônjuges ou a entidade familiar, mediante escritura pública ou testamento, destinar parte de seu patrimônio para instituir bem de família, desde que não ultrapasse **um terço** do patrimônio líquido existente ao tempo da instituição (CC, art. 1.711); **B:** correta, pois referida dissolução não é causa de extinção do bem de família (CC, art. 1.721); **C:** correta, pois o registro no Cartório de Registro de Imóveis é indispensável à caracterização do bem de família (CC, art. 1.714); **D:** correta, pois de pleno acordo com o disposto no CC, art. 1.715; **E:** correta, pois de acordo com o disposto no art. 1.720 do CC).

Gabarito "A"

(Magistratura do Trabalho – 14ª Região – 2008) Assinale a alternativa em que NÃO PODERÁ ser penhorado o bem de família.

(A) em razão da cobrança da contribuição previdenciária decorrente de créditos dos trabalhadores da própria residência;

(B) por obrigação decorrente de fiança concedida em contrato de locação;

(C) pelo credor de pensão alimentícia;

(D) para pagamento de indenização decorrente de danos causados em acidente de veículo;

(E) para a cobrança de impostos, predial ou territorial, taxas e contribuições devidas em função do imóvel familiar.

A: incorreta, pois nesse caso o imóvel poderá ser penhorado (Lei n.º 8.009/90, art. 3º, I); **B:** incorreta, pois o Plenário do Supremo Tribunal Federal, no julgamento do RE 407.688, de relatoria do Ministro Cezar Peluso, afirmou ser legítima a penhora de bem considerado de família pertencente a fiador de contrato de locação, em face da compatibilidade da exceção prevista no art. 3º, VII, da Lei 8.009/90 (acrescentada pela Lei 8.245/91) com o princípio do direito à moradia consagrado no art. 6º da Constituição Federal a partir da EC 26/2000; **C:** incorreta, pois o devedor de pensão alimentícia pode ter seu único imóvel penhorado (Lei n.º 8.009/90, art. 3º, III); **D:** correta, pois nesse caso aplica-se a regra geral de que o bem de família é protegido e, portanto, não pode ser penhorado; **E:** incorreta, pois nesse caso o bem de família pode ser penhorado (Lei n.º 8.009/90, art. 3º, IV).

Gabarito "D"

(Magistratura do Trabalho – 16ª Região – 2008) O bem de família pode ser instituído pelos cônjuges ou pela entidade familiar, por escritura pública ou testamento, ou por terceiro, por testamento ou doação. Mas há requisitos para sua validade.

I. Quando instituído pelos cônjuges ou entidade familiar, não poderá ultrapassar à metade do patrimônio líquido existente ao tempo da instituição.

II. O bem de família consistirá em prédio residencial urbano ou rural, destinando-se ao domicílio familiar, e de valores mobiliários cuja renda será aplicada na conservação do imóvel ou no sustento da família.

III. Tratando-se de instituição por terceiro, a sua eficácia dependerá da aceitação expressa de qualquer dos cônjuges ou de qualquer membro da entidade familiar.

IV. O bem de família, seja instituído pelos cônjuges, pela entidade familiar, seja por terceiros, constitui-se pelo registro de seu título no Cartório de Registro de Documentos, quando se tratar de valores mobiliários.

V. O bem de família é isento de execução por dívidas posteriores à sua instituição, salvo as que provierem de tributos relativos ao prédio ou de despesas de condomínio.

Assinalar a resposta correta:

(A) Todas as alternativas estão incorretas.

(B) As alternativas I, III e V estão corretas.

(C) As alternativas I, III e IV estão incorretas.

(D) As alternativas II e IV estão corretas.

(E) Apenas a alternativa V está correta.

I: incorreta, pois podem os cônjuges ou a entidade familiar, mediante escritura pública ou testamento, destinar parte de seu patrimônio para instituir bem de família, desde que não ultrapasse **um terço** do patrimônio líquido existente ao tempo da instituição (CC, art. 1.711); **II:** correta (CC, art. 1.712); **III:** incorreta, pois o terceiro poderá igualmente instituir bem de família por testamento ou doação, dependendo a eficácia do ato da aceitação expressa de ambos os cônjuges beneficiados ou da entidade familiar beneficiada (CC, art. 1.711, parágrafo único); **IV:** incorreta, pois o bem de família, quer instituído pelos cônjuges ou por terceiro, constitui-se pelo registro de seu título no Registro de Imóveis, em qualquer hipótese (CC, art. 1.714); **V:** correta (CC, art. 1.715).

Gabarito "C"

(Magistratura do Trabalho – 23ª Região – 2009) Marque a alternativa CORRETA:

Na instituição do bem de família pelos cônjuges e ao seu tempo:

(A) Não se ultrapassará 1/5 (um quinto) do patrimônio bruto.

(B) Não se ultrapassará 2/3 (dois terços) do patrimônio líquido.

(C) Não se ultrapassará 1/3 (um terço) do patrimônio bruto.

(D) Não se ultrapassará 1/3 (um terço) do patrimônio líquido.

(E) Não se ultrapassará 1/4 (um quarto) do patrimônio líquido.

O art. 1.711 do Código Civil determinou que o bem que for instituído como bem de família não pode ultrapassar o montante de 1/3 do patrimônio líquido do instituidor. O dispositivo sofre críticas de boa parte da doutrina pois acaba por exigir que o instituidor seja rico. Isso porque se a pessoa tiver apenas duas casas ela não poderá instituir uma delas como bem de família, pois isso corresponderia a mais de 1/3 do seu patrimônio.

Gabarito "D"

(Magistratura do Trabalho – 24ª Região – 2006) A respeito do bem de família, assinale a alternativa CORRETA:

(A) O Código Civil de 2002, ao disciplinar o instituto do bem de família, revogou tacitamente as disposições da Lei nº 8.009/90.

(B) A impenhorabilidade do bem de família compreende o imóvel sobre o qual se assentam a construção, as plantações, as benfeitorias de qualquer natureza, excetuadas as voluptuárias, e todos os equipamentos, inclusive os de uso profissional, ou móveis que guarnecem a casa, desde que quitados.

(C) Na hipótese de o casal, ou entidade familiar, ser possuidor de vários imóveis utilizados como residência, a impenhorabilidade do bem de família recairá sobre o de maior valor, salvo se outro estiver registrado, para esse fim, no Registro de Imóveis.

(D) Dissolvida a sociedade conjugal pela morte de um dos cônjuges, opera-se a extinção automática do bem de família.

(E) A impenhorabilidade do bem de família é oponível em qualquer processo de execução civil, fiscal, previdenciária, trabalhista ou de outra natureza salvo se movido para execução de hipoteca sobre o imóvel, oferecido como garantia real pelo casal ou pela entidade familiar.

A: incorreta, pois o Código Civil trata do bem de família convencional e a Lei 8.009/90 trata do legal. O próprio Código (art. 1.711) fez questão de deixar consignado que ficariam "mantidas as regras sobre a impenhorabilidade do imóvel residencial estabelecida em lei especial"; **B:** incorreta, pois de acordo com o disposto no art. 1º, parágrafo único, da Lei 8.009/90; **C:** incorreta, pois nesse caso a impenhorabilidade recairá sobre o de menor valor (Lei 8.009/90, art. 5º, parágrafo único); **D:** incorreta, pois o bem de família não se extingue com a dissolução da sociedade conjugal, nem com a morte de um dos cônjuges (CC, art. 1.721); **E:** correta, fazendo-se a ressalva de que a assertiva é incompleta, pois há outras hipóteses nas quais o imóvel pode ser penhorado (Lei n.º 8.009/90, art. 3º, V).

Gabarito "E"

8. SUCESSÕES

(Ministério Público do Trabalho – 8º) Assinale a afirmativa correta:

A nomeação de herdeiro ou legatário pode-se fazer, para certo fim ou modo, ou por certa causa:

(A) sob sentença;

(B) sob contrato;

(C) sob promessa;

(D) sob condição;

(E) nenhuma hipótese acima;

(F) não sei.

O Código Civil (art. 1.897) permite que a nomeação do herdeiro ou legatário seja acompanhada de condição, motivo, finalidade ou modo. O CC não permite outras limitações ou condicionantes à nomeação do herdeiro ou legatário.

Gabarito "D"

9. DIREITO DE EMPRESA E TÍTULOS DE CRÉDITO

(Magistratura do Trabalho – 3ª Região – 2009) Assinale a assertiva ("a" a "e") correta em relação aos enunciados de I a V, quanto às sociedades:

I. Considera-se simples a cooperativa e empresária a sociedade por ações, independentemente de seu objeto.

II. Na sociedade simples, a modificação no contrato social que tenha por objeto as prestações a que se obriga o sócio cuja contribuição consista em serviços depende do consentimento de todos os sócios.

III. Na sociedade comum, todos os sócios respondem solidária e ilimitadamente pelas obrigações sociais, excluído do benefício de ordem, previsto na lei civil, aquele que contratou pela sociedade.

IV. A constituição da sociedade em conta de participação independe de qualquer formalidade.

V. Na sociedade em nome coletivo, respondem todos os sócios, solidária e ilimitadamente, pelas obrigações sociais, sejam eles pessoas físicas ou jurídicas.

(A) Somente um enunciado é verdadeiro.

(B) Somente dois enunciados são verdadeiros.

(C) Somente três enunciados são verdadeiros.

(D) Somente quatro enunciados são verdadeiros.

(E) Todos os enunciados são verdadeiros.

I: verdadeira (CC, art. 982, parágrafo único); **II:** verdadeira (CC, arts. 999, *caput*, e 997, V); **III:** verdadeira (CC, art. 990); **IV:** verdadeira (CC, art. 992); **V:** falsa, pois na sociedade em nome coletivo somente pessoas físicas podem tomar parte (CC, art. 1.039).

Gabarito "D"

(Magistratura do Trabalho – 3ª Região – 2008) Considerando o novo Código Civil, são características da sociedade cooperativa, exceto:

(A) dispensa do capital social.

(B) intransferibilidade de quotas do capital a terceiros estranhos à sociedade, ainda que por herança.

(C) direito de cada sócio a um só voto nas deliberações, tenha ou não capital a sociedade, e qualquer que seja o valor de sua participação.

(D) distribuição de resultados, proporcionalmente ao valor das operações efetuadas pelo sócio com a sociedade.

(E) indivisibilidade do fundo de reserva entre os sócios, exceção ao caso de dissolução da sociedade.

A e **B:** corretas, pois de acordo com o disposto no art. 1.094, incisos I e V, respectivamente; **C:** correta (art. 1.094, VI, do CC); **D:** correta (art. 1.094, VII, do CC); **E:** incorreta, devendo ser assinalada, pois é característica da sociedade cooperativa a indivisibilidade do fundo de reserva entre os sócios, **ainda que** em caso de dissolução da sociedade (art. 1.094, VIII, do CC).

Gabarito "E"

(Magistratura do Trabalho – 7ª Região – 2005) A cooperativa:

(A) tem, por força legal, a natureza de sociedade simples, o que a impedirá de ser sócia de qualquer tipo societário e de prestar serviços, voltados ao atendimento de seus sócios, impossibilitando o exercício de uma atividade econômica comum.

(B) apresenta indivisibilidade do fundo de reserva entre os sócios, mesmo que haja dissolução da sociedade, para reforçar o patrimônio cooperativo e assegurar aos credores a integridade de seus créditos.

(C) impõe responsabilidade ao cooperado, que só poderá ser limitada.

(D) tem por característica a invariabilidade ou impossibilidade de dispensa do capital social, desde que estipulada no ato constitutivo.

(E) disciplinar-se-á em caso de omissão de lei especial pelos artigos 986 a 996 do novo Código Civil, alusivos à sociedade em comum.

A: incorreta, pois, independentemente de seu objeto, considera-se empresária a sociedade por ações e simples a cooperativa (art. 982, p. único, do CC); **B:** correta (art. 1.094, VIII, do CC); **C:** incorreta, pois na sociedade cooperativa a responsabilidade dos sócios pode ser limitada ou ilimitada (art. 1.095, *caput*, do CC); **D:** incorreta, pois a sociedade cooperativa tem como característica a variabilidade ou dispensa do capital social (art. 1.094, I, do CC); **E:** incorreta, pois, no que a lei for omissa, aplicar-se-ão as disposições referentes à sociedade simples, que corresponde aos arts. 986 a 990 do CC (art. 1.096 do CC).

Gabarito "B"

(Magistratura do Trabalho – 8ª Região – 2009) Assinale a alternativa incorreta:

(A) Em caso de abuso da personalidade jurídica, caracterizado pelo desvio de finalidade, ou pela confusão patrimonial, pode o juiz decidir, a requerimento da parte, ou do Ministério Público quando lhe couber intervir no processo, que os efeitos de certas e determinadas relações de obrigações sejam estendidos aos bens particulares dos administradores ou sócios da pessoa jurídica.

(B) A existência legal de todas as pessoas jurídicas começa com a inscrição dos seus atos constitutivos no respectivo registro, precedida, quando necessário, de autorização ou aprovação do Poder Executivo, averbando-se no registro todas as alterações por que passar o ato constitutivo, decaindo em três anos o direito de anular sua constituição, por defeito do ato respectivo, contado o prazo da publicação de sua inscrição no registro.

(C) Nas sociedades simples, os sócios são obrigados às contribuições estabelecidas no contrato social, na forma e prazo nele previstos, e aquele que deixar de fazê-lo, nos trinta dias seguintes ao da notificação pela sociedade, responderá perante esta pelo dano emergente da mora, e, uma vez verificada a mora, poderá a maioria dos demais sócios preferir, à indenização, a exclusão do sócio remisso, ou reduzir-lhe a quota ao montante já realizado, do que decorrerá a redução do capital social caso os demais sócios não supram o valor da quota cuja redução se processa.

(D) Ocorrida a dissolução da sociedade simples, cumpre aos seus administradores providenciar imediatamente a investidura do liquidante, e restringir a gestão própria aos negócios que não podem ser adiados, sendo vedadas novas operações, pelas quais responderão solidária e ilimitadamente. Se não estiver designado no contrato social, o liquidante será eleito por deliberação dos sócios, sendo possível a escolha recair em pessoa estranha à sociedade, podendo ser destituído a todo tempo, se eleito mediante deliberação dos sócios, ou, em qualquer caso, por via judicial, a requerimento de um ou mais sócios, ocorrendo justa causa.

(E) Na sociedade cooperativa, a responsabilidade dos sócios pode ser limitada ou ilimitada, tendo ela as seguintes características: variabilidade, ou dispensa do capital social; concurso de sócios em número mínimo necessário a compor a administração da sociedade, sem limitação de número máximo; limitação do valor da soma de quotas do capital social que cada sócio poderá tomar; intransferibilidade das quotas do capital a terceiros estranhos à sociedade, ainda que por herança; *quorum*, para a assembleia-geral funcionar e deliberar, fundado no número de sócios presentes à reunião, e não no capital social representado; direito de cada sócio a um só voto nas deliberações, tenha ou não capital a sociedade, e qualquer que seja o valor de sua participação; distribuição dos resultados, proporcionalmente ao valor das operações efetuadas pelo sócio com a sociedade, podendo ser atribuído juro fixo ao capital realizado; e indivisibilidade do fundo de reserva entre os sócios, ainda que em caso de dissolução da sociedade.

A: correta. Como grande regra geral, quem responde pelas dívidas da pessoa jurídica é a própria pessoa jurídica e não os seus sócios ou administradores (CC, art. 47). A Pessoa Jurídica leva esse nome por ser realmente uma pessoa para fins de responsabilização. A rigor, e a título de exemplo, podemos considerar que responsabilizar o sócio por dívidas da pessoa jurídica é tão incorreto quanto responsabilizar o tio pela dívida do sobrinho, afinal, são duas pessoas diferentes com patrimônios e responsabilidades individuais. Esta regra é fundamental para um país no qual a livre iniciativa é um fundamento (CF, arts. 1º, IV e 170). Ao se proteger os sócios de uma pessoa jurídica, está se estimulando a criação de pessoas jurídicas, as quais gerarão empregos, riqueza, capital com lastro, movimento econômico, tributos, etc. Em casos excepcionais, todavia, especialmente quando os sócios abusam desta proteção para gerar vantagens indevidas ou ainda quando ocorre uma confusão entre o patrimônio dos sócios e o patrimônio da Pessoa Jurídica, é que entra em cena o excepcional instituto da Desconsideração da Personalidade Jurídica, apto a estender apenas por ato do Juiz os efeitos patrimoniais de algumas obrigações aos bens dos sócios ou administradores; **B:** incorreta, devendo ser assinalada, pois começa a existência legal das **pessoas jurídicas de direito privado** com a inscrição do ato constitutivo no respectivo registro, precedida, quando necessário, de autorização ou aprovação do Poder Executivo, averbando-se no registro todas as alterações por que passar o ato constitutivo (CC, art. 45); **C:** correta (CC, art. 1.004); **D:** correta (CC, arts. 1.036 e 1.038); **E:** correta (CC, arts. 1.094 e 1.095).

Gabarito "B"

(Magistratura do Trabalho – 8ª Região – 2008) Sobre o direito de empresa, assinale a alternativa CORRETA:

(A) A sentença que homologar o ato de reconciliação do empresário pode ser oposta a terceiros, mesmo que não averbada no registro público de empresas mercantis, considerando os efeitos materiais da coisa julgada decorrentes da sentença homologatória.

(B) Não poderá o incapaz, por meio de representante, continuar a empresa antes exercida por ele enquanto capaz, mesmo mediante alvará judicial.

(C) A pessoa legalmente impedida de exercer atividade própria de empresário, se a exercer, não responderá pelas obrigações contraídas, sujeitando-se às perdas e danos a que tiver dado causa.

(D) O empresário casado, desde que obtenha outorga conjugal, qualquer que seja o regime de bens, pode alienar os imóveis que integram o patrimônio da empresa, inovação trazida para afastar a tentativa de fraude aos possíveis direitos do outro cônjuge.

(E) Independente de seu objeto, considera-se simples a sociedade cooperativa.

A: incorreta, pois a sentença que decretar ou homologar a separação judicial do empresário e o ato de reconciliação **não podem ser opostos a terceiros, antes de arquivados e averbados no Registro Público de Empresas Mercantis** (art. 980 do CC); **B:** incorreta, pois poderá o incapaz, por meio de representante ou devidamente assistido, continuar a empresa antes exercida por ele enquanto capaz, por seus pais ou pelo autor de herança (art. 974 do CC); **C:** incorreta, pois a pessoa legalmente impedida de exercer atividade própria de empresário, se a exercer, **responderá** pelas obrigações contraídas (art. 973 do CC); **D:** incorreta, pois o empresário casado pode, sem necessidade de outorga conjugal, qualquer que seja o regime de bens, alienar os imóveis que integrem o patrimônio da empresa ou gravá-los de ônus real (art. 978 do CC); **E:** correta (art. 982, parágrafo único, do CC).

Gabarito "E"

(Magistratura do Trabalho – 8ª Região – 2008) Sobre a sociedade, assinale a alternativa CORRETA:

(A) Os sócios, nas relações entre si ou com terceiros, podem provar a sociedade de qualquer modo.

(B) Enquanto não inscritos os atos constitutivos, reger-se-á a sociedade, exceto por ações em organização, pelo disposto no Código Civil a respeito da sociedade comum, observadas, subsidiariamente e no que lhe forem compatíveis, as normas da sociedade simples.

(C) Na sociedade em conta de participação, falindo o sócio ostensivo o contrato social fica sujeito às normas que regulam os efeitos da falência nos contratos bilaterais do falido; falindo o sócio participante ocorrerá a dissolução da sociedade e a liquidação da respectiva conta, cujo saldo constituirá crédito quirografário.

(D) Na sociedade em nome coletivo, sem prejuízo da responsabilidade perante terceiros, podem os sócios, no ato constitutivo, ou por convenção posterior aprovada por maioria, limitar entre si a responsabilidade individual.

(E) Na sociedade em comandita simples, não pode o sócio comanditário ser constituído procurador da sociedade ainda que para negócio determinado e com poderes especiais, porque nesse tipo de sociedade essa categoria de sócio não pode praticar qualquer ato de gestão.

A: incorreta, pois os sócios, nas relações entre si ou com terceiros, somente por escrito podem provar a existência da sociedade, mas os terceiros podem prová-la de qualquer modo (art. 987 do CC); **B:** correta (art. 986 do CC); **C:** incorreta, pois na sociedade em conta de participação, a falência do sócio ostensivo acarreta a dissolução da sociedade e a liquidação da respectiva conta, cujo saldo constituirá crédito quirografário, e falindo o sócio participante, o contrato social fica sujeito às normas que regulam os efeitos da falência nos contratos bilaterais do falido (art. 994, §§ 2º e 3º, do CC); **D:** incorreta, pois, sem prejuízo da responsabilidade perante terceiros, podem os sócios, no ato constitutivo, **ou por unânime convenção posterior**, limitar entre si a responsabilidade de cada um (art. 1.039, p. único, do CC); **E:** incorreta, pois pode o comanditário ser constituído procurador da sociedade para negócio determinado e com poderes especiais (art. 1.047, p. único, do CC).

Gabarito "B"

(Magistratura do Trabalho – 9ª Região – 2009) Considerando as disposições relativas ao Direito de Empresa do Código Civil, assinale a proposição incorreta:

(A) Considera-se empresário quem **exerce profissionalmente** atividade econômica organizada para a produção ou a circulação de bens ou de serviços, bem como quem exerce profissão intelectual, de natureza científica, literária ou artística, mesmo que o exercício da profissão não constitua elemento de empresa.

(B) Os sócios, nas relações entre si ou com terceiros, somente por escrito podem provar a existência da sociedade, mas os terceiros podem prová-la de qualquer modo.

(C) Considerando os direitos e obrigações dos sócios na sociedade simples, a cessão total ou parcial de quota importa responsabilidade solidária do cedente com o cessionário, pelas obrigações que tinha como sócio, até dois anos depois de averbada a modificação do contrato, perante a sociedade e terceiros.

(D) O sócio, admitido em sociedade já constituída, não se exime das dívidas sociais anteriores à admissão.

(E) A retirada, exclusão ou morte do sócio, não o exime, ou a seus herdeiros, da responsabilidade pelas obrigações sociais anteriores, até dois anos após averbada a resolução da sociedade; nem nos dois primeiros casos, pelas posteriores e em igual prazo, enquanto não se requerer a averbação.

A: incorreta, devendo ser assinalada, pois não se considera empresário quem exerce profissão intelectual, de natureza científica, literária ou artística, ainda com o concurso de auxiliares ou colaboradores, salvo se o exercício da profissão constituir elemento de empresa (art. 966, parágrafo único, do CC); **B:** correta (art. 987 do CC); **C:** correta (art. 1.003, parágrafo único, do CC); **D:** correta (art. 1.025 do CC); **E:** correta (art. 1.032 do CC).

Gabarito "A"

(Magistratura do Trabalho – 9ª Região – 2009) Considere as proposições a seguir, relativas ao Direito de Empresa do Código Civil:

I. Na sociedade limitada, sendo omisso o contrato, o sócio pode ceder sua quota, total ou parcialmente, a quem seja sócio, independentemente de audiência dos outros, ou a estranho, se não houver oposição de titulares de mais de um quarto do capital social. A cessão terá eficácia quanto à sociedade e terceiros a partir da averbação do respectivo instrumento, subscrito pelos sócios anuentes.

II. Na sociedade limitada, o capital social divide-se em quotas, iguais ou desiguais, cabendo uma ou diversas a cada sócio, permitida a integralização consistente em prestação de serviços.

III. A sociedade limitada é administrada por uma ou mais pessoas designadas no contrato social ou em ato separado. A administração atribuída no contrato a todos os sócios não se estende de pleno direito aos que posteriormente adquiram essa qualidade.

IV. São características da sociedade cooperativa, dentre outras: I - variabilidade, ou dispensa do capital social; II - limitação do valor da soma de quotas do capital social que cada sócio poderá tomar; III - intransferibilidade das quotas do capital a terceiros estranhos à sociedade, ainda que por herança; IV - indivisibilidade do fundo de reserva entre os sócios, ainda que em caso de dissolução da sociedade.

V. Faculta-se aos cônjuges contratar sociedade, entre si ou com terceiros, desde que não tenham casado no regime da comunhão universal de bens, ou no da separação obrigatória.

(A) Todas as proposições estão corretas.
(B) Somente quatro proposições estão corretas.
(C) Somente três proposições estão corretas.
(D) Somente duas proposições estão corretas.
(E) Somente uma proposição está correta.

I: correta (art. 1.057 do CC); **II:** incorreta, pois é vedada contribuição que consista em prestação de serviços (art. 1.055, § 2º, do CC); **III:** correta (art. 1.060 do CC); **IV:** correta (art. 1.094, I, III, IV e VIII, do CC); **V:** correta (art. 977 do CC).

Gabarito "B".

(Magistratura do Trabalho – 9ª Região – 2007) Analise as seguintes assertivas:

I. De acordo com o Código Civil brasileiro, o simples exercício de uma atividade econômica, ainda que sem habitualidade, é suficiente para caracterização do empresário.

II. Escritor profissional, que desenvolve atividade intelectual contando com colaboradores, é considerado empresário.

III. É obrigatória a inscrição do empresário no Registro Público de Empresas Mercantis da respectiva sede, antes do início de sua atividade.

Assinale a alternativa correta:

(A) Apenas a assertiva I é verdadeira;
(B) Apenas a assertiva II é verdadeira;
(C) Apenas a assertiva III é verdadeira;
(D) Existem duas ou mais assertivas verdadeiras;
(E) Nenhuma assertiva é verdadeira.

I: falsa, pois se considera empresário quem exerce profissionalmente atividade econômica organizada para a produção ou a circulação de bens ou de serviços (art. 966, *caput*, do CC); **II:** falsa, pois quem exerce profissão intelectual, de natureza científica, literária ou artística não é considerado empresário (art. 966, p. único, do CC); **III:** verdadeira (art. 967 do CC).

Gabarito "C".

(Magistratura do Trabalho – 9ª Região – 2007) Analise as seguintes assertivas:

I. Havendo culpa no desempenho de suas funções, os administradores respondem subsidiariamente perante a sociedade e os terceiros prejudicados.

II. Segundo o Código Civil brasileiro, a sociedade pode opor a terceiros o excesso por parte dos administradores somente na hipótese de a limitação de poderes estar inscrita ou averbada no registro próprio da sociedade.

III. O sócio ingressante, salvo na hipótese de expressa previsão contratual onde declare conhecer a situação econômico-financeira da sociedade, não responde por dívidas sociais anteriores à admissão.

Assinale a alternativa correta:

(A) Apenas a assertiva I é verdadeira;
(B) Apenas a assertiva II é verdadeira;
(C) Apenas a assertiva III é verdadeira;
(D) Existem duas ou mais assertivas verdadeiras;
(E) Nenhuma assertiva é verdadeira.

I: falsa, pois os administradores respondem **solidariamente** (art. 1.016 do CC); **II:** falsa, pois o excesso por parte dos administradores somente pode ser oposto a terceiros se ocorrer pelo menos uma das seguintes hipóteses: I - se a limitação de poderes estiver inscrita ou averbada no registro próprio da sociedade; II - provando-se que era conhecida do terceiro; III - tratando-se de operação evidentemente estranha aos negócios da sociedade (art. 1.015, parágrafo único, do CC); **III:** falsa, pois o sócio ingressante, admitido em sociedade já constituída, não se exime das dívidas sociais anteriores à admissão (art. 1.025 do CC).

Gabarito "E".

(Magistratura do Trabalho – 13ª Região – 2006) No tocante à *administração da sociedade limitada*, está correta a seguinte alternativa:

(A) se o contrato permitir administradores não sócios, a designação deles independerá de aprovação da unanimidade dos sócios;
(B) o exercício do cargo de administrador cessa pela destituição, em qualquer tempo, do titular, ou pelo término do prazo se, fixado no contrato ou em ato separado, não houver recondução;
(C) o uso da firma ou denominação social não é privativo dos administradores que tenham estes poderes, podendo aos demais sócios fazê-lo;
(D) a administração atribuída no contrato a todos os sócios se estende de pleno direito aos que posteriormente adquiram essa qualidade;
(E) o administrador designado em ato separado investir-se-á no cargo mediante termo de posse no livro de atas da administração, tendo que assinar o livro no prazo de 10 (dez) dias seguintes à designação.

A: incorreta, pois a designação de administradores não sócios dependerá de aprovação da unanimidade dos sócios, enquanto o capital não estiver integralizado, e de 2/3 (dois terços), no mínimo, após a integralização (art. 1.061 do CC, de acordo com a redação dada pela Lei 12.375/2010); **B:** correta (art. 1.063, *caput*, do CC); **C:** incorreta, pois o uso da firma ou denominação social é privativo dos administradores que tenham os necessários poderes (art. 1.064 do CC); **D:** incorreta, pois a administração atribuída no contrato a todos os sócios **não** se estende de pleno direito aos que posteriormente adquiram essa qualidade (art. 1.060, parágrafo único, do CC); **E:** incorreta, pois o administrador designado em ato separado investir-se-á no cargo mediante termo de posse no livro de atas da administração, tendo que assinar o livro no prazo de **30 (trinta)** dias seguintes à designação (art. 1.062, § 1º, do CC).

Gabarito "B"

(Magistratura do Trabalho – 13ª Região – 2006) A sociedade se dissolve, segundo o código civil, quando ocorrer as seguintes proposições, exceto:

(A) o consenso unânime dos sócios;
(B) o vencimento do prazo de duração;
(C) a falta de pluralidade de sócios, não reconstituída no prazo de 30 (trinta) dias;
(D) a extinção, na forma da lei, de autorização para funcionar;
(E) a deliberação dos sócios, por maioria absoluta, na sociedade por prazo indeterminado.

A alternativa C está incorreta, pois a sociedade se dissolve quando ocorrer a falta de pluralidade de sócios, não reconstituída no prazo de **cento e oitenta dias** (art. 1.033, IV, do CC).

Gabarito "C"

(Magistratura do Trabalho – 23ª Região – 2006) Das características abaixo apontadas, quantas se referem à sociedade cooperativa:

I. variabilidade ou dispensa do capital social;
II. instransferibilidade das quotas do capital a terceiros estranhos à sociedade, ainda que por herança;
III. *quorum* para assembleia geral fundado no número de sócios presentes à reunião e não no capital social representado;
IV. a responsabilidade sempre limitada dos sócios;
V. limitação do valor da soma de quotas do capital social que cada sócio poderá tomar;
VI. divisibilidade do fundo de reserva entre os sócios em caso de dissolução da sociedade;
VII. distribuição dos resultados, proporcionalmente ao valor das operações efetuadas pelo sócio com a sociedade, podendo ser atribuído juro fixo ao capital realizado.

(A) sete características apontadas;
(B) três características apontadas;
(C) quatro características apontadas;
(D) cinco características apontadas;
(E) seis características apontadas.

São cinco características (Art. 1.094, I, IV, V, III, VII, do CC). A característica IV não se refere à sociedade cooperativa, que poderá ser a responsabilidade limitada ou ilimitada (art. 1.095 do CC). A característica VI não se refere à sociedade cooperativa, que terá indivisibilidade do fundo de reserva entre os sócios, ainda que em caso de dissolução da sociedade (art. 1.094, VIII, do CC).

Gabarito "D"

(Magistratura do Trabalho – 24ª Região – 2006) Sobre o direito de empresa, assinale a alternativa INCORRETA:

(A) É obrigatória a inscrição do empresário no Registro Público de Empresas Mercantis da respectiva sede, antes do início de sua atividade.
(B) A lei assegurará tratamento favorecido, diferenciado e simplificado ao empresário rural e ao pequeno empresário, quanto à inscrição e aos efeitos daí decorrentes.
(C) Poderá o incapaz, por meio de representante ou devidamente assistido, continuar a empresa antes exercida por ele enquanto capaz, por seus pais ou pelo autor de herança.
(D) Faculta-se aos cônjuges contratar sociedade, entre si ou com terceiros, desde que não tenham casado no regime da comunhão universal de bens, ou no da separação obrigatória.
(E) O empresário casado pode, com necessidade de outorga conjugal, no regime de comunhão universal, alienar os imóveis que integrem o patrimônio da empresa ou gravá-los de ônus real.

A: correta (art. 967 do CC); **B:** correta (art. 970 do CC); **C:** correta (art. 974, *caput*, do CC); **D:** correta (art. 977 do CC); **E:** incorreta, pois o empresário casado pode, **sem necessidade de outorga conjugal**, qualquer que seja o regime de bens, alienar os imóveis que integrem o patrimônio da empresa ou gravá-los de ônus real (art. 978 do CC).

Gabarito "E"

(Ministério Público do Trabalho – 11º) Assinale a alternativa CORRETA:

I. a sociedade personificada simples dissolve-se de pleno direito quando houver deliberação dos sócios, por maioria absoluta, ou, entre outros motivos legais, ocorrer requerimento de um sócio para a liquidação judicial;
II. considera-se empresária a sociedade que tem por objeto o exercício de atividade própria de empresário sujeito a registro, a exemplo da sociedade por ações;
III. na sociedade personificada simples, em se tratando de relação negocial com terceiros e os bens da sociedade não lhe cobrirem as dívidas, respondem os sócios, na proporção em que participem das perdas sociais, e também pelo saldo remanescente na existência de cláusula de responsabilidade solidária;
IV. nas sociedades não personificadas, todos os sócios respondem solidária e ilimitadamente pelas obrigações sociais, excluído do benefício de ordem, aquele que contratou pela sociedade.

(A) todas as assertivas são verdadeiras;
(B) todas as assertivas são falsas;
(C) apenas uma assertiva é falsa;
(D) apenas duas assertivas são falsas;
(E) não respondida.

I: falsa, pois não existe a possibilidade de dissolução da sociedade simples pelo requerimento de um sócio para a liquidação judicial (art. 1.033 do CC); **II:** verdadeira (art. 982 do CC); **III:** verdadeira (art. 1.023 do CC); **IV:** verdadeira (art. 990 do CC).

Gabarito "C"

10. TEMAS COMBINADOS

(Magistratura do Trabalho – 8ª Região – 2009) Assinale a alternativa incorreta, considerando a legislação civil:

(A) O Código Civil fixa que aquele que, por ação ou omissão voluntária, negligência ou imprudência, violar direito e causar dano a outrem, ainda que exclusivamente moral, comete ato ilícito. Para além desta disposição, consagra, expressamente, a teoria da responsabilização pelo abuso do direito, apesar de também prever a possibilidade de deterioração ou destruição da coisa e lesão a pessoas, para preservar o agente de risco iminente.

(B) Salvo disposição legal em contrário, não se aplicam à decadência as normas que impedem, suspendem ou interrompem a prescrição, sendo nula a renúncia à decadência fixada em lei. Deve o juiz, de ofício, conhecer da decadência convencional ou quando estabelecida por lei.

(C) Tratando-se de negócio jurídico nulo, as nulidades podem ser alegadas por qualquer interessado, ou pelo Ministério Público, quando lhe couber intervir. Independentemente de requerimento das partes, será pronunciada pelo juiz, quando conhecer do negócio jurídico ou dos seus efeitos e as encontrar provadas, não lhe sendo permitido supri-las, ainda que a requerimento das partes. O negócio jurídico nulo não é suscetível de confirmação, nem convalesce pelo decurso do tempo.

(D) Ocorre a novação: I - quando o devedor contrai com o credor nova dívida para extinguir e substituir a anterior; II - quando novo devedor sucede ao antigo, ficando este quite com o credor ou, III - quando, em virtude de obrigação nova, outro credor é substituído ao antigo, ficando o devedor quite com este. Importa exoneração do fiador a novação feita sem seu consenso com o devedor principal.

(E) Salvo as exceções expressamente previstas em lei, as perdas e danos devidas ao credor abrangem, além do que ele efetivamente perdeu, o que razoavelmente deixou de lucrar. Ainda que a inexecução resulte de dolo do devedor, as perdas e danos só incluem os prejuízos efetivos e os lucros cessantes por efeito dela direto e imediato, sem prejuízo do disposto na lei processual. As perdas e danos, nas obrigações de pagamento em dinheiro, serão pagas com atualização monetária segundo índices oficiais regularmente estabelecidos, abrangendo juros, custas e honorários de advogado, sem prejuízo da pena convencional. Provado que os juros da mora não cobrem o prejuízo, e não havendo pena convencional, pode o juiz conceder ao credor indenização suplementar.

A: correta. A regra geral de responsabilização civil continua sendo a teoria subjetiva, em conformidade com o disposto no art. 186 do CC, o qual exige a conduta culposa ou dolosa. Paralelamente, o art. 187 prevê o ato ilícito decorrente do exercício abusivo de um direito, o qual se configurará quando se exceder "manifestamente os limites impostos pelo seu fim econômico ou social, pela boa-fé ou pelos bons costumes" (CC, arts. 187 c/c art. 927; *vide* também o Enunciado CJF 37, que dispõe ser *objetiva* a responsabilidade no caso). Por fim, o art. 188, II prevê a hipótese do ato praticado em estado de necessidade, pelo qual alguém deteriora ou destrói coisa alheia, ou causa lesão a pessoa, a fim de remover perigo iminente. Quando se atua em estado de necessidade (CC, art. 188) e causa-se um dano, deve-se averiguar se a vítima do dano foi culpada pelo risco da situação. Caso positivo, não haverá obrigação de indenizar. Caso contrário, a vítima faz jus à indenização (CC, art. 929); **B:** incorreta, devendo ser assinalada, pois o juiz não pode, de ofício, conhecer da decadência convencional (CC, art. 210); **C:** correta, pois todas essas características do negócio jurídico nulo estão previstas nos artigos 168 e 169 do CC; **D:** correta, pois de acordo com as hipóteses legais de novação, previstas no CC, art. 360, I, II e III, e 366; **E:** correta, pois de acordo com o disposto nos arts. 402, 403 e 404 do CC.

Gabarito "B"

(Magistratura do Trabalho – 8ª Região – 2009) Marque a alternativa correta:

(A) Violado o direito, nasce para o titular a pretensão, a qual se extingue, pela prescrição. A prescrição ocorre em dez anos, quando a lei não lhe haja fixado prazo menor. Prescreve em um ano: I - a pretensão dos hospedeiros ou fornecedores de víveres destinados a consumo no próprio estabelecimento, para o pagamento da hospedagem ou dos alimentos; II - a pretensão dos credores não pagos contra os sócios ou acionistas e os liquidantes, contado o prazo da publicação da ata de encerramento da liquidação da sociedade. Prescreve em três anos: I - a pretensão para receber prestações vencidas de rendas temporárias ou vitalícias; II - a pretensão de restituição dos lucros ou dividendos recebidos de má-fé, correndo o prazo da data em que foi deliberada a distribuição; III - a pretensão de cobrança de dívidas líquidas constantes de instrumento público ou particular.

(B) Não podem ser admitidos como testemunhas, em qualquer caso: I - os menores de dezesseis anos; II - aqueles que, por enfermidade ou retardamento mental, não tiverem discernimento para a prática dos atos da vida civil; III - os cegos e surdos; IV - o interessado no litígio, o amigo íntimo ou o inimigo capital das partes; V - os cônjuges, os ascendentes, os descendentes e os colaterais, até o terceiro grau de alguma das partes, por consanguinidade, ou afinidade.

(C) Nas obrigações alternativas, a escolha cabe ao credor, se outra coisa não se estipulou. Não pode o devedor obrigar o credor a receber parte em uma prestação e parte em outra. Se, por culpa do devedor, ambas as prestações se tornarem inexequíveis, deverá este pagar ao credor o valor da maior, além da indenização por perdas e danos.

(D) Os negócios de transmissão gratuita ou remissão de dívidas, praticados pelo devedor insolvente ou por eles reduzido à insolvência, ainda quando o ignore, poderão ser anulados pelos credores quirografários, como lesivos de seus direitos. Apenas poderão pleitear a anulação dos negócios, os credores que já o eram ao tempo em que estes foram praticados.

(E) A sub-rogação opera-se, de pleno direito, em favor: I - do credor que paga a dívida do devedor comum; II - do adquirente do imóvel hipotecado, que paga a credor hipotecário, bem como do terceiro que efetiva o pagamento para não ser privado de direito sobre imóvel; III – quando terceira pessoa empresta ao devedor a quantia precisa para solver a dívida, sob a condição expressa de ficar o mutuante sub-rogado nos direitos do credor satisfeito.

A: incorreta, pois a pretensão de cobrança de dívidas líquidas constantes de instrumento público ou particular prescreve em 5 (cinco) anos (CC, art. 205, § 5º, I); **B:** incorreta, pois não podem ser admitidos como testemunhas os cegos e surdos, quando a ciência do fato que se quer provar dependa dos sentidos que lhes faltam, e, para a prova de fatos que só elas conheçam, pode o juiz admitir o depoimento das pessoas a que se refere este artigo (CC, art. 228, III, e parágrafo único do CC); **C:** incorreta, pois nas obrigações alternativas a escolha cabe ao devedor, se outra coisa não se estipulou (CC, art. 252); **D:** correta (CC, art. 158, *caput*, e § 2º); **E:** incorreta, pois quando terceira pessoa empresta ao devedor a quantia precisa para solver a dívida, sob a condição expressa de ficar o mutuante sub-rogado nos direitos do credor satisfeito, ocorre a sub-rogação convencional (CC, art. 347, II).

Gabarito "D"

(Magistratura do Trabalho – 8ª Região – 2007) Assinale a alternativa incorreta:

(A) O Código Civil consagra a teoria da imprevisão quando, por motivos alheios à vontade das partes, sobrevier uma desproporção manifesta entre o valor da prestação da dívida e do momento de sua execução, podendo o juiz corrigi-lo, a pedido da parte, de modo que assegure, quando possível, o valor real da obrigação.

(B) Nos contratos de execução continuada ou diferida, se a prestação de uma das partes se tornar excessivamente onerosa, com extrema vantagem para outra, em virtude de acontecimentos extraordinários e imprevisíveis, poderá o devedor pedir a resolução do contrato.

(C) Cabe ao Ministério Público Estadual velar pelas fundações constituídas para fins religiosos, morais, culturais ou de assistência.

(D) Têm domicílio necessário o incapaz, o servidor público, o militar, o marítimo e o preso.

(E) Para preservar a segurança das relações jurídicas, a anulabilidade do negócio jurídico poderá ser declarada de ofício, não produzindo efeitos antes de julgada por sentença.

A: correta, pois referida teoria da imprevisão encontra amparo no Código Civil, tanto no art. 317, quanto no 478; **B:** correta, pois a assertiva reproduz o importante artigo 478 do CC, que estabelece em nosso ordenamento a teoria da imprevisão, a qual objetiva reequilibrar contratos que se tornaram desiguais e injustos ao longo do tempo em virtude de acontecimentos imprevisíveis e extraordinários. Sobre o tema, o STJ posicionou-se: *Contrato de arrendamento mercantil. Variação cambial. Onerosidade excessiva. 1. Tendo em vista a onerosidade excessiva havida em decorrência da mudança na política cambial do país, nos contratos de arrendamento mercantil com previsão de reajuste das prestações com base na variação cambial do dólar, o reajuste das prestações, a partir de janeiro de 1999, deverá ser feito pela metade da variação cambial.* (STJ, Agr. Regimental no RESP 472.594/SP); **C:** correta, pois tal atribuição do Ministério Público está prevista no CC, art. 66; **D:** correta. A lei entendeu por adequado fixar o domicílio de certas pessoas, em função de alguma peculiar situação ou mesmo em virtude da facilidade de encontrá-las. É o chamado "domicílio necessário" e o incapaz, o servidor público, o militar, o marítimo e o preso são alcançados por esta previsão (CC, art. 76). O domicílio do incapaz é o do seu representante, o domicílio do servidor público, o lugar em que exercer permanentemente suas funções; o do preso, o lugar em que cumpre a sentença e o do marítimo, onde o navio estiver matriculado; **E:** incorreta, pois a anulabilidade não pode ser pronunciada de ofício (CC, art. 177).

Gabarito "E"

(Magistratura do Trabalho – 8ª Região – 2007) Assinale, entre as afirmações a seguir, qual a incorreta, considerando as disposições do Código Civil:

(A) Em regra, a cessão tem eficácia inter partes. Em relação a terceiros, a transmissão de um crédito é ineficaz se não for celebrada mediante instrumento público ou instrumento particular revestido das solenidades legais.

(B) Não havendo autorização expressa, o alienante do estabelecimento não pode fazer concorrência ao adquirente nos cinco anos subsequentes à transferência.

(C) A assunção de dívida prescinde da concordância do credor.

(D) Não pode ser considerado empresário quem exerce profissão intelectual de natureza científica, literária ou artística, mesmo que tenha a contribuição de terceiro, exceto se o exercício da profissão constituir elemento de empresa.

(E) Os cônjuges poderão contratar sociedade, entre si ou com terceiros, desde que não tenham casado no regime da comunhão universal de bens, ou no da separação obrigatória.

A: correta (CC, art. 288); **B:** correta (CC, art. 1.147); **C:** incorreta, devendo ser assinalada, pois a assunção de dívida necessita de consentimento expresso do credor, interpretando-se o seu silêncio como recusa (CC, art. 299); **D:** correta (CC, art. 966, parágrafo único); **E:** correta, pois de acordo com a limitação prevista pelo art. 977 do CC.

Gabarito "C"

(Magistratura do Trabalho – 8ª Região – 2007) Assinale a alternativa incorreta:

(A) É facultado ao empresário rural fazer sua inscrição no registro público de empresas mercantis.

(B) Consideram-se imóveis para os efeitos legais os direitos reais sobre imóveis e as ações que os asseguram e o direito à sucessão aberta.

(C) Decai em três anos o direito de anular a constituição das pessoas jurídicas de direito privado, por defeito do ato respectivo, contado o prazo da publicação de sua inscrição no registro.

(D) Nas sociedades limitadas, no caso de condomínio de quotas, os direitos a ela inerentes somente podem ser exercidos pelo condômino representante, ou pelo inventariante do espólio de sócio falecido.

(E) Nos contratos de adesão, são anuláveis as cláusulas que estipulem a renúncia antecipada do aderente a direito resultante da natureza do negócio.

A: correta (CC, art. 971); **B:** correta (CC, art. 80, II, do CC); **C:** correta (CC, art. 45, parágrafo único); **D:** correta (CC, art. 1.056, § 1º); **E:** incorreta, pois, nos contratos de adesão, são **nulas** as cláusulas que estipulem a renúncia antecipada do aderente a direito resultante da natureza do negócio (CC, art. 424).

Gabarito "E"

(Ministério Público do Trabalho – 16º) Assinale a alternativa INCORRETA:

(A) o termo inicial suspende o exercício, mas não a aquisição do direito;

(B) são nulos os negócios jurídicos, quando as declarações de vontade emanarem de erro substancial;

(C) se a prestação do fato tornar-se impossível sem culpa do devedor, resolver-se-á a obrigação; se por culpa dele, responderá por perdas e danos;

(D) se no contrato as obrigações couberem a apenas uma das partes, poderá ela pleitear que a sua prestação seja reduzida, ou alterado o modo de executá-la, a fim de evitar a onerosidade excessiva;

(E) não respondida.

A: correta, pois o direito subordinado a termo aguarda apenas a ocorrência do evento futuro e certo e - nessa pendência – já se considera adquirido o direito a que ele visa (CC, arts. 131 e 135); **B:** incorreta, pois o erro substancial, assim como todos os demais vícios do consentimento, torna o negócio anulável e não nulo; (CC, art. 171, II); **C:** correta, pois se a obrigação se tornar impossível sem culpa do devedor, extingue-se a obrigação e se por culpa, responderá por perdas e danos (CC, art. 248); **D:** correta. A teoria da imprevisão objetiva reequilibrar contratos que se tornaram desiguais e injustos ao longo do tempo em virtude de acontecimentos imprevisíveis e extraordinários. O art. art. 480 do CC prevê a aplicação desta teoria aos contratos nos quais a obrigação cabe apenas a uma das partes.

Gabarito "B"

(Ministério Público do Trabalho – 16º) Assinale a alternativa CORRETA:

(A) para exigir a pena convencional, é necessário que o credor alegue prejuízo;

(B) incorre de pleno direito o devedor na cláusula penal, desde que, culposamente, deixe de cumprir a obrigação ou se constitua em mora;

(C) maior de dezesseis e menor de dezoito anos não emancipado não pode ser mandatário;

(D) deve o juiz, de ofício, conhecer da decadência, quando estabelecida por lei ou pelo contrato;

(E) não respondida.

A: incorreta, pois, para exigir a pena convencional, **não** é necessário que o credor alegue prejuízo (CC, art. 416); **B:** correta, pois de pleno acordo com o disposto no CC, art. 408); **C:** incorreta, pois o maior de dezesseis e menor de dezoito anos não emancipado **pode ser mandatário**, mas o mandante não tem ação contra ele senão de conformidade com as regras gerais, aplicáveis às obrigações contraídas por menores (CC, art. 666); **D:** incorreta, pois deve o juiz de ofício conhecer da decadência, **quando estabelecida por lei. O juiz não deve conhecer de ofício a decadência convencional** (CC, art. 210).

Gabarito "B"

(Procurador do Trabalho – 2013 – MPT) Em conformidade com o Código de Defesa do Consumidor (Lei n. 8.078/1990), assinale a alternativa INCORRETA:

(A) Constam expressamente como legitimados para firmar convenção coletiva de consumo apenas as entidades civis de consumidores, as associações de fornecedores e os sindicatos da categoria econômica.

(B) A convenção coletiva de consumo será obrigatoriamente escrita, tornando-se obrigatória a partir do seu registro no cartório de títulos e documentos.

(C) Diversamente das convenções coletivas de trabalho, as quais possuem efeitos *erga omnes* em relação aos membros das categorias representadas, a convenção coletiva de consumo obriga somente os filiados às entidades signatárias.

(D) Não se exime de cumprimento da convenção coletiva de consumo o fornecedor que se desligar da entidade em data posterior ao registro do instrumento, com exceção das disposições que versarem sobre preços e características dos produtos.

(E) Não respondida.

A: assertiva correta (art. 107, *caput*, do CDC); **B:** assertiva correta (art. 107, *caput* e § 1º, do CDC); **C:** assertiva correta (art. 107, § 2º, do CDC); **D:** assertiva incorreta, devendo ser assinalada; pois a regra que estabelece que o fornecedor que se desligar da entidade não se exime de cumprir a convenção coletiva de consumo não tem exceção (art. 107, § 3º, do CDC).

Gabarito "D"

8. DIREITO EMPRESARIAL

Alexandre Gialluca e Robinson Sakiyama Barreirinhas*

1. TEORIA GERAL, EMPRESA, EMPRESÁRIO, CAPACIDADE, ESTABELECIMENTO COMERCIAL

(Magistratura do Trabalho – 4ª Região – 2012) Se ao alienante não restarem bens suficientes para solver o seu passivo, a eficácia da alienação do estabelecimento depende

(A) do pagamento de todos os credores, ou do consentimento destes, de modo expresso ou tácito, em 30 (trinta) dias a partir de sua notificação.

(B) apenas do pagamento de todos os credores trabalhistas e tributários.

(C) exclusivamente do consentimento expresso dos credores com garantia real.

(D) somente do consentimento expresso dos credores trabalhistas e tributários.

(E) do consentimento expresso ou tácito de todos os credores, em 60 (sessenta) dias de sua notificação.

A assertiva "A" está correta por previsão expressa do artigo 1.145 do CC, vejamos "Se ao alienante não restarem bens suficientes para solver o seu passivo, a eficácia da alienação do estabelecimento depende do pagamento de todos os credores, ou do consentimento destes, de modo expresso ou tácito, em trinta dias a partir de sua notificação." Tal dispositivo já responde as demais afirmativas.

Gabarito "A"

(Magistratura do Trabalho – 16ª Região – 2011) Sobre empresário, assinale a alternativa CORRETA:

(A) É considerado empresário todo aquele que exerce profissão intelectual, de natureza cientifica, literária ou artística, quando em concurso de auxiliares ou colaboradores.

(B) É obrigatória a inscrição do empresário no Registro Civil de Pessoas Naturais do seu domicílio, antes do início de sua atividade.

(C) É vedado ao empresário instituir filial, sendo obrigado a registrar-se originariamente em cada jurisdição que exercerá atividade mercantil.

(D) Poderá o incapaz, por meio de representante ou devidamente assistido, continuar a empresa antes exercida por ele enquanto capaz, por seus pais ou pelo autor de herança.

(E) O empresário casado não pode, sem necessidade de outorga conjugal, qualquer que seja o regime de bens, alienar os imóveis que integrem o patrimônio da empresa ou gravá-los de ônus real.

A: assertiva incorreta, pois, nos termos do art. 966, parágrafo único, do CC, não se considera empresário quem exerce profissão intelectual, de natureza científica, literária ou artística, ainda com o concurso de auxiliares ou colaboradores, salvo se o exercício da profissão constituir elemento de empresa; **B:** incorreta, pois o empresário é inscrito no Registro Público de Empresas Mercantis (Junta Comercial) da respectiva sede, antes do início de sua atividade – art. 967 do CC; **C:** incorreta, pois o empresário ou a sociedade empresária podem instituir sucursal, filial ou agência, em lugar sujeito à jurisdição de outro Registro Público de Empresas Mercantis, caso em que também nele deverá inscrevê-la, com a prova da inscrição originária – art. 969 do CC; **D:** essa é a assertiva correta, pois reflete exatamente o disposto no art. 974, *caput*, do CC; **E:** incorreta, pois o empresário casado pode, sem necessidade de outorga conjugal, qualquer que seja o regime de bens, alienar os imóveis que integrem o patrimônio da empresa ou gravá-los de ônus real – art. 978 do CC.

Gabarito "D"

* Alexandre Gialluca comentou as questões de Mag./2ª Reg./12, Mag./4ª Reg./12, Mag./15ª Reg./12, Mag./21ª Reg./12, Mag./23ª Reg./12, Mag./3ª Reg./13 e MPT/17º. As demais foram comentadas por Robinson Sakiyama Barreirinhas.

(Magistratura do Trabalho – 11ª Região – 2007 – FCC) Determinada pessoa física exercia atividade empresarial e, em determinado momento, torna-se incapaz para os atos da vida civil. Nesse caso, a continuidade do exercício da empresa

(A) pode ser efetuada por mandatário do empresário.
(B) é ilegal.
(C) depende de autorização judicial.
(D) pode ser efetuada por curador, independentemente de autorização judicial.
(E) é possível por intermédio dos sócios do empresário.

O Código Civil expressamente autoriza o incapaz a continuar a empresa antes exercida por ele quando capaz, por meio de representante ou devidamente assistido (a depender de ser absoluta ou relativamente incapaz), desde que haja autorização judicial, conforme o art. 974 do CC, de modo que a alternativa C é a correta.
Gabarito "C"

(Magistratura do Trabalho – 21ª Região – 2012) A respeito do estabelecimento empresarial, assinale a afirmação INCORRETA:

(A) o adquirente do estabelecimento responde pelo pagamento dos débitos anteriores à transferência, desde que regularmente contabilizados, continuando o devedor primitivo solidariamente obrigado pelo prazo de um ano, a partir da publicação, quanto aos créditos vencidos, e da data do vencimento, quanto aos outros;
(B) a inscrição do empresário, ou dos atos constitutivos das pessoas jurídicas, ou as respectivas averbações, no registro próprio, asseguram o uso exclusivo do nome nos limites do respectivo Estado;
(C) as publicações das sociedades estrangeiras serão feitas nos órgãos oficiais da União e do Estado onde tiverem sucursais, filiais ou agências;
(D) o preposto, salvo autorização expressa, não pode negociar por conta própria ou de terceiro, nem participar, embora indiretamente, de operação do mesmo gênero da que lhe foi cometida, sob pena de responder por perdas e danos e de serem retidos pelo preponente os lucros da operação;
(E) o empresário e a sociedade empresária, salvo aquela com sede em país estrangeiro, são obrigados a conservar em boa guarda toda a escrituração, correspondência e papeis concernentes à sua atividade, enquanto não ocorrer prescrição ou decadência no tocante aos atos neles consignados.

A assertiva A está correta, pois retrata a regra contida no art. 1.146 do CC. A assertiva B está correta, por estar em consonância com o art. 1.166 do CC. A assertiva C está correta, por ser a regra positivada no art. 1.152, § 2º, do CC. A assertiva D está correta, porém como se procura a afirmativa incorreta na questão torna-se ela inviável por disposição do art. 1.170 do Código Civil. A assertiva E está correta para a questão ao se procurar a incorreta por disposição do art. 1.195 do Código Civil *aplica-se também às sucursais, filiais ou agências, no Brasil, do empresário ou sociedade com sede em país estrangeiro.*
Gabarito "E"

(Magistratura do Trabalho – 16ª Região – 2006) O conceito de empresário conjuga os seguintes elementos:

(A) Matrícula na Junta Comercial, elevado grau de aviamento e organização dos fatores de produção.
(B) Prática habitual da mercancia, maioridade civil e atividade econômica.
(C) Lucro, profissionalismo e matrícula na Junta Comercial.
(D) Capacidade produtiva, lucro e registro no órgão de classe.
(E) Atividade econômica, organização dos fatores de produção e profissionalismo.

A alternativa E indica elementos definidores do empresário, conforme disposto no art. 966 do CC. O registro ou a maioridade civil não são elementos caracterizadores.
Gabarito "E"

(Magistratura do Trabalho – 9ª Região – 2007) Considere as proposições seguintes:

I. São proibidos de exercer atividade empresarial os magistrados, os membros do Ministério Público, os militares da ativa das Forças Armadas e das Polícias Militares, os membros do Poder Legislativo, os Prefeitos, Governadores e o Presidente da República.
II. Quando a pessoa legalmente impedida de exercer atividade como empresário a exercer, os atos por ela praticados que possam gerar obrigações para a empresa serão assumidos por esta, não podendo os terceiros ser prejudicados.
III. É necessária outorga conjugal para que o empresário casado sob o regime da comunhão universal de bens possa alienar imóveis que integrem o patrimônio da empresa ou gravá-los de ônus real.

Assinale a alternativa correta:

(A) Todas as proposições estão corretas;
(B) Apenas as proposições I e II estão corretas;
(C) Apenas as proposições I e III estão corretas;
(D) Apenas a proposição II está correta;
(E) Todas as proposições estão incorretas.

I: incorreta em relação aos membros do Legislativo, cujo impedimento refere-se apenas a empresa que "goze de favor decorrente de contrato com pessoa jurídica de direito público" – art. 54, II, *a*, da CF; **II:** incorreta, pois pessoa legalmente impedida de exercer atividade própria de empresário, se a exercer, responderá pelas obrigações contraídas – art. 973 do CC; **III:** incorreta, pois o empresário casado pode, sem necessidade de outorga conjugal, qualquer que seja o regime de bens, alienar os imóveis que integrem o patrimônio da empresa ou gravá-los de ônus real – art. 978 do CC.
Gabarito "E"

(Ministério Público do Trabalho – 16º) Assinale a alternativa INCORRETA:

(A) Empresário é definido na lei como o profissional exercente de atividade econômica organizada para a produção ou circulação de bens e serviços.
(B) Empresa é a atividade, cuja marca essencial é a obtenção de lucros com o oferecimento ao mercado de bens ou serviços, gerados estes mediante a organização dos fatores de produção (força de trabalho, matéria-prima, capital e tecnologia).
(C) As cooperativas não estão sujeitas à falência e não podem pleitear a recuperação judicial.
(D) O empresário pode ser pessoa física ou jurídica e, em ambas as hipóteses, denominam-se de sociedade empresária.
(E) Não respondida.

A: correta, conforme o art. 966 do CC; **B:** correta, pois descreve adequadamente a empresa como sendo a atividade do empresário individual ou da sociedade empresária; **C:** correta, pois as cooperativas, independentemente de seu objeto, não têm natureza empresarial (que é requisito para a falência e para a recuperação judicial) – art. 982, parágrafo único, *in fine*, do CC; **D:** essa é a assertiva incorreta, pois o empresário pessoa física (= empresário individual) não é sociedade (que depende, evidentemente, da existência de dois ou mais sócios).

Gabarito "D"

2. NOME EMPRESARIAL

(Magistratura do Trabalho – 2ª Região – 2011) O direito do empresário, individual ou coletivo, ao nome empresarial (firma ou denominação) e à exclusividade do seu uso, é adquirido e consolidado por um ato:

(A) De registro no INPI - Instituto Nacional da Propriedade Industrial, com validade em todo o território nacional, estando a inscrição do empresário individual, ou o registro dos atos constitutivos da pessoa jurídica, regularmente efetivados no Registro próprio do seu Estado.
(B) De registro especial e específico, realizado perante a Junta Comercial, seja ele de inscrição, no momento inicial, seja de averbação, quando operada qualquer alteração, o que garante o uso exclusivo do nome em todo território nacional.
(C) De registro, cuja extensão do uso exclusivo do nome, por todo o território nacional, não possui previsão legal.
(D) De inscrição do empresário individual, ou do registro dos atos constitutivos das pessoas jurídicas, ou das suas respectivas averbações, no registro próprio, o que assegura o uso exclusivo do nome, nos limites do respectivo Estado.
(E) De mero registro, da empresa ou do empresário, no cadastro nacional de pessoas jurídicas (CNPJ), com alcance protetivo da exclusividade do uso do nome empresarial em todo o território nacional.

Nos termos do art. 1.166 do CC, a inscrição do empresário, ou dos atos constitutivos das pessoas jurídicas, ou as respectivas averbações, no registro próprio, asseguram o uso exclusivo do nome nos limites do respectivo Estado. Esse uso exclusivo será estendido a todo o território nacional se houver registro na forma da lei especial, conforme o parágrafo único do dispositivo. Por essa razão, a alternativa "D" é a única correta.

Gabarito "D"

(Magistratura do Trabalho – 14ª Região – 2011) Quanto ao nome empresarial, analise as proposições abaixo e responda a alternativa correta.

I. A sociedade em conta de participação está proibida de adotar nome empresarial que denuncie a sua existência.
II. A sociedade empresária de qualquer tipo que tenha ingressado em juízo com medida de recuperação judicial deve acrescer ao seu nome, em todos os atos, contratos e documentos a expressão "em Recuperação Judicial".
III. Se houver óbito, exclusão ou retirada de sócio cujo nome civil constava da firma social, esta não precisará ser alterada.
IV. De acordo com o "princípio da veracidade" é defeso ao empresário valer-se, na composição de seu nome empresarial, de eventos estranhos ao nome civil, de que seja titular, como pessoa física ou que sejam titulares os seus sócios, se pessoa jurídica.
V. O "princípio da veracidade" se aplica integralmente à denominação da sociedade anônima.

(A) Estão corretas as alternativas I, II e III.
(B) Estão corretas as alternativas II, IV e V.
(C) Estão corretas as alternativas I, II e IV.
(D) Estão corretas as alternativas III, IV e V.
(E) Estão corretas as alternativas I, III e V.

I: correta, pois a sociedade em conta de participação não pode ter firma ou denominação – art. 1.162 do CC; **II:** imprecisa, pois não basta a sociedade ingressar em juízo com o pedido. É preciso que o juiz conceda a recuperação judicial, nos termos do art. 58 da Lei de Recuperação e Falência – LF (Lei 11.101/2005). Somente então a sociedade acrescentará, após o nome empresarial, a expressão "em Recuperação Judicial", nos termos do art. 69, *caput*, da LF, e o juiz determinará a anotação no Registro Público de Empresas (parágrafo único desse dispositivo); **III:** incorreta, pois o nome de sócio que vier a falecer, for excluído ou se retirar, não pode ser conservado na firma social; **IV:** assertiva correta, conforme o princípio da veracidade – art. 34 da Lei 8.934/1994; **V:** incorreta, pois a denominação da sociedade anônima pode indicar o nome do fundador, acionista, ou pessoa que haja concorrido para o bom êxito da formação da empresa, ou seja, pode haver nomes de pessoas que não sejam sócias, o que, de certa forma, não se alinha estritamente com o princípio da veracidade – art. 1.160, parágrafo único, do CC.

Gabarito "C"

Veja a seguinte tabela, relativa aos nomes empresariais, para estudo e memorização:

	Uso	Exemplo
Firma individual	a) empresário individual – responsabilidade ilimitada	a) João da Silva Marcenaria
	b) sociedade em nome coletivo – responsabilidade ilimitada	b) João da Silva e companhia; João da Silva e Pedro de Souza; João da Silva e irmãos
	c) sociedade em comandita simples	c) João da Silva e companhia
Firma coletiva, razão social	d) sociedade limitada – não há responsabilidade ilimitada, desde que conste a palavra "limitada" ou "ltda."	d) João da Silva Marcenaria Ltda.
	e) comandita por ações – diretor responde subsidiária e ilimitadamente	e) João da Silva Marcenaria Comandita por Ações
	f) sociedade limitada – não há responsabilidade ilimitada, desde que conste a palavra "limitada" ou "ltda."	f) Marcenaria Modelo Ltda.
Denominação social	g) sociedade anônima – responsabilidade limitada ao preço das ações	g) Marcenaria Modelo Sociedade Anônima; Companhia Marcenaria Modelo; João da Silva Marcenaria S.A.
	h) comandita por ações – diretor responde subsidiária e ilimitadamente	h) Marcenaria Modelo Comandita por Ações
	i) sociedade cooperativa – pode ser de responsabilidade limitada ou ilimitada	i) Cooperativa Modelo de Marceneiros

3. DIREITO SOCIETÁRIO

3.1. RESPONSABILIDADE DOS SÓCIOS E ADMINISTRADORES, DESCONSIDERAÇÃO DA PERSONALIDADE

(Magistratura do Trabalho – 16ª Região – 2011) Sobre a responsabilidade dos sócios nas cooperativas, e considerando as afirmativas abaixo, assinale a alternativa CORRETA:

I. A responsabilidade dos sócios nas sociedades cooperativas é limitada quando os cooperados respondem somente pelo valor de suas quotas e pelo prejuízo verificado nas operações sociais.
II. A responsabilidade é ilimitada, quando os sócios respondem, além das obrigações que assumiram quando do pagamento de suas quotas, de forma solidária e ilimitadamente pelas obrigações sociais.
III. Quando a responsabilidade é ilimitada, ela é proporcional ao volume da participação do sócio nas operações, sendo solidariamente responsáveis os cooperados.
IV. É característica da sociedade cooperativa o concurso de sócios em número mínimo necessário a compor a administração da sociedade, sem limitação de número máximo.

(A) Somente as afirmativas I, II e III estão corretas.
(B) Somente as afirmativas I, III e IV estão corretas.
(C) Somente as afirmativas I, II e IV estão corretas.
(D) Somente as afirmativas II, III e IV estão corretas
(E) Todas as afirmativas estão corretas.

I: assertiva correta, pois reflete o disposto no art. 1.095, § 1º, do CC; **II:** correta, nos termos do art. 1.095, § 2º, do CC; **III:** incorreta, pois a responsabilidade na proporção na participação nas operações é característica da responsabilidade limitada – art. 1.095, § 1º, do CC; **IV:** correta, nos exatos termos do art. 1.094, II, do CC.

Gabarito "C"

(Magistratura do Trabalho – 3ª Região – 2008) Relativamente à responsabilidade por débitos da pessoa jurídica, assinale a alternativa correta:

(A) A sociedade anônima será responsável pelo pagamento de dívidas até o limite do valor das ações subscritas pelos sócios.
(B) A sociedade limitada será responsável pelo pagamento de dívidas até o limite do valor do capital social.
(C) A sociedade anônima será responsável pelo pagamento de dívidas até o limite do valor das ações subscritas, mas ainda não integralizadas.
(D) A sociedade limitada será responsável pelo pagamento de dívidas até o limite do valor do capital social ainda não integralizado.
(E) Nenhuma das alternativas acima está correta.

Todas as assertivas são incorretas, pois a sociedade responde por todos os débitos decorrentes de contratos, imposição legal ou responsabilidade, independentemente do valor de seu capital social. A responsabilidade do sócio (não da sociedade) é que se limita ao preço de emissão das ações subscritas ou adquiridas ou ao valor de suas quotas – arts. 1.052 e 1.088 do CC.

Gabarito "E"

(Magistratura do Trabalho – 8ª Região – 2008) Considerando a responsabilidade dos controladores ou administradores das sociedades, assinale a alternativa INCORRETA:

(A) O administrador da sociedade deverá ter, no exercício de suas funções, o cuidado e a diligência que todo homem ativo e probo costuma empregar na administração de seus próprios negócios. Assim, não poderá ser administrador quem for condenado, ainda que temporariamente, por: crime falimentar, de prevaricação, peita ou suborno, concussão, peculato; ou contra a economia popular, contra o sistema financeiro nacional, contra as normas de defesa da concorrência, contra as relações de consumo, a fé pública ou a propriedade, enquanto perdurarem os efeitos da condenação.

(B) Consoante ao que disciplina o Código Civil, em caso de abuso da personalidade jurídica, caracterizado pelo desvio de finalidade, ou pela confusão patrimonial, pode o juiz decidir, a requerimento da parte, ou do Ministério Público quando lhe couber intervir no processo, que os efeitos de certas e determinadas relações de obrigações sejam estendidos aos bens particulares dos administradores ou sócios da pessoa jurídica.

(C) Segundo a Lei das Sociedades Anônimas, o administrador não é pessoalmente responsável pelas obrigações que contrair em nome da sociedade e em virtude de ato regular de gestão; responde, porém, civilmente, pelos prejuízos que causar, quando proceder: I - dentro de suas atribuições ou poderes, com culpa ou dolo; II - com violação da lei ou do estatuto.

(D) Segundo a Lei das Sociedades Anônimas, o administrador não é responsável por atos ilícitos de outros administradores, salvo se com eles for conivente, se negligenciar em descobri-los ou se, deles tendo conhecimento, deixar de agir para impedir a sua prática. Exime-se de responsabilidade o administrador dissidente que faça consignar sua divergência em ata de reunião do órgão de administração ou, não sendo possível, dela dê ciência imediata e por escrito ao órgão da administração, no conselho fiscal, se em funcionamento, ou à assembleia geral.

(E) A distribuição de lucros ilícitos ou fictícios, realizadas pelos administradores, acarreta responsabilidade subsidiária dos sócios que os receberem, conhecendo ou devendo conhecer-lhes a ilegitimidade.

A: assertiva correta, pois reflete o disposto no art. 1.011 do CC; **B:** correta, pois é a desconsideração da personalidade jurídica prevista no art. 50 do CC; **C:** assertiva correta, nos exatos termos do art. 158, I e II, da Lei das Sociedades por Ações – LSA (Lei 6.404/1976); **D:** correta, conforme o art. 158, § 1º, da LSA; **E:** essa é a incorreta, pois a responsabilidade dos sócios que receberem tais lucros, assim como a dos administradores que os distribuírem, é solidária (não subsidiária, como consta da assertiva) – art. 1.009 do CC.

Gabarito "E"

(Magistratura do Trabalho – 12ª Região – 2006) Em relação ao atual Código Civil Brasileiro, assinale a afirmação correta:

(A) o sócio que se retirou da sociedade em período anterior à admissão de empregado responde pela execução trabalhista deste somente até dois anos após a sua saída;

(B) o sócio remanescente de uma sociedade composta por apenas dois sócios poderá prosseguir nessa situação por 180 dias;

(C) na Sociedade Simples determinado sócio pode ser excluído de participar dos lucros e das perdas, desde que essa condição esteja expressamente prevista no contrato social;

(D) o adquirente do estabelecimento responde pelo pagamento dos débitos anteriores à transferência, desde que regularmente contabilizados, continuando o devedor primitivo solidariamente obrigado pelo prazo de cinco anos;

(E) na Sociedade Simples, se os bens da sociedade não lhe cobrirem as dívidas, respondem os sócios pelo saldo, na proporção em que participem das perdas sociais, salvo cláusula de responsabilidade solidária.

A: incorreta, pois o sócio responde por 2 anos após sua saída da sociedade (por cessão total ou parcial de quota) apenas pelas obrigações que tinha como sócio, e não por aquelas assumidas posteriormente pela sociedade – art. 1.003, parágrafo único, do CC; **B:** assertiva correta, pois o sócio remanescente tem até 180 dias para reconstituir a pluralidade de sócios, conforme o art. 1.033, IV, do CC; **C:** incorreta, pois é nula a estipulação contratual que exclua qualquer sócio de participar dos lucros e das perdas – art. 1.008 do CC; **D:** incorreta, pois a responsabilidade solidária do devedor primitivo se dá pelo prazo de um ano, a partir, quanto aos créditos vencidos, da publicação, e, quanto aos outros, da data do vencimento – art. 1.146 do CC; **E:** parece-nos que essa assertiva também é correta, pois reflete exatamente o disposto no art. 1.023 do CC.

Gabarito "B"

(Magistratura do Trabalho – 14ª Região – 2008) Com base nas disposições contidas no novo Código Civil, considere as seguintes proposições:

I. Qualquer sócio poderá se retirar de uma sociedade por prazo indeterminado mediante notificação aos demais sócios com 60 (sessenta) dias de antecedência.

II. A nomeação do administrador deverá, obrigatoriamente, constar do contrato social.

III. A maioria dos sócios, representativa de mais da metade do capital social, poderá excluir um ou mais sócios que estejam pondo em risco a continuidade da sociedade, em virtude de atos de inegável gravidade, mediante alteração do contrato social, ainda que não haja previsão para tanto.

IV. A administração da sociedade compete exclusivamente a quem dela for sócio.

(A) Todas as proposições estão incorretas;

(B) Apenas a proposição I está correta;

(C) Apenas a proposição III está correta;

(D) Apenas as proposições II e IV estão corretas;

(E) Apenas as proposições I e III estão corretas.

I: assertiva correta, conforme o art. 1.029 do CC; **II:** incorreta, pois é possível a nomeação por documento em separado – art. 1.012 do CC; **III:** incorreta, pois a possibilidade de exclusão extrajudicial por justa causa deve estar prevista no contrato social – art. 1.085 do CC; **IV:** incorreta, já que a sociedade pode designar administrador que não seja sócio – art. 1.019, parágrafo único, do CC.

Gabarito "B"

(Magistratura do Trabalho – 14ª Região – 2008) A desconsideração da pessoa jurídica, para estender aos bens particulares dos administradores ou seus sócios, os efeitos de certas e determinadas obrigações, exige que seja constatado:

(A) o encerramento da liquidação da pessoa jurídica não havendo bens suficientes para a quitação da totalidade das dívidas;

(B) o estado de insolvência da pessoa jurídica, caracterizado pela absoluta ausência de bens;

(C) o uso abusivo da personalidade jurídica, caracterizado pelo desvio de finalidade ou pela confusão patrimonial;

(D) a declaração de falência da pessoa jurídica;

(E) o enriquecimento do sócio e a insolvência da pessoa jurídica.

O *disregard* é previsto no art. 50 do CC, segundo o qual, em caso de abuso da personalidade jurídica, caracterizado pelo desvio de finalidade, ou pela confusão patrimonial, pode o juiz decidir, a requerimento da parte, ou do Ministério Público quando lhe couber intervir no processo, que os efeitos de certas e determinadas relações de obrigações sejam estendidos aos bens particulares dos administradores ou sócios da pessoa jurídica. Das assertivas, somente a C indica hipótese para a desconsideração.

Gabarito "C"

(Ministério Público do Trabalho – 13°) Em relação à responsabilidade dos sócios nos diferentes tipos de sociedade:

I. nas sociedades em comum, enquanto não inscritos os seus atos constitutivos, todos os sócios respondem solidária e ilimitadamente pelas obrigações sociais, excluído do benefício de ver executados em primeiro lugar os bens sociais aquele que contratou pela sociedade;

II. como regra, nas sociedades simples, os bens particulares dos sócios não podem ser executados por dívidas sociais, senão depois de executados os bens da sociedade;

III. como regra , na sociedade limitada, a responsabilidade de cada sócio é restrita ao valor de suas quotas, mas todos respondem solidariamente pela integralização do capital social;

IV. na sociedade anônima, o capital é dividido em ações, obrigando-se cada sócio ou acionista somente pelo preço de emissão das ações que subscrever ou adquirir.

Analisando-se as asserções acima, pode-se afirmar que:

(A) todas as assertivas estão corretas;

(B) apenas as assertivas I e II estão corretas;

(C) apenas as assertivas II e III estão corretas;

(D) apenas as assertivas I e IV estão corretas;

(E) não respondida.

I: correta, nos termos do art. 990 do CC; **II:** assertiva correta, conforme o art. 1.024 do CC; **III:** correta, conforme o art. 1.052 do CC; **IV:** assertiva correta, em conformidade com o art. 1.088 do CC.

Gabarito "A"

(Ministério Público do Trabalho – 12°) Assinale a alternativa CORRETA sobre a Disregard Doctrine:

I. a desconsideração da pessoa jurídica, também denominada *disregard of legal entity*, constitui uma exceção ao princípio da separação patrimonial entre sócio e sociedade (*societas distat a singulis*); quando aplicado este instituto, a empresa fica provisoriamente dissolvida, devendo a decisão constitutiva ser averbada no respectivo Contrato Social;

II. pela exegese do § 5º, do artigo 28, do Código de Defesa do Consumidor, a intenção fraudulenta do devedor que enseja a aplicação do instituto da *disregard doctrine* é presumida com o simples obstáculo ao ressarcimento de prejuízos causados aos consumidores;

III. a desconsideração da pessoa jurídica se distingue da *ultra vires societatis*, sendo esta decorrente da responsabilidade civil do sócio-administrador que violou a lei, o contrato ou o estatuto, enquanto na *disregard* a empresa, como um todo, é utilizada em desvio de finalidade prejudicando terceiros;

IV. o atual Código Civil permite ao julgador estender os efeitos de determinadas relações de obrigações aos bens particulares dos administradores ou sócios da pessoa jurídica nos casos de desvio de finalidade ou confusão patrimonial.

(A) todas as assertivas estão corretas;

(B) apenas as assertivas III e IV estão corretas;

(C) apenas as assertivas II e IV estão corretas;

(D) apenas a assertiva I está incorreta.

(E) não respondida.

I: incorreta, pois a desconsideração da personalidade jurídica não implica dissolução da sociedade, apenas estende os efeitos de certas e determinadas relações de obrigações aos bens particulares dos administradores ou sócios da pessoa jurídica – art. 50 do CC; **II:** assertiva correta, pois o art. 28, § 5º, do CDC dispõe expressamente que poderá ser desconsiderada a pessoa jurídica sempre que a personalidade da sociedade for, de alguma forma, obstáculo ao ressarcimento de prejuízos causados aos consumidores; **III:** correta, pois a desconsideração cabe em caso de abuso da personalidade jurídica (art. 50 do CC), o que não se confunde com os atos do administrador (sua validade ou sua eficácia) que extrapolem os poderes concedidos pela sociedade (*ultra vires*). Se a operação realizada pelo administrador for evidentemente estranha ao objeto social, não vincula a sociedade (teoria *ultra vires*), a depender do tipo societário – art. 1.015, parágrafo único, III, do CC; **IV:** correta, referindo-se à possibilidade de desconsideração da personalidade jurídica prevista no art. 50 do CC.

Gabarito "D"

3.2. SOCIEDADES EM GERAL

(Magistratura do Trabalho – 1ª REGIÃO – 2010 – CESPE) A respeito dos diversos tipos societários, assinale a opção correta.

(A) A sociedade simples é tipo societário não personificado, mesmo que os seus atos constitutivos sejam devidamente registrados.

(B) Na sociedade em conta de participação, o sócio ostensivo responde de maneira ilimitada pelas dívidas sociais.

(C) Aplicam-se à sociedade anônima em fase de organização as regras atinentes à sociedade em comum enquanto não ultimados os atos de registro.

(D) A sociedade em nome coletivo é tipo societário personificado cujos sócios podem ser pessoas físicas ou jurídicas.

(E) Na sociedade limitada, a responsabilidade de cada sócio é restrita ao valor de suas quotas, inclusive a responsabilidade pela integralização do capital social.

A: incorreta, pois a sociedade simples é personificada – art. 997 do CC. Somente a sociedade em comum e a sociedade em conta de participação não são personificadas – arts. 986 e 991 do CC; **B:** correta, conforme o art. 991 do CC; **C:** assertiva incorreta, pois se aplicam as normas da LSA (ver, a propósito, o art. 91 da LSA). Apenas em caso de omissão da lei especial é que se aplicam as normas do Código Civil – art. 1.089 do CC; **D:** incorreta, pois somente pessoas naturais podem ser sócias da sociedade em nome coletivo – art. 1.039 do CC; **E:** incorreta, pois a responsabilidade pela integralização das quotas é solidária – art. 1.052 do CC.

Gabarito "B"

(Magistratura do Trabalho – 3ª Região – 2013) Relativamente à empresa individual de responsabilidade limitada, disciplinada pela Lei nº 12.441, de 11 de julho de 2011, é incorreto afirmar:

(A) A empresa individual de responsabilidade limitada será constituída por uma única pessoa titular da totalidade do capital social, devidamente integralizado, que não será inferior a 50 (cinquenta) vezes o maior salário-mínimo vigente no País.

(B) O nome empresarial deverá ser formado pela inclusão da expressão "EIRELI" após a firma ou a denominação social da empresa individual de responsabilidade limitada.

(C) A pessoa natural que constituir empresa individual de responsabilidade limitada somente poderá figurar em uma única empresa dessa modalidade.

(D) A empresa individual de responsabilidade limitada também poderá resultar da concentração das quotas de outra modalidade societária num único sócio, independentemente das razões que motivaram tal concentração.

(E) Poderá ser atribuída à empresa individual de responsabilidade limitada constituída para a prestação de serviços de qualquer natureza a remuneração decorrente da cessão de direitos patrimoniais de autor ou de imagem, nome, marca ou voz de que seja detentor o titular da pessoa jurídica, vinculados à atividade profissional.

A assertiva A está incorreta, e, portanto, é a resposta do gabarito. Isto porque o art. 980-A, *caput*, do Código Civil determina que o capital social devidamente integralizado não será inferior a 100 (cem) vezes o maior salário mínimo vigente no país. A assertiva B está correta, pois está em conformidade com o art. 980-A em seu § 1º do Código Civil de 2002. A assertiva C correta, pela redação expressa do art. 980-A em seu § 2º do Código Civil de 2002. A assertiva D está correta, por força da *redação expressa do art. 980-A em seu § 3º do Código Civil de 2002*. A assertiva E está correta, mas procura-se a incorreta tornando-se ela incorreta *pela redação expressa do art. 980-A em seu § 5º do Código Civil de 2002.*

Gabarito "A"

(Magistratura do Trabalho – 15ª Região – 2012) Analise as proposições abaixo e, após, responda:

I. Até dois anos depois de averbada a modificação do contrato social, responde o cedente solidariamente com o cessionário, perante a sociedade e terceiros, pelas obrigações, que tinha como sócio;

II. A responsabilidade civil do empresário por danos causados por seus prepostos em relação a terceiros é objetiva;

III. Na sociedade irregular os sócios respondem solidaria e ilimitadamente pelas obrigações sociais.

IV. Na sociedade por comandita simples os sócios comanditados e os sócios comanditários possuem responsabilidade solidária ilimitada pelas obrigações sociais.

V. A sociedade em conta de participação pode adotar como nome empresarial tanto firma como denominação social.

(A) Somente as alternativas I e II estão corretas.

(B) Somente as alternativas I e IV estão corretas.

(C) Somente as alternativas I, III e IV estão corretas.

(D) Somente as alternativas I, II e III estão corretas.

(E) Todas as alternativas estão corretas.

A assertiva I está correta por disposição expressa do parágrafo único do art. 1.003 do CC. A assertiva II está correta por previsão no art. 932, III, do CC que prevê que o empregador ou comitente por seus prepostos são também responsáveis pela reparação civil. A assertiva III está correta por disposição expressa do art. 990 do CC. A assertiva IV está incorreta por previsão do art. 1.045 do Código Civil, vejamos: "Na sociedade em comandita simples tomam parte sócios de duas categorias: os comanditados, pessoas físicas, responsáveis solidária e ilimitadamente pelas obrigações sociais; e os comanditários, obrigados somente pelo valor de sua quota". A assertiva V está incorreta pela previsão do art. 1.162 do Código Civil, vejamos tal dispositivo "a sociedade em conta de participação não pode ter firma ou denominação".

Gabarito "D"

(Magistratura do Trabalho – 21ª Região – 2012) A respeito das sociedades cooperativas, leia as assertivas abaixo e, em seguida, assinale a alternativa correta:

I. na sociedade cooperativa, a responsabilidade dos sócios pode ser limitada ou ilimitada;

II. as sociedades cooperativas poderão adotar por objeto qualquer gênero de serviço, operação ou atividade, assegurando-se-lhes o direito exclusivo e exigindo-se-lhes a obrigação do uso da expressão "cooperativa" em sua denominação;

III. a responsabilidade do associado perante terceiros, por compromissos da sociedade, perdura para os demitidos, eliminados ou excluídos até quando aprovadas as contas do exercício em que se deu o desligamento;

IV. as cooperativas igualam-se às demais empresas em relação aos seus empregados para os fins da legislação trabalhista e previdenciária;

V. pela incorporação, uma sociedade cooperativa absorve o patrimônio, recebe os associados, assume as obrigações e se investe nos direitos de outra ou outras cooperativas.

(A) somente a assertiva IV está correta;
(B) somente as assertivas I e II estão corretas;
(C) somente as assertivas II, III e IV estão corretas;
(D) somente as assertivas I, II, IV e V estão corretas;
(E) todas as assertivas estão corretas.

A assertiva I está correta por disposição expressa do art. 1.095, em seus §§ 1º e 2º do Código Civil. A assertiva II está correta por previsão expressa da do art. 5°, da Lei 5.764/71. A assertiva III está correta por previsão expressa do art. 36 da Lei 5.764/71. A assertiva IV está correta por previsão expressa do art. 91 da Lei 5.764/71. A assertiva V está correta por disposição do art. 1.116 vejamos: "Na incorporação, uma ou várias sociedades são absorvidas por outra, que lhes sucede em todos os direitos e obrigações, devendo todas aprová-la, na forma estabelecida para os respectivos tipos".

Gabarito "E"

(Ministério Público do Trabalho – 15º) Em relação ao capital social das sociedades limitadas assinale a alternativa ERRADA:

(A) o ato inicial para a contribuição do capital social é chamado pela doutrina de subscrição, a qual representa a manifestação de vontade de ingressar na sociedade;
(B) o aumento do capital social assegura aos sócios o direito de preferência para subscrição de novas quotas que deverá ser exercido no prazo de 30 (trinta) dias, sem necessidade de assembleia ou reunião para aprovar a alteração contratual;
(C) os sócios respondem solidariamente pela integralização total do capital. Assim, o sócio que integralizou o capital social pode responder pelo sócio subscritor que ainda não integralizou, em ação de integralização proposta pela massa;
(D) a eficácia da redução do capital social exige publicidade da ata de assembleia que aprovar a redução, a ausência de impugnação de credor quirografário ou a prova do pagamento da dívida ou o depósito judicial do respectivo valor;
(E) não respondida.

A: assertiva correta. A subscrição gera o dever de integralização do capital – art. 1.052 do CC e art. 107 da LSA; **B:** incorreta devendo ser assinalada, pois é necessária deliberação prévia e, posteriormente, reunião ou assembleia dos sócios para a aprovação da modificação do contrato (após a assunção da totalidade do aumento pelos sócios ou por terceiros), art. 1.081, §§ 1º e 3º, do CC; **C:** assertiva correta, conforme o art. 1.052 do CC; **D:** assertiva correta, conforme o art. 1.084, §§ 1º e 2º, do CC.

Gabarito "B"

(Ministério Público do Trabalho – 14º) São sociedades não personificadas:

(A) simples e cooperativa;
(B) comandita simples e em conta de participação;
(C) em comum e em conta de participação;
(D) capital e indústria e cooperativa;
(E) não respondida.

As duas únicas espécies de sociedades não personificadas são as sociedades em comum e as sociedades em conta de participação – arts. 986 e 991 do CC, de modo que a alternativa C é a correta.

Gabarito "C"

964

(Ministério Público do Trabalho – 14º) A sociedade em nome coletivo é uma sociedade de:

(A) capital;
(B) pessoas e de capital;
(C) de pessoas;
(D) mista;
(E) não respondida.

A sociedade em nome coletivo é uma sociedade de pessoas (alternativa C), pois o aspecto pessoal (não o do capital) é essencial. A responsabilidade dos sócios (somente pessoas naturais) é solidária e ilimitada – art. 1.039 do CC.

Gabarito "C"

3.3. SOCIEDADE ANÔNIMA

(MAGISTRATURA DO TRABALHO – 1ª REGIÃO – 2010 – CESPE) Acerca de sociedades anônimas, assinale a opção correta.

(A) A sociedade anônima que tem por objeto social atividades eminentemente rurais deve ser constituída na forma societária simples.
(B) Bônus de subscrição são valores mobiliários que conferem ao seu titular, nas condições constantes do certificado, direito de subscrever, em momento futuro, ações do capital social da companhia emissora.
(C) As companhias brasileiras não dependem de autorização do BACEN para a emissão de debêntures no exterior com garantia real ou flutuante de bens situados no país.
(D) Por ser titular de direitos de sócio que lhe asseguram, de modo permanente, a maioria dos votos nas deliberações da assembleia-geral e o poder de eleger a maioria dos administradores da companhia, o acionista controlador não pode ser responsabilizado por danos que causar à companhia por abuso de poder, uma vez que seus interesses e os da companhia são necessariamente convergentes.
(E) Nas companhias abertas, as atribuições do conselho de administração, que é órgão social de constituição facultativa, podem ser conferidas ao conselho fiscal.

A: incorreta, pois a sociedade anônima é sempre empresária – art. 982, parágrafo único, do CC; **B:** correta, pois essa é a definição de bônus de subscrição, conforme o art. 75 da Lei das Sociedades por Ações – LSA (Lei 6.404/1976); **C:** incorreta, pois a autorização do Banco Central é essencial – art. 73 da LSA; **D:** incorreta, pois o controlador pode ser responsabilizado, conforme o art. 117 da LSA; **E:** incorreta, pois o conselho de administração é obrigatório para as sociedades abertas e para as de capital autorizado – art. 138, § 2º, da LSA.

Gabarito "B"

(Magistratura do Trabalho – 1ª Região – 2004) Tendo havido a cisão de uma companhia observe as afirmativas abaixo:

I. se houve a extinção da companhia cindida, as sociedades, que absorvem parcelas de seu patrimônio, respondem solidariamente pelas obrigações da sociedade extinta;

II. haverá cisão parcial se a companhia cindida não for extinta, neste caso somente a companhia cindida responderá por seus débitos, mesmo que anteriores à cisão;

III. poderá um credor se opor à estipulação de inexistência de solidariedade, com relação ao seu crédito, desde que este seja anterior à cisão e que manifeste a oposição até 90 (noventa) dias após a publicação do ato de cisão;

IV. a estipulação de inexistência de solidariedade pode ser feita tanto na cisão total, quanto na parcial.

E assinale:

(A) se somente correta a alternativa I;
(B) se somente correta a afirmativa II;
(C) se somente corretas as afirmativas III e IV;
(D) se incorreta somente a afirmativa II;
(E) se somente corretas as afirmativas I e III.

I: assertiva correta, pois, no caso de cisão com extinção, as sociedades que absorverem parcelas do patrimônio da companhia cindida sucederão a esta, na proporção dos patrimônios líquidos transferidos, nos direitos e obrigações não relacionados – art. 229, § 1º, *in fine*, da LSA; **II:** incorreta, pois a sociedade que absorver parcela do patrimônio da companhia cindida sucede a esta nos direitos e obrigações relacionados no ato da cisão – art. 299, § 1º, da LSA. Ademais, a companhia cindida que subsistir e as que absorverem parcelas do seu patrimônio responderão solidariamente pelas obrigações da primeira anteriores à cisão – art. 233, *caput*, *in fine*, da LSA; **III:** correta, conforme o art. 233, parágrafo único, *in fine*, da LSA; **IV:** incorreta, pois somente na cisão parcial é possível a estipulação de que as sociedades que absorverem parcelas do patrimônio da companhia cindida serão responsáveis apenas pelas obrigações que lhes forem transferidas, sem solidariedade entre si ou com a companhia cindida – art. 223, parágrafo único, da LSA.

Gabarito "E"

(Magistratura do Trabalho – 2ª Região – 2012) No âmbito da Lei das Sociedades Anônimas é **correto** afirmar que:

(A) O direito do acionista em participar dos frutos da sociedade (lucros e acervo) e o de fiscalizá-los pode sofrer restrições em razão da participação societária.
(B) O poder do acionista controlador pode aumentar, desde que de forma limitada.
(C) Os direitos essenciais fixam os limites das posições de controlador e minoritários, podendo ser suprimidos aos acionistas por ato de vontade expresso nos estatutos ou em decisão assemblear.
(D) O remisso não pode ser privado do direito de ingresso, ainda que não esteja em dia com o pagamento do preço demissão das suas ações.
(E) O direito de preferência na subscrição de valores mobiliários não representa direito essencial do acionista.

A assertiva A está incorreta por previsão do art. 109, I, da Lei 6404/76, vejamos: "Nem o estatuto social nem a assembleia geral poderão privar o acionista dos direitos de: I – participar dos lucros sociais;" A assertiva B está correta por previsão do art. 116, parágrafo único, da Lei 6.404/76, vejamos: "O acionista controlador deve usar o poder com o fim de fazer a companhia realizar o seu objeto e cumprir sua função social, e tem deveres e responsabilidades para com os demais acionistas da empresa, os que nela trabalham e para com a comunidade em que atua, cujos direitos e interesses deve lealmente respeitar e atender." A assertiva C está incorreta pois os direitos essenciais não podem ser suprimidos, pois o art. 109, *caput*, dispõe que "Nem o estatuto social nem a assembleia geral poderão privar o acionista dos direitos...". A assertiva D está incorreta, isto porque o art. 107 dispõe "Verificada a mora do acionista, a companhia pode, à sua escolha: II - mandar vender as ações em bolsa de valores, por conta e risco do acionista; A assertiva (E) está incorreta, pois o art. 109, IV, prevê que é direito essencial, vejamos o dispositivo: 'IV – preferência para a subscrição de ações, partes beneficiárias conversíveis em ações, debêntures conversíveis em ações e bônus de subscrição...'".

Gabarito "B"

(Magistratura do Trabalho – 3ª Região – 2008) Com relação às sociedades anônimas, assinale a alternativa incorreta:

(A) A companhia de capital autorizado terá, obrigatoriamente, Conselho de Administração.
(B) O Conselho de Administração somente pode ser composto por acionistas.
(C) O conflito de interesse, salvo dispensa da assembleia geral, é causa de inelegibilidade para cargo do Conselho de Administração.
(D) Os empregados de sociedade controlada ou do mesmo grupo podem ser eleitos para o Conselho Fiscal.
(E) O diretor deverá residir no País.

A: assertiva correta, pois, nos termos do art. 138, § 2º, da LSA, as companhias abertas e as de capital autorizado terão, obrigatoriamente, conselho de administração; **B:** incorreta, pois essa restrição foi afastada pela atual redação do 146 da LSA; **C:** correta, conforme o art. 147, § 3º, da LSA; **D:** incorreta, pois empregados da companhia ou de sociedade controlada ou do mesmo grupo não podem ser eleitos para o conselho fiscal – art. 162, § 2º, da LSA, razão pela qual deverá ser assinalada; **E:** assertiva correta, nos termos do art. 146, *caput*, *in fine*, da LSA.

Gabarito "D"

(Magistratura do Trabalho – 4ª Região – 2012) Na cisão, com a extinção da companhia cindida, as sociedades que absorverem parcelas do seu patrimônio responderão

(A) em regra, individualmente apenas pelas obrigações expressamente relacionadas no ato da cisão.
(B) solidariamente pelas obrigações da companhia extinta.
(C) subsidiariamente pelas obrigações da companhia extinta.
(D) individualmente apenas na proporção dos patrimônios líquidos transferidos, nas obrigações não relacionadas.
(E) solidariamente pelas obrigações que foram constituídas após a cisão.

A assertiva B está correta por previsão expressa do art. 233 da Lei 6.404/1976 que define: "Na cisão com extinção da companhia cindida, as sociedades que absorverem parcelas do seu patrimônio responderão solidariamente pelas obrigações da companhia extinta. A companhia cindida que subsistir e as que absorverem parcelas do seu patrimônio responderão solidariamente pelas obrigações da primeira anteriores à cisão." Tal afirmativa já responde as demais.

Gabarito "B"

(Magistratura do Trabalho – 5ª Região – 2006 – CESPE) Onze irmãos constituíram uma sociedade anônima fechada, denominada S.A. Imobiliária São Paulo, com patrimônio líquido de R$ 995.000,00, para atuar no ramo de compra, venda e locação de bens imóveis. Em razão da quebra da *affectio societatis* e da falta da divisão de dividendos, dois sócios minoritários ajuizaram ação visando a dissolução parcial da sociedade. Tendo como motivação inicial a situação apresentada e com base na disciplina normativa das sociedades anônimas, assinale a opção correta.

(A) Por desenvolver atividade de compra, venda e locação de bens imóveis, de natureza civil, a S.A. Imobiliária São Paulo deve receber tratamento jurídico de sociedade simples.

(B) A convocação dos sócios da S.A. Imobiliária São Paulo, para assembleia geral, deve se dar mediante publicação no Diário Oficial, por três vezes, ao menos, com o prazo mínimo de 8 dias, contado o prazo da publicação do primeiro anúncio.

(C) À sociedade anônima S.A. Imobiliária São Paulo é vedada a dissolução parcial.

(D) A S.A. Imobiliária São Paulo está dispensada de publicar os documentos da administração, como as demonstrações financeiras, desde que esses documentos sejam arquivados, em cópias autenticadas, no registro público competente, juntamente com a ata da assembleia que sobre eles deliberar.

(E) A responsabilidade dos acionistas será limitada ao valor nominal das ações.

A: incorreta, pois toda sociedade por ação é considerada empresária, independentemente de seu objeto – art. 982, parágrafo único, do CC; **B:** incorreta, pois a companhia fechada que tiver menos de vinte acionistas, com patrimônio líquido inferior a R$ 1 milhão, poderá convocar assembleia geral por anúncio entregue a todos os acionistas, contrarrecibo – art. 294, I, da LSA. Ademais, as publicações previstas no art. 124 da LSA devem ser feitas não apenas no *Diário Oficial*, mas também em outro jornal de grande circulação editado na localidade em que está situada a sede da companhia – art. 289 da LSA; **C:** incorreta, pois não há óbice nesse sentido; **D:** companhia fechada que tiver menos de vinte acionistas, com patrimônio líquido inferior a R$ 1 milhão poderá deixar de publicar os documentos da administração (previstos no art. 133 da LSA), desde que sejam, por cópias autenticadas, arquivados no registro de comércio juntamente com a ata da assembleia que sobre eles deliberar – art. 294, II, da LSA; **E:** correta, pois a responsabilidade dos acionistas é limitada ao preço de emissão das ações subscritas ou adquiridas – art. 1º da LSA e art. 1.088 do CC.

Gabarito "D".

(Magistratura do Trabalho – 5ª Região – 2006 – CESPE) Em maio de 2004, Sílvio, empregado do Banco Social S.A., que é companhia de capital aberto, foi dispensado e substituído por Túlio. Em 2005, Túlio foi eleito diretor-presidente, diretor-superintendente e diretor-gerente pelo Conselho de Administração do Banco Social S.A., para cumprir mandato de 2 anos. Na mesma época, constatou-se que a antiga direção da companhia praticou atos com evidente excesso de mandato e abuso de poder, causando prejuízos à pessoa jurídica. Por não ter recebido as verbas rescisórias a que fazia jus, em janeiro de 2006, Sílvio ajuizou reclamação trabalhista contra o Banco Social S.A. e, tendo sido julgado procedente o seu pleito, foi proposta execução dos valores devidos. Considerando a situação hipotética acima, e com fulcro nas normas que regem as sociedades anônimas, assinale a opção incorreta.

(A) Não será computado o tempo de serviço em que Túlio permanecer no cargo de diretor-presidente, diretor-superintendente e diretor-gerente do Banco Social S.A.

(B) Não sendo encontrados bens da pessoa jurídica capazes de satisfazer os créditos trabalhistas devidos a Sílvio, poderão ser penhorados valores depositados na conta-corrente particular de Túlio.

(C) Mesmo que a assembleia do Banco Social S.A. delibere por não promover ação contra a diretoria que tenha causado danos ao patrimônio da companhia, os acionistas que representem, no mínimo, 30% do capital social poderão ajuizar a mencionada ação de reparação de danos.

(D) O conselho de administração é órgão obrigatório às companhias de capital aberto.

(E) Nas sociedades anônimas, os membros do conselho de administração devem ser acionistas, mas os diretores podem, ou não, ser acionistas.

A: correta, pois a eleição de Túlio pelo conselho de administração para mandato afasta a relação de emprego; **B:** discutível, pois a responsabilidade nas companhias abertas refere-se apenas aos administradores que, por disposição do estatuto, tenham atribuição específica de dar cumprimento aos deveres descumpridos, o que não foi informado pelo examinador – art. 158, § 3º, da LSA. Ademais, só caberia falar em responsabilidade de Túlio se, tendo conhecimento do não cumprimento desses deveres por seu predecessor, ou pelo administrador competente, tivesse deixado de comunicar o fato à assembleia geral – art. 158, § 4º, da LSA; **C:** essa é a alternativa evidentemente errada, pois, se a assembleia deliberar não promover a ação, poderá ela ser proposta por acionistas que representem 5% (não são necessários 30%, como consta da assertiva), pelo menos, do capital social – art. 159, § 4º, da LSA; **D:** correta, pois as companhias abertas e as de capital autorizado terão, obrigatoriamente, conselho de administração – art. 138, § 2º, da LSA; **E:** assertiva correta, nos termos do art. 146, *caput*, da LSA.

Gabarito "C".

(Magistratura do Trabalho – 7ª Região – 2005) Havendo acordo de voto entre acionistas de uma companhia aberta,

(A) cada um e todos os votantes respondem, individualmente, pelos efeitos das decisões aprovadas nos colegiados de que façam parte.

(B) o voto contrário ao acordo representa sua denúncia pelo declarante, acionista ou delegado.

(C) a ausência de qualquer membro do colegiado vinculado pelo acordo de voto é ineficaz para fins de rejeição de propostas.

(D) as medidas aprovadas nas deliberações de cada órgão colegiado não são passíveis de revisão por outra instância, se dentro das previsões do acordo.

(E) tem-se o controle compartilhado, do que decorre a solidariedade pelos efeitos das ações administrativas.

A: incorreta, pois o acionista responde apenas pelos danos causados pelo exercício abusivo do direito de voto, sendo que o acordo não o exime dessa responsabilidade – arts. 115, § 3º, e 118, § 2º, da LSA; **B:** incorreta, considerando que o voto contrário ao acordo devidamente arquivado não deverá ser computado, nos termos do art. 118, § 8º, da LSA; **C:** assertiva correta, pois, no caso de ausência, o direito de voto pode ser exercido por outro acionista ou administrador, com base no acordo – art. 118, § 9º, da LSA; **D** e **E:** erradas, pois o acordo de acionistas não impede a revisão das deliberações nos termos da lei e dos estatutos, nem implica necessariamente controle compartilhado da companhia.

Gabarito "C"

(Magistratura do Trabalho – 8ª Região – 2009) Marque a alternativa incorreta relativamente aos estatutos das sociedades anônimas:

(A) Pode haver a previsão de que os votos dos minoritários podem ser apurados em separado, quando para eleger membro, seu representante, do conselho fiscal ou do conselho de administração.

(B) Poderá ficar fixado que as divergências entre os acionistas entre si, entre estes e a companhia, entre os controladores e os minoritários, serão resolvidas unicamente por arbitragem.

(C) Não se pode conferir direito de voto, com restrições, às ações preferenciais.

(D) Não se pode atribuir voto plural a qualquer classe de Ações, mas pode estabelecer limitação ao número de votos de cada acionista.

(E) É licito assegurar a uma ou mais classes de ações preferenciais o direito de eleger, em votação em separado, um ou mais membros dos órgãos de administração.

A: correta, conforme os arts. 16, III, 18, 141, § 4º e 161, § 4º, *a*, da LSA; **B:** assertiva correta, pois reflete o disposto no art. 109, § 3º, da LSA; **C:** essa é a assertiva incorreta, pois o estatuto pode conferir às ações preferenciais direito de voto, ou conferi-lo com restrições – art. 111 da LSA; **D:** correta, conforme o art. 110 da LSA; **E:** correta, conforme o art. 18 da LSA.

Gabarito "C"

(Magistratura do Trabalho – 8ª Região – 2006) Considerando-se o disposto no ordenamento jurídico vigente acerca das Sociedades Anônimas, é correto afirmar que:

(A) Podem ser classificadas em Companhias Abertas e Fechadas conforme os valores mobiliários de sua emissão estejam ou não admitidos à negociação no mercado de valores mobiliários, podendo a Comissão de Valores classificá-las em categorias, segundo as espécies e classes dos valores mobiliários por elas emitidos.

(B) São empresas de capital dividido em ações, com responsabilidade dos sócios ou acionistas limitada ao preço de emissão das ações subscritas ou adquiridas.

(C) Seu capital social poderá ser formado por contribuições em dinheiro ou em qualquer espécie de bens suscetíveis de avaliação em dinheiro, podendo ser modificado, conforme a vontade dos acionistas, deliberada em assembleia geral extraordinária, específica para tal fim, e nos termos do estatuto social.

(D) São deveres exclusivos de seus administradores: o dever de diligência e o de lealdade, entendendo-se o primeiro como o cuidado que todo homem ativo e probo costuma empregar na administração dos seus próprios negócios, e sendo exemplo do segundo, observar a vedação de adquirir, para revender com lucro, bem ou direito que sabe necessário à Companhia, ou que esta tencione adquirir.

(E) À medida que um empregado de uma sociedade anônima, de capital aberto ou fechado, torna-se acionista de sua empregadora, perde a qualidade de empregado, por incompatibilidade entre a figura deste com a de sócio.

A: assertiva incorreta apenas em sua parte final. De fato, a companhia pode ser aberta ou fechada conforme os valores mobiliários de sua emissão estejam ou não admitidos à negociação no mercado de valores mobiliários – art. 4º, da LSA. Entretanto, a CVM poderá classificar as companhias abertas em categorias, mas não as fechadas (como consta da assertiva – eis o erro!), segundo as espécies e classes dos valores mobiliários por ela emitidos negociados no mercado, e especificará as normas sobre companhias abertas aplicáveis a cada categoria – art. 4º, § 3º, da LSA; **B:** assertiva correta, pois reflete exatamente o disposto no art. 1º da LSA; **C:** assertiva incorreta apenas em sua parte final. De fato, o capital social da companhia poderá ser formado com contribuições em dinheiro ou em qualquer espécie de bens suscetíveis de avaliação em dinheiro – art. 7º da LSA. Entretanto, há hipóteses em que a alteração do capital social pode ser deliberada em simples assembleia geral ordinária (não extraordinária, específica para tal fim – eis o erro!), para correção monetária de seu valor, aumento dentro do limite autorizado pelo estatuto, conversão de debêntures em ações etc. – arts. 132, IV, e 166, I a III, da LSA; **D:** assertiva incorreta quando afirma que são deveres exclusivos de seus administradores, já que as normas relativas a requisitos, impedimentos, investidura, remuneração, deveres e responsabilidade dos administradores aplicam-se a conselheiros e diretores – art. 145 da LSA; **E:** incorreta, pois não há essa relação de exclusão necessária, embora sejam discutíveis casos excepcionais (por exemplo, empregado que adquire grande número de ações e torna-se controlador).

Gabarito "B"

(Magistratura do Trabalho – 9ª Região – 2006) Quanto às sociedades por ações, assinale a alternativa incorreta:

(A) O Conselho de Administração é facultativo nas companhias fechadas e se constitui em órgão de caráter deliberativo.

(B) De acordo com a Lei das Sociedades Anônimas, a administração da companhia será exercida, conforme dispuser o Estatuto, pelo Conselho de Administração e pela Diretoria ou somente pela Diretoria, nas companhias fechadas em que não exista Conselho de Administração.

(C) O Conselho de Administração será composto por no mínimo 3 (três) membros, com mandato por período não superior a 3 (três) anos, elegíveis e destituíveis, a qualquer tempo, pela Assembleia Geral.

(D) O Conselho de Administração é facultativo nas companhias abertas.

(E) Independentemente de seu objeto, considera-se empresária a sociedade por ações.

A: assertiva correta, pois somente as companhias abertas e as de capital autorizado terão, obrigatoriamente, conselho de administração – art. 138, § 2º, da LSA. Ademais, trata-se realmente de órgão de deliberação colegiada, sendo a representação da companhia privativa dos diretores – art. 138, § 1º, da LSA; **B:** assertiva correta, nos termos do art. 138, §§ 1º e 2º, da LSA; **C:** correta, conforme o art. 140, *caput* e III, da LSA; **D:** essa é a assertiva incorreta, já que as companhias abertas e as de capital autorizado terão, obrigatoriamente, conselho de administração – art. 138, § 2º, da LSA; **E:** assertiva correta, conforme o art. 982, parágrafo único, do CC.

Gabarito "D"

(Magistratura do Trabalho – 13ª Região – 2006) Sobre a responsabilidade dos administradores das sociedades anônimas, não é correto afirmar:

(A) o administrador não é responsável por atos ilícitos de outros administradores, salvo se com eles for conivente, se negligenciar em descobri-los ou se, deles tendo conhecimento, deixar de agir para impedir sua prática;

(B) responderá solidariamente com o administrador quem, com o fim de obter vantagem para si ou para outrem, concorrer para a prática de ato com violação da lei ou do estatuto;

(C) exime-se da responsabilidade o administrador dissidente que faça consignar sua divergência em ata de reunião do órgão de administração ou, não sendo possível, dela dê ciência imediata e por escrito ao órgão da administração, ao Conselho Fiscal, se em funcionamento, ou à assembleia geral;

(D) os administradores são solidariamente responsáveis pelos prejuízos causados em virtude do não cumprimento dos deveres impostos por lei para assegurar o funcionamento normal da companhia, exceto se pelo estatuto tais deveres não caibam a todos eles;

(E) o administrador responde civilmente pelos prejuízos que causar quando proceder com violação da lei ou do estatuto.

A: correta, conforme o art. 158, § 1º, da LSA; **B:** assertiva correta, nos termos do art. 158, § 5º, da LSA; **C:** correta, conforme o art. 158, § 1º, *in fine*, da LSA; **D:** essa é a assertiva incorreta, pois há solidariedade entre os administradores ainda que, pelo estatuto, tais deveres não caibam a todos eles – art. 158, § 2º, da LSA. É importante ressalvar, entretanto, que, nas companhias abertas, essa responsabilidade solidária ficará restrita, ressalvado o caso de omissão (§ 4º), aos administradores que, por disposição do estatuto, tenham atribuição específica de dar cumprimento àqueles deveres – art. 158, § 3º, da LSA; **E:** correta, conforme o art. 158, *caput* e II, da LSA.

Gabarito "D"

(Magistratura do Trabalho – 16ª Região – 2008) Sabendo que a sociedade anônima é uma sociedade empresária, cujo capital social está dividido em ações, assinalar a afirmação incorreta:

(A) As ações que formam o capital da sociedade podem ter, ou não, valor nominal.

(B) Limitação da responsabilidade dos acionistas ao preço de mercado das ações adquiridas.

(C) Transferibilidade das ações que compõem o capital sem alteração social.

(D) Pode ser denominada 'aberta' ou 'fechada', conforme suas ações estejam ou não admitidas à negociação no mercado de valores mobiliários.

(E) A constituição da companhia pode se dar por subscrição pública ou particular.

A: correta, pois o estatuto fixará o número das ações em que se divide o capital social e estabelecerá se as ações terão, ou não, valor nominal – art. 11 da LSA; **B:** incorreta, pois a responsabilidade dos acionistas limita-se ao preço de emissão (não de mercado) das ações subscritas ou adquiridas – art. 1º da LSA e art. 1.088 do CC; **C:** correta, conforme o art. 11 da LSA; **D:** correta, nos termos do art. 4º da LSA; **E:** assertiva correta, conforme os arts. 82 e 88 da LSA.

Gabarito "B"

(Magistratura do Trabalho – 18ª Região – 2006) Acerca das Sociedades anônimas, considere as afirmações abaixo e assinale a alternativa correta.

I. O Conselho de Administração é obrigatório nas companhias abertas e facultativo nas sociedades fechadas e de capital autorizado.

II. Nas sociedades de capital autorizado, os membros da diretoria são eleitos e destituíveis, a qualquer tempo pela Assembleia Geral, vedada a interferência do Conselho de Administração.

III. O estatuto da sociedade anônima poderá prever participação no conselho de administração de representantes dos empregados, escolhidos pelo voto destes, em eleição direta, organizada pela empresa, em conjunto com as entidades que os representem.

IV. O prazo de gestão dos membros do Conselho de Administração não poderá ser superior a 2 anos, permitida a reeleição.

V. É competência da diretoria escolher e destituir os auditores independentes, se houver.

(A) há um item incorreto;

(B) há dois itens incorretos;

(C) há três itens incorretos;

(D) há quatro itens incorretos;

(E) todos os itens estão incorretos.

I: incorreta, pois o conselho de administração é também obrigatório no caso de companhias com capital autorizado – art. 138, § 2º, da LSA; **II:** incorreta, pois a diretoria é eleita e destituível pelo conselho de administração, em regra, conforme os arts. 142, II, e 143, *caput*, da LSA; **III:** há uma pequena imprecisão, pois o art. 140, parágrafo único, da LSA refere-se às entidades sindicais que representem os empregados; **IV:** incorreta, pois o prazo de gestão dos membros do conselho de administração não poderá ser superior a 3 anos (não 2 anos, como consta da assertiva), permitida a reeleição – art. 140, III, da LSA; **V:** incorreta, pois essa competência é do conselho de administração, nos termos do art. 142, IX, da LSA.

Gabarito "E"

(Magistratura do Trabalho – 18ª Região – 2006) As ações da Sociedade Anônima que são mantidas em contas de depósito, em nome de seus titulares, na instituição que designar, sem emissão de certificados, são denominadas de:

(A) ações nominativas;

(B) ações nominativas endossáveis;

(C) ações escriturais;

(D) ações preferenciais;

(E) partes beneficiárias.

A assertiva descreve as ações escriturais, nos exatos termos do art. 34, *caput*, da LSA.

Gabarito "C"

(Magistratura do Trabalho – 23ª Região – 2009) Assinale a alternativa CORRETA:

- **I.** A sociedade anônima é regida por lei especial, aplicando-se nas omissões as disposições do Código Civil.
- **II.** A sociedade anônima pode participar de outras sociedades, desde que esta possibilidade esteja incluída no seu estatuto como parte integrante do seu objeto.
- **III.** Para o efeito da Lei do FGTS, as empresas sujeitas ao regime da legislação trabalhista poderão equiparar seus diretores não empregados (assim considerados aqueles que exerçam cargo de administração previsto em lei, estatuto ou contrato social, independente da denominação do cargo) aos demais trabalhadores sujeitos ao regime do FGTS e o valor que lhe é pago é considerado remuneração para fins de recolhimento do FGTS.

(A) Apenas os itens I e II são verdadeiros.
(B) Apenas os itens II e III são verdadeiros.
(C) Todos os itens são verdadeiros.
(D) Apenas os itens I e III estão corretas.
(E) Todos os itens são falsos.

I: assertiva correta, pois reflete o disposto no art. 1.089 do CC; **II:** incorreta, pois, ainda que não prevista no estatuto, a participação da sociedade anônima em outras sociedades é facultada como meio de realizar o objeto social, ou para beneficiar-se de incentivos fiscais – art. 2º, § 3º, *in fine*, da LSA; **III:** conforme o art. 16 c/c art. 15, § 4º, da Lei 8.036/1990.

Gabarito "D"

(Magistratura do Trabalho – 24ª Região – 2007) Em relação às sociedades anônimas:

- **I.** A Assembleia Geral não poderá suspender o exercício dos direitos do acionista que deixar de cumprir obrigação imposta pela lei ou pelo estatuto.
- **II.** Constitui modalidade de exercício abusivo de poder, pelo acionista controlador, eleger administrador ou fiscal que sabe inapto, moral ou tecnicamente.
- **III.** Pode ser legalmente considerado "acionista controlador" a pessoa, natural ou jurídica, ou o grupo de pessoas vinculadas por acordo de voto, ou sob controle comum, que é titular de direitos de sócio que lhe assegurem, de modo permanente, a maioria dos votos nas deliberações da assembleia geral e o poder de eleger a maioria dos administradores da companhia.
- **IV.** Pode ser legalmente considerado "acionista controlador" a pessoa, natural ou jurídica, ou o grupo de pessoas vinculadas por acordo de voto, ou sob controle comum, que usa efetivamente seu poder para dirigir as atividades sociais e orientar o funcionamento dos órgãos da companhia.

Considere as proposições acima e RESPONDA:

(A) Apenas a proposição I está incorreta.
(B) Apenas a proposição II está incorreta.
(C) Apenas as proposições I e III estão incorretas.
(D) Apenas as proposições I e IV estão incorretas.
(E) Apenas as proposições II e III estão incorretas.

I: incorreta, pois a assembleia geral poderá suspender o exercício dos direitos do acionista que deixar de cumprir obrigação imposta pela lei ou pelo estatuto, cessando a suspensão logo que cumprida a obrigação – art. 120 da LSA; **II:** correta, conforme o art. 117, *d*, LSA; **III:** assertiva correta, conforme o art. 116, *a*, da LSA, lembrando que o acionista ou o grupo deve usar efetivamente seu poder para dirigir as atividades sociais e orientar o funcionamento dos órgãos da companhia para ser considerado controlador (alínea *b* do mesmo artigo); **IV:** correta, conforme o art. 116, *b*, da LSA e o comentário à alternativa anterior.

Gabarito "A"

(Ministério Público do Trabalho – 14º) Complete com a opção CORRETA. O Conselho de Administração das Sociedades Anônimas será composto por, no mínimo, ________ membros.

(A) 2;
(B) 3;
(C) 5;
(D) 7;
(E) não respondida.

Nos termos do art. 140, *caput*, da LSA, o conselho de administração será composto por, no mínimo, 3 membros, eleitos pela assembleia geral e por ela destituíveis a qualquer tempo.

Gabarito "B"

(Ministério Público do Trabalho – 11º Concurso) Assinale a alternativa CORRETA. Nas sociedades anônimas:

(A) o capital social da empresa será formado com contribuições feitas pelos acionistas, exclusivamente em dinheiro;
(B) de acordo com a lei, as ações, conforme a natureza dos direitos ou vantagens que confiram a seus titulares, poderão ser ordinárias, preferenciais, quirografárias ou de fruição;
(C) de acordo com a lei, as ações, quanto à forma, podem ser nominativas, endossáveis, certificadas ou ao portador;
(D) de acordo com a jurisprudência uniformizada do Tribunal Superior do Trabalho, o empregado que é eleito para ocupar o cargo de diretor tem suspenso o seu contrato de trabalho, não se computando o tempo de serviço do respectivo período, salvo a hipótese de permanecer a subordinação jurídica inerente à relação de emprego;
(E) não respondida.

A: incorreta, pois o capital social da companhia poderá ser formado com contribuições em dinheiro ou em qualquer espécie de bens suscetíveis de avaliação em dinheiro – art. 7º da LSA; **B:** incorreta, pois as ações, conforme a natureza dos direitos ou vantagens que confiram a seus titulares, são ordinárias, preferenciais, ou de fruição (não quirografárias, como consta da assertiva) – art. 15, *caput*, da LSA; **C:** incorreta, pois, atualmente, as ações devem ser nominativas, no que se refere à forma – art. 20 da LSA; **D:** assertiva correta, conforme a Súmula 269/TST: " O empregado eleito para ocupar cargo de diretor tem o respectivo contrato de trabalho suspenso, não se computando o tempo de serviço deste período, salvo se permanecer a subordinação jurídica inerente à relação de emprego".

Gabarito "D"

3.4. TEMAS COMBINADOS DE DIREITO SOCIETÁRIO

(Magistratura do Trabalho – 14ª Região – 2011) Assinale a alternativa incorreta.

(A) O acionista diretor nas sociedades em comandita por ações tem responsabilidade subsidiária e ilimitada pelas obrigações da sociedade.

(B) A sociedade anônima é pessoa jurídica de direito privado, de natureza empresarial, cujo capital está dividido em ações de igual valor nominal, quando assim emitidas, ou sem valor nominal e a responsabilidade dos subscritores e dos acionistas que nela ingressarem posteriormente, cinge-se ao preço das ações por ele subscritas ou adquiridas.

(C) Na maioria das sociedades contratuais, de prazo indeterminado, o sócio pode retirar-se sem necessidade de motivação. Deverá o sócio retirante notificar os demais sócios, os quais devem, em 50 dias providenciar a alteração contratual correspondente.

(D) O sócio de uma sociedade contratual deve cumprir, na forma e prazo previstos, as contribuições estabelecidas no contrato social, e aquele que deixar de fazê-lo, nos trinta dias seguintes ao da notificação pela sociedade, responderá perante esta pelo dano emergente da mora.

(E) No caso de falecimento do sócio, liquidar-se-á sua quota, salvo se o contrato dispuser diferentemente, se os sócios remanescentes optarem pela dissolução da sociedade, ou se, por acordo com os herdeiros, regular-se a substituição do sócio falecido.

A: assertiva correta. Na sociedade em comandita por ações, somente o acionista tem qualidade para administrar a sociedade e, como diretor, responde subsidiária e ilimitadamente pelas obrigações da sociedade. Se houver mais de um diretor, serão solidariamente responsáveis, depois de esgotados os bens sociais – art. 1.091, *caput*, e § 1º, do CC e art. 282 da Lei das Sociedades por Ações – LSA (Lei 6.404/1976); **B:** assertiva correta, pois, de fato, na sociedade anônima ou companhia, o capital divide-se em ações, obrigando-se cada sócio ou acionista somente pelo preço de emissão das ações que subscrever ou adquirir – art. 1.088 do CC. Nos termos do art. 11 da LSA, o estatuto fixará o número das ações em que se divide o capital social e estabelecerá se as ações terão, ou não, valor nominal. Neste último caso (se houver valor nominal), será o mesmo para todas as ações da companhia; **C:** essa é a assertiva incorreta, pois, embora qualquer sócio possa se retirar da sociedade, no caso das de prazo indeterminado, deverá notificar os demais sócios com antecedência mínima de 60 dias. Interessante lembrar que, nas sociedades de prazo determinado, é preciso provar judicialmente a justa causa – art. 1.029 do CC; **D:** correta, pois reflete exatamente o disposto no art. 1.004, *caput*, do CC; **E:** assertiva correta, pois isso é previsto expressamente no art. 1.028, I a III, do CC.

Gabarito "C"

(Procurador do Trabalho – MPT – 17º Concurso) Leia e analise os itens abaixo:

I. Na sociedade cooperativa, a responsabilidade dos sócios pode ser limitada ao valor das suas quotas e pelo prejuízo nas operações sociais guardada a proporção de sua participação nas mesmas operações; ou ilimitada, em que o sócio responde solidária e ilimitadamente pelas obrigações sociais.

II. O ato de transformação independe de dissolução ou liquidação da sociedade e não modifica nem prejudica os direitos dos credores.

III. Tanto na fusão quanto na incorporação, ocorre extinção de sociedades e sucessão nos direitos e obrigações, seja na nova empresa, na fusão, seja na incorporadora, na incorporação.

Marque a alternativa CORRETA:

(A) todas as assertivas estão corretas;
(B) apenas as assertivas I e II estão corretas;
(C) apenas as assertivas I e III estão corretas;
(D) apenas as assertivas II e III estão corretas;
(E) não respondida.

A assertiva I está correta por força do art. 1.095 e seus dois parágrafos do CC. A assertiva II está correta, pois retrata as regras contidas nos art. 1.113 e o art. 1.115 do CC. A assertiva III está correta por disposição dos arts. 1.116 e 1.119 ambos do Código Civil, vejamos tal dispositivo: "Art. 1.116. Na incorporação, uma ou várias sociedades são absorvidas por outra, que lhes sucede em todos os direitos e obrigações, devendo todas aprová-la, na forma estabelecida para os respectivos tipos". E o art. 1.119: "A fusão determina a extinção das sociedades que se unem, para formar sociedade nova, que a elas sucederá nos direitos e obrigações".

Gabarito "A"

(Procurador do Trabalho – MPT – 17º Concurso) Assinale a afirmativa **IN**CORRETA:

(A) A sociedade simples deve ser registrada no Registro Civil das Pessoas Jurídicas do local de sua sede ou no de alguma de suas filiais.

(B) A sociedade simples que instituir sucursal, filial ou agência na circunscrição de outro Registro Civil das Pessoas Jurídicas, neste deverá também inscrevê-la, com a prova da inscrição originária.

(C) A sociedade em conta de participação não adquire personalidade jurídica pela inscrição do instrumento de seu contrato social em registro.

(D) O empresário casado pode, sem outorga conjugal, no regime de comunhão universal de bens, alienar o imóvel que integre o patrimônio da empresa ou gravá-lo com hipoteca.

(E) Não respondida.

A assertiva A é a única incorreta, e, portanto, é a resposta do gabarito. Isto porque de acordo com o art. 998 do CC deve ser registrada no lugar da sede e não da filial. A assertiva B está correta, por disposição expressa do art. 1.000 do Código Civil. A assertiva C é correta, pois versa sobre a redação expressa do art. 993, *caput*, do CC. A assertiva D está correta, por força do art. 978 do CC.

Gabarito "A"

(Procurador do Trabalho – MPT – 17º Concurso) Leia e analise as assertivas a seguir:

I. Somente pessoas físicas podem tomar parte na sociedade em nome coletivo, respondendo todos os sócios, solidária e ilimitadamente, pelas obrigações sociais.

II. Na sociedade simples, os administradores respondem solidariamente perante a sociedade e os terceiros prejudicados, por culpa no desempenho de suas funções.

III. O contrato social poderá prever a regência supletiva da sociedade limitada pelas normas da sociedade anônima.

IV. Na sociedade simples, os bens particulares dos sócios não podem ser executados por dívidas da sociedade.

Marque a alternativa CORRETA:

(A) apenas as assertivas I e II estão corretas;

(B) todas as assertivas estão corretas;

(C) apenas a assertiva III está correta;

(D) apenas as assertivas I, II e III estão corretas;

(E) não respondida.

A assertiva I está correta, pois está em conformidade com a regra do art. 1.039, *caput*, do CC. A assertiva II está correta por previsão do art. 1.023 do CC, vejamos: "Se os bens da sociedade não lhe cobrirem as dívidas, respondem os sócios pelo saldo, na proporção em que participem das perdas sociais, *salvo cláusula de responsabilidade solidária*". A assertiva III está correta, vez que tal permissão está expressamente prevista no parágrafo único do art. 1.053 do CC. A assertiva IV está incorreta, pois o art. 1.024 do CC traz uma exceção, vejamos o dispositivo: "Os bens particulares dos sócios não podem ser executados por dívidas da sociedade, *senão depois de executados os bens sociais.*"

Gabarito "D"

(Magistratura do Trabalho – 15ª Região – 2010) A respeito da disciplina outorgada pelo Código Civil ao empresário e à sociedade empresária, assinale a alternativa incorreta:

(A) o empresário casado pode, sem necessidade de outorga conjugal, qualquer que seja o regime de bens, alienar imóveis que integrem o patrimônio da empresa ou gravá-los de ônus real;

(B) os sócios, nas relações com terceiros, somente por escrito podem provar a existência da sociedade em comum;

(C) na sociedade em comum todos os sócios respondem solidária e ilimitadamente pelas obrigações sociais e, em caso de execução, usufruem do benefício de ordem, cujos bens particulares somente serão executados após os da sociedade;

(D) no caso de morte do sócio, não será liquidada a sua quota se os sócios remanescentes optarem pela dissolução da sociedade;

(E) o sócio, admitido em sociedade já constituída, não se exime das dívidas sociais anteriores à admissão.

A: correta, pois isso é previsto expressamente no art. 978 do CC; **B:** de fato, nos termos do art. 987 do CC, os sócios, nas relações entre si ou com terceiros, somente por escrito podem provar a existência da sociedade em comum, mas os terceiros podem prová-la de qualquer modo; **C:** incorreta, pois há, em regra, benefício de ordem. Somente fica excluído do benefício de ordem o sócio que contratou pela sociedade – art. 990 do CC; **D:** correta, pois essa é uma das hipóteses em que não se liquidam as quotas do sócio falecido – art. 1.028, II, do CC; **E:** correta, nos termos do art. 1.025 do CC.

Gabarito "C"

4. DIREITO CAMBIÁRIO

(Magistratura do Trabalho – 4ª Região – 2012) A duplicata é título de crédito

(A) causal e apenas pode ser emitida em razão da venda de mercadorias por empresas de natureza mercantil, sendo necessária a emissão de fatura correspondente.

(B) formal e pode ser emitida como representativa de qualquer dívida de dinheiro.

(C) causal e pode ser emitida em razão da prestação de serviços, por empresas individuais, devendo a fatura discriminar a natureza dos serviços prestados.

(D) causal ou formal, segundo a natureza da dívida que representa, dispensando-se a emissão de fatura, quando não corresponder à venda de mercadorias.

(E) formal e só pode ser emitida como representativa da obrigação de entrega de coisa fungível, cujo valor deve ser declarado, para o caso de sua liquidação financeira.

A: incorreta, pois é possível emissão de duplicata por fundações ou sociedades civis prestadoras de serviço, ainda que não tenham natureza mercantil (ainda que não realizem compra e venda de mercadorias) - art. 20 da Lei das Duplicatas - LD (Lei 5.474/1968); **B:** incorreta, pois trata-se de título causal, emitido exclusivamente em relação a fatura - arts. 2º e 20 da LD; **C:** correta, pois é possível a emissão de duplicata por empresas individuais, nos termos do art. 20 da LD; D e **E:** incorretas, pois se trata de título causal, conforme comentários anteriores.

Gabarito "C"

(Magistratura do Trabalho – 5ª Região – 2006 – CESPE) Severino é agricultor e proprietário de 30 mil quilos de milho. Por não dispor de espaço suficiente em sua propriedade rural, procurou um armazém-geral para depositar sua mercadoria. Após o depósito, foram emitidos dois títulos de crédito: um conhecimento de depósito e um *warrant*. Em razão de dívida contraída para a aquisição de um trator, foi movida ação de execução contra Severino, tendo o credor requerido a penhora dos 30 mil quilos de milho. Considerando a situação hipotética acima, assinale a opção correta acerca do conhecimento de depósito e do *warrant*.

(A) O portador do conhecimento de depósito não poderá retirar a mercadoria antes do vencimento da dívida constante do *warrant*.

(B) Ao juízo competente, no processo de execução, será vedado deferir o pedido de penhora dos 30 mil quilos de milho.

(C) O conhecimento de depósito e o *warrant* somente poderão ser transferidos por endosso conjuntamente.

(D) O *warrant* incorpora o direito de propriedade sobre as mercadorias que representa.

(E) O conhecimento de depósito e o *warrant* são títulos de crédito abstratos.

A: incorreta, pois ao portador do conhecimento de depósito é permitido retirar a mercadoria antes do vencimento da dívida constante do *warrant*, consignando ao armazém-geral o principal e juros até o vencimento e pagando os impostos fiscais, armazenagens vencidas e mais despesas – art. 22, *caput*, do Decreto 1.102/1903; **B:** assertiva correta, pois, após a emissão do conhecimento de depósito e do *warrant*, o milho depositado não poderá, em princípio, sofrer embaraço que prejudique sua livre e plena disposição, embora a penhora possa recair sobre os títulos – art. 17 do Decreto 1.102/1903; **C:** incorreta, pois o conhecimento do depósito e o *warrant* podem ser transferidos, unidos ou separados, por endosso – art. 18, *caput*, do Decreto 1.102/1903; **D:** incorreta, pois o conhecimento de depósito incorpora o direito de propriedade sobre as mercadorias que estão no armazém-geral. O *warrant* separado do conhecimento de depósito confere ao titular o direito de penhor sobre a mesma mercadoria – art. 18, § 2º, do Decreto 1.102/1903; **E:** incorreta, especialmente se considerarmos o termo "abstrato" em oposição aos títulos causais (caso do conhecimento de depósito e do *warrant*), cuja emissão está condicionada a determinada causa (depósito da mercadoria em armazém-geral).

Gabarito "B"

(Magistratura do Trabalho – 7ª Região – 2005) A disciplina geral dos títulos de crédito, declarações unilaterais, prevista no Código Civil de 2002 permite afirmar que:

(A) todos os títulos de crédito ficam sujeitos às novas regras.
(B) desaparece a tipicidade fechada em matéria de títulos de crédito.
(C) a autonomia privada e a atipicidade dos títulos se restringe ao emprego dos meios eletrônicos para a criação e emissão de títulos atípicos.
(D) as novas regras permitem criar títulos que somem características do cheque e do *warrant*.
(E) as novas regras apenas aperfeiçoam a matéria, sem impor cuidados maiores aos operadores do Direito.

A: incorreta, pois o art. 903 do CC ressalva expressamente as disposições de leis especiais em sentido diverso; **B:** correta, pois há regulação geral pelos arts. 887 e seguintes do CC; **C:** incorreta, pois não há essa restrição em relação aos meios eletrônicos; **D:** incorreta, pois não há restrição nesse sentido; **E:** incorreta, pois a normatização do CC diferencia-se de regras específicas consagradas pela legislação especial, em relação ao aval e ao endosso, por exemplo.

Gabarito "B"

(Magistratura do Trabalho – 8ª Região – 2007) Assinale a alternativa correta:

(A) O protesto por falta de aceite da letra de câmbio é extraído contra o sacado por ser o devedor cambial vinculado à obrigação cambiária.
(B) Não extraído o protesto no prazo determinado em lei, o portador do título perderá o direito de crédito contra o aceitante e seus avalistas, o sacador, endossantes e respectivos avalistas.
(C) No aval simultâneo, lançado nos títulos de crédito, todos os avalistas garantem o mesmo avalizado, enquanto no aval sucessivo não ocorre a solidariedade, uma vez que o avalista posterior avaliza o avalista anterior.
(D) O acionista de S/A tem direito de receber dividendo e participar do acervo da companhia, em caso de liquidação da sociedade, mesmo que a S/A seja devedora do INSS, já que a lei do custeio da seguridade social não proíbe a distribuição de lucros nas sociedades com débito previdenciário.
(E) A sociedade anônima é sempre empresária, podendo adotar firma ou denominação sendo que a cobrança judicial do acionista remisso terá como título executivo o boletim de subscrição, acompanhado, se for o caso, da chamada de capital, como título executivo extrajudicial.

A: o sacador garante o aceite, conforme o art. 9º da Lei Uniforme – LU (promulgada pelo Decreto 57.663/1966). Se não houver aceite, o sacado não figura como devedor, de modo que o portador exigirá o pagamento do sacador ou de eventuais coobrigados – arts. 43 e 44 da LU; **B:** o protesto é facultativo com relação ao devedor principal (aceitante) e seus avalistas. Ou seja, a falta de protesto implica perda de direito apenas contra coobrigados (sacador, endossantes e seus avalistas) – art. 53 da LU; **C:** a assertiva é verdadeira, devendo ser observada a ordem de assinaturas na cártula e a quem o aval é dado; **D:** é vedada a distribuição de lucros, exceto se houver garantia do débito tributário – art. 32 da Lei 4.357/1964 c/c art. 52 da Lei 8.212/1991; **E:** a sociedade anônima não pode adotar firma, embora possa constar de sua denominação o nome de fundador, de acionista ou de pessoa relevante para êxito da formação da empresa art. 1.160 do CC.

Gabarito "C"

(Magistratura do Trabalho – 9ª Região – 2009 – adaptada) Considere as seguintes proposições:

I. O título de crédito terá eficácia executiva se a obrigação nele consubstanciada for certa, líquida e exigível, e desde que a condição de título executivo seja outorgada por norma legal, como ocorre com a letra de câmbio, a nota promissória, a duplicata, a debênture e o cheque.
II. A ação de execução de cheque tem prazo prescricional de seis meses contados do término dos prazos para sua apresentação, que são de trinta dias, quando emitido no lugar onde houver de ser pago, e de sessenta dias, quando emitido em outro lugar do país ou no exterior.
III. O cheque não pode ser utilizado para o pagamento das verbas rescisórias porque o empregador, como qualquer correntista, pode impedir o pagamento de um cheque já emitido por oposição ao pagamento ou sustação e contraordem ou revogação.
IV. A penhora de crédito, representada por letra de câmbio, nota promissória, duplicata, cheque ou outros títulos, far-se-á pela apreensão do documento, esteja ou não em poder do devedor.
V. O cheque é uma ordem de pagamento à vista, sacada por uma pessoa contra um banco ou instituição financeira equiparada.

(A) Somente uma proposição está correta.
(B) Somente duas proposições estão corretas.
(C) Somente três proposições estão corretas.
(D) Somente quatro proposições estão corretas.
(E) Todas as proposições estão corretas.

I: correta, pois todos os títulos a que a lei atribuir expressamente força executiva são títulos executivos extrajudiciais, conforme o art. 585, VIII, do CPC, especialmente a letra de câmbio, a nota promissória, a duplicata, a debênture e o cheque, citados nominalmente pelo inciso I do dispositivo da lei processual; **II:** assertiva correta, conforme o art. 59 c/c art. 33 da Lei do Cheque (Lei 7.357/1985); **III:** incorreta, pois as verbas rescisórias podem ser pagas com cheque visado (art. 477, § 4º, da CLT), além de dinheiro, depósito ou transferência para conta bancária ou cheque administrativo; **IV:** assertiva correta, pois reflete exatamente o disposto no art. 672 do CPC; **V:** assertiva correta, conforme os arts. 1º, I e III, e 32 da Lei do Cheque. Adaptamos essa alternativa, pois fazia referência à jurisprudência específica do Tribunal Regional do Trabalho da 9ª Região.

Gabarito "D"

(Magistratura do Trabalho – 13ª Região – 2006) De acordo com o Código Civil considera(m)-se não escrita(s) no título de crédito a(s) cláusula(s) de:

I. juros e a proibitiva de endosso;
II. a excludente de responsabilidade pelo pagamento ou por despesas;
III. a que dispense a observância de termos ou formalidades prescritas;
IV. a que exclua ou restrinja direitos e obrigações, além dos limites fixados em lei;

(A) apenas I e II estão corretas;
(B) apenas I e III estão corretas;
(C) apenas II está correta;
(D) apenas II e IV estão corretas;
(E) todas estão corretas.

Todas as assertivas são corretas, nos termos do art. 890 do CC, segundo o qual se consideram não escritas no título a cláusula de juros, a proibitiva de endosso, a excludente de responsabilidade pelo pagamento ou por despesas, a que dispense a observância de termos e formalidade prescritas, e a que, além dos limites fixados em lei, exclua ou restrinja direitos e obrigações.

Gabarito "E"

(Magistratura do Trabalho – 13ª Região – 2006) Em relação ao aval é incorreto afirmar:

(A) pagando o título, tem o avalista ação de regresso contra o seu avalizado e demais coobrigados anteriores;
(B) para a validade do aval, dado no anverso do título, é suficiente a simples assinatura do avalista, sendo vedado o aval parcial;
(C) considera-se não escrito o aval cancelado, e quando posterior ao vencimento não produz os mesmos efeitos do anteriormente dado;
(D) subsiste a responsabilidade do avalista, ainda que nula a obrigação daquele a quem se equipara, a menos que a nulidade decorra de vício de forma;
(E) o avalista equipara-se àquele cujo nome indicar; na falta de indicação, ao emitente ou devedor final.

A: a assertiva é correta, conforme o art. 899, § 1º, do CC; **B:** correta, conforme os arts. 897, parágrafo único, e 898, § 1º, do CC. Importante lembrar que a regra do Código Civil não subsiste se houver norma específica (art. 903 do CC), como é o caso da letra de câmbio, da promissória e do cheque, cuja legislação admite aval parcial (arts. 30 e 77 da LU e art. 29 da Lei 7.357/1985); **C:** incorreta na parte final. De fato, considera-se não escrito o aval cancelado – art. 898, § 2º, do CC. Entretanto, o aval posterior ao vencimento produz os mesmos efeitos do anteriormente dado, diferentemente do que consta da assertiva – art. 900 do CC; **D:** assertiva correta, conforme a regra de autonomia prevista no art. 899, § 2º, do CC; **E:** correta, nos estritos termos do art. 899, *caput*, do CC.

Gabarito "C"

(Magistratura do Trabalho – 16ª Região – 2008) Sobre títulos de crédito:

I. Título de crédito é o documento necessário para o exercício do direito, literal e autônomo, nele mencionado.
II. Pelo princípio da cartularidade, mesmo quem não exibe o título, mas declara sua posse, pode exigir sua satisfação.
III. Dependendo da espécie de emissão, os títulos de crédito podem ser classificados em causais, limitados e não causais.
IV. Pelo endosso, o título de crédito é transferido, desvinculando o endossante de seu pagamento.
V. Considerando os requisitos da nota promissória, seu valor será sempre exigível, ainda que dela não conste o nome do tomador.

Assinalar a resposta correta:

(A) Todas as alternativas estão corretas.
(B) As alternativas I e IV estão incorretas.
(C) Apenas a alternativa III está correta.
(D) Todas as alternativas estão incorretas.
(E) As alternativas II e V estão incorretas.

I: correta, pois essa é a definição clássica de Vivante. É interessante notar que o texto do art. 887 do CC é ligeiramente diferente ("o título de crédito, documento necessário ao exercício do direito literal e autônomo nele contido, somente produz efeito quando preencha os requisitos da lei"), o que já foi objeto de "pegadinha" em concurso público para a magistratura federal; **II:** incorreta, pois o documento (cártula) é necessário para o exercício dos direitos cambiários – art. 887 do CC; **III:** correto, pois os títulos de crédito são classificados: (i) quanto ao modelo em *vinculados e livres;* (ii) quanto à estrutura em *ordem de pagamento* e *promessa de pagamento*, (iii) quanto às hipóteses de emissão em *causais, limitados* e *não causais*; e (iv) quanto à circulação em *ao portador, nominativos à ordem* e *nominativos não à ordem* (ou *ao portador, à ordem* e *nominativos*); **IV:** correta, nos termos do art. 914 do CC, segundo o qual, ressalvada cláusula expressa em contrário, constante do endosso, não responde o endossante pelo cumprimento da prestação constante do título. É importante lembrar que, apesar dessa regra geral do CC, a legislação especial prevê a responsabilidade do endossante pelo pagamento do título – art. 15 da LU ("endossante, salvo cláusula em contrário, é garante tanto da aceitação como do pagamento da letra"), por exemplo; **V:** incorreta, pois a nota promissória deve conter o nome do tomador, sob pena de não produzir os efeitos que lhe são próprios – arts. 75 e 76 da LU. É importante lembrar, entretanto, que é possível completar o título conforme os ajustes realizados – art. 891 do CC e art. 10 da LU.

Gabarito "E"

<table>
<tr><th colspan="2">Princípios do Direito Cambiário</th></tr>
<tr><td colspan="2">Cartularidade: o documento (cártula) é necessário para o exercício dos direitos cambiários
Caso de relativização da cartularidade: protesto da duplicata por indicação – art. 13, § 1º, da Lei das Duplicatas</td></tr>
<tr><td colspan="2">Literalidade: somente aquilo que está escrito no título produz efeitos jurídicos-cambiais.
Caso de relativização da literalidade: aceite informado por escrito, previsto no art. 29 da Lei Uniforme.</td></tr>
<tr><td rowspan="2">Autonomia: cada obrigação que deriva do título é autônoma em relação às demais – os vícios que comprometem a validade de uma relação jurídica, documentada em título de crédito, não se estendem às demais relações abrangidas no mesmo documento.</td><td>Subprincípio da Abstração: com a circulação, há desvinculação do título em relação ao ato ou ao negócio jurídico que deu ensejo à sua criação.
Caso de relativização da abstração: necessidade de se indicar a origem do crédito para habilitação em falência (– art. 9º, II, da Lei de Falências.</td></tr>
<tr><td>Subprincípio da Inoponibilidade: o executado não pode opor exceções pessoais a terceiro de boa-fé.</td></tr>
</table>

Classificações dos Títulos de Crédito	
Critério	Espécies
Modelo	– vinculados – livres
Estrutura	– ordem de pagamento – promessa de pagamento
Hipóteses de emissão	– causais – limitados – não causais
Circulação	– ao portador – nominativos à ordem – nominativos não à ordem (ou ao portador, à ordem e nominativos)

(Magistratura do Trabalho – 16ª Região – 2006) A duplicata constitui título de crédito causal considerando que:

(A) Sua emissão somente pode decorrer da documentação de crédito nascido de uma relação de compra e venda mercantil.

(B) Sua emissão depende do aceite do comprador.

(C) Sua cobrança judicial sempre depende do protesto cambial.

(D) Sua cobrança judicial deve ser aparelhada com o contrato de compra e venda mercantil.

(E) Sua emissão pode decorrer da documentação de crédito e sua cobrança judicial deve ser precedida de interpelação.

A: a assertiva refere-se adequadamente à causalidade da duplicata – art. 2º da LD; **B:** a emissão é anterior ao aceite, que pode não ocorrer (sem que isso prejudique, necessariamente, a validade da duplicata) – art. 2º da LD; **C:** é possível a execução da duplicata aceita sem prévio protesto – art. 15, I, da LD; **D:** não há essa exigência; **E:** a emissão decorre de venda mercantil ou prestação de serviço (arts. 2º e 20 da LD) e é possível a execução da duplicata aceita sem prévio protesto – art. 15, I, da LD.

Gabarito "A"

(Magistratura do Trabalho – 20ª Região – 2003) O pagamento de título de crédito, em geral, que contenha obrigação de pagar soma determinada:

(A) não pode ser garantido por aval;

(B) pode ser garantido por aval parcial, sendo dado no verso ou no anverso do próprio título;

(C) pode ser garantido por aval parcial, uma vez dado no verso do próprio título, não sendo válido quando dado no anverso;

(D) pode ser garantido por aval, vedado que este seja parcial, devendo ser dado apenas no anverso do próprio título, para a sua validade;

(E) pode ser garantido por aval, vedado que este seja parcial, sendo dado no verso ou no anverso do próprio título, bastando, neste último caso, a simples assinatura do avalista para a sua validade.

A: incorreta, pois o pagamento de título de crédito, que contenha obrigação de pagar soma determinada, pode ser garantido por aval – art. 897 do CC; B e **C:** incorretas, pois o art. 897, parágrafo único, do CC veda o aval parcial. Importante lembrar que a regra do Código Civil não subsiste se houver norma específica (art. 903 do CC), como é o caso da letra de câmbio, da promissória e do cheque, cuja legislação admite aval parcial (arts. 30 e 77 da LU e art. 29 da Lei 7.357/1985). Ademais, o aval pode ser dado no verso ou no anverso do próprio título. Sendo dado no verso, é preciso indicar que se trata de aval, para não ser confundido com endosso – art. 898 do CC; **D:** incorreta, conforme a segunda parte do comentário à alternativa anterior (o aval pode ser dado na frente ou no verso do título); **E:** assertiva correta, conforme comentários anteriores, nos termos dos arts. 897 e 898 do CC.

Gabarito "E"

(Magistratura do Trabalho – 24ª Região – 2006) Sobre os títulos de crédito, assinale a alternativa INCORRETA:

(A) A transferência do título de crédito implica a de todos os direitos que lhe são inerentes.

(B) Para a validade do aval, dado no anverso do título, é suficiente a simples assinatura do avalista.

(C) O aval posterior ao vencimento produz os mesmos efeitos do anteriormente dado.

(D) É anulável o título ao portador emitido sem autorização de Lei Complementar.

(E) O endosso deve ser lançado pelo endossante no verso ou no anverso do próprio título.

A: assertiva correta, nos exatos termos do art. 893 do CC; **B:** correta, conforme o art. 898, § 1º, do CC; **C:** correta, em conformidade com o art. 900 do CC; **D:** essa é a assertiva incorreta, pois a validade do título ao portador depende de lei especial, não necessariamente complementar – art. 907 do CC. Ademais, trata-se de nulidade, não anulabilidade; **E:** correta, conforme o art. 910 do CC.

Gabarito "D"

(Ministério Público do Trabalho – 9º – adaptada) À vista das assertivas abaixo:

I. o emitente do cheque deve ter fundos disponíveis em poder do sacado e estar autorizado a sobre eles emitir cheque, em virtude de contrato expresso ou tácito. A infração desses preceitos prejudica a validade do título como cheque.

II. não se incluirão no valor total da duplicata os abatimentos de preços das mercadorias feitos pelo vendedor até o ato do faturamento, desde que constem da fatura.

III. há autores que preferem a expressão "fundo de comércio" para designar o estabelecimento comercial.

Assinale a alternativa correta:

(A) as assertivas I, III e IV estão corretas;

(B) as assertivas I e II estão incorretas;

(C) as assertivas I e III estão corretas;

(D) somente a assertiva I está incorreta;

(E) todas as assertivas estão corretas;

(F) não sei.

I: assertiva incorreta na parte final, pois a inexistência de fundo *não* prejudica a validade do título como cheque – art. 4º, *caput, in fine*, da Lei do Cheque – LC (Lei 7.357/1985); **II:** correta, pois corresponde ao disposto no art. 3º, § 1º, da Lei das Duplicatas – LD (Lei 5.474/1968); **III:** assertiva correta, sendo que as expressões são consideradas sinônimas – art. 1.142 do CC. Excluímos a assertiva IV, que tratava de concordata (não subsiste na sistemática atual).

Gabarito "D"

(Ministério Público do Trabalho – 8º) Assinale a alternativa correta. Segundo a chamada Lei de Duplicatas (Lei 5474/68), para justificar a pretensão executória de duplicata não devolvida ou não aceita, pelo devedor, deverá o comerciante, credor, observar, cumulativamente, as seguintes condições:

(A) extrair cópia da nota fiscal e protestar;
(B) extrair cópia da nota fiscal, de triplicata e protestar;
(C) extrair triplicata, comprovante de entrega e recebimento de mercadoria e protestar, desde que o sacado não tenha, comprovada e tempestivamente, recusado o aceite;
(D) pedir exame contábil nos livros fiscais do devedor e sacar letra de câmbio;
(E) requerer em juízo perícia dos livros, sacar triplicata e protestar;
(F) não sei.

Para a execução de duplicata ou triplicata não aceita, é preciso, cumulativamente, que (i) haja sido protestada; (ii) esteja acompanhada de documento hábil comprobatório da entrega e recebimento da mercadoria; e (iii) o sacado não tenha, comprovadamente, recusado o aceite, no prazo, nas condições e pelos motivos previstos nos arts. 7º e 8º da LD – art. 15, II, da LD. Repare que no caso de duplicata não devolvida, é necessária a emissão de triplicata – art. 23 da LD.

Gabarito "C"

5. DIREITO CONCURSAL

(Magistratura do Trabalho – 14ª Região – 2011) Assinale a alternativa correta, quanto aos efeitos da falência em relação aos contratos do falido.

(A) O vendedor pode obstar a entrega das coisas expedidas ao devedor e ainda em trânsito, se o comprador, antes do requerimento da falência, as tiver revendido, em fraude, a vista das faturas e conhecimentos de transporte, entregues ou remetidos pelo vendedor.
(B) Se o devedor vendeu coisas compostas e o administrador judicial resolver não continuar a execução do contrato, poderá o comprador por à disposição da massa falida as coisas já recebidas, pedindo perdas e danos.
(C) Não tendo o devedor entregue coisa móvel ou prestado serviço que vendera ou contratara a prestações, e resolvendo o administrador judicial executar o contrato, o crédito relativo ao valor pago será habilitado na classe própria.
(D) O administrador judicial, ouvido o comitê, restituirá a coisa móvel comprada pelo devedor sem reserva de domínio do vendedor se resolver não continuar a execução do contrato, exigindo a devolução, nos termos do contrato, dos valores pagos.
(E) As contas correntes com o credor consideram-se encerradas no momento da declaração da falência, verificando-se o respectivo saldo.

A: incorreta, pois o vendedor não pode obstar a entrega das coisas expedidas, nesse caso, conforme o art. 119, I, da Lei de Recuperações e Falências – LF (Lei 11.101/2005); **B:** assertiva correta, pois reflete exatamente o disposto no art. 119, II, da LF; **C:** incorreta, pois, se o administrador judicial resolver executar o contrato, não haverá crédito a ser habilitado pelo adquirente da coisa ou do serviço. Essa habilitação ocorrerá apenas se o administrado resolver não executar o contrato – art. 119, III, da LF; **D:** incorreta, pois, se o vendedor não reservou o domínio (ou seja, não se manteve proprietário da coisa), não há falar em restituição. A restituição, nesses termos que contam da assertiva, ocorrerá apenas no caso de coisa móvel comprada pelo devedor com reserva de domínio do vendedor – art. 119, IV, da LF; **E:** incorreta, pois o art. 121 da LF consigna que a decretação da falência implica encerramento das contas correntes com o devedor.

Gabarito "B"

(Magistratura do Trabalho – 14ª Região – 2011) Em matéria de execução concursal, assinale a alternativa incorreta.

(A) Estão excluídos do regime falimentar as empresas públicas e as sociedades de economia mista.
(B) Estão excluídos do regime falimentar as sociedades arrendadoras, que tenham por objeto exclusivo a exploração de "leasing", sujeitas ao mesmo regime de liquidação extrajudicial previsto para as instituições financeiras.
(C) Estão excluídas do regime falimentar as sociedades que se dediquem a administração de consórcios, fundos mútuos e outras atividades assemelhadas.
(D) Estão excluídas do regime falimentar as entidades abertas de previdência complementar e as de capitalização nas mesmas condições que as seguradoras.
(E) Estão excluídas do regime falimentar as operadoras de planos privados de assistência à saúde, que se submetam ao regime de liquidação extrajudicial pela ANS - Agência Nacional de Saúde.

O art. 2º da LF dispões expressamente que ela não se aplica a (I) empresa pública e sociedade de economia mista; e (I) instituição financeira pública ou privada, cooperativa de crédito, consórcio, entidade de previdência complementar, sociedade operadora de plano de assistência à saúde, sociedade seguradora, sociedade de capitalização e outras entidades legalmente equiparadas às anteriores.
A rigor, estão *absolutamente* excluídas da legislação falimentar: (i) empresas públicas e sociedades de economia mista – art. 2º, I, da LF; (ii) câmaras ou prestadoras de serviços de compensação e de liquidação financeira – art. 194 da LF; e (iii) entidades fechadas de previdência complementar – art. 47 da LC 109/2001.
Estão *relativamente* excluídas: (i) companhias de seguro – art. 26 do DL 73/1966; (ii) operadoras de planos privados de assistência à saúde – Lei 9.656/1998 e MP 2.177-44/2001; e (iii) instituições financeiras e equiparadas (empresas de *leasing*, administradoras de consórcios de bens duráveis, fundos mútuos, sociedades de capitalização etc.) – Lei 6.024/1974, Lei 5.768/1971 e DL 261/1967.
A exclusão relativa ocorre nos casos em que a sociedade empresária submete-se a procedimento extrajudicial de liquidação, embora possa, nas situações indicadas em lei, sujeitar-se ao procedimento judicial falimentar. Por exemplo, caso o Banco Central decrete a intervenção ou a liquidação extrajudicial de instituição financeira, não mais será possível sua falência a pedido de credor. Poderá haver falência dessa instituição financeira apenas se isso for pedido pelo interventor ou pelo liquidante, autorizados pelo Banco Central.
A, **C**, **D** e **E:** assertivas corretas, conforme comentários iniciais; **B:** essa é a incorreta, pois imprecisa. Nos termos do art. 1º da Resolução Bacen 2.309/2006, as operações de arrendamento mercantil (= *leasing*) podem ser realizadas por pessoas jurídicas que tenham como objeto principal (não exclusivo, necessariamente!) essa atividade, entre outras. Ou seja, a sociedade que tenha como objeto principal, ainda que não exclusivo, a atividade de *leasing* está relativamente excluída da legislação falimentar, tal como as instituições financeiras.

Gabarito "B"

(Magistratura do Trabalho – 15ª Região – 2011) A legislação que regulamenta, entre outras questões, a falência do empresário e da sociedade empresária, aplica-se:

(A) às seguradoras;
(B) às sociedades de capitalização;
(C) aos consórcios;
(D) às sociedades operadoras de plano de assistência à saúde;
(E) às fábricas de autopeças constituídas como sociedades anônimas de capital fechado.

A, B, C e **D:** incorretas, conforme comentários à questão anterior. **E:** essa é a assertiva correta, pois trata de sociedade empresária que, nessa qualidade, sujeita-se à legislação falimentar – art. 1º da LF.

Gabarito "E"

(Magistratura do Trabalho – 15ª Região – 2011) Empresa de grande porte, com escritório administrativo em Brasília, onde está sua presidência e 10 (dez) empregados, conta com três fábricas distribuídas no interior do Estado de São Paulo, sendo a maior delas e principal estabelecimento com 1.000 (mil) empregados, em Adamantina. Tem seu maior fornecedor e credor estabelecido em São Paulo, Capital. Pretende requerer sua recuperação judicial. Aponte o juízo competente para o processamento da medida:

(A) São Paulo;
(B) São Paulo;
(C) Brasília ou São Paulo;
(D) Adamantina ou qualquer das cidades onde instalados os parques fabris;
(E) Adamantina.

Nos termos do art. 3º da LF, é competente para homologar o plano de recuperação extrajudicial, deferir a recuperação judicial ou decretar a falência o juízo do local do principal estabelecimento do devedor ou da filial de empresa que tenha sede fora do Brasil. No caso, o juízo de Adamantina (local do principal estabelecimento do devedor) é competente, sendo irrelevante o local da sede ou o dos credores, para a definição da competência jurisdicional. Por essa razão, a alternativa "E" é a única correta.

Gabarito "E"

(Magistratura do Trabalho – 15ª Região – 2011) O deferimento do processamento da recuperação judicial suspende o curso de todas as ações em face do devedor, inclusive:

(A) as movidas pelo credor particular do sócio solidário;
(B) as execuções movidas na Justiça do Trabalho após decorridos 180 (cento e oitenta) dias do deferimento da recuperação judicial;
(C) a execução das contribuições previdenciárias promovidas pela Justiça do Trabalho, quando já quitado o credito do trabalhador;
(D) a execução do ICMS devido ao Estado;
(E) a execução de IPTU devido ao Município.

A: essa é alternativa correta, pois, nos termos do art. 6º da LF, a decretação da falência ou o deferimento do processamento da recuperação judicial suspende o curso da prescrição e de todas as ações e execuções em face do devedor, inclusive aquelas dos credores particulares do sócio solidário; **B:** incorreta, pois, na recuperação judicial, a suspensão da ação em hipótese nenhuma excederá o prazo improrrogável de 180 dias contado do deferimento do processamento da recuperação, restabelecendo-se, após o decurso do prazo, o direito dos credores de iniciar ou continuar suas ações e execuções, independentemente de pronunciamento judicial – art. 6º, § 4º, da LF. Após o fim da suspensão, as execuções trabalhistas poderão ser normalmente concluídas, ainda que o crédito já esteja inscrito no quadro-geral de credores – art. 6º, § 5º, *in fine*, da LF; C, D e **E:** incorretas, pois as execuções de natureza fiscal não são suspensas pelo deferimento da recuperação judicial, ressalvada a concessão de parcelamento nos termos do CTN e da legislação ordinária específica – art. 6º, § 7º, da LF.

Gabarito "A"

(Magistratura do Trabalho – 15ª Região – 2010) Segundo a Lei nº 11.101/2005, a condenação por crime falimentar:

(A) impede o exercício de qualquer atividade empresarial pelo prazo de 5 (cinco) anos, a contar do decreto da falência;
(B) impede o falido de exercer cargo ou função em conselho de administração;
(C) não impede exercício do cargo de gerência, mas apenas o de diretoria;
(D) não impossibilita o falido de gerir empresa por mandato;
(E) nenhuma das anteriores.

A: assertiva incorreta. O falido fica inabilitado para exercer qualquer atividade empresarial a partir da decretação da falência e até a sentença que extingue suas obrigações – art. 102, *caput*, da LF. Adicionalmente, em caso de condenação por crime falimentar, os efeitos dela decorrentes (inclusive a inabilitação para o exercício de atividade empresarial) não são automáticos, devendo ser motivadamente declarados na sentença, e perdurarão até 5 anos após a extinção da punibilidade, podendo, contudo, cessar antes pela reabilitação penal – art. 181, § 1º, da LF; **B:** essa é a assertiva correta, pois são efeitos da condenação por crime falimentar (desde que motivadamente declarados na sentença): (i) a inabilitação para o exercício de atividade empresarial, (ii) o impedimento para o exercício de cargo ou função em conselho de administração, diretoria ou gerência das sociedades sujeitas a esta Lei e (iii) a impossibilidade de gerir empresa por mandato ou por gestão de negócio – art. 181, I a III, da LF; **C:** incorreta, pois o condenado fica também impedido para o cargo ou a função de gerência de sociedade empresarial sujeita à falência – art. 181, II, da LF; **D:** incorreta, pois a condenação implica também essa impossibilidade – art. 181, III, da LF; **E:** incorreta, pois a assertiva B é verdadeira.

Gabarito "B"

(Magistratura do Trabalho – 16ª Região – 2011) Sobre a recuperação judicial, a extrajudicial e a falência do empresário e da sociedade empresária, considerando as afirmativas abaixo, assinale a alternativa CORRETA:

I. Quanto à empresa que tenha sede no Brasil, é competente para homologar o plano de recuperação extrajudicial, deferir a recuperação judicial ou decretar a falência o juízo do local de qualquer filial que primeiro despachar, tornando-se prevento.
II. As despesas que os credores fizerem para tomar parte na recuperação judicial ou na falência serão cobradas, à exceção das custas judiciais decorrentes de litígio com o devedor.
III. A decretação da falência ou o deferimento do processamento da recuperação judicial suspende o curso da prescrição e de todas as ações e execuções em face do devedor, inclusive aquelas dos credores particulares do sócio solidário.

IV. O juízo da falência é indivisível e competente para conhecer todas as ações sobre bens, interesses e negócios do falido, inclusive as causas trabalhistas.

(A) Somente a afirmativa III está correta.
(B) Somente a afirmativa I está correta.
(C) Somente a afirmativa IV está correta.
(D) Somente as afirmativas II! e IV estão corretas.
(E) Todas as afirmativas estão corretas.

I: incorreta, pois a competência é exclusiva do juízo do local do principal estabelecimento do devedor – art. 3º da LF; **II:** incorreta, pois não são exigíveis do devedor, na recuperação ou na falência, as despesas que os credores fizerem para tomar parte na recuperação judicial ou na falência, salvo as custas judiciais decorrentes de litígio com o devedor – art. 5º, II, da LF; **III:** assertiva correta, pois reflete exatamente o disposto no art. 6º, *caput*, da LF, embora seja preciso lembrar que há exceções em seus parágrafos; **IV:** incorreta, pois as ações de natureza trabalhista serão processadas perante a justiça especializada até a apuração do respectivo crédito, que será inscrito no quadro-geral de credores pelo valor determinado em sentença – art. 6º, § 2º, da LF.

Gabarito "A"

(MAGISTRATURA DO TRABALHO – 1ª REGIÃO – 2010 – CESPE) De acordo com a Lei n.º 11.101/2005, que instituiu a recuperação judicial e extrajudicial da empresa e promoveu alterações na legislação falimentar, assinale a opção correta.

(A) A lei estabelece a venda parcial de bens da empresa recuperada como uma das formas de recuperação judicial. Isso não impede que o adquirente desses bens seja sucessor, quanto às dívidas trabalhistas, da empresa em recuperação.
(B) Dada a indisponibilidade dos direitos de natureza trabalhista, o plano de recuperação da empresa não poderá propor a redução salarial e da jornada de trabalho como formas de recuperação, ainda que mediante acordo ou convenção coletiva.
(C) A execução trabalhista com penhora de bens anterior à declaração da falência determina a competência do juízo trabalhista, em detrimento do juízo universal, para o prosseguimento da execução.
(D) Nas deliberações tomadas na assembleia geral de credores, os votos dos pertencentes à classe dos credores trabalhistas têm peso proporcional ao valor do crédito.
(E) No processo de recuperação judicial, os titulares de créditos trabalhistas retardatários, assim entendidos aqueles habilitados fora do prazo estipulado, têm normalmente assegurado o direito de voto na assembleia geral de credores.

A: incorreta, pois o objeto da alienação estará livre de qualquer ônus e não haverá sucessão do arrematante nas obrigações do devedor – art. 60, parágrafo único, da Lei de Recuperações e Falências – LF (Lei 11.101/2005); **B:** incorreta, pois é possível redução salarial, compensação de horários e redução da jornada, mediante acordo ou convenção coletiva, como meio para a recuperação judicial – art. 50, VIII, da LF; **C:** incorreta, pois a competência do juiz trabalhista vai até a sentença condenatória. O crédito deverá ser habilitado na falência, ainda que haja penhora na execução trabalhista, conforme o art. 6º, § 2º, da LF – ver precedente do STJ, CC 100.922/SP; **D:** incorreta, pois, nas deliberações sobre o plano de recuperação judicial, a proposta deve ser aprovada, na classe dos créditos trabalhistas e acidentários, por maioria simples dos credores presentes, independentemente do valor de seus créditos – art. 45, § 2º, da LF; **E:** assertiva correta, conforme o art. 10, § 1º, da LF.

Gabarito "E"

(Magistratura do Trabalho – 1ª Região – 2004) Dentre as opções abaixo, qual representa um efeito imediato da declaração da falência?

(A) resolução de todos os contratos da falida, ainda pendentes de cumprimento;
(B) a nulidade do pagamento antecipado de dívidas, dentro do termo de falência;
(C) a perda da vigência dos mandatos outorgados pelo devedor, antes da falência;
(D) a indisponibilidade dos bens dos sócios;
(E) a paralisação definitiva das atividades da sociedade, com a arrecadação dos bens.

A: incorreta, pois os contratos bilaterais não se resolvem pela falência e podem ser cumpridos pelo administrador judicial se o cumprimento reduzir ou evitar o aumento do passivo da massa falida ou for necessário à manutenção e preservação de seus ativos, mediante autorização do comitê de credores – art. 117 da LF; **B:** incorreta, pois o art. 129, I, da LF refere-se à ineficácia objetiva do pagamento antecipado perante a massa, não sua nulidade, como consta da assertiva; **C:** assertiva correta, pois o mandato conferido pelo devedor, antes da falência, para a realização de negócios, cessará seus efeitos com a decretação da falência, cabendo ao mandatário prestar contas de sua gestão – art. 120, *caput*, da LF; **D:** incorreta, pois a indisponibilidade dos bens do sócio não é efeito imediato da decretação de quebra, embora possa ser ordenada pelo juiz, no caso e nos termos do art. 82, § 2º, da LF; **E:** incorreta, pois, embora o devedor seja, em princípio, afastado de suas atividades (art. 75 da LF), não há, necessariamente, paralisação imediata da empresa, podendo o administrador cumprir determinados contratos, nos termos dos arts. 117 e 118 da LF, por exemplo.

Gabarito "C"

(Magistratura do Trabalho – 2ª Região – 2012) Analise as assertivas sobre as características e atribuições do Administrador Judicial e ao final responda.

I. O Administrador Judicial não pode transigir sobre créditos e negócios nem conceder desconto ou abatimento, sem que esteja previamente autorizado pelo Juiz, exceção feita quando o crédito seja de difícil cobrança.
II. O Administrador Judicial pode deixar de exercer suas funções por substituição ou destinação, sendo que as duas figuras representam sanção.
III. O Administrador Judicial representa a comunhão de interesses dos credores.
IV. A função do Administrador Judicial não pode ser delegada, exceção feita quando é pessoa jurídica especializada.
V. Apenas para fins penais, o Administrador Judicial é considerado funcionário público.

Estão **corretas apenas** as assertivas

(A) III e V.
(B) II e V.
(C) I, II e III.
(D) I e IV.
(E) II, IV e V.

A assertiva I está incorreta pelo fato do disposto no art. 22, §3° da Lei 11.101/05 pelo fato de não existir tal exceção, vejamos "Na falência, o administrador judicial não poderá, sem autorização judicial, após ouvidos o Comitê e o devedor no prazo comum de 2 (dois) dias, transigir sobre obrigações e direitos da massa falida e conceder abatimento de dívidas, *ainda que sejam consideradas de difícil recebimento.*" A assertiva II está incorreta por disposição do art. 31 da LF, vejamos: "Art. 31. O juiz, de ofício ou a requerimento fundamentado de qualquer interessado, *poderá determinar a destituição do administrador judicial* ou de quaisquer dos membros do Comitê de Credores quando verificar desobediência aos preceitos desta Lei, descumprimento de deveres, omissão, negligência ou prática de ato lesivo às atividades do devedor ou a terceiros". A assertiva III está correta. Isto porque o administrador judicial além de auxiliar o juiz na administração da falência, também é o representante da comunhão dos interesses dos credores (art. 22, I, *b*, da LF) (o que chamamos de massa falida subjetiva). A assertiva IV está incorreta por previsão do art. 21 da LF, vejamos "O administrador judicial será profissional idôneo, preferencialmente advogado, economista, administrador de empresas ou contador, ou pessoa jurídica especializada". A assertiva V foi dada como correta, todavia, de acordo com a doutrina majoritária o administrador judicial não é funcionário público para fins penais. Isto porque não podemos confundir função pública com "múnus" público.

Na função pública temos um dever de exercer atividade pública, no múnus não temos dever, e sim um encargo de prestar um serviço público, um favor para a atividade pública assim como o jurado faz! Quem possui encargo público pode recusar-se a prestar serviço público, coisa que o funcionário público não pode realizar. Portanto, ainda que a resposta tenha sido dada como correta discordamos do gabarito.

Gabarito "A"

(Magistratura do Trabalho – 3ª Região – 2013) Relativamente à Recuperação Judicial e Extrajudicial da Empresa, regida pela Lei n° 11.101, de 9 de fevereiro de 2005, é incorreto afirmar:

(A) O plano de recuperação judicial não poderá prever prazo superior a 1 (um) ano para pagamento dos créditos derivados da legislação do trabalho ou decorrentes de acidentes de trabalho vencidos até a data do pedido de recuperação judicial.

(B) O plano de recuperação judicial não poderá prever prazo superior a 30 (trinta) dias para o pagamento, até o limite de 5 (cinco) salários-mínimos por trabalhador, dos créditos de natureza estritamente salarial vencidos nos 3 (três) meses anteriores ao pedido de recuperação judicial.

(C) Os créditos trabalhistas e decorrentes de acidente de trabalho poderão ser abrangidos pela recuperação extrajudicial, desde que observada sua preferência sobre os créditos de outra natureza.

(D) O pedido de homologação judicial do plano de recuperação extrajudicial não acarretará suspensão de direitos, ações ou execuções, nem a impossibilidade do pedido de decretação de falência pelos credores não sujeitos ao plano de recuperação extrajudicial.

(E) Após a distribuição do pedido de homologação judicial do plano de recuperação extrajudicial, os credores não poderão desistir da adesão ao plano, salvo com a anuência expressa dos demais signatários.

A assertiva A está correta, pois retrata a regra contida no art. 54 da LF, vejamos "O plano de recuperação judicial não poderá prever prazo superior a 1 (um) ano para pagamento dos créditos derivados da legislação do trabalho ou decorrentes de acidentes de trabalho vencidos até a data do pedido de recuperação judicial". A assertiva B está correta, por força do parágrafo único do art. 54, vejamos "O plano não poderá, ainda, prever prazo superior a 30 (trinta) dias para o pagamento, até o limite de 5 (cinco) salários-mínimos por trabalhador, dos créditos de natureza estritamente salarial vencidos nos 3 (três) meses anteriores ao pedido de recuperação judicial". A assertiva C está incorreta, devendo ser assinalada, uma vez que contraria o disposto no art. 161 no § 1° da LF, vejamos: "Não se aplica o disposto neste Capítulo a titulares de créditos de natureza tributária, derivados da legislação do trabalho ou *decorrentes de acidente de trabalho*, assim como àqueles previstos nos arts. 49, § 3°, e 86, inciso II do *caput*, desta Lei." A assertiva D está correta, em razão do art. 161, § 4° da LF que dispõe: "O pedido de homologação do plano de recuperação extrajudicial não acarretará suspensão de direitos, ações ou execuções, nem a impossibilidade do pedido de decretação de falência pelos credores não sujeitos ao plano de recuperação extrajudicial". A assertiva (E) está correta por disposição expressa da LF, no art. 161, § 5°, vejamos: "Após a distribuição do pedido de homologação, os credores não poderão desistir da adesão ao plano, salvo com a anuência expressa dos demais signatários".

Gabarito "C"

(Magistratura do Trabalho – 3ª Região – 2009) Sobre a falência e a recuperação judicial, leia as afirmações abaixo e, em seguida, assinale a alternativa correta:

I. As ações de natureza trabalhista serão processadas perante a justiça especializada até a apuração do respectivo crédito, que será inscrito no quadro-geral de credores pelo valor determinado em sentença. O juiz do trabalho poderá determinar a reserva da importância que estimar devida na recuperação judicial ou na falência, e, uma vez reconhecido líquido o direito, será o crédito incluído na classe própria.

II. A decretação da falência ou o deferimento do processamento da recuperação judicial suspende o curso da prescrição e de todas as ações e execuções em face do devedor, inclusive aquelas dos credores particulares do sócio solidário e aquelas nas quais se demanda quantia ilíquida.

III. Na recuperação judicial, após o prazo de suspensão – que não poderá exceder 180 (cento e oitenta) dias contados do deferimento do processamento da recuperação – as execuções trabalhistas poderão ser normalmente concluídas, ainda que o crédito já esteja inscrito no quadro geral de credores.

IV. A petição inicial de recuperação judicial será instruída com a relação, subscrita pelo devedor, de todas as ações judiciais em que este figure como parte, inclusive as de natureza trabalhista, com a estimativa dos respectivos valores demandados.

V. A Lei 11.101/2005, que atualmente disciplina a recuperação judicial, a recuperação extrajudicial e a falência do empresário e da sociedade empresária, não se aplica às seguintes entidades: empresa pública, sociedade de economia mista, instituição financeira pública ou privada, cooperativa de crédito, consórcio, entidade de previdência complementar, sociedade operadora de plano de assistência à saúde, sociedade seguradora, sociedade de capitalização e outras entidades legalmente equiparadas às anteriores.

(A) Somente uma afirmativa está correta.
(B) Somente duas afirmativas estão corretas.
(C) Somente três afirmativas estão corretas.
(D) Somente quatro afirmativas estão corretas.
(E) Todas as afirmativas estão corretas.

I: assertiva correta, conforme o art. 6º, *caput* e §§ 1º, 2º e 3º, da LF; **II:** assertiva incorreta, pois as demandas relativas a quantias ilíquidas continuam no juízo originário, até eventual liquidação, quando o crédito correspondente será incluído na classe própria no processo falimentar ou de recuperação – art. 6º, §§ 1º e 3º, da LF; **III:** assertiva correta, nos termos do art. 6º, § 4º, da LF; **IV:** correta, nos termos do art. 51, IX, da LF; **V:** assertiva correta, nos termos do art. 2º, I e II, da LF.

Gabarito "D"

(Magistratura do Trabalho – 3ª Região – 2008) Analise as proposições abaixo e marque a alternativa em que todos os exemplos, sem exceção, podem ter sua falência decretada:

(A) Empresário irregular, empresa de pequeno porte empresária, empresário rural registrado na Junta Comercial, Consórcio.
(B) Microempresa empresária, sociedade empresária irregular, espólio de um empresário, Sociedade Seguradora.
(C) Empresa de pequeno porte empresária, entidade de previdência complementar, Sociedade Simples.
(D) Empresário individual, espólio do empresário, Sociedade Anônima que exerce atividade rural.
(E) Sociedade empresária, empresário irregular, empresa pública.

Sujeitam-se à legislação falimentar o empresário individual e a sociedade empresária (art. 1º da LF), o que exclui os profissionais liberais (art. 966, parágrafo único, do CC) e as sociedades simples em geral (art. 982, parágrafo único, do CC).
Estão *absolutamente* excluídas da legislação falimentar: (i) empresas públicas e sociedades de economia mista – art. 2º, I, da LF; (ii) câmaras ou prestadoras de serviços de compensação e de liquidação financeira – art. 194 da LF; e (iii) entidades fechadas de previdência complementar – art. 47 da LC 109/2001.
Estão *relativamente* excluídas: (i) companhias de seguro – art. 26 do DL 73/1966; (ii) operadoras de planos privados de assistência à saúde – Lei 9.656/1998 e MP 2.177-44/2001; e (iii) instituições financeiras e equiparadas (empresas de *leasing*, consórcios, fundos, sociedades de capitalização etc.) – Lei 6.024/1974, Lei 5.768/1971 e DL 261/1967.
É interessante lembrar que a sociedade irregular pode ser despersonalizada (nunca houve registro – é sociedade em comum – art. 986 do CC) ou pode ter personalidade jurídica (houve registro, mas, posteriormente, descumpriu-se algum requisito para a regularidade registrária) – em qualquer dessas hipóteses, submete-se à LF (pode ter sua falência decretada, portanto), desde que exerça atividade empresária. A empresa irregular pode requerer autofalência – art. 105, IV, da LF, mas não pode requerer a falência de terceiro – art. 97, § 1º, da LF.
A: incorreta, pois o consórcio não se submete à legislação falimentar – art. 2º, II, da LF; **B:** incorreta, pois a sociedade seguradora não se submete à legislação falimentar – art. 2º, II, da LF; **C:** incorreta, pois a entidade de previdência complementar e a sociedade simples, sem natureza empresarial, não se submetem à falência – arts. 1º e 2º, II, da LF; **D:** essa é a assertiva correta, pois são todos empresários (individual ou sociedade empresária), lembrando que toda sociedade anônima tem essa natureza, independentemente de seu objeto – art. 982, parágrafo único, do CC; **E:** incorreta, pois a empresa pública não se submete à legislação falimentar – art. 2º, II, da LF.

Gabarito "D"

(Magistratura do Trabalho – 4ª Região – 2012) A ação rescisória especial prevista para o processo de falência ou recuperação judicial que objetiva excluir ou retificar crédito derivado da relação de trabalho julgado pela Justiça do Trabalho, nos casos de descoberta de falsidade, dolo, simulação, fraude, erro essencial ou documento ignorados na época do julgamento do crédito, é da competência

(A) do Juízo universal da falência ou Juízo da recuperação judicial.
(B) originária do respectivo Tribunal de Justiça.
(C) originária do respectivo Tribunal Regional do Trabalho.
(D) do Juízo do Trabalho que tenha originalmente reconhecido o crédito.
(E) do Juízo do Trabalho do foro onde se processa a falência ou a recuperação judicial.

A assertiva D por previsão expressa do art. 19 e seus parágrafos, da LF, vejamos: "Art. 19. O administrador judicial, o Comitê, qualquer credor ou o representante do Ministério Público poderá, até o encerramento da recuperação judicial ou da falência, observado, no que couber, o procedimento ordinário previsto no Código de Processo Civil, pedir a exclusão, outra classificação ou a retificação de qualquer crédito, nos casos de descoberta de falsidade, dolo, simulação, fraude, erro essencial ou, ainda, documentos ignorados na época do julgamento do crédito ou da inclusão no quadro-geral de credores. § 1º A ação prevista neste artigo será proposta exclusivamente perante o juízo da recuperação judicial ou da falência ou, nas hipóteses previstas no art. 6º, §§ 1º e 2º, desta Lei, *perante o juízo que tenha originariamente reconhecido o crédito*. § 2º Proposta a ação de que trata este artigo, o pagamento ao titular do crédito por ela atingido somente poderá ser realizado mediante a prestação de caução no mesmo valor do crédito questionado."

Gabarito "D"

(Magistratura do Trabalho – 4ª Região – 2012) NÃO são abrangidos pelos efeitos da recuperação extrajudicial os créditos

(A) com garantia real, até o limite do bem gravado.
(B) em moeda estrangeira.
(C) quirografários e subordinados.
(D) com privilégio especial e geral.
(E) derivados da legislação do trabalho e tributários.

A alternativa "E" é a correta, nos termos do art. 161, § 1º da Lei 11.101/05: "O devedor que preencher os requisitos do art. 48 desta Lei poderá propor e negociar com credores plano de recuperação extrajudicial. § 1º *Não se aplica o disposto neste Capítulo a titulares de créditos de natureza tributária, derivados da legislação do trabalho* ou decorrentes de acidente de trabalho, assim como àqueles previstos nos arts. 49, § 3º, e 86, inciso II do *caput*, desta Lei".

Gabarito "E"

(Magistratura do Trabalho – 5ª Região – 2006 – CESPE) Em razão da prática de condutas anômalas, os credores de determinada sociedade empresária protocolizaram perante o juízo competente o pedido de sua falência, que foi decretada em 2/6/2006. Considerando a situação hipotética acima, assinale a opção correta acerca das normas concernentes à falência.

(A) Na falência, não são exigíveis as obrigações a título gratuito e as custas judiciais provenientes de litígios com o devedor.

(B) As dívidas da sociedade empresária falida vencidas até o dia 2/6/2006 serão compensadas com preferência sobre todos os demais credores.

(C) Após a decretação da falência, a sociedade falida perderá o direito de dispor de seus bens, bem como de intervir nos processos em que a massa falida seja parte.

(D) São considerados ineficazes perante a massa falida os atos a título gratuito praticados pela sociedade empresária, desde 2/6/2004, como as gratificações pagas aos seus empregados.

(E) Decretada a falência da sociedade devedora, serão suspensas todas as ações e execuções em desfavor destas e de quaisquer de seus sócios.

A: incorreta em relação às custas judiciais decorrentes de litígio com o devedor, nos termos do art. 5º, II, *in fine*, da LF; **B:** correta, pois, nos termos do art. 122 da LF, compensam-se, com preferência sobre todos os demais credores, as dívidas do devedor vencidas até o dia da decretação da falência, provenha o vencimento da sentença de falência ou não, obedecidos os requisitos da legislação civil; **C:** assertiva incorreta na parte final, pois o falido poderá intervir nos processos em que a massa falida seja parte ou interessada, requerendo o que for de direito e interpondo os recursos cabíveis – art. 103, parágrafo único, da LF; **D:** incorreta, pois a ineficácia objetiva perante a massa refere-se a atos praticados antes da decretação da quebra – art. 129, IV, da LF; **E:** incorreta, pois a suspensão prevista no art. 6º da LF refere-se às ações e execuções em face da sociedade devedora, e não em relação ao sócios (exceto se ilimitadamente responsáveis – art. 81 da LF).

Gabarito "B"

(Magistratura do Trabalho – 7ª Região – 2005) A nova lei de recuperação e falências – Lei nº 11.101/2005, no que diz respeito à reorganização judicial da empresa em crise,

(A) dá aos credores titulares de créditos quirografários direito de se oporem às decisões de interesse de empregados.

(B) divide os credores em grupos de interesses homogêneos para facilitar a tomada de decisões.

(C) trata os empregados como credores especiais.

(D) cria um modelo de cooperação entre empresário e credores, voluntários e involuntários.

(E) pretende privilegiar a continuidade da atividade em relação a outros interesses, inclusive os do fisco.

A: incorreta, até porque, nas deliberações da assembleia geral de credores sobre o plano de recuperação judicial, todas as três classes (uma delas é a dos trabalhistas) deverão aprovar a proposta. Ou seja, se a classe dos credores trabalhistas não a aprovar, independentemente do valor de seus créditos, o plano de recuperação não irá adiante – art. 45 da LF. Ademais, os credores quirografários terão apenas um representante, entre os três que compõem o comitê de credores (outro deles é o representante dos credores trabalhistas) – art. 26 da LF; **B:** incorreta, pois, embora os credores sejam divididos em classes, na assembleia geral e no comitê, não é possível falar em interesses homogêneos; **C:** a assertiva é razoável. Há privilégio claro ao crédito trabalhista, ainda que limitado a 150 salários mínimos por credor, e ao acidentário – art. 83, I, da LF. Ademais, há a existência de classe exclusiva dos trabalhadores na assembleia geral e no comitê, considerando que, no caso de recuperação, é necessária a aprovação dessa classe, independentemente do valor dos créditos trabalhistas; **D:** essa é a melhor alternativa, pois reflete a sistemática da LF; **E:** a continuidade da empresa, embora seja um objetivo no caso da recuperação (art. 47 da LF), não se sobrepõe ao interesse do fisco, até porque o interessado deve comprovar a regularidade fiscal antes da concessão pelo juiz – art. 57 da LF.

Gabarito "D"

(Magistratura do Trabalho – 8ª Região – 2008) Sobre falência do empresário e da sociedade empresária, assinale a alternativa CORRETA:

(A) A decretação da falência ou o deferimento do processamento da recuperação judicial interrompe o curso da prescrição e suspende todas as ações em face do devedor, inclusive aquelas dos credores particulares do sócio solidário.

(B) É permitido pleitear, perante o administrador judicial a modificação de créditos derivados da relação de trabalho, mas as ações de natureza trabalhista, inclusive as impugnações à relação de credores, serão processadas perante a justiça especializada até a apuração do respectivo crédito, que será inscrito no quadro-geral de credores pelo valor determinado em sentença.

(C) Na falência, os créditos retardatários não perderão o direito a rateios eventualmente realizados e ficarão sujeitos ao pagamento de custas, não se computando os acessórios compreendidos entre o término do prazo e a data do pedido de habilitação.

(D) Após a homologação do quadro-geral de credores, aqueles que não habilitaram seu crédito poderão, no prazo máximo de seis meses, e adotado, no que couber, o procedimento ordinário previsto no Código de Processo Civil, requerer ao juízo da falência a retificação do quadro-geral para inclusão do respectivo crédito.

(E) Os credores cujos créditos forem impugnados serão intimados para contestar a impugnação, no prazo dez dias, juntando os documentos que tiverem e indicando outras provas que reputem necessárias .

A: assertiva incorreta, pois se trata de suspensão do curso da prescrição, não de interrupção – art. 6º da LF; **B:** assertiva correta, conforme o art. 6º, § 2º, da LF; **C:** incorreta, pois, na falência, os créditos retardatários perderão o direito a rateios eventualmente realizados – art. 10, § 3º, da LF; **D:** incorreta, pois não há prazo de 6 meses para o requerimento de retificação – art. 10, § 6º, da LF; **E:** incorreta, pois o prazo de impugnação é de 5 dias (não 10, como consta a assertiva) – art. 11 da LF.

Gabarito "B"

(Ministério Público do Trabalho – 8º) Assinale a alternativa correta: O credor, detentor de vários títulos de crédito, vencidos, de um mesmo devedor, sociedade comercial, pretendendo ajuizar e instruir requerimento de falência, deverá precatar-se, segundo a chamada Lei de Quebra, com

(A) necessariamente o protesto de todos os títulos;

(B) o protesto apenas de um título, indistintamente;

(C) o protesto do título vencido há mais tempo;

(D) o protesto apenas dos títulos vencidos há mais de seis meses;
(E) não é necessário o protesto de título para formular o pedido de falência;
(F) não sei.

A decretação de falência decorre da insolvência jurídica, caracterizada pela (i) impontualidade injustificada, (ii) execução frustrada ou (iii) prática de atos de falência – art. 94, I, II e III, da LF. No caso de impontualidade injustificada não é preciso apresentar, necessariamente, o protesto de todos os títulos ou do mais antigo, mas apenas um ou alguns que correspondam ao mínimo de 40 salários mínimos – art. 94, I, e § 3º, da LF. Por essa razão, e até por exclusão das demais, a alternativa B é a melhor.

Gabarito "B"

(Magistratura do Trabalho – 8ª Região – 2007) Assinale a alternativa correta a respeito de quem pode requerer a recuperação judicial:

(A) O devedor que, no momento do pedido, exerça suas atividades há mais de três anos e não seja falido e, se o foi, estejam declaradas extintas, por sentença transitada em julgado, as responsabilidades daí decorrentes.
(B) O devedor que, no momento do pedido, exerça suas atividades há mais de dois anos e, há menos de seis anos, não tenha obtido concessão de recuperação judicial.
(C) O devedor que, no momento da ação de execução, exerça suas atividades há mais de dois anos e não tenha, há menos de oito anos, obtido concessão de recuperação judicial com base no plano especial de que trata a Lei que regula a recuperação judicial, a extrajudicial e a falência do empresário e da sociedade empresária.
(D) O devedor que, no momento do pedido, exerça suas atividades há mais de dois anos e não tenha sido condenado ou não tenha, como administrador ou sócio controlador, pessoa condenada por qualquer dos crimes previstos na Lei que regula a recuperação judicial, a extrajudicial e a falência do empresário e da sociedade empresária.
(E) A recuperação judicial também poderá ser requerida pelo cônjuge sobrevivente, herdeiros do devedor, inventariante, tutor ou curador, não podendo ser requerida pelo sócio remanescente.

A: incorreta, pois o prazo é de mais de dois anos (não três) de atividade empresarial – art. 48, *caput*, e I, da LF; **B:** assertiva incorreta, já que o prazo é de menos de cinco anos (não seis), com relação à anterior concessão de recuperação judicial – art. 48, II, da LF; **C:** incorreta, pois o prazo de dois anos de atividade empresarial é aferido no momento do pedido (não da ação de execução) – art. 48, *caput*, da LF, além de não ter, há menos de 5 (cinco) anos, obtido concessão de recuperação judicial; **D:** correta, conforme o art. 48, IV, da LF; **E:** incorreta, já que o sócio remanescente também pode requerer a recuperação judicial – art. 48, parágrafo único, da LF.

Gabarito "D"

(Magistratura do Trabalho – 9ª Região – 2009) Analise as proposições abaixo com base na Lei 11.101, de 9-2-2005, que regula a recuperação judicial, a extrajudicial e a falência do empresário e da sociedade empresária:

I. A decretação da falência ou o deferimento do processamento da recuperação judicial suspende o curso da prescrição e de todas as ações e execuções em face do devedor, exceto aquelas dos credores particulares do sócio solidário e as execuções de natureza fiscal.
II. Na recuperação judicial, a suspensão do curso da prescrição e de todas as ações e execuções em face do devedor, em hipótese nenhuma excederá o prazo improrrogável de 180 (cento e oitenta) dias contado do deferimento do processamento da recuperação, restabelecendo-se, após o decurso do prazo, o direito dos credores de iniciar ou continuar suas ações e execuções, independentemente de pronunciamento judicial.
III. O plano de recuperação judicial não poderá prever prazo superior a 1 (um) ano para pagamento dos créditos derivados da legislação do trabalho ou decorrentes de acidentes do trabalho vencidos até a data do pedido de recuperação judicial e não poderá prever prazo superior a 30 (trinta) dias para o pagamento, até o limite de 5 (cinco) salários-mínimos por trabalhador, dos créditos de natureza estritamente salarial vencidos nos 3 (três) meses anteriores ao pedido de recuperação judicial.
IV. O plano de recuperação será apresentado pelo devedor em juízo no prazo improrrogável de 60 (sessenta) dias da publicação da decisão que deferir o processamento da recuperação judicial, sob pena de convolação em falência.
V. A decisão que decreta a falência da sociedade com sócios ilimitadamente responsáveis também acarreta a falência destes, que ficam sujeitos aos mesmos efeitos jurídicos produzidos em relação à sociedade falida, sendo, todavia, desnecessária a citação destes para apresentar contestação, se assim o desejarem, ante a presunção de conhecimento da ação de falência já dirigida à sociedade empresária.

(A) Somente as proposições I, II e V são corretas.
(B) Somente as proposições III, IV e V são corretas.
(C) Somente as proposições II, III e IV são corretas.
(D) Somente as proposições I, II e III são corretas.
(E) Todas as proposições são corretas.

I: incorreta, já que as ações dos credores particulares contra o sócio solidário também ficam suspensas, nos termos do art. 6º, *caput, in fine*, da LF; **II:** assertiva correta, pois reflete o disposto no art. 6º, § 4º, da LF; **III:** correta, conforme o art. 54 da LF; **IV:** correta, pois esse é o texto do art. 53, *caput*, da LF; **V:** incorreta, pois os sócios ilimitadamente responsáveis devem ser pessoalmente citados – art. 81 da LF.

Gabarito "C"

(Magistratura do Trabalho – 9ª Região – 2007) Considere as seguintes proposições:

I. A Lei n. 11.101/2005, que regula a recuperação judicial, a extrajudicial e a falência do empresário e da sociedade empresária, não se aplica às empresas públicas, sociedades de economia mista e, entre outras entidades, à sociedade seguradora.

II. Tendo em vista a classificação dos créditos na falência, regida pela Lei n. 11.101/2005, os créditos trabalhistas cedidos a terceiros são considerados com privilégio geral.
III. Contra a massa falida são exigíveis juros dos créditos com garantia real vencidos após a decretação da falência, previstos em lei ou em contrato, mas por eles responde, exclusivamente, o produto dos bens que constituem a garantia.
IV. A sentença que decretar a falência do devedor, dentre outras determinações, fixará o termo legal da falência, sem poder retrotraí-lo por mais de 90 (noventa) dias contados do pedido de falência, do pedido de recuperação judicial ou do 1º (primeiro) protesto por falta de pagamento, ainda que ele tenha sido cancelado.
V. As instituições financeiras privadas e as públicas, salvo as federais, assim como as cooperativas de crédito, estão sujeitas à intervenção ou à liquidação extrajudicial, efetuada e decretada pelo Banco Central do Brasil.

Assinale alternativa correta:

(A) Todas as proposições estão corretas;
(B) Apenas uma proposição está correta;
(C) Apenas duas proposições estão corretas;
(D) Apenas três proposições estão corretas;
(E) Apenas quatro proposições estão corretas.

I: assertiva correta, conforme o art. 2º da LF; **II:** incorreta, pois os créditos trabalhistas cedidos a terceiros serão considerados quirografários – art. 83, § 4º, da LF; **III:** assertiva correta, nos termos do art. 124, parágrafo único, da LF; **IV:** incorreta, pois o protesto cancelado não pode ser adotado para fixação do início do termo legal – art. 99, II, *in fine*, da LF; **V:** assertiva correta, conforme o art. 1º da Lei 6.024/1974.

Gabarito "D"

(Magistratura do Trabalho – 11ª Região – 2007 – FCC) A habilitação dos créditos em falência

(A) é providência que compete ao credor, que apresentará os documentos correspondentes diretamente ao administrador judicial.
(B) é providência que compete ao falido, mediante apresentação dos documentos correspondentes ao administrador judicial, sob pena de crime falimentar.
(C) decorre da automática conversão da lista nominativa de credores em quadro geral de credores, dispensando qualquer providência pelo credor.
(D) é providência que compete ao credor, em petição dirigida ao juiz da causa.
(E) é efetuada sob a responsabilidade do síndico, a quem compete a expedição de edital de convocação dos credores para essa finalidade.

A: embora caiba ao administrador judicial verificar os créditos, inclusive com base nos livros e documentos do devedor, é correto afirmar que compete ao credor habilitar seus créditos, apresentando os documentos cabíveis – arts. 7º, § 1º, e 9º, da LF; **B:** incorreta, conforme comentário da alternativa anterior; **C:** incorreta, pois cabe ao credor habilitar seus créditos, conforme comentários anteriores; **D:** incorreta, pois a habilitação promovida pelo credor é dirigida ao administrador judicial – art. 7º, § 1º, da LF; **E:** incorreta, considerando que a legislação atual refere-se ao administrador judicial, não ao síndico.

Gabarito "A"

(Magistratura do Trabalho – 14ª Região – 2008) Em relação à recuperação judicial, extrajudicial e a falência do empresário e da sociedade empresária, aponte a alternativa INCORRETA:

(A) Não são exigíveis do devedor, na recuperação judicial ou na falência, as obrigações a título gratuito e as despesas que os credores fizerem para tomar parte na recuperação judicial ou na falência, salvo as custas judiciais decorrentes de litígio com o devedor.
(B) A decretação da falência ou o deferimento do processamento da recuperação judicial suspende o curso da prescrição e de todas as ações e execuções em face do devedor, inclusive aquelas dos credores particulares do sócio solidário.
(C) O administrador judicial que não apresentar, no prazo estabelecido, suas contas ou qualquer dos relatórios previstos nesta Lei será intimado pessoalmente a fazê-lo no prazo de 5 (cinco) dias, sob pena de desobediência. Decorrido o citado prazo, o juiz destituirá o administrador judicial e nomeará substituto para elaborar relatórios ou organizar as contas, explicitando as responsabilidades de seu antecessor.
(D) A recuperação judicial também poderá ser requerida pelo cônjuge sobrevivente, herdeiros do devedor, inventariante ou sócio remanescente.
(E) Estão sujeitos à recuperação judicial todos os créditos existentes na data do pedido, desde que estejam vencidos.

A: correta, conforme o art. 5º da LF; **B:** assertiva correta, pois essa é a disposição do art. 6º, *caput*, da LF, mas é importante lembrar que há exceções (caso das ações trabalhistas e execuções fiscais – §§ 6º e 7º); **C:** correta, conforme o art. 23 da LF; **D:** assertiva correta, nos termos do art. 48, parágrafo único, da LF; **E:** essa é a incorreta, já que os créditos a vencer (vincendos) também são abrangidos pela recuperação judicial – art. 49 da LF.

Gabarito "E"

(Magistratura do Trabalho – 16ª Região – 2008) Assinalar a alternativa que não é requisito para a decretação da falência:

(A) Impontualidade injustificada de dívida líquida, representada por título executivo judicial ou extrajudicial.
(B) Execução frustrada pelo não pagamento de dívida líquida, no seu vencimento, ou não oferecimento de garantia ao credor exequente.
(C) Prática de atos de falência ou de comportamentos sintomáticos de insolvência.
(D) Estar a empresa em processo de recuperação extrajudicial, com plano de recuperação aprovado mais de três quintos dos credores.
(E) Confissão de insolvência pelo próprio empresário devedor.

A decretação de falência decorre da insolvência jurídica, caracterizada pela (i) impontualidade injustificada, (ii) execução frustrada ou (iii) prática de atos de falência – art. 94, I, II e III, da LF. Ademais, o próprio devedor pode reconhecer a insolvência e requerer a autofalência, nos termos dos arts. 97, I, e 105 da LF. A alternativa D é a única que não apresenta requisito para a decretação de falência.

Gabarito "D"

(Magistratura do Trabalho – 16ª Região – 2006) Na falência, a ordem estabelecida para os créditos concursais coloca em primeiro lugar:

(A) Os créditos acidentários, os créditos tributários e os créditos relativos ao FGTS, até o limite de 300 salários-mínimos.

(B) Os créditos trabalhistas, até o limite de 150 salários-mínimos, e os créditos acidentários e os relativos ao FGTS, sem limitação.

(C) Os créditos trabalhistas, sem limitação, os créditos tributários, excetuadas as multas, e os créditos com garantia real até o limite do bem gravado.

(D) Os créditos tributários, os créditos trabalhistas, até o limite de 150 salários-mínimos, e os créditos relativos ao FGTS, sem limitação.

(E) Os créditos trabalhistas, até o limite de 300 salários-mínimos, os créditos acidentários e os créditos quirografários, sem limitação.

No topo da ordem de preferência fixada pelo art. 83 da LF estão os créditos derivados da legislação do trabalho, limitados a 150 salários mínimos por credor, e os decorrentes de acidentes de trabalho. Os créditos relativos ao FGTS são equiparados aos trabalhistas, conforme o art. 2º, § 3º, da Lei 8.844/1994.

Gabarito "B"

Veja a seguinte tabela com a ordem de classificação dos créditos na falência (art. 83 da LF):

Ordem de classificação dos créditos na falência (art. 83 da LF)
1º – os créditos derivados da legislação do trabalho, limitados a 150 (cento e cinquenta) salários-mínimos por credor, os decorrentes de acidentes de trabalho. Também os créditos equiparados a trabalhistas, como os relativos ao FGTS (art. 2º, § 3º, da Lei 8.844/1994) e os devidos ao representante comercial (art. 44 da Lei 4.886/1965).
2º – créditos com garantia real até o limite do valor do bem gravado (será considerado como valor do bem objeto de garantia real a importância efetivamente arrecadada com sua venda, ou, no caso de alienação em bloco, o valor de avaliação do bem individualmente considerado).
3º – créditos tributários, independentemente da sua natureza e tempo de constituição, excetuadas as multas tributárias.
4º – com privilégio especial (= os previstos no art. 964 da Lei 10.406/2002; os assim definidos em outras leis civis e comerciais, salvo disposição contrária da LF; e aqueles a cujos titulares a lei confira o direito de retenção sobre a coisa dada em garantia).
5º – créditos com privilégio geral (= os previstos no art. 965 da Lei 10.406/2002; os previstos no parágrafo único do art. 67 da LF; e os assim definidos em outras leis civis e comerciais, salvo disposição contrária da LF).
6º – créditos quirografários (= aqueles não previstos nos demais incisos do art. 83 da LF; os saldos dos créditos não cobertos pelo produto da alienação dos bens vinculados ao seu pagamento; e os saldos dos créditos derivados da legislação do trabalho que excederem o limite estabelecido no inciso I do *caput* do art. 83 da LF). Ademais, os créditos trabalhistas cedidos a terceiros serão considerados quirografários.
7º – as multas contratuais e as penas pecuniárias por infração das leis penais ou administrativas, inclusive as multas tributárias.
8º – créditos subordinados (= os assim previstos em lei ou em contrato; e os créditos dos sócios e dos administradores sem vínculo empregatício).

Lembre-se que os créditos extraconcursais (= basicamente os surgidos no curso do processo falimentar, que não entram no concurso de credores) são pagos com precedência sobre todos esses anteriormente mencionados, na ordem prevista no art. 84 da LF: (i) remunerações devidas ao administrador judicial e seus auxiliares, e créditos derivados da legislação do trabalho ou decorrentes de acidentes de trabalho relativos a serviços prestados após a decretação da falência; (ii) quantias fornecidas à massa pelos credores; (iii) despesas com arrecadação, administração, realização do ativo e distribuição do seu produto, bem como custas do processo de falência; (iv) custas judiciais relativas às ações e execuções em que a massa falida tenha sido vencida; e (v) obrigações resultantes de atos jurídicos válidos praticados durante a recuperação judicial, nos termos do art. 67 da LF, ou após a decretação da falência, e tributos relativos a fatos geradores ocorridos após a decretação da falência, respeitada a ordem estabelecida no art. 83 da LF.

(Magistratura do Trabalho – 18ª Região – 2006) A respeito da falência, considere as afirmações abaixo e assinale a alternativa correta.

I. Os créditos derivados da legislação do trabalho e os decorrentes de acidente do trabalho são os primeiros na ordem de classificação, sempre observado o limite de 150 salários mínimos.

II. Os juros das debêntures e dos créditos com garantia real podem ser exigidos da massa falida, mas por eles responde, exclusivamente, o produto dos bens que constituem a garantia.

III. Não se compensam os créditos transferidos após a decretação da falência, salvo em caso de sucessão por fusão, incorporação, cisão ou morte.

IV. Compensam-se, com preferência sobre todos os demais credores, as dívidas do devedor vencidas até o dia da decretação da falência, provenha o vencimento da sentença de falência ou não, obedecidos os requisitos da legislação civil.

V. Os coobrigados solventes e os garantes do devedor ou dos sócios ilimitadamente responsáveis podem habilitar o crédito correspondente às quantias pagas ou devidas, se o credor não se habilitar no prazo legal.

(A) Apenas os itens III e IV estão incorretos.

(B) Apenas os itens IV e V estão incorretos.

(C) Apenas os itens II e V estão incorretos.
(D) Apenas o item IV está incorreto.
(E) Apenas o item I está incorreto.

I: incorreta, pois os créditos acidentários não são limitados, como os trabalhistas – art. 83, I, da LF; **II:** correta, conforme o art. 124, parágrafo único, da LF; **III:** assertiva correta, pois reflete o disposto no art. 122, parágrafo único, I, da LF; **IV:** correta, nos termos do art. 122, *caput*, da LF; **V:** assertiva correta, conforme o art. 128 da LF.

Gabarito "E".

(Magistratura do Trabalho – 18ª Região – 2006) Acerca da recuperação judicial, assinale a alternativa incorreta:

(A) O usufruto de empresa, a administração compartilhada e a emissão de valores mobiliários constituem meios de recuperação judicial.
(B) Poderá requerer recuperação judicial o devedor que, no momento do pedido, exerça regularmente suas atividades há mais de 2 (dois) anos e que atenda os requisitos exigidos em Lei.
(C) O devedor que obteve recuperação judicial especial prevista para microempresas e empresas de pequeno porte há 7 anos pode requerer nova recuperação judicial.
(D) O devedor que obteve concessão de pedido de recuperação judicial há menos de 5 anos fica impedido de requerer outra recuperação judicial.
(E) O prazo para pagamento de créditos de natureza estritamente salarial vencidos nos 3 meses anteriores ao pedido de recuperação judicial, observado o limite de 5 (cinco salários mínimos), não pode ser superior a 30 (trinta) dias.

A: assertiva correta, nos termos do art. 50, XIII, XIV e XV, da LF; **B:** correta, em conformidade com o disposto no art. 48, *caput*, da LF; **C:** essa é a assertiva incorreta, pois o devedor que obteve a recuperação especial prevista para microempresas e empresas de pequeno porte há menos de 8 anos não pode requerer nova recuperação judicial nesse período – art. 48, III, da LF; **D:** correta, pois isso é previsto pelo art. 48, II, da LF; **E:** assertiva correta, conforme o art. 54, parágrafo único, da LF.

Gabarito "C".

(Magistratura do Trabalho – 21ª Região – 2012) A respeito da recuperação judicial e da falência, é INCORRETO afirmar:

(A) constituem meios de recuperação judicial, observada a legislação pertinente a cada caso, dentre outros: a cisão, incorporação, fusão ou transformação de sociedade, constituição de subsidiária integral, ou cessão de cotas ou ações, respeitados os direitos dos sócios, nos termos da legislação vigente; o aumento de capital social; o trespasse ou arrendamento de estabelecimento, inclusive à sociedade constituída pelos próprios empregados; e a redução salarial, compensação de horários e redução da jornada dos empregados, mediante acordo ou convenção coletiva;
(B) na falência e na recuperação extrajudicial de sociedades, os seus sócios, diretores, gerentes, administradores e conselheiros, de fato ou de direito, bem como o administrador judicial, equiparam-se ao devedor ou falido para todos os efeitos penais decorrentes desta Lei, na medida de sua culpabilidade;
(C) a decretação da falência ou o deferimento do processamento da recuperação judicial suspende o curso da prescrição e das ações e execuções movidas em face do devedor, inclusive aquelas dos credores particulares do sócio solidário, não podendo esta suspensão ultrapassar o prazo de 180 (cento e oitenta) dias, contado do deferimento do processamento da recuperação;
(D) por se tratar de crédito privilegiado, as execuções de natureza trabalhista e fiscal não são suspensas pelo deferimento da recuperação judicial, ressalvada a concessão de parcelamento nos termos do Código Tributário Nacional e da legislação ordinária específica;
(E) as disposições contidas na Lei 11.101/2005 não são aplicáveis à empresa pública, sociedade de economia mista, instituição financeira pública ou privada, cooperativa de crédito, consórcio, entidade de previdência complementar, sociedade operadora de plano de assistência à saúde, sociedade seguradora, sociedade de capitalização e outras entidades legalmente equiparadas às anteriores.

A: correta, nos termos do art. 50, incisos I, VI, VII e VIII, da LF; **B:** correta, conforme oo art. 179 da LF; **C:** correta, conforme o art. 6°, *caput*, e o § 4° do referido artigo da LF. **D:** incorreta, nos termos do art. 6°, § 5°, da LF; **E:** correta, nos termos do art. 2° da LF.

Gabarito "D".

(Magistratura do Trabalho – 21ª Região – 2005) Em face das assertivas seguintes, aponte a resposta correta. De acordo com a nova Lei de Falências:

I. Não se encontram excluídas da sua aplicação as sociedades de economia mista, tendo em vista regerem-se tais empresas pelo regime jurídico de direito privado;
II. Excluem-se da sua aplicação as empresas de consórcios e as sociedades seguradoras;
III. O crédito trabalhista de natureza salarial classifica-se em primeiro lugar, sem limite de valor, e o crédito trabalhista de natureza indenizatória limita-se ao valor de 150 salários mínimos;
IV. Os créditos decorrentes de acidentes de trabalho, em face da sua natureza, não gozam dos mesmos privilégios atribuídos aos créditos trabalhistas de natureza salarial;
V. Os créditos trabalhistas cedidos a terceiros não gozam de nenhum privilégio.

(A) apenas as alternativas I e II estão corretas;
(B) apenas as alternativas I e V estão corretas;
(C) apenas as alternativas II e V estão corretas;
(D) apenas a alternativa II está correta;
(E) todas as alternativas estão incorretas.

I: incorreta, pois as sociedades de economia mista não se sujeitam à legislação falimentar – art. 2º, I, da LF; **II:** correta, conforme o art. 2º, II, da LF; **III:** incorreta, pois o crédito trabalhista limita-se a 150 salários-mínimos. O art. 83, I, da LF não prevê limite para o crédito acidentário; **IV:** incorreta, pois os créditos acidentários ocupam o topo da classificação, ao lado dos trabalhistas, e, além disso, não têm limite de valor – art. 83, I, da LF; **V:** assertiva correta, pois os créditos trabalhistas cedidos são considerados quirografários – art. 83, § 4º, da LF.

Gabarito "C"

(Magistratura do Trabalho – 23ª Região – 2012) Com base nas disposições da Lei nº 11.101/2005, que regula a recuperação judicial, a extrajudicial e a falência do empresário e da sociedade empresária, analise as proposições abaixo e indique a alternativa correta.

I. Não são exigíveis do devedor, na recuperação judicial ou na falência, as obrigações a título gratuito e as despesas que os credores fizerem para tomar parte na recuperação judicial ou na falência, inclusive, as custas judiciais decorrentes de litígio com o devedor.

II. É competente para homologar o plano de recuperação extrajudicial, deferir a recuperação judicial ou decretar a falência o juízo do local do principal estabelecimento do devedor ou da filial de empresa que tenha sede fora do Brasil.

III. É permitido pleitear, perante o administrador judicial, habilitação, exclusão ou modificação de créditos derivados da relação de trabalho, mas as ações de natureza trabalhista serão processadas perante a justiça especializada até a apuração do respectivo crédito, que será inscrito no quadro-geral de credores pelo valor determinado em sentença.

IV. As disposições da Lei nº 11.101/2005 aplicam-se também às empresas públicas e às sociedades de economia mista visto que possuem natureza de pessoa jurídica de direito privado.

V. A decretação da falência ou o deferimento do processamento da recuperação judicial suspende o curso da prescrição e de todas as ações e execuções em face do devedor, o que não se aplica, contudo, aos credores particulares dos sócios, sejam solidários ou não à sociedade, em vista da distinção dentre as pessoas dos sócios e da sociedade bem como de seus respectivos patrimônios.

(A) Apenas as proposições I, II e III estão corretas e as demais estão incorretas.
(B) Apenas as proposições II e III estão corretas e as demais estão incorretas.
(C) Apenas as proposições II, III e V estão corretas e as demais estão incorretas.
(D) Apenas as proposições I, II e IV estão corretas e as demais estão incorretas.
(E) Todas as proposições estão incorretas.

A assertiva I está incorreta por disposição do art. 5º, I e II da LF, o enunciado prevê "inclusive", pois na redação da Lei traz expressamente uma exceção ao citar "salvo". A assertiva II está correta por estar em conformidade com o art. 3º da LF. A assertiva III está correta por disposição expressa do art. 6º, § 2º, da LF. A assertiva IV está incorreta em razão do art. 2º da LF, que veda expressamente a aplicação da Lei de Falências para as empresas públicas e às sociedades de economia mista. A assertiva (V) está incorreta por força do art. 6º, *caput*, da LF ao disciplinar que se aplica sim aos credores particulares do sócio solidário.

Gabarito "B"

(Magistratura do Trabalho – 23ª Região – 2012) Com base nas disposições da Lei nº 11.101/2005, que regula a recuperação judicial, a extrajudicial e a falência do empresário e da sociedade empresária, assinale a alternativa correta.

(A) O plano de recuperação judicial não poderá prever prazo superior a 6 (seis) meses para pagamento dos créditos derivados da legislação do trabalho ou decorrentes de acidentes de trabalho vencidos até a data do pedido de recuperação judicial.
(B) O plano de recuperação judicial não poderá prever prazo superior a 30 (trinta) dias, para o pagamento, até o limite de 10 (dez) salários-mínimos por trabalhador, dos créditos de natureza estritamente salarial vencidos nos 6 (seis) meses anteriores ao pedido de recuperação judicial.
(C) Na falência, quanto à classificação dos créditos, os créditos tributários, independentemente da sua natureza e tempo de constituição e excetuadas as multas tributárias preferem aos créditos com garantia real ate o limite do valor do bem gravado, ante a prevalência do interesse público sobre o privado, no Particular.
(D) Na falência, quanto à classificação dos créditos objeto de concurso, aqueles saldos dos créditos derivados da legislação do trabalho que excederem o limite de 150 (cento e cinquenta) salários-mínimos por credor não ocupam o ápice da posição preferencial, mas são considerados, contudo, ainda assim, créditos com privilégio geral e preferenciais, portanto, aos créditos meramente quirografários.
(E) Na falência, as remunerações devidas ao administrador judicial e seus auxiliares e os créditos derivados da legislação do trabalho ou decorrentes de acidentes de trabalho relativos a serviços prestados após a decretação da falência são considerados extraconcursais e serão pagos com precedência, inclusive, aos demais créditos trabalhistas e decorrentes de acidentes de trabalho.

A assertiva A está incorreta por violar a regra do art. 54 da LF, que prevê como prazo de pagamento prazo não superior a 1 (um) ano. A assertiva B está incorreta por previsão do parágrafo único do art. 54 da Lei de Falências que determina que "O plano não poderá, ainda, prever prazo superior a 30 (trinta) dias para o pagamento, até o limite de 5 (cinco) salários-mínimos por trabalhador, dos créditos de natureza estritamente salarial vencidos nos 3 (três) meses anteriores ao pedido de recuperação judicial". A assertiva C está incorreta por previsão do art. 83 da LF ao definir que os créditos com garantia real preferem aos créditos tributários, portanto é incorreta, pois, o enunciado prevê ao contrário. A assertiva D está incorreta pois temos a previsão de que esses créditos que excederem a 150 salários-mínimos serão considerados quirografários conforme disposição do art. 83, VI, "c" da Lei de Falências. A assertiva E está correta por força do art. 84, I da Lei de Falências.

Gabarito "E"

(Magistratura do Trabalho – 23ª Região – 2006) Não é correto afirmar, segundo o que prevê a nova lei de falência:

(A) Na falência, ao administrador judicial compete praticar os atos necessários à realização do ativo e ao pagamento dos credores, requerer a venda antecipada dos bens perecíveis ou deterioráveis, praticar atos conservativos de direitos e ações, diligenciar a cobrança de dívidas e representar a massa falida em juízo, entre outras atribuições.

(B) O juízo da falência é indivisível e competente para conhecer todas as ações sobre bens, interesses e negócios do falido, ressalvadas as causas trabalhistas, fiscais e aquelas não reguladas nesta lei, em que o falido figurar como autor ou litisconsorte ativo.

(C) Na falência, observando a ordem de classificação dos créditos, têm preferência os créditos decorrentes da legislação do trabalho e decorrentes de acidente do trabalho, até o limite de 150 salários mínimos por credor.

(D) O saldo de créditos trabalhistas decorrentes da relação de trabalho que excederem de 150 salários mínimos e o saldo de créditos com garantia real que excederem ao produto de alienação do bem vinculado ao seu pagamento serão classificados como créditos quirografários.

(E) Serão considerados extraconcursais e pagos com precedência, inclusive aos créditos privilegiados segundo classificação legal, a remuneração devida ao administrador judicial, seus auxiliares e créditos advindos da legislação do trabalho e decorrentes de acidente do trabalho relativos a serviços prestados após a decretação da falência.

A: assertiva correta, nos termos do art. 22, III, *i, j, l* e *n*, da LF; **B:** correta, conforme o art. 76 da LF; **C:** essa é a assertiva incorreta, pois os créditos acidentários não têm limite de valor – art. 83, I, da LF; **D:** correta, conforme o art. 83, VI, *b* e *c*, da LF; **E:** assertiva correta, nos termos do art. 84, I, da LF.

Gabarito "C"

(Magistratura do Trabalho – 24ª Região – 2007) Analise as proposições abaixo acerca da "Habilitação de Créditos" prevista na Lei de Falência e de Recuperação de Empresa:

I. Na falência, os créditos retardatários perderão o direito a rateios eventualmente realizados e ficarão sujeitos ao pagamento de custas, não se computando os acessórios compreendidos entre o término do prazo e a data do pedido de habilitação.

II. Os credores cujos créditos forem impugnados serão intimados para contestar a impugnação, no prazo de 5 (cinco) dias, juntando os documentos que tiverem e indicando outras provas que reputem necessárias.

III. O Juiz determinará, para fins de rateio, a reserva de valor para satisfação do crédito impugnado. Sendo parcial, a impugnação não impedirá o pagamento da parte incontroversa.

IV. Da decisão judicial sobre a impugnação, caberá agravo. Recebido o agravo, o relator poderá conceder efeito suspensivo à decisão que reconhece o crédito ou determinar a inscrição ou modificação do seu valor ou classificação no quadro-geral de credores, para fins de exercício do direito de voto em assembleia geral.

V. O Comitê, qualquer credor, o devedor ou seus sócios ou o Ministério Público podem apresentar ao Juiz impugnação contra a relação de credores.

RESPONDA:

(A) Todas as proposições estão incorretas.

(B) Todas as proposições estão corretas.

(C) Apenas a proposição I está incorreta.

(D) Apenas a proposição III está incorreta.

(E) Apenas as proposições I e II estão incorretas.

I: correta, conforme o art. 10, § 3º, da LF; **II:** assertiva correta, nos termos do art. 11 da LF; **III:** correta, pois reflete o disposto no art. 16 da LF; **IV:** assertiva correta, em conformidade com o art. 17 da LF; **V:** correta, conforme o art. 19 da LF.

Gabarito "B"

(Magistratura do Trabalho – 24ª Região – 2007) Assinale a alternativa INCORRETA:

(A) Os contratos bilaterais não se resolvem pela falência e podem ser cumpridos pelo administrador judicial se o cumprimento reduzir ou evitar o aumento do passivo da massa falida ou for necessário à manutenção e preservação de seus ativos, mediante autorização do Comitê.

(B) A formação de massa falida subjetiva é um dos efeitos da sentença declaratória de falência em relação aos credores.

(C) A decretação da falência não suspende o exercício do direito de retenção sobre os bens sujeitos à arrecadação.

(D) A decisão que decreta a falência da sociedade com sócios ilimitadamente responsáveis também acarreta a falência destes, que ficam sujeitos aos mesmos efeitos jurídicos produzidos em relação à sociedade falida e, por isso, deverão ser citados para apresentar contestação, se assim o desejarem.

(E) A decretação da falência sujeita todos os credores, que somente poderão exercer os seus direitos sobre os bens do falido e do sócio ilimitadamente responsável na forma que a Lei de Falências e de Recuperação de Empresas prescrever.

A: assertiva correta, conforme o art. 117 da LF; B e **E:** corretas, pois o art. 115 da LF prevê a sujeição de todos os credores do falido ao regime falimentar (massa falida subjetiva); **C:** essa é a incorreta, já que a decretação de falência suspende o exercício do direito de retenção sobre os bens sujeitos à arrecadação, os quais deverão ser entregues ao administrador judicial – art. 116, I, da LF; **D:** correta, conforme o art. 81 da LF.

Gabarito "C"

(Magistratura do Trabalho – 24ª Região – 2007) Sobre as disposições que regem a recuperação judicial, a recuperação extrajudicial e a falência do empresário e da sociedade empresária, considere as proposições abaixo:

I. A decretação da falência ou o deferimento do processamento da recuperação judicial suspende o curso da prescrição e de todas as ações e execuções em face do devedor, inclusive aquelas dos credores particulares do sócio solidário.

II. A Lei 11.101/2005, que disciplina a recuperação judicial, a recuperação extrajudicial e a falência do empresário e da sociedade empresária, não se aplica a empresa pública e sociedade de economia mista.

III. A Lei 11.101/2005, que disciplina a recuperação judicial, a recuperação extrajudicial e a falência do empresário e da sociedade empresária, não se aplica a instituição financeira pública ou privada, cooperativa de crédito, consórcio, entidade de previdência complementar, sociedade operadora de plano de assistência à saúde, sociedade seguradora, sociedade de capitalização e outras entidades legalmente equiparadas às anteriores.

IV. É competente para homologar o plano de recuperação extrajudicial, deferir a recuperação judicial ou decretar a falência o juízo do local do principal estabelecimento do devedor ou da filial de empresa que tenha sede fora do Brasil.

V. A distribuição do pedido de falência ou de recuperação judicial previne a jurisdição para qualquer outro pedido de recuperação judicial ou de falência, relativo ao mesmo devedor.

RESPONDA:

(A) Apenas as proposições II, III e IV estão corretas.
(B) Apenas as proposições I, II, III e V estão corretas.
(C) Apenas as proposições III e IV estão incorretas.
(D) Apenas as proposições III, IV e V estão incorretas.
(E) Todas as proposições estão corretas.

I: correta, pois essa é a disposição do art. 6º, *caput*, da LF, mas é importante lembrar que há exceções (caso das ações trabalhistas e execuções fiscais – §§ 6º e 7º); II e **III:** corretas, conforme o art. 2º, I e II, da LF; **IV:** assertiva correta, nos termos do art. 3º da LF; **V:** correta, conforme o art. 6º, § 8º, da LF.

Gabarito "E"

(Ministério Público do Trabalho – 16º) Analise as proposições seguintes sobre a Lei de Falências e de Recuperação de Empresas e assinale a alternativa INCORRETA:

(A) A simples apresentação de plano de recuperação, no prazo da contestação, impede a decretação da falência com base na impontualidade injustificada;
(B) O pedido de falência perde, em parte, a característica de medida coercitiva utilizável na cobrança de dívida. Exemplo de mencionada afirmação é que só é cabível o pedido de falência se o valor da dívida em atraso for superior a 40 salários mínimos.
(C) O Ministério Público, na falência, é obrigado a intervir em todos os processos em que seja parte, ou interessada a massa falida.
(D) As vítimas de acidente de trabalho passam a concorrer com os empregados titulares de direitos trabalhistas, estes limitados a 150 (cento e cinquenta) salários mínimos por credor.
(E) Não respondida.

A: assertiva correta, nos termos do art. 96, VII, da LF, desde que o pedido de recuperação judicial observe os requisitos do art. 51 da LF; **B:** correta, nos termos do art. 94, I, da LF; **C:** essa é a assertiva incorreta, pois não há essa obrigatoriedade. Entretanto, nada impede sua atuação, e o processo só será nulo se o prejuízo da intervenção for demonstrado - ver REsp 1.230.431/SP; **D:** correta, conforme o art. 83, I, da LF.

Gabarito "C"

(Ministério Público do Trabalho – 15º) A respeito da recuperação extrajudicial assinale a alternativa CORRETA:

(A) os credores trabalhistas, tributários, titulares de posição de proprietário fiduciário de bens móveis ou imóveis, de arrendador mercantil, de proprietário ou promitente vendedor de imóveis cujos respectivos contratos contenham cláusula de irrevogabilidade ou irretratabilidade, e de proprietário em contrato de venda com reserva de domínio e o credor decorrente de adiantamento de contrato de câmbio para exportação, não serão atingidos pelo plano de recuperação extrajudicial;
(B) para simplesmente procurar seus credores e tentar encontrar, junto com eles, uma saída negociada para a crise, o empresário ou sociedade empresária precisará atender aos requisitos da Lei para a recuperação extrajudicial;
(C) não haverá qualquer requisito a ser preenchido pelo empresário e a sociedade empresária para requerer a homologação do acordo de recuperação extrajudicial;
(D) a desistência da adesão ao plano por parte do credor poderá ocorrer a qualquer momento, independentemente da distribuição do pedido de homologação; 987
(E) não respondida.

A: assertiva correta, conforme o art. 49, § 3º, da LF; **B:** incorreta, pois a simples negociação com credores pode ser feita normalmente, independentemente da recuperação extrajudicial – art. 167 da LF; **C:** incorreta, pois o devedor deve preencher os requisitos do art. 48 da LF (os mesmos da recuperação judicial) para requerer a homologação do plano de recuperação extrajudicial – art. 161 da LF; **D:** incorreta, pois, após a distribuição do pedido de homologação, os credores não poderão desistir da adesão ao plano, salvo com a anuência expressa dos demais signatários – art. 161, § 5º, da LF.

Gabarito "A"

(Ministério Público do Trabalho – 15º) Extinguem-se as obrigações do falido com:

I. o pagamento de todos os créditos;
II. o pagamento, depois de realizado todo o ativo, de mais de 50% do passivo quirografário, sendo facultado depósito para atingir esta porcentagem;
III. o decurso do prazo de cinco anos, contado do encerramento da falência, se o falido não tiver sido condenado por prática de crime falimentar;
IV. o decurso do prazo de dez anos, contado do encerramento da falência se o falido tiver sido condenado por prática de crime falimentar.

De acordo com as assertivas acima pode-se afirmar que:

(A) todas as alternativas são incorretas;
(B) apenas as alternativas I e II são corretas;

(C) apenas as alternativas III e IV são incorretas;
(D) todas as alternativas são corretas;
(E) não respondida.

Todas as assertivas são corretas e indicam as causas de extinção das obrigações do falido listadas no art. 158 da LF.

Gabarito "D"

(Ministério Público do Trabalho – 13°) Em relação à nova Lei de Falências e Recuperação de Empresas (Lei nº 11.101/2005):

I. a recuperação extrajudicial, que tem por objetivo a continuidade da vida da empresa e a manutenção dos empregos, não afeta os contratos de trabalho e os créditos dos trabalhadores;
II. o plano de recuperação judicial não poderá prever prazo superior a um ano para pagamento dos créditos decorrentes das relações de trabalho ou decorrentes de acidentes do trabalho vencidos até a data do pedido da recuperação judicial;
III. o plano de recuperação judicial não poderá prever prazo superior a 90 (noventa) dias para o pagamento, até o limite de cinco salários-mínimos, dos créditos de natureza estritamente salarial, vencidos nos seis meses anteriores ao pedido de recuperação judicial;
IV. na falência, os créditos trabalhistas são classificados em primeiro lugar para pagamento, mas limitados a cento e cinquenta salários mínimos por trabalhador.

Analisando-se as asserções acima, pode-se afirmar que:

(A) todas as assertivas estão corretas;
(B) apenas as assertivas II e IV estão incorretas;
(C) apenas as assertivas I, II e IV estão corretas;
(D) todas as alternativas estão incorretas;
(E) não respondida.

I: assertiva correta, conforme o art. 161, § 1º, da LF; **II:** correta, nos termos do art. 54, *caput*, da LF; **III:** incorreta, pois o plano de recuperação judicial não poderá prever prazo superior a 30 dias para o pagamento, até o limite de 5 salários-mínimos por trabalhador, dos créditos de natureza estritamente salarial vencidos nos 3 meses anteriores ao pedido de recuperação judicial – art. 54, parágrafo único, da LF; **IV:** correta, conforme o art. 83, I, da LF.

Gabarito "C"

(Ministério Público do Trabalho – 12°) Assinale a alternativa CORRETA:

I. pela nova lei de falência, nº 11.101/2005, tanto o crédito trabalhista quanto aqueles decorrentes de acidente do trabalho continuam privilegiados em relação aos demais até o limite de 150 (cento e cinquenta) salários mínimos por credor;
II. a responsabilidade pessoal dos sócios de responsabilidade limitada será apurada no próprio juízo da execução do crédito, sendo posteriormente noticiado no juízo da falência;
III. a falência pode ser requerida pelo credor em relação ao devedor que, ao ser executado por quantia líquida, deixa de pagar, de realizar qualquer depósito ou mesmo de nomear bens à penhora dentro do prazo legal;
IV. os créditos trabalhistas de natureza estritamente salarial, vencidos nos 3 (três) meses anteriores à decretação da falência, até o limite de 5 (cinco) salários mínimos por trabalhador, serão pagos tão logo haja disponibilidade em caixa.

(A) todas as assertivas estão corretas;
(B) apenas as assertivas III e IV estão corretas;
(C) apenas as assertivas II e IV estão corretas;
(D) apenas a assertiva I está incorreta;
(E) não respondida.

I: incorreta, pois o crédito acidentário não tem limite máximo, como o trabalhista em geral – art. 83, I, da LF; **II:** assertiva incorreta, já que a responsabilidade pessoal do sócio será apurada no próprio juízo da falência (não no juízo da execução do crédito, como consta da assertiva) – art. 82, *caput*, da LF; **III:** correta, pois é o caso de insolvência jurídica, caracterizada pela execução frustrada – art. 94, II, da LF; **IV:** assertiva correta, pois é o que dispõe o art. 151 da LF.

Gabarito "B"

(Ministério Público do Trabalho – 8º – adaptada) Assinale a alternativa correta. Em face da chamada Lei de Quebra, havendo indícios, em processo de falência, de crime falimentar, competente para o processamento do inquérito é:

(A) a delegacia de polícia;
(B) a Vara Criminal, através da remessa das peças essenciais;
(C) o Juízo universal da falência;
(D) a Câmara Criminal do Tribunal de Justiça;
(E) O Grupo de Câmaras Criminais do Tribunal de Justiça;
(F) não sei.

Na sistemática anterior havia o inquérito judicial (art. DL 7.661/1945), o que não foi repetido na atual legislação falimentar (o gabarito oficial indicava a alternativa C, razão pela qual a questão foi adaptada). Hoje, cabe ao Ministério Público, ao ser intimado da sentença que decreta a falência ou concede a recuperação judicial, verificando a ocorrência de qualquer crime previsto nesta Lei, promover imediatamente a competente ação penal ou, se entender necessário, requisitar a abertura de inquérito policial – art. 187 da LF.

Gabarito "A"

6. INTERVENÇÃO E LIQUIDAÇÃO EXTRAJUDICIAL

(Magistratura do Trabalho – 18ª Região – 2006) A liquidação extrajudicial *ex officio* de instituição financeira pode ter várias causas. Assinale a alternativa que não contém uma dessas causas, de acordo com a lei.

(A) quando a instituição sofrer prejuízo que sujeite a risco anormal seus credores quirografários.
(B) quando, cassada a autorização para funcionar, a instituição não iniciar, nos 90 (noventa) dias seguintes, sua liquidação ordinária, ou quando, iniciada esta, verificar o Banco Central do Brasil que a morosidade de sua administração pode acarretar prejuízo para os credores.
(C) quando, em razão de ocorrências que comprometam sua situação econômica ou financeira especialmente quando deixar de satisfazer, com pontualidade, seus compromissos ou quando se

caracterizar qualquer dos motivos que autorizem a declaração de falência.

(D) quando forem verificadas reiteradas infrações a dispositivos da legislação bancária não regularizadas após as determinações do Banco Central do Brasil, no uso de suas atribuições.

(E) quando a administração violar gravemente as normas legais e estatutárias que disciplinam a atividade da instituição, bem como as determinações do Conselho Monetário Nacional ou do Banco Central do Brasil, no uso de suas atribuições legais.

As alternativas A, B, C e E indicam as quatro hipóteses listadas no art. 15, I, da Lei 6.024/1974, que permitem a decretação de liquidação extrajudicial *ex officio* da instituição financeira. A alternativa D indica hipótese que permite a intervenção na instituição financeira – art. 2º, II, da Lei 6.024/1974.

Gabarito "D"

(Magistratura do Trabalho – 18ª Região – 2006) Acerca da intervenção em instituições financeiras e o respectivo processo, assinale a alternativa incorreta:

(A) A intervenção produzirá, desde sua decretação, a suspensão da exigibilidade das obrigações vencidas.

(B) A intervenção produzirá, desde sua decretação, a suspensão da fluência do prazo das obrigações vincendas anteriormente contraídas.

(C) É efeito da intervenção, desde sua decretação, a inexigibilidade dos depósitos já existentes à data de sua decretação.

(D) É efeito da intervenção a não fluência de juros, mesmo que estipulados e a interrupção da prescrição relativa às obrigações de responsabilidade da instituição.

(E) O período da intervenção não excederá a 6 (seis) meses, o qual, por decisão do Banco Central do Brasil, poderá ser prorrogado, uma única vez, até o máximo de outros 6 (seis) meses.

A: correta, conforme o art. 6º, *a*, da Lei 6.024/1974; **B:** assertiva correta, nos termos do art. 6º, *b*, da Lei 6.024/1974; **C:** correta, conforme o art. 6º, *c*, da Lei 6.024/1974; **D:** essa é a assertiva incorreta, pois indica efeito da decretação da liquidação extrajudicial, não da intervenção – art. 18, *d* e *e*, da Lei 6.024/1974; **E:** assertiva correta, em conformidade com o art. 4º da Lei 6.024/1974.

Gabarito "D"

(Magistratura do Trabalho – 21ª Região – 2005) Diante das afirmações seguintes, indique a resposta correta:

Tratando-se de liquidação extrajudicial de sociedades e instituições financeiras:

I. As cooperativas de crédito não se sujeitam, por força de exclusão legal, ao procedimento de liquidação extrajudicial decretado pelo Banco Central do Brasil;

II. Será decretada pelo Banco Central do Brasil a liquidação extrajudicial de instituição financeira pública federal, na hipótese de ausência de recolhimento dos depósitos do FGTS dos empregados, por período superior a seis meses;

III. O liquidante nomeado pelo Banco Central do Brasil, considerando os amplos poderes de administração que detém, poderá demitir e contratar empregados, e, inclusive, nesta última hipótese, fixar o valor das respectivas remunerações;

IV. Os débitos trabalhistas de instituição financeira sujeita à liquidação extrajudicial não sofrem a incidência de juros de mora;

V. A decretação, pelo Banco Central do Brasil, de liquidação extrajudicial de instituição financeira, suspende o prosseguimento da execução trabalhista até o momento da publicação da lista de credores preferenciais e bens disponíveis, garantida, entretanto, a correção monetária do débito no período.

(A) apenas a alternativa IV está correta;

(B) apenas a alternativa III está correta;

(C) apenas as alternativas IV e V estão corretas;

(D) apenas as alternativas III e V estão corretas;

(E) apenas as alternativas I e IV estão corretas.

I: assertiva incorreta, já que as cooperativas de crédito sujeitam-se à Lei 6.024/1974, conforme seu art. 1º; **II:** incorreta, pois as instituições financeiras públicas federais não se sujeitam à Lei 6.024/1974, nos termos de seu art. 1º; **III:** assertiva correta, nos termos do art. 16 da Lei 6.024/1974; **IV:** imprecisa, pois o TST entende que incidem juros de mora em relação ao débito trabalhista no caso de liquidação extrajudicial deliberada pelos acionistas, hipótese em que se afasta o disposto no Enunciado 304/TST – ver RR 289.388/96.9; **V:** correta, conforme o art. 18, *a*, da Lei 6.024/1974.

Gabarito "D"

7. CONTRATOS EMPRESARIAIS

(MAGISTRATURA DO TRABALHO – 1ª REGIÃO – 2010 – CESPE) Assinale a opção correta no que se refere às diversas espécies de contratos mercantis.

(A) Arrendamento mercantil é o negócio jurídico realizado entre pessoa física ou jurídica, na qualidade de arrendadora, e pessoa física ou jurídica, na qualidade de arrendatária, e que tenha por objeto o arrendamento de bens adquiridos pela arrendadora, segundo especificações da arrendatária e para uso próprio desta.

(B) No contrato de faturização (*factoring*), determinada pessoa cede a outra o direito de uso de marca ou patente, associado ao direito de distribuição exclusiva ou semiexclusiva de produtos ou serviços e, eventualmente, também ao direito de uso de tecnologia de implantação e administração de negócio ou sistema operacional desenvolvidos ou detidos pela empresa faturizada, mediante remuneração direta ou indireta, sem que, no entanto, fique caracterizado vínculo empregatício.

(C) É possível a alienação fiduciária de bens imóveis em que o devedor, com o escopo de ofertar garantia, contrata a transferência ao credor da propriedade resolúvel de coisa imóvel, transmitindo ao fiduciário a posse indireta do bem.

(D) O devedor fica automaticamente constituído em mora (mora *ex re*) em caso de inadimplemento do contrato com alienação fiduciária em garantia, sendo desnecessária sua notificação para caracterização do atraso.

(E) A concessão mercantil é o contrato pelo qual pessoa física ou jurídica, sem relação de emprego, desempenha, em caráter não eventual, a mediação para realizar negócios mercantis, agenciando propostas ou pedidos, para transmiti-los ao concedente, praticando ou não atos relacionados com a execução dos negócios.

A: incorreta, pois a arrendadora é sempre pessoa jurídica; **B:** incorreta, pois a assertiva refere-se ao contrato de franquia – art. 2º da Lei 8.955/1994; **C:** assertiva correta, conforme o art. 22 da Lei 9.514/1997. Perceba que o credor é o fiduciário (são termos equivalentes, para esse contrato) e o devedor é o fiduciante; **D:** incorreta, pois, embora a mora decorra do simples vencimento do prazo para pagamento, ela deverá ser comprovada por carta registrada expedida por intermédio de Cartório de Títulos e Documentos ou pelo protesto do título, a critério do credor – art. 2º, § 2º, do DL 911/1969; **E:** incorreta, pois a assertiva refere-se à representação comercial autônoma – art. 1º da Lei 4.886/1965. Em relação ao contrato de concessão, a tipicidade refere-se apenas às concessionárias de veículos – Lei 6.729/1979 (Lei Ferrari), ver REsp 654.6408/RJ, que vedou a aplicação analógica dessa lei à distribuidora de outros bens.

Gabarito "C"

(Magistratura do Trabalho – 9ª Região – 2009 – adaptada) Analise as seguintes proposições:

I. Exerce a representação comercial autônoma a pessoa jurídica ou a pessoa física, sem relação de emprego, que desempenha, em caráter não eventual, por conta de uma ou mais pessoas, a mediação para a realização de negócios mercantis, agenciando propostas ou pedidos, para transmiti--los aos representados, praticando ou não atos relacionados com a execução dos negócios.

II. *Leasing* ou arrendamento mercantil é a operação pela qual um comerciante, titular de uma marca comum, cede seu uso, num setor geográfico definido, a outro comerciante, cabendo ao beneficiário da operação remunerar o cedente com uma porcentagem calculada sobre o volume dos negócios.

III. Considera-se arrendamento mercantil ou *leasing* o negócio jurídico realizado entre pessoa jurídica, na qualidade de arrendadora, e pessoa física ou jurídica, na qualidade de arrendatária, e que tenha por objeto o arrendamento de bens adquiridos pela arrendadora, segundo especificações da arrendatária e para uso próprio desta.

(A) Todas as proposições estão incorretas.
(B) Somente as proposições I e III são corretas.
(C) Somente as proposições I e II são corretas.
(D) Somente a proposição I é corretas.
(E) Somente a proposição II é correta.

I: assertiva correta, pois essa é a definição dada pelo art. 1º da Lei 4.886/1965; **II:** incorreta, pois, no *leasing*, o arrendatário paga prestações pelo uso de determinado bem durante o período de duração do contrato e, ao final, tem a opção de adquiri-lo mediante pagamento do valor residual; **III:** assertiva correta, referindo-se à modalidade *leasing* financeiro. Adaptamos esta questão para excluir as duas primeiras assertivas, que tratavam de matéria trabalhista.

Gabarito "B"

(Magistratura do Trabalho – 3ª Região – 2008) Analise as proposições abaixo assinalando a opção correta relativa à representação comercial:

I. Ainda que omisso o contrato de representação quanto à exclusividade de zona ou zonas fará jus o representante à comissão dos negócios por aí realizados, ainda que diretamente pelo representado ou por intermédio de terceiros.

II. A exclusividade de representação não se presume na ausência de ajustes expressos.

III. É facultado ao representante comercial emitir títulos de crédito para cobrança de comissões.

IV. Em caso de rescisão injusta do contrato por parte do representado, a eventual retribuição pendente, gerada por pedidos em carteira ou em fase de execução e recebimento, terá vencimento na data da rescisão.

V. A denúncia, por qualquer das partes, sem causa justificada, do contrato de representação, ajustado por prazo indeterminado e que haja vigorado por mais de seis meses, obriga o denunciante, independentemente da previsão de garantia no contrato, à concessão de pré-aviso ou ao pagamento de importância igual a um terço (1/3) das comissões auferidas pelo representante, nos três meses anteriores.

Agora, assinale a alternativa correta:

(A) Apenas os itens I e III estão incorretos.
(B) Apenas o item II está incorreto.
(C) Apenas o item IV está incorreto.
(D) Apenas o item V está incorreto.
(E) Todos os itens estão corretos.

I e **II:** assertivas corretas. O contrato deverá dispor a respeito da exclusividade em relação à área de atuação do representante (exclusividade de zona ou de setor de zona – se poderá haver outro representante no local) e em relação ao representado (exclusividade de representação – se o representante poderá representar outro) – art. 27, *e* e *i*, da Lei 4.886/1965. Na representação comercial, se não existir disposição contratual expressa, haverá presunção de exclusividade de zona em favor do representante (tem direito à comissão pelos negócios realizados em sua área de atuação, ainda que diretamente pelo representado ou por intermédio de terceiros), mas não de exclusividade de representação em favor do representado – art. 31, *caput* e parágrafo único, da Lei 4.886/1965. Não confunda: nos casos dos contratos de agência e distribuição regulados pelo Código Civil há presunção de exclusividade em favor do agente e do proponente – art. 711 do CC; **III:** assertiva correta, conforme o art. 32, § 3º, da Lei 4.886/1965; **IV:** assertiva correta, nos termos do art. 32, § 5º, da Lei 4.886/1965; **V:** incorreta, pois a denúncia, por qualquer das partes, sem causa justificada, do contrato de representação, ajustado por tempo indeterminado e que haja vigorado por mais de seis meses, obriga o denunciante, salvo outra garantia prevista no contrato (eis o erro na alternativa!), à concessão de pré-aviso, com antecedência mínima de trinta dias, ou ao pagamento de importância igual a 1/3 das comissões auferidas pelo representante, nos três meses anteriores – art. 34 da Lei 4.886/1965.

Gabarito "D"

(Magistratura do Trabalho – 5ª Região – 2006 – CESPE) A indústria de medicamentos Nova Química Laboratórios Ltda., visando divulgar seus produtos e ampliar suas vendas, firmou contrato de representação comercial com Best Representações Ltda. O objeto do contrato consistiu na obtenção de pedidos de compra e venda de medicamentos fabricados pela Nova Química Laboratórios Ltda. Quanto ao contrato de representação comercial mencionado, assinale a opção incorreta.

(A) No contrato firmado entre a Nova Química Laboratórios Ltda. e a Best Representações Ltda., estipulada a cláusula *Del credere*, o risco do negócio será transferido para a representante, que deve responder pelo cumprimento das obrigações assumidas pelo terceiro com quem contratou, juntamente com este.

(B) A Nova Química Laboratórios Ltda. deverá pagar comissões à Best Representações Ltda. quanto às vendas efetuadas na área de atuação da representante, mesmo que tenham sido concluídas por terceiros.

(C) Salvo expressa estipulação em contrato, a Best Representações Ltda. não está obrigada a respeitar exclusividade de representação, podendo representar outros produtos, ainda que de representados diversos.

(D) A Best Representações Ltda. não terá direito a qualquer retribuição por sua atuação se a falta de pagamento resultar de insolvência do comprador dos produtos da representada.

(E) À representante comercial é vedada a concessão de descontos ou abatimentos aos adquirentes dos produtos da representada, salvo mediante autorização expressa.

A: essa é a assertiva incorreta, pois o art. 43 da Lei 4.886/1965 veda expressamente a cláusula *del credere* nos contratos de representação comercial (não confunda: essa responsabilidade solidária do comissário com o terceiro perante o comitente é permitida no contrato de comissão, regulado pelo Código Civil – art. 698, mas não na representação comercial); B e **C:** assertivas corretas. O contrato deverá dispor a respeito da exclusividade em relação à área de atuação do representante (exclusividade de zona ou de setor de zona – se poderá haver outro representante no local) e em relação ao representado (exclusividade de representação – se o representante poderá representar outro) – art. 27, *e* e *i*, da Lei 4.886/1965. Na representação comercial, se não existir disposição contratual expressa, haverá presunção de exclusividade de zona em favor do representante (tem direito à comissão pelos negócios realizados em sua área de atuação, ainda que diretamente pelo representado ou por intermédio de terceiros), mas não de exclusividade de representação em favor do representado – art. 31, *caput* e parágrafo único, da Lei 4.886/1965. Não confunda: nos casos dos contratos de agência e distribuição regulados pelo Código Civil há presunção de exclusividade em favor do agente e do proponente – art. 711 do CC; **D:** correta, conforme o art. 33, § 1º, da Lei 4.886/1965; **E:** assertiva correta, pois reflete a vedação prevista no art. 29 da Lei 4.886/1965.

Gabarito "A".

(Magistratura do Trabalho – 8ª Região – 2006) Sobre a alienação fiduciária, considerando-se o disposto no Novo Código Civil, é correto afirmar que:

(A) Na vigência do contrato, o verdadeiro titular do direito real sobre o bem móvel infungível é o devedor fiduciário, que tem a propriedade resolúvel.

(B) Com a constituição da propriedade fiduciária, dá-se o desdobramento da posse, tornando-se o devedor apenas possuidor direto da coisa. Daí por que é plenamente válida a penhora desta, por seu valor integral, não devendo ser acolhidos os Embargos de Terceiro caso opostos pelo credor fiduciário.

(C) O inadimplemento contratual do devedor fiduciário dá direito ao credor, proprietário fiduciário, de retomar o bem e permanecer com ele em seu poder, como forma de satisfação da dívida.

(D) No período de vigência do contrato de alienação fiduciária, o devedor fiduciário pode usar livremente o bem, às suas expensas e risco, sendo obrigado, no entanto, como depositário, a empregar na guarda da coisa a diligência exigida por sua natureza.

(E) A propriedade fiduciária é resolúvel porque, caso o devedor não cumpra sua obrigação no contrato, perde definitivamente a propriedade do bem em favor do credor fiduciário.

A: assertiva incorreta, pois o credor detém a propriedade resolúvel do bem – art. 1.361 do CC; **B:** incorreta, pois, como proprietário do bem penhorado, o credor fiduciário pode opor embargos de terceiro; **C:** assertiva incorreta, pois, vencida a dívida e não paga, fica o credor obrigado a vender, judicial ou extrajudicialmente, a coisa a terceiros, a aplicar o preço no pagamento de seu crédito e das despesas de cobrança, e a entregar o saldo, se houver, ao devedor – art. 1.364 do CC, sendo nula cláusula que disponha em contrário – art. 1.365 do CC; **D:** essa é a assertiva correta, considerando que o devedor detém a posse direta do bem e pode utilizá-lo, nos termos do art. 1.363 do CC; **E:** incorreta, já que a resolução refere-se à hipótese de o devedor pagar a dívida e, consequentemente, o credor perder o domínio do bem (a propriedade se resolve em relação ao credor) – art. 1.361 do CC.

Gabarito "A".

(Magistratura do Trabalho – 9ª Região – 2007) Em relação aos contratos mercantis, considere as seguintes assertivas:

I. Na alienação fiduciária em garantia, o devedor é o possuidor direto e depositário do bem, enquanto o credor tem a posse indireta e o domínio resolúvel.

II. No contrato de franquia, o uso de marca ou patente é necessariamente temporário, podendo haver, ou não, transferência de *know-how*, assessoria técnica, mercadológica e administrativa do negócio.

III. O contrato de representação comercial, regido pela Lei 4.886/65, exige que o contratado seja pessoa jurídica, registrada no CORE (Conselho Regional dos Representantes Comerciais); caso contrário, estar-se-á necessariamente diante de um contrato de trabalho, já que presente o requisito da pessoalidade.

IV. Nos termos da Lei 4.886/65, considera-se contrato de representação comercial com prazo indeterminado todo contrato que suceder, dentro de seis meses, a outro contrato, por prazo indeterminado ou não.

Assinale a alternativa correta:

(A) Todas as assertivas estão corretas;
(B) Somente a assertiva II está incorreta;
(C) Somente as assertivas I e II estão corretas;
(D) As assertivas III e IV estão incorretas;
(E) Somente a assertiva III está incorreta.

A: assertiva correta, nos termos do art. 1.361 do CC; **II:** assertiva correta, nos termos do art. 2º da Lei 8.955/1994; **III:** incorreta, pois o representante comercial autônomo pode ser pessoa física, nos termos do art. 1º da Lei 4.886/1965; **IV:** assertiva correta, nos exatos termos do art. 27, § 3º, da Lei 4.886/1965.

Gabarito "E".

(Magistratura do Trabalho – 9ª Região – 2006) Acerca do contrato de representação comercial, assinale a alternativa correta:

(A) No contrato de representação comercial, o representado nomeia um procurador, chamado representante comercial, com poderes para administrar bens, vender, negociar preço e condições.
(B) A representação comercial pode ser exercida por pessoa física ou jurídica, com total autonomia jurídica e negocial em relação ao representado, e se caracteriza pela obrigação do representante distribuir, numa área determinada, os produtos comercializados pelo representado.
(C) A representação comercial pode ser exercida por pessoa física, que, sem vínculo de emprego com o representado, obriga-se a obter pedidos de compra e venda de mercadorias fabricadas ou comercializadas pelo representado, bem como a prestar-lhe contas.
(D) Na representação comercial, ao representado é vedado qualquer tipo de ingerência nos negócios do representante, não podendo o representado estipular preços ou condições de pagamento a serem praticados pelo representante, sob pena de caracterizar subordinação e descaracterizar o contrato de representação comercial.
(E) Nos contratos de representação comercial com prazo determinado, a parte que o denunciar estará obrigada a conceder pré-aviso de 30 dias e pagar indenização correspondente a 1/3 do total de comissões recebidas pelo representante.

A: incorreta, pois, embora o contrato de representação comercial possa incluir poderes atinentes ao mandato (art. 1º, parágrafo único, da Lei 4.886/1965), não se confunde com a procuração. O representante comercial não administra bens, em princípio, mas apenas realiza, por conta do representado, a mediação para a realização de negócios mercantis, agenciando propostas ou pedidos para transmiti-los aos representados, praticando ou não atos relacionados com a execução dos negócios – art. 1º, *caput*, da Lei 4.886/1965; **B:** incorreta, pois inexiste total autonomia jurídica e negocial, até porque o representante deve agir de acordo com as instruções do representado, além de ficar obrigado a fornecer informações sobre o andamento dos negócios – arts. 28 e 29 da Lei 4.886/1965. Ademais, o representante não se confunde com o distribuidor (no contrato atípico de distribuição-intermediação, em que o empresário adquire os bens para revendê-los em determinada área); **C:** essa é a assertiva correta, nos termos do art. 1º da Lei 4.886/1965; **D:** incorreta, pois o representado dará as instruções para a realização dos negócios, que deverão ser observadas pelo representante – art. 28 da Lei 4.886/1965; **E:** assertiva incorreta, pois no contrato com prazo determinado, a indenização corresponderá à importância equivalente à média mensal da retribuição auferida até a data da rescisão, multiplicada pela metade dos meses restantes do prazo contratual – art. 27, § 1º, da Lei 4.886/1965.

Gabarito "C".

(Magistratura do Trabalho – 11ª Região – 2007 – FCC) Por meio do contrato de alienação fiduciária em garantia, o proprietário de um bem móvel

(A) aliena-o a outra pessoa, em garantia de uma dívida com esta contraída, mas permanece com a posse direta do bem.
(B) aliena-o a outra pessoa, em garantia de uma dívida com esta contraída, e lhe transfere a propriedade plena do bem, recuperando-a após o pagamento da dívida.
(C) oferece-o em penhor ao credor do financiamento obtido para a aquisição do próprio bem.
(D) transfere a sua posse direta a outra pessoa, em garantia de uma dívida com esta contraída, mas permanece com a propriedade plena do bem.
(E) transfere a sua posse indireta a outra pessoa, em garantia de uma dívida com esta contraída, mas permanece com a propriedade plena do bem.

A: assertiva correta, pois descreve adequadamente a alienação fiduciária em garantia – art. 1.361 do CC; **B:** incorreta, pois a propriedade transferida não é plena, pois, além de resolúvel (em caso de pagamento da dívida o domínio se resolve em desfavor do credor), o devedor ainda mantém-se na posse direta do bem; **C:** incorreta, pois não se trata de penhor, mas transferência do domínio; D e **E:** incorretas, pois a propriedade é transferida ao credor, não a posse direta, que é mantida pelo devedor.

Gabarito "A".

(Magistratura do Trabalho – 11ª Região – 2007 – FCC) Alberto era representante comercial da ABC Ltda., tendo exercido essa função por dez anos. Ao longo desse período, por imposição da empresa representada, as partes celebravam contratos por prazo determinado de um ano, ao fim do qual procedia-se a sua imediata renovação. Ao final do 10º ano, a ABC Ltda. notificou Alberto a respeito da não renovação de seu contrato e extinção do vínculo negocial. Alberto agora pleiteia o recebimento de indenização equivalente a 1/12 (um doze avos) das comissões auferidas durante todo o período de representação, em razão da extinção imotivada do contrato por iniciativa da representada. Essa indenização

(A) é devida, pois é aplicável a todos os contratos de representação comercial.
(B) é devida, apenas com relação ao último período anual de contrato.
(C) é devida, pois é aplicável a contratos com mais de cinco anos de vigência.

(D) é devida, pois o contrato celebrado com Alberto deve ser considerado a prazo indeterminado.
(E) não é devida.

Sempre que um contrato de representação comercial sucede, dentro de 6 meses, a outro contrato, com ou sem determinação de prazo, passa a ser considerado por prazo indeterminado, nos termos do art. 27, § 3º, da Lei 4.886/1965. Alberto, no caso, tem direito à indenização fixada em, no mínimo, 1/12 do total da retribuição auferida durante o tempo em que exerceu a representação – art. 27, *j*, da Lei 4.886/1965.

Gabarito "D".

(Magistratura do Trabalho – 13ª Região – 2006) Dentre as opções abaixo, assinale a única que não está de acordo com as disposições contidas na Lei 4.886/65, que regula as atividades dos representantes comerciais autônomos:

(A) considera-se por prazo indeterminado todo contrato que suceder, dentro de seis meses, a outro contrato, com ou sem determinação de prazo;
(B) presume-se a exclusividade de representação na ausência de ajustes expressos;
(C) do contrato de representação comercial, além dos elementos comuns e outros, a juízo dos interessados, constarão, obrigatoriamente, a indicação genérica ou específica dos produtos ou artigos objeto da representação;
(D) prescreve em cinco anos a ação do representante comercial para pleitear a retribuição que lhe é devida e os demais direitos que lhe são garantidos por lei;
(E) no caso de falência do representado, as importâncias por ele devidas ao representante comercial, relacionadas com a representação, inclusive comissões vencidas e vincendas, indenização e aviso prévio, serão considerados créditos da mesma natureza dos créditos trabalhistas.

A: assertiva correta, conforme o art. 27, § 3º, da Lei 4.886/1965; **B:** assertiva incorreta, pois, se não existir disposição contratual expressa, haverá presunção de exclusividade de zona em favor do representante (tem direito à comissão pelos negócios realizados em sua área de atuação, ainda que diretamente pelo representado ou por intermédio de terceiros), mas não há presunção de exclusividade de representação em favor do representado – art. 31, *caput* e parágrafo único, da Lei 4.886/1965; **C:** correta, conforme o art. 27, *b*, da Lei 4.886/1965; **D:** assertiva correta, pois esse é o prazo prescricional previsto no art. 44, parágrafo único, da Lei 4.886/1965; **E:** assertiva correta, pois a equiparação está prevista no art. 44 da Lei 4.886/1965.

Gabarito "B".

(Magistratura do Trabalho – 14ª Região – 2008) Dadas as proposições acerca do contrato de representação comercial, aponte abaixo a alternativa CORRETA:

I. É vedada a inclusão de cláusulas *del credere* no contrato de representação comercial.
II. No silêncio do contrato, está implícita a inclusão de cláusulas *del credere*.
III. Não é permitida a exigência contratual de exclusividade na representação comercial.
IV. A exclusividade de representação não se presume na ausência de ajustes expressos.

(A) Todas as proposições estão corretas;
(B) Apenas as proposições I e II estão corretas;
(C) Apenas as proposições I, II e IV estão corretas;
(D) Apenas as proposições III e IV estão corretas;
(E) Apenas as proposições I e IV estão corretas.

I e II: o art. 43 da Lei 4.886/1965 veda expressamente a cláusula *del credere* nos contratos de representação comercial (não confunda: essa responsabilidade solidária do comissário com o terceiro perante o comitente é permitida no contrato de comissão, regulado pelo Código Civil – art. 698), razão pela qual a assertiva I é correta e a II é incorreta; **III** e **IV:** o contrato deverá dispor a respeito da exclusividade em relação à área de atuação do representante (exclusividade de zona ou de setor de zona – se poderá haver outro representante no local) e em relação ao representado (exclusividade de representação – se o representante poderá representar outro) – art. 27, *e* e *i*, da Lei 4.886/1965. Na representação comercial, se não existir disposição contratual expressa, haverá presunção de exclusividade de zona em favor do representante (tem direito à comissão pelos negócios realizados em sua área de atuação, ainda que diretamente pelo representado ou por intermédio de terceiros), mas não de exclusividade de representação em favor do representado – art. 31, *caput* e parágrafo único, da Lei 4.886/1965. Não confunda: nos casos dos contratos de agência e distribuição regulados pelo Código Civil há presunção de exclusividade em favor do agente e do proponente – art. 711 do CC. Por essas razões, a assertiva III é incorreta e a IV é correta.

Gabarito "E".

(Magistratura do Trabalho – 15ª Região – 2010) A respeito da alienação fiduciária, assinale a alternativa correta:

(A) constitui-se a propriedade fiduciária com o registro, no órgão próprio, do contrato celebrado por instrumento público ou, particular, por meio do qual o devedor transfere ao credor a propriedade resolúvel de bem móvel infungível, mantendo a posse direta, circunstância essa que perdura até o pagamento do preço;
(B) é o negócio jurídico pelo qual o fiduciante, para garantir o pagamento da dívida, transmite ao fiduciário a propriedade de um bem móvel infungível, retendo, todavia, a posse indireta, sob a condição resolutiva de saldar a dívida;
(C) o fiduciante mantém a propriedade da coisa móvel infungível e transfere ao fiduciário a posse indireta do bem, até que seja pago o preço avençado;
(D) vencida a divida, e não paga, o credor poderá vender o bem a terceiros, judicial ou extrajudicialmente, devendo aplicar o valor obtido na alienação integralmente no pagamento do seu crédito;
(E) é válida a cláusula que autoriza o proprietário fiduciário a ficar com a coisa alienada em garantia, se a divida não for paga no vencimento.

A: assertiva correta, pois descreve a propriedade fiduciária nos exatos termos do art. 1.361 do CC; **B:** incorreta, pois o devedor (= fiduciante) mantém a posse direta do bem – art. 1.361, § 2º, *in fine*, do CC; **C:** incorreta, pois o devedor fiduciante transfere a propriedade da coisa dada em garantia ao credor fiduciário – art. 1.361, *caput*, do CC; **D:** incorreta, pois o credor pode aplicar o preço da venda no pagamento do seu crédito e também das despesas de cobrança – art. 1.364 do CC; **E:** incorreta, pois é nula a cláusula que autoriza o proprietário fiduciário a ficar com a coisa alienada em garantia em caso de inadimplência – art. 1.365 do CC.

Gabarito "A".

(Magistratura do Trabalho – 16ª Região – 2008) Sobre o contrato de compra e venda mercantil, assinalar a afirmação correta:

(A) O objeto do contrato é necessariamente uma mercadoria, que não precisa estar presente no momento da contratação.

(B) O preço pode ser pago à vista ou a prazo, sendo que, quando à vista, ocorrerá sempre após a entrega da mercadoria.

(C) Tratando-se de venda em consignação, o contrato sempre se aperfeiçoa condicionado ao fator tempo.

(D) O contrato de fornecimento a contento somente se aperfeiçoa após a realização do teste, pelo comprador, sempre após a tradição da mercadoria.

(E) São obrigações do vendedor transferir o domínio da coisa objeto do contrato e responder pelos vícios da mercadoria vendida.

A: assertiva correta, em conformidade com o art. 483 do CC; **B:** incorreta, pois, na venda à vista, o pagamento se dá no momento em que contrato se conclui, ou seja, quando há acordo quanto à coisa, ao preço e às condições, o que pode se dar antes da tradição; **C:** incorreta, pois, na venda em consignação, a condição é a revenda (a compra e venda mercantil somente ocorre se algum consumidor resolver adquirir o bem); **D:** incorreta, pois a assertiva se refere à venda sujeita a prova, prevista no art. 510 do CC. Na venda a contento, a condição suspensiva (ainda que a coisa tenha sido entregue) é afastada no momento em que o adquirente manifesta seu agrado – art. 509 do CC; **E:** incompleta, pois as obrigações do vendedor são (i) transferir o domínio da coisa, (ii) responder por vícios e (iii) responder por evicção.

Gabarito "A"

(Magistratura do Trabalho – 16ª Região – 2006) O pedido de revisão judicial de contratos de arrendamento mercantil com cláusula de indexação das prestações mensais à variação cambial da moeda norte-americana:

(A) Não pode ser objeto de ação civil pública proposta pelo Ministério Público, uma vez que o direito em questão não é indisponível e não há relevância social a justificar a atuação do *parquet*.

(B) Não pode ser objeto de ação civil pública intentada pelo Ministério Público, uma vez que os direitos que defluem do contrato de arrendamento mercantil são disponíveis, divisíveis e não transindividuais.

(C) Pode ser objeto de ação civil pública proposta pelo Ministério Público, uma vez que este possui legitimidade para defesa de direitos individuais homogêneos em que seus titulares figurem como consumidores, ou se trata de relação de consumo, sendo indiferente a espécie de contrato firmado.

(D) Não pode ser objeto de ação civil pública proposta pelo Ministério Público, pois os contratos de arrendamento mercantil são firmados no âmbito da autonomia privada.

(E) Pode ser objeto de ação civil pública proposta pelo Ministério Público, pois não há limites para a atuação revisional do *parquet*.

A alternativa C é a melhor, em harmonia com o entendimento jurisprudencial consolidado, no sentido de que "a legitimidade do Ministério Público na defesa de interesses individuais homogêneos está vinculada ao reconhecimento de relevante interesse social. (...) o Ministério Público tem legitimidade para ajuizar ação civil pública objetivando a análise da validade de cláusulas abusivas de contrato de arrendamento mercantil celebrado pelos consumidores" (REsp 509.654/MA).

Gabarito "C"

(Magistratura do Trabalho – 18ª Região – 2006) Acerca da representação comercial prevista na Lei nº 4.886, de 9 de dezembro de 1964, alterada pela Lei nº 8.420, de 8 de maio de 1992, é incorreto afirmar:

(A) É vedado no contrato de representação a inclusão da cláusula *del credere*.

(B) O prazo prescricional para o representante comercial pleitear a retribuição que lhe é devida e os demais direitos que lhe são garantidos é de 5 anos.

(C) A denúncia, por qualquer das partes, sem causa justificada do contrato de representação ajustado por tempo indeterminado e que haja vigorado por mais de seis meses, obriga o denunciante, salvo outra garantia prevista no contrato, à concessão de pré-aviso, com antecedência mínima de trinta dias, ou ao pagamento de importância igual a 1/3 (um terço) das comissões auferidas pelo representante, nos três meses anteriores.

(D) Nenhuma remuneração é devida ao representante comercial se a falta de pagamento resultar de insolvência do comprador.

(E) O contrato por prazo determinado pode sofrer uma única prorrogação do prazo inicial, de forma tácita ou expressa, não se transformando em contrato por prazo indeterminado durante essa prorrogação.

A: correta, nos termos do art. 43 da Lei 4.886/1965; **B:** assertiva correta, pois esse é o prazo prescricional previsto no art. 44, parágrafo único, da Lei 4.886/1965; **C:** correta, pois reflete exatamente o disposto no art. 34 da Lei 4.886/1965; **D:** assertiva correta, conforme o art. 33, § 1º, da Lei 4.886/1965; **E:** incorreta, pois não há limitação às prorrogações do contrato de representação comercial. Ademais, se um contrato suceder a outro, dentro de 6 meses, com ou sem determinação de prazo, será considerado por prazo indeterminado – art. 27, § 3º, da Lei 4.886/1965.

Gabarito "E"

(Magistratura do Trabalho – 20ª Região – 2003) Em matéria de sociedade empresarial, faturização (*factoring*), arredamento mercantil (*leasing*) e letra de câmbio:

I. O exercício habitual da atividade de fomento mercantil, por instituição não integrante do sistema financeiro nacional, constitui prática irregular de atividade financeira quando o faturizado responder, perante o faturizador, pela existência do crédito e pela sua boa liquidação.

II. Considera-se empresário quem exerce profissionalmente atividade econômica organizada para a produção ou a circulação de bens ou de serviços.

III. A recusa do aceite pelo sacado de uma letra de câmbio implica o vencimento antecipado do título e torna o sacador o principal responsável pelo seu pagamento.

IV. A falência não é causa determinante para a terminação do contrato de *leasing*.

Estão corretas SOMENTE as proposições:

(A) I e II;
(B) II e III;
(C) III e IV;
(D) I, II e III;
(E) II, III e IV.

I: assertiva correta. No contrato de *factoring*, a faturizadora não precisa ser instituição financeira e, obrigatoriamente, assume o risco de inadimplência, garantindo o recebimento pelo faturizado. Se a faturizadora não assume o risco de inadimplemento, descaracteriza-se o contrato de *factoring*, havendo características do desconto bancário, contrato restrito às instituições financeiras (nesse caso, a faturizadora que não seja instituição financeira estaria praticando irregularmente a atividade financeira); **II:** assertiva correta, conforme a definição do art. 966 do CC; **III:** assertiva correta, conforme o art. 43 da Lei Uniforme; **IV:** assertiva correta, até porque os contratos bilaterais não se resolvem pela falência e podem ser cumpridos pelo administrador judicial se o cumprimento reduzir ou evitar o aumento do passivo da massa falida ou for necessário à manutenção e preservação de seus ativos, mediante autorização do comitê de credores – art. 117 da LF. De qualquer forma, no caso de *leasing*, o arrendador é proprietário, de modo que o bem não integra a massa e pode ser objeto de pedido de restituição – art. 85 da LF.

Gabarito "D"

(Magistratura do Trabalho – 20ª Região – 2003) O não recebimento da circular de oferta de franquia pelo candidato a franqueado no mínimo 10 dias antes da assinatura do contrato, do pré-contrato ou do pagamento de taxas ao franqueador ou pessoa a ele ligada:

(A) permite a resilição imotivada do contrato de franquia, a qualquer tempo, por parte do franqueado;
(B) permite ao franqueado a arguição de anulabilidade do contrato de franquia, com a devolução das quantias pagas ao franqueador e a terceiros a título de taxa ou de *royalties*, bem como o pagamento de perdas e danos;
(C) faz nulas as cláusulas contratuais que impuserem vantagem excessiva do franqueador sobre o franqueado;
(D) assegura ao franqueado o direito de obter judicialmente a revisão das cláusulas e condições contratuais que lhe sejam desfavoráveis;
(E) suspende a eficácia do contrato de franquia até que seja sanada a irregularidade.

Caso a circular de oferta de franquia não seja entregue ao candidato no prazo indicado (art. 4º, *caput*, da Lei 8.955/1994), o franqueado poderá arguir a anulabilidade do contrato e exigir devolução de todas as quantias que já houver pago ao franqueador ou a terceiros por ele indicados, a título de taxa de filiação e *royalties*, devidamente corrigidas, pela variação da remuneração básica dos depósitos de poupança mais perdas e danos – art. 4º, parágrafo único, da Lei 8.955/1994.

Gabarito "B"

(Magistratura do Trabalho – 21ª Região – 2012) Em relação ao contrato de representação comercial autônoma, analise as assertivas seguintes, e assinale a alternativa CORRETA:

I. na ausência de ajustes expressos, presume-se a cláusula de exclusividade de representação;
II. no caso de falência do representado, as importâncias por ele devidas ao representante comercial, relacionadas com a representação, inclusive comissões vencidas e vincendas, indenização e aviso prévio, serão considerados créditos da mesma natureza dos créditos trabalhistas;
III. considera-se por prazo indeterminado todo contrato que suceder, dentro de seis meses, a outro contrato, com ou sem determinação de prazo;
IV. salvo autorização expressa, não poderá o representante conceder abatimentos, descontos ou dilações, nem agir em desacordo com as instruções do representado;
V. é obrigatório o registro dos que exerçam a representação comercial autônoma nos Conselhos Regionais criados pela Lei n. 4.886/65, porém, será devida a remuneração contratada, como mediador de negócios comerciais, ainda que o representante comercial não esteja devidamente registrado.

(A) apenas as assertivas I e V estão erradas;
(B) apenas as assertivas I e IV estão corretas;
(C) apenas as assertivas III e V estão corretas;
(D) apenas as assertivas II e IV estão erradas;
(E) apenas as assertivas II e III estão corretas;

A afirmativa I está incorreta, pois contraria o que dispõe o parágrafo único do art. 31 da Lei 4.886/65, vejamos tal dispositivo: "A exclusividade de representação não se presume na ausência de ajustes expressos", a afirmativa II está correta por está de acordo com a regra expressa do art. 44 da Lei 4.886/65. A afirmativa III está correta por previsão expressa do art. 27, § 3º, da Lei 8.420/92. A afirmativa IV está correta por força do art. 29 da Lei 4.886/65. A afirmativa V está incorreta pela previsão do art. 5° da Lei 4.886/65, vejamos tal dispositivo: "Somente será devida remuneração, como mediador de negócios comerciais, a representante comercial devidamente registrado."

Gabarito "A"

(Magistratura do Trabalho – 21ª Região – 2005) No que diz respeito ao contrato de franquia comercial (*franchising*), é correto afirmar:

(A) a contratação de trabalhadores pelo franqueado, conforme previsão legal, condiciona-se à aprovação do franqueador, que responderá subsidiariamente pelos débitos daí decorrentes;
(B) a forma escrita não é essencial ao pacto;
(C) a validade do contrato depende do seu registro perante cartório ou órgão público;
(D) prevê a lei a responsabilidade solidária do franqueador em relação aos débitos tributários do franqueado;
(E) obriga-se legalmente o franqueador a informar, por escrito, ao interessado em tornar-se franqueado, todas as pendências judiciais contra si existentes naquele momento, e que possam ter reflexo no funcionamento da própria franquia.

A e **D:** incorretas, pois não há essas previsões de responsabilidade do franqueador em relação às obrigações trabalhistas ou tributárias do franqueado; **B:** incorreta, pois o contrato de franquia é necessariamente escrito – art. 6º da Lei 8.955/1994; **C:** incorreta, pois o contrato de franquia terá validade independentemente de ser levado a registro perante cartório ou órgão público – art. 6º da Lei 8.955/1994; **E:** correta, nos termos do art. 3º, III, da Lei 8.955/1994.

Gabarito "E"

(Magistratura do Trabalho – 23ª Região – 2009) Analise os itens abaixo e marque a alternativa CORRETA. A alienação fiduciária em garantia de coisa móvel:

I. não transfere ao credor o domínio resolúvel.

II. transfere ao credor apenas a posse indireta.

III. transfere ao credor o domínio resolúvel e a posse indireta desde que ocorra a efetiva tradição do bem.

IV. sem a tradição do bem, transfere ao credor exclusivamente o domínio resolúvel.

(A) Apenas os itens I e II são verdadeiros.
(B) Apenas os itens III e IV são verdadeiros.
(C) Apenas os itens I e II são falsos.
(D) Todos os itens são verdadeiros.
(E) Todos os itens são falsos.

Na alienação fiduciária em garantia, o devedor transfere ao credor o domínio resolúvel do bem, conforme o art. 1.361 do CC. Não há tradição do bem, de modo que há o desdobramento da posse – art. 1.361, § 2º, do CC. O devedor mantém-se na posse direta e o credor tem apenas a posse indireta. **I:** incorreta, pois há transferência do domínio resolúvel para o credor; **II:** incorreta, pois o credor, além da posse indireta, passa a ter o domínio resolúvel do bem; **III:** incorreta, já que não há tradição do bem; **IV:** incorreta, pois, além do domínio resolúvel, o credor fica com a posse indireta do bem.

Gabarito "E"

(Magistratura do Trabalho – 23ª Região – 2006) Considerando-se a Lei 4.886/65, que regula as atividades dos representantes comerciais autônomos, assinale a alternativa incorreta:

(A) é vedada no contrato de representação comercial a inclusão de cláusulas *del credere*;
(B) considera-se por prazo indeterminado todo contrato que suceder, dentro de seis meses, a outro contrato, com ou sem determinação de prazo;
(C) do contrato de representação comercial, além dos elementos comuns e outros, a juízo dos interessados, constarão, obrigatoriamente, a indicação genérica ou específica dos produtos ou artigos objeto da representação;
(D) no caso de falência do representado, as importâncias por ele devidas ao representante comercial, relacionadas com a representação, inclusive comissões vencidas e vincendas, indenização e aviso prévio, serão considerados créditos da mesma natureza dos créditos trabalhistas;
(E) presume-se a exclusividade de representação na ausência de ajustes expressos.

A: correta, nos termos do art. 43 da Lei 4.886/1965; **B:** correta, pois, se um contrato suceder a outro, dentro de 6 meses, com ou sem determinação de prazo, será considerado por prazo indeterminado – art. 27, § 3º, da Lei 4.886/1965; **C:** assertiva correta, conforme o art. 27, *b*, da Lei 4.886/1965; **D:** correta, pois a equiparação é prevista no art. 44 da Lei 4.886/1965; **E:** incorreta, pois, na representação comercial, se não existir disposição contratual expressa, não há presunção de exclusividade de representação (o representante poderá representar outro), embora haja presunção de exclusividade de zona em favor do representante (tem direito à comissão pelos negócios realizados em sua área de atuação, ainda que diretamente pelo representado ou por intermédio de terceiros) – art. 31, *caput* e parágrafo único, da Lei 4.886/1965.

Gabarito "E"

(Magistratura do Trabalho – 23ª Região – 2006) No que se refere ao contrato de alienação fiduciária, assinale a alternativa correta:

I. o devedor, a fim de garantir o pagamento de uma dívida, transfere ao credor fiduciário a propriedade de determinado bem móvel durável, sob condição resolutória da integral quitação do débito;

II. a inadimplência do devedor fiduciante acarreta o vencimento antecipado de toda a dívida e a possibilidade de perda do bem, podendo purgar a mora se já houver pago pelo menos 40% do débito;

III. é contrato acessório porque visa assegurar o cumprimento de outro contrato de financiamento, em que uma empresa disponibilizou recursos a serem utilizados na aquisição de um bem;

IV. o devedor assume a função de verdadeiro fiel depositário do bem, e, uma vez não encontrado o bem custodiado, poderá ser convertida a ação de busca e apreensão em ação de depósito;

V. somente bens móveis podem ser objeto de contrato de alienação fiduciária.

(A) todas as alternativas estão corretas;
(B) somente a alternativa II está incorreta;
(C) somente a alternativa III está incorreta;
(D) somente a alternativa IV está incorreta;
(E) somente a alternativa V está incorreta.

I: assertiva correta, conforme o art. 1.361 do CC; **II:** a rigor, a partir da Lei 10.931/2004, o art. 3º do DL 911/1969 não mais prevê expressamente a purga da mora quando já pagos 40% do valor financiado (norma ratificada pela Súmula 284/STJ). A redação atual do art. 3º, § 2º, do DL 911/1969 prevê apenas a possibilidade de pagamento integral da dívida pendente, para fins de restituição do bem, livre de ônus; **III:** a assertiva indica corretamente característica da alienação fiduciária em garantia; **IV:** assertiva correta, conforme o art. 3º, *caput*, do DL 911/1969; **V:** assertiva incorreta, pois é possível alienação fiduciária de bens imóveis – arts. 22 a 33 da Lei 9.514/1997.

Gabarito "E"

(Magistratura do Trabalho – 24ª Região – 2006) Considere as definições abaixo:

I. Espécie de contrato em que um empresário cede a outro, total ou parcialmente, os seus créditos provenientes de vendas a prazo a terceiros, recebendo do segundo o montante desses créditos, mediante o pagamento de uma remuneração.

II. Contrato pelo qual um empresário cede a outro o direito de uso de marca ou patente, associado ao direito de distribuição exclusiva ou semiexclusiva de produtos ou serviços e, eventualmente, também ao direito de uso da tecnologia de implantação e administração de negócio ou sistema operacional desenvolvidos ou detidos pelo primeiro, mediante remuneração direta ou indireta, sem que, no entanto, fique caracterizado vínculo empregatício.

III. Negócio jurídico realizado entre pessoa jurídica, na qualidade de arrendadora, e pessoa física ou jurídica, na qualidade de arrendatária, e que tenha por objeto o arrendamento de bens adquiridos pela arrendadora, segundo especificações da arrendatária e para uso próprio desta.

IV. Contrato pelo qual uma pessoa, que é o devedor, a fim de garantir o adimplemento de obrigação e mantendo-se na posse direta, obriga-se a transferir a propriedade de uma coisa ou a titularidade de um direito a uma outra pessoa, que é o credor, o qual, por sua vez, fica adstrito a retransmitir a propriedade ou a titularidade do direito ao devedor, assim que paga a dívida garantida.

V. Contrato que se aperfeiçoa quando um fabricante obriga-se a vender, continuadamente, a um distribuidor, que, por sua vez, obriga-se a comprar, com vantagens especiais, produtos de sua fabricação, para posterior revenda, em zona determinada. Os conceitos acima correspondem, sequencialmente, às seguintes espécies contratuais:

(A) faturização; franquia; *leasing*; alienação fiduciária em garantia; concessão comercial.
(B) *factoring*; concessão mercantil; alienação fiduciária em garantia; arrendamento mercantil; representação comercial.
(C) fomento mercantil; franquia; venda com reserva de domínio; alienação fiduciária em garantia; mandato mercantil.
(D) mandato mercantil; *franchising*; arrendamento mercantil; venda com reserva de domínio; representação comercial.
(E) fomento mercantil; mandato mercantil; arrendamento mercantil; venda com reserva de domínio; concessão mercantil.

I: a assertiva refere-se ao *factoring* ou faturização. Há *maturity factoring* se a faturizadora paga o valor das faturas em seu vencimento. Existe *conventional factoring* se a faturizadora realiza operação de financiamento e antecipa o crédito em favor do faturizado; **II:** trata-se do contrato de franquia, conforme o art. 2º da Lei 8.955/1994; **III:** O arrendamento mercantil ou *leasing* é um contrato em que o arrendatário paga prestações pelo uso de um bem por determinado período e, ao final, tem a opção de adquiri-lo, mediante pagamento do valor residual, ou devolvê-lo ao arrendador. *Leasing* operacional ou *leasing renting* ocorre quando o bem pertence previamente à arrendadora, que o arrenda ao interessado (ao arrendatário). Nessa modalidade, muitas vezes as despesas de manutenção, assistência técnica e serviços correlatos à operacionalidade do bem ficam a cargo do arrendador – art. 6º da Resolução CMN 2.309/1996. *Leasing financeiro* ou *leasing* puro existe quando o arrendatário indica o bem que a arrendadora adquirirá de terceiro e, em seguida, arrendará ao primeiro (ao arrendatário). Nessa modalidade, as despesas de manutenção, assistência técnica e serviços correlatos à operacionalidade do bem ficam a cargo do arrendatário – art. 5º da Resolução CMN 2.309/1996. *Lease back* ou *leasing* de retorno ocorre quando o proprietário do bem (arrendatário) vende-o à arrendadora, que, em seguida, arrenda o mesmo bem para o antigo proprietário (ao arrendatário); **IV:** trata-se da alienação fiduciária em garantia, conforme o art. 1.361 do CC; **V:** a assertiva refere-se ao contrato atípico de distribuição-intermediação. É possível falar em concessão, mas a tipicidade refere-se apenas às concessionárias de veículos – Lei 6.729/1979 (Lei Ferrari), ver REsp 654.6408/RJ, que vedou a aplicação analógica dessa lei à distribuidora de outros bens.

Gabarito "A".

(Ministério Público do Trabalho – 11º) Em face das assertivas adiante elencadas, indique a alternativa CORRETA:

I. no contrato de franquia, a lei proíbe a cobrança de "*royalties*" pelo franqueador ao franqueado, permitindo, porém, a exigência de remuneração periódica pelo uso do sistema ou da marca;

II. na representação comercial, não exige a lei, como requisito para o exercício da atividade pelo interessado, o registro no Conselho Regional dos Representantes Comerciais, mas apenas o simples registro do contrato no Cartório de Registro de Notas;

III. no contrato de alienação fiduciária, a tradição do bem móvel objeto do negócio enseja a posse direta e a transferência do seu domínio ao devedor;

IV. no contrato de arrendamento mercantil, em face da lei brasileira, é facultada a inserção de cláusula de reajuste do débito com indexação em moeda estrangeira;

(A) todas as alternativas estão incorretas;
(B) apenas a assertiva I está correta;
(C) as assertivas I e III estão corretas;
(D) apenas a assertiva II está correta;
(E) não respondida.

I: incorreta, pois a lei permite a cobrança de *royalties*, que são exatamente a remuneração periódica pelo uso do sistema, da marca ou em troca dos serviços efetivamente prestados pelo franqueador ao franqueado – art. 3º, VIII, *a*, da Lei 8.955/1994; **II:** incorreta, pois é obrigatório o registro dos que exerçam a representação comercial autônoma nos Conselhos Regionais respectivos – art. 2º, da Lei 4.886/1965; **III:** assertiva incorreta, já que, na alienação fiduciária, há transferência do domínio resolúvel ao credor, mas sem tradição da coisa, de modo que o devedor permanece na posse direta do bem – art. 1.361 do CC; **IV:** houve inúmeros precedentes nesse sentido, em época de grande e súbita desvalorização da moeda nacional, com enorme onerosidade para os arrendatários (janeiro de 1999). Entretanto, a jurisprudência evoluiu e passou a determinar a divisão equitativa da diferença decorrente da maxidesvalorização entre as partes contratantes – ver AgRg no REsp 727.832/SP. É importante ressaltar que, atualmente, a normatização brasileira admite expressamente cláusula de variação cambial em contratos de *leasing*, desde que haja utilização de recursos obtidos no exterior – art. 23 da Resolução CMN 2.309/1996, o que é aceito tranquilamente pela jurisprudência – ver REsp 897.591/PB.

Gabarito "A".

(Ministério Público do Trabalho – 9º) Em relação ao representante comercial e ao contrato de representação comercial:

I. o contrato de representação comercial, no direito brasileiro, não se confunde com a relação de emprego porque esta pressupõe subordinação e aquele não conta com a subordinação entre seus elementos essenciais: entretanto, como traço comum a ambos, está o fato de só poder exercer a representação comercial e, no caso da relação empregatícia, só ser empregado, pessoa física;

II. assim como o contrato de trabalho, o de representação comercial é um contrato cuja remuneração decorre meramente da atividade de um dos contratantes e não do resultado útil;

III. havendo previsão, no contrato de representação comercial, da exclusividade de zona ou zonas o representante fará jus à comissão pelos negócios aí realizados por intermédio de terceiros, mas não pelos realizados diretamente pelo representado;

IV. a exclusividade de zona ou representações não se presume, na ausência de ajuste expresso;

V. a quebra, direta ou indireta, da exclusividade prevista no contrato será motivo justo para rescisão do contrato de representação comercial, pelo representante, desde que o representado, notificado pessoalmente, não restabeleça em 30 dias a exclusividade reclamada, indenizando os prejuízos causados.

Assinale a alternativa correta:

(A) todas as assertivas estão incorretas:

(B) apenas as assertivas IV e V estão corretas;

(C) apenas a assertiva III está correta:

(D) as assertivas I e II estão corretas:

(E) apenas a assertiva IV está correta:

(F) não sei.

I: incorreta, pois o representante comercial pode ser sociedade (pessoa jurídica) – art. 1º da Lei 4.886/1965; **II:** incorreta, pois o representante comercial é remunerado por meio de comissões, devidas no caso de pagamento dos pedidos ou propostas – art. 32 da Lei 4.886/1965; **III:** incorreta, pois, no caso de exclusividade de zona ou de zonas (que é presumida em caso de omissão contratual), o representante faz jus à comissão pelos negócios aí realizados, ainda que diretamente pelo representado ou por intermédio de terceiros – art. 31 da Lei 4.886/1965; **IV:** assertiva correta, pois, na representação comercial, se não existir disposição contratual expressa, não há presunção de exclusividade de representação (o representante poderá representar outro), embora haja presunção de exclusividade de zona em favor do representante (tem direito à comissão pelos negócios realizados em sua área de atuação, ainda que diretamente pelo representado ou por intermédio de terceiros) – art. 31, *caput* e parágrafo único, da Lei 4.886/1965; **V:** incorreta, pois a quebra, direta ou indireta, da exclusividade, se prevista no contrato, constitui justo motivo para a rescisão pelo representante, independentemente de prazo para o restabelecimento – art. 36, *b*, da Lei 4.886/1965.

Gabarito "E"

8. DIREITO DO CONSUMIDOR

(Magistratura do Trabalho – 3ª Região – 2013) A partir da disciplina jurídica do fato social consumo, é correto afirmar:

(A) Os serviços públicos, por serem objeto de leis próprias, estão excluídos do campo de aplicação do Código de Defesa do Consumidor.

(B) No caso de prestação de serviços hospitalares, se o hospital não for sociedade empresária, mas entidade filantrópica, não se configura a relação de consumo.

(C) Em se tratando de responsabilidade civil pelo fato do produto, regida pelo Código de Defesa do Consumidor, ainda que o fabricante comprove que não colocou o produto no mercado, ele será responsabilizado objetivamente pelos danos causados aos consumidores.

(D) O Código de Defesa do Consumidor fixou prazos decadenciais, para os casos de responsabilidade pelo vício do produto ou do serviço, e fixou prazo prescricional, para os casos de responsabilidade pelo fato do produto ou do serviço.

(E) Segundo o Código de Defesa do Consumidor, o Juiz poderá inverter o ônus da prova quando verificar, de forma cumulativa, a hipossuficiência do consumidor e a verossimilhança de suas alegações.

A: incorreta, pois os serviços públicos são abrangidos,nos termos do art. 22 do CDC: "Os órgãos públicos, por si ou suas empresas, concessionárias, permissionárias ou sob qualquer outra forma de empreendimento, são obrigados a fornecer serviços adequados, eficientes, seguros e, quanto aos essenciais, contínuos". **B:** incorreta, sendo irrelevante a natureza jurídica ou o intuito lucrativo para a sujeição ao CDC - ver REsp 519.310/SP; **C:** incorreta, pois a comprovação de que não colocou o produto no mercado exclui a responsabilidade, nos termos do art. 12, § 3º, I, do CDC; **D:** correta, nos termos do art. 26 e do art. 27 do CDC; **E:** incorreta, pois não é necessária a cumulatividade. Nos termos do art. 6º, VIII, do CDC: "VIII - a facilitação da defesa de seus direitos, inclusive com a inversão do ônus da prova, a seu favor, no processo civil, quando, a critério do juiz, for verossímil a alegação ou quando for ele hipossuficiente, segundo as regras ordinárias de experiências".

Gabarito "D"

(Magistratura do Trabalho – 3ª Região – 2009) A respeito do Código de Defesa do Consumidor, leia as afirmações abaixo e, em seguida, assinale a alternativa correta:

I. É estabelecida a facilitação da defesa dos direitos do consumidor, inclusive com a inversão do ônus da prova, a seu favor, no processo civil, quando, a critério do juiz, for verossímil a alegação ou quando for ele hipossuficiente, segundo as regras ordinárias de experiências.

II. A definição legal de produto é qualquer bem, móvel ou imóvel, material ou imaterial, enquanto que a de serviço é qualquer atividade fornecida no mercado de consumo, mediante remuneração, inclusive as de natureza bancária, financeira, de crédito e securitária, e as decorrentes das relações de caráter trabalhista.

III. O juiz poderá desconsiderar a personalidade jurídica da sociedade quando, em detrimento do consumidor, houver abuso de direito, excesso de poder, infração da lei, fato ou ato ilícito ou violação dos estatutos ou contrato social. A desconsideração, porém, não será efetivada quando houver falência, estado de insolvência, encerramento ou inatividade da pessoa jurídica, em virtude da atração do juízo universal.

IV. O consumidor pode desistir do contrato, no prazo de 7 dias a contar de sua assinatura ou do ato de recebimento do produto ou serviço, sempre que a contratação de fornecimento de produtos e serviços ocorrer fora do estabelecimento comercial, especialmente por telefone ou a domicílio. Se o consumidor exercitar o direito de arrependimento, os valores eventualmente pagos, a qualquer título, durante o prazo de reflexão, serão devolvidos, de imediato, monetariamente atualizados.

V. Contrato de adesão é aquele cujas cláusulas tenham sido aprovadas pela autoridade competente ou estabelecidas unilateralmente pelo fornecedor de produtos ou serviços, sem que o consumidor possa discutir ou modificar substancialmente seu conteúdo.

(A) Somente uma afirmativa está correta.
(B) Somente duas afirmativas estão corretas.
(C) Somente três afirmativas estão corretas.
(D) Somente quatro afirmativas estão corretas.
(E) Todas as afirmativas estão corretas.

I: assertiva correta, pois reflete o disposto no art. 6º, VIII, do CDC; **II:** assertiva incorreta, pois as atividades decorrentes das relações de caráter trabalhista não são serviços para fins de aplicação do Código de Defesa do Consumidor – art. 3º, § 2º, *in fine*, do CD**C: III:** assertiva incorreta, pois a desconsideração também será efetivada quando houver falência, estado de insolvência, encerramento ou inatividade da pessoa jurídica provocados por má administração – art. 28, *caput*, do CDC; **IV:** assertiva correta, pois reflete exatamente o disposto no art. 49 do CDC; **V:** assertiva correta, pois essa é a definição de contrato de adesão, nos termos do art. 54 do CDC.

Gabarito "C"

(Magistratura do Trabalho – 9ª Região – 2009) Considere as proposições a seguir, segundo o Código de Defesa do Consumidor:

I. Serviço é qualquer atividade fornecida no mercado de consumo, mediante remuneração, inclusive as de natureza bancária, financeira, de crédito e securitária, salvo as decorrentes das relações de caráter trabalhista.
II. São princípios de regência da Política Nacional das Relações de Consumo, dentre outros: a racionalização e melhoria dos serviços públicos e o reconhecimento da vulnerabilidade do consumidor no mercado de consumo, exceto se o fornecedor estiver enquadrado como micro ou pequeno empresário.
III. O juiz poderá desconsiderar a personalidade jurídica da sociedade quando, em detrimento do consumidor, houver abuso de direito, excesso de poder, infração da lei, fato ou ato ilícito ou violação dos estatutos ou contrato social. A desconsideração também será efetivada quando houver falência, estado de insolvência, encerramento ou inatividade da pessoa jurídica provocados por má administração.
IV. O Ministério Público e as associações legalmente constituídas há pelo menos um ano e que incluam entre seus fins institucionais a defesa dos interesses e direitos protegidos pelo Código de Defesa do Consumidor são legitimados concorrentemente para a defesa em juízo dos interesses ou direitos difusos e interesses ou direitos coletivos, mas não para defesa de interesses ou direitos individuais homogêneos, assim entendidos os decorrentes de origem comum.
V. Para efeitos do Código de Defesa do Consumidor, interesses ou direitos coletivos, são os transindividuais, de natureza indivisível de que seja titular grupo, categoria ou classe de pessoas ligadas entre si ou com a parte contrária por uma relação jurídica base.

(A) Somente as proposições I, II, III e IV são corretas.
(B) Somente as proposições II, III, IV e V são corretas.
(C) Somente as proposições II, III e IV são corretas.
(D) Somente as proposições I, III e V são corretas.
(E) Todas as proposições são corretas.

I: assertiva correta, nos termos do art. 3º, § 2º, do CDC; **II:** assertiva incorreta, pois a qualificação do consumidor como micro ou pequeno empresário não afasta o reconhecimento de sua vulnerabilidade – art. 4º, I, do CDC; **III:** correta, em conformidade com o art. 28 do CDC; **IV:** incorreta, pois o MP e essas associações têm legitimidade também para a defesa coletiva dos direitos individuais homogêneos, nos termos do art. 82, I e III, c/c art. 81, parágrafo único, III, do CDC; **V:** assertiva correta, pois essa é a definição dada pelo art. 81, II, do CDC.

Gabarito "D"

(Magistratura do Trabalho – 21ª Região – 2012) A respeito das relações de consumo, das assertivas abaixo é <u>correto</u> afirmar:

I. são princípios que regem a política nacional das relações de consumo, entre outros: reconhecimento da vulnerabilidade do consumidor no mercado de consumo; educação e informação de fornecedores e consumidores, quanto aos seus direitos e deveres, com vistas à melhoria do mercado de consumo; racionalização e melhoria dos serviços públicos; incentivo à criação pelos fornecedores de meios eficientes de controle de qualidade e segurança de produtos e serviços, assim como de mecanismos alternativos de solução de conflitos de consumo;
II. as cláusulas contratuais serão interpretadas sempre de maneira mais favorável ao consumidor;
III. a defesa dos interesses e direitos dos consumidores e das vítimas poderá ser exercida em juízo individualmente, ou a título coletivo, restringindo-se esta última às hipóteses em que há lesão a interesses ou direitos transindividuais;
IV. o Juiz poderá desconsiderar a personalidade jurídica da sociedade quando, em detrimento do consumidor, houver abuso de direito, excesso de poder, infração da lei, fato ou ato ilícito ou violação dos estatutos ou contrato social, bem como nas hipóteses de falência, estado de insolvência, encerramento ou inatividade da pessoa jurídica, provocadas por má administração;
V. a inversão do ônus da prova é um direito conferido ao consumidor para facilitar sua defesa no processo civil, devendo o juiz aplicá-la, apenas, quando for invocada pelo consumidor sua hipossuficiência.

(A) apenas as assertivas I, II e III são corretas;
(B) apenas as assertivas II, III e IV são corretas;
(C) apenas as assertivas I, II e IV são corretas;
(D) apenas as assertivas II, III e V são corretas;
(E) apenas as assertivas III, IV e V são corretas.

A assertiva I está correta por força do art. 4º da Lei 8.078/90, por redação expressa dos incisos I, IV, VII, e V. A assertiva II está correta em razão do disposto no art. 47 da Lei 8.078/90. A assertiva III está incorreta por disposição do art. 81 da Lei 8.078/90, pois nada fala sobre *"restringindo-se esta última às hipóteses em que há lesão a interesses ou direitos transindividuais"*. Vejamos o dispositivo: "Art. 81. A defesa dos interesses e direitos dos consumidores e das vítimas poderá ser exercida em juízo individualmente, ou a título coletivo." A assertiva IV está correta pela redação expressa do art. 28 da Lei 8.078/90. A assertiva (V) está incorreta, pois o art. 6° da Lei 8.078/90, no inciso VIII, vejamos o dispositivo: "a facilitação da defesa de seus direitos, inclusive com a inversão do ônus da prova, a seu favor, no processo civil, quando, a critério do juiz, *for verossímil a alegação* ou quando for ele hipossuficiente, segundo as regras ordinárias de experiências".

Gabarito "C"

(Magistratura do Trabalho – 23ª Região – 2009) Analise as assertivas abaixo e marque a alternativa CORRETA:

I. Em matéria de relações de consumo, a inversão do ônus da prova em favor do consumidor cabe quando, entre outras hipóteses, a critério do juiz, for verossímil a alegação.

II. Não é viável a inversão do ônus da prova, à luz do Código de Defesa do Consumidor, quando o fornecedor é o Poder Público.

III. Conforme previsão contida no Código de Defesa do Consumidor, o juiz poderá desconsiderar a personalidade jurídica da sociedade quando, em detrimento do consumidor, houver abuso de direito, excesso de poder, infração da lei, fato ou ato ilícito ou violação dos estatutos ou contrato social, e ainda quando houver falência, estado de insolvência, encerramento ou inatividade da pessoa jurídica provocada por má administração.

IV. Segundo a jurisprudência majoritária, são aplicáveis as normas do Código de Defesa do Consumidor aos contratos de prestação de serviços advocatícios, especialmente para aferir abusividade da cláusula pertinente ao percentual dos honorários.

(A) Apenas os itens I e II são verdadeiros.
(B) Apenas os itens II e III são verdadeiros.
(C) Apenas os itens I e III são verdadeiros.
(D) Apenas os itens III e IV são verdadeiros.
(E) Apenas os itens II e IV são verdadeiros.

I: assertiva correta, pois o juiz determinará a inversão do ônus da prova, no processo civil, em favor do consumidor quando ele for hipossuficiente ou quando for verossímil a alegação – art. 6º, VIII, do CDC; **II:** incorreta, pois não há essa vedação – art. 6º, VIII, do CDC; **III:** assertiva correta, pois reflete exatamente o disposto no art. 28 do CDC; **IV:** incorreta, pois não há jurisprudência majoritária nesse sentido.

Gabarito "C"

(Magistratura do Trabalho – 24ª Região – 2007) Considerando as disposições do Código de Defesa do Consumidor, assinale a alternativa INCORRETA:

(A) É direito básico do consumidor a inversão do ônus da prova a seu favor, no processo civil, quando, a critério do Juiz, for verossímil a alegação ou quando for ele hipossuficiente, segundo as regras ordinárias de experiência.

(B) O Juiz poderá desconsiderar a personalidade jurídica da sociedade quando, em detrimento do consumidor, houver abuso de direito, excesso de poder, infração da lei, fato ou ato ilícito ou violação dos estatutos ou contrato social. A desconsideração também será efetivada quando houver falência, estado de insolvência, encerramento ou inatividade da pessoa jurídica provocados por má administração.

(C) As sociedades integrantes dos grupos societários e as sociedades controladas são subsidiariamente responsáveis pelas obrigações decorrentes do Código de Defesa do Consumidor.

(D) As sociedades consorciadas e as sociedades coligadas são subsidiariamente responsáveis pelas obrigações decorrentes do Código de Defesa do Consumidor.

(E) Para efeitos do Código de Defesa do Consumidor, entende-se por interesses ou direitos individuais homogêneos os decorrentes de origem comum.

A: correta, conforme o art. 6º, VIII, do CDC; **B:** correta, nos termos do art. 28 do CDC; **C:** art. 28, § 2º, do CDC; **D:** essa é a assertiva incorreta, pois as consorciadas são solidariamente responsáveis e as coligadas respondem apenas por culpa – art. 28, §§ 3º e 4º, do CDC; **E:** correta, conforme o art. 81, parágrafo único, III, do CDC.

Gabarito "D"

(Magistratura do Trabalho – 14ª Região – 2006) Analise as proposições abaixo:

I. Constituem princípios da política Nacional de Relações de Consumo, conforme o Código de Defesa do Consumidor, entre outros: educação e informação de fornecedores e consumidores, quanto aos seus direitos e deveres, com vistas à melhoria do mercado de consumo; a racionalização e melhoria dos serviços públicos; estudo constante das modificações do mercado de consumo.

II. A inversão do ônus da prova está expressamente prevista no CDC como um dos direitos básicos do consumidor visando a facilitação da respectiva defesa, estando o juiz cível autorizado, a seu critério, a aplicá-la quando for verossímil a alegação ou quando o consumidor for hipossuficiente, segundo as regras ordinárias de experiência.

III. A efetiva prevenção e reparação de danos patrimoniais e morais, individuais, coletivos e difusos, constituem em certos direitos básicos do consumidor.

IV. A instauração de inquérito civil, até seu encerramento, suspende o prazo decadencial para o consumidor reclamar pelos vícios existentes em produtos ou serviços.

(A) Apenas as proposições I, II e III estão corretas;
(B) Apenas as proposições II, III e IV estão corretas;
(C) Apenas as proposições II e III estão corretas;
(D) Apenas as proposições III e IV estão erradas;
(E) Todas as proposições estão corretas.

I: correta, nos termos do art. 4º do CDC; **II:** assertiva correta, em conformidade com o art. 6º, VIII, do CDC; **III:** correta, conforme o art. 6º, VI, do CDC; **IV:** assertiva correta, nos termos do art. 26, § 2º, III, do CDC.

Gabarito "E"

(Ministério Público do Trabalho – 13°) Em relação ao Código de Defesa do Consumidor:

I. o juiz poderá desconsiderar a personalidade jurídica da sociedade quando, em detrimento do consumidor, houver abuso de direito, excesso de poder, infração da lei, fato ou ato ilícito, ou violação dos estatutos ou contrato social;
II. os contratos que regulam as relações de consumo não obrigarão os consumidores se não lhes for dada a oportunidade de tomar conhecimento prévio de seu conteúdo, ou se os respectivos instrumentos forem redigidos de modo a dificultar sua compreensão;
III. tendo mais de um autor a ofensa, todos responderão solidariamente pela reparação dos danos previstos nas normas de consumo;
IV. também poderá ser desconsiderada a pessoa jurídica sempre que sua personalidade for, de alguma forma, obstáculo ao ressarcimento de prejuízos causados ao consumidor.

Analisando-se as asserções acima, pode-se afirmar que:

(A) apenas as afirmativas I, II e IV estão corretas;
(B) apenas as afirmativas I e IV estão incorretas;
(C) todas as afirmativas estão corretas;
(D) apenas as afirmativas II e III estão corretas;
(E) não respondida.

I e **IV:** corretas, conforme o art. 28, *caput* e § 5°, do CDC; **II:** assertiva correta, nos termos do art. 46 do CDC; **III:** assertiva correta, conforme o art. 7°, parágrafo único, do CDC.

Gabarito "C"

9. TEMAS COMBINADOS

(Magistratura do Trabalho – 2ª Região – 2011) Assinale a alternativa incorreta:

(A) Por ser a relação entre o preponente e o preposto uma relação "intuitu personae" que impede, em regra, a delegação dos poderes conferidos a dado preposto, a subcontratação ou a iniciativa da substituição só pode ocorrer mediante autorização escrita do preponente.
(B) Caso o preposto, sem autorização escrita, venha a se fazer substituir no desempenho da preposição, responderá pessoalmente pelos atos do substituto e pelas obrigações por ele contraídas.
(C) Em regra, os livros e papéis de escrituração contábeis são protegidos pelo sigilo, mas em caráter de excepcionalidade, o juiz poderá autorizar a sua exibição Integral, quando necessária para resolver questões relativas à sucessão, comunhão ou sociedade, administração ou gestão à conta de outrem, ou em caso de falência.
(D) O empresário casado não pode, sem outorga conjugal, qualquer que seja o regime de bens, alienar os imóveis que integrem o patrimônio da empresa ou gravá-los de ônus real.
(E) Na sociedade limitada, não se admite a contribuição de um sócio, nem mesmo parcialmente, na prestação de seus serviços, pois de todos os contratantes exige-se contribuição exclusivamente material para a formação do capital social.

A: assertiva correta, pois o preposto não pode, sem autorização escrita, fazer-se substituir no desempenho da preposição, sob pena de responder pessoalmente pelos atos do substituto e pelas obrigações por ele contraídas – art. 1.169 do CC; **B:** assertiva correta, conforme dispõe o art. 1.169 do CC; **C:** assertiva correta, nos termos do art. art. 1.191 do CC, segundo o qual o juiz só poderá autorizar a exibição integral dos livros e papéis de escrituração quando necessária para resolver questões relativas a sucessão, comunhão ou sociedade, administração ou gestão à conta de outrem, ou em caso de falência; **D:** essa é a assertiva incorreta, pois o empresário casado, qualquer que seja o regime de bens, não precisa da outorga conjugal para alienar os imóveis que integrem o patrimônio da empresa ou para gravá-los de ônus real – art. 978 do CC; **E:** assertiva correta, pois é vedada contribuição que consista em prestação de serviços – art. 1.055, § 2°, do CC.

Gabarito "D"

(Magistratura do Trabalho – 2ª Região – 2011) Assinale a alternativa incorreta:

(A) Estão sujeitos à recuperação judicial todos os créditos existentes na data do pedido, ainda que não vencidos.
(B) O plano de recuperação judicial não poderá prever prazo superior a 1 (um) ano para pagamento dos créditos derivados da legislação do trabalho ou decorrentes de acidentes de trabalho vencidos até a data do pedido de recuperação judicial, nem prever prazo superior a 30 (trinta) dias para o pagamento, até o limite de 5 (cinco) salários-mínimos por trabalhador, dos créditos de natureza estritamente salarial vencidos nos 3 (três) meses anteriores ao pedido de recuperação judicial.
(C) O devedor, que preencha os requisitos autorizadores do pedido de recuperação judicial, poderá propor e negociar com credores plano de recuperação extrajudicial, salvo quanto a titulares de créditos de natureza tributária, derivados da legislação do trabalho ou decorrentes de acidente de trabalho, assim como outros.
(D) A facilitação da defesa dos direitos do consumidor e a inversão do ônus da prova, inclusive, a seu favor, no processo civil, não estão subordinadas a critério do juiz, nem requerem seja verossímil a alegação formulada pelo consumidor, nem que seja este hipossuficiente.
(E) Quando, em detrimento do consumidor, houver abuso de direito, excesso de poder, infração da lei, fato ou ato ilícito ou violação dos estatutos ou contrato social, falência, estado de Insolvência, encerramento ou inatividade da pessoa jurídica provocados por má administração, o juiz poderá desconsiderar a personalidade jurídica da sociedade.

A: assertiva correta, nos termos do art. 49, *caput*, da Lei de Recuperação e Falência – LF (Lei 11.101/2005); **B:** correta, pois reflete exatamente o disposto no art. 54 da LF; **C:** assertiva correta, nos termos do art. 161, *caput*, e § 1°, da LF; **D:** essa é a assertiva incorreta, pois, dentre os direitos básicos do consumidor está a facilitação da defesa de seus direitos, inclusive com a inversão do ônus da prova, a seu favor, no processo civil, quando, a critério do juiz, for verossímil a alegação ou quando for ele hipossuficiente, segundo as regras ordinárias de experiências – art. 6°, VIII, do CDC; **E:** correta, pois o art. 28 do CDC prevê a possibilidade de desconsideração judicial da personalidade jurídica da sociedade nesses casos.

Gabarito "D"

(Magistratura do Trabalho – 2ª Região – 2010) Quanto à atividade empresarial:

I. Considera-se empresário quem exerce profissionalmente atividade econômica organizada para a produção ou a circulação de bens ou de serviços. Não se considera empresário quem exerce profissão intelectual, de natureza científica, literária ou artística, ainda com o concurso de auxiliares ou colaboradores, salvo se o exercício da profissão constituir elemento de empresa.

II. A fusão determina a extinção das sociedades que se unem para formar sociedade nova que a elas sucederá nos direitos e obrigações; mas até trinta dias após publicados os atos relativos à fusão o credor anterior, por ela prejudicado, poderá promover judicialmente a anulação deles.

III. Pode a sociedade limitada adotar firma ou denominação, integradas pela palavra final "limitada" ou a sua abreviatura, mas a omissão da palavra "limitada" determina a responsabilidade solidária e ilimitada dos administradores que assim empregarem a firma ou a denominação da sociedade.

IV. A decretação da falência ou o deferimento do processamento da recuperação judicial suspende o curso da prescrição e de todas as ações e execuções em face do devedor, inclusive aquelas dos credores particulares do sócio solidário. É permitido pleitear, perante o administrador judicial, habilitação, exclusão ou modificação de créditos derivados da relação de trabalho, mas as ações de natureza trabalhista serão processadas perante a justiça especializada até a apuração do respectivo crédito.

Da análise das sentenças acima, é de se concluir que:

(A) Apenas as afirmativas I e IV são verdadeiras.

(B) As afirmativas I, III e IV são verdadeiras.

(C) Todas as afirmativas são verdadeiras.

(D) Apenas as afirmativas II e IV são verdadeiras.

(E) As afirmativas I, II e III são verdadeiras.

I: correta, pois essa é a definição de empresário, nos termos do art. 966 do CC, com a ressalva em seu parágrafo único, relativa à profissão intelectual; **II:** incorreta, pois o prazo é de até 90 dias após a publicação dos atos relativos à incorporação, à fusão ou à cisão, para que o credor anterior, por ela prejudicado, promova judicialmente sua anulação – art. 1.122 do CC; **III:** correta, pois reflete exatamente o disposto no art. 1.158, *caput* e § 3º, do CC; **IV:** correta, nos termos do art. 6º, *caput* e § 2º, da LF.

Gabarito "B".

(Magistratura do Trabalho – 8ª Região – 2011) Assinale a alternativa INCORRETA:

(A) O liquidante da sociedade empresária, que não seja seu administrador, investir-se-á nas funções com a averbação de sua nomeação no registro próprio.

(B) O sócio minoritário de uma sociedade limitada poderá ser excluído da sociedade, por decisão da maioria dos sócios, representativa de, no mínimo, metade do capital social, se estes entenderem que está pondo em risco a continuidade da empresa, desde que prevista no contrato social a exclusão por justa causa.

(C) O acionista que alienar ações de uma sociedade anônima ficará solidariamente responsável com o adquirente, pelo prazo de 2 (dois) anos, a contar da data da transferência das ações, pelo pagamento das prestações que faltarem para integralizar as ações transferidas.

(D) A decretação da falência ou o deferimento da recuperação judicial suspende o curso da prescrição e de todas as ações e execuções em face do devedor, inclusive aquelas de credores particulares do sócio solidário, exceto as ações em que forem demandadas quantias ilíquidas.

(E) O contrato de franquia deve ser sempre escrito e assinado na presença de 2 (duas) testemunhas, tendo validade independentemente de ser levado a registro perante cartório ou órgão público.

A: correta, nos termos do art. 1.102, parágrafo único, do CC; B correta, pois, de fato, quando a maioria dos sócios, representativa de mais da metade do capital social, entender que um ou mais sócios estão pondo em risco a continuidade da empresa, em virtude de atos de inegável gravidade, poderá excluí-los da sociedade, mediante alteração do contrato social, desde que prevista neste a exclusão por justa causa – art. 1.085 do CC; **C:** correta, pois, ainda quando negociadas as ações, os alienantes continuarão responsáveis, solidariamente com os adquirentes, pelo pagamento das prestações que faltarem para integralizar as ações transferidas – art. 108 da Lei das Sociedades por Ações – LSA (Lei 6.404/1976); **D:** assertiva correta, pois a ação que demanda quantia ilíquida prossegue no juízo no qual estiver sendo processada – art. 6º, § 1º, da LF; **E:** essa é alternativa incorreta, pois reflete exatamente o disposto no art. 6º da Lei 8.955/1994. Obs.: discordamos do gabarito oficial, pois nos parece que não há alternativa incorreta.

Gabarito "E".

(Magistratura do Trabalho – 1ª Região – 2010 – CESPE) As empresas Alfa S.A. e Delta Ltda. possuem relações comerciais de trato sucessivo em que a primeira fornece à segunda produtos derivados do leite e cortes de carnes nobres para venda ao consumidor final. Os produtos são entregues semanalmente no estabelecimento da compradora, sob comprovante de recebimento da mercadoria na quantidade e qualidade indicadas na nota fiscal-fatura. Ao fim de cada mês, sacam-se duplicatas mercantis para cada fatura, que, após o aceite, são devolvidas ao sacador, sendo os títulos liquidados no prazo de dez dias, contados da data do aceite. Com base nessa situação hipotética, assinale a opção correta.

(A) Em caso de não pagamento do título já aceito na data aprazada, o sacador somente poderá ajuizar a execução se promover protesto por falta de pagamento da cártula.

(B) Em razão da incidência do Código de Defesa do Consumidor na relação entre as empresas, o sacado não estará obrigado ao pagamento do título já aceito na hipótese de verificar-se que os produtos foram fornecidos em quantidade e qualidade inferior à descrição da fatura.

(C) Em caso de falência da Delta Ltda., o fornecedor poderá requerer a restituição das mercadorias ainda não alienadas, vendidas a crédito e entregues nos quinze dias anteriores ao requerimento da falência, antes mesmo do pagamento dos credores trabalhistas.

(D) A Alfa S.A. não poderá ser responsabilizada por vícios nos produtos que os tornem impróprios ao consumo pelos consumidores finais, uma vez que não possui, com os consumidores, relação jurídica.

(E) Na hipótese de ser prestado aval em favor do aceitante, a exigência da obrigação do avalista somente poderá ser exigida subsidiária e sucessivamente à do avalizado.

A: incorreta, pois a cobrança contra o aceitante independe de protesto por falta de pagamento – art. 15, I, da Lei das Duplicatas – LD (Lei 5.474/1968); **B:** incorreta, pois o CDC não se aplica, no caso, pois Delta Ltda. não é consumidor, nos termos do art. 2º do CDC (não é destinatário final e não há, em princípio, hipossuficiência). O adquirente das mercadorias poderia ter se recusado a aceitar o título, por conta dos vícios (art. 8º, II, da LD). De qualquer forma, pode opor contra a vendedora das mercadorias (e somente contra ela) suas exceções pessoais para evitar pagar a duplicata, mas jamais contra eventual endossatário do título; **C:** essa é a assertiva correta, pois é possível o pedido de restituição, nos termos do art. 85, parágrafo único, da Lei de Falências – LF (Lei 11.101/2005), que não se sujeita ao concurso de credores; **D:** incorreta, pois todos os fornecedores dos produtos respondem solidariamente pelos vícios perante o consumidor – art. 18 do CDC; **E:** incorreta, pois a responsabilidade do avalista é solidária – art. 12 da LD.

Gabarito "C"

(Magistratura do Trabalho – 8ª Região – 2007) Assinale a alternativa incorreta:

(A) A compra e venda mercantil ou a prestação de serviços a prazo só podem ser representadas pela emissão da duplicata, sendo nula a emissão de qualquer outro título de crédito.

(B) Para a duplicata, não prevalece como regra o princípio da abstração das obrigações cambiais, em razão da sua própria natureza jurídica.

(C) A duplicata mercantil não pode circular com a cláusula "não à ordem", pela razão de que toda duplicata pode ser transferida por endosso.

(D) A duplicata mercantil é um título causal, sendo que se os avais em branco estiverem superpostos, consideram-se simultâneos e não sucessivos.

(E) Admitem-se dois tipos de vencimento para duplicata: a tempo certo da data e a tempo certo da vista.

A: arts. 2º e 20 da LD; **B:** a duplicata é considerada título causal; **C:** a duplicata deve ser emitida com a cláusula "à ordem" – art. 2º, § 1º, VII, da LD; **D:** a assertiva é verdadeira; **E:** essa é a incorreta, pois a duplicata somente pode ser emitida com vencimento em data certa ou à vista – art. 2º, § 1º, III, da LD.

Gabarito "E"

(Magistratura do Trabalho – 22ª Região – 2006) Consideradas as afirmações abaixo, marque a letra que contém a resposta correta:

I. Caracterizam as sociedades anônimas a divisão do capital em ações e a limitação da responsabilidade dos sócios ou acionistas ao preço de emissão das ações subscritas ou adquiridas. Seu capital social pode ser formado com contribuições em dinheiro ou em qualquer espécie de bens suscetíveis de avaliação em dinheiro. Para sua constituição preliminar basta a subscrição, pelo menos por duas pessoas, de todas as ações em que se dividir o capital social fixado no estatuto.

II. O acionista controlador de sociedade anônima responde pelos danos causados por atos praticados com abuso de poder, conforme enumeração legal, entre os quais, promover a liquidação de companhia próspera, ou a transformação, incorporação, fusão ou cisão da companhia, com o fim de obter, para si ou para outrem, vantagem indevida, em prejuízo dos demais acionistas, dos que trabalham na empresa ou dos investidores em valores mobiliários emitidos pela companhia. Segundo a lei das sociedades por ações em vigor, a pessoa jurídica controladora da sociedade de economia mista responde, subsidiariamente, pelas suas obrigações.

III. Segundo a legislação em vigor, a falência promove o afastamento do devedor de suas atividades e visa a preservar e otimizar a utilização produtiva dos bens, ativos e recursos produtivos, inclusive os intangíveis, da empresa. O juízo da falência é indivisível e competente para conhecer todas as ações sobre bens, interesses e negócios do falido. Em todas as ações a massa falida será representada, necessariamente, pelo administrador judicial.

IV. O juízo da falência é uno, indivisível e universal. No entanto, as causas trabalhistas serão processadas na Justiça do Trabalho até a apuração do respectivo crédito, credenciando, em seguida, o credor, para promover sua habilitação no juízo falimentar, na classe de credores que lhe for apropriada.

V. Os créditos trabalhistas submetem-se à falência, para satisfação, e constam em primeiro lugar na ordem de classificação dos créditos, limitados a 150 (cento e cinquenta) salários mínimos por credor, ao lado dos créditos decorrentes de acidentes de trabalho. Os saldos dos créditos derivados da legislação do trabalho que excederem o referido limite são classificados como créditos quirografários, sem privilégio.

(A) Somente I e II estão erradas.

(B) Somente III está errada.

(C) II e IV estão erradas.

(D) Somente IV está correta.

(E) IV e V estão corretas.

I: incorreta na parte final, pois não basta a subscrição de todas as ações por pelo menos 2 pessoas como requisito preliminar para a constituição da companhia. É preciso também a (i) realização, como entrada, de 10% (dez por cento), no mínimo (se não houver exigência de valor superior em lei específica), do preço de emissão das ações subscritas em dinheiro e (ii) depósito, no Banco do Brasil S/A., ou em outro estabelecimento bancário autorizado pela Comissão de Valores Mobiliários, da parte do capital realizado em dinheiro – art. 80 da LSA; **II:** incorreta na parte final, pois a disposição expressa de responsabilidade subsidiária da controladora da sociedade de economia mista foi revogada – art. 242 da LSA revogado pela Lei 10.303/2001; **III:** incorreta no que se refere ao juízo da falência, que não tem competência para as causas trabalhistas, fiscais e aquelas não reguladas pela LF em que o falido figurar como autor ou litisconsorte ativo – art. 76, *caput*, da LF; **IV:** assertiva correta, conforme o art. 6º, § 2º, da LF; **V:** correta, nos termos do art. 83, I e VI, c, da LF.

Gabarito "E"

(Ministério Público do Trabalho - 16º) Assinale a alternativa correta:

(A) Sociedade entre cônjuges é permitida desde que estejam casados sob o regime de separação de bens obrigatória, separação convencional de bens ou comunhão universal de bens.

(B) O menor de 18 anos e maior de 16 anos responderá com todos os seus bens pessoais, inclusive aqueles que possuía antes da sucessão, no caso de vir a ser autorizada a continuidade da empresa, que recebeu por herança.

(C) Na sociedade em comum, os sócios respondem pelas dívidas sociais até o montante de sua participação no capital.

(D) O Ministério Público não participa da fase postulatória da recuperação judicial, será intimado apenas se o Juiz determinar o processamento do pedido ou decretar a falência do requerente.

(E) Não respondida.

A: incorreta, pois os cônjuges não podem contratar sociedade, entre si ou com terceiros, caso tenham se casado no regime da comunhão universal de bens ou no da separação obrigatória – art. 977 do CC; **B:** incorreta, pois, caso o juiz autorize a continuidade da empresa pelo menor, os bens que possuía ao tempo da sucessão, desde que estranhos ao acervo da empresa, não ficam sujeitos ao seu resultado – art. 974, § 2º, do CC; **C:** incorreta, pois todos os sócios respondem solidária e ilimitadamente pelas obrigações sociais na sociedade em comum, excluído do benefício de ordem aquele que contratou pela sociedade – art. 990 do CC; **D:** correta, conforme o art. 52, V, da LF.

Gabarito "D"

(Ministério Público do Trabalho - 9º) À vista das assertivas abaixo:

I. a representação comercial autônoma pela pessoa física exige o registro obrigatório no Conselho Regional dos Representantes Comerciais e para cumprir essa obrigação o candidato estrangeiro deverá apresentar, apenas. os seguintes documentos: a) prova de identidade; b) folha-corrida de antecedentes, expedida pelos cartórios criminais das comarcas em que o registrado houver sido domiciliado nos últimos dez anos; c) quitação com o Imposto Sindical;

II. dependendo a Sociedade Anônima de Economia Mista de prévia autorização legislativa para sua constituição, conclui-se que não está sujeita à lei que dispõe sobre as sociedades por ações;

III. a sociedade por quotas de responsabilidade limitada caracteriza-se pela restrita responsabilidade de seus sócios ao total do capital social;

IV. a fusão é a operação pela qual se unem duas ou mais sociedades para formar sociedade nova, que lhes sucederá em todos os direitos e obrigações;

V. a incorporação é a operação pela qual uma ou mais sociedades são absorvidas por outra, que lhes sucede em todos os direitos e obrigações.

Assinale a alternativa correta:

(A) as assertivas I, III e IV estão corretas:

(B) as assertivas I, II e V estão incorretas:

(C) as assertivas I, III e V estão incorretas:

(D) somente a assertiva V está incorreta:

(E) todas as assertivas estão corretas,

(F) não sei.

I: correta, pois o estrangeiro fica dispensado da prova de quitação com o serviço militar e de estar em dia com a justiça eleitoral – art. 3º, § 1º, da Lei 4.886/1965; **II:** incorreta, pois a sociedade de economia mista sujeita-se à LSA, conforme seu art. 235; **III:** correta, pois, na sociedade limitada, a responsabilidade de cada sócio é restrita ao valor de suas quotas, embora todos respondam solidariamente pela integralização do capital social – art. 1.052 do CC; **IV:** assertiva correta, conforme a definição do art. 1.119 do CC e do art. 228 da LSA; **V:** assertiva correta, nos termos do art. 1.116 do CC e do art. 227 da LSA. Note que a alternativa "A" continua verdadeira, pois não afirma que *somente* as assertivas I, III e IV estão corretas.

Gabarito "A"

9. DIREITO DO CONSUMIDOR

Wander Garcia

1. PRINCÍPIOS E DIREITOS BÁSICOS

(Magistratura do Trabalho – 9ª Região – 2007) Considere as seguintes proposições, de acordo com o que prescreve o Código de Defesa do Consumidor:

I. O ônus da prova da veracidade e correção da informação ou comunicação publicitária cabe a quem as patrocina.

II. A inversão do ônus da prova é norma geral automaticamente aplicável em todo e qualquer processo pertinente a relação de consumo.

III. A inversão do ônus da prova prevista no art. 6º, VIII, do Código de Defesa do Consumidor pode ser aplicada, analogicamente, à defesa judicial de quaisquer interesses transindividuais.

IV. A vulnerabilidade é qualidade peculiar de todos que se colocam na posição de consumidor, sendo irrelevante sua condição social, cultural ou econômica.

V. O Código de Defesa do Consumidor, consagra, dentre outros, o princípio da ação governamental no sentido de proteger efetivamente o consumidor e da educação e informação de fornecedores e consumidores, quanto aos seus direitos e deveres, com vistas à melhoria do mercado de consumo.

Assinale a alternativa correta:

(A) Todas as proposições estão corretas;
(B) Apenas uma proposição está correta;
(C) Apenas duas proposições estão corretas;
(D) Apenas três proposições estão corretas;
(E) Apenas quatro proposições estão corretas.

I: correta (art. 38 do CDC); **II**: incorreta, pois o STJ já pacificou no sentido de que a inversão do ônus da prova não é automática, dependendo de verificação, pelo juiz, de um dos pressupostos previstos no art. 6º, VIII, do CDC; **III**: correta, valendo lembrar que as normas do processo coletivo previstas para as ações civis públicas de consumo também se aplicam às ações coletivas em geral (art. 21 da Lei 7.347/1985); **IV**: correta, pois o CDC estabelece a presunção de vulnerabilidade do consumidor no mercado de consumo (art. 4º, I, do CDC); **V**: correta (art. 4º, II e IV, do CDC).

Gabarito "E"

(Magistratura do Trabalho – 14ª Região – 2008) Analise as proposições abaixo:

I. Constituem princípios da política Nacional de Relações de Consumo, conforme o Código de Defesa do Consumidor, entre outros: educação e informação de fornecedores e consumidores, quanto aos seus direitos e deveres, com vistas à melhoria do mercado de consumo; a racionalização e melhoria dos serviços públicos; estudo constante das modificações do mercado de consumo.

II. A inversão do ônus da prova está expressamente prevista no CDC, como um dos direitos básicos do consumidor visando a facilitação da respectiva defesa, estando o juiz cível autorizado, a seu critério, a aplicá-la quando for verossímil a alegação *ou* quando o consumidor for hipossuficiente, segundo as regras ordinárias de experiência.

III. A efetiva prevenção e reparação de danos patrimoniais e morais, individuais, coletivos e difusos, constituem em certos direitos básicos do consumidor.

IV. A instauração de inquérito civil, até seu encerramento, suspende o prazo decadencial para o consumidor reclamar pelos vícios existentes em produtos ou serviços.

(A) Apenas as proposições I, II e III estão corretas;
(B) Apenas as proposições II, III e IV estão corretas;
(C) Apenas as proposições II e III estão corretas;
(D) Apenas as proposições III e IV estão erradas;
(E) Todas as proposições estão corretas.

I: correta (art. 4º, IV, VII e VIII, do CDC); **II**: correta (art. 6º, VIII, do CDC); **III**: correta (art. 6º, VI, do CDC); **IV**: correta (art. 26, § 2º, III, do CDC).

Gabarito "E"

(Magistratura do Trabalho – 21ª Região – 2005) De acordo com as assertivas seguintes, aponte a resposta correta. A inversão do ônus da prova, na forma prevista pelo Código de Defesa do Consumidor:

I. Aplica-se diretamente aos conflitos decorrentes das relações do trabalho, considerando a ampla proteção legal ao hipossuficiente introduzida pelo próprio Estatuto de proteção do consumidor;

II. Aplica-se, nos termos da lei, aos conflitos havidos entre fornecedores de produtos e pequenos comerciantes enquadrados como microempresários, em decorrência da desigualdade econômica observada em tais situações jurídicas;
III. Não se aplica, por força de previsão legal expressa, aos conflitos decorrentes das relações jurídicas entre instituições bancárias e seus clientes correntistas, em razão de não configurar uma relação típica de consumo;
IV. Aplica-se na hipótese de considerar o juiz, baseado em sua experiência profissional e pessoal, verossímil a alegação aduzida pelo consumidor;
V. Aplica-se também na hipótese de conflito entre empresa prestadora de serviço de energia elétrica e consumidor hipossuficiente, assim considerado pelo juiz.

(A) Apenas as alternativas I e V estão corretas.
(B) Apenas a alternativa IV está correta.
(C) Apenas as alternativas I e IV estão corretas.
(D) Apenas as alternativas IV e V estão corretas.
(E) As alternativas III, IV e V estão corretas.

I: incorreta, pois o STJ já pacificou no sentido de que a inversão do ônus da prova não é automática, dependendo de verificação, pelo juiz, de um dos pressupostos previstos no art. 6º, VIII, do CDC; **II**: incorreta, pois as duas previsões de inversão do ônus da prova estabelecidas no CDC não contemplam essa hipótese como algo que, por si só, justifica tal inversão (arts. 6º, VIII, e 38, ambos do CDC); **III**: incorreta, pois é pacífico que há relação de consumo entre instituições financeiras e consumidores (art. 3º, § 2º, do CDC – Súmula 297 do STJ); **IV**: correta, pois a verossimilhança da alegação é uma das hipóteses que autoriza a inversão do ônus da prova (art. 6º, VIII, do CDC); **V**: correta, pois a hipossuficiência é uma das hipóteses que autoriza a inversão do ônus da prova (art. 6º, VIII, do CDC).

Gabarito "D"

(Magistratura do Trabalho – 23ª Região – 2009) Analise as assertivas abaixo e marque a alternativa CORRETA:

I. Em matéria de relações de consumo, a inversão do ônus da prova em favor do consumidor cabe quando, entre outras hipóteses, a critério do juiz, for verossímil a alegação.
II. Não é viável a inversão do ônus da prova, à luz do Código de Defesa do Consumidor, quando o fornecedor é o Poder Público.
III. Conforme previsão contida no Código de Defesa do Consumidor, o juiz poderá desconsiderar a personalidade jurídica da sociedade quando, em detrimento do consumidor, houver abuso de direito, excesso de poder, infração da lei, fato ou ato ilícito ou violação dos estatutos ou contrato social, e ainda quando houver falência, estado de insolvência, encerramento ou inatividade da pessoa jurídica provocada por má administração.
IV. Segundo a jurisprudência majoritária, são aplicáveis as normas do Código de Defesa do Consumidor aos contratos de prestação de serviços advocatícios, especialmente para aferir abusividade da cláusula pertinente ao percentual dos honorários.

(A) Apenas os itens I e II são verdadeiros.
(B) Apenas os itens II e III são verdadeiros.
(C) Apenas os itens I e III são verdadeiros.
(D) Apenas os itens III e IV são verdadeiros.
(E) Apenas os itens II e IV são verdadeiros.

I: correta (art. 6º, VIII, do CDC); **II**: incorreta, pois não há limitação alguma nesse sentido; ademais, é sempre bom lembrar que o Poder Público pode ser fornecedor, para fins de caracterização de relação de consumo (art. 3º, *caput*, do CDC); **III**: correta, (art. 28 do CDC); **IV**: incorreta, pois prevalece o entendimento de que a questão é regulada pelo Estatuto da Advocacia, e não pelo CDC.

Gabarito "C"

(Ministério Público do Trabalho – 12º) Em relação à proteção do consumidor, assinale a alternativa CORRETA:

I. Pelo Código de Defesa do Consumidor, é considerado consumidor o destinatário final do serviço prestado pelo fornecedor, sendo serviço qualquer atividade fornecida no mercado de consumo, mediante remuneração, salvo as decorrentes das relações de caráter trabalhista.
II. Conforme estatuído na Lei nº 8.078/1990, a proteção jurídica ao consumidor se dá não pela presunção de hipossuficiência do consumidor, mas pela presunção de vulnerabilidade dele no mercado de consumo.
III. A inversão do ônus da prova em prol do consumidor, no processo civil, é automática e decorre de proteção expressa da lei.
IV. Considera-se contrato de adesão para efeitos de aplicação do Código de Defesa do Consumidor aquele que contém cláusulas estabelecidas unilateralmente pelo fornecedor, sem que o consumidor possa discutir ou modificar substancialmente seu conteúdo.

(A) Todas as assertivas estão corretas.
(B) Apenas as assertivas I, II e IV estão corretas.
(C) Apenas as assertivas I e IV estão corretas.
(D) Apenas a assertiva IV está correta.
(E) Não respondida.

I: correta (arts. 2º, *caput*, e 3º, § 2º, do CDC); **II**: correta (art. 4º, I, do CDC); **III**: incorreta, pois o STJ já pacificou no sentido de que a inversão do ônus da prova não é automática, dependendo de verificação, pelo juiz, de um dos pressupostos previstos no art. 6º, VIII, do CDC; **IV**: correta (art. 54 do CDC).

Gabarito "B"

2. RESPONSABILIDADE PELO FATO DO PRODUTO OU DO SERVIÇO

(Magistratura do Trabalho – 2ª Região – 2010) Quanto ao Código de Defesa do Consumidor, aponte a alternativa incorreta:

(A) A garantia legal de adequação do produto ou serviço depende de termo expresso, vedada a exoneração contratual do fornecedor.
(B) O fornecedor de serviços responde, independentemente da existência de culpa, pela reparação dos danos causados aos consumidores por defeitos relativos à prestação dos serviços, bem como por informações insuficientes ou inadequadas sobre sua fruição e riscos; no caso dos profissionais liberais, no entanto, a responsabilidade pessoal será apurada mediante a verificação de culpa

(C) O produto é defeituoso quando não oferece a segurança que dele legitimamente se espera, mas não é considerado defeituoso pelo fato de outro de melhor qualidade ter sido colocado no mercado.

(D) Não sendo o vício sanado no prazo máximo de trinta dias, pode o consumidor exigir, alternativamente e à sua escolha: a substituição do produto por outro da mesma espécie, em perfeitas condições de uso; a restituição imediata da quantia paga, monetariamente atualizada, sem prejuízo de eventuais perdas e danos; o abatimento proporcional do preço.

(E) O consumidor pode desistir do contrato, no prazo de 7 (sete) dias a contar de sua assinatura ou do ato de recebimento do produto ou serviço, sempre que a contratação de fornecimento de produtos e serviços ocorrer fora do estabelecimento comercial, especialmente por telefone ou a domicílio. Se o consumidor exercitar o direito de arrependimento, os valores eventualmente pagos, a qualquer título, durante o prazo de reflexão, serão devolvidos, de imediato, monetariamente atualizados.

A: incorreta, devendo ser assinalada; a garantia legal de adequação INDEPENDE de termo expresso (art. 24 do CDC); **B**: correta (art. 14, *caput* e § 4º, do CDC); **C**: correta (art. 12, §§ 1º e 2º, do CDC); **D**: correta (art. 18, § 1º, do CDC); **E**: correta (art. 49 do CDC).

Gabarito "A"

(Magistratura do Trabalho – 20ª Região – 2003) O Código de Defesa do Consumidor, ao atribuir ao fornecedor o dever de reparar danos causados aos consumidores pelo fato do produto ou do serviço no mercado, adota regra da responsabilidade:

(A) de natureza mista, isto é, objetiva quanto à ação danosa, e subjetiva quanto à culpa do responsável pelo dano;

(B) compartilhada entre a empresa intermediária que vendeu o produto ao consumidor ou lhe prestou o serviço, e o fornecedor;

(C) objetiva;

(D) aquiliana mitigada;

(E) subjetiva.

A responsabilidade é objetiva, pois tanto o art. 12, como o art. 14, ambos do CDC, estabelecem que a responsabilidade do fornecedor ocorre independentemente da existência de culpa. Assim, não há que se verificar o elemento subjetivo (culpa ou dolo), mas apenas elementos objetivos (conduta, dano e nexo de causalidade).

Gabarito "C"

3. DESCONSIDERAÇÃO DA PERSONALIDADE JURÍDICA. RESPONSABILIDADE EM CASO DE GRUPO DE EMPRESAS

(Magistratura do Trabalho – 1ª Região – 2004) Considerando o Código de Defesa do Consumidor (Lei nº 8.078/1990), analise as assertivas abaixo:

I. O juiz poderá desconsiderar a personalidade jurídica da sociedade quando, em detrimento do consumidor, houver abuso de direito.

II. São interesses ou direitos coletivos aqueles transindividuais, de natureza indivisível, de que sejam titulares pessoas indeterminadas e ligadas por circunstâncias de fato.

III. São interesses ou direitos individuais homogêneos aqueles de que sejam titulares classe de pessoas ligadas entre si ou com a parte contrária por uma relação jurídica base.

IV. O juiz poderá desconsiderar a personalidade jurídica da sociedade quando houver falência, desde que provocada por má administração.

V. Serviço é qualquer atividade fornecida no mercado de consumo, mediante remuneração, inclusive as de natureza bancária, financeira, de crédito e securitária, salvo as decorrentes de caráter trabalhista.

E assinale:

(A) se somente as assertivas I, II e III estiverem corretas;

(B) se somente as assertivas II, III e IV estiverem corretas;

(C) se somente as assertivas III, IV e V estiverem corretas;

(D) se somente as assertivas I, IV e V estiverem corretas;

(E) se somente as assertivas I, II e V estiverem corretas.

I: correta (art. 28 do CDC); **II**: incorreta, pois essa é a definição de interesses difusos, e não de interesses coletivos (*vide* art. 81, parágrafo único, I e II, do CDC); **III**: incorreta, pois essa é a definição de interesses coletivos, e não de interesses individuais homogêneos (art. 81, parágrafo único, II e III, do CDC); **IV**: correta (art. 28 do CDC); **V**: correta (art. 3º, § 2º, do CDC).

Gabarito "D"

(Magistratura do Trabalho – 2ª Região – 2011) Assinale a alternativa incorreta:

(A) O contrato de franquia deve ser sempre escrito e assinado na presença de 2 (duas) testemunhas e terá validade independentemente de ser levado a registro perante cartório ou órgão público.

(B) O juiz poderá desconsiderar a personalidade jurídica da sociedade quando, em detrimento do consumidor, houver abuso de direito, excesso de poder, infração da lei, fato ou ato ilícito ou violação dos estatutos ou contrato social amparado no Código de Defesa do Consumidor –CDC.

(C) A luz do Código de Defesa do Consumidor - CDC, haverá desconsideração da pessoa jurídica quando houver falência, estado de insolvência, encerramento ou inatividade da pessoa jurídica provocados por má administração.

(D) A luz do Código de Defesa do Consumidor - CDC, ainda que a personalidade da pessoa jurídica constitua obstáculo ao ressarcimento de prejuízos causados, a desconsideração da personalidade jurídica pelo juiz, sempre exigirá a verificação prévia de desvio de finalidade da pessoa jurídica, confusão patrimonial e abuso de direito.

(E) O juiz poderá desconsiderar a pessoa jurídica sempre que sua personalidade for, de alguma forma, obstáculo ao ressarcimento de prejuízos causados aos consumidores, nos termos do Código de Defesa do Consumidor - CDC.

A: correta (art. 6º da Lei 8.955/1994); B: correta (art. 28, *caput*, do CDC); C: correta (art. 28, *caput*, do CDC); D: incorreta, devendo ser assinalada; segundo o § 5º do art. 28 do CDC, "também poderá ser desconsiderada a pessoa jurídica sempre que sua personalidade for, de alguma forma, obstáculo ao ressarcimento de prejuízos causados aos consumidores"; assim, nem sempre se exigirá a verificação prévia do desvio de finalidade, confusão patrimonial ou abuso de direito, diferentemente do que dispõe o art. 50 do Código Civil, que exige a presença do abuso da personalidade para que haja a desconsideração da personalidade; E: correta (art. 28, § 5º, do CDC).

Gabarito "D"

(Magistratura do Trabalho – 9ª Região – 2006) O artigo 28 do Código de Defesa do Consumidor prevê a desconsideração da personalidade jurídica:

(A) Também na hipótese de encerramento da pessoa jurídica, quando provocado por má administração.

(B) Como dever do juiz, restringindo-se a concessão aos casos de abuso de direito, excesso de poder e infração da lei.

(C) Atribuindo responsabilidade solidária às sociedades integrantes dos grupos societários e às sociedades controladas.

(D) Atribuindo responsabilidade às sociedades coligadas apenas em caso de dolo.

(E) Como faculdade do juiz, aplicável quando houver estado de insolvência, encerramento ou inatividade de pessoa jurídica, sendo dispensável, nestes casos, a ocorrência da má administração.

A: correta (art. 28, *caput*, do CDC); **B**: incorreta, pois há outras hipóteses em que a desconsideração é possível (art. 28, *caput*, do CDC); **C**: incorreta, pois, nesse caso, a responsabilidade é subsidiária, e não solidária (art. 28, § 2º, do CDC); **D**: incorreta, pois a responsabilidade das sociedades coligadas se dá em caso de culpa (art. 28, § 4º, que abrange a culpa em sentido estrito e o dolo); **E**: incorreta, pois a ocorrência de má administração é pressuposto para a desconsideração nesses casos (art. 28, *caput*, do CDC).

Gabarito "A"

(Magistratura do Trabalho – 11ª Região – 2007 – FCC) Se comparada com a regra geral prevista no Código Civil, a desconsideração da personalidade jurídica, tal como prevista na Lei nº 8.078/1990 (Código de Defesa do Consumidor), ocorre em hipóteses mais

(A) amplas, porque o Código Civil permite a desconsideração apenas em caso de falência ou insolvência do devedor.

(B) amplas, porque o Código de Defesa do Consumidor permite a desconsideração sempre que a personalidade for obstáculo ao ressarcimento dos consumidores.

(C) amplas, porque o Código Civil não contempla a previsão de desconsideração em caso de confusão patrimonial.

(D) restritas, porque o Código de Defesa do Consumidor permite a desconsideração apenas em caso de confusão patrimonial.

(E) restritas, porque o Código de Defesa do Consumidor permite a desconsideração apenas em caso de desvio de finalidade.

A e **C**: incorreta, pois, apesar de ser verdadeiro dizer que o CDC prevê hipóteses mais amplas, é falso dizer que o CC só admite a desconsideração em caso de falência ou insolvência do devedor, já que o CC permite a desconsideração em caso de *abuso de personalidade*, caracterizado por confusão patrimonial ou desvio de finalidade (art. 50 do CC); **B**: correta, nos termos do § 5º do art. 28 do CDC; **D** e **E**: incorretas, pois as hipóteses de desconsideração são bem amplas, bastando verificar o texto do art. 28, *caput*, do CDC, que já é amplo, e o § 5º do art. 28 do CDC, que o torna mais amplo ainda, permitindo a desconsideração sempre que a personalidade da pessoa jurídica for obstáculo ao ressarcimento de danos; vale lembrar que o CDC adotou a Teoria Menor da Desconsideração, pela qual há "menos" requisitos para que esta se dê.

Gabarito "B"

(Magistratura do Trabalho – 13ª Região – 2006) Assinale a alternativa correta observando o disposto na Lei 8.078/1990 (Código de Defesa do Consumidor):

(A) as sociedades integrantes dos grupos societários e as sociedades controladas são solidariamente responsáveis pelas obrigações decorrentes do Código de Defesa do Consumidor;

(B) as associações legalmente constituídas há pelo menos um ano e que incluam entre os seus fins institucionais a defesa dos interesses e direitos protegidos pelo Código de Defesa do Consumidor são legitimadas para propor ação em defesa do consumidor a título coletivo, mas somente com autorização assemblear;

(C) as sociedades coligadas só responderão por culpa e as sociedades consorciadas são solidariamente responsáveis pelas obrigações decorrentes do Código de Defesa do Consumidor;

(D) não haverá a desconsideração da personalidade jurídica em caso de encerramento ou inatividade da pessoa jurídica, ainda que em caso de má administração;

(E) não haverá condenação em multa cumulativamente com a indenização por perdas e danos.

A: incorreta, pois a responsabilidade é subsidiária no caso (art. 28, § 2º, do CDC); **B**: incorreta, pois é dispensada a autorização assemblear (art. 82, IV, do CDC); **C**: correta, pois as sociedades coligadas respondem por culpa (art. 28, § 4º, do CDC) e as sociedades consorciadas respondem solidariamente (art. 28, § 3º, do CDC); **D**: incorreta (art. 28, *caput*, do CDC); **E**: incorreta, pois a sanção civil (condenação em perdas e danos) é independente das sanções administrativa e penal (art. 56, *caput*, do CDC).

Gabarito "C"

(Magistratura do Trabalho – 23ª Região – 2012) Com base nas disposições da Lei nº 8.078/1990 (Código de Defesa do Consumidor) analise as proposições abaixo e indique a alternativa correta.

I. A Política Nacional das Relações de Consumo tem por princípio, dentre outros, o reconhecimento da vulnerabilidade do consumidor no mercado de consumo e a ação governamental no sentido de proteger efetivamente o consumidor, inclusive, pela presença do Estado no mercado de consumo.

II. O juiz poderá desconsiderar a personalidade jurídica da sociedade quando, em detrimento do consumidor, houver abuso de direito, excesso de poder, infração da lei, fato ou ato ilícito ou violação dos estatutos ou contrato social.

III. Ainda que em benefício do consumidor é vedada, expressamente, contudo, a desconsideração da personalidade jurídica da sociedade pelo Juiz após ter sido decretada a sua falência, diante da necessidade de formação do concurso universal junto ao Juízo Falimentar para tratamento isonômico de todos os credores da sociedade de acordo com a preferência de seus créditos.
IV. Poderá ser desconsiderada a personalidade jurídica da sociedade toda vez que sua manutenção for, de alguma forma, obstáculo ao ressarcimento de prejuízos causados aos consumidores.
V. A defesa coletiva dos consumidores será exercida quando se tratar de: interesses ou direitos difusos, assim entendidos os transindividuais, de natureza indivisível, de que sejam titulares pessoas indeterminadas e ligadas por circunstâncias de fato; interesses ou direitos coletivos, assim entendidos os transindividuais, de natureza divisível, de que seja titular grupo, categoria ou classe de pessoas ligadas entre si ou com a parte contrária por uma relação jurídica base; e interesses ou direitos individuais homogêneos, assim entendidos os que decorrentes de origem comum.

(A) Apenas as proposições I, II e IV estão corretas e as demais estão incorretas.
(B) Apenas as proposições II e IV estão corretas e as demais estão incorretas.
(C) Apenas as proposições II e III estão corretas e as demais estão incorretas.
(D) Apenas as proposições I e IV estão corretas e as demais estão incorretas.
(E) Apenas a proposição V está incorreta e as demais estão corretas.

I: correta (art. 4º, I e II, "c", do CDC); **II**: correta (art. 28, *caput*, do CDC); **III**: incorreta, pois a falência também possibilita a desconsideração da personalidade jurídica (art. 28, *caput*, do CDC); **IV**: correta (art. 28, § 5º, do CDC); **V**: incorreta, pois os interesses ou direitos coletivos tem natureza indivisível e não divisível (art. 81, parágrafo único, II, do CDC).

Gabarito "A"

(Magistratura do Trabalho – 24ª Região – 2006) Sobre a desconsideração da personalidade jurídica prevista no Código de Defesa do Consumidor, assinale a INCORRETA:

(A) O juiz poderá desconsiderar a personalidade jurídica da sociedade quando, em detrimento do consumidor, houver abuso de direito, excesso de poder, infração da lei, fato ou ato ilícito ou violação dos estatutos ou contrato social. A desconsideração também será efetivada quando houver falência, estado de insolvência, encerramento ou inatividade da pessoa jurídica provocados por má administração.
(B) As sociedades integrantes dos grupos societários e as sociedades controladas são subsidiariamente responsáveis pelas obrigações decorrentes deste Código.
(C) As sociedades consorciadas são solidariamente responsáveis pelas obrigações decorrentes desse Código (CDC).
(D) As sociedades coligadas responderão por culpa e dolo.
(E) Também poderá ser desconsiderada a pessoa jurídica sempre que sua personalidade for, de alguma forma, obstáculo ao ressarcimento de prejuízos causados aos consumidores.

A: correta (art. 28, *caput*, do CDC); **B**: correta (art. 28, § 2º, do CDC); **C**: correta (art. 28, § 3º, do CDC); **D**: incorreta, pois as sociedades coligadas só responderão por culpa (art. 28, § 4º, do CDC); vale apontar que essa questão exigia o conhecimento literal do dispositivo mencionado, não nos parecendo que a assertiva esteja incorreta, pois a expressão "culpa", abrange "culpa" e "dolo"; **E**: correta (art. 28, § 5º, do CDC).

Gabarito "D"

(Ministério Público do Trabalho – 13º) Em relação ao Código de Defesa do Consumidor:

I. O juiz poderá desconsiderar a personalidade jurídica da sociedade quando, em detrimento do consumidor, houver abuso de direito, excesso de poder, infração da lei, fato ou ato ilícito, ou violação dos estatutos ou contrato social,
II. Os contratos que regulam as relações de consumo não obrigarão os consumidores se não lhes for dada a oportunidade de tomar conhecimento prévio de seu conteúdo, ou se os respectivos instrumentos forem redigidos de modo a dificultar sua compreensão.
III. Tendo mais de um autor a ofensa, todos responderão solidariamente pela reparação dos danos previstos nas normas de consumo.
IV. Também poderá ser desconsiderada a pessoa jurídica sempre que sua personalidade for, de alguma forma, obstáculo ao ressarcimento de prejuízos causados ao consumidor.

Analisando-se as asserções acima, pode-se afirmar que:

(A) apenas as afirmativas I, II e IV estão corretas;
(B) apenas as afirmativas I e IV estão incorretas;
(C) todas as afirmativas estão corretas;
(D) apenas as afirmativas II e III estão corretas;
(E) não respondida.

I: correta (art. 28, *caput*, do CDC); **II**: correta (art. 46 do CDC); **III**: correta (art. 7º, parágrafo único, do CDC); **IV**: correta (art. 28, § 5º, do CDC).

Gabarito "C"

4. DEFESA DO CONSUMIDOR EM JUÍZO

(Magistratura do Trabalho – 2ª Região – 2012) Conforme Código de Defesa do Consumidor é **INCORRETO** afirmar:

(A) O juiz poderá desconsiderar a personalidade jurídica da sociedade quando, em detrimento do consumidor, houver abuso de direito, excesso de poder, infração da lei, fato ou ato ilícito ou violação dos estatutos ou contrato social.
(B) A desconsideração também será efetivada quando houver falência, estado de insolvência, encerramento ou inatividade da pessoa jurídica, provocados por má administração.

(C) A defesa dos interesses e direitos dos consumidores e das vítimas poderá ser exercida em juízo individualmente, ou a título coletivo, mas a defesa coletiva não será exercida quando se tratar de interesses ou direitos individuais homogêneos assim entendidos os decorrentes de origem comum.

(D) Também poderá ser desconsiderada a pessoa jurídica sempre que sua personalidade for, de alguma forma, obstáculo ao ressarcimento de prejuízos causados aos consumidores.

(E) A defesa coletiva será exercida quando se tratar de interesses ou direitos difusos, assim entendidos, para efeitos deste código, os transindividuais, de natureza indivisível, de que sejam titulares pessoas indeterminadas e ligadas por circunstâncias de fato.

A: correta (art. 28, *caput*, do CDC); **B**: correta (art. 28, *caput*, do CDC); **C**: incorreta, devendo a alternativa ser assinalada; a defesa coletiva também pode ser feita nesse caso (art. 81, parágrafo único, III, do CDC); **D**: correta (art. 28, § 5º, do CDC); **E**: correta (art. 81, parágrafo único, I, do CDC).

Gabarito "C"

(Magistratura do Trabalho – 24ª Região – 2006) De acordo com o Código de Defesa do Consumidor, a defesa dos interesses e direitos dos consumidores e das vítimas poderá ser exercida em juízo e individualmente, ou a título coletivo. A defesa coletiva será exercida quando se tratar de:

I. Interesses ou direitos difusos, assim entendidos, para efeitos do CDC, os transindividuais, de natureza indivisível, de que sejam titulares pessoas indeterminadas e ligadas por circunstâncias de fato.

II. Interesses ou direitos coletivos, assim entendidos, para efeitos do CDC, os transindividuais de natureza indivisível de que seja titular grupo, categoria ou classe de pessoas ligadas entre si ou com a parte contrária por uma relação jurídica base.

III. Interesses ou direitos individuais homogêneos, assim entendidos os decorrentes de origem comum.

Usando V (para Verdadeira) e F (para Falsa), assinale a alternativa que exprime a sequência.

(A) F, F, F.
(B) V, V, V.
(C) F,V, F.
(D) V, F, F.
(E) F, F, V.

Art. 81, parágrafo único, I, II e III, do CDC.

Gabarito "B"

(Magistratura do Trabalho – 8ª Região – 2006) Sobre direitos e interesses difusos, coletivos e individuais homogêneos na esfera trabalhista é correto afirmar que:

(A) Os interesses ou direitos difusos são entendidos como os transindividuais de natureza indivisível, de que sejam titulares pessoas indeterminadas e ligadas por circunstâncias de direito.

(B) Os interesses ou direitos coletivos são entendidos como os transindividuais de natureza indivisível de que seja titular grupo, categoria ou classe de pessoas ligadas entre si ou com a parte contrária por uma relação jurídica-base.

(C) Os interesses ou direitos individuais homogêneos são entendidos como os de origem de direito comum, de que sejam titulares pessoas determinadas e ligadas por circunstâncias de fato e de direito.

(D) Os interesses ou direitos difusos são entendidos como os transindividuais de natureza indivisível, de que sejam titulares pessoas ou grupos indeterminados e ligados por circunstâncias de fato e de direito.

(E) Os interesses ou direitos coletivos são entendidos como os transindividuais de natureza indivisível, de que sejam titulares pessoas indeterminadas e ligadas por circunstâncias de fato.

A e **D**: incorretas, pois os titulares de direitos difusos estão ligados por circunstâncias de *fato* (art. 81, parágrafo único, I, do CDC); **B**: correta (art. 81, parágrafo único, II, do CDC); **C**: incorreta, pois as pessoas são determináveis, e não determinadas, e são ligadas, normalmente, por circunstâncias de *fato*; um exemplo são as pessoas que compraram um veículo com problema na fabricação dos freios, e que, por conta disso, sofreram acidentes com prejuízos econômicos e morais; **E**: incorreta, pois os titulares de interesses coletivos estão ligados entre si ou com a parte contrária por circunstâncias de direito (art. 81, parágrafo único, II, do CDC).

Gabarito "B"

5. TEMAS COMBINADOS DE DIREITO DO CONSUMIDOR

(Magistratura do Trabalho – 3ª Região – 2009) A respeito do Código de Defesa do Consumidor, leia as afirmações abaixo e, em seguida, assinale a alternativa correta:

I. É estabelecida a facilitação da defesa dos direitos do consumidor, inclusive com a inversão do ônus da prova, a seu favor, no processo civil, quando, a critério do juiz, for verossímil a alegação ou quando for ele hipossuficiente, segundo as regras ordinárias de experiências.

II. A definição legal de produto é qualquer bem, móvel ou imóvel, material ou imaterial, enquanto que a de serviço é qualquer atividade fornecida no mercado de consumo, mediante remuneração, inclusive as de natureza bancária, financeira, de crédito e securitária, e as decorrentes das relações de caráter trabalhista.

III. O juiz poderá desconsiderar a personalidade jurídica da sociedade quando, em detrimento do consumidor, houver abuso de direito, excesso de poder, infração da lei, fato ou ato ilícito ou violação dos estatutos ou contrato social. A desconsideração, porém, não será efetivada quando houver falência, estado de insolvência, encerramento ou inatividade da pessoa jurídica, em virtude da atração do juízo universal.

IV. O consumidor pode desistir do contrato, no prazo de 7 dias a contar de sua assinatura ou do ato de recebimento do produto ou serviço, sempre que a contratação de fornecimento de produtos e serviços ocorrer fora do estabelecimento comercial, especialmente por telefone ou a domicílio. Se o consumidor exercitar o direito de arrependimento, os valores eventualmente pagos, a qualquer título, durante o prazo de reflexão, serão devolvidos, de imediato, monetariamente atualizados.

V. Contrato de adesão é aquele cujas cláusulas tenham sido aprovadas pela autoridade competente ou estabelecidas unilateralmente pelo fornecedor de produtos ou serviços, sem que o consumidor possa discutir ou modificar substancialmente seu conteúdo.

(A) Somente uma afirmativa está correta.
(B) Somente duas afirmativas estão corretas.
(C) Somente três afirmativas estão corretas.
(D) Somente quatro afirmativas estão corretas.
(E) Todas as afirmativas estão corretas.

I: correta (art. 6º, VIII, do CDC); **II**: incorreta, pois as atividades de caráter trabalhista não se enquadram na definição de serviço, para efeito de aplicação do CDC (art. 3º, § 2º, do CDC); **III**: incorreta, pois a desconsideração em caso de falência, insolvência ou encerramento da pessoa jurídica não se dá em virtude da atração do juízo universal, mas toda vez que tais circunstâncias são provocadas por má-administração (art. 28, *caput*, do CDC); **IV**: correta (art. 49 do CDC); **V**: correta (art. 54, *caput*, do CDC).

Gabarito "C"

(Magistratura do Trabalho – 5ª Região – 2006 – CESPE) Com base no Código de Defesa do Consumidor (CDC), assinale a opção incorreta.

(A) O CDC adota a teoria menor da desconsideração da personalidade jurídica, sendo suficiente, portanto, sempre que esta representar um obstáculo ao ressarcimento dos prejuízos causados ao consumidor, a demonstração do estado de insolvência do fornecedor, ou de seus equiparados, para que a pessoa jurídica seja desconsiderada.
(B) Para a desconsideração da personalidade jurídica não é necessário o ajuizamento de ação autônoma.
(C) O CDC permite a inversão do ônus da prova, quando, a critério do magistrado, for verossímil a alegação e houver perigo de dano irreparável ou de difícil reparação.
(D) O requisito da pré-constituição das associações legitimadas para a defesa de direitos coletivos do consumidor poderá ser dispensado pelo juiz, nas ações para defesa de interesses individuais homogêneos, quando haja manifesto interesse social.
(E) Os direitos individuais homogêneos podem ser tutelados tanto por ação coletiva quanto por ação individual.

A: correta, nos termos do disposto no § 5º do art. 28 do CDC; **B**: correta, pois não existe tal exigência não só no CDC, como também em outras leis que admitem a desconsideração da personalidade jurídica; **C**: incorreta (devendo ser assinalada), pois a inversão do ônus da prova é admissível quando for verossímil a alegação ou quando o consumidor for *hipossuficiente* (art. 6º, VIII, do CDC), não havendo, na lei, qualquer requisito acerca da necessidade de haver perigo de dano irreparável ou de difícil reparação; **D**: correta (art. 82, § 1º, do CDC); **E**: correta, pois o *fato* de alguém ter sofrido dano juntamente com outras pessoas, por origem comum, não impede que esse alguém ingresse com ação individual para fazer valer o seu direito; assim, num acidente aéreo, por exemplo, cabe tanto ação coletiva, a ser promovida, por exemplo, pela associação das vítimas do voo, como ação individual, a ser promovida, por exemplo, pelo cônjuge de um passageiro falecido.

Gabarito "C"

(Magistratura do Trabalho – 8ª Região – 2008) Nos termos do Código de Defesa do Consumidor é CORRETO afirmar:

(A) São direitos do consumidor: I - a proteção da vida, saúde e segurança contra os riscos provocados por práticas no fornecimento de produtos e serviços considerados perigosos ou nocivos; II - a informação adequada e clara sobre os diferentes produtos e serviços, com especificação correta de quantidade, características, composição, qualidade e preço, bem como sobre os riscos que apresentem; III - a proteção contra a publicidade enganosa e abusiva, métodos comerciais coercitivos ou desleais, bem como contra práticas e cláusulas abusivas ou impostas no fornecimento de produtos e serviços. O Código de Defesa do Consumidor também considera aplicáveis os direitos decorrentes de tratados ou convenções internacionais de que o Brasil seja signatário, da legislação interna ordinária, de regulamentos expedidos pelas autoridades administrativas competentes, bem como dos que derivem dos princípios gerais do direito, analogia, costumes e equidade.
(B) Os fornecedores de produtos de consumo duráveis ou não duráveis respondem subsidiariamente pelos vícios de qualidade ou quantidade que os tornem impróprios ou inadequados ao consumo a que se destinam ou lhes diminuam o valor, assim como por aqueles decorrentes da disparidade, com as indicações constantes do recipiente, da embalagem, rotulagem ou mensagem publicitária, respeitadas as variações decorrentes de sua natureza, podendo o consumidor exigir a substituição das partes viciadas.
(C) Os fornecedores respondem subsidiariamente pelos vícios de quantidade do produto sempre que, respeitadas as variações decorrentes de sua natureza, seu conteúdo líquido for inferior às indicações constantes do recipiente, da embalagem, rotulagem ou de mensagem publicitária, podendo o consumidor exigir, alternativamente e à sua escolha o abatimento proporcional do preço; complementação do peso ou medida; a substituição do produto por outro da mesma espécie, marca ou modelo, sem os aludidos vícios; a restituição imediata da quantia paga, monetariamente atualizada, sem prejuízo de eventuais perdas e danos ou ainda substituição por outro de espécie, marca ou modelo diversos, mediante complementação ou restituição de eventual diferença de preço, no caso de impossibilidade de substituição do bem.
(D) Tratando-se de fornecedor é lícito afirmar que sua ignorância sobre os vícios de qualidade por inadequação dos produtos e serviços não o exime de responsabilidade, sendo impossível a sua exoneração contratual da garantia legal. No que concerne ao fornecedor de bens, aplica-se a mesma regra, porém é possível a estipulação contratual de sorte a atenuar a obrigação de inde-

nizar, sendo diretamente responsáveis solidários seu fabricante, construtor ou importador.

(E) É expressamente autorizada pelo Código de Defesa do Consumidor a desconsideração, pelo Juiz, da personalidade jurídica da sociedade quando, em detrimento do consumidor, houver abuso de direito, excesso de poder, infração da lei, fato ou ato ilícito ou violação dos estatutos ou contrato social. A desconsideração também será efetivada quando houver falência, estado de insolvência, encerramento ou inatividade da pessoa jurídica provocados por má administração. Todavia, não é necessariamente fator a ensejar a desconsideração a mera existência de obstáculo ao ressarcimento de prejuízos causados aos consumidores.

A: correta (arts. 6º, I, III e IV, e 7º, ambos do CDC); **B**: incorreta, pois a responsabilidade é solidária (art. 18 do CDC); **C**: incorreta, pois a responsabilidade é solidária (art. 19 do CDC); **D**: incorreta, pois não cabe a estipulação contratual mencionada na assertiva (art. 25 do CDC); **E**: incorreta, pois a existência de obstáculo ao ressarcimento de prejuízo é, sim, hipótese que enseja a desconsideração da personalidade (art. 28, § 5º, do CDC).

Gabarito "A"

(Magistratura do Trabalho – 20ª Região – 2003) À luz do Código de Proteção e Defesa do Consumidor, é <u>correto</u> afirmar:

(A) A falência da sociedade não enseja a desconsideração da personalidade jurídica.

(B) A política nacional das relações de consumo, por seus princípios, autoriza a presença do Estado no mercado de consumo.

(C) A cláusula contratual que estabelece a inversão do ônus da prova em prejuízo do consumidor é anulável.

(D) Interesses ou direitos difusos, para efeito do código, são os transindividuais, de natureza indivisível, de que sejam titulares pessoas determinadas e ligadas por circunstâncias de fato.

(E) A vulnerabilidade do consumidor há de ser comprovada, para efeito de aplicação das regras.

A: incorreta (art. 28, *caput*, do CDC); **B**: correta (art. 4º, II, "c", do CDC); **C**: incorreta, pois tal cláusula é nula de pleno direito (art. 51, VI, do CDC); **D**: incorreta, pois, no caso, as pessoas são indeterminadas (art. 81, parágrafo único, I, do CDC); **E**: incorreta, pois a vulnerabilidade do consumidor é presumida pela lei (art. 4º, I, do CDC).

Gabarito "B"

(Magistratura do Trabalho – 16ª Região – 2011) Sobre o Código de Defesa do Consumidor, e considerando as afirmativas abaixo, assinale a alternativa CORRETA:

I. O microssistema do CDC se fundamenta nos princípios da boa-fé, da proteção ampla ao consumidor em face do fornecedor e da inversão do ônus da prova como forma de facilitação da defesa em favor do hipossuficiente.

II. O instituto da desconsideração da personalidade jurídica visa tornar ineficaz, no caso concreto, atos praticados pela sociedade que sirvam para encobrir atos ilícitos, abusos de direito, excesso de poder ou violação aos estatutos sociais, quando lesam os interesses do consumidor.

III. Na ação que tenha por objeto o cumprimento de obrigação de fazer ou não fazer, para a obtenção do resultado prático equivalente, 'poderá o Juiz determinar as medidas necessárias, tais como busca e apreensão, remoção de coisas e pessoas, desfazimento de obra, impedimento de atividade nociva, além de requisição de força policial.

IV. Nos contratos de adesão, são nulas de pleno direito as cláusulas contratuais relativas ao fornecimento de produtos e serviços que impossibilitem, exonerem ou atenuem a responsabilidade do fornecedor por vícios de qualquer natureza dos produtos e serviços ou impliquem renúncia ou disposição de direitos.

(A) Somente as afirmativas I, II e III estão corretas.

(B) Somente as afirmativas I e II estão corretas.

(C) Somente as afirmativas I, III e IV estão corretas.

(D) Somente as afirmativas II, III e IV estão corretas.

(E) Todas as afirmativas estão corretas.

I: correta, pois o CDC tem a *boa-fé* como princípio (art. 4º, III, do CDC), estabelece normas de *proteção* do consumidor (art. 1º do CDC) e permite a *inversão do ônus da prova* em favor do consumidor, preenchidos certos requisitos (art. 6º, VIII, do CDC); **II**: correta (art. 28, *caput*, do CDC); **III**: correta (art. 84, *caput* e § 5º, do CDC); **IV**: correta (art. 51, I, do CDC); vale lembrar que essa regra vale não só para contratos de consumo de adesão, como também para os demais contratos de consumo.

Gabarito "E"

(Magistratura do Trabalho – 24ª Região – 2007) Considerando as disposições do Código de Defesa do Consumidor, assinale a alternativa INCORRETA:

(A) É direito básico do consumidor a inversão do ônus da prova a seu favor, no processo civil, quando, a critério do Juiz, for verossímil a alegação ou quando for ele hipossuficiente, segundo as regras ordinárias de experiência.

(B) O Juiz poderá desconsiderar a personalidade jurídica da sociedade quando, em detrimento do consumidor, houver abuso de direito, excesso de poder, infração da lei, fato ou ato ilícito ou violação dos estatutos ou contrato social. A desconsideração também será efetivada quando houver falência, estado de insolvência, encerramento ou inatividade da pessoa jurídica provocados por má administração.

(C) As sociedades integrantes dos grupos societários e as sociedades controladas são subsidiariamente responsáveis pelas obrigações decorrentes do Código de Defesa do Consumidor.

(D) As sociedades consorciadas e as sociedades coligadas são subsidiariamente responsáveis pelas obrigações decorrentes do Código de Defesa do Consumidor.

(E) Para efeitos do Código de Defesa do Consumidor, entende-se por interesses ou direitos individuais homogêneos os decorrentes de origem comum.

A: correta (art. 6º, VIII, do CDC); **B**: correta (art. 28, *caput*, do CDC); **C**: correta (art. 28, § 2º, do CDC); **D**: incorreta, pois a sociedades consorciadas são solidariamente responsáveis e as sociedades coligadas respondem por culpa (art. 28, §§ 3º e 4º, do CDC); **E**: correta (art. 81, parágrafo único, III, do CDC).

Gabarito "D"

10. Outros Interesses Difusos e Coletivos

Wander Garcia

(Magistratura do Trabalho – 1ª Região – 2010 – CESPE) De acordo com a doutrina jurídica da proteção integral adotada pelo ECA, as crianças e os adolescentes:

(A) devem, em função de sua incapacidade, ser tutelados pelo Estado quando se encontrarem em situação irregular.
(B) devem ser protegidos por medidas suplementares, caso se encontrem em situação de risco, enquanto aos demais se aplicam os direitos fundamentais da pessoa humana.
(C) possuem direitos e prerrogativas diversas, devendo o Estado conceder às crianças, mas não aos adolescentes, a tutela antecipada de seus direitos fundamentais, o que só pode ocorrer plenamente com a participação do Estado no planejamento familiar.
(D) são titulares de direitos, e não objetos passivos.
(E) podem responder penalmente pela prática de crimes hediondos, quando em concurso formal com maiores de dezoito anos de idade.

A: incorreta, pois deve-se dar primazia à manutenção de crianças e *adolescentes* com sua família, ainda que substituta; **B**: incorreta, pois todas as crianças e adolescentes *são titulares de direitos fundamentais* (art. 3º do ECA); **C**: incorreta, pois crianças e *adolescentes* são titulares de direitos fundamentais, o que independe da participação do Estado no planejamento familiar; **D**: correta, pois, de fato, crianças e adolescentes *são titulares de direitos fundamentais* inerentes à pessoa humana, além da proteção integral de que trata o ECA (art. 3º do ECA); **E**: incorreta, pois as crianças e adolescentes são penalmente inimputáveis, ainda que quando em concurso formal com maiores de dezoito anos de idade (art. 104, *caput*, do ECA).

Gabarito "D"

(Magistratura do Trabalho – 1ª Região – 2010 – CESPE) De acordo com o que dispõe o Estatuto da Criança e do Adolescente, na formação técnico-profissional do aprendiz, devem ser observados

(A) a garantia de acesso e frequência obrigatória ao ensino regular, a atividade compatível com o desenvolvimento do adolescente e o horário especial para o exercício das atividades.
(B) o princípio da precaução, quanto ao desempenho de tarefas insalubres, o princípio da prevenção, nas atividades de baixo grau de periculosidade, e o princípio da integralização do desenvolvimento psicossocial do adolescente.
(C) a garantia de acessibilidade, a inclusão digital e o desenvolvimento integral da cidadania.
(D) o princípio do desenvolvimento integral, o princípio da autonomia e o princípio do empreendedorismo.
(E) a garantia de acesso aos centros de estudo e pesquisa, o bem-estar físico e psíquico e a livre consciência.

Art. 63, I, II e III, do ECA.

Gabarito "A"

(Magistratura do Trabalho – 1ª Região – 2010 – CESPE) O trabalho educativo descrito no ECA é

(A) atividade laboral em que as exigências pedagógicas referentes ao desenvolvimento pessoal e social das crianças e adolescentes prevalecem sobre o aspecto produtivo.
(B) atividade laboral desenvolvida em parceria com as instituições de ensino superior que propiciam acesso ao ensino superior aos adolescentes entre dezesseis e dezoito anos de idade com renda familiar inferior a três salários mínimos.
(C) trabalho de monitoria de crianças carentes realizado por adolescentes já formados nos cursos de capacitação das escolas técnicas federais.
(D) trabalho executado pelos licenciados em pedagogia ou ciência da educação na capacitação de professores da rede pública de ensino.
(E) o trabalho prestado por bolsistas do PROUNI nas comunidades carentes destinado a capacitar crianças e adolescentes em atividades extracurriculares e profissionalizantes.

Art. 68, § 1º, do ECA.

Gabarito "A"

(Magistratura do Trabalho – 8ª Região – 2011) No que diz respeito à ação de improbidade administrativa, assinale a alternativa INCORRETA:

(A) Pode ser proposta até cinco anos após o término do exercício do mandato, de cargo em comissão ou de função de confiança e dentro do prazo prescricional, previsto em lei específica para faltas disciplinares puníveis com demissão a bem do serviço público, nos casos de exercício de cargo efetivo ou emprego.

(B) É vedada a transação, acordo ou conciliação.

(C) A propositura da ação prevenirá a jurisdição do juízo para todas as ações posteriormente intentadas que possuam a mesma causa de pedir ou o mesmo objeto.

(D) A sentença que julgar procedente ação civil de reparação de dano ou decretar a perda dos bens havidos ilicitamente determinará o pagamento ou a reversão dos bens, conforme o caso, em favor da pessoa jurídica prejudicada pelo ilícito ou, em caso de sua extinção, em favor de outra que possua a mesma finalidade.

(E) Estando a inicial em devida forma, o juiz mandará autuá-la e ordenará a notificação do requerido, para oferecer manifestação por escrito, que poderá ser instruída com documentos e justificações, dentro do prazo de quinze dias.

A: correta (art. 23 da Lei 8.429/1992); **B**: correta (art. 17, § 1º, da Lei 8.429/1992); **C**: correta (art. 17, § 5º, da Lei 8.429/1992); **D**: incorreta, devendo ser assinalada; no art. 18 da Lei 8.429/1992 há a frase trazida na alternativa, mas não há o trecho "ou, em caso de sua extinção, em favor de outra que possua a mesma finalidade"; **E**: correta (art. 17, § 7º, da Lei 8.429/1992).

Gabarito "D"

(Magistratura do Trabalho – 8ª Região – 2008) À luz da legislação pertinente ao Conselho Tutelar da Criança e do Adolescente, assinale a assertiva INCORRETA:

(A) Para a candidatura a membro do Conselho Tutelar é exigido como requisito idade superior a vinte e cinco anos.

(B) Constitui atribuição do Conselho Tutelar assessorar o Poder Executivo local na elaboração da proposta orçamentária para planos e programas de atendimento dos direitos da criança e do adolescente.

(C) As decisões do Conselho Tutelar somente poderão ser revistas pela autoridade judiciária a pedido de quem tenha legítimo interesse.

(D) São impedidos de servir no mesmo Conselho cunhados, durante o cunhadio.

(E) Lei municipal disporá quanto a eventual remuneração dos membros do Conselho Tutelar.

A: incorreta, pois é exigida a idade superior a 21 anos (art. 133, II, do ECA); **B**: correta (art. 136, IX, do ECA); **C**: correta (art. 137 do ECA); **D**: correta (art. 140 do ECA); **E**: correta (art. 134 do ECA).

Gabarito "A"

(Magistratura do Trabalho – 8ª Região – 2006) Sobre direitos e interesses difusos, coletivos e individuais homogêneos

na esfera trabalhista é correto afirmar que:

(A) Os interesses ou direitos difusos são entendidos como os transindividuais de natureza indivisível, de que sejam titulares pessoas indeterminadas e ligadas por circunstâncias de direito.

(B) Os interesses ou direitos coletivos são entendidos como os transindividuais de natureza indivisível de que seja titular grupo, categoria ou classe de pessoas ligadas entre si ou com a parte contrária por uma relação jurídica-base.

(C) Os interesses ou direitos individuais homogêneos são entendidos como os de origem de direito comum, de que sejam titulares pessoas determinadas e ligadas por circunstâncias de fato e de direito.

(D) Os interesses ou direitos difusos são entendidos como os transindividuais de natureza indivisível, de que sejam titulares pessoas ou grupos indeterminados e ligados por circunstâncias de fato e de direito.

(E) Os interesses ou direitos coletivos são entendidos como os transindividuais de natureza indivisível, de que sejam titulares pessoas indeterminadas e ligadas por circunstâncias de fato.

A e **D**: incorretas, pois tais interesses são titularizados por pessoas ligadas por circunstâncias de *fato* (art. 81, parágrafo único, I, do CDC); **B**: correta (art. 81, parágrafo único, II, do CDC); **C**: incorreta, pois as pessoas não são *determinadas*, mas *determináveis*; **E**: incorreta, pois tais pessoas são determináveis e ligadas entre si ou com a parte contrária por relação jurídica base, e não por uma mera relação de fato (art. 81, parágrafo único, II, do CDC).

Confira quadro sobre a matéria em questão:

Interesses	Grupo	Objeto	Origem	Disposição	Exemplos
Difusos	indeterminável	Indivisível	situação de fato	Indisponível	Interesse das pessoas na despoluição de um rio
Coletivos	determinável	Indivisível	relação jurídica	disponível apenas pelo grupo	Interesse dos condôminos de edifício na troca de um elevador com problema
Individ. homog.	determinável	divisível	origem comum	disponível individualmente	interesse de vítimas de acidente rodoviário em receber indenização

Gabarito "B"

(Magistratura do Trabalho – 9ª Região – 2009) Considere as seguintes proposições:

I. O inquérito civil público é um procedimento administrativo sujeito a contraditório que pode ser utilizado pelo Ministério Público como medida preparatória de apuração de fatos que serão utilizados na Ação Civil Pública.

II. O termo de ajustamento de conduta é um ato jurídico decorrente de inquérito civil público ou procedimento investigatório preparatório de ação civil pública onde a parte interessada declara a violação de preceitos trabalhistas e assume obrigações junto ao Ministério Público do Trabalho mediante cominações pecuniárias.

III. O Supremo Tribunal Federal decidiu recentemente em mandado de injunção que o direito de greve dos servidores públicos civis, enquanto não seja regulamentado por lei específica, será exercido conforme os preceitos da Lei 7.783/1989, que regulamenta o direito de greve na iniciativa privada, mas diante da imperatividade da continuidade dos serviços públicos, o tribunal competente para analisar a legalidade do exercício do direito de greve dos servidores públicos civis poderá impor o regime de greve mais severo, por envolver "serviços ou atividades essenciais", cujo rol previsto nos artigos 9º a 11 da Lei 7.783/1989 é apenas exemplificativo, pela complexidade e variedade dos serviços públicos e atividades estratégicas típicas do Estado.

IV. A defesa nacional é um serviço público propriamente dito, que não pode ser delegado a terceiros, mas se os servidores públicos militares exercerem seu direito de greve o Estado poderá contratar particulares para assegurar quadro mínimo para a prestação dos serviços indispensáveis à comunidade, nos termos do art. 12 da Lei 7.783/1989.

V. O ajustamento de conduta entre o investigado e o Ministério Público é uma espécie de transação, já que envolve concessões recíprocas das partes interessadas.

(A) Nenhuma das proposições está correta.
(B) Somente as proposições I, II e III estão corretas.
(C) Somente as proposições II, III e IV estão corretas.
(D) Somente as proposições II e III estão corretas.
(E) Somente as proposições I e IV estão corretas.

I: incorreta, pois o inquérito civil não requer contraditório, por se tratar de mero procedimento investigativo; **II**: correta, por estar de acordo com o art. 5º, § 6º, da Lei 7.347/1985; **III**: correta, valendo salientar que o STJ vem, caso a caso, determinando o contingente mínimo que deverá continuar trabalhando nos serviços essenciais, de modo a preservar a continuidade do serviço público; **IV**: incorreta, pois os militares não podem fazer greve (art. 142, § 3º, IV, da CF); **V**: incorreta, pois no ajustamento de conduta não é possível disposição de direito material da coletividade.

Gabarito "D"

(Magistratura do Trabalho – 14ª Região – 2011) Conforme legislação que rege a matéria assinale a alternativa correta:

(A) O poder familiar será exercido pelo pai; se a mãe discordar recorre-se à autoridade competente para solução da divergência.
(B) Os filhos nascidos fora do casamento não podem ser reconhecidos pelos pais ou separadamente pelo pai ou pela mãe.
(C) A guarda obriga a prestação de assistência material, moral à criança ou ao adolescente conferindo a seu detentor o direito de opor-se a terceiros, exclusive, porém, aos pais.
(D) Os divorciados e os judicialmente separados não podem adotar nem separada nem conjuntamente.
(E) A adoção depende do consentimento dos pais ou do representante legal do adotando e, também do adotando maior de doze anos de idade.

A: incorreta, pois o poder familiar compete aos PAIS (art. 1.631 do CC, art. 21 do ECA); na falta ou impedimento de um deles, o outro o exercerá com exclusividade; e divergindo os pais quanto ao exercício do poder familiar, é assegurado a qualquer deles recorrer ao juiz para a solução do desacordo; **B**: incorreta, pois os filhos nascidos fora do casamento podem ser reconhecidos pelos pais, conjunta ou SEPARADAMENTE (art. 1.607 do CC); **C**: incorreta, pois o guardião pode se opor a terceiros, INCLUSIVE aos pais (art. 33 da Lei 8.069/1990); **D**: incorreta (art. 42, § 4º, da Lei 8.069/1990); **E**: correta (art. 45, *caput* e § 2º da Lei 8.069/1990).

Gabarito "E"

(Magistratura do Trabalho – 15ª Região – 2012) Tratando-se de controle de legalidade do ato administrativo é **correto** afirmar:

(A) A ação civil pública pode ser ajuizada pelo Ministério Público, pela União, pelos Estados e Municípios, por autarquias, empresa pública, sociedade de economia mista, fundação e associação.
(B) O inquérito civil público pode ser instaurado pelo Ministério Público, pela União, pelos Estados e Municípios.
(C) O termo de ajustamento de conduta somente pode ser celebrado pelo Ministério Público.
(D) O pedido de arquivamento de inquérito civil público depende de homologação do Juiz que, se entender que não é caso de arquivamento, remeterá os autos ao Procurador Geral de Justiça que poderá designar outro representante do Ministério Público, para ajuizar a ação civil pública.
(E) A instauração do inquérito civil público é imprescindível para o ajuizamento da ação civil pública.

A: correta (art. 5º da Lei 7.347/1985); **B:** incorreta, pois o inquérito civil é da alçada exclusiva do Ministério Público (art. 8º, § 1º, da Lei 7.347/1985); **C:** incorreta, pois pode ser celebrado por qualquer órgão público (art. 5º, § 6º, da Lei 7.347/1985); **D:** incorreta, pois isso acontece em relação ao inquérito penal; quanto ao inquérito civil, o arquivamento é submetido à apreciação do Conselho Superior do Ministério Público (art. 9º da Lei 7.347/1985); **E:** incorreta, pois não há necessidade; havendo elementos para o ajuizamento da ação civil pública, esta poderá ser ajuizada, ainda que não tenha sido precedida de inquérito civil.

Gabarito "A"

(Magistratura do Trabalho – 16ª Região – 2011) Sobre o inquérito civil público, marque a alternativa INCORRETA:

(A) É da competência exclusiva do Ministério Público promover o inquérito civil, para a proteção do patrimônio público e social, do meio ambiente e de outros interesses difusos e coletivos.

(B) É possível ao Ministério Público ajuizar ação civil pública sem inquérito civil prévio, já que a instauração deste não é obrigatória.

(C) Se o órgão do Ministério Público, esgotadas todas as diligências, se convencer da inexistência de fundamento para a propositura da ação civil, promoverá o arquivamento dos autos do inquérito civil ou das peças informativas, fazendo-o fundamentadamente.

(D) Os autos do inquérito civil ou das peças de informação arquivadas serão remetidos pelo membro do *Parquet*, sob pena de se incorrer em falta grave, no prazo de 5 (cinco) dias, ao Conselho Superior do Ministério Público.

(E) A promoção de arquivamento do inquérito civil será submetida a exame e deliberação do Conselho Superior do Ministério Público, conforme dispuser o seu Regimento. Deixando o Conselho Superior de homologar a promoção de arquivamento, designará, desde logo, outro órgão do Ministério Público para o ajuizamento da ação.

A: correta (art. 129, III, da CF); **B**: correta (art. 1º, parágrafo único da Resolução CNMP nº 23/2007); **C**: correta (art. 9º, *caput*, da Lei 7.347/1985; art. 10 da Resolução CNMP nº 23/2007); **D**: incorreta, devendo ser assinalada; está incorreta, pois essa remessa se dará no prazo de 3 (três) dias (art. 9º, § 1º, da Lei 7.347/1985; art. 10, § 1º, da Resolução CNMP nº 23/2007) **E**: correta (art. 9º, §§ 3º e 4º, da Lei 7.347/1985).

Gabarito "D"

(Magistratura do Trabalho – 16ª Região – 2011) Em relação aos Conselhos Tutelares, assinale a alternativa INCORRETA:

(A) Em cada Município haverá somente um Conselho Tutelar, composto de cinco membros, escolhidos pela comunidade local para mandato de três anos, permitida uma recondução.

(B) É de competência do Conselho Tutelar requisitar serviços públicos nas áreas de saúde, educação, serviço social, previdência, trabalho e segurança.

(C) Enquanto não instalados os Conselhos Tutelares, as atribuições a eles conferidas serão exercidas pela autoridade judiciária.

(D) À falta dos pais ou responsável, será competente o Conselho Tutelar do lugar onde se encontre a criança ou adolescente.

(E) O Conselho Tutelar poderá requisitar certidões de nascimento e de Óbito de criança ou adolescente quando necessário, podendo fazê-lo diretamente, sem autorização judicial.

A: incorreta, devendo ser assinalada; na verdade, em cada Município, haverá, NO MÍNIMO, um Conselho Tutelar (art. 132 da Lei 8.069/1990); **B**: correta (art. 136, III, "a", da Lei 8.069/1990); **C**: correta (art. 262 da Lei 8.069/1990); **D**: correta (arts. 138 e 147, II, da Lei 8.069/1990); **E**: correta (art. 136, VIII, da Lei 8.069/1990).

Gabarito "A"

(Magistratura do Trabalho – 16ª Região – 2011) Sobre a ação de improbidade administrativa, assinale a alternativa CORRETA:

(A) Proposta a ação de improbidade, é permitida a transação, desde que seja garantido o ressarcimento integral do dano ao erário.

(B) Segundo a Constituição Federal, as únicas consequências aplicáveis aos casos de prática de atos de improbidade administrativa serão a perda da função pública, a indisponibilidade dos bens e o ressarcimento ao erário.

(C) Segundo a Lei nº 8.429/1992, aplica-se o regime de responsabilização por ato de improbidade àquele que, mesmo não sendo agente público, induza ou concorra para a prática do ato de improbidade ou dele se beneficie sob qualquer forma direta ou indireta.

(D) Qualquer cidadão, em pleno gozo dos direitos políticos, é parte legítima para propor a ação civil por ato de improbidade.

(E) Considerada a natureza mista cível-penal da ação de improbidade, uma vez recebida a ação civil por ato de improbidade não se admitirá a extinção anômala do processo, sem resolução do mérito.

A: incorreta, pois é vedada a transação, acordo ou conciliação na ação de improbidade (art. 17, § 1º, da Lei 8.429/1992); **B**: incorreta, pois a Constituição Federal também estabelece a sanção de *suspensão dos direitos políticos* (art. 37, § 4º, da CF); **C**: correta (art. 3º da Lei 8.429/1992); **D**: incorreta, pois somente o Ministério Público e a pessoa jurídica interessada são partes legítimas para propor a ação civil por ato de improbidade administrativa (art. 17, *caput*, da Lei 8.429/1992); **E**: incorreta, pois a ação de improbidade tem natureza não penal; ademais, em qualquer fase do processo, reconhecida a inadequação da ação de improbidade, o juiz extinguirá o processo sem julgamento de mérito (art. 17, § 11, da Lei 8.429/1992).

Gabarito "C"

(Magistratura do Trabalho – 21ª Região – 2012) Segundo a Lei da Ação Civil Pública, os órgãos públicos legitimados à ação civil pública ou coletiva podem tomar o compromisso de ajustamento de conduta, através de Termo de Compromisso de Ajustamento de Conduta. Diante dessa norma, assinale a assertiva correta:

I. a legitimidade dos órgãos públicos para tomar o compromisso de ajustamento de conduta independe do órgão possuir personalidade jurídica;

II. como ato que é tomado perante órgãos públicos, o compromisso de ajustamento de conduta tem natureza de ato administrativo, apesar de ser um ato em que há concessões recíprocas de direito material e processual, já que o órgão público que toma o compromisso também se compromete a não ajuizar a ação civil pública ou coletiva;

III. as autarquias podem tomar dos particulares o compromisso de ajustamento de conduta;

IV. o órgão público legitimado pode tomar o compromisso de ajustamento de conduta de outro ente público, observada, apenas, a esfera administrativa a que pertence, de modo que o Município não pode tomar um compromisso de ajustamento de conduta da União, mas o contrário é possível;

(A) apenas as assertivas I e III estão corretas;
(B) apenas as assertivas II e IV estão corretas;
(C) apenas as assertivas I, II e IV estão corretas;
(D) apenas as assertivas III e IV estão corretas;
(E) apenas as assertivas I, II e III estão corretas.

I: correta, pois, em sendo órgãos públicos, não têm, realmente, personalidade jurídico, sendo que a Lei de Ação Civil Pública é expressa no sentido de que órgãos públicos podem celebrar termo de ajustamento de conduta (art. 5º, § 6º, da Lei 7.347/1985); **II**: incorreta, pois o órgão público poderá executar em juízo o termo de ajustamento de conduta, que, segundo a lei é título executivo extrajudicial (art. 5º, § 6º, da Lei 7.347/1985); **III**: correta, pois se um mero órgão público pode tomar compromisso de ajustamento (art. 5º, § 6º, da Lei 7.347/1985), quanto mais uma pessoa jurídica de direito público (que traz em si vários órgãos públicos), como é a autarquia; **IV**: incorreta, pois não há essa limitação na lei ou no sistema; um exemplo é o caso de a União cometer um dano ambiental numa unidade de conservação municipal, caso em que é possível que se faça um TAC entre a União e o Município.

Gabarito "A".

(Magistratura do Trabalho – 21ª Região – 2005) Diante das assertivas seguintes, aponte a resposta correta, de acordo com a definição e o regramento legal aplicável à espécie:

I. Não se concebe a existência de direitos difusos passíveis de tutela no âmbito trabalhista, tendo em vista a caracterização e a delimitação normativa das categorias e classes de trabalhadores.
II. Os direitos coletivos são típicos direitos transindividuais, cuja natureza é indivisível, e seus titulares possuem certo grau de determinação.
III. Os direitos individuais homogêneos exigem, para a sua defesa, a precisa identificação prévia dos respectivos titulares.
IV. Os titulares dos direitos difusos são pessoas indeterminadas e encontram-se ligados por circunstâncias de fato.
V. Os direitos individuais homogêneos ensejam, para a sua defesa, idêntico procedimento adotado para as denominadas reclamações trabalhistas plúrimas.

(A) Apenas a alternativa IV está correta.
(B) Apenas as alternativas II e IV estão corretas.
(C) Apenas as alternativas I e III estão corretas.
(D) Apenas as alternativas II e V estão corretas.
(E) Apenas a alternativa II está correta.

I: incorreta, pois há, no âmbito trabalhista, violações a interesses de trabalhadores indetermináveis e que estão ligadas por mera circunstância de fato (art. 81, parágrafo único, I, do CDC); **II**: correta (art. 81, parágrafo único, II, do CDC); **III**: incorreta, pois o pedido é de condenação genérica (art. 95 do CDC), não sendo necessário indicar cada pessoa lesada; **IV**: correta (art. 81, parágrafo único, I, do CDC); **V**: incorreta, pois os direitos individuais homogêneos são defendidos segundo o disposto nos arts. 91 e seguintes do CDC, ensejando que um legitimado, autonomamente, defenda interesse de terceiro, ao passo que as reclamações trabalhistas plúrimas são aquelas que simplesmente têm mais de um sujeito ativo ou passivo, mas sem se tratar de uma ação civil pública.

Gabarito "B".

(Procurador do Trabalho – MPT – 17º Concurso) Sobre a proteção ao meio ambiente, assinale a alternativa **CORRETA**:

(A) Aquele que explorar recursos minerais fica obrigado a recuperar o ambiente degradado adotando solução técnica, de acordo com o grau de risco da atividade econômica.
(B) A concessão de autorização para atividades potencialmente danosas ao meio ambiente é um ato administrativo exclusivo das autoridades que detêm o poder de polícia.
(C) As terras devolutas ou arrecadadas pelo Estado em ações discriminatórias podem, mediante autorização legislativa, ser alienadas.
(D) Segundo a jurisprudência do Supremo Tribunal Federal, somente a lei, e não o órgão licenciador ambiental, pode fixar o *quantum* da compensação por impacto ambiental causado por empreendimento econômico.
(E) Não respondida.

A: incorreta, pois deve ser de acordo com a solução técnica exigida pelo órgão público competente, na forma da lei (art. 225, § 2º, da CF); **B**: correta; o processo de licenciamento ambiental visa a condicionar as atividades particulares que podem causar degradação ambiental às exigências da coletividade, tratando-se, assim, de uma espécie de poder de polícia ambiental; **C**: incorreta, pois tais terras são inalienáveis (art. 225, § 5º, da CF); **D**: incorreta, pois o STF entendeu constitucional a regra de compensação ambiental que determina apoio financeiro a unidades de conservação de proteção integral em caso de atividades sujeitas a EIA (ADI 3.378), sendo que nessa decisão definiu-se que o "valor da compensação-compartilhamento é de ser fixado proporcionalmente ao impacto ambiental, após estudo em que se assegurem o contraditório e a ampla defesa", dando força à fixação do *quantum* indenizatório pelo órgão licenciador ambiental; **E**: incorreta, pois a alternativa "b" é correta.

Gabarito "B".

(Ministério Público do Trabalho – 11º) Diante da Lei da Ação Civil Pública, aplicável ao Processo do Trabalho, o Inquérito Civil:

I. é o principal e exclusivo meio, de natureza investigatória, concernente à atuação extrajudicial do Ministério Público do Trabalho;
II. permite ao membro do Ministério Público do Trabalho realizar inspeções e requisitar exames e perícias, impondo a necessidade de intimação da parte investigada em relação aos referidos atos;
III. em que pese a inexistência de contraditório em sua linha procedimental, obriga a presença da parte investigada quando da realização de audiências designadas pelo membro do Ministério Público do Trabalho;
IV. não impede, a partir de sua instauração, que outro ente co-legitimado para a propositura da ação civil pública venha a ajuizá-la, mesmo que se refira à idêntica questão objeto da investigação pelo membro do Ministério Público do Trabalho.

Com base nas assertivas acima expostas, marque a alternativa CORRETA:

(A) Todas as alternativas estão incorretas.
(B) As alternativas III e IV estão corretas.
(C) Apenas a alternativa IV está correta.
(D) Apenas a alternativa III está correta.
(E) Não respondida.

I: incorreta, pois o inquérito civil não é o único meio pelo qual o MPT pode colher elementos com vistas ao futuro ajuizamento de uma ação civil pública; **II**: incorreta, pois não é necessária a intimação mencionada, já que o inquérito civil é um procedimento inquisitivo, ou seja, que não requer contraditório; **III**: incorreta, pois o fato de não ser procedimento com contraditório não obriga a realização de audiências designadas pelo membro do MPT; **IV**: correta, pois a legitimidade em matéria de ação civil pública é autônoma e disjuntiva, não sendo necessário que os legitimados ingressem junto com uma ação civil pública, nem que um espere o outro ingressar com ação para também o fazê-lo.

Gabarito "C"

(Ministério Público do Trabalho – 11º) Em face das assertivas abaixo, aponte a alternativa CORRETA:

I. O membro do Ministério Público do Trabalho que entender pelo arquivamento do Inquérito Civil haverá, sempre, de fundamentar a respectiva decisão, ainda que a matéria esteja em consonância com a Súmula do Supremo Tribunal Federal.
II. A decisão do Conselho Superior do Ministério Público do Trabalho de não homologar a promoção de arquivamento do Inquérito Civil implicará a designação de outro membro para o ajuizamento da ação e, concomitantemente, a abertura de processo disciplinar em face do membro que arquivou de maneira indevida o procedimento.
III. Não dispensa a homologação do Conselho Superior do Ministério Público do Trabalho a promoção do arquivamento dos autos de procedimento que, não instaurado sob a forma de Inquérito Civil, apenas contenha peças informativas sobre possíveis infrações a direitos transindividuais.
IV. O prazo para a remessa ao Conselho Superior do Ministério Público do Trabalho, dos autos do Inquérito Civil arquivado, é de 3 (três) dias, prorrogável por igual período.

(A) Apenas a alternativa IV está incorreta.
(B) As alternativas I e III estão corretas.
(C) As alternativas II e III estão incorretas.
(D) Apenas a alternativa I está correta.
(E) Não respondida.

I: correta, pois o arquivamento deve ser motivado (art. 9º da Lei 7.347/1985); **II**: incorreta, pois a não homologação do arquivamento não importará, por si só, em falta funcional do membro do MPT, valendo salientar que tal membro tem independência funcional; **III**: correta, tratando-se de medida que tem por objetivo evitar a violação indireta ao art. 9º da Lei 7.347/1985; **IV**: incorreta, pois o prazo para a remessa dos autos é de 3 dias, não havendo previsão legal de prorrogação por igual período (art. 9º, § 1º, da Lei 7.347/1985).

Gabarito "B"

(Ministério Público do Trabalho – 11º) De acordo com as assertivas seguintes, assinale a resposta CORRETA:

As ações civis públicas propostas pelo Ministério Público do Trabalho:

I. não induzem litispendência para as reclamações trabalhistas individuais, assim como os efeitos da coisa julgada não beneficiarão, em nenhuma hipótese, os autores das referidas ações individuais;
II. induzem litispendência para as reclamações trabalhistas ajuizadas pelos sindicatos dos trabalhadores, e os efeitos da coisa julgada sempre alcançarão os autores de ações individuais, mesmo que seja em seu desfavor;
III. induzem litispendência apenas para as reclamações trabalhistas plúrimas, ensejando a reunião dos processos e a instrução e decisão conjuntas;
IV. não induzem litispendência para as reclamações trabalhistas individuais, porém os efeitos da coisa julgada não beneficiarão os autores das referidas ações individuais, salvo se for requerida sua suspensão no prazo de trinta dias, contados da ciência nos autos do ajuizamento daquelas ações civis públicas.

(A) Todas as alternativas estão incorretas.
(B) As alternativas I e III estão corretas.
(C) Apenas a alternativa III está correta.
(D) Apenas a alternativa IV está correta.
(E) Não respondida.

I e **II**: incorretas, pois os efeitos da coisa julgada na ação civil pública beneficiarão os autores das ações individuais se for requerida sua suspensão no prazo de 30 dias, a contar da ciência nos autos do ajuizamento da ação coletiva (art. 104 do CDC); **III**: incorreta, pois ações plúrimas nada mais são do que ações com mais de uma pessoa no polo ativo ou no polo passivo, aplicando-se também a regra do art. 104 do CDC; **IV**: correta (art. 104 do CDC).

Gabarito "D"

(Ministério Público do Trabalho – 11º) Tendo em vista as assertivas a seguir alinhadas, assinale a alternativa CORRETA:

I. É de natureza ordinária a legitimação para a propositura da ação civil pública, mesmo nas hipóteses de defesa dos interesses individuais homogêneos.
II. Em consonância com a lei, será obrigatória a participação do Ministério Público, na condição de litisconsorte, quando a ação civil pública for proposta por associação civil.
III. Admite a lei o litisconsórcio facultativo entre o Ministério Público Federal e o Ministério Público do Trabalho, vedando-o, porém, quando envolver o Ministério Público Militar e o Ministério Público Estadual.
IV. Proposta a ação civil pública pelo Ministério Público do Trabalho, faculta-se a habilitação do Poder Público como litisconsorte ativo.

(A) Apenas a alternativa I está correta.
(B) Todas as alternativas estão incorretas.
(C) Apenas a alternativa II está correta.

(D) Apenas a alternativa IV está correta.
(E) Não respondida.

I: incorreta, pois a legitimação na ação civil pública é *extraordinária*, ou seja, defende-se, em nome próprio, interesse alheio; **II**: incorreta, pois, nesse caso, o MP atuará como fiscal da lei (art. 5º, § 1º, da Lei 7.347/1985); **III**: incorreta, pois não há a vedação mencionada (art. 5º, § 5º, da Lei 7.347/1985); **IV**: correta (art. 5º, § 2º, da Lei 7.347/1985).

Gabarito "D"

(Ministério Público do Trabalho – 11º) Considerando as assertivas abaixo, aponte a alternativa CORRETA:

Tratando-se de ação civil pública proposta pelo Ministério Público do Trabalho:

I. Se o pedido formulado for julgado improcedente por insuficiência de prova, poderá o sindicato dos trabalhadores intentar outra ação civil pública com a mesma pretensão, valendo-se de nova prova e utilizando o mesmo fundamento adotado pelo 'Parquet'.

II. Na hipótese de defesa de direitos difusos, a sentença proferida faz coisa julgada "erga omnes", inclusive em prejuízo dos interesses e direitos individuais dos integrantes da coletividade.

III. No caso de defesa de interesses coletivos "stricto sensu", a sentença fará coisa julgada "ultra partes", mas limitadamente ao grupo, categoria ou classe, salvo improcedência por insuficiência de provas.

IV. Na hipótese de defesa de interesses individuais homogêneos, a sentença fará coisa julgada "erga omnes", se for julgado procedente o pedido, resultando em benefício de todas as vítimas e seus sucessores.

(A) As alternativas I, III e IV estão corretas.
(B) Apenas a alternativa I está incorreta.
(C) As alternativas II e III estão corretas.
(D) Apenas a alternativa IV está correta.
(E) Não respondida.

I: correta (art. 16 da Lei 7.347/1985); **II**: incorreta (art. 103, § 1º, do CDC); **III**: correta (art. 103, II, do CDC); **IV**: correta (art. 103, III, do CDC).

Gabarito "A"

(Ministério Público do Trabalho – 11º) Em conformidade com as assertivas a seguir elencadas, aponte a alternativa CORRETA:

I. A lei da ação civil pública, além de conferir ao termo de compromisso de ajustamento de conduta a eficácia de título executivo extrajudicial, permite a fixação, em seu conteúdo, de cominação de natureza pecuniária, cuja incidência se dará em face do descumprimento das obrigações assumidas

II. A ação rescisória é a via adequada para a rescisão do termo de ajustamento de conduta.

III. O compromisso de ajustamento de conduta, nos termos da lei da ação civil pública, somente pode ser tomado pelo Ministério Público;

IV. Faculta-se ao membro do Ministério Público do Trabalho, ao tomar o compromisso de ajustamento de conduta, transacionar o conteúdo do direito objeto da tutela perseguida, considerando exercer o 'Parquet' a titularidade do interesse transindividual.

(A) As alternativas I e II estão corretas.
(B) Apenas a alternativa III está correta.
(C) Apenas a alternativa I está correta.
(D) Todas as alternativas estão incorretas.
(E) Não respondida.

I: correta (art. 5º, § 6º, da Lei 7.347/1985); **II**: incorreta, pois a ação anulatória é a ação adequada; **III**: incorreta, pois qualquer órgão público pode tomar o compromisso de ajustamento (art. 5º, § 6º, da Lei 7.347/1985); **IV**: incorreta, pois os interesses em jogo são indisponíveis e pertencem à coletividade, e não ao Ministério Público (art. da Lei 7.347/1985).

Gabarito "C"

(Ministério Público do Trabalho – 11º) Quanto ao meio ambiente:

I. Todos têm direito ao meio ambiente ecologicamente equilibrado, bem de uso comum do povo e essencial à sadia qualidade de vida, impondo-se exclusivamente ao Poder Público o dever de defendê-lo e preservá-lo para as presentes e futuras gerações. Para assegurar a efetividade desse direito deverá – dentre outras atribuições – controlar a produção de produtos que comportem risco para a vida dos trabalhadores.

II. A defesa do meio ambiente, inclusive mediante tratamento diferenciado conforme o impacto ambiental dos produtos e serviços e de seus processos de elaboração e prestação, é princípio geral que informa a ordem econômica nacional.

III. Ao sistema único de saúde, compete, preferencialmente, colaborar na proteção do meio ambiente do trabalho.

IV. Compete à lei federal estabelecer os meios legais que garantam à pessoa e à família a possibilidade de se defenderem da propaganda de produtos que possam ser nocivos à saúde e ao meio ambiente.

Analisando-se as asserções acima, pode-se afirmar que:

(A) Todas estão corretas.
(B) Todas estão incorretas.
(C) Apenas as de números I e II estão corretas.
(D) Apenas as de números II e IV estão corretas.
(E) Não respondida.

I: incorreta, pois não compete apenas ao Poder Público o dever de defender e preservar o meio ambiente, mas à coletividade também (art. 225, *caput*, da CF); **II**: correta (art. 170, VI, da CF); **III**: incorreta, pois o SUS deve colaborar na proteção do meio ambiente do trabalho (art. 200, VIII, da CF), mas não há regra dispondo que compete ao SUS fazê-lo preferencialmente; **IV**: correta (art. 220, § 3º, II, da CF).

Gabarito "D"

11. Direito Internacional

Renan Flumian

1. DIREITO INTERNACIONAL PÚBLICO

1.1. TRATADOS

(Magistratura do Trabalho – 14ª Região – 2011) Em matéria de vigência dos tratados internacionais, no Brasil, analise as proposições abaixo e assinale a alternativa correta.

I. É competência privativa do Presidente da República celebrar tratados, convenções e atos internacionais, sujeitos ao referendo do Congresso Nacional.

II. Compete exclusivamente ao Congresso nacional resolver definitivamente sobre tratados, acordos ou atos internacionais que acarretem encargos ou compromissos gravosos ao patrimônio nacional.

III. Os tratados e convenções internacionais sobre direitos humanos devem passar pelo crivo de cada Casa do Congresso e de suas Comissões, tomadas as deliberações por maioria dos votos, presentes a maioria absoluta de seus membros.

IV. Os tratados internacionais só terão vigência no Brasil, após a aprovação pelo Congresso Nacional, por via da Resolução, após a ratificação externa do Presidente da República e sua publicação no Diário Oficial da União.

V. Compete ao STJ julgar, em recurso ordinário, as causas decididas, em única ou última instância, pelos Tribunais Regionais Federais e estaduais, quando a decisão recorrida contrariar tratado ou lei federal.

(A) Estão corretas as alternativas I e III.
(B) Estão corretas as alternativas II e IV.
(C) Estão corretas as alternativas III e V.
(D) Estão corretas as alternativas IV e V.
(E) Estão corretas as alternativas I e II.

I: correta, pois essa competência privativa do Presidente é prevista no art. 84, VIII, da CF; **II:** correta, pois reflete exatamente o disposto no art. 49, I, da CF; **III:** incorreta, pois o tratado sobre direitos humanos pode também ser aprovado por quórum maior. Os tratados internacionais devem ser aprovados pelo Congresso Nacional, inexistindo, em princípio, exigência de quórum especial (art. 49, I, da CF). Ou seja, o decreto-legislativo (pelo qual se aprova o tratado) deve ser, em regra, aprovado por maioria de votos, presente a maioria absoluta dos membros da Casa (art. 47 da CF). Entretanto, há previsão de quórum especial em relação aos tratados sobre direitos humanos, quando se queira equipará-los às emendas constitucionais – art. 5º, § 3º, da CF (aprovação em cada Casa do Congresso, em dois turnos, por três quintos dos votos dos respectivos membros). Dito de outra forma, o tratado sobre direitos humanos pode ser aprovado pelo quórum comum (maioria dos votos, presentes a maioria absoluta dos membros da Casa) ou por quórum especial (aprovação em cada Casa do Congresso, em dois turnos, por três quintos dos votos dos respectivos membros). Caso seja aprovado pelo Congresso pelo quórum comum, vigorará com força de norma supralegal, e não como norma constitucional, conforme entendimento dominante do STF (caso do Pacto de São José da Costa Rica – art. 5º, § 2º, da CF, ver HC 94.013/SP-STF); **IV:** incorreta. O tratado é celebrado pelo Presidente da República (art. 84, VIII, da CF), muitas vezes por meio do plenipotenciário. Posteriormente, submete-se ao referendo do Congresso Nacional (art. 49, I, da CF), que pode aprová-lo por meio de decreto legislativo. A seguir, o Presidente ratifica o tratado, manifestando, aos demais países, o consentimento. Finalmente, o Presidente promulga o tratado por decreto, cuja publicação insere-o no sistema jurídico nacional. Admitem-se, excepcionalmente, determinados *acordos executivos* que dispensam a aprovação pelo Congresso Nacional (subprodutos de tratado vigente ou expressão de diplomacia ordinária, conforme Rezek); **V:** incorreta, pois a assertiva refere-se ao Recurso Especial – art. 105, III, *a*, da CF.

Gabarito "E"

(Magistratura do Trabalho – 15ª Região – 2011) A respeito dos tratados Internacionais, indique a alternativa incorreta:

(A) após a Emenda Constitucional 45/2004, os tratados e convenções internacionais que versem sobre direitos humanos e forem aprovados, em cada Casa do Congresso Nacional, em dois turnos e por três quintos dos votos de seus respectivos membros, serão equivalentes às emendas constitucionais;
(B) a Constituição Federal assegura aos Estados federados a possibilidade de celebrar tratados internacionais;
(C) a denúncia consiste em ato formal por meio do qual o Estado manifesta a sua vontade de deixar de participar de um tratado internacional;
(D) é competência exclusiva do Congresso Nacional resolver definitivamente sobre tratados internacionais;
(E) compete ao Juiz Federal processar e julgar as causas neles fundadas.

A: assertiva correta, pois reflete exatamente o disposto no art. 5º, § 3º, da CF, incluído pela EC 45/2004; **B:** assertiva incorreta, devendo ser assinalada, pois somente a União pode celebrar tratados internacionais, por meio do Presidente da República – art. 84, VIII, da CF; **C:** assertiva correta. O fenômeno da extinção do tratado por vontade unilateral de uma das partes é denominado *denúncia*. Esse tipo de extinção assemelha-se à ratificação e à adesão, porém com efeito jurídico inverso, pois, pela denúncia, o Estado exterioriza sua retirada do acordo internacional. O procedimento para realizar a denúncia é simples: exige-se uma comunicação por escrito em forma de notificação, carta ou instrumento para o outro Estado, nos tratados bilaterais, e para o depositário, nos tratados multilaterais. Tal transmissão significa a saída do acordo internacional pela parte comunicante; **D:** assertiva correta (art. 49, I, da CF); **E:** assertiva correta, pois compete aos juízes federais processar e julgar as causas fundadas em tratado ou contrato da União com Estado estrangeiro ou organismo internacional (art. 109, III, da CF).

Gabarito "B"

(Magistratura do Trabalho – 2ª Região – 2010) Sobre tratados internacionais, temos:

I. As Convenções da Organização Internacional do Trabalho não se aplicam no Brasil se não forem aprovadas pelo "quorum" referente aos direitos humanos.
II. Tratados multilaterais, em geral, admitem reservas, o que não acontece com os tratados bilaterais.
III. A vigência internacional do Tratado pode não coincidir com sua vigência interna.
IV. Os tratados de direitos humanos, após a EC-45/2004, que forem aprovados por 3/5 dos votos em cada casa do Congresso, em dois turnos, serão equivalentes às Emendas Constitucionais.
V. Os tratados que não estabelecem matéria de direitos humanos devem ser aprovados no Congresso pelo *quorum* de 2/3 dos membros do Congresso.

Assinale a alternativa correta:

(A) As alternativas I, II e V estão corretas.
(B) As alternativas II, III e V estão corretas.
(C) As alternativas I, IV e V estão corretas.
(D) As alternativas II, III e IV estão corretas.
(E) As alternativas III e V estão corretas.

I: incorreta, pois não há quórum especial para a aprovação de tratados internacionais pelo Congresso Nacional (art. 49, I, da CF). Ou seja, o decreto-legislativo (pelo qual se aprova o tratado) deve ser, em regra, aprovado por maioria de votos, presente a maioria absoluta dos membros da Casa (art. 47 da CF). Excepcionalmente, os tratados internacionais sobre direitos humanos podem se submeter a quórum qualificado (aprovação, em cada Casa do Congresso Nacional, em dois turnos, por três quintos dos votos dos respectivos membros), hipótese em que serão equivalentes a emendas constitucionais – art. 5º, § 3º, da CF; **II:** correta. A reserva é um condicionante do consentimento. Ou seja, é a declaração unilateral do Estado aceitando o tratado, mas sob a condição de que certas disposições não valerão para ele. A reserva pode aparecer tanto no momento da assinatura do tratado como no da ratificação ou da adesão, momento em que o Congresso Nacional pode fazer ressalvas sobre o texto do tratado e até mesmo desabonar as reservas feitas por ocasião da assinatura do tratado. No primeiro caso, as ressalvas serão traduzidas em reservas no momento da ratificação pelo presidente da República e, no segundo caso, o presidente da República fica impedido de confirmar as reservas previamente feitas. E por razões óbvias, a reserva é fenômeno incidente sobre os tratados multilaterais; **III:** correta. No âmbito internacional, o tratado entra em vigor na forma e na data previstas no próprio tratado ou acordadas pelos Estados negociadores. Na ausência de tal disposição ou acordo, o tratado entra em vigor tão logo o consentimento em obrigar-se pelo tratado seja manifestado por todos os Estados negociadores. Quando o consentimento de um Estado em obrigar-se por um tratado for manifestado após sua entrada em vigor, entrará em vigor em relação a esse Estado nessa data, a não ser que o tratado disponha de outra forma – art. 24 da Convenção de Viena de 1969. Já em relação ao âmbito interno brasileiro, o tratado entra em vigor apenas após sua promulgação por meio de decreto do Presidente da República (ou seja, não coincide, em regra, com o início da vigência internacional); **IV:** correta, conforme comentário sobre a primeira assertiva – art. 5º, § 3º, da CF; **V:** incorreta, pois, como já dito, não há quórum especial para aprovação de tratados pelo Congresso Nacional, exceto quando se queira equiparar os tratados sobre direitos humanos às emendas constitucionais.

Gabarito "D"

(Magistratura do Trabalho – 23ª Região – 2009) Analise os itens abaixo e marque a alternativa CORRETA:

Sobre a vigência e aplicação dos tratados internacionais no Brasil:

I. dependem da edição de lei para incorporação ao direito interno.
II. basta a mera ratificação para que integrem o direito positivo nacional.
III. dependem de aprovação por ato de competência privativa do Congresso Nacional.
IV. a executoriedade de suas normas são imediatas à publicação da promulgação pelo Presidente da República, após aprovação por ato exclusivo do Senado Federal.

(A) Apenas os itens I e III são verdadeiros.
(B) Apenas os itens I e IV são verdadeiros.
(C) Apenas os itens I, II e IV são falsos.
(D) Todos os itens são verdadeiros.
(E) Todos os itens são falsos.

O tratado é celebrado pelo Presidente da República (art. 84, VIII, da CF), muitas vezes por meio do plenipotenciário. Posteriormente, submete-se ao referendo do Congresso Nacional (art. 49, I, da CF), que pode aprová-lo por meio de decreto legislativo. A seguir, o Presidente ratifica o tratado, manifestando, aos demais países, o consentimento. Finalmente, o Presidente promulga o tratado por decreto, cuja publicação insere-o no sistema jurídico nacional. Admitem-se, excepcionalmente, determinados *acordos executivos* que dispensam a aprovação pelo Congresso Nacional (subprodutos de tratado vigente ou expressão de diplomacia ordinária, conforme Rezek). **I:** incorreta, pois não é necessária lei, em sentido estrito, apenas referendo do Congresso Nacional, que se dá por meio de decreto legislativo; **II:** incorreta, pois, como visto, além da ratificação, é necessário o prévio referendo do Congresso e a posterior promulgação, para que o tratado internacional passe a integrar o sistema jurídico interno; **III:** incorreta. No Brasil é necessário um procedimento complexo para proceder à ratificação de tratados. O Congresso Nacional deve aprovar o texto do tratado, e o fará por meio de um decreto legislativo[1] promulgado pelo presidente do Senado e publicado no Diário Oficial da União. Em seguida, cabe ao presidente

1 Lembrando que as matérias de competência exclusiva do Congresso Nacional (artigo 49 da CF) devem ser normatizadas via decreto legislativo.

da República ratificar ou não – lembrando que a aprovação congressional não obriga a ulterior ratificação do tratado pelo presidente da República. Por fim, o tratado regularmente concluído depende da promulgação e da publicidade levada a efeito pelo presidente da República para integrar o Direito Nacional. No Brasil, a promulgação ocorre por meio de decreto presidencial e a publicidade perfaz-se com a publicação no Diário Oficial; **IV:** incorreta, pois a aprovação é da competência do Congresso Nacional, não do Senado.

Gabarito "E"

(Magistratura do Trabalho – 7ª Região – 2005) Em face de eventual antinomia entre tratado internacional e lei nacional posterior, excetuadas algumas situações particulares do direito brasileiro, o Supremo Tribunal Federal assentou posição distinta de outros modelos, a exemplo do modelo norte-americano, quando de setembro de 1975 a junho de 1977 estendeu-se no plenário discussão em torno do Recurso Extraordinário 80.004/SE, julgado em 1º de junho de 1977, relatado pelo Ministro Xavier de Albuquerque, e se decidiu que

(A) por conta de compromissos internacionais assumidos no plano dos tratados, esses prevaleceriam em detrimento de lei interna posterior.

(B) ante a realidade de conflito entre tratado internacional e lei interna posterior, deveria prevalecer essa última, porque expressão legítima da vontade do legislador, não obstante as consequências pelo não cumprimento do tratado, no plano do direito das gentes.

(C) os tratados teriam preferência sobre a legislação interna, exceto quando regulamentassem matérias ligadas à proteção de direitos humanos, de direito ambiental e relativas ao implemento de convenções internacionais sobre assuntos diplomáticos.

(D) haveria paridade absoluta entre tratado internacional e lei interna, dado que ambas as espécies normativas fazem parte do processo legislativo definido pela Constituição então vigente; de acordo com a referida decisão deveria prevalecer a norma posterior, tratado ou lei interna, que absorveria e revogaria a anterior.

(E) tratados internacionais teriam preferência sobre lei interna posterior apenas quando incorporados no direito interno como leis complementares, de modo que nessa qualidade assumiriam condição de superioridade normativa, à luz da teoria kelseniana do escalonamento das normas.

Depois de internalizado, o tratado é equiparado hierarquicamente à norma infraconstitucional. Assim, as normas infraconstitucionais preexistentes ao tratado serão derrogadas quando com ele colidirem. Em relação a quaisquer leis posteriores que venham a colidir com o tratado, o tema já foi decidido pelo STF na ADI-MC 1.480/DF, momento em que o Pretório Excelso exarou entendimento de que os tratados internacionais, em geral, ingressam no sistema jurídico brasileiro com força de lei ordinária federal e, portanto, podem ser revogados por lei posterior e de mesma natureza que com ele colidir, ainda que isso gere responsabilidade no plano internacional. Esse posicionamento do STF é, contudo, altamente criticável, pois a Convenção de Viena sobre Direitos dos Tratados está em vigor no Brasil, e o seu artigo 27 assim dispõe: "Uma parte não pode invocar as disposições de seu direito interno para justificar o inadimplemento de um tratado". Por essa razão, a alternativa B é correta e todas as outras são incorretas.

Gabarito "B"

(Magistratura do Trabalho – 1ª Região – 2004) Considerando o procedimento adotado para a elaboração de tratados, observe as assertivas abaixo:

I. tratado significa acordo internacional, concluído por escrito, entre Estados e regido pelo Direito Internacional, quer conste de um instrumento único, quer de dois ou mais instrumentos conexos, qualquer que seja sua denominação específica;

II. o tratado somente pode ser negociado pelos Chefes de Estado, não se admitindo sua representação por terceiros, ainda que portadores de plenos poderes;

III. reserva significa uma declaração unilateral, qualquer que seja sua redação ou denominação, feita por Estado, ao assinar, ratificar, aceitar ou aprovar um tratado, ou a ele aderir, com o objetivo de excluir ou modificar o efeito jurídico de certas disposições do tratado em sua aplicação a esse Estado;

IV. o Congresso Nacional somente referenda os tratados que impliquem compromissos gravosos ao patrimônio nacional;

V. é do Presidente da República a competência de celebrar o tratado, mas cabe ao Congresso Nacional o referendar ou o resolver em definitivo, conforme seja o caso.

Assinale:

(A) se incorreta somente a assertiva IV;

(B) se incorreta somente a assertiva V;

(C) se incorretas somente as assertivas I, III e V;

(D) se incorretas somente as assertivas II e IV;

(E) se correta somente a assertiva V.

I: correta. Tratado é todo acordo formal concluído entre pessoas jurídicas do Direito Internacional Público que tenha por escopo a produção de efeitos jurídicos. Ou consoante o art. 2, ponto 1, *a*, da Convenção de Viena sobre Direito dos Tratados, tratado é um acordo internacional concluído por escrito entre Estados e regido pelo Direito Internacional, quer conste de um instrumento único, quer de dois ou mais instrumentos conexos, qualquer que seja sua denominação específica; **II:** incorreta, pois o Estado pode ser representado por um ou mais plenipotenciários, o que normalmente ocorre, com plenos poderes para negociar, adotar, autenticar o texto, manifestar o consentimento, obrigar-se ou praticar qualquer outro ato relativo ao tratado – art. 2º, § 1º, *c*, da Convenção de Viena sobre Tratados de 1969; **III:** correta. A reserva é um condicionante do consentimento. Ou seja, é a declaração unilateral do Estado aceitando o tratado, mas sob a condição de que certas disposições não valerão para ele. A reserva pode aparecer tanto no momento da assinatura do tratado como no da ratificação ou da adesão, momento em que o Congresso Nacional pode fazer ressalvas sobre o texto do tratado e até mesmo desabonar as reservas feitas por ocasião da assinatura do tratado. No primeiro caso, as ressalvas serão traduzidas em reservas no momento da ratificação pelo presidente da República e, no segundo caso, o presidente da República fica impedido de confirmar as reservas previamente feitas. E por razões óbvias, a reserva é fenômeno incidente sobre os tratados multilaterais. Cabe ressaltar que, de acordo com a Convenção de Viena sobre Direito dos Tratados, um tratado pode proibir expressamente a formulação de reservas[2] (artigo 19, a, da Convenção de Viena sobre o Direito dos Tratados) e que, se ele nada dispuser sobre o assunto, entende-se que as reservas a um tratado internacional são possíveis, a não ser que sejam incompatíveis com seu objeto e sua finalidade (artigo 19, c, da Convenção de Viena sobre o Direito dos Tratados). Por fim, a Convenção de Viena sobre Direito dos Tratados também traz um conceito de reserva no seu artigo 2, I, *d: (...) reserva significa uma declaração unilateral, qualquer que seja a sua redação ou denominação, feita por um Estado ao assinar, ratificar, aceitar ou aprovar um tratado, ou a ele aderir, com o objetivo de excluir ou modificar o efeito jurídico de certas disposições do tratado em sua aplicação a esse Estado*; **IV:** incorreta, pois, em princípio, todos os tratados, convenções e atos internacionais celebrados pelo Presidente da República sujeitam-se ao referendo do Congresso Nacional – art. 84, VIII, da CF. Por outro lado, o art. 49, I, da CF dispõe que cabe ao Congresso Nacional resolver definitivamente acerca de tratados internacionais que acarretem encargos e compromissos gravosos ao patrimônio nacional. A rigor, admitem-se, excepcionalmente, determinados *acordos executivos* que dispensam a aprovação pelo Congresso Nacional. É possível apontar alguns exemplos de acordos executivos permitidos no Brasil: **a)** os acordos que objetivam simplesmente interpretar cláusulas de um tratado já vigente; **b)** os que decorrem, lógica e necessariamente, de algum tratado vigente e são editados para complementá-lo; e **c)** os de *modus vivendi*, que visam manter uma situação já concretizada ou estabelecer bases para negociações futuras; **V:** correta (reler o comentário sobre a assertiva anterior).

Gabarito "D"

(Ministério Público do Trabalho – 13°) Em relação aos Tratados Internacionais de Proteção dos Direitos Humanos, é INCORRETO afirmar que:

(A) os tratados, como acordos internacionais juridicamente obrigatórios e vinculantes, constituem a principal fonte de obrigação do Direito Internacional, e só se aplicam aos Estados que expressamente consentirem com a sua adoção;

(B) segundo a Constituição de 1988, os tratados internacionais demandam, para o seu aperfeiçoamento, um ato complexo no qual se integram à vontade do Presidente da República e do Congresso Nacional;

(C) a Carta Constitucional de 1967 incluía, expressamente, dentre os direitos constitucionalmente protegidos, os direitos enunciados nos tratados internacionais de que o Brasil fosse signatário;

(D) a doutrina da incorporação imediata dos tratados internacionais ao direito nacional, tão logo sejam ratificados, reflete a concepção monista do direito, pela qual o direito internacional e o direito interno compõem uma mesma ordem jurídica;

(E) não respondida.

A: correta. Tratado é todo acordo formal concluído entre pessoas jurídicas do Direito Internacional Público que tenha por escopo a produção de efeitos jurídicos. Ou consoante o artigo 2, ponto 1, *a*, da Convenção de Viena sobre Direito dos Tratados, tratado é um acordo internacional concluído por escrito entre Estados e regido pelo Direito Internacional, quer conste de um instrumento único, quer de dois ou mais instrumentos conexos, qualquer que seja sua denominação específica. Ademais, é um acordo de vontades, destarte só será aceito se tiver o consentimento de todos os Estados que participaram de sua confecção. No caso dos tratados multilaterais, que são negociados em conferências internacionais, sua aceitação decorre do consentimento de dois terços dos Estados presentes e votantes, a não ser que, pelo mesmo quórum, adotem regra diversa (artigo 9, 2, da Convenção de Viena sobre Tratados); **B:** correta. No Brasil é necessário um procedimento complexo para proceder à ratificação de tratados. O Congresso Nacional deve aprovar o texto do tratado, e o fará por meio de um decreto legislativo promulgado pelo presidente do Senado e publicado no Diário Oficial da União. Em seguida, cabe ao presidente da República ratificar ou não – lembrando que a aprovação congressional não obriga a ulterior ratificação do tratado pelo presidente da República. Por fim, o tratado regularmente concluído depende da promulgação e da publicidade levada a efeito pelo presidente da República para integrar o Direito Nacional. No Brasil, a promulgação ocorre por meio de decreto presidencial e a publicidade perfaz-se com a publicação no Diário Oficial; **C:** incorreta, pois não havia na CF/1967 disposição análoga à do art. 5°, § 2°, da atual Constituição Federal; **D:** correta. Segundo a tese monista, o Direito Internacional e o Nacional fazem parte do mesmo sistema jurídico, ou seja, incidem sobre o mesmo espaço. Logo, os compromissos normativos que os países – adeptos do monismo como França, Bélgica e Holanda –, assumem na comunidade internacional passam a ter vigência imediata no ordenamento interno de tais Estados, gerando a figura da *incorporação automática*. Opondo-se a essa ideia, a tese dualista advoga que cada um pertence a um sistema distinto e, portanto, incide sobre espaços diversos. Assim, essa concepção não possibilita a configuração da incorporação automática. A tese monista subdivide-se em: ***a)** monismo radical: prega a preferência pelo Direito Internacional em detrimento do Direito Nacional;* e ***b)** monismo moderado: prega a equivalência entre o Direito Internacional e o Direito Nacional.* É importante apontar que a jurisprudência internacional aplica o monismo radical; tal escolha é respaldada pelo artigo 27 da Convenção de Viena sobre Direito dos Tratados: "Uma parte não pode invocar as disposições de seu direito interno para justificar o inadimplemento de um tratado".

Gabarito "C"

(Ministério Público do Trabalho – 15°) Considerando a relação da norma internacional com o ordenamento jurídico interno, avalie as proposições seguintes:

I. as Convenções oriundas da Organização Internacional do Trabalho exigem, de acordo com a sua Constituição, que os Estados-membros submetam as convenções às autoridades competentes, de acordo com o seu ordenamento jurídico doméstico, sendo esta obrigação meramente formal tendo em vista a soberania estatal;

II. os tratados e convenções internacionais são fontes formais de direito internacional, operando efeitos para o ordenamento jurídico interno dos países que os ratificarem;

III. a Emenda Constitucional n° 45 estabeleceu um sistema jurídico misto de incorporação dos tratados: para os tratados de direitos humanos que, ao serem aprovados, pelas duas casas do Congresso Nacional, em dois turnos, por 3/5 dos votos dos respectivos membros, terão a mesma eficácia de emenda constitucional; para os demais tratados, independentemente do sistema de aprovação, serão incorporados equiparando-se à lei ordinária.

2 O Tribunal Penal Internacional (TPI) foi constituído na Conferência de Roma, em 17 de julho de 1998, onde se aprovou o Estatuto de Roma – tratado que não admite a apresentação de reservas.

De acordo com as assertivas acima, é CORRETO afirmar que:

(A) apenas as alternativas II e III estão corretas;
(B) todas as alternativas estão corretas;
(C) todas as alternativas estão incorretas;
(D) apenas a alternativa III está correta;
(E) não respondida.

I: correta, conforme o art. 19, § 5°, *b* e *e*, da Constituição da OIT; **II:** correta. O artigo 38 do Estatuto da Corte Internacional de Justiça (CIJ) determina que a função da Corte é decidir as controvérsias que lhe forem submetidas com base no Direito Internacional. Ademais, indica as fontes (chamadas de expressas ou formais) que serão utilizadas pelos juízes na confecção de suas decisões, a saber: **a)** as convenções internacionais; **b)** o costume internacional; **c)** os princípios gerais do Direito; **d)** as decisões judiciárias e a doutrina dos juristas mais qualificados das diferentes nações; **III:** correta. O tratado internacional tem força de lei ordinária federal (ver ADI-MC 1.480/DF), exceto se versar sobre direitos humanos, hipótese em que terá natureza supralegal (caso do Pacto de São José da Costa Rica – art. 5°, § 2°, da CF, ver HC 94.013/SP-STF) ou valerá como emenda constitucional, desde que aprovado por ambas as Casas do Congresso, em dois turnos e por maioria de três quintos de seus membros (art. 5°, § 3°, da CF).

Gabarito "B"

1.2. ESTADO – SOBERANIA E TERRITÓRIO

(Magistratura do Trabalho – 7ª Região – 2005) A propósito da personalidade jurídica do Estado e das organizações internacionais, na percepção da doutrina, especialmente em Francisco Rezek, pode-se afirmar que:

(A) a personalidade jurídica do Estado é originária e a personalidade jurídica das organizações internacionais é derivada.
(B) porque o Estado tem precedência histórica, sua personalidade jurídica é derivada; e porque as organizações resultam de uma elaboração jurídica resultante da vontade de alguns Estados, sua personalidade jurídica é originária.
(C) a personalidade jurídica do Estado fundamenta-se em concepções clássicas de Direito Público, formatando-se como realidade jurídica e política; a personalidade jurídica das organizações internacionais centra-se na atuação de indivíduos e de empresas, que lhes conferem personalidade normativa, assumindo feições públicas e privadas.
(D) a personalidade jurídica do Estado é definida por seus elementos normativos internos, aceitos na ordem internacional por tratados constitutivos de relações nas esferas públicas e privadas; a personalidade jurídica das organizações internacionais decorre da fragmentação conceitual do Estado contemporâneo, decorrência direta de crises de ingovernabilidade sistêmica e de legitimidade ameaçada pelo movimento de globalização; não se lhes aplicam referenciais convencionais, e consequentemente não se vislumbram personalidades jurídicas distintas.
(E) o direito das gentes não identifica a personalidade jurídica das organizações internacionais, dado que aplicado, especialmente, aos Estados, que detém natureza jurídica definida por elementos de Direito Público.

A, B e **E:** a personalidade jurídica do Estado é originária, em contrapartida à da Organização Internacional, que é derivada, pois é formada a partir da vontade dos Estados. Por essa razão, a alternativa **A** é correta e as alternativas **B** e **E** são incorretas; **C** e **D:** incorretas, pois a personalidade jurídica das organizações internacionais não se refere à atuação de indivíduos e empresas, mas sim à vontade de Estados-membros. Tampouco há relação com fragmentação conceitual do Estado, crises de ingovernabilidade ou ameaça à legitimidade.

Gabarito "A"

1.2.1. RELAÇÕES DIPLOMÁTICAS E CONSULARES

(Magistratura do Trabalho – 4ª Região – 2012) Em relação às relações diplomáticas, nos termos da Convenção de Viena, de 1961, é correto afirmar:

(A) Só pode ser considerado agente diplomático o Chefe da Missão Diplomática.
(B) "Membro do Pessoal de Serviço" são os empregados no serviço administrativo e técnico da Missão.
(C) "Criado Particular" é a pessoa do serviço doméstico de um Membro da Missão que não seja empregado do Estado acreditante.
(D) "Membro do Pessoal Diplomático" é toda e qualquer pessoa que trabalha na Missão Diplomática.
(E) "Chefe de Missão" é a pessoa encarregada pelo Estado acreditado de agir nessa qualidade.

A: incorreta, pois agente diplomático é tanto o Chefe da Missão Diplomática, como o membro do pessoal diplomático da Missão (art. 1°, *e*, da Convenção de Viena sobre Relações Diplomáticas); **B:** incorreta, pois membros do pessoal de serviço são os membros do pessoal da Missão empregados no serviço doméstico da Missão (art. 1°, *g*, da Convenção de Viena sobre Relações Diplomáticas); **C:** correta (vide art. 1°, *h*, da Convenção de Viena sobre Relações Diplomáticas); **D:** incorreta. Membros do pessoal diplomático são os membros do pessoal da Missão que tiverem a qualidade de diplomata (art. 1°, *d*, da Convenção de Viena sobre Relações Diplomáticas); **E:** incorreta, pois chefe de missão é a pessoa encarregada pelo Estado acreditante de agir nessa qualidade. Cabe lembrar que o Estado acreditante é aquele que envia o agente diplomático ou consular e Estado acreditado o que recebe (art. 1°, *a*, da Convenção de Viena sobre Relações Diplomáticas).

Gabarito "C"

(Magistratura do Trabalho – 4ª Região – 2012) Nos termos da Convenção de Viena, de 1963,

(A) "Funcionário Consular" é toda pessoa, excluindo o chefe da repartição consular, encarregada nesta qualidade do exercício das funções consulares.
(B) "Empregado Consular" é toda pessoa empregada nos serviços administrativos ou técnicos de uma repartição consular.
(C) "Chefe da Repartição Consular" é o funcionário consular, empregado e membro do pessoal de serviço.
(D) "Membro do Pessoal Privado" é a pessoa empregada exclusivamente no serviço técnico-administrativo da repartição consular.
(E) "Membro do Pessoal de Serviço" é toda pessoa empregada exclusivamente no serviço particular de um membro da repartição consular.

A: incorreta. Funcionário consular é toda pessoa, inclusive o chefe da repartição consular, encarregada nesta qualidade do exercício de funções consulares (art. 1º, *d*, da Convenção de Viena sobre Relações Consulares); **B:** correta (art. 1º, *e*, da Convenção de Viena sobre Relações Consulares); **C:** incorreta. Chefe de repartição consular é a pessoa encarregada de agir nessa qualidade (art. 1º, *c*, da Convenção de Viena sobre Relações Consulares);**D:** incorreta. Membro do pessoal privado é a pessoa empregada exclusivamente no serviço particular de um membro da repartição consular (art. 1º, *i*, da Convenção de Viena sobre Relações Consulares); **E:** incorreta. Membro do pessoal de serviço é toda pessoa empregada no serviço doméstico de uma repartição consular (art. 1º, *f*, da Convenção de Viena sobre Relações Consulares).

Gabarito "B".

(Magistratura do Trabalho – 5ª Região – 2006 – CESPE) Acerca dos sujeitos de direito internacional, assinale a opção correta.

(A) As organizações internacionais são associações voluntárias de sujeitos de direito internacional, constituídas por atos internos de cada sujeito.

(B) O agente diplomático é um dos órgãos do Estado para as relações internacionais.

(C) A seleção e a nomeação dos agentes diplomáticos são reguladas pelo direito internacional.

(D) Os cônsules não podem ser escolhidos entre os nacionais do Estado no qual vão servir.

(E) A Convenção de Viena de 1963 dispõe sobre as relações diplomáticas.

A: incorreta na parte final, pois a constituição das organizações internacionais formadas por Estados soberanos se dá por tratado internacional, e não por atos internos; **B:** correta – art. 3º da Convenção de Viena sobre Relações Diplomáticas de 1961 (Decreto 56.435/1965); **C:** incorreta, pois a legislação de cada país regula a seleção e nomeação de agentes diplomáticos, embora haja determinadas limitações impostas por acordos internacionais – ver, por exemplo, o art. 8º da Convenção de Viena sobre Relações Diplomáticas; **D:** incorreta, pois tanto os cônsules como os diplomatas poderão ter, excepcionalmente, a nacionalidade do Estado em que servirão (ou mesmo de terceiro Estado), desde que o Estado *acreditado* (que recebe o agente) consinta expressamente – art. 22º, § 2º, da Convenção de Viena sobre Relações Consulares de 1963 (Decreto 61.078/1967) e art. 8º, § 2º, da Convenção de Viena sobre Relações Diplomáticas; **E:** incorreta, pois a Convenção de Viena de 1963 refere-se às relações consulares. A Convenção de 1961 é que trata das relações diplomáticas.

Gabarito "B".

(Magistratura do Trabalho – 18ª Região – 2006) De acordo com a Convenção de Viena sobre Relações Consulares, celebrada em 24 de abril de 1963, assinale a alternativa incorreta:

(A) A ruptura das relações diplomáticas acarretará *ipso facto* a ruptura das relações consulares.

(B) Uma repartição consular não poder ser estabelecida no território do Estado receptor sem seu consentimento.

(C) Os chefes de repartição consular se dividem em quatro categorias, que são cônsules-gerais, cônsules, vice-cônsules e agentes consulares.

(D) "Exequatur" é o nome da autorização emitida pelo Estado receptor, que admite o chefe da repartição consular no exercício de suas funções.

(E) Os funcionários consulares só poderão ser escolhidos dentre os nacionais do Estado receptor com o consentimento expresso desse Estado, o qual poderá retirá-lo a qualquer momento.

A: incorreta, pois as atividades consulares (administrativas, relativas a interesses privados) não se confundem com as diplomáticas (relativas a assuntos de Estado e aos seus bens), de modo que a ruptura das relações diplomáticas não implica necessariamente ruptura das relações consulares (art. 2º, ponto 3, da Convenção de Viena de 1963). A ruptura de relações diplomáticas toma corpo ou pela entrega de passaportes ao diplomata do estado a que se aplica ou pela retirada do seu próprio diplomata da capital do estado a que se aplica, ou até pelas duas medidas concomitantemente; **B:** correta, nos termos do art. 2º, ponto 1, da Convenção – o estabelecimento de relações consulares depende de consentimento mútuo; **C:** correta (art. 9º, ponto 1, da Convenção); **D:** correta, nos termos do art. 12 da Convenção; **E:** correta, conforme art. 22, ponto 2, da Convenção – o mesmo direito de o Estado receptor retirar funcionário se aplica no caso deste ser nacional de terceiro Estado (e não nacional do Estado que envia – art. 22, ponto 3, da Convenção).

Gabarito "A".

(Magistratura do Trabalho – 20ª Região – 2003) De acordo com a Convenção de Viena de 1963:

(A) se um funcionário consular, ou empregado consular, vier a propor ação judicial sobre matéria relativamente a qual goze de imunidade de jurisdição de acordo com os preceitos da própria Convenção, poderá alegar, todavia, esta imunidade de jurisdição com respeito a qualquer pedido de reconvenção, ainda que ligado diretamente à demanda principal;

(B) salvo indicação em contrário, o consentimento dado para o estabelecimento de relações diplomáticas entre dois Estados implicará o consentimento para o estabelecimento de relações consulares;

(C) o rompimento das relações diplomáticas implicará, *ipso facto*, a ruptura das relações consulares;

(D) o Estado que negar a concessão de um *exequatur* está obrigado a comunicar ao Estado que envia os motivos dessa recusa;

(E) os membros da repartição consular, com relação aos serviços prestados ao Estado que envia, estão sujeitos às disposições de previdência social em vigor no Estado receptor.

A: incorreta, pois, se um funcionário consular, ou empregado consular, propuser ação judicial sobre matéria de que goze de imunidade de jurisdição, não poderá alegar esta imunidade com relação a qualquer pedido de reconvenção diretamente ligado à demanda principal (art. 45, ponto 3, da Convenção de Viena sobre Relações Consulares); **B:** correta (art. 2º, ponto 2, da Convenção); **C:** incorreta, pois a ruptura das relações diplomáticas não implica necessariamente ruptura das relações consulares (art. 2º, ponto 3, da Convenção de Viena de 1963); **D:** incorreta, pois o Estado não precisa justificar a recusa de concessão do *exequatur* (admissão do chefe da repartição consular) – art. 12, ponto 2, da Convenção; **E:** incorreta, pois os membros da repartição consular, com relação aos serviços prestados ao Estado que envia, e os membros de sua família que com eles vivam, estarão isentos das disposições de previdência social em vigor no Estado receptor.

Gabarito "B".

1.2.1.1. IMUNIDADES

(Procurador do Trabalho – MPT – 17º Concurso) Consoante a Convenção de Viena Sobre Relações Diplomáticas:

I. O agente diplomático gozará de imunidade de jurisdição penal e de jurisdição civil ou administrativa, a qual se estende à execução, ressalvadas as hipóteses expressamente previstas na própria Convenção, nem será obrigado a prestar depoimento como testemunha.
II. A renúncia à imunidade de jurisdição será sempre expressa, porém, se um agente diplomático inicia uma ação judicial, não lhe será permitido invocar a imunidade de jurisdição em relação a uma reconvenção proposta pelo réu, ligada à ação principal.
III. A renúncia à imunidade de jurisdição no referente às ações civis e administrativas não abrange as medidas de execução de sentença, para as quais é necessária nova renúncia.
IV. Os locais da Missão abrangem os edifícios, ou parte dos edifícios e terrenos anexos, seja quem for o seu proprietário, utilizados para as finalidades da Missão, inclusive a residência do Chefe da Missão, a qual goza da mesma inviolabilidade e proteção que os locais da Missão.

Marque a alternativa **CORRETA**:

(A) todas as assertivas estão corretas;
(B) todas as assertivas estão incorretas;
(C) apenas as assertivas I, II e III estão corretas;
(D) apenas as assertivas II, III e IV estão corretas;
(E) não respondida.

I: correta. No âmbito da missão diplomática, tanto os membros do quadro diplomático de carreira quanto os membros do quadro administrativo e técnico gozam de ampla imunidade de jurisdição penal, civil e administrativa, esta última sendo a mais mitigada, que se estende aos membros da família quando estes vivam sob sua dependência e tenham sido incluídos na lista diplomática. São, ademais, fisicamente invioláveis e em caso algum podem ser obrigados a depor como testemunhas. Reveste-os, além disso, a imunidade tributária; **II:** correta. Cabe lembrar que o Estado acreditante (o que envia o agente diplomático ou consular) pode renunciar, se entender conveniente, às imunidades de índole penal, civil e administrativa de que gozam seus representantes diplomáticos e consulares. Em caso algum o próprio beneficiário da imunidade pode renunciar; **III:** correta, pois, de fato, cabe separar imunidade de jurisdição e imunidade de execução, cabendo, se for o caso, o pedido de renúncia específico para cada um. Esse último tipo de imunidade significa que não poderá ser decretada execução forçada – como o sequestro, o arresto e o embargo – contra os bens de um Estado estrangeiro; **IV:** correta. São fisicamente invioláveis os locais da missão diplomática com todos os bens ali situados, assim como os locais residenciais utilizados pelo quadro diplomático e pelo quadro administrativo e técnico para fins da missão e por conta do Estado acreditante – salvo o imóvel privado. Esses imóveis, e os valores mobiliários neles encontráveis, não podem ser objeto de busca, requisição, penhora ou medida qualquer de execução (imunidade de execução). Os arquivos e documentos da missão diplomática são invioláveis onde quer que estejam. Nesse sentido é o artigo 22, ponto 2, da Convenção de Viena sobre Imunidades Diplomáticas, pois determina que o Estado acreditado (o que recebe o agente diplomático ou consular) tem a obrigação especial de adotar todas as medidas apropriadas para proteger os locais da missão contra qualquer dano e evitar perturbações à sua tranquilidade ou ofensas à sua dignidade.

Gabarito "A"

(Magistratura do Trabalho – 14ª Região – 2011) Analise as proposições abaixo e em seguida aponte a alternativa correta.

I. A inviolabilidade da missão diplomática tem sua justificativa atual, no caráter sagrado do embaixador que vive, segundo os costumes, sob a proteção de Deus.
II. A missão diplomática é inviolável, constituindo-se em edifícios, parte de edifícios e terrenos anexos, utilizado para as finalidades da missão.
III. Um agente diplomático ou uma pessoa que goza de imunidade de jurisdição e que inicia uma ação judicial pode invocar a referida imunidade no tocante a uma reconvenção diretamente ligada a ação principal, tendo em vista a soberania do Estado acreditante.
IV. O agente diplomático goza de isenção de todos os impostos e taxas, pessoais ou reais, nacionais, regionais ou municipais, com exceção, dentre outras, dos impostos indiretos incluídos nos preços das mercadorias ou dos serviços, dos impostos e taxas sobre bens imóveis privados, situados no território do Estado acreditado, daqueles decorrentes do direito de sucessão, dos que incorrem sobre rendimentos privados ou sobre serviços específicos prestados ao agente.
V. O Estado acreditante pode renunciar, de forma expressa, à imunidade de jurisdição dos seus agentes diplomáticos, dos membros da família destes ou daqueles que com eles convivam, que não sejam nacionais do Estado acreditado, dos membros do pessoal administrativo e técnico da missão, dos criados particulares, não nacionais do Estado receptor.

(A) Estão corretas as alternativas II, IV e V.
(B) Estão corretas as alternativas II, III e V.
(C) Estão corretas as alternativas I e III.
(D) Estão corretas as alternativas I e IV.
(E) Estão corretas as alternativas III, IV e V.

I: incorreta, pois a proteção tem por finalidade garantir o eficaz desempenho das funções das missões diplomáticas, em seu caráter de representantes dos Estados soberanos, conforme o Prólogo da Convenção de Viena sobre Relações Diplomáticas; **II:** correta. São também fisicamente invioláveis os locais da missão diplomática com todos os bens ali situados, assim como os locais residenciais utilizados pelo quadro diplomático e pelo quadro administrativo e técnico para fins da missão e por conta do Estado acreditante – salvo o imóvel privado. Esses imóveis, e os valores mobiliários neles encontráveis, não podem ser objeto de busca, requisição, penhora ou medida qualquer de execução (imunidade de execução). Os arquivos e documentos da missão diplomática são invioláveis onde quer que estejam. Nesse sentido é o artigo 22, ponto 2, da Convenção de Viena sobre Imunidades Diplomáticas, pois determina que o Estado acreditado (o que recebe o agente diplomático ou consular) tem a obrigação especial de adotar todas as medidas apropriadas para proteger os locais da missão contra qualquer dano e evitar perturbações à sua tranquilidade ou ofensas à sua dignidade; **III:** incorreta, pois, se um agente diplomático ou uma pessoa que goza de imunidade de jurisdição inicia uma ação judicial, não lhe será permitido invocar a imunidade de jurisdição no tocante a uma reconvenção ligada à ação principal (art. 32, ponto 3, da Convenção); **IV:** correta, nos termos do art. 34 da Convenção; **V:** correta. O Estado acreditante (o que envia o agente diplomático ou consular) pode renunciar, se entender conveniente, às imunidades de índole penal, civil e administrativa de que gozam seus representantes diplomáticos e consulares (32 da Convenção da Convenção de Viena de 1961). Em caso algum o próprio beneficiário da imunidade pode renunciar.

Gabarito "A"

(Magistratura do Trabalho – 15ª Região – 2011) A respeito da imunidade de jurisdição, analise as seguintes assertivas, à luz da Convenção de Viena sobre Relações Diplomáticas.

- **I.** A renúncia à imunidade de jurisdição sobre as ações cíveis ou administrativas deverá ser sempre expressa e abrange automaticamente a execução de sentença.
- **II.** O estado acreditante não pode renunciar à imunidade de jurisdição de seus agentes diplomáticos.
- **III.** É facultado ao agente diplomático invocar a imunidade de jurisdição em reconvenção diretamente ligada à ação principal por ele ajuizada.
- **IV.** A imunidade de jurisdição do agente diplomático no Estado acreditado o isenta da jurisdição do Estado acreditante
- **V.** O agente diplomático pode renunciar à sua imunidade de jurisdição.

Agora responda:

- **(A)** as assertivas I e III estão corretas;
- **(B)** as assertivas II e IV estão corretas;
- **(C)** apenas a assertivas IV está correta;
- **(D)** as assertivas I, II, III e IV estão corretas;
- **(E)** as assertivas I, II, III, IV e V estão incorretas.

I: incorreta, pois a renúncia à imunidade de jurisdição no tocante às ações civis ou administrativas não implica renúncia à imunidade quanto as medidas de execução da sentença, para as quais nova renúncia é necessária; **II:** incorreta, pois a renúncia é possível, sempre de modo expresso; **III:** incorreta, pois, se um agente diplomático ou uma pessoa que goza de imunidade de jurisdição inicia uma ação judicial, não lhe será permitido invocar a imunidade de jurisdição no tocante a uma reconvenção ligada à ação principal; **IV:** incorreta, pois a imunidade de jurisdição de um agente diplomático no Estado acreditado (no local da missão diplomática) não o isenta da jurisdição do Estado acreditante (o agente submete-se à jurisdição do seu próprio Estado) - art. 31, ponto 4, da Convenção; **V:** incorreta, pois somente o Estado acreditante pode renunciar à imunidade de jurisdição dos seus agentes e das pessoas que gozam de imunidade.

Gabarito "E"

(MAGISTRATURA DO TRABALHO – 1ª REGIÃO – 2010 – CESPE) As missões diplomáticas e as chancelarias são importantes órgãos das relações entre os Estados soberanos. Acerca de agentes diplomáticos, é correto afirmar que

- **(A)** são designados pelo Estado de envio ou Estado acreditado.
- **(B)** possuem imunidades perante a jurisdição local, já que podem ser retirados a qualquer tempo por ato unilateral do Estado acreditado.
- **(C)** não podem figurar em processos criminais como réus nas jurisdições locais, embora sejam obrigados a fazê-lo como testemunha.
- **(D)** os Estados acreditados têm poder discricionário quanto à aceitação de chefes de missão diplomática, podendo deixar de conceder o *agreement*.
- **(E)** núncios apostólicos são agentes diplomáticos atípicos, pois, como sacerdotes, não possuem imunidades previstas na Convenção de Viena de 1961 sobre relações diplomáticas.

A: incorreta, pois o Estado que envia o agente diplomático é designado *acreditante*. O Estado que recebe o agente diplomático estrangeiro é o *acreditado* (art. 3º, *a*, da Convenção de Viena sobre Relações Diplomáticas de 1961); **B:** incorreta, pois a imunidade de jurisdição decorre do costume internacional e, especialmente, da garantia fixada pelo art. 31 da Convenção de Viena de 1961. Ou seja, não há relação com a possibilidade dos agentes diplomáticos deixarem o Estado acreditado, o que é desnecessário para garantir a imunidade; **C:** incorreta, pois o agente diplomático não é, tampouco, obrigado a prestar depoimento como testemunha (art. 31, ponto 2, da Convenção de Viena de 1961); **D:** correta. É possível que o Estado acreditado não conceda o *agrément*. *Agrément* é o ato por meio do qual o Estado acreditado manifesta sua concordância com a nomeação de um agente diplomático por parte do Estado acreditante. Ademais, o Estado acreditado não precisa dar os motivos da recusa do *agrément* (artigo 4º, ponto 2, da Convenção de Viena sobre Relações Diplomáticas); **E:** incorreta, pois o núncio apostólico é agente diplomático da Santa Sé, com todas as garantias da Convenção de Viena de 1961 (art. 14, ponto 1, *a*).

Gabarito "D"

(Magistratura do Trabalho – 23ª Região – 2009) Analise as proposições abaixo e marque a alternativa CORRETA:

- **I.** O agente diplomático gozará de imunidade de jurisdição penal, civil e administrativa do Estado acreditado inclusive quanto às ações reais sobre imóveis privados.
- **II.** O agente diplomático, quando intimado, deverá prestar depoimento como testemunha.
- **III.** O consentimento dado para o estabelecimento de relações diplomáticas entre dois Estados implicará o consentimento para o estabelecimento de relações consulares, salvo indicação em contrário.

- **(A)** Apenas o item I é verdadeiro.
- **(B)** Apenas o item II é verdadeiro.
- **(C)** Apenas o item III é verdadeiro.
- **(D)** Todos os itens são verdadeiros.
- **(E)** Todos os itens são falsos.

I: incorreta, pois a imunidade de jurisdição em favor do agente diplomático não abrange as ações reais relativas a imóveis privados situados no território do Estado acreditado, salvo se o agente diplomático o possuir por conta do Estado acreditante para os fins da Missão (art. 31, ponto 1, *a*, da Convenção de Viena de 1961); **II:** incorreta, pois o agente diplomático não é obrigado a prestar depoimento como testemunha; **III:** correta, pois reflete o disposto no art. 2º, ponto 2, da Convenção de Viena sobre Relações Consulares de 1963 (Decreto 61.078/1967).

Gabarito "C"

(Magistratura do Trabalho – 23ª Região – 2006) Em relação à imunidade do agente diplomático, analise as afirmativas abaixo e assinale a resposta correta:

(A) a imunidade de jurisdição de um agente diplomático no Estado acreditado prorroga-se por todo o território internacional, inclusive no Estado acreditante;
(B) gozará, apenas, da imunidade de jurisdição penal do Estado acreditado;
(C) o Estado acreditante não poderá renunciar à imunidade de jurisdição dos seus agentes diplomáticos;
(D) o agente diplomático gozará da imunidade de jurisdição penal do Estado acreditado. Gozará, também, da imunidade de jurisdição civil e administrativa, a não ser que se trate de uma ação referente a qualquer profissão liberal ou atividade comercial exercida pelo agente diplomático no Estado acreditado fora de suas funções oficiais;
(E) nenhuma das alternativas acima está correta.

A: incorreta, pois a imunidade refere-se apenas à jurisdição do país acreditado; **B** e **D:** no âmbito da missão diplomática, tanto os membros do quadro diplomático de carreira quanto os membros do quadro administrativo e técnico gozam de ampla imunidade de jurisdição penal, civil e administrativa, esta última sendo a mais mitigada, que se estende aos membros da família quando estes vivam sob sua dependência e tenham sido incluídos na lista diplomática. Por essa razão, a alternativa **B** é incorreta e a **D** é correta; **C:** incorreta, pois o Estado acreditante pode renunciar à imunidade; **E:** incorreta porque a assertiva D está correta.

Gabarito "D"

(Magistratura do Trabalho – 13ª Região – 2006) Em se tratando de membros de Missões Diplomáticas, é correto afirmar que:

(A) são funcionários que gozam de imunidades absolutas com relação ao Estado acreditado;
(B) a residência particular por eles ocupadas e sua correspondência pessoal gozam da mesma inviolabilidade;
(C) a imunidade é extensiva aos imóveis privados, independentemente de sua localização;
(D) a critério do Estado acreditante, mediante consulta ao Senado Federal ou ao Parlamento, a imunidade será reconhecida ou não;
(E) tais prerrogativas devem ser previstas no *Agréement*.

A: incorreta, pois a imunidade do agente diplomático é em relação à jurisdição do Estado acreditado (que recebe o agente) e sujeita-se a diversas exceções (art. 31 da Convenção de Viena sobre Relações Diplomáticas); **B:** correta (art. 30 da Convenção de Viena sobre Relações Diplomáticas); **C:** incorreta, pois a imunidade de jurisdição do agente diplomático não se estende às ações reais sobre imóveis privados no território do Estado acreditado, exceto se o possuir por conta do Estado acreditado para os fins da missão; **D:** incorreta, pois a imunidade refere-se à jurisdição do Estado acreditado (que recebe o agente), nunca do Estado acreditante (que envia o agente diplomático); **E:** incorreta, pois as prerrogativas dos agentes diplomáticos decorrem da Convenção Internacional, e não do *agréement* dado pelo Estado acreditado (concordância com a nomeação do agente).

Gabarito "B"

(Magistratura do Trabalho – 20ª Região – 2003) De acordo com a Convenção de Viena de 1961:

(A) o agente diplomático goza da imunidade de jurisdição penal do Estado acreditado, mas não goza da imunidade de jurisdição civil e administrativa;
(B) a renúncia à imunidade de jurisdição no tocante às ações cíveis ou administrativas não implica renúncia à imunidade quanto às medidas de execução de sentença, para a consecução das quais nova renúncia é necessária;
(C) o agente diplomático não está sujeito a nenhuma medida de execução do Estado acreditante;
(D) a imunidade de jurisdição de um agente diplomático no Estado acreditado isenta-o da jurisdição do Estado acreditante;
(E) a renúncia à imunidade de jurisdição poderá ser tácita ou presumida, mas, quando expressa, deve limitar o seu alcance e vigência no tempo.

A: incorreta, pois o agente diplomático goza também de imunidade civil e administrativa, muito embora haja exceções em relação a determinadas matérias; **B:** correta (art. 32, ponto 4, da Convenção); **C:** incorreta (art. 31, ponto 3, da Convenção de Viena sobre Relações Diplomáticas); **D:** incorreta (art. 31, ponto 4, da Convenção); **E:** incorreta, pois a renúncia à imunidade deve ser sempre expressa.

Gabarito "B"

1.2.2. EXCLUSÃO DO ESTRANGEIRO E VISTOS

1.2.2.1. VISTOS

(Magistratura do Trabalho – 2ª Região – 2012 - ADAPTADA) Analise as assertivas abaixo e ao final responda.

I. A imigração objetivará, primordialmente, propiciar mão de obra especializada aos vários setores da economia nacional, visando a Política nacional de Desenvolvimento em todos os aspectos e, em especial, ao aumento de produtividade, à assimilação de tecnologia e á captação de recursos para setores específicos.
II. Não se concederá visto ao estrangeiro anteriormente expulso do País, salvo se a expulsão tiver sido revogada.
III. O portador de visto de cortesia, oficial ou diplomático, poderá exercer atividade remunerada em favor do Estado estrangeiro, organização ou agência internacional de caráter intergovernamental a cujo serviço se encontre no País, com aplicação do disposto na legislação trabalhista brasileira.

Estão **corretas apenas** as assertiva(s):

(A) I e II
(B) I e III
(C) I, II e III.
(D) II e III.
(E) I.

I: correta, pois a assertiva está em conformidade com o disposto no art. 16, parágrafo único, do Estatuto do Estrangeiro; **II:** correta. A primeira parte da assertiva reproduz a proibição estampada no art. 7º, III, do Estatuto do Estrangeiro; **III:** incorreta, pois destoa do disposto no art. 104 do Estatuto do Estrangeiro.

Gabarito "A"

1.2.2.2. COMBINADAS

(Magistratura do Trabalho – 16ª Região – 2008) Analise as seguintes proposições:

I. A estrutura jurídica da União Europeia comporta a Comissão Europeia, o Conselho de Ministros, O Tribunal de Justiça, o Parlamento Europeu, o Comitê Econômico e Social e um Tribunal de Contas;

II. Extradição é a forma de exclusão de estrangeiro que entrou irregularmente no país ou cuja permanência tornou-se irregular.

III. Asilo Político é o ato de acolhimento por Estado de estrangeiro que sofra em seu país de origem perseguição ideológica, de opinião ou dissidência política;

IV. Deportação é a entrega de um indivíduo de um Estado a outro, a pedido deste, para responder a processo criminal ou cumprir pena;

Responda:

(A) Todas as afirmações estão corretas.

(B) Apenas as afirmações I e IV estão corretas;

(C) Somente a afirmação III está correta;

(D) Somente as afirmações I e III estão corretas;

(E) Todas as afirmações estão incorretas.

I: correta (art. 13 do Tratado da União Europeia); **II:** incorreta. A extradição é a entrega de um Estado para outro Estado, a pedido deste, de indivíduo que em seu território deva responder a processo penal ou cumprir pena por prática de crime de certa gravidade. A grande finalidade da extradição é garantir, por meio da cooperação internacional, que a prática de crime não ficará sem punição. A assertiva refere-se à deportação (art. 57 do Estatuto do Estrangeiro); **III:** correta. O asilo territorial é o acolhimento, pelo Estado, em seu território, de estrangeiro perseguido em seu país por causa de dissidência política, de delitos de opinião ou por crimes que, relacionados com a segurança do Estado, não configurem infração penal comum; **IV:** incorreta. A deportação é a saída compulsória, do território nacional, do estrangeiro que ingressou irregularmente ou cuja presença tenha se tornado irregular – quase sempre por expiração do prazo de permanência ou por exercício de atividade não permitida, como trabalho remunerado no caso do turista. A assertiva refere-se à extradição – art. 76 e seguintes do mesmo Estatuto.

Gabarito "D"

1.3. ORGANIZAÇÕES INTERNACIONAIS – TEORIA GERAL

(MAGISTRATURA DO TRABALHO – 1ª REGIÃO – 2010 – CESPE) Acerca da personalidade jurídica internacional, essencial para o exercício de direitos e deveres no âmbito do direito internacional público, assinale a opção correta.

(A) Órgãos internacionais, como a Anistia Internacional e o Greenpeace, são sujeitos de direito público externo, sem o que não poderiam exercer suas finalidades.

(B) O MERCOSUL, ao contrário da União Europeia, não possui personalidade jurídica de direito internacional.

(C) A OIT não possui personalidade jurídica, pois é filiada à Organização das Nações Unidas e por ela representada.

(D) O Vaticano, embora seja estado anômalo, por não possuir território, possui representantes diplomáticos, os quais se denominam núncios apostólicos.

(E) O reconhecimento da personalidade jurídica das organizações internacionais não decorre de tratados, mas da jurisprudência internacional, mais especificamente do Caso Bernadotte, julgado pela Corte Internacional de Justiça.

A: incorreta. As ONGs não são criadas por Estados nem são reguladas pelo Direito Internacional, mas pelo direito interno do país onde foram constituídas. Portanto, as ONGs não têm, em princípio, personalidade jurídica internacional, embora esse caráter tenha sido atribuído, de forma especial, ao Comitê Internacional da Cruz Vermelha pela comunidade internacional em função da prestação de verdadeiro serviço público em escala global – o que é confirmado pelos tratados firmados[3] e pelo exercício do direito de legação. Com isso, esse comitê pode relacionar-se diretamente com os Estados e as organizações intergovernamentais quando tratar das matérias abrangidas por seu campo específico de atuação; **B:** incorreta. Apesar da indiscutível personalidade jurídica de direito internacional ostentada pelo Mercosul, cabe reproduzir o muito citado artigo 34 do Protocolo de Ouro Preto: "O Mercosul terá personalidade jurídica de Direito Internacional"; **C:** incorreta, já que a Organização Internacional do Trabalho (OIT) tem personalidade jurídica internacional, a exemplo de outras organizações internacionais constituídas por tratados firmados por Estados soberanos – art. 39 da Constituição da OIT; **D:** incorreta, pois o Vaticano tem território próprio, encravado em Roma, na Itália, reconhecido pelo Tratado de Latrão; **E:** correta. a personalidade jurídica das organizações internacionais foi reconhecida no parecer consultivo da Corte Internacional de Justiça no caso *Folke de Bernadotte*[4]: "A Corte, em parecer consultivo de 11 de abril de 1949, deixa claro que em semelhante hipótese a própria organização sofre um dano em seus serviços, e à conta desse dano – que não se confunde com aqueles causados diretamente às vítimas e a seus sucessores – tem direito a uma reparação adequada. Transparece do texto a convicção de que, por igual, a organização, titular que é de personalidade jurídica distinta das de seus Estados componentes, pode acaso ser autora de um ilícito e sofrer as respectivas consequências. A responsabilidade internacional assim, pode envolver organizações internacionais tanto como autoras quanto como vítimas do ato ilícito segundo o direito das gentes[5]".

Gabarito "E"

(Magistratura do Trabalho – 16ª Região – 2006) A imunidade de jurisdição, para alguns efeitos jurídicos, estende-se às organizações internacionais. Das alternativas abaixo, indique qual não se constitui uma organização internacional com imunidade de jurisdição, para determinadas situações jurídicas:

(A) Comunidade Europeia do Carvão e do Aço

(B) Agência Europeia de Energia Atômica;

3 Convenções de Genebra de 1949.

4 Conde sueco e mediador da ONU na Palestina que, no exercício de suas funções, foi assassinado por extremistas israelenses em Jerusalém, em 1948.

5 Rezek, Francisco. *Direito Internacional Público*11. ed. São Paulo: Saraiva, 2008. , p. 269-270.

(C) Fédération Internationale de Football Association (FIFA);
(D) Fundo Monetário Internacional;
(E) União Europeia.

Das organizações, apenas a FIFA não goza de imunidade de jurisdição, pois não há tratado internacional nesse sentido. É importante ressaltar que a Comunidade Europeia do Carvão e do Aço foi absorvida pela União Europeia. A Agência Europeia de Energia Nuclear tornou-se a Agência de Energia Nuclear, no âmbito da Organização para Cooperação e Desenvolvimento Econômico (OCDE).

Gabarito "C"

1.3.1. ORGANIZAÇÃO MUNDIAL DO COMÉRCIO

(Magistratura do Trabalho – 11ª Região – 2007 – FCC) Assinale a alternativa correta em relação à matéria proposta no enunciado da questão. OMC – Organização Mundial do Comércio:

(A) Surgiu em 1947 como desdobramento da OMC – Organização Mundial do Comércio, criada em Havana em 1919.
(B) Entre seus propósitos estão o de ser um centro de resolução de litígios entre Estados em matéria comercial.
(C) A Conferência das Nações Unidas sobre o Comércio e Emprego resultou na criação da OIT e da OMC.
(D) O GATS – Acordo Geral sobre Serviços silencia sobre a livre circulação de trabalhadores.
(E) Ao consagrar a necessidade de regras comerciais livres e transparentes, a OMC não contribui para o fortalecimento do papel dos trabalhadores.

A: incorreta. O antigo Acordo Geral de Tarifas e Comércio (Gatt, 1947) não era uma organização internacional, mas sim um acordo temporário que teve vigência de 1948 a 1994, ano em que foi absorvido pelo conjunto institucional mais amplo e mais estruturado que é a OMC. Tal acontecimento se deu na Rodada Uruguai de negociações do Gatt e tomou corpo mediante a Reunião Ministerial de Marrakesh, entrando em vigor em 1º de janeiro de 1995 com sua ratificação (Decreto 1.355/1994). Sua estrutura comportava um acordo-base (instituidor da OMC), três anexos disciplinando acordos obrigatórios (entre eles a submissão do Estado-membro ao sistema de solução de controvérsias) e um anexo cuidando de um facultativo; **B:** correta. A OMC é uma organização internacional, com sede em Genebra, na Suíça, que tem por objetivo zelar pelas normas que regem o comércio entre os países, em nível mundial ou quase mundial. Por isso, diz-se que é uma organização internacional especializada de vocação universal. De maneira mais ampla, a OMC é uma organização para liberalização do comércio, um fórum para que os governos negociem acordos comerciais e um lugar para que os governos resolvam suas diferenças comerciais. Ademais, é encarregada de aplicar um sistema de normas comerciais – o chamado sistema de resolução de controvérsias da OMC; **C:** incorreta. Reler o comentário sobre a alternativa A. Ademais, a OIT surgiu a partir do Tratado de Versalhes, de 1919; **D:** incorreta, pois há referência no art. V *bis*, do GATS; **E:** incorreta, pois os trabalhadores são também beneficiados por regras comerciais livres (que tendem a ampliar mercados e, portanto, empregos) e transparentes (que tendem a garantir direitos dos trabalhadores e impedir abusos).

Gabarito "B"

1.3.2. COMBINADAS

(Magistratura do Trabalho – 11ª Região – 2007 – FCC) Assinale a alternativa correta em relação à matéria proposta no enunciado da questão. Organizações internacionais:

(A) A OMC foi criada com o propósito de garantir a manutenção dos mecanismos de concentração econômica anteriormente existentes.
(B) A Assembleia Geral da ONU tem por função assessorar o Secretário-Geral.
(C) O Conselho de Segurança da ONU pode fazer recomendações em matéria de aquisição de autodeterminação.
(D) Todos os Estados soberanos atualmente existentes são membros da ONU.
(E) As resoluções do Conselho de Segurança criam obrigações para os Estados-membros.

A: incorreta, pois a premissa básica da OMC é a liberalização do comércio mundial, o que tende a refutar a concentração econômica; **B:** incorreta. A Assembleia Geral é composta de todos os membros da ONU, cabendo a cada Estado-membro apenas um voto. Ela reúne-se em sessões ordinárias, uma vez por ano, e em sessões extraordinárias sempre que preciso for. As decisões da Assembleia Geral são tomadas pela maioria simples dos membros presentes e votantes. Mas pode-se definir que o quórum será de dois terços quando tratar de questões consideradas importantes. Entre algumas de suas funções, podem-se citar: **a)** aprovação do orçamento; **b)** eleição dos membros não permanentes do Conselho de Segurança e dos membros do Conselho Econômico e Social; **c)** nomeação do secretário-geral da Nações Unidas; e **d)** eleição, em conjunto com o Conselho de Segurança, dos juízes da Corte Internacional de Justiça; **C:** incorreta, pois não há essa competência específica (art. 36 da Carta da ONU); **D:** incorreta, pois nem todos os Estados soberanos são membros da ONU, apenas aqueles que aderiram à organização; **E:** correta (art. 25 da Carta da ONU).

Gabarito "E"

1.4. SER HUMANO

1.4.1. NACIONALIDADE

(Magistratura do Trabalho – 7ª Região – 2005) Nos termos da Constituição da República Federativa do Brasil são brasileiros naturalizados:

(A) os que, na forma de lei complementar, adquiram a nacionalidade brasileira, exigidas aos originários de países de língua portuguesa apenas residência por um ano ininterrupto.
(B) os que, na forma de lei, adquiram a nacionalidade brasileira, exigidas aos originários de países de língua portuguesa comprovação de idoneidade moral e de inexistência de condenação penal com trânsito em julgado.
(C) os estrangeiros de qualquer nacionalidade residentes na República Federativa do Brasil há mais de quinze anos ininterruptos e sem condenação penal, desde que requeiram a nacionalidade brasileira.
(D) os portugueses com residência permanente no País, se houver reciprocidade em favor de brasileiros, a quem são atribuídos todos os direitos inerentes a brasileiros, sem limitações, exceto o exercício de cargos de chefia no executivo, no legislativo e no judiciário.

(E) todos quantos requeiram a nacionalidade brasileira, a qualquer tempo, e sem limitações substanciais, dado que nosso texto constitucional não estabelece distinções entre brasileiros natos e naturalizados.

A, **B** e **E:** incorretas, pois brasileiros naturalizados são os que adquirem a nacionalidade brasileira na forma da lei (ordinária, não complementar – Lei 6.815/1980) sendo que, no caso dos estrangeiros originários de países de língua portuguesa, exige-se apenas residência por um ano ininterrupto e idoneidade moral (art. 12, II, *a*, da CF); **C:** essa é a correta, pois descreve a naturalização extraordinária, prevista no art. 12, II, *b*, da CF; **D:** incorreta, considerando que há diversas limitações, pois há outros cargos que somente podem ser ocupados por brasileiros natos, além dos cargos de chefes do Executivo, Legislativo e Judiciário (art. 12, §§ 1º e 3º, da CF).

Gabarito "C"

1.4.2. ESTRANGEIRO NO BRASIL

(Ministério Público do Trabalho – 16º) Assinale a alternativa INCORRETA acerca das disposições constitucionais quanto ao estrangeiro no Brasil:

(A) É facultado às universidades admitir professores, técnicos e cientistas estrangeiros.

(B) A lei regulará e limitará a aquisição ou o arrendamento de propriedade rural por pessoa física ou jurídica estrangeira e estabelecerá os casos que dependerão de autorização do Congresso Nacional.

(C) Podem alistar-se como eleitores os estrangeiros residentes no país.

(D) São brasileiros naturalizados os estrangeiros de qualquer nacionalidade, residentes na República Federativa do Brasil há mais de quinze anos ininterruptos e sem condenação penal, desde que requeiram a nacionalidade brasileira.

(E) Não respondida.

A: assertiva correta, conforme o art. 207, § 1º, da CF; **B:** assertiva correta, nos termos do art. 190 da CF; **C:** assertiva incorreta, devendo ser assinalada, pois o estrangeiro não pode se alistar como eleitor (art. 14, § 2º, da CF); **D:** assertiva correta, conforme o art. 12, II, *b*, da CF.

Gabarito "C"

1.5. DIREITO COMUNITÁRIO

1.5.1. TEORIA GERAL

(Magistratura do Trabalho – 4ª Região – 2012) Em relação aos princípios e respectivos conceitos do Direito Comunitário, é correto afirmar:

(A) Pelo princípio da subsidiariedade, a Comunidade só deve exercer suas funções nos limites e atribuições instituídos pelos Tratados.

(B) Pelo princípio da lealdade, concretiza-se o primado do Direito Comunitário sobre o Direito Interno.

(C) Pelo princípio da proporcionalidade, a Comunidade não deve ultrapassar os meios necessários para alcançar o seu objetivo.

(D) Pelo princípio da coesão, as relações entre as pessoas jurídicas de Direito Público e de Direito Privado e entre umas e outras devem pactuar-se pela igualdade.

(E) Pelo princípio da preservação do acervo comunitário, as decisões na Comunidade são tomadas com abertura e divulgação, para que os cidadãos europeus possam delas ter consciência.

A única assertiva correta sobre o Direito Comunitário é a C. Os elementos ou princípios que caracterizam o direito comunitário surgiram basicamente da jurisprudência do Tribunal de Justiça da União Europeia, que é a autoridade judiciária da União Europeia e responsável, em colaboração com os órgãos jurisdicionais dos Estados-membros, pela aplicação e interpretação uniformes do direito comunitário. Essas características funcionam como princípios gerais do direito comunitário, que auxiliam na superação das lacunas do direito e identificam a existência de uma ordem jurídica supranacional. Passemos à análise pontual dos princípios gerais do direito comunitário.

1. Aplicação imediata

As normas comunitárias adquirem vigência de forma imediata na jurisdição interna de cada um dos Estados-membros. Percebe-se que não é necessário o procedimento de incorporação, logo é um caso típico de aplicação da teoria monista, ou melhor, do monismo radical. Esse princípio tem por consequência a impossibilidade de o Estado-membro opor-se, por motivos de ordem legal e constitucional, à aplicação de normas comunitárias.

2. Aplicação direta

Como consequência do princípio anterior, as normas do direito comunitário criam direitos e obrigações não somente para os Estados-membros, mas também para seus cidadãos. Percebe-se uma grande diferença em relação ao direito internacional típico, pois enquanto este apenas tem incidência em relação aos Estados, o direito comunitário incide sobre os Estados e seus cidadãos. Como consequência desse princípio, o juiz nacional é obrigado a reconhecer direitos concedidos diretamente por tratados, regulamentos, decisões comunitárias, ou seja, não é necessário que haja uma norma jurídica interna concedendo tal direito.

3. Aplicação por juízes nacionais

Como corolário dos princípios anteriores, os juízes ordinários dos Estados-membros devem aplicar o direito comunitário. Tal situação permite afirmar que todo juiz nacional ordinário de um Estado-membro é também juiz comunitário. Esse princípio atesta o ponto de que o Tribunal de Justiça é a autoridade judiciária da União Europeia e responsável, em colaboração com os órgãos jurisdicionais dos Estados-membros, pela aplicação e interpretação uniformes do direito comunitário. Tal colocação nos leva à outra consideração, qual seja, o Tribunal de Justiça da União Europeia é a mais alta instância para todos os juízes ordinários dos Estados-membros quando tratar-se da aplicação do direito comunitário.

4. Aplicação predominante do direito comunitário ou primazia das normas jurídicas comunitárias

Esse princípio indica que, caso ocorra conflito entre normas comunitárias e nacionais (mesmo estas sendo de índole constitucional), as primeiras geralmente vencerão. Contudo, cabe reforçar que não se trata de um princípio absoluto, podendo eventual colisão entre as duas ordens normativas ser solucionada, por exemplo, pela observância da norma constitucional de determinado país, desde que justificado no caso concreto. Traz um pouco da ideia abordada anteriormente (aplicação imediata do direito comunitário): esse princípio tem por consequência a impossibilidade de o Estado-membro opor-se, por motivos de ordem legal e constitucional, à aplicação de normas comunitárias. Tal característica tem importância fundamental para o funcionamento do sistema comunitário, pois garante a uniformidade na aplicação do direito comunitário em todos os Estados-membros, garantindo, assim, a eficiência dos órgãos comunitários.

Gabarito "C"

1.5.2. MERCOSUL

(Magistratura do Trabalho – 15ª Região – 2012) Sobre o Mercosul, aponte a alternativa **incorreta**:

(A) A zona de livre comércio entre os países membros foi instalada no ano de 1995.
(B) Em julho de 1999, estabeleceu-se um plano de uniformização de taxas de juros, índice de *déficit* e taxas de inflação.
(C) Em 1999, o Brasil recorreu a OMC, pois a Argentina estabeleceu barreiras aos tecidos de algodão e lã produzidos no Brasil.
(D) Os países membros do Mercosul estudam a possibilidade da adoção de uma moeda única, a exemplo do que fez o Mercado Comum Europeu.
(E) Fazem parte do Mercosul, Brasil, Paraguai, Argentina, Venezuela, Chile e Uruguai.

As assertivas **A**, **B** e **C** tratam de situações históricas que ocorreram no Mercosul. E a assertiva **D** cuida de um tema em discussão no seio do Mercosul. Agora a assertiva **E** está incorreta porque o Mercosul é uma união aduaneira formada por Argentina, Uruguai, Brasil, Paraguai (encontra-se suspenso do bloco após o duvidoso "*impeachment*" do ex-Presidente Fernando Lugo) e, mais recentemente, pela Venezuela também e funciona pela cooperação intergovernamental. Os Estados Associados do Mercosul são Bolívia, Chile, Colômbia, Equador e Peru.

Gabarito "E"

(Magistratura do Trabalho – 23ª Região – 2009) Analise os itens abaixo e marque a alternativa CORRETA:

I. Diferentemente do que ocorre na Corte Europeia, no âmbito do Mercosul os cidadãos não têm acesso direto aos mecanismos de solução de disputas.
II. O Tratado de Assunção, de forma explícita, contém regra básica do Mercosul assentada no princípio da reciprocidade.
III. Visando à evolução do processo de integração no âmbito do Mercosul, no que diz respeito ao aperfeiçoamento do sistema de solução de controvérsias, foi criado, a partir de 2002, o Tribunal Arbitral Permanente de Revisão, com sede em Assunção (Paraguai).

(A) Apenas o item I é falso.
(B) Apenas o item II é falso.
(C) Apenas o item III é falso.
(D) Todos os itens são falsos.
(E) Todos os itens são verdadeiros.

I: correta, pois o sistema de solução de controvérsias do Mercosul refere-se aos Estados-partes (art. 1º, § 1º, do Protocolo de Olivos). É interessante lembrar, entretanto, que é possível a formulação de reclamação por particulares em razão da sanção ou aplicação, por qualquer dos Estados-partes, de medidas legais ou administrativas de efeito restritivo, discriminatórias ou de concorrência desleal, em violação do Tratado de Assunção, do Protocolo de Ouro Preto, dos protocolos e acordos celebrados no marco do Tratado de Assunção, das Decisões do Conselho do Mercado Comum, das Resoluções do Grupo Mercado Comum e das Diretrizes da Comissão de Comércio do MERCOSUL (art. 39 do Protocolo de Olivos); **II:** correta, pois o art. 2º do Tratado de Assunção prevê expressamente que o Mercado comum estará fundado na reciprocidade de direitos e obrigações entre os Estados-Partes; **III:** correta (art. 17 do Protocolo de Olivos).

Gabarito "E"

(Magistratura do Trabalho – 3ª Região – 2009) Sobre o Mercosul, leia as afirmações abaixo e, em seguida, assinale a alternativa correta:

I. O Mercado Comum do Sul (Mercosul) é um amplo projeto de integração concebido por Argentina, Brasil, Paraguai e Uruguai, fundado em 1991, pelo Tratado de Assunção. Envolve, por enquanto, tão somente dimensões econômicas, tais como a União Aduaneira.
II. Os Estados Associados do Mercosul são Bolívia, Chile, Colômbia, Equador e Peru.
III. Existe previsão para que os representantes do Parlamento do Mercosul passem a ser eleitos por sufrágio universal, direto e secreto.
IV. O Mercado comum estará fundado na reciprocidade de direitos e obrigações entre os Estados-Partes.
V. Pela Declaração Sociolaboral, os Estados-Partes, inclusive o Brasil, se comprometem a respeitar o princípio da liberdade sindical absoluta, inclusive quanto à livre formação de sindicatos.

(A) Somente uma afirmativa está correta.
(B) Somente duas afirmativas estão corretas.
(C) Somente três afirmativas estão corretas.
(D) Somente quatro afirmativas estão corretas.
(E) Todas as afirmativas estão corretas.

I: incorreta, pois existe a dimensão sociopolítica, exemplificada pelo Parlamento e pela Declaração Sociolaboral do Mercosul; **II:** correta. O Mercosul é uma união aduaneira formada por Argentina, Uruguai, Brasil, Paraguai (encontra-se suspenso do bloco após o duvidoso "*impeachment*" do ex-Presidente Fernando Lugo) e, mais recentemente, pela Venezuela também e funciona pela cooperação intergovernamental. Os Estados Associados do Mercosul são Bolívia, Chile, Colômbia, Equador e Peru; **III:** correta (art. 1º do Protocolo Constitutivo do Parlamento do Mercosul); **IV:** correta (art. 2º do Tratado de Assunção); **V:** incorreta, pois a Declaração Sociolaboral do Mercosul não prevê a livre formação de sindicatos, o que, inclusive, iria contra a unicidade sindical prevista na Constituição Brasileira (art. 8º, II). O seu art. 9º dispõe apenas que os trabalhadores deverão gozar de adequada proteção contra todo ato de discriminação tendente a menoscabar a liberdade sindical com relação a seu emprego. Deverá ser garantida: (i) a liberdade de filiação, de não filiação e desfiliação, sem que isto comprometa o ingresso em um emprego ou sua continuidade neste; (ii) evitar demissões ou prejuízos a um trabalhador por causa de sua filiação sindical ou de sua participação em atividades sindicais; e (iii) o direito de ser representado sindicalmente, de acordo com a legislação, acordos e convenções coletivos de trabalho em vigor nos Estados-partes.

Gabarito "C"

(Magistratura do Trabalho – 3ª Região – 2008) Sobre o MERCOSUL, é incorreto afirmar:

(A) As discussões para a constituição de um mercado econômico regional para a América Latina remontam à Declaração de Iguaçu, firmada em 1985.
(B) Os quatro países que assinaram o Tratado de Assunção em 1991 foram Argentina, Brasil, Paraguai e Uruguai. A Venezuela é membro desde 2006, em processo de adesão.
(C) Os membros associados são Bolívia, Chile, Peru, Colômbia e Equador. O México é Estado Observador.

(D) Em 2002, o Mercosul, Bolívia e Chile estabeleceram um Acordo sobre Residência para nacionais dos seus Estados, sem exigência de outro requisito além da própria nacionalidade.

(E) A Declaração Sociolaboral do Mercosul, assinada em 1998, prevê a adoção de princípios de direito individual e coletivo do trabalho, tais como a observância da não discriminação, da promoção da igualdade, da liberdade sindical e da negociação coletiva.

Todas as assertivas são corretas, com exceção da A. Isso porque as discussões acerca de um mercado econômico regional para a América Latina são muito anteriores à Declaração de Iguaçu (1985), havendo a instituição em 1960 da Associação Latino-Americana de Livre Comércio (ALALC), por exemplo.

Gabarito "A".

(Magistratura do Trabalho – 11ª Região – 2007 – FCC) Assinale a alternativa correta em relação à matéria proposta no enunciado da questão. Mercosul – Mercado Comum do Sul:

(A) O Protocolo de Buenos Aires criou um Tribunal Permanente supranacional com sede em Montevidéu.

(B) O Mercosul não tem entre seus propósitos o de regular as relações trabalhistas e previdenciárias.

(C) O Acordo Multilateral de Montevidéu regulamentou a seguridade social entre os países-membros.

(D) O Protocolo de Olivos regulamentou a cooperação jurisdicional entre os países-membros em matéria civil, comercial, trabalhista e administrativa.

(E) A arbitragem, dentro do atual quadro institucional, perdeu seu espaço para as soluções judiciais.

A: incorreta. O Protocolo de Buenos Aires trata de jurisdição internacional em matéria contratual; **B:** incorreta. Existe a Declaração Sociolaboral do Mercosul e o Acordo Multilateral de Previdência Social do Mercosul; **C:** correta; **D:** incorreta, pois o Protocolo de Olivos (Decreto 4.982/2004) refere-se à solução de controvérsias entre Estados-partes, no que se refere aos Tratados, Protocolos, Decisões, Resoluções e Diretrizes do Mercosul, embora admita reclamações efetuadas por particulares; **E:** incorreta, pois a arbitragem é prevista, por exemplo, no Protocolo de Buenos Aires (art. 4º, *in fine*) e no Protocolo de Olivos (Capítulo VI).

Gabarito "C".

(Magistratura do Trabalho – 16ª Região – 2006) Sobre o Mercosul marque a alternativa INCORRETA:

(A) Foi criado pelo Tratado de Assunção, em 1991, reunindo Argentina, Brasil, Bolívia e Paraguai.

(B) Mercosul significa "Mercado Comum do Sul".

(C) O Chile em 1996 assinou o acordo de associação de livre comércio com os países componentes do Mercosul, mas ressalvou que não participaria da união aduaneira.

(D) A estrutura orgânica do Mercosul definida no Protocolo de Ouro Preto (1994) é a seguinte: Conselho Mercado Comum; Grupo Mercado Comum; Comissão do Comércio; Comissão Parlamentar Conjunta, Foro Consultivo Econômico-Social e uma Secretaria Administrativa.

(E) Nenhuma das alternativas.

A: assertiva incorreta, devendo ser assinalada. O Tratado de Assunção, de 1991, constituiu o Mercosul, reunindo Brasil, Argentina, Paraguai e Uruguai (não a Bolívia); **B:** assertiva correta, nos termos do art. 1º do Tratado de Assunção; **C:** assertiva correta, conforme o Protocolo de Adesão da Bolívia e do Chile; **D:** assertiva correta, nos termos do art. 1º do Protocolo de Ouro Preto.

Gabarito "A".

(Magistratura do Trabalho – 18ª Região – 2006) A respeito da Declaração Sociolaboral do Mercosul, feita na cidade do Rio de Janeiro em 12 de dezembro de 1998, é incorreto afirmar:

(A) O empregador tem o direito de organizar e dirigir econômica e tecnicamente a empresa, em conformidade com as legislações e as práticas nacionais.

(B) A jornada de trabalho dos menores não admitirá sua extensão mediante a realização de horas extras nem em horários noturnos.

(C) Todo trabalhador migrante, independentemente de sua nacionalidade, tem direito a ajuda, informação, proteção e igualdade de direitos e condições de trabalho reconhecidos aos nacionais do país em que estiver exercendo suas atividades, em conformidade com a legislação profissional de seu país de origem.

(D) Os Estados-partes comprometeram-se a adotar medidas para garantir a abolição de toda utilização de mão de obra que propicie, autorize ou tolere o trabalho forçado ou obrigatório, especialmente quando o trabalho forçado ou obrigatório seja utilizado como medida de disciplina no trabalho.

(E) Deverá garantir-se a liberdade de filiação, de não filiação e desfiliação, sem que isto comprometa o ingresso em um emprego ou sua continuidade no mesmo.

A: assertiva correta, pois reflete exatamente o disposto no art. 7º da Declaração Sociolaboral do Mercosul; **B:** assertiva correta, conforme o art. 6º, ponto 4, da Declaração; **C:** assertiva incorreta, devendo ser assinalada, pois o direito do trabalhador migrante refere-se à legislação profissional de cada país, e não a do seu país de origem – art. 4º, ponto 1, da Declaração; **D:** assertiva correta, em conformidade com o art. 5º, pontos 3 e 4, *c*, da Declaração; **E:** assertiva correta (art. 9º, ponto 2, *a*, da Declaração).

Gabarito "C".

(Magistratura do Trabalho – 18ª Região – 2006) O Protocolo de Medidas Cautelares feito em Ouro Preto, em 16 de dezembro de 1994, regulamentou entre os Estados-Partes do Tratado de Assunção o cumprimento de medidas cautelares destinadas a impedir a irreparabilidade de um dano em relação às pessoas, bens e obrigações de dar, de fazer ou de não fazer. A propósito, considere as assertivas abaixo e assinale a alternativa correta.

I. De acordo com o Protocolo de Ouro Preto, a admissibilidade da medida cautelar será regulada pelas leis e julgada pelos juízes ou Tribunais do Estado requerente.

II. De acordo com o Protocolo de Ouro Preto, a execução da medida cautelar e sua contracautela ou respectiva garantia, serão processadas pelos Juízes ou Tribunais do Estado requerido, segundo suas leis.

III. De acordo com o Protocolo de Ouro Preto, as modificações que no curso do processo se justificarem para o seu correto cumprimento e, se for o caso, sua redução ou sua substituição serão regidas pelas leis e julgadas pelos Juízes ou Tribunais do Estado requerido.

IV. De acordo com o Protocolo de Ouro Preto, as sanções em decorrência de litigância de má-fé serão regidas pelas leis e julgadas pelos Juízes ou Tribunais do Estado requerido.

V. De acordo com o Protocolo de Ouro Preto, as questões relativas a domínio e demais direitos reais serão regidas pelas leis e julgadas pelos Juízes ou Tribunais do Estado requerido.

(A) Todas são corretas.
(B) Apenas as duas primeiras são corretas.
(C) As três últimas são corretas.
(D) Apenas a primeira é correta.
(E) Apenas a quarta é incorreta.

I: correta (art. 5º do Protocolo de Medidas Cautelares); **II:** correta (art. 6º do Protocolo de Medidas Cautelares); **III**, **IV** e **V:** corretas (art. 7º do Protocolo de Medidas Cautelares).

Gabarito "A"

(Magistratura do Trabalho – 23ª Região – 2006) Sobre o Mercosul, assinale a alternativa correta:

(A) No sistema do Mercosul as medidas legislativas nascem de iniciativas em cada um dos países, a partir do consenso obtido em organismos de sua composição, diferentemente da Comunidade Europeia onde as medidas são ditadas a todos os países;
(B) Pelo complexo sistema de solução de controvérsias do Mercosul é possível aos indivíduos ou pessoas jurídicas de direito privado, apresentarem reclamação contra país-membro diretamente ao Tribunal Permanente de Revisão;
(C) Suas fontes jurídicas são disciplinadas pelo Protocolo de Ouro Preto e são constituídas das: Constituições Nacionais dos Estados Soberanos componentes; dos termos do Tratado de Assunção e das Decisões do Conselho do Mercado Comum;
(D) As normas emanadas dos órgãos do Mercosul se incorporam automaticamente ao ordenamento jurídico dos Estados-partes, sendo passíveis de aplicação direta;
(E) As normas existentes hoje no Mercosul permitem uma integração inclusive sob o ponto de vista do direito do trabalho, sendo possível ao cidadão de um país-membro trabalhar em outro, livre de entraves burocráticos, assegurando-se um patamar mínimo de direitos.

A: correta (arts. 37, 38 e 42 do Protocolo de Ouro Preto). O Mercosul funciona pela cooperação intergovernamental, enquanto a União Europeia funciona por cooperação supranacional. Nesse último caso as normas comunitárias adquirem vigência de forma imediata na jurisdição interna de cada um dos Estados-membros; **B:** incorreta. O sistema de solução de controvérsias do Mercosul refere-se aos Estados-partes (art. 1º, ponto 1, do Protocolo de Olivos). É interessante lembrar, entretanto, que é possível a formulação de reclamação por particulares em razão da sanção ou aplicação, por qualquer dos Estados-partes, de medidas legais ou administrativas de efeito restritivo, discriminatórias ou de concorrência desleal, em violação do Tratado de Assunção, do Protocolo de Ouro Preto, dos protocolos e acordos celebrados no marco do Tratado de Assunção, das Decisões do Conselho do Mercado Comum, das Resoluções do Grupo Mercado Comum e das Diretrizes da Comissão de Comércio do Mercosul (art. 39 do Protocolo de Olivos). E os particulares afetados formalizarão as reclamações ante a Seção Nacional do Grupo Mercado Comum do Estado-parte onde tenham sua residência habitual ou a sede de seus negócios (art. 40 do Protocolo de Olivos); **C:** incorreta, já que o art. 41 do Protocolo de Ouro Preto não inclui as Constituições Nacionais entre as fontes jurídicas do Mercosul; **D:** incorreta, pois a incorporação, quando necessária, submete-se às legislações internas de cada país (art. 42 do Protocolo de Ouro Preto); **E:** incorreta. Existe apenas a Declaração Sociolaboral do Mercosul, que não chega a permitir o livre trânsito de trabalhadores, como descrito na assertiva.

Gabarito "A"

(Ministério Público do Trabalho – 13º) Em relação ao MERCOSUL, é INCORRETO afirmar que:

(A) o tratado de constituição do Mercado Comum do Sul foi firmado em 1991 pela Argentina, Brasil, Paraguai e Uruguai, mas encontra-se aberto à adesão de outros países;
(B) o MERCOSUL pretende a uniformização dos sistemas jurídicos dos Estados-Membros no que tange às relações de trabalho e à seguridade social;
(C) o MERCOSUL tem finalidade preponderantemente econômica;
(D) no MERCOSUL, vigora o sistema arbitral de solução de controvérsias;
(E) não respondida.

A: assertiva correta (art. 20 do Tratado de Assunção); **B:** assertiva incorreta, devendo ser assinalada, pois a Declaração Sociolaboral de 1998 não disciplinou qualquer tentativa de uniformizar os sistemas jurídicos trabalhistas e securitários; **C:** assertiva correta. O Mercosul não visa a uma integração política (art. 1º do Tratado de Assunção); **D:** assertiva correta, considerando que a arbitragem é prevista, por exemplo, no Protocolo de Buenos Aires (art. 4º, *in fine*) e no Protocolo de Olivos (Capítulo VI).

Gabarito "B"

(Ministério Público do Trabalho – 15º) Assinale a alternativa INCORRETA:

(A) de acordo com o Protocolo de Ouro Preto o MERCOSUL não poderá, no uso de suas atribuições, praticar atos necessários à realização de seus objetivos, em especial contratar, adquirir ou alienar bens móveis e imóveis, comparecer em juízo, conservar fundos e fazer transferências;
(B) o Tratado de Assunção, seus protocolos e os instrumentos adicionais ou complementares, as decisões do Conselho do Mercado Comum, as Resoluções do Grupo Mercado Comum e as Diretrizes da Comissão de Comércio do MERCOSUL, adotadas desde a entrada em vigor do Tratado de Assunção, os acordos celebrados no âmbito do Tratado de Assunção e seus protocolos são fontes jurídicas do MERCOSUL;

(C) a personalidade jurídica do MERCOSUL, de acordo com o Protocolo Adicional ao Tratado de Assunção – Protocolo de Ouro Preto – é de direito internacional;

(D) o MERCOSUL (Mercado Comum do Sul) foi criado pelo Tratado de Assunção de 26 de março de 1991, pela Argentina, Brasil, Paraguai e Uruguai, mas encontra-se aberto à adesão de outros países;

(E) não respondida.

A: incorreta. O art. 35 do Protocolo de Ouro Preto dispõe expressamente que "o Mercosul poderá, no uso de suas atribuições, praticar todos os atos necessários à realização de seus objetivos, em especial contratar, adquirir ou alienar bens móveis e imóveis, comparecer em juízo, conservar fundos e fazer transferências"; **B:** correta (art. 41 do Protocolo de Ouro Preto); **C:** correta (art. 34 do Protocolo de Ouro Preto); **D:** correta (art. 20 do Tratado de Assunção).

Gabarito "A"

1.5.3. UNIÃO EUROPEIA

(Magistratura do Trabalho – 3ª Região – 2009) A respeito da União Europeia (UE), leia as afirmações abaixo e, em seguida, assinale a alternativa correta:

I. Nos países membros do Espaço Econômico Europeu (EEE), a livre circulação de trabalhadores constitui um direito fundamental que permite aos cidadãos de qualquer um desses países trabalhar em outro país EEE nas mesmas condições que os cidadãos desse mesmo Estado-Membro. Durante um período transitório máximo de 7 anos após a adesão à UE de 10 Estados-Membros, em 1º de maio de 2004 e de 2 Estados-Membros em 1º de janeiro de 2007, podem aplicar-se determinadas condições para restringir a livre circulação de trabalhadores de, para e entre esses Estados-Membros. Tais restrições dizem apenas respeito à liberdade de circulação para efeitos de atividade laboral e podem diferir de um Estado-Membro para outro.

II. O Tratado de Nice, que alterou o Tratado da União Europeia, foi assinado em 2001 e visou preparar a União Europeia para o alargamento.

III. A Constituição da União Europeia foi ratificada pelos países membros e está em vigor desde a assinatura do Tratado que a estabelece, em 2004.

IV. O Tratado de Amsterdam alterou os artigos do Tratado da União Europeia, que, em vez de serem identificados por letras, passaram a ser numerados.

V. Existem, atualmente, 27 países membros da União Europeia, mas há outros países candidatos à integração.

(A) Somente uma afirmativa está correta.

(B) Somente duas afirmativas estão corretas.

(C) Somente três afirmativas estão corretas.

(D) Somente quatro afirmativas estão corretas.

(E) Todas as afirmativas estão corretas.

I: correta. A livre circulação dos trabalhadores é garantida no art. 45 do Tratado sobre o Funcionamento da União Europeia. Entretanto, os atos de adesão de novos Estados-Membros em 2004 e 2007 possibilitaram restrições por um período transitório máximo de 7 anos. "Durante um período inicial de dois anos, os antigos Estados-Membros podem continuar a aplicar o respectivo direito nacional ou os acordos bilaterais eventualmente celebrados com os novos Estados-Membros. Significa isto que, na maioria dos casos, os trabalhadores provenientes dos novos Estados-Membros têm sempre necessidade de uma autorização de trabalho como condição de acesso ao mercado laboral. Os novos Estados-Membros são livres de impor restrições recíprocas aos trabalhadores originários dos antigos Estados-Membros que tenham decidido adotar este tipo de medidas. No termo do período inicial, os antigos Estados-Membros podem decidir continuar a sujeitar a livre circulação dos trabalhadores a restrições, desde que o comuniquem à Comissão. Após cinco anos, os antigos Estados-Membros só podem prolongar as medidas restritivas por um último período de dois anos se constatarem a existência ou um risco de perturbações graves no respectivo mercado de emprego." (http://europa.eu/legislation_summaries/internal_market/living_and_working_in_the_internal_market/l23013a_pt.htm#Voiractesmodificatifs – em maio/2011); **II:** correta, pois esse foi o objeto do Tratado de Nice, de 2001; **III:** incorreta, pois o "Tratado que estabelece uma Constituição para a Europa", de 2004, não chegou a entrar em vigor, o que levou à assinatura do Tratado de Lisboa, em 2007; **IV:** correta, pois isso é objeto do Tratado de Amsterdam, de 1997 (art. 12); **V:** correta no ano de feitura do concurso. Atualmente (2014) são 28 os Estados-Membros da União Europeia (Áustria, Bélgica, Bulgária, Chipre, República Checa, Dinamarca, Estônia, Finlândia, França, Alemanha, Grécia, Hungria, Irlanda, Itália, Letônia, Lituânia, Luxemburgo, Malta, Países Baixos, Polônia, Portugal, Romênia, Eslováquia, Eslovênia, Espanha, Suécia, Reino Unido e Croácia). Há, ainda, 5 candidatos ao ingresso (Macedônia, Islândia, Turquia, Montenegro e Sérvia).

Gabarito "D"

(Magistratura do Trabalho – 7ª Região – 2005) O Parlamento Europeu, comparando-se seu regime de competências com os vários parlamentos nacionais, apresenta- se como

(A) detentor de competências e de capacidades idênticas às dos parlamentos nacionais, dentro e fora da Europa, dado que exerce múnus legislativo absoluto, conforme identificado nos vários tratados da União Europeia, sendo o Parlamento Europeu responsável por toda a produção legislativa comunitária.

(B) detentor de competências e de capacidades similares e não totalmente idênticas às dos demais parlamentos nacionais, dentro e fora da Europa, porque proibido de exercer múnus executivo, função que modernamente alguns parlamentos desempenham de modo indireto.

(C) detentor de competências e de capacidades similares porém não totalmente idênticas às dos demais parlamentos nacionais, dentro e fora da Europa, porque proibido de exercer múnus judiciário, função que modernamente alguns parlamentos desempenham de modo indireto.

(D) o Parlamento Europeu, ao contrário do que a sua denominação parece indicar, não exerce funções absolutamente idênticas às dos órgãos legislativos nos direitos internos; o Parlamento Europeu não tem competência para praticar atos materialmente legislativos, habilitação atribuída ao Conselho em âmbito específico ou à Comissão, mediante delegação; de fato, o Parlamento Europeu não dispõe do poder de iniciativa legislativa, embora possa suscitá-la perante a Comissão.

(E) o Parlamento Europeu caracteriza-se de modo distinto dos parlamentos nacionais, dentro e fora da Europa, porque não detém competência para participar do orçamento da União Europeia; de tal modo, o esvaziamento de sua ação orçamentária o faz um parlamento *sui generis*.

O Parlamento Europeu é o local onde os povos dos Estados-membros são representados. A eleição dos deputados se dá mediante sufrágio universal direto, em escrutínios realizados simultaneamente em todos os países comunitários. Ele desempenha três funções principais: **a)** debate e aprova a legislação da UE (juntamente com o Conselho); **b)** fiscaliza outras instituições da UE, nomeadamente a Comissão, a fim de assegurar que funcionam de forma democrática; e **c)** debate e aprova o orçamento da UE (juntamente com o Conselho). No entanto, há determinadas questões sensíveis que não se submetem ao Parlamento Europeu (processo legislativo especial referente a determinadas matérias fiscais, de políticas industrial e agrícola, entre outras), hipótese em que seu papel é apenas consultivo. Em todos os casos (processo legislativo ordinário ou especial) a iniciativa legislativa é da Comissão Europeia, embora o Parlamento possa solicitar que apresente propostas legislativas ao Conselho da UE.

Gabarito "D".

(Magistratura do Trabalho – 7ª Região – 2005) O Direito Comunitário Europeu, nos termos do Tratado Constitucional que se consolida, em âmbito de proteção do trabalhador em caso de despedida sem justa causa, tende a plasmar norma que

(A) indica que a proteção do trabalhador, relativa à despedida sem justa causa, é matéria de direito interno, de modo que não há previsão de Direito Comunitário que possa regulamentar o direito.

(B) consagra o liberalismo econômico, decorrente do Consenso de Washington, na medida em que não prevê nenhum tipo de proteção à despedida sem justa causa.

(C) consubstancia o modelo do Estado de bem-estar social, proibindo terminantemente que os Estados pactuantes autorizem qualquer contratado de trabalho que admita a despedida sem justa causa.

(D) indica que a proteção do trabalhador, relativa à despedida sem justa causa, é matéria de Direito Comunitário, embora pendente de regulamentação superveniente à adoção do Tratado Constitucional.

(E) consagra princípio que dá conta de que todos os trabalhadores têm direito à proteção contra a despedida sem justa causa, de acordo com o direito da União e com as legislações e práticas nacionais.

O "Tratado que estabelece uma Constituição para a Europa", de 2004, não chegou a entrar em vigor, o que levou à assinatura do Tratado de Lisboa, em 2007. Por essa razão, esta questão deve ser analisada conforme a época em que foi elaborada (2005). De qualquer forma, é interessante conhecer essa provável orientação da União Europeia (o examinador utiliza a expressão "tende a plasmar norma"). O art. II-90 desse Tratado previa a proteção em caso de despedida sem justa causa, nos seguintes termos "todos os trabalhadores têm direito a proteção contra as despedidas sem justa causa, de acordo com o direito da União e com as legislações e práticas nacionais". Por essa razão, a alternativa E é a correta, e todas as outras são incorretas.

Gabarito "E".

1.5.4. COMBINADAS

(Magistratura do Trabalho – 2ª Região – 2010) Em relação ao Direito Comunitário, temos:

I. É sabido que as fases de uma integração de países – geralmente vizinhos de uma mesma região – passa pela zona de livre comércio, união aduaneira, mercado comum e união econômica e monetária. O MERCOSUL, diante dessas possibilidades tem um objetivo maior do que a simples integração econômica, porque pretende ser um mercado comum.

II. A União Europeia, que também passou por fases de integração, hoje já se encontra na união econômica e monetária, com um planejamento econômico comum, um Banco Central para o bloco e uma moeda única.

III. É fato que o MERCOSUL se encontra na fase da união aduaneira, dita incompleta, porque estabeleceu uma TEC – Taxa Externa Comum, que abrange parte dos produtos da região, e tem como objetivo, pelo Protocolo de Itaipu, tornar-se uma união econômica e monetária.

IV. O que caracteriza o mercado comum é a existência de cinco básicas liberdades: de circulação de pessoas, de circulação de bens, de circulação de serviços, de circulação de capitais; e livre concorrência.

V. Constituem-se como Tratados do MERCOSUL: Tratado de Assunção, Protocolo de Brasília, Protocolo de Ouro Preto, Protocolo de Olivos, Protocolo de Ushuaía e Protocolo do Unasul.

Assinale a assertiva correta:

(A) As assertivas I, II e V são corretas.
(B) As assertivas II, III e IV são corretas.
(C) As assertivas I, II, IV e V são corretas.
(D) As assertivas III e V são corretas.
(E) As assertivas I, II e IV são corretas.

Costuma-se indicar as seguintes fases ou modalidades de integração regional: **a)** Zona de Preferência Tarifária - dois ou mais países gozam de tarifas mais baixas do que as aplicadas a outros que não possuem acordo preferencial. É o caso da Aladi (Associação Latino-Americana de Integração); **b)** Zona de Livre-Comércio - os países do bloco reduzem drasticamente ou eliminam as tarifas alfandegárias ou não alfandegárias entre eles. É o caso do Nafta (Acordo de Livre-Comércio da América do Norte), formado por Estados Unidos, Canadá e México; **c)** União Aduaneira – além de os países do bloco eliminarem as tarifas alfandegárias ou não alfandegárias entre eles, estabelecem as mesmas tarifas de importação (TEC - Tarifa Externa Comum) para o comércio internacional fora do bloco. O melhor exemplo é o Mercosul, apesar de este ser considerado uma união aduaneira imperfeita; **d)** Mercado Comum – conserva as características da união aduaneira com acréscimo das outras liberdades fundamentais do mercado (livre circulação de pessoas, serviços e capitais). Percebe-se que na união aduaneira existe tão somente a livre circulação de bens. O exemplo foi a Comunidade Europeia – leia-se União Europeia antes da entrada em vigor do Tratado de Maastricht de 1993; **e)** União Econômica e Monetária – conserva todas as características anteriormente apresentadas com o acréscimo de possuir uma política macroeconômica unificada.

Percebe-se que a principal diferença entre o mercado comum e a união econômica e monetária reside na política macroeconômica coordenada do primeiro e na unificada do segundo. A título de solapar possíveis dúvidas, a adoção de moeda única não é condição para constituição da união econômica e monetária, mas sim o ponto alto de tal modalidade de integração. É o caso da União Europeia pós-Tratado de Maastricht.

I: correta, pois o Mercosul, atualmente no estágio da união aduaneira, aspira chegar a mercado comum – art. 1º do Tratado de Assunção. O Conselho do Mercado Comum é o órgão superior do Mercosul ao qual incumbe a condução política do processo de integração e a tomada de decisões para assegurar o cumprimento dos objetivos estabelecidos pelo Tratado de Assunção e para lograr a constituição final do mercado comum (art. 3º do Protocolo de Ouro Preto); **II:** correta, pois descreve a evolução e a atual situação da União Europeia, lembrando que nem todos seus membros adotaram a moeda única; **III:** incorreta, pois o Mercosul é união aduaneira, atualmente, que aspira chegar a mercado comum, conforme comentários anteriores; **IV:** correta. É comum a referência as cinco liberdades que caracterizam o mercado comum, embora nem todos os autores se refiram às mesmas – há quem indique as liberdades de (i) circulação de mercadorias, (i) estabelecimento, (iii) circulação de trabalhadores, (iv) circulação de capitais, e (v) concorrência; **V:** incorreta, pois a União de Nações Sul-Americanas – Unasul, cujo tratado de constituição foi aprovado em Brasília em 2008 e entrou em vigor em 2011, não se confunde com o Mercosul.

Gabarito "E"

(Magistratura do Trabalho – 9ª Região – 2009) Analise as seguintes proposições:

I. De acordo com entendimento sumulado do TST, aplica-se às relações jurídicas de trabalho o princípio "lex loci executionis".
II. Aplicando-se o entendimento sumulado do TST, o empregado brasileiro, contratado no Brasil, para prestar serviço em França, terá seu contrato de trabalho regido pelos dispositivos mais benéficos ao empregado que forem encontrados tanto na lei francesa como na lei brasileira.
III. Tratado de Maastricht manteve na União Europeia o direito à livre circulação dos trabalhadores com o propósito de abolir toda e qualquer discriminação em razão da nacionalidade, entre os trabalhadores dos Estados-Membros, no que diz respeito ao emprego, à remuneração e demais condições de trabalho.
IV. Pelo Tratado da União Europeia, os Estados-Membros devem assegurar a aplicação do princípio da igualdade de remuneração entre trabalhadores masculinos e femininos, por trabalho igual ou de valor igual.
V. As Diretivas Comunitárias tem eficácia direta e horizontal nas relações entre particulares, não necessitando qualquer transposição para o direito interno dos Estados-Membros.

(A) Somente as proposições III e IV são corretas.
(B) Somente as proposições I e III são corretas.
(C) Somente as proposições I, III e IV são corretas.
(D) Somente as proposições II e V são corretas.
(E) Todas as proposições são corretas.

I: correta, pois, nos *termos da Súmula 207/TST, a relação jurídica é regida pelas leis vigentes no país da prestação de serviço (lex loci executionis); II: incorreta, pois, embora haja entendimento nesse sentido (ver art. 3º, II, da Lei 7.064/1982), a posição sumulada pelo TST é pela aplicação lex loci executionis* (Súmula 207/TST*)*, conforme comentário sobre a assertiva anterior; **III:** correta, conforme o Artigo G do Tratado de Maastricht (na parte em que altera o art. 49 do anterior Tratado que instituiu a Comunidade Econômica Europeia); **IV:** correta, conforme o art. 6º do Acordo relativo à política social, anexado ao Tratado que institui a Comunidade Europeia, integrante do Tratado da União Europeia (Maastricht); **V:** incorreta, pois se entende que, no caso das Diretivas (que fixam resultados a serem alcançados pelos Estados, deixando a cada um deles definir as formas e os meios), inexiste efeito direito nas relações horizontais (entre particulares), mas pode ter efeito direto vertical (entre Estado e particular).

Gabarito "C"

(Magistratura do Trabalho – 5ª Região – 2006 – CESPE) Acerca dos organismos do direito comunitário, assinale a opção incorreta.

(A) Ao Comitê de Liberdade Sindical da OIT cabe analisar as queixas quanto à aplicação da Convenção 87, acerca da liberdade sindical e da proteção do direito à sindicalização, e à Convenção 98, acerca do direito de sindicalização e de negociação coletiva.
(B) São órgãos da União Europeia o Parlamento Europeu, o Conselho da Europa, a Comissão, o Tribunal de Justiça e o Tribunal de Contas.
(C) Os tratados, na União Europeia, somente podem ser emendados por decisão unânime dos Estados-membros.
(D) O princípio da livre circulação de trabalhadores baseia-se na vedação a discriminações aos profissionais oriundos dos Estados que integram os países comunitários, bem como na preferência, no acesso ao emprego, de trabalhadores da área comunitária em relação a terceiros Estados.
(E) A admissibilidade das medidas cautelares no MERCOSUL será regulada pelas leis e julgada pelos juízes ou pelos tribunais do Estado requerido.

A: correta, pois o Comitê de Liberdade Sindical (*Committee on Freedom of Association*) foi criado pela OIT em 1951 para garantir o cumprimento dessas Convenções; **B:** correta (art. 13 do Tratado da União Europeia); **C:** correta, conforme o art. 48 do Tratado da União Europeia; **D:** correta (art. 45 do Tratado da União Europeia); **E:** incorreta, pois a admissibilidade da medida cautelar será regulada pelas leis e julgada pelos juizes ou Tribunais do Estado requerente (não do Estado requerido, como consta da assertiva) – art. 5º do Protocolo de Medidas Cautelares.

Gabarito "E"

(Magistratura do Trabalho – 5ª Região – 2006 – CESPE) A respeito do direito comunitário, assinale a opção correta.

(A) O MERCOSUL foi constituído mediante a celebração do Tratado de Assunção, firmado entre Brasil, Argentina, Uruguai, Paraguai e Chile.
(B) A jurisdição internacional do MERCOSUL abrange as relações jurídicas entre os falidos e seus credores, e demais procedimentos análogos.
(C) As normas emanadas de tratados, acordos ou protocolos do MERCOSUL têm caráter obrigatório e devem, quando necessário, ser incorporadas aos ordenamentos jurídicos nacionais mediante os procedimentos previstos pela legislação de cada país.

(D) O Acordo de Livre Comércio da América do Norte (NAFTA) prevê a fixação de tarifa única sobre exportação de bens entre os países signatários, bem como a criação de limitações quantitativas à importação.

(E) A Comunidade Econômica Europeia assegura a livre circulação de mercadorias, serviços e capitais, mas não a de pessoas.

A: incorreta, pois o Tratado de Assunção foi firmado por Brasil, Argentina, Uruguai e Paraguai (não pelo Chile); **B:** incorreta, pois essas relações jurídicas não são abrangidas pelo Mercosul; **C:** correta. O STF reconheceu que não há disposição constitucional prevendo efeito direto ou aplicabilidade imediata das normas comunitárias, que se submetem à regra de incorporação ao sistema nacional (vide CR 8.279 AgR/AT); **D:** incorreta, conforme o art. 302 do North American Free Trade Agreement – NAFTA, que prevê a eliminação de tarifas; **E:** incorreta, pois a União Europeia (não é mais Comunidade Econômica Europeia) garante a livre circulação de pessoas, serviços e capitais (art. 21 e Título IV do Tratado sobre o Funcionamento da União Europeia).

Gabarito "C"

1.6. COMBINADAS E OUTROS TEMAS DE DIREITO INTERNACIONAL PÚBLICO

(Magistratura do Trabalho – 14ª Região – 2011) Assinale a alternativa correta, de acordo com as Convenções Internacionais de que o Brasil faz parte e de acordo com a sua legislação infraconstitucional.

(A) Todo tratado em vigor obriga as partes e deve ser cumprido por elas de boa fé, salvo se contrariarem o direito interno.

(B) A medida cautelar poderá ser solicitada pelo Brasil, de acordo com o Protocolo de Medidas Cautelares assinado em Ouro Preto, entre Brasil, Argentina, Paraguai e Uruguai, em 16.12.1994, nos processos ordinários, de execução, especiais ou extraordinários, de natureza civil, comercial, trabalhista e em processos penais, quanto à reparação civil, observando-se que não é possível, em qualquer hipótese a recusa de cumprimento do Estado requerido.

(C) O Tratado de Assunção, que instituiu o MERCOSUL, tem por finalidade a constituição de um bloco regional restrito, com o objetivo de formar uma União Aduaneira completa.

(D) São limites para o atendimento do pedido de extradição, de conformidade com o Acordo de Extradição entre os Estados-partes do MERCOSUL, concluído e assinado no Rio de Janeiro, em 1998, a pena de morte e a pena perpétua privativa de liberdade.

(E) A nacionalidade da pessoa reclamada, quando houver pedido de extradição, poderá ser invocada para denegar a extradição, independentemente de disposição constitucional em contrário

A: incorreta, pois o conflito com normas internas não afasta a vigência do tratado no âmbito internacional, salvo disposição em contrário; **B:** incorreta, pois o juiz ou o tribunal do Estado requerido poderá recusar cumprimento ou, se for o caso, determinar o levantamento da medida, quando verificada sua absoluta improcedência, nos termos do Protocolo das Medidas Cautelares, conforme dispõe expressamente seu art. 8º; **C:** incorreta, pois o Tratado de Assunção (promulgado pelo Decreto 350/1991), que constituiu o Mercosul, é aberto a adesões aos demais países membros da Associação Latino-Americana de Integração – Aladi, conforme seu art. 20. Ademais, o Mercosul já é uma união aduaneira, e o objetivo previsto no art. 1º do Tratado de Assunção é constituir um mercado comum; **D:** correta, pois, nos termos do art. 13 do Acordo de Extradição entre os Estados-partes do Mercosul (promulgado pelo Decreto 4.975/2004), o Estado requerente não aplicará ao extraditado, em nenhum caso, a pena de morte ou de pena perpétua privativa de liberdade. Ademais, quando os fatos que fundamentam o pedido de extradição forem passíveis de punição, no Estado requerente, com a pena de morte ou pena perpétua privativa de liberdade, a extradição somente será admitida se a pena a ser aplicada não for superior à pena máxima admitida na lei penal do Estado requerido; **E:** incorreta, pois a nacionalidade da pessoa reclamada não poderá ser invocada para denegar a extradição, salvo disposição constitucional em contrário (art. 11, ponto 1, do Acordo de Extradição).

Gabarito "D"

(Magistratura do Trabalho – 15ª Região – 2011) Aponte a alternativa incorreta:

(A) dumping social é expressão relacionada com a prática de concorrência desleal, onde se busca vantagens comerciais por meio da adoção de condições desumanas de trabalho;

(B) cláusulas sociais são medidas antidumping relacionadas ao trabalho e aos direitos humanos, sendo utilizadas em negociações comerciais para vetar a compra de produtos produzidos por países que não respeitamos direitos trabalhistas;

(C) Selo Social é etiqueta colocada nos produtos destinados à exportação noticiando que o país que o produziu respeita as normas internacionais de trabalho;

(D) a expressão "o trabalho não é uma mercadoria" encontra-se expressamente consignada na Declaração da Filadélfia, adotada pela Organização Internacional do Trabalho;

(E) a Declaração da Filadélfia não tem como princípio fundamental a participação paritária de representação de empregados e empregadores em decisões governamentais que digam respeito ao bem comum.

A: correta. Tal medida garante que o produto tenha um valor mais barato do que o de mercado em função dos baixos salários pagos aos trabalhadores, do não respeito aos demais direitos trabalhistas, como também, em casos extremos, de utilização de trabalho escravo ou infantil; **B:** correta. A inserção de cláusulas sociais em atos internacionais é forma de combate ao comércio desleal praticado com degradação das condições de trabalho; **C:** correta. Existem diversos "selos sociais", inclusive no âmbito federal, com distintos objetivos No âmbito internacional foi discutida a criação de Selo Social, como certificado de que o produto ofertado foi produzido respeitando-se as normas internacionais de trabalho, podendo substituir a cláusula social; **D:** correta, pois isso consta expressamente do item I, *a*, da Declaração da Filadélfia, adotada como Anexo da Constituição da OIT; **E:** incorreta. O item I, *d*, da Declaração da Filadélfia indica expressamente, como princípio fundamental, que a luta contra a carência, em qualquer nação, deve ser conduzida com infatigável energia, e por um esforço internacional contínuo e conjugado, no qual os representantes dos empregadores e dos empregados discutam, em igualdade, com os dos Governos, e tomem com eles decisões de caráter democrático, visando o bem comum.

Gabarito "E"

(MAGISTRATURA DO TRABALHO – 1ª REGIÃO – 2010 – CESPE) Considerando que, na CF, o direito internacional possui importantes referências e que uma série de assuntos de natureza internacional recebe tratamento específico no texto constitucional, assinale a opção correta.

(A) As convenções internacionais sobre direitos humanos que forem aprovadas em dois turnos, nas duas casas do Congresso Nacional, por dois quintos dos votos dos presentes, serão equiparadas a emendas constitucionais.

(B) Em nenhuma hipótese será concedida extradição de brasileiro naturalizado devido à prática de crime comum, de opinião ou político.

(C) Na tutela dos direitos humanos e das garantias fundamentais, a CF não pode excluir tratados e convenções dos quais o Brasil não faça parte, ainda que não contenham princípios e regimes adotados constitucionalmente.

(D) As duas casas do Congresso Nacional devem aprovar a indicação dos chefes de missão diplomática de caráter permanente.

(E) Compete à justiça do trabalho processar e julgar ações oriundas das relações de trabalho, abrangidos os entes de direito público externo, que são os Estados estrangeiros e as organizações internacionais governamentais.

A: incorreta, pois se exige a aprovação por três quintos (não dois quintos, como consta da assertiva), para que o tratado ou a convenção internacional sobre direitos humanos sejam equiparados a emendas constitucionais (art. 5º, § 3º, da CF); **B:** incorreta, pois o brasileiro naturalizado poderá ser extraditado, em caso de crime comum, praticado antes da naturalização, ou de comprovado envolvimento em tráfico ilícito de entorpecentes e drogas afins, na forma da lei (art. 5º, LI, da CF). Os crimes políticos ou de opinião jamais dão ensejo à extradição, nem mesmo de estrangeiro (art. 5º, LII, da CF); **C:** incorreta, pois as normas da CF não excluem outros direitos e garantias decorrentes de tratados internacionais de que o Brasil faça parte (a assertiva refere-se, incorretamente, a tratados dos quais o Brasil não faça parte) – art. 5º, § 2º; **D:** incorreta, pois essa competência é privativa do Senado – art. 52, IV, da CF; **E:** correta (art. 114, I, da CF).

Gabarito "E".

(Procurador do Trabalho – MPT – 17º Concurso) Analise as assertivas a seguir e marque a resposta **CORRETA**:

I. A Convenção de Viena sobre o Direito dos Tratados, vigente desde 1980 para os países que a ratificaram, contém a sistematização dos conceitos jurídicos fundamentais sobre os tratados, entretanto, para o Brasil, que não a ratificou, a citada Convenção tem a utilidade apenas como direito consuetudinal.

II. O tratado internacional, depois de atendidos todos os requisitos para a sua vigência no âmbito interno do Brasil, e desde que já esteja em vigor no plano internacional, passa a integrar o ordenamento jurídico brasileiro independentemente de sua reprodução em texto de lei especial.

III. Consoante a Convenção de Viena sobre o Direito dos Tratados, a parte deve notificar, com pelo menos 12 (doze) meses de antecedência, a sua intenção de proceder à denúncia ou à sua retirada de um tratado que não contenha disposições sobre denúncia ou retirada.

IV. A retirada de um Estado-membro da Organização Internacional do Trabalho não afetará a validade das obrigações decorrentes da convenção por ele ratificada, ou a ela relativas, durante o período previsto pela mesma convenção.

Marque a alternativa **CORRETA:**

(A) todas as assertivas estão incorretas;

(B) apenas as assertivas I e IV estão incorretas;

(C) apenas a assertiva I está incorreta;

(D) apenas a assertiva II é incorreta;

(E) não respondida.

I: incorreta. a Convenção de Viena sobre Direito dos Tratados entrou em vigor internacional em 27 de janeiro de 1980 e só foi promulgada no Brasil pelo Decreto nº 7.030 de 14 de dezembro de 2009. A ratificação não só demorou, mas veio com reserva aos artigos 25 e 66. O artigo 25 cuida da aplicação provisória de um tratado e determina que, se for assim disposto ou acordado pelas partes, o tratado pode obter uma vigência provisória mesmo sem ter sido objeto de ratificação. O Brasil não aceita tal prática, já que, em regra, a ratificação dos tratados depende de um procedimento complexo, no qual o Congresso Nacional deve aprovar o texto do tratado por meio de um decreto legislativo promulgado pelo presidente do Senado e publicado no Diário Oficial da União. Assim, a regra é que os tratados celebrados pelo presidente da República sejam apreciados pelo Congresso Nacional (artigo 84, VIII, da CF). Já o artigo 66 discorre sobre o processo de solução judicial, de arbitragem e de conciliação, e determina a competência obrigatória da Corte Internacional de Justiça quando houver conflito ou superveniência de norma imperativa de Direito Internacional (jus cogens). Esse artigo não foi aceito pelo Brasil, já que o país não está vinculado ao artigo 36 do Estatuto da Corte Internacional de Justiça que disciplina a "cláusula facultativa de jurisdição obrigatória"; **II:** correta. Existem inúmeras discussões doutrinárias sobre o relacionamento entre o Direito Internacional e o Nacional. De tais discussões desenvolveu-se, de um lado, a tese monista, e, de outro, a dualista. Segundo a tese monista, o Direito Internacional e o Nacional fazem parte do mesmo sistema jurídico, ou seja, incidem sobre o mesmo espaço. Logo, os compromissos normativos que os países - adeptos do monismo como França, Bélgica e Holanda -, assumem na comunidade internacional passam a ter vigência imediata no ordenamento interno de tais Estados, gerando a figura da incorporação automática. Opondo-se a essa ideia, a tese dualista advoga que cada um pertence a um sistema distinto e, portanto, incide sobre espaços diversos. Assim, essa concepção não possibilita a configuração da incorporação automática. A tese monista subdivide-se em: a) monismo radical: prega a preferência pelo Direito Internacional em detrimento do Direito Nacional; e b) monismo moderado: prega a equivalência entre o Direito Internacional e o Direito Nacional. É importante apontar que a jurisprudência internacional aplica o monismo radical; tal escolha é respaldada pelo artigo 27 da Convenção de Viena sobre Direito dos Tratados: "Uma parte não pode invocar as disposições de seu direito interno para justificar o inadimplemento de um tratado". O dualismo também se subdivide: **a)** dualismo radical: impõe a edição de uma lei distinta para incorporação do tratado; e **b)** dualismo moderado ou temperado: não exige lei para incorporação do tratado, apenas se exige um procedimento complexo, com aprovação do Congresso e promulgação do Executivo. A Constituição Federal silenciou nesse aspecto, e, em virtude da omissão constitucional, a doutrina defende que o Brasil adotou a corrente dualista, ou, melhor dizendo, a corrente dualista moderada. Isso porque o tratado só passará a ter validade interna após ter sido aprovado pelo Congresso Nacional[6] e ratificado e promulgado pelo presidente da República. Lembremos ainda que a promulgação é efetuada mediante decreto presidencial; **III:** correta. O fenômeno da extinção do tratado por vontade unilateral de uma das partes é denominado denúncia. Esse tipo de extinção[7] assemelha-se à ratificação e à adesão, porém com efeito jurídico inverso, pois, pela denúncia, o Estado exterioriza sua retirada do acordo internacional. No entanto, existem tratados que, por sua própria natureza, são imunes a esse tipo de extinção. É o caso dos tratados de vigência estática[8]. Por outro lado, alguns tratados facultam a denúncia a todo o momento, exigindo apenas o decurso de certo prazo (pré-aviso), tudo para proteger os interesses dos copactuantes. Em relação ao pré-aviso, a Convenção de Viena sobre Direitos dos Tratados estatui regra geral que condiciona a validade da denúncia à sua comunicação com pelo menos doze meses de antecedência (artigo 56, ponto 2), e a violação de tal regra gera responsabilidade internacional do Estado; **IV:** correta (art. 1°, ponto 5, da Convenção de Constituição da OIT).

Gabarito "C"

(Procurador do Trabalho – MPT – 17° Concurso) Leia e analise os itens a seguir:

I. Segundo a Carta Internacional de Direitos Humanos, toda pessoa tem direito, em plena igualdade a que a sua causa seja equitativa e publicamente julgada por um Tribunal independente e imparcial que decida dos seus direitos e obrigações ou de qualquer acusação em matéria penal que contra ele seja deduzida.

II. No conflito entre normas jurídicas comunitárias e o direito nacional dos Estados-Membros, em sistemas de organização supranacional como a União Europeia, geralmente aplica-se o princípio da primazia das normas jurídicas comunitárias, porém, este princípio não é absoluto, podendo eventual colisão entre as duas ordens normativas ser solucionada, por exemplo, pela observância da norma constitucional de determinado país.

III. A Organização Mundial do Comércio (OMC), da qual o Brasil é um dos países-membros, é uma organização internacional que atua na fiscalização e regulamentação do comércio mundial, cabendo-lhe, além dessa e de outras funções, resolver conflitos comerciais entre os países membros.

IV. Considerando a relevância dos direitos sociais para a formação de um Mercado Comum entre os seus Membros, o Tratado de Constituição do MERCOSUL previu uma série de direitos trabalhistas e princípios sociais fundamentais, com vistas a possibilitar a livre circulação de trabalhadores e uniformizar as condições de trabalho nos países integrantes.

6 O artigo 84, VIII, da CF assim dispõe: "(...) celebrar tratados, convenções e atos internacionais, sujeitos a referendo do Congresso Nacional".

7 A denúncia extingue somente os tratados bilaterais, pois nos multilaterais ela significa apenas a saída da parte denunciante.

8 Por exemplo, os tratados que definem fronteiras.

Marque a alternativa **CORRETA**:

(A) apenas as assertivas I, II e III estão corretas;
(B) apenas as assertivas I, II e IV estão corretas;
(C) apenas as assertivas III e IV estão corretas;
(D) todas as assertivas estão corretas;
(E) não respondida.

I: correta (art. 10 da Declaração Universal dos Direitos Humanos); **II:** correta. O princípio da primazia das normas jurídicas comunitárias indica que, caso ocorra conflito entre normas comunitárias e nacionais (mesmo estas sendo de índole constitucional), as primeiras geralmente vencerão. Contudo, cabe reforçar, como lembrado na assertiva, que não se trata de um princípio absoluto, podendo eventual colisão entre as duas ordens normativas ser solucionada, por exemplo, pela observância da norma constitucional de determinado país, desde que justificado no caso concreto. Esse princípio tem por consequência a impossibilidade de o Estado-membro opor-se, por motivos de ordem legal e constitucional, à aplicação de normas comunitárias. Tal característica tem importância fundamental para o funcionamento do sistema comunitário, pois garante a uniformidade na aplicação do direito comunitário em todos os Estados-membros, garantindo, assim, a eficiência dos órgãos comunitários; **III:** correta. A OMC é uma organização internacional, com sede em Genebra, na Suíça, que tem por objetivo zelar pelas normas que regem o comércio entre os países, em nível mundial ou quase mundial. Por isso, diz-se que é uma organização internacional especializada de vocação universal. De maneira mais ampla, a OMC é uma organização para liberalização do comércio, um fórum para que os governos negociem acordos comerciais e um lugar para que os governos resolvam suas diferenças comerciais. Ademais, é encarregada de aplicar um sistema de normas comerciais – o chamado sistema de resolução de controvérsias da OMC. O antigo Acordo Geral de Tarifas e Comércio (Gatt, 1947) não era uma organização internacional, mas sim um acordo temporário que teve vigência de 1948 a 1994, ano em que foi absorvido pelo conjunto institucional mais amplo e mais estruturado que é a OMC. Tal acontecimento se deu na Rodada Uruguai de negociações do Gatt e tomou corpo mediante a Reunião Ministerial de Marrakesh, entrando em vigor em 1° de janeiro de 1995 com sua ratificação (Decreto 1.355/1994). Sua estrutura comportava um acordo-base (instituidor da OMC), três anexos disciplinando acordos obrigatórios (entre eles a submissão do Estado-membro ao sistema de solução de controvérsias) e um anexo cuidando de um facultativo; **IV:** incorreta, pois o Tratado de Assunção (Tratado de constituição do Mercosul) não previu princípios sociais fundamentais. Ademais, na união aduaneira (Mercosul) existe tão somente a livre circulação de bens.

Gabarito "A"

(Magistratura do Trabalho – 2ª Região – 2010) Temos as seguintes figuras de Direito internacional:

1. Convenções da OIT;
2. Imunidades;
3. Protocolo de Olivos;
4. Protocolo de Ouro Preto;
5. Sistema Tripartite.

Assinale a alternativa abaixo que está na respectiva sequência dos itens acima:

(A) 1. Tratados internacionais, multilaterais, abertos a adesão.
2. Só afastada por renúncia do Estado.
3. Instituiu mecanismo arbitral *ad hoc*.
4. Instituiu a personalidade jurídica de Direito Internacional do MERCOSUL.
5. É o sistema em que se repartem as competências aos diversos órgãos da OIT.

(B) 1. São acordos coletivos bilaterais entre sujeitos de Direito Internacional, que devem ser aplicados de forma imediata nos Estados aderentes.
2. São privilégios próprios dos diplomatas, que se estendem aos empregados domésticos que os acompanham nas missões que estão envolvidos.
3. Especifica uma lista de árbitros, em número de 12 de cada Estado-parte que integrarão a lista que ficará registrada na Secretaria Administrativa do MERCOSUL.
4. Especifica a estrutura funcional do MERCOSUL.
5. Apesar do nome, na verdade, trata-se de uma composição *sui generis* de um órgão internacional, com composição de quatro Estados para cada órgão que pertence á estrutura da Organização.

(C) 1. Tratados internacionais, multilaterais, abertos á adesão, decididos em Conferência Internacional pelo voto de pelo menos 2/3 dos Estados presentes na Assembleia Geral.
2. Decorre da regra conhecida *"par in parem nom habet imperium"* (entre iguais não há império).
3. Estabelece como estrutura do MERCOSUL os seguintes órgãos: Conselho do Mercado Comum; Grupo do Mercado Comum; Comissão do Comércio do Mercado Comum; Comissão das Empresas do Mercado Comum; e, Secretaria Administrativa do Mercado Comum;
4. Estabelece um Tribunal arbitral *ad hoc* composto de 3 árbitros.
5. É o sistema que se compõe de um diplomata de carreira; um representante do executivo do Estado-membro; e, um representante da classe dos trabalhadores.

(D) 1. Tratado internacional próprio da OMC – Organização Mundial do Comércio e da OIT – Organização Internacional do Trabalho, regulando matérias respectivas de comércio e "dumping social", abertos a todos os Estados com interesses econômicos e sociais.
2. É própria para os atos de império, mas não prevalece para os atos de gestão.
3. Estabelece regras para a solução de conflitos entre os Estados-partes, privilegiando o início por negociação direta que não pode exceder a 20 dias.
4. Foi estabelecido entre Argentina, Brasil, Paraguai e Uruguai.
5. É o sistema dos órgãos colegiados da OIT – Organização Internacional do Trabalho, composto de dois delegados dos Estados e um representante dos empregados e um dos empregadores, perfazendo o total de quatro membros.

(E) 1. Submetem-se ao regime geral dos tratados e juntamente com as Recomendações formam o que ficou conhecido como Código Internacional do Trabalho.
2. Salvo renúncia do Estado e dentre outras exceções e ações sobre imóvel privado situado no território do Estado acreditado, de propriedade do próprio agente diplomático, não permite processo judicial em face do Estado soberano.
3. Estabelece procedimentos para a solução de controvérsias entre os Estados-partes do MERCOSUL, e uma vez iniciados não permitem a nenhuma das partes recorrer a outros mecanismos estabelecidos em outros foros.
4. Diz que as decisões do MERCOSUL serão tomadas por consenso e com a presença dos Estados-partes.
5. Tal sistema não ocorre nos órgãos que concernem interesses específicos de governos, exame específico de questões técnicas, ou de questões judiciais.

Convenções da OIT são tratados internacionais, multilaterais, abertos à adesão pelos Estados-membros da Organização. Para que uma convenção ou uma recomendação seja aceita em votação final pela Conferência, são necessários dois terços dos votos presentes – art. 19, § 2º, da Constituição da OIT. O conjunto das convenções e recomendações da OIT é usualmente designado Código Internacional do Trabalho.

A imunidade refere-se aos Estados soberanos estrangeiros, cujos agentes não se sujeitam, em princípio, à jurisdição estrangeira. Pode ser afastada por renúncia do próprio Estado – art. 32 da Convenção de Viena sobre Relações Diplomáticas (Decreto 56.435/1965). Os criados particulares dos membros da Missão, que não sejam nacionais do Estado acreditado nem nele tenham residência permanente, estão isentos de impostos e taxas sobre os salários que perceberem pelos seus serviços. Nos demais casos, só gozarão de privilégios e imunidades na medida reconhecida pelo referido Estado – art. 37, § 4º, da Convenção. O STF entende que a imunidade refere-se apenas aos atos *jure imperii*, e não aos *jure gestionis*, de modo que não se aplica às demandas trabalhistas – AI 139.671 AgR/DF. Ademais, a imunidade, salvo renúncia, refere-se apenas à jurisdição executória, não à jurisdição de conhecimento – ver RE 222.368 AgR/PE.

O Protocolo de Olivos regula a solução de controvérsias no âmbito do Mercosul. Instituiu o sistema arbitral *ad hoc* – Capítulo VI, do Protocolo. Cada Estado-parte designará 12 árbitros, que integrarão uma lista que ficará registrada na Secretaria Administrativa do MERCOSUL – art. 11, § 1º, do Protocolo. Dentre esses árbitro, 3 serão designados para compor o Tribunal *ad hoc* – art. 10 do Protocolo.

O Protocolo de Ouro Preto dispõe sobre a estrutura institucional do Mercosul e sua personalidade jurídica de direito internacional. A estrutura contará com os seguintes órgãos: (i) Conselho do Mercado Comum (CMC), (ii) Grupo Mercado Comum (GMC), (iii) Comissão de Comércio do Mercosul (CCM), (iv) Comissão Parlamentar Conjunta (CPC), (v) Foro Consultivo Econômico-Social (FCES), e (vi) Secretaria Administrativa do Mercosul (SAM).

O Sistema Tripartite da OIT refere-se à sua composição com representantes dos governos, dos empregados e dos empregadores (não às competências dos órgãos).

À luz dessas características e das normas citadas, a alternativa "E" é a única que traz apenas afirmações corretas.

Gabarito "E"

(Magistratura do Trabalho – 9ª Região – 2009) Analise as proposições:

I. Diante da ausência de precedentes do STF em sentido contrário, entende-se que a imunidade de jurisdição de Estados soberanos é absoluta, mesmo quando se trate de atos de gestão por estes praticados, como ocorre nas relações de direito do trabalho.

II. São órgãos da OIT a Conferência Internacional do Trabalho, o Conselho de Administração e o *Bureau* Internacional do Trabalho.

III. A Corte Internacional de Justiça é um dos órgãos especiais da Organização das Nações Unidas, ao lado da Assembleia Geral, do Conselho de Segurança, do Conselho Econômico e Social, do Conselho de tutela e do Secretariado.

IV. Na forma do artigo 14 da Convenção de Viena sobre Relações Diplomáticas, os Chefes de Missão dividem-se em duas classes: a) Embaixadores ou Núncios; b) Enviados, Ministros ou Internúncios.

V. Os Chefes da repartição consular se dividem em quatro categorias (cônsules-gerais, cônsules, vice-cônsules e agentes consulares), e são admitidos no exercício de suas funções por uma autorização do Estado receptor denominada "exequatur", qualquer que seja a forma dessa autorização.

(A) Somente as proposições I, IV e V são corretas.
(B) Somente as proposições I e IV são corretas.
(C) Somente as proposições II e III são corretas.
(D) Somente as proposições II, III e V são corretas.
(E) Todas as proposições são corretas.

I: incorreta, pois o STF reconhece o caráter relativo da imunidade jurisdicional dos Estados estrangeiros (especialmente em matéria trabalhista). A imunidade, salvo renúncia, refere-se apenas à jurisdição executória, não à jurisdição de conhecimento (vide RE-AgR 222.368/PE); **II:** correta (art. 2º da Constituição da OIT); **III:** correta, nos exatos termos do art. 7º, ponto 1, da Carta da ONU; **IV:** incorreta, pois o art. 14 da Convenção de Viena sobre Relações Diplomáticas de 1961 prevê três classes de chefes de missão, quais sejam, (i) Embaixadores ou Núncios acreditados perante Chefes de Estado, e outros Chefes de Missões de categoria equivalente, (ii) Enviados, Ministro ou internúncios, acreditados perante Chefe de Estado e (iii) Encarregados de Negócios, acreditados perante Ministros das Relações Exteriores; **V:** correta (art. 9º da Convenção de Viena sobre Relações Consulares de 1963).

Gabarito "D"

(Magistratura do Trabalho – 9ª Região – 2009) Considere as proposições a seguir:

I. De acordo com a Convenção de Viena sobre Relações Diplomáticas de 1961, a renúncia à imunidade de jurisdição no tocante às ações cíveis ou administrativas implica em renúncia tácita à imunidade quanto às medidas de execução da sentença.

II. No Brasil, os tratados e convenções internacionais sobre direitos humanos que forem aprovados, em cada Casa do Congresso Nacional, em dois turnos, por três quintos dos votos dos respectivos membros, serão equivalentes às emendas constitucionais.

III. Compete privativamente ao Presidente da República do Brasil celebrar tratados, convenções e atos internacionais, sujeitos a referendo do Congresso Nacional.

IV. A delimitação das competências da União Europeia rege-se pelos princípios da subsidiariedade e da proporcionalidade, enquanto o exercício de suas competências rege-se pelo princípio da atribuição.

V. O Tribunal de Justiça da União Europeia, uma das instituições da União Europeia, inclui o Tribunal de Justiça, o Tribunal Geral e Tribunais Especializados.

(A) Apenas as proposições II e III são corretas.
(B) Apenas as proposições I, II e III são corretas.
(C) Apenas as proposições II, III e V são corretas.
(D) Apenas as proposições I e IV são corretas.
(E) Todas as proposições são corretas.

I: incorreta, pois a renúncia à imunidade de jurisdição no tocante às ações civis ou administrativas não implica renúncia à imunidade quanto às medidas de execução da sentença, para as quais nova renúncia é necessária (art. 32, ponto 4, da Convenção de Viena de 1961); **II:** correta, pois reflete exatamente o disposto no art. 5º, § 3º, da CF; **III:** correta (art. 84, VIII, da CF); **IV:** incorreta. A delimitação das competências da UE rege-se pelo princípio da atribuição (estritos limites das atribuições implícita ou explicitamente conferidas pelos Estados-membros). O exercício das competências submete-se aos princípios da subsidiariedade (nos casos em que não há competência exclusiva, a UE atuará somente quando os atos dos Estados-membros não forem suficientes para alcançar suas finalidades) e da proporcionalidade (a atuação da UE deve ser proporcional ao fim a ser alcançado) – art. 5º do Tratado da União Europeia; **V:** correta. O Tribunal de Justiça da União Europeia é composto de três jurisdições: o Tribunal de Justiça, o Tribunal Geral e o Tribunal da Função Pública.

Gabarito "C"

(Magistratura do Trabalho – 9ª Região – 2007) Considere as seguintes proposições:

I. As Convenções da Organização Internacional do Trabalho ao serem incorporadas formalmente ao ordenamento jurídico nacional qualificam-se, segundo a regra geral, como atos normativos infraconstitucionais, situando-se no mesmo plano de validade e eficácia das normas ordinárias.

II. Segundo a Convenção de Viena sobre Relações Diplomáticas de 1961, o agente diplomático gozará da imunidade de jurisdição penal do Estado acreditado. Gozará também da imunidade de jurisdição civil e administrativa, a não ser que se trate, dentre outras hipóteses expressamente enumeradas na mencionada Convenção, de uma ação referente a qualquer profissão liberal ou atividade comercial exercida pelo agente diplomático no Estado acreditado fora de suas funções oficiais.

III. Os privilégios e imunidades previstos na Convenção de Viena de 1963 sobre Relações Consulares também serão concedidos aos membros da família de funcionário consular honorário e aos membros da família de empregado consular de repartição consular dirigida por funcionário consular honorário.

IV. Segundo o Tratado que instituiu a Comunidade Econômica Europeia, a livre circulação dos trabalhadores implica a abolição de toda e qualquer discriminação em razão da nacionalidade, entre os trabalhadores dos Estados-membros, no que diz respeito ao emprego, à remuneração e às demais condições de trabalho.

Assinale a alternativa correta:

(A) Todas as proposições estão corretas;

(B) Apenas as proposições I, II e IV estão corretas;

(C) Apenas as proposições II, III e IV estão corretas;

(D) Apenas as proposições I e II estão corretas;

(E) Apenas as proposições I, III e IV estão corretas.

I: correta, pois, em regra, o tratado internacional tem força de lei ordinária federal (ver ADI-MC 1.480/DF), exceto se versar sobre direitos humanos, hipótese em que terá natureza supralegal (caso do Pacto de São José da Costa Rica – art. 5º, § 2º, da CF, ver HC 94.013/SP-STF) ou valerá como emenda constitucional, desde que aprovado por ambas as Casas do Congresso, em dois turnos e por maioria de três quintos de seus membros (art. 5º, § 3º, da CF). Considerando sua equiparação com lei ordinária federal, aplicam-se os critérios da revogação pela lei posterior e da não revogação da norma especial pela geral; **II:** correta, conforme o art. 31 da Convenção de Viena sobre Relações Diplomáticas de 1961; **III:** incorreta, pois o art. 58, ponto 3, da Convenção de Viena sobre Relações Consulares de 1963 dispõe expressamente que os privilégios e imunidades nela previstos não serão concedidos aos membros da família de funcionário consular honorário nem aos da família de empregado consular de repartição consular dirigida por funcionário consular honorário; **IV:** correta, pois reflete o disposto no art. 39, ponto 2, do Tratado que institui a Comunidade Europeia.

Gabarito "B"

(Magistratura do Trabalho – 9ª Região – 2007) Assinale a alternativa incorreta:

(A) Ao estrangeiro não é conferida legitimação ativa para a propositura de ação popular. Tem, entretanto, o estrangeiro legitimidade ativa para ajuizamento de *habeas corpus* e *habeas data*.

(B) Podem ocupar o cargo de Ministro do Supremo Tribunal Federal os nascidos no estrangeiro, de pai brasileiro ou mãe brasileira, desde que qualquer deles esteja a serviço da República Federativa do Brasil.

(C) A aprovação do tratado internacional por meio de decreto legislativo, devidamente promulgado pelo presidente do Senado Federal e publicado, assegura a incorporação imediata da norma ao direito interno.

(D) Os tratados e convenções internacionais sobre direitos humanos que forem aprovados, em cada Casa do Congresso Nacional, em dois turnos, por três quintos dos votos dos respectivos membros, serão equivalentes às emendas constitucionais.

(E) Os tratados e convenções internacionais incorporados formalmente ao ordenamento jurídico nacional são passível de controle difuso e concentrado de constitucionalidade.

A: assertiva correta, conforme o art. 5º, LXVIII, LXXII e LXXIII, da CF e o art. 1º, § 3º, da Lei 4.717/1965; **B:** assertiva correta, pois o cargo de Ministro do STF é privativo de brasileiro nato, nos termos do art. 12, § 3º, IV, da CF, o que inclui os nascidos no estrangeiro, de pai brasileiro ou mãe brasileira, desde que qualquer deles esteja a serviço da República Federativa do Brasil (art. 12, I, *b*, da CF); **C:** assertiva incorreta, devendo ser assimalada, pois a incorporação ao sistema jurídico interno depende da promulgação do tratado, por decreto do Presidente da República; **D:** assertiva correta (art. 5º, § 3º, da CF); **E:** assertiva correta, pois o tratado internacional vige, em regra, como lei ordinária federal (ver ADI-MC 1.480/DF), submetendo-se, portanto, ao controle de constitucionalidade.

Gabarito "C"

(Magistratura do Trabalho – 8ª Região – 2006) Sobre os sujeitos do Direito Internacional, assinale a alternativa correta:

(A) A personalidade jurídica das organizações internacionais é originária.

(B) As empresas têm personalidade jurídica de direito internacional.

(C) O Estado é sujeito originário de direito internacional público, enquanto as organizações internacionais são uma realidade jurídica criada pelo tratado constitutivo.

(D) Os indivíduos podem ser sujeitos de direito público internacional.

(E) Somente as empresas binacionais têm personalidade jurídica de direito internacional.

A assertiva dada como correta é a C. O tema ganhou evolução no seu entendimento, e atualmente pode-se apontar como a melhor posição sobre o assunto a seguinte: Estado, Organização Internacional (incluindo os blocos regionais) e pessoa humana são sujeitos de direito internacional – teoria eclética ou heteropersonalista. Cabe reiterar que a teoria clássica, que defende o Estado como único sujeito de Direito Internacional, está há muito superada. Por fim, a personalidade jurídica dos Estados é originária, enquanto a das OIs é derivada, pois é formada a partir da vontade dos Estados.

Gabarito "C"

(Magistratura do Trabalho – 5ª Região – 2006 – CESPE) Acerca das convenções internacionais e da imunidade de jurisdição, assinale a opção correta.

(A) A ratificação de convenção da Organização Internacional do Trabalho (OIT) não importa revogação ou alteração de qualquer lei, sentença, costume ou acordo que garanta aos trabalhadores condições mais favoráveis.

(B) Os tratados e convenções internacionais sobre direitos humanos são equivalentes a lei complementar, quando aprovados em cada Casa do Congresso Nacional, em dois turnos, por três quintos dos votos dos respectivos membros.

(C) A imunidade dos membros de quadro diplomático alcança as reconvenções apresentadas em ações por eles próprios ajuizadas.

(D) Segundo jurisprudência do Tribunal Superior do Trabalho, a imunidade à execução de crédito na justiça do trabalho alcança os bens de missão diplomática, inclusive os bens que não estejam afetos às atividades da missão.

(E) O diplomata pode renunciar à imunidade de jurisdição.

A: correta, pois as Convenções e Recomendações da OIT não podem ser interpretadas de forma a reduzir direitos ou condições mais favoráveis para os trabalhadores, previstas em leis, sentenças, costumes ou acordos (art. 19, ponto 8, da Constituição da OIT); **B:** incorreta, pois, nos termos do art. 5º, § 3º, da CF, os tratados e convenções internacionais sobre direitos humanos que forem aprovados, em cada Casa do Congresso Nacional, em dois turnos, por três quintos dos votos dos respectivos membros, serão equivalentes às emendas constitucionais (não a simples lei complementar, como consta da assertiva); **C:** incorreta, pois a imunidade diplomática não alcança reconvenções diretamente relacionadas à ação principal proposta pelo agente diplomático ou pela pessoa que goza da imunidade, conforme o art. 32, ponto 3, da Convenção de Viena sobre Relações Diplomáticas, de 1961; **D:** incorreta. os Estados possuem imunidade de execução, o que significa que não poderá ser decretada execução forçada - como o sequestro, o arresto e o embargo - contra os bens de um Estado estrangeiro. Essa imunidade é considerada absoluta por parcela da doutrina[9], mas pode ser renunciada pelo próprio Estado[10] (vide RE-AgR 222.368/PE, STF) ou relativizada quando a execução for de bens não afetos aos serviços diplomáticos e consulares do Estado estrangeiro - por exemplo, recursos financeiros vinculados a atividades empresariais disponíveis em contas bancárias (vide SBDI-2 ROMS nº 282/2003-000-10-00-1). E caso este não possua bens estranhos à sua representação diplomática nos limites da jurisdição brasileira, deve ser expedida carta rogatória, acompanhada de gestões diplomáticas, para se proceder à cobrança do crédito; **E:** incorreta, pois somente o Estado acreditante pode renunciar à imunidade de jurisdição, conforme o art. 32, ponto 1, da Convenção de Viena sobre Relações Diplomáticas, de 1961.

Gabarito "A"

2. DIREITO INTERNACIONAL DO TRABALHO

2.1. ESTRUTURA ORGANIZACIONAL E FUNCIONAMENTO DA OIT

(Magistratura do Trabalho – 2ª Região – 2012) Observe as proposições seguintes e assinale aquela **incorreta:**

(A) Um Estado-membro da OIT — Organização Internacional do Trabalho, não é obrigado a ratificar uma convenção adotada pela Conferência Geral, embora por força da Constituição desta organização internacional, não possam as autoridades governamentais ignorá-la.

(B) Recomendações da OIT — Organização Internacional do Trabalho, são desprovidas de efeito obrigatório, tendo antes, por finalidade, fornecer orientações que os Estados devem observar na condução da sua ação na ordem interna.

(C) A Conferência geral reafirmou como um dos princípios fundamentais sobre os quais repousa a OIT — Organização Internacional do Trabalho, que a penúria, seja onde for, constitui um perigo para a prosperidade geral.

(D) Os Estados-membros da OIT — Organização Internacional do Trabalho comprometem-se a apresentar à Repartição Internacional do Trabalho um relatório semestral sobre as medidas por eles tomadas para a execução das convenções a que aderirem.

(E) A Conferência Geral dos representantes dos Estados-membros da OIT — Organização Internacional do Trabalho será composta de quatro representantes de cada um dos Membros dos quais dois serão Delegados do Governo e os outros dois representarão respectivamente, os empregados e empregadores.

A: correta, pois, de fato, não existe a citada obrigação; **B:** correta, pois recomendações, de maneira geral, carecem de conteúdo obrigatório; **C:** correta, pois em correspondência ao disposto no art. I, alínea *c*, do Anexo da Declaração da Filadélfia; **D:** incorreta, devendo ser assinalada, pois o relatório é anual e não semestral, conforme art. 22 da Declaração da Filadélfia; **E:** correta. A Conferência Geral do Trabalho é o órgão plenário e deliberante da OIT. Todos os estados-membros estão nela representados pela suas delegações. As delegações são compostas de dois delegados indicados pelo governo, um delegado representante dos empregadores e outro representante dos trabalhadores. Todos os membros da delegação têm direito de voto e podem divergir.

Gabarito "D"

(Magistratura do Trabalho – 4ª Região – 2012) Em matéria de Organização Internacional do Trabalho, é correto afirmar:

(A) A Conferência Geral dos Representantes dos Estados-Membros realizará sessões sempre que for necessário, e, pelo menos, duas vezes por ano.

(B) Cada delegado poderá ser acompanhado por consultores técnicos, cujo número será de no máximo três, para cada uma das matérias inscritas na ordem do dia da sessão.

(C) As sessões da Conferência realizar-se-ão em Genebra ou no lugar determinado pela Repartição Internacional do Trabalho, respeitadas quaisquer decisões que possam haver sido tomadas pela Conferência no decurso de uma sessão anterior.

(D) Os delegados representantes dos Estados-Membros não poderão designar substitutos para atuar nas deliberações e votações.

(E) Os Estados-Membros comprometem-se a designar os delegados consultores técnicos não governamentais de acordo com as organizações profissionais mais representativas, tanto dos empregadores como dos empregados, se essas organizações existirem.

A: incorreta. A Conferência geral dos representantes dos Estados-Membros realizará sessões sempre que for necessário, e, pelo menos, uma vez por ano (art. 3º, ponto 1, da Constituição da Organização Internacional do Trabalho); **B:** incorreta. O máximo de consultores técnicos é de dois e não de três (art. 3º, ponto 2, da Constituição da Organização Internacional do Trabalho); **C:** incorreta. As sessões da Conferência realizar-se-ão no lugar determinado pelo Conselho de Administração, respeitadas quaisquer decisões que possam haver sido tomadas pela Conferência no decurso de uma sessão anterior (art. 5º da Constituição da Organização Internacional do Trabalho); **D:** incorreta. Qualquer delegado poderá, por nota escrita dirigida ao Presidente, designar um de seus consultores técnicos como seu substituto, e este, nesta qualidade, poderá tomar parte nas deliberações e votar (art. 3º, ponto 7, da Constituição da Organização Internacional do Trabalho); **E:** correta (art. 3º, ponto 5, da Constituição da Organização Internacional do Trabalho).

Gabarito "E"

(Magistratura do Trabalho – 23ª Região – 2012) A respeito da OIT - Organização Internacional do Trabalho - assinale a alternativa que contém proposição **incorreta**:

(A) A OIT foi instituída pelo Tratado de Versalhes de 1919 (mil novecentos e dezenove) sendo posteriormente complementada pela Declaração de Filadélfia, de 1944 (mil novecentos e quarenta e quatro).

9 Para parte da doutrina, a imunidade de execução foi relativizada na medida em que **bens de uso comercial sem função pública** podem ser objeto de penhora. É a visão, por exemplo, de Antenor Madruga.

10 Importante esclarecer que a renúncia à imunidade de jurisdição no referente às ações civis e administrativas não abrange as medidas de execução de sentença, para as quais é necessária nova renúncia.

(B) Enquanto órgãos da OIT (Organização Internacional do Trabalho) incumbe: à Repartição Internacional do Trabalho exercer as funções ditas de secretaria realizando, por exemplo, os serviços de documentação e divulgação das atividades da Organização e publicação das Convenções e Recomendações desta; à Conferência ou Assembleia Geral atuar como órgão deliberativo constituído pelos Estados Membros da Organização que encaminham delegações que os representam e que são formadas por membros representantes do governo, dos trabalhadores e dos empregadores; ao Conselho de Administração exercer funções executivas e administrativas da OIT sendo composto por representantes de trabalhadores, empregadores e do governo dos Estados Membros.

(C) A denúncia de uma Convenção da OIT refere-se ao processo pelo qual uma organização profissional ou de empregadores informa e comprova junto ao Conselho de Administração do órgão, o não cumprimento de uma ou mais das Convenções da OIT por determinado Estado Membro.

(D) As Convenções da OIT possuem natureza jurídica de tratados internacionais multilaterais que estabelecem normas e que, portanto, são obrigatórias àqueles Estados Membros que as ratificarem. As Recomendações da OIT, no entanto, possuem como função principal a de servir como sugestão, inspiração ou indicação aos Estados quanto à produção normativa interna para aperfeiçoamento de suas respectivas legislações trabalhistas.

(E) O controle da OIT quanto à aplicação das Convenções ratificadas pelos seus Estados membros é feito através da Comissão de Peritos em Aplicação de Convenções e Recomendações que é um órgão técnico composto de membros independentes que se reúnem anualmente tendo suas observações submetidas à Comissão de Conferência.

A: correta, pois traça corretamente o trajeto histórico de formação da OIT; **B:** correta, pois traz, de forma correta, os órgãos da OIT e suas respectivas funções; **C:** incorreta, devendo ser assinalada. O fenômeno da extinção do tratado por vontade unilateral de uma das partes é denominado *denúncia*. Esse tipo de extinção assemelha-se à ratificação e à adesão, porém com efeito jurídico inverso, pois, pela denúncia, o Estado exterioriza sua retirada do acordo internacional; **D** e **E:** corretas.

Gabarito "C"

(Magistratura do Trabalho – 2ª Região – 2011) No que concerne à Organização Internacional do Trabalho, assinale a alternativa **incorreta**:

(A) A Organização Internacional do Trabalho compreende, na sua estrutura básica, uma Conferência Geral constituída pelos Representantes dos Estados-membros; um Conselho de Administração, composto por representantes dos Governos, dos empregadores e dos empregados; e, uma Repartição Internacional do Trabalho, que terá um Diretor-Geral, designado pelo Conselho de Administração.

(B) Quando houver uma proposta de Convenção Internacional será dado aos Estados-membros conhecimento do teor da Convenção para fins de ratificação, os quais se comprometem a submeter, dentro do prazo de 18 meses, sem nunca exceder a 24 meses, após o encerramento da Conferência, à autoridade interna competente.

(C) Os Estados-membros da Organização Internacional do Trabalho comprometem-se a apresentar à Repartição Internacional do Trabalho um relatório anual sobre as medidas por ele tomadas para a execução das convenções a que aderiram.

(D) As questões ou dificuldades relativas à interpretação da Constituição (Estatuto) da Organização Internacional do Trabalho e das convenções ulteriores concluídas pelos Estados-membros, em virtude da mesma, serão submetidas à apreciação da Corte Internacional de Justiça.

(E) No caso de um Estado federado, o Diretor-Geral da Repartição Internacional deve ser informado sobre a legislação dos Estados-membros e também deve ser informado até que ponto deu-se ou se pretende dar aplicação a dispositivos da convenção internacional, ainda que não ratificada.

A: correta, pois indica a estrutura institucional da OIT, conforme o art. 2º de sua Constituição; **B:** incorreta, devendo ser assinalada, pois cada Estado-membro tem até 1 ano a partir do encerramento da sessão da Conferência (ou, quando, em razão de circunstâncias excepcionais, tal não for possível, logo que o seja, sem nunca exceder o prazo de 18 meses após o encerramento), para submeter a convenção à autoridade interna competente – art. 19, ponto 5, *b*, da Constituição da OIT; **C:** correta, pois esse compromisso consta do art. 22 da Constituição da OIT, nesses exatos termos; **D:** correta, pois reflete exatamente o disposto no art. 37, ponto 1, da Constituição da OIT; **E:** correta, nos precisos termos do art. 19, ponto 7, *b*, IV, da Constituição da OIT.

Gabarito "B"

(Magistratura do Trabalho – 3ª Região – 2009) Sobre a Organização Internacional do Trabalho (OIT), leia as afirmações abaixo e, em seguida, assinale a alternativa correta:

I. A OIT foi criada pela Conferência de Paz após a Primeira Guerra Mundial. A sua Constituição integra o Tratado de Versalhes. Em 1944, à luz dos efeitos da Grande Depressão e da Segunda Guerra Mundial, a OIT adotou a Declaração da Filadélfia como anexo da sua Constituição. A Declaração antecipou e serviu de modelo para a Carta das Nações Unidas e para a Declaração Universal dos Direitos Humanos.

II. Em 1998, foi adotada a Declaração da OIT sobre os Princípios e Direitos Fundamentais no Trabalho e seu Seguimento. O documento é uma reafirmação universal da obrigação de respeitar, promover e tornar realidade os princípios refletidos nas Convenções fundamentais da OIT, ainda que não tenham sido ratificados pelos Estados Membros.

III. O Comitê de Liberdade Sindical, criado na década de 1950, se tornou o mais eficiente mecanismo mundial de salvaguarda da liberdade sindical.

IV. A Comissão de Peritos na Aplicação de Convenções e Recomendações é composta de personalidades independentes de diferentes países-membros, nomeadas pelo Conselho de Administração, para um mandato de três anos. Seu papel é o de examinar os relatórios enviados pelos países membros a respeito das convenções.

V. As convenções, recomendações, decisões e resoluções internacionais do trabalho são consideradas normas internacionais do trabalho, compondo a atividade normativa da OIT.

(A) Somente uma afirmativa está correta.
(B) Somente duas afirmativas estão corretas.
(C) Somente três afirmativas estão corretas.
(D) Somente quatro afirmativas estão corretas.
(E) Todas as afirmativas estão corretas.

I: correta. A Organização Internacional do Trabalho (OIT) é uma organização internacional que tem por objetivo melhorar as condições do trabalho no mundo. Por isso, diz-se que é uma organização internacional especializada de vocação universal. A OIT foi criada em 1919, como parte do Tratado de Versalhes, que pôs fim à Primeira Guerra Mundial. Fundou-se sobre a convicção primordial de que a paz universal e permanente somente pode estar baseada na justiça social. É a única das agências do Sistema das Nações Unidas com uma estrutura tripartite, composta de representantes de governos e de organizações de empregadores e de trabalhadores. A OIT é responsável pela formulação e aplicação das normas internacionais do trabalho (convenções e recomendações). O Brasil está entre os membros fundadores da OIT e participa da Conferência Internacional do Trabalho desde sua primeira reunião. Durante seus primeiros quarenta anos de existência, a OIT concentrou a maior parte de suas energias a desenvolver normas internacionais do trabalho e a garantir sua aplicação. Entre 1919 e 1939 foram adotadas 67 convenções e 66 recomendações. A eclosão da Segunda Guerra Mundial interrompeu temporariamente esse processo. No final da da segunda grande guerra, nasce a Organização das Nações Unidas (ONU), com o objetivo de manter a paz através do diálogo entre as nações. A OIT, em 1946, se transformou em sua primeira agência especializada. Mas cabe anotar que em 1944, à luz dos efeitos da Grande Depressão e da Segunda Guerra Mundial, a OIT adotou a Declaração da Filadélfia como anexo da sua Constituição. A Declaração antecipou e serviu de modelo para a Carta das Nações Unidas e para a Declaração Universal dos Direitos Humanos; **II:** correta. Veja o histórico no *site* da OIT no Brasil (www.oit.org.br), praticamente transcrito pelo examinador; **III:** incorreta, pois o Comitê de Liberdade Sindical foi criado em 1951 e, ademais, a afirmativa é bastante subjetiva; **IV:** correta, pois descreve adequadamente a Comissão de Peritos; **V:** correta, pois lista atos normativos da OIT, embora as resoluções não sejam vinculativas.

Gabarito "D"

(Magistratura do Trabalho – 3ª Região – 2008) Sobre a Organização Internacional do Trabalho – OIT –, é errado afirmar:

(A) A OIT compõe o sistema das Nações Unidas, apesar de dispor de orçamento e pessoal próprios.
(B) A Constituição da OIT, datada de 1919, disciplina temas relacionados à elaboração, adoção, aplicação e controle das Normas Internacionais do Trabalho.
(C) Entre os objetivos da OIT estão o de controlar a aplicação das Normas Internacionais do Trabalho que visam promover direitos humanos fundamentais, aplicando penalidades pecuniárias, em caso de descumprimento.
(D) A Declaração relativa aos Princípios e Direitos Fundamentais no Trabalho afirma que todos os Estados-membros têm o compromisso de efetivar as convenções fundamentais, ainda que não as tenham ratificado.
(E) A OIT é fundada em estrutura tripartite, baseada no diálogo social.

A: correta, pois a OIT é considerada Agência do Sistema das Nações Unidas. Possui orçamento próprio, mas pode firmar acordos financeiros e orçamentários com a ONU (art. 13 da Constituição da OIT); **B:** correta. Ver a Constituição da OIT, disponível no site da organização no Brasil: www.oit.org.br; **C:** incorreta, devendo ser assinalada, pois não cabe à OIT aplicar penas pecuniárias, como consta da assertiva; **D:** correta, conforme o item 2 da Declaração da OIT sobre os Princípios e Direitos Fundamentais no Trabalho; **E:** correta (art. 3º da Constituição da OIT).

Gabarito "C"

(Magistratura do Trabalho – 3ª Região – 2008) Sobre a Organização Internacional do Trabalho (OIT), é correto afirmar:

(A) A Conferência Internacional do Trabalho é uma assembleia geral que se reúne três vezes por ano em Genebra, para tratar de assuntos ligados à admissão de novos Estados membros, aprovação de Normas Internacionais do Trabalho, discussão sobre grandes orientações, inclusive orçamento.
(B) O Conselho de Administração designa o Diretor-Geral, para o mandato anual.
(C) Em geral, as Convenções, ao contrário das Recomendações, prescindem de ratificação para serem aplicadas pelos países membros.
(D) As reclamações relativas à inobservância dos princípios de liberdade sindical seguem um procedimento especial ligado ao Comitê de Liberdade Sindical.
(E) Apesar do vasto programa de cooperação técnica internacional, não existem ainda programas de formação ou de educação sobre as Normas Internacionais do Trabalho.

A: incorreta, pois a Conferência Internacional do Trabalho realiza sessões sempre que necessárias, pelo menos uma vez por ano (art. 3º, ponto 1, da Constituição da OIT); **B:** incorreta, pois o diretor-geral é designado pelo Conselho de Administração (art. 8º da Constituição da OIT) e possui mandato de 5 anos; **C:** incorreta, pois a Convenção deve ser ratificada pelos Estados-Membros (art. 19, ponto 5, *a*, da Constituição da OIT); **D:** correta, conforme os "Procedimentos especiais da Organização Internacional do Trabalho para o exame de queixas por violações ao exercício da liberdade sindical"; **E:** incorreta. Apesar de existir diversas atividades educativas da OIT no mundo todo, inclusive no Brasil.

Gabarito "D"

(Magistratura do Trabalho – 5ª Região – 2006 – CESPE) Com relação à OIT e a convenções e recomendações internacionais do trabalho, assinale a opção correta.

(A) A OIT foi criada na Conferência de Filadélfia, de 1944.

(B) O Conselho de Administração, órgão deliberativo máximo da OIT, tem uma estrutura tripartite, com delegações formadas por representantes do governo, dos trabalhadores e dos empregadores dos Estados-membros.

(C) As recomendações são normas da OIT destinadas a constituir regras gerais aos Estados deliberantes que as incluem em sua ordem jurídica interna.

(D) A Declaração de Filadélfia, de 1944, enunciou o princípio segundo o qual o trabalho é uma mercadoria.

(E) São normas da OIT: convenções, recomendações e resoluções.

A: incorreta, pois a OIT surgiu a partir do Tratado de Versalhes, de 1919; **B:** incorreta, pois o órgão máximo da OIT é a Conferência Internacional do Trabalho, formada por 4 representantes dos Estados-Membros (2 delegados do governo, 1 dos empregados e 1 dos empregadores) – art. 3º, ponto 1, da Constituição da OIT; **C:** incorreta, pois a assertiva refere-se às convenções (art. 19 da Constituição da OIT); **D:** incorreta, pois a Declaração da Filadélfia afirma exatamente o oposto: o trabalho não é uma mercadoria (item I, *a*, do Anexo à Constituição da OIT); **E:** correta (art. 19 da Constituição da OIT).

Gabarito "E".

(Magistratura do Trabalho – 9ª Região – 2006) Analise as seguintes assertivas e assinale a alternativa correta:

I. No procedimento contencioso da "reclamação" assegurado na constituição da OIT, há legitimação de organização profissional de empregados ou de empregadores, e tem por objeto descumprimento de convenção ratificada.

1048

II. Na estrutura da OIT, é da competência do Conselho de Administração processar e deliberar sobre "reclamações" acerca de não execução satisfatória de uma convenção ratificada pelo Estado-Membro denunciado.

III. Deixando um Estado-Membro da OIT de submeter uma convenção aprovada pela Conferência deste organismo à autoridade competente interna de seu país, outro Estado-Membro, que tenha ratificado a mesma convenção, pode formular "queixa" junto à organização.

IV. Os membros da Comissão de Peritos da OIT são representantes dos governos dos Estados-Membros.

(A) Todas as proposições estão corretas.

(B) Apenas as proposições I, II e III estão corretas.

(C) Apenas as proposições II e III estão corretas.

(D) Apenas a proposição IV está correta.

(E) Apenas as proposições I e IV estão corretas.

I: correta (art. 24 da Constituição da OIT); II: correta (arts. 25 e 26 da Constituição da OIT); III: correta, nos termos do art. 26 da Constituição da OIT; IV: incorreta, já que a Comissão de Peritos na Aplicação de Convenções e Recomendações da OIT é formada por especialistas independentes, que examinam a aplicação das normas pelos países, recebem e avaliam queixas, dando-lhes seguimento e produzindo relatórios para discussão, publicação e difusão.

Gabarito "B".

(Magistratura do Trabalho – 13ª Região – 2006) A liberdade sindical:

(A) é de competência exclusiva dos Estados;

(B) somente pode ser objeto de fiscalização internacional se o Estado for signatário do Tratado de Varsóvia;

(C) é regulamentada pela Organização dos Estados Americanos;

(D) é acompanhada pelo Comitê de Liberdade Sindical da OIT;

(E) é regulamentada pela Recomendação.

O tema foi tratado na Convenção 87 da OIT, sobre a Liberdade Sindical e a Proteção do Direito sindical, e a Convenção 98 da OIT, sobre a Aplicação dos Princípios do Direito de Sindicalização e de Negociação Coletiva. E a única assertiva que traz informação correta é a D.

Gabarito "D".

(Magistratura do Trabalho – 21ª Região – 2005) Em face das afirmativas seguintes, indique a resposta correta:

A Organização Internacional do Trabalho (OIT):

I. É um órgão especializado que compõe a estrutura administrativa da Organização das Nações Unidas (ONU), não possuindo *status* de pessoa jurídica de direito público internacional;

II. É integrada, em sua estrutura orgânica principal, pela Conferência Internacional do Trabalho, pelo Conselho de Administração e pela Comissão de Aplicação de Normas;

III. Possui estrutura bipartite na composição dos principais órgãos colegiados, composta por delegados representantes dos trabalhadores e dos empregadores;

IV. Tem como órgão colegiado de direção superior a Repartição Internacional do Trabalho;

V. Possui competência ampla, abrangendo questões de Direito do Trabalho e também de Seguridade Social.

(A) apenas a alternativa II está correta;

(B) apenas as alternativas I e IV estão corretas;

(C) apenas a alternativa I está correta;

(D) apenas a alternativa V está correta;

(E) nenhuma das alternativas está correta.

I: incorreta, pois a OIT, embora seja agência do sistema da ONU, possui personalidade jurídica internacional própria (art. 39 da Constituição da OIT); II: incorreta, pois a estrutura da OIT é composta pela Conferência Internacional do Trabalho (Conferência Geral), pelo Conselho de Administração e pela Repartição Internacional do Trabalho (ou Bureau Internacional do Trabalho) – art. 2º da Constituição da OIT; III: incorreta, pois a OIT apresenta composição tripartite (representantes dos governos, dos empregados e dos empregadores); IV: incorreta, pois o órgão superior é a Conferência Internacional do Trabalho. A Repartição cumpre as funções administrativas, sob a direção do Conselho de Administração; V: correta (art. 1º da Constituição da OIT).

Gabarito "D".

(Ministério Público do Trabalho – 13º) Assinale a assertiva INCORRETA:

(A) os tratados bilaterais ou plurilaterais são instrumentos de aplicação restrita aos Estados contratantes e que não permanecem abertos à ratificação de outros países;

(B) a Organização Internacional do Trabalho constitui pessoa jurídica de direito internacional *sui generis*, razão porque não se aplicam às suas representações os privilégios e imunidades assegurados às representações das pessoas de direito público externo;
(C) característica marcante da Organização Internacional do Trabalho é o seu caráter tripartite, com a representatividade dos empregados, dos empregadores e das entidades governamentais;
(D) a Conferência Internacional do Trabalho é o órgão supremo da Organização Internacional do Trabalho, que elabora a regulamentação internacional do trabalho por meio de convenções, recomendações e resoluções;
(E) não respondida.

A: discutível. É possível classificar os tratados *bilaterais* (duas partes) e *plurilaterais* (poucas partes) dessa forma, distinguindo-os dos *multilaterais*, que seriam, estes últimos, aqueles acordos que permitem a participação de um grande número de países, normalmente abertos a futuras adesões (caso das Convenções da OIT). Entretanto, há autores (como Rezek) que, pelo critério de número de partes, classificam os tratados apenas como *bilaterais* (duas partes) ou *multilaterais* (três ou mais partes); **B:** incorreta, devendo ser assinalada, pois a OIT possui personalidade jurídica internacional e goza, nos territórios dos Estados-Membros, das imunidades e dos privilégios necessários para a consecução de seus fins (arts. 39 e 40 da Constituição da OIT); **C:** correta, conforme o art. 3º, ponto 1, da Constituição da OIT, entre outros dispositivos; **D:** correta, pois, de fato, a Conferência Internacional é o órgão máximo da OIT.

Gabarito "B"

(Ministério Público do Trabalho – 13º) Em relação às normas emanadas da Organização Internacional do Trabalho:

I. as convenções universais constituem tratados multilaterais e criam obrigações internacionais a cargo do Estado que as ratifica;
II. por meio das recomendações, os Estados-Membros são convidados a adotar medidas ou, ao menos, certos princípios, criando para si a obrigação de natureza formal de submissão da recomendação à autoridade competente;
III. as resoluções não criam obrigações, ainda que de índole formal, para os Estados-Membros, destinando-se a convidar organismos internacionais ou governos nacionais a adotarem medidas nelas preconizadas;
IV. à Conferência Internacional do Trabalho, constituída de delegados dos governos, dos trabalhadores e dos empregadores, compete discutir e aprovar o texto das convenções multilaterais.

De acordo com as assertivas acima, pode-se afirmar que:

(A) todas as assertivas estão corretas;
(B) apenas as assertivas I, III e IV estão corretas;
(C) somente as assertivas I e III estão corretas;
(D) todas as assertivas estão incorretas;
(E) não respondida.

I: correta (art. 19, ponto 5, da Constituição da OIT); **II:** correta (art. 19, ponto 6, da Constituição da OIT); **III:** correta (art. 21 da Constituição da OIT); **IV:** correta, pois a competência é da Conferência, nos termos do art. 19, pontos 1 e 2, da Constituição da OIT.

Gabarito "A"

(Ministério Público do Trabalho – 12º) Assinale a alternativa CORRETA:

De acordo com a Constituição da Organização Internacional do Trabalho, aprovada uma convenção em assembleia geral, o Brasil, como estado-membro, deve apresentá-la ao Congresso Nacional para seu exame e deliberação, aprovando-a ou não no prazo:

(A) de 30 dias a contar da data da assembleia geral;
(B) máximo de 18 meses, a partir do encerramento da sessão da Conferência;
(C) de 06 meses, a contar da publicação da ata da assembleia geral da OIT que aprovou a convenção;
(D) em qualquer prazo, em face do princípio da soberania nacional.
(E) não respondida.

O art. 19, ponto 5, *b*, da Constituição da OIT fixa prazo de um ano (prorrogável para o máximo de 18 meses), a partir do término da sessão da Conferência, para a apresentação da convenção à autoridade competente para sua conversão em lei interna (Congresso Nacional, no caso do Brasil). Assim, a alternativa B é a correta.

Gabarito "B"

(Ministério Público do Trabalho – 9º) A estrutura básica da OIT (Organização Internacional do Trabalho) constitui-se dos seguintes órgãos:

(A) Assembleia Geral. Secretaria Geral e Conselho de Administração;
(B) Conferência Internacional do Trabalho. Conselho de Administração e Repartição Internacional do Trabalho;
(C) Conselho Mundial do Trabalho. Secretaria Geral e Centros Regionais de Administração do Trabalho;
(D) Conferência Internacional do Trabalho. Conselho Deliberativo e Repartição Internacional do Trabalho;
(E) Conferência Internacional do Trabalho. Conselho Consultivo e Repartição Internacional do Trabalho;
(F) não sei.

A estrutura da OIT é composta pela Conferência Internacional do Trabalho (Conferência Geral), pelo Conselho de Administração e pela Repartição Internacional do Trabalho (ou Bureau Internacional do Trabalho) – art. 2º da Constituição da OIT. Assim, a alternativa B é a correta.

Gabarito "B"

(Ministério Público do Trabalho – 8º) À vista das assertivas abaixo:

I. a Conferência da paz de 1919 aprovou o Tratado de *Versailles*, cuja Parte XIII dispôs sobre a criação da OIT e enunciou os princípios gerais que deveriam guiar a política da Sociedade das Nações no campo do Trabalho;
II. o disposto no preâmbulo da Parte XIII do Tratado de *Versailles* e os artigos referentes à OIT foram transplantados, em 1919, para a primeira Constituição da Organização;
III. em face do estatuído no art. 10 da Constituição da OIT, revista em 1946, são membros da Organização: os Estados que já possuíam essa qualidade em 10 de novembro de 1945 e os Estados-Membros das Nações Unidas;

IV. a OIT conserva a estrutura orgânica com que foi criada em 1919: Conferência Internacional do Trabalho; Conselho de Administração e a Repartição Internacional do Trabalho;

V. a Conferência, exceto o Conselho de Administração, e todos os órgãos colegiados e reuniões da OIT são constituídas de representantes de governos, de associações sindicais de trabalhadores e de organizações de empregadores;

Assinale a alternativa correta:

(A) as assertivas III e V estão incorretas;
(B) as assertivas I,III e V estão corretas;
(C) as assertivas I,II,III e V estão corretas;
(D) todas as assertivas estão corretas;
(E) somente a assertiva III está incorreta;
(F) não sei.

I: correta, pois a OIT surgiu a partir do Tratado de Versalhes (Parte XIII), de 1919. Em 1944, a OIT adotou a Declaração da Filadélfia como anexo da sua Constituição; **II:** correta, pois a Constituição da OIT corresponde à Parte XIII do Tratado de Versalhes; **III:** incorreta, pois, a rigor, consideram-se membros da OIT os Estados que já o eram em 1º de novembro de 1945 (e não em 10.11.1945, como consta da assertiva). Ademais, os Estados-Membros da ONU podem tornar-se membros da OIT (art. 1º, pontos 2 e 3, da Constituição da OIT); **IV:** correta, pois a estrutura da OIT é composta pela Conferência Internacional do Trabalho (Conferência Geral), pelo Conselho de Administração e pela Repartição Internacional do Trabalho (ou Bureau Internacional do Trabalho) – art. 2º da Constituição da OIT; **V:** incorreta, pois o Conselho de Administração também tem composição tripartite (art. 7º da Constituição da OIT).

Gabarito "A"

2.1.1. CONFERÊNCIA INTERNACIONAL DO TRABALHO

(Magistratura do Trabalho – 13ª Região – 2006) Assinale a hipótese correta quanto à composição da Conferência Internacional do Trabalho:

(A) compõe-se de quatro delegados de cada Estado-membro, sendo um designado pelos respectivos Governos, um pela ONU, um pelos empregadores e um pelos empregados;
(B) compõe-se de cinco delegados de cada Estado-membro, sendo dois designados pelos respectivos Governos, um pela OIT, um pelos empregadores e um pelos empregados;
(C) compõe-se de seis delegados de cada Estado-membro, sendo dois designados pelos respectivos Governos, dois pelos empregadores e dois pelos empregados;
(D) compõe-se de quatro delegados, sendo dois designados pelos respectivos Governos, um pelos empregadores e um pelos empregados;
(E) compõe-se de três delegados, sendo um designado pelos respectivos Governos, um pelos empregadores e um pelos empregados.

A Conferência é formada por 4 representantes dos Estados-Membros, sendo 2 delegados do governo, 1 dos empregados e 1 dos empregadores (art. 3º, ponto 1, da Constituição da OIT). Por essa razão, a alternativa D é a correta.

Gabarito "D"

(Magistratura do Trabalho – 23ª Região – 2006) Assinale a hipótese correta quanto à composição da Conferência Internacional do Trabalho:

(A) compõe-se de quatro delegados, sendo dois designados pelos respectivos Governos, um pelos empregadores e um pelos empregados;
(B) compõe-se de seis delegados de cada Estado-membro, sendo dois designados pelos respectivos Governos, dois pelos empregadores e dois pelos empregados;
(C) compõe-se de quatro delegados de cada Estado-membro, sendo um designado pelos respectivos Governos, um pela ONU, um pelos empregadores e um pelos empregados;
(D) compõe-se de cinco delegados de cada Estado-membro, sendo dois designados pelos respectivos Governos, um pela OIT, um pelos empregadores e um pelos empregados;
(E) compõe-se de três delegados, sendo um designado pelos respectivos Governos, um pelos empregadores e um pelos empregados.

A Conferência é formada por 4 representantes dos Estados-Membros, sendo 2 delegados do governo, 1 dos empregados e 1 dos empregadores (art. 3º, ponto 1, da Constituição da OIT). Por essa razão, a alternativa A é a correta.

Gabarito "A"

(Ministério Público do Trabalho – 9º) Assinale a alternativa correta:

O instrumento aprovado pela Conferência Internacional do Trabalho por maioria simples, em discussão única, que não acarreta qualquer obrigação formal aos Estados-Membros, constituindo-se de simples aconselhamento de princípios a serem seguidos pelos mesmos, ou que disponha sobre questões que não constem da ordem do dia, denomina-se:

(A) informe;
(B) recomendação;
(C) aviso;
(D) resolução;
(E) boletim;
(F) não sei.

A assertiva se refere à resolução, produzida pela Conferência Internacional do Trabalho, sem caráter vinculativo.

Gabarito "D"

2.2. OBJETIVOS, FINS E PRINCÍPIOS DA OIT

(Magistratura do Trabalho – 3ª Região – 2013) Sobre o direito internacional, leia as afirmações abaixo e, em seguida, assinale a alternativa correta:

I. Segundo o art. 427 do Tratado de Versalhes, devem reger a normatização das relações de trabalho em todo o mundo, dentre outros, os seguintes princípios: o trabalho não deve ser considerado como simples mercadoria ou artigo de comércio, mas como colaboração livre e eficaz na produção de riquezas, o pagamento aos trabalhadores de um salário que lhes assegure um nível de vida sem maiores preocupações e de acordo com o tempo e a condição de seu país, a adoção da jornada diária de oito horas ou da semana de quarenta e oito horas e a instituição de um descanso de vinte e quatro horas, no mínimo, a ser gozado necessariamente no domingo.

II. A OIT tem como uma das suas funções redigir normas internacionais do trabalho, sob a forma de convenções e recomendações, que estabeleçam as condições mínimas de proteção do trabalho e assegurar-se de sua implementação.

III. As convenções da OIT têm a natureza jurídica de tratado internacional.

IV. As recomendações da OIT não possuem caráter vinculante, servindo de diretriz para a regulação interna das relações de trabalho subordinado.

(A) Todas as afirmativas estão corretas.
(B) Somente as afirmativas II, III e IV estão corretas.
(C) Somente as afirmativas II e III estão corretas.
(D) Somente as afirmativas III e IV estão corretas.
(E) Somente as afirmativas I, II e III estão corretas.

I: incorreta. O art. 427 do Tratado de Versalhes reconheceu a existência de princípios e métodos para a regulamentação das condições de trabalho que todas as comunidades devem esforçar-se em aplicar. Podem-se citar os de especial relevo, como: o trabalho não há de ser considerado como mercadoria ou artigo de comércio; a adoção da jornada de oito horas; a adoção de um descanso semanal de 24 horas, sempre que possível; a supressão do trabalho das crianças e a obrigação de impor aos trabalhos dos menores de ambos os sexos as limitações necessárias para permitir-lhes continuar sua instrução e assegurar seu desenvolvimento físico; e o princípio do salário igual, sem distinção de sexo, para um trabalho de igual valor; **II:** correta. A Organização Internacional do Trabalho (OIT) é uma organização internacional que tem por objetivo melhorar as condições do trabalho no mundo. Por isso, diz-se que é uma organização internacional especializada de vocação universal. A OIT foi criada em 1919, como parte do Tratado de Versalhes, que pôs fim à Primeira Guerra Mundial. Fundou-se sobre a convicção primordial de que a paz universal e permanente somente pode estar baseada na justiça social. É a única das agências do Sistema das Nações Unidas com uma estrutura tripartite, composta de representantes de governos e de organizações de empregadores e de trabalhadores. A OIT é responsável pela formulação e aplicação das normas internacionais do trabalho (convenções e recomendações). O Brasil está entre os membros fundadores da OIT e participa da Conferência Internacional do Trabalho desde sua primeira reunião. Durante seus primeiros quarenta anos de existência, a OIT concentrou a maior parte de suas energias a desenvolver normas internacionais do trabalho e a garantir sua aplicação. Entre 1919 e 1939 foram adotadas 67 convenções e 66 recomendações. A eclosão da Segunda Guerra Mundial interrompeu temporariamente esse processo. No final da guerra, nasce a Organização das Nações Unidas (ONU), com o objetivo de manter a paz através do diálogo entre as nações. A OIT, em 1946, se transformou em sua primeira agência especializada; **III:** correta. Toda convenção tem natureza jurídica de tratado internacional, como também é o caso das convenções da OIT. Existem inúmeras variantes terminológicas de tratado[11] – que foram muito bem catalogadas por Francisco Rezek[12]. Como, por exemplo, acordo, ajuste, arranjo, ata, ato, carta, código, compromisso, constituição, contrato, convenção, convênio, declaração, estatuto, memorando, pacto, protocolo e regulamento. Esses termos indicam a mesma ideia, não obstante certas preferências observáveis pela análise estatística. Assim, pode-se apontar que *carta* e *constituição* são utilizadas para nomear tratados constitutivos de Organizações Internacionais, enquanto *ajuste*, *arranjo* e *memorando* são utilizados para denominar tratados bilaterais de pouca importância. A *convenção* costuma ser multilateral e dispor acerca dos grandes temas do Direito Internacional. Apenas o termo *concordata* possui significado singular, pois é utilizado especificamente para nomear o tratado bilateral em que uma das partes é a Santa Sé, e que tem por objeto a organização do culto, a disciplina eclesiástica, missões apostólicas, relações entre a Igreja católica local e o Estado copactuante; **IV:** correta, pois, de fato, as recomendações carecem de efeito vinculante.

Gabarito "B"

(Magistratura do Trabalho – 15ª Região – 2012) Sobre a Declaração da OIT sobre os Princípios e Direitos Fundamentais no Trabalho, aponte a alternativa **incorreta**:

(A) Todos os Membros, desde que tenham ratificado as convenções aludidas na Declaração, têm um compromisso derivado do fato de pertencer à Organização de respeitar, promover e tornar realidade, de boa fé e de conformidade com a constituição, os princípios relativos aos direitos fundamentais que são objeto dessas convenções.
(B) Fazem parte das convenções fundamentais, como tal previstas na Declaração da OIT sobre os Princípios e Direitos Fundamentais no Trabalho: a liberdade sindical e o reconhecimento efetivo do direito de negociação coletiva.
(C) Fazem parte das convenções fundamentais, como tal previstas na Declaração da OIT sobre os Princípios e Direitos Fundamentais no Trabalho: a eliminação de todas as formas de trabalho forçado ou obrigatório; a abolição efetiva do trabalho infantil.
(D) Faz parte das convenções fundamentais, como tal previstas na Declaração da OIT sobre os Princípios e Direitos Fundamentais no Trabalho: a eliminação da discriminação em matéria de emprego e ocupação.
(E) No momento de incorporar-se livremente à OIT, todos os Membros aceitaram os princípios e direitos enunciados em sua Constituição e na Declaração de Filadélfia, e se comprometeram a esforçar-se por alcançar os objetivos gerais da Organização na medida de suas possibilidades e atendendo à suas condições específicas.

---

11 Cabe aqui fazer um esclarecimento. O *gentlemen's agreement* é fundado sobre a honra e o condicionado, no tempo, à permanência de seus atores no poder, mas não é uma forma de tratado internacional, e sim um acordo informal que não pode ser exigido formalmente se assim for desejado. Ademais, tratado é todo acordo formal concluído, por escrito, entre pessoas jurídicas de Direito Internacional Público que tenha por escopo a produção de efeitos jurídicos, e o gentlemen's agreement é concluído geralmente por pessoas físicas, de forma oral, e não pode ter efeitos jurídicos.

12 **Direito Internacional Público.** 11. ed. São Paulo: Saraiva, 2008. p. 16.

A: incorreta, devendo ser assinalada. A redação correta desta parte específica da Declaração da OIT sobre os Princípios e Direitos Fundamentais no Trabalho é: "Declara que todos os Membros, ainda que não tenham ratificado as convenções aludidas, têm um compromisso derivado do fato de pertencer à Organização de respeitar, promover e tornar realidade, de boa fé e de conformidade com a Constituição, os princípios relativos aos direitos fundamentais que são objeto dessas convenções" (art. 2°, *caput*, da Declaração da OIT sobre os Princípios e Direitos Fundamentais no Trabalho); **B:** correta (vide art. 2°, *a*, da Declaração da OIT sobre os Princípios e Direitos Fundamentais no Trabalho); **C:** correta (vide art. 2°, *b* e *c*, da Declaração da OIT sobre os Princípios e Direitos Fundamentais no Trabalho); **D:** correta (vide art. 2°, *d*, da Declaração da OIT sobre os Princípios e Direitos Fundamentais no Trabalho); **E:** correta (vide art. 1°, *a*, da Declaração da OIT sobre os Princípios e Direitos Fundamentais no Trabalho).

Gabarito "A"

(Magistratura do Trabalho – 23ª Região – 2012) Nos termos da Declaração da OIT sobre os Princípios e Direitos Fundamentais no Trabalho, são princípios relativos aos direitos fundamentais que são objeto de suas convenções, os indicados abaixo, exceto:

(A) a liberdade sindical e o reconhecimento efetivo do direito de negociação coletiva.

(B) a eliminação de todas as formas de trabalho forçado ou obrigatório.

(C) a abolição efetiva do trabalho infantil.

(D) a eliminação da discriminação em matéria de emprego e ocupação.

(E) saúde e segurança do trabalhador.

Todas as assertivas, com exceção da E, cuidam dos princípios relativos aos direitos fundamentais no trabalho (art. 2°, a, b, c e d).

Gabarito "E"

(Procurador do Trabalho – MPT – 17º Concurso - ADAPTADA) Em relação à Organização Internacional do Trabalho (OIT), suas normas e princípios, assinale a alternativa **INCORRETA**:

(A) Após a elaboração de uma convenção pela Conferência Internacional do Trabalho, será dado a todos os Estados-Membros conhecimento daquela para fins de ratificação, sendo que o não assentimento a uma convenção pela autoridade ou autoridades competentes do Estado-Membro o isenta das respectivas obrigações, salvo a de informar ao Diretor-Geral da Repartição Internacional do Trabalho, nas épocas que o Conselho de Administração julgar convenientes, sobre a sua legislação e prática observada relativamente ao assunto de que trata a convenção.

(B) São princípios e direitos fundamentais do trabalho previstos na Declaração da Organização Internacional do Trabalho (OIT) de 1998, a liberdade sindical e o reconhecimento efetivo do direito de negociação coletiva; a proteção ao meio ambiente do trabalho para a preservação da segurança e da saúde dos trabalhadores; a eliminação de todas as formas de trabalho forçado ou obrigatório; a abolição efetiva do trabalho infantil; a eliminação da discriminação em matéria de emprego e ocupação.

(C) A convenção não ratificada por um Estado-Membro não o obriga à tomada das medidas necessárias para efetivar as disposições da referida convenção; no entanto, em virtude da fundamentalidade de determinados direitos, como a eliminação de todas as formas de trabalho forçado ou obrigatório e a abolição efetiva do trabalho infantil, todos os Membros, independentemente de ratificação, devem respeitá-los, promovê-los e torná-los realidade, pelo simples fato de pertencer à Organização Internacional do Trabalho (OIT).

(D) a Convenção 182 da Organização Internacional do Trabalho (OIT) inclui entre as piores formas de trabalho infantil o trabalho que, por sua natureza ou pelas condições em que é realizado, é suscetível de prejudicar a saúde, a segurança ou a moral das crianças.

A: correta (art. 19, ponto 5, *e*, da Constituição da Organização Internacional do Trabalho); **B:** incorreta. Os princípios e direitos fundamentais do trabalho previstos na Declaração da OIT são: a) a liberdade sindical e o reconhecimento efetivo do direito de negociação coletiva; b) a eliminação de todas as formas de trabalho forçado ou obrigatório (art. 2° da Declaração da OIT sobre os Princípios e Direitos Fundamentais no Trabalho); c) a abolição efetiva do trabalho infantil; e d) a eliminação da discriminação em matéria de emprego e ocupação; **C:** correta. Trata-se da oponibilidade da personalidade jurídica internacional da OI em relação aos outros sujeitos de direito internacional (art. 35 da Convenção de Viena sobre Tratados). Ainda não existe um consenso em relação a todas OIs, mas pode-se afirmar, por exemplo, que a ONU e suas organizações especializadas ("constelação onusiana"), como a OIT, têm personalidade jurídica internacional *erga omnes*, ou seja, extensível à todos os sujeitos de direito internacional, inclusive os estados não membros; **D:** correta (art. 3°, *d*, da Convenção 182 da OIT).

Gabarito "B"

(Magistratura do Trabalho – 24ª Região – 2007) Analise as proposições abaixo:

I. A OIT foi fundada com a convicção de que a justiça social é essencial para assegurar uma paz universal e duradoura.

II. A OIT é uma Organização Permanente e compreenderá: uma Conferência Geral constituída pelos Representantes dos Estados-Membros; um Conselho de Administração, que será composto por representantes dos governos e representantes de empregados e de empregadores; uma Repartição Internacional do Trabalho sob a direção de um Conselho de Administração.

III. A Declaração da OIT sobre os princípios e direitos fundamentais é uma reafirmação universal do compromisso dos Estados-Membros, e da comunidade internacional em geral, de respeitar, promover e aplicar de "boa-fé" os princípios fundamentais e direitos no trabalho, que se encontram refletidos nas Convenções fundamentais.

IV. A Declaração da OIT sobre os princípios e direitos fundamentais sublinha que as normas do trabalho não poderão ser usadas para fins comerciais protecionistas e que nada na Declaração e no seu acompanhamento poderá ser invocado ou utilizado para tal fim; além disso, a vantagem comparativa de qualquer país não poderá ser de qualquer modo posta em causa com base naquela Declaração e no seu acompanhamento.

V. A Declaração da OIT relativa aos princípios e direitos fundamentais no trabalho declara que todos os Membros da OIT, mesmo que não tenham ratificado as Convenções da Organização, têm o dever – que resulta simplesmente de pertencerem à Organização – de respeitar, promover e realizar, de boa-fé e de acordo com a Constituição da OIT, os princípios relativos aos direitos fundamentais que são objeto das Convenções, a saber: a liberdade de associação e o reconhecimento efetivo do direito de negociação coletiva; a eliminação de todas as formas de trabalho forçado ou obrigatório; a abolição efetiva do trabalho infantil; a eliminação da discriminação em matéria de emprego e de profissão.

Considerando as proposições acima como Verdadeira (V) ou Falsa (V), assinale a alternativa CORRETA:

(A) V, V, V, V, V.
(B) V, F, V, V, F.
(C) V, V, V, V, F.
(D) V, F, F, F, V.
(E) F, F, F, F, F.

I: verdadeira, conforme o preâmbulo da Constituição da OIT; **II:** verdadeira, nos termos do art. 2º da Constituição da OIT; **III:** verdadeira, em conformidade com o disposto no preâmbulo da Declaração da OIT sobre os princípios e direitos fundamentais no trabalho e seu seguimento; **IV:** verdadeira, conforme o item 5 da Declaração; **V:** verdadeira, nos termos do item 2 da Declaração.

Gabarito "A"

(Magistratura do Trabalho – 18ª Região – 2006) A OIT assentou, em declaração de 19/6/98, os princípios relativos aos direitos fundamentais que são objeto de suas convenções. Considere a relação abaixo e assinale a alternativa correta:

I. a liberdade sindical e o reconhecimento efetivo do direito de negociação coletiva
II. a eliminação de todas as formas de trabalho forçado ou obrigatório
III. a abolição efetiva do trabalho infantil
IV. a eliminação da discriminação em matéria de emprego e ocupação

(A) Todos os itens são princípios relativos aos direitos fundamentais.
(B) Só o primeiro item não é um dos princípios relativos aos direitos fundamentais.
(C) Só o segundo e o terceiro itens são princípios relativos aos direitos fundamentais.
(D) Só o primeiro e o quarto itens são princípios relativos aos direitos fundamentais.
(E) Só os três primeiros itens são princípios relativos aos direitos fundamentais.

Todas as assertivas são corretas, pois correspondem aos princípios listados no item 2 da Declaração da OIT sobre os princípios e direitos fundamentais no trabalho e seu seguimento.

Gabarito "A"

(Magistratura do Trabalho – 24ª Região – 2006) A Conferência da OIT, reunida em Filadélfia, em sua 26ª sessão, aos 10/05/94, adotou a "Declaração referente aos fins e objetivos da OIT", em que foram reafirmados os princípios fundamentais sobre os quais repousa a Organização. Nessa Declaração, foram reafirmados, expressamente, os seguintes princípios, EXCETO:

(A) O trabalho não é uma mercadoria.
(B) A discriminação é nociva ao desenvolvimento dos valores sociais do trabalho e da livre iniciativa.
(C) A liberdade de expressão e de associação é uma condição indispensável a um progresso ininterrupto.
(D) A penúria, seja onde for, constitui um perigo para a prosperidade geral.
(E) A luta contra a carência, em qualquer nação, deve ser conduzida com infatigável energia e por um esforço internacional contínuo e conjugado, no qual os representantes dos empregadores e empregados discutam, em igualdade, com os Governos, e tomem com eles decisões de caráter democrático, visando o bem comum.

A Declaração da Filadélfia, acolhida como anexo à Constituição da OIT, reafirma os princípios fundamentais que orientam a Organização Internacional do Trabalho, principalmente os seguintes (item I da Declaração): a) o trabalho não é uma mercadoria, b) a liberdade de expressão e de associação é uma condição indispensável a um progresso ininterrupto, c) a penúria, seja onde for, constitui um perigo para a prosperidade geral; e d) a luta contra a carência, em qualquer nação, deve ser conduzida com infatigável energia, e por um esforço internacional contínuo e conjugado, no qual os representantes dos empregadores e dos empregados discutam, em igualdade, com os dos Governos, e tomem com eles decisões de caráter democrático, visando o bem comum. Assim, a alternativa B é a única que não reflete um desses princípios.

Gabarito "B"

2.3. CONVENÇÕES DA OIT

2.3.1. CONVENÇÃO 105

(Magistratura do Trabalho – 16ª Região – 2011) Analise as afirmativas e assinale a alternativa CORRETA, segundo a Convenção 105 da OIT:

I. A mobilização de mão de obra para de desenvolvimento econômico e como medida disciplinar no trabalho não representa trabalho forçado.
II. Todo País-membro que ratificar esta Convenção poderá denunciá-la ao final de um período de dez anos, a contar da data de sua entrada em vigor, mediante comunicação ao Diretor Geral do Secretariado da Organização Internacional do Trabalho, para registro. A denúncia não terá efeito antes de se completar um ano a contar da data de seu registro.
III. Todo País membro que ratificar esta Convenção e que, no prazo de um ano após expirado o período de dez anos referido na própria Convenção, não tiver exercido o direito de denúncia provido nela, obrigado a um novo período de dez anos e, daí em diante, poderá denunciar esta Convenção ao final de cada período de dez anos.

(A) Todas estão corretas.
(B) Todas estão erradas.
(C) Apenas as afirmativas I e III estão erradas.
(D) Apenas a afirmativa I está errada.
(E) Apenas as afirmativas I e Ii estão erradas.

I: incorreta, pois essas são formas de trabalho forçado ou obrigatório a serem abolidas, conforme o art. 1º, *b*, da Convenção 105 da OIT; **II:** correta, pois reflete exatamente o disposto no art. 5º, ponto 1, da Convenção 105 da OIT; **III:** correta, nos exatos termos do art. 5º, ponto 2, da Convenção 105 da OIT.

Gabarito "D"

2.3.2. CONVENÇÃO 111

(Magistratura do Trabalho – 8ª Região – 2008) À luz do que dispõe a Convenção 111 da OIT, é INCORRETO afirmar:

(A) Para os fins da Convenção, o termo "discriminação", dentre outras nuanças, compreende toda distinção, exclusão ou preferência fundada na raça, cor, sexo, religião, opinião política, ascendência nacional ou origem social, que tenha por efeito destruir ou alterar a igualdade de oportunidade ou tratamento em matéria de emprego ou profissão. Porém, as distinções, exclusões ou preferências fundadas em qualificações exigidas para um determinado emprego não são consideradas como discriminação.
(B) Não são consideradas como discriminação as medidas especiais de proteção ou de assistência providas em outras convenções ou recomendações adotadas pela Conferência Internacional do Trabalho.
(C) Todo país para o qual a Convenção se encontre em vigor se compromete a formular e aplicar uma política nacional que tenha por fim promover, por métodos adequados às circunstâncias e aos usos nacionais, a igualdade de oportunidades e de tratamento em matéria de emprego e profissão, com o objetivo de reduzir a discriminação nessa matéria.
(D) Para os fins da Convenção, as palavras "emprego" e "profissão" incluem o acesso à formação profissional, acesso a emprego e a profissões, e termos e condições de emprego.
(E) Todo país para o qual a Convenção se encontre em vigor se compromete, por meios adequados às condições e à prática nacionais, dentre outros pontos, a pôr sob o controle direto de uma autoridade nacional a execução da política referente a emprego tratada na Convenção; assegurar a observância dessa política nas atividades de orientação profissional, de formação profissional e de oferta de empregos; indicar, em seus relatórios anuais sobre a aplicação da Convenção, as medidas adotadas na execução da política e os resultados por elas alcançados.

A: correta, pois essas são a definição e a ressalva feitas no art. 1º, pontos 1 e 2, da Convenção 111 da OIT; **B:** correta, pois reflete o disposto no art. 5º, ponto 1, da Convenção 111 da OIT; **C:** incorreta, devendo ser assinalada, pois o art. 2º da Convenção 111 da OIT prevê políticas nacionais objetivando a eliminação de toda discriminação (não simples redução); **D:** correta, conforme o art. 1º, ponto 3, da Convenção 111 da OIT; **E:** correta (art. 3º da Convenção 111 da OIT).

Gabarito "C"

2.3.3. CONVENÇÃO 132

(Magistratura do Trabalho – 8ª Região – 2008) À luz do que dispõe a Convenção 132 da OIT, é INCORRETO afirmar:

(A) A ocasião em que as férias serão gozadas será determinada pelo empregador, após consulta à pessoa empregada interessada em questão ou seus representantes, a menos que seja fixada por regulamento, acordo coletivo, sentença arbitral ou qualquer outra maneira conforme a prática nacional.
(B) Para fixar a ocasião do período de gozo das férias, levar-se-á em conta as necessidades do trabalho, atentando-se, quando possível, às possibilidades de repouso e diversão ao alcance da pessoa empregada.
(C) Prevê a Convenção o direito a férias anuais remuneradas de duração mínima determinada, que não deverá, em caso algum, ser inferior a três semanas de trabalho, por um ano de serviço.
(D) A Convenção reza, expressamente, que sua aplicação recairá sobre todas as pessoas empregadas, salvo no tocante aos marítimos.
(E) Os dias feriados oficiais ou costumeiros, quer se situem ou não dentro do período de férias anuais, não serão computados como parte daquele período mínimo de férias anuais remuneradas previsto no bojo da própria Convenção .

A: correta, conforme o art. 10, ponto 1, da Convenção 132 da OIT; **B:** incorreta, devendo ser assinalada, já que o art. 10, ponto 2, da Convenção 132 da OIT refere-se às "possibilidades de repouso e tranquilidade que se oferecem à pessoa empregada", que também devem ser levadas em conta para a fixação da época em que as férias serão gozadas (além das necessidades do trabalho); **C:** correta, nos termos do art. 3º, pontos 1 e 3, da Convenção 132 da OIT; **D:** correta, pois é o que dispõe o art. 2º, ponto 1, da Convenção 132 da OIT; **E:** correta, pois reflete o disposto no art. 6º, ponto 1, da Convenção 132 da OIT.

Gabarito "B"

2.3.4. CONVENÇÃO 138

(Ministério Público do Trabalho – 14º) Em relação à Convenção nº 138 da OIT, que trata da idade mínima para admissão no emprego, aprecie as seguintes asserções:

I. Não será inferior a 16 (dezesseis) anos a idade mínima para admissão a qualquer tipo de emprego ou trabalho que, por sua natureza ou circunstância em que é executado, possa prejudicar a saúde, a segurança ou a moral do jovem.
II. O Estado-membro que ratifica a Convenção e cuja economia e condições de ensino não estiverem suficientemente desenvolvidas poderá após consulta com organizações de trabalhadores e empregadores interessadas, se as houver,

definir, inicialmente, uma idade mínima de 14 (catorze) anos para admissão a emprego ou trabalho em seu território e em meios de transporte registrados em seu território.

III. Uma vez ratificada a Convenção, o Estado-membro fica impedido de promover qualquer tipo de exclusão de aplicação dos seus termos a determinadas categorias de trabalho.

IV. A autoridade competente do Estado-membro, após consultas com as organizações de trabalhadores e de empregadores interessadas, se as houver, poderá, mediante licenças concedidas em casos individuais, permitir exceções à proibição de emprego ou trabalho para fins de participação em representações artísticas.

De acordo com as proposições acima, pode-se afirmar que:

(A) todas a alternativas estão corretas;
(B) apenas as alternativas II e IV estão corretas;
(C) apenas as alternativas I, II e IV estão corretas;
(D) todas as alternativas estão erradas;
(E) não respondida.

I: incorreta, pois, no caso de risco para a saúde, segurança e moral do jovem, a idade mínima é de 18 anos (art. 3º, ponto 1, da Convenção 138 da OIT); **II:** correta, pois essa situação excepcional é prevista no art. 2º, ponto 4, da Convenção 138 da OIT; **III:** incorreta, pois é possível excluir da aplicação da Convenção um número limitado de categorias de emprego ou trabalho, nos termos de seu art. 4º; IV: correta (art. 8º da Convenção 138 da OIT).

Gabarito "B"

(Magistratura do Trabalho – 15ª Região – 2010) A respeito da Convenção 138 da OIT, que trata da idade mínima para o trabalho, assinale a alternativa correta:

(A) a idade mínima para o trabalho fixada pela convenção, como regra geral, não poderá ser inferior a dezesseis anos;
(B) as leis nacionais não poderão permitir o emprego de jovens entre treze e quinze anos, mesmo em serviços leves e que não prejudiquem a saúde e a respectiva frequência escolar;
(C) não será inferior a vinte e um anos a idade mínima para o ingresso em qualquer tipo de trabalho que possa prejudicar a saúde, a segurança e a moral do jovem;
(D) a convenção cria a possibilidade de a autoridade competente autorizar, após consulta às organizações de empregadores e trabalhadores interessadas, mediante licenças em casos individuais, o trabalho de jovem que não tenha atingido a idade mínima, para fins tais como a participação em representações artísticas;
(E) todas as alternativas estão incorretas,

A: incorreta. Nos termos do art. 2º, ponto 3, da Convenção 138 da OIT, a idade mínima geral fixada nacionalmente não será inferior à idade de conclusão da escolaridade compulsória ou, em qualquer hipótese, não inferior a 15 anos. É importante, entretanto, lembrar que se permite aos países em desenvolvimento, excepcionalmente, adotar a idade mínima de 14 anos, como ocorre no Brasil para os aprendizes, conforme arts. 5º, XXXIII, e 227, § 3º, I, da CF (fora a situação excepcional dos aprendizes, a idade mínima no Brasil é de 16 anos); **B:** incorreta, pois, apesar da vedação geral prevista no art. 2º, ponto 3, o art. 7º, ponto 1, da Convenção 138 da OIT admite que leis ou regulamentos nacionais permitam o emprego ou o trabalho a pessoas entre 13 e 15 anos em serviços leves que (i) não prejudiquem sua saúde ou desenvolvimento, e (ii) não prejudiquem sua frequência escolar, sua participação em programas de orientação vocacional ou de treinamento aprovados pela autoridade competente ou sua capacidade de se beneficiar da instrução recebida; **C:** incorreta, pois a idade mínima nesse caso é de 18 anos (art. 3º, ponto 1, da Convenção 138 da OIT); **D:** correta, pois reflete exatamente o disposto no art. 8º da Convenção 138 da OIT; **E:** incorreta, já que, como visto, a alternativa anterior é correta.

Gabarito "D"

2.3.5. CONVENÇÃO 154

(Magistratura do Trabalho – 8ª Região – 2008) À luz do que dispõe a Convenção 154 da OIT, é INCORRETO afirmar:

(A) A Convenção se aplica a todos os ramos da atividade econômica, sendo que a legislação ou a prática nacionais poderão determinar até que ponto as garantias nela previstas são aplicáveis às forças armadas e à polícia.
(B) Para efeitos da Convenção, a expressão "negociação coletiva" compreende todas as negociações que tenham lugar entre, de uma parte, um empregador, um grupo de empregadores ou uma organização ou várias organizações de empregadores, e, de outra parte, uma ou várias organizações de trabalhadores, com o fim de fixar as condições de trabalho e emprego, regular as relações entre empregadores e trabalhadores, regular as relações entre os empregadores ou suas organizações e uma ou várias organizações de trabalhadores, ou alcançar todos estes objetivos de uma só vez.
(C) As disposições da Convenção não obstruirão o funcionamento de sistemas de relações de trabalho, nos quais a negociação coletiva ocorra em um quadro de mecanismos ou de instituições de conciliação ou de arbitragem, ou de ambos, nos quais tomem parte voluntariamente as partes na negociação coletiva.
(D) Deverão ser adotadas medidas adequadas às condições nacionais no estímulo à negociação coletiva, medidas essas que devem prover, dentre outros pontos, que os órgãos e procedimentos de resolução dos conflitos trabalhistas sejam concebidos de tal maneira que possam contribuir para fomentar a negociação coletiva e que as negociações coletivas não sejam impedidas devido à inexistência ou ao caráter impróprio de tais normas.
(E) As medidas adotadas pelas autoridades públicas para estimular o desenvolvimento da negociação coletiva deverão ser objeto de acordos entre as autoridades públicas e as organizações patronais e obreiras, e, quando possível, também, de consultas prévias. De qualquer sorte, as medidas previstas com o fito de estimular a negociação coletiva não deverão ser concedidas ou aplicadas de modo a obstruir a liberdade de negociação coletiva.

A: correta, pois reflete o disposto no art. 1º, ponto 2, da Convenção 154 da OIT; **B:** correta, pois é a definição dada para "negociação coletiva" pelo art. 2º da Convenção 154 da OIT; **C:** correta, pois a ressalva é feita no art. 6º da Convenção 154 da OIT; **D:** correta, conforme o art. 5º da Convenção 154 da OIT; **E:** incorreta, em sua primeira parte. devendo ser assinalada. Isso porque as medidas adotadas pelas autoridades públicas, para estimular e promover o desenvolvimento da negociação coletiva, devem ser objeto de consultas prévias, e, sempre que possível, acordos entre as autoridades públicas e as organizações de empregadores e empregados (o examinador inverteu, afirmando que a consulta prévia é que seria feita "sempre que possível"). A parte final da assertiva, que se refere a não se prejudicar a liberdade de negociação coletiva, está correta (arts. 7º e 8º da Convenção 154 da OIT).

Gabarito "E"

2.3.6. CONVENÇÃO 182

(Magistratura do Trabalho – 16ª Região – 2011) Analise as afirmativas e assinale a alternativa CORRETA, de acordo com Convenção 182 da OIT:

I. Todo Estado-membro, após consulta com organizações de empregadores ou de trabalhadores, estabelecerá ou designara mecanismos apropriados para monitorar a aplicação das disposições que dão cumprimento a presente Convenção.

II. Para os fins desta Convenção, a expressão as piores formas de trabalho infantil não compreende recrutamento obrigatório de crianças para serem utilizadas em conflitos armados.

III. Esta Convenção obrigará unicamente os Estados-membros da Organização Internacional do Trabalho cujas ratificações tiverem sido registradas pelo Diretor Geral da Secretaria internacional do Trabalho.

(A) Todas estão corretas.
(B) Todas estão erradas.
(C) Apenas as afirmativas II e III estão erradas.
(D) Apenas as afirmativas I e II estão erradas.
(E) Apenas a afirmativa II está errada.

I: incorreta, pois deve haver consulta às organizações de empregadores **e** de trabalhadores (ambas, não alternativamente) – art. 5º da Convenção 182 da OIT; **II:** incorreta, pois o recrutamento forçado ou obrigatório de crianças para serem utilizadas em conflitos armados é abrangido pelo conceito de piores formas de trabalho infantil (art. 3º, *a*, da Convenção 182 da OIT); **III:** correta, nos termos do art. 10, ponto 1, da Convenção 182 da OIT.

Gabarito "D"

(Magistratura do Trabalho – 13ª Região – 2006) A Convenção nº 182 da OIT para proteção do trabalho infantil:

(A) dá combate à prostituição e à pornografia infantis;
(B) disciplina as atividades lícitas não remuneradas;
(C) oferece proteção ao trabalho a pessoas menores de 15 (quinze) ANOS;
(D) aceita o princípio de que nos países pobres o trabalho de menores ajuda na renda familiar;
(E) delega as questões de natureza educacional ao âmbito da UNESCO.

A: correta, pois a prostituição e a pornografia estão relacionadas com as piores formas de trabalho infantil (art. 3º, *b*, da Convenção 182 da OIT); **B:** incorreta, pois isso não é objeto dessa Convenção; **C:** incorreta, pois a Convenção 182 da OIT considera *criança* toda pessoa menor de 18 anos – art. 2º; **D:** incorreta, pois não há referência a isso na Convenção 182 da OIT. É interessante notar, entretanto, que a Convenção 138 da OIT (sobre idade mínima) exclui de seu âmbito de aplicação o trabalho em propriedades familiares e de pequeno porte que produzam para o consumo local e não empreguem regularmente mão de obra remunerada; **E:** incorreta, pois inexiste essa delegação na Convenção 182 da OIT, que trata especificamente da matéria, reconhecendo a importância da educação para a eliminação do trabalho infantil (arts. 7º, § 2º, e 8º, dentre outras disposições).

Gabarito "A"

(Ministério Público do Trabalho – 14º) No que concerne à Convenção nº 182 da OIT, que trata das piores formas de trabalho infantil, assinale a alternativa INCORRETA:

(A) Dentre as piores formas de trabalho infantil, a Convenção enumera trabalhos que, por sua natureza ou pelas circunstâncias em que são executados, são susceptíveis de prejudicar a saúde, a segurança e a moral da criança.
(B) Os Estados-membros deverão, tendo em vista a importância da educação para a eliminação do trabalho infantil, adotar medidas efetivas para, num determinado prazo, levar em consideração a situação especial das meninas.
(C) A instituição de sanções penais depende de prévia consulta a organizações de trabalhadores e empregadores, em cada Estado-membro.
(D) Para os efeitos da Convenção nº 182 da OIT, o termo criança aplica-se a toda pessoa menor de 18 (dezoito) anos.
(E) Não respondida.

A: correta, pois essa forma de trabalho é listada entre as piores, no art. 3º, *d*, da Convenção 182 da OIT; **B:** correta, conforme o art. 7º, ponto 2, *e*, da Convenção 182 da OIT; **C:** incorreta, devendo ser assinalada, pois não há previsão de consulta prévia para a instituição e a aplicação de sanções penais, conforme o art. 7º, ponto 1, da Convenção 182 da OIT; **D:** correta (art. 2º da Convenção 182 da OIT).

Gabarito "C"

2.3.7. CONVENÇÕES COMBINADAS

(Magistratura do Trabalho – 2ª Região – 2012) Com base nas Convenções de n. 138 (sobre idade mínima) e a de n.182 (sobre as piores formas de trabalho infantil) da OIT, assinale a alternativa correta:

(A) A idade mínima, para a Convenção 138 (sobre idade mínima) não será inferior à idade de conclusão da escolaridade obrigatória ou, em qualquer hipótese, não inferior a 14 anos.
(B) Criança, para o efeito da Convenção 182 (sobre as piores formas de trabalho infantil) é toda pessoa menor de 16 anos.
(C) Nos termos da Convenção 138 (sobre idade mínima) não pode ser inferior a 16 anos a idade mínima para o trabalho que possa prejudicar a saúde.
(D) Nos termos da Convenção 182 (sobre as piores formas de trabalho infantil) criança é toda pessoa menor de 18 anos.

(E) A idade mínima, para a Convenção 138 (sobre idade mínima) não será inferior à idade de conclusão da escolaridade obrigatória ou, em qualquer hipótese, não inferior a 16 anos.

A: incorreta, pois a redação do art. 2º, ponto 3, da Convenção 138 da OIT é a seguinte: "a idade mínima fixada nos termos do parágrafo 1º deste artigo não será inferior à idade de conclusão da escolaridade obrigatória ou, em qualquer hipótese, não inferior a 15 anos"; **B:** incorreta, pois, segundo o art. 2º da Convenção 182 da OIT, criança é toda pessoa menor de 18 anos; **C:** incorreta. O art. 3º da Convenção 138 da OIT estabelece que não pode ser inferior a 18 anos a idade mínima para o trabalho que possa prejudicar a saúde; **D:** correta (reler o comentário sobre a assertiva B); **E:** incorreta (reler o comentário sobre a assertiva A).

Gabarito "D"

(Magistratura do Trabalho – 8ª Região – 2011) É CORRETO afirmar que:

(A) Nos termos da Convenção n. 29 da Organização Internacional do Trabalho, a expressão "trabalho forçado ou obrigatório" designará todo trabalho ou serviço exigido de um indivíduo sob ameaça de qualquer penalidade, exceto se o trabalhador tiver se oferecido espontaneamente.

(B) Nos termos da Lei n. 7.064, de 1982, que disciplina a situação de trabalhadores contratados ou transferidos para prestar serviços no exterior, aplica-se a legislação do país do local da prestação do serviços apenas se esta for mais favorável, observando-se, prioritariamente, a legislação brasileira, em qualquer caso.

(C) A Convenção n. 138 da Organização Internacional do Trabalho, que trata da idade mínima para admissão no emprego, permite, no seu art. 8º, o trabalho de crianças e adolescentes de qualquer idade em representações artísticas, desde que autorizado pela autoridade competente, por meio de licença concedida para cada menor individualmente, devendo, ainda, especificar o número de horas de duração da atividade e as condições do exercício da tarefa.

(D) A Convenção n. 100 da Organização Internacional do Trabalho, que versa sobre o princípios da não discriminação, admite expressamente que se possa estabelecer diferenças remuneratórias, independentemente da avaliação do trabalho, desde que se faça em razão de gênero e para garantir remuneração superior à mão de obra feminina, considerando a desigualdade de oportunidade de emprego ou profissão em relação às trabalhadoras.

(E) O Estado estrangeiro goza sempre de imunidade de jurisdição, não podendo ser processado e tampouco julgado pelo Poder Judiciário brasileiro, senão por atos de império.

A: correta, pois, nos termos do art. 2º, ponto 1, da Convenção 29 da OIT, a expressão "trabalho forçado ou obrigatório" compreenderá todo trabalho ou serviço exigido de uma pessoa sob a ameaça de sanção e para o qual não se tenha oferecido espontaneamente. A *assertiva parece-nos correta*, apesar da sutil diferença em relação ao texto convencional; **B:** incorreta. Na época da feitura dessa questão a resposta deveria ser fundamentada na Súmula 207/TST, que aponta a lei do local da prestação do serviço para regular a situação *(lex loci executionis)*, exceto se a lei brasileira protetiva do trabalho for mais favorável ao empregado (art. 3º, II, da Lei 7.064/1982). Entretanto, a citada súmula foi cancelada pela Resolução 181/2012 do TST; **C:** correta (art. 8º da Convenção 138 da OIT); **D:** incorreta, pois o art. 3º, ponto 3, da Convenção 100 da OIT admite diferenças remuneratórias correspondentes a diferenças no trabalho a ser executado, sem consideração de sexo, conforme avaliação objetiva de empregos; **E:** incorreta. *O STF entende que a imunidade refere-se apenas aos atos jure imperii, e não aos jure gestionis, de modo que não se aplica às demandas trabalhistas (AI 139.671 AgR/DF).* Ademais, a imunidade, salvo renúncia, refere-se apenas à jurisdição executória, não à jurisdição de conhecimento (vide RE 222.368 AgR/PE).

Gabarito "C"

(Magistratura do Trabalho – 14ª Região – 2011) Analise as proposições abaixo e, ao final, assinale a alternativa que está correta.

I. O Brasil assinou e ratificou as Convenções Internacionais do Trabalho de n. 98 (sindicalização e negociação coletiva); 132 (férias remuneradas); 155 (segurança e saúde dos trabalhadores); 182 (proibição das piores formas de trabalho infantil).

II. São consideradas Convenções Internacionais fundamentais as de ns. 29 (abolição do trabalho forçado); 87 (liberdade sindical); 98 (sindicalização e negociação coletiva); 100 (salário igual entre homens e mulheres); 105 (abolição do trabalho forçado); 111 (discriminação em matéria de emprego e ocupação); 138 (idade mínima para o emprego); 182 (proibição das piores formas de trabalho infantil).

III. Dentre as Convenções Internacionais do Trabalho que o Brasil ratificou e posteriormente denunciou, temos: a de n. 4 (trabalho noturno das mulheres); 158 (término da relação de trabalho por iniciativa do empregador); 107 (sobre populações indígenas e tribais); 178 (sobre inspeção do trabalho marítimo).

IV. As Convenções Internacionais do Trabalho autoaplicáveis geram efeitos, de forma imediata, não exigindo uma regulamentação para que seja aplicada.

V. As Convenções Internacionais do Trabalho são fontes de Direito material e embora não criem obrigações específicas para o Estado que as ratifica, este é fiscalizado pela OIT, quanto a sua necessária implantação.

(A) Estão corretas as alternativas I, III e V.

(B) Estão incorretas as alternativas I, II e III.

(C) Estão corretas as alternativas I, II e IV.

(D) Estão incorretas as alternativas III, IV e V.

(E) Estão corretas as alternativas I, III e IV.

I: correta, pois o Brasil ratificou essas importantes convenções da OIT; **II:** correta; **III:** incorreta. O Brasil ratificou e posteriormente denunciou as Convenções OIT 3 (proteção da maternidade), 4 (trabalho noturno das mulheres), 5 e 7 (idade mínima), 41 (trabalho noturno das mulheres – revisão), 52 (feriados pagos), 58 (idade mínima), 91 (férias pagas), 96 (agências de emprego gratuitas), 101 (feriados pagos), 107 (populações indígenas e tribais), 108 (documentos de identidade),

110 (plantações), 158 (término do emprego). A Convenção OIT 178 não foi denunciada pelo Brasil – ver a lista completa de Convenções ratificadas pelo Brasil (incluindo as posteriormente denunciadas) em http://www.ilo.org/ilolex/english/index.htm ; **IV:** correta. As Convenções da OIT podem ser classificadas como (i) autoaplicáveis, quando não requerem regulamentação complementar para serem aplicadas pelos Estados, (ii) de princípios, que exigem a adoção de leis ou outros atos complementares para sua efetiva aplicação, e (iii) promocionais, quando fixam determinados objetivos e estabelecem programas para sua consecução pelos Estados (Arnaldo Süssekind); **V:** incorreta, pois os tratados ratificados pelo Brasil e internalizados geram, em princípio, obrigações no âmbito internacional e interno.

Gabarito "C"

(Magistratura do Trabalho – 3ª Região – 2009) Acerca das Convenções e Recomendações Internacionais do Trabalho, leia as afirmações abaixo e, em seguida, assinale a alternativa correta:

I. As convenções constituem tratados multilaterais abertos à ratificação dos Estados-membros da OIT.

II. A vigência internacional da Convenção constitui condição a respeito da qual deve expressamente dispor o próprio diploma aprovado pela Conferência.

III. Para os fins da Convenção sobre as piores formas de trabalho infantil, essa expressão compreende: todas as formas de escravidão ou práticas análogas à escravidão, como venda e tráfico de crianças, sujeição por dívida, servidão, trabalho forçado ou compulsório, inclusive recrutamento forçado ou compulsório de crianças para serem utilizadas em conflitos armados; utilização, demanda e oferta de criança para fins de prostituição, produção de material pornográfico ou espetáculos pornográficos; utilização, demanda e oferta de criança para atividades ilícitas, particularmente para a produção e tráfico de drogas conforme definidos nos tratados internacionais pertinentes; trabalhos que, por sua natureza ou pelas circunstâncias em que são executados, são susceptíveis de prejudicar a saúde, a segurança e a moral da criança.

IV. Nos termos da Convenção 138 da OIT, a idade mínima geral para admissão do trabalho não será inferior à idade de conclusão da escolaridade compulsória ou, em qualquer hipótese, não inferior a 16 anos, não admitidas exceções.

V. São as consideradas fundamentais as convenções acerca dos seguintes temas: trabalho forçado, trabalho infantil, discriminação e liberdade sindical e negociação coletiva.

(A) Somente uma afirmativa está correta.
(B) Somente duas afirmativas estão corretas.
(C) Somente três afirmativas estão corretas.
(D) Somente quatro afirmativas estão corretas.
(E) Todas as afirmativas estão corretas.

I e **II:** corretas (art. 19 da Constituição da OIT); **III:** correta (art. 3º da Convenção 182 da OIT); **IV:** incorreta, pois a idade mínima geral fixada pelo art. 2º, ponto 3, da Convenção 138 da OIT corresponde à de conclusão da escolaridade compulsória ou, em qualquer hipótese, de 15 anos (não 16, como consta da assertiva). Ademais, é possível, excepcionalmente, a fixação de idade mínima de 14 anos, em países cuja economia e condições de ensino não estiverem suficientemente desenvolvidas (art. 2º, ponto 4, da Convenção 138 da OIT); **V:** correta. São consideradas fundamentais a Convenção 29 (trabalho forçado – 1930), Convenção 87 (liberdade sindical e proteção do direito de sindicalização – 1948), Convenção 98 (direito de sindicalização e de negociação coletiva – 1949), Convenção 100 (igualdade de remuneração – 1951); Convenção 105 (abolição do trabalho forçado – 1957), Convenção 111 (discriminação – 1958), Convenção 138 (idade mínima – 1973) e Convenção 182 (piores formas de trabalho infantil – 1999).

Gabarito "D"

(Magistratura do Trabalho – 8ª Região – 2009) Das 183 Convenções da OIT aprovadas até junho de 2001, as deliberações da estrutura tripartite da OIT designaram oito como fundamentais, as quais integram a Declaração de Princípios Fundamentais e Direitos no Trabalho da OIT (1998). Estas convenções devem ser ratificadas e aplicadas por todos os Estados Membros da OIT. São estas: nº 29 Trabalho forçado (1930); nº 87 Liberdade sindical e proteção do direito de sindicalização(1948); nº 98 Direito de sindicalização e de negociação coletiva (1949); nº 100 Igualdade de remuneração (1951); nº 105 Abolição do trabalho forçado (1957); nº 111 Discriminação (emprego e ocupação) (1958); nº 138 Idade Mínima (1973) e nº 182 Piores Formas de Trabalho Infantil (1999): defende a adoção de medidas imediatas e eficazes que garantam a proibição e a eliminação das piores formas de trabalho infantil. Considerando tal assertiva, assinale a alternativa correta.

(A) É tipificado como atividades abrangidas pela descrição de "Piores Formas de Trabalho Infantil": A utilização, o recrutamento ou a oferta de crianças para a prostituição, a produção de pornografia ou atuações pornográficas. O trabalho em empresas circenses, em funções de bilheteiro ou vendedor e outras semelhantes. A utilização, recrutamento ou a oferta de crianças para a realização de atividades ilícitas, em particular a produção e o tráfico de entorpecentes, tais como definidos nos tratados internacionais pertinentes. O trabalho que, por sua natureza ou pelas condições em que é realizado, é suscetível de prejudicar a saúde, a segurança ou a moral das crianças.

(B) A Convenção nº 98 da OIT trata sobre a aplicação dos princípios do direito de sindicalização e de negociação coletiva da OIT, com relação aos trabalhadores em geral, inclusive os funcionários a serviço do Estado, com exceção dos militares e suas organizações sindicais. Esta convenção fixa que os trabalhadores, gozarão de adequada proteção contra atos de discriminação com relação a seu emprego, sendo que essa proteção aplicar-se-á especialmente a atos que visem: 1) sujeitar o emprego de um trabalhador à condição de que não se filie a um sindicato ou deixe de ser membro de um sindicato; 2) causar a demissão de um trabalhador ou prejudicá-lo de outra maneira por sua filiação a um sindicato ou por sua participação em atividades sindicais fora das horas de trabalho ou, com o consentimento do empregador, durante o horário de trabalho.

(C) A Convenção nº 100 da OIT estabelece proposições relativas ao princípio da igualdade de remuneração de homens e mulheres trabalhadores por trabalho de igual valor. Neste sentido, todo País-membro deverá, por meios adaptados aos métodos em vigor para a fixação das taxas de remuneração, incentivar e, na medida em que isto é compatível com os ditos métodos, assegurar a aplicação, a todos os trabalhadores, do princípio da igualdade de remuneração de mão de obra masculina e mão de obra feminina por trabalho de igual valor. Para os fins da Convenção o termo "remuneração" compreende o vencimento ou salário normal, básico ou mínimo, e quaisquer vantagens adicionais pagas, direta ou indiretamente, pelo empregador ao trabalhador em espécie ou *in natura*, e resultantes do emprego. Para os fins da Convenção o termo "igualdade" corresponde a uma situação de fato onde a mão de obra feminina não sofra discriminação em virtude do sexo, sendo permitida a adoção de políticas de inclusão, com incentivo a contratação de mão de obra feminina, com equivalência de remuneração com a mão de obra masculina, em trabalho de igual valor.

(D) A Convenção nº 111 da OIT dispõe sobre a discriminação em matéria de emprego e profissão. Para os fins da Convenção, o termo "discriminação" compreende: 1) toda distinção, exclusão ou preferência, com base em raça, cor, sexo, religião, opinião política, nacionalidade ou origem social, que tenha por efeito anular ou reduzir a igualdade de oportunidade ou de tratamento no emprego ou profissão; 2) qualquer outra distinção, exclusão ou preferência que tenha por efeito anular ou reduzir a igualdade de oportunidade ou tratamento no emprego ou profissão, conforme pode ser determinado pelo País-membro, após consultar organizações representativas de empregadores e de trabalhadores, se as houver, e outros organismos adequados. Não são consideradas discriminatórias medidas especiais de proteção ou de assistência providas em outras convenções ou recomendações adotadas pela Conferência Internacional do Trabalho. Também não serão consideradas discriminatórias quaisquer medidas que afetem uma pessoa sobre a qual recaia legítima suspeita de estar se dedicando ou se achar envolvida em atividades prejudiciais à segurança do Estado, contanto que à pessoa envolvida assista o direito de apelar para uma instância competente de acordo com a prática nacional.

(E) A Convenção nº 138 que dispõe sobre a idade mínima para admissão de emprego considera ser aplicável, no mínimo, às seguintes atividades: mineração e pedreira; indústria manufatureira; construção; eletricidade, água e gás; serviços sanitários; transporte, armazenamento e comunicações; plantações, outros empreendimentos agrícolas de fins comerciais, propriedades familiares e de pequeno porte que produzam para o consumo local, mesmo que não empreguem regularmente mão de obra remunerada. Todavia, a Convenção é inaplicável a trabalho feito por crianças e jovens em escolas de educação vocacional ou técnica ou em outras instituições de treinamento em geral ou a trabalho feito por pessoas de no mínimo quatorze anos de idade em empresas em que esse trabalho for executado dentro das condições prescritas pela autoridade competente, após consulta com as organizações de empregadores e de trabalhadores, onde as houver, e constituir parte integrante de: a) curso de educação ou treinamento pelo qual é principal responsável uma escola ou instituição de treinamento; b) programa de treinamento principalmente ou inteiramente numa empresa, que tenha sido aprovado pela autoridade competente, ou c) programa de orientação vocacional para facilitar a escolha de uma profissão ou de especialidade de treinamento.

A: incorreta, pois a Convenção 182 da OIT não faz referência ao trabalho em empresas circenses (art. 3º); **B:** incorreta, pois a Convenção 98 da OIT não trata dos funcionários públicos a serviço do Estado (art. 6º); **C:** incorreta, pois a Convenção 100 da OIT define, para seus fins, os termos "remuneração" e a expressão "igual remuneração de homens e mulheres trabalhadores por trabalho de igual valor", essa última referindo-se a tabelas de remuneração estabelecidas sem discriminação baseada em sexo; **D:** correta (arts. 1º, 4º e 5º da Convenção 111 da OIT); **E:** incorreta, pois as propriedades familiares e de pequeno porte que produzam para o consumo local e não empreguem regularmente mão de obra remunerada não se encontram na regra de aplicabilidade mínima (art. 5º, § 3º, da Convenção 138 da OIT).

Gabarito "D"

(Magistratura do Trabalho – 8ª Região – 2009) De acordo com as convenções da OIT, todas as afirmações estão corretas, exceto:

(A) De acordo com a Convenção nº 111 da OIT, pode-se conceituar discriminação como toda distinção, exclusão ou preferência, com base em raça, sexo, religião, nacionalidade ou origem social, que tenha por efeito anular a igualdade de oportunidade ou de tratamento no emprego ou profissão, assim como qualquer outra distinção, exclusão ou preferência que tenha por efeito anular ou reduzir a igualdade de oportunidade ou tratamento no emprego ou profissão, conforme pode ser determinado pelo País-membro concernente, após consultar organizações representativas de empregadores e de trabalhadores, se as houver, e outros organismos adequados.

(B) Os países nos quais vigora a Convenção nº 111 deverão adotar e seguir uma política nacional destinada a promover, por meios adequados às condições e à prática nacionais, a igualdade de oportunidade e de tratamento em matéria de emprego e profissão, objetivando a eliminação de toda discriminação nesse sentido.

(C) Todo País-membro da Organização Internacional do Trabalho que ratificar a Convenção nº 105 compromete-se a abolir toda forma de trabalho forçado ou obrigatório e dele não fazer uso: como medida de coerção ou de educação política ou como punição por ter ou expressar opiniões políticas ou pontos de vista ideologicamente opostos ao sistema político, social e econômico vigente; como meio de disciplinar a mão de obra; como punição por participação em greves; como medida de discriminação racial, social, nacional ou religiosa.

(D) A Convenção n° 155, que se refere à segurança, à saúde dos trabalhadores e ao ambiente de trabalho, aplicar-se-á, nos países-membros que a ratificarem, a todos os ramos de atividade econômica. Os países-membros que ratificarem a citada convenção ficarão obrigados a pôr em prática e reexaminar periodicamente uma política nacional coerente em matéria de segurança, saúde dos trabalhadores e ambiente de trabalho, cujo objetivo será a prevenção dos acidentes e dos perigos para a saúde resultantes do trabalho quer estejam relacionados com o trabalho quer ocorram durante o trabalho, reduzindo ao mínimo as causas dos riscos inerentes ao ambiente de trabalho, na medida em que isso for razoável e praticamente realizável.

(E) A Convenção nº 169 aplica-se aos povos tribais em países independentes, cujas condições sociais, culturais e econômicas os distingam de outros setores da coletividade nacional, e que estejam regidos, total ou parcialmente, por seus próprios costumes ou tradições ou por legislação especial, e aos povos em países independentes, considerados indígenas pelo fato de descenderem de populações que habitavam o país ou uma região geográfica pertencente ao país na época da conquista ou da colonização ou do estabelecimento das atuais fronteiras estatais e que, seja qual for sua situação jurídica, conservam todas as suas próprias instituições ou parte delas.

A: correta (art. 1º da Convenção 111 da OIT); **B:** correta, pois reflete exatamente o disposto no art. 2º da Convenção 111 da OIT; **C:** correta, nos termos do art. 1º da Convenção 105 da OIT; **D:** incorreta, devendo ser assinalada, pois, nos termos do art. 1º, ponto 2, da Convenção 155 da OIT, qualquer Estado membro que ratificar a Convenção pode, depois de ouvidas, no mais curto prazo possível, as organizações representativas dos empregadores e trabalhadores interessadas, excluir da sua aplicação, quer parcial quer totalmente, determinados ramos de atividade econômica, tais como a navegação marítima ou a pesca, quando essa aplicação levantar problemas específicos que assumam uma certa importância; **E:** correta (art. 1º da Convenção 169 da OIT).

Gabarito "D"

(Magistratura do Trabalho – 3ª Região – 2008) Acerca do trabalho infantil, analise as proposições abaixo e, em seguida, assinale a alternativa correta:

I. O Brasil ratificou as Convenções 138 e 182 da Organização Internacional do Trabalho, consideradas fundamentais.

II. Segundo a Convenção 138 da OIT, a idade mínima geral para admissão no emprego ou no trabalho é de 15 anos, admitidas exceções para serviços leves ou perigosos.

III. Estão incluídos no campo de aplicação da Convenção 138 os aprendizes.

IV. Quando a economia e as condições de ensino de um Estado Membro não estiverem suficiente desenvolvidas, a Convenção 138 permite o trabalho infantil em serviços leves a partir de 12 anos.

V. Entre as piores formas de trabalho infantil, na forma da Convenção 182 da OIT, está o trabalho infantil doméstico, ainda que remunerado.

(A) Se apenas as afirmativas III e IV forem falsas;
(B) Se apenas as afirmativas IV e F forem falsas;
(C) Se apenas as afirmativas I e II forem falsas;
(D) Se apenas as afirmativas III e V forem falsas;
(E) Se todas as alternativas anteriores forem falsas.

I: correta, pois ambas as Convenções foram ratificadas pelo Brasil; **II:** correta, conforme os arts. 2º, 3º e 7º da Convenção 138 da OIT; **III:** incorreta, pois a Convenção 138 da OIT não se aplica a trabalho feito por crianças e jovens em escolas de educação vocacional ou técnica ou em outras instituições de treinamento em geral (art. 6º); **IV:** correta (art. 7º, pontos 1 e 4, da Convenção 138 da OIT); **V:** incorreta, pois as piores formas de trabalho infantil relacionam-se, em especial, a: (i) trabalhos forçados ou em situação análoga à de escravos, incluindo recrutamento compulsório para conflitos armados; (ii) prostituição ou pornografia; (iii) atividades ilícitas, inclusive tráfico de drogas, e (iv) trabalhos perigosos para a saúde, segurança e moral da criança (art. 3º da Convenção 182 da OIT).

Gabarito "D"

(Magistratura do Trabalho – 16ª Região – 2006) Marque a alternativa CORRET**A:**

I. A Convenção nº 87 da OIT objetiva garantir a liberdade sindical em relação aos poderes públicos, enquanto que a Convenção n.98 tem por finalidade proteger os direitos sindicais dos trabalhadores.

II. Segundo a Convenção nº 87 da OIT, os trabalhadores e os empregadores, sem distinção de qualquer espécie, têm direito, sem autorização prévia, de constituir organizações de sua escolha, assim como o de se filiar a estas organizações, à condição única de se conformarem com os estatutos destas últimas.

III. A Convenção nº 87 prevê que as organizações de trabalhadores e empregadores têm o direito de constituir federações e confederações, assim como o de filiar-se às mesmas, e toda organização, federação ou confederação tem o direito de filiar-se a organizações internacionais de trabalhadores e empregadores.

IV. De acordo com a Convenção nº 98, deverão ser adotadas medidas adequadas às condições nacionais, se necessárias, para não estimular e fomentar o uso de procedimentos de negociação coletiva voluntária, com o fim de regular, por meio de contratos coletivos, as condições de trabalho.

Quantas assertivas são verdadeiras?

(A) zero.
(B) uma.
(C) duas.
(D) três.
(E) quatro.

I: correta. De forma genérica a assertiva descreve adequadamente os objetivos básicos das Convenções 87 e 98 da OIT; **II:** correta, pois reflete o disposto no art. 2º da Convenção 87 da OIT; **III:** correta (art. 5º da Convenção 87 da OIT); **IV:** incorreta, pois o art. 4º da Convenção 98 da OIT determina o oposto, ou seja, medidas apropriadas para estimular e promover a negociação coletiva voluntária.

Gabarito "D"

(Magistratura do Trabalho – 16ª Região – 2006) Considere os itens abaixo:

I. A Convenção n. 148 da OIT, não ratificada pelo Brasil, trata da proteção de trabalhadores contra os riscos devidos à contaminação do ar, ao ruído e às vibrações no local de trabalho.
II. A Convenção n. 155 da OIT trata sobre segurança e saúde dos trabalhadores e meio ambiente do trabalho e é o primeiro instrumento da OIT que expressamente faz referência ao meio ambiente do trabalho.
III. A Convenção n. 160 da OIT visa fomentar a saúde no trabalho, por meio de serviços preventivos e multidisciplinários.
IV. O Tratado de Versalhes ao criar a OIT não incluiu na sua competência a proteção contra os acidentes de trabalho e doenças profissionais.

(A) Somente a assertiva I e II são verdadeiras.
(B) A assertiva II é verdadeira.
(C) As assertivas I e III são falsas.
(D) Todas as assertivas são verdadeiras.
(E) Todas as assertivas são falsas.

I: incorreta, pois a Convenção 148 da OIT foi ratificada pelo Brasil; **II:** correta (Convenção 155 da OIT); **III:** incorreta, já que a Convenção 160 da OIT refere-se às estatísticas do trabalho; **IV:** incorreta, pois a proteção contra os acidentes de trabalho e doenças profissionais está entre os objetivos da OIT (preâmbulo da Constituição da OIT).

Gabarito "B"

(Ministério Público do Trabalho – 15º) Em relação às normas internacionais de proteção da criança e do adolescente, analise as assertivas abaixo:

I. de acordo com a Convenção nº 138 da Organização Internacional do Trabalho, não será inferior a dezoito anos a idade mínima para admissão a qualquer tipo de emprego ou trabalho que, por sua natureza ou circunstância em que é executado, possa prejudicar a saúde, a segurança e a moral do jovem;
II. a Convenção nº 138 da Organização Internacional do Trabalho estabelece que as leis ou regulamentos nacionais podem permitir o emprego ou trabalho de jovens entre 13 e 15 anos em serviços leves que não prejudiquem sua saúde, desenvolvimento ou frequência escolar, sua participação em programas de orientação profissional ou de formação aprovados pela autoridade competente ou sua capacidade de se beneficiar da instrução recebida;
III. dentre as piores formas de trabalho infantil, previstas na Convenção nº 182 da Organização Internacional do Trabalho, incluem-se todas as formas de escravidão ou práticas análogas à escravidão, utilização, demanda e oferta de criança para fins de prostituição e o recrutamento para a produção e tráfico de drogas;
IV. de acordo com a Convenção n° 182 da Organização Internacional do Trabalho, todo Estado-membro, tendo em vista a importância da educação para a eliminação do trabalho infantil, adotará medidas efetivas, para, num determinado prazo, dispensar a necessária e apropriada assistência direta para retirar crianças das piores formas de trabalho infantil e assegurar sua reabilitação e integração social;

De acordo com as assertivas acima, pode-se afirmar que:

(A) todas as assertivas estão corretas;
(B) apenas as assertivas I, II e IV estão corretas;
(C) apenas as assertivas III e IV estão corretas;
(D) todas as assertivas estão incorretas;
(E) não respondida.

I: correta (art. 3º, ponto 1, da Convenção OIT 138); II: correta, pois isso é previsto no art. 7º, ponto 1, da Convenção 138 da OIT; III: correta, pois essas formas de trabalho são listadas entre as piores, no art. 3º, *a*, *b* e *c*, da Convenção 182 da OIT; IV: correta (art. 7º da Convenção 182 da OIT).

Gabarito "A"

(Ministério Público do Trabalho – 8º) Relativamente ao seu objeto, as convenções da OIT versam sobre, exceto:

(A) populações indígenas e tribais;
(B) relações coletivas de trabalho;
(C) segurança, higiene e meio ambiente do trabalho;
(D) contrato individual de trabalho e condições gerais de emprego;
(E) soberania dos Estados-Membros;
(F) não sei.

Os tratados e convenções internacionais não se prestam, em princípio, para regular a soberania dos países, de modo que a alternativa E deve ser indicada pelo candidato.

Gabarito "E"

2.4. COMBINADAS DE DIREITO INTERNACIONAL DO TRABALHO

(Magistratura do Trabalho – 16ª Região – 2008) Analise as seguintes proposições:

I. Perante o Direito Internacional são consideradas 'coletividades' os Beligerantes, Rebeldes Insurgentes, Santa Sé e o Comitê Internacional da Cruz Vermelha;
II. A OIT foi criada pelo Tratado de Versalhes, em 1919, como parte da Sociedade das Nações.
III. O Secretário Geral da OIT sempre é escolhido pela Conferência anual, dentre representantes de empregados ou empregadores alternadamente, para mandato de dois anos;
IV. São órgãos internos da OIT, o Bureau Internacional (ou Secretariado), Conselho de Administração e a Conferência Internacional do Trabalho;

Agora responda:

(A) Todas as afirmações estão corretas.
(B) Apenas as afirmações I, II e IV estão corretas;
(C) Somente a afirmação III está correta;
(D) Somente as afirmações II, III e IV estão corretas;
(E) Todas as afirmações estão incorretas.

I: correta, pois a doutrina entende que os beligerantes, os rebeldes insurgentes, a Santa Sé e o Comitê Internacional da Cruz Vermelha têm capacidade para firmar tratados internacionais; **II:** correta, pois, de fato, a OIT surgiu a partir do Tratado de Versalhes, de 1919. A Declaração da Filadélfia, de 1944, compõe anexo à Constituição da OIT; **III:** incorreta, pois as funções de Secretário-Geral da Conferência são exercidas pelo Diretor-Geral, escolhido pelo Conselho de Administração (art. 15 da Constituição da OIT); **IV:** correta, pois a estrutura da OIT é composta pela Conferência Internacional do Trabalho (Conferência Geral), pelo Conselho de Administração e pela Repartição Internacional do Trabalho (ou Bureau Internacional do Trabalho), este último para as funções administrativas (art. 2º da Constituição da OIT).

Gabarito "B"

(Magistratura do Trabalho – 9ª Região – 2007) Em relação à OIT (Organização Internacional do Trabalho), considere as seguintes proposições:

I. As convenções são objeto de ratificação pelos Estados-Membros, enquanto as recomendações são meramente indicativas, visando a auxiliar os Estados- Membros a formular políticas e legislação sobre a respectiva matéria.
II. As resoluções não impõem qualquer obrigação aos países que integram a OIT.
III. No Brasil, é de competência do Congresso Nacional aprovar, ou não, através de Decreto Legislativo, convenção aprovada pela Assembleia Geral da OIT.
IV. A Convenção 182 da OIT, que veda e procura eliminar as piores formas de trabalho infantil, não foi ratificada pelo Brasil.

Assinale a alternativa correta:

(A) Todas as proposições estão corretas;
(B) Apenas as proposições I, III e IV estão corretas;
(C) Apenas as proposições I, II e III estão corretas;
(D) Apenas a proposição IV está correta;
(E) Apenas as proposições II e III estão corretas.

I: correta (art. 19 da Constituição da OIT); **II:** correta, já que as resoluções não são vinculativas; **III:** correta, pois, no Brasil, todo tratado ou convenção internacional deve ser aprovado pelo Congresso Nacional (art. 49, I, da CF), por meio de decreto legislativo. Admitem-se, excepcionalmente, determinados *acordos executivos* que dispensam a aprovação do Congresso Nacional (subprodutos de tratado vigente ou expressão de diplomacia ordinária, conforme Rezek); **IV:** incorreta, pois foi sim ratificada pelo Brasil.

Gabarito "C"

(Magistratura do Trabalho – 23ª Região – 2006) Em relação à Organização Internacional do Trabalho, analise as afirmativas abaixo e assinale a alternativa incorreta:

(A) A Conferência Internacional do Trabalho é o órgão supremo da OIT, responsável pela regulamentação internacional do trabalho;
(B) As normas elaborados pela OIT, consubstanciadas nas recomendações e convenções, acabam por se transformar num Código Internacional de Trabalho, à medida que forem ratificadas as convenções e as recomendações transformadas em lei;
(C) As convenções não correspondem a leis supranacionais, porque por si só não possuem eficácia jurídica no direito interno dos Estados-membros da OIT;
(D) A Convenção 87 da OIT tem por objetivo estimular o livre exercício da associação sindical promovendo a independência dos sindicatos. Já foi ratificada pelo Brasil;
(E) Todas as alternativas são verdadeiras.

A: correta (art. 3º da Constituição da OIT); **B:** correta (art. 19 da Constituição da OIT); **C:** correta, já que as convenções devem ser ratificadas e cumprir outros requisitos eventualmente exigidos pela legislação de cada Estado, para ingressarem nos respectivos sistemas jurídicos internos (no caso do Brasil, após a ratificação é preciso promulgar o tratado por meio de decreto do Presidente). O art. 19, ponto 5, *b*, da Constituição da OIT fixa prazo de um ano (prorrogável para o máximo de 18 meses), a partir do término da sessão da Conferência, para a apresentação da convenção à autoridade competente para sua conversão em lei interna (Congresso Nacional, no caso do Brasil); **D:** incorreta, devendo ser assinalada, já que a Convenção 87 da OIT, de 1948, sobre liberdade sindical e proteção do direito sindical, não foi ratificada pelo Brasil.

Gabarito "D"

(Magistratura do Trabalho – 9ª Região – 2006) Analise as seguintes assertivas, assinalando a alternativa correta:

I. Países que, de forma deliberada, com objetivo de aumentar a competitividade de seus produtos no mercado internacional, negligenciam as condições de trabalho, admitindo, por exemplo, longas jornadas, trabalho infantil e baixíssimo padrão remuneratório, praticam o chamado "dumping social".
II. A inserção de cláusulas sociais em atos internacionais consiste numa forma de combate ao comércio desleal praticado através da degradação das condições de trabalho.
III. A Declaração da Organização Internacional do Trabalho sobre os Princípios e Direitos Fundamentais do Trabalho, de 1998, contempla permissão à utilização de normas protetivas do trabalhador com a finalidade de proteger o comércio de determinado país.
IV. É competência exclusiva da Organização Mundial do Comércio fiscalizar e regulamentar os padrões básicos de proteção ao trabalhador.

(A) Apenas as assertivas I e II estão corretas.
(B) Apenas as assertivas I, II e IV estão corretas.
(C) Apenas as assertivas II e III estão corretas.
(D) Apenas as assertivas III e IV estão corretas.
(E) Todas as assertivas estão corretas.

I e **II**: assertivas corretas. A primeira traz definição de "dumping social", reconhecido pela OIT e pela OMC, que pode ser combatido por meio de cláusulas sociais; **III:** incorreta, pois é o oposto, as normas do trabalho não devem ser utilizadas para fins de protecionismo comercial (item 5 da Declaração da OIT sobre os princípios e direitos fundamentais no trabalho e seu seguimento); **IV:** incorreta, já que a OMC não tem, essencialmente, esse escopo, muito menos competência exclusiva. A OIT tem essa competência, embora não exclusiva (art. 1º da Constituição da OIT).

Gabarito "A".

(Magistratura do Trabalho – 20ª Região – 2003) A propósito da OIT, é correto afirmar que:

I. A iniciativa de propor uma convenção internacional pode partir, por exemplo, de um Estado-membro ou de uma Conferência Regional.
II. As suas Recomendações destinam-se a orientar o direito interno de cada Estado-membro; cuidam-se, portanto, de diretrizes sem força vinculante.
III. Ratificação é o ato formal pelo qual um Estado-membro da OIT decide adotar uma convenção internacional, a qual passa a incorporar o seu direito interno.
IV. A OIT surgiu ao cabo da II Guerra Mundial, como órgão subsidiário da Organização das Nações Unidas, tendo como missão regular as relações de trabalho no âmbito dos Estados-membros.

Marque:

(A) todas as proposições são corretas;
(B) todas as proposições são incorretas;
(C) apenas as proposições II e III são corretas;
(D) apenas a proposição IV é incorreta;
(E) apenas as proposições II e IV são incorretas.

I: correta (art. 19, ponto 1, da Constituição da OIT); **II:** correta (art. 19, ponto 6, da Constituição da OIT); **III:** correta (art. 19, ponto 5, *a*, da Constituição da OIT); **IV:** incorreta, pois a OIT surgiu ao final da Primeira Guerra Mundial, a partir do Tratado de Versalhes, de 1919.

Gabarito "D".

(Ministério Público do Trabalho – 16º) A respeito da Organização Internacional do Trabalho, examine as seguintes afirmações:

I. A Constituição da OIT contém normas e princípios aos quais os Estados-membros aderem com obrigatoriedade de observância, mesmo que não tenham ratificado convenções específicas.
II. As convenções são aprovadas por maioria de dois terços dos integrantes da Conferência Internacional do Trabalho, composta por representantes de trabalhadores e empregadores de todos os Estados-membros.
III. O sub-princípio da norma mais favorável, integrante do princípio da proteção, está previsto no texto da Constituição da OIT.
IV. A Convenção relativa à proteção do direito de organização e aos processos de fixação das condições de trabalho da função pública preconiza que as organizações de trabalhadores da função pública devem beneficiar-se de uma proteção adequada contra todos os atos de ingerência das autoridades públicas na sua formação, funcionamento e administração.

Agora responda, de acordo com o conteúdo das proposições:

(A) apenas as proposições I, II e IV estão corretas;
(B) todas as proposições estão corretas;
(C) apenas as proposições II e III estão erradas;
(D) apenas a proposição II está errada;
(E) não respondida.

I: correta (item 2 da Declaração da OIT sobre os princípios e direitos fundamentais no trabalho); **II:** incorreta, pois as convenções e as recomendações devem ser aprovadas por dois terços dos presentes na Conferência (não dos integrantes, como consta da assertiva) – art. 19, ponto 2, da Constituição da OIT. Ademais, além dos delegados representantes dos trabalhadores e empregadores, há também os representantes dos governos (art. 3º, ponto 1, da Constituição da OIT); **III:** correta, pois as Convenções e Recomendações da OIT não podem ser interpretadas de forma a reduzir direitos ou condições mais favoráveis para os trabalhadores, previstas em leis, sentenças, costumes ou acordos (art. 19, ponto 8, da Constituição da OIT); **IV:** correta, pois essa proteção é prevista no art. 5º, ponto 2, da Convenção 151 da OIT.

Gabarito "D".

(Ministério Público do Trabalho – 15º) Analise as assertivas abaixo:

I. as convenções da Organização Internacional do Trabalho são tratados internacionais abertos para a ratificação dos Estados membros;
II. as recomendações não necessitam de ratificação, visando, apenas, a orientar as políticas, legislações e práticas nacionais;
III. as convenções internacionais são consideradas fontes normativas heterônomas do direito, desde que seja realizada a ratificação pelo Estado membro da Organização Internacional do Trabalho;
IV. a recomendação é considerada fonte jurídica material, uma vez que cumpre o importante papel político e cultural de induzir os Estados a aperfeiçoar sua legislação interna na direção traçada por esse documento programático internacional.

De acordo com as assertivas acima, pode-se afirmar que:

(A) somente as assertivas I e II estão corretas;
(B) somente as assertivas III e IV estão corretas;
(C) todas as assertivas estão corretas;
(D) todas as assertivas estão incorretas;
(E) não respondida.

I e II: corretas (art. 19, ponto 5, *a*, da Constituição da OIT); **III:** correta (art. 19, ponto 4, da Constituição da OIT); **IV:** correta (art. 19, ponto 6, *a*, da Constituição da OIT).

Gabarito "C".

(Ministério Público do Trabalho – 8º – adaptada) À vista das assertivas abaixo:

I. A vigência de uma convenção da OIT no plano internacional não se confunde com a eficácia jurídica no território de cada Estado-Membro, resultante da ratificação.
II. Em regra, as convenções da OIT estabelecem que sua vigência se inicie "doze meses após o registro de duas ratificações, com duração indeterminada".

III. Ao ingressar na OIT e aderir à sua Constituição, o Estado contrai a obrigação formal de submeter toda convenção, no prazo de seis meses da sua adoção, prorrogável por mais seis, à autoridade nacional competente para sua aprovação.

IV. No Brasil, por força de dispositivo constitucional, a autoridade competente a que se refere a Constituição da OIT é o Congresso Nacional. A este órgão do Poder Legislativo compete resolver, em caráter definitivo, sobre a aprovação, ou não, das convenções da OIT.

V. A Constituição brasileira de 1988 adotou a teoria monista, em virtude da qual o tratado ratificado complementa, altera ou revoga o direito interno, desde que se trate de norma *self-executing* e já esteja em vigor na órbita internacional. Basta assinalar que ela prevê o cabimento de recurso extraordinário para o Supremo Tribunal Federal, da decisão que contrariar tratado ou negar-lhe vigência.

Assinale a alternativa correta:

(A) as assertivas I e IV estão corretas;
(B) as assertivas I, III e V estão incorretas;
(C) todas as assertivas estão corretas;
(D) somente a assertiva IV está incorreta;
(E) as assertivas I. III e V estão corretas;
(F) não sei.

I: correta, pois se aceita que a vigência internacional é distinta da vigência interna do tratado internacional (teoria dualista); **II**: incorreta, pois as Convenções da OIT não costumam fazer referência à "duração indeterminada". Em regra, as Convenções da OIT dispõe que entram em vigor 12 meses após a data de registro, pelo Diretor Geral, das ratificações de 2 Estados-Membros. A partir daí, as Convenções entram em vigor, para os demais países, 12 meses após o registro das respectivas ratificações. Ver, por exemplo, o art. 15 da Convenção 87 da OIT ou o art. 12 da Convenção 138 da OIT; **III**: incorreta, pois a Constituição da OIT prevê que o Estado enviará a Convenção à autoridade competente (Congresso Nacional, no Brasil) no prazo de um ano, prorrogável para até 18 meses, comunicando o envio e o resultado ao Diretor-Geral da Repartição Internacional do Trabalho (art. 19, ponto 5, da Constituição da OIT); **IV**: correta. Após a celebração do tratado pelo Presidente da República (art. 84, VIII, da CF), muitas vezes por meio do plenipotenciário, ele é submetido ao referendo do Congresso Nacional (art. 49, I, da CF), que pode aprová-lo por meio de decreto legislativo; **V**: incorreta. A Constituição Federal silenciou nesse aspecto, e, em virtude da omissão constitucional, a doutrina defende que o Brasil adotou a corrente dualista, ou, melhor dizendo, a corrente dualista moderada. Isso porque o tratado só passará a ter validade interna após ter sido aprovado pelo Congresso Nacional e ratificado e promulgado pelo presidente da República. Lembremos ainda que a promulgação é efetuada mediante decreto presidencial. Em outras palavras, o tratado internacional, depois de atendidos todos os requisitos para a sua vigência no âmbito interno do Brasil, e desde que já esteja em vigor no plano internacional, passa a integrar o ordenamento jurídico brasileiro independentemente de sua reprodução em texto de lei especial. Depois de internalizado, o tratado é equiparado hierarquicamente à norma infraconstitucional. Assim, as normas infraconstitucionais preexistentes ao tratado serão derrogadas quando com ele colidirem. Em relação a quaisquer leis posteriores que venham a colidir com o tratado, o tema já foi decidido pelo STF na ADI-MC 1.480/DF, momento em que o Pretório Excelso exarou entendimento de que os tratados internacionais, em geral, ingressam no sistema jurídico brasileiro com força de lei ordinária federal e, portanto, podem ser revogados por lei posterior e de mesma natureza que com ele colidir, ainda que isso gere responsabilidade no plano internacional. Esse posicionamento do STF é, contudo, altamente criticável, pois a Convenção de Viena sobre Direitos dos Tratados está em vigor no Brasil, e o seu artigo 27 assim dispõe: "Uma parte não pode invocar as disposições de seu direito interno para justificar o inadimplemento de um tratado". De toda forma, cabe ressaltar que a decisão que contrariar ou negar vigência a tratado dá ensejo a possibilidade de propositura de recurso especial ao STJ (art. 150, III, *a*, da CF).

Gabarito "A"

3. DIREITO INTERNACIONAL PRIVADO

(Magistratura do Trabalho – 2ª Região – 2011) Em matéria de contrato internacional do trabalho, analise as seguintes proposições:

I. Pela Lei de Introdução às normas do Direito Brasileiro, a autonomia da vontade não prevalece sobre a "Lex loci contractus", uma vez que as obrigações se regem e se qualificam no país em que se constituírem.

II. Segundo entendimento sumulado do Tribunal Superior do Trabalho, é aplicável a lei do local da contratação aos contratos de trabalho dos empregados contratados no Brasil, para o trabalho no exterior.

III. Para os efeitos da legislação nacional, considera-se transferido, o empregado removido para o exterior, cujo contrato estava sendo executado no Brasil; ou cedido à empresa sediada no estrangeiro, para trabalhar no exterior, ainda que não mantido vínculo trabalhista com empregador brasileiro; e, o contratado por empresa brasileira, com filial no exterior.

IV. As normas brasileiras, que dispõem sobre a situação de trabalhadores contratados no Brasil e transferidos para prestar serviços no exterior, abrangem somente as empresas prestadoras de serviços de engenharia, incluindo consultaria, projetos e obras, montagens, gerenciamento e congêneres.

V. O Código de Bustamante (Convenção de Havana, 1928), que foi internalizado no Brasil, pelo Decreto 5.647, em 8.1.1929, e promulgado pelo Decreto 18.871, de 13.8.1929, determina a aplicação da lei territorial sobre acidente do trabalho e proteção social do trabalhador.

Responda:

(A) Estão corretas as assertivas I e III.
(B) Estão corretas as assertivas II e IV.
(C) Estão corretas as assertivas II e III.
(D) Estão corretas as assertivas I e V.
(E) Estão corretas as assertivas IV e V.

I: correta. A autonomia da vontade como regra de conexão no tocante aos contratos é adotada na maioria dos países na atualidade. Tal regra privilegia a flexibilidade e promove um ambiente propício aos negócios. A título de exemplo, tal regra encontra-se insculpida na Convenção de Roma de 1980 e na Convenção Interamericana sobre Direito Aplicável aos Contratos Internacionais de 1994. A autonomia da vontade apenas teria limitações ditadas pela ordem pública do país no qual o contrato vai ser executado. Isto é, faz-se necessário que a lei escolhida para reger o contrato não desrespeite a ordem pública do país-sede da execução do contrato. Leia-se aqui ordem pública como o conjunto de regras e princípios basilares de um certo ordenamento jurídico. O art. 9º da LINDB funciona como um limitador da autonomia da vontade, na medida em que determina que as obrigações serão reguladas pela lei do país onde forem constituídas. Ora, em tal quadro as partes não podem escolher a lei aplicável ao contrato constituído. Todavia, se a lei do país onde a obrigação foi constituída permitir a autonomia da vontade sobre a escolha da lei incidente ao contrato, permitida estará a escolha da lei aplicável pelas partes, sendo limitada apenas pela ordem pública do país-sede da execução do contrato. É certo, ademais, que no âmbito trabalhista consolidou-se o entendimento pela aplicação da norma do local em que ocorre a prestação do serviço (*lex loci executionis*), conforme disposto na Súmula 207/TST [Súmula cancelada pela Resolução 181/2012 do TST] ("A relação jurídica trabalhista é regida pelas leis vigentes no país da prestação de serviço e não por aquelas do local da contratação") [Súmula cancelada pela Resolução 181/2012 do TST]; **II**: incorreta, pois, nos termos da Súmula 207/TST [Súmula cancelada pela Resolução 181/2012 do TST], aplica-se a lei do local da prestação do serviço, não o da contratação. Importante ressalvar, entretanto, que o TST entende que é "inaplicável o entendimento consagrado na Súmula 207/TST [Súmula cancelada pela Resolução 181/2012 do TST] aos trabalhadores contratados no Brasil, para prestar serviços neste país e, posteriormente, transferidos ao exterior, devendo incidir, no caso, a norma protetiva mais favorável, à luz do disposto na Lei 7.064/82" (RR - 51300-47.2007.5.10.0003); **III**: incorreta. Nos termos do art. 2º da Lei 7.064/1982, considera-se transferido (i) o empregado removido para o exterior, cujo contrato estava sendo executado no território brasileiro, (ii) o empregado cedido à empresa sediada no estrangeiro, para trabalhar no exterior, desde que mantido o vínculo trabalhista com o empregador brasileiro e (iii) o empregado contratado por empresa sediada no Brasil para trabalhar a seu serviço no exterior; IV: incorreta, pois a Lei 11.962/2009 alterou a Lei 7.064/1982, que passou a abranger todo trabalhador contratados no Brasil ou transferidos por seus empregadores para prestar serviço no exterior de natureza não transitória (art. 1º, *caput)*; **V**: correta (art. 198 do Código Bustamante).

Gabarito "D"

(Magistratura do Trabalho – 15ª Região – 2010) Empregado brasileiro de empresa do setor de tecnologia da informação, com contrato em curso no Brasil, é transferido para a matriz situada no exterior, em agosto de 2009, para prestar serviços de natureza não transitória.

Assinale a alternativa correta:

(A) os preceitos da Lei 7.064/82 não se aplicam ao caso em tela, uma vez que aludida legislação regula apenas a situação de trabalhadores transferidos por empresas prestadoras de serviços de engenharia, projetos e obras, montagens, gerenciamento e congêneres;

(B) aplica-se a este trabalhador, no interregno laborado no exterior, o princípio da *lex loci executionis* para reger os seus direitos laborais, ainda que a legislação estrangeira, em algumas matérias, seja menos benéfica do que a lei brasileira;

(C) aplica-se a este trabalhador, no interregno laborado no exterior, a legislação do local da contratação (*lex loci contractus*);

(D) aplica-se a este trabalhador, no interregno laborado no exterior, a legislação eleita pelas partes, uma vez que se trata de trabalho especializado, no qual prevalece o princípio da autonomia da vontade;

(E) aplica-se a este trabalhador, no interregno laborado no exterior, a legislação brasileira de proteção ao trabalho, compatibilizada com a Lei 7.064/82, quando mais favorável que a legislação territorial, no conjunto de normas em relação a cada matéria.

O empregado removido para o exterior, cujo contrato estava sendo executado no território brasileiro, é considerado transferido, de modo que se aplicam a ele as disposições da Lei 7.064/1982, conforme seu art. 2º, I. **A**: incorreta, pois a Lei 11.962/2009 alterou a Lei 7.064/1982, que passou a abranger todo trabalhador contratados no Brasil ou transferidos por seus empregadores para prestar serviço de natureza não transitória no exterior (art. 1º, *caput)*; **B**: incorreta, pois se aplica em favor do empregado transferido a legislação brasileira de proteção ao trabalho, naquilo que não for incompatível com o disposto na Lei 7.064/1982, quando mais favorável do que a legislação territorial, no conjunto de normas e em relação a cada matéria (art. 3º, II, dessa Lei); **C** e **D**: incorretas, pois se aplica, em princípio, a lei do local da prestação do serviço (Súmula 207/TST – *lex loci executionis*) [Súmula cancelada pela Resolução 181/2012 do TST], exceto se a lei brasileira protetiva do trabalho for mais favorável ao empregado (art. 3º, II, da Lei 7.064/1982); **E**: correta, consoante os comentários anteriores.

Gabarito "E"

(Magistratura do Trabalho – 21ª Região – 2005) Assinale a alternativa correta:

(A) quanto à aplicação do Direito do Trabalho no espaço, vigora, no Brasil, de forma absoluta, o princípio da territorialidade;

(B) pelo princípio da *lex loci executionis*, prevalece no Direito do Trabalho brasileiro a aplicação da norma do local em que há a prestação de serviços;

(C) mesmo em relação aos trabalhadores regidos pela Lei Federal nº 7.064/82, contratados ou transferidos para prestar serviços no exterior, aplica-se o princípio da territorialidade;

(D) aos empregados de navios e aeronaves deve ser observado o princípio do pavilhão, segundo o qual a lei a ser aplicada diz respeito ao local da contratação;

(E) segundo a Jurisprudência Sumulada do Tribunal Superior do Trabalho, aos estrangeiros que prestam serviços no Brasil a empresas nacionais ou multinacionais não se aplica a legislação brasileira.

A e **B**: prevalece a aplicação da norma do local em que ocorre a prestação do serviço (*lex loci executionis*), de modo que a alternativa A é incorreta e a B é a correta (Súmula 207/TST) [Súmula cancelada pela Resolução 181/2012 do TST]; **C**: incorreta, pois se aplica a legislação brasileira de proteção ao trabalho, naquilo que não for incompatível com o disposto na Lei 7.064/1982, quando mais favorável do que a legislação territorial, no conjunto de normas e em relação a cada matéria (art. 3º da Lei 7.064/1982 e ver RR 186000-18.2004.5.01.0034-TST); **D**: incorreta, pois a regra de aplicação da lei do pavilhão (arts. 274, 279, 281 e 282 do Código Bustamante – promulgado pelo Decreto 18.871/1929) refere-se ao local em que o navio ou a aeronave está matriculado (não ao da contratação); **E**: incorreta, pois, nos termos da Súmula 207/TST [Súmula cancelada pela Resolução 181/2012 do TST], *a relação jurídica é regida pelas leis vigentes no país da prestação de serviço, e não por aquelas do local da contratação.*

Gabarito "B"

(Magistratura do Trabalho – 24ª Região – 2007) Considere as proposições:

I. O Tratado de Roma, instituidor da Comunidade Europeia, não só prevê como estimula a livre circulação de trabalhadores, tendo em vista, entre outros, o ideal de pleno emprego.

II. Em Direito Internacional Privado os chamados "elementos de estraneidade" são aqueles que dão a uma relação – ou situação – jurídica o caráter internacional. Em relação aos elementos mais comuns que internacionalizam a relação jurídica de emprego encontram-se: a nacionalidade do empregado, a nacionalidade do empregador, o lugar da sede da empresa, o local da prestação de serviços e o foro da celebração do contrato.

III. O Direito Uniforme – assim entendida a uniformidade legislativa em algum ponto entre os diversos ordenamentos nacionais – é a confirmação da autonomia do Direito Internacional Privado e é aplicado como método de solução de conflito de leis no espaço.

IV. O ideal de um Direito Uniforme é buscado pela Organização Internacional do Trabalho em seu propósito de garantir a universalização no trato da relação entre empregados e empregadores.

RESPONDA:

(A) Apenas as proposições I e III estão incorretas.
(B) Apenas as proposições II e III estão incorretas.
(C) Apenas as proposições I e IV estão incorretas.
(D) Apenas as proposições III e IV estão incorretas.
(E) Todas as proposições estão corretas.

I: correta (art. 48 do Tratado de Roma de 1957); **II:** correta. O conflito de leis no espaço nada mais é do que a situação de existência de duas ou mais leis aplicáveis ao mesmo fato ou mesma relação jurídica, das quais ao menos uma pertence a um ordenamento jurídico estrangeiro. Em outras palavras, um fato ou uma relação jurídica que gera efeitos em dois ou mais ordenamentos jurídicos (leia-se Estados). Assim, a causa do conflito de leis no espaço é o elemento estrangeiro (também chamado de estraneidade) contido na relação jurídica, situação que se afigura cada vez mais cotidiana em função do atual cosmopolitismo humano impulsionado pela globalização econômica, cultural e política.; **III:** incorreta. Em princípio, cada Estado tem um sistema jurídico distinto daquele vigente nos demais países (sistemas jurídicos divergentes), no entanto, há possibilidade de direito uniforme espontâneo ou de direito uniformizado. Direito uniforme espontâneo refere-se à natural coincidência de normas jurídicas primárias, seja por conta de influência comum ou por adoção unilateral do direito positivo de um Estado por outro. Direito uniformizado decorre do acordo entre Estados com o intuito de uniformizar determinados institutos jurídicos. A assertiva é incorreta, pois, quando há direito uniforme, não há, em princípio, conflito de normas a ser solucionado pelo direito internacional; **IV:** incorreta, pois a OIT não busca a universalização no trato da relação entre empregados e empregadores, mas busca, sim, uma relação mais justa e equilibrada tendo por base a realidade socioeconômica de cada país.

Gabarito "D"

(Ministério Público do Trabalho – 12º) Assinale a alternativa CORRETA:

I. pelo entendimento uniforme do Tribunal Superior do Trabalho, a relação jurídica de trabalho é regida pelas leis vigentes no país da contratação (*lex loci regit actum*), nos termos do artigo 9º da LICC e do Código de Bustamante ratificado pelo Brasil;

II. a empresa responsável pelo contrato de trabalho do empregado transferido para prestar serviços no exterior assegurar-lhe-á, independentemente da observância da legislação do local da execução dos serviços, os direitos elencados na Lei nº 7.064/82 e a aplicação da legislação brasileira que for mais benéfica que lei territorial no conjunto de normas em relação a cada matéria;

III. o Brasil adota o sistema monista, o que vale dizer que os tratados internacionais ratificados adentram no direito interno com força de lei complementar, exceto aqueles que versarem sobre direitos humanos, os quais sempre terão força equivalente à Emenda Constitucional;

IV. eventuais direitos e garantias individuais introduzidos pela ratificação do Pacto de San José da Costa Rica são ineficazes, quando forem embasados por simples normas principiológicas de eficácia retida, previstas na Constituição Federal brasileira.

(A) todas as assertivas estão incorretas;
(B) apenas as assertivas I e II estão corretas;
(C) apenas as assertivas II e III estão corretas;
(D) apenas a assertiva II está correta.
(E) não respondida.

I: incorreta, o TST entende pela aplicação da norma do local em que ocorre a prestação do serviço (*lex loci executionis*), nos termos da Súmula 207, exceto se a lei brasileira protetiva do trabalho for mais favorável ao empregado transferido. Diferentemente, o art. 9º da Lei de Introdução às Normas do Direito Brasileiro – LINDB determina a aplicação da lei do local em que a obrigação foi constituída. Já o Código Bustamante (promulgado pelo Decreto 18.871/1929) determina realmente a aplicação da lei territorial para definição do conceito e classificação das obrigações convencionais, alinhando-se ao entendimento adotado na **Súmula 207/TST** – art. 164; II: correta (art. 3º da Lei 7.064/1982); III: incorreta. A Constituição Federal silenciou nesse aspecto, e, em virtude da omissão constitucional, a doutrina defende que o Brasil adotou a corrente dualista, ou, melhor dizendo, a corrente dualista moderada. Isso porque o tratado só passará a ter validade interna após ter sido aprovado pelo Congresso Nacional e ratificado e promulgado pelo presidente da República. Lembremos ainda que a promulgação é efetuada mediante decreto presidencial. Em outras palavras, o tratado internacional, depois de atendidos todos os requisitos para a sua vigência no âmbito interno do Brasil, e desde que já esteja em vigor no plano internacional, passa a integrar o ordenamento jurídico brasileiro independentemente de sua reprodução em texto de lei especial. Com a edição da Emenda Constitucional nº 45, os tratados de direitos humanos que forem aprovados por quórum qualificado, ou seja, em cada Casa do Congresso Nacional, em dois turnos, por três quintos dos votos dos respectivos membros, serão equivalentes às emendas constitucionais – consoante o que determina o art. 5º, § 3º, da

CF. Assim, tais tratados terão hierarquia constitucional material e também formal; IV: incorreta, pois, conforme ao comentário sobre a alternativa anterior, o STF reconheceu a vigência do Pacto de São José como norma supralegal.

Gabarito "D"

(Magistratura do Trabalho – 2ª Região – 2010) Analise as proposições abaixo e assinale a alternativa correta:

I. O artigo 651, da Consolidação das Leis do Trabalho, em matéria de competência internacional, se alinha à súmula 207, do Tribunal Superior do Trabalho e ao Código de Bustamante (Convenção de Havana, de 1929), determinando-se a observância da *lex loci executionis* (lei do local da execução).
II. O artigo 651, da Consolidação das Leis do Trabalho, em matéria de competência internacional está em consonância com o artigo 9º, da Lei de Introdução ao Código Civil e, na verdade, adota a *lex loci contractus* (lei do local do contrato) e não a lei do local da execução contratual.
III. A legislação trabalhista privilegia a *lex voluntatis* (lei da vontade das partes) e neste sentido, tanto pode ser competente para dirimir um conflito trabalhista em que uma das partes é empregado brasileiro com trabalho no exterior, a Justiça brasileira como a Justiça do território estrangeiro onde se desenvolveu a atividade laboral.
IV. A Lei 7.064/82 e a Lei 11.962/09 (que dispõem sobre trabalhadores que prestam serviços no exterior) estão em consonância com o artigo 651, da Consolidação das Leis do Trabalho, no que tange basicamente a *lex loci executionis*, salvo se a legislação brasileira for mais favorável, o que faz aproximá-las do Código de Bustamante.
V. Em matéria de ação trabalhista de empregados transferidos para o exterior, a competência da Justiça do Trabalho aproxima-se da competência internacional prevista no artigo 88, do Código de Processo Civil, ao determinar a competência concorrente da autoridade judiciária brasileira.

(A) As alternativas I, II e IV são corretas.
(B) As alternativas I, III e V são corretas.
(C) As alternativas III e V são corretas.
(D) As alternativas I, IV e V são corretas.
(E) As alternativas II e V são corretas.

I: correta, pois o art. 651 da CLT dispõe que a competência jurisdicional é determinada pela localidade onde o empregado presta serviços ao empregador, independentemente do local da contratação. Ou seja, o dispositivo legal adota o critério da *lex loci executionis*, como fazem a Súmula 207/TST e o art. 164 do Código Bustamante (promulgado pelo Decreto 18.871/1929) em relação ao direito material aplicável. Interessante lembrar que, diferentemente, o art. 9º da Lei de Introdução às Normas do Direito Brasileiro – LINDB determina a aplicação da lei do local em que a obrigação foi constituída (*lex loci contractus*); **II:** incorreta, pois, conforme comentário anterior, o art. 651 da CLT adota o critério da *lex loci executionis* para fins de definição da competência jurisdicional; **III:** incorreta, pois Justiça Trabalhista brasileira será competente em relação aos dissídios ocorridos em agência ou filial no estrangeiro, desde que o empregado seja brasileiro e não haja convenção internacional em contrário (ou seja, independentemente de anterior acordo das partes) – art. 651, § 2º, da CLT; **IV:** correta. É importante ressaltar que o art. 651 da CLT adota realmente o critério da *lex loci executionis*, mas para a definição da competência jurisdicional. A Lei 7.064/1982 (alterada pela Lei 11.962/2009) refere-se à lei material aplicável, fixando regra apenas para a exceção: aplica-se a norma brasileira protetiva do trabalho somente quando for mais favorável ao empregado. Salvo essa hipótese excepcional, de norma brasileira mais benéfica ao empregado, a Lei 7.064/1982 harmoniza-se com a regra geral de aplicação da lei do local da prestação do serviço (*lex loci executionis*), conforme a Súmula 207/TST e o art. 164 do Código Bustamante (Decreto 18.871/1929); **V:** correta, conforme comentário sobre a assertiva III, lembrando que o art. 88, I, do CPC prevê a competência da autoridade judiciária brasileira quando o réu estiver domiciliado no Brasil (aplicável, por exemplo, na hipótese de demanda movida pelo empregado transferido ao exterior contra empregador sediado no Brasil).

Gabarito "D"

(Magistratura do Trabalho – 1ª Região – 2004) Com relação às assertivas abaixo:

I. o princípio da *lex loci executionis*, no nosso ordenamento jurídico, não admite exceção face à hipossuficiência do empregado;
II. a competência para julgamento de causas trabalhistas abrangendo ente de direito público externo é, em razão da pessoa, da Justiça Federal;
III. a relação jurídica trabalhista é regida pelas leis vigentes no país da prestação de serviço e não por aquelas do local da contratação;
IV. ainda que o empregado tenha sido contratado e esteja trabalhando no Brasil, se pactuada a aplicação da legislação estrangeira mais favorável, esta deverá reger o contrato de trabalho e, se houver provocação, aplicada pela Justiça do Trabalho;
V. segundo a atual jurisprudência do STF, a imunidade de jurisdição de Estado estrangeiro está reservada aos atos de império, não alcançando os atos de mera gestão, razão pela qual, se empregador, não estará imune a causas trabalhistas.

Assinale:

(A) se somente as assertivas I, II e III estiverem corretas;
(B) se somente as assertivas II, III e IV estiverem corretas;
(C) se somente as assertivas III, IV e V estiverem corretas;
(D) se somente as assertivas I, IV e V estiverem corretas;
(E) se somente as assertivas I, II e V estiverem corretas.

I: incorreta (vide RR 186000-18.2004.5.01.0034-TST); **II:** incorreta, pois é da Justiça do Trabalho a competência para processar e julgar as ações oriundas da relação de trabalho, inclusive quando abrangem entes de direito público externo, nos termos do art. 114, I, da CF; **III:** correta, pois, como regra, *a relação jurídica é regida pelas leis vigentes no país da prestação de serviço, e não por aquelas do local da contratação (lex loci executionis)*, nos termos da Súmula 207/TST; **IV:** correta (vide AIRR 136040-45.2006.5.02.0471-TST); *V: correta, pois o STF entende que a imunidade refere-se apenas aos atos jure imperii, e não aos jure gestionis, de modo que não se aplica às demandas trabalhistas (AI 139.671 AgR/DF).* A imunidade, salvo renúncia, refere-se apenas à jurisdição executória, não à jurisdição de conhecimento (RE 222.368 AgR/PE).

Gabarito "C"

(Magistratura do Trabalho – 8ª Região – 2007) Em se tratando da posição do Tribunal Superior do Trabalho e do Supremo Tribunal Federal sobre as demandas que envolvam Estados ou Organizações Internacionais, é incorreto afirmar:

(A) Imunidade de jurisdição. Execução fiscal movida pela União contra Estado Estrangeiro. É da jurisprudência do Supremo Tribunal que, salvo renúncia tácita ou expressa, é absoluta a imunidade do Estado estrangeiro à jurisdição de conhecimento e executória.

(B) A imunidade de jurisdição do Estado estrangeiro, quando se tratar de litígios trabalhistas, revestir-se-á de caráter meramente relativo e, em consequência, não impedirá que os juízes e Tribunais brasileiros conheçam de tais controvérsias e sobre elas exerçam o poder jurisdicional que lhes é inerente.

(C) Os estados estrangeiros não dispõem de imunidade de jurisdição, perante o Poder Judiciário brasileiro, nas causas de natureza trabalhista, pois essa prerrogativa de direito internacional público tem caráter meramente relativo. Privilégios diplomáticos não podem ser invocados, em processos trabalhistas, para contestar o enriquecimento sem causa de Estados estrangeiros, em inaceitável detrimento de trabalhadores residentes em território brasileiro, sob pena de essa prática consagrar censurável desvio ético-jurídico, incompatível com o princípio da boa-fé e inconciliável com os grandes postulados do direito internacional.

(D) O processo trabalhista contra Estado estrangeiro é cabível, devendo ser notificado o Estado demandado para que exerça o direito à imunidade jurisdicional ou submeta-se voluntariamente à jurisdição pátria, mesmo lhe reconhecendo as imunidades de jurisdição e execução.

(E) É inadmissível a execução contra Estado estrangeiro, não podendo ser realizado ato de constrição. A execução apenas poderá ser desenvolvida, quando cabível, pela via da Carta Rogatória, pois os bens do Estado Estrangeiro são impenhoráveis, em conformidade com o disposto na Convenção de Viena sobre Relações Diplomáticas.

O STF entende que a imunidade refere-se apenas aos atos jure imperii, e não aos jure gestionis, de modo que não se aplica às demandas trabalhistas (AI 139.671 AgR/DF). A imunidade, salvo renúncia, refere-se apenas à jurisdição executória, não à jurisdição de conhecimento (RE 222.368 AgR/PE). Por essa razão, a alternativa A é a única incorreta.

Gabarito "A".

(Magistratura do Trabalho – 11ª Região – 2007 – FCC) Assinale a alternativa correta em relação à matéria proposta no enunciado da questão. Imunidade de jurisdição:

(A) É questão ligada exclusivamente ao direito interno de cada Estado.

(B) Tem origem no caráter sagrado dos locais dedicados aos cultos entre os povos antigos.

(C) É absoluta e impede a análise das questões de fundo pelo Judiciário brasileiro.

(D) A competência originária para o julgamento das questões relativas às imunidades de Estado estrangeiro no Brasil é atribuída expressamente ao STJ.

(E) A inexistência de contestação da lide pelo governo alienígena impedirá sua apreciação.

A: incorreta, pois a imunidade de jurisdição é regulada pelo direito internacional, especialmente as Convenções de Viena de 1961 e 1963, sobre relações diplomáticas e consulares; **B:** correta, por exclusão das demais; **C:** incorreta, pois a imunidade refere-se apenas à jurisdição executória, mas não à jurisdição de conhecimento (ver RE 222.368 AgR/PE); **D:** incorreta, pois não há essa competência originária do STJ (art. 105, I, da CF); **E:** incorreta, pois a revelia não afasta a competência jurisdicional.

Gabarito "B".

(Magistratura do Trabalho – 14ª Região – 2008) Compete exclusivamente à autoridade judiciária brasileira:

(A) proceder ao inventário e partilha de bens, situados no Brasil, ainda que o autor da herança seja estrangeiro e tenha residido fora do território nacional;

(B) quando o réu, qualquer que seja sua nacionalidade, estiver domiciliado no Brasil;

(C) quando a ação se originar de fato ocorrido ou de ato praticado no Brasil;

(D) quando no Brasil tiver de ser cumprida a obrigação;

(E) quando ambas as partes tiverem domicílio no Brasil.

A alternativa A é a correta, pois é a única que indica competência exclusiva da autoridade judicial brasileira (art. 89, II, do CPC). As demais assertivas referem-se à competência relativa (art. 88 do CPC).

Gabarito "A".

(Magistratura do Trabalho – 20ª Região – 2003) Marque a alternativa correta:

(A) os Estados estrangeiros e seus agentes gozam de imunidade de jurisdição perante as cortes judiciais brasileiras e essa imunidade tem caráter absoluto, ressalvados os casos de renúncia à imunidade de jurisdição;

(B) o silêncio do Estado-réu, que não atende ao chamamento judicial, é bastante para configurar, nos termos de remansosa jurisprudência do Supremo Tribunal Federal, renúncia à imunidade de jurisdição;

(C) o Estado estrangeiro não dispõe, perante o Poder Judiciário Brasileiro, de imunidade de jurisdição nas causas trabalhistas, pois essa prerrogativa de Direito Internacional Público tem caráter apenas relativo, segundo entendimento já sufragado pelo Supremo Tribunal Federal;

(D) a imunidade de execução revela-se fator de empeço para a instauração, perante os tribunais brasileiros, de processos de conhecimento contra Estados estrangeiros, razão pela qual o processo, ainda na fase de conhecimento, deve ser extinto sem julgamento de mérito, ao fundamento da impossibilidade jurídica do pedido;

(E) o Estado estrangeiro e seus agentes dispõem, perante os tribunais brasileiros, nas causas trabalhistas, de imunidade de jurisdição e de imunidade de execução, motivo por que não podem ser demandados, salvo nos casos em que houver renúncia, expressa ou tácita, à prerrogativa da imunidade.

A: incorreta, pois o Estado estrangeiro é imune apenas em relação aos atos estatais *jure imperii* e apenas em relação à jurisdição executória. A imunidade do agente diplomático em relação à jurisdição civil e administrativa não é absoluta, existindo exceções em relação a determinadas matérias, além da possibilidade de renúncia pelo Estado acreditante (arts. 31, ponto 1, e 32 da Convenção de Viena sobre Relações Diplomáticas de 1961); **B:** incorreta, pois a renúncia à imunidade deve ser expressa (art. 32, ponto 2, da Convenção de 1961); **C:** correta (*AI 139.671 AgR/DF e* RE 222.368 AgR/PE); **D:** incorreta, pois a imunidade em relação à jurisdição executória não afasta a jurisdição de conhecimento, conforme os precedentes do STF citados no comentário sobre a alternativa anterior; **E:** incorreta, pois inexiste imunidade em relação à jurisdição de conhecimento para as causas trabalhistas, conforme entendimento pacífico do STF. Ademais, eventual renúncia à imunidade deve ser expressa (art. 32, ponto 2, da Convenção de Viena sobre Relações Diplomáticas de 1961).

Gabarito "C"

(Ministério Público do Trabalho – 9º) À vista das assertivas abaixo, assinale:

I. duas teorias principais buscam fundamentar as prerrogativas e imunidades diplomáticas: a teoria da *extraterritorialidade* e a teoria do *interesse da função:*

II. a teoria da extraterritorialidade sustenta, por meio de uma ficção, que a embaixada faz parte do território do Estado acreditante;

III. para a teoria do interesse da função, o verdadeiro fundamento das prerrogativas e imunidades diplomáticas está na necessidade de se assegurar, aos que dela gozam, a independência necessária para a execução de seus deveres oficiais, e decorre do interesse recíproco dos Estados;

IV. na imunidade de jurisdição está compreendida a faculdade, geralmente reconhecida, dos agentes diplomáticos, de não comparecer a tribunal algum do país onde esteja acreditado, para prestar testemunho de fatos que sejam do seu conhecimento:

V. imunidade de jurisdição se estende aos familiares do agente diplomático que com ele convivam, sempre que não possuam a nacionalidade do Estado receptor ou acreditado.

(A) todas as assertivas são verdadeiras;
(B) todas as assertivas são falsas;
(C) apenas são falsas as assertivas III e V;
(D) apenas são falsas as assertivas II. III e IV;
(E) apenas são falsas as assertivas L II e III;
(F) não sei.

Todas as assertivas são verdadeiras, refletindo a imunidade e as normas dos arts. 31 e 37 da Convenção de Viena sobre Relações Diplomáticas de 1961.

Gabarito "A"

(Ministério Público do Trabalho – 12º) Embargos à penhora sobre bem imóvel localizado no Brasil, de propriedade de estrangeiro, responsável, na qualidade de sócio, por dívida trabalhista de empresa multinacional, deverão ser julgados no foro:

(A) de eleição;
(B) da sede da empresa multinacional;
(C) brasileiro onde se processa a execução;
(D) da nacionalidade do proprietário.
(E) não respondida.

A qualidade de estrangeiro ou o fato de se tratar de multinacional não afastam a competência do juiz brasileiro da execução, que apreciará os embargos à penhora, de modo que a alternativa C é a correta.

Gabarito "C"

DIprivado (Magistratura do Trabalho – 16ª Região – 2006) Considere os itens abaixo:

I. A Lei n. 7.064/1982 dispõe sobe a situação de trabalhadores contratados ou transferidos para prestar serviços no exterior por prazo superior a 180 dias e prevê que é aplicável a legislação brasileira, se mais favorável do que a legislação territorial, no conjunto, em relação a cada matéria.

II. Aos técnicos estrangeiros contratados para prestar serviços especializados no Brasil, em caráter provisório, é aplicável legislação especial.

III. Para os empregados de navios e aeronaves, o principio dominante é o do pavilhão, ou seja, aplicação da lei local da matrícula.

IV. Os "auxiliares locais" admitidos pelos postos de serviço diplomático brasileiro para atuar no exterior, conforme legislação em vigor, podem ser contratados sob a égide da CLT.

Quantas assertivas são verdadeiras?

(A) zero.
(B) uma.
(C) duas.
(D) três.
(E) quatro.

I: incorreta, pois a Lei 7.064/1982 é inaplicável à prestação de serviço de natureza transitória não superior a 90 dias (não 180, como consta da assertiva), nos termos e condições do seu art. 1º, parágrafo único; **II:** correta, pois se aplicam, na hipótese, as disposições do Decreto-Lei 691/1969; **III:** correta, pois a regra é a aplicação da lei do pavilhão (arts. 274, 279, 281 e 282 do Código Bustamante); **IV:** incorreta, pois os auxiliares locais são contratados em conformidade com a legislação local – art. 57 da Lei 11.440/2006 (os brasileiros somente serão incluídos na previdência social brasileira caso seja proibida sua filiação ao regime local - § 1º do dispositivo).

Gabarito "C"

12. Direitos Humanos

Renan Flumian

1. TEORIA GERAL E DOCUMENTOS HISTÓRICOS

(Ministério Público do Trabalho – 15º) Assinale a alternativa INCORRETA:

(A) o primeiro documento escrito que procurou conter os poderes do monarca surge na Inglaterra, em 1215, a saber, a Magna Carta outorgada por João Sem-Terra;

(B) os direitos humanos fundamentais surgem para estabelecer os limites do poder de atuação positiva do Estado, impondo uma atuação negativa, obrigação de não fazer, estabelecendo direitos e deveres para toda a sociedade;

(C) o forte movimento social alavancado pela ausência de proteção da dignidade humana gerou a constitucionalização dos Direitos do Homem, além dos direitos individuais, coletivos e políticos;

(D) o desenvolvimento econômico apresentado ao longo do século XIX, na Europa, acarretou a imediata melhoria socioeconômica do individuo;

(E) não respondida.

A: correta. A Magna Carta é um documento de 1215 que limitou o poder dos monarcas da Inglaterra, impedindo o exercício do poder absoluto. Ela resultou de desentendimentos entre o rei João I (conhecido como "João Sem Terra"), o papa e os barões ingleses acerca das prerrogativas do soberano. Essas discordâncias tinham raízes diversas. A contenda com os barões foi motivada pelo aumento das exações fiscais, constituídas para financiar campanhas bélicas, pois o rei João Sem Terra acabara de perder a Normandia – que era sua por herança dinástica – para o rei francês Filipe Augusto. A desavença com o papa surgiu de seu apoio às pretensões territoriais do imperador Óton IV, seu sobrinho, em prejuízo do papado. Ademais, o rei João I recusara a escolha papal de Stephen Langton como cardeal de Canterbury, o que lhe rendeu a excomunhão, operada pelo papa Inocêncio III. A Magna Carta só foi assinada pelo rei quando a revolta armada dos barões atingiu Londres, sendo sua assinatura condição para o cessar-fogo. Todavia, ela foi reafirmada solenemente (pois tinha vigência determinada de três meses) em 1216, 1217 e 1225, quando se tornou direito permanente. Como curiosidade, cabe apontar que algumas de suas disposições se encontram em vigor ainda nos dias de hoje. Sua forma foi de promessa unilateral, por parte do monarca, de conceder certos privilégios aos barões, mas é possível entendê-la como uma convenção firmada entre os barões e o rei. Além disso, segundo os termos do documento, o rei deveria renunciar a certos direitos e respeitar determinados procedimentos legais (apontado, pela historiologia jurídica, como a origem do devido processo legal), bem como reconhecer que sua vontade estaria sujeita à lei. Considera-se a Magna Carta o primeiro capítulo de um longo processo histórico que levaria ao surgimento do constitucionalismo e da democracia moderna. Em síntese, o documento é uma limitação institucional dos poderes reais; **B:** correta. A assertiva trata especialmente aos chamados direitos fundamentais de 1ª geração, de proteção do indivíduo contra o poder estatal, garantindo-se a vida, a liberdade, a segurança e a propriedade; **C:** correta. A Constituição brasileira dispõe *expressamente* sobre os direitos e garantias fundamentais. O constitucionalismo pode ser conceituado como o movimento político, social e jurídico cujo objetivo é limitar o poder do Estado por meio de uma Constituição. Já o neoconstitucionalismo surge depois da Segunda Guerra Mundial e tem por objetivo principal conferir maior efetividade aos comandos constitucionais, notadamente os direitos fundamentais; **D:** incorreta, devendo ser assinalada, pois o desenvolvimento econômico europeu no século XIX não foi acompanhado de uma imediata melhoria das condições socioeconômicas dos indivíduos.

Gabarito "D"

2. GERAÇÕES DOS DIREITOS HUMANOS

(Ministério Público do Trabalho – 14º) No estudo dos direitos humanos fundamentais, existe cizânia doutrinária em torno da utilização da expressão "geração" para indicar o processo de consolidação desses direitos, sendo que alguns preferem utilizar "dimensão". Examine as assertivas a seguir e selecione o argumento que, efetivamente, dá suporte à doutrina que defende a necessidade de substituição de uma expressão por outra.

(A) os direitos humanos fundamentais são direitos naturais e, como tais, imutáveis, de maneira que o vocábulo "geração" faz alusão a uma historicidade inexistente nessa modalidade de direitos, enquanto "dimensão" refere-se a aspectos relevantes de um todo, que simplesmente se destacam de acordo com o grau de desenvolvimento da sociedade;

(B) o termo "geração" conduz à ideia equivocada de que os direitos humanos fundamentais se substituem ao longo do tempo, enquanto "dimensão" melhor reflete o processo gradativo de complementaridade, pelo qual não há alternância, mas sim expansão, cumulação e fortalecimento;

(C) a ideia de "geração" leva ao entendimento de que o processo de afirmação dos direitos humanos fundamentais é linear e não comporta retrocessos, enquanto a de "dimensão" melhor expressa o caminho tortuoso desse processo, de acordo com as relações de forças existentes nas sociedades;

(D) O termo "geração" sugere uma eficácia restrita dos direitos humanos fundamentais, meramente vertical, ao passo que "dimensão" indica eficácia mais ampla, também horizontal;

(E) não respondida.

A divisão dos direitos humanos em gerações[1], idealizada por Karel Vasak[2], tem por finalidade permitir uma análise precisa de sua amplitude, além de uma ampla compreensão sobre a causa de seu surgimento e seu contexto. A análise das gerações deve ter por fundamento não a ótica sucessória (de substituição da anterior pela posterior), mas sim a interacional (de complementação da anterior pela posterior). Em função dessa ideia, alguns autores preferem classificar como gestações ou dimensões e não gerações de direitos, tudo para reforçar a noção de continuidade. Pelo dito pode-se apontar a assertiva B como correta.

Gabarito "B"

3. SISTEMA GLOBAL DE PROTEÇÃO DOS DIREITOS HUMANOS

3.1. DECLARAÇÃO UNIVERSAL DOS DIREITOS HUMANOS

(Magistratura do Trabalho – 11ª Região – 2007 – FCC) Prevê, expressamente, a Declaração Universal dos Direitos do Homem, das Nações Unidas, de 1948:

(A) Todo homem tem direito ao trabalho, à livre escolha de emprego, a condições justas e favoráveis de trabalho e à proteção contra o desemprego.

(B) Todo homem, sem qualquer distinção, tem direito a igual remuneração por trabalho igual ou semelhante.

(C) Todo homem mesmo sem trabalhar tem direito a uma remuneração justa e satisfatória que lhe assegure, assim como à sua família, uma existência compatível com a dignidade humana e a que se acrescentarão, se necessário, outros meios de proteção social.

(D) Todo homem tem direito de não se associar a sindicatos para proteção de seus interesses particulares.

(E) Todo homem tem direito a repouso semanal e lazer, inclusive a limitação da jornada de trabalho em oito horas por dia e a férias remuneradas periódicas de, no mínimo, trinta dias ao ano.

A: correta, pois é exatamente o que dispõe o art. 23, I, da Declaração Universal dos Direitos do Homem – DUDH; **B:** incorreta, pois o art. 23, II, da DUDH refere-se a "igual trabalho", mas não a "semelhante"; **C:** incorreta, pois somente o homem que trabalha é acolhido pela disposição do art. 23, III, da DUDH; **D:** incorreta, pois o art. 23, IV, da DUDH refere-se ao direito do homem de organizar sindicatos e a neles ingressar para proteção de seus interesses, mas não ao direito de não se associar; **E:** incorreta, pois o art. 24 da DUDH refere-se apenas a limitação razoável às horas de trabalho (não a 8 horas, especificamente) e a férias remuneradas periódicas (não a 30 dias anuais, especificamente).

Gabarito "A"

3.2. PACTOS INTERNACIONAIS – SOBRE DIREITOS CIVIS E POLÍTICOS E SOBRE DIREITOS ECONÔMICOS, SOCIAIS E CULTURAIS

(Magistratura do Trabalho – 3ª Região – 2013) Sobre os direitos assegurados pelo Pacto Internacional sobre Direitos Econômicos, Sociais e Culturais, leia as afirmações abaixo e, em seguida, assinale a alternativa correta:

I. Toda pessoa tem direito de gozar de condições de trabalho justas e favoráveis, que assegurem uma remuneração que proporcione, no mínimo, a todos os trabalhadores um salário equitativo e uma remuneração igual por um trabalho de igual valor, sem qualquer distinção.

II. Toda pessoa tem direito de gozar de condições de trabalho justas e favoráveis, que assegurem condições de trabalho seguras e higiênicas.

III. Toda pessoa tem direito de gozar de condições de trabalho justas e favoráveis, que assegurem o descanso, o lazer, a limitação razoável das horas de trabalho e férias periódicas remuneradas, assim como a remuneração dos feriados.

IV. Toda pessoa tem direito a um nível de vida adequado para si próprio e para sua família, inclusive à alimentação, vestimenta e moradia adequadas, assim como uma melhoria contínua de suas condições de vida.

(A) Somente as afirmativas I, II e III estão corretas.

(B) Somente as afirmativas I e II estão corretas.

(C) Somente as afirmativas II, III e IV estão corretas.

(D) Todas as afirmativas estão corretas.

(E) Somente as afirmativas II e IV estão corretas.

1 Tal análise perde um pouco de seu sentido quando o enfoque recai sobre países ditos novos, como o Brasil e a Austrália, pois a maioria dos tipos de direitos humanos foram reconhecidos, logo disciplinados, de uma só vez em suas respectivas Constituições. Mas quando a análise leva em conta os países europeus, por exemplo, entende-se muito bem que o reconhecimento dos direitos humanos é um processo que perpassa vários séculos. Assim, os direitos civis apareceram no século XVIII para garantir a liberdade do indivíduo perante o Estado (opressor). Essa maior liberdade permitiu uma atuação mais ativa por parte das pessoas, o que eclodiu no reconhecimento dos direitos políticos no século XIX, ou seja, esse direito, antes exclusivo de poucos, foi estendido para grande parcela da população masculina, incluindo os trabalhadores. E o exercício desses direitos políticos, sobretudo pela classe trabalhadora, permitiu a constituição dos direitos sociais no século XX (MARSHALL, Thomas. *Cidadania, classe social e status*. Rio de Janeiro: Zahar, 1967. p. 57-114).

2 *The international dimensions of human rights*. Unesco, 1982.

I: correta (vide art. 7°, *a*, i, do Pacto Internacional sobre Direitos Econômicos, Sociais e Culturais); **II:** correta (vide art. 7°, *b*, do Pacto Internacional sobre Direitos Econômicos, Sociais e Culturais); **III:** correta (vide art. 7°, *d*, do Pacto Internacional sobre Direitos Econômicos, Sociais e Culturais); **IV:** correta (vide art. 11, ponto 1, do Pacto Internacional sobre Direitos Econômicos, Sociais e Culturais).

Gabarito "D"

(Magistratura do Trabalho – 18ª Região – 2006) Os Estados signatários do Pacto Internacional sobre Direitos Econômicos, Sociais e Culturais, adotado pela XXI Sessão da Assembleia-Geral das Nações Unidas, em 19 de dezembro de 1966, reconheceram o direito de toda pessoa ao gozo de condições de trabalho equitativas e satisfatórias. A propósito das garantias estabelecidas no referido diploma, assinale a alternativa correta.

(A) Os Estados signatários do Pacto Internacional sobre Direitos Econômicos, Sociais e Culturais garantiram a percepção de salário equitativo e igual por trabalho de igual valor, sem distinções de espécie alguma e o descanso, o gozo do tempo livre, a limitação racional das horas de trabalho e as férias periódicas pagas, exceto a remuneração dos feriados.

(B) Os Estados signatários do Pacto Internacional sobre Direitos Econômicos, Sociais e Culturais garantiram a percepção de salário equitativo e igual por trabalho de igual valor, sem distinções de espécie alguma e o direito de greve, exercido em conformidade com as leis de cada país, sem nenhuma restrição.

(C) Os Estados signatários do Pacto Internacional sobre Direitos Econômicos, Sociais e Culturais garantiram a percepção de salário equitativo e igual por trabalho de igual valor, sem distinções de espécie alguma e o direito dos sindicatos de formar federações ou confederações nacionais e o direito destas de fundar organizações sindicais internacionais ou de filiarem-se às mesmas.

(D) Os Estados signatários do Pacto Internacional sobre Direitos Econômicos, Sociais e Culturais garantiram o direito de greve, exercido em conformidade com as leis de cada país, sem nenhuma restrição e igual oportunidade para todos de serem promovidos, dentro do seu trabalho, à categoria que lhes corresponda não considerando senão os fatores tempo de serviço e capacidade.

(E) Os Estados signatários do Pacto Internacional sobre Direitos Econômicos, Sociais e Culturais garantiram o direito de greve, exercido em conformidade com as leis de cada país, sem nenhuma restrição e o descanso, o gozo do tempo livre, a limitação racional das horas de trabalho e as férias periódicas pagas, exceto a remuneração dos feriados.

A e **E:** incorretas, pois o art. 7°, *d*, do Pacto dos Direitos Econômicos, Sociais e Culturais – PDESC (promulgado pelo Decreto 591/1992) prevê a remuneração dos feriados; **B, D** e **E:** incorretas, já que o PDESC (art. 8°, § 2°) admite a possibilidade de restrições legais ao direito de greve, com relação aos membros das forças armadas, da polícia e da administração do Estado; **C:** correta, nos termos do arts. 7°, *a*, *i*, e 8°, § 1°, *b*, ambos do PDESC.

Gabarito "C"

(Ministério Público do Trabalho – 14°) Sobre o sistema de promoção e proteção dos direitos humanos, assinale a alternativa INCORRETA:

(A) apesar de a Declaração Universal de Direitos Humanos da ONU prever em seu texto direitos civis e políticos ao lado dos direitos sociais, econômicos e culturais, foram aprovados dois pactos internacionais distintos, o que acabou criando embaraços para os defensores da indivisibilidade dos direitos humanos, especialmente num contexto de guerra fria;

(B) a Declaração Universal de Direitos Humanos de 1948 da ONU não constitui, sob o ponto de vista formal, instrumento jurídico vinculante, em termos gerais, embora, no aspecto material, venha sendo utilizada como importante elemento de interpretação dos tratados e convenções internacionais e como fonte de inspiração para a aprovação e interpretação das normas internas dos Estados;

(C) a separação dos direitos civis e políticos, de um lado, e dos direitos sociais, econômicos e culturais, de outro, levou a doutrina a abandonar a tese da interdependência entre essas duas categorias de direitos;

(D) o Pacto de Direitos Civis e Políticos da ONU consagra alguns valores alusivos à dignidade da pessoa do trabalhador como a proibição de escravidão, de servidão e de trabalhos forçados, além de garantir o direito de fundar sindicatos.

(E) não respondida.

A e **C:** a Declaração e Programa de Ação da Conferência Mundial sobre Direitos Humanos (Viena, 1993) consolidou o entendimento de que todos os direitos humanos são universais, indivisíveis, interdependentes e inter-relacionados (art. 5°). No entanto, após a Declaração Universal dos Direitos Humanos, houve dois Pactos distintos, um relativo aos Direitos Civis e Políticos (PDCP) e outro sobre Direitos Econômicos, Sociais e Culturais (PDESC), ambos adotados pela XXI Sessão da Assembleia Geral das Nações Unidas, em dezembro de 1966. Por essa razão, a alternativa A é correta e a C é incorreta, devendo esta última ser assinalada; **B:** correta. A Declaração Universal dos Direitos Humanos foi aprovada pela Resolução 217 A (III) da Assembleia Geral da ONU, em 10 de dezembro de 1948, por 48 votos a zero e oito abstenções[3]. Em conjunto com os dois Pactos Internacionais – sobre Direitos Civis e Políticos e sobre Direitos Econômicos, Sociais e Culturais –, constitui a denominada Carta Internacional de Direitos Humanos ou *International Bill of Rights*. A Declaração é fruto de um consenso sobre valores de cunho universal a serem seguidos pelos Estados e do reconhecimento do indivíduo como sujeito direto do direito internacional, tendo sofrido forte influência iluminista, sobretudo do liberalismo e do enciclopedismo vigente no período de transição entre a idade moderna e a contemporânea. É importante esclarecer que a Declaração é um exemplo de *soft law*, já que não supõe mecanismos constritivos para a implementação dos direitos previstos. Em contrapartida, quando um documento legal prevê mecanismos constritivos para a implementação de seus direitos, estamos diante de um exemplo de *hard law*. Portanto, a Declaração Universal dos Direitos Humanos não tem força legal (funcionaria como uma *recomendação*), mas sim material. Mas alguns autores defendem que seria inderrogável

3 Os países que se abstiveram foram Arábia Saudita, África do Sul, URSS, Ucrânia, Bielorrússia, Polônia, Iugoslávia e Tchecoslováquia.

por fazer parte do *jus cogens*. E ainda pode-se até advogar que a Declaração, por ter definido o conteúdo dos direitos humanos insculpidos na Carta das Nações Unidas, tem força legal vinculante, visto que os Estados-membros da ONU se comprometeram a promover e proteger os direitos humanos. Por esses dois últimos sentidos, chega-se à conclusão de que a Declaração Universal dos Direitos Humanos gera obrigações aos Estados, isto é, tem força obrigatória (por ser legal ou por fazer parte do *jus cogens*)[4]. Todavia, do ponto de vista estritamente formal, a Declaração Universal dos Direitos Humanos é parte do assim denominado *soft law* ("direito suave"), não vinculante, mas mesmo assim importante para a regência das relações internacionais. O que nos leva a asseverar que sua violação, em tese, não deveria implicar a responsabilidade internacional do Estado, mas, por outro, sujeitaria o recalcitrante a sanções de ordem moral. Estas têm sua autoridade na própria dimensão política da declaração, como documento acolhido pela quase unanimidade dos Estados então representados na Assembleia Geral e, depois, invocado em constituições domésticas de inúmeros países e em diversos documentos de conferências internacionais[5]"; **D:** correta, nos termos dos arts. 8º e 22 do Pacto de Direitos Civis e Políticos – PDCP (promulgado pelo Decreto 592/1992).

Gabarito "C"

4. SISTEMA GLOBAL DE PROTEÇÃO ESPECÍFICA DOS DIREITOS HUMANOS

4.1. CONVENÇÃO SOBRE OS DIREITOS DA CRIANÇA

(Ministério Público do Trabalho – 16º) Assinale a alternativa INCORRETA quanto à Convenção sobre os Direitos da Criança:

(A) Os Estados-Partes devem adotar as medidas necessárias para impedir a exploração de crianças em espetáculos ou materiais pornográficos.
(B) Os Estados-Partes reconhecem o direito da criança de estar protegida contra a exploração econômica e contra o desempenho de qualquer trabalho que possa ser perigoso ou interferir em sua educação, ou que seja nocivo para sua saúde ou para seu desenvolvimento físico, mental, espiritual, moral ou social.
(C) Fica limitada a jornada de trabalho ao mínimo de oito horas diárias, com uma hora de intervalo, salvo legislação nacional mais benéfica.
(D) Considera-se como criança todo ser humano com menos de dezoito anos de idade, a não ser que, em conformidade com a lei aplicável à criança, a maioridade seja alcançada antes.
(E) Não respondida.

4 Tal ilação pode ser adotada em prova dissertativa. Mas em prova objetiva, com exceção da Defensoria, deve ser apontado que a Declaração Universal dos Direitos Humanos não tem força legal, funcionando apenas como uma recomendação.

5 ARAGÃO, Eugênio José Guilherme. "A Declaração Universal dos Direitos Humanos: mera declaração de propósitos ou norma vinculante de direito internacional?" *Revista Eletrônica do Ministério Público Federal*.

A: correta, pois reflete o disposto no art. 34, *c*, da Convenção sobre os Direitos da Criança; **B:** correta, nos termos do art. 32, § 1º, da Convenção sobre os Direitos da Criança; **C:** incorreta, devendo ser assinalada. A Convenção sobre os Direitos da Criança dispõe apenas que os Estados deverão estabelecer regulamentação apropriada relativa a horários e condições de emprego (art. 32, § 2º, *b*); **D:** correta, pois é o que dispõe o art. 1º da Convenção.

Gabarito "C"

(Magistratura do Trabalho – 23ª Região – 2009 - ADAPTADA) No que diz respeito à Convenção da ONU sobre os Direitos da Criança, analise as assertivas abaixo e marque a alternativa CORRETA:

I. Não foi ratificada pelo Brasil.
II. Para efeitos da Convenção, o termo "criança" designa toda pessoa menor de 18 anos.
III. Para efeitos da Convenção, a expressão "as piores formas de trabalho infantil" abrange: o trabalho que, por sua natureza ou pelas condições em que é realizado, é suscetível de prejudicar a saúde, a segurança ou a moral das crianças.

(A) Estão corretos apenas os itens I e II.
(B) Estão corretos apenas os itens I, e III.
(C) Estão corretos apenas os itens II e III.
(D) Todos os itens estão corretos.
(E) Apenas o item II está correto.

I: incorreta. A Convenção sobre os Direitos da Criança, adotada pela ONU por meio da Resolução 44/25 da Assembleia Geral em 20 de novembro de 1989 e promulgada no Brasil em 21 de novembro de 1990 pelo Decreto nº 99.710, tem por fundamento a consciência de que a criança, em virtude de sua falta de maturidade física e mental, necessita de proteção e cuidados especiais, inclusive a devida proteção legal, tanto antes quanto após seu nascimento; **II:** correta, pois o art. 1º da Convenção dispõe que criança é todo ser humano com menos de dezoito anos de idade, a não ser que, em conformidade com a lei aplicável à criança, a maioridade seja alcançada antes; **III:** entende-se que essa assertiva é incorreta. O art. 32, § 1º, da Convenção sobre os Direitos da Criança dispõe que os Estados Partes reconhecem o direito da criança de estar protegida contra a exploração econômica e contra o desempenho de qualquer trabalho que possa ser perigoso ou interferir em sua educação, ou que seja nocivo para sua saúde ou para seu desenvolvimento físico, mental, espiritual, moral ou social. Entretanto, a definição da expressão "as piores formas de trabalho infantil" é dada pela Convenção 182 da OIT, em seu art. 1º, e não pela Convenção da ONU sobre os Direitos das Crianças.

Gabarito "E"

5. SISTEMA REGIONAL DE PROTEÇÃO DOS DIREITOS HUMANOS – SISTEMA INTERAMERICANO

(Ministério Público do Trabalho – 16º) Assinale a alternativa INCORRETA:

(A) No Caso Escher e Outros Vs. Brasil, a Corte Interamericana de Direitos Humanos concluiu ter havido violação da Convenção Americana de Direitos Humanos por parte do Estado Brasileiro, devido à transgressão da proteção à honra, à vida privada e à reputação, pela interceptação, gravação e divulgação das conversas telefônicas dos autores.
(B) No Caso Escher e Outros Vs. Brasil, a Corte Interamericana de Direitos Humanos rejeitou

a arguição de violação, pelo Estado Brasileiro, do direito à associação, previsto na Convenção Americana de Direitos Humanos.

(C) De acordo com a Convenção Americana de Direitos Humanos, em nenhum caso pode a pena de morte ser aplicada a delitos políticos, nem a delitos comuns conexos com delitos políticos.

(D) A Convenção Americana de Direitos Humanos proclama que todas as pessoas têm o direito de associar-se livremente com fins ideológicos, religiosos, políticos, econômicos, trabalhistas, sociais, culturais, desportivos ou de qualquer outra natureza.

(E) Não respondida.

A e **B:** a Corte prolatou uma sentença (de 6 de julho de 2009) que resolve as exceções preliminares, o mérito e as reparações e custas. A Corte foi acionada pela Comissão Interamericana de Direitos Humanos, a qual havia recebido anteriormente uma petição apresentada pelas organizações Rede Nacional de Advogados Populares e Justiça Global em nome dos membros das organizações Cooperativa Agrícola de Conciliação Avante Ltda. (Coana) e Associação Comunitária de Trabalhadores Rurais (Adecon), em função da alegada interceptação e monitoramento ilegal de linhas telefônicas, realizada pela Polícia Militar do estado do Paraná, bem como a divulgação das conversas telefônicas, a denegação de justiça e de reparação adequada. A demanda foi apresentada para que a Corte decidisse se o Brasil era responsável pela violação dos artigos 8º, ponto 1 (garantias judiciais), 11 (proteção da honra e da dignidade), 16 (liberdade de associação) e 25 (proteção judicial) da Convenção Americana, em relação à obrigação geral de respeito e garantia dos direitos humanos e ao dever de adotar medidas de direito interno, previstos, respectivamente, nos artigos 1º, ponto 1, e 2º do referido tratado, também em consideração às diretrizes emergentes da cláusula federal contida no artigo 28 do mesmo instrumento. O Brasil interpôs três exceções preliminares; a Corte descaracterizou uma e rechaçou as outras, declarando-se, assim, competente para conhecer o caso. No mérito, a Corte decidiu, por unanimidade, que o Brasil violou o direito à vida privada e o direito à honra e à reputação reconhecidos no artigo 11 em relação com o artigo 1º, ponto 1, da Convenção Americana, pela interceptação, gravação e divulgação das conversas telefônicas; o direito à liberdade de associação reconhecido no artigo 16 em relação com o artigo 1º, ponto 1, da Convenção; os direitos às garantias judiciais e à proteção judicial reconhecidos nos artigos 8º, ponto 1, e 25 em relação com o artigo 1º, ponto 1, da Convenção; e, por fim, decidiu que o Brasil não descumpriu a cláusula federal estabelecida no artigo 28 em relação com os artigos 1º, ponto 1, e 2º da Convenção. É interessante que o candidato familiarize-se com os casos paradigmáticos, julgados pela Corte Interamericana, acessíveis pela sua página na internet (www.corteidh.or.cr). Portanto, a alternativa "B" deverá ser assinalada; **C:** correta, conforme expressa vedação no art. 4º, ponto 4, do Pacto de São José; **D:** correta, conforme dispõe expressamente o art. 16, ponto 1, do Pacto de São José.

Gabarito "B"

(Ministério Público do Trabalho – 16º) Assinale a alternativa INCORRETA:

Sobre os mecanismos de implementação dos Direitos Humanos no âmbito da Organização dos Estados Americanos, pode-se afirmar:

(A) Após a Segunda Guerra Mundial surgiu a necessidade de reorganizar o sistema interamericano de relações, quando se realizou a primeira Conferência Internacional de Estados Americanos.

(B) Na Conferência de Bogotá foi elaborada a Carta da Organização dos Estados Americanos, tendo como principal função promover a observância e a proteção dos direitos humanos na América.

(C) O sistema interamericano de proteção dos direitos humanos tem como principal instrumento a Convenção Americana de Direitos Humanos, que estabelece a Comissão Interamericana de Direitos Humanos e a Corte Interamericana.

(D) A competência da Comissão Interamericana de Direitos Humanos alcança todos os Estados-partes da Convenção Americana, em relação aos direitos humanos nela consagrados. Alcança ainda todos os Estados-membros da Organização dos Estados Americanos, em relação aos direitos consagrados na Declaração Americana de 1948.

(E) Não respondida.

A: correta. O sistema protetivo americano foi instalado em 1948 pela Carta da Organização dos Estados Americanos, que, por sua vez, foi adotada na 9ª Conferência Internacional Americana, que se reuniu em Bogotá, na Colômbia. Na mesma Conferência, foi adotada a Declaração Americana dos Direitos e Deveres do Homem, que foi o primeiro acordo internacional sobre direitos humanos, antecipando a Declaração Universal dos Direitos Humanos, escrita seis meses depois; **B:** incorreta, devendo ser assinalada. Como visto, a proteção dos direitos humanos foi prevista na Declaração Americana dos Direitos e Deveres do Homem e não na própria Carta da OEA; **C:** correta, conforme o art. 33 da Convenção Americana sobre Direitos Humanos (Pacto de São José da Costa Rica – promulgado pelo Decreto 678/1992); **D:** correta, conforme os arts. 29, *d*, e 45 do Pacto de São José.

Gabarito "B"

(Ministério Público do Trabalho – 14º) Quanto ao sistema interamericano de proteção dos direitos humanos, analise as assertivas abaixo:

I. No âmbito da Organização dos Estados Americanos, ao contrário do que ocorre no da ONU, só há um Pacto de Direitos Humanos, que trata dos Direitos Civis e Políticos, o Pacto de São José da Costa Rica, não havendo um pacto de direitos sociais, econômicos e culturais.

II. O Pacto de São José da Costa Rica restringe a prisão civil por dívidas ao devedor de alimentos.

III. O Pacto de São José da Costa Rica proíbe todo tipo de trabalho forçado ou obrigatório, inclusive ao presidiário.

IV. O Pacto de São José da Costa Rica consagra o duplo grau de jurisdição ao garantir o direito de recorrer de sentença a juiz ou tribunal.

Assinale a alternativa CORRETA:

(A) apenas os itens III e IV são corretos;

(B) apenas os itens I e II são corretos;

(C) apenas os itens I e IV são corretos;

(D) apenas os itens II e IV são corretos;

(E) não respondida.

I: incorreta. Em 22 de novembro de 1969, na Conferência de San José da Costa Rica, foi adotada a Convenção Americana de Direitos Humanos[6] (Pacto de San José da Costa Rica), a qual só entrou em

6 É de suma importância sublinhar que a Convenção Americana de Direitos Humanos é autoaplicável. Tal definição provém do Parecer Consultivo 07/86 da Corte Interamericana de Direitos Humanos. Assim, uma vez internalizada, estará apta a irradiar seus efeitos diretamente na ordem interna do país-parte, isto é, não necessitará de lei que regulamente sua incidência nos países que aderiram a seus mandamentos.

vigor internacional em 18 de julho de 1978 (quando atingiu as 11 ratificações necessárias) e é o principal instrumento protetivo do sistema americano. Ao longo da Convenção é possível identificar inúmeros direitos civis e políticos (ditos de primeira geração), nos moldes do Pacto Internacional de Direitos Civis e Políticos. A única menção aos direitos econômicos, sociais e culturais é encontrada no artigo 26, que se limita a determinar que os Estados se engajem em progressivamente implementar tais direitos (em sua dimensão negativa e positiva), ditos de segunda geração. Tal escolha (de só regular os direitos políticos e civis) foi direcionada para obter a adesão dos EUA. Essa situação modificou-se com a adoção, na Conferência Interamericana de San Salvador, em 17 de novembro de 1988, do Protocolo Adicional à Convenção, conhecido como Protocolo de San Salvador[7]. A partir de então, tem-se uma enumeração dos direitos econômicos, sociais e culturais que os países americanos – membros da OEA – obrigaram-se a implementar progressivamente; **II:** correta, nos termos do art. 7º, ponto 7, do Pacto. É importante lembrar que o STF reconheceu que o Pacto de São José da Costa Rica é norma supralegal com fundamento de validade no art. 5º, § 2º, da CF, razão pela qual cancelou a Súmula 619/STF e afastou a possibilidade de prisão do depositário infiel – ver HC 94.013/SP-STF; **III:** incorreta, já que não há vedação de trabalhos exigidos de pessoa reclusa em cumprimento de sentença ou resolução formal expedida pela autoridade judiciária competente – art. 6º, ponto 3, *a*, do Pacto; **IV:** correta, conforme o art. 8º, ponto 2, *h*, do Pacto.

Gabarito "D"

(Ministério Público do Trabalho – 13º) Em relação aos mecanismos de proteção dos direitos humanos, é INCORRETO afirmar que:

(A) a Comissão de Direitos Humanos das Nações Unidas, a par de fixar parâmetros mínimos para a proteção dos direitos humanos, elaborando projetos para várias convenções internacionais, também aprecia casos específicos de violações a direitos humanos;

(B) o sistema interamericano tem como principal instrumento a Convenção Americana de Direitos Humanos, que estabelece a Comissão Interamericana e a Corte Interamericana de Direitos Humanos;

(C) não é da competência da Comissão Interamericana de Direitos Humanos examinar as comunicações, encaminhadas por indivíduos ou entidades não governamentais, que contenham denúncia de violação a direito consagrado pela Convenção Americana, por Estado que dela seja parte;

(D) a Corte Interamericana de Direitos Humanos possui competência consultiva e contenciosa;

(E) não respondida.

A: correta. Dentro do organograma da ONU, o órgão com atuação destacada no que se refere aos direitos humanos é o Conselho Econômico e Social, o qual, segundo o artigo 62 da Carta das Nações Unidas, tem competência para promover a cooperação em questões econômicas, sociais e culturais, incluindo os direitos humanos. No que tange aos direitos humanos, o Conselho Econômico e Social tem competência para fazer recomendações com o fito de promover o respeito aos direitos humanos e confeccionar projetos de convenções que serão submetidos à Assembleia Geral. Dentro dessas competências, o Conselho Econômico e Social pode criar comissões para melhor executar suas funções. Com suporte em tal competência, a Comissão de Direitos Humanos da ONU foi criada em 1946. Todavia, conviveu com pesadas críticas, sendo por fim substituída em 16 de junho de 2006 pelo Conselho de Direitos Humanos (CDH) por meio da Resolução 60/251, adotada pela Assembleia Geral. Cabe aqui também apontar que a criação do CDH é uma tentativa simbólica de conferir paridade ao tema dos direitos humanos em relação aos temas da segurança internacional e da cooperação social e econômica, os quais têm conselhos específicos: respectivamente, o Conselho de Segurança e o Conselho Econômico e Social. O CDH é um órgão subsidiário da Assembleia Geral e tem como principais competências: a) promover a educação e o ensino em direitos humanos; b) auxiliar os Estados na implementação das políticas de direitos humanos assumidas em decorrência das Conferências da ONU, como também sua devida fiscalização; c) submeter um relatório anual à Assembleia Geral; e d) propor recomendações acerca da promoção e proteção dos direitos humanos. Pode-se afirmar que o CDH se insere no sistema global[8] de proteção dos direitos humanos como um mecanismo não convencional, destoando dos mecanismos convencionais de proteção instituídos pelas Convenções da ONU. A fonte material do sistema não convencional são as resoluções elaboradas pelos órgãos da ONU (notadamente o Conselho de Direitos Humanos, a Assembleia Geral e o Conselho Econômico e Social); **B:** correta. Como órgãos de fiscalização e julgamento (controle de convencionalidade internacional) do sistema americano de proteção dos direitos humanos, a Convenção instituiu a Comissão e a Corte Interamericana de Direitos Humanos, dotando-o, dessa maneira, de mecanismos constritivos de proteção dos direitos humanos (*hard law*); **C:** incorreta, devendo ser assinalada. A Comissão tem essa competência – art. 44 do Pacto de São José da Costa Rica; **D:** correta, conforme os arts. 63 e 64 do Pacto de São José da Costa Rica.

Gabarito "C"

6. DIREITOS HUMANOS NO BRASIL

(Magistratura do Trabalho – 15ª Região – 2012) Assinale a alternativa **incorreta**:

(A) O conjunto de direitos e garantias individuais previstos no art. 5.º da Constituição Federal não é exclusivo, admitindo outros originários de tratados celebrados pelo governo brasileiro.

(B) É competência privativa do Presidente da República celebrar tratados e convenções internacionais, sujeitos a referendo do Congresso Nacional.

(C) Os tratados sobre direitos humanos aprovados, em dois turnos, pela maioria simples do Senado Federal adquirem força de norma constitucional.

(D) Os tratados que acarretem ônus para o patrimônio nacional só entram em vigor depois de sua aprovação definitiva pelo Congresso Nacional.

(E) Os processos e inquéritos que impliquem em sérias violações de direitos humanos previstos em tratados celebrados pelo Brasil poderão ser objeto de deslocamento de competência para a Justiça Federal, a ser requerido pelo Procurador-Geral da República, perante o Superior Tribunal de Justiça.

7 O Congresso Nacional aprovou o Protocolo por meio do Decreto Legislativo nº 56, de 19 de abril de 1995. Mas o Protocolo só entrou em vigor internacional em 16 de novembro de 1999, momento em que também passou a viger no Brasil, pois o Governo brasileiro tinha depositado o Instrumento de Adesão do referido ato em 21 de agosto de 1996. O Decreto de promulgação é o 3.321/1999.

8 Também denominado Sistema das Nações Unidas.

A: correta. O art. 5º, § 2º, da CF assim dispõe: "Os direitos e garantias expressos nesta Constituição não excluem outros decorrentes do regime e dos princípios por ela adotados, ou dos tratados internacionais em que a República Federativa do Brasil seja parte". Tal estipulação possibilita a ampliação progressiva dos direitos fundamentais, pois o Brasil poderá aumentar seu catálogo de direitos à medida que internaliza tratados internacionais de direitos humanos; **B:** correta (art. 84, VIII, da CF); **C:** incorreta, devendo ser assinalada. Com a edição da Emenda Constitucional nº 45, os tratados de direitos humanos que forem aprovados por quórum qualificado, ou seja, em cada Casa do Congresso Nacional, em dois turnos, por três quintos dos votos dos respectivos membros, serão equivalentes às emendas constitucionais – consoante o que determina o artigo 5º, § 3º, da CF. Assim, tais tratados terão hierarquia constitucional material e também formal; **D:** correta (art. 49, I, da CF); **E:** correta (art. 109, § 5º, da CF).

Gabarito "C"

(Ministério Público do Trabalho – 13º) Em relação ao sistema de proteção dos direitos humanos no Brasil:

I. o Estado brasileiro não reconhece a competência jurisdicional da Corte Interamericana de Direitos Humanos;

II. o sistema de proteção internacional dos direitos humanos é adicional e subsidiário, somente podendo ser invocado se o Estado brasileiro se mostrar omisso ou falho na tarefa de proteção dos direitos fundamentais;

III. a incorporação do sistema internacional de proteção dos direitos fundamentais pelo Estado brasileiro é consequência do processo de abertura democrática, que tem seu marco jurídico na Constituição Federal de 1988;

IV. o direito constitucional brasileiro apenas reconhece os direitos fundamentais previstos em tratados internacionais que reproduzam direito assegurado pela própria Constituição Federal.

De acordo com as assertivas acima, pode-se afirmar que:

(A) apenas as de número II e III estão corretas;
(B) todas estão corretas;
(C) todas estão incorretas;
(D) apenas as de número I, II e III estão corretas;
(E) não respondida.

I: incorreta, já que o Estado brasileiro aderiu ao Pacto de São José da Costa Rica e se submete à Corte Interamericana de Direitos Humanos – Decreto 678/1992; **II:** correta. Em princípio, o interessado deve esgotar as instâncias judiciais internas antes de acessar a instância internacional (exceto se houver impossibilidade, impedimento ou demora injustificada no julgamento pelos órgãos locais) – art. 46, 1, *a*, e 2, do Pacto de São José da Costa Rica; **III:** correta, conforme o art. 5º, §§ 2º e 3º, da CF; **IV:** incorreta, pois os direitos e garantias fundamentais previstos na Constituição não excluem outros previstos em tratados internacionais de que o Brasil seja parte – art. 5º, § 2º, da CF.

Gabarito "A"

(Ministério Público do Trabalho – 11º) Assinale a alternativa CORRETA:

(A) é da competência exclusiva do Congresso Nacional resolver definitivamente sobre a aprovação ou não de quaisquer Tratados Internacionais, incluindo matéria de Direitos Humanos;
(B) após a assinatura de Convenção Internacional sobre Direitos Humanos, é imediata e plena a sua vigência, no âmbito do ordenamento jurídico interno brasileiro, independentemente de ser referendada, em momento posterior, pelo Congresso Nacional;
(C) as normas das Convenções Internacionais que versam sobre Direitos Humanos, considerada a sua natureza, não se sujeitam ao controle concentrado de constitucionalidade das leis, conforme posição adotada pelo Supremo Tribunal Federal;
(D) a celebração de Convenções Internacionais é competência privativa do Presidente da República Federativa do Brasil, sujeitando-se sempre ao referendo do Congresso Nacional, condição esta que não se aplica aos Tratados Internacionais bilaterais;
(E) não respondida.

A: correta, pois compete exclusivamente ao Congresso Nacional resolver definitivamente sobre tratados, acordos ou atos internacionais que acarretem encargos ou compromissos gravosos ao patrimônio nacional – art. 49, I, da CF; **B:** incorreta, pois o tratado, após sua celebração, deve ser referendado pelo Congresso Nacional (art. 49, I, da CF), ratificado e promulgado pelo Presidente, para então passar a valer no sistema interno brasileiro; **C:** incorreta, pois até mesmo emendas constitucionais submetem-se ao controle de constitucionalidade do STF – ver ADI 939/DF. Lembre-se de que os tratados internacionais em geral ingressam no sistema jurídico interno como leis ordinárias federais. No entanto, o STF reconheceu que o Pacto de São José da Costa Rica (tratado internacional sobre direitos humanos) é norma supralegal com fundamento de validade no art. 5º, § 2º, da CF – ver HC 94.013/SP-STF. Finalmente, os tratados sobre direitos humanos podem ter força de emenda constitucional, caso sejam aprovados por ambas as Casas do Congresso Nacional em dois turnos, por maioria de três quintos de seus respectivos membros – art. 5º, § 3º, da CF; **D:** incorreta, até porque os tratados, sendo bilaterais ou multilaterais, devem ser celebrados privativamente pelo Presidente da República, sujeitos ao referendo do Congresso Nacional – art. 84, VIII, da CF.

Gabarito "A"

6.1. CONSTITUIÇÃO CIDADÃ DE 1988

(Procurador do Trabalho – MPT – 17º Concurso) Sobre o chamado, doutrinariamente, "bloco de constitucionalidade", é CORRETO dizer que:

(A) A Emenda Constitucional no 45/2004 introduziu expressamente a concepção de "bloco de constitucionalidade" no Texto Constitucional, ao acrescentar ao art. 5º da Constituição da República que os tratados e convenções internacionais sobre direitos humanos que forem aprovados, por três quintos dos votos dos respectivos membros, serão equivalentes às emendas constitucionais.
(B) Embora o texto original da Constituição da República ensejasse alguma discussão, sua consagração adveio com a Emenda Constitucional no 45/2004, segundo a qual os tratados e convenções internacionais sobre direitos humanos que forem aprovados, em cada Casa do Congresso Nacional, em dois turnos, por três quintos dos votos dos respectivos membros, serão equivalentes às emendas constitucionais.

(C) Apesar das várias e sucessivas Emendas Constitucionais, o Brasil não adota a doutrina do "bloco de constitucionalidade", por se tratar de realidade constitucional especificamente europeia, inadequada ao constitucionalismo pátrio.

(D) O "bloco de constitucionalidade" consiste na junção dos direitos fundamentais e do sistema de garantias, que formam uma complexidade coesa (um único bloco), independentemente de existir ou não normas periféricas à Constituição, conquanto de mesma hierarquia normativa.

(E) Não respondida.

O termo bloco de constitucionalidade já foi citado, pelo STF, nas ADIns 595 e 514, de relatoria do Min. Celso de Mello, mas nunca foi aplicado no Brasil. De forma geral e conforme o artigo 5º, § 2º, da CF, o bloco de constitucionalidade é formado pelo texto constitucional, pelos princípios dele decorrentes e pelos tratados internacionais de direitos humanos. Em outras palavras, o bloco de constitucionalidade é composto de todas as normas do ordenamento jurídico que possuem *status* constitucional (art. 5º, § 3º, da CF).

Gabarito "B"

(Ministério Público do Trabalho – 13º) Em relação à tutela constitucional dos direitos humanos:

I. considerando que os textos constitucionais hão de ser compreendidos como sistema que seleciona determinados valores sociais, pode-se afirmar que a Constituição da República Federativa do Brasil elege a dignidade da pessoa humana como valor essencial que lhe dá unidade de sentido;

II. o texto constitucional brasileiro privilegia a temática dos direitos humanos, o que pode ser verificado pela nova topografia constitucional, apresentando já nos primeiros capítulos avançado sistema de direitos e garantias;

III. a Constituição da República de 1988 é a primeira constituição brasileira a integrar, na declaração de direitos, os direitos sociais e a elencar o princípio da prevalência dos direitos humanos como princípio fundamental a reger o Brasil nas relações internacionais;

IV. a Constituição da República de 1988 institui o princípio da aplicabilidade imediata das normas que traduzem direitos e garantias fundamentais, valendo dizer que cabe aos Poderes Públicos conferir eficácia máxima e imediata a todo e qualquer preceito definidor de direito e garantia fundamental.

De acordo com as assertivas acima, pode-se afirmar que:

(A) apenas as de números I, II e III estão corretas;

(B) todas estão corretas;

(C) apenas as de números I, III e IV estão corretas;

(D) apenas as de números II, III e IV estão corretas;

(E) não respondida.

I: correta. Fruto da redemocratização, a Constituição Federal (CF) de 1988 torna a dignidade da pessoa humana um dos fundamentos da República Federativa do Brasil (art. 1º, III, da CF). Outros fundamentos que reforçam o *status* dos direitos humanos no Brasil são a cidadania, os valores sociais do trabalho e o pluralismo político (respectivamente art. 1º, II, IV e V, da CF). Um dos objetivos fundamentais do Brasil, segundo a CF, é a promoção do bem de todos, sem preconceitos de origem, raça, sexo, cor, idade e quaisquer outras formas de discriminação (art. 3º, IV). Outro objetivo que posiciona nuclearmente os direitos humanos no Brasil é o que determina a erradicação da pobreza e da marginalização e a redução das desigualdades sociais e regionais (art. 3º, III). E, ainda, o Brasil tem por objetivo a construção de uma sociedade livre, justa, solidária (art. 3º, I) e desenvolvida economicamente (artigo 3º, II). O outro fator que sacramenta a nuclearidade dos direitos humanos no Brasil é o que dispõe o artigo 4º, II, da CF. Ou seja, as relações internacionais do Brasil serão regidas, entre outros, pelo *princípio da prevalência dos direitos humanos*. Outros incisos do artigo 4º da CF que corroboram a dita nuclearidade dos direitos humanos são: **a)** repúdio ao terrorismo e ao racismo (inciso VIII); **b)** cooperação entre os povos para o progresso da humanidade (inciso IX); e **c)** concessão de asilo político (inciso X). Ora, além de os direitos humanos fundamentarem a existência da República brasileira, são vetores para o estabelecimento da política nacional e externa; **II:** correta. Reler o comentário anterior. E principalmente no rol de direitos e garantias fundamentais previsto nos arts. 5º a 7º da CF; **III:** questão confusa. Os direitos sociais já tinham sido previstos na Constituição de 1934, mas parece-me que a questão faz referência a uma declaração de direitos (como o art. 5º da CF atual) só que contenha todos os tipos de direitos fundamentais. Tendo por base essa última ótica descrita, foi a sim a CF/88 a ter uma declaração de direitos compreendendo todos os tipos de direitos fundamentais, inclusive os coletivos. No mais, o princípio da prevalência dos direitos humanos nas relações internacionais está previsto no art. 4º, II, da CF. Portanto, a presente assertiva está correta; IV: correta. as normas definidoras dos direitos e garantias fundamentais têm aplicação imediata (art. 5º, § 1º, da CF). Isto é, o juiz pode aplicar diretamente os direitos fundamentais, sem necessidade de qualquer lei que os regulamente. Tal regra tem por base o *princípio da força normativa da Constituição*, idealizado por Konrad Hesse, e "a ideia de que os direitos individuais devem ter eficácia imediata ressalta a vinculação direta dos órgãos estatais a esses direitos e o seu dever de guardar-lhes estrita observância[9]".

Gabarito "B"

(Ministério Público do Trabalho – 12º) Considere os dispositivos constitucionais vigentes sobre Princípios, Direitos e Garantias Fundamentais. Observe as assertivas abaixo e assinale a alternativa CORRETA:

I. a dignidade da pessoa humana constitui-se em fundamento do Governo Federal, pois, mesmo concretizando-se como direito individual, enquanto princípio, compõe o núcleo essencial dos Direitos Humanos;

II. a propriedade atenderá a sua função social. Assim, diante deste comando constitucional, é possível expropriar, sem qualquer indenização, a terra onde for encontrado o trabalho em condição análoga à de escravo, pois tal crime ofende, também, a dignidade da pessoa humana e os valores sociais do trabalho;

III. reconhecer o valor social do trabalho significa valorizar e dignificar o labor humano, bem como importa em conferir tratamento peculiar àqueles que vendem sua força de trabalho. Todavia, tais

9 MENDES, Gilmar Ferreira. *Curso de Direito Constitucional*. 6. ed. São Paulo: Saraiva, 2011. p. 671.

cláusulas, mesmo principiológicas, não são suficientes para integrar direitos dos trabalhadores ao rol de Direitos Humanos Fundamentais.

(A) nenhuma das assertivas está correta;
(B) apenas uma das assertivas está correta;
(C) apenas duas das assertivas estão corretas;
(D) todas as assertivas estão corretas.
(E) não respondida.

I: incorreta., A dignidade da pessoa humana é indicada como fundamento da República Federativa do Brasil, que não se confunde com Governo Federal, nem se restringe a ele – art. 1º, *caput* e III, da CF; **II:** incorreta, pois, apesar de existência de projeto de emenda constitucional nesse sentido, o art. 243 da CF permite a expropriação sem indenização apenas no caso de plantação de psicotrópicos; **III:** incorreta, pois os direitos trabalhistas são considerados direitos humanos fundamentais de 2ª geração.

Gabarito "A"

(Magistratura do Trabalho – 18ª Região – 2006) De acordo com a Constituição Federal, considere as assertivas abaixo e assinale a alternativa correta.

I. Os tratados e convenções internacionais sobre direitos e garantias fundamentais que forem aprovados, em cada Casa do Congresso Nacional, em dois turnos, por três quintos dos votos dos respectivos membros, serão equivalentes às emendas constitucionais.
II. O Brasil se submete à jurisdição de Tribunal Penal Internacional criado por organismo internacional do qual faça parte.
III. As normas definidoras dos direitos e garantias fundamentais têm aplicação imediata.
IV. Os direitos e garantias constitucionais não excluem outros decorrentes do regime e dos princípios igualmente constitucionais, ou dos tratados internacionais criados por organismo internacional do qual o Brasil faça parte.
V. Nas hipóteses de grave violação de direitos humanos, o Procurador-Geral da República, com a finalidade de assegurar o cumprimento de obrigações decorrentes de tratados internacionais de direitos humanos dos quais o Brasil seja parte, poderá suscitar, perante o Superior Tribunal de Justiça, em qualquer fase do inquérito ou processo, incidente de deslocamento de competência para a Justiça Federal.

(A) Estão corretas a primeira e a última.
(B) Estão corretas as três últimas.
(C) Estão incorretas as três primeiras.
(D) Apenas a última está correta.
(E) Estão corretas as assertivas III e V.

I: incorreta, pois somente os tratados e as convenções internacionais sobre direitos humanos (não sobre direitos fundamentais em geral) serão equivalentes a emendas constitucionais, nos termos e desde que preenchidas as condições do art. 5º, § 3º, da CF; **II:** incorreta, pois o art. 5º, § 4º, refere-se ao TPI a cuja criação o Brasil tenha manifestado adesão; **III:** correta, conforme o art. 5º, § 1º, da CF; **IV**: incorreta, já que o art. 5º, § 2º, da CF faz referência aos tratados internacionais em que o Brasil faça parte; **V:** correta, pois o deslocamento é previsto, nesses termos, no art. 109, § 5º, da CF.

Gabarito "E"

6.2. DIREITOS FUNDAMENTAIS

(Ministério Público do Trabalho – 15º) Com relação aos direitos humanos fundamentais no Brasil, é CORRETO afirmar que:

(A) sendo a intimidade um direito individual assegurado pela CF, decorrente do princípio fundamental da dignidade da pessoa humana, a jurisprudência pátria vem se firmando no sentido de não admitir, em nenhuma hipótese, a revista íntima de mulheres ou homens;
(B) a educação, direito de todos, é dever do Estado que se materializa na garantia de ensino fundamental gratuito e na universalização do ensino médio, facultando-se ao Poder Público a concessão, ou não, de acordo com suas possibilidades orçamentárias, de educação infantil prestada em creche e pré-escola, bem como de ensino superior gratuito;
(C) é nulo de pleno direito e, portanto, não gera direitos e obrigações o contrato de trabalho em que menor de 14 anos figura como empregado, sendo indevidas as verbas trabalhistas dele decorrentes, com exceção dos salários;
(D) a Constituição Federal brasileira não consagrou expressamente o princípio da universalidade dos direitos fundamentais, pois restringiu sua titularidade aos brasileiros e estrangeiros residentes no país;
(E) não respondida.

A: incorreta, pois, embora a revista íntima em trabalhadores venha sendo considerada inconstitucional e ilegal (ver art. 373-A, VI, da CLT), há situações excepcionais em que é admitida (no âmbito prisional, por exemplo); **B:** incorreta, pois o texto constitucional atual prevê, entre outras garantias, (i) educação básica obrigatória e gratuita dos 4 aos 17 anos de idade, assegurada inclusive sua oferta gratuita para todos os que a ela não tiveram acesso na idade própria, (ii) progressiva universalização do ensino médio gratuito e (iii) educação infantil, em creche e pré-escola, às crianças até 5 anos de idade – art. 208, I, II e IV, da CF; **C:** incorreta, pois a vedação de trabalho a menor de 16 anos (salvo na condição de aprendiz, a partir dos 14 anos) – art. 7º, XXXIII, da CF, é norma que serve para protegê-lo, não para prejudicá-lo. Assim, em caso de trabalho infantil, o menor tem direito a todos os salários e benefícios – ver AI 529.694/RS-STF; **D:** correta. A Constituição não garante expressamente os direitos fundamentais em relação a estrangeiros não residentes (art. 5º, *caput*, da CF), embora isso decorra dos tratados internacionais ratificados pelo Brasil (art. 5º, § 2º, da CF) e dos princípios que regem suas relações internacionais (art. 4º, II, da CF).

Gabarito "D"

(Ministério Público do Trabalho – 12º) Diante dos dispositivos constitucionais vigentes sobre Direitos e Garantias Fundamentais, observe as assertivas abaixo e assinale a alternativa CORRETA:

I. a Constituição brasileira em vigor garante, expressamente, o direito à inviolabilidade da intimidade, da vida privada e do segredo pessoal, assegurando até mesmo indenização pelo dano decorrente do abuso ou desrespeito;
II. reconhecidos como Direitos Humanos de primeira dimensão, os chamados direitos de liberdade

podem ser entendidos como a proteção devida aos indivíduos, para garantir-lhes o direito da não interferência do Estado em sua esfera juridicamente intangível;

III. a atual Constituição brasileira garante a todos os trabalhadores o direito à irredutibilidade salarial e à proteção do salário, sem exceção, na forma da lei, constituindo crime sua retenção dolosa.

(A) nenhuma das assertivas está correta;
(B) apenas uma das assertivas está correta;
(C) apenas duas das assertivas estão corretas;
(D) todas as assertivas estão corretas.
(E) não respondida.

I: incorreta, pois, nos termos do art. 5º, X, da CF, são invioláveis a intimidade, a vida privada, a honra e a imagem das pessoas, assegurado o direito a indenização pelo dano material ou moral decorrente de sua violação (perceba que a assertiva afirma que a CF garante expressamente o direito ao segredo pessoal, o que não é verdade); **II:** correta, pois indica os chamados direitos humanos de 1ª geração como tradicionalmente descritos; **III:** incorreta, pois a irredutibilidade salarial pode ser afastada em caso de convenção ou acordo coletivo, nos termos do art. 7º, VI, da CF.

„B" otiabaG

(Ministério Público do Trabalho – 11º) De acordo com a Constituição brasileira de 1988, no Título que trata "Dos Direitos e Garantias Fundamentais":

I. o legislador constituinte classificou os Direitos e Garantias Fundamentais em direitos individuais e coletivos, direitos políticos, direitos da nacionalidade, direitos sociais e direitos relativos à participação em partidos políticos, sua existência e organização;

II. o direito ao lazer, ao lado do direito à proteção à maternidade e à infância, integra a categoria dos Direitos Sociais Fundamentais;

III. em nenhuma hipótese se admite a extradição de nenhum brasileiro, incluindo-se os naturalizados;

IV. no que respeita, especificamente, aos Direitos Fundamentais coletivos, a enumeração do seu elenco é exaustiva e não meramente exemplificativa.

Com base nas assertivas acima alinhadas, indique a alternativa CORRETA:

(A) apenas a alternativa IV está incorreta;
(B) as alternativas III e IV estão incorretas;
(C) todas as alternativas estão incorretas;
(D) as alternativas II e III estão incorretas;
(E) não respondida.

I: correta, pois essa é a classificação feita pelo texto constitucional – Capítulos I a V do Título II da CF "Dos Direitos e Garantias Fundamentais"; **II:** correta, pois, nos termos do art. 6º da CF, são direitos sociais a educação, a saúde, a alimentação, o trabalho, a moradia, o lazer, a segurança, a previdência social, a proteção à maternidade e à infância e a assistência aos desamparados; **III:** incorreta. O brasileiro naturalizado pode ser extraditado, em caso de crime comum, praticado antes da naturalização, ou de comprovado envolvimento em tráfico ilícito de entorpecentes e drogas afins, na forma da lei – art. 5º, LI, da CF; **IV:** incorreta, pois os direitos e garantias expressos na Constituição não excluem outros decorrentes do regime e dos princípios por ela adotados, ou dos tratados internacionais de que a República Federativa do Brasil seja parte – art. 5º, § 2º, da CF.

„B" otiabaG

6.3. INCORPORAÇÃO DE TRATADOS NO DIREITO BRASILEIRO

(Magistratura do Trabalho – 4ª Região – 2012) Em matéria de Tratados e Convenções sobre direitos humanos é correto afirmar:

(A) Os Tratados e Convenções só se incorporarão ao Direito Interno com o *status* de norma constitucional formal, independente de outros atos, pelos Decretos Legislativos aprovados com as mesmas exigências estabelecidas para as Emendas Constitucionais pelo Congresso Nacional.
(B) Os Tratados e Convenções só se incorporarão ao Direito Interno com o *status* de norma constitucional material, independente de outros atos, pelos Decretos Legislativos aprovados com as mesmas exigências estabelecidas para as Emendas Constitucionais pelo Congresso Nacional.
(C) Basta a assinatura do representante brasileiro na negociação que aprova o Tratado ou Convenção para incorporar formalmente no Direito Interno.
(D) Os Tratados e Convenções de Direitos Humanos só se incorporarão ao Direito Interno com o *status* de norma constitucional material e formal, se votados em ambas as Casas do Congresso Nacional, em dois turnos, com aprovação por três quintos dos votos de seus membros.
(E) Basta a Carta de Ratificação do Presidente da República, ainda que não passe pela aprovação do Congresso Nacional, desde que sejam promulgados por intermédio do Decreto Legislativo.

Com a edição da Emenda Constitucional nº 45, os tratados de direitos humanos que forem aprovados por quórum qualificado, ou seja, em cada Casa do Congresso Nacional, em dois turnos, por três quintos dos votos dos respectivos membros, serão equivalentes às emendas constitucionais – consoante o que determina o artigo 5º, §3º, da CF. Assim, tais tratados terão hierarquia constitucional material e também formal.

„D" otiabaG

(Ministério Público do Trabalho – 14º) De acordo com a jurisprudência do Supremo Tribunal Federal referente à incorporação dos tratados internacionais sobre direitos humanos no ordenamento jurídico brasileiro, analise as assertivas abaixo:

I. Prevalece a tese da constitucionalização dos tratados ratificados após a promulgação da Constituição de 1988, por força da abertura do rol dos direitos e garantias fundamentais a outros direitos previstos nos tratados internacionais em que a República do Brasil seja parte.

II. Há decisões do STF que aceitam a tese da constitucionalização dos tratados sobre direitos humanos incorporados ao nosso ordenamento jurídico antes da Constituição de 1988.

III. Após a Emenda Constitucional nº 45, de 2004, a constitucionalização dos tratados internacionais sobre direitos humanos depende, no aspecto formal, da observância do procedimento previsto para aprovação de emenda à Constituição.

Assinale a alternativa CORRETA:

(A) apenas o item II é incorreto;
(B) apenas o item I é incorreto;

(C) apenas o item III é incorreto;
(D) todas são incorretas;
(E) não respondida.

I: incorreta, pois o STF afirmou que somente o atendimento ao rito do art. 5º, § 3º, da CF implicaria natureza constitucional do tratado sobre direitos humanos, embora tenha reconhecido sua natureza supralegal (acima de "qualquer norma ordinária originariamente brasileira") – ver HC 94.013/SP-STF; **II:** correta, pois o STF já decidiu neste sentido; **III:** correta. o STF reconhece que os tratados sobre direitos humanos podem ter força de emenda constitucional, caso sejam aprovados por ambas as Casas do Congresso Nacional em dois turnos, por maioria de três quintos de seus respectivos membros – art. 5º, § 3º, da CF.

Gabarito "B"

(Ministério Público do Trabalho – 11º) De acordo com a interpretação constitucional consagrada pelo Supremo Tribunal Federal, as disposições de um Tratado Internacional incorporado devidamente ao ordenamento jurídico brasileiro:

(A) possuem idêntico 'status' de norma constitucional, na hipótese de versarem sobre Direitos Humanos Fundamentais;
(B) possuem, independentemente da matéria versada, 'status' de lei complementar;
(C) possuem idêntico 'status' de norma constitucional, desde que apresentem natureza principiológica;
(D) possuem, independentemente da matéria ou da natureza das normas, 'status' de lei ordinária, sujeitando-se, inclusive, ao controle difuso de constitucionalidade;
(E) não respondida.

A e **C:** incorretas, pois o STF afirmou que somente o atendimento ao rito do art. 5º, § 3º, da CF implicaria natureza constitucional do tratado sobre direitos humanos, embora tenha reconhecido sua natureza supralegal (acima de "qualquer norma ordinária originariamente brasileira") – ver HC 94.013/SP-STF; **B:** incorreta, pois o tratado internacional em geral, inserido no sistema interno, vige com força de lei ordinária federal; **D:** correta. Em geral, os tratados vigem como lei ordinária federal. Entretanto, é preciso reconhecer a natureza supralegal dos tratados relativos aos direito humanos, conforme a interpretação do STF ao art. 5º, § 2º, da CF.

Gabarito "D"

(Magistratura do Trabalho – 14ª Região – 2008) Os tratados e convenções internacionais sobre direitos humanos que forem aprovados, em cada Casa do Congresso Nacional, em dois turnos, por três quintos dos votos dos respectivos membros, serão equivalentes:

(A) às leis delegadas;
(B) às leis ordinárias;
(C) às leis complementares;
(D) às medidas provisórias;
(E) às emendas constitucionais.

Nos termos do art. 5º, § 3º, da CF, os tratados e convenções internacionais sobre direitos humanos que forem aprovados, em cada Casa do Congresso Nacional, em dois turnos, por três quintos dos votos dos respectivos membros, serão equivalentes às emendas constitucionais.

Gabarito "E"

(Magistratura do Trabalho – 23ª Região – 2006) Os tratados e convenções internacionais sobre direitos humanos que forem aprovados, em cada Casa do Congresso Nacional, em dois turnos, por três quintos dos votos dos respectivos membros, serão equivalentes:

(A) às normas coletivas;
(B) às leis complementares;
(C) às emendas constitucionais;
(D) às leis ordinárias;
(E) nenhuma das alternativas acima.

Nos termos do art. 5º, § 3º, da CF, os tratados e convenções internacionais sobre direitos humanos que forem aprovados, em cada Casa do Congresso Nacional, em dois turnos, por três quintos dos votos dos respectivos membros, serão equivalentes às emendas constitucionais.

Gabarito "C"

7. COMBINADAS E OUTROS TEMAS

(Procurador do Trabalho – MPT – 17º Concurso) Assinale a alternativa **INCORRETA**:

(A) A Declaração do Milênio das Nações Unidas reforça o dever dos Estados de administrar os desafios globais de forma solidária, em um modo que distribua custos e responsabilidades, de acordo com os princípios básicos da igualdade e justiça social. Aqueles que sofrem, ou menos beneficiados, merecem ajuda daqueles que mais se beneficiam.
(B) Direitos de primeira geração são direitos que resultaram da influência do socialismo, voltados ao bem-estar social, como o direito ao trabalho, à saúde e à educação.
(C) Os direitos sociais destinam-se a propiciar aos indivíduos a participação no bem-estar social, apresentando uma dimensão positiva, que enseja o dever do Estado de propiciar estes direitos, não apenas de abster-se de intervir.
(D) Consoante a Declaração das Nações Unidas dos Direitos dos Povos Indígenas, os indivíduos e povos indígenas têm o direito de desfrutar plenamente de todos os direitos estabelecidos no direito trabalhista internacional e nacional aplicável.

A: correta. Segue pequeno trecho da Declaração do Milênio das Nações Unidas: "Reconhecemos que, para além das responsabilidades que todos temos perante as nossas sociedades, temos a responsabilidade coletiva de respeitar e defender os princípios da dignidade humana, da igualdade e da equidade, a nível mundial. Como dirigentes, temos, pois, um dever para com todos os habitantes do planeta, em especial para com os mais desfavorecidos e, em particular, as crianças do mundo, a quem pertence o futuro"; **B:** incorreta. A primeira geração trata dos direitos civis (liberdades individuais) e políticos. A titularidade desses direitos é atribuída ao indivíduo, por isso são conhecidos como direitos individuais. Seu fundamento é a ideia de *liberdade*. Sobre tais direitos, é interessante a verificação de que sua defesa foi feita sobretudo pelos EUA. Estes defendiam a perspectiva liberal dos direitos humanos, consagrados no Pacto Internacional de Direitos Civis e Políticos; **C:** correta. Os Estados têm uma obrigação sobretudo positiva na implementação dos direitos sociais. A título comparativo e para clarificar ainda mais os direitos considerados concretamente como sociais, cabe reproduzir o artigo 6º da CF: "São direitos sociais a educação, a saúde, a alimentação, o trabalho, a moradia, o lazer, a segurança, a previdência social, a proteção à maternidade e à infância, a assistência aos desamparados, na forma desta Constituição"; **D:** correta, pois tal direito está previsto no Anexo da Declaração das Nações Unidas dos Direitos dos Povos Indígenas.

Gabarito "B"

(Ministério Público do Trabalho – 16º) Assinale a alternativa INCORRETA:

(A) Para os fins da Convenção sobre a Eliminação de todas as formas de Discriminação contra a Mulher, a expressão "discriminação contra a mulher" significará toda distinção, exclusão ou restrição baseada no sexo e que tenha por objeto ou resultado prejudicar ou anular o reconhecimento, gozo ou exercício pela mulher, ressalvado seu estado civil, com base na igualdade do homem e da mulher, dos direitos humanos e liberdades fundamentais nos campos político, econômico, social, cultural, e civil ou qualquer outro campo.

(B) A Convenção Internacional sobre a Eliminação de todas as formas de Discriminação Racial estabelece que não serão consideradas discriminação racial as medidas especiais tomadas com o único objetivo de assegurar o progresso adequado de certos grupos raciais ou étnicos ou de indivíduos que necessitem da proteção que possa ser necessária para proporcionar a tais grupos ou indivíduos igual gozo ou exercício de direitos humanos e liberdades fundamentais.

(C) Para os efeitos da Convenção sobre os Direitos da Criança, entende-se por criança todo ser humano menor de 18 anos de idade, salvo se, em conformidade à lei aplicável à criança, a maioridade seja alcançada antes.

(D) A Convenção Americana de Direitos Humanos impõe como garantia judicial que: toda pessoa terá o direito de ser ouvida, com as devidas garantias e dentro de um prazo razoável, por um Juiz ou Tribunal competente, independente e imparcial, estabelecido anteriormente por lei, na apuração de qualquer acusação penal formulada contra ela, ou na determinação de seus direitos e obrigações de caráter civil, trabalhista, fiscal ou de qualquer outra natureza.

(E) Não respondida.

A: incorreta. De fato, a expressão "discriminação contra a mulher" significará toda a distinção, exclusão ou restrição baseada no sexo e que tenha por objeto ou resultado prejudicar ou anular o reconhecimento, gozo ou exercício pela mulher, independentemente de seu estado civil (incorreta ao ressalvar o estado civil), com base na igualdade do homem e da mulher, dos direitos humanos e liberdades fundamentais nos campos político, econômico, social, cultural e civil ou em qualquer outro campo – art. 1º da Convenção sobre a Eliminação de Todas as Formas de Discriminação contra a Mulher (CEDAW, na sigla em inglês, promulgada pelo Decreto 4.377/2002); **B:** correta, conforme o art. 1º, ponto 4, da Convenção Internacional sobre a Eliminação de todas as Formas de Discriminação Racial (promulgada pelo Decreto 65.810/1969); **C:** correta, pois reflete o disposto no art. 1º da Convenção sobre os Direitos da Criança (promulgada pelo Decreto 99.710/1990); **D:** correta, nos termos do art. 8º, ponto 1, do Pacto de São José da Costa Rica.

Gabarito "A"

(Ministério Público do Trabalho – 16º) Assinale a alternativa CORRETA:

(A) Nos termos da Convenção Americana, o indivíduo, a Comissão Interamericana e os Estados – partes podem submeter um caso à Corte Interamericana de Direitos Humanos.

(B) De acordo com o Direito Internacional, a responsabilidade pelas violações de direitos humanos na hipótese do Brasil é da União, e das suas Unidades Federativas (Estados) os quais dispõem de personalidade jurídica na ordem internacional.

(C) Na hipótese de violação dos direitos humanos é permitido ao Procurador-Geral da República requerer ao Supremo Tribunal Federal o deslocamento da competência do caso para instâncias federais, em qualquer fase do processo.

(D) É exclusivamente sobre a União que recai a responsabilidade internacional na hipótese de violação de tratado de proteção de direitos humanos.

(E) Não respondida.

A: incorreta, pois somente os Estados-Partes e a Comissão Interamericana de Direitos Humanos têm direito de submeter caso diretamente à decisão da Corte Interamericana de Direitos Humanos – art. 61 Convenção Americana sobre Direitos Humanos (Pacto de São José da Costa Rica, promulgado pelo Decreto 678/1992). É importante lembrar que qualquer pessoa ou grupo de pessoas, ou entidade não governamental legalmente reconhecida em um ou mais Estados-Membros da Organização, pode apresentar à Comissão Interamericana de Direitos Humanos (não diretamente à Corte!) petições que contenham denúncias ou queixas de violação desta Convenção por um Estado-Parte – art. 44 do Pacto; **B:** incorreta, pois os Estados federados não têm personalidade jurídica internacional; **C:** incorreta, pois o incidente de deslocamento para a Justiça Federal é suscitado perante o Superior Tribunal de Justiça (STJ, não STF, como consta da assertiva) – art. 109, § 5º, da CF; **D:** correta, pois somente a União tem personalidade jurídica internacional.

Gabarito "D"

(Ministério Público do Trabalho – 16º) Assinale a alternativa INCORRETA:

(A) Dentre as disposições contidas no Pacto Internacional dos Direitos Econômicos, Sociais e Culturais, encontra-se o reconhecimento do direito ao salário equitativo e a uma remuneração igual por trabalho de igual valor, sem qualquer distinção.

(B) A rejeição da perspectiva de mercantilização do trabalho foi incorporada à Constituição da Organização Internacional do Trabalho pela chamada Declaração de Filadélfia acerca dos fins e objetivos da OIT.

(C) A internacionalização da proteção dos direitos humanos prescinde de mecanismos de incorporação de conteúdos pelo direito interno de cada país, na medida em que se reconheça a jurisdição das Cortes Internacionais.

(D) De acordo com o Pacto Internacional dos Direitos Civis e Políticos, é dever dos Estados-Partes assegurar os direitos neles previstos, inclusive protegendo os indivíduos contra a violação de seus direitos perpetrada por entes privados.

(E) Não respondida.

A: correta, nos estritos termos do art. 7º, *a, i*, do Pacto dos Direitos Econômicos, Sociais e Culturais – PDESC (promulgado pelo Decreto 591/1992); **B:** correta, conforme o Preâmbulo da Constituição da OIT; **C:** incorreta, na perspectiva dualista, sendo necessária a incorporação do tratado internacional no sistema jurídico interno de cada país; **D:** correta, conforme o art. 2º do Pacto de Direitos Civis e Políticos – PDCP (promulgado pelo Decreto 592/1992).

Gabarito "C"

(Ministério Público do Trabalho – 15º) Analise as seguintes proposições:

I. o Brasil adota a concepção dualista, da qual decorre a impossibilidade do Poder Executivo ratificar o diploma internacional sem que tenha sido aprovado, por Decreto Legislativo, pelo Congresso Nacional;

II. o processo histórico de generalização e expansão da proteção internacional dos direitos humanos tem sido marcado pelos fenômenos da multiplicidade e diversidade dos mecanismos de proteção, acompanhados pela identidade predominante de propósito deste último e pela unidade conceitual dos direitos humanos;

III. a Declaração Universal dos Direitos Humanos de 1948 constituiu um marco decisivo no processo de generalização da proteção dos direitos humanos, permanecendo como fonte de inspiração e ponto de irradiação e convergência dos instrumentos de direitos humanos em níveis global e regional.

De acordo com as assertivas acima, é CORRETO afirmar que:

(A) todas as alternativas estão corretas;
(B) apenas as alternativas II e III estão incorretas;
(C) apenas a alternativa II está correta;
(D) apenas a alternativa I está incorreta;
(E) não respondida.

I: incorreta. A Constituição Federal silenciou nesse aspecto, e, em virtude da omissão constitucional, a doutrina defende que o Brasil adotou a corrente dualista, ou, melhor dizendo, a corrente dualista moderada. Isso porque o tratado só passará a ter validade interna após ter sido aprovado pelo Congresso Nacional[10] e ratificado e promulgado pelo presidente da República. Lembremos ainda que a promulgação é efetuada mediante decreto presidencial; **II:** correta, considerando a existência de sistemas internacionais e regionais de proteção dos direitos humanos. O sistema regional de proteção junta-se ao global para formar o sistema internacional de proteção dos direitos humanos. Em determinadas situações ocorrerá uma sobreposição de normas (oriundas do sistema global e do regional), todavia, isso não se reflete em problema, pois o que se busca é a substancial proteção dos direitos humanos. Destarte, o sistema que estiver mais bem organizado para proteger o indivíduo naquele caso será o aplicado, ou seja, os sistemas não competem, mas se completam. A vantagem indiscutível dos sistemas regionais é terem sido arquitetados conforme valores culturais, políticos e econômicos compartilhados pelos países geograficamente próximos. Essa coesão cultural, política, econômica e geográfica facilita a formulação e o monitoramento das regras protetivas dos indivíduos; **III:** correta. A Declaração é fruto de um consenso sobre valores de cunho universal a serem seguidos pelos Estados e do reconhecimento do indivíduo como sujeito direto do direito internacional, tendo sofrido forte influência iluminista, sobretudo do liberalismo e do enciclopedismo vigente no período de transição entre a idade moderna e a contemporânea. Revisitando o direito a ter direitos de Hannah Arendt, segundo a Declaração, a condição de pessoa humana é requisito único e exclusivo para ser titular de direitos. Com isso corrobora-se o caráter universal dos direitos humanos, isto é, todo indivíduo é cidadão do mundo e, dessa forma, detentor de direitos que salvaguardam sua dignidade.

Gabarito "D"

10 O artigo 84, VIII, da CF assim dispõe: "(...) celebrar tratados, convenções e atos internacionais, sujeitos a referendo do Congresso Nacional".

(Ministério Público do Trabalho – 14º) Em relação à atuação do Ministério Público na defesa dos Direitos Humanos Fundamentais, assinale a alternativa CORRETA:

(A) tratando-se de violação a direitos individuais homogêneos, admite a jurisprudência do Supremo Tribunal Federal a tutela por meio de ação civil pública;
(B) a tutela coletiva de interesse dos grupos e da sociedade em geral pelo Ministério Público afasta a possibilidade de os lesados requererem em juízo reparações individualizadas;
(C) a atuação do Ministério Público na defesa dos direitos humanos depende da materialização do fato e, portanto, é de caráter repressiva com efeitos futuros, e não preventiva;
(D) tratando-se de lesões individualizadas a direitos humanos fundamentais, a atuação do Ministério Público depende do consentimento das pessoas lesadas.
(E) não respondida.

A: correta, pois esse é o entendimento do STF – ver RE 472.489 AgR/RS; **B:** incorreta, já que a tutela coletiva (por meio de ação civil pública, por exemplo) não impede a defesa do direito por meio de ação individual – ver REsp 201.164/SC; **C:** incorreta, pois a atuação do Ministério Público pode ter caráter preventivo; **D:** incorreta, já que a atuação do Ministério Público independe de consentimento, por se tratar de direitos indisponíveis – art. 127, *caput, in fine*, da CF.

Gabarito "A"

(Ministério Público do Trabalho – 13º) Assinale a alternativa INCORRETA:

(A) criada após a 1ª Guerra Mundial, a Organização Internacional do Trabalho contribuiu para o processo de internacionalização dos direitos humanos e tem por finalidade promover padrões internacionais de condições de trabalho e bem-estar;
(B) sob a ótica normativa internacional, apenas os direitos civis e políticos são autenticamente direitos fundamentais, porque os direitos sociais não são passíveis de serem acionados perante tribunais;
(C) os direitos humanos tradicionalmente conhecidos como de segunda geração correspondem aos direitos sociais, econômicos e culturais, que traduzem o valor da igualdade;
(D) sob um enfoque estritamente jurídico-formal, a Declaração Universal dos Direitos Humanos de 1948 não possui força jurídica vinculante, por não se revestir da natureza jurídica de tratado;
(E) não respondida.

A: correta, nos termos do art. 1º da Constituição da OIT; **B:** incorreta, já que é amplamente aceito o conceito de gerações ou dimensões dos direitos fundamentais, que abrangem não apenas os direitos civis e políticos, mas também os direitos sociais, econômicos, culturais, ambientais etc.; **C:** correta, pois é comum referir-se aos direitos de primeira geração como direitos de liberdade, aos de segunda geração como direitos de igualdade, e aos de terceira geração como direitos de fraternidade ou solidariedade; **D:** correta, mas sob um enfoque estritamente jurídico-formal, reitere-se.

Gabarito "B"

(Ministério Público do Trabalho – 12º) Em face das assertivas abaixo, indique a alternativa CORRETA:

I. tratados e convenções internacionais sobre Direitos Humanos, uma vez aprovados na Câmara dos Deputados e no Senado Federal, em dois turnos, por dois terços dos votos dos respectivos parlamentares, terão *status* de emenda constitucional;

II. a Declaração dos Direitos do Homem e do Cidadão, de 1789, proclama os princípios da liberdade, da igualdade, da propriedade e da legalidade e as garantias individuais liberais que ainda se encontram nas declarações contemporâneas. No entanto, apoiada em rígida concepção individualista, olvidou as liberdades de reunião e de associação;

III. na defesa dos Direitos Humanos, apresenta-se o Ministério Público como instituição independente, paralela aos tradicionais poderes de Estado, e com a missão de tutelar os direitos fundamentais: a uma, fiscalizando o cumprimento por parte do poder estatal das previsões constitucionais e legais e, a duas, exigindo a cessação e reparação de eventuais ilegalidades e abusos de poder ao Poder Judiciário.

(A) nenhuma das assertivas está correta;
(B) apenas uma das assertivas está correta;
(C) apenas duas das assertivas estão corretas;
(D) todas as assertivas estão corretas.
(E) não respondida.

I: incorreta, pois o tratado deve ser aprovado por ambas as Casas do Congresso, em dois turnos e por maioria de três quintos de seus membros (não por dois terços, como consta da assertiva) para valer como emenda constitucional (art. 5º, § 3º, da CF); **II**: correta. Influenciada diretamente pela Revolução Francesa e pela Revolução Americana de 1776, a Declaração dos Direitos do Homem e do Cidadão foi adotada pela Assembleia Constituinte da França em 1789. Pela primeira vez tem-se uma declaração generalizante, isto é, com o propósito de fazer referência não só aos seus cidadãos, mas a toda a humanidade, por isso a menção aos direitos do *homem* também. A Declaração teve por base os conceitos de *liberdade, igualdade, fraternidade, propriedade, legalidade* e *garantias individuais* (síntese do pensamento iluminista liberal e burguês), mas seu ponto central era a supressão dos privilégios especiais ("acabar com as desigualdades"), outrora garantidos para os estamentos do clero e da nobreza. A Declaração dos Direitos do Homem e do Cidadão, juntamente com declarações de direitos constantes das Constituições francesas de 1791 e 1793, reproduz claramente as ideias de Montesquieu e de Jean-Jacques Rousseau: o primeiro afirma a necessidade de uma limitação institucional dos poderes do governo, ao passo que o segundo defende que a legitimidade do governo provenha apenas da vontade geral do povo. É importante saber que as origens do sistema de representação política moderno (que vigora no Brasil e em boa parte do mundo) são a Constituição americana e a Revolução Francesa. Além disso, é preciso apontar que os direitos constantes da Declaração dos Direitos do Homem e do Cidadão foram ampliados pela Convenção Nacional em 1793 (no contexto revolucionário do governo jacobino). Essa reformulação, e seu corolário de ampliação de direitos, já havia ocorrido antes, por ocasião da promulgação da Constituição de 1791; **III**: correta (vide art. 127 da CF).

Gabarito "C"

(Ministério Público do Trabalho – 12º) Considerando as assertivas a seguir elencadas, indique a alternativa CORRETA:

I. o Brasil é signatário da Convenção Americana sobre Direitos Humanos, conhecida como Pacto de San José da Costa Rica. Esta norma prevê uma Comissão Interamericana de Direitos Humanos e uma Corte Interamericana de Direitos Humanos. Esta Corte já condenou a União Federal, por omissão, a indenizar um trabalhador mantido em condição análoga à de escravo;

II. no bojo dos Direitos Humanos estão direitos específicos dos trabalhadores, englobados na segunda geração, como se depreende da Declaração Universal dos Direitos Humanos, a qual trata de normas garantidoras do mínimo de direitos do homem trabalhador, tais como: o direito ao trabalho e a uma existência compatível com a dignidade humana; o direito de organizar e ingressar em sindicatos; o direito a igual remuneração por igual trabalho, sem qualquer distinção;

III. dispõe a Constituição brasileira vigente que não haverá, em hipótese alguma, penas cruéis e de morte, tampouco de banimento, de trabalhos forçados e de caráter perpétuo, sendo, sempre, assegurado aos presos o respeito à integridade física e moral;

IV. é comando contido na Constituição da República de 1988 que todos têm direito a receber dos órgãos públicos informações de seu interesse particular, ou de interesse coletivo em geral, sem ressalvas, que serão prestadas no prazo da lei, sob pena de responsabilidade.

(A) somente as assertivas I e II estão corretas;
(B) somente as assertivas I e III estão corretas;
(C) somente as assertivas I, II e IV estão corretas;
(D) todas as assertivas estão corretas.
(E) não respondida.

I: correta, considerando que a Convenção Americana sobre Direitos Humanos (Pacto de São José da Costa Rica) foi promulgada pelo Decreto 678/1992; **II**: correta, conforme os arts. 23 e 24 da Declaração Universal dos Direitos Humanos – DUDH; **III**: incorreta, pois a Constituição admite, excepcionalmente, a pena de morte em caso de guerra declarada – art. 5º, XLVII, *a*, da CF; **IV**: incorreta, pois o direito às informações é restringido em relação àquelas cujo sigilo seja imprescindível à segurança da sociedade e do Estado – art. 5º, XXXIII, da CF.

Gabarito "A"

(Ministério Público do Trabalho – 11º) Em face das assertivas abaixo, indique a alternativa CORRETA:

I. no plano histórico, as primeiras Declarações de Direitos Humanos proclamaram a necessidade de um Estado de índole positivista, democrática e intervencionista, objetivando a garantia das liberdades fundamentais;

II. o princípio da igualdade constitui o principal fundamento dos Direitos Humanos de primeira geração;

III. o princípio da 'prevalência dos Direitos Humanos' foi previsto, de maneira explícita, pela

Constituição brasileira de 1988, como fundamento para reger as relações internacionais da nossa República Federativa;

IV. em face do sistema constitucional brasileiro, pode ser introduzido no ordenamento jurídico pátrio direitos ou garantias fundamentais, por força da adoção e vigência de um Tratado Internacional;

(A) as alternativas I e IV estão corretas;
(B) apenas a alternativa IV está correta;
(C) as alternativas I e II estão incorretas;
(D) apenas a alternativa II está incorreta;
(E) não respondida.

I: incorreta, pois, em um primeiro momento (1ª geração), os direitos humanos referiam-se à limitação do Estado, ou à proteção do indivíduo contra o poder estatal; **II:** incorreta, pois *liberdade* é o mote dos direitos fundamentais de 1ª geração. A ideia de *igualdade* é associada aos direitos fundamentais de 2ª geração; **III:** correta, conforme expressamente previsto no art. 4º, II, da CF; **IV:** correta, considerando que os direitos e garantias expressos na Constituição não excluem outros decorrentes do regime e dos princípios por ela adotados, ou dos tratados internacionais de que a República Federativa do Brasil seja parte – art. 5º, § 2º, da CF.

Gabarito "C"

(Ministério Público do Trabalho – 11º) Considerando as assertivas a seguir elencadas, indique a alternativa CORRETA:

I. na atualidade, constituem sistemas regionais de proteção aos Direitos Humanos o Europeu, o Africano, o Asiático e o Interamericano, que possuem como principais instrumentos, respectivamente, a Convenção Europeia de Direitos Humanos, a Carta Africana de Direitos Humanos, o Pacto dos Países Asiáticos sobre Direitos Fundamentais e a Convenção Interamericana de Direitos Humanos;

II. o Estado brasileiro é parte na Convenção Americana de Direitos Humanos (Pacto de San José da Costa Rica), tendo reconhecido, inclusive, a competência obrigatória da Corte Interamericana de Direitos Humanos;

III. de acordo com os cânones regentes do Direito Internacional, na hipótese de ocorrência de conflito entre disposições normativas do sistema global e dos sistemas regionais de proteção dos Direitos Humanos, aplica-se, para sua solução, o princípio da especialidade, com prevalência para o sistema regional, afastando-se o critério da norma mais favorável;

IV. o Pacto Internacional dos Direitos Civis e Políticos foi adotado no âmbito da Organização das Nações Unidas (ONU) e a Convenção Internacional dos Direitos Sociais e Econômicos foi celebrada perante a Organização Internacional do Trabalho e a Organização Mundial do Comércio.

(A) apenas a alternativa II está correta;
(B) as alternativas II e III estão corretas;
(C) as alternativas I, II e IV estão corretas;
(D) todas as alternativas estão corretas;
(E) não respondida.

I: incorreta. O erro está em apontar os principais instrumentos e à existência de um efetivo sistema asiático de proteção (Sistema Europeu: Convenção Europeia para a Proteção dos Direitos do Homem e das Liberdades Fundamentais; Sistema Africano: Carta Africana dos Direitos Humanos e dos Povos; **Sistema Interamericano:** Convenção Americana sobre Direitos Humanos – Pacto de San José); II: correta, sendo que **a Convenção Americana sobre** Direitos Humanos (Pacto de São José da Costa Rica) foi promulgada pelo Decreto 678/1992; **III:** incorreta, pois o Direito Internacional atinente aos Direitos Humanos consagra a prevalência da norma (e da interpretação) mais benéfica ao ser humano, conforme, por exemplo, o art. 29 do Pacto de São José da Costa Rica (promulgado pelo Decreto 678/1992) e o art. 5º, § 2º, da CF. Mais claramente podemos perceber que em determinadas situações ocorre uma sobreposição de normas (oriundas do sistema global, do regional e do nacional). Mas, como já anunciado, isso não se reflete em problema, pois o que se busca é a substancial proteção dos direitos humanos. Destarte, o sistema que estiver mais bem organizado para proteger o indivíduo no caso será o aplicado. Em outras palavras, os sistemas não competem, mas se completam. Isso quer dizer que, em se tratando de interpretação e de aplicação das regras protetivas de direitos humanos, deve-se ter por fundamento o *princípio da primazia da norma mais favorável à vítima*, o qual determina a busca da maior efetividade possível na proteção dos direitos humanos; IV: incorreta, pois tanto o Pacto de Direitos Civis e Políticos – PDCP (promulgado pelo Decreto 592/1992) – quanto o Pacto dos Direitos Econômicos, Sociais e Culturais – PDESC (promulgado pelo Decreto 591/1992) – foram adotados no âmbito da ONU.

Gabarito "A"

8. COMBINADAS COM DIREITO INTERNACIONAL DO TRABALHO

(Procurador do Trabalho – MPT – 17º Concurso) Leia e analise os itens a seguir:

I. A Convenção da Organização das Nações Unidas sobre as Pessoas com Deficiência, ratificada pelo Brasil com o *quorum* qualificado previsto na Constituição da República, com *status* de emenda constitucional, estabelece que pessoas com deficiência são aquelas que têm impedimentos de natureza física, intelectual ou sensorial, os quais, em interação com diversas barreiras, podem obstruir sua participação plena e efetiva na sociedade com as demais pessoas.

II. A Convenção sobre Povos Indígenas e Tribais em Países Independentes, conhecida como Convenção 169 da OIT, foi ratificada pelo Brasil. Entre outros aspectos ela trata da contratação e condições de emprego e estatui que os governos devem adotar medidas para prevenir qualquer discriminação entre trabalhadores pertencentes a estes povos.

III. A Convenção n. 111, da Organização Internacional do Trabalho, que trata da discriminação em matéria de emprego ou profissão, repudia como discriminatórias medidas tomadas em relação à pessoa suspeita de realizar atividade prejudicial à segurança do Estado, mesmo que a ela seja assegurado o direito de recorrer a uma instância competente.

Marque a alternativa **CORRETA**:

(A) todas estão corretas;
(B) apenas as assertivas I e II estão corretas;

(C) apenas a assertiva III está correta;
(D) apenas as assertivas I e III estão corretas;
(E) não respondida.

I: correta. A Convenção, adotada pela ONU por meio da Resolução 61/106 da Assembleia Geral em 13 de dezembro de 2006 e promulgada no Brasil em 25 de agosto de 2009 pelo Decreto nº 6.949, tem por fundamento a consciência de que a deficiência é um conceito em evolução e resulta da interação entre pessoas com deficiência, e que as barreiras devidas às atitudes e ao ambiente impedem a plena e efetiva participação dessas pessoas na sociedade em igualdade de oportunidades com os demais indivíduos. Ademais, a discriminação contra qualquer pessoa, por motivo de deficiência, configura violação da dignidade e do valor inerentes ao ser humano. Cabe destacar que essa Convenção e seu respectivo Protocolo Facultativo foram internalizados, no Brasil, em conformidade com o artigo 5º, § 3º, da Constituição, isto é, têm hierarquia constitucional tanto pelo aspecto formal quanto pelo material. Em outras palavras, possuem hierarquia de emenda constitucional. Assim, dará azo ao controle concentrado de convencionalidade (nacional). Os Estados-partes, atualmente 112, têm a obrigação de proteger e promover o pleno exercício dos direitos humanos das pessoas com deficiência. Ou seja, o Estado tem de arquitetar políticas públicas que permitam à pessoa com deficiência exercer seus direitos em igualdade de condições com os demais cidadãos. A atuação estatal deverá ter duas frentes: uma repressiva, que proíba a discriminação (igualdade formal), e outra promocional, que estabeleça ações afirmativas temporárias (igualdade material). Para monitorar o cumprimento pelos Estados-partes das obrigações constantes na Convenção e assim exercer o controle de convencionalidade internacional, foi criado o Comitê para os Direitos das Pessoas com Deficiência, responsável por receber os relatórios[11] confeccionados pelos Estados-partes. As petições individuais e a possibilidade de realizar investigações *in loco* são possíveis, como mecanismos de controle e fiscalização, mediante a adoção do Protocolo Facultativo à Convenção sobre os Direitos das Pessoas com Deficiência; **II:** correta, pois a assertiva reflete o disposto no art. 20, pontos 1 e 2, da Convenção nº 169 da OIT; **III:** incorreta, pois o art. 4º da Convenção nº 111 da OIT assim dispõe: "Não são consideradas como discriminação as medidas tomadas contra uma pessoa que, individualmente, seja objecto da suspeita legítima de se entregar a uma actividade prejudicial à segurança do Estado ou cuja actividade se encontra realmente comprovada, desde que a referida pessoa tenha o direito de recorrer a uma instância competente, estabelecida de acordo com a prática nacional".

Gabarito "B"

(Ministério Público do Trabalho – 13º) Em relação às normas internacionais de proteção da criança e do adolescente:

I. a Convenção da Organização das Nações Unidas sobre os Direitos da Criança, adotada em 1989, acolhe a concepção do desenvolvimento e proteção integrais da criança, reconhecendo-a como verdadeiro sujeito de direito, a exigir proteção especial e prioridade absoluta;

II. entre as piores formas de trabalho infantil, previstas na Convenção nº 182 da Organização Internacional do Trabalho, incluem-se a escravidão e práticas análogas, o recrutamento para a prostituição e o recrutamento para a produção e tráfico de entorpecentes;

III. a Convenção nº 138 da Organização Internacional do Trabalho, relativa à idade mínima para o trabalho, prevê a idade de 16 (dezesseis) anos para o ingresso no mercado de trabalho;

IV. o sistema jurídico brasileiro, a partir da Constituição Federal de 1988, adotou os princípios que vigoram nos principais tratados internacionais de proteção à criança.

De acordo com as assertivas acima, pode-se afirmar que:

(A) todas as assertivas estão corretas;
(B) apenas as assertivas I, II e IV estão corretas;
(C) apenas as assertivas I e III estão corretas;
(D) apenas as assertivas III e IV estão corretas;
(E) não respondida.

I: correta, conforme o preâmbulo da Convenção da ONU sobre os Direitos das Crianças; **II:** correta, nos termos do art. 3º da Convenção 182 da OIT; **III:** incorreta, pois, nos termos do art. 2º da Convenção 138 da OIT, cada Estado que a ratificar especificará a idade geral mínima para o trabalho, que não será inferior à idade de conclusão da escolaridade compulsória ou, em qualquer hipótese, não inferior a quinze anos (permite-se aos países em desenvolvimento, excepcionalmente, adotar a idade mínima de 14 anos – é o que ocorre no Brasil, conforme art. 227, § 3º, I, da CF); **IV:** correta (vide o art. 227 da CF).

Gabarito "B"

(Magistratura do Trabalho – 9ª Região – 2007) Considere as seguintes proposições:

I. De acordo com a Convenção n. 138, da Organização Internacional do Trabalho, ratificada pela Brasil, a idade mínima para admissão ao emprego ou trabalho não pode ser inferior àquela em que cessar a obrigatoriedade escolar, não podendo, em qualquer hipótese, ser inferior a quinze anos.

II. "Os Estados-partes reconhecem o direito da criança de estar protegida contra a exploração econômica e contra o desempenho de qualquer trabalho que possa ser perigoso ou interferir em sua educação, ou seja, nocivo para saúde ou para seu desenvolvimento físico, mental, espiritual, moral ou social." Trata-se a hipótese de previsão constante da Recomendação n. 190 da Organização Internacional do Trabalho – OIT.

III. A Convenção dos Direitos da Criança, adotada pela Assembleia Geral das Nações Unidas em 20 de novembro de 1989 e ratificada pelo Brasil em 24 de setembro de 1990, serviu de fonte de inspiração ao legislador nacional na elaboração do Estatuto da Criança e do Adolescente (Lei n. 8.069, de 13 de julho de 1990).

IV. O Pacto Internacional sobre os Direitos Econômicos, Sociais e Culturais, embora criado

11 No dia 30.05.2012 o Brasil apresentou seu primeiro Relatório de Monitoramento da Convenção das Nações Unidas sobre os Direitos das Pessoas com Deficiência, no qual foram apresentadas as ações do governo, entre 2008 e 2010, em cumprimento das disposições da Convenção. É um relatório periódico sobre os progressos alcançados em matéria de aplicação da Convenção, firmado na Conferência dos Estados-partes para ratificação do tratado.

em 16.12.1966, pela Assembleia Geral das Nações Unidas, só foi ratificado pelo Brasil em 24.01.1992.

Assinale a alternativa correta:

(A) Todas as proposições estão corretas;
(B) Apenas três proposições estão corretas;
(C) Apenas duas proposições estão corretas;
(D) Apenas uma proposição está correta;
(E) Todas as proposições estão incorretas.

I: correta, pois, nos termos do art. 2º, ponto 3, da Convenção 138 da OIT, a idade mínima geral fixada nacionalmente não será inferior à idade de conclusão da escolaridade compulsória ou, em qualquer hipótese, não inferior a 15 anos. É importante, entretanto, lembrar que se permite aos países em desenvolvimento, excepcionalmente, adotar a idade mínima de 14 anos, como ocorre no Brasil, conforme art. 227, § 3º, I, da CF; **II:** incorreta, pois essa disposição corresponde ao art. 32, ponto 1, da Convenção da ONU sobre os Direitos das Crianças (promulgada pelo Decreto 99.710/1990); **III:** correta, pois, de fato, cumpriu que essa função de inspiração legislativa; **IV:** correta. O Pacto Internacional sobre Direitos Econômicos, Sociais e Culturais – PDESC foi adotado pela Assembleia Geral das Nações Unidas em 19.12.1996, aprovado pelo Congresso Nacional em 12.12.1991, ratificado pelo Brasil em 24.01.1992 e promulgado pelo Decreto 591, de 06.07.1992.

Gabarito "B"

(Magistratura do Trabalho – 24ª Região – 2006) O trabalho infantil é um problema invasivo no mundo, especialmente nos países subdesenvolvidos. A prevalência é na Ásia e na África onde se encontram perto de 90 por cento das crianças engajadas no trabalho, muitas vezes sem remuneração, somente recebendo comida por seu trabalho. Nos outros continentes, destaca-se o Brasil, onde milhões de crianças são exploradas no trabalho, muitas vezes como braços das famílias contratadas. O trabalho agrícola e serviços domésticos absorvem a maioria das crianças que trabalham. No campo, onde faltam outros tipos de trabalho e as leis restritivas sobre a idade permitida para o trabalho e as leis sobre escolaridade não são seguidas porque mal regulamentadas, grande número de crianças é lançado no trabalho agrícola [...]. (GRUNSPUN, Haim. *O Trabalho das Crianças e dos Adolescentes*. São Paulo: Ltr, 2000, p. 21). Considerando o trabalho infantil e as normas internacionais a respeito do tema, analise as proposições abaixo:

I. Na conformidade da Convenção Sobre os Direitos da Criança, os Estados-Partes reconhecem o direito da criança de estar protegida contra a exploração econômica e contra o desempenho de qualquer trabalho que possa ser perigoso ou interferir em sua educação, ou que seja nocivo para sua saúde ou para seu desenvolvimento físico, mental, espiritual, moral ou social.
II. Nos termos da Convenção 138 da OIT, todo País-Membro, no qual vigore tal Convenção, compromete-se a seguir uma política nacional que assegure a efetiva abolição do trabalho infantil e eleve, progressivamente, a idade mínima de admissão a emprego ou a trabalho a um nível adequado ao pleno desenvolvimento físico e mental do jovem.
III. Dispõe a Convenção 138 da OIT que não será inferior a dezoito anos a idade mínima para admissão a qualquer tipo de emprego ou trabalho que, por sua natureza ou circunstâncias em que for executado, possa prejudicar a saúde, a segurança e a moral do jovem.
IV. Para os efeitos da Convenção 182 da OIT, o termo "criança" aplica-se a toda pessoa menor de 18 anos.
V. A Convenção sobre os Direitos da Criança e as Convenções 138 e 182 da OIT foram ratificadas pelo Brasil.

Assinale a alternativa CORRETA:

(A) Todas as proposições estão incorretas.
(B) Apenas a proposição IV está incorreta.
(C) Apenas as proposições IV e V estão incorretas.
(D) Apenas a proposição V está incorreta.
(E) Todas as proposições estão corretas.

I: correta, nos termos do art. 32, ponto 1, da Convenção sobre os Direitos da Criança; **II:** correta, pois reflete o disposto no art. 1º da Convenção 138 da OIT; **III:** correta, nos termos do art. 3º, ponto 1, da Convenção OIT 138; **IV:** correta, pois é o que dispõe o art. 2º da Convenção 182 da OIT; **V:** correta, pois as Convenções 138 e 182 da OIT foram ratificadas pelo Brasil em 2001 e 2000, respectivamente.

Gabarito "E"

(Magistratura do Trabalho – 22ª Região – 2006) Consideradas as afirmações abaixo, marque a letra que contém a resposta correta:

I. Na Convenção sobre os Direitos da Criança, da Organização das Nações Unidas, os Estados-partes reconhecem o direito da criança de estar protegida contra a exploração econômica e contra o desempenho de qualquer trabalho que possa ser perigoso ou interferir em sua educação, ou que seja nocivo para sua saúde ou para seu desenvolvimento físico, mental, espiritual, moral ou social. Também se comprometem à adoção de medidas legislativas, administrativas, sociais e educacionais com vistas a assegurar esse direito, levando em consideração as disposições pertinentes de outros instrumentos internacionais, competindo-lhes, em particular, estabelecer uma idade ou idades mínimas para a admissão em empregos; estabelecer regulamentação apropriada relativa a horários e condições de emprego; e estabelecer penalidades ou outras sanções apropriadas a fim de assegurar o cumprimento efetivo do direito.
II. A Convenção 138 da Organização Internacional do Trabalho, sobre idade mínima para admissão a emprego, prevê que esse limite mínimo seja fixado pelos Estados-membros em idade não inferior à da conclusão da escolaridade compulsória, ou, em qualquer hipótese, inferior a quinze anos. Ressalva-se, no entanto, ao Estado-membro cuja economia e condições do ensino não estiverem suficientemente desenvolvidas, após consulta com as organizações de empregadores e de trabalhadores interessadas, se houver, definir, inicialmente, uma idade mínima de quatorze anos.

III. A Recomendação 146 da Organização Internacional do Trabalho, sobre idade mínima de admissão a emprego, prevê a adoção de providências para garantir e controlar as condições em que as crianças e os adolescentes recebam orientação profissional e formação nas empresas, nas instituições de formação ou em escolas de ensino profissional ou técnico, e para estabelecer normas para sua proteção e desenvolvimento.

IV. A Convenção 182 da Organização Internacional do Trabalho prevê, entre as piores formas de trabalho infantil, que devem ser proibidas e eliminadas para os menores de dezoito anos de idade, expressamente, a utilização, demanda e oferta de crianças para fins de prostituição, produção de material pornográfico e espetáculos pornográficos, bem como para atividades ilícitas, particularmente a produção e tráfico de drogas conforme definidos em tratados internacionais pertinentes; e trabalhos que, por sua natureza ou pelas circunstâncias em que são executados, são suscetíveis de prejudicar a saúde, a segurança e a moral da criança.

V. A Recomendação 190 da Organização Internacional do Trabalho alinha, expressamente, entre os casos de trabalho perigoso em que se inserem as piores formas de trabalho infantil: os trabalhos em que a criança ficar exposta a abusos de ordem física, psicológica ou sexual; os trabalhados subterrâneos, debaixo d'água, em alturas perigosas ou em locais confinados; os trabalhos que se realizem com máquinas, equipamentos e ferramentas perigosas, ou que impliquem a manipulação ou transporte manual de cargas pesadas; os trabalhos realizados em um meio insalubre, no qual as crianças estiverem expostas, por exemplo, a substâncias, agentes ou processos perigosos ou a temperaturas, níveis de ruído ou de vibrações prejudiciais à saúde; os trabalhos que sejam executados em condições especialmente difíceis, como os horários prolongados ou noturnos, ou trabalhos que retenham injustificadamente a criança em locais do empregador; e o trabalho infantil doméstico.

(A) Todas estão corretas.
(B) Somente I está errada.
(C) Somente II está errada.
(D) Somente III e IV estão erradas.
(E) Somente V está errada.

I: correta, pois reflete o disposto no art. 32 da Convenção da ONU sobre os Direitos das Crianças; **II:** correta, pois, nos termos do art. 2º, ponto 3, da Convenção 138 da OIT, a idade mínima geral fixada nacionalmente não será inferior à idade de conclusão da escolaridade compulsória ou, em qualquer hipótese, não inferior a 15 anos. Excepcionalmente e provisoriamente, a idade mínima poderá ser de 14 anos, nos países cuja economia e condições de ensino não estiverem suficientemente desenvolvidas (art. 2º, ponto 4). Finalmente, no caso de determinados serviços leves, admite-se a idade mínima entre 13 e 15 anos, que pode ser reduzida para 12 e 14 anos em países cuja economia e condições de ensino não estiverem suficientemente desenvolvidas (art. 7º); **III:** correta, conforme o art. 12, ponto 2, da Recomendação 146 da OIT; **IV:** correta, pois indica formas de trabalho listada dentre as piores, pelo art. 3º da Convenção 182 da OIT; **V:** incorreta, pois o art. 3º da Recomendação 190 da OIT não faz referência ao trabalho doméstico.

Gabarito "E"

(Magistratura do Trabalho – 16ª Região – 2006) Analise as proposições abaixo:

I. O Pacto Internacional dos Direitos Econômicos, Sociais e Culturais foi adotado pela Assembleia Geral da ONU em 1966, e iniciou sua vigência em 1976.

II. A Convenção n. 138 da OIT preceitua que a idade mínima para a admissão ao emprego ou trabalho não será inferior àquela em que cessar a obrigatoriedade escolar, não podendo em qualquer caso, ser inferior a 14 anos.

III. A Convenção n. 182, que trata da proibição das piores formas de trabalho infantil e a ação imediata para sua eliminação, é aplicável a todos os menores de 18 anos, desde que tenham relação de emprego.

IV. Estabelece a Convenção n. 138 que nos trabalhos perigosos para a saúde, a segurança ou a moral dos menores a idade mínima será de 16 anos.

Quantas são as assertivas CORRETAS:

(A) zero.
(B) uma.
(C) duas.
(D) três.
(E) quatro.

I: correta (vide o Decreto 591/1992 que promulgou, no Brasil, o PDESC); **II:** incorreta, pois, nos termos do art. 2º, ponto 3, da Convenção 138 da OIT, a idade mínima geral fixada nacionalmente não será inferior à idade de conclusão da escolaridade compulsória ou, em qualquer hipótese, não inferior a 15 anos. Excepcionalmente e provisoriamente, a idade mínima poderá ser de 14 anos, nos países cuja economia e condições de ensino não estiverem suficientemente desenvolvidas (art. 2º, ponto 4). Finalmente, no caso de determinados serviços leves, admite-se a idade mínima entre 13 e 15 anos, que pode ser reduzida para 12 e 14 anos em países cuja economia e condições de ensino não estiverem suficientemente desenvolvidas (art. 7º); **III:** incorreta, pois todas as pessoas menores de 18 anos são consideradas crianças, para fins de aplicação da Convenção 182 da OIT, independentemente da relação de emprego – art. 3º; IV: incorreta, pois, no caso de risco para a saúde, segurança e moral do jovem, a idade mínima é de 18 anos – art. 3º, ponto 1, da Convenção 138 da OIT.

Gabarito "B"

(Magistratura do Trabalho – 16ª Região – 2006) Marque a alternativa INCORRETA:

I. A Convenção n. 100 da OIT dispõe sobre a igualdade de remuneração entre a mão,de obra masculina e mão de obra feminina por um trabalho de igual valor.

II. A igualdade entre o trabalhador nacional e estrangeiro é tratada pelas Convenções da OIT n. 19, 97, 118, 143 e 157.

III. A Convenção n. 111 da OIT, de 1958, consagrou, de forma, ampla, o princípio da não discriminação em matéria de emprego e profissão.

IV. A Declaração Universal dos Direitos do Homem assevera que o princípio da não discriminação é aplicável aos diferentes aspectos do Direito do Trabalho e da Seguridade Social.

(A) As assertivas I e III são verdadeiras.
(B) As assertivas II e IV são verdadeiras.
(C) Existem mais de duas assertivas verdadeiras.
(D) Somente a assertiva II é falsa.
(E) As assertivas III e IV são verdadeiras.

I: correta, conforme o art. 2º da Convenção 100 da OIT; **II:** incorreta, pois a Convenção 157 da OIT (Manutenção de Direitos da Seguridade Social) não faz referência expressa ao tratamento equânime aos nacionais de outros Estados-Membros (diferentemente das outras Convenções citadas); **III:** correta, conforme o art. 2º da Convenção 111 da OIT; **IV:** correta, conforme o art. XXIII da Declaração Universal dos Direitos Humanos – DUDH.

Gabarito "D"

(Magistratura do Trabalho – 16ª Região – 2006) Considere os itens abaixo:

I. Preceitua a Declaração Universal dos Direitos do Homem que todo homem tem direito a repouso e lazer, inclusive à limitação razoável das horas de trabalho e a férias remuneradas periódicas.

II. A Convenção 132 da OIT estabelece que quando da cessação do contrato de trabalho, o empregado fará jus a férias proporcionais ou a uma indenização compensatória.

III. O trabalho a tempo parcial foi defendido pela Convenção n. 175 da OIT, que inclusive prevê quanto aos salários, o percebimento, proporcionalmente, o mesmo que os empregados com jornadas completas.

IV. A Convenção n. 106 da OIT, de 1957, já previa o repouso dos trabalhadores por um período mínimo de 24 horas no curso de cada sete dias, o qual, sempre que possível, deve ser geral e recair no dia consagrado ao descanso pela tradição ou costume do país ou região, respeitadas as minorias religiosas.

Quantas assertivas são verdadeiras?

(A) zero.
(B) uma.
(C) duas.
(D) três.
(E) quatro.

I: correta, conforme o art. XXIV da Declaração Universal dos Direitos Humanos; **II:** correta, nos termos do art. 11 da Convenção 132 da OIT; **III:** correta, à luz do art. 5º da Convenção 175 da OIT; **IV:** correta, nos termos do art. 6º da Convenção 106 da OIT.

Gabarito "E"

13. Direito Penal

Eduardo Dompieri

1. APLICAÇÃO DA LEI NO TEMPO

(Magistratura do Trabalho – 16ª Região – 2006) As regras de irretroatividade de lei penal e da taxatividade decorrem de qual princípio:

(A) Igualdade;
(B) Legalidade;
(C) Culpabilidade;
(D) Proporcionalidade;
(E) Subsidiariedade.

O **princípio da legalidade** está consagrado nos arts. 1º do CP e 5º, XXXIX, da CF. Estabelece o texto constitucional (art. 5º, XL), como regra geral, a **irretroatividade** da lei penal. Como exceção a essa regra, impõe a Constituição a **retroatividade** da lei penal mais favorável ao réu. O **princípio da taxatividade**, por seu turno, impõe ao legislador o dever de descrever as condutas típicas de forma pormenorizada e clara, de tal forma a não deixar dúvidas ao aplicador da norma. Frise-se que esse postulado também tem incidência na cominação de penas. Os dois princípios constituem desdobramento do postulado da legalidade.

Gabarito "B".

2. CONCEITO E CLASSIFICAÇÃO DOS CRIMES

(Magistratura do Trabalho – 4ª Região – 2012) Consumam-se com o resultado os crimes

(A) formais e omissivos impróprios.
(B) materiais e omissivos próprios.
(C) materiais e de mera conduta.
(D) formais e omissivos próprios.
(E) omissivos impróprios e materiais.

A: incorreta. Embora o resultado naturalístico, nos *crimes formais* (de resultado cortado ou consumação antecipada), esteja previsto no tipo penal, a sua produção não é necessária à consumação do crime; já os *crimes omissivos impróprios* somente alcançam a consumação com a produção do resultado naturalístico. *Crime omissivo impróprio* (***comissivo por omissão*** ou impuro) é aquele em que o sujeito ativo, por uma omissão inicial, gera um resultado posterior, que ele tinha o dever de evitar (art. 13, § 2º, do CP); **B:** incorreta. Os *crimes materiais* de fato se consumam com a produção do resultado naturalístico previsto no tipo penal; já os crimes *omissivos próprios* não comportam a produção de resultado naturalístico porque a sua consumação ocorre com a mera abstenção prevista no tipo penal; **C:** incorreta. Os *crimes materiais*, como já dito, admitem e exigem a ocorrência do resultado; de outro lado, o resultado, nos *crimes de mera conduta*, é impossível, visto que não contemplado no tipo penal; **D:** incorreta. Conforme já expusemos, os *crimes formais*, embora contemplem resultado, não exigem a sua produção para o crime consumar-se; os *crimes omissivos próprios*, por sua vez, não comportam resultado naturalístico; **E:** assertiva correta, pois contempla duas modalidades de crimes cuja consumação somente é alcançada com a produção de resultado naturalístico.

Gabarito "E".

(Magistratura do Trabalho – 7ª Região – 2005) No crime qualificado pelo resultado, tem-se:

(A) dolo e dolo;
(B) culpa e dolo;
(C) culpa e culpa;
(D) dolo e culpa;
(E) responsabilidade objetiva.

O *crime preterdoloso* pressupõe um antecedente doloso e um consequente culposo. Melhor exemplo, sempre mencionado pela doutrina, é o da lesão corporal seguida de morte (art. 129, § 3º, CP), em que se tem dolo em relação à lesão e culpa em relação ao resultado. É espécie do gênero *crime qualificado pelo resultado*

Gabarito "D".

(Magistratura do Trabalho – 16ª Região – 2008) Assinale a alternativa correta. Caracteriza-se o delito previsto no artigo 149 do Código Penal, quando o agente mantém trabalhadores porto-riquenhos em condições desumanas de trabalho, alimentação e moradia, fazendo-os completamente dependentes do empregador, sem o recebimento de nenhuma verba remuneratória, com a documentação confiscada, pois se encontram em situação irregular no Brasil, portanto, sem possibilidade de buscarem outro emprego ou mesmo a liberdade de deslocamento. A qualificação doutrinária deste delito é:

(A) Comum, comissivo, permanente e material;
(B) Comum, comissivo, permanente e formal;
(C) Próprio, comissivo, instantâneo e material;
(D) Comum, omissivo, permanente e material;
(E) Próprio, comissivo, permanente e material.

Cuida-se de *crime comum*, já que não se exige do agente nenhuma qualidade especial, é dizer, pode ser praticado pelo empregador, pelo preposto ou ainda por alguém que aja em nome daquele; é *crime comissivo*, na medida em que impõe ao agente uma atuação positiva, um *fazer*, consubstanciada em uma ação; trata-se de delito permanente porque sua consumação se protrai no tempo por vontade do agente. Assim, se a prisão efetivou-se quando as vítimas eram submetidas a condição análoga à de escravo, dada a natureza permanente do delito e o que dispõe o art. 303 do Código de Processo Penal, perfeitamente legal, nesta situação, a detenção em flagrante; diz-se, por fim, que o crime do art. 149 do Código Penal é material, já que, em relação a este, o tipo penal faz referência a uma ação e também a um resultado naturalístico, sendo imprescindível a ocorrência deste para a consumação do delito. A não ocorrência do resultado, portanto, representa mera tentativa. Já os *crimes formais*, a exemplo dos materiais, também contêm, no tipo penal, uma conduta e um resultado, mas, diferentemente, este não é exigido para a consumação do delito. É também chamado crime de consumação antecipada ou de resultado cortado. Por exemplo, a extorsão (art. 158 do CP). *Crimes de mera conduta* são aqueles que se consumam no exato instante em que esta é praticada. A lei, neste caso, não faz qualquer menção a resultado naturalístico.

Gabarito "A"

(Ministério Público do Trabalho – 13º) Assinale a afirmativa INCORRETA, quanto à omissão em matéria penal:

(A) a figura do "garantidor" ou "garante" é aplicável aos crimes omissivos impróprios;
(B) crimes omissivos impróprios são aqueles objetivamente descritos com uma conduta negativa de não fazer o que a lei determina;
(C) a causalidade nos crimes omissivos impróprios é normativa, estabelecendo-se entre o resultado e o comportamento que o agente estava juridicamente obrigado a fazer e do qual se omitiu;
(D) o crime de omissão de socorro é exemplo de crime omissivo próprio;
(E) não respondida.

A: proposição correta, visto que a obrigação de agir do "garantidor" ou "garante" está contida no art. 13, § 2º, *b*, do CP. De fato, o § 2º do art. 13 somente tem aplicação nos chamados crimes *omissivos impróprios* (comissivos por omissão), que são aqueles que não estão em tipos específicos, fazendo-se necessário, portanto, uma norma de extensão para estabelecer a tipicidade (relevância da omissão); **B:** incorreta, pois, como dito, os *crimes omissivos impróprios* não estão objetivamente descritos em tipos específicos. Os *omissivos próprios* (puros), ao contrário, descrevem a omissão daquele que tinha o dever de agir (exemplo: omissão de socorro – art. 135 do CP); **C:** correta, visto que, para se estabelecer a causalidade nos crimes omissivos próprios, necessário se faz recorrer ao art. 13, § 2º, do CP. É por essa razão que a causalidade é considerada normativa; **D:** correta, já que o crime de omissão de socorro se perfaz pela mera abstenção do agente, sendo desnecessário qualquer resultado posterior. O tipo penal descreve no que consiste a omissão. Desnecessário, aqui, recorrer-se ao art. 13, § 2º, do CP.

Gabarito "B"

(Ministério Público do Trabalho – 9º) Lendo as assertivas abaixo:

I. nos crimes omissivos impróprios é necessária a determinação do *nexo causal*;
II. no direito penal os conceitos de injusto e ilícito não têm o mesmo significado;
III. nos crimes de mera conduta a determinação do *nexo causal* é indispensável;
IV. nos crimes formais a determinação do *nexo causal* é indispensável;
V. segundo o Código Penal brasileiro a determinação do *nexo causal* é indispensável em todos os tipos de crimes.

Assinale a alternativa correta:

(A) as assertivas I. II e V são verdadeiras;
(B) todas as assertivas são falsas;
(C) as assertivas I, III e IV são verdadeiras;
(D) as assertivas III, IV e V são verdadeiras;
(E) as assertivas I e II são verdadeiras;
(F) não sei.

I: assertiva correta, visto que, nestes crimes, também chamados *comissivos por omissão*, a consumação somente se opera com a ocorrência do *resultado naturalístico*, consistente na modificação provocada pela conduta do agente no mundo exterior, a partir do que se infere ser necessária, de fato, a determinação do *nexo causal*; **II:** a assertiva está correta. Com efeito, *ilícito* é o fato típico proibido pela ordem jurídica. *Injusto*, por seu turno, é o fato analisado quanto à tipicidade e ilicitude, ou seja, é o fato típico já considerado ilícito. Quando falamos, portanto, em *injusto penal*, a apreciação da tipicidade e da ilicitude já se encontra superada; **III:** ao contrário, por se tratar de crime cuja consumação independe de resultado naturalístico, não se exige o *nexo causal*. A proposição, por isso, está errada; **IV:** assertiva incorreta, visto que, nos *crimes formais*, a exemplo do que se dá com os de *mera conduta*, a consumação não depende de resultado naturalístico, razão por que não há que se falar em *nexo causal indispensável*; **V:** o art. 13, *caput*, do CP estabelece o *nexo causal*, dispensável em alguns tipos de crimes.

Gabarito "E"

3. FATO TÍPICO E TIPO PENAL

(Magistratura do Trabalho – 15ª Região – 2012) Aponte a alternativa **correta**.

(A) Tipicidade diz respeito à subsunção perfeita da conduta praticada pelo agente ao modelo abstrato previsto na lei penal, isto é, a um tipo penal incriminador. A tipicidade penal é formada, ainda, pela conjugação da tipicidade formal (ou legal) com a tipicidade conglobante.
(B) Os tipos penais derivados que, em virtude de determinadas circunstâncias, podem aumentar ou diminuir a reprimenda, são apenas os privilegiados.
(C) Quando o agente atua com dolo na conduta e dolo quanto ao resultado qualificador, diz-se crime preterdoloso; quando o agente atua com dolo na conduta e culpa com relação ao resultado diz-se crime qualificado pelo resultado.
(D) Crime multitudinário é o cometido por uma multidão delinquente, geralmente, numa situação de tumulto. E a jurisprudência do STF vem se orientando no sentido de que não é admitida a narração genérica dos fatos, sem discriminação da conduta específica de cada denunciado.

A: para a chamada *teoria da tipicidade conglobante*, concebida por Eugenio Raúl Zaffaroni, para que uma conduta seja qualificada como ilícita, necessário, além da subsunção formal, que a violação se dê em relação a todo ordenamento jurídico, a ser analisado de forma *geral, global*. Ensina Luiz Flávio Gomes, em uma de suas incursões na teoria idealizada por Zaffaroni, que "(...) tudo que Zaffaroni insere na chamada tipicidade conglobante (o que está permitido ou fomentado ou determinado por uma norma não pode estar proibido por outra) faz parte do primeiro juízo valorativo da tipicidade material, ou seja, do juízo de valoração (desaprovação) da conduta (geradora ou incrementadora de riscos proibidos). Se existe uma norma que permite, fomente ou determina a conduta, não se pode dizer que essa conduta tenha criado risco proibido (...)" (**Direito penal. Parte geral**. 2ª ed. São Paulo: RT, 2007. vol. 2, p. 165). Assertiva correta; **B:** errado. *Derivados* são os tipos penais que, dependentes do tipo básico ou fundamental (não têm autonomia), estabelecem variantes desse tipo fundamental, podendo ser representados, por exemplo, por uma causa de diminuição ou mesmo por uma causa de aumento; perceba que o tipo básico ou fundamental reúne os componentes necessários à existência do crime, ao passo que o tipo derivado se refere a características que a ele (tipo básico) se agregam; **C:** incorreta. O *crime preterdoloso* pressupõe um antecedente doloso e um consequente culposo. Melhor exemplo, sempre mencionado pela doutrina, é o da lesão corporal seguida de morte (art. 129, § 3º, CP), em que se tem dolo em relação à lesão e culpa em relação ao resultado. É espécie do gênero *crime qualificado pelo resultado*; **D:** incorreta – *multitudinário*, como o próprio nome sugere, é o crime praticado sob a influência de multidão. Exemplo clássico é aquele em que vários torcedores, num jogo de futebol, invadem o campo para agredir o árbitro. A proposição está incorreta, dado que há julgados do STF que admitem, nos chamados crimes societários ou de autoria coletiva, a narração genérica da conduta dos coautores e partícipes. Nesse sentido, conferir: "Esta Corte já firmou o entendimento de que, em se tratando de crimes societários ou de autoria coletiva, é suficiente, na denúncia, a descrição genérica dos fatos, reservando-se à instrução processual a individualização da conduta de cada acusado" (HC 80.204-GO, rel. Min. Maurício Corrêa, *DJ* 6.10.2000).

Gabarito "A"

(Magistratura do Trabalho – 12ª Região – 2006) Assinale a alternativa correta: Em sede de Direito Penal, a aplicação do chamado "princípio da insignificância" (delitos de bagatela) no caso concreto:

(A) isenta o réu de pena;
(B) exclui a ilicitude;
(C) exclui a tipicidade do fato;
(D) é circunstância atenuante inominada;
(E) nenhuma dessas alternativas está correta.

O *princípio da insignificância* (delito de bagatela) constitui causa supralegal de exclusão da tipicidade material. Para ser aplicado, conforme tem entendido o STF, devem ser atendidos alguns requisitos, a saber: mínima ofensividade da conduta; nenhuma periculosidade social da ação; reduzidíssimo grau de reprovabilidade do comportamento; e inexpressividade da lesão jurídica provocada. Conferir: "A tipicidade penal não pode ser percebida como o exercício de mera adequação do fato concreto à norma abstrata. Além da correspondência formal, a configuração da tipicidade demandaria uma análise materialmente valorativa das circunstâncias do caso concreto, para verificar a ocorrência de alguma lesão grave, contundente e penalmente relevante do bem jurídico tutelado" (RHC 116.373-MG – Informativo STF 715)

Gabarito "C"

4. CRIMES DOLOSOS, CULPOSOS E PRETERDOLOSOS

(Magistratura do Trabalho – 1ª Região – 2004) Culpa por extensão é aquela na qual:

(A) o agente não quer o resultado, mas ele lhe era, no entanto, previsível;
(B) o agente tem apenas previsão quanto ao resultado;
(C) o agente quer o resultado, mas incide em erro vencível ou inescusável, quanto a fato que excluiria a ilicitude;
(D) o agente não quer o resultado, mas, com sua conduta, assume o risco de produzi-lo;
(E) o agente quer o resultado, mas, por erro de execução, acaba por atingir pessoa diversa da pretendida.

Culpa imprópria (por extensão ou assimilação ou equiparação) é aquela em que o agente, apesar de atuar dolosamente, deverá responder por crime culposo, uma vez que a sua ação foi determinada por uma falsa percepção da realidade (equivocou-se acerca da situação fática). É o caso do pai que, supondo ter sua casa invadida por ladrões, atira, de forma açodada, contra o invasor, que, depois vem a saber, é seu filho

Gabarito "C"

(Magistratura do Trabalho – 3ª Região – 2009) José, estudante de curso de pós-graduação em Direito, estava dirigindo um automóvel por uma estrada, quando percebeu, à sua direita, um ciclista. Apesar de ter verificado a possibilidade de ocorrência de atropelamento, José não reduziu a velocidade e pensou: "existe risco de atropelamento, mas sou muito hábil no volante e não haverá acidente". Na hipótese de vir a ocorrer o acidente, José poderia ter agido:

(A) com dolo eventual;
(B) com dolo direto;
(C) com culpa consciente;
(D) com *culpa inconsciente*;
(E) em legítima defesa.

É hipótese de *culpa consciente*. José teve a previsão do resultado (não desejado) e agiu convicto de que poderia, com a sua destreza e habilidade, evitá-lo. Sua postura não foi de indiferença em relação ao resultado previsto, mas de certeza de que ele não iria ocorrer. Não há que se falar, portanto, em *dolo eventual*, que exige do agente uma postura de indiferença em relação ao resultado. Nesta modalidade de dolo (eventual), a vontade não está dirigida à obtenção do resultado, como no *dolo direito*. Ele, em verdade, deseja outra coisa, mas, prevendo a possibilidade de o resultado ocorrer, revela-se indiferente e dá sequência à sua empreitada, assumindo o risco de causá-lo. Ele não o deseja, mas se acontecer, aconteceu. Esta é a postura que o agente assume no dolo eventual; não deve, por isso, ser confundida com aquela desempenhada na culpa consciente. Ademais, entende-se por *inconsciente* a culpa em que, embora o resultado lesivo seja previsível, o agente não o prevê. A propósito, a *previsibilidade* constitui requisito do crime culposo.

Gabarito "C"

(Magistratura do Trabalho – 11ª Região – 2007 – FCC) São elementos do *crime culposo* a

(A) imputabilidade e a não observância do dever de cuidado.
(B) exigibilidade de conduta diversa e a possibilidade de conhecer a ilicitude do fato.
(C) não observância do dever de cuidado e a previsibilidade do resultado.
(D) possibilidade de conhecer a ilicitude do fato e a imputabilidade.
(E) previsibilidade do resultado e a exigibilidade de conduta diversa.

Para que se possa falar em *crime culposo*, devem estar presentes os seguintes elementos: conduta humana voluntária; inobservância do dever de cuidado objetivo; previsibilidade do resultado; ausência de previsão (*culpa inconsciente*); resultado involuntário; *nexo causal*; e tipicidade.

Gabarito "C"

(Magistratura do Trabalho – 13ª Região – 2006) A doutrina classifica a culpa em algumas modalidades, entre elas a **culpa consciente**, que ocorre:

(A) quando o agente, mesmo sem previsão do resultado previsível, avança na ação;
(B) quando o agente tem a previsão por descuido, desatenção ou desinteresse;
(C) quando o agente age com imprudência, negligência ou imperícia;
(D) quando o agente não quer o resultado, mas assume o risco de produzi-lo;
(E) quando o agente, tendo a previsão, age com culpa por erro de cálculo ou erro na execução.

Nesta modalidade de culpa, o resultado (previsível) é previsto pelo sujeito, que acredita que, com a sua destreza, poderá evitá-lo. Na *culpa inconsciente*, diferentemente, o agente não prevê o que é previsível.

Gabarito "E"

(Ministério Público do Trabalho – 8º) Assinale a alternativa correta. Nos crimes culposos:

(A) admite-se a coautoria, mas não se admite a tentativa;
(B) admite-se a coautoria e a tentativa;
(C) não se admite nem a coautoria, nem a tentativa;
(D) admite-se a tentativa se o crime for de mão própria;
(E) admite-se a tentativa, mas se o crime for punido apenas com pena de reclusão;
(F) não sei.

O *crime culposo* de fato comporta a *coautoria*; não admite, entretanto, a *participação*. De outro lado, o *crime culposo* é incompatível com a *tentativa*, visto que, nesta modalidade de delito, o resultado (involuntário) não é desejado, perseguido pelo sujeito. É inconcebível, assim, que alguém tente fazer algo que não deseja. Trata-se, portanto, de institutos incompatíveis. Pela mesma razão, não é admitido o *conatus* no crime preterdoloso. Aqui, o resultado agravador (consequente) é atribuído ao sujeito a título de culpa. Só para lembrar: o crime preterdoloso, que constitui espécie do gênero *crime qualificado pelo resultado*, tem um antecedente *doloso* e um consequente *culposo*.

Gabarito "A"

5. TENTATIVA, CONSUMAÇÃO E CRIME IMPOSSÍVEL

(Magistratura do Trabalho – 1ª Região – 2004) A desistência voluntária só ocorre:

(A) nos crimes falhos;
(B) na tentativa imperfeita ou inacabada;
(C) quando não é possível "ai eleição entre duas condutas";
(D) nos crimes formais;
(E) na tentativa perfeita.

A *desistência voluntária* - art. 15, primeira parte, do CP - somente é compatível com a *tentativa imperfeita* ou *inacabada*, pois, nesta modalidade de *conatus*, o agente realiza parcialmente os atos executórios, isto é, a ação delitiva não se esgota, sendo, portanto, possível ao agente dela desistir e somente responder pelos atos praticados, nos termos do que dispõe o dispositivo supramencionado; na *tentativa perfeita* ou *acabada* (crime falho), diferentemente, o sujeito faz tudo que está à sua disposição para atingir a consumação do crime, isto é, lança mão de todos os recursos de que dispõe, mas, ainda assim, o resultado não sobrevém por circunstâncias alheias à sua vontade. Esta tentativa é incompatível com a *desistência voluntária*, mas compatível com o *arrependimento eficaz* (art. 15, segunda parte, do CP), em que o agente, uma vez realizados todos os atos necessários, passa a agir para que o resultado não se produza.

Gabarito "B"

(Magistratura do Trabalho – 2ª Região – 2011) Assinale a alternativa correta:

(A) Pode-se dizer que a consumação de crime, segundo a definição dada pelo artigo 14, Incluso I, do Código Penal Brasileiro, é o mesmo que o seu exaurimento e com este se confunde.
(B) O chamado exaurimento do crime está no pós-fato, decorrente do mesmo Intento, mas que enseja outra punição, porque lesiona bem jurídico distinto do ofendido pelo fato anterior, ou porque incrementa a lesão antes produzida ao bem jurídico atingido pelo crime antecedente.
(C) Tentativa imperfeita, ou "iter criminis" interrompido, é aquela em que, apesar de o agente ter realizado toda a fase de execução, o resultado não acontece por circunstâncias alheias à sua vontade.
(D) A superveniência de causa relativamente independente exclui a imputação quando, por si só, produziu o resultado, mas os fatos anteriores, entretanto, imputam-se a quem os praticou.
(E) Salvo disposição em contrário, pune-se a tentativa com a pena correspondente ao crime consumado, diminuída de metade até dois terços.

A: incorreta, pois se trata de institutos distintos. **Consumação** consiste na integralização dos elementos que compõem o tipo penal. **Exaurimento**, de outro lado, consiste no desdobramento típico de uma infração penal, que somente tem lugar após a consumação desta. Exemplo sempre lembrado nos manuais de direito penal é a *obtenção de vantagem ilícita* na *extorsão*. Cuida-se de crime (formal) em que a consumação se opera no momento em que a vítima, constrangida, faz o que lhe foi imposto pelo agente ou ainda deixa de fazer o que este determinou que ela não fizesse. A obtenção, por parte do sujeito ativo, da vantagem exigida constitui mero exaurimento, isto é, desdobramento típico do delito previsto no art. 158 do CP. Isso porque a sua ocorrência não é necessária à consumação deste crime. Este é o teor da Súmula nº 96 do STJ, que preceitua que "o crime de extorsão consuma-se independentemente da obtenção da vantagem indevida"; **B:** incorreta, visto que o exaurimento, decorrente do mesmo intento, não é apto a ensejar outra punição; **C:** tentativa *imperfeita* ou *inacabada* é aquela em que o agente, por circunstâncias alheias à sua vontade, não chega a praticar tudo o que queria para atingir a consumação. É dizer, a empreitada criminosa sofre solução de continuidade sem que os atos de execução tenham sido concluídos. A proposição, portanto, está incorreta; **D:** assertiva correta, visto que corresponde ao teor do art. 13, § 1º, do CP; **E:** incorreta, já que a tentativa, a teor do art. 14, parágrafo único, será punida, salvo disposição em contrário, com a pena correspondente ao crime consumado, diminuída de um a dois terços.

Gabarito "D"

(Magistratura do Trabalho – 9ª Região – 2007) Analise as seguintes assertivas:

I. A tentativa na contravenção penal não é passível de punição.

II. Segundo a lei penal, quando o agente, voluntariamente, desiste de prosseguir na execução ou impede que o resultado se produza, somente responde pelos atos já praticados. Há desistência voluntária quando o agente, embora tenha iniciado a execução do crime, não a leva adiante, desistindo da consumação. Basta que a desistência seja voluntária, não se exigindo que seja espontânea.

III. Não há punição a ser aplicada se, nos crimes cometidos sem violência ou grave ameaça à pessoa, houver arrependimento posterior, sendo reparado o dano ou restituída a coisa, até o recebimento da denúncia ou da queixa, por ato voluntário do agente.

Assinale a alternativa correta:

(A) Apenas as assertivas I e II são verdadeiras;
(B) Apenas as assertivas II e III são verdadeiras;
(C) Apenas as assertivas I e III são verdadeiras;
(D) Todas as assertivas são verdadeiras;
(E) Apenas uma assertiva é verdadeira.

I: assertiva correta, já que a tentativa de contravenção penal, por imposição do art. 4º da LCP, não é passível de punição; II: a assertiva – correta – descreve os institutos da *desistência voluntária* e do *arrependimento eficaz*, ambos contidos no art. 15 do CP. De fato, exige-se tão somente a *voluntariedade*, isto é, tanto a desistência voluntária quanto o *arrependimento eficaz* devem ser movidos por vontade própria do agente, ainda que gerado por vergonha ou outro motivo menos nobre. A espontaneidade, dessa forma, conforme doutrina e jurisprudência pacíficas, não é exigida, sendo suficiente que o sujeito aja voluntariamente; III: a assertiva não corresponde ao que estabelece o art. 16 do CP. O *arrependimento posterior* constitui *causa obrigatória de diminuição de pena* (1/3 a 2/3), a incidir nos delitos praticados sem violência ou grave ameaça contra a pessoa, em que o sujeito, até o recebimento da denúncia ou queixa, por ato voluntário, repara o dano ou restitui o objeto material do crime. Há, pois, punição a ser aplicada. O que o legislador previu, para esses casos, é uma hipótese de redução de pena, que somente será aplicada se preenchidos os requisitos listados no dispositivo.

Gabarito "A"

(Magistratura do Trabalho – 15ª Região – 2010) Aponte a alternativa incorreta:

(A) a omissão só é penalmente relevante quando o omitente devia e podia agir para evitar o resultado;
(B) entende-se em legítima defesa quem, usando moderadamente dos meios necessários, repele injusta agressão, atual ou iminente, a direito seu ou de outrem;
(C) o agente que, voluntariamente, desiste de prosseguir na execução de um crime, só responde pelos atos que já praticou;
(D) crimes cometidos sem violência ou grave ameaça à pessoa terão pena reduzida se o agente, por ato voluntário, reparar o dano, ou restituir a coisa até o recebimento da denuncia ou da queixa;
(E) é isento de pena quem, por erro plenamente justificado pelas circunstâncias, supõe situação de fato que, se existisse, tornaria a ação legitima, ainda que o erro derive de culpa e o fato seja punível como crime culposo.

A: assertiva correta, visto que corresponde ao que estabelece o art. 13, § 2º, CP (relevância da omissão nos crimes omissivos impróprios); **B:** proposição correta, pois em consonância com o disposto no art. 25 do CP; **C:** a assertiva – correta – descreve o instituto da *desistência voluntária*, presente no art. 15, primeira parte, do CP; **D:** correta, nos termos do art. 16 do CP (arrependimento posterior); **E:** incorreta, pois a assertiva contraria o que estabelece o art. 20, § 1º, parte final, do CP.

Gabarito "E"

(Magistratura do Trabalho – 16ª Região – 2011) Considere a seguinte situação, analise as afirmativas e assinale a alternativa CORRETA:

João, desafeto declarado de Pedro, em razão de desavenças familiares, prometeu mata-lo tão logo tivesse oportunidade. No dia 11.09.2011, por volta das 22h00min, no Bar da Lulu, localizado no bairro Cajueiro, nesta capital, ocorreu um encontro entre ambos, sendo que João, homem de palavra, sacou um revolver calibre 38 que conduzia consigo na cintura, carregado com 06 projeteis, para de imediato, efetuar 02 disparos contra Pedro, tendo-o atingido em sua perna esquerda. fazendo-o com que caísse ao chão ainda vivo. Completamente a mercê do seu contendor, Pedro clama pela preservação de sua vida, tendo sido atendido por João, ainda que dispondo de mais quatro projeteis no tambor de sua arma e podendo prosseguir com a sua empreitada criminosa, preferiu retirar-se do local.

(A) Trata-se de uma hipótese de arrependimento eficaz, prevista no Código Penal Brasileiro, sujeitando João às reprimendas relativas aos atos já praticados.
(B) Trata-se de uma hipótese de arrependimento posterior, prevista no Código Penal Pátrio, sujeitando João às reprimendas relativas aos atos já praticados.
(C) Trata-se de uma hipótese de desistência voluntária, prevista no Código Penal Pátria, devendo João sujeitar-se às penalidades cominadas somente aos atos já praticados.
(D) Trata-se de uma hipótese de desistência voluntária, devendo João sujeitar-se às penalidades do crime que desejava consumar.
(E) Trata-se de uma hipótese de arrependimento eficaz, pois João com sua conduta impediu que sua conduta produzisse um resultado mais gravoso.

Na **desistência voluntária** (art. 15, primeira parte, do CP), o agente, no curso da execução do crime, ainda dispondo de meios para chegar à consumação, desiste, interrompe sua ação. Foi exatamente o que se passou com João. Disposto, num primeiro momento, a pôr fim à vida de seu desafeto, efetua contra ele dois disparos de arma de fogo; ainda dispondo de recursos para concretizar seu propósito inicial desiste, por vontade própria, de dar sequência à execução. No **arrependimento eficaz**, presente no art. 15, segunda parte, do CP, diferentemente, o agente, de forma voluntária, impede que o resultado se produza. Note que, neste caso, o sujeito, já tendo realizado tudo que julgava necessário para atingir a consumação do crime, arrepende-se e passa a *agir* para evitar a consumação. Tanto na desistência voluntária quanto no arrependimento eficaz o agente responde somente pelos atos praticados. De se ver, por fim, que o arrependimento posterior, previsto no art. 16 do CP, somente tem lugar após a consumação do crime. Tem natureza de causa de diminuição de pena.

Gabarito "C"

(Magistratura do Trabalho – 16ª Região – 2011) Com relação à tentativa, analise as afirmativas seguintes e assinale a alternativa CORRETA:

I. A tentativa é também conhecida como *conatus*, crime perfeito ou, no dizer de Zaffaroni, crime completo.

II. A adequação típica de um crime tentado é de subordinação mediata, ampliada ou por extensão, já que a conduta humana não se enquadra prontamente na lei penal incriminadora, reclamando-se, para complementar a tipicidade, a interposição do dispositivo contido no art. 14, II, do Código Penal.

III. É admitida a tentativa nos crime unissubsistentes.

IV. Diz-se o crime tentado quando, iniciada a execução, não se consuma por circunstâncias alheias à vontade do agente. Salvo disposição em contrário, pune-se a tentativa com a pena correspondente ao crime consumado, diminuída de um sexto a um terço.

(A) Está correta somente a afirmativa III.
(B) Estão incorretas as afirmativas II e III.
(C) Estão inco rretas as afirmativas I e IV.
(D) Estão corretas as afirmativas II e IV.
(E) Todas as afirmativas estão corretas.

I: embora a tentativa também seja conhecida como *conatus*, não é verdadeira a afirmação de que a ela correspondem as nomenclaturas crime perfeito e crime completo; II: assertiva correta, visto que a tentativa (art. 14, II, do CP) tem como natureza jurídica norma de extensão cujo objetivo é viabilizar a punição do agente por meio de uma **adequação típica indireta** ou **mediata** III: os **crimes unissubsistentes** não comportam o *conatus* porquanto constituídos por ato único. A conduta, por essa razão, não é passível de fracionamento; IV: incorreta, já que, em vista do que dispõe o art. 14, parágrafo único, do CP, a diminuição, no caso de crime tentado, será de **um a dois terços**.

Gabarito "D"

(Magistratura do Trabalho – 18ª Região – 2006) Considere as seguintes proposições e assinale a alternativa correta:

I. *Crime culposo* não admite tentativa.

II. Os crimes omissivos próprios não admitem tentativa, enquanto os crimes omissivos impróprios ou comissivos por omissão admitem a tentativa

III. Salvo disposição em contrário, pune-se a tentativa com a pena correspondente ao crime consumado, diminuída pela metade.

IV. É possível a punição da tentativa com a pena do crime consumado, sem a diminuição legal.

V. A injúria verbal, por se tratar de crime unissubsistente, não admite tentativa.

(A) Os itens I, II, IV e V estão incorretos.
(B) Apenas os itens II, III e IV estão incorretos.
(C) Apenas os itens III, IV e V estão incorretos.
(D) Apenas os itens III e IV estão incorretos.
(E) Apenas o item III está incorreto.

I: a assertiva está correta, na medida em que o *crime culposo* de fato não comporta a modalidade tentada, tendo em conta que o resultado naturalístico, neste caso, não é desejado pelo agente. Trata-se de institutos, portanto, incompatíveis; II: assertiva correta, visto que o crime *omissivo próprio* de fato não admite a forma tentada, porquanto sua conduta não pode ser fracionada (o crime se consuma com a omissão); já o crime *omissivo impróprio*, em que há produção de resultado naturalístico, admite a forma tentada; III: reza o art. 14, parágrafo único, do CP que, salvo disposição em contrário, pune-se a tentativa com a pena correspondente ao crime consumado, diminuída de 1/3 a 2/3, isto é, a pena do crime tentado é a do crime consumado, reduzida de 1 a 2/3, a depender do *iter criminis* percorrido pelo agente. A assertiva, que estabeleceu como patamar de diminuição *metade*, está, portanto, errada; IV: é possível no chamado *crime de atentado,* que é aquele cuja modalidade tentada é punida com pena igual à do crime consumado (art. 352 do CP); V: assertiva correta, tendo em conta que os *crimes unissubsistentes* não comportam tentativa porque constituídos por ato único. A conduta, por essa razão, não é passível de fracionamento. É o caso da injúria verbal.

Gabarito "E"

(Magistratura do Trabalho – 23ª Região – 2008) Assinale a alternativa INCORRETA:

(A) o crime consumado também pode ser denominado crime perfeito enquanto que o crime tentado pode ser chamado de crime imperfeito;
(B) nos crimes omissivos próprios a consumação se dá com a prova do resultado lesivo posterior;
(C) o crime falho ocorre quando o sujeito pratica todos os atos a seu alcance para a consumação do crime, mas não obtém o resultado por circunstâncias alheias à sua vontade;
(D) crime preterdoloso ou preterintencional é aquele que a ação causa um resultado mais grave que o pretendido pelo agente;
(E) ocorre o crime continuado quando o agente, mediante mais de uma ação ou omissão, praticada dois ou mais crimes da mesma espécie e, pelas condições de tempo, lugar e maneira de execução e outras semelhantes, devem os subsequentes ser havidos como continuação do primeiro.

A: alternativa correta. De fato, *crime perfeito* é outra denominação dada ao crime consumado, isto é, aquele em que o agente realizou todos os elementos que integram a definição legal do delito – art. 14, I, CP; no *crime imperfeito*, *inacabado*, que é a tentativa, o delito, cuja execução já se iniciou, somente não se consumou por circunstâncias alheias à vontade do agente – art. 14, II, CP; **B:** o *resultado lesivo posterior* somente se faz necessário nos chamados crimes omissivos impróprios (comissivos por omissão); nos crimes omissivos próprios, diferentemente, a consumação se opera com a mera abstenção do agente, sendo, portanto, desnecessária, à consumação desta modalidade de delito, a produção de resultado naturalístico. Assertiva, portanto, errada; **C:** *crime falho* é outra designação dada à tentativa perfeita (acabada, frustrada). Neste caso, o agente consegue praticar todos os atos que reputa necessários à consumação, a qual, por circunstâncias alheias à sua vontade, não ocorre; *imperfeita*, por seu turno, é aquela na qual o agente não chega a praticar todos os atos necessários à consumação. O *iter criminis* também é interrompido por circunstâncias alheias à sua vontade; **D:** no crime *preterdoloso* ou *preterintencional*, que constitui espécie do gênero crime qualificado pelo resultado, há dolo no antecedente (conduta) e culpa no consequente (resultado). Não comporta tentativa, já que o resultado não é desejado, querido; **E:** assertiva em consonância com o art. 71, *caput*, do CP.

Gabarito "B"

(Magistratura do Trabalho – 23ª Região – 2008) Assinale a alternativa CORRETA:

(A) nos crimes omissivos impróprios a simples omissão já constitui o crime;
(B) o arrependimento posterior é causa de exclusão da ilicitude;
(C) não se pune a tentativa quando, por ineficácia absoluta do meio ou por absoluta impropriedade do objeto, é impossível consumar-se o delito;
(D) o estado de necessidade e a legítima defesa excluem a tipicidade;
(E) não pode ser considerado doloso o crime em que o agente não quis o resultado, embora tenha assumido o risco de produzi-lo.

A: não é verdade, já que, nesta modalidade de crime omissivo, é indispensável a ocorrência de *resultado naturalístico* (ex.: a mãe que deixa de alimentar o filho recém-nascido que, em razão disso, vem a falecer de inanição). De outro lado, a simples omissão basta para consumar o crime omissivo próprio ou puro (ex.: omissão de socorro – art. 135, CP); **B:** o *arrependimento posterior* – art. 16 do CP – constitui *causa obrigatória de diminuição de pena*. A assertiva está incorreta; **C:** a proposição está em consonância com o disposto no art. 17 do CP, que trata do crime impossível; **D:** o estado de necessidade e a legítima defesa excluem a antijuridicidade ou ilicitude (art. 23, I e II, do CP), não a tipicidade, pertencente ao fato típico; **E:** embora o agente, no *dolo eventual*, não queira o resultado, com a sua postura de indiferença em relação a ele, assume o risco de produzi-lo. Ele, em verdade, deseja outra coisa, mas, prevendo a possibilidade de o resultado ocorrer, revela-se indiferente e dá sequência à sua empreitada. Assim, seu comportamento pode, sim, ser considerado doloso (dolo eventual), razão pela qual a assertiva está incorreta.

Gabarito "C"

(Magistratura do Trabalho – 23ª Região – 2009) Analise os itens abaixo e marque a alternativa CORRETA. Sobre a *desistência voluntária* e o *arrependimento eficaz*:

I. para determinada corrente doutrinária ambos os institutos penais têm a natureza jurídica de causa pessoal de exclusão de tipicidade.
II. distinguem-se porque a desistência voluntária envolve tentativa inacabada e o *arrependimento eficaz* tentativa perfeita.
III. uma das vertentes doutrinárias sustenta que apenas a desistência voluntária tem natureza jurídica de causa pessoal de exclusão de tipicidade, uma vez que o *arrependimento eficaz* encerra causa pessoal de exclusão de punibilidade.
IV. parte da doutrina afirma que ambas as figuras traduzem causa pessoal de exclusão de punibilidade.

(A) Apenas os itens I, II e IV são verdadeiros.
(B) Apenas os itens II e III são verdadeiros.
(C) Apenas os itens II, III e IV são falsos.
(D) Todos os itens são verdadeiros.
(E) Todos os itens são falsos.

De fato, para parte da doutrina, ambos os institutos têm como natureza jurídica *causa de exclusão da punibilidade*; para outros, os institutos têm como natureza jurídica *causa de exclusão da tipicidade*. De outro lado, a *desistência voluntária* guarda certa semelhança com a *tentativa imperfeita* (inacabada), visto que, aqui, o agente não esgota o processo de execução. Da mesma maneira, o *arrependimento eficaz* tem certa similitude com a *tentativa perfeita* (acabada ou crime falho), já que, neste caso, o agente esgota o processo de execução.

Gabarito "A"

6. ANTIJURIDICIDADE E CAUSAS EXCLUDENTES

(Magistratura do Trabalho – 5ª Região – 2006 – CESPE) Considere que Ubirajara estava de férias, em um cruzeiro marítimo, e, quando o navio em que viajava começou a afundar, ele conseguiu salvar-se empurrando seu amigo Lauro de um bote onde só cabia mais uma pessoa. Nessa situação, Ubirajara

(A) não cometeu ilícito, pois agiu em estado de necessidade.
(B) não cometeu ilícito, pois agiu em legítima defesa.
(C) não cometeu ilícito, pois agiu em exercício regular do direito à vida.
(D) cometeu crime de homicídio preterdoloso.
(E) cometeu homicídio culposo.

Nesta situação, não há crime porque, quando o sujeito atua sob o pálio de qualquer das excludentes de ilicitude, embora sua conduta seja típica, não há contrariedade entre ela – conduta - e o direito. Ubirajara, com o propósito de preservar sua vida, sacrificou bem jurídico alheio, qual seja, a vida de seu amigo Lauro. Os requisitos desta excludente de ilicitude - estado de necessidade - estão contemplados no art. 24 do CP. De outro lado, se o sujeito, ao invocar a excludente, incorrer em excesso culposo ou doloso, assim responderá, na forma do art. 23, parágrafo único, do CP.

Gabarito "A"

(Magistratura do Trabalho – 11ª Região – 2007 – FCC) A legítima defesa

(A) só cabe para a preservação de direito próprio.
(B) não admite a modalidade putativa.
(C) exclui a culpabilidade.
(D) só cabe contra a agressão humana.
(E) não conduz ao reconhecimento da licitude do fato na esfera civil.

A: a legítima defesa poderá ser empregada para a preservação tanto de direito próprio quanto de terceiro – art. 25 do CP; **B:** é admitida, conforme dispõe o art. 20, § 1º, do CP; **C:** é causa de exclusão da ilicitude – art. 23, CP; **D:** de fato, a legítima defesa pressupõe uma agressão perpetrada por um ser humano; **E:** proposição em desacordo com o art. 65 do CPP.

Gabarito "D"

(Magistratura do Trabalho – 16ª Região – 2011) Considere as afirmativas abaixo a assinale a alternativa CORRETA:

I. De acordo com o Código Penal Brasileiro, atua sob o manto da legítima defesa quem, usando moderadamente dos meios necessários, repete injusta agressão, atual ou iminente, a direito seu ou de outrem.
II. Em consonância com a doutrina nacional não se admite legítima defesa real contra legitima defesa real, mas a admite nas hipóteses de legítima defesa real contra legítima defesa putativa.
III. De acordo com o Código Penal Brasileiro, considera-se em estado de necessidade quem pratica o fato para salvar de perigo atual, que não provocou por sua vontade, nem podia de outro modo evitar, direito próprio ou alheio, sujo sacrifício, nas circunstâncias, não era razoável exigir-se.

IV. No estado de necessidade, o perigo pode ser o resultado de conduta humana, como também força maior ou caso fortuito, enquanto a legitima defesa somente é possível contra agressão humana ou ataque espontâneo de animal irracional.

(A) Estão corretas apenas as afirmativas I e IV.
(B) Estão incorretas as afirmativas I e III.
(C) Estão incorretas as afirmativas II e III.
(D) Está incorreta apenas a afirmativa I.
(E) Está incorreta apenas a afirmativa IV.

I: assertiva correta, já que em consonância com o que dispõe o art. 25 do CP; II: não é possível legítima defesa real contra agressão justa. Sendo assim, é inadmissível a legítima defesa real em face da legítima defesa real. É factível, entretanto, legítima defesa real contra legítima defesa putativa; III: assertiva correta, já que em consonância com o que dispõe o art. 24 do CP; IV: é verdade que, no estado de necessidade, o perigo pode originar-se a partir de uma conduta humana bem como de força maior ou ainda de caso fortuito; já a legítima defesa pressupõe sempre uma agressão perpetrada por um ser humano; assim, não há que se falar nesta excludente no caso de ataque de animal.

Gabarito "E"

(Magistratura do Trabalho – 23ª Região – 2009) Analise os itens abaixo e marque a alternativa CORRETA:

I. Não há crime quando o sujeito pratica o ato em estado de necessidade ou em legítima defesa, mas responde pelo excesso culposo ou doloso.
II. O estado de necessidade pode ser alegado por qualquer pessoa.
III. A legítima defesa, pela sua natureza jurídica, deve ser comprovada pelo acusado.

(A) Apenas os itens I e II são verdadeiros.
(B) Apenas os itens I e III são verdadeiros.
(C) Todos os itens são verdadeiros.
(D) Apenas os itens II e III são verdadeiros.
(E) Todos os itens são falsos.

I: diz-se que não há crime porque, quando o sujeito atua sob o pálio de qualquer das excludentes de ilicitude, embora sua conduta seja típica, não há contrariedade entre ela – conduta - e o direito. Se o fato é típico, mas não é antijurídico, não há que se falar em crime. De outro lado, se o sujeito, ao invocar a excludente, incorrer em excesso culposo ou doloso, assim responderá, na forma estatuída no art. 23, parágrafo único, do CP; II: está impedido de alegar o estado de necessidade aquele que tinha o dever legal de enfrentar o perigo (art. 24, § 1º, CP); III: art. 156 do CPP.

Gabarito "B"

(Magistratura do Trabalho – 24ª Região – 2006) Marque a alternativa INCORRETA:

(A) Não há crime quando o agente pratica o fato no exercício regular de direito.
(B) A legítima defesa configura causa excludente da culpabilidade do agente.
(C) Não pode alegar estado de necessidade quem tinha o dever legal de enfrentar o perigo.
(D) Nas hipóteses de exclusão de ilicitude, o agente responderá pelo excesso doloso ou culposo.
(E) Considera-se em estado de necessidade quem pratica o fato para salvar de perigo atual, que não provocou por sua vontade, nem podia de outro modo evitar, direito próprio ou alheio, cujo sacrifício, nas circunstâncias, não era razoável exigir-se.

A: o *exercício regular de direito* constitui uma das causas de exclusão da ilicitude – art. 23, III, parte final, do CP. O sujeito que atua sob o manto de qualquer das excludentes a que se refere este dispositivo nenhum crime pratica, pois, embora se trate de conduta típica, inexiste contrariedade entre ela – conduta - e o direito. Se o fato é típico, mas não é antijurídico, não há que se falar, destarte, em crime; **B:** a exemplo do exercício regular de direito, a legítima defesa, que está inserta no rol do art. 23 do CP, constitui causa excludente da antijuridicidade; **C:** assertiva em consonância com o que dispõe o art. 24, § 1º, do CP; **D:** assertiva verdadeira, nos termos do art. 23, parágrafo único, do CP; **E:** proposição em consonância com a redação do art. 24, *caput*, do CP.

Gabarito "B"

(Ministério Público do Trabalho – 15º) Leia com atenção as assertivas abaixo e assinale a alternativa INCORRETA:

(A) o estado de necessidade pode ser alegado por quem não tinha o dever legal de enfrentar o perigo;
(B) na legítima defesa há ação em razão de um perigo e não de uma agressão;
(C) a legítima defesa é uma das causas excludentes da antijuridicidade;
(D) mesmo em caso de exercício regular de um direito, o agente responderá pelo excesso doloso ou culposo;
(E) Não respondida.

A: art. 24, § 1º, do CP; **B:** a existência de uma *agressão humana* constitui requisito na legítima defesa, em razão da qual há uma repulsa, uma reação; **C:** trata-se da natureza jurídica do instituto; **D:** o excesso – art. 23, parágrafo único, do CP – aplica-se a todas as excludentes referidas no *caput* do dispositivo.

Gabarito "B"

7. CULPABILIDADE E CAUSAS EXCLUDENTES

(Magistratura do Trabalho – 11ª Região – 2007 – FCC) Excluem a culpabilidade

(A) a obediência hierárquica e a coação moral irresistível.
(B) a legítima defesa e a desistência voluntária.
(C) a inexigibilidade de conduta diversa e a insignificância do fato.
(D) o estado de necessidade e o *arrependimento eficaz*.
(E) a menoridade e a embriaguez culposa.

A: assertiva correta, visto que a **obediência hierárquica** e a **coação moral irresistível** geram a exclusão da culpabilidade – art. 22 do CP; **B:** a **legítima defesa** é causa de exclusão da ilicitude (art. 23, II, CP); a **desistência voluntária**, por sua vez, constitui causa de exclusão da tipicidade (art. 15, primeira parte, do CP); **C:** a **exigibilidade de conduta diversa**, que constitui um dos pressupostos da culpabilidade, pode ser excluída em dois casos: coação irresistível e obediência hierárquica (art. 22, CP); de outro lado, a incidência do postulado da insignificância constitui causa supralegal de exclusão da tipicidade material; **D:** o **estado de necessidade** é causa de exclusão da ilicitude (art. 23, I, CP); o **arrependimento eficaz**, por seu turno, constitui causa de exclusão da tipicidade (art. 15, segunda parte, do CP); **E:** os menores são inimputáveis (art. 27 do CP). Eles têm, portanto, excluída a sua culpabilidade; já a **embriaguez culposa** não gera a exclusão da imputabilidade, nos termos do art. 28, II, do CP.

Gabarito "A"

(Magistratura do Trabalho – 16ª Região – 2008) A culpabilidade penal é entendida, nos dias atuais, como um dos principais elementos do conceito analítico do crime. O desenvolvimento de sua concepção normativa teve em Frank o seu mais importante precursor. São causas que a excluem, exceto:

(A) O erro na execução;
(B) A embriaguez fortuita;
(C) A doença mental e o desenvolvimento mental retardado;
(D) O erro de proibição;
(E) A coação moral irresistível.

A: no **erro na execução** ou **aberratio ictus** – art. 73 do CP, o agente, pretendendo atingir determinada pessoa, por acidente ou falta de habilidade, erra seu alvo e acerta outra. Neste caso, o dispositivo estabelece que serão levadas em consideração, para fins de responsabilização penal, as condições da vítima que o sujeito desejava atingir, e não aquelas da pessoa que efetivamente atingiu; **B:** art. 28, § 1º, do CP; **C:** art. 26, *caput*, do CP; **D:** art. 21 do CP; **E:** art. 22 do CP.

Gabarito "A"

(Magistratura do Trabalho – 16ª Região – 2006) A coação moral irresistível exclui:

(A) Ilicitude.
(B) Antijuridicidade.
(C) Tipicidade.
(D) Culpabilidade.
(E) Conduta.

A **coação irresistível** (art. 22 do CP) constitui hipótese de causa de exclusão da culpabilidade. Importante: a coação aqui referida é a moral irresistível, em que o sujeito conserva um resquício de liberdade, mas dele não é razoável exigir conduta diversa, diferente.

Gabarito "D"

(Ministério Público do Trabalho – 8º) Assinale a alternativa correta. A falta de consciência da ilicitude, segundo a teoria finalista, deve ser considerada:

(A) causa de exclusão do dolo;
(B) causa de exclusão da antijuridicidade;
(C) causa de exclusão de culpabilidade;
(D) questão irrelevante, visto como ninguém se escusa de cumprir a Lei alegando que não a conhece;
(E) nenhuma das alternativas está correta;
(F) não sei.

O **erro de proibição**, cuja disciplina está no art. 21 do CP, é causa que exclui do agente sua potencial consciência da ilicitude (gera, portanto, a exclusão da culpabilidade).

Gabarito "C"

8. PENA E MEDIDA DE SEGURANÇA

(Magistratura do Trabalho – 3ª Região – 2013) Com base no Código Penal, assinale a alternativa que não retrata fielmente "circunstâncias que sempre agravam a pena, quando não constituem ou qualificam o crime":

(A) Ter o agente cometido o crime por motivo fútil ou torpe
(B) Ter o agente cometido o crime contra criança, velho ou enfermo
(C) Ter o agente cometido o crime quando o ofendido estava sob a imediata proteção da autoridade
(D) Ter o agente cometido o crime contra ascendente, descendente, irmão, cônjuge ou companheiro
(E) Ter o agente cometido o crime depois de embriagar-se propositadamente para cometê-lo

---

A: correta – art. 61, II, *a*, do CP; **B:** correta – art. 61, II, *h*, do CP; **C:** correta – art. 61, II, *i*, do CP; **D:** incorreta, devendo ser assinalada, pois o companheiro não foi contemplado no art. 61, II, *e*, do CP, que somente faz alusão ao ascendente, descendente, irmão e cônjuge; **E:** correta – art. 61, II, *l*, do CP.

Gabarito "D"

(Magistratura do Trabalho – 4ª Região – 2012) Será reincidente o agente que cometer

(A) novo crime depois de condenado definitivamente por crime militar próprio.
(B) novo crime após haver recebido perdão judicial em processo anterior.
(C) novo crime, ainda que decorridos mais de cinco anos desde a extinção da pena relativa à infração anterior.
(D) contravenção penal depois de condenado definitivamente por crime comum.
(E) novo crime depois de condenado definitivamente por crime político.

A: não gera reincidência (art. 64, II, do CP); **B:** não gera reincidência (art. 120, CP); **C:** não gera reincidência (art. 64, I, CP); **D:** correta. Da aplicação conjugada dos arts. 63 do CP e 7º da Lei das Contravenções Penais, temos que a reincidência ocorrerá nos seguintes casos: a) crime (antes) + crime (depois); b) contravenção (antes) + contravenção (depois); e c) crime (antes) + contravenção (depois). Não se admite, por falta de amparo legal, contravenção (antes) + crime (depois); **E:** não gera reincidência (art. 64,II, CP).

Gabarito "D"

(Magistratura do Trabalho – 13ª Região – 2006) São circunstâncias agravantes do Código Penal, descritas no art. 61, exceto:

(A) ter o agente cometido o crime contra ascendente;
(B) ter o agente cometido o crime com abuso de autoridade;
(C) ter o agente cometido o crime contra mulher grávida;
(D) ter o agente cometido o crime em estado de embriaguez;
(E) ter o agente cometido o crime por motivo fútil.

A: art. 61, II, *e*, do CP; **B:** art. 61, II, *f*, do CP; **C:** art. 61, II, *h*, do CP; **D:** alternativa incorreta, já que esta circunstância não está contemplada no dispositivo em questão; **E:** art. 61, II, *a*, do CP.

Gabarito "D"

(Magistratura do Trabalho – 15ª Região – 2011) A respeito da reincidência, assinale a alternativa correta:

(A) nos termos da lei, ela sempre agrava a pena, mesmo quando qualifica o crime;
(B) não a caracteriza a condenação por crime político;
(C) não a caracteriza a condenação por crime praticado no estrangeiro;
(D) ela se caracteriza quando, em face do réu, há outros inquéritos policiais em curso;
(E) ela se caracteriza quando, em face do réu, há outras ações penais em curso.

A: incorreta, nos termos do que dispõe o art. 61, *caput*, do CP; **B:** correta, pois em consonância com o disposto no art. 64, II, do CP; **C:** incorreta, visto que não corresponde ao teor do art. 63 do CP; D e **E:** a reincidência somente se verifica diante da prática de uma infração penal após ter sido o réu condenado com trânsito em julgado, no Brasil ou no estrangeiro, por crime anterior (art. 63, CP).

Gabarito "B"

9. EXTINÇÃO DA PUNIBILIDADE EM GERAL

(Magistratura do Trabalho – 3ª Região – 2013) Na sistemática do Código Penal, são causas de extinção de punibilidade, exceto:

(A) Morte do agente
(B) Retroatividade de lei que não mais considera o fato como criminoso
(C) Perdão aceito nos crimes de ação penal privada e ação penal pública condicionada
(D) Anistia, graça ou indulto
(E) Prescrição, decadência ou perempção

A: causa extintiva da punibilidade prevista no art. 107, I, do CP; **B:** causa extintiva da punibilidade prevista no art. 107, III, do CP; **C:** o perdão aceito, que constitui causa extintiva da punibilidade prevista no art. 107, V, do CP, só tem incidência no âmbito da ação penal de iniciativa privada; **D:** causa extintiva da punibilidade prevista no art. 107, II, do CP; **E:** causa extintiva da punibilidade prevista no art. 107, IV, do CP.

Gabarito "C"

(Magistratura do Trabalho – 8ª Região – 2009) Quanto à extinção da punibilidade, é correto afirmar:

(A) A extinção da punibilidade de um dos crimes conexos inviabiliza, quanto aos outros, a agravação da pena resultante da conexão.
(B) Depois de passar em julgado a sentença final, corre prescrição durante o tempo em que o condenado está preso por outro motivo.
(C) Os prazos prescricionais previstos para as penas privativas de liberdade são diferentes daqueles fixados para as penas restritivas de direitos.
(D) A lei que deixa de considerar determinado fato como criminoso retroage para extinguir a punibilidade.
(E) No caso de concurso de crimes, a extinção da punibilidade incidirá sobre a pena mais grave.

A: assertiva incorreta, nos termos do disposto no art. 108, parte final, do CP; **B:** proposição errada, visto que em desacordo com o que dispõe o art. 116, p. único, do CP; **C:** determina o art. 109, p. único, do CP que devem ser aplicados, às penas restritivas de direito, os mesmos prazos estabelecidos para as penas privativas de liberdade. A assertiva, portanto, que afirma que os prazos são diferenciados, está incorreta; **D:** de fato, a lei que não mais considera determinado fato como criminoso (*abolitio criminis*) deve, nos termos dos arts. 5º, XL, da CF e 2º, *caput*, do CP, retroagir e extinguir a punibilidade do agente – art. 107, III, do CP; **E:** neste caso, a extinção da punibilidade incidirá, de forma isolada, sobre a pena correspondente a cada crime.

Gabarito "D"

10. CRIMES CONTRA A PESSOA

(Magistratura do Trabalho – 1ª Região – 2004) Na loja de O. da Cruz, desaparece uma quantia em dinheiro. O sócio acredita que seu funcionário, R. de Almeida, furtou o dinheiro. Chama três seguranças, que estavam desarmados, e determina o fechamento da loja, mantendo dentro dela o funcionário. Avisa-o de que, se houvesse tentativa de sair, poderia ser agredido. Anuncia o desaparecimento da quantia e sua desconfiança. Diz que somente o liberará se houver a confissão e a devolução da quantia. Decorridos trinta minutos, R. de Almeida confessa o furto e devolve a quantia, sendo então liberado. Assinale a correta tipificação penal para os atos de O. da Cruz:

(A) ele não cometeu nenhum crime;
(B) constrangimento ilegal;
(C) exercício arbitrário das próprias razões;
(D) cárcere privado;
(E) extorsão mediante sequestro.

Ainda que a desconfiança do sócio tenha fundamento e a sua pretensão seja legítima, já que o patrimônio de sua loja está prestes a ser desfalcado, ele deve se valer dos meios legalmente constituídos, sendo-lhe defeso manter o funcionário em cárcere privado e ameaçá-lo de agressão, caso não confesse a prática delituosa e efetue a devolução da *res*. Por isso, o crime em que O. da Cruz incidiu é o do art. 345 do CP. Em vez disso, poderia efetuar a prisão em flagrante e apresentar o funcionário à autoridade policial da respectiva circunscrição. Poderia, ainda, acionar a Polícia Militar, que se incumbiria de conduzir o preso até a unidade de Polícia Judiciária. Nada disso fez. Achou por bem fazer justiça pelas próprias mãos, razão pela qual – repita-se – responderá pelo crime capitulado no art. 345 do CP.

Gabarito "C"

(Magistratura do Trabalho – 1ª Região – 2004) Um empregado foi notificado por seu empregador que, ao final de 30 dias, seria dispensado. O empregado, com muita raiva de seu empregador, sai do local de trabalho avisando que iria matá-lo. Dirigindo seu veículo, o arremete contra o veículo de propriedade da empresa, que era dirigido pelo empregador, mas o erra. Acertou, no entanto, o muro da empresa, o destruindo parcialmente. A despeito de sua raiva, o empregado não objetivou a destruição do muro. Desejava, no entanto, produzir o dano no veículo. Assinale a correta tipificação legal dos atos do empregado:

(A) concurso de crimes de tentativa de dano, quanto ao veículo, e de tentativa de homicídio;
(B) concurso de crimes de tentativa de dano, quanto ao veículo, e de lesões corporais;
(C) tentativa de homicídio, não se tipificando o crime de dano;
(D) lesões corporais; não se tipificando o crime de dano;
(E) concurso de crimes de dano, quanto ao muro, e tentativa de homicídio.

Se o propósito do empregado era produzir dano no veículo da empresa e também causar a morte de seu empregador, deverá responder pelos dois crimes em concurso formal e na modalidade tentada, já que a consumação não se efetivou por circunstâncias alheias à sua vontade.

Gabarito "A"

(Magistratura do Trabalho – 3ª Região – 2013) Com base no Código Penal, relativamente aos crimes contra a honra, é incorreto afirmar:

(A) É punível a calúnia contra os mortos.
(B) O juiz pode deixar de aplicar a pena, quando o ofendido, de forma reprovável, provocou diretamente a injúria ou calúnia.
(C) Em se tratando de difamação, a exceção da verdade somente se admite se o ofendido é funcionário público e a ofensa é relativa ao exercício de suas funções.
(D) As ofensas irrogadas em juízo na discussão da causa, pela parte ou por seu procurador não constituem injúria ou difamação punível, mas responde pela injúria ou pela difamação quem lhes dá publicidade.
(E) O querelado que, antes da sentença, se retrata cabalmente da calúnia ou da difamação, fica isento de pena.

A: correta, pois corresponde ao que estabelece o art. 138, § 2º, do CP; **B:** incorreta, devendo ser assinalada, já que o perdão judicial previsto no art. 140, § 1º, do CP somente tem incidência no âmbito do crime de injúria (não cabe na calúnia e na difamação); **C:** correta (art. 139, parágrafo único, do CP). Vale lembrar que, no crime de calúnia, a exceção da verdade é, em regra, admitida (art. 138, § 3º, CP); já o delito de injúria não comporta a exceção da verdade; **D:** correta (art. 142, I e parágrafo único, do CP); **E:** correta (art. 143 do CP).

Gabarito "B"

(Magistratura do Trabalho – 4ª Região – 2012) Nos crimes contra a honra, a exceção da verdade é cabível na

(A) calúnia e na injúria, mas não na difamação.
(B) difamação, se o ofendido é funcionário público e a ofensa é relativa ao exercício de suas funções.
(C) calúnia, ainda que o fato seja imputado a chefe de governo estrangeiro.
(D) injúria, se o ofendido é funcionário público e a ofensa é relativa ao exercício de suas funções.
(E) injúria e na difamação, mas não na calúnia.

O delito de *injúria*, que atinge a honra subjetiva, não admite a exceção da verdade; já a *calúnia* (art. 138 do CP) e a *difamação* (art. 139 do CP), em que a honra atingida é a objetiva, comportam a exceção, prevista, respectivamente, nos arts. 138, § 3º, e 139, parágrafo único, ambos do Código Penal, com a ressalva de que, na difamação, somente há que se falar em exceção da verdade se o ofendido for funcionário público e a ofensa a ele impingida tiver relação com o exercício de suas funções.

Gabarito "B"

(Magistratura do Trabalho – 8ª Região – 2011) No tocante ao crime de redução a condição análoga à de escravo, marque a alternativa INCORRETA:

(A) A lei penal assevera que se reduz alguém a condição análoga à de escravo exclusivamente nas seguintes hipóteses: quando se obriga a vítima a trabalhos forçados; impõe-se à vítima jornada exaustiva de trabalho ou quando se sujeita a vítima a condições degradantes de trabalho.
(B) Entende-se por trabalho degradante, todo aquele em que haja a falta de garantias mínimas de saúde e segurança, além da falta de condições mínimas de trabalho, de moradia, higiene, respeito e alimentação.
(C) O aumento de metade da pena é previsto se o crime é cometido contra criança ou adolescente ou se por motivo de preconceito de raça, cor, etnia, religião ou origem.
(D) O crime pode ser classificado como próprio em relação aos sujeitos ativo e passivo, doloso, comissivo ou omissivo impróprio, de forma vinculada e permanente, uma vez que sua consumação se prolonga no tempo.
(E) Incorre nas mesmas penas cominadas para o crime de redução a condição análoga à de escravo aquele que cerceia o uso de qualquer meio de transporte por parte do trabalhador; mantém vigilância ostensiva no local de trabalho ou se apodera de documentos ou objetos pessoais do trabalhador, com o fim de retê-lo no local de trabalho.

A: incorreta, visto que a assertiva não contemplou todas as situações descritas no art. 149 do CP; **B:** assertiva correta. Devemos entender como **condições degradantes** aquelas que impingem ao ser humano uma situação **humilhante**, que chega a tirar-lhe a **dignidade**; **C:** correta, nos termos do art. 149, § 2º, do CP; **D:** este crime pode ser praticado por qualquer pessoa (além do empregador e do preposto, também aquele que aja em nome deste); o sujeito passivo, por sua vez, deve ter vínculo de trabalho com o agente; quanto ao elemento subjetivo, pode-se dizer que o tipo é presidido pelo *dolo genérico* na figura contida no *caput* do dispositivo, já que inexiste uma finalidade específica; nas figuras equiparadas, por sua vez, referidas no § 1º do dispositivo, o tipo, diferentemente, é presidido pelo *dolo específico*, consistente, neste caso, em reter o trabalhador no local de trabalho; é crime comissivo ou omissivo impróprio e, também, delito permanente, que é aquele cujo momento consumativo se protrai no tempo por vontade do agente; **E:** correta, nos termos do art. 149, § 1º, do CP.

Gabarito "A"

(Magistratura do Trabalho – 5ª Região – 2006 – CESPE) O atirador de facas que, em exibição pública, apesar de acreditar sinceramente que o resultado morte não ocorreria, erra o alvo, consistente em uma maçã apoiada na cabeça da vítima, vindo a matá-la, responde por

(A) homicídio culposo, na modalidade culpa consciente.
(B) homicídio doloso, na modalidade dolo direto.
(C) homicídio doloso, na modalidade dolo alternativo.
(D) homicídio doloso, na modalidade dolo eventual.
(E) homicídio preterdoloso.

Na *culpa consciente*, o agente, embora tenha a previsão do resultado ofensivo, espera, sinceramente, que ele não ocorra, pois confia na sua habilidade, na sua destreza. Ele não deseja o resultado tampouco assume o risco de produzi-lo. O atirador de facas tem a previsão do resultado que pode advir de sua atividade, resultado esse que, com a sua habilidade – acredita –, poderá ser evitado. No *dolo eventual*, a situação é diferente. A postura do agente em relação ao resultado é de indiferença. Sua vontade não está dirigida à obtenção do resultado. Ele, em verdade, deseja outra coisa, mas, prevendo a possibilidade de o resultado ocorrer, revela-se indiferente e dá sequência à sua empreitada, assumindo o risco de causá-lo. Ele não o deseja, mas, se acontecer, aconteceu. No *dolo direto* (determinado), o agente visa a determinado resultado, age por causa dele; sua conduta, enfim, é dirigida a ele. No *dolo alternativo*, a vontade do agente está voltada para um ou outro resultado. Constitui espécie do chamado dolo indireto.

Gabarito "A"

(Magistratura do Trabalho – 5ª Região – 2006 – CESPE) Considerando os crimes contra a liberdade pessoal, assinale a opção correta.

(A) Para que o crime de cárcere privado se consume, é necessário que a ação constrangedora tenha sido de longa duração; caso contrário, terá havido apenas tentativa de crime.
(B) O crime de sequestro é material, admitindo, assim, a tentativa.
(C) No crime de redução à condição análoga à de escravo, não se admite a tentativa.
(D) No crime de sequestro, se o ato for praticado mediante internação da vítima em casa de saúde, a pena será atenuada.
(E) Se a vítima do crime de cárcere privado sofrer, em razão da natureza da detenção, grave sofrimento físico ou moral, tal circunstância é considerada *post factum* impunível.

A: verifica-se a consumação do crime de sequestro e cárcere privado – art. 148 do CP – no instante em que a vítima se vê privada de sua liberdade de locomoção por tempo **juridicamente relevante**, o que não corresponde a **período de longa duração**. A tentativa deste crime, possível em princípio, dá-se na hipótese em que o sujeito ativo dá início a ato de execução, mas não consegue privar a vítima de sua liberdade; **B:** alternativa correta, já que, de fato, o crime do art. 148 do CP, por consumar-se no instante em que se dá a privação da liberdade do sujeito passivo, é material. Além disso, comporta a tentativa; **C:** embora de difícil ocorrência na prática, a tentativa é admitida; **D:** ao contrário. Se a vítima é internada em casa de saúde ou hospital, o crime, por conta disso, passa a ser qualificado, nos termos do art. 148, § 1º, II, do CP, estando o agente sujeito a uma pena de dois a cinco anos de reclusão; **E:** se, em razão de maus-tratos ou da natureza da detenção, é impingido à vítima grave sofrimento físico ou moral, o agente ficará sujeito a uma pena de dois a oito anos de reclusão – art. 148, § 2º, do CP. Trata-se, também, de forma qualificada de sequestro ou cárcere privado.

1102

Gabarito "B"

(Magistratura do Trabalho – 5ª Região – 2006 – CESPE) Com relação aos crimes contra a honra, assinale a opção correta.

(A) O crime de calúnia admite a exceção da verdade, em regra. Todavia não caberá a exceção da verdade se, constituindo o fato imputado crime de ação privada, o ofendido não tiver sido condenado por sentença irrecorrível.
(B) Distingue-se a calúnia da difamação porque nesta, apesar de se atribuir qualidade negativa à vítima, não se imputa um fato concreto definido como crime.
(C) Admite-se a exceção da verdade em todas as modalidades do crime de difamação.
(D) O querelado que, antes da sentença, retrata-se cabalmente da calúnia ou da difamação, deve ter sua pena diminuída de um a dois terços.
(E) Os crimes contra a honra submetem-se a ação penal pública condicionada à representação.

A: alternativa correta, na medida em que é verdadeira a afirmação de que o crime de calúnia comporta, em geral, a exceção da verdade, salvo nas hipóteses listadas no art. 138, § 3º, do CP; **B:** *difamar* consiste em atribuir a alguém *fato* ofensivo à sua reputação (art. 139, CP). Já a *calúnia* (art. 138, CP) consiste em atribuir falsamente a alguém *fato* capitulado como crime. Nestes dois crimes, a honra atingida é a objetiva (conceito que o sujeito tem diante do grupo no qual está inserido). Injúria, por sua vez, é a manifestação ofensiva (art. 140, CP). Nesta, não há, como na calúnia e na difamação, imputação de *fato* determinado; há, sim, atribuição de uma qualidade ofensiva, um xingamento. A honra atingida, aqui, é a subjetiva, isto é, a imagem que o sujeito tem de si mesmo; **C:** na difamação somente será admitida a exceção da verdade na hipótese de o ofendido ser funcionário público e a ofensa ser relativa ao exercício de suas funções – art. 139, parágrafo único, do CP; **D:** a *retratação* faz com que o querelado fique isento de pena (art. 143, CP), gerando a extinção de sua punibilidade, nos termos do art. 107, VI, do CP; **E:** a ação penal, nos crimes contra a honra, é, em regra, de iniciativa privada – art. 145, *caput*, do CP. As exceções a essa regra estão relacionadas no parágrafo único do dispositivo.

Gabarito "A"

(Magistratura do Trabalho – 8ª Região – 2008) Considerando o crime de redução a condição análoga à de escravo, é INCORRETO afirmar:

(A) Configura o tipo penal submeter o trabalhador a trabalhos forçados ou a jornada exaustiva ou sujeitá-lo a condições degradantes de trabalho.
(B) Configura o tipo penal restringir, por qualquer meio, a locomoção do trabalhador em razão de dívida contraída com o empregador ou preposto.
(C) Se o crime é praticado por motivo de preconceito de raça, cor, etnia, religião ou origem há o acréscimo de 1/3 na pena; se for praticado contra criança ou adolescente, o aumento da pena é pela metade.
(D) A pena prevista para este crime é reclusão, de dois a oito anos, e multa, podendo ser acrescida da pena correspondente à violência.
(E) Também configura este tipo penal manter vigilância ostensiva no local de trabalho ou se apoderar de documentos ou objetos pessoais do trabalhador, com o fim de retê-lo no local de trabalho.

A: esta conduta, entre outras, está prevista no *caput* do art. 149 do CP; **B:** conduta também contemplada no *caput* do dispositivo; **C:** nas hipóteses descritas na assertiva, o art. 149, § 2º, do CP estabelece que a pena deverá ser aumentada de metade, ainda que o crime seja praticado por motivo de preconceito de raça, cor, etnia, religião ou origem; **D:** proposição em conformidade com o preceito secundário do dispositivo; **E:** conduta prevista no art. 149, § 1º, II, do CP (figura equiparada).

Gabarito "C"

(Magistratura do Trabalho – 9ª Região – 2009) Assinale a proposição incorreta:

(A) É punível a calúnia contra os mortos.
(B) No delito de difamação, a exceção da verdade somente se admite se o ofendido é funcionário público e a ofensa é relativa ao exercício de suas funções.
(C) A ofensa irrogada em juízo, na discussão da causa, pela parte ou por seu procurador, não constitui injúria ou difamação punível.
(D) A legislação penal admite a *retratação* nos crimes de calúnia e difamação.
(E) A injúria preconceituosa confunde-se com o crime de racismo.

A: assertiva correta, nos termos do art. 138, § 2º, do CP; **B:** assertiva correta, conforme dispõe o art. 139, parágrafo único, do CP; **C:** proposição em conformidade com o disposto no art. 142, I, do CP; **D:** assertiva em consonância com o que dispõe o art. 143 do CP; **E:** a *injúria preconceituosa*, prevista no art. 140, § 3º, do CP, consiste na atribuição de qualidade que contenha elementos relacionados à raça, cor, etnia etc. Já a Lei 7.716/89 – crime de racismo – pune as condutas das quais resultam discriminação ou preconceito de raça, cor, etnia ou procedência nacional. Não há, pois, razão para confundi-los.

Gabarito "E"

(Magistratura do Trabalho – 9ª Região – 2007) Considere as seguintes proposições:

I. A calúnia é *crime formal*, que se configura independentemente de qualquer resultado lesivo para a vítima.
II. A jurisprudência tem entendimento de que a pessoa jurídica pode ser sujeito passivo de crime de difamação.
III. Não constitui calúnia, injúria ou difamação punível a ofensa irrogada em juízo, na discussão da causa, pela parte ou por seu procurador.
IV. Quem, a pedido de terceiro, anota na carteira de trabalho deste contrato de trabalho inexistente, para fim de prova perante a Previdência Social, comete crime de falsificação de documento particular.

Assinale a alternativa correta:

(A) Todas as proposições estão corretas;
(B) Apenas as proposições I e II estão corretas;
(C) Apenas as proposições II, III e IV estão corretas;
(D) Apenas a proposição I está correta;
(E) Apenas as proposições I, III e IV estão corretas.

I: a assertiva está correta. Trata-se de *crime formal*, cuja consumação se opera no exato instante em que terceira pessoa toma conhecimento da imputação ofensiva, sendo desnecessário qualquer resultado naturalístico; II: de *fato*, a jurisprudência firmou entendimento no sentido de que a pessoa jurídica, por gozar de reputação, pode figurar como sujeito passivo do crime de difamação. *Vide*, a esse respeito: STF, RHC 83.091-DF, 1ª T., rel. Min. Marco Aurélio Mello, j. 5.8.03; III: o art. 142 do CP não contemplou o crime de calúnia, aplicando-se tão somente aos delitos de injúria e difamação; IV: a conduta descrita na assertiva está capitulada no art. 297, § 3º, II, do CP – falsificação de documento público.

Gabarito "B"

(Magistratura do Trabalho – 13ª Região – 2006) A exceção da verdade, no crime de calúnia, é sempre permitida, salvo:

(A) se, constituindo o fato imputado crime de ação privada, o ofendido não foi condenado por sentença irrecorrível;
(B) se o ofendido é funcionário público e a ofensa é relativa ao exercício de suas funções;
(C) se o ofendido é pessoa maior de 60 (sessenta) anos ou portadora de deficiência física;
(D) se, do crime imputado, embora de ação pública, o ofendido foi condenado por sentença irrecorrível;
(E) se o fato é imputado na presença de várias pessoas, ou por meio que facilite a divulgação do mesmo.

É correta a afirmação segundo a qual o crime de calúnia comporta, via de regra, a exceção da verdade, salvo nas hipóteses elencadas no art. 138, § 3º, do CP, entre as quais está a contida na alternativa "A". Em relação às demais alternativas, não há qualquer restrição.

Gabarito "A"

(Magistratura do Trabalho – 14ª Região – 2011) Das proposições abaixo, indique a alternativa que está correta.

(A) No crime de difamação o objeto jurídico tutelado é a honra subjetiva, o sentimento pessoal em relação ao decoro ou dignidade.
(B) No crime de calúnia há imputação de fato ofensivo à reputação da vítima.
(C) Nos crimes de calúnia e difamação não se admite a retratação antes da sentença.
(D) No crime de difamação a exceção da verdade somente se admite se o ofendido é funcionário público e a ofensa é relativa ao exercício de suas funções.
(E) Não é punível a calúnia contra os mortos uma vez que o tipo penal tem por objetividade jurídica a tutela da honra objetiva da pessoa.

A: incorreta. No crime de difamação (art. 139, CP), a honra atingida é a **objetiva** (conceito que o sujeito tem diante do grupo no qual está inserido); a **honra subjetiva** (é o que cada um pensa de si próprio; é o conceito que fazemos de nós mesmos) será violada com o cometimento do crime de injúria (art. 140 do CP), que consiste na atribuição de qualidade negativa. Na calúnia, é atingida, da mesma forma que na difamação, a **honra objetiva**; **B:** é no crime de **difamação** que há imputação de fato ofensivo à reputação da vítima. No **crime de calúnia**, a imputação – falsa – deve ser de fato definido como crime (art. 138, CP); **C:** incorreta, pois a calúnia e a difamação, a teor do disposto no art. 143 do CP, comportam a **retratação**, desde que levada a cabo antes da sentença; **D:** correta, nos termos do art. 139, parágrafo único, do CP; **E:** é, sim, punível a calúnia contra os mortos. A tutela, neste caso, é voltada à memória destes.

Gabarito "D"

(Magistratura do Trabalho – 14ª Região – 2008) Sobre os crimes contra a honra é CORRETO afirmar:

(A) Calúnia praticada contra pessoa morta constitui crime impossível.
(B) Injúria é a imputação a alguém de fato ofensivo a sua reputação.
(C) O querelado que, antes do recebimento da denúncia, se retrata cabalmente da calúnia ou da difamação, fica isento de pena.
(D) A injúria real admite concurso com o crime de lesões corporais.
(E) Na calúnia, a exceção da verdade somente se admite se o ofendido é funcionário público e a ofensa é relativa ao exercício de suas funções.

A: art. 138, § 2º, do CP. Note que o morto, por não ser mais titular de direito, não é o sujeito passivo do crime, mas, sim, seus familiares. A tutela, aqui, é voltada à memória do morto; **B:** *injúria* não é a imputação de fato, como na calúnia e na difamação, e sim a manifestação ofensiva, isto é, a atribuição de qualidade negativa. É o xingamento; **C:** art. 143 do CP. A *retratação*, que constitui uma causa extintiva da punibilidade, deve ser exercida antes da sentença; **D:** no cometimento da *injúria* real (art. 140, § 2º, do CP), é possível que o agente lesione a vítima. Nesse caso responderá pela *injúria* em concurso com o crime de lesão corporal; **E:** o art. 138, § 3º, do CP contempla as hipóteses em que a **exceção da verdade**, no crime de calúnia, não tem lugar. É de se ver, portanto, que a exceção da verdade, neste caso, tem ampla incidência, somente sendo vedada a sua aplicação nos casos previstos no dispositivo mencionado. A difamação, diferentemente, não comporta a **exceção da verdade**, salvo em uma situação, a saber: se o ofendido é funcionário público e a ofensa diz respeito ao exercício de suas funções (art. 139, parágrafo único, CP). A hipótese prevista na assertiva, portanto, refere-se à exceção da verdade no crime de difamação.

Gabarito "D"

(Magistratura do Trabalho – 18ª Região – 2006) Acerca da exceção da verdade nos crimes contra a honra, é incorreto afirmar:

(A) No crime de calúnia, é sempre inadmissível a exceção da verdade se o crime é cometido contra chefe de governo estrangeiro.
(B) No crime de difamação, somente é admissível a exceção da verdade se o ofendido é funcionário público e a ofensa é relativa as suas funções.
(C) Na calúnia, é inadmissível a exceção da verdade se do crime imputado, embora de ação pública, o ofendido foi absolvido por sentença irrecorrível.
(D) No crime de calúnia, a exceção da verdade é admissível se a imputação do crime for feita a funcionário público, mesmo se a ofensa for relativa a fato cometido fora do exercício de suas funções.
(E) No crime de calúnia, constituindo o fato imputado crime de ação privada, é inadmissível a exceção da verdade se o ofendido não foi condenado por sentença recorrível.

A: alternativa correta, nos termos do art. 138, § 3º, II, do CP; **B:** assertiva correta, visto que em consonância com o disposto no art. 140, parágrafo único, do CP; **C:** proposição em consonância com o que prescreve o art. 138, § 3º, III, do CP; **D:** proposição correta, visto que a circunstância narrada na alternativa não constitui exceção referida no art. 138, § 3º, do CP; **E:** alternativa incorreta, na medida em que o dispositivo (art. 138, § 3º, I, CP) exige, para constituir exceção à prova da verdade, que o ofendido não tenha sido condenado por sentença *irrecorrível*, ao passo que a alternativa faz menção a sentença *recorrível*.

Gabarito "E"

(Magistratura do Trabalho – 23ª Região – 2006) A exceção da verdade, no crime de calúnia, é sempre permitida, salvo:

(A) se, do crime imputado, embora de ação pública, o ofendido foi condenado por sentença irrecorrível;
(B) se o fato é imputado na presença de várias pessoas, ou por meio que facilite a divulgação do mesmo;
(C) se, constituindo o fato imputado crime de ação privada, o ofendido não foi condenado por sentença irrecorrível;
(D) se o ofendido é funcionário público e a ofensa é relativa ao exercício de suas funções;
(E) se o ofendido é pessoa maior de 60 (sessenta) anos ou portadora de deficiência física.

A proposição contida na alternativa "C" é a única contemplada no rol do art. 138, § 3º, do CP (inciso I).

Gabarito "C"

(Magistratura do Trabalho – 24ª Região – 2007) A respeito do crime previsto no artigo 149 do Código Penal (Redução a Condição Análoga à de Escravo: Pena - reclusão, de dois a oito anos, e multa, além da pena correspondente à violência), considere as assertivas abaixo:

I. Conduta: reduzir alguém à condição análoga à de escravo, quer submetendo-o a trabalhos forçados ou a jornada exaustiva, quer sujeitando-o a condições degradantes de trabalho, quer restringindo, por qualquer meio, sua locomoção em razão de dívida contraída com o empregador ou preposto.
II. Nas mesmas penas do crime supracitado, incorre quem cerceia o uso de qualquer meio de transporte por parte do trabalhador, com o fim de retê-lo no local de trabalho.
III. Nas mesmas penas do crime supracitado, incorre quem mantém vigilância ostensiva no local de trabalho ou se apodera de documentos ou objetos pessoais do trabalhador, com o fim de retê-lo no local de trabalho.
IV. A pena é aumentada de metade, se o crime é cometido contra criança, adolescente e idosos acima de 70 (setenta) anos.
V. A pena é aumentada de metade, se o crime é cometido por motivo de preconceito de raça, cor, etnia, religião ou origem.

RESPONDA:

(A) Apenas as proposições I, II, III e V estão corretas.
(B) Apenas as proposições II, III e IV estão corretas.
(C) Apenas as proposições III e IV estão incorretas.
(D) Apenas as proposições III, IV e V estão incorretas.
(E) Todas as proposições estão corretas.

I: art. 149, *caput*, do CP; II: art. 149, § 1º, I, do CP; III: art. 149, § 1º, II, do CP; IV: o art. 149, § 2º, do CP não contempla os idosos acima de 70 anos; faz menção, tão só, a criança ou adolescente; V: art. 149, § 2º, II, do CP.

Gabarito "A"

(Magistratura do Trabalho – 24ª Região – 2006) Sobre os crimes contra a honra, assinale a alternativa INCORRETA:

(A) Admite-se a prova da verdade, salvo se, constituindo o fato imputado crime de ação privada, o ofendido não foi condenado por sentença irrecorrível.
(B) É punível a calúnia contra os mortos.
(C) No crime de difamação, a exceção da verdade somente se admite se o ofendido é funcionário público e a ofensa é relativa ao exercício de suas funções.
(D) No crime de injúria, o juiz pode deixar de aplicar a pena no caso de retorsão imediata, que consista em outra injúria.
(E) As penas cominadas aumentam-se em dobro, se qualquer dos crimes contra a honra for cometido contra pessoa maior de sessenta anos ou portadora de deficiência, exceto no caso de difamação.

A: assertiva em consonância com o que dispõe o art. 138, § 3º, I, do CP; **B:** alternativa correta, visto que corresponde ao teor do art. 138, § 2º, do CP; **C:** correto, nos termos do art. 139, parágrafo único, do CP; **D:** correto, nos termos do art. 140, § 1º, II, do CP; **E:** a assertiva não corresponde ao que dispõe o art. 141, IV, do CP. O aumento de pena a que se refere o *caput* é da ordem de 1/3; a exceção, a que alude o inciso IV, fica por conta da injúria. Alternativa, portanto, incorreta.

Gabarito "E"

(Ministério Público do Trabalho – 14º) Com relação ao crime de redução à condição análoga a de escravo, assinale a alternativa CORRETA:

I. O bem jurídico tutelado é a liberdade individual.
II. Trata-se de um crime instantâneo de efeitos permanentes, cuja consumação ocorre em determinado instante, mas seus efeitos são irreversíveis.
III. O consentimento do ofendido é irrelevante.
IV. A pena é acrescida de metade, se o crime é cometido: contra criança ou adolescente ou maior de 60 (sessenta) anos; por motivo de preconceito de raça, cor, etnia, religião ou origem.

(A) apenas uma das assertivas está correta;
(B) apenas duas das assertivas estão corretas;
(C) apenas três das assertivas estão corretas;
(D) todas as assertivas estão corretas;
(E) não respondida.

I: a assertiva está correta, já que o crime do art. 149 do CP está inserido no Capítulo VI: "Dos Crimes contra a Liberdade Individual"; II: proposição incorreta, visto que se trata de crime permanente, que é aquele cujo momento consumativo se protrai no tempo por vontade do agente; III: alternativa correta, tendo em conta que, neste crime, ainda que o ofendido disponha de certa liberdade, esta, por certo, não se mostra suficiente para que ele se liberte do vínculo com o agente; IV: assertiva incorreta, visto que o aumento de pena previsto no art. 149, § 2º, do CP não se aplica se o delito é praticado contra maior de 60 anos; incide, sim, se o crime é cometido em face de criança ou adolescente, bem como por motivo de preconceito de raça, cor, etnia, religião ou origem.

Gabarito "B"

(Ministério Público do Trabalho – 13º) Com relação ao crime de redução à condição análoga à de escravo, é INCORRETO afirmar:

(A) a ação penal é pública incondicionada;
(B) tem como objetividade jurídica a organização do trabalho;
(C) o tipo é presidido pelo chamado dolo genérico;
(D) o sujeito passivo pode ser qualquer pessoa, independentemente de raça, idade ou sexo;
(E) não respondida.

A: alternativa correta. A ação penal, neste crime, é pública incondicionada (art. 100, *caput*, do CP); **B:** assertiva incorreta. O objeto jurídico é a liberdade individual (o crime do art. 149 do CP está inserido no Capítulo VI: "Dos Crimes contra a Liberdade Individual"); **C:** pode-se dizer que o tipo é presidido pelo *dolo genérico* na figura contida no *caput* do dispositivo, já que inexiste uma finalidade específica; nas figuras equiparadas, por seu turno, referidas no § 1º do dispositivo, o tipo, diferentemente, é presidido pelo *dolo específico*, consistente, neste caso, em reter o trabalhador no local de trabalho; **D:** de fato, o sujeito passivo pode ser qualquer pessoa. Cabe ressaltar que, se se tratar de criança ou adolescente, incidirá a causa de aumento do art. 149, § 2º, I, do CP.

Gabarito "B"

(Ministério Público do Trabalho – 12º) Assinale a alternativa INCORRETA:

(A) constitui crime de injuria a lesão à honra subjetiva da vítima, caracterizada pela ofensa a sua dignidade e decoro, aumentando-se a pena em um terço se cometido na presença de várias pessoas;
(B) no crime de difamação só se admite a exceção da verdade se o ofendido for funcionário público e a ofensa for relativa ao exercício de suas funções;
(C) não caracteriza injúria, calúnia ou difamação a ofensa irrogada em juízo, na discussão da causa, pelo procurador da parte, máxime porque o exercício da advocacia é inviolável;
(D) extingue-se a punibilidade do ofensor que se retratar cabalmente da calúnia ou da difamação antes da sentença.
(E) não respondida.

A: injúria é a adjetivação ofensiva à dignidade ou ao decoro. Aqui, a honra atingida é a subjetiva, que é a ideia, o conceito que cada um tem de si mesmo. Se cometido na presença de várias pessoas, a pena será aumentada em 1/3, conforme reza o art. 141, III, do CP. A assertiva, portanto, está correta. Só para lembrar: na calúnia e na difamação, imputa-se fato determinado e a honra atingida é a objetiva, que é o conceito que o sujeito tem diante do grupo social no qual está inserido; **B:** proposição correta, visto que em consonância com o disposto no art. 139, parágrafo único, do CP; **C:** alternativa incorreta, tendo em conta que a exclusão a que se refere o art. 142 do CP somente alcança os crimes de injúria e difamação, não o de calúnia; **D:** alternativa correta, nos termos do art. 143 do CP.

Gabarito "C"

11. CRIMES CONTRA O PATRIMÔNIO

(Magistratura do Trabalho – 2ª Região – 2011) Assinale a alternativa correta:

(A) No crime de ameaça, os meios que a lei enumera para anúncio do mal injusto intimidativo não abrangem as formas mímica e simbólica, mas só a oral e a escrita.
(B) O estelionato é crime formal, que se consuma independentemente da efetiva obtenção da vantagem ilícita, bastando à sua consumação o emprego de artifício, ardil, ou qualquer outro meio fraudulento.
(C) Dá-se uma das figuras qualificadas do crime de extorsão mediante sequestro se este dura mais de vinte e quatro horas, se o sequestrado é menor de dezoito ou maior de sessenta anos ou se o crime é cometido por bando ou quadrilha.
(D) Quem emprega violência contra a pessoa, ou grave ameaça, só depois de subtraída a coisa e apenas com o fim de assegurar a impunidade do crime ou a pacífica detenção da coisa para si ou para terceiro, não incide na pena do crime do roubo.
(E) A nossa lei penal não caracteriza como crime a subtração da coisa comum, a quem legitimamente a detenha, quando praticada pelo condômino, co-herdeiro ou sócio.

A: o tipo penal do art. 147 do CP traz a possibilidade de se cometer o delito de ameaça por meio de palavras, escritos, gestos ou qualquer outro meio simbólico (desenhos, por exemplo). Trata-se, por isso, de **crime de forma livre**, pois o agente pode, na sua prática, empregar qualquer meio; **B:** o estelionato é **crime material**, pois somente se consuma no momento em que o agente obtém a vantagem ilícita exigida no tipo penal (art. 171 do CP); **C:** alternativa correta, já que, sendo o crime do art. 159 do CP cometido nas circunstâncias descritas na assertiva, a pena cominada será de doze a vinte anos, superior à do *caput*, que estabelece a pena de oito a quinze anos; **D:** neste caso, o agente terá cometido o crime de roubo impróprio, previsto no art. 157, § 1º, do CP, em razão do que estará sujeito à mesma pena do roubo próprio (*caput*); **E:** crime previsto no art. 156 do CP – furto de coisa comum.

Gabarito "C"

(Magistratura do Trabalho – 3ª Região – 2013) Na sistemática do Código Penal, não configura uma das hipóteses de furto qualificado:

(A) Subtrair o condômino, coerdeiro ou sócio, para si ou para outrem, a quem legitimamente a detém, a coisa comum.
(B) Subtrair, para si ou para outrem, coisa alheia móvel, com destruição ou rompimento de obstáculo à subtração da coisa.
(C) Subtrair, para si ou para outrem, coisa alheia móvel, com abuso de confiança, ou mediante fraude, escalada ou destreza.
(D) Subtrair, para si ou para outrem, coisa alheia móvel, com emprego de chave falsa.
(E) Subtrair, para si ou para outrem, coisa alheia móvel, mediante concurso de duas ou mais pessoas.

A: incorreta, devendo ser assinalada, já que corresponde à descrição típica do crime de *furto de coisa comum* (art. 156, CP); **B:** correta – modalidade de furto qualificado previsto no art. 155, § 4º, I, do CP; **C:** correta – modalidade de furto qualificado previsto no art. 155, § 4º, II, do CP; **D:** correta – modalidade de furto qualificado previsto no art. 155, § 4º, III, do CP; **E:** correta – modalidade de furto qualificado previsto no art. 155, § 4º, IV, do CP.

Gabarito "A"

(Magistratura do Trabalho – 4ª Região – 2012) Dentre os crimes contra o patrimônio, ainda que primário o agente e de pequeno valor a coisa ou o prejuízo, NÃO admite a imposição exclusiva de pena de multa

(A) a receptação dolosa.
(B) a apropriação indébita.
(C) o dano culposo.
(D) o estelionato.
(E) o furto.

A: privilégio previsto no art. 180, § 5º, do CP; **B:** privilégio previsto no art. 170 do CP; **C:** inexiste a forma culposa do crime de dano (art. 163, CP); **D:** privilégio previsto no art. 171, § 1º, do CP; **E:** privilégio previsto no art. 155, § 2º, do CP.

Gabarito "C"

(Magistratura do Trabalho – 9ª Região – 2007) Considere as seguintes proposições:

I. O tipo penal previsto no artigo 168-A do Código Penal (Apropriação indébita previdenciária) trata-se de crime próprio.
II. Incorre nas penas do artigo 168-A do Código Penal (Art. 168-A do Código Penal: "Deixar de repassar à previdência social as contribuições recolhidas dos contribuintes, no prazo e forma legal ou convencional: Pena - reclusão, de 2 (dois) a 5 (cinco) anos, e multa."), com acréscimo de 1/3, quem deixa de recolher, no prazo legal, contribuição ou outra importância destinada à previdência social que tenha sido descontada de pagamento efetuado a segurados, a terceiros ou arrecadada do público.
III. O crime de aliciamento de trabalhadores de um local para outro do território nacional somente se consuma se houver o efetivo êxodo dos trabalhadores.
IV. A retenção dolosa do salário, considerada crime pelo artigo 7º, X, da Constituição Federal, não se constitui, até o momento, em tipo penal dotado de sanção específica.

Assinale a alternativa correta:

(A) Todas as proposições estão corretas;
(B) Apenas três proposições estão corretas;
(C) Apenas duas proposições estão corretas;
(D) Apenas uma proposição está correta;
(E) Todas as proposições estão incorretas.

I: é crime próprio na medida em que exige do sujeito ativo uma qualidade especial, qual seja, a de ser a pessoa responsável pelo repasse à Previdência do valor recolhido como contribuição previdenciária; II: conduta não prevista no art. 168-A do CP. Assertiva, portanto, incorreta; III: alternativa incorreta, uma vez que a consumação, no crime do art. 207 do CP, dá-se com o aliciamento, sendo prescindível o efetivo êxodo dos trabalhadores. Este, se ocorrer, constituirá mero exaurimento; IV: alternativa correta. Até hoje o legislador ordinário não cuidou de conferir eficácia à norma constitucional contida no art. 7º, X, da CF.

Gabarito "C"

(Magistratura do Trabalho – 9ª Região – 2007) O empregado, vendedor em uma loja de peças para veículos, foi flagrado pela polícia civil quando transportava em sua motocicleta mercadorias sem nota fiscal, sendo preso em flagrante. Após a prisão e depois de apuração dos fatos pela empresa, foi dispensado sob a alegação de justa causa. A instrução processual, no Juízo trabalhista, comprovou a seguinte prática: o empregado recebia pedidos de peças de um cliente do Norte do país, fazia a venda e enviava a mercadoria. Parte da mercadoria era acompanhada de nota fiscal e parte era enviada sem nota fiscal. O pagamento das peças enviadas de forma irregular era feito diretamente ao empregado, por meio de depósito em sua conta corrente bancária e esses valores não eram repassados ao empregador. A prática viciosa só foi descoberta porque o cliente, cobrado por duplicatas não quitadas, enviou à empresa cópia dos depósitos bancários feitos em nome do empregado para pagamento das peças. À vista da situação acima descrita, assinale a alternativa correta:

(A) Configurou-se o crime de furto qualificado com abuso de confiança e, na esfera trabalhista, restou caracterizada a falta grave do empregado.
(B) Configurou-se crime de apropriação indébita e, na esfera trabalhista, restou caracterizada a falta grave do empregado.

(C) Configurou-se crime, o que impede a despedida por justa causa, sob pena de caracterizar-se *bis in idem*.

(D) O empregador não pode, em razão do fato, dar notícia-crime, para evitar a caracterização de dano moral, já que não tomou as medidas cabíveis para impedir a prática ilícita no âmbito da empresa, estando, entretanto, caracterizada a falta grave do empregado.

(E) Configurou-se crime de extorsão em relação ao comprador das peças e falta grave do empregado.

O empregado, que detinha a posse das peças para veículos, inverte esta, isto é, com a venda que fazia desacompanhada da respectiva nota fiscal, agia como se dono fosse da coisa. Nisso consiste o verbo nuclear *apropriar-se*, que significa tornar-se dono, tomar para si. Neste crime, que está capitulado no art. 168 do CP, inexiste subtração ou fraude. O agente, depois de adquirir a posse ou detenção da coisa, passa a portar-se como se dono dela fosse. Ocorre, a rigor, uma inversão da posse. O crime de furto – art. 155, CP, diferentemente, pressupõe subtração.

Gabarito "B".

(Magistratura do Trabalho – 12ª Região – 2006) O crime de extorsão (CP, art. 158)

(A) consuma-se no momento em que o agente obtém a vantagem indevida;

(B) é crime material, permanente, e admite a forma tentada;

(C) consuma-se independentemente da obtenção de indevida vantagem econômica pelo agente;

(D) é *crime formal*, complexo, e não admite a forma tentada;

(E) não corresponde a nenhuma das alternativas.

A extorsão – art. 158 do CP – é *crime formal*. Sua consumação, portanto, opera-se independentemente da obtenção de vantagem indevida, conforme esposado na Súmula 96 do STJ. Na doutrina, é esse o entendimento que prevalece. No mais, cuida-se de crime complexo, instantâneo e que comporta a forma tentada.

Gabarito "C".

(Magistratura do Trabalho – 13ª Região – 2006) Qual das alternativas abaixo preenche, literalmente, o requisito ou requisitos do crime de furto privilegiado:

(A) que o criminoso seja não reincidente e que o prejuízo experimentado pela vítima seja indenizável;

(B) que o criminoso seja primário e que a coisa furtada seja de pequeno valor;

(C) que o criminoso seja tecnicamente primário, e que a coisa furtada seja fungível;

(D) que o criminoso seja primário, sendo irrelevante a questão do bem;

(E) que seja de pequeno valor a coisa furtada, sendo irrelevante a questão da reincidência.

O chamado *furto privilegiado* está previsto no art. 155, § 2º, do CP. Nele, o *agente* deve ser *primário* e a coisa furtada, de *pequeno valor*.

Gabarito "B".

(Magistratura do Trabalho – 13ª Região – 2006) Existe a apropriação indébita previdenciária, que tem como causa de extinção da punibilidade a seguinte proposição:

(A) é extinta a punibilidade se o agente, espontaneamente, declara, confessa e efetua o pagamento, antes da sentença de primeiro grau;

(B) é extinta a punibilidade se o agente, espontaneamente, declara, confessa e efetua o pagamento, antes do início da ação fiscal;

(C) é extinta a punibilidade se o agente, espontaneamente, declara, confessa e efetua o pagamento antes da instauração do inquérito policial;

(D) é extinta a punibilidade se o agente, espontaneamente, declara, confessa e efetua o pagamento antes do oferecimento da denúncia;

(E) é extinta a punibilidade se o agente, espontaneamente, declara, confessa e efetua o pagamento antes da ação fiscal, caso o agente seja primário.

Art. 168-A, § 2º, do CP. Há quem entenda que este dispositivo foi tacitamente revogado pelo art. 9º, *caput*, da Lei 10.684/03, segundo o qual é suficiente que o agente proceda ao pagamento até o trânsito em julgado do processo criminal.

Gabarito "B".

(Magistratura do Trabalho – 14ª Região – 2008) Com relação ao crime consistente em deixar de recolher contribuição previdenciária, ou importância, descontadas do pagamento feito aos segurados, a terceiros ou arrecadadas do público (art. 168/A, § 1º, I, do Código Penal), pode-se afirmar corretamente que se extingue a punibilidade:

(A) quando, antes do início da ação fiscal, o agente, espontaneamente, declare e confesse a dívida previdenciária, desde que o pagamento se efetue antes do oferecimento da denúncia;

(B) quando, antes do início da ação fiscal, o agente, espontaneamente, confesse e efetue o pagamento das contribuições e valores devidos e, ainda, preste as informações devidas à Previdência Social;

(C) quando o agente, após o início da ação fiscal, deposite pelo menos a metade do total das contribuições devidas, inclusive os acessórios;

(D) quando, após o início da ação fiscal, e antes do oferecimento da denúncia, o agente efetue o pagamento da contribuição social previdenciária devida, inclusive os acessórios;

(E) quando o agente, espontaneamente, confesse e pague a dívida previdenciária, e, ainda, preste as informações devidas à Previdência Social, desde que antes da sentença condenatória.

Art. 168-A, § 2º, do CP.

Gabarito "B".

(Magistratura do Trabalho – 15ª Região – 2012) Analise as seguintes assertivas, assinalando a alternativa **incorreta**:

(A) O crime de furto (art. 155, CP) é um crime comum, tanto com relação ao sujeito ativo quanto ao sujeito passivo; doloso; material; de dano; permanente e monossubjetivo.

(B) Segundo posição majoritária do STF e STJ, considera-se consumado o crime de furto com a simples posse, ainda que breve, do bem subtraído, não sendo necessária que a mesma se dê de forma mansa e pacífica, bastando que cesse a clandestinidade, ainda que por curto espaço de tempo.

(C) Presente o "*animus furandi*" e sendo demonstrada a intenção de restituir o bem, descabe falar em furto de uso.

(D) O objeto material do roubo é a coisa alheia móvel, bem como a pessoa sobre a qual recai a conduta praticada pelo agente, em face de sua pluralidade ofensiva.

(E) O crime de roubo somente pode ser praticado dolosamente, não havendo previsão legal para modalidade culposa. Além do dolo, a doutrina majoritária aponta outro elemento subjetivo, que lhe é transcendente, chamado *especial fim de agir*, caracterizado na expressão "para si ou para outrem", constante do art. 157 do Código Penal.

A: diz-se que o crime de furto é *comum*, tanto em relação ao sujeito ativo quanto ao sujeito passivo, porque nenhuma qualidade especial lhes é imposta. Significa, portanto, que pode ser praticado por qualquer pessoa contra qualquer pessoa; é *doloso* porque o elemento subjetivo do tipo é representado pelo dolo (vontade livre e consciente de concretizar a conduta prevista no tipo penal). A modalidade culposa não foi contemplada no tipo penal; é *material* na medida em que exige, à sua consumação, a produção de resultado naturalístico, consistente no desfalque patrimonial. Valem, quanto a isso, alguns esclarecimentos. Doutrina e jurisprudência há muito consolidaram o entendimento segundo o qual a consumação do crime de furto (e também a do roubo) está condicionada à retirada da *res* da esfera de vigilância e proteção da vítima. Pois bem. De uns anos para cá, a jurisprudência, notadamente dos tribunais superiores, à revelia de boa parte da doutrina, vem se inclinando em considerar, como momento consumativo do crime de furto (e também o de roubo), o da subtração do bem. Para a doutrina, tal mudança de entendimento significa antecipar o momento consumativo desse crime e, com isso, passar a considerá-lo formal (de consumação antecipada ou resultado cortado), já que o resultado previsto no tipo penal (lesão patrimonial) passaria a constituir mero exaurimento. Concordemos ou não com essa tendência da jurisprudência, o fato é que diversos julgados assim têm entendido. Senão vejamos: "A jurisprudência do Supremo Tribunal Federal dispensa, para a consumação do furto ou do roubo, o critério da saída da coisa da chamada "esfera de vigilância da vítima" e se contenta com a verificação de que, cessada a clandestinidade ou a violência, o agente tenha tido a posse das *res* furtiva, ainda que retomada, em seguida, pela perseguição imediata (STF, HC 108.678-RS, 1ª Turma, rel. Min. Rosa Weber, 17.04.2012); é crime de *dano*, visto que a sua consumação se dá com a efetiva lesão ao bem jurídico sob tutela; o crime de furto é *instantâneo*, segundo a grande maioria da doutrina, e não permanente, já que o resultado (desfalque patrimonial) é verificado em momento certo, determinado. *Permanente* é o crime cuja consumação se prolonga no tempo por vontade do agente. É o caso do crime de sequestro e cárcere privado (art. 148, CP); é, por fim, delito *monossubjetivo* (ou unissubjetivo), na medida em que pode ser praticado por um único agente. A assertiva, segundo pensamos, está incorreta, dado que, conforme já expusemos, o crime aqui em questão é instantâneo; **B:** reporto-me ao comentário à alternativa anterior. Está correta, segundo entendimento hoje prevalente nos tribunais superiores; **C:** não há crime na conduta do agente que, após retirar a coisa da posse do ofendido com o propósito de usá-la, a restitui íntegra. Isso porque é imprescindível, à concretização do crime de furto, que o agente aja imbuído do propósito de assenhorar-se em definitivo da *res* (intenção de incorporar o objeto material ao seu patrimônio). Incorreta, portanto, a assertiva; **D:** de fato a conduta poderá recair (objeto material do crime) sobre a coisa e também sobre a pessoa. É crime complexo, em que são tutelados o patrimônio, a posse, a liberdade individual e também a incolumidade física; **E:** correta. Além de o agente agir com vontade livre e consciente de apossar-se do bem, é ainda necessário que o faça imbuído do propósito de subtrair a coisa *para si ou para outrem*.

Gabarito Oficial "C" - Nosso Gabarito "A" e "C"

(Magistratura do Trabalho – 16ª Região – 2008) Assinale a alternativa correta. Ricardo Perigoso e João Abestado resolvem subtrair objetos da residência de Valdemar Bill. Ricardo Perigoso arma-se de um revólver, com o conhecimento e concordância de João Abestado. No dia combinado, Ricardo Perigoso entra na residência enquanto João Abestado fica do lado de fora vigiando. Ricardo Perigoso subtrai uma televisão e, ao tentar sair, Valdemar Bill acorda, aciona o alarme e sai para a sala de estar onde se encontrava Ricardo Perigoso. Este, apavorado, detona um balaço no peito de Valdemar Bill, causando sua morte imediatamente. No desespero, Ricardo Perigoso não consegue levar consigo a televisão. Nesse ínterim, a polícia chega e prende em flagrante delito os dois comparsas. Na delegacia eles confessam toda a trama. De acordo com a teoria adotada pelo nosso Código Penal para o concurso de pessoas, Ricardo Perigoso e João Abestado responderão:

(A) Ricardo Perigoso por latrocínio tentado e João Abestado por furto qualificado tentado;

(B) Ricardo Perigoso por latrocínio consumado e João Abestado por furto qualificado tentado;

(C) Ricardo Perigoso por homicídio consumado e furto qualificado tentado e João Abestado por furto qualificado tentado;

(D) Ricardo Perigoso e João Abestado por latrocínio consumado;

(E) Ricardo Perigoso e João Abestado por latrocínio tentado.

O fato de Ricardo Perigoso ingressar armado na residência era de conhecimento de seu comparsa, João Abestado, razão por que ambos devem ser responsabilizados pela morte de Valdemar Bill. Outrossim, embora a subtração não tenha se consumado, em vista do entendimento firmado na Súmula nº 610 do STF, responderão os agentes por latrocínio consumado (visto que o homicídio se consumara).

Gabarito "D"

(Magistratura do Trabalho – 16ª Região – 2006) Quanto ao crime de furto é INCORRETO afirmar:

(A) A pena é aumentada se cometida durante o repouso noturno;

(B) Se o criminoso é primário, e é de pequeno valor a coisa furtada, o juiz pode aplicar somente a pena de multa;

(C) A coisa furtada deve ser móvel, mas pode haver configuração do crime de furto de energia elétrica ou outra que tenha valor econômico;

(D) Não é isento de pena o ascendente ou descendente da vítima;

(E) É isento de pena o cônjuge na constância do casamento.

A: alternativa correta. O denominado *furto noturno*, previsto no art. 155, § 1º, do CP, enseja um aumento de pena da ordem de um terço; **B:** a alternativa, que faz menção aos requisitos do *furto privilegiado* contidos no art. 155, § 2º, do CP, está correta; **C:** o art. 155, *caput*, do CP exige que o objeto material deste crime seja coisa *móvel*. A esta se equipara, por força do disposto no § 3º do dispositivo, a energia elétrica ou qualquer outra que tenha valor econômico. A alternativa está, portanto, correta; **D:** é incorreto o que se afirma nesta assertiva, visto que o ascendente ou descendente da vítima que comete o crime de furto é isento de pena, em vista do que dispõem os arts. 181, II, e 183 do CP; **E:** correto, em vista do disposto nos arts. 181, I, e 183 do CP.

Gabarito "D"

(Magistratura do Trabalho – 21ª Região – 2005) Roberval Morango pagou o salário do seu empregado, de nome Jamanta Cruz, por meio de um cheque sem suficiente provisão de fundos. A conduta do empregador constitui crime de:

(A) fraude no pagamento por meio de cheque;
(B) emissão irregular de cheque;
(C) frustração de direito assegurado por lei trabalhista;
(D) retenção dolosa de salário;
(E) fraude na entrega de coisa.

A conduta praticada por Roberval Morango está capitulada no art. 171, § 2º, VI, do CP.

Gabarito "A"

(Procurador do Trabalho – 2013 – MPT) Marque a alternativa **CORRETA**:

(A) É causa de extinção da punibilidade do crime de apropriação indébita previdenciária o pagamento espontâneo das contribuições, importâncias ou valores antes da decisão da ação fiscal.
(B) Na apropriação indébita previdenciária o agente pratica o crime quando deixa de transferir à previdência social contribuições de seus empregados, mesmo que não as tenha recolhido ou descontado.
(C) Nos casos em que o criminoso é primário e a apropriação é de pequeno valor, o juiz deve diminuir a pena de reclusão da apropriação indébita previdenciária de um a dois terços ou substituí-la pela pena de detenção; isso não está na lei.
(D) Pode haver perdão judicial, se o agente for primário e de bons antecedentes, e o valor das contribuições devidas, inclusive acessórias, seja igual ou inferior àquele estabelecido pela previdência social, administrativamente, como sendo o mínimo para o ajuizamento de suas execuções fiscais.
(E) não respondida.

A: correta, pois reflete o que dispõe o art. 168-A, § 2º, do CP; **B:** incorreta, já que o objeto da conduta prevista no tipo penal do art. 168-A do CP é a contribuição efetivamente *recolhida* dos contribuintes; se a contribuição ainda não foi recolhida, não há como deixar de repassá-la; **C:** benefício somente previsto para os crimes de furto (art. 155, § 2º, do CP), apropriação indébita (art. 170), estelionato (art. 171, § 1º, do CP) e receptação dolosa (art. 180, § 5º, do CP); **D:** incorreta, dado que, presentes os requisitos contemplados no art. 168-A, § 3º, do CP, impõe-se o reconhecimento do perdão judicial ou da figura privilegiada.

Gabarito "A"

(Ministério Público do Trabalho – 9º) Leia com atenção as assertivas abaixo:

I. não existe o crime de furto entre cônjuges, na constância do casamento;
II. a coisa perdida pode ser objeto material do crime de furto, quando apanhada pelo sujeito;
III. não é punível a subtração de coisa comum infungível, pelo sócio, para si ou para outrem, a quem legitimamente a detém, se o respectivo valor não ultrapassar a quota a que teria direito o agente;
IV. ocorre o roubo próprio quando o sujeito, logo depois de subtrair a coisa, emprega violência contra a pessoa ou grave ameaça, a fim de assegurar a impunidade do crime ou a detenção da coisa para ele ou para terceiro.

Assinale a alternativa correta:

(A) todas as assertivas estão incorretas;
(B) apenas uma assertiva está incorreta;
(C) apenas duas assertivas estão incorretas;
(D) apenas três assertivas estão incorretas;
(E) todas as assertivas estão corretas:
(F) não sei.

I: assertiva incorreta, pois o crime existe, isto é, o fato é típico, antijurídico e também culpável, mas não é punível – art. 181, I, do CP. Trata-se de uma *escusa absolutória*; II: a conduta daquele que se apropria de coisa perdida, deixando de restituí-la ao dono ou de entregá-la à autoridade, dentro do prazo de 15 dias, está capitulada no art. 169, II, do CP – apropriação de coisa achada. Proposição, portanto, incorreta, já que a coisa perdida não pode ser objeto material do crime de furto; III: a causa de exclusão da ilicitude a que faz alusão o art. 156, § 2º, do CP terá incidência tão somente quando se tratar de coisa comum *fungível*, como o dinheiro; se se tratar de um bem *infungível*, como uma obra de arte, por exemplo, o fato, então, será ilícito, já que o agente não estará acobertado pela excludente do dispositivo em questão. A assertiva está incorreta porquanto faz menção a bem infungível; IV: a assertiva traz a descrição do roubo impróprio, no qual a violência ou grave ameaça é posterior à subtração.

Gabarito "A"

12. CRIMES CONTRA A ORGANIZAÇÃO DO TRABALHO

(Magistratura do Trabalho – 4ª Região – 2012) NÃO constitui causa de aumento da pena no crime de aliciamento de trabalhadores de um local para outro do território nacional a circunstância de a vítima ser

(A) analfabeta.
(B) portadora de deficiência física.
(C) menor de dezoito anos.
(D) gestante.
(E) indígena.

Causas de aumento de pena previstas no art. 207, § 2º, do CP (aliciamento de trabalhadores de um local para outro do território nacional): vítima menor de 18 anos; idosa; gestante; indígena; e portadora de deficiência física ou mental. Não integra este rol, como se pode notar, a vítima *analfabeta*, correspondente à proposição "A", a ser, por isso, assinalada.

Gabarito "A"

(Magistratura do Trabalho – 7ª Região – 2005) Ary, proprietário de uma oficina de conserto de automóveis, sob ameaça de violência física, é compelido por seus empregados a fechar o estabelecimento, a fim de manifestarem- se, juntamente com outros colegas, na via pública, por majoração de salário. Não fora declarada greve da categoria. A hipótese configura crime de:

(A) atentado contra a liberdade do trabalho.
(B) boicote violento.
(C) constrangimento ilegal.
(D) ameaça.
(E) extorsão indireta.

Art. 197, II, do CP.

Gabarito "A"

(Magistratura do Trabalho – 8ª Região – 2011) Analise as proposições abaixo e assinale a alternativa CORRETA:

I. Constitui crime contra a honra ameaçar alguém, por palavra, escrito ou gesto, ou qualquer outro meio simbólico, de causar-lhe mal injusto e grave.

II. O crime de apropriação indébita somente se configurará se o dolo de se apropriar surgir depois de ter o agente a posse ou a detenção sobre a coisa alheia móvel.

III. Para que ocorra o delito de paralisação de trabalho, seguida de violência ou perturbação da ordem, não é necessário que o agente, efetivamente, participe do movimento da suspensão ou abandono coletivo de trabalho, bastando que o mesmo se infiltre no movimento e pratique violência contra pessoa ou contra coisa.

IV. No tocante à infração penal tipificada no *caput* do artigo 207 do Código Penal, relacionada ao crime de aliciamento de trabalhadores de um local para outro do território nacional, a lei não exige que o aliciamento seja realizado mediante o emprego de fraude. Assim, o simples fato de aliciar, mesmo que com promessas reais de melhoria de vida, por exemplo, já configura o delito em questão, uma vez que o tipo penal visa evitar o êxodo em regiões integrantes do território nacional.

(A) As alternativas I e IV estão corretas.
(B) As alternativas II e III estão corretas.
(C) As alternativas I e III estão corretas.
(D) As alternativas I e II estão corretas.
(E) As alternativas II e IV estão corretas.

I: incorreta, pois a proposição traz a descrição do crime de ameaça, presente no art. 147 do CP; II: assertiva correta, pois, se o dolo surgir antes de o agente ingressar na posse do bem, o crime em que incorrerá, em princípio, será o do art. 171, *caput*, do CP – estelionato; III: o verbo nuclear do tipo penal do art. 200 do CP é representado por **participar**, do que se conclui ser necessário, à caracterização deste crime, a efetiva **participação** do agente na suspensão ou no abandono coletivo de trabalho, praticando violência contra a pessoa ou coisa; IV: assertiva correta. Se houver, por parte do agente, o emprego de fraude no recrutamento, incidirá este na figura do § 1º do art. 207 do CP, cuja pena cominada é a mesma do *caput*.

Gabarito "E".

(Magistratura do Trabalho – 9ª Região – 2009) Assinale a proposição correta:

(A) A exortação para o exercício do direito de greve configura crime de atentado contra a liberdade do trabalho.
(B) Contratar trabalhadores e não promover o pagamento de seus salários configura o crime de estelionato.
(C) O recrutamento de trabalhadores para trabalhar em território estrangeiro configura delito penal.
(D) Constranger alguém, mediante violência ou grave ameaça, a participar ou deixar de participar de determinado sindicato ou associação profissional configura crime.
(E) No crime de frustração de direito assegurado por lei trabalhista (artigo 203 do Código Penal) o sujeito passivo necessariamente deve ser o empregador.

A: o tipo penal do art. 197 do CP exige que o crime seja praticado de duas formas, a saber: mediante violência ou grave ameaça. Ou seja, o agente deve se valer, ao praticar a conduta contida no tipo – constranger –, de violência ou grave ameaça. Dessa forma, a mera exortação para o exercício do direito de greve não configura o crime em questão; **B:** a conduta não se enquadra no tipo do art. 171 do CP; **C:** não é suficiente o aliciamento, o convite. É indispensável, também, à caracterização do crime do art. 206 do CP que haja fraude, isto é, o recrutamento deve se dar por meio de um engodo, uma ilusão; **D:** configura de fato o crime previsto no art. 199 do CP; **E:** o sujeito passivo será o titular do direito frustrado, que pode ser tanto o empregado quanto o empregador.

Gabarito "D".

(Magistratura do Trabalho – 9ª Região – 2006) São crimes contra a organização do trabalho: I) Redução da pessoa à condição análoga à de escravo. II) Atentado contra a segurança de serviço de utilidade pública. III) Atentado contra a liberdade de trabalho. IV) Atentado contra a liberdade de associação. V) Aliciamento para o fim de emigração.

(A) Todas as proposições estão corretas.
(B) Somente a proposição I está correta.
(C) Somente as proposições I e II estão corretas.
(D) Somente as proposições III, IV e V estão corretas.
(E) Somente as proposições I, II e III estão corretas.

I: o crime do art. 149 do CP – redução a condição análoga à de escravo – está inserido no Capítulo VI (dos Crimes contra a Liberdade Individual), que integra o Título I (Dos Crimes contra a Pessoa); II: o crime do art. 265 do CP – *atentado contra a segurança de serviço de utilidade pública* – está inserido no Capítulo II (Dos Crimes contra a Segurança dos Meios de Comunicação e Transportes e Outros Serviços Públicos), que integra o Título VIII (Dos Crimes contra a Incolumidade Pública); III, IV e V: essas assertivas contemplam crimes contra a organização do trabalho (Título IV), previstos, respectivamente, nos arts. 197, 199 e 206 do CP.

Gabarito "D".

(Magistratura do Trabalho – 15ª Região – 2010) Não é considerado crime:

(A) recrutar trabalhadores, mediante fraude, com o fim de levá-los para território estrangeiro;
(B) obrigar alguém a usar mercadorias de determinado estabelecimento, para impossibilitar o desligamento do serviço em virtude de dívida;
(C) participar de abandono coletivo de trabalho, provocando a interrupção de serviço de interesse coletivo;
(D) fazer afirmação falsa, ou negar ou calar a verdade, como perito, em juízo arbitral;
(E) nenhuma das anteriores.

A: crime previsto no art. 206 do CP; **B:** crime previsto no art. 203, § 1º, I, do CP; **C:** crime previsto no art. 201 do CP; crime previsto no art. 342 do CP.

Gabarito "E".

(Magistratura do Trabalho – 15ª Região – 2010) Aponte a alternativa correta:

(A) o atentado contra a liberdade de trabalho se dá pelo ato de constranger alguém, mediante violência ou grave ameaça, a celebrar contrato de trabalho;

(B) a boicotagem violenta se dá pelo ato de constranger alguém, mediante violência ou grave ameaça, a não fornecer a outrem determinado produto industrial;

(C) o atentado contra a liberdade de trabalho se dá pelo ato de constranger alguém, mediante violência, a deixar de participar de determinado sindicato;

(D) não é crime, participar de suspensão coletiva de trabalho provocando a interrupção de obra pública;

(E) nenhuma das anteriores.

A: conduta não contemplada no art. 197 do CP – **atentado contra a liberdade de trabalho**. Aquele que assim age, incorre no delito do art. 198 do CP, crime de **atentado contra a liberdade de contrato de trabalho e boicotagem violenta**; **B:** o art. 198 do CP contempla duas figuras, a saber: atentado contra a liberdade de contrato de trabalho (primeira parte do dispositivo) e boicotagem violenta (parte final do dispositivo); **C:** incorreta, pois a conduta descrita na assertiva refere-se ao crime de **atentado contra a liberdade de associação** – art. 199 do CP; **D:** constitui crime, sim, a conduta consistente em participar de suspensão coletiva de trabalho provocando a interrupção de obra pública – art. 201, CP.

Gabarito "B"

(Magistratura do Trabalho – 16ª Região – 2006) Constituem condutas típicas passíveis de configuração de crime contra a organização do trabalho:

I. Constranger alguém, mediante violência ou grave ameaça a exercer ou não exercer profissão, ou a trabalhar ou não trabalhar durante certo período ou em determinado dias;

II. Constranger alguém, mediante violência ou grave ameaça, a celebrar contrato de trabalho;

III. Frustrar, mediante fraude, direito assegurado pela legislação do trabalho;

IV. Exercer atividade para a qual está impedido por decisão administrativa.

É CORRETO afirmar:

(A) Somente I e II;

(B) Somente II e III;

(C) I, II, III e IV;

(D) I, II e III;

(E) I, II e IV.

I: atentado contra a liberdade de trabalho - art. 197, I, do CP; II: atentado contra a liberdade de contrato de trabalho e boicotagem violenta – art. 198 do CP; III: frustração de direito assegurado por lei trabalhista – art. 203, *caput*, do CP; IV: exercício de atividade com infração de decisão administrativa – art. 205 do CP.

Gabarito "C"

(Magistratura do Trabalho – 18ª Região – 2006) São crimes contra a organização do trabalho previstos no Código Penal brasileiro, exceto:

(A) Atentado contra a segurança de serviço de utilidade pública.

(B) Atentado contra a liberdade de associação.

(C) Aliciamento com fim de emigração.

(D) Sabotagem e boicotagem.

(E) Exercício de atividade com infração de decisão administrativa.

O crime de atentado contra a segurança de serviço de utilidade pública, cuja previsão está no art. 265 do CP, está inserido no Título VIII (Dos Crimes contra a Incolumidade Pública), não se tratando, portanto, de crime contra a organização do trabalho. Os demais delitos fazem parte do Título IV, que cuida dos crimes contra a organização do trabalho.

Gabarito "A"

(Magistratura do Trabalho – 20ª Região – 2003) A Escola de 1º grau Machado de Assis foi condenada, em ação trabalhista, a pagar R$ 10.000,00 (dez mil reais) a José Ferreira, antigo zelador do Colégio. Por ocasião do pagamento, o Diretor do estabelecimento de ensino fê-lo, emitindo cheque sem suficiente provisão de fundos. Logo, pode-se afirmar que:

(A) há crime contra a organização do trabalho, qual seja atentado contra a liberdade de contrato de trabalho e boicotagem violenta;

(B) há crime contra a organização do trabalho, pois frustrou-se, mediante fraude, direito assegurado por decisão trabalhista;

(C) não há crime contra a organização do trabalho;

(D) há crime contra a organização do trabalho em concurso formal com estelionato;

(E) o Diretor da Escola praticou o crime de sabotagem.

A: este crime do art. 198 do CP pressupõe que o verbo nuclear do tipo penal – constranger – seja praticado por meio de *violência* ou *grave ameaça*. Não é o caso, já que o diretor do estabelecimento de ensino, para saldar dívida trabalhista a que fora condenada a escola, emitiu um cheque sem suficiente provisão de fundos; **B:** o art. 203 do CP incrimina a conduta daquele que frustra, mediante fraude ou violência, direito assegurado pela legislação do trabalho. Neste caso, em princípio, frustrou-se direito reconhecido em decisão proferida pela Justiça; **C:** alternativa correta, pois a conduta praticada pelo diretor não configura crime contra a organização do trabalho; **D:** não há, aqui, crime contra a organização do trabalho; a prática do crime de estelionato, em princípio, é possível; **E:** a conduta do diretor da escola não se amolda à descrição típica do crime de sabotagem – art. 202 do CP.

Gabarito "C"

(Magistratura do Trabalho – 21ª Região – 2005) Em operação fiscal voltada para o combate ao trabalho escravo, constatou-se que o Sr. Biu Seixeiro, preposto da Fazenda Rural Brejo da Lama Ltda., contratou, em 02 de janeiro de 2005, trabalhadores nos Estados de Tocantins e Piauí, para trabalharem na referida fazenda, situada no interior do Estado do Rio Grande do Norte. O referido preposto cobrou a quantia de R$ 30,00 (trinta reais) de cada trabalhador, alegando que seria destinada ao pagamento do transporte que os levaria para a fazenda, situada às margens da rodovia BR 101, em local onde transitam linhas regulares de ônibus estaduais e interestaduais. Verificou-se, ainda, que a empresa anotou os contratos laborais nas Carteiras de Trabalho e Previdência Social dos trabalhadores, consignando, inveridicamente, o dia 10 de maio de 2005 como a data do início da prestação do serviço, e também a ausência do recolhimento das contribuições previdenciárias, desde o começo dos contratos de trabalho. Ante as irregularidades encontradas, a empresa foi autuada pelos Auditores Fiscais do Trabalho e pelos Auditores Fiscais da Previdência Social. Diante dos fatos, é correto afirmar:

(A) não há conduta criminosa na ação do Sr. Biu Seixeiro, pois é livre o trânsito de trabalhadores no território nacional;
(B) não há conduta criminosa na ação do Sr. Biu Seixeiro, pois os trabalhadores não foram reduzidos à condição análoga à de escravo;
(C) o Sr. Biu Seixeiro é o sujeito ativo do crime de aliciamento de trabalhadores, mas somente responde pelos crimes de Falsificação na Anotação da Carteira de Trabalho e Previdência Social e de Sonegação de Contribuição Previdenciária, se for o responsável, na empresa, por proceder àquela anotação e por efetuar o recolhimento da contribuição previdenciária;
(D) não há conduta criminosa na ação do Sr. Biu Seixeiro, pois o dinheiro cobrado dos trabalhadores destinou-se a levá-los para o local de trabalho, não sendo a empresa obrigada a custear o transporte, já que o local da Fazenda não é de difícil acesso;
(E) o Sr. Biu Seixeiro é o sujeito ativo dos crimes de Aliciamento de Trabalhadores, de Falsificação na Anotação da Carteira de Trabalho e Previdência Social e de Sonegação de Contribuição Previdenciária, pois é preposto da empresa.

Art. 207, § 1º, do CP – aliciamento de trabalhadores de um local para outro do território nacional.

Gabarito "C"

(Magistratura do Trabalho – 23ª Região – 2012) Dentre as alternativas abaixo, qual das condutas descritas não será considerada crime:

(A) Constranger alguém, mediante violência ou grave ameaça, a participar ou deixar de participar de determinado sindicato ou associação profissional.
(B) obrigar ou coagir alguém a usar mercadorias de determinado estabelecimento, para impossibilitar a desligamento do serviço em virtude de dívida.
(C) Aliciar trabalhadores, com o fim de levá-los de uma para outra localidade do território nacional.
(D) Recrutar trabalhadores, com o fim de levá-los para território estrangeiro.
(E) Frustrar, mediante fraude ou violência, direito assegurado pela legislação do trabalho.

A: conduta prevista no art. 199 do CP (atentado contra a liberdade de associação); **B:** conduta prevista no art. 203, § 1º, I, do CP (frustração de direito assegurado por lei trabalhista); **C:** conduta prevista no art. 207 do CP (aliciamento de trabalhadores de um local para outro do território nacional); **D:** conduta não contemplada como crime. Perceba que o crime do art. 206 do CP (aliciamento para o fim de emigração) pressupõe que o recrutamento de trabalhadores para o exterior tenha se dado mediante *fraude*; **E:** conduta prevista no art. 203, *caput*, do CP (frustração de direito assegurado por lei trabalhista).

Gabarito "D"

(Magistratura do Trabalho – 23ª Região – 2012) "João e mais dois de seus empregados, Pedro e Mario, descontentes com o movimento de sua empresa e contrariados com o movimento de empresa vizinha e concorrente, invadem, fora do expediente, estabelecimento comercial concorrente praticando depredações e quebrando máquinas e equipamentos, com o único objetivo de prejudicar o curso normal do trabalho ali desempenhado" . João, Pedro e Mario praticaram qual crime:

(A) Paralisação de trabalho de interesse coletivo.
(B) Paralisação de trabalho, seguida de violência ou perturbação da ordem.
(C) Atentado com a liberdade de trabalho.
(D) invasão de estabelecimento industrial, comercial ou agrícola. Sabotagem.
(E) Atentado contra a liberdade de contrato de trabalho e boicotagem violenta.

Ao invadirem estabelecimento comercial e nele praticarem depredações, imbuídos do propósito de prejudicar o curso normal do trabalho que ali é desempenhado, João e seus empregados, Pedro e Mario, deverão ser responsabilizados pelo crime previsto no art. 202 do CP (invasão de estabelecimento industrial, comercial ou agrícola).

Gabarito "D"

(Magistratura do Trabalho – 23ª Região – 2009) Leia o caso hipotético e analise as afirmações seguintes, assinalando a alternativa CORRETA: José (47 anos), Severino (32 anos) e Cipriano (61 anos) estavam desempregados em Acari/RN, quando receberam o convite para trabalhar em uma fazenda do interior do Mato Grosso, sob a promessa de que exerceriam a função de vaqueiro, com direito a anotação na CTPS, jornada de 8 (oito) horas diárias, pagamento de salário e fornecimento de residência e alimentação. Chegando ao local, descobriram que, na verdade, trabalhariam em uma carvoaria, sem anotação na CTPS, percebendo remuneração por produção, tendo que pagar ao dono da carvoaria, responsável pelo convite, as despesas do alojamento improvisado e da alimentação precária. Sem condições de retorno ao local de origem, José, Severino e Cipriano se viram obrigados a trabalhar nessas condições.

I. O dono da carvoaria incorreu no crime de aliciamento de trabalhadores de um local para outro do território nacional, em sua forma qualificada.
II. No caso em exame, José, Severino, Cipriano e o Estado são os sujeitos passivos do crime doloso de aliciamento de trabalhadores de um local para outro do território nacional.
III. O caso em exame apresenta características do crime de redução à condição análoga à de escravo, tipificado no Código Penal como crime contra a organização do trabalho.

(A) Estão corretos apenas os itens I e II.
(B) Estão corretos apenas os itens I, e III.
(C) Estão corretos apenas os itens II e III.
(D) Todos os itens estão corretos.
(E) Nenhum item está correto.

I: de fato, o dono da carvoaria deverá ser responsabilizado pelo crime do art. 207 do CP (aliciamento de trabalhadores de um local para outro do território nacional) na sua forma majorada, já que uma das vítimas, Cipriano, conta com mais de sessenta anos, o que a torna idosa; II: neste crime, figura como sujeito passivo, em primeiro lugar, o Estado; de forma secundária, José, Severino e Cipriano, vale dizer, os trabalhadores cooptados; III: é verdade que o caso apresentado no enunciado tem características do crime de **redução a condição análoga à de escravo**, do art. 149 do CP. Está incorreto, porém, afirmar-se que este crime está tipificado, no Código Penal, como crime contra a organização do trabalho, visto que, na verdade, encontra-se inserido no título "Dos Crimes contra a Pessoa", no capítulo "Dos Crimes contra a Liberdade Individual". Somente esta proposição, portanto, está incorreta.

Gabarito "A".

(Magistratura do Trabalho – 23ª Região – 2006) Um gerente de uma loja de pneus, sob ameaça a sua integridade física, sem que tenha sido deflagrada a greve, é compelido pelos demais empregados a fechar o estabelecimento em um determinado dia, a fim de buscarem do empregador melhorias nas condições de trabalho. Tal hipótese é tipificada como:

(A) contravenção;
(B) atentado contra a liberdade de trabalho e boicotagem violenta;
(C) paralisação de trabalho, seguida de violência ou perturbação da ordem;
(D) paralisação de trabalho de interesse coletivo;
(E) atentado contra a liberdade de trabalho.

A conduta descrita no enunciado configura o crime previsto no art. 197, II, do CP.

Gabarito "E".

(Magistratura do Trabalho – 23ª Região – 2006) Um encarregado de uma fazenda contrata trabalhadores em outro Estado, colocando-os em situação análoga a de escravo. O encarregado cometeu algum tipo de crime?

(A) Não, porque a responsabilidade penal é exclusiva do proprietário da fazenda;
(B) Sim, enquadrada no art. 206 do CP, que dispõe sobre o aliciamento de trabalhadores, mediante fraude, com o fim de recrutá-los, para trabalharem em outro local, com pena de detenção de um a três anos e multa;
(C) Sim, enquadrada no art. 207 do CP, que dispõe sobre o aliciamento de trabalhadores para trabalharem em outro local do território nacional, com pena de detenção de um a dois anos e multa;
(D) Sim, enquadrada no art. 206 do CP, que dispõe sobre o aliciamento de trabalhadores, mediante fraude, com o fim de recrutá-los, para trabalharem em outro local, com pena de detenção de um a dois anos e multa;
(E) Sim, enquadrada no art. 207 do CP, que dispõe sobre o aliciamento de trabalhadores com o fim de recrutá-los para trabalharem em outra localidade do território nacional, com pena de detenção de um a três anos e multa.

A conduta do encarregado está tipificada no art. 207, *caput*, do CP. Trata-se de delito comum, pois não exige do sujeito ativo nenhuma qualidade especial, isto é, pode ser praticado por qualquer pessoa. O crime do art. 206 do CP refere-se à conduta do agente que recruta trabalhadores, por meio de fraude, com o propósito de levá-los para o exterior. Logo, não poderia o encarregado nele incorrer, já que o aliciamento não teve como fim a emigração dos trabalhadores, e sim a transferência deles de um estado para outro dentro do território nacional.

Gabarito "E".

(Magistratura do Trabalho – 24ª Região – 2007) Constituem Crimes Contra a Organização do Trabalho:

I. Frustrar, mediante fraude ou violência, direito assegurado pela legislação do trabalho.
II. Exercer atividade, de que está impedido por decisão administrativa.
III. Recrutar trabalhadores, mediante fraude, com o fim de levá-los de uma para outra localidade do território nacional.
IV. Aliciar trabalhadores, com o fim de levá-los para território estrangeiro.
V. Invadir ou ocupar estabelecimento industrial, comercial ou agrícola, com o intuito de impedir ou embaraçar o curso normal do trabalho, ou com o mesmo fim danificar o estabelecimento ou as coisas nele existentes ou delas dispor.

RESPONDA:

(A) Apenas as proposições I, II e III estão corretas.
(B) Apenas as proposições II, III e IV estão corretas.
(C) Apenas as proposições III e IV estão incorretas.
(D) Apenas as proposições III, IV e V estão incorretas.
(E) Apenas as proposições III e V estão corretas.

I: crime previsto no art. 203, *caput*, do CP – frustração de direito assegurado por lei trabalhista; II: crime previsto no art. 205 do CP – exercício de atividade com infração de decisão administrativa; III: a redação da proposição não corresponde ao texto do art. 207, *caput*, do CP; IV: a redação da proposição não corresponde ao texto do art. 206 do CP; V: crime previsto no art. 202 do CP – invasão de estabelecimento industrial, comercial ou agrícola. Sabotagem.

Gabarito "C".

(Ministério Público do Trabalho – 16º) Leia e analise a hipótese abaixo:

O "gato" escolhe locais com economia estagnada e muito desemprego, promete maravilhas a quem aceitar sua oferta de trabalho em outras localidades do território nacional, pode até levar consigo trabalhadores para prestar falso testemunho e, ainda, adiantar dinheiro às famílias dos aliciados.

I. Trata-se de aliciamento de trabalhadores, praticado com dolo;
II. A pena cominada para o crime é detenção de um a três anos, e multa;
III. A pena poderá ser aumentada de um terço se a vítima for menor de dezoito anos, pessoa idosa, gestante, indígena ou pessoa com deficiência.

Marque a alternativa CORRETA:

(A) todos os itens são corretos;
(B) apenas os itens I e II são corretos;
(C) apenas os itens I e III são corretos;

(D) apenas os itens II e III são corretos;
(E) não respondida.

I: de fato, está-se a falar do crime de *aliciamento de trabalhadores de um local para outro do território nacional* – art. 207, *caput*, do CP; II: a assertiva corresponde ao preceito secundário do dispositivo; III: são as hipóteses, previstas no art. 207, § 2º, do CP, em que a pena será aumentada de 1/6 a 1/3. A assertiva está correta ao dizer que "a pena *poderá* ser aumentada de um terço (...)". Da mesma forma, a reprimenda *poderá* ser majorada em 1/6.

Gabarito "A"

(Ministério Público do Trabalho – 13º) Assinale a afirmativa INCORRETA:

(A) é suficiente para incorrer nas mesmas penas do crime de aliciamento de trabalhadores de um local para outro do território nacional, a conduta de recrutar trabalhadores fora da localidade da execução do trabalho;
(B) o fim de levar o trabalhador de uma para outra localidade do território nacional constitui elemento subjetivo do injusto no crime de aliciamento de trabalhadores;
(C) o termo "direito" no tipo penal de "frustração de direito assegurado por lei trabalhista" tem sentido genérico, abrangendo tanto direitos transacionáveis como direitos decorrentes de normas de ordem pública;
(D) a condição de indígena da vítima é causa especial de aumento de pena no crime de aliciamento de trabalhadores de um local para outro do território nacional;
(E) não respondida.

A: alternativa incorreta, pois o art. 207, § 1º, do CP exige que o agente, além de recrutar trabalhadores fora da localidade de execução do trabalho, valha-se de fraude ou cobrança de qualquer valor do trabalhador, ou, ainda, deixe de viabilizar o retorno do trabalhador ao seu local de origem; **B:** de fato, o agente deve agir imbuído do propósito de levar o trabalhador para outra região do território nacional. Para a escola tradicional, é o chamado *dolo específico*; **C:** a esse respeito, conferir: *STF, RTJ* 56/600; **D:** assertiva correta, nos termos do art. 207, § 2º, do CP.

Gabarito "A"

(Ministério Público do Trabalho – 11º) Constituem crimes contra a organização do trabalho:

I. o atentado contra a liberdade de associação;
II. o aliciamento de trabalhadores de um local para outro do território nacional;
III. a participação em suspensão coletiva de trabalho, provocando a interrupção de serviço de interesse coletivo;
IV. o exercício de atividade com infração de decisão administrativa.

(A) todas as alternativas são verdadeiras;
(B) apenas duas alternativas são verdadeiras;
(C) apenas uma alternativa é verdadeira;
(D) apenas uma alternativa é falsa;
(E) não respondida.

I: crime previsto no art. 199 do CP; II: crime previsto no art. 207 do CP; III: crime previsto no art. 201 do CP; IV: crime previsto no art. 205 do CP.

Gabarito "A"

13. CRIMES CONTRA A FÉ PÚBLICA

(Magistratura do Trabalho – 2ª Região – 2012) Macedo, proprietário da Panificadora Sonhos Ltda., solicitou a CTPS de seu empregado Marcos para atualizações. Entretanto, agindo com dolo, Macedo tirou cópia reprográfica da carteira de trabalho e inseriu informações falsas. Dias depois, houve a rescisão do contrato de Marcos. Recebendo notificação de reclamação trabalhista movida pelo ex-empregado, Macedo juntou cópia da carteira adulterada como documento que acompanhou a defesa da empesa ré. A conduta do proprietário da empresa caracteriza crime de:

(A) falsificação de documento público;
(B) falsa identidade;
(C) falsidade ideológica;
(D) sonegação de papel ou objeto de valor probatório;
(E) falsificação de papéis públicos.

Art. 49 da CLT (Decreto-lei n. 5.452/43): "Para os efeitos da emissão, substituição ou anotação de Carteiras de Trabalho e Previdência Social, considerar-se-á crime de falsidade, com as penalidades previstas no art. 299 do Código Penal: (...)". Note que, no caso retratado no enunciado, não terá incidência o tipo penal do art. 297, § 3º, II, do CP, já que a falsificação teve como propósito causar prejuízo no âmbito dos direitos trabalhistas do empregado. Conferir a lição de Guilherme de Souza Nucci: "Confronto com o art. 49 do Decreto-lei n. 5.452/43 (CLT): se a falsidade gerada na Carteira de Trabalho e Previdência Social disser respeito ou produzir prejuízo no cenário dos direitos trabalhistas do empregado, aplica-se o mencionado art. 49 (ver a nota 82 ao art. 299). Porém, se a referida falsidade voltar-se ao contexto da Previdência Social, aplica-se o disposto no art. 297, § 3º, II, do CP. Afinal, cada um dos tipos penais tutela objeto jurídico diverso (direito do trabalhador *versus* direito relativo à Previdência Social)" (**Código Penal Comentado**, 13ª ed. São Paulo: RT, 2013. p. 1135).

Gabarito "C"

(Magistratura do Trabalho – 3ª Região – 2009) A respeito do Direito Penal do Trabalho, leia as afirmações abaixo e, em seguida, assinale a alternativa correta:

I. Comete crime de falsidade documental quem insere ou faz inserir na folha de pagamento ou em documento de informações que seja destinado a fazer prova perante a previdência social, pessoa que não possua a qualidade de segurado obrigatório.
II. Comete crime de falsidade documental quem insere ou faz inserir na Carteira de Trabalho e Previdência Social do empregado ou em documento que deva produzir efeito perante a previdência social, declaração falsa ou diversa da que deveria ter sido escrita.
III. Comete crime de falsidade documental quem insere ou faz inserir em documento contábil ou em qualquer outro documento relacionado com as obrigações da empresa perante a previdência social, declaração falsa ou diversa da que deveria ter constado.
IV. Comete crime de apropriação indébita previdenciária quem deixa de repassar à previdência social as contribuições recolhidas dos contribuintes, no

prazo e forma legal ou convencional. Nas mesmas penas incorre quem deixar de recolher, no prazo legal, contribuição ou outra importância destinada à previdência social que tenha sido descontada de pagamento efetuado a segurados ou quem deixar de recolher contribuições devidas à previdência social que tenham integrado despesas contábeis ou custos relativos à venda de produtos ou à prestação de serviço ou quem deixar de pagar benefício devido a segurado, quando as respectivas cotas ou valores já tiverem sido reembolsados à empresa pela previdência social.

V. A pena será reduzida de um terço se o agente, espontaneamente, declara, confessa e efetua o pagamento das contribuições, importâncias ou valores e presta as informações devidas à previdência social, na forma definida em lei ou regulamento, antes do início da ação fiscal.

(A) Somente uma afirmativa está correta.
(B) Somente duas afirmativas estão corretas.
(C) Somente três afirmativas estão corretas.
(D) Somente quatro afirmativas estão corretas.
(E) Todas as afirmativas estão corretas.

I: art. 297, § 3º, I, do CP – falsificação de documento público – figura equiparada; II: art. 297, § 3º, II, do CP – falsificação de documento público – figura equiparada; III: art. 297, § 3º, III, do CP – falsificação de documento público – figura equiparada; IV: art. 168-A, *caput* e § 1º, do CP – apropriação indébita previdenciária; V: é causa de extinção da punibilidade, conforme art. 168-A, § 2º, do CP. Assertiva incorreta.

Gabarito "D"

(Magistratura do Trabalho – 4ª Região – 2012) Incorre nas penas cominadas ao delito de falsificação de documento público quem

(A) omite de folha de pagamento da empresa ou de documentos de informações previstos pela legislação previdenciária segurados empregado, empresário, trabalhador avulso ou trabalhador autônomo ou a este equiparado que lhe prestem serviços.
(B) insere, em documento particular, declaração falsa ou diversa da que devia ser escrita, com o fim de prejudicar direito, criar obrigação ou alterar verdade sobre fato juridicamente relevante.
(C) deixa de lançar mensalmente nos títulos próprios da contabilidade da empresa as quantias descontadas dos segurados ou as devidas pelo empregador ou pelo tomador de serviços.
(D) insere, em documento contábil ou em qualquer outro documento relacionado com as obrigações da empresa perante a previdência social, declaração falsa ou diversa da que deveria ter constado.
(E) omite, total ou parcialmente, receitas ou lucros auferidos, remunerações pagas ou creditadas e demais fatos geradores de contribuições sociais previdenciárias.

Somente está prevista no art. 297 do CP (falsificação de documento público) a conduta contemplada na assertiva "D" (art. 297, § 3º, III, CP).

Gabarito "D"

(Magistratura do Trabalho – 5ª Região – 2006 – CESPE) Acerca do crime de falsificação de documento público, assinale a opção correta.

(A) Não há aumento de pena se o sujeito ativo for funcionário público e cometer o crime prevalecendo-se do cargo.
(B) Mesmo que a falsificação seja grosseira, sem potencialidade de lesão à fé pública, o crime não se desnatura.
(C) A consumação do crime de falsificação de documento público ocorre com seu efetivo uso, já que o momento anterior a esse uso consiste em meros atos preparatórios do delito.
(D) O delito de falsificação de documento público é material.
(E) O agente que insere na carteira de trabalho do empregado declaração falsa ou diversa da que deveria ter constado incorre nas mesmas penas do crime de falsificação de documento público.

A: alternativa incorreta, pois, sendo o agente funcionário público e valendo-se dessa condição para cometer o crime, sua pena será aumentada de um sexto; **B:** a falsificação grosseira é inócua, inapta a enganar terceiros. Falta-lhe, neste caso, potencialidade lesiva. Não há, portanto, que se falar em crime; C e **D:** sendo este *crime formal*, sua consumação se opera com a efetiva falsificação ou alteração, sendo desnecessária a produção de qualquer resultado; **E:** cuida-se da figura equiparada prevista no art. 297, § 3º, II, do CP (assertiva correta).

Gabarito "E"

(Magistratura do Trabalho – 5ª Região – 2006 – CESPE) De acordo com entendimento sumulado do STJ, a utilização de papel-moeda grosseiramente falsificado configura, em tese, o crime de

(A) falsificação de documento público.
(B) uso de documento falso.
(C) estelionato.
(D) dano.
(E) falsificação de documento particular.

Se a falsificação for grosseira a ponto de ser inapta, inidônea a enganar o homem comum, a exemplo do que ocorre com o crime do art. 297 – falsificação de documento público, o delito de *moeda falsa* – art. 289, CP – não se configurará. De outro lado, ainda que se trate de falsificação grosseira, se o sujeito ativo lograr enganar a vítima e, com isso, obtiver vantagem, incorrerá, em princípio, nas penas do crime de estelionato – art. 171, *caput*, do CP. Nesse prisma, conferir o entendimento firmado na Súmula 73 do STJ.

Gabarito "C"

(Magistratura do Trabalho – 7ª Região – 2005) Dirceu (capaz e imputável) falsifica documento público, alterando o conteúdo do original. Fê-lo de modo grosseiro, perceptível à primeira vista. Consegue, entretanto, obter indevida vantagem econômica porque Breno, deficiente mental, não percebera o engodo. A hipótese caracteriza:

(A) Crime de falsificação de papéis públicos.
(B) Crime impossível.
(C) Estelionato.
(D) Falsificação ideológica.
(E) Fato atípico.

Se o documento público falsificado não se apresentar com aparência de verdadeiro, em razão de a contrafação ser inidônea, mas, ainda assim, o agente, por meio dele, auferir vantagem econômica em prejuízo alheio, configurado estará, em princípio, o crime do art. 171, *caput*, do CP – estelionato.

Gabarito "C"

(Magistratura do Trabalho – 14ª Região – 2011) A empregada Afrodite precisou levar seu filho ao médico e resolveu faltar ao trabalho. Para não sofrer desconto salarial, Afrodite adquiriu um atestado forjado em que o médico atestou que ela esteve impossibilitada de trabalhar naquele dia em razão de doença. Após dois dias, Afrodite entregou o atestado médico ao departamento de pessoal da empresa, tendo sido abonada a sua falta. No caso descrito, o médico e a empregada Afrodite cometeram, respectivamente, quais tipos penais:

(A) Falsidade ideológica e falsificação de documento particular.
(B) Falsidade de atestado médico e uso de documento falso.
(C) Falsidade material de documento ou certidão e falsidade ideológica.
(D) Falsificação de documento público e supressão de documento.
(E) Nenhuma das alternativas anteriores.

O médico, por ter fornecido, no exercício de sua profissão, atestado falso, deverá ser responsabilizado pelo crime previsto no art. 302 do CP; se este crime for praticado com o propósito de obter lucro, será aplicada também a pena de multa, conforme estabelece o parágrafo único do dispositivo. Trata-se de crime próprio, pois o tipo penal exige que o sujeito ativo seja o médico. Afrodite, por sua vez, ao fazer uso do atestado falso firmado pelo médico, cometeu o crime do art. 304 do CP – uso de documento falso.

Gabarito "B"

(Magistratura do Trabalho – 15ª Região – 2012) Aponte a alternativa **correta**:

(A) A fé pública é o bem juridicamente protegido pelo tipo penal que prevê o delito de "*falsificação de documento público*".
(B) Para que se possa falar em desistência voluntária é preciso que o agente já tenha ingressado na fase dos atos de execução. Caso ainda se encontre praticando atos preparatórios, sua conduta será considerada uma tentativa.
(C) "*falsificação de documento público*": trata-se de crime comum apenas no que diz respeito ao sujeito ativo: doloso e comissivo.
(D) Segundo jurisprudência dominante do STJ, o crime de "*falsificação de documento público*" se consuma com a efetiva falsificação ou alteração do documento, exigindo-se, ainda, para sua configuração, o uso ou a efetiva ocorrência de prejuízo.
(E) Segundo entendimento do STJ, para a caracterização do delito de falsidade, necessária a demonstração de prejuízo e da potencialidade.

A: correta. O crime de falsificação de documento público, previsto no art. 297 do CP, integra o Título X da Parte Especial do Código Penal, assim denominado "Dos crimes contra a *fé pública*". Assertiva, portanto, correta; **B:** é verdadeira a primeira parte da assertiva, em que se afirma que, na *desistência voluntária* (art. 15, primeira parte, do CP), é imprescindível que o agente já tenha alcançado a fase dos atos de execução. Não procede, no entanto, a parte em que se afirma que a tentativa configurar-se-á no curso da fase preparatória. É que a tentativa pressupõe, além de ausência de consumação do crime, também início de execução. Aliás, tanto a *desistência voluntária* (e também o arrependimento eficaz) quanto a *tentativa* pressupõem que o agente já tenha dado início à execução do crime. Na tentativa, a falta de consumação decorre de circunstância alheia à vontade do sujeito ativo; já na desistência voluntária, o crime não se consuma porque o agente, por vontade e iniciativa própria, decide interromper o *iter criminis*. Neste último caso, o fato é atípico, respondendo o agente tão somente pelos atos que praticar; **C:** incorreta. Na falsificação de documento público (art. 297, CP), figura como sujeito passivo, em primeiro lugar, o Estado; em segundo e eventualmente, a pessoa prejudicada pela falsificação, em relação à qual não se impõe nenhuma qualidade especial; não se trata, desta feita, de crime comum somente em relação ao sujeito ativo; o elemento subjetivo do tipo é de fato representando pelo *dolo* (não há a previsão de modalidade culposa); no mais, em regra, pode-se dizer que o crime do art. 297 do CP é *comissivo*, já que as condutas previstas no tipo penal pressupõe uma *ação*, um *fazer*; agora, nada impede que este crime, em caráter excepcional, seja omissivo na modalidade imprópria (art. 13, § 2º, do CP); **D:** incorreta, já que a consumação do crime de falsificação de documento público é alcançada com a efetiva falsificação ou alteração, independente da produção de resultado. Cuida-se, portanto, de crime formal; **E:** é prescindível, à concretização do crime do art. 297 do CP, a demonstração de prejuízo (crime formal), mas se faz necessário que o documento tenha potencialidade (aptidão) de gerar prejuízo.

Gabarito "A"

(Magistratura do Trabalho – 15ª Região – 2011) João da Boavontade anotou a carteira de trabalho e previdência social de sua tia Maria Anunciação do Socorro, que, na verdade, jamais trabalhou ou foi sua empregada. Passou a efetuar o recolhimento das contribuições previdenciárias, tanto daquelas devidas pela empregada, quanto daquelas devidas pelo empregador. Pretendia, somente, permitir à irmã de sua mãe que passasse a receber benefício previdenciário no momento a partir do qual fossem preenchidos os requisitos legais. É mais correto asseverar, na hipótese tratada, que:

(A) João cometeu crime de falsificação de documento particular, sendo que as características da falsificação não interferem no exame da tipicidade;
(B) a pena prevista para o crime cometido por João é a de reclusão, de 2 (dois) a 6 (seis) anos, e multa;
(C) a pena prevista para o crime cometido por João é a de detenção ou de multa, porque o crime tem menor potencial agressivo à previdência social;
(D) João cometeu crime de falsificação de documento particular, contudo, cuidando-se de falsificação grosseira, facilmente perceptível, não existe o delito;
(E) não há crime, porque as contribuições foram quitadas.

João cometeu o crime previsto no art. 297, § 3º, II, do CP – falsificação de documento público – figura equiparada.

Gabarito "B"

(Magistratura do Trabalho – 16ª Região – 2006) Considere os itens abaixo:

I. Falsificar no todo ou em parte documento público ou alterar documento público verdadeiro é crime de falsificação de documento público;

II. Omitir em documento público declaração que dele deveria constar com o fim de prejudicar direito, criar obrigação ou alterar a verdade sobre fato juridicamente relevante configura crime de falsidade ideológica;

III. Inserir ou fazer inserir declaração falsa ou diversa da que devia ser escrita em documento particular com o fim de prejudicar direito, criar obrigação ou alterar a verdade sobre fato juridicamente relevante configura crime de falsidade ideológica.

IV. Falsificar no todo ou em parte documento particular ou alterar documento particular verdadeiro configura crime de falsificação de documento particular.

Marque a alternativa CORRETA:

(A) Somente I e II;
(B) Somente II e III;
(C) I, II, III e IV;
(D) Somente I, II e III;
(E) Somente I, II e IV.

I: a assertiva corresponde ao preceito primário do crime previsto no art. 297, *caput*, do CP – falsificação de documento público; II: a assertiva se refere a uma das modalidades previstas no tipo penal (omitir) do art. 299 do CP – falsidade ideológica; III: a proposição se refere às outras duas modalidades previstas no tipo penal (inserir e fazer inserir) do art. 299 do CP. Vale lembrar que este crime, por ser misto alternativo, consuma-se com a prática de qualquer das condutas previstas no tipo, independentemente de resultado posterior (*crime formal*); IV: a assertiva corresponde ao preceito primário do crime previsto no art. 298 do CP – falsificação de documento particular.

Gabarito "C"

(Magistratura do Trabalho – 21ª Região – 2005) Observe o enunciado abaixo e assinale, em seguida, a resposta correta: Em reclamação trabalhista, um empregado requereu a condenação de seu ex-empregador no recolhimento das contribuições previdenciárias dos meses de janeiro a julho de 2004, alegando que a empresa não havia procedido ao depósito das respectivas parcelas incidentes naqueles meses. Em sua defesa, a empresa aduziu que efetuou os recolhimentos das referidas contribuições, e, como prova, juntou as guias de pagamento. Atendendo a postulação formulada pelo advogado do reclamante, o Juiz do Trabalho determinou que fosse realizada perícia nos documentos, cujo resultado indicou que a autenticação bancária de pagamento, aposta nas mencionadas guias, era falsa. A conduta da empresa, no âmbito penal, constitui crime:

(A) de falsificação de documento particular;
(B) de falsificação de documento público, pois a falsidade ocorreu em documento relacionado com as obrigações da empresa perante a Previdência Social;
(C) de uso de documento falso em concurso com falsidade de documento público;
(D) de uso de documento falso em concurso com falsidade de documento particular;
(E) de estelionato, pois a falsidade não visava prejudicar interesse da Previdência Social, mas apenas obter vantagem em face de particular.

O empregador deverá ser responsabilizado nos termos do art. 297, § 3º, III, do CP.

Gabarito "B"

(Magistratura do Trabalho – 23ª Região – 2012) Analise as proposições abaixo e assinale a alternativa correta.

I. A vítima não pode ser sujeito ativo do crime de falso testemunho por se tratar de crime próprio.

II. As modalidades de conduta previstas na lei para o crime de falso testemunho são falsidade positiva, falsidade negativa e falsidade reticente.

III. o crime de falso testemunho é formal, aperfeiçoando-se independentemente de qualquer resultado posterior que se venha a produzir, de forma que é correto afirmar que ainda que o depoimento falso não venha a influir sobre a decisão da causa, estará consumado o crime.

IV. A falsidade do testemunho deve recair sobre fato juridicamente relevante, não se configurando o delito se a falsidade for relativa a fatos estranhos à matéria objeto da prova.

V. No crime de falsidade de atestado médico a pena de multa só é cabível se o crime é cometido com o fim de lucro.

(A) Somente as proposições I e II estão corretas e as demais estão incorretas.
(B) Somente as proposições II, III e V estão corretas e as demais estão incorretas.
(C) Apenas as proposições III e IV estão corretas e as demais estão incorretas.
(D) Apenas as proposições II, III e IV estão corretas e as demais estão incorretas.
(E) Todas as proposições estão corretas.

I: correta. De fato, somente podem figurar como sujeito ativo, no crime de falso testemunho ou falsa perícia, as pessoas enumeradas no *caput* do art. 342 do CP, a saber: testemunha, perito, contador, tradutor e intérprete. É *crime de mão própria*, já que a conduta somente poderá ser concretizada pessoalmente (diretamente) pelos sujeitos designados no tipo penal; **II:** correta, já que as modalidades de falsidade indicadas na alternativa correspondem aos núcleos previstos no tipo penal. Senão vejamos: i) fazer afirmação falsa (falsidade positiva); ii) negar a verdade (falsidade negativa); iii) calar a verdade (falsidade reticente); **III:** correta. A consumação do crime de falso testemunho tem lugar ao término do depoimento, pouco importando se o teor do que foi dito ou omitido influenciará na decisão da causa. Basta, pois, que o falso testemunho possa (tenha aptidão) influenciar o resultado da causa; **IV:** correta. A falsidade deve ter pertinência com o tema tratado nos autos.

Gabarito "E"

(Magistratura do Trabalho – 23ª Região – 2012) Assinale a alternativa que contém proposição **incorreta**.

(A) No crime de falsificação de documento público, que consiste em falsificar, no todo ou em parte, documento público, ou alterar documento público verdadeiro, a pena prevista é de reclusão, de dois a seis anos, e de pagamento de multa.

(B) No crime de falsificação de documento público, para os efeitos penais, equiparam-se a documento público, dentre outros, o testamento particular.

(C) No crime de falsificação de documento público, se o agente é funcionário público, e comete o crime prevalecendo-se do cargo, aumenta-se a pena de sexta parte.

(D) Incorre nas mesmas penas do crime de falsificação de documento particular quem insere ou faz inserir na folha de pagamento ou em documento de informações que seja destinado a fazer prova perante a previdência social, pessoa que não possua a qualidade de segurado obrigatório.

(E) Incorre na prática de crime de falsidade ideológica aquele que omitir, em documento público ou particular, declaração que dele devia constar, ou nele inserir ou fazer inserir declaração falsa ou diversa da que devia ser escrita, com o fim de prejudicar direito, criar obrigação ou alterar a verdade sobre fato juridicamente relevante.

A: proposição correta, pois corresponde ao que estabelece, em seus preceitos primário e secundário, a norma incriminadora presente no art. 297, *caput*, do CP; **B:** correta. O testamento particular, por força do que dispõe o art. 297, § 2º, do CP, constitui *documento público por equiparação*; **C:** correta. Cuida-se do aumento de pena previsto no art. 297, § 1º, do CP; **D:** incorreta, devendo ser assinalada. Aquele que assim proceder incorrerá nas penas do crime de falsificação de documento *público* (e não particular), conforme prevê o art. 297, § 3º, I, do CP; **E:** correta, pois corresponde à redação presente no art. 299 do CP (falsidade ideológica).

Gabarito "D"

(Magistratura do Trabalho – 24ª Região – 2006) Sobre a falsificação de documento público, assinale a alternativa INCORRETA:

(A) Se o agente é funcionário público, e comete o crime prevalecendo-se do cargo, aumenta-se a pena de um terço e multa.

(B) Para os efeitos penais, equiparam-se a documento público o emanado de entidade paraestatal, o título ao portador ou transmissível por endosso, as ações de sociedade comercial, os livros mercantis e o testamento particular.

(C) Quem insere ou faz inserir na folha de pagamento ou em documento de informações que seja destinado a fazer prova perante a Previdência Social pessoa que não possua a qualidade de segurado obrigatório comete crime de falsificação de documento público, sujeitando-se à pena de reclusão de 2 (dois) a 6 (seis) anos, e multa.

(D) Quem insere ou faz inserir na Carteira de Trabalho e Previdência Social do empregado ou em documento que deva produzir efeito perante a Previdência Social declaração falsa ou diversa da que deveria ter sido escrita comete crime de falsificação de documento público, sujeitando-se à pena de reclusão de 2 (dois) a 6 (seis) anos, e multa.

(E) Quem insere ou faz inserir em documento contábil ou em qualquer outro documento relacionado com as obrigações da empresa perante a Previdência Social declaração falsa ou diversa da que deveria ter constado comete crime de falsificação de documento público, sujeitando-se à pena de reclusão de 2 (dois) a 6 (seis) anos, e multa.

A: a assertiva está incorreta, pois, se o agente é funcionário público e comete o crime valendo-se dessa circunstância, a pena, por conta disso, é aumentada de *sexta parte*; **B:** corresponde à redação do art. 297, § 2º, do CP; **C:** art. 297, § 3º, I, do CP; **D:** art. 297, § 3º, II, do CP; **E:** art. 297, § 3º, III, do CP.

Gabarito "A"

(Ministério Público do Trabalho – 11º) Assinale a alternativa INCORRETA: São considerados documentos públicos, ou a eles equiparados, cuja falsificação tipifica crime contra a fé pública:

(A) a página do Diário Oficial, a cédula de identidade, a carteira de habilitação;

(B) a carteira da Ordem dos Advogados do Brasil, a carteira de trabalho, o cheque;

(C) as ações de sociedade comercial, o testamento particular, a nota promissória;

(D) os livros mercantis, o certificado de reservista, o recibo de depósito bancário da Caixa Econômica Federal;

(E) não respondida.

A página do Diário Oficial não pode ser considerada documento público para fins penais. Nesse sentido, conferir: STF, Pleno, RT 589, 399. A cédula de identidade, a carteira de habilitação e os demais são considerados documentos públicos ou mesmo documentos públicos por equiparação, sendo este o caso do cheque, das ações de sociedade comercial, do testamento particular, da nota promissória e dos livros mercantis, previstos no art. 297, § 2º, do CP.

Gabarito "A"

14. CRIMES CONTRA A ADMINISTRAÇÃO PÚBLICA

(Magistratura do Trabalho – 1ª Região – 2004) Funcionário público federal, auxiliado por outro, não funcionário, apropriou-se de certa quantia em dinheiro pertencente à Receita Federal e da qual tinha posse em razão do cargo. O co autor não funcionário responde por:

(A) furto simples;

(B) furto qualificado;

(C) apropriação indébita;

(D) peculato;

(E) dano contra o patrimônio da União.

Ambos serão responsabilizados por peculato-apropriação. Embora um dos agentes não seja funcionário, esta condição, por ser elementar do crime, a ele se comunica, devendo, portanto, assim como o *intraneus*, a quem prestou auxílio, responder pelo crime do art. 312, *caput*, do CP, nos exatos termos do art. 30 do CP (circunstâncias incomunicáveis). No chamado peculato-apropriação – denominação conferida pela doutrina – o agente ingressa na posse do bem de forma legítima, como se dá no crime de apropriação indébita. Num dado momento, opera-se o assenhoramento, é dizer, o agente passa a agir como se dono fosse da coisa, invertendo a natureza da posse.

Gabarito "D"

(Magistratura do Trabalho – 1ª Região – 2004) Analisando as assertivas abaixo:

I. não há crime quando o agente pratica o fato no exercício regular de direito;
II. encontra-se em legitima defesa quem, usando moderadamente dos meios necessários, repele injusta agressão, atual ou iminente, a direito de outrem;
III. exigir, para si ou para outrem, direta ou indiretamente, ainda que fora da função ou antes de assumi-la, mas em razão dela, vantagem indevida, tipifica crime de corrupção passiva;
IV. advogado ou procurador judicial, que defende na mesma causa, simultânea ou sucessivamente, partes contrárias, comete crime de patrocínio infiel, sendo crime cometido por particular contra a administração em geral;
V. retardar ou deixar de praticar, indevidamente, ato de ofício, ou praticá-lo contra disposição expressa de lei, para satisfazer interesse ou sentimento pessoal, tipifica crime de prevaricação.

Assinale:

(A) se somente as assertivas I, II e III estiverem corretas;
(B) se somente as assertivas II, III e IV estiverem corretas;
(C) se somente as assertivas III, IV e V estiverem corretas;
(D) se somente as assertivas I, IV e V estiverem corretas;
(E) se somente as assertivas I, II e V estiverem corretas.

I: assertiva correta, pois corresponde ao prescrito no art. 23, III, do CP. O exercício regular de direito constitui uma das causas de exclusão da ilicitude. Logo, se o agente cometeu um fato típico sob o manto de uma excludente de ilicitude, crime nenhum praticou, pois, ainda que a sua conduta se subsuma ao tipo penal, sua prática é autorizada pelo direito; II: a assertiva – correta - contempla os requisitos da legítima defesa, excludente de antijuridicidade contida no art. 25 do CP. É de se ver que a legítima defesa, embora não mencionado na assertiva, também tem lugar quando o direito a ser protegido é do próprio agredido; III: a proposição – incorreta – contempla o preceito primário do crime de concussão, presente no art. 316, *caput*, do CP; o crime de corrupção passiva, cujas condutas típicas alternativas são *solicitar, receber* e *aceitar*, tem previsão no art. 317 do CP; IV: o preceito primário contido na assertiva corresponde ao crime de patrocínio simultâneo ou tergiversação, previsto no art. 355, parágrafo único, do CP. O crime de patrocínio infiel está capitulado no art. 355, *caput*, do CP. São crimes contra a Administração da Justiça; V: alternativa correta. Crime previsto no art. 319 do CP.

Gabarito "E"

(Magistratura do Trabalho – 2ª Região – 2012) Ernesto, após ser compromissado, prestou testemunho em reclamação trabalhista, convidado pela reclamada Alfa Serviços Ltda. No dia seguinte a audiência em que foi ouvido, Joaquim compareceu à Secretaria da Vara e solicitou a sua retratação em relação aos fatos que testemunhou, alegando estar arrependido por ter deliberadamente mentido, fazendo afirmação falsa em favor da empresa ré. Nesta situação, analisando-se o instituto da extinção de punibilidade, é **correto** afirmar que:

(A) não cabe retratação uma vez que o crime de falso testemunho se consumou no momento em que a testemunha falseou a verdade;
(B) caberá retratação da testemunha a qualquer momento desde que tenha sido proferida sentença no processo trabalhista não acolhendo a tese da reclamada baseada no testemunho falso;
(C) na esfera trabalhista não caberá retratação, podendo a testemunha utilizar desta faculdade no juízo criminal, antes do oferecimento da denúncia;
(D) caberá retratação apenas se a testemunha tiver se arrependido antes do encerramento da audiência em que foi depor;
(E) a testemunha poderá se retratar no juízo trabalhista, apenas antes de ser sentenciado o processo pelo Juiz do Trabalho.

Segundo consta, Ernesto, arrolado como testemunha em processo trabalhista, compareceu à audiência para a qual foi convocado e, decidido a beneficiar a empresa reclamada, faltou com a verdade, fazendo afirmação que não correspondia à realidade. Arrependido do que fizera, voltou, no dia seguinte, ao fórum e retratou-se, admitindo que mentira em seu depoimento. Como tal se deu antes de a sentença, na ação trabalhista, ser prolatada, Ernesto, por ter se retratado, fará jus à extinção de sua punibilidade (art. 107, VI, do CP), na forma estatuída no art. 342, § 2º, do CP. Embora em nada interfira na resposta a esta questão, vale consignar que a pena cominada ao crime de falso testemunho foi recentemente modificada pela Lei n. 12.850/2013 (nova Lei de Organização Criminosa). A reprimenda, que antes era de 1 (um) a 3 (três) anos de reclusão e multa, passou a ser de 2 (dois) a 4 (quatro) anos de reclusão e multa. Permaneceram íntegros o preceito primário da norma (*caput*) e seus respectivos parágrafos 1º e 2º, que versam, respectivamente, sobre as causas de aumento de pena e a retratação, esta objeto do questionamento contido no enunciado. Perceba que, com isso, não mais se admite, para o crime de falso testemunho, o benefício da suspensão condicional do processo, previsto no art. 89 da Lei 9.099/1995.

Gabarito "E"

(Magistratura do Trabalho – 2ª Região – 2012) Antunes, advogado da empresa reclamada Beta Metalúrgica Ltda., no curso de reclamação trabalhista onde se discute o pagamento de adicional de insalubridade, solicitou para si uma quantia em dinheiro do sócio da empresa, com pretexto de influir junto ao perito nomeado pelo Juiz do Trabalho para que fosse apresentado laudo favorável à reclamada. Antunes alegou ainda que o dinheiro também se destina ao perito judicial. A conduta de Antunes caracteriza o tipo penal de:

(A) exploração de prestígio;
(B) favorecimento pessoal;
(C) favorecimento real;
(D) fraude processual;
(E) patrocínio infiel.

A conduta levada a efeito por Antunes se amolda à descrição típica do art. 357 do CP, que prevê o crime de *exploração de prestígio*, que muito se assemelha ao delito do art. 332 do CP (tráfico de influência), com o qual, por isso, é frequentemente confundido. Antunes, segundo consta, na qualidade de advogado da empresa que figura como reclamada em processo trabalhista, *solicitou* ao sócio desta, a pretexto de influir *perito* designado para a elaboração de laudo, determinada importância em dinheiro, alegando que este numerário se destinava ao tal perito. Porque assim agiu, Antunes deverá ser responsabilizado pelo crime do art. 357 do CP, com a incidência do aumento de pena do seu parágrafo único, já que, não contente em solicitar valor que não lhe era devido, ainda alegou que tal vantagem também se destinava ao perito encarregado da elaboração do laudo.

Gabarito "A"

(Magistratura do Trabalho – 2ª Região – 2010) Em relação aos crimes contra a Administração Pública não é correto afirmar que:

(A) O crime de advocacia administrativa pode ter como sujeito ativo funcionário público sem formação jurídica.
(B) Na concussão, em que o verbo típico é solicitar, existe acordo de vontade entre as partes enquanto que na corrupção passiva, em que o verbo típico é exigir, há imposição do funcionário público sobre o terceiro.
(C) Considera-se funcionário público, para os efeitos penais, quem, embora transitoriamente ou sem remuneração, exerce cargo, emprego ou função pública, equiparando-se a funcionário público quem exerce cargo, emprego ou função em entidade paraestatal e quem trabalha para empresa prestadora de serviço contratada ou conveniada para execução de atividade típica da Administração Pública.
(D) Os sujeitos não podem, simultaneamente e em relação ao mesmo fato, responder pelos crimes de corrupção ativa e concussão.
(E) O crime de condescendência criminosa não admite tentativa, vez que a conduta tipificada é deixar de responsabilizar subordinado que cometeu infração no exercício do cargo ou, quando lhe faltar competência, não levar ao conhecimento da autoridade competente.

A: o crime de **advocacia administrativa**, por ser próprio, exige do sujeito ativo uma qualidade especial, qual seja, a de ser funcionário público. Não é necessário, todavia, que este delito seja cometido por advogado, como dá a entender a sua rubrica; **B:** bem ao contrário. O crime de **concussão**, previsto no art. 316, *caput*, do CP, pressupõe a imposição de vantagem indevida, já que o núcleo do tipo é representado pelo vergo *exigir*; no caso da **corrupção passiva** (art. 317, CP), o agente *solicita*, *pede* vantagem indevida ao sujeito passivo; **C:** assertiva correta, visto que em consonância com o prescrito no art. 327, *caput* e § 1º, do CP; **D:** assertiva correta, pois, no crime de concussão, o verbo nuclear – exigir – traz em si a ideia de intimidação, de forma que o *extraneus* figura, neste caso, como vítima da conduta do funcionário público. É possível, no entanto, que os sujeitos, em relação ao mesmo fato, respondam por corrupção ativa e passiva, o que representa exceção à teoria monista ou unitária, por nós acolhida. Que fique bem claro: neste caso, responde por corrupção ativa o particular que ofereceu ou prometeu vantagem indevida; por corrupção passiva responderá o funcionário que recebeu ou aceitou a promessa de vantagem; **E:** de fato, o crime de **condescendência criminosa** (art. 320, CP) não comporta a modalidade tentada, visto que se trata de **delito omissivo próprio**.

Gabarito "B"

(Magistratura do Trabalho – 4ª Região – 2012) No tocante aos crimes contra a administração da justiça, é correto afirmar que

(A) tipifica o delito de autoacusação falsa o ato de acusar-se, perante a autoridade, de contravenção penal inexistente ou praticada por outrem.
(B) a pena sempre deve ser aumentada se a fraude processual se destina a produzir efeito em processo civil.
(C) só configura o delito de favorecimento pessoal o ato de auxiliar a subtrair-se à ação de autoridade pública autor de crime a que for cominada pena de reclusão.
(D) não se tipifica o delito de coação no curso do processo se o agente, com o fim de favorecer interesse alheio, usar de violência ou grave ameaça, contra pessoa que é chamada a intervir em processo judicial.
(E) a pena é aumentada de sexta parte, na denunciação caluniosa, se o agente se serve do anonimato ou de nome suposto.

A: incorreta, na medida em que o art. 341 do CP (autoacusação falsa) exige que o fato falsamente imputado seja *criminoso*, não sendo suficiente, portanto, que se trate de *contravenção penal*; **B:** incorreta. Somente terá lugar o aumento de pena previsto no parágrafo único do art. 347 do CP se a inovação tiver como escopo produzir efeito em *processo penal*, ainda que não iniciado; **C:** incorreta. Se a pena cominada ao crime praticado por aquele a quem se pretende prestar auxílio for de *reclusão*, a pena cominada ao crime de favorecimento pessoal será de 1 (um) a 6 (seis) meses de detenção e multa (art. 348, *caput*, do CP); não sendo a pena de *reclusão*, a pena prevista, para o crime de favorecimento pessoal, será de 15 (quinze) dias a 3 (três) meses de detenção e multa (art. 348, § 1º, do CP); **D:** incorreta. Ainda que o interesse a ser favorecido seja alheio, estará caracterizado, mesmo assim, o crime de coação no curso do processo (art. 344, CP); **E:** correta, pois corresponde ao que estabelece o art. 339, § 1º, do CP.

Gabarito "E"

(Magistratura do Trabalho – 4ª Região – 2012) No crime de sonegação de contribuição previdenciária, se o empregador não é pessoa jurídica e sua folha de pagamento mensal não ultrapassa determinado valor fixado em lei, reajustado pelos mesmos índices dos benefícios da previdência social, o juiz poderá

(A) absolver o acusado.
(B) aplicar somente a pena de multa.
(C) deixar de aplicar a pena.
(D) reduzir a pena de um terço até dois terços.
(E) conceder perdão judicial.

Na forma estatuída no art. 337-A, § 3º, do CP, sendo o empregador pessoa física e não superando, sua folha de pagamento mensal, certo valor, poderá o juiz proceder à redução da pena de um terço até a metade (e não de um a dois terços, como constou na assertiva "D") ou aplicar tão somente a pena de multa.

Gabarito "B"

(Magistratura do Trabalho – 5ª Região – 2006 – CESPE) Acerca dos crimes contra a administração da justiça, assinale a opção correta.

(A) No crime de denunciação caluniosa, não há variação da pena se o sujeito ativo imputa crime ou contravenção ao sujeito passivo, sabendo-o inocente.
(B) No crime de falso testemunho, o fato deixa de ser punível caso o sujeito ativo se retrate ou declare a verdade a qualquer momento, mesmo após a sentença.
(C) O crime de coação no curso do processo absorve a violência utilizada para tal fim.
(D) No crime de exercício arbitrário das próprias razões, se não houver emprego de violência, a ação penal é privada.

(E) Comete crime de fraude processual o agente que auxilia sujeito ativo de crime punido com pena de reclusão a subtrair-se da ação da autoridade pública.

A: a alternativa está incorreta, pois o art. 339, § 2º, do CP reza que, se o agente imputar à vítima a prática, não de crime, mas de contravenção penal, fará jus a uma diminuição de pena da ordem de metade; **B:** assertiva incorreta. O fato somente deixará de ser punível se o agente se retratar ou declarar a verdade *antes* da sentença no processo em que se deu o ilícito; **C:** o tipo penal faz alusão ao fato de que, na hipótese de haver emprego de violência e desta resultar alguma consequência à integridade física da vítima, o agente responderá pela pena correspondente, em concurso material com o delito de coação no curso do processo; **D:** proposição correta, em vista do que dispõe o art. 345, parágrafo único, do CP; **E:** a proposição contém o preceito primário do crime de favorecimento pessoal – art. 348 do CP.

Gabarito "D"

(Magistratura do Trabalho – 7ª Região – 2005) Augusto, servidor autárquico, alardeando prestígio, visando a obter vantagem econômica (dinheiro), convence Bernardo a entregar-lhe determinada quantia, a pretexto de influenciar um determinado funcionário da justiça, no exercício da função, a deferir a pretensão exposta. Na hipótese, a conduta de Augusto configura:

(A) peculato mediante erro de outrem.
(B) crime de corrupção ativa.
(C) crime de corrupção passiva.
(D) advocacia administrativa.
(E) crime de tráfico de influência.

A conduta praticada por Augusto está prevista no art. 332, *caput*, do CP. Note que, embora Augusto seja servidor autárquico, este crime, por ser comum, não exige do sujeito ativo nenhuma qualidade especial. No mais, se acaso o agente alega ou insinua que a vantagem se destina também ao funcionário, a pena é majorada de metade, a teor do parágrafo único do dispositivo.

Gabarito "E"

(Magistratura do Trabalho – 9ª Região – 2009) Considere as seguintes proposições:

I. O crime de denunciação caluniosa consiste em dar causa à instauração de investigação policial, de processo judicial, instauração de investigação administrativa, inquérito civil ou ação de improbidade administrativa contra alguém, imputando-lhe crime de que o sabe inocente.

II. O perito nomeado pelo Juízo, ao fazer afirmação falsa em processo judicial, comete crime de falso testemunho ou de falsa perícia.

III. No crime de falso testemunho, o fato deixa de ser punível se, antes da sentença no processo em que ocorreu o ilícito, o agente se retrata ou declara a verdade.

IV. A prática por advogado de ato processual simultâneo ou sucessivo ao interesse de partes contrárias se constitui no delito de patrocínio simultâneo ou tergiversação, cuja pena é de detenção de seis meses a três anos e multa.

(A) Todas as proposições estão corretas.
(B) Somente as proposições I, II e IV estão corretas.
(C) Somente a proposição III está correta.
(D) Somente as proposições I e IV estão corretas.
(E) Nenhuma proposição está correta.

I: a assertiva corresponde ao preceito primário do crime de denunciação caluniosa – art. 339 do CP; II: assertiva em consonância com o que dispõe o art. 342, *caput*, do CP; III: trata-se da causa extintiva da punibilidade prevista no art. 342, § 2º, do CP; IV: art. 355, parágrafo único, do CP.

Gabarito "A"

(Magistratura do Trabalho – 11ª Região – 2007 – FCC) Retratando-se a testemunha da afirmação falsa antes de proferida a sentença no processo em que a formulou, a *retratação*

(A) Não tem qualquer interferência.
(B) Causa a extinção da punibilidade.
(C) Configura circunstância atenuante.
(D) Constitui causa de diminuição da pena.
(E) Leva ao reconhecimento da perempção.

De fato, se a testemunha retratar-se da afirmação falsa que fizera, antes de ser proferida a sentença no processo em que se deu o ilícito, a teor do disposto no art. 342, § 2º, do CP, verá extinta a sua punibilidade, nos termos do art. 107, VI, do CP.

Gabarito "B"

(Magistratura do Trabalho – 12ª Região – 2006) Assinale a alternativa correta:

(A) considera-se fato atípico a denunciação caluniosa envolvendo a prática de contravenção penal;
(B) a ação penal é privada se o crime de exercício arbitrário das próprias razões é praticado sem o emprego de violência;
(C) no crime de roubo tentado, o agente é isento de pena se for ascendente, descendente ou cônjuge da vítima;
(D) não é punível o crime de calúnia contra os mortos e os declarados ausentes na forma da lei civil;
(E) nenhuma das alternativas.

A: proposição incorreta, na medida em que o art. 339, § 2º, do CP prevê uma figura privilegiada, consubstanciada na imputação tão somente da prática de contravenção penal, hipótese em que a pena será diminuída de metade; **B:** assertiva em consonância com o disposto no art. 345, parágrafo único, do CP; **C:** assertiva incorreta, pois a escusa absolutória a que alude o art. 181, II, do CP não tem incidência no crime de roubo, a teor do art. 183, I, do CP; **D:** a proposição não está em consonância com o que dispõe o art. 138, § 2º, do CP.

Gabarito "B"

(Magistratura do Trabalho – 14ª Região – 2011) Analise as proposições à luz do Código Penal e ao final responda.

I. O fato que origina o crime de falso testemunho deixa de ser punível se, antes da sentença no processo em que ocorreu o ilícito, o agente se retrata ou declara a verdade.

II. Prometer vantagem a testemunha para fazer afirmação falsa, negar ou calar a verdade em depoimento na instrução processual não configura crime de falso testemunho uma vez que o tipo penal prevê apenas as condutas de dar ou oferecer dinheiro.

III. Inovar artificiosamente, na pendência de processo civil ou administrativo, o estado de lugar, de coisa ou de pessoa, com o fim de induzir a erro o juiz ou o perito constitui crime.

IV. Trair, na qualidade de advogado ou procurador, o dever profissional, prejudicando interesse, cujo patrocínio, em juízo, lhe é confiado constitui crime de tergiversação.
V. Inutilizar, total ou parcialmente, ou deixar de restituir autos, documento ou objeto de valor probatório, que recebeu na qualidade de advogado ou procurador, não constitui tipo penal, mas apenas infração administrativa sujeita a punição junto ao órgão de classe.

(A) Apenas as assertivas I, IV e V são incorretas.
(B) Apenas as assertivas III e IV são corretas.
(C) Apenas as assertivas I e III são corretas.
(D) Apenas as assertivas II e V são incorretas.
(E) Apenas a assertiva I é correta.

I: assertiva correta, nos termos do art. 342, § 2º, do CP; II: a conduta está prevista no art. 343 do CP. No mais, o art. 342 do CP – falso testemunho ou falsa perícia – não contempla as condutas de *dar* ou *oferecer* dinheiro a testemunha, também previstas no art. 343 do CP; III: assertiva correta, pois corresponde ao preceito primário do crime de **fraude processual**, previsto no art. 347, *caput*, do CP; IV: incorreta, pois a assertiva corresponde ao preceito primário do crime de **patrocínio infiel** – art. 355, *caput*, do CP; V: incorreta, pois a conduta constitui o crime previsto no art. 356 do CP – **sonegação de papel ou objeto de valor probatório**.

Gabarito "C"

(Magistratura do Trabalho – 14ª Região – 2008) Uma das testemunhas ouvidas em juízo compareceu na Secretaria da Vara do Trabalho e pediu para se retratar do depoimento prestado em dias anteriores, se dizendo arrependida, eis que falseara deliberadamente a verdade. Para fins de extinção da punibilidade no juízo criminal, é CORRETO afirmar:

(A) A testemunha poderá se retratar após a sentença trabalhista declarar que houve falso testemunho até antes do oferecimento da denúncia no juízo criminal;
(B) A testemunha não pode mais se retratar, eis que o crime de falso testemunho ficou caracterizado no momento em que ela falseou a verdade, estando compromissada a dizer a verdade;
(C) A testemunha não pode ainda se retratar pelo fato de que não sabe se será declarado, na sentença trabalhista, que houve falso testemunho;
(D) A testemunha pode se retratar, mas somente antes do Juiz do Trabalho proferir a sentença;
(E) No juízo trabalhista não cabe mais a *retratação*, faculdade que poderá ser exercida no juízo criminal até antes do oferecimento da denúncia.

A testemunha poderá se retratar ou ainda declarar a verdade, desde que o faça antes da prolação da sentença no processo em que se verificou o ilícito, vale dizer, no Juízo do Trabalho, que é aquele diante do qual foi feita a afirmação falsa. É o que determina o art. 342, § 2º, do CP.

Gabarito "D"

(Magistratura do Trabalho – 15ª Região – 2010) A empresa que suprime a pertinente contribuição social de trabalhador avulso que lhe presta serviços, omitindo o nome dele de sua folha de pagamento:

(A) comete o crime de falsidade ideológica;
(B) comete o crime de uso de documento falso;
(C) pratica conduta tipificada como crime, cuja pena é de reclusão, de 2 a 4 anos;
(D) comete crime de sonegação de contribuição previdenciária;
(E) não comete crime algum.

Art. 337–A, I, do CP. Crime de sonegação de contribuição previdenciária.

Gabarito "D"

(Magistratura do Trabalho – 15ª Região – 2011) Comete o crime de sonegação de contribuição previdenciária quem suprime ou reduz contribuição previdenciária e qualquer acessório, mediante as seguintes condutas, exceto:

(A) omite da folha de pagamento valor do salário pago a empregado;
(B) não informa à Previdência Social pagamento realizado a trabalhador avulso que lhe preste serviço;
(C) não informa à Previdência Social pagamento realizado a trabalhador autônomo ou a este equiparado que lhe preste serviço;
(D) não anota a Carteira de Trabalho e Previdência Social de empregado;
(E) deixa de lançar mensalmente nos títulos próprios da contabilidade da empresa as quantias descontadas dos empregados.

A: art. 337-A, I, do CP; **B:** art. 337-A, I, do CP; **C:** art. 337-A, I, do CP; **D:** hipótese não contemplada no art. 337-A do CP; **E:** art. 337-A, II, do CP.

Gabarito "D"

(Magistratura do Trabalho – 15ª Região – 2011) Assinale a alternativa incorreta:

(A) reingresso de estrangeiro banido do território nacional é crime punido, somente, com expulsão do pais;
(B) reingresso do estrangeiro expulso do território nacional é crime cometido contra a administração da justiça;
(C) comete fraude processual o empregador que modifica as condições do local do trabalho em momento anterior ao da diligência do perito, com o objetivo de que o profissional não verifique as condições perigosas às quais o reclamante estava submetido;
(D) o reclamado que oferece dinheiro ao perito para modificar o resultado de seu laudo, indicando a inexistência de condição perigosa de trabalho, submete-se à pena de reclusão de 03 (três) a 4 (quatro) anos e multa;
(E) o perito que presta declarações falsas no corpo do laudo, indicando a inexistência de condição perigosa de trabalho, submete-se à pena de reclusão de 01 (um) a 3 (três) anos e multa.

A e **B:** constitui crime contra a Administração da Justiça a conduta do estrangeiro que reingressa no território nacional depois de daqui ter sido expulso – art. 338, CP; **C:** conduta contemplada no art. 347, *caput*, do CP; **D:** conduta contemplada no art. 343, *caput*, do CP; **E:** conduta prevista no art. 342, *caput*, do CP. Atenção: a recente Lei 12.850/2013, que conferiu nova conformação normativa à organização criminosa, estabeleceu, em seu art. 25, novos patamares de pena para o crime de falso testemunho ou falsa perícia, passando a pena cominada, assim, de 1 (um) a 3 (três) anos de reclusão para 2 (dois) a 4 (quatro) anos de reclusão, sem prejuízo da multa.

Gabarito "A"

(Magistratura do Trabalho – 16ª Região – 2006) Dar causa à instauração de investigação policial, ou de processo judicial contra alguém imputando-lhe crime de que sabe inocente, configura o crime de:

(A) Calúnia;
(B) Comunicação falsa de crime;
(C) Denunciação caluniosa;
(D) Falso testemunho;
(E) Não é conduta punível.

Art. 339 do CP. O crime de denunciação caluniosa não deve ser confundido com o do art. 340 do CP, comunicação falsa de crime ou de contravenção, em que se provoca a ação da autoridade, a esta comunicando crime ou contravenção que se sabe não se ter verificado. Difere, também, do tipo prefigurado no art. 138 do CP – calúnia – na medida em que, neste delito, atribui-se falsamente a alguém fato definido como crime. Sua consumação se opera no momento em que o fato chega ao conhecimento de terceiro (a honra atingida é a objetiva). Na denunciação caluniosa, o agente não dá causa à instauração de investigação ou processo

Gabarito "C"

(Magistratura do Trabalho – 18ª Região – 2006) São crimes contra a administração da Justiça, exceto :

(A) Exploração de prestígio.
(B) Advocacia administrativa.
(C) Reingresso de estrangeiro expulso.
(D) Exercício arbitrário ou abuso de poder.
(E) Tergiversação.

O crime de *advocacia administrativa*, previsto no art. 321 do CP, integra o Capítulo I do Título XI, "Dos Crimes Praticados por Funcionário Público contra a Administração em Geral". Trata-se de crime próprio, que exige que o sujeito ativo seja funcionário público e se valha dessa condição para o cometimento do delito. Os demais crimes listados na questão fazem parte do Capítulo III do mesmo título, "Dos Crimes contra a Administração da Justiça".

Gabarito "B"

(Magistratura do Trabalho – 20ª Região – 2003) Marcos, depondo como testemunha em audiência trabalhista, negou-se a responder pergunta a ele dirigida pelo magistrado. É que a parte que o arrolou prometeu-lhe dinheiro caso ele procedesse dessa maneira. O juiz admoestou-o por causa disso. Ainda assim, Marcos permaneceu silente. Por conseguinte, pode-se afirmar:

(A) Marcos está no exercício de um direito a ele estendido, qual seja o de permanecer em silêncio;
(B) Marcos cometeu o crime de desobediência qualificada;
(C) Marcos incidiu no delito de falso testemunho na modalidade simples;
(D) Marcos perpetrou falso testemunho qualificado;
(E) Marcos cometeu tanto desobediência qualificada quanto falso testemunho simples. Acontece que, por conta da consumpção, o delito mais grave absorverá o mais leve, isto é, ele responderá apenas pela desobediência qualificada.

Na qualidade de testemunha, por ter se calado, omitido aquilo que sabia, Marcos incorreria nas penas do crime de falso testemunho – art. 342, *caput*, do CP. Sucede que, para assim proceder, a testemunha recebeu suborno da parte que a arrolou, razão por que deverá ser responsabilizada pelo crime de falso testemunho com a pena majorada de 1/6 a 1/3, a teor do art. 342, § 1º, do CP. Quanto à corrupção ativa da testemunha, sua previsão está no art. 343 do CP. Atenção: a recente Lei 12.850/2013, que conferiu nova conformação normativa à organização criminosa, estabeleceu, em seu art. 25, novos patamares de pena para o crime de falso testemunho ou falsa perícia, passando a pena cominada, assim, de 1 (um) a 3 (três) anos de reclusão para 2 (dois) a 4 (quatro) anos de reclusão, sem prejuízo da multa.

Gabarito "D"

(Magistratura do Trabalho – 23ª Região – 2008) O Diretor de Secretaria, no cumprimento de suas funções, procedeu à elaboração de um alvará judicial. Após assinado pelo juiz, esse documento foi entregue ao advogado devidamente habilitado nos autos. Agradecido pelo atendimento recebido, o advogado deu ao Diretor elevada importância em dinheiro, o qual aceitou referida vantagem. Neste caso, o Diretor de Secretaria:

(A) não cometeu crime, pois apenas praticou os atos inerentes a sua função e, sem fazer qualquer exigência, recebeu uma importância que lhe foi espontaneamente oferecida;
(B) cometeu o crime de concussão;
(C) cometeu o crime de corrupção passiva;
(D) cometeu o crime de corrupção ativa;
(E) cometeu o crime de prevaricação.

A conduta do diretor de secretaria de fato configura o crime capitulado no art. 317 do CP – corrupção passiva, já que recebeu, no exercício de função pública, vantagem que não lhe era devida. Não se trata, neste caso, de mera gratificação, pois esta se refere tão somente a pequenas doações recebidas pelo funcionário. Não é o caso, já que o diretor aceitou e recebeu elevada importância em dinheiro.

Gabarito "C"

(Magistratura do Trabalho – 23ª Região – 2006) Assinale a alternativa correta:

(A) Comete crime de concussão aquele que exigir, para si ou para outrem, direta ou indiretamente, ainda que fora da função ou antes de assumi-la, mas em razão dela, vantagem indevida;
(B) Configura-se crime de prevaricação apropriar-se o funcionário público de dinheiro, valor ou qualquer outro bem móvel, público ou particular, de que tem a posse em razão do cargo, ou desviá-lo, em proveito próprio ou alheio;
(C) Comete crime de corrupção passiva o funcionário público que exige tributo ou contribuição social que sabe ou deveria saber indevido, ou quando, devido, emprega na cobrança meio vexatório ou gravoso, que a lei não autoriza;
(D) Comete crime de peculato aquele que solicita ou recebe, para si ou para outrem, direta ou indiretamente, ainda que fora da função ou antes de assumi-la, mas em razão dela, vantagem indevida, ou aceitar promessa de tal vantagem;
(E) Comete crime de excesso de exação o funcionário público que retardar ou deixar de praticar, indevidamente, ato de ofício, ou praticá-lo contra disposição expressa de lei, para satisfazer interesse ou sentimento pessoal.

A: a assertiva – correta – corresponde ao preceito primário do crime de concussão – art. 316, *caput*, do CP; **B:** a assertiva – incorreta – traz o preceito primário do crime de peculato –art. 312, *caput*, do CP; o delito de prevaricação está previsto no art. 319 do CP; **C:** a proposição – incorreta – corresponde ao preceito primário do crime de excesso de exação – art. 316, § 1º, do CP; o delito de corrupção passiva encontra previsão no art. 317 do CP; **D:** a assertiva – incorreta – corresponde ao preceito primário do crime de corrupção passiva – art. 317 do CP; o crime de peculato está previsto no art. 312 do CP; **E:** a assertiva – incorreta – corresponde ao preceito primário do crime de prevaricação – art. 319 do CP; o crime de excesso de exação está previsto no art. 316, § 1º, do CP.

Gabarito "A"

(Procurador do Trabalho – 2013 – MPT) Assinale a alternativa **INCORRETA**:

(A) No crime de falsa perícia praticado por médico do trabalho, a retratação exclui a punibilidade na área criminal, se ocorrer antes da publicação da sentença no processo em que ocorreu a falsidade.

(B) O empregador que ameaça a testemunha na antessala da Vara do Trabalho para que deponha falsamente e em seu benefício, comete o crime de exercício arbitrário das próprias razões.

(C) Para a caracterização do patrocínio infiel em reclamatória trabalhista, é preciso que ocorra prejuízo do cliente da infidelidade profissional do advogado.

(D) Não há crime de supressão de documento se o objeto material for cópia autenticada de documento original existente.

(E) Não respondida.

A: correta, pois reflete o que dispõe o art. 342, § 2º, do CP. Atenção: a recente Lei 12.850/2013, que conferiu nova conformação normativa à organização criminosa, estabeleceu, em seu art. 25, novos patamares de pena para o crime de falso testemunho ou falsa perícia, passando a pena cominada, assim, de 1 (um) a 3 (três) anos de reclusão para 2 (dois) a 4 (quatro) anos de reclusão, sem prejuízo da multa; **B:** incorreta, devendo ser assinalada, visto que aquele que assim age incorre nas penas do crime de coação no curso do processo, previsto no art. 344 do CP; **C:** correta, visto que se trata de crime material, em que a consumação somente se opera com o efetivo prejuízo causado pela traição; **D:** correta. É nesse sentido a lição de Guilherme de Souza Nucci: "(...) Há entendimento particular exigindo que o documento seja insubstituível em seu valor probatório, isto é, se for cópia autenticada, ainda que seja considerado documento (art. 232, parágrafo único, do CPP), não o é para servir de objeto material deste delito, pois o original pode ocupar-lhe o lugar. Esta posição, segundo nos parece, é correta, desde que o original realmente exista e esteja disponível" (**Código Penal Comentado**, 13ª ed. São Paulo: RT, 2013. p. 1151).

Gabarito "B"

(Ministério Público do Trabalho – 15º) Provocar a ação de autoridade, comunicando-lhe a ocorrência de crime ou de contravenção que sabe não se ter verificado, configura o crime de:

(A) denunciação caluniosa;

(B) auto-acusação falsa;

(C) comunicação falsa de crime ou de contravenção;

(D) falso testemunho ou falsa perícia;

(E) não respondida.

Crime contra a Administração da Justiça previsto no art. 340 do CP.

Gabarito "C"

(Ministério Público do Trabalho – 14º) Observe as assertivas abaixo e assinale a alternativa CORRETA:

I. Para a tipificação do crime de falso testemunho ou falsa perícia é irrelevante que o falso tenha influído na decisão da causa.

II. No crime de falso testemunho há extinção da punibilidade se, antes da sentença no processo em que ocorreu o ilícito, o agente se retrata ou relata a verdade.

III. Trair, na qualidade de advogado ou procurador, o dever profissional, prejudicando interesse, cujo patrocínio, em juízo, lhe é confiado tipifica o crime de tergiversação.

IV. Um amigo do proprietário da empresa X, ré em ação trabalhista, promete dinheiro à testemunha para fazer afirmação falsa em favor da empresa perante juiz do trabalho. A conduta do amigo do proprietário da ré não configura o crime de corrupção ativa de testemunha, porque o amigo não é parte no processo.

(A) apenas uma das assertivas está correta;

(B) apenas duas das assertivas estão corretas;

(C) apenas três das assertivas estão corretas;

(D) todas as assertivas estão corretas;

(E) não respondida.

I: por se tratar de *crime formal*, é desnecessária a produção de resultado naturalístico, sendo certo que a consumação deste crime se opera no momento em que é encerrado o depoimento. Alternativa, portanto, correta; II: a assertiva – correta – está em consonância com o art. 342, § 2º, do CP; III: a assertiva está incorreta, pois este preceito primário corresponde ao crime do art. 355 do CP – patrocínio infiel; o crime de patrocínio simultâneo ou tergiversação está no art. 355, parágrafo único, do CP; IV: o crime do art. 343 do CP – corrupção ativa de testemunha – é comum. Significa dizer, portanto, que o sujeito ativo pode ser qualquer pessoa, inclusive aquele que não é parte no processo. Proposição incorreta.

Gabarito "B"

(Ministério Público do Trabalho – 9º) Leia com atenção as assertivas abaixo:

I. o crime de denunciação caluniosa não se configura quando a imputação é de prática de contravenção penal;

II. ocorreu crime de denunciação caluniosa quando o agente provoca a ação de autoridade, policial ou judicial, comunicando-lhe a ocorrência de crime que sabe não se ter verificado;

III. ocorre o crime de auto-acusação falsa quando o agente acusa-se, perante a autoridade de crime ou contravenção inexistente ou praticados por outrem;

IV. o crime de lesão corporal não pode ser preterdoloso.

Assinale a alternativa correta:

(A) todas as assertivas estão incorretas;

(B) apenas uma assertiva está incorreta:

(C) apenas duas assertivas estão incorretas:

(D) apenas três assertivas estão incorretas;

(E) todas as assertivas estão corretas;

(F) não sei.

I: incorreto, pois, ainda que a imputação seja de contravenção penal, o crime de denunciação caluniosa estará caracterizado, nos termos do art. 339, § 2º, do CP, que impõe, entretanto, uma diminuição de pena da ordem de metade; II: incorreto, pois o verbo nuclear deste crime (denunciação caluniosa) consiste em *dar causa à instauração* (...); o agente que *provoca* a ação de autoridade, comunicando-lhe falsamente a ocorrência de crime ou contravenção, será responsabilizado pelo delito de *comunicação falsa de crime ou de contravenção* – art. 340, CP; III: o tipo penal faz referência somente a *crime*, sendo inadmissível, portanto, para a configuração deste delito, a autoacusação de contravenção inexistente ou ainda praticada por outrem. Assertiva incorreta; IV: a lesão corporal do art. 129, § 1º, II, do CP é um exemplo de crime preterdoloso ou preterintencional. Além dele, a lesão corporal seguida de morte, do art. 129, § 3º, do CP.

Gabarito "A"

(Ministério Público do Trabalho – 8º) Assinale a alternativa correta. No tipo de peculato (art. 312, *Caput*, do Código Penal), ser o agente "funcionário público" é:

(A) um elemento normativo do tipo;
(B) um elemento descritivo do tipo;
(C) um elemento subjetivo do tipo;
(D) uma condição de punibilidade;
(E) nenhuma das alternativas está correta.
(F) não sei.

Elemento normativo é o componente do tipo cujo significado é extraído por meio de um juízo de valoração, de um exercício de interpretação.

Gabarito "A"

15. CRIMES DA LEGISLAÇÃO EXTRAVAGANTE

(Ministério Público do Trabalho – 16º) É correto afirmar que a Lei nº 7.853/89:

I. tipifica as condutas discriminatórias que negam direitos fundamentais básicos a pessoas com deficiência nas áreas da educação, da saúde, do emprego ou trabalho e de acesso ao concurso público.
II. tipifica condutas que obstaculizam a preservação de interesses coletivos, difusos e individuais homogêneos de pessoas com deficiência protegidos por lei, na tramitação de inquérito civil e ajuizamento de ação civil pública.
III. tipifica condutas que obstaculizam a administração da justiça ao proteger a execução de ordem judicial no âmbito da ação civil pública para a defesa de interesses coletivos, difusos e individuais homogêneos da pessoa com deficiência.

Marque a alternativa CORRETA:

(A) todos os itens são corretos;
(B) apenas os itens I e II são corretos;
(C) apenas os itens I e III são corretos;
(D) apenas os itens II e III são corretos;
(E) não respondida.

I: as condutas típicas estão previstas no art. 8º, I a IV, da Lei 7.853/1989; II e III: as condutas típicas estão previstas no art. 8º, V e VI, da Lei 7.853/89.

Gabarito "A"

(Ministério Público do Trabalho – 15º) O Decreto-lei nº 201, de 27 de fevereiro de 1967, dispõe sobre a responsabilidade dos Prefeitos e Vereadores e estabelece:

I. comete crime de responsabilidade o Prefeito que concede empréstimos, auxílios ou subvenções sem autorização da Câmara, ou em desacordo com a lei;
II. a perda do cargo e a inabilitação do Prefeito, pelo prazo de 5 (cinco) anos, para o exercício de cargo ou função pública, efetivo ou de nomeação, poderá ocorrer após a condenação definitiva por crime de responsabilidade previsto no diploma legal em epígrafe;
III. são de ação pública os crimes de responsabilidade previstos no diploma legal em epígrafe;
IV. os crimes de responsabilidade previstos no Decreto-lei nº 201/67 estão sujeitos a julgamento pelo Poder Judiciário.

Assinale a alternativa correta:

(A) todas as assertivas acima estão corretas;
(B) apenas as assertivas I e III estão corretas;
(C) apenas as assertivas I e IV estão corretas;
(D) apenas as assertivas II e III estão corretas;
(E) não respondida.

I: art. 1º, IX, do Decreto-lei 201/67; II: art. 1º, § 2º, do Decreto-lei 201/67; III: art. 1º, § 1º, do Decreto-lei 201/67; IV: art. 1º, *caput*, do Decreto-lei 201/67.

Gabarito "A"

(Ministério Público do Trabalho – 15º) O ato lesivo da honra, ou do patrimônio de pessoa natural ou jurídica, quando praticado com abuso ou desvio de poder ou sem competência legal constitui:

(A) abuso de autoridade;
(B) crime previsto no Código Penal contra a honra e contra o patrimônio;
(C) crime contra o patrimônio;
(D) injúria;
(E) não respondida.

Art. 4º, *h*, da Lei 4.898/65.

Gabarito "A"

(Ministério Público do Trabalho – 12º) Considerando a lei que dispõe sobre o apoio às pessoas portadoras de deficiência, institui a tutela jurisdicional de interesses coletivos ou difusos dessas pessoas, disciplina a atuação do Ministério Público, define crimes e dá outras providências, constitui crime, punível com pena de reclusão e multa:

I. recusar, retardar, ou omitir dados técnicos indispensáveis à propositura da ação civil objeto desta lei, quando requisitados pelo Ministério Público;
II. recusar, retardar ou dificultar internação ou deixar de prestar assistência médico-hospitalar e ambulatorial, quando possível, à pessoa portadora de deficiência;
III. deixar de cumprir, retardar ou frustrar, a execução de ordem judicial expedida na ação civil a que alude essa lei;

IV. negar a alguém, por motivos derivados de sua deficiência, emprego ou trabalho.

Agora, assinale a alternativa CORRETA:

(A) somente as assertivas I e II estão corretas;
(B) somente as assertivas I e III estão corretas;
(C) somente as assertivas I, II e III estão corretas;
(D) todas as assertivas estão corretas.
(E) não respondida.

O primeiro e o segundo itens constituem condutas previstas como crime no art. 8º da Lei 7.853/89, respectivamente nos incisos VI e IV. As outras condutas contidas na questão não se amoldam às normas incriminadoras do art. 8º da Lei.

Gabarito "A".

16. TEMAS COMBINADOS

(Magistratura do Trabalho – 3ª Região – 2013) Considerando o direito penal, assinale a alternativa incorreta:

(A) Ainda que emancipados nos moldes da lei civil, os menores de dezoito anos são penalmente irresponsáveis, ficando sujeitos às normas estabelecidas na legislação especial.
(B) Não pode alegar estado de necessidade quem tinha o dever legal de enfrentar o perigo.
(C) Se o crime é cometido sob coação irresistível ou em estrita obediência a ordem, não manifestamente ilegal, de superior hierárquico, só é punível o autor da coação ou da ordem.
(D) O ajuste, a determinação ou instigação e o auxílio, salvo disposição expressa em contrário, não são puníveis, se o crime não chega, pelo menos, a ser tentado.
(E) Não há crime quando o agente pratica o fato em caso de necessidade; em legítima defesa; em estrito cumprimento de dever legal ou no exercício regular de direito e em razão de doença mental ou desenvolvimento mental incompleto ou retardado, desde que, ao tempo da ação ou da omissão, o agente era inteiramente incapaz de entender o caráter criminoso do fato ou de determinar-se de acordo com esse entendimento.

A: correta. A emancipação não tem o condão de afastar a incidência dos direitos assegurados no Estatuto da Criança e do Adolescente (Lei 8.069/1990); **B:** correta (art. 24, § 1º, do CP); **C:** correta (art. 22 do CP); **D:** correta (art. 31 do CP); **E:** incorreta. De fato, não há crime quando o agente pratica uma conduta típica sob o pálio de uma das causas excludentes de ilicitude (legítima defesa, estado de necessidade, exercício regular de direito e estrito cumprimento de dever legal – art. 23, CP); o erro estaria na segunda parte da assertiva. Digo *estaria* porque o examinador, ao elaborar este questão, levou em conta a chamada *concepção bipartida* quanto ao conceito analítico de crime, segundo a qual crime é um fato típico e antijurídico. Assim, afastada, neste caso, a culpabilidade, o que ocorre em relação aos inimputáveis (art. 26, CP), o fato permanece criminoso. Por esta concepção, há crime, portanto, quando o agente, por doença mental ou desenvolvimento (...). A culpabilidade, aqui, funciona como pressuposto para a aplicação da pena. Agora, se adotarmos a *concepção tripartida*, para a qual crime é um fato típico, antijurídico e culpável, a inimputabilidade afasta a existência da infração penal. É dizer, o inimputável não pratica crime, porque ausente um dos elementos que compõem a estrutura do crime (a culpabilidade). Merece crítica, portanto, a forma como foi elaborada esta alternativa. É importante que se diga que não existe, na doutrina, consenso acerca do conceito analítico de crime.

Gabarito "E".

(Magistratura do Trabalho – 3ª Região – 2008) Assinale a alternativa incorreta:

(A) o fato praticado pelo agente em estado de necessidade não configura crime por exclusão de culpabilidade.
(B) para efeito da reincidência, não se exige o efetivo cumprimento da sanção penal imposta por delito precedente.
(C) no crime de difamação, a exceção da verdade somente se admite se o ofendido é funcionário público e a ofensa é relativa ao exercício de suas funções.
(D) a tentativa não é admissível no delito culposo.
(E) constitui crime de favorecimento real prestar a criminoso, fora dos casos de co autoria ou de receptação, auxílio destinado a tornar seguro o proveito do crime.

A: se o agente pratica o fato sob o pálio do estado de necessidade, inexiste crime por exclusão da ilicitude, conforme art. 23 do CP; **B:** arts. 63 e 64 do CP; **C:** de fato, o delito de *difamação* somente comporta a exceção da verdade nestas circunstâncias: sendo o ofendido funcionário público e desde que a ofensa proferida diga respeito ao exercício de suas funções – art. 139, parágrafo único, do CP; **D:** diz-se que o *crime culposo* não admite a tentativa porque o resultado naturalístico não é desejado pelo agente. Não se pode tentar fazer algo que não é desejado. Trata-se, por essa razão, de institutos incompatíveis. É por essa mesma razão que o crime preterdoloso não comporta o *conatus*; **E:** alternativa correta. Este crime está previsto no art. 349 do CP.

Gabarito "A".

(Magistratura do Trabalho – 8ª Região – 2007) Marque a alternativa incorreta:

(A) Somente é considerada legítima defesa quando o agente, usando moderadamente dos meios necessários, repele injusta agressão, atual ou eminente, a direito seu.
(B) O crime tentado ocorre quando a execução não se consuma, depois de iniciada, por circunstâncias alheias à vontade do agente.
(C) Reduzir pessoa à condição análoga a de escravo é tipificado como crime contra a liberdade individual cuja pena de reclusão varia de dois a oito anos.
(D) Na desistência voluntária, o agente desiste voluntariamente de prosseguir na execução ou impede que o resultado se produza, respondendo somente pelos atos já praticados.
(E) Não pode alegar o estado de necessidade quem tinha o dever legal de enfrentar o perigo.

A: a agressão rechaçada na legítima defesa, excludente de ilicitude prevista no art. 25, deve ser a direito próprio ou de terceiro; **B:** correta, pois contém os elementos do crime tentado, a saber: início de execução, ausência de consumação por circunstância alheias à vontade do agente e dolo - art. 14, II, do CP; **C:** art. 149 do CP; **D:** na desistência voluntária (art. 15, primeira parte, do CP), o agente, em crime já iniciado, embora disponha de meios para chegar à consumação, acha por bem interromper a execução. Ele, de forma voluntária, desiste de prosseguir no *iter criminis* (conduta negativa, omissão). No *arrependimento eficaz* (art. 15, segunda parte, do CP), a situação é diferente. O agente, em crime cuja execução também já se iniciou, esgotou os meios que reputou suficientes para atingir seu objetivo. Ainda assim, o crime não se consumou. Diante disso, ele, agente, por vontade própria, passa a agir para evitar o resultado (conduta positiva). Tanto na *desistência voluntária* quanto no *arrependimento eficaz*, o agente responderá somente pelos atos que praticou; **E:** é o teor do art. 24, § 1º, do CP.

Gabarito "A".

(Magistratura do Trabalho – 9ª Região – 2007) Considere as seguintes proposições:

I. Age com dolo direto o chefe de seção de empresa que, para agilizar a produção, retira de máquina dispositivo de segurança que sabe ser necessário para evitar acidentes.

II. São elementos do *crime culposo* a conduta; a inobservância do dever de cuidado objetivo; o resultado lesivo involuntário e a tipicidade, sendo irrelevante a previsibilidade.

III. No crime de assédio sexual, o fato de o agente prevalecer-se de sua condição de superior hierárquico ou ascendência com relação ao ofendido é circunstância que agrava a pena.

IV. Se o empregado comete crime em estrita obediência a ordem, não manifestamente ilegal, de superior hierárquico, essa circunstância atenua a pena.

Assinale a alternativa correta:

(A) Todas as proposições estão corretas;
(B) Apenas as proposições I, III e IV estão corretas;
(C) Apenas as proposições I, II e IV estão corretas;
(D) Apenas as proposições II, III e IV estão corretas;
(E) Nenhuma proposição está correta.

I: ainda que soubesse que a peça em questão se prestava a evitar acidentes, o chefe de seção, ao retirar da máquina o dispositivo de segurança, tinha como propósito imprimir agilidade à produção. Assim, seu comportamento não se coaduna com o *dolo direto*, que é aquele em que o agente visa a determinado resultado, age em função dele. Da mesma forma, não nos parece que o chefe de seção tenha agido com *dolo eventual*, pois, pelos poucos dados fornecidos, não é possível afirmar que consentiu na ocorrência do resultado. Só há que se falar em dolo eventual quando o agente assume uma postura de indiferença em relação ao resultado. Nesta modalidade de dolo, embora o agente não queira o resultado, pouco se importa com a sua produção. Agora, se o agente, embora tendo a previsão do resultado ofensivo, espera, sinceramente, que ele não ocorra, estaremos diante da *culpa consciente*; de outro lado, se o agente não tiver a previsão do resultado que é previsível, caracterizada estará a *culpa inconsciente*; II: a previsibilidade constitui elemento indispensável do *crime culposo*. Trata-se da possibilidade de antever o resultado naturalístico; III: tal fato já integra o tipo penal do art. 216-A – assédio sexual; IV: esta excludente de culpabilidade somente tem incidência no âmbito do direito público. Além disso, pela disciplina estabelecida no art. 22 do CP, tratando-se de ordem não manifestamente ilegal, somente será punível o seu autor, ao passo que o subordinado terá excluída a sua culpabilidade.

Gabarito "E".

(Magistratura do Trabalho – 12ª Região – 2006) Assinale a alternativa incorreta:

(A) o falso atestado dado por médico, no exercício de função pública, mediante o recebimento de vantagem indevida, configura o crime de corrupção passiva, e não o crime de falsidade de atestado médico;
(B) não há que se falar em *arrependimento eficaz* se ocorreu a consumação do crime;
(C) é punível a título de culpa a conduta consistente em submeter alguém a condição análoga à de escravo (CP, art. 149);
(D) para efeito de reincidência, não se consideram os crimes militares próprios e os crimes políticos;
(E) constranger alguém mediante violência ou grave ameaça a exercer ou não exercer arte, ofício, profissão ou indústria, ou a trabalhar ou não trabalhar durante certo período ou em determinado dia consiste no crime de atentado contra a liberdade do trabalho.

A: neste caso, estará de fato caracterizado o crime do art. 317 do CP - corrupção passiva; **B:** no *arrependimento eficaz* – art. 15, segunda parte, do CP, o agente, mesmo já tendo exaurido o processo de execução, passa a agir, voluntariamente, para que o resultado não ocorra, isto é, para que o crime não atinja sua consumação. Se isso ocorrer, ou seja, se o delito consumar-se, como de início desejava o agente, responderá pelo crime na forma consumada, a despeito de sua louvável iniciativa; **C:** não há previsão deste crime na forma culposa. *Vide* art. 18, parágrafo único, do CP – excepcionalidade do *crime culposo*; **D:** assertiva em consonância com o art. 64, II, do CP; **E:** crime previsto no art. 197 do CP.

Gabarito "C".

(Magistratura do Trabalho – 14ª Região – 2011) Com base na lei penal brasileira, assinale a alternativa que não está correta.

(A) Aquele que cerceia o uso de qualquer meio de transporte por parte do trabalhador ou mantém vigilância ostensiva no local de trabalho ou se apodera de documentos ou objetos pessoais do trabalhador, com o fim de retê-lo no local de trabalho incorrerá nas mesmas penas previstas para o tipo redução a condição análoga à de escravo.
(B) A intervenção médica ou cirúrgica, sem o consentimento do paciente ou de seu representante legal, se justificada por iminente perigo de vida não se constitui em crime de constrangimento ilegal.
(C) Caracteriza o crime de extorsão indireta as condutas de exigir ou receber, como garantia de divida, abusando da situação de alguém, documento que pode dar causa a procedimento criminal contra a vítima ou contra terceiro.
(D) Participar de suspensão ou abandono coletivo de trabalho, provocando a interrupção de obra pública ou serviço de interesse coletivo, não se constitui em crime contra a organização do trabalho, uma vez que para caracterizar o tipo penal é necessária a pratica de violência contra pessoa ou contra coisa.

(E) Constitui crime de apropriação indébita previdenciária o fato de deixar de repassar à previdência social as contribuições recolhidas dos contribuintes, no prazo e forma legal ou convencional. Entretanto, é extinta a punibilidade se o agente, espontaneamente, declara, confessa e efetua o pagamento das contribuições, importâncias ou valores e presta as informações devidas à previdência social, na forma definida em lei ou regulamento, antes do início da ação fiscal.

A: correta, pois em consonância com o previsto no art. 149, § 1º, do CP; **B:** correta, nos termos do art. 146, § 3º, I, do CP; **C:** correta (delito previsto no art. 160 do CP); **D:** incorreta, visto que a prática do crime previsto no art. 201 do CP não exige o emprego de violência contra a pessoa ou a coisa; **E:** correta, nos termos do art. 168-A, *caput* e § 2º, do CP.

Gabarito "D"

(Magistratura do Trabalho – 15ª Região – 2010) Cada alternativa possui duas afirmações ("1" e "2") relacionadas ou não entre si. Marque a alternativa em que as duas afirmações sejam corretas:

(A) 1. Considera-se tentado o crime quando, iniciada a execução, não se consuma por circunstâncias alheias à vontade do agente. 2. Salvo disposição em contrário, pune-se a tentativa com a pena correspondente ao crime consumado, diminuída pela metade.

(B) 1. A legislação não faz diferença entre tentativa perfeita e imperfeita no que se refere à aplicação da pena em abstrato. 2. Todavia, quando da imposição da sanção em concreto, o magistrado deve considerar a ocorrência de uma ou de outra espécie de tentativa.

(C) 1. No regime aberto o condenado deverá, fora do estabelecimento e com vigilância, trabalhar, frequentar curso ou exercer outra atividade autorizada, permanecendo recolhido durante o período noturno e nos dias de folga. 2. O trabalho do preso será sempre remunerado, sendo-lhe garantidos os benefícios da Previdência Social.

(D) 1. A *abolitio criminis* constitui fato jurídico extintivo da punibilidade. 2. Nos crimes conexos, a extinção da punibilidade de um deles impede, quanto ao outro, a agravação da pena resultante da conexão teleológica.

(E) 1. A redução a condição análoga à de escravo é crime contra a liberdade pessoal. 2. A extorsão é considerada crime contra a liberdade individual.

A: embora a primeira assertiva esteja correta (art. 14, II, do CP), a segunda está incorreta, já que, a teor do estabelecido no art. 14, parágrafo único, do CP, a pena do crime tentado será a do crime consumado diminuída de **um a dois termos**, salvo disposição em contrário; **B:** na verdade, o legislador não fez nenhuma distinção entre a tentativa **perfeita** e **imperfeita**, nomenclaturas conferidas pela doutrina, mormente no que se refere à aplicação da pena correspondente a cada qual; ademais, a redução aplicada pelo juiz deve levar em conta o caminho percorrido pelo agente na prática criminosa, isto é, se a empreitada foi impedida logo no seu início, deverá o magistrado aplicar uma diminuição maior; ao revés, se o caminho desenvolvido foi maior, o que possibilitou ao agente chegar bem próximo à consumação do delito, a diminuição será, obviamente, menor. Assim, ao aplicar a pena, o juiz levará em conta a modalidade de tentativa; **C:** assertiva incorreta, visto que, no regime aberto, que se baseia na autodisciplina e no senso de responsabilidade, o reeducando deverá, fora do estabelecimento e **sem** vigilância, trabalhar, frequentar curso ou exercer outra atividade autorizada (art. 36, *caput* e § 1º, do CP); a segunda assertiva está correta, nos termos do art. 39 do CP; **D:** correta, nos termos do art. 107, III, do CP; incorreta, pois contraria o que estabelece o art. 108, segunda parte, do CP; **E:** correta, visto que o crime do art. 149 do CP está inserto na Seção "Dos Crimes contra a Liberdade Pessoal", que integra o Capítulo "Dos Crimes contra a Liberdade Individual"; a extorsão, capitulada no art. 158 do CP, é crime contra o patrimônio.

Gabarito "B"

(Magistratura do Trabalho – 16ª Região – 2011) Assinale a alternativa INCORRETA:

(A) O agente que, voluntariamente, desiste de prosseguir na execução ou impede que o resultado se produza, só responde pelos atos já praticados

(B) Não é punível a calúnia contra os mortos.

(C) A intervenção médica ou cirúrgica, sem o consentimento do paciente ou de seu representante legal, se justificada por iminente perigo de vida, bem como a coação exercida para impedir suicídio não se amoldam à figura típica do crime de constrangimento ilegal.

(D) O crime de apropriação indébita previdenciária, previsto no Art. 168-A do Código Penal Pátrio consiste em deixar de repassar à previdência social as contribuições recolhidas dos contribuintes, no prazo e forma legal ou convencional, estando passível de aplicação da mesma penalidade prevista no caput (reclusão, de 2 a 5 anos, e multa) do dispositivo aquele que: deixar de recolher, no prazo legal, contribuição ou outra importância destinada à previdência social que tenha sido descontada de pagamento efetuado a segurados, a terceiros ou arrecadada do público; deixar de recolher contribuições devidas à previdência social que tenham integrado despesas contábeis ou custos relativos à venda de produtos ou à prestação de serviços; e deixar de pagar benefício devido a segurado, quando as respectivas cotas ou valores já tiverem sido reembolsados à empresa pela previdência social.

(E) O ajuste, a determinação ou instigação e o auxílio, salvo disposição expressa em contrário, não são puníveis, se o crime não chega, pelo menos, a ser tentado.

A: correta, nos termos do art. 15 do CP; **B:** incorreta, visto que a calúnia contra os mortos é, sim, punível (art. 138, § 2º, CP); **C:** correta, nos termos do art. 146, § 3º, do CP; **D:** correta (condutas previstas no art. 168-A, § 1º, do CP); **E:** correta, nos termos do art. 31 do CP.

Gabarito "B"

(Magistratura do Trabalho – 24ª Região – 2007) Assinale a alternativa INCORRETA:

(A) No crime de "falso testemunho ou falsa perícia", o fato deixa de ser punível se, antes da sentença no processo em que ocorreu o ilícito, o agente se retrata ou declara a verdade.

(B) No crime de "paralisação de trabalho, seguida de violência ou perturbação da ordem", para que se considere coletivo o abandono de trabalho é indispensável o concurso de, pelo menos, três empregados.

(C) Manter vigilância ostensiva no local de trabalho ou se apoderar de documentos ou objetos pessoais do trabalhador constitui crime de constrangimento ilegal.

(D) O querelado que, antes da sentença, se retrata cabalmente da calúnia ou da difamação, fica isento de pena.

(E) Não constitui injúria ou difamação punível a ofensa irrogada em juízo, na discussão da causa, pela parte ou por seu procurador.

A: correto, nos temos do art. 342, § 2º, do CP; **B:** correto, nos termos do art. 200, parágrafo único, do CP; **C:** alternativa incorreta, já que a conduta acima se amolda, em princípio, ao tipo prefigurado no art. 149, § 1º, II, do CP – redução a condição análoga à de escravo; **D:** assertiva em consonância com o disposto no art. 143 do CP; **E:** correto, nos termos do art. 142, I, do CP.

Gabarito "C"

(Procurador do Trabalho – MPT – 17º Concurso) Escolha a alternativa INCORRETA:

(A) No cárcere privado o bem jurídico tutelado é a liberdade individual, caracterizando-se o crime mesmo quando a privação da liberdade ocorre com o consentimento da vítima, validamente manifestado.

(B) Para os efeitos penais previstos no tipo "falsificação de documento público", equiparam-se a documento público o emanado de entidade paraestatal, o título ao portador ou transmissível por endosso, as ações de sociedade comercial, os livros mercantis e o testamento particular.

(C) No crime de aliciamento de trabalhadores de um local para outro do território nacional, a pena é aumentada de um sexto a um terço se a vítima é menor de 18 (dezoito) anos, idosa, gestante, indígena ou portadora de deficiência.

(D) O crime de fraude processual se constitui em inovar artificiosamente, na pendência de processo civil ou administrativo, o estado de lugar, de coisa ou de pessoa, com o fim de induzir a erro o juiz ou o perito.

(E) Não respondida.

A: incorreta, já que o consentimento válido da vítima afasta a ocorrência do crime do art. 148 do CP (sequestro e cárcere privado); **B:** correta, pois reflete o disposto no art. 297, § 2º, do CP; **C:** correta (art. 207, § 2º, CP); **D:** correta (art. 347, *caput*, do CP).

Gabarito "A"

(Ministério Público do Trabalho – 16º) Leia e analise os itens abaixo:

I. É crime negar ou obstar emprego em empresa privada, punível com a pena de reclusão de dois a cinco anos, resultante de discriminação ou preconceito de raça, cor, etnia, religião ou procedência nacional.

II. No crime de negação, sem justa causa, de emprego ou trabalho à pessoa com deficiência o sujeito ativo pode ser qualquer pessoa com poder para realizar a conduta típica, desde que detenha cargo de direção na empresa.

III. Constitui crime punível com reclusão de seis meses a um ano e multa negar a alguém, por motivo de idade, emprego ou trabalho, segundo o Estatuto do Idoso.

Marque a alternativa CORRETA:

(A) todos os itens são corretos;

(B) apenas os itens I e II são corretos;

(C) apenas os itens I e III são corretos;

(D) apenas os itens II e III são corretos;

(E) não respondida.

I: art. 4º, *caput*, da Lei 7.716/89; II: é desnecessário, à prática deste crime do art. 8º, III, da Lei 7.853/89, que o agente detenha cargo de direção na empresa; III: art. 100, II, da Lei 10.741/03 – Estatuto do Idoso.

Gabarito "C"

(Ministério Público do Trabalho – 14º) Assinale a alternativa INCORRETA:

(A) Omitir, nos documentos destinados a fazer prova perante a previdência social, o nome do segurado e seus dados pessoais, a remuneração, a vigência do contrato de trabalho ou de prestação de serviços, caracteriza o crime de falsificação de documento público.

(B) O crime de falsidade de atestado médico consuma-se com a entrega pelo médico do atestado falso ao paciente para justificar a sua ausência ao trabalho, independentemente de qualquer outro resultado ou consequência.

(C) Tipifica o crime de falsidade ideológica a conduta de quem insere ou faz inserir declaração falsa ou diversa da que devia ser escrita em cartões-ponto e recibos de salários, com o fim de prejudicar direitos dos trabalhadores.

(D) O crime de difamação admite exceção da verdade, exceto se o ofendido é funcionário público e a ofensa é relativa ao exercício das suas funções.

(E) não respondida.

A: correta, conforme art. 297, § 4º, do CP; **B:** alternativa correta, pois se trata de delito formal, em que o resultado naturalístico não é exigido à sua caracterização; **C:** art. 299 do CP; **D:** ao contrário. É do art. 139, parágrafo único, do CP que o crime de difamação admite a exceção da verdade tão somente na hipótese de o ofendido ser funcionário público e a ofensa contra ele proferida se referir ao exercício de suas funções.

Gabarito "D"

(Ministério Público do Trabalho – 14º) Observe as seguintes assertivas:

I. A frustração, por meio de falsa cooperativa, de direito assegurado pela legislação trabalhista constitui crime contra a organização do trabalho, cuja pena é aumentada de um sexto a um terço se a vítima é portadora de deficiência física.

II. O crime de aliciamento de trabalhadores consuma-se apenas com o efetivo êxodo dos trabalhadores.

III. A embriaguez, voluntária ou culposa, pelo álcool ou substância de efeitos análogos não exclui a imputabilidade penal nos termos do Código Penal.

IV. O agente que tendo realizado todos os atos de execução, mas, antes da consumação, pratica uma nova ação, que evita a produção do resultado, só responde pelos atos já praticados, caracterizando o arrependimento posterior.

Assinale a alternativa CORRETA:

(A) somente as assertivas I e II estão corretas;
(B) somente as assertivas I e III estão corretas;
(C) somente as assertivas II e IV estão corretas;
(D) somente as assertivas III e IV estão corretas;
(E) não respondida.

I: assertiva correta, visto que a conduta nela descrita está capitulada no art. 203, *caput*, do CP, devendo incidir, se se tratar de vítima menor de 18 anos, idosa, gestante, indígena ou portadora de deficiência física ou mental, o aumento constante do § 2º do dispositivo, da ordem de 1/6 a 1/3; II: este crime, previsto no art. 207, *caput*, do CP, consuma-se no momento em que se dá o aliciamento, sendo desnecessário qualquer resultado naturalístico. Cuida-se, pois, de *crime formal*. Proposição incorreta; III: assertiva correta, nos termos do art. 28, II, do CP; IV: o *arrependimento posterior* – art. 16, CP – somente terá lugar após a consumação do crime, desde que o agente, ao cometê-lo, não tenha se valido de violência ou grave ameaça contra a pessoa, e, ainda, tenha reparado o dano ou restituído a coisa até o recebimento da denúncia ou da queixa. Neste caso, o agente fará jus a uma diminuição de pena da ordem de um a dois terços, desde que tenha agido de forma voluntária. A proposição – incorreta – descreve hipótese de *arrependimento eficaz* – art. 15, segunda parte, do CP.

Gabarito "B"

14. Direito Previdenciário

Hermes Arrais Alencar

1. PRINCÍPIOS CONSTITUCIONAIS

(Magistratura do Trabalho – 7ª Região – 2005) No contexto da Seguridade Social, com base na Constituição Federal, é correto afirmar que

(A) a Seguridade Social é um conjunto integrado de ações de iniciativa exclusiva dos poderes públicos destinado a assegurar o direito relativo à saúde, à previdência e à assistência social.
(B) o direito à moradia está compreendido entre os bens jurídicos tutelados pela Seguridade Social.
(C) é princípio constitucional expresso relativamente à Seguridade Social o atendimento integral à população, com prioridade para as atividades preventivas.
(D) a previsão constitucional de participação dos aposentados, dos trabalhadores e dos empresários na gestão administrativa da Seguridade Social evidencia o seu caráter democrático e descentralizado.
(E) o financiamento da Seguridade Social é feito somente de forma indireta pela sociedade, mediante recursos provenientes unicamente dos orçamentos da União, dos Estados, do Distrito Federal e dos Municípios.

A: incorreta, preconiza o art. 194 da CF/1988 que a Seguridade Social envolve um conjunto integrado de ações de iniciativa dos Poderes Públicos e da sociedade; **B:** incorreta, a moradia é um dos direitos sociais insculpidos no art. 6º da CF/1988, nesse mesmo dispositivo constitucional constam: o direito à saúde, à previdência social e à assistência aos desamparados, sendo somente estes contemplados no art. 194 da CF/1988 como integrantes da Seguridade Social (saúde, previdência e assistência social); **C:** incorreta, dentre os princípios positivados no art. 194, parágrafo único, não há referência ao mencionado no enunciado, pode-se ver, entretanto, que no ramo específico da saúde, no art. 198, consta a diretriz não extensiva à Previdência de "II - atendimento integral, com prioridade para as atividades preventivas, sem prejuízo dos serviços assistenciais;", de conseguinte, não se trata de princípio da Seguridade Social; **D:** correta, assim estabelece o Texto Maior no art. 194, parágrafo único, VII; **E:** incorreta, a Constituição Federal de 1988, no art. 195, afirma que a seguridade social será financiada por toda a sociedade, de forma direta e indireta.

Gabarito "D"

(Magistratura do Trabalho – 8ª Região – 2009) A respeito dos princípios constitucionais aplicáveis à seguridade social, é correto afirmar:

(A) Seguridade social compreende um conjunto integrado de ações de iniciativa dos Poderes Públicos e da sociedade, destinadas a assegurar os direitos relativos à saúde, à previdência e à assistência social. Compete ao Poder Público, nos termos da lei, organizar a seguridade social, com base nos seguintes objetivos: I - universalidade da cobertura e do atendimento; II - uniformidade e equivalência dos benefícios e serviços às populações urbanas e rurais; III - seletividade e distributividade na prestação dos benefícios e serviços; IV - irredutibilidade do valor dos benefícios; V - equidade na forma de participação no custeio; VI - diversidade da base de financiamento; VII - caráter democrático e descentralizado da administração, mediante gestão quadripartite, com participação dos trabalhadores, dos empregadores, dos aposentados e do Governo nos órgãos colegiados.
(B) A seguridade social será financiada por toda a sociedade, de forma direta e indireta, nos termos da lei, mediante recursos provenientes dos orçamentos da União, dos Estados, do Distrito Federal e dos Municípios, e das seguintes contribuições sociais: I - do empregador, da empresa e da entidade a ela equiparada na forma da lei, incidentes sobre: a) a folha de salários e demais rendimentos do trabalho pagos ou creditados, a qualquer título, à pessoa física que lhe preste serviço, mesmo sem vínculo empregatício; b) a receita ou o faturamento; c) o lucro; II - do trabalhador e dos demais segurados da previdência social, observadas as isenções previstas na Constituição; III - contribuição de intervenção no domínio econômico relativa às atividades de importação ou comercialização de petróleo e seus derivados, gás natural e seus derivados e álcool combustível; IV - sobre a receita de concursos de prognósticos; V - do importador de bens ou serviços do exterior, ou de quem a lei a ele equiparar. Podem ser instituídas novas formas de financiamento mediante lei complementar, desde que sejam não cumulativos e não tenham fato gerador ou base de cálculo próprios dos discriminados na Constituição.

(C) Acidente do trabalho é o que ocorre pelo exercício do trabalho a serviço da empresa, provocando lesão corporal ou perturbação funcional que cause a morte ou a perda ou redução, permanente ou temporária, da capacidade para o trabalho. A cobertura do risco de acidente do trabalho deverá ser atendida privativamente pelo regime geral de previdência social, observados os termos da Lei.

(D) A saúde é direito de todos e dever do Estado, garantido mediante políticas sociais e econômicas que visem à redução do risco de doença e de outros agravos e ao acesso universal e igualitário às ações e serviços para sua promoção, proteção e recuperação. São de relevância pública as ações e serviços de saúde, cabendo ao Poder Público dispor, nos termos da lei, sobre sua regulamentação, fiscalização e controle, devendo sua execução ser feita diretamente ou através de terceiros e, também, por pessoa física ou jurídica de direito privado. As instituições privadas poderão participar de forma complementar do sistema único de saúde, segundo diretrizes deste, mediante contrato de direito público ou convênio, tendo preferência as entidades filantrópicas e as sem fins lucrativos. Como regra, a assistência à saúde é livre à iniciativa privada, podendo ser desenvolvida por entidades comerciais, filantrópicas ou sem fim lucrativo, de capital nacional ou não.

(E) A previdência social será organizada sob a forma de regime geral, de caráter contributivo e de filiação facultativa, observados critérios que preservem o equilíbrio financeiro e atuarial, e atenderá, nos termos da lei, a: I - cobertura dos eventos de doença, invalidez, morte e idade avançada; II - proteção à maternidade, especialmente à gestante; III - proteção ao trabalhador em situação de desemprego involuntário; IV - salário-família e auxílio-reclusão para os dependentes dos segurados de baixa renda; V - pensão por morte do segurado, homem ou mulher, ao cônjuge ou companheiro e dependentes, garantida, neste caso, a percepção de valores nunca inferiores a um salário mínimo.

A: correta, exata reprodução do Texto Constitucional (art. 194 e parágrafo único); **B:** incorreta, a contribuição de intervenção no domínio econômico (CIDE) não compõe o rol de contribuições sociais destinadas à seguridade social (art. 195 da CF/1988); **C:** incorreta, no art. 201, § 10, da CF/1988 há previsão para cobertura do risco de acidente do trabalho, a ser atendida concorrentemente pelo regime geral de previdência social e pelo setor privado; **D:** incorreta, o art. 199, § 3º, veda a participação direta ou indireta de capital estrangeiro na assistência à saúde em nosso País; **E:** incorreta, do art. 201 da CF/1988 observa-se que a filiação à Previdência Social é obrigatória.

Gabarito "A".

(Magistratura do Trabalho – 8ª Região – 2008) Sobre seguridade social assinale a alternativa CORRETA:

(A) A organização da Seguridade Social obedecerá aos seguintes princípios e diretrizes: a universalidade da participação nos planos previdenciários; o valor da renda mensal dos benefícios não inferior ao salário mínimo; cálculo dos benefícios considerando os salários-de-contribuição, corrigidos monetariamente; preservação do valor real dos benefícios, e previdência complementar facultativa, custeada por contribuição adicional.

(B) Na organização da Seguridade Social as propostas orçamentárias anuais ou plurianuais da Seguridade Social serão elaboradas por Comissão integrada por 5 (cinco) representantes, sendo 1 (um) da área de saúde, 1 (um) da área da previdência social, 1 (um) da área de assistência social, 1 (um) do Ministério do Planejamento, e 1 (um) do Ministério da Fazenda.

(C) É segurado obrigatório da Previdência Social, como empregado, aquele que presta serviço no Brasil a missão diplomática ou a repartição consular de carreira estrangeira e a órgãos a ela subordinados, ou a membros dessas missões e repartições, excluídos o não brasileiro sem residência permanente no Brasil e o brasileiro amparado pela legislação previdenciária do país da respectiva missão diplomática ou repartição consular.

(D) O dirigente sindical não mantém, durante o exercício do mandato eletivo, o mesmo enquadramento no Regime Geral de Previdência Social de antes da investidura.

(E) Constitui receita da Seguridade Social a renda líquida dos concursos de prognósticos, ressalvando-se 90% dos valores destinados ao Programa de Crédito Educativo.

A: incorreta, as referências feitas não se coadunam com os princípios constitucionais da Seguridade Social alocados no parágrafo único do art. 194; **B:** incorreta, em atenção ao art. 8º da Lei 8.212/1991: as propostas orçamentárias anuais ou plurianuais da Seguridade Social serão elaboradas por Comissão integrada por 3 (três) representantes, sendo 1 (um) da área da saúde, 1 (um) da área da previdência social e 1 (um) da área de assistência social; **C:** correta (art. 11, I, "d", da Lei 8.213/1991); **D:** incorreta, o dirigente sindical mantém, durante o exercício do mandato eletivo, o mesmo enquadramento no Regime Geral de Previdência Social - RGPS de antes da investidura (art. 11, § 4º, da Lei 8.213/1991); **E:** incorreta, a previsão contida no art. 5º da Lei 8.436/1992 é no sentido da destinação de 30% (trinta por cento) da renda líquida dos concursos de prognósticos administrados pela Caixa Econômica Federal ao Programa de Crédito Educativo (art. 26 da Lei 8.212/1991).

Gabarito "C".

(Magistratura do Trabalho – 8ª Região – 2006) Sobre os objetivos constitucionais da Seguridade Social é correto afirmar que:

(A) A Constituição Federal disciplina a uniformidade e equivalência de benefícios e serviços às populações urbanas e rurais, inclusive para os servidores civis, militares e congressistas.

(B) A universalidade da cobertura é entendida como as contingências cobertas pelo sistema, como a impossibilidade de retornar ao trabalho, a idade avançada, a morte, etc., enquanto a universalidade do atendimento refere-se às prestações que as pessoas necessitam, pois todos têm direito a socorrer-se do sistema, independentemente do pagamento de contribuições, sendo direito da pessoa e dever do Estado.

(C) A distributividade tem caráter social, todavia a seleção das prestações é feita de acordo com as possibilidades econômico-financeiras do sistema da seguridade social, de modo a beneficiar todas a pessoas indistintamente.

(D) A irredutibilidade do valor dos benefícios é nominal, real e independe de lei ordinária, diante do princípio da irredutibilidade salarial.

(E) A gestão administrativa da Seguridade Social é quadripartite, com caráter democrático e centralizado, envolvendo: governo, aposentados, trabalhadores e empregadores.

A: incorreta, não há referência no parágrafo único do art. 194 da CF/1988 à expressão "inclusive para os servidores civis, militares e congressistas"; **B:** correta, compreende-se "universalidade da cobertura" como aspecto objetivo, ou seja, relaciona-se aos riscos sociais (hipóteses de desventura social), ao passo que "universalidade de atendimento" traz o aspecto subjetivo, o rol de pessoas a serem contempladas; **C:** incorreta, na medida em que a "distributividade" outorga direito ao Estado de "limitar" a concessão dos benefícios e serviços às pessoas mais necessitadas, e não de "beneficiar todas a pessoas indistintamente" (este é justamente o desiderato de outro princípio constitucional, o da "universalidade do atendimento"); **D:** incorreta, de fato "a irredutibilidade do valor dos benefícios é nominal", significa que apenas a expressão numérica (a cifra) está protegida, não o poder de compra (perda inflacionária), desse modo é incompatível afirmar "é nominal, real", porque, se a irredutibilidade protegesse o valor "real", seria proteger o poder de compra contra a corrosão da moeda, mas não é esse o entendimento consagrado pelo STF (RE 263.252); **E:** incorreta, pois a gestão administrativa da Seguridade Social deverá ter caráter democrático e "descentralizado".

Gabarito "B"

(Magistratura do Trabalho – 8ª Região – 2007) Nos termos da Constituição Federal, são objetivos do Poder Público, ao organizar a seguridade social, exceto:

(A) Equidade na forma de participação no custeio.

(B) Caráter democrático e descentralizado da administração, mediante gestão quadripartite, com participação dos trabalhadores, dos empregadores, dos aposentados e do Governo nos órgãos colegiados.

(C) Uniformidade e equivalência dos benefícios e serviços às populações urbanas, rurais e indígenas.

(D) Seletividade e distributividade na prestação dos benefícios e serviços.

(E) Irredutibilidade do valor dos benefícios.

C: correta. O item a ser assinalado é a letra "C", porque não consta a expressão "indígena" no inc. II do parágrafo único art. 194 da CF/1988; todos os demais itens são reprodução fiel dos princípios constitucionais da Seguridade Social referidos no art. 194, parágrafo único, CF/1988.

Gabarito "C"

(Magistratura do Trabalho – 8ª Região – 2006) Entre os princípios que regem a Previdência Social está(ão) incluído(os):

(A) O caráter democrático e centralizado da gestão administrativa, com a participação do governo e da comunidade, em especial de trabalhadores em atividade, empregadores e aposentados.

(B) A universalidade de participação nos planos previdenciários, incluindo a previdência privada.

(C) A uniformidade e equivalência dos benefícios e serviços às populações urbanas e rurais, independente de seletividade e distributividade na prestação dos benefícios.

(D) O cálculo dos benefícios considerando-se os salários-de-contribuição não corrigidos monetariamente.

(E) Irredutibilidade do valor dos benefícios de forma a preservar-lhes o poder aquisitivo e valor da renda mensal dos benefícios substitutos do salário-de-contribuição ou do rendimento do trabalho do segurado não inferior ao do salário-mínimo.

E: correta. Os princípios constitucionais da Seguridade Social estão expressamente anunciados no parágrafo único do art. 194 da CF/1988. Princípios da Seguridade Social significa dizer que são aplicáveis aos ramos da Saúde, Assistência Social e Previdência. Pode-se ver, entretanto, que do art. 201 da CF/1988 existem disposições constitucionais específicas apenas ao ramo da Previdência Social (não extensíveis à Saúde nem à Assistência Social). A Lei 8.213/91, por sua vez, no art 2º, sntetizam os princípios aplicáveis à Previdência Social, sendo este artigo algo da presente questão. Feito esse introito, percebe-se que apenas na letra "E" há referência aos ditames do art 2º, incisos V e VI, da Lei 8.213/91. As letras "A", "B", "C" e "D" não guardam correlação com os incisos do art. 2º da Lei 8.213/91.

Gabarito "E"

(Magistratura do Trabalho – 8ª Região – 2007) A respeito dos princípios constitucionais da seguridade social, é incorreto afirmar:

(A) A seguridade social será financiada por toda a sociedade, de forma direta e indireta, nos termos da lei, mediante recursos provenientes dos orçamentos da União, dos Estados, do Distrito Federal e dos Municípios, e, exemplificativamente, pelas seguintes contribuições sociais: do empregador, da empresa e da entidade a ela equiparada na forma da lei e do trabalhador e dos demais segurados da previdência social, como condição para o atendimento previdenciário e de saúde, preservada a universalidade da cobertura, não incidindo contribuição sobre aposentadoria e pensão concedidas pelo regime geral de previdência social.

(B) A seguridade social compreende um conjunto integrado de ações de iniciativa dos poderes públicos e da sociedade, destinadas a assegurar os direitos relativos à saúde, à previdência e à assistência social.

(C) Na questão relativa ao financiamento, custeio e aos benefícios pagos, vemos que a Constituição consagra a diversidade da base de financiamento, equidade na participação do custeio e a irredutibilidade do valor dos benefícios.

(D) O princípio que afirmava o caráter democrático e descentralizado da gestão administrativa, com a participação da comunidade, em especial de trabalhadores, empresários e aposentados foi modificado pelas disposições da Emenda Constitucional nº 20/1998, que veio instituir a gestão quadripartite, com participação dos trabalhadores, dos empregadores, dos aposentados e do Governo nos órgãos colegiados.

(E) A saúde é direito de todos e dever do Estado, garantido mediante políticas sociais e econômicas que visem à redução do risco de doença e de outros agravos e ao acesso universal e igualitário às ações e serviços para sua promoção, proteção e recuperação, sendo que a assistência à saúde é livre à iniciativa privada.

A: incorreta (assinalar), o trecho errado da assertiva é "pelas seguintes contribuições sociais (...) como condição para o atendimento (...) de saúde", não existe condicionamento para se auferir os serviços do ramo da saúde, o art. 196 da CF/1988 afirma ser a saúde direito de todos, pouco importando que seja ou não contribuinte do sistema de seguridade social; **B:** correta (art. 194 CF/1988); **C:** correta (art. 194, parágrafo único, da CF/1988); **D:** correta (art. 194, parágrafo único, VII, da CF/1988, redação original e atual); **E:** correta (art. 196 e 199 da CF/1988).

Gabarito "A".

(Magistratura do Trabalho – 9ª Região – 2006) "O conteúdo do 'sistema de seguridade social', em razão inclusive de ser pioneiro no texto constitucional brasileiro, ficou mais bem desenhado, comparando-o com as ações que o compõem. [...] A previdência social, enquanto técnica de proteção social, não aprofundou a questão da substituição total da remuneração do trabalhador ou a garantia de melhoria social após o trabalho (inatividade). [...] Apresentou-se desta forma um seguro social, muito embora ampliado o leque de possíveis segurados, mas continuou ligado ao trabalho remunerado, contendo em seu bojo determinações que são próprias da ideia de seguro, como é o caso da inscrição ou da prescrição de contribuição individualizada" (CARBONE, Célia Opice. *A seguridade social no Brasil*: realidade e ficção. São Paulo: Atlas, 1994. p. 114-115). A partir da ideia central do texto acima transcrito e, com fundamento na Constituição de 1988, no que tange à disciplina dada ao sistema de seguridade social, analise as seguintes proposições e marque a alternativa incorreta:

(A) Apesar da referência da Constituição a um sistema de seguridade social, não tivemos no Brasil grande inovação em relação ao sistema anterior, pois mantido o regime de previdência social, dada a prevalência do modelo lastreado no seguro social.
(B) O Sistema de seguridade social da Constituição, embora não tenha avançado para um amplo sistema de proteção social, passou a compreender políticas públicas articuladas de previdência social, saúde e assistência social.
(C) A Constituição de 1988 inovou ao instituir a seguridade social de forma ampla, conferindo grande destaque aos princípios que a rege, conforme previsão do art. 194 do texto constitucional.
(D) A seguridade social ainda é restrita, pois o acesso às políticas da seguridade social depende sempre de contribuição do cidadão.
(E) A Previdência Social brasileira foi mantida, porém a seguridade social introduzida na Carta de 1988 propiciou significativa expansão dos beneficiários da proteção social.

D: incorreta. O item absolutamente errado é a letra "D", uma vez que traz disposição contrária ao disposto nos arts. 196 e 203 da CF/1988, pois o acesso às políticas da seguridade social somente são dependentes de contribuição do cidadão no ramo da Previdência, é prescindível no ramo da Saúde e da Assistência Social. Os demais itens são eivados de subjetividade, admitindo debate no sentido da correção ou incorreção dessas assertivas, conforme o modo peculiar de cada intérprete enxergar o fenômeno da proteção social no tempo. Para nós, a letra "D" é adequada para concursos públicos, porque envolve embate acerca do direito positivado, ao passo que os demais itens deveriam ser reservados a cursos de pós-graduação, campo pertinente ao debate e instigação de ideias, não a certame público, máxime na fase objetiva.

Gabarito "D".

(Magistratura do Trabalho – 9ª Região – 2007) Considere as seguintes proposições relativas à seguridade social:

I. A seguridade social compreende um conjunto integrado de ações de iniciativa dos Poderes Públicos e da sociedade, destinadas a assegurar os direitos relativos à saúde, à previdência e à assistência social.
II. A organização da Seguridade Social, de competência do Poder Público, conforme disposto em lei, tem por princípio, dentre outros, a unidade da base de financiamento.
III. A gestão administrativa da seguridade social, de caráter democrático e descentralizado, far-se-á mediante gestão tripartite, com participação dos trabalhadores, dos empregadores e do Governo nos órgãos colegiados.

Assinale a alternativa correta:

(A) Todas as proposições estão corretas;
(B) Todas as proposições estão incorretas;
(C) Apenas a proposição I está correta;
(D) Apenas as proposições I e II estão corretas;
(E) Apenas a proposição III está correta.

I: correta (art. 194, parágrafo único, da CF/1988); **II:** incorreta (art. 194, parágrafo único, da CF/1988); **III:** incorreta (art. 194, parágrafo único, da CF/1988).

Gabarito "C".

(Magistratura do Trabalho – 20ª Região – 2003) A observância do princípio da equidade e da regra contrapartida no custeio exige que:

(A) todas as prestações da assistência social sejam financiadas pelas contribuições sociais cobradas de trabalhadores e empregadores;
(B) as empresas contribuam conforme o risco gerado pela atividade econômica e os valores arrecadados se destinem ao pagamento das prestações;
(C) a cada um dos três setores da seguridade social corresponda plano de custeio específico;
(D) ao incremento da arrecadação corresponda, automaticamente, a redução das contribuições;
(E) a receita de contribuições seja destinada, com exclusividade, ao financiamento dos benefícios da previdência social.

B: correta. Repousa o princípio da equidade na diferenciação de base de cálculo e de alíquotas das pessoas eleitas para custear a aflição dos necessitados. É da essência da base de financiamento, por exemplo, as pessoas jurídicas contribuírem de forma diferenciada, e mais elevada, em comparação às pessoas físicas. A regra da contrapartida, insculpida no art. 195, § 5º, da CF/1988, dita que: "nenhum benefício ou serviço da seguridade social poderá ser criado, majorado ou estendido sem a correspondente fonte de custeio total"; feito esse introito observa que o item "B" é o que mais se aproxima dessas noções.

Gabarito "B".

(Magistratura do Trabalho – 21ª Região – 2005) São princípios específicos da Previdência Social no Brasil:

(A) o da solidariedade e o do direito adquirido;
(B) o da diversidade da base de custeio e o da precedência do benefício em relação ao custeio;
(C) o da tríplice base de custeio e o da irredutibilidade salarial;
(D) o da ampla defesa e do contraditório e o da equidade na forma de participação no custeio;
(E) o da seletividade e distributividade na prestação dos benefícios e serviços e o da precedência do custeio em relação ao benefício.

E: correta. Os princípios constitucionais que norteiam a Previdência Social estão alocados no art. 194, parágrafo único, bem como no art. 201 da CF/1988; das alternativas apontadas, apenas a letra "E" é que contempla hipótese prevista nos dispositivos referidos, em especial a regra da contrapartida, insculpida no art. 195, § 5º, da CF/1988, dita que: "nenhum benefício ou serviço da seguridade social poderá ser criado, majorado ou estendido sem a correspondente fonte de custeio total".

Gabarito "E"

(Magistratura do Trabalho – 23ª Região – 2009) Analise os itens abaixo e marque a alternativa CORRETA:

Em relação à organização da seguridade social:

I. há pluralidade e equivalência dos benefícios e serviços.
II. não há pluralidade, mas equivalência dos benefícios e serviços.
III. há seletividade dos benefícios e serviços.
IV. há gestão quadripartite, sem a participação de aposentados.

(A) Apenas os itens I, III e IV são verdadeiros.
(B) Apenas os itens II e III são verdadeiros.
(C) Apenas os itens I e III são falsos.
(D) Todos os itens são verdadeiros.
(E) Todos os itens são falsos.

I: incorreta, dos princípios constitucionais da Seguridade Social trazidos no art. 194, parágrafo único, da CF/1988, não há referência à "pluralidade"; **II:** correta, no art. 194, parágrafo único, da CF/1988, há previsão expressa à "equivalência dos benefícios e serviços"; **III:** correta, no art. 194, parágrafo único, da CF/1988, há previsão expressa à "seletividade dos benefícios e serviços".

Gabarito "B"

(Magistratura do Trabalho – 23ª Região – 2009) Assinale a alternativa CORRETA:

I. Objetivamente considerada, a universalidade da cobertura diz respeito à reparação das consequências das contingências estabelecidas na lei.
II. O princípio da equidade na forma de participação do custeio determina regras de custeio diferenciadas de acordo com as condições contributivas, o que possibilita as diferentes alíquotas. É um desdobramento do princípio da igualdade.
III. Subjetivamente considerada a universalidade da cobertura diz respeito à população atendida pela previdência social.

(A) Apenas os itens I e II são verdadeiros.
(B) Apenas os itens II e III são verdadeiros.
(C) Todos os itens são verdadeiros.
(D) Apenas os itens I e III são verdadeiros.
(E) Todos os itens são falsos.

I: correta, dos princípios constitucionais da Seguridade Social trazidos no art. 194, parágrafo único, da CF/1988, há referência à "universalidade da cobertura", que realmente diz respeito às contingências, aos riscos, às desventuras sociais; **II:** correta, no art. 194, parágrafo único, da CF/1988, há previsão expressa à "equidade na forma de participação do custeio", princípio que não é sinônimo da igualdade, mas desdobramento; **III:** incorreta, no art. 194, parágrafo único, da CF/1988, consta a "universalidade do atendimento", princípio adstrito ao aspecto subjetivo, o rol de pessoas a serem contempladas pela proteção social.

Gabarito "A"

(Magistratura do Trabalho – 23ª Região – 2006) São princípios e diretrizes da Seguridade Social, EXCETO:

(A) caráter democrático e descentralizado da gestão administrativa;
(B) universalidade da cobertura e do atendimento;
(C) seletividade e distributividade na prestação dos benefícios e serviços;
(D) igualdade na forma de participação no custeio;
(E) diversidade da base de financiamento.

Dos princípios constitucionais da Seguridade Social trazidos no art. 194, parágrafo único, da CF/1988, há referência a "caráter democrático e descentralizado da gestão administrativa" (letra "A"); "universalidade da cobertura e do atendimento" (letra "B"); "seletividade e distributividade na prestação dos benefícios e serviços" (letra "C") e "diversidade da base de financiamento" (letra "E"), há previsão expressa à "equidade na forma de participação do custeio", não à "igualdade" na forma de participação no custeio, resultando incorreta a letra "D".

Gabarito "D"

(Magistratura do Trabalho – 24ª Região – 2007) Considerados os princípios constitucionais próprios da Seguridade Social:

I. Universalidade da cobertura e do atendimento.
II. Uniformidade e equivalência dos benefícios e serviços às populações urbanas e rurais.
III. Seletividade e distributividade na prestação dos benefícios e serviços.
IV. Irredutibilidade do valor dos benefícios.
V. Equidade na forma de participação no custeio.
VI. Diversidade da base de financiamento.
VII. Caráter democrático e descentralizado da administração, mediante gestão quadripartite.

Considerados os enunciados a seguir:

(A) Toda a sociedade contribui para a manutenção do sistema de seguridade social, mas deve ser respeitada a progressividade da contribuição conforme a capacidade de contribuição de cada um.
(B) Nos órgãos colegiados, a gestão dos serviços e benefícios tem a participação de diversos segmentos da sociedade: trabalhadores; empregadores; aposentados; Governo.
(C) Não poderá haver distinção entre as modalidades de benefícios e serviços oferecidos aos indivíduos.
(D) O valor real do benefício deve ser preservado.
(E) Os benefícios e serviços serão oferecidos aos indivíduos através de escolha fundamentada e criteriosa e serão concedidos com equidade e justiça.

(F) A Seguridade Social garante a disponibilização das ações e benefícios em todas as contingências a que estejam sujeitos os indivíduos.

(G) A Seguridade Social será financiada por toda a sociedade de forma direta e indireta e também, nos termos da lei, com recursos provenientes do orçamento público.

Correlacione o princípio constitucional com o enunciado e assinale a alternativa CORRETA:

(A) (I-F); (II-C); (III-E); (IV-D); (V-B); (VI-A); (VII-G).
(B) (I-E); (II-A); (III-D); (IV-F); (V-C); (VI-B); (VII-G).
(C) (I-A); (II-E); (III-D); (IV-C); (V-F); (VI-B); (VII-G).
(D) (I-F); (II-C); (III-E); (IV-D); (V-A); (VI-G); (VII-B).
(E) (I-B); (II-A); (III-G); (IV-C); (V-E); (VI-F); (VII-D).

I: Universalidade da cobertura e do atendimento significa dizer que (F) "a Seguridade Social garante a disponibilização das ações e benefícios em todas as contingências a que estejam sujeitos os indivíduos"; **II:** Uniformidade e equivalência dos benefícios e serviços às populações urbanas e rurais significa que (C) "Não poderá haver distinção entre as modalidades de benefícios e serviços oferecidos aos indivíduos"; **III:** Seletividade e distributividade na prestação dos benefícios e serviços quer dizer que (E) "Os benefícios e serviços serão oferecidos aos indivíduos através de escolha fundamentada e criteriosa e serão concedidos com equidade e justiça"; **IV:** Irredutibilidade do valor dos benefícios pode exprimir a ideia de que (D) "O valor real do benefício deve ser preservado"; **V:** Equidade na forma de participação no custeio expressa que (A) "Toda a sociedade contribui para a manutenção do sistema de seguridade social, mas deve ser respeitada a progressividade da contribuição conforme a capacidade de contribuição de cada um"; **VI:** Diversidade da base de financiamento é dizer (G) "A Seguridade Social será financiada por toda a sociedade de forma direta e indireta e também, nos termos da lei, com recursos provenientes do orçamento público"; **VII:** Caráter democrático e descentralizado da administração, mediante gestão quadripartite, refere-se a (B) "Nos órgãos colegiados, a gestão dos serviços e benefícios tem a participação de diversos segmentos da sociedade: trabalhadores; empregadores; aposentados; Governo".

Gabarito "D"

(Magistratura do Trabalho – 24ª Região – 2007) A partir do texto constitucional, assinale a alternativa INCORRETA:

(A) As entidades beneficentes de assistência social que atendam as exigências estabelecidas em lei são isentas de contribuição para a seguridade social.

(B) A equidade na forma de participação no custeio constitui um dos objetivos da seguridade social.

(C) A cobertura de risco de acidente do trabalho será atendida concorrentemente pelo regime geral de previdência social e pelo setor privado.

(D) As contribuições do empregador, os benefícios e as condições contratuais previstas nos estatutos, regulamentos e planos de benefícios das entidades de previdência privada não integram o contrato de trabalho dos participantes, assim como, à exceção dos benefícios concedidos, não integram a remuneração dos participantes, nos termos da lei.

(E) O Ministro da Previdência Social, no uso de suas atribuições, poderá, com base em estatísticas de acidentes do trabalho, majorar o valor do benefício acidentário, sem a respectiva fonte de custeio.

A: correta (art. 195, § 7º, da CF/1988); **B:** correta (art. 194, parágrafo único, da CF/1988); **C:** correta (art. 201, § 10, da CF/1988); **D:** correta (art. 202, § 2º, da CF/1988); **E:** incorreta (assinalar), o art. 195, § 5º, da CF/1988 traz a regra da contrapartida, segundo a qual nenhum benefício ou serviço da seguridade social poderá ser criado, majorado ou estendido sem a correspondente fonte de custeio total.

Gabarito "E"

(Magistratura do Trabalho – 24ª Região – 2006) Sobre a Seguridade Social, assinale a INCORRETA:

(A) A seguridade social compreende um conjunto integrado de ações de iniciativa dos Poderes Públicos e da sociedade, destinadas a assegurar os direitos relativos à saúde, à previdência e à assistência social.

(B) A Constituição Federal determina competir ao Poder Público a organização, nos termos da lei, da seguridade social, com a observância obrigatória da diversidade da base de financiamento, dentre outros objetivos.

(C) A Constituição Federal veda a filiação ao regime geral de previdência social, na qualidade de segurado facultativo, de pessoa participante de regime próprio de previdência.

(D) A Constituição Federal determina competir ao Poder Público a organização, nos termos da lei, da seguridade social, com a observância do caráter democrático e centralizado, mediante gestão tripartite, com participação dos trabalhadores, dos empregadores e do Governo nos órgãos colegiados, dentre outros objetivos.

(E) A Constituição Federal determina competir ao Poder Público a organização, nos termos da lei, da seguridade social, com a observância obrigatória da seletividade e distributividade na prestação dos benefícios e serviços, dentre outros objetivos.

A: correta (art. 194 da CF/1988); **B:** correta (art. 194, parágrafo único, da CF/1988); **C:** correta (art. 201, § 5º, da CF/1988); **D:** incorreta (assinalar), a gestão da administração da Seguridade Social será "descentralizada" e "quadripartite", nos moldes do art. 194, parágrafo único, da CF/1988; **E:** correta (art. 194, parágrafo único, da CF/1988).

Gabarito "D"

(Ministério Público do Trabalho – 15º) A propósito dos benefícios previdenciários, considere as seguintes proposições:

I. embora informada a Seguridade Social pelo princípio da universalidade da participação nos planos previdenciários, o auxílio-acidente apenas é devido ao segurado especial, ao trabalhador avulso e ao empregado;

II. o infortúnio sofrido por empregado no local e no horário de trabalho, se resultante de ato praticado por pessoa privada do uso da razão, não será equiparável a acidente do trabalho;

III. a aposentadoria por invalidez, que gera a suspensão do contrato de trabalho, independe da prévia percepção de auxílio-doença;

IV. o salário-maternidade será devido diretamente pela Previdência Social nos casos de adoção de crianças de até 08 (oito) anos de idade.

De acordo com as assertivas retro, pode-se afirmar que:

(A) o item IV é certo e o item I é errado;
(B) o item II é certo e o item III é errado;
(C) o item III é certo e o item IV é errado;
(D) o item I é certo e o item II é errado;
(E) não respondida.

I: correta (art. 2ª, I, e art. 18, § 1º, da Lei 8.213/1991); **II:** incorreta (art. 21, II, "c", da Lei 8.213/1991); **III:** correta (art. 42 da Lei 8.213/1991 e Súmula 160/TST); **IV:** correta (art. 71-A, parágrafo único, da Lei 8.213/1991) Atenção. a resposta para a questão do concurso continua válida para à data na qual a prova foi realizada; no entanto anotamos que no ano de 2013 houve a edição da MP 619/2013, que, caso convolada em lei, muda o cenário do prazo do salário-maternidade, que será unicamente de 120 dias, ainda que se trate de adoção, bem como a idade da criança passa a não ser restrita até 8 (oito) anos de idade, mas até os 12 anos.

Gabarito "D"

(Ministério Público do Trabalho – 13º) A respeito da seguridade social, assinale a alternativa INCORRETA:

(A) destina-se a assegurar os direitos relativos à saúde, à previdência e à assistência social;
(B) um de seus objetivos é o caráter democrático e descentralizado da administração, mediante gestão tripartite, com participação dos trabalhadores, dos empregadores e do governo nos órgãos colegiados;
(C) estão incluídas como fontes de recursos para a seguridade social as contribuições sociais da receita de concurso de prognósticos e do importador de bens ou serviços do exterior, ou de quem a lei a ele equiparar;
(D) a seguridade é um conjunto integrado de ações de iniciativa dos Poderes Públicos e da sociedade;
(E) não respondida.

A: correta (art. 194, parágrafo único, da CF/1988); **B:** incorreta, a gestão dos órgãos colegiados será "quadripartite" segundo preceitua o art. 194, parágrafo único, da CF/1988; **C:** correta (art. 195, III e IV, da CF/1988); **D:** correta (art. 194 da CF/1988); **E:** incorreta, uma vez que a alternativa "B" responde a questão.

Gabarito "B"

(Ministério Público do Trabalho – 8º) Não são princípios e diretrizes da Previdência Social:

(A) acesso universal e igualitário;
(B) preservação do valor real dos benefícios;
(C) valor da renda mensal dos benefícios, substitutos do salário-de-contribuição ou do rendimento do trabalho do segurado, não inferior ao do salário mínimo;
(D) previdência complementar facultativa, custeada por contribuição adicional;
(E) universalidade de participação nos planos, mediante contribuição:
(F) não sei.

A: incorreta, não existe referida disposição nem no art. 194, parágrafo único, nem no art. 201 da CF/1988, e nem mesmo no art. 3º da Lei 8.212/91.; **B:** correta (art. 201, § 4º, da CF/1988 e art. 3º, "d", da lei 8.212/91); **C:** correta (art. 201, § 2º, da CF/1988 e art. 3º, "b", da lei 8.212/91); **D:** correta, de acordo com o § 7º do art. 201, redação original: "A previdência social manterá seguro coletivo, de caráter complementar e facultativo, custeado por contribuições adicionais" e art. 3º, "e", da lei 8.212/91; **E:** correta, trata-se da conjugação do art. 194, parágrafo único, do art. 194 com o art. 201 da CF/1988 (art. 3º, "a", da lei 8.212/91).

Gabarito "A"

(Magistratura do Trabalho – 16ª Região – 2011) A Seguridade Social obedecerá aos seguintes princípios e diretrizes, EXCETO:

(A) universalidade da cobertura e do atendimento.
(B) uniformidade e equivalência dos benefícios e serviços às populações urbanas e rurais.
(C) seletividade e distributividade na prestação dos benefícios e serviços.
(D) irredutibilidade do valor dos benefícios.
(E) progressividade na forma de participação no custeio.

E: correta. Os princípios constitucionais da seguridade social estão arrolados no art. 194, parágrafo único, da CF/1988, e dentre eles não consta "progressividade" mas sim "equidade" na forma de participação no custeio. Assim, a alternativa "E" é incorreta e deve ser assinalada.

Gabarito "E"

2. ASSISTÊNCIA SOCIAL

(Magistratura do Trabalho – 9ª Região – 2007) Considere as proposições a seguir:

I. O benefício de prestação continuada garante o pagamento mensal do valor correspondente a um salário mínimo à pessoa portadora de deficiência e ao idoso com 70 (setenta) anos ou mais, desde que comprovem não possuir meios de prover a própria manutenção e nem desta ser provida por sua família.

II. Também são equiparados ao acidente de trabalho, para efeitos previdenciários, o acidente sofrido pelo segurado ainda que fora do local de trabalho e horário de trabalho, em viagem para estudo, mesmo que utilizado como meio de locomoção veículo de propriedade do segurado.

III. É devido ao segurado empregado, empregado doméstico e trabalhador avulso, o salário-família, na proporção do número de filhos ou equiparados, com idade até 14 anos ou inválidos de qualquer idade. O salário-família não será incorporado ao salário para qualquer efeito.

Assinale a alternativa correta:

(A) Todas as proposições estão corretas;
(B) Somente estão corretas as proposições II e III;
(C) Somente estão corretas as proposições I e III;
(D) Somente está correta a proposição I;
(E) Somente estão corretas as proposições I e II.

I: tecnicamente incorreta, neste item o examinador simplesmente transcreveu o texto do art. 20 da Lei 8.742/1993, desconhecendo que referido texto, no que se refere à idade, foi derrogado tacitamente pelo Estatuto do Idoso, Lei 10.741/2003, que no art. 34 versa sobre essa exata matéria, regulando-a por completo, fixando a idade em 65 anos. De anotar que no ano de 2011 o art. 20 da Lei 8.742/1993 teve sua redação alterada pela Lei 12.435/2011, fazendo, então, alusão expressa à idade de 65 anos, idade essa praticada desde o advento do Estatuto do Idoso; **II:** incorreta, pois acidente ocorrido durante viagem a estudo apenas será configurado como acidente de trabalho se financiado pelo empregador, em razão de plano de capacitação de mão de obra (art. 21, IV, "c", da Lei 8.213/1991); **III:** incorreta, o empregado doméstico não faz jus a salário-família (art. 65 da Lei 8.213/1991) Atenção. A Emenda Constitucional nº 72, de 2003, alterou a redação do parágrafo único do art. 7º da CF/88, trazendo previsão, nos termos da lei, de direito ao salário-família ao empregado doméstico.

Gabarito "D"

(Magistratura do Trabalho – 20ª Região – 2003) Assinale a única alternativa incorreta:

(A) a assistência social será devida ao pobre, mediante recursos do Fundo de Combate e Erradicação da Pobreza, e ao portador de deficiência cuja subsistência não possa ser provida por si ou pelos respectivos familiares;

(B) o entendimento sumular do STF, em matéria de prescrição da ação de acidente do trabalho, é o de que se conta do exame pericial que comprovar a enfermidade ou verificar a natureza da incapacidade;

(C) o auxílio-funeral é um benefício que faz parte do regime geral de previdência social;

(D) segundo enunciado do Tribunal Superior do Trabalho, o salário-família é devido aos trabalhadores rurais somente após a vigência da lei que instituiu o plano de benefícios da previdência social;

(E) numa situação hipotética, uma pessoa filiada obrigatória na qualidade de empregada, que sofrera ferimentos, em virtude de um acidente automobilístico, que lhe fizeram permanecer internada durante 30 dias e mantiveram-na outros 60 dias afastada de seu emprego, não teria direito a receber auxílio-acidente, após consolidação das lesões decorrentes do referido acidente, restando sequelas irreversíveis que implicassem redução da sua capacidade para o trabalho que habitualmente exercia, adicionalmente, antes do término do auxílio-doença relacionado às lesões causadas pelo referido acidente, mesmo que ficasse comprovada, por perícia médica, a irreversibilidade das sequelas e sua interferência na capacidade para o trabalho.

A: correta (art. 203 da CF/1988 e arts. 79 a 81 do ADCT); **B:** correta (Súmula 230 do STF); **C:** incorreta (assinalar), o auxílio-funeral integra o rol de proteção da Assistência Social (art. 22 da Lei 8.742/1993); **D:** correta (Súmula 344 do TST); **E:** texto confuso, que num primeiro momento parece indagar se é cabível o benefício de auxílio-acidente em face de acidente não relacionado ao trabalho, a resposta a essa indagação é afirmativa, desde o advento da Lei 9.032/1995, o benefício de auxílio-acidente é devido em face de acidente "de qualquer natureza", significa dizer, mesmo que a causa não tenha relação com o trabalho (no exemplo dado, acidente automobilístico é acidente de qualquer natureza), se resultarem dele sequelas incapacitantes, faz jus o segurado empregado a auxílio--acidente. Torna-se, assim, devida a concessão do auxílio-acidente na situação descrita no enunciado. Todavia, a expressão "antes do término do auxílio-doença relacionado às lesões causadas pelo referido acidente" parece querer dizer que não seria devido o benefício de auxílio-acidente antes de cessado o auxílio-doença oriundo da mesma causa, se essa foi a proposta do examinador, está correta, não se mostra possível em razão do mesmo acidente que o segurado receba auxílio-doença e auxílio-acidente, obviamente, quando cessado o auxílio-doença, e subsistindo as sequelas incapacitantes, é devida a concessão do auxílio-acidente.

Gabarito "C"

(Magistratura do Trabalho – 21ª Região – 2005) Em face da legislação previdenciária pertinente ao Regime Geral da Previdência Social – RGPS, pode-se afirmar não ser garantido aos segurados:

(A) o auxílio natalidade;

(B) o auxílio doença acidentário;

(C) o auxílio acidente;

(D) a aposentadoria por tempo de contribuição;

(E) a reabilitação profissional.

A: correta, o auxílio-natalidade, assim como o auxílio-funeral, é benefício devido no âmbito da Assistência Social (art. 22 da Lei 8.742/1993); **B**, **C**, **D**, e **E:** incorretas (art. 18 da Lei 8.213/1991).

Gabarito "A"

3. PREVIDÊNCIA SOCIAL

(Magistratura do Trabalho – 3ª Região – 2008) À luz da Constituição da República de 1988, a Previdência Social atenderá:

I. cobertura dos eventos de doença, invalidez, morte, idade avançada e menoridade carente.

II. proteção à maternidade, especialmente à gestante.

III. proteção ao trabalhador em situação de desemprego involuntário.

IV. salário família e auxílio-reclusão para os dependentes dos segurados em geral.

V. pensão por morte do segurado, homem ou mulher, ao cônjuge ou companheiro e dependentes.

São verdadeiras apenas as afirmativas:

(A) I, II e III.

(B) II, III e IV.

(C) II, III e V.

(D) I, II, III e IV.

(E) I, II, IV e V.

I: incorreta, do art. 201 da CF/1988 não se encontra a cobertura para "menoridade carente" (coletividade protegida pelo art. 203, II, da CF/1988, ao disciplinar a Assistência Social); **II:** correta (art. 201, II, da CF/1988); **III:** correta (art. 201, III, da CF/1988); **IV:** incorreta, o art. 201, IV, determina proteção apenas se o segurado for de "baixa renda"; **V:** correta (art. 201, V, da CF/1988).

Gabarito "C"

(Magistratura do Trabalho – 3ª Região – 2008) Analise as afirmativas abaixo e assinale a alternativa correta:

I. A Previdência social tem caráter assistencial e filiação obrigatória.

II. Para efeito de aposentadoria, é assegurada a contagem recíproca do tempo de contribuição na administração pública e na atividade privada, rural e urbana, hipótese em que os diversos regimes de previdência social se compensarão financeiramente, segundo critérios estabelecidos em lei.

III. É vedado o aporte de recursos a entidade de previdência privada pela União, Estados, Distrito Federal e Municípios, suas autarquias, fundações, empresas públicas, sociedades de economia mista e outras entidades públicas, salvo na qualidade de patrocinador, situação na qual, em hipótese alguma, sua contribuição normal poderá exceder a do segurado.

IV. A regra é que a doença profissional é produzida ou desencadeada pelo exercício do trabalho peculiar a determinada atividade e constante de relação elaborada pelo Ministério do Trabalho e Emprego, enquanto que a doença do trabalho é adquirida ou desencadeada em função de condições especiais em que o trabalho é realizado e com ele se relaciona diretamente, conforme relação do Ministério do Trabalho e Emprego.

V. Os valores da cota do salário-família e do seguro-desemprego variam segundo a faixa remuneratória do trabalhador.

(A) As afirmativas I e IV estão corretas.
(B) As afirmativas II e V estão corretas.
(C) As afirmativas I e III estão corretas.
(D) As afirmativas II, III e V estão corretas.
(E) As afirmativas II, III, IV e V estão corretas.

I: incorreta, a Previdência Social é marcada pelo caráter contributivo (art. 201 da CF/1988) – em nada se confunde com o ramo da Assistência Social (arts. 203 e 204 da CF/1988); **II:** correta (art. 201, § 9º, CF/1988); **III:** correta (art. 202, § 3º, da CF/1988); **IV:** incorreta, não compete ao Ministério do Trabalho e Emprego, mas ao Ministério da Previdência Social definir a relação de doenças profissionais e do trabalho (dispostas no anexo do Decreto 3.048/1999); **V:** correta (art. 66 da Lei 8.213/1991 e art. 5º da Lei 7.998/1990).

Gabarito "E"

(Magistratura do Trabalho – 20ª Região – 2003) Constitui princípio aplicável especificamente à previdência social:

(A) amparo às crianças e adolescentes carentes;
(B) autonomia da vontade;
(C) participação da iniciativa privada em caráter concorrente;
(D) cálculo dos benefícios considerando-se os salários-de-contribuição corrigidos monetariamente;
(E) acesso universal igualitário.

A: incorreta, porque se refere ao ramo da Assistência Social (art. 203 da CF/1988); **B:** incorreta, traço característico da Previdência Social é a da filiação obrigatória, não atribuindo ao trabalhador brasileiro margem à sua discricionariedade (art. 201 da CF/1988); **C:** incorreta, a participação da iniciativa privada dá-se de forma complementar, mantido o caráter obrigatório da filiação ao Regime Geral de Previdência Social (art. 201 da CF/1988); **D:** correta, trata-se de disposição assinalada no art. 201, § 3º, da CF/1988; **E:** incorreta, o acesso universal e igualitário é traço característico do ramo da Saúde.

Gabarito "D"

4. BENEFÍCIOS PREVIDENCIÁRIOS

(Magistratura do Trabalho – 7ª Região – 2005) No âmbito dos benefícios assegurados pela Lei nº 8.213/1991, assinale a opção correta.

(A) A pensão por morte será devida ao conjunto dos dependentes do segurado que falecer, desde que aposentado, sendo o termo inicial do benefício a data do óbito, quando requerido até trinta dias depois deste, ou o requerimento administrativo, quando pleiteado após esse prazo.
(B) O auxílio-reclusão é devido aos dependentes do segurado recolhido à prisão, desde que este não seja aposentado, nem receba remuneração da empresa, ou esteja em gozo de auxílio-doença ou de abono de permanência em serviço.
(C) O pagamento do salário-família é condicionado à apresentação, entre outros documentos, comprovante de frequência obrigatória à escola do filho ou equiparado, sendo que suas cotas são pagas de forma mensal pelo INSS.
(D) Seria inconstitucional o estabelecimento de requisitos diferenciados de idade mínima para concessão de aposentadoria entre trabalhadores urbanos e rurais, uma vez que a Carta Magna estabelece que todos são iguais perante a lei, sem distinção de qualquer natureza.
(E) O auxílio-doença será devido ao segurado que ficar incapacitado para o seu trabalho ou para sua atividade habitual por mais de quinze dias consecutivos ou alternados, independentemente, em qualquer hipótese, do cumprimento de período de carência.

A: incorreta, o direito à pensão por morte aos dependentes decorre de óbito de segurado da Previdência Social, pouco importando se estava ou não aposentado (art. 74 da Lei 8.213/1991); **B:** correta, o enunciado reproduz o texto do art. 80 da Lei 8.213/1991, cabendo, por outro lado, anotar esse dispositivo legal, que foi parcialmente recepcionado pelo art. 201, IV, da CF/1988 (após a redação dada pela EC 20/1998), desde então a concessão do auxílio-reclusão é restrita ao dependente de segurado de "baixa-renda"; **C:** incorreta, o art. 67 de fato impõe condicionalidades para efeito de percepção do benefício previdenciário de salário-família, mas o art. 68 da Lei 8.213/1991 atribui à empresa-empregadora o dever de pagar as cotas desse benefício, efetivando-se a compensação dos valores pagos no momento do recolhimento das contribuições devidas pela empresa à Previdência; **D:** incorreta, a generalidade do enunciado não resiste ao disposto no art. 201, § 7º, II, da CF/1988, que reduz em cinco anos o limite de idade mínima para aposentadoria por idade ao trabalhador rural; **E:** incorreta, o benefício auxílio-doença exige o preenchimento do requisito "carência", que segundo o art. 25, I, da Lei 8.213/1991 será de 12 contribuições, excetuando-se essa exigência somente nos casos preconizados no art. 26, II, da mesma norma legal.

Gabarito "B"

(Magistratura do Trabalho – 23ª Região – 2006) Assinale a alternativa correta. O Regime Geral de Previdência Social compreende, entre outras, as seguintes prestações:

(A) seguro-desemprego; pecúlio; auxílio-doença; salário-família; salário-maternidade e auxílio-acidente;

(B) auxílio-reclusão; auxílio-doença; salário-família; salário-maternidade e auxílio-acidente;
(C) pecúlios; auxílio-doença; salário-família; salário-maternidade e auxílio-acidente;
(D) seguro-desemprego; auxílio-doença; salário-família; salário-maternidade e auxílio-acidente;
(E) aposentadoria por invalidez; seguro-desemprego; auxílio-doença; salário-família; salário-maternidade e auxílio-acidente.

A: incorreta, conforme preceitua o art. 9º, § 1º, da Lei 8.213/1991, o Regime Geral de Previdência Social garante a cobertura de todas as situações expressas no art. 1º da referida Lei, exceto as de desemprego involuntário, objeto de lei específica; **B:** correta, todas as prestações sociais relacionadas constam do art. 18 da Lei 8.213/1991; **C:** incorreta, o "pecúlio" é prestação social extinta, desde o advento da Lei 8.870, de 1994; **D:** incorreta, conforme preceitua o art. 9º, § 1º, da Lei 8.213/1991; **E:** incorreta, conforme preceitua o art. 9º, § 1º, da Lei 8.213/1991. Atenção, a natureza jurídica do seguro-desemprego é de benefício previdenciário, pois encontra fundamento constitucional de validade no art. 201, III (vide PARECER/CONJUR/MTE/Nº 256/2010), porém por questões políticas é atribuído ao Ministério do Trabalho e Emprego.

Gabarito "B"

(Ministério Público do Trabalho – 8º) O aposentado pelo RGPS que permanecer em atividade sujeita a este regime, ou a ele retomar, fará jus às seguintes prestações, em decorrência do exercício dessa atividade:

(A) auxílio-doença;
(B) auxílio-reclusão;
(C) auxílio-acidente;
(D) reabilitação profissional;
(E) salário maternidade;
(F) não sei.

D: correta. Determina o art. 18, § 2º, da Lei 8.213/1991 que "O aposentado pelo Regime Geral de Previdência Social – RGPS que permanecer em atividade sujeita a este Regime, ou a ele retornar, não fará jus a prestação alguma da Previdência Social em decorrência do exercício dessa atividade, exceto ao salário-família e à reabilitação profissional, quando empregado". Desta maneira, pela disposição expressa da lei, a letra "D" (reabilitação profissional) atende ao enunciado proposto. Deve, entretanto, fazer alusão de que o Decreto Federal 3.048/1999, no art. 103, contempla em prol da segurada aposentada o direito à percepção conjunta do salário-maternidade (letra "E"): "Art. 103. A segurada aposentada que retornar à atividade fará jus ao pagamento do salário-maternidade". O candidato deve sempre privilegiar a hierarquia das normas, buscando a resposta por primeiro no Texto Constitucional, depois na lei, e por fim no Decreto Federal, no caso em apreço a resposta exigida está estampada na Lei 8.213/1991 (art. 18, § 2º).

Gabarito "D"

(Ministério Público do Trabalho – 13º) São benefícios da Previdência Social:

I. aposentadoria por invalidez;
II. reabilitação profissional;
III. auxílio-acidente;
IV. auxílio-doença.

De acordo com as alternativas acima, pode-se afirmar que:

(A) somente a I e a II estão certas;
(B) todas estão certas;
(C) a II está errada e a III está certa;
(D) todas estão erradas;
(E) não respondida.

C: correta. Do art. 18 da Lei 8.213/1991 consta o rol de benefícios e serviços colocados à disposição dos beneficiários (segurados e dependentes) da Previdência Social. Enquanto benefícios são prestações previdenciárias pagas em pecúnia (obrigação de dar exigível do ente público), os serviços consistem em obrigação de fazer, e são somente dois: (item II) reabilitação profissional e serviço social. Desta feita, tem-se que são benefícios previdenciários: (item I) aposentadoria por invalidez; (item III) auxílio-acidente; (item IV) auxílio-doença.

Gabarito "C"

(Magistratura do Trabalho – 14ª Região – 2011) Dentre as prestações previdenciárias compreendidas pelo Regime Geral da Previdência Social, devidas aos segurados, não se incluem:

(A) aposentadoria por invalidez.
(B) auxílio-doença.
(C) salário-maternidade.
(D) auxílio-acidente.
(E) auxílio-reclusão.

E: incorreta. Do art. 18 da Lei 8.213/1991 estão enumerados os benefícios previdenciários devidos a segurados e os deferíveis a dependentes. Segundo a disposição legal, os dependentes fazem jus apenas à pensão por morte e ao auxílio-reclusão. Dessa forma, a alternativa incorreta, a ser assinalada, é a letra "E".

Gabarito "E"

(Magistratura do Trabalho – 16ª Região – 2011) O Regime Geral de Previdência Social compreende as seguintes prestações, devidas inclusive em razão de eventos decorrentes de acidente do trabalho, expressas em benefícios e serviços, EXCETO:

(A) Aposentadoria por invalidez, pecúlios e aposentadoria por tempo de serviço.
(B) Aposentadoria por tempo de contribuição, aposentadoria especial e auxílio-doença.
(C) Salário-família, salário-maternidade e auxílio-acidente.
(D) Pensão por morte, auxílio-reclusão e auxílio-doença.
(E) Reabilitação profissional, aposentadoria por idade e salário-maternidade.

A: incorreta. As prestações concedidas no Regime geral de Previdência Social estão previstas no art. 18 da Lei 8.213/1991, e do rol trazido na legislação não consta "pecúlio", que fora extinto no ano de 1994 pela Lei 8.870/1994. Dessa forma, a alternativa "A" deve ser assinalada.

Gabarito "A"

(Magistratura do Trabalho – 15ª Região – 2010) O aposentado que retorna ao trabalho, como empregado e se vincula novamente à previdência social, tem direito ao seguinte benefício previdenciário:

(A) aposentadoria por invalidez decorrente de acidente do trabalho ocorrido em face do novo Vínculo empregatício;
(B) aposentadoria por tempo de contribuição na nova atividade;
(C) auxílio-doença;
(D) auxílio-acidente;
(E) reabilitação profissional.

E: correta. O art. 18, § 2º, da Lei 8.213/1991 ao aposentado que retornou ao mercado de trabalho (ou nele se manteve) somente autoriza a concessão de salário-família e do serviço de reabilitação profissional. Desse modo, a única alternativa que atende ao regramento legal é a letra "E".

Gabarito "E"

(Magistratura do Trabalho – 8ª Região – 2011) Acerca das prestações previdenciárias em geral, analise as proposições abaixo e assinale a alternativa CORRETA:

(A) O salário-maternidade para a segurada empregada ou trabalhadora avulsa consiste em renda igual à sua remuneração integral, cabendo à empresa o seu pagamento, efetivando-se a compensação correspondente, exceto nas hipóteses de adoção ou de guarda judicial para fins de adoção, quando o referido benefício será pago diretamente pela Previdência Social.

(B) O auxílio-acidente será devido a partir do dia seguinte ao da cessação do auxílio-doença, até a véspera do início da aposentadoria por idade ou até a data do óbito do segurado. Desta feita, o recebimento de salário ou concessão de outro benefício, exceto o da aposentadoria por idade, com que não pode ser acumulado, não prejudica o recebimento do auxílio-doença.

(C) O empregado que for aposentado por invalidez terá suspenso seu contrato de trabalho. Recuperando o empregado a capacidade de trabalho e sendo a aposentadoria cancelada, ser-lhe-á assegurado o direito à função que ocupava ao tempo da aposentadoria, sendo garantida obrigatoriamente a manutenção no emprego por doze meses.

(D) Não será devido auxílio-doença, em nenhuma hipótese, ao segurado que se filiar ao Regime Geral de Previdência Social já portador da doença ou da lesão invocada como causa para o benefício.

(E) O auxílio-doença é devido a partir do 16º dia de afastamento para os segurados empregados e, desde a data do início da incapacidade para os segurados empregados domésticos, contribuintes individuais, trabalhadores avulso, especiais ou facultativos. Entretanto, quando requerido por segurado afastado da atividade por mais de trinta dias, somente será devido a contar da data de entrada do requerimento.

E: correta. **A:** incorreta, na medida em que a assertiva refere-se a "empregada" e "trabalhadora avulsa" sendo verdadeira a afirmativa no que tange ao valor do benefício (totalidade da remuneração), por outro lado, não sendo verdadeira, para a trabalhadora avulsa, a afirmação de que a operacionalização do benefício é feita pela empresa (art. 72, § 1º, da Lei 8.213/1991). A trabalhadora avulsa recebe seu benefício de salário-maternidade diretamente do INSS (art. 72, §3º, da Lei 8.213/91)e não do OGMO (Órgão Gestor de Mão de Obra); **B:** incorreta, a percepção de auxílio-doença é incompatível com o recebimento de salário e de outro benefício, consoante se observa do art. 124 da Lei 8.213/1991; **C:** incorreta, o direito à estabilidade por no mínimo 12 meses ocorre tão somente na hipótese entabulada no art. 118 da Lei 8.213/1991 (decorrente de acidente do trabalho); **D:** incorreta, o art. 59, parágrafo único, da Lei 8.213/1991 admite a concessão de auxílio-doença em face de mal preexistente "quando a incapacidade sobrevier por motivo de progressão ou agravamento dessa doença ou lesão"; **E:** correta, em estrita conformidade com o art. 60, *caput* e § 1º, da Lei 8.213/1991.

Gabarito "E"

5. ACUMULAÇÃO DE BENEFÍCIOS

(Magistratura do Trabalho – 11ª Região – 2007 – FCC) Constitui hipótese de acumulação indevida de benefícios:

(A) auxílio-doença e auxílio-acidente.

(B) aposentadoria e salário-maternidade.

(C) pensão por morte de filho e pensão por morte de cônjuge.

(D) auxílio-reclusão e pensão por morte.

(E) salário-maternidade e auxílio-doença.

A: incorreta, é admitida a percepção conjunta de auxílio-doença e auxílio-acidente, desde que fundados os benefícios em causas diferentes; **B:** incorreta, é admitida a percepção conjunta pelo art. 103 do Decreto Federal 3.048/1999; **C:** incorreta, não há vedação legal à cumulação de pensão por morte oriunda de falecimento de filho com a deixada pelo óbito de cônjuge; **D:** incorreta, não há vedação legal à percepção de pensão por morte juntamente com o benefício de auxílio-reclusão, obviamente, de segurados diferentes significa dizer receber pensão por morte em face de falecimento, por exemplo, de filho e auxílio-reclusão pela prisão de cônjuge; **E:** correta, não é permitido pelo art. 124, IV, da Lei 8.213/1991.

Gabarito "E"

(Magistratura do Trabalho – 18ª Região – 2006) Salvo no caso de direito adquirido, não é permitido o recebimento conjunto dos seguintes benefícios da previdência social, exceto:

(A) aposentadoria e auxílio-doença;

(B) seguro-desemprego e auxílio-acidente;

(C) salário-maternidade e auxílio-doença;

(D) aposentadoria e abono de permanência em serviço;

(E) mais de um auxílio-acidente.

B: correta. Todas as hipóteses constam expressamente vedadas no art. 124 da Lei 8.213/1991, à exceção da letra "B" conforme permissivo anotado no parágrafo único do referido art. 124.

Gabarito "B"

(Magistratura do Trabalho – 23ª Região – 2006) Assinale a opção incorreta: Salvo no caso de direito adquirido, não é permitido o recebimento conjunto dos seguintes benefícios da Previdência Social:

(A) aposentadoria e auxílio-doença;

(B) mais de uma aposentadoria;

(C) seguro-desemprego com qualquer benefício de prestação continuada da Previdência Social, inclusive pensão por morte ou auxílio-acidente;

(D) mais de um auxílio-acidente;

(E) mais de uma pensão deixada por cônjuge ou companheiro, ressalvado o direito de opção pela mais vantajosa.

A: correta (art. 124 da Lei 8.213/1991); **B:** correta (art. 124 da Lei 8.213/1991); **C:** incorreta, do parágrafo único do art. 124 da Lei 8.213/1991, permite-se a percepção conjunta de seguro-desemprego e auxílio-acidente e pensão por morte; **D:** correta (art. 124 da Lei 8.213/1991); **E:** correta (art. 124 da Lei 8.213/1991).

Gabarito "C"

(Ministério Público do Trabalho – 16º) Leia e analise os itens abaixo:

I. A lei vigente limita a acumulação de benefícios previdenciários, ressalvados os casos de direito adquirido dos beneficiários que já os acumulavam com base em legislação anterior.

II. Segundo a lei, não é permitida a acumulação do benefício previdenciário com o benefício assistencial, exceto a pensão especial aos dependentes das vítimas de hemodiálise em Caruaru.

III. Não é permitida a acumulação do seguro-desemprego com qualquer benefício de prestação continuada da Previdência Social, exceto pensão por morte ou auxílio-acidente.

Marque a alternativa CORRETA:

(A) todos os itens são corretos;
(B) apenas os itens I e II são corretos;
(C) apenas os itens I e III são corretos;
(D) apenas os itens II e III são corretos;
(E) não respondida.

I: correta (art. 124 da Lei 8.213/1991); **II:** correta (art. 561 da Instrução Normativa 45 do INSS/Pres); **III:** correta (art. 124, parágrafo único, da Lei 8.213/1991).

Gabarito "A"

6. SEGURADOS

(Magistratura do Trabalho – 1ª Região – 2004) Assinale a alternativa INCORRETA:

(A) é de 10 (dez) anos o prazo de decadência para a Seguridade Social apurar e constituir seus créditos;
(B) mesmo após o advento da Emenda Constitucional 41/2003, é vedada a incidência de contribuição social sobre aposentadoria e pensão concedidas pelo Regime Geral de Previdência Social;
(C) nos termos da Lei 8.213/1991, classificam-se como segurados obrigatórios do Regime Geral de Previdência Social: o empregado, o empregado doméstico, o trabalhador autônomo, o trabalhador avulso e o segurado especial;
(D) são isentas de contribuição para a seguridade social as entidades beneficentes de assistência social que atendam às exigências estabelecidas em lei;
(E) o salário-maternidade para a segurada empregada ou trabalhadora avulsa consistirá numa renda mensal igual a sua remuneração integral, sendo que tal benefício não poderá exceder o valor do subsídio mensal, em espécie, dos Ministros do Supremo Tribunal Federal.

A: à época estava correta, porém desde a edição da Súmula Vinculante 8 do STF (Sessão Plenária de 12.06.2008: "Constitucionalidade - Prescrição e Decadência de Crédito Tributário. São inconstitucionais o parágrafo único do art. 5º do Dec.-lei 1.569/1977 e os arts. 45 e 46 da Lei 8.212/1991, que tratam de prescrição e decadência de crédito tributário"), essa assertiva desde então está incorreta, por ter sido julgado inconstitucional o prazo constante do art. 45 da Lei 8.212/1991, que era de 10 (dez) anos e passa a ser de 5 (cinco) anos o prazo de decadência para a Seguridade Social apurar e constituir seus créditos; **B:** correta (art. 195, II, *in fine*, CF/1988); **C:** incorreta (assinalar), a Lei 8.213/1991, no art. 11, V, (desde o advento da Lei 9.876/1999), denomina "contribuinte individual" os segurados antes nominados como "autônomo", "empresário" e "equiparado a autônomo"; **D:** correta (art. 195, § 7º, da CF/1988); **E:** correta (art. 72 da Lei 8.213/1991).

Gabarito "C"

(Magistratura do Trabalho – 5ª Região – 2006 – CESPE) Assinale a opção correspondente a segurado que não se enquadra como contribuinte individual da previdência social.

(A) Pessoa física que, por meio de inscrição no OGMO, exerce atividade de limpeza e conservação de embarcações mercantes e de seus tanques, incluindo batimento de ferrugem, pintura, reparo de pequena monta e serviços correlatos.
(B) Cidadão brasileiro que esteja cumprindo pena no regime semiaberto e, nessa condição, preste serviço fora da unidade penal a diversas empresas com a intermediação da organização carcerária.
(C) Titular de cartório que recebeu a delegação da atividade notarial por meio de concurso público em 1998, não sendo remunerado pelos cofres públicos.
(D) Indivíduo cooperado em uma cooperativa de produção que organiza a fabricação e a distribuição de redes em determinado Estado do Nordeste brasileiro, que presta serviço à cooperativa e a terceiros mediante remuneração ajustada ao trabalho executado.
(E) Pastor de uma seita evangélica, desenvolvendo diversas atividades religiosas na comunidade a que pertence, que receba remuneração do grupo administrativo da seita.

A: correta, a hipótese trazida enquadra a pessoa como segurado obrigatório da Previdência Social, na categoria de "trabalhador avulso" (art. 11, VI, da Lei 8.213/1991); **B:** à época incorreta, atualmente o Decreto Federal 3.048/1999, no seu art. 11, XI, enquadra como segurado facultativo o segurado recolhido à prisão sob regime fechado ou semiaberto, que, nesta condição, preste serviço, dentro ou fora da unidade penal, a uma ou mais empresas, com ou sem intermediação da organização carcerária ou entidade afim, ou que exerce atividade artesanal por conta própria (incluído pelo Dec. 7.054, de 2009); **C:** incorreta, uma vez que o art. 9º, § 15, do Decreto Federal 3.048/1999, enquadra o notário ou tabelião e o oficial de registros ou registrador, titular de cartório, que detêm a delegação do exercício da atividade notarial e de registro, não remunerados pelos cofres públicos, admitidos a partir de 21 de novembro de 1994 como segurados obrigatórios da Previdência Social, na categoria de "contribuinte individual"; **D:** incorreta, em conformidade com o art. 9º, V, "n", do Decreto Federal 3.048/1999, o cooperado de cooperativa de produção que, nesta condição, presta serviço à sociedade cooperativa mediante remuneração ajustada ao trabalho executado, é segurado obrigatório da Previdência Social, na categoria de "contribuinte individual"; **E:** incorreta (art. 9º, V, "c", do Decreto Federal 3.048/1999).

Gabarito "A"

(Magistratura do Trabalho – 5ª Região – 2006 – CESPE) Não é segurado empregado da previdência social

(A) brasileiro que trabalhe para a União no exterior, em organismo oficial internacional do qual o Brasil é membro efetivo, domiciliado e contratado fora do Brasil, e não segurado da previdência social do país em que esteja trabalhando.

(B) brasileiro domiciliado no Brasil, mas ajustado para trabalhar em sucursal de uma grande empresa de mineração brasileira no exterior.

(C) brasileiro domiciliado e ajustado no Brasil para trabalhar em empresa importadora de equipamentos de informática, com sede no exterior, mas cuja maioria do capital votante pertença a grande empresa brasileira de capital nacional.

(D) brasileiro que trabalhe na Bélgica, em organismo oficial internacional do qual o Brasil seja membro efetivo, contratado e domiciliado naquele país, e que não esteja vinculado ao regime de previdência social belga.

(E) brasileiro que preste serviço, no Brasil, a missão diplomática belga, tenha residência permanente no país, e que não esteja amparado pela legislação previdenciária belga.

A: incorreta, a hipótese trazida enquadra a pessoa como segurado obrigatório da Previdência Social, na categoria de "empregado" (art. 11, I, "e", da Lei 8.213/1991); **B:** incorreta, a hipótese trazida enquadra a pessoa como segurado obrigatório da Previdência Social, na categoria de "empregado" (art. 11, I, "c", da Lei 8.213/1991); **C:** incorreta, a hipótese trazida enquadra a pessoa como segurado obrigatório da Previdência Social, na categoria de "empregado" (art. 11, I, "f", da Lei 8.213/1991); **D:** correta, a hipótese trazida enquadra a pessoa como segurado obrigatório da Previdência Social, porém na categoria de "contribuinte individual" (art. 11, V, "e", da Lei 8.213/1991); **E:** incorreta, a hipótese trazida enquadra a pessoa como segurado obrigatório da Previdência Social, na categoria de "empregado" (art. 11, I, "d", da Lei 8.213/1991).

Gabarito "D".

(Magistratura do Trabalho – 8ª Região – 2008) Atendendo à dicção legal, das pessoas abaixo, são segurados obrigatórios da Previdência Social, na qualidade de contribuinte individual, exceto:

(A) A pessoa física, proprietária ou não, que explora atividade agropecuária ou pesqueira, em caráter permanente ou temporário, diretamente ou por intermédio de prepostos e com auxílio de empregados, utilizados a qualquer título, ainda que de forma não contínua.

(B) A pessoa física que exerce, por conta própria, atividade econômica de natureza urbana, desde que com fins lucrativos, bem como quem presta serviço de natureza urbana ou rural, em caráter eventual, a uma ou mais empresas, sem relação de emprego.

(C) A pessoa física, proprietária ou não, que explora atividade de extração mineral – garimpo, em caráter permanente ou temporário, diretamente ou por intermédio de prepostos, com ou sem o auxílio de empregados, utilizados a qualquer título, ainda que de forma não contínua.

(D) O brasileiro civil que trabalha no exterior para organismo oficial internacional do qual o Brasil é membro efetivo, ainda que lá domiciliado e contratado, salvo quando coberto por regime próprio de previdência social.

(E) O ministro de confissão religiosa e o membro de instituto de vida consagrada, de congregação ou de ordem religiosa.

A: correta, a hipótese narrada enquadra a pessoa como segurada obrigatória da Previdência Social, na categoria de contribuinte individual (art. 11, V, "a", da Lei 8.213/1991); **B:** incorreta, a Lei 8.213/1991, no art. 11, V, "h", tanto caracteriza como contribuinte individual aquele que exerce atividade econômica, de natureza urbana, com ou sem fins lucrativos; **C:** correta, a hipótese narrada enquadra a pessoa como segurada obrigatória da Previdência Social, na categoria de contribuinte individual (art. 11, V, "b", da Lei 8.213/1991); **D:** correta, a hipótese narrada enquadra a pessoa como segurada obrigatória da Previdência Social, na categoria de contribuinte individual (art. 11, V, "e", da Lei 8.213/1991); **E:** correta, a hipótese narrada enquadra a pessoa como segurada obrigatória da Previdência Social, na categoria de contribuinte individual (art. 11, V, "c", da Lei 8.213/1991).

Gabarito "B".

(Magistratura do Trabalho – 11ª Região – 2007 – FCC) Podem contribuir facultativamente para o regime geral de previdência social

(A) a dona de casa, o estudante a partir dos dezesseis anos de idade e o servidor público sem regime próprio.

(B) a dona de casa, o estudante a partir dos dezesseis anos de idade e o servidor público com regime próprio e que não exerce atividade vinculada ao Regime Geral de Previdência Social.

(C) o trabalhador eventual, o estudante a partir dos dezesseis anos de idade e a trabalhadora doméstica diarista.

(D) a dona de casa, o advogado profissional liberal e o brasileiro contratado no Brasil para trabalhar em filial de empresa brasileira no exterior.

(E) o segurado especial, o estagiário regular, maior de dezesseis anos, e o brasileiro que acompanha cônjuge que presta serviço no exterior.

A: incorreta, no que se refere ao servidor público ele é necessariamente segurado obrigatório do Regime Geral de Previdência Social, na inexistência de Regime Próprio de servidor Público (art. 12 da Lei 8.212/1991); **B:** incorreta, o servidor público participante de Regime Próprio não pode filiar-se ao Regime Geral na qualidade de segurado facultativo (art. 201, § 5º, da CF/1988); **C:** incorreta, tanto o trabalhador eventual como a empregada doméstica diarista são segurados obrigatórios do Regime Geral de Previdência Social, impossibilitados, desse modo, de filiarem-se como segurado facultativo (art. 13 da Lei 8.213/1991); **D:** incorreta, o advogado profissional liberal e o brasileiro contratado no Brasil para trabalhar em filial de empresa brasileira no exterior são segurados obrigatórios do Regime Geral de Previdência Social, desse modo, impossibilitados de filiarem-se na qualidade de segurado facultativo (art. 13 da Lei 8.213/1991); **E:** correta, quanto ao segurado especial é o único segurado obrigatório autorizado pela lei (art. 39, II, da Lei 8.213/1991) a também filiar-se como facultativo, no que se refere ao estagiário regular, maior de dezesseis anos, e ao brasileiro que acompanha cônjuge que presta serviço no exterior, por não serem segurados obrigatórios podem, caso queiram, filiar-se na qualidade de segurado facultativo (art. 13 da Lei 8.213/1991).

Gabarito "E".

(Magistratura do Trabalho – 11ª Região – 2007 – FCC) É segurado obrigatório do Regime Geral de Previdência Social como

(A) empregado, o brasileiro civil que trabalha no exterior para organismo oficial internacional do qual o Brasil é membro efetivo, ainda que lá domiciliado e contratado, salvo se coberto por regime próprio de previdência.

(B) empregado, o exercente de mandato eletivo federal, estadual ou municipal, desde que não vinculado à regime próprio de previdência social.

(C) segurado especial, o garimpeiro e a pessoa física que explore atividade agropecuária, diretamente ou por intermédio de prepostos, com contratação, ainda que descontínua, de colaboradores.

(D) contribuinte individual, o brasileiro civil que trabalha para a União, no exterior, em organismos oficiais brasileiros ou internacionais dos quais o Brasil seja membro efetivo, ainda que lá domiciliado e contratado, salvo se segurado na forma da legislação vigente do país de domicílio.

(E) empregado, o dirigente sindical, independentemente do enquadramento no Regime Geral de Previdência Social que mantinha antes do exercício do mandato eletivo.

A: incorreta, de acordo com o art. 11, V, "e", trata-se de segurado obrigatório, enquadrado na categoria de segurado contribuinte individual; **B:** correta (art. 11, I, "j", da Lei 8.213/1991); **C:** incorreta, de acordo com o art. 11, V, "b", o garimpeiro é enquadrado como segurado contribuinte individual; **D:** incorreta, trata-se de segurado obrigatório enquadrado na categoria de empregado (art. 11, I, "e", da Lei 8.213/1991); **E:** incorreta, segundo preceitua o § 4º do art. 11 da Lei 8.213/1991, o dirigente sindical mantém, durante o exercício do mandato eletivo, o mesmo enquadramento perante o Regime Geral de Previdência Social.

Gabarito "B".

(Magistratura do Trabalho – 13ª Região – 2006) Assinale a afirmativa incorreta sobre os benefícios da Previdência Social, a teor do que dispõe a Lei 8.213/1991:

(A) são segurados especiais da Previdência Social: o parceiro, o meeiro, o arrendatário rural, o pescador artesanal e o assemelhado, que exerçam suas atividades, individualmente ou em regime de economia familiar, ainda que com o auxílio eventual de terceiros;

(B) todo aquele que exercer, concomitantemente, mais de uma atividade remunerada sujeita ao Regime Geral da Previdência Social é obrigatoriamente filiado em relação a cada uma delas;

(C) mantém a qualidade de segurado, independentemente de contribuições, aquele que deixar de exercer atividade remunerada abrangida pela Previdência Social ou estiver suspenso ou licenciado sem remuneração, pelo prazo de 12 (doze) meses após a cessação das contribuições;

(D) o enteado e o menor tutelado equiparam-se a filho mediante declaração do segurado, presumindo-se, nesses casos, a dependência econômica;

(E) é considerado segurado obrigatório o exercente de mandato eletivo federal, estadual e municipal, desde que não vinculado a regime próprio da Previdência Social.

A: correta (art. 11, VII, da Lei 8.213/1991); **B:** correta (art. 11, § 2º, da Lei 8.213/1991); **C:** correta (art. 15, II, da Lei 8.213/1991); **D:** incorreta (assinalar), a dependência econômica deve ser comprovada (art. 16, § 2º, da Lei 8.213/1991); **E:** correta (art. 11, I, "j", da Lei 8.213/1991).

Gabarito "D".

(Magistratura do Trabalho – 22ª Região – 2006) Não se inclui entre os benefícios devidos ao segurado do Regime Geral de Previdência Social:

(A) Auxílio-doença;

(B) Auxílio-reclusão;

(C) Auxílio-acidente;

(D) Salário-maternidade;

(E) Salário-família.

B: incorreta. Do art. 18 da Lei 8.213/1991 verificamos quais são os benefícios devidos aos segurados da Previdência Social e quais são as prestações previdenciárias devidas aos dependentes. Os únicos dois benefícios devidos aos dependentes são: auxílio-reclusão e pensão por morte. Dito isso, torna patente que a questão incorreta (a ser assinalada) é a letra "B".

Gabarito "B".

(Magistratura do Trabalho – 23ª Região – 2006) Assinale a alternativa correta:

Pode filiar-se como segurado facultativo da Previdência Social, entre outros:

(A) a dona de casa que não exerce atividade remunerada;

(B) o síndico de condomínio, quando não remunerado;

(C) o brasileiro que acompanha cônjuge que presta serviço no exterior;

(D) o estagiário que presta serviços a empresa na forma da lei pertinente;

(E) o trabalhador associado a cooperativa que, nessa qualidade, presta serviços a terceiros.

O acesso à categoria de segurado facultativo somente é permitido a pessoas que não exerçam atividade remunerada, exemplo: (letra "A") a dona de casa que não exerce atividade remunerada; (letra "B") o síndico de condomínio, quando não remunerado; (letra "C") o brasileiro que acompanha cônjuge que presta serviço no exterior; (letra "D") o estagiário que presta serviços a empresa na forma da lei pertinente. Não podem, por outro lado, os segurados obrigatórios filiarem-se como segurado facultativo (art. 13 da Lei 8.213/1991). Desse modo, o trabalhador associado à cooperativa que, nessa qualidade, presta serviços a terceiros, por exercer atividade remunerada é segurado obrigatório do Regime Geral de Previdência Social.
Deve-se observar que o enunciado da questão está incorreto, a questão que deveria ter sido formulada era: "NÃO" pode filiar-se como segurado facultativo da previdência social, a resposta seria a letra "E". Diante desse equívoco praticado pelo examinador, esta questão foi anulada.

Gabarito "E".

(Magistratura do Trabalho – 24ª Região – 2007) Na conformidade da Lei 8.213/1991, são segurados obrigatórios da Previdência Social, como empregado, EXCETO:

(A) O brasileiro ou o estrangeiro domiciliado e contratado no Brasil para trabalhar como empregado em sucursal ou agência de empresa nacional no exterior.

(B) Aquele que presta serviço no Brasil a missão diplomática ou a repartição consular de carreira estrangeira e a órgãos a elas subordinados, ou a membros dessas missões e repartições, excluídos o não brasileiro sem residência permanente no Brasil e o brasileiro amparado pela legislação previdenciária do país da respectiva missão diplomática ou repartição consular.

(C) O brasileiro civil que trabalha para a União, no exterior, em organismos oficiais brasileiros ou internacionais dos quais o Brasil seja membro efetivo, ainda que lá domiciliado e contratado, salvo se segurado na forma da legislação vigente do país do domicílio.

(D) O brasileiro ou estrangeiro domiciliado e contratado no Brasil para trabalhar como empregado em empresa domiciliada no exterior, cuja maioria do capital votante pertença a empresa brasileira de capital nacional.

(E) O brasileiro civil que trabalha no exterior para organismo oficial internacional do qual o Brasil é membro efetivo, ainda que lá domiciliado e contratado, salvo quando coberto por regime próprio da previdência social.

A: correta, trata-se de segurado obrigatório, na categoria de empregado, do Regime Geral de Previdência Social (art. 11, I, "c", da Lei 8.213/1991); **B:** correta, trata-se de segurado obrigatório, na categoria de empregado, do Regime Geral de Previdência Social (art. 11, I, "d", da Lei 8.213/1991); **C:** correta, trata-se de segurado obrigatório, na categoria de empregado, do Regime Geral de Previdência Social (art. 11, I, "e", da Lei 8.213/1991); **D:** correta, trata-se de segurado obrigatório, na categoria de empregado, do Regime Geral de Previdência Social (art. 11, I, "f", da Lei 8.213/1991); **E:** incorreta (assinalar), trata-se de segurado obrigatório, na categoria de "contribuinte individual", do Regime Geral de Previdência Social (art. 11, V, "e", da Lei 8.213/1991).

Gabarito "E"

(Ministério Público do Trabalho – 13°) São segurados obrigatórios da Previdência Social:

I. aquele que presta serviços de natureza urbana ou rural à empresa, em caráter não eventual, sob sua subordinação e mediante remuneração, inclusive como diretor empregado;

II. aquele que, contratado por empresa de trabalho temporário, definida em legislação específica, presta serviço para atender necessidade transitória de substituição de pessoal regular e permanente;

III. a pessoa física, proprietária ou não, que explora atividade agropecuária ou pesqueira, em caráter permanente ou temporário, diretamente ou por intermédio de prepostos e com auxílio de empregados, utilizados a qualquer título, ainda que de forma não contínua;

IV. o brasileiro civil que trabalha no exterior para organismo oficial internacional do qual o Brasil é membro efetivo, ainda que lá domiciliado e contratado, salvo quando coberto por regime próprio de previdência social.

De acordo com as assertivas acima, pode-se afirmar que:

(A) todas estão certas;

(B) todas estão erradas;

(C) a I está certa e a III está errada;

(D) a II está certa e a IV está errada;

(E) não respondida.

I: correta, a hipótese trazida enquadra a pessoa como segurado obrigatório da Previdência Social, na categoria de "empregado" (art. 11, I, "a", da Lei 8.213/1991); **II:** correta, a hipótese trazida enquadra a pessoa como segurado obrigatório da Previdência Social, na categoria de "empregado" (art. 11, I, "b", da Lei 8.213/1991); **III:** correta, a hipótese trazida enquadra a pessoa como segurado obrigatório da Previdência Social, na categoria de "contribuinte individual" (art. 11, V, "a", da Lei 8.213/1991); **IV:** correta, a hipótese trazida enquadra a pessoa como segurado obrigatório da Previdência Social, na categoria de "contribuinte individual" (art. 11, V, "e", da Lei 8.213/1991).

Gabarito "A"

(Ministério Público do Trabalho – 12°) No que se refere aos segurados do Regime Geral de Previdência Social, é CORRETO afirmar que:

(A) para o segurado obrigatório e o facultativo a filiação decorre do exercício de atividade laborativa descrita em lei;

(B) para o segurado facultativo a inscrição tem natureza de ato jurídico declaratório;

(C) para o segurado obrigatório a inscrição tem natureza de ato jurídico declaratório;

(D) o dependente tem filiação e inscrição próprias perante a Previdência Social.

(E) não respondida.

A: incorreta, uma vez que o segurado facultativo por definição é aquele que não exerce atividade laborativa remunerada; **B:** incorreta, a filiação do segurado facultativo depende de inscrição, daí porque ostenta natureza constitutiva, com efeitos *ex nunc*; **C:** correta, a filiação do segurado obrigatório é automática, decorre do singelo exercício da atividade remunerada, por conseguinte, a inscrição tem natureza declaratória, com efeitos *ex tunc*. **D:** incorreta, o dependente não é filiado à Previdência Social, ele é apenas "inscrito" por ocasião do requerimento do benefício; **E:** incorreta, pois a letra "C" atende ao enunciado proposto.

Gabarito "C"

(Ministério Público do Trabalho – 12°) Com relação ao custeio da Seguridade Social, é CORRETO afirmar que:

(A) a lei federal que dispõe sobre os benefícios do Regime Geral de Previdência Social também regula o custeio da Previdência Social;

(B) o segurado especial, além da sua contribuição obrigatória, pode contribuir como segurado facultativo;

(C) todo contribuinte da Previdência Social é, por tal motivo, segurado do sistema previdenciário em razão de seu caráter contributivo;

(D) na jurisprudência do Supremo Tribunal Federal, para efeito de base de cálculo de contribuições para a Seguridade Social, a expressão "folha de salários" sempre foi interpretada no sentido de alcançar todos os rendimentos pagos pela empresa à pessoa física que lhe preste serviços, mesmo sem vínculo empregatício.

(E) não respondida.

A: incorreta, são duas as principais leis que regulamentam a Previdência Social, a primeira é a Lei 8.212/1991, que versa sobre a relação de custeio (contribuições sociais), e a outra é a Lei 8.213/1991, que trata da proteção social, relação de benefício; **B:** correta (art. 39, II, da Lei 8.213/1991); **C:** incorreta, diversas são as pessoas que são unicamente "contribuintes", a exemplo dos tomadores de serviço; **D:** incorreta, o STF atribuía interpretação restritiva à expressão "folha de salários", havendo a necessidade de edição de Emenda

Constitucional (EC 20/1998) para alterar a redação do art. 195, I, da CF/1988, para expressamente anotar a expressão "mesmo sem vínculo empregatício"; **E:** incorreta, porque a letra "B" atende ao enunciado proposto.

Gabarito "B"

(Magistratura do Trabalho – 16ª Região – 2011) Assinale a opção INCORRETA. São segurados obrigatórios da previdência social:

(A) Aquele que presta serviço de natureza urbana ou rural à empresa, em caráter não eventual, sob sua subordinação e mediante remuneração, inclusive como diretor empregado.

(B) O brasileiro civil que trabalha para a União, no exterior, em organismos oficiais brasileiros ou internacionais dos quais o Brasil seja membro efetivo, ainda que lá domiciliado e contratado, mesmo que seja segurado na forma da legislação vigente do país do domicílio.

(C) O brasileiro ou o estrangeiro domiciliado e contratado no Brasil para trabalhar como empregado em sucursal ou agência de empresa nacional no exterior.

(D) Aquele que presta serviço no Brasil a missão diplomática ou a repartição consular de carreira estrangeira e a órgãos a elas subordinados, ou a membros dessas missões e repartições, excluídos o não brasileiro sem residência permanente no Brasil e o brasileiro amparado pela legislação previdenciária do país da respectiva missão diplomática ou repartição consular.

(E) Aquele que, contratado por empresa de trabalho temporário, definida em legislação específica, presta serviço para atender a necessidade transitória de substituição de pessoal regular e permanente ou a acréscimo extraordinário de serviços de outras empresas.

A: correta, art. 11, I, da Lei 8.213/1991 na categoria de empregado; **B:** incorreta (a ser assinalada), o art. 11, I, "e", da Lei 8.213/1991 excetua, na situação narrada, aquele que for segurado na forma da legislação vigente do país do domicílio; **C:** correta, art. 11, I, da Lei 8.213/1991 na categoria de empregado; **D:** correta, art. 11, I, da Lei 8.213/1991 na categoria de empregado; **E:** correta, art. 11, I, da Lei 8.213/1991 na categoria de empregado.

Gabarito "B"

(Magistratura do Trabalho – 15ª Região – 2011) João das Dores foi empregado regularmente registrado por 10 (dez) anos. Condenado por homicídio, permaneceu recluso por 8 (oito) anos. Ao sair da penitenciária, não obteve emprego e, no décimo mês após seu livramento, foi acometido por doença pulmonar grave. Em face de tais premissas, aponte a alternativa correta no tocante à situação previdenciária de João:

(A) ausentes mais de 60 (sessenta) contribuições, não há direito previdenciário;

(B) há direito a benefício previdenciário, tendo em vista que no momento do surgimento da doença a qualidade de segurado encontrava-se mantida;

(C) conquanto o liame previdenciário ainda esteja presente, outros são os benefícios devidos, mas não o auxílio-doença;

(D) a perda da qualidade de segundo deu-se 10 (dez) meses após o livramento;

(E) a perda da qualidade de segurado deu-se 6 (seis) meses após o livramento

A: incorreta, os benefícios por incapacidade de auxílio-doença (hipótese provável para a situação narrada) e de aposentadoria por invalidez exigem apenas 12 meses de carência (art. 25, I, da Lei 8.213/1991); **B:** correta, em conformidade com o art. 15, IV, da Lei 8.213/1991, é mantida a qualidade de segurado da Previdência Social, mesmo sem contribuições, por até 12 (doze) meses após o livramento, o segurado retido ou recluso; **C:** incorreta, diante da situação narrada é o auxílio-doença o benefício cabível; **D:** incorreta, doze meses, art. 15, IV, da Lei 8.213/1991; **E:** incorreta, doze meses, art. 15, IV, da Lei 8.213/1991.

Gabarito "B"

(Magistratura do Trabalho – 8ª Região – 2011) Assinale a alternativa INCORRETA:

(A) O brasileiro civil que trabalha no exterior para organismo oficial internacional do qual o Brasil é membro efetivo, ainda que lá domiciliado e contratado, é considerado contribuinte individual, salvo quando coberto por regime próprio de previdência social.

(B) Mesmo que o membro de grupo familiar possua outra fonte de renda, a saber: benefício de pensão por morte; auxílio-acidente ou auxílio-reclusão, não perderá a condição de segurado especial, desde que não supere o do menor benefício de prestação continuada da previdência social.

(C) É vedada pela Constituição de 1988 a filiação ao regime geral da previdência social, na qualidade de segurado facultativo, de pessoa participante de regime próprio de previdência social.

(D) A contribuição do segurado trabalhador rural, contratado para o exercício de atividades de natureza temporária para produtor rural pessoa física, na forma da Lei nº 5.889/1973, é de 11% (onze por cento) sobre o respectivo salário-de-contribuição.

(E) O cônjuge separado de fato que mantiver dependência econômica do segurado será considerado dependente para fins previdenciários.

A: correta, trata-se de extraterritorialidade admitida pela Lei 8.213/1991 no art. 11, V, "e"; **B:** correta, conforme a letra do art. 11, § 9º, I, da Lei 8.213/1991; **C:** correta, art. 201, § 5º, da CF/1988; **D:** incorreta (a ser assinalada), de acordo com o art. 9º, I, "r", do Decreto Federal 3.048/1999, a situação citada enquadra o trabalhador rural na categoria de "empregado", decorrente a partir disso o dever de contribuir mediante uma dentre as seguintes alíquotas de 8%, 9% ou 11% (art. 20 da Lei 8.212/1991); **E:** correta, está em conformidade com o art. 16, I, e art. 76, § 2º, da Lei 8.213/1991.

Gabarito "D"

7. DEPENDENTES

(Magistratura do Trabalho – 5ª Região – 2006 – CESPE) Considere que, após a morte de Cláudio, seus familiares tenham procurado a previdência social para promoverem a inscrição como dependentes do *de cujus* a fim de requererem os benefícios a que têm direito. Nessa situação, é exigível prova de dependência econômica para a inscrição de

(A) filho inválido com mais de 21 anos.

(B) enteado menor de 18 anos.

(C) companheira, desde que apresente a certidão de casamento do falecido com averbação da separação judicial ou divórcio, ou que tenha prole em comum.
(D) filho menor de 21 anos, mesmo que ocupe emprego público efetivo.
(E) filha solteira com mais de 21 anos, desde que esteja desempregada.

A: incorreta, uma vez que a Lei 8.213/1991 traz a presunção de dependência econômica em se tratando de filho inválido (art. 16, § 4º); **B:** correta, conforme o § 2º do art. 16 da Lei 8.213/1991, o enteado equipara-se a filho mediante declaração do segurado e desde que comprovada a dependência econômica (Redação dada pela Lei nº 9.528, de 1997); **C:** incorreta, à companheira não se exige comprovação de dependência econômica (art. 16, § 4º); **D:** incorreta, milita a presunção de dependência econômica em favor do filho menor de 21 anos, de acrescer, ainda, que desde o advento do Código Civil de 2002, considera-se maior e capaz a pessoa a partir dos 18 anos de idade, de modo que, a partir do implemento do requisito etário não é possível falar-se em "emancipação", por conseguinte, após a maioridade, ainda que venha a ocupar cargo/emprego público de caráter efetivo, permanece a qualidade de dependente até os 21 anos, com presunção de dependência econômica; **E:** incorreta, filha, ainda que solteira, maior de 21 anos não se enquadra no rol taxativo de dependentes fixado no art. 16, I, da Lei 8.213/1991.

Gabarito "B"

(Magistratura do Trabalho – 8ª Região – 2007) Assinale a alternativa incorreta:

(A) A decadência é a extinção do direito do Instituto Social de Seguridade Social apurar e constituir, por lançamento, o seu crédito previdenciário, por não ter exercido esse direito no prazo legal.
(B) A prescrição é a perda do direito do Instituto Nacional de Seguridade Social promover a execução judicial do seu crédito já constituído, por não tê-lo exercido no prazo legal.
(C) Pelo princípio da seletividade, alguns benefícios só podem ser deferidos aos segurados e outros só podem ser concedidos aos dependentes.
(D) No que diz respeito aos dependentes, os benefícios que podem ser concedidos são a pensão por morte, o auxílio-reclusão e auxílio-doença.
(E) Dentre os benefícios que só podem ser concedidos aos segurados estão a aposentadoria por invalidez, o salário-maternidade e o auxílio-acidente.

A: correta, essa é a definição de decadência na seara tributária: extinção do direito do Fisco de apurar e constituir, por lançamento, o seu crédito, por não ter exercido esse direito no prazo legal; **B:** correta, essa é a definição de prescrição na órbita tributária: é a perda do direito do Fisco de promover a execução judicial do seu crédito já constituído, por não tê-lo exercido no prazo legal; **C:** correta, apesar de não ser o enunciado tecnicamente perfeito, o princípio constitucional da "seletividade" e da "distributividade" de benefícios e serviços, previsto no art. 194, parágrafo único, da CF/1988, possibilita a restrição das "hipóteses de cobertura" e das "pessoas a serem protegidas", conforme a capacidade econômico-financeira do Estado-provedor de atender demandas sociais, devendo "selecionar" dentre os riscos sociais os mais graves, e "distribuir" a proteção social ao rol de pessoas mais necessitadas; **D:** incorreta (assinalar), do art. 18, II, da Lei 8.213/1991, verifica-se que os dependentes fazem jus apenas aos benefícios previdenciários de pensão por morte e de auxílio-reclusão, sendo o benefício "auxílio-doença" direito consagrado em favor do "segurado" (art. 18, I, "e", da Lei 8.213/1991); **E:** correta (art. 18, I, da Lei 8.213/1991).

Gabarito "D"

(Magistratura do Trabalho – 9ª Região – 2007) Observe as seguintes proposições:

I. As prestações da previdência social são o gênero, do qual são espécies os benefícios e os serviços. Algumas prestações somente são devidas para os segurados, outras somente para os dependentes e outras para ambos, como é o caso do serviço social e da reabilitação profissional.
II. Uma vez existente a relação jurídica que caracteriza a pessoa como empregada, empregada doméstica ou trabalhadora avulsa, deve ser considerada beneficiária do Regime Geral da Previdência Social, ainda que não tenha havido recolhimento das contribuições para com a Seguridade Social.
III. São beneficiários do Regime Geral da Previdência Social, como dependentes do segurado, o cônjuge, a companheira e o filho, de qualquer condição, menor de 21 anos ou inválido, os pais, o irmão, de qualquer condição, menor de 21 anos ou inválido, a pessoa designada, menor de 21 anos ou maior de 60 anos ou inválida.
IV. Quando o aposentado pelo Regime Geral de Previdência Social permanece em atividade sujeita ao mesmo regime, não faz jus a prestações da Previdência Social em decorrência do exercício dessa atividade, exceto ao salário-família, à reabilitação profissional, ao auxílio-acidente e ao abono de permanência em serviço.

Assinale a alternativa correta: 1147

(A) Somente são corretas as proposições II, III e IV;
(B) Somente são corretas as proposições II e III;
(C) Somente são corretas as proposições I e II;
(D) Somente são corretas as proposições I e IV;
(E) Todas as proposições são corretas.

I: correta, de fato prestações da Previdência Social são gênero do qual são espécies os benefícios e os serviços, e do art. 18 da Lei 8.213/1991 observam-se as prestações devidas a segurados e a dependentes; **II:** correta, trata-se do princípio doutrinário da "automaticidade das prestações", adotado pelo legislador nos arts. 34 a 37 da Lei 8.213/1991; **III:** incorreta, da conferência ao art. 16 da Lei 8.213/1991 verifica-se que restou ausente a expressão "não emancipada" (no que pertine a filhos e irmãos), e a figura da pessoas designada não consta dessa relação legal de dependentes; **IV:** incorreta, do art. 18, § 2º, a Lei 8.213/1991, abre-se a ressalva apenas à percepção de salário-família e do serviço de reabilitação profissional.

Gabarito "C"

(Magistratura do Trabalho – 9ª Região – 2009) Considere as proposições abaixo:

I. O cônjuge, a companheira, o companheiro e o filho não emancipado, de qualquer condição, menor de 21 anos ou maior, desde que estudante ou inválido, são beneficiários do Regime Geral de Previdência Social, na condição de dependentes.
II. O enteado e o menor tutelado, ainda que dependente economicamente do segurado, uma vez que não são filhos deste, não poderão figurar como beneficiários do Regime Geral de Previdência Social, na condição de dependentes.

III. O auxílio-acidente é benefício previdenciário devido inclusive ao segurado empregado doméstico.

IV. Equipara-se também ao acidente do trabalho, para fins previdenciários, o acidente sofrido pelo segurado, ainda que fora do local e horário de trabalho, em viagem a serviço da empresa, inclusive para estudo quando financiada por esta dentro de seus planos para melhor capacitação da mão de obra, independentemente do meio de locomoção utilizado, inclusive veículo de propriedade do segurado.

(A) somente as proposições I e II são corretas
(B) somente as proposições I, II e III são corretas
(C) somente as proposições II, III e IV são corretas
(D) somente a proposição IV é correta
(E) somente as proposições III e IV são corretas

I: incorreta, não existe a referência a "estudante" no art. 16 da Lei 8.213/1991; **II:** incorreta, desde que dependentes economicamente do segurado, equiparam-se a filho e são enquadrados como dependentes (art. 16, § 2º, da Lei 8.213/1991); **III:** incorreta, o benefício de auxílio-acidente é de concessão restrita a "empregado", "trabalhador avulso" e "segurado especial" (art. 18, § 1º, da Lei 8.213/1991); **IV:** correta (art. 21, IV, "c", da Lei 8.213/1991).

Gabarito "D"

(Magistratura do Trabalho – 20ª Região – 2003) Analise as seguintes alternativas, de acordo com a lei instituidora do plano de benefícios da previdência social, identificando a única correta:

(A) é presumida a dependência econômica do cônjuge, do companheiro ou companheira, e do filho não emancipado de qualquer condição, menor de 18 (dezoito) anos ou inválido;
(B) é presumida a dependência econômica do cônjuge, do companheiro ou companheira, e do filho não emancipado de qualquer condição, menor de 24 (vinte e quatro) anos, enquanto universitário, ou inválido;
(C) a dependência econômica dos pais deve ser comprovada;
(D) é presumida a dependência econômica do irmão não emancipado, de qualquer condição, menor de 21 (vinte e um) anos ou inválido;
(E) no caso da mãe, a presunção de dependência econômica é verificada quando viúva, e enquanto durar a viuvez.

A: incorreta, a idade entabulada no art. 16 da Lei 8.213/1991 é de 21 anos (e não 18 anos); **B:** incorreta, a idade entabulada no art. 16 da Lei 8.213/1991 é de 21 anos (e não 24 anos); **C:** correta (art. 16, II, c/c § 4º, da Lei 8.213/1991); **D:** incorreta (art. 16, § 4º, da Lei 8.213/1991); **E:** incorreta (art. 16, § 4º, da Lei 8.213/1991).

Gabarito "C"

(Magistratura do Trabalho – 24ª Região – 2006) Assinale a alternativa INCORRETA:

(A) Mantém a qualidade de segurado, independentemente de contribuições, sem limite de prazo, quem está em gozo de benefício.
(B) O aposentado pelo Regime Geral de Previdência Social que estiver exercendo ou que voltar a exercer atividade abrangida por esse Regime é segurado obrigatório em relação a essa atividade, ficando sujeito às contribuições de que trata a Lei nº 8.212/1991, para fins de custeio da Seguridade Social.
(C) O cônjuge, a companheira, o companheiro e o filho não emancipado, de qualquer condição, menor de 21 (vinte e um) anos ou inválido compõem a primeira classe de dependentes do segurado da Previdência Social e têm a seu favor a presunção de dependência econômica em relação ao segurado.
(D) O irmão não emancipado, de qualquer condição, menor de 21 (vinte e um) anos ou inválido, é dependente do segurado na terceira classe, sendo que apenas o irmão inválido está dispensado de fazer prova de dependência econômica.
(E) O enteado e o menor tutelado equiparam-se a filho mediante declaração do segurado e desde que comprovada a dependência econômica na forma estabelecida no Regulamento.

A: correta (art. 15, I, da Lei 8.213/1991); **B:** correta (art. 12, § 4º, da Lei 8.212/1991); **C:** correta (art. 16, § 4º, da Lei 8.213/1991); **D:** incorreta, em se tratando de irmão, ainda que inválido, deve ser efetivada a comprovação de dependência econômica, não se beneficiando da presunção contida no art. 16, § 4º, da Lei 8.213/1991; **E:** correta (art. 16, § 2º, da Lei 8.213/1991).

Gabarito "D"

8. CARÊNCIA

(Magistratura do Trabalho – 5ª Região – 2006 – CESPE) Considerando-se que a perda da qualidade de beneficiário implica o não recebimento das prestações de direito, assinale a opção incorreta, com base na legislação previdenciária.

(A) Considere que Raul está em gozo de auxílio-doença. Nesse caso, enquanto essa situação perdurar, sua condição como segurado da previdência social será mantida.
(B) Considere a seguinte situação hipotética. Gerson, empregado de uma grande empresa de energia, foi processado, julgado por prática de infração criminal e condenado a cumprir 6 anos de reclusão. Após sujeitar-se a mais de 36 meses da pena, obteve livramento condicional. Nessa situação, sua qualidade de beneficiário será mantida durante os 12 meses seguintes ao livramento.
(C) Considere que Gilmar, síndico de um condomínio residencial, sem remuneração, tenha promovido sua inscrição na previdência social. Nessa situação, caso venha a deixar de contribuir por 6 meses consecutivos, perderá a qualidade de segurado da previdência.
(D) Considere a seguinte situação hipotética. Claudemir, durante doze anos e meio, contribuiu para a previdência social, contudo, amargou desemprego por 48 meses. Nessa situação, se Claudemir voltar a trabalhar como empregado, para fazer jus à aposentadoria por idade, caso preencha os demais requisitos, deverá contribuir durante mais 30 meses.
(E) Considere a seguinte situação hipotética. Maria divorciou-se de Arnaldo, passando a receber

alimentos. Posteriormente, Arnaldo, que se encontrava em união estável com Miriam, sem ter filhos de ambos os relacionamentos, faleceu. Nessa situação, tanto Maria quanto Miriam têm direito à pensão por morte.

A: correta (art. 15, I, da Lei 8.213/1991); **B:** correta (art. 15, IV, da Lei 8.213/1991); **C:** correta, o síndico de condomínio que não receba remuneração não é segurado obrigatório da Previdência Social, poderá inscrever-se como segurado facultativo, nesta hipótese, o período de graça será de 6 meses (art.15, VI, da Lei 8.213/1991); **D:** incorreta, de acordo com o art. 24, parágrafo único da Lei 8.213/1991, havendo perda da qualidade de segurado (no caso narrado houve a perda da qualidade de segurado quando Claudemir ficou 48 meses desempregado), as contribuições anteriores a essa data (na situação hipotética Claudemir havia contribuído por 12 anos e meio) só serão computadas para efeito de carência depois que o segurado contar, a partir da nova filiação à Previdência Social, com, no mínimo, 1/3 (um terço) do número de contribuições exigidas para o cumprimento da carência definida para o benefício a ser requerido (o benefício de aposentadoria por idade exige o implemento de 180 contribuições, sendo 1/3 equivalente a 60 meses, ou seja, cinco anos, de modo que, trabalhando apenas 30 meses, Claudemir não poderá "resgatar" aqueles 12 anos e meio de contribuição), fazemos o registro de que após dezembro de 2002 a própria Administração Pública entende que o referido parágrafo único do art. 24 da Lei 8.213/1991 não se aplica ao benefício de aposentadoria por idade (nem mesmo à aposentadoria por tempo de contribuições e à aposentadoria especial), em razão do que preceitua o art. 3º, § 1º, da Lei 10.666/2003 (fruto da conversão da MP 83/2002) e da Lei 10.741/2003, art. 30 (cf. Instrução Normativa nº 45 INSS/Pres, art. 151, **III:** "para as aposentadorias por idade, por tempo de contribuição, inclusive de professor e especial, a regra de um terço incide sobre a carência de cento e oitenta contribuições mensais, cuja observância encontra-se prejudicada para requerimentos protocolados a partir de 13 de dezembro de 2002, data da publicação da MP nº 83, de 12 de dezembro de 2002"); **E:** correta, assegura o art. 76, § 2º, da Lei 8.213/1991, o direito à pensão por morte ao ex-cônjuge, divorciado ou separado judicialmente ou de fato, desde que recebesse pensão alimentícia do falecido-segurado, pouco importando o fato de Arnaldo, à época do óbito, possuir união estável com Miriam, ambas farão jus à pensão por morte, dividida em duas cota iguais.

Gabarito "D"

(Magistratura do Trabalho – 14ª Região – 2008) Independe de carência, a concessão de:

(A) aposentadoria por invalidez;
(B) aposentadoria por tempo de serviço;
(C) auxílio-doença e aposentadoria por invalidez;
(D) auxílio-doença, desde que, após filiar-se ao Regime Geral, o segurado for acometido por neoplasia maligna;
(E) As alternativas "a", "c" e "d" estão corretas

A: incorreta (art. 25, I, da Lei 8.213/1991); **B:** incorreta (art. 26, II, da Lei 8.213/1991); **C:** incorreta (art. 25, I, da Lei 8.213/1991); **D:** correta (art. 26, II, c/c art. 151, da Lei 8.213/1991); **E:** incorreta, alternativas "a", "c" e "d" estão incorretas.

Gabarito "D"

(Magistratura do Trabalho – 16ª Região – 2006) Analise as proposições abaixo:

I. O auxílio-doença será devido ao segurado empregado a contar do décimo quinto dia do afastamento da atividade e, no caso dos demais segurados, a contar da data do início da incapacidade e enquanto ele permanecer incapaz.

II. A aposentadoria por idade, uma vez cumprida a carência exigida, será devida ao segurado que completar sessenta e cinco anos de idade, se homem, ou sessenta, se mulher, reduzidos esses limites para sessenta e cinquenta e cinco anos de idade para os trabalhadores rurais, respectivamente homens e mulheres, referidos na alínea "a" do inciso I, na alínea "j" do inciso V e nos incisos VI e VII do *caput* do art. 9º, bem como para os segurados garimpeiros que trabalhem, comprovadamente, em regime de economia familiar, conforme definido no § 5º do art. 9º.

III. Será devido o salário-maternidade à segurada especial, desde que comprove o exercício de atividade rural nos últimos 12 (doze) meses imediatamente anteriores à data do parto ou do requerimento do benefício, quando requerido antes do parto, mesmo que de forma descontínua, aplicando-se, quando for o caso, o disposto no parágrafo único do art. 29.

IV. Falecendo o segurado detido ou recluso, o auxílio reclusão que estiver sendo pago não será convertido em pensão por morte.

Assinale a opção Correta:

(A) Somente a proposição II é verdadeira;
(B) As proposições I e II são verdadeiras;
(C) As proposições II e III são verdadeiras;
(D) Somente as proposições I e III são falsas;
(E) Todas as proposições são falsas.

I: incorreta, pela simples razão de o art. 60 da Lei 8.213/1991 afirmar que o benefício é devido a contar do décimo "sexto" dia do afastamento, e não décimo "quinto" como afirmado; **II:** correta, mas merece crítica quanto ao fato de não ter sido discriminada a lei/decreto a que se referem os dispositivos citados, constatamos que as normas citadas provêm do Decreto Federal 3.048/1999; **III:** incorreta, em conformidade com o art. 25, III, da Lei 8.213/1991, o prazo exigido é de 10 meses, e não 12 como constou na assertiva, além do que, no art. 29, parágrafo único, do "Decreto Federal 3.048/1999" há expressamente referência à segurada especial; **IV:** incorreta, fazem jus os dependentes do benefício de pensão por morte, caso fossem beneficiários de auxílio-reclusão, esse benefício é transformado/convertido em pensão.

Gabarito "A"

(Magistratura do Trabalho – 20ª Região – 2003) É exigível comprovação do período de carência para concessão de:

(A) aposentadoria por tempo de contribuição a segurado especial;
(B) aposentadoria por invalidez a contribuinte individual acometido de AIDS;
(C) salário-maternidade a empregada, exceto a doméstica;
(D) pensão por morte ou auxílio-reclusão aos dependentes;
(E) auxílio-acidente decorrente de incapacidade extralaborativa.

A: correta, de acordo com a Súmula 272 do STJ; **B:** incorreta, o arts. 26, II, e art. 151 da Lei 8.213/1991 expressamente afastam o requisito carência em se tratando de segurado acometido de AIDS; **C:** incorreta, o art. 26, VI, da Lei 8.213/1991 dispensa o requisito carência para obtenção do benefício salário-maternidade em se tratando de segurada empregada, trabalhadora avulsa e empregada doméstica; **D:** incorreta (art. 26, I, da Lei 8.213/1991); **E:** incorreta (art. 26, I, da Lei 8.213/1991).

Gabarito "A"

(Magistratura do Trabalho – 22ª Região – 2006) Assinale a alternativa em que todas as prestações enumeradas independem de período de carência para fim de concessão:

(A) Auxílio-doença, salário maternidade e aposentadoria com contagem de tempo especial por exercício de atividade insalubre ou perigosa;
(B) Salário-família, salário-maternidade para segurada professora e pensão por morte;
(C) Pensão por morte, auxílio-doença e aposentadoria por tempo de serviço a segurado especial;
(D) Pensão por morte, auxílio-reclusão e auxílio-acidente;
(E) Salário-maternidade para as seguradas empregada, trabalhadora eventual e empregada doméstica.

A: incorreta, uma vez que o salário-maternidade (a depender da categoria da segurada) e o de aposentadoria exigem a satisfação do requisito da carência (art. 25, II, III, da Lei 8.213/1991); **B:** incorreta, uma vez que o salário-maternidade depende da categoria da segurada, e a alusão vaga "professora" não possibilita o enquadramento, podendo tanto se referir a segurada empregada, como segurada contribuinte individual (nesta existe a exigência do requisito carência); **C:** incorreta, os benefícios de auxílio-doença e de aposentadoria exigem a comprovação do requisito carência (art. 25, I e II, da Lei 8.213/1991); **D:** correta (art. 26, I, da Lei 8.213/1991); **E:** incorreta, uma vez que o salário-maternidade depende da categoria da segurada, e, no caso da trabalhadora eventual, ela se qualifica como contribuinte individual, exigindo a satisfação do requisito da carência.

Gabarito "D"

(Magistratura do Trabalho – 23ª Região – 2006) Considerando o que dispõe a Lei nº 8.213/1991, sobre os períodos de carência dos benefícios previdenciários, é correto afirmar:

(A) Para cômputo do período de carência, serão consideradas as contribuições realizadas a contar da data do efetivo pagamento da primeira contribuição sem atraso, no caso dos segurados empregados urbanos e rurais.
(B) Para cômputo do período de carência, serão consideradas as contribuições referentes ao período a partir da data da filiação ao Regime Geral de Previdência Social, no caso de segurado empregado doméstico.
(C) Independe de carência a concessão de prestações como: pensão por morte, auxílio-reclusão, salário-família, auxílio-acidente e auxílio-doença.
(D) Independe de carência a concessão de auxílio-doença e aposentadoria por invalidez nos casos de acidente de qualquer natureza, ainda que não caracterizado acidente do trabalho.
(E) Todos os benefícios previdenciários dependem de carência, no caso de empregada doméstica.

A: incorreta, o preceito refere-se aos segurados contribuintes individual, empregado doméstico, especial e facultativo (art. 27, II, da Lei 8.213/1991), não alcançando o segurado empregado (quer urbano, quer rural); **B:** incorreta, ao empregado doméstico aplica-se o disposto no art. 27, II, da Lei 8.213/1991, que considera para cômputo do período de carência apenas as contribuições realizadas a contar da data do efetivo pagamento da primeira contribuição sem atraso; **C:** incorreta, à exceção do "auxílio-doença" (art. 25, I, da Lei 8.213/1991), as demais prestações sociais referidas realmente dispensam comprovação de carência (art. 26, I, da Lei 8.213/1991); **D:** correta (art. 26, II, da Lei 8.213/1991); **E:** incorreta, para a segurada empregada doméstica o salário-maternidade não exige a satisfação do requisito carência (art. 26, VI, da Lei 8.213/1991).

Gabarito "D"

(Magistratura do Trabalho – 24ª Região – 2006) Quanto ao período de carência, pode-se dizer que, EXCETO:

(A) O serviço social independe de carência.
(B) A reabilitação profissional independe de carência.
(C) Havendo perda da qualidade de segurado, as contribuições anteriores a essa data só serão computadas para efeito de carência depois que o segurado contar, a partir da nova filiação à Previdência Social, com, no mínimo, 2/3 (dois terços) do número de contribuições exigidas para o cumprimento da carência definida para o benefício a ser requerido.
(D) Independe de carência a concessão de salário-família.
(E) A aposentadoria por invalidez nos casos de acidente de qualquer natureza ou causa e de doença profissional ou do trabalho independe de período de carência.

A: correta (art. 26, IV, da Lei 8.213/1991); **B:** correta (art. 26, V, da Lei 8.213/1991); **C:** incorreta, o art. 24, parágrafo único, da Lei 8.213/1991, estabelece a proporção de 1/3 (um terço); **D:** correta (art. 26, I, da Lei 8.213/1991); **E:** correta (art. 26, II, da Lei 8.213/1991).

Gabarito "C"

(Magistratura do Trabalho – 24ª Região – 2006) Como regra, dependem de carência os seguintes benefícios, EXCETO:

(A) Auxílio-doença.
(B) Salário-maternidade.
(C) Pensão por morte.
(D) Aposentadoria por idade.
(E) Aposentadoria por invalidez.

Do art. 25 da Lei 8.213/1991 percebe-se que dependente do preenchimento do requisito da carência: (letra "A") auxílio-doença; (letra "B") salário-maternidade (em se tratando de segurada contribuinte individual, facultativa e especial); (letra "D") aposentadoria por idade; e (letra "E") aposentadoria por invalidez. Não se exige carência, entretanto, no art. 26, I, da Lei 8.213/1991, o benefício de (letra "C") pensão por morte.

Gabarito "C"

(Ministério Público do Trabalho – 11º) A respeito da carência, é INCORRETO afirmar:

(A) dentre outros benefícios, independem de carência: pensão por morte; auxílio-acidente; salário-maternidade da trabalhadora avulsa;
(B) é de doze contribuições mensais a carência para o auxílio-doença que não decorra de acidente de qualquer natureza;
(C) para o segurado empregado, o período de carência é contado de sua filiação ao Regime Geral de Previdência Social;

(D) perdendo o segurado esta qualidade, começa-se a contar novo período de carência quando este readquirir a condição de segurado, não se aproveitando as contribuições anteriores quando a desfiliação ao Regime se der por mais de 05 (cinco) anos;
(E) não respondida.

A: correta (art. 26, I, VI, da Lei 8.213/1991); **B:** correta (art. 25, I, da Lei 8.213/1991); **C:** correta (art. 27, I, da lei 8.213/1991); **D:** incorreta, não existe previsão legal nesse sentido; **E:** incorreta, uma vez que a letra "D" atende ao proposto.

Gabarito "D".

(Ministério Público do Trabalho – 9º). O período de carência para o segurado fazer jus aos benefícios da Previdência Social começa a contar:

(A) da data da filiação para o segurado empregado não doméstico;
(B) da data da filiação para o segurado empregado doméstico;
(C) da data da filiação para o segurado especial;
(D) da data do efetivo pagamento da primeira contribuição sem atraso, para o segurado trabalhador avulso;
(E) da data do efetivo pagamento da primeira contribuição, ainda que com atraso, pelo segurado autônomo;
(F) não sei.

A: correta (art. 27, I, da Lei 8.213/1991); **B:** incorreta (art. 27, II, da Lei 8.213/1991); **C:** incorreta (art. 27, II, da Lei 8.213/1991); **D:** incorreta (art. 27, I, da Lei 8.213/1991); **E:** incorreta (art. 27, II, da Lei 8.213/1991).

Gabarito "A".

(Magistratura do Trabalho – 15ª Região – 2011) A respeito do instituto da carência, aponte a alternativa incorreta:

(A) trata-se do número mínimo de contribuições mensais indispensáveis para que o segurado faça jus a determinado benefício previdenciário sendo o direito concedido a partir do primeiro dia do mês posterior ao qual a última contribuição do período de carência se refere;
(B) quando perdida a qualidade de segurado, as contribuições anteriores serão computadas para efeito de carência depois que o segundo contar, a partir da nova filiação à Previdência Social com, no mínimo 1/3 (um terço) do número de contribuições exigidas para o cumprimento da carência definida para o benefício a ser requerido;
(C) é de 12 (doze) contribuições mensais o período de carência para obtenção do auxílio-doença e da aposentadoria por invalidez;
(D) é de 180 (cento e oitenta) contribuições mensais o período de carência para obtenção do benefício à aposentadoria por idade, aposentadoria por tempo de serviço e aposentadoria especial;
(E) não depende de carência a concessão de auxílio-doença e aposentadoria por invalidez ao segurado que após filiar-se ao Regime Geral de Previdência Social, sofrer contaminação por radiação com base em conclusão da medicina especializada.

A: incorreta (a ser assinalada), a data de início do benefício não é atrelada à data da satisfação do requisito carência, veja, por exemplo, o benefício de auxílio-doença (art. 60 da Lei 8.213/1991), que será devido ao segurado empregado a partir do 16º dia da incapacidade laborativa, pouco importando, para fixação do termo inicial, quando houve o implemento do requisito da carência; **B:** correta, art. 24, parágrafo único, da Lei 8.213/1991; **C:** correta, art. 25, I, da Lei 8.213/1991; **D:** correta, art. 25, II, da Lei 8.213/1991; **E:** correta, art. 151 da Lei 8.213/1991.

Gabarito "A".

9. APOSENTADORIA

(Magistratura do Trabalho – 1ª Região – 2004) Analisando as proposições abaixo:

I. para a concessão da aposentadoria especial, o segurado dependerá de comprovação, perante o INSS, do tempo de trabalho permanente ou intermitente, exercido em condições especiais que prejudiquem a saúde ou a integridade física;
II. a aposentadoria especial, por motivo de condições de trabalho que prejudiquem a saúde ou a integridade física, é concedida ao contribuinte individual somente quando cooperado, filiado à cooperativa de trabalho ou de produção, que tenha laborado pelo prazo mínimo definido em lei;
III. o salário-família não é devido ao segurado empregado doméstico e ao trabalhador avulso;
IV. o salário-família será pago mensalmente ao trabalhador rural aposentado por idade aos 60 (sessenta) anos, se do sexo masculino, ou 55 (cinquenta e cinco) anos, se do sexo feminino, pelo INSS juntamente com a aposentadoria.

Assinale:

(A) apenas II e IV estão corretas;
(B) apenas I, II e III estão corretas;
(C) apenas II, III e IV estão corretas;
(D) apenas I e IV estão corretas;
(E) apenas I e III estão corretas.

I: incorreta, do art. 57, § 3º, da Lei 8.213/1991 fala-se em comprovação de atividade do tempo de trabalho permanente, não ocasional "nem intermitente" em condições especiais, desse modo a ausência da expressão "nem" invalida a formulação feita; **II:** correta, trata-se de novidade trazida pela Lei 10.666/2003 (art. 1º); **III:** incorreta, o trabalhador avulso faz jus ao salário família (art. 65 da Lei 8.213/1991); **IV:** correta, de acordo com o parágrafo único do art. 65 da Lei 8.213/1991 combinado com o art. 201, § 7º, II, da CF/1988.

Gabarito "A".

(Magistratura do Trabalho – 9ª Região – 2006) Maria compareceu, no mês de abril de 2006, a uma das agências da Previdência Social e, após aguardar por horas na fila, foi, enfim, atendida, quando apresentou à servidora do INSS o seguinte relato: "Moça sou analfabeta. Tenho 60 anos (nasci em 05.09.1945). Sempre trabalhei, desde pequena. Ajudava minha mãe em casa, isso lembro bem, trabalho desde que tinha 8 (oito) anos de idade. Depois dos 15 (quinze) anos de idade saí para trabalhar fora, como doméstica. Fui registrada por 3 (três) anos apenas, isso entre os anos de 1998 a 2000. Nos últimos 6 (seis) anos não mais trabalhei, porque não tenho mais saúde, não tenho força para trabalhar. Hoje vivo sozinha, estou doente e não tenho nenhuma renda. O médico me disse que não posso mais trabalhar. Então eu quero uma aposentadoria ou qualquer outra ajuda para que eu não morra de fome". A partir desse relato hipotético, julgue as seguintes assertivas:

I. Maria não tem direito à aposentadoria da Previdência Social, pois não reúne os requisitos mínimos exigidos para a aposentadoria por tempo de contribuição.

II. Maria tem direito à aposentadoria por idade, já que conta com mais de 60 anos e contribuiu por 3 (três) anos para o sistema, satisfazendo, assim, os requisitos para essa prestação previdenciária.

III. Maria não tem direito a qualquer prestação da Previdência Social porque, ao deixar de contribuir para o sistema nos últimos 6 (seis) anos, perdeu a condição de segurada.

IV. Maria tem direito à aposentadoria por invalidez em razão de não possuir mais capacidade para o trabalho, pois esse benefício não exige carência.

(A) Somente as alternativas I, II e III estão corretas.
(B) Somente as alternativas I e II estão corretas.
(C) Somente as alternativas I e III estão corretas.
(D) Somente as alternativas II e III estão corretas.
(E) Somente a alternativa II está correta.

I: correta, realmente, do cenário apresentado, não tem direito à aposentadoria por tempo de contribuição; **II:** incorreta, não houve a satisfação do requisito carência prevista no art. 25, II, c/c art. 142 da Lei 8.213/1991; **III:** correta, não tem direito a qualquer prestação da Previdência Social por incapacidade surgida depois de 6 (seis) anos sem contribuir para o sistema, tendo perdido qualidade de segurada; **IV:** incorreta, a aposentadoria por invalidez exige, como regra, a satisfação do requisito da carência (art. 25, I, da Lei 8.213/1991).

Gabarito "C"

(Magistratura do Trabalho – 9ª Região – 2006) Sobre as aposentadorias no Regime Geral de Previdência Social - RGPS, marque a alternativa correta:

(A) São condições para a aposentadoria integral por tempo de contribuição: 30 e 35 anos de contribuição, para mulher e homem, respectivamente e; cumulativamente, idade mínima de 55 e 60 anos, para mulher e homem, respectivamente.

(B) A partir da Emenda Constitucional nº 20, de 15.12.1998, não há mais o direito à aposentadoria proporcional por tempo de serviço, salvo o direito adquirido daqueles filiados antes da edição da referida emenda, desde que cumpram pedágio de tempo de serviço de 40% do tempo faltante e, ainda, comprovem idade mínima de 48 e 53 anos de idade, para mulher e homem, respectivamente.

(C) O segurado obrigatório, inscrito como contribuinte individual, tem direito a todas as prestações previdenciárias, com exceção da aposentadoria por idade.

(D) A aposentadoria por invalidez é prestação previdenciária devida, no valor de 100% ou 125% do salário-de-benefício, pago de forma vitalícia, vedada a sua transformação em aposentadoria por idade, quando o segurado atingir os requisitos para este benefício.

(E) A aposentadoria especial aos 15, 20 ou 25 anos de serviço, em razão de trabalho em condições nocivas à saúde e à integridade física do segurado, além da prova do trabalho nessas condições, depende de contribuição previdenciária adicional a cargo do trabalhador.

A: incorreta, para efeito de percepção de aposentadoria integral por tempo de contribuição não há exigência de satisfação de requisito etário, basta o implemento do tempo de contribuição (art. 201, § 7º, I, da CF/1988); **B:** correta, de fato a Reforma Previdenciária de 1998 (EC 20/1998) extinguiu o benefício de aposentadoria por tempo de serviço na modalidade proporcional subsistindo apenas a regra de transição alocada no art. 9º da EC 20/1998; **C:** incorreta, o contribuinte individual não tem direito a auxílio-acidente (art. 18, § 1º, da Lei 8.213/1991), a salário-família (art. 65 da Lei 8.213/1991), nem a aposentadoria especial (restrita a empregados e trabalhadores avulsos); **D:** incorreta, não existe a vedação à transformação do benefício por incapacidade em aposentadoria por idade, que, aliás, traz vantagens ao aposentado, porque a aposentadoria por idade é definitiva; **E:** incorreta, o direito ao benefício à aposentadoria especial independe do recolhimento das contribuições previdenciárias devidas pelo tomador do serviço.

Gabarito "B"

(Magistratura do Trabalho – 7ª Região – 2005) Entre as assertivas abaixo, assinale a opção correta relacionada aos Planos de Benefícios da Previdência Social, definidos pela Lei nº 8.213/1991.

(A) A aposentadoria por idade poderá ser requerida pela empresa, desde que o segurado empregado tenha cumprido o período de carência e completado 70 (setenta) anos de idade, se do sexo masculino, ou 65 (sessenta e cinco) anos de idade, se do sexo feminino, tendo caráter compulsório.

(B) O benefício de aposentadoria por invalidez é sempre concedido independentemente de carência, nos termos do Plano de Benefícios.

(C) O auxílio-acidente será concedido, como indenização, ao segurado quando, após a consolidação das lesões decorrentes de acidente de qualquer natureza, resultarem sequelas que impliquem a incapacidade total e irreversível para qualquer trabalho.

(D) Firmou-se o entendimento jurisprudencial no sentido de que é exigível o preenchimento simultâneo dos requisitos necessários ao recebimento do benefício de aposentadoria por idade.

(E) A doença ou lesão de que o segurado já era portador ao filiar-se ao Regime Geral de Previdência Social, que impeça o exercício de atividade que lhe garanta a subsistência, desde que comprovada mediante exame médico-pericial, conferirá direito à aposentadoria por invalidez.

A: correta, trata-se de única hipótese de aposentadoria compulsória existente no Regime Geral de Previdência Social, prevista no art. 51 da Lei 8.213/1991; **B:** incorreta, o benefício aposentadoria por invalidez exige o preenchimento do requisito "carência", que segundo o art. 25, I, da Lei 8.213/1991 será de 12 contribuições, excetuando-se essa exigência somente nos casos preconizados no art. 26, II, da mesma norma legal; **C:** incorreta, se se tratar de incapacidade total o benefício devido será de aposentadoria por invalidez (se a incapacidade total for definitiva) ou de auxílio-doença (se a incapacidade total for temporária), restrita a concessão do auxílio-acidente para hipóteses de incapacidade parcial (art. 86 da Lei 8.213/1991); **D:** incorreta, em razão da firme e consolidada jurisprudência do STJ, no sentido de não ser necessário o preenchimento simultâneo dos requisitos para a aposentadoria por idade, houve inclusive a alteração da legislação previdenciária pelo art. 3º, § 1º, da Lei 10.666/2003 (fruto da conversão da MP 83/2002) e, no mesmo sentido, da Lei 10.741/2003, art. 30, esclarecendo que é prescindível a qualidade de segurado no momento do implemento do requisito etário para efeito de percepção de aposentadoria por idade, desde que satisfeito o requisito, a qualquer tempo, da carência; **E:** incorreta, a doença preexistente à filiação não confere direitos previdenciários, conforme o § 2º do art. 42 da Lei 8.213/91.

Gabarito "A"

(Magistratura do Trabalho – 24ª Região – 2006) Em relação à aposentadoria por invalidez, assinale a alternativa CORRETA:

(A) Sua concessão dependerá da verificação da condição de incapacidade mediante exame médico a cargo e às expensas do segurado.
(B) Se a invalidez for decorrente de doença ou lesão das quais o segurado já era portador ao filiar-se ao Regime Geral de Previdência Social não será possível, em nenhuma hipótese, a concessão da aposentadoria por invalidez.
(C) A aposentadoria por invalidez, inclusive a decorrente de acidente do trabalho, consistirá numa renda mensal correspondente a 100% (cem por cento) do salário-de-benefício, não podendo ela ter valor inferior ao do salário mínimo e nem superior ao do limite máximo do salário-de-contribuição, ressalvando-se, quanto ao limite máximo, a hipótese de o segurado necessitar da assistência permanente de outra pessoa, pois, nesse caso, o valor da aposentadoria por invalidez será acrescido de 25% (vinte e cinco por cento).
(D) Somente terá direito à aposentadoria por invalidez o segurado que esteja em gozo de auxílio-doença.
(E) O aposentado por invalidez que retornar voluntariamente à atividade terá sua aposentadoria suspensa, a partir da data do retorno.

A: incorreta, do art. 43, § 1º, da Lei 8.213/1991 esclarece que o exame médico-pericial está a cargo do INSS; **B:** incorreta, do art. 42, § 2º, da Lei 8.213/1991, observa-se que a possibilidade de cobertura se a incapacidade sobrevier por motivo de progressão ou agravamento; **C:** correta (arts. 44 e 45 da Lei 8.213/1991); **D:** incorreta (art. 42 da Lei 8.213/1991); **E:** incorreta, é caso de cancelamento automático, e não de suspensão (art. 46 da Lei 8.213/1991).

Gabarito "C"

10. AUXÍLIO-DOENÇA

(Magistratura do Trabalho – 8ª Região – 2008) Sobre o benefício previdenciário é INCORRETO afirmar:

(A) O auxílio-doença é benefício concedido ao segurado incapacitado de trabalhar por doença ou acidente por mais de 15 dias consecutivos. No caso dos trabalhadores com carteira assinada, os primeiros 15 dias são pagos pelo empregador, e a Previdência Social paga a partir do 16º dia de afastamento do trabalho. No caso do contribuinte individual (empresário, profissionais liberais, trabalhadores por conta própria, dentre outros), a Previdência paga todo o período da doença ou do acidente.
(B) Para ter direito ao benefício de auxílio-doença, o trabalhador tem de contribuir para a Previdência Social por, no mínimo, 12 meses. Esse prazo não será exigido em caso de acidente de qualquer natureza. Para concessão de auxílio-doença é necessária a comprovação da incapacidade em exame realizado pela perícia médica da Previdência Social.
(C) O auxílio-doença, inclusive o decorrente de acidente do trabalho, consistirá numa renda mensal correspondente a 91% (noventa e um por cento) do salário-de-benefício, garantida percepção de valor não inferior a um salário mínimo, em qualquer caso.
(D) A renda mensal decorrente da percepção de aposentadoria por invalidez não será inferior a um salário mínimo e nem poderá exceder o salário-de-contribuição, devendo ser periodicamente reajustado.
(E) De modo geral, o valor mensal da pensão por morte será de cem por cento do valor da aposentadoria que o segurado recebia ou daquela a que teria direito se estivesse aposentado por invalidez na data de seu falecimento.

A: correta (arts. 59 e 60, *caput*, e § 3º, da Lei 8.213/1991); **B:** correta (art. 25, I, 26, II, da Lei 8.213/1991); **C:** correta (art. 61 da Lei 8.213/1991); **D:** incorreta, a renda mensal da aposentadoria por invalidez poderá exceder o valor-teto do salário-de-contribuição na situação consagrada no art. 45 da Lei 8.213/1991, sempre que o inválido precisar de assistência permanente de terceira pessoa; **E:** correta (art. 75 da Lei 8.213/1991).

Gabarito "D"

(Magistratura do Trabalho – 8ª Região – 2009) De acordo com a legislação previdenciária vigente, sobre os benefícios da previdência social, é incorreto afirmar:

(A) O auxílio-doença do segurado que exercer mais de uma atividade abrangida pela previdência social será devido mesmo no caso de incapacidade apenas para o exercício de uma delas, devendo a perícia médica ser conhecedora de todas as atividades desempenhadas pelo segurado. Neste caso, o auxílio-doença será concedido em relação à atividade para a qual está incapacitado, considerando-se para efeito de carência somente as contribuições relativas a essa atividade.
(B) A concessão de aposentadoria especial dependerá de comprovação pelo segurado, perante o Instituto Nacional do Seguro Social, do tempo de trabalho permanente, não ocasional nem intermitente, em condições especiais que prejudiquem a saúde ou a integridade física, durante o período mínimo fixado. O tempo de trabalho exercido sob condições especiais que sejam ou venham a ser consideradas prejudiciais à saúde ou à integridade

física será somado, após a respectiva conversão ao tempo de trabalho exercido em atividade comum, segundo critérios estabelecidos pelo Ministério da previdência e assistência social, para efeito de concessão de qualquer benefício.

(C) O auxílio-doença será devido ao segurado que, havendo cumprido, quando for o caso, o período de carência exigido na lei, ficar incapacitado para o seu trabalho ou para sua atividade habitual por mais de 15 (quinze) dias consecutivos. Não será devido o auxílio-doença nas situações em que o segurado já era portador da lesão ou doença invocada como causa para concessão do benefício, salvo quando houver progressão ou agravamento da doença ou lesão. O valor do benefício, inclusive o decorrente de acidente do trabalho, consistirá numa renda mensal correspondente a 90% do salário-de-benefício.

(D) A pensão por morte será devida ao conjunto dos dependentes do segurado, aposentado ou não, a contar: da data do óbito, quando requerida até trinta dias depois deste; do requerimento, quando requerida após os trinta dias posteriores ao óbito; e da decisão judicial, no caso de morte presumida.

(E) Ao se verificar a recuperação da capacidade de trabalho do aposentado por invalidez, após o prazo de cinco anos contados do início da aposentação, a aposentadoria será mantida, sem prejuízo da volta à atividade: a) por seu valor integral, durante seis meses contados da data em que for verificada a recuperação da capacidade; b) com redução de 50% no período seguinte de seis meses; c) com redução de 75% também por igual período de seis meses, ao término do qual cessará definitivamente.

A: correta (art. 73, Decreto Federal 3.048/1999); **B:** correta (art. 57, §§ 3º e 5º, da Lei 8.213/1991); **C:** incorreta, o percentual anotado não condiz com os 91% ditados no art. 61 da Lei 8.213/1991; **D:** correta (art. 74 da Lei 8.213/1991); **E:** correta (art. 47, II, da Lei 8.213/1991).

Gabarito "C"

(Magistratura do Trabalho – 18ª Região – 2006) Considere as afirmações abaixo e assinale a alternativa correta.

I. Não será devido auxílio-doença ao segurado que se filiar ao Regime Geral de Previdência Social já portador da doença ou da lesão invocada como causa para o benefício, salvo quando a incapacidade sobrevier por motivo de progressão ou agravamento dessa doença ou lesão.

II. Quando requerido por segurado afastado da atividade por mais de 30 (trinta) dias, o auxílio-doença será devido a contar da data da entrada do requerimento.

III. Para a concessão do auxílio-doença é sempre exigido o cumprimento do período de carência de 12 meses previsto em Lei.

IV. Ao segurado avulso e ao contribuinte individual, o auxílio-doença é devido a contar do 16º dia do afastamento da atividade.

V. A empresa que garantir ao segurado licença remunerada ficará obrigada a pagar-lhe durante o período de auxílio-doença a eventual diferença entre o valor deste e a importância garantida pela licença.

(A) apenas o item III está incorreto;
(B) apenas o item II está incorreto;
(C) apenas os itens II, III e IV estão incorretos;
(D) apenas os itens III e IV estão incorretos;
(E) todos os itens estão corretos.

I: correta (art. 59, parágrafo único, da Lei 8.213/1991); **II:** correta (art. 60, § 1º, da Lei 8.213/1991); **III:** incorreta, há exceções à exigibilidade de carência, como a referida no art. 26, II, da Lei 8.213/1991; **IV:** incorreta, apenas ao segurado empregado é devida a contar do 16ª dia do afastamento (art. 60 da Lei 8.213/1991); **V:** correta (art. 63, parágrafo único, da Lei 8.213/1991).

Gabarito "D"

(Magistratura do Trabalho – 15ª Região – 2010) De acordo com a legislação é correto afirmar que:

(A) o empregado doméstico tem direito ao auxílio-doença, recebendo do empregador a remuneração dos primeiros quinze dias de afastamento, ficando a cargo da Previdência Social o pagamento devido a partir do 16° dia;

(B) durante os primeiros quinze dias de afastamento da atividade por motivo de invalidez, caberá à empresa pagar o salário ao segurado empregado;

(C) para efeito de aposentadoria por tempo de serviço de empregado urbano, admitir-se-á a averbação de período trabalhado durante o qual o exercício da atividade não determinava filiação obrigatória ao anterior Regime de Previdência Social Urbana, independentemente do recolhimento das contribuições correspondentes, conforme dispuser o Regulamento;

(D) o salário-maternidade é pago à empregada doméstica gestante diretamente pelo empregador, efetivando-se a compensação;

(E) o auxílio-reclusão é devido, aos dependentes do segurado recolhido à prisão que estiver em gozo de auxílio-doença.

A: incorreta, o empregado doméstico faz jus ao benefício de auxílio-doença desde a data de início da incapacidade laborativa, salvo se requerer o benefício após trinta dias do início dessa incapacidade, hipótese em que será a data do requerimento o termo inicial da concessão (art. 60 da Lei 8.213/1991); **B:** correta, art. 60, § 3º, da Lei 8.213/1991; **C:** incorreta, o art. 55, § 1º, da Lei 8.213/1991 somente admite a contagem do tempo referido mediante o recolhimento das contribuições correspondentes; **D:** incorreta, o salário-maternidade da segurada empregada doméstica é pago diretamente pelo INSS (art. 71 da Lei 8.213/1991); **E:** incorreta, art. 2º, § 1º, da Lei 10.666/2003, veda a concessão de auxílio-reclusão aos dependentes do segurado preso se este estiver em gozo de auxílio-doença.

Gabarito "B"

11. SALÁRIO-FAMÍLIA

(Magistratura do Trabalho – 8ª Região – 2009) De acordo com a legislação, é incorreto afirmar acerca do salário-família:

(A) O salário-família é o benefício previdenciário pago pelo INSS em razão do dependente do trabalhador de baixa renda e será devido, mensalmente, ao segurado empregado, exceto o doméstico, e ao segurado trabalhador avulso. Nas situações em que o pagamento do salário não for mensal, o salário família será pago juntamente com o último pagamento relativo ao mês.

(B) Não é devido salário-família no período entre a suspensão do benefício motivada pela falta de comprovação da frequência escolar e o seu reativamento, salvo se provada a frequência escolar regular no período. Se o segurado não apresentar o atestado de vacinação obrigatória e a comprovação de frequência escolar do equiparado, o benefício do salário-família será suspenso, até que a documentação seja apresentada.

(C) Se o pai e a mãe forem segurados avulsos, cada qual terá direito ao salário-família, desde que ambos preencham os requisitos legais, inclusive em relação aos mesmos dependentes, de forma concomitante.

(D) O salário-família é um benefício que decorre da existência de prole de segurado e, por isso, não pode ser pago a terceiro.

(E) O direito ao salário-família cessará: por morte do filho ou equiparado, a contar do mês seguinte ao evento; quando o filho ou equiparado completar 14 anos de idade, salvo se inválido, a contar do mês seguinte ao da data do aniversário; pela recuperação da capacidade do filho ou equiparado inválido, a contar do mês seguinte ao da cessação da incapacidade; e pelo desemprego do segurado.

A: correta, enunciado em conformidade com o disposto no art. 201, IV, da CF/1988 e arts. 65 e 68, § 2º, da Lei 8.213/1991; **B:** correta, em estrita conformidade com o art. 67 da Lei 8.213/1991 e art. 84 do Decreto 3.048/1999; **C:** correta, em consonância com o permissivo ditado no art. 84, § 3º, do Decreto Federal 3.048/1999; **D:** incorreta, o art. 87 do Decreto Federal 3.048/1999 traz previsão de situação na qual é possível o pagamento da cota do salário-família a terceiro: "Art. 87. Tendo havido divórcio, separação judicial ou de fato dos pais, ou em caso de abandono legalmente caracterizado ou perda do pátrio-poder, o salário-família passará a ser pago diretamente àquele a cujo cargo ficar o sustento do menor, ou a outra pessoa, se houver determinação judicial nesse sentido."; **E:** correta, o texto reproduz o art. 88 do Decreto Federal 3.048/1999.

Gabarito "D"

(Magistratura do Trabalho – 8ª Região – 2007) Sobre os benefícios, marque a alternativa incorreta:

(A) O cancelamento do benefício consiste na extinção da obrigação de seu pagamento ao beneficiário pelo INSS e uma das hipóteses de cancelamento é o retorno ao trabalho do segurado aposentado por invalidez.

(B) Em regra, o cálculo dos benefícios previdenciários considera os salários de contribuição, corrigidos monetariamente, para apuração do chamado salário-de-benefício, regra que também é aplicada ao cálculo do benefício do salário-família.

(C) Ao segurado que ficar incapacitado para o trabalho ou para sua atividade habitual por mais de quinze dias consecutivos, cumprida a carência exigida, se for o caso, é devido o benefício previdenciário de auxílio-doença.

(D) O salário-maternidade é devido à segurada independentemente de a mãe biológica ter recebido o mesmo benefício quando do nascimento da criança.

(E) A pensão por morte do segurado, homem ou mulher, é benefício previdenciário pago ao cônjuge ou companheiro e dependentes.

A: correta, de fato, cancelar o benefício significa dizer "extinção da obrigação de seu pagamento ao beneficiário pelo INSS", e o art. 46 da Lei 8.213/1991 traz hipótese de cancelamento automático de aposentadoria por invalidez, sempre que ocorra o retorno voluntário à atividade laborativa; **B:** incorreta, o salário-família consiste numa cota de valor fixo, não se realiza nenhum cálculo para apuração dessa cota (art. 66 da Lei 8.213/1991); **C:** correta (art. 59 da Lei 8.213/1991); **D:** correta, a despeito de, tecnicamente, o enunciado merecer críticas, por ausente a referência à "adoção", o texto dessa assertiva foi extraído do § 1º do art. 93-A do Decreto Federal 3.048/1999 (sendo que o *caput* desse artigo versa justamente sobre "adoção"); **E:** correta (art. 201, V, da CF/1988).

Gabarito "B"

(Magistratura do Trabalho – 13ª Região – 2006) Ao tratar sobre benefícios previdenciários a Lei 8.213/1991 estabelece que:

I. o salário-família será devido, mensalmente, ao segurado empregado e ao segurado trabalhador avulso, exceto ao doméstico e ao aposentado por invalidez ou por idade;

II. o salário-maternidade para a trabalhadora avulsa, pago diretamente pela Previdência Social, consistirá em um valor correspondente à média de sua remuneração dos últimos seis meses;

III. a perda da audição, em qualquer grau, somente proporcionará a concessão do auxílio-acidente quando, além do reconhecimento de causalidade entre o trabalho e a doença, resultar, comprovadamente, na redução ou perda da capacidade para o trabalho que habitualmente exercia;

IV. o aposentado por invalidez que necessitar de assistência permanente de outra pessoa terá o benefício acrescido de 25% (vinte e cinco por cento), devido ainda que o valor da aposentadoria atinja o limite máximo legal;

(A) nenhuma afirmativa está correta;
(B) apenas uma afirmativa está correta;
(C) apenas duas afirmativas estão corretas;
(D) apenas três afirmativas estão corretas;
(E) todas as afirmativas estão corretas.

I: incorreta, em consonância com o disposto no art. 18, § 2º, da Lei 8.213/1991, os aposentados que retornarem à atividade laborativa fazem jus ao salário-família; **II:** incorreta, a parte incorreta do item II é a que se refere ao valor do salário maternidade da trabalhadora avulsa, que consistirá numa renda mensal igual a sua remuneração integral, em conformidade com a Lei 8.213/1991 (Art. 72. O salário-maternidade para a segurada empregada ou trabalhadora avulsa consistirá numa renda mensal igual a sua remuneração integral) e Decreto 3048/1999 (Art. 100. O salário-maternidade da segurada trabalhadora avulsa, pago diretamente pela previdência social, consiste numa renda mensal igual à sua remuneração integral equivalente a um mês de trabalho, devendo aplicar-se à renda mensal do benefício o disposto no art. 198); **III:** correta, exata reprodução do texto legal (art. 86, § 4º, da Lei 8.213/1991); **IV:** correta (art. 45 da Lei 8.213/1991).

Gabarito "C"

(Magistratura do Trabalho – 23ª Região – 2006) Assinale a alternativa correta:

(A) Quando o pai e a mãe são segurados empregados ou trabalhadores avulsos, apenas um deles tem direito ao salário-família;
(B) O salário-família do trabalhador avulso depende do número de dias trabalhados no mês, devendo o seu pagamento corresponder ao valor proporcional da cota;
(C) O salário-família correspondente ao mês de afastamento do trabalho será pago, proporcionalmente aos dias trabalhados, pela empresa, pelo sindicato ou órgão gestor de mão de obra, conforme o caso, e o do mês da cessação de benefício pelo Instituto Nacional do Seguro Social;
(D) Os empregados domésticos, contribuintes individuais, segurados especiais e facultativos não recebem salário-família;
(E) Ao trabalhador desempregado é assegurado o salário-família, juntamente com o benefício seguro-desemprego.

A: incorreta (art. 82, § 3º, do Decreto Federal 3.048/1999); **B:** incorreta, diz o art. 82, § 2º, do Decreto Federal 3.048/1999 que o salário-família do trabalhador avulso independe do número de dias trabalhados no mês, devendo o seu pagamento corresponder ao valor integral da cota; **C:** incorreta, determina o art. 82, § 2º, do Decreto Federal 3.048/1999, que o salário-família correspondente ao mês de afastamento do trabalho será pago "integralmente" pela empresa, pelo sindicato ou órgão gestor de mão de obra; **D:** correta (art. 65 da Lei 8.213/1991); **E:** incorreta, determina o art. 88 do Decreto Federal 3.048/1999, que o direito ao salário-família cessa automaticamente pelo desemprego do segurado.

Gabarito "D"

(Ministério Público do Trabalho – 9º). Perde o segurado o direito ao salário-família quando:

(A) o filho menor que mantém chega aos 15 anos de idade;
(B) cessa a invalidez do filho que mantém, sendo suspenso o benefício no mês em que cessou a invalidez;
(C) perde o emprego;
(D) morre o filho por ele mantido, sendo suspenso o benefício no mês em que ocorreu a morte do dependente;
(E) o filho menor que mantém atinge a maioridade;
(F) não sei.

A: incorreta, o direito ao salário-família é cabível até que os filhos venham a adimplir 14 anos de idade; **B:** incorreta, segundo o art. 88 do Decreto Federal 3.048/1999, cessa o salário-família pela recuperação da capacidade do filho ou equiparado inválido, a contar do "mês seguinte" ao da cessação da incapacidade; **C:** correta (art. 88 do Decreto Federal 3.048/1999); **D:** incorreta, determina o art. 88 do Decreto Federal 3.048/1999, que cessa o salário-família pela morte do filho ou equiparado, a contar do "mês seguinte" ao do óbito; **E:** incorreta, quando o filho ou equiparado completar quatorze anos de idade cessa o direito à cota do salário-família (art. 88 do Decreto Federal 3.048/1999).

Gabarito "C"

12. SALÁRIO-MATERNIDADE

(Magistratura do Trabalho – 8ª Região – 2009) A proteção à maternidade, fenômeno biológico e social, no Brasil se dá tanto no âmbito do Direito Previdenciário quanto no do Direito do Trabalho. Considerando o ordenamento jurídico previdenciário atualmente em vigor em nosso País, é correto afirmar:

(A) Que o pagamento do salário-maternidade é realizado diretamente pela empresa à segurada gestante, pelo período de 120 dias, a contar do seu afastamento do trabalho, que poderá ocorrer no período compreendido entre 28 (vinte e oito) dias antes do parto e a data de ocorrência deste, sendo devido também nos casos de aborto não criminoso, devidamente comprovado por meio de atestado médico, porém limitado a duas semanas, tendo por base, em qualquer hipótese, o valor mensal da renda da segurada, sem que possa haver sobre ele qualquer desconto, mesmo previdenciário.
(B) Que para os casos de adoção ou guarda judicial para fins de adoção, o período de concessão do salário-maternidade varia de acordo com a idade da criança adotada – sendo considerado criança para a lei o menor de 10 (dez) anos –, conforme a seguir: de até de 120 (cento e vinte) dias, se a criança tiver até 1 (um) ano de idade; de 60 (sessenta) dias, se a criança tiver entre 1 (um) e 4 (quatro) anos de idade; e de 30 (trinta) dias, se a criança tiver de 4 (quatro) a 10 (dez) anos de idade, sendo devido o salário-maternidade à segurada independentemente de a mãe biológica ter recebido ou não o mesmo benefício quando do nascimento da criança.
(C) Que a concessão do salário-maternidade independe de carência, entendendo-se como período de carência o número mínimo de contribuições mensais indispensáveis para que o beneficiário faça jus ao benefício, consideradas a partir do transcurso do primeiro dia dos meses de suas competências, excetuando-se as seguradas contribuinte individual, especial e facultativa, que são obrigadas a cumprir o período de carência de dez contribuições mensais, prazo esse que, em caso de parto antecipado, será reduzido em número de contribuições equivalentes ao número de meses em que o parto foi antecipado.
(D) Que nas hipóteses de parto, mesmo quando antecipado, o salário-maternidade é devido à segurada da previdência social pelo prazo de cento e vinte dias, fazendo ela jus, no caso de empregos concomitantes, ao salário-maternidade relativo a cada emprego, sendo que, em casos excepcionais, os períodos de repouso anterior e posterior ao parto podem ser aumentados em mais duas semanas, mediante atestado médico específico, com o recebimento do valor integral, quando então o benefício é transformado em auxílio-doença.
(E) Que a natureza jurídica do salário-maternidade é de benefício previdenciário, haja vista que, conquanto seja pago pela empresa à respectiva

empregada gestante, ou que tenha adotado uma criança, ou ainda obtido a guarda judicial para fins de adoção, ocorre a compensação do seu valor quando do recolhimento das contribuições incidentes sobre a folha de salários e demais rendimentos pagos ou creditados, a qualquer título, à pessoa física que lhe preste serviço, devendo o empregador conservar durante 10 (dez) anos os comprovantes dos pagamentos e os atestados correspondentes para exame pela fiscalização da Previdência Social, sendo que, para o caso das demais seguradas – trabalhadora avulsa, empregada doméstica, seguradas contribuinte individual, especial e facultativa –, o pagamento desse benefício se dá diretamente pelo órgão previdenciário.

A: incorreta, mostra-se inadequada a assertiva em sua parte final, uma vez que o benefício de salário-maternidade é salário–de-contribuição, significa dizer que sobre ele faz-se incidir compulsoriamente a contribuição previdenciária devida pela segurada (art. 28, § 2º, da Lei 8.212/1991); **B:** incorreta, uma vez que o art. 71-A da Lei 8.213/1991 permite a concessão de salário-maternidade pela adoção de crianças de até 8 anos de idade, e não de 10 anos (Atenção, a MP 619/2013 dá nova redação ao art. 71-A da Lei 8.213/91, de modo que, caso convolada em lei, muda o cenário do prazo do salário-maternidade, passando a ser unicamente de 120 dias, no caso de adoção, bem como a idade da criança adotada ampliada até 12 anos); **C:** correta, os dizeres estão em consonância com os arts. 24, 25, III, e 26, VI, da Lei 8.213/1991; **D:** incorreta, com relação à parte "quando então o benefício é transformado em auxílio-doença", esses dizeres não procedem, não existe a automática transformação, deverá, se permanecer a incapacidade para o trabalho, haver requerimento da segurada, e submissão à perícia médica do INSS, e quanto ao valor do benefício, o auxílio-doença deve ser limitado ao valor-teto, nem sempre, portanto, equivalendo ao valor integral da remuneração da empregada, e quanto ao salário-maternidade será no valor integral da remuneração apenas para as seguradas empregada e trabalhadora avulsa, a todas as demais, deverá haver observância ao valor-teto de pagamento de benefícios previdenciários (art. 72 da Lei 8.213/1991 c/c art. 93, §§ 3º e 4º, e art. 98 do Decreto Federal 3.048/1999); **E:** incorreta, uma vez que, em se tratando de adoção, mesmo para a segurada empregada, o pagamento do benefício de salário-maternidade dá-se diretamente pelo INSS, sem qualquer intermediação da empresa (art. 71-A, parágrafo único, da Lei 8.213/1991).

Gabarito "C"

(Magistratura do Trabalho – 9ª Região – 2009) Analise as seguintes proposições, considerando o Regime Geral da Previdência Social:

I. A empresa deverá comunicar o acidente do trabalho à Previdência Social, mas na falta de comunicação podem formalizá-la o próprio acidentado, seus dependentes, a entidade sindical competente, o médico que o assistiu ou qualquer autoridade pública.

II. A concessão do benefício previdenciário salário-maternidade depende do período de carência de 10 contribuições mensais para as seguradas empregadas, trabalhadora avulsa e empregada doméstica.

III. O aposentado por invalidez ou por idade e os demais aposentados com 65 anos ou mais de idade, se do sexo masculino, ou 60 anos ou mais, se do feminino, terão direito ao salário-família, pago juntamente com a aposentadoria.

IV. A pensão por morte, havendo mais de um pensionista, será rateada da seguinte forma: 50% para o cônjuge, companheiro ou companheira e 50% em partes iguais aos demais dependentes.

(A) somente as proposições I, II e III estão corretas;
(B) somente as proposições I e III estão corretas;
(C) somente as proposições II e IV estão corretas;
(D) somente as proposições II, III e IV estão corretas;
(E) todas as proposições estão corretas.

I: correta (art. 22, § 2º, da Lei 8.213/1991); **II:** incorreta (art. 26, VI, da Lei 8.213/1991); **III:** correta (art. 18, § 2º, da Lei 8.213/1991); **IV:** incorreta, a Lei 8.213/1991 estabelece, no art. 77, que a pensão por morte, havendo mais de um pensionista, será rateada entre todos em parte iguais.

Gabarito "B"

(Magistratura do Trabalho – 24ª Região – 2007) Assinale a alternativa INCORRETA:

(A) O salário-maternidade é devido à segurada empregada urbana geral e é pago diretamente pelo empregador, que será ressarcido na forma da lei.
(B) O salário-maternidade é devido à segurada empregada doméstica e é pago diretamente pelo empregador doméstico.
(C) O salário-maternidade é devido à segurada especial e é pago diretamente pela Previdência Social.
(D) O salário-maternidade é devido à trabalhadora avulsa e é pago pela Previdência Social.
(E) Para a empregada doméstica o salário-maternidade será pago em valor correspondente ao do seu último salário-de-contribuição.

A: correta (art. 72, § 1º, da Lei 8.213/1991) Atenção, se se tratar de empregada de MEI (microempreendedor individual) o benefício será pago pelo INSS (art. 72, §3º, da Lei 8.213/91, nova redação dada pela Lei 12.470/2011); **B:** incorreta (assinalar), à exceção da segurada empregada, todas as demais seguradas (incluída a doméstica) receberão o salário-maternidade diretamente do INSS; **C:** correta; **D:** correta (art. 72, §3º, da Lei 8.213/91); **E:** correta (art. 73, I, da Lei 8.213/1991).

Gabarito "B"

(Ministério Público do Trabalho – 9º) O responsável pelo pagamento da diferença entre o teto constitucional estabelecido para os benefícios da Previdência Social e o salário efetivo da empregada gestante, quando esta percebe o salário-maternidade, é:

(A) a própria Previdência Social;
(B) o empregador;
(C) a entidade de Previdência Complementar à qual esteja filiada a empregada;
(D) a empregada só tem direito ao teto dos benefícios previdenciários em geral também ao salário-maternidade;
(E) o Fundo de Amparo ao Trabalhador - F A T;
(F) não sei.

A: correta. O benefício de salário-maternidade para a segurada empregada deve equivaler ao valor da remuneração, ainda que supere o valor-teto de pagamento de benefícios previdenciários, conforme prevê o art. 72, § 1º, da Lei 8.213/1991, consistindo ônus financeiro do INSS suportar o pagamento, em sua totalidade. Deve-se ver que, por questões operacionais, é atribuída a responsabilidade imediata à empresa de efetivar o pagamento desse benefício, entretanto, deve a empresa repassar integralmente referido encargo ao INSS, mediante a compensação dos valores pagos a título de salário-maternidade com as contribuições previdenciárias por ela devidas à Previdência Social. Desta feita, a resposta encontra-se na letra "A".

Gabarito "A"

(Magistratura do Trabalho – 15ª Região – 2011) A respeito do salário maternidade, são corretas as seguintes hipóteses, exceto:

(A) é devido durante 120 (cento e vinte) dias, com início no período entre 28 (vinte e oito) dias antes do parto e a data de ocorrência deste;

(B) é devido por 60 (sessenta) dias para a segurada da Previdência Social que adotar ou obtiver guarda judicial para fins de adoção de criança que tiver entre 1 (um) e 4 (quatro) anos de idade;

(C) é devido por 30 (trinta) dias para a segurada da Previdência Social que adotar ou obtiver guarda judicial para fins de adoção de criança que tiver entre 4 (quatro) e 10 (dez) anos de idade;

(D) seu valor consistirá em renda mensal igual à remuneração integral para a segurada empregada ou trabalhadora avulsa;

(E) seu valor será correspondente ao do último salário-de-contribuição para a segurada empregada doméstica.

A: correta, art. 71 da Lei 8.213/1991; **B:** correta, art. 71-A da Lei 8.213/1991; **C:** incorreta (a ser assinalada), o limite máximo de idade da criança adotada para efeito de garantir direito à adotante ao salário-maternidade é até 8 anos de idade (art. 71-A da Lei 8.213/1991); **D:** correta, art. 72 da Lei 8.213/1991; **E:** correta, art. 73, I, da Lei 8.213/1991. Atenção, a MP 619/2013 dá nova redação ao art. 71-A da Lei 8.213/91, de modo que, caso convolada em lei, muda o cenário do prazo do salário-maternidade, passando a ser unicamente de 120 dias, no caso de adoção, bem como a idade da criança adotada ampliada até 12 anos.

Gabarito "C"

(Magistratura do Trabalho – 2ª Região – 2010) Aponte a afirmativa incorreta:

(A) O salário maternidade é devido à segurada da Previdência Social que adotar ou obtiver guarda judicial para adoção de criança, observado o limite máximo de dez anos de idade, independentemente da mãe biológica ter recebido o mesmo benefício quando do nascimento da criança.

(B) É legítima a incidência de contribuição previdenciária sobre o 13º salário.

(C) Para efeito de aposentadoria especial de professores não se computa o tempo de serviço prestado fora da sala de aula, ainda que a convenção coletiva de trabalho estipule o pagamento de remuneração específica para essa atividade.

(D) O salário maternidade para a segurada empregada consiste numa renda mensal igual à sua remuneração integral e será pago pela empresa, efetivando-se a compensação quando do recolhimento das contribuições incidentes sobre a folha de salários.

(E) A perda da audição, em qualquer grau, somente proporcionará a concessão do auxílio-acidente quando, além do reconhecimento do nexo entre o trabalho e o agravo, resultar, comprovadamente, na redução ou perda da capacidade para o trabalho que o segurado habitualmente exercia.

A: incorreta (a ser assinalada), a idade limite da criança adotada para efeito de percepção de salário maternidade é até 8 anos de idade (art. 71-A da Lei 8.213/1991) Atenção, a MP 619/2013 dá nova redação ao art. 71-A da Lei 8.213/91, de modo que, caso convolada em lei, muda o cenário do prazo do salário-maternidade, passando a ser unicamente de 120 dias, no caso de adoção, bem como a idade da criança adotada ampliada até 12 anos; **B:** correta, reprodução da Súmula 688 do STF; **C:** Tecnicamente a alternativa está incorreta. Conquanto tenha o examinador reproduzido a Súmula 726 do STF, que assevera: "Para efeito de aposentadoria especial de professores, não se computa o tempo de serviço prestado fora da sala de aula", ocorre no ano de 2006, justamente para contornar referido enunciado do STF, houve a edição da Lei 11.301 que passou a considerar como funções de magistério, para efeitos previdenciários, o labor de professores e especialistas em educação "fora de sala de aula" quando no exercício das atividades de direção de unidade escolar, coordenação e assessoramento pedagógico. De anotar, ainda, que o STF declarou constitucional referida lei ao apreciar a ADIn 3.772/DF, Pleno, j. 29.10.2008, rel. para o acórdão Min. Ricardo Lewandowski, *DJe* 27.03.2009; **D:** correta, em consonância com o art. 72 da Lei 8.213/1991; **E:** correta, trata-se de reprodução do § 4º do art. 86 da Lei 8.213/1991.

Gabarito "A"

13. AUXÍLIO-ACIDENTE

(Magistratura do Trabalho – 5ª Região – 2006 – CESPE) Julgue os itens a seguir, relativos ao auxílio-acidente, segundo o ordenamento jurídico em vigor.

I. O auxílio-acidente é concedido como indenização ao segurado quando, após consolidação das lesões decorrentes de acidente de qualquer natureza, resultarem em sequelas que impliquem redução da capacidade para o trabalho que habitualmente exercia.

II. O auxílio-acidente mensal corresponde a 50% do salário-benefício.

III. O auxílio-acidente será devido a partir do dia seguinte ao da cessação do auxílio-doença, independentemente de qualquer remuneração ou rendimento auferido pelo acidentado, vedada sua acumulação com a aposentadoria do tipo invalidez.

IV. Após o início do benefício, o recebimento de salário prejudicará a continuidade do recebimento do auxílio-acidente.

V. O segurado desempregado não terá direito ao auxílio-acidente, mas poderá receber auxílio-doença, desde que cumpra os requisitos da legislação.

Estão certos apenas os itens

(A) I, II e III.

(B) I, II e V.

(C) I, IV e V.
(D) II, III e IV.
(E) III, IV e V.

I: correta (art. 86 da Lei 8.213/1991); **II:** correta (art. 86, § 1º, da Lei 8.213/1991); **III:** incorreta, é vedada a percepção conjunta de auxílio-acidente com qualquer espécie de aposentadoria (art. 86, § 2º, da Lei 8.213/1991); **IV:** incorreta (art. 86, § 3º, da Lei 8.213/1991); **V:** à época estava correta essa assertiva (art. 104, § 7º, do Decreto Federal 3.048/1999), entretanto, a Administração Pública recuperou a lucidez e reformulou esse entendimento, sendo esta a atual redação do § 7º, do art. 104, do Decreto Federal 3.048/1999: "Cabe a concessão de auxílio-acidente oriundo de acidente de qualquer natureza ocorrido durante o período de manutenção da qualidade de segurado, desde que atendidas as condições inerentes à espécie"(redação dada pelo Decreto 6.722, de 2008). Desta feita, é de nenhum relevo a situação de desemprego, o importante, para efeito de concessão do auxílio-acidente, é saber se está presente a qualidade de segurado, valendo, para tanto, o período de graça previsto no art. 15 da Lei 8.213/1991.

Gabarito "B"

(Magistratura do Trabalho – 9ª Região – 2006) Analise as alternativas e marque a correspondente:

I. Pela sistemática atual da Lei nº 8.213/1991, o benefício da aposentadoria não pode ser acumulado com auxílio-acidente.
II. O auxílio-acidente é devido quando comprovada a perda parcial da capacidade de trabalho do segurado, independentemente da existência de nexo causal, pois impera a responsabilidade objetiva da Previdência Social.
III. O salário-família e o salário-maternidade são prestações previdenciárias pagas diretamente pelo empregador, salvo o doméstico, cujos valores podem ser posteriormente compensados ou ressarcidos pelo empregador junto à Previdência Social.
IV. As expressões "tempo de serviço" e "tempo de contribuição" são equivalentes, para períodos prestados anteriormente a 15.12.1998.

(A) somente as alternativas I, II e III estão corretas;
(B) somente as alternativas I, III e IV estão corretas;
(C) somente as alternativas I e IV estão corretas;
(D) somente as alternativas III e IV estão corretas;
(E) todas estão corretas.

I: correta (art. 86, § 2º, da Lei 8.213/1991); **II:** incorreta, deve ser comprovada a relação de causalidade entre a incapacidade parcial e o acidente (este pode ser decorrente do trabalho ou de causa extralaboral, ou seja, acidente de qualquer natureza); **III:** correta, realmente o salário-família é devido ao empregado, não ao doméstico (art. 65 da Lei 8.213/1991), e, com relação ao salário-maternidade, assim como ocorre com o salário-família, é pago pelo empregador, salvo o doméstico que recebe o salário-maternidade diretamente do INSS (art. 72, § 1º, da Lei 8.213/1991); **IV:** correta (art. 4º da EC 20/1998).

Gabarito "B"

(Magistratura do Trabalho – 12ª Região – 2006) Assinale a afirmação incorreta sobre o benefício previdenciário denominado auxílio-acidente:

(A) trata-se de uma indenização previdenciária paga mensalmente sem caráter substitutivo do salário e só é paga após a alta médica;
(B) não pode ser pago ao empregado que se encontre trabalhando;
(C) ao contrário da renda mensal vitalícia, esse benefício previdenciário não foi extinto;
(D) o empregado doméstico não tem direito a esse benefício;
(E) pode ser cumulado com outros benefícios previdenciários, exceto aposentadoria.

A: correta (art. 86 da Lei 8.213/1991); **B:** incorreta, afirmativa diverge do estatuído no art. 86, § 3º, da Lei 8.213/1991; **C:** correta (art. 139 da Lei 8.213/1991); **D:** correta (art. 18, § 1º, da Lei 8.213/1991); **E:** correta (arts. 86, § 2º, e 124, da Lei 8.213/1991).

Gabarito "B"

(Ministério Público do Trabalho – 14º) O auxílio-acidente atualmente tem natureza:

(A) complementar;
(B) suplementar;
(C) indenizatória;
(D) salarial;
(E) não respondida.

C: correta. A resposta encontra-se expressa no art. 86 da Lei 8.213/1991, que afirma natureza "indenizatória", de modo a ser correta a letra "C". As demais letras não guardam pertinência com a legislação previdenciária.

Gabarito "C"

(Ministério Público do Trabalho – 12º) No que tange ao benefício denominado auxílio-acidente, é CORRETO dizer que:

(A) seu pagamento decorre do segurado estar incapaz temporariamente para o trabalho;
(B) pode ser pago a todos os segurados do Regime Geral de Previdência Social;
(C) sua renda mensal pode ser inferior a um salário mínimo por se tratar de benefício que complementa os rendimentos do segurado;
(D) seu pagamento não enseja o abono anual.
(E) não respondida.

A: incorreta, o art. 86 da Lei 8.213/1991 exige a consolidação das lesões, de modo a resultar sequelas, assinalando, desse modo, o caráter definitivo da incapacidade; **B:** incorreta, o art. 18, § 1º, da Lei 8.213/1991, limita a concessão ao segurado empregado, trabalhador avulso e ao segurado especial; **C:** correta, ao auxílio-acidente não se aplica à disposição constitucional constante do art. 201, § 2º, da CF/1988, uma vez que não possuem caráter substitutivo da renda do trabalho; **D:** incorreta, o art. 40 da Lei 8.213/1991 expressamente contempla o auxílio-acidente; **E:** incorreta, na medida em que a alternativa "C", por correta, responde à formulação feita.

Gabarito "C"

(Magistratura do Trabalho – 2ª Região – 2011) Assinale a alternativa correta:

(A) O auxílio-acidente será devido ao segurado quando, após a consolidação das lesões decorrentes do acidente de trabalho, resultarem sequelas que impliquem redução da capacidade laborativa que exija maior esforço ou necessidade de adaptação para exercer a mesma atividade, independentemente de habilitação profissional.
(B) O auxílio-acidente será devido, como indenização, ao segurado quando, após a consolidação das lesões decorrentes de acidente de qualquer natureza, resultarem sequelas que impliquem redução da capacidade para o trabalho que habitualmente exercia.

(C) O auxílio-acidente será devido ao segurado quando, após a consolidação das lesões decorrentes do acidente de trabalho, resultarem saqueias que impliquem redução da capacidade laborativa que impeça, por si só, o desempenho da atividade que exercia à época do acidente, porém, não o de outra, do mesmo nível de complexidade, após reabilitação profissional.

(D) O auxílio-acidente será devido ao segurado quando, após a consolidação das lesões decorrentes do acidente do trabalho, resultarem sequelas que impliquem redução da capacidade laborativa que impeça, por si só, o desempenho da atividade que exercia à época do acidente, porém não o de outra, de nível inferior de complexidade, após reabilitação.

(E) O auxílio-acidente será devido ao segurado quando, após a consolidação das lesões decorrentes de acidente de trabalho típico, resultar sequelas que impliquem redução da capacidade para o trabalho que habitualmente exercia.

B: correta. A alternativa correta é a letra "B" por reproduzir, com fidelidade, o teor do art. 86 da Lei 8.213/1991, ao passo que as demais alternativas promovem alterações/inclusões de termos não contemplados na definição legal, por essa razão incorretas as demais. Lei 8.213, de 1991: Art. 86. "O auxílio-acidente será concedido, como indenização, ao segurado quando, após consolidação das lesões decorrentes de acidente de qualquer natureza, resultarem sequelas que impliquem redução da capacidade para o trabalho que habitualmente exercia. *(Redação dada pela Lei nº 9.528, de 1997)*".

Gabarito "B"

14. SEGURO-DESEMPREGO

(Magistratura do Trabalho – 3ª Região – 2009) Assinale a assertiva ("a" a "e") correta em relação aos enunciados de I a V, observadas a legislação pertinente, a consolidação jurisprudencial e a Constituição da República:

I. Compete à Justiça do Trabalho o julgamento de demanda entre empregado e empregador tendo por objeto indenização pelo não fornecimento das guias de seguro-desemprego.

II. Não será cancelado o seguro-desemprego pela recusa, por parte do trabalhador desempregado, de outro emprego condizente com sua qualificação e remuneração anterior.

III. Determinam a suspensão do pagamento do seguro-desemprego as seguintes situações: admissão do trabalhador em novo emprego; início de percepção de benefício de prestação continuada da Previdência Social, exceto o auxílio-acidente, o auxílio suplementar e o abono de permanência em serviço; início de percepção de auxílio-desemprego.

IV. O empregado doméstico fará jus ao benefício do seguro-desemprego, no valor de um salário mínimo, por um período máximo de três meses, de forma contínua ou alternada, desde que esteja inscrito no FGTS e tenha trabalhado como doméstico por um período mínimo de quinze meses nos últimos vinte e quatro meses contados da dispensa sem justa causa. Além disso, deverá declarar que não está em gozo de nenhum benefício de prestação continuada da previdência social, exceto auxílio-acidente e pensão por morte e que não possui renda própria de qualquer natureza suficiente para sua manutenção e de sua família.

V. No tocante ao empregado doméstico, o seguro-desemprego deverá ser requerido de sete a noventa dias contados da data da dispensa.

(A) Somente um enunciado é verdadeiro.
(B) Somente dois enunciados são verdadeiros.
(C) Somente três enunciados são verdadeiros.
(D) Somente quatro enunciados são verdadeiros.
(E) Todos os enunciados são verdadeiros.

I: correta, de acordo com o enunciado da Súmula 389 do TST - Res. 129/2005 - *DJ* 20, 22 e 25.04.2005 - Conversão das Orientações Jurisprudenciais 210 e 211 da SDI-1: Seguro-Desemprego - Competência da Justiça do Trabalho - Direito à Indenização por não Liberação de guias. I - Inscreve-se na competência material da Justiça do Trabalho a lide entre empregado e empregador tendo por objeto indenização pelo não fornecimento das guias do seguro-desemprego (ex-OJ nº 210 - Inserida em 08.11.2000). II - O não fornecimento pelo empregador da guia necessária para o recebimento do seguro-desemprego dá origem ao direito à indenização (ex-OJ nº 211 - Inserida em 08.11.2000); **II:** incorreta, em consonância com o disposto no art. 8º da Lei 7.998/1990: "o benefício do seguro-desemprego será cancelado: I - pela recusa, por parte do trabalhador desempregado, de outro emprego condizente com sua qualificação e remuneração anterior"; **III:** correta, de acordo com o art. 7º da Lei 7.998/1990; **IV:** correta, em atenção ao art. 6º-A e 6º-B da Lei 5.859/1972, com a redação atribuída pela Lei 10.208, de 23.03.2001; **V:** correta, em atenção ao art. 6º-C da Lei 5.859/1972, com a redação atribuída pela Lei nº 10.208, de 23.03.2001. Atenção, vide art. 7º, parágrafo único, com a redação atribuída pela Emenda Constitucional nº 72/3013.

Gabarito "D"

(Magistratura do Trabalho – 8ª Região – 2008) Com relação ao seguro-desemprego, que tem por escopo prestar assistência financeira temporária ao trabalhador, é INCORRETO afirmar que:

(A) É devido ao empregado despedido sem justa causa que, após dois anos desempregado, obteve novo emprego onde permaneceu nos últimos 6 (seis) meses consecutivos.

(B) É devido ao empregado em razão do término do contrato por justa causa cometida pelo empregador.

(C) É devido ao empregado despedido sem justa causa que nos últimos 3 (três) anos trabalhou no mínimo 6 (seis) meses.

(D) É indevido ao empregado despedido sem justa causa que tenha recebido regularmente o benefício solicitado anteriormente dentro de período inferior a 12 (doze) meses consecutivos.

(E) É devido ao empregado despedido sem justa causa após 6 (seis) meses consecutivos do retorno ao emprego do qual pediu licença sem vencimento em razão de cessação de incompatibilidade de horário com outro emprego que mantém há (3) anos.

A: correta (art. 3º, I, da Lei 7.998/1990); **B:** correta, o seguro-desemprego é benefício previdenciário previsto no art. 201, III, da

CF/1988, cabível na hipótese de desemprego involuntário, sendo que "o término do contrato por justa causa cometida pelo empregador" é situação ensejadora do desemprego involuntário; **C:** correta (art. 3°, I, da Lei 7.998/1990); **D:** correta (art. 2°C, § 2°, da Lei 7.998/1990: ficando vedado ao mesmo trabalhador o recebimento do benefício, em circunstâncias similares, nos doze meses seguintes à percepção da última parcela. Parágrafo incluído pela Lei 10.608, de 20.12.2002); **E:** incorreta (art. 3°, I, da Lei 7.998/1990).

Gabarito "E".

(Magistratura do Trabalho – 8ª Região – 2008) Não faz jus à habilitação e percepção do seguro desemprego os trabalhadores abaixo relacionados, exceto:

(A) Funcionário público e estagiário.

(B) Empregado doméstico, dispensado sem justa causa, a partir de maio de 2001, que comprove: ter trabalhado nesta condição pelos 12 meses nos últimos 24 meses e estar como Contribuinte Individual da Previdência Social, possuindo, no mínimo, 12 contribuições ao INSS.

(C) Menor aprendiz, dispensado sem justa causa, que comprove não estar recebendo nenhum benefício da Previdência Social como aposentadoria e auxílio-doença e ter cumprido período de carência de 6 (seis) meses.

(D) Pescador artesanal que comprove ter, nesta qualidade, registro como pescador profissional na Delegacia da Agricultura, há no mínimo 3 anos.

(E) O autônomo que comprovar possuir inscrição no Instituto Nacional do Seguro Social - INSS como segurado especial e, ainda, não estar em gozo de nenhum benefício de prestação continuada da Previdência Social, ou da Assistência Social exceto auxílio-acidente e pensão por morte.

A: correta, a expressão "funcionário público" é descrita no art. 327 do CP, enquanto que a Lei 8.429/1992 define, em seu art. 2°, o termo atualmente utilizado "agentes públicos", que tanto numa expressão como na outra contempla, como espécies, os "agentes políticos, os servidores estatais e os particulares em colaboração com a Administração Pública"; o termo é, como visto, extremamente abrangente, mas de toda sorte, como regra, não fazem jus à percepção de seguro-desemprego. No que pertine ao "estagiário", este não possui direito ao seguro-desemprego, aliás, o exercício de estágio nem mesmo gera filiação à Previdência Social; **B:** correta, o seguro-desemprego somente é devido ao empregado doméstico "inscrito no FGTS" (Lei 10.208/2001), por um período mínimo de "15" meses nos últimos 24 meses contados da dispensa sem justa causa, que não está em gozo de qualquer benefício previdenciário de prestação continuada, excetuados auxílio-acidente e pensão por morte; **C:** incorreta (deveria ter sido assinalada), aos aprendizes são assegurados os direitos trabalhistas e previdenciários (art. 65 do ECA), cabendo falar-se em seguro-desemprego por força do disposto na Constituição Federal, art. 7°, II e XXXIII, nas situações nas quais o contrato do menor aprendiz seja rescindido antecipadamente, exemplos, em razão da cessação da atividade empresarial, falecimento do empregador constituído em empresa individual, falência da empresa, dispensa sem justa causa, terá direito ao seguro-desemprego, tanto isso é verdadeiro que o contrato de aprendizagem resulta no recolhimento de FGTS (art. 15, § 7°, da Lei 8.036/1990); **D:** correta (assinalada erroneamente no gabarito), em conformidade com a Lei 10.779, de 2003, faz jus à concessão do benefício de seguro-desemprego, durante o período de defeso, o pescador profissional que exerce a atividade pesqueira de forma artesanal, bastando registro de pescador profissional devidamente atualizado, emitido pela Secretaria Especial de "Aquicultura e Pesca" da Presidência da República, com antecedência mínima de "um ano" da data do início do defeso; **E:** correta, como regra o "autônomo" não possui direito ao seguro-desemprego.

Gabarito "D".

(Magistratura do Trabalho – 9ª Região – 2007) Considere as seguintes proposições:

I. O pagamento do salário-família será devido a partir da data da apresentação da certidão de nascimento do filho ou da documentação relativa ao equiparado, estando condicionado à apresentação anual de atestado de vacinação obrigatória, até cinco anos de idade, e de comprovação semestral de frequência à escola do filho ou equiparado, a partir dos sete anos de idade.

II. A segurada que deixar de exercer atividade remunerada abrangida pela previdência social, no prazo de doze meses após a cessação das contribuições, estando desempregada, fará jus ao recebimento do salário-maternidade, que será pago diretamente pela previdência social, nos casos de demissão antes da gravidez, ou, durante a gestação, nas hipóteses de dispensa por justa causa ou a pedido.

III. Segundo o Conselho Deliberativo do Fundo de Amparo ao Trabalhador, a adesão a planos de demissão voluntária ou similar dá direito ao benefício do seguro-desemprego.

IV. O empregado doméstico despedido sem justa causa fará jus ao benefício do seguro-desemprego, no valor de um salário mínimo, por um período máximo de três meses. O benefício será concedido ao empregado inscrito no FGTS que tiver trabalhado como doméstico por um período mínimo de quinze meses nos últimos vinte e quatro meses contados da despedida sem justa causa.

Assinale a alternativa correta:

(A) Todas as proposições estão corretas;

(B) Apenas as proposições II e IV estão corretas;

(C) Apenas as proposições II, III e IV estão corretas;

(D) Apenas as proposições I, II e III estão corretas;

(E) Apenas as proposições I, III e IV estão corretas.

I: incorreta, determina o Decreto Federal 3.048/1999, no art. 84, que a apresentação anual de atestado de vacinação obrigatória deve ser efetivada em se tratando de criança de até "seis" anos de idade, e não "cinco" como constou da assertiva; **II:** correta (art. 97, parágrafo único, do Decreto Federal 3.048/1999); **III:** incorreta, conforme se observa da Resolução do CODEFAT n° 467 de 21.12.2005 (publicada no *DOU* de 26.12.2005), art. 6°, a adesão a planos de demissão voluntária ou similar não dará direito ao benefício, por não caracterizar demissão involuntária; **IV:** correta (art. 6°-A da Lei 5.859/1972, incluído pela Lei 10.208, de 23.03.2001).

Gabarito "B".

(Magistratura do Trabalho – 9ª Região – 2006) José celebrou o primeiro contrato de trabalho de sua atividade laboral com a empresa X, em 03.01.1999, vindo a ser dispensado, sem justa causa, em 10.04.1999. José só conseguiu novo emprego em 15.08.1999, junto à empresa Y, sendo novamente dispensado, sem justa causa, em 20.03.2000. Novo contrato de trabalho de José só foi celebrado em 14.07.2000, agora com a empresa Z, consumando-se a sua dispensa, também sem justa causa, em 10.02.2001. Em 20.02.2001, José requereu o benefício do seguro-desemprego. Considerando que as sucessivas relações laborais – todas por prazo indeterminado – foram regularmente anotadas na Carteira de Trabalho e Previdência Social (CTPS) de José, julgue os itens que se seguem:

(A) José terá direito à percepção do seguro-desemprego desde que comprove o recolhimento mensal das contribuições previdenciárias devidas nos períodos em que esteve desempregado. No período em que não havia contrato de trabalho em vigor, José deveria ter recolhido as contribuições na qualidade de segurado facultativo.
(B) José tem direito ao seguro-desemprego de forma proporcional ao tempo de serviço em que esteve vinculado a um ou mais contratos de trabalho, sendo, em regra, de 3 a 5 parcelas.
(C) José não terá direito ao seguro-desemprego se, entre os sucessivos contratos de trabalho, esteve em gozo de algum benefício previdenciário.
(D) O valor que vier a ser pago a José, a título de seguro-desemprego, será apurado em função da média de todos os salários pagos pelas empresas X, Y e Z, devidamente atualizados monetariamente.
(E) José terá direito ao seguro-desemprego, mas deverá formular novo requerimento, já que o benefício não pode ser solicitado antes de ultrapassados trinta dias da data da rescisão contratual.

A: incorreta, para efeito de percepção de seguro-desemprego a legislação não exige contribuição, no período de desemprego, à Previdência Social na qualidade de segurado facultativo; **B:** correta (Lei 7.998/1990); **C:** incorreta, a percepção de benefício previdenciário impede a concessão e percepção de seguro desemprego, com exceção dos benefícios de auxílio-acidente e pensão por morte (art. 124, parágrafo único, da Lei 8.213/1991); **D:** incorreta, deve ser considerado o salário médio dos últimos 3 (três) meses (art. 5º da Lei 7.998/1990); **E:** incorreta, o seguro-desemprego pode ser requerido a partir do sétimo dia subsequente à rescisão do contrato de trabalho (art. 6º da Lei 7.998/1990).

Gabarito "B"

(Magistratura do Trabalho – 13ª Região – 2006) O Programa do seguro-desemprego, que objetiva prover a assistência financeira temporária ao trabalhador desempregado em virtude de dispensa sem justa causa, inclusive a indireta, e ao trabalhador comprovadamente resgatado de regime de trabalho forçado ou da condição análoga à de escravo, dispõe que:

(A) o trabalhador que vier a ser identificado como submetido a regime de trabalho forçado ou reduzido à condição análoga à de escravo, em decorrência de ação de fiscalização do Ministério do Trabalho e Emprego, será dessa situação resgatado e terá direito à percepção do seguro-desemprego correspondente a parcela única, no valor de um salário mínimo;
(B) o pagamento do seguro-desemprego será suspenso quando do início de percepção de benefício de prestação continuada de Previdência Social, inclusive o auxílio-acidente, o auxílio-desemprego suplementar e o abono de permanência em serviço;
(C) terá direito ao seguro-desemprego o trabalhador que comprovar ter exercido atividade legalmente reconhecida como autônoma, durante pelo menos 15 meses nos últimos 24 meses;
(D) o benefício do seguro-desemprego será concedido ao trabalhador desempregado por um período máximo de 4 (quatro) meses de forma contínua ou alternada a cada período aquisitivo de 16 (dezesseis) meses;
(E) o benefício do seguro-desemprego será cancelado pela recusa por parte do trabalhador desempregado, de outro emprego, independentemente de sua qualificação e remuneração anterior.

A: incorreta, conforme o art. 2º-C, da Lei 7.998/1990, nessa situação, terá direito à percepção de três parcelas de seguro-desemprego no valor de um salário mínimo cada; **B:** incorreta, conforme o art. 124, parágrafo único, da Lei 8.213/1991 não há incompatibilidade de percepção conjunta entre seguro-desemprego e auxílio-acidente (e o abono de permanência no Regime Geral de Previdência Social não mais subsiste, revogado pela Lei 8.870/1994); **C:** correta, trata-se de reprodução do art. 3º, II, da Lei 7.998/1990; **D:** incorreta, na medida em que falta o seguinte complemento: seguro-desemprego ao trabalhador "dispensado sem justa causa" que comprove, o complemento é a assertiva dada que, de forma isolada, não assegura o direito ao seguro-desemprego; **E:** incorreta, o cancelamento dar-se-á apenas na recusa à aceitação de outro emprego "condizente" com a qualificação e remuneração anterior.

Gabarito "C"

(Magistratura do Trabalho – 24ª Região – 2006) Considerando as disposições da Lei nº 7.998/1990, assinale a alternativa INCORRETA:

(A) O trabalhador que vier a ser identificado como submetido a regime de trabalho forçado ou reduzido a condição análoga à de escravo em decorrência de ação de fiscalização do Ministério do Trabalho e Emprego, será dessa situação resgatado e terá direito à percepção de três parcelas de seguro-desemprego no valor de um salário mínimo cada, conforme o disposto no § 2º do art. 2º-C da Lei nº 7.998/1990.
(B) O benefício do seguro-desemprego será concedido ao trabalhador desempregado, por um período máximo de 06 (seis) meses, de forma contínua ou alternada, a cada período aquisitivo de 18 (dezoito) meses, contados da data de dispensa que deu origem à primeira habilitação.
(C) A percepção de auxílio-acidente não é causa de suspensão do pagamento do benefício do seguro-desemprego.
(D) O cancelamento de seguro-desemprego em virtude de comprovação de fraude visando o recebimento indevido do benefício acarreta a suspensão do direito do trabalhador à percepção do seguro-desemprego, por um período de 02 (dois) anos, ressalvado o prazo de carência, dobrando-se aquele período em caso de reincidência.
(E) O seguro-desemprego é direito pessoal e intransferível do trabalhador, podendo ser requerido a partir do sétimo dia subsequente à rescisão do contrato de trabalho.

A: correta, conforme a disposição legal referida; **B:** incorreta, a redação constante da Lei 7.998/1990 é "Art. 4º. O benefício do seguro-desemprego será concedido ao trabalhador desempregado, por um período máximo de 4 (quatro) meses, de forma contínua ou alternada, a cada período aquisitivo de 16 (dezesseis) meses, contados da data de dispensa que deu origem à primeira habilitação"; **C:** correta (art. 7º, II, da Lei 7.998/1990); **D:** correta (art. 8º, III, e parágrafo único, da Lei 7.998/1990); **E:** correta (art. 6º da Lei 7.998/1990).

Gabarito "B"

15. CONTRIBUIÇÕES SOCIAIS

(Magistratura do Trabalho – 7ª Região – 2005) Assinale a opção correta, levando-se em conta os aspectos da gestão, da isenção de contribuição e as fontes de custeio da Seguridade Social.

(A) A gestão da Seguridade Social, nos termos da Constituição Federal de 1988, tem caráter tripartite, compreendendo, portanto, atuação direta do Poder Executivo Federal, Estadual e Municipal, abandonando o modelo quadripartite previsto na Carta Política anterior.

(B) As entidades beneficentes de assistência social que atendam às exigências estabelecidas pelo Poder Executivo são isentas de contribuição para a Seguridade Social.

(C) As receitas dos Estados, do Distrito Federal e dos Municípios destinadas à Seguridade Social serão repassadas por esses entes e integradas ao orçamento da União para realização das ações de saúde, assistência e previdência previstas para o Sistema Nacional de Seguridade Social.

(D) As fontes de custeio da Seguridade Social estão previstas expressa e taxativamente na Constituição Federal, sendo vedada a instituição de outras fontes por lei ordinária.

(E) Nos termos da Constituição, nenhum benefício ou serviço da Seguridade Social poderá ser criado, majorado ou estendido sem a existência da correspondente fonte de custeio total.

A: incorreta, o princípio constitucional inserto no inc. VII do parágrafo único do art. 194 da CF/1988 é o do caráter democrático e descentralizado da administração, mediante "gestão quadripartite", com participação dos trabalhadores, dos empregadores, dos aposentados e do Governo nos órgãos colegiados; **B:** incorreta, de acordo com os dizeres estatuídos no art. 195, § 7º, da CF/1988, são isentas de contribuição para a seguridade social as entidades beneficentes de assistência social que atendam às exigências estabelecidas em lei (Congresso Nacional mediante sanção do projeto de lei pelo Chefe do Poder Executivo); **C:** incorreta, do art. 195, § 1º, da CF/1988, estabelece que as receitas dos Estados, do Distrito Federal e dos Municípios destinadas à seguridade social constarão dos respectivos orçamentos, não integrando o orçamento da União; **D:** incorreta, traz o art. 195, § 4º, da CF/1988, a possibilidade de serem criadas, por lei complementar, "contribuições residuais", a evidenciar que o rol constitucional não é taxativo; **E:** correta, esse é o exato enunciado contido no art. 195, § 5º, CF/1988, conhecido doutrinariamente por "regra da contrapartida".

Gabarito "E"

(Magistratura do Trabalho – 8ª Região – 2009) No que se refere às contribuições sociais para o custeio da seguridade social, marque a alternativa correta:

(A) Por terem a mesma natureza tributária dos impostos e taxas, só podem ser cobradas no exercício posterior ao que tenham sido instituídas ou majoradas.

(B) Só podem ser lançadas até dez anos após a ocorrência do respectivo fato gerador.

(C) Quando exigidas no processo de falência, têm a mesma prioridade e concorrem por igual com os créditos trabalhistas.

(D) Quando exigidas mediante executivo fiscal, prescrevem em dez anos.

(E) Quando de responsabilidade de agroindústria, incide sobre o valor bruto da comercialização de seus produtos, em substituição à contribuição sobre as remunerações de seus empregados e/ou de terceiros.

A: incorreta, às contribuições sociais de seguridade social aplica-se unicamente o princípio da anterioridade mitigada, conhecido como nonagésima, insculpido no art. 195, § 6º, da CF/1988, além do que, pacificado pelo STF a teoria pentapartida, segundo a qual as contribuições sociais não são subespécies de impostos ou taxas, mas espécie própria, com regramento tributário específico e distinto dos impostos e das taxas; **B:** incorreta, em consonância com a Súmula Vinculante 8 do STF (Sessão Plenária de 12.06.2008: Constitucionalidade - Prescrição e Decadência de Crédito Tributário. São inconstitucionais o parágrafo único do art. 5º do Decreto-lei 1.569/1977 e os arts. 45 e 46 da Lei 8.212/1991, que tratam de prescrição e decadência de crédito tributário), o prazo que constava no art. 45 da Lei 8.212/1991 é inconstitucional (que era de 10 anos), de modo a subsistir unicamente o prazo de 5 (cinco) anos de decadência e de prescrição para a Seguridade Social apurar e constituir seus créditos; **C:** incorreta, conforme se verifica da classificação dos créditos contida no art. 83 da Lei 11.101/2005, os créditos trabalhistas de até 150 salários mínimos preferem aos créditos tributários; **D:** incorreta, em consonância com a Súmula Vinculante 8 do STF o prazo que constava no art. 45 da Lei 8.212/1991 é inconstitucional (que era de 10 anos), de modo a subsistir unicamente o prazo de 5 (cinco) anos de decadência e de prescrição para a Seguridade Social apurar e constituir seus créditos; **E:** correta, conforme previsão legal constante do art. 22-A da Lei 8.212/1991.

Gabarito "E"

(Magistratura do Trabalho – 8ª Região – 2008) Sobre contribuições para a Seguridade Social assinale a alternativa CORRETA:

(A) A contribuição do consórcio simplificado de empregadores rurais é de 2% (dois por cento) da receita bruta proveniente da comercialização da sua produção para financiamento das prestações por acidente do trabalho.

(B) Nas sociedades de crédito, as contribuições a cargo da empresa provenientes do faturamento e do lucro, destinadas à Seguridade Social, são calculadas mediante a aplicação da alíquota de 15% (quinze por cento) sobre o lucro líquido do período-base, antes da provisão para o Imposto de Renda.

(C) As empresas consignatárias são obrigadas a recolher 0,1% (um décimo por cento) da receita bruta proveniente da comercialização de sua produção para financiamento das prestações por acidente do trabalho, até o dia 5 (cinco) do mês subsequente ao da operação de consignação da produção.

(D) Incidirá multa de mora de 8% (oito por cento), dentro do mês de vencimento da obrigação, para pagamento, após vencimento de obrigação não incluída em notificação fiscal de lançamento, sobre as contribuições sociais em atraso, arrecadadas pelo INSS, que poderá ser relevada por decisão fundamentada da autoridade competente.

(E) Na hipótese de o contribuinte individual prestar serviços a uma ou mais empresas, poderá deduzir 35% (trinta e cinco por cento) da contribuição da empresa, efetivamente recolhida ou declarada, incidente sobre a remuneração que esta lhe tenha pago ou creditado, limitada a dedução a 5% (cinco por cento) do respectivo salário-de-contribuição.

A: incorreta, a contribuição do consórcio simplificado de empregadores rurais para financiamento das prestações por acidente do trabalho é de 0,1% da receita bruta proveniente da comercialização da sua produção (art. 22-B, 25, II, e 25-A, da Lei 8.212/1991); **B:** correta, trata-se da contribuição social sobre o lucro líquido – CSLL, prevista no art. 3º, I, da Lei 7.689/1988; **C:** incorreta, a base de cálculo da contribuição social devida ao Seguro de Acidente do Trabalho – SAT é a folha de salário, e não sobre a renda bruta proveniente da comercialização (art. 22, II, da Lei 8.212/1991); **D:** incorreta, a Lei 8.212/1991, em seu art. 34 (artigo posteriormente revogado pela Lei nº 11.941, de 2009), traz o caráter irrelevável da multa de mora; **E:** incorreta, de acordo com o § 4º do art. 30 da Lei 8.212/1991 se o contribuinte individual prestar serviço a uma ou mais empresas, poderá deduzir, da sua contribuição mensal, 45% (quarenta e cinco por cento) da contribuição da empresa, efetivamente recolhida ou declarada.

Gabarito "B"

(Magistratura do Trabalho – 11ª Região – 2007 – FCC) Sobre o financiamento da seguridade social, é correto afirmar que

(A) a seguridade social será financiada por toda a sociedade, de forma direta, por meio de repasse de recursos orçamentários, e de forma indireta, por intermédio do pagamento de contribuições sociais.

(B) as contribuições sociais destinadas ao financiamento da seguridade social têm a natureza jurídica de impostos; em razão disso aplicam-se a essas contribuições as regras de imunidade previstas para os impostos em geral.

(C) a Constituição de 1988 impede que haja diferenciação entre contribuintes, para efeito de pagamento de contribuições sociais destinadas ao sistema de seguridade social, em razão da atividade econômica por eles exercida.

(D) somente poderão ser criados ou majorados benefícios se houver indicação de sua fonte de custeio total, o que, entretanto, não impede o reajustamento periódico dos benefícios de prestação continuada.

(E) a Constituição de 1988 atribui à União a competência para criar contribuições sociais, destinadas ao financiamento da saúde, assistência e previdência social, devida pelo empregador, empresa ou entidade a ela equiparada, incidente sobre folha de salários e demais rendimentos do trabalho.

A: incorreta, diz o art. 195 da CF/1988 que a seguridade social será financiada por toda a sociedade, de forma direta e indireta; **B:** incorreta, está sacramentado no STF que as contribuições sociais não são subespécies de impostos ou taxas, o guardião da Constituição consagrou a teoria pentapartida, segundo a qual além de impostos, taxas e contribuições de melhoria, subsistem outras espécies tributárias que não se confundem com aquelas previstas no art. 145 da CF/1988, quais sejam, contribuições especiais e empréstimos compulsórios; **C:** incorreta, o art. 195, § 9º, admite o estabelecimento de alíquotas e base de cálculo diferenciadas em face da atividade econômica desenvolvida pelo contribuinte; **D:** correta, trata-se de conjugação dos arts. 195, § 5º, e 201, § 4º, da CF/1988; **E:** incorreta, segundo preceitua o art. 167, XI, da CF/1988, o destino dos recursos provenientes das contribuições devidas pelo empregador, empresa ou entidade a ela equiparada, incidente sobre folha de salários e demais rendimentos do trabalho, é exclusivo para o pagamento dos benefícios previdenciários, não sendo possível a utilização desses recursos no ramo da saúde nem da assistência social.

Gabarito "D"

(Magistratura do Trabalho – 21ª Região – 2005) Constituem fontes de financiamento do Custeio do Sistema Previdenciário do Regime Geral da Previdência Social:

I. a contribuição sobre o lucro das empresas, a contribuição sobre os salários dos empregados e a contribuição sobre rendas de espetáculos artísticos;

II. a contribuição sobre as folhas de salários das empresas, a contribuição sobre as rendas brutas das partidas de futebol e a contribuição sobre a remuneração do trabalho avulso;

III. a contribuição para o Seguro Acidente de Trabalho (SAT), a contribuição sobre os páreos de cavalos e sobre o resultado dos leilões dos bens apreendidos pela Receita Federal;

IV. a contribuição sobre rendas brutas das partidas de futebol, a contribuição sobre os concursos da loteria esportiva e a contribuição sobre os serviços prestados pelos trabalhadores autônomos;

V. a contribuição sobre o faturamento das empresas, a contribuição sobre as notas fiscais de serviços prestados por cooperados por intermédio de cooperativas de trabalho e a contribuição sobre a remuneração paga aos diretores das empresas sem vínculo empregatício.

(A) apenas as alternativas I e V estão incorretas;

(B) as alternativas III e V estão incorretas;

(C) as alternativas II, III, IV e V estão corretas.

(D) apenas as alternativas II e V estão corretas;

(E) as alternativas II e IV estão incorretas.

C: correta. As fontes de financiamento do custeio do Sistema da Previdência Social (Regime Geral) estão relacionadas no art. 195 da CF/1988, bem como nos art. 10, 11, 22, 26, 27, todos da Lei 8.212/1991. Apenas do item I consta hipótese incorreta: "contribuição sobre rendas de espetáculos artísticos", por não guardar identidade na relação retromencionada.

Gabarito "C"

(Magistratura do Trabalho – 23ª Região – 2009) Analise as assertivas abaixo e marque a alternativa CORRETA:

I. É de dez anos o prazo de decadência para o lançamento das contribuições sociais devidas à Previdência Social.

II. Nenhum benefício ou serviço da seguridade social poderá ser criado, majorado ou estendido sem a correspondente fonte de custeio total.

III. Deve ser instituída por meio de lei complementar a contribuição social que tenha por base de cálculo os valores pagos a trabalhadores autônomos.

(A) Apenas o item I é verdadeiro.
(B) Apenas o item II é verdadeiro.
(C) Apenas o item III é verdadeiro.
(D) Todos os itens são falsos.
(E) Todos os itens são verdadeiros.

I: incorreta, desde a edição da Súmula Vinculante nº 8 do STF (Sessão Plenária de 12.06.2008: Constitucionalidade - Prescrição e Decadência de Crédito Tributário. "São inconstitucionais o parágrafo único do art. 5º do Decreto-lei 1.569/1977 e os arts. 45 e 46 da Lei 8.212/1991, que tratam de prescrição e decadência de crédito tributário"); essa assertiva está incorreta, foi julgado inconstitucional o prazo constante do art. 45 da Lei 8.212/1991, que era de 10 (dez) anos e é de 5 (cinco) anos o prazo de decadência para a Seguridade Social apurar e constituir seus créditos; **II:** correta (art. 195, § 5º, da CF/1988); **III:** incorreta, para a instituição de todas as contribuições sociais previstas no art. 195 da CF/1988 basta a edição de lei ordinária, e do art. 195, I, "a" há expressa referência à contribuição social devida pela empresa em face de remuneração feita a pessoa física, ainda que sem vínculo empregatício. É de ressaltar que no art. 195, § 4º, da CF/1988 possibilita-se a criação de outras contribuições sociais de seguridade social, além das nominadas no art. 195, para tanto (para outras hipóteses) é imperiosa a edição de lei complementar (o que não é o caso do item III ora sob análise).

Gabarito "B"

(Magistratura do Trabalho – 24ª Região – 2007) Considere as assertivas abaixo:

I. O Ministério do Trabalho e da Previdência Social poderá alterar, com base nas estatísticas de acidentes do trabalho, apuradas em inspeção, o enquadramento de empresas para efeito de contribuição destinada ao financiamento da aposentadoria especial e benefício por incapacidade, a fim de estimular investimentos em prevenção de acidentes.

II. O Poder Executivo estabelecerá, na forma da Lei Orgânica da Seguridade Social, ouvido o Conselho Nacional de Seguridade Social, mecanismos de estímulo às empresas que se utilizem de empregados portadores de deficiência física, sensorial e/ou mental com desvio do padrão médio.

III. Não se considera como remuneração direta ou indireta, para os efeitos da Lei Orgânica da Seguridade Social, os valores despendidos pelas entidades religiosas e instituições de ensino vocacional com ministro de confissão religiosa, membros de instituto de vida consagrada, de congregação ou de ordem religiosa em face do seu mister religioso ou para sua subsistência desde que fornecidos em condições que independam da natureza e da quantidade do trabalho executado.

IV. As contribuições a cargo da empresa provenientes do faturamento e do lucro, destinadas à Seguridade Social, não são exigíveis do empregador rural pessoa física nem do segurado especial (assim entendido o produtor, o parceiro, o meeiro e o arrendatário rurais, o pescador artesanal e o assemelhado, que exerçam essas atividades individualmente ou em regime de economia familiar, ainda que com auxílio eventual de terceiros, bem como seus respectivos cônjuges ou companheiros e filhos maiores de quatorze anos ou a eles equiparados, desde que trabalhem, comprovadamente, com o grupo familiar respectivo).

Considerando as proposições acima como Verdadeira (V) ou Falsa (F), assinale a alternativa CORRETA:

(A) F, F, V, V.
(B) V, F, V, F.
(C) V, V, V, F.
(D) V, F, F, V.
(E) V, V, V, V.

I: correta (art. 22, § 3º, da Lei 8.212/1991); **II:** correta (art. 22, § 4º, da Lei 8.212/1991); **III:** correta (art. 22, § 13, da Lei 8.212/1991); **IV:** correta (art. 23, § 2º, da Lei 8.212/1991).

Gabarito "E"

(Magistratura do Trabalho – 24ª Região – 2007) Considere as assertivas abaixo:

I. As contribuições sociais referentes à folha de salários e demais rendimentos do trabalho pagos ou creditados, a qualquer título, à pessoa física que lhe preste serviço, mesmo sem vínculo empregatício, podem ser beneficiadas com a remissão ou a anistia caso o débito não seja superior ao montante fixado em lei complementar.

II. O empregador doméstico está obrigado a arrecadar a contribuição do segurado empregado a seu serviço e a recolhê-la, assim como a parcela a seu cargo, até o dia quinze do mês seguinte ao da competência.

III. A empresa é obrigada a arrecadar as contribuições dos segurados empregados e trabalhadores avulsos a seu serviço, descontando-as da respectiva remuneração, e a recolher o produto arrecadado.

IV. O modelo de financiamento da Seguridade Social previsto na Constituição Federal se baseia no sistema contributivo, apesar de o Poder Público ter participação no orçamento da Seguridade.

V. A remissão, nos termos do CTN, configura hipótese de extinção do crédito e a anistia é hipótese de exclusão do crédito tributário.

RESPONDA:

(A) Todas as assertivas estão corretas.
(B) Todas as assertivas estão incorretas.
(C) Apenas a assertiva III está correta.
(D) Apenas as assertivas III e IV estão corretas.
(E) Apenas a assertiva I está correta.

I: correta (art. 195, § 11, da CF/1988); **II:** correta (art. 30, V, da Lei 8.212/1991); **III:** correta (art. 30, I, "a" e "b", da Lei 8.212/1991); **IV:** correta (art. 195 da CF/1988); **V:** correta (arts. 156, IV, e 175, II, do CTN).

Gabarito "A"

(Magistratura do Trabalho – 24ª Região – 2006) Sobre a Seguridade Social assinale a INCORRETA:

(A) A pessoa jurídica em débito com o sistema da seguridade social não poderá contratar com o Poder Público, permitido, com restrições, o recebimento de benefícios ou incentivos fiscais.
(B) A seguridade social será financiada por toda a sociedade, de forma direta e indireta, nos termos da lei, mediante recursos provenientes dos orçamentos da União, dos Estados, do Distrito Federal e dos Municípios, e das seguintes contribuições sociais: do empregador, da empresa e da entidade a ela equiparada; do trabalhador e dos demais segurados da previdência social; sobre a receita de concursos de prognósticos; e do importador de bens ou serviços do exterior, ou de quem a lei a ele equiparar.
(C) São isentas de contribuição para a seguridade social as entidades beneficentes de assistência social que atendam às exigências estabelecidas em lei.
(D) O produtor, o parceiro, o meeiro e o arrendatário rurais e o pescador artesanal, bem como os respectivos cônjuges, que exerçam suas atividades em regime de economia familiar, sem empregados permanentes, contribuirão para a seguridade social mediante a aplicação de uma alíquota sobre o resultado da comercialização da produção e farão jus aos benefícios nos termos da lei.
(E) Nenhum benefício ou serviço da seguridade social poderá ser criado, majorado ou estendido sem a correspondente fonte de custeio total.

A: incorreta, o art. 195, § 3º, da CF/1988 não permite o recebimento de benefícios ou incentivos fiscais; **B:** correta (art. 195 da CF/1988); **C:** correta (art. 195, § 7º, da CF/1988); **D:** correta (art. 195, § 8º, da CF/1988); **E:** correta (art. 195, § 5º, da CF/1988).

Gabarito "A"

(Magistratura do Trabalho – 24ª Região – 2006) Tratando da Arrecadação e Recolhimento das Contribuições Previdenciárias, a Lei 8.212/1991 dispõe, EXCETO:

(A) Os segurados contribuinte individual e facultativo estão obrigados a recolher sua contribuição por iniciativa própria, até o dia quinze do mês seguinte ao da competência.
(B) O empregador doméstico está obrigado a arrecadar a contribuição do segurado empregado a seu serviço e a recolhê-la, assim como a parcela a seu cargo, até o dia quinze do mês seguinte ao da competência.
(C) As empresas que integram grupo econômico de qualquer natureza respondem entre si, solidariamente, pelas obrigações decorrentes desta Lei.
(D) O crédito da seguridade social é constituído por meio de notificação de débito, auto de infração, confissão ou documento declaratório de valores devidos e não recolhidos apresentado pelo contribuinte.
(E) As contribuições devidas à Seguridade Social, incluídas ou não em notificação de débito, poderão, após verificadas e confessadas, ser objeto de acordo para pagamento parcelado em até 45 (quarenta e cinco) meses, observado o disposto em regulamento.

A: correta (art. 30, II, da Lei 8.212/1991); **B:** correta (art. 30, V, da Lei 8.212/1991); **C:** correta (art. 30, IX, da Lei 8.212/1991); **D:** correta (art. 33, § 7º, da Lei 8.212/1991); **E:** incorreta, à época estava em vigência o art. 38 da Lei 8.212/1991, que fixava para a hipótese da assertiva parcelamento em até 60 meses.

Gabarito "E"

(Ministério Público do Trabalho – 11º) No que tange ao custeio da Seguridade Social, é INCORRETO dizer:

(A) não integram o salário-de-contribuição, dentre outras parcelas, o salário-família, a participação nos lucros, as férias indenizadas e a ajuda de custo, esta última quando recebida exclusivamente em decorrência de mudança de local de trabalho do empregado;
(B) o contratante de serviços executados mediante cessão de mão de obra, em atividades tais como construção civil, limpeza e conservação, manutenção e vigilância, responde solidariamente com o executor pelas contribuições previdenciárias, exceto quanto à contribuição proveniente do faturamento e do lucro;
(C) as contribuições devidas à Seguridade Social, desde que confessadas, poderão ser objeto de acordo para pagamento parcelado, inclusive quanto àquelas que foram descontadas dos empregados;
(D) o empregador doméstico está obrigado a arrecadar a contribuição do segurado empregado doméstico a seu serviço e a recolhê-la;
(E) não respondida.

A: correta (art. 28, § 9º, da Lei 8.212/1991); **B:** correta (art. 31 da Lei 8.212/1991); **C:** incorreta, uma vez que o art. 7º da Lei 10.666/2003 preceitua: "não poderão ser objeto de parcelamento as contribuições descontadas dos empregados, inclusive dos domésticos, dos trabalhadores avulsos, dos contribuintes individuais, as decorrentes da sub-rogação e as demais importâncias descontadas na forma da legislação previdenciária"; **D:** correta (art. 30, V, da Lei 8.212/1991); **E:** incorreta, ante ao fato de a letra "C" atender a indagação formulada.

Gabarito "C"

(Ministério Público do Trabalho – 9º) O sistema de financiamento da Seguridade Social conta, basicamente, com 3 fontes de receitas, que são aquelas previstas no orçamento da União, as contribuições sociais e aquelas provenientes de multas, correção monetária e juros moratórios. Dentre elas, constitui modalidade de contribuição social a proveniente de:

(A) empresas exclusivamente rurais, incidente sobre a folha de salários, faturamento e lucro;
(B) empresas agroindustriais, incidente sobre o valor de venda da sua produção;
(C) empresários e empregadores domésticos, incidente sobre sua remuneração;
(D) trabalhadores em geral, incidente sobre seu salário base;
(E) concursos de prognósticos, corridas de cavalos e clubes de futebol profissional;
(F) não sei.

A: incorreta, ante a expressão "exclusivamente"; **B:** incorreta, não compatível com as disposições legais de regência da matéria; **C:** incorreta, por não existir contribuição social que tenha descrição a remuneração do "empregador doméstico"; **D:** incorreta, era apenas o autônomo, equiparado a autônomo e empresário que contribuíam valendo-se do "salário-base" (instituto revogado pela Lei 9.876/1999); **E:** correta, essas contribuições sociais estão expressamente referidas na Lei 8.212/1991 (art. 26).

Gabarito "E"

(Ministério Público do Trabalho – 8º) Toda a sociedade se obriga ao financiamento da Seguridade Social, sendo certo afirmar-se que:

(A) nenhuma pessoa jurídica ou física está imune ou isenta de contribuir com a Seguridade Social;
(B) os Estados, Distrito Federal e Municípios providenciarão para que suas receitas destinas à Seguridade Social integrem o orçamento da União;
(C) além das contribuições sociais previstas na Constituição, a lei ordinária poderá instituir outras fontes de custeio;
(D) o produtor, o parceiro, o meeiro e o arrendatário rurais, o garimpeiro e o pescador artesanal, bem como os respectivos cônjuges que exerçam suas atividades em regime de economia familiar, sem empregados permanentes estão isentos de contribuir;
(E) as contribuições sociais dos empregadores, incidentes sobre a folha de salários, o faturamento e o lucro; dos trabalhadores e sobre a receita de concursos de prognósticos não estão submetidas ao princípio da anterioridade, previsto no art. 150, III, b, da Constituição Federal;
(F) não sei.

A: incorreta, a Constituição Federal de 1988 traz imunidade à contribuição social em prol dos aposentados e pensionistas (art. 195, II) e das entidades beneficentes de assistência social (art. 195, § 7º, da CF/1988); **B:** incorreta, determina a Constituição Federal de 1988, no art. 195, § 1º, que "as receitas dos Estados, do Distrito Federal e dos Municípios destinadas à seguridade social constarão dos respectivos orçamentos, não integrando o orçamento da União"; **C:** incorreta, o art. 195, § 4º, da CF/1988 exige a edição de lei complementar para instituir as contribuições conhecidas como "residuais"; **D:** incorreta, o art. 195, § 8º, da CF/1988 expressamente refere-se à contribuição desses segurados; **E:** correta, em atenção ao que expressamente determina o Constituinte Originário no art. 195, § 6º, da CF/1988.

Gabarito "E"

(Ministério Público do Trabalho – 14º) São contribuições que têm porcentuais destinados ao custeio da Seguridade Social:

(A) CPMF, concurso de prognóstico específico sobre o resultado de sorteio de números ou símbolos;
(B) SENAR, receita de concursos de prognósticos;
(C) COFINS, salário-educação;
(D) sobre o lucro, SESCOOP;
(E) não respondida.

A: correta (art. 195, III, da CF/1988 c/c art. 84, § 2º, do ADCT); **B:** incorreta, a contribuição do SENAR é contribuição social "não" destinada à seguridade social, é contribuição integrante do Sistema "S", destinada a serviços sociais autônomos; **C:** incorreta, o salário-educação é contribuição social geral, não destinada à Seguridade Social, e sim ao ramo da educação; **D:** incorreta, a contribuição SESCOOP é contribuição social "não" destinada a seguridade social, é contribuição integrante do Sistema "S", destinadas a serviços sociais autônomos; **E:** incorreta, uma vez que a letra "A" responde ao enunciado.

Gabarito "A"

16. CONTRIBUIÇÃO PREVIDENCIÁRIA

(Magistratura do Trabalho – 1ª Região – 2004) Quanto ao custeio da Seguridade Social é INCORRETO afirmar que:

(A) sendo criada determinada contribuição social, esta só poderá ser exigida a partir do exercício financeiro seguinte em que haja sido publicada a lei que a instituiu;
(B) na atualidade, a empresa também está obrigada a arrecadar a contribuição do segurado contribuinte individual a seu serviço, descontando-a da respectiva remuneração, e a recolher o valor arrecadado juntamente com a contribuição a seu cargo;
(C) nas sentenças judiciais ou nos acordos homologados em que não figurem, discriminadamente, as parcelas legais relativas à contribuição previdenciária, esta incidirá sobre o valor total apurado em liquidação de sentença ou sobre o valor do acordo homologado;
(D) o desconto de contribuição e de consignação legalmente autorizadas sempre se presume feito oportuna e regularmente pela empresa a isso obrigada;
(E) no âmbito federal, o orçamento da Seguridade Social é composto das seguintes receitas: receitas da União; receitas das contribuições sociais, e, receitas de outras fontes.

A: incorreta, pois as contribuições sociais de Seguridade Social (art. 195 da CF/1988) só poderão ser exigidas após decorridos noventa dias da data da publicação da lei que as houver instituído ou modificado, não se lhes aplicando o disposto no art. 150, III, "b", da CF/1988, trata-se do princípio da nonagésima, contida no art. 195, § 6º, da CF/1988; **B:** correta (art. 4º da Lei 10.666/2003); **C:** correta (art. 43, § 1º, da Lei 8.212/1991); **D:** correta (art. 33, § 5º, da Lei 8.212/1991); **E:** correta (art. 11 da Lei 8.212/1991).

Gabarito "A"

(Magistratura do Trabalho – 1ª Região – 2004) Considerando a execução de cotas previdenciárias, decorrentes de sentença ou de acordo em processo do trabalho, analisando as assertivas abaixo:

I. a competência é exclusivamente da Justiça do Trabalho e, por conseguinte, fica excluída a competência dos outros órgãos do Poder Judiciário;
II. o INSS deve ser intimado das sentenças e acordos e, não havendo pagamento das parcelas devidas, somente se procederá à execução mediante requerimento do Instituto, não se promovendo de ofício;
III. nos cálculos de liquidação devem ser incluídos os valores das cotas, intimando-se o INSS à manifestação, antes da homologação;
IV. em face do Instituto não fazem coisa julgada os acordos homologados nas Varas do Trabalho;

V. não se forma preclusão em face do Instituto, mesmo quando se queda silente, em prazo a ele deferido para se manifestar sobre as contas, logo, pode discuti-las no momento dos embargos.

E assinale:

(A) se corretas somente as assertivas II, III e IV;
(B) se incorreta somente a assertiva V;
(C) se corretas somente as assertivas I, II e V;
(D) se corretas somente as assertivas II, IV e V;
(E) se corretas as assertivas I, III e IV.

I: correta (art. 114, VIII, da CF/1988); **II:** incorreta (art. 114, VIII, da CF/1988 c/c art. 876, parágrafo único, CLT); **III:** à época a assertiva estava correta, porém, desde a criação da Receita Federal do Brasil, deve ser intimada a União e não o INSS (art. 879, § 3º, da CLT, com redação dada pela Lei nº 11.457, de 2007); **IV:** correta, uma vez que o art. 472 do CPC determina que "a sentença faz coisa julgada às partes entre as quais é dada, não beneficiando, nem prejudicando terceiros"; **V:** incorreta, torna-se preclusa a matéria em face do Instituto, quando se queda silente, em prazo a ele deferido para se manifestar sobre as contas.

Gabarito "E"

(Magistratura do Trabalho – 3ª Região – 2008) Analise as proposições abaixo (de I a V) e assinale a alternativa correta, conforme sejam verdadeiras ou falsas:

I. a contribuição do empregador rural pessoa física, destinada à Seguridade Social, é de 2% da receita bruta proveniente da comercialização da sua produção e de 0,1% da receita bruta proveniente da comercialização da sua produção para financiamento das prestações por acidente do trabalho, havendo, também, para esta pessoa física, a contribuição facultativa do segurado contribuinte individual calculada sobre o salário-de-contribuição.
II. a Seguridade Social será financiada somente pelos seus segurados e pelas empresas.
III. o empregador doméstico poderá recolher a contribuição do segurado empregado a seu serviço e a parcela a seu cargo relativas à competência novembro até o dia 20 de dezembro, juntamente com a contribuição referente ao 13º salário, utilizando-se de um único documento de arrecadação.
IV. o direito de cobrar os créditos da Seguridade Social, constituídos na forma de sua Lei Orgânica, prescreve em 10 anos.
V. para ficar isenta das contribuições previdenciárias da empresa, é suficiente que a entidade beneficente de assistência social seja reconhecida como de utilidade pública federal e estadual ou do Distrito Federal ou municipal.

(A) Apenas as proposições I e III são verdadeiras.
(B) Apenas as proposições I, II e V são verdadeiras.
(C) Apenas as proposições III e IV são verdadeiras.
(D) Apenas as proposições I, III e IV são verdadeiras.
(E) Todas as proposições são verdadeiras.

I: incorreta, empregador rural pessoa física não se confunde com "segurado especial", e, em atenção ao art. 25, *caput* e § 1º, da Lei 8.212/1991, o empregador rural pessoa física deve contribuir como segurado contribuinte individual e com relação às contribuições na qualidade de "empregador", cota patronal, não é feita na forma do art. 22, mas sim é substituída fazendo incidir de 2% da receita bruta proveniente da comercialização da sua produção e de 0,1% da receita bruta proveniente da comercialização da sua produção para financiamento das prestações por acidente do trabalho, sendo atribuída apenas ao segurado especial a faculdade de contribuir também sobre salário-de-contribuição; **II:** incorreta, a seguridade social será financiada por toda a sociedade (art. 195 da CF/1988); **III:** correta (art. 30, § 6º, da Lei 8.212/1991); **IV:** à época estava correta, porém desde a edição da Súmula Vinculante nº 8 do STF (Sessão Plenária de 12.06.2008: Constitucionalidade - Prescrição e Decadência de Crédito Tributário. "São inconstitucionais o parágrafo único do art. 5º do Decreto-lei 1.569/1977 e os arts. 45 e 46 da Lei 8.212/1991, que tratam de prescrição e decadência de crédito tributário") essa assertiva está incorreta, foi julgado inconstitucional o prazo constante do art. 45 da Lei 8.212/1991 (que era de 10 anos), é de 5 (cinco) anos o prazo de decadência para a Seguridade Social apurar e constituir seus créditos; **V:** incorreta, a Lei 8.212/1991, em seu art. 55 (atualmente a matéria é tratada na Lei 12.101, de 2009), fixava diversos outros critérios a serem atendidos para efeito de isentar a entidade beneficente de assistência social das contribuições previdenciárias.

Gabarito "C"

(Magistratura do Trabalho – 5ª Região – 2006 – CESPE) Considerando as disposições constitucionais acerca da previdência social, assinale a opção incorreta.

(A) De acordo com as características de determinado setor da economia, inclusive em relação à maior necessidade de utilização de mão de obra, as contribuições sociais incidentes sobre folha de salários e demais rendimentos do trabalho pagos ou creditados, a qualquer título, à pessoa física que lhe preste serviço, mesmo sem vínculo empregatício, poderão ter alíquotas ou bases de cálculo diferenciadas.
(B) As entidades de educação e assistência social, sem fins lucrativos, atendidos os requisitos da lei, são isentas das contribuições para a seguridade social.
(C) A imunidade dos aposentados e pensionistas refere-se à não incidência em relação ao recebimento de benefício, não contemplando a hipótese de o aposentado retornar ao trabalho, situação que determinará a cobrança de contribuição em relação a esta nova atividade.
(D) A contribuição do segurado especial, beneficiando, inclusive, os respectivos cônjuges, é feita mediante a aplicação de uma alíquota sobre o resultado da comercialização da produção, e seus beneficiários farão jus aos benefícios que a lei determinar.
(E) Não ofende os princípios da seguridade social a possibilidade de se criar um sistema de inclusão previdenciária com alíquotas e carências inferiores às vigentes.

A: correta (art. 195, § 9º, da CF/1988); **B:** incorreta, o art. 195, § 7º, da CF/1988, diferentemente do que faz o art. 150, III (que no trato dos impostos garante a imunidade em prol das instituições "de educação" e de assistência social), assegura imunidade apenas a entidades beneficentes e de assistência social, sem referir-se a "entidades de educação"; **C:** correta (art. 195, II, da CF/1988 e art. 12, § 4º, da Lei 8.212/1991); **D:** correta (art. 195, § 8º, da CF/1988); **E:** correta (art. 201, §§ 12 e 13, da CF/1988).

Gabarito "B"

(Magistratura do Trabalho – 5ª Região – 2006 – CESPE) Considerando a ordem social traçada e propugnada pela Constituição Federal de 1988, em relação à seguridade social, julgue os itens a seguir.

I. O princípio-objetivo da equidade na forma da participação do custeio é equivalente em conteúdo à capacidade contributiva, tendo em vista a inequívoca natureza tributária das contribuições sociais.

II. No tocante à previdência social, a universalidade da cobertura e do atendimento, dada a natureza diferenciada desse subsistema, opera no campo da universalidade de participação nos planos previdenciários de custeio e benefícios.

III. Apesar de não estar expresso no Título da Ordem Social, a solidariedade é um princípio que irradia seus efeitos no sistema de seguridade social e em toda a sociedade.

IV. Considerando a diversidade da base de financiamento, é correto afirmar que as fontes de custeio não se limitam às bases econômicas já expressas na Constituição, sendo possível a tributação de novas manifestações de riqueza, bastando, para isso, lei ordinária.

A quantidade de itens certos é igual a

(A) 0.
(B) 1.
(C) 2.
(D) 3.
(E) 4.

I: incorreta segundo a literalidade do texto constitucional, que assinala no art. 145, § 1º, a referência à capacidade contributiva ao tratar de "impostos", podendo, por outro lado, ser dada como válida essa assertiva mediante juízo subjetivo, de caráter doutrinário, mediante a interpretação das normas, hipótese que não se coaduna com questões objetivas de certame público, uma vez que, admitida a resposta mediante juízo interpretativo, não haverá resposta certa ou errada; **II:** incorreta, o princípio constitucional da universalidade da cobertura e do atendimento opera unicamente no campo da proteção social, não na esfera contributiva, malgrado isso, mediante juízo subjetivo de interpretação das normas constitucionais, poderia se concluir (tese que expressamente rejeitamos) pela possibilidade da abrangência desse brocardo constitucional também na esfera do custeio; **III:** correta, como dito na própria assertiva não está expresso no texto constitucional, ao tratar da Seguridade Social nada se fala sobre "princípio da solidariedade", interpretativamente muitos consideram a presença desse princípio no sistema de seguridade social (estranho falar-se "e em toda sociedade"); **IV:** incorreta, o art. 195, § 4º, exige a utilização de lei complementar para instituir outras fontes destinadas a garantir a manutenção ou expansão da seguridade social (em razão da referência feita ao art. 154, I, da CF/1988, que por sua vez consagra a necessidade de lei complementar para instituir impostos residuais). À exceção, portanto, do enunciado de número IV, os três primeiros são repletos de caráter subjetivo, de modo que a resposta certa ou errada depende unicamente do entendimento do examinador. Esses enunciados são válidos em cursos de pós-graduação, quando o debate é livre, e o intuito dele é aflorar ideias, de outra toada, são absolutamente inadequados em certame público, quando a objetividade deve ser a tônica.

Gabarito "C"

(Magistratura do Trabalho – 8ª Região – 2007) São responsáveis solidariamente pelo recolhimento das contribuições à seguridade social, exceto:

(A) O empresário e os sócios das sociedades limitadas com seus bens pessoais, pelos débitos junto à seguridade social.
(B) Os acionistas controladores, os administradores, os gerentes e os diretores, com seus bens pessoais, quanto ao inadimplemento das obrigações por dolo ou culpa.
(C) Os produtores rurais integrantes de consórcio de empregadores rurais pessoas físicas.
(D) O operador portuário e o órgão gestor de mão de obra.
(E) A administração pública responde solidariamente com o contratado, pelos encargos previdenciários resultantes da execução do contrato.

Fazemos a nota inicial de que de acordo com o art. 121, II, do CTN, a responsabilidade tributária deve decorrer de lei. **A:** correta à época, eis que vigia o texto do art. 13 da Lei 8.620/1993, que, entretanto, encontra-se revogado pela Lei 11.941, de 2009; **B:** correta à época, eis que vigia o texto do parágrafo único do art. 13 da Lei 8.620/1993, que, entretanto, encontra-se revogado pela Lei 11.941, de 2009; **C:** correta, de acordo com os ditames estabelecidos no art. 25-A, § 3º, da Lei 8.212/91, que assim preceitua: "os produtores rurais integrantes do consórcio de que trata o *caput* serão responsáveis solidários em relação às obrigações previdenciárias"; **D:** correta (art. 19, § 2º, da Lei 8.630/1993. De observar que atualmente a solidariendade encontra-se no art. 33, §2º, da Lei 12.815/2013); **E:** incorreta pelo gabarito, previsão legal existe (art. 71, § 2º, da Lei 8.666/1993 e Súmula 331 do TST, alterada pelo TST em 24/05/2011), mas no gabarito oficial foi dada por inexistente a responsabilidade solidária provavelmente pela falta de transcrição da parte final do dispositivo (art. 71, § 2º, da Lei 8.666/1993): "nos termos do art. 31 da Lei 8.212, de 24 de julho de 1991", muito provável tenha sido essa a razão de o examinador ditar como incorreta a letra "e". Transcrevemos na íntegra os textos referenciados: Lei 8.666/1993, art. 71, § 2º: "A Administração Pública responde solidariamente com o contratado pelos encargos previdenciários resultantes da execução do contrato, nos termos do art. 31 da Lei 8.212, de 24 de julho de 1991. (Redação dada pela Lei 9.032, de 1995)". Ainda, o Enunciado 331 do TST dispõe: "Contrato de Prestação de Serviços – Legalidade (...) IV – O inadimplemento das obrigações trabalhistas, por parte do empregador, implica a responsabilidade subsidiária do tomador de serviços quanto àquelas obrigações, desde que haja participado da relação processual e conste também do título executivo judicial. V – Os entes integrantes da Administração Pública direta e indireta respondem subsidiariamente, nas mesmas condições do item IV, caso evidenciada a sua conduta culposa no cumprimento das obrigações da Lei 8.666, de 21.06.1993, especialmente na fiscalização do cumprimento das obrigações contratuais e legais da prestadora de serviço como empregadora. A aludida responsabilidade não decorre de mero inadimplemento das obrigações trabalhistas assumidas pela empresa regularmente contratada. VI – A responsabilidade subsidiária do tomador de serviços abrange todas as verbas decorrentes da condenação referentes ao período da prestação laboral." (alterada pelo TST em 24.05.2011).

Gabarito "E"

(Magistratura do Trabalho – 9ª Região – 2007) Considerando a legislação vigente, examine as seguintes proposições:

I. Serão executadas *ex officio* as contribuições sociais devidas em decorrência de decisão proferida pelos Juízes e Tribunais do Trabalho, resultantes de condenação ou homologação de acordo, inclusive sobre os salários pagos durante o período contratual reconhecido.

II. Em ações trabalhistas, nos acordos homologados em que não figurarem, discriminadamente, as parcelas legais de incidência da contribuição previdenciária, esta incidirá sobre o valor total do acordo homologado.

III. É considerada como discriminação de parcelas legais de incidência de contribuição previdenciária a fixação de percentual de verbas remuneratórias e indenizatórias constantes dos acordos homologados.

IV. A contribuição do empregado no caso de ações trabalhistas será calculada mês a mês, observado o limite máximo do salário-de-contribuição.

Assinale a alternativa correta:

(A) Apenas três proposições estão corretas;
(B) Apenas duas proposições estão corretas;
(C) Apenas uma proposição está correta;
(D) Todas as proposições estão corretas;
(E) Todas as proposições estão erradas.

I: correta, de acordo com o parágrafo único do art. 876, da CLT, com a redação dada pela Lei 11.457, de 2007; **II:** correta (art. 43, § 1º, da Lei 8.212/1991); **III:** incorreta, não existe previsão legal nesse sentido; **IV:** correta (art. 43, § 3º, da Lei 8.212/1991).

Gabarito "A"

(Magistratura do Trabalho – 12ª Região – 2006) Assinale a proposição errada:

(A) decadência é a extinção do direito que o INSS tem de apurar e constituir, por lançamento, o seu crédito previdenciário em determinado tempo que não pode ser interrompido nem suspenso;
(B) para comprovar o exercício de atividade remunerada, com vistas à concessão de benefícios, são imprescritíveis as correspondentes contribuições do contribuinte individual, que poderão ser exigidas a qualquer tempo pela Seguridade Social;
(C) havendo embargos à execução opostos pelo executado à conta de execução, o INSS deve ser citado para contestar, ainda que a matéria verse somente sobre o montante da gratificação natalina;
(D) em relação à execução da contribuição previdenciária das empresas optantes pelo regime tributário SIMPLES, é cabível a inclusão na conta das contribuições do empregado e de terceiros, estando isenta a parcela específica da empresa;
(E) deixar de repassar à Previdência Social as contribuições recolhidas dos contribuintes, no prazo e forma da lei, é crime denominado apropriação indébita previdenciária previsto no Código Penal.

A: correta, essa é a definição de "decadência" na esfera tributária; **B:** correta, trata-se de transcrição literal do § 1º do art. 45 da Lei 8.212/1991, com a redação dada pela Lei 9.876, de 1999, e atualmente revogado pela Lei Complementar 128, de 2008; **C:** correta, conquanto seja instrumento de defesa os embargos à execução têm natureza jurídica de ação, decorrendo a partir daí a necessidade de citação do embargado-credor; **D:** incorreta, os integrantes do regime tributário SIMPLES não são isentos do pagamento da cota patronal, devem satisfazê-la, mediante percentil a incidir sobre o valor da receita auferida; **E:** correta (art. 168-A do Código Penal).

Gabarito "D"

(Magistratura do Trabalho – 16ª Região – 2008) Julgue os itens abaixo:

I. É possível, para fins de obtenção de pensão por morte, a regularização contributiva posterior ao óbito, mediante o recolhimento após a morte das contribuições previdenciárias ou mediante o desconto/abatimento das contribuições pretéritas sobre os proventos da própria pensão.

II. Não deve ser computado como período de carência, para fins de concessão da aposentadoria por idade, o tempo durante o qual o segurado esteve em gozo de auxílio doença.

III. A Terceira Sessão do Superior Tribunal de Justiça firmou entendimento no sentido da inadmissibilidade de documentos em nome de terceiros como início de prova material para comprovação da atividade rural.

IV. A jurisprudência do C. Superior Tribunal de Justiça é uníssona ao afirmar que a falta de comprovação do recolhimento das contribuições gera a conclusão de que não foi cumprida, pelo empregado doméstico, a carência exigida por lei.

(A) Todas estão corretas;
(B) Todas estão incorretas;
(C) Apenas I e IV estão corretas;
(D) Apenas II e III estão corretas;
(E) Apenas I está correta.

I: incorreta, essa hipótese não é aceita pela Administração Pública; **II:** correta, carência consiste de "tempo de contribuição à previdência" (art. 24 da Lei 8.213/1991) e durante o prazo de percepção de benefício auxílio-doença não existe (art. 28, § 9º, letra "a", da Lei 8.212/1991) contribuição previdenciária (nem mesmo do tomador de serviço), impossível, desse modo, capitular o prazo de fruição de auxílio-doença como tempo de contribuição. Pode-se ver que o art. 55, II, da Lei 8.213/1991 ao versar sobre o benefício de aposentadoria por tempo de contribuição (hipótese diversa da referida na assertiva) permite a contagem do tempo "intercalado" em que o segurado esteve em gozo de auxílio-doença para efeito de caracterização de "tempo de serviço" (não de contribuição). É muito provável que tivesse o examinador em mente a posição jurisprudencial sobre o tema, situação em que temos tido julgados proferidos pelo STJ admitindo essa situação com arrimo na bandeira da proteção social. Entretanto, questões em concursos, máxime em fase objetiva, devem ser feitas com vistas em texto expresso de lei, se se pretender indagar posicionamento "pacificado" nos tribunais deve o examinador fazer esse apontamento na questão/item, o que não ocorreu no caso em comento; **III:** incorreta, o STJ admite documentos em nome de terceiros (genitores, cônjuge, por exemplo) como início de prova material para comprovação da atividade rural (matéria que inclusive gerou a edição da Súmula 32, de 2008, pela Advocacia-Geral da União); **IV:** incorreta, considera o STJ que diante do fato de a obrigação pela retenção e recolhimento das contribuições previdenciárias devidas pelo empregado doméstico serem de responsabilidade do tomador de serviço (empregador doméstico), o empregado doméstico deve limitar-se a comprovar o exercício da atividade remunerada, pouco importando o efetivo recolhimento das contribuições para efeito de percepção de benefício previdenciário (princípio da automaticidade das prestações).

Gabarito "B"

(Magistratura do Trabalho – 20ª Região – 2003) Em se tratando de contribuições, analise as seguintes alternativas, assinalando apenas a correta:

(A) a contribuição social dos segurados empregados, excetuando-se os domésticos e o trabalhador avulso, é calculada mediante a aplicação da correspondente alíquota, de forma não cumulativa, sobre o seu salário-de-contribuição;

(B) a contribuição devida em razão do trabalho doméstico é inteiramente suportada pelo empregador;

(C) a omissão da empresa nos descontos previdenciários a que for obrigada por lei transfere, automaticamente, a responsabilidade respectiva aos segurados;

(D) a renda líquida dos concursos de prognósticos constitui receita da seguridade social, inclusive envolvendo os valores destinados ao programa de crédito educativo;

(E) a contribuição da União é constituída de recursos adicionais do orçamento fiscal, fixados obrigatoriamente na lei orçamentária anual.

A: incorreta, os segurados: empregado, trabalhador avulso e doméstico contribuem de forma idêntica (art. 20 da Lei 8.212/1991); **B:** incorreta, a contribuição do empregado doméstico não é suportada pelo empregador doméstico, este é apenas o responsável tributário, devendo deduzir (reter) da remuneração de seu empregado doméstico a contribuição previdenciária devida nos moldes assinalados no art. 20 da Lei 8.212/1991, e recolhê-la à Previdência Social juntamente com a cota patronal a cargo do tomador de serviço (art. 30, V, da Lei 8.212/1991); **C:** incorreta, o art. 33, § 5º, da Lei 8.212/1991, prevê que o desconto de contribuição e de consignação legalmente autorizadas sempre se presume feito oportuna e regularmente pela empresa a isso obrigada, não lhe sendo lícito alegar omissão para se eximir do recolhimento, ficando diretamente responsável pela importância que deixou de receber ou arrecadou em desacordo com o disposto nesta Lei; **D:** incorreta, a previsão contida no art. 5º da Lei 8.436/1992 é no sentido da destinação de 30% (trinta por cento) da renda líquida dos concursos de prognósticos administrados pela Caixa Econômica Federal ao Programa de Crédito Educativo (art. 26 da Lei 8.212/1991); **E:** correta (art. 16 da Lei 8.212/1991).

Gabarito "E"

(Magistratura do Trabalho – 15ª Região – 2010) Aponte a alternativa incorreta:

(A) a contribuição à seguridade social devida pelo empregador rural pessoa física é calculada sobre a receita bruta proveniente da comercialização da sua produção, sendo devida contribuição para as prestações do acidente do trabalho, que têm igual base de cálculo;

(B) os bancos pagam alíquota diferenciada de contribuição à seguridade social, sendo esta superior àquela devida, no geral, para os demais empregadores;

(C) com base nas estatísticas de acidentes do trabalho, é possível alterar o enquadramento de empresas para efeito da contribuição destinada ao SAT;

(D) a contribuição empresarial da associação desportiva que mantenha equipe de futebol profissional corresponde a cinco por cento da receita bruta e só não é calculada sobre o valor recebido pelo clube em decorrência da transmissão dos jogos por empresas de televisão;

(E) não se considera como remuneração direta ou indireta, para os efeitos, da Lei 8.212/1991, os valores pagos pelas instituições de ensino vocacional aos membros da congregação em face do seu mister religioso ou para sua subsistência, desde que fornecidos em condições que independam da natureza e da quantidade do trabalho executado.

A: correta, de acordo com o art. 25 da Lei 8.212/1991; **B:** correta, art. 22, § 1º, da Lei 8.212/1991, que majora a alíquota contributiva das instituições financeiras em 2,5%; **C:** correta, trata-se do FAP (Fator Acidentário de Prevenção), trazido pela Lei 10.666, de 2003; **D:** incorreta (a ser assinalada), o art. 22, § 6º, da Lei 8.212 determina a incidência de contribuição previdenciária sobre o valor decorrente de transmissão de espetáculos desportivos; **E:** correta, de acordo com o art. 22, § 13, da Lei 8.212/1991.

Gabarito "D"

(Magistratura do Trabalho – 15ª Região – 2011) A respeito da responsabilidade pelo recolhimento de contribuições previdenciárias, é incorreto afirmar que;

(A) quitadas em primeira audiência verbas rescisórias incontroversamente devidas, dentre elas o saldo de salário e o décimo terceiro, o magistrado determinará, sob pena de responsabilidade, que a reclamada proceda ao imediato recolhimento das contribuições previdenciárias;

(B) os administradores das empresas públicas sujeitas ao controle dos Estados, em mora com o pagamento de contribuições previdenciárias há mais de 30 (trinta) dias, nos termos da lei, são subsidiariamente responsáveis pelo respectivo pagamento;

(C) os administradores de fundações públicas, criadas e mantidas pelo Poder Público, sujeitas ao controle dos Municípios, em mora com o pagamento de contribuições previdenciárias há mais de 30 (trinta) dias, tornam-se solidariamente responsáveis pelo respectivo pagamento;

(D) exclui-se da responsabilidade solidária perante a Seguridade Social o adquirente de unidade imobiliária que realizar a operação com empresa de comercialização de imóveis ficando esta solidariamente responsável com o construtor;

(E) as empresas que integram grupo econômico de qualquer natureza respondem entre si, solidariamente, pelas contribuições previdenciárias.

A: correta, conforme art. 43 da Lei 8.212/1991; **B:** incorreta (a ser assinalada) o art. 42 da Lei 8.212/1991 impõe responsabilidade "solidária" e não "subsidiária"; **C:** correta, art. 42 da Lei 8.212/1991; **D:** correta, art. 30, VII, da Lei 8.212/1991; **E:** correta, art. 30, IX, da Lei 8.212/1991.

Gabarito "B"

(Magistratura do Trabalho – 2ª Região – 2010) Aponte a afirmativa correta:

(A) São exemplos de segurados obrigatórios da previdência social, na categoria de contribuintes individuais: o ministro de confissão religiosa e o membro de instituto de vida consagrada, de congregação ou de ordem religiosa; o servidor público ocupante de cargo em comissão, sem vínculo efetivo com a União, Autarquias, inclusive em regime especial, e Fundações Públicas Federais; quem presta serviço de natureza urbana ou rural, em caráter eventual, a uma ou mais empresas, sem relação de emprego.

(B) O servidor civil ocupante de cargo efetivo da União, dos Estados, do Distrito Federal ou dos Municípios, bem como o das respectivas autarquias e fundações, são excluídos do Regime Geral de Previdência Social, desde que amparados por regime próprio de previdência social.

(C) A contribuição do empregador doméstico é de 11% (onze por cento) do salário-de-contribuição do empregado doméstico a seu serviço.

(D) A contribuição a cargo da empresa, destinadas à Seguridade Social, é de 20% (vinte por cento) sobre o total das remunerações pagas, devidas ou creditadas a qualquer título, durante o mês, aos segurados empregados e trabalhadores avulsos que lhe prestem serviços, destinadas a retribuir o trabalho, qualquer que seja a sua forma, quer pelos serviços efetivamente prestados, quer pelo tempo à disposição do empregador ou tomador de serviços, excluídas as gorjetas, os ganhos habituais sob a forma de utilidades e os adiantamentos decorrentes de reajuste salarial.

(E) Equipara-se ao empregador rural pessoa natural o consórcio simplificado de produtores rurais, formado pela união de produtores rurais pessoas naturais, que outorgar a um deles poderes para contratar, gerir e dispensar trabalhadores para prestação de serviços, exclusivamente, aos seus integrantes, mediante documento registrado em cartório de títulos e documentos, hipótese em que fica dispensada a identificação perante o INSS de cada produtor, seu endereço pessoal e o de sua propriedade rural.

A: incorreta, uma vez que o servidor público ocupante de cargo em comissão, sem vínculo efetivo é segurado obrigatório do Regime Geral n categoria de empregado; **B:** correta, de acordo com o art. 12 da Lei 8.213/1991; **C:** incorreta, a contribuição do empregador doméstico é de 12% (art. 24 da Lei 8.212/1991); **D:** incorreta, uma vez que são "incluídas" as gorjetas em atenção ao art. 22, I, da Lei 8.212/1991; **E:** incorreta, a Lei 8.212/1991, no art. 25-A, determina a matrícula no Instituto Nacional do Seguro Social – INSS de cada um dos produtores rurais para caracterização previdenciária do consórcio simplificado de produtores rurais.

Gabarito "B"

17. SALÁRIO DE CONTRIBUIÇÃO

(Magistratura do Trabalho – 5ª Região – 2006 – CESPE) De acordo com a normatização previdenciária, não integra a base de cálculo de contribuição o(a)

(A) vale-transporte pago em pecúnia por empresa de conservação e limpeza.

(B) complementação ao valor do auxílio-doença paga apenas aos empregados expostos a agentes nocivos.

(C) valor das contribuições efetivamente pagas pela pessoa jurídica relativo a programa de previdência complementar fechada ou aberta, disponível a todos os empregados do setor financeiro.

(D) valor correspondente a vestuários, equipamentos e outros acessórios fornecidos ao empregado e utilizados no local do trabalho com a finalidade de prestar os respectivos serviços.

(E) participação nos lucros ou resultados da empresa, sendo possível o parcelamento em no máximo quatro vezes no mesmo ano civil, independentemente de acordo ou convenção coletiva.

A: à época era incorreta, a Lei 8.212/1991, em seu art. 28, § 9º, "e", item 9, "f", assevera que não integra o salário-de-contribuição: a parcela recebida a título de vale-transporte, na forma da legislação própria, e a legislação própria coíbe que seja o vale-transporte pago em pecúnia, por conseguinte, paga essa verba em desconformidade com a legislação de regência, o numerário passa a integrar o salário-de-contribuição, ocorre que os contribuintes enquadrados nessa hipótese que foram autuados pelo Fisco e a questão chegou ao STF, que, admitida a repercussão geral, no julgamento do RE 478.410, por seu Plenário, em 10.03.2010, acolheu a tese segundo a qual mesmo que pago em pecúnia o vale-transporte não integra a base de cálculo da contribuição previdenciária; **B:** incorreta, de acordo com a Lei 8.212/1991, em seu art. 28, § 9º, "n", a importância paga ao empregado a título de complementação ao valor do auxílio-doença, não integra a base de cálculo de contribuição desde que este direito seja extensivo à totalidade dos empregados da empresa; **C:** incorreta, uma vez que a Lei 8.212/1991, em seu art. 28, § 9º, "p", valor das contribuições efetivamente pago pela pessoa jurídica relativo a programa de previdência complementar, aberto ou fechado, não integra a base de cálculo de contribuição desde que disponível à totalidade de seus empregados e dirigentes; **D:** correta (art. 28, § 9º, "r", Lei 8.212/1991); **E:** incorreta, a Lei 8.212/1991, em seu art. 28, § 9º, "j" exclui a participação nos lucros ou resultados da empresa, quando paga ou creditada de acordo com lei específica; a lei de regência é a Lei 10.101/2000, que no art. 3º, § 2º, veda o pagamento de qualquer antecipação ou distribuição de valores a título de participação nos lucros ou resultados da empresa em periodicidade inferior a um semestre civil, ou mais de duas vezes no mesmo ano civil.

Gabarito "D"

(Magistratura do Trabalho – 8ª Região – 2007) Não integra o salário-de-contribuição, salvo:

(A) O salário-maternidade.

(B) Os benefícios da previdência social, nos termos e limites legais; a parcela *in natura* recebida de acordo com os programas de alimentação do trabalhador promovidos pelo Ministério do Trabalho.

(C) As férias indenizadas e o respectivo terço constitucional.

(D) A parcela recebida a título de vale-transporte.

(E) As diárias para viagens, desde que não excedam a cinquenta por cento da remuneração mensal.

A: incorreta, a Lei de Custeio (Lei 8.212/1991) no § 2º do art. 28 determina expressamente que o salário-maternidade deve ser considerado salário-de-contribuição; **B:** correta (art. 28, § 9º, "a" e "c", da Lei 8.212/1991); **C:** correta (art. 28, § 9º, "d", da Lei 8.212/1991); **D:** correta (art. 28, § 9º, "f", da Lei 8.212/1991); **E:** correta (art. 28, § 9º, "h", da Lei 8.212/1991).

Gabarito "A"

(Magistratura do Trabalho – 9ª Região – 2007) Das alternativas abaixo, indique aquela que contém parcela que integra o salário-de-contribuição:

(A) Licença-prêmio indenizada.
(B) Décimo terceiro salário.
(C) A parcela recebida a título de vale-transporte, na forma da legislação pertinente.
(D) A indenização adicional prevista pelo art. 9º da Lei 7.238 de 29.10.1984.
(E) Aviso prévio indenizado.

A: incorreta (art. 28, § 9º, "e", item 8, da Lei 8.212/1991); **B:** correta (art. 28, § 7º, da Lei 8.212/1991); **C:** incorreta (art. 28, § 9º, "f", da Lei 8.212/1991); **D:** incorreta (art. 28, § 9º, "e", item 9, da Lei 8.212/1991); **E:** incorreta à época, cabendo anotar que a Administração Pública alterou o Decreto Federal 3.048/1999 (art. 217), pelo Decreto Federal 6.727, de 2009, para incluir os valores relativos ao aviso prévio indenizado dentre as verbas que se fazem incidir a contribuição previdenciária.

Gabarito "B"

(Magistratura do Trabalho – 9ª Região – 2009) Considere as seguintes proposições:

I. O salário-maternidade é considerado salário-de-contribuição.
II. O 13º salário integra o salário-de-contribuição, exceto para o cálculo de benefício.
III. Não integram o salário-de-contribuição, dentre outras, as seguintes verbas: a parcela recebida a título de vale-transporte, a participação nos lucros ou resultados da empresa, importâncias recebidas a título de férias + 1/3, valores recebidos em decorrência de direitos autorais.
IV. O empregador doméstico está obrigado a arrecadar as contribuições incidentes sobre o salário mensal do segurado empregado a seu serviço e a recolhê-la, assim como a parcela a seu cargo, até o dia 15 do mês seguinte ao da competência.

(A) Somente as proposições III e IV são corretas.
(B) Somente as proposições II e III são corretas.
(C) Somente as proposições I, II e IV são corretas.
(D) Todas as proposições são corretas.
(E) Somente as proposições I e IV são corretas.

I: correta (art. 28, §2º, da Lei 8.212/1991); **II:** correta (art. 28, §7º, da Lei 8.212/1991); **III:** correta (art. 28, §9º, letras "d", "j", "v"); **IV:** correta (art. 30, V, da Lei 8.212/1991).

Gabarito "D"

(Magistratura do Trabalho – 13ª Região – 2006) A respeito do salário-de-contribuição, segundo a Lei 8.212/1991, não é correto afirmar:

(A) o salário-maternidade é considerado salário-de-contribuição;
(B) o décimo terceiro salário integra o salário-de-contribuição, exceto para o cálculo do benefício, na forma estabelecida em regulamento;
(C) os valores correspondentes a transporte, alimentação e habitação fornecidos pela empresa ao empregado contratado para trabalhar em localidade distante da sua residência não integram o salário-de-contribuição;
(D) não é considerado salário-de-contribuição o valor relativo à assistência prestada por serviço médico ou odontológico, próprio da empresa ou por ela conveniado, inclusive o reembolso das despesas com medicamentos, despesas hospitalares e outras similares, desde que fornecidos em razão de cargo de gestão e a cobertura abranja 1/3 (um terço) dos empregados;
(E) o total das diárias pagas, quando excedentes a 50% (cinquenta por cento) da remuneração mensal, integra o salário-de-contribuição pelo seu valor total.

A: correta (art. 28, § 2º, da Lei 8.212/1991); **B:** correta (art. 28, § 7º, da Lei 8.212/1991); **C:** correta (art. 28, § 9º, "c", "f", "g", "m", da Lei 8.212/1991); **D:** incorreta (art. 28, § 9º, da Lei 8.212/1991); **E:** correta (art. 28, § 9º, "h", da Lei 8.212/1991).

Gabarito "D"

(Magistratura do Trabalho – 14ª Região – 2008) Qual das parcelas integra o salário-de-contribuição?

(A) férias indenizadas;
(B) aviso prévio indenizado;
(C) décimo terceiro salário;
(D) diárias para viagens não excedentes a 50% da remuneração mensal;
(E) Fundo de Garantia por Tempo de Serviço.

A: incorreta (art. 28, § 9º, "d", da Lei 8.212/1991); **B:** incorreta à época, cabendo anotar que a Administração Pública alterou o Decreto Federal 3.048/1999 (art. 217), pelo Decreto Federal 6.727, de 2009, para incluir os valores relativos ao aviso prévio indenizado dentre as verbas que se fazem incidir a contribuição previdenciária; **C:** correta (art. 28, § 7º, da Lei 8.212/1991); **D:** incorreta (art. 28, § 9º, "h", da Lei 8.212/1991); **E:** incorreta (art. 214, § 9º, V, do Decreto Federal 3.048/1999).

Gabarito "C"

(Magistratura do Trabalho – 14ª Região – 2008) Dadas as proposições, aponte abaixo a alternativa CORRETA:

I. O salário-de-contribuição relativo ao contribuinte individual é a remuneração auferida em uma ou mais empresas ou pelo exercício de sua atividade por conta própria, durante o mês, observados os limites mínimos e máximos previstos na legislação.
II. O salário-maternidade não é considerado salário-de-contribuição.
III. São isentas de contribuição para a Seguridade Social as entidades beneficentes de assistência social que atendam às exigências estabelecidas em lei.
IV. É segurado facultativo o menor de quatorze anos de idade que se filiar ao Regime Geral de Previdência Social, mediante contribuição.

(A) todas as proposições estão corretas;
(B) apenas as proposições I e IV estão corretas;
(C) apenas as proposições II e III estão corretas;
(D) apenas as proposições I e III estão corretas;
(E) apenas as proposições II e IV estão corretas.

I: correta (art. 28, III, da Lei 8.212/1991); **II:** incorreta (art. 28, § 2º, da Lei 8.212/1991); **III:** correta (art. 195, § 7º, da CF/1988); **IV:**

incorreta, a filiação ao Regime Geral de Previdência social antes dos 16 anos somente é permitida ao menor aprendiz (art. 7º, XXXIII, da CF/1988), situação em que o enquadramento dar-se-á na qualidade de "empregado" (art. 11, I, da Lei 8.213/1991).

Gabarito "D"

(Magistratura do Trabalho – 20ª Região – 2003) Integram o salário-de-contribuição do empregado:

(A) os ganhos habituais e os ganhos eventuais;
(B) a totalidade dos abonos e diárias, bem como as cotas do salário-família;
(C) o salário-maternidade, observado o limite máximo de contribuição;
(D) a importância recebida a título de incentivo à demissão;
(E) o valor relativo ao reembolso de despesas com creche.

A: incorreta, pois os ganhos habituais sofrem a incidência de contribuição previdenciária (art. 28, I, da Lei 8.212/1991), ao passo que os ganhos eventuais dependem da discriminação dessa verba, sendo que, como regra, as rubricas eventuais não integram o salário-de--contribuição; **B:** incorreta, benefícios previdenciários não sofrem a incidência de contribuição previdenciária (art. 28, § 9º, "a", da Lei 8.212/1991); **C:** correta (art. 28, § 2º, da lei 8.212/1991); **D:** incorreta, trata-se de indenização, e verbas indenizatórias não sofrem a incidência de contribuição previdenciária; **E:** incorreta (Súmula 310 do STJ e art. 28, § 9º, "s", da Lei 8.212/1991).

Gabarito "C"

(Magistratura do Trabalho – 22ª Região – 2006) Integram o salário-de-contribuição, para fins previdenciários:

(A) As diárias para viagens, desde que excedam a 50% (cinquenta por cento) da remuneração mensal;
(B) Os benefícios da Previdência Social, nos termos e limites legais, salvo o salário-maternidade;
(C) A parcela recebida a título de vale-transporte, nos termos da legislação respectiva;
(D) A participação nos lucros ou resultados da empresa, quando paga ou creditada de acordo com lei específica;
(E) o valor correspondente a vestuário, equipamentos e outros acessórios fornecidos ao empregado e utilizados no local do trabalho para prestação dos respectivos serviços.

A: correta (art. 28, "a", da Lei 8.212/1991); **B:** incorreta, os benefícios da Previdência Social "não" integram o salário-de-contribuição, salvo o salário-maternidade (art. 28, § 9º, "a", da Lei 8.212/1991); **C:** incorreta (art. 28, § 9º, "f", da Lei 8.212/1991); **D:** incorreta (art. 28, § 9º, "j", da Lei 8.212/1991); **E:** incorreta (art. 28, § 9º, "r", da Lei 8.212/1991).

Gabarito "A"

(Magistratura do Trabalho – 15ª Região – 2010) Observe as afirmativas abaixo:

I. Incidem contribuições previdenciárias sobre o pagamento das férias normalmente usufruídas na vigência do contrato de emprego.
II. Não incidem contribuições previdenciárias sobre o 13º salário.
III. Incidem contribuições previdenciárias sobre a remuneração do tempo despendido pelo empregado até o local de trabalho e para o seu retorno em condução fornecida pelo empregador, sendo de difícil acesso ou não servido por transporte público o local onde se exerce a atividade laboral.
IV. Incidem contribuições previdenciárias sobre o salário-maternidade.

Agora responda:

(A) todas as assertivas são corretas;
(B) apenas uma das assertivas é correta;
(C) duas das quatro assertivas são corretas;
(D) três das quatro assertivas são corretas;
(E) todas as assertivas são incorretas.

I: correta, art. 28, § 9º, "d", da Lei 8.212/1991; **II:** incorreta, o art. 28, § 7º, da Lei 8.212/1991 determina a incidência contributiva sobre o 13º salário; **III:** correta, assertiva de acordo com o texto do Enunciado 90 do TST; **IV:** correta, conforme art. 28, § 9º, I, da Lei 8.212/1991.

Gabarito "D"

(Magistratura do Trabalho – 15ª Região – 2010) A contribuição a cargo da empresa, destinada à Seguridade Social, não incide sobre:

(A) gorjetas;
(B) ganhos eventuais pagos sob a forma de utilidades;
(C) o total das remunerações pagas ou creditadas a qualquer título, no decorrer do mês, aos segurados contribuintes individuais que lhe prestem serviços;
(D) o valor bruto da nota fiscal ou fatura, relativamente a serviços que lhe são prestados por cooperados por intermédio de cooperativas de trabalho;
(E) nenhuma das anteriores.

A: incorreta, o art. 22 da Lei 8.212/1991, I, inclui as gorjetas dentre as rubricas passíveis de incidência da contribuição previdenciária; **B:** incorreta (a ser assinalada), sobre os ganhos "habituais" sob a forma de utilidades incide a contribuição previdenciária (art. 22, I, da Lei 8.212/1991), ganhos "eventuais" estão exclusos, portanto, da previsão legal; **C:** correta, art. 22, III, da Lei 8.212/1991; **D:** correta, art. 22, IV, da Lei 8.212/1991; **E:** incorreta, pois existe resposta, alternativa "B".

Gabarito "B"

(Magistratura do Trabalho – 2ª Região – 2011) Assinale a alternativa incorreta, com base na Lei 8.212/1991:

(A) o total das diárias pagas, independentemente de seu valor, não Integra o salário de contribuição para a Previdência Social.
(B) Os benefícios pagos pela Previdência Social, nos termos e limites legais, salvo o salário-maternidade, não integram o salário-de-contribuição para a Previdência Social.
(C) As ajudas de custo e o adicional mensal, recebidos pelo aeronauta, nos termos da Lei 5.929, de 30 de outubro de 1973, não integram o salário--de-contribuição para a Previdência Social.
(D) A parcela "in natura", recebida de acordo com os programas de alimentação aprovados pelo Ministério do Trabalho e da Previdência Social, nos termos da Lei 6.321, de 14 de abril de 1976, não integra o salário-de-contribuição para a Previdência Social.
(E) As importâncias recebidas a título de férias indenizadas e respectivo adicional constitucional, inclusive o valor correspondente à dobra da

remuneração de férias de que trata o art. 137 da Consolidação das Leis do Trabalho, não integram o salário-de-contribuição para a Previdência Social.

A: incorreta (a ser assinalada), uma vez que o art. 28, § 8º, da Lei 8.212/1991 determina que integram o salário-de-contribuição pelo seu valor total as diárias pagas, quando excedente a cinquenta por cento da remuneração mensal; **B:** correta, reprodução do art. 28, § 9º, "a", da Lei 8.212/1991; **C:** correta, transcrição do art. 28, § 9º, "b", da Lei 8.212/1991; **D:** Correta, de acordo com o art. 28, § 9º, "c", da Lei 8.212/1991; **E:** correta, em conformidade com do art. 28, § 9º, "d", da Lei 8.212/1991.

Gabarito "A"

(Magistratura do Trabalho – 2ª Região – 2011) Assinale a alternativa correta:

(A) No caso de empregado e trabalhador avulso, entende-se como "salário-de-contribuição", para fins previdenciários, a remuneração registrada na Carteira de Trabalho e Previdência Social, observadas as normas estabelecidas em convenções coletivas quanto ao valor da remuneração.

(B) No caso de empregado e trabalhador avulso, entende-se como "salário-de-contribuição" para fins previdenciários, a remuneração auferida em uma ou mais empresas, assim entendida a totalidade dos rendimentos pagos, devidos ou creditados a qualquer título, durante o mês, destinados a retribuir o trabalho, qualquer que seja a sua forma, inclusive as gorjetas, os ganhos habituais sob a forma de utilidades e os adiantamentos decorrentes de reajuste salarial, quer pelos serviços efetivamente prestados, quer pelo tempo à disposição do empregador ou tomador de serviços nos termos da lei ou do contrato ou, ainda, de convenção ou acordo coletivo de trabalho ou sentença normativa.

(C) No caso de empregado e trabalhador avulso, entende-se como "salário-de-contribuição", para fins previdenciários, a remuneração-base e diárias recebidas inferiores a 50% da remuneração mensal.

(D) No caso de empregado e trabalhador avulso, entende-se como "salário-de-contribuição", para fins previdenciários, a remuneração auferida em uma ou mais empresas, destinada a retribuir o trabalho pelos serviços efetivamente prestados durante o mês, observado o teto de contribuição.

(E) No caso de empregado e trabalhador avulso, o "salário-de-contribuição" para fins previdenciários consiste nos valores simplesmente declarados pelos segurados em questão, observado o teto de contribuição.

A: incorreta, uma vez que a definição de salário-de-contribuição do trabalhador avulso é diversa da prevista para o segurado empregado doméstico (art. 28, I e II, da Lei 8.212/1991); **B:** correta, de acordo o texto literal do art. 28, I, da Lei 8.212/1991; **C:** incorreta, pois difere da definição legal (art. 28, I, da Lei 8.212/1991); **D:** incorreta, pois difere da definição legal (art. 28, I, da Lei 8.212/1991); **E:** incorreta, pois difere da definição legal (art. 28, I, da Lei 8.212/1991).

Gabarito "B"

18. DECADÊNCIA E PRESCRIÇÃO

(Magistratura do Trabalho – 16ª Região – 2006) Assinalar a opção INCORRETA, com fulcro na legislação vigente:

(A) Salvo no caso de direito adquirido, não é permitido o recebimento conjunto de: aposentadoria e auxílio-doença; mais de uma aposentadoria; aposentadoria e abono de permanência em serviço; salário-maternidade e auxílio doença; mais de um auxílio-acidente; mais de uma pensão deixada por cônjuge ou companheiro, ressalvado o direito de opção pela mais vantajosa.

(B) É vedado o recebimento conjunto do seguro-desemprego com qualquer benefício de prestação continuada da Previdência Social, exceto pensão por morte ou auxílio-acidente.

(C) Independe de carência a concessão de pensão por morte, auxílio-reclusão, salário-família e auxílio-acidente.

(D) Nas relações jurídicas de trato sucessivo em que a fazenda pública figure como devedora, quando não tiver sido negado o próprio direito reclamado, a prescrição atinge apenas as prestações vencidas antes do quinquênio anterior à propositura da ação.

(E) É de 05 (cinco) anos o prazo de decadência de todo e qualquer direito ou ação do segurado ou beneficiário para a revisão do ato de concessão de benefício, a contar do dia primeiro do mês seguinte ao do recebimento da primeira prestação ou, quando for o caso, do dia em que tomar conhecimento da decisão indeferitória definitiva no âmbito administrativo.

A: correta (art. 124 da Lei 8.213/1991); **B:** correta (parágrafo único do art. 124 da Lei 8.213/1991); **C:** correta (art. 26, I, da Lei 8.213/19910); **D:** correta (Súmula 85 do STJ); **E:** incorreta, estatui no art. 103 da Lei 8.213/1991 o prazo decadencial de 10 anos, e não cinco, como referido no enunciado.

Gabarito "E"

(Magistratura do Trabalho – 22ª Região – 2006) Assinale a alternativa INCORRETA:

(A) É de 10 (dez) anos o prazo de decadência de todo e qualquer direito ou ação do segurado ou beneficiário para a revisão do ato de concessão de benefício, a contar do dia primeiro do mês seguinte ao do recebimento da primeira prestação ou, quando for o caso, do dia em que tomar conhecimento da decisão de indeferimento, definitiva no âmbito administrativo;

(B) Prescreve em 5 (cinco) anos, a partir da data em que deveriam ter sido pagas, toda e qualquer ação para haver prestações vencidas ou quaisquer restituições ou diferenças devidas pela Previdência Social, salvo quando se tratar de direito de menores, incapazes e ausentes, na forma da Lei Civil;

(C) Prescreve em 10 (dez) anos, a partir da data em que deveriam ter sido pagas, toda e qualquer ação para haver prestações vencidas ou quaisquer restituições ou diferenças devidas pela Previdência Social, salvo quando se tratar de direito de menores, incapazes e ausentes, na forma da Lei Civil;

(D) O direito de a Previdência Social anular os atos administrativos de que decorram efeitos favoráveis aos seus beneficiários decai em 10 (dez) anos, contados da data em que foram praticados, salvo comprovada má-fé;

(E) Prescrevem em 5 (cinco) anos as ações referentes a prestação por acidente de trabalho, contados da data do acidente, quando dele resultar a morte ou incapacidade temporária, ou da data em que for reconhecida pela Previdência Social a incapacidade permanente ou o agravamento das sequelas resultantes do acidente.

A: correta (art. 103 da Lei 8.213/1991); **B:** correta (art. 103, parágrafo único, da Lei 8.213/1991); **C:** incorreta, conforme visto no item anterior, o prazo prescricional é de 5 (cinco) anos; **D:** correta (art. 103-A da Lei 8.213/1991); **E:** correta (art. 104 da Lei 8.213/1991).

Gabarito "C"

(Magistratura do Trabalho – 24ª Região – 2007) Considere as proposições abaixo:

I. Nos termos da Lei 8.213/1991, prescreve em cinco anos, a contar da data em que deveriam ter sido pagas, toda e qualquer ação para haver prestações vencidas ou quaisquer restituições ou diferenças devidas pela Previdência Social, salvo o direito dos menores, incapazes e ausentes, na forma do Código Civil.

II. Nos termos da Lei 7.998/1990, o trabalhador comprovadamente resgatado de regime de trabalho forçado ou da condição análoga à de escravo deve ter sua assistência financeira temporariamente provida pelo Programa de Seguro-desemprego, cabendo ao CODEFAT, por proposta do Ministro de Estado do Trabalho e Emprego, estabelecer os procedimentos necessários ao recebimento do benefício, observados os respectivos limites de comprometimento dos recursos do FAT.

III. No âmbito Federal, o orçamento da Seguridade Social é composto das seguintes receitas: (1) receitas da União; (2) receitas das contribuições sociais; (3) receitas de outras fontes. Além de outras, constituem contribuições sociais as incidentes sobre a receita de concurso de prognóstico.

IV. Todo aquele que exercer, concomitantemente, mais de uma atividade remunerada sujeita ao Regime Geral de Previdência Social é obrigatoriamente filiado em relação a cada uma delas.

Considerando as proposições acima como Verdadeira (V) ou Falsa (F), assinale a alternativa CORRETA:

(A) F, F, F, V.
(B) V, V, V, V.
(C) F, V, F, V.
(D) F, F, F, F.
(E) V, F, F, V.

I: correta (art. 103, parágrafo único, da Lei 8.213/1991); **II:** correta (art. 2º-C da Lei 7.998/1990); **III:** correta (art. 11 da Lei 8.212/1991); **IV:** correta (art. 11, § 2º, da Lei 8.213/1991).

Gabarito "B"

(Magistratura do Trabalho – 24ª Região – 2006) Quanto à prescrição e decadência das contribuições à Seguridade Social, considere as proposições que se seguem:

I. Na conformidade do Código Tributário Nacional, a ação para a cobrança do crédito tributário prescreve em 5 (cinco) anos, contados da data de sua constituição definitiva.

II. Segundo o Código Tributário Nacional, o direito de a Fazenda Pública constituir o crédito tributário extingue-se após 5 (cinco) anos, contados: I - do primeiro dia do exercício seguinte àquele em que o lançamento poderia ter sido efetuado; II - da data em que se tornar definitiva a decisão que houver anulado, por vício formal, o lançamento anteriormente efetuado.

III. Segundo o Código Tributário Nacional, a prescrição e a decadência são modalidades de extinção do crédito tributário.

IV. Na conformidade da Lei 8.212/1991, o direito da Seguridade Social apurar e constituir seus créditos extingue-se após 10 (dez) anos contados: I - do primeiro dia do exercício seguinte àquele em que o crédito poderia ter sido constituído; II - da data em que se tornar definitiva a decisão que houver anulado, por vício formal, a constituição de crédito anteriormente efetuada.

V. Segundo a Lei 8.212/1991, o direito de cobrar os créditos da Seguridade Social, constituídos na forma do art. 45, prescreve em 10 (dez) anos.

RESPONDA:

(A) Todas as proposições estão incorretas.
(B) Todas as proposições estão corretas.
(C) Apenas a proposição III está correta
(D) Apenas as proposições I, III e IV estão corretas.
(E) Apenas a proposição I está incorreta.

À época estava correta a letra "B", porém desde a edição da Súmula Vinculante 8 do STF (Sessão Plenária de 12.06.2008: Constitucionalidade - Prescrição e Decadência de Crédito Tributário. "São inconstitucionais o parágrafo único do art. 5º do Decreto-lei 1.569/1977 e os arts. 45 e 46 da Lei 8.212/1991, que tratam de prescrição e decadência de crédito tributário"), essa assertiva está incorreta, é julgado inconstitucional o prazo constante do art. 45 da Lei 8.212/1991 (que era de 10 anos), e é de 5 (cinco) anos o prazo de decadência para a Seguridade Social apurar e constituir seus créditos.

Gabarito "B"

(Ministério Público do Trabalho – 14º) O Supremo Tribunal Federal, em vários julgados recentes, já entendeu que o prazo de prescrição da contribuição previdenciária é de:

(A) 5 anos;
(B) 10 anos;
(C) 20 anos;
(D) 30 anos;
(E) não respondida.

Desde a edição da Súmula Vinculante 8 do STF (Sessão Plenária de 12.06.2008: Constitucionalidade - Prescrição e Decadência de Crédito Tributário. "São inconstitucionais o parágrafo único do art.

5º do Decreto-lei 1.569/1977 e os arts. 45 e 46 da Lei 8.212/1991, que tratam de prescrição e decadência de crédito tributário"), é declarado inconstitucional o prazo constante dos arts. 45 e 46 da Lei 8.212/1991 (que era de 10 anos), é de 5 (cinco) anos o prazo de decadência para a Seguridade Social apurar e constituir seus créditos, e o direito de cobrar prescreve em 5 (cinco) anos.

Gabarito "A"

(Ministério Público do Trabalho – 11º) No que se refere aos beneficiários do Regime de Previdência Social, na condição de dependentes do segurado, é INCORRETO afirmar:

(A) o cônjuge, para ser considerado dependente, deve provar sua dependência econômica em face do segurado, junto à Previdência Social;
(B) perde a condição de dependente o filho que for emancipado, ainda que inválido, exceto, neste caso, se a emancipação for decorrente de colação de grau científico em curso de ensino superior;
(C) inclui-se como dependente o irmão não emancipado de qualquer condição, menor de 21 (vinte e um) anos ou inválido, que viva sob dependência econômica comprovada do segurado;
(D) o menor sob tutela somente poderá ser equiparado aos filhos do segurado mediante a apresentação do termo de tutela;
(E) não respondida.

A: incorreta, os dependentes de primeira classe possuem a dependência econômica presumida (art. 16, § 4º, da Lei 8.213/1991); **B:** correta à época em face da redação do art. 17, III, do Decreto Federal 3.048/1999; **C:** correta (art. 16 da Lei 8.213/1991); **D:** correta, conforme o art. 16, § 4º, do Decreto Federal 3.048/1999.

Gabarito "A"

19. ACIDENTE DO TRABALHO

(Magistratura do Trabalho – 24ª Região – 2007) Tratando do acidente de trabalho, a Lei 8.213/1991 dispõe que, EXCETO:

(A) Equiparam-se ao acidente do trabalho, para os efeitos da Lei 8.213/1991, o acidente sofrido pelo segurado no local e no horário de trabalho, em consequência de ato de pessoa privada do uso da razão.
(B) É considerada agravação ou complicação de acidente de trabalho a lesão que, resultante de acidente de outra origem, se associe ou se superponha às consequências do anterior.
(C) A doença degenerativa não é considerada doença do trabalho.
(D) Constitui contravenção penal, punível com multa, deixar a empresa de cumprir as normas de segurança e higiene do trabalho.
(E) Equiparam-se ao acidente do trabalho, para os efeitos da Lei 8.213/1991, o acidente sofrido pelo segurado no local e no horário de trabalho, em consequência de desabamento, inundação, incêndio e outros casos fortuitos ou decorrentes de força maior.

A: correta (art. 21, II, da Lei 8.213/1991); **B:** incorreta, o art. 21, § 2º, da Lei 8.213/1991 determina exatamente o oposto do afirmado na assertiva; **C:** correta (art. 20, § 1º, da Lei 8.213/1991); **D:** correta (art. 19, § 2º, da Lei 8.213/1991); **E:** correta (art. 21, II, "e", da Lei 8.213/1991).

Gabarito "B"

(Magistratura do Trabalho – 24ª Região – 2006) Considerando as disposições da Lei 8.213/1991, analise as proposições que se seguem:

I. Doença do trabalho é aquela produzida ou desencadeada pelo exercício do trabalho peculiar a determinada atividade e constante da respectiva relação elaborada pelo Ministério do Trabalho e da Previdência Social.
II. Doença profissional é a adquirida ou desencadeada em função de condições especiais em que o trabalho é realizado e com ele se relacione diretamente, constante da relação elaborada pelo Ministério do Trabalho e da Previdência Social.
III. Considera-se como dia do acidente, no caso de doença profissional ou do trabalho a data do início da incapacidade laborativa para o exercício da atividade habitual, ou o dia da segregação compulsória, ou o dia em que for realizado o diagnóstico, valendo para este efeito o que ocorrer primeiro.
IV. A empresa é responsável pela adoção e uso das medidas coletivas e individuais de proteção e segurança da saúde do trabalhador, constituindo contravenção penal, punível com multa, o descumprimento das normas de segurança e higiene do trabalho.
V. Equipara-se ao acidente de trabalho, para os efeitos da Lei 8.213/1991, o acidente ligado ao trabalho que, embora não tenha sido a causa única, haja contribuído direta ou indiretamente para a morte do segurado, para redução ou perda da sua capacidade para o trabalho, ou produzido lesão que exija atenção médica para a sua recuperação.

Assinale a alternativa CORRETA:

(A) Estão corretas as proposições III e IV.
(B) Todas as proposições estão corretas.
(C) Todas as proposições estão incorretas.
(D) Apenas a proposições IV e V estão corretas.
(E) Apenas a proposição III está incorreta.

I: incorreta, a descrição refere-se à doença profissional (art. 20, I, da Lei 8.213/1991); **II:** incorreta, a descrição feita refere-se à doença do trabalho (art. 20, II, da Lei 8.213/1991); **III:** correta (art. 23 da Lei 8.213/1991); **IV:** correta (art. 19, §§ 1º e 2º, da Lei 8.213/1991); **V:** incorreta, do art. 21, I, da Lei 8.213/1991 não consta a expressão "indiretamente" anotada na assertiva.

Gabarito "A"

(Magistratura do Trabalho – 8ª Região – 2009) Sobre acidente de trabalho, é incorreto afirmar:

(A) Deverá ser considerada acidente de trabalho a doença que tenha resultado das condições especiais em que o trabalho é executado, relacionando-se diretamente com ele mesmo que não configure as hipóteses de doença profissional e de doença do trabalho definidas em lei.
(B) Constitui crime o descumprimento pela empresa das normas de segurança e higiene do trabalho.

(C) Podem ser consideradas como dia do acidente, no caso de doença profissional ou do trabalho, a data do início da incapacidade laborativa, o dia da segregação compulsória, ou o dia em que for realizado o diagnóstico, prevalecendo o que ocorrer primeiro.

(D) Equipara-se ao acidente de trabalho o acidente sofrido pelo segurado fora do local e do horário de trabalho, na prestação de qualquer serviço que, mesmo não tendo sido ordenada pela empresa, destine-se a evitar-lhe prejuízo ou proporcionar-lhe proveito.

(E) Embora o intervalo intrajornada não seja computado, como regra, na duração do trabalho, o empregado será considerado no exercício do trabalho para fim de configuração do acidente de trabalho, quando este ocorrer no local do trabalho, em período destinado à refeição e ao descanso.

A: correta, a doença que tenha resultado das condições especiais em que o trabalho é executado, relacionando-se diretamente com o labor, ainda que não classificada pela norma regulamentar como doença profissional (tecnopatia) ou do trabalho (mesopatia) será caracterizada como acidente do trabalho, de acordo com o art. 20, § 2º, da Lei 8.213/1991; como exemplo cite-se o nexo Técnico Epidemiológico (NTEP), previsto no art. 21-A; **B:** incorreta, o art. 19, § 2º, da Lei 8.213/1991 caracteriza como contravenção penal (e não crime), punível com multa, "deixar a empresa de cumprir as normas de segurança e higiene do trabalho"; **C:** correta, esse enunciado reproduz o art. 23 da Lei 8.213/1991; **D:** correta (art. 21, IV, "b", da Lei 8.213/1991); **E:** correta (art. 21, § 1º, da Lei 8.213/1991).

Gabarito "B".

(Magistratura do Trabalho – 23ª Região – 2009) Analise os itens abaixo e marque a alternativa CORRETA:

I. A doença do profissional (tecnopatia) decorre da atividade, da função exercida pelo segurado, da profissão e acompanha o trabalhador enquanto técnico especializado durante toda a sua vida laboral, inclusive em outras empresas. Alcança apenas os obreiros que tenham uma ocupação qualificada, tendo natureza subjetiva.

II. A doença do trabalho (mesopatia) decorrente do meio ambiente laboral, dos instrumentos utilizados, sendo própria de determinadas empresas que exploram a mesma atividade econômica. Alcança obreiros qualificados e sem qualificação laboral porque é objetiva.

III. Não são consideradas como doença do trabalho: doença degenerativa; inerente a grupo etário; a que não produz incapacidade laborativa; doença endêmica adquirida por segurados habitantes de região em que ela se desenvolva, salvo comprovação de que resultou da exposição ou contato direto determinado pela natureza do trabalho.

IV. A obrigação prioritária da comunicação do acidente de trabalho é da empresa, subsidiariamente podem efetivá-la: o próprio acidentado, seus dependentes, a entidade sindical competente, o médico que o assistiu ou qualquer autoridade. A comunicação subsidiária exime a empresa do pagamento de multa e demais consequências ainda que esta omissão impeça o acesso à prestação acidentária.

V. O benefício da renda mensal vitalícia não pode ser cumulado com outro benefício concedido pela Seguridade Social.

(A) V, V, V, F, V.

(B) F, V, F, V, F.

(C) F, V, F, F, V.

(D) V, F, V, V, F.

(E) F, F, V, F, F.

I: correta, definição em conformidade com o disposto no art. 20, I, da Lei 8.213/1991; **II:** correta, definição em conformidade com o disposto no art. 20, II, da Lei 8.213/1991; **III:** correta (art. 20, § 1º, da Lei 8.213/1991); **IV:** incorreta, o § 3º do art. 22 da Lei 8.213/1991 esclarece que a comunicação realizada por pessoa diversa não exige a empresa de responsabilidade pela falta do cumprimento; **V:** correta (art. 20, § 4º, da Lei 8.742/93).

Gabarito "A".

(Magistratura do Trabalho – 8ª Região – 2009) Observando os termos da legislação previdenciária, é incorreto afirmar:

(A) Acidente do trabalho é o que ocorre pelo exercício do trabalho a serviço da empresa ou pelo exercício do trabalho, provocando lesão corporal ou perturbação funcional que cause a morte ou a perda ou redução, permanente ou temporária, da capacidade para o trabalho. Será elaborada pela autoridade competente uma relação das entidades mórbidas capazes de tipificar o acidente de trabalho. A relação elaborada serve de base para os órgãos de fiscalização do trabalho decidirem acerca do enquadramento da morbidade como acidente do trabalho. Todavia, é possível ao órgão administrativo, sob certas condições, extrapolar a relação elaborada.

(B) Equiparam-se também ao acidente do trabalho, para efeitos da lei previdenciária: I - o acidente ligado ao trabalho que, embora não tenha sido a causa única, haja contribuído diretamente para a morte do segurado, para redução ou perda da sua capacidade para o trabalho, ou produzido lesão que exija atenção médica para a sua recuperação; II - o acidente sofrido pelo segurado no local e no horário do trabalho, em consequência de: a) ato de agressão, sabotagem ou terrorismo praticado por terceiro ou companheiro de trabalho; b) ofensa física intencional, inclusive de terceiro, por motivo de disputa relacionada ao trabalho; c) ato de imprudência, de negligência ou de imperícia de terceiro ou de companheiro de trabalho; d) ato de pessoa privada do uso da razão; e) desabamento, inundação, incêndio e outros casos fortuitos ou decorrentes de força maior.

(C) São segurados obrigatórios da Previdência Social as seguintes pessoas físicas: I-como empregado: a) aquele que presta serviço de natureza urbana ou rural à empresa, em caráter não eventual, sob sua subordinação e mediante remuneração, inclusive como diretor empregado; b) aquele que, contratado por empresa de trabalho temporário, definida em legislação específica, presta serviço para atender a necessidade transitória de substituição de pessoal regular e permanente ou a acréscimo extraordinário de serviços de outras empresas; c) o ministro de confissão religiosa e o membro de instituto de vida consagrada, de congregação ou de ordem religiosa; II - como empregado doméstico: aquele que presta serviço de natureza contínua a pessoa ou família, no âmbito residencial desta, em atividades sem fins lucrativos; III - como contribuinte individual: a) a pessoa física, proprietária ou não, que explora atividade agropecuária, a qualquer título, em caráter permanente ou temporário, em área superior a 4 (quatro) módulos fiscais; ou, quando em área igual ou inferior a 4 (quatro) módulos fiscais ou atividade pesqueira, com auxílio de empregados ou por intermédio de prepostos.

(D) Para as finalidades previstas na legislação previdenciária, consideram-se: I - empresa - a firma individual ou sociedade que assume o risco de atividade econômica urbana ou rural, com fins lucrativos ou não, bem como os órgãos e entidades da administração pública direta, indireta ou fundacional; II - empregador doméstico - a pessoa ou família que admite a seu serviço, sem finalidade lucrativa, empregado doméstico. Equipara-se à empresa o contribuinte individual em relação a segurado que lhe presta serviço, bem como a cooperativa, a associação ou entidade de qualquer natureza ou finalidade, a missão diplomática e a repartição consular de carreira estrangeira.

(E) A empresa deverá comunicar o acidente do trabalho à Previdência Social até o 1º (primeiro) dia útil seguinte ao da ocorrência e, em caso de morte, de imediato, à autoridade competente, sob pena de multa. Deverá ser expedida cópia da notificação ao acidentado ou aos seus dependentes, bem como ao sindicato a que corresponda a sua categoria. Na falta de comunicação por parte da empresa, podem formalizá-la o próprio acidentado, seus dependentes, a entidade sindical competente, o médico que o assistiu ou qualquer autoridade pública, não prevalecendo nestes casos o prazo previsto acima.

A: correta, o enunciado é reprodução dos arts. 19 e 20, I e II, e § 2º, da Lei 8.213/1991; **B:** correta, mera reprodução do art. 21 da Lei 8.213/1991; **C:** incorreta, uma vez que "c) o ministro de confissão religiosa e o membro de instituto de vida consagrada, de congregação ou de ordem religiosa" não se enquadra na categoria de "empregado", mas sim de "contribuinte individual" (art. 11, V, "c", da Lei 8.213/1991); **D:** correta (art. 15 da Lei 8.212/1991); **E:** correta, trata-se de reprodução de texto de lei (art. 22 da Lei 8.213/1991).

Gabarito "C"

(Magistratura do Trabalho – 16ª Região – 2011) Considerando apenas o disposto na legislação previdenciária sobre acidente de trabalho, marque a alternativa CORRETA.

(A) Considera-se acidente de trabalho a doença do trabalho, assim entendida a adquirida ou desencadeada em função de condições especiais em que o trabalho é realizado, mesmo que com ele não se relacione diretamente.

(B) Não se considera doença do trabalho a que não produza incapacidade laborativa, salvo se sobrevier dano estético e/ou moral.

(C) Considera-se acidente de trabalho a doença profissional, assim entendida a produzida ou desencadeada pelo exercício do trabalho peculiar a determinada atividade e constante da respectiva relação elaborada pelo Ministério do Trabalho e da Previdência Social.

(D) A empresa é responsável pela adoção e uso das medidas coletivas e individuais de proteção e segurança da saúde do trabalhador. Constitui crime, punível com pena de reclusão e multa, deixar a empresa de cumprir as normas de segurança e higiene do trabalho.

(E) É dever da empresa prestar informações pormenorizadas sobre os riscos da operação a executar e do produto a manipular, desde que os mesmos constem da respectiva relação elaborada pelo Ministério do Trabalho e da Previdência Social.

A: incorreta, o art. 20, II, da Lei 8.213/1991 exige que a doença esteja com relacionada diretamente com o trabalho; **B:** Incorreta, do art. 20, II, § 1º, não consta referência a dano estético e/ou moral; **C:** correta, exata reprodução do art. 20, I, da Lei 8.213/1991; **D:** incorreta, o art. 19, § 2º, da Lei 8.213/1991 afirma constituir contravenção penal, e não crime, a situação narrada; **E:** incorreta, do art. 19, § 3º, da Lei 8.213/1991 não consta "desde que os mesmos constem" de qualquer relação.

Gabarito "C"

(Magistratura do Trabalho – 16ª Região – 2011) Analise as assertivas abaixo e, em seguida, marque a alternativa CORRETA: 1179

I. Equipara-se ao acidente do trabalho o acidente ligado ao trabalho que, embora não tenha sido a causa única, haja contribuído diretamente para a morte do segurado, para redução ou perda da sua capacidade para o trabalho, ou produzido lesão que exija atenção médica para a sua recuperação.

II. Havendo perda da qualidade de segurado, as contribuições anteriores a essa data só serão computadas para efeito de carência depois que o segurado contar, a partir da nova filiação à Previdência Social, com, no mínimo, 2/3 (dois terços) do número de contribuições exigidas para o cumprimento da carência definida para o benefício a ser requerido.

III. independe de carência a concessão de pensão por morte, auxílio-reclusão, salário-família e auxílio-acidente.

IV. Ao segurado empregado e ao trabalhador avulso que tenham cumprido todas as condições para a concessão do benefício pleiteado, mas não possam comprovar o valor dos seus salários-de-contribuição no período básico de cálculo, será concedido o benefício de valor mínimo, devendo esta renda ser recalculada, quando da apresentação de prova dos salários-de-contribuição.

V. A doença ou lesão de que o segurado já era portador ao filiar-se ao Regime Geral de Previdência Social não lhe conferirá direito à aposentadoria por invalidez, ainda que a incapacidade decorra da progressão ou agravamento dessa doença ou lesão.

(A) Somente as afirmativas I, II e III estão corretas.
(B) Somente as afirmativas I, II e IV estão corretas.
(C) Somente as afirmativas I, III e IV estão corretas.
(D) Somente as afirmativas IV e V estão erradas.
(E) Somente as afirmativas I, II, III e IV estão corretas.

I: correta, o texto está em conformidade com o art. 21, I, da Lei 8.213/1991; **II:** incorreta, do parágrafo único do art. 24 da Lei 8.213/1991 consta a fração de 1/3 (um terço) e não de "2/3"; **III:** correta, conforme prevê o art. 26, I, da Lei 8.213/1991; **IV:** correta, trata-se de reprodução do art. 35 da Lei 8.213/1991; **V:** incorreta, o art. 42, § 2º, da Lei 8.213/1991, permite a concessão do benefício se a incapacidade sobrevier por motivo de progressão ou agravamento da doença ou lesão anterior à filiação.

Gabarito "C"

(Magistratura do Trabalho – 2ª Região – 2010) Aponte a afirmativa incorreta:

(A) Perante o INSS o acidente de trabalho será caracterizado tecnicamente pela perícia médica, mediante a identificação do nexo entre o trabalho e o agravo.
(B) Considera-se estabelecido o nexo entre o trabalho e o agravo quando se verificar nexo técnico epidemiológico entre a atividade da empresa e a entidade mórbida motivadora da incapacidade, elencada na Classificação Internacional de Doenças – CID.
(C) Considera-se agravo a lesão, doença, transtorno de saúde, distúrbio, disfunção ou síndrome de evolução aguda, subaguda ou crônica, de natureza clínica ou subclínica, inclusive morte, independentemente do tempo de lactência.
(D) Equipara-se ao acidente de trabalho, para todos os efeitos legais, a ofensa física ou psicológica intencional, inclusive de terceiros, por motivo de assédio moral ou de disputa relacionada ao trabalho.
(E) Constitui contravenção penal, punível com multa, deixar a empresa de cumprir as normas de segurança e medicina do trabalho.

A: correta, trata-se do NTEP (Nexo Técnico Epidemiológico), regramento trazido pela Lei 11.430, de 2006, que introduziu o art. 21-A à Lei 8.213; **B:** correta, art. 21-A da Lei 8.213/1991; **C:** correta, art. 337, § 4º, do Decreto 3.048/1999; **D:** incorreta (a ser assinalada), uma vez que não consta da literalidade do art. 21, II, "b", da Lei 8.213/1991, a referência a "por motivo de assédio moral"; **E:** correta, reprodução do art. 19, § 2º, da Lei 8.213/1991.

Gabarito "D"

20. TEMAS VARIADOS

(Magistratura do Trabalho – 3ª Região – 2009) Assinale a assertiva ("a" a "e") correta em relação aos enunciados de I a V, observada a legislação previdenciária, consolidação jurisprudencial e Constituição da República:

I. São beneficiários do Regime Geral de Previdência Social, na condição de dependentes dos segurados: o cônjuge, a companheira, o companheiro e o filho não emancipado, de qualquer condição, menor de vinte e um anos de idade ou inválido; os pais; o irmão não emancipado, de qualquer condição, menor de vinte e um anos de idade ou inválido.
II. Não são consideradas como doença do trabalho: a doença degenerativa; a inerente a grupo étnico; a que não produza incapacidade laborativa e a doença endêmica adquirida por segurado habitante de região em que ela se desenvolva, salvo comprovação de que é resultante de exposição ou contato direto pela natureza do trabalho.
III. Os segurados contribuinte individual e facultativo estão obrigados a recolher sua contribuição por iniciativa própria, até o dia quinze do mês seguinte ao da competência.
IV. Dentre outras hipóteses legais, mantém a qualidade de segurado, independentemente de contribuições: sem limite de prazo, quem está em gozo de benefício; até doze meses após cessar a segregação, o segurado acometido de doença de segregação compulsória; e, até seis meses após a cessação das contribuições, o segurado facultativo.
V. O segurado que sofreu acidente de trabalho tem garantida, pelo prazo mínimo de doze meses, a manutenção do seu contrato de trabalho na empresa.

(A) Somente um enunciado é verdadeiro.
(B) Somente dois enunciados são verdadeiros.
(C) Somente três enunciados são verdadeiros.
(D) Somente quatro enunciados são verdadeiros.
(E) Todos os enunciados são verdadeiros.

I: correta (art. 16 da Lei 8.213/1991); **II:** incorreta, de acordo com o art. 20, § 1º, da Lei 8.213/1991, não são consideradas como doença do trabalho: a inerente a grupo etário e não "étnico" como se fez constar da assertiva; **III:** correta (art. 30, II, da Lei 8.212/1991); **IV:** correta (art. 15 da Lei 8.213/1991); **V:** incorreta, pois o item transcreve parte de texto expresso de lei (art. 118 da Lei 8.213/1991), o complemento faltante é "após a cessação do auxílio-doença acidentário, independentemente de percepção de auxílio-acidente."

Gabarito "C"

(Magistratura do Trabalho – 3ª Região – 2009) Assinale a assertiva ("a" a "e") correta em relação aos enunciados de I a V, observadas a legislação pertinente, a consolidação jurisprudencial e a Constituição da República:

I. Constituem objetivos da seguridade social, além de outros: irredutibilidade do valor dos benefícios; diversidade da base de financiamento; uniformidade e equivalência dos benefícios e serviços às populações urbanas e rurais.
II. É vedada a concessão de remissão ou anistia das contribuições sociais devidas pelos empregadores e trabalhadores.
III. Nos termos do regulamento da Previdência Social, o segurado e o dependente, após dezesseis anos de idade, poderão firmar recibo de benefício independentemente da presença dos pais ou do tutor.
IV. Não se considera como remuneração direta ou indireta para os efeitos do plano de custeio da

Seguridade Social, os valores despendidos pelas entidades religiosas e instituições de ensino vocacional com ministro de confissão religiosa, membros de instituto de vida consagrada, de congregação ou de ordem religiosa, em face de seu mister religioso ou para sua subsistência desde que fornecidos em condições que independam da natureza e da quantidade do trabalho executado.

V. O Supremo Tribunal Federal por meio de súmula vinculante declarou inconstitucionais o parágrafo único do art. 5º do Decreto-lei 1.569/1977 e os arts. 45 e 46 da Lei 8.212/1991, que tratam de prescrição e decadência de crédito tributário.

(A) Somente um enunciado é verdadeiro.
(B) Somente dois enunciados são verdadeiros.
(C) Somente três enunciados são verdadeiros.
(D) Somente quatro enunciados são verdadeiros.
(E) Todos os enunciados são verdadeiros.

I: correta (art. 195, parágrafo único, CF/1988); **II:** incorreta, a Constituição Federal de 1988 no art. 195, § 11, permite a concessão de remissão e anistia desde que o valor do débito seja inferior àquele fixado em lei complementar ("§ 11. É vedada a concessão de remissão ou anistia das contribuições sociais de que tratam os incisos I, a, e II deste artigo, para débitos em montante superior ao fixado em lei complementar"); **III:** correta (art. 163 do Regulamento da Previdência Social, aprovado pelo Decreto 3.048/1999); **IV:** correta (Lei 8.212/1991, art. 22, § 13, incluído pela Lei 10.170, de 2000); **V:** correta (Súmula Vinculante nº 8 STF, Sessão Plenária de 12.06.2008).

Gabarito "D".

(Magistratura do Trabalho – 5ª Região – 2006 – CESPE Com relação aos benefícios da previdência social, julgue os próximos itens.

I. Dada a natureza protetiva da previdência social, o auxílio-doença é devido ao segurado que se filie ao regime geral já portador de doença ou lesão que possa ser invocada como causa de benefício.

II. Considere a seguinte situação hipotética. Geraldo é aposentado por invalidez pela previdência social e, em função do grau de sua incapacidade, necessita que uma pessoa lhe preste assistência permanente, auxiliando-o em uma série de situações. Nessa situação, seu benefício, mesmo sendo equivalente ao valor máximo permitido pela lei, será acrescido de 25% a fim de auxiliá-lo no pagamento das despesas de assistência.

III. Para efeito de caracterização, doenças degenerativas e doenças inerentes ao grupo etário não são consideradas doenças de trabalho.

IV. Considere a seguinte situação hipotética. Solange, professora de ensino médio aposentada, retornou à atividade como diretora de uma pequena escola em sua vizinhança. Dada essa condição, é considerada novamente contribuinte obrigatória para a previdência social. Nessa situação, caso venha a adotar criança carente recém-nascida, cuja mãe falecida já tenha recebido o salário-maternidade, não terá direito a este benefício.

V. A doença do trabalho, de acordo com a legislação, é resultado das condições especiais em que um trabalho é realizado, e está diretamente relacionada com ele, devendo constar na relação elaborada pelo Ministério da Previdência Social.

A quantidade de itens certos é igual a

(A) 1.
(B) 2.
(C) 3.
(D) 4.
(E) 5.

I: incorreta, não há proteção previdenciária com relação a doença preexistente à filiação (art. 59, parágrafo único, da Lei 8.213/1991); **II:** correta, trata-se da grande invalidez, situação que autoriza o acréscimo de 25% ao valor da aposentadoria por invalidez, ainda que supere o valor-teto de pagamento de benefícios previdenciários (art. 45 da Lei 8.213/1991); **III:** correta (art. 20, § 1º, da Lei 8.213/1991); **IV:** incorreta, o Decreto Federal 3.048/1999, no seu art. 103, autoriza a concessão do benefício de salário-maternidade em favor da segurada-aposentada, e, em consonância com o art. 71-A da Lei 8.213/1991, a segurada da Previdência Social que adotar ou obtiver guarda judicial para fins de adoção de criança faz jus a salário-maternidade, sendo de nenhum relevo o fato de a mãe biológica ter também auferido referido benefício; **V:** correta (art. 20, II, da Lei 8.213/1991).

Gabarito "C".

(Magistratura do Trabalho – 5ª Região – 2006 – CESPE) Assinale a opção cujo enunciado se opõe à jurisprudência do Superior Tribunal de Justiça.

(A) Para efeito da obtenção de benefício previdenciário, a prova exclusivamente testemunhal não basta para a comprovação da atividade rurícola.
(B) O auxílio-creche integra o salário-de-contribuição.
(C) O segurado vítima de novo infortúnio faz jus a um único benefício somado ao salário-de-contribuição vigente no dia do acidente.
(D) O trabalhador rural, na condição de segurado especial, sujeito à contribuição obrigatória sobre a produção rural comercializada, somente faz jus à aposentadoria por tempo de serviço se recolher contribuições facultativas.
(E) Tem direito de retornar ao emprego, ou ser indenizado em caso de recusa do empregador, o aposentado que recupera a capacidade de trabalho dentro de cinco anos, a contar da aposentadoria, que se torna definitiva após esse prazo.

A: correta (Súmula 149 STJ); **B:** incorreta (Súmula 310 do STJ); **C:** correta (Súmula 146 do STJ); **D:** correta (Súmula 272 do STJ); **E:** correta conforme Súmula 217 do "Supremo" Tribunal Federal, datada de 13.12.1963, e incorreta desde a edição da Súmula 160 oriundo do Tribunal Superior do Trabalho: TST Enunciado 160 - RA 102/1982, *DJ* 11.10.1982 e *DJ* 15.10.1982 - Ex-Prejulgado 37 - Mantida - Res. 121/2003, *DJ* 19, 20 e 21.11.2003: Aposentadoria por Invalidez - Retorno ao Emprego – Indenização. "Cancelada a aposentadoria por invalidez, mesmo após 5 (cinco) anos, o trabalhador terá direito de retornar ao emprego, facultado, porém, ao empregador, indenizá-lo na forma da lei."

Gabarito "B".

(Magistratura do Trabalho – 7ª Região – 2005) Todas as assertivas estão corretas, exceto:

(A) A cobertura pelo risco de acidente de trabalho pode ser atendida concorrentemente pelo regime geral de previdência social e pelo setor privado.
(B) O regime de previdência privada possui caráter complementar e será organizado de forma autônoma em relação ao regime geral de previdência social, não sendo obrigatório, mas facultativo, nos termos da Constituição Federal.
(C) É vedada a contagem de tempo recíproca do tempo de contribuição da Administração Pública e na atividade privada para fins de aposentadoria.
(D) A assistência social será prestada a quem dela necessitar, desde que segurado ou dependente de segurado filiado ao regime geral de previdência social.
(E) Entre as fontes de custeio da Seguridade Social estão as contribuições incidentes sobre as receitas de concursos de prognósticos.

A: correta, exatamente o texto contido no art. 201, § 10, da CF/1988; **B:** correta, em estrita observância ao art. 202 da CF/1988; **C:** incorreta, o § 9º do art. 201 da CF/1988 estatui o oposto do afirmado ("para efeito de aposentadoria, é assegurada a contagem recíproca do tempo de contribuição na administração pública e na atividade privada"); **D:** incorreta, o art. 203 da CF/1988 garante assistência social aos necessitados, sem restringir a proteção a "segurados e dependentes do Regime Geral de Previdência Social"; **E:** correta, dentre as fontes de custeio da Seguridade Social registra-se no art. 195, III, da CF/1988, a receita de concurso de prognósticos (considera-se concurso de prognósticos todo e qualquer concurso de sorteio de números ou quaisquer outros símbolos, loterias e apostas de qualquer natureza no âmbito federal, estadual, do Distrito Federal ou municipal, promovidos por órgãos do Poder Público ou por sociedades comerciais ou civis). Nesta questão pede-se que seja assinalada a alternativa incorreta, que, entretanto, são duas: "C" e "D", tendo sido registrado no gabarito oficial apenas a letra "D", motivo pelo qual restou anulada. (QUESTÃO ANULADA)

Gabarito "D".

(Magistratura do Trabalho – 8ª Região – 2008) À luz da legislação pertinente, é INCORRETO afirmar:

(A) Configura acidente do trabalho aquele que ocorre pelo exercício do trabalho a serviço da empresa, provocando lesão corporal ou perturbação funcional que cause a morte ou a perda ou redução, permanente ou temporária, da capacidade para o trabalho. Considera-se acidente do trabalho, ainda, a doença profissional, assim entendida a produzida ou desencadeada pelo exercício do trabalho peculiar a determinada atividade e constante da respectiva relação elaborada pelo Ministério do Trabalho e da Previdência Social. Equipara-se a acidente do trabalho, também, o acidente sofrido pelo segurado, ainda que fora do local e horário de trabalho, em viagem a serviço da empresa, inclusive para estudo, quando financiada por esta dentro de seus planos para melhor capacitação da mão de obra, independentemente do meio de locomoção utilizado, inclusive veículo de propriedade do segurado.
(B) Também se considera acidente do trabalho a doença do trabalho, assim entendida a adquirida ou desencadeada em função de condições especiais em que o trabalho é realizado e com ele se relacione direta ou indiretamente, constante de relação elaborada pelo órgão competente. Todavia, não são consideradas como acidente do trabalho a inerente a grupo etário, a que não produza incapacidade laborativa e a doença degenerativa.
(C) Excepcionalmente, constatando-se que a doença laboral que acomete o obreiro não está incluída na relação oficial emitida pelo órgão competente, mas que, todavia, resulta das condições especiais em que o trabalho é executado e com ele se relaciona diretamente, a Previdência Social deve considerá-la acidente do trabalho .
(D) A empresa deverá comunicar o acidente do trabalho à Previdência Social até o primeiro dia útil seguinte ao da ocorrência e, em caso de morte, de imediato, à autoridade competente, sob pena de multa variável entre o limite mínimo e o limite máximo do salário-de-contribuição, sucessivamente aumentada nas reincidências, aplicada e cobrada pela Previdência Social. Dessa comunicação receberão cópia fiel o acidentado ou seus dependentes, bem como o sindicato a que corresponda a sua categoria. Na falta de comunicação por parte da empresa, podem formalizá-la o próprio acidentado, seus dependentes, a entidade sindical competente, o médico que o assistiu ou qualquer autoridade pública, não prevalecendo nestes casos o prazo acima mencionado. A lei considera, ainda, expressamente, como dia do acidente, no caso de doença profissional ou do trabalho, a data do início da incapacidade laborativa para o exercício da atividade habitual, ou o dia da segregação compulsória, ou o dia em que for realizado o diagnóstico, valendo para este efeito o que ocorrer primeiro .
(E) Equipara-se ao acidente laboral o acidente sofrido pelo segurado no local e no horário do trabalho, em consequência de ato de sabotagem praticado por terceiro, o ato de imprudência, de negligência ou de imperícia de companheiro de trabalho, ato de pessoa privada do uso da razão, desabamento, inundação, incêndio e outros casos fortuitos ou decorrentes de força maior. Há que se destacar, ademais, que nos períodos destinados à refeição ou ao descanso, ou por ocasião da satisfação de outras necessidades fisiológicas, no local do trabalho ou durante este, o empregado é considerado como no exercício do trabalho.

A: correta (arts. 19 e 20 da Lei 8.213/1991); **B:** incorreta, o art. 20, II, da Lei 8.213/1991, considera doença do trabalho a adquirida ou desencadeada em função de condições especiais em que o trabalho é realizado e com ele se relacione diretamente, não possibilita o enquadramento no caso de relação "indireta" com o trabalho; **C:** correta (art. 20, § 2º, da Lei 8.213/1991); **D:** correta (art. 22 da Lei 8.213/1991); **E:** correta (art. 21, II, e § 1º, da Lei 8.213/1991).

Gabarito "B".

(Magistratura do Trabalho – 8ª Região – 2008) Sobre os benefícios da Previdência Social é INCORRETO afirmar:

(A) O critério etário para obter direito ao benefício da aposentadoria por idade é de: para os trabalhadores urbanos do sexo masculino aos 65 anos e do sexo feminino aos 60 anos de idade. Os trabalhadores rurais podem pedir aposentadoria por idade com cinco anos a menos: aos 60 anos, homens, e aos 55 anos, mulheres.

(B) A aposentadoria por invalidez é benefício concedido aos trabalhadores que, por doença ou acidente, forem considerados pela perícia médica da Previdência Social incapacitados para exercer suas atividades ou outro tipo de serviço que lhes garanta o sustento. Não tem direito à aposentadoria por invalidez quem, ao se filiar à Previdência Social, já tiver doença ou lesão que geraria o benefício, a não ser quando a incapacidade resultar do agravamento da enfermidade. Quem recebe aposentadoria por invalidez terá seu benefício revisto de dois em dois anos. A aposentadoria deixa de ser paga quando o segurado recupera a capacidade e volta ao trabalho.

(C) Em regra geral, o acidente de trabalho ocorre durante a prestação de serviço para um empregador, porém, em determinada situações, é possível configurar a existência do acidente de trabalho sem relação de emprego. Este é o caso, por exemplo, do meeiro que sofre, durante seu trabalho, ação de desabamento, causando-lhe redução temporária da capacidade de trabalho.

(D) Equiparam-se ao acidente do trabalho, para efeitos da lei previdenciária: I - o acidente ligado ao trabalho que, embora não tenha sido a causa única, haja contribuído diretamente para a morte do segurado, para redução ou perda da sua capacidade para o trabalho, ou produzido lesão que exija atenção médica para a sua recuperação; II - o acidente sofrido pelo segurado no local e no horário do trabalho, em consequência de ofensa física intencional, inclusive de terceiro, por motivo de disputa relacionada ao trabalho.

(E) Independe de carência a concessão de salário-maternidade para mulher de segurado especial meeiro, parceiro ou arrendatário rural, trabalhadora avulsa e empregada doméstica.

A: correta (art. 201, § 7º, II, da CF/1988); **B:** correta (arts. 42 e 101 da Lei 8.213/1991 e 71 da Lei 8.212/1991); **C:** correta (art. 21, II, "e", da Lei 8.213/1991); **D:** correta (art. 21, I e II, da Lei 8.213/1991); **E:** incorreta, os arts. 25, II, 26, III, e 39, parágrafo único, da Lei 8.213/1991, estabelecem a necessidade de o segurado especial comprovar o exercício de atividade rural em período idêntico ao exigido para carência.

Gabarito "E"

(Magistratura do Trabalho – 8ª Região – 2009) De acordo com a Lei 8.213/1991 e com o Decreto 3.048/1999, é correto afirmar:

(A) Para a segurada especial fica garantida a concessão do salário-maternidade no valor de 1 (um) salário mínimo, desde que comprove o exercício de atividade rural, de maneira contínua, nos 12 (doze) meses imediatamente anteriores ao do início do benefício.

(B) A aposentadoria especial consiste em um pagamento equivalente a 100% do salário-de-benefício e será devida, uma vez cumprida a carência, ao segurado que tiver trabalhado sujeito a condições especiais que prejudiquem a saúde ou a integridade física, durante 10 (dez), 15 (quinze) ou 20 (vinte) anos, conforme dispuser a lei.

(C) A empresa com 100 (cem) ou mais empregados está obrigada a preencher um percentual dos seus cargos com beneficiários reabilitados, na seguinte proporção: I - até 200 empregados: 2%; II - de 201 a 500: 3%; III - de 501 a 1000: 4%; IV - de 1001 em diante: 6%. A dispensa de trabalhador reabilitado ao final de contrato por prazo determinado de mais de 90 (noventa) dias, e a imotivada, no contrato por prazo indeterminado, só poderá ocorrer após a contratação de substituto de condição semelhante.

(D) Para fins de concessão de aposentadoria especial, a comprovação da exposição do segurado a agentes nocivos à saúde ou integridade física far-se-á mediante apresentação de perfil profissiográfico previdenciário, emitido pela empresa com base em laudo técnico ambiental expedido por médico do trabalho ou engenheiro do trabalho, no qual deverá constar informações sobre a existência de tecnologia de proteção coletiva, de medidas de caráter administrativo ou de organização do trabalho, ou de tecnologia de proteção individual, que elimine, minimize ou controle agentes nocivos. O perfil profissiográfico deverá conter todas as atividades desenvolvidas pelo trabalhador e deverá ser fornecido pelo empregador ao obreiro ou ao cooperado no momento da rescisão contratual ou do desligamento em relação à cooperativa.

(E) Mantém a qualidade de segurado, independentemente de contribuições: a) sem limite de prazo, o segurado que estiver em gozo de benefício; b) até 12 meses após a cessação das contribuições, o segurado que deixar de exercer atividade remunerada abrangida pela previdência social ou estiver suspenso ou licenciado sem remuneração; c) até 12 meses após cessar a segregação, o segurado acometido de segregação de natureza compulsória; d) até 6 meses após o licenciamento, o segurado incorporado às forças armadas para prestar serviço militar; e) até 6 meses após a cessação das contribuições, o segurado facultativo. O prazo relativo ao segurado que deixar de exercer atividade remunerada abrangida pela previdência social ou estiver suspenso ou licenciado sem remuneração será prorrogado para até 24 meses se o segurado já tiver pago mais de 120 contribuições mensais sem interrupção que acarrete a perda da qualidade de segurado.

A: incorreta, o texto da Lei 8.213/1991, no art. 39, parágrafo único, permite que a comprovação da atividade rural se dê "ainda que de forma descontínua"; **B:** incorreta, o art. 57 da Lei 8.213/1991 outorga o direito à aposentadoria desde que seja exercida a atividade prejudicial à saúde por no mínimo 15 anos, e não 10 anos como assinalado na assertiva; **C:** incorreta, porque a Lei 8.213/1991, no art. 93, IV, afirma que o percentil ao qual a empresa está obrigada a observar se possuir 1001 ou mais empregados será de 5% (cinco por cento), e não 6% (seis por cento) como assinalado (aqui podemos afirmar, sem medo de errar, que nem mesmo o examinador que redigiu essa questão saberia, sem ter o texto de lei nas mãos, o erro existente na assertiva!); **D:** correta, trata-se de fiel reprodução de texto de lei (art. 58, §§ 1º, 2º e 4º, da Lei 8.213/1991); **E:** incorreta, do art. 15, V, da Lei 8.213/1991 fixa-se o período de graça para a hipótese de licenciamento, o segurado incorporado às forças armadas para prestar serviço militar, de 3 (três) meses e não de seis meses.

Gabarito "D"

(Magistratura do Trabalho – 9ª Região – 2007) Considere as seguintes proposições:

I. São prestações previdenciárias que independem de carência, dentre outras: a) auxílio-doença e aposentadoria por invalidez nos casos de acidente de qualquer natureza ou causa e de doença profissional ou do trabalho; b) salário-maternidade para as seguradas empregada, trabalhadora avulsa, empregada doméstica e seguradas contribuintes individuais.

II. É de dez anos o prazo de prescrição de todo e qualquer direito ou ação do segurado ou beneficiário para a revisão do ato de concessão de benefício, a contar do dia primeiro do mês seguinte ao do recebimento da primeira prestação ou, quando for o caso, do dia em que tomar conhecimento da decisão indeferitória definitiva no âmbito administrativo.

III. A lei considera como dia do acidente, no caso de doença profissional ou do trabalho, a data do início da incapacidade laborativa para o exercício da atividade habitual, ou o dia da segregação compulsória, ou o dia em que for realizado o diagnóstico, valendo para este efeito o que ocorrer primeiro.

IV. Segundo a legislação vigente, a comprovação da doença ocupacional independe da emissão da Comunicação de Acidente de Trabalho pela empresa, podendo a comprovação ser feita por meio do nexo epidemiológico.

Assinale a alternativa correta:

(A) Apenas as proposições III e IV estão corretas;
(B) Apenas as proposições I, III e IV estão corretas;
(C) Apenas as proposições I e IV estão corretas;
(D) Apenas as proposições II, III e IV estão corretas;
(E) Todas as proposições estão corretas.

I: incorreta, no que se refere ao salário-maternidade, as seguradas contribuintes individuais devem comprovar dez meses de contribuição previdenciária a título de carência (art. 25, III, da Lei 8.213/1991); **II:** incorreta, segundo o art. 103 da Lei 8.213/1991, é de dez anos o prazo de "decadência" de todo e qualquer direito ou ação do segurado ou beneficiário para a revisão do ato de concessão de benefício; **III:** correta (art. 23 da Lei 8.213/1991); **IV:** correta (art. 21-A da Lei 8.213/1991).

Gabarito "A"

(Magistratura do Trabalho – 9ª Região – 2006) Sobre a disciplina do acidente de trabalho, marque a alternativa incorreta:

(A) São prestações previdenciárias decorrentes de acidente de trabalho o auxílio-acidente, a aposentadoria por invalidez, o auxílio-doença acidentário e a pensão por morte.
(B) O afastamento do empregado por motivo de acidente durante a execução do seu trabalho, ainda que não superior a quinze dias, é caracterizado como acidente de trabalho.
(C) O empregado doméstico e o contribuinte individual também fazem jus ao auxílio-acidente, caso cumpram os requisitos de elegibilidade para esse benefício.
(D) O auxílio-acidente depende de prévia caracterização do acidente do trabalho pela perícia médica da Previdência Social, cuja renda mensal é assegurada aos empregados acidentados a partir da data do retorno ao trabalho.
(E) O pagamento de indenização do acidente de trabalho pela Previdência Social, em decorrência do seguro de acidente de trabalho pago pelo empregador, não exclui a responsabilidade civil do empregador de pagar pensão à vítima do acidente ou a seus dependentes pelo mesmo evento.

A: correta, a ocorrência de acidente de trabalho deflagra direito a benefícios por incapacidade (auxílio-acidente, auxílio-doença e aposentadoria por invalidez) e, em caso de óbito, de pensão por morte; **B:** correta, a assertiva deixa bastante clara a relação de causalidade entre a incapacidade (que resultou no afastamento) e o local de trabalho, é o quanto basta à capitulação do acidente de trabalho, a duração da incapacidade será relevante para concessão ou não de benefício de auxílio-doença, por exemplo; **C:** incorreta, o contribuinte individual, o empregado doméstico (bem como o segurado facultativo) não tem direito a benefícios capitulados como acidente de trabalho, ante o que preceitua o art. 19 da Lei 8.213, bem como a prévia fonte de custeio inexistente no caso de contribuinte individual e de empregado doméstico (o custeio a prestações acidentárias está entabulado nos arts. 22, II, e 25, II, da Lei 8.212/1991, é restrito a empregado e trabalhador avulso, e segurado especial); **D:** "correta", não podemos nos furtar a dizer que essa assertiva está muito mal redigida, de forma que chega a beirar a incorreção, veja o que diz o texto legal (art. 86, § 2º, da Lei 8.213/1991) "O auxílio-acidente será devido a partir do dia seguinte ao da cessação do auxílio-doença, independentemente de qualquer remuneração ou rendimento auferido pelo acidentado, vedada sua acumulação com qualquer aposentadoria"; **E:** correta, em estrita consonância com o art. 121 da Lei 8.213/1991 (Art. 121. "O pagamento, pela Previdência Social, das prestações por acidente do trabalho não exclui a responsabilidade civil da empresa ou de outrem").

Gabarito "C"

(Magistratura do Trabalho – 9ª Região – 2006) A jurisprudência do Superior Tribunal de Justiça - STJ diz que: "A prova exclusivamente testemunhal não basta para a comprovação da atividade rurícola, para efeito da obtenção de benefício previdenciário" (Súmula 149). Esse entendimento jurisprudencial significa que:

(A) O cômputo do tempo de serviço do trabalhador rural depende sempre de prova documental da respectiva contribuição efetuada em favor da Previdência Social.

(B) Para comprovação do exercício de atividade rural, o trabalhador deve apresentar início razoável de prova material, que pode ser corroborada por prova testemunhal.

(C) Essa orientação é aplicável apenas para os processos de justificação administrativa de tempo de serviço do trabalhador rural, não podendo ser invocada em casos de processos judiciais.

(D) A prova testemunhal não tem qualquer valor no processo administrativo previdenciário.

(E) Nenhuma das alternativas está correta.

A: incorreta, o tempo de labor rural anterior à edição da Lei 8.213/1991 (art. 55, § 2º) não exige recolhimento de contribuições, para efeito de contagem e fruição no Regime Geral de Previdência Social; **B:** correta (Súmula 149 do STJ c/c art. 55, § 3º, da Lei 8.213/1991); **C:** incorreta, os julgados que serviram de base à edição da Súmula 149 referem-se unicamente ao reconhecimento de tempo de trabalho rural em processos judiciais (não na via administrativa); **D:** incorreta, o início de prova material deve ser corroborado por prova testemunhal; **E:** incorreta, pois a letra "B" esta correta.

Gabarito "B"

(Magistratura do Trabalho – 11ª Região – 2007 – FCC) Em relação à proteção previdenciária contra acidente do trabalho, é correto afirmar que

(A) a aposentadoria por invalidez decorrente de acidente de trabalho é calculada a partir de base de cálculo e alíquotas maiores do que as utilizadas para a apuração do valor de uma aposentadoria por invalidez comum.

(B) o auxílio-acidente, que é concedido ao trabalhador que apresenta redução definitiva de sua capacidade para o trabalho, é prestação que decorre de acidente do trabalho, excluídos acidentes de outra natureza.

(C) também são considerados acidentes do trabalho, ainda que ocorridos no período de refeição ou descanso, fatos acontecidos dentro do local e horário do trabalho e classificáveis como caso fortuito ou de força maior.

(D) é considerada agravação ou complicação de acidente do trabalho a lesão que, decorrente de acidente de outra origem, se associe ou se superponha às consequências do anterior.

(E) para efeitos previdenciários, são elementos necessários e suficientes para a caracterização de um acidente do trabalho a existência de lesão e o nexo entre esta e o exercício de trabalho na condição de empregado, trabalhador avulso ou segurado especial.

A: incorreta, desde o advento da Lei 9.032/1995, a aposentadoria por invalidez quer decorrente de acidente do trabalho, quer não, possui o mesmo percentil e idêntica base de cálculo (salário-de-benefício); **B:** incorreta, desde o advento da Lei 9.032/95, o auxílio-acidente é devido em razão de acidente de "qualquer natureza", englobando, assim, causa não relacionadas ao trabalho; **C:** correta (art. 21, II, "e", e § 1º, da Lei 8.213/1991); **D:** incorreta, o § 2º do art. 21 da Lei 8.213/1991 expressamente afirma que "não" é considerada agravação ou complicação de acidente do trabalho a situação referida na assertiva; **E:** incorreta, para efeitos previdenciários é imperiosa, ainda, a configuração de incapacidade laborativa.

Gabarito "C"

(Magistratura do Trabalho – 12ª Região – 2006) Sobre acidente do trabalho é correto afirmar que:

(A) durante o pagamento do auxílio-doença por acidente de trabalho pelo INSS, a empresa não precisa continuar efetuando os depósitos do FGTS do empregado;

(B) os empregados temporários e avulsos não podem receber o benefício auxílio-doença por acidente de trabalho;

(C) para fins previdenciários, é irrelevante a existência de culpa do segurado;

(D) as doenças não profissionais, se adquiridas no decurso e no local de trabalho, tecnicamente, são equiparáveis aos acidentes;

(E) na hipótese de a CAT – Comunicação por Acidente de Trabalho – ter sido emitida pela autoridade policial competente ou pela entidade sindical correspondente, na forma da lei, a empresa fica isenta dessa mesma obrigação.

A: incorreta, permanece íntegra a obrigação de depósito do FGTS pelo empregador enquanto durar a interrupção do contrato de trabalho; **B:** incorreta, o segurado empregado e o trabalhador avulso fazem jus a benefícios rubricados de acidente do trabalho (art. 19 da Lei 8.213/1991 c/c art. 22, II, da Lei 8212/91); **C:** correta, de nenhum relevo à configuração do direito ao benefício a existência de culpa do segurado; **D:** incorreta, equiparam-se a acidente do trabalho as doenças do trabalho e as profissionais (art. 20 da Lei 8.213/1991); **E:** incorreta (art. 22, § 3º, da Lei 8.213/1991).

Gabarito "C"

(Magistratura do Trabalho – 13ª Região – 2006) No que se refere ao acidente de trabalho, assinale a alternativa correta:

(A) considera-se como o dia do acidente, no caso de doença profissional ou de trabalho, a data do início da incapacidade laborativa para o exercício da atividade habitual, ou o dia da segregação compulsória, ou o dia em que for realizado o diagnóstico, valendo para este feito o que ocorrer primeiro;

(B) na falta de comunicação por parte da empresa, podem formalizá-la o próprio acidentado, seus dependentes, a entidade sindical competente, o médico que o assistiu ou qualquer autoridade pública, desde que expedida até o primeiro dia útil seguinte ao da ocorrência;

(C) o segurado que sofreu o acidente de trabalho tem garantida, pelo prazo mínimo de doze meses, a manutenção do seu contrato de trabalho na empresa, após a cessação do auxílio-doença acidentário, condicionada à percepção do auxílio-acidente;

(D) o acidente ligado ao trabalho que haja contribuído diretamente para a morte do segurado, para a redução ou perda da sua capacidade para o trabalho, ou produzido lesão que exija a atenção médica para a sua recuperação, equipara-se ao acidente de trabalho, desde que tenha sido a causa única;

(E) equipara-se ao acidente de trabalho o acidente sofrido pelo segurado ainda que fora do local e horário de trabalho, se ocorrido no percurso da residência para o local de trabalho ou deste para aquela, qualquer que seja o meio de locomoção, salvo se em veículo de propriedade do segurado.

A: correta (art. 23 da Lei 8.213/1991); **B:** incorreta, não subsiste a limitação temporal referida (art. 22, § 2º, da Lei 8.213/1991); **C:** incorreta, o art. 118 da Lei 8.213/1991 assegura o direito à estabilidade independentemente da percepção de auxílio-acidente; **D:** incorreta, não subsiste a restrição narrada: "desde que tenha sido a causa única"; **E:** incorreta, do art. 21, IV, "d", da Lei 8.213/1991 caracteriza o acidente de trajeto ainda que o empregado se valha de veículo próprio.

Gabarito "A"

(Magistratura do Trabalho – 16ª Região – 2008) Julgue os itens a seguir:

I. Nos termos do art. 3º, da EC 20/1998, tendo o segurado direito adquirido à aposentadoria pode computar tempo de serviço posterior a ela, valendo-se das regras vigentes antes de sua edição;

II. Em relação a determinado regime jurídico, inexiste direito adquirido, razão pela qual não é lícito ao segurado conjugar as vantagens do novo sistema com aqueles aplicáveis ao anterior;

III. É incompatível com a sistemática de cálculo dos benefícios previdenciários a superposição de vantagens, por caracterizar sistema híbrido.

(A) Todas estão corretas;
(B) Todas estão incorretas;
(C) Apenas I está correta;
(D) Apenas II está incorreta;
(E) Apenas II e III estão corretas.

I: incorreta, nos termos do art. 3º é assegurada a fruição do direito adquirido a qualquer tempo, entretanto, não existe a permissão de "computar tempo de serviço posterior a ela, valendo-se das regras vigentes antes de sua edição", para efeito de incluir tempo posterior à EC 20/1998 fica o segurado sujeito às regras vigentes na data do requerimento, duas são as opções: 1) direito adquirido, utiliza-se o tempo de contribuição vigente até a data da EC 20/1998 com direito ao cálculo da forma como existente antes da EC 20/1998, podendo esse benefício ser requerido a qualquer momento; 2) inclusão de tempo de contribuição posterior à EC 20/1998 faz com que seja aplicada a regra vigente na data do requerimento do benefício (regras mais gravosas, por exemplo, incidência de fator previdenciário). Desse modo verificamos que do art. 3º não consta a permissão à inclusão de tempo posterior e (nessa situação) garantia de manutenção dos critérios anteriores, veja o texto constitucional em referência: "Art. 3º. É assegurada a concessão de aposentadoria e pensão, a qualquer tempo, aos servidores públicos e aos segurados do regime geral de previdência social, bem como aos seus dependentes, que, até a data da publicação desta Emenda, tenham cumprido os requisitos para a obtenção destes benefícios, com base nos critérios da legislação então vigente."; **II:** correta, o sistema híbrido não é admitido, salvo disposições previstas em "regra de transição" muito típicas no direito previdenciário; **III:** correta, aliás, esta assertiva, por válida, evidencia tratar-se o item I incorreto. Com a devida vênia, verifica-se erro na questão apontada como correta, que deveria ser a alternativa "E" e não a letra "A".

Gabarito "A"

(Magistratura do Trabalho – 16ª Região – 2006) Dentre as proposições seguintes:

I. A Previdência Social rege-se pelos seguintes princípios e objetivos: universalidade de participação nos planos previdenciários; uniformidade e equivalência dos benefícios e serviços às populações urbanas e rurais; seletividade e distributividade na prestação dos benefícios; cálculo dos benefícios considerando-se os salários-de-contribuição corrigidos monetariamente; irredutibilidade do valor dos benefícios de forma a preservar-lhes o poder aquisitivo; valor da renda mensal dos benefícios substitutos do salário-de-contribuição ou do rendimento do trabalho do segurado não inferior ao do salário mínimo; previdência complementar facultativa, custeada por contribuição adicional; caráter democrático e descentralizado da gestão administrativa, com a participação do governo e da comunidade, em especial de trabalhadores em atividade, empregadores e aposentados.

II. Compete ao Conselho Nacional de Previdência Social – CNPS, dentre outras coisas: estabelecer diretrizes gerais e apreciar as decisões de políticas aplicáveis à Previdência Social; apreciar e aprovar propostas orçamentárias da Previdência Social, antes de sua consolidação na proposta orçamentária da Seguridade Social; elaborar e aprovar seu regimento interno.

III. As decisões proferidas pelo CNPS deverão ser publicadas no Diário Oficial da União.

IV. O Conselho Nacional de Previdência Social - CNPS, órgão superior de deliberação colegiada, é composto por: 9 (nove) representantes do Governo Federal; 6 (seis) representantes da sociedade civil.

É VERDADEIRO afirmar que:

(A) Somente as proposições I e II estão corretas.
(B) Somente as proposições II e IV estão corretas.
(C) Somente as proposições I, II e IV estão corretas.
(D) Somente as proposições I, II e III estão corretas.
(E) Todas as proposições estão incorretas.

I: correta, na medida em que se trata de reprodução de partes do art. 194, parágrafo único, 201 e 202 da CF/1988; **II:** correta (art. 4º, da Lei 8.213/1991); **III:** correta (parágrafo único do art. 4º da Lei 8.213/1991); **IV:** incorreta, pois o art. 3º da Lei 8.213/1991 estabelece o número de 9 (nove) para os representantes da sociedade civil.

Gabarito "D"

(Magistratura do Trabalho – 18ª Região – 2006) Constituem hipóteses de acidente do trabalho por equiparação previstas em lei, com exceção de:

(A) doença endêmica resultante de exposição ou contato direto determinado pela natureza do trabalho.
(B) acidente sofrido pelo segurado no local e no horário do trabalho em consequência de ato de agressão praticado por terceiro.
(C) doença proveniente de contaminação acidental no trabalho.

(D) acidente sofrido pelo segurado fora do local e horário de trabalho, ocorrido na prestação espontânea de qualquer serviço à empresa para lhe evitar prejuízo ou proporcionar proveito.

(E) acidente ligado ao trabalho que, embora não tenha sido a causa única, haja contribuído diretamente para a morte do segurado, para redução ou perda da sua capacidade para o trabalho, ou produzido lesão que exija atenção médica para a sua recuperação.

A: incorreta, de acordo com a disposição contida no art. 20, § 1º, "d", a hipótese narrada relva "doença do trabalho"; **B:** correta (art. 21, II, da Lei 8.213/1991); **C:** correta (art. 21, III, da Lei 8.213/1991); **D:** correta (art. 21, IV, "b", da Lei 8.213/1991); **E:** correta (art. 21, I, da Lei 8.213/1991).

Gabarito "A"

(Magistratura do Trabalho – 20ª Região – 2003) Os juros de mora nas ações relativas a benefícios previdenciários, segundo entendimento sumular do STJ, incidem:

(A) a partir da data de propositura da correspondente ação;

(B) a partir da citação válida;

(C) a partir do trânsito em julgado da decisão;

(D) a partir da juntada aos autos do mandado de citação, devidamente cumprido;

(E) a partir da data de distribuição da ação.

Reza a Súmula 204 do STJ: os juros de mora nas ações relativas a benefícios previdenciários incidem a partir da citação válida. Desta feita, o único item que atende ao enunciado é a letra "B".

Gabarito "B"

(Magistratura do Trabalho – 20ª Região – 2003) Sobre a temática do tempo de serviço, é correto afirmar que:

(A) sua comprovação não pode ser feita, na via administrativa, quando relativa a período anterior à perda da qualidade de segurado;

(B) é desnecessária sua comprovação pelo trabalhador autônomo, que pode simplesmente declarar e recolher as contribuições respectivas, independentemente de prova da atividade;

(C) segundo a lei previdenciária, basta a prova exclusivamente testemunhal, desde que relativa a atividade rural assemelhada, esta quando prestada em regime de economia familiar;

(D) pode apenas ser comprovado mediante anotações lançadas em Carteira de Trabalho e Previdência Social, quando relativo a atividades rurais prestadas após 5 de outubro de 1988;

(E) a lei previdenciária admite comprovação, em casos excepcionais, independentemente de início de prova material, mesmo em relação a atividades urbanas.

A: incorreta, não existe referida vedação no ordenamento jurídico; **B:** incorreta, na eventualidade de não comprovação de exercício de atividade remunerada, o enquadramento previdenciário dá-se na categoria de segurado facultativo; **C:** incorreta, enunciado contraria texto da Súmula 149 do STJ; **D:** incorreta, não existe referida restrição no ordenamento jurídico; **E:** correta, o art. 55, § 3º, da Lei 8.213/1991 possibilita o reconhecimento de tempo de serviço, mesmo na seara urbana, independentemente de prova material (documental) na ocorrência de motivo de força maior ou caso fortuito.

Gabarito "E"

(Magistratura do Trabalho – 20ª Região – 2003) Quanto às prestações previdenciárias relativas a acidente de trabalho é correto afirmar:

(A) são devidas ao empregado doméstico;

(B) não são devidas ao médico-residente;

(C) o segurado que sofre acidente de trabalho tem garantido, pelo prazo máximo de 12 meses, a manutenção do seu contrato de trabalho, após a cessação do respectivo auxílio-doença e independentemente de percepção de auxílio-acidente;

(D) não são devidas ao segurado especial;

(E) o recebimento de salário ou concessão de outro benefício, exceto de aposentadoria, não prejudicará a continuidade do recebimento do auxílio-acidente.

A: incorreta, o empregado doméstico não faz jus a prestações rubricadas como "acidente do trabalho", por falta de previsão legal e de custeio (art. 18, § 1º, e 19, da Lei 8.213/1991, c/c art. 22, II, da Lei 8.212/1991, e art. 195, § 5º, da CF/1988); **B:** incorreta, a Lei 8.138/1990 assegura ao médico-residente (contribuinte individual) o direito a prestações acidentárias; **C:** incorreta, o art. 118 da Lei 8.213/1991 assegura o direito à estabilidade pelo prazo "mínimo" de doze meses; **D:** incorreta, o segurado especial faz jus a prestações decorrentes de acidente do trabalho, em atenção à previsão legal expressa e à existência de fonte de custeio específica (arts. 18, § 1º, e 19, da Lei 8.213/1991, c/c art. 25, II, da Lei 8.212/1991); **E:** correta, conforme determina o art. 86, § 3º, da Lei 8.213/1991.

Gabarito "E"

(Magistratura do Trabalho – 23ª Região – 2009) Analise as assertivas abaixo e marque a alternativa CORRETA:

I. É vedada a concessão de isenção ou anistia da contribuição social destinada à seguridade social, incidente sobre a receita de concursos de prognósticos, para débitos em montante superior ao fixado em lei complementar.

II. As contribuições sociais do empregador, da empresa e da entidade a ela equiparada na forma da lei, poderão ter alíquotas ou bases de cálculo diferenciadas, em razão da atividade econômica, da utilização intensiva de mão de obra, do porte da empresa ou da condição estrutural do mercado de trabalho.

III. O sócio de sociedade limitada responde solidariamente para com os débitos junto à Seguridade Social.

(A) Apenas o item I é falso.

(B) Apenas o item II é falso.

(C) Apenas o item III é falso.

(D) Todos os itens são verdadeiros.

(E) Todos os itens são falsos.

I: incorreta, não existe previsão legal nesse sentido; **II:** correta, em consonância com o disposto no art. 195, § 9º, da CF/1988; **III:** correta à época, fazemos a nota inicial de que de acordo com o art. 121, II, do CTN, a responsabilidade tributária deve decorrer de lei. À época desse certame vigia o texto do art. 13 da Lei 8.620/1993 ("o titular da firma individual e os sócios das empresas por cotas de responsabilidade limitada respondem solidariamente, com seus bens pessoais, pelos débitos junto à Seguridade Social"), que, entretanto, encontra-se revogado pela Lei nº 11.941, de 2009.

Gabarito "A"

(Magistratura do Trabalho – 24ª Região – 2007) Assinale a alternativa INCORRETA. São responsáveis solidários pelo cumprimento da obrigação previdenciária principal:

(A) As empresas que integram grupo econômico de qualquer natureza, entre si.

(B) O operador portuário e o órgão gestor de mão de obra, entre si, relativamente à requisição de mão de obra de trabalhador avulso, inclusive quanto aos portuários avulsos cedidos em caráter permanente na forma estabelecida pela Lei 8.630/1993.

(C) Os produtores rurais, entre si, integrantes de consórcio simplificado de produtores rurais.

(D) A empresa tomadora de serviços com a empresa prestadora de serviços mediante cessão de mão de obra, inclusive em regime de trabalho temporário, até a competência janeiro de 1999.

(E) O titular da firma individual e os sócios das empresas por quotas de responsabilidade limitada, com a firma individual e a sociedade, respectivamente.

Fazemos a nota inicial de que, de acordo com o art. 121, II, do CTN, a responsabilidade tributária deve decorrer de lei. **A:** correta (art. 30 IX, da Lei 8.212/1991); **B:** incorreta, não existe referida previsão legal de solidariedade; **C:** correta (art. 25-A, § 3º, da Lei 8.212/1991); **D:** correta (art. 31 da Lei 8.212/1991, com a redação dada pela Lei 9.528, de 10.12.1997, redação essa alterada pela Lei 9.711, de 1998); **E:** correta à época, eis que vigia o texto do art. 13 da Lei 8.620/1993 que, entretanto, encontra-se revogado pela Lei 11.941, de 2009.

Gabarito "B"

(Magistratura do Trabalho – 24ª Região – 2007) Considerando as disposições da Lei 8.213/1991, assinale a alternativa INCORRETA:

(A) Em nenhuma hipótese, será permitido o recebimento conjunto de aposentadoria e auxílio-doença.

(B) Serão considerados para cálculo do salário-de-benefício os ganhos habituais do segurado empregado, a qualquer título, sob forma de moeda corrente ou de utilidades, sobre os quais tenha incidido contribuições previdenciárias, exceto o décimo terceiro salário.

(C) Não será considerado, para o cálculo do salário-de-benefício, o aumento dos salários-de-contribuição que exceder o limite legal, inclusive o voluntariamente concedido nos 36 (trinta e seis) meses imediatamente anteriores ao início do benefício, salvo se homologado pela Justiça do Trabalho, resultante de promoção regulada por normas gerais da empresa, admitida pela legislação do trabalho, de sentença normativa ou de reajustamento salarial obtido pela categoria respectiva.

(D) É devido o abono anual ao segurado e ao dependente da Previdência Social que, durante o ano, recebeu auxílio-doença, auxílio-acidente ou aposentadoria, pensão por morte ou auxílio-reclusão.

(E) O valor do salário-de-benefício não será inferior ao de um salário mínimo, nem superior ao do limite máximo do salário-de-contribuição na data do início do benefício.

A: incorreta, na medida em que o art. 124 da Lei 8.213 estabelece que "salvo no caso de direito adquirido", desse modo é incorreto falar "Em nenhuma hipótese"; **B:** correta (art. 29, § 3º, da Lei 8.213/1991); **C:** correta (art. 29, § 4º, da Lei 8.213/1991); **D:** correta (art. 40 da Lei 8.213/1991); **E:** correta (art. 29, § 2º, da Lei 8.213/1991).

Gabarito "A"

(Ministério Público do Trabalho – 16º) Leia e analise a hipótese abaixo, de acordo com o disposto em lei:

Para que a pessoa jurídica de direito privado beneficente de assistência social possa gozar de isenção das contribuições previdenciárias deverá preencher cumulativamente alguns requisitos, dentre os quais estão:

I. ser reconhecida como de utilidade pública federal e estadual ou do distrito federal ou municipal e portadora do certificado e do registro de entidade beneficente de assistência social, fornecidos pelo Conselho Nacional de Assistência Social, renovado a cada três anos.

II. promover gratuitamente e em caráter exclusivo a assistência social beneficente a pessoas carentes, em especial a crianças, adolescentes, pessoas idosas e pessoas com deficiência.

III. apresentar semestralmente ao órgão do INSS relatório circunstanciado de suas atividades, cuidando para que seus diretores, conselheiros, sócios, instituidores ou benfeitores, não recebam qualquer remuneração ou usufruam de vantagens ou benefícios a qualquer título.

Marque a alternativa CORRETA:

(A) todos os itens são incorretos;

(B) apenas os itens I e II são corretos;

(C) apenas os itens I e III são corretos;

(D) apenas os itens II e III são corretos;

(E) não respondida.

I: correta (art. 55 da Lei 8.212/1991); **II:** correta (art. 55 da Lei 8.212/1991); **III:** incorreta, sem previsão legal. Atenção, atualmente é a Lei nº 12.101, de 2009, que regula os procedimentos de isenção de contribuições para a seguridade social das entidades beneficentes de assistência social.

Gabarito "B"

(Ministério Público do Trabalho – 16º) Leia e analise os itens abaixo:

I. A data-base dos aposentados e pensionistas é 1º de janeiro.

II. A perda da condição de segurado não será considerada para a concessão da aposentadoria por idade, desde que a pessoa conte com, no mínimo, o tempo de contribuição correspondente ao exigido para efeito de carência na data de requerimento do benefício.

III. Presume-se caracterizada a incapacidade acidentária quando estabelecido o nexo técnico epidemiológico entre o trabalho e o agravo, decorrente da relação entre a atividade da empresa e a entidade mórbida motivadora da incapacidade.

Marque a alternativa CORRETA:

(A) todos os itens são corretos;

(B) apenas os itens I e II são corretos;

(C) apenas os itens I e III são corretos;
(D) apenas os itens II e III são corretos;
(E) não respondida.

I: incorreta, determina o Estatuto do Idoso (Lei 10.741/2003) que (art. 32) o Dia Mundial do Trabalho, 1º de maio, é a data-base dos aposentados e pensionistas; **II:** correta (art. 30 da Lei 10.741/2003); **III:** correta (art. 21-A da Lei 8.213/1991).

Gabarito "D"

(Ministério Público do Trabalho – 12º) A respeito do sistema previdenciário brasileiro, é CORRETO afirmar que:

(A) o INSS – Instituto Nacional do Seguro Social é a autarquia federal encarregada de manter o regime previdenciário obrigatório para os trabalhadores em geral, ressalvados os servidores estatutários efetivos que possuam regime próprio de previdência;
(B) o INSS – Instituto Nacional da Seguridade Social é a autarquia federal encarregada de manter o regime previdenciário obrigatório para os trabalhadores em geral, ressalvados os servidores estatutários efetivos que possuam regime próprio de previdência;
(C) o INSS – Instituto Nacional do Seguro Social é a autarquia federal encarregada de manter o regime previdenciário obrigatório para os trabalhadores em geral, ressalvados os servidores estatutários;
(D) o INSS – Instituto Nacional da Seguridade Social é a autarquia federal encarregada de manter o regime previdenciário obrigatório para os trabalhadores em geral, ressalvados os servidores estatutários.
(E) não respondida.

A: correta (art. 17 da Lei 8.029/1990); **B:** incorreta, uma vez que a sigla INSS significa Instituto Nacional "do Seguro" Social, e não da "Seguridade"; **C:** incorreta, no que se refere à expressão "ressalvados os servidores estatutários", quando o correto seria: "ressalvados os servidores estatutários efetivos que possuam regime próprio de previdência"; **D:** incorreta, uma vez que a sigla INSS significa Instituto Nacional "do Seguro" Social, e não da "Seguridade"; **E:** incorreta, haja vista que o item "A" responde à indagação formulada.

Gabarito "A"

(Ministério Público do Trabalho – 9º) Para os filiados à Previdência Social antes da promulgação da Emenda Constitucional 20/1998 os requisitos para aposentadoria com proventos integrais são:

(A) 60 anos de idade e 35 de contribuição, se homem, e 55 anos de idade e 30 de contribuição, se mulher:
(B) 55 anos de idade e 35 de contribuição, se homem, e 50 anos de idade e 30 de contribuição, se mulher;
(C) 53 anos de idade e 35 de contribuição, se homem, e 48 anos de idade e 30 de contribuição, se mulher;
(D) 50 anos de idade e 30 de contribuição, se homem, e 45 anos de idade e 25 de contribuição, se mulher:
(E) 48 anos de idade e 30 de contribuição, se homem, e 45 anos de idade e 25 de contribuição, se mulher;
(F) não sei.

C: correta. O enunciado envolve questionamento acerca do regime Próprio de Servidores Públicos, tratado no art. 40 da CF/1988. Do art. 40 observa-se que a aposentadoria voluntária será deferida a quem adimplir os seguintes requisitos: 60 anos de idade e 35 anos de contribuição, se homem, e 55 anos de idade e 30 anos de contribuição, se mulher. Ocorre que a indagação é feita com relação aos filiados "antes" da EC 20/1998, desse modo, a resposta está na regra de transição, disposta no art. 8º da EC 20/1998: (letra "C") 53 anos de idade e 35 de contribuição, se homem, e 48 anos de idade e 30 de contribuição, se mulher.

Gabarito "C"

(Ministério Público do Trabalho – 8º) A respeito da saúde, como direito de todos e dever do Estado, é correto afirmar-se que:

(A) as políticas sociais e econômicas de governo devem visar à redução do risco de doença e de outros agravos e ao acesso universal igualitário às ações e serviços para sua promoção, proteção e recuperação, mediante contribuição do interessado;
(B) a assistência à saúde é livre à iniciativa privada, podendo as instituições privadas com fins lucrativos participar de forma complementar do Sistema Único de Saúde e receber auxílios ou subvenções do Poder Público;
(C) ao Sistema Único de Saúde (SUS) compete nos termos da lei colaborar na proteção do meio ambiente, nele compreendido o do trabalho;
(D) os serviços de saúde visam à proteção à família, à maternidade, à infância, à adolescência e à velhice;
(E) ao SUS não compete fiscalizar e inspecionar alimentos, bem como bebidas e águas para consumo humano;
(F) não sei.

A: incorreta, o ramo da saúde é direito de todos, não se exigindo contribuição para sua fruição (art. 196 da CF/1988); **B:** incorreta, as instituições privadas com fins lucrativos não podem receber auxílios ou subvenções do Poder Público (art. 199 da CF/1988); **C:** correta (art. 200, VIII, da CF/1988); **D:** incorreta, os serviços de saúde visam à proteção de toda a sociedade, sem restrição (art. 196 da CF/1988); **E:** incorreta (art. 200, VI, da CF/1988).

Gabarito "C"

(Magistratura do Trabalho – 14ª Região – 2011) Conforme previsão expressa constante da Lei Específica podem ser descontados dos benefícios previdenciários as seguintes parcelas, exceto:

(A) pagamento de benefício além do devido.
(B) contribuições devidas pelo segurado à Previdência Social.
(C) imposto de renda retido na fonte.
(D) mensalidades de associações e demais entidades de aposentados legalmente reconhecidas, desde que autorizadas por seus filiados.
(E) pagamento de empréstimos, financiamentos e operações de arrendamento mercantil concedidos por instituições financeiras e sociedades de arrendamento mercantil, públicas e privadas, quando expressamente autorizado pelo beneficiário, até o limite de quarenta por cento do valor do benefício.

E: incorreta. As hipóteses permissivas de desconto do valor do benefício previdenciário estão relacionadas no art. 115 da Lei 8.213/1991. As hipóteses contidas no dispositivo legal são reproduzidas nas alternativas "A", "B", "C", e "D". A assertiva contida na letra "E" traz complemento não previsto na norma "até o limite de quarenta por cento do valor do benefício", dessa maneira, incorreta, devendo ser assinalada.

Gabarito "E".

(Magistratura do Trabalho – 14ª Região – 2011) O tempo de contribuição ou de serviço para efeito da contagem recíproca do tempo de serviço será contado de acordo com a legislação pertinente, observadas as normas seguintes, exceto:

(A) não será admitida a contagem em dobro ou em outras condições especiais.
(B) não é vedada a contagem de tempo de serviço público com o de atividade privada, ainda que concomitantes.
(C) não será contado por um sistema o tempo de serviço utilizado para concessão de aposentadoria pelo outro.
(D) quando a soma dos tempos de serviço ultrapassar 30 (trinta) anos, se do sexo feminino, e 35 (trinta e cinco) anos, se do sexo masculino, o excesso não será considerado para qualquer efeito.
(E) o tempo de serviço anterior ou posterior à obrigatoriedade de filiação à Previdência Social só será contado mediante indenização da contribuição correspondente ao período respectivo, com acréscimo de juros moratórios de zero vírgula cinco por cento ao mês, capitalizados anualmente, e multa de dez por cento.

A: correta, de acordo com o art. 96 da Lei 8.213/1991; **B:** incorreta (a ser assinalada), não é admitida pela Lei 8.213/1991, art. 96, a contagem recíproca de tempo concomitante; **C:** correta, em conformidade com o art. 96 da Lei 8.213/1991; **D:** correta, trata-se de reprodução do art. 98 da Lei 8.213/1991; **E:** correta, assertiva em conformidade com mo art. 55, § 1º, da Lei 8.213/1991 combinado com o art. 45-A da Lei 8.212/1991 (juros e multa).

Gabarito "B".

(Magistratura do Trabalho – 14ª Região – 2011) Segundo a Lei 8.213/1991, a habilitação e a reabilitação profissional e social deverão proporcionar ao beneficiário incapacitado parcial ou totalmente para o trabalho, e às pessoas portadoras de deficiência, os meios para a (re)educação e de (re)adaptação profissional e social indicados para participar do mercado de trabalho e do contexto em que vive. A reabilitação profissional compreende os seguintes fatores, salvo:

(A) fornecimento de aparelho de prótese, Órtese e instrumentos de auxílio para locomoção quando a perda ou redução da capacidade funcional puder ser atenuada por seu uso e dos equipamentos necessários à habilitação e reabilitação social e profissional.
(B) o transporte do acidentado do trabalho, quando necessário.
(C) fornecimento de aparelho de prótese, Órtese e instrumentos de auxílio para locomoção, independentemente do fato da perda ou redução da capacidade funcional poderem ser atenuadas por seu uso.
(D) a reparação ou a substituição dos aparelhos de prótese, Órtese e instrumentos de auxilio para locomoção, desgastados pelo uso normal ou por ocorrência estranha à vontade do beneficiário.
(E) será concedido, no caso de habilitação e reabilitação profissional, auxilio para tratamento ou exame fora do domicílio do beneficiário, conforme dispuser o Regulamento.

C: incorreta. Do art. 89 da Lei 8.213/1991 estão arroladas as medidas cabíveis a título de reabilitação profissional e dentre elas observa-se que a letra "C" destoa da ordem contida no preceito legal, estando, portanto, incorreta, devendo ser assinalada.

Gabarito "C".

(Magistratura do Trabalho – 16ª Região – 2011) São atribuições do Conselho Nacional de Previdência Social - CNPS, EXCETO:

(A) Estabelecer diretrizes gerais e apreciar as decisões de políticas aplicáveis à Previdência Social.
(B) Participar, acompanhar e avaliar sistematicamente a gestão previdenciária.
(C) Elaborar e aprovar seu orçamento anual.
(D) Acompanhar e apreciar, através de relatórios gerenciais por ele definidos, a execução dos planos, programas e orçamentos no âmbito da Previdência Social.
(E) Apreciar a prestação de contas anual a ser remetida ao Tribunal de Contas da União, podendo, se for necessário, contratar auditoria externa.

C: incorreta. As atribuições do CNPS estão relacionadas no art. 4º da Lei 8.213/1991, e dentre elas não se incluem elaboração e aprovação do seu orçamento anual. Desse modo, a alternativa incorreta, e que deve ser assinalada, é a letra "C".

Gabarito "C".

(Magistratura do Trabalho – 15ª Região – 2010) É entendimento pacificado nos Tribunais Superiores e/ou no Supremo Tribunal Federal que:

(A) a contribuição previdenciária não incide sobre o abono incorporado ao salário;
(B) é inconstitucional o art. 118 da Lei 8.213/1991;
(C) para efeito da aposentadoria especial de professores, computa-se também o tempo de serviço prestado fora da sala de aula;
(D) é devida a pensão por morte aos dependentes do segurado que, apesar de ter perdido essa qualidade, preencheu os requisitos legais para a obtenção de aposentadoria até a data de seu óbito;
(E) nenhuma das anteriores.

A: incorreta, viola o texto da Súmula 241 do STF; **B:** incorreta, o art. 118 foi declarado constitucional pelo STF (ADIn 639-8/DF, Pleno, j. 02.06.2005, rel. Min. Joaquim Barbosa, *DJ* 21.10.2005) e pelo TST (Súmula 378); **C:** incorreta, o examinador alterou o teor da Súmula 726 do STF, que assevera: "Para efeito de aposentadoria especial de professores, não se computa o tempo de serviço prestado fora da sala de aula", cabe registrar, por derradeiro, que no ano de 2006, justamente para contornar referido enunciado do STF, houve a edição da Lei 11.301 que passou a considerar como funções de magistério, para efeitos previdenciários, o labor de professores e especialistas em educação "fora de sala de aula" quando no exercício das atividades de direção de unidade escolar, coordenação e assessoramento pedagógico. De anotar ainda que o STF declarou constitucional referida lei ao apreciar a ADIn 3.772, Pleno, j. 29.10.2008, rel. Min. Carlos Brito, *DJe* 28.10.2009; **D:** correta, trata-se de reprodução do enunciado sumular 416 do STJ; **E:** incorreta, uma vez que há uma alternativa correta, a letra "D".

Gabarito "D"

(Magistratura do Trabalho – 15ª Região – 2010) Analise as afirmações contidas, nos itens "I", "II" e "III" e assinale a alternativa correta:

I. A Seguridade Social compreende um conjunto integrado de ações de iniciativa dos Poderes Públicos e da sociedade destinadas a assegurar os direitos relativos à saúde, à previdência e à educação.

II. A pessoa jurídica em débito com o sistema da seguridade social, como estabelecido em lei, não poderá contratar com o Poder Público nem dele receber benefícios ou incentivos fiscais ou creditícios.

III. O Supremo Tribunal Federal considera inconstitucionais os artigos 45 e 46 da Lei 8.212, de 24.07.1991.

(A) somente as afirmações contidas nas alíneas "I" e "II" são corretas;

(B) somente as afirmações contidas nas alíneas "I" e "III" são corretas;

(C) as afirmações contidas nas alíneas "I", "II" e "III" são corretas;

(D) somente as afirmações contidas nas alíneas "II" e "III" são corretas;

(E) todas as afirmações são incorretas.

I: incorreta, do conceito constitucional de seguridade social constante do art. 194 da CF/1988 não consta "educação"; **II:** correta, trata-se de reprodução do art. 195, § 3º, da CF/1988; **III:** correta, o STF editou a Súmula Vinculante 8 declarando a inconstitucionalidade dos art. 45 e 46 da Lei 8.212/1991.

Gabarito "D"

(Magistratura do Trabalho – 2ª Região – 2010) Aponte a afirmativa correta:

(A) O auxílio-reclusão é devido apenas durante o período em que o segurado estiver recolhido à prisão sob regime fechado ou semiaberto; no caso de fuga do preso ocorre a perda do direito ao recebimento do benefício pelos seus dependentes, que não poderá ser restabelecido se houver recaptura do segurado.

(B) Não será devido auxílio-doença ao segurado que se filiar ao Regime Geral de Previdência Social já portador de doença ou lesão invocada como causa para a concessão do benefício, seja qual for o motivo gerador da incapacidade para o trabalho.

(C) Para fazer jus à aposentadoria especial o segurado deverá comprovar a efetiva exposição aos agentes nocivos físicos, químicos, biológicos ou associação de agentes prejudiciais à saúde ou à integridade física, pelo período equivalente ao exigido para a concessão do benefício, a saber: quinze, vinte ou vinte e cinco anos conforme dispuser a lei.

(D) As contribuições sociais devidas por empregadores, empresas e entidades a elas equiparadas na forma da lei somente poderão ter alíquotas ou bases de cálculo diferenciadas em razão do porte da empresa ou da utilização intensiva de mão de obra, não se justificando tratamento específico em virtude das variações da atividade econômica ou das condições estruturais do mercado de trabalho.

(E) Compete ao Poder Público organizar a seguridade social com base nos objetivos de: universalidade da cobertura e do atendimento; seletividade, distributividade e especificidade dos benefícios e serviços às populações urbanas e rurais; irredutibilidade do valor dos benefícios; equidade na forma de participação no custeio; diversidade da base de financiamento; caráter democrático e descentralizado da administração, mediante gestão tripartite.

A: incorreta, a fuga do segurado-recluso resulta na "suspensão" do benefício, que será reativado quando verificada a recaptura e na ocasião da prisão ainda esteja mantida a qualidade de segurado do foragido (art. 117, § 2º, do Decreto Federal 3.048/1999); **B:** incorreta, o art. 59, parágrafo único, da Lei 8.213/1991 admite ressalva e, por conseguinte, proteção previdenciária, quando a incapacidade sobrevier por motivo de progressão ou agravamento dessa doença ou lesão; **C:** correta, a assertiva reproduz o art. 57, *caput*, e o respectivo § 4º, da Lei 8.213/1991; **D:** incorreta, o texto diverge do comando constitucional constante do art. 195, § 9º, da CF/1988; **E:** incorreta, traz rol diferente do previsto constitucionalmente no art. 194, parágrafo único, da CF/1988.

Gabarito "C"